D1691388

Wolfgang Kraushaar (Hg.)

**Frankfurter Schule und
Studentenbewegung**

Ein Projekt des
Hamburger Instituts für Sozialforschung

**Frankfurter Schule
und Studentenbewegung**

Band 1: **Chronik**
Band 2: **Dokumente**
Band 3: **Aufsätze
und Kommentare
Register**

Wolfgang Kraushaar (Hg.)

Frankfurter Schule und Studentenbewegung

Von der Flaschenpost zum Molotowcocktail
1946–1995

Band 2: **Dokumente**

Rogner & Bernhard bei Zweitausendeins

1. Auflage, März 1998.
© 1998 by Rogner & Bernhard GmbH & Co. Verlags KG Hamburg.
Gesamtedition: ISBN 3-8077-0348-9
Band 2: ISBN 3-8077-0346-2

Alle Rechte vorbehalten, insbesondere das Recht der mechanischen,
elektronischen oder photographischen Vervielfältigung,
der Einspeicherung und Verarbeitung in elektronischen Systemen,
des Nachdrucks in Zeitschriften oder Zeitungen,
des öffentlichen Vortrags, der Verfilmung oder Dramatisierung,
der Übertragung durch Rundfunk, Fernsehen oder Video,
auch einzelner Text- und Bildteile.
Der gewerbliche Weiterverkauf oder der gewerbliche Verleih
von Büchern, Platten, Videos oder anderen Sachen aus der
Zweitausendeins-Produktion bedürfen in jedem Fall
der schriftlichen Genehmigung durch die Geschäftsleitung
vom Zweitausendeins Versand in Frankfurt.

Lektorat: Evelin Schultheiß, Tetenbüll.
Mitarbeit: Anke Rustmann, Rainer Loose, Pia Vagt,
Annkatrin Kolbe, alle Hamburg, Bernd Schwibs, Frankfurt/Main.

Herstellung und Gestaltung: Eberhard Delius, Berlin.
Einbandgestaltung: Britta Lembke, Hamburg.
Satz: Theuberger, Berlin.
Lithographie: Steidl, Schwab Scantechnik, Göttingen.
Druck: Steidl, Göttingen.
Bindung: Hollmann, Darmstadt.
Dieses Buch wurde gedruckt auf Recyclingpapier,
das zu 95% aus deinkten Postconsumer-Abfällen besteht.

Dieses Buch gibt es nur bei Zweitausendeins
im Versand (Postfach, D–60381 Frankfurt am Main,
Telefon: 01805-23 2001, Fax: 01805-24 2001) oder
in den Zweitausendeins-Läden in Berlin, Düsseldorf, Essen,
Frankfurt, Freiburg, Hamburg, Köln, Mannheim, München,
Nürnberg, Saarbrücken, Stuttgart.

In der Schweiz über buch 2000
Postfach 89, CH-8910 Affoltern a. A.

Inhalt

Band 1: Chronik
Inhaltsverzeichnis Gesamtedition 5
Danksagung 6
Vorbemerkung 7
Inhaltsverzeichnis Band 1 11
Editorial 13
Einleitung: Kritische Theorie
   und Studentenbewegung 17
Chronik 1946–1995 37

Band 2: Dokumente
Inhaltsverzeichnis Gesamtedition 5
Inhaltsverzeichnis Band 2 9
Editorial 25
Dokumente Nr. 1–433 27

Band 3: Aufsätze und Kommentare, Register
Inhaltsverzeichnis Gesamtedition 5
Inhaltsverzeichnis Band 3 9
Editorial 11
Aufsätze und Kommentare 13
   von *Heide Berndt, Frank Böckelmann,*
   Silvia Bovenschen, Detlev Claussen,
   Alex Demirović, Dan Diner, Wolfgang Kraushaar,
   Bernd Leineweber, Rudolf zur Lippe, Oskar Negt,
   Gunzelin Schmid Noerr, Ulrike Prokop,
   Bernd Rabehl, Reimut Reiche,
   Ulrich Sonnemann, Mona Steffen
Drucknachweise 294
Zu den Autoren 296

Quellenverzeichnis der Bild-
   und Textdokumente 299
Register
   Personenregister 305
   Politische Organisationen 327
   Titelverzeichnis 332
Abkürzungsverzeichnis 347

Wolfgang Kraushaar (Hg.) **Dokumente**

Inhaltsverzeichnis

1946

Nr. **1** / 10. Mai 1946:
Heinz Maus, Brief an Max Horkheimer 28
Nr. **2** / 28. Juni 1946:
Max Horkheimer, Brief an Heinz Maus 29
Nr. **3** / 31. Oktober 1946:
Franz Neumann, Brief an Max Horkheimer 30
Nr. **4** / 21. November 1946:
Max Horkheimer, Brief an den Rektor
der Johann Wolfgang Goethe-Universität 31

1947

Nr. **5** / 22. Januar 1947:
Max Horkheimer, Brief an John Slawson 34

1948

Nr. **6** / 28. Februar 1948:
Max Horkheimer, Brief an Herbert Marcuse 38
Nr. **7** / 2. April 1948:
Max Horkheimer, Brief an Robert Havighurst ... 39
Nr. **8** / 5. Juni 1948:
Hans Mayer, Wiedersehen mit Max Horkheimer 40
Nr. **9** / 21. August 1948:
Max Horkheimer, Brief an Robert Havighurst ... 42

1949

Nr. **10** / 25. Januar 1949:
Max Horkheimer, Brief an Hermann Lietz 46
Nr. **11** / 8. Mai 1949:
Max Horkheimer, Brief an Theodor W. Adorno .. 47

1950

Nr. **12** / Juli 1950:
Klaus Herborn, »An der Universität in Frankfurt
stieg ich mit großem Engagement in die
hochschulpolitische Arbeit ein« 50
Nr. **13** / August 1950:
Theodor W. Adorno / Max Horkheimer,
Die UdSSR und der Frieden 51
Nr. **14** / 3. Oktober 1950:
Max Horkheimer, Brief an Fay B. Karpf
und Maurice J. Karpf 53

Nr. **15** / 21. Oktober 1950:
Max Horkheimer, Brief an Edward Popper 54
Nr. **16** / 31. Dezember 1950:
Max Horkheimer, Brief an Herbert Marcuse 55

1951

Nr. **17** / 3. März 1951:
Herbert Marcuse, Brief an Max und Maidon Horkheimer sowie Friedrich und Carlota Pollock 58
Nr. **18** / 15. März 1951:
Ulla Illing / Horst Siebcke, Brief an
Max Horkheimer 59
Nr. **19** / 19. März 1951:
Franz Böhm, Wer will für Veit Harlan
demonstrieren? 60
Nr. **20** / 19. März 1951:
Max Horkheimer, Gegen Veit Harlan 60
Nr. **21** / 26. März 1951:
Max Horkheimer, Brief an Herbert Marcuse 61
Nr. **22** / 18. Oktober 1951:
Herbert Marcuse, Brief an Max Horkheimer 62
Nr. **23** / 14. Dezember 1951:
Max Horkheimer, Brief an Theodor Heuss 63
Nr. **24** / Dezember 1951:
Max Horkheimer, Soziologie an der Universität . 64
Nr. **25** / 14. Dezember 1951:
Theodor W. Adorno, Zur gegenwärtigen
Stellung der empirischen Sozialforschung in
Deutschland 65

1952

Nr. **26** / 10. Januar 1952:
Max Horkheimer, Brief an das Studentenparlament der Universität Frankfurt 68
Nr. **27** / 24. März 1952:
Max Horkheimer, Brief an Moshe Schwabe 69
Nr. **28** / 14. Juli 1952:
Max Horkheimer, Brief an Alfred Wiener 70

1953

Nr. **29** / 4. April 1953:
Max Horkheimer, Die Außenpolitik (I) 74

Nr. 30 / 26. September 1953:
Alexander Mitscherlich und Max Horkheimer, Gespräch über »Die Forderung nach der guten Gesellschaft oder die Einheit von Theorie und Praxis« 74

Nr. 31 / 19. Dezember 1953:
Max Horkheimer, Brief an den Allgemeinen Studenten-Ausschuß der Universität Gießen ... 74

1954

Nr. 32 / 28. Mai 1954:
Max Horkheimer, Aus einer Ansprache vor Couleur-Studenten 78

Nr. 33 / 19. September 1954:
Max Horkheimer, Brief an Maidon Horkheimer .. 79

1955

Nr. 34 / 25. Februar 1955:
Theodor W. Adorno, Zum Studium der Philosophie 82

Nr. 35 / 2. Oktober 1955:
Max Horkheimer, Brief an Eugen Weill-Strauss .. 86

Nr. 36 / 13. Dezember 1955:
Max Horkheimer, Brief an Heinz Hartmann 87

Nr. 37 / 25. Dezember 1955:
Max Horkheimer, Was mein Leben bestimmte – Eine Weihnachtsumfrage 88

1956

Nr. 38 / 1956:
Max Horkheimer / Theodor W. Adorno, Vorwort zum Forschungsbericht über Universität und Gesellschaft 90

Nr. 39 / Dezember 1956:
Alfred Schmidt, Sartre – Ausdruck des Unbehagens 92

1957

Nr. 40 / Juli 1957:
Alfred Schmidt, Opium für Intellektuelle 94

Nr. 41 / 16. September 1957:
Oskar Negt, Brief an Wolfgang Abendroth 95

Nr. 42 / 16. September 1956:
Oskar Negt, Brief an Fritz Lamm 96

Nr. 43 / 7. Oktober 1957:
Oskar Negt, Brief an Herbert Wehner 96

Nr. 44 / 9. Oktober 1957:
Herbert Wehner, Antwortschreiben an Oskar Negt 97

1958

Nr. 45 / 11. Januar 1958:
Leo Kofler, Brief an Oskar Negt 100

Nr. 46 / 5. März 1958:
Oskar Negt, Antwortschreiben an Leo Kofler .. 100

Nr. 47 / 10. März 1958:
Leo Kofler, Brief an Oskar Negt 101

Nr. 48 / 1958:
Theodor W. Adorno, Rezension zu: Otto Büsch / Peter Furth, Rechtsradikalismus im Nachkriegsdeutschland – Studien über die »Sozialistische Reichspartei« 102

Nr. 49 / Mai 1958:
Max Horkheimer, Mitte Mai 1958 103

Nr. 50 / 1958:
Jürgen Habermas, Unruhe erste Bürgerpflicht . 104

Nr. 51 / 20. Mai 1958:
Oscar Strobel / Michael Schumann / Hanns Schreiner, Der Marsch zum Römerberg – Die Zornigen und die Zahmen – Marschieren oder diskutieren 106

Nr. 52 / 22. Mai 1958:
Max Horkheimer, Zur Funktion der Atombewaffnung 111

Nr. 53 / 27. September 1958:
Max Horkheimer, Brief an Theodor W. Adorno . 112

1959

Nr. 54 / 1959:
Theodor W. Adorno, Zur Demokratisierung der deutschen Universitäten 120

1960

Nr. 55 / 6. Januar 1960:
Max Horkheimer, Vom Sinn des Neonazismus . 124

Nr. 56 / 11. Januar 1960:
Max Horkheimer, Brief an Oscar Gans 125

Nr. 57 / 1. Februar 1960:
Max Horkheimer, Brief an John J. McCloy 125

Nr. 58 / 12. Februar 1960:
Theodor W. Adorno / Max Horkheimer, Brief an Herbert Marcuse 127

Nr. 59 / 1960:
Max Horkheimer, Überlegungen aus dem Frühling 1960 128

Nr. 60 / März 1960:
Franz Vilmar, Was uns Max Horkheimer bedeutet 129

Nr. 61 / 5. Juli 1960:
Max Horkheimer, Brief an die Redaktion
der »Frankfurter Allgemeinen Zeitung« 129

Nr. 62 / 3. November 1960:
Max Horkheimer, Brief an Hans Dollinger,
Redakteur der Zeitschrift »Kultur« 131

Nr. 63 / 12. Dezember 1960:
Max Horkheimer / Theodor W. Adorno,
Brief an Kai-Uwe von Hassel 132

1961

Nr. 64 / 13. Februar 1961:
Kai-Uwe von Hassel, Brief an Max Horkheimer   136

Nr. 65 / 6. März 1961:
Max Horkheimer / Theodor W. Adorno,
Brief an Kai-Uwe von Hassel 137

Nr. 66 / Mai 1961:
Alfred Schmidt, Rezension zu:
Student und Politik 137

Nr. 67 / 3. Mai 1961:
Herbert Marcuse, »Ich stelle das Recht der
Vereinigten Staaten…« 139

Nr. 68 / 27. Juni 1961:
Hans Magnus Enzensberger,
Algerien ist überall 142

Nr. 69 / Juli 1961:
Christoph Oehler, Student und Politik –
Ergebnisse einer Untersuchung des Instituts
für Sozialforschung in Frankfurt/M. 143

1962

Nr. 70 / 8. Mai 1962:
Max Horkheimer, Brief an John J. McCloy 150

Nr. 71 / Juli 1962:
Herbert Marcuse, Emanzipation der Frau in der
repressiven Gesellschaft – Ein Gespräch mit
Peter Furth in der Zeitschrift
»Das Argument« 151

Nr. 72 / 31. August 1962:
Herbert Marcuse, Brief an Max Horkheimer
und Theodor W. Adorno 155

Nr. 73 / 11. September 1962:
Max Horkheimer / Theodor W. Adorno,
Brief an Herbert Marcuse 156

Nr. 74 / 13. November 1962:
Max Horkheimer, Brief an Werner Spanehl 156

Nr. 75 / November 1962:
(Ohne Autor), SDS – Der Affe Sultan 157

Nr. 76 / Dezember 1962:
Jürgen Habermas, Leserbrief an die
Studentenzeitschrift »Civis« 159

Nr. 77 / Dezember 1962:
»Subversive Aktion«, Abrechnung 160

Nr. 78 / 31. Dezember 1962:
Claus Chr. Schroeder, Brief an die
»Diskus«-Redaktion 164

Nr. 79 / 31. Dezember 1962:
Claus Chr. Schroeder, Offener Brief an
Theodor W. Adorno 165

1963

Nr. 80 / 3. Januar 1963:
Theodor W. Adorno, Antwortschreiben
an Claus Chr. Schroeder 168

Nr. 81 / 10. Januar 1963:
Theodor W. Adorno, Brief an die
»Diskus«-Redaktion 169

Nr. 82 / 10. Juni 1963:
Max Horkheimer, Brief an Eugen Gerstenmaier   169

Nr. 83 / Dezember 1963:
»Subversive Aktion«, Aspekte und
Konklusionen 172

1964

Nr. 84 / Mai 1964:
»Subversive Aktion«, Suchanzeige 176

Nr. 85 / August 1964:
Alexander Joffe (d. i. Rudi Dutschke), Diskussion:
Das Verhältnis von Theorie und Praxis 176

Nr. 86 / September 1964:
Hans Magnus Enzensberger, schwierige arbeit .. 179

Nr. 87 / 17. Oktober 1964:
Jürgen Habermas, Vom Ende der Politik 180

Nr. 88 / 26. November 1964:
Max Horkheimer, Brief an Gerd Hirschauer ... 182

1965

Nr. 89 / 1965:
Rudi Dutschke, Mallet, Marcuse »Formierte
Gesellschaft« und politische Praxis der Linken
hier und anderswo 186

Nr. 90 / Februar 1965:
»Diskus«-Redaktion, Dankadresse: Professor
Max Horkheimer zum 70. Geburtstag 188

Nr. 91 / Februar 1965:
Max Horkheimer, Leserbrief an die
»Diskus«-Redaktion 189

Nr. 92 / 13. Februar 1965:
Herbert Marcuse, Aufhebung der Gewalt –
Max Horkheimer zum 70. Geburtstag 189

Nr. 93 / 25. April 1965:
Rudi Dutschke, Diskussionsbeitrag 190

Nr. 94 / Mai 1965:
Theodor W. Adorno, Vorrede zu: Heribert Adam,
Studentenschaft und Hochschule 193

Nr. 95 / 1965:
Herbert Marcuse, Nachwort zu:
Walter Benjamin, Zur Kritik der Gewalt
und andere Aufsätze 194

Nr. 96 / 3. Juni 1965:
Max Horkheimer, Brief an den
S. Fischer Verlag 197

Nr. 97 / August 1965:
Günter Grass, Adornos Zunge 199

Nr. 98 / September 1965:
Elisabeth Lenk, Kirche und kritische
Philosophie 200

Nr. 99 / 30. Oktober 1965:
Max Horkheimer, Brief an Willi Brundert 201

1966

Nr. 100 / Mai 1966:
Max Horkheimer, South Vietnam und die
Intellektuellen 204

Nr. 101 / 22. Mai 1966:
Walmot Falkenberg, Brief an Herbert Marcuse . 204

Nr. 102 / 22. Mai 1966:
Herbert Marcuse, Die Analyse des Exempels .. 205

Nr. 103 / Juli 1966:
Leo Löwenthal, Unruhen 210

Nr. 104 / Oktober 1966:
Herbert Marcuse, Repressive Toleranz 211

Nr. 105 / November 1966:
Theodor W. Adorno / Ludwig von Friedeburg,
Vorrede zu: Regina Schmidt / Egon Becker,
Reaktionen auf politische Vorgänge – Drei
Meinungsstudien aus der Bundesrepublik 212

Nr. 106 / 29. November 1966:
Dieter Kunzelmann, Notizen zur Gründung
revolutionärer Kommunen in den Metropolen . 213

Nr. 107 / 29. November 1966:
*Jürgen Habermas / Ludwig von Friedeburg /
Iring Fetscher u.a.*, Offener Brief an
Willy Brandt 215

Nr. 108 / Dezember 1966:
Jürgen Habermas, Thesen gegen die Koalition
der Mutlosen mit den Machthabern 216

Nr. 109 / 5. Dezember 1966:
*Sozialdemokratischer Hochschulbund /
Humanistische Studenten-Union / Liberaler
Studentenbund / Sozialistischer Deutscher
Studentenbund*, »Die Widersprüche zwischen
den Aussagen der beiden Professoren ...« 217

Nr. 110 / 8. Dezember 1966:
Theodor W. Adorno, Brief an Max Horkheimer . 218

1967

Nr. 111 / 20. Januar 1967
Jürgen Habermas, Universität in der Demokratie –
Demokratisierung der Universität 222

Nr. 112 / 23. April 1967:
Burkhard Bluem, Mißlungene Proben
des akademischen Proletariats für den
aufgeschobenen Aufstand 225

Nr. 113 / Mai 1967:
Max Horkheimer, Anti-Amerikanismus,
Antisemitismus und Demagogie und die Lage
der Jugend heute 227

Nr. 114 / 4. Mai 1967:
Ludwig von Friedeburg / Jürgen Habermas,
Offener Brief an den AStA
der Freien Universität 228

Nr. 115 / 7. Mai 1967:
Max Horkheimer, »Diejenigen, die gegen
den Krieg in Vietnam hier in Frankfurt
demonstrieren ...« 229

Nr. 116 / 14. Mai 1967:
*Sozialistischer Deutscher Studentenbund,
Gruppe Frankfurt*, Offener Brief an
Max Horkheimer 230

Nr. 117 / 18. Mai 1967:
Max Horkheimer, Brief an den Sozialistischen
Deutschen Studentenbund, Gruppe Frankfurt . 231

Nr. 118 / 26. Mai 1967:
Max Horkheimer, Brief an Herbert Marcuse ... 232

Nr. 119 / 31. Mai 1967
Theodor W. Adorno, Brief an Max Horkheimer . 233

Nr. 120 / Juni 1967:
Herbert Marcuse, Ist die Idee der Revolution eine
Mystifikation? Herbert Marcuse antwortet im
»Kursbuch« auf vier Fragen von Günther Busch . 234

Nr. 121 / Juni 1967
Max Horkheimer, Die Pseudoradikalen 237

Nr. 122 / Juni 1967:
Rolf Tiedemann, Vor Berliner Studenten 237

Nr. 123 / 6. Juni 1967:
Theodor W. Adorno, »Es ist mir nicht möglich, die Vorlesung heute zu beginnen ...« 241

Nr. 124 / 8. Juni 1967:
Oskar Negt, »Benno Ohnesorg ist das Opfer eines Mordanschlags« 241

Nr. 125 / 8. Juni 1967:
Ludwig von Friedeburg, »Der gewaltsame Tod unseres Berliner Kommilitonen Benno Ohnesorg ...« 244

Nr. 126 / 9. Juni 1967:
Jürgen Habermas, Rede über die politische Rolle der Studentenschaft in der Bundesrepublik 246

Nr. 127 / 9. Juni 1967:
Hans-Jürgen Krahl, »Kommilitoninnen und Kommilitonen, angesichts des nächsten politisch so dringlichen Punktes der Organisationsstrategie ...« 249

Nr. 128 / 9. Juni 1967:
Jürgen Habermas, »Ja, nicht nur zu einer Richtigstellung, sondern zu einer vorläufigen Antwort auf meine beiden Frankfurter Kommilitonen ...« 250

Nr. 129 / 9. Juni 1967:
Rudi Dutschke, »... Professor Habermas, Ihr begriffloser Objektivismus erschlägt das zu emanzipierende Subjekt ...« 251

Nr. 130 / 9. Juni 1967:
Jürgen Habermas, »Meine Damen und Herren, ich hoffe, daß Herr Dutschke noch hier ist ...« . 254

Nr. 131 / 10. Juni 1967:
Rudi Dutschke, »Um 6 Uhr vom Hannover-Kongreß übermüdet zurückgekehrt ...« 255

Nr. 132 / 12. Juni 1967:
Rudi Dutschke, Zum Verhältnis von Organisation und Emanzipationsbewegung – Zum Besuch Herbert Marcuses 255

Nr. 133 / 16. Juni 1967:
Herbert Marcuse, Brief an Theodor W. Adorno . 260

Nr. 134 / 17. Juni 1967:
Herbert Marcuse, Brief an Max Horkheimer ... 261

Nr. 135 / 20. Juni 1967:
Theodor W. Adorno, Brief an Max Horkheimer . 263

Nr. 136 / Juli 1967:
Monika Steffen, Tiere an Ketten – SDS und Horkheimer 263

Nr. 137 / 3. Juli 1967:
Theodor W. Adorno, Brief an Max Horkheimer . 265

Nr. 138 / 7. Juli 1967:
Sozialistischer Deutscher Studentenbund, »Herr Professor Adorno, dieses unentbehrliche Requisit kultureller Veranstaltungen ...« 265

Nr. 139 / 7. Juli 1967:
Peter Szondi, Adornos Vortrag »Zum Klassizismus von Goethes ›Iphigenie‹« .. 266

Nr. 140 / 10. Juli 1967:
Rudi Dutschke, »Wir fordern die Enteignung Axel Springers« 268

Nr. 141 / 13. Juli 1967:
Theodor W. Adorno, Brief an Helge Pross 271

Nr. 142 / 13. Juli 1967:
Theodor W. Adorno, Entwurf eines nicht abgesandten Leserbriefes an den »Spiegel« ... 271

Nr. 143 / 13. Juli 1967:
Herbert Marcuse, Das Problem der Gewalt in der Opposition 272

Nr. 144 / 13. Juli 1967:
Herbert Marcuse / Rudolph Ganz / Hans-Jürgen Krahl / Knut Nevermann, Diskussionsbeiträge zum Vortrag Herbert Marcuses über »Das Problem der Gewalt in der Opposition« .. 275

Nr. 145 / 15. Juli 1967:
Katja Walch-Lux, Brief an Max Horkheimer ... 278

Nr. 146 / 28. Juli 1967:
Jürgen Habermas, Brief an Erich Fried 278

Nr. 147 / 28. Juli 1967:
Herbert Marcuse, Befreiung von der Überflußgesellschaft 279

Nr. 148 / 21. August 1967:
Herbert Marcuse, Professoren als Staats-Regenten? 280

Nr. 149 / 29. August 1967:
Max Horkheimer, Marcuses Vereinfachung 285

Nr. 150 / September 1967:
Theodor W. Adorno, Leserbrief an die »Diskus«-Redaktion 285

Nr. 151 / 1./2. September 1967:
Max Horkheimer, Herbert Marcuses Argumente . 286

Nr. 152 / 5. September 1967:
Rudi Dutschke / Hans-Jürgen Krahl, Organisationsreferat 287

Nr. 153 / 17. September 1967:
Max Horkheimer, Zum gegenwärtigen Anti-Amerikanismus 290

Nr. 154 / Oktober 1967:
Max Horkheimer, »Das Reich der Freiheit« 291

Nr. 155 / 4. Oktober 1967:
Max Horkheimer, Ernst Kux über Vietnam, China und die deutschen Studenten 292

Nr. 156 / 23. Oktober 1967:
Max Horkheimer, Zum Philosophiestudium heute 292

Nr. 157 / 23. Oktober 1967:
Herbert Marcuse, »Nun, meine Damen und Herren: der Krieg in Vietnam ...« 293

Nr. 158 / 28. Oktober 1967:
Oskar Negt, Politik und Protest 297

Nr. 159 / 30. Oktober 1967:
Theodor W. Adorno, »Es ist für einen älteren Universitätslehrer nicht ganz leicht ...« 304

Nr. 160 / November 1967:
Max Horkheimer, Die Revolte der SDS-Studenten 311

Nr. 161 / 11. November 1967:
Herbert Marcuse, Brief an Max Horkheimer ... 311

Nr. 162 / 16. November 1967:
Sozialistischer Deutscher Studentenbund, Gruppe Frankfurt, »Das Manifest der Hochschulen gegen die Notstandsgesetze beginnt ...« 312

Nr. 163 / 16. November 1967:
Sozialistischer Deutscher Studentenbund, Gruppe Frankfurt, Politische Zensur 312

Nr. 164 / 17. November 1967:
Sozialistischer Deutscher Studentenbund, Gruppe Frankfurt, Mitgliederrundbrief 313

Nr. 165 / 20. November 1967:
Carlo Schmid, Revolutionen fressen nicht nur ihre Kinder, sondern auch ihre Väter 313

Nr. 166 / 20. November 1967:
Oberstaatsanwalt beim Landgericht Frankfurt, Anklageschrift gegen 11 Studenten wegen des Vorwurfs der Teilnahme am Carlo-Schmid-Go-in 315

Nr. 167/ November 1967:
Bernd Moldenhauer, Vorlesungsstörungen? Zu den Go-ins des SDS 318

Nr. 168 / November 1967:
Sozialistischer Deutscher Studentenbund, Gruppe Frankfurt, »Wer ist hier faschistisch?« . 321

Nr. 169 / November 1967:
Egon Becker u.a., Zum richtigen Gebrauch der Begriffe 322

Nr. 170 / 23. November 1967:
Theodor W. Adorno, Zum Kurras-Prozeß 323

Nr. 171 / 28. November 1967:
Max Horkheimer, Brief an Herbert Marcuse ... 324

Nr. 172 / 30. November 1967:
Theodor W. Adorno / Hans-Jürgen Krahl u.a., »Ich bin der Bitte sehr gern nachgekommen ...« 325

Nr. 173 / 30. November 1967:
Theodor W. Adorno, »Wohin steuern unsere Universitäten?« Antworten auf drei Fragen der »Frankfurter Allgemeinen Zeitung« 329

Nr. 174 / 26. Dezember 1967:
Rudi Dutschke / Horst Kurnitzky, Brief an Herbert Marcuse 329

1968

Nr. 175 / 1968:
Herbert Marcuse, Nachtrag 1968 zu: Repressive Toleranz 332

Nr. 176 / 1968:
Rudi Dutschke / T. [d.i. Elisabeth] Käsemann / R. Schöller, Vorwort zu: Der lange Marsch 334

Nr. 177 / Januar 1968:
Max Horkheimer, Zur Revolte der linken Studenten 336

Nr. 178 / 12. Januar 1968:
Herbert Marcuse, Brief an Rudi Dutschke 336

Nr. 179 / Februar 1968:
Max Horkheimer, Die oppositionellen Studenten und der Liberalismus 337

Nr. 180 / Februar 1968:
Max Horkheimer und Theodor W. Adorno nehmen Stellung zu aktuellen Fragen von Redakteuren des »Schülerspiegel« 337

Nr. 181 / Februar 1968:
Max Horkheimer, Das Ziel des SDS 339

Nr. 182 / 2. Februar 1968:
Sozialistischer Deutscher Studentenbund, Gruppe Frankfurt, »Nicht hilflose Friedenswünsche können dem vietnamesischen Volk helfen ...« 339

Nr. 183 / 5. Februar 1968:
(Ohne Autor), »Zwei aktuelle Ereignisse belegen aufs neue ...« 340

Nr. 184 / 8. Februar 1968:
Sozialistischer Deutscher Studentenbund, Gruppe Frankfurt, »In Berlin erließen der Senat der Stadt und die Universitätsadministration...« . 341

Nr. 185 / 18. Februar 1968:
Jürgen Habermas, Einleitung einer Podiumsdiskussion über »Die Rolle der Studenten in der außerparlamentarischen Opposition« ... 341

Nr. 186 / 18. Februar 1968:
Rudi Dutschke, »Genossen! Wir haben nicht mehr viel Zeit ...« 344

Nr. 187 / 18. Februar 1968:
Hans-Jürgen Krahl, »Genossinnen und Genossen! Dieser Kongreß wird keine bloße Deklamation bleiben ...« 345

Nr. 188 / 11. März 1968:
Herbert Marcuse, Brief an Rudi Dutschke 347

Nr. 189 / April 1968:
Max Horkheimer, Vorwort zur Neupublikation seiner Aufsätze aus der »Zeitschrift für Sozialforschung« 348

Nr. 190 / 8. April 1968:
Alexander Mitscherlich, Vaterlose Gesellen ... 350

Nr. 191 / 8. April 1968:
Max Horkheimer, Brief an Willi Brundert 353

Nr. 192 / 9. April 1968:
Theodor W. Adorno / Ralf Dahrendorf, »Ich möchte zunächst wenigstens ein paar Worte sagen zum Komplex Theorie und Praxis ...« 354

Nr. 193 / 13. April 1968:
Oskar Negt, Politik und Gewalt 356

Nr. 194 / 19. April 1968:
Theodor W. Adorno u.a., Die Erklärung der Vierzehn 363

Nr. 195 / April 1968:
Karl Dietrich Wolff / Frank Wolff, Zu den Oster-Aktionen 366

Nr. 196 / 21. April 1968:
Herbert und Inge Marcuse, Brief an Rudi und Gretchen Dutschke 366

Nr. 197 / 26. April 1968:
Oskar Negt, Strategie der Gegengewalt – Antworten auf vier Fragen der Wochenzeitung »Die Zeit« 366

Nr. 198 / 26. April 1968:
Klaus Horn / Alexander Mitscherlich, Vom »halbstarken« zum starken Protest 367

Nr. 199 / Mai 1968:
Claus Offe, Die pazifizierte Demokratie (Rezension des Bandes »Die Transformation der Demokratie« im »Diskus«) 370

Nr. 200 / 4. Mai 1968:
Katja Walch-Lux, Brief an Max Horkheimer ... 372

Nr. 201 / 9. Mai 1968:
Theodor W. Adorno, »Denken Sie etwa an die Vorgänge, die sich in Berlin abgespielt haben ...« 375

Nr. 202 / 9. Mai 1968:
Iring Fetscher / Ludwig von Friedeburg / Jürgen Habermas / Alexander Mitscherlich, Minister Stoltenberg diffamiert bedenkenlos .. 377

Nr. 203 / Mai 1968:
Peter Brückner / Alfred Krovoza / Manfred Lauermann / Thomas Leithäuser, Helfershelfer 378

Nr. 204 / 11. Mai 1968:
Herbert Marcuse, »Ich habe schon seit langem keine aktive militante Politik mehr gemacht ...« 380

Nr. 205 / 13. Mai 1968:
Jürgen Habermas, Brief an Claus Grossner 381

Nr. 206 / Mai 1968:
Alexander Kluge, Tage der Politischen Universität II, Teil I 382

Nr. 207 / 15. Mai 1968:
Max Horkheimer, Gedanken zum Notstandsgesetz, mit großer Mehrheit angenommen am 15. Mai 1968 383

Nr. 208 / 17. Mai 1968:
Theodor W. Adorno / Gretel Adorno u.a., »Die jüngste Bundestagsdebatte hat erneut gezeigt ...« 384

Nr. 209 / 27. Mai 1968:
Hans-Jürgen Krahl, Römerbergrede 384

Nr. 210 / 27. Mai 1968:
Alexander Kluge, Tage der Politischen Universität II, Teil VI 388

Nr. 211 / 27. Mai 1968:
Alexander Kluge, Tage der Politischen Universität 388

Nr. 212 / 28. Mai 1968:
Theodor W. Adorno, Gegen die Notstandsgesetze 392

Nr. 213 / 28. Mai 1968:
Oskar Negt, Fernsehrede im Hessischen Rundfunk 392

Nr. 214 / 28. Mai 1968:
Alexander Kluge, Tage der Politischen Universität II, Teil II–IV 394

Nr. 215 / 29. Mai 1968:
Alexander Kluge, Tage der Politischen Universität II, Teil VII 397

Inhalt 15

Nr. 216 / 30. Mai 1968:
Jurij Shukow, Werwölfe – Der Pseudoprophet
Marcuse und seine lärmenden Schüler 397

Nr. 217 / 31. Mai 1968:
Jürgen Habermas, Werden wir richtig
informiert? Antworten auf vier Fragen der
Wochenzeitung »Die Zeit« 399

Nr. 218 / 31. Mai 1968:
Peter Brückner / Thomas Leithäuser,
Thesen zur »Politisierung der Wissenschaften« . 401

Nr. 219 / Juni 1968:
Oskar Negt, Studentischer Protest –
Liberalismus – »Linksfaschismus« 406

Nr. 220 / 1. Juni 1968:
Jürgen Habermas, Die Scheinrevolution
und ihre Kinder – Sechs Thesen über Taktik,
Ziele und Situationsanalysen der
oppositionellen Studenten 408

Nr. 221 / 1. Juni 1968:
Hans-Jürgen Krahl, Antwort auf
Jürgen Habermas 413

Nr. 222 / 2. Juni 1968:
Oskar Negt, Über die Idee einer kritischen
und antiautoritären Universität 415

Nr. 223 / 1968:
Oskar Negt, Einleitung zu: Die Linke
antwortet Jürgen Habermas, 1968 417

Nr. 224 / 1968:
Peter Brückner, Die Geburt der Kritik
aus dem Geiste des Gerüchts 425

Nr. 225 / 1968:
Reimut Reiche, Verteidigung der
»neuen Sensibilität« 433

Nr. 226 / Juli 1968:
Jürgen Habermas / Albrecht Wellmer,
Zur politischen Verantwortung der
Wissenschaftler 440

Nr. 227 / Juli 1968:
Jürgen Habermas, Zum Geleit
von: Antworten auf Herbert Marcuse 443

Nr. 228 / 11. Juli 1968:
Theodor W. Adorno, »Ja, meine Damen
und Herren, wir sind nun fast am Ende ...« ... 445

Nr. 229 / 14.–24. August 1968:
Jürgen Habermas, Bedingungen für
eine Revolutionierung spätkapitalistischer
Gesellschaftssysteme 445

Nr. 230 / 14.–24. August 1968:
Herbert Marcuse, Revolutionäres
Subjekt und Autonomie 453

Nr. 231 / 22. August 1968:
Max Horkheimer, Über die Schwierigkeit,
gemeinsam zu denken und zu empfinden 455

Nr. 232 / 11. September 1968:
Max Horkheimer an Theodor W. Adorno 456

Nr. 233 / 13. Septemebr 1968:
»Aktionsrat zur Befreiung der Frau«,
Resolutionsentwurf für die 23. o. Delegierten-
konferenz 456

Nr. 234 / 23. September 1968:
Günter Grass, Auschwitz und Treblinka
in Afrika 457

Nr. 235 / 23. September 1968:
*Theodor W. Adorno / Frank Benseler /
Ludwig von Friedeburg / Jürgen Habermas /
Werner Hofmann / Hans Heinz Holz /
Hans-Jürgen Krahl / Kurt Lenk /
Karl-Dietrich Wolff*,
»Autoritäten und Revolution« 458

Nr. 236 / 15. Oktober 1968:
Theodor W. Adorno, Brief an Günter Grass ... 470

Nr. 237 / 17. Oktober 1968:
Günter Grass, Brief an Theodor W. Adorno ... 471

Nr. 238 / 4. November 1968:
Theodor W. Adorno, Brief an Günter Grass ... 472

Nr. 239 / 18. Oktober 1968:
Basisgruppe Philosophie,
»Ein Verständnis von Philosophie...« 474

Nr. 240 / 20. Oktober 1968:
Herbert Marcuse, Zu aktuellen Problemen
der Emanzipationsbewegung 476

Nr. 241 / 23. Oktober 1968:
Fachschaft Philosophie, »Über die
erheblichen Unzulänglichkeiten des
Philosophiestudiums...« 477

Nr. 242 / Oktober 1968:
Frank Wolff, Organisation: Emanzipation
und Widerstand 478

Nr. 243 / November 1968:
(Ohne Autor), Der SDS als Hochschulorganisation – Zur Beziehung von Projektgruppe
und Hochschulrevolte in Frankfurt 481

Nr. 244 / November 1968:
Basisgruppe Soziologie, »Nachdem Professor
von Friedeburg es abgelehnt hat...« 484

Nr. 245 / 20. November 1968:
Mona Steffen, »Genossen, Ihr habt die Chance verpaßt…« 485

Nr. 246 / November 1968:
(Ohne Autor), Imhoff geht um 486

Nr. 247 / 26. November 1968:
Theodor W. Adorno / Max Horkheimer, Brief an Herbert Marcuse 487

Nr. 248 / Dezember 1968:
Max Horkheimer, Die Motive der rebellierenden Studenten 487

Nr. 249 / 1. Dezember 1968:
Herbert Marcuse, Welche Chancen hat die Revolution? »Pardon«-Interview von Heinrich von Nussbaum 488

Nr. 250 / 1. Dezember 1968:
Herbert Marcuse, Brief an Max Horkheimer und Theodor W. Adorno 494

Nr. 251 / 4. Dezember 1968:
SDS-Projektgruppe Frauen, »Der Konflikt zwischen den Anforderungen technologischer Hochschulreform…« 495

Nr. 252 / 4. Dezember 1968:
Herbert Marcuse, Zur Situation der Neuen Linken 496

Nr. 253 / 5. Dezember 1968:
Basisgruppe Soziologie, »Die Frankfurter Soziologie beansprucht, kritische Theorie der Gesellschaft zu sein…« 499

Nr. 254 / 9. Dezember 1968:
Sozialistischer Deutscher Studentenbund, Gruppe Frankfurt, »Solidarität mit der AFE!« .. 500

Nr. 255 / 9. Dezember 1968:
Streikkomitee der Soziologiestudenten, Brief an Jürgen Habermas 500

Nr. 256 / 10. Dezember 1968:
Komitee streikender Soziologie-Studenten, Negativkatalog 501

Nr. 257 / 11. Dezember 1968:
Streikkomitee Spartakus-Seminar, »Die Universität gehört uns!« 502

Nr. 258 / 11. Dezember 1968:
Theodor W. Adorno / Ludwig von Friedeburg / Jürgen Habermas, »Wir unterstützen den Protest unserer Studenten…« 502

Nr. 259 / 12. Dezember 1968:
Jürgen Habermas, »Ich habe meinen Vorsatz, den Lehrbetrieb aufrechtzuerhalten…« 503

Nr. 260 / 14. Dezember 1968:
Jürgen Habermas, Seminarthesen 504

Nr. 261 / 16. Dezember 1968:
Jürgen Habermas / Ludwig von Friedeburg / Alexander Mitscherlich, »Es tut mir leid, ich bin hier, um Ihnen einen Vorschlag zu machen…« 505

Nr. 262 / 16. Dezember 1968:
Streikkomitee Spartakus-Seminar, Arbeitsgruppen-Plan 512

Nr. 263 / 17. Dezember 1968:
(Ohne Autor), Entwurf einer verbindlichen Interpretation der Ziele unseres Streiks, des sogenannten Negativkatalogs als einer Antwort auf die Ordinarien – Vorschlag zur Diskussionsgrundlage für die nächsten Strategie- und Plenumsdiskussionen und gegebenenfalls als Abstimmungsvorlage für eine Vollversammlung 513

Nr. 264 / 17. Dezember 1968:
Theodor W. Adorno / Ludwig von Friedeburg / Jürgen Habermas / Andreas Mitscherlich, Aufforderung 519

Nr. 265 / 17. Dezember 1968:
Theodor W. Adorno / Max Horkheimer, Brief an Herbert Marcuse 519

Nr. 266 / 18. Dezember 1968:
Streikkomitee Spartakus-Seminar, »Die Studenten begannen die Selbstorganisierung ihres Studiums – Die Universitätsadministration schickte die Bullen!« 520

Nr. 267 / 18. Dezember 1968:
Egon Becker u.a., Erklärung wissenschaftlicher Mitarbeiter am Soziologischen Seminar, Myliusstraße 30 521

Nr. 268 / 18. Dezember 1968:
Sozialistischer Deutscher Studentenbund, Von der kritischen Theorie zur Praxis 521

Nr. 269 / 18. Dezember 1968:
Streikkomitee Spartakus-Seminar, Entwurf einer Diskussionsgrundlage 522

Nr. 270 / 19. Dezember 1968:
Streikkomitee Spartakus-Seminar, »Solidarität mit dem Spartakus-Seminar!« 526

Nr. 271 / 19. Dezember 1968:
Streikkomitee Germanistik, »Uns wurde sehr schnell klar…« 527

Nr. 272 / 19. Dezember 1968:
Sozialistischer Deutscher Studentenbund, Zur Politik des SDS an den Universitäten und Hochschulen 528

1969

Nr. 273 / 1969:
Erich Fried, Negative Dialektik 530

Nr. 274 / Januar 1969:
Basisgruppe AfE, »Warum waren die Erfolgserwartungen falsch?« 530

Nr. 275 / Januar 1969:
Max Horkheimer, Die rebellierenden Studenten 531

Nr. 276 / 6. Januar 1969:
Rektor, Prorektor, Dekane, AfE-Ratsvorsitzender, An die Studenten der Universität Frankfurt ... 531

Nr. 277 / 6. Januar 1969:
Walter Rüegg, An die Mitglieder des Lehrkörpers 532

Nr. 278 / 7. Januar 1969:
(Ohne Autor), »Ist Frankfurt Athen?« 532

Nr. 279 / 7. Januar 1969:
Ernst Schütte u. a., »Das sind so die Erpressungen, denen ich nicht folge ...« 533

Nr. 280 / 7. Januar 1969:
Alexander Kluge, Lernen aus dem Zusehen bei einer notwendigen Manipulation, wie sich eine unnötige bekämpfen läßt 536

Nr. 281 / 8. Januar 1969:
(Ohne Autor), »Streik ist Streik! (Schütte gestern auf dem Teach-in)« 538

Nr. 282 / 8. Januar 1969:
(Ohne Autor), Frankfurt: Eskalation und Widerstand 538

Nr. 283 / 9. Januar 1969:
(Ohne Autor), Sinnvolle und sinnlose Selbstkritik am Uni-Teach-in 540

Nr. 284 / 10. Januar 1969:
Theodor W. Adorno / Ludwig von Friedeburg / Jürgen Habermas, »Magnifizenz, gestatten Sie uns ...« 541

Nr. 285 / 12. Januar 1969:
Herbert Marcuse, Brief an Theodor W. Adorno . 541

Nr. 286 / 22. Januar 1969:
(Ohne Autor), Mögliche Erfolgskriterien für den studentischen Kampf in der gegenwärtigen Phase der Auseinandersetzung an der Hochschule 541

Nr. 287 / 25. Januar 1969:
Sozialistischer Deutscher Studentenbund Frankfurt: Kritische Wissenschaft – langfristige Reaktion oder: wo bleibt die Praxis? 543

Nr. 288 / 25. Januar 1969:
Monika Steffen, Was die Studenten in Frankfurt gelernt haben 546

Nr. 289 / 25. Januar 1969:
Allgemeiner Studentenausschuß (der Johann Wolfgang Goethe-Universität), »Das Monopol der Gewalt hat der Staat!« – Argumente zum Widerstand 550

Nr. 290 / 27. Januar 1969:
Fachschaft Soziologie, »Gegen das Verbot des Rektors...« (Flugblatt-Aufruf zur Neubesetzung des Soziologischen Seminars) .. 555

Nr. 291 / 28. Januar 1969:
Streikkomitee Spartakus-Seminar, »Ausnahmezustand im Soziologischen Seminar an der Myliusstraße – Habermas/Friedeburg/ Adorno verbieten politische Praxis« 555

Nr. 292 / 30. Januar 1969:
Sozialistischer Deutscher Studentenbund, »Ohrfeigt Kiesinger« 556

Nr. 293 / Februar 1969:
Theodor W. Adorno, »Im Dezember vergangenen Jahres besetzten Studenten...« ... 557

Nr. 294 / 4. Februar 1969:
Basisgruppe Soziologie, »Freiheit für Krahl – Schmeißt die Bullen aus der Uni!!!!« .. 558

Nr. 295 / 9. Februar 1969:
Theodor W. Adorno, Resignation 559

Nr. 296 / 10. Februar 1969:
(Ohne Autor), Quo vadis Habermas? – Thesen zur Diskussion um eine Neubestimmung der Wissenschaft und ihrer Organisation 562

Nr. 297 / 10. Februar 1969:
Walter Rüegg, Steinzeit 571

Nr. 298 / 11. Februar 1969:
Jochen Steinmayr, Die Revolution frißt ihre Kinder 572

Nr. 299 / 12. Februar 1969:
Fachschaft Philosophie, »Nach den der Fachschaft Philosophie bekannten Informationen ...« 573

Nr. 300 / 14. Februar 1969:
Theodor W. Adorno, Brief an Herbert Marcuse . 574

Nr. 301 / 15. Februar 1969:
Jean Améry, Weiter Weg zu Danton – Der Rebell Daniel Cohn-Bendit 575

Nr. 302 / 20. Februar 1969:
Herbert Marcuse, Brief an Theodor W. Adorno . 577

Nr. 303 / 28. Februar 1969
Theodor W. Adorno, Brief an Herbert Marcuse . 578
Nr. 304 / 18. März 1969:
Herbert Marcuse, Brief an Theodor W. Adorno . 578
Nr. 305 / 25. März 1969:
Theodor W. Adorno, Brief an Herbert Marcuse 578
Nr. 306 / 27. März 1969:
Oberstaatsanwalt beim Landgericht Frankfurt, Einstellungsbescheid 579
Nr. 307 / 29. März 1969:
Stadtteilbasisgruppen, »Der Ostermarsch ist tot – Organisiert Euch in Basisgruppen« . . . 583
Nr. 308 / April 1969:
Sozialistischer Deutscher Studentenbund, Bemerkungen zum Einstellungsbeschluß 584
Nr. 309 / April 1969:
Basisgruppe Germanistik, »Wissenschaftliche Standards = Polizeimaßnahmen« 586
Nr. 310 / April 1969:
Detlev Claussen, Zur Kritik falschen Bewußtseins in der studentischen Revolte 587
Nr. 311 / April 1969:
Antonia Grunenberg / Monika Steffen, Technokratische Hochschulreform und organisierter Widerstand 593
Nr. 312 / April 1969:
Max Horkheimer / Theodor W. Adorno, Zur Neuausgabe der »Dialektik der Aufklärung« 600
Nr. 313 / 5. April 1969:
Herbert Marcuse, Brief an Theodor W. Adorno . 601
Nr. 314 / 17. April 1969:
Sozialistischer Deutscher Studentenbund, Zur Hochschulpolitik des SDS im Sommersemester 602
Nr. 315 / 24. April 1969
Sozialdemokratischer Hochschulbund, »Destruktion oder Demokratisierung? Ist die ›Neue Radikalität‹ des SDS reaktionär?« 603
Nr. 316 / 24. April 1969:
Vordiplomandengruppe Soziologie, »Abschaffung der Klausuren, Anfertigung kollektiver Arbeitspapiere« 604
Nr. 317 / 25. April 1969:
Theodor W. Adorno, »Nachdem mir zweimal die Abhaltung meiner Vorlesung ...« . 605
Nr. 318 / 27. April 1969:
Theodor W. Adorno, Kritische Theorie und Protestbewegung 606

Nr. 319 / Mai 1969:
R. de Clerck / R. Dombois / E. M. R. Roth / Ludwig Voegelin, Arbeitsgruppen im aktiven Streik – Emanzipation unter politischem und wissenschaftlichem Leistungsdruck 607
Nr. 320 / 2. Mai 1969
Rainer Delp, Anmerkungen zur Frankfurter Basisarbeit und Jungarbeiter-Agitation 618
Nr. 321 / 5. Mai 1969:
Theodor W. Adorno, Keine Angst vor dem Elfenbeinturm 620
Nr. 322 / 5. Mai 1969:
Theodor W. Adorno, Brief an Herbert Marcuse . 624
Nr. 323 / 5. Mai 1969:
Jürgen Habermas, Brief an Herbert Marcuse . 625
Nr. 324 / 5. Mai 1969:
Max Horkheimer, Brief an Zachariah Shuster . . 626
Nr. 325 / 7. Mai 1969:
Theodor W. Adorno, »Stellungnahme in der Angelegenheit Krahl!« 627
Nr. 326 / 8. Mai 1969:
(Ohne Autor), Boykott des Soziologie-Vordiploms 628
Nr. 327 / 17. Mai 1969:
Wolfram Schütte, Massenbetrug – Der Italo-Western / Einige Thesen 631
Nr. 328 / 22. Mai 1969:
(Ohne Autor), »Alle reden von Schulung ...« . . 634
Nr. 329 / 23. Mai 1969:
Herbert Marcuse, Brief an Theodor W. Adorno . 634
Nr. 330 / 26. Mai 1969:
Theodor W. Adorno, Kritik 635
Nr. 331 / 28. Mai 1969:
Theodor W. Adorno, Brief an Max Horkheimer . 639
Nr. 332 / Juni 1969:
Theodor W. Adorno, Marginalien zu Theorie und Praxis 639
Nr. 333 / Juni 1969:
Herbert Marcuse, Der Zwang, ein freier Mensch zu sein 643
Nr. 334 / Juni 1969:
Max Horkheimer (nach einem Gespräch mit Hans-Jürgen Krahl), Die Menschen haben sich verändert 649
Nr. 335 / Juni 1969:
Max Horkheimer, Kritische Theorie und Praxis . 649
Nr. 336 / Juni 1969:
Herbert Marcuse, Brief an Theodor W. Adorno . 649

Inhalt 19

Nr. 337 / 12. Juni 1969:
Theodor W. Adorno, »Nachdem meine
Vorlesung am 12. Juni ...« 651

Nr. 338 / 19. Juni 1969:
Theodor W. Adorno, Brief an Herbert Marcuse . 651

Nr. 339 / 17. Juli 1969:
Theodor W. Adorno, »Am 14. Juli sollten
die Vordiplom-Klausuren ...« 652

Nr. 340 / 21. Juli 1969:
Herbert Marcuse, Brief an Theodor W. Adorno . 653

Nr. 341 / 28. Juli 1969:
Theodor W. Adorno, Telegramm an
Herbert Marcuse 655

Nr. 342 / 28. Juli 1969:
Herbert Marcuse, »Revolution aus Ekel« 655

Nr. 343
Elmar Altvater u.a., »Die Neue Linke
bekämpft seit Jahren ...« 661

Nr. 344 / 28. Juli 1969:
Alexander Mitscherlich, Protest und Revolution . 661

Nr. 345 / 28. Juli 1969
Paul Parin, Frustration – Ichideal –
Realitätsveränderung 666

Nr. 346 / 31. Juli 1969:
Herbert Marcuse, Brief an Theodor W. Adorno . 667

Nr. 347 / 31. Juli 1969:
Herbert Marcuse, Brief an Rudi Dutschke 668

Nr. 348 / August 1969:
Herbert Marcuse, Nicht einfach zerstören –
Über die Strategie der Linken 668

Nr. 349 / 6. August 1969:
Theodor W. Adorno, Eilbrief an
Herbert Marcuse 671

Nr. 350 / 8. August 1969:
Max Horkheimer, Über seinen Gefährten 672

Nr. 351 / 11. August 1969:
Max Horkheimer, »Himmel, Ewigkeit und
Schönheit« 673

Nr. 352 / 13. August 1969:
Hans-Jürgen Krahl, Der politische Widerspruch
der Kritischen Theorie Adornos 673

Nr. 353 / 20. August 1969:
Joachim Bergmann u.a., Kritische Theorie
weiterführen 676

Nr. 354 / 24. August 1969:
Herbert Marcuse, »Adorno [war] für mich viel
zu lebendig ...« 678

Nr. 355 / 24. August 1969:
Herbert Marcuse, Reflexion zu
Theodor W. Adorno 679

Nr. 356 / 12. September 1969:
Jürgen Habermas, Odyssee der Vernunft
in die Natur – Theodor W. Adorno wäre am
11. September 66 Jahre alt geworden 682

Nr. 357 / 1969:
Heberto Padilla, Theodor W. Adorno
kehrt vom Tode zurück 684

Nr. 358 / 16. Oktober 1969:
Hans-Jürgen Krahl, Angaben zur Person 684

Nr. 359 / 24. Oktober 1969:
Herbert Marcuse, Redebeitrag auf einer
Kundgebung für Angela Davis in Berkeley 688

Nr. 360 / November 1969:
*Zentralrat der sozialistischen Kinderläden
West-Berlin*, Zur Veröffentlichung
der Anleitung für eine revolutionäre Erziehung
Nr. 2: Walter Benjamin, Eine kommunistische
Pädagogik – Spielzeug und Spielen – Programm
eines proletarischen Kindertheaters – Baustelle . 690

Nr. 361 / 4. Dezember 1969:
Hans-Jürgen Krahl, Kritische Theorie
und Praxis 691

Nr. 362 / 13. Dezember 1969:
Hans-Jürgen Krahl, Thesen zum allgemeinen
Verhältnis von wissenschaftlicher Intelligenz
und proletarischem Klassenbewußtsein 696

1970

Nr. 363 / 1. Januar 1970:
Marxismus-Kollektiv, Die ML-Kritik am
Intellektuellen ist eine logische Unmöglichkeit . 698

Nr. 364 / 1. Januar 1970:
Rudi Dutschke, Brief an Herbert Marcuse 699

Nr. 365 / Februar 1970:
Max Horkheimer, Die deutschen
oppositionellen Studenten 700

Nr. 366 / 2. Februar 1970:
Joscha Schmierer, Die theoretische
Auseinandersetzung vorantreiben und die Reste
bürgerlicher Ideologie entschieden bekämpfen –
Die Kritische Theorie und die
Studentenbewegung 700

Nr. 367 / 6. Februar 1970:
Hans-Jürgen Krahl, Produktion und
Klassenkampf 710

Nr. 368 / 16. Februar 1970:
Wolfram Schütte, Krahl – Zu seinem Tode 711

Nr. 369 / 20. Februar 1970:
Detlev Claussen / Bernd Leineweber / Oskar Negt, Rede zur Beerdigung des Genossen Hans-Jürgen Krahl 712

Nr. 370 / 20. Februar 1970:
Wolf Wondratschek, Trauerfeier 715

Nr. 371 / März 1970:
Fachschaft Philosophie, Offener Brief an Leszek Kolakowski 717

Nr. 372 / 14. März 1970:
Jürgen Habermas, Entgegnung 718

Nr. 373 / 18. März 1970:
Leszek Kolakowski, Brief an Jürgen Habermas . 718

Nr. 374 / 18. März 1970:
Leszek Kolakowski, Brief an die Fachschaft Philosophie 719

Nr. 375 / 21. März 1970:
Fachschaft Philosophie, Brief an Jürgen Habermas 719

Nr. 376 / 21. März 1970:
Herbert Marcuse, »Ich habe nie behauptet, daß der Kapitalismus krisenfest ist« – Interview von Helmut Reinicke 720

Nr. 377 / 24. März 1970:
Jürgen Habermas, Brief an die Fachschaft Philosophie 721

Nr. 378 / 25. März 1970:
Max Horkheimer, Brief an Karl-Heinz Bohrer . 722

Nr. 379 / 11. April 1970
Herbert Marcuse, Brief an Rudi Dutschke 722

Nr. 380 / 12. Juni 1970:
Wilhelm Alff, Leserbrief an die Wochenzeitung »Die Zeit« 723

Nr. 381 / 12. Juni 1970:
Alfred Schmidt, Leserbrief an die Wochenzeitung »Die Zeit« 724

Nr. 382 / 12. Juni 1970:
Hermann Schweppenhäuser, Leserbrief an die Wochenzeitung »Die Zeit« 725

Nr. 383 / 23. Juni 1970:
Max Horkheimer, Brief an Johannes Flügge 727

Nr. 384 / November 1970:
Herbert Marcuse, Helft Angela 727

Nr. 385 / 4. November 1970:
Rudi Dutschke, Brief an Herbert Marcuse 728

1971

Nr. 386 / 1971:
Rudi Dutschke, Brief an Herbert Marcuse 730

Nr. 387 / 28. Januar 1971:
Oskar Negt, Der Fall Angela Davis 730

Nr. 388 / 8. Februar 1971:
Winfried Heidemann, Die Verfolgung und Ermordung der Theorie durch die Praxis, dargestellt von Jürgen Habermas 733

Nr. 389 / 3. März 1971:
Max Horkheimer, Neues Denken über Revolution 735

Nr. 390 / April 1971:
Reimut Reiche, Was heißt: Proletarischer Lebenszusammenhang? 736

Nr. 391 / 16. April 1971:
Herbert Marcuse, Brief an Rudi Dutschke 739

Nr. 392 / Juni 1971:
Jürgen Habermas, Historisches zur Organisationsfrage 740

Nr. 393 / 4. Juli 1971:
Jürgen Habermas, Ermordung der Theorie? ... 744

Nr. 394 / Oktober 1971:
Oskar Negt, Zum Fall Baader-Meinhof 745

Nr. 395 / 8. November 1971:
Herbert Marcuse, »Sie hat sich nicht verändert« . 747

1972

Nr. 396 / 1972:
Frauengruppe im »Revolutionären Kampf«, Zur Autonomie der Frauenkämpfe 750

Nr. 397 / 3. Juni 1972:
Oskar Negt, Sozialistische Politik und Terrorismus 752

Nr. 398 / 15. Juni 1972:
Herbert Marcuse, »Dieser Terror ist konterrevolutionär« 758

Nr. 399 / 15. Juni 1972:
Herbert Marcuse, Die Verlegenheit des revolutionären Geistes 759

Nr. 400 / 30. Juni 1972:
Betriebsprojektgruppe »Revolutionärer Kampf«, Gewalt 761

Nr. 401 / 14. Oktober 1972:
Oskar Negt, Nicht nach Köpfen, sondern nach Interessen organisieren! 764

1973

Nr. 402 / 9. Juni 1973:
Jürgen Habermas, Herbert Marcuse über Kunst und Revolution 772

Nr. 403 / 18. Juni 1973:
Jürgen Habermas, Leserbrief 773

Nr. 404 / 1. Dezember 1973:
Peter Brückner u. a., Untersuchungsprojekt: Die Protestbewegung in der Bundesrepublik Deutschland und West-Berlin 773

1974

Nr. 405 / 29. Juni 1974:
Herbert Marcuse, Marxismus und Feminismus . 780

Nr. 406 / 29. Juni 1974:
Herbert Marcuse, »Links«-Interview zum Vortrag »Marxismus und Feminismus« . . . 784

Nr. 407 / 5. Juli 1974:
Oskar Negt, 50 Jahre Institut für Sozialforschung 787

1975

Nr. 408 / 9. April 1975:
Jürgen Habermas, »Ich finde die Analyse, die Rudi Dutschke angedeutet hat, lehrreich...« . . 792

Nr. 409 / 28. April 1975:
Herbert Marcuse, Zu den Ereignissen in Stockholm 793

1977

Nr. 410 / 1977:
Herbert Marcuse, Ökologie und Gesellschaftskritik 796

Nr. 411 / Juli 1977:
Herbert Marcuse / Heinz Lubasz / Alfred Schmidt / Karl Popper / Ralf Dahrendorf / Rudi Dutschke, (Auszüge aus einem Gespräch über Radikale Philosophie: Die Frankfurter Schule) 801

Nr. 412 / 16. September 1977:
Rudi Dutschke, Kritik am Terror muß klarer werden 805

Nr. 413 / 16. September 1977:
Herbert Marcuse, Mord darf keine Waffe der Politik sein 806

Nr. 414 / 19. September 1977:
Jürgen Habermas, Stumpf gewordene Waffen aus dem Arsenal der Gegenaufklärung . 808

Nr. 415 / 10. Oktober 1977:
Jürgen Habermas, Probe für Volksjustiz – Zu den Anklagen gegen die Intellektuellen 817

Nr. 416 / November 1977:
Alexander und Margarete Mitscherlich, Ihr endet bei der destruktiven Gleichgültigkeit 818

Nr. 417 / 2. November 1977:
Albrecht Wellmer, Terrorismus und die Theorien der »Frankfurter Schule« 820

Nr. 418 / 26. November 1977:
Hans Filbinger, Es geht gar nicht um Intellektuellenhatz 823

Nr. 419 / 15. Dezember 1977:
Ulrich Sonnemann, Filbinger zitierte unvollständig 825

1978

Nr. 420 / Juni 1978:
Samuel Beckett, »pas à pas ...« 828

Nr. 421 / 19. Juli 1978:
Herbert Marcuse, »Ich habe niemals Terror gepredigt« 828

1979

Nr. 422 / 18. Mai 1979:
Herbert Marcuse, Die Revolte der Lebenstriebe . 834

Nr. 423 / 31. Juli 1979:
Jacob Taubes, Revolution und Transzendenz – Zum Tode des Philosophen Herbert Marcuse . . 836

Nr. 424 / 6. August 1979:
Gaston Salvatore, Träumen entsprang ein Augenblick Geschichte 838

Nr. 425 / September 1979:
Reinhard Lettau, Denken und Schreiben gegen das tägliche Entsetzen 839

Nr. 426 / September 1979:
Erica Sherover-Marcuse / Peter Marcuse, Offener Brief an Freunde Herbert Marcuses . . . 840

1980

Nr. 427 / 4. Januar 1980:
Jürgen Habermas, Ein wahrhaftiger Sozialist – Zum Tode von Rudi Dutschke 844

1983

Nr. 428 / April 1983:
Jürgen Habermas, Bemerkungen zu Beginn einer Vorlesung (»Zum Diskurs der Moderne«) 845

1985

Nr. 429 / 28. Juni 1985:
Jürgen Habermas, »Ihr Veteranenstammtisch
zur Frankfurter Schule...« 847

1987

Nr. 430 / 22. Juni 1987:
Oskar Negt, »Radikaler als die Studenten
von 1968« 847

1988

Nr. 431 / 1. Dezember 1988:
Rainer Erd, Neuorientierung an Kritischer Theorie
dringend erforderlich – 20 Jahre danach:
Studentenbewegung 1988 851

1989

Nr. 432 / 16. Juni 1989:
Oskar Negt, Autonomie und Eingriff –
Ein deutscher Intellektueller mit politischem
Urteilsvermögen: Jürgen Habermas 852

1994

Nr. 433 / 4. Mai 1994:
Jürgen Habermas, Die Bedeutung
der Aufarbeitung der Geschichte der beiden
deutschen Diktaturen für den Bestand der
Demokratie in Deutschland und Europa 854

Editorial

Mit der Dokumentation wird die **Absicht** verfolgt, die thematische Verknüpfung zwischen Frankfurter Schule/Kritischer Theorie und Studentenbewegung, deren Gesichtspunkte im Editorial der Chronik näher erläutert worden sind, in dreierlei Hinsicht zu präsentieren:
1. Alle für das Thema wichtigen und bislang bereits publizierten Texte,
2. die wichtigsten der nur schwer zugänglichen und zum Teil bereits in Vergessenheit geratenen Texte sowie
3. die wichtigsten der bislang unveröffentlichten bzw. unbekannten Texte zu versammeln.

Mit anderen Worten: **Ziel** ist es, ein möglichst umfassendes und differenziertes Bild der damaligen Positionen, Beziehungen und Vorgänge in einer auch für nicht weiter eingeführte Leser nachvollziehbaren Form zu liefern.

Die wichtigste **Grundlage** für die Dokumentation der bereits publizierten Texte waren die **Werkausgaben** der Schriften von Theodor W. Adorno und Max Horkheimer. Hinzu kamen Ausgaben einzelner Werke von Herbert Marcuse, Jürgen Habermas und Oskar Negt. Die Texte dieser fünf Repräsentanten der Kritischen Theorie stellten den Grundstock für die Dokumentation dar.

Für die Gruppe der zwar bereits publizierten, aber nur schwer zugänglichen Texte waren insbesondere **Zeitungen** und **Zeitschriften** von Bedeutung. Das wichtigste Organ war dabei zweifellos die 1951, nicht zuletzt auf Horkheimers Initiative hin gegründete Frankfurter Studentenzeitung *Diskus*. An keinem anderen Blatt läßt sich die Entwicklung der in diesem Zusammenhang genannten Fragen über mehrere Jahrzehnte hinweg besser nachverfolgen als an der von der Studentenschaft der Frankfurter Universität herausgegebenen Zeitung, die seit 1970 die Form einer Zeitschrift, genauer die eines Magazins angenommen hat. Ein anderes, in seiner Relevanz nicht zu unterschätzendes Organ war die vom SDS-Bundesvorstand herausgegebene, vornehmlich theoretische Absichten verfolgende Zeitschrift *Neue Kritik*. In diesem Organ, das von 1960 bis 1970 erschienen ist, spiegelt sich nicht nur die wechselvolle Geschichte des bedeutendsten Studentenverbandes der alten Bundesrepublik, sondern auch die interne Dynamik der darin vertretenen Fraktionen und Strömungen, die wiederum für das Verhältnis zu den Kritischen Theoretikern von einer erheblichen Bedeutung war.

Für die nichtpublizierten Texte waren die **Nachlässe** von Max Horkheimer und Herbert Marcuse, die in der Frankfurter Stadt- und Universitätsbibliothek aufbewahrt werden, sowie der in einem eigenen Archiv verwahrte von Theodor W. Adorno von größter Relevanz. Es waren vor allem Korrespondenzen, insbesondere die zwischen Adorno und Marcuse aus dem Jahr 1969, die ungeahnte Einblicke in den Konfliktverlauf während des **Aktiven Streiks** und die für die darin eingenommenen Positionen ausschlaggebenden Motive gewährten. Hinzu kamen verschiedene **Archivalische Sammlungen** aus dem Archiv des Hamburger Instituts für Sozialforschung. Zu nennen sind hier vor allem die Dokumentensammlungen von Ronny Loewy, Udo Riechmann und des Herausgebers aus der Schlußphase des Frankfurter SDS sowie Briefe aus dem dort ebenfalls befindlichen Nachlaß von Rudi Dutschke. Ergänzt wurden diese Bestände noch durch Briefe aus dem Nachlaß des ehemaligen SDS-Bundesvorstands, der im Archiv APO und soziale Bewegungen an der Freien Universität in Berlin aufbewahrt wird. Trotz mehrerer Versuche ist es dem Herausgeber nicht gelungen, Einblick in die Bestände des Archivs der Johann Wolfgang Goethe-Universität zu gewinnen. Insofern konnte auf die dortigen Akten nicht zurückgegriffen werden. Auf Akten aus dem Institut für Sozialforschung, die von dem Herausgeber bereits zu einem früheren Zeitpunkt gesichtet worden waren, konnte verzichtet werden. Sie sind bereits in der von Rolf Wiggershaus verfaßten, 1986 erschienenen Monographie »**Die Frankfurter Schule**« ausgewertet worden, auf deren Ergebnisse im Zweifelsfall zurückgegriffen werden konnte.

Da sich in der Unterschiedlichkeit und Vielfalt der Textformen auch die Heterogenität ihrer Quellen und die Facettenhaftigkeit der darin zum Ausdruck kommenden Gesichtspunkte widerspiegelt, soll hier ein kurzer Überblick über die verschiedenen für die Do-

kumentation herangezogenen **Textgruppen** geliefert werden. Berücksichtigung fanden:
- Aufsätze, Artikel und Abhandlungen;
- Einleitungen, Geleit-, Vor- und Nachworte;
- Rezensionen und Literaturberichte;
- Vorträge, Vorlesungen und Referate;
- Ansprachen und Reden;
- Kommentare und Stellungnahmen;
- Briefe und Telegramme;
- Tagebuchaufzeichnungen, Erinnerungen und Gesprächsnotizen;
- Flugblätter und Plakate;
- Thesen- und Seminarpapiere;
- Resolutionen und Beschlüsse;
- Aufrufe, Appelle und Offene Briefe;
- Presseerklärungen, Leserbriefe und Mitteilungen;
- Manifeste und Programme;
- Pamphlete und Polemiken;
- Interviews, Diskussions- und Gesprächsmitschnitte;
- Festreden und Nachrufe;
- Protokolle und Aktennotizen;
- Zirkulare und Rundschreiben;
- Aushänge und Anschläge;
- Anklageschriften und Gerichtsbescheide;
- Gutachten;
- Gedichte und andere literarische Zeugnisse.

Angesichts der Vielfalt der in der Dokumentation verfolgten Themenstränge konnte es weder sinnvoll noch aussichtsreich sein, eine in bestimmter Hinsicht definierte Vollständigkeit erlangen zu wollen. Bei der **Auswahl** der Texte wurde ein Kompromiß zwischen Relevanz, Umfang und Lesbarkeit angestrebt. Aufgrund des zum Teil höchst unterschiedlichen Umfangs der Dokumente waren bei einigen von ihnen **Kürzungen** erforderlich. Gekürzt wurden jedoch nur solche Texte, die leicht zugänglich und in der Vergangenheit bereits mehrfach publiziert worden sind. Vom Herausgeber vorgenommene Kürzungen sind durch eckige Klammern und Punkte [...] gekennzeichnet. Andere, in den Dokumenten bereits vorhandene Kürzungen sind mit Punkten ... angegeben. In seltenen Fällen sind eckige Klammern für Kürzungen aus den schon veröffentlichten Dokumenten übernommen worden (v.a. in den Briefen von Max Horkheimer).

Schreibweise und **Interpunktion** folgen in der Regel dem Original. Nur offenkundige orthographische Fehler wurden verbessert. Die spezifischen Groß- und Kleinschreibungen sind übernommen worden. Lediglich bei Namen und Titeln wie *konkret / Konkret* und *neue kritik / Neue Kritik* z.B., in denen zwischen Groß- und Kleinschreibung abgewechselt wurde, ist eine Vereinheitlichung vorgenommen worden.

Handschriftliche Passagen, die nur äußerst selten in einigen Briefen aufgetaucht sind, wurden nicht besonders gekennzeichnet.

Vorhandene **Quellennachweise** in den Dokumenten oder an deren Ende wurden in der Regel übernommen. In Fällen, in denen sie unvollständig waren, wurden sie stillschweigend ergänzt.

In einigen Fällen wurden **Quellennachweise** hinzugefügt. Es handelt sich dabei in der Regel um Zeitungsartikel, in denen Fuß- oder Endnoten unüblich sind. Diese Stellen sind nicht besonders markiert.

Die am Ende von Dokumenten vorhandenen **Anmerkungen** wurden in der Regel ebenfalls übernommen.

Zusätzlich wurden **Anmerkungen** nur in Ausnahmefällen hinzugefügt. Bei fehlenden Informationen sollte anhand des Datums die parallele Darstellung in der Chronik konsultiert werden. Die vom Herausgeber hinzugefügten Anmerkungen sind nicht besonders markiert.

Bis auf wenige Ausnahmen lagen im Original fremdsprachige Texte, ausnahmslos solche in englischer Sprache, bereits in einer gesicherten Übersetzung vor. Lediglich die Texte Nr. 67, 302, 359 und 426 mußten für die vorliegende Ausgabe ins Deutsche übertragen werden. Die **Übersetzungen** wurden von Kay Dohnke und Evelin Schultheiß vorgenommen. In Fällen, in denen sowohl das fremdsprachige Original als auch die Übersetzung vorlagen, wurde darauf verzichtet, das Original noch einmal abzudrucken. Es handelt sich dabei ausschließlich um Dokumente aus der Edition des Horkheimer-Briefwechsels. Anhand der den Dokumenten vorangestellten Quellenangaben können die jeweiligen Fundstellen der Originalabdrucke eruiert werden.

Um eine synchrone Lektüre von Chronik und Dokumentation zu erleichtern, sind bereits in der Darstellung der Einzelereignisse **Hinweise** auf die jeweils dazu gehörenden Dokumente angeführt worden.

Zur selektiven Nutzung der Dokumente dienen das **Inhaltsverzeichnis** am Anfang dieses Bandes, in dem die Titel aller Texte in chronologischer Reihenfolge aufgeführt werden, und die verschiedenen **Register** am Ende des Aufsatzbandes.

1946

Noch in den USA (v.l.n.r.): Max Horkheimer, Maidon Horkheimer, Felix Weil und Begleiterin, Friedrich Pollock.

Nr. 1

Heinz Maus
Brief an Max Horkheimer

10. Mai 1946

QUELLE: Max Horkheimer, Gesammelte Schriften Bd. 17: Briefwechsel 1941–1948, hrsg. von Gunzelin Schmid Noerr, © S. Fischer Verlag Frankfurt/Main 1996, S. 732 f.

den 10/V. 46
Am Zollhafen 10
(18) Mainz
Französ[ische] Zone

Sehr verehrter Herr Professor,

endlich, nach genau 7 Jahren, kann ich Ihnen wieder schreiben. Die letzte Post erhielt ich noch in Oslo. Ich fuhr nach Deutschland zurück, um schnell zu promovieren; der Kriegsausbruch, der eher kam, verhinderte die Rückkehr. Schließlich wurde auch ich eingezogen, verbrachte den Krieg im Sanitätsdienst, geriet einmal auch vors Kriegsgericht[1], überstand alles, um nun, ein Jahr nach der Kapitulation, bitter feststellen zu müssen, daß die Allermeisten nichts aus den 12 Jahren gelernt haben.

Inzwischen erfuhr ich von Frau Gelb[2] in Köln, daß Sie leben, daß es Ihnen gut geht.

[...]

Unter der Leitung von L[eopold] von Wiese ist nun auch die Deutsche Gesellschaft für Soziologie neu errichtet worden. Herr von Wiese bat mich, Ihnen zu schreiben und Sie zu fragen, ob Sie nicht als korrespondierendes Mitglied der Gesellschaft beitreten würden. Auf der konstituierenden Versammlung war auch der Sorokin-Schüler, Prof. [Charles] Hartshorne, zugegen. Er erwähnte unter anderem, daß Hans Speier als USA-Offizier in Deutschland sei. Vielleicht sind Sie durch diesen bereits unterrichtet worden? Bereits im Herbst wird wieder ein Soziologenkongreß, in Frankfurt, stattfinden, dessen Thema »die gegenwärtigen Aufgaben der Soziologie in Deutschland« lauten soll. So wichtig dieses Thema, so wenig verspreche ich mir nach den Diskussionen, die in Godesberg geführt wurden, davon. Wahrscheinlich werde auch ich sprechen, obschon wohl kaum im Hauptreferat. Die Isolierung, in die einen der Krieg versetzte; die Unübersichtlichkeit über die Vorgänge des in Besatzungszonen aufgeteilten Deutschlands; die Abgetrenntheit von der Theorie und die dumpfe »Praxis« der Lebensfristung erschweren die genaue und erhellende Orientierung.

Ich selbst bin z. Zt. in der Berufsberatung des hiesigen Arbeitsamtes tätig. Die wiedererrichtete Mainzer Universität sieht bis jetzt keinen Soziologen vor; überdies überwiegt der klerikale Einfluß. Zur Abfassung einer Habilitationsarbeit fehlt fast alle Literatur, zumal die des Auslands. (Die uns so wichtig gewordene »Zeitschrift«, welche Sie mir zusandten, ist inzwischen auch verbrannt wie so manches andere; und die Bibliotheken besitzen wenig brauchbares noch, gar nichts von allem, was außerhalb Deutschlands erschien.) Herr Hartshorne wird zwar inzwischen versuchen, wenigstens einiges in wenigen Exemplaren zur Verfügung zu stellen. Ich selbst, in der französ[ischen] Zone zum Verbindungsmann der Soziolog[ischen] Gesellschaft zur Militärregierung gewählt, werde versuchen, französ[ische] und schweizer Literatur zu beschaffen. Aber es fehlt eben allerorten.

Eine eigene deutsche Zeitschrift für Soziologie fehlt noch.

Ah, es täte gut, Sie in Frankfurt zu hören!

Möge dieser Brief Sie bald und bei guter Gesundheit erreichen. Ich werde mich sehr freuen, von Ihnen eine Antwort zu erhalten. Wir sind nicht unverändert durch diese wüsten Jahre der »Eisernen Ferse«[3] gegangen. Daß ich durchhielt, verdanke ich zu einem großen Teile Ihnen! So bin ich wie stets Ihr dankbarer Schüler

H. Maus

P.S. Sobald das möglich, werde ich Ihnen ein Exemplar der Dissertation (*Kritik am Justemilieu. Eine sozialphilosophische Studie über Schopenhauer*[4]) zusenden, die der jetzt entschlafene Cay von Brockdorff[5] noch annahm. Zu einer Habilitationsarbeit fehlt mir im Augenblick Zeit, Literatur und beinahe auch der Mut.

Ist Ihnen etwas über Hugo Fischer bekannt? 1939 ging er von Oslo nach England; seitdem bin ich ohne alle Nachricht.

---

1 Maus war 1943 verhaftet und wegen Verstoßes gegen das »Heimtückegesetz« angeklagt worden, weil er über Chaplins Film *Der große Diktator* mit Hinweisen auf Hitler geschrieben hatte.
2 Ehefrau von Adhémar Gelb.
3 Anspielung auf die Formulierung Horkheimers in seinem Aufsatz *Die Juden und Europa,* in: Zeitschrift für Sozialforschung VIII, 1939, S. 136; in: Max Horkheimer, Gesammelte Schriften Bd. 4: Schriften 1936–1941, Frankfurt/Main 1988, S. 331. Horkheimer hatte dort stillschweigend den Titel von Jack Londons Roman *Die eiserne Ferse* (1908) zitiert. Die *Eiserne Ferse* bezeichnet in diesem utopischen Roman eine 300jährige oligarchische Herrschaft nach dem Scheitern

einer sozialistischen Revolution und ihrer brutalen Unterdrückung in den Jahren 1912–1917.

4 Später erschienen unter dem Titel: Heinz Maus, Die Traumhölle des Justemilieu, Frankfurt/Main 1981.

5 Cay Baron von Brockdorff (1874–1946), Philosoph und Soziologe, seit 1921 Professor in Kiel.

Nr. 2

Max Horkheimer
Brief an Heinz Maus

28. Juni 1946

QUELLE: Max Horkheimer, Gesammelte Schriften Bd. 17: Briefwechsel 1941–1948, hrsg. von Gunzelin Schmid Noerr, © S. Fischer Verlag Frankfurt/Main 1996, S. 738–740

[Pacific Palisades,] 28. Juni 1946.

Lieber Herr Maus!

Ihre beiden Briefe aus Mainz sind mir von New York aus hierher nachgesandt worden. Sie haben mir damit eine besonders große Freude gemacht.

Ich verbringe den größeren Teil des Jahres im südlichen Kalifornien, wo die Bedingungen für unsere Arbeit besser sind als im betriebsamen Osten Amerikas. Zusammen mit Wiesengrund-Adorno versuche ich hier die Theorie zu entfalten, deren Anfänge Ihnen aus der Zeitschrift bekannt sind. Der Sitz des Instituts ist immer noch New York. Der dortigen Columbia Universität sind wir für eine lange und großzügige Gastfreundschaft verbunden. Die Forschungen unserer Gruppe gelten heute vor allem der theoretischen Durchdringung des Monopolismus und der Massenkultur. Der Nationalsozialismus erscheint uns dabei als ein Erzeugnis dieser weitreichenden gesellschaftlichen Prozesse, das freilich in seinem Grauen die Tendenz der gesamten geschichtlichen Periode verrät.

Die Zeitschrift hatten wir während des Krieges eingestellt, da viele unserer Mitarbeiter in die verschiedenen Regierungszweige nach Washington gegangen sind. Ich selbst hatte neben meinen akademischen Verpflichtungen die Einrichtung einer Forschungsstelle zum Studium des Rassenhasses in Amerika übernommen. Die Stelle wurde als Abteilung des American Jewish Committee jedoch mit weit gesteckten Zielen organisiert, und arbeitet heute mit einem beträchtlichen Stab von Wissenschaftlern und in Verbindung mit einer Reihe amerikanischer Universitätsinstitute. Jetzt habe ich mich von der Leitung dieser Abteilung wieder meinen eigentlichen Aufgaben zugewandt.

Ob und wie wir die Zeitschrift in Zukunft wieder erscheinen lassen, wissen wir noch nicht. Von den englischen Publikationen aus dem Institutskreis, die fürs nächste Jahr geplant und teils im Manuskript schon vorliegen, werden Sie die folgenden besonders interessieren:

The American Agitator (Löwenthal)[1]
The German Tragedy (Massing)[2]
The Eclipse of Reason (Horkheimer)[3]
Antisemitism among American Labor (eine gemeinsame Studie).[4]

Das Institut ist ferner beteiligt an dem Werk über *The Fascist Character* (Sanford-Adorno), das ebenfalls in Jahresfrist erscheinen soll.[5]

Als Probe unserer Studie in deutscher Sprache sende ich Ihnen die *Philosophischen Fragmente*[6], die Adorno und ich vor 2 Jahren in einer mimeographierten Ausgabe herausbrachten. Diese Arbeit, wie einige andere, die wir während dieser Jahre des Schreckens geschrieben haben, ist nicht sehr zukunftsfreudig. Nach unserer Überzeugung dient heute die Theorie dem Menschen besser, wenn sie es wagt, der Gefahr seiner Liquidierung ins Auge zu sehen, als ein krampfhaftes Vertrauen zu nähren, das in seiner Unwahrheit den Zerfall eher noch beschleunigt als ihn aufhält.

Bei der eilfertigen Wiedereinrichtung von Universitäten, wissenschaftlichen Gesellschaften und sich wandelnden Zeitschriften in Deutschland ist mir nicht recht wohl zu Mute. Die Selbstverständlichkeit, mit der die Deutschen jetzt weltbürgerliche Gepflogenheiten aufnehmen, ist mir beinahe so verdächtig wie die neue Liebe zum Paradoxen, mit der die Franzosen die Fetzen der reaktionären Metaphysik unter den deutschen Trümmern hervorziehen. Wenngleich den Besorgnissen, aus denen heraus man die ideologische Wirtschaft in Europa wieder anzukurbeln versucht, die Berechtigung nicht abzusprechen ist, sind doch die Übergangserscheinungen peinlich genug. Alles scheint aufs Vergessen angelegt. Daß selbst noch die erbärmlichsten intellektuellen Lakaien des Nationalsozialismus jedes Interview dazu benutzen, um tief verwundet von ihm abzurücken, ist dabei nur ein scheinbarer Widerspruch zu den Berichten der Reporter, daß die Bevölkerung ihn sich erst recht zu eigen macht. Im Grund sind alle Schreckenstaten nicht mehr wahr.

Anstatt der geistigen Abblendung gegen die Vergangenheit, durch die sie eine unheimliche Macht gewinnt, bedarf es eines unablässigen insistenten Umgangs mit ihr. Geistig zu überwinden wäre der Nationalsozialismus nur in einer Durchdringung seiner ideologischen Elemente bis zu den ureigenen Wurzeln des bürgerlichen Denkens, das er nur allzu gründlich beseitigt hat. Der Verruf, in den die modernste europäische Philosophie, dem Pragmatismus sich annähernd, die Erinnerung bringt, ist ein Ergebnis der allgemeinen Entwicklung, die das individuelle ökonomische Subjekt und damit die ihm zugehörigen transzendentalen Faktoren einzieht und aufs monopolistische Kollektiv überträgt. Wenn aber der Nationalsozialismus in Deutschland zum blinden Fleck der Geschichte gemacht wird, so wird sich von da aus vollends die Nacht ausbreiten.

Da der für den Herbst geplante Soziologenkongreß das Thema »Die gegenwärtigen Aufgaben der Soziologie in Deutschland« trägt, so haben Sie dort vielleicht Gelegenheit darauf hinzuweisen, daß eine der wichtigsten und spezifisch deutschen Aufgaben die Ausbildung einer zeitgemäßen Soziologie des Terrors wäre, angefangen vom Übergang der Erziehung des Kindes aufs schlagkräftige Kollektiv der kindlichen Gruppe in Spiel und Schulklasse bis zur Verwandlung des Erwachsenen in ein bloßes Mitglied vorgegebener Verbände, ohne deren Schutz er arbeits- und rechtlos ist. In ihrem Rahmen gewinnt er die Existenz, indem er auf die Entscheidung verzichtet und zum Objekt, zum Ding wird. Am Individuum, der freilich seit dem Ursprung schon verzerrten gesellschaftlichen Existenzform des Menschen, vollzieht nun der ökonomische Fortschritt das Gericht. Es zergeht in der von Machtgruppen manipulierten Allgemeinheit. Es wird abgeschafft. Der faschistische Terror ist nur die äußerste Konsequenz der technologischen Errungenschaften, durch welche die Menschen in der gegebenen Wirtschaft radikal fungibel wurden. Ich halte es für eine Angelegenheit deutscher Soziologen, diesen Verhältnissen im einzelnen nachzugehen.

Daß ich nach dem Gesagten zum korrespondierenden Mitglied der soziologischen Gesellschaft tauge, glaube ich nicht. Jedenfalls bitte ich Sie, Herrn Professor von Wiese in meinem Namen aufrichtig für seine Einladung zu danken. Was die Literatur anbelangt, die Sie sich erbitten, so werde ich versuchen, Ihnen außer der oben angekündigten so viel wie möglich zu übersenden.

Mit vielen freundlichen Grüßen bin ich

PS. Soeben erfahre ich, daß es noch nicht möglich ist, nach der französischen Zone Bücher zu senden. Ich werde daher warten, bis sich dies ändert, es sei denn, daß Sie mir selbst einen Ratschlag geben können.

1 Leo Löwenthal/Norbert Guterman, Prophets of Deceit. A Study of the Techniques of the American Agitator, New York 1949; dt. unter dem Titel: Falsche Propheten. Studien zur faschistischen Agitation, in: Leo Löwenthal, Schriften Bd. 3: Studien zum Autoritarismus, hrsg. von Helmut Dubiel, Frankfurt/Main 1982, S. 9–159.
2 Paul W. Massing, Rehearsal for Destruction. A Study of Political Anti-Semitism in Imperial Germany, New York 1949.
3 New York 1947.
4 Diese wurde nicht veröffentlicht.
5 Theodor W. Adorno/Else Frenkel-Brunswik/Daniel J. Levinson/R. Nevitt Sanford, The Authoritarian Personality, New York 1950.
6 Später: Dialektik der Aufklärung, Amsterdam 1947.

Nr. 3

Franz Neumann
Brief an Max Horkheimer

31. Oktober 1946

QUELLE: Max Horkheimer, Gesammelte Schriften Bd. 17: Briefwechsel 1941–1948, hrsg. von Gunzelin Schmid Noerr, © S. Fischer Verlag Frankfurt/Main 1996, S. 767 f.

Department of State
Washington
4800 Park ave
Washington 16 DC
31 10 46.

Lieber Herr Horkheimer,

dieser Brief ist auch für Pollock[1] und Weil[2], deren Adresse ich nicht habe. Ich weiß, daß ich früher hätte schreiben sollen, aber leider bin ich mit Arbeit überlastet. Nicht nur im Department sondern auch in der Universität ist die Arbeit ungeheuer angewachsen und das Reisen nach New York ist immer noch eine furchtbare Strapaze.

Deutschland heute ist schlimmer als 1945. Man hat das Gefühl der völligen Hoffnungslosigkeit und der totalen intellektuellen und politischen Stagnation.

1945 konnte man noch annehmen, daß vielleicht etwas neues wachsen würde – 1946 findet man nur noch altes, das sehr vermodert ist.

Das ist ganz deutlich im intellektuellen Leben. Was man hört und liest, ist der Müll des deutschen Idealismus in seinen verschiedenen Formen oder ein Marxismus, der auf jeden Pfurz des Soviet Militärkommandanten abgestellt ist.

Der Herr Jaspers[3] macht jetzt in »freiheitlichem Sozialismus« – aber natürlich mit allen Garantien für Ordnung und Wohlverhalten. Der Herr Radbruch[4] will die Universitäten entpolitisieren und glaubt immer noch, daß sein Reichsgerichtspräsident Bumke[5] (der unter den Nazis bis zu seinem Tode diente) ein Demokrat gewesen sei. Man begrüßt sich so: »Wie geht's Ihnen?« »Danke sehr demokratisch.« So was drückt die wahre Meinung aus.

Die literarische Produktion in der Ostzone ist genau gleich. Dort spricht man auch nur von Demokratie.

Ich habe Dutzende von Deutschen gesprochen und überall den Eindruck einer gähnenden Leere gehabt.

Wie üblich stellen junge Kommunisten die Ausnahme dar. Einer von Ihnen (Wolfgang Harich[6]) möchte gern die Zeitschrift haben. Ich werde Löwenthal darum bitten.

Politisch kann man sagen, daß Deutschland heute ausschließlich von Bürokraten beherrscht wird. In der Britischen Zone von Briten, in der US Zone von Deutschen, in der Sovietzone von beiden. Am besten sind die Franzosen, weil sie Menschen sind. Das menschliche Verhältnis zwischen Deutschen und Franzosen ist ausgezeichnet. Ein französischer Gendarm oder Soldat behandelt die Deutschen genau wie die Franzosen.

Es wird Sie interessieren, daß Dr. Hermann Brill[7], Staatssekretär im Hessischen Staatsministerium, das Institut wieder aufbauen will. Wie, weiß er noch nicht. Ob es etwas mit dem alten IfS zu tun haben wird, ist mir zweifelhaft und er wußte es noch nicht. Ich habe ihm aber geschrieben und werde Ihnen Nachricht zukommen lassen.

Sonst ist nicht viel neues. Der Familie gehts gut. Der kleine Michael[8] wächst, Tommy[9] ist schon recht groß, Inge[10] hat ihre Stelle im Department niedergelegt.

Ich weiß nicht, was Ihre Pläne sind. Nach meiner Meinung hätte das Institut heute größere Aufgaben als je zuvor. Die Zeitschrift sollte wieder erscheinen.

Lassen Sie bald etwas von sich und Ihrer Frau hören.

Viele Grüße von allen
Ihr

1 Friedrich Pollock (1884–1970), Ökonom.
2 Felix Weil (1898–1975), Begründer des Instituts für Sozialforschung.
3 Karl Jaspers (1883–1969), Philosoph.
4 Gustav Radbruch (1887–1949), Jurist, Politiker, Rechtsphilosoph, 1921–1923 Reichsjustizminister, seit 1926 Professor in Heidelberg.
5 Erwin Bumke (1874–1945), seit 1929 Reichsgerichtspräsident, beging im April 1945 Selbstmord.
6 Wolfgang Harich (1923–1995), Schriftsteller, seit 1945 KPD-Mitglied, 1949 Professor in Ost-Berlin, 1953–1956 Herausgeber der *Deutschen Zeitschrift für Philosophie*, 1957–1964 in Haft.
7 Hermann Louis Brill (geb. 1895), Jurist, 1932 Reichstagsabgeordneter, 1939 inhaftiert in Gefängnissen und KZs, 1945 Ministerpräsident von Thüringen, 1946 Staatssekretär in Hessen, 1949–1953 Bundestagsabgeordneter (SPD).
8 Michael Neumann, Sohn von Franz Neumann.
9 Thomas (später gen. Osha) Neumann, Sohn von Franz Neumann.
10 Inge Neumann (1914–1973), geb. Werner, seit 1955 Ehefrau von Herbert Marcuse in zweiter Ehe.

Nr. 4

Max Horkheimer
Brief an den Rektor
der Johann Wolfgang Goethe-Universität

21. November 1946

QUELLE: Max Horkheimer, Gesammelte Schriften Bd. 17: Briefwechsel 1941–1948, hrsg. von Gunzelin Schmid Noerr, © S. Fischer Verlag Frankfurt/Main 1996, S. 771 f.

[Pacific Palisades,] 21. 11. 1946.

Sehr geehrter Herr Rektor!

Herr Dr. Pollock hat mir Ihren Brief vom 17. Oktober übergeben.

Im Namen meiner Kollegen wie im eigenen danke ich Ihnen verbindlichst für Ihre freundliche Einladung, unsere im Jahre 1933 unterbrochene wissenschaftliche Arbeit an der Johann Wolfgang Goethe Universität wieder aufzunehmen. Die positive Form, in der dieser Wunsch von den Universitätsstellen ausgesprochen worden ist, veranlaßt uns, den ganzen Problemkreis einer wissenschaftlichen Tätigkeit im Nachkriegs-Deutschland erneut aufs sorgfältigste zu prüfen. Erwünscht wären uns Unterlagen über die Arbeitsbedingungen, die wir in Frankfurt erwarten dürfen. Ich denke dabei etwa an folgende Fragen: Wieviele Studenten sind zur Zeit an den geisteswissenschaftlichen Fakultäten der Frankfurter Universität, insbesondere den philosophischen und sozialwissenschaftlichen immatrikuliert? Kann ich einige Angaben über Lehrplan und Lehrkörper in diesen Fakultäten erhalten? Welche Erwartungen hätte die Universität in Bezug auf die Lehrtätigkeit derjenigen unserer

Mitglieder, die vor der Schließung des Instituts doziert haben? Dr. Frederick Pollock war Privatdozent der Volkswirtschaftslehre, Dr. Theodor Wiesengrund-Adorno war Privatdozent der Philosophie. Ich selbst hatte die Professur für Sozialphilosophie.

Wenn wir nach Besprechung mit unserem Beirat, mit amtlichen amerikanischen Stellen und den Universitätsanstalten, mit denen wir hier zusammenarbeiten, uns prinzipiell entscheiden sollten, die Verbindung mit der Frankfurter Universität wiederherzustellen, wäre wohl der nächste Schritt ein intensives Studium der gegenwärtigen Verhältnisse durch eines unserer Mitglieder. Vielleicht könnte das im Zusammenhang mit Gastvorlesungen geschehen.

Eine Rückkehr nach Deutschland ist für keinen von uns ein leichter Entschluß. Seien Sie jedoch überzeugt, sehr geehrter Herr Rektor, daß wir uns Ihrer Initiative freuen und uns der Verantwortung bewußt sind, welche die Einladung der akademischen Behörden der Johann Wolfgang Goethe Universität für uns bedeutet.

In vorzüglicher Hochachtung
(Dr. Max Horkheimer)

1947

Max Horkheimer im Exil.

Nr. 5

Max Horkheimer
Brief an John Slawson

22. Januar 1947

QUELLE: Max Horkheimer, Gesammelte Schriften Bd. 17: Briefwechsel 1941–1948, hrsg. von Gunzelin Schmid Noerr, © S. Fischer Verlag Frankfurt/Main 1996, S. 778 f.; Original englischsprachig, hier übersetzt wiedergegeben

[Pacific Palisades,] January 22, 1947.

Lieber John:

Heute brauche ich Ihren Rat in einer Angelegenheit, die mir sehr wichtig ist, es aber auch für Sie und das Komitee werden könnte. Ich erwäge eine Reise nach Deutschland.

Wie ich Ihnen bei meinem letzten Besuch in New York sagte, beraten die Mitglieder und Freunde unseres Instituts derzeit über unsere Antwort auf einen Vorschlag der Universität Frankfurt, unsere Zusammenarbeit wiederaufzunehmen. Die Einladung der Universität wurde durch ein Schreiben des Kommissars für Hochschulen und Lehrerausbildung der Militärverwaltung für Deutschland unterstützt. Wir erwägen nur eine kleine Filiale, ähnlich wie wir sie bis 1940 in Genf, London und Paris hatten. Die Zentrale bliebe hier, und unsere amerikanischen Mitglieder könnten gelegentlich Gastvorlesungen halten. Unsere endgültige Antwort auf den Vorschlag wird jedoch davon abhängen, ob wir davon überzeugt sind, daß die Lage an den deutschen Universitäten auf eine wahrhaft humanistische Lehre hoffen läßt. Nur wenn eine echte Möglichkeit besteht, wenigstens einen Teil der neuen Generation, die künftig die Politik und Kultur des Landes prägen wird, für jene Werte zu gewinnen, die von Nazi-Deutschland weltweit vernichtet werden sollten, haben verantwortliche akademische Lehrer in Deutschland eine Aufgabe.

Um diese Frage beantworten zu können, müßte man die Bevölkerungsschichten Deutschlands und ihre Reaktionen auf die Maßnahmen der Militärverwaltung und anderer Einrichtungen, die dort liberale und demokratische Prinzipien durchsetzen sollen, psychologisch genau erforschen. Eine solche Untersuchung setzt viel Idealismus voraus. Was wir aus Deutschland hören, sei es von erfahrenen Beobachtern der Alliierten oder von Deutschen selbst, ist so deprimierend, daß die Hoffnung auf eine gewisse Basis für neue Bildungsmaßnahmen unbegründet wäre. (Ich füge übersetzte Auszüge aus einem Interview mit Ernst Wiechert bei, das jüngst im *Aufbau* erschien.[1] Wiechert ist ein nichtjüdischer deutscher Schriftsteller, der während des gesamten Kriegs in Deutschland blieb. Er bekannte sich stets zu einer ausgesprochen konservativen Philosophie.) Doch die Überzeugung, daß der Bestand aller von uns geschätzten Werte der Kultur und Zivilisation und erst recht das Wohl und Wehe des Judentums weitgehend von der Entwicklung in Kontinentaleuropa abhängen, läßt eine solche Untersuchung derartig wichtig erscheinen, daß wir sie nicht von vornherein skeptisch beurteilen dürfen. Würde sie von Fachleuten durchgeführt, die schon vor dem Dritten Reich in Deutschland geforscht haben und die politischen Institutionen sowie das Bildungswesen der USA und Deutschlands kennen, könnte eine solche Studie auch den aktuellen Erhebungsmethoden der US-Regierung zugute kommen.

Die Probleme erscheinen mir so wichtig, daß ich trotz meiner angegriffenen Gesundheit mit dem Gedanken spiele, persönlich nach Deutschland zu reisen. Obwohl dieser Plan durch die Einladung der Universität angeregt wurde, tritt mein eigenes Motiv hinter den oben ausgeführten Erwägungen zurück. Eine Studie zur öffentlichen Meinung, wie sie mir vorschwebt, würde vier bis sechs Monate beanspruchen und käme für mich nur in Betracht, wenn ich einen Auftrag der zuständigen Behörden in Washington hätte. Allerdings käme die Einladung der Frankfurter Universität der Studie zugute. Zum Beispiel könnte ich mögliche Widerstände deutscher Gesprächspartner mit dem Hinweis überwinden, daß ich von einer deutschen Fakultät berufen wurde.

Außerdem möchte ich in meiner Eigenschaft als wissenschaftlicher Chefberater des A[merican] J[ewish] C[ommittee] nach Deutschland reisen und meine Studie erst nach gründlichen Beratungen mit allen Fachleuten der Organisation aufnehmen. Natürlich würde ich die Umfrage in enger Abstimmung mit der Wissenschaftlichen Abteilung planen. Die Hauptfrage scheint mir zu sein, ob und in welchem Maße die Juden in Deutschland noch auf ein normales Leben hoffen können. Im übrigen kenne ich die Techniken und Grundsätze unserer PR-Abteilung so gut, daß ich sie jüdischen Vertretern in Deutschland, die daran interessiert sind, erklären könnte.

Bitte teilen Sie mir Ihre Gedanken zu folgenden beiden Fragen mit: Ist unser Komitee an einem sol-

chen Projekt interessiert? Könnte es seinen Einfluß in Washington geltend machen, um einer entsprechenden Reise offiziellen Charakter beizulegen?
[...]

Herzlich, Ihr

1 Ernst Wiechert (1887–1950), Schriftsteller. Die New Yorker Zeitung *Der Aufbau* (Bd. XIII, Nr. 1, New York, 3. Januar 1947, S. 1) hatte einen Auszug aus einem Interview mit der schwedischen Zeitung *Stockholm's Tidningen* abgedruckt. Diese für Slawson übersetzte Passage lautet in der deutschen Originalfassung: »Wenn Hitler morgen wiederkäme, würden 60 bis 80 Prozent ihn mit offenen Armen aufnehmen. Es gibt keine Hoffnung für dieses Volk, es ist zutiefst verdorben, es kennt nur Gier, Haß und Neid. Nie wieder will ich zu Deutschland sprechen, auch nicht zur deutschen Jugend. Mein einziger Trost kommt mir vom Ausland, wo meine alten jüdischen Schüler aus der Zeit, als ich noch Lehrer in Ostpreußen war, und die jetzt in Palästina, Ungarn, England, Mexiko und Amerika leben. Hier in Deutschland sehe ich nichts als eine einzige Seelenanarchie; wieder geht die Jugend hier zu den Mystagogen, Astrologen und Propheten. Ich will dieses Land verlassen. In meinem Alter möchte ich endlich Ruhe finden, und ich träume von einem Haus am Genfersee ...«

1948

18.5.: Hundertjahrfeier der ersten Nationalversammlung.
Einzug der Ehrengäste in die Paulskirche.

Nr. 6

Max Horkheimer
Brief an Herbert Marcuse

28. Februar 1948

QUELLE: Max Horkheimer, Gesammelte Schriften Bd. 17: Briefwechsel 1941-1948, hrsg. von Gunzelin Schmid Noerr, © S. Fischer Verlag Frankfurt/Main 1996, S. 931-934

[Pacific Palisades,] 28. Februar 1948

Lieber Marcuse!

Soeben erhalte ich Ihren Brief vom 25. Für Ihre Bemühungen bin ich Ihnen aufrichtig dankbar.[1] Daß es für unsereinen schon nahezu unmöglich ist, bei der Reise eine amtliche Erleichterung zu erfahren, ist für die gegenwärtige Entwicklung bezeichnend genug. Trotz und wegen dieses Zustandes bin ich entschlossen, die Erkundigungsreise nicht länger aufzuschieben.

Sie hat vor allem zwei Ziele. Erstens möchte ich erfahren, ob es drüben ein paar Studenten und sonstige Intellektuelle gibt, auf die man nachhaltigen Einfluß in unserem Sinn üben kann. In der Gegenwart weniger noch als sonst läßt sich Dialektik ganz vom Gespräch loslösen. »L'acte d'écrire demande toujours un certain ›sacrifice de l'intellect‹«[2], sagt Valéry. Zweitens will ich nach einem Ort suchen, an dem man, bei äußerst bescheidenem Einkommen, ein erträgliches Leben führen kann. Ich denke an Norditalien oder Südfrankreich. Die politische Unsicherheit müßte man gegebenenfalls in Kauf nehmen, sie wiegt leichter als die Sicherheit des ökonomischen Verfalls. Außer den genannten leiten mich noch einige andere Absichten. Das bewegliche Gut meiner Eltern, deren Grab ich besuchen möchte, liegt noch in einem schweizer Lagerhaus, eine Reihe privater Eigentumsansprüche habe ich in der Schweiz sowie in Deutschland zu vertreten. Natürlich will ich auch die alte Mutter meiner Frau besuchen, die als gebürtige Engländerin nun schon den zweiten Weltkrieg hat in Deutschland überstehen müssen.

Die speziellen Interessen des Instituts in Deutschland kennen Sie. Es erscheint mir als wichtig, der Aufteilung unserer Institutsbibliothek energisch nachzugehen. Ich sehe nicht ein, warum man die noch aufzutreibenden Bücher bei den Bibliotheken, in die sie verschleppt wurden, lassen, und den Rest nicht durch gleichwertige ersetzen soll. Der Betrag, den sie repräsentieren, ist keineswegs belanglos. Der ganze Problemkomplex des Instituts soll endlich an Ort und Stelle aufgenommen werden.

Das wichtigste Anliegen ist natürlich, daß eine Situation geschaffen wird, in der geistige Arbeit möglich ist. Die Abhaltungen aus der Notwendigkeit um einen zusätzlichen Verdienst müssen aufhören, wenn überhaupt noch etwas zustandekommen soll, ehe der Prozeß der Verkalkung endgültig eingesetzt hat. Im Augenblick beschäftigt mich ein von uns schon wiederholt angerührtes Problem: die Übertragung des Klassengegensatzes von der nationalen auf die internationale Ebene. Während die Tendenz schon vor Jahrzehnten (z. B. von Leuten wie Sternberg[3]) bezeichnet wurde, ist inzwischen der Prozeß so weit fortgeschritten, daß der internationale Klassengegensatz die gesellschaftlichen Verhältnisse z. B. in großen Teilen der Vereinigten Staaten radikal verändert hat. In den industriellen Zentren wird die nackte Armut aus dem geschichtlichen Attribut der Arbeiterschaft immer mehr zum Repressionsmittel gegenüber ausgesonderten Gruppen und Individuen. Andererseits nimmt die Auseinandersetzung zwischen armen und reichen Erdteilen die Gestalt des dauernden Kriegszustandes an. Der Wirkungszusammenhang von Innen- und Außenpolitik kehrt sich um: die Gegensätze der Menschen im Inneren werden notwendig durch die Gegensätze der Kontinente konkretisiert.

Man muß sich freilich hüten, die politischen Konflikte der Mächtegruppen unmittelbar als autonome geschichtliche Kräfte anzusehen. So einfach dürfen wir nicht zur klassischen Geschichtsphilosophie zurückkehren. Abgesehen davon, daß die Herrschaftsverhältnisse im Inneren auch weiterhin die Entfaltung der äußeren Gegensätze vermitteln, repräsentiert der Streit der Mächte gar nicht ohne weiteres jenen Gegensatz in der Lebensweise der Völker, der die alte Form des Klassengegensatzes abzulösen tendiert. Im Kräftespiel der Staaten spiegelt sich der ökonomische Stand ihrer Nationen (der Mangel oder Reichtum an Kapital) nur gebrochen durch strategische, juristische, traditionelle Verhältnisse wider. Die Außenpolitik ist heute theoretisch so verschleiernd, und zugleich so entscheidend, wie früher die Innenpolitik. Sie können sich denken, daß es mich drängt, die Konsequenzen dieses ganzen Umschlags für die Orientierung des Einzelnen sichtbar zu machen. Auch werden Sie sehen, wie eng das alles mit der in Ihren Thesen[4] angeschlagenen Problematik zusammenhängt.

Einliegend erhalten Sie das gewünschte Curriculum.⁵ Wenn Sie glauben, es sollte noch etwas hinzugefügt werden, bitte ich um Ihre Anregungen. Zweckmäßige Änderungen könnten Sie natürlich selbst anbringen. Vielleicht wäre es am besten, wenn Sie Ihrem Bekannten als Ziel meiner Reise den Wunsch angeben, daß ich sehen will, ob man noch Studenten um sich sammeln kann, um die es sich lohnt. Es kommt ja darauf an, herauszufinden, ob und wie man überhaupt noch lehren kann. So ungefähr habe ich die Reise auch bei den Bekannten drüben motiviert. Es ist nicht ausgeschlossen, daß doch noch eine offizielle Einladung der Frankfurter Universität erfolgt und an die Reorientation Branch gelangt. Haben Sie zu deren Personal eine Beziehung?

Sollte gar nichts sich verwirklichen, so besteht die Möglichkeit, daß ich wegen des Besuches bei meiner Schwiegermutter direkt bei dem zuständigen Amt vorstellig werde. Da ich anfangs April fahren will, gedenke ich im März nach dem Osten zu gehen. Wir würden dann auch Gelegenheit haben, über alles zu sprechen, einschließlich der Chancen für die Vorlesungen. [...]

Mit herzlichen Grüßen

1 Marcuse, der in einer Abteilung des State Department arbeitete, bemühte sich dort um eine Unterstützung der geplanten Reise Horkheimers nach Europa.
2 »Der Akt des Schreibens fordert immer ein gewisses Opfer des Intellekts.«
3 Fritz Sternberg, Der Imperialismus, Berlin 1926.
4 Marcuse hatte im März 1947 ein Typoskript ohne Titel mit 33 Thesen über die Aufgaben einer revolutionären Theorie nach der militärischen Niederlage des Nationalsozialismus an Horkheimer geschickt.
5 Das Curriculum vitae Horkheimers wurde für den Versuch benötigt, eine Unterstützung für die Reise Horkheimers zu beschaffen.

Nr. 7

Max Horkheimer
Brief an Robert Havighurst

2. April 1948

QUELLE: Max Horkheimer, Gesammelte Schriften Bd. 17: Briefwechsel 1941–1948, hrsg. von Gunzelin Schmid Noerr, © S. Fischer Verlag Frankfurt/Main 1996, S. 945–956; Original englischsprachig, hier übersetzt wiedergegeben

[New York,] April 2, 1948.

Lieber Professor Havighurst:

Ich schreibe Ihnen, um den formalen Antrag des Büros für angewandte Sozialforschung der Columbia University an Ihre Stiftung, meine Deutschlandreise im Auftrag des Büros finanziell zu unterstützen, näher zu begründen.[1]

Am 18. Februar erhielt ich eine offizielle Einladung der Universität Frankfurt, dort in diesem Frühjahr als Honorarprofessor Vorlesungen zu halten. (Ich glaube, Sie wissen, daß ich bis 1934 den Lehrstuhl für Sozialphilosophie an der Universität Frankfurt innehatte.) Die Einladung wurde durch persönliche Briefe deutscher Gelehrter an mich unterstützt, die in der Zeit vor Hitler teils meine Kollegen, teils Studenten waren und jetzt selber Professoren sind. Außerdem hat mich der Frankfurter Oberbürgermeister eingeladen, an der Hundertjahrfeier der Paulskirchenversammlung von 1848 teilzunehmen.

Sofern die notwendige finanzielle Hilfe gewährt werden kann, möchte ich acht Wochen in Deutschland verbringen. Den größeren Teil der Zeit würde ich in Frankfurt bleiben, möchte aber auch andere akademische Zentren besuchen (Heidelberg, Marburg, München etc.). Für die Zeit meines Aufenthaltes plane ich, drei Aufgaben wahrzunehmen, die zwar verbunden sind, aber auf unterschiedliche Aspekte des einen Problems zielen: wie Deutschland im demokratischen Sinne umerzogen werden kann.

(1) Meine Hauptverpflichtung bestünde darin, an verschiedenen Universitäten Vorlesungen über Sozialphilosophie zu halten. Damit meine ich, unmittelbar und direkt zur Umerziehung der deutschen Jugend beitragen zu können, und ich möchte Ihnen meinen bereits ausgearbeiteten allgemeinen Ansatz skizzieren.

Sie müssen wissen, daß deutsche Studenten von philosophischen Veranstaltungen immer schon eine Grundorientierung in ethischen und politischen Belangen erwartet haben. Durch die Vorlesungen könnte ich sie mit den Ideen des Individuums und des autonomen Subjekts vertraut machen, die in den Jahren der Nazi-Indoktrination und des Kriegs verschüttet wurden. Mir scheint, daß deutsche Studenten sehr daran interessiert sind, was einflußreiche Denker nicht nur ihres Landes, sondern auch anderer Nationen über menschliche Beziehungen gelehrt haben. Aufgrund dieses Interesses wird es möglich sein, eine demokratische Perspektive für die vor ihnen liegenden sozialen Aufgaben zu eröffnen und die unerwünschten Techniken des »Moralisierens« einerseits und der »Propaganda« andererseits zu meiden.

Sie suchen Erkenntnis, nicht Indoktrination. Sie sind kühle, fast zynische Realisten. Daher möchte ich den Studenten eindringlich vor Augen führen, daß ihre Träume, ein expansives Deutschland wiederaufleben zu lassen, unrealistisch sind – nicht nur, weil sie durch das Scheitern der Nazis diskreditiert wurden, sondern auch, weil sie historisch obsolet sind. Als Realisten können die Studenten begreifen, daß die vor ihnen liegenden neuen politischen Aufgaben nicht weniger dankbar und erheblich sinnvoller sind als die zerschlissenen Träume von einem deutschen Nationalismus. Solche Aufgaben sind: die Mitarbeit Deutschlands am Aufbau eines friedlichen, geeinten Europa und an einer gerechten, wohlhabenden, nicht-militärischen Gesellschaft, die Entwicklung harmonischer Beziehungen zwischen Staat und Individuum, die Wiedereinbindung Deutschlands in die wissenschaftlich-intellektuelle Weltgemeinschaft. Letztere Aufgabe wird, das möchte ich betonen, die schwierigste von allen sein, weil Deutschland nach seiner ehemaligen Blütezeit auf ein sehr niedriges geistiges und wissenschaftliches Niveau gesunken ist.

(2) Meine zweite Aufgabe läge im Dienste des Büros für angewandte Sozialwissenschaften. Das Büro wünscht Informationen aus erster Hand über die öffentliche Meinung und die Massenmedien in Deutschland. Ohne dies genauer auszuführen, möchte ich darauf hinweisen, daß ich in enger Kooperation mit Intellektuellen aus verschiedenen Bereichen des deutschen Kulturlebens in der Lage wäre, genaue Daten zu erlangen und, wichtiger noch, Kontakte herzustellen, über die das Büro vielfältige Informationen für seine expandierende Arbeit in diesen Feldern der Sozialforschung einholen könnte.

(3) Es scheint mir eine sinnvolle Hypothese zu sein, daß viele der deutschen Intellektuellen, die faktisch unsere wertvollsten Freunde sind, derzeit isoliert leben und schweigen müssen. Ich möchte qualifizierte Intellektuelle auswählen, die, im Bildungswesen eingesetzt, zuverlässige Vertreter demokratischer Ziele und Ideale wären. Ich bin sicher, aufgrund meiner Landeskenntnis und Kontakte viele geeignete Kandidaten ausfindig machen zu können.

Aus zwei Gründen möchte ich gerade Mitte April nach Deutschland reisen. Ich weiß, daß es die städtischen Behörden begrüßen würden, wenn ich im Mai in Frankfurt wäre und bei einem wichtigen öffentlichen Ereignis sprechen könnte. Zweitens habe ich in den letzten Wochen mehrere Studien abgeschlossen und bin für den Herbst neue Verpflichtungen eingegangen. Daher möchte ich das Frühjahr nutzen, um mich den oben skizzierten Aufgaben in Frankfurt zu widmen.

Mit freundlichen Grüßen
(Max Horkheimer)

1 Im Rahmen einer Forschungsreihe über Probleme der internationalen Verständigung befaßte sich das von Paul Lazarsfeld geleitete Bureau of Applied Social Research mit der Reorganisation des deutschen Rundfunks. Horkheimers geplante Deutschland-Reise sollte unter anderem auch dieses Projekt befördern. Der Antrag auf finanzielle Förderung ging an die Rockefeller Foundation, New York.

Nr. 8
Hans Mayer
Wiedersehen mit Max Horkheimer
5. Juni 1948

QUELLE: Frankfurter Rundschau vom 5. Juni 1948

Am 8. Juni wird Max Horkheimer, bis 1933 ordentlicher Professor der Sozialphilosophie an der Frankfurter Universität und Inhaber des einzigen deutschen Lehrstuhls dieser Art, zum ersten Male nach seiner Rückkehr aus Amerika zu deutschen Hörern und Studenten sprechen. Seine damaligen Studenten und Schüler sind heute der akademischen Jugend entwachsen: sie sind heute selbst teilweise Sozialforscher geworden, wenn es ihnen auch durchaus bewußt ist, entscheidend durch diesen außerordentlichen Mann geprägt worden zu sein. Horkheimer selbst wirkt bei der Wiederbegegnung völlig unverändert: lebendig, weltoffen, ungemein klar und subtil. Er hat Humor, was gleichzeitig besagt: daß sein Philosophieren menschlicher und nicht modisch-inhumaner Art ist.

Herr Rust[1] hatte ihn auf die erste Liste jener Professoren gesetzt, die sofort von den Lehrstühlen des Dritten Reiches zu entfernen seien. Das »Institut für Sozialforschung«, der Frankfurter Universität angeschlossen und Zentrum einer Forschungsarbeit mit Weltruf, wurde geschlossen. Die ungewöhnliche, sozialwissenschaftliche Bibliothek hat man verstreut, gestohlen, verschleudert; mit dem Institutsgebäude ist auch ein Teil der Bücher verbrannt.[2] Das Institut selbst übersiedelte zunächst nach Genf, wurde dann der Columbiauniversität in New York angegliedert. Professor Horkheimer selbst entfaltete in den Vereinigten Staaten eine bedeutsame, intensive wie extensive Arbeit organisierter Forschung zur Gesellschaftsproblematik unserer Zeit.

Wir sprechen von »Weltoffenheit« bei diesem Denker, und das soll bedeuten: er kennt nicht das Auseinanderfallen von Gelehrsamkeit und Beteiligung an der Änderung schlechter gesellschaftlicher Zustände. Im Gegenteil ist solche Entfremdung der Philosophie von ihren eigentlichen Aufgaben einer Beschäftigung mit den Möglichkeiten menschlichen Glücks für ihn Gegenstand stets neuer Fragestellung. Nimmt man die Themen seiner wissenschaftlichen Arbeit seit 1933, so wird das unmittelbar evident; gleichzeitig aber auch, daß hier alles andere betrieben wurde, als handfeste Nützlichkeitsphilosophie mit beschränktem Aktionsradius. Dem Gesamtwirken der Männer vom Institut für Sozialforschung, deren Arbeit er leitete, hat Max Horkheimer den Namen einer *Kritischen Theorie* gegeben.[3] Sie waren nicht Skeptiker, denn in einer großen Studie über *Montaigne und die Funktion der Skepsis* hatte Horkheimer 1938 mit allem Nachdruck betont: »Stets haben die Skeptiker die Schulen bekämpft, die den Dingen, insbesondere der konstruktiven Theorie, eine eigene Rolle zugestehen wollten«.[4] Abschließend war dann der böse Satz gefallen: »Der Skeptiker handelt nicht so sehr nach dem, was er denkt, als nach dem, was er hat.«[5] Auch hier, wie in Horkheimers Arbeiten über das Verhältnis von Materialismus und Moral[6], über die gesellschaftlichen Probleme der europäischen Freiheitsbewegung,[7] über die Rolle des Egoismus in der heutigen gespaltenen Gesellschaft,[8] über die Ursache des modischen Irrationalismus,[9] geht es um die Erkenntnis, die aufklärend, in einem gleichzeitig individuellen wie gesellschaftlichen Sinne humanisierend zu wirken hat. Daher kreisen Horkheimers letzte Bücher und Arbeiten immer wieder um das Problem der Versklavung des heutigen Menschen durch gesellschaftliche Not und Furcht, durch Propaganda und leerlaufenden Kulturbetrieb, durch »Freizeitgestaltung« und antihumanistische, korrumpierte Geistigkeit. Den gesellschaftlichen Ursachen geht Horkheimers englisch geschriebenes, 1947 erschienenes Buch über die *Verdüsterung der Vernunft* im einzelnen nach.[10] In deutscher Sprache dagegen erschien (ebenfalls im vergangenen Jahr) im Querido Verlag Amsterdam das Buch *Dialektik der Aufklärung*[11], das Max Horkheimer zusammen mit dem ebenfalls früher in Frankfurt wirkenden Philosophen Theodor W. Adorno verfaßte. Wir möchten sehr hoffen, daß auch ein deutscher Verlag dieses ganz ungewöhnliche Buch, ein Werk überdies von großem sprachlichem Glanz, herausbringen möge. Was mit der »Aufklärung« im Titel gemeint ist, sagt bereits der erste Satz des Buches: »Seit je hat Aufklärung im umfassendsten Sinn fortschreitenden Denkens das Ziel verfolgt, von den Menschen die Furcht zu nehmen und sie als Herrn einzusetzen. Das Programm der Aufklärung war die Entzauberung der Welt.«[12] Dieses gleiche Programm hatte Horkheimer in aller Folgerichtigkeit seines Denkens zehn Jahre früher wie folgt umschrieben: »Der Humanismus der Vergangenheit bestand in der Kritik der feudalistischen Weltordnung mit ihrer Hierarchie, die zur Fessel der Entfaltung des Menschen geworden war. Der Humanismus in der Gegenwart besteht in der Kritik der Lebensformen, unter denen die Menschheit jetzt zugrunde geht und in der Anstrengung, sie in vernünftigem Sinne zu verändern.«[13]

Wir möchten hoffen, daß Frankfurt nicht nur wenige Vorträge auf kurzem Besuch erlebe, sondern daß eine neue Beziehung hergestellt werde zwischen der Gesamtarbeit des Instituts für Sozialforschung und der Stadt, die einmal seine erste Heimstätte war.

---

1 Bernd Rust (1883–1945), 1933 nationalsozialistischer Kommissar für das preußische Kultusministerium und von 1934 bis 1945 Reichsminister für Wissenschaft, Erziehung und Volksbildung, verantwortlich für die ideologische Säuberung der Universitäten.
2 Vgl. dazu: Von der Verhinderung der Liquidation: Das Ende des Instituts für Sozialforschung, in: Wolfgang Schivelbusch, Intellektuellendämmerung, Frankfurt/Main 1982, S. 94–110.
3 Max Horkheimer, Traditionelle und kritische Theorie, in: Zeitschrift für Sozialforschung, VI. Jg., Heft 1/1937, S. 4–51; wiederabgedruckt in: Max Horkheimer, Gesammelte Schriften Bd. 4: Schriften 1936–1941, hrsg. von Alfred Schmidt, Frankfurt/Main 1988, S. 162–216.
4 Max Horkheimer, Montaigne und die Funktion der Skepsis, in: Zeitschrift für Sozialforschung, VII. Jg., Heft 1–2/1938, S. 7; wiederab-

gedruckt in: Max Horkheimer, Gesammelte Schriften Bd. 4: Schriften 1936–1941, hrsg. von Alfred Schmidt, Frankfurt/Main 1988, S. 243.
5 Ebd., S. 245.
6 Max Horkheimer, Materialismus und Moral, in: Zeitschrift für Sozialforschung, II. Jg., Heft 1/1933, S. 1–33; wiederabgedruckt in: Max Horkheimer, Gesammelte Schriften Bd. 3: Schriften 1931–1936, hrsg. von Alfred Schmidt, Frankfurt/Main 1988, S. 111–149.
7 Max Horkheimer, Egoismus und Freiheitsbewegung, in: Zeitschrift für Sozialforschung, V. Jg., Heft 2/1936, S. 161–233; wiederabgedruckt in: Max Horkheimer, Gesammelte Schriften Bd. 4: Schriften 1936–1941, hrsg. von Alfred Schmidt, Frankfurt/Main 1988, S. 9–88.
8 Ebd.
9 Max Horkheimer, Zum Rationalismusstreit in der gegenwärtigen Philosophie, in: Zeitschrift für Sozialforschung, III. Jg., Heft 1/1934, S. 1–51; wiederabgedruckt in: Max Horkheimer, Gesammelte Schriften Bd. 3: Schriften 1931–1936, hrsg. von Alfred Schmidt, Frankfurt/Main 1988, S. 163–220.
10 Max Horkheimer, Eclipse of Reason, New York 1947; dt. Max Horkheimer, Zur Kritik der instrumentellen Vernunft, Frankfurt/Main 1967; wiederabgedruckt in: Max Horkheimer, Gesammelte Schriften, Bd. 6: »Zur Kritik der instrumentellen Vernunft« und »Notizen 1949–1969«, hrsg. von Alfred Schmidt, Frankfurt/Main 1991.
11 Max Horkheimer/Theodor W. Adorno, Dialektik der Aufklärung – Philosophische Fragmente, Amsterdam 1947; wiederabgedruckt in: Theodor W. Adorno, Gesammelte Schriften, Bd. 3: Dialektik der Aufklärung – Philosophische Fragmente, herausgegeben von Rolf Tiedemann, Frankfurt/Main 1981; wiederabgedruckt: Max Horkheimer, Gesammelte Schriften Bd. 5: »Dialektik der Aufklärung« und Schriften 1940–1950, hrsg. von Gunzelin Schmid Noerr, Frankfurt/Main 1987.
12 Theodor W. Adorno, Gesammelte Schriften Bd. 3, a.a.O., S. 13.
13 Max Horkheimer, Montaigne und die Funktion der Skepsis, a.a.O., S. 290.

Nr. 9

Max Horkheimer
Brief an Robert Havighurst

21. August 1948

QUELLE: Max Horkheimer, Gesammelte Schriften Bd. 17: Briefwechsel 1941–1948, hrsg. von Gunzelin Schmid Noerr, © S. Fischer Verlag Frankfurt/Main 1996, S. 1023 f.; Original englischsprachig, hier übersetzt wiedergegeben.

[Pacific Palisades,] August 21, 1948.

Lieber Herr Professor Havighurst:

Nachdem ich die dringendsten Angelegenheiten erledigt habe, die mich hier erwarteten, möchte ich Ihnen und der Rockefeller Foundation nochmals aufrichtig für Ihren Beitrag zu meiner Europareise danken. Natürlich werde ich Ihnen alle Untersuchungen zukommen lassen, die aus der Reise resultieren oder durch sie gefördert wurden. Als ersten Text schicke ich Ihnen heute mit getrennter Post ein Transkript meiner Rede an der Universität Frankfurt, das mir von dort übermittelt wurde. Das Frankfurter Forum Academicum hat mir mitgeteilt, daß meine Rede bald gedruckt erscheinen wird.

In meinem persönlichen Bericht an Sie hatte ich schon die Briefe des hessischen Ministers für Erziehung und des Rektors der Universität Frankfurt erwähnt, in denen diese mich einluden, meine Lehrtätigkeit im Wintersemester fortzusetzen. Ähnliche Einladungen kamen von den Direktoren der philosophischen, politikwissenschaftlichen und soziologischen Institute.

Diese Einladungen möchte ich vor allem aus zwei Gründen annehmen. Zum einen würde eine Ablehnung die in deutschen Universitätskreisen verbreitete Meinung stärken, wonach Einladungen an emigrierte Professoren meist nicht zu einer beständigen Zusammenarbeit führen. Wie Sie aus dem Typoskript ersehen können, klang diese Idee auch in der Begrüßungsrede des Rektors an. Ich bin überzeugt, daß eine Ablehnung meinerseits jene Fakultätsmitglieder enttäuschen würde, die sich aufrichtig bemühen, demokratische Tendenzen an deutschen Universitäten zu stärken. Überdies würde sie den Scheinargumenten unserer Gegner viel zu großes Gewicht beimessen.

Noch wichtiger ist jedoch die Möglichkeit, das kommende Wintersemester zu nutzen, um unser Forschungsprojekt über die Lage an den deutschen Universitäten auszuarbeiten und voranzutreiben. Eine genaue Analyse der Personalstruktur in den einzelnen Fakultäten und der Studentenschaft sowie eine Studie über den Fortgang des sogenannten Entnazifizierungsverfahrens scheint mir von großem Interesse für alle zu sein, die zur internationalen Verständigung und zum Frieden in Deutschland beitragen wollen. Das Projekt, das ich bei meinem letzten Aufenthalt vorbereitet habe, ist nur in Zusammenarbeit mit deutschen Wissenschaftlern und Gelehrten durchführbar. Sie werden sich erinnern, daß ich Ihnen dazu ein Memorandum geschickt habe, das an einige deutsche Kollegen ging.

Noch aus einem weiteren Grund möchte ich fürs Wintersemester nach Frankfurt zurückkehren. Er betrifft die Studie über Probleme der Massenmedien und der öffentlichen Meinung in Deutschland, die das Bureau of Applied Social Research fördert. Während meines ersten Aufenthaltes konnte ich diesbezüglich nur vorbereitende Schritte in die Wege leiten. Darüber hat Ihnen Paul Lazarsfeld jüngst berichtet. Ich würde erneut im Namen des Büros reisen.

Mir ist bewußt, daß die Rockefeller Foundation, wie Sie mir sagten, derzeit keine freien Mittel hat, um Professoren nach Frankfurt zu schicken. Da ich jedoch annehme, daß Sie meine Bemühungen in Deutschland wohlwollend betrachten, bitte ich Sie um Rat.

Haben Sie eine Idee, woher ich die 2000 Dollar an Fördermitteln bekommen könnte, die ich benötigen würde, um die Reise zu finanzieren? Ich kenne niemanden, der besser mit den einschlägigen Problemen vertraut wäre als Sie. Daher hoffe ich, daß Sie mir trotz der schwierigen Lage etwas werden empfehlen können.

Mit freundlichen Grüßen
(Max Horkheimer)

1949

25.7.: Thomas Mann bei seiner Ansprache zum Goethejahr in der Paulskirche.

Nr. 10

Max Horkheimer
Brief an Hermann Lietz, Hessisches Ministerium für Kultus und Unterricht

25. Januar 1949

QUELLE: Max Horkheimer, Gesammelte Schriften Bd. 18: Briefwechsel 1949–1973, hrsg. von Gunzelin Schmid Noerr, © S. Fischer Verlag Frankfurt/Main 1996, S. 10 f.

[Pacific Palisades,] 25. Januar 1949.

Lieber Herr Lietz!

Für Ihren Brief vom 20. Dezember danke ich Ihnen aufrichtig.[1] Aus Ihren Gedanken, die ich zwischen den Zeilen lesen kann, sowie erst recht aus der sorgfältigen Beantwortung meiner Fragen, ersehe ich das Interesse, das Sie an der Entscheidung nehmen, mit der ich gegenwärtig umgehe.

In der Einlage finden Sie Durchschlag meines heutigen Schreibens an Herrn Ministerialdirektor Viehweg.[2] Wie Sie sich denken können stehe ich mit vielen Freunden und Kollegen in Deutschland in Verbindung und unterrichte mich so gut wie möglich über die dortigen Verhältnisse. Ich bin mir daher der großen Schwierigkeiten wohl bewußt, die sich einer Arbeit, wie ich sie vorhabe, entgegenstellen. Trotzdem glaube ich, daß ich mich der Aufgabe nicht entziehen darf.

Der gegenwärtige Zeitpunkt bietet mir die Möglichkeit, sie energisch in Angriff zu nehmen. Die Herausgabe der sozialpsychologischen Forschungen[3], an denen unser Institut zusammen mit anderen akademischen Gruppen während der letzten Jahre gearbeitet hat, habe ich in diesen Wochen zum Abschluß gebracht. Die Manuskripte der ersten fünf Bände[4] sind beim Verleger (Harpers) abgeliefert und sollen noch vor Mitte des Jahres herauskommen. Es handelt sich um die kombinierte Anwendung der neuesten soziologischen und psychologischen Methoden auf die Probleme des religiösen und Rassenhasses. Philosophische und tiefpsychologische Kategorien werden mit den Verfahrensweisen der exakten Sozialwissenschaften verknüpft. Der erste Band[5] enthält unsere gemeinsam mit einer Gruppe der Universität in Berkeley unternommenen Studien über die Charakterstruktur der autoritären Persönlichkeit, der zweite[6] eine Erhebung bei Psychiatern über Fälle, in denen der Rassenhaß eine besondere Rolle spielte, der dritte[7] eine Untersuchung über die Haltung der Veteranen zu Minoritäten. Im vierten Band[8] werden die Methoden moderner Demagogie analysiert; die Untersuchung fußt auf vielen hunderten von Reden und Broschüren amerikanischer Agitatoren. Der letzte Band[9] dieser ersten Abteilung gibt die Vorgeschichte der nationalsozialistischen Agitation. Eine Erhebung über religiöses und Rassenvorurteil unter amerikanischen Arbeitern liegt bereits im Manuskript vor, auch die Herausgabe ist nahezu beendet.

Nach den letzten, fast ausschließlich der Forschung gewidmeten Jahren, in denen ich in engster Zusammenarbeit mit Theodor Adorno auch noch eine Reihe individueller Studien und zwei philosophische Bücher veröffentlicht habe, fühle ich nun das Bedürfnis, die methodologischen und inhaltlichen Erfahrungen, die wir gemacht haben, im Aufbau einer sozialphilosophischen Lehrtätigkeit anzuwenden. Unter Sozialphilosophie verstand ich ja seit je vor allem das Bestreben, die verschiedenen Zweige der Gesellschafts- und Geisteswissenschaften zum Studium zeitgemäßer sozialer Probleme zu vereinigen. Nicht nur scheint mir in Deutschland dafür ein Bedürfnis vorzuliegen, sondern wir dürfen auch hoffen, daß die Anstrengung, diesem Bedürfnis im Lehrbetrieb Rechnung zu tragen, einen Beitrag zur Lösung mancher universitätspolitischer Probleme bilden wird.

Ihre guten Wünsche zum Jahreswechsel erwidere ich herzlich und freue mich auf ein Zusammentreffen in naher Zukunft.

Mit freundlichen Grüßen
Max Horkheimer

---

1 Lietz hatte in seinem Brief vom 20.12.1948 sowohl das deutsche Interesse an der Annahme Horkheimers einer deutschen Professur als auch die zu erwartende Unterstützung seitens aller Behörden betont, aber auch ein Bedenken geäußert: »Anderseits wird die Stellungnahme schwer, wenn man nicht ausgeht von dem Interesse Deutschlands, sondern von den Werten und Ideen, für die Sie arbeiten, und die überzeitlich und an Landesgrenzen nicht gebunden sind. Ob man ihnen in Deutschland besser dienen kann als in den Vereinigten Staaten, ist eine Frage, die abhängt von den Möglichkeiten, die man für sie in Deutschland und in Europa, und aufgebaut auf ihren bisherigen Fundamenten noch sieht, und hierauf zu antworten kann ich, trotz der alles hier überschattenden Bedeutung der Frage, nicht wagen. So wenig ich es – bei ruhiger Überlegung – für sicher halte, daß Möglichkeiten des Weiterwirkens und -bestehens nicht gegeben sind, so wenig kann ich behaupten, einen wirklich positiven Standpunkt zu besitzen, und dies ist es, was mich, in sehr wesentlicher Hinsicht, zwingt, einer eigentlichen Antwort auf Ihre Frage nach meinen persönlichen Ansichten auszuweichen.« (Max-Horkheimer-Archiv: II 8.284)
2 Horkheimer hatte darin mitgeteilt, daß er die Frankfurter Professur für Sozialphilosophie annehmen wolle.
3 Die fünf Bände der Studies in Prejudice, New York 1949/50.

4 Wie aus dem weiteren hervorgeht, war zu diesem Zeitpunkt noch geplant, die Studien über *Anti Semitism among American Labor* als weitere Bände der Studies erscheinen zu lassen. Dies ist nicht mehr geschehen.
5 Theodor W. Adorno / Else Frenkel-Brunswik / Daniel J. Levinson / R. Nevitt Sanford, The Authoritarian Personality, New York 1950.
6 Nathan W. Ackerman / Marie Jahoda, Anti-Semitism and Emotional Disorder, New York 1950.
7 Bruno Bettelheim / Morris Janowitz, Dynamics of Prejudice, New York 1950.
8 Leo Löwenthal / Norbert Guterman, Prophets of Deceit, New York 1949.
9 Paul Massing, Rehearsal for Destruction, New York 1949.

Nr. 11
Max Horkheimer
Brief an Theodor W. Adorno
8. Mai 1949

QUELLE: Max Horkheimer, Gesammelte Schriften Bd. 18: Briefwechsel 1949–1973, hrsg. von Gunzelin Schmid Noerr, © S. Fischer Verlag Frankfurt/Main 1996, S. 30 f.

Cunard White Star
R.M.S. »Mauretania«[1]
8. Mai 1949

Lieber Teddie!

Erst heute, bei beträchtlich hohem Seegang, kann ich das Wort senden, das Sie die ganzen Wochen über erwartet haben. Sie kennen es ohnehin. Wir durften den letzten Augenblick, in dem wir die deutschen Aussichten des Instituts noch prüfen können, nicht verstreichen lassen, ohne einen Versuch zu machen. Allem Anschein nach wird er negativ verlaufen. Dann erst jedoch kann unsre Arbeit ohne Selbstvorwurf und peinliche Unterbrechungen beginnen. Diese Gewißheit hat mir die Entscheidung erleichtert. Den Mut und langen Atem, den wir in der Zukunft brauchen, hätten wir, ohne diesem objektiven Anspruch unserer Vergangenheit zu genügen, kaum aufgebracht.

Über praktische Einzelheiten schreibe ich später oder berichte mündlich. Für heute nur zwei dringliche Angelegenheiten. Hallstein[2] wird Ihnen schreiben, daß Ende August die ihm gelegenste Zeit für den Vortrag wäre.[3] Da wir den September nicht gern hergeben wollen und von Oktober an die Arbeit beginnt, so wäre dagegen nichts einzuwenden. Wahrscheinlich ist an dem Termin jedoch kein College in Betrieb. Am zweckmäßigsten führen Sie wohl die Korrespondenz mit dem infam schlauen Mann so lang in freundlich positivem Ton, bis wir Ihnen aus Deutschland etwas über die Haltung der Universität gegenüber unseren eigenen Anliegen berichten können. Übrigens hat Hallstein den Herrn [Thomas] Mann dazu bewogen, den Aufenthalt in Europa so einzurichten, daß er am 28. August feierlich den Goethepreis in Frankfurt annimmt. »Es muß eine Heimkehr werden«, erklärte Herr Hallstein und Herr Mann sah es ein.

[...]

Das Schiff hier ist wenigstens nicht ganz so groß wie die »Queens«, die Menschen aber haben dieselben harten Gesichter. Ich glaube, daß dies mit der Form der Gesellschaft sich nicht ändert. Menschen müssen Menschen zwingen, die Natur zu zwingen, sonst zwingt die Natur die Menschen. Das ist der Begriff der Gesellschaft. Unsere spezifische Aufgabe ist es, ihn präzise in seiner Bedingtheit zu erkennen, ohne, wie Hegel, den Geist zu setzen. Kritik der Soziologie ist die des totalen Gesellschaftsbegriffs, dem seit Hegel alle verfallen sind, selbst der »gute Europäer«. Den Hegel ganz darauf festzulegen, ist die Borniertheit des Lukácsbuchs.[4] Bei all dem hat man aber das Gefühl, daß die Gesellschaft im prägnanten Sinn heute ausgespielt hat. Eigentlich gibt es doch gar nicht mehr, was die alle darunter verstanden haben – so wenig wie Europa. Als die Gesellschaft sich zur Wissenschaft erhob, schwand sie dahin. Aber der Zwang ist geblieben. Wir müssen das Falsche an diesem Prozeß bestimmen. Gemessen an diesem Betrug erscheint der der Psychologie als von geringerer Ordnung, eine Art Begleiterscheinung. Psychologie heute ist herabgesunkenes Kulturgut aus den Tagen von Hume und Adam Smith.[5] Verglichen damit kann die Soziologie sich fast noch sehen lassen, dabei ist doch auch Comte schon einige Jahre tot. Wie provinziell sie sich ausnimmt, kann man nicht bloß aus den Schriften des McIver, sondern zum Beispiel daraus ersehen, daß die London School of Economics, die vor dem Krieg Soziologie noch als Umtriebe anzusehen geneigt war, jetzt drei Lehrstühle und mehrere Instruktorenstellen dafür hat. Morris Ginsberg, der Nestor, ein braver Mann, uns durchaus freundlich, fährt auf diesem Schiff. Er spricht und publiziert, wie wir, positiv über »Psychoanalyse und Soziologie«. Damit wollen wir, hoffentlich, aufräumen!

Ihnen und Gretel alles Liebe
Ihr
Max

1 Passagierschiff.
2 Walter Hallstein (1901–1982), Professor für Rechtswissenschaft, später Staatssekretär im Auswärtigen Amt.
3 Hallstein wollte in den USA Vorträge über deutsche Universitäten halten. Das Institut für Sozialforschung hatte angeboten, sich an den Kosten zu beteiligen.
4 Georg Lukács, Der junge Hegel, Zürich/Wien 1948.
5 Adam Smith (1723–1790), Moralphilosoph und Ökonom.

1950

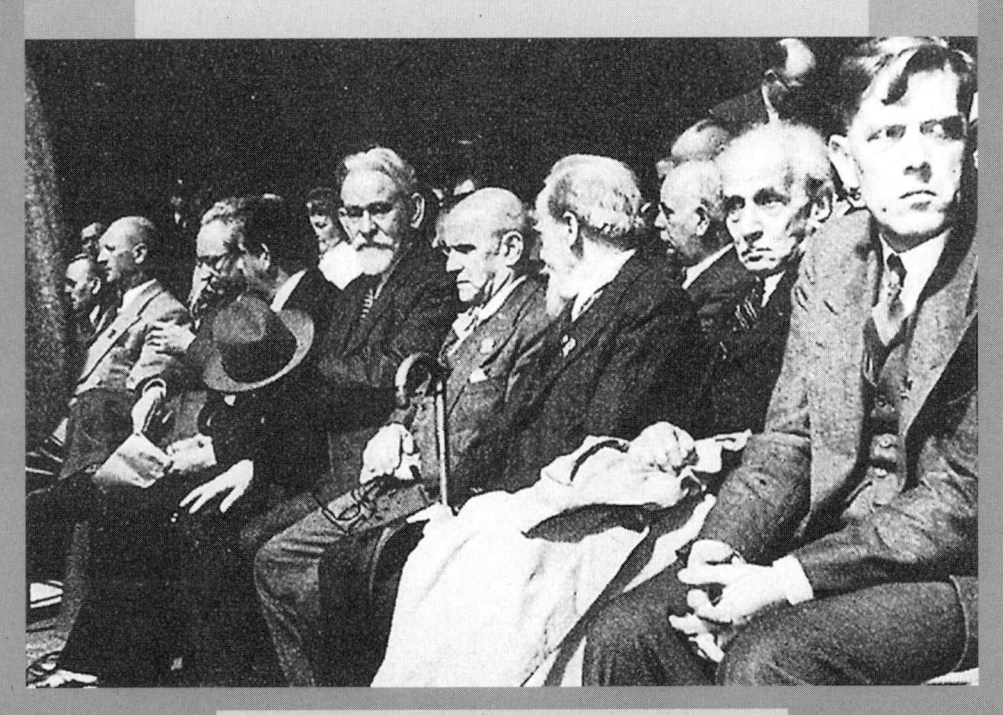

20.8.: »Erste Internationale Sozialistenkundgebung«:
u.a. Erich Ollenhauer (3. von li.) und Fritz Sternberg (4. v. li.).

Nr. 12

Klaus Herborn

»An der Universität in Frankfurt stieg ich mit großem Engagement in die hochschulpolitische Arbeit ein.«

Auszug aus einem biographischen Interview

Juli 1950

QUELLE: Klaus Herborn, Der Schwelmer Kreis: Wie ich zu ihm stieß – was er mir bedeutete, überarbeitete Fassung eines Tonbandinterviews von Wolfgang Keim (Ms.), Hilden 1989

An der Universität in Frankfurt stieg ich mit großem Engagement in die hochschulpolitische Arbeit ein. Es war die Zeit, da gerade ein gewisser Prof. Hallstein[1] sein Amt als Rektor niederlegte, um in die Politik zu gehen. Die ihm zugeschriebene Hallsteindoktrin[2] hat ja dann viel von sich reden gemacht, bis sie, völlig wirkungslos geworden, in der politischen Mottenkiste endete.

Ich schloß mich einer Gruppe von kommunistisch beeinflußten Studenten an, die sich als Hochschulgruppe der Freien Deutschen Jugend um Zulassung an der Universität Frankfurt bemühten. Da die Universität es als Schande empfand, eine solche Gruppe zu haben, wollte man uns natürlich die erforderliche Zulassung durch den Rektor verweigern. Er erklärte uns: »Hochschulgruppe darf sich nur nennen, wer von mir zugelassen wurde. Diese Lizenz haben Sie nicht erhalten. Also hören Sie bitte auf, sich Hochschulgruppe zu nennen.« Unerfahren und bockig wie wir waren, störte uns der Hinweis natürlich nicht.

Aus diesem Kleinkrieg wurde dann Ernst, als die drohende Wiederbewaffnung der BRD sichtbar zu werden begann. Diese Auseinandersetzung mit Adenauers Plänen zur Remilitarisierung, wie wir das nannten, bedeutete ein ganz wichtiges Erlebnis für mich, weil ich mich als »doppelt gebranntes Kind« fühlte. Einmal durch den Krieg selbst gebrannt, ein zweites Mal gebrannt durch die Erlebnisse mit meinem Vater. Er unterrichtete an der Schule, die ich besuchte. So erlebte ich jahrelang, wie er jede Unterrichtsstunde mit »Heil Hitler« begann und zu Hause über denselben Hitler herzog. »Streng katholisch« erzogen und beständig zur unbedingten Wahrheitsliebe ermahnt, stieß mich diese Haltung der feigen Anpassung, wie ich es empfand, sehr stark ab.

Jetzt, so sagte ich mir, mußt du deine Nagelprobe bestehen. Wenn du nicht zu deinen Erkenntnissen über Krieg und die Lügenhaftigkeit des Antikommunismus stehst, dann wirst du denselben Weg der feigen Anpassung gehen müssen, den du an deinem Vater so verabscheut hast. Also engagierte ich mich so stark in dem Kampf gegen die Remilitarisierung, der ein Ringen auch um meine Identität war, daß ich darüber mein Studium sehr vernachlässigte.

In dieser Zeit kamen übrigens Horkheimer und Adorno aus der amerikanischen Emigration wieder an ihr altes Institut in Frankfurt zurück. Ich hatte damals natürlich überhaupt keine Ahnung, was die »Frankfurter Schule« und wer Horkheimer und Adorno waren. In linken Kreisen hörte ich ehrfürchtige Worte über sie. Dann hielt Horkheimer seine erste Vorlesung, über frühe Sozialisten, wenn ich mich recht erinnere. Sein Auditorium war damals recht klein. Es dürften ca. 30 Hörer höchstens gewesen sein, die seine Vorlesungsreihe belegt hatten. Eine internationale Vereinigung von Friedensorganisationen unter der Leitung vom ehemaligen französischen Minister Joliot-Curie[3] hatte damals in aller Welt zu einer Unterschriftensammlung für einen »Stockholmer Appell«[4] aufgerufen, der das sofortige Verbot der Produktion und des Einsatzes von Atombomben forderte. Katholisch erzogen, erinnere ich mich noch genau, daß der Appell sich ausdrücklich an alle »Menschen guten Willens« richtete, die homines bonae voluntatis. Horkheimer, Jude, Emigrant, Antifaschist, – das war doch gewiß ein solcher Mensch. Also ging ich mit einer Unterschriftenliste in sein Kolleg und bat um seine Unterschrift. Horkheimer nahm den Appell, las ihn und sagte: »Junger Mann, in Ihrem Alter habe ich so was auch gemacht« und gab mir den Appell ohne Unterschrift zurück. Was für ein Antifaschist und Sozialwissenschaftler bist du denn, dachte ich, wenn du nicht einen Appell zum Verbot der Atombombe unterzeichnen willst! Horkheimer wußte natürlich, daß diese Unterschriftensammlung von prominenten Kommunisten und Regierungsmitgliedern sozialistischer Länder unterstützt wurde und deshalb als anrüchig galt ...

Später gab es dann im größten Auditorium der Universität eine Diskussion zur Frage: »Wiederbewaffnung: ja oder nein?«. Diese riesige Versammlung werde ich nie vergessen. Ich war aufgefordert worden, zusammen mit Vertretern anderer politischer Studentengruppen und dem AStA-Vorsitzenden auf der Versammlung zu sprechen. Horkheimer und Adorno saßen in der ersten Reihe. Dort hielt ich die erste Rede meines Lebens und dann vor solchen Koryphäen! Nervös klaubte ich zu Hause Stichworte zusammen, noch nervöser betrat ich das überfüllte Auditorium. Dürftig wie sie vermutlich war, ging meine Rede in Pfiffen und Buhrufen unter. Meinen Auftritt empfand ich als fürchterliche Blamage und glaubte, die ganze Welt gegen mich zu haben. Natürlich konnte ich damals noch nicht erkennen, daß die Buhrufe nicht nur meiner gewiß dürftigen Rede, sondern vor allem meiner Person, dem Kommunisten Herborn galten. Meine Motive waren doch ehrlich und nicht unverständlich, so dachte ich. Warum tobt also der Saal? Ich fühlte mich sehr getroffen, glaubte, nun noch intensiver politisch »arbeiten« zu müssen. Meine Eltern aber wollten Seminarabschlüsse sehen. »Die interessieren mich nicht«, hielt ich ihnen entgegen. »Was nützen die, wenn die Atombombe fällt! Das muß zunächst mal verhindert werden. Alles andere kommt danach.«

1 Walter Hallstein (1901–1982), Professor für Rechtswissenschaft, 1946–1948 Rektor der Johann Wolfgang Goethe-Universität, 1950/51 Staatssekretär im Bundeskanzleramt, 1951–1958 Staatssekretär im Auswärtigen Amt, 1958–1967 Präsident der EWG-Kommission, 1969–1972 Bundestagsabgeordneter der CDU.
2 Nach Walter Hallstein benannter, 1955 eingeführter außenpolitischer Grundsatz der Bundesrepublik, wonach die Aufnahme diplomatischer Beziehungen eines anderen Staates zur DDR als »unfreundlicher Akt« betrachtet wird und den Abbruch der diplomatischen Beziehungen zu diesem Staat zur Folge haben kann.
3 Frédéric Joliot-Curie (1900–1958), französischer Atomphysiker, 1935 Nobelpreis für Chemie für den Nachweis künstlicher Radioaktivität, während der Besetzung Frankreichs durch die Deutschen Mitglied der Résistance, 1946–1950, französischer Hochkommissar für Atomenergie, 1950–1958 Präsident des kommunistisch gesteuerten Weltfriedenskomitees bzw. -rates.
4 Im März 1950 vom Weltfriedenskomitee in Stockholm verabschiedeter Appell für ein absolutes Verbot aller Atomwaffen. Der »Stockholmer Appell« soll von über einer halben Milliarde Menschen, darunter zwei Millionen Bundesbürgern, unterzeichnet worden sein.

Nr. 13

Theodor W. Adorno / Max Horkheimer
Die UdSSR und der Frieden
Unveröffentlichte Stellungnahme zur Aufforderung eines studentischen Friedenskomitees, einen Appell zur Ächtung von Atomwaffen zu unterzeichnen

August 1950

QUELLE: Theodor W. Adorno, Gesammelte Schriften Bd. 20.1, Vermischte Schriften I, Edition des Theodor W. Adorno-Archivs, © Suhrkamp Verlag Frankfurt/Main 1986, S. 390–393; wiederabgedruckt in: Max Horkheimer, Gesammelte Schriften Bd. 19: Nachträge, Verzeichnisse und Register, hrsg. von Gunzelin Schmid Noerr, © S. Fischer Verlag Frankfurt/Main 1996, S. 28–31.

Der »vorbereitende Ausschuß des Friedenskomitees an der Johann Wolfgang von Goethe Universität Frankfurt/Main« sandte uns einen offenen Brief, den »friedliebende Studenten auf einer Friedenskonferenz der westdeutschen Hochschulen in Heidelberg am 30. Juli 1950 beschlossen haben«, und bat uns, ihm unsere Ansicht über den Inhalt des Briefs mitzuteilen. Es handelt sich um einen Aufruf zum absoluten Verbot der Atomwaffen, der jede Regierung als Kriegsverbrecher zu behandeln droht, die »als erste« die Atomwaffen gegen irgendein Land einsetzt. Zugrunde liegt die Erklärung des »ständigen Weltfriedenskomitees in Stockholm«. Wir glauben uns verpflichtet, unsere Ansicht nicht bloß den Aufrufenden, sondern der Öffentlichkeit bekannt zu machen.

Daß die Erhaltung des Friedens das dringendste Anliegen aller Menschen heute ist, und daß die neuen Waffen die endgültige Katastrophe herbeiführen können, ist selbstverständlich. Aber es ist Ausdruck der verstrickten und verblendeten Situation, die auf jenes absolute Grauen hintreibt, daß sie noch die Wahrheit darüber in die Lüge zu verkehren droht, indem sie sie in den Dienst der Lüge nimmt. Friedensaufruf und Ächtung der Atomwaffe sind ein Stück der Sowjetpropaganda, die darauf abzielt, allerorten die humanen Regungen dafür zu mißbrauchen, daß der Widerstand gegen die Gewalt gebrochen werde, die von der Sowjetunion ausgeht und die nicht zögern wird, den Krieg zu entfesseln, wenn die Moskauer Gewaltherrscher glauben, daß sie ihn gewinnen können. Das Verlangen nach dem Frieden, das die Völker aller Länder teilen, wird dazu benutzt, für das neue totalitäre Unternehmen Zeit zu gewinnen.

Was Propaganda dem Begriff des Friedens antut, ist symptomatisch für die Veränderungen, denen heute der Begriff der Politik überhaupt unterliegt. Einmal hieß

Politik die bewußte, unabhängige und kritische Anstrengung, durch Gedanken und Tat anstelle schlechter gesellschaftlicher Verhältnisse menschenwürdigere herbeizuführen. Heute ist Politik weithin bloße Fassade geworden. Sie meint nicht mehr die Verwirklichung der Humanität, sondern zwischenstaatliche Machtkämpfe. Die jetzt am lautesten die Ziele der Menschheit ausposaunen, sind die gleichen, die die Menschheit an die Kandare nehmen und ihnen jenen Geist der Kritik und Freiheit austreiben wollen, der allein menschenwürdigere Zustände zu erreichen vermöchte. Wer naiv, in der traditionellen Sprache des Pazifismus, zur Ächtung des Krieges aufruft, nimmt dabei stillschweigend die rote Armee und ihre ordensgeschmückten Generäle aus; wer das Grauen des Atomkriegs ausmalt, deckt willentlich oder unwillentlich zugleich die Vögte und Folterknechte, die ungezählte Millionen von Arbeitssklaven in Konzentrationslagern halten und Intellektuelle wie Meyerhold, die in die offizielle Kulturbarbarei nicht hineinpassen, umbringen. In einer Welt, in der die Gedanken mehr als je in Zweckzusammenhänge verflochten sind, genügt es nicht, vom Frieden zu reden. Man muß fragen, wer vom Frieden redet, in wessen Auftrag und in welcher Funktion.

Wir haben versucht, nach unseren schwachen Kräften in unserer theoretischen und sozialwissenschaftlichen Arbeit den Geist kritischer Unabhängigkeit uns zu erhalten, bei dem allein wir die Hoffnung auf Abwendung des Unheils sehen. Solcher Geist der Kritik kann nicht Halt machen vor jenem Rußland, das einmal in der Tat jene Hoffnung aufs Ende der Kriege verkörperte, die es heute zur Phrase erniedrigt. Gerade wer dieser Hoffnung treu bleibt, tritt in notwendigen Gegensatz zum Imperialismus der Stalindiktatur.

Das kritische Denken, an dem wir festzuhalten suchen, hat sein eigenes Wesen daran, daß es sich keiner Autorität verschreibt, sondern das Element lebendiger Erfahrung und kritischer Freiheit auch den mächtigsten Gedanken gegenüber sich bewahrt. Denn kein Gedanke ist davor gefeit, in Wahn überzugehen, wenn er aus jener lebendigen Erfahrung herausgebrochen, als Götze installiert wird. Das widerfährt heute der Marxistischen Konzeption. Der Sinn eines jeglichen ihrer Sätze wird um so gründlicher ins Gegenteil verkehrt, je starrer sie nachgebetet werden. Wird aus Marx ein positives System, eine Weltformel gemacht, so tritt unsägliche Verarmung allen Erkennens und aller Praxis, schließlich ein Trugbild der Wirklichkeit ein. Weder besteht die Bildung aus Marx allein, noch ist er die ganze Wahrheit, und wem es um diese ernst ist, darf sich durch die Marxischen Erkenntnisse nicht den Weg zur unbeirrten Erkenntnis verbauen lassen. Immer wieder hat sich gezeigt, daß gerade die, welche aus Marx schluckten, als wäre er nicht der Kritiker der politischen Ökonomie sondern der Erfinder einer Weltformel, am ehesten bereit sich zeigten, »umzufallen«, sobald sie einmal entdeckten, daß das Dasein sich nicht in seinen Kategorien erschöpft. Dogmatische Starrheit, schlechtes Gewissen und die Bereitschaft, ein Cliché durchs nächste zu ersetzen, hinter dem die Macht steht, gehören zusammen. Dessen sind auch die abgespaltenen und heute ohnmächtigen Oppositionsgruppen schuldig, die zwar den Moskauer Gewalthabern unangenehme Wahrheiten genug sagen, aber ebenso reden, dasselbe meinen wie jene, Rivalen im Anspruch auf die gleiche totalitäre Machtposition, die sie dem Kreml vorwerfen. In Phasen wie der gegenwärtigen ist im privaten Dasein, das sich nicht an kollektiven Machtbildern berauscht, mehr von der Wahrheit aufgehoben als in der Maschinerie der großen Politik. Internationale Solidarität, auf die zu berufen jenen am schlechtesten ansteht, in deren Wahlheimat Kosmopolitismus das ärgste Schimpfwort ist, wird zum Vorwand für fünfte Kolonnen, Agenten des russischen Nationalismus in den Ländern, in denen Menschliches überhaupt noch atmen kann. Den freien Ländern loyal zu helfen, wenn es gilt, die Freiheit zu verteidigen, ist heute das Höhere, als den Internationalismus im eigenen Lande auf die Sowjetheimat abzustimmen.

In dem Augenblick, in dem das Institut für Sozialforschung an der Universität Frankfurt, das wir vertreten, wieder errichtet wird, sehen wir uns, nachdem Arbeiten aus dem Institut in der Ostzone nachgedruckt wurden, zur ausdrücklichen Erklärung veranlaßt, daß unsere Forschungen und Schriften im schärfsten Gegensatz zu der Politik und Doktrin stehen, welche von der Sowjetunion ausgehen. Die Furcht, man leite damit Wasser auf die Mühlen der Reaktion, hat den letzten Schein des Rechts verloren, seitdem die russische Reaktion jene Furcht einkalkuliert. Das Potential einer besseren Gesellschaft wird eher dort bewahrt, wo die bestehende ohne Rücksicht analysiert werden darf, als dort, wo die Idee einer besseren Gesellschaft verderbt ward, um die schlechte bestehende zu verteidigen. Das ist die Voraussetzung unserer Existenz und unserer Arbeit, für die wir unbedingt die gemeinsame Verantwortung tragen.

Nr. 14

Max Horkheimer
Brief an Fay B. Karpf und Maurice J. Karpf

3. Oktober 1950

QUELLE: Max Horkheimer, Gesammelte Schriften Bd. 18: Briefwechsel 1949–1973, hrsg. von Gunzelin Schmid Noerr, © S. Fischer Verlag Frankfurt/Main 1996, S. 178–180

[Frankfurt a. M.,] 3. Oktober 50

Liebe Freunde,

Fred Pollock hat Ihnen bestimmt gesagt, daß sogar er in den letzten sechs Monaten kaum von mir gehört hat. Ich hoffe also, daß Sie mir mein langes Schweigen nicht übelnehmen.

Bei den kleineren Problemen meine ich, zumindest etwas erreicht zu haben; doch zu der entscheidenden Frage, die Sie mir stellen werden[1], muß ich sagen: Ich kann sie noch nicht beantworten.

Die kleineren Probleme betreffen meine Lehrtätigkeit, die Organisation der Sozialforschung und die Beziehungen des Instituts zur Unesco und zu anderen Stellen, die so wichtig für unsere Arbeit sind.

Die Ergebnisse der Lehrtätigkeit sind, meine ich, sehr zufriedenstellend. Unsere Studenten folgen den Veranstaltungen ganz begeistert, und es entstehen mehrere interessante Doktorarbeiten. Die Brücke zwischen der Philosophie und den Sozialwissenschaften wird gebaut. Einige Studenten, meist künftige Lehrer oder Journalisten, die ohne uns fast ausschließlich im Klima des deutschen Existenzialismus ausgebildet worden wären, erkennen allmählich die Bedeutung der Sozialwissenschaften für ihre persönliche Entwicklung und für die Bewahrung der westlichen Kultur. Manche unter ihnen sind so begabt, daß sie bestimmt eine wichtige Rolle für den kulturellen Wiederaufbau Europas spielen werden. Natürlich nehmen sie an unserer Forschungsarbeit teil.

Gerade haben wir mit Studien über die Einstellung der Deutschen gegenüber anderen Nationen begonnen. Statt mit Fragebögen und Interviews, die unserer Ansicht nach besonders in Deutschland für dieses Thema ungeeignet sind, arbeiten wir mit Tonbandaufnahmen von Diskussionen in Gruppen mit etwa 15 Teilnehmern aus allen Lebensbereichen.[2] Als Anregung benutzen wir den Brief eines Amerikaners, der seinen Landsleuten nach einem Besuch in Deutschland seine Eindrücke von den Deutschen schildert. Darauf folgt eine etwa einstündige offene Diskussion über das Thema. In der anschließenden Stunde werden verschiedene Themen erörtert, die der Diskussionsleiter aufwirft, zum Beispiel, daß amerikanische GIs nicht nur für Amerika gekämpft haben, sondern im Interesse der gesamten Zivilisation etc. Bisher haben wir nur erste Schritte gemacht, aber die Ergebnisse, die wir mit dieser Methode erzielen, etwa was die Einstellungen der Deutschen betrifft, lohnen wirklich die Mühe, und ich wünschte, Ihr könntet unsere Tonbandaufnahmen hören. Derzeit werden sie gerade transkribiert.

Bei einem weiteren Projekt arbeiten wir mit Gruppen graduierter Studenten und schreiben amerikanische Werke aus dem Bereich der Sozialwissenschaften für ein breites Publikum ins Deutsche um (statt sie bloß zu übersetzen). Das soll die Teilnehmer mit der amerikanischen Literatur und Methodologie vertraut machen und sie selbst, wie auch ihre künftigen Schüler oder Adressaten, zum kritischen Denken anregen.

Wie Sie vielleicht wissen, interessiert sich die Unesco sehr für unsere Arbeit. Bei der letzten Generalversammlung in Florenz wurde darüber diskutiert, und der Exekutivrat hat sehr zu unseren Gunsten entschieden. Die amerikanischen Behörden, die unsere Arbeit aufmerksam verfolgen, sind in jeder Hinsicht hilfsbereit, und ich hoffe, wir können ihre Unterstützung durch nützliche Forschungsergebnisse und last not least durch das Gute, das von uns ausgebildete Sozialwissenschaftler später für Deutschland bewirken werden, rechtfertigen.

Bestimmt werden Sie die entscheidende Frage stellen, wie sich unsere Arbeit auf die persönlichen Überzeugungen der Deutschen auswirkt. Diese Frage kann ich ebensowenig beantworten wie irgendwer sonst. Allerdings weiß ich, daß sich die Lage in Deutschland verschlechtert. In den letzten Monaten sind zunehmend chauvinistische Tendenzen sichtbar geworden, doch ich meine, daß unser Einfluß in die richtige Richtung zielt, auch wenn er nur gering ist. Überdies werden Studenten, die mit uns zu tun haben, vor allem lernen, was individuelle Freiheit bedeutet. Ich hoffe, daß dieses Wissen nicht rein intellektuell bleibt, sondern »substantiell« wird.

Wenn der Ausdruck von Vertrauen ein gutes Symptom ist, können wir uns durchaus ermutigt fühlen. Nicht nur sitzen in unserem Seminar einige der verheißungsvollsten Philosophiestudenten, es gibt auch solche Entwicklungen wie meine Wahl zum Dekan der Fakultät. Dafür sind natürlich meine Kollegen zuständig, es hat also nicht direkt mit den Studenten zu tun, aber es spiegelt ein Klima wider, das um so bemerkenswerter ist, als der allgemeine Trend in Deutschland in die Gegenrichtung läuft.

Sehr wahrscheinlich wird das Institut im nächsten Frühjahr ein eigenes Gebäude haben. In diesem Fall dürften sich auch jene Pläne verwirklichen, die wir im letzten Winter entwickelt hatten. Ich kann kaum ausdrücken, wie dankbar ich für die Möglichkeit wäre, Sie zu einem Seminar am Institut einzuladen.

[...]

Bitte verzeihen Sie mir, daß ich diesen Brief beende, ohne angesprochen zu haben, was mir besonders am Herzen liegt. Doch ich fürchte, daß sich solche Gedanken und Gefühle nur im direkten Zusammensein adäquat ausdrücken lassen, etwa in Situationen wie den schönen langen Abenden, die Maidon und ich bei Ihnen zu Hause verbringen durften. Ich hoffe sehr, daß wir diese Treffen bald hier oder, lieber noch, dort fortsetzen können. Trotz allem, was ich hier geschrieben habe, wäre ich lieber dort, denn ich habe großes Heimweh nach Kalifornien. Fred versucht, mich zu überzeugen, daß ich zurückkehren soll, und ich glaube, meine Ärzte würden ihm sofort zustimmen. Allerdings möchte ich nicht das Vertrauen enttäuschen, von dem ich Ihnen geschrieben habe. Heutzutage werden die Menschen ohnehin viel zu häufig enttäuscht.

Die besten Wünsche und herzlichsten Grüße an Sie beide, auch von Maidon.

Ihr

1 Als diese »entscheidende Frage« wird im folgenden die nach der Wirkung der Institutsarbeiten auf die Überzeugungen der Deutschen genannt.
2 Diese Forschungen wurden dargestellt in: Gruppenexperiment. Ein Studienbericht, bearbeitet von Friedrich Pollock, Frankfurter Beiträge zur Soziologie Bd. 2, Frankfurt/Main 1955.

Nr. 15

Max Horkheimer
Brief an Edward Popper

21. Oktober 1950

QUELLE: Max Horkheimer, Gesammelte Schriften Bd. 18: Briefwechsel 1949–1973, hrsg. von Gunzelin Schmid Noerr, © S. Fischer Verlag Frankfurt/Main 1996, S. 181 f.; Original englischsprachig, hier übersetzt wiedergegeben

[Frankfurt a. M.,] 21. Oktober 1950

Lieber Herr Popper!

Ich möchte Ihnen nur sagen, daß ich mich mit Ihrem Brief sehr herzlich gefreut habe. Glauben Sie mir, auch wenn ich nicht schreibe, denke ich viel an Sie und vermisse schmerzlich die Abende mit Ihnen.

Ich denke gar nicht daran, für ewig hierzubleiben, es sei denn, daß mich vorher die Rache der Göttin der Gesundheit, die ich ständig durch Überarbeit beleidige, ereilt. Der Grund, warum ich zunächst hier bleibe, ist vielmehr der, daß ich das Vertrauen, das nun einmal in mich gesetzt ist, nicht gerne enttäuschen möchte. Die Menschen erleben Enttäuschungen genug. Auch bin ich dankbar dafür, daß ich manchem, auch wenn es wenig ist, etwas bedeuten kann.

Das Verhältnis zu vielen Studenten ist recht positiv. Die Kollegen haben mich, wie Sie vielleicht wissen, zum Dekan der philosophischen Fakultät gewählt. Das bedeutet zwar einerseits Arbeit für mich, der ich von diesen Dingen nichts verstehe, aber es ist der Ausdruck einer Freundlichkeit, den ich nicht gerne mißachten möchte. Dabei bin ich über die Entwicklungstendenzen hier so skeptisch wie irgend einer. Nur habe ich die komische Vorstellung, ich sollte nicht selbst auch noch dazu beitragen.

Ich glaube, daß meine Tätigkeit manchen Menschen die Augen dafür öffnet, was Freiheit des Individuums und einige andere Ideen bedeuten. Wer in meine Vorlesungen kommt und bei mir Philosophie und Sozialwissenschaften studiert, legt gewissermaßen ein Bekenntnis für die Rolle ab, die Amerika nun seit Jahrzehnten in der Welt spielt. Dazu tritt der Umstand, daß ich Studentengruppen gebildet habe, die Werke der amerikanischen Wissenschaft auf deutsch nicht einfach übersetzen, sondern für Deutsche übertragen sollen. Abgesehen davon, daß dabei auch für die künftigen hiesigen Textbücher einiges wichtige herauskommen wird, gewinnen diese zukünftigen Lehrer,

Journalisten usf. eine neue Beziehung zu den Wissenschaften und dem Land, mit dem sie sich auf diese Weise beschäftigen. Dazu treten natürlich zahllose Vorträge im Rundfunk und außerhalb des Rundfunks und meine Teilnahme an der Bearbeitung öffentlicher Probleme. Wenn dies die Rolle ist, die ich selber spielen kann, so erfahre ich andererseits viele materielle und nichtmaterielle Hilfe bei den von mir organisierten Studien.

Das alles ist anstrengend und recht verantwortlich. Wenn die Dinge so gehen, wie ich sie mir vorstelle, werde ich etwa in einem Jahr zurückkehren und dann die nachgerade unleidliche Sehnsucht nach ruhiger Arbeit im Garten des D'Este Drive befriedigen.

Einen Krieg befürchte ich zunächst nicht, war auch von dieser Furcht während des Sommers ziemlich frei. Die Herren in Moskau wissen, was ihnen blüht, wenn sie etwas anfangen. Ich nehme nicht an, daß die Auseinandersetzung in nächster Nähe ist. Freilich kann man sich täuschen, und froh wäre ich auf jeden Fall, wenn wir bald wieder zusammensitzen könnten.

[…]

Mit den allerherzlichsten Grüßen und Wünschen für Ihre Gesundheit

bin ich
Ihr alter

Nr. 16

Max Horkheimer
Brief an Herbert Marcuse

31. Dezember 1950

QUELLE: Max Horkheimer, Gesammelte Schriften Bd. 18: Briefwechsel 1949–1973, hrsg. von Gunzelin Schmid Noerr, © S. Fischer Verlag Frankfurt/Main 1996, S. 185–187

[Frankfurt a. M.,] 31. Dezember 1950

Lieber Marcuse!

Haben Sie nochmals herzlichen Dank für Ihre Zeilen zum neuen Jahr. Die Ohnmacht meiner Ausdrucksfähigkeit, und vielleicht die der Sprache überhaupt, mag entschuldigen, daß ich Ihnen nicht sagen kann, was wir bei den von Sophie diktierten Sätzen und ihrer Unterschrift[1] empfunden haben. Ich kann nur armselig wiederholen, was ich schon telegraphiert habe: es soll ihr besser gehen und wir sollen uns alle, trotz allem, froh wiedersehen.

Hier versuchen wir nach besten Kräften, die Dinge so zu lenken, daß wir, selbst wenn die berühmte Dampfwalze nicht kommt, in absehbarer Zeit weg können. Natürlich wird das durch die Konkurrenz erschwert, die sich die gegenwärtigen Strömungen gut zu Nutze machen wird. Der Rhythmus wird – immer vorausgesetzt, daß Frieden bleibt – der Zeit unserer Zusammenarbeit mit dem American Jewish Committee gar nicht so unähnlich sein. Zuerst begeisterte Zustimmung aller Beteiligten zu unseren wissenschaftlichen Plänen, dann, nachdem die Arbeit begonnen hat, die Intrigen aller Individuen und Gruppen, die sich benachteiligt fühlen, dann Ansteckung der Auftraggeber durch diese Kritik so lange bis nach Jahren das fertige Produkt den Beginn wieder rechtfertigt. Diesmal aber haben wir nicht so viel Zeit, und es kommt darauf an, daß wir uns durch die natürlichen Scherereien nicht in eine Periode wilder Arbeit in Sachen hineinziehen lassen, die uns letzten Endes nicht viel angehen. Wir sollten wenigstens noch das eine oder andere Buch schreiben, in dem steht, was wir denken.

Die Zeit hier ist aber nicht negativ zu werten. Es ist erstaunlich, wie das, was wir sind, nicht bloß bei den Gegnern, sondern auch bei den anderen verstanden wird. Sie sollten die Briefe und Arbeiten der Studenten lesen, hören, was Menschen sagen, mit denen wir scheinbar gar nichts zu tun haben. Die Wirkung mag rasch vergehen, aber sie ist doch da, und jedenfalls strahlt sie auf uns zurück. Der Fehler des größten Teils der europäischen Philosophie, einschließlich der kritischen, war die Vorstellung, daß das Positive zugleich das Stabilere sei. In Wahrheit hat es eine Tendenz, ephemer zu sein, unvergänglich ist die Gemeinheit. Der Irrtum Schopenhauers liegt nicht darin, dies ausgesprochen zu haben, sondern in der triumphierenden und gleichsam rechtfertigenden Weise, in der er es tat.

Ich danke Ihnen für Ihre Hilfe in vielen Dingen. Es kommt jetzt darauf an, so weit es möglich ist, den Einflüsterungen der deutschen Konkurrenzgruppen entgegenzuwirken, die auch dort schließlich gute Ohren finden werden. Es wäre hier nicht schwer, das zu parieren, wenn ich selbst ein wenig mehr Zeit für Reisen und public relations hätte. Gibt es am Ende die Möglichkeit, daß mich irgend jemand dort in einer konsultativen Eigenschaft zu einem Besuch einlädt? Das böte nicht nur die Chance, mit den dortigen Foundations, die eh' beleidigt sind, on good terms zu kommen, sondern es schaffte womöglich den Übergang für die allmähliche Rückkehr.

Unser Anteil am Darmstadt Projekt[2] besteht in einer beratenden Funktion, die wir seit etwa zwei Monaten, d.h. nach Abgang von Schachtschabel[3] übernommen haben. Nyls Anderson[4] wandte sich an uns, und wir hatten mit ihm und den dortigen Mitarbeitern eine längere Konferenz im Institut. Sie haben ein sehr reiches und sicher nicht uninteressantes Material gesammelt, und man muß jetzt sehen, wie es am besten auszuwerten ist. Das Ganze war etwa nach dem Modell von Middletown[5] geplant, aber ohne jeden leitenden Gesichtspunkt. Teddie ist seither ein- oder zweimal drüben gewesen, und die Darmstädter sind auch zu Beratungen hierhergekommen. Die Schwierigkeit liegt darin, daß wir gerade jetzt auch bei unserem eigenen Projekt mit der Auswertung beginnen müssen. Wir haben nicht viel Zeit und Kraft übrig. Andererseits wollen wir aber Darmstadt auch nicht hängen lassen, besonders wenn es den Anlaß böte, zusätzliche amerikanische Kräfte hierher zu ziehen.

Schön wäre es, wenn Sie kämen und sich einmal an Ort und Stelle unsere Dinge ansähen. Eigentlich ist doch seit den Unterhaltungen, die wir zu Beginn dieses Jahres in Washington hatten, nicht ganz wenig geschehen. Der Lehrbetrieb ist in vollem Gang, ebenso einige Projekte. Der Institutsbau schaut bereits über den Boden hinaus. Die Fakultät hat durch die Dekanwahl[6] ein Vertrauensvotum gegeben und außerdem haben wir Teddie[7] auf die Liste[8] gesetzt. Am Ende bleibt freilich nicht viel.

1 Sophie Marcuse konnte wegen ihrer Erkrankung nicht mehr selbst schreiben.
2 Die »Darmstädter Gemeindestudie«, Untersuchungen über die Lebensbedingungen im Nachkriegsdeutschland am Beispiel einer deutschen Mittelstadt wurde initiiert vom Office of the United States High Commissioner for Germany (HICOG), durchgeführt 1950–1952, veröffentlicht in Form einer Reihe voneinander unabhängiger Monographien.
3 Hans Schachtschabel (geb. 1914), 1949 Dozent für Volkswirtschaftslehre in Mannheim, 1952 dort Professor, leitete die Untersuchungen bis Herbst 1950.
4 Amerikanischer Berater des Projekts.
5 Robert S. Lynd und Helen M. Lynd, Middletown. A Study in American Culture, New York 1929.
6 Wahl Horkheimers zum Dekan der Philosophischen Fakultät.
7 Theodor W. Adorno.
8 Berufungsliste der Philosophischen Fakultät.

1951

25.5.: Rektor Max Horkheimer empfängt in der Universität US-Hochkommissar John J. McCloy (Mitte), rechts Oberbürgermeister Walter Kolb.

Nr. 17

Herbert Marcuse
Brief an Max und Maidon Horkheimer sowie Friedrich und Carlota Pollock

3. März 1951

QUELLE: Max Horkheimer, Gesammelte Schriften Bd. 18: Briefwechsel 1949–1973, hrsg. von Gunzelin Schmid Noerr, © S. Fischer Verlag Frankfurt/Main 1996, S. 198 f.

[Washington, D. C.,] 3. März 1951

Liebe Freunde:

Ich möchte Ihnen gern einzeln für Ihre Worte danken, die mir so gut getan haben, aber ich kann es noch nicht. Und ich muß diesen gemeinsamen Brief mit einem Protest anfangen: der Tod hat auch im echt materialistischen Sinne absolut nichts Befreiendes und Erlösendes und Tröstendes. Da machen wir uns alle noch etwas vor. Sophie hat, wie man sagt, einen »sehr leichten Tod« gehabt: sie hatte eigentlich nur die letzten beiden Tage akute Schmerzen, gegen die sie sofort Demarol bekommen hat. Noch eine halbe Stunde vor dem Ende hat sie geschlafen, und sie war bis zuletzt bewußt. Sie mochte den Tod nicht. Er schlägt wie eine fremde und feindliche Kraft ganz von außen, und sie hat dagegen gekämpft wie gegen etwas, das ganz und garnicht zu ihr gehört und nicht aus ihr kommt. Die Idee, daß der Tod »zum Leben gehört« ist falsch, und wir sollten Horkheimers Gedanken, daß nur mit der Abschaffung des Todes die Menschen wirklich frei und glücklich werden können, noch viel ernster und realisierbarer nehmen. Es gibt keine widerwärtigere Haltung als Heideggers intellektuelle Spielerei und Transzendentalisierung des Todes.[1] Teddie hat schon ganz recht: der Tod ist eine Absurdität, und die einzige Möglichkeit mit ihr fertig zu werden ist sie zu verdrängen. Helfen tut doch nichts. Das war vielleicht die weittragendste Erfahrung: daß man im Ernstfalle doch nichts für den Anderen tun kann. Der schöne Satz, daß die Liebe stark wie der Tod ist[2], ist auch ein Schwindel. Ich habe vielleicht erreicht, daß sie auch dieses letzte Jahr noch das Leben sehr geliebt hat und durchaus nicht weggehen wollte – aber das hat ihren Tod ja nur noch schwerer gemacht! Und die Einsicht, daß man sich erst und nur unter dem Terror der Krankheit zum Tode zu dem Anderen so verhält wie man sich eigentlich immer verhalten sollte, verstärkt nicht gerade meinen Glauben an das Recht zu einer neuen Glücksmöglichkeit.

Außerdem war ihr Tod the perfect epitome on our world: the thing she used most during her last days was the spitting pan, and her last words were a call for the bed pan.

Ich bin noch nicht so weit, entscheiden zu können, was jetzt geschieht. Das hängt natürlich sehr von Ihren Plänen ab. Diese letzten Monate haben mir ganz stark eingeprägt, daß ich eigentlich nur noch das tun sollte, was ich für richtig halten kann. Für alles andere ist keine Zeit mehr. Ich bin vielleicht zum ersten Mal frei, die Entscheidung zu machen – und verstehe jetzt die Unannehmlichkeiten der Freiheit. Von den Menschen, die ich kannte, war Sophie der einzige, der immer das war was er ist, – sie hat sich nie verstellt, nicht aus irgendeiner »Moralität«, sondern weil sie einfach nicht anders konnte (ich habe immer noch das Gefühl, daß sie dafür bestraft wurde: ich werde diese verdammte negative Theologie nicht los). Diese Erinnerung (zu spät) sollte maßgebend sein.

Daß Sie jetzt gerade so weit weg sein müssen, ist eine besondere Schwierigkeit. Aber schreiben Sie bitte bald, was Sie darüber denken, und was Sie vorhaben.

Mit herzlichem Dank und Grüßen Ihnen allen,

Ihr
Herbert Marcuse

1 Heidegger, Sein und Zeit (1927), Tübingen 1963, §§ 46–53.
2 »Liebe ist stark wie der Tod, und Eifer ist fest wie die Hölle. Ihre Glut ist feurig, und eine Flamme des Herrn, daß auch viel Wasser nicht mögen die Liebe auslöschen, noch die Ströme sie ersäufen. Wenn einer alles Gut in seinem Hause um die Liebe geben wollte, so gälte es alles nichts«. (Das Hohelied Salomonis 8, 6.7.)

Nr. 18
Ulla Illing / Horst Siebcke
Brief an Max Horkheimer
15. März 1951
QUELLE: Stadt- und Universitätsbibliothek Frankfurt/Main, Max Horkheimer-Archiv V 85.7

FRANKFURTER SEMINAR FÜR POLITIK
Myliusstraße 55, Frankfurt am Main, Telefon 21849

Frankfurt a. M., den 15. März 1951

Sehr geehrter Herr Professor Horkheimer,

das »Frankfurter Seminar für Politik« hatte am Montag, den 12. März, zu einer Diskussion eingeladen: »Sollen in Frankfurt Veit Harlan-Filme gespielt werden?«

Der Verlauf des Abends, die Heftigkeit der zweihundert Besucher, die sich an der Diskussion beteiligten, vor allem aber das Auftreten und die Argumentation jener Leute, die für Harlan sprachen, hat uns nachdenklich gestimmt. Uns bewegen seither drei Fragen:

1. Geht es um den Veit-Harlan-Film oder gibt es nicht vielmehr einen »Fall Harlan«, der als das Alarmsignal zu pronationalsozialistischen und antisemitischen Entwicklungen nicht mehr überhört werden darf?

2. Sollte man den »Fall Harlan« nicht als Beispiel nehmen, um zumindest in Frankfurt zu beweisen, daß sich die aufmerksamen und echten Demokraten nicht in die Defensive drängen lassen? Sollte man nicht alles daran setzen, damit aus dem »Ja« für Harlan kein »Nein« zur Demokratie wachsen kann?

3. Wenn diese beiden Fragen bejaht werden, was wollen, oder was *müssen* wir tun, um der Bevölkerung von Frankfurt klarzumachen, daß sie auf den Veit Harlan Film verzichten sollte, denn wichtiger als ein Film ist uns die Entwicklung unseres Landes zu einer gesunden, unangreifbaren, humanitären Demokratie.

Diese Fragen, sehr geehrter Herr Professor, hätten wir gern in einem Kreis geladener Gäste am Montag, dem 19. Februar, um 20 Uhr in den Räumen des Seminars, Myliusstr. 55, besprochen. Die Diskussion um Veit-Harlan am vergangenen Montag wurde von uns auf ein Magnetophonband aufgenommen, das wir, bevor wir in unser Gespräch eintreten, gemeinsam abhören würden.

Wir glauben, daß Sie aus dieser Aufnahme erkennen werden, daß der »Fall Harlan« eine politische Frage geworden ist, die einer klaren politischen Antwort bedarf.

Wir müssen nicht besonders betonen, sehr geehrter Herr Professor, wie wichtig es für uns wäre, wenn Sie sich entschließen könnten, an diesem Gespräch teilzunehmen. Bitte, könnten Sie uns noch mitteilen lassen, ob wir mit Ihnen rechnen dürfen?

Eine Liste der Gäste, die wir eingeladen haben, finden Sie in der Anlage.

Mit vorzüglicher Hochachtung

Ulla Illing   Horst Siebcke
Geschäftsführerin   Erster Vorsitzender

Gästeliste

Herr Professor Adorno, Universität Frankfurt am Main
Herr Eberhard Beckmann, Hessischer Rundfunk
Herr Professor Böhm, Universität Frankfurt
Herr Udo Binz, Binz-Verlag
Herr Dr. Cahn, Rechtsanwalt
Herr Stadtpfarrer Eckert
Herr Karl Gerold, Herausgeber, Frankfurter Rundschau
Herr Dr. Hans Ilau
Herr Professor Horkheimer, Universität Frankfurt
Herr Minister a.D. Otto Klepper
Herr Dr. Eugen Kogon
Herr Dr. Walter Kolb, Oberbürgermeister der Stadt Frankfurt
Herr Leuninger, Gewerkschaftshaus Frankfurt
Herr Professor Meier, Universität Frankfurt
Herr Dr. Hinssen
Herr Professor Oncken, Bund für Bürgerrechte
Herr Pieper, Gewerkschaftshaus Frankfurt
Herr Pfarrer Hess
Herr Arno Rudert, Chefredakteur, Frankfurter Rundschau
Herr Paul Sethe, Chefredakteur, Frankfurter Allgemeine Zeitung
Herr Dr. Stenzel, Chefredakteur, Frankfurter Neue Presse
Herr Dr. Stelzer, Institut für Öffentliche Angelegenheiten
Herr Schaub, Stadtverordnetenvorsteher
Herr Dr. Weinberg

Nr. 19
Franz Böhm
Wer will für Veit Harlan demonstrieren?
Entwurf für eine Resolution
19. März 1951

QUELLE: Stadt- und Universitätsbibliothek Frankfurt/Main, Max Horkheimer-Archiv V 85.11

In diesen Tagen soll in allen Teilen Deutschlands ein neuer Film Veit Harlans aufgeführt werden.

Gegen diesen Film selbst haben wir nichts einzuwenden. Aber sein Regisseur Veit Harlan ist der Mann, der den Hetzfilm *Jud Süß* gedreht und seinen Namen und sein Können für diesen Hetzfilm hergegeben hat. Er hat damit dem deutschen Volk und dem Ansehen des deutschen Films den schwersten Schaden zugefügt, den ein Mensch seinem Volk und seiner Sache zufügen kann. Er ist mitschuldig, wenn die deutschen Künstler und Intellektuellen in den Verruf gekommen sind, daß sie sich zu jeder politischen Schandtat hergeben, bloß um eine Rolle zu spielen und im Vordergrund zu stehen.

Heute ist Veit Harlan im Begriff, ein zweites Mal dem deutschen Namen schweren Schaden zuzufügen. Was mögen die Hinterbliebenen der Ermordeten und die Überlebenden der Judenfolterungen empfinden, wenn in Deutschland schon wieder Filme eines Mannes gezeigt werden, der vor wenigen Jahren als deutscher Künstler zum grauenvollen Massenmord an Millionen unschuldiger und wehrloser Menschen die filmische Begleitmusik gemacht hat? Wo bleibt der Wille, geschehenes Unrecht freiwillig zu sühnen, Haß mit Güte zu überwinden? Ist es zu viel verlangt, daß sich Veit Harlan im Hintergrund hält? Daß Filmhersteller auf ein Geschäft, Theaterbesitzer auf einen Kassenerfolg und Filmbesucher auf eine Unterhaltung verzichten?

Und weiter! Muß es sich das deutsche Volk gefallen lassen, daß die Verwüster des deutschen Reichs, die Zerstörer Europas, die Urheber unserer Ohnmacht gegenüber dem Osten, daß unsere Peiniger von gestern und Antisemiten von heute die Aufführung des neuen Harlan-Films zum Anlaß nehmen, um für den Verfertiger des Films »Jud Süß« zu demonstrieren? Daß sie die Unverfrorenheit besitzen, schon heute wieder eine Machtprobe zu wagen?

An den Filmen Veit Harlans sollen sich die Geister in Deutschland scheiden! Möge sich jeder Deutsche darüber klar sein, daß er sich an einer politischen Sympathie-Demonstration für Veit Harlan beteiligt, wenn er den neuen Film dieses Mannes besucht! Daß er dadurch nachträglich und freiwillig die Mitschuld für eine begangene persönliche Untat auf sich nimmt! Daß er einen Akt der Roheit gegenüber den Opfern der Judenmorde und Judenverfolgungen begeht!

Wir bekennen uns zu den Grundsätzen der Menschlichkeit!

Wir protestieren gegen eine verlogene Propaganda, die Harlan als einen Märtyrer feiern will, fordern vielmehr, daß jeder Mensch die Verantwortung für seine Handlungen trägt und die Folgen einer Untat auf sich nimmt!

Wir verwahren uns dagegen, daß dem Mord von gestern die Kränkung von heute hinzugefügt wird!

Wir fordern, daß der neue Film Veit Harlans vom Spielplan abgesetzt und aus dem Verkehr gezogen wird!

Wir rufen die Massen der Gutgesinnten auf, die Sympathie-Demonstration für Harlan mit einer Gegendemonstration zu beantworten, damit die Welt erfährt, wie das deutsche Volk wirklich denkt und wer bei uns den Ton angibt!

Wer unserer Meinung ist, der meide diesen Film!

Wer unserer Meinung ist, der kläre den Schwankenden auf!

Nr. 20
Max Horkheimer
Gegen Veit Harlan
Entwurf für eine Resolution
19. März 1951

QUELLE: Stadt- und Universitätsbibliothek Frankfurt/Main, Max Horkheimer-Archiv V 85.13

In den letzten Jahren sind im deutschen Volk viele politische Irrtümer begangen worden. Es hat schwer dafür bezahlt. Auf den Schlachtfeldern der Welt und unter den Trümmern der zerbombten deutschen Städte liegen unsere Angehörigen, unser Land ist zerrissen, nach Ablauf von fünf Nachkriegsjahren erdulden die Massen noch furchtbare Not. Wir sind ohnmächtig gegen den Osten; auf ökonomische und militärische Hilfe der anderen angewiesen, wir stehen vor der Möglichkeit, daß Deutschland wieder ein Schlachtfeld wird.

Wenn das Volk eine Schuld trägt, ist es die, Treue und Glauben, Arbeit und Kriegsdienst den größenwahnsinnigen Lenkern und ihren falschen Trommlern geschenkt zu haben, vor allem aber dem übelsten Teil der Nutznießer, den Profitierern des Todes, dem Herrn der Kriegs- und Pogromgewinnler. Es ist nicht wahr, daß das deutsche Volk einig war. Es wurde terrorisiert. Hunderttausende sind in Deutschland selbst dagegen aufgestanden; in den Konzentrationslagern sind nicht bloß Polen und Juden zu Tode gefoltert worden, sondern zahllose christliche Deutsche: Protestanten und Katholiken, Bürger und Arbeiter. Sie wollten sich der Tyrannei nicht fügen. Die Juden wurden vor allem deshalb verfolgt, um im Volke den schleichenden Schrecken zu verbreiten. Wie es im Sprichwort heißt, den Sack schlägt man und den Esel meint man.

Die verächtlichsten der Verführer waren die Federhelden, die Komiker und Amüsierexperten, die unter dem Titel von Volksaufklärung und geistigem Vergnügen die Menschen, die der Verfolgung und des Terrors müde waren, zu neuem Haß und zur Duldung neuer Verfolgungen reif machten. Symbolisch dafür sind die Hetzfilme, die den Herstellern Millionen Reichsmark und den Deutschen Millionen Tote gebracht haben. Wir fordern weder ihre Verfolgung noch ihre Ausschaltung aus der Wirtschaft, wie es im Dritten Reich mit ihren Gegnern geschah, aber wir glauben nicht, daß sie die geeigneten Leute sind, die dem deutschen Volk heute seine geistige Nahrung bereiten sollen.

Veit Harlan hat mit dem größten Hetzfilm des Nationalsozialismus Geschäfte gemacht. Er soll, nachdem so viele daran gestorben sind, nicht mit der *Unsterblichen Geliebten* unter der Besatzung Geschäfte machen. Wir wollen seinen Namen nicht mehr auf den Waren sehen, die Deutschlands Namen in die Welt tragen.

(Dann die Losungen wie im Böhmschen Entwurf.)

Nr. 21

Max Horkheimer
Brief an Herbert Marcuse

26. März 1951

QUELLE: Max Horkheimer, Gesammelte Schriften Bd. 18: Briefwechsel 1949-1973, hrsg. von Gunzelin Schmid Noerr, © S. Fischer Verlag Frankfurt/Main 1996, S. 200-202

[Frankfurt a. M.,] 26. März 1951
Lieber Marcuse!

Für Ihren schönen Brief vom 3. März danke ich Ihnen aufrichtig. Ich wünsche und hoffe, daß wir uns bald persönlich aussprechen können. Brieflich geht das schwer. Ich möchte dann auch versuchen, Ihnen noch einmal die Ansicht zu begründen, die ich schon beim letzten Besuch in Washington herstammelte, nämlich, daß ich Ihnen nicht ganz zustimmen kann. Gewiß ist Heideggers ontologischer Aufputz des Todes abscheulich, aber unser eigener Gedanke ist nicht nur einfach die Negation des Idealismus. Ungefähr im ersten Aufsatz, den ich in der Zeitschrift veröffentlichte,[1] heißt es etwa, daß wir in metaphysischen Dingen dem Grundsätzlichen aus dem Wege gehen. Es ist mir, als hätte Sie die unsägliche Erfahrung vom Tode Sophies zu konsequent gemacht, so konsequent, daß Sie jetzt meinen, Sie hätten den Tod ihr noch schwerer gemacht. Um das Gran, um das Ihr Gedanke zu prinzipiell ist, scheint er mir idealistisch. Es ist nicht einerlei, ob man hilft und für etwas einsteht – selbst wenn die Zukunft es zunichte macht. Wahr ist freilich, daß es am Ende aussieht, als ob alles nicht gewesen sei. Aber das ist nicht auch seine Widerlegung.

Ich möchte mit Ihnen reden, auch über die Zukunft. Sie fragen nach unseren Plänen. Die laufen im Grunde darauf hinaus, daß wir wieder zum vernünftigen Arbeiten kommen wollen. Hier kann man sein Leben verdienen und den Dingen, die einen angehen, dabei doch einigermaßen nahebleiben. Andererseits ist freilich die Verzettelung der Kräfte kaum vorstellbar. Dazu kommt die politische Unruhe. Es ist einfach unmöglich, jetzt im Augenblick zu bestimmen, wie es im Herbst für uns steht. Gegen Ende des Sommersemesters, wenn mein Dekanat zu Ende geht, und die Gadamersche Professur[2] (vielleicht mit Teddie) besetzt ist, werden wir wahrscheinlich klarer sehen.

Zur UNESCO Sache[3] möchte ich nur das eine sagen, daß der gegenwärtige Konflikt nicht etwa von unserer

Aktivität abhängt, sondern von der Anwendung sämtlicher moderner Konkurrenzmethoden der Gegenseite. Deshalb sind die von manchen Freunden stammenden Ratschläge, wir sollten die Sache zu den Akten legen, den deutschen Verhältnissen gegenüber naiv. Es handelt sich doch um Grundsätzlicheres als man drüben zu erkennen vermag. Wir stellen hier den freien, unabhängigen Gedanken dar, mit einer eigenen Tradition und einem Namen. Das ist den Dunkelmännern hier ein Dorn im Auge. Sie wollen es hinmachen, und UNESCO oder was sonst immer ist ein Anlaß. Eben deshalb aber hat die Sache ihre Bedeutung, ob sie positiv oder negativ ausgeht. Es gibt eben auch solche, für die wir etwas bedeuten.

Sie sehen, es fällt objektiv schwer, Ihre Frage nach unseren Vorhaben zu beantworten. Nur das Eine ist gewiß, daß wir, wenn wir es erleben, im Jahre 1952 in einer Lage sein wollen, die es erlaubt, zu denken und wenigstens in bescheidenem Maß zu arbeiten. Ob das hier oder drüben sein kann, muß sich in diesen Monaten herausstellen. Gut wäre es aber auch, wenn Sie selbst etwas über Ihre Pläne schrieben. Würden Sie zum Beispiel eine Professur in Deutschland dem Columbia Institut vorziehen, oder ließe sich am Ende beides vereinen? Wie beurteilen Sie die allgemeine Entwicklung hier und drüben? Glauben Sie, daß drüben die ökonomischen und politischen Bedingungen für ein zurückgezogenes bescheidenes Leben vorhanden sind, für den Fall, daß wir uns entschließen sollten, hier abzubrechen? Leicht wird das ohnehin nicht sein, denn, wie die Sache mit dem Institut auch läuft, würde die Lösung von der Universität beträchtlichen Widerstand auslösen.

[...]

Bitte grüßen Sie Kirchheimer.
                                      Herzlichst

1 Max Horkheimer, Materialismus und Metaphysik, in: Zeitschrift für Sozialforschung II, 1933, S. 1 ff.; in: Max Horkheimer, Gesammelte Schriften, Bd. 3: Schriften 1931–1936, Frankfurt/Main 1988.
2 Hans-Georg Gadamer war einem Ruf nach Heidelberg gefolgt.
3 Schon seit 1948 wurden Möglichkeiten der Förderung des Instituts für Sozialforschung durch die UNESCO erörtert. 1951 sollte dann ein eigenes UNESCO-Institut für Sozialwissenschaften gegründet werden. Horkheimer sah sich zunehmend vom Einfluß auf dessen Organisation und Ausrichtung abgeschnitten.

Nr. 22
Herbert Marcuse
Brief an Max Horkheimer
18. Oktober 1951

QUELLE: Max Horkheimer, Gesammelte Schriften Bd. 18: Briefwechsel 1949–1973, hrsg. von Gunzelin Schmid Noerr, © S. Fischer Verlag Frankfurt/Main 1996, S. 221 f.

18 October 1951
2780 Arlington Ave.
New York 63, N. Y.

Lieber Horkheimer:

die wenigen Tage in Frankfurt haben mir wieder einmal gezeigt, daß in einem halbstündigen Gespräch zwischen uns mehr herauskommt als in wochenlanger isolierter oder berufsmäßiger Bemühung. Was mich anbetrifft: da ich eigentlich nur noch für mich selbst vorzusorgen habe (Peter, der finanziell noch von mir abhängig ist, wird hoffentlich in ein oder zwei Jahren selbständig sein), ist die Entscheidung wesentlich vereinfacht. Ich möchte die restlichen Jahre meines Lebens so verbringen, daß ich sie unseren eigentlichen Arbeiten widmen kann, ohne wirkliche materielle Sorgen zu haben. Das kann am besten dort geschehen, wo Sie sind – vorausgesetzt, daß Sie selbst für diese Arbeiten Zeit haben. Die Frage des Ortes hängt von uns und vom Weltgeist ab. Hier wird es immer finsterer. Aber ich glaube, daß zwischen der hiesigen Finsternis und der in Deutschland nur ein relativ kurzer »time lag« bestehen wird. Augenblicklich ist die Luft dort zweifellos freier (obwohl nicht frischer). Aber der »time lag« gehört zu der Sphäre, die der Weltgeist bestimmt und nicht wir. In der von uns kalkulier- und bestimmbaren Sphäre sieht es so aus: ich bin hier ans Russian Institute für ein Jahr kontraktlich gebunden; dann bin ich frei und kann jederzeit kommen (wenn ich die Brücken hier abbreche, wozu ich bereit bin, sobald die Möglichkeit unserer Zusammenarbeit für die Zukunft realisierbar ist). Wohin ich dann komme, ist für mich von sekundärer Bedeutung. Wenn Sie bereit sind, dem Weltgeist in die Nüstern zu spucken, mache ich gerne mit – aber das Spucken muß sich lohnen. Inzwischen will ich in jedem Fall dahin arbeiten, daß ich nächsten Sommer für längere Zeit herüberkommen kann. Ich hoffe, dann im Manuskript das Buch über Freud[1] fertig zu haben und mit Ihnen durchgehen zu können. Ich arbeite heftig daran: der scheinbar unpolitische Rahmen soll dazu dienen, möglichst viel möglichst deutlich sagen zu können.

Da ich nicht weiß, wann die Einweihung des neuen Institutsgebäudes stattfindet, möchte ich Ihnen schon jetzt meine Glückwünsche senden. Ich hatte den Eindruck, daß es sich gelohnt hat, selbst wenn Sie eher früher als später dort abbrechen müssen.

Ich bin so egoistisch geworden, daß mir an der »Flaschenpost«[2] jetzt weniger gelegen ist als an der Erfüllung unserer verbleibenden Lebensjahre. Let's.

Mit herzlichsten Grüßen und Wünschen

Ihnen und Ihrer Frau
Ihr
Herbert Marcuse

1 Marcuse, Eros and Civilisation. A Philosophical Inquiry into Freud, Boston 1955; dt. unter dem Titel Eros und Kultur, Stuttgart 1955.
2 Von Adorno 1941 geprägte Metapher für die Adressatenlosigkeit der Kritischen Theorie in der Gegenwart.

Nr. 23

Max Horkheimer
Brief an Theodor Heuss, Bundespräsident
23. Oktober 1951

QUELLE: Max Horkheimer, Gesammelte Schriften Bd. 18: Briefwechsel 1949–1973, hrsg. von Gunzelin Schmid Noerr, © S. Fischer Verlag Frankfurt/Main 1996, S. 223–225

[Frankfurt a. M.,] 23. Oktober 1951.

Hochverehrter Herr Bundespräsident!

Indem ich Ihnen die offizielle Einladung überreiche, als Ehrengast an der Einweihung unseres Instituts mit teilzunehmen, gestatte ich mir, dem die persönliche Bitte hinzuzufügen, in der Einladung keine bloße Formsache zu sehen, sondern ihr, wenn irgend die Last Ihrer Verpflichtungen es erlaubt, Folge zu leisten.

Das Institutsgebäude ist mit Hilfe von Spenden deutscher und amerikanischer öffentlicher und privater Stellen errichtet worden. Das Institut dient dem Zweck, das Verständnis gesellschaftlicher Zusammenhänge durch Forschung und Lehre zu fördern. Eine solche Aufgabe besitzt nicht bloß wissenschaftliche, sondern auch unmittelbar praktische Bedeutung.

Die Gesellschaftswissenschaften, deren Geschichte von dem Gang des Denkens in Deutschland nicht abgelöst werden kann, haben sich während der letzten Jahrzehnte in anderen Ländern, vor allem in den Vereinigten Staaten, zu einem hoch organisierten Spezialfach mit eigener durchgebildeter Methode entwickelt. Eine vielfältige, im wirtschaftlichen und politischen Leben des Westens höchst einflußreiche Literatur legt davon Zeugnis ab. Von dieser Literatur, insbesondere von den geschliffenen neuen Verfahrensweisen der Soziologie sollen die deutschen Studenten systematisch Kenntnis erhalten. Es werden sich ihnen dadurch neue und im Westen längst allgemein anerkannte berufliche Möglichkeiten eröffnen, die auf sozialwissenschaftlichen Erkenntnissen beruhen.

Während wir es nun für unsere Aufgabe halten, dergestalt dazu beizutragen, daß die deutsche Wissenschaft auf diesem Gebiet nicht länger von der Gesamtentwicklung isoliert bleibt, glauben wir doch, daß sich unsere Aufgabe darin keineswegs erschöpft. Weder als Forschung noch als Lehre sollen die deutschen Sozialwissenschaften einfach denen in anderen Ländern angeglichen werden. Die Studenten sollen lernen, alle jene Methoden leicht und selbstverständlich zu handhaben, die der Gefahr eines dem Dasein gegenüber unverantwortlichen Drauflosdenkens Einhalt gebieten, sie dürfen jedoch, als Folge davon, sich nicht einem Kultus von Tatsachen und Zahlen verschreiben. Angesichts des drohenden Verfalls der Bildung ist die Gefahr, daß der Apparat zum Selbstzweck wird, daß die Anhäufung umfangreichen Materials die Stelle der Einsicht usurpiert, und daß der Experte den geistigen Menschen vertritt, gerade in einer verhältnismäßig jungen Wissenschaft nicht zu unterschätzen. Daher legen wir den größten Nachdruck darauf, die neuen empirischen Verfahrensweisen mit der Tradition der großen europäischen Philosophie und Soziologie zu durchdringen: Die wissenschaftlichen Fragestellungen, die Gestaltung des Forschungsganges und die Deutung der Resultate muß sich, ohne darin nachzulassen, an dem orientieren, was im Leben der Gesamtgesellschaft heute wesentlich ist, und darf sich nicht an bloße spezialistische Feststellungen verlieren. Andererseits ist heute, nachdem die verfallene spekulative Tradition in Mythologien entartete, auch kein lebendiges philosophisches Denken mehr möglich ohne das fundierte Wissen um gesellschaftliche Verhältnisse. So erblicken wir denn in der Sozialwissenschaft kein bloßes Hilfsmittel von Verwaltung und Wirtschaft, sondern ein Element jener humanistischen Konzeption, mit deren Gelingen die Frage nach der Zukunft der Menschheit heute unauflöslich verbunden ist.

Im Sinne solcher Anschauungen ist das neue Institut für Sozialforschung mehr als mit anderen Fakultäten unserer Universität mit der Philosophischen verbunden, deren Dekan ich in der jetzt zu Ende gehenden Amtsperiode gewesen bin. Im philosophischen Geist will es das Seine dazu beitragen, die Grenzen zwischen Einzeldisziplinen und Fakultäten zu überwinden. Das kommt auch darin zum Ausdruck, daß dem Vorstand neben dem Rektor der Universität Vertreter von vier Fakultäten angehören.

Ausgehend von der hoffentlich nicht zu eiteln Überzeugung, daß Sie, hochverehrter Herr Bundespräsident, der geistigen Haltung, um die wir uns bemühen, freundlich sind, glaube ich es verantworten zu können, wenn ich Sie aufrichtig bitte, diese Stunde in unserer Mitte zu verbringen. Wir möchten Sie nicht mit der Zumutung einer Rede behelligen. Die Zahl der Gäste wird nicht groß sein: Es sind nur solche, bei denen Gewähr besteht, daß sie an den Aufgaben der Sozialwissenschaften in Deutschland besonderen Anteil nehmen und in der Lage sind, deren Entwicklung nachdrücklich zu fördern. Ich muß Ihnen nicht sagen, welch große Freude und Ehre es uns wäre, wenn der Bundespräsident, von dem wir wissen, wie groß sein Verständnis für die uns bewegenden Probleme ist, die Mitarbeiter an dem von uns Begonnenen durch seine Gegenwart ermutigte.[1]

In hochachtungsvoller Begrüßung
Ihr Ihnen aufrichtig ergebener
Max Horkheimer

1 Heuss schlug die Einladung aus Termingründen aus. Statt dessen kam er auf Einladung Horkheimers später, anläßlich der Einweihung des Studentenhauses der Universität am 21.2.1953, nach Frankfurt/Main.

Nr. 24
Max Horkheimer
Soziologie an der Universität

Dezember 1951

QUELLE: Frankfurter Studentenzeitung, 1. Jg., Heft 8, Dezember 1951, S. 5 f.; wiederabgedruckt in: Max Horkheimer, Gesammelte Schriften Bd. 8: Vorträge und Aufzeichnungen 1949–1973, hrsg. von Gunzelin Schmid Noerr, © S. Fischer Verlag Frankfurt/Main 1985, S. 378–386

Der Einladung der Frankfurter Studentenzeitung, einige Worte an ihre Leser zu richten, komme ich mit Freude nach. Es mag mir erlaubt sein, nicht eine allgemeine Erklärung abzugeben, die nur allzu leicht den Charakter des bloß Offiziellen trüge, den es vom Verhältnis zwischen den Studierenden und ihren Lehrern gerade fernzuhalten gilt, sondern einiges über die allgemeinere Bedeutung der Wissenschaften zu sagen, die ich selbst vertrete und denen auch das neu errichtete Institut für Sozialforschung dienen soll.

Es handelt sich um Soziologie und Philosophie. Die Verbindung der beiden Disziplinen selbst gehört der deutschen Geistesgeschichte an. Kaum ist es übertrieben, daß die gesamte moderne Soziologie undenkbar wäre ohne die Impulse, die ihr aus der deutschen Philosophie, zumal aus Hegel, zugekommen sind, so wie umgekehrt die Konkretion, welche die große Philosophie auf ihrer Höhe erreicht hat, dem engen Zusammenhang des spekulativen Gedankens mit den Inhalten des Lebensprozesses der Gesellschaft entspringt. Aber es kommt nicht bloß darauf an, eine geistige Einheit wieder herzustellen, die durch den Zug zur leeren Allgemeinheit in der Philosophie auf der einen Seite und auf der anderen durch die drohende Verwandlung der Soziologie in eine bloße Ansammlung von Tatsachen gefährdet ist. Die Einbeziehung gesellschaftlicher Erkenntnis in die akademische Bildung ist eine Aufgabe, die weit über den theoretischen Bereich hinausgeht.

Die Soziologie war während mehr als einem Jahrzehnt in ihrer Entfaltung gehemmt, ja verfemt. Die Einsicht in Formen und Dynamik der Vergesellschaftung erschien einem Regime bedenklich, das, um jeder Frage nach der eigenen Rechtfertigung vor den Menschen zu entgehen, starre und unbefragte Clichés an Stelle des lebendigen Prozesses der Erkenntnis setzte. Man darf vermuten, daß weniges so sehr dazu verhilft, die Geister wieder aufzuschließen, wie gerade die freie Forschung jener tragenden Zusammenhänge, die kein totalitäres System zulassen kann. Einsicht in die Beziehungen zwischen Wirtschaft und Politik, zwischen gesellschaftlichen Strukturen und geistigen Interessen, zwischen Institutionen und Denk- und Gefühlsweisen, enthält ein kritisches und befreiendes Moment, das von einer freien Gesellschaft untrennbar ist.

Im Ausland haben die Sozialwissenschaften während der letzten zwanzig Jahre Methoden höchster Präzision entwickelt, so daß sie bei der Bewältigung vieler praktischer Aufgaben unentbehrlich geworden sind. Die beruflichen Möglichkeiten des Sozialwissenschaftlers kommen, besonders in Amerika, denen des Arztes und Technikers mindestens gleich. Ich glaube, daß auch bei deutschen Gegenwartsfragen wie dem Wiederaufbau der zerstörten Städte, bei der wirtschaftlichen und menschlichen Lösung des Flüchtlingsproblems, fernerhin bei der Überwindung vieler psychologischer Schwierigkeiten, die der Erfüllung politischer Aufgaben nach innen und außen entgegenstehen, die Soziologie eine wichtige Rolle spielen kann.

An der Universität jedoch kommt es darauf an, daß die Lehre einer Wissenschaft nicht bloß durch praktische Bedürfnisse, seien sie wirtschaftlicher oder politischer Art, festgelegt wird. Pragmatistische Tendenzen dieser Art, die auch schon in anderen Ländern mit Bedenken angesehen werden, jetzt unter dem Druck der Verhältnisse nachzuahmen, müßte schließlich dem praktischen Zweck selbst zum Schaden gereichen. Wie dringlich auch das wirtschaftliche Anliegen sowohl im Sinn des allgemeinen Bedürfnisses wie des individuellen Fortkommens sein mag, seine sinnvolle Befriedigung wird nur von einer Jugend geleistet werden können, die einmal das Glück einer nicht an Zwecke gebundenen Erforschung der Wahrheit erfahren hat. Deshalb sollen auch die modernen, an praktischen Fragen erarbeiteten sozialwissenschaftlichen Verfahrungsweisen an unsrer Universität durchdrungen werden mit der Tradition der großen Philosophie.

Die Orientierung an klassischer Bildung, deren Preisgabe mit der Auflösung der europäischen Idee des Menschen zusammenfiele, ist heute nicht allein durch den Druck des Lebens in der Massengesellschaft gefährdet. Wenn sie nach außen nicht selten als Ablenkung vom Berufszweck und bloßer Ballast erfahren wird, so zeigt sie auch in sich selbst Momente der Erstarrung. Der Grund liegt darin, daß die Kenntnis der alten Geschichte, der alten Politik und Kunst die Lektüre von Platon und Aristoteles vom lebendigen Interesse verlassen bleibt, wenn sie nicht durch die Sorge ums gegenwärtige gesellschaftliche Ganze beseelt wird. Die Alten sprechen erst dann zu uns, wenn wir selbst mit den richtigen Fragen umgehen. Erst dann kommt die fruchtbare Wechselwirkung zustande, ohne die geschichtliche Erkenntnis tot und der Blick in die Gegenwart trübe bleibt. Deshalb muß das Wissen um die Gesellschaft mit philosophischer Kenntnis im weitesten Sinn zusammenkommen. Die Überwindung der Grenze von Philosophie und Soziologie ist freilich nur ein, wenn auch wichtiger, Schritt auf die neue humanistische Konzeption hin, von deren Gelingen so viel abhängt. Ohne die Eigenart der Fächer und Fakultäten im geringsten zu berühren, oder die Strenge ihrer spezifischen Methoden abzustumpfen, gilt es, die verschiedenen Wissenszweige in der akademischen Bildung und der gemeinsamen Anwendung auf die großen Fragen der Gegenwart zusammenzubringen. Auf diese Weise wird die Arbeit in der Universität am besten zur Herstellung menschenwürdiger Beziehungen zwischen den Menschen beitragen können.

Nr. 25

Theodor W. Adorno

Zur gegenwärtigen Stellung der empirischen Sozialforschung in Deutschland

Eröffnungsvortrag zum Ersten Kongreß
für deutsche Meinungsforschung (Auszug)

14. Dezember 1951

QUELLE: Theodor W. Adorno, Gesammelte Schriften Bd. 8:
Soziologische Schriften I, hrsg. von Rolf Tiedemann,
© Suhrkamp Verlag Frankfurt/Main 1972, S. 429 f.

Gerade eine Theorie der Gesellschaft, der die Veränderung keine Sonntagsphrase bedeutet, muß die ganze Gewalt der widerstrebenden Faktizität in sich aufnehmen, wenn sie nicht ohnmächtiger Traum bleiben will, dessen Ohnmacht wiederum bloß der Macht des Bestehenden zugute kommt. Die Affinität unserer Disziplin zur Praxis, deren negative Momente gewiß keiner von uns leichtfertig einschätzt, schließt in sich das Potential, gleichermaßen den Selbstbetrug auszuschalten und präzis, wirksam in die Realität einzugreifen. Die Legitimation dessen, was wir versuchen, liegt in der Einheit von Theorie und Praxis, die weder an den freischwebenden Gedanken sich verliert, noch in die befangene Betriebsamkeit abgleitet. Technisches Spezialistentum läßt sich nicht durch gewissermaßen ergänzend hinzutretende, abstrakte und unverbindliche humanistische Forderungen überwinden. Der Weg des realen Humanismus führt mitten durch die spezialistischen und technischen Probleme hindurch, wofern es gelingt, ihres Sinnes im gesellschaftlichen Ganzen inne zu werden.

1952

30. 6.: Ordner halten neugierige Studenten beim Adenauer-Besuch der Johann Wolfgang Goethe-Universität zurück.

Nr. 26

Max Horkheimer
Brief an das Studentenparlament der Universität Frankfurt
Zur Resolution »Haltung gegenüber den Juden«
10. Januar 1952

QUELLE: Max Horkheimer, Gesammelte Schriften Bd. 18: Briefwechsel 1949–1973, hrsg. von Gunzelin Schmid Noerr, © S. Fischer Verlag Frankfurt/Main 1996, S. 228 f.

[Frankfurt a. M.,] 10.1.1952

Als gestern Abend die Resolutionen eingebracht und ohne Stimmenthaltung angenommen wurden, die sich auf das im Dritten Reich geschehene Unrecht beziehen und den Willen der Studenten unserer Universität bekunden, durch die Tat etwas zur Versöhnung beizutragen, war ich, wie Sie verstehen werden, viel zu bewegt, als daß ich selbst nochmals hätte sprechen können. Aber es ist mir ein tiefes Bedürfnis, Ihnen noch ganz persönlich für die Erfahrung dieses Abends zu danken.

Ich vermag Ihre Initiative nur in einem größeren Zusammenhang zu sehen. Ursprünglich ist die deutsche Studentenschaft mit den Ideen des Fortschritts, der Demokratie und des realen Humanismus auf's engste verbunden gewesen. Sie entsprechen dem Willen zur Verwirklichung dessen was sein soll, wie er sowohl der Wissenschaft wie der Jugend immanent ist und zum richtigen Studenten gehört. Nach der Niederlage der Freiheitsbewegung von 1848/49, als wichtige Teile der Wirtschaft sich zunehmend mit dem Gedanken eines starken Staates befreundeten und schließlich mit Parteien paktierten, die ein unverantwortliches Spiel mit Kriegsplänen trieben, hat sich auch die Haltung der Bildungsschicht allmählich geändert. Die Studentenschaft, in entscheidenden Gruppen von jenen interessierten alten Herren bestimmt, die dann die von ihnen gezüchteten Tendenzen als den ureigensten Willen der Jugend ausposaunten, fand zur Besinnung auf ihren eigenen wahren Willen und schließlich zum organisierten Widerstand gegen die heraufziehende Barbarei des Hitlerregimes nicht mehr die Kraft.

In dieser Gesamtentwicklung hat die spät und durch eine freiheitliche Bürgerschaft gegründete Frankfurter Universität eine gewisse Ausnahmestellung eingenommen. Der aufgeschlossene Geist, für den sie bekannt war, hat sich ganz und gar nicht etwa auf den Lehrkörper beschränkt, sondern im studentischen Leben seine kräftige Darstellung gefunden. Es ist keine Übertreibung, zu sagen, daß unserer Universität die Gleichschaltung von außen angetan wurde, daß insbesondere die Figuren, die damals hochgekommen sind, der Studentenschaft fremd blieben. Die ewige Unvereinbarkeit zwischen tyrannischer Unterdrückung und einer der Wahrheit verschworenen Jugend hat sich nicht bloß in allen Formen des stillen Nonkonformismus dokumentiert, sondern in einzelnen Studenten und Studentinnen unserer Universität seine Märtyrer gefunden.

Wenn Sie jetzt als erste studentische Gruppe in Deutschland ganz und gar aus eigenem Antrieb etwas zur Heilung der Wunde beitragen wollen, die durch den Rassenwahn entstanden ist, dann helfen Sie nicht bloß in einer wichtigen Frage des deutschen Lebens, sondern Sie ehren auch die Angehörigen unserer Universität, Juden und Nichtjuden, die gegen die blutige Dummheit aufgestanden sind. Ihre Resolutionen sind ein Symbol dafür, daß der spezifische Geist der Frankfurter Universität, der identisch ist mit dem Besten der deutschen akademischen Tradition überhaupt, ungebrochen fortdauert. Es ist meine Hoffnung, daß darin zugleich ein Ansporn für die gesamte akademische Entwicklung liegt.

Meine Bewegung über den unmittelbaren guten Willen verbindet sich mit der Dankbarkeit für einen Vorgang, dem ich wahrhaft objektive Tragweite zuschreibe.

Mit den freundlichsten Grüßen

Nr. 27

Max Horkheimer
Brief an Moshe Schwabe

24. März 1952

QUELLE: Max Horkheimer, Gesammelte Schriften Bd. 18: Briefwechsel 1949–1973, hrsg. von Gunzelin Schmid Noerr, © S. Fischer Verlag Frankfurt/Main 1996, S. 230–232

[Frankfurt a. M.,] 24. März 1952.

Sehr geehrter Herr Rektor!

Gestatten Sie mir, daß ich Sie mit einer Angelegenheit befasse, der, wenn ich mich nicht täusche, erhebliche Beachtung zukommt.

Vor einigen Monaten hat das Studentenparlament unserer Universität den Beschluß gefaßt, alles, was in seiner Macht steht, zu tun, damit hier in Deutschland die materiellen und ideellen Voraussetzungen für einen Frieden mit Israel geschaffen werden. Die Studenten wandten sich an Kirchen, Hochschulen und sonstige Schulen, um sie zu wirksamen Maßnahmen gegen den Irrsinn des Judenhasses aufzurufen. Überzeugt davon, daß es nicht bei schönen Worten bleiben darf, bildete das Parlament eine Kommission, die Vorschläge für die Aufbringung von finanziellen Mitteln machen sollte, um den Studenten in Israel zu zeigen, daß es den deutschen Studierenden mit Hilfe und Wiedergutmachung ernst ist. Ich füge ein Exemplar der Resolution sowie der englischen Übersetzung bei.

In ihrem Kampf um die Auslöschung des Wahns wie in ihrem Willen, das Ihre beizutragen, daß der Gedanke der Gerechtigkeit keine bloße Rede bleibe, steht unsere Studentenschaft nicht allein. Auch an anderen hohen Schulen im Gebiet der Bundesrepublik gibt es leidenschaftliche und sehr reale Bestrebungen zur Überwindung der Lüge und zur Bekundung der Solidarität mit den Juden. Die Demonstration der Freiburger Studenten gegen das Wiederauftreten einer Figur, die zum Symbol antisemitischer Hetze geworden war, und die Sympathieerklärungen aus vielen Hochschulen für die mißhandelten Demonstranten, ebenso wie der Beschluß der Delegierten der westdeutschen Studentenschaft gegen Harlan[1], sind nur ein Beispiel für diesen Geist. Es ist wahr, daß solche Gesinnung weder für die gesamte kulturelle Lage noch auch nur für alle Studenten kennzeichnend ist: man darf keineswegs ihrer Kraft in der Zukunft gewiß sein. Dennoch und gerade darum ist sie der Beachtung wert.

Als ich vor zwei Jahren als amerikanischer Bürger dem Ruf auf meinen alten Lehrstuhl in Frankfurt folgte, bewog mich vor allem die Erinnerung daran, daß unter meinen früheren Studenten viele Nichtjuden der Schreckensherrschaft widerstanden. Das erste Opfer des Nationalsozialismus, das ich persönlich kannte, war eine Studentin[2], die gegen ihre nationalsozialistische Umgebung für die Freiheit einstand. Ich weiß, daß die nicht wenigen, die treu geblieben sind, das Unsagbare von mir so wenig abzuhalten vermocht hätten wie von den Millionen der Erschlagenen. Trotzdem kam es auf die wenigen damals an, sowie es auf die wenigen heute ankommt. Diesen zu helfen, heißt nicht zuletzt, daß die Hilfe, die sie selber bringen wollen, nicht abgeschlagen wird. Deshalb wende ich mich an Sie.

In den großen Fragen, die gegenwärtig zwischen Deutschland und Israel behandelt werden, vermögen deutsche Studenten nicht viel mehr als ihre Stimme zu erheben. Daß sie dies tun und weiter tun werden, dürfen Sie mir glauben. Gibt es aber nicht etwas Eigenes, Spezifisches, was Studenten allein mit ihren Kräften durchführen können? Bedürfen die Studenten Ihrer Hochschule etwa bestimmter Bücher, die in Deutschland sich finden? Gibt es sonstige Lehrmittel, die bei Ihnen fehlen und hier vorhanden sind? Könnte nicht für eine Anzahl israelitischer Studenten die Möglichkeit etwas bedeuten, in gewissen Fächern in Deutschland sich auszubilden? Das Studentenparlament denkt zunächst an die Schaffung von zehn Studien-Freistellen. Die Zahl ist klein genug; wenn aber auch andere Universitäten sich anschließen, so könnte ein solcher Plan schon ins Gewicht fallen.

Es ist mir wohl bewußt, daß schon die bloßen Fragen, angesichts des vergangenen Grauens, ein Moment des Bedenklichen, Unangemessenen enthalten. Wenn ich es trotzdem wage, sie an Sie zu richten, so deshalb weil ich auch über das andere nicht hinwegzusehen vermag: daß jede Geste des Friedens zwischen der jungen deutschen und der israelitischen Generation, die nicht nur Geste ist, eine unendlich heilvolle Wirkung ausüben könnte, und vor allem auch die besten Elemente in Deutschland selbst stärken würde. Freilich müßte die Handlung frei sein von aller Lenkung von außen und oben, von allem geschäftstüchtigen Interesse derer, von denen die Initiative ausgeht, von jeder politischen Spekulation. Sie müßte aus dem reinen, unabdingbaren Willen kommen, daß es in

Zukunft einmal anders sei. An diesem Willen aber fehlt es nicht.

Ich bin wohl darauf gefaßt, daß Sie mir mitteilen, die Zeit zu solchen Schritten sei noch nicht gekommen. Durch Freunde, die in vergangenen Jahren nach Israel reisten, habe ich Ähnliches erfahren, zuletzt durch den Frankfurter Rabbiner Dr. Weinberg[3], der jetzt in Amerika ist. Mir wäre das leid. Es will mir scheinen, daß die unversöhnliche Ablehnung fast so wenig wie das unverantwortliche Vergessen die Konsequenz aus dem Geschehenen zieht, die gezogen werden sollte. Vielleicht verzeihen Sie mir mein Urteil im Hinblick auf meine wissenschaftliche Arbeit, die nicht gerade die Spuren des Vergessens an sich trägt. Jedoch dürfen Sie meines Dankes versichert sein, auch wenn Sie mir negativ raten. Ich darf Sie aber darum bitten, in diesem Fall meinen Brief vertraulich zu behandeln damit nicht Schaden entsteht, wo das Gute bewirkt werden sollte.[4]

In ausgezeichneter Hochachtung

[1] Veit Harlan (1899–1964), Filmregisseur, der den antisemitischen Hetzfilm *Jud Süß* drehte und seine Karriere nach dem Krieg fortzusetzen versuchte.
[2] Lisel Paxmann, deren Andenken Horkheimer später auch seine zwei Bände *Kritische Theorie* (Frankfurt/Main 1968) widmete.
[3] Wilhelm Weinberg, Landesrabbiner von Groß-Hessen.
[4] Schwabe antwortete darauf im Brief vom 28.8.1952, daß er, in Anbetracht der traumatischen Erfahrungen der aus Europa nach Israel eingewanderten Juden und angesichts der für Deutschland immer noch nicht typischen Bemühungen um eine Verbesserung der Beziehungen, die Zeit für die von Horkheimer vorgeschlagenen Initiativen noch nicht für reif halte.

Nr. 28
Max Horkheimer
Brief an Alfred Wiener
14. Juli 1952

QUELLE: Max Horkheimer, Gesammelte Schriften Bd. 18: Briefwechsel 1949–1973, hrsg. von Gunzelin Schmid Noerr, © S. Fischer Verlag Frankfurt/Main 1996, S. 235–238

[Frankfurt a. M.,] 14. Juli 1952.

Sehr geehrter Herr Wiener!

Mit Ihrem Brief vom 28. Mai haben Sie mich sehr erfreut und es ist mir ein Anliegen, Ihnen wenigstens mit einigen Worten auf ihre Fragen zu antworten.[1] Leider ist meine Zeit durch das Rektorat, die Leitung des Instituts für Sozialforschung, sowie meine ausgedehnte Lehrtätigkeit so in Anspruch genommen, daß ich nicht daran denken darf, einigermaßen adäquate Formulierungen zu finden.

Die erste Frage, »Wie steht die deutsche studentische Jugend zum demokratischen Staat?«, bedarf keines besonderen Nachdenkens. Ich habe noch keinen Studenten getroffen, der die Monarchie oder den Nationalsozialismus zurückwünscht. Ich stehe in regelmäßiger Beziehung zu den Vertretern vieler studentischer Gruppen, einschließlich der Corps und Burschenschaften, und glaube nicht, daß sie das Vergangene wieder aufrichten möchten. Wenn man die deutsche Geschichte durchgeht, findet man, daß die demokratische Bewegung in ihren Ursprüngen weitgehend von Studenten getragen war. Man sollte jedoch nicht vergessen, daß etwa die englische, amerikanische und französische Demokratie ein Ergebnis schwerer geschichtlicher Kämpfe darstellt, an denen die ganze Nation teilgenommen hat. Daraus resultiert eine Identifikation mit dem demokratischen Staatswesen, die sich durch höchst delikate und komplizierte psychologische und soziologische Mechanismen seit der Eroberung der Freiheit durch alle Generationen bis in die Gegenwart fortgepflanzt hat. Das ist natürlich in Deutschland nicht der Fall, und die richtige Beziehung zum demokratischen Staat soll nun durch bewußte individual- und sozialpädagogische Maßnahmen erst hergestellt werden. Inwiefern eine derart notwendig »von oben« bewirkte Identifikation sich mit der vergleichen läßt, die durch den geschichtlichen Prozeß selbst zustandekam, bleibt abzuwarten, um so mehr als die moderne Demokratie von ihren Ursprüngen bis zur technisierten Massengesellschaft einen beträchtlichen Bedeutungswandel durchgemacht hat.

Die Fragen (2) und (3) nach dem Verhältnis der studentischen Jugend zu Nationalismus und Chauvinismus, sowie zu Parteien, die nationalsozialistische Züge aufweisen, möchte ich zusammen beantworten. Selbstverständlich werden auf die Studenten Einflüsse aller Art ausgeübt, auch solche, auf die die genannten Fragen anspielen. Wie weit derartige Einflüsse etwa Erfolg haben, hängt vom Lauf der Gesamtpolitik nicht nur in Deutschland sondern im internationalen Maßstab ab. Wenn es nicht gelingt, mit den strategischen Anforderungen der Gegenwart eine autonome Kulturpolitik zu vereinen, dann wird man das Emporkommen eines neuen und neuartigen Chauvinismus schwerlich verhindern können. Der tiefste Grund für neo-faschistische Neigungen liegt ja nicht so sehr in ursprünglichen Tendenzen des Volkes sondern im Kurs, den die entscheidenden gesellschaftlichen und politischen Zirkel einschlagen. Dies lehrt das Studium der Entstehung sowohl des italienischen Faschismus wie des Nationalsozialismus.

Die vierte Frage nach dem Verhältnis der studentischen Jugend zum Judentum und zu dem, was den Juden unter der Naziherrschaft geschehen ist, beantworte ich zunächst mit dem Hinweis auf die geringe Zahl der Juden, die noch in Deutschland lebt. Das wirkt nicht notwendig gegen den Antisemitismus. Es ist bekannt, daß der moderne Antisemitismus fast gar nicht aus genuinen Erfahrungen mit Juden hervorgeht, sondern zu den blinden Gefolgsreaktionen gehört, die für die völkische Propaganda seit langem kennzeichnend sind. Sowohl in Europa wie in Amerika gehörte der Antisemitismus gerade dort zum Urtyp einer Landschaft (und zwar schon vor Hitler), wo es am wenigsten Juden gab. In Deutschland aber tritt zum Fehlen persönlichen Kontaktes noch die Tatsache hinzu, daß die Generation, die jetzt zur Universität kommt, den Nationalsozialismus gar nicht mehr selbständig erfahren hat. Es gibt zwar nicht wenige Hochschullehrer, die es verstehen, die Erinnerung ans Geschehene zu erwecken ohne es in einer solchen Weise zu tun, daß sämtliche psychologische Abwehrmechanismen bei den Angesprochenen notwendig in Bewegung gesetzt werden; es gibt vor allem studentische Gruppen, in deren Bewußtsein die furchtbaren Dinge der Vergangenheit tief eingegraben sind, und die mit Mut und Entschlossenheit handeln, um neues Unheil zu verhüten. Man denke an die Aktion der Freiburger Studenten gegen die Aufführung der Veit Harlan Filme, der sich die gesamte westdeutsche Studentenschaft angeschlossen hat.[2] Man denke an Resolutionen über die Beziehung von Deutschen und Juden, wie die der Frankfurter Studentenschaft, von der ich mir gestatte, Ihnen ein Exemplar beizulegen.[3] Die Vertretung der Studentenschaft wendet sich wegen der Frage des Antisemitismus an die Kirchen, die Universitäten und Hochschulen, die Schulbehörden und an die Kultusminister der Länder mit der dringenden Bitte, diesem Problem unter keinen Umständen auszuweichen, sondern es in einem echt demokratischen Sinn zu erörtern. Wenn es trotz solcher Demonstrationen so weit kommen sollte, daß der Antisemitismus wieder zu einer Macht wird, so liegt es an der heillosen Verstrickung von technisierter Zivilisation, internationaler Politik, und drohendem Kulturzerfall, gegen welchen die Universitäten nur damit antworten können, daß sie unbeirrbar ihre Studenten zu selbständigem Denken erziehen. Wenn man nach der Haltung der studentischen Jugend fragt, so vergißt man allzu leicht, daß sie hier in Deutschland in einer Atmosphäre aufgewachsen ist, in der Geistiges nicht mehr Wurzeln zu schlagen vermochte. Jetzt soll sie wieder Anschluß an die abendländische Kultur gewinnen, ja, sie gegen ihre spirituellen und militärischen Feinde verteidigen, ohne daß ihr in einer auch nur einigermaßen behüteten Kindheit das Verständnis für Geistiges gleichsam natürlich zugewachsen wäre. Wenn auch der Wirtschaftsprozeß in anderen Ländern zu ähnlichen Konsequenzen führen mag, so liegen die Dinge in Deutschland besonders ernst. Woran wir anknüpfen können, wenn wir der drohenden totalitären Barbarei nach innen und außen widerstehen wollen, ist, wie ich in einer Rede vor einigen Tagen gesagt habe, der unbeschreiblich gute Wille, die Selbstverleugnung, die Sehnsucht nach der Wahrheit, die unsere Studenten mitbringen.[4] Aber die menschlichen und außermenschlichen Kräfte, gegen die wir dabei zu kämpfen haben, sind so mächtig, daß ich nicht wage, mit der üblichen optimistischen Note zu schließen. Wir müssen nur handeln, als ob der Sieg möglich wäre.

Mit freundlichen Grüßen
Ihr sehr ergebener

1 Für das *The Wiener Library Bulletin* wurde eine Umfrage durchgeführt, um »die Haltung der deutschen akademischen Jugend zu wesentlichen politischen Grundtatsachen darzustellen«. Dabei wurden folgende Fragen gestellt:

»1. Wie steht die deutsche studentische Jugend zum demokratischen Staat?
2. Wie steht die deutsche studentische Jugend zu einem Nationalismus und Chauvinismus gefährlicher Art?
3. Wie steht die studentische Jugend zu Parteien oder Vereinen, die den Nationalsozialismus, wenn auch in neuer Form, wieder erwecken wollen?
4. Wie steht sie zum Nationalsozialismus überhaupt, und wie ist insbesondere ihre Haltung zum Judentum besonders im Hinblick auf die Millionen Opfer der Juden unter der Naziherrschaft?«

2 Veit Harlan, Regisseur des nationalsozialistischen Hetzfilms *Jud Süß* betätigte sich zu Beginn der fünfziger Jahre als Regisseur von Unterhaltungsfilmen. Gegen die Aufführung seiner Filme hatten sich seit dem Frühjahr 1951 vor allem in Freiburg und Göttingen verschiedene studentische Protestaktionen gerichtet.

3 Das Frankfurter Studentenparlament hatte am 9.12.1951 eine Stellungnahme zur *Haltung gegenüber den Juden* verabschiedet. In dieser Erklärung hieß es u.a.: »Durch eine baldige und gerechte Wiedergutmachung soll der Wille des deutschen Volkes zum Ausdruck gebracht werden, an der Beseitigung der materiellen Schäden mitzuwirken.« (Frankfurter Studentenzeitung [später: Diskus], 2. Jg., Heft 1, Januar 1952, S. 7).

4 Gemeint ist die Rede zur Begrüßung des Bundeskanzlers Konrad Adenauer, gehalten am 30.6.1952 in der Universität Frankfurt aus Anlaß des Universitätsfestes 1952, veröff. in: Diskus/Frankfurter Studentenzeitung, 2. Jg., Heft 6, Sondernr. Juli 1952, S. 2. Darin heißt es: »Woran wir [bei der Erziehung der Jugend nach dem Nationalsozialismus] anknüpfen können, um die überaus ernsten Desorientierungen im Geistigen zu überwinden, ist der unbeschreiblich gute Wille, die Selbstverleugnung, die Sehnsucht nach der Wahrheit, die unsere Studenten mitbringen.«

1953

22.2.: Bundespräsident Heuss
bei einer Weinrunde mit AStA-Mitgliedern.

Nr. 29

Max Horkheimer
Die Außenpolitik (I)
Späne – Notizen über Gespräche mit Max Horkheimer in unverbindlicher Formulierung aufgeschrieben von Friedrich Pollock
4. April 1953

QUELLE: Max Horkheimer, Gesammelte Schriften Bd. 14: Nachgelassene Schriften 1949–1972, hrsg. von Gunzelin Schmid Noerr, © S. Fischer Verlag Frankfurt/Main 1988, S. 211

[Die Außenpolitik] kann nur verstanden werden als Ausdruck der innenpolitischen Situation. Heute werden aber die Fragen der Außenpolitik schon so formuliert, daß die Antwort mitgegeben worden ist. Damit, daß ich die russischen Zustände als scheußlich erkenne, bejahe ich noch lange nicht die Schaffung einer deutschen Armee. Europa ist wahrscheinlich verloren. Es wird früher oder später von den Russen überrannt werden. Der Zeitpunkt ist ungewiß und es kann sich bis dahin viel ändern. Gewiß ist aber, daß die Schaffung einer deutschen Armee etwas ist, was wir nicht bejahen können. Mit ihr wird innenpolitisch größtes Unheil geschaffen werden.

Das gegenwärtige System macht niemand glücklich, und seine Funktion ist im Grunde nichts anderes, als die Aufrechterhaltung der bestehenden Wirtschafts- und Gesellschaftsordnung.

Die Sachverständigen-Auseinandersetzung über die Bedeutung der Atomwaffen, die Größe des Vorrates an Bomben, die Rolle der Europa-Armee usw. sind alle nichts als »Biberle-Baberles-Zeug«. Es kommt darauf an dialektisch zu denken, das Ganze zu sehen und von da aus die konkreten Probleme an ihre richtige Stelle zu rücken. Das setzt aber eine Erkenntnis der Einzelheiten voraus, welche nur wenige, sogenannte Fachleute besitzen. Angesichts dieser Sachlage enthält aber die Beschäftigung mit der Außenpolitik den Charakter bloßer Ideologie.

Nr. 30

Alexander Mitscherlich / Max Horkheimer
Gespräch über die Forderung nach der guten Gesellschaft oder die Einheit von Theorie und Praxis
Späne – Notizen über Gespräche mit Max Horkheimer in unverbindlicher Formulierung aufgeschrieben von Friedrich Pollock
26. September 1953

QUELLE: Max Horkheimer, Gesammelte Schriften Bd. 14: Nachgelassene Schriften 1949–1972, hrsg. von Gunzelin Schmid Noerr, © S. Fischer Verlag Frankfurt/Main 1988, S. 215

MITSCHERLICH: Wie kann man zur guten Gesellschaft kommen?
HORKHEIMER: Wenn ein Analytiker gefragt wird, wie die Heilung des Patienten zustande kommt, dann muß er antworten, daß er es nicht weiß. Irgendwann einmal wird die Neurose durchbrochen, springt der Funke über …

Ebenso ist es in der Bemühung um die gute Gesellschaft. Vielleicht führt die fortwährende theoretische Bemühung schließlich dazu, daß der Funke überspringt und die Menschen sich die Gesellschaft nicht mehr gefallen lassen.

Nr. 31

Max Horkheimer
Brief an den Allgemeinen Studenten-Ausschuß der Universität Gießen
19. Dezember 1953

QUELLE: Max Horkheimer, Gesammelte Schriften Bd. 18: Briefwechsel 1949–1973, hrsg. von Gunzelin Schmid Noerr, © S. Fischer Verlag Frankfurt/Main 1996, S. 257–259

[Frankfurt a. M.,] den 19. Dezember 1953

Liebe Kommilitoninnen und Kommilitonen!

Die Frage, was von der studentischen Selbstverwaltung jetzt zu erwarten sei[1], beantwortet sich wohl ohne weiteres. Die psychologischen und geistigen Schwierigkeiten, in denen so viele Studierende sich befinden, setzt der studentischen Selbstverwaltung die denkbar dringlichsten Aufgaben. Es kommt darauf an, daß die studentische Selbstverwaltung dazu beiträgt, an jeder

Universität eine Atmosphäre der Zusammengehörigkeit zu schaffen, die das Leiden der Studenten unter der Isolierung und Atomisierung zu überwinden vermag. Die Anstrengungen zur Entfaltung neuer Gemeinschaftsformen, die soziale und kulturelle Arbeit, die Planung von Veranstaltungen und nicht zuletzt die Teilnahme an der akademischen Selbstverwaltung erfordern ein sehr hohes Maß an Kraft und Phantasie.

Daß sie diese Aufgaben im Geiste der Autonomie und Spontaneität, als eigene Sachen der Studenten, in Angriff nimmt, anstatt sich auf irgendwelche von außen her gebotenen Lösungen zu verlassen, scheint mir besonders fruchtbar. Je mehr es der Studentenschaft gelingt, aus ihrem eigenen Willen und dessen organisatorischer Gestaltung heraus ihre Probleme zu bewältigen, um so mehr dürfen wir hoffen, daß das aus solcher Initiative Geschaffene sich auch als substantiell bewähren und das Vertrauen aller derer gewinnen, die von der studentischen Selbstverwaltung vertreten werden.

Während auch heute noch, trotz des deutschen Aufschwungs, die Notstandslage weithin die Aufgaben der Selbstverwaltung vorzeichnet, hoffe ich, daß, wenn die Not einmal überwunden wird, sich die Selbstverwaltung vornehmlich als eine echte Schule zur Demokratie bewähren wird – eine echte darum, weil die Dinge, mit denen sie sich befaßt, keine bloße parlamentarische Spielerei darstellen, sondern für das Leben der ganzen Universität höchst reale Bedeutung haben. Unterstreichen möchte ich, daß das Verhältnis zwischen Dozenten und Studenten, deren Nähe eine Voraussetzung produktiver Lehr- und Forschungstätigkeit bildet, aber durch den heutigen »Lehrbetrieb« so vielfach gefährdet wird, durch das Medium der studentischen Selbstverwaltung sich schöner und reicher entwickelt, als es dem bloßen guten Willen einzelner Dozenten oder Studenten möglich wäre.

In meiner Rektoratszeit[2] ist mir die Zusammenarbeit mit der studentischen Selbstverwaltung etwas so Selbstverständliches geworden, daß ich sie aus dem Leben der Universität gar nicht mehr wegdenken könnte. Fast ist es ein wenig schwer, Ihre Frage zu beantworten, etwa so, wie es einem schwer wäre, von irgendeinem physischen Organ, das einen Teil der ganzen Existenz abgibt, nun in abstrakter Reflexion auszusagen, wofür es eigentlich gut sei. Heute bereits darf die studentische Selbstverwaltung wahrhaft als ein solches Organ der Universität – als ein ihr von innen her Notwendiges betrachtet werden. Ich wünsche der studentischen Selbstverwaltung an jeder deutschen Universität, daß das Interesse an den formellen Elementen der Demokratie, der Sicherung von Einfluß und der Handhabung von Rechten, so wenig diese Aspekte auch zu vernachlässigen sind, zu bloßen Momenten eines konkreten jugendlichen Gestaltungswillens herabsinken. Die studentische Selbstverwaltung soll ein Beispiel dafür werden, daß die Jugend es den Erwachsenen nicht darin gleichtut, das Mittel zum Zweck zu machen.

Mit freundlichem Gruß

1 Der AStA Gießen hatte zum Zwecke der Vorbereitung einer Tagung um die Beantwortung einer Umfrage gebeten: »Was erwarten Sie von der studentischen Selbstverwaltung jetzt und in der Zukunft?«
2 1951–1953.

1954

22.5.: Studenten protestieren auf Wandzeitungen gegen Burschenschaftler.

Nr. 32

Max Horkheimer

Aus einer Ansprache vor Couleur-Studenten

28. Mai 1954

QUELLE: Diskus – Frankfurter Studentenzeitung, 4. Jg., Nr. 6, Juni 1954, S. 3 f.

Man könnte argumentieren, die Universität allein sei nicht in der Lage, dem Studenten zu helfen, die Verantwortung zu lernen, von der hier die Rede ist. Gäbe es nicht noch viele andere Ursachen ihrer Unzulänglichkeit, darunter die spezifisch deutsche des Schicksals dieser Generation, die von mir selbst angeführten Elemente der Geistfeindschaft in dieser Zeit reichten wahrlich aus, sie darzutun. Die Universität kann heute nicht ersetzen, was früher einmal Familie, eine leidlich intakte kulturelle Tradition und vor allem der Umstand, daß es damals für den Studenten Muße gab, geleistet haben. Liegt hier nicht die Bedeutung der studentischen Gemeinschaften und vor allem der traditionellen Verbindungen, die, vielleicht noch stärker als andere, die Erziehung des Menschen zur Verantwortung, als ihre Aufgabe ansehen? Als von der Freundschaft die Rede war, habe ich an die Verbindungen denken müssen, die ja die Freundschaft auf ihre Fahnen schreiben. Es ist mir wohl bewußt, daß nicht zuletzt die Idee der Freundschaft, gleichviel, ob die Verbindungen sie den verfolgten Bundesbrüdern zu bewahren verstanden oder nicht, zu ihrer Auflösung im Dritten Reich geführt hat. Jedenfalls wird die krasse Isoliertheit, in der viele Studenten zur Universität nicht bloß kommen, sondern während des Studiums verharren, durch die Verbindungen des neuen wie des alten Stils gemildert, und damit eine der Bedingungen für jene Resignation eingeschränkt, die das Gegenteil geistiger Verantwortung bildet.

Die Fragen aber, die hier auftauchen, sind allzu ernst und vielfältig, als daß ich sie wirklich ausbreiten könnte. Ich denke nicht so sehr daran, daß man Freundschaft kaum organisieren kann, und daß die festgelegte Form des Bundes für manche edleren, mehr in der Sache begründeten Beziehungen, die in Spontaneität entstehen könnten, hemmend sein mag. Auch die Wahrscheinlichkeit, daß Bundesbrüder sich zu Stellungen verhelfen, scheint mir im Zeitalter der Vollbeschäftigung nicht so bedenklich. Ein Unglück geschähe nur dann, wenn Sie im Hinblick auf entscheidende Fragen des persönlichen, gesellschaftlichen und politischen Lebens Ihre Ideen sich nicht selbst, im Zusammenhang mit Ihrer akademischen Ausbildung, erarbeiteten und für deren Änderung aus rationalen Gründen offen blieben, sondern sich festlegen ließen, durch eine an Sie herangebrachte Stereotypie. Die Chancen, daß es so geht, sind nicht gering. Je ohnmächtiger das Ich des einzelnen sich heute weiß, je mehr ihm die Möglichkeit der Realisierung in der Praxis verbaut ist, desto mehr hat es das Bedürfnis, sich selbst zu bestätigen und zu erhöhen. Aus innerer Unsicherheit und Schwäche verlangt es nach einem Kollektiv, als dessen Teil es sich stark fühlen kann.

Dem kommen die Verbindungen entgegen, nicht bloß durch die Aufnahme des Individuums in den eigenen Verband, sondern durch die Tradition vom starken Staat und nationalem Selbstbewußtsein, für die sie einstehen. Es geht mir nicht um die Berechtigung oder Irrigkeit des Inhalts dieser Tradition. (Ich halte sie persönlich für recht zeitgemäß und das ist kein Kompliment.) Aber es widerspricht meinem Begriff von geistiger Verantwortung, daß scharf umrissene Ideen von dem was Tugend, Staat und Menschheit sein soll, oder überhaupt ein fixiertes Leitbild die handfeste Voraussetzung jugendlicher Beziehungen bildet, anstatt Gegenstand kritischer Reflexion zu sein. Gerade das macht meiner Ansicht nach den Studenten aus, daß er in diesen Dingen geöffnet ist, und auch die gegensätzlichen Gedanken nicht ablehnt oder gar verdrängt, sondern sie so überwindet, daß auch noch ihre relative Wahrheit in seinem Geiste gerettet ist. Ich weiß, daß viele Mitglieder der Verbindungen darin gar nicht so unähnlich denken wie ich, aber gerade diese werden wissen, daß die Gefahr einer ganz anderen Dynamik besteht.

Im Widerspruch zu dem, was an so vielen Stellen der Welt heute geübt wird, scheint mir die Vaterlandsliebe des Akademikers vor allem darin sich zu erweisen, daß er dem eigenen Volke die Wahrheit sagt, auch wenn er damit allein steht. Dieser Wille soll den Studenten anerzogen werden und nicht etwa die Bereitschaft, sich dem großen Kollektiv, dem »Wir« zu überantworten, es zu glorifizieren, immer und ohne Überlegung gegen alles zu sein, was ihm konträr ist, und gar nicht zu erwägen, ob dessen Interesse auch das rechte ist. Volk und Staat in ihrer jeweiligen Gestalt sind nicht unmittelbar das Absolute, sondern endliche Größen und Mächte, die sich irren und ebenso das Falsche tun können wie das Gute und Heilvolle. Noch nicht einmal der dehnbare Begriff der

Demokratie ist ein Maßstab, an den man sich halten kann, schon gar nicht aber das kollektive Selbstbewußtsein, dem sich die in ihrem Ich geschwächten Individuen so gerne überlassen wollen. Zu ihm gehört es, daß man vom eigenen Volk mit »Wir« redet, von den anderen aber im Singular. Wir haben es mit »dem« Amerikaner, »dem« Franzosen, »dem« Russen zu tun. Der Unterschied von Innen und Außen wird so gefaßt, daß auf das Innen das Licht und auf das Draußen das Dunkel fällt. Man denkt in schwarz-weiß, und der Fehler, wenn einer passiert, liegt entweder bei den anderen, oder wenigstens an den Umständen, die man nicht kontrollieren konnte. Daß man zuerst den Irrtum im eigenen Inneren sucht, wie es die Religion mit Recht vom Einzelnen erwartet, muß auch für das Kollektiv-Ich gelten. Es ist wahrlich nicht notwendig besser als er. Aber gerade weil sich das heute so bedrohte Selbstgefühl des Individuums durch Glorifizierung der größeren und stärkeren Totalität, zu der man gehört, so angenehm kompensieren läßt, bietet das Kollektive so bequem sich an.

Wer jedoch für einen geistigen Beruf sich entschieden hat, sollte es vermögen, der allgemeinen Suggestion standzuhalten. Dieselbe Vernunft, die ihn in seinem Fach gegen Illusionen schützt und persönlichen Voreingenommenheiten gegenüber hellsichtig macht, soll er in den öffentlichen Angelegenheiten bewähren, und nicht wie die Massen, die es nicht anders gelernt haben, in die je gewünschte Begeisterung ausbrechen, oder dem Unrecht gegenüber lethargisch bleiben. Er hat nichts besseres als die Wahrheit. Wer auch immer dazu hilft, die Studenten im Bewußtsein und im Genusse solcher Verantwortung zu stärken, und dafür sorgt, daß sie den nationalen Massenrausch, den sie selbst nicht nötig haben, auch im Volke heilen können, wer dazu beiträgt, sie in der sokratischen Treue zum Gesetz und zugleich in der sokratischen Unerbittlichkeit gegen es zu festigen, alle die Kräfte sind wohltätig. Wir wollen, sofern sie dazu gehören, die Verbindungen gewiß nicht ausschließen, wenn wir auch bezweifeln, daß etwa die Mensur das beste Mittel zu solcher Erziehung sei. Allzuleicht verleitet gerade der Wert, den man ihr beimißt, dazu, die Bereitschaft, Schläge um ihrer selbst oder der männlichen Tugend willen auszuteilen und einzustecken, an die Stelle der Tapferkeit der Wenigen zu setzen, die man nach Goethes aktuellem Wort seit je gekreuzigt und verbrannt hat.

Ich wüßte keinen Gedanken, den ich lieber an den Schluß dieses Vortrags setzen möchte, als die Mahnung, daß Sie gegen das Kreuzigen und Verbrennen, handle es sich um Bücher oder Menschen, gegen Verfolgungen und Säuberungsaktionen, das größte Mißtrauen hegen sollen. Von den Massen distanziert sich ein geistiger Mensch nicht insofern, als sie glücklich sein wollen, vielmehr dient er dem allgemeinen »Glück«, sondern in dem Sinne als die Massen durch den Druck der Verhältnisse und verführt durch eine verkehrte Philosophie ihren ehrlichen Wunsch nach Glück verdrängen und an seine Stelle die Jagd nach Schuldigen, die Rache und die Unterdrückung betreiben. Vergessen Sie nicht, daß es keinen Wert gibt, der zu hoch wäre, als daß er der Verfolgungssucht nicht schon als Rationalisierung gedient hätte. Der Name Gottes, das Kreuz, das Vaterland, Sozialismus und Demokratie, nichts war zu heilig, als daß man es nicht benutzt hätte, um sich ein gutes Gewissen bei der Verfolgung des Schwächeren zu verschaffen. Lernen Sie, wie unser Rektor in seiner letzten akademischen Rede gesagt hat, die Menschen nicht auf ihre Worte, sondern auf ihre Taten hin ansehen, und lassen Sie vor allem durch keine vorgegebene Ideologie sich davon abhalten, durch eigenes Denken den Dingen auf den Grund zu gehen. Das ist der innigste Wunsch, den ich für Sie hege.

Nr. 33

Max Horkheimer
Brief an Maidon Horkheimer
19. September 1954

QUELLE: Max Horkheimer, Gesammelte Schriften Bd. 18: Briefwechsel 1949–1973, hrsg. von Gunzelin Schmid Noerr, © S. Fischer Verlag Frankfurt/Main 1996, S. 279–281

New York, September 19, 1954

Mein Lieb!

Mein Aufenthalt nähert sich Gott sei Dank dem Ende. […]

Meine Ansicht über die politische Lage scheint sich rasch zu bestätigen. Man hetzt die Bewaffnung Deutschlands, unter offener Brüskierung Frankreichs und unter den bedenklichsten massenpsychologischen Bedingungen, durch. Wenn Deutschland auf diese Weise, in Feindseligkeit gegenüber Frankreich, ja in gewisser Weise gegen den tieferen Willen Englands, zur raschen Aufrüstung angetrieben wird, dann wäre es ein Wunder, wenn nicht Chauvinismus, Emigranten- und Judenfeindlichkeit überhand nähmen. Die bedenklichsten Kreise bekommen Oberwasser. Kennzeichnend ist die unheimliche Eile, mit der das alles betrieben wird, und der Haß, der sich auf den jüdischen Ministerpräsidenten Frankreichs[1] konzentriert. Es werden wohl in den Novemberwahlen hier die Demokraten gewisse Erfolge buchen, ähnlich wie die Sozialdemokraten bei den weit überbewerteten Landtagswahlen in Schleswig-Holstein. In Europa aber kann man die Dinge, die jetzt geschehen, nicht mehr rückgängig machen.

Trotz allem dürfen wir für unser Glück und unser Leben nicht mehr allzu viel Zeit verlieren. Ich kann es einfach nicht über mich bringen, Dich jetzt hierherkommen zu lassen mit dem Bewußtsein, daß alle Menschen, für die unsere Existenz in Deutschland etwas bedeutet hat, an uns irre geworden sind. Das würde unser Leben hier verdüstern. Es würde uns hier nachlaufen, und wir würden uns nicht wohlfühlen. Besonders Du, meine liebe, anständige, gute Frau, würdest darunter leiden. Wie oft habe ich mir schon gedacht, wir bleiben jetzt zwei Jahre hier und erhalten dann die Möglichkeit, acht Jahre in Europa zu sein, ohne mit Paßproblemen oder der Angst vor dem Einfall der Russen behelligt zu werden. Aber gerade die nächsten sechs Monate sind entscheidend für einen unserer würdigen Abschluß der dortigen Tätigkeit. Deshalb muß ich, oder vielmehr darf ich bald kommen und brauche Dich nicht zu veranlassen, mit schwerem Herzen hierherzufahren.

[...]

Ich küsse Dich,
Dein Max.

1 Pierre Mendès-France (1907–1982), französischer Ministerpräsident 1954–1955.

1955

18.7.: Studenten demonstrieren mit einem Schweigemarsch für die Wiedervereinigung.

Nr. 34

Theodor W. Adorno

Zum Studium der Philosophie

Vortrag im Studentenhaus
25. Februar 1955

QUELLE: Diskus – Frankfurter Studentenzeitung, 5. Jg., Nr. 2, Februar 1955, S. 81–83; wiederabgedruckt in: Theodor W. Adorno, Gesammelte Schriften Bd. 20.1: Vermischte Schriften I, hrsg. von Rolf Tiedemann, © Suhrkamp Verlag Frankfurt/Main 1986, S. 318–326.

1. Daß der Philosophie Studierende nicht weiß, womit er beginnen soll; daß er keinen geordneten Studienplan vorfindet; daß pädagogische Kategorien wie die von Anfängern und Fortgeschrittenen so wenig zur Orientierung helfen, ist Anzeichen nicht sowohl mangelnder Organisation und Disziplin des Sachgebiets als Ausdruck dessen, daß Philosophie eigentlich gar kein vorgegebenes Sachgebiet kennt, das aufzubereiten und fortschreitend zu kommunizieren wäre. Nicht nur weichen die historisch aufeinanderliegenden und selbst die gleichzeitigen Philosophien derart voneinander ab, daß ihre Präsentation im Lehrsystem unmöglich ist oder auf die dünnste Abstraktion hinausläuft. Sondern die Begriffe selbst, die von der Forderung eines Fortschreitens vom Leichten zum Schwierigen stillschweigend angenommen werden, sind ausnahmslos problematisch: sie unterstehen der philosophischen Kritik. Leichte und schwere Philosophien gibt es überhaupt nicht; dem Ansatz nach leichte im Vortrag der vertrauten Sprache ähnelnde verbergen zuweilen die äußerste Anstrengung des Gedankens, während umgekehrt gewisse terminologisch verschalte Texte dem leicht zufallen, der einmal das Prinzip begriffen hat. Darüber hinaus präjudiziert die Vorstellung, es müsse von einem Ersten, einfach Gewissen ausgegangen werden, auf dem alles Weitere durchsichtig sich aufbaue, bereits die Entscheidung von Fragen, die einzig in der Philosophie selbst geschlichtet werden können. Vollends der Begriff der Voraussetzungslosigkeit ist ein Phantasma und von keiner Philosophie je eingelöst. Wer sich mit der Philosophie einläßt, muß selbst die Voraussetzungslosigkeit draußen lassen. Scheinbar einleuchtende Maßstäbe wie Klarheit und Deutlichkeit, Lückenlosigkeit der Beweisführung, Zurückführung des Komplexen auf Elementare, Vollständigkeit und deduktive Geschlossenheit sind nicht umsonst der Niederschlag einer historischen Philosophie, der Cartesianischen Methode. Verläßt man sich blind auf sie, so verbaut man sich bereits die Besinnung über das, worauf es ankäme. Verzicht auf jene Maßstäbe jedoch, die wilde Jagd nach dem Ursprung, verirrt sich erst recht in einer dogmatischen Situation. Alle plausiblen Desiderate, mit denen das unbefangene Bewußtsein in die Philosophie eintritt, gehen davon aus, daß ihr Gegenstand in seiner begrifflichen Ordnung sich erschöpft und daß darum seine Darstellung einer begrifflichen Hierarchie entspricht: eben darüber zu reflektieren ist Sache der Philosophie. Kurz, es geziemt der Philosophie gegenüber nichts anderes als sich ihr zunächst ohne Autoritätsglauben, aber auch ohne ihr durch starre Ansprüche vorauszueilen, auszuliefern und dabei dennoch des eigenen Gedankens mächtig zu bleiben. Dafür gibt es keine Anweisung, nur allenfalls bescheidene Hinweise.

2. Wer eine Philosophie verstehen will, muß ihr zunächst etwas vorgeben. Bei den Einzelwissenschaften versteht sich das von selbst, unter Philosophie Studierenden neigt gerade der Redliche dazu, diesen Anspruch zu verweigern. Aber es findet sich überhaupt kein Denken, in dem nicht Elemente enthalten wären, die es keineswegs selbst zu begründen oder aufzulösen vermag, oder wenigstens: deren Legitimierung nicht erst am Ganzen und nicht am Eingang geleistet wurde; und es ist fragwürdig, ob die Philosophien die wahrsten sind, bei denen die Rechnung am besten aufgeht, die von Widersprüchen freiesten. Konzediert man Kant nicht zunächst einmal, daß eigentliche Erkenntnis solche gesetzmäßiger Zusammenhänge sei und zum Kriterium Allgemeinheit und Notwendigkeit habe, und weiter, daß die mathematischen Naturwissenschaften solche Erkenntnis tatsächlich enthalten, wird man das System nicht erfassen; aber wer es einmal erfaßt hat, wird auch einsehen, warum der gesetzlichen Allgemeinheit jene zentrale Stelle darin zufällt. Das Studium der Philosophie erfordert also eine besondere Art von Geduld: sie öffnet sich nur einem Verständnis, das nicht in jedem Augenblick alles schon zu verstehen beansprucht.

3. Praktisch heißt das nichts anderes, als daß man am besten einmal einen philosophischen Text sich aussucht, zu dem man sich hingezogen fühlt, und ihn liest, auch wenn man zunächst darin nicht alles versteht. Manches erklärt sich durch Insistenz. Wo man liebt, versteht man. Intelligenz ist kein abgespaltenes Vermögen der Seele, sondern verflochten mit dem, was einen bewegt, was man will. Die Kraft des Beharrens vor dem Gedanken geht weit hinaus über das, was die

sogenannte Bildung beistellt. Wenn der amerikanische Soziologe Veblen auf die Frage, wie er alle möglichen fremden Sprachen erlernt habe, antwortete, er hätte ein jedes Wort solange angeblickt, bis ihm seine Bedeutung aufgeblitzt wäre, so ist das: ein Modell philosophischen Verhaltens: durch Versenkung ins Einzelne den ganzen Gedanken zu verstehen und nicht bloß den einzelnen Begriff. Der Anfänger verschanzt seinen Widerstand oft hinter dem Vorwurf der Geheimsprache. Aber die Zahl der Termini, die in der Philosophie gewußt werden müssen, ist bescheiden, über die wichtigsten unterrichtet jedes Wörterbuch, und ihre spezifische Differenz entnimmt man einzig aus dem je zu lesenden Text. Wo aber die Insistenz nicht genügt, soll man lieber weiter lesen: meist erhellt sich das Dunkle dem Zurückblickenden. Überhaupt soll man sich vor statischen Vorstellungen vom Verstehen hüten. Philosophische Texte haben keine dinghaft fixierten Bedeutungen, sondern sind darin den Kunstwerken ähnlich, Kraftfelder und prinzipiell unerschöpflich; je besser man sie kennt, desto mehr geben sie her, und das wiederholte Lesen ist unabdingbar. Wenn Nietzsche, der sich die klügsten Leser wünschte, zugleich Wert auf solche legte, die des Wiederkäuens fähig sind, so ist das nicht einer jener Widersprüche, welche die Pedanterie ihm anzukreiden pflegt, sondern trifft genau die Spannung, in der man Philosophie sich aneignen kann: die zwischen der hellsten Konzentration im Augenblick und der langwierigen und oftmals gar nicht so bewußten Übung.

4. Gar nicht schlimm ist es, wenn man etwas nicht versteht, und keiner braucht sich dessen zu schämen in einer Welt, die von innen und außen die Kräfte der Konzentration einspart und unterhöhlt, auf welche Philosophie, darin ein archaisches Handwerk, nun einmal verwiesen ist. Schlimm aber ist es, wenn man nicht merkt, daß man etwas nicht versteht. Gerade die Philosophie verführt dazu, durch den magischen Effekt der Worte das Verständnis zu ersetzen. Äußerste Wachsamkeit ist geboten: das nicht Verstandene muß man sich notieren, darüber nachdenken, danach fragen, anstatt wolkige Stellen für Offenbarungen des wahren Ideenhimmels zu halten. Gut ist es, dergleichen Passagen einmal ein paar Tage liegen zu lassen, zu vergessen und dann wieder vorzunehmen. Oftmals zog man sie gewaltsam ins eigene Assoziationsfeld und hat sich dadurch dem versperrt, was sie von sich aus sagen, während sie, frisch betrachtet, sich anders und nun durchsichtig erweisen. Bei Kant etwa kommen die Schwierigkeiten zuweilen aus der Architektonik und nicht aus der Sache; davon soll man sich dann nicht terrorisieren lassen, sondern sich an dem großen Gedankengang orientieren. Es gibt in der Philosophie nicht nur die Gefahr des Vagen, Unbestimmten, vom spezifischen Gedanken zu weit Distanzierten, sondern auch eine des Zu-nah. Wer lernen will, indem er die Sache nochmals hervorbringt, muß der Strenge stets ein Moment der Liberalität beigesellen. Denn in der Philosophie ist alles wörtlich und doch nicht ganz wörtlich.

5. Ist es keine Schande, etwas nicht zu verstehen, soll man doch auch nicht stolz sein auf Unverständnis. Der Satz Lichtenbergs, daß, wenn ein Kopf und ein Buch zusammenstoßen und es einen hohlen Klang gibt, nicht immer das Buch die Schuld trage, gilt unverändert, während unterdessen die Neigung sich verbreitet hat, das, was man nicht versteht, für gerichtet zu halten. Kommunikation ist nicht ein Kriterium, sondern ein Thema der Philosophie. Begriffe wie die des Mystischen, der Intuition, der Irrationalität, wofern sie nicht das Unwahre, sondern bloß das Ungewohnte und Anstrengende abwerten, helfen nicht der Vernunft, sondern dem Obskurantismus, auch wenn sie auf ihre unbestechliche Wissenschaftlichkeit pochen. Aktuell sind die Formulierungen des alten Kant gegen die Popularphilosophie seiner Zeit, deren Erben sich heutzutage pharisäisch als Hüter der Redlichkeit und Besonnenheit aufspielen: »Die Buchmacherei ist kein unbedeutender Erwerbszweig in einem der Kultur nach schon weit fortgeschrittenen gemeinen Wesen: wo die Leserei zum beinahe unentbehrlichen und allgemeinen Bedürfnis geworden ist. – Dieser Teil der Industrie in einem Lande aber gewinnt dadurch ungemein: wenn jene fabrikmäßig getrieben wird; welches aber nicht anders als durch einen den Geschmack des Publikums und die Geschicklichkeit jedes dabei anzustellenden Fabrikanten zu beurteilen und zu bezahlen vermögender Verleger geschehen kann. – Dieser bedarf aber zur Belebung seiner Verlagshandlung eben nicht den inneren Gehalt und Wert der von ihm verlegten Ware in Betracht zu ziehen: wohl aber den Markt, worauf, und die Liebhaberei des Tages, wozu die allenfalls ephemerischen Produkte der Buchdruckerpresse in lebhaften Umlauf gebracht und, wenngleich nicht dauerhaften, doch geschwinden Abgang finden können.«

6. Seit nun bald 200 Jahren hat die große Philosophie das Diktat der verbalen Definitionen gebrochen,

die, säkularisiertes scholastisches Erbe, noch die rationalistische Metaphysik beherrschten. Kritisches Philosophieren heißt wesentlich: nicht aus bloßen Begriffen schließen, sondern die tragenden Beziehungen zwischen Begriffen und dem durchdenken, worauf sie gehen. Die Kantische Kritik des ontologischen Gottesbeweises bezeichnet den Durchbruch dieser Intention in der deutschen Philosophie, und Hegel, in dem so viele Kantische Motive zu sich selbst kommen, hat im dritten Teil der Logik das definitorische Verfahren seiner Äußerlichkeit überführt (WW ed. Glockner, 5. Bd. S. 289ff., bes. S. 293). Die gängige Wissenschaftslogik hat daran vergessen: seit der verhängnisvollen Abspaltung der Einzelwissenschaften von der Philosophie ist in jenen der Glaube an Definitionen auferstanden und wird mit der Forderung nach Strenge und Lauterkeit verwechselt. Daher trägt denn der einzelwissenschaftlich Geschulte an die Philosophie vielfach ein Bedürfnis nach Definitionen heran, wie sie etwa vor 300 Jahren am Anfang von Spinozas Ethik standen, und ist enttäuscht, wenn sie ihm versagt werden. Ihn bestärken darin Tendenzen des zeitgenössischen Positivismus, welche die wissenschaftliche Verfahrungsweise ungebrochen auf die Philosophie übertragen, während gerade das Verhältnis von Wissenschaft und Philosophie Selbstbesinnung erheischt. Definitionen sind nicht umsonst in »Sachgebieten« zu Hause. Sie beziehen sich allemal auf ein bereits Konstituiertes, auf den verdinglichten Abguß der lebendig vollzogenen Einsicht, während es an der Philosophie ist, eben den Spielregeln verdinglichten Bewußtseins nicht zu folgen, sondern die geronnenen begrifflichen Formen aufs neue in Fluß zu bringen. Daß das nicht improvisatorische Willkür sanktioniert, vielmehr eine geistige Freiheit meint, welche die Begriffe festhält, ohne sich doch auf sie festnageln zu lassen, ist wohl am schwersten zu lernen: die Einheit von Strenge und Phantasie. Oberste Tugend der Philosophie ist intellektuelle Zivilcourage. Nie darf sie bei einem bereits Etablierten, wie es in den Definitionen sich niederschlägt, Deckung suchen. Der Verzicht darauf mag am Ende sogar mit Definitionen belohnt werden. Aber erst die entfaltete Philosophie bewegt sich der Lehre zu.

7. Die Forderung, etwas vorzugeben und Geduld zu haben, ist nicht bloß für den der Philosophie noch Fremden eine Zumutung, sondern hat in der Tat auch ihren fragwürdigen Aspekt. Sie kann dazu verleiten, die Philosophie selber als Spezialwissenschaft, als Branche zu betreiben und, durch Anerkennung ihres Sonderwesens, des kritischen Impulses, der eigenen Unbeirrtheit und Autonomie sich zu entäußern. Hält man sich einem Denkgebilde von der fast unwiderstehlichen Gewalt Hegels gegenüber wirklich daran, daß das Ganze das Wahre sei, und drängt man, um des Ganzen sich zu versichern, die ungezählten Einwände zurück, denen alles Einzelne darin sich aussetzt, so identifiziert man allzu leicht, sobald das Ganze einmal gegenwärtig ist, die Freude darüber mit der Wahrheit. Hegel stellt zunächst vor die Wahl zwischen Selbstpreisgabe und Unverständnis. Mit solchen Aporien fertig zu werden, bedarf es der Geistesgegenwart, man muß ans Ganze und an den Augenblick, an die Präzision der Aussage und ihren Stellenwert in der Konstruktion zugleich denken – ja man muß stets zugleich in der Sache, als ein ihr Hingegebener, und außerhalb der Sache, als ein kritisch Distanzierter sein. In diese Maxime läßt sich vielleicht die schockierende These der Hegelschen Phänomenologie, daß die dialektische Bewegung ebenso im Innern des Objekts wie im betrachtenden Bewußtsein stattfinde, übersetzen. Philosophische Bewegung heißt Beweglichkeit: sich nicht dumm machen lassen, sich nicht selbst verdummen. Heute wirkt die Denkkontrolle dahin, daß man mit der Miene der Verantwortung für jeden Satz die Spekulation sich verbietet und an eben der Stelle, an der sie fällig wäre, sich enger und beschränkter macht, als man es irgendwo in der empirischen Existenz wäre. Der philosophische Geist aber möchte, daß man noch in die Besinnung über die scheinbar speziellsten Gegenstände der Logik und Erkenntnistheorie all das an Kraft hineinwirft, was der lebendig Erfahrende jenseits der Arbeitsteilung weiß: in der Fähigkeit dazu beruht der unvergleichliche Rang Hegels wie Nietzsches, und wer sie sich verkümmern läßt, resigniert als Sachverständiger. Auch die philologische Treue bleibt bloßes Surrogat für jene Qualität. Die Frage nach der Wahrheit läßt sich nicht durch hermeneutische Vorbereitungen vertagen, wenn sie nicht vergessen werden soll. Der Philosophierende muß also nicht bloß der Philosophie alles vorgeben, sondern darf ihr doch wieder auch nichts vorgeben. Daß die unbedingte Aufgeschlossenheit des Gedankens mit der unbestechlichen Kraft des Urteils sich paare, schwang mit, als die Philosophen dem Geist die paradoxe Fähigkeit spontaner Rezeptivität zuschrieben.

8. Unausrottbar scheint die Vorstellung, daß, da es nun einmal dem philosophischen Denken an eindeu-

tigem und bündigem Fortschritt mangelt, wie ihn die Naturwissenschaften aufweisen, die Philosophie eine Musterkarte von Systemen präsentiere, deren jedes eine mehr oder minder einstimmige und befriedigende Welterklärung liefere, und aus der man sich das aussuchen könne, was dem eigenen geistigen Naturell am besten zusagt. Diese Vorstellung hat viel Schuld daran, daß die Philosophie zur neutralisierten, unverbindlichen Weltanschauung verkam. Die Spannung von Philosophie und Wissenschaft degeneriert zum Dispens von der Verpflichtung der Erkenntnis auf die Wahrheit; Philosophie soll sich dem je Erkennenden anpassen, der die Freiheit des Gedankens mit der Reservatsphäre unbekümmerten Drauflosdenkens verwechselt. Dies Verhalten der Philosophie gegenüber, das allein es ermöglichte, daß die nationalsozialistischen Pronunciamentos ihre Adepten fanden, ist relativistisch, auch wenn der Inhalt der jeweils bezogenen Standpunktsphilosophie absolutistisch ist. Aus kulturpolitischen Erwägungen für eine Philosophie mit Bindungen optieren, weil es heilsam sei, Bindungen zu haben, verstärkt eben den Subjektivismus, den der Entschlossene zu überwinden sich einbildet. Daß seit Kant, sicherlich seit Hegel, die Philosophen, die es waren, das Standpunktdenken nicht bloß verhöhnt, sondern seiner Beschränktheit und Einseitigkeit überführt, daß sie an der Geschichte der Philosophie die Einheit ihrer die einzelnen Systeme übersteigenden Probleme dargetan haben, prallt ohnmächtig von denen ab, die sich an etwas Handfestes halten wollen und sich nicht glücklich fühlen, wenn sie sich nicht in eine approbierte Schule einreihen können. Die neuerdings verstärkte Neigung zur Subsumtion alles Erscheinenden unter seinen Gattungsbegriff kommt dem entgegen; gern bestimmen sie sich selber als Exponenten einer bereits eingeschliffenen Parole und reden den erschütterten Jargon der Begegnung, mit dem Nichts oder dem Sein. Das führt dann zu der im letzten Jahr ad nauseam wiedergekäuten Frage, ob Kant noch zeitgemäß sei, ob er uns, nämlich jenen, noch etwas zu sagen habe, als müßte er sich den intellektuellen Bedürfnissen einer vom Kino und den illustrierten Zeitungen präparierten Menschheit anpassen und als müßte nicht diese vielmehr erst einmal auf die ihnen aufgezwungenen lieben Gewohnheiten verzichten, ehe sie sich anmaßt, die Vitalität dessen zu begutachten, der den Traktat vom ewigen Frieden schrieb. Stets sind sie bereit zur Phrase »von meinem Standpunkt aus«. Indem diese konziliant die Möglichkeit eines anderen zugesteht, arrogiert sie zugleich unverschämt das Recht, jeglichen Unsinn vorzubringen, weil man nun einmal diesen Standpunkt habe und jeder auf dem seinen stehen dürfe: Parodie des liberalen Moments im Denken. Nicht mehr taugt der von geschäftigen Soziologen aus der Kunstgeschichte importierte Begriff des Denkstils. Er verlegt die geschichtliche Substanz Leibnizens in die angebliche Ähnlichkeit seiner Lehre mit den Allongeperücken und vernachlässigt darüber die Stellung des Gedankens zur Objektivität. Schon in der Kunst betrügt der Begriff des Stils meist über den immanenten Zwang der Sache; in der Philosophie aber kann zwar der sprachliche Stil eines Schriftstellers verraten, was es mit der Wahrheit seiner Lehre auf sich hat, nicht aber sein Denkstil, der vorweg die Wahrheit aufs subjektive Moment des Denkens herunterbringt. Aufgabe der Philosophie ist es, nicht einen Standpunkt einzunehmen, sondern die Standpunkte zu liquidieren.

9. Zur Standpunktphilosophie gehört das Moment des Ausschließenden. Es steigert sich mit dem Bewußtsein der Zufälligkeit des je eigenen Standpunktes. Dies ist mein Standpunkt, das heißt immer auch: den anderen kann ich nicht tolerieren. Der Geist, der an die eigene Willkür und Zufälligkeit sich zu verlieren fürchtet, spreizt eben darum zur Totalität sich auf. Das greift das Verhältnis zur Philosophie an: der Gedanke, der reich und fruchtbar ist nach dem Maße, in dem er die Kräfte des Widersprechenden in sich selbst aufnimmt, verkümmert zur dürftigen Alternative des Für oder Gegen. Gespannt warten manche Studenten darauf, welche Partei nun der Dozent nimmt, geraten in Bewegung, wenn sie ein affirmatives oder polemisches Wort hören, und ziehen die Position der Reflexion vor. Äußerste Vorsicht ist geraten gegenüber jeglicher Verfälschung der philosophischen Nuance, in der meist das Wichtigste, die spezifische Differenz, sich versteckt. Das überwertige Bedürfnis des Mitschreibens etwa reduziert das Vorgetragene auf Thesen und läßt als schmückendes Beiwerk das weg, worin der Gedanke eigentlich lebt, wofern nicht gar Ranküne gegen Überlegungen sich regt, welche die These versagen oder aufheben. Dialektik als Philosophenschule, das soll noch erlaubt sein, aber Denken, das im freien Vollzug tatsächlich dialektisch verfährt, wirkt als Irritation, zuweilen schlicht als erschwerend bei der Vorbereitung zum Examen. Aber gerade die Vereidigung auf die These; die Erwartung, daß einem nun bündig gesagt werde, was man zu denken und womöglich zu

tun habe, ist das eigentlich Unphilosophische, ja das Geistfeindliche schlechthin. Denn Philosophie beruhigt sich bei keinem Heteronomen. Sie besteht auf der Vermittlung durch den denkenden Geist und akzeptiert nichts als fertiges Resultat. Die fatalste Schwierigkeit, die heute dem Philosophieren sich entgegenstellt, wird damit umschrieben. Gesellschaftlich vorgezeichnete Veränderungen, die bis in die Anthropologie hinabreichen, erschüttern die Idee der Autonomie in den Menschen selbst; zu schwach, um überhaupt noch Ich zu sein, zu gewitzigt durch die Nachteile der von einem starken Ichbewußtsein Gehinderten, hungrig nach den Prämien, auf die ein schwaches Ich hoffen darf, sind Ungezählte bereit, das Beste zu vergessen, das sie erst zu Subjekten macht, und dem sich zu überantworten, was sich selbst mit Stolz als Ideologie einbekennt. Philosophie ist davor nicht sicher, mag immer ihr Programm aufs Gegenteil hinauslaufen. Stets noch sehen sie viele Arglose als das, wozu man sie in der Zeit der äußersten Erniedrigung degradierte, als Schulungskurs. Denen, die mehr suchen in ihr als Methode und Wissenschaftslogik, bietet sie sich als Religionsersatz an. Keinem der Unschlüssigen, denen eine Epoche keinen Führer mehr gewährt, die gezeigt hat, was es mit den Führern auf sich hat, ist ein Vorwurf aus Not und Bedürfnis ihres Geistes zu machen. Aber wer es mit der Philosophie versucht, muß endlich der autoritären Illusion sich entschlagen, die heute wie die Welt so auch die Gedanken verdunkelt.

Nr. 35
Max Horkheimer
Brief an Eugen Weill-Strauss
2. Oktober 1955

QUELLE: Max Horkheimer, Gesammelte Schriften Bd. 18: Briefwechsel 1949–1973, hrsg. von Gunzelin Schmid Noerr, © S. Fischer Verlag Frankfurt/Main 1996, S. 309 f.

[Frankfurt a. M.,] 2. Oktober 1955

Sehr geehrter Herr Weyl[1]!

Nachdem ich von 1934 bis 1950 in den Vereinigten Staaten von Amerika gewohnt habe, bin ich mit meiner Frau im Jahre 1950 nach Deutschland zurückgekehrt. Seitdem habe ich den ordentlichen Lehrstuhl für Philosophie und Soziologie an der Universität Frankfurt inne, an der ich auch die Ämter des Dekans der Philosophischen Fakultät sowie des Rektors und Prorektors bekleidet habe. Auch die Universität Chicago hat mich, trotz meines Aufenthalts in Frankfurt, zum Mitglied ihres soziologischen Departments ernannt.

Da ich nun über 60 Jahre alt bin, beabsichtige ich mich so bald wie möglich von meinen verschiedenen Funktionen, zu denen auch das Direktorat des Instituts für Sozialforschung gehört, entbinden zu lassen und in der Zurückgezogenheit ausschließlich der Arbeit an philosophischen Büchern zu leben. Ich möchte mir in der Schweiz ein Haus kaufen oder bauen und es schweben auch bereits Verhandlungen in dieser Richtung. Der Schweiz bin ich nicht nur wegen ihrer schönen Landschaft und ehrwürdigen Einrichtungen verbunden, sondern auch weil sie im Jahre 1939, also kurz vor Ausbruch des Krieges, meine Eltern, den Kommerzienrat Moriz Horkheimer und seine Frau, aufgenommen hat. Beide sind auf dem Jüdischen Friedhof in Bern begraben, den ich eben deshalb seit meiner Rückkehr nach Europa wiederholt besucht habe.

Meine Frau und ich hegen den Herzenswunsch, auf eben diesem Friedhof einmal begraben zu werden. Ich weiß nicht, ob der Umstand dem entgegensteht, daß meine Frau, die in der evangelischen Religion erzogen wurde – sie ist geborene Engländerin – nie offiziell zum Judentum übergetreten ist.[2] Wir sind jedoch seit mehr als drei Jahrzehnten zusammen, sie hat in jeder Hinsicht mein jüdisches Schicksal geteilt und es ist ihr nun ein ernstes Anliegen, zusammen mit mir einmal auf dem dortigen Friedhof zu ruhen. Kinder haben wir nicht.

Ich möchte nun bei Ihnen anfragen, ob ich für uns beide einen Begräbnisplatz auf dem dortigen Friedhof erwerben kann und gegebenenfalls auf wie hoch der Kaufpreis sich belaufen würde. Gerne hätte ich Sie bei meinem letzten Aufenthalt in Bern persönlich aufgesucht, aber es war kurz vor Jom Kippur und ich wollte Sie zu dieser Zeit nicht gerne stören. Nun wäre ich dankbar, wenn Sie mir mit einigen Zeilen auf meine Anfrage antworten könnten.

In vorzüglicher Hochachtung
Ihr sehr ergebener

1 Falsche Namensschreibung des Präsidenten der Friedhofskommission der Israelitischen Kultusgemeinde Bern.
2 Maidon Horkheimer trat später zum Judentum über.

Nr. 36

Max Horkheimer
Brief an Heinz Hartmann

13. Dezember 1955

QUELLE: Max Horkheimer, Gesammelte Schriften Bd. 18: Briefwechsel 1949–1973, hrsg. von Gunzelin Schmid Noerr, © S. Fischer Verlag Frankfurt/Main 1996, S. 330–332

[Frankfurt a. M.,] 13. Dezember 1955

Sehr verehrter Herr Hartmann!

Dem Brief von Herrn Mitscherlich, der auch in meinem Namen geschrieben ist[1], möchte ich einige persönliche Zeilen beifügen. Niemand kann die Hemmung vieler jüdischer und nichtjüdischer Vertriebenen, nach Deutschland zu kommen, besser nachfühlen als ich. Hätte ich doch selbst zu den Ersten gehört, die 1933 hier ermordet worden wären. Trotzdem bin ich zurückgekehrt. Nicht weil ich glaube, daß das Unaussprechliche vergessen werden sollte, nicht weil ich seine Wiederkehr für unmöglich halte, ja nicht einmal, weil ich mir einbilde, wir Einzelnen könnten es verhindern. Erinnert werden aber sollten nicht nur die Henker, sondern auch die, die sich geopfert haben. Es waren nicht wenige. Als ich die Frage der Rückkehr erwog, stand mir eine Studentin[2] vor Augen, deren Vater und Bruder Nationalsozialisten waren. Sie ging bei Ausbruch des Unglücks angesichts der Drohung des Totschlags in Emigration. Nach einigen Wochen kehrte sie zurück, weil sie dachte, es käme auf jeden an, der Widerstand leisten könnte. Dann hat sie den Martertod erlitten. Heute erleidet man hier nicht mehr denselben Tod, aber immer noch kommt es auf jeden an, um denen, die noch da sind und es anders wollen, denen die noch jung und guten Willens sind, den Rücken zu steifen. Deutschland ist nicht gleichgültig, das bezeugt die Politik mit jedem Tag. Wie die Vertriebenen des Altertums, von denen die Geschichte berichtet, glaube ich nicht, daß es nach dem Sieg über eine blutige Tyrannei besser sein soll, dem besiegten Land den Rücken zu kehren, als mit dafür zu sorgen, daß sie nicht wiederaufsteht.

Seit 1945 hat in Deutschland unser Freund Mitscherlich recht einsam für die Analyse gekämpft. Er weiß, daß sie neben der Medizin für Soziologie und Psychologie, für die Geisteswissenschaften und Jurisprudenz unentbehrlich ist. Vor allem können zwei Reformen, die in den nächsten Jahren in Deutschland betrieben, aber weit über Deutschland hinaus ihre Wirkungen üben werden, ohne die Errungenschaften der modernen Psychoanalyse gar nicht zum guten Ende geführt werden: die der Lehrerbildung und des Strafgesetzbuchs. Viel kommt darauf an, daß die verantwortlichen Kreise in Deutschland, Universität und Verwaltung, sowie die Gebildeten überhaupt, durch die eindrucksvolle Entfaltung dessen, was in den letzten Jahrzehnten in der Psychoanalyse geleistet worden ist, das heißt durch Darstellung aus berufenem Munde, auf die Hilfe hingewiesen werden, die von ihr für die großen Aufgaben hier zu erwarten ist.

Kein Zweifel besteht über die Aufnahmewilligkeit. Als ich in der letzten Sitzung der Philosophischen Fakultät den Plan vortrug, im nächsten Sommersemester Vertreter der Analyse sowohl aus Ihren wie aus anderen wichtigen Kreisen in Amerika und in anderen Ländern zu Gastvorlesungen und Übungen einzuladen und erklärte, daß in Heidelberg mehr die medizinische, hier in Frankfurt mehr die sozialwissenschaftliche, pädagogische und philosophische Seite der modernen psychoanalytischen Entwicklung Berücksichtigung finden sollte, hat die ganze Fakultät den Plan aufs freundlichste zu ihrem eigenen gemacht. Der Rektor hat bereits zugestimmt und die Hessischen Ministerien, denen aufgrund unseres Antrags die Bewilligung der Mittel obliegt, haben bereits die wohlwollendste Behandlung zugesagt. Die Stadt Frankfurt, in der das erste mit einer deutschen Universität verbundene psychoanalytische Institut gegründet worden war und in der Sigmund Freud den Goethepreis erhalten hat, wird alles tun, um der Veranstaltung eine möglichst ausgedehnte Wirkung zu sichern. Sowohl in der Hessischen Regierung wie in der Frankfurter Verwaltung sind Menschen ausschlaggebend, deren Gesinnung, aufgrund ihres Schicksals unter dem Dritten Reich wie ihren Handlungen seit seinem Untergang, außer allem Zweifel steht. Die Durchführung des Plans in möglichst würdiger Weise und vor allem unter Mitwirkung der besten Vertreter der Analyse würde eine große Hilfe für ihre Kulturpolitik bedeuten.

Ich bitte Sie aufrichtig, unsere Einladung, sowohl in Heidelberg wie in Frankfurt je eine zweistündige Vorlesung, ein zweistündiges Colloquium und einen öffentlichen Vortrag zu halten, sehr ernsthaft zu erwägen und gegebenenfalls Abänderungswünsche, Fragen und Vorschläge uns zukommen zu lassen. Wenn wir Ihre grundsätzliche Reaktion kennen, wird sich mein Dekan offiziell an Sie wenden, denn der gegenwärtige Brief ist erst eine Voranfrage und eine Bitte um Ihre Hilfe. Ich bin überzeugt, daß die Unterstützung unseres Vorhabens nicht bloß im Interesse der deutschen, sondern ebensosehr im Interesse der amerikanischen Kulturpolitik liegen würde.

Daß ich mich selbst sehr freuen würde, Sie hier wieder zu sehen, brauche ich gar nicht erst zu sagen.[3]

Mit freundlichen Grüßen
Ihr sehr ergebener

---

1 Alexander Mitscherlich hatte Hartmann zu der im Sommersemester 1956 in Heidelberg und Frankfurt am Main stattfindenden Vorlesungsreihe zum 100. Geburtstag Sigmund Freuds eingeladen.
2 Liesel Paxmann.
3 Wie aus der weiteren Korrespondenz hervorgeht, konnte Hartmann aus terminlichen und vor allem gesundheitlichen Gründen die Einladung nicht annehmen.

Nr. 37

Max Horkheimer
Was mein Leben bestimmte – Eine Weihnachtsumfrage

25. Dezember 1955

QUELLE: Max Horkheimer, Gesammelte Schriften Bd. 18: Briefwechsel 1949–1973, hrsg. von Gunzelin Schmid Noerr, © S. Fischer Verlag Frankfurt/Main 1996, S. 329

[Frankfurt a. M.,] 8. Dez. 1955

Der stärkste politische Eindruck meiner Jugend[1] war der Ausbruch des Krieges 1914. Trotz meiner jungen Jahre hatte ich schon in Frankreich und England gelebt und war mit vielen Menschen dort freundschaftlich verbunden. Daß die Völker, die aufgrund der europäischen kulturellen Tradition zusammengehören, es nicht vermochten, den wahnwitzigen Krieg zu verhindern, hat mir eingeprägt, daß sie, wie die Dinge liegen, trotz aller technischen Triumphe nicht mündig sind; und inzwischen ist das nicht besser, sondern noch schlechter geworden. Zu den Einzelnen, die in engem Wirkungskreis versuchen, etwas dagegen zu tun, habe ich mich dann gestellt.

---

1 Antwort auf eine Umfrage darüber, »welches die stärksten Eindrücke Ihrer Jugend (politischer, künstlerischer oder persönlicher Art) waren und ob diese Eindrücke Ihren späteren Lebensgang bestimmt haben«; veröff. unter dem Titel: Was mein Leben bestimmte. Eine Weihnachtsumfrage des Tagesspiegels in: Tagesspiegel, Berlin, Nr. 3131, 25.12.1955, S. 8.

1956

Mai: Theodor W. Adorno mit Mitarbeitern im Institut für Sozialforschung, 2.v.li. Hermann Schweppenhäuser.

Nr. 38

Max Horkheimer / Theodor W. Adorno
Vorwort
zum Forschungsbericht über Universität
und Gesellschaft (Auszug)
1956

QUELLE: Theodor W. Adorno, Gesammelte Schriften Bd. 20.2: Vermischte Schriften II, Edition des Theodor W. Adorno-Archivs, Frankfurt/Main 1986, S. 685–688; wiederabgedruckt in: Max Horkheimer, Gesammelte Schriften Bd. 19: Nachträge, Verzeichnisse und Register, hrsg. von Gunzelin Schmid Noerr, © S. Fischer Verlag Frankfurt/Main 1996, S. 13–15

Die Tatsache der Hochschulkrise und der Gedanke an eine deutsche Hochschulreform[1], der bereits vor dem ersten Weltkrieg sich aufdrängte, ohne daß er bis heute realisiert worden wäre, schließen eine Herausforderung an die empirische Sozialforschung ein: Beobachtungen und theoretische Erwägungen über den gesamten Fragenkomplex zu ergänzen durch verbindliche Aussagen darüber, wie sich das Problem der deutschen Hochschule in der gegenwärtigen Gesellschaft denen darstellt, die es am unmittelbarsten berührt. Das sind die Studierenden, die akademischen Lehrer und die Kreise von Wirtschaft und Verwaltung, welche die Absolventen der deutschen Hochschulen in sich aufnehmen, ökonomisch gesprochen also: deren »Abnehmer«, jene, die mit den Menschen zu rechnen haben, welche die Universitäten als Graduierte entlassen. Die Diskussion über die Universitätskrise betrifft zentrale Bereiche des akademischen Wesens: das Verhältnis der Fachausbildung zur Bildungsidee und damit die Vorschläge zum studium generale; das personelle und sachliche Verhältnis von Lehrenden und Lernenden, und im Zusammenhang damit den Mangel an Dozentennachwuchs und die wirtschaftliche Lage der Dozenten; Wert und Unwert des Werkstudententums, schließlich die Formen studentischen Gemeinschaftslebens – alles Gegenstände, bei denen die Ansicht derer in die Waagschale fällt, die von ihnen in lebendiger Erfahrung etwas wissen. Dies Wissen war bisher, in wissenschaftlich einigermaßen verbindlicher Form, der Diskussion nicht zugänglich. Ihr möchte die Erhebung des Instituts für Sozialforschung an der Frankfurter Johann Wolfgang Goethe-Universität Materialien, wenn auch nicht mehr als Materialien, beistellen: die Nächstbetroffenen, Studenten, Professoren und Praktiker aus Verwaltung und Wirtschaft, Experten also, die mit dem akademischen Nachwuchs vertraut sind, sollen zu den wichtigsten Themen zu Wort kommen und ihre Ansicht soll derart verarbeitet werden, daß sie sowohl der quantitativen Verteilung der vorkommenden Motive nach sich wägen wie qualitativ sich übersehen läßt. Die Untersuchung, über die hier ein erster und in vieler Hinsicht noch vorläufiger Forschungsbericht vorgelegt wird, ist *perspektivisch* konzipiert. Die Fragen, um die es geht, werden von den unter sich wesentlich verschiedenen, ja zuweilen einander widersprechenden Ansichten jener drei Gruppen her behandelt. Der Vergleich von Meinungen aber, deren typische Differenzen durch die der Ausgangssituationen der Befragten vorgezeichnet sind, soll helfen, das objektive Urteil zu erleichtern, dessen dann Vorschläge zur praktischen Reform sich bedienen mögen.

Weit entfernt sind wir dabei jedoch von der Illusion, daß etwa die Synthese der Ansichten der drei befragten Gruppen ohne weiteres einen objektiven Befund über die Sache ergäbe. Was erforscht wurde, sind – das kann kaum nachdrücklich genug betont werden – eben nicht die Sachverhalte selbst, sondern Meinungen über die Sachverhalte. Die subjektive Grenze der bloßen Meinung wird keineswegs automatisch dadurch aufgehoben, daß man Meinungen divergenter Gruppen miteinander vergleicht und etwas wie das arithmetische Mittel zwischen ihnen errechnet. Bei aller Kritik des traditionellen Bildungswesens, das in der gegenwärtigen Gesellschaft überaus fragwürdig wurde und zur bloßen Ideologie herabsank, sind wir soweit jedenfalls Platoniker geblieben, daß wir subjektive Meinung und objektive Wahrheit voneinander unterscheiden und uns nicht einbilden, der Durchschnitt der subjektiven Meinungen sei die Wahrheit selber. Dies Mißverständnis verleiht dem Wort Meinungsforschung seinen fatalen Klang, und ihm vermag sie nur dann zu entgehen, wenn sie nicht die empirische Zuverlässigkeit ihrer Verallgemeinerungen, also die Verbindlichkeit dessen, was sie über die subjektiven Bewußtseinsinhalte ausmacht, mit der objektiven Verbindlichkeit dessen verwechselt, was die Befragten denken. So notwendig es ist, sich ein Bild darüber zu verschaffen, wie Studenten, Professoren und Fachleute die deutsche Universität heute sehen, so wenig sind ihre Ansichten, zum Guten oder Schlechten, unvermittelt Ausdruck dessen, was es mit den Universitäten nun wirklich auf sich hat. Das Bewußtsein all dieser Gruppen von sich selbst ebenso wie ihr Verständnis der äußerst komplexen Lage, in der die Universität durch den Widerstreit zwischen der traditionellen Bildungsidee, den praktischen Anforderungen des gegenwärtigen Berufslebens und einer erst sich bildenden Vorstellung von freien und bewußten Menschen sich befindet, ist begrenzt, ohne daß die Gruppen, oder einzelne ihrer Repräsentanten, Schuld daran trügen. Der Schleier, der etwa vielen Studenten verbirgt, daß ihre Zurichtung auf den Beruf auch eine Zurichtung ihrer Menschlichkeit ist, oder vielen Professoren, daß das Humboldtische Bildungsideal, das sie noch als selbstverständlich voraussetzen, unvereinbar wurde mit den realen Bedingungen des gegenwärtigen Lebens, oder manche Experten dazu verführt, die Idee der allgemeinen Bildung so zu wenden, als ob sie nichts anderes wäre als die Fähigkeit von Praktikern, als Agenten wirtschaftlicher Interessen mit ihren Kontrahenten auch über anderes sich zu unterhalten als über die geplanten Abschlüsse – all das ist selber von der Gesellschaft vorgezeichnet und nicht von der bloßen Psychologie derer, die dergleichen Vorstellungen hegen. Während das Fragwürdige der Meinung als bloßer Meinung in dem Bericht vielfach durchschimmert, geht es thematisch nicht darum, sondern es werden die Meinungen, ob auch gelegentlich kommentiert und durchwegs interpretativ verarbeitet, doch als das vorgelegt, als was sie sich geben. Um so dringender ist der Vorbehalt, sie nicht zum Kanon des Guten und Schlechten, des zu Tuenden und des zu Vermeidenden zu machen. Nur in Zusammenhang mit anderen, prinzipiell auf objektive Sachverhalte gerichteten Analysen des deutschen Hochschulwesens gewinnen die Befunde der Untersuchung ihren rechten Stellenwert. Umgekehrt bedürfen aber alle Aussagen über Hochschulkrise und Hochschulreform, wenn sie nicht an abstrakten Normen sich messen wollen, der Gegenüberstellung mit den Reaktionsweisen derer, die ihrer Interessenlage nach den Universitätsproblemen am nächsten sich befinden und die Symptome der Universitätskrise am eigenen Leibe spüren.

Die Untersuchung als ganze hat sich mit einer gewissen Absichtslosigkeit aus bescheidenen Anfängen im Rahmen der Arbeit des Instituts für Sozialforschung an der Ausbildung junger Studenten entwickelt. Die *Studentenbefragung* ging hervor aus einem Praktikum des Instituts; in ihren früheren Phasen wurde sie von Hans Sittenfeld unter Assistenz von Helmut Wagner geleitet; später trug die Hauptlast der Auswertung und der Formulierung des Forschungsberichts Christoph Oehler, assistiert von Jutta Thomae. Die *Professorenbefragung* wurde von Anfang an in engstem Kontakt mit der Hochschule für Internationale Pädagogische Forschung in Frankfurt durchgeführt. Sie stellte insbesondere ihren Mitarbeiter Hans Anger zur Verfügung, der gemeinsam mit Hans Sittenfeld und Friedrich Tenbruck die Studie betreute. Als die Herren Anger und Tenbruck von dem Stuttgarter Institut für vergleichende Sozialwissenschaften übernommen wurden, regte einer von dessen Leitern, Professor Dr. Eduard Baumgarten, an, daß die beiden Herren ihre Frankfurter Aufgaben in Stuttgart zu Ende führen möchten; das Institut für Sozialforschung ist gern darauf eingegangen. Die *Expertenbefragung* endlich erhebt, im Gegensatz zu den beiden anderen Teilen der Untersuchung, keine Ansprüche auf repräsentative Gültigkeit. Sie war ursprünglich von Hans Sittenfeld und Friedrich Tenbruck in die Wege geleitet worden. Die Auswertung des Materials mußte warten, bis die der Studentenumfrage weit fortgeschritten war. Sie ist im wesentlichen das Werk von Ulrich Gembardt; ihn unterstützte Christian Kaiser.

Die Gesamtplanung des Projekts lag beim Frankfurter Institut für Sozialforschung. Die Einleitung schrieb Jürgen Habermas.

Dank für finanzielle Beiträge gebührt der Deutschen Forschungsgemeinschaft, der Amerikanischen Hochkommission für Deutschland und der Hochschule für Internationale Pädagogische Forschung in Frankfurt.

1 Erstveröffentlichung in: Universität und Gesellschaft. Eine Erhebung des Instituts für Sozialforschung unter Mitwirkung des Instituts für vergleichende Sozialwissenschaften. Hektographierter Forschungsbericht, Teil I: Studentenbefragung, Teil III: Expertenbefragung, Frankfurt/Main 1953 [recte: 1956], S. I–V.

Nr. 39
Alfred Schmidt
Sartre – Ausdruck des Unbehagens
Zur Distanzierung Sartres von der KPF nach der Niederschlagung des ungarischen Volksaufstandes durch sowjetische Truppen
Dezember 1956

QUELLE: Diskus – Frankfurter Studentenzeitung, 6. Jg., Nr. 10, Dezember 1956, S. 4

Die jüngsten Ereignisse in Polen und Ungarn haben zu einem erneuten schweren Prestigeverlust des Sowjet-Kommunismus geführt. Gerade auch in Ländern, in denen er bisher beachtliche ideologische Bastionen innehatte. Unter den französischen Intellektuellen, sowohl KPF-Mitgliedern und Sympathisanten, ist eine fieberhafte Unruhe ausgebrochen, die zum Teil zu Parteiaustritten und deutlichen Distanzierungen vom Kommunismus geführt hat. Schuld daran sind die in der *Humanité* hinsichtlich der ungarischen Situation vollführten Interpretationskunststücke, aus denen hervorgeht, daß die Partei nicht daran denkt, von ihren stalinistischen Praktiken abzulassen. Jedoch wäre es verfehlt, zu glauben, daß lediglich das Vorgehen der sowjetischen Truppen und die apologetischen parteiamtlichen Stellungnahmen dazu besagte Unsicherheit unter den Schriftstellern und Künstlern ausgelöst habe.

Es gärt schon seit geraumer Zeit in der KPF. Erinnert sei hier nur an das Buch Pierre Helvés *La Révolution et les Fétiches*, das im Frühjahr dieses Jahres zu seinem sofortigen Parteiausschluß führte. Freilich haben die letzten politischen Vorgänge die bereits seit langem vorhandenen Tendenzen gegen die geistige Bevormundung durch Parteistellen noch in besonderem Maße gefördert.

Einer der prominentesten Sympathisanten des Kommunismus in Frankreich war bisher Jean-Paul Sartre, der in einem vielbeachteten Artikel in der Wochenzeitschrift *L'Express* seinen Austritt aus der Organisation »France–URSS« erklärte mit der Begründung, sich von jenen trennen zu müssen, »die das Massaker in Ungarn nicht verurteilen oder verurteilen können«. Allerdings bedeutet die Erklärung noch keinen endgültigen Bruch mit der KPF. Sartre hält sich die Möglichkeit offen, mit »anständigen und ehrlichen« Menschen in der Algerien- und Suezfrage gemeinsam vorzugehen.

Überhaupt darf nicht verkannt werden, daß Sartre bislang mehr oder weniger ein politisches Zweckbündnis, Ausdruck seines betonten Antiamerikanismus und Antikolonialismus, mit der extremen Linken eingegangen war. Sein Verhalten ist typisch für das eines Intellektuellen, der sich einer politischen Gruppe anschließt, nur um in einer Welt eingefrorener Institutionen, gegen die er als einzelner machtlos ist, sich einen Argumentationshintergrund zu schaffen, selbst dann, wenn er von der Richtigkeit der Konzeption dieser Gruppe nur halb überzeugt ist. Daß der Heidegger-Schüler Sartre dem dialektischen Materialismus als philosophischer Lehre einigermaßen skeptisch gegenübersteht, geht schon aus seinem bekannten Essay *Materialismus und Revolution* hervor. Er glaubte bisher sogar den Linken eine Revolutionsphilosophie, die ihren Interessen besser entspräche als der Marxismus, anbieten zu müssen. Von einem ideologischen Kurswechsel im engeren Sinne kann daher bei dem jetzigen Verhalten Sartres keine Rede sein. Seit der Résistance-Zeit mit zahlreichen Kommunisten bekannt, fand er nach dem Scheitern der Partei »Rassemblement Démocratique Révolutionnaire« im Jahre 1949, zu deren Begründern er selbst gezählt hatte, keine andere Plattform zur Förderung seiner politischen Ansichten. Seine Artikelserie *Die Kommunisten und der Frieden* hat er bis heute noch nicht zu Ende geführt.

Der Fall Sartre zeigt mit großer Deutlichkeit, in welche Schwierigkeiten der linke Intellektuelle selbst in einem Lande mit einer schon traditionellen Toleranz nach Innen geraten muß. Er empfindet einerseits das Unzulängliche einer rein theoretischen Auseinandersetzung mit den gesellschaftlichen Verhältnissen, ist aber andererseits bitter enttäuscht, wenn er sich einer Partei anschließt oder sich wenigstens in wesentlichen Teilen mit ihr identifiziert und dann feststellen muß, daß sie, die für sich in Anspruch nimmt, allein den Weg zur Humanisierung zu weisen, gerade in dem Augenblick, wo es darauf ankäme, dieses Versprechen einzulösen, sich zum Apologeten des Unhumanen macht.

1957

DER SPIEGEL
11. JAHRGANG, HEFT 17 — 24. APRIL 1957
DAS DEUTSCHE NACHRICHTEN-MAGAZIN

Fritz Bopp, 47 — Max Born, 74 — Rudolf Fleischmann, 55 — Walther Gerlach, 67 — Otto Hahn, 78 — Otto Haxel, 46

Werner Heisenberg, 55

Max von Laue, 77

Josef Mattauch, 61

Hans Kopfermann, 61

Heinz Maier-Leibnitz, 46

Friedrich Adolf Paneth, 69

Wolfgang Paul, 43 — Wolfgang Riezler, 51 — Fritz Straßmann, 55 — Wilhelm Walcher, 46 — Friedrich v. Weizsäcker, 44 — Karl Wirtz, 46

BONN

ATOMEINSATZ

Ein Divisionskommandeur der Bundeswehr hat sich während der Nato-Stabsübung „Schwarzer Löwe", bei der die Abwehr eines sowjetischen Großangriffs auf Europa theoretisch durchgespielt wurde (SPIEGEL Nr. 13/1957), geweigert, amerikanische Atombomben anzufordern, weil ihr Einsatz schwere Verluste unter der deutschen Zivilbevölkerung verursacht hätte. Ein Oberst der Bundeswehr protestierte schriftlich dagegen, daß sein Kommandierender General mehrere bereits eingekesselte sowjetische Divisionen unnötigerweise durch einen Atomschlag vernichtete, nur weil man nach Erfüllung des Kampfauftrags noch einige solcher Bomben auf Lager hatte.

ATOMWARNUNG

Die Achtzehn

„Daß der Schritt so viel Auffälliges gewonnen hat, legt eben keinen günstigen Beweis für die Empfindlichkeit der Gewissen ab."
Georg Gottfried Gervinus, einer der „Göttinger Sieben" von 1837.

Göttingen ist berühmt als Stadt der aufrechten Hochschullehrer, die vor Fürsten- und Kanzlerthronen Männerstolz bewiesen. Die „Göttinger Sieben" des Jahres 1837 gingen lieber ihrer Ämter verlustig oder gar in die Verbannung, als daß sie die verfassungsaufhebende Willkür ihres hannoverschen Souveräns schweigend hinnahmen.

Die koalitionsarithmetisch erklügelte Berufung des dreiunddreißigjährigen Göttinger Skandalhelden Leonard Schlüter zum niedersächsischen Kultusminister scheiterte vor zwei Jahren nicht am Widerspruch der mundfaulen Öffentlichkeit, sondern am Protest der Nobelpreisträger der Georgia Augusta. In einem Land, das gleichermaßen autoritäts- und wissenschaftsgläubig ist, scheint nur die Wissenschaft noch in der Lage, der Regierung Widerpart zu bieten, nachdem Bundestagsopposition, Bundesländer und Bundesverfassungsgericht, von einer höheren Instanz zu schweigen, kein wirksames Gegengewicht gegen einen machtbewußten Bundeskanzler zu behaupten vermochten.

Als der verantwortliche Regierungschef die taktischen Atombomben eine „Weiterentwicklung der Artillerie" nannte, telephonierte man sich zusammen. Die Besorgnis der Wissenschaftler schlug sich in einem Manifest nieder, das für die Bundesrepublik den freiwilligen Verzicht auf Atomwaffen jeder Art empfahl. In dem rührenden Bestreben, pfiffig zu sein wie die Kinder der Politik, hatte der achtundsiebzigjährige Otto Hahn die Erklärung erst am Freitag vorletzter Woche an die Deutsche Presse-Agentur geben lassen, um der Regierung keine Gelegenheit zur Entgegnung vor Montag zu bieten. Natürlich war der sensationelle Text so lange nicht aufzuhalten.

Der Bundeskanzler reagierte mit einer verletzenden schriftlichen Gegenerklärung, in der es hieß: „Zur Beurteilung dieser Erklärung muß man Kenntnisse haben, die diese Herren nicht besitzen. Denn sie sind nicht zu mir gekommen."

Vier Nobelpreise lagen gegen die vierzehn Ehrendoktorhüte Konrad Adenauers, der selbst keine Doktorarbeit abgeliefert hat, in der Waagschale: die Nobelpreise für Physik der Jahre 1914 (Max von Laue), 1932 (Werner Heisenberg), 1944 (Otto Hahn) und 1954 (Max

---

12. 4.: Die »Göttinger Achtzehn« protestieren gegen eine Atombewaffnung der Bundeswehr.

Nr. 40

Alfred Schmidt

Opium für Intellektuelle

Rezension des gleichnamigen Buches von Raymond Aron

Juli 1957

QUELLE: Diskus – Frankfurter Studentenzeitung, 7. Jg., Heft 6, Juli 1957, S. 4

Dem deutschen Leser ist der französische Soziologe Raymond Aron schon bekannt als der Autor einer *Einführung in die deutsche Soziologie der Gegenwart*. Seine entschieden antimarxistische Position kommt an verschiedenen Stellen hier bereits zum Durchbruch. Die vorliegende Schrift will nun den Marxismus unter Berücksichtigung einer größeren Fülle von Aspekten behandeln. Ihr Titel behauptet von der Marxschen Lehre diejenige sozialpsychologische Funktion, die Marx der Religion in der Klassengesellschaft zuschrieb. Nun ist der Vorwurf der Pseudoreligiosität im Hinblick auf den Marxismus nicht gerade etwas sehr Neues. Für Arons Buch ist dieser Vorwurf ein zentraler Gesichtspunkt. Bedauerlicherweise betet die Marxkritik heute in ebenso sturer Weise Thesen her, wie die östliche Marxorthodoxie, die ohne die realen Verhältnisse im Westen zu beachten, etwa auf der vollen Gültigkeit der Verelendungstheorie beharrt.

Es hieße jedoch den Autor mißverstehen, wollte man sein Buch einfach unter die zahlreichen antikommunistischen Publikationen von heute einreihen und zur Tagesordnung übergehen. Aron geht es um ein spezifisches Problem. Er will das soziale Sein wie Bewußtsein der französischen intellektuellen Linken analysieren. Für den deutschen Leser sind Arons Ausführungen schon deshalb so aufschlußreich, weil es im Grunde bei uns eine intellektuelle Linke im französischen Sinne weder gibt noch je gegeben hat. Aron faßt den Begriff »links« nicht im eng parteipolitischen Sinne. Seine heftigen Invektiven richten sich auch gar nicht so sehr gegen die eigentlichen Marxisten als vor allem gegen deren christliche und existentialistische Weggenossen, gegen Sozialutopisten und Volksfrontideologen aller Schattierungen. In der Auseinandersetzung mit diesen weltanschaulich-politischen Gruppen will der Exkommunist und jetzige Anhänger de Gaulles mit seinen früheren Zielsetzungen abrechnen. Dabei erklärt er sich von vornherein als Anhänger des neoliberalen Ökonomen Keynes mit »einer gewissen Sehnsucht nach dem Liberalismus«, womit die Fronten klar abgesteckt sind. Diese Formulierung zeigt zugleich, daß auch Aron sich dessen bewußt ist, daß sein Modell des Liberalismus mit der sozial-historischen Situation des Westens ebenso wenig übereinstimmt wie das marxistische mit der russischen Wirklichkeit. Seine »Sehnsucht nach dem Liberalismus« ist wohl selbst nicht ganz freizusprechen vom Mythenverdacht. Überhaupt erinnert der häufige Gebrauch des Terminus »Mythos« bei Aron deutlich an Sorels Lehren. Wie Jean Neurohr in seiner Studie über die Geistesgeschichte des Nationalsozialismus, so zerlegt auch er die sozialistische Gedankenwelt in eine Reihe von Teilmythen, die er nacheinander analysiert, indem er klassisch-marxistische Begriffe und gegenwärtige soziale Realitäten einander gegenüberstellt. Bemerkenswert ist, daß die Erörterung aus der bloßen Begriffssphäre herausgenommen und im Zusammenhang mit den wechselnden historisch-soziologischen Konstellationen durchgeführt werden. Freilich sind Arons Analysen durchsetzt von zahlreichen Anspielungen auf zeitgenössische tagespolitische Verhältnisse Frankreichs, wodurch manche Pointen dem deutschen Leser verlorengehen.

Immer wieder geht es Aron darum – hierin erstaunlich marxistisch –, die weltanschaulichen Positionen seiner Gegner als interessenbedingt zu entlarven. Durch den politischen und kulturellen Niedergang Frankreichs sei den französischen Intellektuellen die Hoffnung, je maßgeblich politisch wirksam zu werden, zunichte gemacht worden. Also etwas wie Ressentiment soll die Grundlage des »Mythos der Linken« bilden. Der »Mythos der Revolution« nähre sich ausschließlich von der Vergangenheit. Die heutige französische Situation sei alles andere als revolutionär. Ebenso antiquiert sei der Begriff des »Proletariats«. Die reale Entwicklung des Kapitalismus habe die Marxsche Wirtschaftstheorie widerlegt. Alle diese Thesen gehören wiederum zum festen Bestande der Marx-Kritik. In seiner radikalen Skepsis gegenüber der Möglichkeit einer Geschichtsphilosophie überhaupt geht er noch über die Kritik des historischen Materialismus im engeren Sinne hinaus.

Aron verkennt, daß der junge Marx mit dem Begriff der menschlichen Selbstentfremdung einen grundlegenden Sachverhalt in der modernen Gesellschaft bezeichnet hat, lange ehe obskurantistische Theoretiker einer Dämonie des Technischen an sich auftraten. Selbstentfremdung ist nicht ein bloß ökonomischer Begriff. Das wird von Aron übersehen. Er paraphrasiert in der Tat die reale Entwicklung, wenn er sagt, daß mit einer gewissen Steigerung des Lebensstandards die Arbeiterschaft einen großen Teil ihrer wirtschaftlichen und politischen Forderungen aufgebe. Hier aber stellen sich erst die heute wichtigen Probleme. Bei aller sonst von Aron an den Tag gelegten Skepsis bleibt er dabei stehen, die den Arbeitern heute zugänglichen Konsumgüter aufzuzählen. Die Frage, ob die größere Fülle der Konsumgüter unter den gegenwärtigen objektiven Verhältnissen wirklich zu der von Marx angestrebten emanzipierten Menschheit geführt hat, wird gar nicht erst gestellt. Ein wenig einfach erscheint es auch, wenn die »Sucht nach Weltanschauung« als der wesentliche Hebel für Marx und seine Anhänger angeführt wird. So leicht es sich Aron mit geschichtsphilosophischen Begriffen macht, in letzter Instanz sind es die Intellektuellen selber, die selbstentfremdet sind auf ihrer Suche nach einer »Welterlösungslehre«.

Was von vielen französischen Marx-Kritikern der Gegenwart gilt, etwa auch von J.-P. Sartre, zeigt sich gleichermaßen bei Aron. Auch er benutzt aus der Marxschen Lehre entnommene Begriffe, nachdem er deren Grundlagen selber als falsch nachgewiesen hat. So operiert er mit einer »Dialektik der Herrschaftsformen« trotz aller Kritik am »Götzendienst der Geschichte«. Sehr interessant wird die paradoxe Situation des Revolutionärs beschrieben. Um Gewalt zu brechen, muß er sie selbst anwenden. Die Diktatur des Proletariats kann nur allzuleicht in eine über das Proletariat umschlagen. »Die Politik hat noch nicht das Geheimnis entdeckt, wie man die Gewalt vermeiden könne. Aber die Gewalt wird noch unmenschlicher, wenn sie sich im Dienst einer zugleich historischen und absoluten Wahrheit glaubt.«

Wollte man das Buch im ganzen beurteilen, so könnte man es als eine Enzyklopädie heute möglicher Argumente gegen den Marxismus und seine politischen Spielarten aus französischer Sicht bezeichnen, wobei allerdings hinzuzufügen ist, daß die meisten der vorgetragenen Thesen bereits durch andere Polemiken ins öffentliche Bewußtsein eingedrungen sind. An blendenden Analysen der gegenwärtigen französischen Verhältnisse fehlt es nicht. Die Kämpfe um den Marxismus, die in den letzten zehn Jahren unter den französischen Intellektuellen sich abspielen, werden dem deutschen Leser in eindringlicher Weise vor Augen geführt. Darin besteht der Wert von Arons Buch eher als in seinen grundsätzlichen Thesen. Ob sich die von Aron geübte Skepsis und seine leidenschaftliche Forderung nach Toleranz wirklich als ein Gegengift gegen die kommunistische Utopie erweisen wird, steht allerdings dahin.

Nr. 41

Oskar Negt
Brief an Wolfgang Abendroth
Einladung zu einem Vortrag über das Thema
»Vom KP-Verbot zum Sozialistengesetz«
16. September 1957

QUELLE: Archiv APO und soziale Bewegungen beim Zentralinstitut für sozialwissenschaftliche Forschung der Freien Universität Berlin, Handakte Negt

z. Hd. v. Oskar Negt
Frankfurt/M.-Rödelheim
Hattsteinerstr. 16

Ffm., den 16.9.57

Herrn
Prof. Dr. Abendroth
Marburg/Lahn

Werter Genosse Abendroth!

Das Ergebnis der Bundestagswahlen hat gezeigt, daß wir als Sozialisten in Westdeutschland in eine bedrohliche Situation hineingeraten sind. Erneute vier Jahre Politik ohne und gegen sozialistische Organisationen in der Bundesrepublik werden eine unerhörte Belastungsprobe für alle sozialistischen und demokratischen Kräfte sein. Es drängt sich uns dabei die Frage auf, ob das KP-Verbot nur ein Schritt auf dem Wege zur Zerschlagung und Unterdrückung aller sozialistischen Regungen gewesen ist – und weiter: ob das KP-Verbot im Laufe der restaurativen Entwicklung nicht ausgeweitet werden kann zu einer Art von Sozialistengesetz?

Ich glaube, wir können nicht aufmerksam genug in dieser Hinsicht sein, und auch nicht früh genug uns alle Gefahren vor Augen halten, denen wir jetzt ausgesetzt sind.

Wir wollen auf einer SDS-Veranstaltung diese Fragen behandeln. Und wir bitten Sie, verehrter Genosse Abendroth, den Vortrag: Vom KP-Verbot zum Sozialistengesetz – am 9.1.58 zu übernehmen.

Mit sozialistischen Grüßen
(Oskar Negt)

> **Nr. 42**
>
> **Oskar Negt**
> **Brief an Fritz Lamm**
> Einladung zu einem Seminarbeitrag über eine Kritik der Sozialdemokratie
> 16. September 1957
>
> QUELLE: Archiv APO und soziale Bewegungen beim Zentralinstitut für sozialwissenschaftliche Forschung der Freien Universität Berlin, Handakte Negt

z. Hd. v. Oskar Negt
Frankfurt/M.-Rödelheim
Hattsteinerstr. 16

Ffm., den 16. 9. 57

Herrn
Fritz Lamm
Stuttgart
Am Weißenhof 40

Lieber Fritz Lamm!

Wenn ich mich recht entsinne, hatte ich Dich schon in meinem letzten Brief (vom 28. Juli) gefragt, ob Du für den 7. und 8. Dez. noch frei bist. An diesem Wochenende wollen wir nämlich unser geplantes und ausgefallenes Seminar endlich stattfinden lassen. Schreibe mir bitte bald, wie Du dazu stehst. Die Formulierung des Themas will ich Dir überlassen. Inhaltlich soll es vor allem umfassen eine stichfeste Kritik an den verschwommenen und naiven Vorstellungen der Sozialisten christlicher und ethischer Provenienz. Du bist der geeignete Mann für ideologische Henkerarbeit. Notwendig ist sie sicherlich in dieser Hinsicht. Nicht zuletzt zeigen das wieder mit einmaliger Klarheit die Ergebnisse der gestrigen Wahlen. Wir haben das schon damals in Stuttgart festgestellt, daß im Programm der SPD kein Fetzen mehr nach echten sozialistischen Forderungen roch. Alles für die Wahl, wurde uns entgegengehalten. Der Wahlgegner schrieb vor, was noch gestrichen werden mußte. Alles bloße Taktik. Und jetzt, – man muß lachen, wenn man sich vorstellt, was jetzt kommen soll. Vielleicht kommen Dementis. Vielleicht ist es doch gar nicht so »primitiv und überholt«, daß man sozialisiert und verstaatlicht, wie Deist und Konsorten meinten, – vielleicht können gerade solche »Phrasen« noch den einen oder anderen Arbeiter daran erinnern, daß er trotz alledem der Betrogene ist. Welche Rolle Geld und ein »starker Mann« spielen, die eine Neigungsehe eingehen, zeigt das Wahlergebnis. – Ob sich alle, die sich für »demokratische« Sozialisten hielten und halten und »nur der Gewalt weichen«, nunmehr besinnen oder ob sie bersten vor Lust und Freude über die 15 neugewonnenen Mandate und alles in Butter finden: das ist jetzt die Frage!!

Beste Grüße
Dein

> **Nr. 43**
>
> **Oskar Negt**
> **Brief an Herbert Wehner**
> Einladung zu einer Veranstaltung über das Problem der deutschen Wiedervereinigung
> 7. Oktober 1957
>
> QUELLE: Archiv APO und soziale Bewegungen beim Zentralinstitut für sozialwissenschaftliche Forschung der Freien Universität Berlin, Handakte Negt

z. Hd. v. Oskar Negt
Frankfurt/M.-Rödelheim
Hattsteinerstr. 16

7. Okt. 57

Herrn
Herbert Wehner, MdB
Bonn
Bundeshaus

Werter Genosse Wehner!

Der Sozialistische Studentenbund/Hochschulgruppe Frankfurt/M. will im kommenden Semester eine Großveranstaltung in der Universität über das nach wie vor aktuelle und ungelöste Problem der deutschen Wiedervereinigung durchführen.

Nach dem Ausgang der letzten Bundestagswahl scheint uns die Frage wichtiger denn je zuvor, ob unter den gegebenen innenpolitischen Voraussetzungen in der Bundesrepublik eine Wiedervereinigung überhaupt möglich ist, oder ob nicht vielmehr die Politik Adenauers so festgefahren ist, daß sie die beiden getrennten Teile Deutschlands immer mehr auseinandertreibt.

Wir bitten Sie, werter Genosse Wehner, diesen Vortrag im akademischen Rahmen zu übernehmen. Es wäre uns angenehm, wenn er noch vor Weihnachten stattfinden könnte. Die genauere Festsetzung eines Termins möchten wir Ihnen überlassen.

Wir hoffen, Sie demnächst in Frankfurt begrüßen zu können.

Mit sozialistischen Grüßen
Ihr
(Oskar Negt)

Nr. 44
Herbert Wehner
Antwortschreiben an Oskar Negt.
9. Oktober 1957

QUELLE: Archiv APO und soziale Bewegungen beim Zentralinstitut für sozialwissenschaftliche Forschung der Freien Universität Berlin, Handakte Negt

---

DEUTSCHER BUNDESTAG
Abgeordneter   Bonn,
Herbert Wehner   am 9. Oktober 1957
                               (Bundeshaus)
                               Fernruf 20141

Herrn
Oskar Negt,
Frankfurt am Main – Rödelheim
Hattsteiner Straße 16

Werter Genosse Negt!

Besten Dank für das freundliche Angebot, einen Vortrag über das Problem der deutschen Wiedervereinigung im Rahmen einer vom Sozialistischen Studentenbund geplanten Großveranstaltung übernehmen zu sollen.

Infolge der Bürgerschaftswahl in Hamburg bin ich leider außerstande, in den nächsten Wochen eine solche Verpflichtung zu übernehmen, weil ich so viel wie möglich dort in Hamburg sein möchte. Das gilt auch für die Wochen nach der Hamburger Wahl, in denen ich mich dortigen Verpflichtungen nicht entziehen kann.

Darf ich aber, ohne als ungebetener Ratgeber zu erscheinen, einige Bemerkungen machen, die sich auf die von Ihnen geplante Veranstaltung beziehen? Ich würde geraume Zeit brauchen, zu überlegen, ob es unter den gegebenen Umständen richtig oder ratsam sei, in einer »Großveranstaltung« über das genannte Thema zu sprechen. Würde eine solche Veranstaltung nicht unvermeidlicherweise dazu führen, daß die Parteigänger der Regierungspolitik ihre Entschlossenheit und Geschlossenheit unter Beweis zu stellen suchen würden? Würde damit nicht einfach der tote Punkt befestigt werden, auf dem sich die Wiedervereinigungspolitik seit geraumer Zeit befindet? Welche Aussichten böten sich, mittels einer solchen Veranstaltung den toten Punkt zu überwinden?

Mit diesen Fragen möchte ich zu bedenken geben, daß wir, bevor wir an die nächsten Großveranstaltungen gehen, bei uns selbst überlegen müssen, was wir unter den jetzt im Bund gegebenen Mehrheitsverhältnissen sinnvollerweise vorschlagen und öffentlich verlangen können. Gerade weil mir so viel daran liegt, die Wiedervereinigungsfrage nicht einschlafen zu lassen, zögere ich, sie zum Gegenstand einer Großveranstaltung zu machen, in der – wie die Erfahrung lehrt – selbst die sorgfältigste analytische Behandlung aller bisherigen Versuche und Bemühungen lediglich zum Gegenstand des Streites um die überragende Rolle Adenauers einerseits und die Abscheulichkeit des sowjetrussischen Verhaltens andererseits gemacht wird. Meine Erfahrungen mit studentischen Veranstaltungen zeigen mir, daß ein bemerkenswertes Mißverhältnis besteht zwischen der Bemühung des Vortragenden, denkenden Mitmenschen Einblick in die Probleme zu geben, und dem Verhalten vieler Hörer, die ihre Vorurteile zu demonstrieren wünschen. Unter dem durch den 15. September zustandegekommenen Mehrheitsverhältnis im Bund würde das wahrscheinlich noch krasser hervortreten. Deshalb überlege ich selbst und bitte auch Sie, zu überlegen, was zu tun sei, bevor derartige Großveranstaltungen sinnvoll werden können.

Ich bitte Sie sehr, meine Bemerkungen nicht zu einem Hindernis Ihrer Bemühungen werden zu lassen. Andererseits wäre ich froh, wenn diese Bemerkungen Sie veranlassen würden, nach geeigneten Ansatzpunkten für ein Wirken zu suchen, durch das mehr erreicht wird als die Gegenüberstellung zweier festgelegter Ansichten über die Notwendigkeiten der deutschen Wiedervereinigungspolitik.

Mit den besten Grüßen
Ihr Herbert Wehner

1958

3.6.: Protestkundgebung gegen die Atombewaffnung der Bundeswehr auf dem Römerberg.

Nr. 45
Leo Kofler
Brief an Oskar Negt
Kritik der Frankfurter SDS-Gruppe
11. Januar 1958

QUELLE: Archiv APO und soziale Bewegungen beim Zentralinstitut für sozialwissenschaftliche Forschung der Freien Universität Berlin, Handakte Negt

Nr. 46
Oskar Negt
Antwortschreiben an Leo Kofler
Zurückweisung der Kritik
5. März 1958

QUELLE: Archiv APO und soziale Bewegungen beim Zentralinstitut für sozialwissenschaftliche Forschung der Freien Universität Berlin, Handakte Negt

Prof. Dr. Leo Kofler
Köln
Brüsseler Platz 17   11. Januar 1958

Lieber Genosse Negt!

Besten Dank für Ihre Karte!
  Nur nebenbei zu unserer sehr sporadischen Diskussion: Es ist mir aufgefallen, daß die Frankfurter (im Gegensatz zu anderen SDS-Gruppen) sich kaum mit meinen Schriften beschäftigt haben, nicht einmal meine Beiträge in der AZ kennen, aber zu meinen Ansichten in sehr selbstsicherer Weise Stellung nehmen. Dabei kommen die merkwürdigsten (um nicht zu sagen dümmsten) Unterstellungen heraus. Doch ist das alles nicht so wichtig! – In *Schmollers Jahrbuch* 1958 Heft 1 erscheint demnächst meine ausführliche Replik zu einer Kritik, die Leopold von Wiese und Gerhard Weisser in holder Eintracht an einem speziellen Punkt meines Beitrags im Handbuch für Soziologie (Ziegenfuß) geübt haben. Da von Wiese zudem behauptet hat, er würde meinen komplizierten Stil nicht verstehen, habe ich diesen Beitrag mit Absicht sprachlich sehr durchsichtig gestaltet. Es würde mich freuen, wenn Sie ihn zur Kenntnis nehmen würden.
  Beiliegend der Bogen mit Unterschrift. Meine Reisekosten haben einschl. Zuschläge DM 35,– betragen.

Mit freundlichen Grüßen
Ihr Leo Kofler

Frankfurt a. M., den 5. März 58

Werter Genosse Kofler!

Wie ich aus der Korrespondenz des Vorstandes ersehe, ist es versäumt worden, Sie darum zu bitten, sich ein wenig mit der Erfüllung unserer Verpflichtungen Ihnen gegenüber zu gedulden, da unsere Kasse im Augenblick total ausgeschöpft ist. Wir bitten dieses Versäumnis zu entschuldigen und Verständnis für unsere momentane Misere zu haben. Wir hoffen, schon in den nächsten 2 oder 3 Wochen das nötige Geld zu haben, um Ihnen das versprochene Honorar und das Fahrgeld übersenden zu können. Was Ihr ungünstiges Urteil über die Gruppe anbetrifft, so scheint es doch zu sehr von rein äußerlichen Eindrücken bestimmt zu sein, von Ihrer unglücklichen Begegnung mit einigen SDS-Kollegen, weniger von dem, was wir in Frankfurt wirklich leisten. Und da glauben wir mit einigem Recht den Anspruch erheben zu können, daß die Frankfurter Gruppe zu den aktivsten gehört, und das nicht zuletzt, weil »der Geist Adornos in uns gefahren« ist, den wir, wie Sie meinen, keineswegs kritiklos übernehmen. Daß Sie mit anderen Gruppen besser fertig werden [als] mit unserer, braucht nicht unbedingt ein Zeichen für größeres Sachverständnis zu sein. Es ist merkwürdig, daß Sie uns in Bausch und Bogen verdammen (unsere Ansichten sogar als »dumm« bezeichnen) nur, weil es einige gewagt haben, Kritik zu üben.

Freundliche Grüße   O. Negt

Nr. 47
Leo Kofler
Brief an Oskar Negt
Erneute Kritik an Adornos Einfluß auf den Frankfurter SDS
10. März 1958

QUELLE: Archiv APO und soziale Bewegungen beim Zentralinstitut für sozialwissenschaftliche Forschung der Freien Universität Berlin, Handakte Negt

Prof. Dr. Leo Kofler   Köln, den 10. März 1958
                         Brüsseler Platz 17

Lieber Genosse Oskar Negt!

Ich freue mich aufrichtig, daß Sie einige offene Worte gesprochen haben – noch offenere wären noch besser gewesen, denn das hätte Gelegenheit zu mancher Gegenkritik gegeben. Aber trotzdem gehen Sie zu weit, wenn Sie mir vorwerfen, daß ich Ihre Frankfurter Gruppe in Bausch und Bogen ablehne. Das Gegenteil ist der Fall: sie ist zweifellos die beste Deutschlands, nicht nur was Aktivität betrifft, sondern auch Gesinnung und Schulung. Aber wie so oft gerade bei besonders begabten und leistungsfähigen Kindern schlägt manches Positive ins Renitente um – worüber ich ein Liedchen singen könnte: das begann bereits während der Zeit meiner Kontakte mit »*links*« ... Den Grund kann ich Ihnen nunmehr, da Sie dankenswerterweise sehr offen gewesen sind, nennen. Die Adornosche Präpotenz (um nicht einen schärferen Ausdruck zu gebrauchen) hat einzelne Ihrer Gruppe ergriffen und nicht mehr aus ihren Fängen gelassen. So kam es, daß nicht nur »einige gewagt haben, Kritik zu üben« – das bin ich seit langem gewöhnt –, sondern in geradezu lächerlicher und »dummer« Manier sich mit Dingen, die ich schrieb und sagte, auseinandersetzten, nämlich so, daß man sich wegen der kurzschlüssigen, oberflächlichen und vielfach geradezu an Unwissenheit grenzenden Urteilsweise für sie, gerade weil sie Adornoschüler sind, schämen mußte. Und *wen* ich meinte, habe ich stets *ausdrücklich genannt*, ich habe niemals *verallgemeinert*. Es sind sehr *wenige* von mir genannt worden, die zu beschützten Sie nicht gut tun! Der wirklich »dumme« Diskussionsbeitrag des Assistenten von Adorno bei meinem letzten Vortrag – von dem ich inzwischen erfahren habe, daß er ein *äußerst intelligenter Bursche* sein soll! – ist nur zu erklären aus einer gezüchteten Voreingenommenheit gegen die »Thesen Kofler«, auf die ich in Frankfurt öfters gestoßen bin. Es geht nicht um die Voreingenommenheit, sondern um die Tatsachen, daß man »Thesen« kritisiert von einer »ideologisch« gleichgearteten Position aus (das eben ist das Ärgerliche), die zu verstehen oder überhaupt erst aus dem Zusammenhang des Schrifttums heraus kennenzulernen man sich nicht die Mühe genommen hat, die man einem Älteren gegenüber als Studierender doch einigermaßen schuldig ist. Nehmen Sie als Gegenbeispiel K. Lenk, der mir auch kritisch begegnet, aber mit welcher Mühe um Kenntnisnahme der Sache selbst.* Andererseits: der erste, der nach meinem Brecht-Vortrag sprach, sehr intelligent und in der Sache treffend sprach, machte im Gasthaus mir gegenüber die Bemerkung, ich würde in meinen Auslassungen oft einem allzugeraden Optimismus frönen. Erst aus dieser Bemerkung verstand ich seine Einwände nach dem Vortrag. Ich widersprach beim Zusammensitzen aus Müdigkeit (und anderen Gründen) wenig**, aber ich war enttäuscht darüber, daß ein Mann, der doch einigermaßen meine Schriften kennt, einen solchen Vorwurf erheben konnte angesichts des Umstandes, daß ich *zahllose Male*(!) gerade den entgegengesetzten Standpunkt geäußert habe ... usw. usw.

Aus solchen Situationen entstehen eben Schwierigkeiten, lieber Negt, die vielleicht gerade aus der Güte der Gruppe entspringen mögen, aber ihr nicht gut tun. Ich unterstreiche nochmals, daß ich gerade die Frankfurter Gruppe hochschätze, im Gegensatz zur Kölner etwa, in die der Weissersche Geist gefahren ist, was weitaus schlimmer ist. Es geht einfach darum, daß die Sozialisten von heute das wieder lernen, was wir alten Sozialisten einst, als wir so jung waren wie Sie, hatten, wirkliches (und nicht bürgerliches) Verständnis für das, was »ideologischer« – in Gänsefüßchen, weil in beschämender Überheblichkeit und ohne Kenntnis meiner diesbezüglichen szt. [seinerzeitigen] vieldiskutierten »Thesen« in verschiedenen meiner Schriften eine um Thönessen gescharte Gruppe meinen Ideologiebegriff von oben herab »erledigte« (»dumm«!! – sehr dumm sogar) – also Verständnis für das, was ideologischer und damit verknüpft harter Lebenskampf isolierter Theoretiker des Sozialismus heißt ... Auch darüber ließe sich mehr sagen.

Wenn ich auf Erledigung der Honorarfrage drängte, so deshalb, weil ich – verzeihen Sie – eine Schikane vermutete. Ich bitte Sie sehr, von jeglichem Honorar Abstand zu nehmen, um so mehr als ich jetzt durch Sie erfahre, daß Ihre Gruppe finanziell schlecht steht.

Nur um die Rückzahlung des Fahrgeldes würde ich bitten. Es ist selbstverständlich, daß ich auch damit warte.

Mit freundlichen Grüßen
Ihr Leo Kofler

* obgleich er in der Bürokratie-Frage sich von anderen übertölpeln ließ [handschriftliche Ergänzung].
** ebenso in der Ironie-Frage bei Lukács [handschriftliche Ergänzung].

Nr. 48
Theodor W. Adorno
Rezension
zu: Otto Büsch / Peter Furth, Rechtsradikalismus im Nachkriegsdeutschland – Studien über die »Sozialistische Reichspartei«
1958

QUELLE: Kölner Zeitschrift für Soziologie und Sozialpsychologie, 10. Jg., Nr. 1/1958, S. 159–161; wiederabgedruckt in: Theodor W. Adorno, Gesammelte Schriften Bd. 20.1, Vermischte Schriften I, © Suhrkamp Verlag Frankfurt/Main 1986, S. 386–389

Der Band bietet einen wesentlichen empirischen Beitrag zur politischen Soziologie. Die Methode, die sich abzeichnet und die sich wohl erst im Verlauf der Untersuchung selbst auskristallisiert hat, ist »perspektivisch«: eine institutionelle Studie über Geschichte und Gestalt der 1952 verbotenen »Sozialistischen Reichspartei« steht am Anfang, es folgt eine der Ideologie der untersuchten Partei geltende Untersuchung, eine qualitative content analysis von Propagandamaterial. Kaum zufällig, daß heute an verschiedenen Stellen solche methodischen Kombinationen mehr oder minder unabhängig voneinander erprobt werden. Sie bezeugen, daß weder mehr bloß objektiv gerichtete noch ideologiekritische Analysen noch subjektiv gerichtete Meinungsbefragungen in der politischen Soziologie isoliert ausreichen. Jede einzelne jener Verfahrensweisen bringt die Gefahr perspektivischer Verzerrungen mit sich: die objektiv organisatorische Analyse etwa tendiert dazu, über die Bewußtseinsinhalte und die potentiellen Verhaltensweisen derer hinwegzugehen, die den Organisationen angehören; die bloße Ideologieanalyse wird leicht die realen Interessenkomplexionen zumal hinter manipulativen Bewegungen wie denen des neofaschistischen Rechtsradikalismus verfehlen. Wenn es der empirischen Soziologie versagt ist, die gesellschaftliche Totalität als solche in den Griff zu bekommen, dann kann sie immerhin durch sinnvolle Verbindungen verschiedener Fragestellungen und Forschungsweisen, zentriert um den gleichen Gegenstandsbereich, einiges dazu beitragen, zu berichtigen, woran sie vorweg laboriert. Das dürfte in den beiden sich ergänzenden Studien von Otto Büsch und Peter Furth in besonderem Maß geglückt sein. Sie waren begünstigt dadurch, daß ihnen das Material zugänglich war, auf Grund dessen seinerzeit das Verbot der SRP erfolgte, so daß die Autoren von der gerade bei apokryphen politischen Phänomenen oft sehr schwierigen Aufgabe der Dokumentation weithin entlastet wurden. Schade nur, daß nicht, als dritte Studie, eine Befragung von Mitgliedern der SRP durchgeführt werden konnte; sie erst hätte, im Zusammenhang mit den beiden anderen, etwas über das Verhältnis von Parteiapparat, Ideologie und tatsächlichem Denken und Verhalten der Organisierten ausmachen können und die volle Perspektive gegeben. Doch wäre fraglos gerade in dieser Zone eine Meinungsbefragung fast unüberwindlichen Schwierigkeiten ausgesetzt gewesen, zu schweigen davon, daß nach dem Verbot auch ein Sample der Parteimitglieder kaum mehr sich hätte zusammenstellen lassen.

Inhaltlich besagen solche Untersuchungen mehr über Potentialitäten, als etwas politisch Unmittelbares. Die ausdrückliche Frage nach dem neofaschistischen Potential nun wird von den Autoren vermieden. Doch läßt sich manches extrapolieren. Wie beim alten Nationalsozialismus zeichnet sich auch bei der SRP der Vorrang einer nach dem Führerprinzip aufgebauten, strikten Organisation über jedes spezifische Programm aufs deutlichste ab. Die organisatorische Straffheit (vgl. etwa S. 106) dürfte von sich aus bereits die Aktionsfähigkeit auch von Gruppen des sogenannten »lunatic fringe« weit über Mitgliederzahl und aktuelle Macht hinaus steigern. Bei der »Ideenlosigkeit« einer solchen Partei, die bloß, mehr oder minder getarnt, nationalsozialistische Parolen nachredet, sollte man sich nicht allzu leicht beruhigen. Es kommt zunächst derartigen Bewegungen nicht auf Zielsetzungen an, sondern auf die »Machtergreifung« durch eine Clique, die sich selbst als Elite ausgibt und gleichzeitig Umschau hält nach sozialen und ökonomischen Gruppen, die sie decken. Auffallend ist der Unterschied zwischen der überaus durchgebildeten Organisation und der geringen Zahl von »Gefolgsleuten« (10 000). Bestätigt wird, was auch aus analogen amerikanischen Untersuchungen hervorging: daß diese Gefolgsleute keineswegs »eine eindeutige Relation zu einer bestimmten Bevölkerungsschicht« (S. 100) hatten. Der Anteil von Arbeitslosen scheint relativ hoch gewesen zu sein – symptomatisch wichtig für den Fall neuer ökonomischer Krisensituationen –; dagegen war der Anteil der Vertriebenen und Flüchtlinge an der SRP gering. Dort, wo sie ihre größten Erfolge hatte, im nördlichen Gebiet Niedersachsens, herrscht eine großbäuerliche und großagrarische Sozialstruktur vor. Insgesamt freilich war offenbar die Partei immer noch mehr städtisch als ländlich. Jedenfalls hat ihr *objektiver* Klassencharakter sich nicht in der subjektiven Zusammensetzung ausgeprägt. Sie konnte, in ihrem engen Umkreis, mit ebensoviel Wahrheit und Unwahrheit sich als »Sammlungspartei« ausgeben wie seinerzeit die alte NSDAP.

Die zweite, mit ungewöhnlicher Intensität durchgeführte Studie, von Peter Furth, weist erstmals wohl an deutschem Material detailliert nach, daß die Ideologien rechtsradikaler Bewegungen nicht im eigentlichen Sinn des Begriffs »notwendig falsches Bewußtsein« darstellen; daß sie überhaupt nicht ihrem politischen Inhalt nach zu verstehen sind, sondern als sozialpsychologische Kalkulationen. Der Titel *Ideologie und Propaganda* verweist auf diesen zentralen Sachverhalt: besaßen Ideologien stets schon ihren propagandistischen Aspekt, so werden sie nun planvoll ganz und gar dem Primat der Propaganda unterworfen und lösen sich auf in eine Reihe mehr oder minder kohärenter »Stimuli«, bilden eine Art sozialpsychologischer Versuchsanordnung, die, ähnlich wie hochrationalisierte Reklame, Menschen gewinnt, indem sie ihnen Ersatzbefriedigungen vor allem kollektivnarzißtischer Art verschafft. Die Trümmer dessen, was die Nationalsozialisten ihre Weltanschauung nannten, sind selbstverständlich ein wesentliches Element dieser Ideologie; es wird der Nachkriegssituation angepaßt; manches auch dieser entnommen. Charakteristische Züge, wie die »Personalisierung«, also die Verschiebung politischer und sozialer Verantwortungen von objektiven Institutionen auf einzelne Individuen, hatte die SRP-Propaganda mit verwandten Bewegungen auf der ganzen Welt gemeinsam – wie denn überhaupt die Signatur des neuen Nationalsozialismus dessen Internationalität ist; er ist aus einer primären Ideologie zu einer sekundären, ihrerseits aus den Zusammenhängen der weltpolitischen Totalität abzuleitenden geworden.

Der Furthschen Untersuchung kommt unmittelbar aufklärender Wert zu. Indem sie die Mechanismen freilegt, auf denen Propaganda vom Schlag jener SRP spielt, zeigt sie, wie derlei Bewegungen darauf aus sind, ihre präsumtiven Anhänger »beim Wahne zu packen«, sie gegen ihre realen Interessen manipulativ einzuspannen. Die längst liquidierte Bauernfängerei der Jahrmärkte von anno dazumal hat ihren Unterschlupf in solcher modernen Politik gefunden. Der Hitlerschen Regel entsprechend muß derartige Propaganda die Linie des geringsten Widerstandes verfolgen, will sagen, nach dem niedrigsten Niveau sich richten. Dies Mittel aber, während der letzten vierzig Jahre überstrapaziert, ist zweischneidig. Je unverhüllter die Propaganda sich an die Dümmsten wendet, um so mehr setzt sie sich dem potentiellen Widerstand derer aus, die denn doch nicht die Dümmsten sein möchten. Darum wäre von größtem Wert, wenn die Ergebnisse des gesamten Buches, insbesondere die Furths, derart zusammengefaßt und dargestellt würden, daß sie als Serum für die stets noch Anfälligen wirken. In der Bundesrepublik sollte es nicht an Stellen fehlen, die bereit wären, ein solches Projekt politischer Aufklärung zu realisieren.

Nr. 49

Max Horkheimer
Mitte Mai 1958

Nachgelassene Notizen 1949–1969
Mai 1958

QUELLE: Max Horkheimer, Gesammelte Schriften Bd. 14: Nachgelassene Schriften 1949–1972, hrsg. von Gunzelin Schmid Noerr, © S. Fischer Verlag Frankfurt/Main 1988, S. 82 f.

Die Bewegung gegen Atombewaffnung in Deutschland gleicht schon bedenklich dem Massenaufstand gegen die libanesische Regierung, den Herr Nasser organisiert. Nicht so sehr der gemeinsame Ursprung beider Phänomene bei den Russen ist bemerkenswert, als die strukturelle Ähnlichkeit all dieser heutigen Bewegungen. Sie repetieren mit Protesten und Schweigemärschen im technischen Zeitalter, verärmlicht, verflacht und vulgarisiert, die Französische Revolution. Das »Volk« als oberste Kategorie im kurzschlußhaften, fixen Denken von Studenten, Funktionären, allerhand Interessenten. Nur daß bei den Arabern wenigstens noch so etwas wie eine kommende Bourgeoisie mitspielt, während in Deutschland eine ideenlose Opposition der späten Skrupel der Wissenschaftler und der Bereitschaft der Jungen sich bedienen möchte, um nächstens eine Wahlkonjunktur zu schaffen. Aber die Jungen sind nur in dem Sinn einig, daß sie aktiv sein wollen. Die Mehrzahl ist, wenigstens zunächst noch, westlich ausgerichtet, erstrebt die guten Stellen in der Industrie, ohne einen politischen Katechismus herzusagen, notfalls machen sie einen westlich inspirierten oder gar deutsch-autonomen Faschismus als technische Vorhut mit. Die Oppositionellen in der Jugend, keine allzu große Gruppe, sind davon so verschieden nicht, auch sie fühlen sich als junge Führungsschicht. Ihre größere politische Aktivität bedeutet bloß, daß sie, bewußt und zumeist wohl unbewußt, dazu tendieren, Funktionäre auf der anderen Seite zu werden. »Das Volk« soll verwirklicht werden. Und wie könnte das anders geschehen als durch Bürokratie und Disziplin. Das Ressentiment gegen das reiche Amerika, von dem man im übrigen die fixe Logik übernimmt und ganz zu Unrecht aufs Verhältnis der Theorie zur politischen Praxis anwendet, spielt seine Rolle bei der Opposition, Sozialdemokraten und (deutschen) Isolationisten. Alle sind sie realitätsgerecht und deshalb verhunzen sie gemeinsam die Realität. Jeder soll sich eingliedern ins Volk, der Feind ist nicht so sehr die »Reaktion« – von der sprachen Hitler und Stalin unisono, der Feind ist vielmehr der differenzierte Einzelne, der Weltfremde, der Kosmopolit, der Zögernde, der noch treu sein kann, weil er sich nicht festlegt, und konsequent, weil er keinem Programm folgt. Der Feind ist der Einzelne, der Feind sind wir.

Nr. 50
Jürgen Habermas
Unruhe erste Bürgerpflicht
Römerbergrede gegen die Atombewaffnung der Bundeswehr
20. Mai 1958

QUELLE: Diskus – Frankfurter Studentenzeitung, 8. Jg., Nr. 5, Juni 1958, S. 2

Wenn 20 000 Dozenten und Studenten an elf westdeutschen Hochschulen Unruhe als erste Bürgerpflicht wahrnehmen, wenn sie öffentlich zum gleichen Zeitpunkt gegen die atomare Aufrüstung der Bundeswehr protestieren – dann begegnen dem berufene und unberufene Vertreter der Regierungspolitik mit dem Vorwurf der Panikmache. Mit der Diffamierung staatsbürgerlicher Initiative wird aber eine Demokratie reif gemacht für den Absprung von Fallschirmjägern. In jenen Protest gehen unübersehbar viele Motive ein. Ein Einzelner ist nicht berufen noch in der Lage, sie zu deuten. Denn hier protestieren Individuen und nicht Organisationen. Soviel jedoch ist sicher: der Protest richtet sich nicht an Russen oder Amerikaner, er richtet sich an die Staatsmänner, die mit in unserem Auftrag regieren. Auch bringt der Protest keine weltanschaulichen Entscheidungen zum Ausdruck, etwa angesichts der propagandistisch entstellten Alternative »tot oder rot«; er fordert vielmehr konkret eine Politik der Entspannung, die solche Alternativen gar nicht erst Wirklichkeit werden läßt. Es geht nicht um King Hall oder den Kreml, nicht um sittliche Entrüstung gegenüber den bestehenden Atommächten; in den Bereich *unserer* Verantwortung fällt vielmehr die Rüstungspolitik *unserer* Regierung. Der Slogan von der atomaren Abrüstung in aller Welt will nur den Blick davon ablenken, daß im eigenen Land der Startschuß fürs atomare Wettrüsten Mitteleuropas, diesseits und jenseits des Eisernen Vorhangs, gegeben wurde.

In andrer Hinsicht ist indes mehr als nur der Bundestagsbeschluß vom 25. März Gegenstand des Protestes. Mit ihm betrat nämlich die Politik der Stärke als ganze eine Schwelle, an der nicht länger verborgen bleiben konnte, was einige wenige schon seit deren Beginn im Jahre 1950 zu erkennen glaubten: unser aller politisches Denken ist historisch an den Beziehungen der »großen Mächte« geschult worden; eine Politik aber, die wie mit Altersstarrsinn an solchen Kategorien des 19. Jahrhunderts festhält, ist den Verhältnissen in der

Mitte des 20. nachweislich nicht mehr gewachsen. Die Logik einer Politik der Stärke ignoriert Grundsätze, die historisch ebenso neu wie faktisch unumgänglich sind. Heute kann man Kriege noch führen, aber nicht mehr gewinnen. Heute kann man Kriege nicht mehr verhindern, indem man sie vorbereitet. Heute schützen Freiheit und Gerechtigkeit der inneren Ordnung eine Gesellschaft eher als – auf deren Kosten – eine Kraftentfaltung nach außen. Wer sich an die Regeln dieser neuen Logik nicht hält, verstrickt sich in Widersprüche. Oder ist es kein Widerspruch, daß man mit Massenvernichtungsmitteln abschrecken will, ohne im Ernst ihren Einsatz wollen zu können; und doch kann nur der wirksam drohen, der fest entschlossen ist, diese Drohung auch wahrzumachen. Oder ist es kein Widerspruch, daß man immer neue Stufen der Rüstung zur unabdingbaren Voraussetzung aussichtsreicher Verhandlungen mit dem Gegner macht, und doch eben damit die Möglichkeiten des Verhandelns überhaupt immer mehr einschränkt. Weil man die *tatsächliche* Stärke einer Verhandlung aus der Position *möglicher*, zunächst angedrohter Stärke vorzog, kam es gar nicht zur Verhandlung – und die Stärke gedieh unterdessen zum Selbstzweck.

Widersprüche dieser Art fordern ihren Preis. Sie zeigen untrüglich an, daß Chancen des Überlebens unversucht blieben. Das schlechte Gewissen schlägt darum den Politikern der Stärke nicht von ungefähr. Sie wagen nicht einmal mehr, die Sache beim Namen zu nennen. Einst sprachen die Nazis von »entrahmter Frischmilch«, wenn sie den Leuten Magermilch verkauften. Heute sprechen die Politiker der Stärke von »modernsten Waffen«, wenn sie den Leuten A- und H-Bomben verkaufen. Magische Praxis – sie tabuieren Ereignisse, die sich der Gewalt der Menschen entziehen. Magisches Weltbild überhaupt – in jedem ihrer Gegner wittern sie Mächte der Finsternis und der »Fernsteuerung«.

Die Politiker der Stärke behaupten nämlich: daß Demonstrationen, wie jene vom 20. Mai, das Geschäft der SPD, wenn nicht gar das der Kommunisten betreiben. Und doch betreiben wir zunächst einmal *unser eigenes* Geschäft: wir wollen in Frieden und in einer freien Gesellschaft leben können. Wir beginnen unsre Unternehmungen ohne Hintermänner, sogar ohne Geldgeber. Zudem wenden wir uns nicht gegen die Regierungs*partei* sondern gegen eine Regierungspolitik. Wenn uns die SPD unterstützt, um so besser; wir aber setzen notgedrungen unsre ganze Hoffnung auf die einsichtigen Abgeordneten der CDU, nicht zuletzt auf die Professoren unter ihnen, die allein in der Lage sind, die Mehrheitsverhältnisse des Bundestages in dieser Sache zu ändern.

Die Politiker der Stärke behaupten ferner: daß Demonstrationen, wie auch jene vom 20. Mai, die repräsentative Verfassung unsrer Demokratie gefährden. Und doch tragen nicht etwa wir die plebiszitären Elemente ins politische Leben der Bundesrepublik. *Hätten* wir eine repräsentative Demokratie im klassischen Sinne, dann wären die Abgeordneten in ihren Entscheidungen frei und nur ihrem Gewissen verpflichtet – wie sollten sie in Schicksalsfragen unsres Volkes geschlossen nach Fraktionen abstimmen können? Das aber ist der Fall. *Hätten* wir eine repräsentative Demokratie im klassischen Sinne, dann würde der Bundestag nicht nur eine Politik der vollendeten Tatsachen nachträglich gutheißen – wie sollte ein Kanzler bei den Ausführungen des ersten Sprechers der Opposition, wie sollte Adenauer während der Rede Carlo Schmids gelangweilt seine *Kölnische Rundschau* lesen können? Das aber ist der Fall. *Hätten* wir eine repräsentative Demokratie im klassischen Sinne, dann wären Wahlen zum höchsten Parlament eben Wahlen und nicht verschleierte Plebiszite – weil die Werbetechniker der CDU am 15. September über eine Person abstimmen ließen, sind heute Willensbekundungen in einer Sache fällig; und zwar in einer Sache, die damals peinlich verschwiegen wurde.

Die Politiker der Stärke behaupten schließlich: daß Demonstrationen, wie jene vom 20. Mai, unverantwortlich ans Gefühl der Massen appellieren. Und doch dienen sie vornehmlich der Aufklärung und der Bekundung eines aufgeklärten Willens. Angst macht nicht nur zuweilen kopflos, in Gefahr lehrt sie auch, den Kopf zu gebrauchen: Angst wird heute zum Mentor der Menschheit. Angstbereitschaft in einer Lage des Schreckens ist Voraussetzung, um diese Lage zu erkennen. Kernwaffen existieren, indem sie drohen. Diese Drohung ist historisch ohne Vorbild. Die an historischen Verhältnissen haftende Vorstellung reicht für sie nicht aus. Also muß das Bewußtsein des Menschen, vorab der Politiker, immer wieder in Phantasie gleichsam geschult werden; das träge Bewußtsein mit dem kleinen Spielraum, in dem Atomwaffen noch als die Entwicklung von Artilleriegeschossen erscheinen, muß dem ungleich weiteren Spielraum *der* Möglichkeiten angemessen werden, mit denen wir vernünftig zu rechnen haben, um sie nie wirklich werden zu lassen.

Genau diese Formen eines angemesseneren Bewußtseins erscheinen den Politikern der Stärke in der falschen Gestalt von Panik und Utopie.

Wie muß zudem das Bild einer Demokratie beschaffen sein, in deren Namen man die Masse der Staatsbürger als Masse der Unmündigen behandelt wissen möchte, auf daß in politischen Schicksalsfragen alles fürs Volk, aber nichts mit dem Volk entschieden werde. Unter Panikverdacht standen auch, Flugblättern zufolge, Dozenten und Studenten an jenem 20. Mai. Mit welchem Recht haben sie dennoch demonstriert? Mit keinem anderen als dem aller übrigen Staatsbürger; aber vielleicht mit der Verpflichtung der intellektuellen Redlichkeit, die ihnen ihr Handwerk auferlegt; vielleicht auch mit der Aussicht des größeren Effekts, die ihnen mit dem größeren Prestige, ob verdient oder nicht, gegeben ist.

Gewiß, die Universität als Korporation soll ihre politische Neutralität wahren. Aber sie bleibt ein Hort der Gewissensfreiheit nur, solange ihre Bürger politische Gewissensentscheidungen öffentlich und mit den wirksamsten des rechtens zu Gebote stehenden Mitteln bekunden. *Einmal* schon sind deutsche Universitäten zu lange Hort versäumter Gewissensentscheidungen geblieben.

Der Demonstrationszug vom 20. Mai richtet sich extra muros gegen die verantwortlichen Träger einer Politik der Stärke; intra muros aber richtet er sich nicht in erster Linie an die, die sich *für* diese Politik schlagen, sondern an die, die sich, trotz besserer Einsicht, *nicht gegen* sie schlagen. Wenn sich angstbereite Einsicht kompetenzfrei mit Unerschrockenheit gegenüber den Einflußreicheren verbindet, heißt man's Zivilcourage. Heute steht sie unter Panikverdacht – muß das sein?

Nr. 51

Oscar Strobel / Michael Schumann / Hanns Schreiner
Der Marsch zum Römerberg –
Die Zornigen und die Zahmen –
Marschieren oder diskutieren
Interviews mit Teilnehmern
des Anti-Atomtod-Schweigemarsches
20. Mai 1958

QUELLE: Diskus – Frankfurter Studentenzeitung, 8. Jg., Nr. 5, Juni 1958, S. F2/F3

FRAGE: *Herr Fass*, dürfen wir Sie als Vorsitzenden des Allgemeinen Studenten-Ausschusses nach den Gründen fragen, die den AStA veranlaßt haben, an dem Schweigemarsch gegen die atomare Aufrüstung nicht teilzunehmen und ihn auch nicht zu unterstützen?

ANTWORT: Der AStA befindet sich glücklicherweise in einer guten Position. Wir haben unsere grundsätzliche Haltung zur allgemeinen Abrüstung schon viel früher ausgesprochen. Sie entsinnen sich sicher noch der »Frankfurter Erklärung«. Diese richtete sich grundsätzlich gegen die Atomrüstung, sei es wo es wolle. Was uns abgehalten hat, jetzt aktiv zu werden bei der Aktion »Kampf dem Atomtod« war die Fragestellung. Es hieß da: »Wollt ihr die Atomwaffen oder nicht?« Diese Fragestellung geht am Wesentlichen vorbei, ja, sie ist sogar falsch! Wenn man richtig formuliert hätte, müßte man fragen: »Glaubt ihr zu müssen, oder nicht?« Dies ist eine Frage des politischen Verhaltens, eine praktische Frage. Sie ist im Bundestag zur Diskussion gestellt.

FRAGE: Sollten also die Studenten dazu keine Meinung äußern?

ANTWORT: Natürlich kann zum Grundproblem von den Studenten Stellung genommen werden. Es ist doch keine Frage, daß wir alle in der Meinung übereinstimmen: alle Atombomben sollen abgeschafft werden. Das stand ja auch in der »Frankfurter Erklärung«. Hier handelt es sich aber um den einseitigen Verzicht, um die Frage: Was ist besser? – Es sollte also heißen: Brauchen wir in unserer Situation Atomwaffen oder nicht?

FRAGE: Was sagen Sie zu der Reaktion der Studenten auf den Aufruf zum Schweigemarsch?

ANTWORT: Ich kann mich täuschen, aber ich glaube, daß es bei der »Frankfurter Erklärung« kaum einen Widerspruch gegeben hat.

FRAGE: Aber im Parlament gab es doch auch …

ANTWORT: … Ich weiß, was Sie meinen. Aber da lag der Grund für die Ablehnung durch eine Minderheit in einer grundsätzlichen Ablehnung jeder politischen Erklärung durch die Studentenvertretung.

Bei dem Schweigemarsch sind ja nur eine Handvoll Leute mitmarschiert. Das beweist mir, daß die Mehrzahl mit der Fragestellung nicht einverstanden war und die akademische Form der Behandlung eines solchen Problems, nicht die Demonstration, sondern das Gespräch ist.

FRAGE: War der gesamte AStA Ihrer Meinung?

ANTWORT: Es gibt darüber einen Beschluß, der etwa das gleiche aussagt, was ich eben dargelegt habe.

FRAGE: Gestatten Sie mir, darauf hinzuweisen, daß unseres Wissens ein Mitglied des AStA an dem Schweigemarsch teilgenommen hat.

ANTWORT: Ja, es ist richtig, das trifft zu. Er hat aber nicht als AStA-Mitglied daran teilnehmen dürfen. Er hat seine persönliche Meinung damit kundgetan.

FRAGE: Nun ist das ja so eine Sache: hie Privatmeinung – hie Funktion …

ANTWORT: Der AStA hat in einer Sitzung diese Haltung mißbilligt. Allerdings ohne zu verbieten, daß dieses Mitglied Ähnliches wieder tut. Wir haben es nur für ungeschickt gehalten, da Amt und Person schwer voneinander zu trennen sind.

FRAGE: Welches ist denn die den Studenten angemessene Form politischer Willensbekundung? Sollte das im Studentenparlament geschehen?

ANTWORT: Nein, dies würde die Kompetenz des Parlamentes überschreiten. Ich könnte mir denken, daß in einer Podiumsdiskussion Abgeordnete verschiedener Parteien das Atom-Thema mit den Studenten erörtern. Im übrigen kann der volljährige Student seinen politischen Willen bekunden, wie jeder andere Bürger auch: durch die Stimmabgabe bei der Wahl.

FRAGE: *Herr Mohl*, Sie haben Ihre Unterschrift unter den Aufruf zur Demonstration der Studentenschaft gesetzt. Können Sie uns sagen, was Sie zu diesem Schritt bewogen hat?

ANTWORT: Ich habe mich der Geschichte mehr aus Solidarität angeschlossen. Ich habe schon vor zwei Jahren, als es um die Wiederbewaffnung im Bundestag ging, Stellung bezogen. Ich habe zusammen mit einem Kommilitonen in Darmstadt eine Diskussion mit Bundestagsabgeordneten arrangiert, um mit den Leuten ins Gespräch zu kommen, um deren und unsere Argumente zu prüfen. Daß die Geschichte dann anders lief, könnte zu einer totalen Resignation führen, wenn man den Ausgangspunkt hat, den ich habe. Wenn die Leute dann zu einer Atombewaffnung übergingen, ist klar und logisch, daß ich auch zur Atombewaffnung nein sagen muß. Ich glaube, daß es nicht nur die Alternative Bündnispolitik oder Aufgabe unserer Lebensform gibt, sondern daß es vielleicht noch einen Mittelweg gibt, also Neutralität oder wie man diese Dinge benennen will. Die Form, in der heute über diesen Gegensatz gesprochen wird, macht nur Unbehagen. (Einer meiner Freunde sagte: »Den Kopf in der Garderobe abgeben und dann marschieren.«)

FRAGE: Sie haben eben gesagt, daß Sie ein grundsätzlicher Gegner einer Aufrüstung sind. Sind Sie für eine Politik der absoluten Gewaltlosigkeit?

ANTWORT: Ich bin einmal auf der falschen Seite marschiert, ich bin Auslandsdeutscher, in der Schweiz aufgewachsen und meldete mich 1944 kriegsfreiwillig nach Deutschland. Als ich die Situation erfaßt hatte, bin ich vorsichtig geworden. Ich kam zu der Überzeugung, wir müßten zu einem Interessenausgleich kommen. Unsere Bundesrepublik hat, vom Osten her betrachtet, eine Sonderstellung. Es sind also nicht nur 40 Millionen, die ein paar Divisionen aufstellen und sich jetzt atombewaffnen. Es sind die Leute, die seinerzeit vor Moskau standen. Dadurch bekommen unsere Handlungen ein viel größeres Gewicht. Wir können nicht alles auf Bündnistreue und NATO abschieben, sondern wir müssen uns identifizieren mit der Vergangenheit, und von da her argumentieren. Wir können nicht so tun, als ob nie etwas geschehen wäre.

FRAGE: Sie meinen also, die Identifikation mit der Vergangenheit müsse so aussehen, daß wir in Zukunft auf die Aufstellung militärischer Verbände verzichten?

ANTWORT: Man kann natürlich nach innenpolitischen Gesichtspunkten eine Lösung finden. Wir sind ein zweigeteiltes Land, und daraus ergeben sich die fürchterlichen Konsequenzen. Eine Schutztruppe, die keinen politischen Faktor darstellt, sondern die man auf eine vernünftige Weise in den Staatsaufbau integriert, wäre das Vernünftigste.

FRAGE: Sie sagten vorhin, daß Sie sich mit dem Weg, der durch die Demonstration eingeschlagen worden ist, nicht voll identifizieren. Meinen Sie, daß es für die Studentenschaft eine andere Möglichkeit gibt, ihre Meinung kundzutun?

ANTWORT: Ich habe gehofft, daß man eine Diskussion auf breiter Basis zustande bringt, unter Beteiligung von

Professoren. Daß man Franz Böhm z.B. nicht draußen in irgendeiner Turnhalle sprechen läßt, sondern, da er nun einmal zur Universität gehört, hier hereinholt. Daß aber auch die andere Seite jemanden aufstellt, der ein entsprechendes Gewicht hat, sowohl was die persönliche Integrität anbetrifft, wie auch den Einblick in die Zusammenhänge. Sollte dann die Mehrheit der Studenten auf eine Ablehnung der Atombewaffnung beharren, könnte man in Form einer Resolution oder in einer anderen Manifestation die Dinge zur Kenntnis der Öffentlichkeit bringen. Dieser Weg wäre mir persönlich sympathischer gewesen. Diese Geschichte, die heute Mittag startet – ich habe ein sehr ungutes Gefühl, ich habe den Eindruck, daß es schiefgehen kann, eine lächerliche und hilflose Geschichte wird –, hat so etwas von einer Aktion der Verzweiflung. Man will noch etwas tun, aber glauben, daß es einen Sinn hat, tut ja eigentlich niemand mehr. Die Bundestagswahl ist mit schlechten Argumenten geführt worden, von beiden Seiten. Das kann ich sagen, da ich in keiner Weise politisch gebunden bin. Ich komme aus einer Familie mit liberalen Traditionen. Der Versuch, alle Leute, die gegen die Entscheidung der Regierung sind, vor den Wagen der Sozialdemokraten zu spannen, behagt mir nicht. Aber so wie es von der anderen Seite gemacht worden ist, geht es auch nicht. Man hätte ehrlicher sein müssen. Man hätte die Leute aufklären müssen. Wir müssen endlich einmal in Demokratie missionieren. Wir können nicht immer nur den Autoritätsstandpunkt der Leute herausstellen, die zufällig Politik machen.

FRAGE: In einem demokratisch-parlamentarischen Repräsentativstaat ist eine Demonstration unter freiem Himmel das letzte Mittel, das man im allgemeinen anwendet, um eine politische Entscheidung zu erzielen. Glauben Sie, daß die Situation so ernst ist, daß man nur noch dieses Mittel wählen kann?

ANTWORT: Ich habe das Vertrauen zur Presse verloren. Es gibt zwar einige Organe, u.a. die *Zeit*, die jetzt wieder eine Diskussion mit Weizsäcker aufnimmt; die versuchen, noch einmal das Für und Wider abzuwägen. Aber die Dinge bleiben ohne Wirkung. Die Leute, auf die es ankommt, die es betrifft, die sind von einer erstaunlichen Indifferenz den Dingen gegenüber. Und nun kommt die makabre Geschichte: Stellung der Universität in unserer Gesellschaft. Vielleicht hat sie die Möglichkeit, die Leute aufhorchen zu lassen und vielleicht kommt einer zum Nachdenken, der bisher nicht nachgedacht hat.

FRAGE: Glauben Sie, daß auch die Studenten politisch so wenig ansprechbar geworden sind, daß man sie mit den handfesten Methoden einer Demonstration zu einer Willensäußerung zwingen muß?

ANTWORT: Ich möchte gar nicht auf die Gewissensentscheidungen und Bekenntnisse der Studenten eingehen, das wird meistens unsachlich. – Man lebt halt auch mit der Atombombe, irgendwie geht's weiter. Darum die billige Entscheidung: Unsere Sache hier, Wirtschaftswunder, westliche Lebensform usw. ist zwar auch ein Übel aber ein kleineres Übel usw. und da muß man vielleicht mal »ja« sagen, zu einer unsympathischen Sache.

FRAGE: Sie haben sich mit Ihrer Unterschrift aktiv gegen den Beschluß des Deutschen Bundestages gewandt. Zweifeln Sie an der Legalität des Bundestagsbeschlusses?

ANTWORT: Es ist eine sehr schwierige Frage, aber aus den Erfahrungen, die wir gemacht haben, müssen wir zu unserer Staatsform stehen. Aber, da ich aus der Schweiz komme, habe ich gelernt, daß es in der Demokratie nicht nur das Gesetz gibt, das die Majorität bestimmt, sondern daß auch Gesichtspunkte der Minorität berücksichtigt werden. Ich bin einfach nicht überzeugt worden und sehr viele andere Leute auch nicht. Ich glaube, daß in solchen entscheidenden Fragen wie Atombewaffnung, ein anderer Weg hätte eingeschlagen werden müssen.

FRAGE: Wenn ich Sie vorhin richtig verstanden habe, sind Sie also Anhänger eines pazifistischen Gedankens?

ANTWORT: Ja, wobei er nicht so sehr aus der humanistischen Tradition heraus erwächst, daß man durch bloße Manifestationen der Gewaltlosigkeit generell etwas ändern könnte. Die Geschichte zeigt, daß dieser Standpunkt illusorisch ist. Ich glaube einfach, wir in der Bundesrepublik hätten voraus gehen müssen, wir hätten den ersten Schritt tun müssen, und ich glaube nicht, daß wir ohne Gefolgschaft geblieben wären.

FRAGE: Glauben Sie also grundsätzlich, daß das deutsche Beispiel des Protestes gegen den Atomtod bestimmend werden könnte für die Einstellung der Großmächte?

ANTWORT: Ich glaube nicht, daß wir so viel Gewicht haben, aber man sollte einfach wissen, daß wir nicht da weitermachen wo wir aufgehört haben, Politik der Stärke usw. zu machen.

FRAGE: Um Mißverständnisse zu vermeiden. Glauben Sie, daß die derzeitige Militär- und Rüstungspolitik der

Bundesregierung konsequent anknüpft an der Tradition deutscher Machtpolitik bis 1945?
ANTWORT: Das zweifellos nicht, da hat sich sehr viel geändert, aber ganz einfach durch unsere geographische Lage, durch die Tatsache, daß wir der einzige Staat sind in der westlichen Hemisphäre, der gegenüber dem Ostblock territoriale Ansprüche geltend macht, haben wir eine andere Situation.
FRAGE: Sehen Sie durch diese Demonstrationen die Andeutung einer Gefahr für die parlamentarisch-repräsentative Demokratie der Bundesrepublik?
ANTWORT: Ja, eine Gefährdung gewiß, aber vielleicht ist das hier bewußt gewollt. Man soll aufhorchen, man soll sich auseinandersetzen.

FRAGE: *Herr Sörgel*, Sie werden auf der Demonstration der Assistenten und Studenten gegen den Atomtod als Student der Frankfurter Universität sprechen. Werden Sie im Namen der Frankfurter Studentenschaft sprechen?
ANTWORT: Das kann ich nicht, denn ich bin kein gewählter Vertreter der Frankfurter Studentenschaft. Folglich kann ich nur als ein Repräsentant jenes Teiles der Studentenschaft sprechen, der seine Vertreter, zumindest z.T. in diesen Ausschuß gegen die atomare Bewaffnung der Bundeswehr, sich hier an unserer Universität ebenso wie an vielen anderen Universitäten konstituiert hat.
FRAGE: Können Sie uns die politischen Gruppen, die studentischen Gruppen überhaupt nennen, die als Gruppe diese Aktion unterstützen?
ANTWORT: Es ist keine studentische Gruppe hier an der Universität, die, ehe sich dieser Ausschuß konstituiert hat, zu der ganzen Sache Stellung genommen hat. Es sind unter jenen, die aufrufen, an dieser Demonstration teilzunehmen, Vertreter studentischer Gruppen, aber sie sind durchweg als Vertreter ihrer jeweiligen studentischen Gruppe nicht anzusprechen, wenngleich sie z.T. eben auch die Mehrheit ihrer Gruppe rekrutieren können. Das trifft z.B. auf den Sozialistischen Studentenbund zu. Ich halte es für möglich, daß es ähnlich bei der gewerkschaftlichen Arbeitergemeinschaft ist. Inwieweit die Gruppe der Bühne oder andere Gruppen jeweils mit ihrer Mehrheit dahinterstehen, vermag ich nicht zu sagen.
FRAGE: Und diese Gruppe, die die ganze Sache organisiert hat, hat sich zusammengefunden, weil sie glaubt, daß die Studentenschaft zu dieser Entscheidung der Bundesregierung etwas zu sagen hat?

ANTWORT: Diejenigen, die zunächst dazu aufgerufen haben, gehören keiner studentischen Gruppe an.
Sie gehören nicht einmal einer Gruppe an. Es sind Assistenten gewesen und drei Studenten, soweit ich es also sehe, die keiner studentischen Gruppe angehören. Sie sind dann natürlich mit ihrer Aufforderung, sich an der Sache zu beteiligen, an jene studentischen Gruppen herangetreten oder an Vertreter jener studentischen Gruppen, von denen sie annehmen können, daß sie die Sache evtl. unterstützen werden.
FRAGE: Glauben Sie, daß die Studentenschaft besonders dazu berufen ist, zu der Entscheidung des Bundestages über Atombewaffnung, mit einer Demonstration unter freiem Himmel Stellung zu nehmen?
ANTWORT: Ich bin deshalb dieser Ansicht, und ich glaube, daß ich in dieser Ansicht mit dem Senat übereinstimme, der ja gestern gesagt hat, eine Stellungnahme zu solchen Dingen ist eine besonders für Angehörige der Universität, individuelle und persönliche Stellungnahme, und ich meine, daß gerade Studenten und sonstige Angehörige einer Universität dazu berufen sind, dieser staatsbürgerlichen Verpflichtung nachzukommen, weil sie, wie ich hoffen möchte, als unabhängige und gleichzeitig aus der Sphäre der Arbeit, der unmittelbaren Arbeit ausgeklammerte, eher auch die Möglichkeit haben, über derartige Fragen nachzudenken und dazu eine Stellung abzugeben.
FRAGE: Haben die Unterzeichner dieses Aufrufes vorher versucht, andere Methoden zu finden oder auszuwählen, um die Meinung der Studenten zu der Atomfrage kundzutun?
ANTWORT: Dieser Arbeitskreis, er hat, soviel ich weiß, an vielen anderen Universitäten einen anderen Weg eingeschlagen, bzw. mit einem anderen Weg begonnen. Sie haben z.B. Unterschriftensammlungen veranstaltet. Alle die Universitäten, die heute demonstrieren werden, und das ist die Mehrheit, waren der Meinung, daß es dabei nicht bleiben kann. Sie haben gleichzeitig aber auch überlegt, und darüber besteht noch keine einhellige Ansicht, daß diese Sache dann in verschiedener anderer Weise fortgesetzt werden soll.
FRAGE: Sie haben eben gesagt, daß an anderen Universitäten ähnliche oder gleiche Arbeitskreise bestehen, die zu einem ungefähr gleichen Zeitraum Demonstrationen veranstalten. Besteht eine Koordination dieser Arbeitskreise in der Bundesrepublik?
ANTWORT: Das ist bekannt aus einem Flugblatt, denn jene Arbeitskreise aus der Bundesrepublik sind am Sonntag vor einer Woche in Frankfurt zusammen-

gekommen und haben diese Demonstration koordiniert.
FRAGE: Hat der Ausschuß sich schon zur Aufgabe gesetzt, abgesehen von der Demonstration, weitere Aktionen zu erwägen?
ANTWORT: Vorläufig hat dieser Ausschuß weitere Aktionen noch nicht im einzelnen vorgesehen.

FRAGE: *Herr Rahn*, haben Sie die Vorbereitungen für diese Aktion mit dem Senat und der studentischen Selbstverwaltung abgesprochen oder ist wenigstens eine Information versucht worden?
ANTWORT: Soweit ich orientiert bin, sind von Seiten Herrn Sörgels Schritte unternommen worden, ich selber war daran nicht beteiligt.
FRAGE: Wie kommt es, Ihrer Ansicht nach, daß der Senat und der AStA sich in letzter Minute von dieser Aktion distanzieren?
ANTWORT: Es handelt sich wahrscheinlich um politische Erwägungen, auch universitätspolitische Erwägungen, die den AStA und den Senat dazu bewogen haben, eine andere Haltung einzunehmen, zumindest eine reservierte Haltung.
FRAGE: Wie ist das zu vereinbaren mit der Erklärung, die der AStA abgegeben hat anläßlich dieses Briefes aus Tokio?
ANTWORT: Es handelte sich da wohl um eine Sache, die mehr im Theoretischen liegt und nicht so sehr stark die Angelegenheiten unserer Bundesrepublik und der Politik unserer Regierung betraf.
FRAGE: Das heißt also, daß sich die Unterzeichner der Aufforderung zum Protest der Studenten weitgehend identifizieren mit den politischen Argumenten der Sozialdemokratischen Partei?
ANTWORT: Da möchte ich eine Einschränkung machen: Ich persönlich stehe weder der SPD nahe, noch gehöre ich irgendeiner ihrer Gliederungen an und habe diesen Aufruf unterschrieben als Privatmann.
FRAGE: Sehen Sie in der Veranstaltung eine Gefahr, daß sich die Studentenschaft in zwei Gruppen aufspalten könnte, in zwei Gruppen, die sich dann vielleicht doch halb parteipolitisch gegenüberstehen würden?
ANTWORT: Es mag eine gewisse Gefahr bestehen.
FRAGE: Hat man innerhalb des Ausschusses versucht, der Öffentlichkeit und den Studenten klarzumachen, daß es sich hier um eine Aktion handelt, die nichts mit den Plänen der SPD zu tun hat?
ANTWORT: Es ist auf dem Plakat mit keinem Wort erwähnt, daß es sich um irgendeine Form der politischen Aktion der SPD handelt.
FRAGE: Es ist bekannt, daß sich unter den Aufrufenden Mitglieder der SPD befinden und auch Persönlichkeiten, die, zumindest früher einmal, dem SDS angehört haben.
ANTWORT: Das ist bekannt. Aber es ist kein Grund für andere Leute, die keiner solchen Richtung angehören, diesen Aufruf nicht zu unterstützen.
FRAGE: Ist an der Frankfurter Universität schon einmal versucht worden, ein Streitgespräch zwischen Professoren in Anwesenheit der Studenten in einem großen Hörsaal durchzuführen?
ANTWORT: Soweit ich weiß, bisher noch nicht.

FRAGE: *Herr Schach*, haben Sie – mit Ausnahme der Flugzettelaktion – gegen die »Protestaktion« der Frankfurter Studenten auch etwas anderes unternommen oder unternehmen wollen?
ANTWORT: Ja, wir haben noch etwas gemacht, wir haben die schöne Karikatur von Prof. Köhler aus der FAZ verteilt, in der hinter der »Aktion gegen die atomare Ausrüstung der Bundeswehr« das, oder doch wenigstens ein parteipolitisches Ziel der SPD gezeigt wird: SPD-Regierung über Atomschrecken. Ich liebe solche Scherzchen nicht, habe mich also nur schwer dazu bereitfinden können, aber schließlich wurden wir ja herausgefordert dazu, denn die Ankündigung »Kampf dem Atomtod« und ein Schweigemarsch zu diesem Zweck, verdeckten die eigentlichen Absichten der Initiatoren. Die wollten ja nur gegen eine mögliche Bewaffnung der Bundesrepublik marschieren.
FRAGE: Und dies wollten Sie nicht?
ANTWORT: Natürlich nicht, vielleicht genügt Ihnen, wenn ich Ihnen sage, daß sich meine politischen Vorstellungen in dieser Frage weitgehend mit den Ausführungen von Dr. *Martin* im Bundestag decken. – Sehen Sie, wenn schon die Ankündigung recht irreführend war, so konkretisierte sich der eigentliche Sinn der Aktion, der geheime Hintergedanke, doch mehr und mehr, je weiter der Zug in der Bockenheimer Landstraße marschierte. Aus dem mitgeführten Lautsprecher ertönten bald Parolen wie etwa: Für atomwaffenfreie Zone! usw., um nur ein Beispiel zu nennen, was doch verteufelte Ähnlichkeit mit dem Rapacki-Plan und von der SPD verfolgten politischen Zielen hatte.
FRAGE: Waren denn die Kommilitonen, die mitzogen, damit einverstanden?

ANTWORT: Na ja, die Mehrheit wußte wohl nichts davon. Der Lautsprecher war recht leise, so daß höchstens die ersten Reihen davon gehört haben. Ich hatte den Herrn Sörgel vor der Aktion gefragt, warum ein konkreter Hinweis auf den Sinn des Marsches nicht aus den Plakaten zu entnehmen war, er wußte mir keine Antwort zu geben. Und das sind doch bauernfängliche Methoden, wenn dann plötzlich unter anderem auch für den Rapacki-Plan marschiert wird. Ich weiß nicht, warum man sich genierte, klar zu sagen für was man marschiert.

FRAGE: Glauben Sie also, daß eine gewisse Partei hinter der Aktion gestanden hat?

ANTWORT: Ich glaube, daß die Sache im wesentlichen durch Mitglieder des SDS und ihm nahestehende Personen, insbesondere aus dem Soziologischen Institut organisiert und durchgeführt wurde. Den Hinweis, daß die benötigten Gelder aus dem Säckel der Studenten stammen, halte ich für unglaubwürdig.

FRAGE: Was hat Sie denn am meisten an der Veranstaltung geärgert?

ANTWORT: Gefreut hat mich, gestatten Sie mir bitte diesen Hinweis, daß nur 350 (mehr waren es bestimmt nicht) mitgelaufen sind. Sehr betrübt war ich über den Vortrag von Prof. Fraenkel auf dem Römerberg. Er hatte ganz sicher nicht das erwartete Niveau. Auch meine Hochachtung gegenüber Professoren gestattet mir nicht zu verschweigen, daß ich von dem Inhalt der Rede mehr als enttäuscht gewesen bin. Prof. Fraenkel ist überhaupt nicht auf die politische Fragestellung eingegangen. Er beschwor Mutter und Kind, unendliches Leid, das aus einem Atomkrieg kommen muß, statt einmal auf die Frage einzugehen, wie denn ein Atomkrieg *verhindert* werden kann. Es gibt doch gar keinen Parteienunterschied in der Erkenntnis der Furchtbarkeit dieser Waffen. Diese Demonstranten versuchen doch, bewußt oder unbewußt, einen zum Lumpen zu stempeln, der ehrlich der Ansicht ist, daß durch die abschreckende Wirkung einer solchen Bombe ein Krieg verhindert werden kann. Das ist doch die Frage der politischen Auffassung –, man muß uns also mit politischen Argumenten kommen und nicht mit bühnenreifen Beschwörungen.

FRAGE: Was hätten Sie denn für eine angemessene Art gehalten, eine solche Veranstaltung durchzuführen?

ANTWORT: Nun, da wir nun einmal Studenten sind – akademische Bürger, wie man sagt – hätte die Auseinandersetzung, auch in diesem Rahmen vor sich gehen sollen. Ich denke da beispielsweise an die Form einer Podiumsdiskussion usw. So ist die Aktion eine propagandistische gewesen und war wohl auch so geplant. Auf der Straße läßt sich ein solches Problem jedenfalls nicht akademisch abhandeln. Diese Meinung hat auch der Schweigemarsch bekräftigt.

Nr. 52

Max Horkheimer
Zur Funktion der Atombewaffnung
Nachgelassene Notizen 1949–1969
22. Mai 1958

QUELLE: Max Horkheimer, Gesammelte Schriften Bd. 14: Nachgelassene Schriften 1949–1972, hrsg. von Gunzelin Schmid Noerr, © S. Fischer Verlag Frankfurt/Main 1988, S. 211

Als ob es um die Gefährlichkeit der Atome ginge! Wenn sie die Erde verwüsten, hat niemand mehr Kopfweh. Vielmehr handelt es sich um einen ähnlichen Umschlag in der Waffentechnik wie bei der Erfindung von Schießpulver oder Dynamit. Entscheidend ist, daß die Gruppen, die darüber verfügen, so mächtig werden, daß die alle paar Jahre erfolgenden und ohnehin mit Meinungs- und Reklamekanonen geführten Wahlen ihrer Gewalt immer weniger adäquat sind. Die Art, wie der französische Faschismus beginnt, ist kennzeichnend dafür. Die rasch sich ändernden Parlamentsmehrheiten, der Wechsel der Regierungen – nicht einmal häufige Wahlen waren schon zu lästig. Das Militär entscheidet – noch bevor es die sogenannten nuklearen Waffen hat. Was wird Europa sein, wenn die Nato mit den faschistischen Franzosen und dem blitzblank neuen deutschen Heer erst fertig ist! Glaubt einer, daß die Stimmen der Kleinen dagegen aufkämen – selbst wenn die Stimmen der Kleinen sich nicht schließlich ohnehin nach den Großen richteten. Die paar guten Reporter unabhängigen Geistes schreiben selbst in Amerika für eine Elite und der höchste Herrscher, das Volk, ist durch drittklassige Quellen orientiert. Mit der Demokratie in Europa ist's zugleich mit der französischen aus. Sie wird in den Vereinigten Staaten noch dauern – in qualifizierter Form, wie Hamilton[1] schon am Anfang gesehen hat. Drüben werden Rechtssicherheit im allgemeinen, Freiheit, Initiative des Einzelnen überleben, wenn das kontinentale Europa längst ein faschistischer Staatenbund geworden oder der Völkerwanderung aus dem Osten, zunächst der eroberungssüchtigen Bojaren [zum Opfer gefallen] ist, denn man rede sich nicht ein, die Chruschtschows wollten wirklich den Frieden. Sie werden losfahren, wenn innere Machtkämpfe den Ausweg in die Eroberung empfehlen oder sich irgendeine gute Gelegenheit bietet. Ihre technischen Bravourakte besagen nicht das geringste gegen ihre Wildheit und Erbarmungslosigkeit.

1 Der US-Politiker Alexander Hamilton (1755–1804) war maßgeblich an der Ausarbeitung der amerikanischen Verfassung beteiligt.

Nr. 53
Max Horkheimer
Brief an Theodor W. Adorno
27. September 1958

QUELLE: Max Horkheimer, Gesammelte Schriften Bd. 18: Briefwechsel 1949–1973, hrsg. von Gunzelin Schmid Noerr, © S. Fischer Verlag Frankfurt/Main 1996, S. 437–448

Montagnola, 27. September 1958

Teddie,

Briefe, so weit sie im geringsten über technische Einzelheiten hinausgehen, sind zwischen uns dürftige Hilfsmittel, aber ich habe schon ein paar mal angekündigt, zu der Arbeit von Habermas in der Philosophischen Rundschau¹ schreiben zu wollen, und es soll nun trotz Gicht und Blödheit geschehen. Die Schrift liefert ein so treffliches Argument für die zwischen uns besprochenen Änderungen am Institut, daß es schade wäre, es nicht so bald wie möglich auszusprechen. Als wir zuletzt, vor Ihrer Abreise nach Linz, telefonierten, hatte ich die Schrift nur durchblättert, jetzt habe ich sie gelesen und fühle mich in meinem Urteil bestärkt. Ein begabter, unablässig auf geistige Überlegenheit sich verweisender Mensch findet den Weg zum Institut und zeigt, daß man geraume Zeit – wahrscheinlich doch schon mehr als ein Jahr? – bei uns sein kann, ohne im geringsten seine Erfahrung über die gesellschaftliche Wirklichkeit zu erweitern, ja ohne mit Verstand über die Gegenwart nachzudenken, ohne weitere Anstrengung, als die, für welche Lektüre und Scharfsinn und zur Not das Philosophische Seminar vollauf genügten. H. nimmt sich zum Vorbild, was er im Augenblick für das Avancierteste hält, vor allem die Marxschen Jugendschriften und vermutlich ein verzerrtes Bild von Teddie und unseren gemeinsamen Gedanken, und stachelt sich zu ungeheurem Scharfsinn an.

Das Dokument, das er in diesem Fall zustandebrachte, ist eine fleißige, intelligente, sorgfältig disponierte und freilich eitle Arbeit, die an immer wiederholten, zu Clichés erstarrten Normen die philosophischen Schriften mißt, die in den letzten Jahren über Marx erschienen sind. Die Normen, aus dem »jungen Marx« herausgelesen, den er dem älteren, von Engels seiner Ansicht nach verdorbenen entgegensetzt, müssen sehr mager ausfallen, einmal weil der Vormärz die Zeit der Parolen und Programme war, und im besonderen weil Marx erst in den Londoner Jahren seinem Werk Substanz verlieh, des weiteren weil der dialektische Herr H. unter der Behauptung, immanente Kritik zu betreiben, im Entscheidenden zu den vormärzlichen Normen selber sich bekannt, und daher ungefähr von allem absehen muß, was die damaligen Schriften mit der ersten Hälfte des letzten Jahrhunderts verbindet, das heißt von allem, was ihr eigentliches Leben ausmacht. Das stets wiederholte Bekenntnis zur Revolution – mir scheint, das Wort steht hundertmal in dem Artikel – als eingeborenen Sinnes der Philosophie klingt bei H. historisch ahnungslos, wie oft auch der Zusatz »streng« auch »stringent« bei H. vorkommt. Philosophie, über die man inhaltlich vor allem erfährt, daß »Revolutionstheorie« die »Kategorienlehre« (S. 217) der Ideologiekritik oder der Kritik schlechthin ausmache, soll sich – das nennt er die »Schlüsselthese« (183) – in kritisch-praktischer Tätigkeit aufheben, um sich zu verwirklichen, sie sei nicht kontemplativ, sondern »praktisch an der Aufhebung der bestehenden Lage interessiert« (192). So weit die Philosophie. Die Soziologie aber darf gegebenenfalls die »Qualifikation des Proletariats zum Träger der Revolution« (206) nachweisen, denn »wie anders sollte es geschehen« (206). Neigen die Arbeiten jedoch ganz ungehörig mehr zum älteren als zum jüngeren Marx oder gar zu Engels – von anderen Denkweisen der Arbeiter ist schon gar nicht die Rede –, so sei es wünschenswert, die »Problematik des proletarischen Klassenbewußtseins« »soziologisch, also konsequent und konkret« (232), darzutun.

Was H.s merkwürdige immanente Kritik, deren Immanenz nicht etwa den rezensierten Autoren, sondern ausschließlich Marx zugute kommen soll, und die selbst der polnischen Opposition vorwirft, daß sie die »Parteimäßigkeit seiner materialistischen Philosophie, welcher Version immer« (227) vermissen läßt, vornehmlich an ihm auszusetzen findet, besteht darin, daß er »bei seinen wissenschaftlichen Prognosen (von den philosophischen, die zugleich praktisch-politische sind, ist hier nicht die Rede) die Folgen ihres Ausgesprochenwerdens nicht hinlänglich bedacht, daß er die Selbstimplikationen seiner Lehre nicht zureichend berechnet« (230) habe. Mit anderen Worten, Marx hat das Geheimnis ausgeplaudert, daß der Kapitalismus an seinen Krisen zugrunde geht, und deshalb haben die abgefeimten Kapitalisten sie auf lange Zeitstrecken hin, ähnlich wie den Pauperismus als Massenphänomen, abgeschafft. Jetzt lebt der Kapitalismus immer noch, wenn auch »der Klassenunterschied nicht ganz dahinfällt« (231). Was die Proletarier angeht, so hätte Marx bedenken sollen, daß die Arbeit die Menschen zum mechanischen, deterministischen Denken, will sagen, zum Denken nach Ursache und Wirkung erzieht. Dieser einfache Umstand, der, wie gesagt, die Arbeiter dem Engels anstatt dem vormärzlichen Marx in die Arme treibt, wird an philosophischen Betrachtungen von Sartre dargelegt, die H., da sie sich auf »proletarisches Klassenbewußtsein in seiner Funktion und Dialektik« (232/3) beziehen, und an Hegels Phänomenologie anschließen, im Gegensatz zu Marxens falschen Prognosen wahrscheinlich für »praktisch-politisch« hält. Der Autor zieht das Fazit: »Eine materialistische Kritik muß an allen historischen Verhältnissen ihre Kräfte aufs neue in konkreten Analysen beweisen« (233). Von solchen wird zwar, vom Zitat aus Marcuse abgesehen, im Artikel nichts berichtet, aber die Überzeugung, was ihr Resultat sein wird, ist stark.

Anschließend an seinen früheren Aufsatz meint H., die »falsche« Überflußwirtschaft heute werde »das Selbstbewußtsein der Gattung eher zur irrationalen Herrschaft« (233), also wohl eher zur proletarischen Revolution führen, als die Elendswirtschaft vor hundert Jahren. H. meint wirklich, heute sei es möglich, »die Masse der Bevölkerung dazu zu bewegen, das, was ist, an dem, was möglich ist, zu messen« (233). Was für ein Kenner der Gegenwart, solch imponierende Zuversicht. Marx hat die Soziologie nicht befragt und nicht realisiert, »daß eine Entscheidung glaubhaft nur auf dem Grund empirischer Nachweise möglich wäre« (233). Keine falschen Prognosen mehr! Nun, man braucht nicht lange zu warten. In Frankreich, wo es gewiß mehr »Pauperismus inmitten des Wohlstandes« (233) gibt, als etwa in Deutschland, schickt in diesen Tagen die Masse sich an, durch die Wahl de Gaulles einen, freilich unwissenschaftlichen und daher von H. a priori als ungenügend betrachteten, empirischen Nachweis zu liefern, der die immanente Kritik H.s an Marx durch die praktisch-politische an H. ergänzt.*

H. tut der Philosophie so viel Gewalt an wie der Soziologie. Marx wird bei ihm zum Popanz, weil es kein »geisteswissenschaftliches Problem unter anderem« (167) sein soll, weil es mit ihm eine viel vornehmere Bewandtnis haben soll, als mit Montaigne, Spinoza, Voltaire und Kant, dem H. im Vorbeigehen noch eine unverschämte Rüge erteilt (209). Marx soll nicht wie jene zum »Klassiker« (209) herabsinken, deshalb werden die Normen, die H. von ihm aufnimmt zum Evangelium »im Zusammenspiel mit empirischen Forderungen« (234). Als ob Philosophie sich »stets vorgegaukelt« (192) hätte, sie könne sich »selber verwirklichen« (192), als ob Leibniz und Cramer dasselbe waren. Hat doch der brave Christian Thomasius durch Leben und Lehre bezeugt, daß ohne die »Praxis ... alles Spekulieren ein entseelter Körper ist« (Neue Zürcher Zeitung, Nr. 2725). Wer so schreibt wie H., trägt bei aller Gescheitheit Scheuklappen, es gebricht ihm an bon sens und an geistigem Takt. Er lehrt, was er zu bekämpfen vorgibt, reine Philosophie, einschließlich einer Wissenschaftslehre, in der die Soziologie ihre Aufgaben aus der Situation von 1843 gestellt bekommt. Mit der Klausel von der »Selbstaufhebung der Philosophie und ihrer Verwirklichung durch die Praxis« (201), oder dem Hinweis, Philosophie könne »nicht das sein, was sie zu sein beansprucht: Befreiung der Menschen« (184) springt man doch nicht aus der Philosophie heraus. Solche Vorbehalte sind vielmehr inhärente Bestandteile der H.'schen Weltanschauung, ähnlich wie die Floskel, »nur im Zusammenspiel mit empirischen Forschungen« (s. o.). Den rezensierten Autoren wirft er vor, durch »das genuine philosophische Verständnis ... den Marxismus auf eigentümliche Weise zu verengen und ferner das an ihm zu unterschlagen, was mehr ist als ›reine‹ Philosophie« (177).

---

* Die Wahl in Frankreich gehört offenbar zu den »theoretischen«, nicht den »praktischen« Notwendigkeiten, denn jene kann man »naturwissenschaftlich treu« kalkulieren, diese dagegen sind solche, »die sich mit Willen und Bewußtsein der Menschen nicht ›objektiv‹ durchsetzen« (193). Bei der praktischen Notwendigkeit kommt also als inkalkulierbarer Faktor das alte liberum arbitrium indifferentiae, der freie Wille der idealistischen Philosophen, hinzu, nur daß bei H. die Freiheit einzig in der Revolution sich zeigt. Wie viel tiefer ist doch das Verhältnis von Theorie und Praxis in der Kantischen Kritik.

Sie lebt, wie er sagt, von der Ungewißheit, die sich aus der ungelösten Spannung zwischen Theorie und Praxis stets erneuert und nur durch die Aufhebung der Philosophie als Philosophie verschwinden kann« (223). Entweder ist es ihm mit dieser Ungewißheit nicht ernst, weil er eigentlich schon weiß, wie die Spannung behoben wird, nämlich eben durch das, was mehr ist als reine Philosophie, das ist das »Selbstbewußtsein der Gattung«, das »Praktisch-Politische«, kurz, die Revolution, von der nur noch die bisher spielenden Umstände zu klären sind. Oder es ist wirklich das Entscheidende ungewiß. Dann jedoch bleibt die Bestimmung dessen, worauf es ankommt, tatsächlich »konkreten Analysen« vorbehalten und seine Philosophie, des »konkreten« Inhalts beraubt, ist noch viel reiner, formalistischer, als irgend eine der von ihm verächtlich behandelten Philosophien. Das ganze Reden von der »Aufhebung der Philosophie« ist ohnehin übersteigerter Idealismus. Ja, wenn die absolute Utopie zur Wahrheit geworden, wenn nichts mehr draußen ist, dann hört die Spekulation auf, denn, wie Herr Heidegger zu sagen pflegte, Gott und die Seligen philosophieren nicht. Dem Materialisten H., der von der Erwartung des Vormärz nicht lassen will, steht es jedoch schlecht an, die Theorie als »falsch« (184) zu erklären, die den Gedanken festhält, dem die Praxis nicht zur Wirklichkeit verhilft, den Gedanken, der allein bleibt, für wichtig zu erachten. Daß die Reflexion auf das entêtement seiner »Revolutionslehre« nicht eintritt, daß er nicht erkennt, wie verlassen heute das alles ist, zeigt, mehr noch als der Mangel an gesellschaftlichem Verständnis, die Eitelkeit seines Denkens, die Unfähigkeit zur Versöhnung mit sich selbst. Sein weltanschaulicher Materialismus ähnelt nur zu sehr »dem geschichtsphilosophischen Schema einer verballhornten Dialektik von Produktivität und Produktionsverhältnissen« (170), das er als russische Staatsideologie kritisiert. Nur ist es bei ihm eine verballhornte Dialektik von Theorie und Praxis, von Philosophie und Realität. Was da großartig »die konkrete Einschätzung der marxistischen Kritik« genannt wird, läuft auf nichts anderes als auf simple Zweckforschung hinaus. Die Kritik müsse »in der Fragestellung zwar aller einzelwissenschaftlichen Untersuchung vorausgehen, sich auf Bedingungen der Möglichkeit dessen, worauf sie abzielt, von empirischen Analysen geben und beweisen lassen« (195). Eben das tut der Chemiker, nur führt er kein so eitles Gerede dabei.

Wahre immanente Kritik hätte die Marxschen Gedanken selbst anzurühren; etwa die angesichts der vormärzlichen Verhältnisse gerade noch verständliche Ineinandersetzung von Gesellschaft und einigen europäischen Völkern; den Begriff des nachbürgerlichen Massenaufstandes in eben diesen, den fortgeschrittenen Ländern, der ein für allemal jene Befreiung bringen soll, welche die Philosophie angeblich »zu sein beansprucht« (184) habe; ferner die überspannt idealistische Idee der Freiheit selbst, die in diesem Materialismus die Hauptrolle spielt; und nicht zuletzt die Vorstellung, daß die Philosophie sich erübrigt habe, wenn die gesellschaftlichen Verhältnisse der Menschen geordnet sind. Es gibt so etwas wie Natur, und das dem »jungen Marx« zugeschriebene Prinzip, jener Gegenstand müsse »kritischer im Rahmen der Revolutionstheorie des Historischen Materialismus ... begegnen können, Natur nicht ausgenommen« (175), ist entweder nichtssagend oder einfach die andere Seite des überspannten Freiheitsbegriffs, der die Natur schließlich doch als bloßes Herrschaftsobjekt, als Element des Stoffwechsels oder, wie es bei H. heißt: »des Austauschs der Menschen mit der Natur« (219) aus der Versöhnung ausschließt. Nach H. soll nur die Herrschaft unter Menschen und nicht die Raubrassengewalt über alle Kreatur, die in den Individuen sich reproduziert, als »Unwahrheit« (219) gelten. All diese Vorstellungen, all diese Begriffe, mit ihren inneren Widersprüchen, hätte eine immanente Kritik zu entfalten und zu treffen. Herbert Marcuse, der »streng« – ohne Strenge geht's bei H. nur selten – »in der Absicht einer materialistischen Philosophie« diskutiert und die »einzelnen Lehrstücke des Marxismus vorbehaltlos (!) der fälligen Revision unterzieht« (234) hat in der Tat einiges davon geleistet.

Daß H. eine Philosophie verkündet, die er einmal als »Vorwort« (174), einmal mit Merleau-Ponty als »kritischen Prolog« (205) zum »Experiment« (205) der Revolution bezeichnet, mehr als hundert Jahre, nachdem Marx eben dieses »kontingente« (Landshut II, 610) Ereignis in Deutschland als das »unmittelbare« (Landshut I, 280) und unausbleibliche Nachspiel der bürgerlichen Umwälzung erwartet hatte, wie es in keinem bürgerlichen Staat, sondern im zurückgebliebenen Rußland und naturgemäß ganz anders, als er es sich vorstellte, tatsächlich eintreten könnte; daß H., der so viel von Empirie redet, heute zu Schriften sich bekennt, die auf der Ansicht ruhten, die Bourgeoisie sei unfähig, »noch lange die herrschende Klasse der Gesellschaft zu bleiben« und müsse den Pauperismus zum Extrem treiben; daß er die proletarische Revolution in den Industrieländern 1957 für wahrscheinlicher hält als 1847, wohl weil er meint, – um wirklich den Marx des Vormärz zu zitieren – »das gründliche Deutschland kann nicht revolutionieren, ohne von Grund auf zu revolutionieren«, und es werde »der deutsche Auferstehungstag verkündet werden durch das Schmettern des gallischen Hahns« (Landshut I, 280), all diese mit Geist gekoppelte Blindheit ließe ich mir von einem Habilitanden gefallen, der irgendwo in einem Seminar aufwächst. Ja, ich hätte meine Freude daran, daß es unter dem philosophischen Nachwuchs hierzulande nicht bloß Heideggerjünger, Existentialisten und Positivisten gibt, sondern im Gegensatz zum Osten, wo der nicht konforme Gedanke ausgerottet wird, immer noch diskutierende Jugend und Eigensinn. Aber gegenwärtig ist H. bei uns am Institut für Sozialforschung, und ich hege die ungewöhnliche Erwartung, daß die Assistenten dort ein Minimum an Verantwortung aufbringen, selbst wenn sie in Zeitschriften sich vernehmen lassen, auf die wir keinen Einfluß haben. Worum es H. geht, ist die Marxsche Theorie und Praxis. Selbst in den Jahren, während der Nationalsozialismus heraufzog, während des III. Reichs, wußten wir um die Vergeblichkeit des Gedankens an Rettung durch Revolution. Sie heute hier als aktuell zu verkünden, ohne Reflexion auf die Konsequenzen des »Ausgesprochen werdens«, deren Fehlen H. bei Marx kritisiert, kann nur den Geschäften der Herren im Osten Vorschub leisten, denen er doch den Kampf ansagt, und denen sie in Wirklichkeit ausgeliefert wäre, oder den potentiellen Faschisten im Innern in die Hand spielen. Der »Sozialismus in einem Land« und der NS, die beiden entscheidenden historischen Phänomene der ersten Hälfte des Jahrhunderts, weisen ohnehin eine tiefe Verwandtschaft auf. Aus ihnen und den nationalen Erhebungen Herrn Nassers, El Kassems und wie sie alle heißen, könnte die »Kategorienlehre«, nach der die heutige Situation zu buchstabieren ist, weit eher abgelesen werden, als aus der Erwartung jener Jugendschriften. Revolutionstheorie, vernünftig aufgefaßt, bezieht sich heute auf die zurückgebliebenen Länder, die mittels einer Art von nationalem Sozialismus oder Staatskapitalismus die Industrialisierung beschleunigen wollen, die mit liberalistischen Wirtschaftsmethoden so schnell nicht nachzuholen ist. Die Welt ist voll von Revolution, und mittels ihrer breitet der Schrecken sich aus. In dem Aufsatz wimmelt es von Ermahnungen zur Empirie,

zur praktisch-politischen Aktivität der Philosophie, zum Bewußtsein, daß sie »mit der Reflexion der Lage anhebt, in der sie sich vorfindet« (192), aber in Wahrheit schert sich H. den Teufel darum, wie sein zentraler Begriff von der Geschichte affiziert wird, und ob er nicht längst ins Gegenteil umgeschlagen ist. Revolution bleibt bei ihm eine Art affirmativer Idee, die verendlichtes Absolutum, einen Götzen der Kritik und kritischen Theorie, wie wir sie meinen, gründlich verfälscht. Gewiß kann man sagen, »Gesellschaft ist stets schon eine, die anders werden muß« (182), aber erstens gilt das vor allen Dingen ici-bas und zweitens drohen die erwarteten drastischen Änderungen nicht so sehr H's Vorstellungen vom Ende der Geschichte zu Ehren zu bringen als vielmehr die antike Lehre vom Kreislauf der Herrschaftsformen. Die letzten konstitutionellen Vermittlungen würden verschwinden und die autoritäre Herrschaft noch rascher eintreten, als sie ohnehin am Horizont steht. Aus übermächtigen technologischen, ökonomischen, psychologischen Gründen bedeutet in der Gegenwart Revolution den Übergang zum Terror, welcher Schattierung auch immer. Um das aufzufassen, bedarf es keiner umständlichen »konkreten Analyse«. Wer jenen Terminus, die Revolution, noch dazu in der Pose des »praktisch-politischen« Philosophen, zum Kern seiner Theorie macht, preist, wenn auch ohne Absicht, die Diktatur. Es gibt Epochen, in denen es darauf ankommt, die Änderung womöglich zu verhindern und nicht Geschichte zu machen. Ob Europa zu solchem Widerstand noch Kraft besitzt, ist überaus zweifelhaft, um so mehr als von hier die unwiderstehliche Entwicklung ihren Ausgang nahm. Wenn H. von dieser Kraft einen bescheidenen Teil bilden will, muß er lernen, eigene Erfahrungen zu machen und zu formulieren, anstatt fremde Formulierungen einzuüben.

Was es heute zu verteidigen gilt, scheint mir ganz und gar nicht die Aufhebung der Philosophie, sondern der Rest der bürgerlichen Civilisation zu sein, in der der Gedanke individueller Freiheit und der richtigen Gesellschaft noch eine Stätte hat, und eher noch als H.'s freischwebender Dialektik das Naturrecht im Sinne der letzten Jahrhunderte. Wir können einigen Menschen Kräfte mitzuteilen versuchen, die sich hier einmal entfaltet haben, so daß es in den drohenden Katastrophen nicht ganz dunkel wird. Jetzt, da das kontinentale Europa mit seiner stets unterbrochenen, stets wieder verleugneten Civilen Gesellschaft unmittelbar und im doppelten Sinne totalitärer Herrschaft sich gegenüber sieht, behält jener Hegel recht, der im Anschluß an die Alten das Leben unter guten Gesetzen noch als die höchste Mitgift angesehen hat, die einem zuteil werden kann. So weit solche Gesetze da sind, gilt es sie zu erhalten; sie sind gefährdet. Den allgemeinen Reichtum so anzuwenden und auszubreiten, daß niemand mehr hungern muß, Sicherheit und Freiheit des Einzelnen zu schützen, den unendlichen Druck zu mildern, der auf allen lastet, dem Elend hinter Mauern Hilfe zu bringen, dazu können wir vielleicht ein Weniges, kaum Spürbares tun, indem wir Menschen gegen das Vorhandensein, das Hereinbrechen, die Wiederkunft der Barbarei drinnen und draußen empfindsam machen. Das ist die »Praxis« dessen, was Sie schreiben und was wir lehren. Das Unendliche, das dem endlichen Gedanken, der sich als solcher weiß, notwendig einwohnt, kann nicht zu irgendeinem Zeitpunkt zum Bestehenden, zur »Gesellschaft« gemacht werden. Bei aller Kritik des Endlichen will ich es dann lieber mit Kant halten und an die unendliche Aufgabe glauben. Menschen wie H., wenn sie gar in unserer nächsten Nähe sind, müssen unsere Anstrengung durch Verzerrung vereiteln. Nicht so sehr, daß er wahrscheinlich Zeit, Geld und Personal des Instituts für uns fremde Ziele einsetzt, sondern daß er die Gesinnung und die gesellschaftliche Einsicht unserer Studenten durch Begriffsfetische kaputt macht, ist unerträglich, um so mehr als Sprache und manche der behandelten Gegenstände, nicht zuletzt seine unermüdliche Aktivität, die Jüngeren anzieht. In ausgezeichneten Momenten besteht die Gefahr, daß er im Institut den Ton angibt. Dabei denke ich weniger an die Atomkampagne, bei der H. als studentischer Propagandist auftrat, als etwa an die Reaktion der Mitarbeiter auf unsere Einladung der Wirtschaftsleute im letzten Jahr. Der Vorwurf einiger Studenten, wir hätten der Industrie zu große Konzessionen gemacht, die Forderung nach Klassenkampf im Wasserglas, während wir unseren künftigen Graduates zu einer anständigen Laufbahn verhelfen wollten, war ein Warnungszeichen, wie eng und simplistisch manche unter ihnen schon geworden sind. Wenn sich ein esprit de corps bilden sollte, der im Sinn des H.'schen Artikel ausgerichtet ist, erziehen wir keine freien Geister, keine Menschen, die zu eigenem Urteil fähig sind, sondern Anhänger, die auf Schriften schwören, heute auf die, morgen vielleicht auf jene. H.'s Reden von den »Einzelnen«, das er uns absieht und für das der junge wie der alte Marx, von Engels schon nicht zu reden, wahrscheinlich nur ein hämisches Wort gefunden hätte, ist bei H. bloß eine façon de parler. Das Proletariat, die »Masse der Bevölkerung« sind für diese affirmative Philosophie maßgebend. Ihre Struktur bleibt von der Erfahrung der begrifflichen – ich sage der begrifflichen, nicht bloß der faktischen – Identität von Massenbewegung, Manipulation und Ressentiment ganz unberührt, ihr unansprechbares Zentrum ist gewaltsame Veränderung. Das heißt Fanatismus. Bei aller Kritik an Verhältnissen, die Leiden bedingen, zu deren Heilung die Gesellschaft die Mittel besäße, bei allem doppelbödigen Verständnis für André Gides »tout cela sera balayé« haben wir die Praxis des Beseitigens, des Liquidierens, der Repression gehaßt, ob sie von Cromwell, Robespierre, Stalin oder Hitler geübt wurde. Noch entsinne ich mich meines Schreckens während der Studentenzeit im Jahre 1919, als Lenin in einem Aufruf verkündete, die Arbeiter sollten sich Schwankenden gegenüber schonungslos zeigen, »Erschießungen« seien das verdiente Schicksal »des Feiglings vor dem Feind«. Die Bluttat im Palast von Bagdad neulich, mit der die Welt schon so rasch sich abfand, wie sonst nur mit der Liquidation der Millionen von Nichtprominenten auf allen Seiten, rief die scheußliche Ermordung der Zarenfamilie mit den Kindern in Erinnerung, die der Auftakt zum endlosen Terror war. Bei unseren Institutsassistenten aber leitet gar »der Blick auf die Beseitigung stets schon die Wahrnehmung dessen, was beseitigt werden soll« (181). Die »Entfremdung«, bei deren Erörterung der natürlich rein logisch gemeinte Satz ihm entschlüpft ist, sollte zwischen ihm und uns nicht beseitigt werden, sondern sehr rasch eintreten, sonst wird das Institut zum Affen dessen, wozu wir es machen wollten. H. ist ein besonders regsamer, tätiger Mensch, und manches mag er von uns, besonders von Ihnen gelernt haben, freilich kaum etwas, das mit der Erfahrung gesellschaftlicher Dinge zu tun hat. Auch das Philosophische, das er übernimmt, klingt nur ähnlich. Man vergleiche die Marxsche »Schlüsselthese«, die er zugrundelegt, mit dem von ihm (214) zitierten besonnenen, zurückhaltenden Conditionalsatz aus der Metakritik. Da ist der Unterschied im Ton wirklich der ums Ganze. Was mich betrifft, so habe ich, aus der Ihnen bekannten, schwer überwindlichen Abneigung ihn nur selten und, wenn ich nicht irre, überhaupt nie allein gesprochen. Die Publikation hilft nicht zur Minderung meines Gefühls. Wahrscheinlich hat er als Schriftsteller eine gute, ja glänzende Karriere vor sich, dem Institut würde er großen Schaden bringen. Lassen Sie uns zur Aufhebung der bestehenden Lage schreiten, und ihn im Guten dazu bewegen, seine Philosophie irgendwo anders aufzuheben und zu verwirklichen.

Verzeihen Sie den langen Brief mit den vielen Zitaten und Wiederholungen, er müßte sehr gekürzt werden. Aber ich bin immer noch sehr müde. Grüßen Sie Gretel und seien Sie mir gut, auch wenn ich den H. nicht mag. Auf baldiges Wiedersehen.

Alles Liebe von Ihrem

P.S.
Als der Brief geschrieben war, wollte ich ihn erst nach meiner Ankunft in Frankfurt, als Grundlage unserer Besprechung, Ihnen geben. Nach Lektüre des ersten Teils der Studentenstudie scheint es mir jedoch besser, daß Sie, wenn ich eintreffe, alles schon überlegt haben. Ich kenne bis jetzt nur die Einleitung. In ihr werden dem Sinne nach ganz ähnliche Thesen vorgeschlagen, wie in dem Artikel aus der Philosophischen Rundschau. Das Wort Revolution ist, vermutlich unter ihrem Einfluß, durch »Entwicklung der formellen zur materialen, der liberalen zur sozialen Demokratie« (S. 70) ersetzt; aber das »Potential«, das dabei politisch wirksam werden soll, dürfte, für die Phantasie des durchschnittlichen Lesers, wohl kaum durch demokratische Methoden sich aktualisieren lassen. Wie soll denn das Volk, das »in den Fesseln einer ... bürgerlichen Gesellschaft in liberal-rechtsstaatlicher Verfassung gehalten wird«, in die sogenannte politische Gesellschaft übergehen, für die es nach H. »längst reif« ist, wenn nicht durch Gewalt. Solche Bekenntnisse im Forschungsbericht eines Instituts, das aus öffentlichen Mitteln dieser fesselnden Gesellschaft lebt, sind unmöglich. Wenn dann nach 70 Schreibmaschinenseiten umfassender kategorischer Urteile die Ankündigung folgt, daß sich »genauere Feststellungen, ... erst aus der eigentlichen Untersuchung ergeben könnten, die sich auf intensive Interviews aus 171 repräsentativ ausgewählten Studenten der Johann Wolfgang Goethe Universität« [stützen], so ist das tout même lächerlich.

Ich bin mir darüber klar, wie viel Energie Sie aufgewandt haben, wie viel Liebe, damit die Studie trotz allem eine wird, auf die das Institut stolz sein kann, und ich sehe jetzt schon, wenngleich ich erst weniges gelesen habe, daß sie selbst die respektable soziologische Produktion weit hinter sich läßt. Aber wir dürfen durch die wahrlich unbekümmerte Art dieses Assistenten das Institut nicht ruinieren lassen. Was Sozialforschung für ihn bedeutet, hat er im Artikel für die Rundschau für alle, die es hören wollen, mit bemerkenswerter Offenheit ausgesprochen, die Sicherung seiner »auf empirische Sicherung bedachte[n] revolutionäre[n]« »Geschichtsphilosophie« (182).

Ihr M.

---

1 Die im Brief folgenden Seitenhinweise beziehen sich auf Jürgen Habermas, Zur philosophischen Diskussion um Marx und den Marxismus, in: Philosophische Rundschau, 5. Jg., 1957, Heft 3/4, S. 165–235; wiederabgedruckt in: ders., Theorie und Praxis – Sozialphilosophische Studien, Neuwied/West-Berlin 1963, S. 261–335; Neuauflage: Frankfurt/Main 1971, S. 387–463.

1959

13.–15.11.: Delegierte auf dem außerordentlichen SPD-Parteitag in der Bad Godesberger Stadthalle.

Nr. 54
Theodor W. Adorno
Zur Demokratisierung der deutschen Universitäten
1959

QUELLE: Theodor W. Adorno, Gesammelte Schriften Bd. 20.1, Vermischte Schriften I, Edition des Theodor W. Adorno-Archivs, © Suhrkamp Verlag Frankfurt/Main 1986, S. 332–338

Der Ausdruck »Demokratisierung der deutschen Universitäten« hat mehrere Bedeutungen. Sie hängen allesamt miteinander zusammen, müssen aber unterschieden werden, wenn nicht ihre Verflochtenheit in purer Verwirrung sich spiegeln soll. Gemeint kann sein: einmal, ob die Möglichkeit zu studieren demokratisch geworden, ob allgemeiner Zugang zu den Hochschulen garantiert ist. Dann: ob dem eigenen Geist und dem eigenen Gefüge nach die Universitäten demokratisch sind. Schließlich: ob die akademischen Absolventen die Universität demokratisch gesonnen verlassen; ob sie ein demokratisches Potential in der zukünftigen Entwicklung Deutschlands darstellen. In wenigen Minuten können zu all dem nur eben einige Gedanken und Erfahrungen angemeldet werden. Auf wissenschaftliche Belege ist zu verzichten; nicht zuletzt auch darum, weil die Fragen, die das Stichwort Demokratisierung der deutschen Universitäten aufwirft, von der empirischen Bildungssoziologie bis heute nur fragmentarisch angefaßt werden konnten. Selbst dort, wo Untersuchungen vorliegen, sind sie eher Pilotstudien, als daß sie bündige Antworten erteilten.

Zum Problem des Zugangs, dem, was man traditionellerweise mit Bildungsmonopol bezeichnet: den institutionellen Voraussetzungen nach hat sich hier Entscheidendes geändert, und fraglos im demokratischen Sinn. Die ökonomische Aushöhlung jener selbständigen höheren Mittelschicht, die bis vor dem ersten Weltkrieg das Studium ihrer Söhne finanzierte, ebenso wie der anwachsende Bedarf nach wissenschaftlich qualifizierten Fachkräften hätte solche Demokratisierung erzwungen, auch wenn sie nicht im Zug der politischen Entwicklung gelegen hätte. Manche Länder, wie Hessen, gewähren schon seit Jahren volle Freiheit des akademischen Unterrichts, zumindest für die Bürger des Landes; Studienförderungen und Stipendien gehen so sehr über das in Kaiserreich und Weimarer Republik Gewohnte hinaus, daß die Quantität in die Qualität umschlägt und die Förderung, ehemals Ausnahme, zur Norm wird; schließlich ratifizierte die Einführung des Honnefer Modells diese Entwicklung, ohne daß im übrigen bis heute alle damit verbundenen Probleme, zumal das der Auslese, ganz gelöst wären. Trotzdem aber hat die Demokratisierung des Zugangs zum Studium objektiv ihre Grenze. Heute wie stets ist der Anteil von Arbeiterkindern äußerst gering (5%), ganz außer Verhältnis zu dem der Arbeiter an der Gesamtbevölkerung (rund 50%). Unter den Gründen dafür wird man vermuten dürfen, daß es sich bei den Arbeitern ja nicht nur um die Bezahlung des Studiums handelt, sondern vielfach zugleich um die Notwendigkeit, früh schon Geld zu verdienen, die auch dann nicht entfällt, wenn man das Studium nicht zu bezahlen braucht. Wenigstens mögen eingeschliffene Vorstellungen der Arbeiter in dieser Richtung laufen; auch mag Mißtrauen gegen das Studium als bürgerliche Institution mitspielen; überhaupt mögen psychologische Momente mitverantwortlich sein für die Abwesenheit der Arbeiterkinder von der Universität, obwohl selbstverständlich zuerst nach ökonomischen Motiven zu suchen wäre. Hinzu kommt vielleicht, daß Erfahrungen, an denen man eigentlich Bildung gewinnt, der Kontakt mit den Werken der traditionellen Kultur, vielfach schon in die frühe Kindheit fallen. Darüber, ob einer ein sogenannter gebildeter Mensch ist, wird oft längst entschieden, ehe er mit der organisierten Bildung der höheren Schulen und Universitäten in Berührung kommt. Unter diesem Aspekt sind die Arbeiter auch heute noch, aller sogenannten Nivellierung zum Trotz, weithin von Bildung ausgeschlossen oder fühlen wenigstens so, als ob sie es wären, während Angehörige des Kleinbürgertums, bei denen die Voraussetzungen gar nicht so viel verschieden sind, sich mit Bildung identifizieren und ungehemmt die Universitäten besuchen. All das sind einstweilen Mutmaßungen. Eine Untersuchung, die auf diesen wesentlichen und schwierigen Komplex einiges Licht zu werfen verspricht, ist im Frankfurter Institut für Sozialforschung im Entstehen; sie behandelt die Frage der Begabtenauslese beim Übergang von den Volks- in die höheren Schulen.

Wie es um das bestellt ist, was man die innere Demokratisierung der Hochschulen nennen könnte, bereitet erhebliche theoretische Probleme. Ganz gewiß kann gesagt werden, daß die alte Rede von der Universität als Hochburg der Reaktion nicht mehr zutrifft. Sie ist auch keine Zufluchtsstätte des Nationalsozialismus. Wenn insgesamt in der deutschen Bevölkerung nach dem Zweiten Krieg die Demokratie tiefere Wurzeln zu schlagen scheint als nach dem Ersten; wenn sie nicht länger mehr als ein Oktroyiertes verdächtig ist, sondern, nach dem Schrecken der totalitären Herrschaft und des Hitlerschen Krieges, in einer Epoche wirtschaftlichen Aufschwungs positiv erfahren wird, so spiegelt sich das auch in den Universitäten. Antidemokratische Strömungen sind nicht sichtbar; mangelt es an leidenschaftlicher Identifikation mit der Demokratie, so ganz gewiß auch an leidenschaftlicher Opposition. Selbst die traditionalistischen Korporationen und Verbindungen, die allesamt der Weimarer Republik feind waren, zeigen keinerlei Aggressivität und stellen sich auf den Boden des Grundgesetzes. Vereinzelte rechtsradikale Organisationen mögen hie und da sich regen – sicherlich sind sie nicht charakteristisch für den Geist der Universität, weder den der Lehrer noch den der Studenten. Bei nicht wenigen allerdings überlebt, nach den Ergebnissen einer Untersuchung des Frankfurter Instituts für Sozialforschung, das Bewußtsein der Zugehörigkeit zu einer absinkenden Mittelschicht, mit der man nach wie vor sich identifiziert; vielfach auch elitäre Vorstellungen, wobei die Akademiker nach altem Brauch jener Elite sich zurechnen. Doch sind solche Tendenzen keineswegs eindeutig und ungebrochen. Sie werden balanciert von einer auch unter Akademikern weit verbreiteten Abwehr des sogenannten akademischen Standesdünkels. Sie mag etwas mit der Herkunft vieler der gegenwärtigen Akademiker aus nichtakademischen Schichten zu tun haben. Insgesamt sind Vorstellungen wie die des gleichsam in der Selbstverteidigung befindlichen, von der Massengesellschaft überrollten geistigen Menschen, oder des Akademikers als eines höheren, zur Führung berufenen Typus eher blasse Nachbilder einst herrschender Schemata, als daß sie im Augenblick viel Gewalt besäßen; nicht auszuschließen freilich bleibt, daß sie unter gegebenen Machtkonstellationen energisch wiederbelebt werden.

Im inneren Betrieb der deutschen Universitäten stellt sich die Frage der Demokratisierung wesentlich als eine der Autorität. Die alte Autoritätsgebundenheit der Studenten löst fraglos sich auf, im Zug einer Annäherung des akademischen Wesens an amerikanische Normen, die wahrscheinlich einer immanenten gesellschaftlichen Gesetzlichkeit gehorcht und keineswegs als oberflächliche Amerikanisierung abzutun wäre. Als ich vor zehn Jahren aus Amerika an die Frankfurter Universität zurückkam, gab es noch Studenten genug, die, wenn sie mit ihrem Professor sprachen, die Hacken zusammenschlugen; dergleichen ist heute wohl undenkbar. Wohl ist ein Moment von Autorität im Verhältnis des Lernenden zum Lehrenden schwer wegzudenken; man wird aber sagen können, daß tendenziell heute die Sachautorität die personelle überwiegt. Darin reflektiert sich die vielbemerkte Annäherung der Hochschule an die Fachschule. Der Hochschullehrer wird aus dem Würdenträger, dessen irrationalen Einfluß er oft mit Vergnügen ausübte, zu einem, der Kenntnisse, die man braucht, denen übermittelt, die sie noch nicht haben, und dafür bezahlt wird. Das Tauschverhältnis, das alle Bereiche des Lebens durchdringt, macht auch vor den Universitäten nicht Halt. Freilich erweist sich, wenn man einigen Umfragen glauben darf, in Deutschland der Nimbus des Universitätsprofessors als beständiger, denn der Wechsel seiner Funktion erwarten ließe. Übrigens fehlt es auch den akademischen Lehrern, welche die geistige Reflexion über die faktische Information stellen, keineswegs an Resonanz.

Man sollte nun aber die fortschreitende Rationalität der Universitäten, und die damit verbundene Demokratisierung der Formen des akademischen Unterrichts und des Lebens der Hochschule, nicht allzu unvermittelt mit einem eigentlichen Demokratisierungsprozeß des Bewußtseins gleichsetzen. Der Geist der Fachschule, der Geist derer, die auf die Universität einzig gehen, um sich positive Kenntnisse für den Beruf zu erwerben, und für die der alte Begriff der Bildung nicht mehr substantiell sein kann, auch nicht willkürlich sich wieder erwecken läßt, ist einer von Anpassung ans Bestehende. Der Widerstand des Geistes gegen das, was nun einmal ist, gegen die Verhältnisse, in denen man sich sein Plätzchen suchen muß, schwächt sich proportional zur steigenden Macht der Verhältnisse ab, und mit ihm sinkt die Autonomie des Geistes selber. Die Idee eines demokratischen Staates aber setzt implizit autonome Menschen voraus, in deren Besinnung das eigene Interesse und das der Gesamtheit durchsichtig sich aufeinander beziehen. Eben dieser Typus des freien Menschen, der darum sich selbst zu bestimmen vermag, weil er von seiner Selbstbestimmung zugleich die des Ganzen abhängig weiß, ist an den Universitäten im Niedergang, einfach deshalb, weil die Gesellschaft nicht länger mehr ihn derart honoriert, wie sie vielleicht in der Ära des Hochliberalismus ihn honorierte. Damit aber scheinen die Subjekte, auf die doch eine Demokratie ihrem eigenen Sinn nach verwiesen ist, immer weniger dem zu entsprechen, was die Idee von Demokratie verlangt. Es besteht demnach die Möglichkeit, daß der innerakademische Demokratisierungsprozeß mit dem Geist der Demokratie in Konflikt gerät, weil der Geist, den er produziert oder wenigstens reproduziert, eigentlich kein demokratischer ist. Diese Möglichkeit muß ohne Illusion ins Auge fassen, wer sich nicht mit Fassadenfortschritten abspeisen läßt. Freilich ist der Widerspruch, auf den ich hier aufmerksam mache, schwerlich von den Universitäten her, etwa durch eine Reform ihrer Lehrmethoden und Examenspläne, zu verändern, sondern deutet zurück auf die Gesamtgesellschaft. Aber die Universität repräsentiert diese wie ein Mikrokosmos. Vieles läßt in ihr wie an einem Modell sich erkennen, was in der gesellschaftlichen Totalität leicht der Erkenntnis verfließt.

Man pflegt der Beobachtung, an die ich erinnere, und für die mir keinerlei Priorität gebührt, sondern die unter den verschiedensten Aspekten und an den verschiedensten Stellen sich findet, vielfach die Wendung zu geben, die gegenwärtigen Studenten seien apolitisch. Aber damit wird selbst ein Politikum getroffen. Der Rückzug von der Politik, die Beschränkung aufs je eigene Interesse, sei es auf das materielle, sei es auch selbst auf die geistige Bestimmung, involviert einen Rückzug von den öffentlichen Dingen, der diese sich selber oder einer mit ihnen beruflich befaßten Menschengruppe überläßt, jenen Politikern, über welche der apolitische Akademiker im allgemeinen wenig Freundliches zu sagen hat. Demokratie jedoch bedeutet die aktive Teilnahme der Bevölkerung an den öffentlichen Dingen. Nur in solcher Teilnahme, nicht als skeptische Zuschauer dessen, was in einer vermeintlichen politischen Sondersphäre sich zuträgt, vermöchte das Volk sich selbst zu bestimmen. Mag immer die apolitische Haltung der Spitze gegen die Demokratie entraten; ja mag sie einer Harmlosigkeit und Friedfertigkeit entstammen, die von der Periode des Vorfaschismus aufs glücklichste sich abhebt, der Rückzug von der Politik selber negiert das demokratische Prinzip auch dann, wenn man es kontemplativ gelten läßt. Das ist die Achillesferse der Demokratisierung der deutschen Universitäten.

Was ich anzeige, ist aber darum so ernst, weil es überaus schwer fiele, nun den Studenten, die von der Politik sich abkehren, konkret zu sagen, wofür eigentlich sie sich engagieren sollten. Sie vermögen sich nicht zu entflammen an einer Ordnung, die ihnen zwar alle möglichen Chancen des Lebens und des angenehmen Lebens bereitstellt, in der sie aber gleichwohl unablässig sich selbst als Funktionen, Objekte, nach einem heute in der Soziologie modischen Wort als eine Rolle Spielende erfahren und nicht als solche, von denen ihr eigenes Leben und gar das der Nation abhängt. Andererseits ist die Hoffnung auf Demokratie als volle Emanzipation der Gesellschaft aufs schwerste kompromittiert durch die Tyrannis der Oststaaten, welche die Mündigkeit des Volkes im Mund führen, während sie ihm den Mund verbinden. Sentimental wäre es, über einen Mangel an aktivem demokratischen Geist zu klagen; das einzige, was im Augenblick frommt, ist für den Intellektuellen, die Bedingungen zu erkennen, die diesen Mangel zeitigen, und darüber nachzudenken, was an ihnen sich ändern ließe.

Deshalb ist die Antwort auf die eigentlich entscheidende Frage, die nach dem demokratischen Potential der Universitäten, also danach, ob ihre Absolventen im Ernst demokratisch gesonnen sein werden und bereit, die Demokratie zu verteidigen, so prekär. In einiger Verantwortlichkeit wäre wohl zu sagen, daß nach der subjektiven Seite die Aussichten der Demokratie auf der Universität nicht nur günstiger sind als in anderen Epochen der deutschen Geschichte, sondern daß sie einstweilen auch stetig zunehmen. Aber das Schicksal politischer Formen geht nicht auf im Bewußtsein derer, aus denen die Gesellschaft sich bildet, sondern wird überwiegend determiniert von objektiven Tendenzen und Kräften, die vollends heute in der verwalteten Welt, über den Köpfen der Menschen hinweg, sich durchzusetzen drohen. Wie, unter veränderten ökonomischen und politischen Konstellationen, die heute Studierenden zur Demokratie sich verhalten werden, läßt sich kaum prophezeien. Sicherlich haben sie in ihr Geschmack an der Freiheit und am unreglementierten Leben gewonnen; sicherlich aber wird der Hang zur Anpassung nicht dort innehalten, wo autoritäre Ordnungen, welcher Spielart auch immer, unmittelbar die Anpassung erheischen. Ob die zukünftigen Akademiker sich gegen Propaganda und Zwang wehren, wird nicht zuletzt davon abhängen, ob es uns, den Universitäten, gelingt, in ihnen selbst etwas von jenem Geist zu erzeugen, der bei der Anpassung sich nicht beruhigt. Erziehung zur Demokratie auf den Hochschulen könnte nichts anderes sein als Kräftigung des kritischen Selbstbewußtseins.

1960

14. 2.: Verleihung der Ehrenbürgerwürde an Max Horkheimer (Mitte), li. Bürgermeister Walter Leiske, re. Atomphysiker Otto Hahn.

Nr. 55

Max Horkheimer
Vom Sinn des Neonazismus
Nachgelassene Notizen 1949–1969
6. Januar 1960

QUELLE: Max Horkheimer, Gesammelte Schriften Bd. 14:
Nachgelassene Schriften 1949–1972, hrsg. von Gunzelin Schmid Noerr,
© S. Fischer Verlag, Frankfurt/Main 1988, S. 100 f.

Frankfurt, 6. Januar [1960]

Um die Jahreswende 1959/60 sind in sehr vielen westlichen oder zum Westen haltenden Ländern Synagogen und andere Gebäude mit pronationalistischen, antisemitischen Losungen und Symbolen bedeckt worden. Hitlerfahnen wurden entfaltet und Schmähbriefe an Juden verschickt. Den Meldungen entsprechend haben das junge Leute getan, die von rechtsstehenden Gruppen fanatisiert worden sind. Selbst in Ostberlin haben sich einige Akte ereignet. Es ist das erste Mal seit 1945, daß eine völkische Kundgebung so umfangreicher Art sich ereignet hat. Die Zeitungen fragen, ob es sich um Kettenreaktionen oder einen zentral gelenkten Plan handelt, die offiziellen Stellen neigen im Hinblick auf die Konzentration der Anschläge in Deutschland sowie die Beteiligung von Deutschen in den anderen Ländern dazu, sich über die Schädigung der deutschen Reputation im westlichen Ausland zu beschweren und den Osten, der ein Interesse an der Lockerung des Westens hat, als Urheber zu bezeichnen. Sie versichern die Welt, daß man die Schuldigen bestrafen werde.

Ich habe eine Vorstellung vom Sinn der Aktion. Sie geht von Nasser und seinen nazistischen Beratern aus, hinter denen mutmaßlich auch manche Gruppen in Deutschland stehen. Trotz Wirtschaftswunder und Aufrüstung ist die Bundesrepublik allein zu schwach, um den Traum vom Dritten Machtfaktor oder wenigstens des Züngleins an der Waage zu verwirklichen. Nicht wenige mächtige Männer mögen deshalb einen Sinn, ja ein Interesse an Nassers Ideen haben, das Feldgeschrei gegen Israel, das die arabischen Völker einigen sollte, auch auf weitere Nationen auszudehnen, ja die Nazideutschen mögen Nasser den Gedanken eingeblasen haben. Wenn es das Wiederaufleben der völkischen Bewegung ist, werden die Deutschen schon den Nasser wie in goldenen Tagen den Mussolini ins Schlepptau nehmen. Der Plan ist die starke, Rußland wie Amerika gegenüber machtvolle, dritte Gewalt darzustellen, einen faschistischen Block, der Staaten der alten Welt mit den sogenannten unterentwickelten Völkern zusammenfaßt. Daß man die Juden betont, heißt nur, daß die Deutschen vor der Losung, Israel zu liquidieren, noch ein altes Vorrecht im eigenen Hause haben. Und wieviel Bewegungen in anderen Ländern werden unter solchen Zeichen den Bündnispartnern nicht zujubeln! So sicher ist die Konjunktur denn doch nicht, daß der Tag für faschistische Bewegungen nicht bald am geschäftlichen Horizont stünde. Die D.R.P. [Deutsche Reichspartei] steht für diesen Tag. Rußland aber, wie Amerika, gegen die es schließlich geht, werden zunächst der Sache nicht bloß feindlich gegenüberstehen. Rußland, das aus Freundlichkeit zu den Arabern schon seine eigenen Juden verfolgt, ist jeder Tendenz zugeneigt, die Uneinigkeit in die Nato bringt und den Gegner spaltet. Amerika meint, faschistische Herrschaften seien dem Kommunismus immer noch vorzuziehen, man denke an Südostasien, Laos, Thailand und Pakistan. Der Haß gegen die Juden, das ist die Quintessenz meiner Vorstellung, ist so international, wie ihre Verfolger es ihnen vorweisen, und der Plan zur Uniformität heute so umfassend, wie die modernen Verkehrsmittel es möglich und notwendig machen. Für Deutschland aber wird das Ganze kaum eine Verzögerung des Anheimfalls an Rußland bedeuten, das nach neuem Krieg oder sonstwie es übernehmen wird. Der Staatskapitalismus drüben nimmt es mit dem in Ägypten noch lange auf.

Nr. 56

Max Horkheimer
Brief an Oscar Gans

11. Januar 1960

QUELLE: Max Horkheimer, Gesammelte Schriften Bd. 18: Briefwechsel 1949–1973, hrsg. von Gunzelin Schmid Noerr, © S. Fischer Verlag Frankfurt/Main 1996, S. 458 f.

[Frankfurt a. M.,] den 11.1.1960

Lieber Oscar,

Indem ich Dir für Deinen Brief vom 4. Januar aufrichtig danke, will ich sagen, daß wir, wie Fred wohl ausgerichtet hat, an Neujahr in großer Herzlichkeit Euer beider gedacht haben. Maidon und ich waren in Baden-Baden und recht glücklich. Wir haben von jenem schönen gemeinsamen Abend gesprochen und hoffen, daß ihm noch recht viele folgen werden.

Was den Inhalt Deines Briefes angeht[1], so darfst Du überzeugt sein, daß ich viel über die Dinge nachdenke. Keineswegs bin ich der Meinung, daß diese Demonstrationen der Strick sind, an dem sich die Neo-Nazis selber hängen werden. Ganz und gar nicht. Wenn es einige Verurteilte gibt, so werden sie die späteren Märtyrer und alten Helden sein. Entscheidend ist, daß die Angelegenheit nicht auf Deutschland beschränkt ist, vielmehr in ihr eine Mächtekonstellation sich ankündigt, deren Modell Herr Nasser und die alten Nazis in Kairo bilden. Wenn der anti-israelische Slogan bei der Einigung der Araber seine Dienste tut, so soll, wenn ich recht sehe, der antijüdische ein Bündnis der unterentwickelten Orientalen mit anderen Teilen der Welt, die von den Angelsachsen, wie den Kommunisten, sich emanzipieren wollen, vorbereiten. In zukünftigen Krisen, die denen vom Ende der zwanziger Jahre gar nicht so unähnlich zu sein brauchten, könnte es geboren werden. Dabei werden die Bestrebungen von den ahnungslosen Gegnern zunächst keineswegs gehemmt. Rußland erhofft sich vom Antisemitismus (in diesem Fall mit den Semiten, wie einst beim Großmufti[2]) die Schwächung der NATO, Amerika hält ultra-nationalistische Regime allzu leicht – siehe Nasser – für eine Versicherung gegen den Bolschewismus.

Die Frage einer öffentlichen Stellungnahme von Professoren, die natürlich mit solchen weiteren Experten nichts zu tun hätte, will ich gerne mit Hartner besprechen. Anläßlich des Beginns der Vorlesungen von Kurt Wilhelm[3], der, auch von Seiten mancher Studenten, zu einer Art projüdischen Demonstration gestaltet wurde, hat er eine recht schöne Ansprache gehalten. So hat auch die Presse reagiert. Solche mikroskopischen Dinge haben jedoch in den größeren Zusammenhängen keine Bedeutung. Diese verwirklichen sich in der Reihe von Willensakten und Zufällen, die man geschichtliche Notwendigkeit nennt. Ich überlege mir, was der tun kann, der es vorhersieht; was er unternimmt, vermehrt im Zweifelsfalle das Unheil. Er ist ohnmächtig.

Ich habe gehört, es bestehe Aussicht, daß Du noch im Januar hierherkommst. Ich brauche nicht zu sagen, wie viel das für mich, gerade jetzt, bedeuten würde.

Herzlichste Grüße für Euch beide, auch von Maidon,

1 Gans hatte darin gefordert, die deutschen Universitätsrektoren sollten öffentlich zu einer Demonstration einer rechtsradikalen »Nationalen Studentenschaft« in West-Berlin Stellung nehmen.
2 Gemeint ist Stalin.
3 Kurt (Jacob David) Wilhelm (1900–1965), Rabbiner, 1925 in Braunschweig, 1929 in Dortmund, emigrierte 1933 nach Palästina, 1936–1948 Rabbiner in Jerusalem, 1948–1965 in Stockholm; 1959 Honorarprofessor für jüdische Religion und Religionsphilosophie in Frankfurt/Main.

Nr. 57

Max Horkheimer
Brief an John J. McCloy

1. Februar 1960

QUELLE: Max Horkheimer, Gesammelte Schriften Bd. 18: Briefwechsel 1949–1973, hrsg. von Gunzelin Schmid Noerr, © S. Fischer Verlag, Frankfurt/Main 1996, S. 463 f.

[Frankfurt a. M.,] February 1st, 1960

Lieber Herr McCloy:

Bitte verzeihen Sie mir, daß ich die Stapel von Briefen, die sich gewiß auf Ihrem Schreibtisch türmen, noch vergrößere. Ich habe unser letztes Gespräch von Ende Januar vorigen Jahres in Ihrem Büro nicht vergessen. Ihr großes Interesse an den Vorgängen in Deutschland ermutigt mich, Sie zu fragen, ob ich Sie bald einmal besuchen dürfte. Wenn sich die Dinge planmäßig entwickeln, werde ich Anfang März in New York sein und Sie natürlich sofort nach meiner Ankunft anrufen. Allerdings weiß ich nicht, ob Sie überhaupt da sein werden; grundsätzlich läge mir viel daran, die mir vorschwebende Diskussion zwischen interessierten Amerikanern und Deutschen nicht zu verzögern.

Hier einige Worte über meine Ansichten. Die öffentliche Reaktion auf die antisemitischen Parolen und den Neonazismus in Deutschland, die öffentlichen Erklärungen und Bemühungen in Schulen und anderen Institutionen sind zwar gut gemeint, zeigen aber leider nicht die geistige Klarheit, Ruhe und Zuversicht, die momentan so dringend notwendig wären. Statt allen Zweiflern oder Unwissenden ein Vorbild zu geben, wie die neuere Geschichte zu beurteilen und zu bewerten wäre, lassen diese Reaktionen eher Irritation und Verwirrung erkennen. Man verurteilt wütend die verschiedenen Delikte und Rüpeleien, ergeht sich in Mutmaßungen über die möglichen Ursachen und Motive, besonders jedoch über die gefährlichen Konsequenzen für Deutschland, und man kündigt erzieherische Maßnahmen an, etwa mehr Information über die Konzentrationslager und den Massenmord an Juden während der Nazizeit. Ich bin überzeugt, daß die öffentliche Verurteilung der Ereignisse aufrichtig gemeint ist, aber leider kommt man dem Übel nicht mit Betroffenheit bei.

Lehrer an deutschen Schulen müssen ihren Schülern die Geschichte des Nationalsozialismus so darstellen können, daß deren Eltern zu Hause nicht das Gefühl bekommen, als Deppen oder Kriminelle hingestellt worden zu sein. Wichtig ist, Lehrpläne zu entwickeln, mit denen sich die Lehrer noch im kleinsten Dorf identifizieren können. Sie müssen die historische Wahrheit über das Geschehen zwischen 1930 und 1950 aufnehmen und weitergeben. In diesen beiden Dekaden war die deutsche Geschichte durch das gewaltige Bemühen einer ganzen Nation geprägt, die zwar durch kriminelle Cliquen irregeführt wurde, aber auch Patriotismus und Opferbereitschaft an den Tag legte. Es ist die Ironie des historischen Schicksals, daß jene Massen, die nationale Kriege ausfechten, seien sie aggressiv oder defensiv, stets überzeugt sind, ihrem Lande und einer gerechten Sache zu dienen. Ich bin mir durchaus der Tatsache bewußt, daß sogar der Durchschnittsdeutsche geistig nicht gegen die perverse Ideologie der Nazis gefeit war, auch wenn er glaubte, nur das Beste für seine Landsleute zu geben. Das Resultat aller Entbehrungen waren jedoch Niederlage, Reue, Verzweiflung und Demütigung. Zudem leben die Deutschen heute – ob zu Recht oder Unrecht – in dem Gefühl, trotz allen Leidens erneut gewaltige Energien für den Wiederaufbau ihres Landes aufgebracht zu haben und jetzt vor einer ähnlichen Bedrohung zu stehen wie jener, die sie unter Hitler bekämpfen wollten.

Unter diesen Umständen sollten wir meiner Ansicht nach damit auf die jüngsten Vorfälle reagieren, daß wir die pädagogische Aufklärung über die neuere Geschichte von Grund auf umgestalten. Wissenschaftler, Lehrer, Politiker und Staatsmänner müßten gemeinsam für einen umfassenden Lehrplan für die verschiedenen Schulen und sonstigen Bildungseinrichtungen einstehen. Dieser Kurswechsel ist nicht nur im Kampf gegen den Antisemitismus erforderlich, sondern auch, weil kein Volk anständig leben kann, ohne ein klares Bild von seiner historischen Rolle zu haben. Solange die Deutschen nicht imstande sind, den Nationalsozialismus als ein komplexes Phänomen zu verstehen, das vor allem unermeßliches Grauen bedeutete, daneben aber auch große Taten und gute Absichten, gegenseitige Hilfe und Selbstverleugnung offenbarte, besteht die Gefahr, daß sie den Nationalsozialismus historisch retuschiert in Erinnerung behalten, ohne der Greuel und ohne der Judenvernichtung zu gedenken. Dagegen müssen sie begreifen, daß ihre Schuld vor allem auf blindem Vertrauen und fehlender demokratischer Tradition beruhte. Dieser Mangel rührte daher, daß die deutsche Demokratie erst sehr spät und unter tragischen Bedingungen zustande kam. Das alles müßte so rasch und tiefgreifend wie möglich bewußtgemacht werden. Faktisch wissen zwar alle Deutschen irgend etwas darüber, aber bisher ist ihr Wissen lückenhaft und kaum artikuliert. Es müßte ausgesprochen und einer neuen Form des Nationalbewußtseins zugrunde gelegt werden – um nicht nur den rechtsextremen, sondern auch den linksextremen Radikalismus zu bekämpfen.

Diese Ausführungen sind natürlich nur Teil eines umfassenderen Planes, den ich vor Augen habe. Sie können versichert sein, daß ich versuchen werde, diesen Plan den Verantwortlichen in Deutschland und in anderen Staaten vorzutragen. Kürzlich habe ich dem kanadischen Fernsehen ein Interview gegeben. Außerdem stehe ich in Kontakt mit Freunden in Frankfurt und Wiesbaden, und ich werde in Bonn mit verschiedenen Regierungsbeamten sprechen. Ich meine, daß dieser historische Augenblick fast die letzte Chance bietet: Jetzt müssen die besten, aufgeklärtesten Kräfte zusammenarbeiten, um das erforderliche Programm zu planen und durchzuführen. Zu befürchten ist, daß viele überlastet sind und dem Problem nicht genügend Zeit und Energie widmen können. Wir müssen Wege finden, um alle Kräfte zu mobilisieren und weltweit möglichst viele kompetente, herausragende Persönlichkeiten für die Sache zu gewinnen. Deshalb möchte ich Sie bald sehen, um die praktischen Probleme mit Ihnen zu erörtern. Diese müssen in Deutschland und auch interessierten Gruppen in den USA vorgetragen werden. Ich schließe mit den gleichen Worten, mit denen ich auch begann: Verzeihen Sie mir, daß ich Ihre Zeit mit diesem langen Brief beanspruche.

Bitte grüßen Sie Ihre Gattin freundlich von mir. Die besten Wünsche und freundlichsten Grüße an Sie beide, auch von meiner Frau,

Nr. 58
Theodor W. Adorno / Max Horkheimer
Brief an Herbert Marcuse
12. Februar 1960

QUELLE: Max Horkheimer, Gesammelte Schriften Bd. 18: Briefwechsel 1949–1973, hrsg. von Gunzelin Schmid Noerr, © S. Fischer Verlag Frankfurt/Main 1996, S. 466–469

Frankfurt am Main, den 12. Februar 1960

Lieber Herbert,

Dein Brief vom 24. Januar betrifft uns beide[1], darum wollen wir Dir auch gemeinsam darauf antworten.

Der Vorwurf, wir förderten die cold war-Ideologie, beruht in der Tat auf Schein.[2] Wir nehmen an, daß Du das Wort »scheinen« im Zusammenhang mit jenem Vorwurf bedacht gewählt hast. Wir möchten aber doch auf die Sache eingehen. Daß die Kritik des Ostens mit der des Westens verbunden bleiben muß, ist aus der Theorie selbstverständlich. Die Publikation des Massing-Buches, das schließlich den Antisemitismus in Deutschland historisch ableitet und den billigen Trost demoliert, er wäre als Naturkatastrophe von außen hereingebrochen, spricht weiß Gott deutlich genug. Der von Dir oder wem auch immer inkriminierte Satz in unserem Vorwort gehört einer Publikation an, in der es um den Westen und nicht um den Osten geht. Insofern ist die von Dir geforderte Proportion gewahrt.

Aber das Desiderat selbst wäre doch wohl allzu mechanisch aufgefaßt, wenn man verlangen wollte, daß überall, wo etwas gegen die Russen gesagt wird, sogleich auch etwas gegen den Westen hinzugefügt wird, nur damit der zarte Herr Chruschtschow[3], der erst kürzlich öffentlich antisemitische Äußerungen getan hat, in seiner bekannten Sensibilität nicht verletzt werde. Bei aller inzwischen durch die eigene Praxis korrigierten Kritik am sogenannten Persönlichkeitskult auf dem 20. Parteitag, steht er für eine Regierung, die nicht bloß viele Millionen Menschen ausgerottet, sondern die theoretischen und praktischen Inauguratoren der russischen Revolution qualvoll und schimpflich liquidiert hat. Daß er den Atomkrieg mit Amerika vermeiden möchte, bedeutet keine Änderung seines totalitären Führungsanspruchs, den er auch jetzt in einigen Satellitenstaaten terroristisch gegen arme Juden betätigt. Unsere Konzeption läßt sich keinem Auszählverfahren unterwerfen. Eine solche Blickrichtung erinnert an Zensur und an eben jenen Geist der Heteronomie, dem unser gemeinsames Denken sich verweigert.

Wenn wir recht sehen, so steht hinter der Forderung nach einer Art Balance zwischen der Kritik an Ost und West die Überzeugung, der »Diamat« habe immer noch etwas mit unserer Philosophie zu tun. Aber Treue kann in Untreue umschlagen, wenn sie sich blind macht gegen die Verkehrung des Inhalts dessen, dem man die Treue zu halten wähnt. Weder können wir daran vorbeisehen, daß wir im Westen zu schreiben und sogar einiges Reale auszurichten vermögen, während wir im Osten ohne Frage längst umgebracht wären, noch auch daran, daß einstweilen im Westen eine Freiheit des Gedankens herrscht, die im Vergleich mit drüben paradiesisch genannt werden muß. Daß das materielle Gründe hat, ist uns keine Neuigkeit. Bekanntlich hängt jede Art von Freiheit davon ab.

Andererseits wirst Du das Argument, man dürfe das Grauen des Ostens nur als eine Zwischenstufe auf dem rechten Weg ansehen, kaum wirklich vertreten. Genau jene Präponderanz des Zwecks über die Mittel in der Theorie führt praktisch dazu, daß die Mittel über den Zweck triumphieren, und daß im Namen der schließlichen Herbeiführung eines Besseren alles Schlechte hic et nunc gerechtfertigt wird. Daß irgendwann einmal die Chinesen herrlichen Zeiten entgegengehen, vermag uns nicht mit dem Schicksal eines einzigen Taxichauffeurs auszusöhnen, der sein im Ostsektor von Berlin gelegenes armseliges Schrebergärtchen nicht besuchen darf, weil er im Westsektor wohnt.[4] Gerade Du, der dem Aristippischen[5] Geist in der Philosophie so nah ist, müßtest die Skepsis gegen jene

Vertagung teilen, die eins ist mit der Versagung. Wenn dabei etwas wie Kritik an der sogenannten Geschichtsphilosophie selber mitklingt, dann nehmen wir das in Kauf.

Kurz, wir vermögen es nicht, von unserer Freiheit zur Kritik das mindeste nachzulassen, wäre es auch im Namen einer Gerechtigkeit, die wir uns weder anmaßen dürfen noch für substantiell halten. Daß man bei dem, was man schreibt, auf mögliche Mißverständnisse Rücksicht nehmen müsse, gehört selber zu jenem Mechanismus, der vor lauter Einheit von Theorie und Praxis schließlich die Sache aushöhlt. Das Wort von den Fronvögten des Ostens trifft tatsächlich den Nervenpunkt. Der zur Zeit in Ost und West gleichermaßen sich ausbreitende und pfleglich gehütete Schein besteht vor allem in der Unterschiebung außenpolitischer Gesichtspunkte für die Reflexion auf die inneren Verhältnisse. Aber die verbindlichen Reden der fliegenden Staatsmänner im Westen besagen so wenig über die realen Verhältnisse, die sie vertreten, wie das joviale Lächeln der Bojaren, wenn sie Farmern im Mittelwesten den Bauch tätscheln. Der Schlüssel für die verwaltete Verdummung und Regression im Osten ist nichts anderes, als daß man dort in ein paar Jahrzehnten terroristisch den Menschen seine Arbeitsmoral beibringen muß, die sie in der westlichen Zivilisation über Jahrhunderte durch Elend und Krisen annahmen. Das besorgen dort unmittelbar die Fronvögte. Diese Situation ist schuld daran, daß jeder unvorschriftsmäßige Gedanke als »Sabotage«, nämlich als potentielle Herabsetzung des Produktionsvolumens verstanden wird; das Bekenntnis ist zu einem Fetisch geworden, wie nur je die Ware einer war. Nicht umsonst hat jüngst Schostakowitsch[6] in einem Interview erklärt, der Hauptfehler der dekadenten Musik sei, daß sie den Menschen nicht genug Arbeitsfreude gäbe. Und der Turnvater Jahn[7] ist an Munterkeit gewiß allen vorangegangen. Übrigens, daß Du gerade an einer Stelle Anstoß nimmst, die sich auf die Synthesis des Kommunismus mit diesem antisemitischen Rauschebart bezieht, hat einen Humor, der Dir am letzten entgangen sein sollte; nicht zuletzt deshalb, weil er ja auch hierzulande gerade von denen zum Erbgut gerechnet wird, die wir Deiner Ansicht nach hätten mittreffen sollen und die tatsächlich mitgetroffen sind. Trotz der Interessengegensätze sind die Unentwegten eins.

Alles Herzliche, auch an Inge,

1 Im Brief Marcuses an Adorno ging es um das Problem, wie weit eine Kritik an den politischen Verhältnissen des Ostens mit der an denen des Westens verbunden sein sollte. Marcuse bezog sich dabei auf das Vorwort von Horkheimer und Adorno zu Paul W. Massing, Vorgeschichte des politischen Antisemitismus, Frankfurter Beiträge zur Soziologie Bd. 8, Frankfurt/Main 1959, in: Max Horkheimer, Gesammelte Schriften Bd. 8: Vorträge und Aufzeichnungen 1949–1973, Frankfurt/Main 1985, S. 126 ff., und zwar auf die darin enthaltene Formulierung: »jene[r] Jahn, der heute bei den Fronvögten der Ostzone in hohen Ehren steht« (ebd., S. VI bzw. S. 127).

2 Marcuse schrieb einleitend im Brief vom 24.1.1960: »Ich erzählte Dir von Leuten, die behaupten, daß einiges von dem, was Du sagst oder schreibst, die Cold War Ideologie zu fördern scheint.« (ebd.)

3 Nikita Chruschtschow, Erster Sekretär des Zentralkomitees der KPdSU.

4 Im Antwort-Brief Marcuses an Adorno heißt es dazu: »Eine ausführliche Antwort auf euren Brief war schon geschrieben, als Max hier eintraf. Das Gespräch kam auf euren Brief, und ehe ich noch etwas von dem Inhalt meiner Antwort gesagt hatte, erklärte Max, euer Brief einen wirklichen Fehler enthielt: das Beispiel mit dem Taxichauffeur. Es sei nur durch ein Versehen stehengeblieben: die Sekretärin hätte den Brief abgesandt ohne die Korrektur, die Max vornehmen wollte. Nun – meine Antwort war zum großen Teil auf dieses Beispiel zugeschnitten (ich erinnerte mich an Deine These, daß Beispiele nicht zufällig sind!).« (ebd.)

5 Aristippos (435–355 v. Chr.), griechischer Philosoph, Gründer der hedonischen Schule, empfahl, das Denken wie das Tun nicht auf Vergangenheit oder Zukunft, sondern auf die Gegenwart auszurichten.

6 Dmitri Dmitrijewitsch Schostakowitsch (1906–1975), sowjetrussischer Komponist.

7 Friedrich Ludwig Jahn (1778–1852), Begründer der deutschen Turnbewegung.

Nr. 59

Max Horkheimer
Überlegungen aus dem Frühling 1960
Späne – Notizen über Gespräche mit Max Horkheimer
in unverbindlicher Formulierung aufgeschrieben
von Friedrich Pollock
1960

QUELLE: Max Horkheimer, Gesammelte Schriften Bd. 14:
Nachgelassene Schriften 1949–1972, hrsg. von Gunzelin Schmid Noerr,
© S. Fischer Verlag Frankfurt/Main 1988, S. 544

Wir stehen vor der Alternative, in Deutschland tätig zu sein oder uns nach Amerika zurückzuziehen und dort an der Bemühung um Erkenntnis und deren Formulierung zu arbeiten. Können wir es mit unserem Gewissen vereinbaren, gegen all das Ungeheuerliche, das sich jetzt wieder in Deutschland vorbereitet, nichts zu tun, nicht unsere Stimme zu erheben, solange wir noch gehört werden. Heute haben wir noch relative Handlungsfreiheit.

Horkheimer weigert sich, eine Existenz als Privatier

zu führen, wie Herr von B. Obendrein: Ein jüdischer Privatier mit deutschem Paß im Tessin ist ihm widerlich.

Sollen wir schweigen, wenn jemand, der am Tod von 15 000 Kindern schuldig ist, noch in der Regierung sitzt? Wir müßten eine neue Zeitschrift herausbringen, die sagt, was heute gesagt werden muß und es nicht den östlichen Publikationen überläßt. Ist es zu verantworten, daß wir schweigen, während es unsere Aufgabe als Intellektuelle wäre, herauszubrüllen, was schlecht ist?

Nr. 60

Franz Vilmar

Was uns Max Horkheimer bedeutet

Zur Verleihung der Ehrenbürgerschaft
an Max Horkheimer durch die Stadt Frankfurt

März 1960

QUELLE: Der Sozialdemokrat – Monatszeitschrift für Politik, Wirtschaft, Kultur, 5. Jg., Nr. 3, März 1960, S. 18

Wer einige Semester in den überfüllten Hörsälen und Soziologie-Seminarräumen gesessen hat, in denen der Frankfurter Philosph und Sozialwissenschaftler Professor Horkheimer lehrte, der wird den reinigenden, aufklärenden und verpflichtenden Geist dieser Stunden nicht vergessen. Inmitten des durch die Hitler-Herrschaft schwer geschädigten und gelähmten geistigen Lebens der deutschen Universitäten nach 1945, inmitten eines rasch wieder erstarkenden restaurativen Ungeistes fanden viele Hunderte von Studierenden hier in Hessen, in der Frankfurter Universität, einen Lehrmeister des freiheitlichen, kritischen, nonkonformistischen Gedankens, der ihr Leben entscheidend bestimmt, umgestimmt, der Idee der Freiheit zugewandt hat: Max Horkheimer.

Den Charakter seines Denkens, hell abstechend von der düsteren Stimmung der spätbürgerlichen Modephilosophie, mag ein prophetisches Wort aus dem Jahre 1930 erweisen, das ebenso warnend und ermutigend heute geschrieben sein könnte: »Die Völkerwanderung ist zwar ein Ereignis der Vergangenheit; doch unter der trügerischen Oberfläche der Gegenwart enthüllen sich innerhalb der Kulturstaaten Spannungen, die sehr wohl furchtbare Rückschläge zu bedingen vermöchten. Freilich nur in dem Maße waltet über den menschlichen Ereignissen das Fatum, als die Gesellschaft es nicht vermag, ihre Angelegenheiten in ihrem eigenen Interesse selbstbewußt zu regeln. Wo die Geschichtsphilosophie noch den Gedanken an einen dunklen, eigenmächtig wirkenden Sinn der Geschichte enthält, ist ihr entgegenzuhalten, daß es gerade soviel Sinn und Vernunft auf der Welt gibt, als die Menschen in ihr verwirklichen.«

Was uns Professor Horkheimer bedeutet, vermag der Aufmerksame diesen wenigen Sätzen schon zu entnehmen. Es ist dies äußerst Notwendige: in unserer gleichgeschalteten, widervernünftigen Gesellschaft lehrt er, die kritische Vernunft nicht über Bord zu werfen. Es ist aufrichtig zu begrüßen, daß die sozialdemokratisch geführte Stadt Frankfurt diesem Manne jetzt zu seinem 65. Geburtstag das Ehrenbürgerrecht verliehen hat.

Nr. 61

Max Horkheimer

Brief an die Redaktion der »Frankfurter Allgemeinen Zeitung«

5. Juli 1960

QUELLE: Max Horkheimer, Gesammelte Schriften Bd. 18: Briefwechsel 1949–1973, hrsg. von Gunzelin Schmid Noerr, © S. Fischer Verlag Frankfurt/Main 1996, S. 480–482

---

5. Juli 1960

Sehr verehrte Redaktion,

Gestatten Sie mir, wenn auch verspätet, ein Wort über die Zeichnung zu sagen, die am 22. Juni in Ihrer Zeitung erschien und die Unterschrift trug »Am Ende einer Präsidentschaft ...«. Sie zeigt einen kleinen Herrn Eisenhower mit verzerrtem Gesicht, in den Händen Golfschläger und eine Art entblätterten Lorbeerkranzes. Er liegt unter Trümmern, deren Steine die Aufschriften »Gipfelkonferenz«, »Moskaureise«, »Besuch in Tokio« und seine Amtsjahre »1952–60« tragen. Im Haufen steckt eine zerfetzte amerikanische Flagge, und aus dem Hintergrund ragt die große, starke, geballte Faust, die das klägliche Gebäude zertrümmert hat.

Solange die Bilder mit triumphierendem Hohn auf die vereitelte Reise nach Japan in den leichter geschürzten Blättern erschienen, der schlotternde Eisenhower vor den dicken Hinterteilen japanischer Volksgenossen, auf denen »No Ike« zu lesen stand; der Panzerwagen, aus dem der feige Präsident gerade noch Arm und Hut herausstreckt, um die gehorsam jubelnden Massen zu begrüßen, habe ich die Angemessenheit solcher Karikaturen an den Geschmack des Publikums bedauert und mich damit getröstet, daß er gedankenlos und vergänglich ist. Die Frankfurter Allgemeine aber repräsentiert einen Leserkreis, dessen Lachen eine ernste Sache ist.

Daß zivilisierte Lebensformen es schwer haben, mit den straff ausgerichteten der Neuerstarkten auf die Dauer zu konkurrieren, gilt für Völker nicht weniger als für Individuen. Das hat die Welt bereits während des Dritten Reiches gemerkt, nun wird sie es am Osten gewahr. Der demokratische Apparat ist umständlicher, mehr Menschen haben mitzureden, die Öffentlichkeit steht nicht bloß zu Diensten. Ihn trotz des Bedürfnisses von Wirtschaft und Gesellschaft nach schmiegsamerem Funktionieren der Politik nicht preiszugeben, sondern seine Substanz, die Achtung vor dem Recht des einzelnen, zu bewahren, ist die Probe, vor die sich die westlichen Völker gestellt sehen. Sie haben nicht bloß ihre Sicherheit, sondern ihr Prinzip zu erhalten. Nachdem ihnen die erheblichen Konzessionen an die Todfeinde der Freiheit von rechts und links in letzter Zeit zum Nachteil ausgeschlagen sind, bedarf es der Besinnung der Demokratie auf sich selbst. Den Amerikanern wird bald die Möglichkeit geboten sein, aus den Erfahrungen die Konsequenz zu ziehen, und es steht nur zu hoffen, daß der naheliegende Wunsch nach energischer Führung nicht den Sieg über die Humanität davonträgt.

Wie dem auch sei, Deutschland hat, wenn ich nicht irre, in den so bitter denunzierten Jahren von 1952 bis 1960 von Amerika nichts Schlechtes erfahren, zumindest nichts, was es nicht selber wollte. Die Erwägung, aus welchen Gründen das Vergnügen daran stammt, den Präsidenten der Vereinigten Staaten im Staub zu sehen, führt zu traurigen Hypothesen. Es besteht kein Zweifel, daß man vor der drohenden Faust aus dem Osten auch selbst Angst hat, doch ihre Stärke imponiert, und die Bereitschaft, über die Demütigung Amerikas zu lachen, verrät einen tiefinneren Groll, der schlecht zur westlichen Gemeinschaft paßt. Wie ernst die Fehler der amerikanischen Politik sein mögen, die Rancune, die so rasch mit den Feinden Amerikas sich identifiziert, ist Teil eines düsteren Potentials.

Den unmittelbaren Anlaß zur Karikatur in der FAZ, bilden die Zwischenfälle in Tokio. Was ihnen zugrunde liegt, bedürfte der Prüfung. Die Studenten Japans sind denen Koreas und der Türkei gefolgt. Wenn die Lebensbedingungen der Mehrheit elend und die Aussichten, bei allem technischen Fortschritt, düster sind, genießen autoritäre Regierungen kaum größere Beliebtheit als das pluralistische System. An dem, was man Idealismus nennt, pflegt es den Teilnehmern an Erhebungen nicht zu fehlen. Ihr Sinn aber ist jeweils komplex, und wohin sie führen, hängt nicht vom Idealismus ab. Die Interessen der Machtgruppen diesseits oder jenseits der Grenzen, an denen sie Rückhalt finden, bestimmen weitgehend ihre Eigenart. In Tokio flossen genuiner Unmut über die Verhältnisse, das Bedürfnis nach Vergeltung für die Niederlage, Angst und Achtung vor den Russen, in die Begeisterung. Die Opponenten riefen »Ohne uns«, nachdem bereits amerikanische Hilfe geleistet war. Jetzt, da Japan anfängt, wieder mitzureden, kann Hiroshima zur Parole werden. Darauf schien es, wenigstens den Zuschauern, mehr anzukommen als auf die Verträge. Mein Wissen um deren Klauseln ist gering, aber weit her ist es auch mit dem ihrer Gegner nicht, von den hierzulande mit ihnen Sympathisierenden zu schweigen. Manche der japanischen Studenten, die an den Demonstrationen sich beteiligt hatten, wurden jüngst nach ihrer Kenntnis des Paktes befragt, den sie verhindern wollten. Von 48 kannten drei eine einzige seiner Bestimmungen, und keiner wußte, daß im Fall der Ablehnung der für Japan ungünstigere Vertrag von 1952 in Kraft geblieben wäre. Die Rolle und das Schicksal der Studenten ist ungewiß. Was kümmert das jene, die sich hier die Hände reiben. Die Schadenfreude über die Absage an den Präsidenten hat freie Bahn. Das Gebäude ist eingestürzt, und die Gewalt, die im Bild durch die Faust symbolisiert wird, triumphiert. Wo aber Unwissenheit und Gewalt ein Bündnis eingehen, ist der Schrecken das Ende, in Ost und West, welche politische Maske er immer tragen mag. Wenn es viele Ihrer Leser gibt die an solchen Perspektiven Geschmack finden, sollten sie wenigstens nicht darin bestärkt werden.[1]

Max Horkheimer

1 Leserbrief, veröff. unter dem Titel: Mißverstandene Bitterkeit, in: Frankfurter Allgemeine Zeitung vom 12.7.1960. Dem Abdruck ist folgende Antwort der Redaktion beigefügt:
Sehr verehrter Herr Professor,
Ihr Brief hat uns beunruhigt. Scheint er doch zu zeigen, welchen Mißverständnissen die Karikatur zugänglich war, und zwar sogar bei

Betrachtern, die sich in den angelsächsischen Ländern auskennen, in denen das Publikum an die politische Karikatur länger und anders gewöhnt ist als bei uns.

Lassen Sie uns anknüpfen an einen Satz, der uns das fundamentalste Mißverständnis zu enthalten scheint: »Die Frankfurter Allgemeine aber repräsentiert einen Leserkreis, dessen Lachen eine ernste Sache ist.« Ziel einer Karikatur ist doch keineswegs das Lachen, manchmal schon, aber nicht einmal in der Regel, jedenfalls nicht immer. In diesem Falle, so schien uns, war das große Maß von Bitterkeit ganz unübersehbar, das jedes Lachen verbot.

Diese Bitterkeit, und damit wären wir gleich beim zweiten Mißverständnis, ist zugleich durchaus selbstironisch. Das war Kritik im Westen, nicht an einem anderen, außenstehenden. Wir selbst liegen doch mit unter den Trümmerhaufen. Haben die Zeichner und die Redaktion, nicht genügend ängstlich, sich geirrt, als sie glaubten, die deutschen Leser fühlten und wüßten sich ebenso mit den Verbündeten und zumal mit der Führungsmacht des einen Westens im gleichen Boot, wie wir das tun und wie aus unserer Arbeit doch wohl hervorgeht? Aber wir möchten noch hinzufügen, daß dann der Mangel an Ängstlichkeit zugleich auch ein Übermaß an Vertrauen in die Urteilskraft unserer Leser gewesen wäre. Und unseren Lesern eine gehörige Portion Urteilskraft zuzumuten und zuzutrauen, halten wir allerdings mehr für eine Tugend als für einen Leichtsinn.

Es bliebe aber auch dann noch ein ernster Vorwurf: der, wir hätten uns in sozusagen Carl Schmittscher Weise selbstzerstörerischer Lust an der gegen uns erhobenen Faust schuldig gemacht. Aber müssen wir uns ernstlich darauf gefaßt machen, daß Sie uns das vorwerfen würden? Was da stand, war zunächst einfach ein Zustandsbild, das schonungslose Eingeständnis einer fatalen Situation. Gewiß mag mancher unter den Lesern und in der Redaktion bei seiner Betrachtung der Meinung gewesen sein, hier sei das Resultat einer Politik festgehalten, die er schon immer für gefährlich gehalten habe. Niemand in diesem Hause, das können wir Ihnen wirklich ohne Vorbehalt versichern, wäre indes so über alles Maß töricht, sich zu freuen, daß er recht behalten hat. Und keiner ist nervös genug, mit dem Bade einer auf die Realität des Kreml nicht passenden Politik auch das zarte Kindlein der Humanität ausschütten zu wollen. Daher die Bitterkeit in dieser zum Weinen bestimmten Selbstkritik, die uns aus jeder Linie der Karikatur zu sprechen schien und scheint.

Vielleicht billigen Sie uns zu, daß wir nicht mit einer unkommentierten Veröffentlichung Ihres Briefes uns dem durchaus unberechtigten Verdacht aussetzen wollten, in dieser Zeitung hege jemand die selbstzerstörerischen Ressentiments und die knabenhaften politischen Vorstellungen, die Sie hinter der Karikatur vermuten. Und diese Entgegnung mag zugleich die Antwort auf manchen anderen Brief sein, der uns anläßlich jener Karikatur – und mancher anderen – geschrieben worden ist.

Die Redaktion

Nr. 62

Max Horkheimer
Brief an Hans Dollinger,
Redakteur der Zeitschrift »Kultur«

3. November 1960

QUELLE: Max Horkheimer, Gesammelte Schriften Bd. 18: Briefwechsel 1949–1973, hrsg. von Gunzelin Schmid Noerr, © S. Fischer Verlag Frankfurt/Main 1996, S. 490 f.

[Frankfurt a. M.,] 3. Nov. 1960

Sehr geehrter Herr Dollinger,

aufrichtig danke ich Ihnen für die Übersendung der Solidaritätserklärung mit den französischen Schriftstellern und für die Einladung, mich der Erklärung anzuschließen.[1] Wie ich zu den Maßnahmen der Regierung stehe, die auf die Äußerung freier und ehrlicher Gesinnung mit Verfolgungen antwortet, brauche ich wohl nicht erst zu sagen. Was mich im gegenwärtigen Augenblick zögern läßt, Ihrem Wunsch zu entsprechen, bezieht sich auf den Inhalt des französischen Manifests, mit dem ich meine Solidarität erklären soll. Ich habe es nicht zur Hand, und mein Gedächtnis versagt im Hinblick auf einige wichtige Punkte. Vor allem weiß ich nicht, wie weit die Aufforderung zur Gehorsamsverweigerung der französischen Truppen sich erstreckt. Insofern es sich um Schandtaten handelt, die an Gefangenen verübt werden, bedarf es in der Tat keiner Überlegung. Was den algerischen Feldzug im allgemeinen angeht, scheint mir jedoch eine Parteinahme höchst schwierig zu sein. Nach dem, was ich weiß, scheint der Terror den Algeriern keineswegs ferner zu liegen als den Franzosen. Ob die Humanität durch die Resignation der Franzosen zu gewinnen hätte, scheint mir zweifelhaft. Die Souveränität eines Landes ist etwas anderes als die Freiheit derer, die in ihm leben.

Mit der Bitte, meine Bedenken entschuldigen zu wollen, bin ich

Ihr sehr ergebener

---

1 Die Horkheimer mit der Aufforderung zur Unterschrift zugeschickte Solidaritätserklärung, verfaßt von den Schriftstellern Hans Werner Richter, Hans Magnus Enzensberger, Wolfgang Hildesheimer, Heinz von Cramer und Robert Jungk lautete: »Französische Schriftsteller und Intellektuelle haben ein Beispiel freier Meinungsäußerung gegeben und ein Manifest ›über das Recht auf Gehorsamsverweigerung im algerischen Krieg‹ unterzeichnet und veröffentlicht. Die französische Regierung hat mit polizeilichen und administrativen Maßnahmen gegen die Unterzeichner geantwortet.
In dieser Situation erklären wir unsere Solidarität mit den Unter-

zeichnern des französischen Manifestes, wenn auch die in dem Manifest ausgesprochene Gewissensentscheidung nur von Franzosen getroffen werden kann. Wir erheben Einspruch gegen die Maßnahmen der französischen wie jeder anderen Regierung, die darauf abzielen, die freie Meinungsäußerung zu unterbinden.

Wir halten es für unsere Pflicht, mit derselben Rückhaltlosigkeit wie unsere französischen Kollegen, politisch Stellung zu nehmen, wann immer es uns nötig scheint. Wir werden kein Gesetz anerkennen, das uns dieses Recht abspricht.«

Nr. 63
Max Horkheimer / Theodor W. Adorno
Brief an Kai-Uwe von Hassel, Ministerpräsident des Landes Schleswig-Holstein
12. Dezember 1960

QUELLE: Max Horkheimer, Gesammelte Schriften Bd. 18: Briefwechsel 1949–1973, hrsg. von Gunzelin Schmid Noerr, © S. Fischer Verlag Frankfurt/Main 1996, S. 496–498

Frankfurt am Main, den 12. Dezember 1960

Sehr geehrter Herr Ministerpräsident,

vor einiger Zeit lasen wir in der Frankfurter Allgemeinen Zeitung eine Nachricht, »die CDU respektiere nur diejenigen ehemaligen Emigranten, die unmittelbar nach dem Zusammenbruch nach Deutschland zurückgekehrt seien und sogleich ihre alte Staatsbürgerschaft angenommen hätten«.[1] Diese Aussagen sollen Sie im Zusammenhang mit Angriffen gegen den Regierenden Bürgermeister von Berlin, Willy Brandt, gemacht haben.[2] Später wurde in einer Mitteilung an anderer Stelle über den außerordentlichen Parteitag der Hamburger CDU berichtet, daß Sie das moralische Recht zur Emigration anerkannt hätten. Sie sei das Los »aufrechter deutscher Menschen« gewesen, »die dennoch zu keiner Stunde Zweifel daran aufkommen ließen, daß ihre Gemeinschaft mit dem deutschen Volk unauflösbar war und ist, und die nicht gezögert haben, stets und überall als Deutsche dazu beizutragen, daß der Name ihres Vaterlandes wieder Geltung hat in der Welt«.

Wir wissen nicht, ob wir unter die aufrechten deutschen Menschen fallen, die nach Ihren Worten von der CDU als ehemalige Emigranten respektiert werden. Jedenfalls haben wir in Amerika die Kenntnis großer deutscher Philosophie und Kunst, in denen unser eigenes Denken begründet ist, nicht verleugnet oder verdrängt, sondern als Forscher und Lehrer zu verbreiten gesucht. Wir waren überzeugt davon, daß die Gewaltherrschaft, die während des Nationalsozialismus über Deutschland errichtet war, dem widersprach, was anständige Menschen, wo auch immer, achten sollen, und daß sehr viele Deutsche ähnlich dachten wie wir. Wenige Jahre nach Kriegsende sind wir hierher zurückgekehrt. Auf unser besonderes Verhalten kommt es jedoch nicht an. Die Zeitungsnotizen lassen eine viel weitere Frage offen, und um ihre Beantwortung ist es uns zu tun. Sie lautet, ob Sie und die große Partei, der Sie angehören und für die Sie sprechen, auch jene Menschen respektieren, die während des Nationalsozialismus aus Deutschland geflohen sind und entweder sehr spät oder gar nicht zurückkamen. Die meisten unter ihnen hatten in Deutschland Verwandte und Freunde, die auf Befehl der deutschen Regierung unter unausdenkbaren Qualen schuldlos ermordet wurden. Wenn Emigranten, zumal jüdische, wieder in ihr altes Vaterland gehen, geschieht es zumeist deshalb, weil sie in der Fremde sich nicht einleben konnten oder aus anderen recht bescheidenen Gründen. Sie tun es wohl kaum aus Patriotismus oder gar als Rächer an der Spitze feindlicher Heere, wie es von Feldherren der Antike berichtet wird. Trotzdem sehen wir für mangelnden Respekt keinen Grund. Wir wären dankbar, wenn Sie uns ein Wort schrieben, das ein Mißverständnis darüber ausschließt, daß die jüdischen und die nichtjüdischen Deutschen, die wegen ihres Glaubens, ihrer Gesinnung oder ihres Schicksals fliehen mußten, deshalb mit keinerlei Makel behaftet sind.

Unsere Sorge ist sehr ernst. Europäische Emigration umfaßt seit Jahrhunderten Gruppen und Einzelne, deren kein Land sich zu schämen braucht. Die Verfolgten des Nationalsozialismus heute in Deutschland durch den Sprachgebrauch, die Obertöne des Wortes »Emigrant«, gegenüber Heimatvertriebenen und Flüchtlingen aufs neue herabzusetzen, heißt jene Emotionen heraufbeschwören, deren Überwindung die politische Erziehung in der Bundesrepublik sich zum Ziel gesetzt hat. Weder die politischen Ansprüche des beginnenden Wahlkampfes, noch der Umstand, daß unter Ausgewanderten wie unter Daheimgebliebenen Betrüger und Spione sich befinden, liefert in unseren Augen einen Grund zu solcher Ermutigung. Im Gegenteil; da das kommende Jahr zweifellos politische Erregungen mit sich bringen wird, ist es die Aufgabe der Verantwortlichen, jene Möglichkeiten zu erkennen und beizeiten zu verhindern. Angesichts der Gefahr, daß in Deutschland ernsthaft eine Gruppe von Menschen im negativen Sinne designiert werden soll, und gar noch eine solche, deren Mitglieder während der Zeit des Schrekkens zumeist gerade noch das Leben retten konnten, scheint uns ein Übermaß an Empfindlichkeit angemessener als Sorglosigkeit zu sein. Darum weil Sie, sehr verehrter Herr Ministerpräsident, an der hohen Stelle, die Sie im politischen Leben einnehmen, viel dazu beitragen können, die Gefahr noch abzuwenden, schreiben wir an Sie. Wir bitten Sie inständig, unsere Frage zu beantworten. Es geht uns, wie gesagt, nicht so sehr um unser eigenes Dasein als um das Schicksal der freiheitlichen Gesellschaft, der wir alle angehören. Von außen hat sie der finstersten Bedrohung in ihrer Geschichte standzuhalten; um ihr zu widerstehen, muß sie im Innern die Gesinnung bewahren, zu der sie sich bekennt.

[...]

In ausgezeichneter Hochachtung
Ihre sehr ergebenen

Dr. Max Horkheimer   Dr. Th. W. Adorno
(o. ö. Professor   (o. ö. Professor
der Philosophie)   der Philosophie)

1 Wiedergabe der Frankfurter Allgemeinen Zeitung vom 31.10.1960 aus einer Rede, die von Hassel, damals Ministerpräsident von Schleswig-Holstein und Bundeswahlkampf-Leiter der CDU, vor einem Landesparteitag der CDU hielt.
2 Willy Brandt war damals Kanzlerkandidat der SPD.

1961

Jan.: Mitglieder der »Gruppe SPUR« in Schwabing (v. l. n. r.): Eine Unbekannte, Helmut Sturm, Dieter Kunzelmann, Hans-Peter Zimmer und Meinrad Prem.

Nr. 64

Kai-Uwe von Hassel
Brief an Max Horkheimer

13. Februar 1961

QUELLE: Max Horkheimer, Gesammelte Schriften Bd. 18: Briefwechsel 1949–1973, hrsg. von Gunzelin Schmid Noerr, © S. Fischer Verlag Frankfurt/Main 1996, S. 504 f.

Ministerpräsident
des Landes Schleswig-Holstein
(24b) Kiel, den 13. Febr. 1961
Landeshaus
Düsternbrooker Weg 70/90

Sehr geehrter Herr Professor!

Ihnen und Herrn Professor Dr. Adorno danke ich für Ihren Brief vom 12. Dezember v. Js., der mich erst nach Rückkehr von meinem Urlaub Anfang ds. Js. erreichte. Die Erledigung dringender Dienstgeschäfte hat mich bisher daran gehindert, Ihnen zu antworten; ich hole dies heute nach, denn es liegt mir sehr daran, Ihre Sorgen zu zerstreuen.

Ich habe Ihre Ausführungen mit großer Anteilnahme gelesen. Ich meine jedoch, daß meine Ausführungen auf dem außerordentlichen Parteitag der CDU in Hamburg jeden Zweifel an meiner Auffassung ausschließen, daß alle Deutschen – nichtjüdische genau so wie jüdische –, die wegen ihres Glaubens, ihrer Gesinnung oder ihres Schicksals vor dem Zugriff der nationalsozialistischen Machthaber fliehen mußten, unserer Teilnahme und Achtung sicher sein dürfen. Und wenn sie trotz des ihnen angetanen Unrechts nicht zögerten, das Ihre dazu beizutragen, daß der Name ihres Vaterlandes wieder Geltung hat in der Welt, so kann unsere Einstellung ihnen gegenüber keineswegs davon abhängig gemacht werden, ob oder wann sie in ihr Vaterland zurückkehren oder zurückgekehrt sind. Denn ihr Verhalten zeigt ja, daß sie niemals Zweifel darüber aufkommen ließen, daß sie sich dem deutschen Volk verbunden fühlten.

Ich erlaube mir, Ihnen den Wortlaut meiner Erklärung zu übersenden, da er Ihnen eventuell nicht vorliegt.

Ich gebe im übrigen zu, daß es besser gewesen wäre, wenn ich den Namen Brandt genannt hätte, um eine Verallgemeinerung zu vermeiden. Diese Stellungnahme erschien mir nötig, da in dem gerade beendeten Wahlkampf in Rheinland-Pfalz und dem in der letzten Phase allerdings abgebrochenen Wahlkampf in Niedersachsen die Sozialdemokraten die Wahl dergestalt vorbereiteten und führten, daß sie Brandt in etwa als den Urtyp *des* deutschen Mannes herausstellten, der berufen sei, »endlich alle Deutschen zusammenzuführen«. Ich habe die SPD mehrfach darauf aufmerksam gemacht, daß *diese* Art der Herausstellung des Herrn Brandt uns einfach zu einer Äußerung über ihn zwänge.

Ich darf hinzufügen, daß wir weder 1953 noch 1957 hinsichtlich des damaligen Kanzler-Kandidaten Ollenhauer[1] auch nur einen einzigen Gedanken darüber äußerten, daß Ollenhauer Emigrant gewesen sei.

Ich glaube, daß Sie die Motive für diese Äußerung verstehen. Ich brauche nicht hinzuzufügen, daß ich bei meinen vielen Begegnungen in Deutschland und im Ausland zahlreiche Emigranten getroffen habe, vor denen ich hohen menschlichen Respekt habe.

Ich wäre Ihnen dankbar, wenn Sie Abschrift dieses meines Schreibens auch den Herren zuleiten würden, denen Sie Durchschlag Ihres an mich gerichteten Schreibens vom 12. Dezember v. Js. übersandten.

Mit vorzüglicher Hochachtung
v. Hassel

---

[1] Erich Ollenhauer (1901–1963), sozialdemokratischer Politiker, seit 1933 in der Emigration in Prag, Paris und England, 1952–1963 Vorsitzender der SPD.

Nr. 65

Max Horkheimer / Theodor W. Adorno
Brief an Kai-Uwe von Hassel, Ministerpräsident des Landes Schleswig-Holstein

6. März 1961

QUELLE: Max Horkheimer, Gesammelte Schriften Bd. 18: Briefwechsel 1949–1973, hrsg. von Gunzelin Schmid Noerr, S. Fischer Verlag Frankfurt/Main 1996, S. 506

[Frankfurt a. M.,] 6.3.1961

Sehr verehrter Herr Ministerpräsident,

Ihren Brief vom 13. Februar haben wir erhalten und werden ihn auch den anderen Herren zugänglich machen. Wir sind Ihnen für die Mitteilung, daß nichtjüdische wie jüdische Deutsche, die vor dem Nationalsozialismus fliehen mußten, Ihrer Teilnahme und Achtung sicher sein dürfen, aufrichtig verbunden. Zu dem Furchtbaren, das die Schreckensherrschaft anrichtete, gehört auch, daß sie die Identifikation vieler anständiger Menschen mit dem zum Werkzeug erniedrigten deutschen Volk zerstörte. Der Widerstand, der in Deutschland dagegen geleistet wurde, rechtfertigt neues Vertrauen. Um so wichtiger erscheint es uns, daß auch in dem Wahljahr an dem Abscheu vor der nationalsozialistischen Diktatur kein Zweifel gelassen wird. Was sie anrichtete ist so unsagbar, daß die Phantasie sich sträubt, den Vertriebenen ihre Einstellung zu jenem, was sich damals Deutschland nannte, nachzurechnen.

Wir danken Ihnen dafür, daß Sie in Ihrem Brief, wie in dem Gespräch in Washington[1], die Motive Ihrer Äußerung mitgeteilt haben, und glauben Sie dahin verstehen zu dürfen, daß Sie sowohl im Hinblick auf die europäische Emigration im allgemeinen wie diejenige unter dem Nationalsozialismus im besonderen es vermeiden wollen, daß sie verlästert werde.

In hochachtungsvoller Begrüßung
Ihre sehr ergebenen

Dr. Max Horkheimer   Dr. Th. W. Adorno
(o. ö. Professor   (o. ö. Professor
der Philosophie)   der Philosophie)

---

1 Wie auch aus dem Antwortbrief v. Hassels hervorgeht, hatten sich dieser und Horkheimer in Washington zu einer Aussprache getroffen.

Nr. 66

Alfred Schmidt
Student und Politik
Rezension des gleichnamigen Buches von Jürgen Habermas, Ludwig von Friedeburg, Christoph Oehler und Friedrich Weltz

Mai 1961

QUELLE: Diskus – Frankfurter Studentenzeitung, 11. Jg., Nr. 4, Mai 1961, S. 1 f.

Niemand erwartet von der empirischen Sozialforschung sensationelle Ergebnisse. Oft genug ist es so, daß bei einer Umfrage etwas herauskommt, was man, wenngleich quantitativ weniger exakt, vorher schon wußte. Wer die sprichwörtlich miserable Beteiligung der Frankfurter Studentenschaft an den AStA-Wahlen während der vergangenen Jahre verfolgt hat, war immer schon von Illusionen frei, was das gegenwärtige Verhältnis von Student und Politik angeht. Und doch vermitteln die soeben veröffentlichten Resultate einer vom Institut für Sozialforschung unter Leitung von Jürgen Habermas, Ludwig von Friedeburg, Christoph Oehler und Friedrich Weltz im SS 1957 und im WS 1958/59 durchgeführten Studie zum politischen Bewußtsein der Frankfurter Studenten ein qualitativ neues Bild. Sie gewähren zugleich einen Einblick in die Bewußtseinslage der westdeutschen Studenten überhaupt. Deshalb vor allem, weil diese Studie im Gegensatz zu dem, was heute vielerorts Meinungsforschung heißt, gesamtgesellschaftlich und erkenntniskritisch reflektiert ist. Eine theoretische Kontrolle der empirischen Befunde, die es mit sich bringt, daß die Untersuchung, obwohl zunächst durchaus subjektiv orientiert, bei den »Ansichten, Verhaltensweisen und durchgehenden Haltungen« der Studenten nicht stehenbleibt, sondern als weitgehend durch »objektive Verhältnisse produziert« begreift. Verhältnisse, die sich gegenüber den Studenten einmal in Gestalt von Institutionen der Universität durchsetzen, in denen sich wiederum die vertrackte Logik des Gesamtprozesses reproduziert, zum anderen in Gestalt der immer raffinierter werdenden Massenmedien, denen die Studenten wie alle anderen Zeitgenossen tagtäglich ausgesetzt sind.

In seinen einleitenden Erwägungen zum Begriff der politischen Beteiligung bemerkt Habermas mit Recht, daß es nicht darum gehen könne, diese als einen Wert »an sich« zu verstehen, sondern im Hinblick auf einen möglichen, von den geschichtlichen Aufgaben vorgezeichneten objektiven Sinn, was eben auch bedeutet, relativ auf die reale Gunst oder Ungunst der Bedingungen ihrer Entstehung.

Wenn das fehlende politische Interesse gerade bei Menschen akademischer Bildung immer wieder bejammert wird, so ist zunächst einmal der heute gültige Begriff von Demokratie, demgegenüber solche Indifferenz sich bekundet, näher ins Auge zu fassen. Während das sich als Nation etablierende substantielle Bürgertum von Rousseaus Idee der Volkssouveränität und den Menschenrechten der Aufklärung ausging oder in Hegels Philosophie der Staat als vernünftige Form des objektiven Geistes ins Auge faßte, hat sich Demokratie in der jüngsten Geschichte im Bewußtsein der Menschen auf eine Sammlung praktikabler Techniken und formaler Spielregeln reduziert. Diese Formalisierung der Demokratie hat die Vorstellung eines herzustellenden richtigen Ganzen ins Reich der Fabel verbannt. So nimmt es nicht wunder, daß immer häufiger die Demokratie der westlichen Welt mit den *Mitteln* gleichgesetzt wird, regelmäßig die Bevölkerung mit bestimmten, dem Osten noch fehlenden Gütern zu beliefern, d.h. die Konjunktur zu erhalten.

Mit dem, was Habermas als die »Entwicklung des liberalen Rechtsstaates zum Träger kollektiver ›Daseinsvorsorge‹« bezeichnet, hat sich zweifellos die äußerliche, abstrakt-verwaltungstechnische Seite des Staates mehr in den Vordergrund geschoben. Der Staat begegnet dem Einzelnen primär als Verwaltungsapparat, nicht eigentlich als Polis. Den Niederschlag dessen finden wir in dem noch immer recht dürftigen Sozialkundeunterricht unserer Schulen. Das formale Funktionieren des Parlamentarismus ist sein Hauptinhalt. So wichtig es sein mag, zu wissen, daß der Bundesrat bei Gesetzesvorlagen Einspruchsrecht hat, so wenig dürfen Staat und Gesellschaft, die historischen Größen, zu solch leeren Mechanismen verflüchtigt werden, wenn anders der Sozialkundeunterricht einen Sinn haben soll. Wie die Befragung ergab, besitzen die Studenten im allgemeinen denn auch ein solideres »Apparatwissen« als ihre nichtakademischen Altersgenossen.

Zur Entpolitisierung der Bevölkerung und zur Reduktion des Politischen aufs Formale und Administrative hat nicht zuletzt auch der immer mehr erstarrende Gegensatz von Ost und West beigetragen. Die berechtigte Abwehr totalitärer Praktiken hat notwendig dazu geführt, daß die produktiven Widersprüche innerhalb der westlichen Welt einfrieren, nicht mehr in wirklichen Konflikten ausgetragen werden. Alles ist mit trüber Identität geschlagen. Was heute unter dem fehlgehenden Namen als »Entideologisierung« unserer Parteien gefeiert wird, ist selber stärkstem Ideologieverdacht ausgesetzt. Es gibt keine Partei der Bundesrepublik, die nicht mit ihrer Jugend- oder Studentenorganisation gelegentlich Verdruß hätte, der bis zur Distanzierung führen kann. Es ist kein Zufall, daß in Ländern an der Peripherie des kalten Krieges, wie im Vorderen Orient, in Japan oder Südamerika, politische Aktionen der Studentenschaft einen ganz anderen Sinn und andere objektive Möglichkeiten haben.

Je mehr ökonomische und politische Macht sich miteinander verfilzen, d.h., je mehr der Gesamtprozeß der Gesellschaft sich mit »Politik« durchsetzt, die sich als solche gar nicht mehr zu erkennen gibt, desto entleerter von Politik wird das Bewußtsein der Individuen. Wo alles politisch wird, ist nichts mehr politisch. Gerade auf diesen Sachverhalt verweist Habermas nachdrücklich.

Daß das Politische als Lebensform, die Ideen von 1789, dem deutschen Bürgertum wesentlich in verinnerlicht-philosophischer Form zuteil wurde, ist eine bekannte Tatsache der Geistesgeschichte. Gleichwohl gehört sie sehr zum Verständnis des zeitgenössischen Prozesses der Entpolitisierung hinzu, wie die Untersuchung bestätigte.

Die Frankfurter Studie geht bei Ihrer Einschätzung des politischen Verhaltens der Studenten von den »objektiven Initiativchancen« des »normalen Staatsbürgers« aus. Dabei sind die »gruppenspezifischen Vorzüge« der studentischen Existenz nicht zu unterschätzen. Sie bestehen vor allem aus besseren Informationsmöglichkeiten. Politische Gespräche finden unter Studenten, verglichen mit der Gesamtbevölkerung, recht häufig statt. Immerhin erklärten dies 38 % der Befragten. Freilich geht die studentische Aktivität über Wahlbeteiligung und gelegentliche Diskussionen kaum hinaus. 30 % aller Studenten verneinen, sich jemals für eine politische Sache eingesetzt zu haben. Parteipolitische Bindung liegt nur bei 4 % vor. Das Funktionieren parlamentarischer Vorgänge ist, wie gesagt, unter Studenten gut bekannt. So waren 71 % der Befragten darüber unterrichtet, daß im Bundestag ein Gesetz dreimal »gelesen« wird. Eine Umfrage im Juni 1956 ergab, daß nur 16 % der Bevölkerung davon wußten. Die bessere Kenntnis der Funktionen der Demokratie führt zumindest zu einer positiven Gesamteinstellung. 76 % der Studenten sprachen sich gegen die Herrschaft einer Partei aus. Solche positiven Stellungnahmen bedingen jedoch keineswegs automatisch ein entsprechendes politisches Engagement. Sie bleiben häufig konsequenzlose Bekenntnisse. Aktivität und Informiertheit fallen ebensooft auseinander. Der hektisch Betriebsame, wie er in politischen Studentengruppen oder beim AStA uns begegnet, muß nicht immer zugleich der Gutinformierte, dieser nicht immer zugleich der Aktive sein.

Daß aus einer positiven Haltung zur Demokratie noch keineswegs praktische Folgen hervorgehen müssen, ergibt sich besonders deutlich aus der sehr instruktiven Analyse der »Typen des politischen Habitus«, die einen Hauptteil der Untersuchung bildet und zeigt, wie wenige Studenten eine wirkliche Vermittlung zwischen den sozialen und politischen Prozessen und ihrem persönlichen Alltag herzustellen vermögen. Nur 29 % erwiesen sich als »reflektierte Staatsbürger«, 9 % als »Engagierte«. 13 % bezeichnet die Studie als »unpolitisch«, 11 % als »irrational Distanzierte«, 19 % als »rational Distanzierte« und weitere 19 % als »naive Staatsbürger«. Sieht man von solchen soziologisch wichtigen Differenzierungen ab, so ist der Prozentsatz derer, die *faktisch* dem politischen Bereich fernstehen, außerordentlich hoch.

Gehen die »Unpolitischen« in ihrem aufs Examen zugeschnittenen Studium und verschiedenen Hobbies auf, so entschuldigen die »irrational Distanzierten« ihre Apathie häufig mit dem Hinweis, Politik sei »schmutziges Geschäft«, das politische Leben undurchdringlich. Kritischer verhalten sich die »rational Distanzierten«, bei denen der Gedanke durchkommt, es müsse prinzipiell möglich sein, das blind ablaufende Geschehen in bewußte und vernünftige Aktionen aufzulösen. Von den Tagesproblemen zu großen gesellschaftlichen Fragen stoßen die politisch »Engagierten« teilweise vor. Ihnen kommt es etwa in den Sinn, daß es »durchaus nicht notwendig ist, daß knapp zwei Drittel der Menschheit an der Grenze des Hungers leben«.

Aufschlußreich sind auch die »Typen politischer Tendenz«. 30 % der Frankfurter Studierenden bezeichnet die Untersuchung als »genuine Demokraten«; ihre Vorstellungen gehen vom liberalen Modell der Gleichheit aller bis zur Forderung einer solidarischen und demokratischen Kontrolle der Wirtschaft durch die Menschen. 39 % sind in *dem* Sinne »formale Demokraten«, daß sie zwar die bestehenden demokratischen Verhältnisse billigen, ihrer ganzen Einstellung nach aber der Demokratie distanziert gegenüberstehen. Ungefähr ein Viertel der Befragten sympathisiert offen mit »autoritären«, nichtdemokratischen Regierungsformen, »die teils konservativ-obrigkeitlich, teils totalitär verstanden« werden. Als demokratisch lassen sich auch die restlichen 9 % kaum ansprechen, da sie bei ihrer Indifferenz »sich selber wie Objekte verhalten«. Welche »Leitbilder« wir bei den »Autoritären« zu erwarten haben, bedarf keiner weiteren Erörterung. Salazar etwa gilt als das Beispiel eines »guten« Diktators. Gesellschaftliche Unterschiede und Machtverhältnisse sind »Naturtatsachen«.

Angesichts dieses im ganzen eher negativen Bildes muß man sich davor hüten, alles auf »den Menschen« zu schieben, auf den es angeblich allein ankommt. Ebenso abstrakt ist jedoch die These, daß die Verhältnisse eben nicht so sind. Worauf es ankäme, wäre eine kritische Einsicht in die Ursachen der abstrakten Scheidung von Mensch und objektiven Verhältnissen, eine Einsicht, die diese Scheidung vielleicht aufzuheben vermöchte. Das Millennium steht noch immer aus.

Nr. 67

Herbert Marcuse
»Ich stelle das Recht
der Vereinigten Staaten…«
Redebeitrag auf einer Protestkundgebung
an der Brandeis University in Waltham, Massachusetts,
gegen die Invasion an der Schweinebucht in Kuba
3. Mai 1961

QUELLE: Stadt- und Universitätsbibliothek Frankfurt/Main, Herbert-Marcuse-Archiv 231.00; Original englischsprachig, hier übersetzt wiedergegeben

---

Es tut mir leid, daß ich Notizen gemacht habe. Ich halte es in der gegenwärtigen Situation für notwendig, mich für eine eventuelle spätere Bezugnahme eng an meine Notizen zu halten.

Ich stelle das Recht der Vereinigten Staaten, den Kommunismus in der westlichen Hemisphäre zu bekämpfen, nicht in Frage – wiewohl ich die Definition von westlicher Hemisphäre in Frage stellen möchte, die inzwischen auch Laos in Südostasien und andere Teile miteinschließt. Dies ist eine Frage der Definition, wie es auch – und das meine ich wiederum ganz ernst – die Bedeutung des Satzes ist »Wir bekämpfen den Kommunismus«. Was bekämpfen wir? Wenn es uns für einen Moment gelingt, das Artilleriefeuer von Propaganda und Indoktrination zu durchbrechen, [wird deutlich, daß] wir die Bemühung rückständiger Länder und Regionen bekämpfen, eine Gesellschaftsform zu begründen, die sich grundsätzlich von der unsrigen unterscheidet. Diese Gesellschaftsform umfaßt so durchgreifende Maßnahmen wie eine Agrarreform, die Verstaatlichung zumindest der Grundindustrie und der wichtigsten Geldvermögen sowie eine vollständige Neuverteilung von Eigentum und Macht, um so die Entwicklung der sogenannten unterentwickelten Länder zu erreichen, die unsere Gesellschaftsform als nicht übertragbar auf diese Länder erachten. All dies geschieht im Rahmen eines heftigen Kampfes gegen althergebrachte Interessen, die diese Reformen behindern; das heißt, es geschieht bei gleichzeitiger Unterdrückung bürgerlicher Rechte und Freiheiten, es geschieht in der Form einer Diktatur. Das ist die eigentliche Natur einer Revolution. Wenn man in einem heftigen und offenen Bürgerkrieg kämpft – und es geht nicht nur um einen Bürgerkrieg, sondern um einen, der sehr eng mit einem internationalen Krieg zusammenhängt und mit althergebrachten Interessen, die dem Bemühen, eine neue Gesellschaftsform zu begründen, entgegenstehen –, kann man sich bürgerliche Rechte und Freiheiten nicht leisten, die möglicherweise – und tatsächlich war es so, wie die Geschichte hinlänglich zeigt – den althergebrachten Interessen dienten, um eine rasche Rückentwicklung zu erreichen. Ich weiß von keiner Revolution, einschließlich der amerikanischen, die nicht mit der Einschränkung bürgerlicher Rechte und Freiheiten begann und dies über längere Zeit beibehielt. Ich bin kein amerikanischer Historiker, aber ich glaube nicht, daß es während der amerikanischen Revolution für die britischen Royalisten bürgerliche Rechte und Freiheiten gab.

Niemand, und ich schon gar nicht, akzeptiert die Unterdrückung bürgerlicher Rechte und Freiheiten, aber ich hasse und verachte die Heuchelei, die im Spiel ist, wenn Castros Unterdrückung der bürgerlichen Rechte und Freiheiten zu einem der Hauptgründe für unseren Kampf gegen die kubanische Revolution gemacht wird. Es ist jämmerliche Heuchelei, wenn zur selben Zeit – soweit ich weiß – niemand von den Leuten, die die Intervention in Kuba befürworten und organisieren, dies zumindest mit der hauptsächlichen Begründung, Castro unterdrücke bürgerliche Rechte und Freiheiten, eine militärische oder anderweitige Intervention befürworten und organisieren gegen Tschiang Kai-Tscheks Formosa, gegen Francos Spanien, gegen Salazars Portugal, gegen die Dominikanische Republik, gegen Haiti, gegen Guatemala, gegen eine ganze Reihe anderer lateinamerikanischer Staaten, in denen die Unterdrückung bürgerlicher Rechte und Freiheiten unendlich viel grausamer und brutaler ist als in Castros Kuba. Es scheint, mit anderen Worten, daß wir nur dann gegen die Unterdrückung von bürgerlichen Rechten und Freiheiten sind, wenn sie von links kommt, aber mit Sicherheit nicht, wenn sie von rechts kommt.

Und nun führt dieselbe Konstellation, die in einem heftigen Bürgerkrieg das Castro-Regime zur Unterdrückung bürgerlicher Rechte und Freiheiten zwingt, zu einem Bündnis mit ausländischen Mächten und ausländischem Einfluß, das keine Wahl läßt. Es ist so weit gekommen, daß praktisch weltweit die althergebrachten Interessen, die den Bewegungen zur Begründung einer neuen Gesellschaftsform feindlich gegenüberstehen, mit den Vereinigten Staaten verbündet sind, wohingegen die anderen, die diese Bewegungen unterstützen, mit der Sowjetunion verbündet sind. Im ersten Fall die althergebrachten Interessen mit dem Westen, im zweiten die revolutionären mit der UdSSR. Das macht es sehr einfach, weltweit die innerstaatlichen sozialrevolutionären Bewegungen gleichzusetzen mit Bewegungen, die von einer ausländischen Macht abhängig sind, von ihr angestiftet und organisiert werden; mit anderen Worten, den Terminus »Kommunismus« nicht nur als Slogan zu verwenden, der all diese Bewegungen radikalen sozialen Wandels bezeichnen soll, sondern ihn ebenso dazu zu benutzen, diese Bewegungen als Agenten des sowjetischen oder chinesischen Kommunismus zu denunzieren.

Es gibt nicht den geringsten Zweifel, daß das Castro-Regime mit dem Sowjetblock verbündet, möglicherweise sogar von ihm abhängig ist. Wir haben auch alles in unserer Macht stehende getan, es zu zwingen, genau dies so bald wie möglich zu tun. Was würde man von einem Land, das um sein Überleben kämpft, erwarten, in Anbetracht einer Wirtschaftsblockade, die ohne weiteres in der Lage gewesen wäre, einen Großteil der Bevölkerung auszuhungern? Wenn Castro heute auf die Hilfe der Sowjets baut, technisch und vielleicht sogar militärisch, ist das unser eigener Fehler.

Doch all dies ist nebensächlich. Was mich mindestens so sehr beschäftigt, sind die Konsequenzen [dieser] Politik – die, wie ich wiederholen möchte, nicht nur Kuba-Politik ist: Es gehört bereits zu den propagandistischen Mitteln, die Kuba-Politik von der Politik in Laos, von der Politik in Formosa und anderen Teilen der Welt zu isolieren – die Konsequenzen dieser Politik für unser eigenes Land. Was wir beobachten können, ist eine rasante Veränderung unserer Gesellschaft in eine unfreie Gesellschaft, die schon jene Tendenzen anzeigt, die wir in anderen Ländern so tapfer beklagen. Die Reduzierung demokratischer Institutionen, die Einschränkungen der Pressefreiheit, die auch nicht besser wird, wenn es sich um eine selbstauferlegte Zensur handelt – im Gegenteil, das ist sogar noch mehr zu verachten; die vereinte Front der beiden Parteien, die hier bereits erwähnt wurde; das Moratorium für Kritik, die undemokratischste aller antidemokratischen Einrichtungen, eine Fehlinformation der Öffentlichkeit, die das ausgezeichnete Memorandum, das Norbert Mintz entworfen hat, exklusiv zeigt anhand einer Information, die die *New York Times* der amerikanischen Öffentlichkeit, ich glaube, zwischen dem 9. und 23. April präsentiert hat – ich empfehle euch sehr, euch eine Kopie dieses Memorandums zu besorgen und es zu lesen, um zu erkennen, wie schwierig es ist, noch die simpelsten Wahrheiten in die Presse und aus der Presse zu bekommen; und abschließend, wir sehen in diesem Land, was in anderen Ländern als »Persönlichkeitskult« bezeichnet wird. Anstatt dies genauer auszuführen, möchte ich gerne einen Brief einer früheren Brandeis-Studentin, inzwischen Studentin an der University of California in Berkeley, vorlesen, der heute ankam.

»Es gab eine große Demonstration gegen die amerikanische Intervention in Kuba, im Anschluß daran einen Marsch zum Sitz der Bundesregierung. Lenny und ich gehörten zu denen, die die Posten kontrollierten, als eine gut organisierte Gruppe rechtsgerichteter Studenten von Colleges aus San Francisco mit ihren Spötteleien aufhörten und Schilder zerstörten, mit Hühnerfutter warfen und ein Sperrfeuer an Eiern losließen. Unsere Leute waren wunderbar selbstdiszipliniert, so daß es zu keinem gewalttätigen Zusammenstoß kam, wobei der Polizei kein Dank gebührt, die lächelnd dabeistand und zusah, wie die Provokateure mit Gegenständen warfen, die Kabel der Lautsprecheranlage zerschnitten und so weiter. Sie wurden angeführt von einem sehr kleinen, weichlich wirkenden jungen Mann, mit einer riesigen Brille und ungesund aussehender Gesichtsfarbe« – ich zitiere – »der andauernd mit hoher, kreischender Stimme schrie, daß das, was das Land bräuchte, die verstärkte Anwendung von Macht, Macht, Macht sei. Wir kamen zurück nach Berkeley und mußten feststellen, daß der Präsident der University of California – der große Liberale Clark Kerr – der Presse mitgeteilt hatte, daß unsere Demonstration in San Francisco wie auch unsere Campus-Meetings augenscheinlich nicht spontan gewesen seien. Sie seien offensichtlich nicht das Werk von Studenten, und es sei ein von außen gesteuerter Mechanismus in Gang.«

Ich möchte hinzufügen, daß diese Studentin gleichzeitig schreibt, daß sie Angst habe vor der rasanten Ausbreitung eines nicht länger mehr latent bleibenden Antisemitismus unter Universitätsstudenten. Diejenigen von euch, die auch nur ein bißchen über die jüngere Geschichte wissen, werden vielleicht erkennen, daß dieses Antisemitismus-Syndrom und die anderen in diesem Brief beschriebenen Aktivitäten nicht zufällig sind.

Gibt es nun irgendeine Alternative? Wenn das die Folgen unseres Kampfes gegen den Kommunismus sind, dann ist etwas grundfalsch daran. Und nicht nur das: Ich habe die schrecklichste aller Konsequenzen noch nicht einmal erwähnt, nämlich die immer deutliche und gegenwärtige Gefahr eines Nuklearkrieges. Es ist noch immer notwendig, dies zu erwähnen, weil die Zahl derer, die lieber sterben wollen oder es bevorzugen, wie Pflanzen mit einer beträchtlichen Menge an Radioaktivität in ihren Knochen weiterzuleben, viel größer zu sein scheint, als die Zahl derer, die weiterleben wollen, und dies als relativ klar denkende und gesunde Menschen tun wollen; trotz meines Alters, gehöre ich definitiv zur zweiten Gruppe.

Gibt es, zusammenfassend betrachtet, irgendeine Alternative? Man stellt immer die Frage nach einer Ursache; dies ist einer der wenigen Fälle, für den es eine Ursache gibt. Ich überschätze keineswegs das, was getan werden kann, aber ich denke, wir sind verpflichtet, von den uns noch zur Verfügung stehenden demokratischen Mitteln und Instrumenten Gebrauch zu machen und den Präsidenten – nicht die CIA – wissen zu lassen: amerikanische Politik wird vom Präsidenten gemacht, und wir sollten nicht die CIA zum Prügelknaben machen – laßt den Präsidenten wissen, was ihr davon haltet. Die Alternative wurde bereits von Stuart Hughes skizziert: Verhandlungen mit Kuba, Bruch unserer unheiligen Allianz mit den grausamsten Diktaturen in der ganzen Welt und volle Unterstützung solcher sozialen Bewegungen, die die Verbesserung der Lebensbedingungen in den Ländern zum Ziel haben, die nicht so überprivilegiert sind wie wir, selbst wenn damit soziale Institutionen und Beziehungen gefördert werden, die wir für unser eigenes Land nicht gutheißen.

Vielen Dank.

Nr. 68

Hans Magnus Enzensberger
Algerien ist überall
Ansprache zur Eröffnung einer Ausstellung gegen den Algerien-Krieg im Frankfurter Volksbildungsheim
27. Juni 1961

QUELLE: Diskus – Frankfurter Studentenzeitung, 11. Jg., Nr. 6/7, Juli/August 1961, S. 3

Meine Damen und Herren, ich habe eine Einladung an Sie. Ich möchte Sie zu einer Sache einladen, von der Sie nichts wissen wollen, zu einer Sache, von der eigentlich niemand etwas wissen will. Es ist eine Sache, die alle angeht. Es ist eine alte Sache. Es ist eine Sache, die mehr als sechs Jahre alt ist. Sie heißt Algerien. Was wissen wir davon, und was wollen wir davon wissen? So gut wie nichts.

Ich möchte Sie zu einer Ausstellung einladen, die in diesen Monaten in Deutschland zu sehen ist. Es ist keine glanzvoll montierte Ausstellung, kein perfektes Produkt einer public-relations-Abteilung, es gibt keine public-relations-Abteilung für das was dort gezeigt wird: zwei Dutzend Papptafeln vollgeklebt mit Bildern, Dokumenten, Fotokopien, Zeitungsausschnitten, Briefen, Statistiken. Das hat einige deutsche Studenten fünf Monate Zeit und ein paar hundert Mark, das heißt, ungefähr soviel gekostet, wie sie in ihren Semesterferien verdient haben. Sie haben niemanden gefunden, der ihre Arbeit finanziert hätte. Sie sind nirgends eingeladen worden. Die Presse hat ihre Arbeit fast überall totgeschwiegen. An unsern Volkshochschulen kann man in jeder größeren Stadt Deutschlands über Minnesang und Kaninchenzucht Vorträge hören. Dichterlesungen machen volle Kassen, es werden Kulturkongresse zu Dutzenden veranstaltet, und jedem Kulturreferenten fällt noch ein kleines Festival

ein. Aber von Algerien will niemand etwas wissen. Von dieser Ausstellung will unsere Regierung nichts wissen, unsere Presse nicht, unsere Universitäten nicht, unsere Studentenausschüsse nicht, kein Förderkreis, keine Stadtverwaltung, keine Partei, die Antikommunisten nicht, die Kommunisten nicht, die französische Botschaft nicht und vermutlich nicht einmal die offiziellen Stellen der Algerier; denn auch die Verbrechen der FLN verheimlicht diese Ausstellung nicht.

Wir sind überflutet von Informationen, wir haben Maschinen und Kanäle vollgestopft mit Programmen und Nachrichten, aber unsere Informationswelt ist so beschaffen, daß das Wichtigste keinen Platz darin hat. Der Satz läßt sich umkehren: was keinen Platz hat, wovon niemand etwas wissen will, das ist das Wichtigste. Diese Ausstellung ist zwischen allen denkbaren Stühlen aufgerichtet. Das ist ein Beweis dafür, daß sie gerecht, notwendig und unanfechtbar ist.

Ich kann mir keine Beschreibung denken, die diesen Bildern angemessen wäre. Wenn Sie unsere Kultur besichtigen wollen, gehen Sie nicht zu einem Kulturkongreß, gehen sie zu keiner Dichterlesung, gehen Sie in diese Ausstellung. Sie wird Ihnen keine Freude machen. Denn was dort ausgestellt ist, das sind nicht die andern, das sind wir selber. Die Leute in den Konzentrationslagern, die verhungerten, die gefolterten, das sind wir – und wir sind die Henkersknechte, die Bombenwerfer und die Kapos.

Ich rede von keiner höhern Warte, ich meine das, was ich sage, ganz wörtlich und ganz genau. Wir sind Komplizen. Algerien ist überall, es ist auch hier, wie Auschwitz, Hiroshima und Budapest. Ich will Ihnen erklären, warum. Der algerische Krieg wird in unserm Namen geführt, er wird geführt mit den Truppen der NATO, von den Stützpunkten der NATO aus, mit dem Kriegsmaterial und auf Kosten der NATO. Jeder Franc, mit dem die Napalmbomben und die Folterer bezahlt werden, erscheint auf der Zahlungsbilanz zur »gemeinsamen Verteidigung« der NATO. Das Auswärtige Amt verlangt »Rücksicht und Verständnis gegenüber unserm Bündnispartner«. Herr Jaeger, Vizepräsident des von uns gewählten Parlamentes, ist, wie er sagt, zu der Überzeugung gekommen, daß die Sache Frankreichs in Algerien die Sache Europas, der Vernunft und der Zivilisation ist. Ich fürchte, er hat recht. Wir sind die Auftraggeber, in unserm Namen wird gehandelt, was auf den Papptafeln der Ausstellung zu sehen ist, dafür stehen wir ein. Wenn unsere Regierung Algerier an die französische Polizei ausliefert, ihnen das Asylrecht verweigert, wenn unser Land keine algerischen Arbeiter aufnimmt, wenn es keine Hilfe leistet für die Kinder, die in den Lagern verhungern, dann unterbleibt all dies in unserm Auftrag. Wir sind dafür haftbar zu machen, und wir werden dafür haftbar gemacht werden. Wenn wir das Recht der freien Selbstbestimmung für unsere Landsleute in der DDR verlangen, wenn wir gegen die Urteile Ulbrichts protestieren, wer wird uns glauben? Wer wird uns glauben, wenn wir von 800 000 getöteten Algeriern nichts wissen wollen? Schon einmal haben wir alle miteinander nichts wissen wollen. Wir haben von sechs Millionen ermordeten Juden nichts wissen wollen. Damals hieß es: Man hat uns alles verschwiegen, wir konnten nichts machen, der Diktator war allmächtig. Heute haben wir keinen allmächtigen Diktator. Wir können uns unterrichten, wir können sogar helfen. Wir haben keine Ausreden mehr. Wir wissen, was wir tun und was wir geschehen lassen. Auf zwei Dutzend Papptafeln steht es geschrieben. Es kommt heraus, es kommt ans Licht, es läßt sich nicht verschweigen. Die Ämter und die Referenten, die Weltblätter und Provinzzeitungen, die riesige Maschine der Irreführung wird den ungleichen Kampf gegen zwei Dutzend Papptafeln verlieren, auf denen die Wahrheit steht. Ich lade Sie ein, die Schrift zu lesen. Es ist die Feuerschrift auf unserer Wand. Daran können wir ablesen, wer wir sind und was uns bevorsteht, wenn wir uns nicht wehren. Hilfe, sofortige Abhilfe: Das ist ein Gebot nicht bloß der Menschlichkeit, sondern der Notwehr, denn unteilbar ist nicht nur der Friede und die Freiheit, unteilbar ist auch die Folter, der Hunger und der Krieg. Entweder wir schaffen sie, oder sie schaffen uns ab.

Nr. 69

Christoph Oehler

Student und Politik – Ergebnisse einer Untersuchung des Instituts für Sozialforschung in Frankfurt/M.

Juli 1961

QUELLE: Deutsche Universitätszeitung, 16. Jg., Juli 1961, S. 28–31

Die bis heute uneingelöste Forderung nach einem *studium generale* war, als sie nach 1945 erhoben wurde, *eng verknüpft mit dem Vorwurf des politischen Versagens der deutschen Universität während des Dritten Reiches*. Dieser Vorwurf droht inzwischen in der Diskussion um den »Bildungsauftrag« der Universität zum Klischee zu werden. Politische Bildung ist im akademischen Lehrbetrieb ebenso wie an den höheren Schulen etabliert – und doch enthebt dies nicht der Sorge, *ob sie nicht zum bloßen Bildungsgut geworden sei*; eine Sparte mehr im Katalog der Allgemeinbildung, die man in den ersten Semestern absolviert, *aber folgenlos für die politische Realität; nicht weniger auch folgenlos für die Reflexion auf die gesellschaftlichen Voraussetzungen des eigenen akademischen Berufes.*

Der Beschluß der Rektorenkonferenz vom Januar 1954, der politische Seminare, studentische Arbeitsgruppen für einzelne politische Themen und politische Ringvorlesungen anregte, bezeichnet eigentlich mehr das Dilemma der politischen Bildung, als daß er eine Lösung für eine Institution anzubieten vermöchte, in der ein obligatorisches Studium der Politik nicht zur Diskussion stehen kann. Dem entsprach auch der Tenor der Abschlußkundgebung des Karlsruher Studententages: wer will, mag und soll sich politisch bilden; ob man dies aber tut und welche Konsequenzen man daraus für die Rolle des Akademikers in der Gesellschaft zieht, dies ist nicht mehr Sache der Universität.

Die Studie,[1] deren Ergebnisse wir hier vorlegen, verdankt ihre Entstehung der Frage danach, *welches politische Potential die werdenden Akademiker darstellen*, die aller Wahrscheinlichkeit nach einmal die zentralen Positionen in der Verwaltung, der Wirtschaft und im öffentlichen Leben einnehmen werden; ebenso der Frage, welche Aufgaben – und zugleich Chancen – sich daraus für die politische Bildung an den Universitäten ergeben. Geistige Schulung, ein relativ hohes politisches Informationsniveau und der Umstand, daß Studenten noch nicht im Beruf festgelegt sind, scheint sie für eine unabhängige Beschäftigung mit politischen Problemen zu prädestinieren. *Gleichzeitig aber finden sich Anzeichen dafür, daß die bildungshumanistische Tradition, der die Mehrzahl der Studierenden verhaftet ist, zur Distanzierung von der Sphäre der politischen Öffentlichkeit und vollends von der Berufspolitik führt.*

Um das politische Potential der Studierenden zu bestimmen, bot sich der in der Meinungsforschung übliche Weg an, nach politischer Aktivität und Information, sowie nach Parteipräferenz zu fragen. Es bedarf kaum der Erörterung, daß eine so angelegte Untersuchung an der Oberfläche der Meinungen geblieben wäre. Die Bereitschaft zu politischem Engagement, der *politische »Habitus«*, wie wir es genannt haben, ist nicht identisch mit dem Gang zur Wahlurne, in dem sich für den nicht hauptberuflich politisch Tätigen die Möglichkeit eigener Aktivität nahezu erschöpft. Die Informationen des Spiegellesers besagen noch nichts darüber, ob man über eine in sich *geschlossene Vorstellung vom politischen Kräftespiel* verfügt, die ihrerseits in letzter Instanz in so etwas wie einem *Gesellschaftsbild* fundiert sein müßten. Und die noch dazu häufig wechselnde Stellungnahme für oder gegen eine Partei sagt nicht notwendig etwas darüber aus, ob man das demokratisch-parlamentarische System als solches bejaht oder ablehnt. Darum mußte unsere Untersuchung Aufschluß darüber suchen:
1. welchen *politischen Habitus* die befragten Studierenden aufweisen,
2. wie ihre *Einstellung zum demokratischen System* als solchem beschaffen ist,
3. ob sie über ein »Gesellschaftsbild« verfügen und wie dies aussieht.

1. POLITISCHER HABITUS

Anhand von 170 ausführlichen Interviews mit einer sorgfältig ausgewählten, repräsentativen Modellgruppe der Frankfurter Studenten haben wir versucht, die Bereitschaft zum politischen Engagement mit den folgenden *Habitustypen* zu charakterisieren:

Die *Indifferenten (13 Prozent* der befragten Studenten) verhalten sich gegenüber *dem öffentlichen Bereich innerlich fremd*, ohne Verständnis, verbleiben in einer davon scheinbar unberührbaren Sphäre des Nächsten und Persönlichsten. Das politische Geschehen, soweit es den Maßstäben privater Beziehungen nicht entspricht, wird zum Uneigentlichen, wenn nicht gar moralisch Verwerflichen. Bei einem Teil dieser Befragten spielen Motive christlicher oder aber bildungshumanistischer Erziehung mit hinein.

Demgegenüber sind die *irrational Distanzierten (11 Prozent)* zwar auch im »kleinen Lebenskreis«, dem *Streben nach beruflicher und familiärer Sekurität befangen*, aber ihr Verhältnis zur Sphäre der Öffentlichkeit ist durch Antipathie und nicht durch Apathie gekennzeichnet. Sie wissen meist aus eigener Lebenserfahrung, daß auch die Privatsphäre ständig von Politik tangiert wird. Aber sie suchen sich dem politischen Engagement durch den Rückzug auf den Bereich scheinbar unmittelbarer, vertrauter menschlicher Beziehungen zu entziehen.

Demgegenüber suchen die *rational Distanzierten (19 Prozent)* die Sphäre der Öffentlichkeit nicht derart zwanghaft zu vermeiden; Politik erscheint ihnen eher als *rationale Verwaltung denn als Machtkampf*; und damit häufig als Ressort berufsmäßig dafür vorgebildeter Spezialisten, an deren Geschäften sich zu beteiligen sie sich als zugleich *inkompetente und neutrale Zuschauer* zu Recht dispensiert fühlen. Damit präformieren sie sich gleichsam selber zu Objekten fürsorgender Verwaltung.

Die *staatsbürgerlich Integrierten (19 Prozent)* dagegen sehen von vornherein den Zusammenhang zwischen Privatsphäre und Öffentlichkeit. Sie *fühlen sich* im klassischen Sinn des liberalen Modells, eben *als Staatsbürger*, beteiligt, unterliegen damit freilich leicht dem Schein, das formale System gleichberechtigter und autonomer politischer Willensbildung auch unter den veränderten Bedingungen organisierter Politik mit den tatsächlichen Machtverhältnissen gleichzusetzen.

Von ihnen unterscheiden sich die *reflektierten Staatsbürger (29 Prozent)* dadurch, daß sie das Aufeinanderabgestimmtsein zwischen Privatsphäre und Öffentlichkeit nicht gleichermaßen naiv in den demokratischen Spielregeln verbürgt sehen, sondern ein höheres Maß an *Einsicht in die Machtverhältnisse einer höchst komplexen politischen Realität* aufbringen.

Erst bei den *politisch Engagierten (9 Prozent)* kann aber von objektiv politisch angemessener Beteiligung gesprochen werden. Sie verfallen weder dem liberalen Schein einer intakten bürgerlichen Demokratie, noch setzen sie Politik mit fürsorgender Verwaltung gleich. Vielmehr erscheint ihnen *Politik als einmalige, für Entscheidungen offene geschichtliche Situation*, von der ihre private Existenz unablösbar ist. Ein Teil von ihnen zieht daraus die Konsequenz konkreten eigenen Engagements. Andere sind nicht so sehr auf konkrete Aktion aus – sie wissen um die minimalen Initiativchancen des einzelnen; vielmehr geht es ihnen um kritisches Verständnis der relevanten politischen Zusammenhänge überhaupt.

Der politische Habitus eines Befragten besagt nun natürlich so lange noch wenig über *sein zukünftiges Verhalten,* wie man noch nicht weiß, mit welcher *inhaltlichen Stellungnahme* zu politischen Fragen er sich verbindet. Darum haben wir zunächst die Einstellung *zum demokratischen System* als solchem zu ermitteln gesucht.

2. Einstellung zum demokratischen System

Die Gruppe derer, die wir aus Gründen einer ersten Verständigung als *genuine Demokraten (30 Prozent)* bezeichnen, hat gemeinsam, daß man die *politische Willensbildung von der Gesamtheit der Staatsbürger* ausgehen sehen möchte und daß man ein Sensorium für die Gefahren einer wie immer gearteten Entwicklung zu einer autoritären Staatsform besitzt. Im einzelnen findet sich in ihr eine verschwindende Minderheit solcher, welche die politischen Gleichheitsrechte zu sozialen erweitern wollen, und dies meist aus einem Gefühl der Billigkeit heraus, nicht aber aufgrund einer sozialistischen Konzeption. Häufiger sind hier schon solche Befragte, die altliberale Vorstellungen verwirklicht sehen möchten, also an der Repräsentation des politischen Willens der Wähler durch nur ihrem Gewissen verantwortliche Persönlichkeiten festhalten. Den größten Anteil an dieser Gruppe haben aber diejenigen, die man als chec-and-balance-Demokraten bezeichnen könnte: Demokratie ist ihnen nicht so sehr parlamentarische Repräsentation durch einzelne Abgeordnete, sondern ein funktionierendes Gleichgewichtssystem gesellschaftlicher Kräfte und zugleich politischer Kontrollinstanzen, das stets wechselnde Machtkonstellationen erzeugt.

Die *zweite Gruppe,* die der sogenannten *formalen Demokraten (39 Prozent),* hält ebenfalls durchaus noch an den demokratischen Einrichtungen fest; die *politische Willensbildung* soll in ihren Augen aber stärker durch Integration von oben zustande kommen; und die Ablehnung autoritärer Tendenzen ist nicht mehr so fraglos, kann vielmehr von einer *untergründigen Affinität zu ihnen* begleitet sein. Im einzelnen finden sich hier zunächst Studenten, die in der politischen Ordnung in der Bundesrepublik im Grunde vornehmlich das Wirtschaftswunder begrüßen; ferner solche, für die sich Demokratie formaljuristisch in einem System verfassungsmäßig gesicherter parlamentarischer Spielregeln erschöpft; dann eine nicht unerhebliche Zahl von Studenten, denen Demokratie wie auch Parteipolitik als etwas Veranstaltetes erscheint, von dem sie, die meist naturwissenschaftlich orientiert sind, sich innerlich distanzieren, um das Feld dem Ambitionierten zu überlassen. Schließlich gehört hierher eine Gruppe von Befragten, die sich an der Oberfläche mit der Demokratie identifizieren, die aber untergründig antidemokratische Tendenzen zeigen. Dies läßt sich teils an der Diktion, teils an einzelnen zu den übrigen demokratiegerechten Antworten gar nicht ermittelten Äußerungen ablesen.

Die dritte Gruppe, die der sogenannten *Autoritären (22 Prozent),* faßt keineswegs – um Mißverständnisse zu vermeiden – Befragte zusammen, die notwendig eine *autoritäre Charakterstruktur* aufweisen. Hierüber läßt sich aufgrund unseres Materials gar keine Entscheidung treffen. Diese Befragten haben lediglich gemeinsam, daß sie *von oben her bestimmtes politisches Reglement nicht prinzipiell ablehnen.* Am zahlreichsten und zugleich am profiliertesten sind diejenigen, denen ein konservativ-obrigkeitliches System vorschwebt, vergleichbar dem von *Salazar* praktizierten, das die individuelle Freiheitssphäre wahrt. Sie unterscheiden durchweg zwischen einer allein verantwortlichen Elite und der breiten Masse. Diese Konzeption erfährt – was vermutlich für Studierende spezifisch sein dürfte – bei ebenfalls relativ vielen Befragten eine gewisse Verinnerlichung: aus der Unterscheidung zwischen Elite und Masse wird die zwischen den geistigen Menschen und dem Pöbel; und eine straffe Staatsführung, die für Ruhe und Ordnung sorgt, wird nun verlangt, um der Gleichmacherei vorzubeugen. Die Vorstellungen einer verhältnismäßig schwachen Gruppe schließlich müssen alle totalitär bezeichnet werden: der Gegensatz zwischen Obrigkeit und Volk verschmilzt hier in der »Volksgemeinschaft« von Führer und Geführten. Die Privatsphäre ist tendenziell liquidiert.

Über die vierte Gruppe in unserer Gesamteinteilung der Einstellungen zum demokratischen System, die *Indifferenten (9 Prozent),* läßt sich lediglich sagen, daß ihnen das Verständnis für das komplizierte System demokratischen Machtvollzugs abgeht und daß sie darum meist zufrieden sind, wenn andere für sie an der Spitze entscheiden.

Die Fragestellung unserer Untersuchung zielt auf *das politische Potential der Studierenden*. Darüber läßt sich aber erst etwas ausmachen, wenn man politischen Habitus und Einstellung zur Demokratie nicht nur isoliert betrachtet, wie es bisher geschehen ist, sondern sie zueinander in Beziehung setzt. Das ist statistisch auf dem Korrelationswege geschehen. Das Ergebnis kann hier nur in groben Zügen wiedergegeben werden:

Die *genuinen Demokraten* sind ihrem Habitus nach verhältnismäßig häufig politisch engagiert; von ihnen in ihrer Gesamtheit kann demnach am ehesten erwartet werden, daß sie sich für ihre demokratischen Anschauungen auch einsetzen werden. Die *formalen Demokraten* zeigen relativ häufig den Habitus des rational Distanzierten oder des naiven Staatsbürgers, also derjenigen, die bemüht sind, sich entweder der nun einmal bestehenden politischen Ordnung zu fügen oder ihr unreflektiert dadurch gerecht zu werden suchen, daß sie tun, was man von ihnen eben als Staatsbürgern verlangt. Sie dürften in ihrer Gesamtheit danach eher den genuinen Demokraten den Rücken stärken, als daß sie sich gegen sie stellten. Die *»Autoritären«* endlich sind in ihrem Habitus recht häufig »irrational distanziert«, schließen sich also selber von politischer Wirksamkeit aus und dürften daher, solange die inneren Sperren nicht durchbrochen sind, wahrscheinlich dem demokratisch Gesonnenen das Feld überlassen. Die Kombination der Gruppierungen nach Habitus und Tendenz läßt so erkennen, daß das politische Potential der Studierenden in ihrer Gesamtheit eher in die Waagschale zugunsten der Demokratie als zu ihren Ungunsten fällt.

Es liegt auf der Hand, daß es sich hier um ein recht abstraktes Schema handelt, das die Vielgestaltigkeit der konkreten politischen Situation notwendig außer acht läßt. Vor allem aber ist es nur sinnvoll unter der Voraussetzung der gegenwärtigen politischen Verhältnisse, des status quo. Nichts ist darüber gesagt, wie sich die Studenten etwa in einer Situation, vergleichbar der von 1933, verhalten werden. Wir haben nun versucht, durch eine genaue Analyse der einzelnen Interviews etwas über die *tieferen Schichten der politischen Mentalität der Befragten zu erfahren. Was sich hier findet, läßt die Solidarität mit dem demokratischen System für den Fall einer allgemeinen Krise doch einigermaßen fragwürdig erscheinen*. Im Gespräch über eine Reihe *konkreter Probleme* ließ die Mehrheit der befragten Studenten gemeinsame Züge einer Mentalität erkennen, die *im Kern ambivalent* ist: sie wird nämlich von einem Rückzug in den Bereich der Innerlichkeit gleichermaßen geprägt, wie von einer pragmatischen Anpassung an die sogenannten äußeren Notwendigkeiten.

Das Verhältnis zur politischen Vergangenheit ist gleichsam schulbuchmäßig verfremdet. Zunächst verblüfft die vorherrschende Haltung des sachverständigen Historikers: nur selten wird die Geschichte als ein Prozeß erfahren, in dem Vergangenheit in die Gegenwart hereinreicht und zum Moment politischer Entscheidung wird: die jüngste Geschichte ist bereits abgeheftet. Dem entspricht in gewisser Weise eine von den Ressentiments der ersten Nachkriegsjahre fast unbelastete Neutralisierung von Vorgängen, die unterm Gesichtspunkt der nationalen Eigenliebe anstößig sind. Die Entpolitisierung politischer Ereignisse zeigt sich dann in spezieller Gestalt am Beispiel der Stellungnahme zu den Ereignissen des 20. Juli 1944. Anstelle eines politischen Für und Wider dieses Staatsstreiches tritt die abstrakte Erörterung von Pflichtbegriffen: die politische Fragestellung wird auf die »moralische Ebene« verschoben und unversehens in eine »rein menschliche« Gewissensentscheidung verwandelt.

Das unhistorische und zugleich moralisierende Verhältnis zur Geschichte, das zudem dazu tendiert, objektive Prozesse ins Biographische aufzulösen, geht freilich in einen kräftigen Pragmatismus über, sobald, etwa mit dem Wehrdienst, Fragen ins Spiel kommen, die das eigene Leben unmittelbar berühren. Die Wiederbewaffnung wird, freilich nur auf der Grundlage des nun einmal geschaffenen Zustandes, von der überwältigenden Mehrheit der Studenten bejaht. Es herrscht eine Stimmung, die sich, nicht einmal unfreundlich, mit dem fait accompli abfindet. Die typische Wendung, »ich glaube, die Meinung des Verteidigungsministers zu teilen«, verrät, wie man die eigene Situation von den offiziellen Stellen erst präformieren und dann auch interpretieren läßt. Am Ende geht es um »freiwillige Einordnung«, aber so, daß man darin eher Identifikation mit dem Zwang der Verhältnisse als mit diesen Verhältnissen selber zu sehen hat.

Diese politische Mentalität, also das *schulbuchmäßige Verhältnis zur jüngsten Vergangenheit*, die Neutralisierung des in der nationalen Tradition Anstößigen und die Verinnerlichung politischer Beziehungen zu moralischen, schließlich das *halb pragmatistische, halb resignierte Sich-abfinden mit den »Tatsachen«*, ferner ein vollständiger Mangel an utopischen Impulsen – alles das erklärt nicht nur den großen Anteil der Studierenden, *deren demokratische Tendenz eher auf Anpassung, denn auf Überzeugung beruht;* es deutet zugleich auch auf die Unverbindlichkeit der politischen Einstellung schlechthin. Aber genaueren Aufschluß können erst die Gesellschaftsbilder geben, in deren Zusammenhang die Einstellung zur Demokratie eingebettet ist.

3. DAS GESELLSCHAFTSBILD

Am Beispiel des 19. Jahrhunderts ließe sich leicht zeigen, wie »Gesellschaftsbilder« das politische Verhalten der Menschen steuerten; wir würden heute eher geneigt sein zu sagen: »*Ideologien*«, oder – mit negativem Akzent – »*Weltanschauungen*«. Sie jedenfalls begründeten so etwas wie einen Standpunkt, d.h. sie sagten einem, was man von den einzelnen, stets wechselnden politischen Konstellationen zu halten und wie man sich selber zu ihnen zu stellen hatte. Wären Habitus und Tendenz unserer Befragten mit innerer Konsequenz jeweils in ein entsprechendes Gesellschaftsbild eingebettet, dann – und nur dann – wären wir berechtigt, den bisherigen Befund über das demokratische Potential der Studenten »unter den gegebenen Verhältnissen« auch auf eine zukünftige, veränderte Situation zu übertragen; mag man dabei nun an eine politisch-wirtschaftliche Krise oder an den Übergang der parteienstaatlichen Massendemokratie in eine wie immer geartete Form des Obrigkeitsstaates denken.

Unsere Befunde deuten nun darauf, daß die *Anziehungskraft solcher Gesellschaftsbilder im Schwinden begriffen ist*. Bei gut *einem Drittel* der Befragten *(36 Prozent)* findet sich überhaupt kein Gesellschaftsbild. Teils sind sie ganz unprofiliert, teils sind sie »Realisten« (so wenigstens würden sie selber sich wohl bezeichnen): *sie richten sich nach der Machtkonstellation, die sie vorfinden, und sehen zu, wie man in der jeweiligen konkreten Situation am besten durchkommt*. Bei einigen schließlich finden sich ganz heterogene Rudimente ehemaliger Weltanschauungen.

Unter den übrigen Befragten, die so etwas wie ein Gesellschaftsbild besitzen, hat nahezu ein weiteres *Drittel* ein solches, das seinem eigenen Wesen nach politische Wirksamkeit ausschließt: *sie setzen die Welt des Geistes als das Eigentliche der schlechten politischen und gesellschaftlichen Realität als dem Uneigentlichen, aus dem man sich tunlichst fernhält, entgegen.* Meist kennzeichnet sie, die häufig Geisteswissenschaftler sind, eine gewisse Innerlichkeit und zugleich Introvertiertheit. Für unsere Frage nach dem politischen Potential jedenfalls bleibt dieses Gesellschaftsbild folgenlos.

Das *restliche Drittel* der Befragten, die eigentlich politisch relevante Gesellschaftsbilder aufweisen, geht nun wiederum zum größeren Teil von Vorstellungen aus, *die sich mit den demokratischen Gleichheitspostulaten schlecht vertragen*. Sie scheiden zwischen der breiten Masse und den wenigen, denen eine bevorrechtigte Stellung zukommen sollte, sei es als geistiger Elite, sei es als »den Leuten in den führenden Positionen« oder als dem durch Herkommen und Bildung zugleich ausgezeichneten Mittelstand.

Danach bleibt nur eine recht kleine und in sich auch noch heterogene Gruppe, deren Gesellschaftsbild überhaupt eine demokratische Tendenz stabilisieren könnte.

Setzt man nun tatsächlich politischen Habitus, politische Tendenz und diese Gesellschaftsbilder zueinander in Beziehung, so stellt sich heraus, daß *wirklich engagierte Demokraten, denen zugleich ein scharf profiliertes »egalitäres« Gesellschaftsbild eigen ist, nicht mehr als vier Prozent* unserer Befragten sind. Dabei sei allerdings vermerkt, daß auf der anderen Seite auch nur *sechs Prozent* der von uns befragten Studenten engagierte politisch »*Autoritäre*« sind und ein Gesellschaftsbild besitzen, das damit übereinstimmt.

Aus diesen Ergebnissen sind die Konsequenzen für die Einschätzung des politischen Potentials der Studierenden, vor allem aber auch dafür zu ziehen, was sinnvollerweise Aufgabe *politischer Bildung an der Universität* sein könnte. Wir möchten uns dessen an dieser Stelle enthalten und vielmehr die Ergebnisse, so wie sie uns sich darbieten, zur Diskussion stellen.

1 Eine soziologische Untersuchung zum politischen Bewußtsein Frankfurter Studenten von Jürgen Habermas, Ludwig von Friedeburg, Christoph Oehler, Friedrich Weltz, Neuwied 1961.

1962

30.10.: Studenten demonstrieren in der Innenstadt gegen die Beschlagnahmung des »Spiegel«.

Nr. 70

Max Horkheimer
Brief an John J. McCloy

8. Mai 1962

QUELLE: Max Horkheimer, Gesammelte Schriften Bd. 18: Briefwechsel 1949–1973, hrsg. von Gunzelin Schmid Noerr, © S. Fischer Verlag Frankfurt/Main 1996, S. 527–529; Original englischsprachig, hier übersetzt wiedergegeben

[Frankfurt a. M.,] May 8, 1962

Lieber Herr McCloy,

der Dank dafür, daß Sie die große Güte hatten, in meiner persönlichen Angelegenheit sich an das Passport Office in Washington zu wenden, kommt sehr verspätet. Ich bitte Sie, mir zu glauben, daß er darum nicht weniger tief und aufrichtig ist. Daß Sie meine Überzeugung, den Pflichten aus meiner amerikanischen Staatsangehörigkeit im Denken und Handeln treu geblieben zu sein, beipflichten, bedeutet eine größere Ermutigung für mich, als ich es sagen kann.

Daß mein Dank erst heute kommt, hängt mit der großen Bedeutung zusammen, welche die Angelegenheit für mein Leben besitzt. Die Mitteilung, daß meine Frau und ich das amerikanische Bürgerrecht verloren haben, hatte mich um die Mitte der fünfziger Jahre aufs schwerste betroffen. Wie Ihnen bekannt ist, sind daraufhin einige Schritte unternommen worden, um die Entscheidung auf dem Verwaltungswege oder durch ein neues, individuelles Gesetz abzuändern. Der Fehlschlag dieser Bestrebungen hat mir aufs neue eine schwere Enttäuschung bereitet.

Gewiß wäre es richtiger gewesen, sogleich weitere Maßnahmen zu ergreifen, um meine Staatsangehörigkeit wiederzugewinnen. In der Tat habe ich auch einige Anwälte konsultiert, konnte mich jedoch nicht entschließen, neue Versuche zu unternehmen. Der wichtigste Grund dabei war die Erinnerung an das große Leid, das die erste negative Entscheidung für meine Frau und mich bedeutet hatte. Ich wollte mich nicht der Gefahr aussetzen, im Falle des Scheiterns meiner Bemühungen eine neue Enttäuschung zu erleben. Ich wußte wohl, daß eine hohe Behörde nur ungern eine von ihr ergangene Entscheidung rückgängig macht, es sei denn, daß bisher unbekannte Tatsachen geltend gemacht werden können. Die Nachricht, daß der Board of Review nunmehr aufgrund Ihrer großmütigen Interventionen meine Sache aufs neue prüfen wird, hat mich so tief bewegt, daß ich Ihnen erst heute darüber zu schreiben vermag.

Zunächst hatte ich die Absicht, Ihnen einige solcher bisher nicht berücksichtigter Tatsachen zu unterbreiten, die für die Entscheidung wichtig sein könnten. Dazu gehört der Umstand, daß ich seit meiner Ankunft in Deutschland bis zum heutigen Tage den größeren Teil meines Einkommens aus amerikanischen Quellen bezog. Ganz unabhängig von dem Private Law von 1952 wären daher die Gesetze über den Verlust der Staatsangehörigkeit nach meiner Überzeugung auf mich nicht anwendbar gewesen. Mit all dem jedoch darf ich Sie wahrscheinlich nicht behelligen. Ich kann nur sagen, daß meine Wirksamkeit in Deutschland, die im Begriffe ist, zu Ende zu gehen, einzig den Zielen gedient hat, um deretwillen ich mit ausdrücklicher Zustimmung des State Department nach Frankfurt gegangen bin. Seit 1934 sind die Vereinigten Staaten meine Heimat. Den Behörden der Bundesrepublik Deutschland, die mich in meinen Bestrebungen immer unterstützt haben, war das bewußt. Als ich nach der Entscheidung des Passport Office im Jahre 1955 einen deutschen Reisepaß erhielt, hat mir unser verehrter Theodor Heuss in einem schönen Brief mitgeteilt, daß dadurch keine Veränderung in meinem Status bedingt würde. Meine unwandelbare Loyalität zu den Vereinigten Staaten war ihm sehr wohl bekannt.

Ein Projekt, das mich seit zwei Jahren beschäftigt, scheint mir für meine Wirksamkeit besonders kennzeichnend zu sein. Im Verein mit amerikanischen und deutschen Organisationen, vor allem mit dem American Jewish Committee, dessen Consultant ich heute wie in den vierziger Jahren bin, bringe ich Lehrer, die in der Bundesrepublik politischen Unterricht erteilen, in kleine Gruppen zusammen. Nach der Aussprache mit Kollegen, die bereits in den USA waren, fahren sie nach New York und besuchen von dort aus die wichtigsten Lehranstalten, die für den politischen Unterricht drüben sowie für die Wechselwirkung zwischen Erziehung und demokratischer Wirklichkeit kennzeichnend sind. Außerdem haben sie Gelegenheit, sich mit bedeutenden amerikanischen Pädagogen auszusprechen. Nach etwa zwei Monaten kehren sie wieder nach Deutschland zurück, berichten auf eigens dafür veranstalteten Tagungen ihren Kollegen und bleiben mit den Teilnehmern an früheren und künftigen Reisen in dauerndem Kontakt.

Die Unternehmung ist von dem Gedanken geleitet, daß die persönliche Beziehung deutscher politischer

Erzieher zu amerikanischen Menschen und Institutionen auch der heranwachsenden deutschen Jugend ein freieres, ungetrübteres Verhältnis zu amerikanischen und internationalen Angelegenheiten ermöglichen wird. Eine dieser Gruppen ist gegenwärtig unterwegs.

Ich glaube, daß meine Arbeit während der Zeit des Aufenthaltes in Europa dem amerikanischen und deutschen Interesse galt. Sogleich nach der negativen Entscheidung des Passport Office bin ich aufs neue in die Vereinigten Staaten eingewandert. Ich sah keinen anderen Weg, um meine Verbundenheit mit den Vereinigten Staaten auch äußerlich zu bekunden. Die kulturellen Aufgaben, denen ich mich widmete, sowohl meine Beziehungen zur Universität Chicago wie auch zum American Jewish Committee, haben es mit sich gebracht, daß meine Aufenthalte zumeist nur kurz bemessen waren. Ich war Vorsitzender des Frankfurt-Chicago University Exchange Committee und Berater des AJC für Deutschland. Ich habe jedoch eine Wohnung in New York beibehalten sowie ein neues Haus in Stamford, Connecticut, erworben. Während ich als Bürger zur Zeit der Abwesenheit nicht zur Steuer herangezogen wurde, habe ich als Resident in den letzten sechs Jahren um der Zugehörigkeit willen dieses große finanzielle Opfer gebracht.

Verzeihen Sie mir, daß ich Ihnen das alles noch einmal sage. Es soll Ihnen nur zeigen, wie unendlich wertvoll mir Ihre Hilfe bei der Wiedererlangung meiner Staatsangehörigkeit ist. Ich hoffe sehr bald Gelegenheit zu haben, Ihnen persönlich danken zu dürfen. Sollten Sie es für wichtig erachten, daß ich jetzt rasch nach den Vereinigten Staaten fahre, um selbst beim Board oder einer anderen Instanz vorstellig zu werden, so bitte ich aufrichtig darum, es mir zu sagen. Jeder Rat von Ihnen wird mir höchst wertvoll sein.

Bitte grüßen Sie sehr herzlich Ihre verehrte Gattin, auch von meiner Frau, und seien Sie selbst aufs freundlichste gegrüßt von

Ihrem sehr ergebenen
(Max Horkheimer)

Nr. 71

Herbert Marcuse
Emanzipation der Frau in der repressiven Gesellschaft
Ein Gespräch mit Peter Furth in der Zeitschrift »Das Argument«
Juli 1962

QUELLE: Das Argument, 4. Jg., Heft 4, Juli 1962, S. 2–11

FURTH: Die Gesellschaft tritt mit dem Anspruch auf, heutzutage, daß die Gleichberechtigung der Frauen, wie man ja sagt, die Emanzipation der Frauen durchgeführt sein soll; daß alte Verlangen und Wünsche von dieser Gesellschaft befriedigt würden, rechtlich wie auch faktisch; daß juristische Gleichberechtigung wie auch ökonomische erreicht und alte Privilegien aufgehoben seien. Nun ist die Frage, kann man sagen, daß die Emanzipation, so wie sie die Frauenbewegungen vertreten haben, eingelöst sei in dieser Gesellschaft, bzw. ist da ein Überschuß vorhanden, der noch nicht eingelöst worden ist?

MARCUSE: Das kommt darauf an, was man unter Emanzipation versteht. Wenn man unter Emanzipation versteht, daß die Frauen Berufsrechte und Berufsfreiheiten bekommen, die sie früher nicht hatten, kann man von einer Emanzipation sprechen. Ich kenne nur die Situation in den Vereinigten Staaten, von Deutschland kann ich nicht reden. Was ich sage, bezieht sich also nur auf die Vereinigten Staaten. Da ist gar kein Zweifel, daß die Zahl der Frauen, die berufstätig sind, die also den Haushalt nur noch nebenbei machen, ungeheuer gewachsen ist. Wenn das Emanzipation ist, in diesem Sinne hat die Gesellschaft sehr viel eingelöst, obgleich selbst in der Berufstätigkeit die Frau noch aus vielen Berufen ausgeschlossen ist. Also selbst das soll man nicht übertreiben.

Aber ich würde unter Emanzipation mehr verstehen. Negativ, falls die Emanzipation nur oder hauptsächlich darin besteht, daß die Frau an dem gesellschaftlich bestehenden Berufssystem, an der gesellschaftlich bestehenden Teilung der Arbeit ihren Anteil hat, größeren Anteil als zuvor, dann heißt das nur, daß die Frau im gleichen Maße auch an der Repression, die in dieser gesellschaftlichen Teilung der Arbeit sich ausdrückt, Anteil hat, das heißt, daß sie jetzt derselben Repression ausgesetzt ist, der früher der Mann als Berufstätiger ausgesetzt war. In diesem Sinne kann man in einer noch repressiven Gesellschaft von einer wirklichen Emanzipation der Frau nicht sprechen, weil hier die Emanzipation nie über die gesellschaftliche Repression hinausgeht.

FURTH: Nun waren aber doch wohl die Hoffnungen der Frauenbewegung, als eines erklärten Teiles allgemeiner Emanzipationsbewegung, weitergehend. Sie beinhalteten doch nicht nur das Nachziehen, das Auf-dasselbe-Niveau-Kommen wie die Männer, das Arrivieren in die bürgerliche Gesellschaft, so wie sie war.

MARCUSE: Sondern zahlreiche Inhalte gehen darüber hinaus.

FURTH: Kann man dies nicht in zweifacher Weise sehen, oder gibt es da nicht zwei Momente, bei denen diese Hoffnungen ansetzen, nämlich einmal, daß die Frauen sich verstanden gewissermaßen als die letzte Instanz, an die der Druck, der in der Gesellschaft ausgeübt wurde, noch einmal weitergegeben werden konnte. Daß die Männer im Produktionsprozeß gegängelt und unter Druck gesetzt waren, und daß man hoffte, wenn jene letzte Instanz, an die Druck weitergegeben werden kann, und der gegenüber jeder Unterdrückte sich als Unterdrücker bewähren kann, wenn das wegfällt, verändert sich Gesellschaft im ganzen.

MARCUSE: Hier liegt ein entscheidender Fehler vor. Denn die Emanzipation der Frauen zum Berufsleben emanzipiert nicht die Frau als Frau, sondern verwandelt die Frau in ein Arbeitsinstrument. Das ist Emanzipation im Sinn der bestehenden Gesellschaft, aber ist keine Emanzipation darüber hinaus.

FURTH: Aber kann man nicht so sagen, daß die bürgerliche Gesellschaft nicht einmal diesen Anspruch verwirklichen kann, und aus guten Gründen das nicht kann?

MARCUSE: Warum kann sie ihn nicht verwirklichen? Nicht in allen Berufen. Einige Berufe fallen aus, die zu schwer für Frauen sind. Es ist gut, daß die ausfallen. Andere Berufe, für die Frauen sicher geeignet wären, sind ihnen aus anderen Gründen verschlossen. Aber innerhalb dieses Rahmens kann, meiner Meinung nach, die Gesellschaft diese Aufgabe erfüllen.

FURTH: Glauben Sie, daß es der bürgerlichen Gesellschaft möglich ist, die Frauen restlos, als Frauen zu emanzipieren?

MARCUSE: Was die Stellung der Frau im Arbeitsprozeß betrifft, nimmt die Frau an dem teil, an dem der Mann teilnimmt. Sie wird emanzipiert als Arbeitskraft, als weibliche Arbeitskraft, aber nicht als Frau. Die Qualitäten der Frau, die in diese Arbeitskraft nicht eingehen, werden in der Berufsemanzipation nicht emanzipiert. Ob die anderswo emanzipiert werden – das ist eine ganz andere Frage, die ich anschneiden möchte, nämlich die Frage der Liberalisierung der Moral, Liberalisierung der Tabus, die ja in der modernen Industriegesellschaft auch aus gesellschaftlichen Gründen erfolgt. Zweifellos, die Tabus, die noch in der viktorianischen Zeit streng eingehalten wurden, existieren heute nicht mehr; jedenfalls existieren sie nur als zu durchbrechende. Es gibt Regionen in der entwickelten Industriegesellschaft, z.B. wo ein Mädchen, das nicht schon vor der Ehe Geschlechtsverkehr hatte, einfach an Prestige verliert. Also beinahe eine Umkehrung des Tabus. Die anderen Sachen brauche ich Ihnen nicht zu erzählen, daß die früheren Tabus um den Ehebruch und alle diese Sachen wesentlich schwächer geworden sind. Also da liegt ein ganz anderes Problem vor. Ob dies – wir können es mal Entsublimierung nennen – eine Befreiung ist, das ist wieder eine andere wichtige Frage.

FURTH: Hier gehen Sie vielleicht von amerikanischen Erfahrungen aus – bei uns ist demgegenüber geradezu festzustellen, daß man zurück will zu den Tabus des 19. Jahrhunderts; und die Frauenzeitschriften treten in den letzten Jahren immer wieder in die Diskussion ein: soll oder soll die Frau nicht vor der Ehe sexuelle Erfahrungen haben? Generell ist wohl zu sagen, daß die Tabus nur mehr als gebrochene gelten. Aber zu beobachten ist, daß, wenn schon die Tabus nicht mehr ganz substantiell ernst genommen werden, die Freiheit, die man sich ihnen gegenüber herausnehmen kann, nur wieder eingesetzt wird in einer Konkurrenz, die von der ökonomischen Gesellschaft dem Charakter nach vorgeschrieben wird; daß also jetzt sexuelle Freizügigkeit in ihrem ökonomischen Charakter, als Konkurrenzmittel, als Prestigeaufbesserung etc. genutzt wird.

MARCUSE: Wie alle Emanzipation nimmt auch diese Emanzipation an dem gesamtgesellschaftlichen Prozeß teil. Aber es ist doch etwas anderes als die Emanzipation im Arbeitsprozeß. Die Frage, die ich z.B. in meinem neuen Buch[1] zu diskutieren versucht habe, ist, ob nicht in dieser Erleichterung der sexuellen Tabus gleichzeitig eine Intensivierung der Repression verwoben ist. Weil eine Entsublimierung in einer repressiven Gesellschaft selbst repressiv ist und vielleicht sogar ein repressiveres Mittel sein kann als die Tabus, weil sie die Menschen mit der bestehenden Gesellschaft aussöhnen kann.

FURTH: Das würde also heißen, daß die Emanzipation, sowohl als juristische und ökonomische wie als moralische, eine Nivellierung der Geschlechterspannung in sich enthält, aber damit auch eine Nivellierung der sich gegenüberstehenden Personen. Daß hier emanzipiert wird, indem die Frauen nivelliert werden auf ein Abstraktum, ökonomischer Mensch, juristischer Mensch, Mensch unter Tabus, die wohl noch gelten, aber nicht mehr so scharf gelten, daß sich die Menschen an ihnen oder gegen sie identifizieren können. So wie die Tabus jetzt gelten, zwingen sie die Menschen nicht dazu, sich bewußt und im Widerstand innerhalb und gegen die Gesellschaft zu identifizieren, zu integrieren, Person zu werden, sondern es geht hin und her, und man kann lavieren, damit aber laviert man sich auch in diese Gesellschaft hinein.

MARCUSE: Die ganze entwickelte Industriegesellschaft ist mobilisiert für den Zweck, das Aufkommen eines solchen negativen Bewußtseins zu verhindern, und die angebliche oder wirkliche Erleichterung der Tabus ist eines der Mittel zu diesem Zweck.

FURTH: Nun gibt es noch ein weiteres Moment. Ich sagte vorhin, zwei Hoffnungen waren vielleicht am Anfang der Frauenemanzipation mächtig. Einmal die Aufhebung dieser letzten Klasse, an die die Unterdrückung weitergegeben werden könnte, die Gesellschaft verändern würde, ohne daß man schon sagen konnte, wohin die Gesellschaft verändern würde, und zum zweiten ist doch vielleicht folgendes sehr mächtig gewesen und hat die Frauen viel Hoffnung in die Emanzipation investieren lassen: nämlich daß die Frau sich erfahren mußte durch ein sehr mächtiges Tabu als ein Naturwesen – Naturwesen in der Weise, daß sie gebunden war, anders als der Mann, periodisch an die Natur, die immer wieder in periodischem Zyklus in ihr ausbrach, und die Fortsetzung, die Konsequenz davon, daß sie die Kinder gebar und an die Kinder gebunden wurde; beides ja doch sehr ambivalent in der gesellschaftlichen Bewertung –

MARCUSE: aber beides kein wesentliches Hindernis für die Berufsemanzipation, besonders nicht mit der Entwicklung der modernen Technik und mit der Entwicklung der modernen Hygiene ...

FURTH: Ja, so kann man, wenn man Zeitschriften und Illustrierte aufschlägt, im Reklameteil auf jeder dritten Seite doch finden: benutzen Sie XY-Tampon, und Sie haben diesen Makel nicht mehr an sich, niemand bemerkt ihn. Als ob da etwas ungeschehen gemacht werden könnte. Das heißt doch, daß hier anwesend ist ein Anspruch oder ein Interesse, und darauf antwortend vielleicht auch eine Hoffnung, diese natürliche Bindung könne eliminiert werden, die Geschlechterspannung gelöst –

MARCUSE: warum wollte man die lösen? Die ist doch gut –

FURTH: ja, sie beansprucht aber doch vieles. Eben die Anspielung auf die Hygiene zeigt ja doch, daß, wenn wir es einmal so nennen wollen, der natürliche Hintergrund oder die natürliche Struktur dieser Spannung eskamotiert werden soll. Die will man ja gar nicht haben.

MARCUSE: Nehmen Sie das nicht zu ernst. Diese Publizität mit Binden usw., das ist ja schließlich Reklame. Ich würde darin nicht ein gesellschaftliches Problem sehen. Diese Gesellschaft will sicher nicht den natürlichen Unterschied zwischen Mann und Frau abschaffen. Vergessen Sie nicht, daß in der bürgerlichen Gesellschaft die besonderen Qualitäten der Frau immer noch bürgerliche Qualitäten bleiben. Als Natur – was ja sowieso ein abstrakter Begriff ist – geht ja die Frau nicht über diese Gesellschaft hinaus. Diese Natur ist ja auch zur gesellschaftlichen Natur geworden.

FURTH: Und wiederum würde ich doch sagen, daß hier die Emanzipation übergeht in bloße Nivellierung, in bloßes Nachziehen dessen, was der Mann schon ist und darstellt in der Gesellschaft, und wie man ihn gelten läßt, Nivellierung hin auf einen Menschen, der ein Abstraktum ist – wenn man ihn nicht schon als Mann sehen will, wenn es nicht ein vom männlichen Teil geprägtes Abstraktum ist.

MARCUSE: Nun, wie ich gesagt habe, ich halte das nicht für eins der wesentlichen Probleme, und wir wollen nicht zu sehr in die Details der Hygiene eingehen. Ich möchte lieber mit Ihnen ganz kurz noch erörtern, was mir äußerst wichtig scheint, anknüpfend an eine Bemerkung – eigentlich mehr als Bemerkung – von Jean-Paul Sartre in *L'être et le néant,* wo er sagt, daß die Glücksfähigkeit der Frau, der Frau nicht als Arbeitsinstrument, sondern als Lustspender, gerade darin liegt, daß die Frau nicht direkt am Produktionsprozeß teilnimmt. Er geht da in genaue Einzelheiten. Die Teile des Körpers, die am wenigsten mit der Arbeit zu tun haben, sind die lustbesetztesten, und je näher die Frau, organisch sowohl wie psychologisch, dem Arbeitsprozeß kommt, desto geringer wird die Lustfähigkeit. Wenn man dem weiter nachgeht, dann würde das heißen, daß die Berufsemanzipation der Frau in der bestehenden Gesellschaft – und ich unterstreiche: *in der bestehenden Gesellschaft* – auch negativ

Nr. 71 Juli 1962   153

zurückwirkt auf die Lustfähigkeit. Aber das ist eine äußerst zwiespältige problematische Sache, weil es natürlich nie so aussehen darf und auch nie so formuliert werden darf, als ob man nun gegen die Berufsemanzipation der Frau sei. Hier ist auch wieder das Problem, auf das man überall stößt, daß in einer repressiven Gesellschaft selbst das Gute schlecht wird. Aber deswegen kann man das Gute nicht verurteilen.
FURTH: Es gäbe vielleicht dennoch die Hoffnung, daß die Gleichsetzung im Rechtlichen wirklich ein fortschrittliches Moment wäre, wenn sie einen Gehalt bekäme im ökonomischen Prozeß. Wenn die Frau im ökonomischen Prozeß mit dem Mann auch wirklich gleichziehen könnte.
MARCUSE: Die Entwicklung läuft darauf hin.
FURTH: Das kann man wohl sagen. Sicherlich in Amerika viel mehr als in Deutschland. Und wiederum auch in einer sehr ingeniösen Weise, nämlich der Weise, daß man doch versucht – es ergibt sich so –, die Frau in bestimmte Berufe abzudrängen. Nicht nur, daß man die schweren Berufe ihr vorenthält, bzw. da geht sie von allein nicht hinein, wenigstens in unserer Gesellschaft nicht. Andere Berufe dagegen, die ihr alle gleich offenstehen könnten, werden doch nicht gleich geöffnet. Z. B. läßt sich immer mehr beobachten, daß die berufliche Freizügigkeit, die zunächst einmal ganz abstrakt vorhanden ist, benutzt wird und auch empfohlen wird für ganz bestimmte Berufe, z. B. pädagogische Berufe, Pflegeberufe, alle die Berufe, die noch vermeintlich eine Nähe zur an der Familie abgelesenen traditionellen Frauenrolle haben –
MARCUSE: – aber doch auch zum sehr großen Teil in der Industrie. Mit der Mechanisierung der Arbeit wird doch die Rolle der Frauen selbst in der Industrie technisch immer größer.
FURTH: Ja, aber doch auch in der Weise, daß hier die traditionelle weibliche Unterordnung wiederkehrt. Die männlichen Arbeiter gehen von den Bändern weg und werden die Einrichter, die Vorarbeiter, die Meister, die Mechaniker, die zu beaufsichtigen haben, während die Frauen nun in die rein mechanischen Prozesse hineinströmen. Daß also die unterste Schicht sich wieder aus Frauen rekrutiert.
MARCUSE: Das ist ganz richtig. Das hängt damit zusammen, daß die Berufsausbildung oder Vorbildung der Frau in den technischen und wissenschaftlichen Gebieten noch sehr eingeschränkt ist.
FURTH: Nun, ist das nur zufällig so? Ist das nur ein historisches Moment des Übergangs?

MARCUSE: Ich glaube, das ist ein historisches Moment. Ich sehe nicht ein, warum da eine prinzipielle Schranke sein sollte. Aber das hängt ja doch im wesentlichen wohl ab von den in der Gesellschaft zur Verfügung stehenden Arbeitskräften, Arbeitslosigkeit, Arbeitsangebot usw. Da spielen wieder ganz andere Gebiete herein.
FURTH: Solange Vollbeschäftigung gesichert ist, kann man sich diesen Prozeß als fortgehend vorstellen. Man muß aber natürlich wissen, daß die Ersten, die einer Krise zum Opfer fallen …
MARCUSE: Man wird primär Männer beschäftigen, weil ja doch schließlich und endlich jemand den Haushalt machen muß. Ganz irrational ist ja das nun auch nicht. Der Haushalt ist immerhin noch nicht so mechanisiert, daß ihn gar keiner zu machen brauchte.
FURTH: Ja, wenn dieser Prozeß wirklich ein fortschreitender sein sollte, müßte man sich ihn so denken, daß die Gesellschaft immer mehr Institutionen und Hilfsmittel zur Verfügung stellt, um den Haushalt zu erleichtern bzw. das, was am wichtigsten ist: die Kindererziehung.
MARCUSE: Ob das ein Fortschritt ist oder nicht, jedenfalls, was die Frage der Kindererziehung anbetrifft, ist wieder eine andere Sache. Die Erleichterung, Mechanisierung des Haushaltes schreitet rapide fort. Die Frau wird auch da natürlich wieder mit Gadgets und allem möglichen Modischen belastet, von der sogenannten Freizeit (die ja nicht wirklich frei ist) brauchen wir nicht zu reden. Also auch da wird das Eindringen des gesellschaftlichen Produktionsapparats in die Privatsphäre wieder zum Mittel der gesellschaftlichen Anpassung und Repression.
FURTH: Die nächste Frage ist sehr heikel und schwer zu formulieren. Ich hatte sie ja vorhin schon angeschnitten, nur ganz mißverständlich formuliert: Ausgehend davon, daß die Emanzipation, so wie sie zu beobachten ist, in der Nivellierung besteht, in dem Versuch, das, was an objektiver Spannung in den Geschlechterrollen, so wie sie institutionalisiert sind, steckt, zu verdecken –
MARCUSE: warum sollte eigentlich die Gesellschaft daran interessiert sein, diese Spannung zu verdecken? Die Gesellschaft ist ja immer noch an der Steigerung der Geburten interessiert usw., also sicher nicht interessiert an einer Abschwächung dieser Spannung.
FURTH: Weil, wenn diese Spannung abgeschwächt, in neue Rollen geprägt werden kann, die weniger von dieser Spannung enthalten, dann gerade das passieren kann, was wir eben schon einmal berührt haben, näm-

lich Repression indirekt und nicht mehr mit Tabus, die den Widerspruch erregen, die als Widerspruch nicht bewußt werden müssen, sondern unter der Hand schon vorweg, als Vorzensur von jedem, ohne daß er sie weiter bemerkt und sich an ihr abarbeiten muß; weil also auf diese Art und Weise Repression viel geheimer, viel stiller und deswegen wirksamer stattfindet – aus diesem Grunde ist, wie mir scheint, die Gesellschaft doch interessiert, obwohl sie auf Widersprüchen sich gründet, diese Widersprüche spannungslos machen…

MARCUSE: im Berufsleben. Weil da eine Stärkung dessen, was Sie Spannung nennen, ja einfach die Arbeit im Produktionsprozeß beeinträchtigen würde.

FURTH: Auch in der Weise, daß die Hoffnungen, die einmal in der Emanzipation steckten, als eine Möglichkeit, Spontaneität in den Beziehungen zwischen den Geschlechtern, über die Institution hinweg, durch sie hindurch geltend zu machen: freie Wahl, Befreiung der Liebe vom herrschaftlichen Moment…

MARCUSE: Soweit es in dieser Gesellschaft freie Wahl in diesem Felde gibt, ist sie zum großen Teil realisiert. Die Frau heiratet, wenn man das generalisieren darf, nicht mehr den, den die Eltern ihr vorsetzen.

FURTH: …läßt sich nicht gleichwohl beobachten, daß die Hoffnung, die sich einmal an freie Wahl geknüpft hat, enttäuscht worden ist?

MARCUSE: Gewiß, weil die »freie Wahl« als solche – denn in einer repressiven Gesellschaft besteht ja keine freie Wahl – nur heißt: wählen zwischen dem, was einem direkt oder indirekt vorgesetzt wird. Genau wie mit den Wahlen in der Politik.

FURTH: Und noch ein anderes Moment hat es. Die Hoffnung auf so etwas wie Promiskuität, die ja auch anwesend war in der Emanzipationsbewegung, sieht sich auch nicht eingelöst, weil, wenn man es nun betreibt – was man ja doch jetzt eher kann und nicht nur bei den oberen Kreisen, nicht nur in einer Großbourgeoisie, wie es meinetwegen im 19. Jahrhundert war, sondern jetzt kann geradezu jeder das nachmachen, was bei Proust zu lesen ist –, weil man auch dann…

MARCUSE: (Ich weiß nicht, gibt es denn so schrecklich viel Promiskuität bei Proust?

FURTH: Ja, stimmt schon. Aber lassen wir das mal)… weil man auch dann auf Langeweile trifft. Daß man dann meint: ja warum eigentlich? Was war denn das, was wir uns da gewünscht haben?

MARCUSE: Gewiß. Promiskuität, wenn da Freud recht hat, ist ja nicht notwendigerweise luststeigernd. Freud hat ja die Idee gehabt, daß im Sexualtrieb selbst die Tendenz steckt, Hindernisse aufzustellen, um die Lust zu vergrößern. Also Promiskuität steht ja auch in diesem Zusammenhang. Promiskuität als kontrolliertes, von der Gesellschaft direkt oder indirekt kontrolliertes Ventil der Triebbefreiung ist wieder repressiv.

1 Auf unsere Nachfrage, worum es sich dabei handle, schrieb Marcuse: »Ich habe noch keinen endgültigen Titel für mein neues Buch. Es handelt sich um Studien über die Ideologie der entwickelten Industriegesellschaft, die als wesentlich neues System der Herrschaft dargestellt wird. Das Buch enthält eine kritische Analyse der sozialen Transformation (besonders der Arbeiterklasse: die Gleichschaltung der Opposition, politisch sowohl wie kulturell, Gleichschaltung der Sprache, der Begriffe; Kritik der neopositivistischen Philosophie). Hauptproblem: Position der dialektischen Theorie dieser neuen Situation gegenüber.« [Herbert Marcuse, Der eindimensionale Mensch – Studien zur Ideologie der fortgeschrittenen Industriegesellschaft, Neuwied/West-Berlin 1967].

Nr. 72

Herbert Marcuse
Brief an Max Horkheimer und Theodor W. Adorno

31. August 1962

QUELLE: Max Horkheimer, Gesammelte Schriften Bd. 18: Briefwechsel 1949–1973, hrsg. von Gunzelin Schmid Noerr, © S. Fischer Verlag Frankfurt/Main 1996, S. 533

Brandeis University
Waltham 54, Massachusetts
26 Magnolia Ave.
Newton 58, Mass.
31 August 1962

Lieber Max, lieber Teddy:

ich habe die Erholungszeit nach meiner Operation dazu benutzt, wieder einmal die *Dialektik der Aufklärung*[1] zu lesen. Obgleich ihr es eh schon wißt, möchte ich es euch sagen:

ein ungeheures Buch, das in den beinahe zwanzig Jahren seit es geschrieben wurde nur noch ungeheurer geworden ist. Aber auch nichts was inzwischen von den Herren sotzoologen pschikologen publiziert worden ist kommt auch nur an eine Fußnote des Buches heran.

Das Kapitel *Kulturindustrie* schließt mit der Bemerkung: »fortzusetzen«. Da ist nicht viel fortzusetzen.

Unnötig zu betonen, daß es nur noch schlimmer geworden ist, und daß die verdammte Quantität immer noch nicht in die weniger verdammte Qualität umschlägt. Es würde genügen, in einigen kurzen Abschnitten die Entwicklung von der Radio- und Filmkultur zur Televisionskultur, und vom »strategic bombing« zu Hiroshima anzudeuten.

Also: *Neuauflage!*[2] Und ein dediziertes Exemplar der Neuauflage für mich.

In hoc signo
Herbert

(Herzliche Grüße an Maidon.)

1 Max Horkheimer/Theodor W. Adorno, Dialektik der Aufklärung, Amsterdam 1947.
2 Seit Beginn der sechziger Jahre war die Ausgabe von 1947 vergriffen. Die Überlegungen zu einer Neuausgabe zogen sich bis 1969 hin.

Nr. 73

Max Horkheimer / Theodor W. Adorno
Brief an Herbert Marcuse

11. September 1962

QUELLE: Max Horkheimer, Gesammelte Schriften Bd. 18: Briefwechsel 1949–1973, hrsg. von Gunzelin Schmid Noerr, © S. Fischer Verlag Frankfurt/Main 1996, S. 534 f.

[Frankfurt a. M.,] 11. September 1962

Lieber Herbert,

Daß Dein Brief uns beiden eine ausnehmende Freude gemacht hat, müssen wir wohl nicht sagen. Der eine Grund ist, daß die Operation nun ganz hinter Dir liegt, der andere, daß Du zur *Dialektik der Aufklärung* auch nach der neuen Lektüre noch stehen kannst. Bei den weitschichtigen Erwägungen, die wir wegen der Neupublikation anstellen – Fischer wollte sie bekanntlich schon im letzten Jahr in einer sehr großen Auflage wieder herausbringen – fällt Dein Brief schwer in die Waagschale. Im Prinzip möchten wir natürlich das Buch ebenso dringend wieder zugänglich sehen wie Du. Die bekannten Gründe, die uns bisher davon abgehalten haben, der zweiten Auflage zuzustimmen, verlieren mit jedem Jahr, das man älter wird, an Gewicht. Angesichts des Traumas, das die Publikationsfrage für uns bedeutet, war Deine rückhaltlose Solidarität mit dem Buch Balsam für uns. Magst Du im übrigen auch damit recht haben, daß es an der Kulturindustrie »nicht gar zu viel fortzusetzen gibt«, so bleibt es doch wahr, daß vieles von dem, was wir daran angefangen haben, weitergetrieben werden müßte. Wir bilden uns auch ein, daß wir manches heute besser wissen und sagen könnten als vor zwanzig Jahren, da wir das Buch zu schreiben begannen. Unsere Hoffnung, einen zweiten Band herauszubringen, ist um so dringlicher, als die Erfüllung mit der Zeit immer unwahrscheinlicher wird. Entweder verschlingt uns der Betrieb, oder wir sind auf der Flucht oder wir gehen sonstwie ein.

Alles Liebe von

Herzliche Grüße an Inge, auch von Gretel und Maidon.

Nr. 74

Max Horkheimer
Brief an Werner Spanehl,
Redakteur der Zeitschrift »Deutsche Post –
Organ der Deutschen Postgewerkschaft«

13. November 1962

QUELLE: Max Horkheimer, Gesammelte Schriften Bd. 18: Briefwechsel 1949–1973, hrsg. von Gunzelin Schmid Noerr, © S. Fischer Verlag Frankfurt/Main 1996, S. 544.

[Frankfurt a. M.,] 13. November 1962

Sehr geehrter Herr Spanehl,

Auf Ihren Brief vom 5. November[1] kann ich Ihnen mit wenigen Zeilen antworten. Ich kam hierher in Erinnerung an die gar nicht wenigen und meist vergessenen Menschen in Deutschland, die dem Mordregime widerstanden, vor allem an diejenigen meiner nichtjüdischen Studenten, die ihr Leben wagten. Es war mein Glaube, daß auch in künftigen Generationen einige sich finden werden wie sie. Die Hoffnung, keineswegs die Gewißheit, dazu etwas beitragen zu können, hat mich bestimmt.

Ich danke Ihnen,

Ihr sehr ergebener
(Max Horkheimer)

1 Spanehl hatte Horkheimer um die Beantwortung einer Umfrage für seine Zeitschrift gebeten. Die Frage lautete: »Warum sind Sie aus der Emigration in die Bundesrepublik zurückgekehrt?«; veröffentlicht in: Deutsche Post – Organ der Deutschen Postgewerkschaft, 14. Jg., Nr. 24, 20.12.1962, S. 544.

Nr. 75

Ohne Autor
SDS – Der Affe Sultan
Bericht der dem RCDS nahestehenden
Studentenzeitschrift »Civis«
über die XVII. SDS-Delegiertenkonferenz in Frankfurt
November 1962

QUELLE: Civis, 9. Jg., Nr. 11, November 1962, S. 12 f.

Mit schnellen Schritten eilte Jürgen Habermas, Mitglied der *Sozialistischen Förderergesellschaft* und ordentlicher Professor für Sozialphilosophie an der Heidelberger Universität, zum Mikrofon, um mit dem Nimbus des alten SDSlers seinen jungen Genossen auf den Weg des rechten Selbstverständnisses zu helfen. »Ihnen bleibt«, so dozierte der jugendliche Professor, »nur die eine Alternative, entweder werden Sie die intellektuellen Kader für eine neue Partei oder Sie unternehmen den Versuch einer *action directe* und gehen in die berufsrevolutionäre Untergrundarbeit.«

Die 43 Delegierten des *Sozialistischen Deutschen Studentenbundes*, die zur 17. ordentlichen Delegiertenkonferenz ihres Verbandes am 4. und 5. Oktober nach Frankfurt ins Studentenhaus gekommen waren, konnten sich für die Gedankengänge des prominenten Genossen nicht recht erwärmen: Sie wollten intellektuelle Kader sein, aber ohne eine Partei und mit revolutionärer Gebärde Aktionen starten, doch nicht im Untergrund.

Statt dessen wählten die Vertreter von 971 deutschen Studikern, die sich als Teil der internationalen Arbeiterbewegung proklamieren, ein neues Wappentier: den Affen Sultan. Die Frankfurter Cheftheoretikerin Elisabeth Lenk: »Von ihm wird berichtet, daß der nach vergeblichen Versuchen des Sich-den-Kopf-am-Gitter-Wundstoßens einen Moment innehielt, dann auf eine nicht mehr kopflose, sondern planvolle Weise einen Stock ergriff, um mit ihm sich die begehrte und weitabliegende Banane heranzuscharren.« Dem Affen wollen die SDS-Studenten nun nacheifern: Sie möchten zur theoretischen Besinnung innehalten, um nicht mehr kopflos, sondern in Zukunft planvoll die begehrte aber weitabliegende Banane der Sozialistischen Endgesellschaft herbeizuschaffen.

Kopflos schienen den Delegierten die letzten Jahre im aufreibenden Kulissenkampf zwischen SPD-Bürokratie und radikaler Linken im eigenen Verband. Zwei spektakuläre Kongresse, an denen zahlreiche SDSler führend beteiligt waren, der *Studentenkongreß gegen Atomrüstung* in Berlin (3. und 4. Januar 1959) und der Frankfurter Kongreß *Für Demokratie – gegen Restauration und Militarismus* (23. und 24. Mai 1959) hatten den SDS, damals noch anerkannter Studentenverband der SPD, in den Geruch gebracht, östlich gesteuert zu sein. Zwar setzte der SDS-Vorstand zehn Tage nach der Frankfurter Restaurations-Schau seinen Vorsitzenden Hüller kurzerhand ab und eröffnete die Reihe der Unvereinbarkeitsbeschlüsse mit der Feststellung, »die Mitgliedschaft im SDS ist unvermeidbar mit der Mitarbeit bei der Zeitung *Konkret*«, doch halfen ihm solcherart Distanzierungen in den Bonner Parteibaracken der SPD nicht weiter. Die Parteibürokratie wollte im Zeichen der neuen Godesberger Welle den unbequemen Nachwuchsverband loswerden. Im Mai 1960 gründete sie mit einer Reihe noch linientreuer SDS-Genossen den *Sozialdemokratischen Hochschulbund* (SHB), und erreichte fünf Monate später beim Bundesinnenministerium die Sperrung der Bundesjugendplanmittel für den SDS.

Ein Jahr danach, nachdem alle Vermittlungsversuche am »eisenharten« Herbert Wehner gescheitert waren, wurde in Frankfurt im Anschluß an die 16. Delegiertenkonferenz die *Sozialistische Förderergesellschaft e.V.* gegründet, die laut Satzung nur den Zweck verfolgt, »die Mitglieder des *Sozialistischen Deutschen Studentenbundes* zu fördern und ihnen soziale und wissenschaftliche Hilfe angedeihen zu lassen und die erzieherischen und theoretischen Aufgaben des SDS tatkräftig zu unterstützen«!

Die SPD reagierte in jenem Stil, den Herbert Wehner bereits 1960 in einem Interview mit den studentischen *Marburger Blättern* angekündigt hatte: »Wo wir eine fremde Loyalität feststellen, da schlagen wir zu. Da sind wir eisenhart...« Und eisenhart verkündete die SPD, die Mitgliedschaft im SDS und in der Förderergesellschaft sei eingeschriebenen SPD-Mitgliedern nicht gestattet. Daraufhin traten die meisten SDS-Mitglieder aus der SPD aus, Förderer-Chef Prof. Wolfgang Abendroth wurde sogar ausgeschlossen. SDS-Bundesvorsitzender Eberhard Dähne allerdings und sein Pressereferent Helmut Lessing blieben trotz des Unvereinbarkeitsbeschlusses im Besitz ihrer roten Parteibücher. SPD-Mitglied Eberhard Dähne prozessierte sogar als SDS-Vorsitzender gegen seinen Parteivorstand und gewann. Seit dem 23. Februar darf die SPD »bei Meidung einer Geldstrafe bis zu 100 000 Mark«

nicht mehr behaupten, »der *Sozialistisches Deutsche Studentenbund* (SDS) habe in Berlin im Januar 1959 einen eindeutig von der SED infiltrierten Kongreß veranstaltet«; das hatte der Parteivorstand in seiner *SDS-Dokumentation* geschrieben, um den Unvereinbarkeitsbeschluß zu begründen. Jener Unvereinbarkeitsbeschluß der SPD aber hatte den sozialistischen Studentenverband in den Augen der Öffentlichkeit mit dem Glorienschein demokratischen Märtyrertums umgeben und seinem Fördererkreis Zulauf aus publizistischen Zirkeln gesichert, an den die verstoßenen Sozialisten nie vorher geglaubt hätten. So erklärten die Autoren des Rowohlt-Bandes *Die Alternative* und Mitarbeiter der Münchner katholischen Laien-Zeitschrift *Werkhefte* ihren Beitritt in die Förderergesellschaft.

Nun aber, ein Jahr nach der Gründung in Frankfurt, fürchteten die SDSler, daß die erzieherische und theoretische Hilfe, die ihnen ihre Förderer laut Satzung angedeihen lassen, auf Wege führt, die sie noch meiden möchten. Heinz Brakemeier, Sekretär der Förderergesellschaft, stellte den SDSlern die entscheidende Frage: »Soll die *SFG*, die als karitativer Verein gegründet wurde, nun eine Organisation werden, die politische Arbeit leistet?« Brakemeiers Antwort: Sie soll es. Sie soll, so meint die Mehrheit der SDS-Förderer, die ihre Gesellschaft inzwischen in *Sozialistischer Bund e.V.* umbenannt haben, ein organisatorisches Zentrum für die oppositionellen Regungen in der deutschen Gesellschaft werden. Die meisten der in Frankfurt versammelten SDS-Delegierten waren allerdings entschieden gegen die Gründung einer neuen sozialistischen Partei. Ihr Argument: In einer Zeit ohne große soziale Unzufriedenheit werde es einer neuen Partei nicht gelingen, den Weg zu den Massen zu finden; eine neue Organisation fördere die Zersplitterung und Ohnmacht der linken Gruppierungen in der Bundesrepublik. Statt dessen forderte die Delegiertenkonferenz alle sozialistischen Gruppen auf, sich »zu Studien- und Aktionsgemeinschaften zusammenzuschließen und mit den Mitteln politischer Aufklärung und sinnvoller Aktionen das Bewußtsein der Möglichkeit und Notwendigkeit einer sozialistischen Veränderung der Gesellschaft in breitere Kreise zu bringen«. Denn von ihrer linkssozialistischen Marx-Nachfolge sind SDS-Studenten keinen Fingerbreit abgewichen. Noch immer gilt: »Der SDS sieht in der Bundeswehr nach wie vor ein Instrument des Kalten Krieges.« Die parlamentarische Notstandsgesetzgebung ist für ihn eine »unmittelbare Bedrohung für Rechtsstaat und Demokratie«. Die Bundesregierung – im SDS-Jargon: das Bonner Regime – versuche, »die unbedingte rechtsstaatliche Position des Grundgesetzes mit dem Vorbehalt einer Notstandsdiktatur zu versehen, und dadurch zu einer autoritären Staatsverfassung umzuprägen«, so der neue SDS-Vorsitzende und bisherige Rechtsberater beim Bundesvorstand Diether Sterzel. Die SPD aber habe den Sozialismus verraten und ihre Unfähigkeit bewiesen, »die objektiven Interessen der abhängig Arbeitenden zu vertreten«. Daher könne man ihr nicht mehr die Führung der deutschen Arbeiterschaft überlassen. Diese Avantgarde des Proletariats will nunmehr die in *Sozialistischer Bund* umbenannte SDS-Förderergesellschaft werden. Dem SDS soll dabei die Aufgabe zufallen, sich auf »wissenschaftliche« Weise am Aufbau einer neuen sozialistischen Theorie zu beteiligen.

In diesem Sinne hatte der SDS-Bundesvorstand der Delegiertenkonferenz einen »Antrag zur Reorganisation der wissenschaftlichen Arbeit« vorgelegt, dessen Begründung die Delegiertenkonferenz allerdings zeitweilig in die Lager der Aktivisten und der Seminaristen spaltete. Jene, vor allem vertreten durch den Hamburger Dieter Kuhr, vermuteten hinter Formulierungen wie: »die Befreiung der Abhängigen in dieser Gesellschaft kann nur das Werk der Abhängigen selbst sein und nicht das einer Organisation, ob der SPD oder eines ›sozialistischen Bundes‹« und »die Linke ist eine kritische Strömung und keine Organisation«, den Verzicht auf alle politischen Aktionen zugunsten theoretischer Seminare. Ihnen schien der Satz Lenins noch heilig: Jede Aktion ist hundertmal wertvoller als alle theoretischen Überlegungen. Aktivist Kuhr zur Begründung: »Wir kämpfen in der Bundesrepublik mit dem Rücken zur Wand; wir verteidigen die Restbestände der Demokratie.« Doch auch die Seminaristen waren politischen Aktionen keineswegs so abgeneigt, wie Aktivist Kuhr zu vermuten schien. Doch nannten sie »leere Betriebsamkeit«, was bisher geschah. Der Bundesvorstand in seinem Antrag: »Die Entwicklung der sozialistischen Theorie und Praxis ist ... hinter der Entwicklung des Kapitalismus zurückgeblieben. Diesem bedauerlichen Zustand wollen die sozialistischen Jungakademiker nun abhelfen; mit sozialistischer Wissenschaft, von der dann Eberhard Dähne auf der Pressekonferenz doch zugestehen mußte, daß es sie eigentlich nicht gäbe. Und doch sprachen die Delegierten immer wieder mit dem Pathos der Wissenschaftsgläubigkeit, das progressivistischen Intellektuellenbewegungen seit je anhaftet, von der All-Wirksamkeit der »sozialistischen Analyse« und davon, daß es die Aufgabe des SDS sei, »die Perspektive einer neuen Gesellschaft zu entwerfen«.

Sie soll nun in den Seminaren und Studiengruppen entwickelt werden und gleichzeitig mit ihr die Anweisungen für eine neue und sinnvolle politische Praxis des SDS. Ansatzpunkte für eine solche neue sozialistische Praxis hat Eberhard Dähne bereits im August-Heft des Verbandsorgans Neue Kritik aufgezeigt: Das strategische Konzept lautet: Allen Gruppierungen, die Teilaspekte unserer Gesellschaft kritisieren, muß klargemacht werden, daß an den beanstandeten Zuständen nur der Kapitalismus und die Bundesregierung schuld sind. Für die Teilopposition »Ostermarschbewegung« fordert SDS-Stratege Dähne: »Durch aktive Teilnahme an ... Veranstaltungen der örtlichen Ostermarsch-Ausschüsse ... müssen wir stärker als bisher versuchen zu zeigen, daß das Problem der atomaren Rüstung im Zusammenhang mit den realen gesellschaftlichen Verhältnissen gesehen werden muß.« Gerade die Ostermarschbewegung sei Gegentendenz zum autoritären Trend in der Bundesrepublik.

Mit diesem Vorbehalt interpretiert sich der SDS heute als »attraktives Sammelbecken oppositioneller Kräfte«, dessen Offenheit auch vom neuen Vorstand so großzügig gedeutet wird, daß trotz immer noch bestehenden Unvereinbarkeitsbeschlusses bezüglich der Mitarbeit bei der Zeitschrift Konkret, Konkret-Redaktionsmitglied Roland Rall in Frankfurt als Delegierter auftreten konnte. Ob der SDS mit einer so »offenen« Verbandsstruktur allerdings jene »linksliberale Respektabilität« erreichen wird, die der Heidelberger Professor Habermas seinen jungen Genossen empfahl, dürfte selbst unter Linken zweifelhaft bleiben.

Der einzige selbstkritische Gedanke angesichts so vieler Kritik an der Gesellschaft kam von der neuen stellvertretenden Vorsitzenden Ursula Schmiederer, Marburg, die ihren Genossen zu bedenken gab: »Ich habe den Eindruck, wir nehmen uns politisch zu ernst.«

Nr. 76

Jürgen Habermas
Leserbrief an die Studentenzeitschrift »Civis«
Zum Bericht »SDS – Der Affe Sultan«
Dezember 1962

QUELLE: Civis, 9. Jg., Nr. 12, Dezember 1962, S. 1

Die Delegierten wollten sich darüber klar werden, in welchem Rahmen der SDS praktische Initiativen ergreifen könne. Gegenüber Wünschen, daß die Gruppen auch außerhalb der Universität »aktiv« werden sollten, habe ich die Gegenauffassung dezidiert unterstützt: man solle sich auf kritische Diskussion beschränken. Einzig um zu zeigen, daß im Normalfall jede über den hochschulpolitischen Bereich hinausgehende »Praxis« sinnlos ist, habe ich die Alternative, die Sie inkriminieren, drastisch an die Wand gemalt. Ich hielt den bloßen Hinweis auf die Rolle von Parteikadern oder Berufsrevolutionären für ausreichend, um das aktivistische Gerede an seinen unvertretbaren Konsequenzen ad absurdum zu führen. Sie aber machen Ihre Leser glauben, gerade ich verträte diese Konsequenzen! ... Zwei Personalangaben sind ebenfalls unzutreffend: ich war niemals Mitglied des SDS[1] und bin nicht ordentlicher Professor für Sozialphilosophie, sondern außerordentlicher Professor für Philosophie.
Prof. Dr. Jürgen Habermas
Frankfurt

1 Die Auskunft, Professor Habermas sei ehemaliges SDS-Mitglied, stammt vom Pressereferenten beim SDS-Bundesvorstand, Hellmut Lessing. [Anmerkung der Redaktion]

Nr. 77
»Subversive Aktion«
Abrechnung
Dezember 1962

QUELLE: Unverbindliche Richtlinien, 1. Jg., Nr. 1/1962, S. 9–18;
wiederabgedruckt in: Albrecht Goeschel (Hg.), Richtlinien und Anschläge –
Materialien zur Kritik der repressiven Gesellschaft, München 1968, S. 28–39;
wiederabgedruckt in: Frank Böckelmann/Herbert Nagel (Hg.),
Subversive Aktion – Der Sinn der Organisation ist ihr Scheitern,
Frankfurt/Main 1976, S. 74–83

In früheren Zeiten kam es vor, daß die mächtigsten Banditen von der Gesellschaft gekauft und in die Hierarchie der Unterdespoten eingeordnet wurden; derselbe Prozeß geschieht heute subtiler mit Trägern neuer Ideen. Die ausgeklügelt-undurchsichtigen Steuerungselemente in der Hand des Staates sind auf dem wirtschaftlichen Sektor auch noch einem weniger minutiösen Denken greifbar; (Lebensstandard, Produktion und Konsum sind als Götter inthronisiert.) in allen anderen Lebensbereichen sind sie bereits unterschwellig geworden, m. a. W.: Die gültige Doktrin hat alle Positionen besetzt und die Konflikte, die ausgetragen werden, sind nichts anderes als spektakuläre Schauspiele.

Die Auseinandersetzung zwischen Gesellschaft und Christentum beispielsweise verbirgt fast perfekt die Gemeinsamkeit ihres Totalanspruchs auf statische Lebensgestaltung. Die Erziehung zur statischen Lebenshaltung macht den Menschen geneigt, die Dauer als Primärwert zu akzeptieren und seinem Bild von Gesellschaft und Kirche zu integrieren. Damit verleugnet er eo ipso seine Möglichkeit zur Revolte gegen diese Institutionen. Dieser gesteuerte Prozeß wird einerseits durch die Formel der Dauer der Gesellschaft, andererseits durch die Rede von der Überzeitlichkeit von der Kirche sanktioniert: die Ewigkeit der Gesellschaft verfilzt sich mit der Ewigkeit Gottes zur vollkommenen Unterdrückung des gläubigen Konsumenten. Die Annahme eines echten Konfliktes ist dadurch unzumutbar und absurd geworden.

Denn effektiv annektierte die Gesellschaft den religiösen Lebensbereich, in dem sie die Dynamik des Religiösen nicht duldete, sondern lediglich diejenige religiöse Lehre monopolisierte, die sich als Stütze nicht verweigern kann.

Der pseudologische Konflikt zwischen Gesellschaft und Sexualität ist ein anderes Musterbeispiel der Hintergründigkeit. Die sexuelle Triebhaftigkeit des Menschen ist evident. Ihr Ziel ist der häufige und variierte Akt. – Das Geselligkeitsleben postuliert identisches Handeln. Das gilt naturgemäß auch für den Sexualakt. Das Verbot, oder auch nur die Beschränkung einer Triebregung durch eine beliebige Autorität, mindert notwendig nicht die Triebbereitschaft und hindert nicht die Ausführung der Triebhandlung, sondern denunziert die Handlung zum Tabu und legt dem Frevler Schuld zur Last. Das beständig anwachsende Schuldkonto verpflichtet ihn der Autorität um so inniger, gegen die er sich scheinbar aufgebäumt hatte: durch das Totschweigen der identischen Handlungen jenseits der Norm beugt die Autorität erfolgreich dem Aufstand vor. Wie sich die Kirche wesenhaft als Kirche der Sünder bekennt, enthüllt sich die Gesellschaft als Gesellschaft der Sexualverbrecher. Der Sexus, insofern er zum Tabu denunziert wird, verbürgt den innersten Zusammenhalt der Gesellschaft.

Ähnliche Bezüge lassen sich auch zwischen Gesellschaft und anderen Lebensbereichen aufzeigen. Allen aufgezeigten Steuerungselementen ist die Funktion gemeinsam, den repressiven Übergriff der Gesellschaft auf alle Lebensvorgänge zu kaschieren, und den Verzicht auf die eigene Gestaltung des Lebens dem Einzelnen erträglich zu machen. Perfekt und präzise überspielt dieser Jahrmarkt die drohende Langeweile der Wohlstandsgesellschaft, entzieht dem Einzelnen die Gelegenheit, den Verdummungsmechanismus zu durchschauen, und hindert die echten Zusammenhänge, offenbar zu werden und dadurch die Gesellschaft zu entblößen.

Dasselbe Ziel versuchten die vergangenen Systeme durch diktatorische Maßnahmen zu erreichen; sie scheiterten, weil man sie leicht durchschauen konnte. Aus ihrem Untergang hat die Gegenwart die Lehre gezogen: je vollkommener die Illusion der Freiheit in der Gesellschaft erscheint, desto eher ist die Sicherheit gegeben, daß diese Gesellschaft überlebt. Am Tor zur Freiheit versinkt die Menschheit in eine neue Art der Barbarei, die versucht, sich als Paradies zu geben. Die Einsicht des Einzelnen in den Reichtum des Lebens wird reduziert auf die Hinnahme der Schablone; die echten Bedürfnisse dürfen nicht bewußt werden. Daß es eine Vielzahl von menschlichen Bedürfnissen gibt, denen grundsätzlich keine Chance auf Erfüllung gegeben wird, liegt mindestens seit Freud, auch wenn es mit großer Beharrlichkeit geleugnet wird, auf der Hand. Die Methode dieser Leugnung gehört dem Typus der erwähnten Steuerungsmechanismen an, wenn auch einem weniger komplizierten. Die drängenden

Bedürfnisse werden nicht einfach auf schlichte Weise geleugnet, sondern auf eine im Sinne der Gesellschaft sublime, d.h., auf eine brauchbare Ebene gehoben. Auf dieser Ebene wird die Erfüllung nicht nur erlaubt, sondern gefordert. Daß die Erfüllung damit eine Teilerfüllung wird, bleibt dem Glied der Gesellschaft unbewußt. Das seit den Sozialisten angelaufene Programm der Arbeitszeitverkürzung hat für die Gesellschaft keine nachteiligen Folgen, im Gegenteil: es stabilisiert die Hinnahme der Teilerfüllung. Durch die Schaffung des organisierten Freizeitmenschen wird die Chance, die echte Bedürftigkeit auch nur zu ahnen, völlig abgetötet. Der Tag teilt sich in organisierte Arbeitszeit und – jedoch mit eindeutigem Ausschluß der Sexualität – organisierte Freizeit, eine moderne Spielart der Arbeit, wodurch die Armut[1] des Alltags durch Betriebsamkeit, in die der Einzelne hineingezogen wird, völlig ins Unbewußte abgedrängt wird. Die hauptsächlichen Mechanismen der Verarmung nennen wir Urbanismus, Proponismus, Konsumismus und Kategorismus.

URBANISMUS:

Die Probleme, welche in den Neustädten und in den Neubauvierteln entstanden sind, weisen mit erschreckender Genauigkeit auf die Unzulänglichkeit der Planungen hin. Die Planer, ihrem spezialisierten Denken verfallen und zugleich dem Geiste der Ideologie der Gesellschaft verpflichtet, haben den realsten menschlichen Bedürfnissen, der Kommunikation und der Teilnahme am öffentlichen Leben, einerseits keine Bedeutung geschenkt und sie andrerseits unschädlich gemacht, um einer eventuellen Empörung und Revolution der Massen (durch geschickte Planifizierung) vorgebeugt. Durch Atomisierung der Massen, durch Verringerung der Kommunikationsmöglichkeiten, unter dem Vorwand der Nützlichkeit und der Hygiene hat man es bisher auch vermocht, die Möglichkeit eines selbständigen Denkens der Massen in der Isolierung bis auf wenige Ausnahmen zu unterbinden.

Die Stadtmitte, der wirkliche Lebens- und Impulskern, ehemals das Zentrum, wo sich die Menschen trafen, hat man wirtschaftlichen Funktionen zugewiesen und die Wohnhäuser hat man in die Vorstädte verbannt. Damit kam es zu einer »Apoplexie im Stadtinnern und zur Blutarmut an der Peripherie« *(Architecture d'aujourd'hui)*. Dadurch, daß man in den neuen Städten keine Peripeo[?] kreiert hat, oder dadurch, daß keine zustande kommen konnte, wird der Erfolg der Planer in ihrem Projekt der Isolierung des einen vom anderen bestätigt. – Dadurch, daß es für die Stadtbevölkerung keinen Treffpunkt mehr gibt, ist diese Atomisierung vollkommen geworden. Die Planifizierung des städtischen Verkehrs hat die Kommunikationsmöglichkeiten noch weiter eingeschränkt. – In seiner Wohnung, insbesondere seinem Arbeitsplatz, z. B. im Büro, ist der Mensch mit eingeplant worden. Durch geschickte Gestaltung der »Bürolandschaft«, sowie durch Schalldämpfung, die dem Verstehkreis nur einen Radius von etwa dreieinhalb Meter übrigläßt, werden sämtliche Kommunikationsmöglichkeiten abgeschnitten, wodurch auf Kosten eines realen Bedürfnisses eine größere Leistung und eine wirksamere Kontrolle erreicht wird. Die Integration der Einzelnen in die urbanisierte Welt wird mit den kommerziellen tiefenpsychologischen Methoden, die von der Idealität der Neubauwohnungen überzeugen, erfolgreich abgesichert. In Frankreich z. B. lockt man durch Mietkostenzuschüsse und höhere Kinderzulagen die Menschen in die Neubauwohnungen. Die Parallele, die H. Lefebvre zwischen moderner Großstadt und Konzentrationslager als »die extreme und paroxistische Form, der Grenzfall der modernen Stadt, der industriellen Stadt«, aufgedeckt hat, trifft haargenau die bestehende Situation.

Die Halbstarkenkrawalle[2] sind die Antworten der jugendlichen Isolierten auf die klischierte Kommunikation. Das Grundprinzip der Stadt von heute kann definiert werden als die organisierte Leere, deren Aufgabe es ist, den allgemeinen Überfluß der Triebkräfte der Gesellschaft zugute kommen zu lassen. Die heutige Stadt – und jede moderne Stadt zeigt es deutlicher – ist das Organ der Repression spielerischer Triebkräfte. Das Anliegen der Reißbrettstädte ist die totale Durchorganisierung zwischenmenschlicher Beziehungen zur Ehre der Gesellschaft.

PROPONISMUS:

Der Proponismus (Mechanismus der Zurschaustellung) ist der wesentlichste Absorber des Kommunikationsbedürfnisses sowie des Bedürfnisses nach Teilnahme am sozialen Leben. Dieser Mechanismus, welcher sich hauptsächlich der Medien Presse, Funk, Film, Fernsehen und Reklame bedient, züchtet konditionierte Bedürfnisse heran. Die wirklichen Wünsche, die echten Bedürfnisse, deren Befriedigung die bestehende Ordnung verbietet, werden hier abgelenkt. In den genannten Medien werden die Produkte der Überflußgesellschaft zur Schau gestellt und als konditionierte Bedürfnisse[3] begehrenswert gemacht. Ihren illusorischen Konsumwert erhalten die proponierten Produkte, insofern sie vorher Gegenstand der Proponierung gewesen sind. Ihre Idealisierung basiert auf den Erkenntnissen der Werbepsychologie und Massenpsychologie, die nun tiefenpsychologisch ausgeschlachtet wird, indem den künstlichen Bedürfnissen Teilaspekte unbefriedigter, latenter, aber realer Wünsche untergeschoben werden und so eine pseudologische Verbindung zwischen Scheinbedürfnis und realem Bedürfnis konstruiert wird. Die Erkenntnisse tiefenpsychologischer Forschung wurden aus dem Zusammenhang gerissen und von den Geheimen Verführern mißbraucht. Zynisch präsentieren sie die Schlußfolgerung, »daß der Absatz von Erzeugnissen im Werte von Milliarden in hohem Maße von dem erfolgreichen Manipulieren oder Beschwichtigen unserer Schuldgefühle, Befürchtungen, Ängste, Feindseligkeiten, Einsamkeitsgefühle und innerer Spannung abhänge« (Vance Packard). Durch systematische Förderung unserer Komplexe und des Geltungsbedürfnisses versteht man sich darauf, jedem Produkt den Schein der Nützlichkeit und Vernünftigkeit zu geben. In unserer Zivilisation des Glücks hat man alle Menschen auf Phantome ausgerichtet; die konfektionierte Herde erschöpft sich in dem Versuch, ihnen ähnlich zu werden. Der Proponismus zieht die Menschen in die Illusion hinein, den »Duft der großen weiten Welt« zu genießen und enthält ihnen vor, daß sie nur eine sekundäre Imitation des wirklichen Geschehens konsumieren. Der Proponismus muß als die ideale Verfremdungsmethode gelten: durch Steigerung der Verfremdung ins Absolute kompensiert die kapitalistisch-industrielle Gesellschaft den Mangel an Kommunikation. – »In der Dämmerung heulen statt der Wüstenfüchse die Lautsprecher, um uns mitzuteilen, wie man weiße Zähne und glänzendes Haar bekommt, wie man schön, bezaubernd und glücklich wird.« (Christiane Rochefort, *Les petites enfants de siècle*).

Ebenso geschieht die Partizipation am öffentlichen Leben nur durch den Mechanismus der Proponierung. Die Medien der Zurschaustellung realisieren die Projektionsfläche, in welche alle von der Gesellschaft verbotenen Handlungen projiziert werden. Die Fata Morgana der Verbrechen und Skandale gegen die bestehende Ordnung, die von den Informationsmitteln als Schau aufgezogen werden, zwingt die Masse der hinters Licht geführten Teilhaber zur Identifikation mit ihren Akteuren. Dadurch werden große Teile der Energie, die den Aggressivitätstrieben zur Verfügung stehen, absorbiert und in harmlose Kanäle abgeleitet. »Die Masse lügt sich zum Lamme zurecht« (H. Blüher). Wo ihr ungelebtes Leben verschwommen oder weniger schattenhaft ins Bewußtsein steigt, greifen sie um so gieriger nach den geringsten Anlässen, um aus ihnen einen Skandal zu konstruieren. Sie entrüsten sich – eine subtile Technik der Selbstbefriedigung –, als ob sie jeglichen schwülen Bla-Blas entbehren könnten.

KONSUMISMUS:

Der Begriff Konsumismus beinhaltet die gleiche Thematik unter einem anderen Aspekt. Er rückt gegenüber Urbanismus und Proponismus das ihnen zugrunde liegende Denken in ökonomischen Kategorien eindeutig ins Blickfeld. Während die Befriedigung realer Bedürfnisse der Entfaltung menschlicher Möglichkeiten Raum gibt, führt die (Teil-)Erfüllung konditionierter Bedürfnisse in die Irre des Konsumismus.

KATEGORISMUS:

Urbanismus, Proponismus, Konsumismus setzen geschickte und unmerkliche Handhabung eines Kategorienapparates voraus: Kategorismus ist die Sinnverfälschung geläufiger Begriffe im Sinne der Orthodoxie. Das auserwählte (detaillierte) Kategoriensystem überschwemmt alles Sagbare und nimmt dadurch alle Äußerungen des Lebens in den Griff. – Das WORT fixiert die Welt, distanziert von der Welt und gibt Verfügungsgewalt über sie. Das WORT ist demnach das unerläßliche Werkzeug in der Hand des Menschen, das ihn zum Gestalter seines Lebens bestimmt. Der Kategorismus maßt sich an, das WORT zu uniformieren. Damit ist der Mensch und seine Welt unter Kontrolle gestellt. Jedes Denken außerhalb des unitaristischen Kategoriensystems ist von vornherein suspekt, wodurch es auch verständlich wird, daß z. B. nahezu alle Autoren sich darin überschlagen, die zum Zug gekommene Terminologie zu stützen und auszubauen.

Als Leitidee des gültigen Kategoriensystems hat zuletzt Herbert Marcuse das Leistungsprinzip aufgezeigt. Seine Wahl deckt die Ideologie dieser Gesellschaft auf. Sie richtet sich aus am Denkschema der bürgerlich-kapitalistischen Ökonomie, die dadurch den Menschen der Verdinglichung unterwirft, d. h. ihn als Ware behandelt, die gekauft, getauscht, verkauft und liquidiert werden kann. Die Wirkungsweise des Kategorienapparates ist denkbar einfach. Er bemächtigt sich z.B. des Begriffes Freiheit, der für den Zustand der Offenheit für alle Möglichkeiten der Planung und der Tat und der Möglichkeit ihrer Verwirklichung reserviert bleiben muß und modelt ihn einschränkend um in nur ökonomische Freiheit als Möglichkeit, den Lebensstandard zu erhöhen. (Hier wird einem kritischen Denken die Verarmung des Lebens schon aufdringlich deutlich). Erst die Neukonstruktion des Wortes Lebensstandard ermöglicht die Reduktion der ursprünglichen Freiheit. Offen oder unausgesprochen weckt jetzt »Freiheit« die Assozation »Lebensstandard«. Damit ist das Feld vorbereitet, den Mechanismus der Proponierung mit guten Erfolgsaussichten ansetzen zu lassen. – Andere Begriffe wurden demselben Verfahren unterworfen.

Ein ähnliches Verfahren bezeichnen wir als Mechanismus der Etikettierung. Seine Wirksamkeit beruht auf der Definition des WORTES, als Bannspruch über Lebendiges. Kein Zweifel: Die OPPOSITION – ist weitaus ungefährlicher als die Umstürzler, der AVANTGARDE – sieht man manches nach, UTOPIEN – sind Geschwätz, HALBSTARKE – wissen nichts mit ihrer Zeit anzufangen. Die Methode wird leicht durchschaut: was sich nicht reibungslos in das Gesellschaftsgefüge einbauen läßt, wird durch die Etikettierung als relativ harmlos festgelegt, und somit wird dem Stachel die Spitze abgesprochen.

Der gutfunktionierende Kategorienapparat definiert Schwarz als Weiß, Ungerades als Gerades, Konformität als Ordnung, Organisation als Organismus und Terminologie als Wahrheit.

Die Verarmung des Lebens innerhalb unserer Gesellschaft schreitet durch die Motorik dieser Mechanismen in rasanter Weise fort. Sie scheint unaufhaltsam. Um so eher, als der Versuch unserer »Entmythologisierung« und die damit verbundene Problematik neu sind. Darüber hinaus ist keine Gewähr gegeben, daß die vorliegende Arbeit richtig verstanden wird. Vielleicht wird sie auch nur totgeschwiegen oder in der Flut anderer Publikationen untergehen, die sich der gebräuchlichen Terminologie bedienen und angetreten sind, das Abendland zu retten.

Der gigantische Fehlschlag, der aus der Anstrengung des 19. und 20. Jahrhunderts, das Neue Abendland aufzubauen, resultierte, offenbart sich mit erschreckender Penetranz in dem Abstieg der Kultur zur Kulturindustrie. Unser bestes analytisches Bemühen in bezug auf dieses Problem hat keine Chance[4], die Zusammenhänge hintergründiger aufzuzeigen als der umfassende Blick, den Th. W. Adorno und seine Mitarbeiter vermitteln. Die Kenntnis seiner Werke ist unerläßliche Voraussetzung, seinen gewählten Standort behaupten zu können.

1 Die Teilung einer ehemals einheitlichen menschlichen Praxis in sinnlose Arbeit, privates Leben und erstrebenswerte Freizeit hat den Bereich des privaten Lebens, den man fälschlicherweise als Alltag bezeichnet, ins Bedeutungslose verschoben. Der Alltag umfaßt sowohl Arbeit, Leben in der privaten Sphäre und Leben in der Freizeit. Er ist heute in seiner Ganzheit gesehen von einer erschreckenden Armut; alle wirklichen Bedürfnisse bleiben unbefriedigt und werden künstlich überdeckt, wodurch ein bitterer Nachgeschmack bleibt. Privatsphäre ist Privatisierung geworden, ein Begriff, der sowohl Atomisierung des Einzelnen, Entbehrung jedes menschlichen Kontaktes und Entbehrung der Gewalt über sich selbst dialektisch umfaßt. Die Partizipation an der Kultur ist die eines einseitigen Konsums geworden; die Freizeitgestaltung eine Befriedigung künstlicher, von Werbung und Industrie hochgezüchteter Bedürfnisse.

Durch Übersättigung und Betonung künstlicher Bedürfnisse verschiebt sich das Gleichgewicht; der Mensch wird von seiner wahren Natur verdrängt und sich selbst entfremdet. Demnach kann man von einer »Kolonisation des Alltags« (G. Debord) sprechen.

Den wirklichen Reichtum des Menschen in seinen Möglichkeiten als Gesamtheit, sowie der Möglichkeiten, welche die Produktionsmittel auf anderer sozialer Grundlage schaffen könnten, kennt man nicht. »Die Menschen geben sich mit dem Gebotenen zufrieden, weil sie sich anderer Möglichkeiten gar nicht bewußt sind« (C. Wright Mills). Die Armut ist das Produkt der Arbeitsteilung unserer Gesellschaftsstruktur, das Produkt jeweils einseitiger Spezialisationen. Die drei Bereiche werden getrennt empfunden und erlebt und getrennt befriedigt. »Indem die Arbeit geteilt wird, wird auch der Mensch geteilt« (F. Engels). »Nicht umsonst spricht Hegel von den Spezialisten als »abstrakten Tieren«.

2 Halbstarke agieren in der Regel in Neubauvierteln und in Neustädten. In diesen Städten, in denen jeder Block als Einheit von dem anderen geschieden ist (s. H. E. Salisbury, Die zerrüttete Generation, Reinbek 1962: »Fort Greene wird als das größte Wohnungsprojekt beschrieben, aber es wäre besser, es als einen mit 20 Millionen Dollar erbauten Slum zu bezeichnen ... Die Kinder verhungern emotional ebenso wie in den verarmten Bezirken der Slums«), in denen der Mensch durch Beton vom anderen getrennt ist und reale Kommunikationsmedien vermißt, finden die Jungen nur noch in Banden und Gangs Kontakt und partizipieren am Geschehen, indem sie sich destruktiv den Kräften entgegensetzen, die sie in die urbanisierte Welt integrieren wollen. Diese Revolte ist jedoch instinktiv, daher ziel- und programmlos und bricht nach einiger Zeit zusammen. Die Halbstarken sind keine wirklichen Revoltierenden, weil sie im Grunde genommen kleinbürgerlichen Idealen verfallen sind: ein Dach, eine Frau, ein Auto. Es sind dieselben Prinzipien, die einem wirklichen Bürger eigen sind, wenn er sich was Bestimmtes leisten will. Unfähig, ihre Wünsche zu verwirklichen, – unfähig, Traum mit Wirklichkeit koinzidieren zu lassen, irren sie so lange ziellos herum, bis die Gesellschaft sie aufgesogen hat. Ihre Handlungen und ihre Einstellungen sind zum größten Teil die ins Absurde gesteigerten Handlungen und Meinungen eines kleinen Bürgers.

3 Th. W. Adorno, Prismen, Frankfurt/Main 1955, S. 116–117: »Bei Huxley meint conditioning vollkommene Präformation des Menschen

durch gesellschaftlichen Eingriff, von künstlicher Zeugung und technifizierter Bewußtseins- und Unbewußtseinslenkung im frühesten Stadium bis zum death conditioning, einem Training, das Kindern das Grauen vor dem Tod austreibt, indem ihnen Sterbende vorgeführt und sie gleichzeitig mit Süßigkeiten gefüttert werden, mit denen sie den Tod für alle Zukunft assoziieren. Der Endeffekt des conditioning, der zu sich selbst gekommenen Anpassung, ist Verinnerlichung und Zueignung von gesellschaftlichem Druck und Zwang weit über alles protestantische Maß hinaus: die Menschen resignieren dazu, das zu lieben, was sie tun müssen, ohne auch nur noch zu wissen, daß sie resignieren. So wird ihr Glück subjektiv befestigt und die Ordnung zusammengehalten.« Die Depravation der Zivilisation macht sich darin bemerkbar, daß der Mensch »schon resigniert, ehe ihn die Gesellschaft zwingt, die Resignation methodisch zu üben« (Herbert Marcuse, Eros und Kultur, Stuttgart 1957).

4 Konzentriert und gerafft: Kultur ist Kulturindustrie; Kulturindustrie ist Amusement; Amusement ist Arbeit: Kulturindustrie – organisierte Freizeit.

Aus imaginären Maschinen purzeln gleichgeschaltete und präfabrizierte Kulturgüter, um einen Markt zu überschwemmen, dessen Funktion es ist, das Versagte weiterhin zu versagen.

Kommunikationsmittel – System der Nivellierung: prästabilisierter Geschmack. Die gesellschaftlichen Wertmaßstäbe der Ästhetik dienen dazu, nicht zu Integrierendes zu absorbieren, womit die ästhetische Barbarei vollendet ist. Kultur heute muß verglichen werden mit der katalogisierten Perfektion von öffentlichen Institutionen wie Einwohnermeldeamt und Finanzamt.

Ihre administrative Aktivität ist wie das wunderliche Röcheln eines Toten. Die ständige Verherrlichung und Phraseologie der konzessionierten Opposition in der Kultur bezeugt ihre Subsumtion in das Ganze; was ihm widersteht, »darf überleben nur, indem es sich eingliedert. Einmal in seiner Differenz von der Kulturindustrie registriert, gehört es schon dazu wie der Bodenreformer zum Kapitalismus«; was den Mut hat, über Konformismus und Nonkonformismus hinauszugehen, wird mit dem Stempel der ökonomischen Bewegungseinschränkung geprägt. Der Versuch, eine neue Welt zu schaffen, geht unter im geräuschlosen Ersticken: »Existentielles Leben« könne nicht gestaltet werden; jedes Aufbäumen gegen das System eines gezähmten Planeten wird eingeordnet unter die Rubrik der genormten Verrichtung. Das Aufbäumen zu knicken, den Widerstand zu brechen, die Utopien zu diffamieren, ist Hauptanliegen dieser Gesellschaft: das Leben hat verwirkt, wer gegen die Verwirkung des Lebens ist.

Nr. 78
Claus Chr. Schroeder
Brief an die »Diskus«-Redaktion
Begleitschreiben zum Offenen Brief an Theodor W. Adorno
31. Dezember 1962

QUELLE: Diskus – Frankfurter Studentenzeitung, 13. Jg., Nr. 1, Januar 1963, S. 6

Sehr geehrte Herren, Kommilitoninnen und Kommilitonen,

als Anlage übersende ich Ihnen die Kopie des Offenen Briefes, den ich heute an Herrn Professor Dr. Theodor W. Adorno gerichtet habe, mit der Bitte um Veröffentlichung im *Diskus*.

Der Offene Brief enthält die Wiedergabe einer Rezension aus der Zeitschrift *Die Musik* von Juni 1934, die mit dem Namen »Theodor Wiesengrund-Adorno« unterzeichnet ist, ferner die Wiedergabe zweier Gedichte aus der Sammlung *Die Fahne der Verfolgten* von Baldur v. Schirach, deren Vertonung in der genannten Rezension begutachtet wird, schließlich einige Fragen an Herrn Professor Adorno bezüglich einer möglichen Identität zwischen ihm und dem Verfasser der genannten Rezension.

Für den Fall, daß Herr Professor Adorno mit dem Rezensenten identisch ist, wirft die Angelegenheit derart gravierende Probleme auf, daß ich Sie nachdrücklich bitten muß, unbedingt den gesamten Wortlaut des Offenen Briefes schon in der nächsten Ausgabe des *Diskus* abzudrucken und damit sowohl Professor Adorno Gelegenheit zu öffentlicher Stellungnahme zu geben, als auch die Sache unter der Studentenschaft zur Diskussion zu stellen.

Ich begrüße Sie mit Dank im voraus und freundlicher Hochachtung

Claus Chr. Schroeder
stud. phil. nat.
Bad Homburg, 31.12.1962

Nr. 79

Claus Chr. Schroeder
Offener Brief an Theodor W. Adorno
Zur Frage der Autorschaft einer im Juni 1934
in der Zeitschrift »Die Musik« erschienenen Rezension
31. Dezember 1962

QUELLE: Diskus – Frankfurter Studentenzeitung, 13. Jg., Nr. 1, Januar 1963, S. 6

Sehr geehrter Herr Professor Adorno,

im *Amtlichen Mitteilungsblatt der Reichsjugendführung* der Monatsschrift *Die Musik* (gegr. von Bernhard Schuster, herausgegeben von Johannes Günther), Jahrgang 26, Heft Nr. 9 vom Juni 1934, ist auf Seite 712 folgende Rezension zu lesen:

Tt.: Herbert Müntzel: Die Fahne der Verfolgten. Ein Zyklus für Männerchor nach dem gleichnamigen Gedichtband von Baldur v. Schirach.
Hannes Bauer: Ans Vaterland (Worte aus Schillers *Tell*) für Männerchor oder zweistimmig.
Hermann Grabner: Ans Werk! (Wilhelm Raabe); ein- und zweistimmig für vierstimmigen gemischten Chor, für drei gleiche Stimmen oder einstimmig mit Klavierbegleitung.
Reinhold Lichey: Saarland in Not (Franz Strelzik), für vierstimmigen Männerchor.
Leonhard Roesner: Morgenlied der schwarzen Freischar 1813 eines unbekannten Komponisten, gesetzt für dreistimmigen Männerchor.
Ludwig Krauss: Das Wort soll durch die Lande gehn, für gemischten Chor.
Verlag: Carl Merseburger, Leipzig.

Aus den jüngsten Chorpublikationen des Verlages Merseburger, meist Festchören zu deutschen Anlässen, hebt sich weit heraus der Zyklus von Herbert Müntzel. Nicht bloß weil er, durch die Wahl der Gedichte Schirachs, als bewußt nationalsozialistisch markiert ist, sondern auch durch seine Qualität: ein ungewöhnlicher Gestaltungswille. Es geht nicht um patriotische Stimmung und vage Begeisterung, sondern die Frage nach der Möglichkeit von neuer Volksmusik selber wird, durch die Komposition, ernst gestellt. Die Antwort, die Müntzel erteilt, ist etwa von dieser Art: gegenüber der herkömmlichen, unerträglichen und untragbaren Männerchorweise wird eine Korrektur versucht durch Rückgriff auf das ältere mehrstimmige deutsche Volkslied zumal des 16. Jahrhunderts; gegenüber allen musikwissenschaftlich-archaistischen Tendenzen zu dessen »Renaissance« jedoch dadurch Freiheit gewahrt, daß *harmonisch* am spätromantischen Material festgehalten, die Mittel rezitativischen Sprechgesangs einbezogen, insgesamt ein Ausgleich zwischen Kontrapunkt und Vertikale angestrebt wird. Kriegerverein und Neoklassik sind beide negiert, und es wird dem Bild einer neuen *Romantik* nachgefragt; vielleicht von der Art, die Goebbels als »romantischen Realismus« bestimmt hat. Es ist selbstverständlich, daß im Hintergrund von Müntzels Bemühung die tödliche Auseinandersetzung zwischen dem Drang, verständlich und unmittelbar zu werden, und den Anforderungen an rein *innerkompositorische* Legitimität steht. Es ist auch kein Zufall, daß die Lieder selber die Spuren dieses Kampfes tragen: daß zuweilen Linie und Harmonisierung sich gegenseitig einengen (die beiden letzten Takte auf S. 3, vor allem der II. Baß); daß die imitatorischen Ansätze nicht immer ganz ausgetragen sind. Aber es steht mir außer allem Zweifel, daß ein Stück wie *Der Tote* von der denkbar stärksten – und auch einer sehr originellen Wirkung sein muß. Dagegen könnte es wohl geschehen, daß bei fortschreitender kompositorischer Konsequenz eben doch die romantische Harmonik gesprengt wird: freilich dann nicht um einer archaistischen, sondern einer neuen zu weichen, die die kontrapunktischen Energien in sich aufnimmt. Auf jeden Fall verdienen die Bestrebungen, aus denen Müntzels Arbeit hervorgeht, genaueste Aufmerksamkeit. Der Satz ist gut, die Schwierigkeiten nicht allzu groß. Aufführungen sind sehr zu befürworten.

Für die Chöre der anderen Autoren gelten durchwegs die Bedenken, die gerade Müntzel selber im Märzheft der *Musik* radikal ausgesprochen hat. Das Chorlied von Grabner, in verschiedenen Besetzungen, besticht durch saubere Faktur. Auch bei rein harmonischer Setzweise sollten so wenig sinnvolle Stimmen vermieden werden wie der I. Baß in Bauers *Ans Vaterland*, der unentwegt ums kleine g kreist. Das Zitat des Lutherchorals am Ende des Chors von Krauss ist als Mißbrauch deutlich abzulehnen.

Theodor Wiesengrund-Adorno.«
[vollständiges Zitat]

Zur Erläuterung seien nur zwei Auszüge aus der Sammlung *Die Fahne der Verfolgten,* Berlin 1933, gewidmet: »Adolf Hitler, dem Führer« von Baldur v. Schirach, dem damaligen Reichsjugendführer (heute noch im Zuchthaus Spandau inhaftiert), zitiert:

1) *Volk ans Gewehr!* (S. 25)

In diesem Kampfe geht es nicht um Kronen
und nicht um Geld!
Dies ist die Brandung einer neuen Welt,
ein heilger Krieg um Freisein oder Fronen!
Drum her zu uns! Hier stehn wir braunen Horden
mit festen Fäusten, schwielenhart und schwer.
Wir wolln die Feinde deutscher Freiheit morden!
Volk ans Gewehr!

2) Das in obiger Rezension besonders hervorgehobene Gedicht *Der Tote* (S. 27):

Auch Tote stehn in unseren Reihn:
den ihr uns gestern erschlagen,
den haben wir nicht zu Grabe getragen,
nein!
Den ihr gestern in feiger Nacht
auf dunkler Straße umgebracht,
ist, als das Dämmern des Tags begann,
aufgewacht!
Des Toten Gesicht
tragen heut hunderttausend Mann!
Und sind Gericht ...

Sehr geehrter Herr Professor Adorno,

sind Sie der Verfasser der oben zitierten Rezension?

Sie haben in *Minima moralia* gesagt, nach Auschwitz könne kein deutsches Gedicht mehr geschrieben werden.

Wenn Sie aber der Autor der zitierten Rezension sind, wie vereinbaren Sie dann diesen Ihren Ausspruch damit, daß Sie vor Auschwitz derart ungeheuerliche Gesänge wie die oben wiedergegebenen gutgeheißen und deren Aufführung »sehr« befürwortet haben?

Sie haben sich in exponiertester Stellung eines Ordinarius für Philosophie und Soziologie und Direktors des Frankfurter Instituts für Sozialforschung hervorragend dazu berufen gefühlt, insbesondere die deutsche Jugend über die unmenschlichen Pogrome des Nazi-Antisemitismus aufzuklären.

Woraus haben Sie dazu – wenn Sie der Autor der zitierten Rezension sind – die Legitimation abgeleitet? War denn etwas anderes als brutaler Antisemitismus auf die *Fahne der Verfolgten* geschrieben?

Sie haben bekanntlich nach dem Kriege nachhaltig alle jene verurteilt, die sich 1934 und in der Folge mitschuldig an der Entwicklung in Deutschland gemacht haben. (Zu verweisen ist beispielsweise auf Ihre Ausführungen über Heidegger.)

Warum haben Sie selbst – wenn Sie der Autor der zitierten Rezension sind – Ihre Autorschaft für den wiedergegebenen Artikel in dem genannten, durchweg antisemitisch und nationalsozialistisch orientierten Organ vom Juni 1934 bisher verschwiegen?

Sehr geehrter Herr Professor Adorno, Sie haben sich seit dem Beginn Ihres Wirkens in Frankfurt als ein Mann gegeben, der durch bewiesene Überzeugung, Opfer, Verfolgung und Urteilskraft in besonderem Maße dazu berufen ist, als einer der federführenden Kämpfer in der Bewegung gegen Totalitarismus, Faschismus und Antisemitismus aufzutreten.

Diese Bewegung hat einzig den Sinn, die freiheitlichen Kräfte wider alle unrechtsstaatlichen Tendenzen in unserem Volke wachzurufen. Sie unterstellt damit bewußt die Möglichkeit eines Wiedererstarkens totalitärer und verantwortungsloser Elemente; sonst gäbe es sie nicht! Jene Elemente aber würden die allerersten sein, die – im entscheidenden Augenblick – mögliche Zweifel an der Wahrhaftigkeit und Aufrichtigkeit derer schüren werden, von welchen sie bekämpft wurden. Es ist völlig undenkbar, daß die demokratischen und rechtsstaatlichen Energien in unserm Volk unter diesen Umständen den schweren Belastungen totalitärer Tyrannei (die ja auch von außen über uns kommen kann!) wirklich gewachsen wäre.

Daher meine ich: Solange ungeklärt ist, ob Sie mit dem Autor der hier wiedergegebenen Rezension identisch sind oder nicht, sind Ihre Bemühungen in eminentem Maße in Frage gestellt. Gleichgültig, ob Sie der Verfasser sind oder nicht – es muß in jedem Falle verhindert werden, daß jene Kreise sich dieses Tatbestandes bemächtigen, die ihn sofort für ihre unsauberen Zwecke nutzen werden.

Um der Wahrheit über die Vergangenheit und um der freiheitlichen Gestaltung unserer Zukunft willen bitte ich Sie, sehr verehrter Herr Professor Adorno, hierzu Stellung zu nehmen. Ich bin der Auffassung, daß die Klärung dieser Angelegenheit im Interesse der Öffentlichkeit erforderlich ist, und ich leite daher eine Kopie dieses Offenen Briefes der Redaktion des *Diskus* zur Veröffentlichung zu.

Claus Chr. Schroeder
stud. phil. nat.
Bad Homburg, 31. 12. 1962

1963

22.2.: Am 20. Jahrestag der Hinrichtung der Geschwister Scholl demonstrieren Studenten vor der Hauptwache.

Nr. 80

Theodor W. Adorno

Antwortschreiben an Claus Chr. Schroeder

3. Januar 1963

QUELLE: Diskus – Frankfurter Studentenzeitung, 13. Jg., Nr. 1, Januar 1963, S. 6

Sehr geehrter Herr Schroeder,

die von Ihnen wiedergegebene Kritik habe ich tatsächlich geschrieben und publiziert. Sie sprechen dabei vom *Amtlichen Mitteilungsblatt der Reichsjugendführung* und fügen dem erst nachträglich hinzu, daß es die *Musik* war, eine allgemeine bekannte, unpolitische Fachzeitschrift, an der ich lange Jahre intensiv mitgearbeitet hatte. Sie trug den Hinweis auf die Hitlerjugend nach dem Ausbruch der Hitlerdiktatur im Untertitel, als ich meine Kritikertätigkeit dort noch fortsetzte, bis ich sie im Sommer 1934 freiwillig niederlegte.

Daß ich jene Kritik damals schrieb, bedaure ich aufs tiefste. Anstößig ist vor allem, daß es sich um Gedichte von Schirach handelt. Ich kann mich freilich nicht darauf besinnen, daß die von Ihnen zitierte Scheußlichkeit, das erste Gedicht, sich unter den von Müntzel komponierten Texten befand; sonst hätte ich fraglos die Chöre zurückgegeben. Den Gedichtband selbst kannte und kenne ich nicht. – Auch den Goebbelsschen Begriff »romantischen Realismus« hätte ich nicht in den Mund nehmen dürfen.

Wer aber meinen Aufsatz unvoreingenommen liest, dem springt die Intention auch heute noch in die Augen: die neue Musik zu verteidigen; ihr zum Überwintern unterm Dritten Reich zu verhelfen; die, wie ich mich erinnere, wirklich sehr talentierten Chöre von Müntzel boten dafür keinen schlechten Einsatzpunkt. Allein schon die Betonung der innerkompositorischen Legitimität gegenüber dem Drang, »verständlich und unmittelbar zu werden«, läßt an meiner Absicht keinen Zweifel; noch weniger der Satz, »daß bei fortschreitender kompositorischer Konsequenz eben doch die romantische Harmonik gesprengt« werde. Das ist zu einer Zeit geschrieben, zu der bereits alles Derartige als kulturbolschewistisch verfemt war; man widmete mir selber in der Ausstellung *Die entartete Musik* einen Ehrenplatz. Sollte jemand mich dessen verdächtigen, ich hätte bei den Machthabern mich anbiedern wollen, so ist die Antwort darauf, daß ich dann ja nicht für das Diffamierte öffentlich gesprochen hätte. Die Wendungen, die man mir vorwerfen kann, mußten in der Situation von 1934 jedem vernünftigen Leser als captationes benevolentiae durchsichtig sein, die so zu sprechen mir erlauben sollten.

Der wahre Fehler lag in meiner falschen Beurteilung der Lage; wenn Sie wollen, in der Torheit dessen, dem der Entschluß zur Emigration unendlich schwer fiel. Ich glaubte, daß das Dritte Reich nicht lange dauern könne, daß man bleiben müsse, um hinüberzuretten, was nur möglich war. Nichts anderes hat mich zu den dumm-taktischen Sätzen veranlaßt. Gegen diese Sätze steht alles andere, was ich in meinen Leben, vor und nach Hitler, geschrieben habe, auch mein Kierkegaardbuch, das am Tage der sogenannten Machtübernahme erschien. Wer die Kontinuität meiner Arbeit überblickt, dürfte mich nicht mit Heidegger vergleichen, dessen Philosophie bis in ihre innersten Zellen faschistisch ist.

Ohne im mindesten zu beschönigen, was ich bereue, möchte ich es doch der Gerechtigkeit anheimstellen, ob die inkriminierten Sätze gegen mein Œuvre und mein Leben ins Gewicht fallen. Mir scheint es vielmehr, daß die Insistenz auf ihnen dazu dient, eben das zu diskreditieren, was ich, des Ausgangs höchst ungewiß, gegen das Fortleben des Hitlerschen Potentials, auch in der Heideggerschen Philosophie, versuche, und was vielleicht doch mittlerweile meine Dummheit wiedergutgemacht hat. Oder meinen Sie, daß diese mich dazu verurteilen sollte, für den Rest meines Lebens zu schweigen? Mit der Sorge, die Ihr Brief bekundet, wäre das kaum vereinbar.

Hochachtungsvoll
Prof. Dr. Adorno
3. Januar 1963

Nr. 81

Theodor W. Adorno
Brief an die »Diskus«-Redaktion
Begleitschreiben zur Antwort an Claus Chr. Schroeder
10. Januar 1963

QUELLE: Diskus – Frankfurter Studentenzeitung, 13. Jg., Nr. 1, Januar 1963, S. 6

Sehr geehrte Herren, schönsten Dank für ihren so ungemein freundlichen Brief.

Herrn Schroeder, der mir übrigens persönlich unbekannt ist, habe ich sogleich geantwortet. Ich lege Ihnen diese Antwort bei mit der Bitte, sie gleichzeitig mit dem Brief von Herrn Schroeder zu publizieren. Da ich an der Integrität von Herrn Schroeder zu zweifeln keinen Grund habe, lasse ich diejenigen Stellen aus meinem ursprünglichen Brief an ihn weg, die etwa in diesem Sinne mißverstanden werden könnten, und informiere ihn ebenfalls davon.

Mit aufrichtigem Dank und den besten Empfehlungen

Ihr stets ergebener
Th. W. Adorno
10. Januar 1963

Nr. 82

Max Horkheimer
Brief an Eugen Gerstenmaier,
Päsident des Deutschen Bundestages
10. Juni 1963

QUELLE: Max Horkheimer, Gesammelte Schriften Bd. 18:
Briefwechsel 1949–1973, hrsg. von Gunzelin Schmid Noerr,
© S. Fischer Verlag Frankfurt/Main 1996, S. 548–553

Frankfurt am Main
Westendstr. 79
10.6.63

Sehr verehrter Herr Präsident[1],

Beim Empfang im Charlottenburger Schloß, der anläßlich der Deutsch-Amerikanischen Freundschaftswoche im November letzten Jahres stattfand, hatten Sie die Güte, mich besonders freundlich zu begrüßen. Der Gedanke daran ermutigt mich, Ihnen heute etwas über die Sorge zu sagen, die mich seit einigen Jahren bewegt. Ich tue es im Bewußtsein, daß Sie zu jenen Menschen an hoher Stelle gehören, deren lautere Gesinnung und guter Wille mit der Einsicht in differenzierte gesellschaftliche und kulturelle Fragen verbunden sind. Den unmittelbaren Anlaß meiner Äußerung bietet ein kleiner Auszug aus Ihrer Darlegung in *Christ und Welt*, den die Frankfurter Allgemeine Zeitung am 16. März veröffentlicht hat.[2] Auf einer Fahrt in der Schweiz habe ich ihn gelesen und seitdem gezögert, mich an Sie zu wenden, um so mehr, als ich den Artikel in seiner vollständigen Fassung nicht kenne. Wenn ich nun doch schreibe, tue ich es im Vertrauen darauf, daß Sie meine Freiheit nicht übelnehmen.

Der Auszug trägt den Titel »Es gibt keinen Antisemitismus mehr« und kennzeichnet die darauf bezügliche Situation in Deutschland durch das Bild, dem Judenhaß sei das Kreuz gebrochen, er sei völlig unfähig, »auf die Beine kommen und gehen, stehen und wirken zu können«. Sie weisen auf eine Vorstellung des Generalstaatsanwalts Bauer[3] hin, nach welcher der Antisemitismus »in Deutschland heutzutage nur tabuisiert wäre«, und nennen sie eine Verkennung des Sachverhalts. Da ich seit mehr als zwei Jahrzehnten den Fragen des Vorurteils in der Gesellschaft ernsthaft nachgegangen bin und bereits während der vierziger Jahre mit einer Gruppe von Gelehrten in Amerika eine Reihe von Forschungen über den Gegenstand herausgab (Studies in Prejudice, 5 volumes), getraue ich mich, in der Streitfrage ein Urteil zu fällen und zu versichern, daß der Ausbruch haßerfüllter Vorurteile, des Antisemitismus zumal, für die Geschichte, die bevorsteht, mit einiger Gewißheit jetzt nicht zu bestimmen ist. Weder die sehr aufrichtigen Bemühungen entscheidender Personen in den Massenmedien, noch die beruhigenden Erklärungen und Handlungen im politischen Leben, noch bestimmte beunruhigende Anzeichen, noch die sogenannten öffentlichen Meinungsumfragen bieten dafür die Gewähr.

Nicht um solchen billigen Vorbehalt des Wissenschaftlers vorzutragen, schreibe ich Ihnen, sondern weil ich glaube, daß die öffentliche Versicherung über die Schwäche der Bereitschaft zum Haß, die Beteuerung des toten deutschen Antisemitismus von deutscher Seite nicht gut ist, sondern das Gegenteil dessen zu bewirken tendiert, was Menschen wie Sie selbst im Sinne haben. Erklang das fragwürdige kollektive Schuldbekenntnis nach der Niederlage allzu rasch und allgemein, um als das autonome Urteil der Schuldigen und Unschuldigen, der Nutznießer wie der Leidtragenden des Nationalsozialismus zu gelten, so entbehrt in ähnlicher Weise die für das Volk im großen ganzen abgegebene Erklärung, die Quelle der Schuld sei versiegt, der Substanz. Die gemeinschaftliche Selbstbezichtigung war unrecht und unwahr, denn sie bezog nicht nur die Anständigen, sondern die zahllosen Helden und Märtyrer ins falsche Wir der Hitlerzeit mit ein. Schuld betrifft die Einzelnen und seien es noch so viele; alles andere ist verhängnisvoller Mythos. Wäre jenes falsche Bekenntnis wahr und aufrichtig gewesen, dann würde das deutsche Volk jedem ins Wort fallen, der heute davon spräche, Antisemitismus, Haß, Gewalttat könne in ihm nicht mehr sich ausbreiten, dann wären, mit anderen Worten, die verschiedenen sozialen Schichten, ihre politischen Vertreter zuerst, empfindsam gegen solche Versicherungen, und nur die draußen oder die möglichen Opfer dürften, von sich aus, darauf beharren, die Gefahr des Hasses sei in Deutschland vorbei.

Die Wirkung zweifelhafter Selbstgewißheit auf die ältere und vor allem die heranwachsende Generation scheint mit bedenklich zu sein. Allzusehr pflegen in den entwickelten Ländern die Menschen heute die Worte nicht so sehr als Ausdruck denn als Mittel zum Zweck, als Taktik zu verstehen. Bei Reden über Antisemitismus wird gleichsam automatisch ans Ausland, ein bestimmtes Ausland, die Vereinigten Staaten gedacht. Die Hörer oder Leser erfahren die Beteuerung, im wesentlichen sei das Böse ausgetilgt, als eine Art nationaler Pflicht, die zu erfüllen die Sprecher, insbesondere die Regierung, selbstverständlich gehalten sind; die Äußerung der Besorgnis dagegen gilt als politisch unklug, beinahe als Verrat, jedenfalls als etwas, das zum Schaden gereicht. Um festzustellen, inwiefern das Urteil sachlich berechtigt ist, bin ich diplomatisch nicht erfahren genug; ich bezweifle es, besonders soweit die Wirkung in den Vereinigten Staaten in Frage kommt; aber ich weiß, daß die Beteuerung, die furchtbare Neigung, die seit dem Beginn unserer Zeitrechnung die Völker kennzeichnet, sei nicht existent, das Geleugnete tief drunten interessanter macht. Viele Menschen, die gegen es anfällig sind, haben sich stets für brave Patrioten gehalten; wenn dann die rechten politischen und wirtschaftlichen Umstände eintreten und gewissenlose Mächtige den Demagogen, die bis dahin Sektierer und Outsider waren, ein wenig zu Hilfe kommen, werden die verborgenen Energien, zu denen der stille Ärger über die Notwendigkeit der Beteuerungen mit hinzugehört, aktualisiert. Die stete Wiederholung der Harmlosigkeit scheint zu bestätigen, daß die Gefahr auch heute ihren Zauber übt. Daß Sie, verehrter Herr Präsident, auf Grund Ihres eigenen Lebens das nicht fassen können, ist mir wohl bewußt, und doch halte ich es für meine Pflicht, es auszusprechen. Wenn Sie, als Gedankenexperiment, unterstellen, in den Vereinigten Staaten sei der Antisemitismus offiziell akzeptiert und Arabien bereits ein mächtiger Block, werden Sie mir wahrscheinlich beistimmen, daß die Beurteilung sich ändern würde. Mir scheint, die meisten ahnen es, auch wenn sie keineswegs sich im klaren sind, und selbst die ehrlichste Beteuerung, daß die Bereitschaft zum Haß verschwunden sei, muß des dubiosen Einverständnisses gewärtig sein. Es entstammt dem Zweifel, daß Sprache mehr als Propaganda sei.

Die Jugend vor dem Zynismus zu bewahren und in ihr ein Selbstbewußtsein zu wecken, das nicht allein auf den Lebensstandard im Innern und eindrucksvolle Macht nach außen angewiesen ist, gehört zu der Anstrengung, künftigem Unheil, nicht allein dem Antisemitismus, sondern der Verführbarkeit durch alles Totalitäre entgegenzuwirken. Dem Andenken an die im Dritten Reich zutod gemarterten Juden und Christen, Polen und Deutschen, Kinder und Greise, Frauen und Männer geschieht unrecht, wenn es in Schulen und anderen Bildungseinrichtungen den Unbeteiligten wieder und wieder als eine Art Buße vorgehalten wird. Die den Lehrern auferlegte Pflicht, es einzuprägen, pflegt bei den Schülern innere Abwehr zu erzeugen und dazu noch den erlogenen Gegensatz von Juden und Deutschen mit der Verfolgung durch die Nationalsozialisten unwillkürlich zusammenzubringen. Ich halte nicht viel davon, die sogenannte jüngste Vergangenheit auf Kosten der andern dunklen Perioden der blutigen Geschichte allzusehr herauszustellen. Wird sie jedoch erörtert, so scheint mir die Behauptung, sie sei überwunden, so verkehrt wie ihr absurdes Gegenteil, daß alle schuldig seien. Die Jugend heute hat feinere Sinne, als viele sich träumen lassen. Jeder falsche Ton all derer, denen sie Achtung und Vertrauen schenkt, verletzt ihren Stolz. Sie soll die eigene Geschichte kennen lernen ohne das Gefühl der Minderwertigkeit, des Neids und des geheimen Grolls. Es bedarf der aufgeklärten, kultivierten Lehrer, die nicht bloß sich mit Stoff beladen haben, mit Historie, Philologie, Didaktik, wie sie zur Zeit auf Hochschulen betrieben werden, sondern eigenes Urteil besitzen, Liebe, Phantasie und eine Vorstellung des politischen Geschehens hier und anderswo. Mit dem Hitlerreich, als es noch groß und mächtig war, die Arbeitslosigkeit durch Diktatur kurierte und fast den Krieg gewann, ebenso wie mit der Niederlage, haben die Deutschen eine Erfahrung gemacht, die andere Völker, etwa Frankreich, durch ältere, umjubelte Diktaturen und deren Niederlagen, einmal gewonnen und fast schon wieder vergessen haben. Die Gewaltherrschaft war in Deutschland krasser, weil sie in der Entwicklung später kam, wirksamerer Techniken sich bedienen konnte und ein schlechteres Gewissen übertönen mußte als frühere Tyranneien anderswo. Einmal haben die Alliierten Frankreich von Bonaparte befreit, der sonst Europa erobert hätte, und auch mit dem mörderischen dritten Napoleon sind die Deutschen keinen Bund eingegangen. Wenn die Jugend in Zukunft für ihre demokratische Verfassung einstehen und die Verächter der Menschenrechte im Osten oder Westen selbst verachten soll, so muß sie in einem schwierigen inneren Prozeß die Unverletzlichkeit der Person erst als Idee sich zu eigen machen und an der deutschen Geschichte die unendliche Bedeutung individueller wie kollektiver Freiheit einsehen lernen. Die Erkenntnis, daß Gefahr von außen droht, ja die Solidarität mit den versklavten Menschen in der Sowjetzone, ist nicht genug. Die Nazi-Episode darf nicht bloß ein dunkler Fleck in der eigenen Geschichte bleiben, sie kann als eines der schmerzlichen historischen Erlebnisse des eigenen Volks erinnert werden, durch die es mündig wird. Anstatt zurückzugehen, kann unabhängiger Geist wider alle Wahrscheinlichkeit in der bedrohlichen Gegenwart sich ausbreiten, wenn die Erwartung nicht, zu unrecht, als bereits erfüllt erscheint. Um ihre gefährdete Kultur zu bewahren, müssen die Völker dieses Kontinents vielmehr daran denken, daß sie jeden Augenblick in Frage steht. Sie bedürfen der Fähigkeit, auf die Illusion zu verzichten, die in ihrem Innern lauernde Barbarei sei tot.

Wie sollte ich anders schließen als mit dem Ausdruck der Hoffnung, der Zweifel, dem ich das Wort geredet habe, möge dazu führen, daß der Erziehung der Erzieher, ihrer Stellung in der Gesellschaft, ihrem wirtschaftlichen Status mehr Aufmerksamkeit zuteil wird als in der allzu praktischen Gegenwart. Trotz der Forderung verbündeter Mächte an die Bundesrepublik, das Äußerste für die gemeinsame Verteidigung zu tun, trotz aller berechtigten Interessen auf vielen anderen Gebieten, ist Deutschland mehr als jede andere Nation dazu verpflichtet, die heranwachsende Generation mit den gedanklichen und seelischen Kräften auszustatten, derer sie bedarf, um in kritischen Situationen den Verführern zu widerstehen. Nationale Gesinnung reicht dazu nicht aus oder vielmehr nur dann, wenn das autonome Urteil der differenzierten, wohlgebildeten Einzelnen ihr die Richtung weist. Der Umstand, den ich wahrlich nicht tadeln will, daß Erziehung den einzelnen Ländern obliegt, entbindet das Ganze nicht davon, was es auch kosten möge, das Leben in Deutschland trotz allem heller, menschlicher, zivilisierter zu machen als anderswo in der westlichen Welt. Trotz der Vielen, die guten Willens sind, kann heute nicht davon die Rede sein. Die erzieherischen Maßnahmen, Vorschläge und Pläne, die gegenwärtig erörtert werden, verfolge ich mit weitgehender Zustimmung. Die meisten jedoch sind allzusehr von wirtschaftlich-politischer Notwendigkeit durchherrscht, als daß sie die Sorge, von der hier die Rede war, vermindern könnten. Der rasend sich vergrößernde Umfang der massiven Forderungen des gesellschaftlichen Alltags prägt auch auf pädagogischem Gebiet jedem nicht unmittelbar pragmatischen Zweck den Stempel des Unrealistischen auf. Wir sollten trotzdem nicht nachgeben.
In aufrichtiger Verehrung,
                Ihr sehr ergebener

1 Der Brief wurde nicht abgesandt.
2 Eugen Gerstenmeier, Es gibt keinen Antisemitismus mehr, Teilabdruck in: Frankfurter Allgemeine Zeitung vom 16.3.1963, S. 2.
3 Fritz Bauer (1903–1968), Jurist, 1930–1933 Amtsrichter, emigrierte 1939 nach Dänemark und Schweden, 1949 Landgerichtsdirektor, 1950 Generalstaatsanwalt beim Frankfurter Oberlandesgericht. Bauer setzte sich besonders für die Bekämpfung des Neonazismus und Antisemitismus ein und war u.a. maßgeblich mit der Vorbereitung und Durchführung des Frankfurter Auschwitz-Prozesses Dezember 1963– August 1965 befaßt.

Nr. 83
»Subversive Aktion«
Aspekte und Konklusionen

Dezember 1963

QUELLE: Christofer Baldeney / Rodolphe Gasché / Dieter Kunzelmann (Hg.), Unverbindliche Richtlinien, 1. Jg., Nr. 2, Dezember 1963, S. 21–25; wiederabgedruckt in: Albrecht Goeschel (Hg.), Richtlinien und Anschläge – Materialien zur Kritik der repressiven Gesellschaft, München 1968, S. 51–55; wiederabgedruckt in: Frank Böckelmann / Herbert Nagel (Hg.), Subversive Aktion – Der Sinn der Organisation ist ihr Scheitern, Frankfurt/Main 1976, S. 114–118

TRAU-SCHAU-KUNST

Was sich heute als avantgardistische Bewegung auf dem Markt feilhält, oder sich dem Markt entzieht durch die Spekulation als Kulturgutretter, verkanntes Genie oder intellektualistischer Nörgler vom Scheinwerferlicht der Öffentlichkeit entdeckt zu werden, muß demaskiert werden als eine noch festere Verstrickung in die bestehende Ordnung, weil ihre Opposition sich innerhalb der legalen Zone einer wohldosierten Narrenfreiheit vollzieht. Die Fragwürdigkeit künstlerischer Avantgarde ist offensichtlich: ihre Produkte verfallen in der industrialisierten Gesellschaft zwangsläufig dem Warencharakter, und eine Welt, deren Misere in sozioökonomischen Bedingungen gründet, kann nicht durch ästhetische Produktion überwunden werden. Der Parnaß der Künste ist das Schaufenster der Kaufhäuser, und der Künstler sonnt sich im Dunkel seiner Integration.

MEIN K(r)AMPF

Die SUBVERSIVE AKTION, bestehend aus Rädelsführern des organisierten Ungehorsams, als erster Schritt zur Verwirklichung der emanzipierten Gesellschaft der Kohorte, definiert sich als eine direkt auf Aktion ausgerichtete Pariaelite. Kriterium selbst infinitesimaler Aktion ist das Maß an Entblößung gesellschaftlicher Repression. Zur subversiven Linken darf sich nur zählen, wer an einer neuen Tradition der Revolte aktiv sich beteiligt. Theorie und Methode der totalen Umwälzung resultieren aus der Koordination der gesammelten Erfahrungen von unzählig erlebten Mikrorebellionen. Die Wahl einer bestimmten Handlung läßt Mögliches ahnen, und das in der sterilisierten Gesellschaft durch Aktion Nacktgewordene verführt zur Vision einer faszinierenden Welt. Das geschaffene Feld nichtokkupierten Raumes ist eine Herausforderung an die erstmals konkret sichtbar gewordene Freiheit: abgerungener Hoffnungsschimmer wird der Hebel, ewig Versagtem zum Durchbruch zu verhelfen.

kANALYSation

In einer Zeit, in der dürftige Kritik jedem Ästhetizisten die Pforte zum Paradies der Schöngeister öffnet, muß der Standort gesellschaftskritischer Opposition neu gesetzt werden; in sich verharrende Kritik verfällt läppisch-spektakulärer Zurschaustellung.

> KRITIK MUSS IN AKTION UMSCHLAGEN.
> AKTION ENTLARVT DIE HERRSCHAFT
> DER UNTERDRÜCKUNG.

Diese Form der Aktion spricht schon als neue Existenzform für sich selbst, die Intention der Handelnden ist das Versprechen einer zukünftigen Welt. Die Schwierigkeit, in der hochindustrialisierten Gesellschaft Aktion zu realisieren, entbindet die meisten davon, sie zu suchen. Das Bewußtsein der Austauschbarkeit jedes einzelnen wird durch die Suggerierung der Wichtigkeit seiner sozialen Rolle ausradiert. Der verinnerlichte Zwang, total ausgelastet zu sein, liquidiert die objektive Notwendigkeit einer Veränderung. Das Äquivalent zur Narrenfreiheit – die Handlungen der Avantgarde dienen nur zur Belustigung einer durch Versagung konsumgierigen Gesellschaft – ist der Mythos der perfekt durchrationalisierten Welt: Rationalisierung ist Vernunft im Dienste der Unvernunft. Wir wenden uns gegen diesen von der herrschenden Ideologie proklamierten Mythos, denn dessen nicht geringste Funktion besteht darin, selbst Aktion, die mit dem letzten Mut der Verzweiflung entsteht, im Keime zu ersticken.[1]

Der Beweis für die allgegenwärtige Realpräsenz dieses kittenden Pessimismus ist der völlige Mangel an Ideen, wie diese Welt zu verändern ist. Abgesehen davon, daß die festgefahrene Welt eine Herausforderung an die Imaginationskraft bedeutet, entzünden sich Projekte des Umsturzes an den objektiven Fakten kritischer Situationen. In den von der Gesellschaft besetzten Feldern leitet Analyse den Beginn einer kritischen Situation ein.

WECHSELGELD

Organisation bedeutet für die gesellschaftliche Ideologie, durch hierarchisch genormte Rollenverteilung rationell den Fortschritt der Menschheit zu garantieren; dem scheint Individualismus entgegenzustehen. Wirklich definiert sich Organisation und ihr Gegenpol als die Verschrottung des Menschen durch das Abdrosseln des schlechthin Anderen. Organisation ist Apoplexie; ihre Scheinkonflikte, die das Ausgehöhlte verbergen, bieten Ansatzpunkte zur Infiltration.

Die Möglichkeit zur Aktion variiert zwischen der Forcierung der Erstarrung und dem Einschmuggeln revolutionärer Ideen. Der Anspruch, avancierte Bewegung zu sein, kann sich nur durch neue Methoden des Kampfes rechtfertigen: an Stelle des Streiks als Kampfmittel der Gewerkschaften im bürgerlichen Zeitalter tritt der organisierte Konsumboykott in der hochindustrialisierten Epoche. Konsumboykott deckt den Konsumzwang auf, der die Perpetuierung der Arbeit ist; der Zweck des Streiks kann nur noch die Abschaffung der Arbeit sein. – Es gilt, Tarnorganisationen zu schaffen, die noch stärker in das Horn reaktionärer Organisationen blasen, deren gesteuerte Inkonsequenz dadurch ad absurdum geführt wird; gesellschaftliche Ideologie prostituiert sich in ihrer ganzen Nacktheit durch das konsequent-provokative Zumauern der taktisch-tolerierten Kanäle, die noch eine Illusion der Freiheit aufrecht erhalten sollen. Die Absperrung der Ventile ballt Aufgestautes: die Detonation sprengt das Hinhalten der Urerwartung. –

REKLAMA(k)TIONEN

Reklame verspricht den Himmel auf Erden: moderne Menschen, modernes Leben; der Duft der großen weiten Welt; Sonnenschein fürs ganze Leben; Genuß im Stil der neuen Zeit; Freude, Freunde, frohe Stunden: Realiter suggeriert Reklame Bedürfnisse, um wahre Wünsche nicht hochkommen zu lassen; in der verwalteten Welt tritt an Stelle von Kommunikation Konditionierung durch Reklame. Da sie Zurschaustellung gesellschaftlicher Macht ist und schon die Methode der Gegenaufklärung – »blauer Dunst ... das ist alles, was wir zu verkaufen haben« – praktiziert, wird eine neue Welle der Sättigung über die bereits gesättigte Welt hinwegrollen. Durch die ständig neuen Variationsformen des Immergleichen versuchen die Ideologen der Konditionierung das Eingeständnis ihrer Unfähigkeit zu kompensieren, noch nicht alles zugedeckt zu haben: »Doppelt genäht hält besser« soll die Angst über die Existenz des noch nicht Geglätteten überspielen. – Die Omnipräsenz der Reklame muß durch die provokative Improvisation der technicoresken Plakate an Stelle der sakralen Requisiten in allen Kirchen demonstriert werden. Die Reklame, das Manifest der Gesellschaft, wird entlarvt durch anprangerndes Überkleben des in vulgärem Stil formulierten unterschwellig Angesprochenen. Proponierte Produkte verfallen automatisch dem Konsumboykott: Reklame macht Reklame für ihren Untergang.

ZIERSTRÄUCHER

Im Leben seinen Mann zu stehen und die Tradition des Kulturerbes zu sichern, wird gemeinhin als Bildung definiert. In Wahrheit muß Bildung demaskiert werden als totale Verbildung, Integration in den Vergesellschaftungs- und Wirtschaftsprozeß, perfekte Spezialisation. Die einzigen Ecken, an denen das manipulierte Individuum im Verdummungsprozeß sich noch stoßen könnte, werden abgeschliffen durch Totschweigen oder Katalogisieren. Die Reformsucht seitens der Drahtzieher der Verbildung ist dem Wahn verfallen, durch Flickwerk Entscheidendes verändern zu können. Gemeinsame Funktion von Humanismus und positivistisch-naturwissenschaftlicher Ideologie ist Integration in die jeweilige Gesellschaftsordnung: im 19. Jahrhundert durch Unterwerfung unter abstrakte Werte, in der hochindustrialisierten Konsumgesellschaft durch Beugen unter verhärtete Fakten. Gängige Bildung zu reformieren heißt daher, Ideologie der herrschenden Ordnung mit ewigen Werten verschönern zu wollen: sich als frei deklarierende Bildung entblödet sich als Verdoppelung der Initiation in die Autoritätsstruktur. Organisierte Bildung zerstört den Aufbau erträumter Welt. Vorschläge nichtaufoktroyierter Bildung dienen der Reaktion, wenn sie organisierter Bildung nicht total den Boden unter den Füßen entziehen: Gesellschaft stürzt sich auf Impulse, um ihre Festen auszufugen. – Jede Gelegenheit, nicht in den Bildungsapparat eingeschleust zu werden, muß ausgenützt werden. Die Lehrmaschinen, deren Aufgabe es ist, die Grundelemente des Lehrstoffs zu vermitteln, zerstören die Projektion des Vaterersatzes und damit die Autoritätsstruktur. Durch die Nichtexistenz eines Einspruchs von oben fällt auch die Sortierung des Materials nach repressiven Gesichtspunkten weg. Die weitere Entscheidung ist nicht mehr eine von der Gesellschaft diktierte: die Substanz der potentiell-spielerischen Freiheit entscheidet sich für die verschwiegenen Sternstunden der Menschheit, die im Zeichen der Empörung oder des radikal anderen Zustands standen.

Diese wahllos herausgegriffenen Ansatzpunkte zur Aktion müssen ständig überprüft und weiterentwikkelt werden. Eine Tradition der Rebellion erfordert permanente Ideenproduktion über Aktionen im Jetzt.

1 Die Frage erhebt sich, ob die Frankfurter Schule durch die ständige Proklamierung der Ausweglosigkeit der bestehenden Situation die Dialektik dieser Einsicht durchschaut hat und ob sie sich nicht durch die Manie der perfekten Analyse, durch die selbst die bedeutendsten Leute von der Gesellschaft aufs Eis gelegt werden, von der Importanz einer Aktion freispricht.

1964

25.11.: Hans Magnus Enzensberger zu Beginn seiner Poetik-Vorlesung in der Johann Wolfgang Goethe-Universität.

Nr. 84

»Subversive Aktion«
Suchanzeige
Flugblatt und Plakat
Mai 1964

QUELLE: Albrecht Goeschel (Hg.), Richtlinien und Anschläge – Materialien zur Kritik der repressiven Gesellschaft, München 1968, S. 58; wiederabgedruckt in: Frank Böckelmann / Herbert Nagel (Hg.), Subversive Aktion – Der Sinn der Organisation ist ihr Scheitern, Frankfurt/Main 1976, S. 145

»Mit dieser Welt gibt es keine Verständigung; wir gehören ihr nur in dem Maße an, wie wir uns gegen sie auflehnen.«
»Alle sind unfrei unter dem Schein, frei zu sein.«
»Der Kulturindustrie ist die Verwandlung der Subjekte in gesellschaftliche Funktionen so differenzlos gelungen, daß die ganz Erfaßten, keines Konflikts mehr eingedenk, die eigene Entmenschlichung als menschliches, als Glück der Wärme genießen.«
»Freiheitsberaubung wird als organisiertes Vergnügen geliefert.«
»Die Zivilisation muß sich gegen das Traumbild einer Welt verteidigen, die frei sein könnte. Kann die Gesellschaft ihre wachsende Produktivität nicht dazu verwenden, die Unterdrückung zu verringern, so muß die Produktivität gegen den einzelnen gewendet werden; sie wird selbst zum Instrument weltumfassender Lenkung.«
»Im Stillen ist eine Menschheit herangereift, die nach dem Zwang und der Beschränkung hungert, welche der widersinnige Fortbestand der Herrscher ihr auferlegt.«

Der deutsche Intellektuelle und Künstler weiß das alles schon längst. Aber dabei bleibt es.
»Man will nichts tun, und man wird getan.«
Wir glauben, daß Wissen nicht Bewältigung ist. Wenn auch Ihnen das Mißverhältnis von Analyse und Aktion unerträglich ist, schreiben Sie unter Kennwort »Antithese« an 8 München 23, postlagernd.

verantwortlich: Th. W. Adorno, 6 Frankfurt/Main, Kettenhofweg 123

Nr. 85

Alexander Joffe (d. i. Rudi Dutschke)
Diskussion:
Das Verhältnis von Theorie und Praxis
August 1964

QUELLE: Anschlag, 1. Jg., Heft 1, August 1964, S. 23–27; wiederabgedruckt in: Frank Böckelmann / Herbert Nagel (Hg.), Subversive Aktion – Der Sinn der Organisation ist ihr Scheitern, Frankfurt/Main 1976, S. 190–195

»Der wichtigste Faktor des Zerfalls des kapitalistischen Systems«, schrieb der russische Revolutionär Bucharin in seinem Buch *Die Ökonomik der Transformationsperiode* (1921), »ist die Auflösung der Verbindung zwischen den imperialistischen Staaten und ihren zahlreichen Kolonien.« War diese Feststellung zu seiner Zeit schon in Ansätzen sichtbar, so ist sie für uns heute offenbar. Nationalaufstände, Kolonialaufstände, kurz, nationale Befreiungskriege zwangen in den meisten Fällen die ehemaligen Kolonialherren zur Aufgabe ihrer sichtbaren Herrschaft; in diesen Ländern geblieben ist noch die versteckte ökonomische Machtstellung, die die neuen Staaten weiterhin in Abhängigkeit hält. Diesem weltpolitisch so entscheidenden Prozeß des Zerfalls des ehemaligen Kolonialreiches läuft parallel ein Prozeß einer gewissen Auflösung des ehemals durch Gewalt monolithisch gehaltenen Ostblocks. Wir können sogar von einer Verschiebung der Achse der Weltwirtschaft sprechen, denn die sich von der Unterdrückung und Bevormundung fremder Mächte befreienden Nationen entfalten sich immer mehr zu eigenständigen Faktoren der Weltwirtschaft, die sich mit den »Resten« des »Profitkuchens« nicht mehr zufriedengeben, was wiederum zu gewaltigen »volkswirtschaftlichen« Schwierigkeiten, nämlich Profitschwierigkeiten innerhalb der ehemaligen Kolonialländer führt, die allerdings in gewisser Weise durch Kapitalexport und »Entwicklungshilfe« kompensiert werden können. Kapitalexport und »Entwicklungshilfe« führen über kurz oder lang – starke Ansätze sind schon in Lateinamerika und Afrika, natürlich auch schon in Asien (Indien, Indonesien) sichtbar – zur Herausbildung eines riesigen Proletarierheeres, das bei entsprechender »Bearbeitung« durch revolutionäre Eliteparteien (Avantgarde), ich denke z. Z. besonders an Lateinamerika, wo die revolutionäre Stoßkraft des entstehenden Industrieproletariats nicht durch den Taumel über die nationale »Unabhängigkeit« (wie in Afrika) verdrängt werden kann, die »Schlüsselkraft« der Revolutionierung eines Kontinents sein wird – damit Ausgangspunkt einer gewissen Strukturveränderung der Welt. Denn es ist einsichtig, daß ein sozialistischer Kontinent Lateinamerika auch die scheinbar starren Gesellschaften der hochentwickelten kapitalistischen Staaten nicht unberührt lassen wird.[1]

In diesem Augenblick wird vielleicht nicht mehr der revolutionäre Gedanke des europäischen Revolutionärs allein zur Wirklichkeit drängen, sondern die europäische Wirklichkeit wird zum revolutionären Gedanken drängen. Bei Marx heißt es in der Einleitung zur Kritik der Hegelschen Rechtsphilosophie: »Die Revolutionen bedürfen nämlich eines passiven Elementes, einer materiellen Grundlage. Die Theorie wird in einem Volke immer nur so weit verwirklicht, als sie die Verwirklichung seiner Bedürfnisse ist. Wird nun dem ungeheuren Zwiespalt zwischen den Forderungen des deutschen Gedankens und den Antworten der deutschen Wirklichkeit derselbe Zwiespalt der bürgerlichen Gesellschaft mit dem Staate und mit sich selbst entsprechen? Werden die revolutionären Bedürfnisse unmittelbar praktische Bedürfnisse sein? Es genügt nicht, daß der Gedanke zur Verwirklichung drängt, die Wirklichkeit muß sich selbst zum Gedanken drängen.«

Müssen wir für uns heute den Zwiespaltgedanken von Staat und Gesellschaft ablehnen – Staat und Gesellschaft bilden in der Gegenwart eine Identität –, so gelten die anderen Sätze unumschränkt. Unsere Gedanken, die zur Wirklichkeit drängen, auf Verwirklichung des Gedankens aus sind, müssen auf eine Wirklichkeit treffen, die schon so in Bewegung geraten, so schwanger von Enthüllungswillen ist, daß der revolutionäre Gedanke, die revolutionäre Theorie, »nur« noch der Ausdruck der Bewußtwerdung und Bewußtmachung der gesellschaftlichen Wirklichkeit ist, unmittelbar, von den Massen ergriffen, zur »materiellen Gewalt« wird. Solch eine revolutionsreife Wirklichkeit fällt natürlich nicht vom Himmel, sondern ist der Ausdruck der objektiven und subjektiven Dialektik des geschichtlichen Prozesses, soll heißen, Ausdruck der Entfaltung der Produktionskräfte in der Welt und Ausdruck der revolutionären Aufklärungstätigkeit der Avantgarde der Menschheit, der Avantgarde des potentiellen und teilweise aktuellen Proletariats. Die Basiskraft der zukünftigen Gesellschaft, die von der Avantgarde »bearbeitet« wird, kann nur die Klasse von Menschen sein, die sich als identisches Subjekt-Objekt der kapitalistischen Gesellschaft begreift und erfährt. Marx fand in der frühkapitalistischen Gesellschaft im Industrieproletariat dieses identische Subjekt-Objekt, damit zwar nicht den Träger der bisherigen Weltgeschichte, aber den Träger und Gestalter der kapitalistischen Gesellschaft. Heute ist es in den hochentwickelten Industriestaaten Mitteleuropas unüblich geworden, vom Proletariat zu sprechen, obwohl wir per definitionem, nämlich das Nichthaben von Produktionsinstrumenten als charakteristisches Merkmal, durchaus den Begriff Proletariat sinnvoll benutzen können und müssen. Das potentielle Proletariat ist vorhanden, es fehlt die Bewußtmachung der in dieser mitteleuropäischen Gesellschaft steckenden Möglichkeiten den potentiellen Proletariern gegenüber. Hier muß die permanente Aufklärungs- und Enthüllungsanalyse der aktuell und bewußt-revolutionären Kräfte einsetzen. In *Geschichte und Klassenbewußtsein* (1923) von G. Lukács heißt es noch: »Die Theorie dient dazu, das Proletariat zum Bewußtsein seiner Lage zu bringen, d. h. es zu befähigen, sich selbst zu erkennen.« Diese Bewußtwerdung soll dann die treibende Kraft der gesellschaftlichen Entwicklung sein.

In den hochentwickelten Industriegesellschaften des Westens erfährt sich das potentielle Proletariat kaum noch als Objekt im alten Sinne, d. h. als denkendes Tier, das vom animalischen Hungertod täglich bedroht ist. Die sozialstaatliche Befriedigung der Bedürfnisse garantiert in »wohlstandsgemäßer« Weise die Bedingungen der Reproduktion des Lebens (von zukünftig durchaus möglichen Krisen und Inflationen in der EWG u. a. m. möchte ich absehen, weil die Betonung der Möglichkeit von Krisen sehr oft die Hoffnung auf die Krise, damit Warten auf die Krise impliziert). Der Objektcharakter des potentiellen Proletariats wird heute in der Bundesrepublik z. B. sichtbar in der »wahlperiodischen Neuinszenierung einer politischen Öffentlichkeit« (Habermas), in der es als Basiskraft benutzt wird, um Einzelpersonen zur Macht zu verhelfen. Allgemein gesprochen: der Objektcharakter des potentiellen Proletariats wird in den heutigen kapitalistischen Industriegesellschaften des Westens in allen Bereichen des gesellschaftlichen Lebens sichtbar, nur wird er nicht im unmittelbaren animalischen Hunger erfahren. Eine dialektische Analyse der gegenwärtigen mitteleuropäischen »Wohlstandsgesellschaft« kann allerdings nicht umhin festzustellen, daß die sozialstaatliche Bedürfnisbefriedigung ein Korrelat zu der frühkapitalistischen Ausbeutung der Arbeiter und Bauern in Lateinamerika, Afrika und Asien ist. Heute haben wir tatsächlich eine Zweiteilung der Welt erreicht (ich denke hier nicht an die Verbalwahrheiten von der Trennung der Welt in kapitalistische und sozialistische Länder), nämlich die Trennung der Welt in reiche und arme Länder. War in der frühkapitalistischen Phase des heutigen Imperialismus die Trennung zwischen arm und reich innerhalb eines Landes offensichtlich, man sprach nicht umsonst von den zwei Nationen eines Landes – so hat sich dieser Widerspruch des Kapitalismus auf der erweiterten Basis der Welt reproduziert. (Der auf der vor kurzem beendeten Welthandelskonferenz ausgehandelte Kompromiß konnte den heutigen Grundwiderspruch zwischen den Industriestaaten und den »Entwicklungsländern« nicht überbrücken). Überspitzt gesagt, das hochindustrielle Mitteleuropa (West) konsumiert, produziert natürlich auch, weil die nichtentwickelten Länder bisher, teilweise weiterhin, billige Rohstofflieferanten und Abnehmer von teuren Fertigwaren sind. Für die Revolutionäre in Mitteleuropa haben diese Tatbestände natürlich große Folgen. Die Hauptfolge ist, daß jede Analyse bundesrepublikanischer Gesellschaft z. B. völlig danebengehen muß, geradezu reaktionär wird, wenn sie von der internationalen Vermitteltheit der scheinselbständigen Momente der Nationalstaaten absieht.

Ja, Hegel konnte noch zwischen 1810 und 1830 schreiben: »Die Weltgeschichte geht von Osten nach Westen, denn Europa ist schlechthin das Ende der Weltgeschichte ... Europa bildet das Bewußtsein, den vernünftigen Teil der Erde, das Gleichgewicht von Strömen, Tälern und Gebirgen – dessen Mitte Deutschland ist.« Weder Deutschland noch Europa sind in der Gegenwart die Träger der Weltgeschichte. War Europa in der ersten Hälfte des 20. Jahrhunderts schon unendlich vermittelt und verflochten mit der Weltwirtschaft, so sind heute die letzten Anzeichen einer Scheinselbständigkeit der mitteleuropäischen Länder verschwunden. Der beste Bolschewik nach Lenin, Trotzki, sagte 1929, d.h. nach seiner Ausschaltung in der Sowjetunion, in seinem Buch *Die Internationale Revolution und die Kommunistische Internationale*: »In unserem Zeitalter, welches ein Zeitalter des Imperialismus, d.h. der Weltwirtschaft und der Weltpolitik ist, welche durch das Finanzkapital beherrscht werden, vermag keine einzige nationale Sektion ihr Programm lediglich oder auch nur vorwiegend aus den Bedingungen und Tendenzen der nationalen Entwicklung heraus aufzubauen« (1929, S.13). Wir gehen mit Friedrich Tomberg konform, wenn er im *Argument* Nr. 26 (S. 47) sagt: »Es steht aber nirgendwo geschrieben, die Geschichte habe erst die Bewilligung der Europäer einzuholen, ehe sie sich anschicke, fortzuschreiten.« Wie sehr Europas Gewicht innerhalb der Weltgesellschaft gefallen ist, wird u.a. daraus ersichtlich, daß der Anteil Westeuropas (England, West- und Mitteleuropa) an der industriellen Weltproduktion in der Zeit von 1860 bis 1960 von ca. 80 % auf rund 25 % in der Gegenwart zurückgegangen ist.

Jeder kritische Denker mitteleuropäischer bzw. bundesrepublikanischer Gesellschaft, der die vermittelten Kategorien Europa bzw. Bundesrepublik unvermittelt und isoliert zu Subjekten ohne weltgesellschaftliche Prädikate macht, fällt in den »Verblendungszusammenhang« zurück, den er entschleiern möchte, nimmt er doch nicht die Gewalt einer dialektischen Analyse der in dieser Epoche welthistorisch relevanten Kräfte auf sich, um daraus praktische Folgerungen zu ziehen. »Wir stehen mitten im Werden, im Sich-Herausbilden der Weltgeschichte, eben nicht darum, weil alle Staaten und Nationen voneinander wissen, sondern darum, weil sie einander beeinflussen, in Zukunft mehr und mehr beeinflussen« (F. Sternberg, Wer beherrscht die zweite Hälfte des 20. Jahrhunderts?, 1961, S. 339).

Für den kritischen Denker, der die Faktizitäten des jeweils eigenen Staates durch das Totum (Welt – als vermittelter Einzelinhalt) konkret vermittelt weiß, für den das objektive Moment der Entfaltung der Produktivkräfte in der Welt nicht zu trennen ist von der subjektiven Tätigkeit der aufklärerisch-revolutionären organisierten Avantgarde, ist ein »Stillstand der Geschichte« als Resultat einer dialektischen Analyse unmöglich. Ich muß jedem, der von einem »Stillstand der Geschichte«, von »Aufdeckung von Repression festigt Repression« usw. spricht, vorwerfen, daß er 1) partikulare, d.h. falsche Analyse von nationalstaatlichen Gesellschaften als »letzte Weisheiten« einem »unbearbeiteten« Publikum darbietet, daß er 2) die organisierte Kraft von Menschen als mitbestimmenden Faktor der geschichtlichen Entwicklung »vergißt«.

Eine »konkrete« Analyse der Bundesrepublik, die zu dem Ergebnis kommt, daß »die gesellschaftlichen Mechanismen so reibungslos ineinandergreifen, daß sie zulassen können, daß die Wahrheit über sie ausgesprochen wird. Bewußtsein greift nicht mehr ein«

(s. S. 180), ist falsch und gefährlich, mißachtet sie doch die tiefen Erfahrungen der bisherigen Weltgeschichte, in der gesellschaftliche Wahrheiten in Form einer Theorie nur dann unmittelbar gesellschaftliche Wirklichkeit veränderten, wenn sie von organisierten Massen konkret getragen wurden.

Die herrschenden Kreise der Bundesrepublik billigen dem kritischen Bewußtsein von Privatleuten, die keinerlei politisch-gesellschaftlich relevante Kraft darstellen, jedes nur gewünschte Reservat zu. »... professionelle Dialoge vom Katheder, Podiumsdiskussionen, round table, show – das Räsonnement der Privatleute wird zur Programmnummer der Stars in Funk und Fernsehen, wird kassenreif zur Ausgabe von Eintrittskarten, gewinnt Warenform auch noch da, wo auf Tagungen sich jedermann ›beteiligen‹ kann. Die Diskussion, ins ›Geschäft‹ einbezogen, formalisiert sich; Position und Gegenposition sind im vorhinein auf gewissen Spielregeln der Darbietung verpflichtet; Konsensus in der Sache erübrigt sich weitgehend durch den des Umgangs ... Das derart arrangierte Räsonnement erfüllt gewiß wichtige sozialpsychologische Funktionen, vorab die eines quietiven Handlungsersatzes« (J. Habermas, Strukturwandel der Öffentlichkeit, 1962, S. 182). Weiterhin ist es notwendig, daß besonders für die deutsche Analyse die dreißigjährige Verhüllungstätigkeit der bedeutendsten deutschen Arbeiterparteien (SPD, KPD, NSDAP) als bedingendes Moment gegenwärtiger »Immunität« der Massen gegenüber gesellschaftlichen Wahrheiten herangezogen wird. Das in den meisten Klassen der achtziger und neunziger Jahre im 19. Jahrhundert bis in die dreißiger Jahre des 20. Jahrhunderts vorhandene tiefe Wissen um die Herr-Knecht-Problematik, das Wissen um die Widersprüche in Mitteleuropa, ist in den letzten dreißig Jahren einer ungeheuren Entmündigung der arbeitenden Schichten des Volkes gewichen. »Die Köpfe sollen nicht mehr durch Philosophie erhellt, sondern durch Anpassung ›gewonnen‹ werden – nach dem eingestandenen Vorbild der Marktwerbung« (L. Kofler, Der proletarische Bürger, 1964, S. 7).

Es gibt in der Bundesrepublik auch heute ausgezeichnete Analysen, die in der Hauptsache von der »institutionalisierten Kulturkritik« (Adorno, Horkheimer) und der »linken Professorenschaft« (H. Bahrdt, v. Friedeburg, Lieber, Habermas, Bloch u.a.m.) geleistet werden.

Wir fragen uns allerdings, wie es möglich ist, daß bei diesen hervorragenden Denkern die in der gegenwärtigen bundesrepublikanischen Wirklichkeit völlig unverständliche Trennung von Denken und Sein, von Theorie und Praxis, weiterhin durchgehalten werden kann?!

1 Zur Definition von Kapitalismus und Sozialismus siehe den ersten Beitrag[: *Die Rolle der antikapitalistischen, wenn auch nicht sozialistischen Sowjetunion für die marxistischen Sozialisten in der Welt*] – wie wenig von Sozialismus in Osteuropa und der Sowjetunion, von der Volksrepublik China ganz zu schweigen, die Rede sein kann, ersehen wir unter anderem an der neuen Schulgesetzgebung in Polen und der DDR, die in kürzester Frist die Schüler und Studenten in den Produktionsprozeß integriert und jede Selbständigkeit des Denkens über Gesellschaft, kritisches Denken überhaupt, beim »zukünftigen Menschen« ausschließt.

Nr. 86

Hans Magnus Enzensberger
schwierige arbeit
Gedicht »für theodor w. adorno«
September 1964

QUELLE: Hans Magnus Enzensberger, Blindenschrift, © Suhrkamp Verlag, Frankfurt/Main 1967, S. 58 f.; wiederabgedruckt in: Frankfurter Rundschau vom 8. August 1969

---

im namen der andern
geduldig
im namen der andern die nichts davon wissen
geduldig
im namen der andern die nichts davon wissen wollen
geduldig
festhalten den schmerz der negation

eingedenk der ertrunkenen in den vorortzügen um
                        fünf uhr früh
geduldig
ausfalten das schweißtuch der theorie

angesichts der amokläufer in den kaufhallen um fünf
                        uhr nachmittags
geduldig
jeden gedanken wenden der seine rückseite verbirgt

aug in aug mit den totbetern zu jeder stunde des tages
geduldig
vorzeigen die verbarrikadierte zukunft

tür an tür mit dem abschirmdienst zu jeder stunde
                        der nacht
geduldig
bloßstellen den rüstigen kollaps

ungeduldig
im namen der zufriedenen
verzweifeln

geduldig
im namen der verzweifelten
an der verzweiflung zweifeln

ungeduldig geduldig
im namen der unbelehrbaren
lehren

Nr. 87
Jürgen Habermas
Vom Ende der Politik
Rezension von Hans Magnus Enzensbergers Buch
»Politik und Verbrechen«
17. Oktober 1964

QUELLE: Frankfurter Allgemeine Zeitung vom 17. Oktober 1964;
wiederabgedruckt in: Joachim Schickel (Hg.), Über Hans Magnus Enzensberger,
Frankfurt/Main 1970, S. 154–159

Unter den Gedichten, die Enzensberger soeben erscheinen ließ, findet sich eins, das die Überschrift *zweifel* trägt: es ist vielleicht das differenzierteste, wenn auch nicht frei von dem hauchdünnen moralischen Narzißmus, der in Deutschland seit den Tagen Heines politische Lyrik prägt. Unter den Zweifeln dieses Gedichtes findet sich einer, der lautet: »bleibt es dabei: wenig verlorene sieger, viele verlorne verlierer?« Der Lyriker Enzensberger legt seinen Feinden zwar eine Antwort in den Mund, aber selbst begnügt er sich mit der Frage. Enzensberger, der Kritiker und der Essayist, begnügt sich damit nicht. Auf die Frage nach dem mythischen Wiederholungszwang der politischen Geschichte hat er, den Blick auf Auschwitz gerichtet, eine klare Antwort: was in den vierziger Jahren geschehen ist, eine bis dahin unvorstellbare Verschmelzung von Politik und Verbrechen, zwingt zu einer Revision, die an die Wurzeln politischer Herrschaft reicht. Denn Auschwitz habe die Wurzeln aller bisherigen Politik bloßgelegt. Diese These ist, wie man sieht, auch im buchstäblichen Sinne radikal. Aus ihr zieht Enzensberger die Konsequenz: unsere bisherigen Auffassungen davon, was Recht und Unrecht, was ein Verbrechen, was ein Staat ist, können wir nur um den Preis fortdauernder Lebensgefahr für uns und für alle künftigen Menschen aufrechterhalten.

Unter dem Titel *Politik und Verbrechen* präsentiert Enzensberger seine eigenen Versuche, die Auffassungen von Recht und Rechtsverletzung, von Staat, Herrschaft, Gehorsam und Verrat zu revidieren. Es sind Versuche, das Verbrecherische an der Politik selber zu entlarven. Sie haben bis auf zwei Ausnahmen die Form von Abendstudios, sind also für den Funk geschrieben – ordentlich dokumentierte, materialreiche und klug kommentierende Berichte von grellen Kriminalaffären, historischen Begebenheiten, politischen Verbrechen und großräumigen Gangstereien. Ein gemeinsames Interesse verbindet diese Kolportagen und macht sie zu Lehrstücken von literarischem Gewicht: das Interesse an der Symmetrie legaler und illegaler Handlungen.

Von Mandevilles *Bienenfabel* bis zu Brechts *Dreigroschenoper* ist dieser Zusammenhang bemerkt und zu einer literarischen Figur, zur Spiegelung des Ehrenmannes im Ganoven wie des Kriminellen im Spießbürger, also zu der Inversion von Verbrechen und bürgerlich reputierlichem Erfolg ausgebildet worden. In einer anderen Dimension hat Günter Anders dieselbe Figur an Kafkas Erzählungen nachgewiesen. Enzensberger bedient sich dieser Figur freilich nicht zur Darstellung, sondern zur Deutung jener Kriminalfälle, an denen er demonstriert. Mit dem Schlüssel der Symmetrie von Verbrechen und Legalität entziffert er Al Capones Gangsterherrschaft im Chikago der zwanziger Jahre als Modell einer terroristischen Gesellschaft. Kleine Banditen Süditaliens, Nachzügler der neapolitanischen Camorra, die nach dem Zweiten Weltkrieg den Obst- und Gemüsehandel der Umgebung unter ihre Kontrolle brachten, werden zum Spiegelbild der Wirtschaftskapitäne, die alsbald, Konservenfabriken und Exportbanken im Rücken, die direkte Erpressung der Gangster durch den zivilen Geschäftsverkehr ablösen. An einem dritten Beispiel wird das Verfahren, das legale Herrschaft und solenne Tauschbeziehung in den Transaktionen organisierter Verbrecherbanden parodistisch enthüllt, noch einmal auf den Kopf gestellt. Unter der einunddreißig Jahre währenden Diktatur organisiert der wohltätige Landesvater Rafael Trujillo den Staat San Domingo seinerseits biedermännisch und ertragreich als Parodie auf ein Verbrecherkartell. Schließlich bringt die geschickte Darstellung des Montesiprozesses den untergründigen Zusammenhang der politischen Herrschaft und der zivilen Ordnung mit der Welt des Kriminellen ein letztes Mal, und zwar in einer überraschenden Brechung ans Licht:

nämlich in den Projektionen des erregten Publikums, das den Phantasien der Anna Maria Caglio aufs Wort geglaubt hat. Das Volk hing an ihrem Mund und identifizierte die prominenten Vertreter der führenden Gesellschaftsschicht mit Verbrechern großen Stils. Die Moral von der Geschichte: die falschen Beschuldigungen spiegeln die wahren.

Alle diese Streiche sind amüsant erzählt und lehrreich dazu, aber sind ihre Lehren wirklich Proben auf das Exempel, das Enzensberger statuieren möchte? Die skurrile Symmetrie zwischen großen Verbrechern, fähigen Geschäftsleuten und bedeutenden Staatsmännern, die Verbrecherbande und ihre Moral als Zerrform der bürgerlichen Ordnung und ihre Politik, mit einem Wort: Verbrechen als Politik enthüllt noch nicht die Politik als Verbrechen. Die Parabeln wiederholen allenfalls die Einsicht, die wir schon der Utopie des Lordkanzlers Thomas Morus verdanken, daß Rechtssysteme Gewaltverhältnisse sanktionieren. Aber das Recht als Instrument der Herrschaft ist noch kein Beweis für Herrschaft als organisierte Rechtsbeugung, also für die substantielle Gleichheit von Politik und Verbrechen.

Weiter reichen andere Symmetrien, die Enzensberger an den tiefsinnigen Anekdoten des russischen Anarchismus abliest. Er folgt den »Träumern des Absoluten« auf den Spuren ihrer metaphysischen Morde. Der moralische Terror der Bombenleger entspricht dem administrativen Terror des Zarenreichs. Die Organisationsform der konspirierenden Geheimbünde ist der Geheimpolizei nachgebildet. Die Religion des Attentats antwortet der paranoischen Logik der Machthaber. Der Nachfolger des ermordeten Alexander II. harrt zeitlebens unter schwerer Bewachung in seinem Palast, selber ein Gefangener und Verfolgter seiner gefangenen und verfolgten Gegner. Die Symmetrien von Verschwörung und Unterdrückung sind schließlich zusammengefaßt in dem paradoxen Doppelspiel Asews, eines führenden Anarchisten, der als Spitzel für die Ochrana gearbeitet hat. Die historisch unwahrscheinliche Vermutung, die Enzensberger daran knüpft, trifft doch eine eigentümliche Dialektik: »Vielleicht hat Asew jenen äußersten Kalkül angestellt, in dem die Geheimpolizei selber als ein Vollzugsorgan der Revolution auftritt. Es ist ein Gesichtspunkt denkbar, unter dem die Konspiration und ihr Gegner, die Polizei, als Komplizen erscheinen.«

Allerdings sind auch diese pointierten Stücke aus dem blutigen Bilderbuch des russischen Anarchismus nicht dazu angetan, die These, die Enzensberger im Sinn hat, zu belegen. Die Technik der Verschwörer enthüllt gewiß die Technik der Herrschaft, gegen die sie rebellieren, aber noch nicht den intimen Zusammenhang von Mord und Politik überhaupt. Wie sollten diese Sozialrebellen den Kern von Politik treffen, wenn sie selbst zutiefst unpolitisch handeln; wenn sie nicht einmal sehen, was Enzensberger natürlich bewußt ist: daß der individuelle Terror Herrscher beseitigt, aber nicht Herrschaft, nicht einmal ein politisches Regime. Erst die nebenbei gewonnene Beobachtung, daß sogar erfolgreiche Revolutionen vom vorrevolutionären Zustand infiziert sind und die Struktur der gestürzten Herrschaft heimlich erben, führt an die Schwelle der intendierten Einsicht. Aber ein Stück über Revolutionen schreibt Enzensberger nicht, sondern Reflexionen über den Eichmannprozeß und eine Theorie des Verrats, die durch die *Spiegel*-Affäre veranlaßt sein könnte. Erst diese beiden Essays nehmen das Thema ernst, auf das die übrigen Berichte Variationen sein wollen, obschon sie es nur präludieren.

Zwei Symptome des zweiten Drittels unseres Jahrhunderts kennzeichnen einen Auflösungsprozeß des Politischen: der administrative Massenmord und der politische Verrat als universelle Erscheinung. Was sich hier auflöst, obwohl es weiterhin unser Leben bestimmt, ist eine Form der politischen Herrschaft, die bis zu Treitschke und Carl Schmitt auf ihren Begriff gebracht worden ist. Politik war auf den souveränen Befehl legaler Herrscher bezogen; Ausdruck ihrer Souveränität war im Inneren die Todesstrafe, nach außen der Krieg. Tötung also und der Zwang, zu töten oder sich töten zu lassen. Enzensberger erinnert an den exponierten Satz, daß der legale Befehl ein bloß suspendiertes Todesurteil sei. Inzwischen haben wir den Krieg geächtet und die Todesstrafe abgeschafft. Die Todesstrafe hat in einem Lande, das für Auschwitz verantwortlich ist, jede Glaubwürdigkeit verloren. Der Krieg mit Hilfe von Waffen, die nur noch zur Drohung, aber nicht mehr zum Einsatz taugen, hat seine Selbstverständlichkeit eingebüßt. Und doch können wir die Konsequenzen aus der Abschaffung der Todesstrafe sowenig ziehen, wie die Staaten aufhören können, mit dem Krieg zu kalkulieren. Das Verenden der Politik, der bisherigen Form der Politik, nimmt kein Ende. Es ist freilich weit genug fortgeschritten, um von ihrem Ende her denken zu können. Die Erscheinungen des universellen Verrats, die Margret Boveri aufgezeichnet hat, machen das deutlich. Die Behauptung der politischen Herrschaft in ihrer noch unvermeidlichen, aber schon überholten Form verstrickt ihre Bürger immer häufiger in den Konflikt: die etablierte Ordnung oder sich selber verraten zu müssen. Solcher Verrat richtet sich gegen die Substanz von Herrschaft, darum verrät er auch etwas über die Politik selber. Das Recht, gegen das sich heute das schreiendste Unrecht abzuzeichnen beginnt, ist nicht länger identisch mit jenen Normen, die bislang Instrument der Herrschaft waren und zugleich vor ihr schützen sollten.

Enzensberger stellt eine Reihe von Fragen: »Ist Edward Teller schuldig? Ist der Journalist schuldig, der einen Artikel schreibt, um die Ansprüche deutscher Politiker auf das Gerät zu unterstützen? Ist der unbekannte Mechaniker aus Oklahoma oder Magnitogorsk schuldig? Ist Mao Tse-tung schuldig? Ist schuldig, wer an die Chimäre der Entspannung glaubt, solange Kandidaten wie Strauß oder Goldwater sich um die Macht zum Tode bewerben? Ist der Bauunternehmer schuldig, der einen Befehlsbunker baut? Gibt es in Zukunft noch Schuldige? Oder gibt es nur noch Familienväter, Naturfreunde, normale Menschen?« Diese Fragen finden keine Antwort, weil keine Einigung zu erzielen ist, ob man sie stellen darf oder als sinnlos betrachten muß. Weil sie unbeantwortbar sind, gibt es jene Kategorie von Verrat. Er ist nicht länger suspekt, sondern spricht selbst einen Verdacht aus, den Verdacht eines Endes der Politik in ihrer bisherigen, naturwüchsigen Form.

Wenn das Entsetzliche, das in den vierziger Jahren geschehen ist, ein Urteil über die Naturgeschichte der Politik gesprochen hat, kann jede Politik, die diese Naturgeschichte ungebrochen fortsetzt, als eine Fortsetzung von Auschwitz angesehen werden. In diesem Sinne nennt Enzensberger die strategischen Vorbereitungen des kalkulierten Massenmordes die »Gegenwart von Auschwitz«. Nimmt man diese Formel isoliert, behält sie in der Unverbindlichkeit einer kulturkritischen Annotation kein Recht. Aber die beste Spieltheorie des thermonuklearen Todes, die diese Einsicht nicht auf ihrem Rücken trüge, wäre nur der sterilen und nicht eines rettenden Gedankens mächtig.

Enzensberger, der die Politik von ihrem Ende her betrachtet, stößt auf deren Anfänge. In Auschwitz glaubt er einen alten, engen und dunklen Zusammenhang zwischen Mord und Politik wiederzuerkennen. Diese Einsicht kann sich auf Freud stützen: Dem aufgeklärten Geist mag sie als Dämonisierung erscheinen. Jedoch in aufgeklärten Zeiten ist die Austreibung der Dämonen ein weniger gefährliches, aber ein subtileres Geschäft; ein vorschneller Positivismus kann es verderben. Niemand, der den zahlreichen Sitzungen des Auschwitzprozesses folgt, wird sich des Eindrucks erwehren, den Hannah Arendt so beredt vom Prozeß aus Jerusalem heimgetragen hat: wie banal das Böse ist. Ich halte Prozesse dieser Art für unentbehrlich; aber sie haben eine Nebenfolge: sie gewöhnen uns daran, mit Auschwitz so zu leben, wie wir mit der Bombe zu leben schon gewöhnt sind. Es gibt Entmythologisierungen, die zu kurz greifen, um die Macht des Mythos, auch den Mythos der Macht, zu brechen. Wenn nicht ein Schauder bleibt, kehren die Ungeheuer wieder.

Nr. 88

Max Horkheimer
Brief an Gerd Hirschauer, Redakteur der »Werkhefte«

26. November 1964

QUELLE: Max Horkheimer, Gesammelte Schriften Bd. 18: Briefwechsel 1949–1973, hrsg. von Gunzelin Schmid Noerr, © S. Fischer Verlag Frankfurt/Main 1996, S. 580 f.

z. Zt. Montagnola / TI, Schweiz
26. November 1964

Sehr geehrter Herr Hirschauer,

Ihr Brief vom 19. hat mich in der Schweiz erreicht. Die Nummern Ihrer Zeitschrift waren zur Zeit der Nachsendung noch nicht eingetroffen, und ich werde sie erst bei meiner Ankunft in Frankfurt in der Woche des 7. Dezember vorfinden. Es ist mir jedoch ein Bedürfnis, Ihnen jetzt schon für Ihre freundliche Nachricht und die guten Worte zu danken, die Sie für meinen vor 25 Jahren geschriebenen Aufsatz gefunden haben.[1]

Sie haben Ihren Wunsch in einem Augenblick geäußert, in dem ich mich in einem Gewissenskonflikt befinde. Seit vielen Jahren haben mich einige der größten deutschen Verlage gebeten, meine Arbeiten aus der Zeitschrift für Sozialforschung wieder herauszubringen. Von S. Fischer habe ich mich schließlich dazu bestimmen lassen, auf eine solche Publikation einzugehen, aber ich gestehe, daß ich schwer darunter leide. Wie sehr ich den Ernst der Schriften heute noch bejahe, so vermag ich weder zu meinen Erwartungen aus jener Zeit, noch zu den meisten der ökonomischen Diagnosen und Prognosen zu stehen. Wenn die erforderliche Erklärung im Vorwort nicht erfolgen sollte, beginge ich eine Unaufrichtigkeit, wenn ich es ausspreche, verletze ich die meisten derer, denen die Schriften etwas bedeuten und mit denen ich im Hinblick auf das bestehende Unrecht und den dunklen geschichtlichen Horizont übereinstimme. Meine inneren Schwierigkeiten gehen so weit, daß ich es trotz der Verhandlungen mit dem Verlag und dem Entwurf des Vorworts nicht über mich gebracht habe, die Aufsätze im einzelnen wieder zu lesen. Ich sehe ihrem Erscheinen mit geschlossenen Augen entgegen.

Die Arbeit über die Juden und Europa sollte aus mehreren Gründen in den Band nicht aufgenommen werden. Ihre Nachricht, daß gerade sie in hektographierten Exemplaren zirkuliert, hat mich natürlich nicht wenig überrascht. Noch kann ich gar nicht sagen, ob ich, bei aller Anerkennung Ihrer Motive, dem Erscheinen zustimmen kann. Zunächst habe ich jedoch eine Bitte. Können Sie mir sagen, ob das Exemplar, das Ihnen zugeschickt wurde, mit dem Text von 1939 übereinstimmt, ist es etwa ein Photostat? Das würde zumindest bedeuten, daß wir nichts Faktisches zu berichtigen haben. Inzwischen bitte ich Sie, überzeugt zu sein, daß ich Ihren Wunsch überdenken werde.

Mit nochmaligem Dank und guten Grüßen,
Ihr ergebener
(Max Horkheimer)

---

1 Hirschauer hatte in seinem Brief vom 19.11.1964 um Horkheimers Einwilligung gebeten, dessen Aufsatz *Die Juden und Europa* von 1939, in: Max Horkheimer, Gesammelte Schriften Bd. 4: Schriften 1936–1941, Frankfurt/Main 1988, S. 308–331, in den von ihm redigierten *Werkheften. Zeitschrift für Probleme der Gesellschaft und des Katholizismus* abdrucken zu dürfen. – Der Aufsatz ist dort nicht erschienen.

1965

1./2.10.: Mit einer Demonstration durch die Innenstadt wird die »Woche gegen den Krieg in Vietnam« beendet. In der Mitte (v. l. n. r.): Heiner Halberstadt, Herbert Mochalski und Egon Becker.

Nr. 89

Rudi Dutschke

Mallet, Marcuse »Formierte Gesellschaft« und politische Praxis der Linken hier und anderswo

1965

QUELLE: Archivalische Sammlung Rudi Dutschke im Hamburger Institut für Sozialforschung

In allen gegenwärtigen Zeitschriften und Diskussionen der Restposten der spätkapitalistischen Arbeiterbewegung wimmelt es zur Zeit vom Begriffspaar Strategie und Taktik. Jeder bietet seine Strategie an: von Michael Vester[1] bis Thomas von der Vring[2], von Mallet[3] und Gorz[4] ganz zu schweigen. Ich werde mich daran nicht beteiligen, weil ich meine, daß das Reden von Strategie eine gesamtgesellschaftliche Bedingungsanalyse voraussetzt – eine solche kann ich nicht vorweisen, meine allerdings, einige Thesen und Anmerkungen zu Fragen der Tendenzen des vor uns und mit uns ablaufenden Prozesses der Gegenwart zur Diskussion stellen zu müssen. Sicherlich spät – aber nicht zu spät, wenn wir heute analytisch ehrlich die divergierenden Ansätze politisch diskutieren. Das soll und muß heute geschehen im Sinne einer revolutionären Wissenschaft, die sich »nur« Rechenschaft abzulegen hat von dem, was sich vor ihren Augen abspielt, und sich zum Organ desselben zu machen, die im »Elend« nicht »nur das Elend«, sondern auch die revolutionäre umstürzende Seite zu erblicken hat, welche die alte Gesellschaft über den Haufen werfen wird. »Von diesem Augenblick an wird die Wissenschaft bewußtes Erzeugnis der historischen Bewegung, sie hat aufgehört, doktrinär zu sein, sie ist revolutionär geworden.« (Karl Marx, Das Elend der Philosophie, Berlin 1960, S. 145)

Dazu ist nun unerläßlich, daß die von Oskar Negt auf der letzten DK[5] benannte Resignation, die schon die Wahl der entscheidenden analytischen Kategorien im Ansatz apologetisch werden läßt, kritisch reflektiert wird, die Marxsche Erkenntnis vom Zusammenhang von »Machenwollen« von Geschichte durch Menschen und »Erkennenkönnens« derselben durch die Akteure ernst genommen wird. Bei Habermas heißt es dazu in der Interpretation von Marx: »Der Sinn der Geschichte im ganzen erschließt sich theoretisch in dem Maße, in dem sich die Menschheit praktisch anschickt, ihre Geschichte, die sie immer schon macht, nun auch mit Willen und Bewußtsein zu machen.« Nun ist die »Machbarkeit« historisches Resultat und nicht immer möglich gewesen, waren doch in der Vergangenheit, das gilt es auch sehr stark bei der Frage der Einschätzung der traditionellen Arbeiterbewegung zu beachten, die materiellen Bedingungen, die die Befreiung der Menschen von äußerer und innerer Unterdrückung ermöglichen sollen, in keiner Weise gegeben; der Kapitalakkumulationsprozeß war noch ein sehr bescheidener, der besonders erst in den letzten zwanzig Jahren durch mannigfaltige politische und ökonomische Vermittlungen eine Höhe erreicht hat, die die Befriedigung der Bedürfnisse der Menschheit und den Abbau von Herrschaft tendenziell ermöglicht. Dem Prozeß der internationalen Kapitalakkumulation ging parallel ein Prozeß der Herstellung eines »weltgeschichtlichen Zusammenhangs«, der in der Gegenwart die Form einer konkreten Totalität Weltgesellschaft angenommen und damit der Schlüsselkategorie der dialektischen Theorie, nämlich der der Totalität, mehr Realitätsgehalt zu verliehen hat.

Heute haben wir schon aktuell eine »globale Einheit«, in der sich die einzelnen noch abstrakt und unvollständig mit Sozialismus, Imperialismus, Kapitalismus, Spätfeudalismus u.a. gekennzeichneten »Formationen« gegenseitig definieren, speziell Sozialismus und Kapitalismus (s. Marcuse, Sowjetmarxismus).[6] Hier sind nun auch die großen Schwierigkeiten dialektischer Analyse, die ja als Totalitätsanalyse, die allein historisch richtige Praxis ausweisen könnte, heute materialiter nur in Form von auf Jahren zusammenarbeitenden Arbeitsgruppen analytisch wirklich saubere Ergebnisse zu erzielen vermag. Über theoretische Arbeitsgruppen und deren Praxisnotwendigkeit später. Die ganz feinen und spezifischen Analysen der verschiedenen Länder, Klassen und Schichten dürfen nicht einer abstrakten Allgemeinheit Weltgesellschaft subsumiert werden – »Hast Du je gehört«, so sagt Marx in seinem Brief an Engels, »daß Hegel die Subsumtion vieler Fälle under a general principle Dialektik genannt hat?« – Nein, die konkrete Totalität Weltgesellschaft, als Herrschaft des Ganzen über die Teile, ist entscheidend für die Stellenwertfrage der Einzelanalysen, die bei der Detaildurchdringung des Details aufs Ganze aus sein müssen; wie Marx im Kapital I (S. 821, 2. A. 1878) sagt: Es »muß sich die Darstellungsweise formell von der Forschungsweise unterscheiden. Die Forschung hat den Stoff sich im Detail anzueignen, seine verschiedenen Entwicklungsformen zu analysieren und deren inneres Band aufzuspüren. Erst nachdem die Arbeit vollbracht, kann die wirkliche Bewegung entsprechend dargestellt werden. Gelingt dies und spiegelt sich nun das Leben des Stoffes ideell wieder, so mag es aussehen, als habe man es mit einer Konstruktion a priori zu tun.« – Und so geschieht es auch bei den Marx-Fehlinterpreten.

Erst die mit Hilfe der dialektischen Methode durchgeführte soziökonomische Tendenz-Bestandsaufnahme wird uns das ermöglichen, was Marcuse in Korčula forderte: Die Konkretion jener so liebgewordenen Begriffe wie Selbsterfüllung des Individuums, universale Entfaltung des Menschen u.ä.m., was er als das ernsteste Problem der kritischen Theorie ansieht.

Die Entwicklung der Produktivkräfte hat einen solchen hohen Stand erreicht, daß der weitere Verbleib der dialektischen Theorie in der Position der bestimmten Negation nur noch als Perpetuierungsmoment der Herrschaft benannt werden kann (apologetische Kritik).

Dieser erreichte hohe Stand der internationalen Kapitalakkumulation, der die Mangelsituation der Menschheit beheben könnte, der für die »Machbarkeit« und Bestimmbarkeit des Weges dieser unserer Weltgesellschaft konstruiert ist, läßt die Frage nach dem Subjekt-Objekt, nach den bewußten Individuen, die innerhalb des epochalen Zusammenhangs, der die »Einheit der Welt« und die Kapitalakkumulation hervorbrachte (also unserer Gegenwart), agieren wollen, stellen. Nicht das Kantsche Subjekt-Objekt-Problem, nicht das Verhältnis von Genesis und Geltung u.ä.m. – kurz, hier geht es nicht um philosophiegeschichtliche Exkurse in Sachen Subjekt-Objekt, hier geht es um das empirisch auszumachende (und nicht nur das) Subjekt-Objekt der neuen konkreten Totalität Weltgesellschaft, es ist also die Frage nach dem Träger des revolutionären Kampfes, der Herrschaft und Mangel (endgültig) beseitigen soll. […]

Der Pseudodialektiker der kritischen Theorie zeichnet sich durch einen Rückfall auf durch Hegel bereits überwundene Kantsche Positionen aus: nämlich die sehr tiefe Überzeugung von der eigentlichen Wertlosigkeit des Empirischen, des Faktischen – Wert und Faktisches stehen sich so wieder in Kantscher Form gegenüber. Der Weg von nicht in ihrer Gesamtheit des dargestellten historischen Prozesses aufgehobener Empirie von Kapital I von 1867 über *Geschichte und Klassenbewußtsein*[7] (Verdinglichung und Klassenbewußtsein), die *Dialektik der Aufklärung*[8] bis *One Dimensional-Man* von Marcuse[9] im Jahr 1965 legt Rechenschaft von dem Prozeß des zunehmenden Verlustes von Empirie der materialistischen Theorie ab. Je konkreter die Realisierungsmöglichkeit der Beseitigung der Herrschaft von Menschen über Menschen für den Menschen wird – desto abstrakter wird die kritische Theorie. Was liegt hier vor? Marcuse gibt im Vorwort zu *Kultur und Gesellschaft*[10] einen Hinweis: »Die kritische Theorie ist heute wesentlich abstrakter, als sie damals gewesen war; sie kann wohl kaum daran denken, ›die Massen zu ergreifen‹[11].« Marcuse fährt fort: »Aber hat der abstrakte unrealistische Charakter der Theorie seinen Grund vielleicht darin, daß sie noch zu sehr an die von ihr begriffene Gesellschaft gebunden war, … daß ihr Begriff der freien und vernünftigen Gesellschaft nicht zuviel, sondern zuwenig versprach?« Ja, in der Tat wurde zuwenig versprochen und der Grund für Adorno, Horkheimer und Marcuse ist sicherlich zu finden in den theoretisch unfruchtbaren bzw. nicht erfolgten Rezeptionen der ökonomischen Arbeiten der Henryk Grossmann, Kurt Mandelbaum, Felix Weil u.a.m.

»Gibt es noch ein Proletariat?« fragte eine kürzlich herausgekommene Aufsatzsammlung mit einigen Beiträgen über den Anachronismus des Proletariatsbegriffs.[12] Es waren die alten Bestimmungen zu hören. Objektiv hat sich die Stellung des Proletariat im Produktionsprozeß nicht verändert; sie können zwischen oben und unten unterscheiden und vieles ä.m.

Ich antworte mit einer Abstraktionsthese, die diesmal aber auch dann über die Konkretion und Materialisierung zur gefüllten Reflexion führen soll. Meine Abstraktionsthese ist: es hat noch kein Proletariat gegeben, die Sache ist noch nicht auf ihren Begriff gekommen.

Mallet beginnt seine Darstellung über die »Neue Arbeiterklasse« […] mit der Ablehnung des »philosophischen« Proletariatsbegriffs[13], also als universales Subjekt der Weltgeschichte, läßt ein Plädoyer für einen soziologisierten Proletariatsbegriff folgen, ist für die konkrete Analyse konkreter Produktionsverhältnisse, damit für eine Soziologie der Lohnarbeiter, um innerhalb dieser Klasse durch komplizierte Analyse die für die Veränderung der Gesellschaft zu aktivierenden Schichten zu finden, eine Strategie der Offensive in Anwendung zu bringen, um den Übergang zum Sozialismus zu erreichen.

1 SDS-Mitglied.
2 SDS-Mitglied.

3 Serge Mallet (1927-1973), Soziologe.
4 André Gorz (*1924), Soziologe, Philosoph und Schriftsteller.
5 Delegiertenkonferenz.
6 Herbert Marcuse, Die Gesellschaftslehre des sowjetischen Marxismus, Neuwied / West-Berlin 1964.
7 Georg Lukács, Geschichte und Klassenbewußtsein, Berlin 1923.
8 Max Horkheimer / Theodor W. Adorno, Dialektik der Aufklärung, Amsterdam 1947
9 Herbert Marcuse, Der eindimensionale Mensch, Neuwied/West-Berlin 1967
10 Herbert Marcuse, Kultur und Gesellschaft 1, Frankfurt/Main 1965
11 Wobei Adorno anzumerken ist: »Nicht nur die Theorie, sondern ebenso die Absenz wird zur materiellen Gewalt, sobald sie die Massen ergreift.« (Adorno 3; S. 220)
12 Marianne Feuersenger (Hg.), Gibt es noch ein Proletariat? Frankfurt/Main 1962.
13 Serge Mallet, La nouvelle classe ouvrière, Paris 1963; dt.: ders., Die neue Arbeiterklasse, Neuwied 1972.

Nr. 90
»Diskus«-Redaktion
Dankadresse: Professor Max Horkheimer zum 70. Geburtstag
Februar 1965

QUELLE: Diskus – Frankfurter Studentenzeitung, 15. Jg., Nr. 2, Februar/März 1965, Lokales S. 1

Wieviel wir von ihm gelernt haben, wissen wir noch nicht; denn alles, was er lehrt, ist auf die Praxis eines besseren Lebens gerichtet und will erst verwirklicht werden. Bei hundert alltäglichen Gelegenheiten: im Widerstand gegen Unrecht und Gewalt im großen wie im kleinen, in jedem Versuch, zum privaten Glück eines Einzelnen oder zum allgemeinen Wohl beizutragen, erfahren wir, was wir gelernt haben.

»Philosophie ist dazu da, daß man sich nicht dumm machen läßt.« Diese Bestimmung ist so einfach, daß man ihr auf den ersten Blick mißtraut, weil man erwartet, daß der Zweck der Philosophie sich nur mit bedeutenden Worten umschreiben lasse, aber nicht merkt, daß bereits die Erwartung eine jener Dummheiten ist, die die Philosophie bloßstellen will. Wer die Vorlesungen und Seminare Max Horkheimers besuchte, wird sich manchmal gewundert haben, wie »einfach« und verständlich da philosophiert wurde. Die unbefangene und lebendige Erfahrung der Wirklichkeit, ohne die nach Horkheimer keine Philosophie möglich ist, bezeichnet auch das Verhältnis zwischen ihm und seinen Hörern: sie fühlten sich an einem sokratischen Dialog beteiligt, nicht zuletzt, weil man in Mimik und Gesten des Vortragenden buchstäblich sehen konnte, wie er dachte.

Max Horkheimer hat Philosophie nie als ein Fach unter Fächern begriffen, dessen Bereich aus den Resten besteht, welche die Spezialwissenschaften von der alten Philosophie noch übriggelassen haben. Vielmehr versteht er Philosophie als kritisches Korrektiv, das im Blick auf die Entwicklung der Gesamtgesellschaft zum Besseren hin den Einzelwissenschaften sinnvolle Aufgaben stellen kann. Seine Arbeiten über die Verschränkung von Fortschritt und Regression in der bürgerlichen Gesellschaft halten sich nicht an wissenschaftliche Ressortgrenzen, sondern versuchen, unter Benutzung und Reflexion einzelwissenschaftlicher Ergebnisse die gesamte Entwicklung der bürgerlichen Zivilisation zu erklären und ihren Fortgang zu beschreiben.

Philosophie muß kompromißlos der Wahrheit dienen und in Erinnerung an alle Opfer von Gewalt und Unmenschlichkeit die Verhältnisse kritisieren, in denen immer neue Opfer nötig sind. Mit der aufklärerischen, kritischen Intention seines Denkens steht Horkheimer in der Tradition der großen bürgerlichen Philosophen, die freilich noch die kaum gebrochene Hoffnung haben durften, der Fortschritt werde ohne große Umwege zur glücklichen Gesellschaft führen. Dem Gedanken, daß es möglich sei, ist Horkheimer treu geblieben, und die geheime Kraft seiner Philosophie liegt in der nie beschriebenen, doch allgegenwärtigen Utopie einer richtigen Gesamtverfassung der Menschheit. In ihrem Zeichen ist eine Solidarität entstanden, die, nach Personen gerechnet, als »Frankfurter Schule« – ungewollt von Horkheimer gegründet – bezeichnet wird.

Max Horkheimer hat diese Solidarität durch seine Philosophie und sein persönliches Beispiel geweckt. Er rechnet sie sich nicht als Verdienst an, sie sei ihm als Dank bestätigt. Und eine einfache, unzeitgemäße Formel mag den Dank seiner Studenten ausdrücken:

Max Horkheimer ist ein guter Lehrer.

Nr. 91

Max Horkheimer

Leserbrief an die »Diskus«-Redaktion

Februar 1965

QUELLE: Diskus – Frankfurter Studentenzeitung, 15. Jg., Nr. 2, Februar/März 1965, Lokales S. 1

Sehr geehrte Herren!

Mit der Dankadresse in der Februar-Ausgabe hat mir der *Diskus* eine ganz große Freude bereitet. Der Text enthält so Entscheidendes, daß er es sehr wohl mit manchen der viel längeren Artikel aufnehmen kann. Er gehört zu den schönsten Stücken, die zu meinem Geburtstag erschienen sind.

Mit herzlichem Gruß
Ihr
Max Horkheimer

Nr. 92

Herbert Marcuse

Aufhebung der Gewalt –
Max Horkheimer zum 70. Geburtstag

13. Februar 1965

QUELLE: Süddeutsche Zeitung vom 13. Februar 1965

An seinem siebzigsten Geburtstag wird Max Horkheimer zugeben müssen, daß er ganz wider Erwarten der Gründer einer »Schule« geworden ist. Der Kreis der Mitarbeiter der *Zeitschrift für Sozialforschung*, die Horkheimer von 1932 bis zu ihrem Abschluß im Zweiten Weltkrieg geleitet hat, gilt heute als die »Frankfurter Schule«: Auf beiden Seiten des Eisernen Vorhangs ist sie für viele der jungen Generation Zeugnis der Möglichkeit, die kritische Theorie der Gesellschaft, wie sie das 19. Jahrhundert entwickelt hatte, auf die gegenwärtige Phase der industriellen Gesellschaft anzuwenden, d.h. die Theorie an der Wirklichkeit der totalitären Periode zu messen. Max Horkheimer selbst hat den Begriff der kritischen Theorie in der Auseinandersetzung mit den positivistischen und metaphysischen Richtungen erarbeitet: Man hat behauptet, daß diese nur ein Deckname für den Marxismus war: heute ist es deutlich, daß die kritische Theorie auch die Kritik der Marxschen Theorie anmeldete.

Die Idee der Sozialforschung, wie sie im Vorwort zum ersten Heft der *Zeitschrift* dargelegt ist, enthält die Aufgabe, die gegenwärtige Gesellschaft als Ganzes in den Blick zu bekommen. Denn in dieser Periode schlossen sich die früher noch besonderen, relativ eigenständigen Dimensionen der materiellen und intellektuellen Kultur zu einer verwalteten Totalität zusammen, die sich anschickte, die progressiven Kräfte zu vernichten oder gleichzuschalten und ein neues Zeitalter der Barbarei vorzubereiten. Es war das Ganze der condition humaine, das jetzt als Subjekt-Objekt der Repression Wirklichkeit wurde. Wenn die Theorie das Ganze dieser geschichtlichen Wendung erfassen sollte, dann müßte sie philosophische Theorie sein, aber ihre Begriffe mußten die der Teilwissenschaften und ihre Resultate in sich aufnehmen und ihnen standhalten. Die innere Zusammenarbeit von Philosophie, Soziologie, Wirtschaftswissenschaft und Psychologie, die unter Horkheimers Leitung in jenen Jahren erreicht wurde, ermöglichte die begriffliche Antizipation von Tendenzen, die bald die gesamte Entwicklung bestimmen sollten.

Die Wurzeln dieser Entwicklung liegen in der Vergangenheit. So nimmt in Horkheimers Arbeiten Philosophie die Geschichte in sich auf, und zwar die wirkliche Geschichte, nicht eine ideologische Geschichtlichkeit. Die großen Aufsätze über *Egoismus und Freiheitsbewegung* und *Montaigne und die Funktion der Skepsis* zeigen das repressive Wesen der Gesellschaft noch in den Begriffen und Bewegungen auf, die ihm am wenigsten verfallen scheinen: fatales Zusammenspiel von Freiheit und Unterdrückung, Erkenntnis und Betrug, Versprechen und Verrat. Die traditionellen Akzente und Wertungen verschieben sich und geben die Einsicht frei: Einsicht in die Tiefe, in der die Geschichte (auch die Geistesgeschichte) für die Sieger gemacht und geschrieben wurde. Horkheimers Arbeit ist, als Erforschung der Wahrheit, ein Rettungsversuch: Erinnerung an die Verdammten und Verbrannten, die Verleumdeten und Vergessenen – an die Opfer, die so oft die wirklichen Träger der Freiheitsbewegung waren.

Über die Wirkung eines solchen Rettungsversuches hat sich Horkheimer nie Illusionen gemacht: Seine Arbeit ist ein dauerndes Trotzdem. Hoffnung darf nicht zum manifesten Inhalt werden, auch nicht zum tragenden Element des Stils: Sie erscheint in unscheinbaren Nebensätzen, in Adjektiven und Attributen. Die Anklage vergeht in der Analyse dessen, was war und ist –

und doch ist sie es, die die Substanz des Ganzen ausmacht. Philosophie als begreifendes und anklagendes Denken – das ist ein Denken, das nicht aufhören kann und nicht aufhören will, obwohl es schmerzhaft ist (und immer schmerzhafter wurde). Denn es zieht seine ganze Kraft und Wahrheit aus der Einsicht in das, was geschieht, was dem Menschen täglich angetan wird im normalen Funktionieren der Gesellschaft. Ihre Unmenschlichkeit hat Horkheimer noch in ihren sublimsten Errungenschaften aufgespürt: nicht als die mehr oder weniger äußere, kontingente, verkehrte Seite des Fortschritts, sondern als das Unwesen ihres eigenen Wesens, als die Unvernunft ihrer Ratio. Dialektische Logik zeigt sich als der Logos der Wirklichkeit. Nur als begriffene geht die Unmenschlichkeit in die Theorie ein; nur als begrifflich bewältigt erscheint sie im Lichte der bestimmten Negation. Horkheimers Denken ist ohne Sentimentalität und ohne Botschaft: Es versagt sich den Trost des Positiven. Die Einsicht in die Macht des Bestehenden verbietet Illusionen auch dort, wo sie nützlich sein können. Die Theorie, die der heutigen Wirklichkeit standhalten kann, ohne in Ideologie zu verfallen, muß sich in der Negativität bewegen, in der die ganze Gewalt dieser Wirklichkeit in ihrem Grunde sichtbar wird. dann kann vielleicht auch die Möglichkeit ihrer Aufhebung wieder erkannt werden. Horkheimers Denken ist dieser Möglichkeit treu geblieben.

Nr. 93
Rudi Dutschke
Diskussionsbeitrag
Brief zum Münchner Konzil der »Subversiven Aktion«
25. April 1965

QUELLE: Frank Böckelmann / Herbert Nagel (Hg.), Subversive Aktion – Der Sinn der Organisation ist ihr Scheitern, Frankfurt/Main 1976, S. 323–328; wiederabgedruckt in: Rudi Dutschke, Geschichte ist machbar, West-Berlin 1980, S. 34–38

Ich beginne mit der negativen Bestimmung, einer Zusammenfassung des Manuskriptes in Thesenform:

1) Die Konstituierung der lohnabhängigen Arbeiterschaft aus der »Klasse an sich« in die »Klasse für sich« ist unmöglich (Begründung im Text).

2) Auch der Versuch, einzelne Fabrikarbeiter zu agitieren, (die ja in der Fabrik und besonders dann, wenn sie sich etwas von der herrschenden Ideologie gelöst haben, bleiben, also nicht von der repressiven Arbeit »losgeeist« werden sollen), ist für uns bei unseren sehr geringen Kräften in der Gegenwart nicht zu »verkraften«, nicht zu verantworten vor der Größe der historischen Herausforderung und Aufgabe. (Die Schulung von Fabrikarbeitern sollte anderen Gruppen, die mit uns in mancher Beziehung zusammenarbeiten und hoffentlich, nach einer Klärung der theoretischen Unterschiede, noch mehr zusammenarbeiten werden, überlassen werden.)

3) Die Gewerkschaftsarbeit darf nicht zu ernst genommen werden, darf unsere Zeit nicht stark beanspruchen, kann allerdings Quelle unseres Lebensunterhalts, wenn nötig, sein.

4) Wir haben uns keinerlei Illusionen über den Charakter des SDS hinzugeben; er ist ein Gelegenheitsprodukt der revolutionären Ebbe der Nachkriegszeit.

Bis vor wenigen Tagen dachte ich noch über den SDS wie K. Liebknecht über die USPD dachte: »Wir haben der USP angehört, um sie voranzutreiben, um sie in der Reichweite unserer Peitsche zu haben, um die besten Elemente aus ihr herauszuholen«; diese Meinung halte ich aufrecht, füge aber die wichtige Ergänzung hinzu: durch den SDS *für uns*, wobei wir für die revolutionäre Bewegung stehen, die Möglichkeit der Anknüpfung internationaler Beziehungen zu erhalten. (Dieser Gedanke ist nicht nur das Resultat der Reise Böckelmanns nach Jena, meiner bevorstehenden Reise nach Moskau, sondern die Reise ist die Folge einer Hinsicht für unsere Praxis. Ich verweise hier auf Algier; wir sollten innerhalb des SDS durch vier bis fünf Leute vertreten sein. Bei Bernd und bei mir wird es sicherlich klappen. Fichter hat viel Respekt vor uns, wird es kaum wagen, uns durch Schauer, der allein bestimmt, die offizielle Reise, und gerade die ist entscheidend, zu verweigern. Frank und Dieter werden es schwerer haben, sollten es auf jeden Fall versuchen, sonst vielleicht zwei andere unserer Gruppe innerhalb des SDS nach Algier fahren lassen.)

5) Die enge praktische Zusammenarbeit mit den vielen »linken«, aber nicht revolutionären (sie müßten sonst eine eigene in die Zukunft weisende Theorie bzw. ein kritisches Bewußtsein von der Notwendigkeit einer solchen Theorie haben) deutschen Gruppen in den bundesrepublikanischen Städten, in denen wir Mikrozellen haben, ist nicht völlig einzustellen, aber wesentlich zu reduzieren.

6) Die Möglichkeit, die sich durch *größere* Demon-

strationen ergibt, ist unter allen Umständen auszunützen. Genehmigte Demonstrationen müssen in die Illegalität überführt werden. Die Konfrontation mit der Staatsgewalt ist zu suchen und unbedingt erforderlich. Die Bedingungen dafür müssen günstig sein (verhaßtes Staatsoberhaupt usw.). Künstliche Radikalisierung, d.h. aus nichtigen Anlässen (in Berlin die letzte SDS-Südafrika-Demonstration) unbedingt etwas *machen zu wollen*, ist unter allen Umständen abzulehnen. Die Radikalisierung bei größeren Demonstrationen, die günstige Vorbedingungen liefern, sind kurzfristig, aber intensiv durch (bewußtseinsmäßig gestaffelte) *verschiedene* Flugblätter vorzubereiten, soll doch einigen an der Demonstration teilnehmenden potentiellen Mitarbeitern der »Sprung« zu uns möglich gemacht werden. Marx sagt dazu: »Weit davon entfernt, den sogenannten Exzessen, den Exemplaren der Volksrechte an verhaßten Individuen oder öffentlichen Gebäuden, an die sich nur gehässige Erinnerungen knüpfen, entgegenzutreten, muß man diese Exempel nicht nur dulden, sondern ihre Leitung selbst in die Hand nehmen.«[1]

Nach dieser nicht umfassenden, aber doch wesentliche Punkte herausgreifenden negativen Bestimmung muß ich nun das von mir als richtig Erkannte weiter skizzieren. Als Schüler von Karl Marx in der Anwendung der materialistischen Dialektik muß ich nun »positiv« werden, was nichts mit Positivismus zu tun hat. Im *Kapital* spricht Marx davon, daß eine Lösung aufgedeckter Realwidersprüche nicht durch abstraktlogische Formen, sondern nur darin, daß die Bahn (Form) geschaffen wird, »worin sie sich bewegen können, ... worin sich dieser Widerspruch ebenso verwirklicht als löst.«[2] Welche Formen haben wir heute und besonders »morgen« zu schaffen, um die sich entfaltenden Widersprüche im Laufe der sich durchsetzenden Vollautomation in die richtigen Bahnen, in die Bahnen der Befreiung zu lenken. »Wir stützen uns bloß auf die einmal erkannte Richtung der Entwicklung, treiben aber dann im politischen Kampfe ihre Konsequenzen auf die Spitze, worin das Wesen der revolutionären Taktik überhaupt besteht.«[3]

Wir müssen in der nächsten Zeit (die Termine soll die Tagung festlegen) uns mit voller Kraft auf die Schaffung von Mikrozellen in Hamburg, Bremen, Köln, Nürnberg und vielleicht einigen anderen Städten konzentrieren. Die regelmäßige und verbesserte Fertigstellung von *Anschlag* steht hier an erster Stelle. Die Lokal- und Provinzpolitik der jetzigen Gruppen in den verschiedenen Städten (besonders Berlin und München – Berlin darf sich nicht durch seine »Insellage« an bundesrepublikanischer Arbeit hindern lassen) hat aufzuhören: Eine Mikrozelle kann mit zwei oder drei Leuten, die *theoretisch* (in systematisch koordinierter Arbeit mit anderen Zellen usw.) und *praktisch* (durch aktuelle Aufhänger größeren Stils zustandekommende Aktionen – allein oder mit »linken Rechten« (SDS, »Trotzkisten«, »Brandleristen«, »FDJ« (illegal) usw.)) sich betätigen (was noch gleich genauer zu bestimmen sein wird), fruchtbare Arbeit leisten.

Jede Mikrozelle in Deutschland hat theoretische Arbeit zu leisten, die Themata sind von den Tagungen festzulegen und das Koordinierungszentrum dieser systematischen Studien sollte periodisch von Zelle zu Zelle wechseln. Diesem Prozeß muß bei Drohung der Niederlage all unserer Anstrengungen, parallel laufen die *praktisch-theoretische und koordinierte Zusammenarbeit mit allen revolutionären Gruppen in der Welt*. Um mich recht zu verstehen, eine mächtig intensive Scheinpraxis in Form von zu vielen Aktionen und Demonstrationen muß uns notwendigerweise auf Grund der dargelegten materiellen Verhältnisse in die Gesellschaft integrieren oder uns sofort als »Verbrecher« ins Zuchthaus bringen, wo wir zwar theoretisch weiterarbeiten können, der Aufbau der für die Zukunft notwendigen Organisation (wenn wir es nicht durchführen, wird es kein »Schwein« leisten) unmöglich gemacht wird, dies wäre das Ende unseres kleinen, aber in die Zukunft weisenden Ansatzes. Meine auf den ersten Blick so völlig utopischen Gedanken scheinen mir aber realisierbar und sinnvoll, weil wirklichkeits- und prozeßhaft, aber realisierbar, als der Versuch, alle »linken« Oppositionellen »unter einen Hut, an einen Tisch« zu bringen, daraus eine radikale proletarische Partei oder Eliteorganisation zu bilden. Revolutionäre sind qualitativ von jenen Nonkonformisten wie Augstein und Kuby usw. auf der einen Seite und ihre SDS- und SHB-Anbetern zu unterscheiden. Die einen *müssen* wir suchen und ausbilden, denn nur sie allein können Träger und Gestalter der Mikrozellen sein, die anderen sind für uns in einer aktuell-perspektivischen Sicht nicht relevant.

Die Grundlage für meinen Vorschlag ist die in diesem Diskussionsbeitrag vorgenommene Analyse der Entwicklungstendenzen der hochindustrialisierten Gesellschaft. Ist diese »Basis« richtig, so haben wir nun vom ökonomischen Endziel her (Vollautomatisierung) unsere Strategie konkret zu entwickeln. (s. die früheren

Passagen darüber). Die schon heute konstituierte Weltgesellschaft (s. S. 309) weist nach vorn, die Internationalisierung der Strategie der revolutionären Kräfte scheint mir immer dringlicher zu werden. Unsere Mikrozellen haben umgehend Kontakt und Zusammenarbeit mit amerikanischen, anderen europäischen, lateinamerikanischen und auch afro-asiatischen Studenten und Nichtstudenten (wenn möglich) aufzunehmen. Diese Kontakte sind allen anderen Kontakten mit pseudorevolutionären deutschen Gruppen vorzuziehen. (Diese haben wir hier in Berlin inzwischen zur Genüge kennengelernt – unsere sehr guten, aber noch unsystematischen Beziehungen zu den Lateinamerikanern sind zu systematisieren). Neben einer möglichen aktuellen theoretischen Zusammenarbeit muß vor allem daran gedacht werden, Adressen der revolutionären Gruppen in den Heimatländern zu erhalten. Austausch von Publikationen (die Sprachschwierigkeiten lassen sich gerade durch die hiesige Zusammenarbeit mit den ausländischen Studenten vor allem schnell beseitigen) brächte uns endlich eine Fülle von bisher nicht oder kaum eruierbaren Informationen, ließe das konkrete Gebäude einer umfassenden Weltrevolutionstheorie sichtbar werden, eine Theorie, an deren Ausarbeitung heute sich keine noch so geniale Person sich allein heranmachen kann ...

Dachte ich mir in *Anschlag* II (Theorie und Praxis...) das Verhältnis Entwicklungsländer/Industrieländer noch recht undialektisch, bei zwar vielen richtigen Implikationen, so ist es heute für mich klar, daß, wenn schon in den nächsten zwei bis vier Jahren in Lateinamerika eine umfassende Revolutionierung stattfindet, dieser Prozeß zwar starke politische und ökonomische Rückwirkung auf Nordamerika und Mitteleuropa haben wird, für die endgültige Befreiung der Menschheit allerdings einen zeitweiligen Rückschritt bedeuten könnte, werden doch in dieser Zeit die Strukturen der industriellen Gesellschaften, deren Veränderungen tatsächlich allein der Schlüssel für die Befreiung ist, noch nicht den Weg der »Aufweichung« der »Eindimensionalität« angetreten haben, was natürlich einzelne nicht hindern kann, bzw. es von ihnen noch viel mehr fordert, dorthin zu gehen!

Wir wissen aus der Geschichte der vergangenen Revolutionen, daß in objektiv reifen Situationen der Verelendung und der sozialen Not des Proletariats die subjektive Tätigkeit einer selbständigen Avantgarde allergrößte Bedeutung erhält (Lenin, Che Guevara, Alvarez usw.); sollten wir im Laufe der nächsten zehn bis fünfzehn Jahre fähig sein, durch theoretische Weltanalyse und praktische Koordination der revolutionären Gruppen vorzeitige »Revolutionsmacherei« zu verhindern (sehr »unrealistisch«, dennoch die Forderung), so wird uns der Entscheidungskampf in guten Ausgangspositionen finden.

Wir müssen parallel zu dem sich in seiner Eigengesetzlichkeit (von uns fast völlig unabhängig und unbeeinflußbar) durchsetzenden historischen Prozeß, der, wenn keine Katastrophe eintritt, unaufhaltsam auf Vollautomatisierung hintreibt, unsere revolutionäre Kraft qualitativ und quantitativ steigern.

Jeder einzelne Schritt muß durch die Strategie (s.w.o.) bestimmt werden. Die »Durchbrechung des veralteten Bewußtseins«, diese »Vorbedingung der Befreiung«[4], muß von uns auf lange Sicht geplant und nicht überstürzt zu einem falschen Zeitpunkt versucht werden. Habermas' Frage: »Sollte nicht eine Dialektik des falschen Überflusses eher zur Reflexion irrationaler Herrschaft führen als eine Dialektik der richtigen Armut?«[5] weist in die *offene* Zukunft. Die Hoffnung auf gewaltige ökonomische Krisen mit Elend, Krieg usw. ist analytisch falsch und kann Ausdruck eines falschen Menschenbildes sein. Die konkrete Reflexion über die Möglichkeit der Durchbrechung des falschen Bewußtseins im Laufe der nächsten zwanzig Jahre muß die Tagung leisten. Hierfür wäre die Zusammenarbeit mit den revolutionären amerikanischen Gruppen von entscheidender Bedeutung, sehen diese doch am ehesten die neuen Tendenzen innerhalb der »Gesellschaft im Überfluß«, der aktuellen Weltgesellschaft. Phänomenologisch gesprochen, haben wir zu versuchen, die Prozesse in den Entwicklungsländern so zu leiten (wenn ich von »wir« spreche, so sind nicht wir persönlich gemeint, sondern die sich konstituierende und koordinierende »größte Produktivkraft« der Weltgesellschaft, die »revolutionäre Klasse« (Marx) im Weltmaßstab in Form von »Minoritäten innerhalb und Majoritäten außerhalb der Gesellschaft im Überfluß«), daß der endgültige Revolutionierungsprozeß in Lateinamerika (in Afrika und Asien werden wirkliche Revolutionen sowieso erst durch die Entstehung des Proletariats infolge von Industrialisierung in zehn bis fünfzehn Jahren möglich) zeitlich und organisatorisch »zusammenfällt« mit der Vollautomation in den kapitalistischen Industriegesellschaften.

Die möglichen Folgen dieser Vollautomatisierung für die Sowjetunion (und damit wohl für ganz Osteuropa) hat das wirklich »epochemachende« Buch von

Marcuse über die *Gesellschaftslehre des sowjetischen Marxismus* glänzend aufgezeigt. Der *Druck von innen* in den Industriegesellschaften durch die Befreiung des Menschen von der repressiven Arbeit *innerhalb* des Apparates muß durch den *Druck von außen* (Entwicklungsländer) begleitet werden, auf daß eine Umkehr nicht mehr möglich ist. In diesem Augenblick wird sich die »Schuld der Vergangenheit« noch einmal zu einem »letzten Gefecht« von ungeheuren Dimensionen kristallisieren. Vortechnologische Rationalität in den Entwicklungsländern und sich von technologischer wieder in kritische Rationalität umwandelnde Denkform in den Industrieländern werden sich vereinigen in einer die Welt umfassenden Lust-Rationalität, Stillegung der Geschichte, Experimentieren und Spielen mit dem Apparat, die Ungleichzeitigkeit der historischen Dialektik schließt sich in diesem Augenblick; eine »Welt ohne Krieg und Hunger« übersteigt gegenwärtig noch unsere Phantasie ...

Nachbemerkung: Dieser Text darf in dieser spezifischen Form keinen fremden Leuten in die Hand gegeben werden.

1 Karl Marx, Enthüllungen über den Kommunistenprozeß, Berlin 1914, S. 132.
2 Karl Marx, Das Kapital Bd. I, Marx-Engels-Werke Bd. 23, Ost-Berlin 1960, S. 109.
3 Rosa Luxemburg, Gesammelte Werke Bd. III, Berlin 1925, S. 64.
4 Herbert Marcuse, Kultur und Gesellschaft, Frankfurt/Main 1965, S. 15 f.
5 Jürgen Habermas, Theorie und Praxis, Neuwied/West-Berlin 1963, S. 333 f.

Nr. 94
Theodor W. Adorno
Vorrede
Zu: Heribert Adam, Studentenschaft und Hochschule (Auszug)
Mai 1965

QUELLE: Heribert Adam, Studentenschaft und Hochschule – Möglichkeiten und Grenzen studentischer Politik, Frankfurt/Main 1965, S. VIII–X; wiederabgedruckt in: Theodor W. Adorno, Gesammelte Schriften Bd. 20.2, Vermischte Schriften II, Edition des Theodor W. Adorno-Archivs, © Suhrkamp Verlag Frankfurt/Main 1986, S. 661–664

In den Befragungen von 173 Studentenvertretern aller westdeutschen Hochschulen zeigte sich, daß von verbreiteter Opposition innerhalb der Studentenschaft nicht die Rede sein kann; eher wunderten sich auch die befragten Professoren über ein nach ihrem Urteil zu zahmes Verhalten. Konflikte hatten teils in ungünstigen Studienbedingungen, meist in politischen Divergenzen ihren Grund; nicht in Renitenz.

Naturgemäß war die Studie primär subjektiv gerichtet; ebenso deshalb, weil sie sich auf die Mentalität der zu untersuchenden Gruppe bezog, wie auch deshalb, weil das Material über die objektive Rolle der Studentenvertretungen in der jüngsten Geschichte der deutschen Universitäten sichere Schlüsse nicht erlaubte. Daraus ergab sich die Gefahr, das Selbstverständnis der Studentenvertreter, oder anderer Befragter, werde anstelle der Einsicht in die tatsächlichen Verhältnisse, zumal das reale Verhalten der Studentenvertreter gesetzt. Im weiteren Fortgang der Studie wurde versucht, diesem Mangel durch zusätzliche Information so gut wie möglich abzuhelfen; das nicht zuletzt ist dafür verantwortlich, daß die Publikation sich hinauszögerte.

Adams Bericht erörtert zunächst die – keineswegs neu entdeckte – Gleichgültigkeit der Studenten gegenüber ihrer Vertretung, deren Index die geringe Beteiligung bei den studentischen Wahlen ist. Er zeigt, daß jene Apathie schon auf die Gründungsphase der studentischen Selbstverwaltung zurückdatiert. Diese wurde unmittelbar nach Kriegsende eingerichtet, und zwar im Zug von Bestrebungen außerhalb der Studentenschaft selbst, im Zusammenhang mit generellen Demokratisierungstendenzen und auch mit Bedürfnissen der damals sehr desorganisierten Universitätsverwaltung. Daß die Studentenvertretung bis heute in so weitem Maß Sache isolierter Funktionäre blieb, wird aus studienbedingten Organisationsschwierigkeiten erklärt, aber auch daraus, daß die Aufgabenstellung der Selbstverwaltung von den zentralen Interessen der Studenten doch zu weit ablag; schließlich auch aus Wandlungen in der Universität selbst, die von politischen und gesellschaftlichen Entwicklungen determiniert sind.

Jenen Wandlungen geht Adam nach. Mit der Zeit wechseln die Ansichten von Professoren wie Studenten zur sogenannten »universitären Demokratie«. Die Kontroversen über die Form der Mitwirkung der Studenten an der akademischen Selbstverwaltung werden referiert und dabei kritisch die von Studenten geäußerte Ansicht analysiert, die Krise der Vertretung rühre von deren beschränkten Kompetenzen her. Während die Forderung nach »Hochschuldemokratie« lediglich erweiterte studentische Mitbestimmung meinte, wie sie an einigen Universitäten auch, mit Sympathie vieler Professoren, realisiert wurde, bildete ihren Hauptinhalt rasch genug eine Rationalisierung des Universitätsbetriebs. Die Studentenvertreter sahen sich mehr stets als Objekte einer Entwicklung, welche die Autonomie der Universitäten gegenüber dem Staat verstärkte und dadurch, nach Auffassung der Studenten, den Professoren Privilegien garantierte, die eine Verbesserung der Studienbedingungen im Sinn der Studenten erschwerten. Deren Forderungen drängten auf rationelle Ausbildung; dadurch gerieten sie in Widerstreit mit der traditionellen Universitätskonzeption; mit der Furcht, die Anpassung der Universitätsorganisation an Prinzipien industrieller Leistungsfähigkeit müsse die letzten Reservate unabhängiger geistiger Entfaltung beseitigen. Soziologisch erblickt Adam, innerhalb jener Konstellation, die Funktion der Studentenvertretung darin, daß das Mitbestimmungsrecht der Studenten in den Organen der akademischen Selbstverwaltung Unzufriedenheit kanalisiere und zugleich den Prinzipien einer autonomen, sich selbst verwaltenden Körperschaft entspreche.

Nach den Befunden der Studie beeinträchtigten jedoch Differenzen über die Hochschulreform selten das gute Verhältnis zwischen Rektor und AStA-Vorsitzendem. Häufiger entstanden Konflikte aus der im engeren Sinn politischen Tätigkeit der Studentenvertreter. Typische Konfliktsituationen werden behandelt, die Argumente der verschiedenen Richtungen mit der herrschenden Praxis konfrontiert. Das ausgiebig belegte Fazit ist, daß die Rechtsaufsicht der Hochschulbehörden über die Studentenschaft in wachsendem Maß sich als Kontrolle der Zweckmäßigkeit politischer Betätigung der Studenten überhaupt auslege. In der traditionell unpolitischen Auffassung, welche die deutschen Universitäten von sich selbst hegen, wird der maßgebende Grund dieser Tendenz erblickt. Insgesamt scheinen die institutionellen Bedingungen an den deutschen Hochschulen politisches Engagement der Studentenschaft eher zu erschweren als zu fördern. Adam warnt erneut davor, auf Grund lokaler Kontroversen das oppositionelle Potential innerhalb der Studentenschaft, sowohl allgemein-politisch wie hochschulpolitisch, zu überschätzen. Viel eher läßt das vorherrschende Bewußtsein der Studenten nach wie vor als unpolitisch sich charakterisieren. Das wird, für die Gruppe der studentischen Funktionäre, detailliert erläutert am offiziellen Programm ihrer Organisation. Aus ihm zieht Adam den Schluß, daß die Studentenvertretung einer unpolitischen Versorgungsbürokratie sich annähere. Sie beharrt auf dem Subsidiaritätsprinzip, möchte Sozialeinrichtungen in eigener Regie unterhalten. Durch wachsende Beschäftigung mit Verwaltungsaufgaben und Mitwirkung in den Universitätsorganen werden die studentischen Funktionäre, nach dem Urteil von Adam ähnlich wie die Betriebsräte in der Industrie allmählich in die institutionelle Hierarchie integriert.

Dies Verhalten wird jedoch nicht zu einer bloßen Sache ihrer Gesinnung gemacht oder gar den Funktionären, wie es so vielfach üblich ist, vorgeworfen: ihnen diktiere ihre Abhängigkeitssituation – die von Lernenden – und der Mangel an Unterstützung durch die Zwangsmitglieder der Organisation ihr Verhalten. Wenige Studentenvertreter verfügten nach den Befragungsergebnissen über die Einsicht, daß Interessenvertretung konsequenterweise identisch sei mit politischem Handeln, dessen Berechtigung nicht etwa aus einer besonderen Verwaltung der künftigen Akademiker sich legitimieren müsse.

Nr. 95

Herbert Marcuse
Nachwort
Zu: Walter Benjamin, Zur Kritik der Gewalt und andere Aufsätze
1965

QUELLE: Walter Benjamin, Zur Kritik der Gewalt und andere Aufsätze, © Suhrkamp Verlag Frankfurt/Main 1965, »Nachwort« S. 99–107

Die Gewalt, die in Benjamins Kritik gemeint ist, ist nicht jene, die allgemein kritisiert wird, und besonders dann, wenn sie von denen unten gegen die oben angewandt (oder anzuwenden versucht) wird. Diese Gewalt ist es gerade, in der Benjamin, an den exponiertesten Stellen seiner Schriften, die »reine« Gewalt sieht, die vielleicht der »mythischen« Einhalt zu bieten vermag, die die Geschichte bisher beherrscht. Die von Benjamin kritisierte Gewalt ist die des Bestehenden, die im Bestehenden selbst das Monopol der Legalität, der Wahrheit, des Rechts erhalten hat und in der der Gewaltcharakter des Rechts verschwunden ist, um in den sogenannten »Ausnahmezuständen« (die de facto keine sind) furchtbar zutage zu treten. Solcher Ausnahmezustand ist den Unterdrückten gegenüber die Regel; Aufgabe aber ist, nach den *Geschichtsphilosophischen*

Thesen, die »Herbeiführung des *wirklichen* Ausnahmezustands«, der das geschichtliche Kontinuum der Gewalt aufsprengen kann. Benjamin hat das im Wort »Frieden« Verheißene zu ernst genommen, um Pazifist zu sein: er hat gesehen, wie untrennbar das, was wir heute Frieden nennen, zum Krieg gehört, und wie dieser Friede die »notwendige Sanktionierung eines jeden Sieges« ist und die kriegerische Gewalt perpetuiert. In totalem Gegensatz und Widerspruch zu solchem Frieden ist der Friede (in der Bedeutung, »in welcher Kant vom ›Ewigen Frieden‹ spricht«) das Ende der Vorgeschichte der Menschheit, die ihre Geschichte geworden ist. Der wahre Friede ist die wirkliche, materialistische »Erlösung«, die Gewaltlosigkeit, die Ankunft des »gerechten Menschen«. Angesichts der im Recht und Unrecht sich perpetuierenden Gewalt ist die Gewaltlosigkeit messianisch und nichts weniger. In Benjamins Kritik der Gewalt wird deutlich, daß der Messianismus die Erscheinungsform der geschichtlichen Wahrheit geworden ist: die befreite Menschheit ist nur noch als die radikale (nicht mehr bloß »bestimmte«) Negation des Bestehenden denkbar, weil unter der Macht des Bestehenden selbst das Gute ohnmächtig wird und mitschuldig. Benjamins Messianismus hat mit herkömmlicher Religiosität nichts zu schaffen: Schuld und Sühne sind ihm *gesellschaftliche* Kategorien. Die Gesellschaft setzt das Schicksal, dem sie dann selbst verfällt; in ihr muß der Mensch schuldig werden. »Das Schicksal zeigt sich also in der Betrachtung eines Lebens als eines verurteilten, im Grunde als eines, das erst verurteilt und dann schuldig wurde.« Wie die Gewalt, so ist auch das Schicksal Form des gesetzten Rechts, »in welchem einzig und allein Unglück und Schuld gelten, eine Waage, auf der Seligkeit und Unschuld zu leicht befunden werden und nach oben schweben«. Unschuld kommt im Schicksal nicht vor, und Glück ist, was »aus der Verkettung der Schicksale und aus dem Netz des eigenen herauslöst«. Glück ist Erlösung vom Schicksal, aber wenn das Schicksal das der zur Geschichte gewordenen Gesellschaft ist, d. h. der als Recht gesetzten Unterdrückung, dann ist Erlösung ein materialistisch-politischer Begriff: der Begriff der Revolution. Benjamin war unfähig, den Begriff der Revolution zu kompromittieren – selbst zu einer Zeit, wo Kompromisse noch ihre Sache zu fördern schienen. Seine Kritik der Sozialdemokratie ist nicht primär die Kritik einer zur Stütze der Gesellschaft gewordenen Partei, sondern die (noch nicht verzweifelte) Erinnerung an die Wahrheit und Wirklichkeit der Revolution als geschichtlicher Notwendigkeit. Hier sind die exponierten Stellen, an denen Benjamin die »progressiven« Tabus der sich fortwälzenden Industriegesellschaft angreift: das Tabu des Fortschritts, der Produktivität, der Legalität. Er erinnert daran, daß es nicht um die Verbesserung, sondern um die Abschaffung der Arbeit geht, nicht um die Ausbeutung, sondern um die Befreiung der Natur, nicht um den Menschen, sondern um den »gerechten Menschen«, und daß diese Aufgaben eben revolutionäre sind – sie fordern den »Tigersprung«, das Aufsprengen des Kontinuums, nicht seine Aufputzung. Benjamins Argument reicht noch weiter: es trifft das Herz auch jenes Gradualismus, der das Erbe der Sozialdemokratie angetreten hat, jener Strategie und Politik, die im Namen einer besseren Zukunft die schlechte Vergangenheit durch ausbeutende Produktivität verlängern. Die Revolution – so heißt es in den *Geschichtsphilosophischen Thesen* – ist der Tigersprung nicht in die Zukunft, sondern ins Vergangene, Tigersprung »unter dem freien Himmel der Geschichte«, getrieben von Haß und Opferwillen. Und dieser Haß und Opferwille »nähren sich an dem Bild der geknechteten Vorfahren, nicht am Ideal der befreiten Enkel«. Es geht um die Vergangenheit, nicht um die Zukunft. Ein schwer einzulösender Satz, der die unmenschliche Zuversicht desavouiert, die im Fortschritt des Bestehenden den der Freiheit sieht, oder die sich anmaßt, für die später einmal freien Enkel die gegenwärtigen Generationen ausbeuten zu dürfen. Diese Anmaßung mag das Gesetz der bisherigen Geschichte aussprechen, aber die Gesetze der Geschichte sind für das dialektische Denken eine aufzuhebende Gesetzmäßigkeit: der Tigersprung ist der aus dieser Gesetzmäßigkeit heraus. Doch so sehr Benjamins Satz von der sich an der Vergangenheit entzündenden Revolution den Aufbau der neuen Gesellschaft mit den Mitteln der Unfreiheit verdammt, so wenig dient er der Rechtfertigung jenes liberalen Arguments, das die Heiligkeit des Lebens (die von dem Bestehenden ja doch nicht geachtet wird) gegen die revolutionäre Gewalt ausspielt. Ja, fast scheint es, als ob (wenigstens in *Zur Kritik der Gewalt*) das Lob der revolutionären Gewalt die Verdammung ihrer Rechtfertigung durch Berufung auf die Zukunft abschwäche. Benjamin diskutiert das Theorem, das die »revolutionäre Tötung der Unterdrücker« verwirft mit dem Satz: »Wir aber bekennen, daß höher noch als Glück und Gerechtigkeit eines Daseins – Dasein an sich steht«, daß also das »Weltreich der Gerechtigkeit« niemals durch solche Tötung vorbereitet werden darf. Der Satz ist für Benjamin »falsch und niedrig ... wenn Dasein nichts als bloßes Leben bedeuten soll – und in dieser Bedeutung steht er in der genannten Überlegung«. Hier wagte Benjamin Formulierungen, die wir wohl kaum noch akzeptieren können: »So heilig der Mensch ist (...) so wenig sind es seine Zustände, so wenig ist es sein leibliches, durch Mitmenschen verletzliches Leben.« Sie werden vielleicht verständlich im Lichte der Hoffnung, daß »die Herrschaft des Mythos hie und da im Gegenwärtigen schon gebrochen ist« und daß das Neue »nicht in so unvorstellbarer Fernflucht« liegt, »daß ein Wort gegen das Recht sich von selbst erledigte«. Noch die späten *Geschichtsphilosophischen Thesen* sind von dieser Hoffnung getragen. Sie insistieren auf dem Historischen Materialismus, der in dem geschichtlichen Gegenstand »das Zeichen einer messianischen Stillegung des Geschehens, anders gesagt, einer revolutionären Chance im Kampfe für die unterdrückte Vergangenheit« sieht. Selten ist die Wahrheit der kritischen Theorie in einer so vorbildlichen Form ausgesprochen worden: der revolutionäre Kampf geht um die Stillstellung dessen, was geschieht und geschehen ist – vor allen positiven Zielsetzungen ist diese Negation das erste Positive. Was der Mensch dem Menschen und der Natur angetan hat, muß aufhören, radikal aufhören – dann erst und dann allein können die Freiheit und die Gerechtigkeit anfangen. Gegenüber dem scheußlichen Begriff fortschrittlicher Produktivität, für den die Natur »gratis da ist«, um ausgebeutet zu werden, bekennt sich Benjamin zu Fouriers Idee einer gesellschaftlichen Arbeit, die, »weit entfernt, die Natur auszubeuten, von den Schöpfungen sie zu entbinden imstande ist, die als mögliche in ihrem Schoße schlummern«. Zum befreiten, von der unterdrückenden Gewalt erlösten Menschen gehört die befreite, erlöste Natur. Schon in *Schicksal und Charakter* hat Benjamin die Trennung von Subjekt und Objekt, Innen und Außen in ihrer Unwahrheit aufgewiesen: sie enthüllt sich als Rationale der Ausbeutung. Entsprechend meint die »Stillstellung des Geschehens« nicht nur die des objektiven, sondern auch des subjektiven Schuldzusammenhangs: zum »Denken gehört nicht nur die Bewegung der Gedanken, sondern ebenso ihre Stillstellung«. Auch sie sind von dem Unrecht und der Untat durchtränkt. Was der historische Materialist »an Kulturgütern überblickt, das ist ihm samt und sonders von einer Abkunft, die

er nicht ohne Grauen bedenken kann«. Seine eigenen Gedanken sind nicht frei von dieser Abkunft. Deren Stillstellung ist der Augenblick, in dem ihre Abkunft bewußt wird und das Bewußtsein verändert. Das Denken erfährt den »Choc«, der es unfähig macht, in den überlieferten Bahnen weiterzudenken; die Negation wird zu seinem konstruktiven Prinzip. Eines seiner Resultate ist die Unmöglichkeit des Staunens darüber, daß die Dinge, die wir unter und seit dem Faschismus erlebt haben, »im zwanzigsten Jahrhundert ›noch‹ möglich sind«. Sie sind die Wirklichkeit des zwanzigsten Jahrhunderts, das seiner Abkunft verhaftet bleibt und sie erfüllt.

Der »Choc« der Stillstellung, des Einhaltgebietens trifft auch die Frage nach dem, was man tun kann, wenn diese Frage die organisierende und organisatorische Aktivität meint. In der Gesamtheit des Bestehenden bleibt solche Aktivität in gutem Sinne ohnmächtig, falls sie nicht im schlechten Sinne positiv wird. Ihre Ohnmacht ist verfrühte Gewaltlosigkeit. Wo die Revolution messianisch geworden ist, kann sie nicht am Kontinuum sich orientieren. Das heißt aber nicht, daß sie auf den Messias warten muß. Dieser ist nur im Willen und Tun derer, die am Bestehenden leiden, der Unterdrückten, für Benjamin: im Klassenkampf. Wenn dieser nicht akut ist, dann wird der Widerschein der möglichen Freiheit nur in einer ganz verschiedenen Zeit sichtbar: in der »der Erlösung oder der Musik oder der Wahrheit« – nicht aber in der Zeit der entfesselten Produktionskräfte, des »technischen Eros«. Die Freiheit erscheint auch nicht in der Freizeit, wo jeder komponieren oder philosophieren kann, sondern eben in der Stillstellung, wie sie in der großen Musik und Literatur geschehen ist. Nahe liegt es, die Worte Benjamins im Sinne jenes schlechten Humanismus zu interpretieren, der gegen den Materialismus die »höheren Werte« ausspielen zu müssen glaubt. Benjamin warnt: der »Klassenkampf ... ist ein Kampf um die rohen und materiellen Dinge, ohne die es keine feinen und spirituellen gibt«. Diese sind im materiellen Kampf selbst gegenwärtig, wenn anders er wirklich ein Kampf um die Aufsprengung des Kontinuums ist – gegenwärtig »als Zuversicht, als Mut, als Humor, als List, als Unentwegtheit«, und sie werden jeden neuen Sieg der Herrschenden immer wieder in Frage stellen.

Ungeheuer ist der Abstand, der die Gegenwart von solchen Worten trennt. Sie wurden zur Zeit des triumphierenden Faschismus, beim Ausbruch des Zweiten

Weltkriegs, geschrieben. Die Gegenwart gehört nicht mehr derselben geschichtlichen Periode an: sie liquidiert die Zeit, in der der offene und versteckte Kampf gegen den Faschismus noch fähig schien, das Kontinuum der Geschichte aufzusprengen. Es hat sich wieder geschlossen. So steht die tatsächliche Entwicklung als blutiger Zeuge für die Wahrheit Benjamins: aus dem Blick auf die Vergangenheit, nicht aus dem Blick in die Zukunft schöpft der Kampf um Befreiung seine Kraft. Der Angelus Novus der Geschichte »hat das Antlitz der Vergangenheit zugewendet«, aber ein »Sturm weht vom Paradiese« und »treibt ihn unaufhaltsam in die Zukunft, während der Trümmerhaufen vor ihm zum Himmel wächst«. Diese Unaufhaltsamkeit ist die Hoffnung, für die all diejenigen einstehen, die in ihrer Schwäche den Kampf gegen das Kontinuum des Bestehenden weiterkämpfen: als Zerbrochene brechen sie den Schuldzusammenhang der rechtsetzenden und rechterhaltenden Ordnung.

Newton, Mass., Oktober 1964

Nr. 96
Max Horkheimer
Brief an den S. Fischer Verlag
Zum Zögern, die Aufsätze aus der »Zeitschrift für Sozialforschung« wieder neu zu publizieren
3. Juni 1965

QUELLE: Almanach des S. Fischer Verlages, das 79. Jahr, Frankfurt/Main 1965, S. 9–14; wiederabgedruckt in: Max Horkheimer, Gesammelte Schriften Bd. 3: Schriften 1931–1936, hrsg. von Alfred Schmidt,
© S. Fischer Verlag Frankfurt/Main 1988, S. 9–13

Frankfurt am Main, den 3. Juni 1965

Sehr geehrte Herren,

schon lange schulde ich Ihnen eine Erklärung. Der Wunsch nach Neuauflage meiner Essays aus den dreißiger und vierziger Jahren, den Freunde der ehemaligen *Zeitschrift für Sozialforschung*, nicht zuletzt um Philosophie und Theorie der Gesellschaft bemühte Studenten geäußert haben, ist seit langem auch der Ihre gewesen. Nachdem endlich der Vertrag unterzeichnet war, kam ich mit der Bitte, das Projekt zurückzustellen, ja gegebenenfalls aufzugeben, und Sie haben sie gewährt. Für den Langmut und das Verständnis, das Sie mir entgegenbrachten, bin ich dankbarer als ich sagen kann.

Mein Zögern scheint mir keine Laune, sondern in der Sache begründet zu sein. Wenn die alten Texte heute gelten sollen, hat die Erfahrung in den letzten zwei Jahrzehnten mitzusprechen. Vom Willen zur gerechten Gesellschaft motiviert, sind sie von der Konzeption durchdrungen, daß die Realität mit Notwendigkeit, wenn nicht unmittelbar das Gute, doch die Kräfte erzeuge, die es verwirklichen können, daß der furchtbare Geschichtslauf das Endziel nicht vereitle, vielmehr auf es hinarbeite. Solches auf soziale Theorie und nicht auf metaphysisch-religiöse Postulate sich stützende Vertrauen hat den Grundton der Essays, ihre wichtigsten Kategorien, die Beziehung zur idealistischen wie zur materialistischen Philosophie bestimmt. Nach der totalitären Mörderherrschaft sollte ihr Gegenteil beginnen, freiheitliche Zivilisation ohne das mit ihr verbundene Unrecht, ohne Bereitschaft zu nationalistischer Barbarei. In der Entwicklung der fortgeschrittensten Staaten schien das Bessere angelegt, von den Urhebern der sozialistischen Revolution im Anfang intendiert zu sein. Seit der Mitte des Jahrhunderts hat die Erwartung das unsichere empirische Fundament noch weiter eingebüßt. Auf das Dasein am freien Leben interessierter, kraft ihrer Funktion entscheidender Teile der Massen vermag progressive Theorie so wenig sich zu stützen wie auf ihnen verbundene große Einzelne. Die Ungeduld wird paradox. Der Wandel muß im Vorwort der Essays bezeichnet werden. Ihn zu verschweigen, wäre die Preisgabe des heute wie damals entscheidenden Motivs, des Willens zum Richtigen.

Die den Essays Verbundenen aber, so fürchte ich, werden das Vorwort als Verrat empfinden, das ihm eigene negative Moment als feigen Widerruf. Zur Feigheit bekenne ich mich, sie half mir, Europa zu verlassen, als noch Zeit war. Jetzt ist der Faschismus zwar besiegt, doch keineswegs überwunden. Die Episode der Humanität, der Abkehr von Tortur und Terror, auch im neunzehnten Jahrhundert auf das Innere fortschrittlicher Länder beschränkt, hat bereits den Schimmer der Romantik angenommen. Sofern die durch gigantische Entwicklung der Verkehrsapparatur bedingte Wechselwirkung zwischen Völkern die barbarischen zu zivilisieren verspricht, droht sie die zivilisierten zu barbarisieren. Ausbreitung der Technik und Mechanisierung überhaupt, die wachsende Bevölkerung, Konkurrenz der Staatengruppen, wilde Produktion von Instrumenten der Vernichtung und die damit verbundene Spionage und Gegenspionage,

Maschinerie der Überwachung und Methoden der Befragung, kurz, die Kehrseite des steigenden Lebensstandards versieht das freie Wort mit dem Stempel der vergeblichen Courage. Wenngleich in zunehmendem Maß ein leeres Ornament, und als solches von der desillusionierten Jugend aufgenommen, untersteht es nuancierter Vergeltung. Im Interesse reibungslosen Funktionierens der Gesellschaft, angesichts der äußeren und inneren Gefahren, nehmen Mechanismen der bewußten und der unbewußten Kontrolle überhand. Unter Verhältnissen, da politische Maßnahmen, sowohl um sie zu treffen, wie um sie wirklich zu verstehen, höchstspezialisierter Experten und nicht selten fliegender Eile bedürfen, tendiert Demokratie als freiheitliche Staatsform dazu, unzweckmäßig und deshalb zum Schein zu werden. Das Dritte Reich, zu jeder wachen Stunde meines ihm entkommenen Lebens mir bewußt, war historisch keine Ungereimtheit, vielmehr Signal des Totalitären, das auch diesseits des Eisernen Vorhangs mehr und mehr als zeitgemäß erscheint. In ihrer Auseinandersetzung mit dem nahen, fernen, fernsten Osten haben die Demokratien der Abschaffung der individuellen Rechte, der absoluten Unterordnung des Einzelnen, dem uniformen Zustand, den sie verhindern wollen, zugleich mehr und mehr sich anzupassen. Mein auf Analyse der Gesellschaft damals bauender Glaube an fortschrittliche Aktivität schlägt in Angst vor neuem Unheil, vor der Herrschaft allumfassender Verwaltung um.

Trotz der inneren Schwierigkeiten hat der Wunsch, mich Ihrer Absicht anzuschließen, sich nicht verringert. Je unwahrscheinlicher der ersehnte Zustand, desto stärker das Bedürfnis, um seinetwillen auszusprechen, was ist. Die Alternative ist Ihnen vertraut. Treten frühe theoretische Versuche an die Öffentlichkeit, ohne daß der Autor sie zu seiner gegenwärtigen Einsicht in Beziehung setzt, hat er, soweit das neu herausgebrachte Werk in Frage steht, den Anspruch auf reale Geltung preisgegeben. Gedanke und Wille, theoretische und praktische Vernunft sind nicht mehr eines. Da ich jedoch nicht verzichten will, ist die enttäuschende Änderung des Gedankens zu bezeichnen, ohne trostreiche Gewißheit, daß am Ende, mag es noch so fern sein, das Gute steht.

Der Widerspruch, die furchterregenden Tendenzen der Gegenwart auszusprechen und den Gedanken an das Andere nicht aufzugeben, der im späten Werk nicht weniger Philosophen sich manifestiert, ist bei keinem deutlicher hervorgetreten als bei Kant. In der Arbeit *Über den Gemeinspruch: Das mag in der Theorie richtig sein, taugt aber nicht für die Praxis* geht es, wie an vielen anderen Stellen, um Geschichte unter dem Aspekt des Endziels, und es zeigt sich, daß die bürgerliche Periode zu Beginn, vor etwa 170 Jahren, in manchen Stücken ihrem Ende in der Gegenwart vergleichbar ist. Kant hat gesehen, daß »die fortrückende Cultur der Staaten mit dem zugleich wachsenden Hange, sich auf Kosten der Anderen durch List oder Gewalt zu vergrößern, die Kriege vervielfältigen und durch immer ... vermehrte, auf stehendem Fuß und mit Disciplin erhaltene, mit stets zahlreicheren Kriegsinstrumenten versehene Heere, immer höhere Kosten verursachen muß; indeß die Preise aller Bedürfnisse fortdauernd wachsen, ohne daß ein ihnen proportionierter fortschreitender Zuwachs der sie vorstellenden Metalle gehofft werden kann; kein Friede auch so lange dauert, daß das Ersparnis während demselben dem Kostenaufwand für den nächsten Krieg gleichkomme, wowider die Erfindung der Staatsschulden ein sinnreiches, aber sich selbst zuletzt vernichtendes Hülfsmittel ist ...«. Daß solche Entwicklung auf das Ende des Absolutismus und die Schaffung einer wahrhaft republikanischen Verfassung hintrieb, war Kants Überzeugung. Von der repräsentativen Demokratie erhoffte er den dauernden Frieden, denn das Volk »wird es wohl bleiben lassen«, aus nichtigen Gründen sich in Gefahr zu bringen. Das eigene materielle Interesse, die »Selbstliebe jedes Zeitalters« werde – das ist der Kern von Kants Geschichtsphilosophie – die Ursache bilden, daß auch die späteren Geschlechter »immer zum Besseren, selbst im moralischen Sinn, fortschreiten können«. Rückfälle müssen überwunden werden, notfalls durch Revolution. Sie ist »jederzeit ungerecht«, die französische jedoch war »zu groß ... als daß sie nicht den Völkern bei irgendeiner Veranlassung günstiger Umstände in Erinnerung gebracht und zur Wiederholung neuer Versuche dieser Art erweckt werden sollte«. Selbst »wenn einmal alles ins vorige Gleis zurückgebracht würde«, hält Kant im hohen Alter noch am Glauben fest, »daß die Species in ihren Geistesanlagen in der Reihe der Zeugungen immer fortschreitend im Perfectionieren ist«.

Durch die historischen Ereignisse der Zeit fühlte er in der Erwartung der Staatenassoziation Europa, schließlich der vereinten Menschheit sich bestärkt. Auch für den Fall der Enttäuschung durfte er, im Gegensatz zu uns, das eigene Zutrauen aufrechterhalten. Würde die Menschheit »ausgerottet«, seine Philosophie postuliert den gütigen Gott. Wenn Kant, was nach ihm kam, erfahren hätte, zunächst die sogenannten Freiheitskriege, die, nach Nietzsche, die von Kant erträumte politische und wirtschaftliche europäische Einheit verhinderten »und das Unglück des Nationalitätenwahnsinns heraufbeschworen (mit der Konsequenz der Rassenkämpfe)«, den Nationalismus, »diese kulturwidrigste Krankheit und Unvernunft, die es gibt ... an der Europa krank ist, diese Verewigung der Kleinstaaterei, der kleinen Politik«, ferner die Rache der Bourbonen an allem, was mit Napoleon I. und der Revolution zusammenhing, die Kriege in den späteren Jahrzehnten, von den die Erde umfassenden Katastrophen des 20. Jahrhunderts abgesehen, Kant hätte nach wie vor nicht bloß auf den technischen, sondern auf den moralischen Fortschritt vertraut. Der Gang der Wirklichkeit hat im Werk des großen Philosophen keine theoretische Konsequenz. Zwischen der Erwartung des Besseren und dem, was in der Welt besteht, vermittelt der Begriff der Vorsehung, »denn von ihr ... allein können wir einen Erfolg erwarten, der aufs Ganze und von da auf die Teile geht«. Sie ist der angemessene Ausdruck für den Willen der Menschen »beim Bewußtsein ihres Unvermögens«. Man muß »eine Concurrenz göttlicher Weisheit zum Laufe der Natur auf praktische Art glauben, wenn man seinen Endzweck nicht lieber gar aufgeben will«.

Im schlechten Bestehenden des Anderen eingedenk zu bleiben ohne Zuflucht zu jener Konkurrenz, verleiht dem Gang der Realität eine Bedeutung für den theoretischen Gedanken, die der Theologe und Ontologe zu ignorieren vermag. Dialektik, wie sie von den Essays gemeint wird, hat in sich mit aufzunehmen, daß sie in Geschichte selbst miteinbezogen ist. Ihre eigenen Begriffe kennt sie als Momente der historischen Konstellation wie als Ausdruck jenes Willens zur richtigen Gesellschaft, der in verschiedenen historischen Situationen theoretisch und praktisch verschieden sich äußert und zugleich als derselbe sich erhält. Mein Zögern entspringt der Schwierigkeit, die alten Gedanken, die von jener Zeit nicht unabhängig waren, wieder auszusprechen, ohne dem, was heute mir als wahr erscheint, Eintrag zu tun, dem Glauben an die nahe Verwirklichung der Ideen westlicher Zivilisation zu entsagen und für die Ideen trotzdem einzustehen – ohne Vorsehung, ja, gegen den ihr zugeschriebenen Fortschritt.

Ihr aufrichtig ergebener
Max Horkheimer

Nr. 97

Günter Grass
Adornos Zunge
Gedicht in der Literaturzeitschrift »Akzente«
August 1965

QUELLE: Akzente, 12. Jg., Heft 4, August 1965, S. 289

Er saß in dem geheizten Zimmer
Adorno mit der schönen Zunge
und spielte mit der schönen Zunge.

Da kamen Metzger über Treppen,
die stiegen regelmäßig Treppen,
und immer näher kamen Metzger.

Es nahm Adorno seinen runden
geputzten runden Taschenspiegel
und spiegelte die schöne Zunge.

Die Metzger aber klopften nicht.
Sie öffneten mit ihren Messern
Adornos Tür und klopften nicht.

Grad war Adorno ganz alleine,
mit seiner Zunge ganz alleine;
es lauerte auf's Wort, Papier.

Als Metzger über Treppenstufen
das Haus verließen, trugen sie
die schöne Zunge in ihr Haus.

Viel später, als Adornos Zunge
verschnitten, kam belegte Zunge,
verlangte nach der schönen Zunge, –

zu spät.

Nr. 98

Elisabeth Lenk
Kirche und kritische Philosophie
Kritik an Horkheimers Auftritt
auf dem Evangelischen Kirchentag in Köln
September 1965

QUELLE: Diskus – Frankfurter Studentenzeitung, 15. Jg., Nr. 6, September 1965, S. 2

Vor 34 Jahren hat Tucholsky für eine Art Abkommen mit der Kirche plädiert: die geistigen Menschen verpflichten sich, sich in den Kirchen anständig zu benehmen. Sie erwarten aber dafür von der Kirche, daß sie – wo immer sie die Bezirke des Geistes betritt – sich der gleichen Fairneß befleißigt.

Ein solches Abkommen, ja seine bloße Idee, muß heute sehr altmodisch wirken. Selbst diejenigen, die skeptisch genug sind, an der Fortschrittsidee zu zweifeln, müssen zugeben, daß zumindest die Kirche immense Fortschritte zu verzeichnen hat. Mit einer Dreistigkeit, die Nichtchristen Christen gegenüber noch nicht nachgewiesen wurde, hat sie sich in fast alle intellektuellen Bereiche hineingedrängt; und dies nicht etwa, um hier irgendwelche produktiven Beiträge zu leisten, sondern um dem, was ohne ihre Mithilfe zustande gekommen ist, nachträglich das Firmenschild »christlich« anzuheften. Reden wir nicht von der katholischen Kirche, die aus dem Zynismus, mit dem sie politische und geistige Macht anstrebt, keinen Hehl macht. Reden wir vom Protestantismus. Die Protestanten, zumindest die progressiven unter ihnen, sind subtiler. Sie treten bescheiden auf, zeigen intellektuelles Interesse, stellen alles, vorab sich selbst »als Christen«, in Frage. Sie sind ehrlich genug, zuzugeben, daß sie in Glaubensdingen (für die sie doch allein zuständig wären), nichts mehr zu sagen haben und suchen daher nach intellektuellen Sinngebungen einer Organisation, die – wenn sie schon ihre geistige Substanz verloren hat – immerhin noch die materielle Sorglosigkeit der Berufschristen garantiert. Dies Bedürfnis nach betriebsamer Sinngebung des Sinnlosen hat in der Nachkriegszeit zahllose evangelische Akademien hervorgebracht, in denen die Mühlen des evangelischen Geschwätzes niemals stillstehen. Kürzlich hat sich – wie man hört – das protestantische »Bedürfnis nach ratio« (so Gräfin Dönhoff in der *Zeit* vom 6. August) auch auf dem Kirchentag manifestiert. Man hat »drei unserer großen deutschen Denker« (ebd.), unter ihnen keinen Geringeren als Professor Max Horkheimer, zu Festrednern erkoren. Einen aufmerksamen Beobachter der Kirchenentwicklung darf das nicht erstaunen. Warum sollte eine Institution, die sich nicht scheut, zum Zwecke besserer Menschenfischerei die kommerzielle Werbung zu bemühen, warum sollte eine solche Institution es nicht auch einmal mit der kritischen Philosophie versuchen? Erstaunlich ist dabei nur, daß nicht der kritische Philosoph, sondern der Werbefachmann angesichts eines solchen Handels Bedenken anmeldet. »Natürlich bemühte ich mich, die Gruppen der geistlichen Herren fachlich darüber aufzuklären, daß noch vor einer Diskutierung werblicher Möglichkeiten eine genaue Untersuchung angestellt werden müsse, ob das zu propagierende Angebot überhaupt einen Sinn und Zweck für die gedachten Interessenten besitzt«, berichtet der Markentechniker Hans Domitzlaff in seinem imaginären Vortrag *An die Amtswalter der Bibel* (Christlicher Kommentar: Wir sollten uns dieser Kritik stellen und noch die andere Wange hinhalten. Hessischer Rundfunk, 2. Programm, »Aus christlicher Sicht«, 24. August). Der kritische Philosoph hingegen stand zu einem nicht bloß imaginären, sondern wirklichen Vortrag zur Verfügung, durch den er mehr als 30 000 Kirchentagsteilnehmern das stolze Gefühl vermittelte, auf der geistigen Höhe ihrer Zeit und obendrein noch Nonkonformisten zu sein: »Nonkonformismus, Freiheit, innere Unabhängigkeit von den Tendenzen der Welt lassen in der Tat als christliche Momente sich begreifen.« Vom »Elektrokardiogramm« über »die Rolle der Maria« bis hin zum »Symbol, von dem niemand weiß, was es symbolisiert« wurden hier Gegenstände behandelt, die an Beliebigkeit den auswechselbaren Themen der evangelischen Akademien in nichts nachstehen. Die Beschränkung der Freiheit habe ihre weitere Entfaltung bewirkt, war Horkheimers dialektische These, ob die Einschränkung der kritischen Philosophie anläßlich eines Kirchentages das gleiche bewirken wird, scheint ungewiß.

Nr. 99

Max Horkheimer
Brief an Willi Brundert

30. Oktober 1965

QUELLE: Max Horkheimer, Gesammelte Schriften Bd. 18: Briefwechsel 1949–1973, hrsg. von Gunzelin Schmid Noerr, © S. Fischer Verlag Frankfurt/Main 1996, S. 617f.

[Montagnola,] 30. Oktober 1965

Sehr verehrter Herr Oberbürgermeister, lieber Professor Brundert,

Als nach Anfang des Jahres, zu meinem 70. Geburtstag, ich vernahm, die Stadt gedenke durch eine Bronzebüste mich zu ehren, war ich schlicht dankbar und stimmte zu. Nach seiner Erstellung, so dachte ich, symbolisiere das Werk nicht so sehr die Eitelkeit des Portraitierten, als das Einverständnis der Stadt mit der Erziehung ihrer Jugend zur Feindschaft gegen totalitäre Unterdrückung.

Heute weiß ich, meine Reaktion war allzu impulsiv. In jeder Einzelheit war mein Lehren und Wirken durch die Solidarität mit den Verfolgten, Gefolterten, Ermordeten bestimmt. Der Entschluß, den Ruf an meine alte Universität im Jahre 1949 wieder anzunehmen, war im Gedanken an diejenigen meiner Studenten gefaßt, die, wie nicht wenige Andere in Deutschland, ihr Leben wagten, ja verloren, um die Henker zu bekämpfen. Durch Teilnahme am Wiederaufbau wollte ich, wenn auch nur bescheiden, dazu helfen, solche Menschen wieder zu erziehen. Sehe ich recht, so ist meinen wahren Schülern es auch heute bewußt.

Solange ich lebe, darf ich, angesichts der Opfer und der unbekannten Helden, die ihnen beistehen wollten, mir kein Denkmal setzen lassen. Ich wiederhole deshalb meine Bitte, lassen Sie die Büste in der Bibliothek verwahren und erst nach meinem Tode dort aufstellen.[1] Meine Dankbarkeit für die Stadt, die mir so viel geholfen und durch ihre Ehrungen mich ermutigt hat, in meiner Arbeit fortzufahren, wird auf solche Weise nicht geringer, sondern noch vertieft.

In hochachtungsvoller Begrüßung
gez. Ihr unbeirrt dankbarer
(Max Horkheimer)

---

[1] Die Bronzebüste von Knud Knudsen wurde später, Horkheimers Bitte entsprechend, in der Frankfurter Stadt- und Universitätsbibliothek aufgestellt.

1966

24.2.: Demonstration gegen den Vietnamkrieg.

Nr. 100

Max Horkheimer
South Vietnam und die Intellektuellen
Späne – Notizen über Gespräche mit Max Horkheimer in unverbindlicher Formulierung aufgeschrieben von Friedrich Pollock
Mai 1966

QUELLE: Max Horkheimer, Gesammelte Schriften Bd. 14: Nachgelassene Schriften 1949–1972, hrsg. von Gunzelin Schmid Noerr, © S. Fischer Verlag Frankfurt/Main 1988, S. 360 f.

Die Lage Amerikas in Südvietnam ist ein großes Unglück. Wir haben viel zu wenig Informationen, um beurteilen zu können, was für die Erhaltung der Reste individueller Freiheit in den westlichen Ländern besser wäre: weitermachen wie bisher und auf die Zermürbung des Gegners hoffen? Eskalieren? Sich zurückziehen?

Aber mit einiger Sicherheit läßt sich sagen, daß der Rückzug nicht bloß ein fürchterliches Blutbad in Südvietnam bedeuten, sondern auch den Weg der Chinesen zum Rhein wesentlich beschleunigen würde.

Ganz Asien würde chinesisch werden. Aber die Intellektuellen sehen nur das Grauen dieses Krieges, die unglücklichen Vietnamesen, die scorched earth policy der amerikanischen Kriegsführung. Was sie nicht sehen, ist die Hölle einer chinesischen Weltherrschaft.

Man könnte eine Parallele ziehen zwischen der Haltung vieler Intellektueller heute und derjenigen der Oxforder Studenten vor dem Zweiten Weltkrieg: »We will not fight for King and Country.«[1]

[1] Eine interessante Darstellung, wie Amerika in diese tragische Situation geraten ist, findet sich bei Richard Löwenthal, Amerikas Engagement in Asien, in: Der Monat, 18 Jg., Mai 1966, Nr. 212, S. 5–19.

Nr. 101

Walmot Falkenberg
Brief an Herbert Marcuse
Einladung zum Kongreß
»Vietnam – Analyse eines Exempels«
11. Mai 1966

QUELLE: Archiv APO und soziale Bewegungen beim Zentralinstitut für sozialwissenschaftliche Forschung der Freien Universität Berlin, Akte des SDS-Bundesvorstandes

Prof. Dr. H. Marcuse
8831 Cliffridge Ave.
La Jolla, Cal. 92037
USA

Frankfurt, den 11.5.66

Sehr geehrter Herr Professor Marcuse!

Herzlichen Dank, daß Sie doch bereit sind, die Mühe der Reise und eines Vortrags auf sich zu nehmen.

Um Ihnen anzudeuten, was von Ihrem Referat erwartet wird, möchte ich kurz die Situation skizzieren, in der der Kongreß stattfindet.

Durch lokale informierende Veranstaltungen und Podiumsdiskussionen erreichte die Opposition gegen den Krieg in Vietnam besonders an den Universitäten eine für bundesrepublikanische Verhältnisse relativ große Resonanz. Ihren ersten weithin zur Kenntnis genommenen Ausdruck fand diese Opposition in einer vom »Argument-Club« ausgearbeiteten *Erklärung über den Krieg in Vietnam*, die auf dem beiliegenden Programm des Kongresses abgedruckt ist.

Der Bundesvorstand des SDS hat sich entschlossen, einen zentralen Kongreß zu veranstalten, um einmal dieser Opposition eine größere Resonanz zu verschaffen, um nicht zuletzt auch die amerikanische Opposition zu unterstützen. Zum anderen soll die liberale und radikaldemokratische Kritik weitergetrieben, durch eine sozialistische Analyse des Imperialismus Ansätze eines sozialistischen politischen Bewußtseins geweckt werden. Der Titel »Vietnam – Analyse eines Exempels« wurde gewählt, weil sich u. E. an diesem Beispiel zeigen läßt, wie die zum Kampf entschlossenen kapitalistischen Staaten die Emanzipationsbewegungen und Revolutionen in den Kolonien und ehemaligen Kolonien niederschlagen wollen und müssen (»bei Strafe des Untergangs«). Vietnam kann wohl als Exempel und Prüffeld für Kriegführung und Kostenkalkulation der nach der Logik des Imperialismus künftig in Asien, Afrika und Lateinamerika zu führenden Auseinandersetzungen gelten. Es wird zu untersuchen sein, ob unter dem Zeichen von Kernwaffen und Imperialismus sich Krieg und Bürgerkrieg in Zukunft werden trennen lassen.

Ein Exempel ist Vietnam auch dafür, daß der Imperialismus »unteilbar« ist zwischen kapitalistischen Industriestaaten und Dritter Welt, sich nicht aufspalten läßt in »drinnen« und »draußen«. Gibt es unter diesen Bedingungen einen internationalen Klassenkampf, der mehr ist als die Summe »nationaler« Klassenkämpfe? Welche Beziehung besteht zwischen dem Klassenkampf in den fortgeschrittenen kapitalistischen Ländern und dem in den abhängigen Staaten? Läßt sich eine »Statik« der kapitalistischen Gesellschaften einer »Dynamik« der Entwicklungsländer einfach entgegenstellen? In welcher Weise beeinflußt die Politik der antikapitalistischen Länder die imperialistische Politik? Läßt sich die Welt schlicht in arm und reich einteilen?

Welche konkrete Solidarität des Interesses, nicht des Sentiments verbindet uns und die Befreiungsbewegungen der Dritten Welt; und in welcher Weise können wir die objektiven gemeinsamen Interessen unter den Bedingungen des sich »formierenden« Kapitalismus vertreten? Welche Beziehung besteht zwischen Integration und Desintegration, Formierung und Opposition/Widerstand? Welche Notwendigkeit und Chancen bestehen, nicht nur eine radikal-demokratische Opposition gegen die imperialistische »Außen«-politik, sondern ein Klassenbewußtsein entstehen, das Proletariat (im weitesten Sinne) zum Erkennen und Vertreten seiner objektiven Interessen finden zu lassen? Welche Funktion hat aber selbst eine nur liberal-humanitäre, radialdemokratische politische Opposition?

Das ist ein recht unsystematischer Katalog von Fragen. Ich hoffe jedoch, daß sie in etwa deutlich machen, was der Kongreß zu leisten hätte. Ihr Referat müßte wohl einen Bezugsrahmen, die Grundzüge einer sozialistischen Imperialismus-Analyse aufzeigen. Die Gliederung der Arbeitskreise gibt einen Überblick darüber, wie am Material die einzelnen Problemkreise analysiert werden sollen. Es bedarf da aber wohl einer »allgemeinen Vermittlungshilfe«.

Noch ein weiterer Hinweis: Die Kinderkrankheit des linken Radikalismus, eine verzweifelt-aktivistische Irrationalität, ist in der gegenwärtigen Situation nur allzu verständlich – und gefährlich. Sie fördert eine simple Trennung von revolutionär und konterrevolutionär, »Sozialfaschismus«-»Theorien« und dergleichen. Diesen wie den resignativen Tendenzen wäre ebenfalls zu begegnen. Eine »Zweifronten«-Aufklärung also ist dringend notwendig, so schwer es für Sozialisten ist, sich liberalen Radikaldemokraten verständlich zu machen, sie auf ihre Positionen zu ziehen, so schwer ist es für einige von ihnen, die Spannung zwischen theoretischem Wissen und politischen Bemühungen einerseits und den Ergebnissen dieser Bemühungen andererseits zu ertragen, nicht die Theorie zugunsten voluntaristischen Handelns aufzugeben.

Sie sehen, von wie großer Bedeutung dieser Kongreß ist.

Nochmals vielen Dank, daß Sie kommen werden. Bitte schreiben Sie uns bald, wann Sie eintreffen werden, damit wir noch ein Hotel für Sie finden und Sie vom Flugplatz abholen können.

Mit herzlichen Grüßen
(Walmot Falkenberg)

Nr. 102

Herbert Marcuse
Die Analyse des Exempels
Hauptreferat des Kongresses
»Vietnam – Analyse eines Exempels«
22. Mai 1966

QUELLE: Neue Kritik, 7. Jg., Nr. 36/37, Juli/August 1966, S. 30–40

Alle Ökonomie ist politische Ökonomie im weitesten Sinne, und das System der fortgeschrittenen Industriegesellschaft ist global, auch in dem Sinne, daß es alle Dimensionen der menschlichen Existenz privat und öffentlich den herrschenden gesellschaftlichen Mächten ausliefert. Das System ist global auch in dem Sinn, daß es für dieses System überhaupt keine äußeren Faktoren mehr gibt, daß die geographisch und anders am weitesten entfernten Kräfte zu inneren Kräften des Systems werden. Die Innenpolitik, deren Fortsetzung die Außenpolitik ist, mobilisiert und kontrolliert das Innere der Menschen, die Triebstruktur, ihr Denken und Fühlen; sie kontrolliert die Spontaneität selbst –

und entsprechend diesem globalen und totalen Charakter des Systems ist die Opposition, von der ich jetzt sprechen werde, nicht nur und nicht primär politisch, ideologisch, sozialistisch, sondern gleichzeitig eine instinktive moralische oder wenn Sie wollen, unmoralische, zynische existentielle Opposition. Vorherrschend ist die spontane Weigerung der oppositionellen Jugend mitzumachen, mitzuspielen, ein Ekel vor dem Lebensstil der »Gesellschaft im Überfluß«, der sich hier durchsetzt. Nur diese Negation ist artikuliert, nur dieses Negative ist die Basis der Solidarität, nicht aber das Ziel: sie ist Negation der totalen Negativität, die das System der »Gesellschaft im Überfluß« durchherrscht.

Der globale Kriegszug gegen den Kommunismus muß als Teil dieser totalen Negativität verstanden werden, und die ökonomische Analyse der Gründe muß die Analyse der anderen gesellschaftlichen Dimensionen in sich aufnehmen. Die traditionelle Unterscheidung von Basis und Überbau wird fragwürdig. Wie die Ausgaben für Soziologie und Psychologie im Dienst von »Scientific Management«, »Human Relations«, Marktforschung, Reklame und Propaganda schon lange nicht mehr nur Unkosten sind, sondern zum Teil zu notwendigen Reproduktionskosten wurden, so gehören heute psychologische Faktoren zur notwendigen Reproduktion des bestehenden gesellschaftlichen Apparats. Sie reproduzieren, als Elemente der permanenten Mobilisierung der Bevölkerung, den globalen Kreuzzug gegen den Kommunismus in der psychologischen Struktur der Individuen selbst. Diese Gesellschaft benötigt einen Feind, dessen bedrohende Macht die repressive und destruktive Ausbeutung aller materiellen und intellektuellen Rohstoffe rechtfertigen muß. Der Kontrast zwischen dem gesellschaftlichen Reichtum, zwischen dem technischen Fortschritt, zwischen der Beherrschung der Natur einerseits, und der Verwendung aller dieser Kräfte zur Perpetuierung des Existenzkampfes auf nationaler und globaler Grundlage, durch Schaffung von unnötiger parasitärer Arbeit, durch methodische Verschwendung und Zerstörung im Angesicht von Armut und Elend, durch Unterwerfung des Menschen unter den Riesenapparat totaler Verwaltung. Diese ganze fatale Einheit von Produktivität und Destruktion, von Prosperität und Elend, von Normalzustand und Krieg wirkt auf die Menschen als konstante Repression, und diese verwalteten Menschen, die Objekte dieser Repression, antworten auf sie mit einer diffusen Aggressivität. Diese Aggressivität, die in der Gesellschaft im Überfluß akkumuliert wird, muß in einer für die Gesellschaft erträglichen und profitablen Weise ausgelöst und nutzbar gemacht werden, sonst könnte sie die Einheit des Systems selbst bedrohen. Ich sehe in dieser wachsenden Aggressivität, in der instinktiven Aggressivität in der überentwickelten Industriegesellschaft einen der gefährlichsten Faktoren für die kommende Entwicklung.

Dieselben aggressiven Kräfte führen meiner Meinung nach von dem Tod auf den Highways und Straßen zu den Bombardierungen, Folterungen und Verbrennungen in Vietnam. Es gibt auf den Highways in den Vereinigten Staaten in einem Jahr 49 000 Tote und über 4 Millionen Verletzte. Vergleichen Sie das mit den Verlustziffern in Vietnam, und Sie werden vielleicht verstehen, daß dieser Krieg keine Massenreaktion hervorgerufen hat. Weiter erwähne ich als Ausdruck der Aggressivität die kommerzielle Vergewaltigung der Natur, den Einbruch in die Privatsphäre – der überall »gefangene Zuhörer« schafft –, und eine ungeheure Brutalisierung der Sprache, an die die Menschen allmählich gewöhnt werden. Ich habe selbst während des Zweiten Weltkrieges und selbst in der Nazipresse eine solche offene Brutalität nicht gefunden, wie sie täglich in den amerikanischen Zeitungen sich breitmacht – in den Schlagzeilen, die sieghaft die Zahl der (angeblich oder wirklich) Getöteten und der gefundenen Leichen verkündet. Und von der Kriegführung und ihrer Sprache geht die Brutalisierung in die Sphäre der Unterhaltung des Amüsements ein.

Wir haben hier eine wirksame Akklimatisierung und Enthumanisierung, und diese wiederum führt zu einer Art Massenhysterie: Das Bild des Feindes wird aufgeblasen bis zur Unkenntlichkeit, und die Unempfindlichkeit, die Unfähigkeit zu unterscheiden zwischen Propaganda, Reklame und Wahrheit, wird immer deutlicher. Die Organe für diese Unterscheidung scheinen zu atrophieren. Man kann nicht einmal sagen, daß jeder glaubt, was ihm vorgesetzt wird, es ist vielmehr die Stimmung: Darüber kann ich nicht urteilen, die Regierung weiß das besser, und da kann man nichts dagegen machen.

Jetzt einige Worte über die Gegenkräfte, und zwar zum Unterschied von der Opposition »von oben« nun die Opposition, die ein radikaleres Potential darstellt. Ich wiederhole: Auch die Opposition muß im globalen Maßstab gesehen werden, aber der Übersichtlichkeit halber werde ich diese Gegenkräfte in verschiedene aufgliedern, zunächst in den Vereinigten Staaten selbst.

Vier Gruppen lassen sich identifizieren:
1. Intellektuelle und Jugendliche.
2. »Unterprivilegierte« Gruppen der Bevölkerung, z.B. Puertoricaner, Neger usw.
3. Eine religiös-radikale Bewegung, und
4. die Frauen.

In allen diesen Gruppen ist die Opposition nur eine Minorität, das müssen Sie im Auge behalten.

Die Opposition unter den Intellektuellen und der Jugend, besonders an den Universitäten, ist in dieser Kategorie wahrscheinlich die hörbarste, sichtbarste und wirksamste Opposition. Ich habe schon darauf hingewiesen: Auch die radikale Opposition unter den Studenten und der Jugend ist keine sozialistische und keine kommunistische Opposition. Das Mißtrauen gegen alle Ideologie (und Kommunismus, Sozialismus, Marxismus gelten diesen Jungen und Mädchen als Ideologie) ist ein entscheidender Faktor in dieser Bewegung. Das Schlagwort »Wir trauen keinem, der über dreißig Jahre alt ist« charakterisiert die Situation. Man hört es oft: »Diese älteren Generationen haben uns in den Dreck gebracht, in dem wir heute sind, und was die uns zu sagen haben, das kann uns nichts mehr sagen.«

Auffallend ist die spontane Einheit von politischer, intellektueller und instinktiver sexueller Rebellion – eine Rebellion im Benehmen, in der Sprache, in der Sexualmoral, in der Kleidung. Es ist natürlich Unsinn, wenn die Presse dauernd berichtet, daß bei den Studentendemonstrationen »bearded advocates of sexual freedom« vorherrschen. Das ist eine der typischen diskriminatorischen Sprachregelungen der Presse; aber immerhin, man spürt da etwas, das über die politische Opposition hinausgeht und eine neue Einheit darstellt: eine Einheit von Politik und Eros. Ein Bild, das mir im Gedächtnis bleibt: Ich war in Berkeley am Vietnamtag und habe Demonstrationen mit 2000 bis 4000 Studenten gesehen, die nach dem Truppenbahnhof marschierten, wo die Truppentransporte der Eingezogenen abgehen. An der Stadtgrenze war die Polizeibarrikade, mehrere Reihen dicht, Polizisten in schwarzen Uniformen und Stahlhelmen, mit den Waffen bereit. Der Zug der Demonstranten hielt vor der Polizeibarrikade; es gab einige, entweder Provokateure oder einfach Unbesonnene, die den Zug plötzlich aufreizen wollten, die Polizeibarrikade zu durchbrechen; das hätte natürlich nur blutige Köpfe gegeben. Im letzten Augenblick hatte man sich anders besonnen, und es geschah, was schon oft in solchen Situationen geschehen war: die Demonstranten setzen sich auf die Straße, Arm in Arm, Jungen und Mädchen, die Liebkosungen beginnen, die Gitarren kommen raus, Volkslieder werden gespielt, und auf diese Weise ist die Gefahr wenigstens für den Augenblick abgewendet, »aufgehoben« in der Einheit von Politik und Erotik.

Ich mag hier vollkommen romantisch sein, ich will das zugeben, aber ich sehe in dieser Einheit eine Verschärfung und Vertiefung der politischen Opposition.

Die zweite Gruppe, die sogenannten »Unterprivilegierten«, die Bürgerrechtsbewegung und der Kampf gegen das Elend. Ist sie eine wirkliche Gegenkraft? Es gibt in diesen Gruppen, besonders unter den Negern, eine Führung, die die Verbindung zwischen der Bürgerrechtsbewegung in den Vereinigten Staaten und dem Krieg in Vietnam herzustellen versucht – nicht sehr erfolgreich. Denn wir dürfen nicht vergessen, daß ein großer Teil der unterprivilegierten Bevölkerung in den Vereinigten Staaten in Verhältnissen lebt, denen gegenüber selbst die Einberufung nach Vietnam als eine Verbesserung der Lage erscheint. Außerdem herrscht die Erwartung, daß diese Unterschichten innerhalb des Systems selbst aufrücken können und daß die bestehende Gesellschaft diese Möglichkeit verwirklichen kann.

Nur ganz kurz über die dritte und vierte Gruppe.

Die radikalreligiöse Protestbewegung hat ihre Märtyrer: Die Zahl ist klein und die Wirkung nicht sichtbar. Die Kategorie »Frauen« mag in diesem politischen Zusammenhang befremden. Ich habe sie nur erwähnt, um der Tatsache gerecht zu werden, daß die von Tür zu Tür gehenden Sammler von Unterschriften gegen den Krieg am meisten Verständnis bei Hausfrauen gefunden haben. Sind Frauen von der Aggressivität der männlichen Gesellschaft noch relativ verschont?

Sie haben wahrscheinlich eine Gruppe bei dieser Aufstellung der Gegenkräfte in den Vereinigten Staaten vermißt, nämlich die Arbeiterklasse.

Das war kein Versehen. Wir können nicht sagen, daß die Arbeiterklasse in der Opposition gegen den Krieg ist. Sie werden gelesen haben, daß von der Gewerkschaftsführung in Amerika Erklärungen ausgegangen sind, die den Krieg in Vietnam ungewöhnlich stark billigen, daß die Gewerkschaften sich geweigert haben, Schiffe zu verladen, deren Abfertigung selbst vom amerikanischen Außenministerium genehmigt

Nr. 102 *Mai 1966* 207

worden war. Die Arbeiterklasse in den Vereinigten Staaten gehört nicht zur Opposition, sie ist integriert in das System. Integriert nicht nur ideologisch, sondern integriert auf der materiellen Basis steigender Produktivität und eines steigenden Lebensniveaus. Selbstverständlich ist Amerika eine Klassengesellschaft, und der wirkliche Unterschied zwischen denen, die über das Leben bestimmen und denen, deren Leben bestimmt wird, ist vielleicht größer, als er je gewesen ist: die Entscheidungen sind konzentriert bei einer kleinen Gruppe, die weniger »von unten« kontrolliert ist als je zuvor. Aber diese Klassengesellschaft ist nicht mehr eine des Klassenkampfes im traditionellen Sinne; den Klassenkampf gibt es natürlich noch, es ist ein rein ökonomischer für höhere Löhne, kürzere Arbeitszeit, bessere Arbeitsbedingungen, eine rein ökonomische Gewerkschaftspolitik und keine politische.

Nun zu den Gegenkräften außerhalb der Vereinigten Staaten. In Europa handelt es sich meiner Meinung nach um ein Hauptproblem, nämlich: Kann die Gesellschaft in den Vereinigten Staaten als Modell gelten, für das was in den kapitalistischen Ländern Westeuropas zu erwarten ist? Ist hier noch ein unabhängiger Weg offen, der Weg des geplanten Kapitalismus und der Arbeiterselbstverwaltung, wie sie besonders in Frankreich als die neue Strategie der Arbeiterbewegung vertreten wird? Ich habe lange darüber mit meinen Freunden André Gorz und Serge Mallet diskutiert, wir sind hier nicht einer Meinung, ich glaube, daß sich die amerikanischen Tendenzen früher oder später durchsetzen werden, und ich glaube, daß die Strategie der »Autogestion« *nach* der Revolution Erfolg haben kann, aber nicht vorher, da vor der Revolution die Gefahr besteht, daß hier neue wirksame Interessen innerhalb des Systems geschaffen werden, die sich dann festsetzen.

Gegen die These, daß die amerikanische Gesellschaft Modell für den europäischen Kapitalismus werden wird, spricht ja nun die Tatsache, daß es in Frankreich und Italien eben noch eine politische Arbeiterbewegung gibt, die in den Vereinigten Staaten nicht existiert, und vielleicht doch einer sozialistischen Politik den Weg bereiten kann. Der ökonomische, politische und militärische Einfluß Amerikas in Europa scheint dieser Alternative zu widersprechen.

Als letzte und meiner Meinung nach entscheidende Gegenkraft nun die Opposition in den Entwicklungsländern. Hier sind objektiv, wenn auch nicht subjektiv, die klassischen Bedingungen für den Übergang zum Sozialismus gegeben, nämlich:
1. das Elend der unmittelbaren Produzenten als Klasse, als agrarisches, nichtindustrielles Proletariat,
2. das vitale Bedürfnis nach radikaler Umwälzung unerträglicher Lebensbedingungen,
3. die Unfähigkeit der herrschenden Klasse, die Produktionskräfte zu entwickeln,
4. die militante Organisation der nationalen Befreiungsfront, die eine Einheit von nationaler und sozialer Revolution darstellt.

Und alle diese Kräfte wirken innerhalb des Weltsystems des imperialen Kapitalismus. Der Sieg dieser Kräfte würde in der Tat, wie ich es angedeutet habe, die Ökonomie der Metropolen erschüttern. Die Frage, vor die wir hier gestellt sind, ist die der Überspringung von Entwicklungsstufen. Kann es so etwas wie eine nichtkapitalistische Industrialisierung in diesen Ländern geben, eine Industrialisierung, die die repressive ausbeutende Industrialisierung des frühen Kapitalismus vermeidet, die den technischen Apparat aufbaut »à la mesure de l'homme« und nicht so, daß er von Anfang an über den Menschen Gewalt hat und der Mensch sich ihm unterwirft? Kann man hier wieder von einem geschichtlichen Vorteil des »Spätkommenden« sprechen? Gegen diese große Chance einer nichtkapitalistischen und nicht repressiven Industrialisierung steht leider die Tatsache, daß die meisten dieser Entwicklungsländer für die ursprüngliche Akkumulation auf die entwickelten Industrieländer auf Gedeih und Verderb angewiesen sind, auf die entwickelten Industrieländer entweder des Westens oder des Ostens. Immerhin glaube ich, daß objektiv die militante Befreiungsbewegung in den Entwicklungsländern heute die stärkste potentielle Kraft radikaler Umwälzung darstellt.

Ich spreche nicht von der kommunistischen Welt als Gegenkräft gegen die kapitalistische, weil meiner Überzeugung nach diese Konstellation noch ganz im Fluß ist. Entscheidend ist hier die Tendenz zur Assimilierung zwischen der Sowjetgesellschaft und der amerikanischen Gesellschaft und zur Spaltung der kommunistischen Welt in »haves« and »have nots«-Völker, die eine solche Assimilierung sehr erleichtern würde.

Zum Schluß eine Antwort auf die Frage, die mir von Ihnen gestellt worden ist: Gibt es eine reale Basis der Solidarität für alle diese sozial und geographisch so verschiedenen und so getrennten Gegenkräfte, gibt es eine Basis für eine konkrete Solidarität?

Meine Antwort ist: *keine* außer der Solidarität der Vernunft und des Sentiments. Diese instinktive und intellektuelle Solidarität ist heute vielleicht die stärkste radikale Kraft, die wir haben. Man soll eine solche Solidarität nicht verkleinern, besonders nicht die instinktive spontane Solidarität des Sentiments. Sie geht tiefer als die organisierte Solidarität, ohne die sie nicht wirksam werden kann; sie ist Teil der Gewalt des Negativen, mit der die Umwälzung beginnt.

Ich komme noch einmal auf die Prognosen für die Alternativen zurück. Die Idee des Sozialismus scheint widerlegt durch den Skeptizismus gegenüber jeder ideologischen Verpflichtung und besonders durch die ungeheure Wirkung der steigenden Produktivität und des steigenden Lebensniveau in der fortgeschrittenen Industriegesellschaft, eine Entwicklung, die den traditionellen Begriff des Sozialismus als bestimmte Negation des Kapitalismus in Frage zu stellen scheint. Wir müssen uns sehr ernsthaft überlegen, ob der Begriff der Entwicklung der Produktivkräfte überhaupt noch eine solche bestimmte Negation faßt, ob nicht die qualitative Differenz zwischen Sozialismus und Kapitalismus in einer anderen Dimension zu suchen ist, nicht so sehr in der Entwicklung der Produktivkräfte als in ihrer Umkehr. Sie ist die Voraussetzung für die Abschaffung der Arbeit, die Autonomie der Bedürfnisse und ihrer Befriedigung und die Befriedung des Existenzkampfes. Aber gerade weil diese utopische Idee so wenig utopisch ist, ist die gesamte Gesellschaft heute gegen sie mobilisiert, und diese Mobilisierung, wie ich angedeutet habe, setzt sich in den Individuen selber fort. Keinerlei Illusion gegenüber dieser furchtbaren Einheit von Produktivität und Destruktion, von Freiheit und Unterdrückung, von Prosperität und Elend. Und dann die Abwesenheit jeder Massenbewegung. Es gibt keine revolutionäre Massenbewegung, und es wird auch in den überentwickelten Ländern keine revolutionäre Massenbewegung in der absehbaren Zukunft geben. Die Einheit von Theorie und Praxis, nach der wir alle schreien, läßt sich nicht organisieren, und sie läßt sich nicht kalkulieren. Auf der gegenwärtigen Stufe ist sie nicht da, und die prekäre Brücke liegt eben in der Solidarität dieser so weit verbreiteten und getrennten und selbst antagonistischen Gegenkräfte, die ich gezeigt habe.

In dieser Situation wird die Kraft des Negativen als Arbeit für die Befreiung des Bewußtseins und des Wissens zu einer Hauptaufgabe. Diese Arbeit an der Befreiung des Bewußtseins ist heute unmittelbar politische Arbeit und muß unmittelbar politische Arbeit werden, denn es gibt keine abstrakte Dimension, keine Dimension der Wissenschaft, Natur- sowohl wie Geisteswissenschaft, in die die Repression und die Lüge nicht eingedrungen sind und aus der sie nicht erst einmal entfernt werden müssen, um wieder so etwas wie eine kritische Theorie überhaupt möglich zu machen. Hier sehen wir die gegenwärtige Dialektik des historischen Materialismus: in dem Maß, wie das Klassenbewußtsein in dem allgemein verwalteten Bewußtsein aufgeht und dieses allgemein verwaltete Bewußtsein zu einer repressiven Produktivkraft im Reproduktionsprozeß des Bestehenden wird, wird die Arbeit an der Befreiung des Bewußtseins eine *materielle* Grundbedingung für die Umwälzung des Bestehenden. Ich wiederhole: das ist keine revolutionäre Aktion, gewiß nicht, es ist im Augenblick eine hilflose, vielleicht sogar für lange Zeit hoffnungslose Opposition, besonders unter der Jugend, aber eine Bewegung, vor der die Machthaber heute schon nervös werden und gegen die heute schon die konzentrierte Macht der Polizei, der Presse und der Regierung gerichtet ist.

Man fragt immer noch, ob die Universität etwas mit Politik zu tun haben soll, ob Politik an der Universität gemacht werden soll. Gewiß, wir haben politische Wissenschaft in der Universität, aber die soll so wenig wie möglich mit Politik zu tun haben. Aber sicher hat Ethik einen legitimen Platz in der Universität, und eine der Sachen, die ich jedenfalls gelernt habe und die viele meiner Freunde, Sozialisten, Marxisten, gelernt haben, ist, daß Moral und Ethik nicht bloßer Überbau und nicht bloße Ideologie sind. Es gibt eben in der Geschichte so etwas wie Schuld, und es gibt keine Notwendigkeit, weder strategisch, noch technisch, noch national, die rechtfertigen könnte, was in Vietnam geschieht: das Abschlachten der Zivilbevölkerung, von Frauen und Kindern, die systematische Vernichtung von Nahrungsmitteln, Massenbombardierungen eines der ärmsten und wehrlosesten Länder der Welt – das ist Schuld, und dagegen müssen wir protestieren, selbst wenn wir glauben, daß es hoffnungslos ist, einfach um als Menschen überleben zu können und vielleicht für andere doch noch ein menschenwürdiges Dasein möglich zu machen, vielleicht auch nur, weil dadurch der Schrecken und das Grauen abgekürzt werden könnten, und das ist heute schon unendlich viel.

Nr. 103

Leo Löwenthal

Unruhen

Kurzfassung eines Vortrags über
»Studentenunruhen in Berkeley«
Juli 1966

QUELLE: Diskus – Frankfurter Studentenzeitung, 16. Jg., Nr. 6, Oktober 1966, S. 6

Die amerikanische Universität hat sich nach dem zweiten Weltkrieg zu einem Umschlagplatz des Warenmarktes hin entwickelt. Ihre Aufgaben richten sich nach den Forderungen des Tages und werden in vergleichweise »weltlichen« Termini formuliert. Hutchins kennzeichnet diese Rolle besonders deutlich, wenn er von der Universität als »service station«, als Tankstelle spricht. Das bedeutet: die Universität muß sowohl für eine demokratische Erziehung wie für die spezifische Berufsausbildung Sorge tragen; sie muß sich zugleich immer stärker der Forschung und besonderen Entwicklungsprojekten widmen, die von Geschäftsunternehmen oder der Bundesregierung gefördert und finanziert werden.

Der Versuch, Ideal und Realität der Universität miteinander zu vereinen, beansprucht intellektuelle Energien, menschliche Anstrengungen, finanzielle Hilfsquellen. Aber die Verwirklichung dieses Ziels wird jetzt besonders von den Studenten unüberhörbar gefordert. Die Studenten verlangen danach nicht notwendig unter Berücksichtigung der Rolle des Professors, (aber dessen Rolle ist tatsächlich Bestandteil jenes größeren Interesses) den Versuch, an der Universität ein intellektuelles und moralisches Klima zu schaffen, das die moralischen, politischen und sozialen Interessen dieser Studentengeneration unterstützen und fördern soll.

Diese Interessen betreffen jene Umstände, die unsere Bildungskrise hervorriefen, die Bürgerrechtsfrage und die Kalamitäten der Innen- und Außenpolitik. Sie sind das Erbe, sie sind Bestandteil der Kennedy-Jahre, die das Ende dessen ankündigen, was in den fünfziger Jahren die »stille Generation« genannt wurde. Die Studenten der sechziger Jahre sind demgegenüber die aktivste Studentenschaft in der Geschichte der USA.

Die Studenten weigern sich, die traditionelle Trennung von Universität und gesellschaftlicher Umwelt anzuerkennen, und sie lehnen es ab, sich als Jungbürger minderen Gewichts, als »junior citizens« zu betrachten. Sie suchen Anerkennung als verantwortungsbewußte junge Erwachsene, die ein bestimmtes Maß eigener Autorität und Autonomie im Rahmen der Nation wie der Universität beanspruchen; sie fordern akademische Freiheit im scharfen Gegensatz zur vorherrschenden Verschulung des Universitätsbetriebes.

Was sie von der Universität verlangen, kann in fünf Punkten zusammengefaßt werden: Offenheit und Redlichkeit der Universitätsverwaltung, weitergehende Selbstbestimmungsrechte der Studentenschaft; Beschränkung der Verfügungsgewalt der Universität über studentische Betätigungen auf allen Gebieten, aber besonders im politischen Bereich; Erneuerung wissenschaftlicher Moral und der sozialen Verpflichtung der Universität (»die unmoralische Institution einer unmoralischen Gesellschaft«). Dies alles sind Aspekte eines Phänomens: der moralischen Qualität dieser Bewegung, die von revolutionären Erwartungen der Studenten getragen wird.

Die Studenten wünschen eine neue positive Beziehung zu ihren Lehrern – diese Forderung ist nur eine neue Variante der alten Rolle des Professors: in loco parentis zu fungieren. Zunächst scheint es, als setzten die Studenten den Lehrkörper zur schiedsrichterlichen Instanz im Hochschulbereich ein. Kaum haben sie dies erreicht, so erkennen sie darin eine Beschneidung der Verantwortung für ihre eigenen Aktivitäten – was ihnen erlaubt, weiterhin zu protestieren. Sie versuchen eine Autorität aufzurichten, gegen die sie rebellieren können. Die moralische Gleichgültigkeit ihrer Eltern konnte ihnen kein Wertsystem übermitteln, jetzt suchen sie die Professoren mit einer Autorität auszustatten, die sie in ihrer vorangegangenen Entwicklung vermißten (während sie doch gleichzeitig autoritäre Ansprüche registrierten und gegen sie aufbegehrten).

Nun war der amerikanische Professor seinen Studenten gegenüber schon immer zugänglicher als sein europäischer Kollege, deshalb war diese Reaktion nichts Außergewöhnliches. Überhaupt ist der amerikanische Universitätslehrer – sehr im Gegensatz zu deutschen Gewohnheiten – in Beurteilung und Verhalten gegenüber Studenten toleranter, er erlaubt ihnen auch, Fehler zu machen. – Dementsprechend hat die Professorenschaft von Berkeley die Berechtigung studentischer Unzufriedenheit anerkannt und darauf auch reagiert.

Die Studenten haben in ihrer Revolte zum größten Teil das ausgeführt, was sie von ihren Professoren gelernt hatten. Umgekehrt haben die Professoren gelernt, daß es nötig ist, auf Grund der Prinzipien, die sie vertreten, zu *handeln*. Durch dieses aufeinander bezogene Vorgehen entstanden Bedingungen, die die besondere und wesentliche Stärke unseres Erziehungssystems in diesem Fall adäquat förderten: eine Atmosphäre, in der ständiges Reflektieren und Überprüfen nicht nur gefordert, sondern auch praktiziert wird.

Nr. 104

Herbert Marcuse
Repressive Toleranz
Aufsatz zum »Naturrecht« auf Widerstand für unterdrückte Minderheiten (Auszug)
Oktober 1966

QUELLE: Robert Paul Wolff / Barrington Moore / Herbert Marcuse, Kritik der Reinen Toleranz, Frankfurt/Main 1965, S. 126–128; wiederabgedruckt in: Herbert Marcuse, Schriften Bd. 8, © Suhrkamp Verlag Frankfurt/Main 1984, S. 160 f.

Ich habe zu zeigen versucht, wie die Veränderungen in den fortgeschrittenen demokratischen Gesellschaften, die die Grundlage des ökonomischen und politischen Liberalismus untergruben, auch die liberale Funktion der Toleranz verändert haben. Die Toleranz, welche die große Errungenschaft des liberalen Zeitalters war, wird noch vertreten und (mit starken Einschränkungen) geübt, während der ökonomische und politische Prozeß einer allseitigen und wirksamen Verwaltung im Einklang mit den herrschenden Interessen unterworfen wird. Daraus ergibt sich ein objektiver Widerspruch zwischen der ökonomischen und politischen Struktur auf der einen Seite und der Theorie und Praxis des Gewähren-Lassens auf der anderen. Die veränderte Sozialstruktur tendiert dazu, die Wirksamkeit der Toleranz gegenüber abweichenden und oppositionellen Bewegungen zu schwächen und konservative und reaktionäre Kräfte zu stärken. Die Gleichheit der Toleranz wird abstrakt, unecht. Mit dem faktischen Niedergang abweichender Kräfte in der Gesellschaft wird die Opposition in kleine und häufig einander widerstreitende Gruppen isoliert, die selbst dort, wo sie innerhalb der engen Grenzen toleriert werden, wie die hierarchische Struktur der Gesellschaft sie setzt, ohnmächtig sind, weil sie innerhalb dieser Grenzen verbleiben. Aber die ihnen erwiesene Toleranz ist trügerisch und fördert Gleichschaltung. Und auf den festen Grundlagen einer gleichgeschalteten Gesellschaft, die sich gegen qualitative Änderung nahezu abgeriegelt hat, dient selbst die Toleranz eher dazu, eine solche Änderung zu unterbinden, als dazu, sie zu befördern.

Eben diese Bedingungen machen die Kritik solcher Toleranz abstrakt und akademisch, und der Satz, daß das Gleichgewicht zwischen Toleranz gegenüber der Rechten und gegenüber der Linken wiederhergestellt werden müßte, um die befreiende Funktion der Toleranz zu erneuern, erweist sich rasch als eine unrealistische Spekulation. Allerdings scheint eine solche Änderung gleichbedeutend damit, daß ein »Widerstandsrecht« eingesetzt wird, das bis zum Umsturz geht. Es gibt kein derartiges Recht für irgendeine Gruppe oder ein Individuum gegen eine verfassungsmäßige Regierung, die von einer Mehrheit der Bevölkerung getragen wird, und es kann ein solches Recht auch nicht geben. Aber ich glaube, daß es für unterdrückte und überwältigte Minderheiten ein »Naturrecht« auf Widerstand gibt, außergesetzliche Mittel anzuwenden, sobald die gesetzlichen sich als unzulänglich herausgestellt haben. Gesetz und Ordnung sind überall und immer Gesetz und Ordnung derjenigen, welche die etablierte Hierarchie schützen; es ist unsinnig, an die absolute Autorität dieses Gesetzes und dieser Ordnung denen gegenüber zu appellieren, die unter ihr leiden und gegen sie kämpfen – nicht für persönlichen Vorteil und aus persönlicher Rache, sondern weil sie Menschen sein wollen. Es gibt keinen anderen Richter über ihnen außer den eingesetzten Behörden, der Polizei und ihrem eigenen Gewissen. Wenn sie Gewalt anwenden, beginnen sie keine neue Kette von Gewalttaten, sondern zerbrechen die etablierte. Da man sie schlagen wird, kennen sie das Risiko, und wenn sie gewillt sind, es auf sich zu nehmen, hat kein Dritter, und am allerwenigsten der Erzieher und Intellektuelle, das Recht, ihnen Enthaltung zu predigen.

Nr. 105
Theodor W. Adorno / Ludwig von Friedeburg
Vorrede
Zu: Regina Schmidt/Egon Becker,
Reaktionen auf politische Vorgänge –
Drei Meinungsstudien aus der Bundesrepublik
November 1966

QUELLE: Regina Schmidt / Egon Becker, Reaktionen auf politische Vorgänge – Drei Meinungsstudien aus der Bundesrepublik, Frankfurt/Main 1967, S. 7–10

Während der letzten Jahre hat das Institut für Sozialforschung nach einigen hervorragenden Ereignissen des öffentlichen Lebens sogleich Umfragen unter der Bevölkerung veranstaltet, um sich deren momentaner Reaktionen zu vergewissern. Der Eichmann-Prozeß, die Spiegel-Affäre und der Metallarbeiterstreik in Baden-Württemberg wurden zum Anlaß rasch vorbereiteter, im Umfang bescheidener Studien, im Researchjargon »Quickies« genannt. Die drei Erhebungen leitete Egon Becker. Er half Regina Schmidt, als sie die zugleich undankbare und lockende Aufgabe übernahm, die Befunde, soweit es angeht, zu integrieren und aus ihnen herauszulesen, was dabei als empirischer Beitrag zur politischen Soziologie betrachtet werden mag.

[…]

Die empirische Sozialforschung setzt sich vielfach, und nicht ohne Grund, dem Verdacht aus, durch ihren Zuschnitt auf Quantifizierung qualitative Differenzen einzuebnen und bei der bedeutungslosen Selbstverständlichkeit des Abstrakten zu stranden. Leicht wird darüber vergessen, daß sie ebenso das Umgekehrte zu bewirken vermag: die kritische Differenzierung theoretischer Erwartungen, sei es auch solcher von größter Plausibilität. Die Publikation bietet dafür einige Beispiele: so war die Studie über den Metallarbeiterstreik ausgegangen von der – analog zu amerikanischen Erfahrungen gebildeten – Hypothese, daß in den nicht zur Arbeiterschaft rechnenden Teilen der deutschen Bevölkerung ein Potential von Ranküne gegen die Gewerkschaften und deren vorgeblichen Eigennutz vorhanden sei. Die Untersuchung hat diese Hypothese in ihrer ursprünglichen Gestalt nicht bestätigt. – Oder: die oft geäußerte Vermutung, gänzlich Unpolitische neigten eher zu autoritären Reaktionen als politisch Interessierte, war, nach gemeinsamer Interpretation der drei Studien, nicht aufrechtzuerhalten.

Ein prägnantes Ergebnis der drei Studien ist, daß zwar soziale Herkunft, vor allem die durch sie vermittelten Bildungschancen, nicht des Einflusses auf die politische Mentalität der deutschen Bevölkerung entraten, daß derlei Differenzen jedoch zurücktreten hinter auffälliger Uniformität in den politischen Reaktionen. In allen sozialen Schichten und Bildungsgruppen erwies sich die Reichweite politischer Interessenten als begrenzt: soweit es nicht um krasse, durchsichtige Schichteninteressen geht, erscheint den meisten die Sphäre der Öffentlichkeit als ihrer individuellen Erfahrung entrückt; es lohne sich nicht, für sie sich zu engagieren. Sowohl bei der Spiegel-Affäre wie beim Metallarbeiterstreik spielten Schichtendifferenzen für das Urteil der Befragten keine erhebliche Rolle. Auch an der Eichmann-Studie ist hervorzuheben, daß das für antisemitische Vorurteile anfällige Potential sich relativ gleichmäßig auf alle Berufs- und Bildungsgruppen verteilt. – Zudem lassen sich wohl eher bei Angehörigen der oberen Mittelschicht und solchen aus Gruppen der sogenannten »Gebildeten« – mit Abitur und Hochschulabschluß – konkrete oder doch zumindest vage Vorstellungen von den veränderten Lebensbedingungen unter einer Diktatur vermuten. Aber auch hier ist der Anteil derer nicht unbeträchtlich, die politische Regierungsformen für auswechselbar halten, ohne der Konsequenzen eines etwaigen Umschwungs zugunsten totalitärer Herrschaft innezuwerden. Allerorten zeichnet sich die mangelnde Einsicht in die Verflochtenheit von privater Existenz und politischem Prozeß ab.

Die Synopsis der Untersuchungen dürfte, trotz aller Vorsicht beim Wägen der Resultate, den bescheiden angelegten Studien doch vielleicht einiges mehr an Relevanz verleihen, als jeder einzelnen zuzutrauen wäre.

Nr. 106

Dieter Kunzelmann

Notizen zur Gründung revolutionärer Kommunen in den Metropolen

Zirkular

November 1966

QUELLE: Albrecht Goeschel (Hg.), Richtlinien und Anschläge – Materialien zur Kritik der repressiven Gesellschaft, München 1968, S. 100–106; wiederabgedruckt in: Frank Böckelmann/Herbert Nagel (Hg.), Subversive Aktion – Der Sinn der Organisation ist ihr Scheitern, Frankfurt/Main 1976, S. 143 f.

»Man muß bereit sein, alle Überzeugungen preiszugeben, wenn sie mit den heutigen Erfahrungen nicht mehr übereinstimmen.« (Karl Korsch)

»Manche Leute glauben, der Marxismus sei eine Art Zauber, mit dem man jedes Übel heilen kann. Ihnen sollten wir entgegnen, daß ein Dogma weniger Wert hat als Kuhmist. Mit Mist kann man wenigstens düngen.« (Mao Tse-tung)

Sind alle bisher gescheiterten Gruppenexperimente aufgearbeitet, müssen wir konstatieren, daß das Scheitern weniger im Fehlen gemeinsamer Praxis begründet war – jeder kehrte nach der Aktion in das Treibhaus seiner bürgerlichen Individualexistenz zurück – als vielmehr in den mangelhaften Versuchen, die verschiedenen individuellen Geschichten in einer gemeinsam zu beginnenden Geschichte aufzuheben. Da Zukunft für uns die Machbarkeit der Geschichte bedeutet, diese also nur vorgestellt werden kann als ein gemeinsam erlebter Prozeß von handelnden Subjekten in der subversiv-anarchistischen Aktion, sind aktuell die zwei entscheidenden Implikationen von revolutionärer Kommune zu diskutieren: das objektive Moment der gemeinsam zu leistenden Praxis und das subjektive Moment der Vermittlung der Individuen innerhalb der Kommune. Beides ist eng miteinander vermittelt, denn ohne die Einlösung des einen bleibt das andere uneingelöst und vice versa. Die Kommune ist nur dann fähig, systemsprengende Praxis nach außen zu initiieren, wenn innerhalb der Kommune effektiv die Individuen sich verändert haben, und diese können sich nur verändern, wenn sie jene machen; Praxis nach außen ohne experimentelle Vorwegnahme dessen, was Menschen in emanzipierter Gesellschaft beinhalten könnte, wird zum Aktivismus als Normerfüllung. Die vielbeschworene neue Qualität der Kommune ohne gemeinsame Praxis wird sich als solipsistischer Akt, Psychochose und elitärer Zirkel entpuppen.

Diese immensen Schwierigkeiten der gegenseitigen Durchdringung von Kommune und Außenwelt, Außenwelt und Kommune können nicht dadurch simplifiziert und kaschiert werden, daß der Beginn von revolutionärer Kommune zum heroischen Testfall hochgespielt und die gemeinsame Reproduktionsbasis zum sakralen Akt gestempelt wird. Letztere bleibt Taschenspielertrick, wenn sie nicht die tendenzielle Aufhebung bürgerlicher Abhängigkeitsverhältnisse (Ehe, Besitzanspruch auf Mann, Frau und Kind etc.), Destruierung der Privatsphäre und aller uns präformierenden Alltäglichkeiten, Gewohnheiten und verschiedenen Verdinglichungsgrade nach sich zieht. Wer jetzt »rohen Kommunismus« assoziiert, unterschlägt, daß die Dialektik von Wirklichkeit und Möglichkeit sich nicht mehr als theoretischer Entwurf darstellen kann, dessen Einlösung von der Herauskristallisierung bürgerlicher Gesellschaft abhängig gemacht wurde, unterschlägt weiterhin, daß in »Nationalökonomie und Philosophie« die »abstrakte Negation der ganzen Welt, der Bildung und der Zivilisation« von einer »Rückkehr zur unnatürlichen Einfachheit des armen und bedürfnislosen Menschen« (Cotta, S. 592) ausging, was Geschichte war, aber unsere nicht mehr trifft.

Unsere Praxisvorstellungen können im Moment nur als diffus bezeichnet werden. Sind die divergierenden Konzeptionen durch konzentrierte Praxis aufgehoben, bleibt nicht ausgeschlossen, daß diese eine falsche war. Soll dieser Prozeß nicht in Frustration versanden – und die Kommune ist nicht der konkrete Versuch, ob Praxis möglich ist, sondern wir machen die Kommune, um Praxis jetzt zu machen: Praxis als Methode zur Erkenntnis der Wirklichkeit –, ist unser Entwicklungsprozeß bei Beginn des Zusammenlebens von ausschlaggebender Bedeutung, um den Experimentalcharakter gemeinsamer Praxis durchstehen zu können. Wenn wir die Aufhebung unserer bürgerlichen Individualitäten nur erhoffen durch den mit bestimmter Praxis stattfindenden Prozeß des Kampfes, besser dessen Anfangsstadium zwischen revolutionären Kommunen und repressiver Gesellschaft, könnten wir erneut unser Dasein dem weltgeschichtlichen Prozeß anheimdelegieren, vergessen erneut unsere Ausgangsbasis: die Leidenschaft der an sich selbst interessierten. Letzteres bleibt dann keine Phrase, wenn wir unsere divergierenden Geschichten der gemeinsamen Erfahrung subsumieren: die Entfaltung der menschlichen Wesenskräfte wird nur dann möglich, wenn die ganze Welt aus den Angeln gehoben wird, wo wir dabei sind oder eben nicht dabei sind. Revolutionäre Kommune und subversive Aktion kann nur dann geschichtsträchtig werden, wenn wir dem Anspruch, uns und die Gesellschaft zu verändern, nicht mit Naivität begegnen in der Form, als ob es nur gelte, die Herausgefallenen zu mobilisieren, eine gemeinsame Reproduktionsbasis zu schaffen und ähnliche im Vorfeld steckenbleibende Aussagen, sondern den Anspruch messen an unserer eigenen Komplexität, die nicht nur am Realprozeß teilhat – diesen zu ihrem eigenen machen muß. Was die revolutionäre Kommune zusammenschweißen, was ihre unverbindliche Verbindlichkeit kennzeichnen soll, geht nicht nur in Solidaritätserfahrung gemeinsamer Aktionen auf – isoliert ein nichtgriffiger Kitt –, sondern muß ebenso die neue Qualität in der Vermittlung der Individuen zueinander sein, jenseits aller Rationalisierungen, Persönlichkeitsimages und Verschlossenheiten.

Das Abarbeiten aller Individuen aneinander, die gemeinsame Praxis – gescheitert, als solche reflektiert und neues Beginnen – und die Ausbreitung der revolutionären Kommunen sind konstitutives Moment für unsere Weiterexistenz in der konkreten Kampfsituation. Soll es dem Fokus oder der revolutionären Kommune vor Beginn der Disziplinierung der Gesellschaft gelingen, die Ausgangsbasis zu schaffen und zu erweitern, als Minorität andere Minoritäten zu mobilisieren, müssen wir von der Abstraktion in die Konkretion schreiten, selbst wenn die revolutionäre Kommune sich anfangs konkretistisch darstellt (Haus, Umzug etc.). Um der abstrakten Aufstellung eines Prioritätenkatalogs, der unserer Situation nicht adäquat wäre, da noch kein Sektor des gesellschaftlichen Feldes stringent beackert wurde, aus dem Wege zu gehen, muß bis zum Zeitpunkt der Gründung einer revolutionären Kommune (konkret: bis wir ein von uns allen bewohnbares Haus gefunden haben) die Gleichzeitigkeit von Haus-Organisieren, Vermittlung der Individuen und zu leistende Praxis gewährleistet sein.

Das Argument »Hinauszögern bedeutet Verschleierung« (wobei vergessen wird, daß das Hinauszögern ein notwendiges ist, da wir morgen kein Haus finden) zieht in dem Moment nicht mehr, wo in diesem objektiv uns aufgezwungenen Zwischenstadium die Praxisdiskussion durch wirkliche Praxis weitergeführt wird. Hierbei ist entscheidend unser handfestes Eingreifen in die Hochschulpolitik als totale Negation bisher praktizierter Arbeit, was bedeutet, daß aufgrund der von uns dort geleisteten Praxis der SDS sich sehr schnell darüber entscheiden muß, ob er weiterhin systemimmanente Kritik an der bürgerlichen Universitätsstruktur leisten will oder fähig ist, mit uns Keimzellen mit gegenuniversitärer Zielsetzung aufzubauen. (Entscheidungen im SDS sind bisher immer nur durch Praxis erreicht worden, nie durch verdringlichte Diskussion.) Außerdem gilt es eine neue Vietnam-Strategie zu entwickeln anläßlich der Vietnam-Woche. Nehmen wir die Argumentation von Wunschlandschaft Dritte Welt und »wenn Provos und Fuck for Peace wirklich Praxis machen, dann sind sie mit dem allgemeinen Emanzipationsprozeß der Beherrschten konkreter vermittelt als durch die Rückwirkungen, welche die marxistisch-positivistische Tendenzanalyse der Neoimperialismustheorie erhofft« – nehmen wir diese Argumentation wirklich ernst, heißt dies für uns, daß wir in der Vietnam-Bewegung unsere Vorstellungen durch Aktion konkretisieren müssen. Hier ergibt sich fast von selbst die Vermittlung zu wirklich Herausgefallenen (z. B. Gammlern), die allein durch ihre Existenz bei Vietnam-Veranstaltungen und nachfolgender Politisierung unser vollkommen anderes tendenzielles »Vietnam« BRD dokumentieren würden, was jedoch in keiner Weise ausreicht.

Das Phraseologisieren über die verschiedenen Praxisvorstellungen (SDS-Nationalbolschewismus, Falken, Oberschüler, Gammler, Agitprop-Theater etc.) perpetuiert sich so lange, wie die verschiedenen an Praxis interessierten Individuen ihre Vorstellungen im luftleeren Raum abstrakt-theoretisch darstellen, ohne dadurch jemals in der Lage zu sein, konkrete Praxis zu initiieren. Wie die Lieber-Aktion beweist – und wir hätten dies schon vorher wissen müssen –, sind dem Gegenstand Hochschule etc. adäquate Diskussionen nur zu führen, wenn ein konkretes Praxisprojekt vorliegt, an dem sich dann alle abarbeiten, artikulieren und entscheiden müssen. Nur durch Beginn von Praxis werden wir gezwungen, die Inhalte unseres verdinglichten Begriffsinstrumentariums (bei der Hochschule z. B.: Syndikat, Vorlesungsstreik, Gegenvorlesung etc.), mit dem wir gekonnte Handwerkelei betreiben, mit der Wirklichkeit zu vermitteln und damit zu überprüfen, [zu] modifizieren und den nächsten konkreten Schritt unternehmen [zu] können. Dem Konkretisierungsprozeß unserer diffusen Praxisvorstellungen muß parallel der Prozeß unserer Ausbildung als revolutionäre Wissenschaftler einhergehen. Damit es nicht bei dieser apodiktischen Aussage bleibt, unsere eigene Bewegung mit dem Endpunkt vermittelt wird, ist es notwendig, die jeweiligen Stadien unserer revolutionären

Wissenschaft konkret zum Ausdruck zu bringen. Das wäre Aufgabe einer Zeitschrift der revolutionären Kommune. Weitere Implikationen der Zeitschrift wären, den Assimilierungsprozeß Außenstehender zu ermöglichen, Agitationsinstrument und besseres Selbstverständnis der revolutionären Kommune. (Gleiches gilt für das Broschürenproblem, das bisher immer nur Belastung für wenige bedeutete.) Allen aufgezeichneten Aufgabenstellungen können wir nur dann gerecht werden, wenn die Individuen der revolutionären Kommune ihre gemeinsame Aufgabe als full-time-job ausüben.

Unser Verhältnis zur Praxis und zur direkten Aktion sollte gekennzeichnet sein durch Marcuses Aussage, »daß es für unterdrückte und überwältigte Minderheiten ein ›Naturrecht‹ auf Widerstand gibt, außergesetzliche Mittel anzuwenden, sobald die gesetzlichen sich als unzulänglich herausgestellt haben«. (*Repressive Toleranz*, S. 12). Und diejenigen, die dieses Widerstandsrecht, das bis zum Umsturz geht, praktizieren, tun es, »weil sie Menschen sein wollen« (ebd.), die die Spielregeln einer Gesellschaft totaler Verwaltung nicht mehr hinnehmen und nicht »von vornherein auf Gegengewalt verzichten« (ebd., S. 95). Nur durch »andere Aktionsformen« (Korsch, S. 29, Vorwort von Gerlach) werden wir dem Satz Che Guevaras gerecht: »Es ist der Mensch des 21. Jahrhunderts, den wir schaffen müssen…«

(Berlin) November 1966

Nr. 107

Jürgen Habermas / Ludwig von Friedeburg / Iring Fetscher / Helmut Ridder / Herbert Werner / Tobias Brocher / Egon Becker / Joachim Hirsch / Klaus-Peter Wallraven / Axel Görlitz / Volker Nitzschke / Hans-Joachim Blank / Dieter Senghaas / Gert Schäfer / Ralf Zoll / Peter Weigt / Hans-Joachim Lißmann

Offener Brief an Willy Brandt

29. November 1966

QUELLE: Frankfurter Rundschau vom 29. November 1966

Sehr geehrter Herr Brandt!

Die deutsche Politik steht vor einer schicksalhaften Wende. Welcher Weg begangen wird, hängt wesentlich von Ihrer Partei und den Entscheidungen Ihrer Führungsgremien ab. Zu den bekanntgewordenen Absichten eines Zusammengehens der SPD mit der Fraktion der derzeitigen Minderheitsregierung möchten wir an Sie einige Fragen richten, die nach unserer Meinung einer klaren Beantwortung bedürfen, wenn nicht Sie und Ihre Partei in ein Zwielicht des Opportunismus geraten wollen, das für die Partei und das weitere Schicksal der Demokratie in Deutschland verhängnisvolle Auswirkungen haben wird:

Wie vereinbart Ihre Partei das Zusammengehen mit dem Seniorpartner, dem Sie gerade in den letzten Wochen den politischen Bankrott bescheinigt haben?

Beabsichtigt Ihre Partei durch Außerachtlassung der in ihr gültigen politischen Grundsätze, die CDU aus dem Bankrott heraus-, die deutsche Politik jedoch in ihn hineinzuführen?

Beabsichtigt Ihre Partei fernerhin durch Mißachtung eines erheblichen Teils der öffentlichen Meinung, diese Öffentlichkeit als nicht existent zu betrachten und dem langsam entstehenden politischen Bewußtsein zu einem verhängnisvollen Rückschritt zu verhelfen?

Was wird bei einer Großen Koalition, der aus ihr hervorgehenden Machtballung und der folgenschweren Schwächung der parlamentarischen Opposition aus der gerade von Ihrer Partei als dringend erachteten Reinigung der skandal- und korruptionsgesättigten Atmosphäre der deutschen Politik?

Welche Grundsätze Ihrer Politik lassen sich tatsächlich bei der grundgesetzlich verankerten Richtlinienkompetenz eines CDU-Kanzlers durchsetzen?

Nr. 108

Jürgen Habermas

Thesen gegen die Koalition der Mutlosen mit den Machthabern

Kritik an der Großen Koalition auf einer vom Sozialdemokratischen Hochschulbund veranstalteten Podiumsdiskussion

Ende November 1966

QUELLE: Diskus – Frankfurter Studentenzeitung, 16. Jg., Nr. 8, Dezember 1966, S. 2

I

Die sozialdemokratischen Führer sind in die abgewirtschaftete Regierung der CDU/CSU eingetreten. Sie liefern das Alibi für die Verschleierung eines Konkurses und für die Fortsetzung einer gescheiterten Politik. Wir haben Grund, die neue Regierung mehr zu fürchten als die alte.

Der Hinweis auf regierungstechnische Schwierigkeiten, mit denen die kleine Koalition unter einem Kanzler Brandt hätte fertig werden müssen, ist ein Argument für und nicht gegen die ausgeschlagene Alternative: um so enger wäre der Spielraum für den kleineren Koalitionspartner gewesen. Schlimmstenfalls hätte die SPD Neuwahlen erzwingen können.

Eine Verbindung mit der FDP wäre sogar auf der Oppositionsbank sinnvoll gewesen. Das ausgehungerte Minderheitskabinett hätte für einen Erfolg der Sozialdemokraten bei der nächsten Bundestagswahl besser arbeiten können als eins, das mit sozialdemokratischen Ministern nur ausstaffiert ist.

Die Entscheidung der sozialdemokratischen Führer ist nicht plausibel. Verständlich erscheint sie bloß denen, die sich mit Bitterkeit erinnern, daß diese Partei seit Jahren nur noch den Mut hatte, Gegner in ihren eigenen Reihen zu suchen. Diese Partei hat ihre Energie nicht auf die Entwicklung, sondern auf die Unterdrückung alternativer Strategien verwendet. Sie hat unter dem Feuerschutz des landesüblichen Antikommunismus sowie eines offiziellen KPD-Verbotes operiert und Kompromißbereitschaft schlechthin zum Range einer Politik erhoben.

II

Wir haben Grund, die neue Regierung zu fürchten, denn sie visiert einen gefährlichen Kurs. Ob nun die Ziele bleiben, und nur das Tempo ihrer Verwirklichung sich ändert, oder ob gar einige Ziele sich ändern – die Risiken wachsen. Die gespenstische Einmütigkeit derer, die sich im Fallex-Bunker geflissentlich auf den Notstand präpariert haben, kann sich nun ohne Zögern in Verfassungsänderungen umsetzen. Der bisher bekannte Fahrplan spricht weniger für die Sicherung der Demokratie im Notstand als für eine Vorverlegung des Notstandes in die Demokratie.

Einer Regierung unter dem Einfluß von Leuten, die sich mit der NPD in das rücksichtslose Management der finstersten Ressentiments teilen, ist zu mißtrauen. Die Schritte zu einer fälligen Aktivierung der Deutschlandpolitik, mag sie den Titel der Entspannung und das Interesse der Friedenssicherung in Anspruch nehmen, können doch in ein nationales Abenteuer führen.

Die Vollmachten zu einer planvollen Regulierung des wirtschaftlichen Kreislaufes können im Namen der sozialen Sicherheit und der Stabilisierung gegeben und doch zu einer autoritären Einschnürung demokratischer Gewerkschaften genutzt werden.

III

Wir haben Grund, die neue Regierung zu fürchten, denn sie gefährdet die Grundlagen des Parlamentarismus. Ohnehin ist die Opposition, ohne die es ein Parlament nicht gibt, als Institut entwertet worden, weil die Sozialdemokraten seit Jahren auf eine Partizipation an der Macht der Regierung statt auf einen Regierungswechsel hingearbeitet haben.

In Zukunft ist das Parlament nicht durch Selbstentmannung der Opposition, sondern durch faktische Mehrheitsverhältnisse gelähmt. Wenn neun Zehntel der Abgeordneten den Regierungsparteien angehören, werden Konflikte unter Ausschluß der Öffentlichkeit geregelt. Ein Bundestag, seiner oppositionellen Kraft beraubt, ist zudem in Gefahr, von weiteren Wahlerfolgen der NPD aufgeknackt zu werden. Oder aber die Allianz Strauß–Wehner läßt sich durch die Schwäche der Opposition innerhalb und den erwarteten Erfolg der Opposition außerhalb des Parlaments dazu treiben, selber den Gegner in Nationalismus zu überbieten.

Das Mehrheitswahlrecht, das die Koalitionspartner vereinbart haben, ist kein Präventiv. Es müßte den Willensbildungsprozeß vollends austrocknen. Das Mehrheitswahlrecht ist ein Mechanismus, der die Stärke von Demokratien nicht erklärt, sondern selber nur in gesicherten Demokratien arbeitet. Das Mehrheitswahlrecht funktioniert erst auf der Grundlage innerparteilicher Demokratie. Die SPD hat aber nicht erkennen lassen, daß sie offene Diskussionen im eigenen Hause auch nur zu tolerieren bereit wäre.

IV

Wir haben Grund, die neue Regierung zu fürchten, denn die SPD war, um an der Macht der Anderen teilzunehmen, zu Kompromissen um jeden Preis bereit.

Strauß, der als Mitglied der Bundesregierung gezeigt hat, daß er im Ernstfall die Normen des Grundgesetzes nicht kleinlich handhabt; Strauß, der das Parlament mit Vorsatz getäuscht hat und von Skandalen nicht überzeugend sich reinigen konnte; Strauß, der nach alledem kaum noch die Qualifikation zum Führer einer demokratischen Partei hat und gewiß nicht mehr zu einem demokratischen Minister taugt – diesen Strauß haben die Sozialdemokraten für ein Regierungsamt rehabilitiert.

Das nationale Übersoll an vaterländischer Pflichterfüllung, freiwillig entrichtet von denen, die man lange genug als die Vaterlandslosen diffamiert hat – das ist das auferstandene Gespenst des Jahres 1914. Heute nimmt es die Gestalt Herbert Wehners an. Er ist von Adenauer und seinen Mannen so lange und so wirkungsvoll als stalinistischer Buhmann für CDU-fromme Bundesbürger mißbraucht worden, bis er selber seine verlorene Identität nur noch auf dem Wege einer Identifikation mit seinen Angreifern zu suchen bereit war. Das ist ihm als Wendung zum Staatsmann attestiert worden.

Mit größerem Bedauern sehen wir den empfindlicheren Willy Brandt agieren. Er, der von Erhard und anderen Wahlkampfgegnern so schamlos denunziert wurde, möchte Arm in Arm mit Kiesinger die deutsche Wirklichkeit darstellen – eine Wirklichkeit, die so schäbig ist, daß sie diese ungewollte Ironie in der Tat verdient hat.

V

Wir haben Grund, die neue Regierung zu fürchten. Gegen die Befürchtung, daß die SPD, die um jeden Preis Kompromisse schließt, eines Tages auch den Ordnungshütern um jeden Preis assistieren könnte, spricht vorerst nur das protestantische Gewissen eines aufrechten Justizministers.

Wie groß aber ist die demokratische Zuverlässigkeit einer Regierung, wenn man sie schon am Überbleibsel einer einsamen Person festmachen muß – während die Person, an der sich die Gefahren demonstrieren lassen, Exponent ist, sagen wir: Anführer einer Truppe. Die einzige Hoffnung, die uns die neue Regierung läßt, verbindet sich mit den internen Gegensätzen, an denen die Koalition der Mutlosen mit den Machthabern zerbrechen könnte – und mit ihr zerbrechen sollte der fatale Geist der Selbstzerstörung einer Partei mit großer Tradition.

Nr. 109
Sozialdemokratischer Hochschulbund / Humanistische Studenten Union / Sozialistischer Deutscher Studentenbund
»Die Widersprüche zwischen den Aussagen der beiden Professoren ...«
Flugblatt-Aufruf zu einer Fachschafts-Vollversammlung Soziologie am 6. Dezember
5. Dezember 1966

QUELLE: Archivalische Sammlung Ronny Loewy im Hamburger Institut für Sozialforschung, Akte SDS Frankfurt 1966–1970

»Die Verhandlungen über die Neuschaffung der Prüfungsordnung sind unter Bedingungen geführt worden ... – sie waren nicht besonders demokratisch – ... die es nicht *opportun* erscheinen ließen, jetzt noch die Fachschaft zu beteiligen.« (Habermas)

»ICH SCHLAGE VOR, DASS SIE UNS IN DIESER HINSICHT VERTRAUEN UND – WIR *REDEN* DOCH ALLE ACHT TAGE DARÜBER.« (Habermas)

»Bisher glaubte ich noch, die Interessen der Frankfurter Studentenschaft mehr und besser vertreten zu haben, als es in vielen Fällen üblich ist in meiner Berufswelt.« (Habermas)

Gerade das persönliche Wohlwollen Prof. Habermas' demonstriert, daß politische Fragen nicht durch persönliches Entgegenkommen zu lösen sind.

»Es geht nicht um Dezimierung von Studentenzahlen, sondern es geht um eine Umverteilung von Soziologiestudenten (auf andere Universitäten).« (Habermas)

Laut Prof. v. Friedeburg ist allerdings an allen nennenswerten Universitäten Deutschlands (Köln, München, Berlin) der Numerus clausus schon eingeführt, was jedoch die nicht zu schrecken braucht, die nach London, Paris oder Graz gehen wollen.

»Die Frankfurter Universität steht mit sechs Lehrstühlen ... ohne Beispiel in der Bundesrepublik. Eine Chance, daß hier genau an diesem Ort weitere Lehrstühle eingerichtet würden, ist unrealistisch und ist ja auch nicht gerade mit guten Argumenten zu begründen.« (Habermas)

»In Berlin gibt es 4 1/2 Ordinarien und ... (einen relativ großen, Red.) Mittelbau für 650 Hauptfachstudenten. In Ffm. gibt es derzeit 4 2/2 Ordinarien und ... (einen sehr viel kleineren, Red.) Mittelbau ... für 800 bis 900 Studenten.« (Friedeburg)

Die Widersprüche zwischen den Aussagen der beiden Professoren, die Unverbindlichkeit der bisherigen Informationen wie auch der Diskussion auf der letzten Fachschaftsvollversammlung zeigen deutlich, daß die Interessen der Studenten in der bisherigen Form der Kooperation mit den Professoren nicht gesichert werden können. Deshalb fordern wir die verstärkte und institutionell gesicherte Teilnahme der Fachschaft und der von ihr einzusetzenden Kommission an der Schaffung effektiverer Studieneinrichtungen. Diese gesicherte Teilnahme ist nur möglich, wenn die Professoren für die Dauer der Verhandlungen mit der Kommission der Fachschaft auf den Versuch einer eigenmächtigen Durchsetzung des Numerus clausus und der Reform des Grundstudiums verzichten.

WIR FORDERN ALLE SOZIOLOGIESTUDENTEN AUF, DURCH IHRE TEILNAHME AN DER FACHSCHAFTSVOLLVERSAMMLUNG AM DIENSTAG, DEM 6.12., 19 UHR, HÖRSAAL III IHRE INTERESSEN ZU VERTRETEN!

Nr. 110

Theodor W. Adorno
Brief an Max Horkheimer

8. Dezember 1966

QUELLE: Max Horkheimer, Gesammelte Schriften Bd. 18: Briefwechsel 1949–1973, hrsg. von Gunzelin Schmid Noerr, © S. Fischer Verlag Frankfurt/Main 1996, S. 629–631

6 Frankfurt am Main, 8. Dezember 1966
Kettenhofweg 123

Max,

heute bitte ich Dich dringend um Deinen Rat, in einer Angelegenheit, in der die Verantwortung zu groß ist, als daß ich sie allein übernehmen möchte. Daß wir räumlich so weit voneinander getrennt sind und die Abstände zwischen unseren Zusammensein immer länger werden, ist für mich wahrhaft eine Katastrophe.

Vielleicht erinnerst Du Dich, daß ich vor längerer Zeit den Plan hegte, eine Kritik des Godesberger Programms[1] zu schreiben; ich habe diesen Plan damals auch Enzensberger[2] gesagt (wir nahmen dessen *Kursbuch* als Ort des Erscheinens in Aussicht), und er war von der Idee sehr begeistert. Unterdessen nun wird es mir, aus sehr verschiedenen Gründen, äußerst schwer, den Plan durchzuführen. Privat, weil mich eine andere Konzeption, die sich darauf bezieht, daß ich meine ästhetischen Gedanken ein wenig integrieren möchte[3], so beschäftigt, daß die Zeit, die mir bleibt, und die angesichts der unzähligen universitätsorganisatorischen Dinge immer karger wird, davon absorbiert wird. Doch könnte das, angesichts der Relevanz des Gegenstandes, nicht entscheiden. Mir sind aber sehr ernste Bedenken gekommen, ob das der richtige Zeitpunkt ist. Wenn man heute die SPD angreift – und darauf müßte, wie man es auch machte, jene Arbeit hinauslaufen –, so lieferte man damit Wasser auf die Mühlen all derer, die an der schwer erschütterten Demokratie rütteln. Mir steht vor Augen, daß Angriffe, die Leute wie Robert Neumann[4] und der an sich sehr anständige Nossack[5] von *links* gegen die Gruppe 47 richteten, mit Gusto von der Soldatenzeitung[6] und ähnlichen Blättern zitiert werden. Ich möchte nicht zu dem Unheil beitragen, wie es seinerzeit[7] durch die Parole vom Sozialfaschismus geschah.

Nun sind aber eine ganze Reihe gerade uns nahestehender Menschen, wie Enzensberger, [Karl] Markus Michel, und einige, denen ich noch größeres Gewicht zuerkennen möchte, der Ansicht, daß jetzt, angesichts der großen Koalition[8], die Zeit sei, etwas Derartiges zu schreiben. Nur eine äußerst geschärfte kritische Selbstbesinnung könne der SPD helfen, daß sie nicht in dieser combine sich völlig verschleißt. Ich muß Dir gestehen, daß mich der politische Instinkt im Stich läßt – ich fühle mich überhaupt nicht mehr so sicher im politischen Urteil wie früher und solang wir zusammen waren. Auf der einen Seite ist offenbar, daß die große Koalition die Gefahr bedeutet, daß die SPD sich um die fast sicheren Chancen eines Wahlsieges 1969 bringt, und daß ein rechtskonservativer Kurs à la Strauß[9] dann als Rettung vorm Neonazismus resultiert, die recht ähnlich dem wäre, wovor sie zu retten vorgibt. Andererseits sehe ich in der großen Koalition die wirkliche Chance eines Übergangs zum Zweiparteiensystem, so wie es Dir vorschwebt, und damit für die Ausschaltung der NPD, die ich trotz aller Beschwichtigungen genau so ernst beurteile wie Du. So wenig dauerhaft die große Koalition sein dürfte und so bedenklich ihre Implikationen sind, kommt mir der gegenwärtige Zustand so akut gefährlich vor, daß das zeitlich Nächste den Vorrang verdient. Und unter diesem Aspekt zögere ich, die Sache über Godesberg zu schreiben. Aber es wird ein so massiver Druck auf mich ausgeübt, daß es gar nicht leicht sein wird, zu widerstehen, zumal ich ja ursprünglich auf den Gedanken verfallen bin. Wenn wir es zusammen schreiben könnten, sähe die ganze Sache vielleicht anders aus, aber dazu ist wohl unmittelbar keine Aussicht. Und à fond perdu möchte ich die Sache keinesfalls machen; entweder so etwas wird sogleich veröffentlicht, oder es ist ihm schon das Rückgrat gebrochen. Bitte gib mir also einen weisen Rat; und es wäre lieb, wenn Du nicht lange damit zögertest.[10]

Herbert [Marcuse] scheint tatsächlich, in engerem Kreis in Wien, sich in dem Sinn geäußert zu haben, den Du angedeutet hast, und eine ziemlich rabiate Haltung einzunehmen, die auch den Gedanken nicht scheut, man müsse alles Dissentierende verbieten. Natürlich wird bei so Dingen sehr vieles gefärbt, wenn es über dritte und vierte Personen geht, aber ich meine doch, wir sollten bei nächster sich bietender Gelegenheit einmal sehr ernst über diese Dinge mit ihm reden. Es erinnert schon an einseitige Solidarität, wenn er auf der einen Seite erwartet, daß wir zu ihm stehen, dann aber Dinge verkündet, die für uns das Grauen sind. Ich bin ziemlich sicher, daß wir zusammen ihm das klar machen könnten.

Ich bin nach wie vor ziemlich deprimiert, auch nach einer Vollversammlung der soziologischen Fachschaft, die eine Art von ticket-Denken (im Sinn des ticket low aus der *Authoritarian Personality*[11]) an den Tag legte, vor dem es einem angst und bange werden kann. Gott schütze einen vor solchen Freunden. Friedeburg war höchst gelassen und vernünftig.

Alles Liebe, auch an Maidon, und auch von der Gretel, und jetzt schon tausend Dank von Deinem immer größeren

G.R.[12]

1 Vermutlich in Reminiszenz an Marx' *Kritik des Gothaer Programms* (1875); im *Godesberger Grundsatzprogramm* hatte die SPD 1959 die Wende von der »Arbeiterpartei« zur »Volkspartei« festgelegt.
2 Hans Magnus Enzensberger (geb. 1929), Schriftsteller, seit 1965 Herausgeber der Zeitschrift *Kursbuch*.
3 Adorno arbeitete an seiner *Ästhetischen Theorie*, aus dem Nachlaß veröffentlicht in: Theodor W. Adorno, Gesammelte Schriften Bd. 7: Ästhetische Theorie, Frankfurt/Main 1970.
4 Robert Neumann (1897–1975), österreichischer Schriftsteller.
5 Hans Erich Nossack (1901–1977), Schriftsteller.
6 Eine rechtsradikal-militaristische Wochenzeitung.
7 In der Weimarer Republik als kommunistische Kritik an der Sozialdemokratie.
8 Die Große Koalition zwischen CDU, CSU und SPD (1966–1969) wurde wegen der geringen Repräsentanz oppositioneller Kräfte als Gefährdung der Demokratie angeprangert.
9 Franz Joseph Strauß (1915–1988), Finanzminister in der Großen Koalition, Exponent des rechten Flügels der CDU/CSU-Bundestagsfraktion.
10 Horkheimer riet in einem Telefongespräch mit Gretel Adorno davon ab, Adorno gab den Plan auf.
11 Vgl. Theodor W. Adorno u. a., The Authoritarian Personality, New York 1950, S. 663 ff.
12 Abkürzung für: Großes Rindvieh.

1967

7.9.: Führende SDS-Mitglieder haben bei einer Diskussion über den Vietnamkrieg im Amerikahaus das Podium gestürmt, darunter Hans-Jürgen Krahl (li.), Rudi Dutschke (Mitte) und Frank Wolff (3. v. r.).

Nr. 111

Jürgen Habermas
Universität in der Demokratie –
Demokratisierung der Universität
Vortrag auf den Universitätstagen 1967 der
Freien Universität Berlin
20. Januar 1967

QUELLE: Universitätstage 1967 – Universität und Demokratie, West-Berlin 1967, S. 71–79; wiederabgedruckt in: Jürgen Habermas, Protestbewegung und Hochschulreform, Frankfurt/Main 1969, S. 108–133 (erweiterte Fassung); wiederabgedruckt in: Jürgen Habermas, Kleine politische Schriften (I–IV), © Suhrkamp Verlag Frankfurt/Main 1981, S. 146–154

Das Argument, das ich an den Beginn stelle, entlehne ich der Wissenschaftstheorie. Denn für die prinzipielle Trennung von Praxis und Wissenschaft und für eine Koordinierung von Wissenschaft und Technik spricht ein empiristisches Selbstverständnis der Forschung, das auf David Hume zurückgeführt werden kann. Hume hat gezeigt, daß sich normative Aussagen aus deskriptiven nicht ableiten lassen. Deshalb scheint es angebracht, Erörterungen über die Wahl von Normen, also Erörterungen über moralische oder politische Fragen, nicht mit Fragen der empirischen Wissenschaften zu vermengen. Aus theoretischem Wissen können wir bei gegebenen Zielen allenfalls Regeln für instrumentales Handeln gewinnen. Praktisches Wissen hingegen bezieht sich auf Regeln kommunikativen Handelns, und diese Standards sind wissenschaftlich nicht zwingend zu begründen. Diese logische Trennung legt dann auch die institutionelle Trennung nahe: Politik gehört nicht an die Universität, es sei denn als Objektbereich einer selbst unpolitisch verfahrenden Wissenschaft.

Nun ist jenes Argument, das Hume vorgetragen hat, nicht etwa falsch, aber ich glaube, daß aus ihm *nicht* die Strategie folgt, für die Humes positivistische Nachfolger das Argument ins Feld führen. Man braucht Forschung nicht nur unter den logischen Bedingungen der *Theorien*, die aus ihr *hervorgehen*, zu beurteilen; ein anderes Bild ergibt sich, wenn man statt der *Resultate* die *Bewegung* des Forschungsprozesses im Auge hat. So sind metatheoretische Erörterungen das Medium des wissenschaftlichen Fortschritts – ich meine methodologische Erörterungen über die Brauchbarkeit eines analytischen Rahmens, über die Zweckmäßigkeit von Forschungsstrategien, über die Fruchtbarkeit von Hypothesen, über die Wahl von Ermittlungstechniken, über die Interpretation von Meßergebnissen und über die impliziten Annahmen von Operationalisierungen, ganz zu schweigen von Diskussionen über theoretische Grundannahmen oder über die Leistungsfähigkeit verschiedener methodischer Ansätze.

Interessanterweise folgen aber Diskussionen *dieser* Art, logisch betrachtet, grundsätzlich keinen anderen Regeln als irgendeine kritische Erörterung praktischer Fragen. Von schlichten Deduktionen oder empirischen Überprüfungen unterscheidet sich eine solche *kritische* Argumentation dadurch, daß sie Einstellungen auf dem Wege einer Rechtfertigung der Wahl von Standards rationalisiert. Ein Verhältnis der Implikation ist zwischen Einstellungen und Aussagen unmöglich. Gleichwohl kann die Zustimmung zu einer Prozedur oder die Annahme einer Norm mit Argumenten gestützt oder geschwächt, jedenfalls rational abgewogen werden – und eben darin besteht die Aufgabe der Kritik *sowohl* bei metatheoretischen wie auch bei praktischen Entscheidungen.

Gewiß macht es einen Unterschied, ob wir Standards erörtern, die, wie in der Wissenschaft, den Rahmen für deskriptive Aussagen festlegen, oder Standards, die Regeln kommunikativen Handelns sind. Aber beide Male geht es um die Rationalisierung einer Wahl im Medium ungezwungener Diskussion. In den seltensten Fällen werden praktische Fragen in dieser rationalen Form entschieden; aber *eine* Form der politischen Willensbildung gibt es, nach deren Prinzip in gleicher Weise Entscheidungen von einem in herrschaftsfreier Diskussion erzielten Konsensus abhängig gemacht werden sollen – und das ist die demokratische. Das Prinzip der Öffentlichkeit soll dabei jede andere Gewalt als die des besseren Argumentes ausschalten; und Mehrheitsentscheidungen gelten dieser Idee zufolge nur als Ersatz für den zwanglosen Konsensus, der sich am Ende herausstellen würde, wenn man nicht stets die Diskussion unter Entscheidungszwang abbrechen müßte. Dieses Prinzip, daß, kantisch gesprochen, allein Vernunft Gewalt haben solle, verbindet die demokratische Form der politischen Willensbildung mit jener Art Diskussion, der auch die Wissenschaften ihren Fortschritt verdanken – denn in diesem Fortschritt dürfen wir das Moment der Willensbildung nicht übersehen.

Darin zeigt sich eine untergründige Einheit von theoretischer und praktischer Vernunft. Dieser Einheit können wir uns heute nur formal vergewissern; eine Philosophie, die sie inhaltlich explizierte, fehlt. Ein institutionell gesichertes Privileg gegenüber den Einzelwissenschaften kann Philosophie heute nicht mehr beanspruchen. Aber seine universelle Kraft behält das Philosophieren in der Form der Selbstreflexion der Wissenschaften selber. Hier, in dieser von der Philosophie ausgetretenen Dimension einer Selbstreflexion der Wissenschaften, erhält sich auch noch die, für die wissenschaftlichen Theorien selbst mit Recht aufgehobene, Einheit von theoretischer und praktischer Vernunft. Die fachimmanent gewordene Philosophie kann, außerhalb ihres legitimerweise auch als Fach konservierten Aufgabenbereiches, die Rolle des Dolmetschers zwischen einer fachlichen Borniertheit und der nächsten übernehmen. So halte ich es für philosophische Aufklärung, wenn Mediziner an soziologischen und psychoanalytischen Forschungen zur Entstehung von Psychosen den Einfluß der Familienumwelt einschätzen und dadurch gewisse biologistische Grundanschauungen ihrer Fachtradition reflektieren lernen. Für philosophische Aufklärung halte ich es, wenn Soziologen unter Anleitung von Fachhistorikern einige ihrer allgemeinen Hypothesen auf geschichtliche Materialien anwenden, dadurch auf die unvermeidliche Gewaltsamkeit ihrer Operationalisierungen aufmerksam werden und so das methodologisch unterdrückte Verhältnis von Allgemeinem und Einzelnem reflektieren lernen. Für philosophische Aufklärung halte ich es, wenn Philologen an neueren psycholinguistischen Untersuchungen über das Erlernen grammatischer Regeln die kausale Verknüpfung von Sprechen und Sprache mit externen Bedingungen begreifen und auf diesem Wege die methodischen Grenzen bloßen Sinnverstehens reflektieren lernen. Das sind Beispiele keineswegs für interdisziplinäre Forschung, sondern für eine Selbstreflexion der Wissenschaften, in der diese ihrer eigenen Implikationen für das handlungsorientierende Selbstverständnis kritisch innewerden.

Als Reflexionsform der Wissenschaften bewährt sich ein solches immanentes Philosophieren auch im Hinblick auf die Umsetzung der wissenschaftlichen Resultate in die Lebenswelt.

Der Wissenschaftsrat hat die Abschaffung des Philosophicums empfohlen. Dafür gibt es gute Gründe. Aber gerade die Übersetzung wissenschaftlicher Materien in die Bildungsprozesse von Schülern verlangt *die* bestimmte Form der Reflexion, die einmal an das Bewußtsein der Philosophie gebunden war. Eine kaum in Ansätzen vorhandene Didaktik für die Fachgruppen des Gymnasiums müßte zwingend auf die philosophischen Voraussetzungen der Fächer selber zurückführen: So kann die Vermittlung von grammatischen Grundstrukturen in einem ungefächerten Sprachunterricht der Unterstufe sinnvoll gar nicht diskutiert werden, ohne auf die von Humboldt über Saussure bis Chomsky entfalteten Probleme der Sprachphilosophie zu stoßen; entsprechend führen didaktische Fragen des Geschichtsunterrichts für den Anfang der Mittelstufe zur Problematik der Entstehung des historischen Bewußtseins, das sich mit der Tradition des geschichtsphilosophischen Denkens seit dem Ende des 17. Jahrhunderts entfaltet hat. Nicht geringer ist der Zwang zur Selbstreflexion, der von solchen Fragen der pädagogischen Umsetzung auf Naturwissenschaften und Mathematik zurückwirkt. Leicht ließen sich für andere Wissenschaftsbereiche die Umschlagstellen zwischen Theorie und Praxis zeigen, an denen die Selbstreflexion aufbricht: In der Jurisprudenz führt die Praxis der Rechtsanwendung auf Fragen der Hermeneutik; und in den Sozialwissenschaften ist es das Bedürfnis der Praxis nach Entscheidungshilfe und Planung, das Diskussionen über Grundfragen der Methodologie hervorruft.

Alle diese Beispiele kennzeichnen eine Dimension, in der die Wissenschaften Reflexion üben und sich auf Wegen, die einmal die Philosophie begangen hat, kritisch über ihre weltanschaulichen Implikate ebenso wie über ihr Verhältnis zur Praxis Rechenschaft geben. Diese Dimension darf nicht zugeklappt werden, denn in ihr allein ist es möglich, jene *drei* Funktionen, welche die Hochschule so oder so über die Erzeugung und Vermittlung technisch verwertbaren Wissens hinaus erfüllen muß, in rationaler Weise zu erfüllen. Nur in jener Dimension können wir anstelle traditionaler Berufsethiken ein reflektiertes Verhältnis der Hochschulabsolventen zu ihrer Berufspraxis fördern; nur in jener Dimension können wir das sonst dogmatisch wirksame Verhältnis der lebenden Generationen zu den handlungssteuernden kulturellen Überlieferungen durch Reflexion ins Bewußtsein heben; nur in jener Dimension können wir schließlich auch politisch folgenreiche Einstellungen und Motive, die der universitäre Wissenschaftsbetrieb und die Korporation formen, kritischer Erörterung unterziehen. Die Teilnahme der Studenten an Forschungsprozessen schließt nicht zuletzt Beteiligung auch an dieser Selbstreflexion der Wissenschaften ein. Wenn sich aber kritische Erörterungen dieses Typs im Bereich der umfassenden Rationalität bewegen müssen, in der die theoretische

Vernunft von der praktischen noch nicht durch die auf anderer Ebene notwendigen methodischen Verbote abgespalten ist, dann besteht eine Kontinuität zwischen *diesen* Bemühungen und der kritischen Erörterung praktischer Fragen. Wenn jene Argumentation am Ende nur die Verschränkungen von methodischen Grundannahmen und handlungsorientierendem Selbstverständnis transparent macht, dann sind die Selbstreflexion der Wissenschaften auf der einen und die rationale Erörterung politischer Entscheidungen auf der anderen Seite, soweit die beiden immer auseinanderliegen und so wenig sie umstandslos vermengt werden dürfen, gleichwohl durch die gemeinsame Form der Kritik verbunden.

Deshalb brauchen wir, solange wir Rationalisierung nicht willkürlich abbrechen wollen, einen Gegensatz zwischen Fachuniversität und sogenannter Bildungsuniversität nicht anzunehmen, aus dem gleichen Grund können wir aber auch eine entpolitisierte Hochschule nicht hinnehmen. Auch Tagespolitik muß Bestandteil der universitätsinternen Öffentlichkeit sein dürfen. Ich sage das, obwohl an der Universität Frankfurt soeben ein NPD-Hochschulbund gegründet worden ist. Und ich glaube, diese These vertreten zu dürfen, weil das Prinzip, durch das politische Erörterungen an Universitäten allein legitimiert sind, dasselbe Prinzip ist, das die *demokratische Form* der Willensbildung bestimmt: nämlich den Grundsatz, Entscheidungen in der Weise zu rationalisieren, daß sie, der Idee nach, von einem in herrschaftsfreier Diskussion erzielten Konsensus abhängig gemacht werden können.

Das ist ein Prinzip. Es ist verbindlich, aber es ist nicht wirklich. Deshalb müssen wir, wenigstens unter analytischen Gesichtspunkten, am demokratischen Willensbildungsprozeß auseinanderhalten: die Diskussion der Vorschläge und Begründungen und die Demonstration eines Willens mit Berufung auf vorangegangene Argumentationen. Soweit es sich nicht um hochschulpolitische Auseinandersetzungen zwischen Teilen der Korporation selber handelt, ist die Universität nicht der Ort, um dort einen politischen Willen zu demonstrieren.[1] Aber sie ist, wie ich meine, ein vorzüglich geeigneter Ort für die Erörterung politischer Fragen, wenn und soweit diese Diskussion grundsätzlich an dieselben Regeln der Rationalität gebunden ist, innerhalb deren sich die wissenschaftliche Reflexion bewegt. Wir können auf diesen strukturellen Zusammenhang hinweisen, um ferner plausibel zu machen, daß Studenten von ihren Staatsbürgerrechten einen extensiven Gebrauch machen, um außerhalb der Universität auch ihren Willen zu demonstrieren. Freilich wird dann umgekehrt ebenso verständlich, daß man von Bürgern der Universität in ihrer Rolle als Staatsbürger einen durchsichtigen Zusammenhang zwischen Demonstrationen und vorangegangenen Argumentationen erwartet.

Dieser Zusammenhang fehlt bei den meisten Demonstrationen keineswegs; zwei Formen der Demonstration gibt es aber, die ihn leugnen. Ich meine einmal den Anarchismus jener verhinderten Bombenleger, die von der Vergeblichkeit der Diskussion überzeugt sind und nur mehr der unmittelbaren Aktion vertrauen. Indem sie von sich aus die Kommunikation abbrechen, verzichten sie auf *das* Mittel der Politik, das im Rahmen der Universität allein gerechtfertigt werden kann. Indem sie nicht mehr mit sich sprechen lassen, definieren sie sich für die anderen als bloßes Objekt – sei es der Sozialforschung oder der Psychopathologie. Wenn wir allerdings diese Form der Politisierung *untersuchen*, sollten wir uns nicht verhehlen, daß solche Studenten in einer Hochschule leben, die ihnen keine zureichenden Studiengelegenheiten bieten kann. Wir sollten bedenken, daß sie in einer Demokratie aufgewachsen sind, die selbst einen Jaspers aufscheucht – in der nämlich die äußere Politik von Rauchfahnen systematischer Verschleierung vernebelt wird und in der nach Innen die Integration mit Notstandsvorbereitungen, Lohnleitlinien und schriller werdenden Tönen der Presse auf Kosten der Liberalität voranschreitet. Die Einrichtungen einer verwirklichten Demokratie wären wie verschwebende Netze, aus zerbrechlichster Intersubjektivität gewoben; unsere Institutionen könnten statt dessen eines Tages wie Ringwälle dastehen, vor denen die überlebenden Individuen nur noch bellen. Eine andere Gruppe von Demonstranten scheint zu glauben, daß diese Zukunft schon begonnen hat. Sie brechen nicht nur die Diskussion ab, sie verleugnen auch noch die politischen Ziele. Sie leben in der Hoffnung, daß es eine Revolution, die Spaß macht, nicht nur im Film geben könnte. Was immer nach Ordnung ausschaut, provozieren sie, erst recht die Ordnungshüter. Mich bedrückt bei dieser Form von Demonstration vor allem ein Gedanke: Nehmen Sie einmal an, eines Tages würde die Polizei in Berlin oder auch in München oder in Frankfurt, entgegen ihrem verfassungsmäßigen Auftrag, innenpolitisch offen Partei nehmen und sich durch ihr Verhalten selbst als politischer Gegner definieren: Wer sollte ihr in einer solchen Situation den gebotenen *politischen* Widerstand leisten, wenn wir uns inzwischen alle zu Provos entpolitisiert hätten?

Das Abgleiten in Anarchismus und Provokationismus, also in Formen der politischen Selbstentmündigung, bietet nur die Folie, auf der um so deutlicher hervortritt, daß Bürger der Universität, auch in ihrer Rolle als Staatsbürger außerhalb der Universität, auf den transparenten Zusammenhang von Willenskundgebung und vorangegangener Argumentation zu achten haben. Unter dieser Voraussetzung aber muß die kritische Erörterung politischer Fragen als Bestandteil der universitätsinternen Öffentlichkeit gelten dürfen.

Diese These habe ich durch den Nachweis einer immanenten Beziehung zwischen universitärem Wissenschaftsbetrieb und Kritik gestützt. Für sie läßt sich aber auch pragmatisch das Bedürfnis eines politischen Selbstschutzes der Korporation ins Feld führen. In einer nicht eben gefestigten Demokratie müssen wir mit verschleierten Notstandsfällen rechnen, die nach Interpretation der berufenen Instanzen gerade *nicht* als Verstoß gegen die Legalität anerkannt werden. In solchen Fällen arbeitet oft nur noch der Mechanismus der solidarischen Selbstverteidigung der angegriffenen Institution in ihrer Gesamtheit. Dem partikularen Interesse scheint dann nämlich durch eine akute Konvergenz mit dem allgemeinen Interesse, über den eigenen Bereich hinaus, Kraft zuzuwachsen. Die Spiegel-Affäre war ein Beispiel. Gegen die verletzte Pressefreiheit hat sich die gesamte Institution in seltener Einmütigkeit zur Wehr gesetzt. Eine Verletzung der Tarifautonomie würde gewiß einen nicht minder geschlossenen Protest der Gewerkschaften auslösen. Und so müßte auch, wenn jemals wieder die Verfassungsnorm, die Freiheit von Lehre und Forschung garantiert, angetastet werden sollte, der erste Widerstand von den Universitäten selber ausgehen, Professoren und Studenten Seite an Seite. Von einer entpolitisierten Hochschule könnte ein solcher Akt der Notwehr nicht mehr erwartet werden.

---

1 Für *hochschulpolitische* Auseinandersetzungen *innerhalb* der Korporation muß allen Parteien auch die Möglichkeit zugestanden werden, ihren begründeten Willen zu demonstrieren. Dabei sollten die Mittel, die die Studenten wählen, den Mitteln der Herrschaftsorganisation, der sie gegenüberstehen, komplementär sein. Eine Dauermobilisierung der Studentenschaft, die sich gegenüber bestimmten, im Prinzip durchsetzbaren hochschulpolitischen Zielen verselbständigte und allein unter dem Gesichtspunkt der Politisierung des Bewußtseins als jakobinischer Erziehungsprozeß unterhalten würde, ließe sich *auf der Grundlage*, auf der ich Politik als einen unveräußerlichen Bestandteil universitätsinterner Öffentlichkeit zu rechtfertigen versuche, nicht legitimieren. Ein solches Vorgehen wäre allerdings in extremen Lagen als eine Notwehrreaktion auf die Ausschaltung der universitätsinternen Öffentlichkeit selber verständlich zu machen.

Nr. 112

Burkhard Bluem

Mißlungene Proben des akademischen Proletariats für den aufgeschobenen Aufstand

Überlegungen zur Demonstration gegen den Vietnamkrieg vom 5. Februar 1967

23. April 1967

QUELLE: SDS-Korrespondenz, o. J., Nr. 6, Mai 1967, S. 24–27

Begonnen haben die Frankfurter Minikrawalle wohl in Berlin, und wegen der miesen Polizei hier brauchten sie eine längere Anlaufzeit. Der vorgesehene Termin war der 4. Februar, die Demonstration fand erst einen Samstag später statt, damit noch ein wenig diskutiert werden konnte. Harrer und Dutschke, im Rücken die dem wahren, guten, schönen gewidmete Opernhausruine, redeten vor vielleicht 250 Leuten, die Polizei, natürlich glänzend informiert, stand wartend umher, bis nach Ende der Kundgebung (mehr war nicht angemeldet) die »Demonstration mit Spaß« beginnen würde. Der Einsatzleiter meinte auf die Bemerkung, die Demonstranten würden gehen, wohin sie wollten, das werde sich herausstellen. Auch die Polizei hatte ihr Vergnügen eingeplant.

Theoretisch gestützt durch aus Berlin importierte und vergröberte Thesen, daß die bisherigen Demonstrationsformen keinen Erfolg hatten, daß das erste Ziel der Demonstration die Demonstranten selbst seien und daß Solidarität mit den Vietnamesen nur darin bestehen könne, die Unterdrückung hier mit Unterstützung der Polizei sichtbar zu machen und deren Drohung durch Verteilen und Sammeln zu unterlaufen, angekränkelt von dem Vorwurf, auf diese Weise die Öffentlichkeit nicht zureichend über Vietnam zu informieren, setzte sich der Zug nach der Kundgebung über die Verkehrsregeln hinweg und bei Rot über die Straße in Richtung amerikanisches Generalkonsulat ab, zunächst wieder auf dem Bürgersteig.

Ziemlich bald, zögernd jedoch, betrat die Spitze die

Fahrbahn; mit Wagen überholende Polizei sperrte ab; die Lehre vom Ausweichen, fast vergessend, suchten einige Demonstranten Händel, gingen dann jedoch auf den Bürgersteig zurück, an der Polizei vorbei und dahinter wieder auf die Straße, ließen die Wagen nicht mehr überholen und waren so in Sicherheit. Zumindest einigermaßen. Vorerst war die Umgebung noch ein wenig fremd, man überquerte laufend die Straße, um jeweils auf dem rechten oder linken Bürgersteig seine Sicherheit wiederzufinden. Erst die Lautsprecher der Polizei, die die Straße geräumt sehen wollte, bewog zum trotzigen Verharren auf der Fahrbahn, das dann auch wegen dem hilflosen Flehen aus dem Lautsprecherwagen genossen und durch Klatschen bekräftigt wurde.

In der Strecke zwischen Opernplatz und Generalkonsulat ist nur eine Kurve, kurz vor dem Konsulat, und da schoben sich die beamteten Wagen wieder in den Vordergrund, wobei sich aus dem Fenster gestreckte Arme mühten, an die Spiegel gehängte Plakate mit »zur-Hölle-mit-Johnson«-Parolen loszuwerden.

Am Konsulat warteten seit über einer Stunde eine kleine uniformierte Armee und der Einsatzleiter auf ihren Spaß. Die Demonstranten warnten sich, den Rasen zu betreten, und standen und saßen ansonsten ratlos herum, teils vor dem Konsulat, teils auf der anderen Seite. Ein Knallkörper explodierte auf dem Flachdach, etliche riefen nach Onkel Ho, einige agitierten Polizisten, die die Arme ineinandergehängt hatten und sich wechselseitig Kraft verliehen. Schließlich, als etliche schon gähnten und keinem was eingefallen war, nur zweie auf dem amerikanischen Rasen vor jagenden Polizisten vergeblich Haken geschlagen hatten und nun ihre Personalien angaben, kam die Nummer der Polizisten: eine Gruppe von ihnen zu Pferde. Ein zweiter Knallkörper krachte, schwach brennender Plakatkarton schreckte die Tiere nicht, der angeblich sichere Trick, so zu klatschen, daß es wie Pferdegetrappel klingt, war wohl nur dem Reporter bekannt, der ihn erst einige Tage später beim Bier anpries, und die Annahme jener, die sich nun auch setzten und nicht erwarteten, daß die Polizisten ihre Pferde so hart treten würden, daß sie in die Menge gingen, stellte sich als irrig heraus. Großes Geschrei und einige Weinkrämpfe folgten, schließlich hatten die fröhlichen Reiter mit geil leuchtenden Augen den Bürgersteig vor dem Konsulat leergefegt.

Nach längerem Warten und Schimpfen führte der Weg zurück in Richtung Opernplatz. Kurze Sitzstreiks auf der Straße, die spätestens dann zu Ende gingen, wenn die Polizei in bedrohliche Nähe kam, und kollaborierende Beamte, die laufend mitten auf der Straße wendeten, legten mit einiger Perfektion den Verkehr lahm. Das löste auch die Spannung nach der Pferdeeinlage und machte Spaß.

Zur nächsten Keilerei kam es an der Hauptwache, als eine größere Gruppe zwischen Bauzaun und Mauer von zwei Seiten von Polizisten gedrängt wurde und nicht ausweichen konnte. Hatten nach der Dienstnummer gefragte prügelnde Staatsbeamte bisher gewartet, bis ein Offizier sich mit dem, was er wohl für eine undurchdringliche Miene hielt, vor den Fragesteller pflanzte, bis der Gefragte sich abgesetzt hatte, reagierten die Bürger in Uniform jetzt mit Faustschlägen, das Publikum meist mit der Anregung, »die Kommunisten« totzuschlagen oder »die Studenten« in Arbeitshäuser zu stecken. Jedenfalls kamen an dieser Ecke auch jene Theoretiker zu ihrem praktischen Recht, die gemeint hatten, auf dieser Demonstration müßten etliche verprügelt werden, damit die Notwendigkeit des Weglaufens auf der nächsten völlig klar sei.

Eine zweite Gruppe spielte weiter vor, stoppte den Verkehr und ließ die Wagen dann pulkweise unter ihren Transparenten durchfahren, als sie sahen, daß dadurch die Polizeiwagen gehindert werden, zu ihnen vorzudringen (die riesige Baustelle an der Hauptwache eröffnete uns einige wunderbare Möglichkeiten).

Der Spaß ging noch einige Zeit weiter, doch da hatten die Polizisten schon gelernt. Sie hielten sich zurück und das Publikum wunderte sich über das riesige Aufgebot an Mannschaftswagen gegen ein paar lachende Studenten. Als es dunkelte, durften die Polizisten nach Hause, weil sie uns vor dem Opernplatz durch ihren Lautsprecherwagen nach zwei Stunden noch einmal auf das Ende der genehmigten Kundgebung hinweisen ließen. Die vom Polizeipräsidium aus später eingeladenen Festgenommenen lehnten dankend ab und warten noch immer auf richterliche Vorladung (8 waren festgesetzt worden, gegen 7 Antrag auf Eröffnung des Verfahrens gestellt).

Die Gegnerschaft etlicher Genossen gegen die »inhaltsleeren Demonstrationen« wurde verstärkt durch die Presse, für die die Demonstration das Werk der paar Provos war, die in Frankfurt hausen, fast geschlossen teilnahmen und den seriösen SDS-Protest diskriminierten. Drei Tage nach der Demonstration, und das gefiel jenen Genossen noch weniger, brachte die

Presse Auszüge aus einem Provo-Flugblatt, von dem auf der ausgefallenen Demonstration am 4. [Februar] 30 oder 40 Exemplare verteilt worden waren. Darin wurden »Provo-Demonstrationen« zu »Mensch-ärger-die-Polizei-Spielen« und der Samstag zum »Tag der Anarchie« erklärt, doch sollte das Blatt nicht »in falsche Hände« fallen und »auswendig gelernt« und »vernichtet« werden. Heiterkeit auf der einen Seite, auf der anderen das Argument, die nächste Demonstration »gegen den Krieg in Vietnam und für Dienstnummern für die Polizei« könne daher nicht am Samstag stattfinden. Weil der Tag der MV [Mitgliederversammlung] schon ein Donnerstag und noch nichts vorbereitet war, stimmten etliche aus dem Grund mit den Anhängern inhaltsschwangerer Demonstrationen für Verschieben auf Mittwoch.

Die Provos bekamen dann am Samstag fast so viele Leute zu ihrer Demonstration wie wir am Samstag zuvor. Polizisten, obgleich frustriert, weil sie ein größeres Fußballspiel im Stadion verpaßten, übten Stillhalten, die Demonstration verlief recht ruhig, lediglich eine selbstgebastelte Rauchbombe qualmte vor sich hin und vor dem Konsulat tanzte man zum eigenen Protestgesang. Auf Damenwahl ließen sich die Polizisten nicht ein, obwohl der Polizeipräsident sie während der Woche hatte psychologisch drillen lassen. Und die Autofahrer mußten weniger Ärger hinnehmen als eine Woche zuvor.

Die SDS-Demonstration mittwochs, von den Studenten für Samstag als sicher erwartet, war kleiner, und sie begann mit einiger Verspätung, weil Genossen meinten, die Plakate nicht vom Büro zur Mensa bringen zu können, solange nicht jene aussortiert waren, die sie als dem Ruf des SDS nicht angemessen ansahen. Als wir schließlich anfingen, klumpte die der Genehmigungspflicht wegen geplante Picketing-line bald und schließlich liefen wir unter Polizeischutz auf dem äußersten Rand der Fahrbahn und dem Bürgersteig. Für die mit verschiedenen Intentionen zustande gekommene Demonstration fühlte sich niemand verantwortlich, keiner hatte Lust, irgend etwas anzufangen. Man machte sich lustig über Zehnergruppen mitlaufender »Zivilisten« mit identisch geschnittenen blauen Hosen und ernsten Gesichtern, trank zwischendrin in einer Kneipe ein Bier und eine kurze Ruhepause mitten auf einer Kreuzung kam mehr zufällig als gewollt zustande. Die Polizisten verbreiteten psychologische Mätzchen über Lautsprecher und niemand ließ sich etwas dazu einfallen, das Konsulat war zentraler Treffpunkt zum Herumstehen, und auf dem Bürgersteig schließlich verlief sich das Ganze. Die Deeskalation näherte sich ihrem Endpunkt.

Letzte Nachwirkungen der großen Drohung zeigten sich bei der Vorbereitung einer Demonstration am 4.3. mit spanischen Arbeitern, die ruhig verlaufen mußte, weil niemand abgeschoben werden sollte. Wer auch immer das Gerücht ausgestreut hatte: Genossen warnten die MV vor der Provo-Absicht, zum amerikanischen oder spanischen Konsulat zu ziehen (die nahe beieinander in einem Abzweig vom Demonstrationsweg liegen), Gewerkschafter erzählten, sie hätten bestürzt davon gehört, und Polizisten bewachten die beiden Gebäude scharf. Die Demonstration verlief wie geplant: ruhig. Krach gab es lediglich mit der Gewerkschaft, aber aus anderen Gründen.

Als Mitte Februar von dem Bauzaun an der Uni, an den wir Plakate ankleben und -heften, seit er steht, zwei Tage nach einem von Studenten verhinderten Versuch uniformierter Polizisten, eine SDS-Wandzeitung abzureißen, die Plakate aller Gruppen vom Bauzaun abgekratzt wurden und Schilder mit der Aufschrift »Plakate ankleben verboten!« ihre Stellung einnehmen, da der Bauzaun noch anderswo verwandt werden solle und durch (auf eine schon recht dicke Papierschicht) geklebte Plakate beschädigt werde, geschah nichts. Der Zaun war nicht einmal am nächsten Tag neu mit Papier bepflastert.

Nächsten Samstag gehen wir alle schwimmen.

Nr. 113

Max Horkheimer

Anti-Amerikanismus, Antisemitismus und Demagogie und die Lage der Jugend heute

Späne – Notizen über Gespräche mit Max Horkheimer in unverbindlicher Formulierung aufgeschrieben von Friedrich Pollock

Mai 1967

QUELLE: Max Horkheimer, Gesammelte Schriften Bd. 14: Nachgelassene Schriften 1949–1972, hrsg. von Gunzelin Schmid Noerr, © S. Fischer Verlag Frankfurt/Main 1988, S. 408 f.

Amerika hat, aus welchen Motiven auch immer, Europa von völliger Versklavung gerettet. Die Antwort ist heute überall, nicht bloß in Deutschland, eine weitverbreitete und tiefgehende Amerika-Feindlichkeit.

Über deren Ursache hat man sich schon viel den Kopf zerbrochen. Ressentiment, Neid, aber auch Fehler, die von der amerikanischen Regierung und ihren Bürgern gemacht werden, spielen eine Rolle. Überraschend ist der Umstand, daß überall dort, wo der Anti-Amerikanismus sich findet, auch der Antisemitismus sich breitmacht. Die durch den Niedergang der Kultur bedingte allgemeine Malaise sucht nach einem Schuldigen, und aus den oben angedeuteten und anderen Gründen findet sie die Amerikaner und in Amerika selbst wieder die Juden, die angeblich Amerika beherrschen. Die Demagogen von rechts aber, bis zu einem gewissen Grad auch die von links, haben längst erkannt, daß sich hier ein fruchtbares Feld findet, und nützen die Lage in zunehmendem Maße aus.

Auch die Jugend ist von der Malaise ergriffen. Sie hat nichts, an was sie sich halten kann, es sei denn den Nationalismus, und dieser kann leicht in die Richtung des Anti-Amerikanismus und des Antisemitismus gelenkt werden. Obendrein geben die Erfolge de Gaulles, der an der Spitze eines dritt- oder viertrangigen Landes den Großmächten Fußtritte austeilt, ohne daß die Rechnung dafür bisher präsentiert worden ist, ein Beispiel, das zur Nachahmung auffordert. Grotesk ist die Verwirrung unter den linken Studenten. Die Einheit von Theorie und Praxis, die sie früher gefordert haben, wird zu einer kruden anti-amerikanischen Praxis, ohne daß eine echte Theorie dahinterstände.

Nr. 114

Ludwig von Friedeburg / Jürgen Habermas
Offener Brief an den AStA der Freien Universität

Zur Legitimität studentischer Kampfformen

4. Mai 1967

QUELLE: Jürgen Habermas, Protestbewegung und Hochschulreform, © Suhrkamp Verlag Frankfurt/Main 1969, S. 134–136; wiederabgedruckt in: Siegward Lönnendonker / Tilman Fichter (Hg.), Dokumentation: Freie Universität Berlin 1948–1973, Hochschule im Umbruch, Teil IV, 1964–1967, Die Krise, West-Berlin 1975, S. 429 f.

Sehr geehrter Herr Häußermann,

Sie haben uns gebeten, zu dem Konflikt zwischen der Studentenvertretung und dem akademischen Senat der Freien Universität Stellung zu nehmen. Wir haben vor wenigen Monaten auf den Berliner Universitätstagen in allgemeiner Form unsere Auffassungen vorgetragen. Wir fühlen uns daher verpflichtet, sie nun bei einem bestimmten Anlaß zu konkretisieren.

1. Der Rektor der Freien Universität hat gegen fünf Studenten die Einleitung eines Disziplinarverfahrens beantragt, weil sie nach seiner Auffassung für das Sit-in vom 19.4. die Verantwortung tragen und sich der »Anstiftung zu pflichtwidrigem Verhalten« schuldig gemacht haben. Wir unterstellen, daß das Vorgehen des Rektors rechtlich unbedenklich ist. Würde das Sit-in keinen Anlaß zu disziplinarischen Maßnahmen geben, wäre es kein Sit-in. Als Kampfmittel ist es dadurch definiert, daß es eine Hausordnung verletzt. Deshalb hielten wir es für inkonsequent, nach einem Sit-in gegen die Sanktionen, die durch diese Veranstaltung ausgelöst sind, als solche zu opponieren. Konsequent ist es aber, gegen die falsche Legalisierung eines der Sache nach *politischen* Konfliktes anzugehen. Nach den Vorgängen in Berkeley und an anderen Universitäten Amerikas wie Europas mußte es jedem unvoreingenommenen Beobachter klar geworden sein, daß sich in hochschulpolitischen Auseinandersetzungen das Sit-in als ein Kampfmittel der Studenten eingebürgert hat. Über die Legitimität eines Mittels, das die Verletzung von Hausordnungen einschließt, läßt sich gewiß streiten. Wir würden vorschlagen, es für legitim anzusehen, wenn Studenten in einer mit Argumenten geführten Auseinandersetzung darauf zurückgreifen, nachdem sie die formell zugestandenen Möglichkeiten des Protestes gegen einen durch Amtspositionen tatsächlich privilegierten Teil der Korporation genutzt und erschöpft haben. Wenn die Veranstaltung vom 19.4. in diesem Sinne ein angemessenes Kampfmittel war, dann verlieren die Sanktionen gegen die Beteiligten ihren Charakter als bloße Rechtsakte. Die juristische Form darf den politischen Inhalt nicht verschleiern.

2. Der Bericht des Rektors nennt drei politische Streitpunkte als Anlaß der Protestaktion vom 19.4.:

Die sachlichen Angaben über die Kürzungen des Etats der Studentenschaft rücken zwar Proportionen wieder zurecht; aber sie machen den Protest der Studenten auch verständlich. Das Kuratorium hat, wie immer man es wenden will, im Januar den gesamten Zuschuß der Universität zu den Ausgaben der Studentenschaft vorläufig gesperrt und eine Überprüfung des

Finanzgebarens der Studenten veranlaßt; auf Grund dieser Kontrolle hat es im April fast ein Drittel des Zuschusses gekürzt. Wir unterstellen die Sachlichkeit dieser Entscheidungen. Gleichwohl können sich die Verantwortlichen nicht darüber getäuscht haben, daß ihre Entscheidungen in dem aktuellen Zusammenhang mit den Konflikten an der Universität gesehen und deshalb als politische Repressalien verstanden werden mußten.

Der Beschluß des akademischen Senates, Forschungsseminare von den Lehrveranstaltungen auszunehmen, die im *FU-Spiegel* rezensiert werden können, läßt sich mit guten Argumenten verteidigen. Die Studenten mußten aber zunächst davon ausgehen, daß wieder einmal die Rezension von Lehrveranstaltungen überhaupt in Frage gestellt werden sollte. Wenn wir Professoren das Recht der Studenten, unsere Lehrveranstaltungen auch öffentlich zu kritisieren, als selbstverständlich anerkennen würden, entfielen Mängel wie Anonymität und überzogene Polemik, die doch nur die Kehrseite unserer gekränkten Reaktionen darstellen.

Die Förderungswürdigkeit einer politischen Studentengruppe sollte nicht vom Wohlverhalten einer notorischen Minderheit abhängig gemacht werden. Wir meinen, daß die anläßlich des Humphrey-Besuches geplanten Provokationen wohl Dummheiten darstellen, aber nicht als kriminelle Handlungen eingestuft werden können. Wenn sich ein Studentenverband unter dem Eindruck törichter Reaktionen von Polizei und Presse zunächst einmal nicht dem geforderten Ritual des Ausschlusses oder der offiziellen Distanzierung unterwirft, dann mag das politisch unklug sein, aber gerade wir, die wir mit Studenten täglich umgehen, sollten einen psychologischen Zusammenhang von einer politischen Verschwörung unterscheiden.

3. Die legalistische Empörung verdunkelt den hochschulpolitischen Charakter der Auseinandersetzung. Es geht nicht um einen Rechtsstreit, sondern darum, daß das Studium sinnvoll reformiert und das Berliner Modell ausgebaut wird. Weil Konvent und AStA, wie die Arbeit in den Studienreformkommissionen zeigt, die Interessen der Studenten sachlich und wirksam vertreten, sollte sich die Studentenschaft von ihren Repräsentanten nicht trennen lassen.

Nr. 115

Max Horkheimer

»Diejenigen, die gegen den Krieg in Vietnam hier in Frankfurt demonstrieren...«

Vortrag im Amerikahaus Frankfurt

7. Mai 1967

QUELLE: Vietnam – Ein Vortrag und zwei Briefe, in: Diskus – Frankfurter Studentenzeitung, 17. Jg., Nr. 4, Juni 1967, S. 10; wiederabgedruckt in: Max Horkheimer, Gesammelte Schriften Bd. 18: Briefwechsel 1949–1973, hrsg. von Gunzelin Schmid Noerr, © S. Fischer Verlag Frankfurt/Main 1996, S. 646 f.

Diejenigen, die gegen den Krieg in Vietnam hier in Frankfurt demonstrieren, dürfen wissen, daß die Menschen, die hier sprechen, daß der Herr Oberbürgermeister und selbst ich, keinen Augenblick das Furchtbare vergessen, was dort vorgeht; aber mit Demonstrationen verhindern wir das nicht. Was wir tun können, ist, in anständiger Weise versuchen, an dem Aufbau einer richtigeren Welt mitzuwirken. Dazu gehört heute auch die Einsicht über die Dinge in Vietnam, auf die ich nachher zu sprechen kommen werde.

Aber eben dieses Land, das sollen wir wissen, das sollen wir keinen Augenblick vergessen, war das Land, das denen, die heute mit Recht ihre Zweifel im Hinblick auf Vietnam haben, seine Arme geöffnet hat, die in Europa ihrer freiheitlichen Gesinnung willen verfolgt waren.

Wenn in Amerika es gilt, einen Krieg zu führen – und nun hören Sie wohl zu – einen Krieg zu führen, so ist es nicht so sehr die Verteidigung des Vaterlandes, sondern es ist im Grunde die Verteidigung der Verfassung, die Verteidigung der Menschenrechte, und Sie können heute sagen: ja, und was passiert denn da in Vietnam? Sie können mit Recht all das Furchtbare darstellen – wenn Sie es können – was in Vietnam sich ereignet. Aber diese jungen Menschen, die da hinausgehen, zu glauben, sie verteidigen die Welt, in der es noch ein bißchen so etwas wie Freiheit gibt, gegen das Gegenteil, selbst wenn man dazu auch totalitäre Mächte leider benutzen muß. Das kann ein Fehler sein, das kann ein Denkfehler sein, es kann verkehrt sein, aber derjenige, der urteilt, der soll wenigstens sich auch um diese Dinge kümmern; der soll wenigstens, wenn er von Vietnam redet, daran denken, daß wir hier nicht zusammen wären und frei reden könnten, wenn Amerika nicht eingegriffen hätte und Deutschland und Europa vor dem furchtbarsten totalitären Terror schließlich gerettet hätte. (Beifall) All diese

Dinge haben viele Deutsche, nicht nur in dieser Generation, denn es war sehr ähnlich auch in anderen Generationen, gefühlt. Ich denke da an einen Frankfurter, der Goethe hieß, und der eine sehr große Hinneigung zu Amerika besaß. Er hat seit den Freiheitskriegen, als die Namen, wie er damals sagte – Franklin und Washington – anfingen am politischen und kriegerischen Horizont zu glänzen und zu funkeln, für Amerika geschrieben und gedacht.

Ich deute das auch deshalb an, um denjenigen, die sicher aus guten Gefühlen über Vietnam entsetzt sind, zu sagen, daß es sehr viele Dinge immer im eigenen Lande gibt, die man verbessern könnte. Ich selbst habe während der Zeit von 33 bis 50 viel publiziert in Amerika, aber ich habe praktisch, vielleicht mit ganz kleinen Ausnahmen, kein Wort gegen das Dritte Reich geschrieben, weil ich mir sagte, das ist zu einfach, von der anderen Seite des Ozeans nun auf Deutschland zu schimpfen. Erstens hat es keinen Wert, und zweitens kann ich dem Lande, in dem ich lebe, nämlich den Vereinigten Staaten, einen größeren Dienst erweisen, wenn ich meine kritischen Fähigkeiten auf die Gegenstände anwende, die es in diesem Lande zu verändern und zu verbessern gilt. So möchte ich nur wünschen, daß, wenn über Vietnam heute debattiert wird und protestiert, daß diejenigen, die zu diesem Schlusse kommen, sich sehr ernsthaft mit den Fragen, um die es hier geht, befassen sollen. Ich möchte nochmals wiederholen: über das Grauenvolle gibt es keinen Zweifel, aber das Grauenvolle ist ja in der Welt, in der wir leben. Wir verkehren doch, welchem Staat wir auch angehören, mit einer ganzen Reihe von Nationen, in denen die widerliche totalitäre Herrschaft sich ausbreitet. Wenn Sie sehr genau sich das ansehen, von sogenannten hochentwickelten Ländern, ihre schönen und großen Verbeugungen machen und wunderbare Verhandlungen führen mit Vertretern von Regierungen, die eine totalitäre Herrschaft ausüben, dann werden Sie die unendlichen Probleme kennen, mit denen unser aller schuldbeladenes Leben zu tun hat. In diesen Tagen brauchen Sie nur an Griechenland zu denken. Und ich habe nicht gefunden, daß nun auf einmal Griechenland in Acht und Bann getan worden ist. Ich meine, das Wichtigste ist, und dazu sollte die Jugend erzogen werden, im positiven, produktiven Sinne, kritisch zum eigenen Land zu den Dingen zu stehen, an denen man vielleicht etwas ändern kann.

Wir wollen, und ich glaube, das ist der eigentliche Sinn der deutsch-amerikanischen Freundschaft, zusammenwirken, damit es in der Welt besser wird. Und ich bin weit entfernt, zu behaupten, daß man die Politik der Regierungen zu billigen hätte. Aber diese beiden Völker, die unendlich viele geistvolle und gutgesinnte Menschen einschließen, die sollten sich zusammentun. Es gibt gar nicht mehr so viele Völker, die eigentlich das, was wir Kultur nennen, noch schützen können. Und wenn die Energien derer, und vor allen Dingen auch der Jugend, die ich liebe, die sich gegen Vietnam empören, wenn diese Energien in produktive Dinge eingehen, so können sie unendlich viel Wundervolles wirken. Und das ist der Grund, warum ich glücklich bin, bei dieser Veranstaltung, bei der deutsch-amerikanischen Freundschaftsveranstaltung, mitwirken zu dürfen.

Nr. 116

Sozialistischer Deutscher Studentenbund, Gruppe Frankfurt

Offener Brief an Max Horkheimer

14. Mai 1967

QUELLE: Vietnam – Ein Vortrag und zwei Briefe, in: Diskus – Frankfurter Studentenzeitung, 17. Jg., Nr. 4, Juni 1967, S. 10; wiederabgedruckt in: Max Horkheimer, Gesammelte Schriften Bd. 18: Briefwechsel 1949–1973, hrsg. von Gunzelin Schmid Noerr, © S. Fischer Verlag Frankfurt/Main 1996, S. 644 f.

Sehr geehrter Herr Horkheimer,

Sie haben sich durch Ihr demonstratives Erscheinen bei der Eröffnungskundgebung der deutsch-amerikanischen Freundschaftswoche und mit Ihrer Rede im Amerikahaus auf die Seite der amerikanischen Regierung gestellt, die einen Krieg gegen das vietnamesische Volk führt. Zwar haben Sie mit Bezug auf den Krieg in Vietnam beteuert: »Über das Grauenhafte gibt es keinen Zweifel«, doch gibt sich diese Ablehnung von Gewalt zur Unterstützung der aggressiven Rechtfertigung des Vietnamkrieges her, wenn Sie zuvor behaupten, die USA führten in Vietnam einen Krieg für »die Verteidigung der Verfassung, die Verteidigung der Menschenrechte«. Denn: eindeutig im Sinne antikommunistischer Ideologie beantworten Sie die Frage im voraus, für *wessen* Menschenrechte die Amerikaner in Vietnam kämpfen.

Es stellt sich für uns die Frage, wie der Anspruch, den die Wissenschaft an die stellt, die sie zu betreiben vorgeben, sich mit der blinden, privatistisch verkleideten Apologie der amerikanischen Außenpolitik wie auch der gesellschaftlichen Verhältnisse in den USA vereinbaren läßt. Eindeutig ergibt sich aus einer ökonomisch-politischen Analyse des amerikanischen Krieges in Vietnam, daß dieser Krieg für die amerikanische Regierung zum einen die Funktion eines ökonomischen Hebels zur Beseitigung konjunktureller Krisen besitzt und zum anderen der faktische Ausdruck der ideologisch forcierten Angst vor der »kommunistischen Gefahr« ist. – Vietnam steht hier als Modellfall für alle Länder der »Dritten Welt«, in denen die USA ihre ökonomische und politische Machtstellung nur mit Hilfe militärischer Gewalt behaupten können. – Die Fakten, mit denen eine Analyse der gesellschaftlichen Verhältnisse in den USA arbeitet, führen zu dem Ergebnis, daß der Faschisierungsprozeß der amerikanischen Gesellschaft sich beschleunigt: die Tatsache, daß Farbige sich elementare Bürgerrechte vergeblich zu erkämpfen versuchen – die Tatsache, daß Antikommunismus und Faschismus in den USA politische Kritik zum »Volksverbrechen« stempeln, lassen die Berufung auf die Kulturtradition Amerikas zur makabren Farce werden.

Wir diskutieren die Frage der mit dem Mantel der Privatheit verkleideten Unwissenschaftlichkeit deshalb, weil wir uns bewußt sind, daß Sie einst gegen den deutschen Faschismus Stellung genommen haben. Ihre Stellungnahme damals versuchte, den Anforderungen einer wissenschaftlichen Analyse insofern zu genügen, als Sie darauf hinwiesen, daß der Faschismus notwendiges Produkt der Entwicklung des Kapitalismus ist und dessen Entwicklungsgesetzen faktischen Ausdruck verleiht. – In Ihrem Aufsatz *Die Juden und Europa* schrieben Sie z. B., gegen den Faschismus sich auf liberale Denkart des 19. Jahrhunderts berufen, hieße, an die Instanz appellieren, durch die er gesiegt habe.

Studenten akzeptierten damals Ihre Analyse und beriefen sich auf sie. Ihre Stellungnahme für den amerikanischen Krieg in Vietnam zwingt Studenten heute dazu, Sie handgreiflich daran zu erinnern, daß Sie hinter Ihre eigene Analyse zurückfallen.

Ihre in die Apologie des Faschismus und Imperialismus umgeschlagene Resignation vor gesellschaftlich veränderter Praxis läßt für uns die Frage auftauchen, welche Relevanz die kritische Theorie der gesellschaftlichen Praxis, sofern sie auf Veränderung zielt, jemals zuerkannt hat. Weiterhin stellt sich das Problem, ob es in der Entwicklung der kritischen Theorie eine Kontinuität gibt bis hin zu Ihrer Unterstützung des amerikanischen Imperialismus. Um diese Fragen zu klären, bedarf es einer politisch-wissenschaftlichen Diskussion. Wir würden uns freuen, wenn Sie daran teilnähmen.

Hochachtungsvoll
SDS-Gruppe Frankfurt

Nr. 117

Max Horkheimer
Brief an den Sozialistischen Deutschen Studentenbund, Gruppe Frankfurt

18. Mai 1967

QUELLE: Vietnam – Ein Vortrag und zwei Briefe, in: Diskus – Frankfurter Studentenzeitung, 17. Jg., Nr. 4, Juni 1967, S. 10; wiederabgedruckt in: Max Horkheimer, Gesammelte Schriften Bd. 18: Briefwechsel 1949–1973, hrsg. von Gunzelin Schmid Noerr, © S. Fischer Verlag Frankfurt/Main 1996, S. 649 f.

Sehr geehrte Kommilitonen,

zu dem Inhalt Ihres Offenen Briefes habe ich mehr zu sagen als die Worte, die mir jetzt in den Sinn kommen. An der in Aussicht gestellten Diskussion will ich daher gern teilnehmen.

Für meine Ansichten über den Krieg in Vietnam auf Wissenschaft mich zu berufen, vermag ich keineswegs und glaube, auch der SDS sollte vorsichtiger damit umgehen. Was in dem Brief als eindeutige Ergebnisse ökonomisch-politischer Analyse über amerikanische Motive verkündet wird, scheint mir eher die Wiederholung populärer Vermutungen, als ernsthafte Erkenntnisse darzustellen. Selbst wenn Sie recht hätten, bedürfte es des weiteren einer gründlichen Untersuchung sowohl der Machtkonstellation auf der Gegenseite, als auch der voraussichtlichen Konsequenzen, wenn sie gewinnen sollte. Sie übergehen den heiklen Fragenbereich mit Schweigen.

Ich selbst habe über die Rationalität des Vietnamkrieges kein Urteil gefällt; stünde ich an verantwortlicher Stelle in den Vereinigten Staaten, ich wüßte nicht, welche Entscheidung bei bestem Willen ich treffen würde, wenngleich meine Vorstellung über Herrn Ky recht eindeutig ist. Sie jedoch sollten, als Gruppe des Widerstands, der Ideologie und Praxis beider Seiten auf den Grund gehen und zumindest die Frage stellen, ob die Berufung der asiatischen Machthaber auf die Lehren des Kommunismus, an den Ideen seiner Begründer gemessen, nicht zur makabren Farce wird. Nicht nur, daß Demonstrationen wie die Ihren in Europa wie in Amerika noch etwas bedeuten können, sondern Ihre Aufgabe als studentische Avantgarde verpflichtet, so meine ich, zu einem differenzierten Bekenntnis als zu dem, was an jenem Sonntag zum Ausdruck kam.

Liebe zur freien Entfaltung menschlicher Kräfte gebietet, das Übergreifen totalitärer Gewalten auf die Teile der Welt, wo Freiheit noch ein Dasein hat, wenn nicht zu verhindern, so doch zu verzögern. Stalins Bündnis mit Hitler wie dessen Vorspiel, die gemeinsamen Attacken von Kommunisten und Nationalsozialisten auf die Weimarer Republik, sind nicht so lange vergangen, daß meine Furcht vor der Verwandtschaft dessen, was heute sich kommunistisch nennt, mit faschistischem Terror nicht lebendig wäre. Wer in nicht-totalitären Ländern vor der Entwicklung zum Faschismus warnt – ich bin der Letzte, hier zu widersprechen –, sollte gängigen Losungen mißtrauen, mögen sie noch so plausibel klingen. Kommunistische Parteiherrschaft, das heißt die Form des Notstands, in der zurückgebliebene Länder mit respektablem Potential den technischen Vorsprung der Industriegesellschaft einzuholen, in der Rüstungsproduktion zu überbieten suchen, bleibt immanenter ökonomischer Logik und äußeren Machtinteressen, wie der Tendenz zum Imperialismus, nicht weniger verhaftet, als nur je die kapitalistische Welt.

Für die Fortsetzung des Krieges in Vietnam Amerika allein verantwortlich zu machen, setzt ein simples Bild der Welt voraus, das ich dem SDS, dem so viele Menschen guten Willens angehören, nicht zutrauen möchte. Kritische Theorie betrifft das Bestehende; sie im gegenwärtigen historischen Augenblick in solcher Weise zu beschränken, bedeutet ihre schlichte Negation.

Mit freundlichen Grüßen
Max Horkheimer

Nr. 118

Max Horkheimer
Brief an Herbert Marcuse
26. Mai 1967

QUELLE: Max Horkheimer, Gesammelte Schriften Bd. 18: Briefwechsel 1949–1973, hrsg. von Gunzelin Schmid Noerr, © S. Fischer Verlag Frankfurt/Main 1996, S. 651

26. Mai 1967

Lieber Herbert,

Wenngleich wir über die Rolle der USA in der heutigen Welt verschiedener Meinung sein mögen, hättest Du das angebliche Zitat ruhig mit freundlichem Lächeln ad acta legen dürfen. Wahrscheinlich handelt es sich um die Verdrehung einer Bemerkung, die mit dem Vietnamkrieg nicht das geringste zu tun hatte. Ich sprach über das sogenannte Nationalgefühl der letzten 150 Jahre und meinte, in Deutschland habe es sich mehr aufs Vaterland, in Amerika mehr auf die Constitution und die Bürgerrechte bezogen. Vermutlich hat Dir der SDS den Offenen Brief geschickt, den er an mich gerichtet hat.[1] Den Durchschlag meiner Antwort[2], in der ich auf die offenkundig unwahre Behauptung nicht eingegangen bin, lege ich hier bei. Wahrscheinlich werde ich um die Mitte nächsten Monats mit den Studenten diskutieren.

Zur Sache selbst ist zu sagen, daß für den einigermaßen naiven Beobachter die Demonstrationen gegen die Intervention so wenig spontan sind wie die für's Gegenteil. Warum in Deutschland ich allergisch darauf reagiere, habe ich Dir, glaube ich, bei unserem letzten Zusammensein gesagt. Im übrigen weißt Du sehr wohl, daß mir der Terror zuwider ist, ob links oder rechts, was wir kritisch zu nennen gewohnt sind, beschränkt sich, wie in meiner Antwort angedeutet, nicht auf eine Seite des Bestehenden. Was sich seit den dreißiger Jahren in meinem Bewußtsein verändert hat, so meine ich, ist nicht so sehr die Theorie als die Erfahrung der Machtpolitik auf der anderen Seite. Eben darauf hat auch die linke Studentenbewegung zu reflektieren.

Mit herzlichen Grüßen
Dein

1 Vgl. Brief vom 14.5.1967.
2 Vgl. Brief vom 18.5.1967.

Nr. 119

Theodor W. Adorno
Brief an Max Horkheimer

31. Mai 1967

QUELLE: Max Horkheimer, Gesammelte Schriften Bd. 18: Briefwechsel 1949–1973, hrsg. von Gunzelin Schmid Noerr, © S. Fischer Verlag Frankfurt/Main 1996, S. 652 f.

6 Frankfurt am Main, 31. Mai 1967
Kettenhofweg 123

Max,

die SDS-Studenten sagten mir gestern, sie hätten die Besprechung mit uns für Montag, den 12. Juni, abends, anberaumt. Ich bin damit gern einverstanden. Sie fragten mich, ob es uns recht wäre, wenn die Veranstaltung in der Universität stattfände. Ich war nicht geistesgegenwärtig genug, sofort zu sagen: nein; hinterher fiel mir ein, daß möglicherweise eine solche Veranstaltung in der Universität mit irgendwelchen Bestimmungen kollidieren und Unannehmlichkeiten schaffen könnte. Andererseits war ich aber doch nicht so blöd, einfach zuzusagen, sondern habe den Sprecher gebeten, sich in der Angelegenheit an Dich zu wenden. Ich will, Dein Einverständnis voraussetzend, versuchen, die Studenten dazu zu bewegen, die Besprechung an einem dritten, neutralen Ort stattfinden zu lassen – selbstverständlich auch nicht im Institut. Ich suche die Sache über unseren Schmidt[1] zu organisieren.

(Die Angelegenheit ist geordnet: wir treffen uns, *nicht-öffentlich*, im Kolbheim[2].)

Heute ein Brief von Herbert [Marcuse]. Er entschuldigt sich wegen der Nichtbestätigung der *Negativen Dialektik*[3] auf eine etwas lahme Weise, um mich dann wegen meiner Haltung in der Angelegenheit Neumann-Inge[4] anzugreifen. Der Tenor des Briefes ist eher von der Angst bestimmt, daß es zwischen ihm und uns zu einem ernsthaften Zerwürfnis kommt. Ich werde ihm antworten und schicke Dir dann eine Abschrift seines Briefes zusammen mit einem Durchschlag des meinen.

Unmißverständlich werde ich ihm zu verstehen geben, was unterdessen auch Friedeburg mir bestätigte: daß die Behauptung, Du hättest gesagt, die Amerikaner kämpften in Vietnam für die Demokratie und die Freiheit, eine Fälschung ist. Es gehört zu den unangenehmsten Seiten der Strategie der angeblichen neuen Linken, daß sie unablässig solche Stilisierungen betreiben. Ich meine, es wäre das mindeste gewesen, was wir von Herbert zu erwarten gehabt hätten, daß er, ehe er Dir über die Angelegenheit pathetisch schreibt, sich erst einmal bei Dir erkundigt hätte, was an der Sache daran ist. Schließlich müßte er doch zu uns mehr Vertrauen haben als zu diesen Menschen, die eine bestimmte Konzeption so verstehen, daß sie die Einheit der Praxis mit einer nicht vorhandenen Theorie, kurz den puren begriffslosen Praktizismus betreiben. Unterdessen hat eine ihrer Splittergruppen in Berlin sich solidarisch erklärt mit den Leuten, die in Brüssel das Warenhaus angesteckt haben.[5] Man müsse in Europa vietnamesische Zustände schaffen, um die Aufmerksamkeit auf Vietnam zu lenken. Damit ist nun wirklich die Grenze dessen überschritten, was wir auch im Sinn der Nachsicht des Wotan für den Siegfried tolerieren könnten, der ihm den Speer zerschlägt.

[…]

Alles Liebe, auch von der Gretel, von
Deinem
G. R.

1 Alfred Schmidt (geb. 1931), damals Assistent am Philosophischen Seminar der Universität Frankfurt, seit 1972 Professor für Philosophie und Soziologie in Frankfurt/Main.

2 Nach dem früheren Frankfurter Oberbürgermeister Walter Kolb (SPD) benanntes Studentenwohnheim nahe der Universität in Frankfurt Main.

3 Vgl. Brief Adornos an Horkheimer vom 15.12.1966, in: Max Horkheimer, Gesammelte Schriften Bd. 18: Briefwechsel 1949–1973, hrsg. von Gunzelin Schmid Noerr, Frankfurt/Main 1996, S. 633 f.

4 Inge Marcuse, die frühere Ehefrau Franz Neumanns, hatte Kritik an Stellen der Einleitung von Helge Pross zur deutschen Ausgabe von Neumanns Buch *Demokratischer und autoritärer Staat*, Frankfurt/Main 1967, geäußert. Der Band sollte zunächst innerhalb der Institutsreihe *Frankfurter Beiträge zur Soziologie* erscheinen, wofür Adorno eine Vorrede verfaßte, wurde dann aber unabhängig davon veröffentlicht. Adornos Vorrede blieb ungedruckt (veröff. unter dem Titel *Franz Neumann zum Gedächtnis*, in: Theodor W. Adorno, Gesammelte Schriften Bd. 20.2: Vermischte Schriften, Frankfurt/Main 1986, S. 700 ff.).

5 Gemeint ist die Kommune I, die am 24. Mai 1967 vor der Mensa der Freien Universität Berlin ein Flugblatt mit dem Titel »Wann brennen die Berliner Kaufhäuser?« verteilt hatte.

Nr. 120

Herbert Marcuse
Ist die Idee der Revolution eine Mystifikation?

Herbert Marcuse antwortet im »Kursbuch« auf vier Fragen von Günther Busch

Juni 1967

QUELLE: Kursbuch, 3. Jg., Nr. 9, Juni 1967, S. 1–6

BUSCH: Der Begriff der Revolution, wie wir ihn bei Marx formuliert finden, hält den neuen Tatsachen der Industriegesellschaft nicht stand. Er ist zu einem Anachronismus geworden; er hat keinen Adressaten mehr. Die Arbeiterklasse, Marxens Meinung nach das geschichtliche Subjekt aller künftigen sozialen Umwälzungen, hat sich *als Klasse* aufgelöst; der Wunsch, eine qualitativ andere Gesellschaftsordnung herzustellen, ist dem Bedürfnis nach besseren Arbeitsbedingungen, mehr Freizeit und mehr materiellen Gütern gewichen. Unter diesen Verhältnissen erweist sich die alte Theorie der Revolution, die das wirtschaftliche Elend einer Klasse artikuliert und Unterdrückte sprechen gelehrt hat, als ohnmächtig und weltfremd; sie steht mit dem Rücken zur Wirklichkeit. – Leistet, wer heute von Revolution spricht, nicht einer Mystifikation Vorschub?

MARCUSE: Die Idee der Revolution ist eigentlich nie »Mystifikation«. Das Bestehende war immer als Ganzes schlecht: im Kampf gegen die realen Möglichkeiten der Bewältigung des Elends und der Grausamkeit. Daß sie keine identifizierbaren »Adressaten« mehr hat, keine organisierte Bewegung, auf die sie sich stützen könnte, annulliert nicht die Notwendigkeit von Revolution. Und hat sie heute wirklich keine »Adressaten«? Weder der ideologische Schleier der pluralistischen Demokratie noch der materielle Schleier verschwenderischer Produktivität ändert etwas an der Tatsache, daß im Bereich des Spätkapitalismus das Schicksal des Menschen bestimmt ist durch den aggressiven und expansiven Apparat der Ausbeutung und der mit ihm verfilzten Politik. Die in diesem Herrschaftssystem erlaubten und verwalteten Freiheitsrechte verhindern nicht die Gewalt einer Herrschaft, welche die Welt zur Hölle gemacht hat. Gegenwärtig ist die Hölle auf den Schlachtfeldern von Vietnam und den anderen Opferländern des Neokolonialismus konzentriert; dort ist freilich auch die Menschheit konzentriert: nicht unmittelbar, in den Guerillakämpfern, die dem Grauen der Eroberer mit dem Grauen der Verteidigung begegnen, sondern, sehr vermittelt, in der Chance, daß sie, die in ihrer extremen Armut und Schwäche schon seit Jahren die reichste und technisch höchstentwickelte Zerstörungsmaschine aller Zeiten in Schach halten, die innere Grenze des Systems markieren. »Innere« Grenze, weil es im globalen System des Spätkapitalismus kein Außen mehr gibt; weil selbst die Entwicklung der sozialistischen Länder, bei allem Gegensatz in den Produktionsverhältnissen, dem Zwang der globalen Konkurrenz und den Geboten der Koexistenz gehorcht. Aber jede romantische Idee der Befreiungsfront ist falsch. Der Guerillakampf als solcher stellt keine fatale Bedrohung des Systems dar: auf die Dauer kann er der technischen »Endlösung« nicht standhalten. Das System behält sich die Entscheidung vor, ob und wann es den »Sieg« durch totale Verbrennung und totale Vergiftung beschließen wird. Die »Endlösung« in Vietnam wäre die endliche Sicherung der Macht des Kapitals, das seine Interessen mit Hilfe von Militär- und Besitzdiktaturen weiter ausdehnen und die sozialistischen Länder zu immer anstrengenderer Verteidigung (oder zu ohnmächtiger Neutralität) zwingen würde. Diese Tendenz kann nur gebrochen werden, wenn der Widerstand der Opfer des Neokolonialismus eine Stütze findet in der »Gesellschaft im Überfluß« selbst, in der Metropole des Spätkapitalismus und in den von der Metropole in ihrer Selbständigkeit bedrohten schwächeren kapitalistischen Ländern. (Auf die Opposition in der Metropole werde ich in meiner Antwort auf die Frage 4 zurückkommen.) In den kapitalistischen Ländern des europäischen Kontinents jedenfalls bleibt die politische Reaktivierung der Arbeiterbewegung im internationalen Rahmen Voraussetzung für die Wirksamkeit der Gegenbewegung.

BUSCH: Zu den Merkwürdigkeiten unserer Zeit gehört die allmähliche wechselseitige Angleichung von Kapitalismus und Sozialismus. In beiden Systemen hat die fortgeschrittene Industrialisierung den Gesellschaftsprozeß und die Produktionsweise verändert. In dem Maße, in dem die Technologie den Gang der Dinge und die gesellschaftlichen Beziehungen der Menschen bestimmt, können Herrschaftsverhältnisse nur noch in technischen Ausdrücken definiert werden. Die Macht liegt beim Apparat, der die gesellschaftliche Arbeit verwaltet und die Anpassung organisiert: Herrschaft, übersetzt in Manipulation, gibt sich kaum noch als politische und wirtschaftliche Herrschaft zu erkennen. Im guten Glauben, aus eigenem Willen zu handeln, handelt jedermann den allgemeinen Zwängen nach. Die Vorstellung von Freiheit, von der sich Revolutionäre und Revolutionen inspirieren ließen, ist, so scheint es, in den modernen kapitalistischen *und* sozialistischen Staaten, außer Kurs gesetzt. Hat in der »gelenkten Massengesellschaft« der Begriff der Freiheit seine revolutionäre Kraft endgültig eingebüßt?

MARCUSE: Die »allmähliche wechselseitige Angleichung von Kapitalismus und Sozialismus« hat in dem häufig gebrauchten Begriff der »technologischen Gesellschaft« oder »entwickelten Industriegesellschaft« Ausdruck gefunden. Die gängige entrüstete Kritik an diesem Begriff ist selber ideologisch. Es sollte nicht mehr nötig sein zu betonen, daß nicht die Technik, sondern die gesellschaftliche Organisation der Produktivkräfte für die Differenz der Systeme entscheidend ist; aber es scheint immer noch nötig zu wiederholen, daß die Abschaffung des Privateigentums an den Produktionsmitteln und deren kollektive Kontrolle nicht diese Differenz ausmachen, auch dann nicht, wenn diese Kontrolle von einer Arbeiterklasse ausgeübt wird, deren Bedürfnisse und Aspirationen dem kapitalistischen System der Bedürfnisse in Nachahmung und Anpassung verhaftet sind. Die Koexistenz mit dem Spätkapitalismus treibt die sozialistischen Gesellschaften zu einer Konkurrenz auf Leben und Tod – zu einer Konkurrenz, in der die Entwicklung der Produktivkräfte und der Bedürfnisse weitgehend diplomatisch-politischen und militärischen Erfordernissen unterworfen ist. So wird, hier wie dort, Technik zu einem in den Produktionsprozeß eingebauten Herrschaftsmittel. Und als solches schreibt die Technik, die noch nicht zum Mittel der Befreiung gemacht ist, bestimmte Verhaltensweisen im und zum Herrschaftsapparat vor – hier wie dort. Trotzdem bleibt bestehen, daß die Chance der Befreiung dort liegt, wo die Produktionsmittel vergesellschaftet sind. Die politische Ökonomie der sozialistischen Länder bedarf des Friedens, nicht der aggressiven Expansion.

Aber der technisch-politische Wettbewerb in der Entwicklung der Produktivkräfte löst noch eine andere Tendenz der Angleichung aus, die für die Zukunft noch unheilvoller erscheint. Die gegenwärtige internationale Konstellation führt zu einem Interessengegensatz zwischen den »alten«, stabilisierten, technisch fortgeschrittenen und industrialisierten sozialistischen Ländern einerseits und den »neuen« und ärmeren anderseits. Die ersteren rücken in die Kategorie der Besitzenden auf; ihnen mag der revolutionäre Kommunismus der Armen jenseits der Grenze sehr wohl als eine neue »Revolution von unten« und daher als eine Gefahr vorkommen. Und nicht nur ihnen allein, denn auch die »Gesellschaft im Überfluß« wittert hier eine Gefahr: aus dem amerikanischen »Kampf gegen den Kommunismus« ist längst ein Kampf gegen den Kommunismus der Ärmsten geworden.

Wenn in den entwickelten Industrieländern mit ihrem steigenden Lebensstandard die »Vorstellung von Freiheit, von der sich Revolutionäre und Revolutionen inspirieren ließen«, unterdrückt ist, so ist sie um so akuter und offener dort, wo die Unterdrückten gegen das System rebellieren. Hier fällt der revolutionäre Begriff der Freiheit mit der Notwendigkeit, die nackte Existenz zu verteidigen, zusammen: in Vietnam genauso wie in den Slums und Ghettos der reichen Länder.

BUSCH: In der zeitgenössischen Industriegesellschaft ist die Ökonomie nicht mehr die Basis der politischen Entscheidungen, sondern selber eine Funktion der Politik. Die ökonomischen Prozesse sind heute nachdrücklicher politisch vermittelt als vor fünfzig Jahren. Darin deutet sich eine neue bislang ungekannte Form des Totalitarismus an. Die Gesellschaftstheorie scheint diesem Tatbestand nicht gewachsen: sie redet ihren eigenen Kategorien nach dem Mund und überläßt die Fakten sich selbst. Die Praxis hat, so sieht es aus, mit den Ideen gebrochen. Kann die gegenwärtige Entwicklung der Gesellschaft noch mit Begriffen wie »Entfremdung«, »Verdinglichung«, »Ausbeutung«, »Existenzminimum«, »Verelendung« interpretiert werden?

MARCUSE: Es ist nicht richtig, daß in der »zeitgenössischen Industriegesellschaft … die Ökonomie *nicht mehr* die Basis der politischen Entscheidungen (ist), sondern selber eine Funktion der Politik«. Im *engen* »ökonomischen« Sinne war die Ökonomie nie die Basis; auch heute ist sie »politische Ökonomie«: der Prozeß der Produktion und Distribution wird weitgehend von der Politik bestimmt und bestimmt seinerseits die Politik, in der sich die großen oligopolistischen Interessen durchsetzen (sie sind keineswegs immer in Harmonie). Und mehr als zuvor ist die politische Meinung und Stellungnahme der Produzenten und Konsumenten ein ökonomischer Faktor: Element im Tauschprozeß, im Kauf und Verkauf der Arbeitskraft, im

Warenabsatz. Man muß politisch »alright« sein, um im Geschäft, im Büro, in der Fabrik konkurrieren zu können. Politische Propaganda und kommerzielle Reklame koinzidieren. Die politische Ökonomie des Spätkapitalismus ist auch »psychologische Ökonomie«: sie produziert und verwaltet die vom System erforderten Bedürfnisse – auch die Triebbedürfnisse. Es ist diese Introjektion der Herrschaft, die, mit der wachsenden Befriedigung der Bedürfnisse, Begriffe wie Entfremdung, Verdinglichung, Ausbeutung suspekt macht. Ist der Nutznießer der »Gesellschaft im Überfluß« nicht wirklich bei sich selbst im Anderssein? Findet er nicht tatsächlich sich selbst wieder in seinen »gadgets«, seinem Auto, seinem Fernsehgerät? Aber wiederum: beseitigt die falsche Subjektivität den objektiven Sachverhalt?

BUSCH: In einem Aufsatz aus dem Jahr 1965 haben Sie die These vertreten, dem Kapitalismus sei es gelungen, seine Widersprüche in eine »manipulierbare Form« zu bringen; er habe das »revolutionäre Potential« absorbiert. Bedeutet das, daß unter den gegebenen Umständen kritische Theorie und politische Praxis nicht mehr zusammenzubringen sind? Mit anderen Worten: Was heißt »revolutionär« angesichts einer Gesellschaft, die den Gedanken der Revolution und das Bedürfnis nach ihr gewaltlos stillgelegt hat?

MARCUSE: Die Manipulation der spätkapitalistischen Widersprüche hat ihre eigene Dynamik, deren sprengende Kraft heute in der Eskalation des Krieges in Vietnam und in der Expansion des amerikanischen Kapitals in Europa, Südamerika und Asien wirksam ist. Es ist sinnlos, in dieser Tendenz die Keime eines bewaffneten Konflikts zwischen den kapitalistischen Mächten zu entdecken: das Gesamtinteresse gegenüber dem gemeinsamen Gegner zwingt die Rivalen zusammen. Aber innerhalb der Nationen bestehen durchaus partikulare Interessen an der Zurückdrängung des amerikanischen Kapitals; nationale Unabhängigkeit wird wieder zum progressiven Faktor. Ein Rückzug des amerikanischen Kapitals könnte – im Zusammenhang mit der durch die fortschreitende Automation entstehenden Arbeitslosigkeit – zu schweren Erschütterungen führen; sie würden die Gleichschaltung der antagonistischen Kräfte in den USA auflockern. Es ist möglich, daß dann die neofaschistischen Intentionen triumphieren und daß die Majorität der organisierten Arbeiter ihnen folgt oder neutral bleibt; es ist jedoch auch möglich, daß die Gegenbewegung wächst und sich organisiert.

In dieser Situation könnte die Opposition der amerikanischen Jugend zu politischer Wirkung gelangen. Diese Opposition ist ideologiefrei oder von tiefem Mißtrauen gegenüber aller Ideologie (auch der sozialistischen) durchdrungen; sie ist sexuelle, moralische, intellektuelle und politische Rebellion in einem. In diesem Sinne ist sie total gegen das System *als Ganzes* gerichtet; sie ist der Ekel vor der »Gesellschaft im Überfluß«, das vitale Bedürfnis, die Spielregeln eines betrügerischen und blutigen Spiels zu verletzen – nicht mehr mitzumachen. Wenn diese Jugend das bestehende System der Bedürfnisse und seine stetig sich mehrende Warenmasse verabscheut, so deshalb, weil sie beobachtet und weiß, wieviel Opfer, wieviel Grausamkeit und Dummheit täglich in die Reproduktion des Systems eingehen. Diese Jungen und Mädchen teilen nicht mehr die repressiven Bedürfnisse nach den Wohltaten und nach der Sicherheit der Herrschaft – in ihnen erscheint vielleicht ein neues Bewußtsein, ein neuer Typus mit einem anderen Instinkt für die Wirklichkeit, fürs Leben und fürs Glück; sie haben die Sensibilität für eine Freiheit, die mit den in der vergreisten Gesellschaft praktizierten Freiheiten nichts zu tun hat und nichts zu tun haben will. Kurz: hier ist die »bestimmte Negation« des Bestehenden – aber ohne wirksame Organisation und an sich selbst unfähig, entscheidenden politischen Druck auszuüben. Nur im Bündnis mit den Kräften, die dem System »von außen« widerstehen, kann eine solche Opposition zu einer neuen Avantgarde werden; wenn sie isoliert bleibt, läuft sie Gefahr, der Verharmlosung und damit dem System selbst zu verfallen.

Nr. 121

Max Horkheimer

Die Pseudoradikalen

Späne – Notizen über Gespräche mit Max Horkheimer in unverbindlicher Formulierung aufgeschrieben von Friedrich Pollock

Juni 1967

QUELLE: Max Horkheimer, Gesammelte Schriften Bd. 14: Nachgelassene Schriften 1949–1972, hrsg. von Gunzelin Schmid Noerr, © S. Fischer Verlag Frankfurt/Main 1988, S. 413

H[erbert] M[arcuse] ist der Prototyp der radikalen Intellektuellen, die nicht etwa nur die Mißstände im eigenen Land angreifen, sondern gleichzeitig mit dem Osten sympathisieren. Damit propagieren sie aber die schlimmste Art der Barbarei. Heute kommt es aber allein darauf an, zu retten, was von der persönlichen Freiheit noch übrig ist. Radikal sein heißt heute konservativ sein. Denn der Trend zeigt eindeutig auf den Übergang der Macht von der Legislative auf die Exekutive, das heißt aber eine Entwicklung zur totalen Bürokratie. Die Zuchthaussysteme des Ostens sind viel schlimmer als die teilweise grobe Verfälschung der demokratischen Ordnung im [Westen].

Nr. 122

Rolf Tiedemann

Vor Berliner Studenten

Zusammenfassung mehrerer Diskussionsreden zur Ermordung Benno Ohnesorgs

Juni 1967

QUELLE: Knut Nevermann / Verband Deutscher Studentenschaften (Hg.), der 2. Juni 1967 – Studenten zwischen Notstand und Demokratie – Dokumente zu den Ereignissen anläßlich des Schah-Besuchs, Köln 1967, S. 39–43

Kommilitoninnen und Kommilitonen!
Ich möchte zunächst versuchen, die Diskussion der Frage zu beginnen, wo wir in diesem Augenblick eigentlich stehen mit dem, was wir seit Freitag abend erleben. Gegenüber der Situation, in der wir uns am Sonnabend und Sonntag, auch noch am Montag befanden, hat sich ja einiges geändert; diese Änderungen müssen wir in unsere Überlegungen aufnehmen.

Am Wochenende gab es eine eindeutige Zweifrontenbildung: hier die Gesamtheit der Studenten, unterstützt von ganz wenigen ihrer akademischen Lehrer; auf der andern Seite die Einheitsfront von Obrigkeit, Presse, Berliner Bevölkerung und überwiegender Mehrheit der Professorenschaft.

Inzwischen scheinen – ich betone scheinen – die Gruppierungen sich verschoben zu haben: Akademische Senate solidarisieren sich mit den Studenten; die Presse beginnt, an der staatlichen Exekutive leise, aber unüberhörbare Kritik zu üben; unsere Straßendiskussionen scheinen nicht ganz fruchtlos zu sein, sogar der Innensenator hat sich zu Zweifeln an der bisher für ihn verbindlichen Darstellung des schießenden Kriminalbeamten durchgerungen.

Diesen Umschwung oder wenigstens Wandel in der öffentlichen Meinung werden wir sehr genau, sehr kritisch zu studieren haben. Ist damit wirklich eine entscheidende Änderung eingetreten, bahnt sich da wirklich eine Überbrückung der Gegensätze an? Oder werden diese nur besser, wirksamer, suggestiver kaschiert? Ich greife zwei Punkte heraus, bei denen ich mich auf ihre Behandlung in der Presse und in den Verlautbarungen der politischen Instanzen Berlins beschränke; was in der Bevölkerung selbst sich abspielt, ob sich da etwas abspielt, ist noch nicht zu übersehen; auch die Motive und Intentionen der Professorenschaft sind komplizierter und bedürften einer eigenen Analyse.

1) Nirgends in der Presse zeichnet sich eine prinzipielle Kritik der polizeistaatlichen Methoden ab; überall werden lediglich einzelne Übergriffe einzelner Beamter verurteilt. Daß der Innensenator offensichtlich bereit ist, diesen einen Beamten, der geschossen hat, preiszugeben, macht deutlich genug, wohin der Weg geht: was geschehen ist, soll personalisiert werden. Wenn ich kein ganz schlechter Prophet bin, dann werden wir in den kommenden Tagen und Wochen erleben, daß jetzt alles auf diesen Mann, der die große, völlig uncharakteristische Ausnahme sein soll, abgeschoben wird, damit vor seinem Hintergrund die Polizei als Freund und Helfer wieder aufgebaut werden kann.

2) Kaum ein Zeitungs- und Rundfunkkommentar, keine offizielle oder halboffizielle Stellungnahme, in denen der Kritik am Polizeiterror nicht sofort, mit einem bereits eingeschliffenen Automatismus, die schärfere Perhorreszierung der angeblich radikalisierten Minderheiten in der Studentenschaft hinzugefügt wird. Von niemand werden Albertz und der Berliner Senat verurteilt, ohne daß nicht auch mindestens die

Demonstranten, die Steine geworfen haben sollen, dem Strafrichter anbefohlen werden, wobei natürlich ebenfalls niemand darauf reflektiert, wann, in welcher Notlage zu Steinen gegriffen wurde. Dem geplanten Untersuchungsausschuß des Abgeordnetenhauses ist, wie Sie wissen, in erster Linie die schöne Aufgabe zugedacht, festzustellen, wie weit »bestimmte Gruppen« Unruhen an der FU und in der Öffentlichkeit verursacht hätten.

Worum handelt es sich bei diesen – lassen Sie es mich euphemistisch nennen: Argumentationen? Sowohl die Personalisierung der Schuld bei einem Kriminalbeamten als auch die Theorie von den Rädelsführern, Radikalinskis und Scharfmachern in unserer Mitte, diesen dunklen Kräften im Hintergrund, sind uns nicht unbekannt. Wir kennen sie aus der Ideologie des autoritären Charakters. Es sind das immer wieder analysierte Stereotype des faschistoiden Denkens. Die Soziologen und Publizistikwissenschaftler unter Ihnen kennen genügend Inhaltsanalysen von rechtsradikalen Zeitungen und Propagandatexten; Sie finden da eine ganze Reihe von Kategoriensystemen, die Sie ohne große Modifikationen auf all diese Äußerungen vor allem der letzten zwei Tage anwenden können. Was sich da mittlerweile uns zu nähern scheint, tut das oft nur, indem es, wenn nicht inhaltlich, so doch formal Kategorien faschistischen Denkens erfüllt.

Mißverstehen Sie mich bitte nicht. Ich will damit die Solidaritätsbezeugungen und die zaghaften Differenzierungsversuche durchaus nicht abwerten. Es war schließlich gar nicht von Anfang an sicher, daß wenigstens soviel sich würde erreichen lassen. Aber mit der Solidarität über einem Grab dürfen wir uns nicht zufriedengeben. Und die Minderheitenjagd gehört zu jenen Faschisierungstendenzen unserer Gesellschaft, gegen die wir aufgestanden sind. Gerade jene Unruhe, die man uns vorwirft und weiter vorwerfen wird und die wir in der Tat in die Universität und in die Öffentlichkeit hineingetragen haben, diese Unruhe ist – wenn Sie mir den biblischen Terminus erlauben: unser einziges Pfund, mit dem wir wuchern müssen und das wir uns von keinem Untersuchungsausschuß, keinem Akademischen Senat, keiner gönnerhaften Respektperson nehmen lassen können. Ich meine das ganz konkret: wenn Professor Gollwitzer gesagt hat, die Studenten seien das Salz der Gesellschaft, dann gilt das auch innerhalb der Studentenschaft: wenn die Studentenschaft endlich in Bewegung gekommen ist, dann dankt sie das nicht zuletzt ihren verketzerten »radikalen« Minderheiten, von denen sie sich jetzt um keinen Preis, nicht um den der Solidarität mit der Öffentlichkeit, nicht um den einer sympathisierenden Presse, trennen lassen sollte. Ob wir mit diesen Minderheiten übereinstimmen oder nicht, wir brauchen sie für die Diskussionen, die wir jetzt zu führen haben.

Das gilt auch von der »Kommune«. Wie fern auch immer die meisten von uns den theoretischen Vorstellungen und den Aktionen der »Kommune« stehen mögen, so sollten wir uns von dem Gegner, den wir mit den »Kommunarden« gemeinsam haben: von der autoritären Obrigkeit und von den autoritätsgebundenen Teilen der Bevölkerung keinesfalls unsere Taktik vorschreiben lassen. Wenn die immer wieder geforderten Distanzierungen und Abgrenzungen sich in unseren Diskussionen verselbständigten, dann wäre die Politisierung der Studentenschaft bereits wieder rückgängig gemacht. Die Überzeugungskraft und die Wahrheit des radikal- oder real-demokratischen Konzepts, das uns zusammengeführt hat, messen sich nicht zuletzt daran, ob wir dem »Kommune«-Konzept theoretisch überhaupt noch gewachsen oder ob wir schon in theorieblindem Aktivismus befangen sind. Daß dieser – die Methode des apolitischen Happenings, wie sie die »Kommune« entwickelt hat – eine völlig inadäquate Antwort auf die gesellschaftliche Lage heute darstellt, scheint mir sehr ernsthaft wieder zur Frage geworden zu sein. Als apolitische Happenings müssen vorab die denkwürdige Abgeordnetenhaussitzung vom 8. Juni und ihre Fortsetzungen in den Argumentationen zahlreicher Politiker klassifiziert werden. Demgegenüber besitzen sogar die dadaistischen Demonstrationsformen der »Kommune« einen Kern politischer Rationalität, stellen sie doch immerhin einen Versuch dar, beim Namen zu nennen, was öffentlich sich abspielt.

Dazu kommt etwas anderes, was nicht ausgesprochen zu werden brauchte, wenn die Rechtsstaatlichkeit in dieser Stadt noch funktionierte, das aber, wie die Dinge liegen, gesagt werden muß. Den Minderheiten werden von Obrigkeit, Justiz und weiten Teilen der Bevölkerung Vergehen gegen die Strafgesetze vorgeworfen. Keines dieser Vergehen ist bislang gerichtlich abgeurteilt worden; soweit ich informiert bin, hat keines bisher auch nur zu einer ordentlichen Anklageerhebung geführt. Von allen, die zur Eliminierung, Ausmerzung und Hexenjagd auf Minderheiten und angebliche Rädelsführer aufrufen, wird der allerprimitivste, noch nicht einmal real-demokratische, sondern ganz formale Grundsatz der Rechtsstaatlichkeit – daß jeder so lange unschuldig ist, wie seine Schuld nicht rechtskräftig erwiesen ist – nicht eingehalten. Wenn die Studentenschaft die Sache, die sie objektiv vertritt, nicht verraten will, dann hat sie, stellvertretend für die versagenden staatlichen Instanzen und stellvertretend für die Öffentlichkeit, diesem Rechtsgrundsatz zur Wirkung zu verhelfen, es wenigstens zu versuchen. Dann darf wenigstens die Studentenschaft an der Minderheitenjagd sich nicht beteiligen. Eine Beteiligung daran wäre es aber bereits, wenn sie den Vorurteilen der öffentlichen und nichtöffentlichen Meinung Mut machte, indem sie von ihren Minderheiten sich distanzierte.

Sowenig solche Distanzierung zu rechtfertigen ist, sowenig kann unsere Diskussion – das ist das zweite, wozu ich einiges sagen möchte – jetzt wieder auf die Erörterung von Universitätsfragen restringiert werden, falls wir nicht unversehens dort uns wiederfinden wollen, wo wir einmal angefangen haben: in der ohnmächtigen Isolierung gegenüber einer wieder autoritär gewordenen Gesellschaft. Ich darf das an einer Einzelfrage deutlich zu machen versuchen.

Der Rektor unserer Universität hat uns am Montag in der Konventssitzung aufgerufen, alles zu vermeiden, was staatliche Eingriffe in die Universitätsautonomie provozieren könnte. Der Akademische Senat hat in seiner gestrigen Erklärung – über die ich im übrigen, wie wohl wir alle, glücklich bin, auch wenn ihr Inhalt eine Selbstverständlichkeit ist – diese Auffassung sich zu eigen gemacht und zu unser aller oberster Aufgabe erklärt, diese Autonomie zu bewahren.

Ich teile diese Meinung nicht. Ich glaube vielmehr, daß die Ereignisse seit Freitag abend auch den letzten von uns davon überzeugen müßten, daß das, was an der Universität geschieht, unmittelbar abhängt von den Verhältnissen der Gesamtgesellschaft; daß eine autonome Universität überhaupt nur möglich ist in einem Gemeinwesen, in dem Polizisten – lassen Sie es mich abgekürzt sagen, die Abkürzung sagt alles –, in dem Polizisten, die auf Demonstranten einknüppeln und schießen, nicht möglich sind. Solange das möglich ist, sollte man über keine Hierarchie von Aufgaben mit uns reden wollen. So lange folgt gerade auch aus der Aufgabe der Universitätsautonomie die andere, uns von niemand unser allgemein-politisches Mandat bestreiten zu lassen, sondern es auszuüben. Und zwar es extensiv auszuüben: nur wenn es gelingt, diese Gesellschaft unsicher zu machen, sie doch noch in Bewegung zu bringen, werden die Angehörigen der Universität, insbesondere die Studenten, die an der demokratischen Idee unserer Gesellschaft festhalten, sich wieder beruhigen, sich wieder mit Vorrang ihren autonomen Aufgaben widmen dürfen.

Aber wenn ich also auch nicht bereit bin, einen Dringlichkeitskatalog, auf dem die Universitätsautonomie obenan steht, zu akzeptieren, so bin ich selbstverständlich bereit, auch diese Meinung zu diskutieren. Da wäre dann jedoch zunächst einmal zu fragen, ob es sich wirklich noch darum handelt, die Autonomie unserer Universität zu bewahren oder nicht vielmehr darum, sie allererst herzustellen.

Wir wissen, daß der Berliner Senat ein neues Universitätsgesetz berät, das zugleich eine wesentlich verschärfte Disziplinarordnung enthalten wird. Das eigentliche Universitätsgesetz, in dem die Beziehungen der Universität zur Gesellschaft und zum Staat zu regeln sind, muß selbstverständlich von der Repräsentanz der Bevölkerung erlassen werden. Dasselbe gilt aber keineswegs von der Disziplinarordnung, die ausschließlich innere Angelegenheiten der Universität betrifft. – Ich frage mich, wie es um die Autonomie einer Universität eigentlich bestellt ist, in der – soviel öffentlich geworden ist – dieses Junktim zwischen Universitätsgesetz und Disziplinarordnung nicht einmal mehr diskutiert wird. Wir wissen weiter – der Regierende Bürgermeister hat es uns unmißverständlich gesagt –, daß die Verschärfung der Disziplinarordnung begründet wird mit der gegenwärtigen Situation, in der die Gegensätze sich durch die Kopflosigkeit und Brutalität der staatlichen Exekutive auf unerträgliche Weise polarisiert haben. – Ich frage mich, wo eigentlich die Autonomie einer Universität bleibt, die sich eine solche Disziplinarordnung oktroyieren lassen muß, in der der Ausnahmezustand zur Norm erhoben wird.

Doch machen wir uns nichts vor: unsere Autonomie ist nicht nur von den Organen unserer Universität längst preisgegeben worden; es handelt sich da gar nicht in erster Linie um subjektives Versagen. Sondern diese sogenannte pluralistische Gesellschaft hat objektiv bislang eine real-autonome Hochschule nicht einmal vorgesehen.

Regierender Bürgermeister und Senat der Stadt erlassen ein allgemeines Demonstrationsverbot, das alles andere als allgemein ist; das in Wirklichkeit zugeschnitten ist einzig und allein auf die Studentenschaft. Wie kann man von uns erwarten, auf unsere Interessen als akademische Bürger uns zu beschränken, wenn man unsere elementarsten Rechte als Staatsbürger uns beschneidet?

Der Regierende Bürgermeister erklärt zu den »Zwischenfällen« – wie er in seiner pervertierten Sprache die Ereignisse vor der Oper nennt –, er erklärt zu diesen Zwischenfällen, bei denen einer von uns erschossen wurde, das ginge auf das Konto der Studenten; er ruft pathetisch aus, die Geduld der Berliner mit den Studenten sei am Ende; er kündigt den Studenten auch für die Zukunft »den energischen Einsatz« der Polizei an, was das heißt, wissen wir jetzt; er plant schließlich die Einrichtung von Schnellgerichten für demonstrierende Studenten – weil die nämlich aus ordentlichen Gerichtsverfahren in der Regel unbelastet hervorgehen. – Man hat derartige Äußerungen dieses Regierenden Bürgermeisters und approbierten Christen die Äußerungen eines Zynikers genannt. Doch sind es die Reden eines ganz normalen, nichts als durchschnittlichen Staatsbürgers, der nur zufällig an der Regierung ist. Oder vielmehr gar nicht so zufällig, wurden seine Reden doch zunächst von beinahe der gesamten Berliner Presse aufgenommen und steht doch offensichtlich ein überwiegender Teil der Berliner Bevölkerung immer noch hinter diesen Reden.

Nimmt man sie aber ernst, und wir müssen sie ernst nehmen, dann steht uns das Ausnahmerecht für Studenten unmittelbar bevor. Die Ausnahmebehandlung von Studenten funktioniert bereits seit geraumer Zeit. Der nächste Schritt ist dann – eine Berliner Zeitung hat am Sonnabend diese Konsequenz schon angedeutet – die Aufforderung zum Pogrom: der Aufruf an die Arbeiter und die Gewerkschaften, »gemeinsam mit der Masse der Bevölkerung« die Studenten zur »Ordnung« zu rufen und ihnen gegenüber »Härte« walten zu lassen: die Ordnung der Polizeistöcke und die Härte des Schußwaffengebrauchs; eine andere Interpretation dieser vorläufig noch allgemeiner gehaltenen Ausdrücke wäre möglicherweise bereits tödlicher Leichtsinn.

Was folgt daraus? Die Aufforderungen zur Diskussion, die an die Studentenschaft ergehen und die ich mir zu eigen mache, müssen eine Diskussion meinen, die nichts, aber auch gar nichts mit der inzwischen weitgehend akzeptierten Ideologie des »Wir müssen miteinander ins Gespräch kommen« zu tun hat. Diese Diskussion kann sich nicht darauf beschränken, daß wir nun »rationale Diskussion«, »rationale Diskussion« wie buddhistische Gebetsmühlen vor uns hinbeten. Daß Diskussion rational sein muß, gehört auch zu diesen Binsenwahrheiten, die unter denkenden Menschen nicht eigens betont werden müßten. Wer aus der Rationalität der Diskussion aber einen Fetisch macht, der vergeht sich bereits gegen den Begriff der Rationalität selber. Gerade Rationalität: das, wofür dieser Begriff einsteht und was vor allem andern bedeutet, daß die Rationalität nichts bloß Formales ist, sich nicht in einem System bloßer Spielregeln erschöpft, sondern daß sie etwas Inhaltliches, die konkrete Selbstbestimmung der Individuen meint – so verstandene Rationalität involviert, wie ich glaube, daß die Diskussion nicht alles ist; daß das abblendende Insistieren auf ihr im Augenblick eher dazu taugt, zu verschleiern, worüber zu diskutieren und mehr als zu diskutieren wäre. Sicherlich sollte in normalen Zeiten die Demonstration ein mit Vorsicht zu verwendendes Mittel sein, das schon um seiner Effektivität willen nicht überstrapaziert werden darf. Aber eine solche normale Situation besteht auch heute für die Berliner Studenten nicht. Solange aber Verhältnisse und auch nur ein Klima fortbestehen, die bereits der Rechtsstaatlichkeit ins Gesicht schlagen, genügt es nicht zu diskutieren. Worüber soll da eigentlich diskutiert werden? Daß das alles nicht rechtens ist? Das ist kein Diskussionsgegenstand, das steht in den Gesetzen. Wenn wir also auch weiterhin versuchen werden, Theorie in politische Praxis zu überführen, dann nicht zuletzt deshalb, weil es uns um die Gesetze zu tun ist. Bevor wir uns auf die Bewahrung oder Herstellung der Universitätsautonomie – was auch immer die richtige Formulierung sein mag – beschränken dürfen, müssen einige Voraussetzungen erfüllt sein, die solche Autonomie überhaupt erst sinnvoll machen. So wichtig und dringend ein Primat der universitären Autonomie einmal, als diese Universität gegründet wurde, war: heute steht etwas ganz anderes im Vordergrund: nämlich die Abspaltung der Universität von der Gesellschaft. Diese Abspaltung gilt es zuerst einmal zu überwinden. Es gilt – ich will nicht sagen: die Gesellschaft zu demokratisieren; Illusionen über das jetzt und hier objektiv Mögliche sollten wir uns keine mehr machen. Aber es gilt und es muß möglich sein, daß wenigstens gewisse Minimalvoraussetzungen in der Richtung auf eine halbwegs demokratische Gesellschaft hergestellt werden. Freilich: nicht einmal diese Minimalvoraussetzungen können von den Studenten geschaffen werden. Das einzige, was wir tun können: wir können versuchen, ein Bewußtsein dieser Voraussetzungen in die Bevölkerung hineinzutragen. Wir können und müssen der Bevölkerung oder doch Teilen von ihr bewußtmachen, daß ihre wahren eigenen Interessen mit unseren studentischen Interessen und mit den Interessen dieser Universität identisch sind. In jenen Solidaritätsbekundungen, die uns zum Tod Benno Ohnesorgs erreichen und die in den meisten Fällen gewiß ehrlich sind, ist das Bewußtsein dieser Identität noch nicht enthalten. Auf ihr aber müssen wir gerade auch um der Treue zu unserem toten Kommilitonen willen bestehen.

Nr. 123

Theodor W. Adorno

»Es ist mir nicht möglich, die Vorlesung heute zu beginnen ...«

Aufforderung zu einer Gedenkminute für Benno Ohnesorg in der Vorlesung über Ästhetik

6. Juni 1967

QUELLE: Diskus – Frankfurter Studentenzeitung, Extrablatt vom 8./9. Juni 1967, S. 2; wiederabgedruckt in: Frankfurter Adorno-Blätter III, hrsg. vom Theodor W. Adorno-Archiv, Göttingen 1994, S. 145 f.

Es ist mir nicht möglich, die Vorlesung heute zu beginnen, ohne ein Wort zu sagen über die Berliner Vorgänge, so sehr diese auch beschattet werden von dem Furchtbaren, das Israel, der Heimstätte zahlloser vor dem Grauen geflüchteter Juden, droht.

Mir ist bewußt, wie schwer es nachgerade fällt, auch über das faktisch Einfachste sich ein gerechtes und verantwortliches Urteil zu bilden, weil alle Nachrichten, die zu uns gelangen, bereits gesteuert sind. Aber das kann mich nicht hindern, meine Sympathie für den Studenten auszusprechen, dessen Schicksal, gleichgültig was man berichtet, in gar keinem Verhältnis zu seiner Teilnahme an einer politischen Demonstration steht. Unabhängig davon, welche der einander widersprechenden Darstellungen der erschreckenden Vorgänge zutrifft, ist auf jeden Fall die Beobachtung, daß stets noch in Deutschland die offizielle und mit dem Geist von Demokratie unvereinbare Neigung höherer Instanzen herrscht, Aktionen der im doppelten Sinn untergeordneten Organe a priori zu decken. Nachdem die Untersuchung der Hamburger Vorgänge in einer sogenannten Beruhigungszelle abgebrochen wurden, steht zu befürchten, daß Ähnliches auch in Berlin geschehe. Nicht nur der Drang, den Opfern Gerechtigkeit widerfahren zu lassen, sondern die Sorge darum, daß der demokratische Geist in Deutschland, der wahrhaft erst sich bildet, nicht durch obrigkeitsstaatliche Praktiken erstickt wird, macht die Forderung notwendig, es möchten die Untersuchung in Berlin Instanzen führen, die mit denen, die da geschossen und den Gummiknüppel geschwungen haben, organisatorisch nicht verbunden sind und bei denen keinerlei Interesse daran, in welcher Richtung die Untersuchung läuft, zu beargwöhnen ist. Daß die Untersuchung in vollster Freiheit, raschestens, ungegängelt von autoritären Wünschen, dem Geist der Demokratie gemäß angestellt werde, ist ein Wunsch, den ich nicht als meinen privaten fühle, sondern als einen, der in der objektiven Situation entspringt. Ich vermute, daß Sie ihn teilen.

Ich bitte sie, sich zum Gedächtnis unseres Berliner Kommilitonen Benno Ohnesorg von Ihren Plätzen zu erheben.

Nr. 124

Oskar Negt

»Benno Ohnesorg ist das Opfer eines Mordanschlags«

Kundgebung auf dem Frankfurter Römerberg

8. Juni 1967

QUELLE: Frankfurter Rundschau (Deutschland-Ausgabe, auch Sonderdruck) vom 12. Juni 1967; wiederabgedruckt unter verändertem Titel in: Oskar Negt, Politik als Protest, Frankfurt/Main 1971 (unautorisierte Ausgabe), S. 25–29; wiederabgedruckt in: Oskar Negt, Keine Demokratie ohne Sozialismus, © Suhrkamp Verlag Frankfurt/Main 1976, S. 51–56

Wir gedenken heute eines Toten. Wir können dieses Toten nur angemessen gedenken, wenn wir erkennen, daß der Student Benno Ohnesorg sein Leben ließ in einer fatalen Auseinandersetzung über die Grenzen der Exekutive, insbesondere der Polizeibehörden, und über die Rechte einer außerparlamentarischen Opposition. Die demokratische Opposition unseres Landes verteidigt heute die Grundrechte der Meinungsfreiheit und der Versammlungsfreiheit. Sie kämpft um das Demonstrationsrecht und darum, ob es für die Polizeibehörden zulässig sein soll, Demonstranten, die jubeln wollen, und Demonstranten, die ihr Mißfallen zum Ausdruck bringen wollen, unterschiedlich zu behandeln und damit das Grundrecht aus Artikel 3 Absatz 3 des Grundgesetzes außer Kraft zu setzen, das lautet: Niemand darf wegen seiner politischen Anschauung bevorzugt oder benachteiligt werden.

Als Störenfriede denunziert

Regierungsbehörden, Polizei und ein Teil der Presse bekämpfen heute eine Minderheit, die versucht, den Widerspruch gegen die manipulierte Meinung zu artikulieren, die durch Polizeikommuniqués legitimiert wird. Man denunziert diese Minderheit als extremistische Störenfriede: als linksradikal, als prokommunistisch, als anarchistisch. Diese Vorwürfe sind Bestandteil aller autoritären Gesellschaftsordnungen. Ihre Repräsentanten projizieren die Vernunftlosigkeit und Fragwürdigkeit des Herrschaftsapparates, über den sie mit allen technischen Raffinessen verfügen, auf die gesellschaftlichen Gruppen, die das Getriebe mit Fragen und mit Protesten stören.

Es muß hier aber klarwerden, was den Anarchismus der Vergangenheit von allen Protestformen, die man heute als anarchistisch denunziert, grundlegend unterscheidet: Die Anarchisten des 19. Jahrhunderts richteten individuellen Terror gegen den staatlich sanktionierten Terror, der sich weit sichtbar in Potentaten verschiedener Herkunft verkörperte; sie personalisierten die Herrschaftsverhältnisse, weil sie in absolutistischen Systemen eine Veränderung der Verhältnisse von Personen erwarteten. Was immer man über die Unangemessenheit und die intellektuellen Qualifikationen provozierender Gruppen von heute aber sagen und denken mag: ihnen fehlt im allgemeinen die verbreitete Naivität, daß durch den Wechsel von Personen, durch Bomben und Attentatsdrohungen gesellschaftliche Systeme sich ändern. Sie ahnen, daß Herrschaftsfunktionen austauschbar sind, daß Humphrey nicht der Initiator, sondern bloßer Repräsentanz einer Kriegsmaschinerie ist, die in Vietnam einen sinnlosen und verbrecherischen Krieg führt.

Verschweigen fordert heraus

Es ist heute zur Gewohnheit geworden, sich von »Wurfgeschossen aller Art«, von Rauchbomben, Eiern und Tomaten zu distanzieren. Durchsichtig ist das bürokratische Interesse, durch eine Zwangsmotivation zur permanenten Distanzierung die politische Widerstandskraft der Studenten zu erschöpfen. Aber niemand fragt, warum Demonstranten, die sonst, wo immer man sie stellt, zum Argumentieren bereit sind und einer sachlichen Diskussion nicht ausweichen, zu solchen Mitteln greifen. Es sind zum großen Teil Presseorgane, die dieses Verhalten provozieren. Die von der *Frankfurter Allgemeinen* und von den Zeitungen des Springer-Konzerns geradezu meisterhaft betriebene Verschweigungstechnik gegenüber jeder unbequemen Opposition kann – nach Meinung dieser Demonstranten – nur durchbrochen werden, wenn es zu spektakulären Zwischenfällen kommt. In England berichten große Zeitungen, wie die *Times* und der *Guardian,* sorgfältig auch über die Argumente der außerparlamentarischen Opposition, nicht zuletzt, um die Bildung von Outsider-Gruppen zu verhindern. In unserem Lande schweigt man, oder man geht an sachlicher Berichterstattung vorbei, um dann um so entschlossener als Krawallmacher diejenigen anzuprangern, die nur mehr durch außerordentliche Aktionen auf ihre Argumente und politischen Forderungen aufmerksam machen können.

So versuchen die Aktionen der sogenannten Anarchisten, die Überdimensionalität des Polizeiaufgebots bei nichtigsten Anlässen der Lächerlichkeit preiszugeben. Und diese Lächerlichkeit soll die Vernunftlosigkeit des Systems treffen; folgerichtig reagiert die Staatsapparatur mit kompakter Gewalt. Sie sieht sich aber gezwungen, die harmlosen, ohnmächtigen, isolierten Proteste in bewaffnete Aktionen zu übersetzen, sie muß klassische Anarchisten produzieren, um ein gutes Gewissen zu haben, die Gewalt des Staates gegen sie einzusetzen: aus Pudding wird hochexplosiver Sprengstoff, aus ohnmächtiger Gegenwehr werden Messer. Die ursprünglichen Presseerklärungen der Polizei erfolgen stets nach dem gleichen Muster. Die Studenten werden der Öffentlichkeit als ordnungsfeindlich und gewalttätig vorgestellt; eine gleichgeschaltet funktionierende Presse sorgt dafür, daß spätere Erklärungen, es habe sich tatsächlich nur um harmlosen Pudding gehandelt und es sei tatsächlich kein Messer benutzt worden, ins Bewußtsein breiter Bevölkerungskreise nicht eindringen. Diese Praktiken verweisen auf eine neue Strategie des Kampfes gegen Oppositionelle.

Nachrichtensperre für Krankenhäuser

Der Tod des Studenten Benno Ohnesorg markiert eine Entwicklungsstufe in der Stabilisierung der im parlamentarischen Sinne faktisch oppositionslosen, autoritären Leistungsgesellschaft. Im traditionellen Sinne war es kein politischer Mord: Rosa Luxemburg, Karl Liebknecht, Rathenau und Erzberger, sie alle wurden als Repräsentanten politischer Bewegungen, parteipolitischer Strömungen und Konzeptionen ermordet. Der Student Ohnesorg dagegen ist das Opfer eines Mordanschlags: es handelt sich um Mord selbst dann, wenn man dem schiessenden Kriminalbeamten Mord im Sinne des Strafgesetzbuches nicht nachweisen könnte. Denn Benno Ohnesorg ist das zufällige Opfer einer planmässigen Polizeiaktion, einer Aktion, die schwere Verletzungen – und solche Verletzungen können immer den Tod zur Folge haben – bewusst in Kauf genommen hat. Aus den heute vorliegenden Berichten muss man folgern, dass die Polizeiaktion am Freitagabend mit einem Dolus eventualis durchgeführt wurde. Ohnesorg ist das Opfer einer Symbolhandlung, durch die Entschlossenheit und Unnachgiebigkeit des Polizeiapparates demonstriert werden sollten.

Auch aus Benno Ohnesorg wurde in den ersten Presseerklärungen der Polizei ein gemeingefährlicher Rädelsführer. Der Täter aber, der offenbar im Bewusstsein der vollen Absicherung durch seine vorgesetzten Instanzen handelte, ist frei, kann Zeugenaussagen beeinflussen, verschleiern, Strafanträge stellen. Als anonymer Teilnehmer einer Demonstration erschossen, wurde der Student Ohnesorg selbst von denjenigen zum individuellen Opfer gemacht, die Verantwortung für die als tragisch glorifizierte Situation auf die Demonstranten abzuwälzen versuchen. Der Todesschütze aber, der als anonymer Agent des Apparates handelte, bindet nach wie vor seine individuelle Verantwortung an die anonyme Apparatur. Er kann sich geborgen fühlen in einer Welt, in der die politischen Instanzen Nachrichtensperren über Krankenhäuser verhängen, um Bilder und Informationen über die geschundenen Opfer nicht in die Öffentlichkeit dringen zu lassen, und in der die Justiz keinen Grund sieht, der Verdunkelungsgefahr durch Festnahme des Täters vorzubeugen. Wer könnte da noch Vertrauen haben in die Gewaltenteilung, wenn man feststellen muss, dass die Gewalten im Ernstfall so vorzüglich aufeinander abgestimmt sind?

Grosseinsatz als Sternstunde

Die Ermordung eines Studenten bei Demonstrationen ist nicht so sehr ein moralisches Problem, als vielmehr ein politischer Tatbestand. In Deutschland besteht eine gefährliche Neigung, sich durch Moralisierung von politischer Verantwortung zu entlasten. Ein politischer Tatbestand ist diese demonstrative Brutalität, dieser Mord deshalb, weil dadurch die Gefährdung der »Ordnung« durch Demonstrationen und gleichzeitig die Selbstgefährdung der Demonstranten drohend vor Augen geführt werden.

Die von wirksamer politischer Kontrolle befreiten, auf Grosseinsätze spezialisierten Exekutivorgane sind unfähig, situationsgerecht und flexibel zu reagieren. Sie sind nicht bereit, auch nur ein Mindestmass an Einsicht in die Verhaltensgewohnheiten von oppositionellen Bevölkerungsgruppen aufzubringen; ihre Sternstunde ist der Grosseinsatz, ihr einziges Instrument ist die gewalttätige, mechanische Reaktion. Der Schutz eines orientalischen Potentaten gab ihnen eine willkommene Gelegenheit, zu erproben, wie Notstandsmassnahmen aus geringstem Anlass auf die Bevölkerung wirken. Hat irgendeine Organisation in dieser Gesellschaft die politische Gefahr erkannt oder gar mit entsprechenden Protesten auf sie reagiert, als bekannt wurde, dass man ganze Stadtteile und Strassen absperrte, dass sich sämtliche Untertanen des Herrn Pahlevi täglich mehrmals bei der Polizei melden mussten, ohne über Rechtsmittel belehrt worden zu sein? Hat man verstanden, dass sie als potentielle Attentäter dem allgemeinen Misstrauen ausgeliefert wurden? Erst als die Studenten auf die staatlich sanktionierte Provokation reagierten, fanden sich einzelne Journalisten und Politiker bereit, auf die Unangemessenheit derartiger Sicherheitsmassnahmen hinzuweisen. Die grösste Gefahr für unsere Gesellschaftsordnung besteht eben darin, dass die schleichende Entwertung der Grundrechte, die unmerkliche Brutalisierung des gesellschaftlichen Lebens in ihren täglichen Ausdrucksformen gar nicht mehr wahrgenommen werden. Der Grosseinsatz ist ohne spektakuläre Ankündigung in unsere Gesellschaft zurückgekehrt.

Abbau des Liberalismus

Der westdeutsche Nachkriegsliberalismus hatte sein Gegenprinzip an der totalitären Staatsplanung des Ostens; die weltweiten Entspannungsbestrebungen haben die klaren Fronten des Kalten Krieges jedoch beseitigt: was wir heute im Anfangsstadium erleben, ist der geplante Abbau des Liberalismus, die innenpolitisch gewendete Aggression auf allen Ebenen. Die Exekutive schafft sich legale Instrumente, um eine auf autoritäre Verwaltung beschränkte Staatsplanung grössten Ausmasses ohne wirkliche Kontrolle der demokratischen Institutionen in Gang setzen zu können. Die planenden Eingriffe in das gesellschaftliche Leben haben in Deutschland bisher stets die Funktion gehabt, die Opposition als Sand im Getriebe zu diffamieren.

Die Studentenschaft ist das schwächste Glied in der Kette der Oppositionsbewegung; sie hat weder die Hilfsmittel mitgliedsstarker Organisationen noch politische Mitbestimmungsrechte, um in den gegebenen Institutionen der Universität ihre Vorstellungen zu realisieren. Es ist offensichtlich, daß der Kampf gegen die außerparlamentarische Opposition hier ohne die Gefahr massiver, von Massenorganisationen gestützter Gegenreaktionen einsetzen kann. Indem ihre Kritik an den gesellschaftlichen und politischen Zuständen mit Zersetzung und Auflösung gleichgesetzt wird, werden Studenten in die Position einer gefährlichen Randgruppe gedrängt, der die beanspruchte Identität ihrer Interessen mit den objektiven Interessen anderer gesellschaftlicher Gruppen abgesprochen wird. Wie die Berliner Ereignisse zeigen, werden die Studenten zu Wirrköpfen, Schwachsinnigen und potentiell Kriminellen gestempelt, vor denen die Bevölkerung durch verschärfte Disziplinarmaßnahmen und konsequente polizeiliche Einsätze geschützt werden muß. Wir wissen in Deutschland, wie wenig Sicherheit besteht, daß die Umwertung des oppositionellen in ein kriminelles Verhalten auf jene Gruppe beschränkt bleibt, die zur Zeit ihr bevorzugtes Objekt ist. Auch diejenigen, die heute noch nicht bereit sind, die politische Tragweite der Erschießung eines Demonstranten zu begreifen, sollten bedenken, daß bei jedem Streik ähnliches geschehen kann. Organisierter Werkschutz und das, was in einer wie immer auch modifizierten Notstandsgesetzgebung geplant ist, sollten alle Demokraten darüber belehren, daß es bei den Berliner Ereignissen nicht um lokale Auseinandersetzungen zwischen Studenten und Polizei geht, sondern um das Existenzrecht einer außerparlamentarischen Opposition.

WACHE MINDERHEIT

Aber der schleichenden Faschisierung der Staatsapparatur, die das gesellschaftliche Leben zu ersticken droht, steht eine entschlossene und wache Minderheit bewußter Demokraten gegenüber: sie finden sich verstreut in Organisationen und Parteien; es sind Journalisten, Schriftsteller, Professoren, Arbeiter und Studenten. Sie verbindet in ihrem Kampf ein objektives Interesse: die Demokratisierung der Hochschulen, die Demokratisierung der Gesellschaft! Erst durch sie könnten auch jene ritualisierten Demonstrationen, jene ohnmächtigen und notwendig verzerrten Protestreaktionen einiger Studenten aufgehoben werden. Wir können eines Toten nicht besser gedenken als durch den Kampf für Zustände, die einen solchen Mord ausschließen.

Nr. 125

Ludwig von Friedeburg

»Der gewaltsame Tod unseres Berliner Kommilitonen Benno Ohnesorg...«

Kundgebungsrede auf dem Frankfurter Römerberg
8. Juni 1967

QUELLE: Knut Nevermann / Verband Deutscher Studentenschaften (Hg.), der 2. Juni 1967 – Studenten zwischen Notstand und Demokratie – Dokumente zu den Ereignissen anläßlich des Schah-Besuchs, Köln 1967, S. 60 f.

Der gewaltsame Tod unseres Berliner Kommilitonen Benno Ohnesorg, der während einer Polizeiaktion gegen eine politische Demonstration erschossen wurde, hat nicht nur Studenten und Professoren aller Universitäten unseres Landes zutiefst betroffen und beunruhigt, sondern weite Kreise der Öffentlichkeit und der Bevölkerung der Bundesrepublik. Unabweisbar stellt sich die Forderung nach rückhaltloser Aufklärung. Das meint zunächst die unparteiische Untersuchung aller relevanten Vorgänge anläßlich des Schah-Besuches in Berlin, die mit peinlicher Sorgfalt geprüft und von unabhängigen Richtern gewissenhaft beurteilt werden müssen. Die ersten offiziellen Verlautbarungen der Polizei und des Senats von Berlin haben sich als unzutreffend erwiesen. Neue, unklare Darstellungen haben das durch die Vorfälle beschädigte Verhältnis der Bürger zur Exekutive zusätzlich belastet. Wir können uns nicht, wie in anderen Demokratien, auf gefestigte rechtsstaatliche Traditionen stützen. Es geht daher nicht nur darum, Schuldige zur Rechenschaft zu ziehen, sondern überzeugend nachzuweisen, daß staatliche Macht in einer demokratischen Gesellschaft verläßlichen Kontrollen unterliegt, und deren Wirksamkeit in der Zukunft zu befestigen.

Öfter war in den vergangenen Tagen zu hören, das Verhalten einzelner Studenten und radikaler Minderheiten habe das brutale Vorgehen der Polizei provoziert. Wer sich in Gefahr begebe, komme darin um. Hier äußert sich ein tiefsitzendes Mißverständnis demokratischer Politik, an der nicht nur gewählte Vertreter, sondern möglichst viele Bürger Anteil nehmen sollen. Sowenig Farbbeutel, Eier und Rauchkörper ein angemessenes Mittel in politischen Auseinandersetzungen sind, sowenig ist Ruhe erste Bürgerpflicht, sondern Beteiligung, Kritik und Kontrolle der Staatsbürger. Solche demokratische Unruhe wird die herrschende Ordnung immer provozieren, das ist ihr Sinn, um Mißstände aufzudecken und darauf zu drängen, gesellschaftliche Verhältnisse herzustellen, in denen sie sich nicht wiederholen. In einer mit Argumenten geführten Auseinandersetzung gehört die gewaltlose Demonstration zu den legitimen Formen politischer Meinungsäußerung. Sie mit Gefahr für Leib und Leben zu bedrohen, heißt den demokratischen Rechtsstaat in einen Polizeistaat umzuwandeln. Dabei leistet das unpolitische Denken und blinde Hinnehmen vieler unserer Mitbürger ebensosehr Vorschub wie ein unkontrolliertes Verhalten staatlicher Ordnungsgewalt nach dem verhängnisvollen Beispiel der Berliner Polizei.

Was aber, so heißt es immer wieder, haben die Studenten mit der Politik zu tun? Warum kümmern sie sich um den Schah-Besuch, den Vietnamkrieg, den Konflikt im Nahen Osten, die Beziehungen zur DDR – anstatt sich auf ihr Fachstudium zu konzentrieren, für das so viel Steuergeld aufgewandt werden muß. Wieder ist ein tiefgreifendes Mißverständnis aufzuklären. Die Universität kann und darf sich nicht von der Gesellschaft isolieren. Die heute Studierenden werden später in ihrem Berufsleben die Führungspositionen in unserer Gesellschaft besetzen. Dieser Vorzug verpflichtet sie wie die Lehrenden gerade in einem besonders hohen Maße zu politischer Bildung, Beteiligung und Verantwortung, und politische Bildung ist nur an praktischer Politik zu erfahren. Die Universitätsausbildung versagt, die Steuergelder werden verschwendet, wenn unpolitische Fachleute, die sich jedem Regime fügen, wenn gleichgültige Anpassung an übermächtige Verhältnisse Resultat des Studiums sind. Daher ist bei den Studentengenerationen der fünfziger Jahre der Mangel an politischem Potential, an wachsamer Bereitschaft, die Demokratie auch in Krisensituationen zu verteidigen, mit Recht beklagt worden. Daher ist so sehr zu begrüßen und mit allen Kräften zu fördern, daß nun seit einigen Jahren eine wachsende Zahl Studierender, wenn auch immer noch eine Minderheit, die Lethargie überwindet, sich bemüht, über die Gesellschaft kritisch nachzudenken, und bereit ist, aktiv mitzuwirken, um Demokratie in diesem Lande zu verwirklichen und sie vor äußerer Bedrohung, von welcher Seite auch immer, zu bewahren.

Die neue Studentenbewegung hat sich in zahlreichen westlichen Ländern entfaltet. Die Studenten der Universität von Kalifornien haben 1964 in Berkeley ein Beispiel gegeben. Auch dort ging es und geht es nicht nur um die Verbesserung der Studienbedingungen, die Wahrung studentischer Rechte und die Reform der Universität, sondern um die aktive Stellungnahme zu den zentralen politischen Fragen ihrer Gesellschaft. Auch in England, Frankreich und Italien, selbst in Spanien haben sich seitdem Zusammenstöße zwischen demokratischen Protestaktionen von Studenten und den Ordnungsgewalten ereignet, ohne daß auch nur in einem Fall ein Demonstrant erschossen worden wäre. In den vergangenen vier Jahren, während meiner Tätigkeit an der Freien Universität, hatte ich hinreichend Gelegenheit, die Argumente und Aktionen der dortigen Studentenvertretung und politischen Hochschulgruppen aus unmittelbarer Anschauung kennenzulernen. Sie drücken jene besorgte demokratische Unruhe aus, für die unter den gegebenen Verhältnissen aller Anlaß – für alle Bürger besteht. Die Darstellung eines bestimmten Teils der Presse, die gerade in Berlin überwiegt, sucht die Öffentlichkeit über den Ernst und die Rationalität ihres politischen Engagements irrezuführen, das an der Freien Universität, wie unsere Untersuchungen zeigen, nachweislich größer ist als an irgendeiner anderen westdeutschen Universität. Die Solidarität, die ihnen jetzt an vielen Orten der Bundesrepublik bezeugt wird, besteht daher zu Recht. Von ihnen sind jene ganz wenigen zu unterscheiden, die aus Verzweiflung über die Undurchdringlichkeit der Verhältnisse glauben, Provokation um der Provokation willen treiben zu sollen. Indem sie so den begründeten hochschulpolitischen und politischen Protest der interessierten, aktiven Studenten in Mißkredit brachten, haben sie auf ihre Weise an der Verschleierung jener Verhältnisse mitgewirkt, die sie ihren Gegnern vorwerfen.

Eben jenen Schleier aber gilt es zu durchdringen, wenn die Bedingungen an der Universität wie in der Gesellschaft zum Besseren verändert werden sollen – durch überzeugende rationale Argumentation und nicht minder überzeugendes tatkräftiges Handeln. Und wo immer dabei demokratische Opposition auf die Übermacht überkommener Einrichtungen und Traditionen stößt, ist gewaltloser Widerstand, die politische Demonstration ohne physische Gewaltanwendung ihr allein legitimes letztes Mittel, solange in diesem Lande rechtsstaatliche Verhältnisse bewahrt werden können.

Nr. 126
Jürgen Habermas
Rede über die politische Rolle der Studentenschaft in der Bundesrepublik
Referat auf dem Kongreß »Bedingungen und Organisation des Widerstandes« in Hannover
9. Juni 1967

QUELLE: Der Politologe – Berliner Zeitschrift für politische Wissenschaft, 8. Jg., Nr. 23, Juli 1967, S. 2 ff.; wiederabgedruckt in: Jürgen Habermas, Protestbewegung und Hochschulreform, Frankfurt/Main 1969, S. 137–146; unüberarbeitete Tonbandnachschrift des Referats in: Uwe Bergmann (Red.), Bedingungen und Organisation des Widerstandes – Der Kongreß in Hannover, West-Berlin 1967, S. 42–48

Die politische Aktivierung von Teilen der Studentenschaft, die wir seit einigen Jahren in der Bundesrepublik wie in anderen westlichen Ländern beobachten können, hat Reaktionen hervorgerufen. Innerhalb der Universitäten reichen diese von fast unmerklichen Diskriminierungen über Hörsaalverbote bis zur Androhung von Disziplinarmaßnahmen. Außerhalb der Universitäten breitet sich Mißtrauen und Ablehnung gegen »studentische Störenfriede« aus; sie schlagen schnell in Sanktionen um. Die Reaktionen der breiten Bevölkerung kristallisieren sich um tiefsitzende Ressentiments gegen Minderheiten, insbesondere gegen intellektuelle Minderheiten. Diese stereotype Einstellung wird durch einen großen Teil der Presse befestigt, von einer Presse, die sich an der Verdächtigung extremistischer Gruppen unter den Stichworten Randalierer, Gammler, Kommunisten nicht genugtun kann. Solche Verdächtigungen fallen gegen eine schon gefährdete Demokratie ins Gewicht, gleichviel, ob es sich um die blanken Aufhetzungen der Springer-Presse oder um die sublimierten Angriffe scheinbar seriöser Leitartikel handelt. Nicht minder problematisch sind die Reaktionen der großen politischen Parteien, die seit Jahren mit ihren Studentenverbänden in Fehde liegen, oft zu Distanzierungen und manchmal zum Ausschluß der mißliebigen Studenten neigen. Das ist ein alarmierendes Zeichen dafür, daß der innere Aufbau dieser Parteien autoritär ist, und daß in ihnen der Toleranzspielraum für Fraktionsmeinungen auf ein Minimum zusammengeschrumpft ist.

Dies alles beobachten wir seit Jahren. Nun aber hat sich das antistudentische Syndrom so gefestigt, daß Organe des Staates darangehen, die politischen Teilnahmerechte der Studenten einzuschränken. Das begann in Berlin im vergangenen Semester mit Demonstrationsverboten und vorbeugenden polizeilichen Maßnahmen. In der vergangenen Woche hat die Reaktion der Staatsgewalt auf Studentenproteste eine neue Qualität angenommen, eine Qualität, die wir seit den Tagen des Faschismus in Berlin und in der Bundesrepublik zum ersten Mal wieder kennenlernen. Wenn die Augenzeugenberichte, die zuverlässig dokumentiert sind, nicht Wort für Wort widerlegt werden, hat die Polizei am Freitag, den 2. Juni, vor dem Opernhaus in Berlin Terror ausgeübt, und der Berliner Senat hat am selben Abend diesen Terror gedeckt. Terror heißt: gezielte Einschüchterung, heißt: faktische Einschränkung geltender Rechte. Terror zielt nicht auf die gewaltsame Unterdrückung eines augenblicklichen Protestes, sondern auf die Abschreckung künftiger Proteste. Sollte der begründete Verdacht auf Terror nicht mit aller wünschenswerten Konsequenz aufgeklärt werden, sollte er, im Falle der Bestätigung, nicht unmißverständliche juristische und politische Folgen haben, dann werden wir den 2. Juni 1967 als einen Tag in Erinnerung behalten müssen, an dem die Gefahr nicht nur einer schleichenden Austrocknung, sondern einer manifesten Erschütterung der Demokratie in unserem Lande für jeden Bürger, der lesen kann und nicht willentlich die Augen schließt, drastisch sichtbar geworden ist.

Diese Ereignisse geben Anlaß, darüber nachzudenken, welche politische Rolle heute die Studenten in der Bundesrepublik spielen, spielen können und spielen sollen. Die studentische Opposition ist Teil der intellektuellen, die intellektuelle ist Teil der unorganisierten außerparlamentarischen Opposition. In diesem Rahmen genießen Studenten keine Privilegien. Sie haben keine korporativen Sonderrechte, auf die sie ihre politische Aktivität begründen können. Zudem müßte sich jeder Versuch, eine Elitestellung akademisch zu rechtfertigen, vor der historischen Erinnerung an die Rolle, die gerade die aktiven Bürger der deutschen Universitäten in den dreißiger Jahren gespielt haben, aufs peinlichste blamieren. Studenten haben für das, was sie tun, keine andere Legitimation als die Staatsbürgerrechte, die sie mit allen Bürgern teilen. Was sie vor politisch passiveren Gruppen auszeichnen kann, ist nur die extensivere Inanspruchnahme dieser Rechte. Das wiederum ist nicht erstaunlich, wenn man bedenkt, daß 1. Studenten ein höheres Informationsniveau haben, als wir es durchschnittlich in der Bevölkerung antreffen; daß 2. das Studium in einem gewissen Umfang immerhin Motive und Interessen weckt oder begünstigt, die zu politischem Engagement führen können (und sei es nur dadurch, daß es ihren Widerspruch herausfordert); und daß 3. die Studentenrolle vom aktuellen gesellschaftlichen Druck stärker freisetzt als andere Erwachsenenrollen, die einen anerkannten gesellschaftlichen Status einräumen.

Welche Funktion hat nun die studentische Opposition in der Bundesrepublik heute?

Wenn wir die Zielscheiben der studentischen Proteste betrachten, bemerken wir daran etwas Spezifisches – jene Proteste sind nämlich in einem recht altmodischen und heute fast schon diskreditierten Sinne politisch. Sie entzünden sich in den meisten Fällen nicht an den unmittelbaren Verbandsinteressen, sondern an den allzu pragmatischen Unterlassungen, die sich Presse, Parteien und Regierung zuschulden kommen lassen. Die studentischen Proteste bringen oft genug erst zu Bewußtsein, was die offiziellen Instanzen absichtslos oder auch mit Vorsatz aus dem politischen Bewußtsein ihrer Bürger aussperren und vielleicht sogar aus ihrem eigenen Bewußtsein verdrängen. Die Studentenproteste, das ist meine These, haben eine kompensatorische Funktion, weil die in einer Demokratie sonst eingebauten Kontrollmechanismen nicht oder nicht zureichend arbeiten.

Oft waren es erst Studentenproteste, die politische Ereignisse, zu innenpolitischem Hausgebrauch als Konsumwaren abgepackt, in *die* theoretische Perspektive hereingerückt haben, ohne die sie als politische Ereignisse gar nicht begriffen werden können. Dafür ist der Vietnam-Konflikt ein überzeugendes Beispiel. Erst der Vorstoß der Studenten gegen die falschen Definitionen dieses Krieges, der ein sozialer Befreiungskampf ist, hat in das offizielle Weltbild unseres Landes die Bresche geschlagen, durch die dann auch von anderer Seite aufklärende Informationen nach und nach eindringen konnten. Oft waren es erst Studentenproteste, die uns für ein krasses Mißverständnis zwischen beanspruchten Legitimationen und tatsächlichem Verhalten sensibel gemacht haben. Dafür sind die Demonstrationen gegen den persischen Staatsbesuch ein überzeugendes Beispiel. Erst dieser Widerstand hat die durch die Illustriertenpresse vorbereiteten und durch das Staatszeremoniell bekräftigten Personalisierungen durchbrochen und den Gegensatz zwischen Schaubildern aus orientalischen Märchen und der tatsächlichen Rolle eines despotischen Monarchen sichtbar gemacht. Oft waren es erst Studentenproteste, die den auf unmittelbare Ereignisse fixierten Blick unserer Realpolitiker erweitert und welche die heute geforderte Phantasie in Bewegung gesetzt haben, um Folgen gegenwärtigen Handelns in ganzer Tragweite zu antizipieren. Dafür sind die Proteste gegen die Notstandsplanung ein Beispiel. Oft waren es erst Studentenproteste, die dann an Prinzipien erinnerten, als allein ein radikales Festhalten an Grundsätzen vor einer qualitativen Verschiebung des Verfassungszustandes bewahren konnte. Das war so während der *Spiegel*-Affäre, und das ist heute wieder so. Studenten sind es, welche heute die Öffentlichkeit gegen alle offiziellen Darstellungen und gegen die falschen Apologien der Obrigkeit davon überzeugen, daß Polizeiterror, wenn er nicht durch weithin sichtbare politische Konsequenzen öffentlich und wirksam verurteilt wird, den ersten definitiven Schritt zum Polizeistaat bedeuten kann. Es waren schließlich Studentenproteste, die aus Anlaß konkreter Ereignisse in Südafrika, in Südamerika, in Ostasien oder anderswo die Presse, die Parteien und die Regierung darauf gestoßen haben, daß sich der weltgeschichtliche Aggregatzustand der Politik verändert hat und in den Kategorien des 19. Jahrhunderts nicht mehr fassen läßt – daß Außenpolitik nicht mehr als Machtpolitik mit diplomatischen und militärischen Mitteln betrieben werden kann, sondern als eine Gesellschaftspolitik im Weltmaßstab betrieben werden müßte.

Ich fasse zusammen. Die Aufgabe der studentischen Opposition in der Bundesrepublik war es und ist es, den Mangel an theoretischer Perspektive, den Mangel an Sensibilität gegenüber Verschleierungen und Verketzerungen, den Mangel an Radikalität bei der Auslegung und Praktizierung unserer sozialrechtsstaatlichen und demokratischen Verfassung, den Mangel an Antizipationsfähigkeit und wachsamer Phantasie, also Unterlassungen, zu kompensieren. Ihre Aufgabe ist es, das Fehlen einer in ihren Intentionen aufgeklärten, in ihren Mitteln redlichen, in ihren Interpretationen und Handlungen fortschrittlichen Politik, wenn nicht wettzumachen, so doch zu deklarieren. Dabei verkenne ich nicht die engen Grenzen, die einer studentischen Opposition gezogen sind. Darauf kann ich an dieser Stelle nicht eingehen.

Statt dessen möchte ich auf einige objektive und subjektive Gefahren hinweisen, die sich im Bereich der Hochschule selber für den politischen Bewegungsspielraum der Studenten ergeben.

Objektive Gefahren ergeben sich aus den bestehenden Strukturen der Hochschulen und erst recht aus einer bestimmten Tendenz zu ihrer Veränderung. Es mehren sich die Zeichen, daß die rückblickend fast liebenswerte Liaison unserer Nachkriegsdemokratie mit der Hochschule traditioneller Gestalt zu Ende geht. Der Schatten einer autoritären Leistungsgesellschaft fällt schon auf eine Korporation, die mit ihren feudalistischen Überbleibseln nicht nur für die Repressionen eigener Art, sondern auch für archaisch anmutende, aber bitter notwendige Freiheitsreservate gesorgt hat. Heute ringen zwei Tendenzen miteinander, von denen die eine gewiß stärker ist – um so mehr muß die Studentenschaft für die Durchsetzung der anderen kämpfen. Entweder ist die Steigerung der Produktivität der einzige Gesichtspunkt einer Reform, welche die Hochschule in das System der gesellschaftlichen Arbeit fugenlos integriert und zugleich unauffällig aus ihrer Verzahnung mit der politischen Öffentlichkeit löst. Oder die Hochschule behauptet ihre Stellung in der Demokratie; das scheint aber heute nur noch auf dem Wege möglich zu sein, der Demokratisierung der Hochschule genannt wird. Drei Punkte halte ich für entscheidend:

1. müssen politische Diskussionen, müssen Diskussionen auch von Tagesfragen ein anerkannter Bestandteil der hochschulinternen Öffentlichkeit bleiben. Die kritische Erörterung politischer Fragen in der Universität soll nicht nur zugelassen, sondern offiziell gewollt und gefördert werden. Ich bin der Überzeugung, daß die Selbstreflexion der Wissenschaft, die das Medium des wissenschaftlichen Fortschritts ist, mit der rationalen Erörterung politischer Entscheidungen durch die gemeinsame Form der Kritik verbunden ist.

2. darf die in vielen Disziplinen und an manchen Fakultäten nicht nur fällige, sondern überfällige Neuordnung der Studiengänge nicht dazu benutzt werden, eine sehr schwerfällige Korporation bloß auf Vordermann zu bringen. Es muß verhindert werden, daß ein reglementierter Lehrbetrieb allein auf Erfordernisse der akademischen Berufsausbildung für eine nach Kapazität und Bedarf begrenzte Leistungselite abgestellt wird. Die Folge der Reglementierung *in diesem Sinne*, die Folge obligatorisch begrenzter Studienzeiten, die Folge eines Ausschlusses der Studenten von Forschungsprozessen wäre eine indirekt erzwungene Entpolitisierung der Hochschule.

3. ist es im berechtigten Interesse der Studentenschaft, überlieferte und neue Ordnungen des akademischen Disziplinarrechts sorgfältig zu prüfen und anzustreben, daß die Studenten an der Selbstverwaltung der Hochschule als eine von drei Parteien angemessen beteiligt werden.

Lassen Sie mich, meine Damen und Herren, andererseits auch auf die subjektiven Gefahren hinweisen, die der studentischen Opposition drohen. Ich spreche über Schwierigkeiten beim Versuch, die Welt nicht nur zu interpretieren, sondern sie zu verändern.

Zunächst ist heute jeder, der mit einem gewissen theoretischen Anspruch Politik erörtert und mit praktischen Folgen betreiben möchte, einem Mißverhältnis zwischen seiner Kritik und den Chancen der Umsetzung dieser Kritik gegenübergestellt. Lassen Sie es mich so ausdrücken: die Durststrecke zwischen Theorie und Praxis ist ungewöhnlich lang. Die Gründe dafür liegen auf der Hand. Je komplexer und umfassender ein System wird – und in einem Stadium, in dem wir zum ersten Male strikt von Weltgeschichte sprechen dürfen, umfaßt das System die gesellschaftlichen Interaktionen des ganzen Erdballes –, um so mehr entzieht sich das System unmittelbaren Eingriffen, um so schwächer werden die Aussichten für das, was einst direkte Aktion hieß. Die Komplexität der Glieder, die heute zwischen Theorie und Praxis vermitteln, ist nur zu oft entmutigend. *Zwei weitere* Schwierigkeiten ergeben sich aus der Rolle der Studenten. Auf der einen Seite entstehen Spannungen zwischen – Energie und Geduld erfordernden – politischen Interessen und dem Interesse an der schnellen und zuverlässigen Vorbereitung auf einen spezialisierten Beruf. Auf der anderen Seite entstehen Konflikte zwischen dem Bedürfnis nach theoretischer Anleitung im Handeln und einem positivistischen Wissenschaftsbetrieb, der Handlungsorientierung nicht mehr hergibt. Diese drei Schwierigkeiten fordern zwiespältige Reaktionen heraus. Ich nenne jeweils zwei Reaktionsbildungen, die nicht Lösungen darstellen, sondern den ungelösten und verdrängten Konflikt bloß spiegeln. Aber ich mache mit Nachdruck darauf aufmerksam, daß nach meinen Erfahrungen die Masse der Studenten an dem einen der beiden Pole zu suchen ist, während wir am anderen Pol, selbst an den mobilsten Hochschulen, nur eine Handvoll von Studenten finden.

1. Das Spannungsverhältnis zwischen Theorie und

Praxis kann von denen, die die entsprechenden Frustrationen nicht aushalten und nicht rational verarbeiten können, abgeleitet werden:

entweder in Indifferentismus, in eine Abwendung von Politik überhaupt

oder in Aktionismus, das heißt in eine Praxis, die jeden Anlaß zur Mobilisierung, allein um der Mobilisierung, aber nicht um der begründeten und taktisch aussichtsreichen Durchsetzung von definierten Zielen willen ergreift.

2. Das Spannungsverhältnis zwischen politischem Engagement und Berufsvorbereitung kann von denen, die die entsprechenden Belastungen nicht tolerieren und nicht rational verarbeiten können, abgeleitet werden:

entweder in *Über*anpassung, das heißt in eine Antizipation von Zwängen der künftigen Berufssituation, oder in ein regressives Festhalten an der Situation von Studienanfängern, das heißt in Abwehr gegen intellektuelles Eindringen in die Materie eines Faches zugunsten eines Zustandes verselbständigter revolutionärer Dauerbereitschaft.

3. Das Spannungsverhältnis zwischen dem Bedürfnis nach praktischer Gesamtorientierung und dem Wissenschaftsbetrieb kann von denen, die die entsprechenden Frustrationen nicht aushalten und nicht rational verarbeiten können, abgeleitet werden:

entweder in eine positivistische Beschränkung auf erfahrungswissenschaftlich immanente Fragen, verbunden mit Apathie oder mit einer von Fall zu Fall kontingenten Handlungsorientierung

oder aber in theoretische Übervereinfachungen, in fetischisierte Gesinnungen und in eine irrationalistische Verklärung des Unmittelbaren.

Ich halte es für nötig, daß wir uns über jene Schwierigkeiten und auch über die Reaktionsformen, in denen sich die unbewältigten Konflikte ausdrücken, klar werden, damit die studentische Opposition nicht in Gefahr gerät, sich selbst zu isolieren und ohne Boden zu agieren. Ich halte diese Gefahr nicht für groß. Sie sollte nicht denen zum Vorwand dienen, die den Bewegungsspielraum der studentischen Opposition als solchen einschränken möchten. Vor allem aber habe ich mich davon überzeugt, daß die Repräsentanten der Berliner Studentenschaft auf exemplarische Weise zeigen, wie jene Schwierigkeiten auf rationale Weise zu bewältigen sind. Ich mache mir keine Illusionen über eine von Gewalt freie Welt – diese Welt ist von Gewalt besessen. Aber die Befriedigung, die man daran haben könnte, die sublime Gewalt der Institutionen durch Herausforderung in manifeste Gewalt umzuwandeln, ist masochistisch, keine Befriedigung also, sondern Unterwerfung unter eben diese Gewalt.

Die demonstrative Gewalt, welche die politische Aufklärung in unserer Situation, also in einer nicht-revolutionären Lage, allein in Anspruch nehmen darf, ist definiert durch das Ziel der Aufklärung. Durch Demonstration erzwingen wir Aufmerksamkeit für unsere Argumente, weil wir sie für die besseren halten. Wir erzwingen Diskussion dort, wo sie uns durch informellen Zwang verwehrt wird. Eine Gewalt hingegen, die verwundet, kann diesem Ziel nicht dienen.

Wenn die studentische Opposition einen Vorzug hat, dann kann es nur der sein: daß sie Sensibilität für die Verletzung von Menschen und für deren Verletzbarkeit, einzelner Menschen wie ganzer Klassen, zu einer politischen Kategorie erhebt.

Nr. 127

Hans-Jürgen Krahl

»Kommilitoninnen und Kommilitonen, angesichts des nächsten politisch so dringlichen Punktes der Organisationsstrategie ...«

Diskussionsbeitrag auf dem Kongreß »Bedingungen und Organisation des Widerstandes« in Hannover

9. Juni 1967

QUELLE: Uwe Bergmann (Red.), Bedingungen und Organisation des Widerstandes – Der Kongreß in Hannover, West-Berlin 1967, S. 71 f.

Kommilitoninnen und Kommilitonen, angesichts des nächsten politisch so dringlichen Punktes der Organisationsstrategie möchte ich mich kurz fassen. Ich bin aber der Meinung, daß man gegen Professor Habermas' wie immer auch modifizierter Ablehnung von Provokation und permanenter Universitätsrevolte, als von ihm aus gesehen nicht angemessener Mittel zur Hochschulreform, einiges entgegnen muß.

Ich möchte mich den Thesen, modifiziert, von Lefèvre anschließen: – 1. Provokation ist eine Notwendigkeit, 2. die permanente Universitätsrevolte ist eine Notwendigkeit, – und das etwas im Hinblick auf die inneruniversitäre wie außeruniversitäre Strategie unseres Vorgehens begründen. Ich bin der Meinung, daß studentische Maßnahmen zur sogenannten Studienreform, also wie die Einrichtung etwa paritätischer Kommissionen, im Ernst nicht politisierende Wirkung haben können, sondern bestenfalls eine reformistische, wenn sie nicht plebiszitär verankert werden an der studentischen Basis, in den Lehrveranstaltungen und zur Aktualisierung der Konfliktsituationen die rationale Argumentation mit nicht mehr institutionalisierten Mitteln in provokativer Weise fortsetzen, wenn die bestehenden Universitätsinstitutionen keine wirksame politisch-praktische folgenreiche rationale Diskussion mehr erlauben. Dazu gehört die unmittelbare plebiszitäre Kritik in den Lehrveranstaltungen, an den Lehrveranstaltungen selbst bis hin zur Destruktion des bürgerlichen Wissenschaftsbetriebes und der Errichtung qualitativer Gegenseminare. Ich bin der Meinung, daß die permanente Universitätsrevolte eine demonstrative Antizipation des praktischen Anspruchs auf eine wirksame Kontrolle von unten im rätesystematischen Sinn bewirkt, d.h. eine studentische Selbst- und Mitverwaltung im Rahmen der korporativen Universität allererst verwirklichen kann. Denn eine Hochschulrevolution im wirksamen Sinn kann, und das wissen wir, das ist eine Abstraktion, nicht durchgeführt werden ohne gesamtgesellschaftliche Komplementärveränderungen. Solange uns dazu die organisatorische Basis fehlt, bedarf es der permanenten Demonstration unseres Anspruchs auf eine wirksame plebiszitäre Kontrolle von unten in provokativer Weise. Die zweite Argumentation von Herrn Habermas war die, daß die Provokation der Gewalt faschistisch sei. Ich meine, daß dieses Argument aus der traditionellen Dezisionismuskritik heute überholt ist. Provozieren Tomaten im Ernst die Gewalt, oder ist das nicht vielmehr so, daß der sich überbürokratisierende Staatsapparat die Studenten zur Provokation insofern zwingt, als ihre Opposition gegenüber einer technisch hoch ausgerüsteten und entsprechend armierten Exekutivgewalt, als ihre Opposition dieser technologisch hoch ausgerüsteten Gewalt, der sie mit blanken Händen gegenüberstehen, objektiv sie auf die Verhaltensweise primitiver Völker zurückzwingt? Ich würde von daher sagen, daß das blutige und brutale Dreinschlagen der losgelassenen und jederzeit gegen die Studenten mobilisierbaren staatlichen Gewaltmaschinerie nur möglich ist auf Grund einer nicht organisierten und chaotisch reagierenden Studentenschaft. Das leitet über zum Organisationsproblem. Von daher würde ich sagen, ist es notwendig, daß wir, die wir nicht bewaffnet sind mit materiellen Waffen, ritualisierte Formen des Konfliktes finden, ritualisierte Formen der Provokation finden, und mittels dieser ritualisierten Formen eine nicht nur idealisch, sondern materiell manifeste Gewaltlosigkeit demonstrativ auf der Straße in der Öffentlichkeit darstellen.

Nr. 128

Jürgen Habermas

»Ja, nicht nur zu einer Richtigstellung, sondern zu einer vorläufigen Antwort auf meine beiden Frankfurter Kommilitonen ...«

Diskussionsbeitrag auf dem Kongreß »Bedingungen und Organisation des Widerstandes« in Hannover 9. Juni 1967

QUELLE: Uwe Bergmann (Red.), Bedingungen und Organisation des Widerstandes – Der Kongreß in Hannover, West-Berlin 1967, S. 71 f.

Ja, nicht nur zu einer Richtigstellung, sondern zu einer vorläufigen Antwort auf meine beiden Frankfurter Kommilitonen, mit denen ich mich nicht zum ersten Mal auseinandersetze. 1. Der Sinn von Provokation sollte jedenfalls für heute abend terminologisch geregelt werden, damit wir nicht aneinander vorbeireden. Soweit Sie mit Provokation die Ausübung demonstrativer Gewalt meinen, ist sie hier völlig legitim, und ich glaube, es gibt niemanden, der sie sinnvollerweise in Frage stellen könnte. Demonstrative Gewalt ist die Gewalt, mit der wir uns Aufmerksamkeit für Argumente erzwingen, und d.h., dort die Herstellung von Bedingungen für eine Diskussion erzwingen, wo sie stattfinden sollte. Das hat man bisher nicht Provokation genannt. Provokation nannte man und nennt man folgendes:

Was die Probleme in den Institutionen selbst verankert, wird Gewalt, auf die sich herrschende Positionen stützen, herausgefordert zu Aktionen, die diese sublime Gewalt zu einer manifesten Gewalt machen, um sie dadurch zu deklarieren und zu denunzieren. Wenn ich Provokation in diesem Sinne verstehen darf, dann heißt systematisch betriebene Provokation von Studenten ein Spiel mit dem Terror, mit faschistischen Implikationen. 2. Hat Herr Bärmann die Typologie, die ich angedeutet habe, über Fragen vom Hochschulbereich auf die Berliner Öffentlichkeit angeführt. Es liegt auf der Hand, daß das keinen Sinn haben kann.

3. Die plebiszitäre Kontrolle der Lehrveranstaltungen von unten. Herr Krahl, ich möchte wissen, was Sie damit meinen. Was meinen Sie mit der Destruktion des bürgerlichen Lehrbetriebs. Ich halte es für notwendig, daß die Kritik an den Lehrveranstaltungen in einem institutionell möglichst gesicherten Rahmen, und solange es diesen Rahmen nicht gibt, eben auch ungeregelt in einem viel breiteren Umfang geübt werden sollte als es bisher üblich ist. Dafür haben sich die Berliner, und ich halte das für sinnvoll, das Institut der Vorlesungsrezensionen geschaffen. Ich halte es für ebenso sinnvoll, in den Lehrveranstaltungen, sei es in der Mitte, oder am Ende, oder wann immer, den Dozenten aufzufordern, die Lehrveranstaltung zu kritisieren. Plebiszitäre Kontrolle der Lehrveranstaltungen von unten halte ich aber nicht nur nicht für legitim, sondern für verheerend. Denn sie impliziert die Abschaffung der Lehrfreiheit, meine Damen und Herren, oder auch nur eine definitive Einschränkung. Ich möchte daran erinnern, daß es im Kodex liberaler Rechte sehr wohl solche gibt, die auch für uns völlig unveräußerlich sind.

Nr. 129
Rudi Dutschke
»... Professor Habermas, Ihr begriffloser Objektivismus erschlägt das zu emanzipierende Subjekt ...«
Referat auf dem Kongreß »Bedingungen und Organisation des Widerstandes« in Hannover
9. Juni 1967

QUELLE: Uwe Bergmann (Red.), Bedingungen und Organisation des Widerstandes – Der Kongreß in Hannover, West-Berlin 1967, S. 78–82

Meine Damen und Herren, um Ihre Zeit nicht zu sehr in Anspruch zu nehmen, habe ich das ausgearbeitete Referat wesentlich gekürzt.

Mit der Verringerung der Möglichkeiten, die Schranken der Akkumulation durch Ausdehnung des kapitalistischen Feldes zu überwinden – die Welt ist aufgeteilt, die Dritte Welt hat ihren Kampf begonnen –, mit dem dadurch bedingten Ausmaß der Kapitalvernichtung, durch Rüstung, künstliche Aufblähung eines gigantischen Bürokraten- und Verwaltungsapparates, struktureller Arbeitslosigkeit, unausgenutzten Kapazitäten, Reklame etc., das heißt also mit dem Anwachsen der gesellschaftlichen toten Kosten, mit dem wachsenden Zurückbleiben der Produktionssteigerung hinter ihren technischen Möglichkeiten treten neue Tendenzen in der Dynamik des Klassenkampfes auf, verändert sich das traditionelle Theorie-Praxis-Verhältnis im Marxismus. Bei Professor Habermas kann es noch mit Marx so heißen: es genügt nicht, daß der Gedanke zur Wirklichkeit drängt, die Wirklichkeit muß zum Gedanken drängen. Das war richtig für die Zeit der transitorischen Notwendigkeit des Kapitalismus. Davon kann schon längst keine Rede mehr sein. Die materiellen Voraussetzungen für die Machbarkeit unserer Geschichte sind gegeben. Die Entwicklungen der Produktivkräfte haben einen Prozeßpunkt erreicht, wo die Abschaffung von Hunger, Krieg und Herrschaft materiell möglich geworden ist. Alles hängt vom bewußten Willen der Menschen ab, ihre schon immer von ihnen gemachte Geschichte [sich] endlich bewußtzumachen, sie zu kontrollieren, sie sich zu unterwerfen, das heißt, Professor Habermas, Ihr begriffloser Objektivismus erschlägt das zu emanzipierende Subjekt. Die Mechanisierung des Arbeitsprozesses mußte den Anteil der gelernten Arbeiter an der gesamten industriellen Arbeit zwangsläufig verringern. Parallel dazu wächst aber die Bedeutung und Unentbehrlichkeit der zahlenmäßig verringerten gelernten Schicht der technischen und ökonomischen Intelligenz für den gesamten gesellschaftlichen Reproduktionsprozeß. Diese Verwissenschaftlichung des Produktionsprozesses ist auch die Grundlage einer neuen Funktionsbestimmung der Universität durch den Spätkapitalismus, ist Ausgangspunkt einer antiautoritären Politisierungsmöglichkeit der Universität durch uns. Das in den letzten Jahren sprunghaft gestiegene Interesse der herrschenden Unordnung bezüglich der Reform der Universität gewinnt seinen materialistischen Begründungszusammenhang in der oben skizzierten ökonomischen Entwicklung. Die objektiven Anforderungen der Gesellschaft an die Universität, die aus dem Wachstum und Wandel der ökonomischen Situation der BRD hervorgehen, bedürfen zum vollen Verständnis auch der Reflexion über die Entwicklung der studentischen Organisationen und der universitären Hierarchie, durch deren Dynamik die ökonomischen Notwendigkeiten sich durchsetzen sollen. Wir nehmen dafür die FU, ihr Berliner Modell, den erreichten Stand der Politisierung der Studentenschaft, den Stand der Auseinandersetzung mit der Universitätsbürokratie, mit der »Öffentlichkeit«, als Ausgangspunkt der Analyse. Die kürzliche Urabstimmung, als vorletzter Höhepunkt der Auseinandersetzungen in Westberlin, dem bestimmt neue auf erweiterter Stufenleiter folgen werden, brachte einen zahlenmäßig knappen Erfolg des AStA, der aber erst dem wirklich klar wird, der begreift, daß es bei der Wahl nicht um Abwahl oder Anerkennung des AStA ging, sondern daß es darum ging, sich zu bekennen zur antiautoritären Tendenz oder zur autoritären Tendenz des Rektorats, damit waren nämlich in letzter Konsequenz die entscheidenden gesellschaftlichen Grundfragen unter hochschulpolitischen Vorzeichen an der Tagesordnung, d. h. wir haben die entscheidende Frage gestellt nach Mündigkeit oder Unmündigkeit des Studenten in unserer Universität. Das Ergebnis war paradox. Die gesamtgesellschaftliche Bewußtlosigkeit der systematisch entmündigten Massen, die periodisch in den Wahlen den Beweis ihrer geistigen Reduziertheit antreten dürfen, reproduzierte sich nicht. Fast fünfzig Prozent der Studenten stimmten für das antiautoritäre Lager. Wie kam es zu diesem überraschenden Ergebnis, was bedeutet es für die Bundesrepublik, welche Schlußfolgerungen sind daraus zu ziehen? Sind die FU-Zustände Anachronismus, oder stellen sie vielleicht die Zukunft der deutschen Universität dar? Die entscheidende politische Verschiebung im Politisierungsprozeß an der Freien Universität erfolgte in den Jahren 1963–66. Viele Faktoren wurden schon genannt, einige meiner Meinung nach entscheidende wurden ausgelassen. So, u.a., daß der Ausgangspunkt der Politisierung eines Teils der Westberliner Studentenschaft Aktionen auf der Straße gegen Tschombé, Verwoerd u.a. Regime der Dritten Welt waren. Und das ist von entscheidender Bedeutung darum, meine Damen und Herren, weil diese Aktionen, die wir durchführten, Aktionen waren, die Resultat einer rationalen Bewältigung des zur damaligen Zeit diskutierten Protestproblems darstellten. Wir hatten in monatelanger Diskussion theoretisch herausgearbeitet, daß die bürgerliche Demokratie, in der wir leben, sich gerade dadurch auszeichnet, daß sie es dem Lord gestattet, mit seinem Hund spazierenzugehen und so auch den Vietnam-Protesten den Weg zur Verfügung stellte und die Kanalisierung des Protestes durchführte. Aus dieser theoretischen Einschätzung der Integrationsmechanismen der bestehenden Gesellschaft ist es für uns klargeworden, daß die etablierten Spielregeln dieser unvernünftigen Demokratie nicht unsere Spielregeln sind, daß Ausgangspunkt der Politisierung der Studentenschaft die bewußte Durchbrechung dieser etablierten Spielregeln durch uns sein mußte. Diese theoretische Diskussion über die Möglichkeiten, den Protest zu integrieren und die direkte und richtige, weil historisch mögliche Solidarisierung mit den kämpfenden Völkern zu verhindern, war Ausgangspunkt von praktischen Aktionen auf der Straße, die allerdings noch andere Faktoren mitbedingten, daß wir es zu einer Politisierung an der FU brachten. So zum Beispiel, um das nur der Vollständigkeit halber hinzuzufügen, daß die Zahl der Studenten immer größer wurde, die Qualität der Vorlesungen und Seminare in Folge bürokratischer Verpflichtungen der Professoren immer schlechter wurde. Ein anderes wichtiges Moment der Politisierung war, daß das latente und ganz abstrakte Unbehagen über die bestehende Ordnung, die Erfahrungen auf der Straße, die Aufklärung in den Veranstaltungen, der Druck von außen und die bewußte oder unbewußte Überzeugung, daß die bestehende Gesellschaft an den persönlichen, seelischen und körperlichen Verkrüppelungen Schuld trägt, eine psychische Disposition schufen, die starke antiautoritäre Elemente und Tendenzen in sich trug, in sich trägt. Hinzu kam als letzter und sehr wesentlicher Punkt, daß der AStA der FU sich der allgemeinen Politisierungstendenz nicht entziehen konnte, er wurde immer mehr mitgestaltender Motor in der weiteren Auseinandersetzung mit der Administration. Über Rolle, Funktion und Möglichkeiten des AStA muß ich noch etwas sagen, denn das scheint mir von wesentlicher Bedeutung für die eventuelle Politisierung der westdeutschen Universitäten zu sein. Der AStA ist meiner Ansicht nach das einzige Moment innerhalb der hierarchischen Gliederung der Universität, wo sich ein relatives, immer wieder erneut herzustellendes Vertrauen zwischen den Funktionären und der Studentenschaft herstellen kann. Hier ist auch die schwächste Stelle der autoritären Gesellschaft. Die Bürokratisierungstendenz des AStA und die unpolitische Haltung der Mehrheit der Studentenschaft bedingen sich wechselseitig. Die Aufgabe der linken Studentenverbände besteht gerade darin, eine der beiden Seiten stärker zu politisieren, um die Bewußtseinsschärfung größerer Teile der Studentenschaft zu ermöglichen. Hinzu kommt, daß die studentische Basis nicht wie bei den Parteien des Faschismus, des autoritären Staatskapitalismus und des Stalinismus materiell von der etablierten Führung abhängig ist. Einem kritischen Dialog zwischen den mündigen Teilen der Studentenschaft und ihren temporären Vertretern, die in der Tat keine

Berufspolitiker sind, steht prinzipiell nichts im Wege. Diese, in der Gesellschaft schon längst abgeschaffte Möglichkeit, ist unser größter Schutz gegen die autoritären Anforderungen von seiten der Universitätsbürokratie und der Gesamtgesellschaft. Die Sit-ins und Teach-ins sind politische Kampagnen, um die Aktionseinheit des antiautoritären Lagers mit seinen temporären Vertretern zu ermöglichen. Wir sollten uns darüber klar sein, daß der Staat und sein verlängerter Arm, die Universitätsbürokratie, weder in der Bevölkerung noch im autoritätsfixierten Lager der Universität eine aktive und tätige Massenbasis gegen uns haben. Die Mobilisierung der Pseudoöffentlichkeit der Massenmedien gegen uns ist unvermeidbar, aber relativ unwichtig. Wir dürfen uns nicht über Springer und Co. definieren. So bleibt den bei uns Herrschenden nur die polizeiliche und bürokratische Gewalt, wie wir sie in den letzten Wochen, von Tag zu Tag mehr am Berliner Campus verspürten, von der sie auch über kurz oder lang wieder Gebrauch machen werden. Die bewußteste und aktivste Opposition gegen die Entdemokratisierung der Gesellschaft geht von der Universität aus. Die tendenzielle Beseitigung der studentischen Opposition durch exemplarischen Polizeiterror, durch Bestrafung und Relegierung sogenannter Rädelsführer muß von uns als Angriff auf die bedeutendsten Ansätze demokratischen Bewußtseins nach dem Zweiten Weltkrieg in Deutschland angesehen werden und mit adäquaten Aktionsformen beantwortet werden. Die staatliche Gewaltmaschine, die Bürokratie und die Exekutive, sind die selbstverständlichen Hüter der Ordnung, Ruhe und Sicherheit der bestehenden Herrschaft. Jede Bewegung politischer Gruppen, die die Notstandsspielregeln der unvernünftigen Ordnung nicht mehr akzeptieren, wird von ihr als direkter Angriff auf die bestehende Ordnung angesehen, und das ist richtig. Wir sehen das täglich jetzt in Westberlin, und dennoch sind wir illusionslos genug, einzusehen, daß wir nichts anderes in der nächsten Periode als eine Vergrößerung des antiautoritär-realdemokratischen Lagers in und außerhalb der Universität erreichen können, und das wäre schon sehr viel. Sie sehen, wie sehr die Herrschenden um ihre Sicherheit zu fürchten beginnen. Das kann man in Berlin geradezu exemplarisch in diesen Tagen erfahren. Wer gestern die Parlamentsdebatte gehört hat, dürfte damit übereinstimmen. Sie beginnen sich dann zu fürchten, sobald eine radikaldemokratische Opposition, vermittelt durch rationale Bewältigung der Problematik, politische Praxis gegen undemokratische Herrschaftsfunktionen beginnt, und dazu gehören praktische Proteste gegen die der Integration und Anpassung der Bevölkerung dienenden Staatsbesuche. Und es zeigte sich bei uns in Westberlin, daß die Phase der direkten Auseinandersetzung mit der etablierten Ordnung auch die festen Organisationen der Studentenschaft, wie AStA, SDS, SHB, LSD u.a. unterläuft. Daß allein die praktisch-kritische Entfaltung der bewußtesten Teile der Studentenschaft durch entstehende Aktionszentren eine politische Kontinuität der Auseinandersetzung unter größter Beteiligung der Studentenschaft ermöglicht, was unter SDS-Flagge, AStA-Flagge, LSD-Flagge, oder was auch immer unmöglich ist, darum Aktionszentren zur Kontinuität der politischen Arbeit an der Universität, wir sind mit unseren Aktionszentren in Westberlin jetzt schon über eine Woche tätig, das ist der längste Zeitraum wirklich massenhafter, politischer Kontinuität, die wir je in Westberlin gehabt haben, wir haben die Hoffnung, daß diese räteartigen Gebilde an allen westdeutschen Universitäten in den nächsten Tagen gegründet werden, denn die rationale Bewältigung der Konfliktsituation in der Gesellschaft impliziert konstitutiv die Aktion, wird doch Aufklärung ohne Aktion nur zu schnell zum Konsum, wie Aktion ohne rationale Bewältigung der Problematik in Irrationalität umschlägt. Ich fordere alle westdeutschen Studenten auf, umgehend Aktionszentren in den Universitäten der BRD aufzubauen:

a) für die Expandierung der Politisierung in Universität und Stadt durch Aufklärung und direkte Aktion; sei es gegen Notstand, NPD, Vietnam oder hoffentlich bald auch Lateinamerika. Ich fordere die Aktionszentren auf, daß sie koordinierte politische Aktionen in der ganzen Bundesrepublik und Westberlin in den nächsten Tagen und Wochen mobilisieren, denn es geht darum, daß wir für Dienstag in Westberlin eine Demonstration beantragt haben zur Aufhebung des Demonstrationsverbotes. Sollte diese einberufene Demonstration nicht gestattet werden, so haben wir bei uns beschlossen, daß unmittelbar nach Verbot der Demonstration über Kampfaktionen gegen dieses Demonstrationsverbot beraten wird und darüber entschieden wird, und wir wären sehr froh darüber, wenn Dienstag westdeutsche Aktionszentren in Westberlin wären, um dort gemeinsame Aktionen zu beschließen und im ganzen Bundesgebiet durchzuführen.

Nr. 130

Jürgen Habermas

»Meine Damen und Herren, ich hoffe, daß Herr Dutschke noch hier ist…«

Reaktion auf das Referat Rudi Dutschkes
9. Juni 1967

QUELLE: Uwe Bergmann (Red.), Bedingungen und Organisation des Widerstandes – Der Kongreß in Hannover, West-Berlin 1967, S. 100–102

HABERMAS: Meine Damen und Herren, ich hoffe, daß Herr Dutschke noch hier ist.

(Zwischenruf): Nein!

HABERMAS: Es tut mir leid, ich kann dann in der vorgesehenen Schärfe mich nicht mehr äußern, wie ich es eigentlich vorgehabt hatte. Denn in Abwesenheit von Herrn Dutschke wäre es leicht, hier ein argumentatives Wort zu sprechen, so will ich mich also mäßigen und nur einige Fragen stellen. Ich bin erstaunt, daß die Linie, die Herr Dutschke hier vertreten hat, zwar aus dem Publikum in Frage gestellt worden ist, aber vom Tisch der Veranstalter ohne Kommentar hingenommen worden ist. Ich möchte, oder ich hätte gerne Herrn Dutschke folgendes gefragt. Ich bin aus dem Auto wieder zurückgekommen, weil ich es für richtig hielt, doch nicht zu schweigen. Herr Weller hat wiederum von Brutalität und Unmenschlichkeit gesprochen, und ich meine, daß wir diese Vokabeln glaubwürdig nur verwenden und vertreten und nicht nur zu manipulativen Zwecken ausstreuen können, wenn Herr Dutschke uns eine klare Auskunft auf folgende Fragen in einem positiven Sinne gäbe. Herr Dutschke hat als konkreten Vorschlag, wie ich zu meinem Erstaunen nachher festgestellt habe, nur vorgetragen, daß ein Sitzstreik stattfinden soll, das ist eine Demonstration mit gewaltlosen Mitteln. Ich frage mich, warum nennt er das nicht so, warum braucht er eine dreiviertel Stunde, um eine voluntaristische Ideologie hier zu entwickeln. Ich bin der Meinung, er hat eine voluntaristische Ideologie hier entwickelt, die man im Jahre 1848 utopischen Sozialismus genannt hat, und die er unter heutigen Umständen, jedenfalls ich glaube, Gründe zu haben, diese Terminologie vorzuschlagen, linken Faschismus nennen muß. Es sei denn, daß Herr Dutschke aus dem, was er an Überbau hier entwickelt hat, praktisch keine Konsequenzen zu ziehen wünscht. Das hätte ich gerne geklärt. Ich hätte gerne geklärt, ob er nun willentlich die manifeste Gewalt herausfordert nach dem kalkulierten Mechanismus, [der] in diese Gewalt eingebaut ist, und zwar so, daß er das Risiko von Menschenverletzung, um mich vorsichtig auszudrücken, absichtlich einschließt oder nicht. Die offizielle Version, gegen die Sie auf eine so überaus überzeugende, auf eine überaus erfolgreiche Weise, meine Berliner Kommilitonen, in den letzten paar Tagen mit dem festen Recht angegangen sind, nämlich, die Version, daß der Tod eines Kommilitonen auf das Konto von provokationistischen Studentenhorden geht, diese Version, und ich hätte das gerne Herrn Dutschke gefragt, würde sie Wahrheit werden können, wenn seine Strategie sich durchsetzt? Oder habe ich ihn total mißverstanden?

(Zwischenruf): Ja, selbstverständlich, Sie haben ihn nicht verstanden. Total mißverstanden – total mißverstanden.

HABERMAS: So, so! Bitte, bin ich der einzige, der ihn so mißverstanden hat? Meine Damen und Herren, wir können über die progressive Rolle von Gewalt diskutieren, und es ist in der Theorie, der ich nicht eben fern stehe, sehr ausführlich darüber diskutiert worden. Es gibt eine progressive Rolle der Gewalt, und die analytische Unterscheidung zwischen progressiver und reaktionärer Gewalt hat seinen guten Sinn eben für die Analyse. Aber ich meine, daß in einer Situation die weder objektiv revolutionär ist, noch in einer Situation, nachdem eine Revolution gewonnen ist und nun naturwüchsige Gewalt durch politische Planung ersetzt werden muß, ich meine, daß in einer Situation, in der weder der eine noch der andere Fall gegeben ist, es nur eine subjektive Anpassung sein kann, nun für die Studenten, die in der Tat nichts anderes als Tomaten in den Händen haben können, eine Strategie vorzuschlagen, die, wenn ich Sie nicht mißverstanden habe, und nichts würde ich mit größerem Vergnügen sehen, als daß Sie mir überzeugend klarmachen, daß ich Sie mißverstanden habe, und das ist nicht zuletzt der Sinn dieser Intervention, – es ist notwendig, daß dieses Mißverständnis, wenn es eins ist, aus dem Raume geschafft wird, – ich meine, in einer solchen Situation ist es eine subjektive Anmaßung, für Studenten, die nichts anderes als Tomaten in den Händen haben, eine Strategie vorzuschlagen, die, wie ich es heute schon zweimal gesagt habe, darauf abgelegt ist, eine sublime Gewalt, die notwendig in Institutionen impliziert ist, manifest werden zu lassen, gleichviel, ob sie etwa zu vertreten ist oder nicht. Ich meine nur eins, daß formale Regelungen, gegen die Sie mit so viel Wärme hier zu Felde ziehen, nach den Vorstellungen, die wir bisher gemeinsam geteilt haben, materiell eingelöst aber nicht außer Kraft gesetzt werden sollten. Ich darf noch einmal sagen, meine Intervention hat den Zweck, Sie, die Sie Herrn Dutschke nun vertreten müssen, so leid es mir tut, zu bitten, mich wirklich zu überzeugen, ob das ein Mißverständnis ist oder ob sehr wohl in dieser Strategie das impliziert ist, was ich hier zunächst hypothetisch unterstellt habe.

Nr. 131

Rudi Dutschke

»Um 6 Uhr vom Hannover-Kongreß übermüdet zurückgekehrt ...«

Tagebuch-Notiz zum Habermas-Vorwurf vom »linken Faschismus«

10. Juni 1967

QUELLE: Rudi Dutschke, Tagebuch 1963–1979, Nachlaß im Besitz von Gretchen Klotz-Dutschke

---

Um 6 Uhr vom Hannover-Kongreß übermüdet zurückgekehrt. [...] Nach dem Essen mit Dirk, Carol und Petra in den »Club« gefahren, wo ich von meinem »linken Faschismus« erfuhr, hörte die Habermas-Anklage auf Band. Der Vorwurf reduzierte sich darauf, daß ich, der ich durch Aktionen die sublime Gewalt zwinge, manifest zu werden, bewußt Studenten »verheizen« wolle [...]

H[abermas] will nicht begreifen, daß allein sorgfältige Aktionen Tote sowohl für die Gegenwart als auch noch mehr für die Zukunft vermeiden können. Organisierte Gegengewalt unsererseits ist der größte Schutz, nicht »organisierte Abwiegler« á la H. Der Vorwurf der »voluntaristischen Ideologie« ehrt mich.

Nr. 132

Rudi Dutschke

Zum Verhältnis von Organisation und Emanzipationsbewegung – Zum Besuch Herbert Marcuses

Unter dem Pseudonym R.S. publizierter Aufsatz

12. Juni 1967

QUELLE: Oberbaumblatt vom 12. Juni 1967, 1. Jg., Nr. 5, S. 1 und S. 4–6; wiederabgedruckt in: Hartmut Sander / Ulrich Christians (Hg.), Subkultur Berlin, Darmstadt 1969, S. 95 und S. 98–100; wiederabgedruckt in: H. Martin (Hg.), Strategie und Organisationsfrage in der antiautoritären Bewegung – Eine Dokumentation, Materialsammlung Nr. 1, Darmstadt 1970, S. 39–45

Ihr habt es gehört, »Che« sprach es in unserer dritten Nummer aus: »Vietnam ist in tragischer Einsamkeit. Es geht nicht darum, dem Opfer der Aggression Erfolg zu wünschen, sondern an seinem Schicksal teilzunehmen, es zum Tode oder bis zum Siege zu begleiten.« Das heißt für uns nichts anderes, als durch sich steigernden politischen Kampf gegen »unsere« bestehende Ordnung, die sich gerade durch die offene und verdeckte Komplizenschaft mit den USA auszeichnet, den vietnamesischen Befreiungskampf durch unseren eigenen Emanzipationsprozeß konkret zu unterstützen. Was heißt das? Wie soll das geschehen? Wie werden wir die bevorstehende Invasion amerikanischer Truppen nach Nordvietnam beantworten? Was geschieht bei uns und in Westeuropa überhaupt, wenn es zur systematischen Bombardierung nordvietnamesischer Deiche kommt? Werden wir selbst dann noch immer unseren alten nichtigen Interessen in gleicher Resignation und moralischem Protest nachgehen? Wann endlich werden wir die weltgeschichtliche Bedeutung dieses Kampfes erkennen, die damit verbundene notwendige Durchbrechung der eigenen individualistischen Struktur, des halben Einsatzes, des »es ist doch alles sinnlos« als eigene Praxis beginnen? Wir sehen fast alle in großer Klarheit die exemplarische Bedeutung dieses Kampfes, veranstalten Kongresse und gehen dann unserem Studium oder unserer Arbeit nach. Der gewaltige Sinn der vietnamesischen Lektion veränderte bisher nicht die traditionellen Gewohnheiten der politischen Arbeit, ließ unser Leben in seiner Gesamtheit unberührt.

Es bleibt nicht mehr viel Zeit – und ich weiß nicht, wie ich Euch nennen soll, alle Anreden sind von unseren Herren in Ost und West schon längst besetzt, es sei denn, Ihr akzeptiert den Begriff und die Anrede des Revolutionärs.

Ändern wir schnell unseren Kurs, führen wir unser antiautoritäres Lager in die radikale Richtung der Selbstorganisation!

Fürchtet nicht die schöpferische Unruhe, habt keine Angst um Eure »persönliche Freiheit«. Ein Leben in den Apparaten ist die Alternative, sie brächte die zynische Langeweile, die Borniertheit des Fachidioten, den Verrat an den uneingelösten Hoffnungen, die wir jetzt alle mit uns herumtragen, Hoffnungen auf eine neue Gesellschaft, auf Glück, Befriedigung, Versöhnung, auf Entfaltung der individuellen Fähigkeiten des Menschen, auf Abschaffung von Manipulation, Verdrängung, Krieg, Hunger, Elend und zusätzlicher Herrschaft von Menschen über Menschen, von Menschen über die Natur.

Noch etwas zum Begriff des Revolutionärs: Seine tiefe subjektive Auflehnung gegen die existierende Gesellschaftsordnung bildet den begründeten Boden für seine emanzipierende Tätigkeit. Er verspürt infolge der bewußt gewordenen Erfahrung bei jedem Schritt die beschämende Unwürdigkeit des Lebens, die unausgenutzten Möglichkeiten der Humanisierung von Gesellschaft und Natur, er sieht die in Unmündigkeit gehaltenen Menschen.

Das, was den Massen systematisch verweigert wird, ist ein Privileg: sich ausbilden zu können, die komplizierten Mechanismen der heutigen funktionalen Beherrschungsmaschinerie klar zu begreifen, den Kampf gegen diese irrationale Herrschaft zu beginnen. Die damit verbundene Gefahr der »revolutionären Verdinglichung«, die Verdrängung der »inneren Konflikte« hinter der Maske der »objektiven Schamhaftigkeit« wird durch die solidarische Zusammenarbeit mit »Gleichgesinnten« auf ein Minimum reduziert. Die menschliche Tiefe, die Beibehaltung der subjektiven Sensibilität wird möglich, wenn die Bestimmung aller Handlungen vom konkret-utopischen Zielpunkt, der Befreiung der Menschen von innerer und äußerer Unterdrückung, in jeder Phase des praktisch-politischen Kampfes durchgehalten wird, d.h., »alle Verhältnisse umzuwerfen, in denen der Mensch ein erniedrigtes, ein geknechtetes, ein verlassenes, ein verächtliches Wesen ist« (Marx 1844).

Die Bedingung für die Möglichkeit einer befreienden revolutionären Existenz für uns ist die weltgeschichtliche Aktualität der Revolution – was auch Habermas zugäbe – auf der einen Seite, und die konkret-spezifische Veränderungsmöglichkeit in West-Berlin innerhalb weniger Jahre auf der anderen Seite. In *Habermas contra Dutschke* sagten wir es so: »Die von H[abermas] angegriffene voluntaristische Komponente unseres Handelns beruht darauf, daß unter der historischen Möglichkeit der Beseitigung von Hunger, Krieg und überflüssiger Herrschaft die aktuell-spezifische Situation in der BRD und West-Berlin voller Widersprüche in allen Bereichen der gesellschaftlichen Wirklichkeit ist. Jede Bewegung gegen das Bestehende trifft sofort auf die Schranken des Systems. Eine geschichtlich neue Form von Spontaneität wird sichtbar. Sie zu organisieren, ihr endlich klar zu sagen, wie ein Leben jenseits der entmenschlichenden Apparate möglich ist, ist die Aufgabe, die noch am allerwenigsten theoretisch und praktisch in Angriff genommen wurde.«

Auch den materialistischen Begründungszusammenhang dieser »objektiven Möglichkeit« – das Ende des Wirtschaftswunders, das Wachstum und den Wandel der ökonomischen Bedingungen und Funktionen des spätkapitalistischen Staates, die »subventionistische Krisenverschleppung«, die relative Stagnationsperiode in der nächsten Periode der BRD, speziell der West-Berliner Wirtschaft – hatten wir angedeutet.

West-Berlin ist infolge seiner Abhängigkeit von der BRD besonders »gefährdet«, gehen doch 75 % der erzeugten Güter nach Westdeutschland.

Es verstärkt sich auch bei vielen West-Berliner Bürgern der Eindruck, daß die Bundesregierung »berlinmüde« geworden ist. Die Bundeshilfen sind gesunken, die peinlich häufigen Lübke-Besuche können nicht darüber hinwegtäuschen, daß weder Kapital noch politischer Wille für die immer dringender werdende Umstrukturierung der West-Berliner Wirtschaft – von der Politik und den Politikern wollen wir ganz schweigen – vorhanden sind.

Der technologische Stand in der Entwicklung der Produktivkräfte liegt hier rund 10 Jahre hinter dem BRD-Niveau zurück. Durch überproportional hohe Subventionen, wenn es überhaupt dazu kommt, könnte »man« zwar die Profitraten der Konzerne hochhalten, eine qualitativ verbesserte Erneuerung der Maschinen- und Arbeitskräftestruktur wäre damit nicht zu erreichen.

Die äußerst ungünstige Altersstruktur in West-Berlin ist ein weiteres Zeichen der »relativen Stagnation« für die Ökonomie in den nächsten Jahren. Die »erwerbsmäßige Bevölkerung« (15 bis 65 Jahre), die ca. 1,5 Mill. ausmacht, verringerte sich zwischen 1961 und 1966 um nicht weniger als 80 000.

Hierzu gehört auch der jährliche Sterbeüberschuß

von 12 000 Menschen. In der BRD haben alle Großstädte einen Geburtenüberschuß.

Die mit großem Aufwand durchgeführte Werbeaktion für den Zuzug von westdeutschen Arbeitskräften hat sich inzwischen auch als ziemliche Fehlinvestition erwiesen. Von den 110 000 »Zuwanderern« zwischen 1961 und 1966 haben inzwischen mehr als 50 000 die Stadt wieder verlassen, und die Rückwanderung nimmt noch zu. Die Kette der empirischen Anhaltspunkte für eine vor uns liegende Phase der »relativen ökonomischen Stagnation«, die sich auf alle Bereiche des gesellschaftlichen Lebens auswirkt, ließe sich sehr leicht fortführen.

Deuten diese Hinweise schon darauf hin, daß unsere Herren an der Spitze, die bürokratischen Charaktermasken à la Albertz, Büsch oder auch Ristock kaum eine die Probleme lösende Antwort finden können, so wird ihre Lage tendenziell hoffnungslos, wenn der Stand der Politisierung und Mobilisierung der außerparlamentarischen Opposition, der studentischen und außeruniversitären noch mitreflektiert wird.

Die Herausbildung einer neuen gesamtgesellschaftlichen Reproduktionsform bedarf nämlich auch der genauen Analyse des Systems der politischen und gesellschaftlichen Organisationen, durch deren Dynamik sich die ökonomischen Tendenzen durchsetzen sollen.

Nach der Darlegung der gesellschaftlichen Grundlagen der »strukturellen Schwierigkeiten« in der BRD und West-Berlin geht es jetzt um die gesellschaftlichen Voraussetzungen der Lösung des Problems, um die Aufzeigung der politischen und organisatorischen Wege, in denen die Aufhebung und Auflösung der Widersprüche, die Schaffung einer von kapitalistischen und stalinistischen Bürokraten – bei aller Verschiedenheit der historischen Funktion – unabhängigen »Assoziation freier Individuen« in West-Berlin möglich ist.

Dieser dann eventuell international garantierte »Freistaat« – so im Jargon des internationalen Rechts, soziologisch wären wir kein Staat mehr – könnte bei einer vollen Ausnutzung seiner Kapazitäten, einer totalen Beseitigung der »toten Kosten« der kapitalistischen Produktion sehr leicht ein prosperierendes Gemeinwesen von Menschen werden, die selbsttätig von unten in der Form der Räte die Geschicke ihrer Stadt bestimmten, sich nicht mehr in der falschen »Ost-West-Perspektive« manipulieren lassen. Die Reduktion des künstlichen und aufgeblähten Verwaltungsapparates auf ein verwaltungstechnisches Minimum, was durch den Stand der Entwicklung der Verwaltungstechnologie bestimmt würde; die radikale Verringerung der West-Berliner 60 000-Mann-Armee (New York ist dreimal so groß und hat 40 000 Polizisten) auf wenige Polizisten pro Bezirk; der Umbau der Bürokratensilos in Wohnhäuser usw. usw. würden riesige Kapitalsummen für »unrentable Investitionen« in die Ausbildungssphäre ermöglichen: damit würde die vorhandene Arbeitskräftestruktur relativ kurzfristig in eine qualitativ bessere transformierbar.

Eine *gleitende Arbeitszeit- und Lohnskala* würde jeden Produktivitätsfortschritt der Arbeit durch Arbeitszeitverkürzung bzw. Lohnerhöhung bei Preisstabilität beantworten.

Ein von unten durch direkte Rätedemokratie getragenes West-Berlin, in dem die freien Individuen in direkter Wahl in allen Bereichen des gesellschaftlichen Lebens die ständig rotierende und nur temporäre – jederzeit durch Räteversammlungen absetzbare – Führung wählen, so in den Betrieben, den Schulen, Universitäten, Verwaltungen etc., könnte ein strategischer Transmissionsriemen für eine zukünftige Wiedervereinigung Deutschlands sein. Hier könnte ein beispielhaftes Modell eines dezentralisierten real-demokratischen Lebens für die anderen beiden Teilstaaten, für die ganze Welt demonstriert werden (»Schaut auf diese Stadt«, sagte sogar der Exrevolutionär Friesland Reuter).

Von dieser Zielbestimmung her haben wir die einzelnen realen Vermittlungen, die dieses Ziel herbeiführen sollen, zu bestimmen.

Unsere schon erreichte Ausgangsposition ist durchaus günstig: das antiautoritäre Lager innerhalb der Studentenschaft ist in den letzten zwei Jahren, speziell in den letzten Monaten und Wochen sehr stark angewachsen. Immer mehr erkennen, daß sie im bestehenden System der Institutionen nicht vertreten sind, daß wir außerhalb der Interessentenbörse stehen – objektiv und subjektiv –, daß unsere Interessen, Wünsche, Bedürfnisse und Sehnsüchte nur durch unsere eigene praktisch-kritische Tätigkeit gegen das System durchgesetzt werden können, daß wir unser »Schicksal« nicht mehr einer Partei – welcher Richtung auch immer – überlassen dürfen.

Die Antwort ist die Selbstorganisation, d. h. die Organisierung unserer Wünsche, Interessen und auch Leiden.

Wir wünschten nach dem 2. Juni politische Selbsttätigkeit jenseits der borniert-beschränkten Standpunkte der etablierten politischen Organisationen – und schufen uns die *Aktionskomitees*, in denen organisierte und nichtorganisierte Studentinnen und Studenten Momente ihrer »Fachidiotenverdinglichung« durch Aktivitäten abbauen konnten.

Eine Selbstkritik der Arbeit der *Aktionskomitees* ist aber dennoch zu erhoffen. Nach der Phase der »volkstümlerischen« Entlarvungspropaganda gegen die staatliche Gewaltmaschine gerieten sie in den letzten Wochen in Gefahr, verselbständigte technische Apparate zu werden. Eigentlich hätten sie als Kampfinstrumente des antiautoritären Lagers unmittelbar am Abschluß ihrer großen Flugblattkampagne aufgelöst werden müssen, um Bürokratisierung und kalte Sachlichkeit zu verhindern. Die Selbstkritik dieses Vorgangs ist möglich durch theoretische Aufarbeitung des geleisteten Aktivismus, durch verbesserte Zusammenarbeit mit den antiautoritären politischen Gruppen, wobei letztere die arrogante Haltung der »Politischen« schnellstens ablegen sollten.

Ohne die mehrtägige Selbsttätigkeit der Menschen in den Komitees wäre der Politisierungsprozeß an der Uni und die Expandierung der Unruhe in die Stadt nie möglich gewesen. Denken wir an das erste Sit-in an der FU: nach einem Tag war alles wieder »normal«.

Diese qualitative Verbesserung sollte nicht übersehen werden, was aber eine erneute organisatorische Wendung des erreichten Standes der Organisierung nicht ausschließt – ganz im Gegenteil.

Die Selbstauflösung der *Aktionskomitees* – mit der Ausnahme des zwar nicht »optimal« arbeitenden, aber doch unerhört wichtigen Untersuchungskomitees – und ihre Neukonstituierung in Vollversammlungen zu Beginn des nächsten Semesters, um tiefere, weitergehende *Offensivaktionen* durchführen zu können, scheint uns eine mögliche Antwort zu sein.

Die grundlegende Aufgabe der nächsten Etappe ist eine systematische Kampagne für die Enteignung des Springer-Konzerns, die auch in gewissen Teilen der Bevölkerung auf große Resonanz stoßen dürfte.

Die Bildung von *Aktionskomitees zur Enteignung von Axel Springer* in und außerhalb der Universität, in und außerhalb von West-Berlin brächte uns auch endlich in direkten »Kampfkontakt« mit dem bewußtesten Teil der nichtstudentischen radikaldemokratischen Opposition, wäre auch die praktische Fortsetzung unserer »akademischen Forderungen« des letzten Semesters.

Das Unbehagen über die unverhüllte oder subtile Manipulation der Menschen und der Informationen geht weit über unser eigenes Lager hinaus.

Durch wochenlange Vorbereitung, unter Ausnutzung der Enteignungspassage der Berliner Verfassung, durch täglichen Nachweis der Lügen, Verzerrungen, der Völkerverhetzung etc. durch Flugblätter werden wir der Bevölkerung die Notwendigkeit der Enteignung vor Augen führen.

Die langandauernde Kampagne wird ihren Höhepunkt in der Blockierung der Produktion bzw. Verteilung von Springerzeitungen an einem bestimmten, öffentlich bekanntgegebenen Termin finden.

Die »blanke Angst« steckt den »Springerlingen« schon jetzt »in den Knochen«, schlossen sie doch ganz plötzlich »aus gegebenem Anlaß« ihre »offenen Türen«. Keine Angst, am 11. 7. wollten wir nicht einmal ein praktisches *Go-in* stattfinden lassen.

Die *direkte Aktion* wird sich primär auf West-Berlin und Hamburg konzentrieren, an ihr kann auch die völlig andere *Form von Gewalt* in den hochindustriellen Metropolen – im Gegensatz zur Dritten Welt – sichtbar werden.

Einen Ky, Branco, Duvalier, den Schah u.a.m. können die Menschen hassen, müssen einen unerbittlich harten militärischen Kampf des Volkes gegen die Diktatoren bzw. Marionetten organisieren, Attentate durchführen, revolutionären Terror gegen die Unterdrücker und ihre Helfershelfer anwenden.

Bei uns in den Metropolen ist die Lage prinzipiell verschieden: unsere Herren an der Spitze sind völlig fungibel, jederzeit durch neue bürokratische Charaktermasken ersetzbar. Wir können sie nicht einmal hassen, sie sind Gefangene und Opfer der repressiven Maschinerie, Attentate gegen Kiesinger, Strauß oder Albertz wären unmenschlich und konterrevolutionär.

Unsere Gewalt gegen die unmenschliche Staatsmaschine, gegen die Manipulationsinstrumente ist die *organisierte Verweigerung*. Wir stellen uns mit unseren unbewaffneten Leibern, mit unserem ausgebildeten Verstand den unmenschlichsten Teilen der Maschinerie entgegen, machen die Spielregeln nicht mehr mit, greifen vielmehr bewußt und direkt in unsere eigene Geschichte ein, werden die Räder der Vorurteile, Halbwahrheiten und Mordberichte zum Stillstand bringen – wenn auch nur für einen Tag. Aber was für eine Lektion und sinnliche Erfahrung wäre das für uns, für die Bevölkerung, für die Kampfformen der radikalen Opposition in den Metropolen. Eigene Zeitungen, Flugblätter, Extrablätter, Oberbaumblätter und andere Blätter werden in hoher Auflage die Massen informieren.

Die Mobilisierung aller Repressionskräfte gegen uns ist sicher, aber auch nicht zu überschätzen, besonders nicht seit dem 2. Juni.

Tausende werden sich an der »Springer-Aktion« beteiligen, und die Albertz, Ingensand & Co. wissen schon sehr gut, wie schlecht es sich »gegen Massen« regiert – oder wollen sie, wie die zaristische Armee am 22.1.1905 in Petersburg, wie die »rote Armee« am 24.10.1956 in Budapest, ein Blutbad unter den Menschen anrichten? Es ist klar, die Blockierung der Springerzeitungen trifft einen entscheidenden Lebensnerv dieser Gesellschaft: die funktionale Beherrschung der in Unmündigkeit und leidender Passivität gehaltenen Massen.

Der Konflikt zwischen den antiautoritären Kräften und den bürokratischen Oligarchien wird eine qualitativ neue Ebene erreichen. Wir werden die Ohnmacht der Staatsgewalt erneut nachweisen, nach der Universität nun erstmalig an einem wichtigen Punkt in der Gesellschaft – so immer deutlicher die Doppelherrschaft in dieser Stadt nachweisend.

Die staatlich-gesellschaftlichen Apparate und Institutionen, wie Bürokratie, Polizei, Justiz, Schulen, Universitäten und Betriebe können und sollen durch eine kontinuierlich gesteigerte Belastung tief erschüttert werden.

Ausgangspunkt dieser Überlegungen ist, daß die »politische Machtergreifung« einer Gruppe, Clique oder auch spezifischen Klasse für die gegenwärtige Phase der gesellschaftlichen Entwicklung keine Möglichkeit mehr ist.

Der Prozeß der *organisierten Verweigerungs-Revolution* ist ein für die Menschen sichtbarer und von ihnen verursachter tendenzieller Zusammenbruch der etablierten Apparate. Die selbsttätigen Massen werden ihre eigenen Kräfte dann endlich als die gesellschaftlich mächtigen erkennen, werden ihre erlittene Unmündigkeit und Apolitizität im Verlaufe ihres immer bewußter werdenden Kampfes verlieren.

Mit dem prozessualen Zusammenbruch des etablierten Systems von Institutionen muß in dialektischer Parallelität der Aufbau neuer, menschlicherer Selbstorganisationen einhergehen, und zwar in allen Bereichen.

Die Organisationsfrage ist d a s Kriterium der Reife oder Unreife der Bewegung, ist keine technische, sondern die *Grundfrage der Revolution*: was sind die Formen glücklicheren, herrschaftsloseren Zusammenlebens der Menschen?

Die Selbstorganisation des antiautoritären Lagers innerhalb der Universität hat durch die Organisierung einer »Gegenuniversität« i n n e r h a l b der bestehenden Uni, in der kritische Gegenvorlesungen und Seminare über die Theorie und Praxis der Emanzipationsbewegungen in der ganzen Welt gehalten werden, den nächsten möglichen Schritt getan.

Uns scheint allerdings eine erneute organisatorische Wendung dieser theoretischen Arbeit ganz unumgänglich.

Wenn auch unser gegebenes Dasein als isolierte Individuen im Spätkapitalismus von uns klar begriffen werden kann als Produkt der Entwicklung der bürgerlichen Gesellschaft, so wird dennoch die »individualistische Struktur« unseres Denkens, Handelns und Lebens in ihrer ganzen Unmittelbarkeit voll erhalten bleiben. Allein die praktische Tendenz zur Auflösung der wirklichen Bedingungen dieses monadisch-verdinglichten Individualismus könnte mit der Zeit ein verändertes Verhalten produzieren.

Die organisatorische Wendung des kritisch-befreienden Studiums wäre die Entstehung von vielen kleinen – sechs bis zehn Antiautoritäre umfassenden – *Institutsassoziationen*, in denen durch solidarische Zusammenarbeit die wissenschaftliche Ausbildung verbessert, gemeinsame Forschungs- und Arbeitsgebiete etabliert würden, durch »gegenseitige Hilfe« (Kropotkin) eine herrschaftslose Kommunikation sich herstellen könnte: in denen die Vertreter der verschiedensten Wissenschaften und sozialen Gruppen jenseits der Alternative zwischen Einzelwissenschaftler und Parteibürokrat ihre politische Arbeit n a c h a u ß e n , die Entfaltung der Selbsttätigkeit von anderen »Minderheiten« beginnen könnten.

Natürlich mobilisieren wir noch für längere Zeit Minderheiten, aber die Begriffe der Majorität und Minorität sind historisch-dialektische, d. h. durch menschliche Praxis veränderbare und nicht ewige Quantitätsbegriffe. Wo auch immer die *Institutsassoziationen* in den Ballungsgebieten sich »einnisten« mögen, eine Fülle an Aufgaben und Möglichkeiten böte sich sehr schnell an: sie könnten kostenlose oder sehr billige juristische, medizinische oder pädagogische oder sexualaufklärende *Beratungsstellen* aufbauen, in denen die Unterprivilegierten, die jüngeren Arbeiterinnen und Arbeiter, Schülerinnen und Schüler etc. über die verschiedensten Mechanismen der Gesellschaft aufgeklärt, eine konkrete Hilfe organisiert werden könnte.

Die *Beratungsstellen* wären Keimformen weiterer Selbstorganisation der Menschen. Die Organisierung konkreter Hilfe – soll es kein kirchlicher Samariterdienst sein – könnte nur gelingen durch Politisierung und Mobilisierung unmittelbarer Interessen und Wünsche, wie z.B. Preisstabilität und Mietsicherheit.

Die Gründung von *Preis- und Mietüberwachungskomitees* durch die betroffenen Teile der Bevölkerung in Wechselwirkung mit der politischen Arbeit der Institutsassoziationen, die Organisierung von *Mieter- und Konsumentenstreiks*, um kriminelle Mieten zu verhindern, besonders hohe Preise in den Großgeschäften zu drücken etc., wären Ausgangspunkte für die sinnliche Erfahrung des Charakters des bestehenden Staates durch immer breitere Schichten der Bevölkerung, stießen sie doch gleich bei der ersten Aktion gegen Hausbesitzer oder Supergeschäfte auf die staatliche Exekutive in der Gestalt der Polizei und Bürokratie.

Nicht auszudenken, was eine *organisierte Weigerung* politisierter Hausfrauen, die überdimensionalen Mieten zu bezahlen, für den staatlich-gesellschaftlichen Apparat bedeutete. Es wäre die vergesellschaftete Expropriation der Expropriateure. *Haus- und Straßenkomitees* gegen die Anmaßungen und Übergriffe von Exekutive und Verwaltung wären die fast selbstverständliche nächste Stufe der Selbstorganisation.

Auf der Grundlage einer solchen wirklichen Solidarität zwischen den verschiedenen Gruppen der Gesellschaft und dem antiautoritären Lager der Studenten wäre auch die Frage der *Politisierung der Betriebe* leichter vorstellbar. Die Arbeiter hätten vor dem Streik keine Angst mehr, würden offensive Forderungen wie »Offene Buchführung«, gleitende Lohn- und Arbeitszeitskala u.a.m. stellen, stünden in ihrem Kampf doch dann nicht mehr in einer fast hoffnungslosen Ausgangslage.

Wir haben bei weitem nicht alle Formen der objektiv möglichen Entfaltung von Selbsttätigkeit und Bewußtwerdung von Menschen in und außerhalb der Universität angedeutet. Soviel dürfte klar geworden sein: die ununterbrochene Aktualisierung und Konkretisierung der objektiv gegebenen Konfliktmöglichkeiten durch *direkte Aktionen* verändern die strukturelle Grundlage und die für die Veränderung so entscheidende Produktivkraft Bewußtsein; sie schaffen die Voraussetzung für eine qualitativ neue, humanere Gesellschaft: den bewußtgewordenen reichen Menschen, »der zugleich der einer Totalität der menschlichen Lebensäußerung bedürftige Mensch ist – der Mensch, in dem seine Verwirklichung, als innere Notwendigkeit, als Not existiert« (Marx 1844).

Parlament, Parteien und Exekutive werden unter diesen Bedingungen ihre Ferien für permanent erklären müssen, wären sie doch überflüssig in einem Gemeinwesen, das durch die solidarische Kooperation und gegenseitige Hilfe, durch die direkte Demokratie mündiger Menschen – in der Form von Komitees bzw. Räten – getragen wird.

Die Alliierten werden sich, wenn dieser Prozeßpunkt eintreten sollte, sehr wohl hüten, durch militärischen Einsatz der Armee den »Vorposten der Freiheit der westlichen Welt« in ein Budapest von 1956 unter umgekehrten Vorzeichen zu verwandeln.

Wir erwarten aber, daß sie einige Sondermaschinen für den Abtransport der funktionslosen Politiker und Bürokraten nach Bonn zur Verfügung stellen werden. Politische Gefangene haben in einer wahrhaft freien und solidarischen Gesellschaft keinen Sinn.

Nr. 133

Herbert Marcuse
Brief an Theodor W. Adorno

16. Juni 1967

QUELLE: Max Horkheimer, Gesammelte Schriften Bd. 18: Briefwechsel 1949–1973, hrsg. von Gunzelin Schmid Noerr, © S. Fischer Verlag Frankfurt/Main 1996, S. 654 f.

Cambridge, Mass
16. Juni 1967

Lieber Teddy:

Dank für Deinen Brief. Es wäre gewiß schön, wenn jetzt alles zwischen uns klar wäre. Aber warum mußtest Du schreiben (mit Bezug auf das Gerücht über Max' Äußerungen[1]: du wärst dieser »etwas denunziatorischen Mitteilung mit Mißtrauen begegnet. Schließlich sollte man doch unter Freunden in solchen Fragen sich aussprechen und nicht ein Urteil fällen, das durch so problematische Quellen determiniert wird«.

Ich nehme von Dir gern eine Rüge an, aber diese war unangebracht. Erstens bist Du über die »problematischen Quellen« falsch unterrichtet: die Mitteilung kam nicht von Frankfurter SDS-Studenten, sondern von einem Herrn aus Berlin, der mir in einer anderen Sache schrieb. Zweitens und viel wichtiger: genau so wie Du mir anrätst zu handeln habe ich schon vor Deinem Rat gehandelt. Nicht nur bin ich dem Gerücht

»mit Mißtrauen begegnet«, ich habe es nicht geglaubt. Und anstatt »ein Urteil zu fällen«, habe ich mich sofort mit Max in Verbindung gesetzt.

Teddy, ich würde über solche Dinge hinweggehen, wenn ich nicht fürchtete, daß sich in ihnen ernste politische Differenzen ausdrückten. Ich hoffe nur, daß sich im Sommer eine Gelegenheit bietet, sich wirklich auszusprechen. Wir sind vom 23. Juni an auf ungefähr zwei Wochen in Paris: Hotel de Nice; 4 bis, rue des Beaux Arts (VI).

Übrigens kann ich in Inges Brief[2] keinen »merkwürdigen Ton« finden, der mir verständlich machen würde, warum Du nicht geantwortet hast.

Herzlichst
gez. Dein Herbert

1 Vgl. Brief vom 16.5.1967 und die darauf folgenden Briefe zwischen Horkheimer und Marcuse sowie Horkheimer und Adorno.
2 Vgl. Brief vom 31.5.1967, Anm. 4.

Nr. 134
Herbert Marcuse
Brief an Max Horkheimer
17. Juni 1967

QUELLE: Max Horkheimer, Gesammelte Schriften Bd. 18: Briefwechsel 1949–1973, hrsg. von Gunzelin Schmid Noerr, © S. Fischer Verlag Frankfurt/Main 1996, S. 655–659

Cambridge, Mass.
17. Juni 1967

Lieber Max:

Entschuldige vorerst den miserablen technischen Zustand dieses Briefes: ich schreibe, sozusagen auf dem Weg nach Paris, auf einer improvisierten Schreibmaschine.

Bis heute habe ich über Deinen Brief (und den an die SDS Studenten[1]) nachgedacht: ich glaube, daß nur eine ganz offene, extreme Formulierung der zwischen uns entstandenen Differenzen die Situation klären kann. Du weißt, was Du für mich bist: seit über 30 Jahren fühle ich mich mit Dir verbunden und ich vergesse nicht, was ich von Dir gelernt habe. Gerade deswegen glaube ich, das Recht zu haben, Dir zu sagen, was ich sage. Es ist nur ein »draft«: Rohmaterial für eine persönliche Aussprache, die hoffentlich sehr bald zustande kommt. Ich antworte ganz kurz auf einige Sätze Deiner Briefe.

»Das Nationalgefühl der letzten 150 Jahre« hat sich »in Amerika auf die Constitution und die Bürgerrechte bezogen«. Wenn die 150 Jahre die letzten 20 einschließen sollen, ist wohl eher das Gegenteil der Fall: die Reduktion der Bürgerrechte und die Versuche, die Constitution zu umgehen, sind auf der Tagesordnung, und das »Nationalgefühl« meint immer brutaler die imperiale Weltmacht der USA.

Die »Demonstrationen gegen die Intervention« sind »so wenig spontan wie die fürs Gegenteil«. Soweit Demonstrationen überhaupt spontan sein können (immerhin müssen die Leute ja wissen, wann und wo sie sich versammeln), sind sie es in diesem Lande. Wenn deine Andeutung auf dahinter stehende Organisationen etwa die Kommunisten oder deren Fronten meint, so ist das (in diesem Lande) unrichtig: die Demonstrationen gegen den Vietnam Krieg sind von »ad hoc committees« veranstaltet, in denen vornehmlich parteilose Intellektuelle aktiv sind. Die Verbindung dieser Demonstrationen mit dem »internationalen Kommunismus« gehört in den Bereich der FBI und CIA.

Wie Du weißt, war ich immer mit Dir einig in der Überzeugung, daß unsere Kritik sich nicht nur »auf die eine Seite des Bestehenden« beschränken darf. Fragt sich nur, ob die andere (oder die anderen) Seiten des Bestehenden trotz allem so sehr »andere« sind, daß wir nicht dieselben Kategorien anwenden können. Ich habe mich z. B. mit dem Material über North Vietnam ziemlich vertraut gemacht und kann nur sagen, daß die Gesellschaft, die man dort aufzubauen im Begriff war, durchaus keine »makabre Farce« war, gemessen an den Ideen der Begründer des Kommunismus. – Der Terror ist mir so gut wie Dir zuwider, aber ich kann über die wesentliche Differenz seiner gesellschaftlichen Funktion nicht so leicht hinweggehen. Die Gewalt, die in der Verteidigung des nackten Lebens gegen einen mörderischen, tausendfach überlegenen Angreifer ausgeübt wird (werden muß), ist sehr verschieden von der angreifenden und mörderischen Gewalt. Und welches die reale Funktion einer Philosophie ist, die beide Gewalten gleichsetzt, das hat Sartre in seinem Vorwort zu Fanons *Les Dammés de la terre*[2] gezeigt.

»Asiatische Machthaber«: meine Assoziation hier sind Vorstellungen von Asien, die ich auf dem Gymnasium vor dem ersten Weltkrieg gehabt habe: Asien – das ist [Dschingis Khan] und die totale Barbarei. Damals wußte ich nicht, wie so ganz unasiatisch, so ganz »westlich« die Ideen (und nicht nur die Ideen) der asiatischen Revolution sein würden. Und schließlich: wenn wir nach einem ehrwürdigen Vorbild für die totale Zensur, die systematische Lüge als Herrschaftsmittel, die Eliminierung der Andersdenkenden, den »Persönlichkeitskult« suchen, finden wir es nicht in einem ganz und garnicht asiatischen, sondern sehr westlichen Dokument, nämlich in Platos *Staat*!

»... stünde ich an verantwortlicher Stelle in den Vereinigten Staaten, ich wüßte nicht, welche Entscheidung bei bestem Willen ich treffen würde.« Ist das nicht die Identifizierung mit der Johnson Politik?[3] Ich wüßte es: unconditional cessation of bombings; withdrawal of the American troops. Natürlich würde ich keine 24 Stunden im Amt sein – aber schließlich sind ja die Interessen des Großkapitals und seiner Generäle nicht ohne weiteres identisch mit denen der Menschheit (oder besser: Menschlichkeit).

Laß mich meine Meinung so extrem wie möglich aussprechen. Ich sehe im Amerika heute den historischen Erben des Faschismus. Die Tatsache, daß die Konzentrationslager, die Morde, die Folterungen außerhalb der Metropole stattfinden (und meist Schergen anderer Nationalität überlassen werden) ändert nichts am Wesen. Was in Vietnam geschieht, sind Kriegsverbrechen und Verbrechen an der Menschheit. Die »andere Seite« begegnet dem Terror mit Terror, aber sie hat weder Napalm, noch »fragmentation bombs«, noch »saturation raids«. Und sie verteidigt ihr armseliges, mit entsetzlicher Mühe und mit schweren Opfern etwas menschlicher gewordenes Leben, das die westlichen Machthaber, mit der ganzen brutal-leistungsfähigen technischen Perfektion der westlichen Zivilisation systematisch aushungern, verbrennen, vernichten.

Du schreibst, daß Du Dich für Deine Ansichten über Vietnam nicht auf Wissenschaft berufen kannst. Wenn »Wissenschaft« kritische Theorie meint, kann ich mit Deiner Zurückhaltung nicht übereinstimmen. Gewiß ist der Vietnam-Krieg nicht im Rahmen der klassischen Imperialismus-Theorie zu verstehen, sehr wohl aber im Rahmen einer entwickelten Imperialismus-Theorie. Die Regierenden hier haben selbst oft genug erklärt, daß Südostasien im Feld der globalen amerikanischen Interessen-Expansion eine *ökonomische und* strategische Schlüsselstellung einnimmt, und daß in Vietnam der Neokolonialismus in Latein-Amerika und anderswo auf dem Spiel steht. Kampf, mit allen Mitteln, gegen jede National Liberation Bewegung: das ist die »Rationalität« dieser Politik. Die Mittel, die angewendet werden, negieren allerdings alle Rationalität – selbst die des Spätkapitalismus.

»das Übergreifen totalitärer Gewalten auf die Teile der Welt, wo Freiheit noch ein Dasein hat, wenn nicht zu verhindern, so doch zu verzögern.« Aber waren es nicht die Amerikaner, die wo auch immer in ihrem globalen Interessenfeld eine genuin linke Bewegung aufzukommen schien, diese Bewegung blutig unterdrückt haben (auch hier wieder meistens mit Schergen des betreffenden Landes)? Waren es nicht die Amerikaner, die ruchlose »totalitäre Gewalten« installierten: in Südamerika, Mittelamerika, Griechenland, – Süd-Vietnam? Allerdings kann ich nicht einen Begriff von »totalitär« akzeptieren, der von vornherein so definiert ist, daß er nur auf ein kommunistisches Regime anwendbar ist.

Mehr noch: wenn ich »Freiheit« und »Dasein« so ernst nehme wie ich es von Dir gelernt habe, kann ich diese Begriffe nicht auf die USA heute anwenden. Nicht nur, weil ich nicht das was Außen geschieht von der »affluent society« trennen kann: was unter amerikanischer tutelage in der Welt geschieht, verdirbt alle benefits der amerikanischen Gesellschaft. Sicher gibt es hier viele Freiheiten für mehr oder weniger privilegierte Gruppen (die Intellektuellen; aber auch organized labor); diese Freiheiten können (up to a point!) auch ausgeübt werden – aber im Rahmen der totalen Herrschaft des Systems bleiben sie schadlos und ohnmächtig. Kein Grund, sie nicht bis zum letzten zu verteidigen – aber nicht nur hier zu Hause.

Und ich verteidige in keiner Weise was auf der »anderen Seite des Bestehenden« geschieht. Ich finde die sowjetische Politik schamlos genau in dem Grade in dem sie mit der amerikanischen konvergiert. Was uns in den osteuropäischen Ländern besonders abgestoßen hat, war nicht die totalitäre Gewalt: man kritisiert dort die Regierung und die Zustände mindestens so offen wie hier; abstoßend war vielmehr die völlige Gleichgültigkeit gegenüber Vietnam und der Eifer, den »American Way of Life« so schnell wie möglich einzuholen. Und was in China geschieht, ist in der Tat scheußlich – aber da kann ich nun über die Rationalität kein Urteil fällen, denn die Berichte, die wir haben, sind Propaganda (von beiden Seiten) oder unzureichend...

Ich muß abbrechen. Das alles sind nur Andeutungen auf Dinge, die wir durchsprechen sollten. Wir sind vom 23. Juni bis ungefähr 4. Juli in Paris (Hotel de Nice; 4 bis, rue des Beaux Arts (VI)); Mitte Juli für ein paar Tage in Berlin; Ende Juli in London; und in der ersten August Woche in Zermatt. Was sind Deine Pläne?

Mit herzlichen Grüßen und Auf Wiedersehen,

Dein
Herbert

1 Brief vom 18. Mai 1967.
2 Frantz Fanon, Paris 1966; dt. Die Verdammten dieser Erde, Frankfurt/Main 1966.
3 Lyndon B. Johnson (1908–1973), 1963–1968 Präsident der USA.

es doch das nächste Mal besser. Nach einem Brief wie dem von Herbert fängt es an, einen zu frösteln, wenn es nicht schon längst damit angefangen hat.
Alles Liebe

Dein
G.R.

1 Brief vom 16.6.1967.
2 Berthold Simonsohn (geb. 1912), Jurist, Professor für Sozialpädagogik und Jugendrecht in Frankfurt am Main.
3 Karl Heinrich Rengstorf (geb. 1903), Theologe, 1936 Professor in Kiel, 1948 in Münster.

Nr. 135

Theodor W. Adorno
Brief an Max Horkheimer
20. Juni 1967

QUELLE: Max Horkheimer, Gesammelte Schriften Bd. 18: Briefwechsel 1949–1973, hrsg. von Gunzelin Schmid Noerr, © S. Fischer Verlag Frankfurt/Main 1996, S. 660

Nr. 136

Monika Steffen
Tiere an Ketten – SDS und Horkheimer
Bericht über eine Diskussion des Frankfurter SDS mit Max Horkheimer und Theodor W. Adorno
Juli 1967

QUELLE: Diskus – Frankfurter Studentenzeitung, 17. Jg., Nr. 5, Juli 1967, S. 11

Frankfurt, den 20. Juni 1967

Max

soeben bekomme ich einen Brief von Herbert [Marcuse], dessen Abschrift ich Dir beifüge.[1] Ich möchte Deine Reaktion nicht antizipieren, obwohl ich sicher bin, daß sie der meinen gleicht. Meine erste Regung war: nicht antworten. Vielleicht ist es aber gescheiter, wenn ich ihm *formal* antworte, etwa mit Hinweis darauf, daß ich was weiß Gott zutrifft – die beiden nächsten Wochen mit Prüfungen und ähnlichem Zeug von morgens bis abends zugedeckt bin, ihn aber hier sehen könnte, wenn er zwischen dem 13. und 17. Juli hierherkäme. Nach Paris kann und will ich nicht fahren, und ebenso möchte ich ihn nicht in der Schweiz sehen, um nicht meine armseligen Erholungswochen dadurch noch zu zerstören. Ich denke, das ist ein legitimer Egoismus.

Über die ganze Sache bin ich todtraurig.

Ich sollte bei einer pro-israelischen Veranstaltung, die der Simonsohn[2] organisiert, als einer der Hauptsprecher, gemeinsam mit Ernst Bloch und Rengstorf[3], auftreten. Ich habe das aber abgesagt, aus mehr als einem Grund. Auch in dieser Absage weiß ich mich mit Dir einig.

Wieder ist es viel zu kurz gewesen. Hoffentlich wird

Prof. Max Horkheimer war vom SDS, Gruppe Frankfurt, eingeladen worden, seine Rede anläßlich der »deutsch-amerikanischen Freundschaftswoche« zu verteidigen (*Diskus* 4/67: Vietnam – ein Vortrag und zwei Briefe). Zur Rechtfertigung gab es dann allerdings keine Gelegenheit; die SDS-Mitglieder drängten auf eine Stellungnahme zum Tode des Berliner Kommilitonen Ohnesorg. Sie wollten die kritische Theorie Horkheimers Prägung nach Handlungsanweisungen befragen, ihren Praxisbegriff erläutert haben, insgeheim hoffend, daß er sich als unbrauchbar decouvrieren möge. Aber vor lauter Eifer hat man die Chance verpaßt, das Geplante mit dem Aktuellen zu verknoten; denn liegt nicht seit dem 2. Juni Vietnam in Berlin oder umgekehrt?

Horkheimer hatte in seiner Amerikahaus-Rede den Eindruck geweckt, zu meinen, man könne das Kind mit dem Bade ausschütten, oder: auf dem eigenen Mist kehren; solange wir selber Dreck am Stecken hätten, sollten wir nicht mit nackten Fingern auf anderen Dreck zeigen. Daß aber Berlin, die Politisierung der FU und der Tod Ohnesorgs, ohne Vietnam, ohne Persien, ohne die Länder der Dritten Welt nicht möglich gewesen wäre, das zu zeigen hatten die SDSler versäumt.

Horkheimer war auf die Berliner Thematik nicht

vorbereitet, war etwas verwirrt und enttäuscht, als Thesen zum 2. Juni vorgetragen wurden:

»Wie steht es mit dem kritischen Verhältnis von Theorie und Praxis angesichts der Berliner Vorfälle? Wie transformiert man moralisch-emotionale Empörung über den Tod eines Studenten in die rationale Einsicht, daß Ohnesorg nicht zufällig starb, sondern systemimmanent? Wie kommt es, daß eine gesellschaftliche Randgruppe, die unmittelbar am Produktionsprozeß nicht beteiligt ist, Zielscheibe staatlicher Gewaltmaßnahmen wird?«

Angesichts solcher Fragen muß der traditionelle Praxisbegriff versagen. Angesichts einer Demokratie, die auf ein System von Spielregeln zusammengeschrumpft ist, kann Aktion, die auf wirklich demokratische Praxis aus ist, sich nicht mehr auf die Wahrung von Spielregeln beschränken. Für diesen neuen Praxisbegriff – soll er etwas taugen – genügt abstrakte Bewußtseinsbildung nicht mehr.

[...]

Horkheimers Frage, inwieweit diese Form der Praxis wirksam sei, wurde von Adorno beantwortet: Kein Mensch, der von bestimmten Grundpositionen ausgehe, könne gegen diese Art von Demonstrationen sein, wie sie in Berlin praktiziert worden sei. »Hetze gegen Studenten steht stellvertretend für die Designierung des Feindes«, und ist »kennzeichnend für den Sozialsadismus einer repressiven Gesellschaft«. Aber, fuhr Adorno fort, man müsse »Praxis« und den »emphatischen Praxisbegriff« scharf auseinanderhalten; Studentenaktionen werden sich nicht in Revolution umwandeln lassen können; Integration aller oppositioneller Gruppen sei so weit fortgeschritten, daß im verzweifelten Bewußtsein dieser Integration Ausgänge gesucht würden, denen die Dignität, die man ihnen beilege, angesichts des gesamtgesellschaftlichen Kräfteverhältnisses nicht zukomme. Diesen Trend zum Martyrium müßten die Älteren verhindern. Er sei sich des fatalen Akzents dieser Weisheiten bewußt, aber die Aktionen der Studenten glichen den »Bewegungen eingesperrter Tiere, die nach Auswegen suchen«. Man habe gesehen, daß in dem Moment, wo Demonstrationen sich nicht mehr in legalen Formen bewegen, die brutalen Sanktionen der Herrschenden eskalieren.

Dagegen wies ein Student darauf hin, daß sich »die Disproportionalität zwischen Apparat und Opposition schon beim ohnmächtigen und völlig legalen Protest zeigt«. Tomaten zu werfen, gleiche den Reaktionsweisen primitiver Völker und sei Anzeichen dafür, daß man gezwungen sei, sich angesichts eines übermächtigen Apparats anderer Protest- und Organisationsformen als der klassischen »Massenbasis« zu bedienen. Er erinnerte an den »ritualisierten Protest« in den USA als Ingredienz vorrevolutionärer Aktionen. Da die Herrschenden rationale Diskussionen verweigern, müsse man erkennen, daß die herkömmliche Art der Rationalität ineffektiv sei.

Adorno warnte davor, hinter die Formen der klassischen Arbeiterbewegung zurückzufallen. Wenn der Apparat die Prostestierenden in die Haltungen primitiver Völker treibe, dann dürfe die Reflexion nicht bei dieser Regression stehenbleiben, denn erst hier fange die Diskussion von Praxis an. Wie allerdings das Bewußtsein, eine privilegierte Minderheit zu sein, in der Praxis zu formulieren sei, wisse er auch nicht; er sei da »ganz dumm«, was wahrscheinlich mit seiner Hilflosigkeit gegenüber der Brutalität zusammenhänge.

Und hier hatte Horkheimer Gelegenheit, eine zentrale These seines Vortrags zum deutsch-amerikanischen Freundschaftstreffen vom 7. Mai zu wiederholen: »Innenpolitik spielt heute eine größere Rolle als die Außenpolitik, nur innenpolitisch kann sich eine eigene Linie der Opposition entfalten, die sich der Außenpolitik gegenüber als ohnmächtig erweist.« Adorno wirft ein, daß ein prominenter Politiker doch gerade gesagt habe, man müsse die Innen- von der Außenpolitik ableiten. Sprachlich Zustimmung, hatte sich Adorno doch von Horkheimers Amerika-Aktivität inhaltlich distanziert. Leider wurde auf diese Bemerkung nicht weiter eingegangen.

Adorno betonte nochmals seine Skepsis im Hinblick auf die gesamtgesellschaftliche Wirksamkeit von Demonstrationen, selbst wenn sie ohne Zweifel einem rationalen Gesamtinteresse entsprächen, denn die öffentliche Meinung über den Studenten trüge überwältigend ein »antisemitisches Syndrom«: supergescheit, arbeitslos, glücklich.

Man entgegnete, daß der Masse der Bevölkerung einfach die politischen Kategorien fehlten, um das Geschehene zu artikulieren, und die bürgerliche Presse sei nicht bereit und fähig, diese Kategorien zu liefern; so habe z.B. die FAZ die Aufklärungs- und Informationskampagne des Berliner AStA für die Berliner Bevölkerung mit dem Argument begrüßt, jetzt endlich hielten die Studenten sich an die formalen Spielregeln. Von dieser Presse sei also keinerlei Unterstützung zu erwarten. An diesem Punkt gab es unter den Diskutanten zwei größere Meinungskomplexe.

Der eine Meinungskomplex: Die Entwicklung nach dem 2. Juni zeigt, daß die Studenten integriert werden; ihre Demonstrationen kleben weiterhin am Einzelfall Ohnesorg. Die Presse hat sich taktisch auf diesen Fall eingestellt. Das Demonstrationsverbot wurde nur im Hinblick auf diesen Mordfall aufgehoben. Da aus dem ehemaligen Proletariat ein Heer von Arbeitnehmern geworden ist, das längst »mehr als seine Ketten zu verlieren hat« (Adorno), kann bei Diskussionen mit der Bevölkerung »jeder Reaktionär sein Mütchen an der Frage kühlen: ›Was, Ihr wollt für die Arbeiter sprechen? Fragt doch die Arbeiter selber‹« (Adorno). Daß diese Integration im tiefsten Sinne Schein ist, ist klar, »aber der Schein hat Gewalt« (Adorno). Aber »mittlerweile ist der Schein zum Wesen geworden, für objektives Bewußtsein wird gehalten, was bloß subjektiv ist« (Prof. Haag).

Die herrschende Klasse sei mit den klassischen Mitteln der Enthüllung nicht mehr auf »frischer Tat zu ertappen« (Krahl), man müsse es schaffen, den Demonstranten selber die herrschende Gewalt deutlich zu machen, ohne daß diese Gewalt zuschlägt. Ein rationales Gesamtinteresse, das von rationalen Diskussionen und Demonstrationen befriedigt werden könnte, existiert praktisch nicht, es muß deshalb mit anderen Mitteln hergestellt werden als denen der klassischen Aufklärung.

Der andere Meinungskomplex: Der von den Berliner Studenten erreichte Bewußtseinsgrad wird Integration verhindern, gerade weil der Bezugsrahmen der Bewußtseinsbildung die Verknüpfung von Konflikten der »Dritten Welt« (Vietnam) mit den Antagonismen am eigenen Arbeitsplatz, der Universität ist. Gerade diese Verbindung von »räumlich und zeitlich entfernten Zielen« mit konkreten Nahzielen wird das Zudecken des Konfliktes verhindern. Die Entwicklung der Studentenproteste in Berkeley hat gezeigt, daß es dort primär emotionale Reaktionen waren, die zum Protest geführt haben. Adorno: »Die Linke neigt dazu, den Gedanken einer Zensur zu unterwerfen im Hinblick auf den Zweck. Zur Erkenntnis gehört, das Versperrtsein auszusprechen. Theorie wird im Hinblick auf Praxis zensiert. Die Theorie muß ganz konsequent sein, sonst wird die Praxis falsch.«

Nr. 137

Theodor W. Adorno
Brief an Max Horkheimer

3. Juli 1967

QUELLE: Max Horkheimer, Gesammelte Schriften Bd. 18: Briefwechsel 1949–1973, hrsg. von Gunzelin Schmid Noerr, © S. Fischer Verlag Frankfurt/Main 1996, S. 661

6 Frankfurt am Main, 3. Juli 1967
Kettenhofweg 123

Max:

wie Du weißt, bin ich von Freitag bis Sonntag in Berlin, Hotel Savoy. Da es immerhin nicht unmöglich ist, wenn ich es auch keineswegs für wahrscheinlich halte, daß ich dort mit Herbert [Marcuse] zusammentreffe, wäre ich Dir sehr dankbar, wenn Du mir, was Du etwa an *authentischem* Material über die Greueltaten des Maoregimes besitzt, mir möglichst umgehend zukommen ließest (an die Institutsadresse), damit ich in der Diskussion nicht ungewappnet dastehe. Selbstverständlich bekommst Du das Material raschest zurück.

Tausend Dank im voraus und alles Liebe von

Deinem
G.R.

Nr. 138

Sozialistischer Deutscher Studentenbund
»Herr Professor Adorno, dieses unentbehrliche Requisit kultureller Veranstaltungen ...«

Flugblatt zu Adornos »Iphigenie«-Vortrag an der Freien Universität Berlin

7. Juli 1967

QUELLE: Klaus Schroeder (Hg.), Freie Universität Berlin 1948–1973, Hochschule im Umbruch, Teil V: 1967–1969, S. 218

Herr Professor Adorno, dieses unentbehrliche Requisit kultureller Veranstaltungen, das auf Festspielen, bei Dritten Programmen, Akademien etc. kritische Ohnmacht verbreitet, will heute abend auch uns zu einer feierlichen Stunde verhelfen. Ehe wir aber in den Gestus erstarrter Nachdenklichkeit verfallen, der diesem Schauspiel angemessen ist, sollten wir uns eines andern Schauspiels erinnern, in dem Prof. Adorno ebenfalls einen kleinen Part übernommen hat. Der Brandstiftungsprozeß gegen Fritz Teufel, Dokument des Irrationalismus der losgelassenen Justiz, kann nur mit einem Sieg der Studenten enden, wenn durch ein Netz sich ergänzender Gutachten dem Gericht jede auch nur scheinbar vernünftige Argumentation unmöglich gemacht wird. Herr Prof. Adorno war für ein solches Gutachten prädestiniert, hausierte er doch mit Begriffen wie »Warenstruktur der Gesellschaft«, »Verdinglichung«, »Kulturindustrie«, seinem Repertoire, mit dem er seinem Auditorium gehobene Verzweiflung suggeriert. Aber die Bitten von Kollegen und Schülern blieben fruchtlos, der Prof. Adorno ließ sich nicht herbei, das Flugblatt der Kommune als satirischen Ausdruck einer Verzweiflung zu deuten. Er lehnte ab. Diese Haltung ist wahrhaft klassizistisch in ihrer Bescheidenheit, denn Späße, wie die von der Kommune angeregten, haben die Adornoschen Unveränderbarkeits-Theoreme zur Voraussetzung.

Herr Prof. Adorno ist jederzeit bereit, der Gesellschaft der Bundesrepublik einen latenten Hang zur Unmenschlichkeit zu bezeugen. Konfrontiert mit der Unmenschlichkeit, die in der abstrusen Anklage gegen Teufel steckt, lehnt er es ab, sich zu äußern. Er leidet lieber still an den Widersprüchen, die er zuvor konstruiert hat und für die es bekanntlich keine Lösung gibt. Kommilitonen! Wir wollen mit Prof. Adorno über seine Weigerung sprechen.

Sollte sich Prof. Adorno weigern, mit uns zu diskutieren, so verlassen wir den Saal und überlassen Prof. Adorno einer einsamen Ekstase an seinem Text!

Nr. 139
Peter Szondi
Adornos Vortrag »Zum Klassizismus von Goethes ›Iphigenie‹«

7. Juli 1967

QUELLE: Peter Szondi, Über eine »Freie (d.h. freie) Universität« – Stellungnahmen eines Philologen, Frankfurt/Main 1973, S. 55–59

Außer den Professoren und Schriftstellern, die Gutachten über die angeblich zur Brandstiftung auffordernden Flugblätter geschrieben hatten, war auch Theodor W. Adorno um ein solches Gutachten gebeten worden, hatte aber abgelehnt, eines zu schreiben. Schon vor dem 2. Juni war geplant gewesen, daß Adorno am 7.7.67 im Auditorium Maximum der Freien Universität einen Vortrag über Goethes Iphigenie halten sollte, auf Einladung des Germanischen Seminars und des Seminars für Allgemeine und Vergleichende Literaturwissenschaft. Adorno war nicht bereit, auf Vorschlag des SDS statt dessen eine politische Diskussion zu veranstalten. Vor Beginn des Vortrags hielten sich im Foyer des Auditorium Maximum viele Studenten auf, von denen, wie es schien, nicht alle in der Intention gekommen waren, Adornos Vortrag zu hören. [...]

Zu Beginn der Veranstaltung sprach Szondi zur Einleitung. Der Text lautete in seiner ursprünglichen Konzeption:

Meine Damen und Herren,
einer der ältesten Schüler Professor Adornos, ein Teilnehmer des Seminars, das der Privatdozent Adorno Anfang der dreißiger Jahre über Benjamins *Ursprung des deutschen Trauerspiels* abhielt, ein Adorno-Benjamin-Schüler, dessen wissenschaftliches Werk ohne diese durch das Jahr 1933 auf ein einziges Semester beschränkte Erfahrung seiner Studienjahre nicht denkbar wäre, mein Kollege Wilhelm Emrich, hatte sich gefreut, heute abend Professor Adorno hier willkommen heißen zu können. Eine plötzliche Erkrankung kam dazwischen, und in seinem als des geschäftsführenden Direktors des Germanischen Seminars Auftrag bin ich es nun, der die Freude und Ehre hat, Professor Adorno bei uns zu begrüßen. Obwohl ich leider nie bei ihm habe studieren können, würde ich auf die Frage, wessen Schüler ich bin, keine Minute zögern, mich zu ihm auch in diesem akademischen Sinn zu bekennen, und Sie werden verstehen, daß ich nicht zuletzt deshalb gerne an dieser Universität lehre, weil es hier, in den verschiedensten Fächern – in denen Adornos, der Philosophie, der Soziologie und bald auch der Musikwissenschaft, aber auch in anderen, wie der Germanistik und der Romanistik – eine lebhafte Auseinandersetzung um sein Werk gibt. Zumal die Germanisten werden seine Noten zur Literatur, in denen über Dichter wie Eichendorff, Mörike, Heine, aber auch Goethe und Hölderlin so ganz anderes steht, als was Germanisten zu schreiben und zu lesen pflegen, und zwar anderes in der Weise, daß es zugleich die bestimmte Negation dessen ist, was sie von Hause aus tun oder tun würden, gäbe es die Herausforderung nicht, die Adornos Werk darstellt – zumal die Literaturwissenschaft, wie sie in Berlin vertreten ist, wird es sich, glaube ich, zur Ehre anrechnen dürfen, daß sie sich herausfordern ließ, daß sie an diesem Werk nicht achselzuckend und philologiebeschwörend vorbeigeht.

Und wenn es nicht selten weniger die Professoren

als die Studenten sind, die auf Adorno verweisen, so sollte auch dies kein Grund zur Klage sein – mancher meiner Kollegen wird gerade in den letzten Wochen den Eindruck gewonnen haben, daß wir uns von den Studenten sehr wohl einiges sagen lassen können, daß wir nicht verlieren, sondern gewinnen, wenn die Mauer zwischen dem Ordinarius und seinen Studenten zu zerbröckeln beginnt. Freilich sehe ich nicht ein, warum wir das, was uns die Studenten sagen, und was sie uns vermitteln, nicht derselben strengen Kritik unterwerfen sollten, zu der wir sie zu erziehen die Pflicht haben. Euphorie und Solidarisieren auf Kosten des Differenzierens ist eine Stimmung für Wochen, nicht für die Jahre des Studiums – diesem wäre es gemäßer, sich nicht Schlagworten hinzugeben, sondern sich der Versenkung in den Gegenstand zu widmen, die uns wenige wie Adorno gelehrt haben. Seine *Negative Dialektik* ist vor wenigen Wochen erschienen, und wird nicht nur für Philosophen für lange Zeit einer jener Knochen sein, von denen Adorno gerne sagt, daß man an ihnen nagt – Adornos *Ästhetik* ist im Entstehen. Unsere Vorfreude darauf ist eins mit der Freude, ihn heute abend hören zu können.

Anstelle des letzten Absatzes (nach »vorbeigeht«) sagte Szondi angesichts der Situation:

Zu dem Flugblatt des SDS, das Sie wohl alle gesehen haben, sei mir noch ein Wort erlaubt. Ich habe Herrn Professor Adorno mit eingeladen, und ich habe gestern vor dem Landgericht ein vierzehnseitiges Gutachten verlesen. Störungen des Vortrags muß ich als Honorierung meiner Bemühungen ansehen, einerseits den Studenten der FU zu ermöglichen, anderes zu hören, als sie sonst in Berlin hören, andererseits einem Staatsanwalt unmöglich zu machen, was er nicht hören will, mit Zuchthausstrafe zu beantworten.

Ich bitte diejenigen unter Ihnen, meine Damen und Herren, die sich den Vortrag nicht anhören wollen, wie Sie es angekündigt haben, genauer: wie es Ihnen der SDS empfohlen hat, den Saal jetzt zu verlassen. Nach einigen Minuten wird dann Professor Adorno das Wort ergreifen und zum Klassizismus der Goetheschen *Iphigenie* wohl sehr viel weniger Klassizistisches sagen, als es die Leute wahrhaben wollen, die heute Mao-Sprüche nicht anders zitieren, als es einst ihre Großväter mit den Sprüchen der Weimarer Dichterfürsten taten.

Wenn *ich* aber einen Spruch aus Adornos *Minima Moralia* zitieren darf, so ist es dieser: »Bange machen gilt nicht.« Dabei soll's bleiben.

Nach dieser Einleitung gingen tatsächlich einige. Andere begannen, sowie Adorno zu sprechen anfing, Spruchbänder zu entrollen: »Ifigenisten aller Länder, vereinigt euch!« und »Berlins linke Faschisten grüßen Teddy den Klassizisten«[1]. Die Transparente wurden ihnen von anderen Studenten weggenommen und zerknüllt; nach einer erneuten Aufforderung Adornos verließen weitere Studenten den Saal (insgesamt blieb er erheblich voll). Der weitere Verlauf des Vortrags *Zum Klassizismus von Goethes Iphigenie*[2] war nur mehr durch gelegentliches Türschlagen und Lärm von draußen gestört. Am Ende wollte eine Studentin, die zuvor an der Transparent-Aktion beteiligt gewesen war, Adorno einen aufgeblasenen roten Gummi-Teddy überreichen. Ein Student schlug ihn ihr aus der Hand, was von Adorno als »Akt der Barbarei« mißverstanden oder verstanden wurde.

Zwei Tage später fand dann doch eine Diskussion mit Adorno im SDS-Büro statt.[3] – Am 21.7.67 gab Szondi gemeinsam mit den beiden AStA-Vorsitzenden Häußermann und Wilhelmer folgende Erklärung ab:

Nach den Demonstrationen anläßlich des Gastvortrags von Professor Adorno am 7. Juli kamen Herr Häußermann und Herr Wilhelmer, 1. und 2. Vorsitzender des AStA der FU, und Professor Szondi, der die Vortragsveranstaltung eingeleitet hatte, zu einer Aussprache zusammen. Sowohl die beiden AStA-Vorsitzenden als auch Professor Szondi sind der Ansicht, daß das politische Engagement der Studenten wie der Professoren zu deren staatsbürgerlicher Pflicht gehört. Ebenfalls teilen sie die Auffassung, daß die permanente kritische Überwachung jeglicher Autorität sowie die Demonstration daraus möglicherweise resultierender Mißbilligung in einer Demokratie selbstverständlich sein müßte. Sie halten aber an dem Grundsatz fest, daß durch Demonstrationen weder Lehrveranstaltungen noch Gastvorträge gestört werden dürfen.

1 Von »linkem Faschismus« hatte kurz zuvor Adornos Schüler Habermas im Zusammenhang mit einigen Konzeptionen des SDS gesprochen. – »Teddie« wurde Adorno von Freunden genannt.
2 Neue Rundschau 78. Jg., H. 4, 1967, S. 586–599.
3 Tagesspiegel 9.7.67; Frankfurter Allgemeine Zeitung 10.7.67; Der Spiegel 30/1967; Flugblätter des SDS und der »Kommune II«.

> **Nr. 140**
> **Rudi Dutschke**
> »Wir fordern die Enteignung Axel Springers«
> »Spiegel«-Gespräch (Auszug)
> 10. Juli 1967
> QUELLE: Der Spiegel vom 10. Juli 1967, 20. Jg., Nr. 29, S. 30–32

[...]

DUTSCHKE: Demonstrationen und Proteste sind Vorstufen der Bewußtwerdung von Menschen. Wir müssen immer mehr Menschen bewußtmachen, politisch mobilisieren, das heißt: in das antiautoritäre Lager – das jetzt erst aus nur ein paar tausend Studenten besteht – herüberziehen. Und wir müssen mehr tun als protestieren. Wir müssen zu direkten Aktionen übergehen.

SPIEGEL: Was sind direkte Aktionen?

DUTSCHKE: Da muß ich zuerst die spezifische Berliner Situation schildern.

SPIEGEL: Bitte.

DUTSCHKE: Da haben wir zunächst die Situation der Freien Universität – Massen-Seminare, absackendes Ausbildungsniveau, durch Bürokratie überforderte Professoren, drohende Studienzeitverkürzung und Zwangsexmatrikulation, Restriktionspolitik der Universitätsverwaltung, nicht zuletzt Studiengelderhöhung. Das bewirkte bei vielen Studenten eine stark antiautoritäre psychische Disposition.

SPIEGEL: Aber das bewirkte es nicht allein. Sie und eine ganze Reihe von radikal denkenden Studenten haben diese Grundstimmung populär gemacht.

DUTSCHKE: Ja. Wir haben versucht, durch systematische Aufklärung die Studenten politisch über ihre Situation aufzuklären – durch Informationsveranstaltungen, durch verschiedene Formen von Demonstrationen. Aber hinzu kommt die allgemeine Situation von West-Berlin. Sie ist spätestens seit dem Tod von Benno Ohnesorg klar: kopfloser Senat, entdemokratisierte Polizei – ein Resultat der jahrzehntelangen Ausbildung für den Kalten Krieg. Weiter: Die Berliner Parteien haben, wie in der Bundesrepublik, den Kontakt zur Bevölkerung verloren; Berlin ist eine politisch tote Stadt. Ihre historische Chance, Mittler zwischen Ost und West zu sein, hat sie nicht wahrgenommen.

SPIEGEL: Und die fehlende Politik wollen jetzt Studenten machen?

DUTSCHKE: Warum nicht? Wir Studenten haben eine Chance, die den Massen der Gesellschaft systematisch verweigert wird: Wir können die spezifisch menschliche Verstandeskraft in kritische Vernunft umsetzen. Das bedeutet: Politisierung der Universität – als Ausgangspunkt der Politisierung und damit der Veränderung der Gesellschaft.

SPIEGEL: Die Gesellschaft, schon gar die von Berlin, hat aber – um es euphemistisch auszudrücken – bislang nicht viel Bereitschaft gezeigt, sich von Ihnen politisieren zu lassen.

DUTSCHKE: Das ist richtig, aber das kann sich ändern, gerade unter Berliner Bedingungen. Die Mobilisierung des antiautoritären Lagers der Studentenschaft ging jenseits ökonomischer Schwierigkeiten vor sich. Die angespannte Arbeitskräftelage in Berlin, die veraltete Industriestruktur, die Überalterung der Bevölkerung, die Subventionsabhängigkeit der Stadt – das alles sind für uns Ausgangspunkte dafür, daß auch außerhalb der Universität die Politisierung gewisser Teile der Bevölkerung möglich wird.

SPIEGEL: Der Arbeiterschaft?

DUTSCHKE: Die von uns begonnene Auseinandersetzung könnte in Betriebe hineingetragen werden...

SPIEGEL: Wollen Sie Streiks organisieren?

DUTSCHKE: Das ist eine Sache, die nicht von außen hineingetragen werden kann. Wir können nicht zu den Arbeitern in den Betrieben gehen und sagen, nun macht mal einen Streik. Die Möglichkeit des Streiks bietet sich allein auf der Grundlage der bestehenden Widersprüchlichkeit in der Ökonomie und Politik West-Berlins.

SPIEGEL: Aber Sie wollen doch, wie Sie eben sagten, die *Auseinandersetzung* in die Betriebe hineintragen.

DUTSCHKE: Ich meine damit, daß wir durch die Zusammenarbeit den mittleren und unteren Gewerkschaftsvertretern – die Führungsspitze in Person des DGB-Vorsitzenden und Berliner Parlamentspräsidenten Sikkert ist sozialfaschistisch – die Interessenidentität von Arbeitern und Studenten bewußtmachen können.

SPIEGEL: Wir möchten die Frage wiederholen, was für Sie direkte Aktionen sind.

DUTSCHKE: Sollten die Arbeiter eine spontane Abwehraktion gegen unternehmerische Übergriffe beginnen, wird es eine große Solidarisierungswelle seitens der bewußten Studentenschaft geben.

SPIEGEL: Was heißt das, bitte – spontane Abwehraktion, Solidarisierungswelle?

DUTSCHKE: Abwehraktion gleich Streik, Solidarisierung gleich Beteiligung am Streik.

SPIEGEL: Sie würden den Streik mit organisieren?

DUTSCHKE: Die Führung des Streiks liegt in den Händen der selbsttätigen Betriebsräte, Vertrauensleute und wirklich die Interessen der Arbeiter vertretenden Gewerkschafter. Wir werden auf Wunsch alle Hilfsfunktionen übernehmen – etwa Unterstützung des Streiks durch Geldsammlungen, Aufklärung in der Bevölkerung über Voraussetzungen und Bedingungen des Streiks, Einrichtungen von Kindergärten und Großküchen.

SPIEGEL: Das wäre in diesem Fall direkte Aktion?

DUTSCHKE: Genau – und mit erheblichen politischen Konsequenzen. Berlin kennt seit Jahren keine Arbeiterstreiks. Es könnte dazu kommen, daß die Vereinigung von Arbeitern und Studenten in der organisatorischen Form von Räten die Frage der Doppelherrschaft aufwirft.

SPIEGEL: Machtergreifung?

DUTSCHKE: Die Verbreiterung einer Streikaktion durch Solidarisierungsstreiks in anderen Betrieben würde, ergänzt durch die angedeutete Solidarisierungswelle der Studentenschaft, in der Tat eine radikale Herausforderung für die gesellschaftliche Struktur West-Berlins bedeuten, gleichermaßen für Ost-Berlin; könnte doch ein *von unten* demokratisiertes West-Berlin ein Beispiel für die Arbeiter und Studenten in der DDR sein.

SPIEGEL: Planen Sie andere direkte Aktionen?

DUTSCHKE: Ja. Wir fordern – auf der Grundlage der in der Berliner Verfassung gegebenen Enteignungsmöglichkeit – die Enteignung des Springer-Konzerns.

SPIEGEL: Und die entsprechende direkte Aktion?

DUTSCHKE: Ich denke, daß die Enteignung des Springer-Konzerns auch von größeren Teilen der Bevölkerung unterstützt werden wird. Für uns ist dieser Punkt ein strategischer Transmissionsriemen zwischen Studenten und anderen Bevölkerungsteilen. Die während der letzten Wochen entstandenen studentischen Aktionszentren an der Freien Universität werden im Laufe des nächsten Semesters direkte Aktionen gegen die Auslieferung von Springer-Zeitungen in West-Berlin unternehmen.

SPIEGEL: Welche?

DUTSCHKE: Wir wollen zu Tausenden vor dem Springer-Druckhaus durch passive Formen des Widerstandes die Auslieferungsprozedur verhindern. Am Tage dieser Aktion, die wir zuvor durch Flugblätter ankündigen werden, wollen wir selber kritische und informative Zeitungen für alle Teile der Bevölkerung herausbringen.

SPIEGEL: Gehört zum Arsenal der direkten Aktionen auch der Versuch, eine Gegen-Universität zu errichten – wovon seit kurzem in Studentenzirkeln die Rede ist?

DUTSCHKE: Ja, da gibt es zwei Konzeptionen. Die eine Form der Gegen-Universität ist begriffen als Appendix, als Anhängsel der bestehenden Universität. Das heißt: Wir versuchen, im nächsten Semester Vorlesungskurse zu initiieren von Doktoranden, von Studenten mit guter Ausbildung, von Assistenten und Professoren. Inhalt des Programms sind Diskussionen, Referate und Seminare über Themen, die bisher innerhalb der Universität nicht diskutiert wurden.

SPIEGEL: Zum Beispiel?

DUTSCHKE: Zum Beispiel die chinesische Revolution und ihre Konsequenzen für die gegenwärtige Auseinandersetzung.

SPIEGEL: Also ein marxistischer Appendix der Universität?

DUTSCHKE: Ein kritischer Appendix der Universität, nicht unbedingt marxistisch. Sagen wir es so: Die politische Durchdringung des Stoffes wäre die revolutionäre Wissenschaft, als Wissenschaft, die gegenwärtige Konfliktsituationen in der ganzen Welt zum Ausgangspunkt der Analyse macht.

SPIEGEL: Wieviel Studenten, Assistenten, Doktoranden würden sie für ein solches Vorhaben gewinnen können?

DUTSCHKE: Ich denke, es sind gegenwärtig schon genug Kräfte vorhanden und gut genug ausgebildet, um dieses Anhängselmodell praktizieren und unsere antiautoritären Studenten, also jenes Lager von 4000 bis 5000, aufklären zu können über die bestehenden Herrschaftsmechanismen und über die Emanzipationsbewegung.

SPIEGEL: Und das zweite Konzept einer Gegen-Universität?

DUTSCHKE: Das wäre der Aufbau einer Universität außerhalb von Dahlem – in einem Gebiet zwischen Fabrikarbeitern, etwa in der Spandauer Gegend oder in der Nähe der AEG, und Bürgerbezirken. Man könnte in Baracken Fakultäten installieren zur Ausbildung von Studenten, Arbeitern, Angestellten, Schülern. Hinzu käme, daß wir eine kontinuierliche medizinische, speziell sexuelle Aufklärung für weite Bevölkerungsteile – besonders für junge Arbeiterinnen und Arbeiter – betreiben könnten. Ebenso könnten wir unbemittelten Bürgern Rechtshilfe leisten, Mieterstreiks organisieren und so weiter. Eine solche Universität hätte die Aufgabe der Profilierung des Bewußtseins.

Aber es ist die Frage, ob wir dieses Modell finanziell tragen können.

SPIEGEL: Ist das Werfen von Tomaten oder Rauchbomben auch eine Form der direkten Aktion?

DUTSCHKE: Tomaten und Rauchbomben sind ohnmächtige Mittel zum Zeichen des Protests, und nichts anderes. Niemand kann sich einbilden, dies sei ein Moment des wirksamen Protestes.

SPIEGEL: Sind Steine wirksamer?

DUTSCHKE: Eine systematische Provokation mit Steinen ist absurd. Steine als Mittel der Auseinandersetzung unterscheiden sich prinzipiell nicht von Tomaten. Tomaten sind ohnmächtig, Steine sind ohnmächtig. Sie können nur begriffen werden als Vorformen wirklicher Auseinandersetzungen.

SPIEGEL: Wir haben verschiedene ihrer Reden daraufhin untersucht, wie Sie sich diese Auseinandersetzung denken. Das klingt zumeist sibyllinisch, etwa so (*Spiegel* schaltet Tonband einer Dutschke-Rede ein): Wann endlich, meine Damen und Herren, sehen wir uns die Fabriken in Frankfurt, München, Hamburg oder West-Berlin genauer an, die direkt und unmittelbar die amerikanische Armee in Vietnam mit chemischen und elektronischen Anlagen versorgen?
Was heißt das, bitte: »Wann sehen wir uns die Fabriken einmal genauer an?«

DUTSCHKE: Das heißt: Wenn es uns Ernst ist mit der Unterstützung des Befreiungskampfes in der Dritten Welt einerseits und mit der Veränderung unserer bestehenden Ordnung hier andererseits, haben wir sehr genau uns anzuschauen, wie diese Betriebe arbeiten – nicht, um sie in die Luft zu sprengen, sondern um durch Aufklärung von Minderheiten in diesen Betrieben klarzumachen, daß man mit Unterstützung der Unterdrückung in Vietnam nicht einverstanden sein kann. Der Führer der Studenten-Revolte an der amerikanischen Berkeley-Universität, Mario Savio, deutet die andere Seite des möglichen Widerstandes an, wenn er sagt, man müsse die Leiber der Vernichtungs-Maschinerie entgegenstemmen – also passiver Widerstand, die große Verweigerung.

SPIEGEL (schaltet Tonband einer Dutschke-Rede ein): Wann endlich, meine Damen und Herren, lösen wir unser Knechtsverhältnis zu den bei uns Herrschenden? Warum beantworten wir nicht die Notstandsübungen anläßlich der Staatsbesuche, nämlich die Notstandsübungen der staatlichen Gewaltmaschinerie, warum beantworten wir die nicht mit Notstandsübungen unsererseits?
Was heißt das, bitte?

DUTSCHKE: Das soll heißen, daß in der Bundesrepublik Notstandsgesetze öffentlich diskutiert werden, aber im Grunde schon in der Alltagspraxis und speziell bei Staatsbesuchen praktiziert werden. Und Notstandsübungen unsererseits wären gerade die Versuche, unter diesen spezifischen Ausnahmebedingungen die elementarsten Formen demokratischer Freiheit – sei es Versammlungsrecht, sei es Demonstrationsrecht – praktisch anzuwenden, wie es am 2. Juni in Berlin geschah, als die Polizei dann die Demonstranten brutal zusammenknüppelte.

SPIEGEL: Ihre Reden wurden gelegentlich wegen solcher Wendungen als versteckte Aufforderungen zur Anwendung von Gewalt gedeutet. Predigen Sie Gewalt?

DUTSCHKE: Aufruf zur Gewalt, zu Mord und Totschlag in den Metropolen hochentwickelter Industrieländer – ich denke, das wäre falsch und geradezu konterrevolutionär. Denn in den Metropolen ist im Grunde kein Mensch mehr zu hassen. Die Regierenden an der Spitze – ein Kiesinger, Strauß oder was auch immer – sind bürokratische Charaktermasken, die ich ablehne und gegen die ich kämpfe, die ich aber nicht hassen kann, wie einen Ky in Vietnam oder Duvalier in Haiti.

SPIEGEL: Diese Differenzierung – Gewalt dort, keine hier – erklärt sich für Sie ...

DUTSCHKE: ... aus dem prinzipiellen Unterschied im Stand der geschichtlichen Auseinandersetzung. In der Dritten Welt: Haß der Menschen gegen die Form der direkten Unterdrückung, repräsentiert durch Marionetten; darum Kampf gegen diese. Bei uns: Attentat auf unsere Regierungsmitglieder – das wäre absoluter Irrsinn; denn wer begreift nicht, daß bei uns heute jeglicher an der Spitze austauschbar ist. Die terroristische Gewalt gegen Menschen ist in den Metropolen nicht mehr notwendig.

SPIEGEL: Sie verneinen also Gewalt nicht grundsätzlich, sondern nur unter den obwaltenden Umständen?

DUTSCHKE: Ganz sicher wird niemand behaupten können, daß es überhaupt keine Gewalt innerhalb des Prozesses der Veränderung geben wird. Gewalt ist Konstituens der Herrschaft und damit auch von unserer Seite mit demonstrativer und provokatorischer Gegengewalt zu beantworten. Die Form bestimmt sich durch die Form der Auseinandersetzung. In Berlin hat sich die Gewalt auf seiten der Senatsexekutive exemplarisch in der Erschießung von Benno Ohnesorg tatsächlich gezeigt. Wir können nun innerhalb dieser Auseinandersetzung nicht sagen: Greifen wir mal zu den Maschinengewehren und führen wir die letzte Schlacht.

SPIEGEL: Sondern?

DUTSCHKE: Sondern wir müssen ganz klar sehen, daß unsere Chance der Revolutionierung der bestehenden Ordnung nur darin besteht, daß wir immer größere Minderheiten bewußtmachen; daß das antiautoritäre Lager immer größer wird und damit beginnt, sich selbst zu organisieren, eigene Formen des Zusammenlebens findet – in Berlin eine Gegen-Universität etwa, oder Kommunen oder was auch immer. Gleichzeitig muß das Bestehende unterhöhlt und Neues herausgebildet werden.

Nr. 141

Theodor W. Adorno

»Ihre Reaktion auf das Berliner Happening ...«

Brief an Helge Pross über die Störung des »Iphigenie«-Vortrages durch Mitglieder der Kommune I und des SDS

13. Juli 1967

QUELLE: Theodor W. Adorno-Archiv, Frankfurt/Main

Liebe Helge,

Ihre Reaktion auf das Berliner Happening – denn dem hat es sich wirklich angenähert – war reizend. Tausend Dank. Ich habe den ganzen Unfug überstanden, ohne Schaden an Leib und Seele zu nehmen. Au fond war es gar nicht so schlimm, wie jetzt die Reaktionäre behaupten, die nun hoffen, mich zu sich hinüberziehen zu können. Interessieren dürfte Sie, daß ich am Sonntag eine lange Aussprache mit einem kleinen Kreis der wichtigsten SDS-Studenten hatte, die ungemein angenehm verlief. Die einzige Dissonanz war, daß ich nach zwei Stunden, wie ich es ihnen angekündigt hatte, wegen einer anderen Verpflichtung weggehen mußte.

Nochmals tausend Dank und alles Herzliche von Ihrem getreuen

Nr. 142

Theodor W. Adorno

Entwurf eines nicht abgesandten Leserbriefes an den »Spiegel«

Zur Berichterstattung über die Störung des »Iphigenie«-Vortrages und der zwei Tage später stattfindenden Aussprache im Republikanischen Club

13. Juli 1967

QUELLE: Theodor W. Adorno-Archiv, Frankfurt/Main

Sehr geehrte Herren,

In Ihrem Aufsatz *Macht des Negativen* heißt es, ich hätte, zwei Tage nach meinem Vortrag in der Freien Universität, »den Canossagang ins Hauptquartier der Rebellen angetreten«. Eingeweihte wüßten, daß ich dort den Studenten recht gegeben habe und dafür Absolution erhielt. Die Eingeweihten scheinen nicht eingeweiht zu sein. Die Demonstration am Abend meines Vortrags, deren Anlaß übrigens meine Weigerung war, im Prozeß Teufel ein Gutachten abzugeben, enthielt von Anfang an den Wunsch, daß ich mich mit den SDS-Studenten ausspreche. Das geschah dann am Sonntag, den 9. Juli, in kleinem Kreis. Vereinbart war, daß über mich weder ein Tribunal abgehalten noch die Besprechung in den Dienst irgendwelcher Publizität gestellt werden sollte. An diese Verabredung haben alle Beteiligten sich strikt gehalten. Gesprochen wurde, durchaus sachlich, über die Frage des Verhältnisses von Theorie und Praxis. Ich habe dabei meine Ansicht wiederholt, daß die theoretische Freiheit und Konsequenz durch keinen praktischen Zweck gesteuert werden dürfe. Weder kamen in der Unterhaltung die Vorgänge vom 7. Juli überhaupt vor, noch stand meine Haltung insgesamt zur Diskussion.

Vielleicht darf ich hinzufügen, daß mir irgendwelche Vorwürfe wegen der angeblich »strengen Hierarchie« im Institut für Sozialforschung niemals zu Ohren gekommen sind. Über die Arbeit des Instituts kann sich jeder durch Lektüre der *Frankfurter Beiträge zur Soziologie* und der zahlreichen anderen Publikationen seiner Mitarbeiter, darunter auch der Direktoren, vollständig informieren.

Frankfurt am Main,
17. Juli 1967

Theodor W. Adorno

Nr. 143

Herbert Marcuse
Das Problem der Gewalt in der Opposition
Teil einer Vortragsreihe über »Das Ende der Utopie«
an der Freien Universität Berlin
13. Juli 1967

QUELLE: Horst Kurnitzky / Hansmartin Kuhn (Hg.), Das Ende der Utopie – Herbert Marcuse diskutiert mit Studenten und Professoren Westberlins an der Freien Universität Berlin über die Möglichkeiten und Chancen einer politischen Opposition in den Metropolen in Zusammenhang mit den Befreiungsbewegungen in den Ländern der Dritten Welt, West-Berlin 1967, S. 47–54

Jede Opposition kann heute nur im globalen Rahmen betrachtet werden, als isoliertes Phänomen ist sie von Anfang an verfälscht. Ich werde mir daher erlauben, die Opposition in einem solchen Rahmen mit Ihnen zu diskutieren, das heißt besonders am Beispiel der Vereinigten Staaten. Sie wissen, daß ich die Studentenopposition heute für einen der entscheidendsten Faktoren in der Welt halte, sicher nicht, wie man mir vorgeworfen hat, als eine unmittelbare revolutionäre Kraft, aber als einen der stärksten Faktoren, der vielleicht einmal zu einer revolutionären Kraft werden kann. Die Herstellung von Beziehungen zwischen den Studentenoppositionen in den verschiedenen Ländern ist deswegen eines der wichtigsten Erfordernisse der Strategie in diesen Jahren. Es bestehen kaum Beziehungen zwischen der Studentenopposition in den Vereinigten Staaten und der Studentenopposition hier, ja, es besteht nicht einmal eine wirksame zentrale Organisation der Studentenopposition in den Vereinigten Staaten. An der Herstellung solcher Beziehungen müssen wir arbeiten – und wenn ich das Thema dieses Vortrages meistens am Beispiel der USA erörtere, geschieht das, um die Herstellung solcher Beziehungen vorzubereiten. Die Studentenopposition in den Vereinigten Staaten ist selbst Teil einer größeren Opposition, die man im allgemeinen als die Neue Linke, »the new left« bezeichnet.

Ich muß damit beginnen, Ihnen wenigstens schlagwortartig darzustellen, was die Neue Linke von der Alten Linken unterscheidet. Zunächst ist sie – mit Ausnahme einiger kleiner Gruppen, nicht orthodox marxistisch oder sozialistisch. Sie ist vielmehr charakterisiert durch ein tiefes Mißtrauen gegen alle Ideologie, auch die sozialistische Ideologie, von der man sich irgendwie verraten glaubt und von der man enttäuscht ist. Die Neue Linke ist außerdem in keiner Weise – wiederum mit Ausnahme kleiner Gruppen – auf die Arbeiterklasse als die revolutionäre Klasse fixiert. Sie kann überhaupt nicht klassenmäßig definiert werden. Sie besteht aus Intellektuellen, aus Gruppen der Bürgerrechtsbewegung und aus der Jugend, besonders aus radikalen Elementen der Jugend, die auf den ersten Blick gar nicht politisch erscheinen, nämlich den sogenannten Hippies, von denen ich noch später sprechen werde. Und was sehr interessant ist: diese Bewegung hat eigentlich keine Politiker, sondern weit mehr Dichter oder Schriftsteller zu Sprechern. Ich erwähne hier nur Allen Ginsberg, der auf die Neue Linke in Amerika einen großen Einfluß hat.

Wenn Sie sich diese sehr kurze Skizze vergegenwärtigen, werden Sie zugeben, daß dieser Umstand geradezu ein Alpdruck für »Altmarxisten« ist; sie haben hier eine Opposition, die offenbar nichts mit der »klassischen revolutionären Kraft« im Marxismus zu tun hat, aber ein Alpdruck, der der Wirklichkeit entspricht. Ich glaube, daß diese so ganz unorthodoxe Konstellation der Opposition ein treuer Reflex der autoritär-demokratischen Leistungsgesellschaft ist, der »one-dimensional-society«, wie ich sie zu beschreiben versucht habe, deren Hauptmerkmal die Integration der beherrschten Klasse auf einem sehr materiellen, sehr realen Boden ist, nämlich auf dem Boden gesteuerter und befriedigter Bedürfnisse, die ihrerseits den Monopolkapitalismus reproduzieren. Resultat dieser Konstellation ist: Keine subjektive Notwendigkeit radikaler Umwälzung, deren objektive Notwendigkeit immer brennender wird.

Unter diesen Umständen konzentriert sich die Opposition auf die Außenseiter innerhalb des Bestehenden. Ich möchte sagen: sie konzentriert sich wieder auf die Außenseiter innerhalb des Bestehenden, nämlich erstens auf die Unterprivilegierten, deren vitale Bedürfnisse selbst der hochentwickelte Spätkapitalismus nicht befriedigen kann und nicht befriedigen will. Zweitens konzentriert sich die Opposition am entgegengesetzten Pol der Gesellschaft, bei den Privilegierten, deren Bewußtsein und deren Instinkte die gesellschaftliche Steuerung durchbrechen oder sich ihr entziehen können. Ich meine diejenigen Schichten der Gesellschaft, die auf Grund ihrer Position und Erziehung Zugang zu den Tatsachen und dem Gesamtzusammenhang der Tatsachen haben. Es sind Schichten, die noch ein Wissen und Bewußtsein von dem ständig sich verschärfenden Widerspruch und von dem Preis haben, den die sogenannte Gesellschaft im Überfluß ihren Opfern abverlangt.

Opposition besteht also an diesen beiden extremen Polen der Gesellschaft, und ich möchte ganz kurz diese beiden extremen Pole beschreiben. Erstens: die Unterprivilegierten. In den Vereinigten Staaten sind es besonders die nationalen und rassischen Minoritäten, politisch noch weitgehend unorganisiert und untereinander antagonistisch, zum Beispiel gibt es schwere Konflikte in den Großstädten zwischen den Negern und den Puertoricanern. Insbesondere müssen diejenigen Gruppen als unterprivilegiert gelten, die keine entscheidende Stelle im Produktionsprozeß einnehmen und – in Begriffen der Marxschen Theorie – schon aus diesem Grunde wenigstens nicht ohne weiteres als potentielle revolutionäre Kräfte angesprochen werden können. Aber im globalen Rahmen sind die Unterprivilegierten, die die ganze Schwere des Systems zu tragen haben, wirklich die Massenbasis des nationalen Befreiungskampfes gegen den Neokolonialismus in der Dritten Welt. Es besteht allerdings keine Verbindung – noch keine effektive Verbindung – zwischen den rassischen und nationalen Minoritäten in den Metropolen der kapitalistischen Gesellschaft und den schon im Kampf gegen diese Gesellschaft stehenden Massen in der neokolonialen Welt. Diese Massen können vielleicht schon als das neue Proletariat angesprochen werden, und als solches bilden sie meiner Meinung nach heute die größte Gefahr für das Weltsystem des Kapitalismus. Inwieweit zu diesen Gruppen der Unterprivilegierten heute in Europa noch, oder wieder, die Arbeiterklasse zu rechnen ist, ist ein Problem, das wir besonders diskutieren müssen. Im Rahmen dessen, was ich heute zu sagen habe, kann ich es nicht. Ich möchte nur darauf aufmerksam machen, daß hier noch ein entscheidender Unterschied besteht: Was wir von der Arbeiterklasse in Amerika sagen können, daß sie nämlich in ihrer großen Majorität in das System integriert ist und nicht das Bedürfnis nach einer radikalen Umwandlung hat, können wir wahrscheinlich von der europäischen Arbeiterklasse nicht mehr oder noch nicht sagen.

Die zweite Gruppe, die heute gegen das spätkapitalistische System in Opposition steht, möchte ich wieder in zwei Unterabteilungen behandeln: erstens die sogenannte neue Arbeiterklasse, die aus Technikern, Ingenieuren, Spezialisten, Wissenschaftlern usw. besteht, die im materiellen Produktionsprozeß – wenn auch in besonderer Position – beschäftigt sind.

Auf Grund ihrer Schlüsselstellung scheint diese Gruppe objektiv wirklich den Kern einer umwälzenden Kraft darzustellen, aber gleichzeitig ist sie heute das lieb Kind des bestehenden Systems und bewußtseinsmäßig diesem System verfallen. Zumindest ist also der Ausdruck »neue Arbeiterklasse« verfrüht.

Zweitens die Studentenopposition, von der ich heute fast ausschließlich sprechen werde, und zwar in ihrem weitesten Sinne, einschließlich der sogenannten dropouts. Hierbei ist ein wichtiger Unterschied zwischen der amerikanischen Studentenopposition und der deutschen, soweit ich es beurteilen kann, festzustellen. Viele der in aktiver Opposition stehenden Studenten in Amerika hören auf, Studenten zu sein und beschäftigen sich, man kann sagen als Vollbeschäftigung, mit der Opposition. Die Frage, die ich jetzt stellen möchte, ist: Wogegen ist diese Studentenopposition gerichtet? Die Frage ist äußerst ernst zu nehmen, denn es handelt sich um eine Opposition gegen eine demokratische, gut funktionierende Gesellschaft, die wenigstens normal nicht mit Terror arbeitet. Und es ist – und darüber sind wir uns in den Vereinigten Staaten völlig klar – eine Opposition gegen die Majorität der Bevölkerung einschließlich der Arbeiterklasse. Es ist eine Opposition gegen den ganzen sogenannten way of life dieses Systems, eine Opposition gegen den allgegenwärtigen Druck des Systems, das durch seine repressive und destruktive Produktivität immer unmenschlicher alles zur Ware degradiert, deren Kauf und Verkauf den Lebensunterhalt und Lebensinhalt ausmachen, und es ist eine Opposition gegen den Terror außerhalb der Metropole. Diese Opposition gegen das System als solches ist erst durch die Bürgerrechtsbewegung und dann durch den Krieg in Vietnam ausgelöst worden. Erst durch die Bürgerrechtsbewegung, durch die Studenten zum Beispiel aus dem Norden in den Süden gekommen sind, um zu helfen, die Neger für die Wahlen zu registrieren, ist die Basis für die Opposition gelegt worden. Hierbei haben sie zum ersten Mal gesehen, wie dieses freie demokratische System dort unten im Süden, wie die Praxis der Sheriffs eigentlich aussieht, wo Morde und Lynchjustiz an den Negern unbestraft bleiben, obgleich die Täter nur zu bekannt sind. Das alles hat als eine traumatische Erfahrung gewirkt und die politische Aktivierung der Studenten und der Intelligenz im allgemeinen in den Vereinigten Staaten veranlaßt. Zweitens ist diese Opposition durch den Krieg in Vietnam gestärkt worden. Für diese Studenten hat der Krieg in Vietnam zum ersten Mal das Wesen der bestehenden Gesellschaft enthüllt: die ihr innewohnende Notwendigkeit der Expansion und Aggression und die Brutalität des Konkurrenzkampfes auf internationalem Boden. Ich habe hier leider keine Zeit, die Frage zu diskutieren, ob der Krieg in Vietnam ein imperialistischer Krieg ist. Nur einige kurze Bemerkungen: Wenn man unter Imperialismus im traditionellen Sinn versteht, daß die Vereinigten Staaten in Vietnam für Investierungen kämpfen, ist der Krieg in Vietnam kein imperialistischer Krieg, obwohl selbst dieser enge Begriff des Imperialismus heute vielleicht schon wieder akut geworden ist. Sie können in der Nummer von *Newsweek* vom 7. Juli dieses Jahres zum Beispiel lesen, daß es sich in Vietnam heute bereits um ein 20-Millionen-Dollar-Business handelt. Das mag im Vergleich zu dem Gesamtvolumen des amerikanischen Sozialproduktes immer noch gar nichts sein, ist aber immerhin auch mehr als gar nichts. Inwieweit trotzdem ein neu definierter Begriff des Imperialismus hier anwendbar ist, darüber brauchen wir nicht zu spekulieren, das haben maßgebende Sprecher der amerikanischen Regierung selbst gesagt. Es handelt sich in Vietnam darum, einen der strategisch und ökonomisch wichtigsten Bereiche der Welt nicht unter kommunistische Kontrolle fallen zu lassen. Es handelt sich um einen entscheidenden Kampf gegen alle Versuche nationaler Befreiung in allen Teilen der Welt, entscheidend in dem Sinne, daß ein Erfolg des vietnamesischen Befreiungskampfes das Signal für Aktivierung solcher Befreiungskämpfe in anderen Teilen der Welt geben könnte und unter Umständen viel näher an den Metropolen, wo wirklich gewaltige Investitionen vorliegen. Wenn in diesem Sinne Vietnam in keiner Weise nur irgendein Ereignis der Außenpolitik ist, sondern mit dem Wesen des Systems verbunden, so ist es vielleicht auch ein Wendepunkt in der Entwicklung des Systems, vielleicht sogar der Anfang vom Ende. Denn was sich hier gezeigt hat, ist, daß der menschliche Körper und der menschliche Wille mit den geringsten Waffen das leistungsfähigste Zerstörungssystem aller Zeiten in Schach halten kann. Das ist wiederum ein welthistorisches Novum.

Ganz kurz von den Aussichten der Opposition. Zunächst darf ich noch einmal dem Mißverständnis vorbeugen, daß ich geglaubt hätte, die intellektuelle Opposition sei an sich schon eine revolutionäre Kraft oder die Hippies seien die Erben des Proletariats. Selbst in den nationalen Befreiungsfronten der Entwicklungsländer können wir, glaube ich, heute noch keine effektive revolutionäre Bedrohung des Systems des Spätkapitalismus sehen. Alle Oppositionskräfte wirken heute zur Vorbereitung, und nur zur Vorbereitung – aber auch zur notwendigen Vorbereitung für eine mögliche Krise des Systems. Und zu dieser Krise tragen gerade die nationalen Befreiungsfronten bei, nicht nur als militärische Gegner, sondern auch durch die Reduktion des ökonomischen und politischen Spielraumes des Systems. Für die Vorbereitung, für die Eventualität einer solchen Krise kann und wird vielleicht auch die Arbeiterklasse politisch radikalisiert werden.

Aber wir dürfen uns nicht darüber täuschen, daß in dieser Situation die Frage noch völlig offen ist: politisch radikalisieren nach links oder nach rechts. Die akute Gefahr des Faschismus oder des Neofaschismus – und der Faschismus ist immer seinem Wesen nach eine Bewegung der Rechten – diese akute Gefahr ist noch in keiner Weise überwunden.

Zum Schluß: Ich habe von einer möglichen Krise, von der Eventualität einer Krise des Systems gesprochen. Die Kräfte, die zu einer solchen Krise beitragen, müssen natürlich besonders diskutiert werden. Diese Krise muß, glaube ich, als die Konfluenz sehr disparater subjektiver und objektiver Tendenzen ökonomischer Natur, politischer Natur und moralischer Natur im Osten sowohl wie im Westen angesehen werden. Diese Kräfte sind noch nicht solidarisch organisiert. Sie sind ohne Massenbasis in den entwickelten Ländern des Spätkapitalismus, und unter diesen Umständen scheint es mir die Aufgabe der Opposition zu sein, zunächst einmal an der Befreiung des Bewußtseins außerhalb unseres eigenen Kreises zu arbeiten.

Denn in der Tat: das Leben aller steht auf dem Spiel, und heute sind wirklich alle, was Veblen »underlying population« nannte, nämlich Beherrschte. Erweckung des Bewußtseins der grauenhaften Politik eines Systems, dessen Macht und dessen Druck mit der Drohung totaler Vernichtung wachsen, das die ihm zur Verfügung stehenden Produktivkräfte zur Reproduktion der Ausbeutung und der Unterdrückung verwendet und das zum Schutz seines Überflusses die sogenannte freie Welt mit Militär- und Polizeidiktaturen ausstattet. Der Totalitarismus auf der anderen Seite kann diese Politik in keiner Weise rechtfertigen. Man kann sehr viel und man muß sehr viel gegen ihn sagen. Er ist aber nicht expansiv, er ist nicht aggressiv, und er ist immer noch von der Kargheit und von der Armut diktiert, was nichts an der Tatsache ändert, daß auch er – allerdings von links – zu bekämpfen ist.

Die Befreiung des Bewußtseins, von der ich gesprochen habe, meint nun mehr als Diskussion. Sie meint in der Tat und muß in der erreichten Situation meinen: Demonstration. Das heißt im wörtlichen Sinne: zeigen, daß hier der ganze Mensch mitgeht und seinen Willen zum Leben anmeldet. Seinen Willen zum Leben, das heißt seinen Willen zum Leben in Frieden. Und wenn es für uns schädlich ist, Illusionen zu haben, so ist es ebenso schädlich und vielleicht schädlicher, Defätismus und Quietismus zu predigen, die nur dem System in die Hände spielen können. Tatsache ist, daß wir uns einem System gegenüber befinden, das seit dem Beginn der faschistischen Periode und heute noch durch seine Tat die Idee des geschichtlichen Fortschritts selbst desavouiert hat. Ein System, dessen innere Widersprüche sich immer von neuem in unmenschlichen und unnötigen Krisen manifestieren und dessen wachsende Produktivität wachsende Zerstörung und wachsende Verschwendung ist. Ein solches System, das glaube ich, ist nicht immun. Es wehrt sich bereits gegen die Opposition, selbst gegen die Opposition der Intelligenz, an allen Ecken der Welt. Und selbst wenn wir nicht sehen, daß die Opposition hilft, müssen wir weitermachen, wenn wir noch als Menschen arbeiten und glücklich sein wollen – und im Bündnis mit dem System können wir das nicht mehr.

Nr. 144

Herbert Marcuse / Rudolph Ganz / Hans-Jürgen Krahl / Knut Nevermann
Diskussionsbeiträge zum Vortrag Herbert Marcuses über
»Das Problem der Gewalt in der Opposition«
13. Juli 1967

QUELLE: Herbert Marcuse, Das Ende der Utopie – Vorträge und Diskussionen in Berlin 1967, © Suhrkamp Verlag Frankfurt/Main 1980, S. 63–65 und S. 77–81; korrigierte und erweiterte Fassung von: Horst Kurnitzky / Hansmartin Kuhn (Hg.), Das Ende der Utopie – Herbert Marcuse diskutiert mit Studenten und Professoren Westberlins an der Freien Universität Berlin über die Möglichkeiten und Chancen einer politischen Opposition in den Metropolen in Zusammenhang mit den Befreiungsbewegungen in den Ländern der Dritten Welt, West-Berlin 1967, S. 59–61 und S. 73–78

RUDOLPH GANZ: Mit dem Ende Ihres Vortrages fangen eigentlich die Probleme an. Bei der Frage, ob irgendeine Aussicht auf Verwirklichung dessen, was wir wollen, vorhanden sei. Sie sagten am Schluß, daß wir trotzdem weitermachen müssen, wenn wir als Mensch arbeiten und glücklich sein wollen. In diesem System können wir das nicht. Ich folge Ihrer Analyse völlig, nur sehe ich nicht die Verwirklichungsmöglichkeiten in Anbetracht dessen, daß einerseits in den industrialisierten Ländern die Masse der Arbeiter und der arbeitenden Bevölkerung überhaupt kein Bedürfnis hat, dieses Bedürfnis eben überhaupt erst geweckt werden müßte, und daß andererseits diese Gesellschaft wahrscheinlich nicht zusehen wird, wenn sie wirklich existentiell bedroht wird, und eine totalere und noch gewaltsamere Repression die Folge wäre.

Sie haben das Wort Quietismus gebraucht, und ich habe den Eindruck, daß im Zusammenhang damit ein wenig Ihr Aufsatz über repressive Toleranz hier mißverstanden worden ist in dem Sinne, daß jede Toleranz repressiv sei. Ich sehe häufig hier, daß Meinungen, die geäußert werden, die sogar auf dem Boden Ihrer Analysen stehen, wenn sie Bedenken gegen ihre Konsequenzen äußern, schon von vornherein nicht ernst genommen oder sogar niedergeschrien werden, und das finde ich bedenklich. Ich weiß nicht, ob man das einfach mit Quietismus abtun soll, wie es viele hier tun und was Sie sicher nicht tun – deshalb auch die Frageform. Und vielleicht macht man es sich auch dadurch etwas zu einfach, daß eine systemkritische, aber andere Position – vielleicht könnte Habermas eine solche vertreten – hier eigentlich nicht in der direkten Gegenüberstellung gehört wird. Ich würde mir das wünschen. Ich sehe das Problem in dem, was nach der Analyse kommt, nämlich darin, was man tun sollte.

HERBERT MARCUSE: Was die Verwirklichung anbetrifft: Sie können nicht sehen, wie ein System von dieser Kohäsion und dieser Stärke umgestürzt werden kann, da es bei der geringsten Bedrohung seine ganze Macht aufbieten wird. – Wenn das richtig wäre, so wäre dies das erste Gesellschaftssystem in der Weltgeschichte, das von ewiger Dauer wäre. Ich glaube, daß die Risse heute stark genug sind. Zunächst einmal die inneren Widersprüche im System, die stärker sind als je zuvor:

1. Der Widerspruch zwischen dem ungeheuren gesellschaftlichen Reichtum auf der einen Seite und seiner repressiven und zerstörerischen Verwendung auf der anderen.

2. Die Tendenz zur Automation, die dem Kapitalismus aufgezwungen wird, wenn er die erweiterte Akkumulation aufrechterhalten will. Die Automation tendiert zur Ausschaltung der Verwendung physischer Arbeitskraft im Produktionsprozeß und ist deswegen,

wie schon Marx gesehen hat, mit der Aufrechterhaltung des Kapitalismus auf die Dauer nicht zu verbinden.

Von einer Immunität des Systems kann überhaupt nicht die Rede sein.

Ich hoffe, daß nichts in meinem Aufsatz über die Toleranz darauf hindeutet, daß ich jede Toleranz ablehne. Das scheint mir ein solcher Blödsinn, daß ich nicht verstehen kann, wie überhaupt eine solche Interpretation aufkommen kann. Was ich gemeint und auch gesagt habe, ist, daß es Bewegungen gibt, in der Propaganda sowohl wie in der Aktion, von denen sich mit größter Sicherheit voraussagen läßt, daß sie zu einer Verstärkung der Repression und Destruktion führen müssen. Diese sollten im Rahmen der Demokratie nicht toleriert werden. Ein klassisches Beispiel: Ich glaube, daß, wenn die Nazibewegung in der Weimarer Republik von Anfang an, nachdem sie ihren Charakter – und das war sehr früh – enthüllt hatte, nicht toleriert worden wäre, wenn sie nicht die Segnungen dieser Demokratie genossen hätte, daß wir dann die Schrecken des Zweiten Weltkrieges und noch einige andere Schrecken wahrscheinlich nicht erlebt hätten. Es ist sehr wohl ein Kriterium möglich, nach dem wir sagen können: Hier sind Bewegungen, die nicht toleriert werden können, wenn es wirklich um eine Verbesserung und Befriedung des menschlichen Lebens geht – daraus zu machen, daß ich meinte, Toleranz sei an sich übel, ist etwas, was ich einfach nicht verstehe.

Zur zweiten Frage: Wir stehen heute vor dem Problem, daß die Umwandlung objektiv notwendig ist, daß aber das Bedürfnis nach dieser Umwandlung gerade bei den Schichten, die klassisch für die Umwandlung definiert waren, eben nicht vorliegt. Erst einmal müssen die Mechanismen, die dieses Bedürfnis ersticken, beseitigt werden, was wiederum das Bedürfnis nach ihrer Beseitigung voraussetzt. Das ist eine Dialektik, aus der ich keinen Ausweg gefunden habe.

[...]

HANS-JÜRGEN KRAHL, SDS: Das Problem der Gewalt und der Organisation der Opposition in der gegenwärtigen Konstellation, die die Gewalt im Spätkapitalismus angenommen hat ... Sie meinen zu Recht, daß die Bewußtseinsaufklärung nicht nur in der Diskussion sich vollziehen müsse, sondern in der Demonstration doch wohl gleichsam sinnlich-manifest werden muß. Und da hat es sich gezeigt, daß bei dieser Demonstration auf den geringsten Ansatz zur Organisation eines politisch normabweichenden Verhaltens die Institutionen mit ihrer Tendenz zur Hyperbürokratie mit dem Willen zur physischen Vernichtung teilweise antworten.

Diese mißliche Konstellation einer zunächst waffenlosen Opposition im Hinblick auf die hyperbürokratischen Institutionen, die die Exekutivgewalt derart programmieren, daß diese mit dem Willen zur physischen Vernichtung dieser Opposition ausgestattet werden, hat Habermas in Hannover zu Unrecht mit dem Vorwurf des Linksfaschismus reagieren lassen. Er meint nämlich gleichsam, daß diese Demonstrationen schon diese bürokratische Gewalt herausfordern. Das bedeutet also, daß die Opposition heute tendenziell masochistisch ihre eigene Selbstvernichtung provoziere. – Ich halte das für falsch, aber ein Problem steckt darin: Wie ist es möglich, eine waffenlose Opposition zu organisieren, wie ist es möglich, eine materiell-manifeste Gewaltlosigkeit darzustellen, die den Anspruch auf eine revolutionäre Gegengewalt vertritt? Ist es dazu vielleicht notwendig, daß diese Formen der Demonstration, wie Sie sie von Amerika her beschrieben haben – daß die Leute sich dann also niedersetzen und ihr love-in und dergleichen machen –, daß gleichsam solche ritualisierten Protestformen einer geordneten Opposition, die nicht chaotisch auf den Angriff der Polizei, auf den Angriff der Exekutivgewalt reagiert ... daß solche Rituale vielleicht eine Möglichkeit darstellen ...

Wie ist es möglich, eine materiell-manifeste Gewaltlosigkeit zu organisieren im Hinblick auf eine Bürokratie, die selbst in toto in diesem System zu einer suprakonventionellen Waffe wird? Wie ist es möglich, eine waffenlose Opposition mit konkret revolutionärem, gegengewaltigem Anspruch darzustellen?

KNUT NEVERMANN, SPD: Eine konkrete positive Utopie. So kann weder die Antwort von Herrn Marcuse noch von Herrn Dutschke überzeugen, weil beide lediglich aussagen, daß ein System intendiert sei, in dem es zum einen den Puertoricanern besser gehe, in dem es zum anderen nicht mehr mit Springer weitergehe. Diese Negation ist noch keine positive Aussage über die Utopie; die müßte noch geleistet werden.

Zur globalen Opposition: Sie ist nur soweit vorhanden, als sie sich gegen das System richtet, dadurch aber zugleich wieder dem System verhaftet. In ihrer konkreten Ausgestaltung ist diese Opposition ausgesprochen verschieden, konträr und widersprüchlich in sich, so daß die Hoffnung auf die Globalität dieser Opposition leider unrealistisch ist.

Sollte nicht die Gelegenheit genutzt werden, da auch in etablierten Organisationen die Möglichkeit gegeben ist, in die Mitgliedschaft in den unteren Gliederungen der Organisation den Gärungs- und Bewußtseinsprozeß hineinzutragen? Die Frage der Effektivität ist die entscheidende.

Es ist sicherlich in der Theorie richtig, daß Gewaltlosigkeit bereits die institutionalisierte Gewalt reproduziert und damit bereits in Frage gestellt ist. Diese Theorie hat aber dann, wenn sie praktiziert werden sollte, einen zynischen Beigeschmack, der in seinen Folgen eventuell auch unmenschlich sein könnte. Ich sehe hier einen Widerspruch zwischen Theorie und Praxis des Prinzips der Gewaltlosigkeit: einmal den Verzicht darauf und das andere Mal aus humanitären Bewegungen das Festhalten am Prinzip, und ich wäre sehr dankbar, wenn Prof. Marcuse diesen Widerspruch beim gewaltlosen Protest klären helfen könnte.

HERBERT MARCUSE: Ich muß die Antworten auf Ihre Fragen sehr abkürzen.

Der letzte Widerspruch beruht auf einem Mißverständnis. Ich habe nicht behauptet, daß Gewaltlosigkeit als Prinzip der Strategie angewendet oder gepredigt werden muß. Ich habe keineswegs Humanität und Gewaltlosigkeit gleichgesetzt. Im Gegenteil, ich habe von Situationen gesprochen, in denen es genau im Interesse der Humanität liegt, zur Gewalt überzugehen.

Ob es nicht doch Situationen gibt, in denen innerhalb der bestehenden Parteien eine auf radikale Umwälzung hinzielende Arbeit geleistet werden kann? Wenn die Frage so gestellt wird, würde ich sagen: ja. Das ist in der Tat eine Frage der Praktikabilität, wenn Sie aus Erfahrung wissen, in Ihrer Bewertung der Situation, daß hier Gruppen sind, daß hier lokale Organisationen sind, die offen sind und zuhören, dann soll man selbstverständlich in diesen Gruppen arbeiten. Ich habe nur gemeint, daß ich von der Umwandlung der großen Parteien von innen her meiner Erfahrung nach nichts halte und genauso pessimistisch bin, wie ich vor 40 Jahren war.

Zur Frage des Widerstandsrechts. Die Anführungszeichen im Toleranz-Aufsatz sollten einfach bedeuten, daß es sich hier um einen alten terminus technicus der politischen Theorie handelt.

Ein sehr interessantes Problem liegt in der Frage, ob nicht diejenigen, die das Widerstandsrecht für sich in Anspruch nehmen, das Prinzip, auf Grund dessen sie gegen das bestehende Recht Widerstand leisten, nicht selbst hervorgebracht haben. Das heißt, ob nicht die Berufung auf das Widerstandsrecht relativ ist und sich auf nichts anderes beruft als auf das besondere Interesse einer bestimmten Gruppe. Darf ich historisch feststellen, daß das nicht der Sinn von der Lehre vom Widerstandsrecht ist. Die Lehre vom Widerstandsrecht hat immer behauptet, daß die Berufung auf das Widerstandsrecht die Berufung auf ein höheres Recht ist, das allgemeine Gültigkeit hat, das heißt, das über das selbst definierte Recht und Privileg einer bestimmten Gruppe hinausgeht. Und es besteht wirklich eine enge Verbindung zwischen dem Widerstandsrecht und dem Naturrecht. Nun, Sie werden sagen, daß es ein solches allgemeines höheres Recht eben nicht gibt. Ich glaube, das gibt es. Wir nennen es heute nicht mehr Naturrecht, aber ich glaube, wenn wir heute sagen: das, was uns zum Widerstand gegen das System berechtigt, ist mehr als das relative Interesse einer spezifischen Gruppe, ist mehr als etwas, das wir selbst definiert haben, so können wir das demonstrieren. Wenn wir uns berufen auf das Recht der Humanität auf Frieden, auf das Recht der Humanität, die Ausbeutung und Unterdrückung abzuschaffen, dann sind das nicht selbstdefinierte spezielle Gruppeninteressen, sondern in der Tat Interessen, die als allgemeines Recht demonstrierbar sind. Deswegen können wir auch heute noch das Widerstandsrecht als ein mehr als relatives Recht in Anspruch nehmen und sollten es in Anspruch nehmen.

Dazu, daß Toleranz übergehen muß in bestimmte Aktionen in bestimmten Situationen. Ich bin völlig damit einverstanden. Ich habe in meinem Vortrag behauptet, daß wir uns schon lange in einer Situation befinden, in der Diskussion in Demonstration übergehen wird und auch in andere Formen der Aktion. Ganz gleich, wie gewaltlos unsere Demonstrationen sind oder sein werden, wir müssen damit rechnen, daß die institutionellen Gewalten dagegen aufgeboten werden. Wir können uns nicht damit beruhigen, daß wir eine friedliche Demonstration machen, daß es deshalb legal ist und daß nichts weiter passieren wird. In diesem Sinn gibt es keine allgemeine Organisierbarkeit manifest-materieller Gewaltlosigkeit. Was wir in jedem Augenblick antizipieren müssen, ist, daß das Bestehende die ihm zustehende institutionalisierte Gewalt einsetzt. Das soll nicht ausschließen, daß wir Formen der Demonstration finden können und müssen, die diese Konfrontation mit der Gewalt, in der wir in der augenblicklichen Situation unterliegen müssen, vermeiden. Soweit ich gestern gehört habe, sind gerade hier in Berlin solche Formen bereits gefunden und bereits sogar erprobt worden. Sie werden wissen, was ich meine, mehr möchte ich dazu nicht sagen.

Etwas scheint mir gefährlich. Sie haben ganz recht, zu behaupten, daß eigentlich wir es sind, die bestehende positive Rechte verteidigen. Wenn wir die bürgerlichen Freiheitsrechte in der Demokratie verteidigen, verteidigen wir in der Tat die Rechte des Bestehenden. Aber leider ist das zu einfach. Zum Beispiel die Polizei und die Anweisungen an die Polizei sind auch bestehendes Recht, sind auch positives Recht. Im allgemeinen können wir in der Tat sagen: wir sind diejenigen, die die Demokratie verteidigen. Das ändert nichts an der Tatsache, daß im selben Atemzug wir zusetzen müssen, daß wir uns dessen voll bewußt sind, daß wir positives Recht verletzen und daß wir glauben, die Berechtigung zu haben, dieses positive Recht zu verletzen.

scheidenden Situation – darüber kann ich nicht hinwegkommen –

Ob jemand kommt und mir den Brief einwirft – ich weiß nicht. Meinen lieben Hundekameraden gab ich für einige Zeit in ein Tierheim weil ich nur daliege –

Verzeih Diese Zeilen in tiefer Trauer – Deine Katja

PS. Verzeih dieses Blatt
Aber ich habe kein Briefpapier daheim –[2]

1 Walch-Lux hatte Horkheimers Reserviertheit gegenüber den studentischen Protesten unter Hinweis auf die damalige Regierungspolitik (Planung der Notstandsgesetze, fortbestehender Einfluß ehemaliger Nazis in der Politik etc.) in mehreren Briefen bereits wiederholt kritisiert, wobei sie sich auf gemeinsame politische Einstellungen während der Münchner Räterepublik bezog.
2 Der Brief ist auf einem längs halbierten, linierten Blatt geschrieben.

Nr. 145

Katja Walch-Lux

Brief an Max Horkheimer

15. Juli 1967

QUELLE: Max Horkheimer, Gesammelte Schriften Bd. 18: Briefwechsel 1949–1973, hrsg. von Gunzelin Schmid Noerr, © S. Fischer Verlag Frankfurt/Main 1996, S. 661 f.

Nr. 146

Jürgen Habermas

Brief an Erich Fried

Über »linken Faschismus«

26. Juli 1967

QUELLE: Jürgen Habermas, Protestbewegung und Hochschulreform, © Suhrkamp Verlag Frankfurt/Main 1969, S. 149–151

15. Juli 1967

Lieber Max!

Eigentlich bin ich viel zu krank um mich auch noch aufregen zu dürfen – Aber es erregt mich! Ich kann nicht plötzlich mein politisches Denken abstellen – Ja es erregt mich, daß *Du* und Adorno nicht das hielten, was sie einst versprachen uns und den Studenten. Allerdings gehört viel Mut dazu, auf Seite der Studenten zu stehen.[1] Ferner sich zu erinnern, daß auch wir protestierten gegen den damaligen Staat. Ich räume den Studenten von heute das gleiche Recht ein! Waren unsere Mittel denn immer so klug, waren nicht auch wir unbeholfen? Doch wenn man die heutige Jugend, die bisher entpolitisierten Studenten, nicht versteht, dann ist man innerlich alt geworden. Aber gerade Du, der Du in der Öffentlichkeit stehst und von den Studenten einst verehrt wurdest, hättest offen zu ihnen halten müssen. Daß Du Max versagt hast in einer ent-

Haben Sie sehr herzlichen Dank für Ihren Brief, den ich nach Rückkehr von einer Reise hier vorfinde. Ihre Sorgen teile ich, aber zu der Konsequenz, die Sie mir nahelegen, kann ich mich nicht entschließen.

Ich habe in Hannover vom »linken Faschismus« in einem klar hypothetischen Zusammenhang gesprochen. Dort hatte mich nämlich der unvorhergesehene Solidarisierungseffekt der Woche nach dem 2. Juni irritiert; ich war bestürzt, daß Dutschkes Auffassung nicht als eine Fraktionsmeinung relativiert wurde. Daher wollte ich wissen, ob Dutschke und seine Anhänger aus der anarchistischen Deutung der gegenwärtigen Situation unmittelbar praktische Konsequenzen ziehen wollten. Unter der Voraussetzung, daß sich aus Dutschkes Konzept unmittelbar praktische Folgen ergeben sollten, aber auch nur dann, schien mir eine Verwandtschaft einer solchen Praxis mit gewissen, an Sorel anknüpfenden linken Tendenzen des früheren italienischen Faschismus auf der Hand zu liegen. Ich bin auch heute noch der Überzeugung, daß das sozialpsychologische Potential, an das Dutschke appelliert, höchst ambivalent ist und fast ebensogut »rechts« wie »links« kanalisiert werden könnte, weil die Befriedigung, wie ich auch auf dem Campus in Berkeley studieren konnte, nicht aus der Realisierung eines bestimmten politischen Ziels, sondern aus der Aktion um ihrer selbst willen, aus der Teilnahme am Happening per se, aus der erfolgreichen Dauermobilisierung resultiert. Diese Befürchtungen sind nicht dadurch zerstreut worden, daß Herr Dutschke selbst in seinem *Spiegel*-Interview einer imponierenden und sehr wohl rationalen Weise der Argumentation gefolgt ist.

Diese Gesichtspunkte, die ich heute keinesfalls öffentlich äußern würde, rechtfertigen gewiß für sich genommen noch nicht, eine Vokabel stehen zu lassen, die aus dem Zusammenhang gerissen und »umfunktioniert« worden ist. Aber ich habe Grund zu der Vermutung, daß diese eine lächerliche Vokabel sogar eine recht nützliche Funktion gehabt hat. Bisher jedenfalls tun Dutschke und seine Freunde entgegen ihren ursprünglichen Plänen alles, um sich diesseits der Grenze gewaltsamer Provokation zu halten und mich ins Unrecht zu setzen. Ich habe in einer Diskussion nach Hannover mit dem Berliner SDS vergeblich versucht, Dutschke und seine Anhänger dazu zu bringen, anzuerkennen, daß es sinnlos ist und überdies für die eigene Position gefährlich, wenn man in einer nichtrevolutionären Situation die Grenze zwischen demonstrativer und gewaltsamer Provokation überschreitet. Sie haben in jener Diskussion keine Farbe bekannt, aber vorerst verhalten sie sich danach. Unter diesen Umständen möchte ich lieber das ominöse Wort über den Häuptern schweben lassen. Auch Marcuse ist ja, wie Sie wissen, sehr schnell mit den Berliner Studenten in puncto Gewaltanwendung zusammengeraten.

Im übrigen halte ich heute einen förmlichen Widerruf der mißverstandenen Hannoveraner Äußerung schon deshalb nicht mehr für dringlich, weil selbst in der deutschen Presse hinlänglich klargemacht worden ist, daß diese Bedenken von links kamen.

Ich hoffe, daß Sie ein wenig Verständnis für meine Haltung haben und bin mit sehr herzlichen Grüßen

Ihr J. H.

Nr. 147
Herbert Marcuse
Befreiung von der Überflußgesellschaft
Referat auf dem Kongreß »The Dialectics of Liberation« in London (Auszüge)
28. Juli 1967
QUELLE: Kursbuch, 5. Jg., Nr. 16. März 1969, S. 196–198; wiederabgedruckt in: David Cooper (Hg.), Dialektik der Befreiung, Reinbek 1969, S. 99–101

Wir wissen, daß sich in der Arbeiterbewegung von Anfang an ein verhängnisvolles Vorurteil gegen die Intellektuellen als Katalysatoren der historischen Veränderung durchgesetzt hat. Es ist an der Zeit, die Frage zu stellen, ob dieses Vorurteil gegen die Intellektuellen und deren daraus entspringendes Minderwertigkeitsgefühl nicht ein wesentlicher Faktor in der Entwicklung der kapitalistischen wie der sozialistischen Gesellschaften und in der Entwicklung und Schwächung der Opposition gegen diese Gesellschaften gewesen ist. Die Intellektuellen haben gemeinhin versucht, die anderen an der Basis zu organisieren. Dagegen haben sie keinen Gebrauch von der naheliegenden Möglichkeit gemacht, sich selbst zu organisieren – nicht nur auf regionaler, nicht nur auf nationaler, sondern auf internationaler Ebene. Das ist nach meiner Ansicht heute eine ihrer vordringlichsten Aufgaben. Können wir sagen, die Intelligenz sei zum Agenten der historischen Veränderung geworden? Können wir sagen, die Intelligenz sei heute eine revolutionäre Klasse? Nein, das können wir nicht sagen. Aber wir können feststellen, daß die Intellektuellen eine entscheidende Funktion als Wegbereiter haben, nicht mehr und nicht weniger als das. Für sich sind sie keine revolutionäre Klasse und können es auch nicht sein, aber sie können zum Katalysator werden, heute vielleicht mehr denn je. Denn – und auch dafür haben wir eine sehr materielle und sehr konkrete Basis – aus dieser Gruppe werden die Inhaber entscheidender Positionen im Produktionsprozeß kommen, zukünftig sogar noch mehr als bisher. Ich verweise auf die zunehmende Verwissenschaftlichung des materiellen Prozesses der Produktion, durch den die Rolle der Intelligenz sich verändert. Aus dieser Gruppe rekrutieren sich Wissenschafter, Techniker, Ingenieure, sogar Psychologen – denn die Psychologie ist und bleibt ein gesellschaftlich notwendiges Instrument, sei es im Dienste der Knechtschaft oder der Befreiung.

Man hat diese Intelligenz als eine neue Arbeiterklasse bezeichnet. Ich halte diese Charakteristik mindestens für voreilig. Diese Leute sind heute die gehätschelten Pfründner des etablierten Systems. Sie befinden sich andererseits jedoch an der Wurzel des klaffenden Widerspruchs zwischen den befreienden Möglichkeiten der Wissenschaft und ihrem repressiven und versklavenden Gebrauch. Diesen verdrängten und verschleierten Widerspruch aufzudecken, ihn als Katalysator der Veränderung zu mobilisieren, das ist eine der Hauptaufgaben der heutigen Opposition, und zwar eine wesentlich politische Aufgabe.

Unsere Aufgabe ist Aufklärung, aber Aufklärung in einem neuen Sinn. Als Verbindung von Theorie und Praxis, und zwar politischer Praxis, ist Erziehung heute mehr als Diskussion, mehr als bloßes Lehren und Lernen und Schreiben. Solange sie nicht über das College, die Schule, die Universität hinausgeht, wird sie machtlos bleiben. Erziehung muß heute Geist *und* Körper, Vernunft *und* Phantasie, die Bedürfnisse des Intellekts *und* der Triebe einbegreifen; denn unsere gesamte Existenz ist zum Subjekt/Objekt der Politik, der Sozialtechnik geworden. Es handelt sich nicht um die Frage, ob wir die Schulen und Universitäten, ob wir das Bildungssystem politisieren sollen. Das Bildungssystem ist bereits durch und durch politisiert. Ich brauche bloß daran zu erinnern, in welch unglaublichem Maße die Universitäten – ich spreche von den USA – an riesigen Forschungsaufträgen der Regierung und verschiedener halbamtlicher Stellen beteiligt sind; was das heißt, werden Sie aus eigener Erfahrung wissen.

Das Bildungssystem *ist* politisch, und deshalb sind nicht wir es, die es politisieren wollen. Was wir wollen, ist eine Gegenpolitik zur herrschenden Politik. Und in diesem Sinne müssen wir dieser Gesellschaft auf dem Boden ihrer eigenen totalen Mobilisierung begegnen. Wir müssen die Indoktrination zur Knechtschaft mit der Indoktrination zur Freiheit konfrontieren. Jeder von uns muß in sich selbst und in anderen das Triebbedürfnis nach einem Leben ohne Angst, ohne Brutalität und ohne Stumpfsinn wecken. Wir müssen alle triebhaften und intellektuellen Kräfte aufbieten gegen die vorherrschenden Werte einer Gesellschaft im Überfluß, die überall Aggressivität und Unterdrückung verbreitet.

[...]

Noch einmal: Unsere Rolle ist begrenzt. Wir sind keine Massenbewegung. Ich glaube auch nicht, daß wir in nächster Zeit eine solche Bewegung erleben werden.

Ich bin bei diesen Überlegungen nicht auf die Dritte Welt eingegangen, weil mein Thema auf die Befreiung von der Überflußgesellschaft begrenzt war. Ich stimme mit Paul Sweezy völlig darin überein, daß die Überflußgesellschaft im Zusammenhang mit der Dritten Welt gesehen werden muß. Ich glaube aber, daß wir den Akzent unserer Arbeit auf die entwickelten Industriegesellschaften legen müssen – wobei wir nichts unterlassen sollten, um theoretisch wie praktisch den Befreiungskampf in den neokolonialen Ländern zu unterstützen, die zwar nicht die Vollstrecker der Freiheit sein werden, aber doch ihren Teil – und zwar einen beträchtlichen Teil – zur potentiellen Schwächung und Zersetzung des imperialistischen Weltsystems beitragen.

Unsere Rolle als Intellektuelle ist begrenzt. Auf keinen Fall dürfen wir uns irgendwelchen Illusionen hingeben. Schlimmer wäre es aber noch, wir würden dem Defätismus verfallen, der überall wahrzunehmen ist. Wir kommen nicht daran vorbei, die Rolle von Wegbereitern zu spielen. In dieser Rolle rächt sich jede Illusion; aber noch schwerer rächt sich jeder, auch der geringste Anflug von Defätismus.

Nr. 148

Herbert Marcuse
Professoren als Staats-Regenten?
»Spiegel«-Gespräch
21. August 1967

QUELLE: Der Spiegel vom 21. August 1967, 20. Jg., Nr. 35, S. 112–118

SPIEGEL: Herr Professor, wir erleben heute in der Bundesrepublik und anderswo eine Art von Re-Ideologisierung. Ihr Name steht dabei im Mittelpunkt. Die Studenten, zumal die Berliner Studenten, bewundern Sie – und das ist begreiflich. Sie üben scharfe Kritik an der bestehenden Gesellschaftsordnung, und Sie offerieren große Ziele – Visionen einer »humanen Gesellschaft«, eines »befriedeten Daseins«. Was verstehen Sie darunter?

MARCUSE: Ganz allgemein gesprochen, würde ich sagen: eine Gesellschaft ohne Krieg, ohne Grausamkeit, ohne Brutalität, ohne Unterdrückung, ohne Dummheit, ohne Häßlichkeit. Daß eine solche Gesellschaft möglich ist, daran zweifele ich überhaupt nicht, wenn ich mir die heutigen technischen, wissenschaftlichen und psychologischen Bedingungen ansehe. Die Frage ist: Wie kann man dazu kommen?

SPIEGEL: Was Sie eben aufgezählt haben, ist eine Kollektion von Wünschen, die wir alle haben. Die Frage ist in der Tat: Wie verwirklichen? Aus Ihren jüngsten Werken – wir denken da an *Der eindimensionale Mensch* und an den jetzt in Deutschland viel gelesenen Essay *Repressive Toleranz* – läßt sich einiges darüber ableiten, wie Sie sich den Übergang zur »humanen Gesellschaft« vorstellen. Ausdrücklich oder sinngemäß treten Sie dafür ein, in der Übergangsepoche eine Diktatur der Linken zu errichten, Toleranz gegenüber Andersdenkenden einzuschränken, die Pressefreiheit aufzugeben, eine Vorzensur einzurichten.

MARCUSE: Kommen alle diese schrecklichen Sachen bei mir vor?

SPIEGEL: Doch. Von der Einrichtung einer Vorzensur zum Beispiel ist bei Ihnen ausdrücklich die Rede. Ihre Kritik an der »Tyrannei der Mehrheit« in den westlichen Industriestaaten kommt de facto einer Ablehnung der parlamentarischen Demokratie gleich. Aufrichtig gefragt: haben Sie dabei nicht ein unbehagliches Gefühl?

MARCUSE: Natürlich, aber ich glaube, daß ein unbehagliches Gefühl noch kein Argument ist, und ich habe bisher in der Tat nicht gefunden, daß die Gründe, die ich dafür vorbringe, wirklich widerlegt worden sind. Nehmen wir zum Beispiel die Pressefreiheit. Ich glaube, wir würden weitgehend Übereinstimmung erzielen, wenn wir sagten, wir könnten nicht einsehen, warum eine Presse, die offen für Antisemitismus, für die Ausmerzung von Minoritäten oder für andere Gewaltmaßnahmen gegen Unterdrückte eintritt, warum eine solche Presse die Segnungen vollkommener Freiheit genießen sollte.

SPIEGEL: Während des Israel-Konflikts traten die meisten westdeutschen Zeitungen für Israel ein, die Ost-Berliner Zeitung *Neues Deutschland* und die Münchner *Deutsche National-Zeitung* und *Soldaten-Zeitung* hingegen für die Araber. Welcher von beiden Gruppen hätte, Ihrer Meinung nach, die Pressefreiheit entzogen werden sollen – der pro-israelischen oder der pro-arabischen?

MARCUSE: Keiner! Man kann aus falschen Gründen für die richtige Seite sein und aus richtigen Gründen für die falsche. Hier ist offene Diskussion notwendig. Aber ich bleibe dabei, Pressefreiheit sollte nicht absolut und bedingungslos für jeden und für jede Sache sein. Dabei möchte ich gerade nicht für die Art von Zensur eintreten, wie sie in Ost-Berlin geübt wird.

SPIEGEL: Nur – wo ist das Kriterium, nach dem Sie unterscheiden, wer schreiben darf und wer was schreiben darf?

MARCUSE: Da glaube ich nun, daß wir einer Ideologie verfallen, wenn wir von vornherein annehmen, daß es unmöglich ist, einigermaßen objektiv zu entscheiden, wo die Zensur anfangen und wo sie aufhören soll. Ich glaube vielmehr, daß das durchaus möglich ist. Ich glaube auch, daß, wenn die Menschen einigermaßen gelernt haben, zu denken und zu argumentieren, anstatt Propaganda zu machen und in Doktrinierung zu verfallen, daß dann relativ leicht Übereinstimmung darüber zu erzielen ist, was destruktiv und was nicht destruktiv ist.

SPIEGEL: Natürlich gibt es Konflikte, bei denen man sich auf seine moralische Einschätzung verlassen kann.

MARCUSE: Nehmen Sie den Krieg in Vietnam. Ich würde sagen, daß es für die Menschheit als Ganzes und für die Vereinigten Staaten äußerst wünschenswert wäre, wenn die Kriegspropaganda in den Vereinigten Staaten nicht erlaubt wäre, das hieße, wenn eine Zensur ausgeübt würde, nicht nur für die Zeitungen, die zu einer Eskalation auffordern, sondern auch für alle Medien, die schon durch ihre brutale Sprache die Menschen an die Vorgänge in Vietnam gewöhnen. Daß amerikanische Zeitungen fast täglich mit Genugtuung in ihren Schlagzeilen über die »Killing rate« in Vietnam berichten, das ist wohl einzigartig.

[…]

SPIEGEL: […] Sie sagten, es müßte eine Zensur geben, es dürfte in Amerika der Krieg in Vietnam nicht propagiert werden. Frage: Wer sollte heute diese Zensur ausüben?

MARCUSE: Heute? Erstens würde ich sagen, daß heute diese Idee – auf Amerika wie auf jedes andere Land angewandt – unrealistisch ist. Aber ich will trotzdem der Frage nicht ausweichen. Die Zensur sollte ausgeübt werden von Menschen, die durch ihre Ideen und ihr Tun Zeugnis davon abgelegt haben, daß sie um die gegebenen Möglichkeiten eines Lebens ohne Angst und Unterdrückung wissen und für die Realisierung dieser Möglichkeiten arbeiten – Menschen, die gelernt haben, was in einer gegebenen geschichtlichen Situation das Wahre, Gute und Schöne sein kann.

SPIEGEL: Das platonische Ideal.

MARCUSE: Genau das, ohne die platonische Grausamkeit. Ich weiß, daß ich mich damit in eine Mausefalle setze. Aber nebenbei bemerkt, ich möchte ausdrücklich sagen: Ich bin mir voll bewußt, daß in Platos *Staat* geradezu grauenhafte Dinge stehen, und ich will das, weiß Gott, nicht wieder zum Leben erwecken. Wenn Sie sich aber die Grundidee ansehen: Was sagt eigentlich Plato? Plato sagt, daß ein gesunder Staat nur von denen regiert werden sollte, die gelernt haben, welche Möglichkeiten der Mensch hat, welche materiellen und intellektuellen Bedingungen erfüllt sein müssen, um die bestmögliche Entwicklung des Menschen in der Gesellschaft zu garantieren.

SPIEGEL: Sie kennen das Universitätsleben; möchten Sie unsere Professoren zu Staats-Regenten erheben?

MARCUSE: Nein, obgleich sie wahrscheinlich viel weniger Unheil anrichten würden als die heute Herrschenden.

SPIEGEL: Möchten Sie, Herr Professor, einem solchen Gremium angehören?

MARCUSE: Das ist eine gefährliche Angelegenheit...

SPIEGEL: ...und eine interessante Frage! Nehmen wir an, Sie wären so ein Regent, und es käme jemand zu Ihnen mit einer Beschwerde, und er fragte Sie etwa: Warum, Herr Marcuse, haben Sie meinen Artikel verbieten lassen?

MARCUSE: Erstens einmal entscheide ich ja die Sache nicht allein, selbst die platonische Diktatur ist ja nicht die Diktatur eines einzelnen. Und dann sagen wir: Lassen Sie uns Ihre Arbeit ansehen, wenn Sie uns überzeugen, dann soll der Artikel erscheinen.

SPIEGEL: Das Ideal als Ideal unangetastet! Die Skepsis gilt der Praxis. Auch die Kommunistische Partei ist ja doch einmal mit dieser Vorstellung – nämlich, daß die Wissenschaft in der Lage sei, die besten Führer für eine Gesellschaft herzugeben – gestartet.

MARCUSE: Das weiß ich nicht. Wenn Sie sich die Geschichte der politischen Arbeiterbewegung ansehen, so ist doch das ungeheure Vorurteil gegen die Intelligenz auffallend. Das ist eigentlich von Anfang an dagewesen. Das halte ich für eine der fatalsten Erscheinungen in der Arbeiterbewegung.

SPIEGEL: Dazu gehört auch die Skepsis, die Lenin selbst...

MARCUSE: ...der ein Intellektueller war...

SPIEGEL: ...gegenüber den Intellektuellen hatte.

MARCUSE: Ja! Aber sehen Sie mal, was ist dabei herausgekommen? Warum soll eigentlich ausgerechnet das heutige Proletariat diejenige Klasse sein, von der das Heil kommt? Und Marx sah die sozialistische Gesellschaft als Aufhebung des Proletariats.

SPIEGEL: Immerhin, ohne eine Masse von Unzufriedenen ist eine Revolution nicht möglich. Intellektuelle allein...

MARCUSE: Die revolutionäre Intelligenz kann nur durch die soziale und politische Revolution zur Führung kommen. Die Aktion derer, die Sie die Masse nennen, ist die Voraussetzung. Worauf ich hinweisen möchte ist, daß die wirklich revolutionären Ziele und Interessen nicht notwendigerweise mit denen der Massen identisch sind. Lassen Sie mich versuchen, das etwas ausführlicher darzulegen: Wenn wir eine totale Veränderung der Gesellschaft ins Auge fassen, oder im Sinne von Marx: den Übergang der Kontrolle von einer Klasse auf die andere, mit wesentlich verschiedener Organisation der Produktion und der Produktionsverhältnisse, dann wäre das noch keine Befreiung, wenn die Menschen, die die neue Kontrolle übernehmen und ausüben und die neuen Ziele setzen sollten, dem Typ nach dieselben wären wie in der bestehenden Gesellschaft. Dann haben sie nichts weiter als die Ersetzung eines Herrschaftssystems durch ein anderes Herrschaftssystem. Was erforderlich wäre, ist, daß in diesem Übergang wirklich neue Bedürfnisse, neue Ziele und neue Weisen der Befriedigung von Anfang an die Veränderung leiten würden.

SPIEGEL: Daß ein neuer Mensch die Führung übernimmt?

MARCUSE: Ja. Einen neuen Menschen erziehen, das ist es – nicht weil ich gerade die Idee habe, sondern weil die Entwicklung der modernen Industriegesellschaft den Punkt erreicht hat, wo ein solcher neuer Mensch nicht nur möglich, sondern auch notwendig ist, wenn die Menschheit nicht in eine zivilisierte oder nichtzivilisierte Barbarei verfallen soll. Der heutige Zustand ist die Perpetuierung der immer gleichen repressiven Bedürfnisse, immer gleichen Ziele, immer gleichen Werte in eine zukünftige Gesellschaft hinein.

SPIEGEL: Auch die Kommunisten wollten früher einmal den »neuen Menschen«.

MARCUSE: Wir haben ja hier und heute ein geschichtliches Novum, insofern die technische und wissenschaftliche Entwicklung der Produktivität eine Stufe erreicht hat, an der dieser neue Mensch nicht mehr eine Sache der mehr oder weniger willkürlichen Spekulation ist, sondern – ich möchte beinahe sagen – aus dem Stand der Produktivkräfte abgeleitet werden kann. Zum Beispiel: Selbst die konservativsten Ökonomen stimmen damit überein, daß, wenn die Technik wirklich bis zur Grenze der heute möglichen Rationalität entwickelt würde, dann das möglich wäre, was Marx die Abschaffung der Arbeit genannt hat. Das heißt, daß die Arbeit nicht nur auf ein Minimum reduziert werden könnte, ohne die gesellschaftliche Produktivität im geringsten zu vermindern, sondern daß sie überhaupt den Charakter einer physischen Last, den Charakter der Entfremdung verlieren könnte. Das heißt aber, daß ein neuer Mensch möglich geworden ist, der nicht mehr in seinem Leben und in seinen Instinkten – ich möchte auf die Instinkte besonderen Wert legen – bestimmt ist durch das, was Max Weber die »innerweltliche Askese« genannt hat, oder das, was wir die jüdisch-christliche Arbeitsmoral nennen können, die Moral der Entsagung und des Geschäfts – ein neuer Menschentypus also, der das gute Gewissen zum Glück hat, der das Leben nicht verdienen muß, sondern der das Leben wirklich genießen kann. Das ist ja nicht etwas, was wir uns ausdenken. Das ist ja etwas, was wir als technische Möglichkeit heute zum ersten Mal sehen können.

SPIEGEL: Dank der automatisierten Roboter, die für den Menschen arbeiten?

MARCUSE: Dank der Maschinen. Aber – jetzt kommt das entscheidende – Maschinen, die kontrolliert und gebaut werden von Menschen, die die Welt umschaffen wollen in eine befriedete Welt und die – in strikt wissenschaftlichem Sinne – mit den Maschinen experimentieren, um herauszufinden, welche Möglichkeiten die Dinge und die Menschen haben, um eine solche befriedete Gesellschaft zu schaffen. Das sind heute wissenschaftlich-technische Möglichkeiten.

SPIEGEL: Das soll der »neue Mensch« schaffen, und dieser neue Mensch soll durch eine Diktatur von Intellektuellen, von Platos Philosophen-Königen, herangezogen werden?

MARCUSE: Nein, aber die Intellektuellen könnten und sollten die vorbereitende Arbeit leisten. Ich glaube, daß die Revolution zu einer Erziehungsdiktatur tendiert, die sich in ihrer Erfüllung aufheben würde.

SPIEGEL: Sind Sie sicher, daß eine Diktatur, gleich welcher Art, sich selber abzuschaffen bereit sein könnte? Auch eine Erziehungsdiktatur entwickelt ein Establishment, einen »Apparat«.

MARCUSE: Er unterscheidet sich von den vorhandenen dadurch, daß er wesentlich andere Werte, andere Ziele und andere Methoden verkörpert…

SPIEGEL: …die ihm aber doch auch von oben eingegeben werden.

MARCUSE: …von einem Willen und von einer Intelligenz, die demonstriert hat, daß sie diese neuen Ziele einer befriedeten Welt wirklich im Auge hat und auszuführen gewillt ist.

SPIEGEL: Und die Gefahr des Mißbrauchs?

MARCUSE: Dazu kann ich nur sagen: Ist diese Gefahr wirklich a priori so unendlich viel größer als der Mißbrauch, der heute mit der Macht getrieben wird?

SPIEGEL: A priori nicht, aber in der parlamentarischen Demokratie gibt es Kontrollinstanzen – zum Beispiel den Professor Marcuse.

MARCUSE: Also hören Sie mal, der Professor Marcuse ist, was die Macht betrifft, ohne jeden geringsten Einfluß. Im Gegenteil, die Macht kann es sich leisten, daß ich da umhergehe und das alles sagen kann, weil sie ganz genau weiß, sie braucht vor dem Professor keine Angst zu haben.

SPIEGEL: Ihre Schüler, die Berliner Studenten, machen den demokratischen Institutionen ganz schön bange.

MARCUSE: Na gut, aber das ist eine ganz kleine Minderheit…

SPIEGEL: …die im *Spiegel* zu Worte kommt, ohne Angst vor Anzeigen-Entzug durch das Establishment.

MARCUSE: Ich habe immer darauf hingewiesen, daß es für die Stärke und die Kohäsion des Establishments spricht, daß es sich diese Kritik leisten kann – eben weil sie in der Tat harmlos ist.

SPIEGEL: Es ist nicht unsere Sache, zu beweisen, daß Sie gefährlich sind. Immerhin, Marcuse wird hier im Westen diskutiert, im Osten nicht. Gegen den Schah wurde in Berlin demonstriert, in der Tschechoslowakei nicht.

MARCUSE: Völlig richtig.

SPIEGEL: Das also kommt bei einer Diktatur heraus. Und glauben Sie, daß bei einer Diktatur von Platos Philosophen-Königen etwas anderes herauskäme? Für Wissenschaftler ist drei mal drei gleich neun, und wer das nicht glaubt, ist ein Verbrecher oder Irrer.

MARCUSE: Vielmehr jemand, den man überzeugen, aber nicht einsperren soll.

SPIEGEL: Wie aber, wenn sich unter den Philosophen einer fände, der von der Vitalität des Herrschenwollens gepackt würde?

MARCUSE: Sehen Sie, dieser Einwand beruht auf dem Fehlschluß, der die aggressiven Bedürfnisse der bestehenden Gesellschaft auf die freie Gesellschaft überträgt. Denn die Voraussetzung für diese Erziehungsdiktatur – wenn wir es so nennen wollen – ist ja, daß solche Instinkte und Bedürfnisse nicht mehr aktiv sind. Solange wir die noch haben: nein!

SPIEGEL: Sie wollen also doch den Menschen sozusagen umprogrammieren.

MARCUSE: Genau das. Aber das hieße ja nur: die bestehende Programmierung durch ihren Gegensatz aufheben, die faktisch bestehende Zensur durch die Gegenzensur negieren! Was auf dem Spiel steht, ist in der Tat das, was wir beinahe eine biologische Veränderung nennen könnten. Da gehe ich ja auf Freud zurück. Ich glaube nicht, daß der Mensch so etwas wie ein primäres Machtstreben hat. Wenn Freud recht hat, daß das Lustprinzip eigentlich die primäre Triebkraft des Menschen ist und daß Aggression in nicht-brutale und nicht-zerstörerische Kräfte umgeleitet werden kann, dann sieht ja die Sache schon ganz anders aus. Dann handelt es sich nur darum, im neuen Menschen die heute unterdrückten und mißbrauchten Triebe und Triebstrukturen für die Bedürfnisse einer befriedeten Gesellschaft zu entwickeln. Es ist ja nicht Umkonstruktion von außen, sondern eine von innen.

[...]

MARCUSE: Wir haben dauernd die Wörter Diktatur und Macht gebraucht. Ich glaube, wir sollten das doch jetzt noch einmal klären. Ich habe niemals die Diktatur einer kleinen Gruppe gemeint, die Menschen einsperren und totschlagen oder totschießen kann. Worum es geht, ist erstens die »bestimmte Negation« einer faktisch bestehenden Diktatur, einer faktisch herrschenden Macht. Zweitens geht es um die Autorität über die Erziehung, von der Schule an, vom Kindergarten an bis zur Universität, und daß diese Autorität von Menschen ausgeübt wird, die den Möglichkeiten der Befreiung verpflichtet sind, und der Notwendigkeit, das, was dem Menschen angetan worden ist, aus der Welt zu schaffen.

SPIEGEL: Das Ziel dieser Erziehungsdiktatur soll das »befriedete Dasein« sein, von dem Sie an einer Stelle Ihres Essays *Repressive Toleranz* sagen, darin würden Mensch und Tier vor Grausamkeit und Aggression geschützt werden.

MARCUSE: Das ist sehr bescheiden, das werden Sie zugeben.

SPIEGEL: Im Gegenteil, das ist doch wohl sehr unbescheiden, wenn man bedenkt, daß damit gesagt ist, daß auch Tiere gegen Grausamkeit, sogar gegen die Grausamkeit anderer Tiere, geschützt werden sollen.

MARCUSE: Ja, in dem Sinne und soweit als – ich bin kein Zoologe – Grausamkeit unter den Tieren einfach durch Unsicherheit, Schwäche und Not bedingt ist, ja. Das glaube ich schon. Ob man je verhindern können wird, daß der große Fisch den kleinen frißt? Vielleicht kommen wir noch mal dazu, wenn nämlich der große Fisch genug Nahrung hat, so daß er den kleinen nicht braucht.

SPIEGEL: Herr Professor, ist das nicht der Garten Eden? Ist das, was Sie lehren, nicht eigentlich Religion?

MARCUSE: Warum eigentlich? Nein! Ich spekuliere in keiner Weise auf irgendwelche übernatürlichen und übermenschlichen Kräfte. Die Idee der Befriedung der Natur ist eine geschichtliche, keine metaphysische. Sie muß von den Menschen selbst kommen und von der menschlichen Gesellschaft erarbeitet werden.

SPIEGEL: Herr Professor, wir danken Ihnen für dieses Gespräch.

MARCUSE: Gestatten Sie mir, zum Schluß noch auf eine Frage zu antworten, die Sie nicht ausdrücklich gestellt haben, die ich aber während unseres Gesprächs dauernd gefühlt habe.

SPIEGEL: Bitte.

MARCUSE: Ich habe von den extremen, »utopischen« Möglichkeiten einer freien Gesellschaft gesprochen. Ist das nicht lächerlich und verantwortungslos in einer geschichtlichen Periode, in der die Chance einer ersten Befreiung in den Kämpfen der gegen die Versklavung Aufstehenden in der Dritten und in der Ersten Welt liegt, in den Kämpfen gegen unerträglich-unmenschliche Lebensbedingungen, gegen äußerste Armut und Entrechtung?

SPIEGEL: Mit der Dritten Welt meinen Sie zum Beispiel Südostasien, Afrika oder Südamerika, mit der Ersten Welt wohl vor allem die Vereinigten Staaten und Europa?

MARCUSE: Ja. Trotzdem glaube ich, gerade in dieser Situation und im Hinblick auf die von den hochentwickelten Industrieländern entfesselten und gefesselten Produktivkräfte an die qualitative Differenz erinnern zu müssen, die die menschliche Existenz in einer freien Gesellschaft von der Existenz selbst in der höchstentwickelten bestehenden Gesellschaft unterscheidet. Ich glaube, daß das Bild dieser extremen Möglichkeiten der Freiheit von Anbeginn im Bewußtsein, in den Instinkten und in den Aufgaben der Befreier wirksam sein muß, daß es schon in den ersten Stadien der Industrialisierung und Humanisierung enthalten sein muß, wenn nicht trotz aller Veränderung die ganze Misere wieder von vorne anfangen soll.

SPIEGEL: Nochmals besten Dank.

Nr. 149

Max Horkheimer

Marcuses Vereinfachung

Verstreute Aufzeichnungen 1950–1971

29. August 1967

QUELLE: Max Horkheimer, Gesammelte Schriften Bd. 14: Nachgelassene Schriften 1949–1972, hrsg. von Gunzelin Schmid Noerr, © S. Fischer Verlag Frankfurt/Main 1988, S. 163 f.

Herbert Marcuse spricht gegen das Bestehende, indem er sich ihm unterwirft. Von den Intellektuellen wird so viel mehr oder minder Vernünftiges gesagt, daß man, um aufzufallen, das Unvernünftige als Vernünftiges herausstellen kann. Für die geistige gilt dasselbe wie für die übrigen Sphären, in denen man Geschäfte macht: etwas Neues herausbringen. Das *Spiegel*-Interview etwa endet mit der Forderung, das Bild der »extremen Möglichkeiten der Freiheit« müsse »in den ersten Stadien der Industrialisierung und Humanisierung enthalten sein…, wenn nicht trotz aller Veränderung die ganze Misere wieder von vorne anfangen soll«. Ein Postulat pour épater le bourgeois. Sensationell. Auf die Frage, wie den Instinkten der zu industrialisierenden Kaffern das schöne Bild beigebracht werden soll, erfolgt die Antwort, es müsse eben »von Anbeginn im Bewußtsein, in den Instinkten und in den Aufgaben der Befreier wirksam sein«. Als ob die Befreier nicht Maschinen, Soldaten und stramme Disziplin brauchten, um die Befreiung durchzuführen. Eine herrlich einfache Welt wird da vorausgesetzt ohne den leisesten Hinweis auf die Verkettung von Schuld und Wohltat, Gerechtigkeit und Ungerechtigkeit, Freiheit und Zwang. Man hat zwar Dialektik studiert, ja, sogar Bücher darüber geschrieben, um jedoch für Intellektualität noch Reklame zu machen, ist nichts trivial genug.

Nr. 150

Theodor W. Adorno

Leserbrief an die »Diskus«-Redaktion

Stellungnahme zu Monika Steffens Aufsatz »Tiere an Ketten«

September 1967

QUELLE: Diskus – Frankfurter Studentenzeitung, 17. Jg., Nr. 6, September/Oktober 1967, S. 2; wiederabgedruckt in: Frankfurter Adorno Blätter III, München 1994, S. 147

Sehr geehrte Herren,

der Aufsatz *Tiere an Ketten* von Fräulein Monika Steffen schreibt mir zu, ich hätte mich darauf berufen, ein prominenter Politiker habe doch gesagt, man müsse die Innen- von der Außenpolitik ableiten. Es handelt sich fraglos um einen Hörfehler: ich hatte auf das Umgekehrte verwiesen, auf die Notwendigkeit einer Ableitung von Außenpolitik aus der Innenpolitik. Und dies Theorem stammt keineswes von einem »prominenten Politiker« der Gegenwart. Mit dieser Berichtigung entfallen selbstverständlich auch die Folgerungen, die Fräulein Steffen ableitet: daß ich nämlich durch jene These von Horkheimer mich inhaltlich distanziert hätte. Er wird ihr ohne Frage gänzlich zustimmen.

Ich wäre Ihnen dankbar, wenn Sie diesen Brief veröffentlichen wollten. Mit bestem Dank
in vorzüglicher Hochachtung
Ihr T. W. Adorno

Es wäre ein arger Zufall, wenn auch Redaktionsmitglieder und andere Zuhörer einem Hörfehler zum Opfer gefallen wären. Einen Versprecher wollen wir jedenfalls nicht annehmen.
Die politische Redaktion

Nr. 151

Max Horkheimer
Herbert Marcuses Argumente
Späne – Notizen über Gespräche mit Max Horkheimer, in unverbindlicher Formulierung aufgeschrieben von Friedrich Pollock
1./2. September 1967

QUELLE: Max Horkheimer, Gesammelte Schriften Bd. 14: Nachgelassene Schriften 1949–1972, hrsg. von Gunzelin Schmid Noerr, © S. Fischer Verlag Frankfurt/Main 1988, S. 433–436

Die Intellektuellen haben dieselbe Aufgabe, die ihnen im achtzehnten Jahrhundert und bei allen fortschrittlichen Bewegungen zufiel: aufzuklären, Ziel und Wege zu weisen. Was ein mutiger Einzelner tun kann, hat die Autoindustrie erfahren. Das Buch *Unsafe at Any Speed*[1] hat den Widerstand dieser Industrie gegen die Einführung der allerelementarsten technischen Einrichtungen zum Schutz der Fahrer brechen helfen.

Das Establishment im Westen ebenso wie in Rußland hält mit allen Mitteln an der Aufrechterhaltung der bestehenden Machtverteilung fest.

Die Jugend, die spürt oder sogar weiß, daß die heutige Ordnung verkehrt ist, könnte sie ändern, wenn es [ihr] gelingt, die Masse derjenigen, die unter den heutigen Zuständen leiden – und es sind nicht nur die Arbeitslosen und die Farbigen – für ihre Ideen zu gewinnen. (Wie das ohne eine auch nach Marcuse auf absehbare Zeit unmögliche Revolution geschehen soll, vermag er ebenso wenig zu sagen, wie er eine konkrete Vorstellung davon hat, auf welche Weise in der neuen Gesellschaft die herrschenden Rackets nicht wieder durch neue Rackets abgelöst werden sollen.)

Marcuse[2] verschanzt sich bei derartigen Einwänden hinter dem Begriff des »neuen Menschen«. Er meint, daß die Erzieher des neuen Menschen, der da sein muß, wenn eine vernünftige Gesellschaft zustande kommen soll, schon vorhanden sind.

Die »Dritte Welt« hat eine Chance, die bessere Ordnung herbeizuführen, weil die Machtverhältnisse in ihr noch nicht so verhärtet sind. (Diese Meinung von Marcuse ist ebenso unverständlich wie diejenige, auf das Bündnis mit dem »Lumpenproletariat« seine Zuversicht zu begründen.) Vom »Volk« und den Arbeitern, dem, was man früher unter »Proletariat« verstanden hat sowie von ihren Vertretern, erwartet Marcuse nichts Gutes.

Die Automatisierung des Wirtschaftsprozesses legt immer mehr Macht in die Hände der [Technokraten]. Diese halten den ganzen Prozeß in Gang und können ihn auch mit einem Schlag zum Stillstand bringen. (Naheliegender Einwand: warum sollten sie? Sie gehören doch zu den Hauptnutznießern. Und wenn sie es tun wollten – was dann?)

Schließlich gibt Marcuse zu, daß es bis heute fast unmöglich sei, ein Ziel zu beschreiben, ohne in eine Utopie zu verfallen. Wie läßt sich dieses utopische Element eliminieren? Wie läßt sich verhindern, daß man in Sciene-fiction gerät, wenn man ein Ziel für eine bessere Gesellschaft konkretisieren möchte.

Zitate aus *Der eindimensionale Mensch. Studien zur Ideologie der fortgeschrittenen Industriegesellschaft*, Neuwied 1967:

»Ich glaube, daß es für unterdrückte und überwältigte Minderheiten ein ›Naturrecht‹ auf Widerstand gibt, außergesetzliche Mittel anzuwenden, sobald die gesetzlichen sich als unzulänglich herausgestellt haben«.[3]

»Daß die Gewalt beseitigt und die Unterdrückung soweit verringert wird, als erforderlich ist, um Mensch und Tier vor Grausamkeit und Aggression zu schützen, sind die Vorbedingungen einer humanen Gesellschaft.«[4]

Marcuse im *Spiegel*-Interview vom 21.8.1967:

»Die revolutionäre Intelligenz kann nur durch die soziale und politische Revolution zur Führung kommen. Die Aktion derer, die Sie die Masse nennen, ist die Voraussetzung. Worauf ich hinweisen möchte, ist, daß die wirklich revolutionären Ziele und Interessen nicht notwendigerweise mit denen der Massen identisch sind. (...) Wenn wir eine totale Veränderung der Gesellschaft ins Auge fassen, (...) dann wäre das noch keine Befreiung, wenn die Menschen, die die neue Kontrolle übernehmen und ausüben und die neuen Ziele setzen sollten, dem Typ nach dieselben wären wie in der bestehenden Gesellschaft. Dann haben Sie nichts weiter als die Ersetzung eines Herrschaftssystems durch ein anderes Herrschaftssystem. Was erforderlich wäre ist, daß in diesem Übergang wirklich neue Bedürfnisse, neue Ziele und neue Weisen der Befriedigung von Anfang an die Veränderung leiten würden. (...) Einen neuen Menschen erziehen, das ist es – (...) weil die Entwicklung der modernen Industriegesellschaft den Punkt erreicht hat, wo ein solcher neuer Mensch nicht nur möglich, sondern auch notwendig ist, wenn die Menschheit nicht in eine zivilisierte oder nicht-zivilisierte Barbarei verfallen soll. (...) Die Arbeit (soll) den Charakter einer physischen Last, den

Charakter der Entfremdung verlieren (...). Das heißt aber, daß ein neuer Mensch möglich geworden ist, der nicht mehr in seinem Leben und in seinen Instinkten (...) bestimmt ist durch das, was Max Weber die »innerweltliche Askese« genannt hat, oder das, was wir die jüdisch-christliche Arbeitsmoral nennen können, die Moral der Entsagung und des Geschäfts – ein neuer Menschentypus also, der das gute Gewissen zum Glück hat, der das Leben nicht verdienen muß, sondern der das Leben wirklich genießen kann. (...) Das ist ja etwas, was wir als technische Möglichkeit heute zum ersten Mal sehen können. (...) Dank der Maschinen (...), die kontrolliert und gebaut werden von Menschen, die die Welt umschaffen wollen in eine befriedete Welt und die (...) mit den Maschinen experimentieren, um herauszufinden, welche Möglichkeiten die Dinge und die Menschen haben, um eine solche befriedete Gesellschaft zu schaffen. (...) die Intellektuellen könnten und sollten die vorbereitende Arbeit leisten. Ich glaube, daß die Revolution zu einer Erziehungsdiktatur tendiert, die sich in ihrer Erfüllung aufheben würde.«[5]

»Die Bedürfnisse, die ich meine, sind, glaube ich, heute unterdrückte organische Bedürfnisse: das organische Bedürfnis nach Frieden, nach Ruhe, nach Schönheit, kurz: befreite Sensibilität. Sie gehört wesentlich zum Bild einer befriedeten Gesellschaft. Heute herrschen die umgekehrten Werte: Leistung, Efficiency, Arbeit, Heroismus – die Gewalt einer aggressiven und unterdrückenden Produktivität (...).«[6]

Zu den extremen »utopischen« Möglichkeiten einer freien Gesellschaft in der »Dritten Welt« meint Marcuse: »(Ich glaube,) an die qualitative Differenz erinnern zu müssen, die die menschliche Existenz in einer freien Gesellschaft von der Existenz selbst in der höchstentwickelten bestehenden Gesellschaft unterscheidet. Ich glaube, daß das Bild dieser extremen Möglichkeiten der Freiheit von Anbeginn im Bewußtsein, in den Instinkten und in den Aufgaben der Befreier wirksam sein muß, daß es schon in den ersten Stadien der Industrialisierung und Humanisierung enthalten sein muß, wenn nicht trotz aller Veränderung die ganze Misere wieder von vorne anfangen soll.«[7]

1 Von Ralph Nader, New York 1965.
2 Vgl. Artikel über Marcuse, in: Der Spiegel vom 12. Juni 1967 und »Professoren als Staatsregenten? Spiegel-Gespräch mit Marcuse«, in: Der Spiegel vom 21. August 1967, ferner Artikel über Marcuse, in: Der Spiegel vom 17. Juli 1967.
3 Das Zitat findet sich nicht in *Der eindimensionale Mensch* sondern im Aufsatz *Repressive Toleranz* in: Robert Paul Wolff, Barrington Moore, Herbert Marcuse, Kritik der reinen Toleranz, Frankfurt/Main 1966, S. 127.
4 Ebd., S. 93.
5 Ebd., S. 115 f.
6 Ebd., S. 117.
7 Ebd., S. 118.

Nr. 152

Rudi Dutschke / Hans-Jürgen Krahl
Organisationsreferat
auf der XXII. Delegiertenkonferenz
des Sozialistischen Deutschen Studentenbundes
5. September 1967

QUELLE: Diskus – Frankfurter Studentenzeitung, 30. Jg., Nr. 1/2, Februar 1980, S. 6–9; wiederabgedruckt in: Rudi Dutschke, Geschichte ist machbar, West-Berlin 1980, S. 89–95; wiederabgedruckt in: Hans-Jürgen Krahl, Vom Ende der abstrakten Arbeit, Frankfurt/Main 1984, S. 53–59

Die beiden zentralen politischen Ereignisse, an denen sich innerhalb des Verbandes seit der letzten Delegiertenkonferenz dessen politische Aktivität dichotomisch polarisierte, waren die Bildung der Großen Koalition und der politische Mord am 2. Juni in Berlin. Erstmalig seit der Abspaltung von der SPD stellte sich die Organisationsfrage als eine aktuell-politische innerhalb des Verbandes. Je nachdem, welchem von diesen Ereignissen die politische Präponderanz zugesprochen wurde, kam es zu tendenziellen Fraktionsbildungen, die sich durch die objektive Intention auszeichneten, die theoretischen Meinungen zu praktisch-politischen Richtungskämpfen zu konkretisieren.

Deren mögliche organisatorische Konsequenz wurde etwa vom Bundesvorstand aus der Erfahrung der Protestbewegungen, besonders Jugendlicher, ebenso vage wie inhaltlich leer als »formal lockere, inhaltlich einheitliche öffentlich arbeitende Organisation« beschrieben und in Berlin unter dem Titel der Gegenuniversität und Institutsassoziationen diskutiert, während anderen Gruppen die Bildung der Großen Koalition Anlaß zum wiederholten Versuch einer Sammlungsbewegung sozialistischer Gruppen und Grüppchen bot. Darüber hinaus wurde die Aktualität der Organisationsfrage nach dem 2. Juni für einige SDS-Gruppen um so akuter, als sie ihre organisatorische Unzulänglichkeit praktisch erfahren mußten. Der noch nie dagewesenen Verbreiterung des antiautoritären Protestes nach dem 2. Juni war die überkommene, noch an der SPD orientierte Organisationsstruktur des SDS nicht gewachsen. Die Spontaneität der Bewegung drohte die größten Gruppen organisatorisch zu paralysieren. Ihr politisches Verhalten erschien deshalb zum großen Teil reaktiv aufgezwungen, und Ansätze für politisch-initiative Führung waren weitgehend hilflos.

Die unmittelbar in der Gegenwart sichtbare Erscheinung des Fallens der Wachstumsraten in den wichtigsten Kennziffern ökonomischen Wachstums erklärt sich nicht oberflächlich aus bloßen Konjunkturschwankungen. Die fundamentalen Faktoren wirtschaftlichen Wachstums werden konstituiert durch die quantitative und qualitative Bestimmung der Arbeitskräftestruktur und des davon abhängigen Standes in der Entwicklung der Produktionsmittel. Das Zusammenwirken dieser beiden Elemente begründet die »objektive Trendlinie« (Janossy) der wirtschaftlichen Entwicklung. (...)

Auf der Grundlage einer hervorragenden Arbeitskräftestruktur in der BRD (Zustrom von Facharbeitern aus ehemaligen deutschen Ostgebieten und später aus der DDR bis zum 13. August 1961) konnte sich so ein durch amerikanisches Kapital vermittelter langer Aufstieg bis zur vollen Ausnutzung des vorhandenen Niveaus der Arbeitskräftestruktur und der von ihr in Bewegung gesetzten Produktionsmaschinerie durchsetzen. Hinzu kam, daß in der BRD der Eindruck eines Wirtschaftswunders nur entstehen konnte, »weil nicht nur die Folgen des Krieges überwunden wurden, sondern auch der zwischen zwei Weltkriegen entstandene Rückstand aufgeholt werden konnte.«

1. Im Laufe der prosperierenden Rekonstruktionsperiode mit ihren hohen Wachstumsraten wurden dem »schwachen Staat« durch den Druck politischer und sonstiger Interessenverbände hohe Subventionen abgerungen, die die herrschende Oligarchie unter den damaligen Bedingungen durchaus verkraften konnte.

2. Am Ende der Rekonstruktion, das heißt der Periode des Einlaufens in die Trendlinie, erscheinen die Subventionen als zusätzliche, meist unproduktive Ausgaben, als für die Weiterentwicklung der Ökonomie gefährliche Totgewichte, als gesellschaftliche faux frais, »tote Kosten« der kapitalistischen Produktion.

3. Das Eigengewicht der Interessenverbände innerhalb des Systems der Interessendemokratie kann in der noch pluralistischen Gesellschaft nicht wieder ohne weiteres abgebaut werden, muß aber am Ende der Rekonstruktion in den Griff bekommen werden. So tauchen die Begriffe der Rationalisierung, der Formierung und letztlich der »Konzertierten Aktion« auf. Die verschiedenen »Reformversuche« des Systems in der jetzigen Periode sind als Versuche des Kapitals zu begreifen, sich in die veränderten Bedingungen herrschafts- und profitmäßig anzupassen.

4. Die auffälligste Erscheinung der gegenwärtigen ökonomischen Formationsperiode ist die Zunahme der staatlichen Eingriffe in den wirklichen Produktionsprozeß als Einheit von Produktion und Zirkulation. Dieser Gesamtkomplex der staatlich-gesellschaftlichen Wirtschaftsregulierung bildet ein System des Integralen Etatismus, der im Unterschied zum Staatskapitalismus auf der Grundlage der Beibehaltung der privaten Verfügung über die Produktionsmittel die Gesetze der kapitalistischen Konkurrenz ausschaltet und den ehemals naturwüchsigen Ausgleich der Profitrate durch eine staatlich-gesellschaftlich orientierte Verteilung der gesamtgesellschaftlichen Mehrwertmasse herstellt.

In dem Maße, in dem durch eine Symbiose staatlicher und industrieller Bürokratien der Staat zum gesellschaftlichen Gesamtkapitalisten wird, schließt sich die Gesellschaft zur staatlichen Gesamtkaserne zusammen, expandiert die betriebliche Arbeitsteilung tendenziell zu einer gesamtgesellschaftlichen. Der Integrale Etatismus ist die Vollendung des Monopolkapitalismus.

Außerökonomische Zwangsgewalt gewinnt im Integralen Etatismus unmittelbar ökonomische Potenz. Damit spielt sie für die gegenwärtige kapitalistische Gesellschaftsformation eine Rolle, wie seit den Tagen der ursprünglichen Akkumulation nicht mehr. Bewirkte sie in jener Phase den blutigen Expropriationsprozeß der Volksmassen, der überhaupt erst die Trennung von Lohnarbeit und Kapital herbeiführte, wird sie Marx zufolge im etablierten Konkurrenzkapitalismus kaum noch angewandt. Denn die objektive Selbstbewegung des Begriffs der Warenform, ihres Wertes, konstituiert sich in dem Maße zu den Naturgesetzen der kapitalistischen Entwicklung, als die ökonomische Gewalt im Bewußtsein der unmittelbaren Produzenten verinnerlicht wird. Die Verinnerlichung ökonomischer Gewalt erlaubt eine tendenzielle Liberalisierung staatlicher und politischer, moralischer und rechtlicher Herrschaft. Der naturwüchsig produzierte Krisenzusammenhang der kapitalistischen Entwicklung problematisiert in der Aktualität der Krise die Verinnerlichung ökonomischer Gewalt, die in der

Deutung der materialistischen Theorie zwei Lösungen kennt. Die Krise ermöglicht einerseits die Möglichkeit zu proletarischem Klassenbewußtsein und dessen Organisierung zur materiellen Gegengewalt in der autonomen Aktion der sich selbst befreienden Arbeiterklasse. Andererseits nötigt sie objektiv die Bourgeoisie im Interesse von deren ökonomischer Verfügungsgewalt zum Rückgriff auf die physisch terroristische Zwangsgewalt des Staates.

Der Ausweg des Kapitalismus aus der Weltwirtschaftskrise im Jahre 1929 beruhte auf der Fixierung an die terroristische Machtstruktur des faschistischen Staates. Nach 1945 wurde diese außerökonomische Zwangsgewalt keineswegs abgebaut, sondern in totalitärem Ausmaß psychisch umgesetzt.

Diese Verinnerlichung beinhaltet den Verzicht auf manifeste Unterdrückung nach innen und war konstitutiv für den Scheinliberalismus und Scheinparlamentarismus, allerdings um den Preis der antikommunistischen Projektion eines absoluten Außenfeindes.

Die aus einer veränderten internationalen Konstellation entstandene »Entspannungspolitik« der BRD half mit, besonders am Ende der Rekonstruktionsperiode, den Zersetzungsprozeß des militanten Antikommunismus zu forcieren. Die manipulativ verinnerlichte außerökonomische Zwangsgewalt konstituiert eine neue Qualität von Naturwüchsigkeit des kapitalistischen Systems. Allerdings wäre ein Eingriff in die Naturgesetze der kapitalistischen Entwicklung nur sinnvoll denkbar, wenn sie den objektiven Verwertungsprozeß des Kapitals strukturell veränderte. Ohne diese Annahme würde die Kritik des Systems der Manipulation bloße Kulturkritik bleiben und die Eindimensionalisierung aller Bereiche der Gesellschaft, nämlich die Einebnung der wissenschaftlichen Differenzen von Überbau und Basis, Staat und Gesellschaft, akzidentell bleiben. Sie erfährt erst ihre ökonomiekritische, materialistische Darstellung, wenn das Verhältnis von Wert und Tauschwert, Produktions- und Zirkulationssphäre selbst in die globale Eindimensionalisierung der Gesellschaft einbezogen wird. Die Frage war also: Wie paßt der Überbau, außerökonomische Gewalt von Staat, Recht etc. als ein institutionelles System von Manipulation in die Substanz der Warenproduktion, die abstrakte Arbeit selbst ein? Abstrakte Arbeit, die Substanz des Wertes, bezeichnet das arbeitsteilige Produktionsverhältnis von isoliert privat arbeitenden Individuen. Auf Grund deren Isolation in der Produktion sind sie gezwungen, ihre Produkte auf dem Markt als Waren zu verkaufen, d.h. der gesellschaftliche Verkehr der Produzenten untereinander stellt sich nicht in der Produktion selbst her, sondern in der Zirkulationssphäre. Mit der Entwicklung zum Monopolkapitalismus zeichnet sich die Tendenz einer fortschreitenden Liquidation der Zirkulationssphäre ab, wodurch die Möglichkeit einer Aufhebung abstrakter Arbeit bezeichnet wird. Dies deutet Marx mit der Analyse der Aktiengesellschaft an, wenn er diese als Gesellschaftskapital unmittelbar assoziierter Individuen bezeichnet. Außerökonomische Zwangsgewalt, Staat und andere Überbauphänomene greifen derart in die Warenzirkulation ein, daß die abstrakte Arbeit durch ein gigantisches institutionelles Manipulationssystem artifiziell reproduziert wird.

Ebenso greift sie in die Warenproduktion der Ware Arbeitskraft ein. Wenn der technische Fortschritt der Maschine zwar potentiell die Arbeit abschafft, aber faktisch die Arbeiter abschafft, und eine Situation eintritt, in der die Herrschenden die Massen ernähren müssen, wird die Arbeitskraft als Ware tendenziell ersetzt. Die Lohnabhängigen können sich nicht einmal mehr verdingen, die Arbeitslosen verfügen nicht einmal mehr über ihre Arbeitskraft als Ware. Daß am Ende der Rekonstruktion die strukturelle Arbeitslosigkeit nicht mehr im Zusammenhang mit der Funktionsbestimmung der Reservearmee analysierbar ist, ist Indiz dafür. Diese Tendenz ist begreifbar nur im Rahmen der durch den technischen Fortschritt zur Automation bewirkten Konstellationsveränderung im Verhältnis von toter und lebendiger Arbeit. Wie Karl Korsch und Herbert Marcuse mit Bezug auf Marx andeuteten, bewirkt diese Konstellationsveränderung, daß nicht mehr das Wertgesetz, die objektiv sich durchsetzende Arbeitszeit, den Wertmaßstab abgibt, sondern die Totalität des Maschinenwesens selber.

Diese Hypothesen lassen grundsätzliche Folgerungen für die Strategie revolutionärer Aktionen zu. Durch die globale Eindimensionalisierung aller ökonomischen und sozialen Differenzen ist die damals praktisch berechtigte und marxistisch richtige Anarchismuskritik, die des voluntaristischen Subjektivismus, daß Bakunin sich hier auf den revolutionären Willen allein verlasse und die ökonomische Notwendigkeit außer acht lasse, heute überholt.

Wenn die Struktur des Integralen Etatismus durch alle seine institutionellen Vermittlungen hindurch ein gigantisches System von Manipulation darstellt, so stellt dieses eine neue Qualität von Leiden der Massen her, die nicht mehr aus sich heraus fähig sind, sich zu empören. Die Selbstorganisation ihrer Interessen, Bedürfnisse, Wünsche ist damit geschichtlich unmöglich geworden. Sie erfassen die soziale Wirklichkeit nur noch durch die von ihnen verinnerlichten Schemata des Herrschaftssystems selbst. Die Möglichkeit zu qualitativer, politischer Erfahrung ist auf ein Minimum reduziert worden. Die revolutionären Bewußtseinsgruppen, die auf der Grundlage ihrer spezifischen Stellung im Institutionswesen eine Ebene von aufklärenden Gegensignalen durch sinnlich manifeste Aktion produzieren können, benutzen eine Methode politischen Kampfes, die sie von den traditionellen Formen politischer Auseinandersetzung prinzipiell unterscheidet.

Die Agitation in der Aktion, die sinnliche Erfahrung der organisierten Einzelkämpfer in der Auseinandersetzung mit der staatlichen Exekutivgewalt bilden die mobilisierenden Faktoren in der Verbreitung der radikalen Opposition und ermöglichen tendenziell einen Bewußtseinsprozeß für agierende Minderheiten innerhalb der passiven und leidenden Massen, denen durch sichtbar irreguläre Aktionen die abstrakte Gewalt des Systems zur sinnlichen Gewißheit werden kann. Die »Propaganda der Schüsse« (Che) in der »Dritten Welt« muß durch die »Propaganda der Tat« in den Metropolen vervollständigt werden, welche eine Urbanisierung ruraler Guerilla-Tätigkeit geschichtlich möglich macht. Der städtische Guerillero ist der Organisator schlechthinniger Irregularität als Destruktion des Systems der repressiven Institutionen.

Die Universität bildet seine Sicherheitszone, genauer gesagt, seine soziale Basis, in der er und von der er den Kampf gegen die Institutionen, den Kampf um den Mensagroschen und um die Macht im Staate organisiert.

Hat das alles etwas mit dem SDS zu tun? Wir wissen sehr genau, daß es viele Genossinnen und Genossen im Verband gibt, die nicht mehr bereit sind, abstrakten Sozialismus, der nichts mit der eigenen Lebenstätigkeit zu tun hat, als politische Haltung zu akzeptieren. Die persönlichen Voraussetzungen für eine andere organisatorische Gestalt der Zusammenarbeit in den SDS-Gruppen sind vorhanden. Das Sich-Verweigern in den eigenen Institutionsmilieus erfordert Guerilla-Mentalität, sollen nicht Integration und Zynismus die nächste Station sein.

Die bisherige Struktur des SDS war orientiert am revisionistischen Modell der bürgerlichen Mitgliederparteien. Der Vorstand erfaßt bürokratisch die zahlenden Mitglieder unter sich, die ein bloß abstraktes Bekenntnis zu den Zielen ihrer Organisation ablegen müssen. Andererseits vermochte der SDS die perfekte Verwaltungsfunktion revisionistischer Mitgliederparteien nicht voll zu übernehmen, da er ein nur teilbürokratisierter Verband ist, ein organisatorischer Zwitter. Demgegenüber stellt sich heute das Problem der Organisation als Problem revolutionärer Existenz.

Nr. 153

Max Horkheimer
Zum gegenwärtigen Anti-Amerikanismus
Beitrag für die Sendereihe »Gedanken zur Zeit«
des Süddeutschen Rundfunks
17. September 1967

QUELLE: Max Horkheimer, Gesammelte Schriften Bd. 13: Nachgelassene Schriften 1949–1972, hrsg. von Gunzelin Schmid Noerr, © S. Fischer Verlag Frankfurt/Main 1989, S. 81–83

Begriffe wie Staat und Nation sind vieldeutig. Sie pflegen einen unabhängigen Bereich zu bezeichnen, in dem Regierung und Regierte in mancher Hinsicht als Einheit, in mancher als verschieden, zuweilen als Gegensatz erscheinen. Soziale Ungerechtigkeit ist wahrlich durch sie nicht beseitigt, sie vermag nur freier denunziert zu werden als dort, wo absolute Herrschaft den Versuch, sie anzuklagen, unterdrückt.

Der Gedanke an die Vereinigten Staaten von Amerika hat solche Problematik im Sinn zu behalten. Wenn heute in Europa, nicht so sehr in den Massenmedien, den Zeitungen, in Rundfunk und Fernsehen, sondern in persönlicher Unterhaltung, in der Familie, unter Bekannten, in dem Bereich, der einst der Stammtisch hieß, wenn dort von Amerika die Rede ist, pflegen die Negerkrawalle, der Krieg in Vietnam im Mittelpunkt zu stehen. Schon früher jedoch, in den fünfziger Jahren, war Amerika ein guter Gesprächsstoff, ein Thema, das, anstatt die Menschen gegeneinander aufzubringen, sie vereinigte. Amerika war fremd und doch verwandt genug, um darüber herzuziehen. An Macht und Reichtum hatte es Europa eingeholt, ja überflügelt, in Technik, Wissenschaft und Literatur, von Industrie zu schweigen, sich als ingeniös erwiesen und in der stets komplexeren, bedrohlicheren Welt weitgehende Autorität erlangt. Welch willkommenes

Objekt für jede Art von Unmut in Ländern älterer Kultur, um in der langsam sich verschlechternden Wirtschaft die Malaise zu projizieren, die unaufhaltsame Ernüchterung, den sozialen Wandel in der eigenen Umgebung durch den Hinweis auf die weiter fortgeschrittenen Stufen jenseits des Atlantiks zu denunzieren. »Der unkultivierte Amerikaner« spielt im kontinentalen Europa des gegenwärtigen Jahrhunderts eine ähnliche Rolle wie der unkultivierte Engländer im neunzehnten.

Wieweit die kritischen Ansichten im einzelnen berechtigt oder unberechtigt sind, ist hier nicht zu erörtern. Wo immer ihr Ausdruck die Reflexion auf das Unrichtige, zu Ändernde, Negative im eigenen Land in sich bewahrt, wo Kritik vom Wissen um das Unrecht in den anderen, sogenannten fortgeschrittenen und nicht fortgeschrittenen Staaten nicht absieht, vielmehr es voraussetzt, hat die Analyse der Verhältnisse drüben ihr Recht. Soweit die Attacke fortschrittlicher Jugend gegen das fragwürdige Bündnis in Vietnam als ein Moment der Ablehnung von zweifelhaften kriegerischen Unternehmungen, wo immer sie geplant und vorbereitet werden, zugleich den Willen zum Besseren dort wie anderswo bekundet, hat sie ihren guten Sinn. Wer nicht bloß idealistisch denkt, nicht bei reiner Gesinnungsethik sich bescheidet, hat, wie schon Hegel wußte, längst gelernt, daß in moralische Praxis auch die Reflexion auf die konkrete Möglichkeit des Gelingens eingehen muß. Es bedarf des Bewußtseins, daß von Amerika die europäische Zukunft, die Verwirklichung der Freiheit diesseits, wie ernsthaft drüben sie gefährdet sei, nicht abzulösen ist.

Auf Grund der eigenen schweren Erfahrung weiß das gegenwärtige Deutschland mehr als andere Länder, was, im Osten wie im Westen, totalitäre Herrschaft bedeutet. Ihr Gegensatz, zumindest bis zur Stunde, ist Demokratie, nicht die unmittelbare im Sinn Rousseaus, sondern die der industriellen Entwicklung angepaßte, komplizierte, weitgehend auf Experten angewiesene parlamentarische Maschinerie. Der Denkende hierzulande wird die Probleme Amerikas, die gewaltigen inneren und äußeren Probleme, studieren und zugleich, ja eben dadurch, im tiefsten mit den Vereinigten Staaten sich verbunden wissen, bei allem Einverständnis mit den dortigen Kritikern, an denen es wahrlich nicht fehlt. »Democracy is the worst form of government, except all others.« Demokratie ist die schlechteste Regierungsform, hat Winston Churchill bemerkt, wenn man von allen andern absieht. Die Menschen in Europa, in Deutschland, sollten daran denken, wenn von Amerika und seinen Problemen die Rede ist.

Nr. 154

Max Horkheimer
»Das Reich der Freiheit«

Späne – Notizen über Gespräche mit Max Horkheimer, in unverbindlicher Formulierung aufgeschrieben von Friedrich Pollock

Oktober 1967

QUELLE: Max Horkheimer, Gesammelte Schriften Bd. 14: Nachgelassene Schriften 1949–1972, hrsg. von Gunzelin Schmid Noerr, © S. Fischer Verlag Frankfurt/Main 1988, S. 443

Herbert Marcuse wird nicht müde, eine Einrichtung der Gesellschaft zu fordern, in der die Menschen ohne Zwang leben können und das Lustprinzip dominiert. Wie soll das vor sich gehen? Wie soll eine Massengesellschaft ohne Zwang funktionieren? Wie sollen die Grenzen, die der Freiheit jedes Einzelnen durch das Recht auf Freiheit der Anderen [gesetzt] sind, ohne Zwang eingehalten werden? Marcuse antwortet: durch die Eigenschaften des »neuen Menschen«, ohne den das Reich der Freiheit nicht denkbar ist. Aber woher soll der neue Mensch kommen, wer soll ihn erziehen? Wie soll man Marcuse glauben, daß er bereits in unserer Mitte ist? Sollte der *Spiegel* recht haben, wenn er Marcuse in einer Besprechung des *One Dimensional Man*[1] eine Mischung aus Marx und Jesajah nennt?

1 Artikel im Spiegel vom 12. Juni 1967, S. 103 f.

> **Nr. 155**
>
> **Max Horkheimer**
> **Ernst Kux über Vietnam, China und die deutschen Studenten**
> Späne – Notizen über Gespräche mit Max Horkheimer, in unverbindlicher Formulierung aufgeschrieben von Friedrich Pollock
> 4. Oktober 1967
>
> QUELLE: Max Horkheimer, Gesammelte Schriften Bd. 14: Nachgelassene Schriften 1949–1972, hrsg. von Gunzelin Schmid Noerr, © S. Fischer Verlag Frankfurt/Main 1988, S. 444

Die militärische Lage in Vietnam[1] hat sich dauernd zugunsten Amerikas verbessert, aber Nordvietnam wird ohne Zustimmung Chinas auf absehbare Zeit keinen Frieden schließen.

Die Spekulationen auf eine langdauernde Verständigung der USA mit der UdSSR sind verkehrt. Eher kann Amerika mit einem postmaoistischen China zu einer Verständigung kommen als mit Sowjetrußland (zur Begründung dieser überraschenden These: man kann sich mit einem Schwächeren verständigen, aber schwer mit einem Gleichstarken).

Die »Domino-Theorie« ist richtig: wenn die USA sich aus Südvietnam zurückziehen, dann wird Asien zur Beute Chinas. Denn dann ist der Beweis erbracht, daß Amerika mit all seiner militärischen Macht unfähig ist, auf asiatischem Boden »Befreiungskriegen« wirksamen Widerstand zu leisten.

Die neuen Herren in China, die den alten kommunistischen Apparat zerschlagen haben oder zumindest teilweise zerstört haben, werden eine neue Bürokratie bilden. Sie sind noch herrschsüchtiger als die alten Bürokraten.

In Deutschland hat heute der Anti-Amerikanismus weitgehend die Funktionen des Antisemitismus. Das soll nicht heißen, daß es in Deutschland keinen Antisemitismus mehr gibt. Im übrigen hat Habermas recht, wenn er die Haltung der radikalen Berliner Studenten als »linken Faschismus« einstuft.

Kux hat Studenten in vielen Teilen der Welt kennengelernt und gefunden, daß die deutschen Studenten bei weitem die konfusesten sind. In Harvard und Berkeley, in Oxford und Hongkong waren die Diskussionen im Anschluß an seine Vorträge ebenfalls durch radikale Studenten beherrscht, aber deren Linie war außerordentlich viel klarer und einsichtiger als diejenige der deutschen.

---

[1] Vgl. Ernst Kux und Joseph C. Kun, Die Satelliten Chinas, Nord-Vietnam, Nord-Korea, Stuttgart 1964; Die feindlichen Brüder, in: Donald S. Zagoria, Der chinesisch-sowjetische Konflikt 1956–1961, München 1964; Rußland, China und die Weltrevolution, in: Schweizer Monatshefte 41, 1961.

> **Nr. 156**
>
> **Max Horkheimer**
> **Zum Philosophiestudium heute**
> Eröffnungsvortrag einer vom AStA organisierten Ringvorlesung über »Kritische Universität« (Auszüge)
> 23. Oktober 1967
>
> QUELLE: Hektographierte Nachschrift in Akten des AStA der Johann Wolfgang Goethe-Universität, S. 1 und S. 11; abgedruckt in: Max Horkheimer, Gesammelte Schriften Bd. 13: Nachgelassene Schriften 1949–1972, hrsg. von Gunzelin Schmid Noerr, © S. Fischer Verlag Frankfurt/Main 1989, S. 85–95

Liebe Kommilitoninnen und Kommilitonen, verehrte Anwesende!

Dafür, daß ich hier zu Ihnen sprechen darf, bin ich dankbar. Was ich sagen will, gibt keine Lösungen der Probleme, an denen Sie leiden, nur Anregungen zum Nachdenken, Gedanken, deren Präzisierung und Verwirklichung bei den Studenten, natürlich auch bei Professoren, Dozenten, Beamten in den Ministerien liegt. Ich spreche aus, wovon ich bewegt bin und hoffe, Gelegenheit zu haben, Fragen zu beantworten, die Sie mir stellen werden – soweit ich eine Antwort weiß.

Philosophie war einmal das Bemühen um Erkenntnis der Welt schlechthin, nicht bloß ein Fach, eine Disziplin, sondern die Anstrengung, aufgrund von vorwissenschaftlichen und wissenschaftlichen Erfahrungen einen Begriff des Ganzen sich zu bilden und daraus Konsequenzen fürs Leben zu ziehen. Daher meine ich, die Reflexion über das Studium der Philosophie schließe Wissenschaften überhaupt mit ein. Hier geht es um die Gründung der sogenannten Kritischen Universität, die ohnehin auf vorgegebene Disziplinen nicht beschränkt sein soll, vor allem um die gegenwärtige Situation, die Rolle der Studenten bei der Gestaltung akademischer Bildung. Die Bedenken gegen die Gleichgültigkeit angesichts des im Verhältnis zu anderen Sektoren der Gesellschaft zurückgebliebenen Zustands der Hochschulen – wie immer man die Form von einzelnen Aktionen beurteilen mag – sind zutiefst verständlich. Religiöse wie nichtreligiöse Vorstellungen, die dem jungen Menschen früher ein sinnvolles Leben, eine glückliche Zukunft zu verbürgen schienen, erscheinen nicht mehr als verbindlich, sind im Zerfall begriffen, und die Universität, in ihrer heutigen Verfassung, vermag den Studenten nur wenig zu helfen, der quälenden, höchst aktuellen geistigen Schwierigkeiten Herr zu werden. Verzweifelt fordern sie die Änderung.

[...]

Ich komme zum Ende. Nur ganz wenige Gedanken habe ich mitgeteilt, durch die der studentische Protest im Hinblick auf das Studium etwas näher zu bestimmen wäre, besonders in Beziehung auf Philosophie, zu deren Aufgabe das Denken über das Verhältnis von Wissenschaft und Leben gehört. Ich kann mich nicht enthalten, Ihnen eine Stelle aus der *Zeitschrift für Sozialforschung* vorzulesen, die, wie mir scheint, mit der Idee der Kritischen Universität zusammenhängt: »In einer geschichtlichen Periode wie dieser ist die wahre Theorie nicht so sehr affirmativ als kritisch ... An der Existenz des kritischen Verhaltens ... hängt heute die Zukunft der Humanität. Eine Wissenschaft, die in eingebildeter Selbständigkeit die Gestaltung der Praxis, der sie dient und zugehört, bloß als ihr Jenseits betrachtet und sich bei der Trennung von Denken und Handeln bescheidet, hat auf die Humanität schon verzichtet. Selbst zu bestimmen, was sie leisten, wozu sie dienen soll – und zwar nicht bloß in einzelnen Stücken, sondern in ihrer Totalität –, ist das ausreichende Merkmal der denkerischen Tätigkeit.« Das ist vor dreißig Jahren geschrieben worden, in dem Aufsatz über traditionelle und kritische Theorie.

Nr. 157
Herbert Marcuse
»Nun, meine Damen und Herren: der Krieg in Vietnam ...«
Gespräch mit Peter Merseburger für das Fernsehmagazin »Panorama« des Norddeutschen Runfunks
23. Oktober 1967

QUELLE: Hans-Eckehard Bahr (Hg.), Weltfrieden und Revolution, Reinbek 1968, S. 291–297

MERSEBURGER: Nun, meine Damen und Herren: der Krieg in Vietnam, er treibt nicht nur Radaubrüder und Krawallmacher auf die Straße, wie ein Bundestagsabgeordneter in Bad Dürkheim am Wochenende verkündet hat. In der Verurteilung dieses Krieges sind sich vielmehr Menschen der verschiedensten politischen Couleur einig – überzeugte Demokraten, konservative Gaullisten, Pazifisten, Kommunisten. An amerikanischen, aber auch an deutschen Hochschulen allerdings wird die Gegnerschaft zum Krieg in Vietnam zu einem Kristallisationspunkt für eine Bewegung, die sich die »Neue Linke« nennt. Und einer der Propheten dieser jungen Radikalen, einer der Theoretiker dieser »Neuen Linken« ist Herbert Marcuse.

Der Prophet ist entscheidend geprägt durch den Karl Marx des *Kapitals*. Er erträumt eine neue, eine freie Gesellschaft, die nicht auf Zwang und Gewalt gegründet ist. Der Weg dorthin wird noch immer durch den Antagonismus zwischen Bourgeoisie und Proletariat verlegt, der auch nach Marcuse bestimmend ist für die Unfreiheit, von der er sagt, daß wir alle in ihr leben. Nur heute ist es eine – ich zitiere – eine »akomfortable, reibungslose und vernünftige demokratische Unfreiheit.«

Was nun heißt das? Ich will versuchen, Ihnen dies kurz zu skizzieren, ehe unser Gespräch mit Marcuse beginnt:

Es heißt, daß die Mechanismen der hochindustrialisierten Gesellschaft – Marcuse nennt sie schlicht das System – so geschmeidig geworden sind, daß der alte Klassengegensatz nicht mehr zum Vehikel einer notwendigen historischen Umgestaltung werden kann. Denn das kapitalistische System ist heute in der Lage, so viel zu produzieren, daß nahezu alle Bedürfnisse befriedigt werden können. Das wiederum führt nun dazu, daß oppositionelle Kräfte, die ursprünglich eine prinzipielle Veränderung wollten, das System nicht mehr grundsätzlich in Frage stellen. Opposition schrumpft damit auf die Diskussion alternativer politischer Praktiken, wie Marcuse sagt, alternativer politischer Praktiken innerhalb des Status quo. Im Jargon der Marcuse-Jünger heißt das: Opposition wirkt systemstabilisierend.

Zugleich aber, und das ist sehr wichtig, ist dieses ganze System, das so rational produziert, nach Marcuse so irrational, so unvernünftig in sich dadurch, daß es überflüssige Bedürfnisse schafft, nur, damit der Produktionsapparat weiterläuft. Neben beispiellosem Reichtum und Verschwendung gibt es, global betrachtet, beispielloses Elend. Es gibt beispiellose Möglichkeiten der Produktivität neben bisher beispiellosen Möglichkeiten der Zerstörung.

Nun, schlagwortartig zusammengefaßt könnte man Marcuses Programm etwa so formulieren: Er fordert statt wirtschaftlicher Freiheit – Freiheit von der Wirtschaft. Konkreter: Freiheit von der Kontrolle durch ökonomische Kräfte, Freiheit von einem wirtschaftlichen System, das, wie er meint, heute seinen eigenen Gesetzen und nicht den Gesetzen vernünftiger Menschen gehorcht. Um diese Freiheit nun von der Wirtschaft zu erreichen, bedarf es – so meint Marcuse – vor allem geistiger Freiheit, und er versteht sie so: Es muß, so sagt er, wieder individuelles Denken möglich sein, das heute durch die Mittel der Massenkommunikation und der Massenschulung weitgehend verhindert wird. Er hat diese Forderung einmal überspitzt formuliert als die Abschaffung der öffentlichen Meinung mitsamt ihren Herstellern. Von hier aus also, meine Damen und Herren, beziehen die radikalen Studenten das ideologische Rüstzeug in ihren Kampagnen nicht nur gegen einen mächtigen deutschen Verleger.

Wer nun ist dieser Mann? Welche Strategie empfiehlt er der »Neuen Linken«, und wo ist der Unterschied zwischen dieser neuen und der alten extremen Linken?

Herbert Marcuse, heute 69, stammt aus einem bürgerlichen Elternhaus in Berlin. Der Krieg machte ihn zum Revolutionär. 1918 ist er Mitglied des Soldatenrats in Berlin-Reinickendorf. In der Weimarer Republik gelten seine Sympathien zunächst Rosa Luxemburg, später jedem, der nach seiner Ansicht die Sache der Revolution ehrlich und kompromißlos vertritt.

Im Dezember 1932 schon gibt er die Weimarer Demokratie verloren und geht nach New York. 1941 berät er die amerikanische Regierung bei der psychologischen Kriegsführung. Heute lehrt er an der kalifornischen Staatsuniversität in San Diego Philosophie.

Wie Marx träumt Marcuse den Traum von einer neuen Welt ohne Klassen, ohne Gewalt. Marcuse ist Utopist.

Unsere erste Frage: Welches ist die wichtigste Voraussetzung für seine schöne neue Welt?

MARCUSE: Was dazu notwendig wäre, wäre in der Tat das Aufkommen eines neuen Menschentyps mit einer neuen Wertskala, mit einer neuen Bewertung und mit neuen Zielen. Es genügt also nicht, einfach die heute bestehenden technischen und anderen Produktivkräfte auf derselben Linie weiter zu entwickeln. Was notwendig wäre, wäre in der Tat ein Bruch und eine Umwertung der Werte.

MERSEBURGER: Das totalitäre System kommunistischen Typs, hat es nun bessere Startchancen für den Wettlauf in diese schöne neue Welt?

MARCUSE: Im Augenblick sieht das gerade nicht so aus. Aber ich muß doch daran festhalten, daß die einfache Tatsache, daß Planung vorliegt und daß grundsätzlich eine Änderung widerstehender Kräfte nicht aufkommt, daß das den sozialistischen Ländern oder den Ländern, die sich heute sozialistisch nennen, die Möglichkeit eröffnet, andere Wege zu gehen. Es wäre allerdings noch eine politische Revolution notwendig.

MERSEBURGER: Sie haben in Berlin gesagt, dieses totalitäre System kommunistischer Prägung müßte von links bekämpft werden. Was heißt das?

MARCUSE: Das heißt, daß man die Grundvoraussetzungen einer sozialistischen Gesellschaft in keiner Weise aufgeben darf, nämlich die Planung und die Nationalisierung der Produktionsmittel, daß man aber erstreben muß eine Radikalisierung der Kontrolle dieser Produktivkräfte und eine demokratische Beteiligung – aber demokratisch erst nachdem, was ich den neuen Menschentypus und die neuen Ziele und die Werte genannt habe, schon wirksam sind.

MERSEBURGER: Aber hat die Neue Linke nicht eigentlich bessere Chancen im westlichen System, das, so schlimm es auch sein mag, immerhin eine formale Opposition zuläßt und eine Presse, die all das drucken kann, was man drüben, um das System von links zu bekämpfen, nicht drucken kann?

MARCUSE: Etwas zu optimistisch mit der Presse, daß die Presse in Amerika zum Beispiel alles druckt, was der Opposition wesentlich ist, kann man weiß Gott nicht sagen.

MERSEBURGER: Aber Ihre Bücher werden gedruckt.

MARCUSE: Meine Bücher werden gedruckt –

MERSEBURGER: Sie können frei reden.

MARCUSE: ... ich kann frei reden. Ich habe wegen meines Alters und wegen meiner Ausbildung eine besondere Position; das ist mir alles gestattet, weil es relativ harmlos ist oder ganz harmlos ist. Aber man soll nicht unterschätzen, daß diejenigen, die in einer weniger glücklichen Position sind, zum Beispiel außerordentliche Schwierigkeiten haben, Jobs zu bekommen.

MERSEBURGER: Im totalitären kommunistischen System könnten Sie trotz alledem dies alles nicht. Wie stellen Sie sich dann einen Umsturz von links vor?

MARCUSE: Im Westen?

MERSEBURGER: Im Osten.

MARCUSE: Kann ich mir nur vorstellen, wenn ich es mir überhaupt vorstellen kann, daß Personen und Gruppen an die Regierung kommen, die im Gegensatz zu der heutigen Politik eine Politik der Befriedung und eine Politik dessen, was ich neue Wertsetzung genannt habe, verfolgen können. Wir haben ja in Rußland genug Regierungswechsel gesehen, warum sollte es nicht vorstellbar sein, daß auch einmal ein Regierungswechsel in dieser Richtung stattfindet?

MERSEBURGER: Sie haben einmal gesagt, für alte Marxisten, für Altmarxisten, sei die Neue Linke ein Alptraum. Dabei gibt es doch eigentlich in der Zielsetzung, wenn ich Ihnen zuhöre, gar keinen großen Unterschied zwischen der alten und der neuen Linken.

MARCUSE: Well, der große Unterschied liegt eben darin, daß die Neue Linke nicht mehr in der industriellen Arbeiterschaft, im Proletariat, wie Marx es genannt hat, die revolutionäre gesellschaftliche Klasse sieht.

Es gibt auch noch einen anderen, sehr entscheidenden Unterschied: Daß die Neue Linke vom Sozialismus mehr und anderes erwartet, als in den traditionellen Definitionen zu finden ist.

MERSEBURGER: Was erwartet sie mehr?

MARCUSE: Einen, wenn ich das so sagen darf, qualitativen Unterschied in den menschlichen Beziehungen und einen qualitativen Unterschied in den Institutionen. Das heißt, daß der Sozialismus nicht darin besteht, daß produktiver gearbeitet wird [als] in den kapitalistischen Gesellschaften, daß rationeller gearbeitet wird, sondern daß wirklich menschliche Beziehungen einer neuen Qualität, freie menschliche Beziehungen aufkommen. Daß der Kampf ums Dasein, der Konkurrenzkampf auf nationalem wie auf internationalem Boden nicht mehr notwendig ist. Und daß, was Marx einmal die Abschaffung der Arbeit genannt hat, das heißt die Abschaffung der nicht mehr notwendigen Arbeit, der entfremdeten Arbeit, daß das wirklich allmählich auf die Tagesordnung kommt.

MERSEBURGER: Worauf kann sich diese Neue Linke stützen, wenn es keine revolutionären Klassen mehr gibt?

MARCUSE: Die Neue Linke kann sich eigentlich heute nur darauf stützen, daß in der entwickelten Industriegesellschaft alle die intellektuellen und materiellen Ressourcen da sind, die eine solche qualitativ neue Gesellschaft ermöglichen. Das ist eine geschichtliche Tatsache. Daß es eigentlich nur darauf ankommt, das »Nur« natürlich in [Anführungs]zeichen, diese entscheidende Wandlung durchzuführen.

MERSEBURGER: Aber in Amerika gibt es nach Ihrer Theorie heute eigentlich außer der studentischen Opposition nur die sogenannten Nichtprivilegierten, also etwa radikale Neger oder Puertoricaner, auf die sich die Linke stützen könnte?

Das reicht doch nicht aus, um eine Revolution zu machen?

MARCUSE: Das reicht bestimmt nicht aus; man hat mich mißverstanden und mir vorgeworfen, daß ich in den Intellektuellen heute die neue große revolutionäre Kraft sehe. Das ist natürlich Unsinn. Die Intellektuellen artikulieren heute, es sind heute die Sprecher dessen, was, wie ich eben anzudeuten versucht habe, objektiv in der geschichtlichen Situation da ist. Die Bewegung der Neger und der anderen nichtprivilegierten Gruppen trägt direkt und indirekt dazu bei, die Risse, die schweren Fehler des Systems bloßzustellen, sie schwächt das System, aber ob sie selbst eine revolutionäre Kraft ist, diese Frage kann heute überhaupt noch nicht beantwortet werden.

MERSEBURGER: Es gibt eine neue Arbeiterklasse zumindest nach den Ansätzen der Theorie der Neuen Linken, ich glaube, Sie haben selbst in Berlin davon gesprochen, wenn ich eben mal in Ihrem Vortrag blättern darf, Sie sagten, das seien die Ingenieure und Techniker in der materiellen Produktion, die in Schlüsselstellungen sitzen. Nun sind diese aber die Lieblingskinder des Systems, wie Sie selbst gesagt haben ...

MARCUSE: Genau das ...

MERSEBURGER: Wie wollen Sie sie also zu dieser Revolution bringen?

MARCUSE: Sie haben hier den objektiven Widerspruch, daß diese Gruppe das Lieblingskind des Systems ist, die Höchstbezahlten, denen es ja sehr gut geht, die zum großen Teil in ihrer wissenschaftlichen Arbeit abhängig sind von Unterstützungen der Regierung und der Industrie. Daß genau dieselben nicht heute, aber der Tendenz nach im Produktionsprozeß Schlüsselstellungen einnehmen werden, die es ihnen ermöglichen könnten, wenn sie wollten, eine Änderung herbeizuführen. Aber der Widerspruch ist da, und wir dürfen ihn natürlich nicht überdecken.

MERSEBURGER: Sie haben in diesem Vortrag in Berlin gesagt, die Predigt der prinzipiellen Gewaltlosigkeit bestärkt die bestehende Gewalt, die Sie meist mit Unterdrückung identifizieren. Heißt das nicht, nun konkret auf die Verhältnisse in Amerika angewandt, daß Sie den Negern geradezu empfehlen, Gewalt anzuwenden?

MARCUSE: Was die Neger in Amerika heute tun, hat nichts mit irgendeiner Empfehlung zu tun, bedarf nicht einmal einer besonders organisierten Propaganda, sondern ist einfach die Rebellion gegen unerträglich gewordene Verhältnisse und Bedingungen. Eine in der

Tat bis heute spontane Bewegung. Daß jetzt versucht wird, dieser Bewegung einen politischen Charakter zu geben, das ist erst, wie Sie wissen, sehr neuen Datums, und wir können noch nicht sehen, wie groß die Zahl der Neger und anderen Minoritäten ist, die dieser neuen Parole folgen.

MERSEBURGER: Aber im Prinzip bejahen Sie doch einen positiven Terror, einen Terror, der die repressive Gesellschaft von etwas Repression befreien könnte.

MARCUSE: Ich würde das nicht Terror nennen. Ich bejahe jede Bewegung, jede Möglichkeit, die den bestehenden Terror und die bestehende Unterdrückung mildern und vielleicht sogar aufheben könnte.

MERSEBURGER: Notfalls durch Terror?

MARCUSE: Notfalls, aber dann müßte man schon sehr genau definieren, was notfalls ist. Wir sehen, es ist sehr leicht, mich in diesen Dingen gefangen zu kriegen. Ich will dem auch nicht ausweichen. Es gibt einen revolutionären Terror – hat es in jeder Revolution gegeben, hat es in der amerikanischen Revolution gegeben, hat es in der Französischen, hat es in der englischen Revolution gegeben. Dieser Terror ist sehr weit entfernt von Grausamkeit, Brutalität, Folter, Hinschlachten von Unschuldigen, was auch immer es ist.

MERSEBURGER: Bis wohin wurde der Terror in der Französischen Revolution positiv?

MARCUSE: Der Terror in der Französischen Revolution war positiv nur bis zu dem Punkt, wo er tatsächlich diejenigen, die aktiv für die Wiederherstellung der Monarchie gearbeitet haben, betroffen hat.

MERSEBURGER: Als die Revolution ihre Kinder fraß ...

MARCUSE: Als die Revolution ihre Kinder fraß, fing sie an, nun wirklich brutaler Terror zu werden.

MERSEBURGER: Die Entwicklungsländer spielen in der Theorie der Neuen Linken, in der Strategie der Neuen Linken eine besondere Rolle. Ich glaube, Sie selbst haben einmal angedeutet, daß es zu einem Bündnis kommen könnte zwischen dem Agrarproletariat der unterentwickelten Länder und der Opposition gegen das System in den kapitalistischen Metropolen.

MARCUSE: Ja, dieses Bündnis ist meiner Meinung nach wesentlich, beruht meiner Meinung nach wesentlich auf einer Interessengemeinschaft. Die Befreiungsfronten in den Entwicklungsländern kämpfen auch für die Beseitigung unerträglicher Lebensbedingungen wie die Neger und andere Minoritäten in den höchst entwickelten Industrieländern. Das ist also keine irgendwie künstliche oder politische Verbindung, sondern eine Verbindung, die sich ergibt eigentlich aus der Solidarität der Interessen. Irgendwelche organisatorischen Verbindungen, die effektiv sind, liegen ja überhaupt noch nicht vor. Da sehen wir ja erst die Anfänge.

MERSEBURGER: Aber bedeutet das nicht, konkret auf die amerikanische Situation übertragen, daß die radikalen Negerführer mit Fidel Castro und den Guerillas in den Bergen Boliviens sich verbünden müßten?

MARCUSE: Daß Verbindungen aufgenommen sind, daß Versuche gemacht worden sind, irgendwie eine gemeinsame Strategie zu entwickeln oder jedenfalls eine gemeinsame, wenn Sie nicht Theorie wollen, eine gemeinsame Bewertung der globalen Situation, das wiederum scheint mir nur natürlich, und diejenigen Negerführer zum Beispiel, die das getan haben, sind hier eben einfach geschichtlichen Bedingungen gefolgt.

MERSEBURGER: Das legt die Vision nahe, daß die neue Gesellschaft eben durch diesen Pakt eines Tages Wirklichkeit werden könnte, auch wenn das sehr, sehr weit hin ist, und das erinnert mich ein bißchen an eine chinesische Theorie, die von einem Aufstand des Weltdorfs gegen die Weltstadt spricht, also der unterentwickelten jungen Nationen gegen die etablierten kapitalistischen, aber auch gegen Nationen wie die sowjetische, der es also schon gut geht und die richtig entwickelt ist. Wie stehen Sie zu Mao?

MARCUSE: Sie wollen mich jetzt mit Mao identifizieren. An sich habe ich nichts dagegen. Der Führer der chinesischen Revolution ist, was er auch immer tun mag, eine der großen weltgeschichtlichen Persönlichkeiten. Die Formulierung, die Sie erwähnt haben, halte ich nicht für adäquat. Denn sie unterschätzt die Rolle, die die entwickelten Industrieländer selbst spielen müssen. Ich glaube trotz aller Einwände und Einschränkungen, da hat der Marx etwas Richtiges gesehen. Daß, wenn nicht in den höchst entwickelten Industrieländern selbst die Verwandlung eintritt, dann auch alle Attacken, alle Kräfte, die aus den unterentwickelten Ländern oder aus den Entwicklungsländern kommen, nichts nützen. Sie könnten den Prozeß beschleunigen, aber die wirkliche Veränderung hängt meiner Meinung nach immer noch von einer Veränderung in den Industrieländern selbst ab.

Nr. 158

Oskar Negt
Politik und Protest
Referat auf einer sozialistischen Arbeitskonferenz
28. Oktober 1967

QUELLE: Lothar Hack / Oskar Negt / Reimut Reiche, Protest und Politik, Frankfurt/Main 1968, S. 11–24; wiederabgedruckt in: Oskar Negt, Politik als Protest, Frankfurt/Main 1971 (unautorisierte Ausgabe), S. 30–42

»Krieg den deutschen Zuständen! Allerdings! Sie stehen unter dem Niveau der Geschichte, sie sind unter aller Kritik, aber sie bleiben ein Gegenstand der Kritik ... Mit ihnen im Kampf ist die Kritik keine Leidenschaft des Kopfs, sie ist der Kopf der Leidenschaft. Sie ist kein anatomisches Messer, sie ist eine Waffe.«
(Marx, *Zur Kritik der Hegelschen Rechtsphilosophie*)

In den zwei auffälligsten Entwicklungsprozessen der letzten Jahre, die sich einander bedingen und die zugleich in globaler Konfrontation zueinander stehen, kommt gleichermaßen der erfolgreiche Abschluß der Restaurationsperiode des westdeutschen Nachkriegskapitalismus zum Ausdruck: es ist auf der einen Seite die Stabilisierung einer autoritären Leistungsgesellschaft, die im Interesse monopolistischer und staatlicher Entscheidungsbefugnisse die liberale Sphäre politischer Diskussionen, parlamentarischer Kontrollen, des langwierigen Aushandelns von Kompromissen und der temporären Ausgleiche widersprüchlicher Interessen als Inbegriff unnötiger Reibungsverluste in einem funktionierenden gesellschaftlichen Gesamtbetrieb schrittweise zu eliminieren strebt. Auf der anderen Seite zeigt sich eine wachsende Protestbewegung, die mit einem totalen Anspruch der Gesellschaftsveränderung auftritt, weil sie in der angeblich durch Sachgesetzlichkeiten erforderlichen Funktionalisierung sämtlicher Lebenserscheinungen nur das zu erkennen vermag, als was sie sich im praktischen Kampf unmittelbar darstellt: als Legitimationshilfe eines Herrschaftssystems, das die substanzlos gewordenen, formalisierten Restbestände ursprünglich liberaler und politischer Ansätze nur noch als repressive Regeln verwendet.

Beide, die westdeutsche Gesellschaft und ihre unerbittlichsten Kritiker, haben das Entwicklungsniveau der fortgeschrittenen spätkapitalistischen Länder erreicht; trotzdem ist die übliche Interpretation dieser Ereignisse, wenn sie auf ihren politischen Gehalt hin untersucht werden, ganz und gar durch die Begriffswelt der Restaurationsperiode und durch den Erfahrungshorizont sekundärer, abgeleiteter Bewegungen oder linker Alternativorganisationen bestimmt. Indem man die autoritäre Leistungsgesellschaft, die in ihrer Totalität eben deshalb autoritär ist, weil sie als Klassengesellschaft jede Form der gerechten Verteilung der individuellen Lebenschancen nach dem Prinzip der Leistung ausschließt, auf das Problem der Großen Koalition reduziert und die Studentenbewegung als eine durch besondere antiautoritäre Sensibilität ergänzte Fortbildung der bekannten Einpunktbewegungen verstanden wird, geht das Spezifische der neuen Situation verloren. Der Zweck derartig verengter Analysen ist klar: sie erleichtern es, historisch neue Phänomene im Bezugsrahmen der traditionellen Politik zu deuten.

Solange es fast als selbstverständlich galt, daß den Parteien und den Organisationskernen, die auf die günstige Stunde warteten, Alternativparteien zu werden, im Wettbewerb um die Staatsmacht und um Machtbeteiligungen unbedingte Priorität zukomme, waren Einpunktbewegungen, wie der Kampf gegen Korporationen, gegen Remilitarisierung und atomare Ausrüstung der Bundeswehr, innenpolitisch eindeutig definiert; ihr Inhalt war beschränkt auf einen Abwehrkampf, der Teile eines im Prozeß der Restauration begriffenen Herrschaftssystems betraf. In dem Maße aber, wie der funktionsunfähige, zwanghafte Liberalismus deutscher Prägung eine autoritäre Staatsplanung erforderlich machte, welche die von den staatstragenden Parteien in Gang gesetzte große Umverteilung des Sozialprodukts im Dienste der kapitalistischen Systeminteressen gewährleisten sollte, verlor die politische Sphäre offenkundig alle Eigenbedeutung. Unlösbar an die restriktiven Bedingungen der privaten Verfügungsgewalt über die Produktionsmittel gebunden, wurde sie zum Bestandteil eines erdrückenden Zusammenhangs, in dem bürokratisch-administrative, ökonomische und technologische Entscheidungen kaum noch auseinanderzuhalten waren.

Für alle Einpunktbewegungen, die aus den Veränderungen der gesellschaftlichen Wirklichkeit politische Konsequenzen zu ziehen imstande waren, und die sich nicht selbst aufgeben wollten, mußte die Verarbeitung dieser Erfahrungen eine Verallgemeinerung, inhaltliche Vertiefung und Radikalisierung des Protestes zur Folge haben. In der Tat haben außerparlamentarische Bewegungen wie der Ostermarsch (oder die Kampagne für Demokratie und Abrüstung), die Studentenbewegung oder die Notstandsopposition, selbst wenn deren Wirksamkeit in der Konzentration auf isolierte Ziele begründet sein mag, ihren Charakter als Einpunktbewegungen längst verloren. Denn die im nationalen Rahmen feststellbaren Entwicklungstendenzen haben gleichzeitig das ganze Bezugssystem verändert, in dem die aktivsten Gruppen der außerparlamentarischen Opposition sowohl ihr Verhalten, ihre Forderungen und ihre politische Moral deuten als auch ihr Selbstbewußtsein begründen, das angesichts der unentwegt beschworenen Allgegenwart der technologischen Repressionsapparatur eigentlich in Resignation umschlagen müßte. Und dieses neue Bezugssystem wird wesentlich durch den Protest in Gestalt der historisch unabwendbar erscheinenden Sozialrevolutionen der Dritten Welt bestimmt. Durch sie werden nicht nur die scheinbar geschichtslosen, technokratisch im Gleichgewicht gehaltenen spätkapitalistischen Systeme in die weltgeschichtliche Dynamik zurückgenommen, sondern im praktischen Bewußtsein der Protestierenden, die in jedem Augenblick jene Vermittlung von weltgeschichtlichen Ereignissen und tatsächlichem Verhalten zu leisten bestrebt sind, die C. Wright Mills vom soziologisch gebildeten Intellektuellen forderte, verändert sich die innere Zusammensetzung der Beziehungen zwischen Politik, Protest, Moral und revolutionärer Aktivität.

Diese Strukturveränderung von Protest und Politik ist freilich nicht nur bedingt durch die Aktualität weltgeschichtlicher Entwicklungsprozesse; sie ist gleichzeitig durch die Befreiung der urbanen Protestbewegungen nicht nur von ihrem bürgerlichen, sondern auch von ihrem marxistisch-leninistischen Interpretationsschema bestimmt, das sich nachrevolutionär etablierte und von den meisten kommunistischen Parteien Westeuropas übernommen wurde. Wo sich historisches Bewußtsein im praktischen Kampf bildet, zerfallen auch die verdinglicht überlieferten Kategoriensysteme; es wird sichtbar, daß revolutionäre und nachrevolutionäre Perioden ihre je spezifischen Begriffe von Politik und Protest entwickeln.

Während die heroische Epoche des Bürgertums – im philosophischen Selbstverständnis etwa von Kant und Robespierre – mit dem Begriff der Politik ein Element des Unbedingten, Kompromißlosen des Moralgesetzes verbindet, ja ein objektiver Widerspruch zwischen Politik und Moral überhaupt verneint wird, gehen in die nachrevolutionären Bestimmungen von Politik, wenigstens in den Ländern des klassischen Bürgertums, Tausch und Kompromiß, der in abstrakten und generellen Gesetzesnormen fixierte Ausgleich der Klasseninteressen ein. Die Unbedingtheit des Verhaltens, der rigorose Anspruch, die Menschheit in der eigenen Person zu vertreten, wird in die moralische Privatsphäre gesteuert und neutralisiert, der Protest entweder entpolitisiert oder, wie insbesondere im deutschen Spätkapitalismus, im Rahmen der selber als politisch definierten Dezisionen, die Freund-Feind-Verhältnisse eindeutig festlegen und sinnlich vergegenwärtigen, auf den jeweiligen Feind gelenkt. Zu diesem Typus des Protestes, dessen Spontaneität nie so weit geht, die staatlich sanktionierten Demarkationslinien zu durchbrechen, gehören Demonstrationen wie die gegen das sowjetische Eingreifen in Ungarn, Kundgebungen zum 17. Juni und gegen die Berliner Mauer.

Implizit bei Marx und Engels, als Theorie formuliert bei Lenin, wird für die revolutionären Formen des Protestes und der Politik das historische Subjekt der Veränderung, vor allem die Partei als dessen bewußtester Teil, zur Entscheidungsinstanz über die organisatorisch wirksame Interpretation der geschichtlich notwendigen Handlungen; damit werden gleichzeitig Kriterien für die Bestimmung dessen angegeben, was am Maßstab der revolutionären Erfordernisse der proletarischen Klasse historisch-zufällig bleibt. Der ununterbrochene Kampf gegen den Voluntarismus, Anarchismus, gegen Utopisten und Spontaneitätstheoretiker gehört zum Erscheinungsbild jener Entwicklungsstufe der sozialistischen Bewegung, auf der es im wesentlichen um die Konstituierung eines organisatorisch-effektiven Interpreten des historischen Subjekts geht. Der Massenstreik ist die einzige Protestform, die sich als ernsthafter Diskussionsgegenstand – wenn auch erst nach der russischen Revolution von 1905 – behaupten konnte. Die politische Moral ist Klassenmoral und vom Emanzipationskampf des Proletariats nicht zu trennen.

Mit der Oktoberrevolution werden revolutionäre Moral, Politik und Protest im Interesse der Stabilisierung des einzigen nachrevolutionären, sozialistischen Systems der Erde um eine außenpolitische Komponente ergänzt und zugleich verengt; denn die Interpretation der weltgeschichtlich notwendigen Handlungen wird nicht nur staatlich institutionalisiert, sondern in sie geht ein im Weltmaßstab erweitertes Element des Kompromißverhaltens der liberalen Realpolitik ein. Der

Bewegungsspielraum des Protestes schrumpft so auf die staatlich konzessionierte Spontaneität von Demonstrationen vor ausländischen Botschaften zusammen.

Alle Protestbewegungen der jüngsten Vergangenheit, die nicht lediglich staatlich reglementierte Entscheidungen bekräftigen oder von vornherein darauf verzichten, politische Perspektiven zu formulieren, haben sich durch ihr tatsächliches Verhalten und durch ihr Selbstverständnis aus dem nachrevolutionären Establishment ebenso gelöst wie aus dem Establishment technologisierter Klassengesellschaften; für sie kann der Schah von Persien unter keinen Umständen ein integrer Repräsentant eines Nationalstaates sein, wie noch im Jahre 1967 etwa für die Tschechen, sondern er ist Symbol des ganzen Elends aller unterdrückten Völker – ein Objekt des Protestes um so mehr, als er keine bloß auswechselbare Charaktermaske ist. Im tatsächlichen Kampf gegen die internationale Konterrevolution, gegen die geheimen und militanten Verbündeten des imperialen Kapitalismus als Weltsystem wird das neue Subjekt weltgeschichtlicher Veränderung aktualisiert und erfahrbar.

Aber die Problematik dieses neuen revolutionären Subjekts, auf das sich die urbanen Protestbewegungen ihrem Gehalt nach und meist auch explizit beziehen, ohne es freilich in traditioneller Weise als eindeutig strukturierte Klasse oder als Partei identifizieren zu können, ist die Problematik dieser Bewegungen selber. Mao Tse-tung, Fidel Castro, Giap, Che Guevara, Debray: sie alle sind in gleicher Weise genuine Interpreten dieses amorphen und doch gegenwärtigen, vielfach noch in Latenz befindlichen Subjekts, das im Grunde nur in angemessenen Beschreibungen seiner vielfältigen Ausdrucksformen zu bestimmen ist – Beschreibungen, die vor allem die politisch-militärischen Erfolge und die Lösungsansätze für das zentrale Problem der unterdrückten Völker der Dritten Welt, die Agrar-Frage, zum Inhalt haben. Der Befreiungskampf des vietnamesischen Volkes ist nur die markanteste Ausdrucksform dieses revolutionären Subjekts, aber nicht ihre einzige; der persische Schah ist Gast in Stellvertretung für alle Terror-Figuren, die nicht kommen können oder die noch kommen werden.

Der Grundwiderspruch, dem die urbanen Protestbewegungen unterliegen, konstituiert einen neuen Begriff der politischen Moral und bildet zugleich die Quelle aller revolutionären Verdinglichungen des individuellen Verhaltens. Denn diese Protestbewegungen können am militärischen Befreiungskampf der Dritten Welt aktiv nicht teilnehmen; andererseits erreicht traditionelle Politik die sich emanzipierenden und die in Unterdrückung gehaltenen Völker überhaupt nicht oder nur in Gestalt zusätzlicher Repressionen. Der Solidarisierungsprotest mit den Sozialrevolutionen der Dritten Welt wird so zum praktischen Medium, in dem sich das Bewußtsein von gegenwärtiger, aktueller Geschichte mit dem politischen Anspruch konkret vermittelt, die Gegenwart und damit auch die gegenwärtige Gesellschaftsordnung als ein geschichtliches Problem zu behandeln. Nur auf dieser Ebene kann sich heute in den Metropolen historisches Bewußtsein bilden, das fähig ist, die Decke verdinglichter Herrschaftsverhältnisse und geronnener Prozesse aufzusprengen. Wäre der Solidarisierungsprotest tatsächlich nichts anderes als Ausdruck einer folgenlosen »Solidarität des Sentiments«, wie es Herbert Marcuse genannt hat, so würde auch die nüchternste Einschätzung der Lage nichts helfen: daß sich nämlich die objektiv revolutionäre Situation im Weltmaßstab in unerwartetem Ausmaße auch auf die Verschärfung der Klassenkonflikte in den spätkapitalistischen Ländern auswirken könnte, wenn es zu einem zweiten oder dritten Vietnam käme.

Wer einzig am Kriterium institutioneller Erfolgskontrollen mißt, was politisch effektives Handeln heißt, kann in jedem Grundwiderspruch der Protestbewegungen nur ihre verzweifelte Aussichtslosigkeit erblicken. Aber gerade in seiner durch den Protest vermittelten produktiven Lösung, im demonstrativen Durchbrechen des Zwangszusammenhangs von unmittelbar überprüfbaren Leistungen, Belohnungen und Kompromissen bildet sich eine politische Moral, in der sich das Element des Protestes, der antifunktionale Affekt, als inhaltlich Unbedingtes der politischen Forderungen mit der Sensibilität für Unterdrückung, Ausbeutung und Gewalt verbindet. Sie ist eine Moral des politischen Verhaltens, des praktischen Widerstandes, der Leistungsverweigerung; sie ist Moral im eigentlichen Sinne: denn wo, wenn nicht am gegenwärtigen Völkermord in Vietnam, kann sich die Fähigkeit zur moralischen Sensibilität überhaupt noch erweisen! – Es geht um die Integrität des politischen Willens, der die Klagen über den Verwaltungsmassenmord des Dritten Reichs nicht ertragen kann, ohne sie in Aktionen gegen jede Form des gegenwärtigen Mordes umzusetzen.

So ist, was an den Protestbewegungen als Flucht in eine illusionäre Betätigung aussehen könnte, faktisch die einzige Möglichkeit, die ausgedörrte Landschaft spätkapitalistisch funktionalisierter Industriegesellschaften zunächst von außen her mit geschichtlichen Kräften zu beleben, um verschüttete revolutionäre Perspektiven bewußtzumachen und die diffusen Gefühle für die Realisierung gesellschaftlicher Möglichkeiten durch Abschaffung des historisch Überholten in das Bewußtsein zu verwandeln, daß die Beseitigung jeder Form der Repression auf der Tagesordnung der Geschichte steht. Denn wir wissen, wie wenig gerade das Bewußtsein der geschichtlichen Notwendigkeit revolutionärer Veränderungen zur Lähmung des Willens, zu Resignation und Anpassung führen muß; die aktivsten Kämpfer der Arbeiterbewegung und auch der Widerstandsbewegungen konnten das integrierende Moment ihres Verhaltens, ihre politische Moral nur in der Gewißheit begründen, daß ein mögliches individuelles Opfer sinnvoll ist.

Daraus ergibt sich ein weiteres konstituierendes Moment der Protestbewegungen, die zur Zeit als einziges revolutionäres Potential der fortgeschrittenen Industriegesellschaften bezeichnet werden können. Durch die Erfahrung geprägt, daß sich die Arbeiterklasse in absehbarer Zeit kaum als revolutionäres Subjekt konstituieren werde, daß auch avantgardistische Organisationen, die den Klassenkampf an der Basis politisch führen könnten, nicht in Sicht sind, weigern sich die Protestierenden, ihre Aktivität in organisatorischen Ersatzbildungen zu verausgaben. Das Verhalten der einzelnen selber soll Garant für eine Disziplin sein, die in allen formalbürokratisch zusammengehaltenen Parteien in einer vom Zwang zur politischen Beteiligung entlastenden, äußerlichen Identifikation mit Programmen und Vorstandsbeschlüssen sich erschöpft. Freilich schlägt der revolutionäre Protest, dessen inhaltliche Radikalität unter gegebenen Bedingungen nur begrenzt nach außen wirksam werden kann, häufig in ein zur Starrheit und Unbedingtheit individualisiertes Verhalten um, das den engen Rahmen politischer Zweckmäßigkeit sprengt. Nur so ist es verständlich, daß jenes Verhalten, das einem bürgerlichen und leninistischen Funktionär in gleicher Weise als legitim erscheinen würde, von einem Protestierenden dieses neuen Typs schlechthin nicht erwartet werden kann: nämlich die Distanzierung von Personen, denen man als Opfer einer repressiven Gesellschaft zwar größtes Verständnis entgegenbringt, die durch ihr spektakuläres Auftreten jedoch als Belastung empfunden werden.

Es ist daran festzuhalten, daß der revolutionäre Protest das einzige Medium ist, durch das weltgeschichtliche Theorie und Praxis in technologisierten Gesellschaften vermittelt werden können; weder ist er mit revolutionärer Praxis identisch noch langfristig deren wirksamste Form. Ein wichtiges Problem der studentischen Protestbewegung besteht gerade darin, wie der systemimmanenten Tendenz zur Neutralisierung des revolutionären Gehalts der Proteste wirksam begegnet werden kann. Denn eines scheint sicher zu sein: daß alle Protestformen, die sich selber als Praxis in einem weiteren Sinne verstehen als dem, der sich aus der praktischen Notwendigkeit ergibt, in politisch abgewogener Provokation den technologischen Schleier, das Verschweigen des gesellschaftlich Möglichen und die stumme Repression punktuell zu durchbrechen, entweder auf einen bloßen Habitus, auf die Ritualisierung des geschichtlich Aktuellen oder auf eine Ästhetisierung zurückgedrängt werden. Da beide Gestalten der Betätigung jedoch auf der Formalisierung des revolutionären Gehalts der Proteste beruhen, fügen sie sich mehr oder minder zwanglos in ein Herrschaftssystem ein, das jedes zur leeren Regelhaftigkeit erstarrte Verhalten leicht zu integrieren imstande ist. Diese dem Protest innewohnenden Neutralisierungstendenzen machen nicht nur die Analyse seiner Struktur und Funktion, sondern auch der organisatorischen Bedingungen seiner Vermittlungsformen mit revolutionärer Praxis erforderlich. Denn das Organisationsproblem kann nicht schon deshalb, weil die Kritik an den bürgerlichen Organisationspraktiken sämtlicher Parteien zu Recht besteht, auf die stabsmäßige Vorbereitung und Durchführung von Demonstrationen reduziert werden.

Die Organisationsfrage als eine politische Frage stellen, bedeutet freilich ebensowenig, permanent im Vorbereitungszustand für den erlösenden Konstitutionsakt eines organisatorisch bewußten Gesamtwillens der außerparlamentarischen Bewegung zu verharren. Wenn auch der Einwand der Parteigründungs-Traditionalisten durchaus zutrifft, daß undifferenzierte und übertriebene Hoffnungen auf die Lebensfähigkeit spontaner Aktionen gefährliche Schwächesymptome sind, so müssen sich Organisationsformen doch aus tatsächlichen, praktischen Bewegungen ergeben, und in der Geschichte ist es wohl auch immer so gewesen. Unter den gegenwärtigen Bedingungen die Organisationsfrage aufs neue stellen, heißt also, von vornherein auf die schematischen Formeln über die traditionell umgrenzten Bereiche des Politischen und des Protestes zu verzichten; denn sie umfaßt ja nicht nur Überlegungen zur technisch-praktischen Umsetzung von Aktions- und Grundsatzprogrammen, nicht nur die formale Konstituierung von Arbeitsausschüssen oder die Gründung von Zeitungen und Zeitschriften, sondern primär die Analyse der spezifischen Formen der tatsächlichen Oppositionsbewegung, des Bewußtseinsstandes ihrer aktiven Gruppen und der historischen Bedeutung ihrer Zielsetzungen. Wenn Lenin nachdrücklich davor warnte, das Organisatorische vom Politischen mechanisch zu trennen (Schlußwort auf dem XI. Kongreß der K.P.R.), so wollte er die Fetischisierung des Technisch-Organisatorischen in zweifacher Hinsicht treffen: zum einen in dem verständlichen Versuch, unter bestimmten Verhältnissen bewährte Organisationsformen zu konservieren und mechanistisch zu übertragen; zum anderen in dem institutionellen Bedürfnis aller Parteibürokratien, einmal gefaßte Beschlüsse mechanisch, das heißt ohne konkrete Vermittlung durch die gesellschaftlichen Gesamtbedingungen und durch das Bewußtsein der Betroffenen, durchzusetzen.

Die weltgeschichtlichen Veränderungen, durch welche die Begriffe von Politik und Protest neu definiert werden müssen, erschüttern auch den Absolutionsanspruch der Kaderpartei als einziger Plattform, auf der eine den geschichtlichen Erfordernissen angemessene Vermittlung zwischen Theorie und Praxis erfolgt. Für das Bezugssystem der Oktoberrevolution hat Georg Lukács treffend die unersetzbare Funktion der revolutionären Kaderpartei formuliert, welche maximale Ansprüche an das Gesamtverhalten des einzelnen stellt, um ihn aus dem bloßen Objektstatus des Mitgliedes herauszuführen. »... die Organisation ist die Form der Vermittlung zwischen Theorie und Praxis. Und wie in jedem dialektischen Verhältnis erlangen auch hier die Glieder der dialektischen Beziehung erst in und durch ihre Vermittlung Konkretion und Wirklichkeit. Dieser Theorie und Praxis vermittelnde Charakter der Organisation zeigt sich am deutlichsten darin, daß die Organisation für von einander abweichende Richtungen eine viel größere, feinere und sicherere Empfindlichkeit zeigt, als jedes andere Gebiet des politischen Denkens und Handelns.« (*Geschichte und Klassenbewußtsein*, 1923, S. 302.)

Niemand wird heute im Ernst bestreiten können, daß angesichts des technokratisch durchorganisierten Spätkapitalismus erst organisiertes Verhalten die Form der Vermittlung von Theorie und Praxis darstellt. Aber ein Moment des Dogmatischen, Unhistorischen, Undialektischen jener formal richtigen Bestimmung entspringt der historischen Schranke des praktischen Bewußtseins von Lukács und gleichzeitig der faktischen Begrenztheit der historisch entstandenen und damit vergänglichen Organisationsform leninistischen Typs. Wenn Lukács die Organisation als *Form* der Vermittlung bezeichnet, so kann es für die geschichtliche Entwicklung nicht gleichgültig sein, die Organisationsfrage auf eine Reflexionsstufe zu heben, auf der eben die *spezifischen Formen* dieser *Form* der Vermittlung bestimmt werden: denn das einzige Kriterium für die beispielhafte Geltung eines bestimmten Organisationstyps ist die erfolgreiche Revolution. Die kubanischen Erfahrungen zeigen, daß selbst für einen politisch-militärischen Befreiungskampf die leninistische Kaderpartei keine unbedingte Voraussetzung mehr ist, ja daß sie sich unter bestimmten Bedingungen sogar als hinderlich für revolutionäre Prozesse erweisen kann.

Welche Organisationsform in einer weiten, abstrakten Perspektive in der Situation technologisierter Klassengesellschaften der revolutionär-demokratischen Aktivität angemessen ist, wissen wir nicht; dogmatisch ist keine Organisationsform auszuschließen, die fähig ist, einen bürokratischen Verschleiß des Aktivitätspotentials zu verhindern und den einzelnen aus seiner Objektrolle zu befreien. Was wir wissen, entstammt der Erfahrung tatsächlicher Vermittlung von Theorie und Praxis und läßt sich an Erfolgen kontrollieren. In voller Beachtung der allenthalben vernehmbaren Warnung, die Studentenbewegung nicht zu überschätzen, kann doch mit Sicherheit gesagt werden, daß sie die seit einiger Zeit latent wirksamen organisationspraktischen Entwicklungstendenzen der gesamten außerparlamentarischen Opposition in unerwarteter Prägnanz zum Ausdruck gebracht hat. Keine der bestehenden formalen Mitgliederorganisationen der westdeutschen Linken, auch nicht die stabilste, der SDS, zeigte sich imstande, sämtliche Aktionsbereiche zentral zu koordinieren, durch Versammlungs- oder Vorstandsbeschlüsse politisch zu führen, durch strenge Disziplin auf Programme zu verpflichten, Zuwiderhandelnden Ausschlüsse anzudrohen. Von lokalen, überschaubaren Kommunikationszentren oder Brennpunkten, in denen sich informelle politische Kader bildeten, ausgehend, organisierte sich die Bewegung um inhaltlich konkrete Aktionslinien. Aber diese Zentren, wie der Republikanische Club in Berlin, haben sich als theoretisch-praktische Grundeinheiten der Bewegung, die einen lockeren organisatorischen Rahmen für die Bildung informeller Kader darstellen, nicht in der Abfassung von Tageslosungen, in der Fixierung von Programmen, in administrativer Anleitung der Aktionsgruppen erschöpft; in ihnen konstituierte sich vielmehr selber erst, was revolutionäre Theorie und revolutionäre Praxis unter den gesamtgesellschaftlichen Bedingungen der einzelnen Aktionen bedeuten.

Könnte man sich heute noch auf eine geschlossene sozialistische Theorie stützen, aus der sich die Rangordnung der politischen Aktionen zwanglos ergibt, und könnte man noch davon überzeugt sein, daß die globalen Grundsatz- und Aktionsprogramme einer unmittelbaren Umsetzbarkeit fähig sind, dann bestünde zweifellos die Gefahr, daß sich die Kommunikationszentren ebenso wie die informellen Kadergruppen in bürokratische Gremien verwandeln. Die antiautoritäre und unbürokratische Verfassung dieser Diskussions- und Entscheidungszentren, für welche die dialektische Einheit von Aktionsvorbereitung, Aktion und politischem Erziehungsprozeß charakteristisch ist, ist demgegenüber von ihrer Funktionsfähigkeit unabtrennbar.

Klassenbewußtsein als das Bewußtsein, das Menschen in einer bestimmten Lebenslage haben würden, wenn sie diese objektive Lage, »die sich aus ihr heraus ergebenden Interessen sowohl in bezug auf das unmittelbare Handeln wie auf den – diesen Interessen gemäßen – Aufbau der ganzen Gesellschaft vollkommen zu erfassen fähig wären« (Lukács, a. a. O., S. 62), kann im gegenwärtigen Entwicklungsstadium der europäischen Arbeiterbewegung, der Arbeiterklasse und ihrer Führung unmittelbar nicht mehr zugerechnet werden. Selbst wenn man unterstellt, daß Klassenbewußtsein zu keiner Zeit mechanisches Produkt der Klassenlage, sondern stets Resultat langwieriger politischer Bildungsprozesse war; die wachsende Bedeutung der kritischen Intelligenz zeigt sich in jedem Ereignis, das Ansätze für eine sozialistische Umgestaltung der Gesellschaft enthält. Ein gefährlicher Irrtum wäre es jedoch, wollte man die Diffusion des klassischen historischen Subjekts der Veränderung, das sich auf der Basis elementarer Bedürfnisse der proletarischen Klasse konstituierte, dadurch kompensieren, daß man die kritische Intelligenz, die ihrer Stellung im Produktionsprozeß und ihren objektiven Interessen nach zur Arbeiterklasse zu rechnen ist, selber in den Status einer »historischen Agentur der Veränderung« erhebt, wie es zum Beispiel C. Wright Mills versucht (*Power, Politics and People*, New York, S. 247 ff.). In dem Maße, wie das adäquate Bewußtsein von den objektiven Möglichkeiten der Gesellschaft und von der praktischen Notwendigkeit, ihren Gesamtaufbau im Sinne objektiver Interessen zu verändern, nicht mehr durch einen in der Produktion begründeten Zwang physisch-elementarer Bedürfnisse vermittelt ist, können jene Gruppen, die in den Funktionszusammenhang des Kapitalverwertungsprozesses noch nicht integriert oder nur schwer integrierbar sind, Träger der politischen Artikulation von Klassenkonflikten wie der theoretisch-praktischen Selbstverständigung über die Bedingungen sozialrevolutionärer Praxis werden. Gruppen, wie Studenten und Jugendliche, scheinen heute in höherem Maße als andere Gesellschaftsgruppen fähig zu sein, die eklatanten Widersprüche zwischen Wirklichkeit und Möglichkeit der Bedürfnisbefriedigung als strukturelle Ausdrucksformen des gesamten Herrschaftssystems zu erkennen, das sich am Maßstab des erreichten Standes der Produktivkräfte rational nicht mehr legitimieren läßt. Diese Einsicht, die sich an geschichtlich elementaren Bedürfnissen orientiert, setzt heute zwangsläufig die Bildung historischen Bewußtseins voraus.

Indem jene Gruppen in politisch tätiger Reflexion Formen der organisatorischen Selbsttätigkeit entwickeln, realisieren sie nicht nur die verfassungsrechtlich immanenten Ansprüche auf demokratische Solidarität, die der Grundrechtskatalog enthält, sondern sie stabilisieren autonome Zonen des praktischen Widerstandes gegen eine Ordnung, die auf den Zwang *zur* Legitimation nur noch mit Zwang und Gewalt *als* Legitimation reagieren kann; denn die technologische Zwangsapparatur spätkapitalistischer Klassengesellschaften ist ebenso stark, wie sich ihre historische Legitimationsbasis als schwach und brüchig erweist. Politische Aufklärung als permanente öffentliche Konfrontation mit den Repräsentanten des gegebenen Herrschaftssystems und seinen institutionellen Positionen, die unbeirrbare Denunziation von Irrationalität und Unterdrückung, schaffen ein Legitimationsvakuum der etablierten Mächte, das die Chancen der Realisierung historisch begründeter Alternativprogramme vergrößert.

Erst eine von den konkreten Bedingungen spätkapitalistischer Gesellschaftsordnungen ausgehende revolutionäre Politik, die durch Kommunikationszentren und informelle Kader organisatorisch vermittelt wird, kann den Solidarisierungsprotest in flexible Strategien des praktischen Widerstandes und der organisierten Gegengewalt verwandeln. Wenn wir fragen, welche Veränderungen innerhalb einer spätkapitalistischen Klassengesellschaft weder zu integrieren noch zu neutralisieren sind, so können wir antworten: alle jene Veränderungen des tatsächlichen Verhaltens der Menschen, in dem sich das Bewußtsein individueller Interessen mit der Steigerung des Selbstbewußtseins und der Selbsttätigkeit verbindet. Revolutionäre Praxis in einer autoritären Leistungsgesellschaft besteht demzufolge darin, das antiautoritäre Lager zu erweitern – und zwar mit dem Ziel zu erweitern, die Lösungsmöglichkeiten der Krisen des kapitalistischen Systems im Widerspruch zu den emanzipativen Interessen der Menschen fortwährend einzuschränken. Die Reaktivierung der Idee einer rätedemokratischen Selbstorganisation der Gesellschaft hat den Sinn, die unter dem Schutz des Repräsentativsystems stehende ideologische und praktische Korrumpierung der Grundrechte zu beseitigen, um allererst die objektiven Bedingungen für deren Realisierung in einer sozialistischen Gesamtordnung zu schaffen.

Traditionelle Politik ist daran orientiert, Mitbestimmungsbefugnisse über die zentralen Institutionen der Gesellschaft zu gewinnen und Machtbeteiligungen automatisch als Kontrollen auszulegen; aber wir wissen heute, wie wenig die überbetriebliche Mitbestimmung, die Große Koalition oder der nach dem 2. Juni 1967 erfolgte Senatswechsel in Berlin dazu beigetragen haben, den Objektstatus der Menschen aufzuheben und die äußerste Form der autoritären Lösung kapitalistischer Widersprüche, den manifesten Faschismus, zu verhindern. Je näher die Institutionen dem gesellschaftlichen Machtzentrum stehen, desto weniger wird sich deren Veränderung auf die Vergrößerung des antiautoritären Potentials auswirken. Krieg den Institutionen! – dieser von den spanischen Anarchisten proklamierte, wahrhaft demokratische Angriff auf die verselbständigten, toten Apparaturen der Gesellschaft kann auf dieser Ebene nur heißen, daß sie permanent einer globalen Konfrontation mit revolutionären Protesten ausgesetzt werden, von denen nicht zu erwarten ist, daß sie sich unmittelbar in sozialistischen Veränderungen auswirken. Aber was für die linken Skeptiker, die den Sozialismus unabdingbar an zentral gesteuerte Organisationen und an abstrakte, langfristige Perspektiven binden, die auf Machtverschiebungen im Zentrum gerichtet sind, Grund für die Feststellung ist, daß die studentische Protestbewegung unpolitisch oder vorpolitisch sei, das macht gerade ihren politischen Charakter aus. Wer die Leninsche Warnung vor einer mechanischen Trennung des Organisatorischen vom Politischen beachtet, wird sich der Fragwürdigkeit aller Versuche bewußt sein, die Probleme der revolutionären Veränderung der bestehenden Verhältnisse zunächst organisatorisch, das heißt: durch Fertigstellung von Programmen als Identifikationsebenen für heterogene Kerngruppen zu lösen, die dem Mechanismus der »ewigen Wiederkehr« so sehr verhaftet sind, daß sie sich nach jedem »Sammeln« erneut auf die Bestätigung ihrer Ohnmacht im politischen Konkurrenzkampf bereitwillig einlassen.

Die Erweiterung des antiautoritären Lagers ist gegenwärtig nur in jenen Basisinstitutionen möglich, in denen die Unzufriedenheit, der Protest gegen autoritäre Herrschaftsverhältnisse in eine Aktivität mit unmittelbar erfahrbaren Erfolgen umgesetzt werden kann, die das Selbstbewußtsein der Menschen vergrößert. Denn die große Verweigerung, die man den Institutionen androht, ist nur das romantische Komplement der bürokratischen Erwartung, daß Satzungsänderungen, überhaupt institutionelle Veränderungen ausreichen, um aus einer autoritären eine demokratische Institution zu machen. Das schließt nicht aus, daß revolutionäre Praxis den Freiheitsspielraum für Selbsttätigkeit auch rechtlich sichern muß, wenn sie nicht auf Verhaltensstabilisatoren verzichten will, ohne die der einzelne leicht in die autoritäre Lethargie zurückfällt, aus der ihn sozialistische Politik gerade befreien soll.

Eine durch die Dialektik von antiinstitutionellen und institutionellen Elementen konstituierte Praxis, welche die Bedingungen für eine sozialistische Überwindung der kapitalistischen Klassengesellschaft schafft, wird in dem Maße die sublime in manifeste Gewalt des Herrschaftssystems verwandeln, wie revolutionär-demokratische Aktivität eine wirkliche Massenbasis gewinnt. Erst durch eine solche Erweiterung hätte sich freilich der politische Gehalt des Protestes gesellschaftlich konkretisiert; die manifeste Gewalt des Staates würde sich nicht mehr ausschließlich gegen Studenten und Jugendliche richten können, sondern wäre konfrontiert mit Strategien organisierter Gegengewalt, die alle Demokraten dieser Gesellschaft in einer Einheitsfront des Widerstandes zusammenschließt.

> **Nr. 159**
>
> **Theodor W. Adorno**
>
> **»Es ist für einen älteren Universitätslehrer nicht ganz leicht ...«**
>
> Gespräch mit Peter Szondi über die »Unruhen der Studenten« im Westdeutschen Rundfunk
> 30. Oktober 1967
>
> QUELLE: Peter Szondi, Über eine »Freie (d.h. freie) Universität« – Stellungnahme eines Philologen, Frankfurt/Main 1973, S. 88 – 105

Am 30. Oktober 1967 brachte der Westdeutsche Rundfunk im 3. Programm in der Sendereihe »Berliner Ansichten« unter dem Titel *Von der Unruhe der Studenten* ein Gespräch zwischen Adorno und Szondi. Die Sendung wurde von Roland Wiegenstein eingeleitet, der im Anschluß an das Gespräch noch über einige andere Aspekte der Studentenbewegung sprach.

ADORNO: Es ist für einen älteren Universitätslehrer nicht ganz leicht, über die Frage der Demokratie und Universität ein öffentliches Gespräch zu führen. Wie man es macht, macht man es falsch, und es liegt in dem Ganzen etwas leise Beschämendes. Da gibt es auf der einen Seite die Möglichkeit, daß man onkelhaft mit sogenanntem lächelndem Verständnis von den »jungen Leuten« redet und daß man dabei in jene abscheuliche Denkgewohnheit gerät, die da zwischen einem »gesunden Kern« und »übertriebenen« oder »ungesunden Randphänomenen« unterscheidet. Eine Haltung, die ich um keinen Preis einnehmen möchte, um so weniger, als mir der Wahrheitsgehalt des Satzes von Gustav Mahler gegenwärtig ist, daß die Hörner, die wir uns abstoßen sollen, meist das Beste an uns sind. Dann gibt es jenen mir kaum weniger widerstrebenden Standpunkt des Sich-Anklebens an die Jungen, des Mitlaufens einfach deshalb, weil man nun glaubt, daß man mit den Bataillonen der Zukunft es halte und daß man dadurch etwas hinter sich habe: das ist überhaupt eine Problematik, die für die gesamte Situation der Universität und Universitätskrise heute charakteristisch ist. Schließlich gibt es dann noch den wirklich autoritären Standpunkt, der, ganz schlicht gesagt, all dem widerspricht, wofür ich mein Leben lang eingestanden bin, und wovon ich auch nicht ablasse, wenn man zuweilen mich selber autoritärer Neigungen bezichtigt. Es bleibt mir also in diesem Gespräch nichts übrig, lieber Herr Szondi, als zu versuchen, einfach das zu sagen, was ich denke und dabei zwischen diesen Klippen hindurchzusteuern, ohne daß ich im voraus weiß, ob bei der in sich sehr widerspruchsvollen Lage des Problems mir das wirklich stets gelingen wird.

SZONDI: Wenn wir versuchen wollen das Thema Demokratie und Universität zu diskutieren, und zwar nicht so, daß wir uns fragen, was die Studentenschaft sich hinter Forderungen nach demokratisierter Universität oder Demokratie in der Universität vorstellt, sondern wie wir selber diesen Vorgang [beurteilen], den wir, zum Teil wenigstens, für das halten, wofür wir selber, wie Sie eben gesagt haben, seit Jahren oder Jahrzehnten gekämpft haben, dann müßten wir vielleicht von einer Bestimmung des Begriffs der Demokratie ausgehen. Wie stellen wir uns diesen Begriff vor?

ADORNO: Nun, lieber Herr Szondi, niemand weiß besser als Sie, daß ich, und zwar aus philosophischen Motiven, dem Definieren einigermaßen abgeneigt bin, und bei einem Begriff so geschichtlichen Inhalts wie dem der Demokratie widerstrebt mir dies vollends. Es ist mir einfach zu viel gegenwärtig bei dem Stichwort, als daß ich das vermöchte. Ich erinnere dabei vor allem an das eigentliche alles beherrschende Problem, nämlich wie, ob überhaupt und in welcher Weise formale Demokratie zu einer inhaltlichen werden kann. Da wir diese Dinge unmöglich heute ausdiskutieren können, und das auch gar nicht im Zweck unseres Gesprächs liegt, würde ich vorschlagen, daß wir uns zunächst einmal bei dem Begriff »Demokratie« im Sinn einer immanenten Verfahrensweise verhalten, d.h., daß wir uns an dem orientieren, was da vorgegeben ist, und dessen Verwirklichung nachfragen. Ich würde also, wenn Ihnen das recht ist, für den Hausgebrauch vorschlagen, daß wir dabei unter »Demokratie« die möglichst adäquate Umsetzung des Grundgesetzes, der Verfassung in die Verfassungswirklichkeit verstehen, und zwar auch im Bereich der Universität, wobei aber zunächst noch ganz offen ist, ob die Universität als eine Art von sozialem Mikrokosmos nun ihrerseits unmittelbar mit der Gesamtkonzeption der Gesellschaft, mit deren Totalität vergleichbar ist.

SZONDI: Das würde bedeuten, daß wir von dem historisch-aktuellen Sinn des Ausdrucks »Demokratie« ausgehen müssen, von dem, was Demokratie im heutigen Staat bedeuten könnte. Ob sie das auch wirklich darstellt, wäre bereits eine Frage, die wir zu diskutieren hätten, denn es hat sich in den letzten Monaten manches gezeigt, was darauf deutet, daß gerade die Unzufriedenheit mit der gesellschaftlichen Realisierung dessen, was man sich unter Demokratie vorstellt, den Studenten den Gedanken nahelegt – zunächst einmal, weil ihre Macht, ihre Aktionsmöglichkeiten auf diesen Raum beschränkt sind oder sich hier jedenfalls sehr viel eher ergeben als in der Gesellschaft selbst –, daß diese Demokratie, wie sie es und wie wir es möglicherweise auch für den Staat verstehen, einem Ideal von Demokratie nicht entspricht, obwohl wir zugeben, daß der Staat heute einem Ideal, keinem überzeitlichen, sondern einem durchaus für den heutigen Augenblick gedachten Ideal von Demokratie nicht genügt. Wenn wir davon ausgehen, daß Demokratie im Staat bedeutet, daß keine der Interessengruppen benachteiligt wird, sondern im Parlament jede dieser Gruppen die Möglichkeit hat, ihre Interessen zur Geltung zu bringen, wäre zu fragen – abgesehen zunächst von der Frage, wieweit dies außerhalb der Universität realisiert ist –, ob das überhaupt dem, was die Universität darstellt, wie Sie eben sagten: einem »sozialen Mikrokosmos« gerecht wird oder nicht. Auf der einen Seite müssen wir also fragen, ob der Begriff »Demokratie« in diesem Sinn auf die Universität selbst überhaupt applikabel ist. Ehe wir diese Frage beantworten, müßten wir vielleicht untersuchen, auf welche Mängel der traditionellen deutschen Universität denn die Studentenschaft mit dieser Forderung nach Demokratisierung überhaupt antwortet, welche Mängel behoben werden sollten, und ferner, was die Studenten selber meinen, wenn sie von Demokratisierung sprechen.

ADORNO: Zunächst möchte ich darauf antworten, daß die Studenten – ich will gar nicht von der Universität reden – Defekte unserer Demokratie am eigenen Leib in besonders bitterer Weise erfahren haben. Das hat sich an dem Fall Ohnesorg in völlig unmißverständlicher Weise gezeigt. Auf die Gründe dafür können wir dann vielleicht noch eingehen. Ich glaube, daß sie gar nicht so sehr universitärer Art sind, sondern mit dem fortschreitenden Vorurteil gegen Intellektuelle insgesamt, und insofern auch dem gegen Studenten, zusammenhängen. Daraus kann, wie ich glaube, und auch darin werden wir uns wohl einig sein, nicht etwa eine Sonderstellung der Studenten in der Gesellschaft an sich oder gar ein Privileg der Studenten, die Gesellschaft zu vertreten, abgeleitet werden, wie es etwa vielfach in sogenannten Entwicklungsländern geschieht, wo die Studenten sich zu Trägern nationalistischer Bewegungen machen. Ich würde denken, daß der Teil der Studentenschaft, der Träger der gegenwärtigen Bewegung in Deutschland ist, damit auch nichts zu tun haben will. Dieses gesagt, muß man hinzufügen, daß zunächst einmal die Kritik der Studenten an unserem Universitätswesen sehr gravierende Wahrheitsmomente in sich enthält, und daß es zu ihren, in der Gesamtdemokratie fraglos verankerten Rechten gehört, ohne Scheu und ohne Fessel an dieser Institution, die sie aus ihrer nächsten und brennendsten Erfahrung kennen, auch Kritik zu üben. Ich weiß nicht, ob Sie zunächst dazu etwas sagen wollen oder ob ich gleich auf einige dieser Grundsatzfragen, eine Kritik am herrschenden Universitätswesen, eingehen soll.

SZONDI: Das fände ich sehr richtig.

ADORNO: Gut, ich möchte nur nicht, sozusagen, das Mikrophon monopolisieren. Ausgehend von gewissen Erfahrungen möchte ich daran erinnern, daß gerade im Bereich der Geisteswissenschaften alles mögliche gelehrt wird, dessen Relevanz dem reflektierenden, dem nachdenkenden Studenten fragwürdig sein muß, zum Teil noch im Gefolge von festgehaltenen Denkgewohnheiten und Lehrmeinungen des 19. Jahrhunderts, während auf der anderen Seite alles mögliche nicht gelehrt wird, was notwendig wäre. Um zu dem letzteren nur ein spezifisches Beispiel zu geben, das auch die Studenten beschäftigt und das mit der Arbeitsteilung zusammenhängt: Es fehlt heute in dem Betrieb unserer Universitäten das, was man einmal mit politischer Ökonomie bezeichnet hat. Das drückt sich wesentlich aus in der Arbeitsteilung zwischen der Volkswirtschaftslehre auf der einen Seite und der Soziologie auf der anderen. Die Volkswirtschaftslehre beschäftigt sich in Konsequenz der sogenannten subjektiven Ökonomie vorwiegend mit der mathematisch möglichst exakten Analyse von Proportionen innerhalb einer bereits durchgebildeten Marktgesellschaft, man könnte also leicht übertrieben sagen, mit Fragen der mathematischen Konjunkturforschung. Was darüber hinausgeht, wird allenfalls in die Dogmengeschichte verwiesen, gar als unwissenschaftlich überhaupt nicht geduldet. Auf der anderen Seite ist auf Grund einer Tradition, die mit ihrer Bemühung um sogenannte Eigenständigkeit zusammenhängt, die Soziologie an den ökonomischen, wirtschaftlichen Vorgängen, die der Lebensprozeß der Gesellschaft eigentlich sind, und aus denen auch die sozialen Beziehungen der Menschen entspringen, weitgehend desinteressiert. Nun verhindert der Demarkationsgraben zwischen den beiden Disziplinen, die ungefähr in dieser Weise definiert sind, wie ich es gesagt habe, das das Entscheidende, in welcher Weise nämlich die Grundstrukturen der

Wirtschaft und deren Dynamik die Grundstrukturen der Gesellschaft bestimmen, bzw. wie beide voneinander abhängen und wie sie etwa zu verändern wären, überhaupt ins Blickfeld tritt. Das ist nur eines von zahllosen Beispielen solcher Mängel, und eine rationale Planung der Universität hätte das zu verändern. Daß das nicht geschieht, daran ist sicherlich ein gewisser Archaismus des Wissenschaftsbegriffs beteiligt. Vielleicht kann man das so formulieren, daß der Begriff der Wissenschaftlichkeit, der einmal dazu gedient hat, die beliebige Spekulation und das blinde Dogma zu verdrängen, heute derart zum Selbstzweck geworden ist, daß er die kritische Frage in vielen Bereichen nicht mehr duldet. Ich darf vielleicht auch dabei – damit unsere Hörer sehen, oder hören, worum es sich dabei handelt – an etwas recht Konkretes erinnern. Vor einiger Zeit habe ich in einem wissenschaftlichen Gremium eine bestimmte Arbeit aus einem Fach, für das ich meinem Lehrauftrag nach zwar nicht zuständig bin, für das man mir aber eine sachliche Zuständigkeit nicht wohl wird bestreiten können, wegen Mangels an Niveau, und zwar begründet und mit recht eingehenden Analysen, kritisiert. Darauf wurde mir entgegnet, daß das Niveau der betreffenden Arbeit durch die Zugehörigkeit zu der Disziplin, in der sie läge, bereits garantiert sei. Ein solches Verfahren, würde ich denken, ist grundsätzlich mit der Vorstellung von autonomer Wissenschaft als einer Autonomie des Geistes, der auch vor den etablierten Disziplinen nicht haltmacht, unvereinbar, und eine Universität, die dergleichen fetischistische Vermauerungen der bestehenden Disziplinen möglich macht, muß nicht nur durch Verwaltungsreformen, sondern ebenso von innen her, von den Fakultäten selbst her verändert werden; auch glaube ich zu wissen, daß in den Fakultäten selbst sehr viele Gelehrte sind, die die Notwendigkeit einer solchen Veränderung ebenso lebhaft empfinden, wie die Studenten und wie ich sie empfinde.

SZONDI: Das entspricht ganz meinen Erfahrungen und meinen Überzeugungen. Mir fällt auf, daß die Studenten selber nicht nur unter dieser realen Arbeitsteilung leiden, sondern daß sie überzeugt sind, Arbeitsteilung sei überhaupt etwas Schlechtes, und die Seite der Arbeitsteilung radikal ablehnen, die, wenn ich das nicht ganz falsch sehe, eine gewisse, sich durch die Spezialisierung ergebende Notwendigkeit zu haben scheint, wie etwa in der Medizin. Um jetzt aus meinem eigenen Fachbereich zu sprechen: wenn sie sich für Literatursoziologie interessieren, tun sie nicht das Nächstliegende, nämlich, auf der einen Seite, bei den Literaturwissenschaftlern, auf der anderen Seite bei den Soziologen, Historikern, Wirtschaftsgeschichtlern zu lernen...

ADORNO: und Philosophen...

SZONDI: ..., um selber vielleicht zu der Synthese zu gelangen, die ihre Lehrer noch nicht, oder vielleicht überhaupt nicht mehr, selber bieten können – und zwar nicht zuletzt aus dem einfachen Grund, weil sie vor dreißig, vierzig Jahren an Universitäten ausgebildet wurden, denen die Literatursoziologie ganz und gar nicht als etwas Anzustrebendes erschien. Ich frage mich also, warum die Studenten nicht sehen, daß das ein erster Weg zur Synthese wäre, und ganz dem entspräche, was die Studenten, überhaupt die Schüler von Professoren, vor der Gefahr einer einseitigen Nachahmung der Interessen und Arbeitsweisen ihrer Lehrer bewahren könnte, indem sie bei mehreren Verschiedenes lernen, und zugleich auch lernen, wie sich diese verschiedenen Dinge ergänzen.

ADORNO: Dazu hätte ich eine Reihe von Anmerkungen zu machen. Zunächst einmal möchte ich sehr nachdrücklich unterstreichen, daß die pure Abschaffung der Arbeitsteilung, wie Sie gesagt haben, ein Rückfall in schlechte Romantik sei. Ich kann es mir dabei nicht versagen, darauf aufmerksam zu machen, daß gerade Marx, der in seiner Jugend eine außerordentlich extreme Kritik der Arbeitsteilung gegeben hat, wenn in irgendeinem Punkt, dann in diesem, daran irre geworden ist, und für eine, wie immer auch organisierte, sozialistische Gesellschaft ein gewisses Maß an Arbeitsteilung als Voraussetzung für die Steigerung der gesellschaftlichen Produktion gefordert hat, obwohl im materiellen Produktionsprozeß durch die Quantifizierung der Arbeit, und dadurch durch die Anähnelung der Arbeitsprozesse aneinander, die Arbeitsteilung vielleicht auch gar nicht mehr jene alte Evidenz hat. Dann möchte ich sagen, daß – und hier würde ich mich von den amerikanischen Bestrebungen sehr unterscheiden – die Bemühungen, über die Grenzpfähle hinauszukommen, nun nicht als Synthesen, also als ein Zusammenfassen verschiedener Gebiete betrachtet werden können, sondern daß es vielmehr um Vermittlung in dem recht strengen Sinn geht, wie ihn die dialektische Philosophie ausgeprägt hat, nämlich daß man etwa im Inneren der Kunstwerke die gesellschaftlichen Momente gewahren muß, nicht durch bloß äußerliche Zuordnung oder Beziehung. Oder, daß man durch eine Analyse der gesellschaftlichen Vorgänge selbst schließlich auch auf ökonomische Strukturveränderungen kommen muß, und umgekehrt, daß die Volkswirtschaft durch eine Besinnung auf ihren eigentlichen Gegenstand, die entfaltete Tauschgesellschaft als ein Gewordenes zu fassen und in sich selbst zu reflektieren hätte. Daß das heute nicht geschieht, weiß ich; ich glaube aber nicht – das ist wenigstens ein Hinweis darauf, wie ernst die Situation ist –, daß das durch bloße Kooperation zwischen den Lehrenden, oder den Lehrenden und den Lernenden, geleistet werden kann. Wenn Sie nun die Frage aufwerfen, wieso die Studenten gerade diese Notwendigkeit der Arbeitsteilung so leicht übersehen, berühren Sie ein Moment, das mir nun doch in den heute sich vordrängenden Bestrebungen recht problematisch erscheint: Daß nämlich die Reformbestrebungen, oder wie immer man sie nennen will, nicht deutlich genug von Bestrebungen getrennt werden, die Arbeit und Anstrengung des Begriffs anstatt zu steigern, womöglich zu schwächen mit anderen Worten, ganz schlicht universitär gesprochen, das Studium zu erleichtern. Und der Kampf gegen die Autorität hat zuweilen doch recht deutlich diesen Charakter. Wenn also etwas bei bestimmten Verschärfungen von Prüfungsbedingungen in einem Fach, bei denen man über die Berechtigung im einzelnen streiten kann, ein Studentenvertreter neulich gesagt hat, das alles gehe ja zu Lasten der Studenten, scheint mir dabei eine falsche Analogie zur Gesellschaft vorzuliegen, etwa so, wie man sagt, die Steuererhöhung gehe zu Lasten des kleinen Mannes, und es wird dabei gar nicht gesehen, daß unter Umständen ja gerade die Erhöhung der Anforderungen zugunsten der Studierenden geschieht, nämlich einfach, um sie gescheiter, gewitzigter, wissender zu machen, als sie sonst sind. An dieser Stelle würde ich jedenfalls eine Grenze der sogenannten Universitätsreform sehen, ich würde zu allem helfen, was dazu beiträgt, die geistige Kraft der Universitäten zu steigern, oder lassen sie mich lieber sagen, sie zu emanzipieren. Ich würde mich gegen alles sträuben, wodurch diese geistige Kraft und Produktivität oder, in Gottes Namen auch, was man mit einem überstrapazierten Wort Niveau nennt, herabgemindert wird.

SZONDI: Ich glaube, das ist ein Fall, der sich besonders eignet, die Frage, inwieweit zwischen Studenten und Professoren Interessenkonflikte vorliegen, zu diskutieren. Die Frage der Prüfung ist, auch in Berlin, immer wieder zwischen Studenten und Professoren, genauer zwischen Institutsvertretungen und den Direktoren der Seminare, diskutiert worden. Dabei hieß es sehr oft ganz ähnlich, wie Sie aus Frankfurt zitieren, ich erinnere mich z. B. an einen Satz aus einem Gegenvorschlag einer Institutsvertretung für den Stoff der Hauptseminarprüfung – es handelte sich um das Maß an Lateinkenntnissen, das verlangt wird –: Versäumnisse der Gymnasien dürfen den Studenten nicht angelastet werden. Da würde ich meinen, daß es ja im Interesse der Romanisten – es handelte sich um Romanisten – liegt, die Lateinkenntnisse, die sie an der Schule nicht erworben haben, zu Beginn ihres Studiums in gut aufgebauten Kursen nachzuholen; es wäre also durchaus eine Interessenfrage, wenn die Studenten verlangten, daß ihnen solche Einführungen oder Fortbildungskurse in Latein geboten werden. Aber darum geht es ja gar nicht – die Kurse sind vorhanden –, sondern die Studenten bilden sich ein, es läge in ihrem Interesse, die Prüfungsbedingungen in dem Sinne zu erleichtern, daß das, was sie nicht wissen, was sie noch nicht wissen, und dessen Wichtigkeit sie nicht einsehen, vielleicht müßte man sagen, *noch* nicht einsehen, nicht verlangt wird – man fragt sich ja, woher ein Romanist, der eben zu studieren angefangen hat, wissen soll, was er später für sein romanistisches Studium tatsächlich brauchen wird. Es sollte also hier nicht der Eindruck entstehen, daß das tatsächlich im Interesse der Studenten dieses Faches liegt. Insofern bin ich ganz Ihrer Ansicht, daß wir nicht nur zu vermeiden versuchen sollten, daß in den Reformbestrebungen das Niveau gesenkt wird, sondern daß das auch ein Fall ist, an dem sich besonders gut zeigen läßt, wie auf die Universität nicht ohne weiteres das System des Parlaments, in dem die einzelnen Interessengruppen einander gegenübertreten, und eine Art Ausgleich ihrer Interessen erfolgt, [übertragbar] ist.

ADORNO: Ich glaube, Sie haben hier einen der zentralen Punkte, wenn nicht *den* zentralen Punkt, berührt, wo die Frage der Universitätskritik oder die der Veränderung problematisch wird, den Punkt nämlich, das Modell der Gesellschaft ungebrochen, unmittelbar auf die Universität anzuwenden. Ich bin der letzte, und ich hoffe, daß ich das kaum sagen muß, der Zusammenhänge zwischen der Struktur der Universität und der Gesellschaftsstruktur leugnet. Im früheren Obrigkeitsstaat sind diese Zusammenhänge noch viel deutlicher geworden, man kann sie heute etwa daran erkennen, daß die Zusammensetzung der Studentenschaft immer noch Privilegcharakter trägt, also daß die Arbeiterkinder, gemessen an ihrem Anteil an der

Bevölkerung, dort nur zu etwa zehn Prozent vertreten sind, um von allen Beispielen nur das krasseste zu nennen. Weiter reichen diese gesellschaftlichen Abhängigkeiten an unzähligen Stellen in die jäh übermittelte Ideologie hinein, also in einen gewissen Hang zum Idealismus, wie er, das Wort absichtlich im vulgärsten Sinn gebraucht, den Studenten übermittelt wird. Ich glaube weiter auch, daß diese Dinge sich zum Teil in den Lehrmethoden spiegeln; Horkheimer und ich haben beide schon vor Jahren die traditionelle Form der Vorlesung als archaisch bezeichnet, als eine Form nämlich, die vorausset zte, daß es Bücher entweder überhaupt nicht gab, oder sie kaum erschwinglich waren, während die Form der Vorlesung heute, wo man damit rechnen muß, daß im allgemeinen Bücher und wichtige Schriften jedem zugänglich sind, einen ganz anderen Charakter haben müßte, da auch die letztlich aus der theologischen Ordnung, nämlich der Predigt, herstammende Form des ununterbrochenen Vortrags eigentlich sich nicht mehr rechtfertigt. Ich muß dazu allerdings sagen, als ich aus der Emigration zurückkam und versucht habe, und recht energisch versucht habe, das zu ändern, indem ich auch in meinen Vorlesungen die Studenten gebeten habe, durch Fragen mich zu unterbrechen, und die Vorlesungsform dadurch aufzulockern, wenn man so will, zu demokratisieren, bin ich dabei merkwürdigerweise auf sehr wenig Gegenliebe gestoßen. Ich plane, das wieder aufzunehmen, mit welchem Erfolg, muß ich sehen. Aber auch wenn man all das zugibt, und nicht nur zugibt, das ist ein zu schwaches Wort, sondern wenn man all dem sehr gehörigen Nachdruck verleiht, bleibt doch bestehen, daß in einem entscheidenden Punkt das gesellschaftliche Modell, wie es etwa von der sozialistischen Kritik entworfen ist, so nicht auf die Universität paßt, ganz einfach, weil kein Mensch den Professoren heute vorwerfen dürfte, daß sie die Studenten ausbeuten, oder über die Studenten eine Herrschaft in dem Sinn ausüben, in dem man im Zusammenhang der Gesellschaft von Herrschaft reden kann, und ich glaube, daß ein Teil der fehlgeleiteten Energie, der Bewegung zur Universitätsreform und der Bewegung unter den Studenten damit zusammenhängt, daß ganz einfach das Verhältnis zwischen dem gesellschaftlichen Modell und der Universität zu wenig durchdacht ist. Während man sagen kann, daß die Universität in gewissen Zügen wirklich so etwas wie ein Mikrokosmos der Gesellschaft ist, ist sie es in anderen gar nicht, und ehe man die gesellschaftlichen Kategorien auf die Universität überträgt, muß man durch eine sehr eingehende Analyse, wie ich sie eben natürlich nur andeuten konnte, zwischen diesen beiden Gruppen von Momenten unterscheiden. Sie selbst haben ja mit Recht Ihrem letzten Buch den Satz von Hölderlin: »Unterschiedenes ist gut« vorangestellt. Ich glaube, er hätte an wenig Stellen heute so viel Aktualität, wie gerade in der Sphäre der Universitätsreform, von der wir sprechen.

SZONDI: Ich bin sehr dankbar, daß Sie diesen Satz Hölderlins zitieren. Ich glaube, dem, was ich vorhin sagte, müßte man nun etwas anderes, ihm fast Widersprechendes, anfügen, weil man eben auch nicht von *den* Studenten sprechen soll, und auch vielleicht nicht von ihren Forderungen, sondern auch da immer wieder zu unterscheiden ist...

ADORNO: ...dem stimme ich unbedingt zu.

SZONDI: Ein gutes Beispiel scheinen mir die Diskussionen über die Prüfungsmethoden schon deshalb, weil man an ihnen ablesen kann, was sich an den Universitäten bereits geändert hat. Noch vor zwanzig Jahren, glaube ich, war es ganz und gar undenkbar, daß ein Student oder Studenten sich mit ihren Professoren zusammensetzten, um mit ihnen zu besprechen, welche Art der Prüfung richtig und welche falsch ist. Das hat sich tatsächlich geändert; es ist also in dieser Hinsicht eine Mauer verschwunden, und es ist nur zu hoffen, daß jetzt nicht durch ein Mißverständnis auf seiten der Studenten eine andere, eine neue Mauer sich errichtet. Dieses Mißverständnis würde darin bestehen, daß die Studenten, wenn es Demokratie geben soll, auch das Recht haben, nicht etwa nur konsultiert zu werden, sondern mitzubestimmen, und zwar so, daß sie, wie sie immer wieder gesagt haben, nicht überstimmt werden können. Da dieses »nicht überstimmt werden können« ja faktisch gar nicht möglich ist, sind sie jetzt auf den Einfall des Vetorechts gekommen, und in einer der Universitätsstädte der Bundesrepublik ist eine erste Studenten-Gewerkschaft gegründet worden, die als eine der Hauptideen formuliert hat, daß die Studenten in allen sie betreffenden wichtigen Fragen das Vetorecht haben sollten. Dem steht die Überzeugung mancher Universitätspolitiker in Deutschland gegenüber, die meinen, schon die Tatsache, daß die Studenten selber ja »nicht verdienen« und im normalen bürgerlichen Sinn dieses Wortes »nicht arbeiten« – und das ist ja leider auch ein sehr stark wirksamer Grund für die Ranküne, die wir bei der Berliner Bevölkerung gegenüber den Studenten haben feststellen müssen, dieser ständige Vorwurf: »Ihr arbeitet ja nicht, ihr lebt ja von unseren Steuergeldern« –, daß die Studenten in diesem Sinne nicht zu den Arbeitern gehören, bedeute – ganz entgegen meiner Ansicht –, daß sie auch keine Interessengruppe, keine Gewerkschaft bilden könnten.

ADORNO: Ich bin eigentlich stets in der Angelegenheit der Seminarzulassungen, Zwischenprüfungen und all dieser Dinge sehr lax gewesen, und zwar mit vollem Bewußtsein, nämlich einfach um der akademischen Freiheit willen, und habe mich, soweit es nur irgend möglich war, auf die Hauptprüfungen beschränkt. Es ist nicht ohne Ironie, daß die Zwischenprüfungen als Zwangsinstitution und eine ganze Menge der Dinge, die mit dem Komplex, über den wir eben sprechen, zusammenhängen, gerade im Lauf der sogenannten Universitätsreform sich ergeben, womit wir bereits die Problematik der Universitätsreform berühren, die keineswegs nur ein Fortschritt ist, sondern insofern sie wirklich das Studium am Begriff gesellschaftlich nützlicher Arbeit mißt, und das wegschneidet, was gesellschaftlich gesehen »schlechte Unkosten« sein sollen, eigentlich zu einer Minderung der Freiheit führt. Das ist die eigentümliche doppelte Frontstellung, in der man sich in diesen Dingen befindet: auf der einen Seite muß man versuchen, mit einer Reihe von Archaismen der Universitätsform aufzuräumen, und auf der anderen gewisse Archaismen als die Zuflucht des Humanen, des nicht vom Betrieb schon völlig Absorbierten zu verteidigen. Mein Interesse an der Frage der Problematik, der Übertragung des gesamtgesellschaftlichen Modells auf der Universität, geht wesentlich davon aus, daß ich an dieser Stelle so etwas wie gesellschaftliche Naivität vermute. Ich glaube, daß keine Möglichkeit besteht, die Gesellschaft von der Universität her zu verändern, sondern im Gegenteil, daß innerhalb der Universität isolierte Intentionen auf radikale Änderung, denen die Möglichkeit der gesamtgesellschaftlichen Verwirklichung abgeschnitten ist, nur die herrschende Ranküne gegen die Sphäre des Intellektuellen verschärfen wird, und damit der Reaktion den Weg bahnen und die Studenten, die ohnehin schon heute als die schwächsten Objekte der allgemeinen Tendenz zur intellektuellen Verfolgung im besonderen Maß ausgesetzt sind, noch weiter dieser Gefahr aussetzt. Auf der anderen Seite, und das halte ich noch für wichtiger, wird in diesen Bestrebungen die gesellschaftliche Macht völlig falsch eingeschätzt, man glaubt, daß durch die geistige Diskussion und die Berufung auf geistige Prinzipien an den Machtverhältnissen sich etwas ändert, und daß das unter Umständen durch Demonstrationen und spektakuläre Praktiken sich verändern läßt, während ich alles, was ich von der Gesellschaft weiß, mir selber verleugnen müßte, wenn ich das für möglich hielte. Wie ich glaube, spielt hier als objektiver Grund vieler Bestrebungen der Studenten wirklich genau das herein, was mir in letzter Zeit die Studenten oder gewisse Organisationen vorgeworfen haben, nämlich das Versperrtsein, das reale Versperrtsein der entscheidenden Möglichkeiten des Eingriffs. Wenn ein Tier in einer hoffnungslosen Situation eingesperrt ist, dann beißt es verzweifelt um sich, auch wenn es gar keine Chance hat, herauszukommen, und ich kann mir nicht helfen, manche dieser Bestrebungen erinnern mich ein bißchen daran. Ich würde allerdings sagen, heute kann man die gesamte Universitätskrise von dem anwachsenden und abscheulichen Ressentiment der Bevölkerung gegen die Studenten, für das sich ja dauernd die erschreckendsten Beispiele finden, gar nicht trennen; ohne dies einzubegreifen und etwa auch in aufklärende Praxis von seiten der Studenten mit hineinzunehmen, wie es ja gerade in Berlin, aber teilweise auch in Frankfurt die Studenten, manche Studenten, versucht haben, kommt man wirklich zu einer ganz abstrakten Vorstellung von der Universitätsreform.

SZONDI: Man könnte hinzufügen, daß gerade solche Diskussionen, etwa auf dem Kurfürstendamm, eine außerordentlich eindrucksvolle Form hatten. Ich habe einigen Gesprächen zugehört, und es war ein Vergnügen, zu sehen, nicht nur wie klug und geschickt, sondern mit wieviel Verständnis für die Schwächen des Gegners, aber auch für die Ziele, die man im nächsten Augenblick vielleicht erreichen könnte, einige Studenten mit den Leuten diskutiert haben. Was Berlin betrifft, so wäre hier vielleicht vom sogenannten Berliner Modell zu sprechen, d.h. der Universitätssatzung, die 1948 an der damals neu gegründeten Freien Universität geschaffen wurde. Dieses Berliner Modell galt lange, oder gilt vielleicht jetzt noch, als die fortschrittlichste Satzung der deutschen Universitäten. Und da es in letzter Zeit gerade in Berlin mehr als an anderen Universitäten zu Spannungen und Konflikten gekommen ist, haben auf der einen Seite Leute behauptet, das sei wohl die Folge des Berliner Modells, man habe 48 den Studenten wohl zuviel geboten, während sich auf der anderen Seite zeigt, daß die Studenten mit diesem Berliner Modell kaum mehr etwas anfangen können. Sie halten das, was das Berliner Modell vorschreibt, genauso wie die wichtigsten von ihnen so genannten Spielregeln der parlamentarischen Demokratie für etwas durchaus zu Vernachlässigendes, ja, für etwas, das gar nicht akzeptiert werden soll, wenn man etwas erreichen möchte. Dieses Berliner Modell ist, wenn ich dazu an einem Punkt etwas ausführen darf, meiner Meinung nach an sehr vielem schuld; und obwohl es fortschrittlich ist, hat es den großen Fehler, dort eine Demokratie vorgetäuscht zu haben, wo es eine Demokratie wahrscheinlich gar nicht geben kann. Nun fragt es sich, welche Folgen das Berliner Modell von 1948 für die folgenden Jahrzehnte, es sind etwa zwei inzwischen vergangen, hatte. Die Folgen waren, daß die Studenten natürlich merkten, wie ihre Vertreter ständig in den Fakultätsvertretungen überstimmt wurden. Sie haben sich also auf der einen Seite sagen müssen, daß das nicht das Mittel ist, ihre Interessen oder ihre Ansichten zur Geltung bringen zu können, auf der anderen Seite versuchen sie nun, die Änderung der Universitätssatzungen in der Weise zu realisieren, daß nicht mehr ein Vertreter, sondern etwa vier oder sechs Studentenvertreter in der Fakultät sitzen.

ADORNO: Dieselben Bestrebungen sind bei uns auch...

SZONDI: Ich glaube, daß diese zweite Lösung, die ich selber sehr begrüßen würde, manches in der Fakultät, in den Diskussionen, erleichtern könnte, aber dadurch würde die Satzung der Universität nur fortschrittlicher oder vielleicht weniger autoritär, aber keineswegs demokratischer, und daran ließe sich, meine ich, zeigen, daß es keine Möglichkeit für die Universität ist, nach dem Modell der Gesamtgesellschaft ein parlamentarisch-demokratisches System zu installieren.

ADORNO: Ich darf vielleicht auf das Stichwort »autoritär«, bzw. »Autorität«, das Sie gegeben haben, kurz eingehen. Wenn man den Begriff der akademischen Freiheit so streng nimmt, wie ich ihn nun einmal nehmen muß, dann folgt daraus eine Art von Widerstandsrecht der Studenten gegen Versuche, wie sie gerade im Zug der Rationalisierung der Universität liegen, etwa gegen die Studienzeitbeschränkung oder die Einführung des Numerus clausus. Die Studienzeitbeschränkung scheint mir besonders deshalb ungerecht zu sein, weil es nach meiner Beobachtung neben dem Typus des neurotischen ewigen Studenten auch solche gibt, die gerade, weil sie sich ungeheuer intensiv in die Sachen verbeißen, ihre eigenen Privatinteressen, nämlich den Abschluß mit einem Examen, hinausschieben, ohne daß sie deswegen im mindesten wissenschaftlich und geistig disqualifiziert werden dürften. Aber auf der anderen Seite ist durch ein solches Widerstandsrecht das Autoritätsproblem nicht entschieden. Man muß, glaube ich, ganz einfach die in der Soziologie ja längst zu den primitivsten Erkenntnissen gehörende Unterscheidung von Sachautorität und persönlicher Autorität in die Betrachtung mit hineinnehmen. Eine Figur wie der alte Kuno Fischer, der, als ihn ein Student im Examen in jedem Satz mit Exzellenz anredete, zu dem Studenten sagte: »nicht immerzu Exzellenz, sondern nur hin und wieder« – er gehört unwiederbringlich der Vergangenheit und der Lächerlichkeit an, und ich meine, daß das auch in gewissen institutionellen Formen seinen Ausdruck finden müßte. Es wird aber nicht wegzuleugnen sein, daß im allgemeinen ein Professor der Romanistik besser seinen Montaigne kennt und versteht, als ein Student, der zu ihm ins Seminar kommt, und daß im allgemeinen ein Professor der Philosophie seinen Kant und seinen Hegel studiert. Und ich glaube, daß eine Übertragung von demokratischen Ideen auf die Universität, die auf diese einfachsten, von der Sache her gegebenen Momente keine Rücksicht nimmt, etwas, ja, ich muß schon sagen, Infantiles hätte. Daß dabei, etwa im Seminarbetrieb, in dem die Studenten jede Gelegenheit haben müssen, dort, wo es Kontroversen gibt, diese Kontroversen auszutragen, daß die Professoren, wir alle, lernen müssen, nicht Studenten zu erwarten, die in Verba magistri schwören, sondern ihnen auf Einwände sehr ernst zu erwidern, das halte ich allerdings auch dabei für eine Selbstverständlichkeit, aber die Tatsache, daß der eine zunächst einmal den Kant und den Hegel kann und der andere nicht, wird ja dadurch nicht ohne weiteres aus der Welt geschafft.

Nr. 160

Max Horkheimer
Die Revolte der SDS-Studenten
Späne – Notizen über Gespräche mit Max Horkheimer, in unverbindlicher Formulierung aufgeschrieben von Friedrich Pollock
November 1967

QUELLE: Max Horkheimer, Gesammelte Schriften Bd. 14: nachgelassene Schriften 1949–1972, hrsg. von Gunzelin Schmid Noerr, © S. Fischer Verlag Frankfurt/Main 1988, S. 452 f.

Die Universität gibt ihnen Steine statt Brot, soweit es sich nicht um reine Fachausbildung handelt (aber auch diese wird immer problematischer, unadäquater). Mit normalen Versammlungen, gesitteten Demonstrationen haben sie nichts erreichen können. Die Universität nahm keine Notiz davon, man war sozusagen unter sich. Jetzt machen sie Krakeel, so daß man sie nicht mehr überhören kann.

Das »Go-in« in die Vorlesung von Carlo Schmid hatte seinen guten Sinn. Wen interessiert, von einem führenden Politiker statt einer Stellungnahme zu den brennenden Tagesproblemen, eine Vorlesung zu hören über Theorie und Praxis der Außenpolitik am Beispiel der Gruppierung der Großmächte im 18. Jahrhundert. Die Wahl des Themas ist typisch dafür, wie die politische Wissenschaft wieder in harmlosen Geschichtsunterricht entpolitisiert wird. Als ob man über ein Thema, über das man sich in unzähligen Büchern informieren kann, einen Mann zu hören brauchte, der Kandidat für das Amt des Bundespräsidenten war und aktiver Minister ist. Ist die Forderung, er solle über die Notstandsgesetzgebung mit den Studenten diskutieren, nicht berechtigt?

Nr. 161

Herbert Marcuse
Brief an Max Horkheimer
11. November 1967

QUELLE: Max Horkheimer, Gesammelte Schriften Bd. 18: Briefwechsel 1949–1973, hrsg. von Gunzelin Schmid Noerr, © S. Fischer Verlag Frankfurt/Main 1996, S. 667 f.

University of California, San Diego
Department of Philosophy
8831 Cliffridge Ave.
La Jolla, Cal. 92037
11. November 1967

Lieber Max:

Sehr verspäteten Dank für Deinen schönen Beitrag zu *The Critical Spirit*[1]: ohne ihn wäre der Band keine »Festschrift«. Dank auch für die Übersendung Deines »Offenen Briefes« an den S. Fischer Verlag[2]. Ich habe ihn mehrmals gelesen – ich bin nicht überzeugt. Deine Aufsätze der dreißiger Jahre sind doch nicht so in der Erwartung des kommenden Besseren geschrieben wie Du sie jetzt liest: sie sind skeptisch genug. Aber selbst wenn sie »positiver« wären, sollten sie meiner Meinung nach wieder gedruckt werden – um daran zu erinnern, was seit dieser Zeit verloren und vernichtet wurde.

Ich habe noch oft über unser Gespräch nachgedacht. Wie kommt es, daß wir über die Ziele so einig sind und so durchaus uneinig über das was ist? Hat es vielleicht doch etwas damit zu tun, daß Du nicht hier in diesem Lande lebst und deshalb nicht sehen, fühlen und atmen kannst, was geschieht? Ich weiß es nicht. Aber mit gleicher Post sende ich ein paar Photos, keineswegs für diesen Zweck »gesammelt«, sondern random Proben von dem was täglich in den Zeitungen ist, plus eine Sondernummer der Free Press, Los Angeles. Du siehst, dies sind unretuschierte Photos – keine Kunststücke und Montagen. Haben wir diese Helme und Uniformen und das was darin steckt, nicht schon einmal gesehen?

Wie geht es dir und Maidon? Laß von dir hören.
Mit herzlichen Grüßen und Wünschen,
Dein
Herbert

1 Max Horkheimer, Schopenhauer Today, in: The Critical Spirit. Essays in Honor of Herbert Marcuse, edited by Kurt H. Wolff and Barrington Moore, jr., Boston 1967, S. 55–71; dt.: Die Aktualität Schopenhauers (1961), in: Max Horkheimer, Zur Kritik der instrumentel-

len Vernunft, Frankfurt/Main 1967; in: Max Horkheimer, Gesammelte Schriften Bd. 7: Vorträge und Aufzeichnungen 1949–1973, Frankfurt/Main 1985, S. 122 ff.

2 Max Horkheimer, Brief an den S. Fischer Verlag (1965), veröff. in: M. H., Kritische Theorie Bd. II, Frankfurt/Main 1968, S. VII–XI; in: Max Horkheimer, Gesammelte Schriften, Bd. 3 Schriften 1931–1936, Frankfurt/Main 1988, S. 9 ff.

Nr. 162
Sozialistischer Deutscher Studentenbund, Gruppe Frankfurt
»Das Manifest der Hochschulen gegen die Notstandsgesetze beginnt ...«
Flugblatt-Aufruf zur Teilnahme am Go-in in die Vorlesung von Carlo Schmid
16. November 1967

QUELLE: Archivalische Sammlung Ronny Loewy im Hamburger Institut für Sozialforschung, Akte SDS Frankfurt 1966–1970

Das Manifest der Hochschulen gegen die Notstandsgesetze beginnt mit den Sätzen:

»Der Rückzug der Hochschulen vom politischen Alltag und das Votum eines Teils der deutschen Akademiker für reaktionäre und faschistische Strömungen hat den Untergang der ersten deutschen Republik mitverschuldet. Wissenschaft, die sich den politischen Kämpfen der Zeit autoritär gegenüberstellt, gibt ihr Prinzip humanitärer Rationalität auf.«

An unserer Universität lehrt ein Professor für die Wissenschaft der *Politik*, der sich selber als die Kultur der SPD versteht, der Mitglied des Bundestages und Bundesratsminister ist: CARLO SCHMID. Als Professor der Politik doziert er den Studenten Demokratie, als Minister der Großen Koalition praktiziert er den Notstand der Demokratie.

Einer Delegation Mannheimer Arbeiter gegenüber, die in Arbeitskleidung ins Bonner Bundeshaus zog, um von ihrem Abgeordneten Rechenschaft über seine Stellung zu den Notstandsgesetzen zu verlangen, erwies er sich als autoritärer Patriarch. Den Vertretern aus dem Volk, die ihm das Mandat des Volksvertreters verliehen haben, entgegnete er, nicht ihnen, sondern dem ganzen Volke verantwortlich zu sein. »Ich hoffe nicht, daß Sie mich unter Druck setzen wollen, sonst verlasse ich hier den Raum.«

Das Hochschulmanifest gegen die Notstandsgesetze, zu dessen Unterzeichnung wir gegenwärtig aufrufen, schließt mit den Sätzen:

»Wir werden bei den nächsten Wahlen zum Deutschen Bundestag keinem Abgeordneten unsere Stimme geben, der für diese Verfassungsänderung stimmt. Wir rufen alle Demokraten auf, dies den Parteien und Abgeordneten unmißverständlich zu erklären.«

Wir werden den Minister und Abgeordneten Carlo Schmid zur Rede stellen. Wir rufen zu einem GO-IN in die Vorlesung von Carlo Schmid auf, am Montag, dem 20. November; Treffpunkt 11 Uhr 30 vor dem Hörsaal VI.

Nr. 163
Sozialistischer Deutscher Studentenbund, Gruppe Frankfurt
Politische Zensur
Flugblatt-Aufruf zur Teilnahme am Teach-in
»Enteignet Springer«
16. November 1967

QUELLE: Archivalische Sammlung Ronny Loewy im Hamburger Institut für Sozialforschung, Akte SDS Frankfurt 1966–1970

Professor Fetscher läßt dem SDS Geld streichen. Die finanzielle Unterstützung zur »Förderung staatsbürgerlicher Erziehung«, die sonst für jeden läppischen Vortrag gewährt wird, wurde dem SDS für seine unter dem Titel »Enteignet Springer« angekündigten Veranstaltungen verweigert; es sei denn, so formulierte Prof. Fetscher, Vorsitzender des Ausschusses, der SDS ändere den Titel in einen »sachlich richtigeren und rechtlich nicht anstößigen« wie »zum Problem der Pressekonzentration«.

Was aber ist »sachlich« falsch an dem Slogan »Enteignet Springer«?

– Sachlich richtig und rechtlich verankert ist, daß das Grundgesetz eine Enteignung im Interesse des Allgemeinwohls vorsieht.
– Sachlich richtig ist, daß die Informationsverzerrung und -manipulation der Springerpresse gegen das Allgemeinwohl verstößt.
– Sachlich richtig ist, daß die Springerpresse den Lohnkampf der Arbeiter verketzert und sich auf die Seite des Großkapitals schlägt.

– Sachlich richtig ist, daß die Springerpresse die Bevölkerung zu Terror und Gewalt gegen die Studenten aufgehetzt hat.

Die SDS unterwirft sich keiner politischen Zensur, auch nicht der des Pseudomarxisten Fetscher.
Die erste Veranstaltung unter dem Titel »Enteignet Springer« findet am Dienstag, 21.11.67 um 20.00 Uhr im Hörsaal VI statt. Es spricht J. Huffschmidt vom Institut für Konzentrationsforschung in Berlin.

ENTEIGNET SPRINGER!

J. Huffschmidt, Institut für Konzentrationsforschung
Berlin
Dienstag, 21.11.67, 20.00, Hörsaal VI

enteignet springer enteignet springer enteignet springer enteignet springer

Verantwortlich: SDS Frankfurt

se für die Veranstaltungen im Rahmen der Aktion »Enteignet Springer« verweigert. (Fetscher ist Vorsitzender der Bewilligungskommission an der Uni.) Über diese Zensur und über Springer wollen wir in seiner Vorlesung am Dienstag 21. XI. diskutieren.

Auch am Dienstag den 21. XI. findet im Hörsaal VI eine Veranstaltung zum Thema »Enteignet Springer« statt. Es spricht J. Huffschmidt vom Institut für Konzentrationsforschung in Berlin. Die Veranstaltung beginnt um 20 Uhr.

Freitag 24. XI. 20 Uhr Hörsaal VI Diskussion über das hessische Hochschulgesetz mit Rüegg, Friedeburg, Birkholz und Antonia Grunenberg

Avanti SDS, enteignet Springer
Der Gruppenvorstand

Nr. 164
Sozialistischer Deutscher Studentenbund, Gruppe Frankfurt
Mitgliederrundbrief
Aufforderung zur Teilnahme am Carlo-Schmid-Go-in
17. November 1967

QUELLE: Archiv APO und soziale Bewegungen beim Zentralinstitut für sozialwissenschaftliche Forschung der Freien Universität Berlin, Akte des SDS-Bundesvorstands

SDS Frankfurt   6 Frankfurt
                             W. Hauffstr. 5
                             77 64 22

Genossinnen und Genossen,
folgende Veranstaltungen und *Aktionen* finden nächste Woche statt:

Am Montag, den 20. XI. GO-IN Carlo Schmid
In seiner Vorlesung 11–13 Uhr werden wir mit C. Schmid, Ministerfürst von Macchiavellis Gnaden, über Notstandsgesetze diskutieren.
Treffpunkt 11.30 Uhr vor dem Hörsaal VI
Vorbereitung der Argumentation für diese Aktion Samstag 18. XI. im SDS-Büro

Am Dienstag 21. XI. GO-IN Fetscher
Prof. Fetscher hat dem SDS die finanziellen Zuschüs-

Nr. 165
Carlo Schmid
Revolutionen fressen nicht nur ihre Kinder, sondern auch ihre Väter
Erinnerungen an das Go-in in seine Vorlesung über »Theorie und Praxis der Außenpolitik«
20. November 1967

QUELLE: Die Welt vom 30. Oktober 1979; wiederabgedruckt in: Carlo Schmid, Erinnerungen, Bern/München/Wien 1979, S. 812–815

Zu Beginn des Wintersemesters beschlossen der SDS und andere radikale Gruppen, in meiner Vorlesung »Theorie und Praxis der Außenpolitik« ein Go-in zu veranstalten und mich nicht zu Wort kommen zu lassen, sondern mich zu zwingen, mit ihnen über die Notstandsgesetzgebung und über den Vietnam-Krieg zu diskutieren. Der Rektor der Universität, Prof. Dr. Walter Rüegg, bat mich eindringlich, die Vorlesung ausfallen zu lassen, andernfalls könnten die Universität und ich in peinliche Verlegenheit gebracht werden.

Ich erklärte ihm, daß ich durch meine Amtspflicht gehalten sei, die für den 20. November von 11 bis 13 Uhr am Schwarzen Brett angekündigte Vorlesung zu halten. Auch ein Professor verkörpere Autorität des Staates; zur Autorität aber gehöre es, vor Drohungen nicht zurückzuweichen…

Der Saal, der acht- bis neunhundert Zuhörer faßt, war überfüllt.

Die Radikalen hatten das Fernsehen verständigt; die Kameras standen hinter den oberen Reihen; die Scheinwerfer waren eingeschaltet. Beim Betreten des Hörsaales empfing mich schüchternes Trampeln, einiges Händeklatschen, da und dort wurde gezischt.

Ich ging durch die Sitzreihen hindurch die Treppe hinunter, die zum Katheder führte. Unmittelbar am Podium, auf dem das Katheder und das Mikrofon standen, hockten mir wohlbekannte Radikale am Boden; auf den Bänken der vordersten Reihen saßen Mitglieder meines Seminars.

Eine Viertelstunde nach Beginn der Vorlesung hörte ich an der Tür hinter dem Katheder, dem Notausgang, Gepolter. Die Tür wurde eingedrückt, an die dreißig Studenten stürzten herein, stellten sich neben und hinter mich und riefen im Takt: »Wir wollen diskutieren; wir wollen diskutieren...« Ich ließ sie schreien, als störe mich der Lärm nicht.

Als mir ein paar Handvoll Büroklammern auf mein Manuskript und ins Gesicht geworfen wurden, wandte ich mich zu ihnen: »Meine Herren, an diesem Platz spricht von elf bis dreizehn Uhr nur einer – und das bin ich. Scheren Sie sich vom Podium!« – »Wir wollen diskutieren, wir wollen diskutieren, wir wollen...« An die Wandtafel wurde geschrieben »Wir wollen keine Vorlesung vom Notstandsminister hören!«

Ich drückte die Studenten, die sich an meinen Platz stellen wollten, beiseite und fuhr in der Vorlesung fort. Da faßte einer das Mikrofon und versuchte, es mir wegzureißen. Ich griff ihn an Schulter, Hals und Arm und drückte so lange zu, bis er das Mikrofon fahrenließ. Ich stellte es an seinen Platz und sprach weiter.

Da kam erster Beifall aus dem Saal. Es wurde getrampelt, geklatscht, der Ruf »Rotfront raus!« ertönte, und ich spürte, daß ich schon halb gewonnen hatte. Doch der Krach ging weiter. Meine Stimme drang längst nicht mehr zu den oberen Sitzreihen. Als von einer Bank im Hintergrund der Ruf zu hören war: »Fordern Sie doch Polizei an«, war meine Antwort: »Diesen Gefallen werde ich den Herren und Damen, die hier provozieren, nicht tun. Ihrer Brachialgewalt werde ich nicht die der Polizei entgegensetzen, sondern nur meine Beharrlichkeit und die Sympathie derer, die mich hören wollen.«

Der AStA-Vorsitzende, ein relativ gemäßigter älterer Student, trat an meine Stelle. Er bat mich, ihn reden zu lassen. Als ich nickte, rief er: »Wir wollen darüber abstimmen, ob die Vorlesung fortgeführt werden soll oder nicht.« Ich fiel ihm ins Wort: »Es bedarf keiner Abstimmung. Wer gehen will, kann gehen, wie das seit jeher im Kolleg üblich ist. Ich werde bis dreizehn Uhr Vorlesung halten für jene, die bleiben wollen.« Und ich schloß mit den Worten: »Wir treten jetzt in die Pause ein. Zwölf Uhr fünfzehn sehen wir uns wieder.«

Als ich den Saal wieder betrat, saßen links und rechts der Stufen zum Katheder Studenten und noch mehr Studentinnen, die Füße oder Hände über die Stufen gespreizt, um mich am Gehen zu hindern. Ich sah mir das an und sagte: »Meine Damen und Herren, mein Katheder steht dort unten und dorthin werde ich jetzt gehen. Wenn Sie Ihre Hände und Füße nicht von den Stufen nehmen, werde ich leider nicht vermeiden können, auf sie zu treten.«

Ich zählte bis drei und hob meinen Fuß. Auf der ersten Stufe verschwanden die Hände, einige Füße rückten zur Seite. Offenbar scheuten ihre Besitzer mein Körpergewicht. So ging es weiter von Stufe zu Stufe, bis ich unten angekommen war. Alles lachte, es wurde getrampelt, und das Buhgeschrei war zu ertragen.

Auf dem Podium standen immer noch die Studenten vom SDS; das Katheder hatten mein Assistent und einige Famuli freigehalten, so daß ich beginnen konnte. Der Vertreter des AStA bat wieder ums Wort und berichtete, er habe in der Pause verhandelt. Die Studenten des SDS warteten darauf, daß ich mit ihnen diskutiere, sonst würden sie die Durchführung der Vorlesung unmöglich machen.

Ich sagte, ich sei bereit, bei vorheriger Einigung über Thema, Zeitpunkt und Ort mit jedermann zu diskutieren, von dem ich weiß, daß es ihm um Erkenntnis geht. Für eine solche Vereinbarung stünde ich jederzeit zur Verfügung. Nicht zur Verfügung stünde ich für einen Politzirkus oder einen politischen Karneval.

Nun versuchten die Störer mit rhythmischem Händeklatschen den Fortgang meiner Vorlesung unmöglich zu machen. Im Sprechchor riefen sie »Notstandsminister weg! Notstandsminister weg!« und anderes mehr. »Manifeste« wurden an die Tafel geschrieben. Sicher haben viele meiner Zuhörer mich nicht mehr verstehen können, aber die Vorlesung führte ich zu Ende...

Der Rektor kündigte an, daß er gegen die Frankfurter SDS-Gruppe Strafanzeige bei der Staatsanwaltschaft wegen Hausfriedensbruchs und Nötigung stellen werde. Er hätte lieber darauf verzichten sollen. In

Fällen solcher Art pflegten in jenen Tagen die Strafverfolgungsbehörden meist nicht viel Eifer zu entwickeln.

Einige Monate später bekam auch Professor Theodor W. Adorno, auf den die Studenten sich so oft berufen hatten, zu spüren, was die radikalen Studentengruppen unter außerparlamentarischer Opposition und demokratischer Freiheit verstanden. Er mußte die Polizei rufen und war noch tief niedergeschlagen, als er mit mir darüber sprach.

Ich sagte ihm scherzhaft: »Herr Kollege, die Revolutionen fressen nicht nur ihre Kinder, sie fressen auch ihre Väter, Großväter und Onkel… Die Polizei hätten Sie nicht rufen sollen. Damit haben Sie den Burschen einen Gefallen getan. Ich habe die Polizei nicht gerufen, obwohl ich über Polizei anders zu denken pflege als Sie.« Er zuckte die Schultern.

Ich bin immer der Meinung gewesen, daß vor Nötigungsversuchen nicht zurückschrecken darf, wer Autorität in Anspruch nimmt und in Anspruch nehmen muß, wenn er seine Pflicht tun und am Untergang der Staatsautorität nicht mitschuldig werden will. Meine Kollegen waren großenteils anderer Meinung, nicht nur meine Kollegen an der Universität. Ich dachte an die alte Staatsmaxime Frankreichs: »L'autorité ne recule pas…« Die Autorität weicht nicht zurück.

Nr. 166
Oberstaatsanwalt beim Landgericht Frankfurt
Anklageschrift
gegen 11 Studenten wegen des Vorwurfs der Teilnahme am Carlo-Schmid-Go-in
20. November 1967

QUELLE: Anklageschrift der Oberstaatsanwaltschaft beim Landgericht Frankfurt vom 2. Dezember 1968, in: Archivalische Sammlung Ronny Loewy im Hamburger Institut für Sozialforschung, Akte SDS Frankfurt 1966–1970

Der Oberstaatsanwalt bei dem Landgericht
Frankfurt/Main, den 2.12.68

An das Landgericht
– große Strafkammer –
in Frankfurt/Main

Anklageschrift:
1. der Student Ronny Benno Loewy…
2. der Student Frank Friedrich Wolff…
3. der Student Hans-Jürgen Krahl…
4. der Student Burkhard Blüm…
5. der Student Arno Grieger…
6. der Student Kurt Ferdinand Trautmann…
7. der Student Udo Riechmann
8. der Student Klaus-Dieter Katarski…
9. der Student Heinz Düx…
10. der Student Gotthard Jürgen Bechmann…
11. der Student Roland Pankiewicz

werden angeklagt, in Frankfurt/Main am 20.11.1967, gemeinschaftlich handelnd, der angeschuldigte Düx als Heranwachsender, tateinheitlich
a) widerrechtlich in das befriedete Besitztum eines anderen und in abgeschlossene Räume, welche zum öffentlichen Dienst bestimmt sind, eingedrungen zu sein,
b) andere rechtswidrig mit Gewalt oder durch Drohung mit einem empfindlichen Übel zu einer Handlung, Duldung oder Unterlassung genötigt zu haben.

Am 17.11.1967 wandte sich der Sozialistische Deutsche Studentenbund (SDS) an der Johann Wolfgang Goethe-Universität in Frankfurt/Main in Flugblättern gegen Bundesratsminister Prof. Carlo Schmid wegen dessen Haltung zur Notstandsgesetzgebung und forderte zu einem »Go-in« in die – ordnungsgemäß angekündigte – Vorlesung von Prof. Schmid am 20.11.1967, 11.30 Uhr im Hörsaal VI auf. Der Rektor der Universität warnte den SDS telegrafisch vor einem solchen Bruch des Hausfriedens; er wiederholte sein Verbot in einem Flugblatt am 20.11., das auch vor dem Hörsaal VI angebracht wurde. Das Rektorat ließ ferner die Hintereingänge des Hörsaals VI verschließen.

Ungeachtet dessen drangen die Angeschuldigten, die dem Sozialistischen Deutschen Studentenbund (SDS) in Frankfurt/Main angehören oder ihm gesinnungsmäßig nahestehen, gegen 11.40 Uhr in die seit 11.15 Uhr im Hörsaal VI laufende zweistündige Vorlesung des Bundesratsministers Prof. Dr. Carlo Schmid ein, nachdem eine Hintertür unberechtigt geöffnet worden und der Versuch, die Tür wieder zu schließen, verhindert worden war. Sie zogen in Einerreihe auf das Rednerpodium und stellten sich in einer Gruppe von 20–30 Personen im Halbkreis um Prof. Schmid auf. Anschließend forderten sie Prof. Schmid auf, seine Vorlesung zu unterbrechen und mit ihnen gemäß ihrer vorher verkündeten Absicht über die Notstandsgesetzgebung zu diskutieren. Dabei taten sich besonders die Angeschuldigten Wolff und Krahl hervor. Prof. Schmid teilte der Gruppe unmißverständlich mit, er halte eine Vorlesung und keine Diskussion und fuhr in seinem Vortrag fort. Die Demonstranten gingen daraufhin dazu über, durch Zwang die Vorlesung von Prof. Schmid zu verhindern und sie insbesondere für die Zuhörer unverständlich zu machen. Der Angeschuldigte Wolff versuchte, Prof. Schmid das drehbare Handmikrophon wegzuziehen, um ihn am Weitersprechen zu hindern und selbst eine Ansprache zu halten. Einer der Demonstranten warf eine Handvoll Heftklammern auf das Manuskript von Prof. Schmid, ein anderer hielt Prof. Schmid eine Ausgabe der Zeitschrift *Spiegel* vor die Augen, damit Prof. Schmid einen Passus hieraus vorlese. Um die Worte von Prof. Schmid zu übertönen, klatschte die auf das Podium vorgedrungene Gruppe rhythmisch im Takt, provozierte ihn durch Zurufe, eröffnete untereinander Diskussionen und rief im Sprechchor »Notstandsminister«. Die Demonstranten saßen dabei teilweise auf dem Boden des Podiums und rauchten. Außerdem schrieben Demonstranten auf die Wandtafel Parolen, wie »Diskussion statt einer Vorlesung der Belanglosigkeiten«, »Notstand ist Nötigung« und »Notstandsminister«. Die Eindringlinge beklatschten diese Parolen.

Das Verhalten der auf dem Podium befindlichen Gruppe, in der sämtliche Angeschuldigten bewußt und gewollt zusammenwirken, veranlaßte die in der Vorlesung anwesenden übrigen Studenten, die sich ebenfalls genötigt fühlten, zu Gegensprechchören, wie »SDS raus, Rotfront raus«. Von kurzen Unterbrechungen abgesehen, setzte Prof. Schmid seine Vorlesung fort, obwohl er, was ihm bewußt war, nur noch von einem sehr geringen Teil der Zuhörer verstanden werden konnte. Seine Absicht war, der gegen ihn verübten Gewalt nicht zu weichen. Trotzdem in der Vorlesungspause eine von den ASTA-Vorsitzenden Birkholz und Streek veranstalteten Abstimmung unter den Studenten zu der eindeutigen Entscheidung geführt hatte, die Vorlesung von Prof. Schmid fortsetzen und keine Diskussion über Notstand zu führen, setzte die Gruppe ihr geschildertes Verhalten auch in der 2. Vorlesungshälfte bis um 13 Uhr fort.

Vergehen nach §§ 123 Abs. 1, 2, 240, 47, 73 StGB.

Strafantrag des Rektors der Universität Frankfurt/Main wegen Hausfriedensbruchs ist rechtzeitig gestellt.

Wesentliches Ergebnis der Ermittlungen:
I

Die 11 Angeschuldigten sind Studenten der Johann Wolfgang Goethe-Universität Frankfurt/Main. Sie gehören dem Sozialistischen Deutschen Studentenbund an bzw. stehen ihm politisch nahe.

Insoweit liegen für den Zeitpunkt der Tathandlung folgende Erkenntnisse vor:

Frank WOLFF war seit dem Wintersemester 1966/67 2. Vorsitzender des SDS Frankfurt/Main und seit der 22. ordentlichen Delegiertenkonferenz des SDS im September 1967 2. Bundesvorsitzender des SDS. Sein Bruder war 1. Bundesvorsitzender des SDS.

KRAHL war seit September 1967 Mitglied des Bundesvorstandes des SDS. Er hat sich bei den Störaktionen des SDS in Frankfurt/Main hervorgetan.

BLÜM war 1. Vorsitzender der SDS Frankfurt/Main. Er war Ersatzdelegierter bei der Delegiertenkonferenz des SDS vom 4. bis 9.9.1967 in Frankfurt/Main.

GRIEGER hat am VIII. Arbeiterjugendkongreß in Chemnitz (Karl-Marx-Stadt/SBZ) Pfingsten 1966 teilgenommen.

RIECHMANN ist SDS-Funktionär.

DÜX ist Referent der SDS-Hochschulgruppe Frankfurt/Main. Er hat zum Studentenparlament der Universität Frankfurt/Main im November 1967 als SDS-Kandidat an 2. Stelle kandidiert.

Gegen mehrere der 11 Angeschuldigten sind wegen strafbarer Handlungen anläßlich der von dem SDS in den letzten Monaten durchgeführten Demonstrationen weitere Ermittlungs- bzw. Strafverfahren bei der Staatsanwaltschaft Frankfurt/Main anhängig.

II

Am 17.11.1967 wurden vor der Mensa der Johann Wolfgang Goethe-Universität in Frankfurt/Main von dem SDS herausgegebene Flugblätter verbreitet. In diesen Flugblättern wurde Bundesratsminister Prof. Dr. Carlo Schmid, der an der Universität in Frankfurt/Main Vorlesungen hält, vorgeworfen, er praktiziere als Minister der Großen Koalition den Notstand der Demokratie. Der SDS werde deshalb den Minister und Abgeordneten Prof. Carlo Schmid zur Rede stellen. Der SDS rief zu einem »Go-in« in die Vorlesung von Prof. Schmid am 20.11.1967 auf; Treffpunkt sei 11.30 Uhr vor dem Hörsaal VI. Weiterhin machte der SDS auf einer »Wandzeitung« – einem Plakat von mehreren Metern Größe – auf das »Go-in« aufmerksam. Auch in der Tagespresse erschienen Hinweise auf das »Go-in« des SDS in die Vorlesung von Prof. Schmid.

Am 19.11.1967 warnte der Rektor der Universität, Prof. Dr. Walter Rüegg, telegraphisch den SDS, Ortsgruppe Frankfurt/Main, vor dem beabsichtigten Bruch des Hausfriedens der Universität. Er forderte den SDS auf, unverzüglich die geplante Aktion rückgängig zu machen und den Rektor davon zu unterrichten. Auf sein Telegramm erhielt der Rektor keine Antwort.

Um die Störung der Vorlesung von Prof. Dr. Carlo Schmid zu vermeiden, wandte sich der Rektor am 20.11.1967 mit einem Flugblatt an die Studenten der Universität. Er wies darin auf die in dem Flugblatt des SDS angekündigte Vorlesungsstörung hin und teilte mit, daß er den Bruch des Hausfriedens nicht dulden werde. Er forderte die Studentenschaft auf, sich von der geplanten Terroraktion des SDS zu distanzieren. Das Flugblatt wurde – insbesondere auch vor Hörsaal VI – in Plakatgröße gut sichtbar angebracht. Außerdem ordnete der Rektor an, die Hintereingänge des Hörsaals VI vor Vorlesungsbeginn zu schließen, so daß diese Türen nur noch von innen geöffnet werden konnten. An den Vordertüren des Hörsaals standen je 2 Angestellte der Universität, die das Eindringen von SDS-Gruppen in den Hörsaal verhindern sollten. Weiterhin war beabsichtigt, daß hinter diesen Angestellten der Rektor und einige Professoren Aufstellung nehmen sollten, um bei Störungen gegebenenfalls einzugreifen. Der Hörsaal VI war kurz vor Beginn der Vorlesung von Prof. Schmid derart überfüllt, daß die Studenten sich teilweise vor den Vordereingängen stauten und diese dadurch blockierten. Der Rektor und die Professoren konnten sich dadurch lediglich beobachtend im Vorraum aufhalten. Gegen 11.30 Uhr befand sich eine Gruppe des SDS ebenfalls im Vorraum. Einige Studenten versuchten, Flugblätter zu verteilen. Diese Versuche wurden jedoch durch den Einspruch von Mitgliedern der Universitätsverwaltung unterbunden. Als sich im weiteren Verlauf einige Angehörige der Gruppe dem Vordereingang näherten, um zu dem Hörsaal durchzudringen, wurden sie von Rektor Rüegg zur Rede gestellt. Sie ließen daraufhin von ihrem Vorhaben ab, zumal auch keine Möglichkeit bestand, durch den blockierten Eingang in den Hörsaal zu gelangen.

Die genannte Personengruppe verließ dann den Vorraum, ging ein Stockwerk tiefer und gelangte von dort zu den Hinterausgängen des Hörsaals VI. Die Hinterausgänge waren zunächst ordnungsgemäß verschlossen worden. Die in dem Hörsaal anwesenden Fotoreporter hatten zum Teil Gerätschaften an eine der Türen gehängt. Ein Zuhörer mit langem Haar, der nicht ermittelt werden konnte, bat die Reporter, die Gerätschaften abzunehmen, weil er hinauswolle. Alsdann schloß er die Verriegelung auf und winkte die auf dem Flur Stehenden herbei.

In dieser Situation bemühte sich der Assistent von Prof. Schmid, der Zeuge Rudizio, die Tür wieder zu schließen; dieser Versuch wurde jedoch von zwei Studenten verhindert, indem sie die Flügeltür offenhielten. Unmittelbar darauf drangen 15–20 Personen durch diese hintere Tür in den Vorlesungsraum ein. Sie wurden mit Mißfallenskundgebungen empfangen und blieben zunächst kurze Zeit stehen. Dann begab sich einer aus der Gruppe auf das etwa 10–15 Meter lange und vier Meter breite Podium hinter Prof. Dr. Carlo Schmid und winkte nach rechts und links. Auf dieses Zeichen hin marschierten die Eindringlinge, denen sich einige weitere Personen aus dem Hörsaal angeschlossen hatten, auf die Rednerbühne. Auf der Bühne befanden sich schätzungsweise 20–30 Personen, die sich in einem Halbkreis um Prof. Schmid aufstellten.

Die 11 Angeschuldigten gehörten sämtlich zu dieser Gruppe.

Sie forderten Prof. Schmid auf, seine Vorlesung zu unterbrechen und mit ihnen gemäß ihrer in Flugblättern des SDS bereits vorher verkündeten Absicht über die Notstandsgesetzgebung zu diskutieren. Bei dieser Aktion taten sich insbesondere die Angeschuldigten Wolff und Krahl hervor. Prof. Schmid teilte der Gruppe unmißverständlich mit, er halte eine Vorlesung und keine Diskussion und fuhr in seinem Vortrag fort. Die Demonstranten gingen daraufhin dazu über, durch Zwang die Vorlesung von Prof. Schmid zu verhindern. Der Angeschuldigte Wolff versuchte, Prof. Schmid das drehbare Standmikrophon wegzuziehen, um ihn am Weitersprechen zu hindern und selbst eine Ansprache zu halten, was jedoch von Prof. Schmid durch schnelles Zupacken verhindert wurde. Einer der Demonstranten warf eine Handvoll Heftklammern auf das Manuskript von Prof. Schmid; ein anderer hielt Prof. Schmid eine Ausgabe der Zeitschrift *Spiegel* vor die Augen, damit Prof. Schmid einen Passus hieraus vorlesen sollte. Um die Worte von Prof. Schmid zu übertönen, klatschte die auf das Podium vorgedrungene Gruppe rhythmisch im Takt, versuchte ihn durch Zurufe zu provozieren, eröffnete untereinander Diskussionen und rief im Sprechchor »Notstandsminister«. Die Demonstranten saßen dabei teilweise auf dem Boden des Podiums und rauchten. Außerdem schrieben einige Demonstranten auf die Wandtafel Parolen wie »Diskussion statt einer Vorlesung über Belanglosigkeit«, »Notstand ist Nötigung« und »Notstandsminister«. Die Eindringlinge beklatschten diese Parolen.

Das provozierende Verhalten der auf dem Podium befindlichen Gruppe veranlaßte die in der Vorlesung anwesenden übrigen Studenten, die sich durch das Verhalten der Gruppe ebenfalls genötigt fühlten, zu Gegensprechchören wie »SDS raus, Rotfront raus«. Trotz des Tumultes und Lärmes setzte Prof. Schmid seine Vorlesung fort, obwohl er, was ihm bewußt war, nur noch von einem sehr geringen Teil der Zuhörer verstanden werden konnte. Seine Absicht war, der gegen ihn verübten Gewalt nicht zu weichen. Trotzdem in der Vorlesungspause eine von den Asta-Vorsitzenden Birkholz und Streeck veranstaltete Abstimmung unter den Studenten zu der eindeutigen Entscheidung geführt hatte, die Vorlesung von Prof. Schmid fortzusetzen und keine Diskussion über Notstand zu führen, setzte die Gruppe die Störungen auch in der 2. Vorlesungshälfte bis zur Beendigung der Vorlesung um 13.00 Uhr fort.

Nach dem Ende der Vorlesung verließen die meisten Zuhörer den Hörsaal. Vor den Zurückgebliebenen versuchte der Angeschuldigte Wolff das Vorgehen des SDS zu rechtfertigen. Dabei erklärte er sinngemäß, man sei sich beim SDS zwar bewußt, daß die Form verletzt worden sei, aber das Anliegen des SDS rechtfertige diese Verletzung. Anschließend versuchte auch noch der Angeschuldigte Krahl eine Rechtfertigung des Verhaltens des SDS. Um 13.30 Uhr räumte die Störergruppe das Podium. Der SDS verteilte sodann an die noch verbliebenen Zuhörer ein Flugblatt, in dem zu einem neuen »Go-in« in die Vorlesung von Prof. Fetscher am 21.11.1967 aufgerufen wurde. In einer am gleichen Tage vom SDS herausgegebenen Pressemitteilung wurde erläuternd erklärt:

»Der SDS verweigert sich den formalen Spielregeln der Diskussion, weil diese Notstandsplanern nur zur Verschleierung ihres Vorhabens dienen, die Demokratie von innen her abzuschaffen.«

Sämtliche Angeschuldigten haben die Einlassung zur Sache verweigert. Sie werden durch die angegebenen Beweismittel im Sinne der Anklage überführt werden.

Es wird beantragt, unter Zulassung der Anklage das Hauptverfahren vor dem Landgericht – große Strafkammer – in Frankfurt/Main zu eröffnen.

Im Auftrag: gez. Dr. Großmann
Oberstaatsanwalt

Als Beweismittel sind neben Carlo Schmid 5 Professoren, einige Studenten, unter ihnen die beiden ehemaligen Asta-Vorsitzenden Birkholz und Streeck, aktive Mitglieder der SPD Hessen Süd, wobei der letztere Vorsitzender der Jungsozialisten Frankfurts ist, einige Assistenten und Kriminalbeamte; ferner Fotos, Fotokopien, Zeitungsausschnitte und ein Film des Hessischen Rundfunks angegeben.

Nr. 167

Bernd Moldenhauer

Vorlesungsstörungen? Zu den Go-ins des SDS

Kommentar
November 1967

QUELLE: Diskus – Frankfurter Studentenzeitung, 17. Jg., Nr. 7/8, November/Dezember 1967, S. 5

»... jene noble und schwierige Toleranz, die den anderen in seinem Anderssein will, weil man weiß, daß auch Gottes Harfe viele Saiten hat und daß nur alle zusammen den vollen Akkord des Menschseins zum Tone bringen.«
(Carlo Schmid, Politik und Geist, S. 79)

»Der Abstand, der die in den Schulen gelehrte von der praktischen Verhaltensweise trennt, darf jedenfalls

nicht zu groß sein, wenn der Unterricht nicht seine Glaubwürdigkeit verlieren soll.«
(Iring Fetscher, Funk-Kolleg I, S. 46)

Mit Rufen wie »SDS raus!« und »SDS ins KZ!« reagierte ein Teil der Hörer von Prof. Schmid auf den Versuch des SDS, in seiner Vorlesung am 20.11. eine Diskussion über die Notstandsgesetzgebung herbeizuführen. Vorausgegangen war die Ankündigung dieser Aktion auf einer Wandzeitung und die sofortige Antwort des Rektors darauf: eine Presseerklärung, in der er das geplante Go-in als »Einübung faschistischer Terrormethoden« bezeichnete und ein Telegramm an den SDS, in dem er mit Disziplinarmaßnahmen drohte. Als die Hauptakteure – etwa 30 SDS-Mitglieder – am Montag zu ihrer derart höchst publik gewordenen Aktion erschienen, war der Hörsaal so überfüllt, daß man selbst in den Gängen sich nicht mehr bewegen konnte; nur über den Notausgang des Hörsaales gelang es dem Grüppchen, das Podium zu erreichen. Die Aufforderung, Prof. Schmid möge über das Hochschulmanifest zur Notstandsgesetzgebung diskutieren, ging in empörtem Geschrei unter. Es entspann sich eine Art Wettstreit zwischen den Studenten auf dem Podium und einem Teil der Hörer: versuchte Prof. Schmid seine Vorlesung fortzusetzen, so unterbrach ihn das Klatschen der SDS-Mitglieder und derer, die mit seiner Forderung einverstanden waren – wollte der SDS sein Erscheinen begründen, wurden dessen Sprecher ausgebuht. Ein Verständigungsversuch der AStA-Vertreter änderte daran nichts. Erst nachdem Prof. Schmid und ein Teil seiner Hörer nach Ende der Vorlesung den Saal verlassen hatten, begann eine Diskussion.

Prof. Fetscher dagegen wurde vom SDS aufgefordert, in seiner Vorlesung einen Beschluß der Senatskommission für die »Vergabe der Mittel zur Förderung der staatsbürgerlichen Erziehung der Studenten«, zu begründen und zu diskutieren. Die Kommission hatte dem SDS für eine Veranstaltung unter dem Titel »Enteignet Springer« finanzielle Unterstützung verweigert. Nur unter der Bedingung wollte man einen Zuschuß geben, wenn der Titel in einen »sachlich richtigeren und rechtlich nicht anstößigen« umgewandelt würde. Wegen Überfüllung des kleinen Hörsaals kam es erst nach dem Ende der Vorlesung vor über 1000 Studenten zu der Diskussion, zu der Fetscher sich bereiterklärt hatte.

Es ist nicht einmal sicher, ob es wenigstens sämtlichen Anwesenden bei den Go-ins bewußt war, daß es sich nicht um Happenings handelte, sondern um – öffentlich als solche angekündigte – politische Aktionen. Zudem bezogen sie sich nicht zufällig auf Lehrstuhlinhaber für politische Wissenschaften. Sie hatten einen aktuellen Anlaß und ein genau umschriebenes Ziel: Prof. Schmid sollte zum Hochschulmanifest zu den Notstandsgesetzen Stellung nehmen und zur Unterschrift aufgefordert werden. Zudem war seine am selben Tage im *Spiegel* zitierte Forderung, Störenfriede bei den Notstandshearings sollten von einem Schnellgericht sofort abgeurteilt werden, einer Erläuterung höchst bedürftig. Sie verlieh dem Go-in zusätzliche Aktualität.

Fetscher sollte zu der Behauptung Stellung nehmen, die Verweigerung der Veranstaltungsfinanzierung sei ein Versuch, politische Zensur auszuüben.

Daß man bisher die Go-ins weder im Hinblick auf diese Ziele, noch als Konsequenz der verhinderten Hochschulreform wollte, dürfte zum Teil der Reaktion Prof. Rüeggs zuzuschreiben sein, sie als faschistisch und damit von vornherein illegitim zu diffamieren (siehe S. 2).

Es wäre an der Zeit, die Go-ins in angemessener Weise zu diskutieren: nämlich im Rahmen der politischen Wissenschaft, deren augenblicklichem Zustand sie galten.

Indem Prof. Schmid sich gegen eine Störung seiner Vorlesung verwahrte und die Diskussion durch die Abstimmung des Auditoriums unterband, hatte er zwei Voraussetzungen gemacht: 1. daß eine Diskussion seiner politischen Praxis aus seiner Vorlesung herauszuhalten sei, 2. daß die Abstimmung darüber als demokratisch anzusehen sei. Es läßt sich zeigen, daß diese Voraussetzungen den theoretischen und praktischen Bedingungen einer politischen Wissenschaft in demokratischer Absicht nicht entsprechen. Zu jenen gehört, daß der Lernprozeß nicht nur – wie in den Naturwissenschaften – in der Aneignung technischen Wissens, sondern in einer immer schon politisch geführten Diskussion besteht (so auch Fetscher, a.a.O., S. 42). Er stellt sich überhaupt nur her, wenn das in die Theoreme eingegangene Vorverständnis politischer Verhältnisse einer Analyse unterzogen wird.

Wissenschaftlichkeit stellt sich erst in der Konfrontation solcher politischer Positionen miteinander her.

Im speziellen Fall Prof. Schmids, dessen politische Position nicht nur theoretisch relevant ist, sondern auch unmittelbar praktisch, ist jene Konfrontation von Theorie und Praxis um so notwendiger. Unter diesem

Aspekt und weiter im Hinblick darauf, daß die Möglichkeit solcher Diskussionen überhaupt noch nicht besteht, ist deren Erzwingung legitim.

Die Abstimmung nun, mittels derer Prof. Schmid sich demokratisch absichern wollte, fand ohne jede Diskussion statt: die sollte gerade verhindert werden. Das Auditorium hat die Gründe für deren Forderung nicht zur Kenntnis nehmen können. Eine der Entscheidung vorausgehende Diskussion ist aber die differentia specifica demokratischer Prozesse. Sie ist unverzichtbar, weil nur sie Minderheiten, deren Zielsetzung demokratischen Normen entspricht, ihre Vorschläge argumentativ vorzubringen gestattet. Beweis dafür, daß im Auditorium tatsächlich ein starkes Interesse an Diskussionen bestand, sind die lebhaften Debatten nach Abgang Prof. Schmids. Die Berufung auf eine derartige Abstimmung ist zumal einem Vertreter der politischen Wissenschaft nicht gestattet, deren zentrales Thema ist darzustellen, in welchem Verhältnis formelle Regeln politischer Auseinandersetzung zu den Inhalten stehen, um derentwillen diese Regeln institutionalisiert wurden. Deren Funktion ist es, Minderheiten die Möglichkeit zu geben, gleichberechtigt in demokratische Entscheidungsprozesse einzugreifen. Die Sicherung dieser Möglichkeit ist ein wesentlicher Teil der Grundrechte. In dem Maße, in dem die Regeln abgelöst werden von dieser ihrer Funktion, und die Verwirklichung von Grundrechten identifiziert wird mit der Einhaltung der Spielregeln, muß ihre Verletzung als Angriff auf die Demokratie selber erscheinen. Dieser Kurzschluß zeigte sich sowohl in der Beurteilung des Go-in durch Prof. Rüegg wie in der Reaktion Prof. Schmids: Eingriffe in den status quo der Organisation des Studiums wurden zur »Einübung faschistischer Terrormethoden«, gegen die dann mit der Schärfe der einschlägigen Gesetze vorgegangen werden kann. Zurufe und Klatschen, die lediglich die Rede Prof. Schmids unterbrechen sollten, wurden zum Angriff auf die Meinungsfreiheit selber. Während doch diskutiert werden sollte, ob die Notstandsgesetzgebung nicht viel eher dieses Prädikat verdiente. Und dasselbe Klatschen wurde zur »Brachialgewalt« (Schmid) – ein Ausdruck, der die Assoziation mit faschistischen Methoden recht nahelegt.

In Wirklichkeit liegt nur ein Problem akademischen »Wohlverhaltens« zugrunde. Am mangelnden Wohlverhalten stießen sich auch diejenigen, die mit der Forderung des SDS grundsätzlich einverstanden waren. Und man kann in der Tat dem SDS vorwerfen, daß er seine Aktion geschickter hätte beginnen können. Diese Kritik ändert aber nichts daran, daß Wohlverhalten legitimerweise nur gefordert werden kann, wenn es den geregelten Fortgang einer Diskussion zu sichern gilt, nicht aber, wenn eine solche überhaupt erst durchgesetzt werden muß.

Prof. Fetscher stellt fest, es könne kaum erwartet werden, daß die Einstellung zu politischen Entscheidungsfragen vom Geist der Toleranz, der Freiheitsliebe, der demokratischen Mitverantwortung geprägt wird, wenn autoritäre Strukturen und nicht einsehbare Unterordnungsverhältnisse bestehen (a.a.O., S. 46). Unter diesen Umständen dürfte etwas klarer geworden sein, was von Prof. Schmids auffahrender Geste, er ließe sich zur Diskussion nicht nötigen, zu halten ist; zumal er kürzlich eine Arbeiterdelegation, die ihn zur gleichen Diskussion aufforderte, mit genau den gleichen Worten beschied.

Daß Prof. Schmids autoritäre Reaktion selbst von seinen Kollegen nicht als einzig mögliche angesehen wird, beweist die Bereitschaft Fetschers zur Diskussion. Da darüber nichts bekannt ist, muß man die Möglichkeit außer acht lassen, daß Fetscher selbst dem Beschluß nicht zustimmt, ihn aber als Vorsitzender zu vertreten hätte. Die politischen Implikationen der Entscheidung des Ausschusses suchte er jedoch durch formaljuristische Argumentationen zu verschleiern. Der bloße »Verdacht« auf Verfassungswidrigkeit der Enteignet-Springer-Parole reichte ihm hin, die Entscheidung zu begründen. Indem er sich der Interpretation der Springerpresse selbst, wenn auch mit Zurückhaltung, anschloß, präjudizierte er, was erstens das Ergebnis einer Diskussion und zweitens das Ergebnis eines Gerichtsbeschlusses sein müßte. Auf administrativem Wege soll die Formel »Enteignet Springer« illegalisiert werden. Die Gruppen, die sie akzeptieren, werden so implizit zu antidemokratischen gestempelt. Fetscher stellte sich zwar der Diskussion, aber er vertrat einen Beschluß, der administrativ Diskussion unterbunden hatte. Sein Assistent Gert Schäfer versuchte denn auch, nachdem er vertrauensselig zum Diskussionsleiter gewählt worden war, durch formale Prozeduren die Diskussion zu verzögern, damit sein Professor nicht zu argumentieren brauchte. Man kann hoffen, daß die Bereitschaft der Professoren Adorno, Mitscherlich, Stauff, Bartsch und Kuhn, in ihren Vorlesungen über die Go-ins zu diskutieren, nicht von ähnlicher Oberflächenliberalität getönt war.

> **Nr. 168**
> **Sozialistischer Deutscher Studentenbund, Gruppe Frankfurt**
> »Wer ist hier faschistisch?«
> Offener Brief an Rektor Walter Rüegg
> November 1967
>
> QUELLE: Archivalische Sammlung Ronny Loewy im Hamburger Institut für Sozialforschung, Akte SDS Frankfurt 1966–1970

Wer ist hier faschistisch?

– Auf die Erschießung eines Demonstranten steht Freispruch.
– Demonstranten werden verurteilt.
– Die illegalen und verfassungswidrigen Schubladengesetze bleiben stillschweigend in den Behörden.
– Die hier Widerstand leisten, sollen »geistig *hochgeprügelt*« (Barzel), d.h. aus der Universität eliminiert werden.
– Zwei Rednern des Go-ins beim Notstandsminister Carlo Schmid wurden politische Prozesse angedroht.
– Die demonstrative Abwehr solcher Angriffe wird heute von Leuten, die es besser wissen müßten, als faschistisch bezeichnet:

OFFENER BRIEF AN DEN REKTOR

Ew. Magnifizenz!

Sie haben dem Frankfurter SDS vorgeworfen, sein Aufruf zu einem Go-in zu Prof. Carlo Schmid ziele »auf die Einübung faschistischer Terrormethoden«.

Seit Jahren werden in der BRD Notstandsgesetze vorbereitet und verabschiedet, die eine scheinlegale Abschaffung der Demokratie bezwecken. Faschismus bedarf zur Zeit nicht der antiparlamentarischen Massenbewegung, sondern wird institutionell im Zentrum des parlamentarischen Systems selbst vorbereitet. Die liberalen Prinzipien von Freiheit, Humanität und Toleranz, einstmals als Garantie der Volkssouveränität und als Schutz für Minderheiten konzipiert, werden ersetzt und in ihr Gegenteil verkehrt: sie dienen den Herrschenden als Mittel der Manipulation, die Massen den Herrschaftsinteressen gefügig zu machen und die politisch aktiven Minderheiten zu unterdrücken. Notstandsgesetze werden als Mittel zur Erhaltung der Demokratie ausgegeben, die amerikanische Aggression in Vietnam als Kampf für die Freiheit, die Bomben auf Hanoi als Befriedungsaktion.

In Ihrem Telegramm verweisen Sie uns auf die Möglichkeit, politische Veranstaltungen in der Universität außerhalb des Lehrbetriebes durchzuführen. Damit aber reproduzieren Sie die etablierte Trennung von Wissenschaft und Politik, welche die Wissenschaft entpolitisiert und den Herrschaftsinteressen beliebig nutzbar macht, andererseits die vernunftlose Politik der Notstandsplanung mit ermöglicht. In Übereinstimmung mit dem *Manifest der Hochschulen gegen die Notstandsgesetze* wollten wir mit unserem Go-in in die Vorlesung eines Wissenschaftlers der Politik und Ministers der Großen Koalition diese Trennung demonstrativ sichtbar machen und aufheben. Diesen provokativen Protest und die politische Demonstration gegen die Vorbereitung des Notstandsterrors aber wagen Sie als faschistisch zu diffamieren. Das ist ein Hohn auf die Opfer des faschistischen Terrors.

Wir fordern Sie auf, diese unverantwortliche Diffamierung unverzüglich öffentlich zurückzunehmen! Anderenfalls werden wir Strafanzeige gegen Sie stellen.

Sozialistischer Deutscher Studentenbund –SDS–
Hochschulgruppe Frankfurt

Nr. 169

Egon Becker / Joachim Bergmann / Heide Berndt / Ulrich Billerbeck / Gerhard Brandt / Michaela von Freyhold / Inge Hofmann / Klaus Horn / Ursula Jaerisch / Evelies Mayer / Ernst Theodor Mohl / Claus Offe / Jürgen Ritsert / Xenia Rajewski / Peter Schafmeister / Alfred Schmidt / Regine Schmidt / Dietrich Wetzel u.a.

Zum richtigen Gebrauch der Begriffe – Wissenschaftliche Stellungnahme von 18 Assistenten und Mitarbeitern der Fächer Soziologie und Philosophie zu Äußerungen des Rektors

Zum Faschismus-Vorwurf von Rektor Walter Rüegg gegenüber den Teilnehmern des Carlo-Schmid-go-ins

November 1967

QUELLE: Archivalische Sammlung Ronny Loewy im Hamburger Institut für Sozialforschung, Akte SDS Frankfurt 1966–1970; abgedruckt unter dem veränderten Titel »Wissenschaft zerstört?« in: Diskus – Frankfurter Studentenzeitung, 17. Jg., Nr. 7/8, November/Dezember 1967, S. 2

Am 20.11.1967 veranstaltete der SDS ein Go-in in die Vorlesung von Carlo Schmid, um eine Diskussion über die Notstandsgesetze zu erzwingen. Diese Aktion bezeichnete der Rektor schon vor ihrem Beginn als »Einübung faschistischer Terrormethoden« und nahm sie dann zum Anlaß, den SDS wegen Hausfriedensbruch und Nötigung als studentische Organisation von der Hochschule zu suspendieren. Urteil und Maßnahmen des Rektors stützen sich ausschließlich auf formale Kriterien.

Politiker und Wissenschaftler haben den Faschismus lange Zeit undifferenziert unter dem Modell des Totalitarismus begriffen. Jedoch schon seit den zwanziger Jahren erwiesen historische Analysen, daß eine nur an formalen Kriterien orientierte Definition irreführend ist.[1] Als Faschismus formiert sich die bewaffnete restaurative Reaktion auf eine konkrete historische Situation, in der die sozial-ökonomischen Spannungen die bestehenden Machtverhältnisse und ihren institutionellen Rahmen sprengen. Gegen strukturelle Veränderungen, die eine freiere und sozial gerechte Gesellschaft herbeiführen könnten, mobilisieren die faschistischen Bewegungen autoritäre, kleinbürgerliche Ressentiments. Diese lassen sich einerseits für die Erhaltung und Verhärtung undemokratischer Verhältnisse, nicht zuletzt für großkapitalistische Interessen, einspannen und werden andererseits beim Aufbau paramilitärischer Organisationen als Mittel der Integration benutzt.

Wenn der Rektor dennoch aufgrund einer ahistorischen Betrachtungsweise den Faschismus-Vorwurf erhoben hat, so ist er entweder als Soziologe über den Stand der wissenschaftlichen Diskussion nicht informiert oder er setzt sich dem Verdacht aus, wider besseres Wissen ein verbreitetes Vorurteil zur Verschleierung undemokratischer Absichten zu benutzen.

Das Stereotyp vom linken Faschismus ist, nachdem illegitimerweise von den Zielen des SDS abstrahiert wurde, auf die Methoden gemünzt. Doch selbst von diesem borniertem Standpunkt aus erweist sich die Verwendung des Faschismus-Begriffes als unzulässig.

Faschistische Methoden zielen darauf ab, Minderheiten in Angst zu versetzen und schließlich physisch zu vernichten, um bei der Mehrheit die Bereitschaft zu blinder Akklamation zu erzeugen. Die Methoden des SDS dagegen, die im Detail durchaus kritisch diskutiert werden sollen, wollen eine rationale Diskussion überhaupt erst in Gang bringen und die Träger von Herrschaft dazu herausfordern, sich zu legitimieren oder mangels Legitimation auf ihre Privilegien zu verzichten. Angst können diese Methoden nur bei jenen erzeugen, die als Inhaber von Herrschaftspositionen weder in der Lage noch willens sind, ihre Positionen und ihr Handeln zu legitimieren.

Der Soziologe Rüegg müßte wissen, daß die organisatorische Struktur des SDS, das demokratische Verhältnis zwischen Mitgliedern und gewählten Vorständen, die Öffentlichkeit der Sitzungen seiner Organe und der Verzicht auf das Mitgliedsprinzip bei Diskussionen und Aktionen der Gruppe, nichts gemein haben mit dem Führerprinzip und der hierarchischen Struktur von Organisationen, die die Einübung faschistischer Methoden praktizieren.

Der Rektor hat es weiterhin für richtig gehalten, die Aktionen des SDS als »Terror« zu klassifizieren. Terror ist der Gegenbegriff zu den Grundlagen demokratischer Rationalität; er sollte deshalb nur in diesem Sinne gebraucht werden.

Wir nehmen also an, der Rektor habe, als er von »Terror« sprach, nicht die Diffamierung eines Studentenverbandes, sondern die präzise Bezeichnung eines politischen Phänomens im Sinne gehabt. Welche Verletzung demokratischer Grundrechte hätte er meinen können? Vermutlich bezog er sich auf die Rede- und Wissenschaftsfreiheit.

Doch auch für diesen Fall kann Professor Rüeggs

Terminologie nicht ernst genommen werden. Denn seinen eigenen wissenschaftlichen Maßstäben gemäß hätte der Rektor wissen oder sich vergegenwärtigen müssen, daß in der soziologischen und in Teilen der verfassungsrechtlichen Literatur die bürgerlichen Freiheitsrechte eine sozialstaatliche Umdeutung erfahren haben, die sich auf bestimmte Veränderungen der industriegesellschaftlichen Sozialstruktur stützt. Nach dieser Theorie können bürgerliche Freiheitsrechte nur noch als sozialstaatliche Teilhaberechte ihren angestammten Sinn erfüllen, den Bürger vor irrationaler Gewalt und unbegriffenem Zwang zu schützen.

Dieser Theorie zufolge enthält das Grundrecht der R e d e f r e i h e i t nicht mehr das Recht z. B. von Politikern, nur hinter den verschlossenen Türen der Großen Koalition zu reden und im übrigen zu *schweigen*. Redefreiheit garantiert vielmehr das Recht des Bürgers auf die praktische Herstellung von uneingeschränkt funktionierenden politischen Kommunikationsprozessen und die Teilnahme an ihnen. Ebenso bedeutet W i s s e n s c h a f t s f r e i h e i t nicht mehr nur das Privileg der O r d i n a r i e n, frei vom staatlichen Eingriff autonom zu bestimmen, was Inhalt von Lehre und Forschung sein soll. Wissenschaftsfreiheit garantiert darüber hinaus den Anspruch der S t u d e n t e n, die Entscheidungsgründe dafür zu erfahren und zu diskutieren, was Inhalt von Forschung und Lehre sein soll und weshalb bestimmte Inhalte aus Lehre und Forschung ausgeklammert bleiben sollen. Die Rechte, die in diesem – theoretisch zur Genüge ausgearbeiteten[2] – Begriff der sozialen Demokratie enthalten sind, haben die Studenten praktisch wahrzunehmen versucht.

Der Rektor ist nicht gehalten, dieser Theorie zuzustimmen; er kann sie wissenschaftlich kritisieren. Ihm muß aber bekannt sein, daß diese Theorie und die von ihr geforderte Praxis dem Zentrum der demokratischen Tradition entstammen. Die offensichtliche Unkenntnis hiervon führte ihn zum falschen Gebrauch des Begriffes Terror. In einem präziseren Sinne könnte der betroffene Studentenverband den Vorwurf des Terrors, nämlich des administrativen, gegen den Rektor wenden.

Ein Gespenst geht um in Deutschland – das Gespenst des Linksfaschismus. Gegen die unreflektierte Verwendung derartiger Begriffe, gegen die Diffamierung unbequemer Minderheiten protestieren wir mit aller Entschiedenheit. Ein ehemaliger Bundeskanzler spricht ungeniert in nationalsozialistischem Jargon von »Entartung«; seine Magnifizenz von faschistischem Terror dort, wo kritische Studenten ihre Lehrer zu rationaler Diskussion provozieren. Wir weigern uns, die Äußerungen des Rektors und die aus ihnen resultierenden Entscheidungen zu akzeptieren. Sie sind dazu angetan, davon abzulenken, den Terror dort zu suchen, wo er wirklich ausgeübt wird – mit tödlichen Pistolenschüssen und Wasserwerfern, Demonstrationsverboten und autoritärer Beschneidung uneingeschränkter Meinungsäußerung.

Dr. J. Bergmann, Dipl. Soz. H. Berndt,
Dipl. Soz. U. Billerbeck, Dr. G. Brandt,
Dipl. Soz. M. v. Freyhold, Dipl. Soz. I. Hofmann,
Dipl. Soz. K. Horn, Dipl. Soz. U. Jaerisch,
Dipl. Soz. E. Mayer, Dipl. Kfm. E. Mohl,
Dipl. Soz. C. Offe, Dr. J. Ritsert,
cand. phil. X. Rajewsky, Dipl. Soz. P. Schafmeister,
Dr. A. Schmidt, Dipl. Soz. R. Schmidt,
Dipl.-Ing. D. Wetzel, Dr. E. Becker u.a.

1 Eine Einführung in Soziologie und Geschichte des Faschismus geben: Neumann, Behemoth, The Structure and Practice of National Socialism; Nolte, Der Faschismus in seiner Epoche; Sontheimer, Antidemokratisches Denken in der Weimarer Republik. Spezialstudien und weitere Literaturhinweise sind in den Heften 30, 32, 33 u. 41 der Zeitschrift Das Argument enthalten. Zum Totalitarismus-Begriff vgl. Lange, Politische Soziologie.
2 Abendroth, Antagonistische Gesellschaft und politische Demokratie; Habermas, Strukturwandel der Öffentlichkeit; Habermas u. a., Politische Beteiligung – ein Wert an sich?, in: Student und Politik; Neumann, The Democratic and the Authoritarian State.
Zum Problem der Wissenschaftsfreiheit vgl. Nitsch u.a., Hochschule in der Demokratie, S. 148–239.

Nr. 170
Theodor W. Adorno
Zum Kurras-Prozeß
Stellungnahme vor Beginn der Vorlesung über Ästhetik
23. November 1967

QUELLE: Diskus – Frankfurter Studentenzeitung, 17. Jg., Nr. 7/8, November/Dezember 1967, S. 4; wiederabgedruckt in: Frankfurter Adorno Blätter III, München 1994, S. 146 f.

Ich nehme an, es ist auch in Ihrem Sinn, wenn ich einige Worte zum Freispruch des Polizeiobermeisters Kurras sage. Ich bin kein Jurist und beanspruche nicht die Qualifikation, juristisch über das Urteil mich zu äußern. Sicher war es schwer, den Tatbestand zu rekonstruieren, und er selbst dürfte jenes Moment von Verworrenheit enthalten haben, auf das man fast stets dort stößt, wo man glaubt, öffentliches Unwesen konkret greifen zu können. Die Problematik dessen, was man Urteilsschelte nennt, ist mir vertraut. Immerhin kann ich nicht mein Mißtrauen verschweigen gegen eine wissenschaftliche Verfahrensweise, die den Anspruch ihrer Objektivität wesentlich auf jene Technik der Subsumtion gründet, die mir philosophisch höchst problematisch dünkt. Ganz gewiß wäre es nicht an mir, der das Bedürfnis zu strafen für überaus fragwürdig hält, meinerseits mich zum Sprecher jenes Bedürfnisses zu machen und, von der anderen Seite her mich in die Gesellschaft derer zu begeben, mit denen ich nichts gemein zu haben wünsche. Aber all das ist bei der Ermordung unseres Kommilitonen Ohnesorg nicht das Entscheidende. Wenn schon der Polizeiobermeister nicht verurteilt werden kann, weil ihm Schuld im Sinn des Gesetzes nicht nachzuweisen ist, so wird dadurch die Schuld seiner Auftraggeber um so größer. Daß man die Polizei bei einer Studentendemonstration bewaffnete, trägt die Versuchung zu jenen Aktionen in sich, welche der Polizeiobermeister mit dem Wort Auftrag rechtfertigen möchte. In Frankfurt zeigte sich wiederholt, daß die Polizei solcher Methoden nicht bedarf; um so dringlicher Auskunft darüber zu erlangen, warum sie sie in Berlin anwendete, wer die Verantwortlichen sind und wie es mit dem sogenannten Auftrag bestellt ist. Über all das jedoch geht der Eindruck hinaus, den ich von Herrn Kurras hatte, als er im Fernsehen erschien. Ich vernahm da einen Satz etwa wie: »Es tut mir leid, daß dabei ein Student ums Leben gekommen ist.« Der Tonfall war unverkennbar widerwillig, so wie wenn Herr Kurras jene dürftigen Worte sich mühsam abgerungen hätte, gar nicht im Ernst dessen sich bewußt geworden wäre, was er anrichtete. Die Affektarmut des »Es tut mir leid« verklagt ihn ebenso wie das unpersönliche »ein Student ums Leben gekommen ist«. Das klingt, als hätte am zweiten Juni eine objektive höhere Gewalt sich manifestiert und nicht Herr Kurras, zielend oder nicht, auf den Hahn gedrückt. Solche Sprache ist zum Erschrekken ähnlich der, die man in den Prozessen gegen die Quälgeister der Konzentrationslager vernimmt. Herr Kurras hat es nicht über sich gebracht, einfach zu sagen: »Ich bin unglücklich darüber, daß ich einen unschuldigen Menschen getötet habe.« Der Ausdruck »ein Student« in seinem Satz erinnert an jenen Gebrauch, der heute noch in Prozessen und in der Öffentlichkeit, die darüber berichtet, von dem Wort Jude gemacht wird. Man setzt Opfer zu Exemplaren einer Gattung herab. Von derlei Erwägungen abzusehen, können keine juristischen mich veranlassen. Antwort wäre nachdrücklich zu verlangen auf die Frage, wie man in Berlin einen Menschen von der Mentalität des Herrn Kurras einstellen und ihn in eine Situation bringen konnte, die ihn dazu ermutigt, auf seine Weise sich zu betätigen.

Nr. 171

Max Horkheimer
Brief an Herbert Marcuse

28. November 1967

QUELLE: Max Horkheimer, Gesammelte Schriften Bd. 18: Briefwechsel 1949–1973, hrsg. von Gunzelin Schmid Noerr, S. Fischer Verlag, Frankfurt/Main 1996, S. 669 f.

Frankfurt, 28. November 1967

Lieber Herbert,

Daß ich jetzt erst für Deinen Brief und für die Beilagen danke, hat die bekannten Gründe: herumreisen und Vorlesungen halten, Television, Radio, Zahntechnik, die alte liebe Gicht und what not. Der letzte Radiovortrag, am 23. November, ging über *Marx heute*[1], und vielleicht hättest Du manchem zugestimmt. Sonst geht es uns beiden einigermaßen ordentlich; nur muß ich schon wieder nach Heidelberg und so weiter.

Die Zeitungsausschnitte mit den Bildern sind aufschlußreich, und ich zweifle nicht an der Richtigkeit. Unsere Differenz besteht allein darin, daß ich fürchte, ein anderes Regime, auch wenn es vor seiner Etablierung noch so gut gemeint ist, würde sich als schlimmer erweisen. Mögen die jetzt Protestierenden in vielem Recht haben, so könnte sich mit ihrer Hilfe, wenn auch gegen ihre Absicht, einzig ein Regime durchsetzen, das anstatt durch größere Freiheit viel mehr durch straffere Bürokratisierung gekennzeichnet wäre. Maybe I am wrong, aber mir scheint alles darauf hinzudeuten.

Mein bei S. Fischer erschienenes Buch[2] habe ich Dir nur deshalb nicht geschickt, weil Du ungefähr alles kennst, was drin ist, zunächst die *Eclipse*[3] und dann einige der gängigen Vorträge. Aber Du brauchst Dich bloß zu räuspern und schon hast Du es. Außerdem wirst Du wegen der Konventionalität der meisten

Stücke arg enttäuscht sein. Jetzt geht es wirklich um die Essays[4], und ich danke Dir für Deine Bemerkungen dazu. Laß uns hoffen, daß ich die rechte Entscheidung treffe.

Herzliche Grüße an Euch beide, auch von Maidon.

Dein alter

---

[1] In: Max Horkheimer, Gesammelte Schriften Bd. 8, Vorträge und Aufzeichnungen 1949–1973, Frankfurt/Main 1985, S. 306 ff.

[2] Zur Kritik der instrumentellen Vernunft. Aus den Vorträgen und Aufzeichnungen seit Kriegsende, Frankfurt/Main 1967.

[3] Eclipse of Reason, dt.: Zur Kritik der instrumentellen Vernunft, in: Max Horkheimer, Gesammelte Schriften Bd. 6: »Zur Kritik der instrumentellen Vernunft« und »Notizen 1949–1969«, Frankfurt/Main, 1991, S. 19–1869.

[4] Horkheimers gesammelte Aufsätze aus der *Zeitschrift für Sozialforschung* erschienen wieder unter dem Titel Kritische Theorie, Frankfurt/Main 1968.

Nr. 172

Theodor W. Adorno / Hans-Jürgen Krahl u.a.
»Ich bin der Bitte sehr gern nachgekommen ...«

Diskussion über das Carlo-Schmid-go-in in Adornos Vorlesung über Ästhetik

30. November 1967

QUELLE: Theodor W. Adorno, Vorlesungen zur Ästhetik (unautorisierte Tonbandnachschrift), Zürich 1973, S. 115–123

Der SDS und der Asta haben Adorno gebeten, sich in seiner Vorlesung über seine Stellungnahme zu Problemen der Berufung und studentischen Bewegung zu äußern, die er (Adorno) einige Tage zuvor schriftlich abgegeben hat.

ADORNO: Ich bin der Bitte sehr gern nachgekommen, da ich glaube, daß, so wie die Dinge heute liegen, rationale Diskussion das vernünftigste Mittel ist weiterzukommen. Weiter glaube ich, daß eine Wissenschaft im Augenblick, wenn sie nicht ihre eigene Kontinuität durch eine Art von Reflexion durchbricht, wie es in dem heutigen Gespräch gegeben ist, in Gefahr steht, eben auch zu jener Fachwissenschaft zu verkommen.

FRAGE: Vielleicht wäre es ganz gut, wenn vorher kurz gesagt würde, wie die Situation im einzelnen aussieht und was in den nächsten Tagen auf uns zukommt.

ADORNO: Ich wäre Ihnen dankbar, wenn Sie im Sinn unserer Absprache, einfach weil die Zeit so knapp ist, nicht über solche Dinge reden wollten, sondern unmittelbar zur Sache, nämlich zu den Thesen oder Andeutungen, die ich da selber gemacht habe, kommen wollten, damit diese Diskussion auch nur einigermaßen vorwärtskommt.

X: Es war dort die Frage gestellt worden, ob es sinnvoll sei, daß Studenten über Berufungsfragen bei Professoren mitbestimmen könnten in den akademischen Gremien. Vielleicht könnte man da einen guten Einstieg finden, um den Umfang und die Art und Weise studentischer Mitbestimmung an der Universität etwas zu umgrenzen. Das ist ja ein Problem, das in der Diskussion sehr kontrovers ist.

ADORNO: In den Fragen, die mir vorgelegt worden sind und auf die ich geantwortet habe, kam die Frage nach der Mitwirkung von Studenten in Berufungsfragen nicht vor. Ich habe auch dazu mich nicht geäußert. Aber ich selbst, wenn Sie mich danach fragen, bin der Ansicht, daß Studenten oft, etwa wenn sie von anderen Universitäten kommen, oder wenn sie gewisse Probleme im Lehrbetrieb ihrer eigenen Universität kennen, recht produktive Vorschläge machen können, unter Umständen sei es nur, um gewisse Dinge zu verhindern. Ich für meinen Teil hätte gegen eine solche Mitbestimmung von Studenten bei Berufungsfragen nicht das mindeste einzuwenden. Allerdings mit der einen Einschränkung, daß eine solche Mitwirkung im Sinn der geistigen Qualität und im Sinn der Funktion im Unterricht geschieht, und nicht etwa in dem Sinn, daß es dabei gewissermaßen leichter werden soll. Das Problem dem wir gegenüberstehen, ist eher das einer Senkung des geistigen Niveaus durch die Mühlen des akademischen Betriebs als das Gegenteil, und ich würde deshalb sagen, Bestrebungen, die den Weg des geringsten Widerstandes gehen möchten, von denen würde ich denken, daß sie gegen die Interessen der Studenten selber sind. Andererseits kann ich mir durchaus vorstellen, daß die Studenten zu diesen Fragen Wesentliches beitragen, und soviel mir bekannt ist, ist es ja auch im Berliner Modell so vorgesehen. (Frage nicht zu verstehen)

ADORNO: Ich für meinen Teil bin durchaus der Ansicht, daß die Studenten auch in zureichender Zahl in den Gremien vertreten sein sollten, weil sonst nur ein oder zwei Studentenvertreter da sind, sich einfach durch die Mehrheit der älteren Professoren für die jungen Studenten ein Zustand ergibt, in dem die Studenten überhaupt sich nicht getrauen, zu sagen, was sie denken. Ich möchte aber dazu noch einen gewissen Punkt angeben, den ich nicht für unwichtig halte.

Denn zweifellos ist das ein Teil der Schwierigkeiten, mit denen man inneruniversitär zu tun hat, und ich bin allerdings weit entfernt davon, diese Probleme, mit denen wir zu tun haben, als in erster Linie universitäre zu betrachten, aber immerhin, daß ein Teil der Schwierigkeiten doch damit zusammenhängt, daß durch unser Erziehungssystem in der Universität erwachsene Menschen und Menschen, die bereits so viel an Urteilsfähigkeit und Weitblick besitzen, wie im allgemeinen Menschen überhaupt in ihrem Leben zu erwerben fähig sind, daß diese einfach durch die objektive Situation von Lehrer und Schüler in einer Kindersituation festgehalten werden. Und ich kann vom Psychologischen sehr gut verstehen, daß man tatsächlich in dieser künstlich festgehaltenen Situation revoltiert, und ich glaube, daß es deshalb wichtig ist, der Tatsache, daß die Studenten erwachsene Menschen sind, gerade dadurch Rechnung zu tragen, daß man nicht Organisationsformen, die nun tatsächlich auf Kinder zugeschnitten sind, auch auf erwachsene Menschen überträgt. Und deshalb meine ich, daß man, soweit es nur irgend möglich ist, Studenten das Mitspracherecht in akademischen Dingen geben sollte. Die einzige Ausnahme, die da zu machen ist, von der Sache her, die bezieht sich nämlich auf das eigentliche Prüfungswesen, denn es ist nicht viel geholfen, daß solche, die geprüft werden, nun gleichzeitig über die Prüfung entscheiden sollen. (Zischen)

... und ich glaube, wir kommen weiter, wenn wir uns dabei des Zischens enthalten. Ich versuche hier, Ihnen meine rationalen Überlegungen mitzuteilen, und ich meine, dazu habe ich genausogut das Recht wie Sie auch ...

In bezug auf die Prüfungsfrage möchte ich allerdings eine gewisse Zurückhaltung üben, aber im übrigen glaube ich, daß eine Art von Kooperation im Sinne des Berliner Modells möglich wäre, was mir auch durch die Erfahrung [von] Berliner Kollegen bestätigt wird.

X: Es ist die Praxis von Professoren, bei Prüfungen von einem Wissensgebiet ins andere zu springen, und ich glaube, daß deshalb eine Mitsprache dort die Funktion haben könnte, daß die Prüfung tatsächlich Qualifikation statt Wissen ermittelt.

ADORNO: Ich vermeide selbst soweit wie möglich reine Wissensprüfungen, sondern versuche, die Prüfung in eine Prüfung der Reflexion des Lehrstoffs zu verwandeln. Dabei kann ein geübter Hochschullehrer praktisch nebenbei feststellen, ob der Wissensstoff vorhanden ist, oder ob die gebrauchten Begriffe auch inhaltlich verstanden sind. Eine solche Sache ist generell schwer zu regeln. Ich kann mir vorstellen, daß meine Kollegen an der Fakultät, die ich näher kenne, bereit sind, über diese diffizilen Fragen mit Ihnen zu reden. Das beste Verfahren dafür dürfte sein, daß die jeweiligen Vertreter der Fachschaften sich vor Prüfungen mit den Prüfern in Verbindung setzen und das durchsprechen. Eine Normierung dafür halte ich nicht für möglich. Man kann einem Professor nicht verbieten, auch reine Kenntnisfragen zu stellen. Es gibt ja auch Fächer, die mehr in technischen Fragen als in solchen Reflexionsfragen bestehen, zum Beispiel die Medizin. Allerdings streite ich nicht ab, daß es auch an der philosophischen Fakultät Examina gibt, die dem Begriff einer geistig-reflektiven Prüfung nicht genügen ...

KRAHL: (geht ein auf die Fragen an Adorno) ... Ich glaube, daß in der FAZ der theoretische Anspruch, der dahintergestanden hat, verkürzt wiedergegeben wurde. Er läßt sich eben nicht auf die Formel bringen, daß man das Spezialistentum an der Universität durchbrechen muß. Der SDS hatte zu diesem Go-in, nachdem er sich gegenüber dem Faschismusvorwurf, der gegen ihn erhoben wurde, rechtfertigen mußte, drei Thesen aufgestellt. Zum ersten sollte das Go-in dazu dienen, die an unserer heutigen Universität etablierte Trennung von Politik und Wissenschaft zu durchbrechen, wo die Politik in Feierabendveranstaltungen verbannt wird und der Entpolitisierungsprozeß der Wissenschaften dadurch weiterhin etabliert wird.

Von daher sind wir auch der Meinung gewesen, daß diese Politisierung der Wissenschaften erkämpft werden muß. Das haben die Verhaltensweisen der Institutionen bewiesen. Die Universitätsinstitutionen erlauben keine immanente Reform. Es hängt nicht vom guten Willen der Professoren ab, und auch nicht von den Verfassungen der Institutionen, ob Studenten eine paritätische Mitbestimmung erhalten.

Das zweite ist, man hat uns vorgeworfen, wir würden die Grenzen der Liberalität durchbrechen, indem wir einfach eine Vorlesung sprengen. Wir wollten erstens nachweisen, daß die liberalen Vernunftprinzipien, die einstmals Regeln der praktischen Vernunft waren, wenn sie in Handlungsanweisungen übersetzt wurden, heute zu bloß technischen Regeln geworden sind. D.h., daß sie analytisch völlig formalisiert worden sind. Als praktischstes Beispiel kann man da die Bombenabwürfe auf Hanoi erwähnen, die als Gegenaktion, als Befriedungsaktion ausgelegt werden.

Daß zweite wäre, daß umgekehrt die Administrationen eine gewaltlose Demonstration in Terrormaßnahmen umfunktionieren müssen, so wie damals aufgrund der Aktion der Berliner Kommune dieser die Einübung faschistischer Terrormethoden vorgeworfen wurde, und daß solche ideologischen Mechanismen dazu dienen, die politische Opposition an den Hochschulen – und sie hat nicht zuletzt in der Bundesrepublik ihren zentralen Ort an der Hochschule – auf verwaltungstechnischem Wege zu liquidieren, und das hat das Verbot des SDS schließlich gezeigt.

ADORNO: ... ich kann vielleicht sagen, daß ich ja gerade derjenige bin, der den Begriff der Personalisierung als einen politischen Begriff in die Soziologie eingeführt und die Personalisierung als eine Ideologie entlarvt hat. Aber ich meine, daß es innerhalb der Möglichkeiten, die es in unserer Hochschule gibt, einen zweiten Weg gibt, nämlich die Möglichkeiten zur Umstrukturierung, die doch sehr groß sind. Aber ich glaube allerdings, daß man diese Möglichkeiten im Geiste von Freiheit benutzen muß. Was die Frage der Liberalität angeht, so ist sicher, daß die Vernunft einem Formalisierungsprozeß unterlegen ist, der dann dazu führen kann, daß an Stelle der freiheitlichen Vernunft so etwas Liberales tritt. Und ich würde sagen, daß man dieser Tendenz so gut begegnen soll, wie es überhaupt nur getan werden kann. Ich meine aber auf der anderen Seite – und hier bitte ich, mir zu verzeihen, wenn ich auf mein Alter und meine Erfahrung rekurriere – wer einmal erfahren hat, was es bedeutet, wenn morgens um sechs die Schelle geht und man nicht weiß, ob es die Gestapo oder der Bäcker ist, daß, wer das einmal erfahren hat, auch an jenen formalisierten Rechtssatzungen ein Moment von Positivität wahrnimmt. Ich würde also doch sagen, daß im Augenblick, wo man aufgrund jener fraglosen Formalisierungstendenzen jene Spielregeln verletzt, anstatt daß man hingeht und jene Spielregeln verändert, so gut, wie es möglich ist, damit die Gefahr einer Umfunktionierung heraufbeschworen oder besser: einer Gegenbewegung, die wir unter Einschätzung der politischen und gesellschaftlichen Kräfte, wie wir sie heute finden, außerordentlich ernst zu nehmen haben. ...

Ich möchte aber doch sagen, gerade in diesem Zusammenhang, daß ich den Vorwurf faschistischer Methoden nicht für gerechtfertigt halte. Und ich glaube, daß man hier unterscheiden muß, eben nicht nur auf formale Ähnlichkeiten sich beziehen darf, sondern daß da der Inhalt eine entscheidende Rolle spielt ...

Aber ich habe auf der anderen Seite auch erlebt, wie im Jahr 1932 eine Horde faschistischer Studenten in die Universität gestürmt ist und die Dissertierenden verprügelt hat. Und ich muß sagen, der Unterschied zwischen dieser Aktion und noch dem, was ich am eigenen Leib erfahren habe, ist der Unterschied um das Ganze. Also eine Bewegung, die nicht mit Mitteln des physischen Terrors operiert und die ausdrücklich nicht auf eine elitäre oder Minderheitenherrschaft aus ist, sondern die sich zum Ziel die Aufklärung der demokratischen Majorität gemacht hat, die ist eben auch dann mit dem Faschismus nicht zu identifizieren, wenn einzelne Dinge vorkommen, die mit unseren traditionell demokratischen Spielregeln nicht ganz übereinstimmen. So würde ich für meinen Teil die demonstrierenden Studenten gegen den Vorwurf des Faschismus verteidigen. Die Aktionen selbst haben ja bis jetzt nicht den Charakter der zertrampelnden physischen Gewalttätigkeit gehabt, sondern haben sich durch den eigenen Charakter qualitativ von den faschistischen Aktionen unterschieden. ...

X: Zu der Verletzung von Spiegelregeln: Diskussion über unsere Belange, innerhalb oder außerhalb der Universität, wurde erst möglich, als wir Spielregeln verletzten – unangemeldet demonstrierten, Kreuzungen im Berufsverkehr blockierten – das hat helle Empörung ausgelöst, führte dann aber zur Diskussion. Zur Frage des Terrors – so zeichnet sich z.B. faschistischer und auch stalinistischer Terror dadurch aus, daß er auf irrationale, permanente Angst abzielt, wohingegen unsere Aktionen die permanente Diskussion erreichen wollen.

ADORNO: Zu der Verletzung von Spielregeln möchte ich sagen, daß da immer noch ein Spielraum ist, und ich glaube, daß dieser Spielraum ausreicht. Ich glaube allerdings, wenn man sich in Situationen begibt, wie sie beschrieben wurden, dann ist es nicht richtig, wenn man sich dann darüber erstaunt und entsetzt, daß dann entsprechende Gegenmaßnahmen erfolgen. Damit muß man dann allerdings auch rechnen. ...

Und ich würde allerdings sagen, daß es gerade im Interesse dessen, daß man zunächst inneruniversitär in all diesen Dingen weiterkommt, doch Gelegenheit wäre, daß man solche Diskussionen anstrebt. Ich glaube nicht, daß Sie da auf Widerspruch stoßen, solange wie nicht der Anschein erweckt wird, als ob die angestrebten Diskussionen von vornherein nur Funktionen für ihre eigentlichen Ziele wären. Ich glaube, der entscheidende Punkt dabei ist, daß diskutiert wird um der Sache willen und nicht die Diskussionen zu einem Mittel der Publizität werden ...

Wenn aber dann schon die Diskussion selbst zu dem bloßen Mittel einer Aktion gemacht wird, die ihrerseits erst der theoretischen Reflexion bedürfte, dann ist die Gefahr eines Dezisionismus oder Aktivismus gegeben.

KRAHL: Ich möchte aber doch in zwei Dingen Ihnen widersprechen. Es geht ja nicht nur um die Diskussion, sondern um praktisch wirksame Diskussion.

Dann würde ich zunächst meinen, Sie glauben, daß die Spielregeln heute immer noch eine bestimmte Rechtssicherheit gewähren, und daß die Verweigerung den Spielregeln gegenüber die Gefahr einer faschistischen Gegenbewegung heraufbeschwören kann. Da würde ich zunächst die These aufstellen, daß eine faschistische Massenbewegung in den Metropolen des Spätkapitalismus nur möglich ist unter Bedingungen, wie sie zum Beispiel heute in Amerika herrschen, daß also ein imperialistisches Land wie Amerika sich mit brutaler Gewalt in der Dritten Welt engagiert, und daß dieser Prozeß brutalisierend auf das Land zurückschlägt. In Amerika besteht in der Tat die Gefahr faschistischer Gegenbewegungen. Und ich glaube, man kann auch historisch sehr gut feststellen, wie diese Gefahr seit dem Goldwater-Faschismus mit dem wachsenden Engagement der Amerikaner in Vietnam gestiegen ist. Ich würde sagen, daß in Ländern, die nicht mehr konterrevolutionär engagiert sind in der Dritten Welt, diese Gefahr einer faschistischen Gegenbewegung nicht besteht. Daß die EWG heute eine mehr oder weniger bedeutungslose Randgruppe ist, daß sich vielmehr, und daher glaube ich, daß man die Spielregeln immanent nicht verletzen kann, der Faschisierungsprozeß, und nicht ein bloßer Restaurationsprozeß, im Zentrum des Paragraphensystems selbst vollzieht. Daß das Parlament nicht mehr der politische Markt konkurrierender Parteien ist, wie es in der klassischen Zeit der Bourgeoisie der Fall war, sondern daß das Parlament selbst von der Exekutive zu einem Manipulations- und Verschleierungsinstrument herabgesetzt wird, das die Massen nicht aufgeklärt, sondern im Gegenteil sie bloß schichtenspezifisch von den eigenen Parteien her manipulativ dem immanenten Abbau der Demokratie gefügig machen will. Und es ist nicht zufällig, daß der Wahlkampf zum Beispiel auf das Niveau einer Waschmittelreklame herabgekommen ist. Ich würde also von daher sagen, daß der Faschisierungsprozeß im Zentrum des Paragraphensystems selbst ist. Wenn man die Spielregeln immanent nutzen kann, dann würde ich gern wissen, wo in unserer Gesellschaft es noch die Möglichkeit zur Reform gibt. Ich glaube, daß sich diese Möglichkeit der Reform immer mehr verringert.

ADORNO: Sie haben mir das Selbstverständnis unterstellt, daß die Diskussion keine bloß theoretische sein dürfe, sondern daß sie praktische Wirkung haben solle. Nun scheint mir allerdings die Feuerbachthese von Marx, die später in der Tradition der Arbeiterbewegung sehr stark durchgeführte These von der Einheit von Theorie und Praxis, inhaltlich auch in einer spezifischen Weise ein pervertierendes Moment unterlegt zu haben, durch das dem Denken schon immer der Haß abverlangt wird, welche praktische Konsequenz es haben muß. Ich glaube allerdings, daß diese Prämissen unter den heutigen Voraussetzungen gefährlich sind, weil sie zu einer Fesselung des Denkens führen, die gerade in einer Situation, in der es auf eine gründliche Analyse der Verhältnisse ankommt, sehr bedenklich ist. Ich glaube, daß nur dann der Gedanke noch eine Chance hat, irgendwie praktisch zu wirken, wenn er nicht von vornherein sich von den Möglichkeiten und den Postulaten einer sich daran anschließenden Praxis gängeln läßt. Ich glaube, die einzige Differenz zwischen Ihnen und mir besteht an dieser Stelle.

Zur Frage der Gefahr des Rechtsradikalismus und des faschistischen Potentials kann ich jetzt nur noch sagen – ich denke darüber anders. Ich betrachte diese Gefahr als sehr viel ernster. Dazu möchte ich Ihnen konkret folgendes sagen. Ich verkenne gar nicht die autoritären Tendenzen in einer ganzen Reihe von Punkten innerhalb unserer Demokratie. Der Faschismus ist kein Zufall gewesen. Und daß man auf diese Tendenzen aufmerksam macht, halte ich für notwendig und gut. Aber ich möchte sie doch in diesem Zusammenhang an die sogenannte sozialfaschistische These erinnern, die die Kommunisten in der Zeit vor 1933 auf Moskauer Anweisung vertreten haben, die kurz gesagt darauf hinausgelaufen ist, daß eigentlich die Sozialdemokraten genauso schlimm wie die Nazis sind, daß man sie als Faschisten zu bekämpfen hätte. Sie alle wissen, was das Resultat war. Ich will nicht sagen, daß der Faschismus infolge der Sozialfaschismusthese der Kommunisten aufgebrochen ist, aber ich würde doch sagen, daß diese These und die daran anschließende politische Praxis sehr großes Unheil angerichtet hat. Und ich glaube, daß der Unterschied zwischen einem faschistischen Staat und dem, was ich heute als Potential innerhalb der demokratischen Spielregeln zu beobachten glaube, ein Unterschied um das Ganze ist. Und ich würde sagen, daß es abstrakt wäre und in einem problematischen Sinne fanatisch, wenn man diese Unterschiede übersehen würde, wenn man es deshalb für wichtiger hielte, gegen die wie immer auch verbesserungswürdige Demokratie eher anzugehen als gegen den sich schon sehr mächtig regenden Gegner. Wieweit unsere Möglichkeiten gehen, innerhalb der Demokratie die Verhältnisse selbst zu verändern, das ist zum Teil auch eine Frage der Energien für eine Aufklärungsbewegung, die über die bisher üblichen Mittel hinausgeht.

(Adorno führt dann noch als Beispiel die Aktionen gegen die Notstandsgesetze an, die ohne Verletzung der Spielregeln Aufklärung und Opposition gegen die Gesetzgebung gebracht hätten [etwa durch die Gewerkschaften], allerdings bleibe die Frage, inwieweit über formaljuristische Abwehr hinaus etwas erreicht werden könne.)

Nr. 173

Theodor W. Adorno

»Wohin steuern unsere Universitäten?«

Antworten auf drei Fragen
der »Frankfurter Allgemeinen Zeitung«

30. November 1967

QUELLE: Frankfurter Allgemeine Zeitung vom 30. November 1967; wiederabgedruckt in: Theodor W. Adorno, Gesammelte Schriften Bd. 20.2: Vermischte Schriften II, Edition des Theodor W. Adorno-Archivs, © Suhrkamp Verlag Frankfurt/Main 1986, S. 738 f.

1. Sind Sie der Ansicht, daß studentische Aktionen wie das Go-in bei Professor Carlo Schmid Ausdruck für eine allgemeine Unzufriedenheit unter der Studentenschaft über eine verschleppte innere Reform der Universität sind?
2. Halten Sie die SDS-These für richtig, die Universität in ihrer heutigen Form gestatte nur noch eine Spezialistenausbildung und habe die Wissenschaften entpolitisiert?
3. Halten Sie eine Demokratisierung der Universität für möglich, und wie ist Ihre Meinung zu der Stellungnahme von Professor Pfringsheim: »Mit Demokratie hat die Sache gar nichts zu tun. Die Universität gehorcht dem Geist, und der ist aristokratisch«?

1. Das Problem steckt in dem Wort »allgemeine Unzufriedenheit«. Allgemein ist diese Unzufriedenheit nicht, wohl aber herrscht sie bei einer artikulierten Minderheit. Die Studentenaktionen mögen gerade damit zusammenhängen, nämlich mit dem Bestreben, die vorwaltende Apathie zu durchbrechen.
2. Die Gefahr, daß die Universität zur Ausbildung von Spezialisten resigniert, besteht fraglos, ist freilich nicht bloß inneruniversitär bedingt, sondern gesamtgesellschaftlich nach den verschiedensten Dimensionen. Mit der immer mehr vordringenden positivistischen Wissenschaftsgesinnung ist zugleich eine Entpolitisierung der Wissenschaft gesetzt, wie sie zur großen Zeit der Universität, um das Jahr 1800, unvorstellbar gewesen wäre.
3. Mit Formulierungen wie »der Geist ist aristokratisch« vermag ich nichts anzufangen. Gerade wer die Autonomie des Geistes schwer nimmt, wird ihm nicht derlei gesellschaftliche Prädikate anheften. Im allgemeinen habe ich beobachtet, daß diejenigen, welche formal am lautesten auf solchem Aristokratismus bestehen, inhaltlich Lehren vertreten, deren unkritische Trivialität dem von ihnen erhobenen Anspruch widerspricht.

Nr. 174

Rudi Dutschke / Horst Kurnitzky

Brief an Herbert Marcuse

26. Dezember 1967

QUELLE: Stadt- und Universitätsbibliothek Frankfurt/Main, Herbert-Marcuse-Archiv

Rudi Dutschke · Berlin 62 · Fregestr. 19 ·
c/o Enzensberger
Horst Kurnitzky · Berlin 41 · Ahornstr. 12a
               Berlin, den 26.12.67

Lieber Herr Marcuse!

Unsere späte Antwort auf Ihre Briefe läßt sich kaum entschuldigen. Die politische Hektik der permanenten Auseinandersetzung mit der universitären und staatlich-gesellschaftlichen Bürokratie, die schon kurz nach Semesteranfang (15.10.) einsetzte, jetzt nur äußerlich aufgehört hat, brachte starke politische und psychische Spannungen in das gesamte antiautoritäre Lager der

Studentenschaft hinein. Der SDS zeigte sich den entstehenden Anforderungen nicht sofort gewachsen. Der sehr oft terroristische Druck von außen brachte weder Konsolidierung noch Solidarisierung nach innen, sondern zeigte temporär eher politische und menschliche Auflösungserscheinungen. Aus diesem Zusammenhang läßt sich auch die mangelnde Kommunikation, die fehlende politische Diskussion im Verband und auch der Dutschke-Anruf nach La Jolla erklären.

Durch Diskussion zwischen dem politischen Beirat des SDS, auf dessen Vorschlag Dutschke angerufen hatte, und Kurnitzky konnten inzwischen alle Mißverständnisse, Unterstellungen und persönlichen Vorurteile im wesentlichen beseitigt werden.

Die Publikation der Veranstaltungsprotokolle geschah – wie Sie es wünschten – in Zusammenarbeit und mit Billigung des SDS. Die Einnahmen werden für die weiteren politischen Aktionen des SDS benutzt, sie unterstehen der Kontrolle des politischen Beirats. Wie groß Ihre Wirkung als intellektueller und politischer Lehrer war – und noch ist –, konnten Sie noch in der Veranstaltung erleben. Die »kapitalistische« Verwertung Ihrer Gedanken wird für uns nun zur politisch-materiellen Produktivkraft in der Anti-Manipulationskampagne, in der wir versuchen, eine ur-demokratische Gegenpresse und eine eigene Öffentlichkeit zu entfalten... Mal eine andere *Dialektik der Aufklärung*...

In den letzten zwei Monaten zeigten sich im SDS gewisse Konsolidierungserscheinungen, die sich in der Reflexion der praktisch-politischen Tätigkeit sowie theoretischer Arbeit ausdrückten. Woche für Woche arbeiten ca. 200 Mitglieder in den Projektgruppen, die theoretische Rezeption und Diskussion mit praktischen Aktionen vermitteln sollen. In diesen Gruppen bemühen wir uns um eine historisch-kritische Aufarbeitung der Idee der Räte, wie sie besonders in den Marxschen Entwürfen zum Bürgerkrieg in Frankreich expliziert wurde, diskutieren unter dem Aspekt der politischen Praxis die *Repressive Toleranz* und Ihre Manuskripte, versuchen Aktionsgruppen für Griechenland, Persien und Spanien – als den Zwischengliedern zur Dritten Welt in West-Europa – entstehen zu lassen. Eine andere Gruppe organisiert für die bolivianischen Guerillas materielle Hilfe und will bald einen Sammelband über Bolivien herausbringen. Last not least entstehen direkte Kontakte mit Kuba: wir schicken für Institute Bibliographien, Bücher, Zeitschriften etc. über Kinderpsychologie, Psychoanalyse, Pädagogik etc. In diesem Zusammenhang sind wir auch der Meinung, daß Sie der Übersetzung ihrer Manuskripte – besonders für West-Europa – zustimmen sollten. Es scheint uns für die Diskussion über den Weg der Revolution in West-Europa sehr wesentlich zu sein, daß der Konzeption der antikapitalistischen Strukturreformen à la Mandel die für West-Europa neuesten Reflexionen der kritischen Theorie entgegengestellt werden. In diesem Sinne bitten wir Sie, einer Übersetzung ins Italienische (Laterza), ins Spanische (libreria lauria) und ins Norwegische (Pax Forlag a.s.) zuzustimmen. Diese und andere Schreiben legen wir diesem Brief bei und bitten um Ihre Entscheidung.

Ihnen, Frau Inge und uns wünschen wir – auch im Namen des SDS – ein effektives Jahr 1968, effektiv im Sinne der Verbreiterung der radikalen Systemopposition in den USA – und Frieden in Vietnam im Sinne der Befreiungsfront.

Venceremos!

Rudi Dutschke
Horst Kurnitzky

Wichtig!
Unterstützen Sie bitte verbal die »Internationale Jugendkonferenz« vom 15.–18. Feb. 1968, die sich u.a. gegen die US-Aggression in Vietnam richtet, durch ein Schreiben an das Sekretariat Berlin 15, Wielandstr. 27 (Republikanischer Club).

P.S. Könnten Sie mir bitte auch die Anschrift von Herrn Hacker mitteilen.

1968

15.4.: Nach dem Attentat auf Rudi Dutschke kommt es Ostern beim Versuch, die Auslieferung von Zeitungen des Axel-Springer-Verlags zu stoppen, zu schweren Zusammenstößen mit der Polizei. Szene an der Rückseite des Hauptbahnhofs.

Nr. 175

Herbert Marcuse
Nachschrift 1968
Zu seinem Aufsatz »Repressive Toleranz«
1968

QUELLE: Herbert Marcuse, Schriften Bd. 8: Aufsätze und Vorlesungen 1948–1969 / Versuch über die Befreiung, © Suhrkamp Verlag Frankfurt/Main 1984, S. 162–166

Unter den herrschenden Bedingungen in diesem Lande erfüllt die Toleranz nicht die zivilisierende Aufgabe, die ihr von den liberalen Vorkämpfern der Demokratie zugesprochen wurde: nämlich in erster Linie dem Schutz der abweichenden Meinung zu dienen. Sie kann diese Rolle auch gar nicht spielen. Die fortschrittliche historische Kraft der Toleranz liegt in ihrer Ausdehnung auf solche Weisen und Formen der Abweichung, die dem gesellschaftlichen Status quo nicht verpflichtet sind und die sich nicht auf den institutionellen Rahmen der etablierten Gesellschaft festlegen lassen. Abweichende Gruppen oder Individuen müssen daher – das folgt mit Notwendigkeit aus der Idee der Toleranz – ungesetzlich werden, wenn die etablierte Gesellschaft die Entwicklung von Abweichung verhindert und ihr entgegenarbeitet. Dies gilt nicht nur für eine totalitäre Gesellschaft, unter einer Diktatur oder in Einparteienstaaten, sondern auch in einer (repräsentativen, parlamentarischen oder »direkten«) Demokratie, in der sich Mehrheiten nicht aus autonomem Denken und unabhängigen Meinungen ergeben, sondern aus der monopolistischen oder oligopolistischen Verwaltung öffentlicher Meinung ohne Terror und, im Normalfall, ohne Zensur. In solchen Fällen erhält sich die Mehrheit automatisch, indem sie die wohlverstandenen Interessen perpetuiert, die sie zur Mehrheit gemacht haben. Die Mehrheit ist strukturell »abgeschlossen«, versteinert; sie schließt a priori jede Veränderung aus, die nicht innerhalb des Systems bliebe. Dies bedeutet aber, daß die Mehrheit nicht länger zu Recht den demokratischen Anspruch erheben kann, das Gemeininteresse am besten zu wahren. Und eine solche Mehrheit ist das genaue Gegenteil von Rousseaus *volonté générale:* sie setzt sich nicht aus Individuen zusammen, die, insoweit sie politische Funktionen ausüben, von ihren Privatinteressen wirksam »abstrahiert« haben, sondern im Gegenteil aus Individuen, die ihre Privatinteressen mit ihren politischen Funktionen wirksam identifiziert haben. Und die Repräsentanten dieser Mehrheit, die deren Willen zum Ausdruck bringen und in die Tat umsetzen, bringen in der Tat nichts anderes zum Ausdruck als den Willen jener wohlverstandenen Interessen, aus denen die Mehrheit besteht, und setzen sie in die Tat um. Die Ideologie der Demokratie verbirgt ihren Mangel an Substanz.

In den Vereinigten Staaten geht diese Tendenz Hand in Hand mit der monopolistischen oder oligopolistischen Konzentration von Kapital bei der Formierung der öffentlichen Meinung, das heißt der Mehrheit. Die Chance, auf diese Mehrheit auch nur irgendwie wirksam Einfluß zu nehmen, hat einen (in Dollar angebbaren) Preis, der die Möglichkeiten der radikalen Opposition bei weitem übersteigt. Auch hier ist der freie Wettbewerb und Ideenaustausch längst zur Farce geworden. Die Linke hat keine gleiche Stimme, keinen gleichen Zugang zu den Massenmedien und deren öffentlichen Einrichtungen – nicht, weil eine Verschwörung sie davon ausschlösse, sondern weil sie, in guter alter kapitalistischer Manier, nicht über die entsprechenden finanziellen Mittel verfügt. Und die Linke verfügt nicht über diese finanziellen Mittel, eben weil sie die Linke ist. Solche Bedingungen zwingen die radikalen Minderheiten zu einer Strategie, die im Wesen darin besteht, nicht länger zuzulassen, daß die angeblich unparteiische, in Wirklichkeit aber diskriminierende Toleranz weiterhin ihre Wirkungen ausübt – eine Proteststrategie beispielsweise gegen die »ausgewogene« Gegenüberstellung eines Sprechers der Rechten (oder der Mitte) gegen einen der Linken. Nicht die »gleiche«, sondern eine *bevorzugte* Darstellung der Linken würde die bestehende Ungleichheit ausgleichen.

Innerhalb des festen Rahmens vorab etablierter Ungleichheit und Macht läßt man durchaus Toleranz walten. Selbst anstößige Meinungen kommen zu Wort, unerhörte Vorfälle werden im Fernsehen gezeigt, und die Kritiker der herrschenden Politik werden ebensooft von Werbespots unterbrochen wie die konservativen Vertreter dieser Politik. Sollen etwa diese Zwischenspiele das schiere Gewicht, den Umfang und die Kontinuität der Reklame für das System unterlaufen – eine Indoktrination, die in den endlosen Werbespots ebenso wie in Unterhaltungssendungen fröhlich am Werk ist?

Angesichts dieser Situation schlug ich in »Repressive Toleranz« vor, die parteiische Toleranz in umgekehrter Richtung zu praktizieren, als Mittel, die Balance zwischen Rechts und Links durch eine Beschränkung der

Freiheit der Rechten zu verschieben, um so der herrschenden Ungleichheit der Freiheit (den ungleichen Zugangsmöglichkeiten zu den Instrumenten der demokratischen Manipulation) entgegenzuarbeiten und die Unterdrückten gegen die Unterdrücker zu stärken. Für Bewegungen, die nachweislich aggressive oder destruktive Ziele verfolgen (zerstörerisch für die Aussicht auf Frieden, Gerechtigkeit und Freiheit für alle), sollte die Toleranz eingeschränkt werden. Solche ungleiche Behandlung ließe sich auch auf Bewegungen anwenden, die sich gegen die Ausweitung der Sozialgesetzgebung für die Armen, Schwachen und Wehrlosen richten. Gegen den heftigen Vorwurf, eine solche Politik gebe das geheiligte Prinzip der Gleichbehandlung der »anderen Seite« auf, wende ich ein, daß es Fälle gibt, in denen es allenfalls noch in einem formalistischen Sinn eine »andere Seite« gibt oder in denen diese »andere Seite« nachweislich »regressiv« ist und eine mögliche Verbesserung der menschlichen Lebensbedingungen behindert. Toleranz für die Propaganda von Unmenschlichkeit pervertiert die Ziele nicht nur des Liberalismus, sondern jeder fortschrittlichen politischen Philosophie.

Ich unterstellte die Existenz eines nachprüfbaren Kriteriums für aggressive, regressive und destruktive Kräfte. Wenn die dezidierte Meinungsäußerung der Mehrheit als letztes demokratisches Kriterium nicht mehr (oder besser: noch nicht) gelten kann; wenn lebenswichtige Ideen, Werte und Ziele des menschlichen Fortschritts nicht mehr (oder besser: noch nicht) als ebenbürtige Faktoren in die Bildung der öffentlichen Meinung eingehen; wenn das Volk nicht mehr (oder besser: noch nicht) Souverän ist, sondern von den wirklich souveränen Mächten »gemacht« wird – gibt es dann irgendeine Alternative zur Diktatur einer »Elite« über die Masse? Denn die Meinung der Masse (gewöhnlich »das Volk« genannt) – die gerade derjenigen Vermögen beraubt ist, in denen der Liberalismus die Wurzeln der Freiheit sah: autonomes Denken, unabhängige Rede –, kann keine übergeordnete Geltung und Autorität beanspruchen, selbst wenn »das Volk« die überwältigende Mehrheit darstellt.

Wenn die Wahl zwischen echter Demokratie und Diktatur zu treffen wäre, so wäre die Demokratie gewiß zu bevorzugen. Aber es herrscht keine Demokratie. Den radikalen Kritikern des bestehenden gesellschaftlichen Prozesses wird daher gern vorgeworfen, sie befürworteten als Alternative eine »Elitenherrschaft«, eine Diktatur der Intellektuellen. Was wir gegenwärtig haben, ist demgegenüber die – repräsentative – Regierung einer nicht-intellektuellen Minderheit von Politikern, Generälen und Geschäftsleuten. Von einer solchen »Elite« ist nicht eben viel zu erwarten, und die Alternative, die darin bestünde, den Intellektuellen politische Privilegien zuzusprechen, brauchte für die Gesellschaft insgesamt keineswegs schlechter zu sein.

John Stuart Mill – nicht gerade ein Feind der liberalen und repräsentativen Regierungsform – war gegen eine politische Führung aus Intellektuellen jedenfalls weniger allergisch als die gegenwärtigen Hüter einer Halbdemokratie. Mill glaubte, die »individuelle geistige Überlegenheit« rechtfertige es, die Meinung einer Person mehr zählen zu lassen als die einer anderen:

»Solange das Pluralwahlrecht, das der Bildung als solcher den ihr gebührenden dominierenden Einfluß sichert und ein genügendes Gegengewicht gegen das numerische Gewicht der am wenigsten gebildeten Klasse darstellt, nicht in irgendeiner Form konzipiert und von der öffentlichen Meinung anerkannt ist, wird man die Vorteile eines uneingeschränkten Wahlrechts nicht erreichen können, ohne mit ihnen, wie mir scheint, zugleich mindestens ebenso große Nachteile in Kauf nehmen zu müssen.«[1]

»Die schon an sich richtige Differenzierung zugunsten der Bildung« empfehle sich »insofern, als sie die Gebildeten vor der Klassengesetzgebung der Ungebildeten bewahrt«, ohne deshalb den ersteren die Möglichkeit zu geben, ihrerseits eine Klassengesetzgebung zu praktizieren.[2]

Heute haben solche Worte begreiflicherweise einen anti-demokratischen, »elitären« Klang – begreiflicherweise, weil sie gefährlich radikale Implikationen in sich tragen. Denn sofern »Bildung« mehr und etwas anderes ist als Einübung in die bestehende Gesellschaft, Lernen für sie und Vorbereitung auf sie, so geht es ihr darum, den Menschen nicht nur instand zu setzen, die Tatsachen zu kennen und zu verstehen, die die Wirklichkeit ausmachen, sondern auch darum, es ihm zu ermöglichen, diejenigen Faktoren zu kennen und zu verstehen, die diese Fakten setzen, so daß er deren unmenschliche Wirklichkeit verändern kann. Und darum müßte geisteswissenschaftliche Bildung auch die »harten« Naturwissenschaften einschließen (»hart« wie die *hardware*, die das Pentagon kauft?) und sie von ihrer destruktiven Tendenz befreien. Mit anderen Worten, eine solche Bildung würde dem Establishment in der Tat wenig dienen, und der Gedanke, derart gebildeten Männern und Frauen politische Vorrechte zu verleihen, wäre aus der Sicht des Establishments wirklich undemokratisch. Aber seine Sicht ist nicht die einzige.

Gleichwohl ist die Alternative zu dem bestehenden halbdemokratischen Prozeß *nicht* eine Diktatur oder Elite, wie intellektuell und intelligent sie auch sein mag, sondern der Kampf um eine wirkliche Demokratie. Ein Teil davon ist der Kampf gegen eine Ideologie der Toleranz, die in Wirklichkeit die Aufrechterhaltung des ungleichen und diskriminierenden Status quo begünstigt und stärkt. Für diesen Kampf habe ich vorgeschlagen, eine parteiische Toleranz zu üben. Gewiß, eine solche Praxis würde das radikale Ziel, das sie zu erreichen sucht, schon voraussetzen. Ich beging diese *petitio principii*, um die verderbliche Ideologie zu bekämpfen, wonach Toleranz in dieser Gesellschaft bereits institutionalisiert sei. Toleranz, die das Lebenselement, das Kennzeichen einer freien Gesellschaft ist, wird niemals etwas sein, das von den bestehenden Mächten »gewährt« wird; sie kann unter den herrschenden Bedingungen einer Tyrannei der Mehrheit nur durch die hartnäckige Anstrengung radikaler Minderheiten erkämpft werden, die willens sind, diese Tyrannei zu brechen und an der Entstehung einer freien und souveränen Mehrheit zu arbeiten – durch intolerante Minderheiten also von militanter Unduldsamkeit und kämpferischem Ungehorsam gegenüber Verhaltensregeln, die Zerstörung und Unterdrückung tolerieren.

1 John Stuart Mill, Betrachtungen über die repräsentative Demokratie, Paderborn 1971, S. 154 f.
2 Ebd., S. 153.

Nr. 176

Rudi Dutschke / T. [d. i. Elisabeth] Käsemann / R. Schöller

Vorwort

Zu: Der lange Marsch (Auszüge)

1968

QUELLE: Régis Debray / Fidel Castro / K. S. Karol / Gisela Mandel, Der lange Marsch – Wege der Revolution in Lateinamerika, München 1968, S. 19–22 und S. 24

»Wir haben schon darauf hingewiesen, welche entscheidende Rolle 1918 die mangelnde Vorbereitung der Arbeiterpartei auf die Übernahme des hochentwickelten Apparates für das Scheitern der demokratischen Revolution gehabt hat. Die Bedeutung dieser Frage ist seither noch ungeheuer gestiegen. Mit einseitiger Konzentration nur auf die Massentätigkeit wird man ihr ebensowenig gerecht wie mit Planungsstudien im politisch luftleeren Raum. Soll die nächste deutsche Revolution gelingen, so muß die revolutionäre Partei geschaffen werden, die auf die Organisierung der Massenaktivität und auf die Leistung des Wirtschaftsapparates in gleicher Weise vorbereitet ist, die Partei, die ihre Kader in den Betrieben und ihre Kader unter der Produktionsintelligenz in gleicher Weise für die Führung der Revolution heranbildet, mit der gleichen Gründlichkeit, der gleichen organisatorischen Festigkeit und vor allem mit dem gleichen Willen zur Macht.« Ex-Marxist Sering, 1937.

Diese Aussagen sind eine Weiterentwicklung der Engelsschen Aufforderung an die SPD – in den neunziger Jahren –, aus allen Bereichen der Gesellschaft revolutionäre Spezialisten in die Partei zu integrieren, als Kader für den Transformationsprozeß.

In der Guerilla-Kampfform subversiv in den Apparaten und Institutionen zu arbeiten, liegt eine offensichtliche dialektische Identität mit der Arbeit der revolutionären Opposition in den imperialistischen Metropolen vor.

Es muß gelingen, die technische, ökonomische und pädagogisch-kulturelle Intelligenz, deren Bedeutung für die gesamtgesellschaftliche Reproduktion immer größer wird, zu einer befreienden Verweigerungs- und Sabotage-Guerilla in den verschiedenen Sphären der Gesellschaft zu vereinigen.

Die wissenschaftliche Ausbildung wird so zu einer Produktivkraft der Befreiung, die die unmenschlichen Teile des Apparats und der Herrschaftsmaschinerie zu einem politisch richtigen Zeitpunkt unterlaufen, sabotieren und vernichten kann, sich nicht mehr den wechselnden Bedürfnissen des Kapitals unterwirft.

Die Schaffung eines Gegenmilieus, einer expandierenden Keimform der neuen Gesellschaft, in der die verschiedenen Fraktionen und Abteilungen des antiautoritären Lagers sich eine organisierte soziale Basis schaffen (eigene Häuser, Kindergärten, Kinos, Institute, Schulen, Universitäten etc.), wäre die Voraussetzung für eine kontinuierliche Unterminierungsarbeit des Staatsapparates, ist aber noch ein ungelöstes Problem. Der lange Marsch der revolutionären Guerilla durch die Kontinente ist nicht zu trennen vom langen Marsch durch die Institutionen – so wühlt »der alte Maulwurf« (Herzen) – Revolution von innen und von außen.

Eine noch immer nicht tief reflektierte Form von spätkapitalistischer Guerilla-Praxis war die Unterstützungsaktion einiger Abteilungen des antiautoritären Lagers für eine andere »Minderheit«, für die Verkäufer und Verkäuferinnen in der Westberliner City, denen die Weltstadtambitionen der Schütz und Neubauer eine verlängerte Arbeitszeit zum Wochenende bescheren sollte.

Für die politische Praxis der außerparlamentarischen Opposition war die Situation ambivalent: Auf der einen Seite gab es bei den Betroffenen ein starkes Unbehagen und individualisierten Protest gegen die Praktiken des Senats, auf der anderen Seite gab es aber in den Kaufhäusern keine antiautoritären Basisgruppen, selbsternannte Avantgardes, die uns für eine massenhafte Unterstützung hätten hinzuziehen können. Resultat war deshalb eine »Vertretungsaktion« mit autoritären Elementen: Wir drangen massenhaft in die Kaufhäuser ein, verteilten Flugblätter, blockierten mehr oder weniger den normalen Verkaufsrhythmus und stießen auf viel Sympathie von seiten der Verkaufsproduzenten. Die Geschäftsleitungen wurden gezwungen, ihre Profitmaximierung temporär einzustellen. Der Lehrstück-Charakter unserer Aktion vermittelte den Betroffenen eine sinnliche Erfahrung, die sie lehrte, wie Interessen und Bedürfnisse durch Selbstorganisation durchgesetzt werden können.

Entscheidend aber wird sein, ob auch in dieser Sphäre der gesellschaftlichen Reproduktion antiautoritäre Basisgruppen (Produzentenunionen jenseits der etablierten Gewerkschaften) entstehen, die in ihrer spezifischen Sphäre die Widersprüche handhaben und vertiefen können, sich nicht dem Monopolanspruch einer Organisation unterwerfen, vielmehr solidarisch nach dem Prinzip der gegenseitigen Hilfe mit den anderen antiautoritären Fraktionen des Volkes zusammenarbeiten.

Strategisch zeigt sich an diesem Beispiel, daß wir als »radikale kleine Minderheit« (Schütz) durchaus in der Lage sind, taktische Siege über einen aktuell noch überlegenen Staatsapparat zu erringen. Konstitutiv dabei ist immer die Massenhaftigkeit des Eindringens in die schwächsten Glieder der sozialökonomischen Reproduktion, ihre Mobilisierung, Politisierung und Selbstorganisierung. Durch konkrete marxistische Analysen der konkreten Produktionsverhältnisse in den einzelnen Produktionszweigen können wir Krisenerscheinungen, schwache Glieder prognostisch antizipieren, so auch politisch und organisatorisch vorbereiten. Hier liegen mit Verlaub die revolutionär-wissenschaftlichen Aufgaben der Soziologen, Politologen…

Ein besonders gelungenes Beispiel für die Vermittlung antiimperialistischer und antikapitalistischer Guerilla-Praxis zeigten vor nicht langer Zeit die Zengakuren in der Nähe von Tokio, wo sie Bauern, deren Land für den Aufbau von Militäranlagen bereitgestellt werden sollte, mit 5000 Stadt-Guerilleros unterstützten, begrenzten – von ihnen bestimmten – Bürgerkrieg mit den Bauern und für die Bauern praktizierten.

Wir haben von der Befreiungsfront in Vietnam oder von den Zengakuren zum Beispiel zu lernen, nur dort offensiv vorzugehen, wo wir quantitativ und qualitativ wirklich überlegen sind, und nur die Methoden und Mittel anzuwenden, die wir schon beherrschen. Diese offensive Taktik begreift, daß Begriffe wie »Minderheit« und »Mehrheit« nicht ewige und auch nicht parlamentarische, sondern historisch-kritische sind. Durch die praktisch-kritische und langandauernde subjektive Tätigkeit der Antiautoritären innerhalb einer bestimmten geschichtlichen Periode kann aus der Minderheit eine bewußte revolutionäre Mehrheit selbstorganisierter Fraktionen werden.

[…]

»Die Waffe der Kritik kann die Kritik der Waffen nicht ersetzen.« Marx

Allein der permanente Kampf, der den Imperialismus überall angreift und ihn sich ausbluten läßt, vermag eine sozialistische Revolution und durch sie eine antiautoritäre sozialistische Weltgesellschaft zu verwirklichen. Es lebe die sozialistische Weltrevolution, die sich in ihr befreienden Gesellschaften und die sich in Freiheit setzenden neuen Menschen.

Nr. 177

Max Horkheimer
Zur Revolte der linken Studenten
Späne – Notizen über Gespräche mit Max Horkheimer, in unverbindlicher Formulierung aufgeschrieben von Friedrich Pollock
Januar 1968

QUELLE: Max Horkheimer, Gesammelte Schriften Bd. 14: Nachgelassene Schriften 1949–1972, hrsg. von Gunzelin Schmid Noerr, © S. Fischer Verlag Frankfurt/Main 1988, S. 459

Das Avancierteste in dieser Revolte besteht darin, daß sie nicht, wie frühere derartige Pubertätsphänomene, gegen die Familie oder den Vater gerichtet ist, sondern gegen die Institutionen, die heute an die Stelle der in Auflösung befindlichen Familie getreten sind, die Universität, das Establishment, die Gesellschaft. Form, Inhalt und Zielsetzung der Rebellion sind konfus. Daß der Unglücksfall Ohnesorg als politischer Mord hochgespielt wird und daß das Knüppelschwingen der aufs äußerste provozierten Polizei als nicht zu rechtfertigende Brutalität hingestellt wird, zeigt, daß die Leiter der Bewegung in der Wahl ihrer Mittel genauso bedenkenlos sind wie die Herren auf der äußersten Rechten, und wenn Herr Dutschke in unzähligen Versammlungen ungestört die Demokratie als bloßen Schein denunziert, dann führt er sich selbst ad absurdum.

Nr. 178

Herbert Marcuse
Brief an Rudi Dutschke
12. Januar 1968

QUELLE: Stadt- und Universitätsbibliothek Frankfurt/Main, Herbert-Marcuse-Archiv

8831 Cliffridge Ave.
La Jolla, Cal. 92037
12. Januar 1968

Lieber Herr Dutschke:

Dieser Brief geht an Ihre Adresse, weil ich erst einmal eine persönliche Angelegenheit aufklären möchte. Wie Sie wohl wissen, hat man in Berlin verbreitet, daß ich Sie einen »sweet demagogue« genannt hätte. Nun kann ich mich beim besten Willen (und wohl bewußt, was die Verdrängung leisten kann) nicht erinnern, eine solche Bemerkung gemacht zu haben, habe aber der Sicherheit wegen darüber an Taubes geschrieben. Hier aus seiner Antwort: »Sie haben (das Wort) mal so vor sich hin gesagt, als wir in einem kleinen Kreis stehend das Auditorium maximum verließen: nach der Diskussion mit den Professoren. Und ich erinnere mich genau, daß dieses Wort höchst freundlich gemeint war, weil sie großen Spaß daran hatten, wie Dutschke aus seinen Frühwerken ganze Paragraphen vorlas ... Das Wort war im Spaß gemeint und, soweit ich mich erinnere, drückte [es] Ihre Reverenz vor der eleganten, treffsicheren Weise aus, die Dutschke eignet bei öffentlicher Diskussion.« Ich erwähne die ganze Sache nur, weil ich nicht will, daß maliziöse Gerüchte über Differenzen zwischen uns im Umlauf bleiben. Lassen Sie mich deshalb ganz klar sagen, daß ich mich mit Ihrer Arbeit in rebus politicis identifiziere und das, was Sie tun, für ungeheuer ernst und wichtig halte. Amen.

Ich habe gegen die fremdsprachlichen Ausgaben des *Ende der Utopie* keine Einwendungen, vorausgesetzt, daß der Aufsatz *Das Problem der Gewalt in der Opposition* ungekürzt erscheint. Ausgenommen von der Autorisierung sind die englischen und amerikanischen Ausgaben: ich kann die englischen und amerikanischen Rechte nicht vergeben, ohne vorher das Einverständnis der Beacon Press eingeholt zu haben. Bitte schreiben Sie Herrn Dieter Lattmann, daß er sich mit mir in Verbindung setzt.

Hier sieht es böse aus. Es scheint, daß die Studentenopposition in zunehmendem Maße von falschradikalen (hier sagt man: trotzkistischen) Gruppen übernommen wird und sich in sinnlosen Aktionen an falscher Stelle verspielt. – Wir haben heute abend eine Diskussion mit Lettau: vielleicht kann ich Ihnen danach mehr berichten.

Was machen eigentlich Ihre Pläne, hierher zu kommen?

Dr. F. Hackers Adresse: 160 Lasky Drive, Beverley Hills, California

Mit den besten Wünschen Herrn Kurnitzy und Ihnen, auch von Inge,

Nr. 179

Max Horkheimer
Die oppositionellen Studenten und der Liberalismus
Späne – Notizen über Gespräche mit Max Horkheimer, in unverbindlicher Formulierung aufgeschrieben von Friedrich Pollock
Februar 1968

QUELLE: Max Horkheimer, Gesammelte Schriften Bd. 14: Nachgelassene Schriften 1949–1972, hrsg. von Gunzelin Schmid Noerr, © S. Fischer Verlag Frankfurt/Main 1988, S. 471 f.

Sie verdanken alles dem Liberalismus: die Söhne halten dem Vater dessen eigene Ideale entgegen.

Der Liberalismus förderte die Entfaltung der Persönlichkeit, Freiheit und der Gerechtigkeit. Er hatte Vertrauen in die Gesellschaft und in die Zukunft. Die Rechte des Individuums wurden grundsätzlich anerkannt. Er stellt eine gewaltige Verbesserung gegenüber den vergangenen Jahrhunderten dar. Die Arbeit hatte ein vernünftiges Ziel: das gute und gesicherte Leben. Grundsätzlich sollte es für jeden erreichbar sein. Wie es in der Praxis aussah, ist bekannt.

Die Opposition ist ein Ausdruck der Verzweiflung. Es gibt nichts mehr, »woran man sich halten kann«. Das heutige Leben steht unter unausgesetztem Druck und erweist sich als schal und sinnlos, gerade weil der Mehrheit der Menschen in den westlichen Ländern die elementarsten Sorgen abgenommen sind.

Nr. 180

Max Horkheimer / Theodor W. Adorno
nehmen Stellung zu aktuellen Fragen
Gespräch mit Redakteuren des »Schülerspiegel« (Auszug)
Februar 1968

QUELLE: Schülerspiegel – Schülerzeitung für Frankfurter Wirtschaftsschulen, o. Jg., Nr. 2, Februar 1968, S. 19–21

Vier Redakteuren unserer Zeitung wurde die besondere Ehre zuteil, die beiden Philosophen und Soziologen Professor Dr. Max Horkheimer und Professor Dr. Theodor Adorno um ihre Stellungnahme zu einigen in der letzten Ausgabe des *Schülerspiegel* angeschnittenen Problemen zu bitten.

An dieser Stelle dürfen wir noch einmal unseren verbindlichsten Dank für das freundliche Entgegenkommen aussprechen.

SCHÜLERSPIEGEL: Die Radikalisierungserscheinungen unter den Jugendlichen der Bundesrepublik werden vielfach als ein Versagen des politischen Unterrichts hingestellt.

HORKHEIMER: Dazu kann ich zunächst nur sagen, daß die Änderung der Gesellschaft, z.B. der Rückgang der Bedeutung der Familie nicht einfach durch den politischen Unterricht wettgemacht werden kann. Das wäre eine Utopie. Diese Radikalisierung hat doch einfach damit zu tun, daß wir in einer Zivilisation leben, deren Ideen immer stärker erschüttert werden. Das bedeutet aber für die jungen Menschen, daß sie des Haltes und der Hoffnungen entbehren, die vergangene Generationen noch hatten. Um ein Beispiel zu geben: Früher war es für einen jungen Menschen entscheidend, daß er die Laufbahn, die er einmal einschlug, als seine Pflicht und als einen Sinn im Leben angesehen hat. Das ist verschwunden, das ist durchschaut, das bedeutet nichts mehr. Dann ist noch besonders wichtig, daß die Autorität des Vaters in der Familie im Schwinden begriffen ist, nicht zuletzt aus ökonomischen Gründen.

SCHÜLERSPIEGEL: Es ist doch eigenartig, daß es zu diesen Demonstrationen erst in jüngster Vergangenheit kam. Worauf ist dies zurückzuführen?

ADORNO: Es ist schwer zu sagen, warum Phänomene, die sich in einer geschichtlichen Tendenz akkumuliert haben, gerade zu einer bestimmten Zeit sichtbar werden. Wahrscheinlich müßte man, um die Frage beantworten zu können, die Vorgeschichte der studentischen Bewegung in Berkeley eingehend studieren, die ja das Muster für all das, was sich bei uns augenblicklich ereignet, gewesen ist. Daß diese Unruhe in der Jugend nicht auf das Versagen der politischen Bildung im wesentlichen zurückzuführen ist, dafür gibt es einen ganz einfachen Beweis, nämlich den, daß die Unruhe international ist und auch nicht durch die Grenzen der politischen Systeme eingeschränkt wird. Es gibt diese Bewegung ja auch in Prag, in Warschau und Moskau.

Es existiert das Problem des Versagens des politischen Unterrichts als ein Faktor, weniger in dem Sinne, daß er die Ursache wäre für die politische Unruhe, als in dem viel fataleren Sinne, daß er Schuld ist an einer bestimmten Art politischer Apathie.

SCHÜLERSPIEGEL: Welche Kriterien gelten für einen guten politischen Unterricht?

HORKHEIMER: Der politische Unterricht muß eine klare und eindeutige Beziehung zu den Fragen der Gegenwart herstellen; das ist zunächst einmal das Wichtigste.

Ich kann mir keinen politischen Unterricht vorstellen, in dem nicht auch die Marxsche Lehre analysiert und kritisch betrachtet wird. Man müßte ferner die Einwirkung der äußeren Konflikte auf die inneren behandeln. Es muß weiterhin gezeigt werden, daß sich die Wissenschaft heute nicht nur im Sinne des Wohles der Menschheit entwickelt. Die Wissenschaft hilft auch, Verteidigungs- und Kriegsmittel herzustellen. Es muß etwas über die gesellschaftlichen Kräfte gesagt werden, die den Gang der Wissenschaft bestimmen.

Was ich in Deutschland überhaupt noch nicht sehe, ist ein politischer Unterricht, der dazu beiträgt, daß die Verfassung von den Schülern möglicherweise »geliebt« wird. Je mehr man das Negative betont, um so mehr muß man auch etwas über den Gegensatz zwischen der Realität und den Ideen, die in dieser Verfassung niedergelegt sind, sagen. Ich denke, die Verfassung müßte so akzeptiert werden, daß die Menschen davon durchdrungen sind.

ADORNO: Hiermit wird einer der zentralen Punkte berührt. Es wird ein gesellschaftlicher Widerspruch augenscheinlich. Auf der einen Seite wird mit Recht erwartet, daß die Menschen eine bestimmte Art der Identifikation mit der demokratischen Verfassung vollziehen; andererseits herrscht aber innerhalb des gegenwärtigen Parteiensystems das Gebot, daß der Unterricht selbst nicht irgendwie parteiisch sein soll. Dadurch wird der Verinhaltlichung der demokratischen Ideen von vornherein eine so enge Grenze gesetzt, daß also ein Lehrer wirklich nicht weiß, was er machen soll. Auf der einen Seite soll er die jungen Menschen zur Demokratie erziehen, auf der anderen Seite, wenn er sich ernstlich mit der Frage beschäftigt, was verwirklichte Demokratie heißt, kann ihm sofort vorgeworfen werden, daß er parteipolitische Propaganda betreibt. Insofern sind die Vorwürfe gegenüber dem politischen Unterricht zum Teil unberechtigt, weil derjenige, der ihn erteilt und es mit der Demokratie ernst meint, von vornherein einer Art Quadratur des Kreises gegenübersteht.

Es gibt zwei Kriterien, die für mich von entscheidender Bedeutung für einen guten politischen Unterricht sind: Einmal darf sich dieser Unterricht nicht damit begnügen, Fassadenphänomene, wie etwa die Verfahrensregeln innerhalb der parlamentarischen Demokratie zu lehren. Er muß das gesellschaftliche Kräftespiel aufdecken. Er darf die Politik nicht als ein isoliertes, in sich ruhendes Werk betrachten, sondern als Ausdruck von Interessen. Es muß mit der Illusion aufgeräumt werden, wie sie in einer bestimmten Art politischen Unterrichts heute vorkommt, daß nur ein paar Menschen von sogenanntem guten Willen sich zusammenzusetzen und miteinander zu reden brauchen, damit alles in Ordnung geht. Die Interessenlagen sind möglicherweise so entgegengesetzt, daß eine Verständigung gar nicht möglich ist.

Andererseits kommt es wesentlich darauf an, daß so etwas wie politische Mündigkeit erzielt wird, also daß die Menschen, ganz schlicht gesagt, nicht mitblöken, wie ich das immer nenne, wobei ich den Begriff des Geblöks außerordentlich weit fasse und alle möglichen Parolen von den verschiedensten Richtungen mit unter diesen Begriff einbeziehe. Es geht darum, daß man nicht einfach irgendwelche kollektiven Parolen, die einem fertig serviert werden, akzeptiert, sondern daß man zu einem politischen Urteil und zu politischen Entscheidungen aufgrund von Einsichten gelangt und nicht bereit ist, politische Positionen zu beziehen, solange nicht die einfachsten Informationen zugänglich sind, die zu einem solchen Urteil befähigen, sondern daß man seine Reflexionen, und zwar seine sehr kritischen Reflexionen auch auf die Informationsquellen selber bezieht.

HORKHEIMER: Bei den Parolen, zu denen sie mitblöken, steht an erster Stelle Vietnam. Ich glaube nicht, daß Vietnam etwas Auslösendes ist; ich glaube, daß Vietnam eine Rationalisierung derjenigen Kräfte ist, die sich gegen die Gesellschaft empören. Wenn man auf den Vietnam-Krieg schimpft, dann ist man mit allen einig. Wenn man etwas dagegen sagt, kriegt man eins auf den Kopf. Ich wollte dies deshalb besonders herausstellen, weil ich der Überzeugung bin, daß Vietnam die Rationalisierung der aggressiven Kräfte darstellt, die durch die sozialen Verhältnisse ausgelöst sind.

SCHÜLERSPIEGEL: Dürfen wir noch einmal auf das unreflektierte Übernehmen von Meinungen zurückkommen. Wenn man die Schülervereinigungen mit ihren Forderungen betrachtet, so wird hierbei von der Demokratisierung der Schule gesprochen. Die meisten Schüler können sich aber nicht viel darunter vorstellen. Es wird etwas proklamiert, darüber nachgedacht wird nur in den seltensten Fällen. Im Augenblick erscheint es opportun, gegen den Aufbau der Schule eingestellt zu sein.

HORKHEIMER: Die Forderung nach der Demokratisierung der Schule kann ich sehr gut verstehen. Es geht heute darum, den Schülern eine bestimmte Art und Weise zu vermitteln, sich zu verhalten, mit anderen Menschen zu sprechen und zu verkehren. Dazu könnte diese Demokratisierung, wenn sie in der richtigen Weise zustande käme, ungeheuer viel beitragen. Ich glaube, es kommt bei all dem, was ich soeben genannt habe, nicht so sehr darauf an, was ein Lehrer sagt, sondern wie es gesagt wird und wie es der Schüler aufnimmt. Wenn der Schüler bei all dem nicht nur die Autorität des Lehrers spürt, sondern zu der Überzeugung gelangt, daß die Ergebnisse aufgrund der Diskussionen zwischen Lehrern, Eltern und Schülern zustande kommen, dann ist das der beste Weg zu einer Demokratisierung der Schule.

[...]

Das Ergebnis der SDS-Bewegung in ihrer heutigen Phase führt notwendig zu einer Beschleunigung des Anwachsens des Neonazismus.

Nr. 181
Max Horkheimer
Das Ziel des SDS
Späne – Notizen über Gespräche mit Max Horkheimer, in unverbindlicher Formulierung aufgeschrieben von Friedrich Pollock
Februar 1968

QUELLE: Max Horkheimer, Gesammelte Schriften Bd. 14: Nachgelassene Schriften 1949–1972, hrsg. von Gunzelin Schmid Noerr, © S. Fischer Verlag Frankfurt/Main 1988, S. 472

Nr. 182
Sozialistischer Deutscher Studentenbund, Gruppe Frankfurt
»Nicht hilflose Friedenswünsche können dem vietnamesischen Volk helfen ...«
Flugblatt-Aufruf zur Teilnahme an dem Teach-in »Waffen für den Vietcong – Kampf dem USA-Terror« und der anschließenden Demonstration zum US-Generalkonsulat
2. Februar 1968

QUELLE: Archiv APO und soziale Bewegungen beim Zentralinstitut für sozialwissenschaftliche Forschung der Freien Universität Berlin, Akte des SDS-Bundesvorstands

---

Bei einer etwas genaueren Analyse erweist sich, daß dieses Ziel die als kommunistische Gesellschaft verkleidete Herrschaft der Bürokratie ist, also eine schlechte Ideologie.

Die oppositionellen Studenten sind zwar zum großen Teil sehr gescheit, sehen auch die schlimmen Verzerrungen des Marxismus in den sogenannten kommunistischen Staaten, aber sie glauben fest an die Möglichkeit der Veränderung der Gesellschaft zum Guten.

Die Aufforderung zum Guerilla-Krieg gegen die bestehende Ordnung, der »Übergang vom bloßen Protest zur Aktion« bedeutet die Rückkehr zu einem Anarchismus, der nur aus einer winzigen »Vorhut« besteht und sich nicht auf eine Massenbewegung stützen kann. Das ist das genaue Gegenteil von dem, was Marx und seine wirklichen Schüler [wie] R[osa] L[uxemburg] theoretisch und praktisch gefordert haben.

»Es gibt eine peinliche Realität: Vietnam, jenes Land, das die Erwartungen und Hoffnungen der verlassenen Völker vertritt, ist in tragischer Einsamkeit. Dieses Volk muß die wilden Angriffe der US-Technologie fast ohne eine Möglichkeit der Abwehr im Süden und mit geringen Verteidigungsmöglichkeiten im Norden ertragen, aber immer allein ... Es geht nicht darum, den Opfern der Aggression Erfolg zu wünschen, sondern an ihrem Schicksal teilzunehmen, sie bis zum Tode oder bis zum Sieg zu begleiten. Wenn wir die vietnamesische Einsamkeit analysieren, sind wir beängstigt von diesem unlogischen Moment der Menschheit.« (CHE GUEVARA)

Nicht hilflose Friedenswünsche können dem vietnamesischen Volk helfen, welches gegen das militärische Massenmorden der USA mit unzulänglicher Bewaffnung und unter grauenhaften Leiden für seine Befreiung von Hunger und Elend kämpft. Dem vietnamesischen Volk helfen nur:

WAFFEN FÜR DEN VIETCONG.

Es ist ein Hohn, die gigantischste Industriemacht und militärische Gewaltmaschine in der Welt, die USA, die überall den Versuch der ausgebeuteten Völker, sich selbst zu befreien, mit einer Eskalation des Völkermordes beantworten, als einen Garanten der »Freiheit« hierzulande zu bezeichnen. Wir dürfen nicht tatenlos zusehen, wie die Bundesrepublik sich zum Komplizen der gegenwärtig brutalsten Macht in der Welt macht. Wir können den Kampf des vietnamesischen Volkes gegen die USA nur wirksam unterstützen durch unseren eigenen Kampf gegen die Stützpunkte und Niederlassungen der USA in der Bundesrepublik.

Wir rufen auf zu einem TEACH-IN am Montag, dem 5. 2.1968, 16.00 Uhr in der Universität (der genaue Hörsaal wird noch angegeben) und anschließender Demonstration zum amerikanischen Generalkonsulat in der Siesmeyerstraße. Auf dem TEACH-IN werden sprechen:

Burkhard BLUEM (SDS Frankfurt),
Hans-Jürgen KRAHL (im Bundesvorstand des SDS),
Rudi DUTSCHKE (SDS Berlin)

Waffen für den Vietcong – Kampf dem USA-Terror

Nr. 183

(Ohne Autor)

»Zwei aktuelle Ereignisse belegen aufs neue ...«

Flugblatt-Aufruf zur Teilnahme an Diskussionsveranstaltungen während eines vorlesungsfreien Tages

5. Februar 1968

QUELLE: Archiv APO und soziale Bewegungen beim Zentralinstitut für sozialwissenschaftliche Forschung der Freien Universität Berlin, Akte des SDS-Bundesvorstands

---

VORLESUNGSFREIER TAG UND
VOLLVERSAMMLUNG DER STUDENTEN
AM DONNERSTAG, 8. FEBRUAR
AB 14.00 HÖRSAAL VI

Zwei aktuelle Ereignisse belegen aufs neue, daß der studentische Protest gegen eine autoritäre und undemokratische Hochschule nicht zu lösen ist von dem Kampf um eine demokratische Gesellschaft. Die gewaltlos geführte Demonstration von Studenten und Schülern gegen den Völkermord in Vietnam am letzten Montag wurde von der Polizei als aggressivste Demonstration seit Kriegsende bezeichnet. Gestern wurde aus Berlin bekannt, daß der Senat Notverordnungen erlassen hat, die beinhalten: Verbot der Kritischen Universität; Verbot der Räume der TU für das Springertribunal und -hearing; ein Aufruf an die Bevölkerung, sich von Demonstrationen fernzuhalten, weil die Polizei in Zukunft mit allen Mitteln gegen die Demonstranten vorgehen wird.

Die Unterdrückung der außerparlamentarischen Opposition, die sich mit deren Vergrößerung ständig verschärft, macht den Rahmen deutlich, in dem die in der Universität angestrebte Disziplinierung der Studenten durch Reglementierung des Studienbetriebs und Ausschluß der Studenten von der Selbstverwaltung der Hochschule sich abspielt. Der Terror gegen politische Opposition ist identisch mit der repressiven Verhinderung der Demokratisierung der Hochschule. Diese ist ein Mittel, jene zu vernichten.

Die zentrale Veranstaltung zum Thema:

DIE ROLLE DER STUDENTEN IN DER
AUSSERPARLAMENTARISCHEN OPPOSITION

Podiumsdiskussion mit Habermas, G. Benz,
O. Negt u.a.
um 20.00 Hörsaal VI

Um die Auseinandersetzung der außerparlamentarischen Opposition mit der staatlichen Administration eindeutig als zentrales Moment des Funktionszusammenhangs von Wissenschaft und Verwaltung, von Forschung und Politik zu erweisen, findet am Nachmittag des vorlesungsfreien Tages ab 14 Uhr im HS VI ein Teach-in statt, in dem dieser Funktionszusammenhang, nun auf die einzelnen Fachdisziplinen bezogen, diskutiert wird. Die fachbezogene Diskussion wird sich auf die folgenden Beiträge stützen:

– Politik und Protest (einleitendes Referat Dr. O. Negt)
– Die unpolitischen Naturwissenschaften im politischen Verwertungsprozeß (X. Rajewski)
– Nationalökonomie unter dem Diktat der autoritären Leistungsgesellschaft (E. Altvater)
– Rechtspositivismus und Staatsautorität (Osborg, Rottleuthner)
– Ideologische Funktionen der Sprachwissenschaft (Lepper)
– AfE: Wie werden die Erzieher erzogen!
– Unmenschliche Medizin. Analyse der Bartsch-Affäre
– Professorale Satzung und studentischer Satzungsentwurf (Thelen)
– Funktionswandel der Universität im Prozeß einer kritischen Wissenschaft (Grunenberg, Osborg)
– Bedingungen der Studentischen Protestbewegung an der Hochschule (Krahl, Wetzel)

Wir fordern die Kommilitonen auf, den Prozeß der Politisierung und Demokratisierung der Universität in diesem Semester adäquat zu Ende zu führen und den vorlesungsfreien Tag trotz des Verbotes des Rektors durchzuführen.

DONNERSTAG, 8.2. VORLESUNGSFREIER TAG IN DER UNIVERSITÄT, TEACH-IN ab 14 UHR in HS VI

Nr. 184

Sozialistischer Deutscher Studentenbund, Gruppe Frankfurt

»In Berlin erließen der Senat der Stadt und die Universitätsadministration ...«

Flugblatt-Aufruf zur Teilnahme an einer Podiumsdiskussion über »Die Rolle der Studenten in der außerparlamentarischen Opposition«

8. Februar 1968

QUELLE: Archiv APO und soziale Bewegungen beim Zentralinstitut für sozialwissenschaftliche Forschung der Freien Universität Berlin, Akte des SDS-Bundesvorstands

---

HEUTE Vorlesungsfreier Tag und Teach-in HEUTE

In Berlin erließen der Senat der Stadt und die Universitätsadministration sogen. »Vorschaltgesetze« (Ausführungsbestimmungen zu Notstandsgesetzen) gegen Studenten. Senat und akademische Verwaltung verboten
– Veranstaltungen der Kritischen Universität in den Räumen der FU
– Vorbereitende Veranstaltungen für das in diesem Jahr stattfindende Springer-Tribunal

Ebenfalls verboten wurde am Mittwoch ein Teach-in über die Gewaltmaßnahmen auf dem Gelände der Universität. Dem Rektor der FU wurde von der Berliner Regierung anempfohlen, mißliebige Studenten von der Universität zu entfernen.

Diese Tatsachen zeigen, daß die staatliche Administration in dem Augenblick die völlige Vernichtung der außerparlamentarischen Opposition anstrebt, in dem deren Basis durch einen wachsenden Bewußtseinsprozeß in der Öffentlichkeit verbreitet wird. Damit sind Arbeiter-, Schüler- und Studentenproteste von vornherein der blinden Maschinerie illegaler Notstandsübungen ausgesetzt. So soll der wachsende Bewußtseinsprozeß der Öffentlichkeit verhindert und statt dessen die Bedingungen der autoritären Leistungsgesellschaft aufrechterhalten werden. Zentren dieser Auseinandersetzung sind die Universitäten, wo sich gegen eine perpetuierte autoritäre Hierarchie der aktive Widerstand der Studenten gebildet hat, um den Totaleinsatz einer sich selbst als unpolitisch verstehenden Wissenschaft in den repressiven politischen Verwertungsprozeß zu verhindern.

Um den Zusammenhang zwischen den systematische Repressionsmaßnahmen staatlicher und universitärer Instanzen gegen die demokratische Studentenbewegung und der Disziplinierung der Studenten im Wissenschaftsbetrieb aufzuweisen, veranstalten wir

HEUTE ab 14 Uhr ein TEACH-IN in Hörsaal VI
Abends 20 Uhr Podiumsdiskussion über:
DIE ROLLE DER STUDENTEN IN DER
AUSSERPARLAMENTARISCHEN OPPOSITION
mit Jürgen Habermas, Oskar Negt,
Georg Benz u. a.

BRECHT DIE MACHT DER ORDINARIEN
ENTEIGNET SPRINGER

Nr. 185

Jürgen Habermas

Einleitung einer Podiumsdiskussion

Thema: »Die Rolle der Studenten in der außerparlamentarischen Opposition«

8. Februar 1968

QUELLE: Jürgen Habermas, Protestbewegung und Hochschulreform, Frankfurt/Main 1969, S. 178–184; wiederabgedruckt in: Jürgen Habermas, Kleine Politische Schriften (I–IV), ©Suhrkamp Verlag Frankfurt/Main 1981, S. 239–244

Die Studentenproteste haben die innenpolitische Lage der Bundesrepublik verändert. Sie haben *erstens* dazu beigetragen, Fragen zu politisieren, die bisher der Diskussion entzogen waren. Der Bereich öffentlich thematisierbarer Fragen ist entschränkt worden. Der politische Willensbildungsprozeß ist, in wie kleinen Gruppen auch immer, über die bisher tolerierten Grenzen hinausgelangt. Die Politisierung, deren Ansätze wir heute beobachten können, ist mit den verfassungsmäßigen Grundsätzen einer demokratischen Willensbildung nicht nur vereinbar, sie wird von diesen Prinzipien gefordert. Es handelt sich nämlich nicht um das

Eindringen politischer Formen der Auseinandersetzung in Sphären, die entweder zum Schutz privater Freiheitsspielräume mit Recht öffentlicher Kontrolle entzogen oder, gemessen an Funktion und Sache, den an öffentliche Diskussion gebundenen Entscheidungsprozeduren unzugänglich sind. Ich spreche von Politisierung in diesem Zusammenhang nur, soweit Fragen, die an sich politische Fragen sind, uns auch als solche zu Bewußtsein kommen. Das möchte ich an sechs Beispielen belegen.

Zunächst (1) denke ich an eine Reihe von allgemein politischen Fragen, die sehr wohl diskutiert werden; sie sind aber so definiert, daß ihre Diskussion von vornherein entschärft und blockiert ist. Studentenproteste haben das Verdienst, solche Fragen in den richtigen Kontext zu rücken. Dafür ist Vietnam ein Beispiel.

Sodann gibt es (2) eine Reihe politischer Selbstverständlichkeiten, die anläßlich von Studentenprotesten mit Nachdruck problematisiert worden sind. Die verfassungskonforme Verläßlichkeit des Handelns staatlicher Institutionen und die Anwendung sanktionierter Spielregeln bewährt sich nicht am Normalfall. Das Beispiel der Ereignisse vor dem Berliner Opernhaus am 2. Juni 1967 und während der darauffolgenden Wochen und Monate haben die autoritären Grenzen der Belastbarkeit einer Polizei, einer Regierung und einer Justiz enthüllt, die gerade unter solchen Belastungsproben ihren demokratisch rechtsstaatlichen Charakter erweisen könnten und müßten.

Weiterhin (3) gibt es eine Reihe von speziellen Fragen, die zwar innerhalb zuständiger Institutionen nach anerkannten Routinen behandelt werden; dabei kommen aber die Entscheidungen auf der Grundlage eines stillschweigenden, thematisch nicht erörterten Konsensus zustande, so daß weitreichende Implikationen dieser Entscheidungen der rationalen Willensbildung tatsächlich entzogen bleiben. Ein Beispiel sind die privaten und die öffentlichen Investitionen für Forschung, Entwicklung und Wissenschaft im weiteren Sinne. Indem die Studentenproteste die Aufmerksamkeit auf die Organisation von Forschung und Lehre und auf die gesamtgesellschaftliche Funktion der Wissenschaft, der Wissenschaft als Produktivkraft wie als Kraft der Kritik, lenken, bringen sie den naturwüchsigen Charakter des wissenschaftlich technischen Fortschritts zu Bewußtsein.

Ferner (4) gibt es Fragen, die der Form nach privatautonom entschieden werden, obwohl ihr Gehalt durch und durch politisch ist. Studentenproteste haben am Beispiel des Springerkonzerns die politische Ausübung privater Macht, die keiner öffentlichen Kontrolle außerhalb des oligopolistisch beherrschten Marktes unterworfen ist, zu Bewußtsein gebracht.

Darüber hinaus (5) ist die Kritik der Studenten an Springer ein Beispiel dafür, daß Strukturfragen einer industriell entfalteten kapitalistischen Gesellschaft überhaupt wieder in das Spektrum öffentlicher Auseinandersetzung einbezogen werden. Die ziemlich unrealistische Forderung nach der Enteignung Springers erinnert gleichwohl daran, daß der institutionelle Rahmen unserer Gesellschaft Ergebnis eines Restaurationsprozesses von zwei Jahrzehnten ist, zu dem es auf der Grundlage, wenn nicht gar nach Maßgabe unserer Verfassung Alternativen gibt.

Schließlich (6) ist ein Bereich von Fragen zum Politikum geworden, der normalerweise dem politischen Bewußtsein wohltuend entzogen bleibt: ich meine jenen Bereich von rituellen Formen, Sprachgesten, Verhaltensstilen und traditionell eingelebten Regeln der Normalität, also des Umgangs und der Kommunikation, die unreflektiert die Grundlage der Legitimation bestehender Ordnungen bilden. Gerade die neuen, provokativen, die mißverständlichsten, aber publizistisch auffälligsten Protesttechniken richten sich gegen die Positivität solcher abgestorbener Legitimationsansprüche: sie durchstoßen die Kruste falscher Terminologien und rühren den Brei des offiziösen Sprachgebrauchs um, sie erweisen akademischen Ehrensenatoren die Ehre, die ihnen gebührt, sie begehen Sakrilege an Heiligtümern, die handfest profan sind, sie geben falsches Pathos der Lächerlichkeit preis und nennen Mief, was Mief ist.[1]

Auf allen diesen Ebenen, von politischen Tagesfragen angefangen, über die prinzipiellen Fragen der Gesellschaftsstruktur bis hin zu den Stilfragen der stillschweigend legitimierenden Alltagsformeln haben die Studentenproteste zu einer Entschränkung der öffentlichen Diskussion beigetragen, obgleich diese Impulse vorerst nur in einen sehr schmalen, den liberalen, Teil der Öffentlichkeit hineingewirkt haben.

Die aktiven Minderheiten der Studentenschaft haben aber nicht nur eine Politisierung bewirkt, sie machen *zweitens* den Versuch, außerhalb eines Parlaments, über dessen Ohnmacht die Große Koalition den Schleier gelüftet hat, eine Vetomacht aufzubauen. Dabei haben die Studenten vorerst mit den Gefahren der Diskriminierung, aber auch der Selbstisolierung zu kämpfen. Die einzige bemerkenswerte Opposition außerhalb des Parlaments ist seit Jahren die Kampagne für Abrüstung. Die Ostermarsch-Bewegung blieb freilich in ihrer Effektivität begrenzt, weil der diffusen Anhängerschaft, der sie ihre Stärke verdankt, sehr abstrakte und zugleich isolierte Zielvorstellungen entsprechen. Die andere, und im Augenblick wirksame, Oppositionsbewegung richtet sich gegen die geplante Notstandsgesetzgebung. Sie stützt sich auf eine Koalition gewichtiger Einzelgewerkschaften mit Intellektuellen. Der Erfolg der organisierten Notstandsproteste, der sich anzubahnen scheint, hängt von dieser soliden Grundlage ebenso ab wie vom Resonanzboden des liberalen Teils der Presse.

Der andere Punkt, um den sich außerparlamentarischer Widerstand konzentriert, ist die Vietnampolitik der USA-Regierung. Wenn ich recht sehe, geht diese Oppositionsbewegung wesentlich auf die Initiative von Studenten zurück. Der direkte Erfolg, gemessen an der Einflußnahme auf Parteien und Regierung im eigenen Lande, ist schmächtig. Das hängt damit zusammen, daß Vietnam für die Bundesrepublik, im Vergleich zu den Vereinigten Staaten, ein mittelbares Problem ist. Es hängt auch damit zusammen, daß die Proteste offenbar in erster Linie als Lernprozesse mit dem Ziel der Aufklärung der Studenten selber angelegt sind. Wenn die Studentenproteste jenseits der Hochschule zur Festigung einer Vetomacht außerhalb des Parlaments und gegenüber den Parteien beitragen sollen, wenn, mit anderen Worten, die aktiven Minderheiten der Studentenschaft eine Rolle in der außerparlamentarischen Opposition tatsächlich spielen wollen, dann müssen sie eine Bedingung einkalkulieren: daß Studenten ohne ein Zusammengehen mit den politisch bewußtesten Gewerkschaften und ohne den Resonanzboden des liberalen Teils der Presse, daß sie, um es simpel zu machen, ohne eine Koalition mit Brenner und Augstein langfristig nichts erreichen können.

Freilich gibt es *einen* Bereich, in dem die Studenten alleine den erfolgreichen Anlauf genommen haben, Institutionen zu verändern. Die Studentenproteste haben nicht nur die Politisierung vorangetrieben, sie haben nicht nur die außerparlamentarische Opposition verstärkt, sondern sie haben das Hochschulsystem der Bundesrepublik in Bewegung gebracht. Ich bin überzeugt, daß die begründete Aussicht auf strukturelle Veränderungen in der Organisation von Forschung und Lehre, daß also eine Hochschulreform, die diesen Namen nicht nur für Ad-hoc-Anpassungen usurpiert, ausschließlich durch den politischen Widerstand der Studenten erkämpft worden ist.

Lassen Sie mich abschließend noch einen Punkt diskutieren. Mit den Studentenprotesten ist ein Anspruch angemeldet und eine Perspektive zugemutet worden, die für das etablierte Selbstverständnis industriell entwickelter Gesellschaften unerhört zu sein scheinen: ich meine das Sentiment und den Gesichtspunkt, von dem sich der antiinstitutionell gerichtete und der sich antiautoritär verstehende Protest leiten läßt. Damit wird an eine verschüttete Dimension gerührt: an die von Herrschaft und Unterdrückung. Repression hat freilich die handgreifliche Form manifesten Mangels, nackter Abhängigkeit und offenen Konfliktes nur in den pauperisierten Ländern der Dritten Welt behalten; bei uns ist sie, auf der Basis relativen Wohlstands, in sozialpsychologisch wirksame Formen verwandelt; sie tritt eher in den sublimeren Zwängen rigider Einstellungen und eines präjudizierten Bewußtseins zutage.

Gleichwohl hat sich nun unter den Studenten eine eigentümliche Sensibilität, wie es scheint, gerade für diese Repressionen ausgebildet, eine Sensibilität, lassen Sie es mich so ausdrücken: für die lebensgeschichtlichen Kosten einer von Statuskonkurrenz, Leistungswettbewerb und Bürokratisierung beherrschten Gesellschaft. Diese Kosten erscheinen den Studenten im Verhältnis zum technologisch verfügbaren Potential gesellschaftlichen und gesellschaftlich freigesetzten Reichtums unverhältnismäßig hoch. Das trägt nun den Studenten den Vorwurf des Utopismus ein. Dieser Vorwurf wird überdies verknüpft mit dem weiteren Vorwurf, daß auf pragmatischer Ebene eine Konzeption nicht besteht oder Konzepte nicht ernst genommen werden. Und schließlich besteht der Vorwurf, daß die Methoden der Gegengewalt wahllos destruieren, nämlich falsche Legitimationen ebenso wie Freiheit verbürgende Normen zerstören. Der Komplex, der durch diese Vorwürfe bezeichnet wird, muß in der Tat schnell, konsequent und eindeutig geklärt werden, wenn sich die Intentionen des neuen Protestes nicht unter der Hand ins Ungewollte verkehren sollen. Ich kann Ihnen diese Klärung nicht abnehmen, aber ich kann zum Schluß meine Meinung in drei Thesen aussprechen:

1. Ich halte es nicht für sinnvoll, diejenigen Utopisten zu nennen, die den institutionellen Rahmen industriell entwickelter Gesellschaften demokratisch verändern möchten. Das Ziel läßt sich auch so formulieren: die Verwendung technologisch verfügbarer Potentia-

le für die Befriedigung zwanglos artikulierter Bedürfnisse soll so weit als pragmatisch möglich Maximen folgen, über die in öffentlicher Diskussion und herrschaftsfreier politischer Willensbildung ein Konsensus herbeigeführt werden kann.

2. Die persönliche Identifizierung mit den Hungernden, den Elenden und den Abhängigen in den Regionen der Dritten Welt spricht für die Kraft der moralischen Phantasie, sie ist zudem ein notwendiger Impuls für die Untersuchung kausaler Zusammenhänge zwischen Repressionen bei uns und Repressionen in unterentwickelten Ländern. Gleichzeitig bringt jene Identifikation aber auch die Gefahr mit sich, solche Zusammenhänge stereotyp zu unterstellen, suggestive, aber irreführende Parallelen zu ziehen und falsche Übertragungen zur Basis des Handelns zu machen.

3. Wir stehen nicht vor einer Revolution, weder heute noch morgen. Ich sehe keinen Grund, der einen leichtfertigen oder rücksichtslosen Umgang mit den elementaren, Freiheit verbürgenden Prinzipien unserer Rechtsordnung, das sind nämlich die Resultate einer jahrhundertelangen Emanzipationsbewegung, rechtfertigen könnte. Ich sehe keine historische Rechtfertigung dafür, die Legitimationsgrundlage unserer Verfassung zu verlassen; die geltenden Institute können auch noch im Interesse und für den Schutz oppositioneller Minderheiten in Anspruch genommen werden. Warum sollte die Linke die nur zu sichtbaren Prozesse der Aushöhlung des Grundgesetzes durch eigene Aktionen beschleunigen, statt ihnen entgegenzuwirken? Die Transformation des bürgerlichen Klassenstaates in die sozial rechtsstaatliche Demokratie wäre ohne die europäische Arbeiterbewegung nicht möglich gewesen. Die Linke ist es, die diesen Transformationsprozeß weitertreibt und den drohenden Rückfall in ein autoritäres System verhindern will; sie ist es, die die Intentionen des Grundgesetzes realisieren will. Daher dürfen greifbare Reformen nicht zum Vorwand einer Aktion um des Agierens willen herabgesetzt werden.

1 Vgl. K. H. Bohrer, Die mißverstandene Rebellion, in: Merkur, Februar 1968.

Nr. 186
Rudi Dutschke
»Genossen! Wir haben nicht mehr viel Zeit…«
Referat auf dem »Internationalen Vietnam-Kongreß« in West-Berlin
18. Februar 1968

QUELLE: Sybille Plogstedt (Red.), Der Kampf des vietnamesischen Volkes und die Globalstrategie des Imperialismus – Internationaler Vietnam-Kongreß 17./18. Februar 1968, West-Berlin 1968, S. 123 f.; wiederabgedruckt in: Rudi Dutschke, Geschichte ist machbar, West-Berlin 1980, S. 120 f.

Genossen! Wir haben nicht mehr viel Zeit.

In Vietnam werden auch wir tagtäglich zerschlagen, und das ist nicht ein Bild und ist keine Phrase. Wenn in Vietnam der US-Imperialismus überzeugend nachweisen kann, daß er befähigt ist, den revolutionären Volkskrieg erfolgreich zu zerschlagen, so beginnt erneut eine lange Periode autoritärer Weltherrschaft von Washington bis Wladiwostok. Wir haben eine historisch offene Möglichkeit. Es hängt primär von unserem Willen ab, wie diese Periode der Geschichte enden wird. »Wenn sich dem Viet-Cong nicht ein amerikanischer, europäischer und asiatischer Cong zugesellt, wird die vietnamesische Revolution ebenso scheitern wie andere zuvor. Ein hierarchischer Funktionärsstaat wird die Früchte ernten, die er nicht gesät hat« (Partisan Nr. 1, Vietnam, die Dritte Welt und der Selbstbetrug der Linken, Berlin 1967).

Und Frantz Fanon sagt für die Dritte Welt: »Los, meine Kampfgefährten, es ist besser, wenn wir uns sofort entschließen, den Kurs zu ändern. Die große Nacht, in der wir versunken waren, müssen wir abschütteln und hinter uns lassen. Der neue Tag, der sich schon am Horizont zeigt, muß uns standhaft, aufgeweckt und entschlossen antreffen« (Die Verdammten dieser Erde, Frankfurt/Main, 1966, S. 239).

Laßt uns auch endlich unseren richtigen Kurs beschleunigen. Vietnam kommt näher, in Griechenland beginnen die ersten Einheiten der revolutionären Befreiungsfront zu kämpfen. Die Auseinandersetzungen in Spanien spitzen sich zu. Nach dreißig Jahren faschistischer Diktatur ist in der Einheitsfront der Arbeiter und Studenten eine neue revolutionäre Kraft entstanden.

Die Bremer Schüler haben angefangen und gezeigt, wie in der Politisierung unmittelbarer Bedürfnisse des Alltagslebens – Kampf gegen Fahrpreiserhöhungen –

subversive Sprengkraft entfaltet werden kann. Ihre Solidarisierung mit den lohnabhängigen Massen, die richtige Behandlung der Widersprüche und die Auseinandersetzungen mit der autoritär-militaristischen Polizei zeigen sehr deutlich, welche großen Möglichkeiten des Kampfes im System des Spätkapitalismus liegen. An jedem Ort der Bundesrepublik ist diese Auseinandersetzung in radikaler Form möglich. Es hängt von unseren schöpferischen Fähigkeiten ab, kühn und entschlossen die sichtbaren und unmittelbaren Widersprüche zu vertiefen und zu politisieren, Aktionen zu wagen, kühn und allseitig die Initiative der Massen zu entfalten. Die wirkliche revolutionäre Solidarität mit der vietnamesischen Revolution besteht in der aktuellen Schwächung und der prozessualen Umwälzung der Zentren des Imperialismus. Unsere bisherige Ineffektivität und Resignation lag mit in der Theorie.

Die Revolutionierung der Revolutionäre ist so die entscheidende Voraussetzung für die Revolutionierung der Massen.

Es lebe die Weltrevolution und die daraus entstehende freie Gesellschaft freier Individuen!

Nr. 187

Hans-Jürgen Krahl
»Genossinnen und Genossen! Dieser Kongreß wird keine bloße Deklamation bleiben…«

Diskussionsbeitrag auf dem »Internationalen Vietnam-Kongreß« in West-Berlin
18. Februar 1968

QUELLE: Sybille Plogstedt (Red.), Der Kampf des vietnamesischen Volkes und die Globalstrategie des Imperialismus – Internationaler Vietnam-Kongreß 17./18. Februar 1968, West-Berlin 1968, S. 141–146

Genossinnen und Genossen!
Dieser Kongreß wird keine bloße Deklamation bleiben. Noch heute nacht werden sich die Vertreter der internationalen Gruppen zusammensetzen, um die praktischen Konsequenzen zu ziehen, vor allen Dingen in bezug auf die eine Kampagne, die aus diesem Kongreß organisiert hervorgehen soll: die Kampagne »Zerschlagt die Nato«.

Ich möchte noch einmal kurz auf den politischen Gehalt dieser Kampagne im Zusammenhang mit der revolutionären Befreiungsbewegung in der Dritten Welt eingehen. Die letzte Information, die wir bekommen haben von der großartigen Offensivaktion des Vietcong in Saigon, beweist, daß der Vietcong fähig ist, den Imperialismus in Vietnam zu besiegen. In der Offensive hat seine Strategie und Taktik die Unangemessenheit der fortgeschrittenen militärischen Technologie der USA in diesem Kampf gezeigt. Angemessen ist diese gewaltige Vernichtungsmaschine nur im zynischsten Sinn einer Eskalation der totalen Vernichtung. Das neue Stadium der vietnamesischen Revolution definiert sich durch diese Gefahr. Es könnte die Antwort des US-Imperialismus auf den bisher erfolgreichsten Kampf der südvietnamesischen Revolution in der Ausrottung des vietnamesischen Volkes bestehen. Der erfolgreiche Widerstand des vietnamesischen Volkes gegen die gigantische technologische Gewaltmaschine der USA, das sozialistische Modell Kuba und die revolutionären Kämpfe der Guerilleros in Lateinamerika haben eine neue Tatsache geschaffen, und zwar die qualitativ neue weltgeschichtliche Aktualität der Revolution. Zum ersten Mal in der Geschichte des Kapitalismus ist die Revolution eine global gegenwärtige und anschauliche Möglichkeit, die sich als bewaffneter Kampf – freilich nur an der Peripherie der spätkapitalistischen Zivilisation – in den unterdrückten und verelendeten Ländern der Dritten Welt verwirklicht. Damit stellt sich für uns die konkrete organisatorische Frage: Gibt es über die von Marcuse allein für möglich gehaltene Solidarität der Vernunft und des Sentiments hinaus eine konkretere Basis für die Solidarisierung der Protestbewegungen in den Metropolen mit den Befreiungsbewegungen in der Dritten Welt? Wie vermittelt sich die reale weltgeschichtliche Aktualität der Revolution zu unseren Tagesaktionen der Protestbewegungen in den Metropolen?

Diese konkrete Vermittlungsbasis kann aufgezeigt werden am Modell der Anti-NATO-Kampagne. An ihr kann unser Fortschritt vom Protest zum politischen Widerstand demonstriert werden, an ihr kann die Verstrickung der westeuropäischen Länder in die – wie Che Guevara sie nannte – »Internationale des Verbrechens« konkretisiert werden. Die europäischen NATO-Länder nehmen gegenwärtig eine vor allem ökonomische Entlastungsfunktion für den US-Imperialismus wahr. Der festverankertste Stützpunkt der USA in Westeuropa, das stärkste Glied in der NATO-Kette – die Bundesrepublik – liefert ein eindringliches Beispiel. Erst kürzlich erneuerte der Vorsitzende des brutal als »Vietnam-Hilfe« bezeichneten Unterausschusses im

Bundestag, Erik Blumenfeld, die volle Unterstützungszusage der Bundesregierung für Südvietnam im Jahr 1968 und darüber hinaus mit der Begründung: die südvietnamesische Regierung habe militärische Erfolge aufzuweisen, es sei ihr ebenso gelungen, die demokratischen Verhältnisse in Vietnam zu stabilisieren. Die ökonomische und militärische Entlastungsfunktion wird betrieben durch das projektgebundene Wirtschaftshilfeprogramm für die faschistische Regierung Griechenlands und die Lieferung leichter Waffen, die einem Bürgerkrieg zur Niederschlagung einer Widerstandsbewegung dort genau angemessen sind. Das Zögern der Bundesregierung, auf Grund ihrer Budgetschwierigkeiten den vollen Devisenausgleich für die in der Bundesrepublik stationierten amerikanischen Truppen zu leisten, deutet allerdings auf einen ökonomischen Widerspruch zwischen dem US-Imperialismus und den spätkapitalistischen Ländern Europas. Die nach dem Zweiten Weltkrieg entfaltete und durch die NATO staatlich garantierte Monopolstellung des US-Kapitals in der Produktion für die Vernichtung tritt in einen immer stärkeren Gegensatz zum europäischen Kapital. Darin liegt der Grund für die seit längerem sichtbare Krise der NATO, die in einem spezifischen Sinn im Bündnissystem des US-Imperialismus umfunktioniert werden soll. Diente sie einmal dem Kampf gegen die sozialistischen Länder, so hat heute der traditionelle Anti-Kommunismus jede scheinbare Evidenz verloren.

Die NATO soll umfunktioniert werden in den Kampf gegen die sozialrevolutionären Bewegungen der Dritten Welt. Die europäischen NATO-Länder sollen die Funktion einer jederzeit einsetzbaren militärischen Reservearmee zur blutigen Zerschlagung des sozialrevolutionären Befreiungskampfes erfüllen. Doch auf dem Boden dieses aufgezeigten ökonomischen Interessengegensatzes könnte die aktive konterrevolutionäre Funktion der europäischen Länder nur ihre gegenwärtige Stagnationskrise im kapitalistischen Verwertungsprozeß stabilisieren. Und so zeigt es sich: Wenn es dem US-Imperialismus gelingen sollte, die ökonomischen Widersprüche zwischen den kapitalistischen Ländern in seinem Interesse zu lösen, dann würde im Innern der Metropolen in der Tat eine zweite Front physischen Gewaltterrors entstehen, wie sie schon jetzt in den USA sich herausbildet und wie es sich in dem Versuch der westdeutschen und Westberliner Staatsgewalt, die außerparlamentarische Opposition zum kriminellen Delikt zu erklären, sowie mit der unverhüllten Drohung der Zwangsgewalt Berlins, die politische Demonstration gegen die Mordmaschinerie der USA, die die physische Vernichtung betreiben, zu zerschlagen, anzeigt. Diese innerkapitalistische Widerspruchsebene bezeichnet die konkrete politische Solidarisierungsbasis, die konkretisiert, was Che Guevara feststellte: Sogar die Länder des alten Europa warten noch auf die Aufgabe der Befreiung. Sie sind zwar genügend entwickelt, um alle Widersprüche des Kapitalismus fühlen zu können, aber so schwach, daß sie nicht mehr dem Kurs des Imperialismus folgen oder diesen Weg anfangen können. Der Kampf für die Zerschlagung der NATO enthält also einen gleichzeitigen Kampf: den Versuch ihrer innerkapitalistischen Auflösung zu vereiteln, d. h. den Kampf gegen das nationalistische und faschistische Programm des Gaullismus, eine autonome eigene Produktion für die Vernichtung aufzugeben. Die Kampagne »Zerschlagt die NATO« enthält also, abstrakt gesehen, zwei politische Zielsetzungen: die innerkapitalistischen Widersprüche zu einer qualitativen Verbreiterung der Massenbasis, zur Bildung einer zweiten Front gegen den Imperialismus in den Metropolen auszubilden; zweitens den Versuch einer praktischen internationalen Koordination der sozialistischen Protestbewegung Westeuropas durch die gemeinsame Aktion zu erreichen. Das zweite Element konkreter Solidarisierung scheint mir die neue Qualität des politischen Kampfes zu sein, die von der revolutionären Politik der Befreiungsbewegung in der Dritten Welt vorgestellt wird. Die schon erwähnte abstrakte Gegenwart der Revolution in der Dritten Welt liefert der Protestbewegung in den Metropolen ein neues weltgeschichtliches Bezugssystem, an dem sie die Möglichkeit der Organisation einer eigenen revolutionären Politik orientieren kann. Zwar kann sich in den Metropolen der Kampf nicht als eine unkritische Übertragung der Guerillastrategie darstellen. Diese liefert aber ein Modell kompromißlosen Kampfes, von dem die traditionelle Politik der verfestigten Institution verurteilt werden kann, von dem auf jeden Fall die faulen Kompromisse der sowjetischen Politik, die überall die revolutionären Befreiungsbewegungen im Stich läßt, verurteilt werden können.

Die Orientierung an der Gegenwart der Revolution in der Dritten Welt bietet also für uns die Möglichkeit, eine politische Moral der Kompromißlosigkeit herauszubilden, die ein Ansatz zur Bildung selbständiger Organisationsformen der Bevölkerung sein kann. Sie ist die Grundlage, um einen der gegenwärtigen Machtstruktur des Staates geschichtlich angemessenen Organisationstypus herauszubilden, der auf der Grundlage autonomer Initiativgruppen in den Hochschulen und Betrieben beruht. So wie das imperialistische System die Verbreiterung der sozialrevolutionären Befreiungsbewegungen – also zwei, drei, viele Vietnam – nicht ertragen könnte, so kann es im Innern der Metropolen die organisierte Selbsttätigkeit des politischen Widerstandes auf die Dauer nicht aushalten. An ihr müßten die Organisationsformen der Herrscher mit ihrer Tendenz zum totalen Institutionswesen, mit ihrer Tendenz, sich zum neuen Faschismus zu entwickeln, sich zerschlagen. Denn der kapitalistische Verwertungsprozeß beruht wie eh und je darauf, die freiheitliche Vereinigung der Individuen in der Produktion zu verhindern. Diese Verhinderung wird heute realisiert durch ein gigantisches Instrumentarium autoritärer Regierungskunst bis hin zur schlagfertigen faschistischen Zwangsgewalt. Ein gewaltiges System der Manipulation versucht, die Bedürfnisse der Individuen zu entstellen. Und ich glaube, daß wir so gegen unsere linksliberalen Kritiker von Augstein bis zu den *Zeit*-Redakteuren feststellen müssen: wir sind keine revolutionären Schwärmer. Die objektiven Verhältnisse haben die Aufgabe der revolutionären Befreiung in den Metropolen längst auf die Tagesordnung gestellt. Konkrete Organisationsbedingungen, zumal zur praktischen internationalen Zusammenarbeit, lassen sich nicht abstrakt voraussagen. Es ist aber anzunehmen, daß sich informelle Kader und Aktionszellen bilden werden, wenn es gelingt, für die Aktionen eine gemeinsame politische Zielsetzung im gesamten Westeuropa zu finden. Und so möchte ich abschließend noch einmal zusammenfassen: Die Stufen vom Protest zum politischen Widerstand können sich nur realisieren, wenn wir im Anschluß an diesen Kongreß in gemeinsamer Aktion und Zusammenarbeit mit den westeuropäischen Organisationen den Versuch machen, eine große, gemeinsame Kampagne zur Wehrkraftzersetzung der NATO-Armeen in Westeuropa zu organisieren. Wenn wir versuchen, die organisatorischen Bedingungen zu schaffen, daß wir den Kampf gegen die NATO-Stützpunkte und -Niederlassungen in ganz Westeuropa aufnehmen können, wenn wir Maßnahmen treffen können gegen den Transport amerikanischen Kriegsmaterials für den Krieg in Vietnam und wenn wir schließlich Aktionen führen werden gegen die Niederlassungen der amerikanischen Rüstungsindustrie in Westeuropa. Es kommt darauf an, in solidarischer Aktion und in konkreter Solidarität mit der revolutionären Befreiungsbewegung in der Dritten Welt, den gigantischen militärischen und staatlichen Machtapparat in den spätkapitalistischen Ländern zu zerschlagen.

Nr. 188

Herbert Marcuse
Brief an Rudi Dutschke

11. März 1968

QUELLE: Stadt- und Universitätsbibliothek Frankfurt/Main, Herbert-Marcuse-Archiv

11. März 1968
8831 Cliffridge Ave.
La Jolla, Cal. 92037

Lieber Herr Dutschke:

Ich habe eben im *Spiegel* gelesen, was Sie in dem Bad Boll Gespräch gesagt haben. Mögen Sie die Anti-Götter segnen! Herrlich: einer der denken kann und handeln, der sich nicht fangen läßt – auch nicht von den alten Linken. Aber er glaubt noch an die Masse der Lohnarbeiter...

Ich möchte Ihren Beitrag zum Gespräch (natürlich nicht den der Anderen, einschließlich des Herrn Bloch) hier für die Studenten übersetzen lassen. Und wann versuchen Sie, hierherzukommen?

Herzlichst
Herbert Marcuse

Nr. 189

Max Horkheimer
Vorwort zur Neupublikation
seiner Aufsätze aus der »Zeitschrift für Sozialforschung«
April 1968

QUELLE: Max Horkheimer, Kritische Theorie – Eine Dokumentation, hrsg. von Alfred Schmidt, Bd. I, Frankfurt/Main 1968, S. IX–XIV; wiederabgedruckt in: Max Horkheimer, Gesammelte Schriften Bd. 3: Schriften 1931–1936, hrsg. von Alfred Schmidt,
© S. Fischer Verlag Frankfurt/Main 1988, S. 14–19

Der Grund meines Zögerns, die Aufsätze aus der längst vergriffenen *Zeitschrift für Sozialforschung* nochmals herauszubringen, war nicht zuletzt die Überzeugung, ein Autor solle jeweils nur Gedanken publizieren, zu denen ohne Rückhalt er zu stehen vermag. Meine hier wieder erscheinenden früheren philosophischen Versuche bedürften heute nicht nur exakterer Formulierung, sondern sind von ökonomischen und politischen Vorstellungen durchherrscht, die nicht mehr unvermittelt gelten; ihre richtige Beziehung zur Gegenwart erfordert differenzierte Reflexion. Ihr dienen meine späteren Arbeiten. Wenn ich trotz der Bedenken dem Neudruck zustimmte, geschah es in der Hoffnung, daß die um Erkenntnis Bemühten, die seit langem ihn gefordert hatten, der Diskrepanz sich bewußt, zur Verhinderung von Unheil beitragen werden. Aus kritischer Theorie Konsequenzen für politisches Handeln zu ziehen, ist die Sehnsucht derer, die es ernst meinen; jedoch besteht kein allgemeines Rezept, es sei denn die Notwendigkeit der Einsicht in die eigene Verantwortung. Unbedachte und dogmatische Anwendung kritischer Theorie auf die Praxis in der veränderten historischen Realität vermöchte den Prozeß, den sie zu denunzieren hätte, nur zu beschleunigen. Die der kritischen Theorie im Ernst Verbundenen, auch Adorno, der mit mir sie entfaltet hat, stimmen darin überein.

In der ersten Hälfte des Jahrhunderts war proletarische Erhebung in den von Krise und Inflation betroffenen europäischen Ländern eine plausible Erwartung. Daß zu Anfang der dreißiger Jahre die vereinigten Arbeiter im Bund mit Intellektuellen den Nationalsozialismus hätten verhindern können, war keine leere Spekulation. Zu Beginn der völkischen Barbarei, erst recht zur Zeit des Grauens ihrer Herrschaft, war freiheitliche Gesinnung identisch mit Empörung gegen innere und äußere soziale Mächte, die den Aufstieg der künftigen Mörder teils veranlaßt, teils gefördert oder wenigstens geduldet hatten. Der Faschismus wurde respektabel. Industriell fortgeschrittene, sogenannte entwickelte Staaten, vom stalinistischen Rußland zu schweigen, haben Deutschland nicht wegen Hitlers Terror bekriegt, den sie als innere Angelegenheit gelten ließen, sondern aus Motiven der Machtpolitik. Darin stimmte deutsche und ausländische Politik mit der östlichen Strategie überein, und deshalb war Haß gegen den Faschismus identisch mit Haß gegen die herrschenden Cliquen schlechthin.

Seit den Jahren nach dem Zweiten Weltkrieg ist die Vorstellung zunehmenden Elends der Arbeiter, aus dem nach Marx die Empörung, die Revolution, als Übergang zum Reich der Freiheit, hervorgehen sollte, über lange Perioden hin abstrakt und illusorisch geworden, zumindest so veraltet wie die Ideologien, die von der Jugend verachtet werden. Die Existenzbedingungen für Handarbeiter wie für Angestellte, zur Zeit des *Kommunistischen Manifests* Ergebnis krasser Unterdrückung, bilden in der Gegenwart Motive für gewerkschaftliche Organisation, für die Auseinandersetzung leitender Gruppen in Wirtschaft und Politik. Längst ist proletarisch revolutionärer Wille übergegangen in gesellschaftsimmanente, realitätsgerechte Aktivität. Zumindest dem subjektiven Bewußtsein nach ist das Proletariat integriert.

Die Lehre von Marx und Engels, noch immer unerläßlich zum Verständnis gesellschaftlicher Dynamik, reicht zur Erklärung der inneren Entwicklung, wie der äußeren Beziehungen der Nationen, nicht mehr aus. Der scheinbar oppositionelle Anspruch, aggressive Begriffe wie Klassenherrschaft und Imperialismus auf kapitalistische Staaten allein und nicht ebensosehr auf angeblich kommunistische zu beziehen, steht zu den Impulsen, die nach wie vor mich bestimmen, nicht weniger in Gegensatz als die entsprechenden Vorurteile der Anderen. Sozialismus, die Idee inhaltlich verwirklichter Demokratie, wurde in den Ländern des Diamat längst zum Instrument der Manipulation pervertiert, wie in den blutigen Jahrhunderten der Christenheit das christliche Wort. Noch die Verurteilung des verhängnisvollen asiatischen Feldzugs der Vereinigten Staaten widerspricht der kritischen Theorie, bleibt in Europa konformistisch, falls nicht auch die unvorstellbar grausamen, von gegnerischen Großmächten unterstützten Attacken ins Bewußtsein mit aufgenommen werden. »Die Angelegenheiten der Welt sind komplex. Sie werden durch Faktoren verschiedener Seiten bestimmt. Studiert man Probleme, dann muß man sie von verschiedenen Seiten aus betrachten, man kann sie nicht nur von einer Seite aus ansehen. Leute …, die an einen bestimmten Ort eilen und nicht nach den gegebenen Verhältnissen fragen, die sich nicht die Gesamtheit der Umstände (die Geschichte und den gegenwärtigen Gesamtzustand) ansehen auch nicht bis zum Wesen der Umstände (ihrem Charakter und ihrer inneren Beziehung mit anderen Umständen) vorstoßen, sondern selbstgefällig Anordnungen treffen und Befehle ausgeben, die werden mit Sicherheit scheitern.« Auf solcher Notwendigkeit politischen Denkens insistiert nicht etwa ein demokratischer Parlamentarier, sonder Mao Tse-tung in seiner aktivsten Periode, und er beruft sich auf Lenins Ausspruch: »Will man einen Gegenstand wirklich kennen, dann muß man alle seine Seiten, alle seine Beziehungen und ›Vermittlungen‹ erfassen und studieren.«[1] Stures Einverständnis mit Nationalismen, die marxistischer Slogans sich bedienen, hat der Bejahung von Gewalt der Gegenseite nichts voraus.

Der Schrecken, mit dem der Lauf zur rationalisierten, automatisierten, verwalteten Welt sich vollzieht, einschließlich Offiziersrevolten oder Infiltrationen in umstrittenen Ländern sowie der Verteidigung dagegen, gehört zum Kampf der Blöcke zur Zeit der internationalen technischen Angleichung. Die Epoche tendiert zur Liquidation alles dessen, was mit der, wenn auch relativen, Autonomie des Einzelnen zusammenhing. Der Bürger im Liberalismus vermochte, in bestimmten Grenzen, seine Kräfte zu entfalten, in gewissem Maß war sein Schicksal Resultat der eigenen Aktivität. Solche Möglichkeit auf alle auszubreiten, war das Postulat von Freiheit und Gerechtigkeit. In der Bewegung der Gesellschaft pflegt die Steigerung der einen mit der Verminderung der anderen bezahlt zu werden; die zentrale Regelung des Lebens, die jede Einzelheit planende Verwaltung, sogenannte strikte Rationalität, erweist sich als historischer Kompromiß. Schon zur Zeit des Nationalsozialismus war ersichtlich, daß totalitäre Lenkung nicht bloß Zufall, sondern ein Symptom des Ganges der Gesellschaft war. Perfektionierung der Technik, Ausbreitung von Verkehr und Kommunikation, Vermehrung der Bevölkerung treiben zur straffen Organisation. Widerstand, verzweifelt wie auch immer, ist denn auch selbst in den Lauf der Dinge einbegriffen, den er ändern soll. Das Erkannte auszudrücken und dadurch vielleicht zu helfen, neuen Terror abzuwenden, bleibt gleichwohl das Recht des noch lebendigen Subjekts.

Nicht wenige meiner Impulse sind denen der Jugend in der Gegenwart verwandt, Sehnsucht nach dem Besseren, nach der richtigen Gesellschaft, mangelnde Anpassung an das Bestehende. Auch teile ich die Bedenken gegen die Bildungsarbeit an Schulen, Hochschulen und Universitäten. Der Unterschied betrifft das Verhältnis zur Gewalt, die in ihrer Ohnmacht den Gegnern gelegen kommt. Offen zu sagen, die fragwürdige Demokratie sei bei allen Mängeln immer noch besser als die Diktatur, die ein Umsturz heute bewirken müßte, scheint mir jedoch um der Wahrheit willen notwendig zu sein. Trotz ihrer Parteinahme für die russische Revolution hatte die von vielen Studenten verehrte Rosa Luxemburg vor fünfzig Jahren bereits die »von Trotzki und Lenin gefundene … Beseitigung der Demokratie überhaupt« ein Heilmittel genannt, »noch schlimmer als das Übel, dem es steuern soll«[2]. Die begrenzte, ephemere Freiheit des Einzelnen im Bewußtsein ihrer zunehmenden Bedrohung zu schützen, zu bewahren, womöglich auszudehnen, ist weit dringlicher, als sie abstrakt zu negieren oder gar durch aussichtslose Aktionen zu gefährden. In totalitären Ländern geht es der kämpfenden Jugend um eben die Autonomie, die in den nicht-totalitären in permanenter Bedrohung steht. Mit welchen Argumenten auch immer, dem Vormarsch totalitärer Bürokratie von links Hilfe zu leisten, ist pseudorevolutionär, die Neigung zum Terrorismus von rechts pseudokonservativ. Wie neueste Geschichte bezeugt, sind beide Tendenzen einander ähnlicher als den Ideen, auf die sie sich berufen. Andererseits ist wahrer Konservatismus, der geistige Überlieferung wirklich ernst nimmt, revolutionärer Gesinnung, die sie nicht einfach verneint, sondern aufhebt, verwandter als dem Rechtsradikalismus, der ihnen das Ende bereitet.

Das Buch[3] ist eine Dokumentation. Der idealistischen Philosophie abzusagen und mit dem historischen Materialismus in der Beendigung der Vorgeschichte der Menschheit das Ziel zu sehen, erschien mir als die theoretische Alternative gegenüber der Resignation vor dem mit Schrecken sich vollziehenden Lauf zur verwalteten Welt. Der metaphysische Pessimismus, implizites Moment jedes genuinen materialistischen Denkens, war seit je mir vertraut. Meine erste Bekanntschaft mit Philosophie verdankt sich dem Werk Schopenhauers; die Beziehung zur Lehre von Hegel und Marx, der Wille zum Verständnis wie zur Veränderung sozialer Realität haben, trotz dem politischen Gegensatz, meine Erfahrung seiner Philosophie nicht ausgelöscht. Die bessere, die richtige Gesellschaft ist ein Ziel, das mit der Vorstellung von Schuld sich verschränkt. Seit dem Ende des Krieges jedoch ist das Ziel verstellt. Die Gesellschaft befindet sich in einer neuen Phase. Kennzeichnend für die Struktur der Oberschicht sind nicht mehr konkurrierende Unternehmer, sondern Managements, Verbände, Komitees; die materielle Situation der Abhängigen bewirkt politische und psychologische Tendenzen, verschieden von den ehemals proletarischen. Einzelner wie Klasse werden integriert. Die sogenannte freie Welt an ihrem eigenen Begriff zu messen, kritisch zu ihr sich zu verhalten und dennoch zu ihren Ideen zu stehen, sie gegen Faschismus Hitlerscher, Stalinscher oder anderer Varianz zu verteidigen, ist Recht und Pflicht jedes Denkenden. Trotz dem verhängnisvollen Potential, trotz allem Unrecht im Inneren wie im Äußeren, bildet sie im Augenblick noch eine Insel, räumlich und zeitlich, deren Ende im Ozean der Gewaltherrschaft auch das Ende der Kultur bezeichnen würde, der die kritische Theorie noch zugehört. Im Zusammenhang mit den Essays zu solcher Erfahrung mich zu stellen, ist ein Motiv der Neupublikation.

[...]

1 Das rote Buch, Worte des Vorsitzenden Mao Tse-tung, hrsg. von T. Grimm, Frankfurt/Main 1967, S. 100 f.
2 Rosa Luxemburg, Die russische Revolution, Frankfurt/Main 1963, S. 69.
3 Max Horkheimer, Kritische Theorie. Eine Dokumentation, hrsg. von Alfred Schmidt, 2 Bde., Frankfurt/Main 1968.

Nr. 190

Alexander Mitscherlich

Vaterlose Gesellen – Alexander Mitscherlich über den Frankfurter SDS-Kongreß und die Studenten-Rebellion

»Spiegel«-Essay
8. April 1968

QUELLE: Der Spiegel vom 8. April 1968, 22. Jg., Nr. 15, S. 81–84; wiederabgedruckt in: Alexander Mitscherlich, Gesammelte Schriften Bd. VI, © Suhrkamp Verlag Frankfurt/Main 1983, S. 311–317.

Auf einem außerordentlichen Kongreß des *Sozialistischen Deutschen Studentenbundes* (SDS) in Frankfurt erörterten am vorletzten Wochenende 80 Delegierte, ob sich der Bund – Kerntrupp der studentischen Rebellion – an westdeutschen Wahlkämpfen in einem Kartell aller Linksversprengten beteiligen soll. Dieses Problem – es wurde vorerst gelöst durch eine Niederlage der »Traditionalisten«, die Kandidaten zur Wahl stellen wollen, gegen die »Antiautoritären«, die Wahl-Mitwirkung als Selbstverleugnung empfinden – geriet in der Mensa der Frankfurter Universität zur Randfrage: Drei Tage lang rang die Bewegung, ohne Dutschke, um eine Konsolidierung ihres revolutionären Bewußtseins. Für den *Spiegel* beobachtete Professor Alexander Mitscherlich, 59, Frankfurter Ordinarius für Sozialpsychologie (*Die Unfähigkeit zu trauern*), engagierter Kritiker der westdeutschen Gesellschaft, den SDS-Kongreß.

Erfolglosigkeit ist kein Maßstab für historische Bedeutung – einer Idee, einer Gruppe, die sie verwirklichen will.

Das Hauptziel der »Studentenrevolte« in Deutschland ist die Errichtung einer weniger herrschsüchtigen, weniger autoritären und dirigistischen Gesellschaft. Doch bei den Ansätzen der Verwirklichung kommen die Studenten ins Gedränge; die SDS-Delegierten-Konferenz in Frankfurt zeigte es.

Zwar sei, hieß es im Einleitungsreferat des Bundesvorsitzenden Karl Dietrich Wolff, die Dezentralisierung des SDS oft beschworen worden, damit sich die Selbständigkeit der einzelnen SDS-Gruppen in den Universitätsstädten – beispielhaft für das, was man im Sinne hat – entfalten könne; aber das sei »in fast chaotischer Form« geschehen. Die Konferenz gab dazu Anschauungsunterricht.

Was ist aus den SDS-Kampagnen geworden, die über die Hochschule hinausgingen? »Enteignet Springer« stand an zentraler Stelle der letzten Delegierten-Konferenz im Jahre 1967. Inzwischen mußte man sich eingestehen, daß – so Wolff – »unsere organisatorischen Möglichkeiten dem verbalen Anspruch in geradezu lächerlicher Weise widersprechen«.

Da steht er, der Riese, mit festen Wurzeln im System, und keiner hat die passende Schleuder zur Hand. Das Springer-Tribunal fand – bislang – nicht statt. Wäre es deshalb unwichtig gewesen?

Mit der Notstands-Kampagne der SDS-Studenten steht es nicht viel besser. Eingeständnis in Frankfurt: »Allmähliche Auflösung und Schwächung der meisten örtlichen Kuratorien«, jener Aktionsgruppen also, die in verschiedenen Städten die Kampagne vorantreiben sollten. Die Mühlen des Gesetzgebers mahlen unheilvoll weiter.

Bleiben die Hochschulen, der Mutterboden der Rebellion. Dort hat man wirklich etwas in Gang gesetzt, sich als unbestrittener Vortrupp der Reform noch am erfolgreichsten geschlagen, obgleich – auch das Selbstkritik in Frankfurt – »streckenweise die sich entwickelnde Hochschulreformdiskussion sich formalisierte«.

Die revoltierenden Studenten sind begabt im Zugriff, aber von geringer Ausdauer. Und die wäre erforderlich. Denn: Wenn es so ist, daß das Proletariat zur Zeit von Marx und Engels ein historisches Subjekt war, und wenn die lohnabhängigen Massen heute noch ein historisches Subjekt geblieben sind, dann sind die Beziehungen der revoltierenden Jugend zu diesem Subjekt dünn geblieben.

Diese Tatsache muß das Selbstbewußtsein erschüttern, zumal sich der SDS nicht als Studentenverband versteht, sondern als die Kerngruppe in dieser Jugendrevolte. Die Frage der Isolierung, warum sie nicht zu überwinden war, taucht an vielen Stellen der Tagung auf, ist Anlaß eines Streites, der den Verband in die ernstliche Gefahr endgültiger Entzweiung bringt.

Das Thema ist so schmerzhaft, daß man sich nach jedem Anlauf zurückzieht wie aus einer überhitzten Zone. Der SDS erörterte die Frage, wie man sich bei kommenden Wahlen in Bund und Ländern verhalten solle – und das heißt: Wie steht der SDS zum Parlamentarismus?

Die Antworten kommen rasch: überholt, ausgehöhlt, schon immer ein Machtinstrument der Herrschaft, mit dem die Arbeiterschaft schlecht gefahren ist. Niemand scheint zu glauben, daß man ihn beleben kann und sollte.

Am präzisesten hat der Berliner Politologe Johannes Agnoli, der oft zitiert wird, das Scheingefecht des gegenwärtigen Parlaments beschrieben: »Die Parlamentsparteien ernennen sich selbst zu den alleinigen Fundamenten des demokratischen Staates«, sie kämpfen »untereinander um die Regierungsmacht und bilden dennoch eine symbiotische Einheit«.

Dem Bundestag muß Agnoli absprechen, daß er wirklich die Interessen des Volkes in lebendiger Auseinandersetzung und mit einem umfassenden Problemverständnis zu befriedigen versteht. »Er betätigt sich aber als verfassungsmäßig unumgängliches Instrument der Veröffentlichung von Beschlüssen, die durch das Zusammenwirken von Staatsapparat und gesellschaftlichen Machtgruppen zustande gekommen sind. Er fungiert also als Transmissionsriemen der Entscheidungen oligarchischer Gruppen.«

Vorausgesetzt, dieser Krankheitszustand sei durch ausreichende empirische Befunde gesichert: Soll man sich im SDS dazu verstehen, die Krankheit zu ignorieren, soll man etwas stärken, was zum Absterben kommen muß? Soll man pragmatisch taktieren oder strategische Geduld beweisen? Also den »langen Marsch« riskieren, obgleich doch die vergangenen Kampagnen gezeigt haben, daß man schlecht auf ihn gerüstet ist?

Die Konferenz war zur Abklärung dieses Themas einberufen, hat es aber nicht kontinuierlich verfolgt und ist im Widerspruch auseinandergegangen.

Der SDS ist arm, die proletarische Allüre echt. Geld aus dem Osten wird nicht angenommen, man selbst hätte nichts dagegen, denn man fühlt sich im guten Zwecke sicher. Aber nicht nur die Klugheit verbietet es: Es wird gar kein Geld aus dem Osten angeboten.

Capital hat Rudi Dutschke interviewt – für 1000 Mark (plus 1000 Mark an den SDS) – und gab der Armut der revolutionären Jugend Publizität. Trotzdem gab es Ärger. Man hatte wenig Verständnis für den Mann, der den SDS überhaupt erst ins Bewußtsein der großen Öffentlichkeit gebracht hat.

Man hätte Verständnis haben sollen, denn Dutschke selbst war eine Kampagne. Man war allzu lange mit Rudis Erfolg identifiziert, und er mag gehofft haben, Demonstrationen wären ein ausreichendes Mittel, um aus der Umzingelung auszubrechen. Irritiert gestand man sich ein, daß Erfolg auch dann noch fasziniert, wenn er von einer Gesellschaft gespendet wird, die man glaubt, durchschaut zu haben.

Dem elementaren Bedürfnis nach Selbstdarstellung wird häufig lustvoll mit der Garderobe nachgegeben. Zuweilen gleichen Gegenden des Saales einer Reinhardt-Inszenierung von Wallensteins Lager aus den zwanziger Jahren. Der Photograph von *Capital* erniedrigt das auf einen Dutschke-Look.

Die führenden Köpfe sind bei allem Engagement legere, zum Witz neigende Studenten. Ihr Selbstverständnis wäre es, was die Umgebung beunruhigen sollte, die solche Stimmung lieber von wildem Bart, Halbschäftern und Kommune-Aura sich eingeben läßt.

Als im Konferenzsaal immer deutlicher wurde, daß die KP-Fraktion des SDS – kommunistische Kleinbürger, verkniffene Apologeten der werktätigen Massen (die nichts von ihnen wissen wollen) – nach vorne drängen wollte, wird der Nonkonformismus noch kostbarer, steht er doch für die Sehnsucht, Masse möchte endlich ihr Selbstgefühl finden und sich nach Individuen gliedern, statt in marschierenden Kadern daherzudröhnen.

Aber an dem lustigen Aufzug wurde höchst anschaulich, wie man zwischen die Blöcke geraten war: zwischen autoritär-nivelliertes Einheitsproletariat und stilbegieriges Establishment. Unbequeme Position.

Je weniger der Trost der Einigkeit, wenigstens in der Kleingruppe, die man darstellt, gespendet wurde, desto mehr stieg die Reizbarkeit. Versuche des Präsidiums, die Delegierten zur Konzentration zu bringen, blieben unbeachtet. Gemäß dem Gesetz affektiv verbundener Gruppen wollte man lieber die Spannung genießen, als geradewegs Probleme lösen: Was tun gegen »die schleichende Aufhebung des Verfassungskompromisses des Grundgesetzes«, die »zunehmende Umfunktionierung des Parlamentes in der Bundesrepublik«, »die Vergewaltigung der Überstimmten«?

Es kam wieder nicht zu einem durchdachten Aktionsprogramm, aber man konnte doch artikulieren, was einem die Erkenntnis bisher eingebracht hat: Der Parlamentarismus wird als Herrschaftsgebilde im Kraftfeld der geschichtlichen Entwicklung gesehen.

Damit wird das Parlament der Parteien weder als Allheilmittel definiert, noch wird ihm Denkmalschutz gewährt. Es hat ja auch nicht die Sorge dieser unserer Parteien, dieses Parlaments, einer weitsichtigen Problembearbeitung gegolten. Die blieb weiß Gott »ausgeklammert«.

Hat die Nation sich der Idee der parlamentarischen Demokratie als würdig erwiesen, ist sie berechtigt, den zu verleumden, der über die parlamentarische Wirklichkeit in unserem Land als Ausdruck seiner Gesellschaft und ihrer Verfassung nachdenkt?

Demokratie ist den jungen Menschen dieser Gruppe ein Ziel, jeder Anstrengung wert. Aber sie schrecken nicht davor zurück, die Gebrauchsanweisungen zu studieren, die unser Staat darüber herausgibt, wie man ihn zu verstehen habe.

Natürlich idealisiert man mehr nach links. Als aber ein Schillerkragen-Kommunist – böse gesagt: nichts dazu gelernt – ans Pult trat, war der Hohn nicht kleiner, als hätte einer aus den Reihen der Großen Koalition da gestanden. Man will ohne Rücksicht auf Hilfe, die man so gut brauchen könnte, von der Phraseologie der Massenaktionen links wie den Waschmittel-Wahlkämpfen rechts loskommen.

Ohne sich etwas daraus zu machen, sprachen sie von den »Untaten« der Kommunistischen Partei Deutschlands. Antiparlamentarismus heißt für den SDS nicht Verherrlichung der Einparteienherrschaft. Mit den Warschauer Studenten wissen sie sich verbunden in der Ablehnung unbefragbarer Parteiautorität.

Ohne sich also etwas daraus zu machen, waren sie zwischen die Blöcke geraten. Sie fragen weiter. Was hinter dem Parlamentarismus sichtbar wird, wenn es sich in der Tat erweisen sollte, daß es nicht nur die Deutschen sind, die beim Bedienen seiner Maschinerie nichts als Daumen haben, wenn er auch in England absterben, wenn er sich in Frankreich nach dem Abgang des Unzeitgemäßen nicht wieder erholen sollte? Auf welcher Grundlage wollen wir human und durch Autoritäten nicht verkrüppelt weiterleben?

Nein, nein, sie sind keine *vaterlands*losen Gesellen: Die Geschichte ist längst weiter. Die politische Tradition der Väter löst sich auf. Was da in der Frankfurter Mensa dachte und um Formulierungen der Wirklichkeit rang, waren deshalb *vater*lose Gesellen – von den Vätern im Stich Gelassene.

Es mag sein, daß die Hoffnung auf den Abbau der Herrschaft von Menschen über Menschen, den man durch gesellschaftliche Räte-Strukturierungen bewirken zu können glaubt, sich als unerreichbar erweist. Vielleicht würde die Eingewöhnung der Massen in Eigenverantwortung zu einer chaotischen Übergangszeit führen und skrupellosen Machtstrebern nach erprobtem Rezept die Chance geben, die friedlichere Rätewelt zu annektieren.

Der ist parteiisch, der nicht zugibt, wie unendlich schwer es ist, konkrete Alternativen zu entwickeln. Was unter anderem daraus abzulesen ist, daß es bisher keine Entwürfe gibt, in denen eine weiterentwickelte Staatsstruktur als Funktion eines evolutiv entwickelten Bewußtseinszustandes erscheint.

Durch Herbert Marcuse haben die Studenten von der Psychoanalyse gelernt, daß das Bewußtsein nicht nur von materieller Umwelt, sondern auch von der Dynamik der Triebe und deren Schicksal bestimmt wird (für den autoritär kommunistischen SDS-Flügel scheint das immer noch ein bürgerliches Vorurteil). Infolgedessen zwingt man sich, nicht nur im Rahmen der bestehenden Institutionen, des bestehenden Selbstverständnisses, des vorgefundenen Rollenarsenals zu manipulieren, sondern geht immer wieder mit utopischen Ansätzen in die Praxis.

Die Kommune I war ein solcher Versuch. Daß er mit dem Ausschluß der Kommunarden und beim preiswürdigen Rüpelspiel von Teufel und Langhans endete, macht ihn nicht unwichtiger, denn hier geschieht testing the limits, eine Erprobung der Tragfähigkeit konstruierter neuer Situation. Das läßt sich natürlich auch als Libertinage lesen, aber angesichts des bewußter werdenden Eheelends ist diese Lesart zu billig.

Wenige Erwachsene und Arrivierte mögen sich überwinden, an die elementare Gesellschaftskritik der Jugendrevolte in der Welt zu glauben. Sie lassen's bei der Analogie zu ihren längst verhallten Protesten.

Der Generationskonflikt greift aber tiefer. Und deshalb ist die gönnerhafte Toleranz – »Laßt sie nur machen, dann kommen sie drauf, daß es so nicht geht« – kein realer Schutz vor den kollektiven Angstreaktionen: der elementaren Angst vor dem Fremden, die sich in der Parlamentsdebatte ebenso wie im Versuch von Springers willfährigen Organen, Angst in »Volkszorn« umzusetzen, bekundete.

Die Empfindlichkeit dafür zu entwickeln, wie zwischen Illusion und Utopie zu unterscheiden sei, fällt uns Deutschen besonders schwer. Denn Illusionen haben wir allezeit mit Leidenschaft und, wenn es nötig war, mit bedenkenloser Brutalität angehangen – siehe »Blut und Boden«.

Zur Utopie hatten wir, obrigkeitshörig wie wir nun einmal waren, kein produktives Verhältnis. Wobei zu unterscheiden ist zwischen Utopien, die der Flucht aus der Wirklichkeit dienen, und den anderen, besseren, die zur Veränderung dieser Wirklichkeit provozieren.

Mit dieser realitätsverändernden Utopie mußten wir auch in Konflikt geraten, weil sie nicht auf einen Nenner mit der Selbstidealisierung zu bringen ist, die unsere Geschichte so nachdrücklich bestimmt hat. Wo man das, was man war und was man hatte, auch wenn es eine elende autoritäre Mißwirtschaft war, in Flucht vor der Ohnmacht idealisierte, muß die Utopie, die es anders einrichten will, zur feindlichen Alternative erklärt werden.

Die tiefe Kluft rührt daher, daß unsere Gesellschaft sich gar nicht in Veränderung begreifen kann und will. Sie weiß nichts Utopisches mit sich anzufangen. Die Älteren klammern sich an das Stück Existenz, das sie wieder aufgebaut haben nach zwölf Jahren exzessivem Obrigkeitsdienst. Die Angst steckt ihnen in den Knochen.

Die Sozialisten des SDS sind davon unbetroffen, ja uninteressiert. Die Diskrepanz zwischen der Utopie, der sie anhingen, und dem, was sie in ihrer Vereinzelung erreichen können, ist eine tägliche Last, die sie nicht zurückschauen läßt auf die Motive der Existenzangst ihrer Vorfahren.

In einer Gesellschaft, die sich nur eine lineare Fortsetzung bestehender Verhältnisse – »größer, besser, schneller« – vorstellen kann, ist, wie die Entwicklung hin zur Großen Koalition zeigt, die Alternative zum Bestehenden exakt das, was nicht gedacht werden soll und darf. Und dies trotzdem zu denken, ist der besondere Auftrag, den sich diese revoltierende Jugend gestellt hat, ziemlich allein auf weiter Flur.

Es gibt viel an ihr auszusetzen, aber sicher nicht an dem Mut, den sie bisher gezeigt hat. Die Gefahr, Wunschdenken mit Realität zu verwechseln, liegt im Vorfeld der Utopien nahe. Die SDS-Konferenz hat gezeigt, daß im Augenblick weniger Tollkühnheit als fortgesetzte Reflexion über die Erreichbarkeit der Ziele nötig ist.

Nr. 191

Max Horkheimer
Brief an Willi Brundert

8. April 1968

QUELLE: Max Horkheimer, Gesammelte Schriften Bd. 18: Briefwechsel 1949–1973, hrsg. von Gunzelin Schmid Noerr, © S. Fischer Verlag Frankfurt/Main 1996, S. 690 f.

[Montagnola,]
8. April 1968

Sehr verehrter Herr Oberbürgermeister, lieber Herr Brundert,

Ich habe ein ganz schlechtes Gewissen, daß ich Sie mit meiner Frage belästige.

Seit mehreren Jahren besteht zwischen dem S. Fischer Verlag und mir ein Vertrag, nach welchem er meine Schriften, vor allem die Essays aus den dreißiger Jahren, publizieren darf. Bis vor kurzem habe ich mich zu widersetzen versucht.[1] Die Arbeiten, der Ausdruck meiner theoretischen Anstrengung in jenen Jahren, enthalten jedoch, von den marxistischen Thesen abgesehen, so viele, wie mir scheint, nicht unfruchtbare Gedanken, daß es mir nun selber wehtut, wenn sie gar nicht erscheinen. Dazu kommt, daß sie, ohne meine eigene Stellungnahme und ohne Erlaubnis des Verlags, vervielfältigt wurden und nunmehr unter den

Studenten vieler Universitäten zirkulieren. Sollten die bedenklichen Passagen gestrichen werden, so erscheinen sie bestimmt in den gegnerischen Zeitschriften, um so mehr als die Schriften nicht nur im unerlaubten Nachdruck, sondern in Bibliotheken erhältlich sind. Nach wiederholtem Zuspruch, nicht zuletzt auch von Herrn Bermann Fischer[2], der den anarchistisch-studentischen Protesten wahrlich nicht nahesteht, habe ich schließlich eine vorläufige Zusage zum Neudruck gegeben, auch im Bewußtsein, daß meine Gedanken zum ernsthaften Nachdenken, zur Korrektur der wilden Proteste beitragen könnten.

Ihr Urteil ist mir so wertvoll, daß ich Ihnen für eine Anregung sehr dankbar wäre. Hier sende ich Ihnen den Entwurf der Vorbemerkung, das vorläufige Inhaltsverzeichnis, sowie einige Proben bedenklicher Formulierungen. Vielleicht können Sie einen Blick hineinwerfen, vor allem ins Vorwort. Da die Angelegenheit für den Verlag recht eilig ist, werde ich versuchen, Sie noch am Mittwoch zu erreichen. Sollten Sie keine Zeit haben, so kann ich es wahrlich sehr gut verstehen, und Sie brauchen es mir nur zu sagen.

In aufrichtiger Verehrung
Ihr sehr ergebener

[1] Jahrelang schon hatte Horkheimer gezögert, der Neupublikation seiner Essays aus den dreißiger Jahren zuzustimmen. Die Gründe dafür nennt er detaillierter im *Brief an den S. Fischer Verlag* vom 3.6.1965 und im *Vorwort zur Neupublikation*, erschienen in: Kritische Theorie, Bd. I und Bd. II, Frankfurt/Main 1968. Die ersten Fassungen des Vorwortes stammen aus dem Jahr 1964.
[2] Gottfried Bermann Fischer (1897–1995), Inhaber und Leiter des S. Fischer Verlags.

Nr. 192

Theodor W. Adorno / Ralf Dahrendorf
»Ich möchte zunächst wenigstens ein paar Worte sagen zum Komplex Theorie und Praxis…«
Kontroverse über das Theorie-Praxis-Problem auf dem 16. Deutschen Soziologentag
9. April 1968

QUELLE: Theodor W. Adorno, Spätkapitalismus oder Industriegesellschaft – Verhandlungen des 16. Deutschen Soziologentages, Stuttgart 1969, S. 100 f. und 110 f.

ADORNO: Ich möchte zunächst wenigstens ein Wort sagen zum Komplex Theorie und Praxis. Mich hat gewundert, daß gerade von Herrn Dahrendorf der Vorwurf erhoben wurde, die Dinge, die ich vertreten habe und die auch von der Arbeitsgruppe vertreten worden sind, seien von der Praxis allzuweit entfernt gewesen. Ich bin eigentlich auf diesen Vorwurf bisher sonst eher von ganz anderer Seite her gefaßt. Ich kann nicht den ganzen Komplex aufrollen und möchte mich bescheiden zu einer immanenten Kritik dessen, was Herr Dahrendorf über diesen Punkt gesagt hat. Der Kern seines Argumentes war doch wohl der, daß eine sogenannte gesamtgesellschaftliche Konzeption notwendig auch einen Begriff gesamtgesellschaftlicher Praxis involviere, während diejenige Praxis, die erfolgversprechend ist, bei der man also wirklich etwas Reales bessern kann, etwa die ist, daß man der berühmten Forderung des Tages genügt, also in konkreten Einzelheiten sich bewährt. Nun, ich glaube in der Tat, daß der ganze Zusammenhang von Theorie und Praxis durchaus neu und radikal durchdacht werden muß und vor allem, daß man nicht in einer klappernden und mechanischen Weise einen Zusammenhang von Theorie und Praxis postulieren darf. Ich bin mir auch der Gefahr bewußt und meine, das in meinen Arbeiten reichlich zum Ausdruck gebracht zu haben, daß die Forderung der Einheit von Theorie und Praxis sehr leicht zu einer Art von Zensur der Theorie durch die Praxis führt. Dadurch unterbleibt unter Umständen gerade die für eine sinnvolle Praxis notwendige gesellschaftliche Analyse. Aber ich denke doch, daß die Begriffskombination zwischen den Kategorien Theorie und Praxis und gesamtgesellschaftlicher oder empirischer Einzelanalyse, so wie sie dem Konstrukt von Herrn Dahrendorf zugrunde liegt, nicht zu halten ist. Und zwar möchte ich dabei auf eine ganz simple Tatsache verweisen. Nämlich, daß man, wenn man in einem beschränkten sogenannten konkreten Bereich – und wer möchte heutzutage nicht konkret sein – etwas zu ändern versucht, fast mit abstrakter Notwendigkeit, mit einer Regelhaftigkeit, die den Charakter der lähmenden Stereotypie hat, auf Grenzen einer solchen partikularen Praxis stößt. Ich bedaure es in diesem Zusammenhang ganz besonders, daß mein Kollege Teschner nicht unter uns ist, der in seinen Untersuchungen über politischen Unterricht außerordentlich konkret und zwingend nachgewiesen hat, daß die Reform- und Besserungsvorschläge, die in diesem für die Zukunft einer freien Gesellschaft so außerordentlich wichtigen Sektor gemacht werden, sofort auf Grenzen stoßen, die man nur als durch das System gegebene Grenzen bezeichnen kann. Ohne daß ich den Riesenaspekt Theorie und Praxis jetzt aufrollen möchte, dürfte das doch genügend rechtfertigen, daß Praxis nicht an den einzelnen konkreten Notsituationen primär sich entfaltet, sondern daß sie das, was das Ganze meint, in sich einbezieht. Selbstverständlich ist das gesellschaftliche Substrat schließlich die konkrete Situation: was geändert werden muß, ist das reale Leben der einzelnen Menschen. Aber eine solche Veränderung ist jetzt und hier nicht notwendig eine des Lebens der Menschen unmittelbar, weil ihr Leben kein unmittelbares ist, sondern längst durch jene gesamtgesellschaftlichen Momente determiniert. Die zu erkennen, ihre in jedem Augenblick zu erfahrende, aber außerordentlich schwer nun wieder ihrerseits in Tatsachen zu übersetzende Beschaffenheit, das macht die oberste Aufgabe einer aktuellen Soziologie aus.

DAHRENDORF: 1. Wenn Herr Adorno von gesamtgesellschaftlichen Veränderungen auf der einen Seite und den Forderungen des Tages auf der anderen Seite spricht, als sei das die Alternative, vor der man steht, dann reproduziert er nach meiner Meinung in dieser Alternative eine fatale Tatsache unserer eigenen Gesellschaft, nicht aber ihre Möglichkeiten. Das heißt also, das ist nicht die Alternative, in der ich die Frage soziologischer Analyse oder politischer Möglichkeiten sehe. Vielmehr bezeichnet der Abgrund zwischen gesamtgesellschaftlicher Analyse und Veränderung einerseits und einem reinen Beharren auf den Forderungen des Tages, dem sogenannten Pragmatismus auf der anderen Seite, genau den Punkt, an dem nach meiner Meinung die Verbindung von Theorie und Praxis einzusetzen hat. Zwischen diesen beiden Extremen also, wo Teilbereiche analysiert – sicher auch in ihren Zusammenhängen, aber doch zunächst als solche analysiert – werden, wo für sie politische Maximen entwickelt werden können und daher praktisches Handeln möglich ist – eben dort sehe ich die Aufgabe sowohl der soziologischen Analyse als auch der politischen Praxis. Genau das ist auch der Bereich, der mir zu kurz kommt, wenn die Betonung zu stark auf die Verbindung der verschiedenen Teilbereiche gelegt wird. Es gibt mit anderen Worten eine Bildungspolitik. Ich bin nicht der Meinung, daß die Bildungspolitik als solche schon, sagen wir, Wirtschaftspolitik ist. Aber ich bin der Meinung, daß sie trotzdem sinnvoll ist. Es gibt also auch eine Soziologie des Bildungswesens; sie ist nicht als solche schon Wirtschaftssoziologie. Sie erspart uns auch nicht die Wirtschaftssoziologie. In diesem Sinne zwischen Gesamtgesellschaft und Forderung des Tages liegt der Bereich, auf den es mir ankommt.

2. Die Frage, die mich beschäftigt, ist: Wie kann man gegebene Verhältnisse verändern? In diesem Zusammenhang habe ich den Herrschaftsbegriff verwendet, und zwar im vollen Bewußtsein der Tatsache, daß sich mit Herrschaftsverhältnissen gerade in modernen Gesellschaften auch die schrecklichsten Möglichkeiten ihrer Formierung verbinden. Es gibt aber, wenn ich mich nicht sehr irre, noch kein anderes Rezept der Veränderung gesellschaftlicher Verhältnisse als das auf dem Umweg über die Beeinflussung bestehender Herrschaftsstrukturen oder die Veränderung bestehender Herrschaftsstrukturen oder die Ersetzung bestehender Herrschaftsstrukturen durch andere, also auf dem Umweg über die Herrschaft. Und daher ist die Frage zu verstehen, die ich gestellt habe: Wie ist die Domestizierung der Herrschaft unter Bedingungen der modernen Gesellschaft möglich? Nur in diesem Zusammenhange steht die Einführung des Begriffes, und in diesem Zusammenhange steht auch der Versuch, die Notwendigkeit der Herrschaft zu begründen. Denn ich habe auch in diesen Diskussionen noch keinen anderen Weg erfahren, wie die Veränderungen, die man sich wünschen mag, ohne Ausübung von Herrschaft vorgenommen werden können.

Nr. 193

Oskar Negt
Politik und Gewalt
Römerbergrede zum Attentat auf Rudi Dutschke
13. April 1968

QUELLE: Neue Kritik, 9. Jg., Nr. 47, April 1968, S. 10–23

Wir haben uns nicht versammelt, um ein Unglück, das uns alle trifft, mit den üblichen Formeln zu beklagen. Wir sind nicht willens, uns in eine Solidarität mit denjenigen zwingen zu lassen, die in heuchlerischer Absicht gegenwärtig nichts eiliger zu tun haben, als politische Ereignisse zu personalisieren und in tragische Konflikte einzelner zu verwandeln, um möglichst schnell wieder zur Tagesordnung übergehen zu können.

Wir finden auch keine Befriedigung in der beruhigenden Versicherung aller herrschenden Gewalten, daß Gewalt kein Mittel der Politik sei. Wovon wir uns in dieser Stunde nicht abdrängen lassen sollten, ist die unnachsicht[ige] Aufklärung eines *politischen Tatbestandes*; daß der Mordanschlag auf Rudi Dutschke ein notwendiges Glied in der Kette sorgfältig präparierter und seit langem angedrohter Gewalttätigkeit ist, die mit der studentischen Protestbewegung das Existenzrecht der gesamten außerparlamentarischen Opposition treffen sollte.

Name und Herkunft des Attentäters sind demgegenüber ebenso belanglos wie die harte Bestrafung, die ihm der Berliner Innensenator, als wäre er bereits der oberste Gerichtsherr, angedroht hat. Vor allem müssen wir erkennen, daß die wirklich Schuldigen an dem infamen Mordanschlag in den Redaktionsbüros, in Regierungen und Parlamenten und Parteien sitzen; sie wissen sich frei von aller Schuld, weil ein individualistisches Strafrecht in unerbittlicher »Objektivität« *ihnen* den gleichen Schutz gewährt, dessen schon die Verantwortlichen an den Verbrechen des Dritten Reiches sicher sein konnten. In einem System abgesicherter Kompetenzen konnte das Verbrechen der Gesellschaft stets auf den unmittelbaren Täter abgewälzt werden; wer das Vermögen liquidierter Juden verwaltete, wollte von der Existenz der Konzentrationslager nichts gewußt haben; wer die Juden-Gesetze formulierte, bestand darauf, keine Verantwortung für deren Ausführung zu tragen; und wer schließlich die Befehle tatsächlich ausführte, konnte für sich geltend machen, daß er ein Bewußtsein ihrer Unrechtmäßigkeit nie besessen habe.

Seit dem Tode Benno Ohnesorgs hat sich in den Köpfen der Machthaber kaum etwas geändert; ja nach den jüngsten Ereignissen gibt es Gründe für die Vermutung, daß diejenigen, die sich selbst zu den einzigen verantwortungsbewußten Hütern »unserer« demokratischen Grundordnung ernannt haben, offenbar überfordert sind, die zentralen Probleme der Gesellschaft zu erkennen und *politische* Lösungen an Stelle der geplanten verwaltungstechnischen und militärischen vorzuschlagen. Denn *eines* scheint nach dem staatlich organisierten Mordanschlag auf Ohnesorg und nach dem individuellen Mordanschlag auf Dutschke sicher zu sein: wir befinden uns in einer Umbruchphase der Gesellschaft, in der die zu Existenzfragen der Nation aufgewerteten politisch-juristischen Fiktionen zu zerbrechen beginnen. Dieser drohende Verfall von Fiktionen, wie dem Anspruch auf die Alleinvertretung deutscher Interessen, dem Festhalten am Provisorium der Oder-Neiße-Grenze, der zwiespältigen Haltung zum Münchner Abkommen u.a.m., ist jedoch nicht mit einer politisch-demokratischen Erziehung der Menschen und einer konsequenten Demokratisierung der Verhältnisse verbunden, sondern reaktiviert gegenwärtig einen ganzen Bereich von Vorurteilen und Aggressionen bei einer Bevölkerung, die ihre nach dem Zusammenbruch des Dritten Reiches verlorengegangene politische Identität in autoritären Bestätigungen der bestehenden Herrschaftsverhältnisse und ihren politischen Grundlagen wiedergefunden hatte. Das Zerbrechen dieser Identität ist durch tiefgreifende wirtschaftliche und politische Krisen bedingt, und indem die Große Koalition diesen Prozeß durch ein riesiges Aufgebot autoritärer Veranstaltungen, die von der Legitimation der Grundvoraussetzungen der gegenwärtigen Politik entlasten, aufzuhalten sucht, trägt sie objektiv zur Vergrößerung des autoritären und faschistischen Verhaltenspotentials in der Bevölkerung bei.

Wir können nicht voraussehen, in welchem Ausmaße die gestauten Aggressionen auf linke Feindgruppen sich wenden werden, wenn es auch der letzte Flüchtlingsverband und der letzte Flüchtlingsfunktionär realisiert hat: daß Deutschland 1945 eine in der Geschichte beispiellose Niederlage erlitten hat; daß ohne militärische Gewalt eine Rückgewinnung der Ostgebiete ausgeschlossen ist; daß von den osteuropäischen Ländern diese Gebiete gar nicht mehr, wie es der Selbstbetrug der etablierten Parteien will, als politischer

Verhandlungsgegenstand betrachtet werden. Und aus der Geschichte der Weimarer Republik wissen wir, daß gerade die Unfähigkeit, aus einer militärischen und politischen Niederlage die einzig rationale Konsequenz zu ziehen, unbehindert von den Fesseln gefährlicher Machtträume, die Grundlagen der Gesellschaft zu demokratisieren, günstige Voraussetzungen für ein gesellschaftliches Klima schafft, in dem politischer Mord und organisierter Terror der bewaffneten Reaktion die Menschen bedrohen. Denn in einem solchen Klima geht es stets um die wachsende Bereitschaft zur Identifizierung von Feindgruppen, deren einzelne Mitglieder für die Misere, auf die sie in aller Kompromißlosigkeit hinweisen und die sie bekämpfen wollen, unmittelbar verantwortlich gemacht werden. Es gibt ein spezifisches Klima für politischen Mord, und es ist unter den Bedingungen einer atmosphärischen Gewaltsamkeit nur eine Frage von Zeit, wann sich politische Mörder finden, die das allgemeine Vorurteil gegen sogenannte »Erfüllungs«- oder »Anerkennungspolitiker« wie gegen Sozialisten schließlich vollstrecken.

Weil wir uns dessen bewußt sind, daß in Zeiten kollektiver Verantwortung und kollektiver Haftung die wirklich Schuldigen durch die Maschen des individualistischen Strafrechts und der staatskonservativen Rechtspraxis schlüpfen, können wir nicht darauf verzichten, unsere Aktionen auf jene Institutionen, durch die sie geschützt werden, zu konzentrieren. Je unabweisbarer die Schuld eines Verhaltens bei der Gesellschaft liegt, die objektiv zum politischen Mord und zur Vernichtung politischer Minderheiten anstiftet, desto entschiedener wird im allgemeinen die totale Verantwortlichkeit von Einzelgängern beschworen. Man ist schon beruhigt, wenn den Attentätern organisierte Verbindungen zu Hintermännern nicht nachzuweisen sind; aber die wirklichen Hintermänner sind nicht selten die, die derartig beruhigende Untersuchungen führen und die drakonische Urteile an Menschen vollstrecken, die ihr eigenes Produkt sind.

In welchem Maße das Recht auslegungs- und nach Opportunität manipulationsfähig ist, wenn sich sowohl der Täter als auch die Staatsgewalt als schutzbedürftig erweisen, zeigt der Prozeß gegen Kurras. Nicht daß Kurras freigesprochen wurde, ist an diesem Prozeß bedenklich, sondern daß das Gericht mit großer Präzision den objektiven und subjektiven Interessen der politischen Instanzen entsprach, indem es die Kette von Verantwortungen nicht bis zum Berliner Senat hin verfolgte. Die einzige Chance, Kurras in gewisser Weise zu entlasten: das Klima freigesetzter Gewalttätigkeit der Polizei zu untersuchen und öffentlich zu verurteilen, um damit der politischen Aufklärung zu dienen, wurde bewußt ausgeklammert. Die Faszination, die davon ausgeht, die Zerstörung eines in Wort und Bild vernichtungswürdig gemachten Feindes nicht nur zu wünschen, sondern die Mittel für seine Vernichtung tatsächlich zu besitzen – eine solche Faszination wirkt stets handlungsauslösend. Nicht der Freispruch von Kurras macht dieses Urteil zu einem politischen Urteil, sondern die nach Umständen unzulässige Individualisierung des Täters. Nachdem sich das Gericht entschlossen hatte, den Fall des Berliner Senats und der Polizei zum Fall Kurras zu verengen, ohne doch im strengen Sinne das Schuldstrafrecht anzuwenden, war der Freispruch selber nur noch eine Formalität; aber seine inhaltliche Begründung hatte nur noch das staatskonservative Vorverständnis der Richter zur Grundlage, für die das Verhalten gesellschaftlicher Gruppen, welche »im Dienst« handeln, Verantwortung nur in der Rolle von Befehlsträgern und Befehlsempfängern kennen, Ordnung über alles lieben und die sich einer abstrakten Staatsräson verpflichtet wissen, unmittelbar verständlich ist: oppositionelles Verhalten, ein vom Durchschnitt abweichender Habitus einzelner und gesellschaftlicher Gruppen, die sich, wie im Falle der Studenten, vom Staat nicht vorgesehene und in der Öffentlichkeit ungewohnte Kompetenzen anmaßen, indem sie außerhalb ihres eigentlichen Arbeitsbereiches demonstrieren, ist in ihrem Bewußtsein dagegen immer schon kriminalisiert. Bevor noch die Tatbestände geklärt sind und das Gesetz zur Anwendung gekommen ist, spielt sich fast zwanglos eine Gemeinsamkeit von Wertvorstellungen der Richter mit den Einstellungen bestimmter Angeklagter ein, durch die traditionelle Merkmale der Klassenjustiz realisiert erscheinen.

Die irritierte Reaktion der Kiesinger, Schütz und eines Großteils der bürgerlichen Presse auf den Mordanschlag auf Rudi Dutschke zeigt eine gewisse Betroffenheit darüber, daß sich die bisher praktizierte Gewalt gegen demokratische Oppositionelle, über die die staatlichen Instanzen im Rahmen des politischen Strafrechts sowie des Vereins- und Versammlungsrechts ganz selbstverständlich und uneingeschränkt zu verfügen glaubten, zu verselbständigen droht, so daß sie jederzeit auch ihrer eigenen Kontrolle entgleiten kann. Wir müssen uns jedoch vergegenwärtigen, daß spätestens seit dem Verbot der KPD im Jahre 1956 und den ihm folgenden Kommunistenprozessen, die sich des Hilfsmittels einer verfassungswidrigen politischen Strafjustiz bedienten, die Vernichtung des innerpolitischen Gegners zum politischen Selbstverständnis der Bundesrepublik gehört. Hier beginnt die »Legalisierung« und Objektivierung eines terroristischen Freund-Feind-Denkens, das Carl Schmitt, der geheime Berater Kiesingers und der juristische Wegbereiter der nationalsozialistischen Machtergreifung, bereits für das politische Leben der Weimarer Republik begründet hatte.

Wer das von den etablierten Mächten geschaffene Klima potentieller Gewaltanwendung analysieren will, kann sich auf die offiziellen Erklärungen nicht beschränken – obwohl auch ihnen an Deutlichkeit nichts fehlt; unzensiert kommt es jedoch vor allem in den Veränderungen der Sprache zum Ausdruck, von denen sich selbst noch gutwillige Liberale abhängig zeigen. Kein Begriff der politischen Sprache ist in den vergangenen Jahren so häufig beschworen worden wie der der Minderheit. Im bedrohlichen Pogrom-Klima gegen die politisch aktiven Studenten und Jugendlichen ist es notwendig, mit allem Nachdruck auf die Blutlinie der Unterdrückung von Minderheiten in Deutschland hinzuweisen. Es wäre verfehlt, die im Dritten Reich organisierte Hetzjagd auf die Juden mit den Verfolgungsabsichten gleichzusetzen, die sich heute auf Linksradikale konzentrieren; aber es gibt Merkmale, die ihnen gemeinsam sind. Unter dem Vorwand, verschwörerisch die Staatsordnung zu gefährden und mühsam erzielte Aufbauleistungen des Volkes zu bedrohen, werden rassische, nationale und politische Minderheiten zu anmaßenden und zugleich ohnmächtigen Randgruppen stilisiert. Auf sie kann die tatsächlich herrschende Minorität gefahrlos Aggressionen der Mehrheit lenken, die sich ohne sorgfältig gesteuerte Abreaktionen auch gegen die bestehenden Herrschaftsverhältnisse richten könnten. In die diskriminierende Darstellung verfolgter Minderheiten geht daher meist der Vorwurf des Parasitären ein. Wie die Juden von der Übervorteilung ihrer Mitbürger, von der rücksichtslosen Ausnutzung ihrer usurpierten Machtstellung in Handel und Geldverkehr lebten, so mißbrauchen heute die Studenten Steuergelder fleißiger Bürger für eine Existenzweise, die den offiziell sanktionierten Rahmen von Leistungen und Belohnungen sprengt.

Der in der Bevölkerung verbreitete Vorwurf des Parasitären reicht gegenwärtig jedoch kaum aus, die beabsichtigten Repressionsmaßnahmen der staatlichen Funktionsträger zu begründen. Da es ihnen an politischer Phantasie, die sich vorurteilslos auf das Selbstverständnis oppositioneller Bewegungen und die soziologischen Bedingungen ihres Erfolges einlassen könnte, grundsätzlich fehlt, erstreben sie Sicherheit im Operieren mit Zahlenverhältnissen, im Quantifizieren inhaltlicher Probleme. Die Gruppe der Rädelsführer, der Drahtzieher, der Verschwörer, die, wie die Juden im Faschismus, alles in der Hand haben sollen, kann für sie nicht klein genug sein. Barzels Redeweise von der Mini-Minorität, die im übrigen in krassem Widerspruch zu den auf sie projizierten Gefahren steht, soll auch den Unsicheren und Zögernden ein gutes Gewissen und die absolute Gewißheit verschaffen, die geplanten Aggressionsakte gegen außerparlamentarische Minderheiten im Namen der überwältigenden Mehrheit zu verüben.

Wer die Darstellung der Studenten in Karikaturen der Springer-Presse, wer mit Aufmerksamkeit die Entwicklung der politischen Sprache führender Politiker verfolgt hat, der hat feststellen müssen, daß der biologistische Jargon der Nazis nicht nur bei der NPD nachlebt; zur Kriminalisierung ist die Biologisierung politischer Oppositionsgruppen getreten, deren einzelne Mitglieder an äußeren Merkmalen, neben der Kleidung an den Gesichtszügen, erkennbar werden.

Die Konstruktion einer manipulierenden Minderheit innerhalb der Studentenbewegung hat zudem eine wichtige Entlastungsfunktion für die Ideologie der tatsächlich herrschenden Eliten. Indem Dutschke und andere zu Blanquisten gestempelt werden, welche die Diktatur einer elitären Minderheit von Berufsrevolutionären erstreben, wird die bloße Identifikation mit der »demokratischen Mitte«, mit den bestehenden Institutionen und Regeln, zur ausreichenden Legitimation demokratischen Verhaltens. Das Führerprinzip hat sich, was seine Funktion für die Integration der Massen anbetrifft, in gewisser Weise institutionalisiert; die politischen Funktionäre arbeiten kooperativ, und sie betonen unentwegt die organisierte Gewalt, über die sie rechtens zu verfügen meinen, um die Opposition zu zerschlagen.

Die Auseinandersetzung mit der studentischen Protestbewegung hat eine neue Stufe erreicht; das wohlwollende Interesse, das ihr nach den Ereignissen des 2. Juni von allen Seiten entgegengebracht wurde, ist einer nervösen und oft hilflosen Abwehrhaltung gewichen. Der Boulevardpresse und rechtsgerichteten

»seriösen« Blättern ist es inzwischen gelungen, die Sprachformel vom »Linksfaschismus« mit der Vorstellung einer auf Selbstisolierung bedachten Minorität zu verbinden, die ihre elitären und manipulativen Zwecke terroristisch durchsetzt. Auf diese Weise konnte der gesamte sozialpsychologische Bereich der »unaufgearbeiteten Vergangenheit«, vor allem die Mechanismen von Schuld, Abwehr und Projektion, reaktiviert und in den Dienst der Bekämpfung außerparlamentarischer Minderheiten gestellt werden. Es war seit langem zu erwarten, daß Massenblätter den absehbaren Verlust der Wirksamkeit antikommunistischer Parolen so schnell wie möglich ausgleichen mußten, um ein auf emotionale Reaktionen dressiertes Publikum weiterhin zu binden.

Aber das Spezifische der neuen Situation besteht darin, daß ein Element wirklicher, wenn auch unaufgeklärter Furcht vor dem Faschismus gerade liberale Kritiker veranlaßte, die politische Sprache um leicht faßliche Symbole zur raschen Identifizierung linker Feindgruppen zu bereichern. Liberaler Mentalität entspringt eine politische Sprache, der sich mittlerweile alle (auch NPD-Funktionäre) bedienen: »linker Faschismus«, »Anarcho-Faschismus«, »Inquisition von Links« u.a.m. Meist wider Willen leisten viele Liberale Legitimationshilfen für jene, die seit langem den mutigen und furchtlosen Einsatz gegen die studentischen Störenfriede fordern und die doch nur über die dürftigen Rechtfertigungsgründe verfügen, die ihnen die deutsche Geschichte überliefert hat: Ordnung, Fleiß, Sauberkeit, Staatsbewußtsein und Opferbereitschaft – Tugenden, die allesamt von den politischen Katastrophen in Deutschland nicht zu trennen sind.

Wenn unsere Gegner meinen, sie könnten die dem System antagonistischer Interessen immanente Tendenz zur Militarisierung und Brutalisierung des gesellschaftlichen Lebens auf Randgruppen projizieren, um sich eine propagandistisch wirksame Legitimation für deren Zerschlagung zu verschaffen, so ist es für uns höchste Zeit, das aus dem bürgerlichen Bewußtsein verdrängte Problem der Beziehungen zwischen Gewalt und Politik in aller Öffentlichkeit und ohne Tabus zu diskutieren.

Wer heute das Problem der Gewalt ausschließlich unter moralischen Gesichtspunkten behandelt oder Gewalt schlicht der bestehenden Rechtsordnung entgegensetzt, muß von vornherein darauf verzichten, ihre wechselnde Bedeutung im konkreten Zusammenhang der gesellschaftlichen Kräfte zu erkennen. Das liberale Bürgertum des 19. Jahrhunderts konnte mit einem gewissen Recht annehmen, daß sich der selbstregulierende Mechanismus des kapitalistischen Warenverkehrs in einen zwanglosen Interessenausgleich der Marktkontrahenten verwandeln wird, der am Ende jede Form politischer Zwangsgewalt überflüssig macht. Solange der Konkurrenzmechanismus funktionierte, wurde das Bedürfnis der Privateigentümer nach Berechenbarkeit und Zuverlässigkeit des Rechtssystems und der Verwaltung durch die uneingeschränkte Herrschaft des *allgemeinen*, der formalen Rationalität der Kapitalrechnung entsprechenden Gesetzes befriedigt, wenn auch schon hier seine ideologische Funktion unverkennbar ist, brutale Ausbeutungsverhältnisse und die tagtägliche Gewalt gegenüber der erdrückenden Mehrheit der Bevölkerung zu verschleiern und als gewaltlos zu rechtfertigen. Die rechtserhaltende und verwaltende Gewalt ist, wie Walter Benjamin sagte, eine schaltende, mythologische Gewalt, die automatisch jede Gegengewalt zum Terror stempelt.

Im Monopolkapitalismus treten Maßnahmegesetze und Generalklauseln an die Stelle der *Allgemeinheit* der Gesetze, so daß deren Verbindlichkeit in dem Maße überhöht, der historischen Legitimation entzogen wird, wie seine gesellschaftliche Basis schwindet. Wie wenig Recht und Gewalt im Spätkapitalismus noch auseinanderzuhalten sind, zeigt die totale Unfähigkeit der Repräsentanten der nationalsozialistischen »Rechtsordnung«, das in ihr gebundene Maß an Gewalt überhaupt nur zu erkennen. Spätestens seit dem Dritten Reich ist die Frage der inneren Verflechtung von Gewalt und Recht zur Existenzfrage jeder demokratischen Ordnung geworden. Das bedeutet aber, daß alle jene Fragen konkret zu stellen und politisch zu beantworten sind, die den formalen Schutz der Entfaltungschancen des subjektiven und objektiven Gewaltpotentials der Gesellschaft betreffen. Konnten in den letzten Jahren nicht alle, die mit staatlich sanktionierten Machtbefugnissen ausgestattet waren, eine wachsende Selbstsicherheit gewinnen, ungestraft am Rande und »etwas außerhalb der Legalität« operieren? Stimmt es nicht nachdenklich, daß ausgerechnet jene die strenge Beachtung von Regeln und Gesetzen fordern, in deren politischem Verhalten gegenwärtig und in der Vergangenheit nichts so konstant ist wie die Bereitschaft, im Interesse machtvoller staatlicher Entscheidungen das Recht zu manipulieren? Haben alle jene, die seit Jahren kaum noch einen politischen Gedanken fassen können, der sich nicht auf die legalisierte Gewaltanwendung durch Notstandsgesetze reduzieren läßt, nicht längst das politische und moralische Recht verloren, von den Staatsbürgern die Beachtung rechtsstaatlicher Grundsätze zu verlangen? Wem kann heute eigentlich zugemutet werden, ein absolutes Vertrauen in eine Ordnung zu setzen, die keiner gesellschaftlichen Gruppe der Nachkriegszeit derart gesicherte Lebens- und Überlebenschancen garantierte, wie den technokratisch, militärisch und verwaltungstechnisch bewährten »Eliten« des Dritten Reiches?

Verantwortlich für die gefährliche Verwischung der Grenzen zwischen Recht und Gewalt sind ausschließlich diejenigen, die nichts getan haben, das Rechtsbewußtsein breiter Bevölkerungsschichten zu entwickeln und die keine Gelegenheit versäumten, etwa das Recht auf politische Demonstrationen durch demonstrative Gewaltanwendung als gleichzeitig untergeordnetes und gefährliches Recht unter Beweis zu stellen. Und diese Entwicklung beruht nicht auf der Böswilligkeit oder Nachlässigkeit einzelner. Denn gut zwei Jahrzehnte haben wir unter Mördern und hilfswilligen Funktionsträgern des staatlich organisierten und sanktionierten Terrors gelebt; unter Richtern und Staatsanwälten, deren Rechtsbewußtsein derart verkümmert war, daß sie den Wechsel der Rechtsordnungen noch nicht einmal bemerkten oder gar fähig waren, für sich persönlich Konsequenzen zu ziehen; unter Beamten der Ministerialbürokratie, der Polizei, des Erziehungssystems, deren ganze politische Phantasie in der gewalttätigen Verfolgung, Diskriminierung und Vernichtung von rassischen, nationalen und politischen Minderheiten sich geschult und erschöpft hatte. Es war eine demokratische Minorität, meist unter Studenten, Professoren, im außerparlamentarischen Bereich, die in mühevoller Kleinarbeit Beweismaterial sammelte, um wenigstens einen Teil der Schuldigen, die sich längst wieder des Schutzes der offiziellen Gewalten versichert hatten, aus ihren Ämtern zu entfernen. Von vornherein mußte klar sein, daß der Positionswechsel einzelner, die unmittelbar belastet waren, kein Ersatz für die Demokratisierung der Gesellschaft sein konnte. Denn Generale, Beamte der Ministerialbürokratie und Verbandsfunktionäre der Unternehmer haben den höchsten Grad der Kontinuität ihrer Positionen im Übergang vom Dritten Reich zur Bundesrepublik. Wer alle, die sich aktiv, durch wohlwollende Toleranz oder durch mangelnde Widerstandsbereitschaft an der organisierten Hetzjagd auf Minderheiten beteiligten, anklagen und verurteilen wollte, müßte heute ganze Führungsschichten der Bundesrepublik auswechseln.

Und noch in einem anderen Sinne hat die von den politischen Instanzen eingeübte Ritualisierung der freiheitlich-demokratischen Grundordnung die Ausbildung des kritischen Bewußtseins blockiert, im Namen von Freiheit und Recht geführte Vernichtungsaktionen gegen andere Völker und Minderheiten als Ausdrucksformen purer Gewalt zu erkennen und praktisch zu bekämpfen. Die Verkümmerung des Rechtsbewußtseins ist stets mit der Überzeugung verknüpft, daß auf Gewalt und Aggression ausschließlich die Strategien des Feindes beruhen. So wird, was jahrhundertelang von Kolonisierten und von den Menschen in Ghettos gesagt wurde, daß sie nur die Sprache der Gewalt verstünden, unbesehen übernommen und zur Formel zivilisatorischer Selbstbetätigung. Und in der Tat: den Kolonisierten und den Menschen der Ghettos ist nichts bekannter als die Atmosphäre von Ausbeutung, Gewalt und Drohung, die sie täglich, in einer von sichtbaren und unsichtbaren Gesetzen zweigeteilten Welt, umgibt. Heute machen sie Ernst mit diesem zur »zweiten Natur« der »Zivilisierten« gewordenen Vorwurf, und, indem sie sich zu Menschen erheben, machen sie gleichzeitig eine grundlegende kollektive Erfahrung, durch die sie Mut und Selbstbewußtsein gewinnen, daß auch die Herrschenden, neben der üblichen Sprache des Geldes, nur die der Gewalt verstehen.

Was sich gegenwärtig in den Vereinigten Staaten abspielt, ist der Übergang einer vom System produzierten atmosphärischen Gewalt zur aktiven Gewalt derjenigen, die bisher ihre ungenannten und zahllosen Opfer waren. Es ist evident, daß für die Verwandlung der sublimen, institutionell gebundenen Gewalt in manifeste Gewalt ausschließlich ein Herrschaftssystem die Verantwortung trägt, das sich allein durch die faktische Verfügung über technologische Zerstörungsinstrumente und durch strategische Interessen bereits legitimiert sieht, im jeweiligen Bündnis mit korrupten Cliquen überall in der Welt zu intervenieren, wo sich Ansätze für sozialrevolutionäre Bewegungen zeigen. Gerade weil es unmittelbar ökonomische Motive für den Völkermord in Vietnam offenkundig nicht mehr gibt – die Erwartung oder Sicherung von Gewinninteressen hätte wenigstens noch den Anschein von Rationalität –, ist die Irrationalität dieser staatlich sanktionierten und organisierten Gewalt so bedrohlich. Die Vereinigten Staaten bilden heute *das* imperiale Gewaltzentrum der Welt, und Länder, die sich mit ihnen offiziell und uneingeschränkt solidarisieren, gehen das Risiko ein, dem Zerfall der politischen Moral auch im inneren politischen Bereich Vorschub zu leisten. Wenn Freiheit und Recht so offenkundig, wie in der heutigen amerikanischen Politik und bei der erdrückenden Mehrheit der weissen Bevölkerung der Vereinigten Staaten, mit permanenter Gewaltanwendung verbunden sind, so ist es nicht erstaunlich, dass neben der allgemein wachsenden Kriminalität auch die Bereitschaft zunimmt, politische Gegner, mit denen man rational zu diskutieren nicht mehr fähig ist, einer wirklichen oder auch imaginären Feindgruppe zuzurechnen und physisch zu vernichten.

Es geht hier nicht um die Rechtfertigung von Gewalt oder von Gewaltlosigkeit, sondern um die nüchterne Bilanz von Tatsachen: daß das im Weltmaßstab feststellbare Ausmaß geschichtlich begründeter revolutionärer Gewalt, die produktive Anstöße für die Emanzipation der Menschen und ihre Befreiung von erniedrigtem, ausgebeutetem Dasein brachte, in keinem Verhältnis zur sinnlosen Vernichtung von Menschen und Gütern in den imperialistischen Kriegen und in den kolonialen Strafexpeditionen steht. Auf tausend Kriege kommen, wie Bloch sagt, höchstens zehn Revolutionen.

Mit infantilem Selbstbewußtsein operieren unsere Politiker mit atomaren Todesraten, aber ein in Erregung zerschnittener Autoreifen von linken Demonstranten bringt selbst jene in äußerste Empörung, die, wie der gegenwärtige Bundeskanzler, noch in reiferen Jahren ihres Lebens die Ausrottung von Menschen objektiv sanktionierten, indem sie ihre hohen Stellungen in der Hierarchie des nationalsozialistischen Staates weder nutzten, um sich über das wirkliche Ausmaß der Gewalt zu informieren, noch mit gewaltsamen Mitteln gegen den Terror zu kämpfen. Diese Heuchler der Gewaltlosigkeit sind immer bereit gewesen, zu schweigen oder sich offen mit denjenigen zu solidarisieren, die tagtäglich Gewalt gegenüber Andersdenkenden und Kommunisten übten.

Es ist Aufklärung darüber notwendig, daß es einen Unterschied zwischen progressiver Gewalt und reaktionärer Gewalt in der Geschichte gibt. Denn die Zerstörung eines vietnamesischen Dorfes durch die Amerikaner ist nur durch willkürliche Abstraktion von den gesellschaftlichen Zusammenhängen auf den gleichen Nenner eines formalen Gewaltaktes zu bringen wie das Niederbrennen und Plündern amerikanischer Warenhäuser durch eine Minderheit, die durch ökonomischen Zwang und Terror im proletarischen Elend des 19. Jahrhunderts gehalten wird, und doch die Überflußgesellschaft, Privilegierung und sinnlose Verschwendung, sinnlich unmittelbar erfährt. Es wäre töricht und gemeingefährlich, angesichts dieser legitimen Reaktion elementarer Bedürfnisse Warenhäuser im Bewußtsein politischer Symbolhandlungen niederzubrennen. Stets ist das Maß, das blinde oder methodische Gegengewalt provozierte, von den herrschenden Klassen und Gruppen bestimmt worden; es hängt vom konkreten Gesamtzustand der Gesellschaft und von den politischen Möglichkeiten ab, innerhalb bestehender Institutionen objektiv demokratische Interessen der Menschen zu realisieren.

Das Engelssche Modell der unmittelbaren Abhängigkeit der Gewalt vom ökonomischen Unterbau trifft im strengen Sinne nicht mehr zu; deshalb wird die differenzierte, von der Totalität der gesellschaftlichen Machtverhältnisse abhängige Bestimmung der Organisationsformen revolutionärer Gegengewalt zur Existenzfrage des praktischen Widerstandes in technologisierten Klassengesellschaften.

Fanon und Marcuse haben für die unterdrückten Völker und für die diskriminierten Minderheiten das Prinzip einer Gegengewalt formuliert, die keinen anderen Zweck hat, als den Mythos der Gewalt zu brechen. Marcuse sagt: »... ich glaube, daß es für unterdrückte und überwältigte Minderheiten ein ›Naturrecht‹ auf Widerstand gibt, außergesetzliche Mittel anzuwenden, sobald die gesetzlichen sich als unzulänglich herausgestellt haben. Gesetz und Ordnung sind überall und immer Gesetz und Ordnung derjenigen, welche die etablierte Hierarchie schützen; es ist unsinnig, an die absolute Autorität dieses Gesetzes und dieser Ordnung denen gegenüber zu appellieren, die unter ihr leiden und gegen sie kämpfen – nicht für persönlichen Vorteil und aus persönlicher Rache, sondern weil sie Menschen sein wollen. Es gibt keinen anderen Richter über ihnen außer den eingesetzten Behörden, der Polizei und ihrem eigenen Gewissen. Wenn sie Gewalt anwenden, beginnen sie keine neue Kette von Gewalttaten, sondern zerbrechen die etablierte. Da man sie schlagen wird, kennen sie das Risiko, und wenn sie gewillt sind, es auf sich zu nehmen, hat kein dritter und am allerwenigsten der Erzieher und Intellektuelle, das Recht, ihnen Enthaltung zu predigen.« (Kritik der reinen Toleranz, Frankfurt/Main 1966, S. 127)

Die Studenten und mit ihnen die gesamte außerparlamentarische Opposition haben kein eigenes von der Gesellschaft akzeptiertes Medium öffentlicher Selbstdarstellung; sie können sich gegen den massiven Ansturm der Diskriminierungen, der verzerrenden Darstellungen ihrer Absichten nur wehren, wenn sie sich ihre eigene, unzensierte Öffentlichkeit schaffen; da sie in der Tat weitgehend vom Resonanzboden der liberalen Presse abhängen, in dem die Zensuren des Systems meist ungebrochen wirksam sind, sind sie auf die Öffentlichkeit der Straßen, der freien Plätze, der Schulen, Hochschulen angewiesen, um über ihre politischen Forderungen diskutieren zu können. Das macht sie zu permanenten Störenfrieden; denn es ist kennzeichnend für eine zum Mechanismus der Regulierung von Konflikten erstarrte Demokratie, daß die verdinglichten Institutionen und Regeln einer Art naturrechtlicher Bestandssicherung bedürfen. In einer rigiden Gesamtordnung schließen sich so rechtsstaatliche Grundsätze, Konventionen, Verfahrensregeln usw. zu einer kompakten und repressiven Einheit zusammen, die dem einzelnen die fatale Alternative aufzwingt: entweder sich mit ihr zu identifizieren oder in den Verdacht zu geraten, sie abstrakt zu negieren. In gleichem Maße, wie die Demokratie zum Regelsystem degeneriert, reduziert sich die inhaltlich bestimmte Opposition auf das formale, methodische Element der Störung. Harmlose Unterbrechungen einer Vorlesung, Verletzungen vergänglichster Satzungsbestimmungen, Störungen des Straßenverkehrs und des »Messefriedens«: was immer geschieht, es wird unabhängig von inhaltlicher Zweckbestimmung zur Verletzung von Menschenrechten aufgewertet und zu einer das System treffenden Einbruchstelle des Rückfalls in Barbarei, Anarchismus und Faschismus. Die Studenten werden zu Terroristen, die zu bekämpfen zum legitimen Gegenterror wird. Da der »Linksfaschismus« das Problem der Führungsgruppen unserer Gesellschaft und nicht der Studenten ist, brauchen die einzelnen Ereignisse gar nicht erst abgewartet zu werden. Ein beabsichtigtes »Go-in« in die Vorlesung eines Ordinarius und Bundesministers, von dem man öffentlich Auskunft über seine Stellung zur Notstandsgesetzgebung verlangt, wird nach dem gleichen Schema des »faschistischen Terrors« interpretiert wie die Steinwürfe törichter Einzelgänger, die Sachbeschädigungen zur Folge haben.

Die liberale Öffentlichkeit war immer nur mobilisierbar, wenn es um offenkundige Rechts- und Regelverletzungen ging – so in der Spiegel-Affäre, so nach dem 2. Juni. Da diese Regelverletzungen aber nicht als Symptome durchschaut wurden, schloß jeder Kampf gegen sie das grundsätzliche Einverständnis mit den bestehenden Eigentums- und Herrschaftsverhältnissen ein. Heute sind die Studenten, welche die tabuierten Grundlagen der autoritären Entwicklungen angreifen, die ersten Opfer dieses falschen Bewußtseins. Sie sind darauf angewiesen, selbsttätig eine diskutierende Öffentlichkeit zu etablieren, deren inhaltliches Aufklärungsinteresse wesentlich auch die Denunziation der Elemente des Ausnahmezustandes in der Norm, im halbwegs funktionierenden Ganzen enthält. Als Grass von den »wahrhaft faschistischen Methoden« der Journalisten des Springer-Konzerns sprach, denunzierte er die bewußte Verletzung der journalistischen Sorgfaltspflicht, bestätigte aber ausdrücklich das Recht der Springer-Zeitungen, in tagtäglicher »freier Meinungsäußerung« Vorurteile zu verbreiten, Ressentiments gegen Minderheiten zu befestigen und eine illusionäre Politik zu propagieren, die dem faschistischen Potential in ungleich höherem Ausmaß Vorschub leistet als das Nebenprodukt einer Regelverletzung. Solange diese Gesellschaft weder fähig ist, die kapitalistischen Eigentums- und Herrschaftsverhältnisse durch demokratische Verhältnisse zu ersetzen, noch den gemeingefährlichen Springer-Konzern zu zerschlagen, so daß die reale Chance besteht, die Presse in ein Instrument der Aufklärung und der Entwicklung politischer Phantasie zu verwandeln, so lange ist der Faschismus als ein Massenphänomen nach wie vor die bedrohliche Perspektive dieser Gesellschaft.

Als Jürgen Habermas die hypothetische Formel vom »linken Faschismus« gebrauchte, wollte er vor einer selbstzerstörenden Formalisierung der provokativen Gewaltanwendung warnen; aber der überwiegende Teil der Aktionen der studentischen Protestbewegung ist gerechtfertigt durch das, woran er keinen Zweifel ließ: daß die »demonstrative Gewalt« zur Erzwingung einer vom politischen Aufklärungsinteresse bestimmten Öffentlichkeit auch die Verletzung repressiv gewendeter Regeln einschließt.

Der »Linksfaschismus« ist die Projektion der systemimmanenten Faschisierungstendenzen auf leicht diskriminierbare Randgruppen. Diejenigen, die heute unentwegt von Terror und Faschismus reden, sollten bedenken, daß vor allem die schleichende Entwertung der Grundrechte und die Aushöhlung demokratischer Institutionen den Boden bereiten helfen, auf dem ein neuer Faschismus wachsen kann. Wie in der Vergangenheit wird er sich im Zentrum, nicht am Rande der Gesellschaft entwickeln; nicht die ordnungsbesessenen Horden, welche die Straßen unsicher machten, sondern dienstwillige Richter, Techniker, Unternehmer und Professoren bildeten das Rückgrat des deutschen Faschismus. Die einzige Möglichkeit, seine Rückkehr in allen verschleierten und offenen Formen rechtzeitig zu verhindern, besteht in der täglichen Realisierung liberaler und politischer Freiheitsrechte. Wer die Sicherung der Freiheit dem Staat, seinen Beauftragten, dem Verfassungsschutz und den Organisationen überläßt, ist Opfer einer fatalen Illusion: er glaubt an die Existenzfähigkeit einer Demokratie ohne Demokraten.

Nr. 194

Theodor W. Adorno / Hans Paul Bahrdt / Heinrich Böll / Peter Brückner / Ludwig von Friedeburg / Walter Jens / Eugen Kogon / Golo Mann / Alexander Mitscherlich / Hans Dieter Müller / Heinrich Popitz / Helge Pross / Helmut Ridder / Hans-Günther Zmarzlik

Die Erklärung der Vierzehn

Öffentliche Stellungnahme zum Mordanschlag auf Rudi Dutschke und zur Pressepolitik des Springer-Konzerns

19. April 1968

QUELLE: Die Zeit vom 19. April 1968, 23. Jg., Nr. 16, S. 5

Zum zweitenmal innerhalb eines Jahres hat blutige Gewalt die Studenten getroffen. So isoliert die Hintergründe des Mordanschlags auf Rudi Dutschke auch scheinen mögen, sie enthüllen den Zustand unserer Gesellschaft. Angst und mangelnde Bereitschaft, die Argumente der studentischen Opposition ernst zu nehmen, haben ein Klima geschaffen, in dem die gezielte Diffamierung einer Minderheit zur Gewalttätigkeit gegen sie aufreizen muß.

Dieses Klima ist systematisch vorbereitet worden von einer Presse, die sich als Hüterin der Verfassung aufführt und vorgibt, im Namen der Ordnung der Mehrheit zu sprechen, mit dieser Ordnung aber nichts anderes meint als ihre Herrschaft über unmündige Massen und den Weg in einen neuen, autoritätsbestimmten Nationalismus. Das Bündnis von bedenkenlosem Konsumjournalismus und wiederauflebender nationalistischer Ideologie, das die demokratisch engagierten Studenten und Intellektuellen seit Jahren als »Linksmob«, »Eiterbeule«, »akademische Gammler«, »Pöbel«, »geistige Halbstarke«, »Neurotiker«, »Schreier« und »Schwätzer« verunglimpft, droht das Selbstverständnis der Deutschen in einer Welt der friedlichen Verständigung, der fortschreitenden Aufklärung und Zusammenarbeit auch zwischen verschiedenen Gesellschaftssystemen abermals zu zerstören. Leitartikel des Springer-Konzerns forderten schon Anfang 1967 dazu auf, die Stadt Berlin vom »immatrikulierten mobilisierten Mob« zu befreien. Es muß darum schärfstens der Erklärung des Springer-Verlages widersprochen werden, er habe die sachliche Auseinandersetzung gesucht.

Die Unterzeichneten fordern darum, endlich in die öffentliche Diskussion über den Springer-Konzern, seine politischen und wirtschaftlichen Voraussetzungen und seine Praktiken der publizistischen Manipulation einzutreten. Sie erklären sich mit den Studenten solidarisch, rufen aber gleichzeitig dazu auf, sich bei allen Aktionen der Gewalt zu enthalten und der Angemessenheit der Mittel bewußt zu bleiben. Sie fordern die demokratischen Kräfte in unserem Lande, insbesondere an den Universitäten und Technischen Hochschulen dazu auf, dem Problem einer demokratischen Öffentlichkeit vermehrte Aufmerksamkeit zu widmen und dabei mitzuwirken, ein vertieftes Bewußtsein der Gefährdung unserer innenpolitischen Lage zu schaffen.

Nr. 195

Karl Dietrich Wolff / Frank Wolff
Zu den Oster-Aktionen

Artikel im SDS-Bundesorgan »Neue Kritik«

April 1968

QUELLE: Neue Kritik, 9. Jg., Nr. 47, April 1968, S. 3–6

I.
Die Springer-Blockaden haben die politische Polarisierung produziert, die wir schon vorher für diesen Sommer erwartet hatten. Die Ungleichzeitigkeit der westdeutschen im Verhältnis zur Berliner Entwicklung hat sich dabei gleichermaßen bestätigt und verändert. Daß der Mordanschlag jetzt in Berlin geschah, ist eher akzidentell, als es die organisierte Polizeischlacht am

2. Juni und der Tod Ohnesorgs waren. Damals war der Schah-Besuch zwar schon im nationalen Maßstab als Notstandsmanöver angelegt, hatte jedoch nur in Berlin den politischen Charakter, daß die radikale Opposition physisch zerschlagen werden sollte. Unsere Analyse des neuen autoritären Staates orientierte sich mit Recht an diesem fortgeschrittenen Stadium der Reaktion. Das Machtkartell von Senat, Springer-Presse, Unternehmerverbänden und Gewerkschaften entspricht der Tendenz, die ebenso in Westdeutschland sich durchsetzt. Die Massen werden nicht wie am Ende der Weimarer Republik in der faschistischen Bewegung gegen den Parlamentarismus geführt, sondern von diesem selbst in eigene Regie genommen. Die Herrschenden imitieren sich bis in die einzelnen Sprachfiguren; sie sind die neuen kollektiven Führer. Jedoch sind sie trotz ihrer täglichen Brutalität eine bloße Karikatur. Die klägliche Konter-Demonstration am 21. Februar belegt den Widerspruch, die Massen gleichzeitig passiv halten zu müssen und sie gegen den inneren Feind mobilisieren zu wollen.

Während in Berlin derweil die Unterstützung durch Nichtstudenten zunahm, und die Kooperation mit ihnen, wurde in Westdeutschland die offizielle Propaganda gegen die oppositionelle Minderheit gewissermaßen nachgeholt. Hier wie dort wurde sie nach dem Muster organisiert, den politischen Protest als kriminell und asozial, nicht der Gemeinschaft der Anständigen zugehörig, zu qualifizieren. Die latente Gewalt war damit zur Pogromstimmung artikuliert worden. Jetzt, nachdem wir gegen diese Gewalt unseren Widerstand spontan organisiert haben, haben wir sie freilich nicht gebrochen, vielmehr hat sich das institutionelle und lebendige Potential an Gewalt gefährlich gesammelt. Der verfassungswidrige Einsatz von Bundesgrenzschutz und Technischem Hilfswerk in Esslingen, die freiwillige staatsbürgerliche Mithilfe von Schäferhundvereinen geben einen Geschmack davon ebenso wie der untergründige Aufruf zur Selbstjustiz und die Erwägung der Vorbeugehaft durch den Bundesinnenminister.

Die Konfrontation von herrschender Gewalt und unserer Opposition hat sich auf erweiterter Stufenleiter wiederholt. Die Studentenbewegung ist damit auch in der Bundesrepublik im ambivalenten Sinn wirksam geworden. Sieht man von den Differenzen ab – daß etwa in dieser Dimension lokale und primär politische Gegner nicht stets zusammenfallen –, so zeigen sich folgenreiche Analogien zur Berliner Entwicklung. Die Konfrontation mit dem Monopol Springer hatte dort dieselben Formen angenommen wie jetzt auf der neuen Ebene: Die Staatsgewalt identifizierte sich uneingeschränkt mit dem Konzern und ebenso ein großer Teil der Konkurrenzpresse, d.h. ein Entscheidungsdruck ist entstanden, der formal-liberale Positionen liquidiert und damit die Herrschaftsverhältnisse offenlegt. Die liberale Forderung nach einer demokratischen Öffentlichkeit kann inhaltlich sich nur revolutionär umsetzen. Das Institut des Privateigentums an Produktionsmitteln ist direkt zum Teil der Machtauseinandersetzung geworden.

Diese Auseinandersetzung ist der Entwicklung bis zum vergangenen Faschismus keineswegs völlig parallel, jedoch auch nicht von ganz neuer Qualität. Die These, daß der Faschismus sich heute im Zentrum der parlamentarischen Institutionen selber entwickle, etwa durch Notstandsgesetze, trifft abstrakt auch auf die Weimarer Republik zu – vgl. Präsidialdiktatur, Hugenberg-Konzern usw.; die wesentliche Differenz kommt darin zur Erscheinung, daß mit dem Trauma des offenen Faschismus die systeminterne Radikalisierung im »Kampf gegen Rechts- und Linksradikalismus« verschleiert werden kann. Es ist ein Komplement zur ökonomischen Krisenverschleppung. Die Frage steht zur Diskussion, ob die Verschärfung von Konflikten, ökonomischen wie politischen, eine umfassende, offene Brutalisierung der Machtverhältnisse erwarten läßt oder eine Fortentwicklung des manipulativen Instrumentariums im Rahmen schleichend sich verändernder Institutionen.

II.
Daß der SDS schlecht auf die kommenden Konfrontationen vorbereitet ist, wissen wir. Zwar ist die These der Isolation sowohl in der Universität als auch außerhalb widerlegt; die inhaltliche Solidarisierung scheint haltbarer als früher zu sein. Aber vielfach ist der SDS nur die nominelle Spitze der Opposition, ein Warenzeichen, und weniger die praktisch organisierende Kraft. Noch ist es unklar, wie die Zusammenarbeit mit den jungen Angestellten und Arbeitern organisiert werden soll, die erstmals zu einer Aktionseinheit mit uns gekommen sind. Clubs zu gründen, ist ein pragmatischer, improvisatorischer Weg. Richtig ist daran, daß wir jetzt nicht wie nach dem 2. Juni als moralisch engagierte Studenten in einer Mini-Narodniki-Bewegung in dem Abstraktum Bevölkerung Aufklärung betreiben können, sondern daß die Zusammenarbeit mit

Betriebs- und Lehrlingsgruppen und Gewerkschaftern organisiert werden muß. Mit welchem Ziel? Keinesfalls, um kritiklos Koalitionen zu bilden. Der Gefahr, daß sich die radikale Opposition integriert, ist nur mit inhaltlich konsequenten Bündnissen zu entgehen; sie allein geben uns auch die Möglichkeit neuer praktischer Erfahrungen.

Der SDS hat seine Grenze als Studentenverband mit den letzten Aktionen überschritten. So wenig sie die Einleitung des Bürgerkriegs bedeuten, so sehr haben sie doch die SDS-Gruppen überfordert, die sich häufig unfähig gezeigt haben, die Demonstrationen praktisch zu organisieren. Der organisierten Staatsgewalt gegenüber haben nicht nur unerfahrene Demonstranten, sondern auch manche Genossen sich völlig irrational und unpolitisch verhalten. Mit der Wut der Verzweiflung sind sie in die Konfrontation gegangen, sie folgten weniger einer revolutionären Strategie als einer der psychisch – durch Angst – vermittelten Gewalt. Haben wir aber den Schwindel der bloß sprachlichen Kommunikation als eine Ideologie der herrschenden Gewalt durchschaut, müssen wir um so klarer unsere Strategie der Abschaffung von Gewalt formulieren. Sie ist durch bloße Konfession zur Gewalt nicht zu ersetzen. Vielmehr müssen wir den primitiven und fetischisierten Begriff von Gewalt, wie er vorherrscht, permanent durchbrechen. Oskar Negt hat in seiner Rede über »Politik und Gewalt« Wesentliches dazu gesagt; gerade weil als Terror, Krawall und Gewalt prinzipiell alles verstanden wird, was dem Normalen, der alltäglichen Normenerwartung zuwiderläuft, dürfen wir diesen Begriff nicht stur erfüllen und ihn nur privat negativ interpretieren. Die Parole, sich gegen die Polizeigewalt zu bewaffnen, z. B. am Ostermontag auf Flugblättern auszugeben und damit die direkte Aggressivität zu stärken, statt sie zu politisieren, war falsch. Nichts hätte man schlechter durchstehen können als eine direkte Kraftprobe mit der in groteskem Verhältnis militärisch überlegenen Polizei. Ebenso hilflos erscheinen auch manche Reaktionen, nachdem der Tod zweier Menschen in München bekannt wurde, den niemand entschuldigen kann. Gerade wenn über den Hergang noch wenig bekannt ist, ist es schlichter Unsinn, die politische Gewaltsituation, in der wir stehen, mit der Gefahrenzone des Straßenverkehrs öffentlich und nachdrücklich gleichzusetzen. Die Klischees warteten nur auf den geringsten Auslöser.

Welche Aufgabe wir in den kommenden Aktionen haben, ist aus der veränderten Situation abzuleiten: nicht ständig die Demonstrationen quasi existentiell zu radikalisieren, sondern sie zu organisieren und sie praktisch, auf der Straße, und politisch mobil zu machen. Das leistet kein Ordnerdienst, sondern nur die intensive und massenhafte Diskussion vor jeder Demonstration (und die interne Vorarbeit im SDS). Unmittelbar sind wir angewiesen auf die demonstrative Verbindung von Aktion und Diskussion. Würden sich alle die neuen Demonstranten nur an den Aktionen beteiligen, wäre ihre Teilnahme nur statistisch interessant. Auf den organisierten Kontakt zu ihnen ist nicht zu verzichten. Was sich gegenwärtig in Berlin als Basisgruppen organisiert, ist eine mögliche Form, diesen Kontakt herzustellen. Er ist um so eher zu halten, je selbständiger die Gruppen der jungen Arbeiter und Lehrlinge arbeiten. Sie können verbunden werden, indem kontinuierlich arbeitende Projektgruppen im SDS die verschiedenen Erfahrungen praktisch auswerten und der ganzen Gruppe vermitteln.

Gerade mit Modellen der Zusammenarbeit ist aber wenig gelöst. Im SDS muß jetzt eine Selbstschulung einsetzen, die wir bald nicht mehr nachholen können. Unter dem permanenten Aktionsdruck ist es meistenteils zu intensiver Ausbildung nicht mehr gekommen. Theoretische Positionen und Argumente werden von einigen Prominenten monopolisiert und über die bürgerliche Presse oder Massenveranstaltungen verbreitet. Wir kommen aber in ein Stadium, in dem es mit der Selbständigkeit der einzelnen Genossen ernst wird. Die Verschärfung der Auseinandersetzung an der Hochschule und außerhalb nimmt uns den Garantieschein des Symbols SDS. Letztlich kann eine solche Selbstschulung nur mit der bewußten gemeinsamen Organisation des Alltagslebens und des Studiums gelingen. Die familiäre und faktisch autoritäre Struktur vieler Gruppen müssen wir permanent mit dem Ziel solidarischer Zusammenarbeit in Frage stellen.

Nr. 196

Herbert und Inge Marcuse
Brief an Rudi und Gretchen Dutschke

21. April 1968

QUELLE: Stadt- und Universitätsbibliothek Frankfurt/Main, Herbert-Marcuse-Archiv

8831 Cliffridge Ave.
La Jolla, Cal. 92037
21. April 1968

Lieber Rudi, liebes Gretchen,

wir sind noch ganz unter dem fürchterlichen Druck dessen, was geschehen ist. Seit Inge mit Gretchen telephoniert hat, ist über eine Woche vergangen – die Zeitungen geben keinen Bericht, aus dem wir sehen könnten, wie es Rudi eigentlich geht. Auch ein Telephongespräch mit Taubes hat nichts Zuverlässiges gebracht. Wir wären sehr dankbar für ein Wort über Rudis Befinden und über die Prognose. Und wenn es irgendetwas gibt, das wir von hier aus tun können, bitte lasst es uns wissen.

Mit allen guten Wünschen,
herzlichst
Herbert und Inge Marcuse

Ich bin vom 7.–11. Mai in Paris und würde versuchen, auf einen Tag nach Berlin zu kommen, wenn ich dem Rudi die Hand drücken könnte.

H. M.

Nr. 197

Oskar Negt
Strategie der Gegengewalt

Antworten auf vier Fragen der Wochenzeitung »Die Zeit«
26. April 1968

QUELLE: Die Zeit vom 26. April 1968, 23. Jg., Nr. 17, S. 4

DIE ZEIT: Sehen Sie nach den Osterunruhen einen Anlaß, die Ziele der Außerparlamentarischen Opposition zu revidieren?

NEGT: Die jüngsten Aktionen sind konsequenter Ausdruck einer oppositionellen Politik, deren inhaltliche Ziele nach meiner Auffassung nicht revisionsbedürftig sind. Im Gegenteil: Die verbissene Aufwertung der Methoden und Begleiterscheinungen hat unübersehbar die totale Unfähigkeit gezeigt, rational begründete Alternativvorstellungen von Minderheiten politisch ernst zu nehmen. Die gefährliche Selbstverständlichkeit, mit der Angriffe auf einen privaten Meinungskonzern in Angriffe auf die demokratische Grundordnung umgemünzt wurden, unterstreicht die Richtigkeit unserer Zielsetzungen. Ein politisches Arrangement durch unverbindliche Gespräche oder eine folgenlose Rückkehr zu »Ruhe und Ordnung« halte ich gegenwärtig für ausgeschlossen.

DIE ZEIT: Welche Methoden und Mittel halten Sie für vertretbar, um diese Ziele zu erreichen? Wie weit soll dabei nach Ihrer Vorstellung Gewalt angewendet werden?

NEGT: Die Methoden und Mittel der Außerparlamentarischen Opposition hängen nicht nur von ihr, sondern auch vom Zustand der Gesellschaft ab; da ihr in Deutschland ein breitenwirksames Medium öffentlicher Selbstdarstellung fehlt, ist sie auf eine extensive Wahrnehmung des demokratischen Demonstrationsrechts angewiesen. Ihre Öffentlichkeit ist die der Straße, der freien Plätze, der Hörsäle, der Kirchen – überall, wo eine große Zahl von Menschen erreichbar ist. Diese Form der politisch aktiven Aufklärung ist im Prinzip mit Gewaltlosigkeit verbunden; aber im Klima einer entpolitisierten Gesellschaft ist sie von Anbeginn als Ausdruck von Terror, Krawall und bloßer Störung verstanden worden. Doch weder in den Ostertagen noch zu irgendeinem früheren Zeitpunkt hat es in der Außerparlamentarischen Opposition Strategien der Sachbeschädigung und der Menschenverletzung gegeben. Ich meine, daß eine demokratische Minderheit ohne Massenbasis das Risiko der Selbstzerstörung einginge, wollte sie sich bei der Durchsetzung ihrer Ziele auf die Logik und das Instrumentarium der staatlichen Gewaltanwendung einlassen. Wer aber miterlebt hat, wie sich aus geringsten Anlässen sublime, verwaltete Gewalt in manifeste verwandelt, kommt von dem Gedanken nicht mehr los, daß sich in dieser Gesellschaft ein Potential an Gewalttätigkeit gestaut hat, das nur noch der Legalisierung durch Notstandsgesetze bedarf, um sich voll entfalten zu können. Insofern erzwingen die formal-demokratisch abgesicherten Gewaltverhältnisse von der Außerparlamentarischen Opposition die Entscheidung, flexible Strategien organisierter Gegengewalt zu entwickeln; sie hätten nicht zuletzt den Zweck, gefährliche Ohnmachtsreaktionen einzelner zu kontrollieren, und zu verhindern, daß Demonstranten wehrlos zusammengeschlagen werden. Ich betone, daß mir jede Form der Gegengewalt legitimiert erscheint, die sich auf das Prinzip der Öffentlichkeit und der Aufklärung gründet.

DIE ZEIT: Wo sehen Sie jetzt noch Verbündete?

NEGT: Für eine radikale Bewegung ist es immer schwer, Verbündete zu gewinnen. Sie muß gleichzeitig ihre Basis verbreitern und politisch folgenlose Solidarisierungen abwehren. Aber gerade nach den Ostertagen habe ich in zahlreichen Gesprächen mit Gewerkschaftsfunktionären feststellen können, daß über die Studentenbewegung zum ersten Mal im Zusammenhang inhaltlicher Forderungen diskutiert wurde. Das kommt offenbar daher, daß der Krieg in Vietnam und die Fragen der Hochschulverfassung ihren praktischen Interessen ferner liegen als Probleme, die die faktische Beseitigung der Presse- und Meinungsfreiheit durch den Springer-Konzern oder die Rolle des Demonstrationsrechts im Verhältnis zum untergeordneten Schutz der Gewerbefreiheit betreffen. Ich glaube, in den Gewerkschaften, unter jungen Arbeitern und in der liberalen Öffentlichkeit wird es künftig mehr Verbündete geben als bisher.

DIE ZEIT: Können Sie sich nach der Reaktion in der breiten Öffentlichkeit noch eine Solidarisierung der lohnabhängigen Massen mit der Außerparlamentarischen Opposition vorstellen?

NEGT: Eine spontane Solidarisierung nicht. Wer die Welt ein Jahrzehnt lang durch die *Bild-Zeitung* zu interpretieren gewohnt war, von dem ist nicht zu erwarten, daß er von heute auf morgen zu denken anfängt. Die Behinderungen der Auslieferung von Springer-Zeitungen konnten nur Anstöße für demokratische Erziehungs- und Aufklärungsprozesse sein. Einen bedauerlichen Mangel sehe ich allerdings darin, daß die Aktionsformen der Außerparlamentarischen Opposition bisher zu wenig mit sprachlich differenzierten und schichtspezifischen Aufklärungsstrategien gekoppelt waren. Auch haben die Gewerkschaften kaum etwas für die Herausbildung einer Gegenöffentlichkeit getan, um die lohnabhängigen Massen gegen den autoritären und faschistischen Einfluß privater Meinungsmonopole zu immunisieren.

Nr. 198

Klaus Horn / Alexander Mitscherlich

Vom »halbstarken« zum starken Protest

Vortrag in der Polizeiführungsakademie Hiltrup
26. April 1968

QUELLE: Psyche, 36. Jg., Nr. 12, Dezember 1982, S. 1120–1143; wiederabgedruckt in: Alexander Mitscherlich, Gesammelte Schriften Bd. V, © Suhrkamp Verlag Frankfurt/Main 1983, S. 510–534

Die Entzweiung hat Methode angenommen vom »halbstarken« zum starken Konflikt. Mitte der fünfziger Jahre montierten die Jugendlichen nach einem Auftritt der Rolling Stones das Berliner Waldstadion ab. Das war ein Anzeichen der leicht in Wallung zu bringenden, aggressiven inneren Spannung dieser Jugendlichen. Was als »halbstark« deklariert wurde, wurde schon damals rasch moralisierend abgetan, ohne daß man sich um ein tieferes Verständnis der Motive bemüht hätte. Diese Ausbrüche eines Kollektivs in Destruktion entsprachen einem politisch noch gänzlich unartikulierten Stimmungsausdruck. Inzwischen ist der Ekel der jungen Generation an der Gesellschaft, in die ihre Eltern sie geleiten wollen, zu einer Ideologiekritik ausgearbeitet worden. Mit Scharfsinn werden jene Probleme herangezogen und analysiert, die unter den gegenwärtigen politischen Verhältnissen nicht gelöst werden, ja, nicht einmal in Angriff genommen werden. Die Studenten haben gewiß noch keine realisierbaren Lösungen, aber sie beschäftigen sich mit Ausschnitten der Wirklichkeit, die von größter Bedeutung sind und die offiziell nicht ernstlich behandelt und dadurch der Bevölkerung in ihrer Gewichtigkeit nicht zum Bewußtsein gebracht werden. Auf die Herausarbeitung dieser Zeichen des Unheilen unseres politischen Zustands ist viel Gedankenarbeit, viel geistige Mühe verwandt worden, und je weniger die Arrivierten dieser Welt dadurch in ihren Egoismen sich beirren ließen, desto radikaler wurden die Gedanken und fielen die Formulierungen aus.

Die Zwischenfälle nach dem Attentat auf Rudi Dutschke sind besonders beklagenswert, weil sie den wenig denkfreudigen Zeitgenossen erneut die Chance anbieten, die eigenen aggressiven Neigungen, die sie mit sich herumtragen, auf diese Minderheit abzuwälzen, die Studenten zu verurteilen, statt sich selbst zu fragen, was denn eigentlich diesen heftigen Gegensatz hergestellt haben könnte. Denn trotz ihrer großen taktischen Fehler, trotz der momentanen Kurzsichtigkeit, sich durch Effekte leiten zu lassen, in einem absolut unrevolutionären Augenblick und in einer unrevolutionären Weltgegend sich einzureden, man habe die Chance, revolutionäre Gedanken durchzusetzen, bleibt es dabei, daß diese Studentenbewegung eine Bewegung kluger, wohlstudierter, belesener, oft brillant witziger und einfallsreicher Studenten ist. Ein Hauch von Größenwahn geht ihnen gewiß nicht ab, aber er steht ihnen in ihrer Jugend ganz gut an. Die Thesen der Studenten zielen in der Tat nicht nur auf die Lokalpolitik, sondern auch auf die Weltpolitik. Sie verfolgen den Entwicklungsprozeß unserer Gesellschaft, sehen die Automatismen, die dabei im Spiele sind, sehen das falsche Bewußtsein, das sich gebildet hat, und sind sich darin ohne Zweifel mit einer nicht kleinen Zahl jüngerer Soziologen der Welt einig. Sie sehen die Gefahr der totalen Überwältigung durch den Apparat, durch ein verfilztes System von Institutionen, in denen Herrschaftsbedürfnisse mit größerer oder kleinerer Münze befriedigt werden, ohne daß die großen, über die Zukunft der Welt entscheidenden Fragen politischer Natur noch im Blick lägen. Was hat unsere Gesellschaft z. B. getan, um den Wiederaufbau unserer Städte in einer menschenwürdigen Form für möglichst viele Menschen durchzuführen? Sie hat nahezu nichts getan, denn sie hätte dazu ein wirkliches Problem lösen müssen: die Frage, was mit dem Individualbesitz, mit dem Privatbesitz an Grund und Boden in städtischen Bezirken, in denen sich die Interessen so vieler Menschen kreuzen, zu geschehen habe. Man hätte also die Eigentumsfrage im Hinblick auf eine ganz bestimmte soziale Frage der Gegenwart und der kommenden Zeit zu behandeln gehabt. Nichts davon ist ernstlich auch überhaupt nur begonnen worden zu diskutieren.

Was hat unsere Gesellschaft, und damit meine ich die Gesellschaft der Besitzenden, getan, um den Habenichtsen in dieser Welt, die immer noch die große Majorität der Menschheit ausmachen, ernsthaft Hilfe zu gewähren. Natürlich können wir uns auf Entwicklungshilfe, die wir geleistet haben, berufen. Aber haben wir uns ernstlich mit den Sozialverhältnissen in den Ländern Afrikas und Lateinamerikas auseinandergesetzt, haben wir analysiert, aus welchen Gründen diese Länder so nachhinken? Wir haben Entwicklungshilfe im Rahmen bestehender imperialer Vorstellungen geleistet mit einem und nicht nur *einem* Seitenblick auf die Profite, die dabei für uns abfallen könnten. Nichts gegen Profite, es fragt sich nur, an welcher Stelle sie rangieren, ob sie das einzige Beziehungsgerüst für unser Handeln darstellen.

Was haben wir ernsthaft getan, um mit der Übervölkerung der Welt fertig zu werden bzw. um sie zu stoppen? Es mag sein, daß es sich hier um nahezu unlösbare, wenn nicht überhaupt unlösbare Probleme handelt, aber wir müßten dann wissen, daß diese Probleme die Zukunft unseres eigenen Landes, unserer eigenen Kinder und Enkel heute schon mitentscheiden – vielleicht in einem katastrophalen Sinn.

Wir haben uns sehr intensiv um die Oder-Neiße-Linie und ihre Nichtanerkennung, um die Nichtanerkennung des anderen Teils unseres Vaterlandes, um sorgfältig gepflegte Feindschaften bekümmert, aber niemand kann sagen, daß wir ernstlich den Versuch unternommen hätten, den zunächst unlösbar scheinenden Problemen der Menschheit auch nur einen Schritt näherzukommen. Ich weiß nicht, wem wir das überlassen, den Großmächten, dem lieben Gott, dem Schicksal oder einem neuen Führer, – jedenfalls scheint für unsere Politiker unter dem Gesichtspunkt der Wahlkämpfe dafür nichts, wie man sagt, »drin« zu sein.

Was haben wir getan, um dem endlosen Wettrüsten zu begegnen? Wir wissen, daß dieses Wettrüsten längst ein integraler Faktor unserer Gesellschaft geworden ist, die ohne diese Anstöße einer ungeheuer rasch progredierenden Militärtechnik offensichtlich ins Stocken geriete. Auch das ist ein Problem, das man in vollem Bewußtsein und für jedermann verständlich zu fassen sich bemühen sollte, um dann Alternativlösungen zu entwickeln, also eine Friedensforschung. Welche friedliche Planung verspricht Profit?

Sie sehen, daß dies alles Probleme sind, die man in verschiedener Weise interpretieren kann. Aber es sind nicht ideologische Probleme, sondern es handelt sich um *Realprobleme der Menschheit,* vor denen man sich nicht in den Winkel provinzieller Nationalstaaterei zurückziehen kann. Genau diese Einsicht haben die Studenten, die heute protestierend auf die Straße gehen. Wenn ihre Denkhilfen von der linken, stark marxistischen Sozialwissenschaft entlehnt sind, so unter anderem auch deshalb, weil die andere Seite, die rechte, die konservative, keine entsprechenden Denkhilfen angeboten hat.

Wenn wir im übrigen »marxistisch« sagen, so ist damit eine vielfältig differenzierte Denkschule gemeint, von deren Reichtum man sich im allgemeinen hierzulande keineswegs ein angemessenes Bild macht. Die

Springer-Presse und die übrige Presse hat dazu nämlich bisher wirklich wenig beizutragen gewußt. Sie hat lieber die Ressentiments auf stiller Flamme weitergekocht und eine hinterwäldlerische Störrischkeit, die uns ja schon im 17. und 18. Jahrhundert nachgesagt wurde, mit gutem Gewissen zu verknüpfen versucht, statt sie aufzugeben. Hier sollte man vielleicht anfügen, daß die Intelligenz Rußlands und seiner Satelliten, Chinas, die Revolutionäre des chaotischen südamerikanischen Kontinents und nicht wenige Nordamerikaner, Franzosen und Engländer sich mit dem Marxismus auseinandersetzen und ihn weiterdenken. Es geht also der Sache nach nicht um die Hirngespinste einiger auf die schiefe Bahn geratener Bürgersöhnchen, »einer ganz kleinen Minorität« und wie das Wunschdenken mancher Barzel und Schütz sonst lauten mag, es geht um die Frage, wie das Ausbeuten des Menschen durch den Menschen gemindert werden könnte, wozu ja im ersten Schritt gehört, daß man sich einmal über den Zustand der Ausbeutung, der Menschenunwürde klarzuwerden sucht.

Und hier springe ich unmittelbar über auf das Problem der Erziehung, in der die Menschenwürde doch so oft verletzt wird, um hier weiter ganz konkret die Frage zu stellen, inwiefern es denn so leicht dazu kommen konnte, daß ein Volk die eigenen Söhne, die eigenen Kinder wie hassenswerte Feinde behandelt. Nicht anders ist doch die Stimmung in diesem Volk über diese Studenten. Wenn der Streit zwischen den Generationen über Realpolitik wie über Ideale einerseits daher rührt, daß diese Studenten Sachverhalte in der Welt aufgegriffen haben, die mit dem offiziellen Bewußtsein unseres Landes nicht vereinbar sind, weil sie von den Menschen dieses Landes in Verdrängung, in Verleugnung gehalten werden, dann ist das ein spätes Produkt der Entzweiung.

[…]

Wir wollten herausarbeiten, daß die Studenten keineswegs nur den üblichen Generationskonflikt repräsentieren, daß ihre Unruhe vielmehr daraus resultiert, daß die Probleme, die die Väter nicht lösen konnten, nun von der nächsten Generation in Angriff genommen werden müssen. Wir haben versucht, durch Verstehen der Motive der Auffassung entgegenzuwirken, es handele sich bei den Studenten um »Randalierer«, »Eiterbeulen« und ähnliches. So kann man den Problemen, die sie artikulieren, die sie repräsentieren, gewiß nicht gerecht werden. Wir wollten ferner zeigen, daß es eine wichtige Aufgabe innerhalb unseres Staatsgefüges ist, für die Polizei ein neues Selbstbewußtsein, ein neues Gefüge ihrer Identität zu finden. Natürlich bleibt die Polizei ein Organ dieses Staates, und natürlich wird sie Weisungen empfangen. Aber es muß ihr überlassen bleiben, im Verkehr der Bürger miteinander jene Rolle zu spielen, die ihr die zweckmäßigste und sinnvollste erscheint, um bei aktuellen Konflikten Katastrophen größerer oder kleinerer Art abzuwenden. Der Rückzug auf die Dienstvorschrift, die zwanghafte Auslegung der Buchstaben des Gesetzes schaffen es nicht.

Zweifellos brauchen wir ein neues Strafrecht und bessere Methoden für die Rehabilitierung der herkömmlichen Straftäter. Aber nicht weniger dringend benötigen wir einen Schlichtungsstil für die ideologischen Konflikte, die in unserem Lande mehr und mehr hervortreten. Diesen Schlichtungsstil muß die Polizei aus eigener Initiative entwickeln. Andere Institutionen des Staates können ihr dabei behilflich sein, sollten ihr aber möglichst wenig ins Handwerk reden.

Ich möchte keineswegs beschönigen, daß an den Vorkommnissen der letzten Zeit die Polizei mit ihrem mangelhaften Schlichtungsstil, mit ihrer überflüssigen Brutalität mancherorts sehr negativ beteiligt war. Ich glaube aber, daß ich keinem Irrtum verfalle, wenn ich meine, die Beobachtung gemacht zu haben, daß die Verschärfung und Brutalisierung des Polizeieinsatzes während der Ostertage [1968] sich wegen der Einmischung politischer Vorgesetzter ereignet hat. Ihnen schien die Demonstration der physischen Gewalt ein erstrebenswertes Mittel, um »Ruhe und Ordnung« wiederherzustellen. Vergessen wir aber nicht, daß beide Begriffe auch eine höchst negativ zu beurteilende Kehrseite haben. Ruhe heißt auch Abwesenheit von politischer Bewegung, Abwesenheit von Suchbewegungen, wie es zu besseren Lösungen kommen könnte; Ordnung heißt auch Starrheit, Abwesenheit oder Abwehr von Kräften, die nach neuen Formen drängen.

Es scheint uns also für die Zukunft nicht nur darauf anzukommen, daß die außerparlamentarische Opposition ihre Positionen in ständiger innerer Auseinandersetzung klärt, nämlich ihre Positionen im Verhältnis zu den verfassungsrechtlichen Grundlagen unseres Staates, sondern es erscheint uns als ebenso wichtig, daß auch die Polizei sich über den Auftrag, den sie auszuführen hat, klarer wird als bisher. Ich möchte noch einmal an die Worte des Regierungsrats Hust erinnern, die Polizei müsse ins Volk gehen:

»Sie muß lernen, populär zu werden, das erschütterte Selbstverständnis fern aller antiquierten Gepflogenheiten autoritären Gebarens auf einer gleichgeordneten Gesprächsgrundlage mit den Bürgern aufzubauen. Sie muß dafür werben, daß sie ihre Kenntnisse, ihre Erfahrungen, ihre Mittel zum Schutze aller und zum Beistand für jeden einsetzt.«

Mit diesem Selbstverständnis wird sie zweifellos eine bessere Basis für das Gespräch mit der jungen Generation finden, als wenn sie den alten autoritären Schlichtungsstil beibehält, wozu ihr ganz gewiß nach den Traditionen unseres Landes nicht wenige Menschen raten werden. Die Fachleute der Wissenschaft vom Menschen können sich dem freilich nicht anschließen.

Wir wissen, daß es schwierig sein wird, auch dann noch demokratisch zu kooperieren, wenn auf beiden Seiten aggressive Wut und Angst hochgespielt werden. Wir wollen aber noch einmal betonen, wie wichtig es ist, daß sich die Polizei in ihrem Selbstverständnis darum bemüht, nicht unbewußt einen Kombattanten-Status einzunehmen, also darum, nicht Partei zu werden, sich innerlich auf keine emotionale Eskalation einzulassen. Wir wissen auch, daß dies in der Theorie sehr viel leichter zu fordern als in der Praxis durchzuhalten ist. Wir meinen aber, daß die Schulung des Polizeibeamten der Aneignung der inneren Haltung des Unparteiischen weit mehr Aufmerksamkeit widmen sollte als bisher. Durch hartes Durchgreifen mit Schlagstöcken und anderen Waffen kann die Polizei wohl begrenzt Ruhe schaffen. Vor allem in diesem Augenblick, in dem ja in unserem Lande keineswegs von einer revolutionären Situation die Rede sein kann. Aber wir meinen doch, die Polizei hat es nicht nötig und darf sich nicht dazu nötigen lassen, mit Knüppeln eine Politik zu retten, die auf begründeten Widerspruch stößt. Am 3. März dieses Jahres gab es im ersten Programm des deutschen Fernsehens einen Film über die Ausbildung der amerikanischen Polizei im Umgang mit Demonstrationen. Der Einsatz von Tränengas und Panzern, Judokunststücken und ähnlichen Mitteln wurde geprobt. Das ist nicht länger mehr demokratisch zu nennen, das zeigte vielmehr, daß Amerika Problemen gegenübersteht, die auf eine offene Kollision, auf einen offenen Bürgerkrieg zutreiben. Diese Polizeiausbildung darf für unser Land nicht vorbildlich werden, denn wir haben noch längst nicht ernstlich erprobt, ob es nicht Wege gibt, mit unseren inneren Konflikten auf eine Weise fertig zu werden, die es möglich macht, zu dem ungeheuren Maß von Aggression in dieser Welt nicht noch weiterhin mit unserer deutschen Aggression beizutragen. Für die junge Generation gilt ebenso wie für die alte, daß wir uns dieses unheilvollen Erbes unserer Geschichte erinnern sollten und dessen, was es über uns gebracht hat: Demütigung statt Freiheit. Es scheint uns ein wichtiger Beitrag der Polizei für die künftigen Auseinandersetzungen, daß sie sich ihre Schlichteraufgabe von niemandem ausreden läßt, um nicht wieder, auf lange Sicht gesehen, den Rückhalt bei der Bevölkerung zu verlieren.

Nr. 199

Claus Offe

Die pazifizierte Demokratie

Rezension des Bandes
»Die Transformation der Demokratie«

Mai 1968

QUELLE: Diskus – Frankfurter Studentenzeitung, 18. Jg., Nr. 4, Mai 1968, S. 60

J. Agnoli / P. Brückner, Die Transformation der Demokratie, Voltaire Verlag, Berlin 1967, 194 S., DM 12,–.

Die beiden Analysen des politisch-gesellschaftlichen Systems der BRD, die dieser Band enthält, bedienen sich politologischer (Agnoli) und sozialpsychologischer (Brückner) Kategorien. Politisch-ökonomische Gedankengänge fehlen fast ganz. Das ist für linke Analysen dieser Art ungewöhnlich, aber hier nicht ohne Konsequenz. Der Herrschaftsapparat spätkapitalistisch-demokratischer Verfassungsstaaten benötigt und entwickelte »institutionelle, ideologische und technische Steuerungsmittel« (9), welche die ökonomische Dynamik des Klassenkampfes stillstellen, jedenfalls ideologisch pazifizieren können. Das hat auch der Faschismus alten Typs getan, aber er war noch darauf angewiesen, die disruptiven Tendenzen des bürgerlichen Parlamentarismus durch dessen *Zerstörung* abzuwenden. Heute läuft der funktional gleiche Prozeß geräuschloser und unauffälliger, nämlich *innerhalb* des institutionellen Rahmens parlamentarischer Herrschaftsausübung selber ab. Agnoli nennt das den »Involutionsprozeß« der bürgerlichen Demokratie. Er will zeigen, wie »der Parlamentarismus die Möglichkeit eines antagonistischen Inhalts abgestreift hat und nicht mehr als Werkzeug der sozialen Emanzipation gebraucht werden kann« (27). Nun erweist schon der Augenschein, daß das gegenwärtige Parteien- und Parlamentssystem unfähig ist, den tragenden gesamtgesellschaftlichen Konflikt politisch zu artikulieren oder ihn gar nachkapitalistisch zu verarbeiten. Die Argumente hierfür, die Agnoli mit apodiktischem Ingrimm aufzählt, sind nicht besonders neu: das parlamentarische System *repräsentiert* zwar noch, aber nicht mehr das Volk gegenüber der Regierung, sondern die politische Macht gegenüber der Bevölkerung. Es hat die Funktion, ein Trugbild sozialen Friedens zu demonstrieren, in dem die *sekundären* Konflikte systemkonform geschlichtet werden können; und es hat die Funktion, politische Herrschaftsinstanzen mit Legitimität zu versorgen, weil nur ein geachtetes Parlament den verfassungsmäßigen Herrschaftsakten moralische Autorität verschafft« (67/68). Der Aufgabe, einen repressiven Frieden zu stiften und gesellschaftliche Konflikte daran zu hindern, manifeste politische Folgen hervorzubringen, entspricht auch die Struktur des Parteiensystems: der Typus der »pluralen Volkspartei« beherrscht die parlamentarische Bühne und inszeniert dort einen Oberflächen-Pluralismus, bei dem das friedliche Miteinander jederzeit in die vereinte Sorge um Ruhe und Ordnung umschlagen kann. Von parlamentarischer Kontrolle der Regierung kann nicht mehr die Rede sein; gesellschaftliche Konflikte werden nur mehr parlamentarisiert, um sie unter Kontrolle zu halten. Deshalb sei allerdings die Parlamentarisierung der Linken, als Domestizierung der gesellschaftlichen Opposition, eine Lebensfrage des Kapitalismus.

Auf welche Strategie der außerparlamentarischen Opposition Agnolis Analyse hinausläuft, wird nicht restlos klar; vermutlich auf eine Strategie, in der Parlament und Partei nicht nur als politische Organisationsformen, sondern auch als Gegenstand der praktischen Kritik *keine* Rolle mehr spielen. Demgegenüber wäre wohl zu bedenken, ob der Parlamentarismus seine restliche, immerhin systemstabilisierende Legitimität nicht doch aus einem *demokratischen* Repräsentationsanspruch bezieht, dessen Verletzung dann dauernd konkret zu analysieren und als Anschauungsunterricht für die Notwendigkeit einer außerparlamentarischen Opposition zu nutzen wäre. Die Degeneration des spätkapitalistischen Parlamentarismus, zu deren Nachweis man im übrigen auch ohne Argumente auskommt, die von Pareto und Kelsen entliehen sind, ist ein Tatbestand, der freilich von einer dünnen Schicht fiktiver, aber demokratischer Rechtfertigungen noch verdeckt ist. Das stellt die außerparlamentarische Opposition vor die Wahl zwischen konträren Strategien: entweder diesen legitimierenden Anspruch aufzunehmen, zu radikalisieren und außerparlamentarisch durchzusetzen, oder ihn, als eine *prinzipiell* haltlose Konstruktion, fallenzulassen. Diese Alternative wird von Agnoli zwar andeutungsweise im zweiten Sinne entschieden, aber nicht systematisch diskutiert.

Peter Brückner, Ordinarius für politische Psychologie in Hannover, geht in seinem Beitrag über die *Transformation des demokratischen Bewußtseins* der subjektiven Seite des Strukturwandels demokratischer Institutionen nach. In teils glanzvollen, gelegentlich dunklen Reflexionen umreißt er ein Forschungsprogramm einer psychoanalytisch orientierten politischen Psychologie; Hypothesen und Beispiele gewinnt er an den Reaktionen der Berliner Bevölkerung auf die Ereignisse des 2. Juni, der Kommune I und der Aktionen der APO. Seine Analysen benutzen die gleichen theoretischen Voraussetzungen wie man sie etwa von den psychologisierenden Situationsdeutungen A. Mitscherlichs kennt, sind dessen sozialpsychologischen Panoramen aber durch Präzision und wissenschaftliche Phantasie überlegen. Die zentrale Verwendung einer ausgesprochen *bürgerlichen* Kategorie, der Institution des politischen Individuums und der komplementären Chance politischer Identität, kontrastiert den Ansatz von Agnoli. Das politisch verordnete und publizistisch bestärkte »Ohne mich« der Bürger läuft auf das »Ohne ich«, auf die Verleugnung politischer Identität hinaus. Die Schwierigkeiten, auf die der Bürger bei dem Versuch stoßen würde, »sich Politisches, Gesellschaftliches als sein von ihm ganz entferntes Eigenes zurückzugewinnen« (126), sind sowohl subjektiver wie objektiver Art. Verzicht auf Mündigkeit erspart Angst und sichert Erfolg. »Erst die Subsumierung unter ein zugelassenes System von Vorurteilen sichert dem einzelnen Duldung, diese Voraussetzung seiner Wirksamkeit in der allgemeinen pluralistischen Konkurrenz.« (164)

Nr. 200

Katja Walch-Lux
Brief an Max Horkheimer

4. Mai 1968

QUELLE: Max Horkheimer, Gesammelte Schriften Bd. 18: Briefwechsel 1949–1973, hrsg. von Gunzelin Schmid Noerr, © S. Fischer Verlag Frankfurt/Main 1996, S. 692–697

Bad-Wörishofen
4. Mai 1968

Lieber Max!

[...]
Ich will Dir Dank sagen für das »Nürnberger Gespräch« am 1. Mai.[1] Leider war dieses Podiumgespräch im Radio nicht vollständig, es waren nur Auszüge aus den Diskussionen. Doch es hatte mich erschüttert was Du sagtest, als Du, als neunzehnjähriger, den Jubel des Volkes zum Kriegsausbruch nicht verstandest. Ich empfand genau das gleiche damals und ging in den Englischen Garten, ich verstand meine Kameraden nicht, die jubelten. Auch, daß Du Dich ehrlich dazu bekanntest, daß Du Angst hast, für das, was kommen mag, ratlos bist und kein Rezept weißt! Das Gleiche schrieb ich sonderbarerweise am 23. April an meine Schwester nach Zürich. Du hast, anscheinend, wie so viele andere ältere Menschen, Deine Ansicht der Jugend gegenüber geändert. Dafür danke ich Dir ganz besonders. Diese Jugend ist genauso ratlos wie wir. Sie übt oft Gewalt, ohne es zu wollen, da sie sich bedroht fühlt, von der schamlosen Springerpresse von der Großen Koalition, von der allgewaltigen Polizei: Sie und die Große Koalition haben noch so viele Nazis unter sich. Die Methoden jedenfalls sind faschistisch. Die ehemals entpolitisierte Jugend wurde erst politisch bewußt beim Tode Benno Ohnesorgs. Sie fühlt sich verraten von der Großen Koalition, die nur immer verspricht; z.B. die Hochschulreform einzuführen etc. Der Verrat ist schlimm, man erlaubt der Jugend ruhig zu demonstrieren, doch tut sie es, wird sie von der allmächtigen Polizei in Nebenstraßen gedrängt, protestiert die Jugend dagegen und pocht auf ihrem Demonstrationsrecht, die Polizei schlägt sie zusammen, mit wutverzerrten Gesichtern, behandelt die Wehrlosen in brutalster Weise, mit Wasserwerfern, schleift sie über die Straßen zum wartenden Auto. Daß dabei auch ruhig am Wege stehende nicht-Demonstranten, sondern Journalisten, Hochschulprofessoren etc. etc. so behandelt werden, ist ihnen gleichgültig. Sie handelt genauso wie die Gestapo, tötet, schlägt, schlägt. Die Demonstranten wehren sich ihrer Haut, sie greifen zu Steinen und anderen Dingen. Da aber schreit die am Rande stehende unpolitische Masse: Schützt die Polizei vor diesen Mördern, diesen dreckigen Studenten!

Daß der Springerkonzern eine gefährliche Macht ist und von vielen Regierenden, wie Strauß,[2] Lübke[3] und anderen, gelesen und noch gelobt wird, ist ja bekannt. Doch besonders gefährlich ist hier die unpolitische Masse, besonders die deutsche Frau glaubt alles was da schwarz auf weiß steht. Natürlich ist es falsch, Springers Lastwagen in Brand zu stecken, mit Steinen die Fenster des Springerhauses einzuschlagen (zwar ist er hoch versichert!) Aber wissen wir denn genau, ob es wirklich die Studenten gewesen sind, könnten es nicht Provokatöre sein von der N.P.D.?[4] Wer will das nachher noch feststellen, nach einer solchen Straßenschlacht. Die Polizei benützt sehr unlautere Mittel! Ein Beamter rief z.B. »ein Beamter ist ermordet worden!« Doch nachher stellte sich heraus, daß das nur eine Aufforderung war zum Losschlagen und kein Beamter getötet wurde. Das stand aber nur in ehrlichen, das h[eißt] anständigen Zeitungen. Bei Springer aber machte es Schlagzeilen. Sollten die Studenten wirklich z.T. Steine geworfen haben, dann glaube ich: sie taten es nur, um zu sagen: wir sind da, kommt endlich mit uns ins Gespräch. Kiesinger[5] sprach unglaublich auf seiner Wahlreise, er drohte mit Demonstrationsverbot, die Folge: er wurde ausgepfiffen. Willi Brandt[6] hingegen bekannte seine Fehler der jungen Generation gegenüber, man klatschte ihm Beifall. Anderen Tages ließ sich Kiesinger herab von seinem hohen Roß und sagte gerade das Gegenteil: Wir müssen die Beweggründe finden zur Unruhe unter den Jugendlichen, am besten wäre es, mit ihr ins Gespräch zu kommen. Leider aber ist das alles viel zu spät, drei Menschen wurden getötet, an einem ein Mordanschlag verübt.[7] Hochachtung habe ich vor dem früheren Bürgermeister Albertz,[8] der sich zu seinen Fehlern beim Schahbesuch bekannte, auch die Studenten dankten ihm das. Doch nun macht Schütz[9] noch schwerere Fehler.

Max, auch ich habe Angst und zwar vor einem neuen 1933!

Ich zitiere einiges aus einem wohlbekannten Buch![10] (Doch das wußte ich schon 1944/45, als ich in Stockholm lebte.) - - - - -

»H. Lübke, vor 1945 Direktor einer Siedlungsgesellschaft; wegen Betruges fristlos entlassen; Stellvertretender der Leiter der Baugruppe Schlempp; V-Mann der Gestapo, leitete 1944 den Aufbau des K.Z.'s Leau als Außenlager des K.Z.'s Buchenwald. Verantwortlich für den Tod Hunderter Polen, Franzosen, Italiener, Sowjetbürger, Deutscher durch Sklavenarbeit. Nach 1945: Präsident der D.B.R., zuvor Bundesminister für Ernährung, Landwirtschaftsminister von Nordrhein-W[estfalen] -----«

»-------- Die Bestreben Bonns, allen Kriegs- und Naziverbrechern Generalamnestie zu erteilen, sind so alt wie die D.B.R. selbst. Bereits drei Monate nach ihrer Bildung wurde am 1.12.1949 ein Amnestiegesetz (»Gesetz über die Gewährung von Straffreiheit«) verabschiedet. Ihren Höhepunkt fanden diese Bestrebungen in dem »Gesetz über die Berechnung strafrechtlicher Verjährungsfristen«, das am 13.4.1965 vom Vertrauensmann der Gestapoleitstelle Stettin und K.Z.-Mörder von Leau, Bundespräsident Lübke, verkündet wurde -----« Auch über Strauß und viele Andere in hoher Stellung könnte ich aus dem gleichen Buch zitieren. Alles ist belegt mit Photokopien, die der D.B.R. jederzeit zur Einsicht angeboten wurden, aber sie hat wohlweislich abgelehnt. Voraussichtlich weißt Du das alles schon lange selber. Doch einer ganzen Reihe von Akademikern waren diese Dinge vollkommen unbekannt.

Wie kann die Studenten- und Arbeiterjugend Respekt vor einer solchen Regierung haben. Wem soll sie trauen. Zwar gibt es eine Reihe von Akademikern und anderen geschulten Erwachsenen, Wissenschaftlern, die sich zur Jugend bekennen, aber leider sind es noch viel zu wenig. Das Argument, das so viele alte Menschen gebrauchen: werdet erst einmal erwachsen, dann könnt ihr mitreden, studiert erst fertig, ist ein billiges Argument. Darum finde ich es richtig, wie Du sagtest: man solle überall Gruppen bilden und mit jungen und alten Menschen über diese Dinge sprechen. D.h. erst einmal ihr Vertrauen gewinnen, ihre großen Sorgen, ihre Pläne, ihre oft treffenden Gedanken zu hören. Sich darüber Gedanken zu machen, auch wenn manches ungereimt für uns zu sein scheint. Ihr oft zur Schau getragener Hochmut, Arroganz, ist ja nur eine Maske, hinter der sie ihre Unsicherheit und Hilflosigkeit verbergen, genauso wie der Bart und Haarwuchs, der ihnen Männlichkeit geben soll. Ich spreche überall mit der Jugend u. mit der leider sehr unpolitischen Frau, ab dreißig ca., gerade diese interessiert sich nur für Maxi- und Minimoden, Geld, Wohlstand! Fällt aus allen Wolken, wenn ich z.B. sage: diese Jugend ist nur das Resultat der Gesellschaft, in der wir leben, und jeder Einzelne von uns, der schweigt, ist mit daran schuld, daß es so gekommen ist. Gerade gestern hatte ich Gelegenheit, mit einem jungen Keramiker in unserer Kleinstadt zu sprechen. Er behauptete: 60-70 % der Jugend sei interessiert an der NPD. Als ich fragte, woher er das habe? Herr von Thadden[11] habe es gesagt, und die Jugend flöge ihm nur so zu. Dabei ist dieser junge Mann nicht dumm, er ist nur darauf hereingefallen wie damals die Hitlerjugend. Ich sprach mit ihm lange und sehr vorsichtig. Als ich ging, fragte er, ob ich wohl wiederkäme und mit ihm spräche, er wäre erst hergezogen und sehr isoliert, könne sich mit niemanden aussprechen. Sein viel älterer Bruder sei NPD, käme nur am Wochenende. Sein Vater sei Nazi gewesen. Also muß ich sehr vorsichtig sprechen, ich bin Ausländer[12] und in diesem Ort sind bei 11-12000 Einwohnern ca. 800-1000 NPD.

Ich konnte in der Nacht nach Eurer Diskussion nicht schlafen. Ich dachte an meinen letzten Brief[13] an Dich, an meine Trauer, daß Du, Max, Dich von der Jugend abgewandt hattest damals. Ich schrieb vielleicht sehr ungerecht und verletzend, doch das kam durch meine große Enttäuschung. Wir sind ja alle so unsicher, wie sollten wir auch anders sein. Ja was soll denn werden. Der Rassenhaß, der versteckte Antisemitismus, auch in den Oststaaten. Das ist eine Tatsache.

Vor einigen Jahren lernte ich auf einer Reise einen jungen Arzt kennen. Er erzählte mir seine furchtbare Geschichte. Aufgewachsen in den Slums von New-York. Seine Eltern wurden eines nachts gelyncht, als er 15 Jahre war. Der Haß wuchs in ihm, aber er schwor sich, nie zu töten, er hatte ein Ziel: Er wollte Arzt werden. So gut es ging, schulte er sich selber, d.h. er lernte abends von seinen schwarzen Brüdern, das was sie in der Schule gelernt hatten. Am Tage verdiente er sich Geld mit Zeitungen austragen etc.

12. Mai
Der Brief wurde plötzlich abgebrochen, da ich schwer krank wurde, große Blutverluste etc. Seit gestern bin ich wieder auf, denn ich habe ja niemanden, der einkauft oder hier putzt etc. Ich will noch kurz von dem jungen Arzt zuende berichten.

Als [er als] Dr. med. sich Geld gespart hatte, Freunde gaben ihm auch noch, was sie erübrigen konnten (er sollte eingezogen werden), floh er auf einem Frachtschiff und verbarg sich dort. Er kam nach langer Reise endlich nach Deutschland, fing an zu studieren erst in Abendkursen, dann auf der Uni. Nebenbei war er Nachtportier in einem Hotel. Doch als er auf die Uni kam, nahm keine Wirtin [ihn] auf! Er wohnte bei seinen Kommilitonen mal hier mal dort. Als er fertiger Mediziner war, nahm ihn kein Krankenhaus auf. Er versuchte es in der DDR, das Gleiche. Er ging nach London, endlich gelang es ihm, am Krankenhaus als praktischer Arzt zu arbeiten. Er war glücklich. Bald aber wollten sie ihn los sein, als man erfuhr, daß er aus USA geflohen sei und Militärdienst verweigere. Plötzlich bekam ich einen Brief aus Jugoslawien. Auch dort habe man ihn nicht allzu gern. Es wurde ihm angedeutet, daß er doch in die UdSSR gehen könne. Doch von anderen Farbigen, schon in London, hatte man ihn davor gewarnt. Sein letzter Brief war von großer Trauer erfüllt. Er ist ein kluger, sehr sensibler Mensch. Er schrieb darin »was soll ich tun, wohin flüchten ... es bleibt mir zuletzt nur der Freitod, ich wollte meinem Volk helfen und habe nichts geschafft...«

Alle meine Eilbriefe an ihn kamen zurück. Ich wollte ihn zu guten Freunden nach Schweden senden, die alles für ihn getan hätten. Wahrscheinlich hat er sich das Leben genommen. In einem seiner Briefe schrieb er noch, daß er Angst um sein Volk habe, »sie werden aufstehen und rebellieren, es wird in einen blutigen und grausamen Bürgerkrieg ausarten, sie sind Jahrhunderte geknechtet, das Lumpenproletariat der Slums. Die black power, man hat ihnen ihre Religion genommen und gab ihnen Christus, der ihnen fremd sein mußte, man vergewaltigte uns alle – man predigte uns Dinge, die nur Phrasen waren...«

In den letzten Tagen hat sich so viel ereignet – gestern der Marsch auf Bonn gegen das Notstandsgesetz.[14] Ernst Bloch's Rede zur Karl Marx Feier.[15] Er ist 86 Jahre, es war eine kluge, kurze und mutige Rede. Die ersten Kontakte zwischen USA u. Vietnam[16]; die Rebellion der Pariser Studenten, Arbeiter, Professoren und des ganzen französischen Volkes (im Gegensatz zum deutschen!) wegen der Schließung der Sorbonne. Charles de Gaulle als »Gastgeber«[17] findet sich in einer prekären Lage. Gerade jetzt bei den Tagungen geschieht solches. Er ist gehaßt von seinem Volk –

Das Interview mit der einst gefeierten Melina Merkuri[18], die jetzt für eine griechische Demokratie kämpft, hat mich ergriffen. Es ist beschämend, daß sie der deutschen Regierung sagen muß, schickt dem faschistischen Regime der Chunta kein Kriegsmaterial. Skandinavien und andere Länder boykottieren Griechenland. Soll Deutschland noch mehr sein Gesicht verlieren? Man stellte ihr dumme und taktlose Fragen etc. Konstantin[19] verachtet sie, er habe Verrat am griechischen Volk geübt. Der Mut dieser Frau machte sie mir lieb und vertraut. Das ungeschminkte Gesicht, gealtert von vielen Falten zerrissen. Doch die Borniertheit und Taktlosigkeit der Deutschen wird sie immer in der Welt unbeliebt machen.

Zuletzt die Ereignisse in der CSSR, die ausgebrochen sind aus den stalinistischen Fesseln.[20] Polen, die DDR, UdSSR möchten sie wieder in Fesseln schlagen. Hoffen wir, daß es ihnen nicht gelingt. Nach langem Zögern hat sich auch Ungarn u. Rumänien zu ihnen bekannt. Hoffentlich gelingt es der CSSR, aus der Wirtschaftskrise herauszukommen. Denn die Arbeiter mucken schon auf, daß zwar die Intellektuellen frei sind, aber Arbeiter u. Bauern Not leiden. Ihnen geht es nicht schnell genug – sie verstehen nicht, [daß das,] was man in 20 Jahren verwirtschaftet hat, nicht in einem Monat normalisiert werden kann. Denn der Wirtschaftsminister ist leider noch einer von der alten Garde!

Man hofft ja immer von neuem, daß irgendwo auf einem Fleck der Erde etwas gedeiht, das neue, anders geartete Blüten treibt, keine Rassendiskriminierung entsteht, daß Menschen wirkliche Demokratie erfahren. Doch bis dahin ist es ein langer und harter Weg. – –

Wörishofen ist die Hochburg der NPD, und gerade hier muß ich leben, ich, die ständig rebellierende, innerlich politisch engagierte, trotz Krankheit und Alter. Verzeih den langen Brief und ich bitte um Vergebung für damals.[21] Ob Du mir Absolution erteilst, Max?

Ich grüße Euch alle
die sehr alte, aber noch immer nicht weise gewordene

Katja

P. S. lest Ihr *Die Zeit*? In Nr. 19 ist Ernst Blochs ganze Rede abgedruckt, überhaupt ist Die Zeit eine faire Zeitung, auch in Nr. 18 gab es interessante Artikel und Leserbriefe.

---

1 Horkheimer hatte bei der Veranstaltung *Das Nürnberger Gespräch 1968* am 21.4.1968 den Eröffnungsvortrag gehalten: *Zur Kritik der gegenwärtigen Gesellschaft*. Der Bayerische Rundfunk, Hörfunk, hatte den Vortrag sowie Ausschnitte der daran anschließenden Podiumsdiskussion am 1.5.1968 gesendet.
2 Franz Josef Strauß (1915–1988), Bundesfinanzminister.
3 Heinrich Lübke (1894–1972), Bundespräsident.
4 Nationaldemokratische Partei Deutschlands.

5 Kurt Georg Kiesinger (1904–1988), 1966–1969 Bundeskanzler.
6 Willy Brandt (1913–1992), SPD-Vorsitzender und Außenminister.
7 Außer Ohnesorg waren zwei weitere Personen getötet worden, und zwar ein Photograph und ein Student am Ostermontag 1968 in München bei Auseinandersetzungen um die Verhinderung der Auslieferung von Springer-Zeitungen; in Berlin war Rudi Dutschke zuvor bei einem Anschlag lebensgefährlich verletzt worden.
8 Heinrich Albertz (1915–1993), 1966–1967 Regierender Bürgermeister von West-Berlin, trat nach parteiinternen Auseinandersetzungen im Anschluß an Studentenunruhen zurück.
9 Klaus Schütz (geb. 1926), Politiker der SPD, 1967–1977 Regierender Bürgermeister von West-Berlin.
10 Nationalrat der Nationalen Front des demokratischen Deutschland, Dokumentationszentrum der staatlichen Archivverwaltung der DDR (Hg.), Braunbuch. Kriegs- und Naziverbrecher in der Bundesrepublik, Berlin (Ost) 1965, S. 56 und 125 f.
11 Adolf von Thadden, Vorsitzender der NPD.
12 Walch-Lux hatte während der Emigrationszeit in Stockholm die schwedische Staatsbürgerschaft angenommen.
13 Brief vom 16. 7. 1967.
14 Am Sternmarsch gegen die Verabschiedung der Notstandsgesetze beteiligten sich 60 000 Demonstranten.
15 Ernst Bloch, Aufrechter Gang, konkrete Utopie. Zum 150. Geburtstag von Karl Marx, in: Die Zeit vom 10. 5. 1968, in: E. B., Gesamtausgabe Bd. 11, Frankfurt/Main 1970, S. 445 ff.
16 Zur Beendigung des Vietnamkrieges.
17 Der französische Staatspräsident war »Gastgeber« zwischen Beauftragten Nord-Vietnams und der USA, um Möglichkeiten zur Beendigung des Vietnamkrieges zu sondieren.
18 Melina Mercouri (1925–1994), griechische Schauspielerin, nach dem Militärputsch von 1967 bis 1974 im Exil und maßgeblich am Widerstand gegen die Junta beteiligt, ab 1981 Kultusministerin.
19 Konstantin II. (geb. 1940), König von Griechenland seit 1964, hatte während des Militärputsches in Griechenland im April 1967 eine zwiespältige Haltung eingenommen. Nach einem mißglückten Gegenputsch im Dezember 1967 war er nach Italien geflohen.
20 Im sog. Prager Frühling versuchten liberale Kräfte um den neuen KP-Generalsekretär Alexander Dubček, Partei und Staat zu reformieren.
21 Gemeint ist der Brief vom 15. 7. 1967.

Nr. 201

Theodor W. Adorno

»Denken Sie etwa an die Vorgänge, die sich in Berlin abgespielt haben...«

Gedanken über die Verfolgung Berliner Studenten in der Vorlesung »Einleitung in die Soziologie«

9. Mai 1968

QUELLE: Theodor W. Adorno, Einleitung in die Soziologie (1968), hrsg. von Christoph Gödde, © Suhrkamp Verlag Frankfurt/Main, 1993, S. 82–86; zunächst in: Theodor W. Adorno, Vorlesung zur Einleitung in die Soziologie (unautorisierte Tonbandnachschrift), Frankfurt/Main 1973, S. 50–52

Denken Sie etwa an die Vorgänge, die sich in Berlin abgespielt haben, nachdem die Studenten nach dem Attentat auf Rudi Dutschke demonstriert haben, also an diese Vorgänge, die man ja wohl wirklich kaum anders denn als ein Pogrom bezeichnen kann. Nun, wenn man diese Vorgänge auf Lokalverhältnisse zurückführt, auf die spezifische Berliner Situation, so mag man vielleicht, vielleicht sage ich, sie dadurch erklären, daß sie gerade in Berlin und nicht woanders zuerst in dieser extremen Form aufgetreten sind; obwohl es erkenntnistheoretisch oder wissenschaftstheoretisch ein abgründiges Problem ist, überhaupt jemals zu erklären, warum irgend etwas irgendwo nicht auftritt, sondern an einer andern Stelle. Die Beweisführungen für negative Größen in den Sozialwissenschaften, also für das Nichtexistieren von Phänomenen, die man erwarten müßte, haben etwas ungemein Gezwungenes; und es ist sozusagen der Stachel allen theoretischen Denkens in den Sozialwissenschaften – ein Stachel, den ich Ihnen nicht unterschlagen möchte, weil er uns wirklich so ein bißchen in unserer Selbstsicherheit, alles nun erklären zu können, irre macht –, daß man post festum alles erklären kann, was es überhaupt nur gibt [*Lachen*] – darf ich fragen, was geschehen ist? –, daß man post festum alles Erdenkliche zwar mehr oder minder einleuchtend und plausibel erklären kann, daß aber, wenn man vorauszusagen hätte, ob eine soziale Tatsache – und sei es auch der simpelsten Art – nun etwa gerade hier oder woanders zuerst auftreten wird, man im allgemeinen scheitert. Man hätte genausogut a priori sich etwa vorstellen können, daß es zu diesen schweren Unruhen oder diesen pogromartigen Vorgängen in einer anderen Stadt, etwa in einer von prinzipiell reaktionärer Atmosphäre, eher hätte kommen können, als in Berlin mit seiner sehr starken Arbeiterbevölkerung und mit dem Ruf, eine prinzipiell sehr aufgeklärte, nüchterne und fortgeschrittene Stadt zu sein. [*Lachen*] Sie können daran sehen, daß es hinterher zwar sehr leicht ist zu erklären, warum das gerade in Berlin stattgefunden hat, aber vorweg wäre das gar nicht so ohne weiteres möglich gewesen. Ich weise Sie deshalb darauf hin, weil ich Ihnen damit zeigen möchte, daß ein Begriff, der nun gerade bei der positivistischen Auffassung von der Soziologie eine erhebliche Rolle spielt, nämlich der Begriff der Prognose – daß also eigentlich soziologische Erkenntnis einen dazu befähigen soll, etwas richtig vorauszusagen –, daß er keineswegs aller Berechtigung entbehrt. Ich möchte, soweit es geht, Ihnen die Wahrheitsmomente in der Konzeption auch zeigen, sie aufheben, mitnehmen, die prinzipiell der entgegengesetzt ist, die ich selbst Ihnen darstellen möchte. Ich glaube zwar ganz sicher nicht, daß es der Zweck der Soziologie ist, Prognosen zu stellen, und zwar deshalb, weil solche Prognosen immer rein systemimmanent sind und dann auch noch aus tieferen Gründen als lediglich den, weil sie nämlich selber so etwas Praktizistisches bereits haben, weil sie selber die Soziologie auf sogenannte anfallende Aufgaben vereidigen möchten. Aber wenn eine Theorie schon überhaupt nicht mehr dazu taugt, wirklich plausibel auch – »auch«, möchte ich sagen – etwas vorhersagen zu können, dann ist das tatsächlich ein Einwand gegen die Theorie. Ich meine also mit anderen Worten, daß es an den Aufgaben einer voll entfalteten kritischen Theorie der Gesellschaft auch wäre, die prognostischen Elemente mit aufzunehmen, nur allerdings sie von ihrem beschränkten Praktizismus etwas zu reinigen.

Aber ich möchte auf unser Beispiel zurückkommen. – Ich darf übrigens einschalten: Wenn ich Beispiele wähle, so werden einmal die strengen Dialektiker unter Ihnen mir mit Recht vorhalten, daß ich mich eigentlich dieser Kategorie des Beispiels nicht bedienen dürfte, aber ich kann ja hier nicht den dialektischen Standpunkt voraussetzen, und ich glaube, in einer Einführung ist es durchaus erlaubt, daß man unter Umständen weitgehende Abstraktionen dann doch durch Beispiele soweit erläutert, daß jeder auch weiß, was er sich darunter zu denken hat. Ich suche das immerhin dadurch, soweit ich kann, zu korrigieren, daß ich nicht etwa irrelevante Beispiele heranziehe, also nicht etwa Beispiele, an denen man irgendwelche wissenschaftslogischen Tatsachen demonstrieren kann, sondern daß ich suche, soweit es geht, die Beispiele selbst auch so auszuwählen, daß sie in einer sinnvollen Beziehung zu der eigentlichen Thematik, nämlich zu der Theorie der Gesellschaft und zum Begriff der Gesellschaft stehen. Das also zu dem Auswahlprinzip der sogenannten Beispiele, die Sie hier schon gehört haben und in verstärktem Maß weiter hören werden.

Sie können alle möglichen lokalen und spezifischen Gründe angeben, warum es zu jenem Pogrom gerade in Berlin gekommen ist, obwohl, wie gesagt, die Möglichkeit der Gegenargumentation, der Gegenbegründung, durchweg genauso einleuchtend oder plausibel wäre. Aber wenn Sie einmal denken etwa an das Einleuchtendste, nämlich an die Hetze, die die Springer-Presse gegen die Studenten über einen erheblichen Zeitraum vorgenommen hat, dann wäre ja wieder diese Hetze selbst nicht wirksam geworden, wenn ihr nicht auch ein bestimmtes Potential der Empfangenden entsprochen hätte. Denn es gehört ja unter anderm auch zu der gegenwärtigen Gesellschaft hinzu, daß sie – und das gilt gerade für die sogenannte Boulevardpresse –, daß sie Informationen in Konsumgüter verwandelt, d.h. also, daß die Informationen selber in einer gewissen Weise denen, an die sie gerichtet sind, Genuß oder, richtiger, Ersatzgenuß, Ersatzbefriedigungen gewähren. Infolgedessen wäre wahrscheinlich ohne dieses Potential des Anti-Intellektualismus, vor allem der Ranküne gegen Menschen, die noch nicht ganz in die Heteronomie des Arbeitsprozesses eingesperrt sind, wie es bei den Studenten der Fall ist, diese Hetze, die ja von kommerziellen Motiven gar nicht ganz abzutrennen ist, in dieser Gestalt auch gar nicht möglich gewesen. Man bewegt sich hier wirklich in einem Bereich theoretisch-spekulativer Art, und es wäre an einer empirischen Forschung, mit ganz anderen Methoden solchen sehr wichtigen Problemen einmal im Ernst nachzukommen. Ich glaube, man müßte, um überhaupt diesen Phänomenen der Pressehetze gerecht zu werden, auch hier auf ein Phänomen oder auf ein Syndrom kommen, das weit darüber hinausgeht, schließlich auf den ganzen Komplex des Anti-Intellektualismus, der schließlich in letzter Instanz, ja wohl überhaupt, mit der Teilung von körperlicher und geistiger Arbeit zusammenhängt und mit der Ranküne der von der geistigen Arbeit und von der Muße Ausgenommenen, die sich aber nun ihrerseits auf Grund von gesellschaftlichen Verblendungsmechanismen nicht gegen die Ursachen richtet, sondern gegen die, die wirklich oder vermeintlich, davon profitieren. Wobei ich es mir nicht versagen kann, doch darauf hinzuweisen, daß die in sehr großen Kreisen der Bevölkerung herrschenden Vorstellungen von der angeblich privilegierten materiellen Stellung der Studenten selber in einem weiten Maß mythologisch sind [*Beifall*], und daß es nicht schlecht wäre, wenn gerade gegen diese Dinge, also gegen das durch und durch verlogene Argument, daß die Studenten deshalb unzufrieden seien, weil es ihnen zu gut geht, daß dagegen einmal doch, und zwar unter Vorlage von sicher leicht beizubringenden handgreiflichen Belegen, sehr energisch demonstriert würde. Ich glaube, daß gerade solche Klischees, wie das Klischee von dem allzu gut gefütterten, luxuriösen und in seinem Auto herumrasenden Studenten [*Lachen*], zu jener Ranküne, von der ich Ihnen gesprochen habe, gar nicht so wenig beitragen.

Was ich tun möchte, ist sicher nicht, die besonderen, spezifischen Ursachen der Berliner Dinge im geringsten zu verkleinern – weder eine aktions- und polizeiselige Politik der städtischen Behörden möchte ich damit verteidigen, noch gar die Presse, die das angefacht hat –, ich möchte Sie nur darauf aufmerksam machen, daß bereits solche Vorgänge und ungezählte andere, konkret zu beobachtende, gesellschaftliche Vorgänge nur scheinbar konkret sind. Es wird sicher viele unter Ihnen geben, die, ohne daß sie sich dessen ganz bewußt sind, auch so ein bißchen dem Zauber erliegen, den das Wort »konkret« nun einmal hat. Man hat mir einmal die traurige Geschichte erzählt, daß die Nazis, wenn sie Menschen verhaftet haben unter politischem Verdacht und dahinterkommen wollten, was ihre Gesinnung ist, daß sie es dann für einen Index kommunistischer Gesinnung gehalten haben, wenn die Betreffenden das Wort »konkret« allzu häufig gebraucht haben.

Nr. 202

Iring Fetscher / Ludwig von Friedeburg / Jürgen Habermas / Alexander Mitscherlich
Minister Stoltenberg diffamiert bedenkenlos
Öffentliche Erklärung zu einer Stellungnahme von Bundesforschungsminister Gerhard Stoltenberg im Bundestag
9. Mai 1968

QUELLE: Frankfurter Rundschau vom 9. Mai 1968; wiederabgedruckt in: Jürgen Habermas, Protestbewegung und Hochschulreform, © Suhrkamp Verlag Frankfurt/Main 1969, S. 185–187

Minister Stoltenberg hat die Opposition einer Reihe von Professoren gegen die geplante Notstandsgesetzgebung zum Anlaß genommen, um die Intention und die Handlungsweise politisch engagierter Hochschullehrer bedenkenlos zu diffamieren. Unter den namentlich Genannten befinden sich Kollegen, die von den Nazis verfolgt und eingesperrt oder zur Emigration gezwungen worden sind. Die Demonstration des Kuratoriums »Notstand der Demokratie«, zu der sie aufrufen, ist durch eine seit Jahren geübte, und zwar mit sachverständigen Argumenten begründete Kritik gerechtfertigt. Gerade die genannten Kollegen haben sich nicht mit dem »periodischen Unterzeichnen von Protestresolutionen«, das der Minister moniert, begnügt. Sie haben in langwierigen und zähen Auseinandersetzungen ihren Argumenten, zuletzt vor einem Ausschuß des Bundestages, Gehör verschafft und bis jetzt immerhin Modifikationen der Gesetzesvorlagen erreicht. In Zusammenarbeit mit großen Einzelgewerkschaften verteidigen sie Verfassungsgrundsätze des sozialen und demokratischen Rechtsstaates mit guten Gründen und mit der Hilfe des plebiszitären Druckes derer, die von diesen Gründen sich haben überzeugen lassen.

Die Intention und die Handlungsweise dieser Gelehrten sind der exemplarische Ausdruck einer Besinnung der Wissenschaft auf ihre politische Verantwortung. Diese Besinnung resultiert aus den für deutsche Universitätslehrer beschämendsten Erfahrungen unserer jüngeren Geschichte. Die Politik der jüngsten Vergangenheit, die auf Bundesebene von CDU-Regierungen getragen worden ist, kann schwerlich denen Argumente liefern, die heute das Amt des Professors wieder an die Bedingung politischen Gehorsams binden möchten.

Stoltenberg, der als Privatdozent der Geschichte wissen müßte, wie deutsche Historiker bis 1945 willfährig Geschichtsklitterung betrieben haben, unterstellt den kritischen Hochschullehrern eine permanente Verfälschung »der deutschen Gegenwart und der letzten zwanzig Jahre«. Er erhebt diesen Vorwurf in einem Augenblick, da seine Parteifreunde im Namen einer Konrad-Adenauer-Stiftung Schriftsteller mit Preisen für staatstreue Gesinnung auszeichnen, deren Geschichtsklitterung vor primitiver Hitler-Apologetik nicht haltmacht.

Das politische Engagement der Hochschullehrer richtet sich gegen die Entpolitisierung der Öffentlichkeit. Die Notstandsgesetzgebung ist ein drastisches Beispiel dafür, daß die praktisch folgenreichen Fragen unter Ausschluß der Öffentlichkeit entschieden werden – wenn nicht ein massiver Druck von außen öffentliche Diskussionen erzwingt. Ein anderes Beispiel für die Austrocknung des demokratischen Willensbildungsprozesses ist die Forschungspolitik, für die Minister Stoltenberg unmittelbar verantwortlich ist. Weder in der Bundesrepublik noch in anderen Ländern wird im Zusammenhang mit Investitionen für Forschung, Entwicklung und Bildung eine breite öffentliche Diskussion und Willensbildung über die Prioritätsfragen in Gang gebracht, von denen der wissenschaftliche und technische Fortschritt und damit die Lebensbedingungen der kommenden Generationen abhängen.

Hilflose Protestresolutionen von Hochschullehrern und die wirksameren Proteste der Studenten bezeugen die Einsicht, daß Politik nicht auf technische und administrative Aufgaben eingeschränkt und über die Köpfe der privatisierten Massen hinweg gemacht werden soll. Den Willen und das Bewußtsein derer, die in dieser Intention einig sind, will Stoltenberg diskriminieren.

Er bringt die kritischen Hochschullehrer in einen fatalen Zusammenhang mit den tragischen Opfern der Osterdemonstration in München. Wir – das gilt auch für unsere von Stoltenberg denunzierten Freunde – setzen alles daran, bei unseren Studenten falschen Interpretationen und verhängnisvollen Identifikationen entgegenzuwirken. Wir wenden uns entschieden gegen die Strategie einer wie immer auch »kalkulierten« Gewaltanwendung. Wir halten Distinktionen zwischen Gewalt dieser und jener Art für scholastisch und würden wünschen, daß der SDS endlich unmißverständlich zwischen Provokation und Gewaltanwendung unterscheidet. Anderseits müssen unsere Vorstellungen wirkungslos bleiben, solange die unqualifizierten Äußerungen von Ministern und Bundestagsabgeordneten dazu angetan sind, genau die Karikaturen zu bestätigen, die dem berechtigten Zorn der Studenten entspringen.

Nr. 203

Peter Brückner / Alfred Krovoza / Manfred Lauermann / Thomas Leithäuser

Helfershelfer

Replik

Mai 1968

QUELLE: Diskus – Frankfurter Studentenzeitung, 18. Jg., Nr. 4, Mai 1968, S. 4

Am 8. Mai erschien in der Frankfurter Rundschau eine Erklärung der Frankfurter Professoren Fetscher, von Friedeburg, Habermas und Mitscherlich. In dieser Erklärung distanzierten sich die Professoren von den Diffamierungen des Ministers Stoltenberg gegenüber den Professoren Abendroth, Flechtheim, Maus, Hofmann und Ridder.

Gleichzeitig forderten die Frankfurter Professoren den SDS auf, sich zur Gewaltanwendung (wie sie beispielsweise in den Ostertagen gegen die Auslieferung von Springererzeugnissen angewendet wurde) eindeutig zu erklären. Auf diese Erklärung hin schrieben der Leiter des psychologischen Seminars der TU Hannover zusammen mit Assistenten und Studenten einen Leserbrief an die FR, der in der FR nur in kurzen Auszügen erschien. Da dieser Brief schon eine Analyse des politischen Verhaltens der Frankfurter Professoren der FR-Erklärung enthält, das erst jetzt sich in der Gründung des Aktionsausschusses »Demokratie im Notstand« voll artikuliert, druckt der *Diskus* den Brief aus Hannover vollständig ab.

Die Verfasser des Antwortbriefes sind der Auffassung, daß die Gründung dieses Aktionsausschusses nicht nur eine eindeutige politische Spaltung der Antinotstandsbewegung bedeutet, sondern darüber hinaus noch der Forderung Minister Stoltenbergs faktisch nachkommt, die Schafe von den Böcken zu trennen. Die in der FR-Erklärung noch gegen die Angriffe Stoltenbergs verteidigten Professoren werden, da ihnen die Beteiligung an der Gründung des Aktionsausschusses und an der Diskussion seiner politischen Zielsetzung nicht ermöglicht wurde, damit den diskriminierenden Angriffen der manipulierten Öffentlichkeit preisgegeben. Die sozialpsychologische Sequenz: abspalten, isolieren, anschuldigen, ausrotten, die der Antwortbrief aus Hannover analysiert, erhält nunmehr, ganz sicher ungewollt, die Verstärkung der Linksliberalen.

Der Schlußabsatz Ihres in der *Frankfurter Rundschau* vom 9. Mai 1968 abgedruckten offenen Briefes erweckt den Eindruck, als scheitere die von Ihnen längst dringend empfohlene politische Vernunft und Menschlichkeit an der Intransigenz des SDS. Das Problem der Gewalt, für denjenigen besonders bedeutsam, der sie ohnmächtig erleidet, hat seinen komplexen theoretischen wie praktischen Zusammenhang, der durch solche Fixierungen der Auseinandersetzung auf *einen* politischen Verband gewiß nicht durchschaubarer wird. Wir meinen, ein Brief an den Herrn Minister Stoltenberg sollte zunächst einmal zu einer konkreteren Sprache zurückkehren. Studierende stoßen auf Gewalt, die sie ohne Gegenwehr hinnehmen mußten; es werden sozialpsychologische Prozesse in Gang gesetzt, die einige von ihnen in den gegeneinander weitgehend autonomen Gruppen des SDS diskutieren. Der Einspruch, den Sie gegen eine »kalkulierte Gewalt« erheben, ist selbst Gegenstand dieser Diskussion. Dabei gliedern sich Problemstrukturen heraus, die wir kurz andeuten wollen:

1. Unrechtmäßige Gewalt führt bei Polizisten, die sie ausüben, zur Korruption; sie werden vom apologetischen Verhalten ihrer politischen Führung in der Idee der Komplizenschaft von Polizei und Regierung bestätigt. Bei Studenten, wenn sie schon einmal wütend zurückschlagen oder Gerätschaften ihrer Gegner zerstören, kann Gewaltanwendung, als Notwehr begriffen, zum Rückgewinn der eigenen Würde führen; sie wurde beim Erleiden unrechtmäßiger Gewalt, durch physischen Schmerz, durch Angst beschädigt. Sie schaffen selbst im »Unrecht« den Rechtsstaat nicht vorübergehend ab, wie die prügelnde Polizei, die trickreich über Rechtsgarantien hinwegblinzelt, sondern sie bilden seine Grundlagen: Würde und Integrität, neu heraus.

2. Sie nennen in Ihrem Brief an den Minister Stoltenberg Distinktionen zwischen dieser Gewalt und jener Gewalt »scholastisch«. Das heißt auf vieles verzichten: auf die Differenz zwischen der Gewalt gegen Menschen und der gegen Institutionen, die freilich die Polizei auch nicht kennt. Die »Selbstjustiz« der Bürger, wenn sie sich zusammenrotten, um einzelne wehrlose Studentinnen und Studenten zu verprügeln und die moralische Unmöglichkeit für den SDS und für die anderen Demonstranten gleichfalls in Horden einzelne physisch zu hetzen, sind zureichende Momente für eine Distinktion. Beide Formen, sich zu verhalten, sind vom Umgangsstil der Polizei, der politischen Führung, der Koalitionsparteien einerseits, von der Strategiediskussion im SDS und seiner politischen Zielsetzung andrerseits nur um den Preis der Gewalttätigkeit zu trennen: Sie beginnt theoretisch mit der Unterdrückung des Problemzusammenhangs zugunsten eines leicht fixierbaren Moments, das Schule machen soll, und endet bei der Unterdrückung der vermeintlich Schuldigen.

3. Sie fordern den SDS zu einer klaren Entscheidung, Stellungnahme usw. auf. Programmatische Äußerungen dienen dazu, den, der sie tut, künftig zu kontrollieren. Dies nicht mehr zuzulassen, daß andere heteronom Kontrolle über uns ausüben, indem sie sich unserer Äußerungen bemächtigen, ist selbst Bestandteil der Destruktion, die der SDS sich vornimmt, und in der er sich doch mit Ihnen einig weiß. Aber die Gewaltsamkeit gegenüber dem Problem der Gewalt und der Lage des SDS, die sich in Ihrem Schlußabsatz ausdrückt, hat noch einen wesentlich bedenklicheren Aspekt.

Vier Professoren, tendenziell mitbetroffen, stellen fest, daß ein Minister nach bekanntem Vorbild politisch engagierte Professoren von ihren Kollegen differenzieren will, um sie zu isolieren und anzuklagen; sie sehen zu Recht, daß ein solches Vorgehen generell zur Ausschaltung politisch engagierter Professoren führen kann. Abspalten, isolieren, anschuldigen, ausrotten – das ist die schreckliche Sequenz, in der sich die Politik der Majorität gegen eine protestierende Minderheit endlich konkretisiert. Aber wie antworten diese vier Professoren? Nicht ohne nun selbst *auch* zu differenzieren, zu isolieren und anzuklagen – nämlich den SDS; als bedürfte die Öffentlichkeit noch zusätzlicher Hilfe bei dem Versuch, die Sequenz zu ihrem Ende voranzutreiben.

Die Suche nach einem Alibi, das der Sündenbock immer hergibt, die Verschwörertheoreme und entlastenden Fixierungen, die Bereitschaft, sich immerfort von irgend jemandem zu distanzieren, haben den SDS längst in der öffentlichen Meinung, auch der des Herrn Stoltenberg, zur »Partei« gemacht, die an allem Schuld ist; daß Ihr Schlußpassus in diesen Dunstkreis sozialer Vorurteile hineingerissen wird und sie bestätigt, war gewiß nicht Ihre Absicht. Aber nach unseren Beobachtungen wird gerade dieser Absatz Ihres offenen Briefes gern und häufig zitiert. So reproduziert sich die Entfremdung: wir erkennen in Ihren Schlußsätzen weder den SDS noch unsere gemeinsamen Probleme wieder, und Sie Ihre Sätze mehr in der öffentlichen Meinung, die sich ihrer bemächtigt hat.

Nr. 204

Herbert Marcuse

»Ich habe schon seit langem keine aktive militante Politik mehr gemacht ...«

Auszüge aus einem Interview »Der Philosoph Herbert Marcuse – Meisterdenker der Studentenrevolte« in der französischen Tageszeitung »Le Monde«

11. Mai 1968

QUELLE: Sonderheft des Tübinger Stadtmagazins »Tüte«: »Zur Aktualität von Herbert Marcuse – Politik und Ästhetik am Ende der Industriegesellschaft«, September 1989, S. 28 f.

Nach einigen Fragen über das Verhältnis der »drei M: Marx – Mao – Marcuse« und seiner Einschätzung der Systeme des real existierenden Sozialismus antwortet Marcuse auf die Frage nach der Aufgabe des Intellektuellen:

(...) Ich habe schon seit langem keine aktive militante Politik mehr gemacht. Ich schreibe, ich lehre, nehme an Konferenzen teil, spreche vor Studenten: das ist die normale Tätigkeit eines Intellektuellen in den USA, wo die Situation nicht im geringsten revolutionär ist, nicht einmal »vorrevolutionär«. Die Aufgabe des Intellektuellen bleibt radikale Aufklärung. (...)

LE MONDE: Haben Sie nicht manchmal das Gefühl von denjenigen, die sich auf Ihre Thesen berufen, überholt zu werden?

MARCUSE: Vielleicht. Wenn sie gewalttätig sind, dann weil sie verzweifelt sind. Und die Verzweiflung kann ein Motor für effektive politische Aktionen sein. Schauen Sie sich die Bewohner der schwarzen Ghettos in den USA an: die stecken ihre eigenen Wohnviertel in Brand, brennen ihre eigenen Häuser nieder. Das ist keine revolutionäre Aktion, sondern eine Tat der Verzweiflung und zugleich eine politische Handlung. (...)

Die Studenten revoltieren nicht etwa gegen eine verarmte und schlecht organisierte Gesellschaft, sondern gerade gegen deren Reichtum und deren Perfektionierung des Überflusses und der Verschwendung, während 25 % der Bevölkerung des Landes verarmt in den Elendsvierteln leben [müssen]. Die Revolte richtet sich nicht gegen die Mißstände, die die Gesellschaft hervorbringt, sondern gegen den Wohlstand. Das ist ein ganz neues Phänomen, charakteristisch für die sogenannte »Überflußgesellschaft«. In der Bundesrepublik findet derselbe Prozeß statt. In Frankreich ist das, glaube ich, nicht der Fall, da die französische Gesellschaft noch nicht so sehr von Konsumgütern überströmt ist.

LE MONDE: Was halten Sie von der Analogie zwischen »Black Power« und »Student Power«?

MARCUSE: Dieser Slogan erscheint mir gefährlich. Überall und immer ist die große Mehrheit der Studenten konservativ, wenn nicht reaktionär. (...)

LE MONDE: Was ist Ihrer Ansicht nach der Hauptgrund dieser gewalttätigen Demonstrationen in so vielen Ländern?

MARCUSE: Für die amerikanischen und deutschen Studenten, die ich besser kenne, sind es, glaube ich, weniger intellektuelle als eher »instinktive« Forderungen. Sie wollen eine vollständig andere Lebensweise. (...) Sie fühlen, daß ihr ganzes Leben von den Anforderungen der Industriegesellschaft überzogen wird und all das im Interesse des »big business« der Militärs und der Politiker.

Schauen Sie sich die Hippies an. Ihre Rebellion richtet sich gegen eine puritanistische Moral, gegen eine amerikanische Gesellschaft, in der man sich zehnmal am Tag wäscht und die gleichzeitig in Vietnam in aller Ruhe mordet und brandschatzt. Nun, die protestieren gegen diese Scheinheiligkeit, indem sie ganz bewußt Wert auf ihre langen Haare und Bärte legen, indem sie sich nicht waschen und indem sie den Kriegsdienst verweigern. Für sie tritt der Widerspruch grell zutage. Aber wie bei den Studenten handelt es sich nur um eine sehr kleine Minderheit.

Die Studenten wissen, daß die Gesellschaft jegliche Opposition absorbiert und ihre Irrationalität als die Rationalität des Bestehenden verkauft. Sie fühlen mehr oder weniger deutlich, daß der »eindimensionale Mensch« seine Kraft zur Negation, seine Verweigerungsmöglichkeiten verloren hat. Deshalb verweigern sie die Integration in diese Gesellschaft.

LE MONDE: Was würden Sie den Studenten antworten, wenn sie Sie fragen würden, ob ihre Demonstrationen einen Sinn haben und ob sie zur Veränderung der Gesellschaft beitragen können?

MARCUSE: Ich würde ihnen zuerst einmal sagen, daß man nichts anderes als große Demonstrationen, wie sie gerade überall stattfinden, erwarten kann, auch nicht in Frankreich, da wir uns in einer Situation befinden, die ganz und gar nicht prä-, aber auch nicht konterrevolutionär ist.

Aber ich bin kein Defätist, niemals. In den USA hat die Opposition, angewachsen aufgrund des Vietnamkrieges, wenn auch nur zum Teil, aber immerhin schon einen Wandel der US-amerikanischen Politik bewirkt. Man darf sich natürlich keine Illusionen machen, aber man braucht auch nicht gerade schwarz sehen. Es ist natürlich Unsinn, in dieser Frage nun darauf zu warten, daß die Massen sich der Bewegung anschließen und an diesem Prozeß teilnehmen. Schon immer fing alles mit einer Handvoll Intellektueller an, die revoltierten. In den gegenwärtigen Studentenprotesten, so scheint mir, läßt sich ein derartiges Zeichen erkennen. (...)

Dieser Typ von Revolte führt ganz sicher nicht zur Entstehung einer revolutionären Kraft. Aber sie befindet sich in Übereinstimmung mit den Bewegungen der »Dritten Welt«, mit den Aktivitäten in den Ghettos. Insofern ist es eine gewaltige Zersetzungskraft.

Nr. 205
Jürgen Habermas
Brief an Claus Grossner
Über »linken Faschismus«
13. Mai 1968

QUELLE: Jürgen Habermas, Protestbewegung und Hochschulreform, Frankfurt/Main 1969, S. 151 f.; wiederabgedruckt in: Claus Grossner, Verfall der Philosophie – Politik deutscher Philosophen, Hamburg 1971, S. 168 f.; wiederabgedruckt in: Jürgen Habermas, Kleine Politische Schriften (I–IV), © Suhrkamp Verlag Frankfurt/Main 1981, S. 215 f.

[...] Hauptsächlich schreibe ich Ihnen wegen unserer Diskussion über den unglücklichen Topos des linken Faschismus. Damit nicht zum zweiten Mal ganz unnötig – und ganz unnötig viel – Porzellan zerschlagen wird, erlauben sie mir noch ein paar Bemerkungen.

Rückblickend auf meine Hannoveraner Intervention möchte ich dreierlei feststellen. Erstens habe ich damals nicht gesehen, daß die neuen Formen der Provokation ein sinnvolles, legitimes und sogar notwendiges Mittel sind, um Diskussionen dort, wo sie verweigert werden, zu erzwingen. Zweitens hatte ich damals Angst vor den irrationalistischen Implikationen eines Vorgehens, das unter dem Topos »die Spielregeln brechen« eingeführt wurde. Diese Befürchtungen hege ich auch heute noch, daher hat sich die Intention meiner damaligen Bemerkung nicht geändert. Freilich würde ich sie heute gewiß nicht mehr in der gleichen Form zum Ausdruck bringen, erst recht würde ich das Etikett des linken Faschismus vermeiden, und zwar nicht nur, weil dieses Etikett das grobe Mißverständnis einer Identifizierung des SDS mit den rechten Studenten Anfang der dreißiger Jahre hervorgerufen hat, sondern weil ich inzwischen überhaupt unsicher geworden bin, ob das eigentlich Neue an den gegenwärtigen Revolten durch geistesgeschichtliche Parallelen getroffen werden kann. Drittens halte ich nach wie vor Gewaltanwendung in der gegenwärtigen Situation nicht für ein vertretbares Mittel des politischen Kampfes. Eine revolutionäre Situation, die von der Masse der Bevölkerung als unerträglich empfunden wird, erzeugt Gewalt und reaktiv auch Gegengewalt. In einem solchen Zusammenhang, in dem Hegel die Kausalität der Sittlichkeit am Werke sah, kann eine Strategie, auch wenn sie Gewalt impliziert, Anspruch darauf erheben, politisch beurteilt zu werden. In einer Lage hingegen, die nicht revolutionär ist und deren Unerträglichkeit keineswegs allgemein ins Bewußtsein getreten ist, kann die gleiche Strategie nicht nach denselben Maßstäben beurteilt werden. In diesem Falle müssen sich die handelnden Subjekte, gleichviel, ob sie politisch zu handeln glauben, inhumane Folgen ihres Handelns moralisch zurechnen lassen.

Herzliche Grüße Ihres J. H.

Nr. 206

Alexander Kluge

Tage der Politischen Universität II, Teil I

Mai 1968

QUELLE: Alexander Kluge, Neue Geschichten – Hefte 1–18, »Unheimlichkeit der Zeit«, © Suhrkamp Verlag Frankfurt/Main 1977, S. 291–302

Im Konferenzraum des Studentenhauses Jügelstraße, der wegen seiner niedrigen Decke, nach den Baurichtlinien von 1952 geplant, ohne hinreichende Luftreserve war, ist es warm und schwül. Von den Fenstern ließ sich jeweils nur ein schmaler Mittelteil öffnen, eine Art Schlitz. Die Reporter, die in der improvisierten *Pressekonferenz* an Glastischen dem Studentischen Streikkomitee (zugleich Planungsausschuß für die Politische Universität Frankfurt, Mai 68) gegenübersaßen, schwitzten, wollten sich keine Blöße geben, andererseits auch nicht sich verpflichten, mehr als die ihnen zugeteilten Zeilenmengen in ihren Blättern unterzubringen.

Rechnen Sie denn damit, daß Sie länger als eine Woche hier tagen werden? Wollen Sie also in *einer* Woche die Kenntnisse zusammenhäufen, die die Fachidioten-Universität (Ihre Ausdrucksweise) nicht weiß? So der Vertreter der FAZ. Die Frage des FAZ-Vertreters war keine Frage, sondern Meinung. Niemand, wurde ihm geantwortet, will das in einer Woche. Auch geht es nicht um »Kenntnisse«.

Auch geht es überhaupt nicht um die Ordinarien-Universität. Hier fällt Krahl ein, der Pressevertreter stenographiert mit: ... In die Wissenschaften die Dimension des emanzipatorischen Vernunftinteresses einzuholen ... Gleichsam die Theorie und Praxis vermittelnde geschichtsphilosophische Frage der bürgerlichen Aufklärung ... Kants »Was darf ich hoffen?« materialistisch auf die Ebene des Klassenkampfes zu heben.

Es ist deshalb politische Universität, ergänzen die anderen, weil es Widerstand ist, weil die Aktionen gegen den Springer-Konzern während der Ostertage gezeigt haben ... Und 50 Tage nach Ostern ist eben nicht Pfingsten, sondern politische Universität, ein Versuch, ... Ein demonstrativer Akt ... Eine Aktion des Widerstands ... Ein qualitativer Sprung ...

Aber der Reporter würde nicht alle 20 bis 30 dieser Antwortsätze bringen. Er sucht nach einer Kurzformel. Was Sie wissen wollen, wissen Sie doch aber schon, beharrt er, auch ohne diese Einwochen-Veranstaltung. Was meinen Sie denn, was wir *wissen* wollen? wird er zurückgefragt. Auf Glatteis läßt sich der Reporter nicht locken. Ich bin kein Universitätslehrer, sagt er. Wir doch auch nicht.

Also, was kann man zu dem Veranstaltungsprogramm noch sagen? Zuerst, daß das kein »Veranstaltungsprogramm« ist. Geht nicht mal in Ihren Kopf rein, daß es kein *Programm* ist? Die bürgerliche Presse, sagen die Streikendenvertreter, hält den Blick auf die angekündigten »Vorlesungen« oder »Seminare« gerichtet. Dort sucht sie etwas, was als aktueller Artikel verarbeitet werden kann. Ja, meint der Vertreter der *Frankfurter Rundschau*, das ist etwas, was wir bringen könnten. Er zweifelt aber, daß sich etwas Derartiges finden läßt, da ja kein Naturwissenschaftler oder Mediziner angekündigt ist (der z. B. den Krebs außerparlamentarisch zu heilen versprochen hätte). Es wird hier »soft ware« angeboten.

Nun traf das einen Punkt. Es war ja zunächst eine *Improvisation*, eine *demonstrative Geste* innerhalb des Notstandskampfes, daß die Universität aktiv bestreikt und besetzt wird, die Aktivität *gestisch* ausgedrückt eben durch den Versuch der politischen Universität, die Bewegung gegen die Notstandsgesetze aber, als übergeordnete Kategorie, ebenfalls als *Geste* (da ja Strauß ohne Notstandsgesetze den Notstandsstaat errichten, eine liberale Regierungskonstellation dagegen auch mit Notstandsgesetzen die dazu nötige Machtbesessenheit nicht erbringen würde), die studentische Protestbewegung, als darüber gelagerte Kategorie, ebenfalls eine *stellvertretende Geste* für den noch unklaren Inbegriff der qualitativen Massen usw. usf. Nun aber auch die mit dieser Analyse verbundene Hierarchisierung eine bloß *schlechttheoretische Gedankengeste*, da gerade diese Hierarchie von Massenansatz, Bewegungsansatz, Ansatz der Notstandskampagne, Ansatz des aktiven Streiks und Ansatz der politischen Universität wiederum niederzureißen ist ... Dialektik der intensiven Spontaneität und bewußten Organisierung ... Frankfurter Aktionen ... den Herrschenden abgetrotzt ... Praktisch diffus und improvisiert ... Und nur die Unterseite (Krahl sagt: »subkutan«) wirklich ... Nämlich: die *konkrete Arbeit informeller Politik und wissenschaftlicher Kader* wäre unmöglich, anfangend in dieser Woche, aber ohne geplantes Ende – falls nicht das Polizeipräsidium schon plant ... –, und diese Arbeit könnte überhaupt nicht stattfinden, wenn über ihr der Berg übergeordneter Kampfesprämissen erst zu durchdringen wäre (also Ostern, Entmutigung, insbes. durch die »leidenschaftliche émeute der französischen Studenten«, die alles, was Frankfurt bringt, verblassen läßt, Erlösung aus der *politischen Einsamkeit* der Studentenrevolte, die *Reparlamentarisierung* der außerparlamentarischen Opposition durch den Blickfang der NS-Gesetze ...) Krahl hat 19 Minuten gesprochen. Er hat aber insofern die Kollektivität gewahrt, als er 60, 80 Argumentationen aus den Gesprächen des Vortags in Kürzeln einbezog. Tatsächlich sprach also nicht Krahl, sondern eine Gruppierung von 18 – 20 oder mehr Genossen. Nicht gelöst ist, wie harte Wissenschaft (Chemie, Physik, Medizin usf.) einzubringen sei.[1]

---

1 Weiter: Daß die *Besetzung der Universität*, hiervon zunächst wirklich besetzt: das *Hauptgebäude*, hiervon im wesentlichen von Studentenmassen, Schülerdelegationen und einzelnen Arbeitervertretern begangen nur das *Portal*, das Rektorat, einige Hörsäle, eines »repräsentativen Inhalts« bedurfte, dies aber Draperie ist, die die Genossen ebensogut revolutionär zerstören könnten, wenn sie ihre argumentative Kraft auf sich selbst wenden würden. Es war abwieglerisch, diese Frage aufzuwerfen, sie nicht aufzuwerfen war ebenfalls abwieglerisch.

Jetzt hätten sich die Fronten drehen, die Genossen in die Stellung der Pressevertreter einrücken und ihre eben verlassenen Positionen und Hauptquartiere mit kritischen Fragen bepflastern müssen. So wäre ein Eindruck von der Elastizität der politischen Universität, ihrem qualitativen Bewegungsgesetz, entstanden. Zugleich hätte der Anschein, daß Fußballmannschaften sich ein Match lieferten, als Situation zerstört werden können. Eigentlich war erforderlich, das brachte die Genossin Gerda in die interne Nachdiskussion: einen Katalog dieser offenen Kampfmöglichkeiten aufzustellen und so ein Protokoll dieser historischen Tage dadurch zu führen, daß das, was unterlassen blieb, das was geschah kritisierte. Eigentlich mußte aber der unfähige Feind ersetzt werden. Eine brauchbare Darstellung der wirklichen Situation und des gesellschaftlichen realen Kampfes, der ja stattfand, war nur möglich, wenn alle Positionen dieses Kampfes, insbesondere die der Gegner (bürgerliche Presse, Unternehmer, Polizei, Parlament, autoritär verfaßte Gesellschaft), von Genossen besetzt und antagonistisch durchgespielt wurden. Dann aber wäre noch darzustellen, daß die Genossen in keinem Moment die Schauspieler wären, als die sie sich in einer solchen Realanschauung (= Realschauspiel) notgedrungen aufführten.

Nr. 207

Max Horkheimer
Gedanken zum Notstandsgesetz, mit großer Mehrheit angenommen am 15. Mai 1968
Späne – Notizen über Gespräche mit Max Horkheimer, in unverbindlicher Formulierung aufgeschrieben von Friedrich Pollock
15. Mai 1968

QUELLE: Max Horkheimer, Gesammelte Schriften Bd. 14: Nachgelassene Schriften 1949–1972, hrsg. von Gunzelin Schmid Noerr, © S. Fischer Verlag Frankfurt/Main 1988, S. 484

[Iring] Fetscher hat gesagt, wenn dieses Gesetz angenommen wird, dann bedeutet es das Schlimmste, was seit 1945 geschehen ist. Er hat recht. Andere Verfassungen haben auch Notstandsparagraphen (z. B. State of Emergency in USA). Aber die Deutschen haben nach den unvorstellbaren Verbrechen, die ihre Regierung auf Grund eines solchen Gesetzes »legal« begangen hat, kein Recht, die Exekutive wieder mit praktisch unbeschränkten Vollmachten auszustatten. Über den äußeren Notstand, das heißt also den Krieg, entscheidet immer noch das Parlament. Den inneren Notstand kann jede Regierung, mag sie noch so sehr mit dem Autoritarismus liebäugeln, praktisch ohne Kontrolle des Parlaments erklären.

Das Verhalten des Parlaments (die Geschichte des Gesetzes zum Schutze der Republik[1] bietet eine unübersehbare Parallele) und die Gleichgültigkeit, der Zynismus der Regierten und ihr Mißtrauen gegenüber Regierung und parlamentarischem System sowie der immer dringender werdende Wunsch nach dem starken Mann erinnern in fataler Weise an die Zustände in den letzten Jahren der Weimarer Republik. Der Unterschied liegt heute vor allem darin, daß es vorläufig noch mehr offene Stellen gibt als Arbeitslose. Das kann sich ändern.
(HORKHEIMER: Für diejenigen, die dieses grauenhafte Gesetz distanziert und überlegen als Konsequenz der heutigen Machtverhältnisse ansehen und die solche Menschen, welche an eine freiheitliche Verfassung glauben, für Illusionisten halten, habe ich nur Verachtung.)

---

1 Dieses Gesetz wurde in Deutschland 1922 nach dem nationalistisch und antisemitisch motivierten Attentat auf Walther Rathenau erlassen.

Nr. 208

Theodor W. Adorno / Gretel Adorno / Egon Becker / Joachim Bergmann / Ulrich Billerbeck / Gerhard Brandt / Liselotte Columbus / Michaela von Freyhold / Thomas von Freyberg / Ludwig von Friedeburg / Christof Helberger / Inge Hofmann / Ursula Jaerisch / Klaus Körber / Wilfried Laatz / Ernst Theodor Mohl / Peter Schafmeister / Regina Schmidt / Johanna Schneider / Peter Schönbach / Jutta Thomae-Burger / Lutz Unterseher / Evelies Mayer / Lieselotte Merta / Xenia Rajewski / Jürgen Ritsert / Wolfgang Streeck

»Die jüngste Bundestagsdebatte hat erneut gezeigt ...«

Öffentliche Erklärung zur Bundestagsdebatte über die Notstandsgesetze

17. Mai 1968

QUELLE: Frankfurter Rundschau vom 17. Mai 1968

Die jüngste Bundestagsdebatte hat erneut gezeigt, daß die große Mehrheit der Abgeordneten sich den Argumenten der Gegner einer Notstandsverfassung mit ihren wahren gesellschaftlich-politischen Implikationen im Ernst nicht stellt. Die Behauptung, alle Argumente seien gründlich erörtert worden, wird allein schon durch die späte Vorlage der Fassung des Rechtsausschusses am Freitag, dem 10.5., widerlegt; denn die Abgeordneten konnten die Konsequenzen der Änderungen in der kurzen Zeit unmöglich genau durchdenken. Die Zukunft der Demokratie in Deutschland erfordert gegenüber der akuten Gefahr einer Aushöhlung der verfassungsmäßigen Grundrechte energischen Widerstand. Die Unterzeichneten halten darum den Streik während der zweiten Lesung der Notstandsgesetze für gerechtfertigt.

Nr. 209

Hans-Jürgen Krahl

Römerbergrede

Gegen die Verabschiedung der Notstandsgesetze

27. Mai 1968

QUELLE: Hans-Jürgen Krahl, Konstitution und Klassenkampf, Frankfurt/Main 1971, S. 149–154

Die Demokratie in Deutschland ist am Ende; die Notstandsgesetze stehen vor ihrer endgültigen Verabschiedung. Trotz der massenhaften Proteste aus den Reihen der Arbeiter, Studenten und Schüler, trotz der massiven Demonstrationen der APO in den letzten Jahren sind dieser Staat und seine Bundestagsabgeordneten entschlossen, unsere letzten spärlichen demokratischen Rechtsansprüche in diesem Land auszulöschen. Gegen alle diejenigen – Arbeiter oder Studenten –, die es künftig wagen werden, ihre Interessen selbst zu vertreten, werden Zwang und Terror das legale Gesetz des Handelns der Staatsgewalt bestimmen. Angesichts dieser Drohung hat sich in den Betrieben, an den Universitäten und Schulen seit dem Tag der Zweiten Lesung vor mehr als einer Woche eine erste Streikwelle manifestiert, die den Widerstandswillen der Bevölkerung demonstrierte.

Für uns ergeben sich daraus die Fragen: Welchen politischen Zweck muß dieser Widerstand verfolgen, wenn die Notstandsgesetze doch schon eine nahezu beschlossene Sache sind? Welchen Erfolg können unsere Streiks und Demonstrationen der letzten Zeit aufweisen, und wie können sie wirkungsvoll fortgesetzt werden? Um diese Fragen angemessen beantworten zu können, müssen wir wissen, welche Fehler in der Notstandsopposition der letzten Jahre begangen wurden.

Zu Beginn dieser Opposition hat man die Frage der Notstandsgesetze nur nach ihrer verfassungsrechtlichen Seite behandelt. Um sie zu verhindern, wurde lediglich mit den SPD-Abgeordneten und Gewerkschaftsfunktionären verhandelt. Aufklärungsarbeit in der Öffentlichkeit war wenig wirksam. Der eigentliche Fehler bestand darin, daß dadurch die Problematik der Notstandsgesetzgebung aus der wirklichen Entwicklung der bundesrepublikanischen Gesellschaft herausgelöst wurde. Vor allem die Gewerkschaften reagierten, als sei die Substanz der Demokratie in Westdeutschland unversehrt, und sie wollten nicht sehen, daß der Prozeß der inneren Zersetzung demokratischer Rechte längst begonnen hatte. Spätestens mit der Bildung der Großen Koalition und ihrer Wirtschaftspolitik, der Konzertierten Aktion des Ministers Schiller, lag diese Entwicklung offen zutage. Daß im Programm der Formierten Gesellschaft zwischen der Gewalt der Notstandsgesetze und der Konzertierten Aktion ein Zusammenhang bestehen könnte, ist den wenigsten Gewerkschaftsfunktionären, am wenigsten der Spitze einsichtig geworden. Die Rededisposition, die der DGB zum 1. Mai dieses Jahres herausgegeben hat, feiert die Konzertierte Aktion als Mittel des wirtschaftlichen Aufschwungs und Wachstums, ohne allerdings zu fragen, wem er zugute gekommen ist. Die Konzertierte Aktion liefert einer starken, keineswegs demokratischen Staatsgewalt die Mittel, die Wirtschaftskrise 1966/67 – zur Zeit der Bildung der Großen Koalition – zu regulieren, nachdem Erhards Wirtschaftswunder in sich zusammengefallen war. In wessen Interesse Schillers Konzert gespielt wird, darüber geben nüchterne Zahlen Auskunft: dieses Jahr, 1968, soll den Arbeitern eine Lohnerhöhung von 3 bis 4 Prozent bringen, den Unternehmern hingegen eine Gewinnsteigerung von 20 Prozent. Der DGB hat verschwiegen, daß er ein Spiel mitspielt, das auf dem Rücken der Arbeiter ausgetragen wird.

Es war allerdings voraussehbar, daß die Konzertierte Aktion auf die Dauer nicht ausreichen würde, die Krisenentwicklung in der Wirtschaft zu bremsen und die Arbeiter zum Streikverzicht anzuhalten. Dazu bedurfte es stärkerer Zwangsmittel; die Große Koalition entschloß sich also, die Notstandsgesetzgebung beschleunigt zu betreiben. Sie liefert das terroristische Instrument für eine offene Wirtschaftskrise, in der die Arbeiter notfalls mit brutaler Gewalt niedergehalten werden und die aufbegehrenden Studenten einer von oben betriebenen Hochschulreform unterworfen werden, in der die Universität zu einer Ausbildungskaserne für Fachidioten wird, in der die Studenten nicht wissen sollen, zu welchen politischen und wirtschaftlichen Zwecken die wissenschaftliche Forschung eingesetzt wird. Die Konzertierte Aktion war der Anfang, die Notstandsgesetze bilden das Ende einer vorläufigen Entwicklung, in der sich eine undemokratische Staatsgewalt die Mittel schuf, die Bedürfnisse der Massen zu unterdrücken. Die Geschichte, nicht zuletzt die der Deutschen, hat uns mehrfach gelehrt, daß der einzige Ausweg der kapitalistischen Wirtschaftsordnung aus der Krise in der offenen Gewalt des Faschismus besteht.

Wer den staatlichen Einsatz von Polizeiknüppeln und politischer Justiz gegen die Demonstrationen der politischen Opposition erfahren hat, dem ist es in keinem Augenblick ungewiß, welchem Zweck die Notstandsgesetze dienen sollen. Schon jetzt wird von *Bild* der Streik der Arbeiter als »volksschädlich« verunglimpft, schon jetzt klagte beim Gummiarbeiterstreik in Hanau ein Mitglied der Geschäftsleitung, die Polizei sei anscheinend nur ungenügend auf den Notstand vorbereitet.

Seit der Erschießung des Studenten Benno Ohnesorg in Berlin bis hin zum Mordanschlag auf Rudi Dutschke haben die Regierenden und Springers *Bild* eine regelrechte Hetzjagd gegen Studenten entfacht. Die Springerpresse fordert mehr oder minder unverhohlen die Bevölkerung zu Gewalttaten gegen Studenten auf, die sie als langmähnige und ungewaschene Untermenschen darstellt, die, anstatt zu studieren, demonstrierende Randalierer seien, unnütze Esser, die von den Steuergeldern anderer Leute leben. Kein Wort fällt über die schlechten finanziellen Verhältnisse vieler Studenten, die unglaublich rückständigen Zustände an westdeutschen Hochschulen, die eine vernünftige Arbeit fast unmöglich machen, und die politischen Ziele, für welche die Studenten auf die Straße gehen. In Berlin haben der Regierende Bürgermeister Schütz und seine Clique alles, was die Haare einige Zentimeter länger und einen Bart trägt, zum Freiwild erklärt. Diesem Gewaltaufruf hat sich während der Osterdemonstration der Kanzler Kiesinger angeschlossen; auf die aktiven Mitglieder der außerparlamentarischen Opposition warten demnächst die Gefängnisse – sogar die Schutzhaft bekannten Angedenkens wurde erwogen. Daraus aber wird nur allzu deutlich, was die Notstandsopposition der Gewerkschaftsbürokratie sehr geflissentlich übersieht: Notstandsgesetze leiten keineswegs erst einen Zustand der Gewalt ein, sie sollen vielmehr einen Gewaltzustand rechtfertigen und forttreiben, der schon längst begonnen hat. Die Herrschenden wollen der Bevölkerung mit allen Mitteln einreden, unsere Aktionen seien Terror; um dies zu beweisen, schrecken sie auch vor offenen Lügen nicht zurück. Wir aber erwidern ihnen: Gewalt, das ist die Volksverhetzung der *Bild-Zeitung*. Gewalt, das ist die Vorbereitung der Notstandsdiktatur. Und dagegen nehmen wir das Recht des Geschlagenen in Anspruch, das elementare Recht auf Notwehr und Widerstand.

Regierung und Bundestag versuchen uns einzureden, die Notstandsgesetze träfen nur Vorsorge für die Demokratie in Notzeiten. In der Tat, die Notstandsgesetze treffen Vorsorge, aber Vorsorge für einen neuen Faschismus, Vorsorge für Zwangs- und Dienstverpflichtung, für Schutzhaft und Arbeitslager. Die Notstandsgesetze, sagt man uns, ergänzen das Grundgesetz. In Wirklichkeit sind sie das Grundgesetz einer zur Zwangskaserne abgeriegelten Gesellschaft; dieser Staat ist bereit, sich selbst zum faschistischen Führer zu machen.

Worauf kommt es in dieser Situation für uns an? Unsere Aktionen, unsere Streiks und Demonstrationen haben *einen* Sinn: wir müssen eine neue Phase unserer Politik eröffnen; unsere Demonstrationen sind längst kein bloßes Protestieren mehr, wir müssen durch gemeinsame Aktionen eine breite kämpferische Basis des Widerstandes gegen die Entwicklung schaffen, an deren Ende sonst wieder Krieg und KZ stehen können. Unser Kampf gegen den autoritär bevormundenden Staat von heute verhindert den Faschismus von morgen. Wir haben nur eine einzige Antwort auf die Notstandsgesetze zu geben: wenn Staat und Bundestag die Demokratie vernichten, dann hat das Volk das Recht und die Pflicht, auf die Straße zu gehen und für die Demokratie zu kämpfen. Wenn die Volksvertreter die Interessen des Volkes nicht mehr vertreten, dann wird das Volk seine Interessen selbst vertreten. Wenn mit Konzertierter Aktion und Notstandsgesetz die Lüge der Sozialpartnerschaft den sozialen Terror verschleiern soll, dann gilt nur eines: den Unternehmern, die zur sozialen Unterdrückung nach den Notstandsgesetzen rufen, mit dem politischen Streik zu erwidern; Klassenkampf den Arbeiterfeinden!

Welche Rolle kommt der SPD in der Notstandsfrage zu, denn ohne ihre Unterstützung könnten diese Gesetze nicht verabschiedet werden. Über diese Partei hegen wir keine Illusionen mehr. Sie nennt sich Volkspartei, um die Arbeiterinteressen nicht mehr vertreten zu müssen; sie ist zum Machtinstrument der herrschenden Klasse geworden. Wie die anderen Parteien gibt sie im Wahlkampf nur trügerische und betrügende Reklameparolen aus, aber kein politisches Programm wird sichtbar; sie manipuliert, statt aufzuklären, sie will die Stimmen der Arbeiter fangen, ohne für deren Bedürfnisse einzutreten. Gewiß, in der SPD hat es eine nicht unbeachtliche Opposition gegen die Notstandsgesetze gegeben, vertreten von den demokratischen Abgeordneten, die auch heute noch nicht umgefallen sind. Aber sie haben ihre Opposition nur im Innern der Partei durchsetzen wollen und sind im Netz der Parteibürokratie hängengeblieben. Sie sind gescheitert, weil sie sich nicht an diejenigen gewandt haben, mit denen sie einen politischen Erfolg hätten erkämpfen können, an die Massen der Arbeiter, die Studenten und unmittelbar an ihre Wähler.

Was aber tun die Gewerkschaftsspitzen auf Bundesebene, um unseren Kampf zu unterstützen? Der DGB-Bundesvorstand erklärte, wenn die Notstandsgesetze in Zweidrittelmehrheit verabschiedet seien, so sei das ein legaler Gesetzesakt, und man habe sich an die neuen Bedingungen zu halten. Will der DGB nicht begreifen, daß die sozialen Ansprüche der Arbeiter von der Notstandsdiktatur weggefegt werden! Neuerdings erklärt er, geeignete Maßnahmen werde er ergreifen, wenn die Notstandsgesetze mißbraucht würden. Dann aber wird es längst zu spät sein, oder will er diese Maßnahmen in den Gefängnissen treffen! Und als ob die Notstandsgesetze nicht schon an sich ein staatlicher Mißbrauch aller demokratischen Bestimmungen wären! Otto Brenner erklärte gar vor dem Marsch auf Bonn, der Generalstreik sei kein mögliches Mittel gegen die Notstandsgesetzgebung. Wir müssen demgegenüber feststellen: die deutschen Gewerkschaften haben nach dem Krieg so gut wie nichts getan, um die Arbeiter davon zu überzeugen, daß der Streik nicht nur ein berechtigtes, sondern ein notwendiges Mittel der Wahrnehmung sozialer und politischer Interessen ist. Sie haben hilflos wenig getan, um die Massen zur mündigen Selbstwahrnehmung materieller Ansprüche anzuleiten, sie haben jene nur allzu oft in trügerischer Sicherheit gewiegt. Sie haben kaum wirksam über die Notstandsgesetze aufgeklärt. Aus ihren Beschlüssen gegen die Notstandsgesetze hätte aber nur eine demokratische und soziale Pflicht folgen müssen: in all den Jahren die Arbeiterschaft von der Notwendigkeit des Generalstreiks zu überzeugen und diesen praktisch vorzubereiten; bewußtzumachen, daß man in dieser Gesellschaft für seine Interessen kämpfen muß. Die heimliche Kabinettspolitik der Gewerkschaftsspitzen in den Vorräumen des Bundestags ist gescheitert, denn man kann nicht ernsthaft ohne die Massen für Demokratie kämpfen. Eine soziale Demokratie lebt nur durch die aufgeklärte Selbsttätigkeit der mündigen Massen.

Daraus haben die Studentenbewegung und die außerparlamentarische Opposition die politische Konsequenz gezogen: auf die Bürokratie der Parteien und der Gewerkschaften können wir uns nicht verlassen, wenn wir nicht selbst anfangen zu handeln. Erst die oft herausfordernden Demonstrationen der Studenten haben viele Themen, welche die Herrschenden lieber verschwiegen hätten, zur öffentlichen Diskussion gestellt; so den Krieg in Vietnam, und mit der Unterstützung oppositioneller Kräfte immer wieder das Thema Notstand; in Demonstrationen, die oft blutig zerschlagen wurden. Unsere Aufklärungs- und Machtmittel sind geradezu lächerlich gering, gemessen an den gewaltigen Funk- und Fernseheinrichtungen, sowie den mächtigen Staats- und Parteiverwaltungen. Aber mit den Mitteln des Flugblatts, der ständigen Diskussion und unseren Demonstrationen haben wir erreicht, daß immer mehr Menschen lernten, wie notwendig es ist, für seine Interessen selbst und aktiv einzutreten. Entgegen der Manipulation von Presse und Regierung, die uns von der Bevölkerung mit aller Gewalt isolieren wollen, hat die außerparlamentarische Opposition ihre Basis ständig erweitert: zunächst waren es die Studenten, dann die Schüler, jetzt sind es junge Arbeiter und auch immer mehr ältere Kollegen. Unsere Demokratie ist direkt und unmittelbar. Es gibt keinen Sprecher und keine Gruppen, die sich nicht den Entscheidungen der Anwesenden unterwerfen müßten; es gibt keine Funktionäre, die einen Posten auf Lebenszeit einnehmen; alle unmittelbar Beteiligten entscheiden in direkter Abstimmung über die politischen Aktionen und Ziele. Dies ist der Hintergrund, auf dem die Organisation des Widerstandes vorgenommen werden muß. An ihm bemißt sich der Erfolg der Streikbewegung in den letzten anderthalb Wochen. In dieser beginnt sich allmählich eine der wirksamsten Widerstandsformen herauszubilden: die Aktionseinheit von Arbeitern, Studenten und Schülern. Am Tag der Zweiten Lesung streikten kurzfristig dreißig Frankfurter Betriebe, und mehrere tausend Studenten bestreikten die Universität, 3000 Schüler traten in den Streik, zum großen Teil unter Androhung schwerer Strafen. Das Bewußtsein, daß die streikenden Arbeiter sich solidarisch erklärten, ließ die Studenten den Universitätsstreik am darauffolgenden Tag fortsetzen. Im Gewerkschaftshaus diskutierten Arbeiter und Studenten gemeinsam. Studenten ziehen seit mehreren Wochen vor die Betriebe, um dort Flugblätter zu verteilen und zu diskutieren.

Es kommt zunächst darauf an, diese gemeinsamen Diskussionen in größeren Versammlungen und kleineren Gruppen einigermaßen regelmäßig fortzusetzen. Erst solch organisierte Diskussionen sind die Vorbedingung, um noch bestehende Vorurteile abzubauen und die Aktionseinheit auf eine höhere Stufe zu heben.

Schon heute bietet sich eine Gelegenheit dazu. Der Rektor der Universität Frankfurt hat gegen den Streik der Studenten die Universität geschlossen. Er will uns die Universität als eine für unseren Kampf gegen die Notstandsgesetze notwendige Widerstandsbasis nehmen. Derselbe Rektor, der politisch aktive Studenten durch den Staatsanwalt verfolgen läßt, der uns erklärte, er sei gegen die Notstandsgesetze, aber wenige Minuten später den Streikbrecher spielte, versucht nun endgültig, die außerparlamentarische Opposition in der Universität Frankfurt zu zerschlagen, indem er die Studenten aussperrt.

Kolleginnen und Kollegen, angesichts dieses Notstandes der Universität Frankfurt sind die Studenten von Frankfurt heute morgen zur Besetzung ihrer Hochschule übergegangen. Sie werden von dort aus die Aktionen mit euren Streiks verbinden, wieder vor die Betriebe ziehen und mit den fortschrittlichen Professoren und Assistenten in Arbeitskreisen politische Fragen diskutieren.

In dieser Kampfsituation an der Universität brauchen wir eure Unterstützung und Solidarität: Helft uns, die Universität als ein Aktionszentrum gegen die Notstandsgesetze zu erhalten. Im Namen der streikenden Studenten von Frankfurt rufe ich euch auf, im Anschluß an diese Kundgebung mit uns in einem Demonstrationszug zur Universität zu ziehen und dort gemeinsam in einer kurzen Diskussion die Widerstandsmaßnahmen der nächsten Tage zu besprechen.

Die Aussperrung der Studenten aus der Universität hat wieder einmal bewiesen, daß überall, wo die Menschen beginnen, sich ihr Handeln nicht mehr vorschreiben zu lassen, sondern selbständig ihre Interessen wahrnehmen, der Staat und die Behörden zu Unterdrückungs- und Notstandsmaßnahmen Zuflucht nehmen müssen. Denn sie brauchen den unmündigen Menschen zur Aufrechterhaltung dieses Herrschaftssystems. Aber die großen Streiks der Arbeiterklasse in unserem Nachbarland Frankreich haben angezeigt, was die massenhafte Solidarität der Lohnabhängigen vermag. Auch in Deutschland haben mehrere wilde Streiks in den letzten Jahren, wie zum Beispiel bei Hanomag, gezeigt, daß die Arbeiter ihre gemeinsamen Interessen selbst gegen ihre Führung durchsetzen können, wenn sie solidarischen Widerstand leisten.

Kolleginnen und Kollegen! Genossinnen und Genossen! Mit der Verabschiedung der Notstandsgesetze steht die Uhr auf fünf Minuten vor zwölf. Entweder wir beginnen jetzt mit der Organisierung des Widerstandes und mit dem Kampf für eine Soziale Demokratie – oder wir kommen nie dazu. Die Losung für die nächsten Tage kann nur sein: Politischer Streik! Nur eine Welle von Streiks ermöglicht schließlich den Generalstreik. Politischer Streik am Dienstag, politischer Streik am Mittwoch, politischer Streik in den Betrieben, an der Universität und in den Schulen.

Es lebe die praktische Solidarität der Arbeiter, Studenten und Schüler!

Nr. 210
Alexander Kluge
Tage der Politischen Universität II, Teil VI
27. Mai 1968

QUELLE: Alexander Kluge, Neue Geschichten – Heft 1–18, »Unheimlichkeit der Zeit«, © Suhrkamp Verlag Frankfurt/Main 1977, S. 300 f.

In der Vorhalle des Universitäts-Hauptgebäudes lebhafter Gruppenverkehr, der sich zu dem zertrümmerten Eingang des Rektorats hinzieht.

Gegen Einwendungen Horkheimers ist die ursprünglich schmale, aber den Bauvorstellungen der Gründerzeit entsprechend hohe Eingangspforte, durch die der Student in das Hauptgebäude gelangt (und genau darüber, also im gedachten Herzen des Altbaus, aber zur Rückfront gewendet, das philosophische Seminar), baulich umgestaltet worden zu einem breiten aber niedrigen Einlaß, wie der »Zutritt zu einer Zigarrenkiste«. Über diesem Eingang ist eine plakative Fläche vorbehalten für »Johann Wolfgang Goethe-Universität« in Gold. Hierüber ist in Schwarz, in breiten handschriftlichen Lettern gemalt: Karl-Marx-Universität.

Der Luftraum, den die Eingangspforte in der alten Baufassung aufwies, das war das aufgeklärte Argument des Universitätsbauamts, sei reiner Luxus, es gehen nie drei Mann übereinander dort hinein, sondern die Studenten drängen in der Breite. Aber doch nicht in das Hauptgebäude, erwidert Horkheimer. Der Luftraum als Eingangseindruck war sehr wohl notwendig, weil er historisch war, und der Zigarrenkistenschlitz jetzt war so wenig notwendig, daß man durch eingerahmte Glasscheiben, die sich als Türen nicht öffnen lassen, ihn wieder seitlich einengte. Es konnten jetzt fünf bis acht Studenten gleichzeitig nebeneinander passieren, aber z.B. Horkheimer benutzte den neuartigen Eingang nie mehr.[1]

Die schwarzen Tafeln, auf denen die Mitteilungen der politischen Universität niedergeschrieben sind, werden von zwei Pförtnern bewacht, genauso als hätte sie die Universitätsleitung aufgestellt. Der tatsächliche Bestand des Vorraums hat für diese Mitarbeiter Weisungscharakter. Sie fühlen sich bereits als Bedienstete der neuen Machtgeber. Zum Bestand gehört aber die Zertrümmerung des Rektoratseingangs, die sie gegen unbefugte Reparatur, so wie die Jahre vorher gegen Beschädigung, verteidigen.

---

1 Vor der Glastür zum Rektorat steht aus Findlingsstein ein Steinkopf auf Sockel, der angeblich »Horkheimer nachdenkend« darstellt, oder aber einen Philosophen im allgemeinen, der nach oben schaut. Alles dies hergestellt in Unkenntnis der Arbeitsweise der kritischen Theorie. Es sind 2 % des Bauvolumens 1967 der Universität, für »Kunstam-Bau« zweckgebunden, verausgabt worden.

F. Kramer (Vorgänger des Universitäts-Baudirektors) hätte die kritische Theorie, sagt er, durch eine Hexe oder nackte Frau, und zwar dann in einer die guten Sitten grob verletzenden Weise, darstellen lassen; niemals aber in Stein.

Nr. 211
Alexander Kluge
Tage der Politischen Universität
27. Mai 1968

QUELLE: Alexander Kluge, Neue Geschichten – Heft 1–18, »Unheimlichkeit der Zeit«, © Suhrkamp Verlag Frankfurt/Main 1977, S. 260–266

I

In dem Dämmerlicht des Lokals, kellerartig, ein Tischtennisraum mit Tischen und Sitzen für die Gruppen – ein hoffnungsreicher Horizont mit Lämmerwölkchen, soeben noch, jetzt durch Hektik verdeckt. Ein diskussionsleitender Genosse, die Gruppe, zwei eilige Genossen, eine Genossin.

GENOSSIN: Darf ich mal was sagen…?
DISKUSSIONSLEITENDER GENOSSE: Bitte.
1. GENOSSE (unterbricht): … daß das in einer kollektiven Weise, die imstande ist, in einer vorbewußten, vorpolitischen Weise … den Demoralisierungsprozeß aufzuhalten…
ZWEITER GENOSSE (fortfahrend): Jetzt nicht mit dem Fetisch der Basis abgewürgt, sondern wir müssen rea-

lisieren ein tatsächlich dialektisches Verhalten mit beauftragter Führung und emanzipierter Basis...

DISKUSSIONSLEITENDER GENOSSE: ...die aber noch immer dazu neigt, die eigene politische Aktivität etwas zu privatisieren... ich meine, von daher scheint es prinzipiell fraglich, ob diese Basis dann im Augenblick sehr viel machen wird. Außer bei globalen Diskussionen...

3. GENOSSE: ...daß die Politische Universität nicht als Wurmfortsatz eines geklappten aktiven Streiks oder einer nicht geklappten Notstandskampagne sich darstellt...

4. GENOSSE: ...die Diskussion hat aber selber als Objektivum gebracht, daß in der Frankfurter Gruppe die Spannungen so stark sind, daß eine einzelne Person diese Spannung nicht aushalten...

DISKUSSIONSLEITENDER GENOSSE: ...muß ja nicht einzeln sein. Da sollten wir lieber mehr inhaltlich diskutieren (Zurufe). Also dann stell doch eine inhaltliche Frage. Willst du die Frage noch konkretisieren? Ja. Bitte. Du bist dran.

5. GENOSSE: Die inhaltliche Diskussion daran anknüpfen.

GENOSSIN (vom Anfang, unterbrochen): So geht es nicht, und warum seid ihr so doof und könnt es nicht...

DISKUSSIONSLEITENDER GENOSSE: Bitte?

2. GENOSSE: Darüber diskutieren wir doch auch...

GENOSSIN: Nein, nicht... (Zurufe)

6. GENOSSE: Ich würde mal die Genossin ausreden lassen...

DISKUSSIONSLEITENDER GENOSSE: Du kannst sie ja auffordern, daß sie weiterredet...

GENOSSIN: Darf ich mal was sagen?

7. GENOSSE (unterbricht): ...daß du, wenn das mit in diese Woche reinkommt, denn das willst du doch, dann mit dem Gefühl der Solidarität der Frauen ausgestattet bist, Genossin, was also keine große praktische Unterstützung ist...

Es war vielleicht falsch, sich am Vorabend großer Entscheidungen in diese kollektive Eile zu versetzen, die die Diskussion umstürzte, d.h. die Formenwelt der Diskussion »revolutionierte«, daß sich die einzelnen Gedanken nicht mehr äußerten, sondern die Diskussion selber als »reine Diskussion« und »reines Kollektiv«, d.h. leer, ans Licht trat, denn es waren hier keine Gegner anwesend, an denen die Auseinandersetzung Gestalt gewonnen hätte, und die erfahrenen Chef-Strukturierer der Gruppe waren in einem anderen Gelaß dieses Kellers des Studentenheimes in einer Planungsdebatte, eilig, unabkömmlich. Auf was verteilen sich die Einzelstunden der Politischen Universität?

»Die Situation ist die, daß 50 Tage nach Ostern, unter dem zersetzenden Eindruck des als stärker empfundenen Kampfes der französischen Studenten in der Metropole Paris, in der Erkenntnis der Folgenlosigkeit des Universitäts- oder Gewerkschaftskampfes gegenüber der dritten Lesung der Notstandsgesetze, unter dem Eindruck (Krahl: Vorsicht, ›leeres Erschrecken‹) unvereinbarer Auffassungen in der Frankfurter Gruppe, in der Notwendigkeit, die Stadtteile, Betriebe, Schüler, Frauen, alle zunächst als etwas Gedachtes, ›einzubringen‹ in die Politische Universität, eine so äußerste Hektik geboten ist, daß...«.

II
Besetzung des Rektorats

Jetzt, 8 Uhr früh, war auf dem Gelände kein Student zu erblicken. Sie schliefen. Assistent Röttger traf Assessor Petermann, abgeordnet zum Rektorat, der in Richtung Gräfstraße ablief, einen großen Packen juristischer Bücher aus dem Rektorat in den Armen. Hier, irgendwo in Bockenheim, war das Ausweichquartier vorbereitet, von dem aus Rektor Rüegg die Universitätsleitung im Fall des politischen Streiks, auch erheblicher Gewaltanwendung der Studenten gegen Sacheigentum der Universität, in der Hand zu halten gedachte.

RÖTTGER: Rechnen Sie tatsächlich mit der Besetzung des Rektorats? Im Moment sehe ich ja hier niemand.

PETERMANN: Noch im Laufe des heutigen Tages.

RÖTTGER: Nach Spitzelaussagen?

PETERMANN: Nach sicheren Informationen.

RÖTTGER: Ja?

PETERMANN: Ja. Lassen Sie die sich erst einmal aus den Betten erheben, sich in Fahrt reden. Dann sieht das hier anders aus.

RÖTTGER: Und Sie meinen, das Ziel ist immer das Höchste, also das Rektorat?

PETERMANN: Deshalb räume ich es aus.

RÖTTGER: Aber Sie schließen ab?

PETERMANN: Wir werden sogar, wenn das geht, verbarrikadieren.

RÖTTGER: Das hält die nicht auf, sondern lockt sie an.

PETERMANN: Mein Chef hat auch gar nichts dagegen. Wir können dann von dem Versicherungsgeld eine

schöne neue Glastür kaufen, die die zerschmetterte alte ersetzt.
RÖTTGER: Und Sie sehen das als völlig feststehend an, daß das heute Rabatz gibt?
PETERMANN: Wie soll es anders sein, nach allem, was voranging.

III
Zögermoment vor Ausübung der Gewalt gegen Sachen

Der erfahrene Genosse, Referent des vor-vorhergehenden SDS-Vorstands, registriert verblüfft die Truppe von Genossen, die vor der Glastür des Rektorats mehrere Minuten verharrt. Hatten sie denn angenommen, daß die Tür unverschlossen wäre? Niemand weiß eine Lösung des Türproblems. Sie wollen die wertvolle Dickglas-Scheibe nicht zerstören, aber doch in das Rektorat »zum Zwecke der Besetzung« eindringen, wie es beschlossen ist. Es sind nicht die Fotografen, die von den Lokalredaktionen erschienen sind, die sie hindern, sondern sie zögern, weil sie das Rektorat mit intakter Glastür besetzen wollen. Der Altgenosse, der das beobachtet, äußert sich nicht dazu. Es ist zweifelhaft, ob die Spitzengruppe oder die vom Campus Nachdrängenden auf ihn hören würden. Mehrere Genossen, die unmittelbar an die Rektoratstür gedrängt stehen, haben plötzlich ein Holzstück oder anderes Ramm-Mittel in der Hand, die Scheibe der Rektoratstür zersplittert.

IV

»Hat mir Spaß gemacht, weil er über Aristoteles reden konnte ... Er hat erzählt, daß das mit den Gerichtsreden anfängt. Der Inbegriff der Rhetorik war, daß man vor Gericht gewinnt. Man muß das im Lexikon einmal nachschlagen. Auf die Gesten kommt es an, wenn das ein Gericht beeinflußt. Ich kann Dir das noch geben, wenn Dich das interessiert. Das haben wir im Seminar. Um 9 haben wir Plenum. Gehst Du um 9 schon hin? Wenn ich um 9 zum Schlafen komme, holen wir morgen Brötchen. Ist das Deine Schrift? Da würde ich entweder Wurst oder Mutter daraus lesen ...«

In die Wohngemeinschaft Gräfstraße sind zwei Lehrlinge und zwei aus einem Erziehungsheim Geflüchtete aufgenommen. In den Mittagsstunden haben drei der Neuen die Platten mit spanischen Revolutionsgesängen zerschlagen. Statt dessen wird auf zwei Plattenspielern, auf die Fensterbänke gestellt und synchron eingelegt, gespielt: Bob Dylan »I like chaos, but I don't know whether chaos likes me ...«

Im VW fährt die Gruppe um P., G. und M., drei Mann und zwei Frauen, unter der Rhein-Main-Sonne über die Landstraßen, um die Caltex-Raffinerie am linken Mainufer einmal herum, danach Umrundung des Hoechst-Komplexes, Abfahren der Mauern, Holzzäune und Tore, ein Versuch, Werkschutz herauszulocken durch Beobachten eines Tores mit Feldstecher sowie durch Fotografieren, Stichfahrt zu Dyckerhoff *Wiesbaden*, Bereisung der Orte mit dem Elan Marco Polos, der rechten Rheinseite bis *Köln* »unter besonderer Berücksichtigung von Klein- und Mittelbetrieben«, Durchquerung der Wälder bis *Wuppertal* und wieder im Bogen, »unter besonderer Berücksichtigung aller und jeder Industrieanlagen«, die hiermit erstmals durch »eine konkrete Personengruppe« miteinander verbunden werden (und nicht nur durch Markt- und Zulieferbeziehungen), bis *Oberhausen*, dann Autobahn bis *Siegerland*, dort Landstraßen, »unter besonderer Berücksichtigung von Klein-, Mittel- und Großbetrieben«, aber immer nur ist die Umrundung der Zäune, Mauern, Betriebseingänge für das Auge möglich; »schöne« Landstrecke bei *Kassel*; *Gießen* und zurück.

Wissenschaft ist Bereisung, sagt P., Hintreten eines Fußes, Verbindung der Orte, an denen insgesamt der »Gesamtarbeiter« »wie im Schlafe ruht«.

Alter des Kapitalismus nach W.s Schätzung: 800 Jahre, davor sprung- und inselartig vorgelagert eine unschuldige Form des Kapitalismus inmitten ackerbauender antiker Zonen: die phönizischen Schiffer.[1]

»Bald prangt den Morgen zu verkünden
Die Sonn' auf ihrer Bahn
Bald soll die Nacht, die dunkle schwinden
Der Tag der Freiheit nah'n«

Das mußt du unterlassen, diesen Song den Nachmittag über zu heulen, sagt die gestern erst bei ihm eingezogene Walli zu R. Ich kann so etwas Klassisches ein-, zweimal hören, aber unabhängig davon, daß der Inhalt stimmt, kann ich nicht den ganzen Nachmittag so etwas anhören, weil es mir Angstgefühle bereitet. Es könnte ja auch sein, daß die Nacht heller wird und der Tag der Freiheit doch nicht naht. R. hatte 84 Platten mit klassischer Musik, konnte ausweichen. Walli wollte aber klassische Musik praktisch überhaupt nicht hören. Andererseits wollte sie am ersten Tag dieser

Freundschaft nicht intolerant erscheinen. Walli stellte sich die neue Freundschaft mit R. im Zug der Ereignisse oder im Lärm der Straße nicht als ein Geklapper von Rücksichtnahmen vor.

»Walli wußte selbst nicht, was alles zusammentraf, sie nachdenklicher denn je zu machen ... Sie hatte zum ersten Mal einige Beobachtungen über ihren Zustand in einer zusammenhängenden Kette aufgereiht ...«

Das Nervtötende für den gut vorbereiteten B. (er hat die »Grundrisse« in Referatform erarbeitet), daß im Teach-in um 17 Uhr die Studenten allzu bereitwillig lachen. Sie stimmen zu, haben aber weder Referate noch sonst etwas Ernstes gehört und auch noch nicht gearbeitet.

In der Blütephase der Protestbewegung. Es war ihm leicht ums Herz. Er war gut ausgeschlafen. Jetzt langte er in der Wohngemeinschaft Gräfstraße an. Die schliefen noch. Zwei, drei Stunden saß er in der Küche und entwarf Konzepte. In seinem Kopf waren 60 bis 80 Genossenköpfe präsent, ein großstädtisches Gemurmel.

Was er noch sagen wollte: Jetzt in der Phase der Aktion, so konservativ wie möglich. Auf Gegenbewegung, d.h. die Auffanglinie bauen für die Phase des Rückgangs der Bewegung. Das trug er in der Gruppensitzung am Abend vor. Soweit Worte etwas ausrichten können.

Jetzt treffen spät nachts Delegationen aus Hoechst, von Messer/Griesheim, Schülerdelegationen streikender Schulen im inneren Raum des Rektorats ein. Genossen sperren sogleich die Türen, Fotografierverbot. Die von den Belegschaften entsandten Vertrauensleute dürfen als Personen nicht verraten werden, nicht Schikanen in den Betrieben ausgesetzt werden. Die Arbeiterklasse ist durch Boten angekommen.

»Naïveté der Wissenschaft«. Die Gedanken müssen nur springen, um alles zu erforschen. Es kommt aber im Moment konkret auf die Aktionen an.

H.-J. Krahl steht, umrundet von 14 Genossen, auf einer Holzempore am Ausgang des Universitätsvorplatzes zur Bockenheimer Landstraße und spricht zum Thema der Aktion, die an allen Punkten der Stadt, für alle Betriebe, regional und überregional, mit der ganzen Stoßkraft der Bewegung, vorwärtsgetrieben werden muß. Er sagt, daß es falsch ist, zu sagen: weil dieser und jener historische Sachverhalt nicht mehr besteht, verbiete es sich, heute von Revolution zu reden. Die Frage ist doch vielmehr: Wie ist unter diesen veränderten und eventuell erschwerten Bedingungen die Veränderung der Gesellschaft möglich? Und dazu könnte man folgende Thesen angeben ...

Und gleichzeitig ist es immer noch nötig, die Bücher zu konsultieren. Eine Gruppe, geführt von dem germanistischen D., dringt nach Ladenschluß in die Universitätsbibliothek ein und fordert Ausleihe folgender Bände: Franz Neumann, *Behemoth*; Habermas, *Erkenntnis und Interesse* (hat die Bibliothek aber noch nicht); Pierre Jalée, *Die Ausbeutung der dritten Welt* usf.

1 R., Arbeitskreis der Germanisten, legt den Text vor:
»Wünscht' ich der Helden einer zu seyn
Und dürfte frei, mit der Stimme des Schäfers, oder eines Hessen
Dessen eingeborener Sprach, es bekennen
So wär' es ein Seeheld.
Thätigkeit zu gewinnen nämlich
Ist das freundlichste, das
Unter allen ...«

Tätigkeit aber für Phönizier ist der Tausch. Deshalb zur Vorgeschichte des Tauschs: Es fahren also in den günstigen Winden über das Mittelmeer, das aber gewiß anders hieß und nicht »Mittelmeer«, die phönizischen Segler in Küstennähe auf und ab, die Schiffskommandanten, erfahrene Händler, setzen in der Nacht die Schiffe ans Ufer. Töpfe mit brauchbaren Gegenständen (Hacken, Hämmer, Eisengüter usf.) werden am Strand ausgelegt, denn es gibt auf der Innenseite von Schaffellen Aufzeichnungen, welche besagen, daß die an dieser Küste wohnenden, das Land bestellenden Einwohner kaufkräftig sind.

Am Morgen haben die Einwohner die Gegenstände weggenommen (»gestohlen«). Sie haben sie für Geschenke der Götter gehalten. Aus den Schiffen wird eine Strafexpedition an Land gesetzt, die das Dorf und die Felder niederbrennt, die Ware zurückholt. Wenn jetzt, aufgrund der Strafe, die Einwohner den Göttern Geschenke hinlegen, neben die erneut ausgelegten Töpfe mit brauchbaren Tauschgegenständen, so wird in der folgenden Nacht von den Phöniziern der ungefähre Gegenwert an Tauschgeschenken genommen, die belehrten Einwohner nehmen, nach Wegfahrt der Schiffe und Zögern, in Gedanken an die abgehackten Glieder, zerstörten Häuser, das gerechte Äquivalent vom Strand. Bis auf weiteres haben sie gelernt, was »Tauschwert« ist. – Die Ko-Referate sind bis drei Uhr nachts verteilt.

Nr. 212

Theodor W. Adorno
Gegen die Notstandsgesetze

Ansprache auf der Veranstaltung
»Demokratie im Notstand«
im Großen Sendesaal des Hessischen Rundfunks
28. Mai 1968

QUELLE: Theodor W. Adorno, Gesammelte Schriften Bd. 20.1: Vermischte Schriften I, hrsg. von Rolf Tiedemann, Edition des Theodor W. Adorno-Archivs, © Suhrkamp Verlag Frankfurt/Main 1986, S. 396 f.

Ein Nichtjurist darf zur dritten Lesung der Notstandsgesetze einige Worte sagen im Bewußtsein, daß es sich nicht um eine juristische Frage handelt, sondern um eine reale gesellschaftliche und politische. Obwohl es in anderen Staaten analoge Gesetze gibt, die auf dem Papier sich keineswegs humaner lesen, ist in Deutschland die Situation so durchaus verschieden, daß daraus keine Rechtfertigung des Vorhabens abgeleitet werden kann. Was in der Vergangenheit geschehen ist, zeugt gegen den Plan, gar nicht erst die Ermächtigungsgesetze, sondern bereits der Paragraph 48 der Weimarer Verfassung. Er erlaubte es, die Demokratie den autoritären Absichten des Herrn von Papen in die Hände zu spielen. Hierzulande enthalten derlei Gesetze unmittelbar repressive Tendenzen in sich, anders als etwa in der Schweiz, wo Demokratie unvergleichlich viel substanzieller das Leben des Volkes durchdrungen hat. Man braucht nicht, wie manche es uns zuschreiben, von politischer Hysterie erfüllt zu sein, um vor dem sich zu fürchten, was da sich abzeichnet. Die gegenwärtige Regierung und ihr Vorläufer haben seit Jahren eine Haltung zum Grundgesetz bewiesen, die für die Zukunft einiges erwarten läßt. Aus Anlaß der sogenannten Spiegelaffäre hat der verstorbene Bundeskanzler Adenauer von einem fürchterlichen Fall von Landesverrat gesprochen, der dann vor Gericht in nichts sich auflöste. Auf der Regierungsseite brachte jemand den Zynismus auf, zu erklären, die schützenden Organe dieses Staates könnten nicht mit dem Grundgesetz unter dem Arm herumlaufen. Die Formulierung »etwas außerhalb der Legalität« ist unterdessen zum Bestandteil jenes Volkswitzes geworden, der sich nicht unmündig machen läßt. Wer angesichts dieser Tradition nicht mißtrauisch wird, der muß sich schon willentlich verblenden. Die restaurativen Tendenzen, oder wie man sie nennen will, sind nicht schwächer geworden, sondern haben sich verstärkt. Unsere Bundesrepublik hat nicht einmal im Ernst etwas gegen den Menschenraub getan, den südkoreanische Agenten begingen. Einzig verruchter Optimismus könnte von den Notstandsgesetzen etwas anderes erwarten als die Fortsetzung jenes Trends, nur weil sie mit soviel staatsrechtlicher Umsicht formuliert sind. Das Englische kennt eine Wendung, die von Prophezeiungen redet, welche von sich aus zu ihrer eigenen Erfüllung treiben. So steht es mit dem Notstand. Der Appetit wächst mit dem Essen. Fühlt man sich einmal dessen sicher, was alles man mit den Notstandsgesetzen decken kann, so werden sich Gelegenheiten, sie zu praktizieren, schon finden. Das ist der wahre Grund, warum man dagegen aufs schärfste protestieren muß, daß nun die bislang allmähliche Aushöhlung der Demokratie auch noch legalisiert werde. Zu spät ist es, wenn einmal die Gesetze es erlauben, jene Kräfte außer Aktion zu setzen, von denen erwartet wird, daß sie den Mißbrauch in Zukunft verhindern könnten: eben dazu wird der Mißbrauch es nicht mehr kommen lassen. In der größten erreichbaren Öffentlichkeit ist gegen die Notstandsgesetze zu opponieren wegen des Verdachts der Notstandsfreude derer, die sie erlassen. Daß die Notstandsfreude kein Zufall ist, sondern Ausdruck eines mächtigen gesellschaftlichen Zuges, sollte die Opposition dagegen nicht mindern, sondern steigern.

Nr. 213

Oskar Negt
Fernsehrede im Hessischen Rundfunk

Auf der Veranstaltung »Demokratie im Notstand«
28. Mai 1968

QUELLE: Oskar Negt, Politik als Protest (unautorisierter Druck), Frankfurt/Main 1971, S. 43–46

Die Notstandsopposition hat ein erfreuliches Echo unter den deutschen Intellektuellen und in breiten Schichten der Bevölkerung gefunden. Sie ist Symptom eines wachsenden politischen Interesses, das den demokratischen Erziehungsappellen der Nachkriegsgesellschaft entspricht und von dem sich vorerst kaum jemand guten Gewissens zu distanzieren vermag. Aber die Verschleierung und Entpolitisierung setzt schon ein, wenn die, die selbstsicher auf der Welle der Politisierung mitschwimmen, den Mut nicht aufbringen, die politischen Kerngruppen der Notstandsopposition zu nennen und sich mit ihren diskriminierten Exponenten öffentlich zu solidarisieren. Denn unter den vielfältigen Formen der Entpolitisierung findet sich eine, die nichts Spektakuläres an sich hat und doch höchst wirksam ist: das Verschweigen und Verdunkeln der politischen Ansprüche jener aktiven und radikalen Minderheiten, die organisatorische Träger der gegenwärtigen Protestbewegung sind.

Diese Fernsehveranstaltung sollte ursprünglich wohl ein Stück liberaler und diskutierender Öffentlichkeit sein. Hätten die Initiatoren bewußt darauf verzichtet, Öffentlichkeit zu zelebrieren, um durch einen Akt anerkennender Solidarität mit den politischen Zentren der Notstandsopposition die zweifelnden, unentschlossenen, aber politisierbaren Randgruppen zu erreichen, so könnten gegen diese Veranstaltung nur noch die Befürworter der Notstandsgesetzgebung Einwände erheben. Aber selbst die zum Ritual herabgesetzte argumentative Öffentlichkeit kam nur zustande, weil der SDS als aktivste, aber diskreditierteste Gruppe der Notstandsopposition von der Teilnahme an dieser Veranstaltung ausdrücklich ausgeschlossen und angefeindete Personen, wie Abendroth und Ridder, im Einladungsschreiben vorsichtshalber gar nicht erst genannt wurden. Wer der *politischen* Öffentlichkeit nur irgendeinen verständlichen Sinn zusprechen will, wird zugestehen müssen, daß deren Grundregeln hier von Anbeginn verletzt worden sind. Ich meine, die Verkümmerungsform der Öffentlichkeit hätte kaum besser dokumentiert werden können als durch die Entscheidung, abstrakt nach dem Privilegierungsgrad der Einflußchancen zu differenzieren, um die Teilnehmer unter Gesichtspunkten der Prominenz und nicht der politischen Repräsentanz auswählen zu können.

Der Intendant dieses Hauses ist für diese Regelverletzungen nicht verantwortlich zu machen. Denn der einzelne unterliegt einem ganzen System von Rechts- und Regelverletzungen, die zum Selbstverständlichen der Verfassungswirklichkeit so sehr geworden sind, daß ihre eigentliche Funktion, profilierte politische Alternativen zur bestehenden Herrschaftsordnung zu unterdrücken, gar nicht mehr wahrgenommen wird. Wer bringt noch die politische Phantasie auf, die tagtäglichen Stilisierungen in der Berichterstattung über außerparlamentarische Aktionen, die Entpolitisierung politischer Veranstaltungen, wie etwa dem Sternmarsch auf Bonn, in Funk und Fernsehen, u.a.m. auf die eingespielten Erwartungen einer Staatsbürokratie zurückzuführen, die schon immer »etwas außerhalb der Legalität« operierte und die verfassungsverräterischen Absichten, die sie seit je hegte, in der Notstandsgesetzgebung freimütig bekundete?

Wenn wir nicht Gefangene illusionärer Hoffnungen werden wollen, dürfen wir uns auf die liberale Öffentlichkeit nicht verlassen; nicht, weil die außerparlamentarische Opposition stark genug wäre, auf liberale Verbündete zu verzichten, sondern weil die institutionalisierte Öffentlichkeit *als politische* und damit als Faktor der Politisierung nicht mehr existiert.

Und wir können uns auch nicht mehr auf die machtvollen Apparate der gewerkschaftlichen Massenorganisationen verlassen. Die sorgsam gepflegte Einheitsgewerkschaft mit ihren sechs Millionen Mitgliedern ist ein gefährlicher Mythos geworden; der DGB ist ein Koloß auf tönernen Füßen, den jedes nur halbwegs entschlossene autoritäre Regime wahrscheinlich widerstandslos zerschlagen könnte. Die traditionellen Parteiloyalitäten und der Zwang, konkurrierende Richtungen und Interessen in einheitlichen Programmen auszugleichen, reduzieren die politischen Initiativen auf ein Minimum, durch das die systemgefährdenden Konflikte neutralisiert werden. In undurchschauten Abhängigkeiten befangen, suchen einzelne Gewerkschaften, die nach ihrem bisherigen Verhalten und ihren sozialistischen Ansprüchen am ehesten zur politischen Polarisierung und Strukturierung der Arbeiterschaft beitragen könnten, den Mangel an entschlossenem politischen Handeln durch Ersatzreaktionen in radikalen Erklärungen, Taktiken der Verschiebung des Ernstfalls und beruhigenden Solidarisierungen mit außenstehenden Intellektuellen zu kompensieren.

Wenn aber die Notstandsopposition zur Stärkung des Widerstandswillens der Bevölkerung führen soll, so kann die folgende Alternative wohl verschleiert, langfristig jedoch kaum umgangen werden: *entweder* bedroht die legalisierte Gewaltanwendung durch Notstandsgesetze elementare Rechte der Arbeiter und der breiten Masse der Bevölkerung: dann sind die Gewerkschaftsapparate verpflichtet, auch *gegen* die Entscheidungen korrumpierter Parlamente eine Welle politischer Streiks bis hin zum Generalstreik in Gang zu setzen, um Grundrechte selbsttätig zu realisieren – *oder:* die subjektiven Rechte und die objektiven Interessen der Arbeiter und der Bevölkerung werden durch Notstandsgesetze nicht angetastet: dann sollten sich die Gewerkschaftsapparate offen zu ihnen bekennen, damit die politisch bewußte Arbeiterschaft weiß, woran sie ist.

Im verschärften Klima des gegenwärtigen Klassenkampfes von oben, der mit der Verabschiedung der Notstandsgesetze eine neue Qualität annehmen wird, verlieren Diskussionen, Erklärungen und Programme ihre politische Unschuld. Da die Zeit der distanzierten und aktionsfreien Selbstverständigung vorbei ist, müssen sie sich eine Prüfung ihrer objektiven Funktion an organisationspraktischen Kriterien gefallen lassen, die in erster Linie Auskunft über die Stärkung und Schwächung des wirklichen Widerstandspotentials geben. Wer in dieser Situation undifferenziert *den* Gewerkschaften aufredet, *sie* seien durch ihre bloße Existenz legitime und einzig wirksame Verfassungsgaranten, mag die besten Absichten verfolgen, trägt aber objektiv zur Illusionierung, Entpolitisierung und schließlich zur Resignation bei. Denn wer könnte im Ernst die Möglichkeit ausschließen, daß ein Teil der bürokratisierten Gewerkschaftsapparate in Situationen des inneren Notstands und der wirtschaftlichen Krisen zu staatstragenden Disziplinierungsinstrumenten der Arbeiterschaft umzufunktionieren sind?

Einen institutionellen Verfassungsgaranten, dem man die Sicherung der individuellen Rechte und Interessen vorbehaltlos anvertrauen könnte, gibt es heute nicht mehr. Schon wird von den Zögernden und Unentschlossenen, die sich ein gutes Gewissen schaffen wollen, das bedrohliche Produkt einer Niederlage im realen Machtkampf der Klassen zum juristischen Problem der mißbräuchlichen Anwendung stilisiert, um den Widerstand auf unbestimmte Zeit vertagen zu können. Schon wird die Legende eines Teilsiegs in die Welt gesetzt, um die juristisch milderen Formen der Notstandsgesetze, die doch vor allem der wachsenden Einsicht der CDU und der Exekutive in die staatstreue Zuverlässigkeit der SPD gegenüber jeder systemgefährdenden Linksopposition zu danken sind, in erfolgreiche Produkte von Spitzengesprächen und verbalen Protesten umzumünzen. Alle, einschließlich der Initiatoren dieser Veranstaltung der letzten Stunde, werden ein Alibi haben, wenn die schleichende Transformation der Demokratie eines Tages durch die sichtbare und spürbare Existenz autoritärer und faschistischer Regime auf ihren Begriff gebracht ist.

Fest rechnen können wir nur mit denjenigen, die hier und heute praktischen Widerstand gegen die autoritäre Entwicklung und gegen den inneren Faschisierungsprozeß der Bundesrepublik leisten. Es ist eine Minderheit, daran gibt es gar keinen Zweifel. Es sind sozialistische Studenten, die durch Streiks, Blockaden, Go-ins, Teach-ins einen entpolitisierten Zwangszusammenhang aufgebrochen und das Klima für eine Öffentlichkeit geschaffen haben, die nur als autonome und unzensierte dem Prinzip politischer Aufklärung vorbehaltlos verpflichtet sein kann. Es sind vereinzelte und Gruppen in den zentralen Gewerkschaftsapparaten (insbesondere in der IG Metall), einzelne DGB-Landesbezirke (wie der in Hessen), Untergliederungen der Einzelgewerkschaften, rebellierende Betriebsbelegschaften, die sich nicht einschüchtern lassen, wenn stereotyp auf die parlamentarische Mehrheitsentscheidung verwiesen wird. Es sind einzelne Professoren, Schriftsteller, Verleger, Künstler, die begriffen haben, daß man die Methoden und Organisationsformen der außerparlamentarischen Opposition und der streikenden Arbeiter nicht verdammen kann, ohne den durch sie in Gang gesetzten Politisierungsprozeß als demokratiegefährdend zu diskriminieren und in die geordnete Welt der politischen Lethargie zurückzufallen. Wenn wir uns auch dessen bewußt sind, daß der Erfolg eines Generalstreiks mehr voraussetzt als die Radikalität gewerkschaftlicher Aufrufe, so darf diese realistische Einschätzung doch die Einsicht nicht blockieren, daß die Einübung in den politischen Streik bis hin zur Konsequenz des Generalstreiks in den Betrieben, den Universitäten und Schulen die einzig angemessene Form ist, den Widerstand gegen die drohende Notstandsdiktatur zu organisieren.

Nr. 214

Alexander Kluge

Tage der Politischen Universität II, Teil II–IV

28. Mai 1968

QUELLE: Alexander Kluge, Neue Geschichten – Hefte 1–18, »Unheimlichkeit der Zeit«, © Suhrkamp Verlag Frankfurt/Main 1977, S. 294–299

II

Wenn die politische Universität keine »Veranstaltung« ist, so ist die Veranstaltung im Großen Sendesaal des Hessischen Rundfunks Teil des Rundfunkprogramms, also Veranstaltung, die über Hessen ausgestrahlt wird.

Es sprechen Wiethölter, Enzensberger, Frau von

Brentano, Adorno, Habermas, Jens, Abendroth, Augstein usf.

In der ersten Reihe der Zuhörer sitzt Intendant Hess, seine Mitarbeiter halten eine Blickschneise offen (ihn verdeckende Steher werden weggeschoben, sich durch die Sitzreihen Drängende aufgefordert, in dieser Schneise sich gebückt vorwärts zu bewegen) zu den elektronischen Aufzeichnern und der Regie-Kabine im Rückteil des großen Saals. Wenn sich der Intendant erhebt, wird das das Zeichen sein, daß diese Kundgebung außer Programmkontrolle gerät, und die Kameras werden auf dieses Zeichen hin abgeschaltet.

Auf der Bühne stehen die Sprecher, die aus den vorderen Sitzreihen dort zu den Scheinwerfern hinaufeilen, stehn dann hinter einem Pult, an das sie sich halten können.

Dämonische Mediokrität der Bonner Medienträger ... Die Bonner Käseglocke ... Die gesteuerte Stagnation ... Verfassung als das kodifizierte Mißtrauen gegen den Gesetzgeber, und das aus Rechtsgründen ... Vielleicht haben wir eine Schlacht verloren, aber die Verteidigung der Demokratie geht weiter ... Es ist notwendig, *Mittel* einer permanenten Widerstandsgesinnung zu *ersinnen* ... Eine Gegenstrategie, und die heißt Entzauberung des Rechts ... Sand muß in die Getriebe zwischen Normalzeit und Notstand geworfen werden ... Ich rufe Ihnen zu: Überwacht die Wächter ... Ich würde sagen, Demonstrationen, welche die Polizei erlaubt, sollten von ihren Veranstaltern verboten werden ...

Die Widerstandsaktion wird in der Form der Fünfminuten-Redezeitbegrenzung durchgeführt. Zwischen Enzensberger und Böll rechts in der ersten Reihe: Adorno. Er hat sein Hirn, vertreten durch die Ohren, auf äußerste Rabattstellung eingestellt. Denn wie soll er sonst »Mittel einer permanenten Widerstandsgesinnung ersinnen«, ohne diesen Auftrag zugleich unflätig zu kommentieren – oder, da er nicht gesagt hat, was er tatsächlich denkt, sich entschuldigen gegenüber den Kollegen, die gar nicht wissen können, daß er sie beleidigte. Er hat sein Referat gehalten und muß nun die Stunden bis zum Schluß der breit angelegten Veranstaltung überbrücken, ohne daß die Anwesenden im Saal oder die neben ihm Sitzenden bemerken, daß er sich totstellt. Er hat die Übersicht in dieser »Schlacht um die Demokratie« verloren, wollte sie wohl auch nie haben, kann sich zum »Ernst der Stunde« nicht aufschwingen. Er kalkuliert die Möglichkeit eines Rabatzes für den späteren Verlauf ein, aber sieht keine Gefahr in diesem von einigen Tausend mattierten Glühlampen in der Decke hell erleuchteten Sendesaal. In Bonn war er nie. Herbst 1938 läuft er mit Gretel über das Gebiet des Parteitagsgeländes in Nürnberg-Langwasser, Freunde müssen ihm später erklären, daß dies eine Gefahr war, so wie einer, der ihn in der Straßenbahn schubst, eine ernsthafte Gefahr darstellt, die ihn seit 40 Jahren hindert, je mit einem öffentlichen Verkehrsmittel zu fahren. »Emphatisch« geht die Gefahr von der Eiseskälte aus, der gesellschaftlichen Totalität, die man nur als Kategorie fassen kann und nicht als ein hohles Ding wie z. B. dieser große Sendesaal, jedoch wie ein hochqualifizierter Eisschrank, von niemand erfunden, aus der Kontrolle geraten und in Gestalt eines Briefes z. B. auf dem Tisch im Eßzimmer, von A. P. aus München (»kann man riechen, daß du sterben wirst«), an ihr kann ich zugrunde gehen, und dennoch kann ich daran nichts tun, als auf das baldige Ende dieser Veranstaltung zu warten und dann auch nur Option, ein Buch über Kälte für den Suhrkamp Verlag zu schreiben, das von denen, die sich gerade aufgewärmt zu haben glauben, gelesen wird, aber es trotzdem schreiben, in der Hoffnung, daß es auf *einen* vielleicht trifft, der so friert wie ich, und deshalb muß diese Veranstaltung ein Ende nehmen. Man muß nämlich nicht *Mittel* eines Widerstandes *ersinnen*, sondern einen radikalen Grund haben für Widerstand, und dann das Glück, daß man überhaupt den Gegner auffindet, gegen den allein ich Grund habe, meinen Widerstand zu organisieren. Unwahrscheinlich, daß das mit der Bonner Käseglocke zu tun hat, die in der Dschungelhitze dieses Tages in einem Flußtal liegt, äußerlich sah der herabgestimmte Adorno sehr geduldig aus, geradezu munter.[1]

III

An den oberen Saaleingängen entsteht Bewegung, Tumult. Zögernd dringt ein Pulk SDS-Genossen zur Empore, zum Rednerpult vor.[2]

Dort hält Augstein, ein Opfer der Fünfminuten-Redezeitbegrenzung, die Arme um das Pult geschlungen, hält das umkämpfte Mikrophon, als wäre es ein Ball, der ihm im Völkerball weggenommen werden soll. L. v. Friedeburg, W. Jens versuchen, zwischen Empörern und Pultbesitzer zu schlichten. Genossen haben das Mikrophon in der Hand und stellen an den

Saal die Forderung: Jede Woche zwei Seiten Kolumne im *Spiegel* zur freien Selbstäußerung des Protests. Die Forderung ergibt sich aus dem, was sie vor Augen haben, sie ist nicht ausdiskutiert.³ Augstein versucht den Satz »Kleinlichkeit und Recht und Freiheit sind des Deutschen Unterpfand ...« in das Mikrophon, das etwa einen Meter von seinem Mund entfernt ist, hineinzurufen.

Praktisch geht es nicht um etwas *Zusammenhängendes*, sondern um die *konkrete Situation*. Der aktive Widerstand richtet sich nicht gegen Augstein, sondern gegen das »Veranstaltete«. Es ist die Täuschung zu zerstören, daß es eine arbeitsteilige Trennung in *Geistesprotest* hier im Sendesaal und *faktischer Entscheidungsmacht* 300 Kilometer entfernt im Plenarsaal des Bundestages gibt. Vielmehr ist umgekehrt die Bonner namentliche Abstimmung (Verfahren Hammelsprung) als bloße »Geistestat« zu kennzeichnen.

Die Forderung nach der *Spiegel*seite ist die letzte Nachricht, die über die Fernsehgeräte ins Land verbreitet wird. Einige Augenblicke zeigen die eingeschalteten Geräte im Gebiet von Hessen ein unübersichtliches Getümmel, der Intendant erhebt sich in der vordersten Reihe, ihm folgen die Mitarbeiter. Die Sendung erlischt. Es erscheint auf allen Geräten im Land das Zeichen »Störung«.

IV

Eine Streikgruppe hat sich aus dem großen Sendesaal des Rundfunks durch Teile der bestreikten Stadt zur Bettina-Schule, von der organisierten Schülerschaft wegen NS-Streiks besetzt, verzogen und bevölkert die Bühne der Aula. Es sind zunächst nur etwa acht Schüler im Saal, Streikposten. Die anwesenden Studentenführer haben den Normalbetrieb eines Teach-ins aufgenommen, »an und für sich«, da keine relevante Öffentlichkeit zur Zeit verfügbar. Sie nehmen insbesondere unter Beschuß den anwesenden Habermas, stellen ihn als *Beispiel* für ein nicht-revolutionswilliges, widersprüchliches Verhalten hin. Erst nähme er teil an der offiziellen Debatte im Rundfunkhaus, dann erscheine er aber auch hier. Er nehme aber zu diesem Platzwechsel nicht Stellung usf.

Habermas erwidert: Ein *Beispiel*, das weder als solches geplant war und als solches auch nicht zu entlarven ist. Er ist nämlich hierhergekommen, weil er einerseits hungrig nach einem Diskurs mit Menschen, andererseits aber so übermüdet ist, daß er ein Auto, das hierher fuhr, bestieg, nur weil er als vierter darin sitzen konnte und annahm, so für eine Weile ungestört zu bleiben.

Das ist aber ein falscher Gedanke, antworten die Studentenführer, daß er nur für eine geplante Veranstaltung, oder wenn er sich planvoll an einem Ort bewege, verantwortlich sei. Er habe als Symbolfigur die Verantwortung auch für Zufall oder den gesamten Ablauf des Tages und nichts sei entlarvungswürdiger, da ja auch kein anderer Gegenstand zum Entlarven da war. Nun war das ja zweifellos als Praxis »Instrumentalisierung eines Menschen«. Negt tritt aus seiner Ecke (die Bühne hat keine Kulissen, aber Abstellecken für Klaviere, lange Stangen, eine Tafel, Stoffballen usf.) und will schlichten. Man kann diesen Tag, sagt er, nicht als Kasperltheater beschließen, indem man Habermas anstelle der Bundesregierung oder der unbewegten Massen Deutschlands in die Mangel nimmt. Aber Habermas, in Fahrt geraten, verwahrt sich gegen den Helfer. Er nimmt ihm das Mikrophon weg und sagt: Es steht dahin, ob ich von diesen Anwesenden überhaupt in die Mangel genommen bin. Er könnte die Situation hier, eines praktisch vor niemand abgehaltenen öffentlichen Zweikampfes, in Grund und Boden kritisieren und dabei immer noch im Understatement sprechen. Es sind inzwischen schon 47 Schüler eingetroffen, die verstreut in der Aula sitzen.

Es geht aber, das verkennt Habermas, wird ihm vorgehalten, lediglich um einen Vorgriff, insofern doch um eine konkrete Situation, denn die *Funktion* dieses Teach-ins ist es, der andernfalls zunächst leeren Schulbesetzung einen Inhalt nachzureichen. Hierfür ist es gleich, was diskutiert wird oder wieviel Zuhörer. So sehen es, wie ein Schülervertreter mitteilt, die Schulbesetzer, es genügt ihnen, das Auf und Ab eines »Kampfes« wie einen Film zu sehen, der nicht zu ihren Ungunsten entschieden werden kann, weil er ihre Belange nicht betrifft.

1 Mit einigen Gutachten für die Allianz könnte ich mir ein Haus im Taunus kaufen, sagte der Jura-Professor, der in der zweiten Reihe unmittelbar hinter Adornos Kopf sitzt und direkt in dessen Ohr sprechen kann. Adorno fährt erschreckt herum, faßt sich sofort. Die vier bis fünf Gutachten, die die Kaufsumme bringen, wären in den vier Stunden, die diese Veranstaltung gegen die NS-Gesetze jetzt dauert, mühelos zu schaffen. Wenn ich noch die Zeit hinzurechne, in der wir nachher alle zu Brenner (= Vorsitzender der IG Metall) marschieren, damit der sagen kann, er habe mit uns gesprochen, dann würde die Zeit für die Gutachten in jedem Fall ausreichen. Das Haus wäre mit Terrasse, direkt am Wald, und man könnte einen Bowlen-Abend machen. Das hätte einen Zweck. Dagegen hat der Auftritt bei Brenner keinen Zweck, und wir erhalten nur von den Studenten Schläge für das, was von Anfang an vergebliche Mühe ist, aber ich mache das – schon die

ganze Woche, einen Auftritt nach dem anderen –, weil die anderen das auch machen, und *weil wir wenigstens in guter gemeinsamer Haltung untergehen wollen*. Adorno nickt zustimmend. In seiner Lage, der Mund des anderen so dicht an seinem unverteidigten Ohr, hätte er jeder Äußerung zugestimmt, gleich, was sie besagt, und auch schriftlich unterschrieben. Er mußte ja dann nicht zu dem Bowlen-Abend wirklich kommen.

2 Unvorbereitet. In verschiedenen Autos vom Universitätsgelände zum Rundfunkhaus gefahren; nicht vollzählig; vordiskutiert ist der Satz »Reißt die Uni nieder, macht einen Puff daraus...« Fünf bis sechs Minuten Dastehen, Glaskasten des Pförtners. Der Pförtner stotterte. Wir gehen jetzt rein. An den Saaleingängen, mit Teilen schon im Durchgang des Sendesaals, blicken sie zurück, ob die Genossengruppen nachfolgen. Sie sind jetzt aber schon gesehen worden, müssen weiter vor. Man will sie weghaben. Sie aber wollen die Empore weghaben. Dieses Dunkel vor den Scheinwerfern... Aktion kleckerweise: »Der Negt sprach gerade, und dann kam Krahl. Die Kameras sind abgeschaltet.«

3 Wird im Teach-in später kritisiert. *Was* wollen wir machen? Wir wollen doch nicht zwei Seiten *Spiegel* füllen!

Nr. 215
Alexander Kluge
Tage der Politischen Universität II, Teil VII
29. Mai 1968

QUELLE: Alexander Kluge, Neue Geschichten – Hefte 1–18, »Unheimlichkeit der Zeit«, © Suhrkamp Verlag Frankfurt/Main 1977, S. 301 f.

Wir waren »wie vor den Kopf geschlagen«, sagte W. Die Phrase gibt aber das Gefühl nicht wieder, als wir auf die zwei Hundertschaften sahen, die Eingänge der Universität *zu*, das Vorfeld verbarrikadiert, Wasserwerfer davor, Gruppen mit Schilden und in Kampfausrüstung an den Eingängen zu den Seminargebäuden Gräfstraße, und als wir auf den Universitätsvorplatz laufen, sehen wir, daß zum Hörsaalsilo hin und zum Rektorat die Zugänge verrammelt und bewacht sind. Wir stehen parallelisiert und sehen auf die Besatzer hin, die wiederum auf uns gucken.

D.h., es bestand nirgends Kampfberührung, sondern wir starrten deprimiert (und ich glaube, daß wenigstens auch Teile der Besatzer auf uns blickten) vor den Absperrungen, memorierten die Faktoren, die zu diesem Ergebnis geführt haben. Mangel an Posten, die zumindest das Rektorat, den Hauptsitz des Widerstands, doch irgendwie verteidigt hätten? Es war kaum jemand anwesend, als die, in H.-J. Krahls Worten, »taktisch geschickte« Universitätsbesetzung in der Nacht stattfand.

Wir waren, an sich immer noch Träger der Politischen Universität, der Wissenschaft, desillusioniert. Es explodiert nichts, was wir doch angenommen hatten.

In den Nachmittagsstunden versuchten die Studentenführer, aus der Ökonomie der Verbiesterung einen letzten Kampffunken durch Reden herauszuentwickeln. Sie griffen zu Understatements, zu verschärfenden Übertreibungen ...

Nr. 216
Jurij Shukow
Werwölfe – Der Pseudoprophet Marcuse und seine lärmenden Schüler
Pamphlet in der sowjetischen Tageszeitung »Prawda«
30. Mai 1968

QUELLE: Übersetzung aus: Klaus Mehnert, Moskau und die Neue Linke – Dokumente, Stuttgart 1973, S. 133–136

Marcuse, Marcuse, Marcuse – den Namen dieses siebzigjährigen, aus dem Dunkel der Unbekanntheit aufgetauchten »deutsch-amerikanischen Philosophen« nennt die westliche Presse wieder und wieder. In Bonn ist er Marcuse, in New York Mahrkjus, in Paris Marcüs. Diesen Bewohner Kaliforniens, der sich vorgenommen hat, den Marxismus zu widerlegen, preisen sie an wie einen Filmstar, für seine Bücher machen sie Reklame wie für die neueste Zahnpastamarke oder für Rasierklingen. Es wurde auch eine geschickte Publicity-Formel ersonnen: »Drei M« – »Marx – der Gott, Marcuse – sein Prophet, Mao – sein Schwert«...

Na, wenn schon – sagt mancher Leser –, wurde nicht auch schon Mao Tse-tung für würdig befunden, in der bürgerlichen Presse verherrlicht und gepriesen zu werden? – Stellen Sie sich vor, vor mir liegt ein Haufen Zeitungen, die in den verschiedensten Tonarten die Formel von den »drei M« besingen, und das nicht zufällig. Schon in der Weisung, die im Februar vergangenen Jahres vom Direktor des Informationsdienstes der USA (USIS) an alle seine Dienststellen verschickt wurde, wurde gesagt, daß die Funktionäre dieses Dienstes »alle Möglichkeiten zur Festigung der Positionen der Anhänger Maos ausnützen sollen«. Denn in den Vereinigten Staaten sei es erwünscht, daß »Mao und seine Gruppe so lange an der Macht bleiben«, solange ihre Tätigkeit gegen die Kommunistische Partei der Sowjetunion und andere kommunistische

Parteien gerichtet ist. (Dieses geheime Dokument wurde am 19. Mai von der ceylonesischen Wochenzeitung *Tribune* veröffentlicht.)

Aber kehren wir zu Marcuse zurück.

Kürzlich war dieser Herr in Paris. Dort trat er in dem von der UNESCO zum 150. Todestag von Marx veranstalteten Colloquium auf. Sein Vortrag nannte sich *Die Revision der marxistischen Revolutionsvorstellungen*. Aber in Wirklichkeit war das nicht einmal eine Revision des Marxismus, sondern ein Versuch, ihn zu widerlegen. Es war ein kläglicher und substanzloser Versuch. Wie die Zeitungen schrieben, erklärte Marcuse, daß in unserer Zeit »die sich in das kapitalistische System integrierende (?!) Arbeiterklasse nicht mehr die revolutionäre Rolle spielen könne, zu der sie Karl Marx berufen hat. Die Macht des Kapitals stürzen können folglich nur Kräfte, die sich außerhalb dieses Systems befinden: die Kolonialvölker, die Neger oder die Jugend, die noch nicht in das System integriert sind.«

Wie zu erwarten, erteilten die marxistischen Philosophen, die an dem Colloquium teilnahmen, diesem falschen Propheten eine angemessene Abfuhr. Einige fragten sich verwundert: warum faselte Marcuse gerade in dem Augenblick davon, die Arbeiterklasse »könne keine revolutionäre Rolle mehr spielen«, in dem in der kapitalistischen Welt – und besonders in Frankreich, wo er auftrat – die Woge eines scharfen Klassenkampfes hochgeht? Doch die weiterblickenden Leute begriffen. Marcuse wurde aus dem fernen San Diego gerade deswegen nach Paris katapultiert. Denn es war erforderlich, alle Mittel einzusetzen bei dem Versuch, Unsicherheit und Verwirrung in die Reihen der Kämpfer gegen die alte Welt hineinzutragen und – und das ist das Wichtigste! – zu versuchen, die Jugend, vor allem die Studentenschaft, den tragenden Kräften der Arbeiterklasse entgegenzustellen.

Nicht ohne Grund hat jetzt namentlich die Zeitung *New York Times* den neuen Terminus »ENTKOMMUNISIERUNG(!) DES MARXISMUS« erfunden. Nicht ohne Grund schrieb sie voll offenkundiger Sympathie für die Jünger Marcuses, deren Fahne sei »DIE SCHWARZE FAHNE DES ANARCHISMUS, NICHT DIE ROTE FAHNE DES KOMMUNISMUS«.

Die Pariser Tageszeitungen *Figaro* und *Le Monde*, die Wochenblätter *Express* und *Nouvel Observateur* veröffentlichten in diesen Tagen ausführliche Interviews mit Marcuse, seinen Lebenslauf ([Fußnote:]) Vielsagende biographische Einzelheit: In der Kriegszeit arbeitete Marcuse im amerikanischen Nachrichtendienst, danach verbrachte er lange Jahre in dem sattsam bekannten »Russian Institute« in Harvard. Als Ergebnis dieser Tätigkeit erschien das antisowjetische Buch *Sowjet-Marxismus* – Marcuses »erster Bestseller« und lange Inhaltswiedergaben seiner Bücher. Sie unterstrichen dabei, daß er sich in den 1920er Jahren, als er in Deutschland lebte, vom »Kommunismus und der Sozialdemokratie« lossagte und danach, schon in den USA, seine eigene »Lehre« begründete, die auf die »kompaßlose« Jugend abgestellt sei. […]

Wem dienen diese »Aufrührer«?

Die bürgerliche Presse malt jetzt in kräftigen Farben die »Streiche« eines gewissen dreiundzwanzigjährigen Deutschen aus der BRD aus: Cohn-Bendit. Bis vor kurzem gehörte er zur Pariser Universität und betrieb dort seine Spaltertätigkeit unter der Studentenschaft. Als die Journalisten ihn fragten, von welchen Mitteln er lebe, antwortete Cohn-Bendit: »Ich beziehe ein Waisenstipendium von der deutschen [westdeutschen] Regierung.« Jetzt spielt er eine Gastrolle in Westeuropa und ruft zur »blutigen (!) Revolution« auf.

Am 8. Mai veröffentlichte die Wochenzeitung *Nouvel Observateur* ein Interview mit diesem »Aufrührer«. Er rühmte sich, daß seine Freunde das Auftreten des kommunistischen Abgeordneten Pierre Juquin vor den Studenten gestört hätten, und er rief dazu auf, »*die Kerle in der Kommunistischen Partei zu prügeln*«. »Im jetzigen Augenblick«, erklärt er prahlerisch, »führen die Studenten allein (!) den revolutionären Kampf der Arbeiterklasse. Der Arbeiter als Familienvater will nicht (?) kämpfen.«

Als die Arbeiterklasse Frankreichs am 12. Mai eine Millionenkundgebung organisierte zur Unterstützung der gesetzlichen Forderungen der Studentenschaft nach einer demokratischen Reform der Universität, hat derselbe Cohn-Bendit mit einer Handvoll seiner Anhänger vergeblich versucht, Verwirrung und Spaltung in die Reihen der Demonstranten zu tragen, indem er die provokatorische Losung ausgab: »Auf zum Sturm auf den Elysée-Palast!«

Bei seinem Auftreten am 27. Mai vor den Arbeitern des Automobilwerks »Renault« sprach der Vorsitzende des Allgemeinen Gewerkschaftsbundes, Bénoît Frachon, auch über die unerquickliche Rolle, die der zentrale Nachrichtendienst der USA und die französische Untergrund-Terror-Organisation OAS bei den

Ereignissen zu spielen versuchten, die die französische Studentenschaft aufwühlten. »Gerade jetzt«, fügte er hinzu, »ist die ganze Meute vollauf damit beschäftigt, dafür zu sorgen, daß es ›brodelt‹. Sie loben auf jede Art und Weise die Begeisterungsfähigkeit der Jugend, treiben uns aber in Wirklichkeit in eine hinterhältige Falle.«

Erst kürzlich trafen zur Unterstützung von Cohn-Bendit zwei seiner Landsleute in Paris ein; sie traten in Studentenversammlungen auf. Die Zeitung *Combat* erwies ihnen den Gefallen, ein Interview mit ihnen zu veröffentlichen und dabei ihre Namen mit den Initialen »J. S.« und »P. B.« abzukürzen. Und dieses Interview war offenherzig genug. »P. B.« erklärte, daß »in der ganzen Geschichte der BRD die Arbeiterklasse sich mit dem bürgerlichen System identifizierte« und daß »bei euch« in Frankreich die Arbeiter »auch nichts tun«. Und »J. S.« fügte hinzu, daß »die Arbeiterklasse in einem solchen Maß zufrieden (?!) ist, daß sie das bestehende System nicht kritisieren kann«.

An dieser Stelle fragte der Korrespondent: »Haben denn die Studenten ein Bewußtsein?« »P. B.« antwortete: »Ja, weil sie einer privilegierten (!) Gruppe angehören. Ein Urteil über revolutionäre Themen bilden sich die privilegierten Gruppen, die sogenannten Marcuse-Gruppen.«

IHRE BERECHNUNGEN

Unter blasphemischer Ausnutzung des Namens von Marx versuchen die Werwölfe, die sich vorgenommen haben, »den Marxismus zu entkommunisieren«, die fortschrittlichen Kräfte zu spalten und zu beflecken. Genau damit erfüllen sie den ausdrücklichen sozialen Auftrag jener Feinde der Arbeiterbewegung, die ernsthaft beunruhigt sind über das Erstarken des Klassenkampfs in ihren Ländern. An der Spitze dieses Kampfes steht die Arbeiterklasse, die, wie die *Humanité* unterstreicht, »mächtig und organisiert ist und weiß, wohin sie geht. Sie stellt die entscheidende Kraft dar; sie ist letzten Endes die einzige revolutionäre Klasse, weil sie außer ihren Ketten nichts zu verlieren hat!«

Die führende Kraft der Arbeiterklasse waren, sind und werden die Kommunisten sein. Sie schöpfen ihre Kraft aus der erhabenen Lehre Marx' und Lenins. Mögen auch gerade jetzt die ungebetenen »Ratgeber« aus der *New York Times* die »Entkommunisierung des Marxismus« predigen, mag auch die bürgerliche Presse noch so sehr die Werbetrommel rühren für die Ansichten Marcuses und die Taten seiner Jünger – die Berechnungen der Feinde der Arbeiterklasse werden nicht aufgehen.

Überzeugend bewiesen wird das gerade durch die Entwicklung der Ereignisse in Frankreich. »*In Frankreich kann es keine linke Politik und keinen sozialen Fortschritt geben ohne die aktive Teilnahme der Kommunisten*«, sagte am 28. März der Generalsekretär der Französischen Kommunistischen Partei, Waldeck Rochet. »*Erst recht kann man nicht im Ernst den Anspruch erheben, ohne die Kommunisten dem Sozialismus entgegenzugehen.*« […]

Nr. 217

Jürgen Habermas
Werden wir richtig informiert?
Antworten auf vier Fragen der Wochenzeitung »Die Zeit«
31. Mai 1968

QUELLE: Die Zeit vom 31. Mai 1968, 23. Jg., Nr. 22, S. 17 f.; wiederabgedruckt in: Jürgen Habermas, Arbeit – Erkenntnis – Fortschritt, Aufsätze 1954–1970, Amsterdam 1970 (unautorisierte Aufsatzsammlung)

DIE ZEIT: Haben wir eine Öffentlichkeit im demokratischen Sinn: werden also die Westdeutschen durch die Kommunikationsmedien richtig ausreichend und so informiert, daß rationale politische Diskussionen und Entscheidungen möglich sind?

HABERMAS: Eine politische Öffentlichkeit, die demokratische Willensbildungsprozesse im strengen Sinne zuläßt, existiert in der Bundesrepublik nicht. Wie in vergleichbaren sozialstaatlich organisierten Massendemokratien vollzieht sich die politische Willensbildung auf dem Boden einer entpolitisierten Öffentlichkeit.

Zwei grobe Kriterien können dazu dienen, den Grad der Entpolitisierung abzuschätzen. Je mehr der Mechanismus allgemeiner Wahlen nur noch für die Auswahl des Führungspersonals Bedeutung hat und je weniger er die Richtlinien der Politik beeinflußt, um so weiter ist die Entpolitisierung der Öffentlichkeit fortgeschritten. Je mehr die Massenmedien das Bewußtsein der Bevölkerung an private Vorgänge und an personalisierte Beziehungen binden und je mehr sie öffentliche Interessen in die Anteilnahme an den einfühlbaren Konflikten von stellvertretenden Figuren ableiten, um so geringer ist der Legitimationszwang, den eine kritikfähige Öffentlichkeit auf die Entscheidungsinstanzen ausüben kann.

Heute scheint Politik auf die fachmännische Erledigung technischer und administrativer Aufgaben zusammengeschrumpft zu sein. Tatsächlich beschränkt sich eine Stabilität und Wachstum sichernde Politik auf negative Züge der Risikovermeidung. Der technokratische Schein, der verselbständigte Bürokratien und eine entsprechende Entpolitisierung der breiten Bevölkerung rechtfertigt, entsteht aber nur dadurch, daß die Grundlagen des gesellschaftlichen Systems der öffentlichen Diskussion weithin entzogen sind: Es beruht auf der privaten Form der Kapitalverwertung und einer politisch beeinflußbaren Verteilung von sozialen Entschädigungen, die die Loyalität unpolitischer Bürger sichert. Die Interessen des einzelnen sind mit dem Staat auf der Ebene dieser sozialen Entschädigungen verknüpft, die in den abstrakten Einheiten von Geld und Zeit bemessen werden und als solche »unpraktisch« sind: Sie hängen nicht mit den eigentlich politischen Fragen der Normen des Zusammenlebens, nicht mit den praktischen Fragen dessen zusammen, was die Philosophen einmal das »gute Leben« genannt haben. Insofern beruht unser System darauf, daß die praktisch folgenreichen und einem demokratischen Willensbildungsprozeß allein zugänglichen Fragen öffentlich nicht thematisiert werden.

DIE ZEIT: Wenn es eine Nachrichtenmanipulation gibt: wer manipuliert, auf welche Weise und mit welchen Zielen?

HABERMAS: Die Auswahl der Informationen, die Wege der Informationen und die Darstellung der Informationen sind nicht geeignet, einer strukturellen Entpolitisierung der breiten Bevölkerung entgegenzuwirken. Das ist nicht Resultat einer absichtlichen Manipulation. Eine Strategie der Aufklärung und der Politisierung könnte unter den gegebenen Umständen nur gegen gut eingespielte psychische Widerstände oder Verbraucher durchgesetzt werden; mit Rentabilitätsgesichtspunkten und einem rationalen Marktverhalten wird sie, wenn überhaupt, nur auf sehr lange Fristen vereinbar. Das gilt in erster Linie für die Redaktionen, die die Bevölkerung mit Unterhaltung und privatisierender Berichterstattung versorgen. Freilich sind auch die impliziten Regeln, nach denen politische Redaktionen über Auswahl und Präsentation des Stoffes entscheiden, in vielen Fällen Ausdruck einer habitualisierten Selbstzensur. Anders wäre die Behandlung von Themen wie der Notstandsgesetzgebung und des Vietnamkrieges, über die erst sehr zögernd und später nicht ohne Verzerrungseffekte berichtet worden ist, schwerlich zu erklären.

Im Rahmen dieser Selbstregulierung der Massenmedien spielt absichtliche Manipulation gewiß eine Rolle bei der Personalauswahl und bei der Bestimmung der redaktionellen Linie. Aber systematische Verschleierung, Auslassung und Verzerrung können in der Regel nicht auf ein Kalkül zurückgeführt werden. Praktiken der Springer-Presse rufen diesen Verdacht allerdings hervor.

Die verschiedenen Kampagnen der *Bild-Zeitung*, die Hans Dieter Müller und eine Arbeitsgruppe des Republikanischen Clubs in Berlin untersucht haben, Kampagnen, die in der Stimmungsmache gegen die Studenten ihren vorläufigen Höhepunkt gefunden haben, sind Beispiele für »Manipulationen«. Sie haben übrigens einen spezifischen Stellenwert, weil die *Bild-Zeitung* einerseits den Prototyp für eine entpolitisierte Leserschaft darstellt, weil sie aber andererseits die Affekte der an *Bild* fixierten Leserschichten kurzfristig auch mobil machen und politisch ausbeuten kann.

DIE ZEIT: Wie könnte ein konkret-utopisches publizistisches Modell aussehen, das eine demokratische Öffentlichkeit gewährleistet?

HABERMAS: Eine demokratische Öffentlichkeit wäre erst dann gegeben, wenn alle politisch folgenreichen Entscheidungen an den Mechanismus allgemeiner und herrschaftsfreier Diskussion gebunden wären. Dieses »utopische Ziel« könnte nicht ohne eine vollständige und effektive Trennung von wirtschaftlicher und publizistischer Macht realisiert werden. Es ließe sich das Modell von Zeitungen vorstellen, die als öffentliche Einrichtungen organisiert sind und deren Benutzung an bestimmte Qualifikationen und auch an Erfolgskriterien gebunden wäre. Analog könnten öffentlich-rechtlich konstituierte Rundfunk- und Fernsehanstalten Programmzeiten an Publikumsgesellschaften vergeben, wenn diese entsprechende Voraussetzungen erfüllen.

DIE ZEIT: Welche unmittelbaren Ziele können hier und heute sinnvollerweise verfolgt werden, wenn man davon ausgeht, daß der Zustand der Publizistik unbefriedigend ist?

HABERMAS: Unter gegebenen Umständen sollte der

pragmatische Versuch unternommen werden, die Chancen und die Auswirkungen vorsätzlicher Manipulation zu verringern. Das würde die Auflösung bestehender privatwirtschaftlicher Machtkonzentrationen im Bereich der Massenmedien (durch Entflechtung beziehungsweise Enteignung) bedeuten. Gegen künftige Machtkonzentrationen müßten (durch Fusionsverbot, Auflagenbeschränkung und so weiter) rechtliche Garantien geschaffen werden. Bemerkenswert ist der Vorschlag des Republikanischen Clubs in Berlin, enteignete Teilunternehmen an sogenannte Publikumsgesellschaften zu übergeben. Ferner wären arbeitsrechtliche Kautelen zu erwägen, die den Journalistenstatus gegen wirtschaftliche Pressionen stärken. Für die wichtigeren Personalentscheidungen in Rundfunk- und Fernsehanstalten könnte ein öffentlicher Legitimationszwang eingeführt werden. Schließlich wäre daran zu denken, daß publizistische Unternehmen (in Analogie zu den Auflagen für politische Parteien nach Grundgesetzartikel 21) an einen Verfassungsauftrag effektiv gebunden würden, der zu politischer Aufklärung verpflichtet und mit der Diffamierung von Minderheitengruppen unvereinbar ist.

Nr. 218
Peter Brückner / Thomas Leithäuser
Thesen zur »Politisierung der Wissenschaften«
Ansprache im Frankfurter Schauspielhaus
31. Mai 1968

QUELLE: Detlev Claussen / Regine Dermitzel (Hg.), Universität und Widerstand – Versuch einer Politischen Universität in Frankfurt, Frankfurt/Main 1968, S. 64–74

(1) Wissenschaftliche Theorie geht (mitsamt ihren technologischen Implikaten) aus den integrierten Anstrengungen *aller* Teilnehmer am Prozeß wissenschaftlicher Produktion hervor.

Geleitet von Theorie, werden nach technologischer Umsetzung Gegenstände gesellschaftlicher Nutzung hergestellt. Wissenschaft, die materielle Erhaltung menschlichen Lebens kontrollierend (»... Gegenstände gesellschaftlicher Nutzung«), entfaltet sich in der Neuzeit zur *technischen Gewalt*[1], die ihrerseits Lebensverhältnisse der Produzenten und Nutzer kontrolliert. In den Sozial- und Gesellschaftswissenschaften werden veröffentlichte Theorie und Deskription Momente des Selbstverständnisses der »Produzenten und Nutzer«; als Theorieform menschlicher Selbstauslegung schlagen sie über mannigfaltige Vermittlungen auf diese Weise zurück, wie letztere sich selbst erfahren. Selbsterfahrung, sie sei defizient wie immer, kann in soziales Handeln überführt werden. Wissenschaftliche Theorie geht sowohl über die sich verselbständigende »technische Gewalt« wie über die Interpretationsmatrix der Sozialwissenschaften usw. noch in die Herstellung der *Art* des gesellschaftlichen Zusammenhangs unter den »Gegenständen menschlicher Nutzung« und ihren Nutzern ein: in diese konkrete, gegenwärtige Gesellschaft, und in die Verselbständigung dieses Zusammenhangs gegenüber den »Produzenten und Nutzern« als deren Geschichte.

Der historisch-gesellschaftliche Zusammenhang in seiner konkreten Totalität produziert seinerseits die Innerlichkeit *aller* »Produzenten und Nutzer« mit; er wird über die wissenschaftliche Theorie vermittelt. Die Zerreißung kollektiver Aneignungsprozesse an der Stelle, wo sich »technische Gewalt« verselbständigt und ihrerseits soziale Verhältnisse kontrolliert, drückt sich im Bewußtsein *aller* »Produzenten und Nutzer« als Zerstörung des »Index autonomer Veränderbarkeit« menschlich-gesellschaftlicher Prozesse in der Zeit aus. Theorieformen menschlicher Selbstauslegung verdoppeln, verschleiern oder definieren diesen Zustand, seitdem die Selbstreflexion, als kritische Gewalt, nicht mehr Moment wissenschaftlicher Produktionsprozesse sein soll.[2] J. Habermas hat formuliert, was die historische Aufgabe ist: Wir müssen diese technische Gewalt und das, was sie produziert hat: Wissenschaft, wieder in den Consensus der Bürger zurückholen. Dies setzte, als geringstes, die ununterbrochene Reflexion der kooperierenden Teilnehmer am Prozeß von Wissenschaft auf die gesellschaftlichen Implikationen ihrer Tätigkeit voraus und überdies die Zurückholung der Innerlichkeit (Subjektivität) der Teilnehmer in den wissenschaftlichen Produktionsprozeß, damit Abbau von Herrschaft: sie müssen ihre Produktionsweise selbst in den Consensus der (akademischen) Bürger zurückholen. Das gegenwärtige System wissenschaftlicher Produktion sichert den Teilnehmern jedoch gerade die Entlastung von der Reflexion auf gesellschaftliche Folgen ihrer gesellschaftlichen Tätigkeiten zu: »Freiheit der Wissenschaft«, kennt die Artikulation des Individuums und seiner Bedürfnisse im Prozeß von Wissenschaft nur als systematisch abzuweisende Störung: das Primat der Methode macht die Produzenten austauschbar und baut Herrschaft höchstens aus Gründen der Maximierung ökonomisch-technischer Effizienz ab: »Objektivität«.

(2) Allein: es darf nicht, bei Strafe bloßer Affirmation, vergessen werden, daß die gerade umrissenen Verhältnisse *Monopol*verhältnisse sind. Die »Gegenstände menschlicher Nutzung« stehen *allen* »Produzenten und Nutzern« sehr unterschiedlich zur Verfügung. Insofern sie selbst wieder Produktions*mittel* sind, befinden sich 70 Prozent in den Händen von 1,7 Prozent der Bevölkerung.³ Doch organisiert sich die Nutzung des Produzierten prinzipiell im Rahmen bestehender Eigentums- und Herrschaftsverhältnisse. Gewiß werden Erfahrungs- und Experimentalwissenschaften zu unmittelbaren Produktivkräften, aber ihre Ergebnisse, Daten usw. werden nur im gegebenen System von Reproduktion und Herrschaft anwendbar. Kapital- und Herrschaftsinteressen beeinflussen ihrerseits wissenschaftliche Forschung. Die Teilnehmer am wissenschaftlichen Produktionsprozeß stehen mithin in einem gesellschaftlichen Zusammenhang, der die Produktion von »Gegenständen menschlicher Nutzung« nur für ein wissenschaftlich, rational *nicht* kontrolliertes System von Herrschaft und Eigentum zuläßt, das Wissenschaft seinerseits kontrolliert und monopolisiert. Die privilegierte Position des wissenschaftlichen Produzenten, namentlich des Ordinarius, ist ein Ausdruck für diese Monopolisierung, d. h. dafür, daß Wissenschaft allen anderen (extra-universitären) »Produzenten und Nutzern« vorenthalten sein soll. Die Rationalität wissenschaftlichen Denkens und die potentielle Kraft ihrer Reflexion bleiben außerhalb des Bewußtseins der lohnabhängigen »Produzenten und Nutzer«, ihre Ergebnisse werden ihnen nur vermittelt über den Herrschafts- und Monopolzusammenhang der gegenwärtigen Organisation von Wissenschaft zugänglich. Das Macht-Ohnmacht-Gefälle in letzterer reproduziert, was gesamtgesellschaftlich der Fall ist: Wissenschaft und technische Gewalt werden nicht in den »Consensus aller Bürger« zurückgeholt.

(3) In den Kategorien einer Politik, die sich als wissenschaftliche Disziplin neben anderen oder als berufsständisch definiertes Arbeitsfeld bestimmter Personen verselbständigt hat, sind diese Momente politischen Geschehens nicht zu fassen. »Politisierung der Wissenschaft« hieße zunächst: Reflexion auf die [unter] (1) und (2) skizzierten Zusammenhänge und Implikationen von Wissenschaft. An den Universitäten dominiert dank des politikneutralen Begriffs von Wissenschaft, bei kompletter Rollentrennung von Wissenschaftler und Staatsbürger, zugleich ein politikneutraler Begriff von Politik. »Politisierung der Wissenschaft« wird daher typisch mißverstanden als »*partei*politische Magdschaft« wissenschaftlichen Denkens. Die »Objektivität« von Wissenschaft, die mit dem Anspruch partikularer Interessenten auf Wissenschaft (»Parteien«) zugleich jede Reflexion auf die Totalität der Vermittlungen abweist, in denen Wissenschaft ein von Herrschaft und Monopol beanspruchtes Moment des gesellschaftlichen Zusammenhangs ist (»Politik«), und die sich von der Einsicht in die allseitig kontrollierende Funktion der Eigentums- und Herrschaftsverhältnisse auf Wissenschaft (ihre Organisation, ihre Folgen…) suspendiert, setzt sich in *jene* unmittelbar gesellschaftlich wirksame Objektivität fort, die sich dagegen sträubt, gegebene Machtverhältnisse mit in ihre Diskussion einzubeziehen. Insbesondere das Denken der Wissenschaften selbst bleibt daher »politikneutral« in *dem* Sinne, daß politischer Dezisionismus sich unbehindert von der analytischen Macht ihres Denkens entfalten und Herrschaft gleichfalls unbehindert im Trüben fischen kann. Nicht nur wird also, was sich wissenschaftlicher Theorie und Technologie verdankt, zur technischen Gewalt, die – sozial unkontrolliert – ihrerseits soziale Verhältnisse kontrolliert (vgl. Punkt 1); auch die Organisation von politischer Macht und gesellschaftlichem Interesse gerät, den Prozessen wissenschaftlichen Denkens entrückt, zur Gewalt, die sich gegenüber den Kontroll-Instanzen der Produzenten verselbständigt. Wiederum wäre daran zu erinnern, daß die Rationalität wissenschaftlichen Denkens außerhalb des Bewußtseins der Beherrschten bleibt. Was Wissenschaft produziert, was Herrschaft und Eigentum nutzen, tritt den lohnabhängigen »Produzenten und Nutzern« letztlich als ein Irrationales gegenüber.

(4) Wissenschaft hat eine solche Bedeutung für das Leben der Gesellschaft erlangt, daß sich die Behauptung aufstellen ließe: funktionale Eliten werden sich künftig (fast) ausschließlich aus dem Kreis wissenschaftlicher Produzenten (»wissenschaftlich Vorgebildeter«) rekrutieren. Letztlich steuert die »technische Gewalt«, aus dem Consensus aller Bürger entlassen, die Verteilung von Lebenschance, Prestige und Privileg. Der Ausdruck: »rekrutieren…« ist, als beschreibender, noch zu affirmativ: Ingenieure, Chemi-

ker, Volkswirte usw. werden von der Industrie, von Dienstleistungs-Unternehmen *eingekauft*.[4] Die Frage, die »Politisierung der Wissenschaften« hier impliziert, wäre, ob der Prozeß wissenschaftlicher Produktion so zu organisieren sei, daß die Teilnehmer in ihm zugleich Maximen für ihr soziales Handeln erarbeiten; ob *sie* im Prozeß wissenschaftlicher Produktion erfahren, wie Wissenschaft in den »Consensus der Bürger« zurückzuholen wäre. Das Subjekt des wissenschaftlichen Produktionsprozesses, das sich im Objekt seiner Arbeit vergegenständlicht, der Teilnehmer am Prozeß der Wissenschaft bleibt jedoch gegenwärtig außer Ansatz – seine Bedürfnisse und das, was seinen Bedürfnissen lebensgeschichtlich geschieht, seine »materielle Basis« (inklusive der Folgen individueller Sozialisationserfahrungen) geht nicht mit durch das Medium sachbezogenen wissenschaftlichen Denkens. Sie werden also für ihre *Austauschbarkeit* vorbereitet. Die Bedürfnisse der Teilnehmer am Produktionsprozeß, ihre Innerlichkeit, bleiben wie selbstverständlich unartikuliert, obwohl sie *als* artikulierte einen Tribut an die potentielle Rationalität von Sprache zu entrichten hätten, obwohl die Rückwendung des Denkens und der Diskussion auf *ihr* Verhältnis zur Sache, um die es wissenschaftlich geht, und auf *ihre* Weise, sich dieser Sache zu bemächtigen, als *Selbstreflexion* die intentio recta jeder auf die »Zurückholung ... in den Consensus der Bürger« bedachten Anstrengungen wäre. Wie Teilnehmer am Produktionsprozeß sich verständigen sollen – da doch jede Absprache nur die Unvernunft des Ganzen stabilisieren muß, wenn sie über die nie artikulierte Innerlichkeit und Bedürftigkeit der Teilnehmer hinweg rationalisierend-affirmativ geknüpft wird –, wäre ausschließlich darin: in der Zurückholung der Selbstreflexion in die soziale Organisation wissenschaftlicher Produktion zu lernen.

Was bedeutet diese »Zurückholung«? Individuen können in der Rückwendung auf »ihr« Verhältnis zur Sache und zur Produktionsweise (s.o.) so lange dem Schein des Possessiv-Verhältnisses (»ihr« Verhältnis ...) unterliegen, solange Selbstreflexion nur seiner diskursiven Momente sich rühmt und nicht das Produkt von Arbeit, somit das Ergebnis von Kooperation ist; Selbsteinsicht ist auf sozialen Austausch angewiesen. Kooperativ, d.h in der *Diskussion*, wird den einzelnen Teilnehmern zugänglich, was an dem, was als »ihr« Eigenes erscheint (»ihre« Bedürftigkeit, »ihre« Interessen usw.) *non-ego*, Verfestigung gesellschaftlicher Zwänge, Abwehrprodukt ihrer Klassenlage usw. ist. In der privaten Selbstreflexion kann das »Eigene« und kann »mein« Verhältnis zur gemeinsamen Sache gerade Entfremdung aufbewahren. Die Diskussion wird dies nur dann artikulieren können, wenn sie, im Austausch, sich ihrer eigenen Zwänge usw. bewußt wird, und holt das »Eigene« der Selbstreflexion nur in dem Maße ein und zurück, als sie Herrschaft abbaut, d.h. herrschaftsfreier wird.

Wissenschaftliche Produktion ist jedoch gegenwärtig – da die Individuen nur als verdinglichte oder fremde zum Gegenstand von Spezialwissenschaften, wie der Psychologie, werden – so organisiert, daß Maximen für das soziale Handeln mit Sicherheit nicht erarbeitet werden können.

(5) Die fortgeschrittene Arbeitsteilung reproduziert sich im Individuum, in der Partikularisierung des eben nur partiell beanspruchten Produzenten (vgl. 4). So bleiben seine Bedürfnisse und Affekte »roh«, als nicht durch das Medium von Reflexion geleitet. Sie entfalten sich unterhalb der Sphäre partikularer, rationeller Denkprozesse zur von den Individuen selbst nicht mehr kontrollierten irrationalen Gewalt. Es bilden sich in der Folge Sozialstrukturen aus, in denen unterhalb einer technifizierten, zweckrationalen Ordnung des »Verkehrs« weiterhin Aberglaube und Privatwahn herrschen; unterhalb der Verkehrsordnung persistiert die Irrationalität der Individuen.

Weil die Bedürfnisse usw. der Produzenten nicht mehr mit in den rationalen Prozeß wissenschaftlicher Produktion eingebracht werden, weil ihre Innerlichkeit nicht durch wissenschaftliche Denk- und Reflexionsprozesse hindurch muß, werden die miteinander produzierenden Individuen überdies daran gehindert, ihre Triebbedürfnisse wechselseitig vernünftig und herrschaftsfrei zu regeln. Eine vernünftige Regelung hier (Universität) und eine wenigstens rationale Regelung der wirtschaftlichen Beziehungen unter den Produzenten dort (in Beruf und Alltag) sind jedoch voneinander abhängig. Es ist daher im Interesse der herrschenden Klasse, daß das Individuum im wissenschaftlichen Produktionsprozeß höchstens als Störung vorkommt.

(6) Die *Methoden* der Wissenschaften, ihre Anweisungen und Regeln, ferner deren eigene und systematische Begründungszusammenhänge, für den Fortschritt der empirischen Wissenschaften unentbehrlich, üben Repression auf die Produzenten aus, die ihnen durch soziale Sanktionen und andere Lernprozesse pflichtig werden. Die Angst vorm eigenen Ein-

fall, der noch nicht wissenschaftlich kontrollierende Methodik passiert hat, Angst vor Spontaneität setzt sich um in Prüfungs- und Produktionsängste.

Andererseits werden Lustprämien privilegierter Positionen nach Maßgabe der methodischen Strenge, der Methodentreue des einzelnen verteilt; die höchste Qualifikation wird mit der Maximierung der Austauschbarkeit der Produzenten identisch. Zugleich werden, durch die repressiv handzuhabende Methodik, Reflexionen auf die Gesellschaft abgewiesen, wenn sie sich dem fetischisierten Wissenschaftsbegriff des Positivismus nicht fügen.[5] Die Richtigkeit von Aussagen bemißt sich nicht mehr daran, ob sich menschliche Verhältnisse nach ihnen emanzipativ ordnen lassen, oder ob sie wenigstens die Sachverhalte widerspiegeln, auf die sie sich beziehen; sie bemißt sich nach dem Maße, in dem bei ihrer Erarbeitung die Regeln wissenschaftlicher Methodik beachtet worden sind.

Grundsätzlich werden solche Verhaltensweisen, Normen, »sittliche Haltungen« begünstigt, deren Funktionswert für die industrielle Gesellschaft außer Zweifel steht. *Politisierung*, die über umfassende dialektische Zusammenhänge mit dem Ziele reflektiert, »praktisch« zu werden, läßt sich jedoch kaum funktional machen. Sich Wirklichkeit und das, wie sie »umtreibt«, totalisierend anzueignen, ist daher, seit dem Absterben von Philosophie, keine Disziplin der Forschung und Lehre mehr.[6] Indem Studierende sich die gesellschaftlichen Funktionen von Wissenschaft aneignen, und zugleich die gesellschaftlichen Bedingungen und Funktionen dieses Aneignungsprozesses selbst, fangen sie an, sich als »*Gesamtarbeiter*« zu verstehen und intendieren gemeinsam, ein Stück Arbeitsteilung für sich aufzuheben. Der Einwand der positivistischen Methodik gegen die »Unwissenschaftlichkeit« ihres Vorgehens wird für sie selbst zum Gegenstand der kritischen Reflexion. Sie setzen die Emanzipationskraft wissenschaftlichen Denkens gegen das primäre Wissenschaftsinteresse des Spätkapitalismus: Perfektionierung der technischen Verfügung über Natur und Gesellschaft, an das sich Wissenschaft ausliefert.

(7) »Politisierung der Wissenschaften« bedeutet im scharfen Gegensatz zu dieser Auslieferung: ihre emanzipative Kraft wieder zu artikulieren, sie als das Instrument menschlicher Befreiung zu würdigen, das sie ihrer eigenen Tradition zufolge ist. Schon bei Epikur wird die Emanzipationskraft des wissenschaftlichen Denkens thematisiert: Werden Sturm, Überschwemmungen, Dürre als naturgesetzlich durchschaut, so wächst mit dem Schwinden der Furcht vor dem nicht kontrollierbaren Eingriff der Götter die Chance des Menschen, sich von der Natur zu emanzipieren. Erst mit der Emanzipation der Gesellschaft von der Natur wird der endemische Hunger überwindbar, wächst die Quantität der zu verteilenden Produkte und rückt der Abbau von überflüssiger Herrschaft näher. Auf der folgenden Stufe der Emanzipation muß sich nun jedoch das Individuum von der Gesellschaft emanzipieren: Es geht um die »Befreiung jedes einzelnen Individuums« (Marx).

Freiheit der Wissenschaft bedeutet heute konkret: Freiheit des Wissenschaftlers von den gesellschaftlichen Folgen seiner Tätigkeit. So war's, geschichtlich betrachtet, nicht gemeint. Geschichtlich betrachtet, bedeutete Freiheit der Wissenschaft, daß Forschung und Lehre nicht länger abhängig sein sollen von ideologischen, politischen, metaphysischen Systemen und Normenkatalogen, die so sehr dazu geeignet waren, den wissenschaftlichen und technischen Fortschritt zu behindern. Forschung und Lehre sollten frei sein von Beschränkungen, die Menschen in der Erfüllung ihres cartesianischen Auftrags: Herr und Besitzer der Natur zu sein, endlich zu überwinden hatten. Gegenüber einer als grenzenlos ausbeutbar gedachten Natur sollte sich Verfügungswissen unbehindert von staatlichem oder kirchlichem Eingriff entfalten. Die Freiheit der Wissenschaft von den absterbenden Ideologien eines falschen Bewußtseins war im 18. und beginnenden 19. Jahrhundert emanzipierend für die menschliche Gesellschaft und das Lebensschicksal vieler einzelner. Gegenwärtig schlagen die Verhältnisse um: die Autonomie der Wissenschaft, als reflexionslose Indifferenz gegenüber dem gesellschaftlichen Zusammenhang und menschlichen Interessen, wird mit einem Male kontra-emanzipativ, d.h. konterrevolutionär. Wird die einst so progressive Forderung nach Autonomie der Wissenschaft und ihrer Institutionen zur bloßen Indifferenz gegenüber jedwedem übergreifenden Denksystem und gegenüber menschlichen Interessen, bedeutet Wertfreiheit der Forschung nur noch, daß wissenschaftliches Denken sich nicht in Politik einmischt, sondern sich bestehenden Herrschaftsverhältnissen und organisierten Interessen der Mächtigen gegenüber neutralisiert, so nimmt die »Freiheit der Wissenschaften« mit einem Male selbst reaktionäre Züge an und korrumpiert ihre eigene emanzipative Tradition nachträglich. Erst im Verlust ihrer Emanzipationskraft lösen sich im Prozeß wissenschaftlicher Produktion rationale Erkenntnis und soziales Handeln voneinander ab.

(8) Die Entwicklungsgeschichte der Wissenschaften, die auch ihre Abhebung und Verselbständigung von der Philosophie war, war von Anfang an eine Geschichte politischen Kampfes innerhalb von Wissenschaften und Philosophie selbst. Die harmonistische Auffassung, die Wissenschaften hätten sich aus den der Philosophie immanenten Problemstellungen entfaltet, war schon von je eine idealistische Verschleierung. Dagegen spricht nicht nur die inquisitorische Verfolgung jener großen Philosophen und Naturwissenschaftler, die Philosophie und Wissenschaft von Theologie und mittelalterlichem Spuk zu befreien suchten, sondern auch die quasi naturhafte, jeglichen theoretischen Zusammenhang hinter sich lassende Entwicklung der wissenschaftlichen Disziplinen. Erfolg oder Mißerfolg von wissenschaftlichen Konzeptionen, sich an den Universitäten als eigenständige Wissenschaften zu etablieren, war immer schon abhängig von der Fähigkeit, sich den herrschenden allgemeinen, sozialen und politischen Zielsetzungen der Gesellschaft dienstbar zu machen. Einmal abgesehen von dem inneruniversitären Streit und Kampf um eine junge wissenschaftliche Disziplin, konnte diese sich nur durchsetzen, zur allgemeinen Anerkennung gelangen, wenn sie dem Gesellschaftssystem immanenten Nutzen produzieren konnte.

Warum kann man an den Universitäten zwar Nationalökonomie, aber nicht Politische Ökonomie oder gar Kritik der Politischen Ökonomie studieren? Warum wohl möchten die Soziologen Dahrendorf, König, Scheuch und andere dem jüngsten Kind der Wissenschaften, der Soziologie, die kritische Theorie eskamotieren? Der Streit um die kritische Theorie, die es noch wagt, den Zusammenhang von Theorie und Einzelwissenschaften, das Verhältnis von Wissenschaft zur gesellschaftlichen Praxis kritisch zu reflektieren, Theorie noch in emanzipative Praxis umzusetzen (so Herbert Marcuse), offenbart schon den Zusammenhang von Wissenschaft und Gesellschaft. Kritische Theorie verfällt dem Verdikt der Unwissenschaftlichkeit dann, wenn sie den Versuch unternimmt, kritisches, praktisch werdendes Selbstbewußtsein zu erzeugen, ein Unterfangen, dem sich Gesellschaften der menschlichen Vorgeschichte (Marx) prinzipiell versperren. Kritische Theorie konnte sich bisher nur im Zusammenhang mit starken emanzipativen, politischen Bewegungen herstellen und erhalten. Mit der Unterdrückung solcher Emanzipationsbewegungen gelang auch immer die Unterdrückung der kritischen Theorie, oder diese verkam in kontemplativer Reflexion und Attitüde.

Erfolgreich und prämiert ist der Wissenschaftler heute in der Bundesrepublik – einer Gesellschaft, die sich zu einem neuen Faschismus totalisiert – um den Preis der Aufgabe emanzipativer, systemtranszendierender Intentionen, ein politischer Anpassungsprozeß, der nicht ohne Folgen für die emotionale und kognitive Disposition des Wissenschaftlers bleibt. Er verkommt zum überspezialisierten Fachidioten mit einem meist ebenso manipulativ eingetrübten und verstellten (politischen) Bewußtsein, wie es dem »Bildleser« zukommt.

(9) Die Differenz zwischen dem, was wissenschaftliches Denken nach der Wiederherstellung seiner gesellschaftlichen Bezüge und der Politisierung der Produzenten auch sein muß: Emanzipation, und dem, als was Wissenschaft heute erscheint: als eine Organisation, die der Befestigung der geschichtlichen Struktur gegenwärtiger Herrschafts- und Eigentumsverhältnisse, d.h. der Befestigung der spätkapitalistischen Gesellschaft und ihres Typus zwischenmenschlicher Beziehungen dient, in der Theorie sich zur technischen Gewalt verselbständigt, diese Differenz zeigt sich dem Subjekt des Produktionsprozesses als eine äußerst empfindliche, die nicht mehr hingenommen werden darf; als eine *praktische* zudem, nicht als eine bloß theoretische. Insbesondere gibt sich die soziale Organisation von Wissenschaft als eine zu erkennen, die verändert werden soll: Rationale Analyse wird zur normativen Forderung.

Die mit »Politisierung der Wissenschaft« gesetzten Forderungen sowohl an die kollektive Reflexion der Teilnehmer am Produktionsprozeß von Wissenschaft als auch an die Institution Universität haben ihren logischen Ort in der eingangs skizzierten Differenz. Da kollektive Reflexion, Einsicht in die eigene Lage und das Einbringen von Bedürfnissen usw. in die wissenschaftliche Tätigkeit den Abbau von Herrschaft voraussetzt, kann Politisierung der Wissenschaft die überlieferte »Ordinarien-Universität« nicht akzeptieren. Das Leben der Vernunft, so Ernst Bloch, erscheint in dem fortgesetzten Kampf der Menschen, das, was ist, zu begreifen und der begriffenen Wahrheit gemäß *umzugestalten*: »Wahrheit«, die wissenschaftliches Denken herstellen soll, ist ein Attribut der in diesem Prozeß – der Umgestaltung – stehenden Wirklichkeit;

Nr. 218 Mai 1968   405

die Forderung nach einer Politisierung von Wissenschaft mitsamt der davon unabtrennbaren *Demokratisierung der Universität* ist ein Moment dieses Prozesses selbst.

1 Jürgen Habermas.
2 Siehe unten.
3 Nach dem Krelle-Gutachten 1968, für die BR Deutschland.
4 »Wir honorieren Ihr Persönlichkeitsbild mit DM 1000.–.«
5 Das Verdikt trifft beispielsweise scharf auch die Psychoanalyse.
6 Soziologie, die hier eine Erbschaft antrat, wurde unlängst als »Gesellschaftstheologie« abqualifiziert.

Nr. 219
Oskar Negt
Studentischer Protest – Liberalismus – »Linksfaschismus«

Kritik des »Linksfaschismus«-Vorwurfs (Auszug)
Juni 1968

QUELLE: Kursbuch, 4. Jg., Nr. 13, Juni 1968, S. 179–189; wiederabgedruckt in: Oskar Negt, Politik als Protest, Frankfurt/Main 1971 (unautorisierter Nachdruck), S. 75–86; wiederabgedruckt in: Oskar Negt, Keine Demokratie ohne Sozialismus, © Suhrkamp Verlag Frankfurt/Main 1976, S. 145–158

Der Vorwurf des »Linksfaschismus« ist Ausdruck einer Zerfallsstufe des bürgerlich-liberalen Bewußtseins, das von der fühlbaren Brüchigkeit der demokratischen Institutionen und Regeln in Deutschland betroffen ist und doch in den sozialistischen Alternativen nur das Ende aller Sicherheit und Freiheit zu entdecken vermag. Aber dem deutschen Bürgertum und seinen liberalen Nachfolgeschichten fehlen auch politische Traditionen, die eindeutige demokratische Identifikationen zuließen. Auf der Suche nach Verhaltensstabilisatoren werden so angesichts der egalitären Protestbewegung der Studenten verdeckte Mechanismen des bürgerlichen Denkens reaktiviert, welche die Legitimationsgrundlage für Eigentums- und Herrschaftsverhältnisse tendenziell »naturalisieren«, den Unsicherheiten geschichtlicher Konkretion entziehen. Diese Legitimationsgrundlage wird an Konstanten: an biologische, psychologische, sozialwissenschaftliche, juristische »Gesetze«, gebunden. Innere und äußere Zensuren verbieten heute weitgehend die Rückkehr zum Geschichtsersatz in Gestalt naturgeschichtlicher Kategorien, im Extremfall zu rassisch begründeter Ungleichheit. Aber es kommt hier nicht auf die Form, sondern auf die Funktion statischer Interpretationsmuster an.

Keine der traditionellen Konstanten vermag in den spätkapitalistischen Gesellschaftsordnungen vom politisch-kommunikativen Legitimationszwang gegebener Verhältnisse mit derart suggestiver Wirkung zu befreien wie die formale Rationalität in Recht und Technologie. Die demonstrative Bestätigung »unseres Rechtsstaates«, der »satzungsgemäßen Aufgaben der Universität«, des reibungslosen Ablaufs von Veranstaltungen usw. soll einer Protestbewegung Schweigen gebieten, deren ganzes Selbstverständnis doch darin begründet ist, nur das historisch und demokratisch Legitimierte anzuerkennen. Die in der formalen Rationalität wirksame Tendenz zur Dynamisierung gesellschaftlicher Verhältnisse und zur Auflösung traditionaler Herrschaftsformen enthält jedoch von Anbeginn ein antihistorisches, statisches Moment; alles Historische, Qualitativ-Neue wird als kontingenter Rest, als Irrationales, als Utopie aus dem Bewußtsein gedrängt. Der »Zeitlosigkeit« mathematischer und technischer Operationen entspricht die übermächtige Geltung von rechtlichen Zwangsordnungen und Institutionen, die von den antagonistischen Entstehungsbedingungen im realen gesellschaftlichen Lebensprozeß unabhängig und zu objektiven Instanzen neutralisiert erscheinen.

Es ist kennzeichnend für eine zum Mechanismus der Regulierung von Konflikten erstarrte Demokratie, daß die »abgestorbenen«, verdinglichten und geschichtslosen Institutionen und Regeln einer Art naturrechtlichen Bestandssicherung bedürfen. In einer rigiden Gesamtordnung schließen sich so rechtsstaatliche Grundsätze, Konventionen, Verfahrensregeln u.a.m. zu einer kompakten und repressiven Einheit zusammen, die dem einzelnen die fatale Alternative aufzwingt, entweder sich mit ihr zu identifizieren oder in den Verdacht zu geraten, sie abstrakt zu negieren. Im gleichen Maße, wie die Demokratie zum Regelsystem degeneriert, wird die inhaltlich bestimmte Opposition auf das formale, methodische Element der Störung reduziert. Harmlose Unterbrechungen einer Vorlesung, Verletzungen vergänglichster Satzungsbestimmungen, Störungen des Straßenverkehrs und des »Messefriedens«: was immer geschieht, es wird, unabhängig von inhaltlicher Zweckbestimmung, zur Verletzung von Menschenrechten aufgewertet und als eine das System bedrohende Einbruchstelle für Barbarei, Anarchismus, Faschismus gedeutet. Da der »Linksfaschismus« das Problem der Führungsgruppen unserer Gesellschaft und nicht der Studenten ist, brauchen die einzelnen Ereignisse, die er charakterisieren soll, gar nicht erst abgewartet zu werden. Ein beabsichtigtes »Go-in« in die Vorlesung eines Ordinarius und Bundesministers, von dem man öffentliche Auskunft über seine Stellung zur Notstandsgesetzgebung verlangt, kann deshalb nach dem gleichen Schema des »faschistischen Terrors« interpretiert werden wie die Steinwürfe törichter Einzelgänger, die Sachbeschädigungen zur Folge haben. In diesem Verfahren liegt ein Element jenes »unbewußten Platonismus«, den Kołakowski an stalinistischen Praktiken der Berichterstattung aufzeigte: die Ereignisse sind immer schon gedeutet; sie sind lediglich Realisierungsformen, empirische Bestätigungen des allgemeinen Wesens der Sache, das man längst erkannt hat. Der Gesichtsausdruck, Gesten, Redewendungen einzelner, überhaupt ein Minimum an wirklichen Informationen reichen daher aus, um die Strategie der Gesamtbewegung zu analysieren.

Die liberale Öffentlichkeit war politisch immer nur mobilisierbar, wenn es um offenkundige Rechts- und Regelverletzungen ging – so in der *Spiegel*-Affäre, so nach dem 2. Juni. Da diese Regelverletzungen aber nicht als Symptome durchschaut wurden, schloß jeder Kampf gegen sie das grundsätzliche Einverständnis mit den bestehenden Eigentums- und Herrschaftsverhältnissen ein. Heute sind die Studenten, welche die tabuierten Grundlagen der autoritären Entwicklungen angreifen, Opfer dieses falschen Bewußtseins der Liberalen. Sie sind darauf angewiesen, selbsttätig eine diskutierende Öffentlichkeit zu entwickeln, deren inhaltliches Aufklärungsinteresse wesentlich die Denunziation der Elemente des Ausnahmezustandes in der Norm, im halbwegs funktionierenden Ganzen enthält. Die Umfunktionierung der Diskussion macht sie für viele zu einer störenden, häretischen Öffentlichkeit. Denn nur *die* Diskussion gilt der Protestbewegung als ideologiefrei, die einen in möglichst rationaler Argumentation erzielten Konsens als Entscheidungsgrundlage für die praktische Herstellung der Bedingungen herrschaftsfreier Verhältnisse anerkennt.

Als Jürgen Habermas die hypothetische Formel vom »linken Faschismus« gebrauchte, wollte er vor einer selbstzerstörerischen, vom System leicht integrierbaren Formalisierung der provokativen Gewaltanwendung warnen; wie sich heute übersehen läßt, ist der überwiegende Teil der Aktionen der studentischen Protestbewegung gerechtfertigt durch das, woran er in derselben Rede keinen Zweifel ließ: daß die »demonstrative Gewalt« zur Erzwingung einer vom politischen Aufklärungsinteresse bestimmten Öffentlichkeit auch die Verletzung repressiv gewendeter Regeln einschließen kann.

Der »Linksfaschismus« ist die Projektion der systemimmanenten Faschisierungstendenzen auf unschwer diskriminierbare Randgruppen. Diejenigen, die heute unentwegt von Terror und Faschismus reden, wenn sie auf die gegen Systeme, Apparaturen, Institutionen (nicht gegen Menschen) gerichteten Aktionen der studentischen Protestbewegung verweisen, sollten bedenken, daß vor allem die schleichende Entwertung der Grundrechte und die Aushöhlung demokratischer Institutionen im Schutze technologischer Rationalisierung den Boden bereiten helfen, auf dem ein neuer Faschismus wächst. Wie in der Vergangenheit wird er sich im Zentrum, nicht am Rande der Gesellschaft entwickeln. Es ist eine gefährliche Rückbildung des historischen Bewußtseins, wenn die Auflösung der Weimarer Republik den ordnungsbesessenen Trupps, welche die Straßen unsicher machten, aufgebürdet wird; ohne die »instrumentelle Vernunft« dienstwilliger Richter, Techniker, Unternehmer und Bürokraten wäre der deutsche Faschismus sehr schnell in sich zusammengebrochen.

Die einzige Möglichkeit, seine Rückkehr in allen verschleierten und offenen Formen rechtzeitig und wirksam zu bekämpfen, besteht in der täglichen Verwirklichung liberaler und politischer Freiheitsrechte. Wer die Sicherung der Freiheit dem Staat, seinen Beauftragten, den großen Institutionen und den machtvollen Organisationen überläßt, ist das Opfer einer fatalen Illusion: er glaubt an die Lebensfähigkeit einer Demokratie ohne Demokraten.

Nr. 220

Jürgen Habermas

Die Scheinrevolution und ihre Kinder – Sechs Thesen über Taktik, Ziele und Situationsanalysen der oppositionellen Jugend

Sonderdruck der »Frankfurter Rundschau«
1. Juni 1968

QUELLE: Frankfurter Rundschau vom 5. Juni 1968; wiederabgedruckt in: Wolfgang Abendroth u.a., Die Linke antwortet Jürgen Habermas, Frankfurt/Main 1968, S. 5–15; wiederabgedruckt in: Jürgen Habermas, Protestbewegung und Hochschulreform, Frankfurt/Main 1969, S. 188–201; wiederabgedruckt in: Jürgen Habermas, Kleine Politische Schriften (I–IV), © Suhrkamp Verlag Frankfurt/Main 1981, S. 249–260

[...]

Durch Erfahrungen der vergangenen zwölf Monate, in der Bundesrepublik wie in den USA, bin ich zu der Überzeugung gelangt, daß die von Studenten und Schülern ausgehende Protestbewegung trotz ihres geringen Umfanges und ungeachtet der überhaupt fehlenden Mittel organisierter Gewalt eine neue und ernsthafte Perspektive für die Umwälzung tiefsitzender Gesellschaftsstrukturen eröffnet hat. Diese Perspektive gibt den Blick auf eine Transformation hochentwickelter Industriegesellschaften frei. Daraus könnte, wenn die Perspektive nicht täuscht, eine Gesellschaft hervorgehen, die eine sozialistische Produktionsweise zur Voraussetzung, aber eine Entbürokratisierung der Herrschaft, nämlich politische Freiheit im materialistischen Sinne zu ihrem Inhalt hat.

Andererseits sind der restaurative Zwang und der Druck der Tradition auch auf der Linken so stark, daß falsche Interpretationen zu Handlungen geführt haben, die schon die Anfänge zu diskreditieren und die ohnehin geringen Chancen des Erfolges weiter zu verringern drohen. Diese Befürchtung ist der Grund der folgenden Kritik. Ausgehend vom Verhalten des SDS in jüngster Zeit habe ich auf dem am vergangenen Wochenende in Frankfurt stattfindenden Studenten- und Schülerkongreß fünf Thesen vorgetragen; die sechste These habe ich nachträglich aus Diskussionsbemerkungen zusammengestellt.

1. Das unmittelbare Ziel des Studenten- und Schülerprotestes ist die Politisierung der Öffentlichkeit.
Das gesellschaftliche System des staatlich geregelten Kapitalismus ruht auf einer schwachen Legitimationsgrundlage. Es stützt sich auf eine Ersatzideologie, die auf Ablenkung und Privatisierung zielt. Eine Stabilität und wirtschaftliches Wachstum sichernde Politik kann heute nur darum den Schein der fachmännischen Erledigung administrativer und technischer Aufgaben wahren, weil die Öffentlichkeit entpolitisiert ist. Der technokratische Schein, der eine Entpolitisierung breiter Schichten als unvermeidlich rechtfertigen soll, wird durch diese Entpolitisierung selbst erst möglich. Die sozialen Entschädigungen, die die Loyalität unpolitischer Bürger sichern, stellen die Verbindung zwischen den Interessen des einzelnen und den verselbständigten staatlichen Bürokratien her. Diese Entschädigungen werden in den abstrakten Einheiten von Geld und Zeit zugemessen und sind als solche unpraktisch. Sie enthalten keine Orientierungen für befriedigende Formen und Normen des Zusammenlebens. Die praktisch folgenreichen Fragen sind der öffentlichen Diskussion weithin entzogen. Sie beginnen bei den Grundlagen des Systems, der privaten Form der Kapitalverwertung und dem politischen Schlüssel zur Verteilung des Sozialproduktzuwachses; sie betreffen die naturwüchsig vorentschiedenen Prioritäten bei der Festlegung staatlicher Haushalte; sie reichen über die folgenreichen Investitionen für Forschung und Entwicklung bis zur Regionalplanung oder beispielsweise dem Eherecht. Diese Fragen müßten ihren esoterischen Schein verlieren, sobald auch der Rahmen, innerhalb dessen sie definiert sind, zur Diskussion stünde.

Wenn aber das Herrschaftssystem fast nur noch negativ, durch Ablenkung der Interessen breiter Schichten auf den Privatbereich, und nicht mehr affirmativ durch Ziele praktischer Art gerechtfertigt ist, läßt sich der Angriffspunkt der Kritik eindeutig bezeichnen. Der Kampf richtet sich gegen die entpolitisierte Öffentlichkeit, auf deren Boden die Willensbildung eine demokratische Form nicht annehmen kann. Der Kampf richtet sich gegen die Apparate, die das Bewußtsein der Bevölkerung an private Vorgänge und personalisierte Beziehungen dauerhaft binden; er richtet sich vor allem gegen publizistische Großunternehmen, die eine privatisierte Leserschaft nicht nur hervorbringen, sondern deren Affekte auch noch für die gar nicht zufälligen politischen Vorurteile des Verlegers von Fall zu Fall mobil machen und ausbeuten. So entsteht eine Konfliktzone, die sich nicht mehr mit den vernarbten Frontlinien eines inzwischen latent gewordenen Klassengegensatzes deckt.

2. Die Studenten- und Schülerbewegung verdankt ihre Erfolge der phantasiereichen Erfindung neuer Demonstrationstechniken.
Die neuen Techniken der begrenzten Regelverletzung stammen aus dem Repertoire des gewaltlosen Widerstandes, das während der letzten Jahre in der amerikanischen Bürgerrechtsbewegung erprobt und erweitert worden ist. Diese Techniken gewinnen gegenüber einem bürokratisierten Herrschaftsapparat und angesichts eines publizistischen Bereichs kommerzieller Massenbeeinflussung einen neuen Stellenwert: sie dringen in die Nischen eines frontal unangreifbaren Systems ein. Sie erzielen mit relativ geringem Aufwand überproportionale Wirkungen, weil sie auf Störstellen komplexer und darum anfälliger Kommunikationsnetze gerichtet sind.

Diese Demonstrationstechniken sind zudem in ein neues Element getaucht worden. Aus der Pop-Kultur stammen jene lebendigen Gegenbilder einer dehumanisierten Welt, welche die ins Halbbewußte abgeglittenen Alltagslegitimationen durch ironische Verdoppelung der Lächerlichkeit preisgeben. Sie führen zu heftigen Abwehrreaktionen, aber auch zu dem heilsamen Schock, der ein erstauntes Nachdenken über Routinen und über unsere routinierten Verdrängungen provoziert. So ist ein Arsenal von Waffen entstanden, die eines gemeinsam haben – den eigentümlich virtuellen Charakter eines Spiels, das als politisches Instrument ernsthaft nur eingesetzt werden kann, wenn der andere Partner zwar genötigt wird, aber mitspielt. Diese Waffen können nur darum verletzen, weil sie nicht töten können.

Ritualisierte Formen der Erpressung
Dieser Zusammenhang läßt das dritte Moment erkennen, das die neuen Demonstrationstechniken auszeichnet. Psychologisch gesehen handelt es sich um ritualisierte Formen der Erpressung und des Trotzes von Heranwachsenden gegenüber unaufmerksamen, aber relativ nachsichtigen Eltern. Ihre Wirkung tun sie natürlich nur dann, wenn man sie gerade nicht infantil, sondern erwachsen, nämlich auf eine überlegte Weise anwendet. Auch die erwachsene Applikation macht freilich Regelverletzungen, die sich ihrer Erscheinungsform nach oft auf Pennälerniveau halten, für Leute über Dreißig kaum zugänglicher; insofern ist die mit dem Gestus des erfahrenen Kämpfers wiederholte Forderung des Jüngeren an die Älteren, an ihrer Praxis teilzunehmen, naiv. Die neuen Techniken sind nicht generationsneutral. Diejenigen, die das ignorieren und sich zu einer unvermittelten Partizipation entschließen, verkennen entweder den Charakter des Jugendprotestes, oder ihre eigene Persönlichkeitsentwicklung zeigt tatsächlich Affinität zu einer anderen Altersstufe.

Wenn sich die neuen Techniken zureichend als im Prinzip gewaltlose, symbolisch gemeinte und altersspezifisch anwendbare Techniken des Widerstandes begreifen lassen, dann kann über ihre Funktion kein Zweifel sein. Sie sind vorzüglich geeignet, aber auch nur geeignet, um Publizitätsbarrieren zu beseitigen und Aufklärungsprozesse, massenhafte Aufklärungsprozesse, in Gang zu setzen. Die neuen Demonstrationstechniken treffen die einzige schwache Stelle des legitimationsbedürftigen Herrschaftssystems, nämlich die funktionsnotwendige Entpolitisierung breiter Bevölkerungsschichten.

3. Die Studenten- und Schülerbewegung geht aus einem Potential hervor, das keine ökonomische, sondern eine sozialpsychologische Erklärung verlangt.
Die Protestgruppe der Studenten und Schüler ist privilegiert. Hier kann sich ein Konflikt nicht am Ausmaß der geforderten Disziplinierungen und Lasten, sondern nur an der Art der imponierten Versagungen entzünden. Nicht um einen höheren Anteil an sozialen Entschädigungen der verfügbaren Kategorien Einkommen und arbeitsfreie Zeit kämpfen Studenten und Schüler. Ihr Protest richtet sich vielmehr gegen die Kategorie der »Entschädigung« selber. Der Protest dieser Jugendlichen aus bürgerlichen Elternhäusern entzieht sich dem Muster des seit Generationen üblichen Autoritätskonflikts überhaupt. Ihre Sozialisation hat sich eher in den vom unmittelbaren ökonomischen Zwang freigesetzten Subkulturen vollzogen, in denen die Überlieferungen der bürgerlichen Moral und deren kleinbürgerlicher Ableitungen ihre Funktion verloren haben. Die eher liberalen Erziehungstechniken können Erfahrungen ermöglichen und Orientierungen begünstigen, die mit der konservierten Lebensform einer Ökonomie der Arbeit zusammenprallen. So entsteht ein prinzipielles Unverständnis für die sinnlose Reproduktion überflüssig gewordener Tugenden und Opfer – ein Unverständnis dafür, warum das Leben des einzelnen trotz des hohen Standes der technologischen Entwicklung nach wie vor durch das Diktat der Berufsarbeit, durch die Ethik des Leistungswettbewerbs, durch den Druck der Statuskonkurrenz,

durch Werte der possessiven Verdinglichung und der angebotenen Surrogatbefriedigungen bestimmt ist, warum, mit einem Wort, der »Kampf ums Dasein«, die Disziplin der entfremdeten Arbeit, die Tilgung von Sinnlichkeit und ästhetischer Befriedigung aufrechterhalten werden.

Für die neue Sensibilität muß die Ausschaltung praktischer Fragen aus einer entpolitisierten Öffentlichkeit immer unerträglicher werden. Eine politische Kraft wird sich freilich daraus nur ergeben, wenn jene Sensibilisierung an ein unlösbares Systemproblem rührt. Für die Zukunft sehe ich nur ein solches Problem. Das Maß des gesellschaftlichen Reichtums, den ein industriell entfalteter Kapitalismus hervorbringt, und die technischen und organisatorischen Bedingungen, unter denen dieser Reichtum produziert wird, machen es immer schwieriger, die Statuszuweisung an den Mechanismus der Bewertung individueller Leistung auch nur subjektiv überzeugend zu binden. Der Studenten- und Schülerprotest könnte diese brüchig werdende Leistungsideologie dauerhaft zerstören.

4. Die Studenten- und Schülerproteste folgen vielfach Interpretationen, die entweder ungewiß oder nachweislich falsch, in jedem Falle aber unbrauchbar sind, um Handlungsmaximen daraus abzuleiten.
Unter den Parolen, die das Handeln der aktivsten Teile der Studentenschaft bestimmen, finden sich nach meiner Kenntnis drei Behauptungen, die sehr schwierige und unabgeschlossene Diskussionen aus dem Bereich der Marxschen Gesellschaftstheorie auf das handliche Format von Binsenwahrheiten bringen.

Zunächst spielt die Überzeugung eine Rolle, als sei bewiesen, daß der staatlich geregelte Kapitalismus vor grundsätzlich unlösbaren Problemen der Verwertung des Kapitals stehe. Marx hatte seine Krisentheorie aus Grundannahmen der Arbeitswerttheorie abgeleitet. Ich kenne keine empirische Untersuchung des gegenwärtigen Wirtschaftssystems, die auf einer Anwendung der Arbeitswerttheorie beruht. Deren Geltung müssen wir dahingestellt sein lassen. Wohl können wir plausibel machen, daß die mit der privaten Form der Kapitalverwertung gesetzten Interessen die wichtigsten Investitionsentscheidungen, vor allem auch die, die den wissenschaftlich-technischen Fortschritt bestimmen, in die Richtung, sagen wir vereinfacht: einer Militarisierung des wirtschaftlichen Wachstums lenken. Das ist bedenklich genug, aber die Stabilität des gesellschaftlichen Systems wird nicht allein dadurch schon bedroht.

Sodann spielt die Überzeugung eine Rolle, als sei bewiesen, daß der nach wie vor bestehende Gegensatz sozioökonomischer Klassen auch heute noch zu einem politischen Konflikt entfacht werden könne. Gegen die Richtigkeit dieser Behauptung spricht die gesamte Organisation eines Herrschaftssystems, das gleichzeitig zwei Zielen dient: einerseits der wirtschaftlichen Stabilisierung, andererseits der Sicherung der politischen Massenloyalität. Die Verteilung sozialer Entschädigungen kann, auf der Grundlage eines institutionalisierten wissenschaftlich-technischen Fortschritts, nach allen Erfahrungen so gesteuert werden, daß der systemgefährdende Klassenkonflikt derjenige ist, der mit größter Wahrscheinlichkeit latent bleibt. Gegen ihn sind alle Mittel der Gefahrenabwehr mobilisiert, während Randkonflikte, die sich aus Disparitäten der gesellschaftlichen Entwicklung ergeben, dadurch, daß sie auftreten können, selber schon ein Symptom ihrer geringeren Gefährlichkeit sind. Am Beispiel der nordamerikanischen Schwarzen, einer Gruppe, in der sich schwerwiegende Disparitätskonflikte aller Art kumulieren, läßt sich zeigen, daß Unterprivilegierung heute nicht mehr mit Ausbeutung zusammenfällt. Die Neger können nicht mehr wie das Proletariat des späten 19. Jahrhunderts und die integrierte Arbeiterschaft in der Mitte des 20. Jahrhunderts durch angedrohten Kooperationsentzug zwingende Gewalt ausüben. Umgekehrt sind die Gruppen, die das heute noch können, nicht mehr in einem loyalitätsgefährdenden Maße unterprivilegiert.

Schließlich spielt die Überzeugung eine Rolle, als sei bewiesen, daß ein kausaler Zusammenhang zwischen der wirtschaftlichen Stabilität der entwickelten kapitalistischen Länder und der katastrophalen wirtschaftlichen Situation in den Ländern der Dritten Welt besteht. Ich zweifle nicht daran, daß die sozialen und ökonomischen Ausgangsbedingungen für die industrielle Entwicklung in diesen Ländern durch den historisch gewordenen Imperialismus der heutigen Industrienationen geschaffen worden sind. Aber vieles spricht dafür, daß Beziehungen ökonomischer Ausbeutung zwischen Ländern der Ersten und der Dritten Welt in zunehmendem Maße abgelöst werden durch Verhältnisse strategischer Abhängigkeit und wachsender Disparität. Auch auf internationaler Ebene bezeichnet Unterprivilegierung die Form einer empörenden Entrechtung, die aber nicht mehr mit Ausbeutung identisch ist. Das erklärt auch eine gewisse Moralisierung der Ansprüche, die jene, eine vergangene Phase der Ausbeutung repräsentierenden Länder heute gegen die ehemaligen Kolonialmächte überzeugend anmelden.

Diese drei kritisierten Grundüberzeugungen bilden, soweit ich sehen kann, das im SDS zur Zeit herrschende Bezugssystem, innerhalb dessen die Rolle des Studenten- und Schülerprotestes begriffen wird. Das muß zu Mißverständnissen führen.

Das erste Mißverständnis besteht darin, daß unser Aktionsspielraum durch eine revolutionäre, jedenfalls durch eine in Revolutionierung zu überführende Situation bestimmt sei. Davon kann keine Rede sein. Jedes, aber auch jedes der bisher allgemein akzeptierten Anzeichen für eine revolutionäre Lage fehlt. Ganz gewiß fehlt aber die subjektiv drückende Gewalt einer als unerträglich allgemein ins Bewußtsein tretenden Situation. Wo das Unerträgliche auf Definitionen noch wartet, wo das Unrecht noch nicht manifest, die Empörung keine Reaktion von Massen ist, muß Aufklärung den Parolen erst vorangehen. Wer unter diesen Umständen eine revolutionäre Umwälzung taktisch ins Auge faßt und agitatorisch betreibt, verfällt schlicht einem Wahn.

Das zweite Mißverständnis besteht darin, daß unser Aktionsspielraum durch eine internationale Einheit des antikapitalistischen Protestes bestimmt sei. Davon kann keine Rede sein. Gewiß gehört die moralische Empörung über die im Namen der Freiheit geübte Barbarei der Amerikaner in Vietnam, gewiß gehört die politische Entlarvung dieser hygienischen Ausrottungsaktion, unternommen von einem Land, das sich von den rühmlichen Anfängen seiner Verfassungsprinzipien nicht weiter hatte entfernen können, zu unseren unmittelbaren Aufgaben. Aber die auf emotionaler Ebene hergestellte Identifizierung – mit der Rolle des Vietcong, die Identifizierung mit den Negern der großstädtischen Slums, mit den brasilianischen Guerillakämpfern, mit den chinesischen Kulturrevolutionären oder den Helden der kubanischen Revolution – hat keinen politischen Stellenwert. Die Situationen hier und dort sind so unvergleichlich wie die Probleme, die sich stellen, und die Methoden, mit denen wir sie angehen müssen.

5. Aus der falschen Einschätzung der Situation folgt eine verhängnisvolle Strategie, welche nicht nur Studenten und Schüler auf die Dauer isolieren, sondern alle auf Demokratisierung drängenden gesellschaftlichen und politischen Kräfte schwächen muß.

Die Fehleinschätzung der Situation macht die aktivsten Teile der Studentenbewegung anscheinend unfähig, die Grenzen ihres Aktionsspielraums und den Charakter der verfügbaren Mittel zu erkennen.

Die neuen Demonstrationstechniken, die nur symbolische Handlungen einschließen können, verwandeln sich in den Köpfen altgedienter SDSler zu Mitteln des unmittelbar revolutionären Kampfes. Eine rote Fahne im richtigen Augenblick auf dem richtigen Dach kann eine aufklärende Wirkung haben; sie kann eine Tabuschranke durchbrechen, eine Barriere gegen Aufklärungsprozesse aus dem Wege räumen. Etwas anderes ist es aber, wenn ein solches Symbol diejenigen, die es setzen, darüber betrügt, daß es heute um einen Sturm auf die Bastille nicht gehen kann. Wie die Vorgänge in den Räumen der Frankfurter Universität während der Nacht von Mittwoch auf Donnerstag vergangener Woche unmißverständlich zeigen, verwechseln einige führende Akteure den virtuellen Vorgang einer Universitätsbesetzung mit einer faktischen Machtergreifung. Eine so gravierende Verwechslung von Symbol und Wirklichkeit erfüllt im klinischen Bereich den Tatbestand der Wahnvorstellung. Derjenige, der sich der aus der Protestpsychologie von Jugendlichen stammenden Techniken nicht als Erwachsener, nämlich im Bewußtsein ihres virtuellen Charakters bedient, wer sie vielmehr, wie das Kind selber, ernst nimmt, verfällt damit einem Infantilismus.

Die Verwechslung von Realität und Wunschphantasie hat ferner zur Folge, daß an Stelle der allein gebotenen Strategie massenhafter Aufklärung die Taktik der Scheinrevolution tritt. Wie in den letzten Wochen deutlich zu beobachten war, nimmt Agitation den Platz der Diskussion ein. Die präjudizierte Erkenntnis verdrängt die Untersuchung. Unter permanentem Handlungszwang wird auf Analyse verzichtet. Anscheinend genügen jene Parolen, die ich genannt habe, um dem falschen Bewußtsein der Revolution ein trügerisch gutes Gewissen zu machen. Die Konfrontationspolitik vollzieht sich in jenem sorgfältig gehüteten Zwielicht zwischen symbolischer Erpressung, die Aufmerksamkeit tatsächlich erzwingt, und faktischer Gewaltanwendung, mit der man Machtpositionen zu gewinnen sich einbildet. Dieses Zwielicht verhindert seit einem Jahr die klare Distinktion zwischen Gewaltanwendung und Provokation obgleich in unserer Situation die Beschränkung auf Techniken des gewaltlosen Widerstandes selbstverständlich sein müßte. Die Taktik der Scheinrevolution kommt schließlich in einem Verhalten zum Ausdruck, das die Polarisierung der Kräfte um jeden Preis sucht. Diese kurzfristige Perspektive schließt Bündnispolitik, schließt die präventive Vermeidung künftiger Risiken, schließt die Respektierung immer noch Freiheit und Recht garantierender Verfassungsinstitutionen aus. Sie führt zur illusionären Beschwörung der Einheit von Studenten und Arbeiterschaft. Sie führt dazu, die Grenzen des Aktionsspielraums zu sehen, die auf der einen Seite durch Massenmedien und auf der anderen Seite durch den Gewerkschaftsapparat definiert sind.

Aktionen um der Selbstbestätigung willen
In der vergangenen Woche hat das falsche Bewußtsein der Revolution von jenen Schwächen der Intellektuellen gelebt, die in ruhigeren Zeiten zu den déformations professionelles gehören, die in lebhafteren Zeiten aber, wenn sie aus dem Schattenreich der persönlichen Psychologie heraustreten und zur politischen Gewalt werden, wahrlich ein Skandal sind. Ich meine die Rolle des Agitators, der, weil er den Realitätskontakt verloren hat, nur noch die Realität der Massenreaktion kennt und anerkennt, der von kurzfristigen narzißtischen Befriedigungen lebt und die Aktion von einer Bestätigung zur nächsten treibt, um der Selbstbestätigung willen. Ich meine ferner die Rolle des Mentors, der, weil er gegen Erfahrungen immunisiert ist, eine Orthodoxie mit grauen Vokabeln allen Bewußtseinstrübungen aufprägt, um das zu rationalisieren, wozu den andren die Worte fehlen. Ich meine schließlich die Rolle des zugereisten Harlekins am Hof der Scheinrevolutionäre, der, weil er so lange unglaubwürdige Metaphern aus dem Sprachgebrauch der zwanziger Jahre für seinerzeit folgenlose Poeme entlehnen mußte, nun flugs zum Dichter der Revolution sich aufschwingt – aber immer noch in der Attitüde des Unverantwortlichen, der sich um die praktischen Folgen seiner auslösenden Reize nicht kümmert.

6. Die Taktik der Scheinrevolution muß einer langfristigen Strategie der massenhaften Aufklärung weichen.
Weil die entschiedensten unter den Studenten nicht einsehen, daß der Erfolg ihrer Aktionen von den wirkungsvoll in Szene gesetzten Appellen an wie immer residuale, aber noch geltenden Legitimationen abhängt, täuschen sie sich über zwei Fakten. Einmal verwechseln sie die Abwehrreaktionen eines Staates, der durch Normen noch gehalten ist, auf Protestspiele sich einzulassen, mit der nackten Repression einer faschistischen Gewalt – sie unterschätzen deshalb die potentielle Gewalt eines Staates, der eines Tages wirklich zur manifesten Unterdrückung wehrloser Gruppen übergehen könnte. Zum anderen wähnen diese Studenten, daß sie nicht indirekte Macht durch symbolische Handlungen, sondern faktische Macht ausüben – sie überschätzen deshalb ihre eigene Machtposition bis an die Grenze lächerlicher Potenzphantasien. Eine »Bewegung« ist nicht schon darum revolutionär, weil man sie so nennt.

In diesem Zusammenhang erhält das Klischee der Zweiten Internationale, die das festgehaltene Ziel der Revolution zugunsten einer Reformpraxis vertagt hatte, den Stellenwert eines abschreckenden Exempels. Allein, »vertagen« läßt sich nur die Revolution, die man auf die Tagesordnung setzen kann. Die Topik der alten Arbeiterbewegung führt heute in die Irre. Die neue Protestbewegung verdankt ihre Überlegenheit dem Umstand, daß sie auf dem gegenwärtigen Niveau der gesellschaftlichen Entwicklung unterscheiden kann: zwischen dem privatistischen Ziel des gesicherten Lebensstandards und dem eigentlich politischen Ziel der Emanzipation, d. h. der Durchsetzung eines im Ernst demokratischen Willensbildungsprozesses in allen gesellschaftlichen Bereichen.

Dieses Bewußtsein ist nicht zufällig unter Studenten und Schülern zuerst entstanden. Studenten und Schüler wissen, daß sie es unter Arbeitern und Angestellten verbreiten müssen, bevor es ein existierendes Bewußtsein werden kann. Aber der objektive Unterschied zwischen beiden Gruppen und der sozialpsychologische Abstand sind noch immens. Wenn die Protestbewegung ihr radikales Ziel einer Entbürokratisierung der Herrschaft, die mit den funktionellen Bedürfnissen eines entwickelten Industriesystems vereinbar ist, nicht nur zum Zwecke verbaler Selbstbefriedigung verfolgen will, muß sie ihre Taktik an der Wirklichkeit orientieren. Sie muß realistisch sein:
– realistisch im Hinblick auf den Zeitraum, der zu bedenken ist. Vor uns liegt keine Periode des Umsturzes, weder des manifesten noch des verschleierten;
– realistisch im Hinblick auf die informellen und die rechtlichen Positionen, auf die sich die demokratische Opposition heute noch stützen und die sie verlieren kann. Ein abstrakter Kampf gegen die Insti-

tutionen der Verfassung wäre sowohl unbegründet als auch selbstmörderisch;
– realistisch im Hinblick auf die punktuellen Fortschritte, die inmitten der massiv restaurativen Entwicklung der letzten zwanzig Jahre auch möglich gewesen sind. Diese isolierten Verbesserungen können als Bastionen genutzt werden; sie sollten nicht einem undifferenzierten Urteil und pauschaler Ablehnung verfallen;
– realistisch im Hinblick auf die Grenzen des Aktionsspielraums. Ohne Unterstützung durch Gruppen mit privilegierten Einflußchancen ist der Zugang zur breiten Öffentlichkeit, der von den Massenmedien kontrolliert wird, nicht zu gewinnen. Ohne Unterstützung des Gewerkschaftsapparates kann das Mittel des politischen Streiks, das die Verfassung gegen einen Notstand von oben allein garantiert, nicht angewendet werden;
– realistisch schließlich im Hinblick auf die theoretischen Voraussetzungen der Praxis. Generalisierungen, auch auf relativ hoher Stufe der Verallgemeinerung, sind nötig. Aber bei schwachen empirischen Anhaltspunkten sollte über deren Status kein Zweifel sein. Niemand darf sich präsumtiv mit einem in Zukunft hervorzubringenden Bewußtsein aufgeklärter Massen identifizieren, um heute schon stellvertretend für sie zu agieren.

Nr. 221
Hans-Jürgen Krahl
Antwort auf Jürgen Habermas
Schriftliche Fassung eines Diskussionsbeitrages auf dem »Schüler- und Studentenkongreß des Verbandes Deutscher Studentenschaften«
1. Juni 1968

QUELLE: Hans-Jürgen Krahl, Konstitution und Klassenkampf, Frankfurt/Main 1971, S. 242–245

»Wer selbst in unmittelbarer Verbindung mit einer kämpfenden Partei ihren Kurs unter Umständen beeinflussen kann, vermag vielleicht eine Zeitlang auch von außen her fruchtbare Kritik an der Führung zu üben. Aber eine proletarische Partei läßt sich nicht zum Gegenstand kontemplativer Kritik machen, denn jeder ihrer Fehler ist ein Produkt des Umstands, daß sie nicht durch wirksame Teilnahme besserer Kräfte davor bewahrt worden ist. Ob der kontemplative Kritiker durch eigene Tätigkeit in der Partei diese Kräfte verstärkt hätte, läßt sich nicht an seinen nachträglichen Äußerungen über die Handlungen der Partei ermessen, denn es bleibt ewig unausgemacht, ob seine Ansicht in der gegebenen Situation den Massen eingeleuchtet hätte, ob mit seiner theoretischen Überlegenheit auch die notwendigen organisatorischen Fähigkeiten verbunden waren, kurz ob seine Politik überhaupt möglich war oder nicht ... Bürgerliche Kritik am proletarischen Kampf ist eine logische Unmöglichkeit.« Heinrich Regius[1]

Habermas[2] unterstellt dem SDS eine unreflektierte Orthodoxie der Krisen-, Klassen- und Imperialismustheorie.[3] Er übernehme dogmatisch die alten Lehrstücke der marxistischen Theorie und versuche, sie den neuen gesellschaftlichen Tatsachen aufzuzwingen, woraus mit Notwendigkeit die Wahl von falschen Strategien folge. Der Vorwurf ignoriert den tatsächlichen Verlauf der theoretischen Diskussion im SDS. Keines der drei zitierten Lehrstücke ist nicht in die kritische Problematisierung der revolutionären Theorie einbezogen, deren Ausmaß im folgenden an der Krisen- und Klassentheorie verdeutlicht werden soll:

1. Die Zusammenbruchskrise des Kapitals läßt in der Theorie von Marx und Engels zwei geschichtliche Möglichkeiten zu: Entweder werden die kapitalistische Gesellschaft und die bürgerlichen Verkehrsformen durch die klassenbewußte Vereinigung des Proletariats umgewälzt, oder das Kapital rettet sich durch die politische Konstruktion des autoritären Staates, durch staatliche Wirtschaftsregulierungen und den Abbau bürgerlicher Rechtssicherheit zugunsten sozialer Sicherheit als Instrument der Unterdrückung. Das Bestehen des autoritären Staates der Gegenwart, der seinem gesellschaftlichen Zwangscharakter mit der Verabschiedung der Notstandsgesetze rechtskräftigen Ausdruck verlieh, ist ebenso Ausdruck der Krise des Kapitals wie seines temporären Erfolgs, jene in seinem Sinne zu bewältigen. An dem geschichtlich fixierten Endpunkt der letzten Krise und der folgerichtigen Entstehung des autoritären Staates bricht die Theorie von Marx und Engels ab. Für die Epoche des aus ökonomischen Zwängen auf den politischen Eingriff des Staates verwiesenen Spätkapitalismus steht der Typus einer revolutionären Theorie, welche diese Gesellschaft unter dem Aspekt ihrer Veränderbarkeit beschreibt, noch aus.

2. Habermas' These zur Latenz des Klassenkampfes und der Aktualität von Randkonflikten trägt – gerade angesichts der jüngsten Klassenkämpfe in Frankreich – nur zur Verdrängung der notwendigen Problematisierung der Klassentheorie bei. Die für den Kapitalismus spezifische Dissoziierung der Massen und die Isolierung der Individuen voneinander, wie sie einst von der wirtschaftlichen Konkurrenz besorgt wurden, sind durch die Verfeinerung der Regierungs- und Manipulationsinstrumente über die »nur« ökonomisch bedingten Verhältnisse weit hinausgetrieben worden, so daß die Entfaltung eines geschichtlich qualifizierten Klassenbewußtseins und angemessene Organisationsformen des revolutionären Kampfes (und nicht der innerkapitalistischen Interessenvertretung) problematisch geworden sind. Dies gilt unter der Bedingung, daß es politisch nicht darauf ankommen kann, auf eine vom System produzierte, unerträglich gewordene »subjektiv drückende Gewalt« zu warten. Vielmehr ist die Frage zu beantworten, wie im Rahmen einer vom System zwar nur in entstellter Form gewährleisteten materiellen Bedürfnisbefriedigung die unterdrückten Bedürfnisse nach Freiheit, Frieden und Glück ins Bewußtsein der Massen gehoben werden können. Der SDS behauptet keineswegs, die daraus sich ergebenden Fragen der Klassentheorie gelöst zu haben; er weiß sehr wohl, daß seine eigenen Thesen und Parolen, wie die vom »Klassenkampf statt Sozialpartnerschaft«, mehr einen pragmatischen Reflex auf seine bisherige Praxis darstellen denn deren reflektierte Strategie.

Auf dem Hintergrund dieser theoretisch offenen und praktisch ungelösten Probleme lassen sich gleichwohl einige strategisch gesicherte Konsequenzen folgern:

a) »Die internationale Einheit des antikapitalistischen Protests« ist keine bloß sentimentale Fiktion, wie Habermas vorgibt, sondern zeigt eine neue weltgeschichtliche Konstellation an, in deren Rahmen allein die von Habermas sozialpsychologisch verkürzten antiautoritären Dispositionen objektiv ermöglicht wurden. Ihre Identifikation mit den Befreiungsbewegungen der Dritten Welt, dem Kampf des Vietcong und dem sozialistischen Modell Kuba erlaubte der Studentenbewegung, die imperialistische Unterdrückung der »freien Welt« zu lokalisieren und sich zugleich von der längst verbürgerlichten, von jedem revolutionären Anspruch verlassenen Realpolitik der Sowjetunion zu distanzieren. Der Kampf der Guerilleros dort lehrt die revoltierenden Studenten hier eine politische Moral der Kompromißlosigkeit, deren Verkörperung nicht zuletzt Che Guevara darstellte.

b) Habermas unterschätzt die systemgefährdende Funktion dessen, was er als »Randkonflikt« bezeichnet. Das Ausmaß, in dem die gegenwärtige kapitalistische Gesellschaft auf der »Bewußtlosigkeit aller Beteiligten« beruht, hat sich geschichtlich vervielfältigt. Um die lohnabhängigen Massen in passiver Abhängigkeit zu halten, bedarf es eines Aufwands an bevormundender Manipulation und Zwangsmitteln wie nie zuvor. Darum reagiert der Staat schon auf die bescheidensten Ansätze spontaner Aktionen selbst kleinster Gruppen mit dem gereizten Einsatz massiver Gewalt, von Polizeiknüppeln bis zu politischer Justiz. Die mündige Selbsttätigkeit der Bevölkerung vermögen die Herrschaftsinstitutionen dieser Gesellschaft schon im Prinzip nicht zu dulden.

c) Der schwerwiegende Vorwurf, den Habermas gegen den SDS erhebt, besagt, dieser verwechsle den symbolischen Protest mit dem faktischen Machtkampf, erklärbar nur aus einer infantilen Pathologie, die »im klinischen Bereich den Tatbestand der Wahnvorstellung erfülle«. Blind gegen jede geschichtliche Erfahrung, begeht Habermas ein entscheidendes analytisches quid pro quo. Nicht der SDS verwechselt Wunsch und Wirklichkeit, sondern der Staat hat erwiesenermaßen auf den Protest unbewaffneter Gruppen mit dem Einsatz seiner Gewaltmaschine geantwortet, als handle es sich um den faktischen Kampf um die Macht im Staat. Die Pathologie des Staates zwingt diesen, einen vorbeugenden Machtkampf zu führen, Individuen, Gruppen und Klassen an der autonomen Wahrnehmung ihrer Interessen zu hindern und die Ansätze zur Organisierung der Opposition außerhalb der bestehenden Institutionen zu zerschlagen. Der Staat und seine Versuche, die Gesellschaft zu kasernieren, zwingen die außerparlamentarische Opposition in den Widerstand. Für diese Phase hat sie bislang nur »die Waffe der Kritik«, aber nicht »die Kritik der Waffen« ausgebildet.

Vor einem Jahr hat Habermas als Linksfaschismus denunziert, was er heute als »phantasiereiche Erfindung neuer Demonstrationstechniken« feiert. Der Bildungsprozeß, den er inzwischen absolviert hat, ist erfreulich. Gleichwohl hält er an einem akademischen Schema der Praxis fest: erst die Aufklärung, dann die Aktion. Doch dieses Modell ist längst geschichtlich überholt. Die unscheinbaren Ansätze zur Praxis, die Habermas selbst versuchte, sind eindeutiger Beleg dafür. Seine Strategie, eine große Gegenkoalition von Brenner bis Augstein herzustellen, ist gescheitert. Die Gruppe von Personen mit »privilegierten Einflußchancen«, die zu Brenner zog, um diesem ihre Vorstellungen zur Notstandsopposition vorzutragen, isolierte sich in taktierender Kabinettspolitik von den streikenden Arbeitern, Schülern und Studenten, deren massivem Protest es immerhin gelang, daß der DGB-Landesvorstand in Hessen zum Tag der dritten Lesung, entgegen den Beschlüssen der DGB-Bundesspitze, eine Protestkundgebung mit Streikcharakter durchführte. Die Intellektuellen, die am Tag der dritten Lesung der Notstandsgesetze ihren Widerstand im großen Sendesaal des Hessischen Rundfunks öffentlich bekundeten, konnten den von Habermas beschworenen liberalen Resonanzboden gar nicht herstellen, sondern bildeten in ihrer hilflosen Isolation den Zerfall einer einstmals liberalen Öffentlichkeit ab. Ohne Adressat agitierten sie sich selbst; der aktive Widerstand vollzog sich in den Betrieben, den Schulen und der Hochschule.

Habermas' Taktik, die radikale Avantgarde zu isolieren, indem er sie kabinettspolitisch oder nach geschichtlich überholten Öffentlichkeitskriterien von den eigenen Unternehmungen ausschließt, fällt auf ihn selbst zurück: Habermas ist dort angelangt, wo die Studentenbewegung vor einem Jahr war, bei den Formen der Provokation, wie sie auf dem Kongreß von Hannover diskutiert wurden. Doch die Phase des provokativen Protests ist vorbei, die des aktiven Widerstands hat begonnen. Habermas kommt als Hegelscher Philosoph post festum; er hinkt der wirklichen Widerstandsbewegung als flügellahme Eule der Minerva hinterdrein.

1 Heinrich Regius, Dämmerung, Basel 1933, S. 72 f.
2 Die Thesen von Jürgen Habermas *Die Scheinrevolution und ihre Kinder* erschienen am 5.6.1968 in der Frankfurter Rundschau. Am 2. Juni fand in der Mensa der Frankfurter Universität im Rahmen eines Hochschulkongresses des VDS ein Teach-in statt, an dem auch Habermas teilnahm. Auf diesem Teach-in antwortete H.-J. Krahl auf die Thesen. Der vorliegende Beitrag ist die schriftliche Fassung dieser Antwort.
3 Alle Verweise und Zitate im folgenden beziehen sich auf Jürgen Habermas, Die Scheinrevolution und ihre Kinder – 6 Thesen über Taktik, Ziele und Situationsanalysen der oppositionellen Jugend; wiederabgedruckt in: Oskar Negt (Hg.), Die Linke antwortet Jürgen Habermas, Frankfurt/Main 1968, S. 5–15.

Nr. 222
Oskar Negt
Über die Idee einer kritischen und antiautoritären Universität

Referat auf dem vom Verband Deutscher Studentenschaften organisierten »Schüler- und Studentenkongreß«
2. Juni 1968

QUELLE: Detlev Claussen / Regine Dermitzel (Hg.), Universität und Widerstand – Versuch einer Politischen Universität in Frankfurt, Frankfurt/Main 1968, S. 192–195; wiederabgedruckt in: Oskar Negt, Politik als Protest, Frankfurt/Main 1971 (unautorisierte Ausgabe), S. 71–74.

Es gibt kein logisch zwingendes Verhältnis zwischen wissenschaftlichen Aussagen und praktischen Einstellungen, zwischen Wissenschaft und Politik; deren Beziehungen sind gleichwohl der Rationalisierbarkeit, der argumentativen Vermittlung im Medium einer politisch fungierenden Öffentlichkeit nicht vollständig entzogen. Die Wissenschaften selber enthalten ein praktisch-emanzipatives Element, das man nur um den Preis der Unterdrückung des wissenschaftlichen Fortschrittes eliminieren könnte. Jürgen Habermas hat auf die Analogie zwischen der Festlegung und Rationalisierung von Standards für deskriptive Aussagen und den Regeln kommunikativen Handelns hingewiesen; ihm zufolge gibt es *eine* Form der politischen Willensbildung, nach deren Prinzip in gleicher Weise wie in den Wissenschaften »Entscheidungen von einem in herrschaftsfreier Diskussion erzielten Konsensus abhängig gemacht werden sollen – und das ist die demokratische. Das Prinzip der Öffentlichkeit soll dabei jede andere Gewalt als die des besseren Arguments ausschalten; und Mehrheitsentscheidungen gelten dieser Idee zufolge nur als Ersatz für den zwanglosen Konsensus, der sich am Ende herausstellen würde, wenn man nicht stets die Diskussion unter Entscheidungszwang abbrechen müßte.«[1]

Konnten sich die autonomen Privatleute des neunzehnten Jahrhunderts, entlastet vom grundsätzlichen Entscheidungszwang für eine qualitativ neue Gesellschaftsform, freilich darauf beschränken, abstrakte und generelle Normen des gesellschaftlichen Zusammenlebens zu fixieren, so impliziert heute jede Diskussion über Einzelprobleme der autonomen Selbstorganisation der Menschen Fragen, welche die Legitimationsgrundlage der Gesamtgesellschaft betreffen. Das heißt: jede ideologiefreie Diskussion, die den

Zwang blinder politischer Dezisionen bricht, steht in einer spätkapitalistischen Klassengesellschaft unter Entscheidungszwang: nur die Form der Diskussion kann demzufolge als ideologiefrei gelten, welche die wie immer auch vermittelte Absicht enthält, einen in möglichst rationaler (dem kritischen Potential der Wissenschaften entnommener) Argumentation erzielten Konsens als Entscheidungsgrundlage für die praktische Herstellung der Bedingungen herrschaftsfreier Verhältnisse anzuerkennen. Die Diskutierenden müssen nicht nur die Stelle, an der Entscheidungszwang unvermeidlich wird, inhaltlich explizieren, sondern in der Idee herrschaftsfreier Kommunikation ist immer schon ein gewisses Maß an Übereinstimmung von Interessen, die nur Produkt eines organisationspraktisch-politisch vermittelten Sozialisationsprozesses der Beteiligten sein kann, vorausgesetzt.

Betrachtet man die bisherigen Ansätze für eine kritische und antiautoritäre Universität unter dem Gesichtspunkt ihrer neuartigen Organisationselemente, so läßt sich feststellen, daß die Verschmelzung der in der studentischen Protestbewegung ausgebildeten informellen und politisch kooperativen Gruppen mit der traditionellen Organisationsform der Seminare eben die objektiven Bedingungen schaffen soll, die eine demokratische Rationalisierung jenes unaufschiebbaren Entscheidungszwangs ermöglichen. So abwegig es wäre, die immanente Logik des Forschungsprozesses, selbst wenn sein experimenteller, offener Charakter heute kaum noch bestritten werden kann, durch Mehrheitsentscheidungen zu mediatisieren, so wenig ist der organisierte Arbeitsprozeß des Forschens und der Erziehung doch aus dem verpflichtenden Zusammenhang einer Theorie objektiver Interessen zu lösen; aus ihr wären vor allem Kriterien zu gewinnen für die Unterscheidung zwischen den historisch relevanten, auf Selbstbestimmung und sinnvolle Tätigkeit der Menschen gerichteten Aufgaben der Universität und den ihren gegenwärtigen Zustand noch bestimmenden repressiven Funktionen. Eine solche Theorie, die freilich kaum noch von einzelnen, sondern nur noch kooperativ in politisch-wissenschaftlichen Kommunikationszentren entwickelt werden könnte, hätte zu begründen, daß die technischen, wissenschaftlichen und organisatorischen Möglichkeiten der fortgeschrittenen Industriegesellschaften einen historischen Entwicklungsstand erreicht haben, der die künstliche Aufrechterhaltung einer offenen Bedürfnisspirale, bei gleichzeitiger Verarmung eines großen Teils der Weltbevölkerung und bei Deformation der gesellschaftlich-kommunikativen Fähigkeiten der Menschen in den Metropolen, zum gewaltigen Produkt partikularer Herrschaftsinteressen macht, die Wirtschaftsdemokratie und planmäßige Organisation der gesellschaftlichen Produktion verhindern.

Im Zusammenhang einer solchen Theorie würde sich auch der Sinn der Erziehung verändern. Der von den Studenten erhobene Vorwurf des »Fachidiotismus« bezweckte nie einfach die interdisziplinäre Erweiterung der Ausbildung, sondern ein fachgebundenes, gesellschaftswissenschaftliches Grundstudium für alle Fakultäten, für Lehrer, Juristen, Mediziner, Techniker – ein Studium, das die einzelnen überhaupt erst zu befähigen hätte, ihr naturwüchsiges, entfremdetes Verhältnis zum Beruf zu durchschauen und die Berufsrollen in gesamtgesellschaftlichen Zusammenhängen zu reflektieren. Ein gesellschaftliches Grundstudium im Rahmen der *Kritischen Universität*, das mit dem bekannten Studium Generale kaum etwas gemeinsam hat, wird zwar die klassenbedingten Bildungsprivilegien nicht aufheben; aber die Anerkennung praktisch bestimmter soziologischer Bildungsprozesse könnte dazu beitragen, die traditionelle Distanz der deutschen Universität zur industriellen Arbeitswelt, zu den vielfältigen Formen der Arbeiterbildung und der freien Erwachsenenbildung aufzuheben und eine andere Verbindung zur Gesellschaft herzustellen als die gegenwärtig drohende, welche die Gefahr einer technokratischen Verflechtung von Universität und privatkapitalistischer Industrie heraufbeschwört.

Wenn das vom Wissenschaftsrat vorgeschlagene exemplarische Lernen nicht den Zweck haben soll, die borniert Berufsausbildung zu zementieren, so muß aus dem didaktisch beschränkten Prinzip der Stoffreduktion eine inhaltlich bestimmte Methode entwickelt werden, die durch die Entfaltung der soziologischen und politischen Phantasie, durch die Erziehung zur »Phantasie der Umgestaltung« (H. Marcuse) wissenschaftliche Arbeitsteilungen tendenziell rückgängig zu machen erlaubt.[2] Denn von der Fähigkeit zur Reduktion komplexer, in Wissenschaftssprachen formalisierter Informationen (zum Beispiel naturwissenschaftlicher, ökonomischer und militärischer Art) auf wesentliche, alternativ formulierte politische Positionen hängt heute in letzter Instanz die Möglichkeit demokratischer Kontrollen administrativer Entscheidungen ab; denn gerade durch die bürokratischen

Prinzipien von Sachkompetenz und Arbeitsteilung sichern sie sich gegen jedwede Kritik. Mehr noch: die Fähigkeit der Übersetzung analytisch-wissenschaftlicher Sachverhalte in verschiedene Stufen anschaulicher, außerwissenschaftlicher Sprach- und Denkformen, allgemein: in die »Sprache des praktischen Bewußtseins« (Marx) entscheidet darüber, ob wissenschaftlich erfaßte Zusammenhänge das Prozeßdenken entwickeln und zur Motivierung des kritischen, gesellschaftsverändernden Handelns beitragen oder lediglich das Erlernen der Verwendungsregeln für wissenschaftliche Artefakte erleichtern.

Wie die autonome Universität unter heutigen Bedingungen nur noch als politisch-demokratische zu retten ist, so kann dem hohen Anspruch Humboldts, Charakter durch Wissenschaft zu bilden, nur eine in historischem Bewußtsein fundierte Moral des politischen Handelns gerecht werden. »Sobald man aufhört, eigentlich Wissenschaft zu suchen, oder sich einbildet, sie brauche nicht aus der Tiefe des Geistes heraus geschaffen, sondern könne durch Sammeln extensiv aneinandergereiht werden, so ist alles unwiederbringlich und auf ewig verloren... Denn nur die Wissenschaft, die aus dem Innern stammt und ins Innere gepflanzt werden kann, bildet auch den Charakter um, und dem Staat ist es ebenso wenig als der Menschheit um Wissen und Reden, sondern um Charakter und Handeln zu tun«.[3]

1 Jürgen Habermas, Universität in der Demokratie – Demokratisierung der Universität, in: Merkur, Heft 230, S. 426.
2 Diesen Zusammenhang habe ich ausführlich in meiner Arbeit: Soziologische Phantasie und exemplarisches Lernen. Zur Theorie der Arbeiterbildung, Frankfurt/Main 1968, behandelt.
3 Wilhelm von Humboldt, Über die innere und äußere Organisation der höheren wissenschaftlichen Anstalten in Berlin, in: Ernst Aurich (Hg.), Die Idee der deutschen Universität: die fünf Grundschriften aus der Zeit ihrer Neugründung durch klassischen Idealismus und romantischen Idealismus, Darmstadt 1956, S. 379.

Nr. 223
Oskar Negt
Einleitung
Zu: Die Linke antwortet Jürgen Habermas
1968

QUELLE: Wolfgang Abendroth u.a., Die Linke antwortet Jürgen Habermas, Frankfurt/Main 1968, S. 17–32; wiederabgedruckt in: Oskar Negt, Politik als Protest, Frankfurt/Main 1971 (unautorisierte Ausgabe), S. 87–101.

Der gegenwärtige Kristallisationsprozeß innerhalb der gesamten Außerparlamentarischen Opposition könnte manchem als sinnfällige Bestätigung der Thesen erscheinen, die Jürgen Habermas am 1. Juni 1968 auf einem Kongreß des Verbandes Deutscher Studentenschaften in Frankfurt vorgetragen hat und die in diesem Buch noch einmal, und zwar in der für die Frankfurter Rundschau erweiterten Fassung vom 5. Juni 1968 abgedruckt sind. Aber es wäre ein großer Irrtum, wollte man die nach den Springer-Blockaden unvermeidlich gewordene Polarisierung der antiautoritären Kräfte, die wahrscheinlich eine neue Organisationsstufe der Protestbewegung vorbereitet, einfach als Ausdruck von Zerfallserscheinungen verstehen; verschärfte Auseinandersetzungen in dezentralisierten »Bewegungen«, die sich nicht auf traditionelle Parteien und Massenorganisationen stützen, erwecken stets den Eindruck einer inneren Zersetzung. Andererseits kann kaum bezweifelt werden, daß sich die studentische Protestbewegung gegenwärtig in einer entscheidenden Entwicklungsphase befindet: nur durch die Herausbildung langfristiger Aktionsstrategien kann die selbstzerstörerische Angst vor dem politischen Identitätsverlust überwunden und die zur Stabilisierung unerläßliche taktische Kompromißfähigkeit mit anderen oppositionellen Gruppierungen erhöht werden.

Es ist unter diesen Bedingungen notwendig, die seit dem Vorwurf des »linken Faschismus« auf der Ebene von wechselseitigen Abwehrreaktionen geführten Kontroversen zwischen Habermas und der Protestbewegung zu objektivieren und möglichst ganz von der emotionalen Fixierung an einzelne Aktionen und Akteure zu lösen. Denn die Bedeutung der Habermasschen Kritik, die unzweifelhaft den ersten Versuch einer ernstzunehmenden und systematischen Auseinandersetzung in der Protestbewegung darstellt, erschöpft sich nicht im Bestätigen, Widerlegen oder Richtigstellen von Einzelargumenten. In ihren Widersprüchen ist sie vielmehr Ausdruck einer ihrem Anspruch nach durch Praxis konstituierten Theorie, die unter dem unmittelbaren Legitimationsdruck einer radikalen politischen »Bewegung« gezwungen war, ihr praktisches Bezugssystem zu bestimmen und die politischen Implikationen einer kritischen Gesellschaftstheorie in strategischen und organisationspraktischen Zusammenhängen zu entfalten. Jürgen Habermas hat lange gezögert, bevor er in der Öffentlichkeit überhaupt Stellung zur Protestbewegung bezog; und die Tatsache, daß er auf eine ursprünglich beabsichtigte Erwiderung in diesem Buch verzichtete, weist darauf hin, daß er die Thesen zur Protestbewegung nach wie vor als einen Beitrag zur Diskussion über *grundsätzliche* Positionen *innerhalb der Neuen Linken* betrachtet.

Wenn die Autoren dieses Buches bewußt vermieden haben, als einzelne und in verschiedenen Publikationsorganen auf die Habermasschen Thesen zu antworten, so wollten sie bereits durch die Form der Auseinandersetzung die Neutralisierungsmöglichkeiten der politischen Argumente einschränken: daß die reflektierende Verarbeitung von kollektiven politischen Lernprozessen in die individuelle Protestpsychologie oder in Generationskonflikte rückübersetzt wird. Was die einzelnen Artikel verbindet, ist jedoch weder eine umstandslose Solidarisierung mit der Protestbewegung noch die Bestätigung und Erläuterung einer geschlossenen Theorie, von der man behaupten könnte, daß die Taktiken der direkten Aktion in langfristigen Strategien der Politisierung der Öffentlichkeit und der sozialistischen Veränderung der Gesellschaft begründet seien. Die bisherigen strategischen Überlegungen innerhalb der Außerparlamentarischen Opposition sind durchaus kontrovers und können kaum mehr als praktische Plausibilität beanspruchen; auch das vorliegende Buch leistet keinen wesentlichen Beitrag zur Strategie-Diskussion.

Was die geschlossene und zum Teil heftige Reaktion auf die Thesen von Habermas, selbst bei denjenigen, die sich unmittelbar von der Kritik gar nicht betroffen fühlen konnten, bewirkte, erklärt sich offenbar aus dem ungewöhnlichen Tatbestand, daß die praktische Analyse eines als links geltenden Autors, der weder zusätzliche Legitimationshilfen für den Kampf gegen die *Neue Linke* liefern noch die Politik der gesamten Außerparlamentarischen Aktion zu treffen beabsichtigte, spontanen Beifall von einem Publikum erhielt, in dem sich recht heterogene Gruppen zusammenfanden: von Liberalen und Repräsentanten der Gewerkschafts- und Parteiapparate bis hin zu Vertretern der extremen Rechten. Will man sich nicht mit der gängigen Erklärung über die mißbräuchliche Verwendung von Gedanken zufriedengeben, so ist es notwendig, aus der politisch zwiespältigen Wirkung der Argumente von Habermas die Widersprüche in den bestimmenden Kategorien seines praktischen Bezugsystems zu entwickeln; diese einleitenden Bemerkungen, die nicht den geringsten Anspruch auf eine kritische Auseinandersetzung mit den philosophischen Voraussetzungen der Theorie von Habermas erheben können, sind deshalb konzentriert auf zwei Probleme, die er stellt, indem er sich in Widersprüche verwickelt: das Problem der Revolution und das der Parteilichkeit des Linksintellektuellen.

Jürgen Habermas kann, da seine eigenen Arbeiten mit zur Auflösung der illusionären Hoffnungen auf den restaurierten Nachkriegsliberalismus beigetragen haben, nicht mehr im Zusammenhang ungebrochener liberaler Traditionen argumentieren; wenn er einen Liberalismus der Praxis tatsächlich vertritt, handelt es sich bei ihm meist nur um einen residualen Liberalismus, um eine der Absicherung weiterreichender politischer Aktivität dienende Verteidigung von Restpositionen, die in seiner Theorie keine Begründung findet. Wenn sich demzufolge der globale Vorwurf, Habermas sei (gegen seine bessere Einsicht) zur fragwürdigen Sicherheit bürgerlich-liberaler Positionen zurückgekehrt, sachlich auch als unberechtigt erweist, so ist er doch aus der Sicht derjenigen, die in einer aktuellen Kampfsituation stehen, keineswegs unbegründet; da er an keiner Stelle seiner Analyse die beherrschenden Kategorien seines eigenen, dem Selbstverständnis der Protestbewegung durchaus entsprechenden Bezugsystems, nämlich Revolution und Konterrevolution, explizit macht, bleiben die zahlreichen Negativ-Bestimmungen, aus denen sie erschlossen werden müssen, ambivalent. Indem der gegenwärtige Zustand der Gesellschaft als eine nicht-revolutionäre Situation begriffen wird, können mit Hilfe der traditionellen Formeln von Machtergreifung und Umsturz nicht nur alle revolutionären Ansprüche von Protestgruppen auf scheinrevolutionäre Abenteuer reduziert werden; Habermas sieht sich dadurch vielmehr auch von der Verpflichtung entlastet, eine politische Theorie der sozialrevolutionären Veränderung der Gesellschaft zu formulieren, die seine Kapitalismus-Kritik eigentlich voraussetzt.

Wenn Habermas die spätkapitalistischen Herrschaftssysteme als legitimationsschwache Ordnungen bezeichnet, die sich nur noch durch die permanente Mobilisierung von Abwehrmechanismen, durch Entpolitisierung der Massen, technokratische Ersatzideologien, privatistische Ablenkung und Verdrängung der Klassenkonflikte am Leben erhalten können, so ist dieser aus den traditionellen Funktionen des Klassenstaates unmittelbar nicht mehr ableitbare Zwang zur Entwicklung immer neuer Abwehrstrategien doch nur zu verstehen, wenn den kapitalistischen Systeminteressen eine *wirkliche*, das heißt von realen gesellschaftlichen Kräften ausgehende Gefahr droht. Man kann natürlich darüber streiten, ob dieser aktuelle, das privatkapitalistische Herrschaftssystem gefährdende Prozeß, der politisch nicht mehr eindeutig strukturiert ist, zutreffend als ein sozialrevolutionärer Prozeß beschrieben werden kann; aber über seine faktische Wirksamkeit kann es kaum Zweifel geben. Sie wird, je nach den spezifischen Bedingungen der einzelnen Länder und nach der Organisationsfähigkeit der oppositionellen Gruppen und Klassen verschieden, im Weltmaßstab auch dadurch bestätigt, daß der den politischen Herrschaftsapparaten verbleibende Aktionsspielraum für die gewaltlos-manipulative Lösung der gesellschaftlichen Konflikte zusehends zusammenschrumpft. Es ist eben nicht die Verharmlosung der Gewalt, sondern das Gegenteil: die einer intensiven Erfahrung des Faschismus und der ausgeprägten Sensibilität gegenüber faschistischen Situationen entspringende Furcht vor dem institutionell noch gebundenen, aus geringsten Anlässen jedoch aktualisierbaren Gewaltpotential historisch überholter Herrschaftssysteme, die die beschwörenden Appelle von Habermas bestimmen, sublime Gewalt nicht herauszufordern und liberale Positionen selbst dann nicht anzutasten, wenn sich ihre emanzipative Funktion längst als trügerisch erwiesen hat.

Da Habermas mit den sichtbaren Tendenzen zur Brutalisierung des gesellschaftlichen Lebens und zur Militarisierung der Herrschaftsapparate nicht gleichzeitig die ideologisch verschleierten Prozesse sozialrevolutionärer Emanzipation, die in abgestorbenen Legitimationen, in veränderten Bedürfnisstrukturen, ja in der *erfahrbar* gewordenen Widersprüchlichkeit und Irrationalität der Gesamtgesellschaft »durchscheinen«, in der inhaltlichen Vielfalt von organisatorischen, sozialpsychologischen, ökonomischen und soziologischen Komponenten begreift, wird die bloße Akzentverschiebung des erkenntnisleitenden Interesses seiner Analyse zu einer grundlegenden Veränderung des gesamten praktischen Bezugssystems. Denn die produktive Furcht vor der Stabilität und Anpassungsfähigkeit des Kapitalismus, die seit Marx und Lenin notwendiges Moment jeder realistischen Strategie der revolutionären Veränderung der Gesellschaft ist, kann sich in eine irrationale Fixierung an die »konterrevolutionären« Techniken der Unterdrückung verwandeln, wenn sie aus dem Zusammenhang von politischen Perspektiven und Fragestellungen einer expliziten Theorie der Revolution gelöst ist. In der Habermasschen Analyse ergeben sich daraus weitreichende Konsequenzen für das Theorie-Praxis-Verhältnis.

Zeichnen sich die dem Nachweis von Stabilisierungselementen des bestehenden Herrschaftssystems gewidmeten Teile der Analyse durch eine inhaltliche Differenziertheit aus, für die das Bewußtsein der geschichtlich notwendigen Veränderung traditioneller (auch marxistischer) Kategorien bestimmend ist, so werden in der Dimension der sozialrevolutionären Aktivität politische Probleme und kollektive Erfahrungen häufig formalisiert und durch eine Art Methodologie der Praxis verdeckt, in der wiederkehrt, was Habermas in seinen wissenschaftstheoretischen und materialen Untersuchungen gerade zu widerlegen versucht: eine positivistische Verfahrensweise, die eine zunächst durch Abstraktionen zur chaotischen Mannigfaltigkeit zerfaserte politische »Bewegung« nachträglich mit Hilfe von klaren Definitionen und Abgrenzungskriterien wiederum »strukturiert«. Es ist nicht zufällig, daß Habermas in keiner seiner bisherigen Arbeiten der Respektierung von Grenzen und der ihr entsprechenden Kritik der Kategorienverwechslung eine so fundamentale Bedeutung beimißt. Unter diesen Voraussetzungen ist er gezwungen, die für das praktische Selbstverständnis der Protestbewegung wesentlichen Vermittlungszusammenhänge aufzusprengen und das, woran im Prinzip – wenn auch nicht immer in der Realität – festgehalten wird: nämlich die Einheit von Aufklärung und Aktion, von politisch-kommunikativem und instrumentellem Handeln auf die Verkümmerungsformen von Massenreaktionen und Demonstrationstechniken zu bringen, um alle jene Verwechslungen von Symbol und Wirklichkeit, die Fehleinschätzungen der Aktionsspielräume und die falschen Identifikationen begründen zu können.

Aber die von ihren Erfahrungsgehalten gelösten und auf starre Dichotomien gebrachten Begriffe sind nicht nur dem stationären, »geschichtslosen« Zustand der bestehenden Herrschaftssysteme angemessener als den oppositionellen Tendenzen, die ihre Legitimationsgrundlage gefährden, sondern sie bestätigen in ihrer Struktur jene diffusen, auf Mißverständnissen und unklaren Vorstellungen beruhenden Ohnmachtsreaktionen, als die eine die Systeminteressen bedrohende Praxis stets verstanden wurde. Der Vorwurf des Subjektivismus, den Habermas mit Recht gegen eine voluntaristisch verselbständigte Provokationstechnik erhebt, trifft seine eigene Kritik der Protestbewegung. Es ist diese subtile, durch die Verengung des Spektrums oppositioneller Praxis und durch die Psychologisierung sozialrevolutionärer Ansprüche bedingte Aufwertung der historischen Legitimationsgrundlage der bestehenden Herrschaftssysteme, die eine in ihrer Intention kritische Analyse affirmativ verwendbar macht für die Perspektiven derjenigen, die, im vollen Bewußtsein der »konterrevolutionären« Repressionsmöglichkeiten, Instabilität, Krisen, Katastrophen, oppositionelle Bewegungen lediglich als mehr oder weniger zufällige und eliminierbare Elemente einer grundlegenden Stabilität der bestehenden Herrschaftsverhältnisse begreifen. Die mit der Legitimationsschwäche notwendig verbundene Instabilität, die Habermas dem Spätkapitalismus nachweist, wird rückgängig gemacht in dem Augenblick, da es um die Bestimmung einer historisch legitimierten oppositionellen Praxis geht.

Die Erklärung der politisch zwiespältigen Wirkung der Habermasschen Thesen aus dem Bezugssystem, das seiner exemplarischen Kritik der Protestbewegung zugrunde liegt, verweist auf einen allgemeinen, heute weitgehend aus dem Bewußtsein gedrängten Problemzusammenhang, der von der intellektuellen Linksopposition im Marxismus, vor allem von Korsch und vom jungen Lukács, unter dem Thema *Revolution und Geschichte* behandelt wurde. Begründeten sie die objektive Möglichkeit der Aufhebung des verdinglichten Denkens und der Bildung des historischen Bewußtseins aus der Mission des Proletariats, das sie als Subjekt der revolutionären Veränderung identifizierten, so sind die systematisch nach wie vor zentralen Fragestellungen von Korsch und Lukács heute nur aufzunehmen, wenn gerade die Diffusion dieses Klassensubjekts, seine Transformation in eine Mannigfaltigkeit sozialrevolutionärer Prozesse, in Kategorien der aktuellen Geschichte, das heißt aber: des Emanzipationskampfes der Dritten Welt, begriffen wird. Denn mit der Konstatierung dieser Veränderung wird das Problem der Revolution, wie die impliziten Voraussetzungen der Habermasschen Analyse zeigen, für eine kritische Theorie der Gesellschaft nicht gegenstandslos; freilich stellt es sich heute nicht mehr in den traditionellen Formen. Um nicht auf jene Stufe des unhistorischen politischen Denkens zurückzufallen, wie sie beispielhaft der Kautskyanismus repräsentiert – in der geschichtsblinden Einschätzung der Oktoberrevolution ebenso wie in der Pragmatisierung der historischen Praxis, von der nichts als eine Komplementär-Ideologie der Revolution, längst zur Revolution ohne Revolutionär »naturalisiert«, zurückblieb –, bedarf die Reformulierung der Marxschen Theorie im Bezugssystem der Dritten Welt vor allem einer Revision des Begriffs der Revolution selber: in die Kritik am Geltungsanspruch der zentralistischen Kaderparteien leninistischen Typs muß eine Neubestimmung dessen einbezogen werden, was als *revolutionäre Situation* unter heutigen Bedingungen zu bezeichnen ist.

In diesen praktisch zentralen Fragen jedoch vertritt Habermas, der theoretisch grundlegende Revisionen der Marxschen Theorie, wie etwa die Übersetzung der objektiven Kategorien von Produktivkräften und Produktionsverhältnissen, deren Geltungsbereich er auf eine spezifische gesellschaftliche Entwicklungsstufe beschränkt sieht, in die allgemeinen Handlungskategorien Arbeit und Interaktion oder die Ergänzung der Wertlehre durch eine zweite Mehrwertquelle, für notwendig hält, einen streng orthodoxen Standpunkt. Indem er die *elementare Situation* der Unterprivilegierung und empörenden Entrechtung nicht nur durch negative Abgrenzungen, nämlich durch den Ausschluß selbst noch vom *Ausbeutungsverhältnis* des kapitalistischen Produktions- und Verwertungsprozesses definiert, sondern sie gleichzeitig zur einzigen Legitimationsgrundlage von revolutionärer Gewalt, das heißt: zum Kriterium macht, nach dem die neuen weltgeschichtlichen Fronten von Revolution und Konterrevolution im nationalen wie internationalen Rahmen festgestellt werden können, setzt Habermas zweierlei voraus:

Zum einen stellt sich das System des Spätkapitalismus, wie in der Marxschen Theorie die in der Warenproduktion fortgeschrittenste Gesellschaftsformation, als aktives, autonomes, allein Einheit stiftendes Zentrum der geschichtlichen Entwicklung dar. Da Habermas die Geschichte von den Metropolen aus interpretiert, tritt der abstrakte, inaktuelle Gegensatz von Stabilitäts- und Zusammenbruchsthesen in den Vordergrund, über die nur noch im Zusammenhang des praktischen Widerstandes gegen die Wirksamkeit der Abwehr- und Ablenkungsstrategien entschieden werden kann. Gerade weil es nicht mehr allein um die Vertretung durchsichtiger Einzelinteressen, sondern um Systemstabilisierung geht, ist zu erwarten, daß das Herausbrechen einzelner Länder und Blöcke, wie etwa Vietnam oder einiger lateinamerikanischer Staaten, aus dem Einflußbereich der Metropolen neben den unvermeidlichen ökonomischen auch erhebliche politische Rückwirkungen auf die Stabilität der Herrschaftssysteme haben wird. – Zum anderen hält Habermas, der die durch politische, strategische, ja psychologische Momente vermittelte Strukturveränderung der gesellschaftlichen Abhängigkeitsverhältnisse, sei's in den Beziehungen zwischen Ländern der Ersten und der Dritten Welt, sei's bei den von ungelösten Disparitätskonflikten betroffenen Minderheitsgruppen, immer wieder hervorhebt, an einem ökonomisch beschränkten, statisch gefaßten Begriff der Ausbeutung fest – dem Komplementär-Begriff zu der auf physische Dringlichkeit reduzierten Unterprivilegierung und empörenden Entrechtung.

Wenn auch vom Standpunkt der Betroffenen, der die Emanzipationsprozesse aktiv Bestimmenden ebenso wie der wirklich Elenden, die festgehaltenen orthodoxen Positionen zur Aufklärung über Sinn und Funktion der oppositionellen Praxis nur wenig beitragen, weil für sie Fragen der Stabilität und des Zusammenbruchs des Kapitalismus oder Unterscheidungen, wie die zwischen empörender Entrechtung und Ausbeutung, im allgemeinen nur von untergeordneter praktischer Bedeutung sind, so ist der politische Zweck der auf einen verengten Ausbeutungsbegriff gestützten Argumentation doch eindeutig: ökonomisch privilegierte, jedenfalls nicht unterprivilegierte Gruppen, wie etwa die Studenten, können keine revolutionären Ansprüche vertreten und verlieren die Legitimation für ein gegenüber den Massen substitionalistisch verstandenes Denken und Handeln. Aber, die Habermasschen Argumente gehen darüber hinaus.

Wenn die zur Revolutionierung der gegenwärtigen Verhältnisse *objektiv* befähigten, in den tatsächlichen Produktions- und Reproduktionsprozeß des Spätkapitalismus einbezogenen Gruppen und Klassen mit einer gewissen ökonomischen Privilegierung gleichzeitig politisch die »definitive Latenz« des systemgefährdenden Klassenkonflikts garantieren, die *subjektiv* zum antikapitalistischen Protest Befähigten und Entschlossenen aber – sowohl diejenigen, für die das »Unerträgliche nicht mehr auf Definitionen warten muß« als auch die, die das Unerträgliche auch in verschleierten und verdrängten Formen empfinden und auf politische Begriffe bringen können – von den gesellschaftlichen Randzonen her zwingende Gewalt durch Kooperationsentzug nicht ausüben können, so bringt diese faktisch unangreifbare Systemstabilität jede Oppositionsbewegung von vornherein in eine ausweglose Lage: in den selbstzerstörerischen Widerspruch von explosiven Primitivreaktionen und politisch neutralisierbaren Symbolhandlungen – den zwei typischen Ohnmachtsreaktionen von Randgruppen. Habermas bestreitet jedoch keineswegs die Notwendigkeit und Möglichkeit von Systemopposition; der Grundfehler seiner Argumentation besteht vielmehr darin, daß er die Legitimationsgründe für deren Aktionen auf dem Hintergrund eines *Revolutionsbegriffs* und einer *Organisationspraxis* entwickelt, die weder der aktuellen geschichtlichen Situation entsprechen noch sein tatsächliches Verhalten bestimmen.

So unbestreitbar revolutionäre Gewalt nur die ist, die von einer »als unerträglich *allgemein* ins Bewußtsein tretenden Situation erzwungen wird« (Habermas, in: Antworten an Herbert Marcuse, Frankfurt/Main 1968, S. 16), so notwendig ist doch die Neubestimmung des Begriffs der *revolutionären Situation*, die durch den Hinweis auf die bekannte, die Chancen der *siegreichen* Revolution eingrenzende Global-Definition Lenins: »Wenn die ›Unterschichten‹ das Alte nicht mehr wollen und die ›Oberschichten‹ in der alten Weise nicht mehr können« nicht überflüssig wird; denn in dieser Definition, die im Grunde dem Modell der Oktoberrevolution entspricht, werden die Bedingungen angegeben, unter denen die von Lenin der proletarischen Klasse zugesprochene Hauptfunktion, nämlich die organisatorische Führungsrolle, von einer revolutionären, zentralistischen Kaderpartei mit dem Ziel ausgeübt wird, durch den bewaffneten Aufstand die Machtergreifung, den Umsturz im politischen Zentrum zu organisieren.

Wie die französischen Erfahrungen der Mai-Revolte und der durch sie ausgelösten Streikbewegungen zeigen, bringen revolutionäre Situationen die zentralistischen Kaderparteien leninistischen Typs, die seit Jahrzehnten die Revolution eher in ihrer Ideologie verwaltet als praktiziert haben, in einen Zwiespalt, der sie zum untätigen Abwarten verurteilt: fixiert an einer Strategie der schlagartigen Machtergreifung in dem durch organisierte Gewalt am besten geschützten politischen Zentrum – einer Strategie, deren Auswirkungen sie insgeheim jedoch als scheinrevolutionäre Abenteuer durchschauen –, verharren sie nicht nur in der lähmenden Furcht vor der Zerschlagung ihrer sorgsam aufgebauten und behüteten Apparate, sondern gleichzeitig vor der Spontaneität, dem »Anarchismus« der Massen – Ausdruck einer kleinbürgerlichen Mentalität, die der des entpolitisierten Teils der Bevölkerung und der bürgerlichen Staatsapparatur nicht nachsteht.

Das Verhalten dieser leninistischen Parteien ist deshalb von besonderer Bedeutung, weil es eine überholte Konzeption der sozialistischen Transformation der spätkapitalistischen Gesellschaftsordnungen demonstriert. In der Dritten Welt, wo es tatsächlich um die organisatorische Führungsrolle in aktuellen sozialrevolutionären Prozessen geht, haben sie längst ihre bestimmende Funktion verloren; in den westlichen Industrieländern wird ihnen, da sie sich ohne Preisgabe ihrer Ziele auf den unpolitischen Durchschnittswähler nicht stützen können, mit jeder Wahlentscheidung aufs neue ihre Ohnmacht bestätigt; in den Ländern des Ostblocks verhindern sie eine durch Öffentlichkeit und Masseninitiative vermittelte Entstalinisierung. Wenn sich die putschenden Militärs heute gerne Revolutionäre nennen, so bringen sie diese auf den Positionswechsel im politischen Herrschaftszentrum reduzierte, substanzlos gewordene Revolution lediglich auf ihren Begriff.

Wenn Habermas mit seiner Kritik an der Protestbewegung, für die ihm die Vorgänge bei der Frankfurter Universitätsbesetzung als hauptsächliches Anschauungsmaterial dienen, lediglich ein falsches Bewußtsein treffen will, das die praktische Demonstration bisher verweigerter, demokratisch legitimer Ansprüche an eine einzelne Institution mit der faktischen Machtergreifung im politischen Zentrum verwechselt und der Zerstörung von Ordinariensymbolen eine Bedeutung beimißt, die der Zerschlagung von Herrschaftssymbolen bei der Erstürmung der Tuilerien und des Winterpalais vergleichbar wäre, so besteht der Vorwurf des scheinrevolutionären Wahns zu Recht. Aber es sind nicht Institutions- und Fabrikbesetzungen als solche, die diesen Vorwurf rechtfertigen. Die auf dezentralisierter Aktivität beruhende historische Praxis, für die sich die Alternative von Aufklärung und Umsturz nicht mehr stellt, ist vielmehr Ausdruck einer allgemeinen, auf die deutsche Protestbewegung keinesfalls beschränkten Entwicklungstendenz innerhalb der Oppositionsbewegungen in hochindustrialisierten Ländern, die darin besteht, daß sich die Entschlossenheit zu spontaner Selbstorganisation mit einem Element experimenteller Besitzergreifung verbindet. Die Rückwendung zur Basisorganisation schließt prinzipiell Praktiken eines blanquistischen Putschismus ebenso aus wie solche des personalisierenden Anarchismus Bakunins.

Diese Form der antibürokratischen Praxis, die sich mehr auf informelle politische Kader in den einzelnen Institutionen und Organisationen als auf anweisungsbefugte Apparate stützt, die Entscheidungen technisch umsetzen, geht von zwei aus den Strukturveränderungen des Spätkapitalismus resultierenden Voraussetzungen aus: zum einen von der Einsicht, daß die technologische Repressionsapparatur durch die Befestigung und Ausweitung autonomer Machtpositionen der lohnabhängigen Massen, zu denen im weiteren Sinne auch die Studenten gehören, nur dort erfolgreich »unterlaufen« werden kann, wo die Legitimationsschwäche des bestehenden Herrschaftssystems am sichtbarsten ist und am schwierigsten durch den Druck »von oben« und durch zentrale Gewalteingriffe kompensiert werden kann: also in den Basisinstitutionen, in den Fabriken, Schulen, Hochschulen, Büros, wo die Massen alltäglich Primärerfahrungen der Abhängigkeit machen. Keine Armee der Welt, schon gar nicht die de Gaulles, hätte eine das ganze Land erfassende Welle spontaner Fabrikbesetzungen aufhalten können – es sei denn, man hätte eine offene Militarisierung der Gesellschaft in Kauf genommen. Die Hoffnung freilich, Selbstbestimmungsrechte auf allen Ebenen durch spontane Besitzergreifung mit einem Schlage zu realisieren, ist trügerisch; sie hängt weitgehend noch von den Illusionen jenes sozialistisch gewendeten Putschismus ab, für den die Machtergreifung im politischen Zentrum Voraussetzung jeder grundlegenden Veränderung der Gesellschaft ist. Es sind langfristige, auf experimentelle Erfahrungen gestützte und mit Rückschlägen durchsetzte Transformationsprozesse, in denen sich mit der politischen Erziehung zur autonomen Selbstorganisation der Menschen gleichzeitig ihre Aktionsspielräume erweitern müssen, um die von den Inhabern der Machtpositionen zu erwartenden Funktionsstörungen der Produktions- und Austauschprozesse ausgleichen und schließlich verhindern zu können. Zum anderen beruhen diese Formen antiautoritärer Praxis auf der Überzeugung, daß die elementare Unterprivilegierung kein Kriterium mehr für die Möglichkeit der Politisierung von Klassenkonflikten ist. Denn in dem Maße, wie unter der Bedingung einer »abstrakten Gegenwart« der Sozialrevolutionen der Dritten Welt in den Metropolen und einer durch Repression und Manipulation »durchscheinenden« Irrationalität der spätkapitalistischen Herrschaftsordnung partielle revolutionäre Situationen leicht entstehen und sich ausbreiten können, wenn es nur zu geringen Schwankungen im Lebensstandard, zur ungerechtfertigten Entlassung eines Arbeiters, zur demonstrativen Brutalität von Polizeieinsätzen kommt, wird eine gewisse Privilegierung, die Entlastung von unmittelbarem Existenzdruck geradezu Voraussetzung für die Ausbildung der soziologischen Sensibilität gegenüber Formen der empörenden Entrechtung, die nur noch am Maßstab der faktischen Verhinderung objektiv möglicher Emanzipation zu messen sind. Nur durch diese Entlastungen ist das, was Habermas selber einmal gefordert hat, zu realisieren: nämlich die »Sensibilität für die Unterdrückung und für die Verletzung – auch für die Verletzbarkeit des Menschen ... zu einer politischen Kategorie zu erheben«.

Freilich enthält jede von einer Minderheit »strukturierte«, partiell revolutionäre Situation, in der noch Kriterien und praktische Urteilskraft für die Unterscheidung von systemsprengenden und herrschaftsstabilisierenden Kompromissen gebildet werden müssen, höchste Risiken des Scheiterns für eine politische »Bewegung«, die den Verlust der konventionellen, verhaltensstabilisierenden Erfolgskontrollen nicht mehr durch die Erwartung kompensieren kann, die Stagnation einer institutionsgebundenen revolutionären Situation durch Ausweitung auf andere gesellschaftliche Bereiche zu überwinden. In der Tat besteht für die Außerparlamentarische Opposition, insbesondere auch den SDS, gegenwärtig nicht der geringste Anlaß für ein demonstratives Selbstbewußtsein und eine euphorische Stimmung. Eine nennenswerte Erweiterung ihrer Basis in die Arbeiterschaft hinein ist, trotz der sinnvollen Kooperationsarbeit der Basisgruppen, bisher nicht gelungen; wahrscheinlich sind die Aktionsstrategien, soweit es sie überhaupt gab, viel zu wenig nach dem Kriterium dieser Erweiterungsmöglichkeiten entwickelt worden. Die zentralen Kampagnen der Außerparlamentarischen Opposition enthielten kaum Ansätze für aktionsgebundene Aufklärungsstrategien, die Sprachformen, Interessen, Bedürfnisse, Erfahrungen der lohnabhängigen Massen einbeziehen. Mit der Entwicklung gruppenspezifischer Programme, die sich auf die soziologische und politische Interpretation der Konflikte bestimmter gesellschaftlicher Schichten richten, hat man gerade erst begonnen. Mit einem Wort: Strategie und Taktik der Außerparlamentarischen Opposition haben das praktische Niveau noch nicht erreicht, von dem aus ernsthaft an die Unterstützung und »Strukturierung« der antiautoritären Entwicklungstendenzen innerhalb der organisierten Arbeiterschaft und in anderen gesellschaftlichen Gruppen gedacht werden kann.

Die durch diese Schwierigkeiten bedingte Depressionsphase, in der die Veränderung der Beziehungen zwischen Theorie und Praxis zunehmend durch argumentationslose Entscheidungen und Reaktionen aus dem Bewußtsein gedrängt wird, läßt in der Tat theorie- und diskussionsfeindliche Gruppierungen, die ihre Frustrationen *politisch* offenbar nicht mehr verarbeiten können, vorübergehend in den Vordergrund treten, so daß ein für die Protestbewegung konstitutives Prinzip, das Prinzip der Öffentlichkeit, des permanenten öffentlichen Legitimationsdrucks auf die Herrschaftsapparate, in selbstzerstörerischer Weise ad absurdum geführt wird. Das absehbare Scheitern dieser Gruppierungen könnte den Polarisierungsprozeß innerhalb der Protestbewegung auf einen Punkt hintreiben, an dem es nicht mehr zu vermeiden ist, daß sich neue informelle Kader bilden, die die Erfahrungen dieses Scheiterns in aktionsgebundenen Strategien auf einem höheren Organisationsniveau verarbeiten; ein solches Scheitern würde keineswegs eine Widerlegung der historisch legitimierten Ansprüche einer dezentralisierten und antiautoritären Praxis bedeuten, die den Zwangszusammenhang von Entpolitisierung und Herrschaft durchbrechen will. Denn auch für *diese* Form der Praxis gilt das, was Marx allgemein über Erfolg und Mißerfolg von klassischen Revolutionen sagt: »Ein einziger mutiger demokratischer Revolutionsversuch, selbst wenn er erstickt wird, löscht im Gedächtnis der Völker ganze Jahrhunderte der Infamie und Feigheit aus, rehabilitiert auf der Stelle eine noch so tief verachtete Nation« (Der demokratische Panslawismus, MEW, Bd. 6, S. 201).

Jürgen Habermas hat von Anbeginn die politischen Stabilisierungsmöglichkeiten der Protestbewegung mit einer gewissen Skepsis beurteilt, im Grunde aber nicht geleugnet, daß die Strategie der provokativen Gewaltanwendung und der begrenzten Regelverletzungen (deren Anerkennung schließlich auch dazu führte, daß er den Vorwurf des »linken Faschismus« stillschweigend zurücknahm), wenigstens in der Auflösung abgestorbener Herrschaftslegitimationen, erfolgreich gewesen ist. Aber diese ambivalente Einstellung zur Protestbewegung und die gebrochene Parteilichkeit seines Verhaltens, die Ausdruck *nicht explizit* gemachter Voraussetzungen seines praktischen Bezugssystems und darin begründeter, undurchschauter Abhängigkeiten von heteronomen politischen Positionen sind, wurden durch den unsinnigen Vorwurf des Verrats der sachlichen Auseinandersetzung entzogen und auf die personalisierte Ebene von Haltungen, Bekenntnissen und Rollenkonflikten gedrängt.

Wenn Habermas die Absicht gehabt hat, die substantiellen Ansätze der Protestbewegung gegen eine »scheinrevolutionäre« Pervertierung zu retten, so hätte er darauf bedacht sein müssen, eine alternative Offensivstrategie zu entwickeln, die über die bloße Verteidigung erkämpfter demokratischer Positionen, der Verfassung ebenso wie der anderer gesellschaftlicher Bereiche, hinausgeht; tatsächlich fehlt der von Habermas vorgeschlagenen Strategie jedoch gerade *das* Element, das ihm im Zusammenhang aktueller Erfordernisse den wirksamen Einfluß auf die Protestbewegungen gesichert hätte: nämlich die der massenhaften Aufklärung entsprechende Organisationspraxis. Indem Habermas bezeichnenderweise in beiden öffentlichen Stellungnahmen zur Protestbewegung – auf dem Kongreß in Hannover und auf der VDS-Tagung in Frankfurt – seine Argumentation mit eindeutigen Distanzierungssymbolen, wie dem »linken Faschismus«, den diskriminierenden Begriffen von Wahnvorstellung, Infantilismus, Potenzphantasien u. a. m. versah, konnte er, nachdem er auf diese Weise die Protestbewegung unter Solidarisierungszwang gesetzt [hatte] und damit seine eigene politische Einflußlosigkeit gesichert war, frei aus der Position eines auf seine Autonomie bedachten Intellektuellen Kritik üben. Aber die durch unsichere Abwehrhaltungen vermittelte Autonomie ist gerade *nicht* die eines bürgerlichen Intellektuellen.

Nicht nur in einzelnen Wendungen, sondern in ihrer Struktur entspricht die Habermassche Argumentation der Lenins in seiner Schrift *Der Linksradikalismus, die Kinderkrankheit im Kommunismus*; in beiden Fällen entzündet sich die Kritik an der Frage der Kompromißlosigkeit und der Bündnispolitik gegenüber Parlamenten, Parteien und Gewerkschaften. Das Unwahrheitsmoment der Habermasschen Argumentation ist in der spezifischen Differenz der politischen Situationen begründet. Lenin konnte den auf anarchistisches Denken und Verhalten zurückgeführten »kleinbürgerlichen Revolutionarismus«, dem »Ausdauer, Organisiertheit, Disziplin und Standhaftigkeit« fehle, als Komplementär-Begriff zum »Parteigedanken« fassen; in dem Augenblick jedoch, da der »Parteigedanke« zur Idee entpolitisiert ist und die kritisierten Gruppierungen nicht mehr Fraktionen sind, denen innerhalb einer um revolutionäre Perspektiven ringenden parteiinternen Öffentlichkeit Ausschlußverfahren drohen, nimmt die in den Begriffen von Revolutionarismus und Scheinrevolution zusammengefaßte Argumentation bürokratisch-administrative Züge an; sie dient vorwiegend der bloßen Identifizierung des politischen Gegners. Habermas kritisiert die Protestbewegung aus der Position eines Leninisten, der weiß, daß er sich auf eine leninistische Partei nicht mehr stützen kann. Es ist nicht zufällig, daß die Habermasschen Thesen von Repräsentanten der Partei- und Gewerkschaftsapparate aufgegriffen wurden, und sie entsprechen vollkommen *der* Interpretation, die die herrschende Bürokratie der französischen KP von den Studentenprotesten *vor* der Streikbewegung öffentlich vertrat.

Die Linksintellektuellen in einem durch starke Arbeiterparteien und durch Widerstandtraditionen politisierten Klima, wie dem Frankreichs und Italiens, haben im allgemeinen ein Bewußtsein davon, daß die undurchschaute Abhängigkeit des Verhaltens und die manipulative Verwertbarkeit der Analysen und »Enthüllungen« von links in dem Maße zunehmen, wie sie sich vom Prinzip objektiver Parteilichkeit entfernen; in Deutschland ist eine »objektive« Argumentation so sehr an die Regeln des akademischen Dialogs gebunden, daß sie, wenn sie nicht im Sinne der Überparteilichkeit von Wissenschaft verstanden wird, leicht dem Verdacht der Propaganda ausgesetzt ist. Das politische Denken von Habermas ist frei von solch abstrakten Alternativen; trotzdem findet sich bei ihm, da er die politischen Konsequenzen, die ein auf Emanzipation gerichtetes erkenntnisleitendes Interesse impliziert, nicht zieht, nur ein *vorpolitischer* Begriff objektiver Parteilichkeit, der in politischen Auseinandersetzungen in eine subjektive Parteilichkeit, also in schwankende individuelle Einstellungen, umschlägt. Demgegenüber bestünde objektive Parteilichkeit darin, den eigenen politischen Standpunkt im Zusammenhang des aktuellen Emanzipationsprozesses zu reflektieren, um ihn durch polarisierende Verschärfung konkurrierender Entwicklungstendenzen lenken, einzelne Richtungen unterstützen und vergleichbare Erfahrungen zur Klärung von Strategien verwenden zu können.

Dieses Buch wird die Erwartungen derjenigen, die es durch Plakatierungen kommerzialisiert haben, bevor es erschienen ist, nicht erfüllen; es ist kein Anti-Habermas. Es enthält eine öffentlich ausgetragene Kontroverse innerhalb der *Neuen Linken*, die in erster Linie ihrer politischen Selbstverständigung dient; und wer die einzelnen Beiträge zu lesen versteht, der wird ohne Schwierigkeiten feststellen können, daß besonders die jüngeren Repräsentanten der Außerparlamentarischen Opposition vom Habermasschen Denken selbst dann noch abhängig sind, wenn sie sich gegen seine politischen Konsequenzen wenden. Die Objektivierung der seit anderthalb Jahren schwelenden Konflikte zwischen Jürgen Habermas und der antiautoritären Protestbewegung hat nicht zuletzt den Zweck, ihn gegen die wachsende Schar falscher Freunde, die mit seinem Denken und seinen politischen Überzeugungen absolut nichts tun haben, gegen die er sich bisher jedoch kaum gewehrt hat, in Schutz zu nehmen.

Nr. 224

Peter Brückner

Die Geburt der Kritik
aus dem Geiste des Gerüchts

Aus: Die Linke antwortet Jürgen Habermas
1968

QUELLE: Wolfgang Abendroth u.a., Die Linke antwortet Jürgen Habermas, Frankfurt/Main 1968, S. 72–89

Die *außerparlamentarische Opposition* in der Bundesrepublik sammelte sich im Schnittpunkt dreier zunächst relativ unabhängig voneinander beschreibbarer Entwicklungslinien: (1) Die Rekonstruktionsperiode des Spätkapitalismus nach 1948 war zugleich eine der Involution parlamentarisch-demokratischer Herrschaft[1]; der gegenrevolutionäre Prozeß der Rückbildung löste bei Personen und Gruppen Reaktionen von Widerstand und heftige Kritik aus, besonders präzise in der studentischen Linken.[2] (2) Die sozialistische Politik des SDS, die sich jahrelang innerhalb des Programms der Sozialdemokratischen Partei bewegte, wurde mit fortschreitender Systemintegration der SPD isoliert und fand erst im Zusammenhang mit wirtschaftlichen bzw. außenpolitischen Veränderungen in der Bundesrepublik eine Chance, ihre Basis zu verbreiten. Die »experimentelle« Agitation der sozialistischen Studenten provozierte den Widerstand des Establishments, fand Kritik aber auch bei systemkonformen und orthodox-marxistischen Kapitalismusgegnern. (3) Die anti-autoritäre Rebellion einer Anzahl von Individuen, die den Lebensgewinn einzuklagen begannen, der ihnen unter den Bedingungen gegenwärtiger Herrschaft: von der Familienstruktur bis zu den größeren administrativen Befehlsverbänden (Schule, Universität, Betrieb, Verwaltung) entgehen mußte, entzündete sich gerade bei Kindern privilegierter Klassen an verschiedenen Symbolen überflüssiger Repression; das blieb nicht auf Studierende beschränkt. Die »beschädigte Normalität« der bürgerlichen Gesellschaft reagierte mit Angst, Unsicherheit und Aggression.

Diese drei Tendenzen liefen erst relativ spät in einer Aktionseinheit zusammen: die parlamentarische Demokratie wurde von der studentischen Linken als Deckmantel einer zunehmend autoritären Herrschaftsstruktur und als Handlungsgehilfe des Kapitals systemsprengend angegriffen, die Herkunft der Sitten aus der Gewalt und ein Moment unzulässiger Unterdrückung noch am liberalen Konzept von »Individualität« erkannt (und abgewiesen). Von »Aktionseinheit« wäre wirklich nur in Parenthesen zu reden: weder materialisierte sie sich in einer festen politischen Organisation, noch wurde sie überdauerndes, unwidersprochenes subjektives Bewußtsein der oppositionellen Studierenden. Daß diese drei Entwicklungslinien sich dennoch weitgehend in *einer* der sozialkritischen Gruppen schnitten, Mitglieder des SDS den Widerstand gegen die Involutionstendenz des parlamentarischen Systems akzentuierten, zugleich sozialistische Ideen propagierten *und* (mit lokalen Schwerpunkten) zur Emanzipation des zum Objekt von Arbeit und Herrschaft zugerichteten, seiner selbst entfremdeten Individuums, zum Protest gegen Anstand, Moral und Leistungsfetischismus aufrufen, geht nicht nur auf den inneren, objektiv-historischen Zusammenhang der skizzierten Entwicklungen zurück. Die privilegierte Existenz der Studierenden, ihr reflektierter Abstand zur bürgerlichen Normalität der Produktions- und Konsumtionssphäre[3] war auch auf die Situation der Mitglieder des SDS von Einfluß: sie konnten in allen Konfliktfeldern ihres Milieus Sensibilität für Repression entwickeln. Daß der »Aktionseinheit« die entsprechende Organisation von Bewußtsein *und* die Einheit der Aktion manchmal fehlte, belegen die bekannten Gegensätze innerhalb des SDS (Traditionalisten, Anti-Autoritäre; »Ökonomisten«, Voluntaristen usw.), die Geschichte kleiner anarchoider Subkulturen (wie der Kommune 1), die Parlamentarismusdebatte; ferner die Tatsache, daß gleiche Stellungnahmen einiger Gruppen schon als »marxistische Fremdthesen«, anderen noch als »unsozialistisch« erscheinen konnten. Daß die *Kritiker* des SDS nicht (1) Formen des Widerstands gegen die Involution und ihre Konsequenzen, (2) Strategie der sozialistischen Agitation in der Phase wirtschaftlicher Rezession und (3) Taktiken des anti-autoritären Aufruhrs gegen den Integrationszusammenhang der Gesellschaft – als triebfeindlich, repressiv, verstümmelnd – schärfer unterschieden, daß sie die *Gegen*reaktion der Attackierten unterschiedslos in einen Topf (die »vom SDS provozierte Gewalt«) warfen, hat transtheoretische Gründe: Sie werden von der äußeren Ähnlichkeit der jeweils demonstrativ verwendeten Techniken (etwa des »gewaltlosen Widerstands«) über die Quasi-Pluralität der studentischen Bewegung getäuscht; unterliegen wohl auch dem nivellierenden Effekt, den Polizeiknüppel und die in der Tagespresse kommunizierten Nachrichten auf das öffentliche Bewußtsein von den Zielen und Methoden studentischer Opposition ausüben. Denn Prügel gibt es für alles: für Radikaldemokratie, Sozialismus und Sexualität.

Die Kritik linksliberaler und demokratisch-sozialistischer Freunde des SDS, Gegenstand dieser *Antikritik*, ist entsprechend undifferenziert. Unter Vernachlässigung jeweils bestimmter Momente seiner Aktivität gerät sie eindeutiger, als ihr zugleich autonomer, tendenziell geschlossener *und* widersprüchlich organisierter Gegenstand es zuließe[4]: Die aktiven Gruppen des SDS (verkürzt: *der* SDS) sollten Autorität durch ritualisierte Erpressung und wohlüberlegte Strategien absoluter Gewaltlosigkeiten zum Ergreifen rationaler Alternativen bewegen, aber sie nötigen der Staatsmacht fahrlässig ein bürgerkriegsartiges Verhalten auf. Der SDS sollte massenhaft aufklären und lieber nicht versuchen, unter Mißachtung der Recht und Freiheit noch immer schützenden Verfassungs-Institutionen ein potentiell demokratisches System zum Umschlag in ein autoritäres zu zwingen. Insofern Kritik diese suizidale Strategie nicht auf den Einfluß einiger Intellektueller und Agitatoren zurückführen kann[5], wird sie aus der Vermutung abgeleitet, die studentische Linke schätze die gegenwärtige politische Lage falsch ein. Den »Kindern der Scheinrevolution« gilt sie angeblich als revolutionär potent. Die Kritiker sehen sie internationale Zusammenhänge falsch bewerten, den Staatskapitalismus in seiner Stabilität unterschätzen. Irrigerweise scheint der SDS zu glauben, der Kapitalismus würde an seiner eigenen Widersprüchlichkeit zugrunde gehen, wenn man nur noch kräftig an ihm rüttele – als wäre sein Zerfall schon mechanisch die destruktive Vermittlung einer humaneren Gesellschaftsordnung. Im Wahn, kurz vor der faktischen Übernahme von Macht zu stehen, wissen (so sagt die Kritik) Protagonisten der studentischen Opposition nicht einmal, daß sie in Wirklichkeit kurz vor ihrem Fiasko sind: die Agitation des SDS droht zu scheitern. Die Antikritik wäre gleichfalls eindeutig zu formulieren: Wenn auch die liberale Kritik der Freunde ihren rationalen Kern hat, sie die Phänomene, die sie dem SDS tadelnd oder warnend vorhält, nicht durchweg erfindet, zeigt sie doch ihre Herkunft aus dem Geiste des öffentlichen Gerüchts. Die Vorurteilsmuster der Tagespresse gehen in ihr um. In der Neigung zur Komplizenschaft mit den jeweils regressiven Momenten komplexer Sachverhalte, an denen sie sich ausschließlich orientiert, in der Tendenz zur Simplifikation widersprüchlich oder locker organisierter Strukturen auf wenige Indizien für die Leninsche *Kinderkrankheit* hin nähert sich ihr formaler Denkstil dem von Herrschaft: sie *unterdrückt,* statt sich dialektisch des jeweils Unterdrückten vermittelnd anzunehmen.[6] Dagegen wäre antikritisch die wirkliche Komplexität der Sachverhalte, um die es geht, erst wieder herzustellen; zugleich die Methodik freizulegen, mit der Kritik komplexe Vorgänge auf verhaltenskritische Thesen verkürzt und herunterbringt. Die Wiederherstellung der Komplexität des Sachverhalts fordert in erster Linie, den skizzierten Entwicklungslinien und ihren sozialen Aktionsfeldern eine relative Unabhängigkeit einzuräumen, ungeachtet ihres objektiv-historischen Zusammenhangs. Damit wird gegen einen *tieferen,* objektiven Sinn von Wirklichkeit der gegenwärtig erreichte subjektive Organisationsgrad von Wirklichkeit in sein (gewiß passageres) Recht eingesetzt – sie ist vorläufig, locker, widersprüchlich organisiert; ihr Zusammenhang, im geschichtlichen Prozeß gegründet, wird zwar in vielen, oft gegeneinander isolierten (und selbst zusammenhangsblinden) Interaktionen auf den verschiedenen Ebenen gesellschaftlichen Geschehens geknüpft, wurde längst theoretisch durchschaut, ist aber vom bewußten, organisierten »an und *für sich*« zwangsläufig noch entfernt.[7] Das im tieferen Sinne Wirkliche zeigt sich darum als schwebendes Verfahren; Sprache, die sich über sie vereinfachend ausläßt, als Eingriff.

Ein erster und ernster Eingriff in das schwebende Verfahren ist der Versuch der Kritik, die Anstrengungen des SDS zur permanenten Mobilisierung der Genossen (und der Majorität aller Studierenden) als Indiz für die »falsche Beurteilung der Lage« als einer (prä-)revolutionären zu werten. Wir mobilisieren jedoch nicht, weil vor uns die Periode raschen Umsturzes läge, sondern weil wir uns seit längerem in einer Periode kontraemanzipativer Aktivität der Involutionsdemokratie befinden; permanente Mobilisierung und die Aktionen, die aus ihr sich herleiten, sind Signale des Widerstandes gegen die Konterrevolution, nicht die eines Sturms der Bastille.[8] Das Apologetische des kritischen Eingriffs liegt auf der Hand: Die antidemokratische Entwicklung in der Phase der Involution und Rekonstruktion erhält vage ein Alibi als bloß *reaktive*; zwangsläufig wird die reaktive Abwehr als Provokation, als *Refaschisierung* denunziert. Dabei wissen die Kritiker, daß die Rückbildung der Demokratie und der Druck »von oben« ihre Tradition haben, die weit vor der der studentischen Linken bereits begann.

Man wird einräumen, daß Widerstand gegen antidemokratische Tendenzen (1) und Kampf für eine sozialistische Gesellschaft (2) einander überlagern können, was die Analyse der verschiedenen Geltungsebenen des politischen Geschehens erschwert. Die Erklärung, Gruppen des SDS wollten eine Rückkehr der Regierungsgewalt zum Sinn und Wortlaut des Grundgesetzes der Bundesrepublik – Widerstand gegen die antidemokratische Regression des Parlamentarismus, wird nicht dadurch falsifiziert, daß Gruppen des SDS erklären, für eine strukturell veränderte Gesellschaftsordnung einzutreten – Agitation für eine sozialistische Bewegung. Das Verhältnis von Nahziel und Fernziel wird zusätzlich kompliziert durch den Umstand, daß *beide* Strategien in dieselbe Interaktion einschlagen können. Ja: die Springer-Kampagne lehrt, daß die Forderung nach Wiederherstellung demokratischer Verhältnisse (Entmachtung Axel Springers) in der Konsequenz auf die Installierung sozialistischer Teilziele führt (Enteignung Axel Springers) – nur um schließlich in der Basisarbeit zu erbringen, daß die (politische, gesellschaftliche, ökonomische) *Ohnmacht* der Lohnabhängigen der eigentliche Garant des manipulativen Zusammenhangs ist. Wird aber die Springer-Kampagne zu einer tiefer motivierten Kampagne für eine *demokratische Öffentlichkeit*, so wird zugleich der manipulative Charakter des Privateigentums an den Produktionsmitteln zum casus belli. Dennoch gilt: Die Gruppen des SDS, deren Aktionen zu Kritik stehen, haben die Konterrevolution nicht gemacht, sie haben den Schwund an der demokratischen Rechtsstaatlichkeit nicht provoziert; sie leisten Widerstand. *Sie* sind die Provozierten.

Ein zweiter, gleichfalls ernster Eingriff der Kritik in komplexe Sachverhalte wurde bereits angedeutet. Die Verkürzung des historischen Zusammenhangs auf ein konstruktives Alibi für die Regierungsgewalt ist ja nicht neu: ich habe schon auf dem Kongreß in Hannover, am 8. Juni 1967, gegen die *epigenetische Theorie der Aggression*: Aktionen der studentischen Linken refaschisieren Polizei und Bürger, auf einer »Präformationstheorie« bestanden: Die Opposition handhabt Demonstrationen höchstens als Sonde, die eine Eihaut abzieht, unter der fertig und vollausgebildet das Aggressionsverhalten gegen die Verteidiger historischer Demokratisierungstendenzen längst bereitliegt. Inzwischen haben minutiöse Recherchen über die Vorgänge am 2. Juni 1967 manche Kritiker des Vorurteils überführt.[9] Halbseiden-dialektisch wird den aktiven Gruppen des SDS jedoch nach wie vor ein unvollständiges, darum stromlinienförmiges Panorama unserer gegenwärtigen politischen Lage und ihrer Motivationsbasis unterschoben.

Wird in der epigenetischen Hypothese die Autonomie der staatlichen Aggression unterschätzt, so wird in einem dritten Eingriff liberaler Kritik die Autonomie des SDS überbewertet: Erst die herbeigerufene Polizei macht durch ihre Besetzung der Universität aus einer virtuellen Machtergreifung durch Studierende den abgeschlagenen Versuch einer *faktischen* und materialisiert die in der Art eines moralischen Theaters mit V-Effekt inszenierte Absetzung höchster Universitätsgremien. Der Fall des Ostasien-Instituts in Berlin, eine faktische Besetzung, liegt strukturell anders und war übrigens letztlich erfolgreich.

An die Stelle des Zutrauens in die »immer noch Freiheit und Recht garantierenden Verfassungsinstitutionen« (J. Habermas) trat jedenfalls der beharrliche Versuch, zu erforschen, was es mit Freiheit und

Recht wohl wirklich auf sich habe. Auch kritische Freunde stimmen uns darin zu, daß vorläufig *Unbotmäßigkeit* der formale Index für die Relevanz jeder politischen Antwort auf die »Herrschaft der Verhältnisse« bleibt. Unbotmäßigkeit, gerichtet gegen das »Verhältnis von Herrschaft«, charakterisiert jedoch zugleich den Aufstand der Emanzipation gegen den repressiven Charakter der Vergesellschaftung, gegen individuelle Folgen typischer Sozialisationsprozesse in früher Kindheit. Die »Komplexität der Sachverhalte« zwingt dazu, an dieser Stelle den Übergang in ein verändertes Problemgelände zu notieren. Wo die Sehnsucht nach emotionaler und sexueller Befriedigung zu unerträglicher Spannung mit sinnentleerten Formen des Verzichts, mit der gesteigerten psychischen Belastung in einer Sozietät der Bürokratie und Großorganisation führt[10], beginnen in fortgeschrittenen Individuen plötzlich »die verbotenen Bilder und Impulse der Kindheit von der Wahrheit zu reden, die die Vernunft verleugnet«[11]. Die Regression aus der Sphäre bürgerlicher Sitte, deren Abkunft aus der Gewalt unbestritten ist, übernimmt die einzig progressive Funktion: Verweigerung und Unbotmäßigkeit. Der Wunsch des Menschen, endlich ein anderer, nämlich: glücklicher, freier, humaner zu werden, gewiß eine der Triebkräfte der Geschichte der Gattung, führt zur Auflehnung gegen das System von Institutionen, in denen sich das Realitätsprinzip der Gesellschaften manifestiert. Die Tendenz, Menschen um ihren möglichen Lebensgewinn zu betrügen, mit der Summe unnötiger Frustrationen auch ein Potential abrufbarer Roheit zu konservieren, tritt in der bürgerlichen Sozietät als Forderung von Gesetz, Ordnung, Anstand auf – *im Individuum sich als Unterdrückung eigener Wünsche reproduzierend*. Dagegen setzt die anti-autoritäre Rebellion Anspruch auf Glück, make love not war; die »häßlichsten Körperteile« sollen wieder Quelle von Lust sein. Das führt zu heftigen Konflikten mit einer Gesellschaft, die nur solche Befriedigung zulassen will, die von Herrschaft kontrolliert ist, die den Menschen ausschließlich nach seiner Fähigkeit bewertet, gesellschaftlich nützliche Dinge hervorzubringen (und jede *andere* Verteilung des Produkts, als es die gegenwärtige, kapitalistische wäre, zugleich mit negativen Sanktionen belegt). Daß in den Industrienationen, in den Metropolen alle menschlichen Beziehungen *entsittlicht*, ihre erotischen Kontakte kommerzialisiert werden, ist die eine Seite des Sachverhalts; die andere: daß Verdrängung des Individuums das Wesen dieser Gesellschaft ist. Dahinter steht der Tod[12], steht der institutionalisierte Haß. Die Theorie und Praxis der antiautoritären Gruppen des SDS ist hier auf der Wahrnehmung des Widerstandes aufgebaut, den Menschen gegen die »Rückkehr des Verdrängten« aufzuwenden bereit oder gezwungen sind. Zu Recht nimmt J. Habermas an, der Studenten- und Schülerprotest könnte die den Verdrängungen und Repressionen zugehörige »brüchige Leistungsideologie« zerstören.[13] Ein Stück freier geworden, erleben Studierende, wie wenig Macht die Mächtigen unmittelbar haben, wenn ihnen der Stützpunkt im Unterworfenen fehlt: Schuldgefühl und Angst, diese Mütter des verregelten Chaos, Töchter des Gewissens. Die Sprengung repressiver Schuld- und Angstzusammenhänge in den Individuen und in ihren (spontanen Aktions-) Gruppen nimmt immer wieder einmal den Charakter der desintegrativen Entladung an; zu rekonstruieren aus den Spuren, die solche Entladung an den Insignien von Herrschaft, Würde, Establishment hinterließ. Die begrenzte, auf Sachen sich richtende Gewaltsamkeit der Sprengung des Repressionszusammenhangs ist mit dem »politischen Ziel der Emanzipation, d.h. der Durchsetzung eines im Ernst demokratischen Willensbildungsprozesses in allen gesellschaftlichen Bereichen« (J. Habermas) nicht unvermittelt identisch. Solche plötzlichen Desintegrationen[14] sind weder im Sinne traditioneller sozialistischer Theorie noch in dem bürgerlichen Widerstands gegen die Involutionsdemokratie politisch, sie sind vielmehr unmittelbarer Ausdruck der Tatsache, daß einige Individuen mit einem Male keine Lust mehr dazu hatten, Aggression internalisiert gegen sich selbst zu kehren – denn dies, innere Destruktion, ist der dynamische Kern von Anstand und formaler Disziplin. Ein so nüchterner Mann wie Sigmund Freud erwog, ob nicht nach innen sich richtende Aggression die eigentliche Ursache des individuellen Tods sei, Norman O. Brown sah hinter der Verdrängung den einfachen Wunsch zu sterben. Obschon kollektiv vermittelt, sind repressionssprengende Handlungen der Desintegration in der Tat *privatistisch*; was nicht etwa ausschließt, sondern fordert, sie später in der diskutierenden Öffentlichkeit der Gruppe zu politisieren, sie damit in den Consensus der Genossen des SDS zurückholend. Der verkürzende, simplifizierende Eingriff liberaler Kritik besteht hier darin, daß sie genau die entscheidende Geschehensebene der passageren Desintegration verfehlt. Hier geht es nicht um »ein falsches Bewußtsein der Revolution«, die ein

»trügerisch gutes Gewissen« macht (J. Habermas), sondern darum, daß Teilnehmer an den Aktionen der studentischen Linken offensichtlich schon in der Lage sind, *mehr* Desintegration in sich zuzulassen, als es dem *Kritiker* zumutbar und möglich erscheint, der damit die überflüssige Repression der Gesellschaft bestätigt. Denn *objektiv* wäre sie dazu imstande, auf ein Stück Integration zu verzichten. Am Begriff des Kritikers von der integren Persönlichkeit, der in seinen Ausstellungen an manchen Aktionen des SDS sein Wesen treibt, offenbart sich ein Moment von Repression, das zu tragen peinlich sein sollte. Im desintegrierten Gestus der Rüpelszene wird ihm, wird Herrschaft vorgehalten, was Inhumanität dem antat, was die Lust des Menschen sein könnte. Zugleich eröffnet sich ein Stück erst noch zu erringender Humanität: allein im sozialen Austausch kann das unter der Verdrängungsdecke roh Belassene sich ja vermenschlichen.

An die Stelle der von Jürgen Habermas explizierten »ritualisierten Erpressung« und ihren Taktiken bzw. Handgriffen tritt, selten genug, ein Verhalten, das seinerseits die ritualisierte Erpressung des »Gewissens«, des Schuld- und Angstausgleichs negiert.

Die analytische Differenzierung der verschiedenen Ebenen des Geschehens in der studentischen Aktion wird wiederum durch Überlagerungen, durch Mischung und Legierung erschwert. Wo einmal wirklich eine Tür gewaltsam geöffnet, ein Aktenschrank aufgebrochen, ein Talar zur Vermummung bei wilder Radfahrt durch die Straßen verwendet wird, eignet sich der direkte Zugriff noch immer »symbolisch« an, was dafür Zeugnis ablegt, daß über ihn verfügt werden soll, er durchbricht (noch) Publizitätsbarrieren. Zugleich wird ein Aneignungsprozeß virtuell eingeleitet, der auf Aufhebung von Entfremdung abzielen mag: daß der Mensch sich sein allseitiges Wesen auf eine allseitige Art, also als totaler Mensch, endlich aneigne. Doch ist der Akt der Desintegration, als Sprengung eines auch subjektiven Repressionszusammenhangs, unverkennbar. Räumt man ein, daß schließlich bloße Lust am Unfug ebenso wie blinde Wut innerhalb der studentischen Linken *auch* irgendwann einmal vorkommen können, was einzuräumen nicht mehr als rational ist, so wird deutlich, wie schwierig die Aufgabe des Kritikers ist: ohne das *positive Vorurteil* Ernst Blochs, auf das die Gruppen des SDS unverbrüchliches Anrecht haben, wird er leicht scheitern. Daß gerade liberale und dem SDS politisch wohlgesonnene Kritiker die Komplexität der Sachverhalte an den Schnittpunkten so mächtiger Entwicklungslinien im formalen Stil von Herrschaft vereinfachen, hat indessen gewichtige subjektive Gründe. Wo Repression ihre Narben setzte, entwickelt sich unbewußt auch panikartige Angst vor dem emanzipierenden Anspruch der anti-autoritären Rebellion; diese Angst fließt in die Reaktionen der Betroffenen ein – worauf sie auch jeweils im einzelnen reagieren mögen. Das Ich kann Forderungen des Über-Ichs durch formale Anstrengungen erfüllen: die formalästhetische Prägnanz gerade des Sprachduktus von J. Habermas, die Sauberkeit seiner Schreibweise, der spürbare Hang zu Ordnung, Gliederung, ja Pedanterie, legt die Vermutung nahe, das, was seine Kritik impliziert, könnte (noch) etwas ganz anderes sein als das, was sie selbst über sich weiß. Hinter der Idee, es ginge um die Sicherung des engen Bewegungsspielraumes der außerparlamentarischen Opposition gegen die provozierte »Refaschisierung« der Staatsgewalt und der Bürger, um die Verteidigung reifer Rationalität gegen den Infantilismus »des« SDS, mag sich die Reinigung des Kritikers vom *Schmutz* vollziehen, als der unkontrollierte Lust, Desintegration, Aufhebung unterdrückender Reputation zugunsten des lange genug entgangenen »Lebensgewinnes« ihm erscheint. Was in die Kritik an der studentischen Linken eingeht, was Bevölkerungsgruppen zu brutaler Feindseligkeit treibt (und Kommunikationsbarrieren zu den verlassenen Opfern allseitiger Repression: der lohnabhängigen Massen, setzt), ist *Schuldangst*, die Angst vor der Verletzung jener Normen, mit denen repressive Einbürgerung das Triebverlangen der Individuen kontrollieren will. Das, von dem Kritik befürchtet, es werde Demokratie und Gesellschaft zerstören, ist mit an Sicherheit grenzender Wahrscheinlichkeit primär das *Durchbrechen von Lust*, namentlich der tief abgewehrten prägenitalen (analen, urethralen), und erst sekundär die angeblich provozierte Refaschisierung der Bundesrepublik. Die eigentümliche Einsichtslosigkeit mancher Kritiker in die Widerlegungen der Refaschisierungshypothese teilt sich ihnen gewiß aus den primären Ängsten mit. Die Gleichartigkeit innerer und äußerer Unterdrückung, die sich in der Parallelität des prügelnden Polizisten und der Aggression des Über-Ichs gegen die Ich-Instanz nachweisen läßt, erleichtert die Verschiebung des eigentlich zwei- oder gar multidimensionalen Konflikts in den unzuständigen Bereich von (sozialistischer, radikaldemokratischer) Politik.[15]

Der *schlechte Eingriff* in das schwebende Verfahren einer sich ausbildenden Wirklichkeit ist nun unschwer zu verbalisieren: Was gegen die Repression jeder bürgerlichen, jeder von Leistungsideologien besessenen, *auf totale Integration bestehenden* Gesellschaft sich richtet, wird für die Kritik an den aktiven Gruppen des SDS mit deren Agitation gegen den *politischen* Staat identisch; der Kampf gegen repressive Zusammenhänge von Sexualität und Herrschaft »innen« wie »außen«, in Individuum und Sozietät, wird mit dem Kampf für die ökonomische und politische Befreiung der lohnabhängigen Massen reflexionslos vermischt. Momente *eines* objektiv-historischen Zusammenhangs sind gerade deshalb nicht unvermittelt identisch.

Auch ohne diese gerade beschriebenen Verstrickungen und falschen Vereinheitlichungen wäre freilich die wirkliche Geschichte der studentischen Linken: als Teilprozeß der Geschichte der eigenen Zeit, schwer zu schreiben. Die unmittelbar sich vollziehende verbirgt sich noch hinter dem Widerschein der Ereignisse; ihr Spiegel, zeitgenössisches Bewußtsein, ist auch ohne die Verstrickung mit Schuldangst und Abwehr opak vom *Gestern*. Unerwartet Neues: die studentische Opposition, entzieht sich historischer Objektivität vollends. Die in Objektivität sich sichernden Interpreten sind auf *Mitteilungen* über das angewiesen, was sich »draußen« ereignet: das Neue, sich Ändernde muß auf dem Wege von der raumzeitlich beschränkten sozialen Interaktion zur »Nachricht«, zum kommunizierbaren Sprachgebilde jedoch zahlreiche Filter passieren, die *von gestern* sind, Niederschläge des Vergangenen: Vorurteil, pathogene Angst, irrationale Hoffnung, Empörung. Das Neue erliegt, so sie einmal besteht, der Bereitschaft zur Identifizierung als »Feindgruppe«[16]; schon ihre Ausgliederung *als* homogene Gruppe, von der im Singular rechtens zu reden wäre (»der« SDS), ist ohne Rückgriff auf ältere Muster nicht denkbar.

Auf diese Weise wird nun der *Präzedenzfall* zum Widersacher der Wahrheit. Auf dem Niveau primärer Konstitutionsleistungen vereinheitlicht der Kritiker eine locker organisierte, widersprüchliche, mit Leerstellen durchsetzte Vielzahl von ihm verfügbaren Informationen nach dem Modell von »Gruppe« überhaupt: *der* SDS wird konstituiert. *Den* SDS gibt es gegenwärtig nur als Zeichengruppe im intersubjektiven Kommunikationsnetz; dort wird damit begonnen, die soziale Realität »des« SDS strategisch auf einen falschen Begriff zu bringen. Der wieder speist sich qualitativ aus dem schwebenden Bedeutungsgehalt der drei Buchstaben, also aus der Sphäre des *Gerüchts*. Das Gerüchtartige am Kommunikationssymbol »SDS« zeigt sich in der Tendenz der Kritiker, alle Informationen auf *Präzedenzfälle* hin zu interpretieren; eine der Methoden, mit der Kritik komplexe Sachverhalte auf verhaltenskritische Thesen verkürzt und herunterbringt. Präzedenzfall wird etwa, was zwar der Öffentlichkeit selbst nur als Gerücht gegeben, jedoch unkontrollierter Bestandteil wirksamer Abwehrformationen ist: wie beispielsweise die Agententheorie als Element des Antikommunismus. Die Art des Kontaktes, die Gruppen des SDS mit Personen, Organisationen oder Instanzen der DDR – meist nur vorübergehend – hatten, stand immer im Schatten des Gerüchts; noch unlängst in der Rede des niedersächsischen Innenministers Lehners (SPD) vor dem Landtag. Gerade die liberale Kritik der Freunde »des« SDS weiß sich vor *diesem* Gerücht zu schützen, behält höchstens als residuales Moment die Sorge vor der Unterwanderung irgendwelcher Gremien durch Mitglieder des SDS bei. Ebensowenig nutzt sie das, was in der breiteren Öffentlichkeit dominieren kann, weil es zur Projektion sich eignet: Der Ruf der SA, der immerhin nicht wenigen Männer der gegen die Studierenden wütenden Bevölkerungsteile angehörten: »Die Straße frei den braunen Bataillonen« gibt das windige tertium comparationis ab für die Identifizierung demonstrierender Studenten als »roter SA«; ein Präzedenzfall, der für diejenigen, die man öffentlich auf ihn herunterbringt, gefährlich wird; leitet er Gewalttätigkeit gegen sie doch ein. Der Vorwurf des linken Faschismus, in der *Frankfurter Rundschau* und, auf dem Kongreß in Hannover, von Jürgen Habermas gegen den SDS gerichtet, orientiert sich jedoch gleichfalls am schlechten Präzedenzfall. J. Habermas hat in seinen *Sechs Thesen* ... einen weiteren verborgen aktualisiert: Er spricht von den Schwächen der Intellektuellen, die in ruhigen Zeiten zu den déformations professionelles gehören, in »lebhaften Zeiten« aber, »wenn sie aus dem Schattenreich der persönlichen Psychologie heraustreten und zur politischen Gewalt werden, wahrlich ein Skandal sind«. Der Präzedenzfall, zwischen den Zeilen erkennbar zitiert, ist die Äußerung eines deutschen Psychiaters über *Psychopathen* in den Führungsgruppen politischer Bewegungen: »In ruhigen Zeiten behandeln wir sie, in stürmischen Zeiten regieren sie uns.«[17] Darin setzt sich fort, was Habermas in Hannover an H.-J. Krahls Forderung nach plebiszitärer Kontrolle von unten kritisch beschäftigt hat. Sollen etwa Studierende, die der Ordinarius in ruhigen Zeiten belehrt und kontrolliert, in den »lebhaften« ihn belehren, kontrollieren? Was heißt »ruhig«?

Es ist überhaupt bemerkenswert, daß Jürgen Habermas gesellschaftlich bedingte *Altersrollen* zur Analyse und Kritik der studentischen Linken verwendet, als wären sie biologische Entitäten. Für »Leute über Dreißig« seien auch bei rationaler Applikation die Taktiken der ritualisierten Erpressung usw. nicht zugänglich, Erwachsene könnten am Protest der Studierenden sich nicht beteiligen: die Form des Protests sei nicht »generationsneutral«. Wer, wie der Verfasser, das gelegentlich ignoriert, verfällt einem Verdikt: Er verkenne entweder den generationsspezifischen Charakter des »Jugendprotestes«, oder seine eigene Persönlichkeitsentwicklung müsse wohl »Affinitäten zu einer anderen Altersstufe« zeigen – er begibt sich ja auf »Pennäler-Niveau«. Die magische Zahl »Dreißig« (»Leute über Dreißig…«) zeigt, worum es sich handelt: bei Alfred *Adler* hieß es interpretativ, mit Dreißig solle ein Mann seinen Platz im Beruf gefunden, eine Familie gegründet, Freunde erworben haben, kurz: sich nun im Kontext bürgerlicher Gesellschaft auf nur noch in Katastrophen rücknehmbarer Weise verwurzelt haben. Darin vollendet sich *Anpassung*; das von den Erfordernissen der Produktion gestiftete Syndrom von (endgültiger) Einfügung erscheint jedoch ideologisch als *Reife*. Zwar wird Verweigerung dieser »Reife«, die von Repression untrennbar ist, nicht kriminalisiert wie die Verletzung der Geschlechtsrolle etwa in der Homosexualität, aber wer Altersrollen verletzt, wird dennoch von negativen Sanktionen getroffen. (Zugleich allerdings geht *Zeit* ohne Rücksicht auf mögliche Emanzipation von der Altersrolle über Lebende hinweg: Altersrollen haben darin gewisse rationale Kerne, und wer unter eindrucksvoller psychophysischer Leistung eine halbe Nacht lang mit Gegnern diskutiert, wie Jürgen Habermas zu Pfingsten in Frankfurt, sollte vor der Aufforderung geschützt sein, an Strapaziösem wie an Aktionen sich zu beteiligen.)

Die »Generationsabhängigkeit« des studentischen Protests ist so jedoch nicht gemeint. Nicht nur die Identifikation mit der gesellschaftlichen (Alters-)Rolle des Kritikers, sondern auch die der »jungen Leute« mit der ihren, führt die Kritik an der studentischen Linken eher vorbei. Gewiß hat der Studierende Verhaltensmerkmale, die dem gleichaltrig Berufstätigen schon fehlen: Wir beobachten jene »verlängerte Pubertät«, die wir irrig mit einem *Lebensalter* verknüpfen und nicht mit einer bestimmten *soziologischen Position*: charakterisiert durch die glückliche Abwesenheit zeitiger Berufszwänge. Frei von den repressiven, standardisierenden, normierenden Zwängen dieser weitgehend sinnentleerten Sozialwelt und nach Abschluß biophysischer Reifungsvorgänge mag sich sehr wohl das entfalten, was das eigentliche Genie des Menschen ist: bei W.v.Goethe erfreuen sich die *wiederholten Pubertäten* jedenfalls solcher Schätzung.

»Genie«, das ist Phantasie und Kreativität, die nach Lage der sozialen Verhältnisse pubertär aussieht. Das, was Kritiker der studentischen Opposition als »Unreife« vorzuhalten belieben, ist ihre Kreativität – gesehen durch das Ressentiment der Beschädigten. Das, was die aufgeschobene Normierung des Berufs-Studierenden ermöglicht, reicht weit, manchmal gewiß befremdlich weit; es impliziert, daß »erwachsenes« Verhalten die Folge von Repression, nicht von Reife, sein könnte. Die Psychologie ist ein Stock mit zwei Enden, so Dostojewski; sie hat Jürgen Habermas einige seiner kritischen Instrumente beigestellt, erweist denselben Dienst nun auch der Antikritik: In gründlicher Rationalisierung eigener Konflikte muß der Kritiker an die Stelle möglicher, schwer verbalisierbarer, komplexer Sachverhalte *Eingriffe* setzen: »Jugend«, »verlängerte Kinderzeit«, »Leute über Dreißig«, die ihm, dem Älteren, die rechte Seniorität lassen. Was ihn selbst ängstigt oder ängstigen könnte, ist nun unerreichbar weit distanziert – weit von ihm, aber weit auch von der Sache, um die es geht. Vergeblich sucht die These ihren Sachverhalt, leider nicht immer vergeblich der Kritisierte sich in der These.

Ist die hier vertretene Auffassung richtig: daß Bewußtsein und soziale Wirklichkeit der studentischen Opposition *lockerer* organisiert sind, als die Rede von *dem* SDS erkennen läßt, daß wir zumindest in den Grenzbereichen der Schnittlinien: zwischen sozialistischer Politik und der Empörung des um Lust und Lebensgewinn gesellschaftlich betrogenen Individuums, zwischen Widerstand, Protest und politischer Agitation in *schwebendem* Verfahren uns befinden – zwar fest in historische Tendenz eingebunden, aber organisatorisch (und damit im Bewußtsein) noch nicht voll materialisiert; daß wir, indem wir uns Wirklichkeit reflektiert aneignen, in uns ihre Widersprüche partiell reproduzieren, und Solidarität wie Übereinkunft nur in dem Maße finden, als wir sie offen, diskutierend austragen, so bedeutet pronociert vorgetragene Kritik, wie die von Jürgen Habermas, immer einen Eingriff ins »schwebende Verfahren«. Wie alles, was zunächst nur sinnlicher Augenschein ist, bedarf auch das eigene Verhalten der studentischen Linken: für sie selbst ja primär sinnlich gewisse Erfahrung, erst der Interpretation. Sie selbst muß dem, was sie demonstriert, im Akt der Selbsterklärung erst seinen Sinn entreißen. Kritische Interpretation aus der Distanz *kann* versehentlich so, wie sie von außen eintrifft, in Selbstverständnis der Akteure umschlagen. In der Tat gibt es ja fast nichts, was es nicht irgend gibt; da das im ganzen Falsche der Kritik am SDS im hier erörterten Falle auf der Unterdrückung vieler Bedingungen und Fakten beruht, jede Einzelheit aber gewiß eine materielle Basis haben wird – wenn auch mit gänzlich anderem Stellenwert, so wird sich mancher im Spiegel der Kritik auch wiederfinden. Auch entschiedene Abwehr kann solche partiale Identifikationen mit dem Aggressor gleichwohl zulassen. Wir neigen dazu, wie den Ordnungsgrad der Geschehnisse, so auch den Grad an Widerspruchsfreiheit in Individuen zu überschätzen; sind Individuen, wie die Zusammenhänge, in denen sie leben, aber komplex, so läßt sich – wird die Richtung nur ungefähr eingehalten – wenig über beide sagen, das nicht irgendwann einmal gedacht und erlebt, getan oder gewünscht wurde. Dies befördert nur die Gefahr, daß unzutreffende Kritik: die also, die das noch widersprüchlich Organisierte auf seinen *falschen* Begriff bringt, in Momenten oder in Bereichen verminderter proletarischer Wachsamkeit den Kritisierten von außen her beeinflußt. Wir wissen, welch hoher Grad an Autonomie erreicht sein muß, damit eine zur Minorität homogenisierte Gruppe sich *nicht* nach dem Bilde zu formen beginnt, das Majoritäten oder sprach- und denkmächtige Freunde sich von ihr machen, um es ihr vorzuhalten. Überdies bewahren die zwangsläufig erst partiell Emanzipierten in ihrem Protest Qualitäten des Falschen auf, gegen die ihr Protest sich richtet; immer wieder einmal schlägt das Überwundene im Überwinder roh durch, der Emanzipationsprozeß muß sich intrasubjektiv fortsetzen.

Da die beteiligten Studierenden also ihre Aktivität in der Form eines *Sozialprodukts* aus öffentlicher wie privater Kommunikation zurückempfangen, da dies ihr Selbstverständnis modifizieren kann, sie in diesem Falle einer Auslegungsmatrix Rechnung tragen, die ihrerseits von dem lebt, was die studentische Linke in Analyse und Praxis gerade zerstören soll: den sinnlichen Augenschein der Verhältnisse, den falschen Schein als dem eigentlichen »after-apriori«, dürfen, wo immer es ernst wird, nicht einmal alle Äußerungen der studentischen Linken über sich selbst unkritisch »für wahr« genommen werden, können daher fremden Tadel auch nicht bestätigen. Mißtrauen wäre dort am Platz, wo dergleichen Äußerungen dafür verwendbar sind, Gerüchte in Geschichte zu transformieren; dies an die Adresse der Kritik. Endlich: Wo die historische Interpretation dessen, was sich gerade vollzieht, komplexe Sachverhalte mit Hilfe schlechter Präzedenzfälle vereinseitigt, wird der neue *linguistic code* niemals gefunden. Breitere Öffentlichkeit, ohne Einsicht in die Notwendigkeit, den sinnlichen Augenschein der Ereignisse kritisch zu zerstören, unterliegt noch primitiverer Täuschung. »Naturwüchsige« Verzerrungen setzen sich durch; bei notwendig unvollständiger Information ordnet sich, was als Abfolge der Ereignisse sinnlich imponiert, nach dem »Gesetz der guten Gestalt«; Prozesse im Wahrnehmungsfeld gliedern sich immer so gut, wie die herrschenden Bedingungen es gerade zulassen. Es regiert die Tendenz zur Prägnanz, und nicht *Arbeit*, in der kritisches Denken sich Situationen vermittelt, zu den »eigenen« macht. Die Stringenz des sinnlichen Begründungszusammenhangs: das also, was gerade gut zueinander paßt, stromlinienförmig aufschließt, entscheidet dann bestenfalls über »Wahrheit«, nicht mehr die Übereinstimmung von Aussage und Tatbestand. Die Grenzen zwischen geschichtlicher Objektivität und purer Phänomenologie verschwimmen. Wie immer bei lückenhafter Information reichern sich alle Nachrichten beim Umlauf in den Kommunikationsnetzen der Sozietät mit nie Gewesenem an: das Gerücht wird sekundär zur Basis von Geschichte.[18] Im Gerücht schaffen sich interpretative Vorurteile ihre empirische Realität: wie etwa die Verschwörer- und Rädelsführerhypothesen, an deren Relevanz für das Verständnis der Funktion des SDS kaum jemand zweifelt.

An der Identität des Rädelsführers, der Verschwörer und Berufsrevolutionäre *darf* möglichst kein Zweifel sein: ein »*der SDS*« wird substituiert, der Drang zur Vereinheitlichung, der selbst etwas Denunziatorisches hat, läßt Divergentes außer Ansatz, das doch auch zugänglich zu machen wäre. Die Lage der sozialistischen Studenten menschlich zu sehen, so wie sie ist – auch darin, daß hervorragende Mitglieder, auf die hin denunziatorische Kritik den SDS personalisiert, gleichwohl Abstimmungsniederlagen in der eigenen Gruppe hinnehmen müssen, hieße, den sozialistischen Studenten ein Stück der Eignung nehmen, als Sündenbock kriminalisiert zu werden.

Wer sich umhört, spürt sehr wohl, was an Gestalttendenzen in der sozialen Produktion kommunizierbarer Nachrichten noch umgeht. Provokation, auch die gewaltlose, steht immer im Geruch der Gewalttätigkeit. Dem verzweifelten Aufbegehren der Waffenlosen gegen terroristische Implikate der gegenwärtigen Sozialordnung (und ihrer bewaffneten Hüter) teilt sich selbst ein Schein von Terror mit; der ungebärdigen Lust am provokativen Spaß, der gegen den restriktiven Ernst von Obrigkeit sich richtet, ein widersprüchlicher Schein von finsterem Ernst und Restriktion. Den Studierenden wird, wenn sie demonstrieren, in der *Konfrontation* sinnlich gegenwärtig, was nach Ansicht vieler bloße Erfindung sein soll: Unterdrückung und Unrecht als Wesen der Staatsgewalt und ihrer Exekutive. In aller Regel stellt sich Obrigkeit danach bloß – in intriganter Kälte, in lamentierendem Ungeschick. Aktionen der studentischen Linken sind daher vielfach Mittel der politischen Erziehung, dem Streik und seiner Funktion in den Anfängen der Arbeiterbewegung vergleichbar.

Sogar bei J. Habermas wird daraus die Befriedigung, durch Herausforderung die sublime Gewalt in manifeste umzuwandeln, eine Befriedigung, die *masochistisch* sei – ein neuer Eingriff aus alten Motiven. Kein Tübinger Beispiel, keines, noch schlagender, wie unlängst in Konstanz, ändert etwas an der Ansicht, daß Konfrontation mutwillig gesucht wird. Kritik benötigt offensichtlich die Partikularisierung der komplexen Wirklichkeit auf eine ihr genehme Dimension; apologetisch setzt sie ein potentiell demokratisches Moment an der gegenwärtigen Gesellschaft voraus – es wird von der aus Masochismus sich speisenden mutwilligen Provokation nur an der Aktualisierung verhindert. Kritik vergißt, das potentiell Antidemokratische, potentiell Inhumane als harten Kern der Konsumgesellschaft zu explizieren: schon in den vergangenen Zeiten des »sozialen Friedens« gegen die historische Tendenz zur Demokratisierung unübersehbar gerichtet.

1 Johannes Agnoli, Transformation der Demokratie, Berlin 1967; Frankfurt/Main 1968.
2 Der wachsende Einspruch gegen das politische Mandat der Studenten, seit 1957/58, gibt davon beredt Zeugnis.
3 Peter Brückner, Die Transformation des demokratischen Bewußtseins, Berlin 1967 (zus. mit J. Agnoli).
4 Vgl. Jürgen Habermas, Die Scheinrevolution und ihre Kinder – Sechs Thesen über Taktik, Ziele und Situationsanalysen der oppositionellen Jugend, Erstabdruck in der Frankfurter Rundschau vom 5.6.1968, und Gerd Hirschauer, Lust und Elend der A.P.O., veröffentl. u.a. in den Vorgängen 6/1968, S. 212 ff.
5 Zum öffentlichen Muster dieses topos vgl. die Rädelsführer- und Verschwörertheorie.
6 Dies trifft Gerd Hirschauer weniger.
7 Die faktischen sozialen Interaktionen sprengen ein (idealistisches) Theorie-Praxis-Konzept, da die wechselnden Bedingungen der »falschen« Empirie des Kapitalismus in sie eingehen.
8 Falls gelegentliche Äußerungen aus Gruppen des SDS die Kritik bestätigen, so ist das kein Einwand gegen die Antikritik; falsches Bewußtsein ist eben kein Privileg der Tadler.
9 Vgl. Kursbuch 12. – Es ist schwer, sich Vorurteilen zu entziehen: Als ich in einer Berliner Springer-Zeitung nach Ostern »von den Demonstranten umgestürzte Autos« sah, habe ich das geglaubt – Sperre der Auslieferung der Bild-Zeitung? Es waren jedoch Autos der Studierenden – von Gegnern umgestürzt.
10 Vgl. das Vorwort der Herausgeber zu Vera Schmidts Bericht über ein Moskauer Kinderheim; Berlin, Februar 1968.
11 Herbert Marcuse.
12 Vgl. Norman O. Brown, Zukunft im Zeichen des Eros, Pfullingen 1962.
13 Jürgen Habermas, Die Scheinrevolution und ihre Kinder..., a.a.O.
14 »Sogar zu Geschlechtsverkehr soll es gekommen sein« – in den Räumen eines Rektorats.
15 »Multidimensional«, weil die Art der unbewußten Beziehungen des Kritikers zu den Studierenden des SDS die skizzierten Verhältnisse kompliziert wird.
16 Oskar Negt, in: Politik und Gewalt. Neue Kritik, 9. Jg., Nr. 47, April 1968.
17 Ich kann es in der Eile nicht nachprüfen, ob es Kurt Schneider war, wie ich mich zu erinnern glaube; das Zitat gibt nicht den vollen Wortlaut wieder, aber den vollen Sinn.
18 Erinnert sei an das Humphrey-Attentat: der Farbbeutel als Baustein des Explosivgeschosses, an die fairy-tales von Molotow-Cocktails, zentralgeplanten Putschversuchen, dem Ausrufen der Revolution durch einen Frankfurter Studierenden usw.

Nr. 225
Reimut Reiche
Verteidigung der »neuen Sensibilität«
Aus: Die Linke antwortet Jürgen Habermas
1968

QUELLE: Wolfgang Abendroth u.a., Die Linke antwortet Jürgen Habermas, Frankfurt/Main 1968, S. 90–103

Wäre das Wissen des Unbewußten für den Kranken so wichtig wie der in der Psychoanalyse Unerfahrene glaubt, so müßte es zur Heilung hinreichen, wenn der Kranke Vorlesungen anhört oder Bücher liest. Diese Maßnahmen haben aber ebensowenig Einfluß auf die nervösen Leidenssymptome wie die Verteilung von Menukarten zur Zeit einer Hungersnot auf den Hunger.
Sigmund Freud, Über »wilde« Psychoanalyse (VIII, S. 123)

Habermas hat an zwei historischen Punkten, die für die Entwicklung der Schüler- und Studentenbewegung psychisch ebenso bedeutsam wie politisch zentral waren, die Protestbewegung öffentlichkeitswirksam interpretiert; nach dem 2. Juni 1967, als sich die oppositionellen Studenten zum ersten Mal ihrer »Bewegung« bewußt wurden, und am 2. Juni 1968, während der Verabschiedung der Notstandsgesetze, als die inzwischen entstandene politische Bewegung »bis zum letzten Mann« das ganze ihr zur Verfügung stehende Potential mobilisiert hatte und wie nie zuvor ihre eigene Schwäche zu spüren bekam. Beide Male ist es Habermas nicht gelungen, mit diesen Eingriffen Aufklärungsprozesse in Gang zu setzen, die seiner Vorstellung von realitätsbezogener und dennoch effektiver Politik entsprochen hätten. Dafür sind erstens einige seiner direkt politischen Aussagen verantwortlich, die es dem ganzen ekelerregenden Heer von scheinliberalen und halbfortschrittlichen Kommentatoren in Presse, Fernsehen und Universität leichtmachten, sich unter Berufung auf »selbst den zur Linken gehörigen Prof. Habermas« den »linken Faschismus« der Bewegung zu erkennen und so die ganze politische Bewegung »in ihrer gegenwärtigen Form« zu verurteilen. Die oppositionellen Schüler und Studenten, für die kaum das psychische Existenzminimum an politischer Solidarität und rational akzeptablen Identifikationsvorbildern zur Verfügung steht, wurden dadurch psychologisch gezwungen, auch die politisch richtigen Anteile der Habermasschen Kritik abzuwehren. Ich glaube sogar, daß das für die meisten ein Gebot der psychischen Integration war und daß sie dabei, gemessen an dem politischen und psychischen Druck, dem sie gegenwärtig von allen gesellschaftlichen Instanzen ausgesetzt sind, einer politischen Rationalität gefolgt sind. Dafür ist zweitens ein durchgängiges Moment der Habermasschen Argumentation verantwortlich, nämlich seine Forderung nach einer *anti-emotionalen* Rationalität in der Schüler- und Studentenbewegung. Der Kritik dieser schlicht uneinlösbaren und auf jeden Fall politisch-paralysierenden Forderung ist dieser Aufsatz gewidmet.

Ich bin zwar nicht der Ansicht, daß die Studenten- und Schülerbewegung aus einem Potential hervorgeht, das keine ökonomische, sondern nur eine sozialpsychologische Erklärung verlangt (These 3). Aber auch Habermas gibt gegen diese Behauptung einige wichtige ökonomische Faktoren an, die sich dahin zusammenfassen lassen, daß sich die internen ökonomischen Schwierigkeiten im industriell entfalteten Kapitalismus von der Produktionssphäre auf die Konsumsphäre verlagern und daß sich entsprechend die sozialpsychologischen Integrationsprobleme von der Sphäre der unmittelbaren Ausbeutung auf die Sphäre psychischer Repression und Manipulation verschieben. Die Studenten und Schüler sind dann wegen ihrer intellektuell, ökonomisch und psychisch privilegierten Lage nur die erste (vielleicht für lange Zeit auch die einzige) soziale Gruppe, die ein Bewußtsein dieser verschärften Repression und Manipulation ausbildet. Genau wegen dieser letzteren Verschiebung erhalten sozialpsychologische Erklärungen eine wichtigere aktuell politische Bedeutung als unmittelbar ökonomische Erklärungen. Darum hat Habermas zu Recht die Thesen, die hier zur Diskussion stehen, auf die psychischen Schwächen der oppositionellen Jugendbewegung zugespitzt. Dabei hat er einige zentrale psychische Integrationsschwierigkeiten dieser Bewegung falsch gedeutet oder entwertet. Weil diese Interpretationen gleichzeitig unsere emotionale Basis der Widerstände gegen Habermas' politische Argumentation bilden und weil ich einige dieser Widerstände für rational begründbar halte, will ich mich auf zwei solche Punkte seiner psychoanalytisch abgeleiteten sozialpsychologischen Argumentation konzentrieren.

1) »Für die neue Sensibilität muß die Ausschaltung praktischer Fragen aus einer entpolitisierten Öffentlichkeit immer unerträglicher werden.«

»In der vergangenen Woche hat das falsche Bewußtsein der Revolution von jenen Schwächen der Intellektuellen gelebt, die in ruhigeren Zeiten zu den déformations professionelles gehören, die in lebhafteren Zeiten aber, wenn sie aus dem Schattenreich der persönlichen Psychologie heraustreten und zur politischen Gewalt werden, wahrlich ein Skandal sind.«

»Wenn die Protestbewegung ihr radikales Ziel ... nicht nur zum Zweck verbaler Selbstbefriedigung verfolgen will, muß sich ihre Taktik an der Wirklichkeit orientieren. Sie muß realistisch sein ...«

Die »neue Sensibilität« der oppositionellen Schüler und Studenten ist der psychische Ausdruck eines subjektiv bereits antizipierten, aber objektiv hart unterdrückten »neuen Realitätsprinzips«. Die Mechanismen des alten, herrschenden Realitätsprinzips hat Habermas deutlich zusammengefaßt (These 3, Absatz 1); es sind die des industriellen Leistungsprinzips, das sich im Früh- und Hochkapitalismus durchgesetzt hat und im entfalteten gegenwärtigen Kapitalismus (und mit spezifischen Nuancen auch in den meisten sozialistischen Ländern) fortdauernd Geltung beansprucht und individuelle wie kollektive Unterordnung abverlangt. Unter diesem alten Realitätsprinzip leiden die oppositionellen Jugendlichen *emotional* desto mehr, je mehr sie befähigt sind, seine Ablehnung *rational* zu begründen. Aber ihrer »neuen Sensibilität« entspricht objektiv noch keine »neue Realität«.

Freud konnte die »starken Individuen« unter denjenigen, die von der gesellschaftlichen Norm abweichen, als »energische, selbständige Männer der Tat oder originelle Denker, kühne Befreier und Reformer« herausstellen, als solche, die sich eine individuelle Neurose ersparen, weil sie sich nicht den gesellschaftlichen Normen (der sexuellen Enthaltsamkeit) beugen. Aber dieser klassisch realitätstüchtige Typ des Abweichenden hat – in Habermas' Kategorien – die »Kategorie der Entschädigung« immer akzeptiert; er zeichnete sich nur dadurch aus, daß er mehr »Entschädigung« für sich verlangte. Wer aber die »Entschädigung« als Kategorie, unter der er sein Leben und Denken subsumieren soll, nicht mehr akzeptiert, gerät langfristig, selbst wenn er psychisch relativ stabil organisiert ist, in einen objektiv vorgegebenen neurotisierenden Konflikt. Erstens erhalten seine triebhaften Strebungen trotz der teilweise liberalen Erziehungstechniken, die ihm angediehen wurden (These 3), Zugang zum Bewußtsein nur in der typisch deformierten Qualität des gegenwärtig geltenden Realitätsprinzips. Diese Deformationen vermag er bei sich teilweise zu erkennen; das bekräftigt ihn noch in seiner rationalen und emotionalen Ablehnung des alten Realitätsprinzips. Aber dieses ist so mächtig, daß es eines hohen Maßes von unverletzlichem Narzißmus bedarf, um ihm gegenüber standzuhalten. Auf jeden Fall vermag er seine individuellen Deformationen nur unvollkommen oder gar nicht rückgängig zu machen, weil in der gegenwärtigen Realität das entsprechende Korrektiv fehlt, nach dem er sich ausrichten könnte. Zweitens sind aber die qualitativ neuen Elemente libidinöser Bedürfnisse, die er bereits entwickelt hat – und für die die »neue Sensibilität« nur der emotionale Ausdruck ist –, objektiv noch nicht befriedigbar. In allen Befriedigungen, die er sich verschaffen kann, vielleicht sogar besonders den sexuellen innerhalb der Gruppe seiner Genossen, die die »neue Sensibilität« mit ihm teilen, wird er unweigerlich auf die Zwänge des alten Realitätsprinzips zurückgeworfen. Drittens – und das ist der einzige Punkt, den Habermas anzuerkennen scheint – leidet er permanent unter der »Ausschaltung praktischer Fragen aus einer entpolitisierten Öffentlichkeit«; er leidet unter der Sprachlosigkeit, die ihm allgemein begegnet, ebenso wie unter den rigiden Sprachzwängen, unter den rigiden Verhaltensnormen ebenso wie unter den Verhaltenstabus. Entzieht er sich diesen Zwängen radikal, so fällt er auch für den politischen Kampf aus (er wird Hippie); versucht er den Druck auszuhalten in permanenter Reflexion, so läuft er Gefahr, einem neurotischen Zusammenbruch doch nicht entgehen zu können; es sei denn, seine seelischen Instanzen sind sehr stabil und konfliktfrei aufeinander abgestimmt.

Diesem Druck sind die jugendlichen Träger der »neuen Sensibilität« dauernd ausgesetzt. Er wirkt um so belastender, als er weder durch soziale Institutionen (und ein ihnen entsprechendes Realitätsprinzip), mit denen man sich identifizieren könnte (z. B. Studium, Ehe, beruflicher Erfolg – all das, dem die »normalen Neurotiker« ihre Krankheit zwar verdanken, das ihnen aber gleichzeitig eine relativ gut funktionierende Stütze gegen einen manifesten Krankheitsausbruch gibt), noch durch ein ausreichendes kollektives Ich-Ideal aufgefangen wird. Selbstverständlich wirkt sich dieser Druck am deutlichsten aus auf die sublimierteren, intellektuellen und politischen Produktionen und Manifestationen der Träger der »neuen Sensibilität ohne neues Realitätsprinzip«.

Ich möchte die politischen Konsequenzen aus diesem, mir noch sehr unklaren, aber meines Erachtens wichtigen Punkt am Beispiel einer politischen Produktion diskutieren, die nach der Zuordnung von Habermas im klinischen Bereich den Tatbestand des borderline-psychotischen Verhaltens im Gruppenmaßstab erfüllt: der Kaufhausbrandstiftung in Frankfurt im April 1968. In der Tat hat sich diese politische Aktion nicht mehr »an der Wirklichkeit orientiert«; sie hat sogar die Ebene der »verbalen Selbstbefriedigung« aufgegeben.

Die psychischen Antriebe und die politischen Motive der Frankfurter Brandstifter sind unbekannt – vorausgesetzt, daß die Verhafteten, die sich zur antiautoritären Bewegung rechnen, wirklich die Täter sind. Nur die Umstände, die zu ihrer Verhaftung führten, sind so deutlich, daß man leicht verführt ist, einen tieferliegenden Wunsch nach einer gesellschaftlichen Bestrafung zu erkennen. Die individuelle Psychoanalyse der Brandstifter steht hier nicht zur Diskussion. Ihre politisch-psychologische Motivation könnte man aber aus der Erklärung eines Kommune-I-Protagonisten (der deswegen aus dem SDS ausgeschlossen wurde: »Was geht mich der Vietnam-Krieg an, solange ich Orgasmusschwierigkeiten habe?«) so rekonstruieren: Warum sollen wir das amerikanische Generalkonsulat in Frankfurt anzünden, wo wir vom Konsumzwang und vom industriell produzierten Textilfetischismus weiß Gott tagtäglich mehr terrorisiert werden als vom Krieg in Vietnam? Selbst Habermas sagt, daß die emotionale Identifikation mit dem Vietcong keinen politischen Stellenwert hat (These 4). Der Konsumterror in den Metropolen funktioniert aber als eines der zentralen politischen Integrations- und psychischen Versklavungsmittel; der Kampf dagegen hat wirklich einen politischen Stellenwert. – Ich fühle mich nicht berechtigt, die moralische *und* die politische Logik dieser Argumentation für irre zu erklären. Ich halte nur die von den Brandstiftern gezogenen politischen Konsequenzen, die Ebene ihrer Aktion, für falsch. Müssen sie darum aus der politischen Organisation ausgeschlossen werden? Nach allen Definitionen politischer Organisationen: ja.

Ein SDS-Sprecher hat am Tag der Verhaftung der vier Jugendlichen eine Erklärung abgegeben, in der es hieß: »Wenn es sich herausstellen sollte, daß ein Mitglied des SDS an dieser Aktion beteiligt war, würde es sofort aus der Organisation ausgeschlossen.« Ich würde diese Erklärung, gegen alle taktischen und realitätsorientierten Einwände, auch für die Öffentlichkeit heute so umformulieren: »Der SDS betrachtet die gegen Frankfurter Kaufhäuser verübten Brandstiftungen als eine ohnmächtige politische und seelische Reaktion auf die zunehmende politische und psychologische Barbarei in der Bundesrepublik. Der SDS stellt fest: Falls diese Brandstifter Mitglieder im SDS sind, wird diese Handlung allein kein Anlaß sein, sie aus dem SDS auszuschließen. Um die Politik und die Ziele des SDS sammeln sich in der jüngsten Zeit immer mehr Jugendliche, die unter der militärischen, politischen und psychologischen Barbarei, die von den großen westlichen Industrieländern ausgeht, so sehr leiden, daß sie selbst in direkten politischen Aktionen keine Möglichkeit der Abhilfe mehr sehen; sie drohen unter den psychischen Belastungen, die ihnen in unserer Gesellschaft auferlegt werden, zusammenzubrechen. Es ist die Aufgabe aller politischen Genossen und Freunde des SDS, diesen Jugendlichen zu helfen, ihre persönlichen Schwierigkeiten auf ein individuell so erträgliches Maß zu verringern, daß sie politisch fruchtbar werden können.«

Die Fruchtbarkeit eines »politisch-psychologischen Therapieprogramms«, dem sich danach die Studenten- und Schülerbewegung auch stellen müßte, kann aus zwei Gründen angezweifelt werden: a) es sei therapeutisch dysfunktional, b) es zeitige mit Notwendigkeit politisch chaotisierende Resultate. Dagegen ist zu sagen: a) Es gibt z. B. im SDS in ausreichender Zahl empirische Belege für *und* gegen diese These, unterschieden vor allem nach dem Grad der psychischen Desintegration. Jedenfalls gibt es genügend Beispiele dafür, daß junge Studenten in einem Zustand hoher psychischer Desintegration (Arbeitsunfähigkeit, psychische Impotenz; offene neurotische, vor allem depressive und Verfolgungssymptome) in den SDS eingetreten sind und sich dort – in einem oft Jahre dauernden Prozeß – psychisch stabilisieren konnten. – Natürlich ist dieser Weg kein Ersatz für eine klinische Behandlung, die aber einerseits im Massenmaßstab nicht verfügbar ist, andererseits die umgekehrten Gefahren der »politischen Therapie« enthalten dürfte, nämlich jahrelange Neutralisierung und privaten Rückzug des einzelnen. b) Die provokativen Innovationen, die Habermas heute begrüßt, sind fast ausschließlich von Jugendlichen im Umkreis des SDS eingebracht worden, die im klinischen Bereich den Tatbestand der Neurose durchaus erfüllen dürften. Diese neurotischen Produkte (wer läßt denn schon von seinem eigenen Geld Tüten mit Schahgesichtern bedrucken, um sie unter Studenten zu verteilen?) sind von der Studenten- und Schülerbewegung durchaus politisch integriert worden.

Wer es grundsätzlich ablehnt, daß die antiautoritäre Bewegung der Schüler und Studenten auch gewisse Funktionen der psychischen Selbstheilung übernehmen *muß* – mit allen Schwierigkeiten, die dazu gehören –, dem bleibt letztlich nur eine andere Alternative: einen Numerus clausus der Normalität einzuführen und dafür eine Kontrollinstanz einzusetzen, die entscheidet, von welchem psychischen Desintegrationsgrad an sich jemand nicht mehr im aktiven Kern der Schüler- und Studentenbewegung aufhalten soll. Damit könnten vielleicht einige Skandale aufgehalten werden, aber nur um den Preis des sicheren Endes der gesamten oppositionellen Jugendbewegung.

Habermas legt diese Frage nicht in dieser Polarisierung vor; seine Polarisierung läuft anders. Er spricht nicht von den psychischen Leiden der großen Mehrzahl der Jugendlichen; nur von neurotischen Regressionen bei den »Professionellen«, beim narzißtischen Agitator, beim Mentor mit psychoseartigem Realitätsverlust und beim re-infantilisierten Ästheten. Diese Typen gibt es in der Tat in der Studenten- und Schülerbewegung, mit besonderer Häufung wohl im SDS. Wo es sie gibt, sind sie Repräsentanten der psychischen Desintegration und – davon schärfstens zu unterscheiden – der realen und ungeheuer *realitätsbezogenen* seelischen Leiden dieser politischen Bewegung. Habermas fordert uns auf, diese Déformés aus dem Verkehr zu ziehen. Das hätte eine auch politisch negative Wirkung: die Lähmung der Keime massenhaft eingesetzter Aufklärungsprozesse. Das – wie immer falsche – Bewußtsein der Schüler- und Studentenrevolte hat nie von den psychischen Deformationen ihrer temporären Führer *gelebt* (These 5). Aber die gesamte Bewegung erkennt in ihnen die psychischen Schäden, die die politischen Verhältnisse gerade den Sensibelsten aufzwingen und die tendenziell jeden aus der antiautoritären Bewegung bedrohen. Sicher kennzeichnet es den Grad der politischen Unsicherheit und auch der psychischen Schwäche dieser Bewegung, daß so wenige von uns ad hoc fähig sind, *öffentlich* zu reden und daß so wenige fähig sind, politische und ökonomische Zusammenhänge nicht nur theoretisch zu erkennen, sondern diese Erkenntnis auch taktisch, d.h. in organisatorische Formen und politische Forderungen *umzusetzen*. Die Unfähigkeit, über-personale Zusammenhänge praktisch (organisatorisch) herzustellen, ist immer auch ein Zeichen mangelnder psychischer Integration bei einem Individuum, der politische Ausdruck dieser Unfähigkeit ist die politische Apathie – auch in der sog. aktiven Studenten- und Schülerbewegung. Es läßt sich aber wahrlich empirisch konstatieren, a) daß die politischen Erfordernisse, die an alle einzelnen in der antiautoritären Bewegung gestellt sind, am ehesten in Situationen der politischen Mobilisierung gelöst werden (und daß die erfolgreiche politische Aufgabenlösung auch ein Kriterium erhöhter psychischer Integration und Stabilität bei dem abgibt, der diese Aufgabe gelöst hat) und b), daß jede der politischen Kampagnen der letzten anderthalb Jahre auf starken emotionalen Momenten aufgebaut hat, die zunächst von »temporären Führern« angesprochen werden mußten.

2) »Aber die auf emotionaler Ebene hergestellte Identifizierung – mit der Rolle des Vietcong, die Identifizierung mit den Negern der großstädtischen Slums, mit den brasilianischen Guerillakämpfern, mit den chinesischen Kulturrevolutionären oder den Helden der kubanischen Revolution – hat keinen politischen Stellenwert.«

»Eine rote Fahne im richtigen Augenblick auf dem richtigen Dach kann eine aufklärende Wirkung haben; sie kann eine Tabuschranke durchbrechen, eine Barriere gegen Aufklärungsprozesse aus dem Wege räumen. Etwas anderes ist aber, wenn ein solches Symbol diejenigen, die es setzen, darüber betrügt, daß es heute um einen Sturm auf die Bastille nicht gehen kann.«

Solange auch die jugendlichen Teile der Außerparlamentarischen Opposition an historisch überholte Parteivorstellungen und traditionelle Mobilisierungsstrategien fixiert waren, solange sie also inhaltlich noch nicht die historischen Fehler der alten Arbeiterbewegung überwunden hatten, so lange belegten sie paradoxerweise, gleichsam mit dem Abwehrmechanismus der Verschiebung, die *Symbole* der alten Arbeiterbewegung mit einem manifesten Tabu: Im SDS war das Singen der »Internationale« verpönt, die Anrede »Genosse« fast nur ironisch akzeptiert, eine »rote Fahne« auf einer Demonstration wäre bis zum Sommer 1967 wahrlich ein Skandal gewesen. Die erste Vietcong-Fahne wurde meines Wissens auf der bedeutungslosen Demonstration nach dem Frankfurter Vietnam-Kongreß im Mai 1966 mitgeführt. Habermas gab am Tag danach in seiner Soziologie-Vorlesung eine – auch von den SDS-Genossen mit Beifall aufgenommene – Erklärung ab, daß unser Protest gegen den Krieg in Vietnam doch so rational begründet sei, daß »wir auf akklamative Symbole verzichten« können. Als dagegen auf der 22. Delegiertenkonferenz des SDS im September 1967 zum erstenmal »wieder« die Internationale gesungen wurde, blieb nur ein Delegierter demonstrativ sitzen. Dieser Genosse war wegen Linksabweichung nicht lange zuvor aus einer traditionellen Organisation der Arbeiterbewegung ausgeschlossen worden! Rote Fahnen wurden allererst wieder mitgeführt, die Internationale allererst wieder gesungen, als wir nicht mehr in einer negatorischen Fixierung an die alte Arbeiterbewegung gebunden waren.

In der Ablösung von den erstarrten Formen der traditionell sozialistischen Organisationen, deren politische Stoßkraft schon lange erschöpft ist, vollzieht sich auch eine Umwandlung im Gebrauch der sozialistischen Befreiungssymbole. Zwar knüpfen die roten Fahnen an der Tradition der Arbeiterbewegung an, aber wir gebrauchen dieses Symbol so, daß gerade diejenigen, die innerlich am meisten mit der inhaltlichen Entleerung der Arbeiterbewegung übereinstimmen, sich am meisten von dieser Symbolverwendung abgestoßen fühlen. Der Wert solcher Symbole liegt gerade in der emotionell sichereren Unterscheidung von Bündnispartnern, als sie die begriffliche Analyse zunächst leisten könnte. Dabei ist es sicher richtig, daß man sich mit taktisch falsch eingesetzten Symbolen isolieren und potentieller Bündnispartner begeben kann. Habermas geht aber noch einen Schritt weiter in seiner Kritik. Er wirft uns nicht nur vor, öffentlich anstößige, d.h. für ihn: taktisch unklug eingesetzte, Symbole zu verwenden. Er spricht der Studenten- und Schülerbewegung insgesamt das Recht ab, kollektive politische Identifikationen emotional zu begründen und diese Identifikationen mit Hilfe von Symbolen (und nicht nur von Begriffen) auszudrücken. Dabei werden symbolische Handlungen oder Zeichen von Habermas dem Bereich primärprozeßhafter, infantiler, d.h. pathologischer Ich-Strukturen zugewiesen und so das Reich der Begriffe als dem reifen Ich allein angemessen ausgegeben. Gegen diese Form der Ich-Einschränkung, der Tabuierung nicht-begrifflicher, aber dennoch hochsublimierter Symbole, richtet sich gerade der emotionale Protest der »neuen Sensiblen«. Die Realität, die sie mit ihren neuen Demonstrationsstilen, ihrer Art zu tanzen und sich zu kleiden, mit ihrer Sprache und ihren Sprechchören zu setzen versuchen, kann nicht mit jener Art von Realitätsprinzip gemessen werden, die Habermas ihnen normativ entgegensetzt. In den Symbolen der neuen Bewegung, vielmehr in der provokativen Verwendung historischer und exotischer Symbolzeichen, wird eine neue Form der psychologischen Beziehung zur Umwelt erprobt, eben jenes neue Realitätsprinzip, das ihnen permanent verweigert wird. Wenn der Begriff der Solidarität noch irgendeinen aktuellen politischen Stellenwert hat, dann hat er auch eine aktuelle psychologische Bedeutung. Der psychologisch entsprechende Begriff zum Begriff der Solidarität ist der der *Identifikation*. Aber eine Identifikation kann die Ich-Leistungen eines Individuums hemmen oder fördern, je nachdem ob sie ich-synton ist oder nicht, d.h., ob sie zu einer Schwächung der autonomen Ich-Funktionen oder zu deren Auflösung und einem entsprechenden Machtzuwachs eines externen Über-Ichs führt. Jedenfalls ist es falsch, Identifikationsprozesse nur als Prozesse »im Über-Ich« zu referieren, die danach immer zu einem Normenzuwachs und zu einer Minderung der Ich-Autonomie führen müßten. Habermas betont in seinen Sozialisations-Theorien auch ausdrücklich, daß es in der primären Sozialisation auf die Herstellung *stabiler* und *ich-fördernder* Identifikationen ankommt. Das gilt ebenso für die sekundäre Sozialisation (also auch für die Studenten- und Schülerbewegung). Je mehr aber die Sozialisation in den Subkulturen sich vollzieht, denen die identifikatorische Basis der bürgerlichen Moral und deren kleinbürgerlicher Ableitungen (These 3) *fehlt*, desto wichtiger wird es für diese Subkulturen (z. B. die der antiautoritären Bewegung), eigene und neue Identifikationsmodelle zu entwickeln. Das, was Habermas emphatisch die »neue Sensibilität« nennt, kann nur das Resultat solcher neuer Identifikationsmodelle sein.

Die engere Verknüpfung von Symbolen (im Gegensatz zu Begriffen) mit den Affekten macht deren überaus wichtige Bedeutung in der Herstellung solidarischer Beziehungen innerhalb der Protestbewegung aus. Die Symbolbildungen erleichtern unmittelbare und *spontane* Identifikationsprozesse. Es hängt vom Sublimierungsgrad in der Art und der Verwendung der Symbole ab, wie ich-fördernd diese Identifikationsprozesse sind.

Den neuen Identifikationen entsprechen neue symbolische Repräsentanzen (z. B. rote Fahnen, Mao-Abzeichen, Sprech-Chöre), die sich jedoch nicht im bloßen Zeichencharakter erschöpfen, sondern die vom Kontrast zu ihrer Umwelt leben. Auf dieser Grundlage erst kann man einer Identifikation und den ihr entsprechenden Symbol-Repräsentanzen einen ich-fördernden oder ich-hemmenden Charakter zusprechen, kann man feststellen, daß sie kognitive Prozesse fördert oder hemmt. Wenn aber die Sozialisation des Individuums immer früher auf sekundäre Sozialisationsagenturen verlegt wird, fallen diesen Agenturen (oder den »Gegen-Agenturen« der antiautoritären Bewegung) auch immer mehr die Aufgaben zu, die unter dem Begriff der Entwicklung kognitiver Fähigkeiten zusammengefaßt sind. Dazu gehört unter anderem die Fähigkeit, politische Situationen nicht nur *realistisch* einzuschätzen, sondern sie sehr rasch zu erfassen und zur *Korrektur* dieser Situationen mit Phantasie zu reagieren. Die Ausbildung solcher Fähigkeiten verlangt die stärkere Integration der bislang in die Kultur nicht aufgenommenen affektiven Regungen. Die besten Beweise solcher differenzierter kognitiver Leistungen auf der Basis von emotionalen Affekten sind *massenhaft* während der Springer-Blockaden geliefert worden. In den Tagen vom Karfreitag bis zum Ostermontag 1968 sind ebenso viele neue Symbolrepräsentanzen entstanden, wie kognitive Prozesse individuell und kollektiv durchgemacht worden sind, sind individuelle psychische Deformationen in ebenso großem Ausmaß (wenn auch zunächst nur vorübergehend) überwunden worden, wie politisch-organisatorische Aufgaben bewältigt wurden.

Identifikationen und die ihnen entsprechenden repräsentativen Symbole können eine fortschrittliche und eine regressive, eine autoritätsüberwindende und eine autoritätszementierende Funktion haben. Diese Differenzierung findet sogar Anwendung für ein und dasselbe Symbol: Es ist ein entscheidender Unterschied, ob Fahnen in militärischer Formation aufgepflanzt, übergeben und geweiht werden, oder ob sie »im Kampf voran« geführt werden. Es ist ein Unterschied, ob die rote Fahne in einem FDJ-Lager bei Sonnenaufgang unter Absingen eines Pfadfinderliedes gehißt wird, oder ob Tausende von Jugendlichen durch Bonn oder Westberlin jubelnd und rote-Fahnen-schwingend im Ho-Chi-Minh-Schritt rennen. Im letzteren Fall repräsentiert die Fahne vielleicht noch eine phallisch-aggressive und insofern »unreife« Form der politischen Auseinandersetzung. Aber sie repräsentiert auf keinen Fall, wie im FDJ- oder militärischen Beispiel, eine bewußtseinshemmende Über-Ich-Funktion. Der Slogan »kernwaffenfreie Zone für ganz Mitteleuropa« ist ganz bestimmt rational und entspricht auch einem hohen Entwicklungsstand kognitiver Fähigkeiten. Warum sind dann die Jugendlichen einmal im Jahr auf den Ostermärschen mit ihren Pappschildern lustlos und langweilig herumgetrottet, und warum sind sie das übrige Jahr privatistisch regrediert und haben den Sozialismus bestenfalls im Club Voltaire beim Bier besprochen? Diese Fragen verlangen auch nach einer psychologischen Erklärung. – Die rote Fahne in der Hand von Beethoven auf dem Bonner Münsterplatz und in den Händen von Tausenden von Menschen, die am Vormittag des 11. Mai in kleinen Gruppen durch Bonn rannten, hatte außer der phallisch-aggressiven noch eine andere Funktion: nämlich eine autoritätslösende, kollektiv befreiende und Identität herstellende Funktion. Nur auf dieser Basis können die kognitiven Prozesse stabil und massenhaft einsetzen, nach denen wir genauso wie Habermas verlangen.

Die Symbole der gegenwärtigen antiautoritären Bewegung werden nicht in einer rigiden Form von oben eingesetzt, nicht von einem klassischen Partei-Über-Ich angeordnet; sie sind wirklich das spontane Produkt dieser Bewegung. Ich will dies am Beispiel des sog. Mao-Kultes klarmachen. Im internationalen Vergleich fällt zunächst auf, daß es in der bundesrepublikanischen Linken *keinen* Maoismus gibt, der als solcher ernsthaft zu bezeichnen wäre. In Frankreich, Italien, Österreich, England haben sich die jugendlichen maoistischen Gruppen als Organisationen *gegen* die autoritären kommunistischen Parteien und deren Jugendorganisationen gebildet. Sie sind deren Produkt. Offenbar lastet die Autorität dieser Parteien so sehr auf diesen Jugendlichen, werden sie vom Kampf gegen ihre Parteien so absorbiert, daß sie nur mit einer externen Stütze politisch und psychisch überleben können. Es ist ein immenser Unterschied, ob man mit Goldtressen bestickte Mao-Fahnen in würdevoller Formation auf einer kommunistischen Demonstration in Florenz daherträgt und dafür von KP-Ordnern Prügel bezieht (und dabei wiederum Mao-Sprüche hersagt) oder ob man an ein Gymnasium in Frankfurt-Bonames nachts mit Ölfarbe schreibt: »Der Stein, den Ihr hochgehoben habt, wird ganz sicher auf Eure eignen Füße zurückfallen« (Mao). Im ersten Fall handelt es sich um eine rigide Ich-Stütze, wobei das Ich, das derartige Symbol-Stützen ernsthaft benötigt, als äußerst geschwächt bezeichnet werden muß; das Symbol repräsentiert demgemäß vornehmlich eine regressive Über-Ich-Funktion. Im zweiten Fall wird das Symbol zunächst *provokativ* eingesetzt, als Absage an alte Autoritäten und Identifikationen, ohne jedoch einen Prozeß neuer Autoritätsidentifikation automatisch vorzubereiten. Diese Symbol-Verwendung ist natürlich nicht von vornherein garantiert ich-stärkend. Es kann auch hier immer noch das Gegenteil eintreten, dessen Extremfall dann Habermas als die Verwechslung von Symbol und Wirklichkeit beschreibt (These 5).

Haben die emotionalen Identifizierungen mit dem Vietcong, mit Che Guevara etc. wirklich keinen politischen Stellenwert? Die antiautoritäre Bewegung der Schüler und Studenten leidet an einem Mangel an rational akzeptablen und gleichzeitig emotional ansprechenden Identifikationsvorbildern (Imagines) im eigenen Land. Mit welcher kämpferischen, aktuellen oder historischen politischen Bewegung der Bundesrepublik, der DDR oder der Weimarer Republik sollen wir uns *identifizieren*, damit wir von ihr *lernen* können? Die Tradition der deutschen Arbeiterbewegung ist unterbrochen; sie hat, gerade nach den Kategorien von Habermas, einen kaum geringeren aktuell-politischen Stellenwert als die Identifizierung mit dem Vietcong. Die Zerschlagung der Arbeiterbewegung im Faschismus war nicht nur eine Sache der physischen Vernichtung ihrer Repräsentanten, die Zerschlagung ihrer Reste in der Restaurationsperiode des westdeutschen Kapitalismus war nicht nur auf die Integration ihrer reformistischen Elemente einerseits, auf die Illegalisierung ihrer revolutionären Elemente andererseits beschränkt. Vielmehr liefen diese Prozesse der Vernichtung, der Integration und der Illegalisierung unter politischen Vorzeichen ab, die eine Ausbildung von politisch und kathektisch [?] bedeutsamen Imagines unmöglich machten. Das gehört *auch* zu den politischen und sozialpsychologischen Leistungen des deutschen Faschismus und der Restaurationsperiode des deutschen Kapitalismus. So werden wir zwangsläufig auf »exotische« Imagines verwiesen. Das birgt in sich die dauernde Gefahr einer nicht-ich-syntonen Identifikation, einer Identifikation, die psychologisch und politisch nicht mehr integrativ ist, weil sie nicht mehr unmittelbar an der eigenen kollektiven Geschichte anknüpft, sondern auf eine fremde Realität überspringt. Aber die Identifizierung mit den Kämpfen der unterdrückten Volksmassen aus den Ländern der Dritten Welt repräsentiert dennoch alles andere als die Realitätstrübung oder Re-Infantilisierung. Wenn die These auch nur zur Hälfte richtig ist, daß die Befreiungsbewegungen dieser Länder den Klassenkampf gegenwärtig stellvertretend für die Unterdrückten der ganzen Welt führen, so darf man daraus folgern: Es ist politisch richtig und psychologisch notwendig, sich mit dem *Kampf* des Vietcong, mit dem *Kampf* der Schwarzen in den Slums, mit den *Zielen* der Kulturrevolution in China zu identifizieren. Politisch und psychologisch verhängnisvoll ist es nur, sich mit dem Vietcong *selbst* zu identifizieren, seine Rolle (z.B. seine militärische) gegenwärtig in den kapitalistischen Metropolen spielen zu wollen etc. Erst dadurch entsteht die verhängnisvolle Verwechslung von Symbol und Wirklichkeit in den politischen Kategorien: die Gleichsetzung zweier unterschiedlicher politischer Situationen. Die Intention dieser Kritik an Jürgen Habermas läßt sich zu dem sehr ernsten politischen Vorwurf zusammenfassen, daß er den seelischen Leiden und den psychischen Desintegrationen in der politischen Bewegung der Schüler und Studenten mit einen ebenso technokratischen wie wirkungslosen Heilungsplan begegnet. Er ermahnt die »Gesunden« unter uns: sorgt doch dafür, daß Ihr Eure Kranken loswerdet (darin ist sein Plan technokratisch). Aber auch die, die er gesund wähnt, sind »krank« (darum ist sein Plan wirkungslos). Sie bringen einer Therapie, die mit Ermahnungen im Gewande des Realismus beginnt, zu Recht Widerstände entgegen. Denn am Realitätsprinzip der »realistischen Ermahnungen« sind sie ja allererst erkrankt. Dagegen haben sie ihre eigene Sensibilität entwickelt, die wirklich noch nicht realitätstüchtig genug ist, um die herrschende Realität und das ihr entsprechende Realitätsprinzip immer wirkungsvoll zu bekämpfen.

Nr. 226

Jürgen Habermas / Albrecht Wellmer
Zur politischen Verantwortung der Wissenschaftler
Gutachten für den AStA der Freien Universität Berlin zum Rechtsstreit um das politische Mandat der Studentenschaft
Juli 1968

QUELLE: Ulrich K. Preuß, Das politische Mandat der Studentenschaft – Mit Gutachten von Robert Havemann, Werner Hofmann und Jürgen Habermas / Albrecht Wellmer, Frankfurt/Main 1969, S. 133–138

Der Prozeß der wissenschaftlichen Forschung und Lehre ist Teil des gesellschaftlichen Lebensprozesses. Dieser faktische Zusammenhang von Wissenschaft und Gesellschaft zeigt die Tendenz zu einer immer stärkeren Integration der Wissenschaft in den gesellschaftlichen Lebenszusammenhang, zu einer Verwissenschaftlichung aller gesellschaftlichen Lebensäußerungen und zu einer Vergesellschaftung des wissenschaftlichen Lehr- und Forschungsprozesses. Damit ist eine politische Dimension der Wissenschaft *vorgegeben*, deren Anerkennung jedem Versuch einer Bestimmung des adäquaten Verhältnisses von Wissenschaft und Politik zugrunde gelegt werden muß.

Das Prinzip der Freiheit von Forschung und Lehre kann unter diesen Umständen nicht nur negativ im Sinne einer Abschirmung individueller Gelehrsamkeit gegen interessierte Einwirkungen von außen verstanden werden. Freiheit von Forschung und Lehre kann politisch wirksam nur unter der Bedingung gesichert werden, daß die faktisch bestehenden Abhängigkeitsverhältnisse transparent gemacht und die gesellschaftlichen Funktionen der Wissenschaft von den an Lehre und Forschung unmittelbar beteiligten Gruppen reflektiert und im Bewußtsein der politischen Folgen ausgeübt werden.

I. Zur gesellschaftlichen Abhängigkeit der Wissenschaft:

a. rechtlich: die Rechtsform der wissenschaftlichen Hochschulen wird von außeruniversitären politischen Instanzen sanktioniert und garantiert;

b. materiell: die materiellen Mittel für Forschung und Lehre werden von außeruniversitären Instanzen bereitgestellt;

c. die Ausbildungsziele, Prüfungsordnungen und damit zum Teil auch die Studiengänge werden entweder von politischen Instanzen festgelegt bzw. sanktioniert, oder sie werden universitätsintern, aber nach Maßgabe gesellschaftlicher Bedürfnisse festgelegt;

d. inhaltlich: die zunehmende Verwissenschaftlichung aller gesellschaftlichen Lebensbereiche und die zunehmenden Kosten des Forschungsprozesses haben zur Folge, daß zunehmend außeruniversitäre politische und gesellschaftliche Instanzen darüber befinden, was Gegenstand der Forschung sein soll. Sie bestimmen damit zunehmend die Richtung des Forschungsprozesses.

2. Zu den gesellschaftlichen Funktionen der Wissenschaft:

a. Der akademische Lehrbetrieb muß den Bedarf der Gesellschaft an qualifiziertem Nachwuchs decken und zugleich für eine sich erweiternde Reproduktion der Ausbildung sorgen. Die Berufsvorbereitung schließt ein, daß die Hochschulabsolventen mit einem Mindestmaß auch an extrafunktionalen Fähigkeiten ausgestattet werden. Extrafunktional heißen alle die für die Ausübung einer akademischen Berufsrolle relevanten Eigenschaften und Einstellungen, die nicht mit den beruflichen Kenntnissen und Fertigkeiten zusammenfallen. Die Muster der akademischen Ausbildung stimmen normalerweise stillschweigend mit ungeschriebenen berufsständischen Berufsethiken überein.

b. Die gesellschaftlichen Funktionen des Forschungsbetriebes unterscheiden sich je nach der Struktur der Wissenschaft. Die hermeneutischen Wissenschaften erfüllen die Aufgabe, die kulturelle Überlieferung zu übermitteln, zu interpretieren und fortzubilden. Sie können sich, wie streng positivistisch ihre Verfahrensweisen auch sein mögen, kaum dem Zwang entziehen, wirkende Traditionen nicht nur zu erforschen, sondern, indem sie sie erforschen, entweder kontinuierlich weiterzugeben oder kritisch zu verändern. Dadurch nimmt die Wissenschaft Einfluß auf das handlungsorientierende Selbstverständnis der Studenten wie der Öffentlichkeit. Normalerweise harmonieren fachwissenschaftliche Interpretationen mit den in der Öffentlichkeit dominierenden Richtungen.

c. Anders verhält es sich mit den empirisch-analytischen Wissenschaften. Sie geben einerseits das Modell einer reinen, wertfreien Wissenschaft ab, und sie repräsentieren andererseits den Typus des technisch verwertbaren Wissens. Diesen Forschungsprozessen ist es zuzuschreiben, daß die Wissenschaft in entwickelten Industriegesellschaften zur entscheidenden Produktivkraft geworden ist. In diesem Bereich werden wissenschaftliche Informationen erzeugt, die in technische und strategische Anweisungen umgesetzt werden können, d. h. in Informationen bezüglich der Organisation geeigneter Mittel zur Realisierung vorgegebener Ziele bzw. der rationalen Wahl zwischen Handlungsalternativen unter wechselnden Bedingungen des Handelns bei vorgegebenem Sollzustand. Die Anwendung der Wissenschaft besteht freilich nicht so sehr in der singulären Anwendung solcher technischen bzw. strategischen Anweisungen, sondern in der Etablierung neuer Produktions-, Herrschafts-, Kommunikations- und Verkehrstechniken, neuer Techniken der Befriedigung elementarer wie sublimer Bedürfnisse und zweckrationaler Strategien des wirtschaftlichen, politischen und militärischen Handelns. Die neuen Techniken und Strategien erzwingen allgemeine Veränderungen der sozialen Lebenswelt. Sie zerstören mittelbar überlieferte Formen des sozialen Verkehrs, setzen Traditionen außer Kraft, schaffen neue Bedürfnisdispositionen, neue Konfliktmuster und neue Zonen von Freiheit und Unfreiheit; sie eröffnen neue Möglichkeiten der Herrschaft und der Emanzipation. Dabei muß man zwischen den bei der Anwendung von Wissenschaft intendierten Zwecken und den gesellschaftlichen Nebenfolgen unterscheiden.

Wenn wir uns auf Wissenschaft als Produktivkraft beschränken, ergibt sich, daß die gesellschaftlichen Folgen der Wissenschaft in zweifacher Hinsicht außerhalb der unmittelbaren Fachkompetenz der Forscher liegen:

i. Mit den Mitteln der empirisch-analytischen Wissenschaft läßt sich keine Entscheidung darüber herbeiführen, welche unmittelbaren oder mittelbaren Zwecke durch Anwendung wissenschaftlicher Resultate realisiert werden *sollen*: Diese Entscheidung bleibt politischen und gesellschaftlichen Instanzen vorbehalten. Wissenschaftslogisch entspricht dieser Arbeitsteilung zwischen wissenschaftlichen und gesellschaftlichen Instanzen eine strikte Trennung zwischen deskriptiven und präskriptiven Aussagen: danach sind die faktisch wirksamen Maximen politischen Handelns zwar hinsichtlich ihrer Zweckrationalität und Konsistenz, nicht aber hinsichtlich ihrer politisch-moralischen Voraussetzungen und Implikationen fachwissenschaftlich zu kritisieren.

ii. Die Anwendung der Wissenschaft ist in der Regel gleichbedeutend mit der Institutionalisierung neuer Techniken und der Durchsetzung neuer Verhaltensweisen. Deren soziale Folgen lassen sich nicht mit Hilfe der angewandten wissenschaftlichen Informationen selbst prognostizieren. Eine begrenzte Kontrolle dieser gesellschaftlichen Folgen angewandter Wissenschaft wäre freilich aufgrund sozialwissenschaftlicher Informationen denkbar. Aber damit verschiebt sich das Problem nur: die Frage nach der gültigen *Interpretation* der tatsächlichen Folgen läßt sich mit den Mitteln der empirisch-analytisch verfahrenden Sozialwissenschaft nicht lösen; daher können ihre Prognosen auch die Frage nach den faktischen Folgen der Anwendung von Wissenschaft prinzipiell niemals in einer für das Selbstverständnis der Gesellschaft erschöpfenden und zwingenden Weise beantworten.

3. Folgerungen für die politische Verantwortung der Wissenschaftler in einer demokratischen Gesellschaft:

Aus dem unter 1. und 2. Gesagten ergibt sich, daß den wissenschaftlichen Forschungs- und Ausbildungsprozessen a limine eine politische Dimension eigen ist, aus deren Anerkennung die Konsequenzen zu ziehen sind.

Die an den universitären Lehr- und Forschungsprozessen beteiligten Gruppen haben ein Interesse daran, die gesellschaftlichen Implikationen der Wissenschaft selber wissenschaftlich aufzuklären. Das geschieht auf dem Wege einer Selbstreflexion der Wissenschaften, die einst von der Philosophie beansprucht worden ist, aber heute eher Formen eines fachimmanenten Philosophierens angenommen hat. In dieser Dimension kann ein reflektiertes Verhältnis zur Berufspraxis hergestellt werden, das an die Stelle traditionaler Berufsethiken tritt. In dieser Dimension kann das sonst dogmatisch wirksame Verhältnis der lebenden Generationen zu den handlungssteuernden kulturellen Überlieferungen bewußt gemacht und der Kritik unterworfen werden. In dieser Dimension kann vor allem auch der Verwendungszusammenhang des technisch verwertbaren Wissens thematisiert werden. Das Interesse, dem die Wissenschaftler bei dieser Selbstreflexion der Wissenschaften folgen, ist nur das inhaltlich verstandene Interesse an der Freiheit von Forschung und Lehre: eine Wissenschaft, die sich als Agent gesellschaftlicher Mächte zur Durchsetzung rational nicht legitimierter Ziele und Interessen in Anspruch nehmen ließe, verlöre nicht nur ihre Autonomie, sondern begäbe sich schon ihres Anspruchs auf Autonomie. Dieser Anspruch impliziert die Forderung, auf rationaler Aufklärung gesellschaftlicher Zusammenhänge auch dort noch zu insistieren, wo die empirisch-analytischen Verfahrensweisen an ihre Grenze stoßen: in der Dimension der Bedingungs- und Verwertungszusammenhänge empirisch-analytischer Wissenschaft und in der Dimension einer Auswirkung technisch verwertbaren Wissens auf praktische Handlungsorientierungen.

Das Interesse an Freiheit für Forschung und Lehre, das vom objektiven Zusammenhang der Wissenschaft nicht abstrahiert, sondern auf diesen sich richtet, ist gleichgerichtet dem Interesse an gesellschaftlicher Freiheit und politischer Demokratie. Kritische Vernunft steht der durch sie angeleiteten vernünftigen Praxis nicht ebenso gleichgültig gegenüber wie Zweckrationalität der durch sie angeleiteten Technik: kritische Vernunft drängt auf die Initiierung einer vernünftigen Praxis; ihr Interesse an Aufklärung ist mit ihrem Interesse am Wirksamwerden der Aufklärung identisch.

4. Folgerungen für die politische Verantwortung der Studenten:

Die Teilnahme der Studenten an Forschungsprozessen schließt nicht zuletzt Beteiligung auch an der Selbstreflexion der Wissenschaften ein. Zur Tradition der deutschen Universität gehört die Konzeption einer »Bildung durch Wissenschaft«. Diese theoretische Bildung wurde von den geistigen Vätern der preußischen Universitätsreform zugleich als praktisch-politische Bildung verstanden, d.h. als Einbildung der Vernunft in das praktische Handeln mündiger Individuen. Mit dem Siegeszug der positiven Einzelwissenschaften wurde dieses Motiv von den wissenschaftlichen Lernprozessen abgespalten und als residualer »Bildungsauftrag« an außerwissenschaftliche Erziehungsveranstaltungen überwiesen. Die Folge war eine Entpolitisierung des Bildungsbegriffs *und* der tatsächlichen wissenschaftlichen und außerwissenschaftlichen Bildungsprozesse. Das typische Ergebnis einer in diesem Sinne restringierten Fachausbildung ist der entweder unpolitische oder aber ohne Zusammenhang mit seiner wissenschaftlichen Ausbildung politisierte Fachmann; d.h. der für politische und gesellschaftliche Instanzen fungibel gewordene Spezialist. Er ist das Korrelat einer ihren gesellschaftlichen Implikationen gegenüber gleichgültig sich verhaltenden »reinen« Wissenschaft: politisch folgenreiches Resultat einer unpolitischen Wissenschaft.

Eine sich selbst, ihren faktischen Bedingungen wie ihren politischen Folgen gegenüber kritische Wissenschaft verlangt hingegen Einübung in Bildungsprozesse, die das falsche Bewußtsein einer unpolitischen Autonomie der Wissenschaften überwinden.

Nr. 227
Jürgen Habermas
Zum Geleit
Von: Antworten auf Herbert Marcuse
Juli 1968

QUELLE: Jürgen Habermas (Hg.), Antworten auf Herbert Marcuse, © Suhrkamp Verlag, Frankfurt/Main 1968, S. 12–16

Wenn Marcuse zu wählen hätte zwischen dem Risiko, das damit verbunden ist, eine Intention auch um den Preis möglicher Mißverständnisse geradewegs zu formulieren, und jenen Skrupeln, die der indirekten wie der verschlungenen Rede aus Sorge, Subtiles sonst zu zerbrechen, den Vorzug geben – wenn dies die Wahl wäre, dann ginge Marcuse lieber das Risiko ein und entschlüge sich der Skrupel. Er spricht aus, was andere in der Schwebe lassen. Seine Skrupel scheinen heute eher die zu sein, daß eine Philosophie in praktischer Absicht praktisch folgenreich vertreten werden muß.

Das existentialistische Moment, das in Marcuses Theorie lebendig geblieben ist, macht es möglich, jener resignativen Enthaltsamkeit gegenüber Praxis zu entgehen, die aus der Analyse zunächst sich anzubieten scheint. Marcuses Analyse des Spätkapitalismus ist unorthodox. Ein fortgeschrittener Stand der wissenschaftlich-technischen Entwicklung erlaubt beides: die Stabilisierung des gesellschaftlichen Systems auf der Grundlage der Kapitalverwertung in privater Form und *zugleich* die Legitimation der dadurch aufrechterhaltenen Herrschaftsbeziehungen. Die Integration ergreift auch den einst designierten Träger der Revolution, und sie verhindert die Konstituierung eines neuen. Gleichwohl soll an die Stelle des revolutionären Klassensubjekts nicht die eingestandene Ohnmacht einer auf sich selbst verwiesenen Kritik treten, sondern der spontane Protest der Einzelnen an den Rändern des Systems. Diese können sich mit den Entrechteten und den Pauperisierten innerhalb wie außerhalb des Systems verbünden; allein, da die *Entrechtung* und die *Pauperisierung* nicht mehr ohne weiteres mit *Ausbeutung* zusammengeht, ziehen auch diese ihre revolutionäre Zuversicht nicht mehr aus einer geschichtlichen Dynamik. Was bleibt, ist, auf der Grundlage eines überschießenden technologischen Potentials, der Wille und das Bewußtsein der Sensibelsten und der Einsichtigsten – die subjektive Weigerung. Die Theorie schreibt den Verhältnissen so viel unerschütterliche Objektivität zu, daß sie mit der Praxis nicht zu vermitteln ist, es sei denn subjektivistisch. Das erklärt einerseits die Wendung zur Anthropologie, die rechtfertigen muß, was das Potential der Geschichte nicht mehr herauszugeben scheint; und andererseits eine gewisse Rückwendung zum Existentialismus, der Wissenschaft und Technik in ihrer gegenwärtigen Form zu einem historisch überholbaren »Entwurf« degradiert.

So ist Herbert Marcuse zum Philosophen der Jugendrevolte geworden, mit Recht. Verständlicherweise, aber nicht ganz zu Recht, benutzen manche der jungen Revolutionäre seine Schriften als Legitimation für die *unbestimmte* Negation des Bestehenden. Die »große Weigerung« ist Metapher für eine Einstellung, aber nicht per se eine Einsicht. Marcuse hat eines mit dem anderen gewiß nicht verwechselt; gelegentlich aber muß er für eine solche Verwechslung herhalten. Das mag damit zusammenhängen, daß Marcuses Untersuchungen den Subkulturen des Protestes vorausgegangen sind und nicht nachträglich auf diese reflektieren konnten. Marcuse hat die Analyse der Entstehung eines unerträglichen Zustandes und die kritische Anleitung zu seiner bestimmten Negation verbinden müssen mit der Expression der Unerträglichkeit dieses Zustandes, gegen den niemand protestierte. Was eine Subkultur des Protestes in Einstellungen und in Lebensformen *verkörpern* kann, verlangt einen anderen literarischen Ausdruck als die *Analyse* dieser Tatbestände. Wenn die Empörung allgemein ist, bedarf das Unerträgliche keiner Diskussion; wenn es aber nicht gefühlt wird, bedarf es der Expression, um die Tatbestände überhaupt sichtbar zu machen. Der Protest muß die Augen erst öffnen für das, was die Analyse fassen soll. Marcuses Untersuchungen hatten beide Funktionen zu übernehmen; auf die Arbeitsteilung zwischen dem Protest, der die Sinne schärft, und der Kritik, die begreifen macht, konnten sie sich nicht stützen. Das mag *ein* Grund sein, warum Marcuse denen, die ihm folgen, auch Anlaß zu Mißverständnissen gibt, nämlich dazu: Die Artikulation einer Erfahrung mit der Analyse des Erfahrenen zu verwechseln – und die Attitüde der Weigerung mit bestimmter Negation.

Ich habe den Eindruck, daß die Kritik, die sehr herbe Kritik, die Mitarbeiter dieses Bandes an Marcuse üben, zuweilen auf solche Mißverständnisse eher sich bezieht als auf Marcuses Argumente selber. Dabei ist, soweit ich zu sehen vermag, Marcuses eigentliche Leistung nicht so deutlich hervorgetreten, wie sie wohl verdient hätte. Die Grundthese, die Marcuse seit Mitte der fünfziger Jahre immer wieder zu explizieren versucht und auf die der Entwurf seiner Theorie des Spätkapitalismus zurückgeht, ist: daß Technik und Wissenschaft in den industriell fortgeschrittensten Ländern nicht nur zur ersten Produktivkraft geworden sind, die das Potential für eine befriedete und befriedigte Existenz bereitstellt, sondern auch zu einer neuen Form von Ideologie, die eine von den Massen abgeschnittene administrative Gewalt legitimiert.

Seit Herbert Marcuse in unserem Land eine in die Breite wirkende Resonanz gefunden hat und sich die Massenmedien seiner als eines Idols der jungen Linken bemächtigt haben, verfestigt sich ein Bild, das von der Person und ihren wahren Intentionen sich immer weiter entfernt. Ich erkenne darin nicht mehr den aufrechten und mutigen Mann, dessen Immunität gegen falschen Beifall ich bewundere; ich erkenne darin nicht mehr die Züge des eigentümlichen, ein wenig altmodischen und fast schüchternen Charmes, der Herbert Marcuse unendlich liebenswert macht; und ich erkenne darin nicht mehr den Philosophen, der in Santa Barbara, an einem für europäische Augen spätsommerlichen Vorweihnachtstage, auf die suggestive Weite des ruhenden Ozeans zeigt, als wolle er das Element zum Zeugen anrufen: »Wie kann es da immer noch Leute geben, die die Existenz von Ideen leugnen?«

Seit einem knappen Jahr stiftet der meistzitierte Satz Marcuses einige Verwirrung. Am Ende seines Aufsatzes *Repressive Toleranz* spricht Marcuse in Anführungsstrichen von einem »Naturrecht« auf Widerstand für unterdrückte und überwältigte Minderheiten: »Wenn Sie Gewalt anwenden, beginnen sie keine neue Kette von Gewalttaten, sondern zerbrechen die etablierte. Da man sie schlagen wird, kennen sie das Risiko, und wenn sie gewillt sind, es auf sich zu nehmen, hat kein Dritter, und am allerwenigsten der Erzieher und Intellektuelle das Recht, ihnen Enthaltung zu predigen.« Ich würde wünschen, daß Marcuse diesen Satz noch einmal erläuterte. Er hat ihn 1965 in den USA geschrieben; und er hatte wohl jene Studenten vor Augen, die in den Südstaaten Seite an Seite mit den Negern für die verweigerten Bürgerrechte einer unterdrückten rassischen Minorität gekämpft und unter den Knüppeln einer brutalen Polizei geblutet haben. Diese Aktionen zogen ihr Recht aus dem manifesten Unrecht eines zerrissenen sittlichen Zusammenhangs; die Empörung der Unterdrückten war ihre Basis. Wo aber das Unrecht nicht manifest, die Empörung keine Reaktion von Massen ist, wo die Aufklärung den Parolen noch vorangehen und das Unerträgliche auf Definitionen noch warten muß, wo also, mit einem Wort, der Begriff die Realität noch nicht durchdrungen hat, dort, scheint mir, bleibt Gewaltanwendung subjektiv und verfällt den Maßstäben der Moral – die Dimension der Sittlichkeit kann sie sich nur vindizieren. Gewalt kann legitim nur in dem Maße *gewollt* und emanzipatorisch wirksam werden, in dem sie durch die drückende Gewalt einer als unerträglich *allgemein* ins Bewußtsein tretenden Situation erzwungen wird. Nur diese Gewalt ist revolutionär; die das ignorieren, tragen das Bild Rosa Luxemburgs zu Unrecht über ihren Häuptern.

> **Nr. 228**
>
> **Theodor W. Adorno**
>
> **»Ja, meine Damen und Herren, wir sind nun fast am Ende...«**
>
> Kritische Anmerkungen zur Sprengung einer Germanistik-Vorlesung am Ende seiner Veranstaltung zur »Einleitung in die Soziologie«
>
> 11. Juli 1968
>
> QUELLE: Theodor W. Adorno, Einleitung in die Soziologie (1968), hrsg. von Christoph Gödde, Frankfurt/Main 1993, S. 256–258; zunächst in: Theodor W. Adorno, Vorlesung zur Einleitung in die Soziologie, © Suhrkamp Verlag Frankfurt/Main 1973 (unautorisierte Tonbandnachschrift), S. 159 f.

Ja, meine Damen und Herren, wir sind nun fast am Ende. Ich kann nur sagen, es ist wieder so gegangen, daß ich natürlich in dieser Einleitungsvorlesung Ihnen nicht entfernt alles das habe sagen können, was ich zu sagen vorhatte. Das geht zum Teil auch darauf zurück, daß wir mehrere Stunden verloren haben. Aber auf der anderen Seite kann ja eine solche Einleitung Sie wirklich nur dazu bewegen, daß Sie einer ganzen Reihe von Problemen gegenüber weniger naiv werden und über diese Probleme reflektieren.

Ich möchte allerdings noch ein Wort in einer akademischen Angelegenheit sagen. Das bezieht sich auf die Vorgänge im Zusammenhang mit meinem Kollegen Stern. Ich möchte dem vorausschicken, daß Herr Stern vor Jahren mich selbst als marxistischen Literaturkritiker scharf angegriffen hat. Ich möchte dem hinzufügen, daß dann Herr Stern in voller Freiwilligkeit sich für diese Angriffe bei mir entschuldigt hat und sich in der loyalsten Weise entschuldigt hat, was ich ihm besonders hoch anrechne. Ich möchte weiter sagen, daß selbstverständlich zwischen den Auffassungen von Herrn Stern und mir fundamentale Gegensätze stehen, die völlig unverschleiert sind, und ich möchte hinzufügen, daß die Gegensätze zwischen seinem Lehrer Steiger und mir so extrem sind, daß – ich möchte sagen – selbst die mögliche Diskussion zwischen Herrn Steiger und mir dadurch ausscheidet. Aber dies vorausgeschickt, finde ich doch, daß die Methode, daß man einem akademischen Lehrer nicht mehr die Möglichkeit gibt, ungestört seine Lehrmeinung zu vertreten und in Freiheit seine Gedanken auszudrücken, etwas ist, was mit Freiheit von Repression, mit Mündigkeit und mit Autonomie nicht zu vereinbaren ist. Und ich glaube, daß ich gerade wegen der sachlichen Differenzen, die in diesem Fall bestehen, besonders dazu legitimiert bin, Ihnen zu sagen und Sie darum zu bitten, daß diese Art des Kampfes aus dem Kampf um die Reform der Universität und auch aus dem Kampf um gesellschaftliche Veränderungen verwiesen wird. Ich habe Ihnen nicht dreinzureden, aber ich kann unmöglich mit diesen Dingen mich identifizieren, und mein Standpunkt ist darin mit dem ganz und gar identisch, wie ihn Habermas in seinen berühmt gewordenen Thesen auch entwickelt hat. Ich glaube, wenn man Ansichten, die einem nicht behagen, wenn man diese Ansichten niederzischt, daß das dem Begriff der Diskussion widerspricht, und ich glaube immerhin mir ein Recht erworben zu haben, mit Ihnen über diese Dinge zu diskutieren, und nicht mich solchen Mitteln des Protestes auszusetzen. Sie wissen, daß ich mich – weiß Gott – der Diskussion über all diese Dinge niemals entzogen habe, ich werde mich dem auch weiterhin nicht entziehen, aber dann muß man auch wirklich diskutieren und darf nicht versuchen, durch bloße Bekundungen der Mißbilligung diese Dinge zu umgehen.

Aber wie dem auch sei, ich danke Ihnen für Ihre Aufmerksamkeit in dieser Vorlesung sehr, vor allem auch dafür, daß Sie in so erheblicher Zahl trotz den nicht immer einfachen klimatischen Bedingungen, sowohl im Sinn des universitätspolitischen wie des physischen Klimas, daß Sie dieser Vorlesung bis zum Ende treu geblieben sind, und ich wünsche Ihnen gute Ferien.

> **Nr. 229**
>
> **Jürgen Habermas**
>
> **Bedingungen für eine Revolutionierung spätkapitalistischer Gesellschaftssysteme**
>
> Vortrag auf der Sommeruniversität Korčula zum Thema »Marx und die Revolution«
>
> 14.–24. August 1968
>
> QUELLE: Praxis – Philosophische Zeitschrift, 5. Jg., Nr. 1/2 1969, S. 212–223; wiederabgedruckt in: Ernst Bloch u.a., Marx und die Revolution, Frankfurt/Main 1969, S. 24–44

Marx war der Überzeugung, daß eine Revolutionierung jenes kapitalistischen Gesellschaftssystems, das er vor Augen hatte, möglich sei: 1) weil damals der Antagonismus zwischen den Eigentümern der Produktionsmittel und den Lohnarbeitern als Klassenkampf manifest hervortritt, nämlich den Subjekten selbst zu Bewußtsein kommt und darum politisch organisiert werden kann; und: 2) weil der institutionelle Zwang zur Kapitalverwertung in privater Form das Wirtschaftssystem auf die Dauer vor ein unlösbares Problem stellt. Ich weiß, daß für Marx diese beiden Bedingungen zwar notwendige, aber noch keineswegs zureichende Bedingungen für eine Revolution darstellen. Ich beschränke aber meine Diskussion darauf, weil bereits diese beiden Bedingungen, wie ich glaube, im staatlich geregelten Kapitalismus nicht mehr erfüllt sind.

ad 1) Die erste Bedingung eines politisch organisierbaren Klassenkampfes ist gegeben, wenn die Beziehung zwischen privilegierten und depravierten Gruppen auf Ausbeutung beruht und wenn diese Ausbeutung subjektiv bewußt wird, d.h. *unvereinbar* ist mit den geltenden Legitimationen der Herrschaft. Ausbeutung heißt dabei: daß die herrschende Klasse von der Arbeit der abhängigen Klasse lebt und darum durch Kooperationsentzug ihrerseits genötigt werden kann. Die depravierte Lohnarbeiterschaft des 19. Jahrhunderts war in diesem Sinne eine ausgebeutete Klasse. Gleichzeitig war dieses Verhältnis der Ausbeutung unvereinbar mit der bürgerlichen Ideologie. Dieser Ideologie zufolge sollte ja der Verkehr der Privatleute untereinander durch die Äquivalenz der Tauschbeziehungen geregelt sein und sich daher in einer von Herrschaft emanzipierten und von Gewalt freien Sphäre abspielen.

ad 2) Die Analyse des kapitalistischen Wirtschaftssystems, die Marx auf der Grundlage der Arbeitswerttheorie durchgeführt hat, dient bekanntlich dem Nachweis der Unvermeidlichkeit von systemgefährdenden Disproportionalitäten. Solange das wirtschaftliche Wachstum an den Mechanismen der Verwertung des Kapitals in privater Form gebunden ist, müssen sich (wenn wir einmal von dem umstrittenen Fall der Profitrate absehen) Realisationskrisen einstellen. Diese periodische Vernichtung nicht verwertbarer Kapitalreserven ist im übrigen darum eine Bedingung der Revolution, weil sie eine anschauliche Demonstration des Mißverhältnisses zwischen den entfalteten Produktivkräften einerseits und dem institutionellen Rahmen des kapitalistischen Gesellschaftssystems andererseits darstellt und dadurch das unlösbare Systemproblem den Massen zu Bewußtsein bringt.

Im folgenden möchte ich zwei Entwicklungstendenzen nennen, die für den staatlich orientierten Kapitalismus der Gegenwart bestimmend sind. Diese große Rekonstruktion seiner Entstehung soll einerseits begreiflich machen, warum die klassischen Bedingungen der Revolution heute nicht mehr gegeben sind; sie soll aber gleichzeitig die strukturelle Schwäche des Systems erkennen lassen, die sich statt dessen als Angriffspunkt bietet.

I

Seit dem letzten Viertel des 19. Jahrhunderts machen sich in den kapitalistisch fortgeschrittensten Ländern zwei Entwicklungstendenzen bemerkbar: ein Anwachsen der interventionistischen Staatstätigkeit, welche die Systemstabilität sichern muß, auf der einen Seite, und eine wachsende Interdependenz von Forschung und Technik, die die Wissenschaften zur ersten Produktivkraft gemacht hat, andererseits. Beide Tendenzen zerstören jene Konstellation, durch die der liberal entfaltete Kapitalismus sich ausgezeichnet hatte.

1) Die staatsinterventionistische Dauerregulierung des Wirtschaftsprozesses ist aus der Abwehr systemgefährdender Dysfunktionalitäten eines sich selbst überlassenen Kapitalismus hervorgegangen. Die Basisideologie des gerechten Tausches, die Marx theoretisch entlarvt hatte, brach praktisch zusammen. Die Form der privatwirtschaftlichen Kapitalverwertung ließ sich nur aufrechterhalten durch die staatlichen Korrektive einer kreislaufstabilisierenden und Marktfolgen kompensierenden Sozial- und Wirtschaftspolitik. Dadurch verändert sich das Herrschaftssystem selbst. Nach dem Zerfall der Ideologie des gerechten Tausches, auf der auch die modernen Naturrechtskonstruktionen des bürgerlichen Rechtsstaates beruhen, verlangt die politische Herrschaft eine neue Legitimationsgrundlage. Nun, da die indirekt über den Tauschprozeß ausgeübte Macht ihrerseits durch vorstaatlich organisierte und staatlich institutionalisierte Herrschaft kontrolliert werden muß, kann die Legitimation nicht länger aus einer unpolitischen Ordnung, den Produktionsverhältnissen, abgeleitet werden. Insofern erneuert sich der in den vorkapitalistischen Gesellschaften bestehende Zwang zur direkten Legitimation. Andererseits ist die Wiederherstellung unmittelbar politischer Herrschaft (mit einer traditionalen Form der Legitimation aufgrund kultureller Überlieferung) unmöglich geworden. Die formal demokratische Herrschaft in Systemen des staatlich regulierten Kapitalismus steht unter einem Legitimationszwang, der durch Rückgriffe

auf die vorbürgerliche Legitimationsform nicht mehr eingelöst werden kann. Darum tritt an die Stelle der Äquivalenzideologie des freien Tausches eine Ersatzprogrammatik. Sie ist an den sozialen Folgen nicht der Institution des Marktes, sondern einer die Dysfunktionen des freien Tauschverkehrs kompensierenden Staatstätigkeit orientiert. Sie verbindet das Moment der bürgerlichen Leistungsideologie (die freilich die Statuszuweisung nach Maßgabe individueller Leistung vom Markt auf das Schulsystem verschiebt) mit dem Versprechen von Wohlfahrt (mit der Aussicht auf Arbeitsplatzsicherheit sowie auf Einkommensstabilität). Diese Ersatzprogrammatik verpflichtet das Herrschaftssystem darauf, die Stabilitätsbedingungen eines soziale Sicherheit und Chancen persönlichen Aufstiegs gewährenden Gesamtsystems zu erhalten und Wachstumsrisiken vorzubeugen. Das erfordert einen erheblichen Manipulationsspielraum für staatliche Interventionen, die um den Preis der Einschränkung von Privatrechtsinstitutionen die private Form der Kapitalverwertung gerade sichern und die Loyalität der Massen in die kapitalistische Gesellschaftsform binden.

Soweit die Staatstätigkeit auf die Stabilität und das Wachstum des Wirtschaftssystems gerichtet ist, nimmt nun die Politik einen eigentümlich negativen Charakter an: sie ist an der Beseitigung von Dysfunktionalitäten und an der Vermeidung von systemgefährdenden Risiken, also nicht an der Verwirklichung praktischer Ziele, sondern an der Lösung technischer Fragen orientiert. Die Staatstätigkeit wird durch präventive Handlungsorientierungen auf technische Aufgaben eingeschränkt. Das Ziel ist »just to keep the system going«. Dabei fallen die praktischen Fragen gleichsam heraus.

Ich bediene mich hier der Unterscheidung von technischen und praktischen Fragen. Technische Fragen stellen sich im Hinblick auf die zweckrationale Organisation von Mitteln und die rationale Wahl zwischen alternativen Mitteln bei gegebenen Zielen. Praktische Fragen hingegen stellen sich im Hinblick auf die Annahme oder die Ablehnung von Normen, in unserem Falle von Normen des Zusammenlebens, die wir mit guten Gründen stützen oder verwerfen, verwirklichen oder bekämpfen können. Der Unterscheidung von technischen und praktischen Fragen entspricht, wie ich gleich hinzufügen möchte, die Unterscheidung zwischen Arbeit und Interaktion. Arbeit ist ein Titel für beliebige Formen des instrumentalen und strategischen Handelns, während Interaktion ein reziprokes Verhalten von mindestens zwei Subjekten unter gemeinsamen, nämlich intersubjektiv verständlichen und verbindlichen Normen heißen soll.

Ich kehre zurück zur Frage der Eliminierung wesentlich praktischer Gehalte aus der Politik des Spätkapitalismus. Die Politik älteren Stils war schon allein durch die Legitimationsform der traditionalen Herrschaft gehalten, sich im Verhältnis zu praktischen Zielen zu bestimmen: die Interpretationen des »guten Lebens« waren an Interaktionszusammenhängen festgemacht. Das gilt auch noch für die Ideologie der bürgerlichen Gesellschaft. Heute bezieht sich aber die Ersatzprogrammatik nur noch auf das Funktionieren eines gesteuerten Systems. Sie schaltet praktische Fragen aus, und damit die Diskussion über die Annahme von Standards, die allein der demokratischen Willensbildung zugänglich waren. Die Lösung technischer Aufgaben ist nämlich auf öffentliche Diskussion nicht angewiesen. Öffentliche Diskussionen könnten vielmehr die Randbedingungen des Systems, innerhalb dessen die Aufgaben der Staatstätigkeit erst als technische sich stellen, problematisieren. Die neue Politik des staatlichen Interventionismus verlangt darum eine Entpolitisierung der Masse der Bevölkerung. Im Maße der Ausschaltung der praktischen Fragen wird auch die politische Öffentlichkeit funktionslos. Die Massenmedien übernehmen vielmehr die Funktion, jene Entpolitisierung der Massen zu sichern. Andererseits läßt die herrschaftslegitimierende Ersatzprogrammatik ein entscheidendes Legitimationsbedürfnis offen: wie wird die Entpolitisierung der Massen diesen selbst plausibel? Marcuse hat darauf eine Antwort gegeben: dadurch, daß Technik und Wissenschaft auch die Rolle einer Ideologie übernehmen.

2) Seit dem Ende des 19. Jahrhunderts setzt sich eine zweite Entwicklungstendenz, die den Spätkapitalismus auszeichnet, immer stärker durch: die Verwissenschaftlichung der Technik. Mit der Industrieforschung großen Stils werden Wissenschaft, Technik und Verwertung zu einem System zusammengeschlossen. Sie verbindet sich inzwischen mit einer staatlichen Auftragsforschung, die in erster Linie den wissenschaftlichen und technischen Fortschritt auf militärischem Gebiet fördert. Von dort fließen die Informationen in die Bereiche der zivilen Güterproduktion zurück. So werden Technik und Wissenschaft zur ersten Produktivkraft, womit die Anwendungsbedingungen für Marxens Arbeitswerttheorie entfallen. Es ist nicht län-

ger sinnvoll, die Kapitalbeträge für Investitionen in Forschung und Entwicklung (Research and Development) auf der Grundlage des Wertes der unqualifizierten (einfachen) Arbeitskraft zu berechnen, wenn der institutionalisierte wissenschaftlich-technische Fortschritt zu einer unabhängigen Wertquelle geworden ist, gegenüber der die von Marx allein in Betracht gezogene Quelle des Mehrwertes: die Arbeitskraft der unmittelbaren Produzenten immer weniger ins Gewicht fällt. Daraus ergibt sich nun die Entstehung eines eigentümlich technokratischen Bewußtseins.

Solange nämlich die Produktivkräfte anschaulich an den rationalen Entscheidungen und dem instrumentalen Handeln der gesellschaftlich produzierenden Menschen festgemacht waren, konnten sie als Potential für eine wachsende technische Verfügungsgewalt verstanden, nicht aber mit dem institutionellen Rahmen, in den sie eingebettet sind, verwechselt werden. Das Produktivkräftepotential nimmt aber mit der Institutionalisierung des wissenschaftlich-technischen Fortschritts eine Gestalt an, die den Dualismus von Arbeit und Interaktion im Bewußtsein der Menschen zurücktreten läßt.

Zwar bestimmen nach wie vor gesellschaftliche Interessen die Richtung, die Funktionen und die Geschwindigkeit des technischen Fortschritts. Aber diese Interessen definieren das gesellschaftliche System so sehr als ganzes, daß sie mit dem Interesse an der Erhaltung des Systems sich decken. Die private Form der Kapitalverwertung und ein loyalitätssichernder Verteilerschlüssel für soziale Entschädigungen bleiben als solche der Diskussion entzogen. Als unabhängige Variable erscheint dann ein quasiautonomer Fortschritt von Wissenschaft und Technik, von dem die wichtigste einzelne Systemvariable, nämlich das wirtschaftliche Wachstum, in der Tat abhängt. So ergibt sich eine Perspektive, in der die Entwicklung des gesellschaftlichen Systems durch die Logik des wissenschaftlich-technischen Fortschritts bestimmt zu sein scheint. Die immanente Gesetzlichkeit dieses Fortschritts scheint die Sachzwänge zu produzieren, denen eine funktionalen Bedürfnissen gehorchende Politik folgen muß. Wenn dieses technokratische Bewußtsein, das natürlich ein falsches Bewußtsein ist, die Evidenz einer alltäglichen Selbstverständlichkeit erlangt, dann kann der Hinweis auf die Rolle von Technik und Wissenschaft erklären und legitimieren, warum in modernen Gesellschaften ein demokratischer Willensbildungsprozeß über praktische Fragen seine Funktio-

nen verlieren und durch plebiszitäre Entscheidungen über alternative Führungsgarnituren des Verwaltungs*personals* ersetzt werden muß. In diesem Sinne übernehmen Technik und Wissenschaft heute eine doppelte Funktion: sie sind nicht nur Produktivkraft, sondern auch Ideologie. Daraus erklärt sich auch, warum das Mißverhältnis zwischen Produktivkräften und Produktionsverhältnissen heute nicht mehr sinnfällig, eben für das Bewußtsein der Masse evident ist.

II

Kehren wir nun zu den beiden strukturellen Bedingungen der Revolution zurück, die Marx genannt hat. Die zweite Bedingung, daß nämlich der Mechanismus der Kapitalverwertung in privater Form als solcher das System vor unlösbare Probleme stellt, ist nicht mehr erfüllt, wenn es richtig ist, daß die Institutionalisierung des wissenschaftlich-technischen Fortschritts die ökonomische Anwendbarkeit der Arbeitswerttheorie grundsätzlich in Frage stellt und wenn durch die Organisation der Wissenschaft als erster Produktivkraft der Spielraum tatsächlich geschaffen wird, in dem die Staatstätigkeit wirtschaftliches Wachstum und Massenloyalität durch Umverteilung prinzipiell sichern kann. Darauf möchte ich an dieser Stelle nicht weiter eingehen. Mich interessiert, daß auch die erste Bedingung, die Möglichkeit eines politisch organisierbaren Klassenkampfes, nicht mehr ohne weiteres erfüllt ist. Denn die kapitalistische Gesellschaft hat sich infolge der beiden genannten Entwicklungstendenzen so verändert, daß *zwei* Schlüsselkategorien der Marxschen Revolutionstheorie, nämlich Klassenkampf und Ideologie, nicht mehr umstandslos angewendet werden können.

1) Das System des Spätkapitalismus ist durch eine die Loyalität der lohnabhängigen Massen sichernde Entschädigungs-, und das heißt: Konfliktvermeidungspolitik so sehr definiert, daß der mit der privatwirtschaftlichen Kapitalverwertung nach wie vor in die Struktur der Gesellschaft eingebaute Klassenkonflikt derjenige ist, der mit relativ größter Wahrscheinlichkeit latent bleibt und daher hinter anderen Konflikten zurücktritt, die zwar ebenfalls durch die Produktionsweise bedingt sind, aber nicht mehr die Form von Klassenkonflikten annehmen können. Claus Offe hat den paradoxen Sachverhalt analysiert: daß sich offene Konflikte an gesellschaftlichen Interessen um so wahrscheinlicher entzünden, je weniger ihre Verletzung systemgefährdende Folgen hat. Konfliktträchtig

sind die an der Peripherie des staatlichen Aktionsbereiches liegenden Bedürfnisse, weil sie von dem latent gehaltenen Zentralkonflikt entfernt sind und daher keine Priorität bei der Gefahrenabwehr genießen. An ihnen entzünden sich Konflikte in dem Maße, als die disproportional gestreuten staatlichen Interventionen zurückbleibende Entwicklungsbereiche und entsprechende Disparitätsspannungen entstehen lassen. Die an der Erhaltung der Produktionsweise haftenden Interessen sind im Gesellschaftssystem nicht mehr als Klasseninteressen eindeutig lokalisierbar. Denn das auf die Vermeidung von Systemgefährdungen gerichtete Herrschaftssystem schließt gerade eine »Herrschaft«, die in der Weise ausgeübt wird, daß *ein* Klassensubjekt dem *anderen* als identifizierbare Gruppe gegenübertritt, aus.

Das bedeutet nicht eine Aufhebung, aber eine Latenz der Klassengegensätze. Wohl können wir als empirische Soziologen gut belegen, daß immer noch die klassenspezifischen Unterschiede in Form subkultureller Überlieferungen und entsprechender Differenzen nicht nur des Lebensniveaus und der Lebensgewohnheiten, sondern auch der politischen Einstellungen fortbestehen. Zudem ergibt sich die sozial, strukturell bedingte Wahrscheinlichkeit, daß die Klasse der Lohnabhängigen von den gesellschaftlichen Disparitäten härter getroffen wird als andere Gruppen. Und schließlich ist das verallgemeinerte Interesse an der Erhaltung des Systems auf der Ebene unmittelbarer Lebenschancen auch heute noch in einer Privilegienstruktur verankert: der Begriff eines gegenüber den lebendigen Subjekten vollständig verselbständigten Interesses müßte sich selbst aufheben. Aber die politische Herrschaft im staatlich regulierten Kapitalismus hat mit der Abwehr von Systemgefährdungen ein über die virtualisierten Klassengrenzen hinweggreifendes Interesse an der Aufrechterhaltung der kompensatorischen Verteilerfassade in sich aufgenommen.

Auf der anderen Seite bedeutet die Verschiebung der Konfliktzone von der Klassengrenze auf die unterprivilegierten Lebensbereiche keineswegs die Beseitigung von schwerwiegendem Konfliktpotential. Wie der Rassenkonflikt in den USA als extremes Beispiel zeigt, können sich in bestimmten Gebieten und Gruppen so viele Disparitätsfolgen kumulieren, daß es zu bürgerkriegsähnlichen Explosionen kommt. Ohne Verbindung mit Protestpotentialen anderer Herkunft sind aber alle aus solchen Unterprivilegierungen allein hervorgehenden Konflikte dadurch ausgezeichnet, daß sie das System womöglich zu scharfen, mit formaler Demokratie nicht mehr zu vereinbarenden Reaktionen herausfordern, aber nicht eigentlich umwälzen können. Denn unterprivilegierte Gruppen sind keine sozialen Klassen. Sie stellen auch potentiell niemals die Masse der Bevölkerung dar. Ihre Entrechtung und ihre Pauperisierung fällt nicht mehr zusammen mit Ausbeutung, weil das System nicht von ihrer Arbeit lebt. Sie können allenfalls eine vergangene Phase der Ausbeutung repräsentieren. Aber die Erfüllung der Ansprüche, die sie legitimerweise vertreten, können sie nicht durch Kooperationsentzug *erzwingen*: deshalb erhalten diese appellativen Charakter. Auf die langfristige Nichtbeachtung ihrer legitimen Ansprüche können unterprivilegierte Gruppen im Extremfall mit desperater Zerstörung und Selbstzerstörung reagieren: einem solchen Bürgerkrieg fehlen jedoch die revolutionären Erfolgschancen des Klassenkampfes, solange keine Koalitionen mit privilegierten Gruppen zustande kommen.

In der spätkapitalistischen Gesellschaft treten sich die depravierten Gruppen und die privilegierten, soweit die Grenzen der Unterprivilegierungen überhaupt noch gruppenspezifisch sind und nicht quer durch die Bevölkerungskategorien verlaufen, nicht mehr als sozioökonomische Klassen gegenüber.

2) Das technokratische Bewußtsein ist einerseits »weniger ideologisch« als alle vorangegangenen Ideologien; denn es hat nicht die Gewalt einer Verblendung, die Erfüllung von Interessen vorspiegelt, indem sie die unterdrückten Triebwünsche nur kompensiert. Andererseits ist die gläserne Hintergrundideologie, die die Wissenschaft fetischisiert, unwiderstehlicher und weitreichender als Ideologien alten Typs, weil sie mit der Verschleierung praktischer Fragen nicht nur das partielle Herrschaftsinteresse einer bestimmten Klasse rechtfertigt und das partielle Bedürfnis der Emanzipation auf seiten einer anderen Klasse unterdrückt, sondern das emanzipatorische Gattungsinteresse als solches trifft.

Das technokratische Bewußtsein ist keine rationalisierte Wunschphantasie, keine »Illusion« im Sinne Freuds, in der ein nicht repressiver wunscherfüllender Zusammenhang von Interaktionen vorgestellt wird. Noch die bürgerlichen Ideologen ließen sich auf eine Grundfigur gerechter und herrschaftsfreier, für beide Seiten befriedigender Interaktion zurückführen. Gerade sie erfüllten die Kriterien von Wunscherfüllung und Ersatzbefriedigung auf der Grundlage einer durch

Repression derart eingeschränkten Kommunikation, daß das mit dem Kapitalverhältnis einst institutionalisierte Gewaltverhältnis nicht beim Namen genannt werden konnte. Aber das technokratische Bewußtsein drückt nicht mehr eine Projektion des »guten Lebens« aus, das mit der schlechten Wirklichkeit, wenn nicht identifiziert, so wenigstens in einen virtuell befriedigenden Zusammenhang gebracht wird. Gewiß dient auch die neue Ideologie wie die alte dazu, die Thematisierung gesellschaftlicher Fundamente zu verhindern; damals war es die soziale Gewalt, die der Beziehung zwischen Kapitalisten und Lohnarbeitern unmittelbar zugrunde lag, heute sind es die strukturellen Bedingungen, die die funktionalen Aufgaben der Systemerhaltung vorgängig definieren: nämlich die privatwirtschaftliche Form der Kapitalverwertung und eine die Massenloyalität sichernde politische Form der Verteilung sozialer Entschädigungen. Allein, alte und neue Ideologie unterscheiden sich doch in zwei Hinsichten.

Einmal begründet das Kapitalverhältnis heute wegen seiner Bindung an einen loyalitätsverbürgenden politischen Verteilermodus nicht mehr eine unkorrigierte Ausbeutung und Unterdrückung: die Virtualisierung des fortbestehenden Klassengesetzes setzt voraus, daß die ihm zugrunde liegende Repression geschichtlich zu Bewußtsein gekommen, und *dann erst* in modifizierter Form als Systemeigenschaft stabilisiert worden ist. Das technokratische Bewußtsein kann deshalb nicht in derselben Weise auf einer kollektiven Verdrängung beruhen wie die Geltung älterer Ideologien. Zum anderen kann Massenloyalität nur mit Hilfe von Entschädigungen für privatisierte Bedürfnisse hergestellt werden. Die Interpretation der Leistungen, an denen das System sich rechtfertigt, darf im Prinzip nicht politisch sein: sie bezieht sich unmittelbar auf verwendungsneutrale Zuteilungen von Geld und arbeitsfreier Zeit, mittelbar auf die technokratische Rechtfertigung der Ausschaltung von praktischen Fragen.

III
Damit habe ich den entscheidenden Punkt in meiner Argumentation erreicht.

Ich behaupte, daß die Bedingungen eines politisch organisierbaren Klassenkampfes im Spätkapitalismus so lange nicht erfüllt sind, als es gelingt, zwei Motivationsketten, die in der Arbeiterbewegung und in der marxistischen Theorie stets verbunden waren, effektiv so zu trennen, daß das eine Interesse befriedigt und das andere unterdrückt werden kann. Befriedigt wird nämlich das ökonomische Interesse der Verbraucher an gesellschaftlich produzierten Gütern und Leistungen und das der Arbeitnehmer an reduzierter Arbeitszeit, unterdrückt wird hingegen das politische Interesse der Einzelnen, ihre Autonomie dadurch zu gewinnen, daß sie an allen Entscheidungsprozessen, von denen ihr Leben abhängt, auch ungezwungen partizipieren. Die Stabilisierung des staatlich geregelten kapitalistischen Gesellschaftssystems hängt davon ab, daß die Loyalität der Massen an sozialen Entschädigungen der unpolitischen Form (von Einkommen und arbeitsfreier Zeit) festgemacht wird, und daß die Ausschaltung ihres Interesses an der Lösung praktischer Fragen des besseren und guten Lebens garantiert wird. Darum beruht aber das gesellschaftliche System des staatlich geregelten Kapitalismus auf einer sehr schwachen Legitimationsgrundlage. Das Herrschaftssystem ist fast nur noch negativ, durch Ablenkung der Interessen breiter Schichten auf den Privatbereich und nicht mehr affirmativ durch Ziele praktischer Art gerechtfertigt. Diese systemnotwendige Entpolitisierung der Öffentlichkeit, auf deren Boden die Willensbildung eine demokratische Form nicht annehmen kann, enthüllt den strategischen Punkt der Verletzbarkeit des Systems.

Bevor ich die Kräfte nenne, die sich auf diesen Angriffspunkt richten, will ich die beiden *internationalen Tendenzen* wenigstens erwähnen, die bisher eher zu einer Stabilisierung des Kapitalismus beigetragen haben.

1) Der Zusammenhang zwischen der wirtschaftlichen Stabilität der entwickelten kapitalistischen Länder und der katastrophalen wirtschaftlichen Situation in den Ländern der Dritten Welt scheint heute durch die Imperialismustheorie nicht mehr zureichend erfaßt zu werden. Ich zweifle nicht daran, daß die ungünstigen sozialen und ökonomischen Ausgangsbedingungen in diesen Ländern durch den Imperialismus der heutigen Industrienationen geschaffen worden ist. Aber vieles spricht dafür, daß Beziehungen ökonomischer Ausbeutung zwischen Ländern der Ersten und der Dritten Welt tendenziell abgelöst werden durch Verhältnisse strategischer Abhängigkeit und wachsender Disparität. Auch auf internationaler Ebene bezeichnet Unterprivilegierung die Form einer empörenden Entrechtung, die aber nicht mehr automatisch und in Zukunft immer weniger mit Ausbeutung zusammenfällt. Das erklärt auch eine gewisse Moralisierung der Ansprüche, die jene, eine vergangene Phase der Aus-

beutung repräsentierenden Länder heute gegen die ehemaligen Kolonialmächte überzeugend anmelden.

2) Die Etablierung eines Blocks sozialistischer Staaten im Gefolge der russischen Revolution und des Sieges der Alliierten über das faschistische Deutschland hat eine neue Ebene des internationalen Klassenkampfes geschaffen. Sowohl die militaristische Präsenz als auch das Muster einer staatssozialistisch organisierten Gesellschaft üben einen Konkurrenzdruck aus, der wenigstens zur Selbstdisziplinierung des Kapitalismus beiträgt. Der interne Druck, der durch den Imperativ entsteht, Massenloyalität durch Wirtschaftswachstum und soziale Entschädigungen aufrechtzuerhalten, wird durch den externen Druck greifbarer Alternativen verstärkt. Eine Gefährdung für den staatlich geregelten Kapitalismus wird sich freilich daraus so lange nicht ergeben, als das alternative Muster nur durch die Herrschaftsform eines bürokratischen Sozialismus repräsentiert ist.

Gleichwohl ist der Immobilismus der fünfziger Jahre aufgebrochen, gleichwohl häufen sich die Zeichen für neue revolutionäre Entwicklungen. Gibt es, wenn die klassischen Bedingungen der Revolution nicht länger erfüllt sind, alternative Bedingungen? Diese Frage möchte ich zum Schluß einerseits für die Entwicklungen innerhalb spätkapitalistischer Gesellschaftssysteme und andererseits für den internationalen Bereich wenigstens in Thesenform zu beantworten versuchen.

IV

1) Weder der alte Klassengegensatz noch die Unterprivilegierungen neuen Typs enthalten Protestpotentiale, die vorerst auf eine Repolitisierung der ausgetrockneten Öffentlichkeit tendieren. Das einzige Protestpotential, das sich durch erkennbare Interessen auf die neue Konfliktzone richtet, entsteht vorerst unter bestimmten Gruppen von Studenten und Schülern. Dabei können wir von drei Feststellungen ausgehen:

a) Die Protestgruppe der Studenten und Schüler ist privilegiert. Sie vertritt keine Interessen, die sich unmittelbar aus ihrer sozialen Lage ergeben und durch Zuwachs an sozialen Entschädigungen systemkonform befriedigen ließen. Die ersten amerikanischen Untersuchungen[1] über die studentischen Aktivisten bestätigen, daß es sich überwiegend nicht um sozial aufsteigende, sondern um die statusbegünstigten Teile der Studentenschaft handelt, die sich aus den ökonomisch entlasteten Sozialschichten rekrutierten.

b) Die Legitimationsangebote des Herrschaftssystems scheinen für diese Gruppe aus plausiblen Gründen nicht überzeugend zu sein. Die sozialstaatliche Ersatzprogrammatik für zerfallene bürgerliche Ideologien setzt eine gewisse Status- und Leistungsorientierung voraus. Den genannten Untersuchungen zufolge sind die studentischen Aktivisten aber weniger privatistisch an Berufskarriere und künftiger Familie ausgerichtet als die übrigen Studenten. Ebensowenig fördern ihre akademischen Leistungen, die eher über dem Durchschnitt liegen, und ihre soziale Herkunft einen Erwartungshorizont, der durch antizipierte Zwänge des Arbeitsmarktes bestimmt wäre.

c) In dieser Gruppe kann sich ein Konflikt nicht am *Ausmaß* der geforderten Disziplinierungen und Lasten, sondern nur an der Art der imponierten Versagungen entzünden. Nicht um einen höheren Anteil an sozialen Entschädigungen der verfügbaren Kategorien: Einkommen und arbeitsfreie Zeit kämpfen Studenten und Schüler. Ihr Protest richtet sich vielmehr gegen diese Kategorien der »Entschädigung« selber. Die wenigen Daten, die vorliegen, bestätigen die Vermutung, daß sich der Protest der Jugendlichen aus bürgerlichen Elternhäusern mit dem Muster des seit Generationen üblichen Autoritätskonfliktes nicht mehr deckt. Die aktiven Studenten haben eher Eltern, die ihre kritischen Einstellungen teilen; sie sind relativ oft mit mehr psychologischem Verständnis und nach liberaleren Erziehungsgrundsätzen aufgewachsen als die nicht aktiven Vergleichsgruppen. Ihre Sozialisation scheint sich eher in den vom unmittelbaren ökonomischen Zwang freigesetzten Subkulturen vollzogen zu haben, in denen die Überlieferungen der bürgerlichen Moral und ihrer kleinbürgerlichen Ableitung ihre Funktion verloren haben, so daß das Training für das »Umschalten« auf Wertorientierungen des zweckrationalen Handelns dessen Fetischisierung nicht mehr einschließt. Diese Erziehungstechniken können Erfahrungen ermöglichen und Orientierungen begünstigen, die mit der konservierten Lebensform einer Ökonomie der Armut zusammenprallen. Auf dieser Grundlage könnte sich ein prinzipielles Unverständnis für die sinnlose Reproduktion überflüssig gewordener Tugenden und Opfer herausbilden – ein Unverständnis dafür, warum das Leben [der] einzelnen trotz des hohen Standes der technologischen Entwicklung nach wie vor durch das Diktat der Berufsarbeit, durch die Ethik des Leistungswettbewerbes, durch den Druck der Statuskonkurrenz, durch Werte der possessiven Verdinglichung und der angebotenen Surrogatbefriedigung bestimmt ist, warum die Disziplin der entfremdeten Arbeit, Tilgung von Sinnlichkeit und ästhetischer Befriedigung aufrechterhalten werden. Dieser Sensibilität muß eine strukturelle Ausschaltung praktischer Fragen aus der entpolitisierten Öffentlichkeit unerträglich werden.

Ich gebe zu, daß diese Perspektive geläufige Annahmen der marxistischen Theorie auf den Kopf stellt. Meine Hypothese soll bedeuten, daß nicht materielles Elend, sondern materieller Überfluß die Grundlage ist, auf der die kleinbürgerliche Struktur der Bedürfnisse, die sich unter dem Zwang des individuellen Konkurrenzkampfes in Jahrhunderten herausgebildet und nun auch in die integrierte Arbeiterschaft hinein fortgepflanzt hat, gebrochen werden kann. Erst die Psychologie des Überdrusses an erreichbarem Wohlstand macht, dieser Hypothese zufolge, für den ideologisch verschleierten Zwang jener bürokratisierten Arbeits- und Lebensformen empfindlich, innerhalb deren der Wohlstand von vergangenen Generationen erarbeitet worden ist. Die Revolution würde, wenn das zutrifft, die Abschaffung der Armut nicht herbeiführen, sondern voraussetzen. Dafür sind, freilich, im globalen Maßstab die Aussichten nicht gut. Der Jugendprotest kann umwälzende Folgen unter gegebenen Umständen nur haben, wenn er in absehbarer Zeit auf ein unlösbares Systemproblem trifft, das ich bisher noch nicht erwähnt habe. Ich meine das Problem, das durch eine strukturell bedingte Aushöhlung der Ideologie der Leistungsgesellschaft immer dringlicher sich stellen wird. Das Maß des gesellschaftlichen Reichtums, den ein industriell entfalteter Kapitalismus hervorbringt, und die technischen wie organisatorischen Bedingungen, unter denen dieser Reichtum produziert wird, machen es immer schwieriger, die Statuszuweisung an den Mechanismen der Bewertung individueller Leistung auch nur subjektiv überzeugend zu binden.

2) Auf der internationalen Ebene zeichnen sich zwei Entwicklungen ab, die Vermutungen über qualitative Veränderungen des systemexternen Drucks gestatten. Wiederum möchte ich zwischen Beziehungen zu sozialistischen Ländern sowjetischen Typs unterscheiden.

a) Vieles spricht für die Unfähigkeit, sowohl auf seiten des organisierten Kapitalismus als auch auf seiten des bürokratischen Sozialismus, aus sich selbst heraus hinreichende Motivationen zu entwickeln, um eine effektive, das heißt ausschließlich an den Interessen der Empfängerländer orientierte Entwicklungshilfe in einer relevanten Größenordnung zu leisten. Man schätzt, daß die reichen Länder 15–20 % ihres Sozialproduktes für diesen Zweck abzweigen müßten, um die ökonomische Schere zwischen armen und reichen Ländern zu schließen. Da das unwahrscheinlich ist, kann mit Sicherheit eine überdimensionale Hungerkatastrophe für spätestens die achtziger Jahre vorausgesagt werden. Das Ausmaß dieser Katastrophe wird vermutlich so groß sein, daß an diesem Phänomen auch für die Bevölkerung der industrialisierten Länder das Mißverhältnis zwischen Produktivkräften und Produktionsverhältnissen wieder eine unmittelbare Evidenz gewinnen kann. Ein solches Bewußtsein von der Unfähigkeit der etablierten Systeme, Probleme des Überlebens in anderen Teilen der Welt zu lösen, könnte zumal dann eine internationale Klassenkampfsituation erneuern, wenn es einem dieser Länder, und ich denke dabei an China, gelingt, ein für atomare Erpressungen hinreichendes industrielles Potential zu entwickeln, ohne gleichzeitig die Formen bürokratisierter Herrschaft und jene Mentalität zu entwickeln, die bisher stets die Industrialisierung einer Gesellschaft begleitet hat. Wenn China trotz industriellen Wachstums die revolutionäre Ausgangssituation festhält und das Bewußtsein dieser Ausgangssituation in jeder Generation wirksam erneuert, werden die pauperisierten und entkräfteten Nationen, die heute nicht mehr automatisch die ausgebeuteten Nationen sein müssen, einen Anwalt finden. Dieser Anwalt könnte die fehlenden ökonomischen Druckmittel des Kooperationsentzuges durch militärischen Druck kompensieren, ohne sich dabei an die empfindlichen Spielregeln der atomaren Großmächte zu halten. Allerdings ist vorauszusehen, daß die Hungerkatastrophe hereinbrechen wird, bevor China ein hinreichendes Industriepotential entwickelt hat.

Eine alternative Entwicklung, die mit geringeren Risiken ebenfalls zu einem externen Druck auf die entwickelten kapitalistischen Gesellschaften führen könnte, halte ich nur für wahrscheinlich, wenn sich trotz der brutalen Unterdrückung der tschechoslowakischen Reformer eine antiautoritäre Auflösung des bürokratischen Sozialismus bald durchsetzen könnte. Erst eine radikale Demokratisierung der entwickelten staatssozialistischen Länder könnte ein konkurrenzfähiges Muster hervorbringen, das die Schranken des staatlich geregelten Kapitalismus sinnfällig, und das heißt für das Bewußtsein der zunächst gut integrierten Massen sichtbar machen würde. Die Überlegenheit der sozialistischen Produktionsweise kann, unter gegebenen militärtechnischen und strategischen Bedingungen so lange nicht effektiv und sichtbar werden, als beide Seiten ökonomisches Wachstum, die Versorgung mit Gütern und die Reduktion der Arbeitszeit, also privaten Wohlstand, zum einzigen Kriterium des Vergleiches wählen. Die Überlegenheit der einen Produktionsweise über die andere kann sich nur an dem Spielraum zeigen, den sie für eine Demokratisierung der Entscheidungsprozesse in allen gesellschaftlichen Bereichen eröffnet.

1 S. M. Lipset, P. G. Altbach, Student Politics and Higher Education in the USA, in: S. M. Lipset (Hg.), Student Politics, New York 1967, S. 199 ff.; R. Flacks, The Liberated Generation, An Exploration of the Roots of Student Protest, in: Journal Social Issues, July 1967, S. 52 ff.; K. Keniston, The Sources of Student Dissent, ebd., S. 108 ff.

Nr. 230

Herbert Marcuse

Revolutionäres Subjekt und Autonomie

Vortrag auf der Sommeruniversität Korčula zum Thema »Marx und die Revolution«

14.–24. August 1968

QUELLE: Karl Marx und die Revolution – mit Beiträgen von Ernst Bloch, Ernst Fischer, Iring Fetscher, Jürgen Habermas, Herbert Marcuse und anderen, o.O. 1970, S. 165–171; unautorisierte Übersetzung von: Herbert Marcuse, Revolutionary Subject and Self-Government, in: Praxis – Philosophische Zeitschrift, 5. Jg., Nr. 1/2, 1969, S. 326–329

Ich möchte versuchen, einige Antworten auf zwei Fragen zu geben, die sich bezüglich meines Vortrages stellten und auf die ich bislang keine Zeit zu antworten hatte.

Ich möchte darauf hinweisen, daß diese Fragen bei Studenten aufgekommen sind, und ich würde es begrüßen, wenn sich Studenten an der Diskussion beteiligten. In den Vereinigten Staaten (und dies ist einer der Fortschritte dort) diskutieren nach solch einem Vortrag die Studenten und nicht meine Mitarbeiter. Ich schätze meine Mitarbeiter sehr, aber ich würde auch sehr gerne hören, was Studenten zu sagen und zu fragen haben. Die erste Frage bezog sich auf das revolutionäre Subjekt. Wie können wir heute, in einer Zeit, die sich deutlich von der unterscheidet, in der Marx und Engels schrieben, das revolutionäre Subjekt neu bestimmen?

Ich möchte eine sehr vorläufige Definition des revolutionären Subjekts geben, wenn ich sage: Es ist diejenige Klasse oder Gruppe, der es, vermöge ihrer Funktion und Stellung in der Gesellschaft, eine vitale Notwendigkeit ist und die imstande ist, aufs Spiel zu setzen, was sie besitzt, als auch was sie innerhalb des etablierten Systems erreichen kann, um an die Stelle dieses Systems zu treten – ein radikaler Wechsel, der in der Tat Zerstörung mit einschließen würde, nämlich die Beseitigung des bestehenden Systems. Ich wiederhole, solch einer Klasse oder Gruppe muß die Revolution eine vitale Notwendigkeit sein, und sie muß zumindest imstande sein, solch eine Revolution zu initiieren, wenn nicht sogar sie durchzuführen.

Wenn wir diesen Begriff des revolutionären Subjekts gebrauchen, müssen wir sagen, daß eine Revolution ohne die industrielle Arbeiterklasse immer noch unvorstellbar ist. Ich kann mir keinen technisch fortgeschrittenen Staat vorstellen, wo eine Revolution ohne das Industrieproletariat durchgeführt werden könnte. Andererseits, genauer in den am meisten fortgeschrittenen Staaten der kapitalistischen Welt, hat die Mehrheit der Arbeiterklasse wiederum kein vitales Bedürfnis nach einer Revolution, somit auch nicht den Wunsch danach. Verständlicherweise will sie deshalb auch nicht ihren Besitz für ein völlig verschiedenes soziales System aufs Spiel setzen. Können wir diese zwei sich offensichtlich widersprechenden Sachverhalte in Einklang bringen?

Wir haben hier einen der Fälle, wo, wie es scheint, hoch abstrakte und philosophische Konzeptionen dialektischer Logik ihren sehr konkreten Inhalt manifestieren.

Die Marxsche Tradition unterscheidet zwischen dem revolutionären Subjekt »an sich« und dem revolutionären Subjekt »für sich«. Wenn wir diese Unterscheidung auf die Situation der Arbeiterklasse in den industriell fortgeschrittenen Ländern anwenden, können wir sagen, daß die Arbeiterklasse in diesen Ländern das revolutionäre Subjekt »an sich« ist, solange sie nämlich die einzige Klasse ist, die die menschliche Basis für den Prozeß der materiellen Produktion konstituiert, und weiterhin die einzige Klasse, die kraft ihrer Stellung im Produktionsprozeß in der Lage ist, diesen Prozeß aufzuhalten oder ihn umzubestimmen.

Ich sagte, daß die Arbeiterklasse in den industriell fortgeschrittenen Staaten das revolutionäre Subjekt »an sich« so lange ist, wie sie die zentrale und grundlegende Position im Produktionssystem innehat. Ich führte diesen Zeitfaktor ein in Hinblick auf die entscheidenden Transformationen des Kapitalismus im derzeitigen Stand der Entwicklung: der Rückgang der blue collar workers (Handarbeiter) im Verhältnis zu den white collar workers (technische Intelligenz). Je geringer die Bedeutung unqualifizierter oder weniger qualifizierter Arbeiter für den Produktionsprozeß ist, um so stärker wird der Produktionsprozeß automatisiert, und um so schwächer die Rolle, die die alte industrielle Arbeiterklasse in diesem Prozeß spielt. Aber wir sind immer noch – auch in den Vereinigten Staaten – weit von dem Punkt entfernt, wo die Tendenz die Grundsituation entscheidend ändern könnte.

Jedoch solange das Industrieproletariat das revolutionäre Subjekt »an sich« ist, ist es nicht das revolutionäre Subjekt »für sich«: es hat nicht das politische und das Klassenbewußtsein, um noch einen entscheidenden Machtfaktor im revolutionären Prozeß darstellen zu können. Dieses politische Bewußtsein und das Klassenbewußtsein hat es nicht, weil es zu sehr ins kapitalistische System integriert ist, integriert nicht nur aufgrund der Dynamik des Arbeitsprozesses an sich, sondern auch, weil es zum großen Teil die Bedürfnisse und Interessen des kapitalistischen Systems teilt.

Ich glaube, es würde unentschuldbar für jeden sein, der nach wie vor die Marxsche Theorie nicht als Dogma, sondern als kritische Theorie versteht, die Tatsache zu übersehen und herunterzuspielen, daß heute die Arbeiterklassen in den fortgeschrittenen Industriestaaten in großem Maße nicht nur eine Klasse im kapitalistischen System darstellen, sondern daß sie auch eine Klasse des kapitalistischen Systems sind. Sie unterdrücken oder sie werden gezwungen, ihre eigene Situation zu unterdrücken, ihre eigenen realen Bedürfnisse, ihre eigenen wirklichen Interessen, und in diesem Sinne denken, fühlen und handeln sie im Sinne des Systems von Herrschaft und Repression.

Welche Möglichkeiten gibt es nun, das objektiv revolutionäre Potential des Industrieproletariats hervorzuheben? Eine revolutionäre Arbeiterklasse könnte seiner Integration entgegenwirken; eine revolutionäre Partei könnte das Bewußtsein der Tatsache vermitteln, daß die Arbeiterklasse in den fortgeschrittenen kapitalistischen Staaten, ungeachtet ihres Lebensstandards, tatsächlich unter unerträglichen Bedingungen lebt.

Während dieser Konferenz ist in der Diskussion mehrmals betont worden, daß es auch andere unerträgliche Bedingungen gibt als Verarmung, Not und Verelendung.

Die sogenannte Wohlstandsgesellschaft, die sogenannte Konsumgesellschaft ist unerträglich in ihrer Aggressivität, in ihrer Vergeudung, in ihrer Brutalität und in ihrer Heuchelei. Sie ist unerträglich in der Art, wie sie veraltete Formen des Existenzkampfes perpetuiert, in der Hinsicht, wie sie Armut und Ausbeutung weiterbestehen läßt, ferner unmenschliche Arbeitsbedingungen in jeder Form forcierter Kontrolle, angesichts der Möglichkeiten vollendeter Automation. Sie ist unerträglich in der Hinsicht, wie sie die Warenform auf die Gesamtgesellschaft in all ihren Dimensionen ausdehnt. Diese unerträglichen Bedingungen existieren, aber sie haben bis jetzt noch kein politisches Bewußtsein und kein vitales Bedürfnis nach einer radikalen Veränderung hervorgebracht. Eine revolutionäre Partei, die die Funktion hätte, dieses politische Bewußtsein zu entwickeln, und eine entsprechende politische Praxis existieren nicht. Im Gegenteil, die bedeutenden kommunistischen Parteien haben ihre konservativen (sozialdemokratischen) Tendenzen reichlich gezeigt.

Unter diesen Umständen fällt die Aufgabe, radikales politisches Bewußtsein und eine ebensolche Praxis zu entwickeln, nichtintegrierten Gruppen zu; Gruppen, deren Bewußtsein und deren Bedürfnisse noch nicht in ein System von Herrschaft integriert sind und die kraft dieses Faktums in der Lage und willens sind, radikales Bewußtsein zu schaffen. Sie sind sich der vitalen Notwendigkeit von Veränderungen bewußt, nicht nur in Institutionen, nicht nur im Produktionsbereich, sondern auch beim revolutionären Subjekt selbst als einem Menschentypus in seinen Wertvorstellungen und seinem Bestreben.

Ich glaube, daß die studentische Intelligenz heute solch eine Gruppe darstellt, nicht unmittelbar als revolutionäre Macht, aber, wie ich vorhin sagte, ein »Détonateur«, ein Katalysator, eine militante Minorität. Es gibt keine größere »freischwebende Intelligenz« oder irgendeine andere Randgruppe in der bürgerlichen Welt.

Diese studentische Intelligenz ist potentiell eine revolutionäre Gruppe, weil aus den Reihen dieser Gruppe der Kapitalismus seine zukünftigen Kader für den Produktionsbereich rekrutiert, seine Techniker, Wissenschaftler, Ingenieure, Mathematiker, sogar Soziologen und Psychologen und vielleicht sogar auch Philosophen! Diese Gruppe wird folglich immer stärker eine Hauptfunktion im Produktionsprozeß übernehmen.

Ich möchte mich auf das Paper, das Ernst Fischer zu dieser Konferenz beigetragen hat und das unglücklicherweise nicht vorgetragen werden konnte, beziehen. In diesem Paper weist Fischer darauf hin, daß mit der Revolte der studentischen Intelligenz eine der größten und am meisten tabuisierten und unterdrückten Produktivkräfte in eine offene Rebellion gegen die Gesellschaft getreten ist – eine moralische, instinktive, ich würde sogar sagen eine biologische und physiologische Revulsion gegen die Bedingungen und Wertmaßstäbe des kapitalistischen Systems.

Jetzt zur Frage der Autonomie. Das Beispiel am Ende meiner Einleitung deutete schon an, wo meine Kritik ansetzt. Ich glaube, daß Autonomie ein Stadium, eine Stufe im revolutionären Prozeß ist, wenn eine neue Form der Kontrolle von Männern und Frauen ausgeübt wird, die willens und in der Lage sind, den kapitalistischen Produktionsprozeß in eine entschieden andere Lebensform umzugestalten.

Es wurde vorhin schon darauf hingewiesen, daß Autonomie eine Lebensform ist. Ich stimmte zu und fragte, was für eine Lebensform? Diejenige, in der das Volk nicht länger die repressiven und aggressiven Bedürfnisse und Bestrebungen der Klassengesellschaft befriedigt und in der es nicht die gleichen Dinge für die gleichen Ziele produziert. Mit anderen Worten, Autonomie in Unternehmen, Betrieben oder in Geschäften kann nur eine befreiende Form der Kontrolle sein, wenn bei den kontrollierenden Gruppen selbst ein befreiender Wechsel eingetreten ist. Andernfalls würde die Veränderung das Kontinuum der Waren- und Produktionsformen bezüglich der Administration und der gesellschaftlichen Beziehungen nicht durchbrechen.

In einem Wort, um nicht nur einen Wechsel in der Administration herbeizuführen, muß Autonomie innerhalb einer politischen Arbeiterklasse entstehen, die die Fesseln der Klassengesellschaft bereits überwunden hat. Wir können nicht auf das Wunder hoffen, daß solch eine Veränderung im Prozeß der Autonomie nach ihrer Etablierung von selbst kommt. Wenn dieser Prozeß ohne Veränderung der subjektiven Bedingungen begonnen hat, besteht die Gefahr, daß das Alte nur mit einigen Verbesserungen beibehalten wird. Das könnte zwar schon ein Fortschritt sein, man sollte es jedenfalls nicht als geringfügig hinstellen, aber es ist sicherlich nicht der Beginn einer sozialistischen Gesellschaft als einer qualitativ anderen Lebensform.

Nr. 231

Max Horkheimer

Über die Schwierigkeit, gemeinsam zu denken und zu empfinden

Späne – Notizen über Gespräche mit Max Horkheimer, in unverbindlicher Formulierung aufgeschrieben von Friedrich Pollock

22. August 1968

QUELLE: Max Horkheimer, Gesammelte Schriften Bd. 14: Nachgelassene Schriften 1949–1972, hrsg. von Gunzelin Schmid Noerr, © S. Fischer Verlag, Frankfurt/Main 1988, S. 492 f.

Nach der Besetzung der Tschechoslowakei war die einzige Chance, die Freiheit zu retten, eine gemeinsame Kriegserklärung der ganzen westlichen Welt an Rußland. Es ist die Schande des Westens, daß er überhaupt nichts getan hat und nichts tut als ein paar leere Deklamationen.

[Richard M.] Nixon hatte seit langem die größten Chancen, Präsident zu werden. Die Aussage, daß er keine oder nur geringe Chancen hatte, ehe die tschechische Besetzung den Ruf nach dem starken Mann vervielfacht hat, ist falsch.

Daß [John F.] Kennedy nicht von [L. H.] Oswald ermordet worden ist, war von vornherein klar. Wie dieser Mord von der Regierung und vom Supreme Court behandelt wurde, ist die große Schande Amerikas. Entgegen der Meinung der Intellektuellen gilt das nicht für den Vietnam-Krieg. Dieser war ein berechtigter Versuch, dem Vordringen der Chinesen schon in Asien Einhalt zu tun und nicht erst, wenn es ganz bestimmt zu spät ist.

[Lyndon B.] Johnson tut mir aufrichtig leid, obwohl er wahrscheinlich eine dunkle Figur ist und mit dem Mord an Kennedy etwas zu tun hat.

> **Nr. 232**
> **Max Horkheimer**
> **an Theodor W. Adorno**
> Offener Brief zum 65. Geburtstag
> 11. September 1968
>
> QUELLE: Frankfurter Rundschau vom 11. September 1968, sowie: Max Horkheimer, Briefwechsel 1949–1973, Gesammelte Schriften Bd. 18, hrsg. von Gunzelin Schmid Noerr, © S. Fischer Verlag, Frankfurt/Main, S. 700 ff.

Teddie,

Entgegen Deinem Aussehen und Deiner Spannkraft wirst Du jetzt 65 Jahre alt. Daß Deine Aktivität als Schriftsteller, durch einen seltenen Reichtum an Erfahrung vertieft, stets noch im Fortschritt sich befindet, gehört zu den ermutigenden Momenten in der wiederum sich verdunkelnden historischen Situation. Deine Schriften, Deine Seminare und Vorlesungen, all Deine Bemühungen, eine aufgeklärte, für Verwirklichung des Besseren sich einsetzende, unkonformistische Jugend auszubilden, gleich weit entfernt von utopischen Illusionen wie von Resignation, gehören zum Höchsten, was an geistigem Widerstand gegen den Lauf zur verwalteten Welt existiert. Deren Begriff hast Du geprägt, und jeder Tag, jede Stunde erweist sich als neue Bestätigung.

Daß meine eigene Arbeit von Deinem Können durchdrungen ist, weiß jeder, der ernsthaft mit ihr umgeht. Die Trennung von Theorie und Praxis, die wir immer verneinten, trifft auf Dein Leben nicht zu. Nicht nur steht es im Zeichen der »Anstrengung, die Denken als Tun involviert«, wie es in der *Negativen Dialektik* heißt, sondern der Wille zum Richtigen bestimmt jeden Deiner Sätze. »Solange die Welt ist, wie sie ist, ähneln alle Bilder von Versöhnung, Frieden und Ruhe dem des Todes.« Was Du schriftlich und mündlich formulierst, hat einen nachhaltigeren Einfluß auf die soziale und politische Atmosphäre als viele wohlorganisierte Aktionen verschiedenster Art. Wäre die freie Äußerung ganz so ohnmächtig, wie einige unserer Freunde meinen, dann könnte sie nicht so ernsthafte positive und negative Reaktionen hervorrufen wie in der Gegenwart. Es ist kein Zufall, daß sie seit je in dem Maß verfolgt war, in dem die Herrschaft mit Unterdrückung zusammenfiel. Kritische Theorie, zu der seit je Du gestanden hast, bildet ein Moment der Resistenz gegen den Zug zum Totalitären rechter und linker Observanz. Über die Kraft des Ausdrucks hinaus hast Du durch unmittelbar praktische Leistungen für das Bessere Dich eingesetzt. Neben vielem anderen verdankt die Tätigkeit des Instituts in New York, seine Wiedererrichtung in Frankfurt, sein Einfluß auf die Zusammenarbeit mit anderen Institutionen Deiner Intelligenz und Deiner Hingabe mehr, als ich sagen kann.

Von Intelligenz und Hingabe vermag ich nicht zu sprechen, ohne den Gedanken an Gretel, Deine Frau. Ohne sie wäre höchstwahrscheinlich alles ganz anders gegangen. Daß Du mit ihrer Hilfe ernsthaften Menschen noch lange zu geben vermagst, was kein anderer kann, ist mein Wunsch zu Deinem 65. Geburtstag.

Dein Max

> **Nr. 233**
> **»Aktionsrat zur Befreiung der Frau«**
> Resolutionsentwurf für die
> 23. o. Delegiertenkonferenz des
> Sozialistischen Deutschen Studentenbundes
> Flugblatt
> 13. September 1968
>
> QUELLE: Archivalische Sammlung Wolfgang Kraushaar am Hamburger Institut für Sozialforschung, Akte SDS-Delegiertenkonferenzen

RESOLUTION FÜR DIE 23. O. DK DES SDS
VORGELEGT VOM AKTIONSRAT
ZUR BEFREIUNG DER FRAUEN BERLINS

1. Die Reproduktion der bürgerlichen Trennung von Privatleben und gesellschaftlichem Leben im SDS hat lange genug seine politische Arbeit gelähmt.
2. Der SDS definiert politische Aktivität einseitig, indem er die Reflexion auf Probleme der persönlichen Entfaltung (die nicht identisch sind mit der bürgerlichen Vorstellung davon) tabuisiert.
3. Kampagnen des SDS können den Frauen zwar rational vermittelt werden, es fehlen ihnen aber die Voraussetzungen, die subjektiven Bedürfnisse der Frauen anzusprechen, deren Unterdrückung in der vom politischen Kampf ausgenommenen »Privatsphäre« unmittelbar und am stärksten erlebt wird. Doppelt frustriert sind die Frauen im SDS, wenn sie versuchen, dort politisch aktiv zu werden, das heißt, wenn sie über die Be-

teiligung an Demonstrationen hinauswollen, wenn sie Referate, Reden halten, Diskussionsbeiträge liefern. Das Erfolgserlebnis ist ihnen versagt, weil auf ihre Beiträge niemals Bezug genommen wird.

4. Diese Initiativen der Frauen werden als Grenzübertritte verstanden und müssen von ihnen bezahlt werden mit der Anerkennung der Regeln einer Leistungsgesellschaft, die darauf eingerichtet ist, männliche Traumata zu kompensieren. Von Reden halten über Stammtischgespräche bis hin zum belehrenden Bettgeflüster reicht die Pervertierung gesellschaftlicher Kompensationsmöglichkeiten der Männer.

5. Die klassenmäßige Aufteilung der Familie mit dem Mann als Bourgeois und der Frau als Prolet – Herr und Knecht – impliziert die objektive Funktion der Männer als Klassenfeind. Die Verleugnung des Führerprinzips im SDS ist blanker Hohn, weil jeder verheiratete oder im festen Verhältnis lebende SDSler Führer und damit gleichzeitig Ausbeuter einer Familie oder familienähnlichen Gruppe ist. Die Begriffe Klasse, Klassenfeind, Ausbeuter sind Hilfskonstruktionen, die den Frauen dazu dienen, sich auf den Begriff zu bringen, das heißt ein Maß an geschlechtsspezifischer Solidarisierung zu erreichen, und erlaubt, die sinnliche Erfahrung dieser patriarchalischen Gesellschaft im politischen Kampf gegen diese zu wenden.

6. Dies impliziert nicht die »Politisierung« des Privatlebens, sondern die Aufhebung der bürgerlichen Trennung von Privatleben und gesellschaftlichem Leben: es gilt, die Unterdrückung im Privatleben nicht als private zu begreifen, sondern als politisch-ökonomisch bedingte. Es gilt, Privatleben qualitativ zu verändern und diese Veränderung als politische Aktion zu verstehen. Dieser kulturrevolutionäre Akt ist ein Teil des Klassenkampfes.

7. Daraus ergibt sich, daß die Revolution als Ziel des Klassenkampfes weniger eine Frage der Machtübernahme ist, als eine Frage der Verwirklichung dessen, was sich in der bestehenden schlechten Gesellschaft antizipatorisch als Gegengesellschaft abzeichnet. Dies beinhaltet, daß der Anspruch auf Glück – jetzt abgetrennt in die Privatsphäre, aber noch nicht einmal dort befriedigt – in gesellschaftlicher Aktion eingelöst werden muß.

8. Persönliche Entfaltung muß also identisch werden mit einer Praxis, die jetzt schon mögliche Momente einer zukünftigen Gesellschaft vorwegnimmt, einer Gesellschaft, die sowohl alle Lebensverhältnisse erotisiert, als auch Aggressionen produktiv macht.

9. Dieser Anspruch des SDS widerspricht seiner individuellen und offiziellen Praxis.

10. Mit diesem Anspruch kann man nur Ernst machen, wenn man ihn organisatorisch wendet.

11. Für alle Frauen im SDS kommt es darauf an, diese Thesen nicht nur anzuerkennen, sondern sie auch in verbindlicher Aktivität einzulösen. Nur die Frauen sind »interessiert« genug, nur sie bieten die Gewähr, daß sich im Verband etwas ändert, daß wenigstens hier das autoritäre Vernunftprinzip der patriarchalischen Gesellschaft durchbrochen wird. Dafür ist vorläufige Isolation nötig. Das ist keine Isolation, die mit der Illusion verbunden ist, man könne sich auch unabhängig von den Männern emanzipieren, sondern der notwendige erste Schritt, seine eigenen Bedürfnisse zu artikulieren. Gegen unkritische, auf Verdrängung beruhende Widerstände werden wir Kampfmaßnahmen ergreifen. Wir lassen uns die Methoden des Kampfes nicht vorschreiben.

Nr. 234

Günter Grass

Auschwitz und Treblinka in Afrika

Offener Brief an Léopold S. Senghor
23. September 1968

QUELLE: Frankfurter Rundschau vom 23. September 1968

Sehr geehrter Herr Senghor,

erlauben Sie mir bitte diese Anrede, denn als Schriftsteller schreibe ich zuallererst dem Schriftsteller – und dann dem Präsidenten und Staatsmann Léopold Sédar Senghor.

Heute wird Ihnen in Frankfurt der Friedenspreis des Deutschen Buchhandels zugesprochen. Weder Sie noch ich werden während der damit verbundenen Feier vergessen können, daß das Wort »Friedenspreis« sich absurd liest vor dem Hintergrund des Bürgerkrieges in Nigeria, der sich zum Völkermord gesteigert hat. (Die Weltöffentlichkeit hat von den steigenden Todeszahlen in Biafra Kenntnis genommen; weniger bekannt ist, daß sudanesische Regierungstruppen im Süden des Landes seit Jahren die Minderheit der Sudanneger systematisch verfolgen und als Volk vernichten.)

Als Deutscher habe ich lernen müssen, das Wort

»Völkermord« nicht leichtfertig auszusprechen. Die Geschichte meines Landes ist durch dieses größte aller Verbrechen für immer gezeichnet. Die Bürger Deutschlands werden die schuldhaften und traumatischen Folgen des Völkermordes an den Juden noch über Generationen tragen müssen. Selbst die Nachkriegsgeneration, vom Jahrgang her unschuldig, trägt mit an der Last. Es ist kein Ende abzusehen.

Diese Erkenntnis erlaubt es mir, Sie zu fragen: Sind sich die afrikanischen Staaten und die Regierungen und Bürger dieser Staaten bewußt, mit wieviel Schuld sie einen Kontinent belasten, in dessen Geschichte bisher nur die europäischen Kolonialmächte schuldhaft verstrickt waren und es immer noch sind?

Ohne die skrupellose Waffenhilfe der Sowjetunion und Großbritanniens hätte sich der nigerianische Bürgerkrieg kaum bis zum Völkermord steigern können. Aber was zwingt die afrikanischen Staaten, diesen zynischen Mißbrauch der Entwicklungshilfe zu dulden? Welches Lehrbuch der Staatskunde empfiehlt den Regierungen der afrikanischen Staaten, eine katastrophale Machtpolitik von europäischem Zuschnitt zu übernehmen?

Wenn Völkermord und Massenvernichtung – wie in Biafra, so in Südsudan – Stufen zur Einigung des afrikanischen Kontinents sein sollen, wird Schuld der Kitt dieser Einheit sein; insofern der komplizenhafte Zusammenhalt von Tätern, Mittätern und Mitwissern Dauer verspricht.

Rechtsansprüche falsch verstandener Souveränität haben in Lagos wie in Khartun die Zentralregierungen bewogen, Minderheiten zu unterdrücken und zu vernichten. In Biafra und in Südsudan müssen Millionen Frauen, Kinder und Greise mit ihrem Leben und mit ihrer Gesundheit den Preis für eine Politik zahlen, die, ob europäischer – ob afrikanischer Herkunft, primär eines will: Mehrung der Macht.

Der Außenminister der Bundesrepublik Deutschland, Willy Brandt, hat vor wenigen Wochen in Genf eine vielbeachtete Rede gehalten. Er rief zum weltweiten Gewaltverzicht auf. Werten Sie bitte meinen Brief als Fußnote zu diesem Genfer Appell.

Ich bitte Sie, als Staatsmann und Humanist, das Massensterben in Biafra und in Südsudan als Völkermord zu verurteilen. Ich bitte Sie, an die verantwortlichen Regierungen zu appellieren, damit der Völkermord ein Ende findet, damit die Verbrechen von Auschwitz und Treblinka nicht weiterhin in Afrika fortgesetzt werden.

Sollte ich als Schriftsteller das Verständnis des Schriftstellers finden, dann darf ich hoffen, daß der Präsident Senghor an diesem Verständnis teilhaben wird.

Ich grüße Sie   gez.: Günter Grass

Nr. 235

Theodor W. Adorno / Frank Benseler / Ludwig von Friedeburg / Jürgen Habermas / Werner Hofmann / Hans Heinz Holz / Hans-Jürgen Krahl / Kurt Lenk / Karl-Dietrich Wolff

»Autoritäten und Revolution«

Podiumsdiskussion im Haus Gallus
23. September 1968

QUELLE: Soziologisches Lektorat [des Luchterhand Verlages], (Red.), ad lectores 8, Neuwied/West-Berlin 1969, S. 19–42

BENSELER: Meine Damen und Herren, Freunde!

Das Thema ist nach den Ereignissen dieser Buchmesse überholt. Noch vor fünf Tagen wäre diese Diskussion bedeutend privater, diskreter und wahrscheinlich theoretischer geworden. Jetzt liegen drei Tage hinter uns, in denen Autoritäten demonstrativ bemüht waren, politische Öffentlichkeit zu verhindern und damit die Voraussetzung für solche Diskussionen, für Wissenschaft und für das ganze geistige Leben überhaupt. Ich schlage deshalb vor, daß wir die für uns erst in weiter Ferne wahrscheinliche Revolution theoretisch wie praktisch jetzt außer acht lassen und statt dessen über die Autorität diskutieren, die in unserem Staat zur Verhinderung von Demokratie und allem, was sie bedingt, eingesetzt wird.

V. FRIEDEBURG: Man könnte das Wort von Herrn Benseler, daß die Autoritäten sich in den letzten drei Tagen in Szene gesetzt haben, durchaus auch umwenden und anwenden auf die Autorität des SDS, die auch in Szene gesetzt worden ist. Von hier aus wäre zu fragen, wie eigentlich die außerparlamentarische Opposition gegenwärtig und für die nähere Zukunft ihre Strategie bestimmt, was für viele, die sie beobachten oder an ihr teilhaben, eine durchaus aufklärenswerte Frage ist. Autorität, so würde ich also meinen, sollten wir von zwei Seiten anschauen, und ich hoffe, daß wir im Zuge unserer Diskussion Auskünfte und Erklärungen für beide Seiten bekommen.

ADORNO: Die Katze läßt das Mausen nicht und der Philosoph nicht das Philosophieren. Ich bitte Sie deshalb zu verzeihen, wenn ich doch, ehe wir in die praktischen Probleme hineingehen, über den Begriff, über den eigentlich heute gesprochen werden soll, den der Autorität, ein paar Worte sage. Ich habe das Gefühl, daß, und zwar in einer sehr begreiflichen Reaktion, die gegen die autoritären Strukturen, die sich innerhalb der etablierten marxistischen Bewegung herausgebildet haben, der Begriff der Autorität zu einer Art Zauberwort, zu einer Panazee geworden ist. Dabei schließe ich mich ein: durch das Werk *The Authoritarian Personality* bin ich sicherlich mitverantwortlich dafür, daß die gegenwärtige Diskussion derart um den Autoritätsbegriff kreist. Vielleicht legitimiert gerade das mich dazu, mich zu äußern. Der Begriff der Autorität selber bezeichnet nur ein Moment in der gesellschaftlichen Totalität, von der wir eingefangen sind. Ich hielte es für falsch und für beschränkt, wenn man alle gesellschaftlichen Probleme unter jenen Begriff subsumieren wollte, der ja selber nur eine subjektive Reflexionsform der herrschenden Verhältnisse ist. Angesichts der fortschreitenden Anonymität von Herrschaft ist jedenfalls der traditionelle Autoritätsbegriff nur indirekt, depersonalisiert anwendbar. Für eine kritische Theorie der Gesellschaft ist eigentlich der Begriff der Autorität sinnvoll nur als Inbegriff gesellschaftlicher Herrschaftsverhältnisse und überhaupt nicht zu personalisieren. Freud hat in dem Buch über Massenpsychologie und Ichanalyse nachgewiesen, daß Autorität von der Unmittelbarkeit des Vaterverhältnisses auf weitgehend abstrakte Institutionen – er nannte Heer, Kirche und andere – übergehen kann.

Dem wäre etwas häretisch Klingendes hinzuzufügen. Nicht ist in abstracto jeglicher Autorität zu opponieren. Der Unterschied zwischen dem Seminardirektor, der peinlich drauf hält, daß die Studenten, wenn er ins Seminar kommt, sich von ihren Plätzen erheben, und ähnlichem Firlefanz auf der einen Seite, und dem Autoritätsverhältnis, das darin besteht, daß jemand einen anderen etwas lehrt, einfach weil er mehr von der Sache versteht; der darum dem Betreffenden eine Kontrapunktaufgabe oder ein Referat oder was sonst immer korrigiert – dieser Unterschied ist radikal, auch wenn man weiß, wie leicht Sachautorität in persönliche ausartet. Beides ist nicht über einen Leisten zu schlagen, sonst gerät man in schlechte Abstraktheit. Immer wieder hat sich gezeigt, daß es gerade in sogenannten revolutionären Bewegungen – man mag darunter verstehen, was man will – ohne ein bestimmtes Maß an Autorität nicht abgeht. Schließlich setzt der Gedanke der Freiheit, damit er substantiell werde, selber ursprünglich etwas wie Identifikation voraus, die dann sich löst. Hat man nicht von der Figur, mit der man sich identifiziert – und das muß wahrhaft keine Person sein –, ein Ich-Ideal übernommen, dann bildet sich überhaupt kein Begriff von Freiheit. Will man über Autorität diskutieren, so muß man diese ganze gesellschaftliche Komplexität mitdenken, vor allem dessen sich versichern, daß eine kritische Theorie der Gesellschaft nicht monistisch sein darf, nicht aus einem einzigen abstrakten Prinzip alles hervorspinnen. Sie stellt den Zusammenhang der verschiedensten Momente zu einem System, dem der heute herrschenden Gesellschaft, dar. Nur innerhalb dieses Systems haben die einzelnen Kategorien, auch die der überwertigen Autorität, ihren Stellenwert.

BENSELER: Wir haben also doch eine sehr theoretische und gründliche Einleitung bekommen zum Begriff der Autorität im Gesamtzusammenhang gesellschaftlicher Probleme. Wir haben aber in den letzten drei Tagen unmittelbar gesehen, was Autorität sein kann und was sie nicht sein sollte: Da ist mit unmittelbarer polizeilicher Gewalt die Öffentlichkeit, die ja eine Voraussetzung für die Buchmesse gewesen wäre, verhindert worden. Die Autorität, in deren Namen abgesperrt wurde, war weder demokratisch legitimiert noch aufgeklärt. Niemand hatte eine Vorstellung davon, womit die Messeleitung tatsächlich die Absperrung der Öffentlichkeit begründen könnte. Deshalb ist nach der Autorität und ihrer Funktion in dieser Gesellschaft zu fragen. Konkret: Welche Rückschlüsse für die Gesamtstruktur der Gesellschaft lassen sich aus der Praxis, die wir erlebt haben, ziehen?

LENK: Ich möchte an das anknüpfen, was Herr Adorno sagte, und vorschlagen, folgende Unterscheidung zu treffen. Es gibt einmal eine Sachkompetenz; sie kann nur funktionalistisch begriffen werden in dem Sinne, daß in einer bestimmten Situation nicht jemand, weil er älter ist, sondern weil er etwa mehr Bücher gelesen hat, mehr Erfahrung hat, wobei »die« Erfahrung schon prekär ist, ins Spiel zu bringen, eine bestimmte Sachkompetenz besitzt, wie etwa Rudi Dutschke oder Herr Krahl. Das ist eine funktionalistische Sachkompetenz, die läßt – ganz im Sinne des Rätesystem – Recall zu, das heißt, die mündig werdenden, demokratischen Staatsbürger müssen aufpassen, daß diejenigen, die für sie Autorität besitzen, ihre Bedürfnisse und ihre

Interessen tatsächlich artikulieren und sie durchsetzen. Vorbei ist es, meines Erachtens, mit der bloß personalen Autorität, die sich in der Bundesrepublik fatal zu mischen scheint mit der Amtsautorität ex officio. Also das, was man die »Diktatur des Ordinariats« nennen kann: »weil ich Beamter auf Lebenszeit bin, hast du Studentlein stille zu sein und weiß ich es besser«. Ich glaube, wir sollten diese Differenz machen, damit wir nicht über einen abstrakten Autoritätsbegriff sprechen. Also ich wiederhole: Sachkompetenz – funktionalistisch gefaßt, durchaus im Sinne der Kontrolle von unten nach oben, als utopische Norm auch des Grundgesetzes Artikel 21, Absatz 1, Satz 3, wo es ja heißt »Ihre innere Ordnung muß demokratischen Grundsätzen entsprechen«, und auf der anderen Seite personale Irrationalität im Sinne von Anmaßung von Amtsautorität – etwa im Sinne von Peeperkorn bei Thomas Mann im Zauberberg, der immer sagt »schön komplett«, »ganz«, so wie es manche geisteswissenschaftliche Ordinarien heute noch zu tun scheinen.

HOFMANN: Wenn wir von Autorität als Ausdrucksform tieferliegender Herrschaftsverhältnisse in der Gesellschaft sprechen, dann werden wir uns immer zu fragen haben, wo wir die Herrschaft zu lokalisieren haben, wo das Zentrum von Herrschaft ist. Wenn Herr Lenk von einer Diktatur des Ordinarius gesprochen hat, so ist dies sehr einprägsam; doch kann hiermit der eigentliche Sitz gesellschaftlicher Herrschaft falsch bestimmt werden. Es sollte uns bewußt bleiben, was im übrigen die Erfahrung selbst immer neu bestätigt: daß nämlich Herrschaft, sosehr sie in der Universität spürbar ist, ihren letzten Ort anderswo hat.

Um die Verbindung hierzu herzustellen, darf ich auf ein Zitat zurückgreifen, das ich den *Monatsblättern für freiheitliche Wirtschaftspolitik* vom August 1968 entnehme: »Wäre die Studentenunruhe von der medizinischen Fakultät ausgegangen, so hätte man die Ursache verstanden; denn bei den Medizinern herrschen wirklich autoritäre Bräuche. Aber die Unruhe ging in den liberalsten aller Disziplinen los, dort, wo alles richtig sein kann, bei den Soziologen und Politologen. Es sind dies Disziplinen, die weder geistige Zucht noch Verantwortung voraussetzen: Jeder, der fordert, jeder, der schreibt, kann sich interessant machen und kann innerhalb dieser Fachwelt Ruhm ernten. Dort ist eins und eins nicht unbedingt zwei, dort gibt es keine Axiome, dort gibt es keine notwendigen Voraussetzungen für bestimmte Aussagen. Aus diesem Grunde ziehen diese Disziplinen unklare Geister an, geistige Snobs, zügellose Leute. Diesen jungen Herren wird nun dort gelehrt, daß es im Leben und in der Gesellschaft nicht darauf ankomme, daß man sich den Spielregeln der Mitwelt anpaßt und daß das Äußerste, was ein gewöhnlicher Mensch erreichen kann, darin besteht, in kleinen Dingen die Welt an seine Vorstellungen anzupassen (vorausgesetzt, er kann das seinen Mitmenschen beweisen), sondern daß die Welt verrückt sei – was man nicht zu beweisen braucht – und daß das Wichtigste darin bestehe, die außenstehende Mehrheit dazu zu zwingen, sich der esoterischen Minderheit zu unterwerfen.«

Und dann folgt eine bemerkenswerte Empfehlung: »Es ist sicherlich einiges reformbedürftig an unseren Hochschulen. Hierzu gehört auch das Stipendiensystem, das besser von einem Kreditsystem abgelöst würde. Denn dann würde nur der studieren, der unserer Gesellschaft später wieder das zurückzahlen kann, was sie für ihn ausgegeben hat. Wer nur um des Studierens willen studiert, kann das auch nebenberuflich tun.«

Sie sehen hier eine ganz bestimmte Konzeption, die sich des Hochschullebens bemächtigen will: Es ist das Äquivalenzprinzip unserer Tauschgesellschaft. Und darüber hinaus soll das kapitalistische Kreditsystem als Disziplinierungsmittel genutzt werden. Das sollte unseren Blick weiterlenken auf das eigentliche gesellschaftliche Herrschaftszentrum, auf die ökonomische Welt der Kapitalverwertung. Hier wird Herrschaft tagtäglich im Arbeitsprozeß erlebt, und zwar nicht mehr als bloß vermittelte, als abgeleitete Herrschaft wie in den Hochschulen.

Das führt zu der bedeutungsvollen Konsequenz: Wir dürfen uns hier, so sehr wir uns vielleicht als homogenes Milieu empfinden, nicht als eine Art von Ersatzklasse empfinden, die sozusagen stellvertretend Herrschaftsverhältnisse in ihrem Bereich allein zu bewältigen hat. Der Durchbruch zu den zentralen Punkten heutiger Herrschaft muß gefunden werden; und von daher sind auch immer wieder sehr praktische und taktische Überlegungen anzustellen.

KRAHL: Ich möchte mich auf das beziehen, was während der letzten drei Tage geschehen ist. Zunächst müßte das Paradoxon geklärt werden, daß die sich als antiautoritär begreifende Studentenbewegung so sehr Autoritäten nötig hat, sowohl in Sachhinsicht wie in personeller. Wer die letzte Delegiertenkonferenz des SDS verfolgt hat[1], konnte dort feststellen, daß die antiautoritäre Revolte gewissermaßen im SDS selbst sich fortgesetzt hatte und mit der Entmythologisierung und Entzauberung auch der eigenen Autoritäten begonnen wurde. Das ist für eine marxistische Bewegung im emphatischen, auch geschichtsphilosophischen und revolutionär-theoretischen Sinn zumindest ein Organisationsprinzip; das heißt: eine Bewegung hat in dem Maße irrational Autoritäten nötig, wie sie nicht organisiert ist, indem sie keine arbeitsteiligen Qualifikationsstrukturen herausgebildet hat, und dann wird Autorität, wie Georg Lukács kritisch gegen Pannekoek und Rosa Luxemburg bemerkt[2], zur Propagandaphrase, zur Agitation. Und es ist typisch, daß im SDS gewissermaßen die Agitatoren, die auf den Teach-ins das Wort führen, autoritär besetzt werden. Die außerparlamentarische Opposition, vor allen Dingen ihr antiautoritärer Teil, hat eben noch nicht genügend Arbeitsteilung in dem Sinn ausgebildet, daß auf der einen Seite keiner ohne eine qualitative Funktion sein soll, ein altes Prinzip kommunistischer Arbeitsteilung, was jedermann entsprechenden autoritären Leistungsdruck abverlangt, und zwar auch heute noch in einer Gesellschaft, in der die Abschaffung von Arbeit so sehr aus der Dimension des Utopischen herausgetreten ist; andererseits soll aber dieser Leistungsdruck aufgewogen werden dadurch, daß sich solidarische Kollektive herausbilden, die die Vereinzelung und Atomisierung der Individuen, welche die kapitalistische Gesellschaft aufgrund ihrer abstrakten Arbeitsteilung besorgt, antizipatorisch aufheben sollen. Das ist genau die Frage, die Georg Lukács in seiner spekulativen Zusammenfassung der europäischen Organisationsdebatte gestellt hat: Wie kann das Reich der Freiheit in einer kommunistischen und durchaus autoritären Organisationsform antizipiert werden? Diese Frage ist gerade heute ungenügend bedacht, denn der Leninsche Parteitypus entsprach nur den Bedingungen eines Landes, das noch in der Phase der Industrialisierung war, wo also überhaupt erst autoritäre Leistungsdisziplin konstituiert werden mußte, und nicht schon gesamtgesellschaftlich abgeschafft werden konnte, wo Surplusnormen, also Mehrarbeitszeit, verinnerlicht werden mußten. Heute stellt sich das Problem umgekehrt: diese Surplusnormen, »surplus-repression«, wie Marcuse sagt, sind als autoritäre Leistungsprinzipien überflüssig geworden. Und für uns im SDS stellt sich z.B. die Frage, wie ist es möglich, eine Organisationsform herauszubilden, die unter den Bedingungen des Zwanges und der Gewalt sowohl autonome Individuen herausbildet, als auch solche, die zu einer bestimmten disziplinären Unterordnung unter die Erfordernisse des Kampfes und unter die Bedingungen des Zwanges fähig sind. Dieses Problem ist völlig ungelöst. Wir sind im Augenblick dabei, eine antiautoritäre Revolte auf dieselbe provokative Art zu vollziehen, wie wir in der Hochschule vorgegangen sind. Diese antiautoritäre Revolte zielt darauf, so etwas wie kollektive Lernprozesse möglich zu machen. Dabei darf sich jedoch keineswegs ein individuenfeindlicher Kollektivismus im SDS herausbilden.

Weiter will ich auf die Rolle eingehen, die publizistisch definierbare kritische Autoritäten vertreten. Das soll an zwei hier im Saal vorhandenen prominenten Individuen diskutiert werden, an Habermas und Adorno. Ich glaube nämlich, daß diese Autoritäten ihr Verhältnis zur außerparlamentarischen Opposition, vor allen Dingen auch zu ihrem marxistischen und sozialistischen Teil, falsch definieren. Jürgen Habermas, in der Illusion, man könne so etwas wie eine liberale Gegenkoalition von Brenner bis Augstein aufbauen, man könne noch so etwas wie eine liberale Gegenöffentlichkeit auch durch Arbeit innerhalb der Institutionen mobilisieren, meint, er müsse sich in bestimmten brisanten Aktionssituationen, wo wir seine Solidarisierung nötig haben, taktisch distanzieren. Mit dem fatalen und von der liberalen Presse, der eine plebiszitär-egalitäre Bewegung allein von der Form her, von den Inhalten völlig abstrahierend, schon als faschistisch verdächtig erscheint, sofort aufgegriffenen Vorwurf »Linksfaschismus«[3], hat Habermas zum ersten Mal solche taktische Distanzierung vollzogen. Er hat sie zum zweiten Mal vollzogen, als er den Vorwurf des Scheinrevolutionarismus gegen uns erhob.[4] Ich diskutiere jetzt gar nicht, ob in der Auseinandersetzung gewissermaßen zwischen verschiedenen Fraktionen der außerparlamentarischen Opposition inhaltlich dieser Vorwurf berechtigt ist; sondern nur, welche Funktion er in einem bestimmten brisanten Augenblick der Bewegung hat. Daniel Cohn-Bendit erzählt, daß ein Soziologe, der in Frankreich politisch eine ähnliche Rolle spielt wie Habermas hier, während der Mai-Revolution erklärt hat: »Ich stimme sehr vielen eurer Aktionen, gerade im Hinblick auf die Gewaltstruktur, nicht zu; aber im Augenblick ist es notwendig, daß ich mich mit euch solidarisiere.« Warum ist es notwendig, daß wir solche Autoritäten ins Feld führen? Die Massen sind in der autoritären Leistungsgesellschaft von Erziehung, Manipulation und exekutiver Indoktrinierung so sehr auf Autoritäten fixiert, daß sie zunächst für ihre Aufklärung selber Autoritäten – und zwar solche, die sich als kritische Autoritäten begreifen – nötig haben. Deshalb brauchen wir die offen ausgesprochene Solidarisierung der kritischen Autoritäten; sie können gewissermaßen mit der Waffe der Autorität selber das Autoritätsprinzip in der Gesellschaft mitabbauen helfen. Ich glaube, daß Habermas und auch Adorno das bislang nicht aktualisiert haben.

Bei Adorno liegt es anders. Das mag vielleicht mehr als Frage der Theorie diskutiert werden. Hier will ich es nur als eine Anekdote resümieren: Als wir vor einem halben Jahr das Konzil in der Frankfurter Universität belagerten, kam als einziger Professor Herr Adorno, zu den Studenten, zum Sit-in. Er wurde mit Ovationen überschüttet, lief schnurstracks auf das Mikrophon zu und bog kurz vor dem Mikrophon ins philosophische Seminar ab; also kurz vor der Praxis wiederum in die Theorie. Das ist im Grund genommen die Situation, in der die kritische Theorie heute steht. Sie rationalisiert ihre resignative und individualistisch-subtile Angst vor der Praxis dahin, Praxis sei gewissermaßen unmöglich, man müsse sich ins Gehäuse der Philosophie zurückziehen.

Ein Drittes. Gerade in den letzten Tagen hat sich hier gezeigt, zumindest formal indiziert, daß sich nach der Verabschiedung der Notstandsgesetze etwas geändert hat, ohne daß sich das drastisch unmittelbar im Staatsgefüge manifestiert. Aus einer Buchmesse, die per Definition so etwas wie der Schauplatz einer, wenn auch vielleicht veralteten und nachtrauernswerten kritischen Öffentlichkeit ist, wurde ein Notstandslager gemacht. Wir haben erlebt, wie gestern aus den Messehallen Polizeistoßtrupps hervorschossen, die systematisch einzelne aufs Korn nahmen, um sie zusammenzuschlagen. In einer derartigen Situation, wo Brutalisierung so manifest geworden ist wie die Tatsache, daß wir wirklich allein stehen, haben wir die Solidarisierung dieser Autoritäten nötig. Meine These ist theoretisch-prinzipieller Art. Was heißt es, wenn wir gerade in der Endphase unseres Kampfes gegen die Verabschiedung der Notstandsgesetze immer wieder den Begriff des autoritären Staates vorgestellt haben. Damit wollten wir die Problematik der Notstandsgesetze aus dem Bezugsrahmen traditioneller Politik der Abwehr von Restaurationstendenzen, wie sie in den fünfziger Jahren gängig waren, das heißt etwa, der Abwehr von Wiederzulassung der Korporationen, Wiederaufrüstung und Atombewaffnung, insgesamt also einer Politik, die darauf aus war, Demokratie im bürgerlichen Sinne zu retten, herausnehmen. Mit dem Begriff des autoritären Staates wollten wir einen anderen Bezugsrahmen revolutionärer Theorie setzen. Ich möchte in diesem Zusammenhang also fragen, was heißt, prinzipiell für die Struktur des Spätkapitalismus »autoritärer Staat«. Dieser Begriff ist zum theoretischen Diktum erhoben worden, nicht zuletzt aus der Tradition der Frankfurter Schule heraus: ich meine Max Horkheimer und Franz Neumann und auch Adorno. Horkheimer hat in seinem Aufsatz über den autoritären Staat diesen nicht nur als ein isoliertes sozialstaatliches und rechtsphilosophisches Problem behandelt, sondern er meinte mit dem autoritären Staat eine Veränderung in der Gesamtverfassung des Systems selber. Das heißt im Grunde, daß mit dem Übergang vom Konkurrenz- zum Monopolkapitalismus die Vermittlungsinstanz der bürgerlichen Gesellschaft, spezifische Verkehrsformen, wie Parteien und Parlament, ihre ökonomisch tragende Substanz verloren haben. Parlament und Parteien hatten zur Substanz den freien Tauschverkehr von einander gleichgültigen und gleichgeltenden Warenbesitzern. Das Parlament war gedacht als der politische Markt, auf dem die verschiedenen Fraktionen des Bürgertums ihre ökonomisch unterschiedenen Interessen gewaltlos politisch aushandelten. Der Kompromiß im Begriff bürgerlicher Realpolitik ist die politische Rationalisierung der ökonomischen Konkurrenz. Mit dem Schwinden des freien Tausches durch oligopole und monopole Marktkonzentrationen am Ende des letzten Jahrhunderts verloren diese demokratischen Instanzen von Parteien und Parlament, die Verkehrsformen des Bürgertums, ihre ökonomische Substanz: Es trat fortschreitend eine Verselbständigung des Staates gegenüber der Gesellschaft ein. Die Rechtsperson ist der marxistischen Theorie zufolge die Charaktermaske des Warenbesitzers; an die Stelle des Rechtsstaates trat der autoritäre Sozialstaat. Das heißt, der Staat machte sich selber zum Subjekt der Sozialreform, um die lohnabhängigen Massen daran zu hindern, sich zu organisieren und zusammenzuschließen. Die großen Organisationsformen der Arbeiterklasse, die einstmals revolutionär im Kampf ums Koalitionsrecht erkämpft waren, Gewerkschaften und Partei, wurden aufgrund dieser sozialreformerischen Tendenz der autoritären Exekutive fortschreitend ins Gefüge eben dieser autoritären Exekutive integriert. Max Horkheimers Theorem, daß der Monopolkapitalismus potentiell Faschismus ist, besteht zu Recht. Faschismus ist im Grunde genommen die Konsequenz aus dem Sozialreformismus des autoritären Staates. Autoritärer Staat bedeutet, und das aktualisiert sich mit den Notstandsgesetzen, daß die Demokratie ohne politisch rechtlichen Legitimationsbruch in den Ausnahmezustand übergehen kann. Man kann ja demokratische Instanzen, etwa das Parlament, nicht nur terroristisch zerschlagen, sondern gerade aufgrund der von mir benannten theoretischen Voraussetzungen manipulativ ins Instrumentarium der autoritären Exekutive integrieren, wie eben die Notstandsgesetze zeigen. Ich fasse auf drei Ebenen zusammen:

1. Gegenüber der Funktion, die Parlament und Parteien heute im Staate haben, wo sie nicht mehr Medien der kritischen Willensbildung sind, ist deutlich, daß eine revolutionäre Organisation den leninistischen Disziplinbegriff nicht übernehmen kann. Sie muß vielmehr in ihrer Organisation autonome Individuen, die imstande sind, sich selbst einen Leistungsdruck in revolutionärer Hinsicht aufzuerlegen, ausbilden.

2. Beim gegenwärtigen Stand der antiautoritären Bewegung bedürfen wir der publizistisch-kritischen Autoritäten und ihres autoritären Gewichts zur kritischen Aufklärung. Wir bedürfen ihrer konkreten Solidarisierung, und die theoretische Auseinandersetzung müßte sich als Fraktionsauseinandersetzung, nicht aber als kontemplative Kritik von außen abspielen.

3. Der autoritäre Staat kann die Gesellschaft ohne rechtlich politischen Legitimationsbruch in den Ausnahmezustand übergehen lassen. Für die Schlußfolgerung nehme ich eine alte Kontroverse mit Habermas wieder auf. Er hat uns infantile Pathologie vorgeworfen, wir verwechselten, meint er, symbolische Aktionen – Barrikaden bauen, Institutionen besetzen – mit faktischen Machtkampfsituationen.[5] Damals, als wir hier in Frankfurt die Universität besetzten,[6] hat dagegen der hessische Minister Rudi Arndt geäußert: »Wir lassen uns diesen Staat nicht von euch zerstören.« Es wurde also suggeriert, wir, die wir doch eine Minderheit sind, wären imstande, den Staat unmittelbar umzustürzen. Der Staat muß aus zwei Gründen eine taktische Machtkampfideologie produzieren und so handeln, als ob es schon um den Kampf, um die politische Macht im Staate gehe: Zum einen kann er es aufgrund des Autoritätsprinzips in der Gesellschaft noch nicht einmal im Ansatz dulden, daß sich eine Massenbewegung herausbildet. Das zeigte sich charakteristisch, als die Studentenbewegung zum ersten Male die akademischen Grenzen überschritten und eine Streikbewegung mit Arbeitern, vor allem Jungarbeitern, mobilisierte. Zum anderen muß er diese Machtkampfideologie produzieren, weil nur indem man gewissermaßen suggeriert, wir könnten schon unmittelbar den Umsturz im Staat herbeiführen, überhaupt ein terroristisches und brutalisiertes Vorgehen gegen die außerparlamentarische Opposition legitimierbar ist. Deshalb bedarf es entsprechender Verfälschungen; seit dem 2. Juni kennen wir die bekannten Topoi, mit denen die Staatsgewalt Tomaten in Messer verwandelt, mit denen die Demonstranten angeblich werfen sollen. Also, Herr Habermas, nicht wir suggerieren eine Machtkampfsituation aufgrund des Autoritätsprinzips in der Gesellschaft, sondern der Staat ist gezwungen, eine Machtkampfideologie zu produzieren, um die Zerschlagung der außerparlamentarischen Opposition im Ansatz zu legitimieren.

WOLFF: Zunächst einige Bemerkungen zur Frage der Phasen innerhalb der Organisationsstruktur der antiautoritären Bewegung des SDS. Genosse Krahl hat ja schon darauf hingewiesen, wie die Vermittlung der Bedingungen des Kampfes und der Notwendigkeit zur Schaffung von selbsttätigen Persönlichkeiten die Schwierigkeit innerhalb der Organisationsstruktur des SDS darstellt. Allgemein ist in den letzten Diskussionen außerhalb des SDS in keiner Weise beachtet worden, daß die Frage der Organisation nicht auf Sachautoritäten oder surplus-repression oder ähnliche Komplexe abstrahiert werden kann. Dadurch wird die Tatsache verdrängt, daß Entwicklungen nur eingeleitet werden können mit denen, die bereit sind, Entwicklungen einzuleiten.

Jetzt zur Frage, wie sich in den letzten Tagen hier eine Veränderung des Verhaltens der Justiz, der »Rechtspflege«, gegenüber den Demonstranten, gegenüber einer demokratischen Protestbewegung vollzogen hat. Die Justiz stellt Musterformen von surplus-repression dar, gewissermaßen in abstrakt gesammelter Potenz. Diese surplus-repression konnte schon früher in ihrer Funktion abstrakt analysiert werden. Nun, nach der formalen Beendigung der Transformation der Bundesrepublik zum neuen autoritären Staat, läßt sich konkret belegen, wie diese Veränderung innerhalb des Institutionswesens der »Rechtspflege« sich durchsetzt. Wir können sehen daß die liberale Öffentlichkeit diese Veränderungen deckt und legitimiert und mitbetreibt. Wenn beispielsweise die *Frankfurter Rundschau* heute über die Demonstrationen am Sonntag schreibt, daß die Polizei vom Schlagstock habe Gebrauch machen »müssen«, dann wird hier eine Polizeiberichtssprache übernommen, die die vollziehende Funktion der Justiz längst jenseits jeder Theorie der Dritten Gewalt ansiedelt. Hier in Frankfurt nehmen Staatsanwaltschaft, städtische Autoritäten und Polizei organisiert nicht mehr bloß den aktuellen Anlaß wahr, sondern organisieren ihn verbündet. Wenn beispielsweise am Sonntag, noch ehe irgendeine Demonstration angefangen hatte, sich ein Staatsanwalt im Polizeipräsidium bereithielt, um die entsprechenden »Rädelsführer«, auf die man es schon lange abgesehen hat, verhaften lassen zu können, dann ist deutlich, wie weit die Gleichschaltung der Justiz schon fortgeschritten ist. Wenn vorhin Hans-Jürgen Krahl davon gesprochen hat, daß der Übergang zum Ausnahmezustand, gewissermaßen abstrakt formalisiert, mit der Verabschiedung der Notstandsgesetze vollzogen worden sei, dann zeigt sich nun, daß dieser Ausnahmezustand im Justizwesen auch mit den vorher schon gültigen Vorschriften realisiert werden kann. Es kommt also darauf an, zu sehen, daß erst jetzt Vorschriften gebraucht werden, die man so früher nicht hätte anwenden können, deren Gebrauch man vorher nicht hätte legitimieren können. Wenn wir erleben, wie die Herstellung kritischer demokratischer Öffentlichkeit heute überall, wo sie anfängt, Widersprüche zu aktualisieren, von der abstrakten gesammelten Potenz des autoritären Staats zerschlagen wird, dann ist zu fragen, wie sich die demokratische Opposition hierzu verhalten muß. Das Problem, die Aufhebung der Vereinzelung in der Organisation zu lösen, stellt sich heute in viel weiterem Rahmen für die gesamte außerparlamentarische Opposition im Verhältnis zu den von der Justiz Verfolgten. Es kommt heute abend hier ganz konkret darauf an, festzustellen, wie wir gemeinsam die Legitimationsgrundlagen zerstören, die es einer politischen Justiz überhaupt weiter möglich machen, hier unter dem Anschein von Legitimität zu fungieren. Die Zerstörung derartiger Legitimationsgrundlagen beschreibt eine Notwendigkeit, die für die Aktionen der außerparlamentarischen Opposition wesentlich ist: daß kulturrevolutionäre Aufklärung Gegensätze wieder aktualisiert, damit sie ausgetragen werden können, damit überhaupt die wesentlichen Konflikte dieser Gesellschaft wieder begriffen werden können. Dazu werden wir in dieser Woche noch Gelegenheit haben: morgen findet der erste Prozeß in Frankfurt gegen einen Springerdemonstranten statt.[7]

ADORNO: Ich möchte zunächst, da Herr Krahl auf die Szene nach dem Konzil zu sprechen gekommen ist, darüber ein Wort sagen – das ist ja nun also konkret. Dies Wort hat sich mittlerweile zu einer Art heiligen Kuh entwickelt; ich weiß keineswegs, ob immer alles gar so konkret sein kann in einer Gesellschaft, die selber wesentlich abstrakt ist. Das Wesentliche kann man wahrscheinlich nur abstrakt bezeichnen. Aber das nur nebenbei. Ich bin seinerzeit aus dem Konzil herausgegangen, weil ich eine Prüfungsverpflichtung hatte und die Examinandin schon eine halbe Stunde warten lassen mußte. Ich habe das ihr gegenüber als inhuman empfunden und mich deshalb beeilt, zu der Prüfung zu kommen. Nicht etwa bin ich vor dem Mikrophon ausgebogen, das ich gar nicht gesehen habe. Ich bemerkte auch zunächst nicht, daß die Studenten eine Äußerung von mir erwarteten. Dann bat ich eine Assistentin, mich mit Hinblick auf meine Verpflichtung zu entschuldigen. Abgesehen davon aber, war – und darüber könnte man nun wirklich diskutieren – der einzige, dem es nach Universitätsrecht zustand, den Studenten über das Konzil etwas mitzuteilen, der Rektor. Jetzt wie damals bin ich der Ansicht, daß man oppositionelle Intentionen möglichst immanent durchsetzen soll. Wenn Sie wüßten, wie ich im Konzil mich verhalten und dann gestimmt habe, würden Sie mir schwerlich Zivilcourage absprechen. Auf der anderen Seite hätte es mir nicht entsprochen, einen formalen Konflikt dadurch vom Zaune zu brechen, daß ich Rechte usurpiert hätte, die mir nach der bestehenden universitären Ordnung einfach nicht zukommen. Ich hätte mich dadurch formaliter zum Sprecher der Hierarchie in einer Weise gemacht, die meiner inhaltlichen Überzeugung widerstreitet. Ich will damit nicht präjudizieren, ob meine Haltung richtig oder falsch war, ob ich vielleicht doch etwas hätte sagen sollen, aber es ist doch gut, wenn man einmal darauf aufmerksam macht, daß derlei Fragen einen wahren Rattenkönig von Schwierigkeiten mit sich führen. Ich bin kein vom Primat der Praxis derart beherrschter Mensch, daß ich in jenem Augenblick mich hätte anders verhalten können.

WOLFF: Ja, ich möchte – mehr zum Spaß – die Konkretion auf die Spitze treiben. Glauben Sie nicht, Herr Professor Adorno, daß es tatsächlich Bedeutung hätte, wenn beispielsweise jemand wie Sie, mit der Stimme, dem Ruf und der Bedeutung gerade auch für die studentische Bewegung, beispielsweise beim Sternmarsch auf Bonn[8] mit uns zusammen, sagen wir, die Bannmeile durchbrochen hätte.

ADORNO: Ich weiß nicht, ob ältere Herren mit einem Embonpoint die richtigen Personen sind, in einer Demonstration mitzumarschieren. Krahl hat vorhin davon gesprochen, es sei wichtig, daß in einer oppositionellen Bewegung heute nicht der Kollektivismus die vorherrschende Rolle spiele, daß das Individuum zu seinem Recht komme. Wenn ich an einem Sternmarsch nicht teilnehme, so fällt das in meine individuellen Rechte.

HOFMANN: Wir müssen doch etwas auf das Prinzipielle in den Fragen kommen: Wir alle leiden unter der tiefgreifenden Scheidung von Theorie und Praxis, einer Scheidung, die so radikalen Charakter erhalten hat, daß selbst die dem SDS Gutgesonnenen schwer den Zugang zu bestimmten Aktionen finden können. Wir sollten uns allerdings als Hochschullehrer bewußt sein, daß wir in gewissem Maße einen neuen geistigen Freiheitsraum gewonnen haben, den auch unsere Studenten uns erstritten haben. Wir sollten uns auch bewußt bleiben, wie sehr wir einander bedürfen. Gelegentlich wäre es allerdings auch den Freunden vom SDS wohl vonnöten, sich einmal raten zu lassen – wenigstens von denen, die immerhin beim Sternmarsch in Bonn dabei waren.[9] Im übrigen müssen wir Hochschullehrer uns immer sehr genau ansehen, für was wir uns jeweils einsetzen. Und ich möchte noch einmal sehr eindringlich davor warnen, in eine optische Täuschung aus Milieublindheit zu verfallen. Der letzte Adressat aller studentischen Unternehmungen in der Öffentlichkeit muß das arbeitende Volk sein. Alle Formen des Handelns sind zu verwerfen, die dieses Ziel verfehlen, die geeignet sind, die studentische Bewegung von den arbeitenden Schichten zu isolieren und jenem absichtsvoll geschürten Anti-Intellektualismus Nahrung zu geben, der ohnehin gerade in der Arbeiterschaft noch immer tief verwurzelt ist.

Im übrigen: Gewiß weist die Empfindlichkeit, mit der die herrschenden Kräfte zu reagieren pflegen, auf eine elementare Verwundbarkeit des Systems als solchem hin. Verkennen Sie aber nicht: Dieses System verfügt über Reserven, über ein tief gestaffeltes Verteidigungssystem.

Sie sollten sich auch kritisch fragen: Wenn die Presse und wenn die Tagesliteratur so viel Lärm um Sie macht – wäre das nicht ein Grund zum Nachdenken darüber, was man falsch gemacht hat? Die Presse, die Meinungsmedien pflegen das, was wirklich gefährlich wird, totzuschweigen.

Sehr nachdrücklich muß ich Ihnen sagen: Fühlen Sie sich nicht als *stellvertretende Klasse*! Was Sie nötig haben, was uns allen not tut, was überhaupt erst das entscheidende Theorie- und Praxisproblem löst, ist der *Durchbruch zu den arbeitenden Massen*. Wenn er nicht gelingt, dann bleibt die intellektuelle Bewegung auf sich gestellt, isoliert und zerstörbar. Dies ist eine der großen Lehren aus den Maiereignissen in Frankreich. Die Studentenschaft kann sehr wohl eine ungemein wirksame Initialzündung leisten: wenn der Funke nicht weiterzündet, dann wird auch die Studentenrevolte zerschlagen. Dies ist von außerordentlicher praktischer Bedeutung. Man muß sich in seiner Zielsetzung, in den Mitteln, die man wählt, in seinem Taktieren an dem orientieren, was not tut: Aufrüttelung der arbeitenden Schichten. Die praktische Aufklärung, von der vorhin gesprochen wurde, die »Zerstörung der Legitimationsgrundlage«, sie muß ihre gesellschaftliche Zielrichtung haben. Erst wenn die Intelligenz sich mit den arbeitenden Schichten im praktischen Handeln trifft, erst dann entsteht ein hochexplosives Gemisch. Über Ansätze solcher Art allerdings pflegt die Presse aus guten Gründen zu schweigen.

Herr Krahl hat vorhin bemerkt: Wir können das leninistische Prinzip der Disziplin nicht übernehmen. Etwas allerdings müßte man beim sog. Leninismus wohl kritisch durchdenken: nämlich in welchem Umfang man *Strategie* braucht. Die Formen dessen, was ich als Teach-in-Demokratie bezeichnen möchte und die sicher manchen Bedürfnissen entsprechen, bedeuten auch immer eine gewisse Beschränkung auf kurzatmige Aktionen. Ich darf daran erinnern, daß zum Beispiel das Springerkuratorium, dem ich selber angehöre, seit Monaten sich nicht mehr getroffen hat, daß die von der studentischen Bewegung getragene Antispringerkampagne irgendwie in sich zusammengesunken ist, sozusagen wie einer der asiatischen Ströme im Sande versickert ist. Das ist einigermaßen indikativ für gewisse Kurzatmigkeiten im studentischen Handeln. Sehr ernsthaft müßte man also überlegen, in welchem Umfang man zu einer Strategie findet und welche Form man wählt, um seine Taktik von einer weitergreifenden gesellschaftlichen Programmatik her zu bestimmen. Allem voran aber gilt hierbei: Das strategische Subjekt, an das sich dies alles zu wenden hätte, sind nicht die Intellektuellen; das strategische Subjekt, der eigentliche Adressat allen studentischen Handelns in der Gesellschaft sind die arbeitenden Schichten!

HABERMAS: Wer Herrn Krahl eben zugehört hat, konnte den Eindruck gewinnen, hier spräche ein Parteichef, der unbotmäßige Intellektuelle zur Ordnung ruft. Dieser Eindruck hat ein sachliches Element; deswegen beziehe ich mich darauf. Ich meine, daß die Forderung nach »unbedingter« Solidarisierung ohnehin nur sinnvoll ist – und anders war es wohl auch nicht gemeint – als eine Solidarisierung auf Zeit. Aber auch die hängt doch davon ab, ob wir eine Organisation werden können und einen Zustand haben, in dem tatsächlich eine unverkennbare und massive revolutionäre Bewegung zu erkennen ist; nur unter der Voraussetzung eines solchen Rahmens läßt sich sinnvoll über dergleichen Forderungen reden.

Weiter: das taktische Konzept, das Herr Krahl hier Herrn Adorno und mir, ich nehme an exemplarisch für eine Reihe von sympathisierenden Intellektuellen, vorlegt, läuft doch darauf hinaus, daß sogenannte kritische Autoritäten in einem doppelten Sinne »autoritär« eingesetzt werden sollen. Autoritär zunächst in dem Sinne Krahls, der explizit gesagt hat, wir können publizistisch noch nicht auf die Begleiteffekte einiger solcher Leute verzichten. Autoritär ist dieses Konzept aber auch, wenn man es von seiten der Betroffenen sieht; denn das bedeutet, daß wir ad hoc zu legitimieren hätten, was der SDS tut – und davon kann gar keine Rede sein. Ich möchte diese Interpretation mit dem Hinweis belegen, daß die Forderung von Krahl, statt öffentlicher Kritik sozusagen Fraktionskritik, als interne Kritik …

KRAHL: Nein, nicht unöffentliche Fraktionskritik!

HABERMAS: … zu üben, unter den gegebenen Umständen illusionär ist. Ich habe keine andere Chance, meine kritischen Vorstellungen den Mitgliedern oder einem Teil der Mitglieder des SDS effektiv zu vermitteln, als öffentlich.

Schließlich: ich bin gerne bereit, über den Inhalt meiner Kritik am SDS – und das ist ja der geringste Teil der kritischen Aufgaben, die ich übernehme – jederzeit zu diskutieren. Ich entziehe mich dem nicht. Heute sehe ich mich in der verlegenen, wenn Sie wollen auch ratlosen Situation, daß einige meiner kritischen Gesichtspunkte leider nur zu Recht bestanden zu haben scheinen. Sie haben gestern eine sehr mutige und eskalierende Aktion vor der Paulskirche gemacht[10]; ich will dazu nur sagen: das schien mir eine Aktion zu sein, die so schlecht durch Aufklärung vorbereitet war, daß sie als eine legitimierte Aktion nicht erkennbar war, und infolgedessen weder einen aufklärenden Effekt für die Adressaten, das Publikum, noch einen Lerneffekt für die Teilnehmer haben konnte.

HOLZ: Meine Damen und Herren, das Thema des heutigen Abends ist von Herrn Benseler in den Einführungsworten im Plural formuliert worden: er sprach von Autoritäten. Unsere weitere Diskussion bewegte sich in einem merkwürdigen Oszillieren zwischen dem Singularis des Wortes Autorität und dem Plural. Und mir schien manchmal, als sei in dieser Diskussion nicht ganz bewußt, daß der Plural »Autoritäten« mitnichten der Plural dieses Singulars »Autorität« ist. Autorität ist hier mit Recht definiert worden durch den Begriff der Sachkompetenz als die Autorität, die das Vernunftargument für sich in Anspruch nehmen kann, so wie es etwa schon in der *Enzyklopädie* von Diderot[11] definiert wurde: es geht aber auch um die Autorität, die durch die organisatorische Disziplin in einer Kampfsituation, spezifisch in einer Klassenkampfsituation, erforderlich wird und konstituiert wird. Demgegenüber sprechen wir von Autoritäten dann, wenn wir von jenem instituierten Herrschaftsapparat sprechen, mit dem der bestehende Staat sich selbst erhält und fortsetzt; das heißt, wenn wir von der Verwaltung sprechen, von der Polizei, von den Gerichten, dann sind das die Autoritäten im Staat. Jene Autoritäten im Staat handeln nun in fast allen jenen Fällen, die für uns Konfliktsituationen sind, gerade ohne Autorität, das heißt, ohne das Vernunftargument oder die Sachkompetenz auf ihrer Seite zu haben. Sie handeln aber insofern mit einer gewissen Autorität, als sie ein allgemeines Einverständnis einer breiten unaufgeklärten Masse für sich haben. Ich bin in diesen Tagen der Buchmesse in der Stadt Frankfurt viel umhergekommen und habe mit Menschen gesprochen und Kontakt gehabt, die eigentlich ihrer Klassenposition und ihrer Gesamtsituation in diesem Staate nach unmittelbar spontane Sympathisanten jener protestierenden Gruppen hätten sein müssen, die auf dem Buchmessegelände und vor der Paulskirche demonstriert haben.

Gerade diese Schichten hatten aber kein – oder doch nur in den seltensten Fällen – Verständnis für jene Handlungen, die da, wie ich glaube, zu vollem Recht von den Protestierenden vorgenommen wurden. Das heißt, die unaufgeklärte Masse deckt durch ihre Existenz, durch ihre Einstellung jene angemaßte Autorität, die die Staatsautoritäten für sich in Anspruch nehmen. Der Kampf gegen Autoritäten – und hiermit komme ich wieder auf das eigentliche Thema des Abends: »Autoritäten und Revolution« –, der revolutionäre Kampf gegen die Autoritäten muß also immer damit beginnen, daß wir die angemaßte Autorität, die sie für sich in Anspruch nehmen, entlarven. Die Masse, die diese Autoritäten deckt (und hinter deren stillschweigender Duldung die Inhaber der Staatsmacht all ihre Unrechtshandlungen, von denen hier gesprochen wurde, wie eben z. B. das Zusammenknüppeln von Leuten, begehen können), muß dergestalt zur Einsicht ihrer Lage und der wirklichen Fronten im Kampf zwischen Herr und Knecht gebracht werden, daß sie nicht mehr bereit ist, die Staatsautoritäten zu stützen und zu rechtfertigen. Dann, wenn die Massen nicht mehr stillschweigend dulden, wird auch das Eingreifen dieser Staatsinstitutionen nicht mehr in der gleichen Weise autoritär möglich sein, wie es jetzt geschehen ist. Insofern stimme ich also mit dem letzten Teil dessen, was Herr Habermas gesagt hat, überein. Für all das, was hier getan wurde, ist zwar der Rechtsgrund vorhanden; nicht ist aber die subjektive Bewußtseinsvoraussetzung bereits hinreichend geschaffen. Wenn wir eine revolutionäre Situation mit dem Ziel eines Abbaus angemaßter Autoritäten herbeiführen wollen, müssen wir uns zunächst einmal auf jenes Wagnis einlassen, eine manipulierte, stumpfe, uneinsichtige Menge, die einfach in dem bestehenden institutionellen Gefüge spontan nicht zur Einsicht kommen kann, durch vielerlei Möglichkeiten der Aufklärung zu jenem Bewußtsein hinzuführen, das die angemaßte Autorität der Autoritäten abbaut. Und ich glaube, daß ein wesentlicher Teil unseres Selbstverständnisses und einer Diskussion über unser Selbstverständnis von der praktischen Fragestellung beherrscht sein muß: wie kann es uns gelingen – Herr Professor Hofmann ist ja darauf eingegangen –, diesen Durchbruch zu den Massen zu erzielen? In diesem Sinn verstehe ich Herrn Krahl, wenn er sagt, jene Träger der kritischen Sachkompetenz, die man so gemeinhin nur mit dem wirklichen Sinn des Wortes Autoritäten nennen kann, dürften eben nicht nur dabei bleiben, ihre Kritik als eine theoretische Angelegenheit sozusagen in kluger und fundierter Sachdarstellung zu entwickeln, sondern jene Träger der kritischen Existenz sollten und müßten sich, eben um durch ihre Autorität auf die Massen aufklärend zu wirken, auch immer solidarisierend in jener revolutionierenden Praxis einsetzen, und vielleicht darüber, um mit einem Scherz zu schließen, ihren Embonpoint vergessen.

LENK: Der These vom Funktionsloswerden der Parlamente würde ich völlig zustimmen. Hier setzt ja auch die Kritik von Johannes Agnoli in seiner *Transformation der Demokratie*[12] ein. Nur: kann man in der Tat Parlamente, die heute weithin tatsächlich Verschleierungsfunktion haben, wirklich so einfach pauschal mit den Parteien schlechthin in einen Topf werfen. Ich denke zum Beispiel an die französische Partei Socialiste Unifié, die PSU. Ich denke an die Demokraten in Holland, oder ich denke auch an die KPI, die ja in sich regulär satzungsgemäß Fraktionsbildung zuläßt. Ich möchte daran erinnern, daß gerade die Geschichte der Arbeiterbewegung zeigt, daß es noch in der Bebel-Zeit einen ausgesprochenen Antiparlamentarismus gab, Bebel hat noch 1911 geäußert: »Mir sind fünf Millionen Wähler, auf die ich mich verlassen kann, wichtiger, als fünfzig Reichstagsabgeordnete mehr.« Meine Frage geht also an Herrn Krahl: Kann man bei völliger Übereinstimmung hinsichtlich des Funktionsloswerdens der Parlamente in den westlichen Demokratien übersehen, daß wir faktisch, ob wir es wollen oder nicht, die staatliche Willensbildung heute in parteienstaatlicher Form vollziehen, welche Form die zugehörige Demokratie auch immer haben muß? Dies gilt für Frankreich, für England, für die Bundesrepublik und einige andere Länder mehr. Und wenn dem so ist, dann wäre zu fragen: zeigen nicht gerade die Mai-Ereignisse in Frankreich, daß es an einer überzeugenden organisatorischen Alternative von seiten der antiautoritären studentischen Bewegung mangelt?

KRAHL: Herr Hofmann hat ein Argument benützt, das immer wieder gegen uns gebracht wird: daß die Intellektuellen und Studenten sich nicht als stellvertretende Klasse begreifen sollten, daß vielmehr ein Bündnis von Intelligenz und, wie er sagte, arbeitenden Menschen wichtig sei. Dieses Argument wird stets falsch vorgetragen. Der SDS und die außerparlamentarische Opposition, soweit sie sich selbst als sozialistisch definiert, begreifen sich nicht als eine Klasse, die in blanquistischer Stellvertretung handelt. Nun haben wir einmal relativ blind die vulgärmarcusianische Formel[13] übernommen, daß nur die Randgruppen noch revolutionäres Subjekt sein könnten; wir haben dann zum Ersten Mai dieses Jahres die Parole ausgegeben: Klassenkampf statt Sozialpartnerschaft. Das ist im Grunde genommen eine große Hinwendung zum Proletariat. Man glaubte nicht mehr, daß nur noch Randgruppen revolutionäres Subjekt der Veränderung sein könnten. Bei alledem ist aber die Klassenfrage in der heutigen Gesellschaft die Frage, wie sich Klassenstrukturen verändert haben, theoretisch völlig ungeklärt. All diese Formeln sind mehr blinder Reflex unserer eigenen Praxis als eine reflektierte Strategie. Die zweite theoretisch noch ungeklärte Frage ist, wie hat sich die Rolle der kritischen Intelligenz in einer Gesellschaft verändert, in der Wissenschaft immer mehr ein bedeutender, wenn nicht sogar der primäre Produktionsfaktor ist. Ich stelle die Fragen, damit man hier nicht einfach nur Formeln ausgibt, man müsse sich mit dem arbeitenden Menschen – das ist mehr eine expressionistische Formel als ein wirklich klassenspezifischer Ausdruck – verbinden. Inhaltlich gewendet heißt die Frage: Ist es heute so, daß der Intellektuelle eine natürliche Solidarität mit dem Bürgertum hat, das zumindest phänomenologisch nicht mehr besteht, obwohl es natürlich eindeutig eine Kapitalisten-Klasse gibt, ist es wirklich so, daß der Intellektuelle nur als einzelner die Gesellschaft verlassen kann, ist das auch heute bei der Rolle, die die Wissenschaften als Produktivkraft einnehmen, der Fall? Wenn sich nun das Verhältnis des Staates zur Wirtschaft dadurch verändert hat, daß der Staat selbst ein Produktionsfaktor und ein elementarer Regulator des ökonomischen Prozesses geworden ist, wenn sich also dieses Verhältnis von Politik und Ökonomie, in dem sich ja schließlich die Klassen, wie sie an sich selber beschaffen sind, konstituieren, geändert hat, wie hat sich dann die Klassenlage sowohl der Kapitalisten als auch der Lohnabhängigen an sich selber verändert? All diese Fragen sind theoretisch offen, und wir verfahren im Grunde genommen im Hinblick auf Agitation, Aufklärung und Aktivierung in Richtung Arbeiterklasse orthodox, aber orthodox mit der pragmatischen Disposition, daß wir in unserer praktischen Arbeit selbst veränderte Klassenstrukturen erfahren. Die orthodoxe Arbeit, die wir im Augenblick leisten, geht tastend vor: Man arbeitet im Hinblick auf linke Gewerkschaftskader dort, wo es noch ein revisionistisches Gewerkschaftszentrum wie in Frankfurt gibt; man arbeitet mit KP-Genossen zusammen, das ist auch nach dem Ausschluß des KP-Flügels durchaus noch nicht vorbei; man versucht, eigene Zellen vor allen Dingen von Jungarbeitern zu bilden. Das alles ist natürlich sehr orthodoxe Arbeit; im Grunde genommen entspricht diese Zellenarbeit der Politik der ultralinken Opposition bei den deutschen Kommunisten zu Beginn der zwanziger Jahre dieses Jahrhunderts. Man muß diese aufklärende Agitationsarbeit im Hinblick und mit Bezug auf die Arbeiterklasse in der Klammer der pragmatischen Disposition betrachten, daß wir selbst während dieser Arbeit qualitativ neue praktische Erfahrungen sammeln, die nur theoretisch reflektiert Auskunft über die Klassenstruktur, über die tatsächliche Verfassung der Klassenstruktur in der Gesellschaft geben. Sonst kommt man in die Gefahr, wie die orthodoxen Dogmatiker, immer nur mit den verdinglichten und analytischen, keineswegs vermittelten Gegenübersetzungen von Klasse an sich und für sich zu arbeiten.

Nun zu dem, was Herr Habermas gesagt hat: Er hatte den Eindruck, ich rede als Parteichef, der unbotmäßige Intellektuelle zur Ordnung ruft. Er hat diesen Eindruck zwar nicht weiter begründet, aber es mag etwas Richtiges daran sein. In dem Maße, in dem man sich in der Praxis der außerparlamentarischen Opposition und der Organisation des SDS mit bestimmten Funktionen identifiziert, kann es einem in der Tat relativ naturwüchsig geschehen, allmählich verdinglichte Verhaltensweisen von Parteichefs anzunehmen. Insofern kann der Hinweis dazu dienen, selber zur praktischen Selbstreflexion darüber zu kommen.

Meine Forderung nach unbedingter Solidarisierung hat Habermas mißverstanden. Dieses Mißverständnis stammt aus einem ganz bestimmten theoretischen Ansatz seiner eigenen Konzeption. Es wird deutlich an dem, was er zu der Aktion der letzten Tage gesagt hat: daß sie sehr mutig und eskalierend gewesen sei, allerdings durch Aufklärung schlecht vorbereitet. Das ist in der Tat der Fall. Nur würde ich gern wissen, welche Funktion solch ein Argument hat, wenn man den SDS in seinem organisatorischen Selbstverständnis nicht für so dumm einschätzt, daß er das nicht selber wüßte. Soll daraus erstens folgern, daß man diese Aktion deshalb hätte unterlassen müssen?

HABERMAS: Genau das meine ich!

KRAHL: Wenn Sie das meinen, muß ich widersprechen. Ja, wir haben diese Aktion schlecht vorbereitet. Aber jeder kennt den Grund. Die Massenaktionen gegen die Notstandsgesetze haben auf die vorhandenen Organisationsstrukturen im SDS zersetzend und chaotisierend gewirkt. Wir sind im Augenblick wirklich schlecht organisiert. Die qualitativ neuen Organisationsformen, die informellen Kader, die sich neu herausgebildet haben – auch an der Hochschule während der politischen Universität und des Streiks in Frankreich und bei den Jungarbeitern –, konnten noch nicht in einen wie immer auch koordinierten organisatorischen Rahmen einbezogen werden. Es ist also nicht so, daß sich nur ein organisatorisches Chaos hergestellt hat; wir haben auch neue Organisationsformen herausgebildet. Aber wenn ich jetzt Ihre Forderung auf diesem Hintergrund ernst nehme, daß man deshalb auf die Aktion hätte verzichten müssen, so bedeutet das, die außerparlamentarische Opposition solle sich so lange, bis sie sich organisatorisch regeneriert hat, gewissermaßen in ein organisatorisches Schneckengehäuse zurückziehen und so lange auch auf Aktionen verzichten. Das würde aber bei einer sozialistischen und antiautoritären Bewegung, die sich so sehr in der Aktion und durch die Aktion konstituiert und reproduziert, tödlich sein. Zum zweiten – besonders bezogen auf die Aktion gegen Senghor –, auch sie war aufklärerisch aus den genannten Gründen sehr schlecht vorbereitet. Die Frage ist aber doch, ob trotz der überwiegend negativen Reaktionen, die nach diesen Aktionen zu erwarten sind, nicht gerade solche Aktionen einen Aufklärungsprozeß auslösen können. Wir selbst müssen doch überhaupt erst das Potential schaffen, das diese Aufklärung besorgt. Diese Aktion selbst kann durchaus im nachhinein aufklärend wirken. Wir haben genügend Beispiele dieser Art. Aufklärung heißt nicht, sich in abstracto an die Bevölkerung zu wenden, die eine abstrakte statistische Größe ist, sondern an bestimmte relevante Schichten, so wie die außerparlamentarische Opposition selbst sich entwickelt hat, indem zuerst die Studenten, dann die Schüler, schließlich auch Jungarbeiter mobilisiert wurden.

HABERMAS: Herr Krahl, ich meine doch nur, man muß eine Aktion so weit begründen, daß man selber mit guten Gründen überzeugt sein kann, daß man...

KRAHL: Ja, natürlich! Wenn Sie dieses Aufklärungsminimum fordern, daß diejenigen, die da agieren, selbst aufgeklärt sein müssen über das, wogegen sie agieren: das war doch ganz sicher erfüllt. Die Informationsminima waren gegeben. Es genügt, wenn man darüber aufklärt, mit welchen Mitteln ein Staatschef im eigenen Land gegen das Proletariat (z. B. mit französischen Fallschirmeinheiten) vorgeht, mit welchen Mitteln dort das Grundnahrungsmittel des Landes – der Reis – auf einer Preishöhe gehalten wird, der für die Armen, nämlich für die Fischer und Bauern des Landes, kaum erschwinglich ist. Wir haben versucht, in unserem Teach-in, soweit das möglich war, diese Minimalinformationen zu geben und darüber hinaus einiges über die Ideologie, die Senghor vertritt, zu sagen.[14] Ich glaube, solche informatorische Minima waren, wie unvollkommen auch immer, gewährleistet, gerade bei solch einer Aktion, die sich nun nicht auf eine bestimmte Kampagne richtet, sondern eine Einzelaktion im ganzen war. Niemand verlangt von den kritischen Autoritäten, daß sie nun wirklich allesamt im Ho-Chi-Minh-Rhythmus mit uns über die Straßen laufen. Aber sie müßten doch wohl so viel Arbeitszeit aufwenden können, nicht nur mit der Feder tätig zu sein, sondern im Rahmen der Aktionen, wenn auch nur durch Beratung zu wirken. Und dann, Herr Habermas, hätten Sie es in der Tat – und das ist wieder der typische Topos – vorher sagen können und nicht schon wieder mal post festum und immer wieder im nachhinein. Man muß sich zu einer organisierten Teilnahme an der Aktion entschließen und selbst, wenn diese organisierte Teilnahme nur in vorhergehender Aufklärung besteht. Sonst nehmen Sie genau jenen Typus des Intellektuellen ein, den Max Horkheimer meint, wenn er sagt, daß Kritik nur legitim ist, wenn man sich entschließt zur Teilnahme in der Organisation und an der Aktion, daß aber bürgerliche Kritik am proletarischen Kampf eine logische Unmöglichkeit ist.

V. FRIEDEBURG: Diese letzten Züge, Herr Krahl, tendieren doch wieder zur Demagogie. (Protestierende Zwischenrufe) Das wäre in concreto zu begründen. Wir spielen dieses Spiel ja nicht...

KRAHL: Warum denn, sagen Sie doch einmal, warum?

V. FRIEDEBURG: ... zum ersten Mal, daß Sie Herrn Habermas oder wem auch immer, vorwerfen, man hätte sich vorher darüber äußern sollen.

ZWISCHENRUF: Das ist doch kein Spiel, es ist doch ernst, Herrgott noch mal!

V. FRIEDEBURG: Also, wir spielen den Ernst ja nicht zum ersten Mal. Der Vorwurf lautet, wir hätten das vorher sagen sollen und nicht erst hinterher. Wenn wir uns jetzt aber konkret die Aktionen anschauen, auf die sich Herr Habermas bezog, ich denke etwa an die Aktion des Öffnens der Aktenschränke in der Frankfurter Universität während der Besetzung des Rektorats, dann war es doch so, daß Sie selbst, Herr Krahl, auf dem anschließenden Teach-in und auf der späteren Diskussion, die bei dem Pfingst-Kongreß stattfand, erklärt haben, daß diese Aktion ungenügend vorbereitet war, daß sie nicht den Rückhalt bei Ihren Mitgliedern hatte. Nur um solche Aktionen geht es ja, zu denen man nicht vorher etwas sagen kann, weil kein Mensch weiß, was denn nun wer zu irgendeinem Zeitpunkt beschließt.

KRAHL: Nein, Herr von Friedeburg, das stimmt doch nicht, Sie sind ja anwesend, wo die Teach-ins sind, und wo der SDS seine Mitgliederversammlungen hat und andere Gruppen ihre Versammlungen abhalten. Das stimmt doch einfach nicht! Sie kommen an, wenn

Sie von den Aktionen in der Zeitung gelesen haben, um das einmal ganz drastisch zu sagen!

v. FRIEDEBURG: Das ist wieder etwas zu einfach; denn von einer Mitgliederversammlung des SDS, die darüber diskutiert hätte, ob man die Aktenschränke aufbrechen sollte oder nicht, von einem vorhergehenden Teach-in über dieses Thema war ja keine Rede. Herr Habermas, wollen Sie zu diesem Punkt noch etwas sagen?

HABERMAS: Herr Krahl, Sie gehen erstens von der Voraussetzung einer funktionierenden Organisation aus, und Sie übersehen, daß es die nicht gibt, nicht einmal in dem Rahmen, in dem man das überhaupt von Studenten-Gruppen erwarten kann; und zweitens: »demagogisch« hätte ich nicht gesagt, obwohl ich für die Unterstützung durch Herrn von Friedeburg sehr dankbar bin, aber ich würde in der gleichen Richtung den Vorwurf des falschen Bewußtseins erheben. Herr Krahl, Sie erwarten doch nicht ernstlich, daß ich am Vorabend einer Aktion, von der ich am Nachmittag per Flugzettel auf der Messe erfahren habe, unabhängig davon, wie gut meine Argumente gewesen wären, noch irgendeinen Effekt hätte haben können. Und genau das ist die Voraussetzung, unter der wir hier zu diskutieren haben.

1 23. o. DK, vgl. die Sondernummer Neue Kritik, Oktober 1968 zum Thema *Organisation und Autorität* mit Referaten der und Analysen über die Delegiertenkonferenz.
2 Georg Lukács, Methodisches zur Organisationsfrage, in: Werke Band 2, Geschichte und Klassenbewußtsein, Neuwied 1968, S. 471 ff.; vgl. auch: Die Organisation im Klassenkampf, in: Neue Kritik, Frankfurt/Main 1967.
3 Bedingungen und Organisation des Widerstandes. Der Kongreß in Hannover. Voltaire-Flugschriften 12, Berlin 1967, S. 101.
4 Jürgen Habermas, Die Scheinrevolution und ihre Kinder. Sechs Thesen über Taktik, Ziele und Situationsanalysen der oppositionellen Jugend, zuerst in: Frankfurter Rundschau vom 5.6.1968; jetzt auch in: Die Linke antwortet Jürgen Habermas, Frankfurt/Main 1968, S. 5–15.
5 Jürgen Habermas, a. a. O., S. 12.
6 Am 29./30. Mai 1968. Die Johann-Wolfgang-Goethe-Universität wurde von den Studenten in Karl-Marx-Universität umbenannt.
7 Prozeß gegen G. Pflüger wegen seiner Beteiligung an der Blockade der Auslieferung von Springer-Zeitschriften. Am 25.9.1968 freigesprochen.
8 Zentrale Demonstration aller Gegner der Notstandsgesetze am 11. Mai 1968.
9 Prof. Hofmann war im Zusammenhang mit seiner Gegnerschaft zu den Notstandsgesetzen von Regierungsseite öffentlich diffamiert worden. Vgl. Neue Zürcher Zeitung, Fernausgabe vom 9.5.1968.
10 Der Friedenspreis des Deutschen Buchhandels war für 1968 an den Staatspräsidenten L. S. Senghor verliehen worden. Der SDS diskutierte diese Verleihung auf einem Teach-in in Halle VI der Buchmesse am 21.9., wobei unter anderen J. H. Jahn, H.-J. Krahl, G. Amend, D. Cohn-Bendit sprachen. Die Verleihungszeremonie in der Paulskirche wurde am Sonntag, dem 22.9., mit Protestdemonstrationen begleitet, die zu 23 Verhaftungen und zahlreichen durch Polizeigewalt Verletzten führten.
11 Enzyklopädie, Bd. 1, 1751: »Die Vernunft ist eine Fackel, die von der Natur angezündet wurde und dazu bestimmt ist, uns zu leuchten; die Autorität dagegen ist bestenfalls nur ein Stock, der von Menschenhand geschaffen wurde und uns im Fall der Schwäche auf dem Weg zu helfen vermag, den uns die Vernunft zeigt.«
12 Johannes Agnoli/Peter Brückner, Die Transformation der Demokratie, Berlin 1968.
13 Herbert Marcuse, Der eindimensionale Mensch, Neuwied 1967, S. 267 ff.
14 Vgl.: Samba Seytane, Die sozialen Klassen und politischen Führer des Senegal, Paris 1966; L. S. Senghor, Négritude und Humanismus, Düsseldorf/Köln 1958.

Nr. 236

Theodor W. Adorno
Brief an Günter Grass

15. Oktober 1968

QUELLE: Theodor W. Adorno-Archiv, Frankfurt/Main

---

15. Oktober 1968

Günter Grass
1 Berlin 41
Niedstraße 13

Sehr verehrter Herr Grass,

in der Frankfurter Zeitung las ich den Bericht über einen Vortrag von Ihnen, der teilweise polemisch gegen mich gerichtet war. Nun kommen mir die Punkte, die darin erwähnt werden, so sonderbar vor, daß ich annehmen möchte, Ihre Intentionen seien nicht richtig wiedergegeben. Denn was auf Erden habe ich denn mit dem Famulus Wagner zu tun? Und vor allem, gerade ich habe doch immer die Kunstwerke vom »Bewußtseinsinhalt« aufs schärfste abgegrenzt, also das Gegenteil dessen getan, wessen Sie mich, jenem Bericht zufolge, angeklagt haben. Sie können das am deutlichsten feststellen in der Hölderlinarbeit aus dem dritten Band der *Noten zur Literatur*; theoretisch gesagt ist es in dem Thomas Mann-Essay aus demselben Band. Jedenfalls wäre ich Ihnen dankbar für ein aufklärendes Wort, gegebenenfalls auch für Ihr Manuskript.

Traurig war ich, daß wir an dem reichlich unglücklichen Abend im Gallushaus bei der Buchmesse uns nicht sprechen konnten. Ich war todmüde und ganz sicher nicht auf der Höhe der Situation. Bitte tragen Sie mir das nicht nach.

Mit den freundlichsten Grüßen
stets Ihr

Nr. 237

Günter Grass
Brief an Theodor W. Adorno

17. Oktober 1968

QUELLE: Theodor W. Adorno-Archiv, Frankfurt/Main

Günter Grass Berlin 41, am 17. Oktober 1968
Niedstr. 13

Herrn
Prof. Dr. Theodor W. Adorno
6000 Frankfurt/Main
Kettenhofweg 123

Sehr verehrter Herr Adorno,

es ist ein Jammer, daß der hauptstadtlose Zustand uns in alle Winde verstreut hat; Gespräche, die notwendig wären, finden nicht oder zu spät statt.

Ich beginne mit der Veranstaltung im Gallus-Saal während der Buchmesse und gebe offen zu, wie sehr ich betroffen gewesen bin, als der Herr Krahl Sie auf beängstigende und mich an ungute Zeiten erinnernde Art an die Wand zu spielen versuchte. Doch schlimmer war es für mich zu erleben, daß Sie sich in die Defensive drängen ließen. Wie ist es möglich, daß ein Mann wie Sie auf Suggestivfragen, Unterstellungen, unterschwellige Erpressungsversuche so weich und nahezu schuldbewußt reagieren kann? Wie ist es möglich, daß eine Gesellschaftsschicht, die für sich selbst in Anspruch nimmt, als intelligent zu gelten, der partiellen Intelligenz des Herrn Krahl, in der wohlbekannten Mischung von Schauer und Bewunderung, mit einem Kotau begegnet. Kurz gesagt: Warum fürchten Sie sich vor Ihren Schülern?

Ähnliches habe ich Herrn Habermas gesagt, und ich bin bereit, es zu wiederholen.

Diese und andere Beobachtungen waren mir Anlaß, während der Germanistentagung in Berlin den folgenden (vielleicht überspitzten) Vergleich zu bemühen.

Anfangs sprach ich von der Wagner-Mentalität der radikalen protestierenden Studenten und sprach dann so:

»Wenn Stoppard Rosenkranz und Güldenstern zu Hauptfiguren erhob und Hamlet zur Charge degradierte, müßte das Faust-Stück unserer Zeit Wagner heißen. Faust wurde überstimmt; seine Schüler zensieren selbst seine intimsten Zweifel. Ob Adorno, Faust und Emrich erkennen, daß sie es gewesen sind, die der Wagner-Mentalität den treibenden Humus bereitet haben? Wer soviel Beflissenheit züchtet, darf sich nicht wundern, wenn die Beflissenen von gestern die Scharfrichter von morgen sein werden.

Viele Jahre lang hat zum Beispiel Prof. Emrich die Literatur, vom Expressionismus bis Beckett, auf ihren Bewußtseinsgehalt destilliert. Bei Anrufung des heiligen Hegel wurde die Literatur als melkbare Kuh nützlich gemacht. Wen wundert es da, wenn nun die Jungmelker herumlaufen und jeglichen Professor und Schriftsteller, jegliches Gedicht aufs richtige Bewußtsein abklopfen, und wehe es ist nach unerforschlichem Ratschluß falsch.«

(In der FAZ wurde die Wagner-Mentalität den Professoren zugesprochen. Ein falsches Zitat, wie Sie sehen; ich sehe Sie mehr in der unglückseligen Rolle des Faust.)

Nun gebe ich zu, daß dieser Vergleich auf Sie wie eine Provokation wirken muß. Trotzdem bestehe ich darauf, daß das aggressive Verhalten, zum Beispiel des SDS, Wirkung, nicht Ursache ist.

Ich habe mir, weiß Gott oder sonstwer, Mühe gegeben (und werde es weiterhin tun), dem kümmerlichen Ansatz von Demokratie in Deutschland eine geringe Chance zur Weiterentwicklung zu erkämpfen. Wie sehr hätte ich es mir gewünscht, wenn Sie, verehrter Herr Adorno, mit Ihrem weit größeren Wissen, mit Ihrer fundierten, weil schmerzlichen Erfahrung, zum Beispiel im Jahre 65, als der Abfall der linken Studenten von der Parlamentarischen Demokratie sich abzuzeichnen begann, mit einem klärenden, weit vernehmbaren Wort den Sozialdemokraten geholfen hätten. (Muß das Erkennen der eigentlichen Gefahr, wie bei Thomas Mann, erst immer so spät – zu spät – beginnen?)

Wohl haben Sie Ihre Studenten mit kritischem Rüstzeug versehen; wohl sehen sich diese Studenten befähigt, säuberlich sezierend den faschistischen Bodensatz in der Bundesrepublik bloßzulegen; wohl kommt ihnen das eloquente Nein mit nahezu schlafwandlerischer Sicherheit von den Lippen; doch warum wurde versäumt, den gleichen Studenten ein für diese Demokratie wohltätiges, weil lebensnotwendiges Ja zu ermöglichen?

Wenn der sozialdemokratische Justizminister Heinemann sich für die rechtliche Gleichstellung der unehelichen Kinder gegen die konservative Mehrheit bemüht, warum sagen Sie und Ihre Studenten nicht ja dazu?

Wenn der Bundesaußenminister Willy Brandt, nach zwanzig Jahren dogmatischen Antikommunismus, vorsichtig, weil gegen schier unüberwindliche Widerstände, eine neue Außenpolitik in neuer, weil nicht mehr diffamierender und verteufelnder Diktion vorträgt; warum hat man, und warum haben auch Sie versäumt, die Anerkennung solcher und ähnlicher Leistungen den Studenten zu ermöglichen?

Verzeihen Sie meine vielen Fragen. Vielleicht bin ich nicht Intellektueller genug, um solch ausschließlichen Spaß an der permanenten Verneinung zu finden; vielleicht bin ich zu sehr Kaschube, um teilhaben zu können an der abermals modisch gewordenen deutschen Lust am Untergang. Deshalb werde ich mich auch nicht aus der Defensive (von Herrn Krahl an die Wand gespielt) wehren, vielmehr werde ich angreifen, wie schon in Frankfurt so fortan.

Es kommt mir nicht zu, sehr verehrter Herr Adorno, Ihnen Ratschläge zu erteilen, dennoch wünschte ich Ihnen und mir, daß in Zukunft es niemand mehr wagen möge, Sie in eine ähnlich beschämende Lage zu drängen, wie es in Frankfurt geschehen ist. Ich bitte Sie, die Autorität zu beanspruchen, die Ihnen in Tat und Wahrheit (und entgegen allem antiautoritären Gequatsche) zukommt.

Mit freundlichen Grüßen
Ihr
Günter Grass

Nr. 238
Theodor W. Adorno
Brief an Günter Grass
4. November 1968

QUELLE: Theodor W. Adorno-Archiv, Frankfurt/Main

---

4. November 1968

Lieber und verehrter Herr Grass,

von einer ebenso bunten wie anstrengenden Reise nach Wien, Graz, München zurückgekehrt, finde ich Ihren Brief vor, und danke Ihnen sehr. Er ist mir, vorab durch seinen Ton, wahrhaft eine Freude gewesen; wenn Sie wüßten, was ich so in den letzten Monaten an Angriffen habe über mich ergehen lassen müssen – einen wahrhaft gemeinen übrigens von Ernst Bloch –, so verstünden Sie, wieviel mir Ihre Worte bedeutet haben. Daß Sie mich immerhin mit Faust und nicht mit dem Famulus Wagner verglichen haben, ist mir, so wenig ich mich als faustische Natur fühle, überaus tröstlich.

Aber zur Sache. Es ist etwa wie in der Geschichte bei Proust von dem Onkel, der die begeisterte Geniertheit des jugendlichen Erzählers als moralistische Mißbilligung interpretiert: alles ganz anders. Ich bitte Sie herzlich, mir zu glauben, daß es mir nicht an Zivilcourage fehlt und nicht einmal an physischer. Das erstere dürfte ich durch meine Weigerung, ein Gutachten für Teufel zu schreiben, das zweite durch mein Verhalten während des in Berlin gegen mich inszenierten Skandals bewiesen haben. Ich bin fest entschlossen, mich jeden Terrordrucks zu erwehren und mich nicht durch das erpressen zu lassen, was ich schon seit Jahren das Prinzip der einseitigen Solidarität nenne.

Daß ich jedoch an dem Abend im Gallussaal erbärmlich funktionierte, oder vielmehr nicht funktionierte; vor allem, daß ich mich viel zu sehr auf die persönliche Ebene begab, anstatt die Sache von Anbeginn politisch durchzudiskutieren, bin ich der erste zuzugestehen. Nur war der Grund nicht der von Ihnen vermutete, sondern ganz einfach ein Maß an physischer Erschöpfung, das mir die Reaktionsfähigkeit raubte. So etwas ist bei mir abends nicht ganz selten und hängt wohl mit Besonderheiten meines physischen Haushalts zusammen. Ich hätte, wie es ursprünglich meine Absicht war, zu der Veranstaltung gar nicht hingehen sollen, wollte aber andererseits Benseler, der mir in einer wissenschaftlichen Publikationsangelegenheit (es handelt sich um meine große Einleitung zu dem Band über den Positivismusstreit in der deutschen Soziologie) sehr entgegenkam, nicht enttäuschen.

Mit Krahl ist es, darüber hinaus, für mich ein bißchen schwierig, weil er seit Jahren zu meinen Schülern zählt und zwar fraglos zu den begabtesten, die ich derzeit habe. Wenn Sie ihn einmal im Seminar beobachteten, so würden Sie den Menschen, der aus Lautsprechern tönt, nicht wiedererkennen – wahrscheinlich ist eben diese Unidentität etwas Pathogenes. Übrigens hatte er kaum sein speech beendet, als er mir zuflüsterte, ich möge es ihm doch nicht übelnehmen, es hätte sich nicht gegen eine Person gewendet, sondern sei bloß politisch gewesen. Leider war ich nicht geistesgegenwärtig genug, darauf sogleich, und nicht etwa flüsternd, zu replizieren.

Die wirklichen Schwierigkeiten liegen an einer ganz

anderen Stelle. Ich habe, seit ich politisch dezidiert denke, versucht, meine Position zu wahren ohne Renegatentum. Die öffentliche Distanzierung von der ApO aber würde mich in das Licht des Renegaten setzen, so deutlich auch aus allem, was ich geschrieben habe, hervorgeht, daß ich mit dem bornierten Praktizismus der Kinder, der bereits in abscheulichen Irrationalismus übergeht, nichts zu tun habe. In Wahrheit habe nicht ich meine Position geändert, sondern jene die ihre, oder vielmehr die meine, da sie ja doch unendlich viele Kategorien von mir, besser: von der Frankfurter Schule überhaupt bezogen haben. So war's nicht gemeint.

Müßten Sie aber, lieber Herr Grass, dieselben Erfahrungen mit den sogenannten Kollegen machen, die ich immer wieder machen muß; widerführe Ihnen, daß das von Ihnen geleitete Institut vom Rektor der eigenen Universität als »taktische Basis« des SDS öffentlich denunziert wird, während gleichzeitig wir alle die größten Schwierigkeiten haben, und uns nach Kräften bemühen, den SDS-Studenten ihre Clichés auszutreiben – dann hätten Sie Nachsicht dafür, daß ich nun auch wiederum nicht mit den Rüeggs e tutti quanti gegen die Studenten mich verbinden möchte, mit denen unsereiner dann immer noch mehr gemein hat, wenn sie einen totschlagen, als mit jenen, wenn sie uns als einen der Ihren an die liebevolle Brust drücken.

Ich fürchte, daß mir, uns allen, auch meinen Freunden Horkheimer, Habermas, Friedeburg, eine öffentliche Distanzierung vom SDS nicht erspart bleibt; der Sache nach ist die Differenz aus jedem Wort zu lesen, das wir drucken lassen. Aber etwas in mir läßt mich zögern, eine solche Deklaration abzugeben, und gar in einem Augenblick, in dem der SDS ersichtlich niedergeht und zum Gefangenen der eigenen Publizität geworden ist. Ich möchte mich lieber distanzieren durch das, was ich denke und schreibe als durch Bekenntnisse. Vielleicht mißbilligen Sie das; vielleicht aber stimmen Sie mir zu im politischen Kontext, in dem heute die Universitätsrevolte steht. So genau ich weiß, daß die Studenten eine Scheinrevolte betreiben und das eigene Bewußtsein der Unwirklichkeit ihres Treibens durch ihre Aktionen übertäuben, so genau weiß ich auch, daß sie, und die Intellektuellen überhaupt, auf der Plattform der deutschen Reaktion die Rolle der Juden übernommen haben.

Was also soll man tun? Das Unbefriedigende, daß ich Ihre Frage mit einer Frage beantworte, ist mir gegenwärtig; aber ich meine, es ist auch ein Stück Autonomie und Freiheit, daß man sich nicht Alternativen aufzwingen läßt. Schon als Kind habe ich mich gegen das christliche »Wer nicht für mich ist, ist wider mich« gesträubt. Für solchen Widerspruch muß man wohl einige Odien auf sich nehmen. Daß ich das Revolution-Spielen in einer Situation wie der gegenwärtigen nicht nur für Unfug, sondern für gefährlich halte, gerade für einen freiheitlichen Sozialismus, möchte ich ausdrücklich sagen. Zugleich allerdings, daß die Universität so durch und durch reformbedürftig ist, daß ich inneruniversitär die Forderungen der Studenten unterstützen muß.

Lassen Sie mich noch ein paar Worte hinzufügen wegen des Komplexes Sozialdemokratie. Es ist Ihnen wahrscheinlich nicht bekannt, daß ich zu einigen leitenden Sozialdemokraten freundschaftliche Beziehungen unterhalte. Auch mit Heinemann, den ich ebenso hoch schätze wie Sie, bin ich in Kontakt, und mag einiges an Ideen zur Strafrechtsreform beigetragen haben. Ich darf Sie vielleicht auch davon unterrichten, daß es mir und meinen Freunden gelungen ist, in der Notstandsangelegenheit die gemeinsame Erklärung mit Brenner von der IG Metall herbeizuführen – wofür ich nicht etwa Dank bei der ApO erntete, sondern nur angegriffen wurde, weil ich mit den Bossen verhandelte, anstatt in die Betriebe zu gehen, wo man mich wahrscheinlich verprügelt hätte. Ich kann aber auch nicht vergessen, daß die Sozialdemokratie auf ihrer großen Linie sich seit 1914 treu geblieben ist. Das Godesberger Programm stellt wohl das einzigartige Beispiel eines Dokuments dar, in dem eine Partei allen, aber auch wirklich allen theoretischen Gedanken abschwört, die sie einmal inspiriert hatten. Es war meine Absicht, eine Kritik dieses Programms zu schreiben, und sie wäre wohl nicht ohne Wirkung geblieben. Ich habe diese Absicht nicht ausgeführt – einzig aus dem Grund, weil ich, trotz allem, in der gegenwärtigen Situation es nicht glaubte verantworten zu können, öffentlich gegen die SPD etwas zu tun, zumal ja keine Alternative besteht, da, was sich für links von der SPD hält, entweder jene anarchistischen Aktivisten sind, die unter die Kritik von Marx fallen, oder moskauhörig und bereit, selbst die Scheußlichkeit des Überfalls auf die Tschechoslowakei zu decken.

Glauben Sie nicht, daß es mir an Verständnis und Dankbarkeit für die Bestrebungen Brandts fehle, aus der kalten Kriegssituation herauszuführen. Hier aber gelangt man im Ernst in die politische Kasuistik. Eine solche Politik wäre kaum möglich, ohne daß man die

Entspannung mit Rußland einbegriffe, und eben diese Entspannung ist, angesichts des auferstandenen Stalinismus, wohl ausgeschlossen. Ob nicht in dieser Aporie die Versöhnungspolitik mit den Satelliten gerade das Gegenteil dessen bewirkt hat, was sie wollte, nämlich die Russen zu ihrem Überfall auf die Tschechei animierte, werfe ich nur als Frage auf. Vielleicht ist das schlimmste heute, daß die westliche Welt nicht, wie sie es vermutlich gekonnt hätte, die Russen – durch rechtzeitiges Räuspern – von dem Überfall abhielt. Ich hege den Argwohn, daß man in Washington das grüne Licht gab. Denn der Gedanke eines freiheitlichen Sozialismus, diese einzige Hoffnung, wie sie in der Tschechei sich regte, wäre nicht nur den Russen, sondern ihrer Attraktivität für den Westen wegen auch ebendort unerträglich gewesen. Ich fürchte, die Interessen Moskaus und Washingtons stimmten überein, und ich fürchte weiter, daß sich das in einer Aufteilung der Interessensphären, will sagen der Weltherrschaft, weiterhin aufs furchtbarste bewähren wird. Daß man es mit solchen Erwägungen nicht leicht hat, jene Art Stellung zu beziehen, die doch von einem verlangt wird, weil es mit der bloßen Kontemplation nicht mehr getan sei, leuchtet ein. Ich selbst sehe meine Aufgabe immer mehr darin, einfach das auszusprechen, was ich zu erkennen glaube, ohne irgendwelche Rücksichten nach irgendeiner Seite. Damit zusammen geht eine steigende Aversion gegen jegliche Art von Praxis, in der mein Naturell und die objektive Aussichtslosigkeit von Praxis in diesem geschichtlichen Augenblick sich zusammenfinden mögen.

Ich wollte Ihnen diese Dinge so offen wie nur möglich auszudrücken versuchen, weil mir an Ihnen ganz außerordentlich gelegen ist; nicht um mich zu verteidigen, sondern um einiges begreiflich zu machen. Verzeihen Sie bitte die Ausführlichkeit.

Dankbar wäre ich, wenn ich wieder von Ihnen hörte.

In herzlicher Ergebenheit
Ihr

Als wirkliches Mißverständnis möchte ich nur berichten, daß ich die Literatur von ihren »Bewußtseinsgehalten« – was immer das sein möge – destilliere. Wenn irgend jemand, dann habe gerade ich den Wahrheitsgehalt der Kunstwerke, das Gedichtete oder Komponierte, von dem Gemeinten, dem bloßen Bewußtseinsgehalt, nachdrücklich abgehoben. Ich glaube, ich wies darauf schon einmal hin, mir ist das aber so zentral, daß ich es doch wiederholen möchte.

[Handschriftliche Ergänzung]: Ist Ihnen bekannt, daß Helmut Schmidt die Soziologie *generell* angegriffen hat? Oder irre ich mich da?

Nr. 239

Basisgruppe Philosophie
»Ein Verständnis von Philosophie...«
Thesenpapier zur Reform des Philosophischen Seminars
18. Oktober 1968

QUELLE: Archivalische Sammlung Wolfgang Kraushaar am Hamburger Institut für Sozialforschung, Akte »Aktiver Streik« WS 68/69

---

1. Ein Verständnis von Philosophie, das die Trennung von theoretischer und praktischer Vernunft prinzipiell in Frage stellt, verbietet es kategorisch, Philosophie wieder in die Sphäre reiner Theorie zurückzunehmen und als solche zu vermitteln. Insofern muß ein philosophisches Seminar, das sich in den Formen des traditionellen Seminarstiles der Schulphilosophie abspielt, als in sich widersprüchlich erscheinen: werden diese traditionellen Formen nicht durchbrochen, wird philosophische Einsicht nicht reflexiv auf die Form ihrer Vermittlung selbst bezogen, kann ein solches Seminar genau das nicht sein, was es zu sein beansprucht: ein *philosophisches* Seminar.

2. Philosophisches Wissen als Reflexionswissen ist wesentlich an die Reflexionsprozesse der philosophierenden Subjekte rückgebunden. Erst indem diese sich in der reflexiven Aneignung philosophischen Wissens selbst wiedererkennen, erhält Philosophie ihre Bedeutung. Schärfer: Sinn und Geltung philosophischer Theorien sind wesentlich an die Sphäre herrschaftsfreier Kommunikation der Philosophierenden gebunden. Bleibt diesen philosophisches Wissen äußerlich als Examenswissen, das reflexiv mit den philosophischen Subjekten und deren Interessen nicht vermittelt ist, so gilt dieses philosophische Wissen nichts.

3. Prinzipiell muß daher darauf bestanden werden, daß ein philosophisches Seminar, das die Dimension der Vermittlung philosophischen Wissens mit den philosophierenden Subjekten, also den Seminarteilnehmern, unterschlägt, ebenso seinem eigenen Anspruch nicht genügt, wie es unseren Interessen widerspricht. Philosophische Seminare können daher nicht den Sinn

haben, losgelöst von den Interessen der Teilnehmer traditionelle Fragestellungen in traditionellen Formen zu diskutieren; ihr Sinn kann vielmehr nur darin liegen, einen kollektiven Bildungsprozeß in Gang zu setzen und weiterzutreiben, in dem philosophische Fragen und Probleme so diskutiert werden, daß sich die Seminarteilnehmer in der reflexiven Aneignung dieser Probleme selbst aufklären; allein dies entspräche dem emanzipatorischen Interesse vom Philosophie und damit dem unseren.

4. Es ist offensichtlich, daß der traditionelle Stil philosophischer Seminare den hier bezeichneten Standards nicht genügen kann: auf der einen Seite ein monologisierender Professor, der dem Seminar seine Problemstellung, seinen Seminarplan und die Bedingungen der Diskussion vorschreibt; auf der anderen Seite zum einen ein durch seine Vorbildung und die repressive, autoritäre Seminarstruktur in eine Konsumentenhaltung gedrängtes Publikum, zum anderen einige »fortgeschrittene« Kommilitonen, die isoliert unter heteronom gesetzten Zwängen versucht haben, die vom Professor vorgeschriebenen Standards zu adaptieren. In beiden Fällen wird gerade jener Prozeß der Selbstreflexion verunmöglicht, der Grundbedingung und Charakteristikum philosophischer Arbeit ist.

5. Mit der Aufhebung der Konsumentenhaltung würde sich nicht nur die Form der Seminardiskussion ändern, sondern auch der Prozeß der Festlegung seiner Inhalte. Die Themenstellung und die Seminarplanung wäre nicht mehr Privileg des Professors, sondern ergäbe sich aus vorherigen Diskussionen der Seminarteilnehmer untereinander. Das Seminar wäre nicht mehr das Seminar des Professors, sondern das seiner Teilnehmer.

6. Die Reflexionsprozesse, die zu einem Abbau der Konsumentenhaltung führen würden, sind nur möglich in einer Atmosphäre repressionsfreier Verständigung der Seminarteilnehmer über ihre Interessen und Probleme. Als Organisationsform, von der wir uns eine Einlösung unserer Forderungen versprechen, schlagen wir die Bildung von Basisgruppen vor. Sie unterscheiden sich von den herkömmlichen Arbeitsgruppen in mehreren Punkten. Ihre Arbeit besteht nicht in der Behandlung eines vorgegebenen Spezialthemas, zu dem – unter Zeitdruck – eine Problemlösung gefunden werden muß; vielmehr orientiert sich die Arbeit von Basisgruppen an den prinzipiell gleichwertigen theoretischen und praktischen Interessen ihrer Mitglieder und deren philosophisch nutzbaren Verständnisschwierigkeiten. Autoritäre Verhältnisse könnten sich nicht mehr mit der gleichen Selbstverständlichkeit in den kleineren Gruppen reproduzieren, wie das bislang noch der Fall ist. Wir stellen uns weiter vor, daß die Basisgruppen nicht mehr nach dem Sitzungsprinzip gelegentlich tagen, sondern kontinuierlich die auftretenden Probleme diskutieren, wodurch sich tendenziell neue Formen kollektiven Studierens entwickeln.

Konkret schlagen wir vor, daß sich im Anschluß an diese Sitzung Gruppen von maximal vier Teilnehmern bilden. Ausgangspunkt der Arbeit dieser Gruppen könnte sein die Diskussion des von Habermas hier entwickelten Seminarprogramms. Wir halten es für wichtig, daß die einzelnen Gruppen ständig ihre Problemvorstellungen und Lösungsvorschläge artikulieren und diese in Form von Papers den andern Gruppen zugänglich machen. Auf diese Weise sind die Gruppen ständig gezwungen, ihre Überlegungen zu objektivieren; zugleich stellen sie damit einen intensiven Kommunikationszusammenhang her. Technische Voraussetzung dafür wäre die Einrichtung einer Art »Paper-Markt« im Philosophischen Seminar.

7. Unabhängig von der Konzeption der Basisgruppen halten wir folgende technisch-organisatorische Veränderungen der Seminarstruktur für notwendig, die dem Abbau überflüssiger äußerer Repression dienen sollen:
a) Das Seminar soll in einen Raum verlegt werden, der die Entfaltung von Spontaneität nicht verhindert.
b) Die Seminare sollen keine zeitliche Begrenzung mehr haben, die Diskussion bestimmt jeweils das Ende.
c) Referate sollten lediglich als Diskussionsbeiträge verstanden werden, die Thesen und übersichtliche Argumentationszusammenhänge enthalten. Sie sollten wie die Überlegungen der Basisgruppen vervielfältigt und rechtzeitig ausgelegt werden.
d) Die Diskussionsleitung soll dem Professor entzogen werden.
e) Es sollte ein Raum zur Verfügung gestellt werden, der den Seminarteilnehmern ständig zur Diskussion zur Verfügung steht und als Organisationszentrale und Papermarkt dienen kann.

8. Solange von den Seminarteilnehmern keine eigene Problemstellung und kein eigener Seminarplan entwickelt werden kann, sind wir auf die Vorstellungen

Prof. Habermas angewiesen. Im Hinblick auf die angestrebte Änderung der Seminarstruktur bestehen wir allerdings darauf, daß dieses Programm vor den Seminarteilnehmern nicht nur dargestellt, sondern auch begründet und gerechtfertigt wird.

Basisgruppe Philosophie, 18.10.1968

Nr. 240
Herbert Marcuse
Zu aktuellen Problemen der Emanzipationsbewegung
Interview von Robert L. Allen für den »Guardian«
20. Oktober 1968

QUELLE: Sonderdruck der Zeitschrift »abriss« der Naturfreundejugend Deutschlands, Landesverband Hessen, o. Jg., Januar 1969, S. 9–12

BLACK POWER UND DIE STUDENTENREBELLION

ALLEN: Sie scheinen die Befreiungsbewegung der Schwarzen als Träger revolutionärer Veränderungen nicht mitzuzählen, da sich der Großteil der schwarzen Bevölkerung außerhalb des kapitalistischen ökonomischen Systems befindet und daher keine Bewegung bilden kann, die das kapitalistische System von innen her transzendiert. Man könnte aber auch argumentieren, die schwarze Bevölkerung sei der am meisten ausgebeutete und unterdrückte Teil der Arbeiterklasse, und die Befreiungsbewegung der Schwarzen könnte daher die Rolle einer Avantgarde im Klassenkampf spielen. Was meinen Sie zu diesen Auffassungen?

MARCUSE: Wir wissen aus der Geschichte, daß keine wesensnotwendige Verbindung zwischen den am meisten ausgebeuteten Teilen der Bevölkerung und dem revolutionären Bewußtsein besteht. Oft ist das Umgekehrte der Fall. Soweit jedoch Black Power oder die schwarze Befreiungsbewegung angesprochen sind, habe ich niemals ihr revolutionäres Potential verkannt. So wie die Studenten – die selbst keine revolutionäre Kraft bilden – aber sehr wohl als Katalysatoren für radikale Veränderungen wirken können (wie wir in Frankreich sahen), so kann die Black Power-Bewegung als eine politisch bewußte, führende Minderheit den Prozeß radikaler Bewußtwerdung auf größere Teile der Bevölkerung ausdehnen.

ALLEN: Um noch etwas von Bewußtseinsbildung zu sprechen: In der Studentenbewegung gibt es bei einigen die Auffassung, daß die Universität, so wie sie in der amerikanischen Gesellschaft existiert, zerstört und nicht reformiert werden muß. Was denken Sie über die Rolle der Universität in der Gesellschaft, und was halten Sie von der erwähnten Auffassung?

MARCUSE: Soweit es um die Zerstörung der Universität geht, kann ich nur sagen, daß dieser Prozeß durch die Haltung und die Handlungen von Gouverneur Reagan, Max Rafferty (State Superintendent für das öffentliche Informationswesen) und deren Anhänger längstens eingeleitet wurde. Ich denke, es wäre unlauterer Wettbewerb, wenn die Studentenbewegung mit diesen Kräften bei der Zerstörung der Universität konkurrieren wollte. Ich sagte schon immer, und sage es immer noch, daß die besseren amerikanischen Universitäten Oasen oder Zufluchtsstätten freien und kritischen Denkens sind – wenigstens bis jetzt.

Nach meiner Meinung ist es nötig, auf Strukturreformen der Universität zu bestehen: das bedeutet, eine radikale Transformation der bestehenden Universitäten zu erkämpfen, anstatt zu versuchen, konkurrierende »freie Universitäten« aufzubauen, die im Rahmen des Kapitalismus immer zweit- und drittrangige Institutionen bleiben werden.

ALLEN: Sie hatten in diesem Sommer Gelegenheit, mit führenden Vertretern der europäischen Studentenbewegung zu sprechen. Sind Ihrer Meinung nach einige der ideologischen Hauptströmungen innerhalb der europäischen Studentenbewegung für politisch aktive amerikanische Studenten von Bedeutung?

MARCUSE: Es war eine der beglückendsten Erfahrungen meines Lebens zu beobachten, daß die Studentenbewegung eine internationale Bewegung ist, die sich ohne feste Organisationsformen entwickelt hat und ständig weiter entwickelt. Anders ausgedrückt: es gibt so etwas wie Solidarität, so etwas wie Übereinstimmung in den Zielen, und das ohne die traditionellen Formen der Organisation.

Ich konnte mich überzeugen, daß in der internationalen Studentenbewegung ein starker Trend zum Sozialismus besteht, aber mit einer neuen Vorstellung vom Sozialismus, die sich wesentlich vom stalinistischen und nachstalinistischen Sozialismus unterscheidet. Es ist eine Vorstellung von Sozialismus, die die unbedingte Notwendigkeit einer qualitativen Änderung des gesamten Lebensinhalts ausdrückt. Mit anderen Worten: der Sozialismus erscheint nicht länger als diejenige Gesellschaftsform, die rationeller und effektiver funktioniert als der Kapitalismus, sondern als eine Gesellschaft, die eine radikale Transformation aller Werte der menschlichen Existenz verkörpert.

Ich sah eine Bewegung, die den neuen Menschen nicht erst nach der Revolution erhofft, sondern ihn im Kampf um die Veränderung schafft. Das ist meiner Meinung nach einer der hoffnungsvollsten Aspekte in der gegenwärtigen Situation.

ALLEN: Wie verhält sich diese neue Vorstellung von Sozialismus zum traditionellen sozialistischen Ziel der klassenlosen Gesellschaft?

MARCUSE: Wenn es überhaupt Sozialismus geben wird, dann nur als klassenlose Gesellschaft. Es ist nicht notwendig, noch einmal besonders zu betonen, daß das Marxsche Konzept von den Grundlagen einer sozialistischen Gesellschaft Vorbedingung einer wirklich freien und humanen Gesellschaft bleiben wird. Das bedeutet die Vergesellschaftung der Produktionsmittel, ihre kollektive Kontrolle durch frei assoziierte Individuen und die Planung in Übereinstimmung mit den sich entwickelnden Bedürfnissen.

ALLEN: Nach Ihrer Rückkehr aus Europa im letzten Frühjahr hieß es, daß der deutsche Studentenführer Rudi Dutschke auf Ihre Einladung hin zum Studium nach Amerika käme. Sie haben erklärt, daß Sie Dutschke nicht eingeladen hätten, was von einigen als Absage an die militante Studentenbewegung gewertet wurde.

MARCUSE: Ich denke, daß ich doch klar zu erkennen gegeben habe, daß für mich die Studentenbewegung im Augenblick eine der größten Zukunftshoffnungen ist. Ich muß entschieden alles zurückweisen, was mir als Trennung von der Studentenbewegung ausgelegt werden könnte, nicht aus persönlichen, sondern aus objektiven Gründen. Ich habe mit Dutschke über die Möglichkeit gesprochen, hierherzukommen, um sein Studium abzuschließen. Ich habe ihn nicht eingeladen, weil, milde ausgedrückt, das politische Klima in dieser Gegend der Anwesenheit und dem Studium eines Mannes wie Dutschke nicht gerade förderlich ist. Ich wollte ihn auch ganz bestimmt nicht veranlassen, sein Leben ein zweites Mal aufs Spiel zu setzen. Er ist einer der intelligentesten und sensibelsten Studenten, die ich je traf, und jede anständige Universität müßte froh sein, wenn er zu ihr käme.

Nr. 241

Fachschaft Philosophie
»Über die erheblichen Unzulänglichkeiten des Philosophiestudiums...«
Vorbereitungspapier zu einer Fachschaftsversammlung
23. Oktober 1968

QUELLE: Zoller [d. i. Peter Zollinger] (Hg.), Aktiver Streik – Dokumentation zu einem Jahr Hochschulpolitik am Beispiel der Universität Frankfurt/Main, [Darmstadt 1970], S. 12 f.

Liebe Kommilitoninnen und Kommilitonen!

Über die erheblichen Unzulänglichkeiten des Philosophiestudiums an unserer Universität besteht weitgehend Übereinstimmung. Dennoch sind die schüchternen Versuche, eine philosophische Fachschaft zu gründen, bisher im Ansatz steckengeblieben. *Zu Beginn des WS bitten wir Sie nochmals dringend, Ihre Interessen durch die Beteiligung an der Fachschaftsarbeit zu vertreten, sich nicht widerstandslos dem etablierten Seminarbetrieb auszuliefern oder Ihre Kritik in privaten Konflikten mit Autoritäten und Institutionen zu integrieren.*

Gegen die Politik, die für die Philosophie und mit ihr im Verborgenen gemacht wird, und für die Politik, mit der eine Philosophie, die diesen Namen noch verdient, sich verbünden kann und muß, hilft einzig die Organisierung der Philosophierenden.

Praktische Aufgaben der Fachschaft sind zum Beispiel die Ausarbeitung einer Institutsverfassung, Durchführung von Vorlesungs- und Seminarkritik und Kritik an der Ordinariatsverfassung, Organisation von Arbeitsgruppen und Doktorandenkolloquien.

Diese Arbeit ist nur sinnvoll, wenn sie mit einer dauernden Selbstverständigung der Philosophierenden einhergeht. Deshalb planen wir regelmäßige Diskussionsveranstaltungen, deren erste am *Mittwoch, dem 23. Oktober, um 18 Uhr* im philosophischen Seminar sein soll. Die Thematik der Diskussion soll aus der Fachschaftsarbeit erwachsen. Ausgangspunkt soll die Frage nach dem Selbstverständnis der Philosophie sein.

Wir haben uns vorgenommen, Kriterien und Inhalte eines geschichtsphilosophisch legitimierbaren Selbstverständnisses der Philosophie zu bestimmen. Daß diese Aufgabe besteht, beweist schon, daß die von Hegel behauptete Parallelität von Geschichte und Geistesgeschichte nicht besteht. Daß eine Problemstellung in der Tradition der Geistesgeschichte bedeutsam ist, sagt wenig über ihre reale Relevanz. Und umgekehrt: daß die Philosophie darauf verwiesen ist, sich mit gerade bestehenden Ideologien auseinanderzusetzen, besagt nur wenig über die objektive Bedeutung von Philosophie. Welche Bedeutung hat Philosophiegeschichte für augenblickliches Philosophieren?

Die politischen Implikate und Funktionen, die der Philosophie stets zukamen, werden heute immer noch durch die ihr eigene Sprache eher verschleiert als artikuliert. Die Hypostasierung des transzendentalen Bewußtseins wird noch da fortgesetzt, wo sie mit der tradierten Terminologie kritisiert wird.

Diesen Knoten gilt es aufzulösen, damit Philosophie weder Eule der Minerva ist, noch die Realität poetisiert, sondern Kritik an der Unterordnung der Wissenschaften unter Ideologien übt und die objektiven Interessen derjenigen wahrnimmt, die daran gehindert werden, ihre Unterdrückung und Entindividualisierung zu durchschauen und aufzuheben.

Es sollte endlich die Möglichkeit gegeben werden, daß Anfänger sich mit dem gegenwärtigen Stand wenigstens einer modernen Disziplin (Logik, Automatentheorie, Linguistik usw.) vertraut machen können. Um wenigstens dem gegenwärtigen Mangel ein wenig abzuhelfen, werden die Kommilitonen Klaas und Perret im WS eine Übung über Fragen der mathematischen Logik abhalten. (Termin siehe Aushang im philosophischen Seminar).

23. Oktober 1968
Vorbereitungsgruppe der Fachschaft Philosophie

Nr. 242
Frank Wolff
Organisation: Emanzipation und Widerstand
Artikel im SDS-Bundesorgan »Neue Kritik«
Oktober 1968

QUELLE: Neue Kritik, 9. Jg., Nr. 50, Oktober 1968, S. 4–9

Auf der Delegiertenkonferenz traten eine Verwirrung und eine Unsicherheit zutage, die vorher durch die spektakulären Aktionen verdeckt worden waren. Gleichzeitig setzte die Tomaten-Aktion der Berliner Genossinnen antiautoritäre Prinzipien kompromißlos durch und erweiterte damit radikal die Dimension der Organisationsprobleme, die wir lösen sollen. Die meisten Delegierten waren kaum auf diese Diskussion vorbereitet und schon gar nicht bereit, eine »realpolitische« Lösung durchzusetzen; die Isolation der Gruppen während des vorigen Jahres war auch die schlechteste Vorbedingung für eine verbindliche Diskussion. Die Delegiertenkonferenz wurde so zum blinden Ausdruck der antiautoritären Phase des SDS. Sie akademisch zu analysieren, haben wir keine Zeit; es kommt jetzt darauf an, ein gemeinsames Bewußtsein von den prinzipiellen Schwierigkeiten und den pragmatischen Möglichkeiten der Organisation herauszubilden. Deshalb versuche ich, die Hauptprobleme möglichst knapp darzustellen und theoretische Differenzierungen auszulassen.

Theorie und Organisation

Es ist heute nicht mehr möglich, aus einer materialistischen Theorie der Geschichte eine revolutionäre Organisation systematisch zu legitimieren. Ich lasse jetzt dahingestellt, wie systematisch es in der Geschichte je verwirklicht wurde – etwa bei der Organisierung der russischen Revolutionäre – und ob eine solche Systematik von Theorie/Strategie/Taktik/Praxis nicht selber schon die bürokratische und reaktionäre Erstarrung der meisten Organisationen der Arbeiterbewegung in sich enthält. Für die Protestbewegung der Jugendlichen ist es jedenfalls entscheidend, daß eine Ableitung der Organisation aus einer zentralen Theorie nicht mehr besteht. Zwar gibt es wesentliche Ansätze einer materialistischen Interpretation der Geschichte, wie sie sich am klarsten in den Analysen der internationalen Herrschaftsverhältnisse entwickelt haben, aber für die Metropolen besteht aus objektiven Gründen keine Theorie, die konkret und systematisch auf revolutionäre Praxis reflektiert wäre. Theorie ist radikaler noch als früher zum isolierten Spezialgebiet geworden und dient in der Praxis der Protestbewegung teils als Machtinstrument der Prominenten, teils als bloßes Ornament und zur schlechten Rationalisierung der praktischen Schwierigkeiten; der autoritäre Charakter der Theorie gegenüber der Wirklichkeit, wie er schon immer ambivalent angelegt war, drückt sich darin wie in einer Karikatur aus.

Es läßt sich freilich theoretisch bestimmen, warum eine revolutionäre Theorie durch die Geschichte selber eliminiert wird. Die wesentlichen Entwicklungen scheinen mir in politischer Hinsicht die Liquidation und Integration der Arbeiterbewegung im autoritären Staat und in gesellschaftlicher Hinsicht die universelle Zweckrationalisierung aller praktischen Beziehungen der hochindustrialisierten Klassengesellschaft auf der Grundlage des materiellen Technologisierungsprozesses zu sein. Die entscheidende Konsequenz in diesem Zusammenhang ist die Zerstörung jeglicher herrschaftsgefährdender Organisationsformen. Das betrifft das Verbot der KPD *und* die Neuzulassung ebenso wie die systematische Privatisierung der Massen durch die öffentlichen Medien. Zunächst nur in bewußtseinsprivilegierten und geschichtlich rückständigen Bereichen wie in den Hochschulen ließ sich ein offener Widerstand gegen diese gesellschaftliche Tendenz organisieren.

Nach dieser Erfahrung, daß unsere Organisationsformen vorläufig sein müssen, gibt es drei Reaktionen. Erstens wird geantwortet mit dem Versuch, trotzdem einen geschlossenen Begründungszusammenhang z.B. von den toten Kosten im sich militarisierenden Kapitalverwertungsprozeß bis hin zum gelungenen Orgasmus in der das Reich der Freiheit antizipierenden Polit-Kommune zu konstruieren; ich halte solche Theorien eines technologisierten Anarchismus für paranoid. Zweitens: jede theoretische Legitimation von Organisation und Praxis wird aufgegeben; diese direkte Reaktionsweise scheint mir die blinde Wiederholung bürgerlichen Konsumverhaltens – von Bewußtsein wird noch geredet, aber keins mehr ausgebildet. Drittens gibt es die Möglichkeit, die praktische und organisatorische Arbeit jeweils exemplarisch zu legitimieren; das scheint mir die Bedingung einer bewußten Praxis. An den gegenwärtigen Organisationsproblemen soll jetzt gezeigt werden, daß die Spannung zwischen theoretischen Prinzipien und pragmatischen Schwierigkeiten stets neu ausgehalten werden muß.

Antizipation der freien Gesellschaft
Die Idee, daß die revolutionäre Organisation das Reich der Freiheit schon vorwegnehmen müsse, ist heute wegen der Intensität und Reichweite zentraler gesellschaftlicher Tendenzen historisch eher angemessen als etwa im Anarchismus des letzten Jahrhunderts. Zwei Initiativen der Delegiertenkonferenz, die Berliner zur Frauenemanzipation und die Hamburger zur Räteorganisation des SDS, haben diesen Impetus auf seinen Begriff gebracht und zur Diskussion gestellt. Die andere Seite ist durch den Begriff der politischen Gegengewalt bezeichnet; dabei steht das Problem, die Entwicklung zu einem offen brutalen Staat zu blokkieren und die Fehler der alten Arbeiterbewegung vor dem Faschismus zu vermeiden, im Vordergrund. Es ist unmöglich, diese Gegensätze abstrakt aufzulösen, auch wird die praktische Lösung mangelhaft sein, aber es scheint nützlich, die beiden Ansprüche ständig miteinander zu konfrontieren. Vor allem muß kritisch untersucht werden, welche praktischen Erscheinungsformen die Emanzipationsmodelle haben können, denn auch sie geben theoretisch vor, den allgemeinen Kampf wirksamer zu machen.

Zu Beginn der Protestbewegung in Berlin wurde diese Diskussion am Beispiel der Kommune I eingeleitet. Die inhaltlichen Impulse haben jedoch später nur als äußerliche show überlebt. Die Kommune, in vieler Beziehung eine Karikatur bürgerlich-familiärer Kollektivität geworden, eignete sich freilich auch besonders für Verdrängungsleistungen. An ihr war offensichtlich, daß weder freie Zustände naiv vorweggenommen werden können noch sich solcherart politischer Widerstand organisieren läßt; freilich war die Kommune wichtig als Identifikationssymbol. Relevant ist, daß die abstrakte theoretische Entscheidung, als die sie erschien, für eine radikale Revolutionierung der Revolutionäre und ihrer Privatsphäre praktisch ziemlich kümmerlich umgesetzt wurde; dem entspricht der theoretische Aufwand, mit dem sie verteidigt wurde.

Gerade das scheint auch bei den gegenwärtigen Debatten entscheidend zu sein: Emanzipation wird wieder fetischisiert und ihre Organisation zum starren technischen Instrument. Denn das Wesen der diffusen und vagen Organisationsformen der bestehenden Oppositionsbewegung, die sich noch immer in den Aktionen konstituiert, wird auf die Kader reduziert. Die Projekt- und Basisgruppen des SDS sind entsprechend dann das »revolutionäre Subjekt« (Hamburger Organisationsmodell) und die aus ihnen konstruierte Räteorganisation schon die Gegengesellschaft; eine prinzipielle Intention wird mit ihrem Miniatur-Modell kurzgeschlossen: die Pariser Commune 1871 mit einem improvisierten Kollektiv revolutionär engagierter Studenten. Zweierlei wird auf diese Weise unterschlagen. Einmal ist jede Antizipation der Utopie abstrakt wie diese selber; wenn man den Begriff des ewigen Friedens als die Umschreibung der freien Gesellschaft akzeptiert, ist an ihm leicht zu zeigen, wie sehr er dem revolutionären Kampf seiner Realisierung widerspricht. Zweitens wird der Charakter der praktisch existierenden Opposition verkannt, weil sie nicht aus ihren materiellen Grundlagen, z.B. den Subkulturen der Sex-Bewegung an den Schulen, den meist liberaleren Sozialisationsformen der Familien mit links engagierten Kindern etc., erklärt wird, sondern nur ihre unmittelbare Erscheinung und noch nicht einmal vollständig; die Nicht-SDSler werden nach moralischen Kategorien bewertet oder einfach vergessen. Aber es kommt gerade darauf an, die latente Wirkung unserer Initiativen außerhalb der Institution SDS zu kennen. Die Emanzipationsmodelle werden vermutlich außerhalb des SDS eine größere praktische Resonanz haben, als daß sie im Verband organisationstechnisch umgesetzt werden können. Es kann sein, daß wir am Anfang einer allgemeinen Bewegung der Frauen stehen; dafür können wir nur Katalysator sein, speziell mit Projektgruppen von Genossinnen und Genossen. Die praktische Konsequenz im SDS selbst ist nicht administrativ zu bestimmen; sicher ist Reiches Vorschlag der temporären Verweigerung des Geschlechtsverkehrs jüngerer Genossinnen gegen ältere Genossen emanzipatorisch, soweit der autoritäre Sexualkonsum im Bewußtsein von dessen Zwangscharakter damit gebrochen werden kann. Für die theoretische Begründung des Berliner Aktionsrates zur Befreiung der Frauen gilt ebenso, was ich zum Verhältnis von Utopie und Kampf angedeutet habe, nur präziser: »Der Anspruch auf Glück (muß) in gesellschaftlicher Aktion eingelöst werden« (7. Punkt der Resolution) – zwar wird zugestanden, daß man nur die »jetzt schon möglichen Momente einer zukünftigen Gesellschaft« (Punkt 8) vorwegnehmen kann, es wird aber trotz des organisatorischen Akzents (Punkte 10 und 11) gerade die Differenz verschwiegen zwischen dem Anspruch auf Glück und der mühsamen Praxis, die auf seine Realisierung gerichtet ist und ihm in ihrer notwendigen Disziplin häufig genug zuwiderläuft.

Organisation als Prozeß
Damit ist die Hauptsache unserer gegenwärtigen Organisationsprobleme genannt: das Realitätsbewußtsein von uns selber. Auf dem Boden der objektiven Spaltung in theoretische Arbeit und spontane, oft willkürliche Praxis hat sich eine Radikalität gebildet, die oft auch schlechte Aktionen romantisch verklärt und sogar die Verständnislosigkeit der *out-groups* zum Gütezeichen ernennt. Ich halte jede platonische Distanz für falsch, glaube aber, daß ein erheblicher Teil unserer Reaktionen schon gar nicht mehr bewußt ist und nur noch massenpsychologisch erklärt werden kann. Wenn wir Wilhelm Reichs Kritik an der KP teilen, müssen wir unsere eigenen psychischen Motivationen radikal ins Bewußtsein heben und erkennen, daß die *begrifflose* Radikalität unmittelbar dasselbe ist, wie die autoritäre Reaktion kleinbürgerlicher Massenindividuen. Weil aber dieser Zusammenhang unterdrückt wird, reagieren viele von uns auch blind gegenüber den objektiven Gefahren eben derselben autoritären Massen. Wir erklären ihre Reaktionen z.B. aus der Verdrängung des Faschismus und der Tabuierung der Gewalt technologischen Massenmordes, aber unser Verhältnis diesen wirklichen Reaktionen der Massen gegenüber bleibt akademisch wie das der KPen bürokratisch: wir richten uns nicht danach, oder nur, indem wir autoritär auf unserem transzendentalen Recht bestehen. Diese Problematik muß noch speziell diskutiert werden, hier interessiert die Tatsache, daß wir unserer eigenen Praxis oft blind gegenübertreten. Zwar war gerade diese Sorglosigkeit die Bedingung, daß überhaupt große Aktionen durchgeführt wurden, aber die organisierte publicity hat unsere Potenzprahlerei oberflächlich bestätigt und jedes kritische Bewußtsein unterminiert. Das scheint mir auch die Prominenten zu betreffen, die dem inneren und von außen verstärkten Konkurrenzdruck meistens nicht mehr selbstkritisch standhalten. In diesem Medium, in dem Selbsttäuschung und revolutionärer Elan sich vermischen, läßt sich über Organisationsfragen schwer reden. Von ihnen besteht oft keinerlei konkrete Anschauung; von der allgemeinen Organisation des Verbands nicht, weil die Gruppen weitgehend isoliert gearbeitet haben, von den besonderen Problemen der Gruppen nicht, weil sie alle in der revolutionären Welle untergingen oder aber zu moralischer Haltung gegenüber der anstrengenden Kleinarbeit verwandelt wurden. Insgesamt gibt es kaum Klarheit darüber, daß revolutionäre Organisation immer ein Prozeß lebendiger Menschen ist und kein administrativer Akt mittlerer Beamter. Das gilt um so mehr, als es ein Eigengewicht der Institution SDS für die lebendige Organisation SDS fast nur symbolisch gibt: als Identifikationszeichen.

Welchen Organisationsprozeß müssen wir einleiten und wie?

Widerstand im autoritären Staat
Der SDS wird keinen Widerstand organisieren, wenn er ihn nicht aus seinen wirklichen Möglichkeiten, die er jetzt hat, entwickelt. Die Prinzipien des Protests,

besonders die Solidarität mit den revolutionären Bewegungen in der Dritten Welt, haben eine Kompromißfreiheit geschaffen, die sich in einer politischen Moral praktischen Verhaltens ausdrückt und den Bezugsrahmen liberalen Widerstands gegen die westdeutsche Restauration (Beispiel Spiegel-Affäre) durchbricht (s. Oskar Negts Interpretation in *Protest und Politik* und meinen Beitrag in *Die Linke antwortet Habermas*). Emphatisch ausgedrückt, haben wir damit eine revolutionäre Dimension wieder in die technologisierte Klassengesellschaft, die auf verinnerlichtem Kompromiß und institutionellem Verhalten gründet, eingeführt. Im Bewußtsein der Protestbewegung drückte es sich zuweilen ideologisch als die Rebellion lebendiger Menschen gegen die toten Apparate aus; das entsprach der wirklichen Abstraktion der Gesellschaft selber und unserer Stellung zu ihr. Fast losgelöst von dieser teils euphorischen Revolte wurde die Notstandsopposition pflichtgemäß zu Grabe getragen. Daß wir durch den neuen Zustand unmittelbar betroffen sind, ist nicht recht aufgefallen; Widerstand diente als beschwörende Formel. Was können wir nun gegen den autoritären Staat verwirklichen? Die Konsolidierung wird nur als kollektiver Lernprozeß stattfinden, aber sie wird nicht von selbst geschehen. So sehr die Gruppen wegen ihrer informellen Struktur am ehesten in der Lage sind, Repressionen des Staates zu unterlaufen, so wenig sind sie die Träger eines mystischen Willens. Sie sind auf überregionale Kooperation und Initiative angewiesen, die sich wiederum nicht durch moralische Forderungen, sondern durch Organisationsarbeit herstellen. Es scheint, daß es genügend Genossen gibt, die eine lokale und überregionale Arbeitsteilung organisieren könnten. Hier sind die bewußten Zusammenschlüsse von qualifizierten Arbeitskollektiven mit intensivem Anspruch notwendig, soweit sie nicht ideologisiert werden; in Ansätzen bestehen solche informellen Gruppen oder Kader bereits. In diesem Arbeitszusammenhang müßte der Bundesvorstand definiert werden als *politische* Instanz, d.h. die Fraktionskämpfe im SDS und außerhalb müssen von ihm besonders artikuliert und eventuell initiiert werden. Das wäre auch die beste Gewähr inhaltlicher Kontrolle, die von einer bürokratischen Räteorganisation, wie sie es gegenwärtig sein müßte, überhaupt nicht geleistet würde. Übrigens sollte der Name Bundesvorstand besser beibehalten werden, damit der Fetischismus neuer Namen für die alte Sache uns nicht an der praktischen Veränderung des Alten hindert.

Die Frage bleibt, ob nicht die anonymen »informellen Kader« ebenso wie die Berliner VW-Kader schlicht ein Hirngespinst bleiben könnten. Denn der materielle Druck ist für viele Genossen stark und läßt kaum eine volle Aktivität zu. Aber genau dies Problem, verstärkt durch die Fluktuation eines Studentenverbandes, läßt sich nicht theoretisch lösen, nur mit praktischer Anstrengung durch viele Niederlagen hindurch. Politisch notwendig sind solche Arbeitsgruppen in jedem Fall: wenn ich mich nicht täusche, wird es in den kommenden politischen Gerichtsverfahren und danach sehr auf das Bewußtsein von gemeinsam arbeitenden Gruppen ankommen, damit blinde private Angstreaktionen der SDSler und der sogenannten unorganisierten Linken nicht zu offen masochistischen Aktionen umschlagen. Die Kontakte zu jungen Arbeitern und Angestellten sind noch zu schwach, als daß sie ein Schutz vor massiven Gefahren wären. Der autoritäre Staat erzwingt, daß wir radikaler werden: im kritischen Bewußtsein unserer eigenen Organisation.

Nr. 243

(Ohne Autor)

Der SDS als Hochschulorganisation – Zur Beziehung von Projektgruppe und Hochschulrevolte in Frankfurt

Artikel im SDS-Bundesorgan »Neue Kritik«
Oktober 1968

QUELLE: Neue Kritik, 9. Jg., Nr. 50, Oktober 1968, S. 88–93

Bis zum Sommer 1967 war der SDS in Frankfurt ein für viele Gruppen in der Bundesrepublik exemplarischer sozialistischer Intellektuellenverband geblieben, obwohl er von Berlin angeregt, aber doch auf andere Weise im WS 66/67 seine ersten Gehversuche in die zukünftige antiautoritäre Richtung gemacht hatte (etwa in dem Soziologenstreit um die »Neuordnung« des Soziologiestudiums mit Habermas, Friedeburg und Adorno oder in der radikalen Vietnamdemonstration vom Februar 1967). Durch die Ereignisse vom 2. Juni wurde auch er vor die Notwendigkeit gestellt, seine theoretischen Kenntnisse über die Entwicklung der BRD in eine praktische Aufgabenstellung der sozialistischen Studenten zu übersetzen. Die alte Organisationsstruktur (Mitgliederversammlungen – Gruppenvorstand) war keineswegs in der Lage, den Protest der durch die Protestwelle der Studenten engagierten Jugend in eine konkrete Praxis umzusetzen.

Auf der 22. o. DK war deutlich geworden, daß der SDS arbeitende Gruppen zu gründen hatte, die das Engagement der Studenten in einen konkreten Bezugsrahmen zu ihrem sozialen Alltagsleben zu vermitteln hatten. Im SDS Frankfurt wurde eine Projektgruppe, die sich als theoretisches Arbeitsthema die Organisationsfrage im revolutionären Sozialismus stellte und sich als praktisches Ziel setzte, den allgemeinpolitischen Protest in die Alltagsinstitution Hochschule hineinzutragen, gegründet. Die Arbeit der Projektgruppe zerfiel oberflächlich gesehen in zwei Teile. Konstant mußte sich – das war die Voraussetzung ihrer Arbeit – ein minimaler Personenkreis (in der Praxis waren es etwa 15) zu einem fixen Termin treffen. Der allgemeinpolitische Protest gegen die in den Zentren des gesellschaftlichen Lebens sich vollziehende Faschisierung wurde zunächst mit der Hochschule auf einer allgemeinpolitischen Ebene planmäßig verbunden – als Protest der Entpolitisierung der Lehrinhalte. Konkrete Gestalt nahm er an bei den Go-ins in die Vorlesungen des Notstandsplaners Carlo Schmid und Iring Fetschers, der dem SDS für eine Anti-Springerveranstaltung an der Uni Räume und Geld verweigert hatte. Die Universitätsadministration antwortete mit dem bekannten Faschismus- und Terrorvorwurf, mit der Androhung von Disziplinarverfahren und der bis heute nicht aufgehobenen Suspendierung des SDS; der Hessische Staat mit der Intensivierung der autoritären, von oben aufgezwungenen Hochschulreform. Der SDS konnte mit seiner *zentralen* Projektgruppe diese zentrale Offensive gegen die Apolitisierung der Universität auffangen. Der Terror- und Faschismusvorwurf machte die ideologische Auseinandersetzung mit den angeblich »liberalen« Autoritäten und ihrem Anhang bei den Studenten notwendig. Der SDS entlarvte den Faschismusbegriff des Frankfurter Rektors, des Soziologen Rüegg, exemplarisch als Teil der liberalen Ideologie, die so lange Gewaltlosigkeit suggeriert, bis die etablierten Machtpositionen gefährdet werden – ist dies der Fall, so reagieren diese liberalen Herren mit Disziplinarmaßnahmen, Strafverfahren, Aussperrung, schließlich mit dem Einsatz unmittelbarer staatlicher Gewalt. Die Reaktionen dieser lächerlich gemachten und bloßgestellten Charakterfiguren auf die direkten Aktionen bestätigten jedesmal das in der Agitation vermittelte und reproduzierten so die antiautoritäre Bewegung, die die Diskussionen in alle wichtigen Vorlesungen weitertrug und dort weitere Studenten mobilisierte. Der SDS konnte nun von der allgemeinen Politisierung zum Angriff auf die Machtpositionen in der Universität übergehen:

Er sprengte das Professorenkonzil, das eine neue Satzung vorbereiten sollte. Anschließend belagerte man vier Stunden eine Senatssitzung, wobei sich zum ersten Mal 2000 Studenten in der Universität für ihre organisationsbedürftigen Interessen engagierten, weil diese Aktionen die Macht einer bewußtgewordenen Studentenschaft demonstrierten. Trotz dieser politischen Erfolge gelangte der SDS im Wintersemester in eine Sackgasse. Er hatte in allen Auseinandersetzungen ehemals bürgerliche Forderungen reaktualisieren müssen: *Öffentlichkeit und herrschaftsfreie Diskussion.* Der Verwertungszusammenhang der Wissenschaft unter den Bedingungen des Spätkapitalismus mußte immer äußerlich bleiben – das ergibt sich notwendig aus einer isolierten sozialistischen Hochschulpolitik.

Da uns oder den politisierten Studenten insgesamt es nicht gelang, eine allgemeine, über den SDS hinausgehende Organisationsform der Studentenbewegung zu finden, wurde aus der Struktur der Bewegung heraus, deren einziges Organisationsprinzip die öffentliche Diskussion in den Teach-ins war und blieb, die kleine Zahl der besten SDS-Agitatoren in die Rolle von »Studentenführern« gedrängt, deren Aufgabe es war, bei jeder Versammlung und Aktion die Radikalität der Bewegung zu produzieren und zu reproduzieren. Dadurch war die Avantgardeposition des SDS in der Agitation gesichert, aber damit entstanden zugleich die Bedingungen für die in Zeiten der Aktionsflaute auftretende Passivisierung der Studenten. Auf die SDS-Organisation zurückbezogen blieb das Ergebnis: 15 Genossen waren permanent in der Arbeit der Projektgruppe engagiert (ich lasse das ungeheure Schwergewicht, das auf den führenden Agitatoren lastete, zunächst beiseite), 40 bis 50 Genossen wurden zeitweilig in die Organisation der Agitation und Propaganda mithineingezogen, der Rest der großen SDS-Gruppe Frankfurt wurde oder blieb Claque. Im Widerstand gegen die fachspezifische Einführung von Zwischenprüfungen wurden die eben erwähnten restlichen Genossen objektiv auf eine fachspezifische Borniertheit zurückgedrängt, obwohl ihre Maßnahmen zu diesem Zeitpunkt dennoch von großer Bedeutung waren. Organisationstheoretisch gelangte die Projektgruppe nur zu Problematisierung, nicht zu Lösungen[1]: Alle Parteiorganisationen des revolutionären Sozialismus bezogen sich auf die Arbeiterklasse, mit deren Problematisierung im Spätkapitalismus problematisiert sich auch ihre Organisationsform. Als Maximen blieben nur die Notwendigkeit einer solidarischen Organisation und die der Verbreiterung in die lohnabhängigen Massen.

Theoretisch plante man für den Sommer 1968 in Frankfurt drei Projektgruppen: Fortsetzung der alten Projektgruppe, die nun logischerweise zur Klassentheorie übergehen sollte, eine Ruhrgebietsprojektgruppe (die sich sehr schnell auflöste; warum, ist hier nicht zu erörtern) und eine Betriebsprojektgruppe. Deutlich zeichneten sich nun die Probleme der alten Projektgruppe ab: 1. Sie hatte zu wenig Genossen in die zentrale Arbeit des SDS hineingezogen, so daß eine Zellteilung nicht möglich war und die Betriebsprojektgruppe dadurch naturwüchsig zunächst an die Peripherie gedrängt wurde. 2. Sie hatte übergroßen Druck auf die Aktivsten der Aktiven gehäuft, so daß deren private Existenz zusammenzubrechen drohte. 3. Durch die Fetischisierung der neuen Organisationsform Projektgruppe war die Schulung in revolutionärer Theorie absolut verdrängt worden. Punkt drei versuchten wir zu lösen, indem wir einen zentralen Mammutarbeitskreis, geleitet von vier Genossen, durchführten zur Einführung in die revolutionäre Theorie; die Auswertung dieses Arbeitskreises gehört nicht zu diesem Thema, ich nenne ihn nur als wichtigen Faktor zur Aufrechterhaltung der Kontinuität der Ausbildungsarbeit innerhalb des SDS.

Das Attentat auf den Genossen Dutschke häufte auf die damals einzige arbeitsfähige Gruppe des Frankfurter SDS, die Projektgruppe I, eine solche Menge an Aufgaben, daß wir zur Lösung von Punkt zwei, der »Einbeziehung des Privatlebens in die politische Organisation«, nicht kommen konnten. Da die Projektgruppe anschließend den Übergang von Anti-Springeraktionen auf die Notstandskampagne mit zu strukturieren hatte, gelangte sie gar nicht zu ihrer spezifischen Rekonstituierung, sondern die Individuen wurden einzeln in den permanenten Massenmobilisierungen verheizt. Auf dem Höhepunkt der Notstandsaktionen erschien die Betriebsprojektgruppe an der Spitze der konkreten Arbeit, bei der Politisierung der Arbeiter, bei der Werksagitation usw. – obwohl sie schon lange vorher Beziehung zu Betrieben geknüpft hatte, wurde ihre Arbeit jetzt erst evident. Der SDS konnte nun die Gelegenheit wahrnehmen, die Universität, die der Rektor nach den Notstandsstreiks geschlossen hatte, zu besetzen und die Alltagsbasis zum konkreten Alternativmodell umzugestalten. Die »Politische Universität« konstituierte sich innerhalb von drei Tagen; die zahllosen Diskussionen, der fachspezifisch bornierte Widerstand zur Zeit der Verengung der Hochschulpolitik – wie ich es vorhin nannte – zahlten sich nun auf dem veränderten Aktionshintergrund aus: in der Produktion eigener Vorstellungen von einer gegen den autoritären Staat arbeitenden Wissenschaft.[2]

Die Politische Universität wurde nicht durch ein SDS-Gremium zentral gelenkt. Der SDS versuchte mit anderen Gruppen und Individuen, eine Idee in die Praxis umzusetzen. Es wäre seine Aufgabe gewesen bei der Mannigfaltigkeit der Sektionen und der unter sie subsumierten Seminare, Organisationsformen herauszubilden, die der aktiven sozialistischen Studentenschaft angemessen gewesen wären (ich meine: eine Organisationsform über den SDS hinaus). Dieses war in einem Streikkomitee aller aktivierten Studenten versucht worden, dessen zufällige und ständig fluktuierende Zusammensetzung eine konsequente politische Arbeit verunmöglichte. Nur eine, wie wir es dann versuchten, aus den zu organisierenden Inhalten bestimmte Gruppe von Aktiven, die von den aktivierten Massen hätte kontrolliert werden können, konnte in diesem Augenblick allein als studentisches Gremium funktionieren. Die willkürliche Zerschlagung der Politischen Universität durch die Hessische Staatsgewalt hat die Probe aufs Exempel verhindert.

Die Politische Universität, die wir in den Tagen der Uni-Besetzung errichten konnten, stellt für uns heute noch ungelöste Probleme. Wie eben erwähnt, ist die allgemeine Organisationsstruktur der Politischen Universität im unklaren geblieben. Diese ist auch nicht abstrakt zu entwickeln; denn vom ersten bis zum letzten Tag der Politischen Universität haben wir sie organisiert als *praktische* und zugleich *theoretische* Kampfmaßnahme gegen den autoritären Staat. Löst man aus dieser Selbstaufklärungsinstitution eins der beiden Momente heraus, hätte man ihre grundlegende Struktur selbst zerstört. Als der Hessische Staat uns machtpolitisch matt gesetzt hatte, wäre es unmöglich gewesen, die Politische Universität fortzusetzen. Ihren gefährlichen Charakter gegenüber der Ordinarienuniversität als Totalitätsanspruch einer Organisation mündiger und politischer Wissenschaftler konnte sie nur in ihrer Latenz behalten; als marxistisches

Nr. 243 *Oktober 1968*   483

Studium generale neben dem Lehrbetrieb fiele die Bedrohung der etablierten Universität hinweg. Aus dieser nun notwendig gewordenen Latenz ergibt sich auch die Unmöglichkeit, ein Verfassungsmodell für ihr Wiedererscheinen vorzubereiten.

Auf der Stufe der Antiadministrationsrevolte (also WS 67/68) entsprach die Projektgruppe in ihrer Zentralisiertheit dem Gegner; wo es aber, wie bei der Errichtung der Karl-Marx-Universität, galt, konkrete Formen unserer politischen Selbstverständigung positiv und emanzipatorisch zu organisieren, konnte die alte Hochschulprojektgruppe als Gruppe nur wenig leisten. Der SDS reagierte als Gruppe auf die Zerschlagung der Politischen Universität – noch bestimmt von den Sommeraktionen – mit der Gründung einer »Basisgruppe Hochschule«, die alle kritischen Studenten umfassen sollte, die die schon erwähnte fortbestehende Drohung der Politischen Universität an ihre Institutsbasis tragen wollten. Die Uneinheitlichkeit der Bewußtseinsstrukturen produzierte gerade in den Zeiten der Aktionsflaute die größten Hindernisse: Das bis heute noch ungelöste Problem der Zentralisierung und Dezentralisierung einer Hochschulrevolte und ihrer angemessenen Organisationsform potenzierte sich deutlich. Nur bei den Germanisten kam es gegen einen Professor zu einer fachspezifischen Revolte, die aber an der fehlenden Unterstützung der zurückgebliebenen Fächer litt.

Wieder begegnen wir, allerdings auf einer anderen Stufe, denselben Gefahren, die wir am Ende der ersten Phase der Hochschulrevolte (WS 67/68) in Frankfurt konstatierten. Die Vertiefung der Hochschulrevolte verlangt ein noch fachspezifischeres Arbeiten, als es damals auf dem zentralen Niveau der Kritik an Bürokratie und Ministerien schon nötig war – auf der anderen Seite stehen wir vor der Notwendigkeit, uns nicht hochschulpolitisch borniert zu verhalten, wie es bei formalisierten Forderungen nach Drittelparität und Institutsverfassungen schnell geschehen konnte. Um diesen Gefahren zu entgehen, ist erneut eine Umorganisation unserer Gruppe notwendig geworden. Sie wird hochschulpolitisch, allgemeintheoretisch und auf der Betriebsebene zu arbeiten haben, sie wird ihre Mitglieder schulen müssen, Kader heranbilden und mehr Genossen in die aktive Arbeit verwickeln. Wir haben mehrere Projektgruppen zu gründen. Dabei wird für uns problematisch sein, bei möglichst großer qualitativer Arbeitsteilung einen Zentralisierungsmodus innerhalb der Gesamtgruppe zu finden, der die Isolierung der Projektgruppen gegeneinander verhindert. In den einzelnen arbeitenden Gremien besteht nach wie vor das alte Problem, eine emanzipatorische und zugleich effektive Arbeitsform zu finden.

1 Selbstverständlich ist das von mir genannte Resultat nicht identisch mit dem Inhalt der theoretischen Diskussion, die in der Projektgruppe geführt wurde.
2 Ich setze die Fakten der Universitätsbesetzung und die Inhalte der Politischen Universität voraus. Andernfalls ist auf das Buch *Universität und Widerstand*, Frankfurt/M. 1968, das sich ausschließlich mit der Politischen Universität beschäftigt, hinzuweisen.

Nr. 244

Basisgruppe Soziologie
»Nachdem Professor von Friedeburg es abgelehnt hat...«

Flugblatt-Aufruf zur Errichtung einer studentischen Gegenveranstaltung zu der von Ludwig von Friedeburg gehaltenen Vorlesung »Jugend in der modernen Gesellschaft«

November 1968

QUELLE: Archivalische Sammlung Wolfgang Kraushaar am Hamburger Institut für Sozialforschung, Akte »Aktiver Streik« WS 68/69

Nachdem Prof. v. Friedeburg es abgelehnt hat, aus einer Diskussion mit Studenten über seine Veranstaltung Konsequenzen zu ziehen, im Gegenteil betonte, er werde seine Veranstaltung so abhalten, wie er wolle, legt die Basisgruppe hier eine politische Literatur-Gegenliste der Studentenschaft zur Diskussion vor.

Prof. v. Friedeburg hatte in der ersten Sitzung seiner Veranstaltung sein Konzept für das Semester dargestellt, in der zweiten diskutierten es die Anwesenden. Die Vorschläge der Studenten waren für eine Änderung des v. Friedeburgschen Programms gedacht, das mit dem Anspruch analytischer Distanz zum Objekt (der »Jugend«) den Verrat an ihm impliziert: literarische Erklärungsversuche von Vergleichen positivistisch-formaler, langatmiger Konzepte über die »Halbstarken« der fünfziger Jahre sind nicht in der Lage, die Erwartungen, mit denen die Studenten in diese Veranstaltung kommen, zu befriedigen. Der liberale Gestus, kein heißes Eisen zu scheuen, ist so lange eine Farce, als alles, was in dieser Veranstaltung getrieben wird, konsequenzenlos bleibt: Diskussionen möglicher Formen von Praxis nicht ausdrücklich als Ziel angestrebt, sondern unterdrückt werden. Prof. v. Friedeburg verkürzte und formalisierte die Argumentation der Studenten, drückte sich so permanent um eine inhaltliche Stellungnahme zu den studentischen Vorschlägen und würgte die Diskussion mit dem »Argument« ab, er treibe diese Veranstaltung, wie er »sie einmal angekündigt« habe. – Diesem Vorbild folgten kurz darauf reaktionäre Professoren der juristischen Fakultät, die ihrerseits Diskussionen der Studenten abschnitten, der Professor »bestimme Art und Umfang der Veranstaltung selbst«. Offensichtlich ist v. Friedeburg in eine Rädelsführer-Position unter den reaktionären Professoren aufgerückt? Er fühlt sich wohl in der Gruppe autoritärer Professoren so zu Hause, daß für ihn wie für sie Diskussionen in der Veranstaltung unverbindlich sind, der Professor tun kann, was er will – »gemußt wird überhaupt nichts«.

Da das Objekt der wissenschaftlichen Bemühungen dieser Veranstaltung selbst deren Träger ist, die »Jugend in der modernen Gesellschaft«, kann diese Vorlesung nicht in der autoritär-schulmeisterlichen Art ohne aktive Beteiligung der Anwesenden stattfinden, sondern die Forderungen der Studenten können nur durch die Umwandlung der Vorlesung in ein Seminar realisiert werden. Diese minimale Bedingung ist die einzige Chance zur Diskussion und damit zur Reflexion der eigenen Belange der teilnehmenden Studenten.

Nachdem Prof. v. Friedeburg die ganz konkreten Interessen der Hörerschaft an dieser Veranstaltung ignoriert hat, müssen die Studenten selbst die Initiative ergreifen. Diese Gegenliste kann als erster Schritt einer Selbstorganisation der Studenten dienen, die bis hin zu einer Übernahme der Veranstaltung durch die ehemaligen Konsumenten gehen kann.

Die Gebiete, die durch die Gliederung umrissen werden, überschneiden einander – deshalb kann diese Gliederung nur eine sehr beschränkte Gültigkeit haben. Die Literaturliste ist provisorisch; sie soll von allen Teilnehmern an der Veranstaltung verbessert und ergänzt werden. Sie ist als Gegenstück zu der von Prof. v. Friedeburg angegebenen Literaturliste gedacht.

Nr. 245

Mona Steffen

»Genossen, Ihr habt die Chance verpaßt…«

Redebeitrag für den Frankfurter Weiberrat zur Verteilung des Flugblattes »Befreit die sozialistischen Eminenzen von ihren bürgerlichen Schwänzen« auf der SDS-Delegiertenkonferenz in Hannover

20. November 1968

QUELLE: Frank Wolff / Eberhard Windaus (Hg.), Studentenbewegung 67–69, Protokolle und Materialien, Frankfurt/Main 1977, S. 220–222

GENOSSINNEN (im Sprechchor): Mikrofon! Mikrofon, Mikrofon…
MONA STEFFEN: Genossen, Ihr habt die Chance verpaßt zu hören, was wir an phänomenologischer Kritik an Eurem Geschlecht und den von Euch produzierten repressiven Kommunikationsstrukturen vorzubringen hatten. Wir sind nicht gewillt, wir sind auch gegenwärtig nicht in der Lage, eine Haltung aufzubrechen, die Emanzipation und die damit verbundenen politischen Probleme nur noch in dumpfen Konsumtions- und Sensationskategorien begreifen kann. Unsere Anstrengung geht auf die Zerstörung dieser Haltung aus, aber wir haben dazu gegenwärtig keine Strategie zur Verfügung.
GENOSSEN (von hinten): Aha!
MONA STEFFEN: Der Zynismus, mit dem Ihr nur noch über uns und unsere kollektiven politischen Bemühungen klatscht, oder darauf aus seid, uns als Verbrämung Eurer politischen Unfähigkeit zu präsentieren, widerspricht diametral Euren ideologischen Ansprüchen.

Wir verstehen unsere Haltung Euch gegenüber nicht als Rückzug, aber wenn Ihr teilweise hysterisch verlangt, daß wir unsere Arbeit Euch gegenüber zu legitimieren hätten, so antworten wir: seit wann müssen sich Unterdrückte ihren Unterdrückern legitimieren? Unterdrücker seid Ihr, insofern Ihr Träger zementierter Herrschaft im SDS seid. Ihr perpetuiert individuell und SDS-strukturell Kommunikationszustände, die es uns nicht gestatten, uns kollektiv an politischen Entscheidungen diskutierend zu beteiligen. Euer Verhalten trägt gegenwärtig dazu bei, unsere Solidarität zu gefährden, uns wieder zurückzuwerfen in individuelle Isolierung.

Diese Tatsache hat einige lokale Frauenbasisgruppen veranlaßt, ihre Genossen von der Diskussion auszuschließen. Unterdrücker seid Ihr, insofern Ihr selber unterdrückt werdet und seit der letzten DK [Delegiertenkonferenz] keine Diskussion darüber geführt habt, wie Ihr es verhindern könntet, diese gesellschaftliche Repression immer wieder an uns weiterzugeben. Unterdrücker seid Ihr, insofern Ihr auf unsere Anstrengungen zu kollektiven Erkenntnissen nur mit einer Haltung geantwortet habt, die uns zu Sensations- und Konsumtionsobjekten herabgewürdigt hat.

Die zwei ersten Unterdrückungsarten hatten wir bei der Vorbereitung unserer Kritik übertrieben, aber wir konnten nicht wissen, daß Ihr hier so sensationsgeil reagieren würdet. Man kann es auch anders formulieren. Wir waren so naiv anzunehmen, daß die Tomate der letzten DK einen Bewußtseinsprozeß bei Euch in Gang gesetzt hätte, der hier sich in der Möglichkeit politischer Diskussion hätte äußern können. Das Flugblatt, das Ihr hier seht, sollte ursprünglich dazu dienen, mit Ironie eine Diskussion über die wirklichen Unterdrückungserfahrungen der Genossinnen einzuleiten. Es war als Selbstironisierung wirklicher kollektiver Erfahrungen gemeint. Aber wir sehen wenig Möglichkeit, daß Ihr das begreift, denn Ihr pflegt uns und unsere Produkte nur zu konsumieren.

Wir wollen uns hier auch nicht unter das Problem der kleinen Gruppen eingemeinden lassen, zumal wir den Verdacht haben, daß eben diese kleinen Gruppen an jener Machtstruktur, die wir angreifen, lediglich partizipieren wollen. Auf der anderen Seite haben wir gestern beobachten können, wie die Machtstammhalter des SDS auf eben jene Gruppe reagieren, nämlich so, als ginge es wirklich um die Macht im SDS. Wir bestehen darauf, daß wir weder eine kleine Minderheit unter vielen antiautoritären Motzenden sind, noch daß wir eine Gleichberechtigung im Sinne der zementierten Cliquen-Wirtschaft verlangen, sondern daß allein schon unsre Solidarisierung eine Praxis darstellt, die sich nicht einordnen läßt in den gegenwärtigen Kanon einander bekämpfender Fraktionen.

Unsere Aktivität wird darauf gerichtet sein, diese Solidarität voranzutreiben, und uns hier auf der DK zu produzieren, würde angesichts dieses Vorhabens, einen Rückfall bedeuten. Wir sind in diesem Sinne nicht bereit, der DK und Euch ein Alibi zu liefern. Die Kampfansage, als die Ihr unseren Zusammenschluß allein empfunden habt, sollte Euch eigentlich motivieren, endlich Vorstellungen zu entwickeln, wie Ihr mit Eurer eigenen Emanzipation unsere mitvorantreiben könnt. Solange die Genossen ihre verbalradikalistischen Forderungen nach Politisierung des Privatlebens nicht praktisch in Angriff nehmen, wird sich immer wieder reproduzieren, was wir bekämpfen wollen, daß die Genossen uns immer wieder repressiv in eben dieses bloße Privatleben individuell zurückverweisen.

Nr. 246

(Ohne Autor)
Imhoff geht um
Bericht über den Versuch Hans Imhoffs, ein Seminar von Alfred Schmidt zu sprengen
November 1968

QUELLE: Diskus - Frankfurter Studentenzeitung, 18. Jg., Nr. 8, Dezember 1968, S. 7

Das Seminar lief seinen gewohnten Gang: Verlesung des Protokolls der letzten Stunde. Die Studenten konsumierten, der Lehrer macht Bemerkungen.

Da geht die Tür auf, Imhoff und jemand, den er als seinen Assistenten bezeichnet, erscheinen. Imhoff hat ein Problem: »Schmidt, ich habe eine Frage an Dich.« Schmidt (Dr. phil.) schnappt nach Luft und wird blaß. »Zunächst einmal, seit wann duzen wir uns denn, Herr Imhoff?« Dieser: »Schmidt, ich möchte Dich fragen, warum Du die abstrakte Kontinuität des Seminars aufrechterhältst...« Er wird unterbrochen (Schmidt): »Aber die Kontinuität ist dann sehr konkret, wir erscheinen jeden Montag hier.« Imhoff: »Schmidt, ich möchte Dich fragen...« So geht das eine Weile weiter. Schmidt durchläuft alle Phasen einer autoritären Reaktion – er fordert Imhoff auf, den Saal zu verlassen, er weigert sich, mit ihm zu diskutieren, er macht die Tür auf, er kommt zurück, er wehrt sich seiner Haut, er findet keine Argumente mehr, er fordert Abstimmung über die Entfernung von Imhoff, da niemand abstimmt, holt er nicht die Polizei, sondern verläßt sein Seminar.

Imhoff redet von seiner Emanzipation, er bittet um Geld, da solche Aktionen ihn hindern, sein Brot zu verdienen, er läßt seinen »Doktorhut« herumgehen. Nur 2 Pfennige werden gespendet. Der Assistent von Imhoff stellt die entscheidenden Fragen: »Wer hat eigentlich schon mit Schmidt über die Berechtigung eines solchen Seminars über Comte diskutiert? Macht nicht allein schon die traditionelle Form des Seminars neue Inhalte, z. B. die Emanzipation der Teilnehmenden unmöglich?«

Nachdem Imhoff und sein Assistent auch gegangen sind, beginnt im Seminar eine Diskussion über das Seminar. All die Fragen eines traditionellen Seminarbetriebs und seiner Folgen werden plötzlich diskutiert. Inwieweit übt Schmidt Herrschaft aus, wird eigentlich etwas anderes vermittelt, als Herrschaftswissen, wo liegen die studentischen Interessen, was interessiert uns eigentlich an Comte, warum diskutieren die Studenten wenig oder überhaupt nicht, wie können wir unsere Ängste überwinden, welche organisatorischen Veränderungen des Seminarbetriebes sind dafür erforderlich usw.

Die antiautoritären Studenten bedurften der Autorität von Imhoff, um ihre autoritären Schranken zu überwinden. Sie einigen sich, ihre Interessen zu formulieren – in mehreren Arbeitsgruppen – und in der folgenden Stunde im Seminar zu diskutieren. Sie wollen Vorschläge für eine Neuorganisation des Seminars vorlegen, sie wollen auf keinen Fall so weitermachen wie bisher.

Nr. 247

Theodor W. Adorno / Max Horkheimer
Brief an Herbert Marcuse

26. November 1968

QUELLE: Stadt- und Universitätsbibliothek Frankfurt/Main, Herbert-Marcuse-Archiv

---

Prof. Dr. Max Horkheimer 6 Frankfurt am Main
Institut für Sozialforschung Senckenberg-Anlage 26
  Telefon 77 40 69

26. November 1968

Lieber Herbert,

in diesen Tagen ist Max gerade hier, und da wir unabhängig voneinander gleich reagieren, schreiben wir gemeinsam.

Nach all den Nachrichten, daß Du schwer bedroht seist und Dich verborgen hieltest, haben wir natürlich zu Deinem 70. Geburtstag nicht geschrieben. Habermas meinte, Du seist verärgert gewesen, weil wir nicht gratuliert hätten, aber das ist höchstwahrscheinlich ein Irrtum, denn Fred hat ja Glückwünsche gesandt und bis heute auch nichts von Dir vernommen.

Es sollte nicht so sein, daß Du auf diesem Kontinent bist, ohne daß wir uns treffen, ja, ohne daß Du ein Wort von Dir hören läßt. Wir haben Dich in der Schweiz im Juli/August vergeblich erwartet. Teddie wohnte in Zermatt im Bristol, zwei Schritte vom Albana, aber er konnte nicht feststellen, ob und wann Du dort eintreffen würdest. Solche Situationen sollten sich nicht wiederholen.

Uns geht es ordentlich, und wir hoffen dasselbe von Dir und Inge. Bitte, laß bald etwas hören.
Alles Herzliche
Max und Teddie

Nr. 248

Max Horkheimer
Die Motive der rebellierenden Studenten

Späne – Notizen über Gespräche mit Max Horkheimer, in unverbindlicher Formulierung aufgeschrieben von Friedrich Pollock

Dezember 1968

QUELLE: Max Horkheimer, Gesammelte Schriften Bd. 14: Nachgelassene Schriften 1949–1972, hrsg. von Gunzelin Schmid Noerr, © S. Fischer Verlag, Frankfurt/Main 1988, S. 504 f.

Die soziologischen und psychologischen Wurzeln der Rebellion unter den Studenten der westlichen Welt sind im großen und ganzen bekannt. Darüber gibt es schon eine große Literatur. Aber darüber, was die Studenten im Grunde bewegt, gibt es unseres Wissens keine zureichende Untersuchung.

Es liegt auf der Hand, daß es sich um eine Krise der Autorität auf allen Lebensgebieten handelt. Familie und Religion sind im Zerfall. Mit der Autorität des Vaters ist auch diejenige der Vaterperson, also der Spitzen der Regierung [und] insbesondere diejenige der Professoren im Schwinden. Ursächlich und zeitlich hängen diese Vorgänge zusammen mit dem elenden Zustand der Welt, dem Abgrund zwischen den offiziell gültigen Anschauungen und der Wirklichkeit, [der] Bedrohung vom Osten und [dem] Wissen über die Gefahr der totalen Vernichtung durch einen atomaren Krieg.

Dazu kommt die Unfähigkeit der Universitäten, sowohl die humanistischen Bildungsideale wie eine adäquate Ausbildung zu vermitteln. Dieser unleidliche Zustand wird verschärft durch Formen der Verwaltung und des Lehrplans ebenso wie die chaotische, mit offenkundigem Ballast überfüllte Gestaltung des Programms sowie als sinnlos empfundene Prüfungsanforderungen.

Der Protest der Studenten geht aber weit über die ursprüngliche Forderung nach Universitätsreform hinaus und zentriert sich mehr und mehr auf eine radikale Umgestaltung der Gesellschaft. Ohne daß durchdachte Forderungen vorlägen, wie die neue Gesellschaft aussehen und mit welchen Mitteln sie herbeigeführt werden soll.

Die Erklärung, daß die Rebellion von einem sich neuerdings bildenden akademischen Proletariat getragen wird, reicht nicht aus. Es steht fest, daß viele der radikalsten Studenten ebenso wie eine Mehrzahl der Hippies aus »gutbürgerlichen« Familien stammen, für deren Zukunft gesorgt ist.

Offenbar gehört zu den psychologischen Wurzeln des Aufruhrs die in jeder Generation des bürgerlichen Zeitalters – wenn auch nicht in diesem Umfang – beobachtete Rebellion gegen den Vater. Die Ideale, welche dieser in der Erziehung vermittelt und die in so offenkundigem Gegensatz zu seiner Lebenspraxis stehen, werden hypostasiert und gegen ihn gehalten. Das alte Pubertätsphänomen in radikalerer Form. Aber es genügt nicht zur Erklärung der Vorgänge. Hinter dem Haß und der Gewalttätigkeit steckt offenbar auch die Sehnsucht nach dem sinnvollen Leben. Die alten bürgerlichen Ideale, Freiheit, Gleichheit und Brüderlichkeit, treten, wenn auch in verzerrter Form, hervor: Die Freiheit im Sinn der Auflehnung gegen jede Repression ohne das Wissen, daß keine Gesellschaft, die überleben will, uneingeschränkte Freiheit gewähren kann, und daß obendrein die Forderung nach Freiheit mit der nach Gerechtigkeit nicht zu vereinen ist. Die Forderung nach Gleichheit geht ebenso weit über das hinaus, was in einer auf Arbeitsteilung gegründeten Gesellschaft verwirklicht werden kann. Das Mitspracherecht an der Universität nimmt im Munde der Studenten heute unsinnige Gestalt an. Obendrein werden Freiheit und Gleichheit für alle die, die anderer Meinung sind, auf totalste Weise niedergebrüllt. Die Forderung nach Brüderlichkeit tritt in Formen auf, die aufs peinlichste an die »Volksgemeinschaft« erinnern. An den Wunsch nach Geborgensein in einer mächtigen Gruppe, das aus der in der heutigen Gesellschaft vorherrschenden Isoliertheit heraushilft.

Es ist nicht schwer vorauszusagen, daß die heutigen Rebellen, oder mindestens viele von ihnen, sich in eine neue totalitäre Ordnung begeistert einfügen würden.

Aber alle diese Überlegungen, mögen sie im Kern noch so richtig sein, helfen wenig zu verstehen, was in den intelligentesten der aufrührerischen Rebellen, die alles Obengesagte wissen müßten, eigentlich vorgeht.

Nachtrag: Die rebellische Haltung, vor einem Jahrzehnt noch das Privileg von Einzelgängern, ist heute Ausdruck des Konformismus. Man will dazugehören, nicht als Schlappschwanz gelten. Diese Motivation und nicht etwa eine echte Auflehnung gegen die Gesellschaft motivieren die langen Haare und Bärte, die saloppe Kleidung, die Verhöhnung der Tabus und die Beteiligung an Demonstrationen und Gewalttätigkeiten.

Nr. 249

Herbert Marcuse
Welche Chancen hat die Revolution?
»Pardon«-Interview von Heinrich von Nussbaum
1. Dezember 1968

QUELLE: Pardon, 7. Jg., Nr. 12, Dezember 1968, S. 70–77

PARDON: Herr Marcuse, Sie sind durch Ihre Bücher und Stellungnahmen einer der geistigen Väter der »Neuen Linken« geworden, für viele sogar der profilierteste, um nicht zu sagen *der Prophet*. Fühlen Sie sich in Ihren Prognosen und Analysen durch die Mai-Unruhen dieses Jahres in Frankreich bestätigt?

MARCUSE: Ich habe seit 1964 auf die Bedeutung der Studentenbewegung hingewiesen und gesagt, daß nach meiner Meinung da viel mehr und ganz anderes vorliegt als ein Generationskonflikt, wie er aus der Tradition ja nur zu gut bekannt ist; daß hier wirklich politische Momente aktiviert werden, die gerade deswegen, weil sie in keiner anderen gesellschaftlichen Gruppe oder Klasse aktiviert sind, gerade deswegen, weil eine wirklich organisierte Opposition auf der Linken fehlt, in der Studentenbewegung konzentriert sind. Ich habe außerdem darauf verwiesen, daß die Integration der Arbeiterklasse in den Vereinigten Staaten am meisten fortgeschritten ist, während sie in Frankreich und Italien immer noch zu einem großen Teil aussteht. In dieser Beziehung also war ich nicht überrascht, daß gerade in Frankreich diese Studentenbewegung nun wirklich zu einer großen politischen Bewegung geführt hat. Vorausgesehen habe ich sie natürlich nicht, und ich glaube, es hat sie niemand vorausgesehen. Nicht einmal die Führer der Studentenbewegung konnten oder haben vorausgesehen, daß nach einer Woche 10 Millionen Arbeiter sich im Streik befinden würden.

PARDON: Welche Folgerung ziehen Sie aus der schließlichen Niederlage oder sagen wir Abwürgung dieser Bewegung, wie sie spätestens mit den Wahlen eintrat?

MARCUSE: Ich würde es nicht als Niederlage bezeichnen, und zwar deswegen nicht, weil der Stellenwert dieser Bewegung ungeheuer groß ist. Und ich möchte sogar behaupten, daß die Mai- und Juni-Tage einen Wendepunkt in der politischen Entwicklung der Opposition im Kapitalismus darstellen. Weil sie gezeigt haben, daß eine potentiell revolutionäre Bewegung auch außerhalb der Arbeiterschaft anfangen kann und die Arbeiterschaft, oder sagen wir mal sehr vorsichtig, einen Teil der Arbeiterschaft, dann mit sich zu ziehen vermag. Sie haben außerdem gezeigt, daß ganz neue Formen der Demonstration einen solchen weitgehenden Erfolg haben können.

Es war eine Niederlage in dem Sinne, daß sich diese Studentenbewegung nicht geradlinig fortgesetzt hat in eine Opposition der Arbeiterklasse; aber wir wissen ja, warum das nicht geschehen ist.

PARDON: Ja, wissen wir es wirklich? Hier in Korčula gab es ja gerade darüber einen Streit.

MARCUSE: Die Antwort, die natürlich immer gegeben wird, ist: die Kommunistische Partei und die kommunistischen Gewerkschaften hätten die Bewegung eben abgefangen, sobald sie sahen, daß sie sie nicht mehr kontrollieren konnten, und sie wirklich zu großen politischen Veränderungen führen könnte; d.h. in dem Augenblick, wo wirklich nicht die ökonomischen, sondern die politischen Forderungen der Arbeiter im Vordergrund standen, nicht nur Fabrikbesetzung, sondern auch Selbstverwaltung, ökonomisch wie politisch. Das ist zweifellos richtig. Aber wir müssen uns doch fragen, ob die Kommunistische Partei nicht als Entschuldigung oder Rechtfertigung anführen kann, daß die Arbeiterschaft eben nicht reif und nicht willens war, die Bewegung weiterzutreiben bis zum Umsturz der Regierung. Weiter wäre sie sowieso nicht gegangen, wenn wir uns die Politik der Kommunistischen Partei und der Gewerkschaft ansehen.

PARDON: Also der Vorwurf gegen die KPF (Kommunistische Partei Frankreichs) bleibt durchaus bestehen. Aber Sie würden nicht so weit gehen wie gewisse französische Teilnehmer, daß die objektiv revolutionäre Situation verfälscht worden wäre durch die Partei, die sich statt als Avantgarde als Notbremse der Reaktion bestätigte...?

MARCUSE: Das würde zu weit führen. Andererseits müssen wir uns den Begriff der objektiv revolutionären Situation sehr genau ansehen. Was ist das eigentlich? Ich glaube, es macht guten Sinn zu behaupten, daß in der heutigen Periode überall und jederzeit eine *objektiv* (d.h. den gesellschaftlichen Gegensätzen nach) revolutionäre Situation vorliegt, das Problem ist gerade, daß sie *subjektiv* (d.h. bewußtheitsmäßig) nicht vorliegt.

PARDON: Würden Sie sagen, daß man gewisse Verallgemeinerungen aus diesem »Auffangen« der revolutionären Aktion ziehen könnte? Gibt es so etwas wie ein Wiedereinsetzen eines Machtmechanismus? Läßt sich ein Gesetz behaupten, daß bei nachlassendem Erfolg der revolutionären Bewegung die Unentschlossenen unabänderlich wieder auf die Seite einer noch so schwachen Legalität gezogen werden, aus Angst vor der Anarchie?

MARCUSE: Sie meinen, man sollte solche »Niederlagen« vermeiden, weil sie zum Defätismus führen. Ich glaube, man kann Niederlagen solcher Art nicht vermeiden. Die Idee, daß ein zu einer entscheidenden Veränderung führender Prozeß eine Kette von Erfolgen ist, ist ganz unsinnig. Gerade in einer Situation, in der die Gesellschaft gegen eine radikale Veränderung so bewaffnet ist wie nie zuvor, sind Niederlagen natürlich unvermeidlich. Wichtig ist nur einzuschätzen, wann man solche Niederlagen riskieren kann und wann nicht.

PARDON: Hätte eine stärkere Beachtung der Leninschen Idee der Doppelherrschaft – ich würde nach heutigen Begebenheiten lieber Zweitgewalt sagen –, also etwa der Versuch, sich außerhalb der bestehenden Organe wie CGT-Gewerkschaft und Kommunistischer Partei zu organisieren, Ihrer Meinung nach eine wesentliche Veränderung des Ausgangs bedeuten können?

MARCUSE: Sie meinen z.B. die Einsetzung irgendeines Komitees, Rats, bestehend aus Studenten und Arbeitern...?

PARDON: Ja, nur eben *ohne* die vorgesetzten Kader der KP, die nicht mitspielten. Also im Grunde eine ad-hoc-Organisation schaffen aus der Situation, die dann evtl. ein Verhandlungspartner oder Motor zum Weitertreiben des Generalstreiks hätte sein können...

MARCUSE: Ja, ohne eine solche, wie Sie sagen, Zweitgewalt geht es nicht. Aber auch hier die Frage, warum ist es nicht dazu gekommen? Wir können nicht einfach sagen, man hätte sie einsetzen sollen. Jedenfalls aber sollte die Arbeit dahin gehen, daß, wenn sich eine solche Situation wiederholt, auf anderer Stufenleiter, für eine solche Zweitgewalt wenigstens Vorsorge, Aufklärungsarbeit getroffen wird.

PARDON: Die Arbeitswoche hier in Korčula, Herr Marcuse, zum Thema »Marx und die Revolution« war die vorläufig letzte Veranstaltung einer ganzen Reihe von Konferenzen und Tagungen aus Anlaß von Karl Marx' 150. Geburtstag. Man darf die Analysen sowohl der liberalen wie der marxistischen Theoretiker wohl dahin zusammenfassen, daß Revolution wünschenswert, ja notwendig erscheint, ihre Durchführbarkeit jedoch mehr und mehr fragwürdig. Alle Einwände bedenkend, die Sie hier und vorher zu dieser Frage gehört und gelesen haben, würden Sie trotzdem darauf beharren, daß es künftig Revolutionen geben wird?

MARCUSE: Ich glaube, ich müßte ein geradezu miserabler Marxist und nicht nur ein miserabler Marxist, auch ein miserabler Intellektueller sein, wenn ich annehmen würde, daß in Zukunft Revolutionen nicht mehr möglich sind. Im Gegenteil, ich habe gesagt und geschrieben, daß in der gegenwärtigen Periode die Widersprüche des Kapitalismus vielleicht größer sind als je zuvor, daß sie zwar suspendiert und verwaltet werden, daß dieser Suspendierung und Verwaltung aber wesentliche Grenzen gezogen sind. So glaube ich, daß unsere Periode in der Tat eine objektiv revolutionäre Periode ist. Und ich wiederhole: gerade deswegen sind die bestehenden Systeme bis an die Zähne gegen eine solche Möglichkeit bewaffnet.

PARDON: Nun kamen hier auf dieser Tagung verschiedene Einwände, andere sind vorher schon formuliert worden: ist z. B. in der hochzivilisierten kapitalistischen Gesellschaft, die einerseits arbeitsteilig zergliedert, andererseits durch Kommunikationsmittel systematisch entpolitisiert wird, der Unterschied zwischen Reform und Revolution nicht überhaupt hinfällig geworden? Setzt der von Ihnen dargestellte Mangel an revolutionärem Bewußtsein gerade bei den notwendigen Trägern dieser *Revolution*, den Arbeitern, nicht in jedem Falle *Reformarbeit* voraus? Vor allem Arbeit an Bildung und Erziehung?

MARCUSE: Aufklärung allein vermag jenes Bewußtsein zu schaffen, das den Umsturz betreiben könnte. Der Unterschied zwischen Reform und Revolution ist keineswegs veraltet. Es gibt Reformen, von denen kein Mensch behaupten würde, daß sie Revolutionen einleiten. Nehmen wir wieder Frankreich: die Reformen, die das gaullistische Regime jetzt einführen wird als Reaktion auf die Mai-Juni-Ereignisse, sind weiß Gott keine revolutionären Reformen. Selbst angenommen, daß sie durchführbar wären, sind sie wahrscheinlich technokratische Reformen. Es gibt Reformen – der politische Prozeß kann ohne solche nicht auskommen –, die in der Tat zu einer zunehmenden Radikalisierung führen können, selbst innerhalb des ökonomischen Bereichs.

PARDON: Wie aber können die Machthaber, die diesen Trend der Integration natürlich weiterhin manipulieren, vermutlich sogar vollbewußt herbeigeführt haben – wie können sie bewegt werden, anti-autoritär zu erziehen, d.h. ihren eigenen Untergang einzuleiten?

MARCUSE: Sie können die Machthaber niemals dazu überreden, Selbstmord zu verüben oder vorzubereiten.

PARDON: Überreden haben *Sie* jetzt eingeschoben!

MARCUSE: Was hatten Sie gesagt?

PARDON: *Dazu bewegen* ...

MARCUSE: Dazu bewegen, d. h. auch mit Gewalt?

PARDON: Gegebenenfalls ja.

MARCUSE: Ich würde sagen, daß solche Erziehung zur radikalen Veränderung heute im wesentlichen eben die Aufgabe der Studenten ist. Und die Aufgabe aller Intellektuellen, die sich mit der Bewegung solidarisieren. Es geht um Erziehung in einem ganz anderen, neuen Sinn. Eine Erziehung, die nicht im Klassenraum bleibt, nicht in den Mauern der Universität, sondern die spontan übergreift auf die Straße, in Aktionen, in Praxis und sich gleichzeitig ausdehnt auf die Gemeinschaft sozialer Gruppen außerhalb der Universität.

PARDON: Vorerst also ganz allgemein *außerhalb* bestehender Organisationen.

MARCUSE: Ja, aber keineswegs nur außerhalb. In den Universitäten z.B. kann eine strukturelle Reform weitgehend durchgeführt werden, so daß diesem technokratischen Erziehungssystem, das einfach zur Ausbildung und nicht zur Bildung führt, weitgehend entgegengearbeitet wird. Das kann im Rahmen der bereits bestehenden Universitäten geschehen, bei zunehmendem Druck der Studentenopposition. Ich sehe keinen anderen Weg, die Herrschaft eines falschen Bewußtseins zu brechen.

Sofort kommt natürlich die Anklage, man sei undemokratisch, wolle eine intellektuelle Elite aufbauen, eine Art platonischer Erziehungsdiktatur oder dergleichen. Nun, da muß ich Ihnen ganz offen gestehen, daß ich nichts Falsches in intellektueller Führerschaft sehe. Ich glaube sogar, daß die weit verbreiteten Ressentiments gegen Intellektuelle in breiten Teilen der Arbeiterbewegung einer der Gründe sind, warum wir uns in den traurigen Bedingungen befinden, in denen wir jetzt eben stehen.

PARDON: Hat für Ihre Prognosen die Marxsche Krisentheorie noch eine Bedeutung? Offenbar hat sich ja der Pionierkapitalismus heutzutage in einen salonfähigen aufgeklärten Neo-Kapitalismus verwandelt und dabei selbst eine Fülle von Regulativinstrumenten entwickelt, welche die Mechanik des Marxschen Modells eingrenzen, zumindest zu überspielen trachten.

MARCUSE: Solche Regulierungen und Mechanismen sind da, aber wenn damit gemeint sein soll, daß der gegenwärtige Kapitalismus krisenfest ist – das würde ich natürlich verneinen. Ein krisenfester Kapitalismus ist kein Kapitalismus mehr. Die Gegensätze sind heute da. Anzeichen für eine Krise haben Sie bereits in dem letzten Jahr gesehen. Ich erinnere nur an die internationale monetary crisis (Währungskrise), die keineswegs behoben ist. Devaluation, wie heißt das? Abwertung, wird wahrscheinlich in absehbarer Zukunft erfolgen. Das ist *ein* Krisenfaktor. Der *andere* ist: falls in Vietnam wirklich Frieden geschlossen werden sollte, falls die amerikanische Kolonie sich wirklich auf Frieden umstellen sollte, würde das in der Tat zu schweren Unterbrechungen, vielleicht sogar nicht nur zu Rezession und Depression, sondern zu einer Krise in der amerikanischen Ökonomie führen. Der *dritte* Faktor sind die Entwicklungen in der Dritten Welt, die auch eine schwere Belastung des Systems darstellen. Gerade die jetzigen Ereignisse in der Tschechoslowakei, die äußerst gefährliche Koexistenz der beiden Supermächte und die Einwirkung Chinas, alle diese Dinge deuten meiner Meinung darauf hin, daß der Kapitalismus durchaus nicht krisenfest geworden ist.

Ein Wort zu Kollege Habermas, der davon sprach, daß der Kapitalismus nicht länger an den traditionellen Schwierigkeiten der Kapitalverwertung leidet. Ich kann ihm nicht zustimmen. Ich meine, daß wir gerade in den letzten Jahren Zeuge der wachsenden Schwierigkeit der Kapitalverwertung und der Profiterhöhung wurden, besonders in den USA. Es gibt schließlich gute Gründe, warum die Vereinigten Staaten die Hälfte der französischen Wirtschaft aufkaufen, warum sie sich schnell in alle Areale und Gebiete der Welt ausdehnen: weil nämlich Gewinne, die aus auswärtigen Unternehmungen hereinkommen, beträchtlich höher liegen als in den USA selbst.

Dieser Imperialismus ist nach meiner Ansicht der mächtigste, den die Welt je erlebt hat. Er kann nicht allein durch die Entwicklung der Dritten Welt gebrochen werden. Aber diese ist ein entscheidender Faktor im Zusammenhang mit der inneren Schwächung der imperialistischen Mächte, die meiner Überzeugung nach die Vorbedingung für eine globale Revolution bleibt.

PARDON: Kann eigentlich für erwiesen gelten, daß »ein kausaler Zusammenhang zwischen der wirtschaftlichen Stabilität der entwickelten kapitalistischen Länder und der katastrophalen wirtschaftlichen Situation in den Ländern der Dritten Welt besteht«? In Deutschland hat u. a. Jürgen Habermas gerade diese Setzung, auf der die studentische Strategie ja überhaupt fußt, in Zweifel gezogen.

MARCUSE: Daß ein geradezu fürchterlicher Kausalzusammenhang besteht zwischen dem, was heute im *Kongo* vorgeht und dem, was in *Nigeria* vorgeht und in *Bolivien* und in vielen anderen südamerikanischen, afrikanischen und asiatischen Ländern vorgeht, daran kann ja wohl kaum ein Zweifel sein. Das ist eins der größten Verbrechen der Ersten Welt, des alten und des neuen Imperialismus, und ich sehe nicht ein, wie man überhaupt auf die Idee kommen kann, daß dieser Zusammenhang nicht besteht.

PARDON: Die Kernfrage dabei lautet wohl: hat der Imperialismus es, rein wirtschaftlich gesehen, nötig, Verschleißpraktiken durch *Kriege* einzuführen? Könnte er sich nicht auch friedlich so organisieren, daß ihm ähnliche Vernichtungsmöglichkeiten geboten wären, die er ja braucht, um seine Dynamik aufrecht zu erhalten?

MARCUSE: Den Ausdruck »rein wirtschaftlich« halte ich heute für untragbar: wenn meine Tante Räder hätte, wäre sie ein Autobus. Ich meine: wenn der Imperialismus nicht Imperialismus wäre, wäre eben alles anders. Es ist natürlich eine Friedensökonomie heute möglich und besser als je zuvor. Aber das verlangt eben eine radikale Veränderung und – vielleicht – sogar eine Revolution in den fortgeschrittenen kapitalistischen Ländern. Rein wirtschaftlich hat der Imperialismus heute in der Tat in Vietnam nichts zu suchen. Nur, rein wirtschaftlich gibt es nicht mehr. Es gibt so etwas wie eine vorbeugende Sicherung von Wirtschaftsräumen, Rohstoffquellen, auch politische Sicherung. Einfach das vitale Interesse des Kapitalismus, daß potentiell reiche Rohstoffländer – und nicht nur Rohstoffländer – dem Kommunismus nicht in die

Hände fallen. Das will man unter allen Umständen verhindern. Hier gehen also militärische, politische und wirtschaftliche Momente so eng zusammen, daß der Ausdruck »rein wirtschaftlich« nicht mehr anwendbar ist.

PARDON: *Jürgen Habermas* hatte in seinem Referat hier in Korčula die Aufhebung der Leistungsideologie in der zukünftigen Gesellschaft gefordert. Deckt sich das mit Ihren Zielvorstellungen? Ist das nur ein Wunschtraum, der sich jedoch mit der gegenwärtigen Lage in den Entwicklungsländern, aber auch den hochzivilisierten Ländern nicht übereinbringen läßt? Selbst Che Guevara hält ja Disziplin und (Arbeits-)Moral für die unerläßlichen Grundzüge revolutionären Bewußtseins.

MARCUSE: Die Forderung nach Aufhebung des Leistungsprinzips ist allerdings ein Desiderat, soweit sie mit Leistungsprinzip meint, die Aufrechterhaltung des Konkurrenzkampfes als *Existenzkampf* unter Bedingungen, unter denen das Leistungsprinzip nicht mehr nötig ist und nur der Aufrechterhaltung eines repressiven Systems dient. Das ist allerdings einer der wesentlichen Unterschiede einer wirklich sozialistischen Gesellschaft von allen Klassengesellschaften. Daß diese Forderung heute nicht durchgeführt ist, erklärt sich größtenteils wiederum aus der Tatsache der Koexistenz der beiden Supermächte, die eben eine dauernde Aufrüstung in beiden Lagern erfordert und jede Transformation der sozialistischen Gesellschaft in freie Gesellschaften unmöglich zu machen scheint. Ich betone: unmöglich zu machen *scheint*. Daß es auch anders geht, jedenfalls der Versuch, es anders zu machen, durchführbar ist, hat meiner Meinung nach die kubanische Revolution gezeigt und wahrscheinlich sogar die Kultur-Revolution in China. *Sogar* sollte man nicht sagen; ich sage *wahrscheinlich sogar*, weil wir in Amerika eben sehr wenig unterrichtet sind über das, was in China eigentlich vorgeht.

PARDON: Der autoritäre, repressive Charakter der Wirtschaft führt selbst also zur Militarisierung des Budgets? Den berühmten dreißig bis vierzig Prozent ...?

MARCUSE: Nicht nur zur Militarisierung des Budgets, zur Disziplinierung der Bevölkerung, die dieser internationale Konkurrenzkampf mit sich bringt, ja.

PARDON: Herr Marcuse, läßt sich beim derzeitigen zur »Unterhaltung« der Gesellschaft notwendigen Stand der Technik verhindern, daß der Abbau autoritärer Strukturen auch einen Verlust an Rationalität und Effektivität zur Folge hat?

MARCUSE: Rationalität und Effektivität, das wissen wir heute, sind keine absoluten Begriffe, sondern bedeuten zunächst einmal Rationalität und Effektivität im Rahmen des bestehenden Systems. Jede radikale Veränderung würde natürlich diese Rationalität und Effektivität verletzen. Es fragt sich nur, und für mich ist das keine Frage, ob solche Verletzung dieser repressiven Rationalität und Effektivität nicht wirklicher Fortschritt ist.

PARDON: Gerade in den sozialistischen Ländern, einschließlich Kuba, hat allerdings die Sozialisierung nach einer kurzen Zeit des revolutionären Impulses bisher immer einen wirtschaftlichen Rückschlag bedeutet. In der DDR etwa hat das zu dem großen Neuansatz mit der Neuen Ökonomischen Politik (NÖP) geführt, dem Versuch, das Element »individueller Interessiertheit« wieder ins Spiel zu bringen. Halten Sie das noch für Übergangserscheinungen?

MARCUSE: Das Moment »individueller Interessiertheit« ist mir wiederum zu abstrakt. Individuelle Interessiertheit kann hervorgerufen werden durch das Prämiensystem, durch die sog. »incentifs«, wie sie in der Sowjetunion und anderen sozialistischen Ländern eingeführt worden sind; sie kann aber auch die Folge einer wirklichen Solidarität sein, die Zusammenarbeit freier Menschen, von denen jeder ein Interesse hat, das zum Interesse des andern eben *nicht* antagonistisch steht. Eine solche Solidarität, glaube ich, ist immer noch in der Entwicklung in Kuba heute zu sehen.

PARDON: Herr Marcuse, die Studentenbewegung hatte sich weitgehend an den Problemen der Dritten Welt entzündet, der Kettenreaktion von Gewalt und Gegengewalt in China, Indochina, Algerien, Kuba, Vietnam, Angola, Biafra und Lateinamerika. Unterstützt Ihrer Meinung nach die Dritte Welt die heutige internationale Protestbewegung in optimaler Weise?

MARCUSE: Ich finde, daß die Dritte Welt so unmittelbar mit dem brutalen Problem, einfach das Leben, wenn nicht die Unabhängigkeit zu behalten, beschäftigt ist, daß wir nicht fragen sollten, ob sie genug tut, um die Protestbewegung in der Ersten Welt zu unterstützen. Wir sollten vielmehr alles tun, was wir können, um die Opposition in der Dritten Welt zu unterstützen.

PARDON: Aber es ist natürlich bitter, teilweise ansehen zu müssen, wie die Dritte Welt Investitionskapital verschleißt, wo wir darum kämpfen, daß sie überhaupt erst einmal das Lebensminimum im Zuge der Entwicklungspolitik zugestanden bekommt.

MARCUSE: Gewiß, aber alle diese Dinge sind eine Folge der konkurrierenden Koexistenz der beiden Supermächte. Daher: bevor nicht etwas in diesen Mächten geschieht, wird es auch in der Dritten Welt nicht anders aussehen. In diesem Sinn hat der Marx auch wieder recht, auf einem ganz anderen Wege: daß die entscheidende Veränderung nämlich in den entwickelten Ländern zum Ausbruch und Ausdruck kommen muß. Nur dann ist eine wirkliche dauernde und erfolgreiche Unabhängigkeit der Dritten Welt vorstellbar. Ich meine: solange die großen Mächte Waffen und finanzielle und technische Mittel scheinbar ohne Grenzen in die Dritte Welt zu Ausrüstungszwecken hineinpumpen können, so lange sind allerdings die Chancen der Dritten Welt außerordentlich gering.

PARDON: Damit schränken Sie die Auswirkung und den Schock des Rückschlages, den die Revolutionsbewegung als Guerilla in Lateinamerika, anscheinend selbst im Krieg in Vietnam gegenwärtig erleidet, ein und setzen den Akzent hier nach Europa und USA. Sie sind also nicht bedrückt, daß es nach Guevaras Ermordung fast keine Guerilla in Lateinamerika mehr gibt?

MARCUSE: Nein, das ist wiederum eine der Niederlagen, die, ich möchte beinahe sagen, selbstverständlich sind und die eben zu einer Neubesinnung und zu einer besseren Vorbereitung führen werden. Es handelt sich nicht so sehr um Akzentverschiebung, als darum, einzusehen, daß nur aus einem Zusammenwirken der in der Dritten Welt bestehenden Oppositionskräfte mit denen der Ersten Welt etwas herauskommen kann.

PARDON: Herr Marcuse, nach dieser »tour d'horizon« eine ganz persönliche, uns sehr betreffende Frage: In der Außerparlamentarischen Opposition hält sich das Gerücht, Sie hätten Ihre Einladung an Rudi Dutschke, bei Ihnen in Kalifornien seine Dissertation jetzt in Ruhe fertigzustellen, aufgrund von Presseattacken und Drohbriefen zurückgezogen?

MARCUSE: Das ist nicht richtig. Das Gerücht, daß ich mich in irgendeiner Weise nicht mehr mit Rudi Dutschke solidarisch erkläre, ist meiner Meinung nach ein gemeiner journalistischer Trick. Die Tatsachen sind, daß sobald in Kalifornien die Nachricht auftauchte, daß Rudi Dutschke vielleicht nach San Diego kommen könnte, um dort eine Dissertation fertigzumachen, eine systematische Hetze eingesetzt hat, Drohbriefe, Todesdrohungen, Abschneiden des Telefons usw., mit anderen Worten eine Stimmung geschaffen worden ist, in der dem Rudi das Leben in Kalifornien zur Hölle gemacht werden konnte. Ich habe damals – ich war nicht in Kalifornien, sondern in Boston – der Zeitung erklärt, daß ich nach wie vor sehr glücklich wäre, wenn Rudi Dutschke mit mir studieren und seine Dissertation fertigmachen würde, daß ich es aber nicht verantworten könne, sein Leben noch einmal zu riskieren und ihm zuzureden, nach Kalifornien zu kommen. Er hätte in Kalifornien keine ruhige Minute. Ich möchte diese Gelegenheit benutzen, um noch mal ausdrücklich zu erklären, daß alle Versuche, zwischen Rudi Dutschke und mir irgendwelche Differenzen oder Entfremdungen oder was es auch sein möge von meiner Seite zu konstruieren, reine Unwahrheiten sind.

PARDON: Daran anschließend: Wie beurteilen Sie nach den Vorkommnissen bei der Belagerung der für Springer arbeitenden Druckhäuser und der Pariser Barrikadenschlachten die Notwendigkeit und den Erfolg von Gegengewalt?

MARCUSE: Ich glaube, ich kann mich hier auf den alten Satz zurückziehen – ich weiß nicht genau, ob er von Marx oder Engels stammt: daß Revolutionen immer genauso gewalttätig sind, wie die Gewalt, der sie begegnen.

Die Gewalt ist heute zu einer ganz gefährlichen semantischen Ideologie geworden. Man nennt nicht Gewalt, was in Vietnam geschieht; man nennt nicht Gewalt, was von der Polizei ausgeübt wird, man nennt nicht Gewalt die Verheerungen, die Folterungen, die Erniedrigungen, die Vergiftungen, die täglich im Bereich des Kapitalismus vorkommen; man nennt Gewalt, beschränkt den Ausdruck Gewalt auf die Opposition. Für mich ist es jedenfalls eine der heuchlerischsten, hypokritischsten Sprachwendungen, zu beklagen, daß in Paris ein paar Automobile verbrannten, während z. B. auf den Straßen der entwickelten Industrieländer Tausende von Automobilen im Verkehr vernichtet werden; daß man die Gewalt der Verteidigung mit der Gewalt der Aggression in einem Atem nennt. Die beiden sind völlig verschieden.

PARDON: Es bleibt also bei der Beurteilung, die Sie in Ihrer Schrift oder Ihrem Beitrag zur *Kritik der reinen Toleranz* gegeben haben? Daran hat sich nichts geändert?

MARCUSE: Ich stehe dazu, was ich in diesem Essay geschrieben habe, ja.

PARDON: Eine abschließende Frage noch, Herr Marcuse: Wie kann die revolutionäre Bewegung dem wirtschaftlichen Trend vom Arbeiter zum Angestellten Rechnung tragen? Sind die Angestellten, trotz ihrer immer wieder analysierten stärkeren Integrierung, ein denkbares revolutionäres Potential, oder stirbt die Revolution mit dem letzten Arbeiter?

MARCUSE: Ich glaube nicht, daß die Revolution stirbt, solange es noch eine Klassengesellschaft gibt. Und ich glaube bestimmt nicht, daß sie mit dem letzten Arbeiter stirbt. Ich glaube noch nicht einmal, daß der letzte Arbeiter stirbt. Ich habe schon im Lauf dieser Unterhaltung gesagt, eigentlich ist *alles* heute potentiell ein revolutionärer Faktor. Die Angestellten – vielleicht – am wenigsten. Die Techniker, Wissenschaftler, Ingenieure, hochqualifizierte Arbeiter, die im Produktionsprozeß gebraucht werden, ja – doch muß ich gerade mit Bezug auf den gefährlichen Begriff der »neuen Arbeiterklasse« betonen, daß in der heutigen Situation diese technische Intelligenzija aktiv sicher keine revolutionäre Gruppe darstellt. In den Vereinigten Staaten jedenfalls gehört sie zu den sehr gut bezahlten gesellschaftlichen Gruppen, die ihre Dienste sehr gerne dem bestehenden System zur Verfügung stellen.

PARDON: Welches Leitwort würden Sie der außerparlamentarischen Bewegung für die nächste Phase des Auf- und Widerstandes mitgeben?

MARCUSE: Ich würde überhaupt kein Leitwort geben. Es ist eines der schönsten und der vielversprechendsten Anzeichen dieser neuen Bewegung, daß sie nicht auf andere angewiesen ist, nicht auf Autoritäten, die ihr »mots d' ordre« geben, sondern, daß sie ihre »mots d'ordre« selbst und im Kampf allein herausfindet. Ich finde, diese ausgezeichnete Konstellation sollte man bewahren. Diese »organisierte Spontaneität« erscheint mir der beste Ausweg.

PARDON: Herr Marcuse, wir danken Ihnen für dieses Gespräch – in dem der Vorläufer sich sogar überflüssig zu machen versuchte.

Nr. 250

Herbert Marcuse
Brief an Max Horkheimer und Theodor W. Adorno

1. Dezember 1968

QUELLE: Stadt- und Universitätsbibliothek Frankfurt/Main, Herbert-Marcuse-Archiv

8831 Cliffridge Ave.
La Jolla, Cal. 92037
1. Dezember 1968

Lieber Max, lieber Teddy:

Es war also ein beinahe diabolisches Mißverständnis. Während ich annahm, daß ihr es nicht gerade für klug hieltet, in meiner exponierten Situation mit mir zu korrespondieren (die Abwesenheit eurer Namen unter Pollocks Telegramm bestärkte mich in dieser Annahme), glaubtet ihr, daß ich in meiner Verborgenheit (die übrigens nur 10 Tage dauerte und mir herrlich ungestörte Arbeitstage sicherte) keine Korrespondenz empfangen könnte oder sollte.

In Zermatt waren wir in diesem Jahr überhaupt nicht. Wir sind erst am 1. September von Jugoslawien nach Pontresina gereist, wohin uns meine Familie eingeladen hatte, von dort nach ein paar Tagen nach Salzburg und Oslo. Es ging beim besten Willen nicht: die Zeit für einen Besuch war nicht zu finden.

Es wäre schön, wenn dieses doppelte Mißverständnis nun auch wirklich keine Folgen hätte. Die Solidarität mit euch ist mir eine sehr ernste Sache: was gibt es denn heute noch als die paar Menschen, die man zu treffen das Glück gehabt hat und bei denen man bleiben konnte.

Ich arbeite wie ein Verrückter (der man ja auch ist). Ein neues, sehr schmales Buch (*An Essay on Liberation*) soll im Januar erscheinen. Es wird immer politischer...

Ich möchte Teddy nicht einfach eine Kopie dieses Briefes schicken. Bitte sende ihm das Original. An Pollock schreibe ich mit gleicher Post.

Herzlichst, auch von Inge,

Nr. 251

SDS-Projektgruppe Frauen
»Der Konflikt zwischen den Anforderungen technologischer Hochschulreform...«
Solidaritätsflugblatt zum Streik der AfE-Studentinnen
4. Dezember 1968

QUELLE: Zoller [d. i. Peter Zollinger] (Hg.), Aktiver Streik – Dokumentation zu einem Jahr Hochschulpolitik am Beispiel der Universität Frankfurt/Main, [Darmstadt 1970], S. 36 f.

Der Konflikt zwischen den Anforderungen technologischer Hochschulreform und den Bedürfnissen der Studenten nach Selbstverwirklichung und Selbstbestimmung im Studium wird gegenwärtig an der AfE offen erkennbar. Es ist darüber hinaus latent in allen Fakultäten vorhanden: d.h., die Reglementierungen, die gegenwärtig an der Ausbildung zum Lehrerberuf vorgenommen werden sollen, werden über kurz oder lang die Studenten aller anderen Fakultäten wieder betreffen. Ursprünglich hatte die AfE keine »wissenschaftlichen Ansprüche«, d.h., das Studium war unmittelbar auf das Berufsziel ausgerichtet. Dann hat man dem allgemeinen Druck nachgegeben und den Studenten der AfE formal die Gleichberechtigung mit der Universität zugestanden, d.h., man hat den Studenten der AfE eine »Wissenschaftlichkeit« da vorgegaukelt, wo man im Grunde nur aus war auf Effizienz, d.h. die Lücke auf dem Lehrermarkt zu füllen.

1. In diesem Zusammenhang ist es bedeutsam, daß an der AfE ca. 70 % Frauen studieren. An keiner anderen Fakultät sind Frauen so überrepräsentiert wie hier. Wie kommt das?
2. Der Lehrerberuf ist der einzige akademische Beruf, der von der Gesellschaft für Frauen akzeptiert und »gefördert« wird. Denn dieses Berufsbild läßt sich noch reibungslos mit den »natürlichen Bestimmungen der Frau« als Mutter und Untertanin des Mannes verbinden.
3. Es ist allgemein bekannt, daß in den ersten Grundschuljahren gesellschaftliche Normen und Werte anerzogen werden, die über Anpassung an politische Verhältnisse oder Widerstand gegen sie entscheiden. Die Erzieherinnen der Grundschulklassen fällen also wichtige Entscheidungen über die Entwicklung selbständigen oder sich unterordnenden Verhaltens der Mitglieder einer Gesellschaft.
4. Angesichts der objektiven Wichtigkeit dieses Berufs muß man sich fragen: wie kommt es, daß diese Gesellschaft solche Erziehungsfunktionen Frauen überläßt, d.h. Frauen, denen sie laut Umfrage (Hans Anger, *Probleme der Universität*, Tübingen 1960) »Denkfähigkeit, Kritikvermögen und Intelligenz« generell abspricht. (Wir wissen alle, welche Funktionen solche Vorurteile in der Gesellschaft erfüllen.)
5. Man kann daraus nur den Schluß ziehen, daß unsere Gesellschaft ihre Mitglieder nicht zu »Denkfähigkeit, Kritikvermögen und Intelligenz« erziehen will.
6. Den Frauen (den Studentinnen) werden »Fleiß, Lerneifer, Sorgfalt, Gewissenhaftigkeit, Gedächtnis und Rezeptivität« bescheinigt.
7. Diese »Fraueneigenschaften« bilden die erzieherische Grundlage für Unterordnung unter autoritär vorgegebene Zustände in Schule, Universität und Beruf. Fleiß und Lerneifer garantieren das reibungslose Funktionieren im Sinne zementierter Herrschaftsverhältnisse.
8. Frauen sollen also eine willige Armee im Dienste der Erziehung zur Anpassung sein. Wobei sie im Rahmen der gegenwärtigen Universität noch ständig daran gehindert werden, Möglichkeiten einer kritischen Erziehung zu erarbeiten.
9. Da Frauen eh nicht denkfähig sind, da sie zu der gleichen (behaupteten) Denkunfähigkeit andere erziehen sollen, muß ihr Ausbildungsgang darauf gerichtet sein, Kritikvermögen gar nicht erst aufkommen zu lassen:
a. er muß kurz sein (sechs Semester);
b. er muß mit viel blindem Fleiß durchlaufen werden (25 Wochenstunden, 20 Scheine);
c. er darf keine Zeit lassen zum eigenen Lesen, Denken, geschweige Handeln: d.h. Streichung oder radikale Kürzung der Grundwissenschaften Soziologie und Politik.
10. Wenn dagegen längeres Studium, Neubestimmung der Erziehungsziele sowie statt sturer Rezeption des angebotenen Stoffes die Möglichkeit zu kritischer Auseinandersetzung mit den Studieninhalten gefordert und durchgesetzt werden, heißt das, die bestehenden gesellschaftlichen Strukturen im doppelten Sinne anzugreifen:
– einerseits durch die Neubestimmung traditioneller weiblicher Berufs- und Verhaltenserwartungen
– andererseits durch den Widerstand gegen technokratische Hochschul- und Schulreform.

Wir solidarisieren uns mit den Forderungen der AfE-Studentinnen!

Nr. 252

Herbert Marcuse
Zur Situation der Neuen Linken
Ansprache zum 20jährigen Bestehen
der US-amerikanischen Wochenzeitung »Guardian«
4. Dezember 1968

QUELLE: Herbert Marcuse, Zur Situation der Neuen Linken,
© Suhrkamp Verlag, Frankfurt/Main 1969, S. 1–15

Wir können nicht warten und wir werden nicht warten. Ganz sicher kann ich nicht warten. Nicht nur wegen meines Alters. Ich glaube nicht, daß wir warten müssen. Selbst ich habe keine andere Wahl. Ich würde es nicht länger aushalten, daß sich nichts ändert. Sogar ich fange an zu ersticken.

Ich möchte heute ein Bild der Situation der Linken zeichnen, das so realistisch wie nur möglich sein soll. Dazu sind theoretische Reflexionen nötig, für die ich wohl nicht um Nachsicht bitten muß, denn wenn die Linke auf theoretische Betrachtung allergisch reagiert, stimmt etwas nicht mit ihr.

Ich möchte damit anfangen, zwei Widersprüche aufzudecken, der unsere Bewegung – ja ich sage unsere – gegenübersteht. Auf der einen Seite spüren wir alle, erfahren wir, steckt uns in den Knochen, daß diese Gesellschaft immer repressiver wird, daß sie immer mehr die menschlichen und natürlichen Fähigkeiten zu existieren und eigenes Leben zu bestimmen, eigenes Leben zu gestalten, ohne andere auszubeuten, daß sie diese Anlagen zerstört.

Wir – und das heißt nicht nur wir hier in diesem Raum, sondern alle, die der Repression unterliegen, die durch ihre Arbeit zu Sklaven werden, durch die unnützen und doch noch so notwendigen Beschäftigungen, die von ihnen verlangt werden, die man ihnen moralisch abverlangt, alle diejenigen, die durch die innere und äußere Kolonialpolitik dieses Landes ausgebeutet werden – dieses große *Wir,* das es so bitter nötig hat, verändert zu werden, wir müssen andererseits zugeben, daß ein großer Teil, wenn nicht die Mehrheit der Bevölkerung im Grund nicht wirklich spürt, sich nicht im klaren und sich politisch nicht bewußt ist, daß diese Veränderung notwendig ist. Das ist, wie ich es sehe, das erste große Problem unserer Strategie.

Das zweite: daß wir dauernd mit der Frage konfrontiert sind »Was ist die Alternative?« »Was könnt ihr uns bieten, das besser ist als das, was wir haben?« Ich glaube nicht, daß wir diese Frage einfach zur Seite schieben können, indem wir sagen: »Wichtig ist, daß zerstört wird; nachher sehen wir weiter, was sich ergibt.« Aus einem ganz einfachen Grund geht das nicht: unsere Ziele, unsere neuen Werte, unsere eigene und neue Moral, unsere *eigene* Moral muß sich schon in unseren Aktionen zeigen. Der neue Mensch, den wir möglich machen wollen – wir müssen darauf hinarbeiten, daß dieser Typus neuen menschlichen Daseins hier und jetzt schon entsteht.

Deshalb können wir diese Frage nicht einfach wegschieben. Wir müssen in der Lage sein, wenn auch nur in ganz bescheidenem Umfang, Sinnbilder dessen, was einst der neue Mensch sein könnte, aufzuzeigen. Ich glaube, die Alternative, genau in diesem Sinn, ist der Sozialismus. Aber weder der Sozialismus stalinistischer noch nach-stalinistischer Prägung, sondern jener freiheitliche Sozialismus, der schon immer Bestandteil sozialistischer Auffassung war, aber immer zu leicht verdrängt und unterdrückt werden konnte.

Wenn das also die Alternative ist, wie können wir sie vermitteln? Die Leute schauen sich um und fragen: »Zeigt uns, wo es diese Art Sozialismus gibt.« Unsere Antwort darauf ist, daß er wahrscheinlich in Kuba aufgebaut wird; daß er wahrscheinlich in China entsteht. Auf jeden Fall kämpft er in Vietnam gegen das Super-Monster. Man wird sagen: »Das ist doch nicht der Sozialismus. Sozialismus ist das, was in der Sowjetunion geschieht. Sozialismus bedeutet Invasion der Tschechoslowakei.« Mit anderen Worten: Sozialismus ist ein Verbrechen –

Wie können wir diesem Widerspruch begegnen?

Die zwei Widersprüche, die ich eben aufgezeigt habe, können zu einem zusammengefaßt werden, glaube ich. Radikale Veränderung ohne Massenbasis scheint unvorstellbar. Aber genauso unvorstellbar scheint es – wenigstens in diesem Land und in absehbarer Zukunft – zu einer Massenbasis zu kommen. Wie steht es mit diesem Widerspruch?

Die Antwort scheint ganz einfach. Wir müssen versuchen, zu diesem Unterbau, zu dieser Massenbasis zu kommen. Aber hier stoßen wir auf die Grenzen demokratischer Aufklärung, denen wir heute gegenüberstehen. Wieso Grenzen? Weil ein Großteil und wahrscheinlich der wichtigste Teil der Mehrheit, nämlich die arbeitende Klasse, weitgehend ins System integriert ist und zwar auf ziemlich handfeste Art und

Weise, nicht nur oberflächlich. Aber sie ist nicht für immer integriert. *Nichts ist ewig in der Geschichte.*

Die Widersprüche des korporativen Kapitalismus sind tiefgreifender als je zuvor. Das aber darf nicht und wird niemals die Illusion in uns aufkommen lassen, daß diese Integration (diese vorübergehende Integration) tatsächlich stattgefunden hat und daß sie schon allein dadurch rückgängig gemacht werden kann, daß sich die systemimmanenten Widersprüche verschärfen. Das geschieht, wir haben es in den letzten Jahren gesehen. Unsere Aufgabe aber ist – da diese Desintegration niemals automatisch vor sich gehen wird – auf sie hinzuarbeiten.

Der zweite Grund – warum wir hier auf die Grenzen demokratischer Aufklärung stoßen – ist ganz einfach die Tatsache, daß die Linke nicht über entsprechende Massenkommunikationsmittel verfügt.

Heutzutage wird öffentliche Meinung von Massenkommunikationsmitteln gemacht. Wenn man nicht genausoviel und entsprechende Sendezeit, nicht genausoviel und entsprechenden Zeitungsraum kaufen kann, wie soll man dann die öffentliche Meinung ändern, eine öffentliche Meinung, die auf diese monopolistische Art entstanden ist?

Daraus folgt: wir sind in dieser Pseudo-Demokratie von einer sich selbst bestätigenden Mehrheit umgeben, einer Mehrheit, die sich immer wieder als konservative Mehrheit reproduziert, unfähig, sich grundlegend zu ändern. Aber dieselben Umstände, die demokratische Aufklärung unmöglich machen, sprechen auch gegen den Aufbau einer revolutionären, zentralistischen Massenpartei nach traditionellem Muster. Eine solche Partei ist heute unmöglich, nicht nur weil der Unterdrückungsapparat ungleich wirksamer und mächtiger ist als je zuvor, sondern hauptsächlich deswegen, weil Zentralisierung heutzutage nicht die adäquate Methode zu sein scheint, um auf einen Umschwung hinzuarbeiten und ihn zu verwirklichen.

Dazu noch etwas: Ich sagte, daß die Widersprüche des korporativen Kapitalismus heute so ungeheuer sind wie nie zuvor, aber man muß sofort hinzufügen, daß der Nährboden für diesen korporativen Kapitalismus genauso günstig ist und daß er täglich durch die Zusammenarbeit (oder soll ich sagen Interessengemeinschaft) zwischen den Vereinigten Staaten und der Sowjetunion günstiger wird. Wir beobachten hier – und ich glaube, das ist einer der überlieferten Ausdrücke, den wir beibehalten sollten – eine vorübergehende Stabilisierung des kapitalistischen Systems, und in jeder Periode vorübergehender Stabilisierung ist die Aufgabe der Linken, auf Zusammenhänge hinzuweisen, sie zu verdeutlichen und politisches Bewußtsein zu fördern –

Ich möchte unter drei Überschriften ganz kurz das Ziel der Strategie, die Taktik und schließlich die Organisation der Neuen Linken diskutieren. Zunächst, was das Ziel betrifft, stehen wir vor einer geschichtlich neuen Situation, dem Umstand nämlich oder der Notwendigkeit für grundlegende Veränderungen, der Revolution innerhalb und gegen eine hochentwickelte und technisch fortgeschrittene Industriegesellschaft, die zugleich eine gutfunktionierende und in sich geschlossene Gesellschaft ist. Dieses geschichtliche Novum erfordert das Überdenken einiger unserer beliebtesten Denkmodelle. Ich kann hier natürlich nur so etwas wie einen Katalog dieser Überprüfung geben.

Zunächst die Frage der Macht. Hier genügt das alte Modell nicht mehr. Daß zum Beispiel in einem Land wie den USA unter Führung einer zentralgesteuerten und autoritären Partei sich größere Menschenmassen in Washington versammeln, das Pentagon besetzen und eine neue Regierung einsetzen, scheint eine etwas sehr unrealistische und utopische Vorstellung.

Wir müssen dahin kommen, uns eine verstreute und weitreichende Desintegration des Systems vorzustellen, in der die Interessenschwerpunkte und Aktivitäten auf lokale und regionale Ebenen verteilt werden.

Als zweites müßte die Rolle der arbeitenden Klasse überdacht werden. Hier möchte ich ein paar Worte zu einer der unglücklichsten Angelegenheiten heute sagen, nämlich zu der Vorstellung der neuen arbeitenden Klasse. Ich weiß, was man gegen sie sagen kann und was gegen sie gesagt wurde. Mir scheint, daß das Konzept einer neuen arbeitenden Klasse ganz einfach Tendenzen enthält und antizipiert, die unmittelbar vor unseren Augen im kapitalistischen Produktionsprozeß vor sich gehen, daß nämlich mehr und mehr hochqualifizierte und hochbezahlte Angestellte, Techniker, Spezialisten usw. entscheidende Positionen im materiellen Produktionsprozeß einnehmen und auf diese Weise sogar mit orthodox-marxistischen Begriffen Mitglieder der industriellen Arbeiterklasse werden. Was hier vor sich geht, meine ich, ist die Erweiterung der potentiellen Massenbasis weit über die traditionelle Industriearbeiterklasse hinaus zu einer neuen arbeitenden Klasse, die das Ausmaß der Ausgebeuteten erweitert.

Diese Erweiterung deutet auf eine breite, aber sehr diffuse und verstreute Massenbasis und ändert das Verhältnis zwischen dem, was wir richtungweisende, politisch militante Minderheitenkader der Linken nennen und den Massen. Wir wollen keine große zentralisierte und organisierte Bewegung, sondern lokale und regionale politische Aktionen gegen bestimmte Mißstände – Unruhen, Ghettoaufstände usw., das heißt natürlich Massenbewegungen, aber Massenbewegungen, die weitgehend ohne politisches Bewußtsein ablaufen und die mehr denn je auf politische Bestimmung und Richtunggebung durch militante Weisungsminderheiten angewiesen sind –

Politische Aktivität und politische Erziehung muß über Diskussionen und schriftliche Fixierungen hinausgehen. Die Linke muß adäquate Mittel finden, das konformistische und korrupte Universum der politischen Sprache und des politischen Verhaltens einzureißen. Die Linke muß versuchen, das Bewußtsein und das Gewissen der anderen zu wecken und aus den Sprach- und Verhaltensweisen des korrupten politischen Universums auszubrechen, Verhaltensweisen, die alle politischen Aktivitäten bestimmen; dieses Ausbrechen ist eine fast übermenschliche Aufgabe und setzt eine fast übermenschliche Vorstellungskraft voraus, damit eine Sprache gefunden werden kann und damit es zu Aktionen kommt, die nicht Teil und Teilchen des üblichen vertrauten politischen Verhaltens sind –

Nun zum Schluß zur Organisation der Neuen Linken. Ich erwähnte bereits, daß traditionelle Formen der Organisation – wie eine parlamentarische Partei – überholt sind. Ich kann mir heute keine Partei vorstellen, die nicht nach kurzer Zeit der allgemeinen und totalitären politischen Korruption, die das politische Universum kennzeichnet, zum Opfer fallen würde. Wir wollen keine politische Partei, aber auch keinen revolutionären Zentralismus und keinen Untergrund – weil alle zu leicht dem verstärkten und auf Stromlinie gebrachten Repressionsapparat zum Opfer fallen würden –

Die Stärke der Neuen Linken könnte sehr gut in genau diesen kleinen wetteifernden und herausfordernden Gruppen liegen, die an vielen Orten zugleich aktiv werden und eine Art politische Guerillatruppe im Frieden oder sogenannten Frieden wären, aber (und das scheint mir sehr wichtig) kleine Gruppen, die auf lokaler Ebene operieren würden, und dadurch richtungweisend wären, was nach aller Wahrscheinlichkeit die Grundstruktur des freiheitlichen Sozialismus sein wird, kleine Räte von Hand- und Kopfarbeitern, Sowjets, wenn man diesen Ausdruck noch benutzen kann (und nicht bedenkt, was tatsächlich mit den Sowjets geschah), etwas, was ich ganz ernsthaft organisierte Spontaneität nennen möchte.

Ich möchte noch einmal die Perspektiven der Neuen Linken zusammenfassen. Ich glaube – und dies ist kein Glaubensbekenntnis, sondern basiert hauptsächlich auf der Analyse der Gegebenheiten – ich glaube, daß die Neue Linke die einzige Hoffnung ist, die wir heute haben. Ihre Aufgabe ist, sich und andere vorzubereiten, nicht zu warten, sondern sich heute, gestern und morgen in Theorie und Praxis, moralisch und politisch auf die Zeit vorzubereiten, wenn die zunehmenden Konflikte des korporativen Kapitalismus ihren repressiven Zusammenhalt verlieren und sich neue Räume öffnen, in denen die wirkliche Arbeit des freiheitlichen Sozialismus beginnen kann. Die Aussichten fürs nächste Jahr, die Aussichten für die Neue Linke sind gut, wenn sie ihre augenblickliche Aktivität beibehalten kann. Es wird immer zeitweilige Rückschläge geben. Keine Bewegung kann sich mit gleichbleibendem Tempo entwickeln; unsere Aktivität aufrechtzuerhalten wäre schon ein Erfolg.

Noch ein Wort zu Freund oder Feind von links: Jene, die besonders die Jüngeren der Neuen Linken verurteilen (weil diese Jüngeren für die totale Verweigerung kämpfen und gegen den Fetischismus und die fetischistischen Vorstellungen der alten Linken und der alten Liberalen sind) – jene, die sie als pubertäre Radikale und snobistische Intellektuelle abstempeln wollen und dabei Lenins berühmtes Pamphlet ins Feld führen: ihnen muß ich sagen, daß das historische Fälschung ist. Lenin richtete sich gegen Radikale, die einer starken revolutionären Massenpartei gegenüberstanden. Diese revolutionäre Massenpartei gibt es heute nicht. Die Kommunistische Partei wurde und wird immer mehr zu einer Partei der Ordnung und Disziplin, wie sie selbst sagte. Mit anderen Worten: heute ist es genau anders herum. Ohne revolutionäre Partei sind diese angeblich pubertären Radikalen, die schwachen und verwirrten aber die einzig wahren geschichtlichen Erben der großen sozialistischen Tradition.

Wir wissen alle, daß ihre Reihen von Agenten, Dummköpfen und Verantwortungslosen durchsetzt sind. Trotzdem sind unter ihnen jene Menschen, Männer und Frauen, Schwarze und Weiße, die weitgehend frei sind von den aggressiven und repressiven unmenschlichen Bedürfnissen der Ausbeuter-Gesellschaft, frei auch von diesen Bedürfnissen, um Zeit zu haben, eine Gesellschaft ohne Ausbeutung vorzubereiten. Ich möchte, solang ich kann, weiter mit ihnen zusammenarbeiten.

> **Nr. 253**
>
> **Basisgruppe Soziologie**
> »Die Frankfurter Soziologie beansprucht, kritische Theorie der Gesellschaft zu sein ...«
> Flugblatt-Aufruf zur Soziologen-Vollversammlung am 5. Dezember
> 4. Dezember 1968
>
> QUELLE: SDS-Bundesvorstand (Hg.), SDS-Info vom 18. Dezember 1968, Nr. 2, S. 14; wiederabgedruckt in: Zoller [d. i. Peter Zollinger] (Hg.), Aktiver Streik – Dokumentation zu einem Jahr Hochschulpolitik am Beispiel der Universität Frankfurt/Main, [Darmstadt 1970], S. 40 f.

Die Frankfurter Soziologie beansprucht, kritische Theorie der Gesellschaft zu sein, welche die Gesellschaft als veränderbar darstellt und politisch bewußte Intelligenz ausbildet. Die kritische Theorie der Adorno, Habermas und Friedeburg ist jedoch so kritisch, daß sie der politischen Studentenbewegung bislang nur in den Rücken gefallen ist. Die kritische Theorie ist so autoritär organisiert, daß ihr soziologischer Wissenschaftsbetrieb den Studenten keine Chance zur Selbstorganisation des Studiums einräumt. An anderen Universitäten, am OSI in Berlin, am psychologischen Seminar in Hannover, können die Studenten längst die Forschungs- und Lehrinhalte, die Finanzplanung etc. mitkontrollieren. Doch die professionellen kritischen Theoretiker Frankfurts hocken auf der Freiheit von Forschung und Lehre wie auf ihrem Privateigentum, sie schließen die Lernenden aus der Freiheit von Forschung und Lehre aus.

Die professionellen kritischen Kritiker der Frankfurter Schule legen mit theoretischer Beflissenheit linke theoretische Bekenntnisse ab. Im Spiegel gegen Schütte ein Scheingefecht zu führen, bedeutet nur zu verschleiern, daß die Auseinandersetzung nur im praktischen Kampf geführt werden kann. Schon auf die Andeutung hin, daß wir diesen Kampf aufnehmen wollen, reagieren sie wie auf eine Naturkatastrophe, schaffen ihre Akten beiseite und privatisieren damit endgültig ihre kritische Wissenschaft. Wir haben diesen Zustand satt: Wir haben es satt, mit den kritischen Ordinarien über Hochschulreform zu diskutieren, ohne daß den Studenten eine Kontrolle über die Produktivkraft Wissenschaft zugestanden wird. Die Beispiele in Berlin und Hannover haben gezeigt, daß man die Verhältnisse an der Hochschule ändern muß und ändern kann.

Wir haben es satt, uns in Frankfurt zu halbseidenen politischen Linken ausbilden zu lassen, die nach dem Studium das integrierte Alibi des autoritären Staates abgeben.

Hochmütig vom Stand ihrer Ordinarienprivilegien aus werfen die Frankfurter Ordinarien den Studenten vor, ihr Protest sei inhaltsleer und ohne kritisches Gegenkonzept; sie ignorieren, daß die autoritäre Organisation ihrer Lehrveranstaltungen und ihr leistungsdiktatorisches Prüfungssystem es sind, die uns zu friedlichen Dummköpfen ausbilden. Wir nehmen die Auseinandersetzung mit den Professoren um die sofortige Umorganisation des Soziologiestudiums am

Freitag, den 5.12. um 19 Uhr, H VI in einer Vollversammlung der Soziologen

noch einmal auf. Wir werden dort diskutieren:
1. die Möglichkeit einer Satzung, die den Studenten eine Mitkontrolle über die inhaltlichen Forschungs- und Lehrstrategien sichert,
2. die Möglichkeit einer vorläufigen Aussetzung des soziologischen Lehrbetriebs, wie er bislang ablief und die gemeinsame Organisierung von Forschungs- und Lehrkollektiven, welche die autoritären Lehrsituationen abbauen und eine neue Lehr- und Forschungsstrategie entwerfen. Diese gemeinsamen Arbeitsgruppen müssen als ordentliches Studium anerkannt werden.

Wir haben keine Lust, die linken Idioten des autoritären Staates zu spielen, die kritisch in der Theorie sind, angepaßt in der Praxis. Wir nehmen den Anspruch Horkheimers ernst:

»Die revolutionäre Karriere führt nicht über Bankette und Ehrentitel, über interessante Forschungen und Professorengehälter, sondern über Elend, Schande, Undankbarkeit, Zuchthaus ins Ungewisse, das nur ein fast übermenschlicher Glaube erhellt. VON BLOSS BEGABTEN LEUTEN WIRD SIE DAHER SELTEN EINGESCHLAGEN.« (Heinrich Regius, Dämmerung, Zürich 1934, S. 73 f.)

Nr. 254

Sozialistischer Deutscher Studentenbund, Gruppe Frankfurt
»Solidarität mit der AFE!«
Solidaritäts-Aufruf zur Unterstützung des AfE-Streiks
9. Dezember 1968

QUELLE: SDS-Bundesvorstand (Hg.), SDS-Info vom 18. Dezember 1968, Nr. 2, S. 20

Der autoritäre Staat setzt erneut zum Angriff auf die politischen und wissenschaftlichen Interessen der Studenten an. Die Studenten der AFE protestieren gegen den Versuch des hessischen Kultusministeriums, eine rigorose Kürzung des Studiums und die Streichung politisch bezogener Grundwissenschaften zu diktieren. Der Staat will eine reibungslos verwertbare pädagogische Intelligenz, die Wissenschaft aufspeichern, aber nicht kritisch denken soll.

Der Versuch des hessischen Staates, die Ausbildung kritischer Pädagogen unmöglich zu machen, steht exemplarisch für den Angriff der technokratischen Hochschulreform auf alle Fakultäten der Universität. Der hessische Schütte-Entwurf preist in geschickter Manipulation sich als revolutionär an, stabilisiert aber in Wirklichkeit die Rechtlosigkeit der Studenten an der Hochschule und verweigert ihnen mit Scheinzugeständnissen jeden wirksamen Einfluß auf die Organisation des Wissenschaftsbetriebes.

Zwanzig Jahre wirkungsloser demokratischer Reformentwürfe sind genug! Wir können dem autoritären Staat die Universität nicht überlassen. Die Kommilitonen der AFE haben dem Staat Kampfmaßnahmen angekündigt, wenn ihre Forderungen unerfüllt bleiben. Es genügt nicht, gegen die technokratische [Hochschulreform] bloß zu protestieren, die Studenten müssen die Organisation der wissenschaftlichen Forschung und Lehre selbst übernehmen. Die Ordinarien verfügen über die Freiheit von Forschung und Lehre als Privateigentümer. Die Studenten müssen autonom die Lehr- und Lernprozesse in ihre eigene Hand nehmen.

WIR KÖNNEN UNSERE PRAKTISCHE SOLIDARITÄT MIT DER AFE BEWEISEN, INDEM WIR IN UNSEREN EIGENEN FAKULTÄTEN UND INSTITUTEN DEN POLITISCHEN WIDERSTAND GEGEN DIE AUTORITÄRE HOCHSCHULREFORM AUFNEHMEN.

Nr. 255

Streikkomitee der Soziologiestudenten
Begleitschreiben an Jürgen Habermas zu den im »Negativkatalog« zusammengestellten Streikforderungen
9. Dezember 1968

QUELLE: Zoller [d. i. Peter Zollinger] (Hg.), Aktiver Streik – Dokumentation zu einem Jahr Hochschulpolitik am Beispiel der Universität Frankfurt/Main, [Darmstadt 1970], S. 79

9.12.68

Sehr geehrter Herr Prof. Dr. Habermas!

Zur Kenntnisnahme übersenden wir Ihnen folgendes Paper, das die minimalen Forderungen der Soziologiestudenten an die Ordinarien für die Übergangszeit bis zum Abschluß einer satzungsmäßigen Neuorganisation des Soziologischen Seminars enthält, nebst einer Präambel, welche die objektive Notwendigkeit des Streiks und der sich ergebenden praktischen Arbeit darstellt und begründet.

Aufgrund des zweiten Teils Ihrer Äußerungen in der Vollversammlung am vergangenen Freitag haben wir nämlich Anlaß, an der Glaubwürdigkeit Ihrer im ersten Teil versicherten Solidarität [zu zweifeln]. Wenn Ihre Versicherungen, daß »die jetzigen Aktionen der Studenten nicht nur sinnvoll, sondern sogar notwendig« seien, nicht nur als verbale Bekenntnisse interpretiert werden sollen, können wir konsequenterweise Ihr Einverständnis mit dem Inhalt des beigelegten Papiers erwarten.

Die nächste Vollversammlung der Soziologiestudenten der Phil. Fak. findet am Dienstag, 10.12., um 19 Uhr im Hörsaal VI statt.

Das Streikkomitee

Nr. 256
Komitee streikender Soziologiestudenten
Negativkatalog
Forderungen zur Neuorganisierung
des Soziologiestudiums
10. Dezember 1968

QUELLE: Zoller [d. i. Peter Zollinger] (Hg.), Aktiver Streik – Dokumentation zu einem Jahr Hochschulpolitik am Beispiel der Universität Frankfurt/Main, [Darmstadt 1970], S. 67 und S. 69

Präambel
Wir erwarten, daß die Soziologieprofessoren der Phil. Fak. den Streik der Soziologiestudenten unterstützen, weil er im Interesse der grundlegenden Neuorganisation des Soziologiestudiums notwendig ist.

Diese Notwendigkeit begründet sich durch drei unabweisbare Gesichtspunkte:
1) Der Widerspruch zwischen dem praktischen Selbstverständnis kritischer Soziologie und der privatarbeitsteiligen Anarchie ihrer gegenwärtigen Organisation erfordert von uns allen – Studenten, Lehrstuhlinhabern und wissenschaftlichen Mitarbeitern – eine grundlegend neue Organisation des soziologischen Studiums, die auf die praktische Vermittlung von sozialen Berufschancen und politischer Tätigkeit zielt. Diese Neuorganisation verlangt eine Reflexion darauf, welche theoretische und politische Arbeit für die Beseitigung spätkapitalistischer Herrschaftsformen, wie sie durch die studentische Protestbewegung der letzten Jahre erst richtig deutlich geworden sind, objektiv geleistet werden muß, und wie diese Arbeit ihre angemessene materielle Entschädigung finden kann.
2) Gerade für unsere Wissenschaft läßt sich eine gründliche und praktisch folgenreiche Auseinandersetzung mit den wachsenden Bestrebungen einer allgemeinen technokratischen Studien- und Universitätsreform nicht mehr länger aufschieben. Diese Auseinandersetzung muß sich gemäß der Intention unserer Wissenschaft sowohl auf die Aufhebung der bisherigen fakultätsmäßigen Arbeitsteilung wie auch auf die gesamtgesellschaftlichen Implikationen und Funktionen anderer bisheriger Berufsbilder erstrecken, so z.B. der Lehrer, der Juristen und ihrer bisherigen Ausbildung.
3) Diese Auseinandersetzung muß ferner notwendig auch die institutionelle Neuorganisation der soziologischen Institute einschließen, in der die Studenten als gleichberechtigte wissenschaftliche Produzenten, denen eine Kontrolle über die Produktivkraft Wissenschaft zusteht, anerkannt werden; dies hat unmittelbar zur Konsequenz die Anerkennung ihrer Selbstbestimmung sowie die Abschaffung des überlieferten ständischen Ordinarienprinzips.

Eine solche notwendige, grundlegende wissenschaftliche Reflexion über die Neuorganisation von Instituten, Lehr- und Forschungsbetrieb hat reelle Chancen auf Erfolg nur dann, wenn sie sich in einem entsprechenden Bewegungsspielraum vollziehen kann, d.h. wenn der routinierte Lehrbetrieb aus diesen grundsätzlichen Erwägungen heraus zunächst einmal ausgesetzt wird und die Arbeit der Neuorganisation des soziologischen [Seminars] sofort in einer experimentellen politischen und wissenschaftlichen Praxis begonnen wird. Diese hat die satzungsmäßig zu institutionalisierende Sozialisierung von Forschung und Lehre zum Ziel. Daraus ergeben sich für die erste Phase der Neuorganisation des soziologischen Studiums, der Erarbeitung neuer Lehr- und Forschungsstrategien, bis zum Abschluß einer neuen Satzung für das soziologische Seminar folgende Forderungen an die Ordinarien.

Wir, die Ordinarien des Soziologischen Seminars Myliusstraße, erklären daher folgendes:
1) Wir treten dafür ein, daß das Wintersemester 68/69 vollgültig als Studiensemester anerkannt wird. Für die in den Kursen und Projektgruppen der Studenten bis zum endgültigen Abschluß einer Satzung geleistete Arbeit werden wir wie für die bisherigen Seminare und Übungen Scheine ausfüllen; denn wir sind der Meinung, daß diese Arbeit, die in der Präambel genannten elementaren Bedürfnisse mitsamt ihren vielschichtigen Konsequenzen zu artikulieren, eine gültige wissenschaftliche Leistung darstellt. Wir setzen uns ab sofort dafür ein, daß die Vordiplomprüfungen bis auf weiteres ausgesetzt werden. (Am Rande können wir darauf hinweisen, daß aus denselben Gründen auch in anderen Bundesländern die Durchführung von Zwischenprüfungen ausgesetzt wird!)
2) Personelle Entscheidungen über vakant gewordene Lehrstühle und die Einstellung weiterer Angestellter und Mitarbeiter werden vorerst aufgeschoben, keine weiteren Forschungsvorhaben in Gang gesetzt. Bis auf weiteres werden wir die formale Verwaltung unserer Lehrstühle jedoch wahrnehmen. Dadurch soll auch von unserer Seite klar zum Ausdruck gebracht werden, daß in einem künftigen satzungsmäßig neuorganisier-

ten Seminar über alle sachlichen und finanziellen Mittel, die für die soziologische Forschung und Lehre notwendig werden, von einem Gremium entschieden werden muß, das nicht von den wiss[enschaftlichen] Angestellten und vertraglichen Mitarbeitern und uns Lehrstuhlinhabern majorisiert werden kann.
3) Die Neuorganisation des Seminars muß in diesem Sinn garantieren, daß die Studenten in einem von ihnen selbst organisierten Bereich gleichberechtigt eigene Lehr- und Forschungsvorhaben durchführen können. Für dieses Vorhaben müssen den Studenten die notwendigen sachlichen und finanziellen Mittel sowie die Mittel, die für die wiss[enschaftlichen] Hilfskräfte benötigt werden, zur Verfügung gestellt werden. Diese betragen mindestens 30 % des gesamten zur Verfügung stehenden Seminarhaushalts.

          Streikkomitee

Nr. 257
Streikkomitee Spartakus-Seminar
»Die Universität gehört uns!«
Erklärung der Besetzer des Soziologischen Seminars
11. Dezember 1968

QUELLE: SDS-Bundesvorstand (Hg.), SDS-Info vom 18. Dezember 1968, Nr. 2, S. 15; wiederabgedruckt in: Zoller [d. i. Peter Zollinger] (Hg.), Aktiver Streik – Dokumentation zu einem Jahr Hochschulpolitik am Beispiel der Universität Frankfurt/Main, [Darmstadt 1970], S. 91

DIE UNIVERSITÄT GEHÖRT UNS!

Zur Unterstützung der Kommilitonen an der AfE haben die Soziologen am letzten Freitag einen Solidaritätsstreik beschlossen. Gleichzeitig ist damit begonnen worden, die Organisation des Seminars selbst in die Hand zu nehmen. Wir organisieren den praktischen Widerstand gegen die technokratische Hochschulreform, bevor sie uns überrollt.

In der Vollversammlung am Dienstag wurden für die UNBEGRENZTE FORTSETZUNG DES AKTIVEN STREIKS folgende Beschlüsse gefaßt:
– Die Studenten organisieren einen eigenen Forschungs- und Lehrbetrieb, der wesentlich auf die politischen Erfahrungen der Protestbewegung bezogen ist. Dabei sollen möglichst nicht-autoritäre Lernformen entwickelt werden.
– Den Professoren des Seminars werden drei MINDESTFORDERUNGEN der Studenten als Verhandlungsbasis vorgelegt: 1) Anerkennung des Studiums in den Arbeitsgruppen bis zum Abschluß einer neuen Satzung. Aussetzung des Vordiploms. 2) Verzicht auf ihre Ordinarienprivilegien bei formaler Weiterverwaltung der Lehrstühle; ein künftiges Entscheidungsgremium wird mindestens halbparitätisch besetzt sein. 3) Salvatorische Anerkennung eines rein studentischen Arbeitsbereiches, dem mindestens 30 % des Seminarhaushaltes zur Verfügung stehen.
– Bis diese Forderungen erfüllt werden, organisieren die Studenten Kampfmaßnahmen wie die Besetzung des Seminars.
Bis jetzt sind folgende Arbeitsgruppen organisiert:
1) Revolutionäre Theorie 2) Qualitative Inhaltsanalyse 3) Organisation und Emanzipation 4) Berufschancen der Soziologen 5) Mater[ialistische] Erkenntnistheorie 6) Marxistische Rechtstheorie 7) Autoritärer Staat und Rechtsstaat 8) Autorität und Kommunikation 9) Sozialisation 10) Politische Ökonomie.
Der Zeitplan ist im Seminar zu erfragen. Ort: Myliusstraße 30
SPARTAKUS-INSTITUT MYLIUSSTRASSE
Tel.: 7 98 25 39

DIE UNIVERSITÄT GEHÖRT UNS!

Nr. 258
Theodor W. Adorno / Ludwig von Friedeburg / Jürgen Habermas
»Wir unterstützen den Protest unserer Studenten ...«
Als Flugblatt verteilte öffentliche Erklärung
11. Dezember 1968

QUELLE: Zoller [d. i. Peter Zollinger] (Hg.), Aktiver Streik – Dokumentation zu einem Jahr Hochschulpolitik am Beispiel der Universität Frankfurt/Main, [Darmstadt 1970], S. 85 f.

Wir unterstützen den Protest unserer Studenten gegen Gefahren einer technokratischen Hochschulreform, vor denen wir seit Jahren warnen. Freilich darf dieser Protest nicht von klar definierten Zielen einer Veränderung gerade des institutionellen Rahmens absehen, der durch ein neues Hochschulgesetz festgelegt wird.

Wir begrüßen ferner, daß die vereinzelten Initiativen von studentischen Gruppen, für eine didaktische und inhaltliche Neuordnung ihrer Studiengänge Konzepte zu erarbeiten, nun ein weites Echo gefunden haben.

Wir bekräftigen unser wiederholt bewiesenes Interesse daran, die unerträglichen Bedingungen des Massenstudiums zu verändern, einen Lehrbetrieb zu schaffen, der den Bedürfnissen der Studierenden ebenso gerecht wird wie den immanenten Anforderungen unserer Wissenschaft. Das kann nur durch eine kontinuierliche und breite Diskussion aller Beteiligten erreicht werden. Die Arbeits- und Projektgruppen der Studenten, die sich in den letzten Tagen gebildet haben, sind dazu ein erster Schritt. Wir wollen nicht, daß *diese* Initiative scheitert.

Ein Teil der Studenten verknüpft aber die berechtigten Wünsche mit Forderungen, die weder grundsätzlich noch politisch gerechtfertigt werden können. Der sogenannte Negativkatalog hat ausschließlich propagandistischen Stellenwert. Er dient einer Taktik der Konfrontation um jeden Preis, die zur Selbstzerstörung führen muß. Zu den Forderungen im einzelnen:

1. Studienleistungen, die für die Dozenten des Faches erkennbar und nachprüfbar sind, werden wie bisher durch Scheine bestätigt, wenn sie Kriterien wissenschaftlichen Arbeitens genügen.

2. Mit der Grundsatzdiskussion über Inhalt und Form des Studienganges in Soziologie muß selbstverständlich auch die gegenwärtige Diplomordnung in Frage gestellt werden. Wir sind darüber hinaus der Meinung, daß überhaupt die Abschaffung des Soziologischen Diplomstudiums überlegt werden sollte. Eine Änderung der Prüfungsordnung ist jedoch nach geltendem Recht nur durch gemeinsamen Beschluß der Wirtschafts- und Sozialwissenschaftlichen und der Philosophischen Fakultät möglich. Das Vordiplom kann nicht »ausgesetzt« werden, wenn damit gemeint ist, daß die prüfungsberechtigten Hochschullehrer prüfungsbereiten Kandidaten, die den Anspruch darauf haben, ein Vordiplom abzulegen, die Prüfung verweigern sollen.

3. Das Vorschlagsrecht für die Berufung auf Lehrstühle liegt heute bei der Fakultät. Nur ein neues Hochschulgesetz kann das ändern. Die Einstellung von wissenschaftlichen Mitarbeitern und Angestellten des Seminars ist Sache der Direktoren. Diese Kompetenzen können und sollen in einer künftigen Seminarordnung neu geregelt werden. Bis dahin halten wir uns an die bestehenden Regelungen.

4. Nach unserem Vorschlag soll in Zukunft eine drittelparitätisch besetzte Seminarversammlung über die Verwendung der Haushaltsmittel des Seminars entscheiden. Eine Regelung, die den Studenten wenigstens die Hälfte der Stimmen in diesem Organ sichert, halten wir nicht für vertretbar. Sie widerspricht der inneren Differenzierung einer nach Funktionen arbeitsteilig gegliederten Institution der wissenschaftlichen Lehre.

5. Wir verstehen, daß Studenten, solange wie Ordinarien allein über Haushaltsmittel verfügen, eigene Mittel zur autonomen Verwaltung fordern. Eine korporative Sonderregelung für Studenten kann aber nur im Sinne einer Schutzfunktion gerechtfertigt werden.

Bei einer drittelparitätischen Zusammensetzung der Seminarversammlung entfällt die Notwendigkeit für eine solche Privilegierung.

Zusammenfassend stellen wir fest:

Die Auflagen, mit denen die Technokraten des verselbständigten Protestes den berechtigten Widerstand der Studenten zu neuen Konfrontationen und vorhersehbaren Niederlagen manövrieren wollen, sind ungerechtfertigt. Ebensowenig lassen sich die Pressionen, derer sie sich dabei bedienen, legitimieren. Wir drängen, wie jedermann weiß, auf eine energische Hochschulreform; uns gegenüber braucht sich niemand Diskussionen mit Gewalt zu erzwingen. Wir haben bereits am Ende des vergangenen Semesters den Vorschlag zu einer Seminarordnung vorgelegt, auf die bisher von seiten der Studenten nicht geantwortet worden ist.

Nr. 259

Jürgen Habermas

»Ich habe meinen Vorsatz, den Lehrbetrieb aufrechtzuerhalten...«

Erklärung vor Studenten

12. Dezember 1968

QUELLE: Jürgen Habermas, Protestbewegung und Hochschulreform,
© Suhrkamp Verlag Frankfurt/Main 1969, S. 244

Ich habe meinen Vorsatz, den Lehrbetrieb aufrechtzuerhalten, bereits am Freitag vergangener Woche in der Vollversammlung der Soziologen bekräftigt und begründet. Inzwischen ist mir durch bestimmte Argumentationen in der Vollversammlung am vergangenen Dienstag die Intention klar geworden, von der sich eine Kerngruppe der Studenten bei den gegenwärtigen Aktionen leiten läßt. Wenn ich recht verstehe, bedienen sich diese Leute des begrüßenswerten Impulses zu einer Neuordnung des Studiums nur als eines Vehikels, um den Wissenschaftsbetrieb als solchen zu zerstören.

Wer aber die Basis der Aufklärung angreift, macht aufgeklärtes politisches Handeln unmöglich. Die Basis der Aufklärung ist eine an das Prinzip herrschaftsfreier Diskussion, und allein an dieses Prinzip, gebundene Wissenschaft. Wer einzelne theoretische Ansätze durch institutionellen Zwang dogmatisieren will, wer darüber hinaus jeden theoretischen Ansatz diskriminiert zugunsten einer Instrumentalisierung des Denkens und Wissens für die Ad-hoc-Bedürfnisse sogenannter Praxis, schickt sich an, die Bedingungen vernünftiger Rede und damit die Grundlage von Humanität abzuschaffen. Wer mit dieser Intention einverstanden ist – zunächst einmal unterstelle ich, daß niemand damit einverstanden ist –, dessen moralische, geistige und politische Verfassung unterscheidet sich prinzipiell nicht mehr von dem intellektuellen Prototyp sei es des Faschisten, sei es des Stalinisten. Um Verwirrungen und Versuchungen dieser Art im Ansatz entgegenzutreten, halte ich es für unabdingbar, daß der offizielle Lehrbetrieb aufrechterhalten bleibt.

Nr. 260
Jürgen Habermas
Seminarthesen

Im Kolloquium »Probleme einer materialistischen Erkenntnistheorie«

14. Dezember 1968

QUELLE: Jürgen Habermas, Protestbewegung und Hochschulreform, © Suhrkamp Verlag, Frankfurt/Main 1969, S. 245–248; wiederabgedruckt in: Jürgen Habermas, Kleine Politische Schriften (I–IV), Frankfurt/Main 1981, S. 261–264

Für alle Wissenschaften besteht ein objektiver Zusammenhang der Forschungsprozesse mit der Lebenspraxis. Dieser Zusammenhang ergibt sich nicht nur aus externen Abhängigkeiten des Forschungsbetriebs von gesellschaftlichen Institutionen und Entscheidungen, noch allein aus dem Umstand, daß wissenschaftliche Informationen gesellschaftliche Verwendung finden.[1] Die Beziehung zur Praxis ist den Wissenschaften immanent. Diese These kann unter zwei Gesichtspunkten entfaltet werden:

a) Die methodologische Grundstruktur von Forschungen ist durch eines von drei konkurrierenden erkenntnisleitenden Interessen bestimmt. Diese quasi transzendentalen Interessen setzen sich in den Formen der Objektivation von Wirklichkeit durch und präjudizieren die möglichen Verwendungskategorien der wissenschaftlichen Information.[2]

b) Das Auftauchen bestimmter, für die Theoriebildung entscheidender Paradigmen, die aus der vorwissenschaftlichen Erfahrung stammen, hängt ebenso wie die Wahl von Objektbereichen und Fragestellungen und die spezielle Verwendung der erzeugten Informationen von geschichtlich wechselnden Interessenlagen ab.

Für kritische Wissenschaft gilt im besonderen,

– daß sie Aufklärungswissen hervorbringt, also Informationen die, indem sie objektiven Schein auflösen, praktisch folgenreich sein können;

– daß ein kategorialer Rahmen nicht konventionell festgelegt, sondern aus der Reflexion des Entstehungszusammenhanges der Theorie selber gerechtfertigt wird.

Aus der systematischen Einheit von Theorie und Praxis folgt aber nicht die Einheit von wissenschaftlicher Analyse und unmittelbarer Vorbereitung politischen Handelns. Deshalb kann die Berufung auf Einheit von Theorie und Praxis auch nicht die Forderung nach einer institutionellen Einheit von Wissenschaft und Aktionsvorbereitung begründen. Eine Trennung beider Bereiche ist notwendig. Diese These kann unter drei Gesichtspunkten diskutiert werden:

1. Der Zeithorizont

a) Die Aktionsvorbereitung ist durch Handlungszwänge terminiert. Bei der Bewertung von Analysen hat daher der externe Entscheidungsdruck Vorrang vor immanenten wissenschaftlichen Kriterien. Der Wissenschaftsprozeß hingegen bewegt sich innerhalb eines virtualisierten Zeithorizonts. Die immanent wissenschaftlichen Kriterien für Gelingen oder Scheitern von Problemlösungen haben bei der Bewertung von Forschungsergebnissen Vorrang vor extern gesetzten Terminierungen (Zielen des Auftraggebers, Aufwandsbeschränkungen usw.).

b) Die Aktionsvorbereitung richtet sich nach pragmatischen Zwecken, für die Ad-hoc-Wissen mobilisiert wird. (Den Spielraum von Handlungskontrollen erweitert übrigens dieses Wissen nur in dem Maße, wie es gesetzmäßige Zusammenhänge erfaßt und d.h. autonom entwickelt worden ist.) »Autonom« ist der Wissenschaftsprozeß in der Hinsicht, da auch die Zwecke, die forschungsrelevante Entscheidungen bestimmen, grundsätzlich der Revision durch wissenschaftliche Diskussion unterliegen.

2. Das Verhältnis von Erkenntnis und Interesse
a) Die Aktionsvorbereitung verlangt eine subjektiv interessierte Aneignung von Informationen, die vorweggenommene Ziele präzisieren und die Wahl von Mitteln zu deren Realisierung erleichtern. Der Wissenschaftsprozeß hingegen erfordert die Vermittlung von subjektiven Interessen mit der Einübung in die objektiv interessierte Einstellung einer methodologischen Grundstruktur. Dieses erkenntnisleitende Interesse ist nicht kontingent; es fällt nicht zusammen mit den empirischen Bedürfnissen politisch Handelnder.
b) Die Aktionsvorbereitung ist auf Agitation angewiesen. Agitation ist die Durchsetzung des eigenen Willens mit Mitteln »einseitiger Kommunikation«, d.h. unter Ausschaltung sachbezogener Informationsverarbeitung und eigener Lernprozesse. Der Wissenschaftsprozeß hingegen kann nur im Rahmen einer ungezwungenen Diskussion fortschreiten, die allseitige Lernprozesse herbeiführen und auch Relevanzstrukturen verändern kann.

3. Wissenschaftliche Standards und Handlungseffektivität
a) Der Erfolg der Aktionsvorbereitung bemißt sich allein an der Effektivität des Handelns, zu der sie führt. Der Erfolg des Wissenschaftsprozesses bemißt sich an Standards, die, wenn sie eingehalten werden, Erkenntnisfortschritte garantieren. Dazu gehören unter anderem:
allgemeine Regeln der Argumentation und der Erzielung von Konsensus,
Forderung nach Explikation,
Forderung der Legitimation der Geltung von Aussagen, Klärung der Methode und Prüfung der Forschungstechniken.
b) Die Teilnahme an der Vorbereitung von Aktionen verlangt keine speziellen Qualifikationen, die über ein übliches Maß formaler Schulbildung hinausgehen. Die Beteiligung am Wissenschaftsprozeß hingegen verlangt spezielle Qualifikationen, die in fachlich orientierten Lernprozessen eingeübt werden müssen. Der Anschluß an den sogenannten Stand der Forschung (der Erwerb von Terminologien und Argumentationen, theoretischen Ansätzen und akkumuliertem Wissen, Techniken der Forschung usw.) macht bestimmte Disziplinierungen unerläßlich.

Mithin bestehen zwischen Wissenschaft und Aktionsvorbereitung strukturelle Unterschiede, die eine klare institutionelle Trennung beider Bereiche erfordern. Wird eine mit der anderen konfundiert, muß beides Schaden leiden: die Wissenschaft würde unter Handlungsdruck korrumpiert, und politisches Handeln müßte durch ein pseudowissenschaftliches Alibi in die Irre geführt werden.

1 Vgl. dazu: Albrecht Wellmer, Unpolitische Universität und Politisierung der Wissenschaft, in: Ulrich K. Preuß, Das politische Mandat der Studentenschaft, Frankfurt/Main 1969, S. 133–138.
2 Vgl. J. Habermas, Erkenntnis und Interesse, Frankfurt/Main 1968.

Nr. 261

Jürgen Habermas / Ludwig von Friedeburg / Alexander Mitscherlich

»Es tut mir leid, ich bin hier, um Ihnen einen Vorschlag zu machen…«

Diskussion mit streikenden Studenten im Walter-Kolb-Studentenwohnheim

16. Dezember 1968

QUELLE: Frank Wolff / Eberhard Windaus (Hg.), Studentenbewegung 67–69, Protokolle und Materialien, Frankfurt/Main 1977, S. 113–132.

HABERMAS: … Es tut mir leid, ich bin hier, um Ihnen einen Vorschlag zu machen … Wir brauchen also erstens – ich glaube, daß wir uns einigen sollten auf der Grundlage der Seminarordnung (Zwischenrufe: Privatordnung! Hört doch mal auf! Laßt ihn doch mal ausreden!) Meine Damen und Herren! Zu Ihrer Information. Wir sind auf die Bitten des Genossen Krahl hier … Also erstens finde ich, daß wir – nein, ich meine nicht Krahl alleine; es war eine ganze Gruppe von Genossen bei uns … Darum sind wir hier. Also erstens finde ich, daß wir uns einigen sollten darüber, in Diskussionen einzutreten, über eine Beschaffung einer Seminarordnung auf der Grundlage einer drittelparitätischen Seminarversammlung (Zwischenrufe: Wir lesen doch Zeitung! Wir wissen doch, was los ist. – Seid doch mal ruhig, Mensch!), in der die wesentlichen Entscheidungen (Unruhe) – meine Damen und Herren, es ist ja nur ein Verhandlungsangebot (spöttisches Gelächter) – über die Fragen, die das Seminar betreffen, gefällt werden.

Zweitens meinen wir, daß die Neuorganisation des Studiums, so wie Sie es in Form nach Arbeitsgruppen und der Projektgruppen in Angriff genommen haben, auf jeden Fall fortgesetzt und zu einem Erfolg geführt werden soll. Das heißt, das heißt – ich darf doch meine Meinung äußern! – das heißt, daß wir ein Interesse daran haben, daß diese Initiative nicht scheitert, und daß wir den offiziellen Lehrbetrieb, wenn ich so sagen darf, so elastisch handhaben, daß auf jeden Fall diese Arbeit zum Zuge kommt und zu einem Erfolg kommt und dazu führt, daß wir eben gemeinsam zu einer Reorganisation des Studiums und einer Seminarordnung kommen.

Drittens nun, meine ich – und ich glaube – ich bin überzeugt davon, meine Damen und Herren, daß die Kritik, die Sie an dem Lehrbetrieb, wie er in der bisherigen Gestalt durchgeführt worden ist, daß diese Kritik in wesentlichen Punkten zu Recht besteht ... (Zischen) Ich glaube allerdings, daß diese Arbeit zu einem Resultat führen muß, das alle beteiligten Gruppen akzeptieren können und zusammen erarbeitet haben. Nun, drittens. Der unmittelbare Anlaß, warum wir hier sind, ist klar. Der Sachverhalt ist verhältnismäßig einfach. Der Eigentümer dieses Hauses Myliusstraße, nämlich die Ärztekammer, hat an den Kurator einen Brief geschrieben – ich stütze mich nun, ohne den Brief gelesen zu haben, auf Mitteilungen, mündliche Mitteilungen des Kurators – in dem die bedingte Kündigung ausgesprochen wird ... Das ist ein Mietvertrag, die Kündigung stützt sich auf Bestimmungen, die zweckentfremdete Benutzung ausschließt.

Ich meine, daß wir hier zunächst einmal auf den Realitätswiderstand der bürgerlichen Privatrechtsordnung stoßen – und ich glaube, daß wir als Soziologen, die wir uns einiges darauf zugute tun zu erkennen, daß das Privatrechtsinstitut für das Eigentum eine Kerninstitution dieser Gesellschaft ist, erkannt zu haben, daß das so ist, daß wir diesen Tatbestand nicht weiter erläutern müssen. Zum zweiten hat der Kurator ... unmißverständlich und glaubhaft zum Ausdruck gebracht, daß wir alle innerhalb der Laufzeit des Vertrages für das Haus Myliusstraße, nämlich innerhalb der nächsten fünf Jahre, mit einem Substitut nicht rechnen können. Daß wir auf dem »freien« Markt, auf dem »freien« Markt der Grundstücksmakler ohnehin jetzt für dieses Seminar kein Angebot bekommen, liegt auf der Hand. Und ich meine in dieser Weise, wenn unsere Theorie auch nur in nuce stimmt, bedarf das keiner Erläuterung ...

RIECHMANN: Ja, jetzt stellt sich erst mal die Frage, machen wir eine neue Rednerliste oder setzen wir die alte fort? (Zurufe: neue!) Also Genosse Beier.

BEIER: Also ich möchte dazu folgendes bemerken ... Der Punkt 2 war, daß eine Neuorganisation des Studiums auf jeden Fall Ihrer Meinung nach fortgesetzt werden muß, und zwar allein unter Selbstbestimmung der Studenten. Der Kurator sagt – glaubhaft, wie Sie sagen – daß der status quo ante wiederhergestellt werden muß. Die Frage wäre, in welcher Weise stellen Sie sich hinter das, was Sie gerade gesagt haben, nämlich, daß der bisherige Studienbetrieb, ein neuorganisierter Studienbetrieb jetzt während des Streiks einen derartigen status quo ante darstellt, sofern hier regelmäßig im Seminar gearbeitet wird und Sie genau wissen, daß wir eigens in Gruppen auf bestimmte wissenschaftliche – natürlich in unserem Sinne – aber wissenschaftliche Resultate abzielen ... Die Frage geht aber, darüber haben wir uns vorher schon geeinigt, daß alle äußerlichen Zeichnungen und Malereien in diesem anstößigen – für das Kuratorium anstößigen Sinn entfernt werden können. Das ist für uns kein Problem ... Die Frage ist die, ob Sie es vertreten wollen, daß diese Art eines neuorganisierten Studiums hier einen Seminarbetrieb aufrechterhält, wie es der Kurator wünscht.

NEUER SPRECHER: Darf ich noch eine Zusatzfrage stellen? Sie sagten, Herr Habermas, daß Sie zunächst die Ansätze der Neuorganisation des Studiums vollinhaltlich für richtig halten, vollinhaltlich unterstützen. Heißt das gleichzeitig, daß Sie damit Ihre eigenen Vorlesungen einstellen und damit zunächst die Solidarität von Ihrer Seite für unsere neue Organisation des Studiums usw. bekunden, heißt es das?

HABERMAS: Nein, das heißt es nicht. (Unruhe) Nein, ich habe gesagt, daß die Initiative, die Sie mit den Arbeits- und Projektgruppen getroffen haben, unter keinen Umständen scheitern darf. Damit meine ich, daß wir eine Form finden müssen, in der der offizielle Lehrbetrieb, den wir von uns aus nicht einzustellen willens und in der Lage sind – ich darf nur als Paraphrase darauf hinweisen, daß nach der Fakultätssitzung, die heute nachmittag stattgefunden hat, die beamtenrechtlichen Konsequenzen eines Streiks unmißverständlich geklärt worden sind. Wir – ich will das nur nebenbei sagen, denn Sie wissen, daß ich selber prinzipiell Gründe habe, keine beamtenrechtlichen, obwohl ich finde, Ihre Aufgabe es wäre, auch die beamtenrechtlichen Konsequenzen mit zu bedenken. (Zwischenruf: Dann sprengen wir jeden Tag!) Bitte?

ZWISCHENRUF: Herr Negt hat doch extra gesagt, wenn wir den Betrieb jeden Tag sprengen, können Ihnen keine beamtenrechtlichen Konsequenzen passieren. Ich garantiere Ihnen, daß jeden Tag fünf Mann da sind, die die Lehrveranstaltung sprengen werden (Gelächter. Großer Beifall)

HABERMAS: Meine Damen und Herren, wir stellen (Zwischenruf: Rednerliste!) keine Bedingungen, weil ich das einfach für uns unangemessen halte in dieser Situation. Keine Bedingungen im Hinblick auf Ihre Streikstrategie. Ich sage nur, wir halten es aus prinzipiellen Gründen – und im Hinblick auf gewisse beamtenrechtliche Konsequenzen, die ich Ihnen ans Herz lege, für notwendig, daß der offizielle Lehrbetrieb eingehalten, aber so in Kooperation mit Ihnen flexibel und elastisch durchgeführt wird ... wobei ich selbstverständlich davon ausgehe ..., daß diese Arbeit ein Bestandteil des Lehrbetriebs auch in Zukunft nur sein kann, wenn er den Kriterien ernstlichen wissenschaftlichen Arbeitens entspricht. (Unruhe) (...)

OSBORG: Sie haben heute nachmittag eine prinzipielle Erklärung abgegeben, und dazu ist zu bemerken, daß Sie die heute nachmittag vor Juristen abgegeben haben, und ich würde vorgeschlagen, daß sie die hier wiederholen ...

HABERMAS: Darüber müßte abgestimmt werden. (Unruhe)

RIECHMANN: Gibt es Gegenrede, daß Herr Habermas Gelegenheit hat, diese Erklärung zu wiederholen? Keine Widerrede, also brauchen wir nicht abzustimmen. (Zwischengeflüster: Diese Scheißerklärung!)

HABERMAS: Meine Damen und Herren, was mich angeht, ich bin glücklich, meinen richtigen Adressaten zu finden. Ich darf nur darauf aufmerksam machen, daß diese Erklärung in der Tat eine prinzipielle Differenz zwischen einigen von Ihnen (Zwischenruf: Rädelsführern!) – nein, meine Damen und Herrn, es wäre doch eine Schande, wenn es in unserer Bewegung keine Fraktionen gibt. Gibt es die nicht in Ihrer? (Zwischenruf: Doch!) Na also. Also, ich wollte ja nur sagen: diese Erklärung rührt an die Differenz zwischen – wenn ich das recht sehe – einer Fraktion und uns. Aber ich darf gleich sagen, daß dieser Punkt auf einer andern Ebene liegt als der einer pragmatischen Einigung (Zwischenruf: Vorlesen!)

(...) wer aber die Basis der Aufklärung angreift, macht aufgeklärtes politisches Handeln unmöglich. Die Basis der Aufklärung ist eine an das Prinzip herrschaftsfreier Diskussion, und allein an dieses Prinzip gebundene Wissenschaft. Wer einzelne theoretische Ansätze durch institutionellen Zwang dogmatisieren will, wer darüber hinaus jeden theoretischen Ansatz diskriminieren möchte zugunsten einer Instrumentalisierung des Denkens und des Wissens – und ich meine unsere Kenntnisse – für die Ad-hoc-Bedürfnisse sogenannter Praxis, schickt sich an, die Bedingungen vernünftiger Rede und damit die Grundlage von Humanität abzuschaffen. Wer mit dieser Intention einverstanden ist – und ich habe heute nachmittag ausdrücklich hinzugefügt: ich unterstelle niemandem in diesem Raume, daß er diese Intention teilt – ich habe ferner darauf hingewiesen, daß dieser Satz ein Konditionalsatz ist. Wer mit dieser Intention einverstanden ist, dessen moralische, geistige und politische Verfassung unterscheidet sich prinzipiell, prinzipiell nicht mehr vom intellektuellen Prototypus sei es der Faschisten oder der Stalinisten. (Zwischenruf: Schon wieder!) Um Verwirrungen und Versuchungen dieser Art im Ansatz entgegenzutreten, halte ich es für unabdingbar, daß der offizielle Lehrbetrieb aufrechterhalten bleibt. (Lachen. Unruhe)

RIECHMANN: Entschuldigt bitte! Osborg sagt, es gibt offensichtlich eine erste Hälfte, und ich möchte Professor Habermas bitten, auch die vorzutragen.

HABERMAS: Das ist überhaupt kein Problem. Ich wollte klarmachen, in welcher Situation ich diese Sache vorgelesen habe. Die erste Hälfte lautet: Ich habe meinen Vorsatz, den Lehrbetrieb aufrechtzuerhalten, bereits am vergangenen Freitag in der Vollversammlung der Soziologen bekräftigt und begründet. Inzwischen ist mir durch bestimmte Argumentation in der Vollversammlung am vergangenen Dienstag die Intention klar geworden, von der sich eine Kerngruppe – nein, ich glaube nicht, daß ich »des SDS« gesagt habe, sondern »der Studenten« habe ich gesagt – bei den gegenwärtigen Aktionen leiten läßt. Wenn ich recht verstehe, bedienen Sie sich – diese Gruppe – der begrüßenswerten Impulse einer systematischen Überdenkung und Neuordnung des Studiums nur als eines Vehikels, um den Wissenschaftsbetrieb als solchen zu destruieren. Die Argumente von Reiche liefen darauf hinaus, daß schon Wissenschaft selber Repression sei und darum als solche beseitigt werden müßte. (Unruhe, Zwischenruf: Das hat er nicht gesagt!) Doch, doch, doch. Genau das hat er gesagt. Doch, doch. Ich finde, das ist eine Kontroverse ... Ich habe hinzugefügt, daß – ich mich gezwungen sehe ... Ich sehe mich gezwungen, diese hypothetisch geäußerte

Nr. 261 *Dezember 1968* 507

klare Stellungnahme abzugeben, um die Gruppe, die mit mir nicht mehr zu diskutieren bereit ist, zu nötigen, die Kontroverse aufzunehmen, um die es im Kern heute geht, unter uns geht. (Vereinzelter Beifall. Gelächter. Zischen)

NEUER SPRECHER: Ich möchte Herrn Habermas eine Frage stellen, und zwar folgende: Sie sagen auf der einen Seite, daß die qualitative Neuordnung des Studiums sinnvoll, richtig und prinzipiell notwendig sei. Sie sagen, daß dafür unabdingbar die Initiative der Studenten, das heißt in Arbeitsgruppen und Basisgruppen und dergleichen notwendig sei, um das zu erreichen. Sie solidarisieren sich also damit, mit dieser Äußerung, mit der Intention, daß die bisherige Wissenschaftsform in ihrer Darbietung und [ihrem] Inhalt nicht hinlangt, um sinnvoll noch sich als Wissenschaftler zu legitimieren. Habe ich Sie da recht verstanden?

HABERMAS: Nein, da haben Sie mich nicht richtig verstanden ...

NEUER SPRECHER: Darf ich meine Frage noch mal wiederholen?

HABERMAS: Ja!

NEUER SPRECHER: Damit ich Sie richtig verstehe. Ich meine folgendes: Wenn Sie die Intention dieser Arbeitsgruppen und der ganzen Neuorganisation des Studiums unterstützen, die ja auch beinhalten, daß der bisherige Universitätsbetrieb, nämlich Vorlesungen, Seminare und dergleichen, Strukturen und Bewußtseinsstrukturen und dergleichen wieder ständig neu reproduzieren, die es unmöglich machen, die kritische Wissenschaft, die vorgetragen wird, auf die Lebenspraxis und Erfahrungspraxis jedes einzelnen Studenten sinnvoll zu applizieren – und Berufspraxis. Denn das ist ja genau die Intention der Arbeitsgruppen. Wenn Sie das für sinnvoll halten, dann verstehe ich – es tut mir leid – ich verstehe nicht, wieso Sie dann noch sagen können: ich möchte einen Lehrbetrieb aufrechterhalten, der in Form von Vorlesungen und Seminaren weiterläuft. Können Sie mir bitte helfen, diese Schizophrenie zu begreifen?

HABERMAS: Ja.

RIECHMANN: Ich meine, ist es wirklich so, daß wir hier mehr haben als eine Fragestunde der Ordinarien ... (Unruhe, Zischen) Es wird damit von keiner Seite intendiert, sicherlich auch nicht von mir, daß die Ordinarien hier nicht mehr Stellung nehmen können. Ganz im Gegenteil. Aber diese Diskussion, diese Wechselreden, werden uns sicherlich kaum weiter und zu einem Beschluß führen. Wir müssen in der Rednerliste bleiben; die Professoren sollen sich melden ...

KNAPP: Ich verstehe überhaupt nicht, wie irgendeiner von Ihnen, nach dem, was der Habermas gesagt hat, den Mann noch duldet! (Beifall. Pfui. Buhrufe)

RIECHMANN: Wir woll'n das doch nicht überziehen. Ich glaube, es gibt hier eine Fixierung an die Professoren, die jedermann ... (Andere dazwischen: Ja, von dir ...)

FRANK WOLFF: ... und das soll man hier mal ganz klar und sehr nüchtern aussprechen, eine wirklich sehr, eine völlig unbegründete Fixierung an sie besteht, daß sie tatsächlich jetzt hier in dem Augenblick auf Begründung und langatmige Bekundungen gehen, was meiner Meinung völlig unmöglich noch zu rechtfertigen ist. Es müssen alle hier dermaßen dann dabei zuhören. Und jetzt weiter in der Rednerliste!

MITSCHERLICH: Zunächst möchte ich mich dagegen wehren, daß hier nicht Vulgärmarxismus, sondern Vulgärpsychoanalyse betrieben wird. Lassen Sie doch das Wort Fixierung! Sie wissen ja gar nicht, was das ist. (Große Unruhe)

RIECHMANN: Das, was Sie und Herr Habermas heute nachmittag gegenüber dem Genossen Krahl demonstriert haben, das war ein Fall von Fixierung! (Lachen. Beifall)

MITSCHERLICH: Okay. Die Tatsache, daß wir hier sind, ist auf meine Initiative zurückzuführen. Wir sind auch nicht hier, um von Ihnen befragt zu werden, sondern wir sind hier, um mit Ihnen möglicherweise einen Kompromiß in letzter Minute auszuhandeln. Wenn Sie nicht dazu bereit sind, können wir das Lokal sofort verlassen. (Unruhe. Einer von hinten: Raus!) Ja, bitte schön. Ja, wenn Sie das wünschen, bitte schön.

ZWISCHENRUFER: Ich bin der Meinung, es muß unbedingt ein Psychoanalytiker her! (Gelächter)

REINHART WOLFF: Ich glaube, was hier in Frage steht – und das hat Herr Habermas ja doch noch mal in seinen prinzipiellen Begründungen gezeigt – ist, inwieweit es möglich und sinnvoll ist, Wissenschaft zu verbinden mit einer Strategie der Emanzipation. Und außerdem müssen wir den Genossen Habermas selbst fragen (Zischen) – ich setze voraus – und ich kann das in diesem Fall jetzt auch sagen, daß der Genosse Habermas in den letzten Monaten vielleicht das Gefühl gehabt hat, vielleicht auch berechtigterweise, wir uns so verhalten haben, daß die Kommunikation nicht in dem Maße möglich gewesen ist, wie es vielleicht sinnvoll gewesen ist. Ich glaube, das sollten wir uns auch mal anhören. Aber das heißt ja gar nicht, daß wir auch in der Sache inhaltlich wirklich anderer Meinung sein können. Und ich glaube, die Gesprächsbasis ist hier noch gegeben, und wir befinden uns ja nicht – wenigstens bisher noch nicht, obwohl einige Formulierungen ja doch sehr zu denken geben – Professoren gegenüber, die ständig auf der Seite derjenigen gewesen sind, die im übrigen die Studentenbewegung ins KZ schicken wollten. Aber ich will versuchen, da noch einmal grundsätzlich …

HABERMAS: Sie meinen aber partiell.

REINHART WOLFF: Nein, ich meine nur den Vorwurf des Stalinismus und den Vorwurf des Faschismus, der ja jetzt wieder im Zusammenhang mit der Bestimmung der Funktion von Wissenschaft aufgenommen ist, hat natürlich auch politische Implikationen, wenn ich das richtig sehe, um ganz vorsichtig zu sein.

ZWISCHENRUFER: Es gibt ein Buch, das heißt: Die Rechte dankt Habermas[1].

REINHART WOLFF: Was in Frage steht, Herr Habermas, ist doch, inwieweit heute in den gesellschaftlichen Bedingungen, in denen wir arbeiten, inwieweit es tatsächlich möglich ist, eine Wissenschaft einzuleiten, die praktische Konsequenzen hat für den Kampf gegen den unterdrückenden Kapitalismus. Und ich glaube, wir sollten es doch ein bißchen konkretisieren und nicht nur von Humanität oder den Bedingungen vernünftiger Rede reden. Dabei würde ich mich nicht auf das beziehen, was Reimut (Reiche) vielleicht gesagt hat. Ich habe es nicht im einzelnen gehört. (Zwischenruf: Ist auch nicht ernst gemeint!)

… wobei ich persönlich mir darüber im klaren wäre, daß natürlich es besonders schwierig ist, weil Wissenschaft auch Leistungen und Unterdrückung bedeutet, und vor allem noch mehr Leistung und noch mehr Unterdrückung fordert, wenn wir gar den irrsinnigen Anspruch aufstellen, Wissenschaft zu betreiben, die eine Funktion hat für unseren Kampf um die Befreiung in gesellschaftlichen Prozessen, um die Befreiung in unserer konkreten Gesellschaft. Was aber wichtig ist wohl, ist doch mal, genauer zu konkretisieren die Basis dieses Wissenschaftsprozesses heute: einmal die institutionelle Basis und zum anderen die materielle. Wir haben sie ja sehr genau bezeichnet: einmal in dieser Funktion des Hausrechtes dieser Eigentümer, nämlich dieser Privatrechtsordnung, und zum anderen, indem Sie einen institutionellen Vorschlag machen. Ich glaube, das gerade ist das Problem, nämlich wie weit wir kritische Forschungsprozesse einleiten können, die tatsächlich auch in ihrer Organisation und in ihren Inhalten diese Ordnung ansatzweise in Frage stellen und Sie – die Sie ja doch also im gewissen Sinne verpflichtet sind auch einer marxistischen Theorie und Praxis – ich sage das vielleicht auch als einer, der eben in der Frankfurter Auseinandersetzung so noch nicht gewesen ist – der müßte sich doch noch mal ernsthafter fragen, was denn der ständige Bezug auf das, was der Kurator Ihnen mitteilt, nämlich die Eigentumsrechte oder die inhaltliche Kontrolle der Hausbesitzer über den von uns intendierten Forschungsprozeß, wie wir uns eigentlich dazu verhalten. Haben Sie dem Kurator sofort geantwortet, daß dies eine Zumutung ist, daß die Eigentümer von Grundbesitz und Häusern die Anmaßung formulieren, Wissenschaft inhaltlich und organisatorisch zu kontrollieren, und was tun Sie um … (Großer Beifall) Diese Frage interessiert mich inhaltlich eigentlich noch ein bißchen mehr. Wir wissen alle, wie ungeheuer schwierig es ist, selbsttätige Arbeitsprozesse einzuleiten. Das haben wir in allen Versuchen gesehen in der Kritischen Universität, oder das sehen wir ja auch in jedem Seminar, und das wissen Sie ja auch. Die Frage ist nur, wie wir das auch institutionell einlösen, daß tatsächlich von Anbeginn des Lernens und des Forschens, Entscheidungsprozesse institutionalisiert werden, die tatsächlich vielleicht auch über das hinausgehen, was heute als akzeptabel oder auch als sinnvoll angesehen wird. Wir haben ja nun doch einige Experimente mit der ganzen Mitbestimmungsstruktur, die nicht eingreift in die beamtenrechtliche Situation, und man müßte doch mal fragen, gerade auch Sie fragen, die Sie arbeiten und vor allem sich in letzter Zeit beschäftigen mit Sozialisationsprozessen: welche Institutionen müßten wir eigentlich heute einführen, um tatsächlich das Optimum an selbsttätigen Arbeitsprozessen zu ermöglichen? Und ich glaube nicht, daß das institutionelle Formen sein können, die sich auf Drittelparität zurückziehen, sondern in einem Institut wie diesem wäre es doch möglich, auch Formen zu finden, wo Sie tatsächlich einspringen in den Prozeß der wissenschaftlichen Arbeit als ein Teilnehmender, als ein vielleicht besonders qualifizierender Teilnehmer, wo Sie aber alle institutionellen Autoritäts- und Weisungs- und Befugnisschranken abbauen. Das hieße ein selbstbestimmtes Institut, und das ist die Chance dieses Streiks hier, zum ersten Mal in der Bundesrepublik auch praktisch zu erproben, und zwar auf einer Basis der Institutsversammlung, wo Sie tatsächlich sich zu dem machen, was Sie eigentlich sein könnten, nämlich zum wissenschaftlichen Helfer und zum wissenschaftlichen Initiator von massenhaften Forschungsprozessen. Ich habe deswegen noch mal so grundsätzlich hier eingesetzt und weniger die politische Problematik dessen, was Sie gesagt haben, aufgegriffen. Aber ich glaube, das ist auch mal notwendig, um die Situation auf sachliche Kerne zurückzuführen.

Ich will aber noch was zur politischen Situation sagen. Augenblicklich zeigt sich überall in den Universitäten – ob das in Köln, ob das in Bonn, ob das in Göttingen, ob das in Heidelberg oder ob das jetzt in Berlin ist –, daß die Studenten sich nicht betrügen lassen wollen über die Ergebnisse oder über das, was sie über Jahre hin versucht haben zu verwirklichen, nämlich ein Zusammenbringen ihrer politischen Strategie mit ihrer inhaltlichen Arbeit. Das beschwört natürlich den massiven Konflikt mit den Bürokraten und mit denjenigen herbei, die die Universität schon lange zur kapitalistischen Lernfabrik gemacht haben wollten, ohne materiell auch die Basis zu verbreiten. Und Sie müßten doch auch jetzt mal gefragt werden, wie wollen Sie in diese politische Auseinandersetzung – ganz abgesehen von den inhaltlichen Problemen, die riesig sind – wie wollen sie sich in diese politische Auseinandersetzung einschalten mit den Konsequenzen, das heißt auch mit den Konsequenzen um das Beamtenrecht und mit den Konsequenzen gegen diese Strategie der Schüttes, der Holthoffs, der Steins und so fort, das heißt, wie wollen Sie tatsächlich in der Situation der Formierung auf der Universität – eingreifen in den politischen Prozeß? Doch nicht damit, daß Sie den Versuch, die wissenschaftliche Arbeit mit der Strategie der Emanzipation zu verbinden, doch sehr abstrakt und sehr allgemein einordnen unter dem Stichwort des Faschismus und Stalinismus. (Beifall)

HABERMAS: Das habe ich nicht getan … Sie wissen, daß ich bis halb sieben, es tut mir leid, nicht wußte, daß a) überhaupt eine Versammlung stattfindet und b) daß ich hier – um es deutlich zu sagen – zugelassen bin. Ich kann meine Termine leider nicht in die Abende produzieren. Wir müssen in Gottes Namen – es ist keine Pression, ich bitte nur um Ihr Verständnis (Unruhe) – wir müssen in zehn Minuten gehen …

KNAPP: Ich möchte noch was sagen dazu, warum der Professor Habermas auf der einen Seite den Untergang der *Frankfurter Schule* beschwört und auf der anderen Seite seinen Termin von Viertel vor neun vorschiebt. Ich würde wirklich sagen, daß das gegenüber den Studenten eine Unverschämtheit ist … (Unruhe)

FRANK WOLFF: Herr Professor Habermas, können Sie mal formulieren, was für Sie heute abend so wichtig ist, daß Sie hier jetzt nicht über das Institut reden können?

MITSCHERLICH: (geht) Auf Wiedersehen! (Zischen) (Habermas geht auch.)

FRANK WOLFF: Es ist jetzt relativ gleichgültig, ob Habermas jetzt gegangen ist. Herr von Friedeburg ist noch da. Der kann uns auch einige Fragen beantworten. Wir sollten uns kurz vergegenwärtigen, was es heißt, daß die Professoren den Negativkatalog (der studentischen Forderungen) nicht unterschreiben wollen …

Was wird denn im Negativkatalog gefordert? Da wird doch z.B. gefordert, nicht daß das Vordiplom abgeschafft wird, sondern, daß die Professoren sich dafür einsetzen, daß das Vordiplom abgeschafft wird. Das ist etwas ganz anderes. Da wird doch nicht gefordert, daß die Professoren garantieren, daß dieser Lehrbetrieb bereits als ordentlicher Lehrbetrieb angesehen wird, sondern, daß sie sich dafür einsetzen, daß dieser Lehrbetrieb – dieser Forschungsbetrieb als ordentliches Studium anerkannt wird. Das sind zwei wesentliche Punkte, die sie nicht verstanden haben … Jetzt geht es aber noch weiter. Eine weitere Forderung war doch jetzt, in der Tat inhaltlich zu verzichten – was überhaupt nichts mit Beamtengesetzen zu tun hat – inhaltlich zu verzichten auf Privilegien der Ordinarien, die Ihr selber ja, Herr Friedeburg, die Ihr selber ja für unsinnig erklärt habt in bezug auf die wissenschaftliche Lehre. Und zwar insofern zu verzichten, daß die formale Verwaltung der Lehrstühle weitgehend von den Professoren aufrechterhalten wird, aber inhaltlich ein demokratischer Prozeß, Entscheidungsprozeß stattfindet … das sind doch ganz simple Sachen. Jetzt geht es schließlich um den autonomen Bereich; was hieße das? Der autonome Bereich hieße doch …, daß wir einen autonomen Bereich haben, in den die Studenten selber ihre direkt politischen Interessen mit einbringen und dort direkter verarbeiten, als es in der Tat der Wissenschaft – möglich wäre. Das wäre ein eigener Bereich, und das ist deshalb ein legitimes Interesse, weil wir die Protestbewegung machen …

REINHART WOLFF: Aber ich habe doch noch eine Information. Gerade an diesem Problem ist es jetzt wieder zum Konflikt gekommen. Nämlich als die Studenten ihren zehnprozentigen autonomen Lehr- und Forschungsbetrieb institutionalisieren wollten, sind sie auf den massiven Protest der Ordinarien gestoßen …

ZWISCHENRUFER: … deshalb sage ich ja, man kann

hier nicht positiv aufs Otto-Suhr-Institut (dem ersten Institut mit Drittelparität) hinweisen.

REINHART WOLFF: Aber er hat doch nur darauf hingewiesen, daß der Hinweis auf die Realitätsgrenze, das ist heute in den Ordnungen so nicht möglich, das stößt an Beamten-, Haus- und Universitätsrecht, ein vorgeschobener Hinweis ist, wenn Sie mit Habermas, Adorno und allen, wie sie da sind, wirklich ein selbstbestimmtes Institut haben wollen, dann haben wir das morgen. (Beifall) Das ist vollkommen klar.

VON FRIEDEBURG: Entschuldigen Sie, wenn ich das sage, ich will es jetzt lieber unterdrücken, was ich sagen wollte. Aber das ist eine Differenz in der Auffassung von Selbstbestimmung. (Unruhe)

REINHART WOLFF: Herr Friedeburg, dreißig Prozent, wo die Studenten sich entfalten wollen mit ihren eigenen Interessen. Da kann man doch nicht davon reden, daß hier die Studenten alleine bestimmen wollen. Das ist wirklich, also das ist wirklich An-der-Nase-Herumführerei! Das muß man sich auch wirklich nicht mehr gefallen lassen.

VON FRIEDEBURG: Entschuldigen Sie bitte: Sie hatten in Ihrem Negativkatalog eine paritätische Institutsgeschichte, die über siebzig Prozent bestimmt.

KRAHL: Das ist doch gar nicht wahr! Haben Sie's gelesen? Ach, wo steht denn das?

VON FRIEDEBURG: Herr Krahl, ich gebe gern zu, daß ich Sie mißverstanden habe.

FRANK WOLFF: Die Entscheidungsdimension ist doch jetzt folgende: Entscheidungsdimension ist, daß diese relativ bescheidenen Forderungen, so muß man es doch wohl nennen ... (Unruhe)

VON FRIEDEBURG: Nein, Herr Wolff, das ist die Parodie.

FRANK WOLFF: ... die von uns beschränkten Forderungen, daß Sie an diesen relativ bescheidenen Minimalforderungen jetzt scheitern lassen, das wäre nämlich tatsächlich die Herstellung des status quo ... Würden Sie den Negativkatalog unterschreiben, wenn morgen die Kündigung sowieso erfolgt?

VON FRIEDEBURG: Entschuldigen Sie, Herr Wolff, habe ich das Haus in der Myliusstraße besetzt oder haben Sie das getan? (Unruhe)

POHRT: Sie haben es vorher besetzt! (Gelächter. Beifall)

KRAHL: Ich würde jetzt folgendes vorschlagen, daß wir einige Fragen systematisch sondieren. Zunächst mal diese Frage mit dem Haus. Wenn wir alle ein definiertes Interesse daran haben, daß also dieses Haus uns erhalten bleibt. Zweitens hier das politisch essentielle Interesse einbringen, daß die Revolutionierungsversuche des Studiums, die wir da begonnen haben, politisch wirksam weitergeführt werden können, müssen wir uns fragen, unter welchen Bedingungen die Bürokratie der Professoren, die dort wahrscheinlich die praktische Wahrnehmung des juristischen Dienststatus definiert, unter welchen Bedingungen und in welchem Ausmaß wir meinen, daß diese Bürokratie dort wieder sich installieren kann. Anders gesagt: auch hier handelt es sich um bestimmte Machtpositionen, inwiefern also Sie, muß man fragen, bereit sind, gewissermaßen eine ganz minimale Bürokratie, das läßt sich ja einrichten, eine ganz minimale Bürokratie dort wahrzunehmen und formal zu definieren, daß Sie das Mietrecht wahrnehmen, daß wir aber materialiter beteiligt werden – und hier müssen wir uns fragen, in welchem Umfang an der Verwaltung des Hauses. So einfach ist das ja auch nicht. Eine ganz unpolitische Frage ist das ja auch nicht, daß wir an der Verwaltung des Hauses materialiter in einem angemessenen Umfang beteiligt werden. Daß wir also formaliter das Mietrecht wahrnehmen, daß wir materialiter an der Verwaltung des Hauses mitbeteiligt werden müssen. Darüber müssen wir in Verhandlung treten. Das kann auch heute abend nicht entschieden werden. Hier sollten wir uns auch nicht unter einen panischen Dringlichkeitsdruck setzen.

Zweitens die Frage mit den Forderungen: der Negativkatalog ist auf eine bestimmte Weise durch Sie jetzt ins Spiel gebracht worden, nämlich durch ... (mehrere undeutliche Zwischenrufe) Ja, ja, ich will – passen Sie auf – ich will ja erklären, warum ich das meine. Er ist dadurch ins Spiel gebracht worden, daß Sie hier mit einem vermeintlichen – und anders kann ich es, wenn man Verhandlungsbasen sich erkämpfen will, nicht definieren – mit einem vermeintlichen Zugeständnis gekommen sind, nämlich mit dem Zugeständnis eines drittelparitätischen Gremiums. Ich würde sagen, daß hier in unserem Negativkatalog sehr viel mehr und weniger steht, insofern das wirklich negativ definiert ist, daß das höchste entscheidende Gremium ein solches sein soll, in dem zumindest die Lehrenden und entsprechend angestellten wissenschaftlichen Mitarbeiter und dergleichen mehr, nicht majorisieren können. Das ist doch also eine Verhandlungsposition. Und Sie müssen sagen, daß es also keine Verhandlungsposition ist, ob hier nicht eventuell eine Einigung erzielt werden kann, wenn natürlich wir auch unserem satzungsmäßigen Desiderat nach, an einer Institutsversammlung, wie in der Satzung definiertem Sinn, festhalten. Aber immerhin ist es ein Ausgangspunkt in Fragen von Verhandlungen, und ich sehe überhaupt nicht ein, warum nicht – und hier allerdings kommt eine essentielle Bedingung mit hinein – der Negativkatalog als Basis von Verhandlungen zugrunde gelegt werden kann, unter einem Zusatz allerdings: wenn wir nicht wieder in Verhandlungen eintreten wollen, die also keinerlei Verbindlichkeit, dem keinerlei Verbindlichkeit zukommt, dann müßte zumindest – und die Argumente, die Sie dafür gebracht haben, die Professoren, sind entweder eindeutig Rationalisierungen ihrer Machtpositionen oder schlechtweg demagogisch. Ich will zwei nennen: wenn man nicht den routinierten Lehrbetrieb abrupt einstellt, die eigenen Machtpositionen – ein rationalisierendes Argument kam gestern in der Antwort Habermasens auf uns, wo Sie sich selbst zu den einzigen Definitionssubjekten für die Kriterien wissenschaftlichen Arbeitens gemacht haben, um dann schlankweg das Leistungsprinzip, so wie es jetzt strukturiert ist, mit unterstellt haben. Das ist das erste. Ein Zweites ist es, eine lange Rationalisierung von Zerstörung der Wissenschaft aufzubauen, die dann darauf hinausläuft, daß – wenn wir fordern, daß der routinierte Lehrbetrieb zunächst ausgesetzt werden soll – und das mit demagogischer Infamie, daß das stalinistisch und faschistisch ist, und wie hypothetisch auch immer. Das kann ich nicht anders als demagogische Infamie bezeichnen. Diese ganze Erklärung, das ist nichts anderes gewesen, mit Habermasens Augen, als eine Begründung dafür, was auch immer an Implikationen darüber hinaus drinstecken mag, daß der bestehende Betrieb nicht außer Kraft gesetzt werden soll, sondern in seiner Routine weiterlaufen soll ...

1 Ironische Anspielung auf den von Oskar Negt hrsg. Band: Die Linke antwortet Habermas, Frankfurt/Main 1968, der auf Habermas' Pfingsten '68 wiederholte »Linksfaschismus«-Vorwürfe antwortete.

Nr. 262
Streikkomitee Spartakus-Seminar
Arbeitsgruppen-Plan

16. Dezember 1968

QUELLE: Archivalische Sammlung Ronny Loewy im Hamburger Institut für Sozialforschung, Akte »Aktiver Streik« WS 68/69

SPARTAKUS-Seminar 6000 Frankfurt am Main
Myliusstraße 30

Montag, den 16. Dezember 1968

Arbeitsgruppen-Plan

Uhrzeit	Gruppe	Raum
11 Uhr	Berufschancen/Plenum	1
11 Uhr	Interfakultativer Arbeitskrs. (Teach-in)	2
11 Uhr	Rev. Theorie (Rapoport)	6
12 Uhr	Organisation & Emanzipation (Lui)	3
12.30 Uhr	Rev. Theorie (Linksradikalismus)	5
12 Uhr	Autorität & Kommunikation VII	7
13 Uhr	Rev. Theorie (Preisler)	4
14 Uhr	Organisation & Emanzipation 13	2
14 Uhr	Rev. Theorie (Rosa Luxemburg)	3
14 Uhr	Organisation & Emanzipation (Camillo)	7
14 Uhr	Rev. Theorie (Pflasterstein)	8
15 Uhr	Vordiplom/Vollversammlung	1
15 Uhr	Organisation & Emanzipation (Monika)	6
16 Uhr	Politische Ökonomie (Vietnam)	2
16 Uhr	Organisation & Emanzipation (Büdesheim)	4
16 Uhr	Sozialisation	5
17 Uhr	Politische Ökonomie (Währungskrise)	7
18 Uhr	Plenar-Versammlung	Kolb-Hm.
18 Uhr	Autorität & Kommunikation 4	5
18 Uhr	Autorität & Kommunikation I	8
18 Uhr	Kriminologie	1
20 Uhr	Politische Ökonomie (Überflußgesellschaft)	3

> **Nr. 263**
>
> **(Ohne Autor)**
> Entwurf einer verbindlichen Interpretation der Ziele unseres Streiks, des sogenannten Negativkatalogs als einer Antwort auf die Ordinarien – Vorschlag zur Diskussionsgrundlage für die nächsten Strategie- und Plenumsdiskussionen und gegebenenfalls als Abstimmungsvorlage für eine Vollversammlung
>
> Hektographiertes Papier
> 17. Dezember 1968
>
> QUELLE: Archivalische Sammlung Ronny Loewy im Hamburger Institut für Sozialforschung, Akte »Aktiver Streik« WS 68/69

Zusammenfassend stellen die Ordinarien in ihrer schriftlichen Antwort bisher fest, daß sich ihnen gegenüber niemand Diskussionen mit Gewalt erzwingen müsse! Heißt das etwa für die Studenten, daß der Streik, den sie heute aktiv durchführen, gar unnötig gewesen sei?

Gewiß: Diskussionen tragen uns die Ordinarien permanent an. Jahrelang! – Aber leider: nur Diskussionen! Praktisch folgenreiche Diskussionen gab es bisher nicht – weder bezüglich neuer Prüfungsordnungen, noch bezüglich einer grundlegenden Umstrukturierung des Lehr- und Forschungsbetriebs entsprechend unseren Bedürfnissen: nämlich den Erfahrungen, wie wir in dieser Gesellschaft leben und den Problemen, diese Gesellschaft in einer adäquat entschädigten Berufspraxis zu verändern.

Jetzt endlich muß die Diskussion, die sich bislang nur theoretisch artikuliert hat und praktische Folgen nur in Randkorrekturen des üblichen Lehrbetriebs zeigte, einmal zur Praxis werden. Der »breiten und kontinuierlichen Diskussion aller Beteiligten« – und nicht nur derjenigen von Experten, die sich anpassungsfreudig bereits die aufgezwungenen Leistungsstandards innerlich angeeignet und absolut gesetzt hatten – mußte der notwendige Freiheitsraum geschaffen werden, nicht nur wie bisher in den knappen Zwischenstunden eines heterogenen, in seinem urwüchsigen Zusammenhang unüberschaubaren Leistungsplans, oder am Rande sozusagen als Hobby für einige wenige Basisgruppen-Aktivisten. Das wachsende Unbehagen nicht nur an einzelnen Seminar- und Vorlesungsstunden, sondern an der Grundorientierung und der repressiven Gesamtstruktur mußte sich einmal artikulieren und auf den Begriff bringen können: in einer neuen, von uns selbst herbeigeführten Organisation und in den dazu notwendigen Räumen. Vor allem aber mußte die Verbindlichkeit der nun zu erarbeitenden Ergebnisse sichergestellt werden.

Mit diesen Intentionen beschloß die Vollversammlung am Freitag, 6.12.68, den aktiven Streik. Von vornherein legitimiert sich also unser Streik nicht mit dem abstrakten Hinweis auf die Gefahren einer technokratischen Hochschulreform, sondern aus der Perspektive ganz bestimmter *Ziele*, die freilich – ein Problem, das wir aufarbeiten müssen – erst schrittweise immer weiter konkretisiert werden müssen: durch die Erfahrung eines praktisch durchgeführten Experiments, wobei diese Erfahrung zugleich in ihren inhaltlichen und politischen Konsequenzen permanent reflektiert werden muß.

Diese Ziele sind für unseren ganzen Streik und alle Arbeit in den Gruppen so zentral, daß wir sie nochmals klar herausstellen wollen:

1. *Die Neuorganisation* unseres Studiums durch die praktische wie theoretische Erarbeitung eines grundlegenden neuen *Modells* von Lehre und Forschung. Dieses Modell enthält
a) Möglichkeiten, wie die politischen Erfahrungen der studentischen Protestbewegung und die vielen individuellen Erfahrungen, aus denen sie erwächst, mit einem neu organisierten Lehr- und Forschungsbetrieb und seiner wissenschaftlich analytischen Reflexion permanent vermittelt werden könnten;
b) Möglichkeiten, wie sich diejenigen Querverbindungen zu anderen Fakultäten (z. B. AFE und Juristische Fakultät), die sich aus der Einsicht in ihren gesamtgesellschaftlichen Zusammenhang als Notwendigkeiten aufdrängen, institutionell auf Dauer stellen lassen;
c) Möglichkeiten, wie die von uns erarbeiteten emanzipatorischen Zielsetzungen sich später in eine soziologische Berufspraxis übersetzen lassen;
d) wie Grundkenntnisse soziologischer Theorienbildung und empirischer Methoden entsprechend den *jeweiligen* Problemstellungen (für Erstsemester wie auch später, für kurzfristige Projektgruppen und längerfristige Seminare) organisiert werden könnten;
e) Angaben über einige bestimmte Bedingungen für eine maximale Entfaltung und Ausdrucksmöglichkeit aller, und Möglichkeiten, wie diese Bedingungen schrittweise in Annäherung an eine herrschaftsfreie

Kommunikation in Lehrbetrieb wie unmittelbarer politischer Entscheidung und Aktion verwirklicht werden könnten.

2. *Reale Erfolgschancen*, daß diese Modelle, wie von den Studenten erarbeitet – in deren Dienst ja die Universität und das Soziologische Seminar angeblich stehen –, satzungsmäßige Konkretisierung in einer neugeregelten institutionellen Struktur von Lehre, Forschungen, sowie Seminar insgesamt finden.

Reale Erfolgschancen aber sind nur dann von politischer Realität, wenn entsprechende verbindliche Zusicherungen sich wenigstens minimal konkretisieren: etwa durch klare negative Ausgrenzung bestimmter Interpretationsspielräume, die eine lautlos sich objektiv durchsetzende Rückkehr zum status quo ante [des] bisherigen Seminar- und Wissenschaftsbetriebs bedeuten könnten. Verbindlichkeit müßte dann heißen: Anerkennung der begrüßten studentischen Initiativen, wie wir sie unter 1 eben noch mal systematisch formuliert haben. Vor allem aber: Ja der Ordinarien, auch in Zukunft zu einer institutionell gesicherten Möglichkeit von den konkret sich artikulierenden Bedürfnissen der Studenten her Lehre und Forschung bestimmen zu können – und nicht von einer vorgegebenen Produktionsstruktur – oder aus dem alles dominierenden Bannkreis bestimmter, durch eminenten Informationsüberschuß privilegierter Positionsinteressen her.

Nochmals: War der Streik und die »Besetzung« des Spartakus-Seminars wirklich nötig, um diese Ziele durchzusetzen? Hätten andere Mittel, ohne Pression, nicht ausgereicht? Die Ordinarien haben doch diese Initiative »begrüßt«, der Kritik am bisherigen Betrieb »in wesentlichen Punkten recht gegeben«!?

Entscheidend für den Streik am Anfang, für die folgende »Besetzung«, für diese »Pressionen« war und ist für uns ihr »Aber«, das bisher jedem verbalen Bekenntnis der Ordinarien folgte. Ein »Aber«, das in seinen wechselnden Formulierungen von Anfang an verdächtig war, das all denen unter uns immer mehr recht gab, die diesen Bekenntnissen gegenüber Mißtrauen zeigten, sie als taktisch vorgeschobene Manöver auffaßten, mehr als andere verbindliche Garantien für die Echtheit dieser Bekenntnisse verlangt haben.

Das erste »Aber«: Warum Aussetzung des Lehrbetriebes, da man innerhalb doch jederzeit über Reformen diskutieren könne. Überdies seien die Basisgruppen bisher ja gescheitert, ein Scheitern, das sich bei einem solchen Streik sicherlich wiederholt. (So in den Vordiskussionen zur Vollversammlung am Freitag, 6.12.)

Das zweite »Aber«: Einerseits erkennen die Ordinarien inzwischen die Notwendigkeit an, daß die Studenten selbst die organisatorischen Bedingungen für eine grundlegende Reflexion auf die bisher verdrängten, sprachlos gebliebenen Bedürfnisse schaffen – aber gleichzeitig insistieren sie immer noch auf der Beibehaltung des bisherigen Lehrbetriebs. Können oder wollen sie nicht einsehen, daß bloße Ergänzungen, Diskussionen am Rande, eine praktisch folgenreiche Diskussion weder organisatorisch noch sozialpsychologisch in Gang bringen können, geschweige denn zu ihrem Gelingen irgend etwas beitragen; daß weitere Anerkennung des offiziellen Lehrbetriebs und seines repressiven, institutionell gewonnenen Rahmens unsere Initiative von Grund auf kaputtmacht!

Allein diese beiden »Abers« in der Phase, in der es erst um die Konstituierung der Arbeitsgruppen, das Artikulieren unserer zentralen Probleme und das genauere Herausarbeiten von thematischen Schwerpunkten und Kommunikationsstrukturen ging, haben mindestens die objektive Funktion (oder etwa die subjektive Intention?) der Bremse, der Verunsicherung, wenn nicht sogar eines grundsätzlichen »Nein« zu den verbal begrüßten Initiativen. »Abschaffung der Ordinarienprivilegien« meint zunächst ja nicht die Abschaffung von Titeln und überprivilegierten Einflußchancen als solchen, sondern: zuallererst das Außerkraftsetzen bestimmter verabsolutierter Standards- und Leistungsorientierungen, sowie des institutionellen Rahmens ihres Lehrbetriebs, mit denen die Ordinarien kraft Autorität und Position permanent eine praktische Neuorientierung bisher blockieren oder umfunktionieren bzw. letzten Endes gar verunmöglichen. Erst in der Gegenreaktion zu einer solchen professoralen Taktik ergab sich das direkt politische Postulat, auch die Positionen selbst – die räumlichen, die institutionellen und die mit persönlicher Autorität ausgespielten sozialen Positionen – durch Ignorieren außer Kraft zu setzen.

In dieser Funktion, die Ziele des Streiks zu sichern, und verbale Solidarität der Ordinarien beim Wort zu nehmen, steht und stand auch der sogenannte *Negativkatalog*, dessen Entwurf den Ordinarien »zur Kenntnisnahme« letzten Dienstagmorgen zuging, am Abend

dann von der Vollversammlung mit wenigen Gegenstimmen beschlossen wurde:
Wir erwarten von den Ordinarien im Interesse einer *grundlegenden* Reform die Unterstützung unseres Streiks; wir fordern, daß die Ordinarien diese Unterstützung nicht nur verbal proklamieren – da wir permanent Anlaß zu Mißtrauen gegenüber solchen Proklamationen haben –, sondern als verbindlich gegebene Garantien einige bestimmte Bedingungen für das Gelingen dieser Initiative von ihrer Seite aus setzen, soweit das ihnen beamtenrechtlich möglich ist.

Was war die Antwort der Ordinarien darauf? Weitere »Abers«, wenn nicht Schlimmeres.

Zwar zeigt ihre schriftliche Antwort, wie vor allem auch die Nachfragen einiger Assistenten, daß einige Formulierungen des *Negativkatalogs,* als zu wenig präzis gefaßt, einigen Interpretationsspielraum und Anlaß zu Mißverständnissen boten. Gleichwohl geht ihre Antwort im wesentlichen an unseren Intentionen einfach vorbei, beantwortet in einem taktischen Ablenkungsmanöver und – vor allem – versucht in einer Spaltungstaktik, einen Teil der Studenten als »zerstörerisch« hinzustellen. Obwohl Habermas sicherlich weiß, daß seine Konditionalsätze seit Jahren und jetzt wieder (Neue Presse) nur in verkürzter Form von der bürgerlichen Presse aufgegriffen und mit eindeutiger Stoßrichtung eingesetzt werden, ist ihm auch dieses Mittel zur Spaltung der studentischen Initiative recht. Daß sich die so Angegriffenen – von ihm als wissenschaftszerstörendes, lügnerisches oder funktionsloses Feind-Stereotyp aufgebaut und (vergleiche Samstag-Auseinandersetzungen) weiterhin von ihm aufrechterhalten – dann auch aggressiv zur Wehr setzen, indem sie dann ihrerseits die Kommunikation abschneiden, ist mindestens verständlich. Warum greift Habermas zu diesen Mitteln? Sind dies angemessene? Ist es psychologische Fixierung, fatales Mißverständnis aus mangelndem Realitätskontakt mit den Interessen und Intentionen, wie sie in vielen Plenumsdiskussionen erarbeitet wurden, ist es psychologisches Ungeschick, in Vollversammlungen seine Solidarität so zum Ausdruck zu bringen, daß nicht in jedem Nebensatz ein aggressiver Affekt auftaucht, der dann zu Gegenaggressionen führen muß – oder ist es doch, wie viele meinen, nur geschickte Taktik, um unsere Initiativen zu lähmen, zu spalten oder zu verhindern??

Für viele von uns ist das unklar, für die meisten von uns gelten alle Interpretationen. Eine Konfrontationsstrategie ist inzwischen, auf Grund dieser Reaktionen tatsächlich notwendig geworden, nämlich in genau dem Maß, um den eigentlichen Grund der professoralen Reaktionen erkennen zu können, um nicht Verschleierungstaktiken langfristig dann doch zum Opfer zu fallen: im Verrat an den ursprünglichen Intentionen einer Neuorganisation von Studium und Institut.

Auf der anderen Seite scheint inzwischen auch eine Einleitung zur Kooperation notwendig zu sein, ebenfalls auf Grund der Reaktionen von Ordinarien, wie auch von Assistenten – insofern in der Tat grundlegende Mißverständnisse unsrer Intentionen nur auf dem Weg von Verhandlungen ausgeräumt werden können. Unter anderem gilt dies vor allem von unserem Postulat, analytisch fruchtbaren und langfristig durchgeführten Wissenschaftsbetrieb mit unseren individuellen Bedürfnissen und unserer politischen Praxis zu vermitteln, vermitteln, das heißt hier: sowohl in einer neuen Konzeption von Forschung und Lehre, wie auch in deren institutioneller Organisation.

Unter diesen beiden Erfordernissen: 1. klar zu einer Konfrontation über die *wirklich* strittigen Punkte zu kommen, und doch 2. die verbal geäußerte Solidarität in eine praktische Kooperation umzusetzen, wollen wir nochmals den Versuch einer genaueren Klärung dessen unternehmen, was unter dem agitatorischen Namen *Negativkatalog* bisher intendiert und gemeint war und woran wir weiterhin im Interesse der Ziele unseres Streiks festhalten.

Dieser Entwurf einer für uns verbindlichen Interpretation unserer Streikziele (s.o.) und des sogenannten *Negativkatalogs* soll zunächst den »Strategiediskussionen« und dem Plenum als Grundlage dienen, sowie gegebenenfalls dann einer Vollversammlung zur Abstimmung vorgelegt werden. Wird diese Interpretation von der Vollversammlung als verbindlich akzeptiert, erhalten die Ordinarien diese Paper nicht mehr nur wie bisher zur Kenntnisnahme, sondern als Aufforderung, zu den wesentlichen Punkten verbindlich Stellung zu nehmen.

Im Interesse, daß unsre Initiativen nicht scheitern, erwarten wir von den Ordinarien vor allem zwei Garantien:
A. Daß sie, soweit ihnen rechtlich möglich, dazu mithelfen, diejenigen Bedingungen zu schaffen, unter denen dieses neue Experiment überhaupt sinnvoll initiiert und im weiteren ermöglicht wird.

Diese Bedingungen sehen wir vor allem in dem Engagement der Ordinarien, bestimmte mögliche rechtliche oder finanzielle Sanktionen mit abwenden zu helfen, die all die Studenten, die durch materielle Zwänge oder psychische Fixierung an die bisherige Sicherheit der traditionellen Lern- und Konsum-Universität verunsichert sind, von der Teilnahme an den von den Ordinarien selbst begrüßten Arbeitsgruppen abhalten oder diese Teilnahme erschweren könnten.

Konkret: Ihr Engagement beim Abbau bestimmter Prüfungszwänge, bei der Anerkennung des Semesters; das Ausstellen von Scheinen für vorgelegte Resultate der einzelnen Arbeitsgruppen; etc. ... Wie dieses Engagement im einzelnen innerhalb der juristisch gezogenen Grenzen möglich ist und sich praktisch konkretisieren kann, darüber müssen wir natürlich reden. Die Weigerung jedoch, ihre Solidarität in einem solchen Engagement praktisch werden zu lassen, könnten wir nicht verstehen, d.h., wir müßten diese als einen zerstörerischen Akt unsren Initiativen gegenüber auffassen.

B. Daß sie verbindlich zusichern, wiederum soweit ihnen rechtlich möglich, diejenigen Bedingungen zu setzen, unter denen einzig und allein auch der Erfolg des Experiments möglich wird. D.h., daß wir verbindliche Erklärungen über ihre Bereitschaft bekommen, in verbindliche Verhandlungen über die Ergebnisse der Arbeitsgruppen einzutreten, also mit dem Interesse ihrerseits, diese Ergebnisse nicht nur unverbindliche Vorschläge und Diskussionsbeiträge sein zu lassen, sondern sie auch institutionell in eine entsprechende Neuregelung einzubringen.

Entsprechend den obigen Erläuterungen unseres zweiten Streikziels hat eine solche Zusicherung realpolitische Bedeutung nur unter negativer Ausgrenzung bestimmter Interpretationsspielräume, die wir heute schon de facto aufhebend erkennen können. Konkret: Die alte Entscheidungsstruktur, in der dann weiterhin die Lehrenden ihre Interpretation dieser Ergebnisse majorisierend durchsetzen können; die alte Kommunikationsstruktur, in der weiterhin innerhalb Lehre und Forschung durch sozialpsychologisch wirksamen Positionsdruck die Lehrenden die Artikulation unsrer Erfahrungen, Interessen und Probleme objektiv blokkieren, und deren praktische Umsetzung in entsprechende Lehr- und Forschungsprojekte verhindern.

Wiederum: In welcher detaillierten Regelung und in welcher sukzessiven Durchführung diese Bedingungen objektive, institutionelle Fakten werden können, darüber müßten wir in Verhandlungen eintreten, Erfolgsbedingungen durch Insistieren auf alten Entscheidungsstrukturen im Institut und alten Kommunikationsstrukturen in Lehr- und Forschungsbetrieb anzuerkennen, können wir wiederum nur als Interesse am status quo ante des bisherigen Wissenschaftsbetriebs bzw. am Scheitern unserer jetzigen Arbeit begreifen.

Nun im einzelnen zu einigen Mißverständnissen, gleichzeitig einige konkretere Präzisierungen der Beschlüsse der Vollversammlung am 10.12.:

A.1. Wir haben die Professoren nicht aufgefordert, die Prüfungsordnung selbsttätig zu ändern, sondern: sich dafür *einzusetzen*, daß die Vordiplomsprüfungen für eine Interimszeit ausgesetzt werden. »Aussetzung des Vordiploms« meint in keiner Weise, daß die Professoren diejenigen Kandidaten, die ihren Anspruch auf Prüfung unbedingt geltend *machen* (und nicht bloß formal haben), aussperren sollten; sondern: daß diejenigen Kandidaten, die das Vordiplom *nicht* machen wollen, sondern sich statt dessen jetzt an sinnvoller Arbeit beteiligen wollen, davon keine Nachteile haben.
2. Die Ordinarien wollen weiterhin diejenige Instanz sein, die über unsere wissenschaftliche Arbeit entscheidet, wobei sie diejenigen Kriterien weiterhin anzuwenden gedenken (was heißt nachprüfbar, »wissenschaftlich«?), deren Stellenwert und Bedeutung wir ja jetzt erst grundsätzlich neu erarbeiten wollen. Es soll ja überhaupt erst problematisiert werden, was wissenschaftliches Arbeiten ist, und in welchem Ausmaß die bisher gültigen wissenschaftlichen Standards für viele von uns das Gewinnen von Einsichten blockiert und verhindert haben. – Selbstverständlich, da es für uns ja um die Bedingungen geht, die das Gewinnen solcher Einsichten *für alle* erst ermöglichen, lehnen wir keineswegs Qualifikationsstandards einfach ab. Auch zeigt unser bisheriger Vorschlag, institutionell zwischen relativ kurzfristigen Projektgruppen und langfristigen Seminaren zu unterscheiden, klar, daß wir weiterhin an langfristiger wissenschaftlicher Arbeit und demzufolge an objektiv erforderten und einsehbaren Erfolgskriterien wissenschaftlicher Theorien festhalten, diese also keineswegs unter die Zensur blinder Praxis geraten soll. Aber wir halten weiter definitiv daran fest: eine rein wissenschaftlich erarbeitete Theorie, und mag sie noch so sehr an emanzipatorischen Interessen orientiert sein, doch ohne einen Bezug zu

den Erfordernissen und Erfahrungen politischer Praxis durch Aktionen, verfälscht ihre eigene Intention und – was noch fatalere Konsequenzen hat – verweigert dieser politischen Praxis durch Aktion grundsätzlich und daher tendenziell auf Dauer die Chance wissenschaftlicher Reflexion, zwingt sie dadurch in das Ghetto propagandistisch-manipulativer, willkürlich aktionistischer Gegengewalt.

Theorie, analytisch wissenschaftliche, langfristig durchgeführte Arbeit, soll nicht abgeschafft, zerschlagen, sondern relativiert werden: Ihre Problemstellung, ihre Vermittlung zu den auf sie Angewiesenen (als Individuen und als Kollektiv), ihr Ort in menschlicher Einsicht überhaupt, wie ihr Ort gegenüber den Postulaten auch aktuell geforderter politischer Praxis, soll einen neuen Bezugsrahmen, einen neuen Stellenwert, ein neues Selbstverständnis erhalten, wie allen an ihr Teilnehmenden einen neuen Zugang ermöglichen! Diese dialektische, permanente Vermittlung und Relativierung reiner Theorie kann aber nicht, wie bisher, durch Ausklammerung ihres notwendigen Ausgangs- und Zielpunkts, eben den von den Individuen wie vom Kollektiv artikulierten Erfahrungen, Interessen und praktischen Problemen [erreicht werden].

Solange in Frankfurts »Kritischer Theorie« nur ideengeschichtlich Kommunikationsstrategien erarbeitet werden, in Hegelschen Elegien das ohnmächtige Individuum beschworen wird, und prinzipiell alle in der Tat Gewalt fordernde Momente emanzipatorischer Praxis von wissenschaftlicher Reflexion ausgeschlossen bleiben, – solange prinzipiell emanzipatorisches Interesse sich nur *mit* dem autoritären Staat und seinen institutionell verhärteten Informations- und Entscheidungskanälen durchsetzen zu können glaubt und die Möglichkeit eines praktischen politischen Widerstands *gegen* diesen autoritären Staat von unten, der Basis her, ausschließt oder diesen nur im Nachhinein als Argument gebraucht, – solange nur in einer scheinbar herrschaftsfreien Verhandlung wissenschaftlicher Disputanten (d.h. nur weniger Experten) Vermittlung von Wissenschaft und Politik, von Theorie und Praxis allgemein, möglich zu sein scheint, statt in der kollektiven Aufarbeitung tatsächlich gemachter politischer Erfahrungen bzw. der sich aus gesellschaftlicher Gewalt unabweisbaren Probleme des »Privatbereichs« – so lange müssen wir Frankfurts Soziologie, die bürgerlichen Wissenschaften und ihren Betrieb ablehnen. Denn so lange bleibt diese Wissenschaft und diese Soziologie ideologiebildend, zersetzt sie die Möglichkeiten eines künftigen herrschaftsfreien Verkehrs von nicht untereinander isolierten Individuen. Nichts anderes bedeuten Parolen wie »Zerschlagt die Wissenschaft«.

B.1. Wie diese unsere beiden Intentionen: a. individuelle und politische Erfahrung wissenschaftlich aufzuarbeiten, wissenschaftlich solche politische Erfahrung vorzubereiten (Subjekt und Zielgruppe bestimmter konkreter Aktionen, die Chancen bestimmter Methoden sowie ihrer Risiken, mögliche d.h. realistisch zu erwartende Resultate etc. in einer gründlicheren theoretischen Reflexion zu bestimmen und so überhaupt erst ihren Stellenwert und Erfolg zu kontrollieren), Wissenschaft insgesamt von solchen praktischen Interessen her zu betreiben, und b. gleichzeitig diese wissenschaftliche Aufarbeitung, diese wissenschaftliche Vorbereitung von praktischer Erfahrung in den immanent notwendigen und so auch für diese Praxis notwendigen Erfolgskriterien zu garantieren – wie diese beiden Intentionen theoretisch und institutionell näher zu vermitteln sind, ohne daß die Notwendigkeit dieser Vermittlung oder eine dieser beiden Intentionen selbst verdrängt und so die repressive Gewalt provoziert [wird], das kann selbstverständlich a priori im einzelnen nicht angegeben werden.

Die grundsätzliche Vermittlung beider jedoch, soweit schon Möglichkeiten erkennbar sind, haben wir genannt:

a) Eine Entscheidungsstruktur, in welcher nicht durch Majorisierung die Verdrängung einer dieser beiden Intentionen wieder möglich wird; das heißt konkret: ein paritätisch besetztes Entscheidungsgremium, wie immer sich das für bestimmte Bereiche funktionell spezifizieren kann – wobei wir allerdings in dessen letzter Instanz nach wie vor an der Parität von Lehrenden und Lernenden festhalten (vergleiche München, Hannover). Einerseits sind uns nämlich alle bisher auch von den Assistenten dagegen vorgebrachten Gründe nicht einsichtig; z.B. scheinen uns auch in einer solchen Parität durchaus hinreichend Garantien für die institutionelle Wahrung von Erfolgskriterien wissenschaftlichen Arbeitens gegeben. Andererseits können wir die weitgehende Interessenkonkurrenz von Ordinarien und Assistenten nicht einfach ignorieren, insofern beide auf die gleiche Berufspraxis als Dozenten und Forscher hin orientiert sind und dementsprechend wohl auch ähnliche selektive Wahrnehmung von Problemstellungen, Leistungsstandards etc. haben. Wie oben angedeutet, könnten wir uns aber durchaus für bestimmte Bereiche andere Paritäten als sinnvoll vorstellen, soweit sie dieser letztinstanzlichen Parität untergeordnet sind; darüber könnte im einzelnen verhandelt werden.

b) Eine Kommunikationsstruktur zumindest in einem Teil des neuorganisierten Lehrbetriebs, wo die sozialpsychologische Dominanz von Vertretern nur wissenschaftsimmanenter Intention weitgehend ausgeschlossen ist; d.h. konkret: Ein autonomer Bereich für die Studenten mit den entsprechenden materiellen Mitteln (etwa 30 % des Gesamthaushalts). Dabei müssen über die institutionelle Transmission der dort gewahrten Intention (a.) in den Raum, wo beide Intentionen (a. und b.) langfristig miteinander vermittelt werden sollen und daher auch unbedingt die immanent geforderten Erfolgskriterien wissenschaftlicher Arbeit garantiert sein müßten, zweifellos noch kooperative Überlegungen angestellt werden. Wissenschaftliche Diskussion und Vorbereitung politischer Aktionen sollen nicht mehr prinzipiell getrennt sein, aber die einzelnen Phasen wissenschaftlicher Vorbereitung, praktischer Durchführung und nachträglicher wissenschaftlicher Reflexion von Aktionen sollen durchaus als eigene Arbeitseinheiten unterschieden werden, – sowohl in der objektiven Organisation wie für das subjektive Bewußtsein der Teilnehmer.

2. Schließlich bezüglich Neueinstellungen, materiellen und sachlichen Entscheidungen während der Übergangsphase: Wir verlangen *nicht* von den Ordinarien, daß sie gegen geltende Gesetze und bestehende Institutionen verstoßen, so daß sie dann eindeutig beamtenrechtlich belangt werden könnten. Wir verlangen auch nicht, daß die Ordinarien mit sich selbst in öffentlichen Widerspruch geraten, indem sie ihre eigene Abdankungsurkunde unterschreiben und doch gleichzeitig nach außen diese Abdankung de facto durchbrechen. – Was wir erwarten: Daß sie in ihrem eigenen Institutsbereich keine präjudizierenden Entscheidungen für die Zeit nach der Übergangsphase treffen. Daß sie in einer Art Generalklausel sich in eigener freiwilliger Entscheidung bereit erklären, entsprechend ihren oft bekundeten demokratischen Intentionen (»Demokratie« auch im eigenen Institutsbereich nicht »formal«, sondern »inhaltlich« verstanden), diejenigen Beschlüsse nach außen als Repräsentanten zu vertreten, die sie innerhalb des Seminars freilich in einem demokratischen Entscheidungsprozeß mitgetroffen haben.

Abschließend wollen wir nochmals klar den Sinn dieser Präzisierungen für uns selbst wie für die Ordinarien und Assistenten herausstellen:

a) Sie sollen Verhandlungen kooperativer Art mit Ordinarien und Assistenten einleiten, insofern beide weiterhin zu ihren bisherigen Solidaritätserklärungen stehen, und damit auch die notwendigen Bedingungen unseres Experiments (seines Beginns und seiner Durchführung wie seiner Verbindlichkeit) mitsetzen helfen. Die detailliertere Regelung – der einzelnen Punkte sowie auch eine mögliche sukzessive Zustimmung zu den einzelnen Punkten –, die wir unsererseits durchaus für möglich halten, muß Sache von Verhandlungen sein. – Sollte sich aber die bisherige Solidaritätserklärung der Ordinarien nur als taktisches Mittel herausstellen, da diese jetzt nicht mehr ohne praktische Verbindlichkeit proklamiert werden kann, so wird von ihrer Seite aus auf eine längerfristige Konfrontation abgestellt und zwar eine Konfrontation mit ihrer eigenen, dann brüchig gewordenen Argumentation: ihr Interesse an unseren Arbeits- und Projektgruppen und ihr Wille, daß diese nicht scheitern. Niemand wird in einem solchen Falle mehr den emanzipatorischen Ansprüchen dieser »kritischen« Soziologen Glauben schenken.

b) Sie tragen der notwendigen Selbstkritik der Studenten untereinander Rechnung, insofern das Problem allseitiger Kommunikation in Vermittlung mit unabweisbaren Postulaten aktueller inhaltlicher und politischer Organisation eben erst aufgegriffen und noch keineswegs gelöst ist. Eine Kritik aber, die diese Problematik verdrängt, und idealistisch behauptet, eine programmatisch ausformulierte Strategiekonzeption wäre schon zu Beginn der Streikbewegung eine reale Möglichkeit gewesen, und dementsprechend jetzt im Nachhinein abstrakte Postulate aufstellt, hat keinerlei praktischen Gehalt und löst auch unsere Probleme nicht. Kritik an einer mangelhaften Strategiekonzeption kann nur auf ein solches Problem aufmerksam machen, bzw. geschichtlich jeweils die Möglichkeiten nennen, die real eine mögliche Vermittlung zwischen politisch-organisatorischem Entscheidungszwang einerseits und langfristigem Aufbau möglichst herrschaftsfreier Kommunikation und möglichst rationaler Reflexion von Möglichkeiten und Nebenfolgen einer bestimmten Strategie andererseits aufzeigt.

Die Präzisierung unserer Ziele, der Bedingungen ihres inhaltlichen und politischen Erfolgs, der Hinweis auf die notwendigen politischen Formeln, um überhaupt die Dimension von Verbindlichkeit als permanent präsent zu garantieren und nicht reformistisch in reine Gesprächskreise zurückzufallen, kann sich alles erst jetzt neu und klarer artikulieren. Vorher mußten Ziele, Erfolgsbedingungen, politische Formeln notwendig ambivalent sein, insofern sie sowohl Möglichkeiten einer notwendig werdenden Konfrontation einkalkulieren wie gleichzeitig das Interesse an einer langfristig aufrechterhaltenen Kooperation aufrechterhalten wollen. Vorher mußte die praktische Erfahrung der Arbeitsgruppen, der Plenumsdiskussionen und des inzwischen geführten politischen Kampfes vorausgegangen sein, bevor heute eine differenziertere inhaltliche und organisatorische Selbstverständigung möglich geworden ist.

Nr. 264

Theodor W. Adorno / Ludwig von Friedeburg / Jürgen Habermas / Alexander Mitscherlich
Aufforderung

Als Flugblatt verteilte öffentliche Erklärung
17. Dezember 1968

QUELLE: Zoller [d. i. Peter Zollinger] (Hg.), Aktiver Streik – Dokumentation zu einem Jahr Hochschulpolitik am Beispiel der Universität Frankfurt/Main, [Darmstadt 1970], S. 114

Wir fordern ein letztes Mal unsere Studenten auf, das Haus Myliusstraße 30 unverzüglich zu räumen. Die Besetzung des Seminargebäudes ist, wie allen Beteiligten bewußt sein müßte, politisch nicht gerechtfertigt. Diejenigen Reformforderungen der Studenten, die wir nach wie vor für begründet halten, hätten ohne jede Pression verwirklicht werden können.

1. Wir haben bereits am Ende des vergangenen Semesters eine Seminarordnung auf der Grundlage einer drittelparitätisch zusammengesetzten Versammlung vorgeschlagen. Diesen Vorschlag halten wir nach wie vor aufrecht.
2. Wir versuchen seit Jahren, eine praktisch folgenreiche Diskussion über die Veränderung des unerträglichen Massenstudiums in unseren Fächern in Gang zu bringen. Es ist uns deshalb willkommen, daß die Studenten das von ihrer Seite abgebrochene Gespräch mit neuen Impulsen wieder aufnehmen wollen.
3. Wie bisher begrüßen und unterstützen wir die Bildung von diskutierenden Gruppen, in denen sich die Studenten über ihre Vorschläge zu einer künftigen Seminarordnung und über ihre Vorstellungen zu einer Neuordnung des Studiums, einschließlich der soziologischen Diplomprüfungsordnung, klar werden.
4. Wir begrüßen und unterstützen ferner die Initiative, studentische Arbeits- und Projektgruppen zu bilden, in denen selbstgewählte Themen in Ergänzung zum offiziellen Lehrbetrieb diskutiert werden.
5. Diese Gruppenarbeit soll ihren festen Platz im Seminar- und Lehrbetrieb erhalten. Leistungen, die für Dozenten des Faches erkennbar und nachprüfbar sind, werden wie bisher durch Scheine bestätigt, wenn sie Kriterien wissenschaftlichen Arbeitens genügen.
6. Insoweit begrüßen wir einen heute »autonom« genannten Bereich studentischer Arbeit. Wir lehnen aber einen »separaten« Bereich, in dem wissenschaftliche Diskussion von der Vorbereitung politischer Aktionen nicht mehr unterschieden würde, prinzipiell ab.
7. Kooperation mit einer Gruppe, die Parolen wie »Zerschlagt die Wissenschaft« folgt, ist für uns definitiv ausgeschlossen. Wir werden dem Einfluß einer solchen Gruppe mit allen angemessenen Mitteln entgegentreten.

Nr. 265

Theodor W. Adorno / Max Horkheimer
Brief an Herbert Marcuse

17. Dezember 1968

QUELLE: Stadt- und Universitätsbibliothek Frankfurt/Main, Herbert-Marcuse-Archiv

---

[Frankfurt a. M.,] 17. Dezember 1968

Lieber Herbert,

Max ist gerade wieder hier, zu einer Vorstandssitzung, so daß wir Dir gemeinsam für Deine Antwort danken können. Unsere Freude darüber, daß sich nun gelöst hat, was buchstäblich ein Mißverständnis war[1], ist nicht geringer als Deine, und an uns soll es nicht fehlen, daß sich so etwas nicht wiederholt.

Hier geht es im Augenblick drunter und drüber, nicht wenige Räume der Universität sind besetzt. Viele Seminare können nicht mehr stattfinden, darunter gerade auch die besonders fortschrittlichen. Höchst berechtigte studentische Forderungen und fragwürdige Aktionen gehen so durcheinander, daß von produktiver Arbeit oder auch nur einem vernünftigen Denken kaum mehr die Rede sein kann. Wir bitten also um Nachsicht für die Kürze unserer Zeilen.

Sehr hoffen wir, Dich im Sommer zu sehen. Max wird im August und Anfang September wahrscheinlich wieder in Graubünden, Teddie bestimmt von Mitte Juli bis gegen den 20. August im Hotel Bristol in Zermatt sein. Jedenfalls wirst Du vorher von Dir hören lassen.

Hoffentlich kommst Du mit Deiner Arbeit vorwärts. Von uns können wir das bei dem Betrieb hier nicht sagen.

Gute Wünsche und alles Herzliche, auch an Inge wie von Gretel und Maidon

P. S. Soeben hören wir noch von der neuen Bedrohung gegen Dich und können Dir nur sagen, daß wir zutiefst mit Dir verbunden sind.

1 Herbert Marcuse war anonym bedroht worden und hielt sich eine Woche lang verborgen. In der Annahme, er könne oder solle keine Post empfangen, gratulierten Horkheimer und Adorno ihm nicht zum Geburtstag. Marcuse hatte dies auf seine exponierte politische Stellung zurückgeführt.

Nr. 266

Streikkomitee Spartakus-Seminar

»Die Studenten begannen die Selbstorganisierung ihres Studiums – Die Universitätsadministration schickte die Bullen!«

Flugblatt zur polizeilichen Räumung des besetzten Soziologischen Seminars

18. Dezember 1968

QUELLE: Archivalische Sammlung Ronny Loewy im Hamburger Institut für Sozialforschung, Akte »Aktiver Streik« WS 68/69

LETZTE MELDUNG   LETZTE MELDUNG
LETZTE MELDUNG   LETZTE

DIE STUDENTEN BEGANNEN DIE SELBSTORGANISIERUNG IHRES STUDIUMS – DIE UNIVERSITÄTSADMINISTRATION SCHICKTE DIE BULLEN!

Die Soziologiestudenten hatten sich im Spartakusseminar in der Myliusstraße organisiert, um ihr Studium endlich selbst zu bestimmen. Verbal begrüßten die linken und halblinken Ordinarien Adorno, Habermas, Friedeburg, Mitscherlich, die studentische Initiative, um »ihren« Studenten gegenüber das Alibi ihrer kritischen Theorie aufrechtzuerhalten und mit ihm die Weigerung, die Ansätze der studentischen Arbeitskreise als wissenschaftliche Leistung anzuerkennen. Statt dessen hielten sie es mit Rüegg und der Landesregierung, für die seit dem Funktionieren der studentischen Organisierung in der Myliusstraße die Zerschlagung dieser Basis als einem aktiven Widerstandszentrum gegen den autoritären Staat offenbar feststand und forderten in einem Ultimatum gestern abend die Studenten auf, das Seminar sofort zu räumen. Den Gerüchten der ultima ratio, ein Polizeieinsatz, machte Habermas ein Ende, der in der Rolle des klassischen Verräters am späten Abend in die Myliusstraße kam und informell von »Mechanismen« sprach, auf deren Ablauf er keinen Einfluß mehr hätte; morgens um 5 kam die Polizei, fuhren 3 Mannschaftswagen auf und ein Wasserwerfer, das Schloß zum Seminar wurde wenig später unter Polizeischutz ausgewechselt, die Studenten waren ausgesperrt!

Gegen die Selbsttätigkeit der Studenten gibt es nur noch den Polizeiknüppel –

WIR FORDERN, DASS DIE POLIZEI DAS SEMINAR UNVERZÜGLICH RÄUMT, DA WIR NICHT MEHR ZU DEN FORMEN DES HERKÖMMLICHEN LEHRBETRIEBS ZURÜCKKEHREN WERDEN!

STREIKKOMITEE DES SPARTAKUS-SEMINARS

Nr. 267

Egon Becker / Gerhard Brandt / Gunter Wegeleben / Evelies Mayer / Xenia Rajewsky / Jürgen Ritsert / Claus Rolshausen / Regina Schmidt / Rainer Döbert

Erklärung wissenschaftlicher Mitarbeiter am Soziologischen Seminar, Myliusstraße 30

Zur Räumung des von Studenten besetzten Seminars durch die Polizei und zu seiner Übernahme durch die Kuratorialverwaltung

18. Dezember 1968

QUELLE: Theodor W. Adorno-Archiv, Frankfurt/Main

Durch die polizeiliche Besetzung des Soziologischen Seminars und die Übernahme des Hauses durch die Kuratorialverwaltung ist der Lehr- und Forschungsbetrieb auf nicht absehbare Zeit unmöglich gemacht worden. Die wissenschaftlichen Mitarbeiter des Seminars werden, ebenso wie die Studenten, daran gehindert, das Haus zu betreten und ihren Lehr- und Forschungsaufgaben nachzugehen. Dieser Sachverhalt kommt einer Aussperrung gleich. Die wissenschaftlichen Mitarbeiter sind weder in die Diskussion über diese Maßnahmen einbezogen noch zureichend darüber informiert worden. Informell zugestandene Mitsprachemöglichkeiten erweisen sich im Konfliktfall als unwirksam. Wir dringen daher auf die unverzügliche Institutionalisierung von Mitbestimmungsrechten für wissenschaftliche Mitarbeiter und Studenten.

Die wissenschaftlichen Mitarbeiter müssen davon ausgehen, daß die Ordinarien Habermas, v. Friedeburg, Adorno und Mitscherlich eine polizeiliche Besetzung von Anfang an ins Auge gefaßt und durch ihr Verhalten den Weg für die Maßnahmen der Exekutive freigegeben haben. Der Verhandlungsspielraum für eine neue Satzung und eine Neuorganisation des Studiums, der trotz der studentischen Besetzung immer noch bestand, ist dadurch radikal abgeschnitten worden. Die Ordinarien haben damit das auch von ihnen bejahte Experiment einer studentischen Selbstorganisation des Studiums in Frage gestellt. Wir distanzieren uns von dieser autoritären Maßnahme und glauben, daß durch sie eine vernünftige Lösung der Konflikte erheblich erschwert, wenn nicht gar ausgeschlossen wird.

Nr. 268

Sozialistischer Deutscher Studentenbund

Von der kritischen Theorie zur Praxis

Kommentar des SDS-Bundesvorstands zum Verlauf des »Aktiven Streiks«

18. Dezember 1968

QUELLE: SDS-Bundesvorstand (Hg.), SDS-Info vom 18. Dezember 1968, Nr. 2, S. 13

Der ursprünglich als Solidaritätsstreik mit der AFE begonnene Streik der Soziologen, Romanisten, Germanisten, Politologen, Anglisten und Philosophen, die Störungen der Vorlesungszeiten bei den Medizinern und Mathematikern und anderen war von Beginn an *aktiver* Streik, d. h., Solidarität bestand in der Aufnahme der Auseinandersetzung um die Veränderung der Arbeit in den eigenen Instituten.

Dabei ergaben sich in Frankfurt die folgenden Probleme: Die Wirkung der kritischen Theorie der Habermäuse, Adorniten und ihrer Apologeten auf einen großen Teil der SDSler kann nur als entpolitisierend beschrieben werden. Hier wird Theorie im wesentlichen um ihrer selbst willen betrieben und in der Diskussion als Machtmittel gebraucht. Dabei wird – und das beinahe unwidersprochen – denjenigen, die versuchen, den Widerspruch zwischen den theoretischen Prinzipien der Revolte und deren praktischen Realisierung in der praktischen Aktion aufzulösen, Stalinismus und Faschismus vorgeworfen.

Die Frankfurter Gruppe selbst hat in ihrer Auseinandersetzung mit den Professoren eben nicht jene klare Beurteilung von deren Funktion als linkes Alibi der bürgerlichen Gesellschaft gefunden und schwankt daher zwischen Zugeständnissen und Fortführung der Auseinandersetzung. Dabei wird oft die Funktion des Streiks gerade der Soziologen für die ganze Universität in Frankfurt unterschätzt. Gerade hier sind eine große Zahl von Studenten mobilisiert und zu einer Auseinandersetzung auch über einen längeren Zeitpunkt hin bereit.

Die Soziologen übernehmen daher hier Avantgarde-Funktionen für das Austragen der Konflikte, die im Januar um die Verabschiedung des neuen Hochschulgesetzes entstehen werden. Die Arbeit im befreiten Spartakus-Seminar ist auch deshalb so wichtig, weil hier eine Gleichzeitigkeit von wissenschaftlicher Arbeit im Seminar und praktisch politischer Arbeit in der

Universität gelungen ist. In den Arbeitsgruppen im Seminar selbst werden neue Formen kollektiven Lernens erprobt. Wichtig ist dabei vor allem der Versuch, Theorie nicht abstrakt als Voraussetzung zu politischem Handeln zu vermitteln, vielmehr soll ausgehend von der Überprüfung eigener Erfahrungen im politischen Kampf an Hand von Darstellungen eben dieses Kampfes der Zugang zur Theorie und ihr Gebrauchen im politischen Kampf erleichtert werden. So soll die notwendige Diskussion um die Strategie der Revolte erst ermöglicht werden.

Die Frankfurter Gruppe wird als Voraussetzung für die Wiederaufnahme der Zusammenarbeit mit den Professoren auf deren Unterschrift unter den Negativkatalog bestehen. Die angedeuteten Drohungen der Universitäts-Bürokratie, die Soziologie in Frankfurt aufzulösen, d. h. 600 Studenten auf die Straße zu setzen, – eine solche bürokratische Maßnahme unterschätzt den sich dadurch auslösenden Mobilisierungseffekt unter den Studenten.

Der wiederholt von den Professoren vorgebrachte Vorwurf, ein kleiner Kern von Radikalen wolle die Wissenschaft als solche zerstören, diffamiert die eigentlichen Ziele der Studenten, nämlich den bestehenden Universitätsbetrieb bzw. Wissenschaftsbetrieb so umzustrukturieren, daß er langfristig als »Kampfinstrument« zur revolutionären Umwälzung dieser Gesellschaft benutzt werden kann.

Nr. 269
Streikkomitee Spartakus-Seminar
Entwurf einer Diskussionsgrundlage
»Strategiepapier« zur Fortführung des »Aktiven Streiks«
18. Dezember 1968

QUELLE: Archivalische Sammlung Ronny Loewy im Hamburger Institut für Sozialforschung, Akte »Aktiver Streik« WS 68/69

I.1. Was sollte der Streik?

Der Streik entstand aus Solidarität mit den streikenden Kommilitonen der AFE, im Widerstand gegen die technokratischen Hochschulreformversuche der hessischen Staatsgewalt.
Für uns selber hatte der Streik zunächst zwei *Ziele*:
a) Die Selbstorganisation unseres Studiums –, b) Verbindlichkeit und realen Erfolg dieser Selbstorganisation.
a) Die Selbstorganisation unseres Studiums sollte durch theoretische Reflexion wie praktisches Experiment ein grundlegend neues Modell von Lehre und Forschung erarbeiten. Dieses Modell sollte Möglichkeiten enthalten: über die Aufarbeitung unserer individuellen und politischen Erfahrung in der Protestbewegung durch eine adäquate wissenschaftlich analytische Reflexion; über interfakultative Problemstellungen und deren Institutionalisierung in eigenen Veranstaltungen (AFE, Jura, etc.); über emanzipatorisch wirksame und materiell adäquat entschädigte Berufsmöglichkeiten; über die Bedingungen antiautoritärer (wissenschaftlicher wie politischer) Diskussionen und kollektiver Lernprozesse überhaupt.
b) Verbindlichkeit und realer Erfolg unseres Experiments sollte durch Forderungen hergestellt werden, die das »Gelingen unseres Experiments« wie seine Konkretisierung in einer demokratischen neuen Institutssatzung an die Garantie minimaler Verhandlungspositionen knüpften. Inzwischen, infolge veränderter politischer Lage insgesamt (Drohung von Vorbeugehaft, von Polizei in der Uni und anderer Disziplinierungsmaßnahmen), hat der Streik ein weiteres Ziel erhalten: Organisation des Widerstands gegen Universitätsadministration und Staatsgewalt.

2. Was sollte die *Aussetzung des Lehrbetriebs*?
Die bisher in den üblichen Lehrbetrieb eingeschobenen *Diskussionen* wie die Initiative der *Basisgruppen* mußten deshalb (hinsichtlich einer Neuorganisation des Ganzen) scheitern, weil sie zeitlich (nur als Feierabendhobby) und räumlich (nur für wenige Gruppen, und nicht für die Studenten insgesamt) keine adäquate Selbstorganisation der Studenten schaffen konnten. Ebenfalls fehlte der notwendige (psychologische) Freiheitsraum, um die bisher verdrängten, sprachlos gebliebenen Interessen sich einmal selbsttätig überhaupt erst artikulieren zu lassen: z. B. Bedürfnis, die bisher gültigen Leistungszwänge grundlegend neu zu reflektieren; Bedürfnis, die verschiedenen Erfahrungen der Protestbewegung zu einem eigenen Gegenstand wissenschaftlicher Reflexion zu machen.

Kurz: Ein beibehaltener Routine-Lehrbetrieb verhinderte eine grundlegende und praktisch folgenreiche Diskussion sowohl organisatorisch wie sozialpsychologisch. Dies gilt vor allem für den institutionell vorgegebenen Stundenplan, der neue Gruppenbildungen nach den neu artikulierten, übergreifenden Interessen verhinderte, gilt auch für die sich sozialpsychologisch auswirkende Autorität der Ordinarien, die die »breite und kontinuierliche Diskussion aller« objektiv auf Grund ihrer Position blockierte und verhinderte. Nicht zuletzt ist die Aussetzung des Lehrbetriebs auch deshalb notwendig, um klar unser politisches Ziel: die Verbindlichkeit unserer Anstrengungen auch objektiv manifest zu machen. Vgl. dazu die Reaktion der Ordinarien, s. u.

3. Was sollte die »Besetzung«?
Der politische Streik und unsere wissenschaftlichen Arbeitskreise erforderten die dazu nötigen sachlichen Produktionsmittel räumlicher wie technischer Art. Die studentische kollektive Verfügung über das Seminar in der Myliusstr. während der Übergangsphase bis zur neuen Satzung ist für uns auch deshalb legitim, da dieses Seminar (wie die Uni insgesamt) offiziell sich ja von dem Ausbildungsinteresse der Studenten her bestimmt, und weil es politisch zu verhindern galt, daß der Versuch unserer wissenschaftlichen Umorganisation des Studiums sich auf einer politisch unverbindlichen Spielwiese vollzieht.

Um sicherzustellen, daß nicht durch neue Schlösser und Abtransport von Maschinen u. dgl. von seiten administrativer Gewalt unsere Arbeit verunmöglicht wird, haben wir selbstverständlich auch nachts die »Besetzung« aufrechterhalten. Ähnlich haben wir ja auch tagsüber jeden Besucher des Spartakusseminars kontrolliert, um Bücher-Diebstahl sowie die »Mitarbeit« des Sicherheitsdienstes in unseren Strategiediskussionen zu verhindern.

II. 1. Die Taktik der Ordinarien

Jedem verbalen Bekenntnis zu den studentischen Initiativen war bislang immer *ein*, dieses Bekenntnis wieder aufhebendes »*Aber*« gefolgt – wenn nichts Schlimmeres! Anfangs wiesen die Ordinarien auf das »Scheitern« der Basisgruppen hin und stellten die selbsttätige Neuorganisation der Studenten als unrealistisches Unternehmen hin. Als sie die Möglichkeit einer solchen Selbstorganisation einsehen mußten, drangen sie darauf, diese Selbstorganisation wieder in den Rahmen des üblichen Lehrbetriebs zurückzunehmen und diese damit praktisch wieder zu zerstören. Obwohl sie den Arbeits- und Projektgruppen wünschten, daß sie nicht scheitern sollten, haben sie noch in ihrer »letzten Aufforderung« diese Gruppen als »Ergänzung zum offiziellen Lehrbetrieb« verlangt, und damit wiederum diese Arbeit auf den Feierabend zurückgedrängt.

Schlimmer war, daß sie das Gerücht einer angeblichen Kündigung dazu benutzten, um Teile der Studenten in eine (ihre eigene?) *Panikstimmung* zu bringen, und bereit waren, für die Rettung der »Frankfurter Soziologie« von den Studenten *jeden Preis*, d. h. auch den Abbruch aller studentischen Neuorganisation zu verlangen. Vor allem aber scheuten sich die »Kritischen Theoretiker« nicht, zu den manipulativen Mitteln der *Demagogie* zu greifen. Sie versuchten die studentische Streikbewegung mit dem bewährten Argument zu *spalten*, eine kleine, unverantwortliche, verschwörerische Clique wolle die Masse der ernsthaft an Reformversuchen Interessierten zu ihren »wissenschaftsfeindlichen« und »undemokratischen« Zielen mißbrauchen. Obwohl sie den wissenschaftlichen Charakter unserer Arbeitsgruppen nie geleugnet haben, sondern diese Form studentischer Initiative sogar begrüßten, fuhren sie fort, diese Arbeit in der Öffentlichkeit zu verunglimpfen, um damit objektiv das Ganze zu diskreditieren.

Diese Diskreditierung ist ihnen auch insofern nun gelungen, als ihre *Legitimationshilfe* objektiv den Polizeieinsatz Rüeggs und der Uni-Administration erleichterte, wenn nicht gar provozierte. An dieser objektiven Funktion ändert auch die wahrscheinlich subjektive Verzweiflung über diesen Gewaltakt nichts. Öffentlich fehlt bis heute jede Stellungnahme ihrerseits zu diesem Polizeieinsatz; Schweigen einer (sich neutral verstehenden?) Wissenschaft bedeutet Einverständnis!

2. Unsere *Interpretation* dieser Taktik
Selbst wenn die Ordinarien auf einzelne Studenten psychologisch negativ fixiert sind, selbst wenn – was zweifellos der Fall war – der sog. *Negativkatalog* zu einigen Mißverständnissen Anlaß gab, und nun eine präzisere Formulierung verlangt, so besteht trotzdem massenhaft Anlaß, den verbalen Proklamationen der Ordinarien zu mißtrauen und selbst die objektiven Mißverständnisse auch unter dem Gesichtspunkt einer Taktik zu begreifen, die ernstlich die studentischen Initiativen nicht akzeptiert, sondern diese mindestens zu bremsen, zu verunsichern oder gar zu verhindern sucht. Es ist nicht nur der in jedem Nebensatz auftauchende aggressive Affekt gegen einzelne Studenten, der dann zwangsläufig in größeren Veranstaltungen zu Gegenaggressionen der Studenten gegen Habermas

führt, sondern [auch] die Tatsache, daß kein Zeichen von praktischer Solidarität der Ordinarien auftaucht, daß alle ihre Äußerungen nur als geschickte Taktik interpretiert werden konnten bzw. mußten. – Hätten die Ordinarien in den ersten Tagen nach Streikbeschluß irgendein unmißverständliches Zeichen echten Engagements für unser Experiment gezeigt, wäre dadurch die Grundlage für eine Diskussion ermöglicht worden, in der man über die endgültige Form der Übernahme des Spartakusseminars hätte sich einigen können.

Einige von uns haben am Anfang eine praktische Solidarität und eine Einigung in den strittigen Punkten für möglich gehalten. Auch der sog. *Negativkatalog* intendierte wohl bei allen, die ihn damals formulierten, keineswegs eine »Konfrontation um jeden Preis«; wohl aber kalkulierte er die Möglichkeit ein, daß auf Grund professoraler Taktik diese *Konfrontation* entstehen könnte, insofern wir alle diesmal auf einer unmißverständlichen Antwort – Ja oder Nein – zu unserem Experiment bestehen.

Eine Konfrontation ist inzwischen tatsächlich notwendig geworden, nämlich in genau dem Maße, um die wirklich strittigen Punkte und nicht die nur vorgeschobenen erkennen zu können. Können sie aber ihr Verhalten bisher, sowie ihr Verhalten vor und nach der Polizeiaktion in der Myliusstr. nicht legitimieren, so haben sie sich endgültig in eine Konfrontation mit ihrer eigenen, dann brüchig gewordenen Argumentation begeben: mit ihrem Interesse an unseren Gruppen und dem Willen, daß diese nicht scheitern. Niemand wird mehr ihren »emanzipatorischen« Ansprüchen Glauben schenken: auf eine solche »Kritische« Soziologie können wir dann verzichten, da wir eine solche ohnehin überall finden.

Eine *Kooperation* bzw. erst deren Einleitung scheint uns freilich erst in einem bestimmten Fall möglich. Nämlich dann und nur dann, wenn es sich bisher in der Tat weitgehend um Mißverständnisse gehandelt hat, die nur im Wege rationaler Diskussion ausgeräumt werden können. Dies gilt für unser Postulat, analytisch fruchtbaren und langfristig durchgeführten Wissenschaftsbetrieb mit unseren individuellen und politischen Erfahrungen, Interessen und Problemen zu vermitteln. Dies gilt auch für eine sukzessive Regelung im Abbau repressiver Ordinarienpositionen – wir hielten dies von Anfang an für möglich –, gilt ebenso auch für Verhandlungen, wie ein solcher Abbau in den Einzelheiten (z. B. rechtlich) vor sich gehen könnte.

Um klar die wirklich strittigen Punkte zu erkennen und evtl. darüber in Verhandlungen treten zu können – oder – zu erkennen, inwiefern die Ordinarien keinerlei praktisches Interesse an einer emanzipatorischen Neuregelung in unserem Institut haben, wollen wir deshalb nochmals präzisieren, was unter dem agitatorischen Namen *Negativkatalog* bisher von den Studenten gefordert wurde, und woran wir weiterhin im Interesse unseres Streiks festhalten.

III. Präzisierung möglicher Konfliktstellen mit den Ordinarien und Präzisierung unserer Minimalforderungen

1. *Unsere Stellung zur »Wissenschaft«*
Wie in allen politischen und agitatorischen Parolen wird auch in »Zerschlagt die (bürgerliche) Wissenschaft« u.ä. eine legitime Intention, die politisch reale Erfolgschancen will, überspitzt. *Wissenschaft*, Theorie, längerfristige analytische Reflexion soll *keineswegs abgeschafft* oder zerschlagen werden. *Wohl aber* soll sie in ihrer bisherigen Absolutsetzung *relativiert* werden: Ihre Problemstellungen – Vermittlung zu den auf sie Angewiesenen (als Individuen wie als Kollektiv) – ihr Ort in menschlicher Einsicht überhaupt – wie ihr Ort gegenüber den Postulaten auch aktuell geforderter wissenschaftlicher Praxis – sollen einen neuen *Bezugsrahmen*, einen neuen *Stellenwert* und ein neues *Selbstverständnis* erhalten, sowie allen an ihr Teilnehmenden einen neuen Zugang zu ihr ermöglichen. Eine solche dialektische, permanente Vermittlung darf aber nicht – wie bisher – durch die Ausklammerung praktischer Erfahrungen und Problemstellungen institutionell verhindert werden.

Wir kritisieren z.B., daß an Frankfurts »Kritischer Theorie« nur ideengeschichtlich Kommunikationsstrategien erarbeitet werden oder in Hegelschen Elegien die Ohnmacht des Individuums beschworen wird, ohne auch über Notwendigkeit und Ausmaß gewaltfordernder Praxis wissenschaftlich zu reflektieren; – daß bislang nur in Verhandlung wissenschaftlicher Disputanten (konkret: einiger weniger theoretischer Experten) Vermittlung von Wissenschaft und Politik betrieben wird, ohne die tatsächlich gemachten politischen Erfahrungen bzw. unsere Erfahrungen gesellschaftlicher Gewalt im Privatleben, wie wir sie täglich machen, wissenschaftlich aufzuarbeiten; – daß Reformen immer nur *mit* dem autoritären Staat und seinen verhärteten Institutionen für möglich gehalten werden, und nie praktischer politischer Widerstand *gegen* ihn.

»Kritische Theorie«, die solche Aufarbeitung von Praxis institutionell verweigert, verweigert grundsätzlich – und damit tendenziell auf Dauer – politischer kollektiver Praxis die Chance wissenschaftlicher Reflexion und zwingt ihre Studenten in das Ghetto propagandistisch-manipulativer, willkürlich aktionistischer Gegengewalt.

Wie diese beiden Intentionen: a) Aufarbeitung von Erfahrung, Vorbereitung von Erfahrung (nämlich: wissenschaftliche Reflexion über Subjekt und Zielgruppe bestimmter Aktionen, über die Chancen bestimmter Methoden sowie ihrer Risiken, über mögliche, d.h. realistisch zu erwartende Resultate etc.), Erfolgskontrolle und sozialwissenschaftliche Bestimmung ihres Stellenwerts im gesellschaftlichen Gesamtzusammenhang – und – b) (im Dienst solcher Praxis) die Garantie, daß die immanenten Erfolgskriterien wissenschaftlicher Arbeit die ihnen jeweils zukommende Beachtung finden – wie diese beiden Intentionen jeweils *zu vermitteln* sind, kann a priori nicht bestimmt werden.

Hierher gehört auch die Forderung nach einem »*autonomen Bereich der Studenten*« (mit den entsprechenden materiellen Mitteln, 30% des Haushalts): Wenigstens in einem Bereich soll diese Vermittlung institutionell garantiert sein, dadurch, daß Studenten dort selbsttätig ihre Interessen und Probleme artikulieren können (ohne sozialpsychologisch wirksamen Druck von Fachautoritätspositionen) und Praxis entsprechend diesen Interessen und Problemen konstituieren können (ohne politische Verunmöglichung durch eine undemokratische Entscheidungsstruktur). Dabei könnte durchaus zwischen distinkten Arbeitsphasen als eigenen Einheiten unterschieden werden; etwa: wissenschaftliche längere Vorbereitung einer Aktion – praktische Durchführung – ihre nachträgliche wissenschaftliche Reflexion. – Wie Problemstellung und Erfahrungen dieses Bereichs in den Studienbetrieb insgesamt (d.h. auch längerfristige Lehr- bzw. Forschungsseminare) übersetzt werden können, über einen solchen institutionellen Transmissionsmechanismus (z.B. Institutsrat) wäre zu verhandeln.

2. Zu unseren Minimalforderungen im einzelnen

A. Im Interesse, daß unsere jetzigen Initiativen während des Streiks nicht scheitern, daß unsere weitere Selbstorganisation nicht durch rechtliche, finanzielle und dadurch psychische Sanktionen unmöglich gemacht werden, erwarten wir von den Ordinarien folgende Garantien:

a) Nicht: daß sie die *Prüfungsordnung* selbsttätig ändern, was rechtlich unmöglich wäre, sondern: daß sie sich für deren *Änderung*, und während der Interimszeit für die *Aussetzung* von *Vordiplomprüfungen* (etwa: durch Anwendung des Paragraphen für besondere Hinderungsgründe) einsetzen. »Aussetzung« heißt: Diejenigen Kandidaten, die das Vordiplom jetzt nicht machen, sondern sich an unserer Arbeit beteiligen wollen, sollen keine rechtlichen oder finanziellen Nachteile davon haben. Diejenigen Kandidaten, die ihren Anspruch auf Prüfung tatsächlich geltend machen, brauche natürlich nicht ausgesperrt zu werden.

b) Unsere jetzige *Arbeit*, die wahrscheinlich zu kollektiv erstellten Arbeitspapers führen wird, soll als wissenschaftliche Leistung *anerkannt* werden. Wer Scheine oder sonstige Bestätigungen wünscht, soll diese auch dafür bekommen. Dabei darf eine solche Anerkennung unserer Arbeit keinesfalls schon a priori unter den Zwang bestimmter absolut gesetzter Leistungskriterien gestellt werden, deren Stellenwert wir ja jetzt erst grundsätzlich neu erarbeiten. Unvermittelte und absolut gesetzte Wissenschaftsstandards haben für viele von uns ja das Gewinnen von Einsichten blockiert oder gar verhindert. – Ebenfalls: *Anerkennung* des laufenden *Semesters* als ordentliches Studium.

B. Im Interesse, daß unsere jetzigen Initiativen nicht von Anfang an unter dem Aspekt unverbindlicher Sandkastenspiele und politischer Erfolglosigkeit stehen, erwarten wir von den Ordinarien folgende verbindliche Garantien:

a) daß sie in ihrem eigenen Institutsbereich keine *präjudizierenden Entscheidungen* für die Zeit nach der Übergangsphase treffen, weder finanziell noch sachlich oder personell.

b) daß sie in einer Art *Generalklausel* sich in eigener freiwilliger Entscheidung bereit erklären, diejenigen Beschlüsse nach außen zu vertreten, die sie innerhalb des Seminars in einem *demokratischen Entscheidungsprozeß* mitgetroffen haben. Diese Garantie für ihr Verhalten nach Abschluß einer neuen Satzung ist schon jetzt notwendig, damit nicht die Ordinarien, in Berufung auf die angeblichen Restriktionen ihres Lehrauftrags, alle Vorschläge für ein demokratisches Institut etc. (die wir jetzt ausarbeiten) später abtun können.

c) daß sie bereit sind, in einem dann näher zu regelnden letztinstanzlichen Entscheidungsgremium von vornherein auf *die Möglichkeit einer Majorisierung der Lernenden durch die Lehrenden zu verzichten,* da sonst alle von uns erarbeiteten Modelle einer neuen Lehr- und Forschungsorganisation gegen unsere Intentionen majorisierend uminterpretiert werden können (vgl. Faktum: Hannover, München).
d) daß sie uns im obigen Sinn einen »*autonomen Bereich*« zugestehen, damit nicht nach der Übergangsphase die alten Herrschafts- und Einflußstrukturen früher oder später lautlos wiederkehren.

– Wie gesagt, über die Regelung im einzelnen und die sukzessive Verwirklichung dieser Garantien können oder sollten wir in *Verhandlungen* treten. *Jedoch* prinzipiell muß durch diese Garantien die bisher nur verbale Solidarität zur praktischen werden! Im übrigen sind wir der Meinung, daß diese Präzisierung nicht nachträglich irgend etwas legitimiert und rationalisiert, sondern daß von uns die inhaltliche wie politische Kontinuität von Argument und Handeln bisher durchgehalten wurde.

18. 12. 68 (nach Diskussionen seit 11. 12.)

Nr. 270
Streikkomitee Spartakus-Seminar
»Solidarität mit dem Spartakus-Seminar!«
Flugblatt-Aufruf zu einem gesamtuniversitären »Teach-in gegen die technokratische Hochschulreform«
19. Dezember 1968

QUELLE: Archivalische Sammlung Ronny Loewy im Hamburger Institut für Sozialforschung, Akte »Aktiver Streik« WS 68/69

Vor 14 Tagen haben wir, die Studenten der Soziologie und Philosophie, aus Solidarität mit den streikenden Kommilitonen der AfE und im Widerstand gegen die autoritären Hochschulreformversuche der hessischen Staatsgewalt den unbegrenzten Streik beschlossen.
Wir haben die vorläufige Aussetzung der regulären Lehrveranstaltungen bis zum Abschluß einer demokratischen Satzung des Soziologischen Seminars gefordert; denn der bestehende Lehrbetrieb verhinderte eine wirksame Selbstorganisation der Studenten, boykottierte die Vermittlung von Wissenschaft und Politik, sowie die Herausbildung wissenschaftlich selbsttätiger Diskussion und politisch aktiver Mündigkeit. Trotz immer wieder eingeschobener Diskussionen und der Arbeit von Basisgruppen war es nicht möglich, die bisher verdrängten, sprachlos gebliebenen Bedürfnisse überhaupt einmal zu artikulieren, die bisher gültigen Leistungszwänge und die Struktur von Wissensvermittlung zu problematisieren und die individuellen und politischen Erfahrungen studentischer Protestbewegung in wissenschaftlicher Reflexion aufzuarbeiten.

So haben wir verschiedene Arbeits- und Projektgruppen gebildet, welche z. T. mit künftigen Lehrern und Juristen interfakultative Problemstellungen sowie die Bedingungen für eine inhaltliche Neuorganisation kollektiver antiautoritärer Lernprozesse sowie für die Sozialisierung der wissenschaftlichen Produktionsmittel erarbeiteten. Zu diesem Zweck haben wir die Anerkennung der Arbeit in diesen Gruppen als wissenschaftliches Studium gefordert und von den »kritischen Ordinarien« der Frankfurter Soziologie den Verzicht auf Ordinarienprivilegien in rechtlich vertretbaren Grenzen verlangt. Der politische Streik und unsere wissenschaftlichen Arbeitskreise erforderten die dazu nötigen sachlichen Produktionsmittel räumlicher wie technischer Art. Aus diesem Grund haben wir die kollektive Verfügung über das Soziologische Seminar in der Myliusstraße übernommen. Die politische wie sachliche Verfügungsgewalt über das Seminar soll verhindern, daß der Versuch unserer wissenschaftlichen Umorganisation des Studiums sich auf einer politisch unverbindlichen Spielwiese vollzieht.

Unsere Intention ist es, die Freiheit von Forschung und Lehre dem Privateigentum der Ordinarien zu entreißen und dem diktatorischen Zugriff des Notstandsstaates zu entziehen. Wir wollen in Freiheit studieren, und die gesellschaftlichen Zwecke kontrollieren, zu denen unsere wissenschaftliche Arbeit politisch eingesetzt wird. Rüeggs Universitätsadministration und die Frankfurter Soziologieordinarien haben uns eine »letzte Aufforderung« zugehen lassen, das besetzte Spartakusseminar, ohne das wir nicht wissenschaftlich sinnvoll und politisch verbindlich arbeiten können, zu räumen. Was in Hannover und Berlin möglich war, die Selbstbestimmung von Studenten in den Instituten, die Überführung technischer und finanzieller Produktionsmittel in kollektives Eigentum durch die gemeinsame Verwaltung von Lehrenden und Lernenden, soll in Frankfurt verhindert werden.

Durch die gewaltsame Räumung des Seminars in der Myliusstraße versucht nun die Frankfurter Universitätsadministration im Verein mit der hessischen Landesregierung, unsere wissenschaftlichen und politischen Organisationsversuche mit Polizeieinsatz brutal abzuwürgen! Und insbesondere die als »kritisch« und »linksintellektuell« gepriesenen professoralen Theoretiker der Frankfurter Soziologie und Philosophie, Habermas, Friedeburg, Adorno, lassen sich zu Büttel des autoritären Staates machen.

Die kritischen Theoretiker der Frankfurter Soziologie scheuen sich nicht, zu den manipulativen Mitteln der Demagogie zu greifen. Mit der Unterstellung, die studentische Verwaltung des Seminars in der Myliusstraße sei politisch nicht legitim und beabsichtige die Zerstörung der Wissenschaft, soll die Streikbewegung erstickt werden.

Sie wollen die studentische Protestbewegung mit dem demagogischen und dem bewährten Instrumentarium Goebbelsscher Propaganda entnommenen Argument spalten, eine kleine, verantwortungslose, verschwörerische Clique wolle die Masse der Soziologiestudenten zu ihren vermeintlich wissenschaftsfeindlichen und undemokratischen Zielen mißbrauchen. Obwohl sie den wissenschaftlichen Charakter unserer Arbeitsgruppen nicht leugnen, sondern vorgeben, diese Form studentischer Initiative zu begrüßen, fahren sie fort, unsere Arbeit in der Öffentlichkeit zu verunglimpfen, um uns zu diskriminieren.

Die Universitäten sind die letzten Bastionen gegen den autoritären Staat. Wenn unser Experiment durch den hinterhältigen Eingriff der Staatsgewalt scheitert, ist auf lange Sicht die Chance auf eine politisch wirksame Selbstorganisation der Studenten, Demokratisierung und Sozialisierung des Wissenschaftsbetriebs in Frankfurt vertan.

Das Spartakusseminar ruft auf zur Solidarität mit den Frankfurter Soziologiestudenten.

EINE DEMOKRATISCHE UND
SOZIALISTISCHE UNIVERSITÄT
KÖNNEN WIR NICHT ERWARTEN,
WIR MÜSSEN SIE
!!! ERKÄMPFEN !!!

Die Streikenden aller Fakultäten veranstalten ein gemeinsames Teach-in gegen die technokratische Hochschulreform und die beabsichtigten Schutzhaftgesetze gegen politische Demonstranten.

Donnerstag 17 Uhr MENSA

Nr. 271

Streikkomitee Germanistik
»Uns wurde sehr schnell klar ...«
Aufruf zur Fortführung des »Aktiven Streiks« nach der polizeilichen Räumung des »Spartakus-Seminars«
19. Dezember 1968

QUELLE: Streikkomitee Germanistik (Hg.), Streik-Info vom 19. Dezember 1968, Nr. 10

Uns wurde sehr schnell klar, daß unser Streik gegen die technokratische Hochschulreform den bewußten Widerstand des Staats und den bewußtlosen der Universitätsadministration auf den Plan rufen würde. Gestern wurde von der Polizei, legitimiert durch den Hilferuf von vier Professoren (Adorno, v. Friedeburg, Habermas, Mitscherlich) und durch die universitäre Administration, das Spartakus-Seminar in der Myliusstraße besetzt: der erste Versuch der Studenten, ihre Wissenschaft selbst in die Hand zu nehmen und exemplarisch die Möglichkeiten einer kritischen Wissenschaft zu entfalten, wurde von der Polizei zerschlagen. Für uns kann das nur heißen: um so nachdrücklicher werden wir unsere Arbeit weiterführen: der Widerstand gegen den autoritären Staat wird unserer Wissenschaft konstitutiv sein. Den Soziologen, die von ihren Arbeitsplätzen ausgesperrt sind, haben wir unsere Räume angeboten: wir werden die borniete Arbeitsteilung der Wissenschaften überwinden und solidarisch mit den Soziologen arbeiten.

Heute (19.12.) wird um 17 Uhr in der Mensa ein gesamtuniversitäres

TEACH-IN

stattfinden. Dort soll diskutiert werden u. a. über die Weiterführung des Streiks nach Weihnachten und über die Koordination unserer Arbeit.

Nr. 272
Sozialistischer Deutscher Studentenbund
Zur Politik des SDS an den Universitäten und Hochschulen
Presseerklärung
19. Dezember 1968

QUELLE: SDS-Bundesvorstand (Hg.), SDS-Info vom 25. Januar 1969, Nr. 4, S. 24

Der bundesrepublikanische Staat hat sich mit der Politik der staatlichen Investitionen und Planungshilfen, der Konzertierten Aktions- und Lohnleitlinienpolitik, der Kontrolle der öffentlichen Haushalte durch die mittelfristige Finanzplanung und durch die politische Herrschaftssicherung mit den Notstandsgesetzen autoritär verfestigt.

In dieser Situation der relativen Stabilität des Systems wird der Versuch unternommen, die Universitäten, den scheinbar letzten Ort in dieser Gesellschaft, an dem gesellschaftskritisches Bewußtsein sich in politischen Kampf umsetzt, mit Hilfe technokratischer Reformen zu disziplinieren. Disziplinieren meint hier, die Universitäten so umzustrukturieren, daß sie für den Verwertungsprozeß des Kapitals unmittelbar einsetzbar werden (Verkürzung und Verschulung elitär gestufter Ausbildungsgänge; Numerus clausus; Einschränkung der Grundwissenschaften an den PHs; Verweigerung der Reform des Ingenieurschulstudiums; sowie Haus- und Disziplinarordnungen zur Relegation politisch unliebsamer Studenten).

Die technokratische Hochschulreform hat für die Universitäten objektiv die Funktion von Notstandsgesetzen: die bestehenden Widersprüche sollen autoritär kanalisiert und in Verwaltung genommen werden, nicht aber gelöst werden! Was die »ohnmächtige Ordinarienuniversität« nicht geleistet hat – die Umwandlung der Universitäten in autoritäre fachidiotische Lernfabriken –, sollen die neuen Hochschulgesetze nachholen.

Das Ziel der sozialistischen Studenten in der überall in der BRD vorangetriebenen Hochschulrevolte ist es, den regulären Ausbildungsprozeß in den Universitäten den Herrschafts- und Verwertungszusammenhängen des bundesrepublikanischen Kapitalismus zu entziehen und diesen Ausbildungsprozeß in Teilbereichen der Bestimmung durch die Bedürfnisse derjenigen Studenten zuzuführen, die in ihrem spezifischen Studium Elemente des Kampfes zur revolutionären Umgestaltung dieser Gesellschaft entwickeln.

Der Kampf gegen die technokratische Hochschulreform für die Befreiung der Universitäten ist gekennzeichnet durch:

(1) das systematische Eingreifen in den Lehrbetrieb als das beständige Problematisieren der Verwertungszusammenhänge von Wissenschaft;
(2) den Kampf um den Abbau der irrationalen Herrschaftsansprüche der Ordinarien in der Aufhebung der autoritären Arbeitsweise in den Seminaren und der Verfügungsgewalt über die Lehr- und Forschungsprogramme;
(3) die Provokation von Satzungsdiskussionen mit dem Ziel, effektive Mitbestimmungsformen der Studenten (mindestens Halbparität) zu erkämpfen und gleichzeitig befreite Gebiete in den Universitäten zu schaffen, in denen eigene Lehr- und Forschungsvorhaben durchgeführt werden können;
(4) die Organisation von Streiks und Aussperrung sich der Reform entziehender Professoren als Kampfmaßnahmen zur Durchsetzung studentischer Forderungen.

Die Revolte der sozialistischen Studenten versteht den Kampf gegen die technokratische Hochschulreform als einen Teil des Kampfes zur revolutionären Umgestaltung dieser Gesellschaft.

1969

31.1.: Theodor W. Adorno hat die Polizei ins Institut für Sozialforschung gerufen.

Nr. 273
Erich Fried
Negative Dialektik
Polemisches Gedicht mit dem Vorwurf,
Adorno habe Benjamin-Texte manipuliert
1969

QUELLE: Erich Fried, Die Beine der größeren Lügen – Einundfünfzig Gedichte, West-Berlin 1969, S. 31

Negative Dialektik

Die Marxime der Frankfurter Schule
  Die Philosophen
  haben die Welt nur verschieden
  interpretiert
  es kommt darauf an
  sich von ihr verändern zu lassen
gab Anstoß zu
bösartiger Kritik

Die Frankfurter Schule könnte
den Vorwurf des Passivismus
widerlegen durch Hinweis darauf
wie ihre Prominenz
schon längst von sich aus
aktive Beiträge leistet
zur Umgestaltung der Basis
der Interpretation

Sie rang sich zum Beispiel durch
zu der Erkenntnis
  Es ist nicht genug
  Walter Benjamins Texte
  nur verschieden zu interpretieren
  es kommt darauf an
  sie zu verändern
Und das tat sie dann auch

Nr. 274
Basisgruppe AfE
»Warum waren die Erfolgserwartungen falsch?«
Flugblatt-Aufruf zur Fortführung des »Aktiven Streiks«
Januar 1969

QUELLE: Archivalische Sammlung Ronny Loewy im Hamburger Institut für Sozialforschung, Akte »Aktiver Streik« WS 68/69

Ein Arbeiterstreik bringt in kurzer Zeit deutliche Verluste in der Produktion. Ein studentischer Streik kann dagegen erst nach längerer Zeitdauer die Nachfrage der Gesellschaft nach akademisch ausgebildeten Fachkräften spürbar beeinträchtigen. Unser bisheriger Streik kann doch nur die Funktion gehabt haben, unser Unbehagen an der Bildungspolitik und an Formen und Inhalten unseres bisherigen Studiums zu artikulieren.

Unser Streik, d.h. Selbstorganisation in Arbeitskreisen als Antwort auf den unzureichenden Lehrbetrieb der Ordinarienuniversität, schafft Tatsachen, die die Administration nicht ignorieren kann. Wenn die hessische Landesregierung unseren berechtigten Forderungen nach inhaltlicher Neubestimmung und daraus resultierender Verlängerung des Studiums nicht nachkommen kann oder will, sind wir gezwungen, unumgängliche Reformen der AFE selbst in die Hand zu nehmen. Die Verwirklichung kann nur in Zusammenarbeit mit den Studenten der anderen Fakultäten erfolgen –
– gleiche Ausbildung aller Lehrer
– die AFE ist Teil der Universität

DIE ANGELEGENHEITEN DER AFE SIND ANGELEGENHEITEN DER UNIVERSITÄT!

Unser Ziel heißt:
– Schaffung zahlreicher interfakultativer Arbeitskreise
– deren Anerkennung (Scheine)
– keine Disziplinarmaßnahmen gegen Studenten
– keine Polizei in der Universität
– keine Eingriffe in Gremien der Selbstverwaltung der Studentenschaft

  KÄMPFT FÜR DIESE ZIELE KÄMPFT FÜR
    DIESE ZIELE KÄMPFT

Nr. 275

Max Horkheimer
Die rebellierenden Studenten
Späne – Notizen über Gespräche mit Max Horkheimer, in unverbindlicher Formulierung aufgeschrieben von Friedrich Pollock
Januar 1969

QUELLE: Max Horkheimer, Gesammelte Schriften Bd. 14: Nachgelassene Schriften 1949–1972, hrsg. von Gunzelin Schmid Noerr, © S. Fischer Verlag Frankfurt/Main 1988, S. 472

Es zeigt sich immer deutlicher, daß die Rebellion der Studenten eine konsequente Form des Positivismus darstellt. Wenn man von der ideologischen Verbrämung absieht, den allgemeinen und konfusen Zielsetzungen einer von jeglichem Zwang befreiten, gerechten neuen Ordnung, dann laufen ihre Forderungen darauf hinaus, daß man nichts gelten läßt, was sich nicht beweisen läßt. Sie sind gegen alles, was mit Tradition und den überkommenen Einrichtungen zusammenhängt. Jedes Motiv, das nicht »wissenschaftlich« begründet werden kann, ist für sie Romantik, Muff usw. Aus der durchaus berechtigten Forderung nach der längst fälligen Reform der Universität machen sie Ansprüche auf ihre Rechte, die auf die Vergewaltigung der großen Mehrheit der Studenten und selbst der reformwilligen Dozenten hinauslaufen, und diese Ansprüche machen sie mit Methoden geltend, die man nur als diejenigen eines linken Faschismus verstehen kann. Die Affinität zur Geisteshaltung der nach der Macht strebenden Nazis ist unverkennbar. Sollte es, wie es wahrscheinlich ist, in den westlichen Industrieländern zu einer Rechtsdiktatur kommen, dann wird man nicht wenige der heutigen linken Radikalen in den Reihen der neuen Machthaber finden können. Wie wenig sie an ihre eigenen Losungen glauben, zeigt sich etwa daran, daß sie die Gewaltlosigkeit predigen und allem Widersprechenden gegenüber Terror üben. Ihr Fanatismus trägt dieselben Züge wie jeder Fanatismus: der verdrängte Zweifel an der Wahrheit ihrer Zielsetzung.

Eine Minderheit der »Rebellierenden« mag bewußt aus bestem Idealismus handeln. Bei den meisten der »Führer« geht es aber offenbar um nichts anderes als um die Erzwingung größtmöglicher Machtpositionen und bei der Gefolgschaft um die Freude am Krawall, das Ausleben der Aggression gegen den Vater und gegen alle Institutionen, die er vertritt.

P.S.: Die vorstehenden Überlegungen widersprechen nicht der Anschauung, daß die Studentenbewegung nur im Rahmen der zugrunde gehenden westlichen Kultur zu verstehen ist und selbst einen Teil dieses Untergangs darstellt.

Nr. 276

Rektor, Prorektor, Dekane, AfE-Ratsvorsitzender
An die Studenten der Universität Frankfurt
Ankündigung einer law & order-Politik gegenüber streikenden Studenten
6. Januar 1969

QUELLE: uni-report der Johann Wolfgang Goethe-Universität, 2. Jg., Nr. 1, 8. Januar 1969, S. 1

Im Dezember sind Lehrveranstaltungen in immer stärkerem Ausmaß durch rechtswidrige Aktionen radikaler Gruppen gestört oder unmöglich gemacht worden.

Falls diese Störungen, gleichgültig in welcher Form, andauern, ist die Nichtanrechnung von Vorlesungen und Übungen in den betroffenen Fächern, die Schließung von Fakultäten oder auch der ganzen Universität die unausweichliche Folge.

Leidtragende bei einer solchen Entwicklung wären Tausende von Studenten, die an ihrem Studium interessiert sind und sich den Verlust eines Semesters nicht leisten können.

Damit es nicht zur Schließung kommt, können absichtliche Störungen des Studienbetriebes nicht mehr geduldet werden. Unbeschränkte Toleranz ist gegenüber ihren Verächtern fehl am Platze: Wer keine andere Meinung außer seiner eigenen gelten läßt, wer keine Reform der Hochschule, sondern die Revolution im Staat anstrebt – wie in der AStA-Information vom 12. Dezember zu lesen war –, kann für sich keine Toleranz beanspruchen. Schon einmal sind – in der Republik von Weimar – die deutschen Hochschulen in falsch geübter Toleranz gegenüber radikalen Elementen dem Chaos anheimgefallen.

Ab 1. Januar 1969 sind studentische Vertreter in allen akademischen Organen stimmberechtigt. Jeder Student hat die Möglichkeit, über seine Vertreter, über die Dekane oder den Rektor seine Vorschläge und Anregungen zur Studien- und Hochschulreform einzubringen. Alle Vorschläge werden in den akademischen

Gremien sorgfältig geprüft werden. Mit Repression, Boykott und Sabotierung des Studienbetriebes und der akademischen Selbstverwaltung ist eine Hochschulreform jedoch nicht zu verwirklichen.

In Zukunft werden Personen, welche die Lern- und Lehrfreiheit durch ihre rechtswidrigen Aktionen aufheben wollen, sofort den Strafverfolgungsbehörden gemeldet, »Besetzungen« von Universitätseinrichtungen haben sofortigen polizeilichen Einsatz zur Folge.

Alle Universitätsangehörigen, die sich der wissenschaftlichen Aufgabe der Universität verpflichtet fühlen, werden aufgefordert, jedem Versuch einer bewußten Störung des akademischen Lebens entgegenzuwirken. Werden solche böswilligen Störungen mit rechtmäßigen und der Situation angemessenen Mitteln unterbunden, so werden die akademische Freiheit und die demokratischen Verhältnisse an der Universität nicht beeinträchtigt, sondern im Gegenteil geschützt – was immer radikale Propaganda behaupten mag.

Das Semester ist in Gefahr, tragen Sie in Ihrem Interesse dazu bei, es zu retten.

Nr. 277

Walter Rüegg

»An die Mitglieder des Lehrkörpers«

Briefliche Aufforderung, gegenüber streikenden Studenten vom Hausrecht Gebrauch zu machen

6. Januar 1969

QUELLE: AStA-Flugblatt vom 7. Januar 1969

Sehr geehrte Frau Kollegin, sehr geehrter Herr Kollege!

Lehrveranstaltungen sind in den vergangenen Wochen in mehreren Fakultäten in einem Ausmaß gestört worden, daß ein ordnungsgemäßes Studium einzelner Fächer in diesem Semester gefährdet erscheint. Im Einvernehmen mit Prorektor, Dekanen und Vorsitzendem des Rates der Abteilung für Erziehungswissenschaften habe ich mich deshalb an die Studierenden gewandt mit einem Aufruf, den Sie im beiliegenden Uni-Report abgedruckt finden, und erlaube mir folgende Hinweise und Bitten an Sie zu richten:

1. Für den Fall, daß sich erneut Störungen ereignen sollten, betone ich ausdrücklich, daß das Hausrecht des Rektors in den Hörsälen an die dort rechtmäßig Lehrenden delegiert ist. Bei Störungen bitte ich die Lehrenden, die Störer ausdrücklich auf die Unrechtmäßigkeit ihres Tuns hinzuweisen und, falls die Störungen andauern, sie unter Berufung auf das Hausrecht des Rektors zum Verlassen des Hörsaals aufzufordern. Über jede Störung und ihren Verlauf ist auf dem Dienstwege über den Dekan und den Rektor an den Herrn Kultusminister Mitteilung zu erstatten.

2. Verschiedentlich haben Studenten versucht, sogenannte »Arbeitskreise« unter studentischer Leitung als Gegenveranstaltung gegen die offiziellen Lehrveranstaltungen der Universität zu organisieren oder offizielle Kurse oder Seminare unter studentische Leitung zu stellen. Die Dekane und der Vorsitzende des Rates der Abteilung für Erziehungswissenschaften sind mit dem Prorektor und mir darin einig, daß eine Teilnahme an studentischen Gegenveranstaltungen mit den Pflichten der Dozenten, Lehrbeauftragten, Assistenten, wissenschaftlichen Hilfskräfte nicht zu vereinbaren ist und dem ordnungsgemäßen Ablauf der angekündigten Lehrveranstaltungen widerspricht. Verstöße bitte ich mir auf dem Dienstwege zu melden.

3. Studentische Arbeitsgruppen sind keine Lehrveranstaltungen der Universität. Es dürfen für sie deshalb keine Bescheinigungen mit Unterschriften vom Dozenten und Seminarstempel ausgestellt werden.

Ich bitte Sie, uns zu helfen, den Studienbetrieb bis zum Semesterende aufrechtzuerhalten und danke Ihnen für Ihre Unterstützung.

Mit den besten Empfehlungen
gez. Rüegg

Nr. 278

(Ohne Autor)

»Ist Frankfurt Athen?«

Flugblatt-Aufruf zur Teilnahme am Teach-in mit dem hessischen Kultusminister Ernst Schütte

7. Januar 1969

QUELLE: Archivalische Sammlung Ronny Loewy im Hamburger Institut für Sozialforschung, Akte »Aktiver Streik« WS 68/69

Die Studenten an unserer Universität haben begonnen, ihr Studium selbst inhaltlich zu bestimmen. Die Ordinarienuniversität hat sich unfähig gezeigt, die Reformvorschläge der Studenten zu verwirklichen. Sie hat die Misere an den Universitäten nicht beseitigt.

Die Studenten haben im aktiven Streik den Widerstand gegen die jetzt eingeleitete technokratische Hochschulreform organisiert.

Durch die Besetzung von Instituten und Seminaren haben sie die Wissenschaft aus der die Reform lähmenden Ordinarienherrschaft befreit.

Die Androhung zur Schließung der Universität, der Ruf nach der Polizei, die unverschämte Kumpanei mit den Strafverfolgungsbehörden zeigt klar, daß die Professoren sich mit den Herrschenden solidarisieren, weil sie begriffen haben, daß der Kampf der Studenten ihre autoritäre Verfügungsgewalt über Wissenschaft und die Studenten in Frage stellt.

Die Kampfansage des Rektorats ist der letzte Versuch, längst verlorene Herrschaftspositionen zu retten.

Die Universitätsbürokratie, die die Universität dem Chaos anheimfallen ließ, und nun die Staatsgewalt für ihre Zwecke mobilisiert, ist die gleiche, die die Machtergreifung des Faschismus beförderte oder sie als Tragik der Geschichte hinnahm. Der Faschismusvorwurf der Professoren soll einmal die eigene Verantwortung für das Versagen der Universitäten vor dem Faschismus verdrängen; er soll zum anderen Aggressionen gegen diejenigen mobilisieren, die heute als einzige Faschisierungstendenzen in Hochschule und Gesellschaft wirksam bekämpfen.

Die Universitätsbürokratie versucht wieder einmal, die Studenten in »Studierwillige« und »Störer« zu spalten. Diese Spaltung und die versuchte Mobilisierung der Studenten gegen diejenigen, die angefangen haben, ihr Studium selbst zu organisieren, ist eine Aufforderung zu Denunziantentum und Selbstjustiz. Sie richtet sich gegen die Interessen der gesamten Studentenschaft.

Der Versuch, in Frankfurt Athener Verhältnisse zu schaffen, wird scheitern.

DER STEIN, DEN SIE HOCHGEWUCHTET HABEN, FÄLLT AUF IHRE EIGENEN FÜSSE. DIE REAKTIONÄRE ALLER LÄNDER SIND SOLCHE TOREN!

Das Rektorat hat uns dazu aufgefordert, massenhaft Widerstand zu leisten. Von einer Universitäts- und Kultusbürokratie, die auf die Selbstorganisation der Studenten mit Polizeigewalt und Justizapparat antwortet, haben wir nichts mehr zu erwarten.

DER AKTIVE STREIK WIRD FORTGESETZT!

Heute abend wird Schütte mit uns über die weitere Organisation unseres Streikes in der ganzen Universität diskutieren.

Zur Vorbereitung dieses Teach-in und zur Organisation des Streiks überall in der Universität treffen wir uns um 14 Uhr im INSTITUT FÜR GESELLSCHAFTSWISSENSCHAFTEN (Rüegg-Seminar). SCHÜTTE TEACH-IN, Hörsaal 6, 17 Uhr

---

Nr. 279

Ernst Schütte u.a.

»Das sind so die Erpressungen, denen ich nicht folge ...«

Protokollauszug aus der Diskussion zwischen streikenden Studenten und dem hessischen Kultusminister Ernst Schütte

7. Januar 1969

QUELLE: Alexander Kluge, Neue Geschichten – Heft 1–18, »Unheimlichkeit der Zeit«, Anhang, © Suhrkamp Verlag Frankfurt/Main 1977, S. 613–618

SCHÜTTE: Das sind so die Erpressungen, denen ich nicht folge. (Zwischenrufe) Ich möchte noch mal wieder versuchen, auf das Thema zu kommen. (...)

STUDENT: Ich finde, daß wir Herrn Schütte jetzt mal ganz klar optisch demonstrieren wollen: Wir haben drei Stunden diskutiert (Zwischenrufe: eine). Oh pardon, ich habe keine Uhr. Und jetzt frage ich die Studenten, die hier versammelt sind: Sind Sie bereit, nach dem, was Herr Schütte hier produziert hat, sich der Erpressung der Bürokratie einfach zu erniedrigen und jetzt den Streik aufzuhören, bzw. die Selbstorganisation Ihres Studiums aufzuheben. Nein, er soll nicht gehen, er soll sich ganz klar anhören. Nein, er soll nicht einfach wie ein kleines Kind abhauen, der soll die Abstimmung gucken. Er soll ganz klar sehen, daß hier die versammelten Studenten, die nicht zwanghaft versammelt wurden ... er soll nicht weggehen, bevor er diese Abstimmung gesehen hat (...)

SCHÜTTE: Ja, ich sage, wer mir zum soundsovielten Male unterstellt, daß meine Politik darin bestehe, die Polizei aufzubieten, mit dem (Unterbrechung) diskutiere ich nicht mehr. (...)

STUDENTENFÜHRER: Herr Minister Schütte, es gibt eine Höflichkeit, man geht nicht weg. Herr Schütte, wenn Sie zum Essen beim Zinn sind, gehen Sie nicht weg, bevor der Zinn rausgegangen ist. Es ist eine Unverschämtheit, daß Sie, bevor die Studenten rausgehen, rausgehen wollen. Es gibt ein Mindestmaß an Höflichkeit hier noch. (Beifall, auch Pfeifen)

Wer ist für den Antrag, daß wir hier beschließen, daß Herr Schütte zurücktreten soll als Kultusminister? (Unruhe) Gegenprobe? (Zwischenrufe) Also mit Mehrheit angenommen. (Große Unruhe)

STUDENT: Zur Weiterführung der Diskussion, Kommilitoninnen und Kommilitonen (Zwischenrufe, Unruhe). Kommilitoninnen, Kommilitonen, Herr Schütte wird hierbleiben, er wird sich nämlich diese Resolution, die wir jetzt fassen, hier anhören. Ich habe hier vor mir einen Resolutionsentwurf, den wir hier diskutieren müßten. Er heißt: Die einzige Antwort auf unseren aktiven Streik, auf die Selbstorganisation unseres Studiums, die den Bürokratien blieb, war der Einsatz und die Androhung von Polizeigewalt und der politischen Justiz.

Der aktive Streik wird mit dem Kampf um folgende Forderungen fortgesetzt: Rüegg abtreten. (Beifall) Schütte zurücktreten. (Beifall) Anerkennung des Semesters. (Beifall) Anerkennung unserer interfakultativen Selbstorganisation und der Ergebnisse unserer Arbeit. (Beifall) Und jetzt kommt was sehr Wichtiges: Abzug der Polizei vom Universitätsgelände, Herr Minister. (Beifall) Einstellung der politischen Strafverfahren, Herr Minister. (Beifall) Vernichtung der schwarzen Listen im Rektorat, Herr Minister. (Beifall) Abschaffung des Disziplinarrechts, Herr Minister. (Beifall) Vor der Erfüllung dieser Forderungen arbeiten Vertreter der Studentenschaft in keinem Universitätsgremium mehr mit. (Leichter Beifall) (...)

STUDENT: Genossen, wir bitten, die Fotografen möchten mal etwas zur Seite gehen und Ihr Euch wieder hinsetzen. Der Minister Schütte wird dort nicht rausgehen. Da stehen genügend Genossen. Wir fangen jetzt mit der Diskussion zur Resolution an. Vielleicht kann die Presse mal etwas zur Seite gehen. (Zwischenrufe: Presse etwas zur Seite) (Lange Unruhe)

STUDENTENFÜHRER: Kommilitoninnen, Kommilitonen, ich glaube (Unruhe), ich glaube, wir sehen hier kein weiteres Ziel: Herr Schütte wird nicht hierbleiben. Dazu hat er sich entschlossen. Lassen wir ihn herausgehen. Wir können auch ohne ihn diskutieren. (Zwischenrufe, vereinzelt Beifall) Kommilitoninnen, Kommilitonen, ich glaube, wir sollten darüber abstimmen, ob wir die weitere Anwesenheit von Herrn Schütte hier wünschen. Allerdings glaube ich, wir sollten klarmachen, wenn wir die Anwesenheit von Herrn Schütte heute nicht mehr wünschen, daß wir ihn dann aber auch überhaupt nicht mehr in dieser Universität zu sehen wünschen. Ja, wir stimmen jetzt darüber ab, ob Herr Schütte hierbleiben soll, wir mit ihm diskutieren oder ohne ihn diskutieren. Ich bin hier zur Abstimmung. Wer ist für den Antrag? Genossen, wer jetzt dafür ist, daß Herr Schütte den Saal verläßt und das Universitätsgelände nicht mehr betritt, melde sich bitte. Das ist die Mehrheit! Wer ist dagegen? (Unruhe) Herr Schütte, die Mehrheit hat beschlossen, daß Herr Schütte den Raum verlassen soll und die Universität nicht wieder betreten wird. Laßt ihn laufen! (Pfeifen) Kommilitonen (dreimal), Sie haben in der Diskussion doch festgestellt, daß es sich überhaupt nicht lohnt, mit solchen Charaktermasken wie mit dem Herrn Schütte zu diskutieren. Wir sollten ihn jetzt in Ruhe gehen lassen, wie wir das eben beschlossen haben.

NEUER SPRECHER: Ich glaube, daß [das], was hier unten passiert ist, den Leuten hier hinten erklärt werden soll, sonst hat es keinen Sinn. Es ist folgende Sache: wenn wir im Moment, wo Herr Schütte beschlossen hat: er hätte genug, es für uns noch nicht selbstverständlich ist, daß wir unsere Diskussion beendet haben. (...)

STUDENTIN: Herr Cohn-Bendit, was Sie hier gerade exerziert haben mit Herrn Schütte, ist genau das gewesen, was Sie Herrn Schütte nicht zu Unrecht und den Ordinarien, Herrn Rüegg und den Dekanen vorgeworfen haben. Sie haben nämlich Terror gemacht. (Schreien)

STUDENT: Eine Zwischenfrage. (...)

STUDENTIN: Ein Moment, würden Sie mich bitte ausreden lassen? Es ist absolut im freien Ermessen des Herrn Schütte, hier wegzugehen, wenn es ihm beliebt, genauso wie es im freien Ermessen von Herrn Cohn-Bendit ist, wegzugehen, wenn es ihm beliebt. Sie haben gemerkt – Sie haben alle gemerkt, daß Herr Schütte keine Ahnung hatte, was sich hier an der Universität während der Streikperiode abgespielt hat. Er hatte keine Ahnung, daß es Basisgruppen und Arbeitsgruppen gibt. Und Sie bilden sich ein, daß Herr Schütte während dieser Momente der Repression auch nur einen Moment zugehört hat. Dazu ist er auch nicht in der Lage gewesen. Er war körperlich total fertig. (Unruhe) Was haben Sie gesagt? Das war er vorher schon. Es ist auch so: das war ganz einfach nicht – das war weder ... noch war es politisch. Es war reiner Terror. Sie haben nicht das Recht – zumal Sie völlig zu Recht Herrn Schütte vorwerfen, daß er mit Polizeiterror arbeitet –, Sie haben hier erlebt, Genossen, Terror, der vorher schon im einzelnen geplant war. (Pfeifen, Schreien, Protest) Sie haben die ganze Aktion vorher geplant und Sie haben sie durchgeführt mit Hilfe Ihres verdammt guten, ja verflucht guten demagogischen Talents. (Unruhe)

Also das war gar nichts anderes. Und dagegen gibt es keine Entschuldigung. (Zwischenfrage: Sind Sie fertig jetzt?) Sie wissen ganz genau, was Herr Schütte wert ist. (Unterbrechung) Können Sie nicht bitte zuhören? Und er hat es ja bewiesen, was er wert ist. Nämlich als Kultusminister gar nichts. Natürlich will ich kämpfen. Außerdem habe ich persönlich das wohl in dieser Universität bewiesen.

STUDENT: Kommilitonen, Kommilitonen, die Argumente, die hier vorgetragen werden und die vor allen Dingen zugespitzt werden von Herrn Cohn-Bendit, richten sich eigentlich, wenn man es genau betrachtet, wiederum nur wieder gegen Herrn Cohn-Bendit. (Disput zwischen Studentin und Sprecher.) Wir haben Sie ja eben auch ausreden lassen. Wir haben Herrn Schütte hierbehalten, weil wir ganz genau wissen, daß er derjenige gewesen ist, der an diesem Schrieb, der überall in der Universität hängt, mitbeteiligt ist. Wenn Sie hier von Terror reden, dann müssen Sie von dem reden, was die Polizei hier in der Universität tut. Nämlich, daß sie uns daran hindert, unser Studium durchzuorganisieren, was für uns notwendig ist. Herr Schütte tritt hier nicht auf als Person, sondern als Charaktermaske eines Systems, das alles tut, um zu verhindern, daß die Universität demokratisiert wird. Deswegen ist es unser legitimes Recht, daß wir ihn hierbehalten, daß er mit uns diskutiert, daß die da oben wissen, was hier an der Basis stattfindet. Wenn er es nicht weiß – wenn Herr Schütte hier in die Universität kommt und Sie ihm zugestehen, daß Herr Schütte nicht weiß, was sich hier abspielt, und dieser Mann gleichzeitig Kultusminister ist, dann ist es um so mehr unsere Pflicht, ihn hierzubehalten und ihn darüber zu informieren, was sich hier abspielt. Deswegen war es kein Terror gegen Herrn Schütte, sondern unser legitimes Recht, die Oberen zu informieren über das, was sich hier in der Basis abspielt. (Studentin: Sie reden doch einfach gegen die Wand.)

STUDENTIN (weiter): Herr Schütte ist mit schuld an diesem Polizeiterror, darüber sind wir uns alle klar und ständig gewesen, das wissen Sie doch. Aber was hier in diesem Moment gemacht worden ist, daß Terror, ganz persönlicher Terror, physischer Terror gegen Herrn Schütte ausgespielt wurde.

STUDENTENFÜHRER: Moment, Moment. So eine Äußerung wird morgen ganz groß in der Presse stehen. Deswegen müssen wir auch ganz groß auf diese Äußerung antworten. Wenn Sie behaupten (Unterbrechung). Moment, Moment, wenn Sie sagen, ja, daß wir hier durch demagogische Handlung Herrn Schütte gezwungen haben zu sagen, daß er nicht einsieht, warum ein Kind (Studentin: Das ist doch nicht wahr, Cohn-Bendit, Ihre verdammte...) Moment, der persönliche Terror ist doch folgendermaßen: Wenn Herr Schütte hier ankommt, kommt Herr Schütte nicht als Privatperson, und wir sind natürlich gezwungen, ihn aus ihm herauszunehmen, daß er so was behauptet, denn er meint es. Was Sie einfach nicht dulden, und das ist eine zweite Frage, es ist doch ganz klar, daß von vornherein, wenn Studenten im Streik stehen, wenn Herr Schütte hier alleine kommt, wenn Herr Schütte ohne Rüegg, ohne Frey kommt, dann darauf wartet, weil unsere Angriffe so massiv sein werden, daß so jemand wie Sie auftritt und sagt: aber dieser arme Mann ist alleine, der hat physisch Angst.

STUDENTIN: Reden Sie doch keinen Mist. Das ist Ihre Demagogie. Ich habe nichts von armer Mann gesagt, ich habe gesagt: (Schreien)

VORIGER STUDENTENFÜHRER: Entschuldigen Sie, ich habe die gleiche physische Angst, wenn Herr Schütte seine Polizei schickt. Und da sagen Sie nicht, wir sind alleine, wir müssen doch endlich (Beifall) diesen Schreibtisch, der da steht, an die Wand heben. Es ist genauso das gleiche: wenn Sie einen Reese freisprechen, weil er physisch alleine steht. Herr Schütte ist kein Reese. Aber wenn Herr Schütte erst mal seine Polizei schickt und dann alleine kommt, so hat er uns physisch Angst gemacht. Und wenn Sie behaupten wollen, daß ein Saal, der massiv gegen einen Mann ist, physischer Terror ist, so ist das möglich. Aber was kann ich dafür, daß alle Studenten gegen Herrn Schütte sind, der Minister ist, das haben wir doch nicht bezahlt. Und zweitens müssen Sie uns ganz klar noch beweisen, daß der SDS den Schütte bezahlt hat, daß er so dumme Antworten gibt. Das ist wiederum nicht unsere Schuld. (...)

NEUER SPRECHER: Ich glaube, wie sehr die Kommilitonin recht hat, in dem, was sie vorher gesagt hat, das zeigt sich unter anderem doch wohl daran, daß diese Resolution schon ausgearbeitet war und schon abgezogen war. (Zwischenrufe) Daran zeigt sich doch ganz deutlich, daß der Gang dieser Veranstaltung geplant war. Ich meine, wir sind, glaube ich, über die Ziele weitgehend (Zwischenruf) – ist eine Vorlage, natürlich (weitere Zwischenrufe). Ich meine, eine Resolution kann wirklich stichhaltig nur dann formuliert werden, wenn eine echte Diskussion vorausgegangen ist und wenn sie das Ergebnis dieser Diskussion ist. Und das ist diese Resolution nicht.

STUDENTIN: In dieser Versammlung hier sollen jetzt Resolutionen und Diskussionen geführt werden. Ich behaupte, das ist hier nicht möglich. Der Raum ist zu groß, zu unübersichtlich. Es können nicht genügend Argumente gebracht werden. Es ist einfach unmöglich, hier irgend etwas festzustellen oder zu beschließen. (Beifall)

NEUER SPRECHER: Ich bin Student der AFE und möchte ganz kurz mal meine höchst persönliche Meinung vortragen im Zusammenhang mit einem kleinen Vorschlag. Ich bin der Meinung, daß die Studenten der AFE zumindest in bezug auf die Form, die hier abgelaufen ist, manipuliert worden sind, und ich wehre mich dagegen. (Beifall und Zwischenruf) Das ist meine persönliche Meinung. Mit folgendem Vorschlag – Sie können gleich das Mikrophon wieder an sich reißen, ich bin gleich fertig; sind Sie nur einen Augenblick mal ruhig. Mein Vorschlag ist der: ich bitte alle AFE-Studenten, im Hinblick auf unsere Vollversammlung am Freitag um 2 Uhr, sich Gedanken darüber zu machen, wie wir einmal eigenständig uns formulieren können, in bezug auf den Streik und auf die weitere Entwicklung hier an der AFE und der Universität als Gesamtes. Danke. (...)

Nr. 280

Alexander Kluge
Lernen aus dem Zusehen bei einer notwendigen Manipulation, wie sich eine unnötige bekämpfen läßt
Zum Teach-in mit dem hessischen Kultusminister Ernst Schütte
7. Januar 1969

QUELLE: Alexander Kluge, Neue Geschichten, Heft 1–18 – »Unheimlichkeit der Zeit«, Anhang, © Suhrkamp Verlag Frankfurt/Main 1977, S. 280 f.

Ehe der prominente Gast, der Hessische Minister für Kultus und Unterricht Schütte, stark übelnehmerisch wegen der vielen persönlichen Angriffe der Teilnehmer, er hatte sich schon gedacht, daß sie ihn hier verhackstücken würden, den Saal verlassen konnte, konzentrierte sich eine Anzahl Genossen zum Saalausgang hin, um den Gast mit ihren Leibern am Fliehen zu hindern. Sie wollen ihn hier festsetzen und zwingen, sich den Rest der Veranstaltung anzusehen. Die Situation: 3000 Junge gegen *einen* alten Mann. Das war überhaupt keine haltbare Situation.

Deshalb ergriff einer der Anführer der Militanten das Mikrophon und bot dem Saal eine für den Gast möglichst beleidigende aktivistische Haltung an: Genossen, ich stelle den Antrag, den Gast als unerwünschte Person, wir haben dieser Charaktermaske jetzt lange genug zugesehen, wir haben das jetzt endgültig satt, des Saales zu verweisen.

Alle Genossen des Führungskomitees auf der Empore, die überhaupt in der Lage waren, Mikrophone zu erreichen und Gegenanträge zu stellen, wußten, daß dieses aktivistische Reden Abwiegelei war. Es war eine Methode, den Gast ungeschoren nach draußen zu bringen, ihn zu »retten«. Die Genossen auf der Empore stellten jedoch keine Gegenanträge, beteiligten sich so an der Abwiegelung, im Saal hob sich eine hinreichende Masse von Händen, so daß auf eine Mehrheit für den Antrag geschätzt werden konnte. Aber alle, insbesondere die AFE-Mehrheit, hatten der Manipulation zugesehen.

Im späteren Verlauf der Versammlung wandten sie sich auch nicht gegen diese Manipulation, sondern erhoben gegen den Manipulator, der auch am übrigen Abend mehrfach die Diskussion bestimmt hatte, den generellen Vorwurf der Manipulation, er habe die Diskussion von den besonderen Problemen der AFE-Streiker für die Allgemeinpolitik seines militanten Verbandes umfunktioniert. Jetzt konnten sie, da sie der offenen Manipulation zugesehen hatten, die schwerer zu ermittelnde Gesamtmanipulation benennen. Sie fanden so einen Ausweg aus der Zwangssituation des Abends, in der sie bis dahin durch gute, rationale, politisierte »Gründe« festgehalten waren.

Gewisse Zinnfiguren saßen nun einmal stets auf der Empore. Auch dieses für wenige reservierte Sitzen war jetzt eine Lektion, quer zu den Referaten, den Wortmeldungen, die irgendwann wieder thematisch, d.h. katalogisiert waren, so daß ein neuer Zwangszusammenhang entstand, in dem sich nicht alles äußern ließ, aber ganz unabhängig, unterhalb der Themen des Abends, in Windeseile, bei jedem dieser Umschwünge der Gefühle lernten sie, lernten sie.

Nr. 281

(Ohne Autor)
»Streik ist Streik!
(Schütte gestern auf dem Teach-in)«
Flugblatt zur Fortführung des »Aktiven Streiks«
8. Januar 1969

QUELLE: Archivalische Sammlung Ronny Loewy im Hamburger Institut für Sozialforschung, Akte »Aktiver Streik« WS 68/69

Das Teach-in war nach den offenen Gewaltdrohungen des Rektorats von vorgestern zu einer improvisierten Vollversammlung aller Fakultäten des aktiven Streiks geworden. Was kürzlich noch von Professoren und Assistenten bestätigt wurde – die Kampfmaßnahmen sind berechtigt –, das war jetzt von Rüegg und den Dekanen zum kriminellen Delikt erklärt worden. Damit sind *sämtliche* Reformversuche aller Studenten massiv bedroht. Wir hatten Schütte zu fragen, wie die Landesregierung zu unseren Forderungen steht – seine Antwort: Auf die studentische Selbstorganisation der Wissenschaften wird mit Gewalt reagiert; die Forderung nach 8 Semester AfE-Studium lehnte er ab, von den ausgearbeiteten inhaltlichen Vorstellungen der Studenten wollte er nichts gewußt haben!

Rüegg verwaltete derweil seine Bürokratie; vom Teach-in aufgefordert, an der Diskussion teilzunehmen, ließ er zweideutig ausrichten, er habe »Besseres zu tun«. Hatte Rüegg, als er gestern die Polizei noch nicht in die Universität holte, die Absicht, Schütte nicht am Kommen zu hindern, damit dieser sich entweder so blamiert wie seinerzeit Rüegg selber, oder damit er die Streikbereitschaft der AfE zerstört? Jedenfalls ist klar: der geschlossenen Aktion der Studenten wollen die untereinander zerstrittenen Bürokratien mit offener Gewalt begegnen, Polizei, Strafverfahren, Relegation bekannter Studenten usw.

Eine Hoffnung wurde gestern endgültig zerstört: daß der Staat bloßen Forderungen nachgibt, seien sie noch so vernünftig begründet. Niemand kann mehr die Illusion haben, wir könnten [die] Hochschulreform wie ein verspätetes Weihnachtsgeschenk erwarten.

ERFOLG UND NIEDERLAGE DER STUDENTEN MESSEN SICH ALLEIN AN DER MACHT PRAKTISCHER ORGANISATION IN DEN EINZELNEN INSTITUTEN UND ARBEITSKREISEN

Dort ist die Stelle, an der alle Studenten sich beteiligen können; Massen-Teach-ins, auf denen nur wenige reden können, ersetzen die inhaltliche Arbeit der einzelnen Fächer nicht. Deshalb müssen in speziellen Vollversammlungen die aktuelle Lage diskutiert und Kampfmaßnahmen organisiert werden.

Einige Drohungen des Rektorats sind gefährlich. Aber sie können abgewehrt werden, wenn die Studenten so geschlossen wie möglich handeln:
– gegen Polizeibesetzung eines Instituts sofort andere Räume für die inhaltlichen Arbeitskreise bereitstellen
– bei Relegation herausgegriffener Kommilitonen sofort den Widerstand auf die gesamte Universität ausdehnen
– alle Repressionen sofort massenhaft bekanntmachen (Flugblätter, AStA etc.)

Die Landesregierung und das Rektorat wollen die Studenten als Freiwild behandeln. Die Universitätsbürokraten verraten die Autonomie der Wissenschaft.
DIE UNIVERSITÄT SIND WIR!

Streik- und Informationszentrale Studentenhaus, Telefon 798/3186
Termine: 14.00 Uhr Koordinationssitzung Seminar für Gesellschaftslehre, Hauptgebäude
17.00 Uhr Soziologen-Vollversammlung (Phil.), Hörsaal V
17.00 Uhr Soziologen-Vollversammlung (WiSo)
19.00 Uhr Basis-Gruppen-Rat, Beethoven-Platz 4.

Nr. 282

(Ohne Autor)
Frankfurt: Eskalation und Widerstand
Positionspapier zur Fortführung des »Aktiven Streiks«
8. Januar 1969

QUELLE: SDS-Bundesvorstand (Hg.), SDS-Info vom 8. Januar 1969, Nr. 3, S. 14

Die einzige Antwort auf unseren aktiven Streik, auf die Selbstorganisation unseres Studiums, die den Bürokratien blieb, war der Einsatz und die Androhung von Polizeigewalt und der politischen Justiz.
Unser Streikrecht wird bestritten.
Wie beim Carlo Schmid-Go-in wird schon die Diskussion in Vorlesungen als »faschistischer Terror« (Rüegg) diffamiert und kriminalisiert.
Die Forderungen der AfE werden »geprüft« und sonst nichts.
Von bloßen Appellen an die Bürokratien von Notstandsstaat und Universität haben wir nichts mehr zu erwarten.
Der aktive Streik wird mit dem Kampf um folgende Forderungen fortgesetzt:
(1) Rüegg abtreten
(2) Schütte zurücktreten
(3) Anerkennung des Semesters
(4) Anerkennung unserer interfakultativen Selbstorganisation und der Ergebnisse unserer Arbeit
(5) Abzug der Polizei vom Universitätsgelände
(6) Einstellung der politischen Strafverfahren
(7) Vernichtung der schwarzen Listen im Rektorat
(8) Abschaffung des Disziplinarrechts
Vor Erfüllung dieser Forderungen arbeiten Vertreter der Studentenschaft in keinen Universitätsgremien mit.
Die Erfüllung dieser Forderungen müssen wir erkämpfen, dazu reichen Aktion und Aufklärung an der Universität allein nicht aus. Die Notstandsuniversität ist nur ein Schritt zur Formierung des neuen autoritären Staates.
Deshalb werden wir auch außerhalb der Universität die Organisierung des Widerstandes gegen diesen Formierungsprozeß unterstützen:
– durch Streiks und Teach-ins an den Schulen gemeinsam mit den aktiven Schülern und oppositionellen Lehrern
– durch gemeinsame Aktionen mit Berufsschülern
Bei Schließung einzelner Fakultäten werden wir den Widerstand auf die gesamte Universität ausdehnen.

Nr. 283

(Ohne Autor)
Sinnvolle und sinnlose Selbstkritik am Uni-Teach-in
Positionspapier zum Verhalten auf Teach-ins
9. Januar 1969

QUELLE: Archivalische Sammlung Ronny Loewy im Hamburger Institut für Sozialforschung, Akte »Aktiver Streik« WS 68/69

Früher einmal haben wir geglaubt, Verhandlungen am runden Tisch seien noch möglich: Unsere Argumente allein seien stark genug. Spätestens seit den Polizeidrohungen Rüeggs hat wohl jeder eingesehen, daß *Konflikte auch Machtkonflikte sind*. Gewalt zwingt uns diejenigen Funktionen auf, die Massenversammlungen in solchen Situationen vorrangig haben müssen:
1. zu zeigen, daß Staats- und Verwaltungsmacht darum nicht einzelne trifft, weil wir Studenten insgesamt ein Machtfaktor sind;
2. keine ausweichende Detail-Diskussionen zuzulassen (so daß sich doch nichts ändert und die Drohungen nur stärker werden), sondern zu erzwingen, daß auf die zentralen Punkte ohne Hinhaltetaktik eine eindeutige Antwort erfolgt.

Ein Teach-in in dieser Situation kann nicht der Ort sein, wo alle Sachfragen systematisch ausdiskutiert werden. Auch nicht der Ort neuer politischer Selbstverständigungen aller betroffenen Fachschaften. Herr Schütte kann hier nicht als Partner am runden Tisch betrachtet werden, wo ein Gespräch mit dem unverbindlichen Austausch aller möglichen Gesichtspunkte enden wird (das leistet ein Schriftverkehr besser und mit mehr Informationsgehalt in Einzelfragen). Hier muß Schütte als derjenige aufgefaßt werden, der – hinter Kabinett, Parlament, Rektor und Senat versteckt – unsere Selbstorganisation ignoriert, dann kriminalisiert und damit schließlich den Einsatz von Brunderts Polizei mitverschuldet.

*

Gleichzeitig aber müssen wir klar die Unzufriedenheit vieler mit solchen Veranstaltungen erkennen, mehr aber noch: deren Bedingungen langfristig als veränderbar begreifen.
I. Wir alle sind mehr oder weniger jahrelang von einer *irrationalen, die politischen Zusammenhänge verdrängenden Arbeitsteilung* geprägt. Nur einige von uns kön-

nen z. B. auf solchen Großversammlungen die zentralen elementaren Interessen von uns allen auch unmißverständlich in wenigen Sätzen artikulieren. Vor allem zeigen sich Verständigungsbarrieren zwischen den Fakultäten, die Anlaß zu Spaltungstaktiken unserer Gegner und der Presse abgeben, und die verhindern, daß Einsichten in gesellschaftliche Zusammenhänge von allen verstanden werden, auch und gerade dann, wenn sie als politische Parolen formuliert sind.

Aber: Wäre es nicht unrealistisch, wenn wir glaubten, gerade in solchen Veranstaltungen diese jahrelange irrationale Arbeitsteilung schon von heute auf morgen aufheben zu können? Diese strukturellen Bedingungen können wir nur dadurch ändern, daß wir permanent von der Basis her an der Verbesserung unserer *interfakultativen Arbeitskreise* arbeiten, die allein durch ihre praktische Arbeit diese Schwierigkeiten analysieren und überwinden können.

II. Sicher war bis heute ein solches Uni-Hearing dazu verurteilt, unsere Kritik und Wut über unzuständige, uninformierte und unfähige Politiker und ihre Ausweichtaktik relativ undifferenziert laut werden zu lassen – vielleicht teilweise zu emotional, zu verfrüht, zu »unhöflich«. Aber auch eine solche *emotionale Solidarität* in dieser Situation hat ihren Stellenwert und ihre politischen Funktionen. Sie zeigt, was Schütte *de facto* bei der Masse der Studenten *provoziert*, wenn er den Ernst ihrer Forderungen verniedlicht und die Solidarität der Studenten mit dem berühmten Hinweis auf sogenannte Minderheiten unterschätzt.

Aber: wiederum wäre es unrealistisch, wollten wir in einer Situation, in der von Frage zu Frage deutlicher wird, daß der Herr Minister weder die Vorschläge und die Arbeit unserer Arbeitsgruppen kennt, noch bereit ist, sich von Polizeigewalt zu distanzieren, die auftretenden Emotionen sozusagen disziplinarisch zu unterdrücken, die objektiv berechtigt sind und von uns geteilt werden. Etwa aus Gründen des »Anstands« oder kühler taktischer Berechnungen. Vielleicht wäre es besser gewesen, hätte er jeweils einige Minuten mehr Zeit zum weiteren Ausweichen gehabt. Es wäre noch klarer geworden, daß er adäquate Antworten nicht geben kann oder will. Unsere Kampfmaßnahmen hätten sich dann noch deutlicher als einzig mögliche Reaktion auf die höfliche, aber nichtsdestoweniger brutale Staatsgewalt erwiesen.

Eine politische Kampfsituation erzwingt eine politische Gegenantwort: Klare Forderungen und die sinnfällige Demonstration der Macht, die wir haben. Zu ihrer argumentativen Vorbereitung hatten wir aber seit Rüeggs Wandzeitung nur 24 Stunden Zeit. Zu wenig für eine bessere technische und taktische Vorbereitung in möglichst vielen kleinen Gruppen. Die strukturellen Bedingungen einer solchen Kampfsituation können wir nicht ändern, da sie uns von außen aufgezwungen wird, mit Drohung und Gewalt. Wir dürfen sie nicht verdrängen, sondern müssen ihr adäquat zu begegnen suchen.

*

Was wir tun können, ist: *unsere Organisationsformen und unseren Diskussionsstil permanent zu verbessern, und unsern berechtigten emotionalen Protest in eine rationale Strategie umzusetzen,* angefangen bei den Arbeitskreisen, aber bis hin zu den Vollversammlungen.

1. Das wichtigste: vor jeder größeren Veranstaltung sollten möglichst viele Arbeitskreise und Plena organisiert werden. Jedem sollte dadurch dort ermöglicht werden, die einzelnen Argumente, die Situationsanalyse und die strategischen Ziele zu diskutieren und dadurch fähig zu werden, seine Meinung auch auf einer größeren Veranstaltung zu vertreten – auf Grund besserer Information und größerer Sicherheit.

2. Forderungen, wie sie in einer politischen Kampfsituation zur Selbstverständigung und zu demonstrativer Aktion notwendig werden, sollten vorher schriftlich formuliert und auch vorher verteilt werden. Nur so ist garantiert, daß nicht akustische Verständigungsschwierigkeiten eine sinnvolle Diskussion und Abstimmung für viele verhindern.

3. Die Diskussionsleiter sollten aktiv für eine weitgehende Einhaltung der Rednerliste sorgen, und die einzelnen auch aufrufen statt (wie es oft geschieht) hilflos zuzuschauen, wer am schnellsten die Hand am Mikrofon hat. Wenn man weiß, wie viele kommen, muß man rechtzeitig für mehrere Mikrofone sorgen und die entsprechende freie Gasse.

4. Abstimmungen dürfen trotz gründlicher Meinungsbildung auch nicht zu lange hinausgezögert werden; Ja- und Nein-Stimmen sollten von allen in den ungefähren Größenrelationen auch genannt werden, gegen jeden nachträglichen Zweifler.

5. An sich ein Gemeinplatz: selbst in einer unübersichtlichen Situation sollte man versuchen, die Diskussion wenigstens grob zu strukturieren und dadurch zu einem verständigen Diskussionsablauf beizutragen.

*

Trotz all dieser Schwierigkeiten müssen wir aber zweierlei als zentral klarmachen:

1. Auf *keine* der uns zentral betreffenden Fragen und Forderungen gab Schütte eine auch *nur halbwegs befriedigende Antwort*, wenn er diese überhaupt aufgriff bzw. verstand.

2. Manchen mag *unsere Macht* begrenzt erscheinen. Ist eine Furcht real begründet? Jede Drohung muß immer auf dem Hintergrund der ihr selbst immanenten Schwierigkeiten gesehen werden: Schließung der Universität durch Polizeieinsatz – als Legitimationsproblem gegenüber einer wachgewordenen Öffentlichkeit und Presse; Annullierung des Semesters: als verwaltungstechnisches Problem mit Gebührenrückzahlung etc.; schließlich – je länger unsere Forderungen verwischt, ignoriert oder verzögert werden, desto stärker wird die allgemeine Einsicht in die Richtigkeit unserer Forderungen, desto wirksamer unsere Selbstorganisation in unseren interfakultativen Arbeitskreisen; immer weniger ihr eigenes Interesse zurückstellen, den out-put – statt zu blockieren – zu vergrößern. Je massiver die Gewaltmaßnahmen, um so zugespitzter die Situation, um so größer die Solidarisierung, um so unkontrollierbarer für sie die Lage.

An unserm Arbeitsplatz sind wir
am stärksten!!!

Nr. 284

Theodor W. Adorno / Ludwig von Friedeburg / Jürgen Habermas

»Magnifizenz, gestatten Sie uns ...«

Schreiben an den Rektor
der Johann Wolfgang Goethe-Universität
10. Januar 1969

QUELLE: Theodor W. Adorno-Archiv, Frankfurt/Main

---

10. Januar 1969

Sr. Magnifizenz dem Rektor
der Johann Wolfgang Goethe-Universität
6 Frankfurt am Main
Mertonstraße 17

Magnifizenz,

gestatten Sie uns, Professoren der Soziologie, diese kurze Stellungnahme zu Ihrem Rundschreiben an die Mitglieder des Lehrkörpers vom 6. Januar 1969:

Vorausschicken möchten wir, daß wir gewaltsame Aktionen strikt ablehnen.

1. Studentische Arbeits- und Projektgruppen betrachten wir jetzt wie für die Zukunft als legitimen Bestandteil von Studium und Lehre. Initiativen in ihrer Richtung tragen zu einer Neuordnung des Studiums bei, die von allen Beteiligten auch inhaltlich getragen werden muß. Selbstverständlich sollen sich an dieser Gruppenarbeit, soweit es zweckmäßig ist, auch Assistenten und Dozenten beteiligen können.

2. Studentische Gegenveranstaltungen zu offiziellen Lehrveranstaltungen sind, wofern sie der experimentellen Erprobung neuer Konzepte und nicht der Konfrontation um ihrer selbst willen dienen, nicht nur tolerabel, sondern wünschenswert. Sie können allenfalls mit den offiziellen Lehrveranstaltungen konkurrieren, natürlich aber nicht an deren Stelle treten, das heißt: nicht zur gleichen Zeit und am gleichen Ort stattfinden.

3. Im Hinblick auf die Vergabe von Scheinen wiederholen wir unsere mehrfach bekräftigte Intention. Studienleistungen, die für die Dozenten des Faches erkennbar und nachprüfbar sind, werden, wie bisher, durch Scheine bestätigt, wenn sie Kriterien wissenschaftlichen Arbeitens genügen. Dazu gehören beispielsweise Referate, die von studentischen Gruppen erarbeitet werden.

4. Wir sind nach wie vor der Meinung, daß sich die Arbeits- und Projektgruppen innerhalb und neben einem flexibel gehandhabten Lehrbetrieb entfalten können und sollen. Eine Rechtfertigung für die Einstellung des Lehrbetriebs sehen wir nicht.

5. Nehmen wir Ihren Brief beim Wort, ohne den einschränkenden Interpretationen zu folgen, die Sie einem von uns mündlich gegeben haben, so enthält jener Brief Anweisungen und Auflagen, die nicht nur unvereinbar sind mit den Maximen, nach denen wir uns zu verhalten gedenken, sondern auch mit dem, was wir bislang glaubten, als Ihre eigene Position betrachten zu dürfen. Wir vermögen nicht, Bitten, Hinweisen und Anordnungen Folge zu leisten, die uns weder universitätsrechtlich noch durch die aktuelle Lage legitimiert erscheinen.

6. Wir sehen in dem Brief politisch einen Versuch, Assistenten und Dozenten, die die überfällige Reorganisation der Hochschule und des Lehrbetriebs unterstützen und vorantreiben möchten, davon abzuhalten. Wenn diese Interpretation zutrifft, möchten wir gegen derlei politische Disziplinierungsversuche entschieden

protestieren. Freilich sehen wir klar, und kritisieren ebenso schonungslos, daß eine verfehlte aktionistische Taktik einer Gruppe von Studenten diesen Grad der Reaktion selber erst hervorbringt und neue Konflikte ohne jede Rücksicht auf deren Rechtfertigung an präzisierten Zielen herbeiführt. Wir lassen uns nicht unter falsch verstandenen Loyalitätszwängen in diesen Teufelskreis immer wieder integrieren – wir müssen ihn durchbrechen.

Mit dem Ausdruck unserer vorzüglichen Hochachtung

Nr. 285
Herbert Marcuse
Brief an Theodor W. Adorno
12. Januar 1969

QUELLE: Max Horkheimer, Gesammelte Schriften Bd. 18: Briefwechsel 1949–1973, hrsg. von Gunzelin Schmid Noerr, © S. Fischer Verlag Frankfurt/Main 1996, S. 704

University of California, San Diego
Department of Philosophy
La Jolla, California 92037
12. Januar 1969[1]

Lieber Teddy:

Dank für deinen Brief. Die Sache[2] hat mich die ganze Zeit bedrückt – viel mehr als die kontinuierlichen Angriffe hier, Angriffe die von der sogenannten »community« kommen, nicht von der Universität. Es stört mich nicht, im Gegenteil, es ist mir eine Beruhigung, daß, was man schreibt und ist, doch noch den anderen auf die Nerven gehen kann ...

Ich habe immer noch die Absicht, Anfang Juni nach Frankfurt zu kommen. In jedem Fall möchte ich keinen »Zirkus«: keinen Vortrag vor einer Masse, nur sehr persönliche und offene Diskussion in kleinem Kreise. Ich hoffe, daß sich das arrangieren läßt. Ich wäre dankbar, wenn ich so etwas wie eine offizielle Einladung hätte, so daß ich hier Urlaub beantragen kann (unser akademisches Jahr endet erst Mitte Juni). Ich schreibe darüber gleichzeitig an Habermas, da ich nicht weiß, wer am besten eine solche Einladung unterschreibt.

Unsere Pläne für den Sommer sind noch in der Schwebe. Ich habe von Mitte Juni bis Ende Juni Vorträge in Turin, Rom und (ich weiß nicht warum) in Bari; dann wieder Anfang September in Genf. Juli und August sind (und bleiben hoffentlich) frei: ich brauche diese Monate dringend für Ruhe. Zermatt wäre schön, hat aber leider nicht etwas für uns sehr wichtiges: Schwimmen![3]

Was du über die Entwicklung der Studentenbewegung sagst, stimmt ganz mit meinen Erfahrungen überein. Rationale und irrationale, ja gegenrevolutionäre Forderungen sind unentwirrbar vereint. Wo stehen wir? Hier ist die Situation noch viel komplizierter und gefährlicher, wegen der mehr als prekären Beziehungen zur Bewegung der Schwarzen. Aber über all das mündlich.[4]

Mit den besten Grüßen und Wünschen [Euch] beiden, auch von Inge,

herzlichst
Herbert

---

1 Adorno schickte die Kopie an Horkheimer mit folgendem handschriftlichem Zusatz: »Max, wir wollen *versuchen*, die Sache, wenn's geht, übers *Institut* zu finanzieren (inoffiziell!); auf gar keinen Fall großer offizieller Zirkus – den er ja auch selbst nicht wünscht. Bitte rasch nur ein Wort was Du meinst. Ihn *nicht* einladen geht auch nicht. Man hats halt schwer – Immer Dein G. R.«
2 Vgl. Brief vom 17.12.1968, Anm. 1.
3 Handschriftliche Randbemerkung von Adorno: »Offenbar fürchtet Inge unseren Einfluß.«
4 Handschriftliche Randbemerkung von Adorno: »Immerhin, er beginnt es zu merken!«

Nr. 286
(Ohne Autor)
Mögliche Erfolgskriterien für den studentischen Kampf in der gegenwärtigen Phase der Auseinandersetzung an der Hochschule
»Strategiepapier« für Überlegungen zur Fortführung des »Aktiven Streiks«
22. Januar 1969

QUELLE: Zoller [d. i. Peter Zollinger] (Hg.), Aktiver Streik – Dokumentation zu einem Jahr Hochschulpolitik am Beispiel der Universität Frankfurt/Main, [Darmstadt 1970], S. 12 f.

Entstehung der Basisgruppen im SDS und an der Hochschule

Die antiautoritäre Agitation für Selbsttätigkeit hat sich gegen die »temporären Führer« gewandt. In der Gründung von Basisgruppen suchten die Agitierten den Anspruch, selbsttätig politische Arbeit zu leisten, einzulösen. Für die Entstehung von Basisgruppen lassen sich grob zwei sozialpsychologische Motive angeben:

Einmal das Motiv bei politisch bewußten Genossen, endlich selbsttätig sinnvolle, wirksame politische Arbeit zu leisten, nachdem zuvor politisches Engagement notwendigerweise auf die technische Vorbereitung von und Teilnahme an Aktionen beschränkt blieb, die intellektuell und agitatorisch von den Führern getragen wurden.

Zum anderen das Motiv, sich der autoritär vorgegebenen Arbeit im Studium zu entziehen, zumal die Akkumulation von funktionalem Wissen um so sinnloser erscheint, je unsicherer eine spätere Gratifikation, bzw. je geringer die subjektive Wertschätzung dieser Gratifikation wird. An die Stelle eines rigiden Leistungsanspruchs tritt der Wunsch nach unmittelbarer Befriedigung von Bedürfnissen. Von den z.T. begriffslos gegen ihre Führer aufmotzenden Antiautoritären wurde dieses Bedürfnis irrational überzogen, was den notwendigen Toleranzspielraum unterhalb des theoretischen Leistungsanspruchs im SDS schaffte. Dieser Spielraum war Bedingung sowohl für die Lösung von Fixierungen auf bestimmte Führer, als auch für die Formulierung von bestimmten Problemen der politischen Arbeit, was deren Neubestimmung erst ermöglichte. (Auf den letzten DKs hinderte der durch hohes Abstraktionsniveau und Agitationszwang gekennzeichnete Diskussionsstil die »Provinzgruppen« an der Formulierung der Probleme ihrer politischen Arbeit.)

Die Basisgruppen an der Hochschule waren nach den Antinotstandsaktionen aus dem Desiderat entstanden, von der Mobilisierung der Studenten in einer abstrakten hochschulpolitischen Globalstrategie (für Drittelparität im Konzil etc.) weg zu einer verbindlichen Arbeit an der Basis, d.h. Institutionalisierung des Konflikts am Arbeitsplatz, zu kommen.

Die technokratische Hochschulreform ist nur eine Formierungstendenz des autoritären Staates. Entsprechend kann unser Kampf gegen technokratische Hochschulreform nicht von der Illusion bestimmt sein, wir könnten an der Hochschule »befreite Gebiete« schaffen, in denen wir dann ungestört kritische Luxuswissenschaft betreiben könnten. Unser Ziel muß vielmehr sein, gegen ein reglementiertes Studium unsere wissenschaftliche Arbeit so umzuorganisieren, daß sie allen politisch bewußten Studenten die Möglichkeit zu kontinuierlicher politischer Arbeit gibt. Entsprechend der Wirksamkeit dieser Arbeit werden wir dem zunehmenden Druck von seiten der Bürokratien ausgesetzt sein. Wir können die Auseinandersetzung dann jedoch in qualitativ und quantitativ höher organisierter Form führen, insofern wir dem Druck nicht als vereinzelte Individuen begegnen müssen, sondern als kollektiv arbeitende Gruppen oder, wo es möglich ist, die Neuorganisation eines Instituts durchzusetzen, als Institution dieser Universität. In diesen »Widerstandsräumen« müssen wir eine wirksame politische Arbeit aller bewußten Studenten, die durch Leistungsdruck permanent zu rigider Studienarbeit gezwungen werden, stets neu kurzfristig für die Teilnahme an Aktionen mobilisieren.

Aufgrund materieller Abhängigkeiten kann die Mehrheit der Studenten diese Arbeit dadurch nicht langfristig leisten, daß sie sich diesem Studium verweigert. Den nötigen Freiraum müssen wir uns vielmehr durch Umorganisation unseres Studiums schaffen. Dazu gilt es zunächst bestimmte Forderungen durchzusetzen, die eine längerfristige Auseinandersetzung ermöglichen:

Die Arbeit in Kollektiven muß für die, die darauf angewiesen sind, mit Scheinen honoriert werden.

Die bisherigen Prüfungen, die uns zu sinnloser Wissensakkumulation zwangen und so kontinuierlich politische Tätigkeit verhinderten, müssen abgeschafft werden. An deren Stelle müssen Formen der Selbstkontrolle bzw. Kontrollen ohne Disziplinierungsfunktion treten. Darum muß über diese Kontrollen von einem Gremium entschieden werden, in dem die Studenten nicht majorisiert werden können. (Ein drittelparitätisches Gremium garantiert keine Neubestimmung der Prüfungen, so daß dann alle weiteren Bemühungen der Studenten auf größere Effizienz der Studienarbeit und bequemere Arbeitsbedingungen im Hinblick auf disziplinierende Prüfungen hinausliefen.)

Die finanzielle Sicherstellung von studentischen Projekten muß gewährleistet sein. Den Studenten ist eine effektive Kontrolle über alle Forschungsprojekte einzuräumen.

Zur Durchsetzung dieser Forderungen müssen wir alle uns gegebenen Druckmittel konsequent einsetzen (Lahmlegung des Lehr- und Forschungsbetriebs, Organisation unserer eigenen Arbeit mit den entsprechenden Produktionsmitteln, Besetzungen, Verhinderung von Prüfungen etc.). In der gegenwärtigen Phase der Auseinandersetzung an der Hochschule kann eine satzungsmäßige Neuorganisation von Instituten und Seminaren nur in bezug auf einen Consensus aller daran Beteiligten verbindlich sein. Für uns muß garantiert sein, daß in einem solchen Consensus die oben genannten Intentionen zum Tragen kommen und daß im Konfliktfall, in dem die externen Bedingungen der Ordinarienuniversität wieder in Kraft sind, die Mobilisierung gegen die Ordinarien und die Hochschuladministration auf neuer Stufe möglich ist. (D. h. z. B., daß der Konflikt in bezug auf studentische Projekte nicht bei der Zustimmungsverweigerung der Ordinarien in irgendwelchen Gremien manifest wird, sondern die Ordinarien gegen die autonom arbeitenden Kollektive vorgehen müssen.) In der gegenwärtigen Situation, die durch Schutzhaftentwürfe, den verstärkten Druck der politischen Justiz, die Relegation von Berliner Genossen gekennzeichnet ist, kann uns nicht mehr daran gelegen sein, mit liberalen Ordinarien unverbindlich über Hochschulreform zu diskutieren; dazu ist es zu spät. Wir müssen sie permanent zur politischen Entscheidung zwingen: Entweder sie nehmen mit uns den Kampf gegen die technokratische Hochschulreform und die Faschisierungstendenzen des NS-Staates auf – und dann müssen sie auch den Erfordernissen der Organisation des studentischen Widerstandes Rechnung tragen –, oder sie entscheiden sich für technokratische Hochschulreform, vor der sie noch einen Rest ihrer Privilegien und Inseln, freilich ohnmächtiger, kritischer Reflexion glauben retten zu können. Alle diese Formen unserer Selbstorganisation, bzw. Umorganisation unserer Studienarbeit sind in der Lage, politische und organisatorische Tatsachen zu schaffen, die durch das Inkrafttreten von Hochschulgesetzen etc. nur gegen den massiven Widerstand der Masse der Studenten beseitigt werden können.

Unsere politische Arbeit in den verschiedenen Fächern muß nach der spezifischen Funktion der jeweiligen Wissenschaft im spätkapitalistischen Verwertungszusammenhang bestimmt werden. Für kritische Luxuswissenschaften würde das bedeuten, daß sich die Studenten als aktives politisches Potential für die Verbreiterung des Widerstands über die gesamte Hochschule verstehen.

Dazu müßten die organisatorischen und institutionellen Bedingungen für interfakultative Arbeitskreise geschaffen werden.

Jeweils fachspezifisch müssen die Bedingungen für den Widerstand in der jeweiligen Berufspraxis untersucht werden und zusammen mit den bereits Berufstätigen Aufklärungs- und Widerstandsaktionen organisiert werden.

Die langfristige Planung und wissenschaftliche Auswertung von Aktionen zusammen mit den bereits mobilisierten Schülern und Jungarbeitern sowie die Erarbeitung von möglichen Organisationsformen muß in Angriff genommen werden.

Nr. 287

Sozialistischer Deutscher Studentenbund
Frankfurt: Kritische Wissenschaft – langfristige Reaktion oder: wo bleibt die Praxis?
Positionspapier
25. Januar 1969

QUELLE: SDS-Bundesvorstand (Hg.), SDS-Info vom 25. Januar 1969, Nr. 4, S. 11–14

An der Frankfurter Universität wird bei Soziologen, Philologen und seit kurzem auch bei Mathematikern (Mathematik wird dort immer im Hinblick auf ihre Verwertbarkeit für die Physik betrieben) gestreikt. Im ganzen gesehen hat aber hier die Mobilisierung, die ausgegangen war von dem Streik an der AfE, nicht fortgewirkt in die Organisation des Widerstandes gegen die von Schütte, Rüegg etc. gemeinsam vorgetragenen Versuche, die Studentenbewegung in Studierwillige und Störer zu spalten. Die Mobilisierung der Studenten hat hier zurückgewirkt in die Institute, es haben sich neue Basis- und Ad-hoc-Gruppen gebildet, diese Ebene der politischen Basisarbeit hat sich ausgedehnt.

Die Dezentralisierung der Arbeit in die Institute hat zu einer Aufsplitterung der politischen Aktivitäten insgesamt geführt. Die Diskussionen, die im SDS und bei den Soziologen jetzt geführt werden (die folgenden Beiträge sind Arbeitsgruppenergebnisse), sollen die allgemein-universitätspolitische Ebene bestimmen, auf der der Kampf geführt werden kann, der einmal die zentral gegen die Studentenbewegung gerichteten Zerschlagungsversuche abweist, zum anderen aber die aktive Arbeit in den Instituten erst ermöglicht.

Unter den Strukturen des herkömmlichen Lehrbetriebes hatten die Studenten ebenso wie die Assistenten und Professoren Positionen inne, die sie bei der wissenschaftlichen Arbeit vereinzelten und die dazu führten, daß wissenschaftliche Diskussion Standards unterworfen wurde, die den einzelnen fremd waren und deren Sinn und Berechtigung unüberprüft übernommen wurden. Jeder kennt die Vorlesungssituation, die durch Ausschluß jeglicher Diskussion nur rein rezeptive Aufnahme des Lernstoffes gestattet. Übungen und Seminare, die den Studenten produktive Mitarbeit ermöglichen sollten, kommen zu Statuskämpfen zwischen den Beteiligten herunter. Denn die in ihnen angelegte Möglichkeit, sich den Lernstoff selbständig zu erarbeiten, das heißt aber, durch Fragen und Diskussionen Zusammenhang und Gewicht wissenschaftlicher Sätze und Ergebnisse zu reflektieren und sich einsichtig zu machen, scheitert an hierarchischer Struktur und autoritärem Gefüge.

In dieser lernpathologischen Organisationsform des »Eindringens in die Sache« sind die Ordinarien und Dozenten aufgrund ihres Wissensvorsprunges gezwungen, entweder ihre Lehrveranstaltungen an *ihrem* wissenschaftlichen Niveau auszurichten oder sich aber zum bloßen Einpauken von Grundbegriffen herzugeben, denn sinnvolle Einführungen wären ihnen nur möglich, wenn sie nicht nach langer Karriere notwendig jegliche Vorstellung über Lernsituation und Wissen der Studienanfänger und mittleren Semester verloren hätten. In beiden Fällen ist der Student ein im besten Falle nur scheinbar ernst genommener Partner. Nur in Einzelfällen ist es Studenten möglich, ihren Status im Wissenschaftsbetrieb psychisch so zu verarbeiten, daß sie sich durch »naive Fragen« das verlangte Wissen optimal schnell und in großer Menge aneignen können. In der Regel werden ihnen ihre Diskussionsbeiträge dazu dienen, sich dadurch Statusgratifikationen einzuhandeln, daß sie eh schon sicheres Wissen reproduzieren und nicht den Wissensvorsprung des Dozenten nutzen, ihre Lücken aufzufüllen. Die Assistenten haben den Studenten gegenüber die Funktion von kleinen bzw. Ersatzordinarien, den Ordinarien gegenüber sind sie der Nachwuchs, der die Schmutzarbeit übernimmt; er wird auf die Anhäufung von Wissen und Standards eingeschworen und soll sich in diesem vorgegebenen Rahmen vervollkommnen.

Die pathologische Struktur geht jedoch über eine ineffektive Organisation des Lern- und Lehrprozesses hinaus. In seiner Hilflosigkeit und seinem Abhängigkeitsverhältnis gegenüber Autoritäten ist es dem Studenten unmöglich, das vermittelte Wissen selbst anzuzweifeln, seinen Wert und Unwert zu reflektieren und sich über seine Funktion im gesamtgesellschaftlichen Bezug Klarheit zu verschaffen. So fungieren die Ordinarien objektiv als Agenten des *etablierten* Wissenschaftsbetriebes und der jeweils geltenden Inhalte. Aufgrund ihrer Position können nur sie über Art und Funktion der von ihnen betriebenen Wissenschaft diskutieren. Eine solche Diskussion aber muß notwendig Praxis miteinbeziehen, also auf Probleme politischer Organisation stoßen. Das Dilemma dabei ist jedoch, daß die Ergebnisse nur wieder als Lernstoff referiert werden können, d.h. eine Umsetzung in eine Selbstorganisierung der Studierenden, die angewiesen wäre auf gleiche und selbständige wie auch wissenschaftlich verbindliche Diskussion ALLER, nicht zu erreichen vermag. Das heißt aber: innerhalb der überkommenen Strukturen ist eine sinnvolle Neuorganisierung und Neubestimmung der Wissenschaft nicht möglich. Eine Kritik des Lehr- und Lernbetriebes kann sich nicht in den gleichen theoretischen Bahnen vollziehen wie die Wissenschaft, die kritisiert werden soll. Weder die Revolutionierung der Positionshierarchie (mit ihren Implikaten von autoritären Fixierungen an Personen und an Wissenschaft selbst), noch ein neuer Praxisbezug der Wissenschaft kann so geleistet werden.

Die »kritische Wissenschaft« scheiterte an ihrem eigenen Anspruch, denn zum einen vermochte sie Sätze zur Sache nur mäßig bis mittelmäßig weiterzugeben, zum anderen vermittelte sie den Studenten nicht die Fähigkeit, sich der Sache hinzugeben, sondern gab die Studenten der Sache hin. Das wird besonders gefährlich, sieht man die Ungeduld einer autoritären Leistungsgesellschaft gegenüber der ineffizienten Ausbildung von Verwaltungskadern in der Ordinarienuniversität. Gegen diese technokratischen Reformbemühungen müßte die Universität durch selbsttätige Umorganisation ihrer hierarchischen Struktur ebenso wie durch Neubestimmung der Inhalte des Wissenschaftsbetriebs energisch Widerstand leisten. Andernfalls wird sie sehr bald zur Ausbildungsstätte, wo effizient gelernt, nicht mehr gedacht und diskutiert wird. Die halbwegs wachen Ordinarien begegnen dieser Gefahr durch eine zweifache Politisierung ihrer Position. Auf der einen Seite verurteilen und bekämpfen sie studentische Widerstandsversuche gegen eine ohnmächtige Hingabe der Wissenschaft an gesellschaftliche Zwecke, auf der anderen Seite versuchen sie bei den Bürokratien Reste ihrer alten Autonomie zu bewahren, indem sie das Unbehagen an eben diesem studentischen Widerstand ausnutzen, anstatt den Kampf selber aufzunehmen. Dabei merken sie nicht, daß ihnen von der Schlüsselgewalt höchstens eine Kloschlüssel-Gewalt bleiben wird.

Die Studenten waren den Formierungsprozessen, die sich gegenwärtig in unserer Gesellschaft überall abspielen, durch die Organisierung einer Protest- und Widerstandsbewegung *außerhalb* der Universität begegnet und hatten sich dem herrschenden Wissenschaftsbetrieb im großen und ganzen unterworfen. Einerseits war die politische Aktivität strenger wissenschaftlicher Diskussion immer mehr entzogen, andrerseits hatte die Wissenschaft keinen Bezug zum Widerstand. Weil die Wissenschaft sich in den Dienst einer Emanzipationsbewegung stellen müßte (wie die Kritische Theorie es selbst fordert), entstand die polemische Parole von der »Zerschlagung der Wissenschaft«. Sie meint nichts anderes als die Notwendigkeit, die eigenen Problemstellungen und Interessenlagen innerhalb des Wissenschaftsprozesses zu entfalten und dadurch die prinzipielle Umsetzungsmöglichkeit von Wissenschaft in politische Praxis überhaupt erst zu ermöglichen.

Die Einsicht, daß eine Neubestimmung in den überkommenen Befehlsstrukturen sich kaum vollziehen kann, hat die Studenten zu dem Versuch geführt, in der Negation des etablierten Betriebes sich selbst zu organisieren. Dazu war es nötig, den Lehrbetrieb auszusetzen und zu versuchen, innerhalb EGALITÄRER Organisationsformen wissenschaftliche Arbeit und ihre Neubestimmung durchzuführen. Egalitäre Lernprozesse versuchten wir in Arbeitsgruppen zu ermöglichen.

Die Erfahrungen der Arbeitsgruppen lassen erkennen, daß die an ihnen beteiligten Studenten von durchaus verschiedenen Motiven und Interessen ausgehen. Der größte Teil der Teilnehmer sah in der selbsttätigen wissenschaftlichen Arbeit die Chance, die Schwächen und Ärgernisse der gewohnten Lernsituation zu beseitigen. a) Manche hatten die durchaus legitime Hoffnung, die Lücken, die ihnen bei der Anhäufung des anerkannten und prüfungsrelevanten Wissens geblieben waren, aufzufüllen. Sie hielten das in einer Situation, wo sie nicht mehr von gleichgültigen Dozenten abhängig waren, sondern auf die interessierten Bemühungen ihrer Kommilitonen bauen durften, eher für möglich. Das führte zu dem Bedürfnis, die Arbeitsgruppen nach einem Tutorenmodell zu organisieren. Bei dieser Konstellation wurden solche Kommilitonen, die einen gewissen Informationsvorsprung besaßen, in die Lage gedrängt, entweder aus antiautoritären Motiven ihr Wissen der Gruppe zu entziehen, oder kollektives Lernen durch ihre Dozentenfunktion geradezu zu verhindern. Darüber hinaus bot sich einzelnen die Gelegenheit, sich selbst aufzuwerten. b) Ein anderer Teil der Arbeitsgruppenteilnehmer bestand aus psychisch sensibilisierten Kommilitonen, die die Befreiung von Fremdbestimmung im autoritären Lehrbetrieb genossen. Sie nahmen die Arbeitsgruppen zum Anlaß, möglichst herrschaftsfrei miteinander zu kommunizieren, und befreit von repressiven Leistungsforderungen miteinander zu arbeiten. Allerdings wiederholten sich die aus der antiautoritären Bewegung bereits einigermaßen bekannten Schwierigkeiten. Der verfehlte Versuch, egalitäre Kommunikation und Freiheit von Leistungsdruck *unmittelbar* herzustellen, muß scheitern. In aktuellen Kampfsituationen und in der Auseinandersetzung mit einer autoritären Gesellschaft ganz allgemein sind Disziplin und eine gewisse Leistungsorientierung unbedingt nötig. Ebenso können gerade dann, wenn man versucht, die Wissenschaft selbsttätig zu organisieren, die Anforderungen der bisherigen Wissenschaft an die Fähigkeit, Unlust zu überwinden und Leistung zu erbringen, nicht einfach negiert werden. Vielmehr käme es darauf an, die Entfremdung bzw. Verselbständigung der wissenschaftlichen Leistungsdisziplin zu ersetzen durch die Einsicht in die Tatsache, daß zur Erreichung emanzipatorischer Ziele Lustversagungen unabdingbar sind. Allerdings muß man vermuten, daß von einer repressiven Fremddisziplinierung, die in starren Überichforderungen abgespalten ist, nicht *unmittelbar* zu einer einsichtigen Selbstdisziplin übergegangen werden kann. Deshalb würden wir behaupten, daß »antiautoritäre Motzerei« unter den gegebenen Umständen ein notwendiger Umweg ist, der, unterhalb der rigiden Leistungsforderungen theoretischer Diskussion, den Spielraum zur Formulierung von Problemen überhaupt erst ermöglicht.

Weil solchen Arbeitsgruppen, die von der Disziplin des routinierten Lehrbetriebes direkt zu einer Selbstdisziplin übergegangen zu sein behaupten, mißtraut werden muß, darf der Erfolg oder Mißerfolg unserer Arbeitsgruppen (abgesehen vom Zeitfaktor) nicht danach beurteilt werden, ob sie zu den Leistungen, die die politische Situation eigentlich fordert, fähig sind oder nicht, noch danach, was sie zu einer Neubestimmung der Wissenschaft geleistet haben; sondern der Erfolg bemißt sich daran, inwieweit sie aus den Erfahrungen innerhalb der Arbeitsgruppen fähig geworden sind, das Verhältnis von Lust bzw. Sensibilisierung gegenüber Autorität einerseits und Versagung bzw. Leistungsforderungen, die sinnvolle wissenschaftliche Arbeit und politische Praxis auferlegen, andererseits problematisieren und verbindlich diskutieren zu können und zu wollen.

Nr. 288
Monika Steffen
Was die Studenten in Frankfurt gelernt haben
Positionspapier
25. Januar 1969

QUELLE: SDS-Bundesvorstand (Hg.), SDS-Info vom 25. Januar 1969, Nr. 4, S. 19–24

Die Notwendigkeit einer historischen Analyse der Frankfurter Studentenrevolte ergibt sich aus folgenden objektiven Schwierigkeiten der politischen Situation an der Hochschule, wobei die Schwierigkeiten sich am deutlichsten gegenwärtig bei den Soziologen zeigen. Insofern könnten sie ein Paradigma für andere Fächer und Fakultäten abgeben.

Analog der Ungleichzeitigkeit innerhalb der politisch aktiven Studenten der Gesamtuniversität gibt es konkrete Ungleichzeitigkeiten bei den Teilnehmern der selbstorganisierten Arbeitsgruppen. Hier muß betont werden, daß es sich um objektive Schwierigkeiten handelt und nicht um ein Scheitern oder »Abbröckeln«, wie es manche Leute offenbar wünschen.

Drei Gruppen von Teilnehmern mit dreierlei verschiedenen Bedürfnissen an der Selbstorganisation von Arbeitsgruppen lassen sich ausmachen: die einen nahmen teil, um Informations- und Verständnislücken in bezug auf die bisher gelehrte Frankfurter »kritische Soziologie« aufzufüllen, also wissenschaftstheoretische Diskussionen mit denjenigen zu führen, bei denen sie dieses Wissen vermuteten. Die zweite Gruppe verband mit der Abschaffung der Professoren und Lehrbeauftragten als Autoritäten das Bedürfnis, deren vorgegebene Themenstellungen und wissenschaftlichen Gegenstände abzuschaffen und an deren Stelle eigene Bedürfnisse nach »Organisation und Emanzipation« zu setzen. Die dritte Gruppe schließlich sah die Notwendigkeit, mit der Kritik am bürgerlichen Wissenschaftsbetrieb unter Herrschaft der Ordinarien und der Diskussion anderer Wissenschaftsinhalte und -formen gleichzeitig politische Forderungen nach einem »autonomen Bereich« der Studenten zu verbinden. Aus diesen drei legitimen und notwendigen Bedürfnissen ergibt sich eine Ungleichzeitigkeit des Bewußtseins der Arbeitsgruppenteilnehmer, die notwendig zu Konflikten und Organisationsschwierigkeiten führen mußte.

Dieses erste Dilemma konstituierte mittelbar ein zweites: Die Hoffnung aller aktiv Streikenden, die Professoren (Habermas, Friedeburg und Adorno) würden den erkämpften Freiheitsspielraum der Selbstorganisation des Studiums institutionell absichern, hat sich nicht erfüllt. Zwar haben sich diese Professoren unter dem Druck der studentischen Argumente mehr und mehr »entlarvt«, aber die Entlarvung hat keine Auswege aus der Sackgasse gezeigt, in die die Irrationalität der Professoren und der Bürokratie die Studenten gedrängt hat.

Für die Irrationalität der Professoren gibt es zwei Erklärungen, die hier angedeutet werden müssen: Eine liegt im Wesen der hier betriebenen »kritischen Soziologie« begründet. Pauschal hat die »Frankfurter Schule« gesellschaftliche Veränderungen vorwiegend festgemacht an der wissenschaftlich-aufklärerischen Reflexion des Individuums, nicht aber an der Möglichkeit der Vergesellschaftung der Produktionsmittel allgemein und der Kollektivierung des Produktionsmittels Wissenschaft im besonderen. Zweitens projizieren diese Professoren das, was ihnen der Staat antut, auf die Studentenbewegung: das heißt, die technokratische Hochschulreform entmachtet die Ordinarien als wesentliche Herrschaftsträger feudaler Autonomie der Universität zugunsten der Eingliederung der Hochschule in die Fungibilität des autoritären Staates. Die dazu notwendigen Maßnahmen der Staatsbürokratien sollten – auf eine längere Zeitspanne verteilt – hinter dem Rücken der Studentenmassen (und eines Teils der Professoren) getroffen werden. Die Öffentlichkeit des aktiven Streiks und der Selbstorganisation der Fächer und Fakultäten haben diese langfristige Taktik zunichte gemacht und dadurch diese Maßnahmen beschleunigt. Diese Beschleunigung wird dem politisierten Teil der Studenten von diesen linken Professoren als »Faschismus-Stalinismus« vorgeworfen. Darüber hinaus erklärt es die Vorliebe dieser Professoren für den Schütte-Entwurf eines hessischen Hochschulgesetzes, denn dieser Entwurf wirft den Ordinarien eine Garantie eines winzigen Teiles ihrer ehemaligen Macht als Köder hin.

Wenn die Professoren meinen, sich mit ihrer Taktiererei gegen die Studenten vor der Entscheidung drücken zu können, ob sie mit der Bürokratie die Hochschule in ein Instrument der Unterdrückung verwandeln wollen, oder mit den Studenten den Widerstand gegen diese Unterdrückung aufnehmen wollen, so ist das eine Naivität, die, wenn nicht sie selber, so doch die spärlichen Reste ihrer »kritischen Wissenschaft« teuer zu stehen kommen kann. Die historische Analyse der Frankfurter Studentenrevolte kann die Voraussetzung einer mittel- oder langfristigen Strategie nur insoweit klären, als sie Mobilisierungs- und Bewußtseinsstand der Studenten bzw. Arbeitsgruppenteilnehmer analysiert und damit ihre Kampfbereitschaft prognostiziert.

3 PHASEN

Die aktiven Streiks für die Selbstorganisation durch die Studenten haben eine zweite Phase der Hochschulrevolte in Frankfurt eingeleitet: Die erste Phase beginnt etwa mit den ersten tendenziell sprachlosen Aktionen antiautoritärer Minderheiten, mit Go-ins, die den Angriff auf die Person des Ordinarius (einfache Ordinarienbekämpfung) als Träger und Stabilisator unterdrückender Funktionen im einseitigen Kommunikationszusammenhang Universität zum Inhalt hatten. Die erste Phase endete mit der Blockade der Societätsdruckerei, den Aktionen gegen die NS-Gesetze, der Rektoratsbesetzung, der Zerschlagung der Politischen Universität durch die Polizei.

Für diese Aktionen war charakteristisch, daß sie relativ abstrakte Ziele beinhalteten und auch relativ abstrakt legitimiert wurden. Mit den individuellen Bedürfnissen der Studenten konnten sie nicht vermittelt werden. Die studentischen Aktionen stellten sich als punktuelle, von sogenannten Anführern vorstrukturierte Aktionen dar.

Dem Beginn der zweiten Phase des aktiven Streiks für Selbstorganisation gegen technokratische Hochschulreform geht eine Zeitspanne der Frustration voraus; äußerlich verursacht durch die Verabschiedung der NS-Gesetze, angesichts der besetzenden Polizei, darüber hinaus gekennzeichnet durch Aktionslosigkeit und das Fehlen weiterführender Perspektiven der Hochschulpolitik. Die Selbstorganisation der zweiten Phase ist weiterhin nicht zu verstehen, wenn die vorausgehenden Revolten innerhalb des SDS, das zweimalige notwendige Abbrechen der DK in Frankfurt und Hannover durch die Revolte der kleinen Gruppen gegen die großen, der Genossinnen gegen die Genossen, allgemein das Zerstören sozialdemokratischer Reste innerhalb der Organisation des SDS nicht als entscheidende Voraussetzung zur Organisation der Basisgruppen gesehen werden.

Der eher von gewerkschaftlichen Forderungen gekennzeichnete Streikauslöser AfE macht in seinen Etappen doch die Absichten des Staates in bezug auf die Hochschule deutlich: hinter dem Rücken der Studenten die Reste feudaler Autonomie der Hochschule zu beseitigen zugunsten ihrer Eingliederung in die technokratischen Bedürfnisse des autoritären Staates. Aktiver Streik, Besetzung des Spartakus-Seminars und die Forderungen des Negativ-Katalogs haben die Taktik der Bürokratien insofern zunichte gemacht, als sie gezwungen wurden, ihre Maßnahmen innerhalb kürzester Zeit zu ergreifen bei voller studentischer Öffentlichkeit.

Das Go-in bei Carlo Schmid im WS 67/68 war zwar formal legitimiert; man wollte ihn öffentlich zu seiner Haltung den NS-Gesetzen gegenüber befragen, nichtsdestoweniger war es eine sprachlose Aktion. In der sprachlosen Regelverletzung liegt auf dieser Stufe der Organisation der Revolte eine gewisse Stärke: 1. Die Ebene des Nur-Argumentierens wird verlassen, der einseitige akademische Kommunikationszusammenhang wird von den Unterdrückten aufgekündigt. Was heißt das für die Beteiligten? Der akademische hierarchische Kommunikationsprozeß setzt auf universitärer Ebene fort, was Sozialisationsprozeß im Elternhaus und in der Schule den Individuen eingefüttert und als bedingten Reflex immer wieder abverlangt haben: die Verhinderung spontaner Denkprozesse, das Abschneiden kollektiven Bewußtseins durch Leistungszwang und Konkurrenz. Der reaktionäre Wissenschaftsbetrieb honoriert nur das, was ihn in einem ewigen Kreislauf immer wieder bestätigt und stabilisiert: die private Aneignung von arbeitsteilig organisiertem Wissen und dessen Ausspucken auf Befehl der Ordinarien.

2. Mit dem Angriff auf den Ordinarius wird gleichzeitig mit dem bürgerlichen Sozialisationsprozeß der Individuen gebrochen. Die Kontinuität der Unterdrük-

kung in der Linie Vater-Lehrer-Professor wird abgeschnitten.

3. Mit der gebrochenen Fixierung an den Ordinarius wird gleichzeitig die Fixierung an reaktionäre Wissenschaft wenn nicht beseitigt, so doch problematisiert.

Hier entstand ein Konfliktpotential (auch in der offenen Frontstellung zu den reaktionären Studenten), das wichtige Energien für die späteren Notstandsaktionen geliefert hat.

Allerdings waren die Akteure sehr schnell bereit, ihre sprachlose Aktion als totalen Mißerfolg zu interpretieren. Das hat zwei Gründe: einmal standen ad hoc keinerlei Erfolgskriterien zur Beurteilung dieser neuen Situation zur Verfügung, zum anderen hatte die Aktion selbst bei allen Beteiligten Aggressionen mobilisiert, die im herkömmlichen Wissenschaftsbetrieb ständig unterdrückt werden müssen. Aggressionen erzeugen Angst, Schuldgefühle und Skrupel.

Fixierung an Ordinarien und »Wissenschaft«

Mit dem gebrochenen Verhältnis zum Ordinarius wird das Untertanenverhältnis zur bürgerlichen Wissenschaft zwar problematisiert, aber die Richtung, wie konkret die »wissenschaftlichen Standards« abgeschafft und durch neue ersetzt werden sollen, ist damit für die Individuen noch nicht angegeben. Hinzu kommt bei den Soziologen das Fehlen fester Berufsbilder und Arbeitsmarktchancen. So bleibt nichts weiter übrig, als in unbefriedigender Weise weiterhin die Versatzstücke kritischer, linker Wissenschaft Frankfurter Prägung anzuhäufen, ohne daß dieses Wissen Perspektiven der Praxisveränderung aufzeigen könnte. Die Diskrepanz zwischen den emanzipatorischen Bedürfnissen nach praktischer Umorganisierung von Wissenschaft und dem herrschenden Lehrbetrieb selber wird offensichtlich mit der Verabschiedung einer neuen Prüfungsordnung für Soziologen, die hinter dem Rücken der Studenten die Verschulung des Studiums zementiert und Voraussetzungen für eine technokratische Trennung zwischen kurzem Grundstudium und elitärem Hauptstudium schafft.

Die Verunsicherung im Studium, im Verhältnis zu den Ordinarien, das Fehlen bürgerlicher Berufschancen auf der einen Seite, die gleichzeitige Abhängigkeit vom Lehr- und Forschungsmonopol dieser Ordinarien auf der anderen Seite haben eine Bewußtseinslage unter großen Teilen der Soziologen und Literaturwissenschaftler damals geschaffen, die dann in den ersten tendenziell sprachlosen Aktionen einer Minderheit praktischen Ausdruck findet. Diese Konfrontation schafft gleichzeitig Fronten zu dem apolitischen Teil der Studentenschaft. Arbeitsplatzinteressen und die Hoffnung auf Befriedigung emanzipatorischer (antiautoritärer) Bedürfnisse mobilisierten die Studenten zur massenhaften Teilnahme an der Springer-Blockade, aber hier wichtiger, da sie sich enger auf den Arbeitsplatz Universität beziehen, zur Teilnahme an den Aktionen gegen die NS-Gesetze: Bestreikung der Universität, Besetzung des Rektorats, Umbenennung in Karl-Marx-Universität und Gründung der Politischen Universität. In diesen Aktionen haben alle Beteiligten Solidarität und kollektive Befreiung von individuellen Zwängen ansatzweise (das heißt eher emotional) erfahren. Aber der Zwang zu abstrakten und teilweise konstruierten Legitimationen der direkten Aktionen, die von wenigen linken Theoretikern im Verlauf der Massen-Teach-ins geboten wurden, verhinderte eine Vermittlung zu den Erfahrungen der Akteure. Die Notwendigkeit des Widerstandes gegen NS-Gesetze, die Notwendigkeit des gemeinsamen Handelns mit Arbeitern wurde in Globalanalysen auf hohem theoretischem Niveau bekundet, blieb aber für die Handelnden praktisch uneinsichtig: die Analyse ging nicht ein auf die konkreten Erfahrungen der solidarischen Aktion und der Möglichkeiten zur Emanzipation in ihr.

So bleiben beide Ebenen, die der praktischen Erfahrung und die der theoretischen Analyse gesellschaftlicher Zustände für die Massen unvermittelt: hier die »Entmythologisierung« des Rektorats als symbolischer Sitz feudaler Herrschaftsprivilegien der Ordinarienuniversität, dort eine akademische Gewaltdebatte. So scheiterte die Politische Universität nur äußerlich am Polizeieinsatz, sie ging zugrunde, weil sie an die Stelle rechten Wissenschaftsbetriebes einen linken setzen wollte, während eine Aufarbeitung der Erfahrungen nur möglich gewesen wäre, hätte man mit der Vorstellung linker Wissenschaftsinhalte gleichzeitig neue Organisationsvorstellungen dieser Inhalte verbunden.

In diesem Zusammenhang ist auch die nachfolgende Frustration und der Rückfall in apolitische Apathie nur äußerlich auf die tatsächliche Verabschiedung der NS-Gesetze und die Polizei in der Universität zurückzuführen, der Kern der Frustration liegt auch hier in der mangelnden Vermittlung zu den abstrakten politischen Notwendigkeiten des Kampfes um diese Bedürfnisse.

Die Frustration hatte mehrere weitreichende Folgen für das Bewußtsein der Studenten:

1. Sie waren nachträglich bereit, die Urteile der Ordinarien, der Universitätsbürokratie und der bürgerlichen Presse über ihre eigenen Aktionen zu akzeptieren. (Zumal auch die linken Führer die Rektoratsbesetzung und ihren bilderstürmerischen Happening-Charakter als »vorpolitisch« disqualifiziert hatten.)

2. Die Einschüchterung durch die Staatsgewalt, die Drohungen der Universitätsbürokratie auf Relegation der Beteiligten, auf Aberkennung des Seminars, das Anzeigen der »Rädelsführer« bewirkten eine erneute Stabilisierung des autoritären Hörigkeitsverhältnisses zu den Ordinarien und damit zu »Wissenschaft«, wobei jetzt noch verschärfend zu den traditionellen Leistungszwängen des Studiums der »linke« Leistungszwang hinzutrat: d.h., der politisch bewußte Teil der Studenten wollte die existentielle Bedrückung durch eine unverändert reaktionäre Studienorganisation totschlagen, durch die verstärkte Akkumulation und Konsumtion »kritischen Wissens«. Schiedsrichter in diesem weit schärferen Konkurrenzkampf um kritische Leistungen waren, zusätzlich zu den fortschrittlichen Ordinarien, die linken Führer der Revolte geworden.

(Es ist bezeichnend, daß die Ordinarien – Habermas – in dem Maße, in dem sich die Fixierung auf solche linke Theoretiker herstellte, die »Rädelsführertheorie« übernahmen: d.h., sie deuteten diese Theoretiker als diabolische Manipulatoren, die »die berechtigten Interessen der Studenten« für ihre finsteren, gegen die Wissenschaft gerichteten Zwecke mißbrauchen. Einmal hatte diese Interpretation wahrscheinlich Konkurrenzgründe – Hahnenkampf –, denn diese Theoretiker waren Abtrünnige, zum anderen waren diese Theoretiker fähig, aus ihren Fehlern zu lernen und die Gefahren ihres »Aufstiegs« zu Stabilisatoren linken Leistungszwanges und Konkurrenzkampfes zu erkennen, während die Ordinarien den Konkurrenzkampf der privaten Aneignung von akademischem Wissen immer noch als einzige der Wissenschaft angemessene Form des Lernens betrachten).

3. Beweist die Selbstverständlichkeit, mit der die Soziologen in Solidarität mit der AfE gegen technokratische Hochschulreform ihre Selbstorganisation des Studiums in Angriff nahmen, daß in der vergangenen Phase die Studenten eines deutlich gelernt hatten: daß das Bedürfnis individueller Emanzipation nur kollektiv befriedigt werden kann und daß diese Befriedigung nur durch einen langen Prozeß der Umorganisierung der Wissenschaftsinhalte und -formen selber erfolgen kann.

Die Entstehung von Basisgruppen

Das Bedürfnis der Emanzipation konnte in der zweiten Phase des aktiven Streiks an der Hochschule nur deshalb ansatzweise kollektiv befriedigt werden, weil in der vorangegangenen Phase der Aktionslosigkeit an der Hochschule die Organisationsstruktur des Verbandes SDS umgewälzt wurde.

Während der Kampagne gegen die Notstandsgesetzgebung hatten sich große Teile der Studentenbewegung in der Agitation der Arbeiterschaft engagiert. Das Ausbleiben unmittelbar nachprüfbarer Erfolge frustrierte auch hier einen großen Teil der Engagierten, überzeugte aber einen kleinen Teil von der Notwendigkeit, die abstrakte Analyse eines solidarischen Kampfes von Arbeitern und Studenten dadurch zu konkretisieren, daß sie nach Möglichkeiten suchten, langfristige Erfahrungen in geeignete Organisationsformen zu bringen. Es konnte sich nicht mehr darum drehen, in punktuellen Aktionen die Arbeiterschaft global als historisches Subjekt revolutionärer Veränderung anzusprechen, sondern es mußte eine Perspektive für langfristige Arbeit geschaffen werden, die es ermöglichte, die romantische Einschätzung der Arbeiterschaft zu ersetzen durch das Auffinden konkreter Konflikte am Arbeitsplatz, deren politische Auswertung eine konkrete Solidarisierung von Arbeitern und Studenten in der Zukunft ermöglichen sollte. Die Einsicht der kleinen Gruppe in die Notwendigkeit einer Basisarbeit in Betrieben ist die älteste Motivation zur Gründung einer Basisgruppe.

Die Erkenntnis, daß die Herrschenden die Bekämpfung der Studentenbewegung von der Straße in den Gerichtssaal verlegt hatten, begründete nach der Springer-Blockade die Notwendigkeit einer längerfristigen Prozeßstrategie, die der Klassenjustiz mit Solidarität begegnen sollte. Insofern war die Gründung von Basisgruppen in diesem Bereich eine existentielle Notwendigkeit der Bewegung.

Weiberrat

Zu den objektiven politischen Gründen der Basisgruppenbildung außerhalb der Hochschule trat eine sozialpsychologische Motivation, die sich in der Frauenrevolte innerhalb des SDS am deutlichsten zeigt – die linken Theoretiker der Hochschulrevolte hatten theoretische Globalanalysen und praktische Erfahrungen der Massen nicht miteinander vermitteln können; das heißt, sie hatten gleichzeitig wichtige Teile der politischen Diskussion okkupiert. Damit waren diejenigen politisierten Studenten, die zwar faktisch Erfahrungen gemacht hatten, sie aber nicht in Begriffen linker Literatur auszudrücken vermochten, auf die Basisgruppenarbeit außerhalb der Hochschule verwiesen. Die Frauen waren von ihrem spezifischen Sozialisationsprozeß und von ihrer doppelten Unterdrückungssituation an der Hochschule – von einem reaktionären, von männlichen Leistungskriterien bestimmten Studiengang einerseits und von den Theoretikern der Studentenbewegung andererseits – besonders betroffen. Die wahrscheinlich gattungsgeschichtlich begründete Schwierigkeit, Frauen zur Vertretung kollektiver Interessen zu organisieren, zwang die Frauen, die Kommunikationsstruktur ihres unmittelbaren Erfahrungsbereiches zu reflektieren. Sie konnten es sich nicht leisten, ihre Interessen außerhalb der Hochschule zu organisieren, sondern es war schon ein Politikum, wenn sie autoritäre Kommunikationsstrukturen innerhalb der Seminare und des SDS in bezug auf ihre eigene existentielle Situation reflektierten. Von daher erklärt es sich, daß sie andere Interessen artikulierten, als dies der Betriebs- oder der Justizbasisgruppe möglich gewesen wäre. Es war klar, daß sie eher als diese Gruppen auf die solidarische Aktion angewiesen waren, was in diesem Zusammenhang – viel unmittelbarer als bei politischer Solidarität – emanzipatorische Solidarität bedeutet, Solidarität als Rückversicherung. Die notwendige Organisationsschwäche der Frauen hat sie mehr als andere Gruppen innerhalb des SDS dazu prädestiniert, die autoritären Kommunikationsstrukturen innerhalb des Verbandes anzugreifen und ihre hemmende Funktion für die Erfahrungen der Mitglieder aufzuzeigen.

Diese hemmenden Kommunikationsstrukturen wurden auf der Delegiertenkonferenz des SDS von den Frauen am schärfsten, aber auch von anderen Gruppen angegriffen; es zeigte sich, daß diese Kommunikationsstrukturen zentrale Überbleibsel sozialdemokratischer Organisationsformen des Verbandes waren, die spätestens seit der Springer-Blockade zum stärksten Hemmschuh der Vermittlung praktischer Basiserfahrungen der Mitglieder zum abstrakten Strategie- und Organisationshorizont traditioneller sozialistischer Literatur geworden waren. Das Aufbrechen dieser Kommunikationsstrukturen und damit der Reste sozialdemokratischer Organisationsformen im Verband setzte Energien der Mitgliederbasis des SDS frei, die die Gründung von Basisgruppen auch an der Hochschule erzwangen. Inhaltlich konnte sich die Organisationsform der Basisgruppen erst während des Streiks voll entfalten.

Nr. 289

**Allgemeiner Studentenausschuß
(der Johann Wolfgang Goethe-Universität)**
**»Das Monopol der Gewalt hat der Staat!« –
Argumente zum Widerstand**

25. Januar 1969

QUELLE: Archivalische Sammlung Wolfgang Kraushaar am Hamburger Institut für Sozialforschung, Akte »Aktiver Streik« WS 68/69; abgedruckt in: Zoller [d.i. Peter Zollinger] (Hg.), Aktiver Streik – Dokumentation zu einem Jahr Hochschulpolitik am Beispiel der Universität Frankfurt/Main, [Darmstadt 1970], S. 219–226

Der aktive Streik der Studenten ist einerseits Widerstand gegen die drohende und zum Teil schon praktizierte technokratische Hochschulreform, andererseits Kampf um eine Neubestimmung der Wissenschaft und ihren Bezug zur Politik. Diese beiden Aspekte des Kampfes der Studenten vermitteln und legitimieren sich in der politischen Situation der Gesellschaft insgesamt.

Autoritärer Staat und
technokratische Hochschulreform

Die technokratische Hochschulreform ist nur ein Teil der gesellschaftlichen Entwicklung zum autoritären Staat und seinen Formierungstendenzen hin. In zunehmendem Maße wird die parlamentarische Kontrolle politischer Entscheidungen zur Farce. Entscheidungen, die Gewicht haben, werden von den Lobbyisten partikularer Interessen in nichtöffentlichen Ausschüssen durchgesetzt. Politische Öffentlichkeit erscheint als Zerrbild in der Waschmittelreklame der Parteien. Die Justiz wird durch legalistisches Formeldenken zum willigen Instrument der Parteien. Die Massenmedien unterstützen diese Tendenzen, indem sie das Bewußtsein der Bevölkerung zur Konsumwut anstacheln und zur blinden Anpassung an das Bestehende hinmanipulieren. Gleichzeitig sichern sich die Herrschenden gegen möglichen Widerstand durch Notstandsgesetze und Vorbeugehaft ab.

Auf diese Wiese werden entweder die Interessenkonflikte in dieser Gesellschaft verschleiert oder durch Reglementierung mit Staatsgewalt und Justiz gelöst. Zwar werden immer wieder Verhandlungen und Diskussionen im Konfliktfall angeboten, diese gehen dann aber ums Detail von schon längst vorentschiedenen Grundsatzfragen der Normen und Ziele. Bei den gegebenen Entscheidungsstrukturen bleiben diese Diskussionen völlig unverbindlich. Der Argumenteabtausch, auf dem die Liberalen immer wieder beharren, ist längst zu einem Fetisch geworden, der die Unmöglichkeit der Einflußnahme auf politische Entscheidungen verschleiert.

Die Universität ist einer der letzten Räume, in denen sich überhaupt noch kritische Reflexion des Bestehenden findet und sich entwickeln kann. Dieser Freiheitsraum, den Studenten heute noch dadurch haben, daß sie noch nicht dem Leistungs- und Handlungsdruck einer technisierten Gesellschaft unterworfen sind, soll durch die technokratische Hochschulreform in Gleichschritt mit den herrschenden Interessen gebracht und damit die letzten Reste von Widerstand zerschlagen werden.

Diese »Reform« braucht sich keine Gedanken um eine wirkliche Neubestimmung des Wissenschaftsprozesses zu machen, sie knüpft fast lückenlos an die bestehenden autoritär-hierarchischen Strukturen der Ordinarienuniversität an und will auf Kosten von demokratischen und emanzipatorischen Interessen den Lehr- und Forschungsprozeß effizienter gestalten. Sie will nichts anderes erreichen, als daß die Universität nur noch gefügige Gesellschaftsfunktionäre produziert. Bei den Ordinarien stößt eine solche Reform nur dort auf Widerstand, wo diese ihr Monopol der Bestimmung über Form und Inhalt von Wissenschaft durch Reglementierung von oben eingeschränkt sehen.

Neubestimmung der Wissenschaftsinhalte

Die Studenten, von emanzipatorischen und demokratischen Interessen ausgehend, müssen ihren Widerstand in zwei Richtungen hin organisieren. 1. wollen sie die technokratische Hochschulreform verhindern, die mit Hilfe der Administration die Freiheit von Forschung und Lehre zur Phrase degradieren würde. So war der Schütteerlaß, der den AFE-Studenten politische und gesellschaftliche Reflexion auf Implikate ihrer Berufsrolle verbietet, um die Produktion von angepaßten Lehrern zu verbilligen, Auslöser für ihren Streik. Als Antwort auf diese Tendenz stellten die Soziologen exemplarisch die Forderung nach der politischen Reflexion des Studieninhaltes. Die Technokraten können mit soziologischem Wissen schon sachlich sich nicht einlassen, weil die Sozial- und Politikwissenschaftler, Psychologen und Pädagogen, wenn sie ihr Fachstudium in diesen Rahmen stellen, die Schwächen der Gesellschaft, die Konstruktionsfehler ihres Aufbaues schmerzhaft bloßlegen. Wachstumsstopp in den Sozialwissenschaften, heißt es autoritär, wo nicht Rückschrauben der Studentenzahlen. Es ist den herrschenden Funktionären peinlich, daß allmählich klar wird, daß die Massen der Bürger allenthalben, die Arbeiter im Betrieb, die Angestellten in der Verwaltung, Lehrer an den Schulen und Mitglieder in den Parteien, um ihre Kontrollrechte geprellt werden, daß die vielen, die die Arbeit tun, keine Macht haben dürfen, weil sie die Vorrechte der Machthaber gefährden könnten. Diese sind in der Stille schon bemüht, den Kritikern, die unfein das gute Einvernehmen stören, zu Leibe zu gehen. Soziologisches Wissen wird nicht gebraucht, rufen einhellig Bonner Minister, die Verbandsfunktionäre der Industrie, die Spitzen der Stadtverwaltung und der Ministerialbürokratie, als sei es in ihr selbstherrliches Ermessen gestellt, über soziale Bedürfnisse und Brauchbarkeit zu befinden.

Selbstorganisation als Widerstand

Zweitens aber kämpfen die Studenten für eine Neuorganisation ihres Studiums, die sie fähig machen sollte, nicht nur theoretisch politische Reflexion zu betreiben, sondern politisch praktisch zu handeln, um dem autoritären Staat Widerstand zu leisten. Denn wer die Rolle seiner Tätigkeit im politischen und sozialen Rahmen nicht begreift, bleibt blind, für welche Zwecke er verplant wird. Fachidioten aber sind willige Instrumente im autoritären Staat; sie dienen Faschisten, Technokraten, Managern gleich pünktlich und bedenkenlos. Selbständiges Denken und praktische Relevanz sind deshalb Bedingungen für ein Studienprogramm und individuelle Bedürfnisse befriedigende Arbeit. Denn solange autoritäre Strukturen im Wissenschaftsbetrieb die für ihn konstitutive herrschaftsfreie Diskussion und kollektive Lernprozesse verunmöglichen, solange Wissenschaft und Praxis in illegitimer Weise voneinander getrennt sind; solange ein Jurastudium nur Verinnerlichung von Subsumtionsmechanismen und Auslegung, nicht jedoch Problematisierung von Normen und einem unausgewiesenen Vorverständnis ist; solange in den Naturwissenschaften deren Ergebnisse nicht daraufhin diskutiert werden, wem und zu welchem Zweck sie zur Verfügung gestellt werden; solange Geisteswissenschaften entweder Anpassungswissen vermitteln oder kritische Reflexion auf die Gesellschaft auf einem theoretischen Niveau abhandeln, das die Umsetzung in Praxis verstellt, – so lange werden die Studenten als angepaßte Individuen die Universität verlassen.

Deswegen traten wir in »aktiven Streik«.

Wenn die Professoren ihre Massenlehrveranstaltungen fortsetzen, solange sie den Studenten plausible Antworten auf ihre Minimalforderungen schuldig bleiben, zeigt das die Ignoranz der politischen Funktion der Wissenschaft, wenn nicht die Sabotage unseres Versuchs, die Macht der Wissenschaft zum Faustpfand des politischen Kampfes zu machen. *Eine politisch legitimierte Erneuerung der Hochschule hat zur inhaltlichen Voraussetzung die Fortsetzung der selbstorganisierten Arbeit:* Wir müssen den routinierten Lehrbetrieb aussetzen, um uns in selbsttätiger Arbeit in der Universität zu organisieren. Unsere Arbeit in den Arbeitsgruppen soll Formen entwickeln, wie der Wissenschaftsbetrieb ablaufen muß, wenn er den Interessen der an ihm Beteiligten in der oben beschriebenen Weise gerecht werden soll.

Unter Bedingungen der dauernden Bedrohung der politisch aktiven Studenten und des Widerstandes der Gesamtuniversität gelingt die Durchsetzung des anarchischen Strukturwandels nur unter einem sowohl politisch revolutionären als auch unmittelbar reformerischen Aspekt. Diese Doppelfunktion ist vielleicht eine strategische Notwendigkeit des Übergangs, indessen gegenwärtig unentbehrlich im Angriff an zwei Fronten: gegen die Bestrebungen, wie sie in den Vorschlägen der Westdeutschen Rektorenkonferenz, der CDU-Kultusminister Hahn und Huber oder des SPD-Kultusministers Schütte auftreten, möglichst viele alte Regelungen in die neue Hochschule hinüberzuretten, Detailverbesserungen ohne ein klares politisches Konzept zu installieren; und zum anderen gegen die technokratischen Maßnahmen selbst, die mehr Studenten in kürzerer Zeit und ohne Kostenzuwachs durch die Universitäten schleusen wollen. Wo sich kritische Impulse regten, würden sie nach der autoritären Schule, dem zweijährigen Schleifen bei der Bundeswehr bzw. dem allmählichen Eingewöhnen in die häusliche Unmündigkeit bei den Frauen, dann in der Hochschule endgültig ausgetrieben. Vorlesungen und Seminare dürfen nicht länger den Schulunterricht für Kinder der Mittel- und Oberschicht fortsetzen. Eigene Leistungen können kaum durch Wissensprüfungen nachgewiesen werden. Doch wer nicht gedankenlos und oberflächlich die Richtlinien befolgt und unsystematisch Fakten auswendig lernt, wer nicht seine persönlichen Maßstäbe sinnvoller Arbeit verdrängt und fremde zu seinen eigenen macht, wird durch den Lehr- und Prüfungsbetrieb diskriminiert. Jeder Kanon, der sich dem Lernenden nicht auf sein Auswahlprinzip hin durchsichtig zeigt, ist willkürlich und muß abgeschafft werden. Prüfungen des alten Stils, Zwischenprüfungen und Klausuren auf dieser Basis sind Notlösungen für unlösbare Probleme der Ordinarienuniversität. Entscheidungen über die Struktur der Universität aber werden in den Länderparlamenten getroffen. Wer sie blockieren will, darf sich deshalb nicht auf die untergeordneten Fragen der Institutssatzungen verweisen lassen. Er muß vielmehr die Konflikte im eigenen Fachbereich in die Hochschulrevolte einbeziehen.

Die Bedingungen des politischen Kampfes

In diesem Zusammenhang gewinnt die Forcierung der Konfrontation mit den Ordinarien, auch mit solchen, mit denen über den engeren Bereich der Satzung eine Verständigungsbasis gegeben wäre, ihre Rechtfertigung. Unter den Umständen der stabilen und selbstsicheren Herrschaft der Ordinarien ist eine Einigung über Teilfragen politisch kurzschlüssig. Hier hat die Entgegensetzung von Revisionismus oder Reformismus einerseits und aktiv revolutionärer Politik andererseits ihren argumentativen Stellenwert. Ebenso wie das Recht der freien Meinungsäußerung die gesellschaftliche Kontrolle der Massenmedien zur faktischen Basis hat (wie in einem Verfahren gegen Osterdemonstranten sogar gerichtlich bestätigt wurde), kann es mit einzelnen Professoren so lange keine herrschaftsfreie Diskussion geben, als sie sich aus der Auseinandersetzung, wenn es ihnen beliebt, sprachlos auf ihre Machtposition zurückziehen können. Partnerschaft im Betrieb ist ideologische Fassade, wo die Manager das letzte Wort behalten. Wissenschaftlicher Konsens in »gemeinschaftlichem« Gespräch erweist sich als Phrase, wenn die beamteten Teilnehmer die Diskussionsbasis bestimmen. Politische Diskussionen in Lehrveranstaltungen beeinträchtigten die Lehr- und Lernfreiheit, meint Prof. Erler. In Wahrheit stellen sie die »Herren« erst zur Rede auf jene faktische Ungleichheit der Mitglieder der Arbeitsveranstaltungen. Wenn selbst Soziologieprofessoren sich verhandlungsbereit wähnen, um die rechtliche und machtpolitische Basis der Ungleichheit in Erwägung zu ziehen, zeigt das die Blindheit der Bevorzugten gegenüber ihren eigenen Vorteilen. In der Debatte mit den Studenten zeigen sich die Professoren oft darüber entsetzt, daß sie wie Angeklagte vor dem Tribunal ihrer Opfer nach deren Willen Rede und Antwort stehen müssen. Der Machtposition der Professoren in den Diskussionen müssen die Studenten nicht nur das Argument, sondern notwendigerweise emotionale Loslösung von der Bindung an Autoritäten entgegensetzen. *Es gibt keine Basis freier Diskussion, solange die Dozenten nicht auf die Privilegien ihrer hierarchischen Machtstellung verzichten und sich auf diese Abdankung öffentlich festlegen.* Die Alternative ist, daß die Studenten sich ständische Vorrechte faktisch herausnehmen (durch Aneignung der Räume und Arbeitsmittel ihrer Institute bis hin zur Besetzung), die ihnen Rechte sichern, auf Grund deren sie mit den »Partnern« dann auf wirklich vergleichbarer Basis sprechen können.

Die politische Reaktion

Es ist einsichtig, daß der Kampf um die Selbstorganisation der Studenten nicht ungestört vollzogen werden konnte, solange die Machtstruktur der Ordinarienuniversität besteht. Die Selbsttätigkeit in Form und Inhalt des Wissenschaftsbetriebs stellt durch ihre bloße Existenz dem überkommenen (»ordentlichen«) [Studienbetrieb] die Machtfrage. In dieser Auseinandersetzung bestätigte sich erneut die Erfahrung, die uns erst nach einer langen Phase von fruchtlosen Gesprächen, von Vorschlägen und Forderungen zur Einsicht kommen ließ, daß wir unsere Vorstellungen selbst durchführen müssen: Es gibt keine Adressaten für unsere Forderungen. Solange wir als Bittsteller abstrakt Forderungen vertraten, wurden wir (bestenfalls) mit scheinbarer Aufnahmebereitschaft beruhigt und hingehalten, bis im Endergebnis alles im Papierkorb seinen Platz fand. Als wir unsere Vorstellungen in der Selbstorganisation an den Instituten zu praktizieren begannen, wurden unsere Fragen nach der Legitimation der bisherigen Lehrveranstaltungen ignoriert und eine kritische Auseinandersetzung durch juristische und administrative Maßnahmen unterlaufen: Der Diskussionsbeitrag der Uni-Verwaltung zu den Argumenten der Studenten erschöpfte sich in Anweisungen an die Justiz und Polizei.

Die neue Form der Studentenbewegung ließ Professoren und Administration in den ersten Streikwochen an ihren alten Repressionsmitteln ratlos werden. Diese Handlungsunfähigkeit besaß nur den Ausweg der ultima ratio: die Hilfe des Staates durch seinen Büttel, die Polizei.

Mit dieser Strategie konnte jedoch auch nur begrenzt, nämlich gegen Soziologen im Institut an der Myliusstraße aufgrund bestimmter Voraussetzungen vorgegangen werden.

1. Die konsequente Übernahme des Instituts durch Studenten bot eine exemplarische Angriffsfläche.
2. Soziologiestudenten sind keine notwendigen Fachspezialisten, auf deren Ausstoß die Gesellschaft angewiesen wäre wie zum Beispiel auf den geplanten Output an Lehrern, sondern bilden eher einen »bekämpfungswürdigen« Unsicherheitsfaktor bestehender Herrschaftsstrukturen.
3. Das vielfach gegen Soziologen bestehende Ressentiment konnte günstig für eine Isolierung der Betroffenen als Absicherung der Polizeimaßnahmen verwendet werden.

Wenn auch die heutige Repressionsstrategie ebenfalls in dieser ultima ratio des Polizeieinsatzes kulminiert, gelang es dennoch der Uni-Administration, sich bis zu Neubeginn des Semesters nach den Weihnachtsferien auf die neue Strategie der Studenten einzustellen und auf anderen Ebenen der Konfrontation sublimere Repressionen zu ersinnen.

Kriminalisierung der Selbstorganisation

Zunächst einigte man sich auf den Sprachgebrauch. Die Praxis der Studenten, sich mit Form und Inhalt ihres Studiums auseinanderzusetzen und zu verändern, wurde als rechtswidrig erklärt. In allen Erklärungen des Rektorats, in den Protokollen von mehreren Professoren über Diskussionen in Lehrveranstaltungen sind die Studenten »Störer« und »Eindringlinge«, ihre Praxis »Störung« und »Sabotage«. Diese Kriminalisierung der Selbstorganisation hat mehrere Funktionen:

1. Vereinzelung der aktiven Studenten durch Spaltung der Studentenbewegung in Arbeitswillige (Lämmer) und Kriminelle (Störer);
2. Verlagerung der Auseinandersetzung auf eine (juristische) Ebene, in der sich die Administration am längeren Hebel weiß in einem Staat, dessen Juristen in ihren eigenen formalen Subsumtionsmechanismen stets zum Henker für den herrschenden Status-quo werden;
3. Agitatorische Vorbereitung für härtere Maßnahmen gegen eine Studentenbewegung, die sich nicht einschüchtern läßt, indem man einer nicht informierten Öffentlichkeit und unentschlossenen Studenten die Repressionen gegen die Studentenbewegung suggestiv gleichsetzt mit Verbrecherbekämpfung.

Zudem muß die willkürliche Kriminalisierung als Begründung aller weiteren Gegenmaßnahmen bzw. Androhungen herhalten: Disziplinarverfahren, Strafverfahren, Semesterannullierungen und Polizeieinsatz.

Die Unverfrorenheit, mit der die Universitätsadministration die Studenten kriminalisiert, erhellt selbst jedoch das entscheidende Moment der Ordinarienuniversität, dem unser Kampf gilt: die Interpretationsherrschaft der Ordinarien, d.h. deren willkürliche Kompetenz, »offiziell« festzulegen, was »ordentliche« Wissenschaft und was deren »Störung« und »Sabotage« heißen soll. Diese Willkür demaskiert sich, wenn dieselbe studentische Praxis dort akzeptabel scheint, wo Professoren sie befürworten (Wiethölter, v. Krockow u.a.). Die Legitimität der studentischen Praxis kann aber nicht daran bemessen werden, ob ihr ein Professor zustimmt oder nicht, sie wäre dann abhängig von der politischen Entscheidung des Professors. An diesem Kriterium könnte höchstens ihre »Legalität« im Sinne bestehender formaler Gesetzesauslegung gemessen werden, wobei jedoch die Unterdrückungsfunktion solcher juristischer Argumentation sich offenbart, wenn sie legitime Forderungen mit der Waffe der »Legalität« bekämpft.

Auf einer zweiten Ebene der Konfrontation wird versucht, direkt die Organisation der selbsttätigen Studenten bzw. die Organe der Studentenschaft gleichzuschalten. Das Mittel Rechtsaufsicht wird eingesetzt in dem Bestreben, den AStA durch einstweilige Anordnungen und durch Ersatzvornahme zu entmündigen und zu disziplinieren. Das Hausrecht wird benutzt, um Informationen der Studentenschaft (AStA) zu verhindern, um Arbeitsräume und wissenschaftliche Hilfsmittel den Studenten zu entziehen.

Eine weitere Komponente im Rahmen dieser umfassenden Disziplinierungsstrategie stellt die psychische Verunsicherung dar: 1. Verbot an die Professoren, an den Arbeitskreisen mitzuarbeiten, unter Androhung von Dienstaufsichtsbeschwerden; 2. Aufforderung zur Denunziation; 3. Polizeispitzel in Versammlungen und in Lehrveranstaltungen; 4. Drohung der Semesterannullierung und Druck über die rigiden Leistungsanforderungen, indem man den Arbeitskreisen die Anerkennung verwehrt und damit die Studenten zu den »ordentlichen« Veranstaltungen, zur Verschulung, zurückzwingt.

Eskalation zur manifesten Gewalt

Je nach der Ebene der studentischen Aktivität wurden die Gegenmaßnahmen »adäquat« durchgeführt. Dies bedeutet jedoch gleichzeitig, daß alle Studenten auf jeder Fakultät potentiell mit denselben Repressionen rechnen müssen. Die Soziologen haben aufgrund der besonderen Bedingungen ihre Organisation eines neuen Studiums am konsequentesten durchführen können. Hier hat sich auch die Gegenstrategie voll entfaltet. Als sich die Studenten durch sublimere Gewalt nicht abschrecken ließen, in ihrem Institut die wissenschaftlich-theoretische Diskussion über das Verhältnis von Wissenschaft und Politik mit praktisch-politischer Arbeit zu verbinden, flüchteten die Säulenheiligen der kritischen Theorie zu ihrem letzten Gegenargument, der Polizei. Sie ließ die Gewalt des autoritären Staates manifest werden. Der Formierungsprozeß kann sich nur begrenzt leisten, in sublimer Verschleierung aufzutreten. Die Selbstorganisation produzierte das ungeschminkte Hervortreten der sprachlosen Gewalt. Sie löste den Mechanismus der Vorbeugehaft als Teil dieses gesamtgesellschaftlichen Prozesses aus. Gleichzeitig sprachen die Führer dieses Staates offen ihre Strategie aus. Innenminister Benda formuliert die Maxime des Cheftheoretikers des Faschismus, Carl Schmitt, neu, wonach Recht die Waffe ist, die man dem politischen Gegner in den Rücken stößt: »Das Monopol der Gewalt hat der Staat.«

WIR SETZEN DIE SOLIDARITÄT ALLER GEGEN DAS GEWALTMONOPOL DIESES STAATES

Nr. 290
Fachschaft Soziologie
»Gegen das Verbot des Rektors…«
Flugblatt-Aufruf zur Neubesetzung des Soziologischen Seminars
27. Januar 1969

QUELLE: Archivalische Sammlung Ronny Loewy im Hamburger Institut für Sozialforschung, Akte »Aktiver Streik« WS 68/69

Gegen das Verbot des Rektors, rein studentischen, selbstorganisierten Arbeits- und Projektgruppen geeignete Räume zur Verfügung zu stellen, haben die Soziologen beschlossen – gemäß dem Angebot der Soziologieordinarien vom letzten Montag –, sich die notwendigen Räume in der Myliusstr. zu nehmen.

Die Soziologen der phil. Fak. sind allerdings nicht bereit, sich den Bedingungen eines politischen Praxisverbotes, die die Ordinarien an ihr Angebot geknüpft hatten, zu unterwerfen. Die Soziologen hätten gleich nach Weihnachten erkennen müssen, daß die Maßnahmen der Bürokratie und die Kompromißvorschläge der Ordinarien der Verschleierung dienten, um Spaltung und Aktionslosigkeit hervorzurufen. Sie hätten sich die Räume gleich nach Weihnachten nehmen müssen.

Die Desorganisierung der Arbeitskräfte der Selbstorganisation durch die Polizeibesetzung des Spartakus-Seminars, falsche Erwartungen in bezug auf kurzfristige wissenschaftstheoretische Erfolge der Arbeitsgruppen und Ungleichzeitigkeit der Bedürfnisse der Arbeitsgruppenmitglieder sind drei Faktoren, die gegenwärtig die längerfristige Organisation des Streiks und damit die notwendige Basis des Widerstandes gegen die technokratische Hochschulreform gefährden.

Mit der Wiedererlangung eines festen Organisationszentrums im Spartakus-Seminar werden Möglichkeiten geschaffen, die notwendige Kontinuität der Arbeitsgruppenarbeit zu gewährleisten. Da die Arbeitsgruppen dazu tendieren, sich auf wissenschaftstheoretische Diskussionen und rein hochschulbezogene Emanzipationsbedürfnisse zu beschränken, muß neben der Diskussion über das Selbstverständnis im Rahmen der Geschichte der Hochschulrevolte der Bezug zur außeruniversitären Politik wiederhergestellt werden: es ist unmöglich, angesichts der Vorgänge in Spanien, allein über die Umorganisierung des Studiums zu sprechen.

Termine, heute Montag, 27.1.69
SOZIOLOGENPLENUM im Spartakus-Institut, Seminarraum, 16.00 Uhr

TEACH-IN ÜBER SPANIEN, Uni H I, 19.00 Uhr
TEACH-IN ÜBER PERSIEN, Uni H II, 15.00 Uhr

WIR LASSEN UNS DURCH DEN REKTOR
DEN FIESEN
DEN LANGFRISTIGEN STREIK
NICHT VERMIESEN!

Nr. 291
Streikkomitee Spartakus-Seminar
»Ausnahmezustand im Soziologischen Seminar an der Myliusstraße – Habermas/Friedeburg/Adorno verbieten politische Praxis«
Flugblatt-Aufruf zur Fortsetzung des »Aktiven Streiks«
28. Januar 1969

QUELLE: Archivalische Sammlung Ronny Loewy im Hamburger Institut für Sozialforschung, Akte »Aktiver Streik« WS 68/69

MITTEILUNG
DES SPARTAKUS-SEMINARS

Ausnahmezustand im soziologischen Seminar an der Myliusstraße – Habermas/Friedeburg/Adorno verbieten politische Praxis

Aus Widerstand gegen das Verbot Rüeggs, universitäre Institutionen den studentischen Arbeitsgruppen zur Verfügung zu stellen und aus der Notwendigkeit eines politischen und wissenschaftlichen Organisationszentrums gegen die technokratische Hochschulreform, haben am Montag, dem 27.1., die streikenden Soziologiestudenten ihre Arbeit im Spartakus-Seminar wieder aufgenommen. Wir haben mehrere Wochen auf Kampfmaßnahmen verzichtet, um eine Einigung mit den Professoren über eine demokratische Hochschulsatzung zu erreichen. Diese Hoffnung hat sich zerschlagen. Die Ordinarien der Soziologie Habermas usw. sind nur um den Preis einer politischen Zensur bereit, uns im Seminar einen beschränkten Raum zur Verfügung zu stellen. Wir sollen unverbindlich, akademisch diskutieren, ohne politisch arbeiten zu dürfen. Wir sollen weder ein Flugblatt produzieren dürfen noch telefonieren können. Wenn wir gegen diese diktierten Notstandsbedingungen verstoßen, wird die Polizei eingesetzt.

Wir lassen unseren Widerstand nicht brechen und werden auch der Polizeigewalt nicht weichen. Die streikenden Studenten des Spartakus-Seminars teilen hiermit den herrschenden Verwaltern der Frankfurter Wissenschaft mit:

Wenn Habermas und Rüegg unsere politische Arbeit im Seminar an der Myliusstraße mit dem Einsatz der Polizei beantworten, werden wir die Produktionsmittel des Seminars auslagern sowie das Rektorat und die Verwaltungszentren der Universität mit allen uns zur Verfügung stehenden politischen Mitteln lahmlegen.

Wir rufen alle politisch bewußten Studenten, für die die Opposition gegen die technokratische Hochschulreform zugleich die praktische Selbstorganisation des politischen Widerstands bedeutet, zur Solidarität auf.

SPARTAKUS-SEMINAR

14.00 Uhr Plenumssitzung der Soziologen im Spartakusseminar
17.30 Uhr Teach-in an der Universität und Aktion gegen die Versammlung der westdeutschen Regierungs- und Kapitalrepräsentanten im Schauspielhaus

---

Nr. 292
Sozialistischer Deutscher Studentenbund
»Ohrfeigt Kiesinger«
Flugblatt-Aufruf zur Teilnahme an einer Demonstration gegen das Sporthilfekonzert im Frankfurter Schauspielhaus
30. Januar 1969

QUELLE: Archivalische Sammlung Ronny Loewy im Hamburger Institut für Sozialforschung, Akte »Aktiver Streik« WS 68/69

DEMONSTRATION 17.30 Uhr AB UNI

HEUTE, am 30. Januar, ist der 36. Jahrestag der nationalsozialistischen Machtergreifung.

HEUTE, am 30. Januar, versammeln sich im Frankfurter Schauspielhaus um 20 Uhr die Spitzen von Politik und Wirtschaft: PG Kiesinger, vor 30 Jahren Propagandaexperte von Goebbels, heute erster deutscher Regierungschef, der nach Hitler mit dem Francofaschismus paktiert. Notstands-Benda, der die nationalsozialistische Tradition der Schutzhaft fortsetzt. SS-Mäzene Abs und Flick, heute großkapitalistische Financiers der Notstandsgesetze gegen streikende Arbeiter.

HEUTE, am 30. Januar, ist der 36. Jahrestag der nationalsozialistischen Machtergreifung.

HEUTE, am 30. Januar, versammelt sich das bundesrepublikanische Establishment von Politik und Kapital zum Genuß von Mozarts Divertimento in B-Dur KV 287 im musikalischen Sportpalast Frankfurts.

HEUTE, da in Spanien Massen von Arbeitern und Studenten in die Gefängnisse geworfen und gefoltert werden, empfangen Brundert und seine Mannschaft die bundesrepublikanischen Verbündeten Franco-Spaniens aus der großen Koalition zum musischen Genuß.

Es ist eine unerträgliche Provokation, daß die Kiesinger, Benda & Co, die zum Pogrom gegen die revoltierenden Jungarbeiter, Schüler und Studenten aufhetzen, Versammlungsfreiheit in Frankfurt genießen sollen. Wir werden die bundesrepublikanischen Notstandsmasken gebührend empfangen.

OHRFEIGT KIESINGER!

Wir rufen auf zur Demonstration um 17.30 Uhr von der Karl-Marx-Universität, vormals J. W. G. Uni, (im Erdgeschoß des Hauptgebäudes) zum Schauspielhaus.
Die Schüler versammeln sich um 16 Uhr vor der Hauptwache zu einem Teach-in. (Später stoßen sie zu den übrigen Demonstranten)

OHRFEIGT KIESINGER
TERRORISIERT DIE TERRORISTEN
OHRFEIGT KIESINGER

SDS BATSCH! USSG AUSS

Nr. 293

**Theodor W. Adorno
(Autorschaft nur vermutet)**

»Im Dezember vergangenen Jahres besetzten Studenten ...«

Aktennotiz zum »Aktiven Streik«

Februar 1969

QUELLE: Theodor W. Adorno-Archiv, Frankfurt/Main

Im Dezember vergangenen Jahres besetzten Studenten acht Tage das Soziologische Seminar in der Myliusstraße, ohne daß sie diese Aktion irgendwie legitimieren konnten. Nach der Wiederherstellung des Seminars haben die Professoren versucht, mit den Studenten die Modalitäten zu vereinbaren, nach denen die studentischen Arbeits- und Projektgruppen im Seminar würden arbeiten können. Eine Gruppe aktionistischer Studenten hat jede Vereinbarung verhindert und forderte statt dessen, daß im Seminar die institutionelle Einheit von Hochschulreform und politischem Kampf hergestellt werde. Zu diesem Zweck beschloß sie am 24. Januar, das »Organisationszentrum der Arbeitsgruppen« im Seminar zu etablieren. In einem Flugblatt der Fachschaft vom 27.1. hieß es: »Mit der Wiedererlangung eines festen Organisationszentrums im Spartakus-Seminar werden Möglichkeiten geschaffen, die notwendige Kontinuität der Arbeitsgruppenarbeit zu gewährleisten. Da die Arbeitsgruppen dazu tendieren, sich auf wissenschaftstheoretische Diskussionen und rein hochschulbezogene Emanzipationsbedürfnisse zu beschränken, muß neben der Diskussion über das Selbstverständnis im Rahmen der Geschichte der Hochschulrevolte der Bezug zur außeruniversitären Politik wiederhergestellt werden.«

Das Seminar wurde als »modifiziert besetzt« erklärt. Ein bestimmter Raum mit Telefonanschluß sowie alle übrigen Räume und die technischen Hilfsmittel des Seminars zwischenzeitlich, soweit sie nicht momentan für den regulären Seminarbetrieb gebraucht würden, sollten den Studenten für beliebige Zwecke, also auch zur Vorbereitung unmittelbarer Aktionen mit Gewaltanwendung, zur Verfügung gestellt werden.

Erst wenn diese Forderungen erfüllt wären, seien die Studenten zu Verhandlungen bereit, erklärte eine Gruppe von etwa 50 Personen am 28.1. dem Geschäftsführenden Direktor, nachdem einige Studenten zuvor versucht hatten, mit Gewalt in sein Zimmer einzudringen. Da der Mehrheit dieser Gruppe an einer Stellungnahme aller Professoren gelegen war, fand am Vormittag des folgenden Tages im Seminar eine Diskussion statt, bei der die Professoren ihre Ablehnung damit begründeten, daß zwischen Wissenschaft und Aktionsvorbereitung strukturelle Unterschiede bestehen, die eine klare institutionelle Trennung beider Bereiche erfordern. Falls Einrichtungen des Seminars zur Vorbereitung unmittelbarer Aktionen benutzt würden, müsse das Seminar geschlossen werden. Desungeachtet berieten Studenten am 29. und 30.1. im Seminar direkte Aktionen, so die Demonstration gegen das Karajan-Konzert zugunsten der Deutschen Sporthilfe. In einem Flugblatt hieß es: »Wenn Habermas und Rüegg unsere politische Arbeit im Seminar in der Myliusstraße mit dem Einsatz der Polizei beantworten, werden wir die Produktionsmittel des Seminars auslagern sowie das Rektorat und die Verwaltungszentren der Universität mit allen uns zur Verfügung stehenden politischen Mitteln lahmlegen.« Daraufhin wurde das Seminar am 31.1. geschlossen.

Für 12 Uhr hatte die aktionistische Gruppe an diesem Tag eine Versammlung im Seminar anberaumt. Da das Seminar geschlossen war, drang sie um 12⁴⁵ Uhr unter Anführung von Herrn Krahl in das Institut für Sozialforschung, das als private Stiftung der Universität lediglich angeschlossen ist, ein, um dessen Seminarraum für ihre Diskussionen in Beschlag zu nehmen. Einer der Direktoren des Instituts folgte den Studenten über die Treppe zum ersten Stock. Vor der Tür des Seminarraumes sprach er Herrn Krahl an und fragte ihn, was er hier wolle. Er erhielt zur Antwort, daß ihn das gar nichts anginge und daß die Gruppe in den Seminarraum hineingehen werde. Herr Krahl und einige Studenten betraten den Raum und wurden daraufhin von dem Institutsdirektor dreimal förmlich aufgefordert, das Haus zu verlassen. Herr Krahl erwiderte dem Institutsdirektor jeweils, er solle die Klappe halten und verschwinden. Den Institutsdirektoren blieb so, schon aus rechtlichen Gründen, keine andere Wahl, als die ihnen aufgezwungene Konfrontation anzunehmen, die Polizei um Unterstützung bei der Räumung des Instituts zu ersuchen und gegen Herrn Krahl und die anderen mit ihm eingedrungenen Personen Anzeige wegen Hausfriedensbruchs zu erstatten. Die Anzeige bezog sich nur auf diesen Personenkreis, nicht aber auf Studenten, die sich erst im Verlauf der nächsten zwei Stunden in dem Seminarraum in der Annahme einfanden, es finde dort eine Arbeitsgruppenbesprechung im Zusammenhang des Seminars eines Lehrbeauftragten statt. Bei der polizeilichen Räumung des Instituts, die um 14⁴⁰ Uhr begann, wurden auch diese Studenten vorläufig festgenommen. Sie hatten und haben bei den Vernehmungen Gelegenheit, ihre Anwesenheit im Institut für Sozialforschung zu begründen und klarzustellen, daß sie nicht zum Verlassen des Hauses aufgefordert wurden.

Aus dem Zweck ihres Eindringens in das Institut für Sozialforschung machte die aktionistische Gruppe in einem späteren Flugblatt keinen Hehl: »Als die Soziologiestudenten am Freitag von dem geschlossenen Spartakus-Seminar in einen freien Raum des Instituts für Sozialforschung gegangen waren und dort mögliche Reaktionsweisen diskutierten, wurde das Institut von Polizei umstellt.« Zu den im Seminarraum des Instituts diskutierten »möglichen Reaktionsweisen« gehörte die gewaltsame Öffnung und Besetzung des Soziologischen Seminars in der Myliusstraße sowie die Besetzung des Instituts für Sozialforschung. In dem Flugblatt hieß es auch: »Wenn bis Dienstag Krahl nicht frei ist, werden wir WANN, WO und WIE WIR WOLLEN, zurückschlagen! Diese Stadt wird mitsamt allen hessischen Bullen nicht zur Ruhe kommen.«

Vor der polizeilichen Räumung des Instituts für Sozialforschung waren bereits im Zusammenhang der Demonstrationen in der Stadt am 27. und 30.1. Fensterscheiben zahlreicher Gebäude eingeschlagen worden. Am 31.1. wurde die Tür zum Zimmer des Dekans der Philosophischen Fakultät aufgebrochen und das Dekanat verwüstet, in der folgenden Woche ebenfalls das Zimmer des juristischen Sachbearbeiters im Rektorat. In Lehrveranstaltungen wurden Professoren mit Eiern und Feuerwerkskörpern beworfen. Sprecher der aktionistischen Gruppe hatten schon früher öffentlich erklärt, daß Gewaltanwendung gegen Sachen und Personen Bestandteil ihres Verhaltens sei.

Spätestens seit dem 4.11.1968, als Berliner Angehörige dieser Gruppe überraschte Polizisten vor dem dortigen Landgericht mit einem Steinhagel überschütteten, wurde die Studentenbewegung nicht nur von ihr gespalten, sondern als Ganze kriminalisiert, sowie und soweit die außerparlamentarische Opposition sich mit jenen »linken« Gewalttätern und Brandstiftern solidarisierte. Die Auseinandersetzung mit dieser Gruppe ist seitdem kein interner Fraktionsdisput mehr. Sie ist auch nicht mehr ein Kampf gegen politische Gegner in einer mit Argumenten geführten Diskussion.

Sie ist vielmehr ein mit allen angemessenen und rechtsstaatlichen Mitteln zu leistender energischer Widerstand gegen sprachlose Gewalttäter und Brandstifter. Gerade wer die radikale Reform von Universität und Gesellschaft für überfällig hält, um eine demokratische und soziale Verfassungswirklichkeit zu realisieren, die dem Grundgesetz entspricht, gerade wer sich mit dieser Intention der außerparlamentarischen Opposition uneingeschränkt identifiziert, ist zum Widerstand gegen deren Kriminalisierung von jeder Seite verpflichtet: Zum Widerstand gegen alle obrigkeitsstaatlichen Formierungstendenzen ebenso wie gegen pseudo-anarchistische Gewalttaten von angeblich linker Seite und kryptofaschistische Aktionen von Gruppen der extremen Rechten.

Nr. 294

Basisgruppe Soziologie
»Freiheit für Krahl –
Schmeißt die Bullen aus der Uni!!!!«
Flugblatt zur Inhaftierung von Hans-Jürgen Krahl
4. Februar 1969
QUELLE: Theodor W. Adorno-Archiv, Frankfurt/Main

GENERALPROBE FÜR SCHUTZHAFT
UND TECHNOKRATENKASERNE!!!!

Obwohl wir den bürokratischen Betrieb im Seminar in der Myliusstr. nicht behinderten, haben Habermas & Co. das Seminar geschlossen, weil wir dort politisch diskutierten und unseren im aktiven Streik aufgenommenen Widerstand gegen technokratische Hochschulreform organisierten. Als die Soziologiestudenten am Freitag von dem geschlossenen Spartakus-Seminar in einen freien Raum des Instituts für Sozialforschung gegangen waren und dort mögliche Reaktionsweisen diskutierten, wurde das Institut von Polizei umstellt.

Um sich unbequeme Studenten vom Halse zu schaffen, lieferten die Ordinarien uns unter dem Vorwand, wir hätten Hausfriedensbruch begangen, an die Polizei aus. Habermas selbst konstruierte für die Polizei den fiktiven Zusammenhang zwischen »illegalen Aktionen« bei Demonstrationen und denjenigen Studenten, die sie loswerden wollten: Angeblich seien im Spartakus-Seminar »illegale Aktionen« vorbereitet worden.

So ist es allerdings nur konsequent, wenn die Ordinarien uns nicht zum Verlassen des Hauses aufgefordert haben, damit wir festgenommen und erkennungsdienstlich behandelt werden konnten. Es gelang diesen professoralen Hilfspolizisten im kritischen Mäntelchen zwar, den Kommilitonen Hans-Jürgen Krahl, an dem nun exemplarisch Schutzhaft praktiziert wird, fürs nächste »politisch unschädlich« zu machen, wir garantieren ihnen aber, daß ihre Karriere in kritischer Theorie beendet ist, solange sie die Strafanträge nicht zurückziehen.

Das Zusammenspiel der kritischen Jammergestalten Habermas & Co mit der Polizei ist nur ein Teil der konzertierten Aktion von Uniadministration und den Bürokratien des autoritären Staates zur Zerschlagung der Außerparlamentarischen Opposition. Die Technokratische Hochschulreform zur Gleichschaltung der Universität (z. B. Schütte-Erlaß an der AfE), die jede Möglichkeit, politischen Widerstand zu leisten, eliminieren soll, entspricht den Faschisierungstendenzen des autoritären Staats, der mit NS-Gesetzen, dem massiven Einsatz der Klassenjustiz und perfektioniertem Schutzhaft-Gesetz (das nachträglich bereits praktizierte Repressionen legalisieren soll) jede reale Opposition zerschlagen soll.

Am Samstag wurden nach einer genehmigten Demonstration 11 Schüler im Café Kranzler festgenommen und bis Sonntagmittag festgehalten. Alle »verdächtigen« Personen wurden in der Stadt und vor der Uni kontrolliert, weil man angeblich nach Demonstranten suchte.

AUCH HEUTE IST NOCH POLIZEI IN DER UNI!
Diesem Angriff können wir nur begegnen, indem wir die Universität, die unseren politischen Widerstand kriminalisieren und zerschlagen will, mit allen uns gegebenen Mitteln lahmlegen. Organisiert den Widerstand im politisch-praktischen Gegenstudium!
(Heute 20.00 Uhr Basisgruppenrat aus allen Fächern, Kolbheim)

Wenn bis Dienstag Krahl nicht frei ist, werden wir WANN, WO und WIE WIR WOLLEN, zurückschlagen! Diese Stadt wird mitsamt allen hessischen Bullen nicht zur Ruhe kommen.

SCHMEISST DIE BULLEN AUS DER UNI
FREIHEIT FÜR KRAHL
FREIHEIT FÜR KRAHL
SCHMEISST DIE BULLEN AUS DER UNI

di 17 uhr teach-in   mensa   di 17 uhr teach-in   mensa

Nr. 295
Theodor W. Adorno
Resignation
Vortrag im Sender Freies Berlin
9. Februar 1969

QUELLE: Hermann Schweppenhäuser (Hg.), Theodor W. Adorno zum Gedächtnis – Eine Sammlung, Frankfurt/Main 1971, S. 9–13; wiederabgedruckt in: Theodor W. Adorno, Gesammelte Schriften Bd. 10.2: Kulturkritik und Gesellschaft II – Eingriffe, Stichworte, hrsg. von Rolf Tiedemann, © Suhrkamp Verlag Frankfurt/Main 1977, S. 794–799

Uns älteren Repräsentanten dessen, wofür der Name Frankfurter Schule sich eingebürgert hat, wird neuerdings gern der Vorwurf der Resignation gemacht. Wir hätten zwar Elemente einer kritischen Theorie der Gesellschaft entwickelt, wären aber nicht bereit, daraus die praktischen Konsequenzen zu ziehen. Weder hätten wir Aktionsprogramme gegeben noch gar Aktionen solcher, die durch die kritische Theorie angeregt sich fühlen, unterstützt. Ich sehe ab von der Frage, ob das von theoretischen Denkern, einigermaßen empfindlichen und keineswegs stoßfesten Instrumenten, verlangt werden kann. Die Bestimmung, die ihnen in der arbeitsteiligen Gesellschaft zugefallen ist, mag fragwürdig, sie selber mögen durch sie deformiert sein. Aber sie sind durch sie auch geformt; gewiß können sie, was sie wurden, nicht aus bloßem Willen abschaffen. Das Moment subjektiver Schwäche, das der Einengung auf Theorie anhaftet, möchte ich nicht verleugnen. Für wichtiger halte ich die objektive Seite. Der Einwand, der leicht abschnurrt, lautet etwa: einer, der an der Möglichkeit eingreifender Veränderung der Gesellschaft zu dieser Stunde zweifelt und der darum weder an spektakulären, gewaltsamen Aktionen teilnimmt noch sie empfiehlt, habe entsagt. Er halte, was ihm vorschwebe, nicht für realisierbar, eigentlich wolle er es nicht einmal realisieren. Indem er die Zustände so lasse, wie sie sind, billige er sie uneingestandenermaßen.

Distanz von Praxis ist allen anrüchig. Beargwöhnt wird, wer nicht fest zupacken, nicht die Hände sich schmutzig machen möchte, als wäre nicht die Abneigung dagegen legitim und erst durchs Privileg entstellt. Das Mißtrauen gegen den der Praxis Mißtrauenden reicht von solchen, welche die alte Parole »Genug des Geredes« auf der Gegenseite nachreden, bis zum objektiven Geist der Reklame, die das Bild – das Leitbild nennen sie es – des aktiv tätigen Menschen, er sei

Wirtschaftsführer oder Sportsmann, verbreitet. Man soll mitmachen. Wer nur denkt, sich selbst herausnimmt, sei schwach, feige, virtuell ein Verräter. Das feindselige Cliché des Intellektuellen wirkt, ohne daß sie es merkten, tief hinein in die Gruppe jener Oppositionellen, die ihrerseits als Intellektuelle beschimpft werden.

Von denkenden Aktionisten wird geantwortet: zu verändern gelte es, neben anderem, eben den Zustand der Trennung von Theorie und Praxis. Gerade um der Herrschaft der praktischen Leute und des praktischen Ideals ledig zu werden, bedürfe es der Praxis. Nur wird daraus fix ein Denkverbot. Ein Minimales reicht hin, den Widerstand gegen die Repression repressiv gegen die zu wenden, welche, sowenig sie das Selbstsein verherrlichen mögen, doch nicht aufgeben, was sie geworden sind. Die vielberufene Einheit von Theorie und Praxis hat eine Tendenz, in die Vorherrschaft von Praxis überzugehen. Manche Richtungen diffamieren Theorie selber als eine Form von Unterdrückung; wie wenn nicht Praxis mit jener weit unmittelbarer zusammenhinge. Bei Marx war die Lehre von jener Einheit beseelt von der – schon damals nicht realisierten – präsenten Möglichkeit der Aktion. Heute zeichnet eher das Gegenteil sich ab. Man klammert sich an Aktionen um der Unmöglichkeit der Aktion willen. Schon bei Marx allerdings verbirgt sich da eine Wunde. Er mochte die elfte Feuerbachthese so autoritär vortragen, weil er ihrer nicht ganz sicher sich wußte. In seiner Jugend hatte er die »rücksichtslose Kritik alles Bestehenden« gefordert. Nun spottete er über Kritik. Aber sein berühmter Witz gegen die Junghegelianer, das Wort »kritische Kritik«, war ein Blindgänger, verpuffte als bloße Tautologie. Der forcierte Vorrang von Praxis stellte die Kritik, die Marx selbst übte, irrational still. In Rußland und in der Orthodoxie anderer Länder wurde der hämische Spott über die kritische Kritik zum Instrument dafür, daß das Bestehende furchtbar sich einrichten konnte. Praxis hieß nur noch: gesteigerte Produktion von Produktionsmitteln; Kritik wurde nicht mehr geduldet außer der, es werde noch nicht genug gearbeitet. So leicht schlägt die Subordination von Theorie unter Praxis um in den Dienst an abermaliger Unterdrückung.

Die repressive Intoleranz gegen den Gedanken, dem nicht sogleich die Anweisung zu Aktionen beigesellt ist, gründet in Angst. Man muß den ungegängelten Gedanken und muß die Haltung, die ihn nicht sich abmarkten läßt, fürchten, weil man zutiefst weiß, was man sich nicht eingestehen darf: daß der Gedanke recht hat. Ein uralt bürgerlicher Mechanismus, den die Aufklärer des 18. Jahrhunderts gut kannten, läuft erneut, doch unverändert ab: das Leiden an einem negativen Zustand, diesmal an der blockierten Realität, wird zur Wut auf den, welcher ihn ausspricht. Der Gedanke, die ihrer selbst bewußte Aufklärung, droht die Pseudorealität zu entzaubern, in der, nach der Formulierung von Habermas, der Aktionismus sich bewegt. Diesen läßt man nur darum gewähren, weil man ihn als Pseudorealität einschätzt. Ihr ist, als subjektives Verhalten, Pseudo-Aktivität zugeordnet, Tun, das sich überspielt und der eigenen publicity zuliebe anheizt, ohne sich einzugestehen, in welchem Maß es der Ersatzbefriedigung dient, sich zum Selbstzweck erhebt. Eingesperrte möchten verzweifelt heraus. In solchen Situationen denkt man nicht mehr, oder unter fiktiven Voraussetzungen. In der verabsolutierten Praxis reagiert man nur und darum falsch. Einen Ausweg könnte einzig Denken finden, und zwar eines, dem nicht vorgeschrieben wird, was herauskommen soll, wie so häufig in jenen Diskussionen, bei denen feststeht, wer recht behalten muß, und die deshalb nicht der Sache weiterhelfen, sondern unweigerlich in Taktik ausarten. Sind die Türen verrammelt, so darf der Gedanke erst recht nicht abbrechen. Er hätte die Gründe zu analysieren und daraus die Konsequenz zu ziehen. An ihm ist es, nicht die Situation als endgültig hinzunehmen. Zu verändern ist sie, wenn irgend, durch ungeschmälerte Einsicht. Der Sprung in die Praxis kuriert den Gedanken nicht von der Resignation, solange er bezahlt wird mit dem geheimen Wissen, daß es so doch nicht gehe.

Pseudo-Aktivität ist generell der Versuch, inmitten einer durch und durch vermittelten und verhärteten Gesellschaft sich Enklaven der Unmittelbarkeit zu retten. Rationalisiert wird das damit, die kleine Veränderung sei eine Etappe auf dem langen Weg zu der des Ganzen. Das fatale Modell von Pseudo-Aktivität ist das »Do it yourself«, Mach es selber: Tätigkeiten, die, was längst mit den Mitteln der industriellen Produktion besser geleistet werden kann, nur um in den unfreien, in ihrer Spontaneität gelähmten Einzelnen die Zuversicht zu erwecken, auf sie käme es an. Der Unsinn des »Mach es selber« bei der Herstellung materieller Güter, auch bei vielen Reparaturen, liegt auf der Hand. Er ist allerdings nicht total. Bei der Verknappung von sogenannten services, Dienstleistungen, erfüllen zuweilen nach dem technischen Stand überflüssige Maßnahmen, die ein Privatmensch durchführt, einen quasi rationalen Zweck. Das »Mach es selbst« in der Politik ist nicht ganz vom selben Schlag. Die Gesellschaft, die undurchdringlich den Menschen gegenübersteht, sind sie doch selbst. Das Vertrauen auf die limitierte Aktion kleiner Gruppen erinnert an die Spontaneität, die unter dem verharschten Ganzen verkümmert und ohne die es nicht zu einem Anderen werden kann. Die verwaltete Welt hat die Tendenz, alle Spontaneität abzuwürgen, nicht zuletzt sie in Pseudo-Aktivitäten zu kanalisieren. Das wenigstens funktioniert nicht so umstandslos, wie die Agenten der verwalteten Welt es sich erhofften. Jedoch Spontaneität ist nicht zu verabsolutieren, so wenig von der objektiven Situation abzuspalten und zu vergötzen wie die verwaltete Welt selber. Sonst schlägt die Axt im Haus, die nie den Zimmermann erspart, die nächste Tür ein, und das Überfallkommando ist zur Stelle. Auch politische Tathandlungen können zu Pseudo-Aktivitäten absinken, zum Theater. Kein Zufall, daß die Ideale unmittelbarer Aktion, selbst die Propaganda der Tat, wiederauferstanden sind, nachdem ehemals progressive Organisationen sich willig integrierten und in allen Ländern der Erde Züge dessen entwickeln, wogegen sie einmal gerichtet waren. Dadurch aber ist die Kritik am Anarchismus nicht hinfällig geworden. Seine Wiederkehr ist die eines Gespensts. Die Ungeduld gegenüber der Theorie, die in ihr sich manifestiert, treibt den Gedanken nicht über sich hinaus. Indem sie ihn vergißt, fällt sie hinter ihn zurück.

Erleichtert wird das dem Einzelnen durch seine Kapitulation vorm Kollektiv, mit dem er sich identifiziert. Ihm wird erspart, seine Ohnmacht zu erkennen; die Wenigen werden sich zu Vielen. Dieser Akt, nicht unbeirrtes Denken ist resignativ. Keine durchsichtige Beziehung waltet zwischen den Interessen des Ichs und dem Kollektiv, dem es sich überantwortet. Das Ich muß sich durchstreichen, damit es der Gnadenwahl des Kollektivs teilhaftig werde. Unausdrücklich hat sich ein wenig Kantischer kategorischer Imperativ aufgerichtet: du mußt unterschreiben. Das Gefühl neuer Geborgenheit wird bezahlt mit dem Opfer autonomen Denkens. Trügend der Trost, im Zusammenhang kollektiver Aktion werde besser gedacht: Denken, als bloßes Instrument von Aktionen, stumpft ab wie die instrumentelle Vernunft insgesamt. Keine höhere Gestalt der Gesellschaft ist, zu dieser Stunde, konkret sichtbar: darum hat, was sich gebärdet, als wäre es zum Greifen nah, etwas Regressives. Wer aber regrediert, hat Freud zufolge sein Triebziel nicht erreicht. Rückbildung ist objektiv Entsagung, auch wenn sie sich für das Gegenteil hält und arglos das Lustprinzip propagiert.

Demgegenüber ist der kompromißlos kritisch Denkende, der weder sein Bewußtsein überschreibt noch zum Handeln sich terrorisieren läßt, in Wahrheit der, welcher nicht abläßt. Denken ist nicht die geistige Reproduktion dessen, was ohnehin ist. Solange es nicht abbricht, hält es die Möglichkeit fest. Sein Unstillbares, der Widerwille dagegen, sich abspeisen zu lassen, verweigert sich der törichten Weisheit von Resignation. In ihm ist das utopische Moment desto stärker, je weniger es – auch das eine Form des Rückfalls – zur Utopie sich vergegenständlicht und dadurch deren Verwirklichung sabotiert. Offenes Denken weist über sich hinaus. Seinerseits ein Verhalten, eine Gestalt von Praxis, ist es der verändernden verwandter als eines, das um der Praxis willen pariert. Eigentlich ist Denken schon vor allem besonderen Inhalt die Kraft zum Widerstand und nur mühsam ihr entfremdet worden. Ein solcher emphatischer Begriff von Denken allerdings ist nicht gedeckt, weder von bestehenden Verhältnissen noch von zu erreichenden Zwecken, noch von irgendwelchen Bataillonen. Was einmal gedacht ward, kann unterdrückt, vergessen werden, verwehen. Aber es läßt sich nicht ausreden, daß etwas davon überlebt. Denn Denken hat das Moment des Allgemeinen. Was triftig gedacht wurde, muß woanders, von anderen gedacht werden: dies Vertrauen begleitet noch den einsamsten und ohnmächtigsten Gedanken. Wer denkt, ist in aller Kritik nicht wütend: Denken hat die Wut sublimiert. Weil der Denkende es sich nicht antun muß, will er es auch den anderen nicht antun. Das Glück, das im Auge des Denkenden aufgeht, ist das Glück der Menschheit. Die universale Unterdrückungstendenz geht gegen den Gedanken als solchen. Glück ist er, noch wo er das Unglück bestimmt: indem er es ausspricht. Damit allein reicht Glück ins universale Unglück hinein. Wer es sich nicht verkümmern läßt, der hat nicht resigniert.

Nr. 296

(Ohne Autor)

Quo vadis Habermas? –
Thesen zur Diskussion um eine
Neubestimmung der Wissenschaft und
ihrer Organisation

Arbeitspapier
10. Februar 1969

QUELLE: Archivalische Sammlung Ronny Loewy im Hamburger Institut für Sozialforschung, Akte »Aktiver Streik« WS 68/69

Fragen und Problemstellungen
Habermas-Thesen
I. Entwurf eines Bezugsrahmens für eine Neubestimmung von Wissenschaft
   Vier Thesen + Erläuterungen, Einwände, Versuche einer aktuellen Anwendung
II. A. Kritik der Habermas-Thesen auf dem Hintergrund des entworfenen Bezugsrahmens
    B. Konfrontation dieser Habermas-Thesen mit
       1. dem bisherigen Lehrbetrieb
       2. der politischen Situation

Zu den Thesen und diesem Paper:
Absicht –
Eigentlich hätte diese Diskussionsgrundlage aus den Arbeitskreisen heraus erwachsen müssen; aber aus externen Gründen – Habermas-Thesen, usw. – wollten wir nicht bis zum Ende des Semesters mit der allgemeinen Diskussion über diese Fragen warten.

Fragen und Problemstellungen, die in diesem Paper zu erwarten sind:
– Wissenschaft: Motiv, Funktion, Stellenwert?
    – Inhalte?
    – Organisation?
– Wissenschaftliche Reflexion und politische Aktion
    – strukturell verschieden? strukturell gemeinsam? institutionelle Einheit? Organisationsfragen?
– Was sind »subjektive Erfahrungen, Interessen, Bedürfnisse«?
– Politisierung der Arbeitskreise?
– Kollektive Lernprozesse?
– Arbeitskreis-Probleme
– Konkrete Gestalt des autonomen Bereichs?

Adressat dieses Papers:

– diejenigen, die sich mit den Habermas-Thesen auseinandersetzen wollen
– diejenigen, die sich für »kollektive Lernprozesse« interessieren
– diejenigen, die sich über den »autonomen Bereich« nicht nur als Parole, sondern als konkrete Gestalt Gedanken machen wollen
– ...

In seinem Seminar am 14.12. mündlich und am 11.1.69 schriftlich hat Habermas zu diesen Fragen, d.h. einigen davon, Thesen formuliert. Ob diese Thesen Ausdruck eines »ehrlichen« Diskussionsbeitrages sind: in Solidarität mit der Selbstorganisation der Studenten – oder ob sie nur wissenschaftstheoretische Verkleidung privater politischer Vorentscheidungen und Attitüden sind, soll zunächst hier nicht zur Debatte stehen.

These 1: Für alle Wissenschaften besteht ein objektiver Zusammenhang der Forschungsprozesse mit der Lebenspraxis – nicht nur aus externen Abhängigkeiten und Verwendungsbedingungen, sondern der Wissenschaft ist diese Beziehung zur Praxis immanent.

These 2: a) Aus dieser systematischen Einheit folgt aber nicht die Einheit von wissenschaftlicher Analyse und unmittelbarer Vorbereitung politischen Handelns. b) Deshalb kann (mit Berufung auf These 1) »auch *nicht* die Forderung nach der *institutionellen Einheit* von Wissenschaft und Aktionsvorbereitung« begründet werden. Strukturelle Unterschiede zwischen beiden erfordern eine klare institutionelle Trennung beider Bereiche. Wird einer der beiden mit dem anderen konfrontiert, muß beides Schaden leiden. Eine klare institutionelle Trennung beider Bereiche ist erforderlich.

Die Anwendung dieser Thesen äußerte Habermas diverse Male mündlich, am schärfsten in seiner [freilich von Adorno, v. Friedeburg, Habermas und Mitscherlich gemeinsam verfaßten] »letzten Aufforderung« vom 17.12.68:
»Wie bisher begrüßen und unterstützen wir die Bildung von diskutierenden Gruppen, in denen sich die Studenten über die Vorschläge zu einer künftigen Seminarordnung und über ihre Vorstellungen zu einer Neuordnung des Studiums ... klar werden ... Leistungen, die für *Dozenten* des Faches erkennbar und nachprüfbar sind, werden wie bisher durch Scheine bestätigt, wenn sie *Kriterien wissenschaft-*

lichen Arbeitens genügen. Insoweit *begrüßen* wir einen heute »autonom« genannten Bereich studentischer Arbeit. Wir lehnen aber einen »separaten« Bereich, in dem wissenschaftliche Diskussion von der Vorbereitung politischer Aktionen *nicht mehr unterschieden* würde, prinzipiell ab.«

1. DIE FRAGE NACH MOTIV, FUNKTION UND STELLENWERT VON WISSENSCHAFT

Wie und warum kommt der Mensch dazu, *Wissenschaft überhaupt* zu betreiben?

Wissenschaft treibt der Mensch (als Gattungswesen) immer dann, wenn er in Not gerät, in einer Situation extremen Mangels oder drohender Gewalt, oder auch schon in einer Situation, wo gegebene Chancen eines besseren Lebens unterdrückt werden.

In diesem Sinn ist Wissenschaft prinzipiell Produkt von *Frustration*. Insofern die Individuen diese nicht mehr ertragen können oder wollen, sind sie auf methodische Erkenntnis und Veränderung dieser Situation angewiesen und stellen darum einige Individuen von unmittelbarer, praktischer Arbeit frei. Dies gilt vor allem für Philosophie und Sozialwissenshaften:

»Die Einheit von Erkenntnis und Interesse bewährt sich in einer Dialektik, die aus den geschichtlichen Spuren des unterdrückten Dialogs das Unterdrückte rekonstruiert« (Habermas, Antrittsvorlesung »Erkenntnis u. Interesse«). Zentrales Motiv und entscheidende *Funktion von Wissenschaft* ist also: Frustrationen, Mangel und Gewalt aufzuheben, neue Chancen zu einem besseren Leben wahrzunehmen und zu realisieren.

Gilt diese Bestimmung von Wissenschaft nur für den Menschen insgesamt (als Gattungswesen), also für Wissenschaft nur abstrakt und allgemein? Oder muß dieses Motiv auch prinzipiell *für jeden einzelnen* von uns gelten, der Wissenschaft betreibt, sowie für jede einzelne wissenschaftliche Arbeit?

Einzelne konnten es sich vielleicht früher leisten, ihre individuelle Arbeitszeit und Arbeitskraft sozusagen in spielerischer Muße den allgemeinen gesellschaftlichen Problemen zu entziehen.

Heute machen allein schon die herrschenden Interessen von Staat und Wirtschaft eine solche Isolierung (im privaten Glück ungestörter, betrachtender Erkenntnis) unmöglich.

Wissenschaftliche Arbeit wird einerseits als eng befristete Ausbildungszeit der Chance langfristiger, geschichtlicher Reflexion (auf Inhalt und gesellschaftliche Bedeutung überlieferten und akkumulierten Wissens) entzogen, andererseits nur in streng arbeitsteiliger Funktion auf nützliche Zwecke hin gutgeheißen und bezahlt. Eindimensional gemacht, verliert nach der Intention dieser Interessen früher oder später *jede* wissenschaftliche Arbeit ihre Qualität; blindgemacht für die Reichweite ihres zentralen Motivs, verliert sie die ihr immanente Kraft zur Veränderung.

Diese Interessen werden aber nicht nur in Hochschulplänen von außen an uns herangetragen, sondern setzen sich auch – im Hinblick auf spätere Bezahlung und das Lob unserer gesellschaftlichen Umwelt – in uns selbst durch (sogar bei Soziologen, die auf den ergiebigen Seminarbetrieb nicht verzichten wollen).

Soll das nicht geschehen – weder institutionell noch durch das unserem berufsorientierten Über-Ich aufgezwungene Realitätsprinzip – so müssen wir uns allen wieder bewußtmachen, was Wissenschaft ihrem zentralen Motiv nach ist, und Wissenschaft konsequenterweise, entsprechend diesem Motiv zur faktischen, politischen Gegen-Macht organisieren.

In einer solchen Situation kann es nicht genügen, das emanzipatorische Interesse von Wissenschaft nur gattungsgeschichtlich zu explizieren und nur in langfristigen Forschungsprojekten schließlich wahrzunehmen, sondern dieses emanzipatorische Interesse muß explizit *jede einzelne wissenschaftliche Arbeit* bestimmen wie jeden *Versuch ihrer politischen wie wissenschaftsimmanenten Gegen-Organisation*.

Daraus ergeben sich, wie es mir erscheint, mit Notwendigkeit einige zentrale *Thesen*:
1. über den Inhalt und die Richtung von Wissenschaft,
2. über die Vermittlung von Wissenschaft und politischer Aktion bei denen, die heute beides betreiben müssen,
3. über Erfordernisse einer Neuorganisation von Wissenschaft wie politischer Aktion, die diesem zentralen Motiv adäquat ist: »kollektive Lernprozesse«,
4. über die Anwendung aller 3 Thesen auf die aktuelle Situation.

Die Thesen werden nach einer kürzeren Skizzierung noch näher erläutert.

1.

a) *»Wissenschaft« muß Rekonstruktion »praktischer« Erfahrungen von Unterdrückung sein.*

Erfahrungen von Unterdrückung lassen sich auf 3 Ebenen rekonstruieren:

(1) in den täglichen Pressionen und Zwängen der unmittelbaren Erfahrungswelt, wie sie die einzelnen Individuen von ihrer Umwelt erfahren und dann, reaktiv, auch an sich selber wahrnehmen;

(2) in den aktuellen politischen Pressionen bestimmter gesellschaftlicher Gruppen und Apparate (Funktionären des Herrschaftsapparates, [3]), z.B. mit Drohung von Gewalt, oder überhaupt Verweigerung eines sachbezogenen, praktisch folgenreichen Dialogs von seiten der Staatsgewalt und der Uni-Bürokratien;

(3) im gesamtgesellschaftlichen Maßstab als politökonomische, ideologisch verschleierte Herrschaft, die die strukturellen Bedingungen unserer Lebenswelt in all deren komplexen Bereichen diktiert. (Herrschaft des Tauschprinzips; …?…)

Diese drei Ebenen sind nicht nur analytisch, sondern auch real. Wie in den später folgenden Erläuterungen aufgrund bestimmter Einwände noch näher konkretisiert wird, erfordern und ermöglichen die 3 Ebenen einen jeweils verschiedenen praktischen wie theoretischen Zugang, – was für die weitere Explikation der Thesen »Wissenschaft und Politik« und »Kollektive Lernprozesse« zentral ist.

(1) Diese Ebene kennzeichnet das, was subjektiv, unmittelbar von den einzelnen Individuen »erfahren« wird und hier mindestens als Impuls zu wissenschaftlicher Reflexion wie als Maßstab deren kritischer Prüfung dient.

Gleichzeitig ist sie diejenige Ebene, die im Versuch praktischer Bewältigung meist individuell bleibt, psychisch den Einzelnen belastet oder sogar aufreibt, und letztlich folgenlos für eine Veränderung bleibt (abstrahiert von ihrem ethischen Wert).

(2) Diese Ebene zeigt ebenfalls Momente unmittelbarer Erfahrung (so z.B. die Drohung bestimmter Personen oder Gruppen; finanzielle Sanktionen bestimmter Institutionen), die aber in der genauen Zurechnung zu den verantwortlichen Instanzen (z.B. Hessisches Ministerium für …; Rektor/Senat etc.), die sie in Gang gesetzt haben, über die unmittelbare Erfahrung hinaus eine theoretische Aufarbeitung verlangt.

Praktisch ist auf dieser Ebene wohl am meisten zu erreichen, weil hier Aktionen klar herauskristallisieren können, wem wieviel an was liegt (Richtung und Stärke der jeweiligen Sanktionen?) – und weil hier klare polarisierende Meinungsbildungsprozesse ausgelöst werden. Hier werden auch die entscheidenden Fragen (z.B. für die 1. Ebene) entschieden: einer langfristigen revolutionären Organisationsform, einer anhaltenden Mobilisierung, der Dialektik von Reform und Revolution, sowie der qualitativen Form, auf die hin Veränderung der Gesamtgesellschaft erfolgen könnte bzw. müßte.

(3) Diese Ebene ist *fast* unzugänglich für subjektive, individuelle Erfahrung – infolge ihrer Komplexität, ihrer Entferntheit als Allgemeines vom Besonderen, ihrem strukturellen Mangel an Transparenz. »Fast« unzugänglich für subjektive Erfahrung, d.h.: Subjektive Erfahrung müßte, in einer geschichtlichen Phase, diese Gesamtstruktur in irgendeiner Weise widerspiegeln, wohl verzerrt; jedoch die entscheidenden Prozesse sind in beiden Ebenen gleichermaßen präsent. Subjektive Erfahrungen (vgl. deren Erläuterungen) haben dann für Wissenschaft nicht nur eine Funktion als Impuls, um neue Problemstellungen zu entdecken, und als empirische Kontrolle der Gültigkeit von Reflexion, sondern auch ihr Inhalt, ihr Begriff, ist für die Wissenschaft von Belang. In kollektiver Reflexion wird sie als ein gemeinsames Problem artikuliert und objektiviert, durch die Reflexion der Erfahrungen auf der 2. Ebene auf ihren Stellenwert gebracht (als bestimmte Nebenfolge, wie bestimmte Teilursache für weitere Prozesse), von der Reflexion der 3. Ebene dann in geschichtlich-philosophischer Einordnung interpretiert – als langfristig veränderbar oder nur als Impuls zu größerer Mobilisierung aus der Erfahrung ihrer Frustration.

Wie eine bestimmte Erfahrung auf ihren Begriff gebracht wird, erstmalig, also von einer wirklich subjektiven Verknüpfung von Erfahrungen zu einer objektiven, theoretischen Kategorie wird, ist ein Problem, das hier nicht zur Debatte steht.

b) *Rekonstruktion solcher Erfahrungen* bedeutet, daß diese Erfahrungen Objektbereich und Fragestellungen wissenschaftlicher Reflexion bestimmen; daß sich an diesen Erfahrungen Art, Richtung und Erfolg der Reflexion entscheiden muß.

Dabei muß die Reflexion nicht nur durch die Erfahrungen der Vergangenheit (sozusagen als ihr Ausgangspunkt), sondern auch durch die gegenwärtigen und künftigen Erfahrungen bestimmt werden; denn diese allein bieten die Gewähr über Richtigkeit und Erfolg der Reflexion, quasi als externe Korrektur und Kontrolle einer relativ theoretischen Arbeit, die erfahrungsgemäß mehr auf die logische Konsistenz der Schlußfolgerungen als auf »Validität« achtet.

c) Diese Rekonstruktion muß *wissenschaftlich/theoretisch* akzentuiert sein, insofern sie methodische Reflexion der Wahrheit dieser Erfahrungen ist, und so ein in seinem theoretischen (und damit letztlich auch praktischen) Zusammenhang noch relativ Unbekanntes zu einem Bekannten macht. Gleichzeitig aber muß diese Rekonstruktion auch, quasi *parallel*, sich als *aktiv/praktische* verstehen, insofern sie – neben der Reflexion – auch auf die methodische Veränderung der repressiven Wirklichkeit bisheriger Erfahrungen gerichtet ist, und so ein in seinem Zusammenhang besser Bekanntes wiederum zu einem Neuen, relativ Unbekannten machen will. Rekonstruktion ist theoretisch wie praktisch »Entwurf«, »project«. Wissenschaft beginnt bei etwas, was einem »komisch« vorkommt, was nachher klar wird; Aktion beginnt, politisch, bei einem klaren (taktischen) Ziel, und landet bei etwas, was man nicht unbedingt erwartet hat; beides aber enthält Hypothesenbildung und verläuft daher insgesamt parallel.

2.

a) Inhalt und Intention der 1. These: Rekonstruktion erfahrener Unterdrückung nicht nur durch nachträgliche Reflexion zu leisten, sondern von vornherein unter dem Aspekt ihrer künftigen Aufhebung praktisch zu bestimmen, beziehen sich konsequenterweise nicht nur auf Inhalt und Fragestellung von Wissenschaft (»Theorie im Bezugsrahmen von Praxis«).

Soll inhaltlich derselbe Problembezug Theorie und Praxis bestimmen, soll tatsächlich die praktische Erfahrung Impuls und Kriterium der Überprüfung sein, so muß die Einheit von Theorie und Praxis auch innerhalb *derselben Subjekte* hergestellt werden.

Die Subjekte des Wissenschaftsprozesses müssen auch die Subjekte praktischer Erfahrung in Aktionen sein.

Andernfalls stellt der reine Theoretiker solche Erfahrungen nur als extern beobachtbaren Sachverhalt fest, bleibt ihnen damit selbst äußerlich, gewinnt weder einen adäquaten Zugang zur Problemstellung, noch ist ihm die notwendige Kontrolle über den internen, geschichtlichen Zusammenhang und den Stellenwert der einzelnen Faktoren in dieser Erfahrung möglich. Seine Aussagen sind zwar logisch konsistent, jedoch ohne empirische Gültigkeit und Triftigkeit. (WiSo!)

Der Aktionist aber würde sich an diese Erfahrung verlieren, die damit eigentlich keine Erfahrung eines Subjekts mehr wäre, da die Chance ihrer reflexiven Einordnung und Veränderbarkeit ihm genommen ist: Der Theoretiker von außen wird für die zentralen Punkte dieser Erfahrungen, die Gewalt der Unterdrückung in ihren psychischen und sozialpsychologischen Auswirkungen (z.B. Vollversammlungen) und vor allem für die kritische Phase der Veränderung dieser Erfahrung kein Verständnis, ja nicht einmal Aufmerksamkeit haben (etwa für den Versuch einer Neu-Organisation und deren Bedeutung für Mobilisierungschancen, die Reflexion ihrer Beteiligten, die strategische Richtung ihrer Impulse). Dies alles ist ihm hoffnungslos fremd; er selbst aber, der Aktionist, kann nicht allein die komplexe Aufarbeitung des Gesamtzusammenhangs leisten (Habermas als Aktionist: Taktiker gegenüber »Fraktionen«!).

b) Nach Inhalt und Organisationsform gehen in jede Wissenschaft Herrschaftsinteressen ein, die, wenn Wissenschaft Aufhebung von Unterdrückung intendiert, prinzipiell auch von den Subjekten des Wissenschaftsprozesses *selbst* aufzudecken und mit *aufzuheben* sind.

Langfristig hat Wissenschaft sicherlich das Interesse, als Theorie im Bewußtsein der Massen zur materiellen Gewalt zu werden, und daran entscheidet sich auch ihr Sinn und Erfolg. Heute aber muß Wissenschaft aktuell das Interesse haben, in ihren Subjekten die technokratische Planungswirtschaft für die Produktivkraft Wissenschaft *nicht nur in Reflexion aufzudecken, sondern* diese *durch ihre eigene, selbsttätige Neuorganisation auch politisch zu bekämpfen:*

indem sie sich 1. dem blinden kapitalistischen Verwertungsprozeß verweigert, mehr aber noch 2. indem sie aktiv die Qualität ihrer Reflexion schafft, organisatorisch, und als »fait accompli« durchsetzt, politisch.

Die *Organisation des Wissenschaftsprozesses* muß heute gleichzeitig die *politische Organisation gegen die Feinde einer emanzipatorischen Wissenschaft* sein. Sie darf nicht nur (wertfrei oder als »reine kritische Theorie«) eine solche politische Organisation durch ihre überkommene, auf reine Theorie bezogene Struktur verhindern; d.h. institutionell und organisatorisch ist heute, zur Selbstverteidigung der Wissenschaft, eine Einheit von wissenschaftlicher Reflexion und politischem Handeln gefordert.

Dies gilt hochschulpolitisch schon Jahrhunderte, da konservative wie kritische Ordinarien de facto von ihren Lehrstühlen und Büros aus politisch handeln (personelle Besetzungen von Lehrstühlen und Gremien; Einfluß auf interne *und* externe Gesetzgebung; Auftragsforschung soundso – für die Industrie/für den Suhrkamp-Verlag bzw. für die Interessenten, die jeweils die neueste Interpretation der Studentenbewegung haben wollen, etc.).

Dies gilt aber auch politisch allgemein, da ja die Uni kein restlos autonomer Bereich sein kann noch sein darf, Politik aber – spätestens heute klar erkennbar – nicht nur eine Sache personeller Entscheidungen und Gesetzesentwürfe ist, sondern ebenso eine der Justiz und Exekutive, der z.B. parlamentarischen Formen und der Regelverletzungen.

M.a.W.: die Ordinarien realisieren seit Urzeiten die Hochschule und ihre Wissenschaft als Einheit von Wissenschaft und unmittelbarer Aktionsvorbereitung; dank einem präziseren Verständnis politischer Verflechtung gesellschaftlicher Vorgänge möchten sie diese Einheit heute gerne ablehnen!

»Streik« in diesem spezifischen Sinn der These heißt heute: in der Selbstorganisation des Wissenschaftsprozesses diesen in seiner zentralen Intention (s.o.) zu behaupten, – gegen die Zerschlagung seiner Qualität seinen geschichtlichen, kollektiv tradierten Charakter wie seinen gesamtgesellschaftlich und kollektiv die entfremdete Arbeitsteilung aufhebenden Charakter durchzusetzen.

Kurzfristig bieten die meisten Arbeitskreise weniger Sicherheit, weniger Ergebnisse, als die sicheren, inhaltlich klar bestimmten und ergiebigen Seminare und Vorlesungen; langfristig aber kann nur die Selbstorganisation der Arbeitskreise die zentralen, aber noch vorbewußten Interessen und Probleme artikulieren und lösen (weil tendenziell alle daran beteiligt sind!), die Individuen aber allein [können] weder aus dem Zirkel ihrer individuellen Erfahrung zur Artikulierung allgemeiner Probleme vorstoßen noch diese in ihrer politischen Dimension begreifen [...]. Indem die Uni diese Arbeitskreise ermöglicht, ihrer Idee nach sogar verlangt, wird die Uni automatisch zum *Widerstandszentrum*: gegen die Last der Apathie, gegen die Vereinzelung der Individuen in privater, konkurrenzorientierter Arbeit, gegen die Disziplinierung im Interesse von Nützlichkeit für die Apparate. »Befreites Gebiet« sind sie freilich so lange noch nicht, als ihr privates Glück am Arbeitsplatz eine wirkliche Befreiung geradezu verhindert. (s.u.)

c) Aber nicht nur komplementär in der Organisationsform ist Wissenschaft und Politik wechselseitig aufeinander bezogen. Wissenschaftliche Reflexion ist in ihrem eigenen Interesse strukturell darauf angewiesen, daß – durch dieselben Subjekte vermittelt (vgl. a) – Aktion, unmittelbare Erfahrung, einen Platz innerhalb wissenschaftlicher Reflexion hat, und politisches Handeln ist in seinem strukturellen Interesse strukturell darauf angewiesen, daß wissenschaftliche Reflexion (privat wie kollektiv) einen Platz innerhalb der Planung und Vorbereitung von Aktionen hat. Dies aus methodischen wie organisatorischen Gründen.

– zum autonomen Bereich – s.u.

Wissenschaft – als methodische Reflexion der Wahrheit von Erfahrungen und Fortschreiten von einem relativ Unbekannten zu einem relativ Bekannten – *und praktisches Handeln* – als methodische Veränderung von Wirklichkeit und Fortschreiten von einem relativ Bekannten zu einem relativ Unbekannten (vgl. 1. These) – *haben einiges gemeinsam:* infolge der Vermittlung von Wirklichkeit und Wahrheit mehr oder weniger dieselben Erfahrungs*inhalte* derselben Subjekte (1. These und These 2a), dieselben Problemstellungen (mindestens langfristig), vor allem aber, daß beide *methodisch* vorgehen wollen.

Methode heißt hier die Rücksicht auf den größeren sachlichen wie zeitlichen Zusammenhang, d.h. systematisches Interesse. Dieser *Zusammenhang* ist für die Wissenschaft wie Politik *derselbe*, da, was praktisch geschieht, ja durch Reflexion erfaßt werden soll. – *Rücksicht auf den größeren Zusammenhang* ist Postulat an Wissenschaft wie Politik: Sowohl der Anfang von Reflexion wie der Anfang von praktischem Handeln zielt bereits vorwissenschaftlich und vororganisatorisch auf den jeweils größeren theoretischen Zusammenhang wie die adäquatere Organisationsform ab, gehört damit der nächsten Stufe von Reflexion wie Praxis immanent schon zu; die nächste Stufe erhält umgekehrt Inhalt, Form und Impuls von der vorherigen.

Ist aber nicht *für Theorie* dieses *systematische Interesse viel entscheidender* gefordert als für politische Aktion? Rücksicht auf den größeren Zusammenhang kann größer oder geringer sein, für Theorie wie Praxis.

Weder ist Theorie heute jemals abgeschlossen, noch praktische Veränderung. In Wissenschaft wie Praxis ist die Realisierung systematischen Interesses eine objektiv wie subjektiv unabhängige Variable, notwendigerweise: Systematisches Interesse für die Erfassung aller relevanten Faktoren und für die Genauigkeit dieser Erfassung variiert nach den verfügbaren Mitteln, dem geschichtlichen Stand, wie bis dato Erfahrung auf den Begriff gebracht worden ist, und nach der Zahl und Qualifikation der Beteiligten. Außerdem werden extern Aussagen theoretischer Reflexion verlangt, auch wenn noch nicht allen systematischen Interessen, Möglichkeiten und Imperativen voll Rechnung getragen ist; praktisches Handeln ist verlangt, auch wenn noch nicht in voller Klarheit der strategisch richtige Ansatz gefunden, die effektivste wie die repressionsfreieste Organisationsform sich herausgebildet hat.

Aus der Einsicht in diese Gemeinsamkeit der Methode, die systematische Interessen weder verabsolutieren darf noch kann und sich in Reflexion wie Praxis geschichtlich organisiert, muß die Fixierung klarer *struktureller* Grenzen zwischen Wissenschaft und Politik abgelehnt werden.

Beide haben ein langfristiges, systematisches Interesse, beide aber sind gehalten, sich geschichtlich in kurzfristigeren, relativ noch unsystematisierten Schritten zu entwickeln und bereits vor ihrer letzten systematischen Reife zu äußern.

Wird von Theoretikern auf dem langfristigen Charakter von Wissenschaft insistiert, ihr gegenüber die Praxis als nur kurzfristig möglich abgewertet und verfälscht, so wird nicht ein struktureller Unterschied aufgewiesen, sondern in fataler Weise ein *bestehender lag* zementiert und die gesellschaftliche Arbeitsteilung neu verschärft.

Unterschiede zwischen Wissenschaft und Politik, wo sind sie wirklich? Denn: wissenschaftliches Handeln (beobachten, lesen, denken, schreiben) und politisches Handeln (reden, drucken, organisieren, demonstrieren, physisch kämpfen) sind nicht unmittelbar identisch. Es handelt sich um materiale verschiedene Zugänge zur Wirklichkeit, die aber unmittelbar aufeinander angewiesen sind.

Diese wechselseitige Abhängigkeit zeigt sich präzis in dem, was sie auch als materielle Erschließung und Veränderung von Wirklichkeit gemeinsam haben: Diskussion und Auseinandersetzung; der Wille, einen anderen zu überzeugen, nicht ihn suggestiv zu manipulieren (»Agitation« im nicht-Habermasschen Verstand). Wissenschaft hat ein Recht auf langfristige reflexive Aufarbeitung von Erfahrungen, Praxis aber ebenso!

Nicht der strukturelle Unterschied zwischen beiden ist das Problem, sondern wie beide zu ihrem »systematischen Recht« kommen. Wie das möglich ist, wird aus einer kurzen Überlegung klar, was »Methode« bedeutet: kurzfristige Schritte in langfristiger Perspektive (reflexive Beobachtung und Hypothesenbildung – praktisches Experiment und Verifizierung); d. h., ist intentional die langfristige Perspektive von den Interessen der Beteiligten her garantiert, kann auch die strategische bzw. methodische Einschaltung eines praktischen Experiments diesen langfristigen Horizont nicht zerstören, sondern eher noch durch neue Erfahrungen beleuchten.

In dem Maße, wie die Reflexion auf die subjektiven Erfahrungen von Unterdrückung unter dem Aspekt von deren Aufhebung fortschreitet zu der Reflexion über deren objektive Gehalte, deren strukturelle Bedingungen und deren Aufhebbarkeit, treiben Reflexion und Aktion über den Bereich der Uni hinaus. Wie von Anfang an im Programm der »P. U.« in Dtld. enthalten, und wie in den Experimenten in Frankreich versucht, ist das langfristige Ziel, daß jeder in der Gesellschaft teilhat an der methodischen, wissenschaftlichen Reflexion seiner Erfahrungen, und daß die Universität teilhat an den Erfahrungen der Gesamtgesellschaft.

Das bedeutet:
– Zu bestimmten Zeiten extremer politischer Gewalt von außen muß die wissenschaftliche Reflexion unterbrochen werden. Andernfalls macht sie sich blind für die Gefahren ihrer eigenen Zerstörung bzw. der Gewalt gegenüber denen, die ihre wissenschaftliche Arbeit vorantreiben. (dazu konkret s.u.)
– Inwiefern die Berufsausrichtung (z. B. der Soziologen) weder einem reformistischen, selbstzufriedenen Syndikalismus verfällt, noch dem Überschuß revolutionärer Sprache und den Verdrängungsmechanismen billiger Klassenkampf-Romantik verfällt, kann nur intensive Reflexion mehrerer Arbeitsgruppen leisten.
– Ein Ansatz, die syndikalistische Selbstzufriedenheit zu sprengen, findet sich in dem (heute noch schwierigen, keineswegs konfliktfreien) Versuch interfakultativer Arbeitskreise. Wie hier die Schwierigkeiten

bezüglich verschiedenem Informationsstand, unterschiedlichem Problembewußtsein, usw. gelöst werden, könnte auch ein Modell dafür abgeben, wie spätere Schwierigkeiten einer Arbeiter-Uni angegangen werden könnten.

3.

Diese Rekonstruktion muß sich selbst, permanent, als den immer neuen Versuch eines kollektiven Lernprozesses begreifen. Als den Versuch einer Aktion und Reflexion, in dem wir Unterdrückung, repressive Herrschaft und Macht unter uns selbst tendenziell aufheben wollen – soweit möglich bei externem Druck und internen Schwierigkeiten der Organisation.

Wissenschaftliche Reflexion wie politische Praxis müssen prinzipiell von allen Beteiligten ausgehen (Idealfall!) und deren Interessen realisieren.

Prinzipiell sollte die jeweilige massivste Repressionserfahrung, der jeweilige Informationsstand und die jeweilige Fähigkeit, Informationen aufzunehmen, zu verarbeiten und zur effektiveren Selbstbefreiung einsetzen zu können, Reflexion und Aktionen organisieren zu können, mindestens ebenso als Kriterium in die wissenschaftliche Arbeitsweise [eingehen] wie das Fällen politischer Entscheidungen bestimmen wie üblicherweise wissenschaftliche Standards und die Notwendigkeiten politischer Taktik.

Von den Beteiligten losgelöst, als sachnotwendig ideologisch verabsolutiert, institutionalisieren die Hinweise auf die absolute Geltung wissenschaftlicher Normen und das Ausspielen wissenschaftlicher Sachautorität neue zusätzliche Unterdrückung.

Zwar werden immer wieder Sachautoritäten die Art und Weise, wie Erfahrungen reflexiv angegangen und aufgearbeitet werden, für andere repressiv bestimmen; gleichwohl vermag oft einzig antiautoritäres Motzen den Zugang zur Reflexion (entsprechend dem tatsächlichen Informations- und Verarbeitungsstand) zu garantieren, und – paradoxerweise – sichert Theoriefeindlichkeit auf die Dauer gültige Theorie am besten.

Ähnlich: Von der Mehrzahl der Beteiligten abgeschnitten, als einzige Möglichkeit einer adäquaten Reaktion auf externen politischen Druck und aus der Notwendigkeit einer geschlossenen Strategie und Taktik rationalisiert, haben die Entscheidungen relativ informeller Gruppen (ohne ein Maximum an Rücksicht auf die Notwendigkeit, mehr zu informieren und detaillierter zu diskutieren), repressive Funktion.

Wiederum ist es oft nicht anders möglich, als Entscheidungen kurzfristig zu fällen, bestimmte längere Informationen nicht noch ein drittes Mal wiederzukäuen. Aber gerade dann muß die Reflexion dieser externen und internen Zwänge (politisch, organisatorisch, sozial- und individualpsychologisch) und ihrer Folgen prinzipiell gewährleistet werden; Reflexion für die vergangene wie für die nächste, vorhersehbare ähnliche Situation. Frustrationen müssen – hier wie sonst – aufgearbeitet werden. (vgl. Erläuterungen!!!)

4.

Anwendung dieser Thesen
a) *zum autonomen Bereich,* als Institutionalisierung der Dialektik von »Reform« und »Revolution« (Konsolidierungsphasen, die eher dezentralisierenden, spezialisierenden, integrierenden Charakter haben – Konflikt- und Konfrontationsphasen, die eher zentralisierenden, verunsichernden und sprengenden Charakter haben und über die syndikalistischen Ghettointeressen hinaustreiben):

Aufgrund der Erfahrungen in der Geschichte unserer Selbstorganisation, die bestimmte Momente durch Wiederholung klar zum Bewußtsein gebracht hat, scheinen zwei Organisationsformen auch bestimmten geschichtlichen Entwicklungsphasen zu entsprechen. Beide sind freilich idealtypisch gefaßt.

Phase A: Die *Arbeitsgruppen in der Anfangsphase* (»Projektgruppen«):
– ohne Beteiligung von Inhabern einer Lernposition, damit neue Probleme und Interessen sich artikulieren können, die jeweils passende inhaltliche wie organisatorische Selbstbestimmung gefunden werden kann;
– systematisches Interesse wird langfristig prinzipiell intendiert, aber zunächst wird darauf verzichtet, dieses explizit zu machen – um nicht vorschnell durch Standards neue Möglichkeiten zu ersticken;
– am Anfang stehen Aktionen, die den Impuls für die Themenstellung geben wie für neue Organisationsformen (z.B. Engagement der Soziologen bei der politischen Ausweitung des Streiks – interfakultative Arbeitskreise; NS-Gesetze und das Scheitern des Widerstands – Arbeitskreise »Rekonstruktion revolutionärer Theorien«, besonders: Klassentheorien; Kündigungsdrohung Myliusstr., Schütte-Teach-in – Arbeitskreis Kommunikationsstrukturen in politischen Streßsituationen);

– grundlegend der Gedanke des Experiments: interfakultative Arbeitskreise – später evtl. auszuweiten auf Nicht-Immatrikulierte überhaupt.

Phase B: Die *Arbeitskreise in der jetzigen Phase* (mit Programm):
– kollektiver Lernprozeß, d.h. mit Beteiligung von »Lehrenden«, aber mit klar eingeschränkter und gruppenorientierter Funktion;
– systematisches Interesse, d.h. inhaltliche Arbeit und längerer Zeithorizont, explizit und im Vordergrund;
– Aktionen werden nun systematisch eingeplant in langfristige theoretische Arbeit oder extern aufgezwungen (als Unterbrechung) (z.B. Sozialisationsprobleme – Experiment »Kommunen«, Experiment »schichtspezifische Subkulturen«; Recht und autoritärer Staat – geplante, strategische Justizkampagnen; ...?...);
– dem jetzigen Stand entsprechend nur im Thema außer-universitär, in Beteiligung noch nicht möglich (Informations-lag bei langfristiger theoretischer Arbeit noch zu groß).

Verkettung:
Immer wieder wird die Phase B durch den Zwang externer Ereignisse durchbrochen und dieser erfordert eine neue Mobilisierung und Organisationsform – zwar nicht mehr unter Aktionshektik im Interesse, die politische Identität zu wahren, sondern spezifisch auf bestimmte Konflikte strategisch bezogen. Ein Teil der Mitglieder wird die Phase B wiederaufnehmen; ein anderer wird eine Rückkehr zur Phase A für nötig halten, weil dort inhaltlich wie organisatorisch Chancen besserer Wissenschaft und besserer Politik gesehen werden.

Autonomer Bereich bezieht sich auf beide Phasen; denn in beiden sind kollektive Lernprozesse angestrebt, und in beiden müssen Aktionen ihren Platz haben – nur deren Stellenwert ist jeweils ein anderer.

Im ursprünglichen Sinn »autonomer Bereich« ist freilich nur die Phase A, die institutionelle Chance für Experimente, neue Inhalte, neue Organisationsmodelle, Ausweitung der Teilnehmer bietet, und allein letztlich garantiert, daß Arbeitsplatzinteressen nicht die Intention der Emanzipation des Ganzen verdrängen.

Aber dieser kann nicht in seiner Idee institutionell und satzungsmäßig garantiert werden; garantiert werden kann nur die Chance, daß sich diese Idee artikulieren und effektiv realisieren kann.

Konkret: vgl. Erläuterungen s.u.

Einwände, Probleme, Anwendungen

Zu 1.
Die Bedürfnisse und Interessen lassen sich theoretisch von den drei Ebenen der Erfahrung von Unterdrückung her analytisch gliedern und umreißen. Dabei sind im übrigen diese Bedürfnisse und Interessen weitgehend aufgenommen in den jeweiligen speziellen Arbeitskreisen, obwohl freilich jedes Bedürfnis in jeden Arbeitskreis, mehr oder weniger zentral bzw. peripher, eingeht.

a) *Was sind unmittelbare, subjektive Bedürfnisse und Interessen der Einzelindividuen?*
Bedürfnisse und Interessen, die die Teilnehmer der Arbeitsgruppen primär als *Einzel*individuen haben, und die vor allem entsprechend der dritten These in die kollektiven Lernprozesse einzubringen wären (spezifischer in den Arbeitskreisen »Autorität und Kommunikation«, »Sozialisationsprozesse«).

1 – Bedürfnisse, die Probleme des eigenen, *individuellen Sozialisationsverlaufs* aufarbeiten: Lern- und Konzentrationsschwierigkeiten, emotionale Fixierungen an Autoritäten, entsprechende Passivität oder Aggression, usw., Sexualität, Hemmungen und Blockierungen, sich in einem größeren Kreis zu äußern.

Sicherlich wird kaum ein Arbeitskreis in der Lage sein, die Funktion einer *Gruppentherapie* therapeutisch adäquat zu übernehmen. Andererseits kann man weder diese Probleme ignorieren, denn sie sind immer präsent (in jedem Gespräch und jeder Aktion), einen anderen oder eine Gruppe ihretwegen irgendwie abzuqualifizieren. (Vgl. Reimut Reiche, Verteidigung der »neuen Sensibilität«, in: Wolfgang Abendroth u.a., »Die Linke antwortet Jürgen Habermas«, a.a.O., S. 103 unten und S. 95 ff., was sich z.T. auch ohne weiteres auf den Wissenschaftsbetrieb in seiner jetzigen und künftigen Selbstorganisation übertragen läßt:)

»Es gibt z.B. im SDS genügend Beispiele dafür, daß junge Studenten in einem Zustand hoher psychischer Desintegration (Arbeitsunfähigkeit; psychische Impotenz; offene neurotische, vor allem depressive Verfolgungssymptome) in den SDS (in eine sich selbst organisierende Arbeitsgruppe) eingetreten sind und sich dort – oft in einem Jahre dauernden Prozeß – psychisch stabilisieren konnten. – Natürlich ist dieser Weg kein Ersatz für eine klinische Behandlung, die aber einerseits im Massenmaßstab nicht verfügbar ist, andererseits die umgekehrten Gefahren ... enthalten dürfte, nämlich jahrelange Neutralisierung und privaten Rückzug des Einzelnen. – Die provokativen Innovationen ... sind fast ausschließlich von Jugendlichen im Umkreis des SDS (bzw. heute: der Streikbewegung) eingebracht worden, die im klinischen Bereich den Tatbestand der Neurose durchaus erfüllen dürften ...

Wer es grundsätzlich ablehnt, daß die antiautoritäre Bewegung ... auch gewisse Funktionen der psychischen Selbstheilung übernehmen muß – mit allen Schwierigkeiten, die dazu gehören – dem bleibt letztlich nur eine andere Alternative: einen Numerus clausus der Normalität einzuführen (bzw. die methodische Reflexion der Wissenschaften prinzipiell von allen praktischen Problemen stubenrein zu halten) und dafür eine Kontrollinstanz einzusetzen, die entscheidet, von welchem psychischen Desintegrationsgrad an sich jemand nicht mehr im aktiven Kern der Schüler- und Studentenbewegung aufhalten soll (bzw. sich nicht mehr im Kreis wissenschaftlicher Disputanten zur Sache äußern darf). Damit könnten vielleicht einige Skandale aufgehalten werden, aber nur um den Preis des sicheren Endes der gesamten oppositionellen Jugendbewegung (bzw. zahlreiche Schwierigkeiten in den Diskussionen der Arbeitsgruppen vorläufig und scheinbar umgangen werden, aber nur um den Preis des sicheren Endes einer emanzipatorischen Wissenschaft und wesentlicher Impulse zur Selbstorganisation des Studiums).«

Selbstverständlich wird es wohl in jeder Gruppe, die solche Erfahrungen kollektiv aufzuarbeiten versucht, früher oder später zu einer gemeinsamen Problemstellung kommen müssen; diese aber wird sicherlich, eben weil gemeinsam und damit in einem ersten Schritt bereits objektiviert, zu einer fortschreitenden, rationalen Bewußtwerdung und ich-stabilisierenden Aufarbeitung mit sich bringen.

2 – Bedürfnisse, die nicht primär beim Einzelindividuum bestehen, sondern bei Studenten *allgemein*; *trotzdem* werden sie zunächst individuell erfahren und als individuelle artikuliert. Es sind Bedürfnisse, die strukturell an den Agenturen der sekundären Sozialisation heute festgemacht sind:

Exemplarisch dafür der Wunsch, als *Subjekt* voll ernstgenommen zu werden, objektiv und subjektiv die Chance aktiver, konstruktiver Mitarbeit und Reflexion zu haben, das zu entwickeln, was umgangssprachlich als »schöpferisch« bezeichnet und bewundert wird (Kombinationsfähigkeit, Originalität, und vor allem die Fähigkeit, Neues zu erkennen und in Gang zusetzen).

Diese Interessen beziehen sich eindeutig auf die Postulate kollektiver Lernprozesse, wie in der dritten These entwickelt:
Themen und Fragestellungen *selbsttätig zu entwickeln*, statt sie sich vorgeben zu lassen, je nach dem individuellen Stand persönlicher vorwissenschaftlicher Erfahrung und Fähigkeit zu deren methodischer Reflexion, und je nach dem Zugang, den eine bestimmte Erfahrungswirklichkeit verlangt (intellektuell, meditativ, durch Aktion, Demonstration usw.);
Erfordernisse der Methode (»wissenschaftliche Standards«) nicht einfach vorgesetzt zu bekommen, sondern, bezogen auf konkrete Fragen, sie jeweils in ihrem Stellenwert und ihrer Notwendigkeit selbsttätig *einzusehen;*
permanent die Chance zu erhalten oder zu vergrößern, aktiv, konstruktiv und schöpferisch mitarbeiten zu können, statt bloß in einer gruppendynamisch suggerierten Konsumentenstruktur sich wie ein Faß erfahren zu müssen, in das permanent wissenschaftliche Mitteilungen regnen;
alle Ergebnisse und Reflexionen auch *selbsttätig kontrollieren und bestätigen* zu können (durch Anwendung, durch neue Erfahrung, durch Aktion).

3 – die Frage nach der *sozialen Situation* aufzuarbeiten, in der man aktuell steht: isoliert von Kommunikation mit anderen; in einer Einzelbude, in einer *Wohngemeinschaft*; in jeweiliger gesellschaftlich-politischer Umwelt von Verwandten, Nachbarn, sonstigen Bezugsgruppen und Pressionen (z. B. moralische Normen).

b) *Was sind Interessen und Bedürfnisse von Individuen und Gruppen*
Die Verhältnisse, die zunächst keine subjektiven Erfahrungen bei den Einzelnen erzeugen, aber trotzdem jeden öffentlich betreffen, erzeugen solche Interessen und Bedürfnisse. Werden tatsächlich Einzelne in Mitleidenschaft gezogen, so besteht die Gefahr, daß sie von den anderen isoliert werden. Solidarität kann hier nur über Identifikation der Gruppe mit den Einzelnen hergestellt werden, während sie sich automatisch ergibt, wenn eine ganze Gruppe betroffen ist.

Solche subjektiven Erfahrungen werden bei *Demonstrationen* in Konfrontation mit der Polizei gemacht, in der *Streikbewegung* bei Relegationen. In der *Justiz-*

kampagne werden die Interessen der Einzelnen durch Herstellung von Öffentlichkeit gewahrt.

c) *Gibt es Interessen und Bedürfnisse von Gruppen auf gesamtgesellschaftlicher Ebene?*
Die individuellen Interessen werden durch Provokation auf institutioneller Ebene sichtbar gemacht, danach durch Verbindung mit komplexen Theorien (Konstruktion von Legitimationszusammenhängen) auf die dritte Ebene gehoben.

Das geschah in der *Springerkampagne*, als die Verhetzung der *Minderheiten* bekämpft werden sollte. Die *Transformation der Demokratie* in eine Herrschaft von »Sachverständigen« erzeugt auf individueller Ebene das *Apathieproblem* und hinter *formalen* Spielregeln der *Justiz* und der Universität verbergen sich für das Individuum *konkrete Herrschaftsverhältnisse*.

Selbst wenn es sich um objektive Zusammenhänge handelt, so ist doch das Individuum von ihnen betroffen (die subjektive Erfahrung ist die FOLGE) und vom Individuum in der Gruppe provoziert (AUSLÖSER). Daraus folgt, daß auch rückwärts bei entsprechender Kontrolle durch Theorie diese Erfahrung individuell und kollektiv zur wissenschaftlichen Rekonstruktion von Zusammenhängen dienen kann.

Zusammenfassung
Zum Teil hat die Konkretisierung dieser Bedürfnisse und Interessen bereits manche der obigen Einwände schon auf ihren adäquaten Stellenwert reduziert. Was bedeuten sie für die Arbeitskreise?

Subjektiv und unmittelbar sind manche dieser Erfahrungen, insofern sie konkret von bestimmten Individuen gemacht werden. Vermittelt und objektiv stehen sie in einem allgemeinen gesellschaftlichen polit-ökonomischen Zusammenhang. Als solche vermittelt und objektiv müssen aber die individuellen Erfahrungen *erst* bewußt werden, müssen diese Erfahrungen erst durch die weitere Erfahrung ihres überindividuellen Charakters und der Solidarität von kollektiver Reflexion in der Absicht praktischer Veränderung eine neue Qualität gewinnen; ebenso *dann* durch die Konfrontation mit Literatur, die diese Erfahrungen durch kontrollierte Forschungsmethoden in den Rahmen einer größeren Repräsentanz und komplexerer Zusammenhänge stellt; durch die politische Praxis »schließlich«, die z.T. diese Primärerfahrung mit anderen Gruppen konfrontiert, berichtigt, einschränkt oder objektiviert.

Dieser Prozeß vom Ausgangspunkt (der subjektiven, aktuellen, unmittelbaren Erfahrung einzelner Individuen) bis zu deren Aufarbeitung und Einordnung in einen größeren Bezugsrahmen (der objektiven, geschichtlichen vermittelnden Struktur) darf aber weder verkürzt noch abgeschnitten werden. Andernfalls bleibt Reflexion abstrakte, damit falsche Theorie, und – was noch fataler, weil neue Unterdrückung ist – stellen sich vorgelegte Thesen, Problemstellungen und referierte Zusammenhänge als aufgezwungene Entfremdung eines repressiven Wissenschaftsbetriebes dar (vgl. dritte These).

Bezug der Arbeitsgruppen auf Erfahrung – »Politisierung« der Arbeitsgruppen muß in ihre konkrete Arbeit eingehen: *anfangs* in der konkreten Problemstellung (Erfahrung bzw. Aktion/Projekt), *als Ziel* der Veränderung von Erfahrung (Projekt bzw. politische Aktion), *begleitend* als Korrektur von Reflexion an der Realität (polit. Situation als »Randbedingung«, Projekte, geplante Aktionen).

Nr. 297

Walter Rüegg, Rektor der Johann Wolfgang Goethe-Universität

Steinzeit

Aufruf im »uni-report«
10. Februar 1969

QUELLE: uni-report der Johann Wolfgang Goethe-Universität, 2. Jg., Nr. 2, S. 1

Eine Welle der Gewalt ging in den letzten Tagen durch die Universität. Die Wände wurden mit Terroraufforderungen und primitiv-obszönen Parolen beschmiert, Räume und Einrichtungen wurden in völlig sinnloser Weise zerstört, Akten und Bücher wurden unter Freudengeheul verbrannt. Mit anonymen Gewaltandrohungen versuchte man, psychischen Druck auszuüben, andersdenkenden Kommilitonen wurden Prügel angedroht.

Im gleichen Zeitraum gingen in der Stadt Dutzende von Scheiben zu Bruch, Autos wurden demoliert, Bürger und Polizisten wurden verletzt. Die »studentische Bewegung« hinterläßt eine breite Spur der Verwüstung.

Die radikalen Urheber der Zerschlagungsaktionen, in erster Linie der SDS, verfolgen konsequent eine Strategie der Zerstörung. In einer in vielfacher Hinsicht reformbedürftigen Gesellschaft betreiben sie eine anarchistische Revolution mit utopischer Zielprojektion. Sie versuchen, die Revolution in einer nichtrevolutionären Gesellschaft zu betreiben. Rücksichten auf Andersdenkende kennen diese Kreise nicht. Für den SDS ist die Zeit für Argumente längst passé, die Stein-Zeit hat begonnen.

Es gilt jetzt, den Radikalen die Steine aus der Hand zu nehmen. Die Hochschulreform hat begonnen, wir haben die Chance, Universitäten zu bekommen, in denen mündige Bürger für die Anforderungen im Jahr 2000 unterrichtet werden können. Gewalt, Repression und Zwang dürfen keine Mittel auf dem Weg zu diesem Ziel sein!

Nr. 298

Jochen Steinmayr
Die Revolution frißt ihre Väter
11. Februar 1969

QUELLE: Der Stern vom 11. Februar 1969, 21. Jg., Nr. 11, S. 28, S. 30 und S. 191

In Frankfurt fraß die Revolution ihre Väter. Das Institut für Sozialforschung, an die Universität nur organisatorisch angelehnt, wurde nach dem Krieg von den aus der Emigration heimkehrenden Professoren Adorno, Horkheimer und Pollock vorwiegend mit amerikanischen Geldern aufgebaut. Es inspirierte mit seinen gesellschaftskritischen Denkmodellen die Studenten, die sich dann später im SDS formierten. Der inzwischen emeritierte, ins fashionable Lugano verzogene Horkheimer und der feinbürgerliche, Bonhomie ausstrahlende »Teddy« Adorno lehrten auf marxistischer Grundlage, wie miserabel die kapitalistische Gesellschaft heute sei und daß nur eine Bewußtseinsformung der geistig noch unmündigen Massen einen paradiesisch-sozialistischen Morgen verspreche.

Adorno aber weiß auch in dieser so unvollkommenen Welt angenehm zu leben. Seine Schüler hingegen, darunter der Musterdoktorand und jetzige rote Stern von Frankfurt, Hans-Jürgen Krahl, begriffen die Theorien der »kritischen Frankfurter Schule« als Aufforderung, für die bessere Welt von morgen schon heute zu kämpfen.

Jetzt, da diese Aktivität Scherben verursacht, sagt Adorno, bekleidet mit einem dezenten Fischgräten-Anzug, dessen Weste sich über ein Altersbäuchlein spannt: »Ich habe ein theoretisches Denkmodell aufgestellt. Wie konnte ich ahnen, daß Leute es mit Molotow-Cocktails verwirklichen wollen.«

Diese Bemerkung macht der Professor im gleichen Augenblick, als draußen vor seinem Institut die von Hans-Jürgen Krahl angeführte Schar der aufsässigen Soziologie-Studenten anrückt – langhaarige, bärtige Burschen in verschlissenen Jeans und Mädchen, die ihre Reize bewußt verblassen lassen.

Die Gruppe will ein in Adornos Institut ordnungsgemäß anberaumtes Seminar »umfunktionieren« in ein Plenum der soziologischen »Arbeitsgruppen«, jene von den Studenten organisierte Zirkel, in denen wissenschaftliche Erkenntnisse in politische Aktionen umgemünzt werden sollen. Solche Arbeitsgruppen will der SDS künftig an allen Fakultäten ins Leben rufen, um sich eine breitere Basis zu verschaffen.

Tage zuvor schon hatte Adornos Kollege Habermas das zum Institut gehörende Seminar-Gebäude an der Frankfurter Myliusstraße für Krahls wilde Schar geschlossen. Der »rote Professor« konstatierte, daß die von ihm einst gestützte SDS-Bewegung Gefahr laufe, »Wahnvorstellungen« zu erliegen.

Bei den Diskussionen, denen Habermas den Boden entzog, ging es um die Demonstrationen gegen das Karajan-Festival zur Förderung des deutschen Sports. Die Krahl-Gruppe fühlte sich herausgefordert, eine Gegenaktion mit Hilfe der »Produktionsmittel« des Instituts vorzubereiten. Produktionsmittel sind im wissenschaftlich gefärbten Rotwelsch des SDS institutseigene Telefone, die Schreibmaschinen und der Vervielfältigungsapparat (für Flugblätter). Habermas aber wollte verhindern, daß die Urheber für spätere Sprechchöre gegen Kiesinger und faule Eier auf Ludwig Erhards Limousine in dem mit großzügigen Stiftungsmitteln ausgestatteten Institut gesucht würden.

Stunden um Stunden debattierten die Arbeitsgruppen, ehe Habermas sie vertrieb. Sie saßen und standen zusammengepfercht wie die Gläubigen in engen Bethäusern. Rauchwolken lasteten auf der Versammlung. Wortführer kristallisierten sich heraus, Hans-Jürgen Krahl, der Sohn einer preußischen Gräfin Hardenberg, und Frank Wolff, der sensible Cellospieler. Obwohl es eigentlich nur um die Störung des Konzertes der Sportmäzene ging, wurde die ganze politische SDS-Theorie durchgewalkt wie Hefeteig. »Legalisieren, definieren, polarisieren«, so ging das hin und her wie Tennisbälle bei einem Spiel, und zweifellos bereiteten solche Debatten den Uni-Revolutionären eine spielerische Freude.

Freilich, sobald sich ein vorsichtig vorgetragener Einspruch gegen Brachialgewalt und Stoßtrupp-Terror erhob, wurden die häufig als smart beschriebenen Wortführer recht unangenehm und ungeduldig. Dann hieß es plötzlich: »Schnauze halten« oder »Scheißargument«.

Die Fensterscheiben im Frankfurter Amerika-Haus, in Reisebüros und Konsulaten, waren zerdeppert, die abstoßende Massierung von Polizisten, Wasserwerfern, Stacheldraht und zähnefletschenden Hunden vor dem Prominenten-Festival längst aufgelöst, als die Rebellen wieder dazu übergingen, ihre begonnene politische Kampagne auf Universitätsboden fortzusetzen.

Während 15 000 Frankfurter Studenten in der freudlosen Atmosphäre schlecht geplanter Wissenschaftsbunker ihrem Tagewerk nachgingen, in Keller-Räumen Faschingsvorbereitungen liefen, Korporierte ihre Festkommerse zum Semesterschluß avisierten, inszenierten die rund 100 Radikalen aus der Myliusstraße ein Ereignis, das die 15 000 Unpolitischen moralisch zwingen sollte, sich mit der roten Minorität zu solidarisieren.

Ihre verstörten ehemaligen Götter, die Professoren Habermas, Adorno und von Friedeburg gaben den Anlaß dazu. Sie holten, nachdem die Politgruppe von der verschlossenen Myliusstraße sich nun in Adornos Institut einquartierte, die Bullen des Frankfurter Polizeipräsidenten Littmann. »Wegen Hausfriedensbruch« wurden die roten Aktivisten durch einen Kordon in bereitstehende Autobusse getrieben. »Scheißkritische Theoretiker«, rief Hans-Jürgen Krahl den geschlagenen Professoren nach, als ihn ein Bulle schon am Kragen hatte. Die Soziologie-Autoritäten zogen sich betreten zurück, erschüttert und keineswegs sicher, ob sie sich nicht selbst ad absurdum geführt haben, als sie ihre allzu feurigen Jünger arretieren ließen.

Die Polizei ließ 75 Festgenommene nach der erkennungsdienstlichen Prozedur, Fingerabdrücke und so, wieder laufen. Nur Krahl, der 21 politische Verfahren am Hals hat, blieb in U-Haft. Nun war der Anlaß da, um die gesamte Studentenschaft wachzutrommeln: »75 Kommilitonen festgenommen, Freiheit für Krahl.«

Eine schon vorher anberaumte Demonstration mit spanischen Gastarbeitern wird teilweise »umfunktioniert«: »Ho – ho – holt Krahl!« Wieder sind die scheinbar allgegenwärtigen Myliusstraßen-Gesichter vornan und dazu der »Rote Dany«, der Pausback

Cohn-Bendit, der sich in letzter Zeit ein wenig zurückgehalten hatte, der aber nun seinen Charme wieder ins Gefecht führt, weil sein Genosse Krahl, der fixe Propagandist, hinter Gittern sitzt.

Prof. Adorno findet, es müsse wohl eine psychologische »Ich-Schwäche« sein, welche die Bürgerkinder in die Revolutions-Kollektive drängt. Auch sei es so etwas wie eine »Modeerscheinung«, revolutionär zu sein und Gammler-Look zu tragen.

Bei der Spanien-Demonstration dann marschiert Claudia Littmann, Tochter des Polizeipräsidenten, 19, Nichtstudentin, eher zum Fotomodell geeignet, in der ersten Reihe. Papas »miese Bullen« sind es, die in futuristischen Sturzhelmen den singenden, springenden, spurtenden Demonstranten die Straße freimachen.

Nr. 299

Fachschaft Philosophie

»Nach den der Fachschaft Philosophie bekannten Informationen...«

Stellungnahme zur polizeilichen Räumung des Instituts für Sozialforschung und zur Stellung von Strafanträgen gegen die studentischen Besetzer

12. Februar 1969

QUELLE: Archivalische Sammlung Ronny Loewy im Hamburger Institut für Sozialforschung, Akte »Aktiver Streik« WS 68/69

Nach den der Fachschaft Philosophie bekannten Informationen, insbesondere nach den Diskussionen mit den Prof. Adorno, v. Friedeburg und Habermas hat die Fachschaft Philosophie folgende Stellungnahme zu den Strafanträgen, dem Polizeieinsatz und den Verhaftungen im IfS am 31.1.69 beschlossen.

1. Eine polizeiliche Räumung und Schließung des Soziologischen Seminars in der Myliusstr. und des IfS war grundsätzlich gerechtfertigt.

Der Streik der Soziologen an der Phil. Fak. wurde mit folgenden Zielen geführt: »Leistet praktischen Widerstand gegen den autoritären Staat durch Selbstorganisation der Wissenschaft« und »Ausrichtung der Wissenschaft an den strategischen Erfordernissen der Protestbewegung«. Diese inhaltlichen Forderungen wurden verbunden mit der Forderung nach einer Neuorganisation des Soziologischen Seminars; autonomer studentischer Bereich und ein mindestens halbparitätisch besetzter Institutsrat galten dabei als Minimalbedingungen. Langfristig wurde eine Institutssatzung angestrebt, in der die Vollversammlung (und somit die Studenten) oberstes Entscheidungsorgan sein sollte. Die Professoren, insbesondere Prof. Habermas, interpretierten diese Zielvorstellungen des Soziologenstreiks als den Versuch, Wissenschaft überhaupt den Erfordernissen der Protestbewegung unterzuordnen und so die herrschende Instrumentalisierung der Wissenschaft nur durch eine andere zu ersetzen. Dieser Versuch, Wissenschaft für den Widerstand im autoritären Staat zu instrumentalisieren, geht von der falschen These aus, Wissenschaft überhaupt sei nur als Produktivkraft zu begreifen. Demgegenüber hat Prof. Habermas eingewandt, daß mit dieser These übersehen werde, daß Wissenschaft als Kritik ihre emanzipative Funktion nur entfalten könne, wenn sie autonom sei und nicht unter ihr nicht unmittelbar immanente politisch praktische Bedingungen untergeordnet werde. Insofern sei das einzig sinnvolle Ziel einer Neuorganisation von Studium und Wissenschaft der Versuch, Wissenschaft in der Gesellschaft einen Bereich der Autonomie zu sichern und die externen Bedingungen zu durchbrechen, denen Wissenschaft heute noch untergeordnet ist. Eine neue Instrumentalisierung von Wissenschaft – nur mit anderem Vorzeichen – aber führe letztlich über eine Aushöhlung der Autonomie der Wissenschaft zur Zerstörung jenes Fundaments von Aufklärung, das Bedingung jeder an einer Humanisierung der Gesellschaft interessierten politischen Praxis sei.

Die Soziologen haben gegen diese Argumentation keinen triftigen Einwand liefern können, noch haben sie die von den Professoren gegebene Interpretation ihrer Streikziele bestritten. Eine polizeiliche Räumung und Schließung der beiden soziologischen Seminare waren daher gerechtfertigt, insofern sie dazu notwendig waren, eine faktische Durchsetzung der politisch fatalen Streikziele zu verhindern.

2. Die Professoren Adorno, v. Friedeburg und Habermas haben behauptet, die Stellung von Strafanträgen wegen Hausfriedensbruch sei die Vorbedingung für eine polizeiliche Räumung des IfS gewesen. Wenn diese Behauptung der Wahrheit entspricht, müßten die Professoren heute, wo das Mittel seinen Zweck erfüllt hat, alles versuchen, diese Strafanträge rückgängig zu machen. Dem steht juristisch nichts im Wege, da einfacher Hausfriedensbruch ein Antrags- und kein Offizialdelikt ist. Die Fachschaft Philosophie fordert die Professoren Adorno, v. Friedeburg (und Habermas) daher nochmals auf, die Strafanträge zurückzuziehen. Sollten die Professoren dieser Forderung nicht nachkommen, so müssen wir ihre Maßnahmen so verstehen, daß sie nicht nur eine polizeiliche Räumung des IfS anstrebten, sondern versucht haben, eine Gruppe politischer Gegner innerhalb der Linken mit Mitteln der Polizei und Justiz zu zerschlagen. Einen solchen Versuch, sich politischer Gegner zu entledigen, lehnt die Fachschaft Philosophie entschieden ab.

Nr. 300

Theodor W. Adorno
Brief an Herbert Marcuse

14. Februar 1969

QUELLE: Stadt- und Universitätsbibliothek Frankfurt/Main, Herbert-Marcuse-Archiv

---

Prof. Dr.   6 Frankfurt am Main
Theodor W. Adorno   Kettenhofweg 123
                                 14. Februar 1969

Lieber Herbert,

am 24. Januar habe ich Dir geschrieben und gleichzeitig die offizielle englische Einladung des Instituts, für den Dean Deiner Fakultät, beigelegt. Da ich noch keine Antwort habe, befürchte ich fast, daß, wegen irgendwelcher Katastrophen, sei's der Natur, sei's der Gesellschaft, der Brief verlorenging. Ich bitte Dich um ein rasches Wort, damit ich Dir gegebenenfalls Durchschläge schicken kann.

Übrigens habe ich einen formellen Fehler begangen: die Einladung des *Instituts* kann de jure nur von Friedeburg, Gunzert und mir erfolgen, nicht von Habermas, der zwar Mitdirektor des Soziologischen Seminars, formell aber nicht des Instituts ist; und beides muß organisatorisch auseinander gehalten werden. Daß die Einladung in vollstem Einverständnis mit Jürgen erfolgte, muß ich nicht sagen.

Hier ging es wieder gräßlich zu. Eine SDS-Gruppe unter Krahl hatte einen Raum des Instituts besetzt und sich trotz dreimaliger Aufforderung nicht entfernt.

Wir mußten die Polizei rufen, welche die im Raum Angetroffenen verhaftete; die Situation ist an sich scheußlich, aber Friedeburg, Habermas und ich waren bei dem Akt dabei und konnten darüber wachen, daß keine physische Gewalt angewandt wurde. Nun herrscht großes Lamento, obwohl Krahl die ganze Aktion nur organisiert hatte, um in Untersuchungshaft zu kommen und dadurch die zerfallende Frankfurter SDS-Gruppe nochmals zusammenzuhalten – was ihm einstweilen auch gelungen ist. In der Propaganda werden die Dinge völlig auf den Kopf gestellt, so als ob wir repressive Maßnahmen ergriffen hätten, und nicht die Studenten, die uns zuriefen, wir sollten die Klappe halten und wir hätten hier gar nichts anzugeben. Dies nur zu Deiner Orientierung für den Fall, daß Gerüchte und gefärbte Darstellungen zu Dir dringen sollten.

Mit meinem Buch komme ich trotz allem ganz gut vorwärts; leider, muß ich fast sagen weil mich die Vorgänge in einer mir selbst kaum erklärlichen Weise unberührt lassen; nicht einmal die Angst habe ich, auf die ich Anrecht hätte. Doch mag andererseits die Intensität, mit der ich in der Arbeit stecke, mich auch ein wenig wappnen. Ich hoffe, in den restlichen sogenannten Ferienwochen wenigstens so weit zu kommen, daß, was dann noch zu tun bleibt, mehr oder minder technischer Art ist.

Noch möchte ich Dir sagen, daß Max beabsichtigt, in den Tagen, in denen Du hier sein wirst, ebenfalls hierher zu kommen.

Gesundheitlich geht es, abgesehen von chronischer Unterschlafenheit, ganz gut, und wir sind bis jetzt ohne Hongkonggrippe über den Winter gekommen, der seit ein paar Tagen wieder barbarische Gestalt angenommen hat.

Euch Beiden alles Liebe, auch von der Gretel,
Dein alter Teddie

Nr. 301

Jean Améry
Weiter Weg zu Danton –
Der Rebell Daniel Cohn-Bendit
Artikel in der Frankfurter Rundschau
15. Februar 1969

QUELLE: Frankfurter Rundschau vom 15. Februar 1969

Die persönliche Impression zuvor. Ich traf Daniel Cohn-Bendit, genannt »Dany le Rouge«, zum ersten Mal bei einem Cocktail seines Verlegers Rowohlt zur Zeit der Frankfurter Buchmesse. Wäre ich nicht auf ihn verwiesen worden, ich hätte ihn gewiß in der Menge übersehen. Ein kleines, zierliches Kerlchen, mit einem hübschen, etwas babyhaften, verquollenen Sommersprossengesicht, feuerfüchsigen Haaren und sehr blauen Augen. Hatte man ihn erst mal im Trubel aufgestöbert, sah man, wie umlagert er war: besonders Mädchen und junge Frauen, zum Teil sehr elegante, sehr hochbürgerlich aussehende, bildeten einen Kreis um ihn, hingen an seinen frechen Lippen. Ein Star, kein Zweifel.

Frappierend, wie er abwechselnd vollkommen parisierisch französisch und ebenso vollkommen berlinerisch deutsch spricht; selten ist mir eine so totale Zweisprachigkeit begegnet. Was sagt er? Hauptsächlich spöttische Freundlichkeiten, Gewichtloses. Das ist also der Mann – nein: der Junge –, der um ein Haar den feierlichen Magnifizenzgreis aus dem Élyséepalast verjagt hätte. Unglaublich. Tags darauf, bei den Demonstranten vor der Paulskirche, verstand ich's besser. Der Star, inmitten der rebellischen Jugend, hatte sich zum Agitator großen Stils gewandelt. Eine helle Kommandostimme, nicht ohne mitreißende Kraft, übertönte den freundlich-spöttischen Tonfall von gestern. Der Körper war ganz gebändigte, zum Losschnellen bereite Kraft, der physische Mut des jungen Menschen, der die Barrieren übersprang und sich den mächtig gewachsenen Polizisten entgegenwarf, mußte imponieren. Imponierte: Kein normal organisierter Mensch ist frei von Respekt vor körperlicher Courage. Cohn-Bendit ist also beides, dachte ich, Star und Rebell, zierliches Salon-Löwenjunges und ausgewachsener Revolutionslöwe. Ich begriff die Faszination, die er bei den Mai/Juni-Ereignissen in Paris auf seine Kommilitonen – aber nicht nur auf sie – ausgeübt hatte.

INTELLIGENZ, MUT UND FRECHHEIT

Daniel Cohn-Bendit: ein Mode-Phänomen? Vielleicht. Aber das ist nicht seine Schuld. Unleugbar ist dieser junge Mensch, dessen Buch *Le Gauchisme, remède contre la maladie sénile du Communisme* ich eben durchlas, eine politische und intellektuelle Potenz – was aber nicht besagen will, daß es ihm bestimmt ist, bleibende Spuren zu hinterlassen. Dieses Buch, geschrieben angeblich in sechs Wochen nach Ausbezahlung eines Blanko-Vorschusses von immerhin 60 000 Mark durch Rowohlt – dieses Buch eines anarchierenden Linkssozialisten ist eine erstaunliche Mischung aus kluger, durch Information und Belesenheit geläuterter Frühreife und kindlicher Naivität.

Es ist gleichsam ein Selbstporträt seines Verfassers, in dem Gescheitheit und abgründiger intellektueller Leichtsinn, revolutionärer Ernst und revolutionärer Spieltrieb eine eigentümlich irritierende und zugleich anziehende Verbindung eingehen. Der Leichtsinn wird ärgerlich, wenn er auf ein paar Seiten den Leser zu überzeugen versucht, daß die Revolution in Frankreich in Griffweite der Studenten lag und daß das Machtgefüge bereits in voller Auflösung war. (Die Wahrheit sah anders aus: Die Armee war bereit, in wenigen Stunden Ordnung zu schaffen, mit de Gaulle, wenn nötig, ohne und gegen ihn, wenn möglich.) Die gleiche Liederlichkeit nimmt Playboyformen an, wenn Cohn-Bendit einem Interviewer sagt: »Ich habe sehr viel Geld verdient in den letzten Monaten, ich sehe nicht ein, warum ich es refüsieren sollte. Man kann zweihundert, dreihundert Franken pro Tag ausgeben...« Sozialistischer Puritanismus ist das nicht: Das ist snobistische Überheblichkeit. Auch diese gehört ins Bild des jungen Mannes, den man, nach schlagenden Formulierungen süchtig, den »deutschen Danton« genannt hat. Es ist ein weiter Weg vom Quartier Latin zur Bastille und ein noch viel weiterer von Dany zu Danton.

Frappierend immer wieder, mehr noch als seine Intelligenz und sein Mut, ist seine Frechheit. Vor den Barrikaden, als Aragon, ein Parteikommunist, gewiß, und als solcher vielleicht abzulehnen, aber immerhin einer von Frankreichs größten Schriftstellern, zu den Studenten sprechen wollte, rief Cohn-Bendit dem weißhaarigen 70jährigen Manne zu: »Vieille barbe«, alter Bart. Und dann zu den Studenten: »Laßt ihn reden, hier darf jeder seine Meinung äußern, selbst ein Verräter!« Kein Wunder denn, daß niemand glauben wollte, daß hinter dieser Frechheit nicht irgendeine Macht stünde. Die Parteikommunisten Frankreichs nannten ihn einen »Deutschen« und ließen durchblicken, daß er vom amerikanischen CIA bezahlt sei, um den Sozialismus zu kompromittieren. Die Rechte bezeichnete ihn schlicht als »Juden« und behauptete, er leiste »objektiv« dem Parteikommunismus Vorschub. Seine Freunde hielten aber zu ihm und schrien im Sprechchor: »Wir sind alle deutsche Juden!«

Deutscher Jude, das ist er in der Tat. Sein Vater, ein Berliner Rechtsanwalt, mußte 1933 emigrieren, fand Zuflucht in Frankreich, wo Daniel in Montauban geboren wurde. Sein älterer Bruder, heute Gymnasiallehrer in der Provinz, wurde und blieb Franzose, Daniel ging als Dreizehnjähriger mit seinen Eltern nach Deutschland zurück, wo er die berühmte, sehr fortschrittliche Odenwald-Schule besuchte. Nach dem Tode beider Eltern zog es ihn wieder nach dem Lande seiner Geburt. Er ging, unterstützt durch Wiedergutmachungsleistungen der deutschen Bundesregierung, nach Frankreich und studierte an der Fakultät von Nanterre, die eigentlich erst durch sein dort von ihm gegründetes »Mouvement du 22 mars« weltberühmt wurde. Gerne bezeichnet er sich, wiewohl er Träger eines deutschen Passes ist, als »staatenlos«. Ist er darum auch heimatlos? Offensichtlich nicht. Im Augenblick wohnt er in Frankfurt/Main, wo er einem französischen Korrespondenten, der ihn interviewte, gestand: »In Deutschland würde ich mit vierzig Jahren schon vollkommen senil sein. Ich lebe sehr gerne in Paris. Ich habe keine französischen Ausweispapiere, ich bin aus Frankreich landesverwiesen. Ich fühle mich weder als Deutscher noch als Franzose, aber ich habe mich nun einmal an ein bestimmtes Milieu, das pariserische, gewöhnt. Man sagt, ich hätte durch meine Aktionen nur das Regime de Gaulle gestärkt und zum Wahlerfolg des Präsidenten beigetragen. Nun ja, dann soll sich doch der Präsident erkenntlich zeigen und mich zurücklassen. Ich verdiene das...« Hinter dem Scherz verbarg sich Heimweh nach Frankreich. Aber der Präsident der Republik wird sich kaum »erkenntlich« zeigen und wird sich wohl hüten, den »roten Dany« wieder in Frankreich aufzunehmen.

ÜBERALL UNERWÜNSCHT

Ganz abgesehen von der Fragwürdigkeit von Daniel Cohn-Bendits politischen Konzeptionen oder Nicht-Konzeptionen, in denen auf schrecklich wörtliche Weise Herbert Marcuses Idee der »großen Weigerung« in die Tat umgesetzt werden soll, ist festzustellen, daß Cohn-Bendit sich selbst sehr weitgehend den politischen Aktionsraum eingeschränkt hat. In Frankreich ist er landesverwiesen. In Deutschland hat man ihn nach den Demonstrationen vor der Paulskirche mit acht Monaten Gefängnis bedingt bestraft, die er beim geringsten Vergehen gegen die öffentliche Ordnung würde absitzen müssen – und ohne solche Vergehen geht es nun einmal bei ihm niemals ab. In den meisten europäischen Ländern läßt man ihn nicht einreisen. Belgien verweigerte ihm den Grenzübertritt, in Großbritannien warteten seine gleichgesinnten Kollegen kürzlich vergebens auf ihn, weil die Emigrationsbehörden strikten Auftrag hatten, ihn nicht an Land gehen zu lassen. In Italien, wo er sich im September beim Anarchistenkongreß mit den »traditionellen« Anarchisten (auch das gibt es!) zerstritt, hat er sich den Behörden so auffällig gemacht, daß auch dieses Land ihn nicht mehr auftreten lassen will.

Dazu kommt, daß in Deutschland seine Kameraden vom SDS sich von ihm distanzieren: er ist ihnen, da sie auch das Revolutionsziel auf deutsche Art ernst nehmen, zu wenig seriös. Man wirft ihm vor, daß er sich von Society-Ladies hofieren lasse, eine kleine Abweichung vom rebellischen Furor, wie sie ihm in Paris bestimmt nicht nur verziehen würde, sondern seiner innerstudentischen Publicity eher förderlich wäre.

Dennoch, und selbst wenn es in den kommenden Monaten um Cohn-Bendit immer stiller werden sollte, darf man annehmen, daß er, der gerade 24jährige, nicht am Ende, sondern am Anfang seiner politischen Laufbahn steht. Er ist, wenn bei weitem kein Danton, so doch ein überaus geschickter Massen-Hypnotiseur, der zudem heute schon über ein politisches Training verfügt, wie es nur wenige seiner Altersgenossen haben. Seine Intelligenz steht ebenso außer Frage wie seine Energie. Man darf voraussagen, daß man später noch viel von ihm hören wird – wenn auch vielleicht nicht gerade im Zusammenhang mit der Revolution. Das, was Cohn-Bendit und seine Freunde das »Establishment« nennen, hat eine gewaltige Integrationskraft. Es wäre erstaunlich, wenn nicht die etablierte Ordnung eines Tages auch diesen Ordnungsstörer sanft absorbieren und sich zunutze machen würde.

Nr. 302
Herbert Marcuse
Brief an Theodor W. Adorno
20. Februar 1969

QUELLE: Stadt- und Universitätsbibliothek Frankfurt/Main, Herbert-Marcuse-Archiv

20. Februar 1969

Professor Theodor W. Adorno
6 Frankfurt am Main
Kettenhofweg 123

Lieber Teddy:

Ich muß diesen Brief diktieren, deshalb ist er auf Englisch.

Dein Brief traf hier genau zu dem Zeitpunkt ein, als der Sturm über die Entscheidung über meine Wiederanstellung ausbrach. Der Sturm ist noch in vollem Gang: tägliche Sperrfeuer in den Tageszeitungen, im Fernsehen, von den Politikern, den ehrwürdigen Gouverneur eingeschlossen. Die Entscheidung liegt nun beim Verwaltungsrat, der am Freitag zusammentritt, und ich werde vermutlich am Montag, den 24. Februar, in Kenntnis gesetzt. Während dieser ganzen Zeit habe ich buchstäblich keine freie Minute, nicht einmal für die dringendste Korrespondenz, und auch heute muß ich mich sehr kurz fassen.

Meinem Gefühl nach sollten wir im Hinblick auf die Situation in Frankfurt unser Gespräch so privat wie möglich halten. Die beste Lösung wäre natürlich, es außerhalb Frankfurts stattfinden zu lassen, aber wenn das nicht durchführbar ist, schlage ich vor, daß wir es nicht unter der Trägerschaft des Instituts durchführen, sondern lieber unter der des Suhrkamp Verlages. Du weißt, daß Dr. Unseld mich ohnehin eingeladen hat. Das Gespräch könnte sehr gut in Unselds Haus stattfinden, wie Du vorgeschlagen hast. Bitte gibt mir eine Nachricht und entschuldige die Verzögerung.

Mit den besten Wünschen
Dein
Herbert Marcuse
Philosophie-Professor

Nr. 303
Theodor W. Adorno
Brief an Herbert Marcuse
28. Februar 1969
QUELLE: Stadt- und Universitätsbibliothek Frankfurt/Main, Herbert-Marcuse-Archiv

Prof. Dr.   6 Frankfurt am Main
Theodor W. Adorno   Kettenhofweg 123
28. Februar 1969

Lieber Herbert,

schönsten Dank für den Brief.

Die Einladung des Instituts steht; nur können wir leider die Sache nicht doppelt honorieren (also von Unseld aus *und* von uns), weil dann, aus naheliegenden Gründen, der Rechnungshof ein fürchterliches Getrachel machen würde. Aber wir werden das Problem schon zusammen lösen; ich habe mit Unseld natürlich sofort darüber gesprochen. Selbstverständlich ist auch sein Interesse ebenso groß, einen Zirkus zu vermeiden, wie unseres, zumal die Studenten unterdessen auch ein Go-in im Suhrkamp Verlag angedroht haben. Daß wir mit Eiern beworfen worden sind und Jürgen tatsächlich von einem am Anzug getroffen wurde, habe ich Dir wohl gesagt. Ich kann mir selbst gar nicht erklären, mit welcher Ruhe und welchem maßlosen Erstaunen ich diese Dinge registriere. Ob es das Alter ist oder intensive Verdrängung, damit ich meine Arbeit zu Ende kriege, vermag ich selber nicht zu sagen.

Nach einer Meldung im Spiegel ist ja nun doch Deine Professur auf ein Jahr verlängert worden, ich gratuliere dazu. Vielleicht hältst Du mich deswegen, und überhaupt wegen Deiner europäischen Termine, auf dem laufenden. Den März über sind wir im wesentlichen hier, die erste Hälfte April in Baden-Baden (Parkhotel Brenner), am 17. soll meine Vorlesung, mit Eiern oder ohne sie, anfangen: »Einleitung in die Dialektik«. On verra.

Alles Herzliche Euch Beiden, auch von der Gretel,
Dein alter Teddie

Nr. 304
Herbert Marcuse
Brief an Theodor W. Adorno
18. März 1969
QUELLE: Stadt- und Universitätsbibliothek Frankfurt/Main, Herbert-Marcuse-Archiv

18. März 1969

Lieber Teddy:

Dank für deinen Brief. Die Situation dort ist ja geradezu scheußlich, und ich frage mich (und dich) ernstlich, ob mein Besuch unter diesen Umständen ratsam ist. Du weißt das besser als ich. Selbstverständlich setze ich mich im Fall einer Absage der Anschuldigung aus, daß ich einer Auseinandersetzung ausweiche – das würde mich ärgern (weil es eben nicht wahr ist), sollte aber nicht entscheidend sein.

Also was tun? Bitte sage mir deine offene Meinung.

Herzlichst euch beiden, auch
von Inge,
dein

Nr. 305
Theodor W. Adorno
Brief an Herbert Marcuse
25. März 1969
QUELLE: Stadt- und Universitätsbibliothek Frankfurt/Main, Herbert-Marcuse-Archiv

Prof. Dr.   6 Frankfurt am Main
Theodor W. Adorno   Kettenhofweg 123
25. März 1969

Lieber Herbert,

schönsten Dank für Deine Zeilen.

Ich sprach sogleich mit Jürgen, dieser ist wie ich der Meinung, es sollte unbedingt bei Deinem Besuch bleiben. Wir werden es schon so einzurichten wissen, daß kein Zirkus daraus entsteht; außer uns dreien hier, und Max, weiß überhaupt niemand von dem Plan. Die Entwicklung der Greuel hier ist von Deinem Besuch völlig unabhängig; ob es zu einer Eskalation kommt oder nicht, läßt sich im Augenblick nicht absehen. Da die Studentenbewegung, jedenfalls in ihrem aktionistischen Flügel, zusammenzubrechen droht, ist sie mehr oder minder unter dem Zwang ihrer eigenen Publizität und drängt deshalb auf extreme Manifestationen; ob es zu diesen wirklich kommt, oder ob die tatsächlichen Proportionen innerhalb der Studentenschaft sich durchsetzen, ist unmöglich zu prophezeien. Unsere eigene Situation hat sich insofern etwas erleichtert, als die Staatsanwaltschaft die Strafverfolgung der 75 Besetzer des Instituts zurückgezogen hat, weil sie nicht zu identifizieren seien. Bestehen bleibt nur der Strafantrag gegen Krahl, aber der hat soviel auf dem Kerbholz, daß das materialiter nicht viel ausmacht. Im Augenblick stehen wir unter schwerem Druck, auch diesen Strafantrag zurückzunehmen; Jürgen neigt dem zu, Friedeburg und ich sind eher dagegen, aber wir haben uns noch nicht endgültig entschieden. Ob man daraus wirklich eine Staatsaffaire machen wird, bleibt abzuwarten. Der Hauptplan fürs nächste Semester scheint zu sein, systematisch die Diplom-Vorexamina zu stören, und wenn möglich zu sprengen, und zwar gegen den Willen der Examinanden. Daß ich mich nicht gerade auf das freue, was man euphemistisch Wiederaufnahme meiner Lehrtätigkeit nennt, kannst Du Dir vorstellen, zumal manche Leute mit Bomben und Schießen rechnen. Aber sollte das der Fall sein, so würdest Du davon jedenfalls rechtzeitig hören; einstweilen soll es uns nicht beirren, und gerade Du bist sicher am wenigsten bedroht.

Mit meinem Buch bin ich ganz gut vorwärts gekommen, wenn auch nicht ganz so weit, wie ich wollte; noch ein dritter, mehr organisatorischer Arbeitsgang liegt vor mir.

Dieser Mr. Jay ist ein gräßlicher Kerl. Überdies mit einem unfehlbaren Instinkt dafür, Unheil anzurichten. Ich habe ihm so wenig Zeit gegeben wie nur möglich. Im Augenblick molestiert er den Max in Montagnola.

Dieser war, mit Maidon, hier und beide in recht gutem Zustand. Daß nun endlich die *Dialektik der Aufklärung* neu herauskommt, wirst Du wohl wissen.

Dir und Inge alles Herzliche, auch von der Gretel,
Dein alter Teddie

Nr. 306
Oberstaatsanwalt beim Landgericht Frankfurt
Einstellungsbescheid
Ablehnung der Eröffnung des Hauptverfahrens gegen elf Studenten wegen des Vorwurfs der Teilnahme am Carlo-Schmid-Go-in
27. März 1969

QUELLE: Archivalische Sammlung Ronny Loewy im Hamburger Institut für Sozialforschung, Akte SDS Frankfurt 1966–1970

Beschluß:

In der Strafsache gegen ... (siehe Anklageschrift) wird die Eröffnung des Hauptverfahrens abgelehnt. Die Kosten des Verfahrens und die den Angeschuldigten erwachsenen notwendigen Auslagen fallen der Staatskasse zur Last.

Gründe:

Durch die Anklageschrift vom 2.12.1968 wird den Angeschuldigten zur Last gelegt, sie hätten sich am 20.11.1967 gemeinschaftlich des Hausfriedensbruchs gemäß § 123 Abs. 1 und 2 StGB und der Nötigung gemäß § 240 StGB schuldig gemacht. Nach dem Ergebnis des vorbereitenden Verfahrens besteht jedoch aus Rechtsgründen kein hinreichender Verdacht, daß diese Straftatbestände bei den Vorgängen am 20.11. erfüllt sind.

Auf Grund der Ermittlungen im Vorverfahren geht die Kammer – in weitgehender Übereinstimmung mit der Anklageschrift – zur Beurteilung der Rechtsfragen im wesentlichen von folgendem Sachverhalt aus:

Am 20.11.1967 hielt Prof. Dr. Carlo Schmid in der Zeit von 11.15 Uhr bis 13.00 Uhr seine regelmäßige Vorlesung im Hörsaal VI der Universität in Frankfurt/Main. In einem Flugblatt und auf einer Wandzeitung hatte Tage vorher der Sozialistische Deutsche Studentenbund (SDS) angekündigt, er wolle Prof. Dr. Schmid zu einer Stellungnahme zu den Notstandsgesetzen veranlassen und hatte zu einem »Go-in« in die Vorlesung aufgerufen. Der Rektor der Universität, Prof. Dr. Rüegg, hatte am 19.11.1967 in einem Telegramm an den SDS, Ortsgruppe Frankfurt/Main, und in einem zur Verteilung gekommenen Flugblatt vor dem »beabsichtigten Bruch des Hausfriedens der Universität« gewarnt und gefordert, unverzüglich »die geplante Terroraktion rückgängig zu machen«.

Der Hörsaal VI war bei Vorlesungsbeginn überfüllt; Zuhörer standen dicht gedrängt bis zu den Vordereingängen und blockierten den Eingang zum Hörsaal. Auch in dem Vorraum standen noch zahlreiche Personen, unter ihnen auch einige Professoren und Rektor Rüegg. Eine Gruppe von Studenten – die Anklage geht davon aus, daß sich darunter auch mindestens ein Teil der Angeschuldigten befand, was aber nicht festgestellt ist – versuchte Flugblätter zu verteilen, stellte ihr Vorhaben aber ein, als sie von Mitgliedern der Universitätsverwaltung dazu aufgefordert wurde. Prof. Dr. Rüegg hatte auf dem Flur eine kurze Diskussion mit dieser Gruppe, die wegen der Blockierung des Eingangs nicht in den Saal gelangen konnte.

Gegen 11.40 Uhr öffnete ein im Saal befindlicher Zuhörer, der nicht ermittelt werden konnte, den auf Anordnung des Rektors von innen verschlossenen hinteren Eingang des Hörsaals. Kurze Zeit später betrat eine Gruppe von 15–20 Personen durch diese Tür den Hörsaal, und 20–30 Personen begaben sich dann aus dem Hörsaal auf die Rednertribüne. Sie gruppierten sich im Abstand von einigen Metern um den am Rednerpult stehenden Prof. Dr. Carlo Schmid. Nach dem Ergebnis des Vorverfahrens steht nicht fest, daß die Angeschuldigten insgesamt oder einzelne von ihnen zu der Gruppe gehörten, die durch den hinteren Eingang den Hörsaal betrat oder auch zu der Gruppe, die vorher im Vorraum mit Prof. Dr. Rüegg diskutierte. Es konnte auch nicht festgestellt werden, daß die Angeschuldigten oder die eingedrungene Gruppe Kenntnis von der Anordnung des Rektors hatten, die hintere Tür des Hörsaals geschlossen zu halten. Nach der Aussage des Verwaltungsdirektors Strobel war diese Tür vorher offen und wurde auch von Zuhörern benutzt. Erst nachdem der Hörsaal überfüllt war, wurde die Tür von einigen Angestellten der Hausverwaltung geschlossen. Alle Angeschuldigten sollen sich bei der Gruppe befunden haben, die sich auf das Podium begab.

Die auf dem Podium befindliche Gruppe begann nun mit Diskussionen untereinander, störte durch einzelne Zwischenrufe und Sprechchöre oder rhythmisches Händeklatschen und schrieb an die Wandtafel hinter dem Vortragenden Bemerkungen, die sich auf die Notstandsgesetzgebung und die Einstellung Prof. Dr. Schmids zu diesen Gesetzen bezogen. Ein oder zwei Angehörige dieser Gruppe traten an Prof. Schmid heran und forderten ihn auf, über Notstandsgesetze mit ihnen zu diskutieren. Dieser unterbrach nach Aussagen des Zeugen Henkel darauf kurz seinen Vortrag und erklärte dies den Zuhörern im Saal. Durch Sprechchöre und Zurufe erhob sich erheblicher Widerspruch dagegen. Prof. Dr. Schmid lehnte das Ansinnen ab und fuhr mit seiner Vorlesung fort. Einzelne Demonstranten versuchten dann, ihre eigenen Ansichten den Zuhörern darzulegen und aus eigenen Texten vorzulesen. Da sie jedoch weder über ein Megaphon noch ein Mikrophon verfügten, konnten sie sich nicht verständlich machen. Die in der Vorlesung anwesenden übrigen Zuhörer reagierten ihrerseits mit Zurufen, Sprechchören und Diskussionen untereinander. Ein Demonstrant warf einmal Heftklammern auf das Manuskript von Prof. Dr. Schmid und ein anderer hielt die Zeitschrift *Spiegel* vor.

Trotz des Tumultes und Lärms setzte Prof. Dr. Schmid seine Vorlesung fort, war allerdings zeitweise nur schwer oder gar nicht zu verstehen. Zur Pause von 12.00 bis 12.15 Uhr konnte er unbelästigt den Hörsaal verlassen und danach auch wieder bis 13.00 Uhr seine Vorlesung fortsetzen. Während des 2. Teils der Vorlesung waren die Störungen wesentlich geringer. Es kam zu keiner Unterbrechung der Vorlesung mehr. In der Pause wurde vom Vorsitzenden des Asta eine Abstimmung veranstaltet, bei der sich die im Saal Anwesenden in der Mehrzahl gegen eine Diskussion und für eine Fortsetzung der Vorlesung aussprachen.

Ob der Angeschuldigte Wolff oder ein anderer der Angeschuldigten einmal versucht hat, Prof. Dr. Schmid das Mikrophon wegzunehmen, ist bei den insoweit widersprüchlichen Aussagen der Zeugen nicht geklärt. Sie haben sich des Mikrophons nicht bedienen können.

Nach diesem Ermittlungsergebnis kann den Angeschuldigten ein Hausfriedensbruch gem. § 123 StGB nicht zur Last gelegt werden. Sie sind weder widerrechtlich in den Hörsaal VI eingedrungen, noch haben sie ohne Befugnis entgegen der Aufforderung des Berechtigten darin verweilt. Bis auf zwei waren die Angeschuldigten zur Zeit des Vorfalles Studenten der Universität Frankfurt am Main und als solche generell berechtigt, den Hörsaal VI auch während einer Vorlesung des Prof. Dr. Schmid zu betreten. Nur die Angeklagten Riechmann und Krahl waren aus irgendwelchen nicht geklärten Gründen aus der Liste der Studenten gestrichen worden. Aber auch ihnen kann die Berechtigung zum Betreten des Hörsaales nicht aberkannt werden, da auch viele andere Personen, die nicht eingeschriebene Studenten waren, insbesondere Vertreter der Presse und des Fernsehens mit Duldung des Rektors im Saal versammelt waren. Widerrechtlich eingedrungen wären die Angeschuldigten nur dann, wenn ihnen das Betreten des Hörsaals zu dieser Vorlesung durch ein konkretes Verbot des Inhabers des Hausrechtes – hier durch Prof. Dr. Rüegg als Rektor der Universität oder einem von ihm Bevollmächtigten – untersagt worden wäre. Ein solches ausdrückliches Verbot lag nach dem Ergebnis des Vorverfahrens nicht vor. Das Telegramm an den SDS und das Flugblatt enthalten lediglich eine allgemeine Warnung vor etwa beabsichtigten Aktionen, aber kein Verbot, die Universität oder den Hörsaal VI zu betreten. Es bedarf daher auch keiner Prüfung, ob die Angeschuldigten den Inhalt dieser Schriftstücke kannten. Auch später, etwa bei der Diskussion im Vorraum des Hörsaals, hat Prof. Dr. Rüegg nicht zum Ausdruck gebracht, daß er bestimmten Personen oder einer bestimmten Personengruppe das Betreten des Saales verboten habe oder verbieten wolle. Auch als eine Anzahl von Personen durch die von innen geöffnete Tür den Hörsaal betrat, hat niemand ein solches Verbot ausgesprochen.

Es sind auch keine Umstände ersichtlich, aus denen die Angeschuldigten hätten schließen müssen, selbst wenn sie – was nicht festgestellt ist – zu der Gruppe gehörten, die nachträglich durch den hinteren Eingang den Saal betrat. Denn die Tür war offen, als die Gruppe sie erreichte, und es war daher für diese nicht erkennbar, daß sie nicht als Eingang benutzt werden sollte.

Die in der Verfügung der Staatsanwaltschaft vom 8.12.1968 zum Ausdruck gebrachte Ansicht, die Angeschuldigten hätten sich durch das Vordringen auf das Podium des Hausfriedensbruches schuldig gemacht, ist rechtsirrig. Durch § 123 StGB sind zwar abgeschlossene Räume innerhalb eines Gebäudes, aber nicht Teile eines Raumes in einem Gebäude geschützt (s. Olshausen/12. Auflage § 123 Anm. 3 1). Das Rednerpodium im Hörsaal ist nicht ein für sich abgeschlossener Raum innerhalb des Universitätsgebäudes in diesem Sinne. Die Kammer kann sich auch nicht der Ansicht anschließen, das Eindringen der Angeschuldigten in den Hörsaal sei deshalb widerrechtlich, weil es »zum Zwecke der Nötigung des Zeugen Prof. Schmid« erfolgt sei. Denn ein widerrechtliches Eindringen im Sinne des § 123 StGB liegt auch dann nicht vor, wenn bei einer generellen Erlaubnis zum Betreten eines geschützten Ortes der Täter diese Erlaubnis zu widerrechtlichen Zwecken mißbrauchen will (RGStr 12/134; 20/156).

Die Angeschuldigten haben sich auch nicht durch ihr Verweilen in dem Hörsaal nach § 123 schuldig gemacht. Weder Prof. Dr. Rüegg als Inhaber des Hausrechts, noch eine andere Person, die als Vertreter hätte angesehen werden können, haben die Angeschuldigten zum Verlassen des Raumes aufgefordert. Insbesondere hat keiner der auf Bitten des Rektors im Hörsaal und auf dem Rednerpodium anwesenden Professoren, noch der dort anwesende juristische Sachbearbeiter des Rektors, Assessor Riehn, noch der von der Universitätsverwaltung anwesende Verwaltungsdirektor Strobel eine solche Aufforderung ausgesprochen. Daß die Demonstranten durch Sprechchöre und Zurufe wie »SDS raus!«, »Rotfront raus!« zum Verlassen des Saales aufgefordert wurden, ist rechtlich ohne Bedeutung. Die Zuhörer waren nicht Inhaber des Hausrechts und weder ausdrücklich noch stillschweigend mit der Wahrung des Hausrechts beauftragt.

Auch eine Verurteilung der Angeschuldigten nach § 240 StGB ist aus rechtlichen Gründen nach dem ermittelten Sachverhalt nicht zu erwarten.

Zwar haben die Ermittlungen hinreichend Anhaltspunkte dafür gegeben, daß gegen Prof. Dr. Schmid »Gewalt« i.S. von § 240 StGB angewandt worden ist. Der Begriff der Gewalt i.S. der angeführten Vorschrift setzt keine physische Kraftanwendung gegen das Opfer voraus. Es genügt die Schaffung und Aufrechterhaltung eines Zustandes, der den Betroffenen in die psychische Zwangslage bringt, seinen Willen einem anderen unterzuordnen. Der Versuch hierzu ist seitens der Angeschuldigten zumindest unternommen worden. Eine Zwangslage war für Prof. Dr. Schmid dadurch gegeben, daß ihn eine Gruppe von 20–30 Personen, die nicht zu seinen eingeschriebenen Hörern zählte, auf dem Podium über einen gewissen Zeitraum hinweg umringt hatte, diese Gruppe planmäßig rhythmisch in die Hände klatschte, ihm die Zeitschrift *Spiegel* über sein Manuskript hielt und Büroklammern darauf warf. Die Situation war auch infolge der vorher angekündigten Protestaktion, des Flugblattes des SDS und der Warnung des Rektors angeheizt, und der Vorlesende konnte durchaus die Befürchtung hegen, daß es zu Tätigkeiten kommen könne.

Das Vorgehen der Angeschuldigten, wie es sich aus dem Ergebnis der Ermittlungen ergibt, sieht die Kammer jedoch nicht als rechtswidrig i.S. von § 240 StGB an. Nach der Rechtsprechung zu der angegebenen Bestimmung ist eine Tat rechtswidrig, wenn die Anwendung von Gewalt zu dem angestrebten Zweck als

»verwerflich« anzusehen ist. Bei der Prüfung, ob dieses Tatbestandsmerkmal gegeben ist, sind einerseits die verfassungsmäßig geschützten Belange der Angeschuldigten zu berücksichtigen, andererseits aber auch jene der betroffenen Staatsbürger, und es ist eine Gegenüberstellung und Wertung des Verhältnisses von Mittel und Zweck vorzunehmen.

Das Verhalten der Angeschuldigten hatte offenbar letztlich zum Ziel, auf eine politische Entscheidung, die das gesamte Volk der Bundesrepublik betrifft, Einfluß zu nehmen. Die Angeschuldigten wollten, wie sich aus dem Flugblatt des SDS ergibt, in dem zu dem »Go-in« aufgerufen wurde, Prof. Dr. Schmid wegen seiner Haltung zu den Notstandsgesetzen »zur Rede stellen«; sie wollten mit ihm diskutieren, sie wollten ihre Meinung dazu darlegen und für ihre ablehnende Haltung demonstrieren.

Das Mitwirken an der allgemeinen politischen Willensbildung ist durch Art. 5 Abs. I GG verfassungsmäßig garantiert und hat dadurch Verfassungsrang. Dieses Grundrecht der Meinungsfreiheit erschöpft sich nicht darin, eine eigene Meinung haben zu dürfen, sondern umfaßt auch die Befugnis, diese Meinung frei von staatlichem Zwang kundtun zu können und die Bevölkerung über bestimmte politische Entscheidungen – deren Hintergründe und vermeintliche Folgewirkungen – aufzuklären. Gerade dieses aber wollten die Angeschuldigten offenbar.

Diesem Recht auf freie Meinungsbildung und -äußerung gegenüberzustellen ist – die in Art. 5 Abs. III GG garantierte Freiheit der Lehre. Diese aber erfordert einen ungestörten Lehrbetrieb. Der Eingriff der Angeschuldigten in die Vorlesung von Prof. Dr. Schmid und ihr Bestreben, diese in eine Diskussion und Demonstration »umzufunktionieren«, ist ein Angriff auf diese verfassungsmäßig geschützte Freiheit und Ordnung des Lehrbetriebs an der Universität.

Wenn demnach vorliegend zwei geschützte Rechtsgüter kollidieren, so kann dem Recht der Angeschuldigten auf freie Meinungsäußerung ein Vorrang nicht ohne weiteres eingeräumt werden.

Hinzu kommt, daß das Grundrecht der Meinungsfreiheit auch die Befugnis umfaßt, eine Meinung nicht äußern und zu einem Problem nicht Stellung nehmen zu müssen, wenn andere dies fordern. Als Prof. Dr. Schmid erklärte, er wolle hier und jetzt nicht diskutieren, sondern seine Vorlesung weiter halten, erfüllte er damit nicht nur eine ihm kraft seines Lehrauftrags obliegende Pflicht, sondern er konnte sich selbst darauf berufen, daß sein Wille, eine Meinung zu den Notstandsgesetzen zu diesem Zeitpunkt und an dieser Stelle nicht zu äußern, denselben verfassungsrechtlichen Rang hatte wie das Begehren der Angeschuldigten nach Diskussion.

Ob sich die Angeschuldigten darauf berufen können, ihr Begehren sei höher zu bewerten als der entgegenstehende Wille von Prof. Dr. Schmid und einem großen Teil seiner Hörer und rechtfertige deshalb ihr Verhalten, war von der Kammer zu entscheiden.

Die Durchführung des Rechtes auf freie Meinungsäußerung wird in der Praxis häufig zu den Eingriffen in andere grundrechtlich geschützte Rechtsgüter führen. Dies muß in einem gewissen Umfang zulässig sein, will man diesem in einem demokratischen Staat eminent wichtigen Grundrecht in sinnvoller Weise Geltung verschaffen. Kollidieren aber derartig geschützte Rechtsgüter miteinander, dann hat eine Güterabwägung stattzufinden dahin, daß dem höherwertigen der Vorrang zu geben ist. Bei der Bedeutung des Rechtes auf freie politische Meinungsbildung und -äußerung ist nach der Überzeugung der Kammer diesem dann in der Regel der Vorrang einzuräumen, wenn es sich bei seiner Geltendmachung um den Schutz der Verfassung selbst und damit eines überragenden Gemeinschaftsgutes handelt. Denn die unerläßliche Freiheit der öffentlichen Erörterung gemeinschaftswichtiger Fragen, wie das bei den Notstandsgesetzen der Fall war, darf allenfalls ausnahmsweise eingeschränkt werden. Bei einer Einwirkung auf andere verfassungsmäßig geschützte Rechtsgüter muß aber diese auf das unbedingt notwendige Maß beschränkt bleiben, und es darf die Grenze des dem Betroffenen in diesem Rahmen Zumutbaren nicht überschritten werden.

Zur Tatzeit war die Verabschiedung der Gesetzesvorlage in naher Zukunft zu erwarten. Die Notstandsgesetzgebung machte eine Änderung des Grundgesetzes erforderlich, die für bestimmte Fälle Beschränkungen der verfassungsmäßig garantierten Freiheit des Staatsbürgers vorsah. Das Thema der begehrten Diskussion rührte damit an die Wurzeln der gesamten staatlichen Ordnung. Die Öffentlichkeit darauf hinzuweisen und gegebenenfalls die öffentliche Meinung aufzurütteln, war bei einer Frage von derart eminenter Wichtigkeit ein legitimes Anliegen der Angeschuldigten.

Die Kammer sieht das Verhalten der Angeschuldigten auch nicht als verwerflich i.S. von § 240 Abs. II StGB an. Denn nicht jedes gewaltsame Überschreiten von Befugnissen verdient die ethische Mißbilligung, die strafwürdig und damit »verwerflich« macht (BGH 17/328).

Die Angeschuldigten scheinen alle in hohem Maße politisch interessiert zu sein. Sie mögen, was zu ihren Gunsten unterstellt werden soll, in der Notstandsgesetzgebung eine Gefahr für die freiheitliche Ordnung in der Bundesrepublik gesehen haben. Sie wählten für ihre Aktion ein Forum aus, von dem sie ein gewisses Verständnis für ihre Belange erwarten konnten. Sie haben nicht irgendeine beliebige Veranstaltung aufgesucht, sondern die Vorlesung eines Professors für politische Wissenschaften, der selbst das politische Leben in der Bundesrepublik aktiv mitgestaltet und als Minister entsprechende Verantwortung trägt. Die Vorlesung hatte Politik zum Inhalt, so daß die Angeschuldigten auch bei den eingeschriebenen Hörern Interesse und Aufgeschlossenheit voraussetzen durften. Wenn auch ihr Verhalten auf dem Podium ihrem Begehren und der Sache selbst keineswegs angemessen war und darüber Bedenken aufkommen lassen könnte, ob sie wirklich nur oder vorwiegend aus echtem politischem Antrieb gehandelt haben oder ob auch noch andere Motive für ihr Verhalten bestimmend waren, so wird es schwer sein, ihnen das erstere völlig abzusprechen und letzteres nachzuweisen.

Hinzu kommt, daß das Gebaren der gesamten Gruppe der Angeschuldigten nicht derart aggressiv war, daß Prof. Dr. Schmid seine Vorlesung abbrechen mußte. Nach seiner eigenen Darstellung mußte er nur einmal für mehrere Minuten unterbrechen, weil er wegen des Händeklatschens der Zuhörer nicht verstanden werden konnte. Im übrigen aber hat er seine Vorlesung zu Ende geführt und die Störungsversuche der Angeschuldigten »souverän« abgewehrt, wie der Zeuge Henkel erklärt hat. Der Eingriff in den Lehrbetrieb währte nur verhältnismäßig kurze Zeit, und ein Schaden ist erkennbar nicht eingetreten.

Geht man also bei der Wertung der Handlungsweise der Angeschuldigten zu dem damit verfolgten Zweck vom Standpunkt eines vernünftigen Beurteilers aus, so ist bei Berücksichtigung des Anlasses, der Wichtigkeit der in Rede stehenden Notstandsgesetze und ihrer Probleme und des Kreises der Betroffenen nach der Überzeugung der Kammer das Verhalten der Angeschuldigten noch nicht als strafwürdig anzusehen.

Aus Rechtsgründen ist daher die Eröffnung des Verfahrens abzulehnen.

Die Entscheidung über die Kosten und Auslagen beruhen auf § 467 Abs. I StPO.

Frankfurt am Main, den 27. März 1969
Landgericht, 12. Strafkammer
Bethge, Baumann, Menges

Nr. 307

Stadtteilbasisgruppen
»Der Ostermarsch ist tot –
Organisiert Euch in Basisgruppen«
Flugblatt-Aufruf
29. März 1969

QUELLE: Archivalische Sammlung Ronny Loewy im Hamburger Institut für Sozialforschung, Akte »Aktiver Streik« WS 68/69

Es genügt nicht, einmal im Jahr diszipliniert und erfolglos durch Wälder oder Städte zu latschen und Sonntagsreden anzuhören, während in der Zwischenzeit die Notstandsgesetze angewandt, die Vorbeugehaft praktiziert, Arbeiter und Lehrlinge aus den Betrieben, Schüler von den Schulen und Studenten von der Universität geschmissen werden. Weder können wir uns mit solchen lahmarschigen Aktionen – wie dem Ostermarsch – noch mit der entsprechenden Unorganisiertheit der Demonstranten zufriedengeben.

Die Mobilisierung ist durch die Springer- und Antinotstandsaktionen bereits über die Universität hinausgegangen. Daraus haben wir praktische Konsequenzen gezogen, indem wir uns, Arbeiter, Angestellte und Schüler, in *stadtteil-orientierten Basisgruppen* organisiert haben.

Worin besteht unsere Arbeit?

In den Betrieben ist politische Arbeit heute kaum möglich (Betriebsverfassungsgesetz). Deshalb versuchen wir, die Jugendlichen in ihrer Freizeit zu politisieren. Wir gehen in die Jugendhäuser (Häuser der offenen Tür) und diskutieren mit ihnen, zeigen politische Filme und besprechen unsere gemeinsamen Aktionen. Wir unterstützen die Schüler, Berufsschüler und Ingenieurstudenten in ihrem Kampf gegen die autoritären Scheißer.

Mindestens einmal in der Woche treffen sich die einzelnen Stadtteilbasisgruppen zur Vorbereitung und kritischen Reflexion der Aktionen.

BORNHEIM: Berger Str. 122, Hinterhaus

Montag 20 h: Information und Diskussion allgemeiner Themen: Vorbeugehaft, Spanien, politische Kriegsdienstverweigerung

Mittwoch 19.30 h: Sexualitätsarbeitskreis im Jugendheim Bornheim, Löwengasse/Ortenberger Straße

Donnerstag 19.30 h: Diskussion aktueller Themen, Konsumterror, Jugendheim

Samstag 16 h: Organisationsdiskussion

ESCHERSHEIM: Information in der Basisgruppe Bornheim

NIEDERRAD: Information bei Klaus Katarski, Gerauer Str. 69 b

NORDEND: Nordendstraße 20, Erdgeschoß, Freitag, 20 h: Organisationsdiskussion

OBERRAD: Mittwoch, 19.30 h: Gemeindehaus der Erlösergemeinde Wiener Str. 23

Kontaktadressen:
BOCKENHEIM – Brigitte Heider, Robert-Mayer-Str. 31, II
GRIESHEIM – Information in Bornheim
SACHSENHAUSEN – Willy Stiegeler, Jugendwohnheim
RÖDELHEIM-HAUSEN – Cary Heilmann, Lötzener Str. 23; Gerd Müller, Radilostraße 5
BASISGRUPPEN BORNHEIM, ESCHERSHEIM, NORDEND, NIEDERRAD, OBERRAD

Schafft zwanzig, dreißig, viele Basisgruppen!

Nr. 308
Sozialistischer Deutscher Studentenbund (Autorschaft nur vermutet)
Bemerkungen zum Einstellungsbeschluß
Kommentar zur Nichteröffnung des Hauptverfahrens gegen elf Studenten wegen des Vorwurfs der Teilnahme am Carlo-Schmid-Go-in

April 1969

QUELLE: Archivalische Sammlung Ronny Loewy im Hamburger Institut für Sozialforschung, Akte SDS Frankfurt 1966–1970

Nach der Buchmessedemonstration in Frankfurt, September 1968, zeigte sich, daß in der Situation vor den Kommunalwahlen, in der die SPD Härte gegenüber den Studenten demonstrieren mußte, um die Wähler mit ihrem Ruhe- und Ordnungsgeschwätz bei der Stange zu halten, eine unmittelbare Umsetzung in den justiziellen Bereich erfolgte, in dem Schnellverfahren u.a. gegen Cohn-Bendit durchgeführt wurden. Es wird deutlich, daß die Gerichte ihre formellen, nach der StPO gewährten Möglichkeiten (Schnellverfahren, Anklageerhebung, Einstellung etc.), nur so anwenden, wie es politisch opportun erscheint. Mit zunehmender Effektivität der Studentenbewegung eskaliert die Justiz ihre strafrechtliche Verfolgung, entscheidet aber im Einzelfall nach politischer Zweckmäßigkeit, ob eine Ordnungswidrigkeit oder ein Staatsschutzdelikt vorliegt, ob ein Verfahren eingestellt werden soll oder zur Anklage gelangt.

Daß der Carlo-Schmidt-Prozeß ausfällt, ist sicher nicht dem Wohlwollen der Frankfurter »liberalen« Richter zu verdanken, etwa weil sie spezifische Formen des studentischen Protestes rechtlich absichern, sich im nachhinein mit der Notstandsopposition solidarisieren oder gar die Selbstbestimmungsbestrebungen der Studenten unterstützen wollten. Die Einstellung beruht auf der Einsicht, daß die Durchführung dieses Prozesses – d. h. die Verurteilung von 11 Genossen im Rahmen der erklärten Zerschlagungsstrategie – in keinem Verhältnis zu der zu erwartenden politischen Mobilisierung gegen die Herrschenden gestanden hätte.

In diesem Verfahren wurde ursprünglich gegen sechs tatsächliche oder vermeintliche Rädelsführer ermittelt. Der Versuch der Staatsgewalt, vor Ostern 1968 die Universitäten mit Zugeständnissen und faulen Kompromissen zu pazifizieren, führte zur vorläufigen Einstellung des Ermittlungsverfahrens. Nach Ostern setzte der Versuch ein, den SDS und andere radikale Gruppen systematisch zu kriminalisieren, um deren durch diese Demonstrationen überwundene Isolierung zur Verabschiedung der Notstandsgesetze wieder rückgängig zu machen. Dies führte, ohne daß neue belastende Tatsachen festgestellt worden wären, zur erneuten Aufnahme und Erweiterung des Verfahrens gegen nunmehr elf Genossen. Die mit wenig politischem Fingerspitzengefühl ausgestattete Frankfurter Staatsanwaltschaft hatte die Eröffnung des Hauptverfahrens zu früh beantragt.

Dieser erste große gegen die Notstandsopposition gerichtete Prozeß hätte zweifelsohne erhebliche Rückwirkungen auf den Wahlkampf gehabt. Er konnte zum Anlaß werden, die Notstandsopposition wieder zu mobilisieren und, ausgehend von den begangenen Fehlern, zu einer langfristigen organisatorisch verbindlichen, nicht von den traditionellen »Arbeitervertretungen«

manipulierten Perspektive politischer Arbeit zu gelangen. Das hätte vor allem den Waschmittelwahlkampf der SPD erheblich gefährdet. Denn ebensowenig wie Kiesinger seine NS-Vergangenheit diskutiert haben möchte und so der Klarsfeld-Prozeß nach den Wahlen stattfindet, ebensowenig möchte Schmid seine Mitarbeit am Grundgesetz des Notstandsstaates öffentlich diskutiert wissen. Aus dem gleichen Grund ist die Ankündigung von SPD-Politikern verständlich, daß alles versucht werden solle, um eine »Beunruhigung der Bevölkerung« vor den Bundestagswahlen zu verhindern. Das Versprechen, daß die Auseinandersetzung mit der APO erst nach dem Wahlkampf aufgenommen werden soll, unterstreicht die Furcht vor der Entlarvung der Entscheidungsprozesse in diesem Staat, die gerade besonders durch den Wahlkampf verschleiert werden sollen, und der daraus resultierenden, gegen die Herrschenden wendbaren Politisierung.

Die Verantwortlichen sind von der richtigen Einschätzung ausgegangen, daß dieser Prozeß Auslöser für die weitere Eskalation der Hochschulrevolte gewesen wäre. Denunziatorische Professoren hätten für dieses Semester ihre Lehrveranstaltungen einstellen müssen, das Rektorat wäre zum direkten Angriffsobjekt geworden, kurz: Das Verfahren hätte ähnlich wie der Stadthallenprozeß in Heidelberg eine weiterführende Politisierung an der Universität bewirkt. Die erneute Auseinandersetzung mit der Universitätsadministration bedeutet dann die Fortführung der Diskussion um die Selbstorganisation der Studenten und die damit verbundene Problematik der Kampfformen. (Zu dem in diesem Zusammenhang immer wieder erhobenen Vorwurf des Linksfaschismus vgl. die beiden unten abgedruckten Frankfurter Flugblätter).

Die Schwierigkeit, in der sich das Gericht befand, aus einem sonst zur Verurteilung ausreichenden Sachverhalt eine Einstellung zusammenzubasteln, die zugleich kein Präjudiz für ähnliche Verfahren darstellt (es stehen inzwischen Hunderte Verfahren gleicher Problematik an), schlägt sich recht eindeutig in der Begründung des Einstellungsbeschlusses nieder. Der Hausfriedensbruch wird abgelehnt mit dem Argument, der »Berechtigte« habe nicht eindeutig erklärt, daß sich die bezeichneten Individuen oder die Gruppe widerrechtlich in der Universität aufhielten. Das Gericht hätte ohne weiteres anders entscheiden können, z.B. indem es in dem Telegramm oder dem Rektoratsflugblatt ein Verbot zum Betreten oder eine Aufforderung zum Verlassen gesehen hätte. Eine solche Aufforderung braucht nach ständiger Rechtsprechung nicht ausdrücklich zu erfolgen, sondern »es genügt, wenn der Täter aus dem Verhalten des Berechtigten den Schluß ziehen muß, daß sein Verweilen dem Willen des Berechtigten widerspricht«. Eine weitere Voraussetzung des § 123 StGB, nämlich die Berechtigung zum Aufenthalt, brauchte somit nicht mehr geprüft zu werden. Selbst die nicht immatrikulierten Studenten Krahl und Riechmann hielten sich nicht widerrechtlich auf, da auch Vertreter des Fernsehens und der Kriminalpolizei dort waren und daher die Voraussetzungen für eine normale Verlesung nicht mehr gegeben waren. Das Gericht weigert sich also, klare Abgrenzungskriterien für die Hausrechtsproblematik bei öffentlich-rechtlichen Institutionen, speziell für die Universität zu entwickeln. Insbesondere setzt es sich, wohl wissend, warum, nicht mit der für alle Universitätsprozesse relevanten juristischen Frage auseinander, ob dem Rektor einer Universität alleine die Verfügungsgewalt über das Hausrecht zusteht oder ob die Studenten qua Immatrikulation ebenfalls darüber bestimmen können und ob es überhaupt ein öffentlich-rechtliches Hausrecht gibt.

Das Gericht schafft der universitätsinternen Exekutive einen justizfreien Hoheitsbereich, in dem diese ihre nicht justitiablen Willkürakte ausführen kann. Wann immer es der Hochschuladministration in Zukunft opportun erscheint, einen Studenten strafrechtlich verfolgen zu lassen, um ihn zu kriminalisieren und politisch auszuschalten, kann sie ihre jeweilige Auffassung zur inner-institutionellen Norm erheben, die dann das Gericht seiner Entscheidung zugrunde legen kann. Rechtsschutz also nur noch für den Strafantragssteller! Der Grundsatz »nulla poena sine lege« wird durch die Manipulierbarkeit der Tatbestandsmerkmale zur Farce.

Nötigung wird verneint, weil die an sich gegebene Nötigungshandlung nicht rechtswidrig sei, wie es der Tatbestand des § 240 StGB voraussetze. Die Rechtswidrigkeit wird in der vorliegenden Begründung so abgetan, daß sie mit exakt denselben Kriterien beim nächsten besten Fall bejaht werden kann. Denn ein Teil der Rechtsanwendung ist die im Studium erlernte Kunst, vorweggenommene Ergebnisse durch die Auslegung fungibler Legalnormen zu legitimieren.

Der Begründung zufolge kollidieren hier zwei Rechtsgüter: die Mitwirkung an der allgemeinen politischen Meinungs- und Willensbildung (Art. 5 I GG) und die Freiheit der Lehre (Art. 5 III GG). Nach der durch das Gericht vorgenommenen Güterabwägung hat das Recht auf freie Meinungsäußerung »ausnahmsweise« im vorliegenden Fall deshalb den Vorrang erhalten, weil es sich bei seiner Geltendmachung um den intendierten Schutz der Verfassung selbst handele. Art. 5 I GG könne zudem nur dann als Rechtfertigungsgrund herangezogen werden, wenn »bei der Einwirkung auf andere verfassungsmäßig geschützte Rechtsgüter diese auf das notwendige Maß beschränkt geblieben ist ... An genau diesem Punkt wird deutlich, daß unter »normalen« Umständen die inkriminierten Handlungen eben nicht mehr gerechtfertigt werden. Die überraschende Anwendung des Art. 5 I GG beruht auf Ausnahmegesichtspunkten wie: Eminente Wichtigkeit der Diskussion der Notstandsgesetze, ... hohes Maß an politischem Interesse bei den Angeschuldigten, ... nicht beliebige Veranstaltung, sondern Politik bei Minister-Professor, ... Aufgeschlossenheit der Zuhörerschaft. All diese Kriterien können ohne Schwierigkeiten umgedeutet werden, denn die von dem Gericht als Ausnahme bezeichnete Rechtfertigung enthält den alten methodischen Trick, durch die willkürliche Konstruktion eines Regel-Ausnahme-Verhältnisses die Unfähigkeit zur argumentativen Legitimation der Entscheidung zu überdecken.

Die Begründung endet schließlich mit dem wohlwollenden Schulterklopfen des Gerichts, die Einwirkung sei ja nicht »derart aggressiv« gewesen und überdies habe Väterchen Carlo Schmid »souverän« reagiert. Wie aber sähe die Entscheidung bei größerer Effizienz der Störung und geringerer Souveränität des »Opfers« aus, wo doch die Vorrangigkeit der Rechtsgüter beachtet werden müßte?!

ZU EINEM OPPORTUNEREN ZEITPUNKT WERDEN OPPORTUNERE ENTSCHEIDUNGEN ERGEHEN.

Nr. 309

Basisgruppe Germanistik
»Wissenschaftliche Standards = Polizeimaßnahmen«
Flugblatt zur polizeilichen Räumung des Instituts für Sozialforschung
April 1969

QUELLE: Dokumentation der Basisgruppe Germanistik, o. O., o. J.

Im letzten Wintersemester wurden die Soziologen durch die Polizei aus dem Spartakus-Seminar in der Myliusstraße ausgesperrt; als sie versuchten, ihre Arbeitskreise im Institut für Sozialforschung weiterzuführen, riefen die schönen Zungen der kritischen Theoretiker Adorno, Habermas und Friedeburg wieder nur die Polizei, die die Soziologen zur »erkennungsdienstlichen Behandlung« und »zur Feststellung der Personalien« aufs Kommissariat brachte. Aus diesem Anlaß erschien das folgende Germanistenflugblatt:

WISSENSCHAFTLICHE STANDARDS = POLIZEIMASSNAHMEN

DENKBAR IST
– das Studenten der Germanistik sich für das Plenum ihres Seminars im Institut treffen und dort die politischen und wissenschaftlichen Ergebnisse ihrer Arbeit diskutieren
– daß Prof. B. diese Studenten auffordert, das Seminar zu verlassen, weil seiner Hilflosigkeit studentischer Selbsttätigkeit gegenüber keine andere Maßnahme einfällt
– daß die Studenten dieser Aufforderung nicht nachkommen, und Prof. B. zehn Minuten später wieder erscheint und mit den Worten »Jetzt müssen Sie auch die Konsequenzen tragen« die Tür öffnet, hinter der etwa 50 behelmte Polizisten erscheinen.
DENKBAR IST
– weiter, daß diese Polizisten die 76 Studenten der Germanistik aus dem Seminar herausprügeln und auf die Kommissariate verteilen, um sie »erkennungsdienstlich« zu behandeln.
DENKBAR IST
– schließlich, daß Prof. B. larmoyant und heuchlerisch meint, diese Entwicklung tue ihm leid und er werde dafür sorgen, daß die Studenten rasch wieder aus dem Polizeigewahrsam entlassen und nicht gerichtlich be-

straft werden, während er insgeheim schon Anzeige wegen Hausfriedensbruch erstattet hat.

ALL DAS IST IM INSTITUT FÜR SOZIALFORSCHUNG TATSÄCHLICH GESCHEHEN!

Die Habermas und Friedeburg und Adorno, von denen wir einmal Seminarmarxismus gelernt haben, haben uns jetzt die wichtigste Lehre erteilt: daß sie letztlich nur die kleinen Polizeispitzel sind, die mit Littmann und Brundert, Benda und Kiesinger dafür sorgen, daß die Studentenbewegung vorbeugend zerschlagen wird. Das Erschrecken darüber, daß der Altnazi Kiesinger und der Antifaschist Habermas so gut miteinander kooperieren, zeigt nur, daß wir zuviel in Seminaren und zuwenig auf der Straße gelernt haben.

DENKBAR IST
– daß wir jetzt unsere borniert, germanistische Arbeit, die unsere Wirksamkeit gerade verhinderte, aufgeben
– daß wir Institutspolitik endgültig als gesamtuniversitäre und gesamtgesellschaftliche verstehen und die begriffslose Arbeitsteilung der bürgerlichen Wissenschaften zerschlagen, indem wir praktischen Widerstand leisten.

DENKBAR IST
– weiter, daß wir uns den heute noch sublimen Terror unserer Ordinarien, der die Identität von bürgerlicher Wissenschaft und Unterdrückung verstellt, nicht länger gefallen lassen
– daß wir das unlegitimierte professorale Monopol auf Wissenschaft, das diese zur Hure macht, praktisch angreifen
– daß wir die organisierte Verschwendung studentischer Arbeitskraft verhindern, indem wir das Institut zu unserem eigenen machen.

DENKBAR IST ALSO
– daß der kommende Sommer ein so heißer sein wird, daß die alte Wissenschaft ihn nicht überlebt. DAS WIRD GESCHEHEN

Bildet Partisanengruppen in den Seminaren! Beteiligt euch an den studentischen Seminaren! ORGANISIERT EUCH! (Basisgruppe Germanistik, Frankfurt/M, Gräfstr. 74/I, Tel.: 798, 31 37, Fachschaftszimmer)

Nr. 310

Detlev Claussen

Zur Kritik falschen Bewußtseins in der studentischen Revolte

Artikel im SDS-Bundesorgan »Neue Kritik«

April 1969

QUELLE: Neue Kritik, 10. Jg., Nr. 53, April 1969, S. 6–22

Mit dem Ausschluß des SDS aus der SPD war das Scheitern einer innerinstitutionellen Opposition symptomatisch geworden. Der Formierungsprozeß der bundesrepublikanischen Gesellschaft, der objektiv durch das sich anzeigende Ende der Rekonstruktionsperiode und zugleich durch das Zerfallen der starren antikommunistischen Ideologie erzwungen wurde, drängte die Individuen, die sich als sozialistische Einzelkämpfer in den Restinstitutionen der Arbeiterbewegung aufgehalten hatten, an den Rand der Gesellschaft. Sozialistische Intellektuelle und besonders sozialistische Studenten waren zunächst genötigt, in kleinen Zirkeln undogmatische, jenseits des etablierten Kommunismus stehende theoretische Ansätze zu rezipieren. Die weltgeschichtliche Verschiebung des »Ost-West-Konflikts«, dessen Ideologie des »Kalten Krieges« das politische Bewußtsein der Bundesrepublik bestimmt hatte, zu der Auseinandersetzung zwischen dem imperialistischen Weltsystem und den nationalen Befreiungsbewegungen der Dritten Welt eröffnete in der Bundesrepublik zum ersten Mal seit Bestehen dieses Staates eine objektive Agitationschance für sozialistische Ideen, da es durch den Zerfall der herrschenden Ideologie von der »freien Welt« den Agitatoren möglich wurde, das imperialistische Weltsystem zu kritisieren, ohne mit dem Sowjetrevisionismus sich zu solidarisieren. Die Kommunikation zwischen den bestehenden Zirkeln, die über zentrale Zeitschriften zum Teil vermittelt war, über die Kämpfe der Dritten Welt und die sich gleichzeitig entwickelnden neuen Protestformen in den USA war die Voraussetzung einer propagandistischen und agitatorischen Verbreitung des Bewußtseins durch Kampagnen und Kongresse.

Kampagnen und Kongresse konnten keine andere Funktion haben als Aufklärungsprozesse bei einem Teil der noch an dem Modell liberaler Öffentlichkeit Fixierten in Gang zu setzen. Auf der anderen Seite blieben die Kampagnen isoliert voneinander: US-Aggression in Vietnam und Vorbereitung der Notstandsgesetze, internationale und nationale Opposition fielen nicht zusammen. Hinzu trat auf einer rein publizistischen Ebene die Beschäftigung mit Studentenproblemen (etwa »Hochschule in der Demokratie«). Eine Flut von Schriften zu diesen Themen wurde in den meisten SDS-Gruppen rezipiert, zugleich bildeten sich fatale Arbeitsteilungen von Hochschulfachleuten, Dritte-Welt-Spezialisten und Notstandskennern (in vielen Gruppen kam noch eine große Anzahl von kritischen Privattheoretikern hinzu) heraus. Diejenigen, die an den Hochschulen und auf der Straße mit radikaleren Aktionen begannen, waren meistens Gruppen, die mehr oder weniger in den SDS-Verband selbst nicht integriert waren. Die Unverbindlichkeit der SDS-Organisation war schon in der divergenten Struktur seiner Mitglieder angelegt; allerdings hätte zu diesem Zeitpunkt ein zwanghaftes »Leninisieren« des Verbandes den Sektencharakter der einzelnen Fraktionen nur verschärft.

In den Aktionen der sich im Jahre 1967 entwickelnden Protestbewegung wird die Isoliertheit der verschiedenen politischen Momente, an denen sich das politische Bewußtsein der Akteure der Bewegung orientiert, deutlich. Die Solidarität mit den sozialrevolutionären Bewegungen der Dritten Welt konkretisierte sich vom moralisch orientierten Protest zu direkten Angriffen auf Niederlassungen des US-Imperialismus im eigenen Lande. Zusammen mit diesen Aktionen entsteht das Bewußtsein eines internationalen Zusammenhangs zwischen der Protestbewegung in den Metropolen und den revolutionären Aktionen in der Dritten Welt. Die Straßenaktionen der Studenten verwandelten die latente Gewalt des herrschenden Apparats in manifeste. Auf der allgemeinen Ebene des Protests dienten diese Aktionen mit anschließender Aufklärung zur Festigung des politischen Bewußtseins der Bewegung. Die Orientierung an der revolutionären Moral der Dritten Welt produzierte auf der einen Seite das Bewußtsein von der Notwendigkeit der Konkretion des Widerstands (von der Straße zur Universität, um eine herrschende Institution anzugreifen), auf der anderen die Ideologie, als sei die Opposition in den Metropolen *unmittelbar* in derselben Gewaltsituation wie die Bewegungen in der Dritten Welt. Nach dem 2. Juni 1967 wurde vom SDS zunächst eine Aufklärungsarbeit in zweifacher Hinsicht verfolgt: 1. Über die Situation des Imperialismus als Legitimation des eigenen Protests, 2. über die manifest gewordene Gewaltmaschine des bundesrepublikanischen Staates im Zusammenhang mit dem fortschreitenden Prozeß, den Kompromiß des Grundgesetzes in eine für die herrschenden Cliquen adäquatere Herrschaftsform aufzuheben. Die Konkretion des allgemeinpolitischen Bewußtseins zur bewußten Wahrnehmung der Interessen an der Hochschule gaben der Studentenbewegung durch die spezifischen Bedingungen der Universität eine besondere Richtung. Durch die feudale Organisation der Hochschule, die den Organisationsnotwendigkeiten des Spätkapitalismus noch nicht angepaßt ist, wird Herrschaft durch wissenschaftliche Duodezfürsten ausgeübt, die gesellschaftlichen Disziplinierungsmechanismen, legitimiert durch die angebliche Freiheit ihrer Lehre, an die Studenten weitergeben. Dem Autoritätsprinzip, das noch nicht einmal technologisch-funktionalistisch verschleiert wird, setzten die Studenten ihre antiautoritäre plebiszitäre Organisation der Teach-ins und Go-ins entgegen. Da die organisationsbedürftigen Interessen der Studenten einerseits gegen die feudale Ordinarienstruktur, andererseits gegen die heteronomen Ansprüche von Staat und Kapital zu wenden sind, mußte die Studentenbewegung, als durch die verschärfte Repression die individuelle Einheit moralischen Protests und demokratischen, an Gewaltfreiheit orientierten Bewußtseins mehr und mehr sich als vorpolitische Illusion der Akteure der Protestbewegung herausstellte, in verschiedene Fraktionen zerfallen.

Die offenbare Aussichtslosigkeit einer aufs Parlament fixiert geführten Antinotstandskampagne hatte auf der einen Seite zur Gründung von Betriebsprojekt- und Basisgruppen, auf der anderen Seite zur aktiven Praktizierung des Widerstandes durch Universitätsblockaden und -besetzungen geführt. Die Erfahrungen der Osteraktionen gegen den Springerkonzern als ein zentrales Manipulations- und damit Machtinstrument dieses Staates konnten erst in einem langfristigen Lernprozeß zu der Einsicht führen, daß durch außerparlamentarischen Druck (wie etwa die Notstandskampagne exemplarisch am 2. Mai ihren Ausdruck fand) nichts zu erreichen ist, sondern der spontane Widerstand gegen die Herrschaftszentren, der Ostern praktiziert wurde, in organisierten Widerstand transformiert werden muß. Die anfänglichen Erfolge der Betriebs- und außeruniversitären Basisgruppen wurden in vielen SDS-Gruppen so hypostasiert, daß schließlich eine regelrechte Mythologisierung des »Proletariats« vorgenommen wurde. Die spezifischen Erfahrungen der Basisgruppen waren gerade kontrovers zu den Ideologisierungen der eigenen Praxis: sie wiesen darauf hin, daß Studenten kooperativ den Arbeitern bei der Organisierung eigener Konflikte zunächst innerbetrieblicher Art zur Seite stehen konnten. Zugleich erwies sich, daß die Substitutfunktion für gewerkschaftliche Arbeit, die die Basisgruppen in den Betrieben übernehmen mußten, um überhaupt Kader konstituieren zu können, den Vorstellungen über eine allgemeinpolitische Politisierung, wie sie bei den Studenten selbst stattgefunden hatte, widersprach. Aus der augenblicklichen Unmöglichkeit, die unmittelbaren Konflikte an der Basis mit der allgemein eingesehenen Notwendigkeit der Revolution zu vermitteln, resultierte auf der einen Seite Resignation (1. Studenten hörten mit der Arbeit auf, 2. politisierte Jungarbeiter wurden durch das Auseinanderfallen von antiautoritärer Politisierung und Betriebsalltag entweder studentisiert oder blieben isoliert, da betriebsborniert Basisgruppen keine ihr politisches Bewußtsein langfristig stabilisierende Organisationsform darstellten), auf der anderen [eine Tendenz] zu abstrakten, neuleninistischen Konzeptionen, die eine *Arbeitsmoral* der Genossen in Absehung der Vermittlung zur antiautoritären Politisierung an der Hochschule konstituieren wollten.

Die allgemeine Frustration nach der voraussehbaren Niederlage der Notstandsopposition wurde verstärkt dadurch, daß auch die Rückwendung der meisten Studenten an die Hochschule in Streiks und Besetzungen zunächst keine längerfristige Perspektive politischer Arbeit angeben konnte. Es war offensichtlich geworden, daß die Organisationsstruktur des SDS als sozialistischer Intellektuellenverband den kurzfristigen Massenmobilisierungen nicht standgehalten hatte. Die Zerstörung der abstrakten Einheit des SDS-Verbandes hatte mit der ersten Phase der Aktion im Jahre 1967 eingesetzt. Um sich eine lokale Basis an den Hochschulen zu verschaffen – ein Projekt, für das eine zentrale »SDS-Generallinie« absolut funktionslos gewesen wäre –, mußten die einzelnen SDS-Gruppen dezentralisiert arbeiten. Je mehr diese lokale Basis sich differenzierte, desto mehr dezentralisierte und partikularisierte sich zugleich die Arbeit in den einzelnen SDS-Gruppen selber. Organisationsstrukturen wie Mitgliederversammlungen und Gruppenvorstand wurden gegenüber Basis- und Projektgruppen immer funktionsloser, da sie kaum Einfluß auf die wirkliche, praktische Arbeit nehmen konnten, sondern die Unverbindlichkeit eines bürgerlichen Mitgliederverbandes nur reproduzierten. Die Zersetzung der traditionellen Organisationsstrukturen im SDS fand seinen unbewußten Ausdruck auf der 23. Delegiertenkonferenz des SDS in Frankfurt und Hannover (September und November 1968). Da die Probleme der inner- und außeruniversitären Basisgruppen auf einem nationalen Niveau nicht unmittelbar kommunikabel sein konnten und man sich aber dennoch an der tradierten Verbandsstruktur orientierte, wurden die einzelnen Fragestellungen ideologisiert: abstrakte Vorstellungen über neuleninistische Organisationsformen, formalisierte Rätemodelle und autistische antiautoritäre Emanzipationsversuche wurden standpunktmäßig einander gegenübergestellt. Die Forderung nach einer Organisationsdebatte, deren Notwendigkeit niemand angesichts der drohenden Repression leugnen konnte, mußte so lange abstrakt bleiben, bis eine objektive Möglichkeit neuer Kommunikation, die mehr bedeutet als das Verschicken von Solidaritätstelegrammen, erreicht ist.

Die 23. Delegiertenkonferenz fand in einer Phase der Depression nach einem geradezu linearen Anstieg der Erfolge des SDS bis Ende 1968 statt. Sie zeigte an, wie weit das Bewußtsein innerhalb des SDS sich entwickelt hatte, um strategische Vorstellungen entwickeln zu können. Die Genossen, die die Einsicht in die Notwendigkeit einer organisierten Verbreiterung der Basis hatten, projizierten den gegenwärtigen Mangel an strategischen Perspektiven in die Vergangenheit und wendeten das in einen Haß gegen alles »Antiautoritäre«. Dabei wurde vergessen, daß das antiautoritäre Bedürfnis ein konstitutives Moment der Bewegung selbst ist. Liquidiert man es, ist der Rückfall ins Sektenwesen vorbereitet. Das antiautoritäre Bedürfnis nach Emanzipation gegenüber unausgewiesenen Autoritäten entfaltete sich organisatorisch in den plebiszitären Massenversammlungen an der Universität. Das antiautoritäre Bewußtsein, sich nicht länger von staatlichen und universitären Herrschaftsträgern vorschreiben zu lassen, wie die Organisation der studentischen Ausbildung auszusehen habe, produzierte erst die Möglichkeiten, sich von repressiver Fremddisziplin zu befreien und nicht an innerinstitutionelle, »realistische« Reformpläne fixiert zu bleiben. Die studentischen plebiszitären Massenversammlungen erzeugten aber durch den Wissens- und Artikulationsvorsprung der besten Agitatoren Führer- und Massenstrukturen, die von einem bloß antiautoritären Bewußtsein nicht rational aufgearbeitet werden konnten. In der Ablösung von den Notwendigkeiten der Praxis entstand auf der eine Seite ein *blinder Aktionismus, der jede* Legitimation von Aktionen in einem Bezugsrahmen längerfristigen Widerstands für überflüssig hält, da die Addition von Aktionen ihm als dieser Widerstand selbst gilt, auf der anderen ein *formalisierter Antiautoritarismus,* der die erforderliche Selbstdisziplin, um die Repressionen politischer Kämpfe ertragen zu können, nicht aufbringen kann, da er die Emanzipation bloß auf die innere Organisation bezieht, ohne die gesamtgesellschaftlichen, repressiven Bedingungen, die im langfristigen politischen Kampf beseitigt werden müssen, als Konstitutionsbedingungen der Organisation selbst zu reflektieren. Die Reaktion auf den formalisierten Antiautoritarismus bildet eine Fraktion, die zwar aus der Notwendigkeit repressiven politischen Kampfes gegen den Autoritären Staat die Organisationsfrage bestimmt, meist aber von den inhaltlichen Bedingungen absieht, unter denen antiautoritäre Studenten kontinuierliche politische Arbeit, die nicht bloß auf ihre »unmittelbaren« Bedürfnisse bezogen ist, erlernen können.

Der *Aktive Streik,* der im letzten Wintersemester an mehreren Universitäten begonnen wurde, entwickelte sich von einer syndikalistischen Abwehrmaßnahme zu dem Versuch einer Selbstorganisation der Studenten. Für das antiautoritäre Bedürfnis, sich in den Arbeitsgruppen von sinnlosen Lernzwängen und der Akkumulation ebenso sinnlosen Wissens zu befreien, entstand eine Vermittlungschance mit dem politischen Kampf für den autonomen Bereich, der die Möglichkeit von wissenschaftlicher und politischer Arbeit institutionell absichern sollte. Dieser Selbstorganisationsversuch konfrontierte die Studentenbewegung in der Universität mit Ordinarien, Universitätsadministration und staatlicher Gewalt. Anhand des massiven Vorgehens der Reaktion wurden alte Ideologisierungen, die sich in der Praxis der Studentenbewegung gebildet hatten, deutlich und für einen großen Teil durchschaubar:

Der *formalisierte Antiautoritarismus,* für den die Absetzung des etablierten Lehrbetriebes nur den Raum schaffen sollte, neue Diskussionsformen mit sinnvolleren Inhalten zu kreieren, sah von den machtpolitischen Risiken, die notwendig mit der Bekämpfung des bestehenden Lehrbetriebs verbunden sind, vollkommen ab. Er produzierte innerhalb der Arbeitsgruppen auf der einen Seite ein theoriezerstörendes, auf der anderen ein praxiszersetzendes Moment. Aus dem unmittelbaren egalitären Impetus des antiautoritären Bedürfnisses, Theorie als repressives Instrument der Herrschaftsausübung zu zerstören, entwickelte sich gegen die Wissensvorsprünge der studentischen »Autoritäten« eine Ideologie der »kollektiven Arbeit«. Mit der Zerstörung des gesellschaftlich vorgegebenen blinden Leistungsprinzips geht bei ihm die Zerstörung von Leistungsmotivationen überhaupt einher. Die theoretische Artikulation bei der Erkenntnis gesellschaftlicher Zusammenhänge ist für ihn die Reproduktion der gesamtgesellschaftlichen Herrschaft, ohne zu begreifen, daß die Realisation der vorgeblich »unmittelbaren« Emanzipationsbedürfnisse von der Möglichkeit abhängt, inwiefern nur unter repressivem Bedürfnisverzicht[1] angeeignete Einsichten im politischen Kampf in Strategien umgesetzt werden, um die die Realisation der Bedürfnisse objektiv verhindernden Bedingungen aufheben zu können. Die Tatsache, daß »unmittelbare« Bedürfnisse in der Organisation der Diskutierenden intersubjektiver Vermittlung bedürfen, um die Bedingungen ihrer Verwirklichung angeben zu können, setzt die Abstraktion von der eigenen Unmittelbarkeit voraus, um Sozialität, die Bedingung von Solidarität ist, in einer Organisation von Individuen mit sehr divergenten Motivationen überhaupt erst zu konstituieren. Das bloße Behaupten der Unmittelbarkeit von individuellen Bedürfnissen gegenüber den mühevollen Abstraktionen theoretischer Einsicht in die Veränderbarkeit der Gesellschaft verlängert die Unverbindlichkeit der Organisation ad infinitum. Der Repression von Staat und Bürokratie kann bewußt in Subkulturen ausgewichen werden, wenn die Veränderung auf die Zerschlagung des bürgerlichen Ichs[2] konzipiert ist, und nicht auf die Institutionen und gesellschaftlichen Lebenszusammenhänge, in denen die Individuen mit ihren vorgeblich »unmittelbaren« Bedürfnissen leben und von denen sie bestimmt werden.[3] Diese Ideologie, die auch in der für die Metropolen idealistischen Nomenklatur der »befreiten Gebiete« wiederscheint, korrespondiert mit dem *bornierten Hochschulreformismus,* der unter Abstraktion von der politischen Zentralisierungstendenz des Autoritären Staates den Emanzipationsprozeß der Wissenschaft auf die Akademie beschränkt, weil ihn das bloße Dasein übriggebliebener liberaler Schlupflöcher in der anachronistischsten Institution dieses Staates zu einer Strategie der Verteidigung ehemals gewährter »Spielräume« veranlaßt.

Die zentrale Ideologie dieser Fraktion besteht in der abstrakten Trennung von Wissenschaft und Politik, die politische Machtauseinandersetzungen an der Universität entweder als »scheinrevolutionär« denunziert oder akademistisch auf »wissenschaftsimmanente« Argumentation zu reduzieren versucht. Immanente wissenschaftliche Diskussion führt sich dann ad absurdum, wenn sie die Parteilichkeit wissenschaftlich fundierter Argumentation im Bezugsrahmen politischen Kampfes leugnet. Offenbar wird dies, wenn die Forderung einer emanzipatorisch-wissenschaftlichen Ausbildung entweder mit dem positivistischen Hinweis auf den institutionellen Rahmen oder aber mit dem Diktum einer pessimistischen Anthropologie der ewigen Wissensvorsprünge der wissenschaftlich Ausgebildeteren zurückgewiesen wird. Der Angriff auf die bestehende schlechte Organisation der Produktivkraft Wissenschaft und deren Formen der Aneignung wird von diesen Akademikern als »Zerstörung der Wissenschaft« bezeichnet; mit dem Vorwurf, die Studenten würden wissenschaftsextern vorgehen, liefern sie sich den bestehenden wissenschaftsexternen Ansprüchen von Staat und Kapital permanent aus. Diese Fraktion wurde in der Praxis exemplarisch in Frankfurt entlarvt, als ihr erster Wortführer Habermas, der am technokratischsten aller Hochschulgesetzentwürfe mitgearbeitet hat, alle Forderungen nach institutioneller Absicherung studentischer Autonomie mit den erwähnten Argumenten und schließlich mit Polizeigewalt zurückwies. Der partielle Verlust von Realitätsbewußtsein in der borniert Hochschulfraktion wurde manifest, als diese Gruppe den Polizeieinsatz, den die Frankfurter »Kritische Theorie« in offensichtlicher Übereinstimmung mit der Reaktion in Uni und Staatsbürokratie gegen die im Institut für Sozialforschung diskutierenden Studenten veranlaßt hatte, denen durch die zweite Polizeibesetzung des Instituts in der Myliusstraße wiederum mit Billigung von Habermas, Friedeburg und Adorno als Organisationszentrum genommen war, rechtfertigte und unter dem Namen der »Philosophischen Fachschaft« den Professoren Verhandlungen anbot. Dieses Bewußtsein, das an die angebliche Resistenzkraft von Institutionen gegenüber den Formierungstendenzen des Autoritären Staates glaubt, ohne zu sehen, daß die institutionellen Absicherungen ohne die organisierte Macht der studentischen Basis jederzeit revokabel sind, mußte auf Vollversammlungen und im SDS offen bekämpft werden. Diese Auseinandersetzung mit dem falschen Bewußtsein der genannten Fraktionen produzierte eine neue *Machtkampfideologie*.

Die Blindheit einer bloß akademischen Politik, die Notwendigkeit einer Entlarvung des hochschulbornierten Bewußtseins wurde in schlechter Analogie zu früheren Minderheitenaktionen umgesetzt in eine »Polarisierungsstrategie«, die durch die Bekämpfung aller reformistischen und antiautoritären Elemente die inner- und außeruniversitär verbindlich arbeitenden Kader konstituieren sollte. Der »Polarisierungsstrategie« liegt das Mißverständnis zugrunde, die Formierungstendenzen des Autoritären Staates als unabwendbare in einem *reinen* Entwicklungsprozeß der Faschisierung zu begreifen. So reduziert sich bei den Ideologen dieser Politik der Begriff der Reaktion auf einen festgefügten einheitlichen Machtapparat, der die Gesamtgesellschaft total unter sich subsumiert, so daß man nur in einem existenzialistischen Akt auf bürgerliche Karriere verzichten kann und sich für die verbindliche Arbeit des Widerstandes entscheiden muß. Die Politisierung und Erziehung antiautoritärer Studenten zu kontinuierlicher, verbindlicher Arbeit reduziert sich auf einen moralisierenden Dezisionismus, doch dem gegebenen Beispiel nachzufolgen. Der analytische Fehler, eine Entwicklungstendenz für die gegenwärtige Realität zu nehmen, verkürzt die Agitation auf die Ebene einer schlechten taktischen Unmittelbarkeit, welche Aktionen jetzt sinnvoll irgendwo gerade gemacht werden müssen. So können die divergenten Bewußtseinsrealitäten von Studenten in verschiedenen Fakultäten und auch Ungleichzeitigkeiten bei den Politisierten nicht mehr verarbeitet werden durch die Umsetzung in spezifische Agitationsstrategien, die das zurückgebliebene Bewußtsein argumentativ verändern. Polarisierungen, die nach Freund-Feind-Schemata vorgenommen werden, indem man Agenten und Ideologen von Herrschaft (Ordinarien) und noch nicht auf dem Niveau praktisch gewordenen Widerstands angelangte Studenten identifiziert, verfestigen falsches Bewußtsein, da durch begriffloses Praktizieren des Widerstands Herrschaftskonflikte bei Noch-nicht- oder Halbpolitisierten allein nicht aufgebrochen werden können.

Die *Selbstorganisation* der Studenten, die während des Aktiven Streiks vorgenommen wurde, entwickelt in sich die Ambivalenz der Studentenbewegung. Auf der einen Seite das Bedürfnis nach einer rationaleren Organisation des Lern- und Ausbildungsprozesses, die antiautoritär und kritisch zugleich sein soll, auf der anderen die Notwendigkeit des Widerstandes gegen den Autoritären Staat (auf die Universität bezogen gegen die »technokratische Hochschulreform«). Da aber die bisherigen, blaß ideologischen Auseinandersetzungen an der Universität (Liberalismuskritik, Aufklärungsarbeit über Imperialismus, Mobilisierung für Mitbestimmungsmodelle durch Zerstörung tradierter Ordinarienautorität) durch den systematischen Einsatz staatlicher und universitätsadministrativer Repression in Machtauseinandersetzungen mit dem Autoritären Staat umgeschlagen sind, bietet sich in der Organisation an der Basis objektiv die Chance der Vermittlung von bewußter, freier Assoziation und an den machtpolitischen Notwendigkeiten orientierter Selbstdisziplin. Erst in der machtpolitischen Auseinandersetzung mit dem Autoritären Staat werden die Probleme der Organisation an der universitären Basis in größerem Maßstab verallgemeinerbar und kommunikabel. Sie machen eine theoretische Analyse der Strategie der Kontermächte notwendig, um die bestehenden Ungleichzeitigkeiten in den verschiedenen Institutionen des Autoritären Staates zur Bildung von Widerstandszellen zu nutzen. Zugleich ist, wo in der Universität die außeruniversitäre Arbeit zur notwendigen Bedingung für die Selbstorganisation wird – einerseits durch Minimalisierung von Berufschancen für sozialistische Studenten, andererseits durch die Unmöglichkeit, ein kritisches Studium ohne die Einbeziehung nichtakademischer Probleme wie z. B. den Verwertungszusammenhang der Wissenschaft zu organisieren –, eine theoretische Erarbeitung gesamtgesellschaftlicher Widersprüche und deren modifizierter Erscheinungsweise im Dasein der Individuen unter der Herrschaft des Autoritären Staates praxisrelevant geworden, da die bisherigen, aus der Selbstbewegung der Mobilisierung über Springer und Notstand gemachten Erfahrungen außeruniversitärer Basisgruppen im Bezugsrahmen von Widerstandsorganisationen gegen den Autoritären Staat aus ihrer unmittelbar individualistischen oder auf der Gegenseite syndikalistischen Verengung auf ein strategisches, theoretisch untermauertes Niveau gehoben werden können. Die Auflösung der kommunikationszersetzenden Ideologisierung der eigenen Praxis, die sich im SDS und in der gesamten Studentenbewegung in der Auseinandersetzung mit dem eigenen gesamten moralischen Demokratismus gebildet hat, sprengt die subkulturellen Zusammenhänge des formalisierten Antiautoritarismus wie die Sektiererei des abstrakten Revolutionarismus, der den Machtkampf führen will, ohne die Bedingungen einer fortschreitenden Mobilisierung der Basis angeben zu wollen, sondern fatalistisch auf objektive Mobilisierungsgrenzen pocht –, um eine zentrale Kommunikation zu eröffnen, die Vorbedingung einer Neukonstituierung der Einheit von Theorie und Praxis ist, die bis jetzt jeder SDS-Ideologe für sich beansprucht hat, ohne zuzugeben, daß es eines bestimmten verallgemeinerbaren Niveaus der Praxis bedarf und auf der anderen Seite eines Fortschritts in der Theorie des Historischen Materialismus, der bis heute noch nicht geleistet ist, um Theorie und Praxis überhaupt erst vermitteln zu können. Das Durchschauen des eigenen falschen Bewußtseins ist conditio sine qua non, um von narzißtisch borniert Selbstdarstellung zur Entwicklung von Strategien zum Sturz der bestehenden Herrschaft voranzutreiben. »Die Avantgarde bedarf der Klugheit im politischen Kampf, nicht der akademischen Belehrung über ihren sogenannten Standort.«[4]

1 Das bedeutet keine Apologie repressiver Lernsituationen. Das zentrale Problem der Arbeitsgruppen ist, in der Erkenntnis der Sache voranzuschreiten, deren Abstraktionsniveau immanent theoretisch und durch die Natur des Erkenntnisgegenstandes gesetzt wird, und zugleich kollektive Lernprozesse bei den Erkenntnissubjekten in Gang zu setzen. Für die »Autoritäten« heißt das: die Notwendigkeit, von narzißtisch borniert Selbstdarstellung in Theorien zur Vermittlung von Reflexionswissen zu gelangen. Bei den Nicht-so-weit-Fortgeschrittenen setzt das die minimale Einsicht in die Notwendigkeit theoretischen Wissens bei der Konstitution der revolutionären Organisation und Disziplin, schließlich revolutionäre Motivation überhaupt voraus.
2 »Wenn die atomisierten und zerfallenen Menschen fähig werden, ohne Eigentum, ohne Ort, ohne Zeit, ohne Volk zu leben, so haben sie sich auch des Ichs entschlagen, in welchem wie alle Klugheit auch die Dummheit der historischen Vernunft und all ihr Einverständnis mit der Herrschaft bestand.« (Max Horkheimer, Vernunft und Selbsterhaltung, in: Walter Benjamin zum Gedächtnis, Los Angeles 1942, S. 59).
3 »Feuerbach löst das religiöse Wesen in das *menschliche* Wesen auf. Aber das menschliche Wesen ist kein dem einzelnen Individuum inwohnendes Abstraktum. In seiner Wirklichkeit ist es das Ensemble der gesellschaftlichen Verhältnisse.« (6. Feuerbachthese).
4 Max Horkheimer, Traditionelle und kritische Theorie, in: Kritische Theorie, Bd. 2, Frankfurt/Main 1968, S. 171.

Nr. 311

Antonia Grunenberg / Monika Steffen
Technokratische Hochschulreform und organisierter Widerstand
Artikel im SDS-Bundesorgan »Neue Kritik«
April 1969

QUELLE: Neue Kritik, 10. Jg., Nr. 53, April 1969, S. 41–53

Auf der Arbeitskonferenz der SDS ist die Diskussion über die Perspektiven des politischen Kampfes in der Universität etwas zu kurz gekommen. Die Schwierigkeit, aus der arbeitsteiligen Diskussion verschiedener Projektbereiche zu einer strategischen Bestimmung der Politik in den nächsten Semestern zu kommen, ergab sich genau an dem Punkt, wo die Organisierung der Schülerrevolte, die Ausarbeitung revolutionärer Berufsperspektiven etc. hätten zusammengebracht werden müssen mit einer Bestimmung der organisatorischen Erfordernisse des politischen Kampfes. Wir halten diese Diskussion für wichtig und bringen den nachstehenden Beitrag, der eigentlich hätte in die Auseinandersetzungen auf der Arbeitskonferenz eingehen müssen, als nachträglichen Diskussionsbeitrag für die Bestimmung einiger organisatorischer und politischer Perspektiven in der nächsten Zeit.

Seit etwa einem halben Jahr machen staatliche und universitäre Instanzen keinen Hehl mehr daraus, daß sie die Studentenbewegung an den Universitäten faktisch aufreiben wollen. Die Welle der Reaktion, die seither auf die Universitäten, aber auch auf die Schulen zukommt, verschärfte sich in dem Augenblick, als die Studenten begannen, sich selbst an ihrem Arbeitsplatz zu organisieren, und dem Formierungsprozeß der staatlichen Instanzen entscheidenden Widerstand entgegenzusetzen. Seitdem in Berlin und in Westdeutschland Studenten ihre Institute besetzten und damit den Anspruch demonstrierten, den Wissenschaftsbetrieb zumindest partiell dem Zugriff des Kapitalismus zu entziehen, ist aber auch deutlich geworden, an welch empfindlicher Stelle die Studentenrevolte den Kapitalismus getroffen hat. Allein die Drohung, wichtige gesellschaftliche Ressourcen den Industriekonzernen und den staatlichen Instanzen zu verweigern, hat den Autoritären Staat dazu bewogen, eine ganze Skala von Manipulations- und Repressionsinstrumenten anzuwenden.

Die Welle administrativer Vorbeuge- und Nachbeugemaßnahmen scheint ihresgleichen noch nicht gesehen zu haben: Relegationen stehen zum ersten Male in der Geschichte der westdeutschen Universitäten massenhaft auf der Tagesordnung. Unter Umgehung der minimalsten rechtsstaatlichen Grundsätze (s.a. das Relegationsverfahren in Marburg) wird jegliches politische Handeln unter feudal-autoritäre Prinzipien subsumiert. Zumindest in diesem Gebiet noch wahrt die Universität ihre Autonomie: wer an die sakralen Wände des Rektorats politische Parolen malt, oder wer einen dumm-aggressiven Ordinarius zur Bankrotterklärung zwingt, der macht sich des Verstoßes gegen die Prinzipien »akademischer Ehre und Würde«, gegen die Standesprinzipien der deutschen Wissenschaft schuldig und wird relegiert. – Das bundeseinheitliche Ordnungsrecht verbietet friedliche Versammlungen in der Universität unter dem Vorwand, sie behinderten den Lehrbetrieb; Diskussionen in Lehrveranstaltungen werden kriminalisiert. Die Universität überschwemmt die Klassenjustiz mit einer Flut von Anzeigen. Denunziationen stehen auf der Tagesordnung.

Den universitären Sanktionen stehen die staatlichen zur Seite: Vorbeugehaft wird schon praktiziert, ehe sie zum Gesetz wird. Puddingbomben werden zu »Staatsschutzdelikten«. Die »kleine radikale Minderheit« wird zur staatsumstürzlerischen Anarchistenclique. Liberale stellen sich in den Dienst von »Staatsschutzorganen« und eröffnen Diffamierungsfeldzüge in bürgerlichen Zeitungen. Ganz sicher sind sie sich noch nicht über den Erfolg der angestrengten Zerschlagungsstrategie; deshalb lassen sie empirische Untersuchungen zur Isolierungsstrategie gegenüber den »Radikalen« anfertigen (s.a. die Infas-Studie zur Feststellung des Radikalitätsgrades der Berliner Studenten, die der Berliner Senat in Auftrag gab, Berlin, August 1968). Damit beruhigen sie sich selbst.

Zur Absicherung der politischen Repressionsinstrumente werden die »sachgebundenen« Kanalisationsmechanismen verschärft. Die Technokratische Hochschulreform zerstört die Restbestände individueller bürgerlicher Reflexionsfreiheit. In den Naturwissenschaften und der Medizin schon durchgeführt, wird der Numerus clausus künftig auch für die Kulturwissenschaften eingerichtet werden. Der Flut von Studenten, die in den siebziger Jahren an die Universitäten kommen werden, wollen Staat und Universität vorbeugend Maßnahmen entgegensetzen. Damit wird zum einen die Universität als Ausbildungsinstitution für die herrschende Klasse erhalten – und zum anderen wollen sie sich damit die Menge der radikalisierten Oberschüler vom Leibe halten, die schon an ihrer Schule gegen irrationale und autoritäre Leistungszwänge rebellierten. Deshalb denkt man auch daran, zur Ergänzung des Numerus clausus eine gesonderte Aufnahmeprüfung zur Feststellung des »Intelligenzgrades« einzuführen. Eine besondere Funktion nehmen in dem Rahmen der Disziplinierungskampagne die Zwischenprüfungen ein. Waren in der feudalen Ordinarienuniversität Prüfungen konsequenter Bestandteil des Studiums insofern, als der Student sich als einzelner jeglichen Zwängen dieses Studiums in »Einsamkeit und Freiheit« blind beugte, so erhalten diese Prüfungen (insbesondere die in den Kulturwissenschaften) innerhalb der technokratischen Reformpläne um so mehr politische Bedeutung, je mehr Studenten beginnen, sich den unbefragten Zwängen zu widersetzen und Anfänge einer autonomen Selbstorganisation an ihrem eigenen Arbeitsplatz einzurichten. Zwischenprüfungen in einer Technokratischen Universität haben eine dreifache politische Funktion: zum einen erfüllen sie die Erfordernisse des Selektionsprinzips. Unliebsame oder den Lernzwängen aus politischen oder psychologischen Gründen nicht angepaßte Studenten werden auf diese Weise aus der Universität herauskatapultiert. Zur wissenschaftlichen Forschung werden nur die zugelassen, die eine Anzahl solcher Prüfungen hinter sich gebracht haben. Oktroyierte Leistungskontrollen sind in dieser Hinsicht ebenbürtig den politischen Verfolgungsmaßnahmen der staatlichen Instanzen. Zum zweiten reproduzieren sich in diesen Zwischenprüfungen blindwüchsige Konkurrenzmechanismen, die – verschleiert mit der Aura individuellen wissenschaftlichen Eifers – die Vereinzelung des Studenten vertiefen und seine Funktion als bloßes Objekt von quantifizierbaren Lernprozessen verstärken. Zum dritten haben diese Prüfungen objektiv die Bedeutung eines politischen Pressionsmittels in dem Augenblick, wo die Studenten anfangen, ihre politischen und wissenschaftlichen Interessen in autonomen Organisationen selbst frei zu gestalten. Der Druck, den die Technokratische Universität auf diese Selbstorganisationsversuche mit den Prüfungen ausübt, kommt einer Strafandrohung gleich. Werden blindwüchsige Ängste und Konkurrenzmechanismen in gemeinsamer Diskussion der Studenten an ihrem Arbeitsplatz wenigstens teilweise aufgelöst zugunsten einer selbstgewählten und kontrollierbaren politischen Bestimmung wissenschaftlichen Studiums, so werden eben diese Bemühungen durch die Androhung von zusätzlichen Prüfungen zunichte gemacht. Zugleich werden durch die autoritären Sozialisationsmechanismen schon in der Schule und erst recht in den ersten Studienjahren Verdrängungsprozesse im einzelnen aufgebaut, die das Bedürfnis nach einer solidarischen und kollektiven Aufhebung des blinden Lernzwangs gar nicht erst aufkommen lassen sollen.

Das System der Zwischenprüfungen und der Hausarbeiten erweist sich auf diese Weise als das wirksamste Instrument zur Disziplinierung eines großen Teils der Studenten. »Gesamtpläne« sehen für jeden Studiengang einen nach Berufsbildern orientierten Abschluß vor; der Entstehung eines den Studienabschluß hinauszögernden politisch organisierten Kerns der Studentenbewegung soll so der Riegel vorgeschoben werden.

Seit einiger Zeit werden die Versuche, die Universitäten und die Studentenschaften gleichzuschalten, nicht mehr nur von der Ordinarienuniversität besorgt. Längst haben staatliche Instanzen bemerkt, daß die feudale Ordinarienuniversität die Technokratisierung nicht gegen den Widerstand der politischen Studenten durchzusetzen vermag. Die Bankrotterklärung der Ordinarienuniversität war Anlaß zur Zentralisierung aller Maßnahmen in den Händen der Staats- und Kultusbürokratie (s.a. die Verabschiedung des Staatsvertrags über das bundeseinheitliche Ordnungsrecht an den Universitäten, am 27. März 1969). Studienablauf, Studiendauer und Hochschulorganisation werden darin nach gleichen Normensystemen aufgebaut. Den »Gesamthochschulplänen« entsprechen die »Gesamtschulpläne«, die unter dem Deckmantel der Aufhebung feudaler Strukturen die vorzeitige Anpassung der Schüler an die Lernzwänge des Studiums und die beruflichen Anforderungen erreichen soll. Die Hochschuladministrationen selbst werden mehr und mehr zu ausführenden Organen. Eine totale Integration der Universitäten unter die Ägide des Autoritären Staates scheint jeglichen Versuch von vornherein Lügen zu strafen, der sich damit abgibt, innerhalb der Universitäten noch Machtpositionen zu erobern, gegen die reaktionäre Bürokratie zu wenden und damit den Mobilisierungs- und Organisierungsprozeß innerhalb der Studenten weiterzutreiben.

Auf den ersten Blick scheint dieser gigantische Formierungsprozeß, dem die oppositionellen Studenten konfrontiert sind, alles an Sanktionen und Befriedungsmaßnahmen zu übertreffen, was jemals in der Geschichte der westdeutschen Bundesrepublik gegen faktische und potentielle Oppositionelle über die Bühne der Kabinettspolitik ging. Dieser Eindruck wird verstärkt, wenn man sich vor Augen hält, in welch kurzer Zeit derlei »Strafmaßnahmen« erörtert, beraten, angewendet und verabschiedet worden sind. Innneruniversitäre, »wissenschaftliche« Befriedungsmaßnahmen und die von der Klassenjustiz und vom Staatsapparat organisierten Verfolgungsjagden einschließlich der zu erwartenden Gefängnis- und Zuchthausstrafen scheinen die Existenzbedingungen der Protestbewegung in einem Maße einzuengen, die eine völlige Neubestimmung der Politik an den Universitäten, den Schulen und den Betrieben verlangen.

Die Reaktionen, die innerhalb der Protestbewegung auf diese staatlich organisierte Verfolgungsjagd erkennbar sind, lassen sich grob in zwei Tendenzen aufteilen: auf der einen Seite wird argumentiert, gegen diese globale Repression könne man sich nur durch Verteidigung der noch bestehenden Rechte, durch Ausnutzung der gegebenen Möglichkeiten an der Universität und durch Erarbeitung langfristiger Aufklärungsstrategien wehren. Diese Position nimmt vor allem der sozialdemokratische bis liberale Teil der Studentenbewegung ein. Ein Teil der konsequent radikalen Studenten vertritt die Auffassung, gegen den Druck von oben könne man sich nur wehren, wenn man konsequent in den »Untergrund« ginge. Traditionelle Massenaktionen seien wegen der Spezifizierung der polizeilichen Verfolgungsmaßnahmen nicht mehr möglich. Dabei werden die Erfahrungen bei der Auseinandersetzung mit der Staatsgewalt außerhalb der Universität, die eine Dezentralisierung von Aktionsformen erforderten, auf die Universität übertragen. In der Universität selbst lasse sich die bisher eingeschlagene Richtung der Selbstorganisierung der Studenten am Arbeitsplatz nicht mehr fortführen. Organisierter (auch klandestiner) Gegendruck gegen denunzierende Ordinarien sei der einzige Weg, machtpolitische Veränderungen noch zu erreichen. Darüber hinaus läge das Hauptaktionsfeld der studentischen Kader hauptsächlich außerhalb der Universität in der Organisierung von Schülern und Lehrlingen.

Diesen beiden Einschätzungen unserer Lage an der Universität ist ein Merkmal gemeinsam: die Tabuisierung der organisierten Konterrevolution und eine falsche Beurteilung der machtpolitischen Erfordernisse und Zielsetzungen der Protestbewegung. Beide ersparen sich eine differenzierte Analyse und Einschätzung der formierten Front von Ordinarienuniversität und Staatsbürokratie. Beide kommen – wenn auch unbewußt – der ausdrücklichen Absicht der Staats- und Kultusbürokratien entgegen, den politisch bewußtesten Teil der Studentenbewegung aus der Universität oder zumindest aus dem Wissenschaftsbetrieb hinauszudrängen und schon jetzt in eine Lage zu treiben, in der entweder die resignative Einsicht in die Unmöglichkeit faktischer Veränderungen zum Rückzug auf allen Ebenen führt oder das Sich-Fügen in die Unabwendbarkeit der organisierten Konterrevolution zum tendenziellen Auszug aus der Universität hin zur »außeruniversitären Basis«.

Diese alternativen Strategien beruhen unter anderem auf einer mangelhaften Analyse der gesellschaftlichen Bedingungen, unter denen die Repressionsmaßnahmen zustande gekommen sind. Unter zwei Gesichtspunkten sollen im folgenden diese gesellschaftlichen Bedingungen kurz erörtert werden.

I.
Der Befriedungsfeldzug, der gegenwärtig gegen die von Studenten beherrschten Universitäten geführt wird, ist nur ein verkleinertes Abbild dessen, was der Autoritäre Staat in den vergangenen zwanzig Jahren an Formierungsprozessen innerhalb der verschiedenen gesellschaftlichen Bereiche durchgeführt hat. Er wird jetzt deshalb in verstärktem Maße von den staatlichen und universitären Instanzen forciert, weil die Gefahr, die von den Universitäten her besteht, die Legitimitätsgrundlage des Systems zu sprengen und andere gesellschaftliche Bereiche zu erfassen droht. Um das zu verhindern, treten die staatlichen Instanzen als Hüter von »Ruhe, Ordnung und Sicherheit« auf. Sie führen den Kampf gegen die oppositionellen Studenten mit allen Mitteln der ideologischen Verhetzung und Übertreibung, um den organisierten Kern der Studentenbewegung von der Menge der an liberale Standards fixierten Studenten zu trennen.

II.
Der Feldzug gegen die Studenten wird aus einem eminent materiellen Grund geführt. Schon vor mehreren Jahren während der großen Rezession wurde dem Apparat der Konzertierten Aktion und den Konzernführern klar, daß eine Vergrößerung der Wachstumsrate und eine dazu verbesserte Arbeitskräftestruktur nur zu erreichen ist über die bestmögliche Verwendung und Planung der wissenschaftlich ausgebildeten

Techniker, Naturwissenschaftler etc. und über eine Koordinierung und Planung der universitären Grundlagenforschung. (s. a. Bundesforschungsbericht II v. 1967 und Wissenschaftsratsgutachten v. 1967). Diese Pläne sind durch die Verbreiterung der Studentenrevolte tendenziell gefährdet worden. Eine Effektivierung und Disziplinierung ist aber dringend notwendig für den Fortbestand der gegenwärtigen politischen und ökonomischen Verhältnisse. Deshalb werden jetzt in Windeseile zentralisierte Pläne verabschiedet, deren Effekt die beliebige Nutzbarkeit und Regulierbarkeit wissenschaftlichen Potentials im Dienste der nachwuchsbedürftigen Produktionszweige sein soll.

Zu I.
Der gesellschaftliche Formierungsprozeß in der postfaschistischen Gesellschaft war gekennzeichnet durch drei Merkmale. Zum ersten durch den Aufbau und die Erscheinungsweise des Staatsapparats als Gesamtrepräsentant gesellschaftlicher Interessen (s.a. J. Agnoli, Transformation der Demokratie) – zum zweiten durch den Verzicht auf besondere Interessenvertretungsansprüche seitens der politischen Parteien und Gewerkschaften und zum dritten durch das Ausschalten jeglicher plebiszitärer Elemente. Auf diese Weise wurden die noch bestehenden Klassenkonflikte nivelliert und z.T. beseitigt, denn auch die Vertreter gesellschaftlicher Macht (Parteien, Gewerkschaften, Interessenverbände) beanspruchten nicht mehr, bestimmte gesellschaftliche Gruppen zu vertreten, sondern das »Gemeinwohl« im Auge zu haben. Zugleich wurde durch die Verflechtung der Träger gesellschaftlicher Macht mit den Regierungsapparaten erreicht, daß auftretende Konflikte oder Reibungen nicht etwa beseitigt, sondern so ausgetragen wurden, daß dabei keine Störung des gesellschaftlichen Lebens geschweige denn ein Bruch in der Legitimationsgrundlage des Systems eintrat (etwa: Reduzierung der Arbeitskämpfe auf Tarifkonflikte; Ausgleich der staatlichen Interessen und der kapitalistischen Einzelinteressen etc.).

In der Rekonstruktionsperiode ist diese gesellschaftliche Befriedung weitgehend gelungen. Es liegt jedoch, wie Agnoli nachweist, in der Eigenart des postfaschistischen Staates, das Krisenmanagement so zu organisieren, daß auch potentielle, in Zukunft auftretende politische und ökonomische Krisen damit bewältigt werden könnten. Notstandsgesetze, Mittelfristige Finanzplanung, Lohn- und Preiskontrolle, die Neuorganisierung bestimmter wirtschaftlicher Bereiche, die Ausgabenpolitik sind solche Mittel, mit denen auf Dauer ein politisches und wirtschaftliches Krisenmanagement erreicht werden sollte. Mit Hilfe dieser Hebel war es dem Gesamtkapitalisten Staat zumindest möglich, von der Friedensfunktion ohne Bruch der Legalität in die Ordnungsfunktion überzugehen.

Die Hochschulen waren in dieser Zeit das Glied in einer Reihe gesellschaftlicher Institutionen, das noch nicht in den sozialen Friedensstaat integriert war. Dies machte sich in dem Augenblick bemerkbar, als der Staat aufgrund technologischer und politischer Bedürfnisse in einem Maße auf das reibungslose Funktionieren der Universitäten angewiesen war, wie dies bisher nicht der Fall gewesen war.

Die feudale Struktur der Universitäten schien bis dato den Bedürfnissen nach Disziplinierung und Rekrutierung von akademischen Fachkräften für Staat und Kapital zu genügen. Ihr Charakter als Klasseninstitution, als Tummelplatz für beschauliche Reflexion und individuelles Studium gestattete in dieser Zeit den Gesellschaftswissenschaften eine Entwicklung, die an der Ausbildung eines kritischen Studentenpotentials wesentlichen Anteil hatte. Auf der Ebene individuellen kritischen Studiums waren die Gesellschaftswissenschaften jahrelang der Freiraum für die Individuen, die ungehindert durch Verschulung und einseitige Berufsausbildung Bewußtseinssensibilisierungen gegen autoritäre Repressionsmechanismen »erlernen« konnten. Erst dieses linksliberale Bewußtsein konnte den Verlust liberaler, herrschaftsfreier Kommunikation, und aufgrund seines privilegierten Ausbildungsganges den Alibicharakter eines solchen Studiums erkennen und erst dann umsetzen in eine antiautoritäre, symbolische Solidarität mit Vietnam und den Befreiungsbewegungen der Dritten Welt.

Zu II.
Diese ersten punktuellen Mobilisierungen bedeuteten für die Befriedungspolitik des westdeutschen Staates die Wiederkehr des verdrängten plebiszitären Elements, dessen sich die historischen Institutionen der Arbeiterbewegung längst entledigt hatten. Die staatlichen Instanzen wurden sich der Universitäten als des schwächsten Gliedes innerhalb ihres Befriedungsprogramms bewußt: zur Notwendigkeit der politischen Disziplinierung, d.h. zur Zerstörung des sich organisierenden Kerns der Studentenbewegung, kamen die objektiven Notwendigkeiten einer ökonomischen Effektivierung der Ausbildung hinzu.

Zweifellos besteht diese objektive Notwendigkeit in den Wachstumsschwierigkeiten der westdeutschen Wirtschaft, wie Elmar Altvater sie beschrieben hat:

»Diese Strukturkrise ... ist Konsequenz einer weitgehenden Ausschöpfung des Wachstumspotentials der westdeutschen Volkswirtschaft, wobei als bedeutendster wachstumslimitierender Faktor die Qualifikationsstruktur der Arbeitskraft herausgestellt wurde. Zusammen mit der Monopolisierungstendenz der Volkswirtschaft und den konjunkturellen Schwierigkeiten ... entwickelte sich eine Lage, auf die der Staat mit einem ›neuen Leitungsmodell‹ der Volkswirtschaft zu antworten versucht. Daraus ergeben sich aber wesentliche politische und soziale Konsequenzen« (E. Altvater, Perspektiven jenseits des Wirtschaftswunders: »Stabilisierte Wirtschaft«, »Formierte Gesellschaft« II, NK Nr. 40, S. 25).

Altvater zufolge leitet sich alle politische und soziale Disziplinierung (also auch im Rahmen der Universitäten) aus einem klassischen Krisenmodell des Kapitalismus ab. In der Streikphase haben die Studenten aber eine Tendenz technokratischer Reform erkannt und versucht, dagegen Widerstand zu organisieren, die in Altvaters Wachstumsmodell nicht oder höchstens als Konsequenz unter ferner liefen erfaßt wird: die Zerstörung von Studiengängen, in denen – wie etwa in den Gesellschaftswissenschaften – wie in einem Freiraum Bildungsgeschichte als Reflexionszeit möglich ist, ohne daß das akkumulierte Wissen unmittelbar bewußtlos auf Funktionen des Produktionsprozesses bezogen werden könnte. (Nach Altvaters Modell ist es zunächst nicht einsichtig, warum aus Wachstumsschwierigkeiten die Vernichtung von Reflexionszeit folgt.) Die Erkenntnis, daß die kritischen Gesellschaftswissenschaften zwar Kriterien zur Analyse herrschender Systeme abstrakt vermittelten, ihnen aber selbst die Vermittlung zur praktischen Veränderung fehlte, hat – indem die Studenten diese Veränderung im aktiven Streik an der Universität zu praktizieren versuchten – Chancen der organisatorischen Stabilisierung der Revolte geschaffen.

Altvaters Analyse ist auch insofern ungenügend, als sich im Verlaufe der Studentenrevolte herausgestellt hat, daß der politische Befriedungsfeldzug gegen die Universitäten nicht nur eine Funktion der ökonomischen Effektivierung ist. Vielmehr ist die Qualität solcher Maßnahmen wie die Initiierung einer Justizkampagne gegen Studenten, Schüler und junge Arbeiter, die Zentralisierung der »Ordnungsmaßnahmen«, die autoritäre Politisierung des akademischen Lebens nur zu verstehen auf dem Hintergrund, daß die staatlichen Instanzen ihre Befriedungspolitik durch das Anwachsen der plebiszitären Massen von Jugendlichen bedroht sehen. Die ideologische Funktion des augenblicklich geführten Diffamierungsfeldzuges gegen die »staatsumstürzlerische Anarchistenclique« hat durchaus eigene Qualitäten und ist nicht nur in Zusammenhang mit der dringend notwendigen ökonomischen Funktionalisierung zu betrachten. Sie ist etwa zu interpretieren in Zusammenhang mit der Auflösung der Projektion von politischen und sozialen Aggressionen auf einen vermeintlichen äußeren Feind und der Rückwendung auf den »inneren Feind« in der Bundesrepublik.

An dieser Stelle gilt es festzustellen, daß die systematische Analyse Technokratischer Hochschulreform und des politischen Befriedungsfeldzuges keine Zustandsbeschreibung darstellt, sondern die Beschreibung einer Tendenz, die sich im Verlaufe der Organisierung und des Anwachsens der Studentenrevolte verstärkt hat. Sie ist jedoch nicht erst dadurch entstanden. So viel ist sicherlich richtig an Altvaters Analyse, daß eine der entscheidenden Motivationen zur Funktionalisierung der Ausbildungsinstitute aus den Wachstumsschwierigkeiten zu Ende der Rekonstruktionsperiode herrührte. Diese Tendenz stellt keine lebensbedrohende Gefahr für die Studentenbewegung dar. Sie wird sich jedoch verschärfen, wenn sich der Widerstand auf Seiten der Protestbewegung verstärkt.

III
Für die Hochschulrevolte ergeben sich aus diesen spezifischen Bedingungen des politischen Widerstandes folgende Konsequenzen.

1. Der Erfolg des Kampfes an der Hochschule hängt langfristig davon ab, ob es uns gelingt, die bestehenden Ansätze einer Mobilisierung von Schülern und Lehrlingen weiterzutreiben und zu stabilisieren. Die ersten Versuche der Lehrlingsmobilisierung haben ergeben, daß die Disziplinierungsbedingungen in den außerbetrieblichen Lebensverhältnissen (Berufsschulen, Lehrlingsheime, Erziehungsheime etc.) – und nicht an erster Stelle die im Betrieb – Ansätze für eine antiautoritäre Mobilisierung bieten. Die Verbindung von antiautoritärer Schulungsarbeit (Einleitung von exemplarischen Lernprozessen; theoretische Arbeitskreise, die von den Interessen arbeitender Jugendlicher ausgehen; Sexualität und Klassenkampf; Analyse der

Gewaltverhältnisse im Betrieb und im Lehrlingsheim etc.) und organisatorischem Schutz könnten auf Dauer nicht nur eine gefühlsmäßige Solidarisierung der Lehrlinge mit den Studentenaktionen erreichen, sondern eine Politisierung in bezug auf eine eigene Revolte gegen die entmündigenden Zwangsverhältnisse in Schule, Heimen und Familie. Erst auf dieser Grundlage wäre daran zu denken, antiautoritäre Lehrlingspolitik im Betrieb zu organisieren.

Bei den Schülern zeigen die Erfahrungen, daß eine Organisierung der Schüler nicht nur außerhalb, sondern gerade auch innerhalb der Schule politisch notwendig ist. Die Initiierung einer Selbstbestimmungskampagne in den Schulen, die, unterstützt von Lernkollektiven und Basisgruppen, von einer Analyse der Technokratisierung in den Schulen ausginge und den Widerstand der Schüler zu organisieren anfinge, könnte auf Dauer die zersplitterte Schülerrevolte stabilisieren. Eine ähnliche Funktion kann in diesem Zusammenhang die Anti-Bundeswehr-Kampagne erfüllen. Allerdings hängt der Erfolg dieser Arbeit davon ab, ob es gelingt, die Ausbildung der Lehrer an den Universitäten zu politisieren. Die Berufsperspektivendiskussion bei den Germanisten hätte hier ihre praktische Funktion, wo es gilt, mit den Schülern zusammen etwa über die Qualität und die Konsequenzen der Sozialisationsprozesse in den Schulen (Bildung politischen Bewußtseins, Internalisierung von gesellschaftlichen Normen) zu arbeiten und in die Schülerrevolte einzubringen.

2. Eine Erweiterung der Mobilisierungsbasis an der Universität wird nur in dem Maße gelingen, wie sich die organisatorischen Ansätze stabilisieren und funktionierende Kader gebildet werden, die die politische Kontinuität der Studentenbewegung erhalten.

Während des Aktiven Streiks hatte sich als einer der zentralen Mängel herausgestellt, daß dezentralisierte Organisations- und Kommunikationsformen sehr oft zu einer Reprivatisierung politischer Arbeit (Frankfurt) oder zu einer teilweisen Zersplitterung und Konfusion politischer Aktionen (Berlin, s. a. »Organisation und Klassenfrage«) führten. Daraus den Schluß zu ziehen, einzig zentralistisch gegliederte Organisationsformen garantierten langfristig den Erfolg der Studentenbewegung, hieße wesentliche Erfahrungen des Aktiven Streiks verkennen. Gerade die Tatsache, daß einer der Erfolge des Streiks in der Herausbildung neuer Kommunikationsstrukturen lag, muß dazu führen, auf diesen Kommunikationsstrukturen aufzubauen, sie zu zentralisieren und zur Grundlage dezentralisierter Kader zu machen. Erst so kann es gelingen, die emanzipatorischen und selbsttätigen Ansätze politischer und wissenschaftlicher Arbeit während des Streiks zu erhalten und neuerliche Reprivatisierungen zu verhindern. Dazu gehört, daß die neuen Aktionsformen politisch militanten Widerstandes, die sich etwa mit der Justizaktion am Tegeler Weg und mit der Spanien-Aktion in Frankfurt herausgebildet haben, mit neuen Agitationsstrategien verbunden werden, damit der politische Erziehungsprozeß unter den Studenten vorwärts getrieben wird.

3. Auf Dauer kann der Erfolg der staatlich organisierten Disziplinierungskampagne nur zunichte gemacht werden, wenn diese Disziplinierungen nicht mehr nur in großangelegten Kampagnen verbal und massenhaft kritisiert werden. Der Widerstand gegen die Zerstörung politischer Projekte in der Universität läßt sich nur auf der Basis dezentralisierter, selbsttätiger Aktionen aufbauen.

Die Erkenntnis, daß die kritischen Wissenschaften für die politischen Bedürfnisse der Revolte den notwendigen Freiraum für eine revolutionäre Bildungsgeschichte nicht gewähren, hat nicht die Konsequenz, die sie für das schwankende Potential liberaler Studenten im Streiksemester hatte: nämlich die unangetastete Wiederherstellung kritischer Wissenschaft zusammen mit kritischen Ordinarien zu erreichen, sondern diejenige, daß wir an der Universität einen Ausbildungsgang gegen Administration, Staatsbürokratie und Ordinarien erkämpfen, der uns die notwendige Reflexionszeit für die Ausarbeitung langfristiger revolutionärer Strategien sichert. Nach den Erfahrungen des Frankfurter Streiks wird dies nicht unbedingt bedeuten, daß die Studenten sich an den Instituten formale Autonomie erkämpfen können. Gerade die Frankfurter Erfahrungen haben erwiesen, daß die staatlichen und universitären Instanzen sehr wohl den machtpolitischen Charakter dieser Selbstbestimmungskampagne erkannt haben und die Gefährdung, die dem Ordinarienprinzip daraus entstehen könnte. Daß die revolutionären Studenten in dieser Situation machtpolitisch auf Dauer erliegen werden, daran besteht kein Zweifel, das ist aber auch nicht das Entscheidende an diesen Kampagnen. Vielmehr gilt es hier, unter den veränderten Repressionsbedingungen, die die jederzeitige Aussperrung der Studenten von ihrem Arbeitsplatz legalisiert, veränderte Taktiken auszuarbeiten. Dazu gehört auch die genaue Definition von politisch vertretbaren Kompromissen, die uns das Aufnehmen systemsprengender Konflikte an der Universität jederzeit gestattet.

Zu einem der wichtigsten Hebel, das Ordnungsrecht und die immanenten Disziplinierungen zu unterlaufen bzw. langfristig unwirksam zu machen, gehören die Prüfungskampagnen. In Frankfurt sprengten Soziologen ihr Vordiplom und gaben damit ihrer Weigerung Ausdruck, die im Aktiven Streik herausgebildeten Ansätze zu kollektiven Lernprozessen durch Reindividualisierungen zunichte machen zu lassen. Bei Soziologen gewinnt die Prüfungskampagne insofern besondere Relevanz, als die überflüssige Repression dort deutlicher zum Ausdruck kommt als bei anderen Kulturwissenschaften. Im Rahmen des bestehenden Systems können die Sicherheitsbedürfnisse studentischer Soziologen immer weniger befriedigt werden. Einschlägige Untersuchungen haben nachgewiesen, daß bei Soziologen in immer stärkerem Maße akademisches Proletariat entstehen wird, wollen sie nicht in Berufe mit Herrschaftsfunktionen gehen. Eine Anti-Prüfungs-Kampagne in Zusammenhang mit der Ausarbeitung revolutionärer Berufsperspektiven (Lehrerkader an Schulen) könnte bei Soziologen einen Radikalisierungsprozeß in Gang setzen und die Motivation für politische Arbeit verstärken. – Zusammen mit den bestehenden Lehrlingsgruppen könnten Soziologen exemplarische Lernprozesse untersuchen (etwa über repressive Sozialisationsmechanismen) und praktizieren. Die Hereinnahme von praktisch-politischen Projekten in die Neubestimmung soziologischen Studiums wäre dann Garantie für eine sinnvolle politisch-wissenschaftliche Arbeit.

Die Tatsache, daß gerade bei Juristen der Zwang zur Unterwerfung unter die vorgeschriebene Studiendisziplin und die Erlernung von ewig gleichbleibenden Rechtstechniken und Fallösungen ungleich rigider ist als in den Kulturwissenschaften, hat bis jetzt stabile Politisierungsprozesse mit verhindert. Kritisches Wissen nahm immer nur den Rang des zusätzlich Erlernten und nie eine praktische Dimension an. Die emanzipatorische Erfahrung selbstorganisierter, von Zwang befreiter Lernprozesse haben diese Studenten nie gemacht. Eine Anti-Prüfungs-Kampagne, in der dieser rigide Zwang ad absurdum geführt würde und durch gemeinsame Organisierung von vorfabrizierten Lösungen und Hausarbeiten zum ersten Mal eine Solidarisierung und Aufhebung des Konkurrenzzwanges einsetzen würde, könnte politische Lernprozesse einleiten und Energien für politisches Arbeiten freisetzen. Hier würde die Aufgabe der funktionierenden Kader an der Universität darin bestehen, diese Kampagne agitatorisch und organisatorisch vorzubereiten. In diesem Unterlaufen liegt eine viel erfolgreichere Möglichkeit der Abwehr des Ordnungsrechtes, als das durch große Massenmobilisierungen erreicht werden könnte.

Von den speziellen Organisationsformen naturwissenschaftlicher und technischer Fächer (Technologie-Projekt) lassen sich Mobilisierungen über Berufsperspektiven direkter über die Politisierung des Studienganges erreichen als bei Luxuswissenschaften. Eine Agitationsstrategie über die Herrschaftsfunktionen, die z. B. Ingenieure später innerhalb der Betriebe (Produktionssphäre) wahrnehmen sollen, entscheidet wesentlich über die Bereitschaft der Studenten, schon während ihres Studiums – während der Praktika etwa – praktisch mit Betriebsprojektgruppen zusammenzuarbeiten. Auch hier liegt das Erfolgskriterium in der Schaffung von Bedingungen für langfristige politische Organisierungsprozesse.

Auf der Grundlage dieser selbsttätigen Organisations- und Aktionsformen der Studenten am Arbeitsplatz, deren interfakultative Verbindung und Zusammenarbeit mit Schülern und Lehrlingen bzw. Betriebsbasisgruppen über den Grad an Fach- bzw. Hochschulborniertheit entscheidet, wäre etwa an eine Kampagne zur Erkämpfung des Versammlungsrechts in der Universität zu denken.

IV

Eine neuerliche Analyse Technokratischer Hochschulreform, wie wir sie in einigen Punkten zu leisten versucht haben, bezieht ihre Rechtfertigung nicht aus der Absicht, nachzuweisen, daß Mobilisierungen größeren Ausmaßes oder faktische Veränderungen an der Universität nicht mehr möglich seien. Die politischen und fachspezifischen Disziplinierungsmaßnahmen konstituieren kein geschlossenes System, das die Aufstellung von Alternativen – entweder Rückfall auf liberalistische, rein aufklärerische Positionen oder das Vordringen zu (vermeintlichen) Machtkampfpositionen durch verstärkten Gegendruck – allererst rechtfertigen würde. Nach wir vor sind die bestehenden Widersprüche und Ungleichzeitigkeiten innerhalb der Ausbildungsinstitutionen Ansatzpunkt für Agitation und Aktion. Der Erfolg dieser Konfliktstrategie wird sich nach der Verabschiedung der entscheidenden

Maßnahmen nicht mehr daran bemessen lassen, ob diese verhindert oder modifiziert werden können, sondern vielmehr daran, ob die Spannung zwischen selbsttätigen emanzipatorischen Ansprüchen bzw. Aktionen und dem stärker werdenden Disziplinierungsdruck Motivationen für langfristige politische Organisierungsprozesse schafft. Diese Motivation für politisch verbindliches Handeln kann nicht allein an studieninterne Repressionen und Ansprüche gebunden werden. Vielmehr gilt es, Perspektiven zu entwickeln, die über den Rahmen der gegenwärtigen Wissenschaftsorganisation hinausweisen. Die praktische Inangriffnahme der Berufsperspektivendiskussion, die Hineinnahme von wissenschaftlichen Projekten, die für politische Arbeit praktisch verwertbar sind (in Zusammenarbeit mit Schülern und Lehrlingen) wird einer dieser Ansatzpunkte sein, an denen der »Einsatz der Gesamtpersönlichkeit« (Lukács) und der Verzicht auf privatisierte Interessen diskutiert werden können. Gemeinsame Bedürfnisse werden dann in Einklang zu bringen sein mit den Erfordernissen des politischen Kampfes. Selbstauferlegte Disziplin legitimiert sich nicht nur aus voluntaristischen und individualistischen Entschlüssen, sondern aus der Verbindlichkeit, die die Perspektive des politischen Kampfes gewinnt.

In diesem Rahmen werden die auf uns zukommenden Relegationen, Ordnungsverfahren, Prozesse und Gefängnisaufenthalte nicht mehr nur sprachlose Furcht und Reprivatisierungsprozesse zur Folge haben. Vielmehr kann dann diskutiert werden, welche organisatorischen Vorkehrungen gegen die Zerstörung der individuellen Existenz getroffen werden müssen.

Die Tendenz des Autoritären Staates, jeden potentiellen Gegner zum Staatsfeind zu deklarieren und zu vernichten, kann nicht rückgängig gemacht werden, geschweige denn aufgehalten werden. Seine Waffen werden uns an entscheidenden Stellen treffen können. Die Chance, diese Waffen auf Dauer stumpf zu machen, wird desto größer, je mehr wir den Organisierungsprozeß an der Basis weitertreiben.

Nr. 312

Max Horkheimer / Theodor W. Adorno
Zur Neuausgabe
der »Dialektik der Aufklärung«
April 1969

QUELLE: Max Horkheimer / Theodor W. Adorno, Dialektik der Aufklärung – Philosophische Fragmente, Frankfurt/Main 1969, S. IX–X; wiederabgedruckt in: Theodor W. Adorno, Gesammelte Schriften Bd. 3: Max Horkheimer/ Theodor W. Adorno, Dialektik der Aufklärung – Philosophische Fragmente, hrsg. von Rolf Tiedemann, © Suhrkamp Verlag, Frankfurt/Main 1981, S. 9 f.; wiederabgedruckt in: Max Horkheimer: Gesammelte Schriften Bd. 5: Dialektik der Aufklärung und Schriften 1940–1950, hrsg. von Gunzelin Schmid Noerr, © S. Fischer Verlag Frankfurt/Main 1987, S. 13 f.

Die *Dialektik der Aufklärung* ist 1947 bei Querido in Amsterdam erschienen. Das Buch, das erst allmählich sich verbreitete, ist seit geraumer Zeit vergriffen. Wenn wir den Band nach mehr als zwanzig Jahren jetzt wieder herausbringen, so bewegt uns nicht allein vielfaches Drängen, sondern die Vorstellung, daß nicht wenige der Gedanken auch heute noch an der Zeit sind und unsere späteren theoretischen Bemühungen weitgehend bestimmt haben. Kein Außenstehender wird leicht sich vorstellen, in welchem Maß wir beide für jeden Satz verantwortlich sind. Große Abschnitte haben wir zusammen diktiert; die Spannung der beiden geistigen Temperamente, die in der *Dialektik* sich verbanden, ist deren Lebenselement.

Nicht an allem, was in dem Buch gesagt ist, halten wir unverändert fest. Das wäre unvereinbar mit einer Theorie, welche der Wahrheit einen Zeitkern zuspricht, anstatt sie als Unveränderliches der geschichtlichen Bewegung entgegenzusetzen. Das Buch wurde in einem Augenblick verfaßt, in dem das Ende des nationalsozialistischen Terrors absehbar war. An nicht wenigen Stellen jedoch ist die Formulierung der Realität von heute nicht mehr angemessen. Indessen haben wir den Übergang zur verwalteten Welt schon damals nicht zu harmlos eingeschätzt.

In der Periode der politischen Spaltung in übergroße Blöcke, die objektiv dazu gedrängt werden, aufeinander zu prallen, hat das Grauen sich fortgesetzt. Die Konflikte in der Dritten Welt, das erneute Anwachsen des Totalitarismus sind so wenig nur historische Zwischenfälle, wie, der *Dialektik* zufolge, der damalige Faschismus es war. Kritisches Denken, das auch vor dem Fortschritt nicht innehält, verlangt heute Parteinahme für die Residuen von Freiheit, für Tendenzen zur realen Humanität, selbst wenn sie angesichts des großen historischen Zuges ohnmächtig scheinen.

Die in dem Buch erkannte Entwicklung zur totalen Integration ist unterbrochen, nicht abgebrochen; sie droht, über Diktaturen und Kriege sich zu vollziehen. Die Prognose des damit verbundenen Umschlags von Aufklärung in Positivismus, den Mythos dessen, was der Fall ist, schließlich die Identität von Intelligenz und Geistfeindschaft hat überwältigend sich bestätigt. Unsere Konzeption der Geschichte wähnt nicht, ihr enthoben zu sein, aber sie jagt nicht positivistisch nach Information. Als Kritik von Philosophie will sie Philosophie nicht preisgeben.

Aus Amerika, wo das Buch geschrieben ist, kehrten in der Überzeugung wir nach Deutschland zurück, theoretisch wie praktisch mehr tun zu können als anderswo. Zusammen mit Friedrich Pollock, dem das Buch, wie seinerzeit zum fünfzigsten so heute zu seinem fünfundsiebzigsten Geburtstag, gewidmet ist, haben wir das Institut für Sozialforschung in dem Gedanken wieder aufgebaut, die in der *Dialektik* formulierte Konzeption weiterzutreiben. Bei der Fortbildung unserer Theorie und den anschließenden gemeinsamen Erfahrungen hat uns Gretel Adorno, wie schon bei der ersten Fassung, im schönsten Sinn geholfen.

Mit Änderungen verfuhren wir weit sparsamer, als bei Neuausgaben von Jahrzehnte zurückliegenden Büchern üblich ist. Wir wollten nicht retouchieren, was wir geschrieben hatten, nicht einmal die offenkundig inadäquaten Stellen; den Text voll auf den gegenwärtigen Stand zu bringen, wäre ohnehin auf nicht weniger hinausgelaufen als auf ein neues Buch. Daß es heute mehr darauf ankommt, Freiheit zu bewahren, sie auszubreiten und zu entfalten, anstatt, wie immer mittelbar, den Lauf zur verwalteten Welt zu beschleunigen, haben wir auch in unseren späteren Schriften ausgedrückt. Wir haben uns im wesentlichen mit der Berichtigung von Druckfehlern und ähnlichem begnügt. Durch solche Zurückhaltung wird das Buch zur Dokumentation; wir hoffen, es sei zugleich mehr.

Nr. 313
Herbert Marcuse
Brief an Theodor W. Adorno
5. April 1969

QUELLE: Max Horkheimer, Gesammelte Schriften Bd. 18: Briefwechsel 1949–1973, hrsg. von Gunzelin Schmid Noerr, © S. Fischer Verlag, Frankfurt/Main 1996, S. 718–720

University of California, San Diego
Department of Philosophy
La Jolla, California 92037
5ten April 1969

Lieber Teddy:

Es fällt mir wahrhaftig schwer, diesen Brief zu schreiben, aber es muß sein und ist immer noch besser als Divergenzen zwischen uns zu vertuschen. Seit meinem letzten Brief hat sich die Situation für mich entscheidend verändert: ich habe zum ersten Mal ausführlichere Berichte über die Frankfurter Ereignisse gelesen, auch einen mündlichen Bericht von einem Frankfurter Studenten gehört, der »dabei war«. Selbstverständlich bin ich mir der mitspielenden Parteilichkeit bewußt, aber was zutage kam, widersprach in keinem Punkte dem, was Du mir schriebst, ergänzte es nur.

Kurz: ich glaube, daß, wenn ich die Instituts-Einladung annehme ohne auch mit den Studenten zu sprechen, ich mich mit einer Position identifiziere (oder mit ihr identifiziert werde), die ich politisch nicht teile. Brutal: wenn die Alternative ist: Polizei oder Studenten der Linken, bin ich mit den Studenten – mit einer entscheidenden Ausnahme, nämlich, wenn mein Leben bedroht ist oder wenn mit Gewalt gegen meine Person und gegen meine Freunde gedroht wird und die Drohung ernst ist. Besetzung von Räumen (außerhalb meiner Wohnung) ohne solche Gewaltdrohung ist für mich noch kein Grund, die Polizei zu rufen. Ich hätte sie dort sitzen lassen und es jemand anderem überlassen, die Polizei einzuladen. Ich glaube immer noch, daß unsere Sache (die ja nicht nur unsere ist) eher bei den rebellierenden Studenten aufgehoben ist als bei der Polizei, und hier in Kalifornien wird mir das beinahe jeden Tag vordemonstriert (und nicht nur in Kalifornien). Und ich würde selbst eine disruption of »business as usual« in Kauf nehmen, wenn der Konflikt dazu ernst genug ist. Du kennst mich gut genug, um zu wissen, daß ich eine unmittelbare Umsetzung der Theorie in Praxis genau so emphatisch verwerfe wie Du es tust. Aber ich glaube, daß es Situationen, Momente gibt, in denen die Theorie von der Praxis weitergetrieben wird – Situationen und Momente, in denen die sich von der Praxis fernhaltende Theorie sich selbst untreu wird. Wir können die Tatsache nicht aus der Welt schaffen, daß diese Studenten von uns (und sicher nicht am wenigsten von Dir) beeinflußt sind – ich bin darüber sehr froh und bin gewillt, mich mit dem Vatermord abzufinden, obwohl es manchmal weh tut. Und die Mittel, die sie anwenden, um die Theorie in Aktion umzusetzen?? Wir wissen (und sie wissen), daß die Situation keine revolutionäre ist, nicht einmal eine vor-revolutionäre. Aber dieselbe Situation ist so grauenhaft, so erstickend und erniedrigend, daß die Rebellion gegen sie zu einer biologischen, physiologischen Reaktion zwingt: man kann es nicht mehr ertragen, man erstickt und muß sich Luft schaffen. Und diese frische Luft ist nicht die eines »linken Faschismus« (contradictio in adjecto!), es ist die Luft, die wir (wenigstens ich) auch einmal atmen möchten und die sicher nicht die Luft des Establishment ist. Ich diskutiere mit den Studenten, ich beschimpfe sie, wenn sie nach meiner Ansicht stupide sind und den Anderen in die Hände spielen, aber ich würde wahrscheinlich nicht die schlechteren, scheußlicheren Waffen gegen ihre schlechten zu Hilfe rufen. Und ich würde an mir (an uns) verzweifeln, wenn ich (wir) auf der Seite einer Welt erscheinen würden, die den Massenmord in Vietnam unterstützt oder zu ihm schweigt und die alle Bereiche außer dem Bereich ihrer eigenen unterdrückenden Macht zur Hölle verwandelt.

Zurück zum Persönlichen. Ich kann nicht nach Frankfurt kommen, es sei denn daß ich auch mit den Studenten diskutiere, sie höre und ihnen sage, was ich zu sagen habe. Und wenn das nicht ohne Massenversammlung, ohne Zirkus geht – das ist für mich grausig, es geht gegen meinen Willen und gegen meine physische Konstitution, aber das ist kein Grund für mich, der Auseinandersetzung auszuweichen. I can't help it, aber das ist für mich die (vielleicht zu unmittelbare?) Bezeugung der Loyalität und Dankbarkeit, die ich für euch empfinde. Und im Sinne dieser Loyalität möchte ich Deine Antwort haben. Die Alternative ist für mich: nach Frankfurt zu kommen und auch mit den Studenten zu diskutieren, oder nicht zu kommen. Wenn Du das Letztere für besser hältst – es ist perfectly alright with me, vielleicht können wir uns irgendwo in der Schweiz im Sommer treffen und diese Dinge klären. Besser noch, wenn Max und Habermas dann mit uns sein könnten. Aber eine Klärung zwischen uns ist notwendig.

Herzlichst Dein
Herbert

Nr. 314
Sozialistischer Deutscher Studentenbund
Zur Hochschulpolitik des SDS
im Sommersemester
Erklärung des SDS-Bundesvorstands
17. April 1969
QUELLE: SDS-Bundesvorstand (Hg.), SDS-Info vom 2. Mai 1969, Nr. 11/12, S. 61

Die Diskussionen der Arbeitskonferenz des SDS haben die neue organisatorische Realität der zentralisiert arbeitenden Basis- und Projektgruppen innerhalb & außerhalb der Universitäten der BR und Berlins bestätigt und weiter stabilisiert.

Die politischen Streiks des Wintersemesters haben jetzt ihren organisatorischen Ausdruck als wirksamen und langfristigen Widerstand gegen die Disziplinierungen durch »technokratische Hochschulreform« – d.h. dem in Hochschulgesamtplänen & Ordnungsrecht organisierten Zugriff des Staates auf die Hochschulen – gefunden. Gegen die massiven Versuche, die Wissenschaft und Forschungsergebnisse unmittelbar und ausschließlich den Bedürfnissen spätkapitalistischer Wirtschaft zu unterwerfen, haben die revoltierenden Studenten die materielle Selbstorganisation ihrer Studiengänge und kollektiven Lernprozesse gesetzt.

Die politischen Kampfformen zur Durchsetzung solcher Selbstorganisationen – Institutsbesetzungen und aktive Streiks – haben nicht nur die Ordinarienuniversität, sondern das gesamte System an einer entscheidenden Stelle getroffen und gefährdet: am Herrschaftsprivileg der privaten bzw. privat- und monopolkapitalistischen Verfügung über Forschung und Lehre. Die Reaktionen der Professoren und Bürokratien – Relegationen von »Rädelsführern«, Verbot politischer Arbeit, Institutsräumungen durch die Polizei –

haben diesen zentralen Angriff auf der Ebene von Machtkampf nur bestätigt.

Die Selbstorganisation der Studiengänge konnte aber nur deshalb ein realer Machtfaktor werden, weil sich während der Streiks die Notwendigkeit gezeigt hat, über die Universität hinaus in anderen gesellschaftlichen Bereichen praktisch politische Aufklärungs- und Organisationsarbeit zu leisten:

Die in Stadtteilbasisgruppen außerhalb der Betriebe organisierten Lehrlinge & Jungarbeiter erarbeiteten zusammen mit Jura-, Soziologie- und Psychologiestudenten die wissenschaftlichen und agitatorischen Grundlagen für den langfristigen Kampf gegen staatlich-kapitalistische Zwangssozialisation in Lehrlings- und Erziehungsheimen, gegen den Terror der Vormundschafts- & Jugendfürsorgeinstitutionen, gegen die unter dem Vorwand der Unmündigkeit betriebene Ausbeutung durch die Lehrherren und Betriebe.

Für den Kampf an der Universität im nächsten Semester bedeutet eine solche Organisation außeruniversitärer Projekte konkret: daß der Streik fortgesetzt wird, daß die autoritären und angepaßten Studiengänge abgewiesen werden und statt dessen diejenigen Forschungen betrieben werden, die für die politische Arbeit außerhalb der Universität notwendig sind. Jeder Tag, der den sozialistischen Studenten die Verfügung über die Mittel von Instituten gestattet, wird diese Aufklärungsarbeit weitertreiben. Von daher erhalten die Institutsbesetzungen ihre Legitimation.

Die Mobilisierung der Naturwissenschaftler und Techniksstudenten erfolgt durch die Aufklärung über ihre spätere Stellung innerhalb der Betriebe. Schon die Praktika während des Studiums sollen in Zusammenarbeit mit innerbetrieblichen Basisgruppen so organisiert werden, daß die Möglichkeiten einer revolutionären Berufspraxis geprüft werden können.

Die Selbstorganisationen der zukünftigen Lehrer erhalten erst durch ihre festen Verbindungen zur Schülerrevolte ihre langfristige Perspektive. Wie sich gerade gestern in Berlin gezeigt hat, beginnen Staats- und Universitätsbürokratien, die Universität zu schließen, um damit »die Radikalen ein bis zwei Semester auszutrocknen«, da die Relegationen nicht abschreckend genug gewirkt hätten. Wenn die Universitäten geschlossen werden, werden sich die revoltierenden Studenten im Sommersemester das Recht nehmen, sie für alle diejenigen zu öffnen, denen die Universität die Zulassung verweigert.

Nr. 315

Sozialdemokratischer Hochschulbund

»Destruktion oder Demokratisierung? Ist die ›Neue Radikalität‹ des SDS reaktionär?«

Flugblatt-Kritik an der Sprengung der Adorno-Vorlesung
24. April 1969

QUELLE: Archivalische Sammlung Ronny Loewy im Hamburger Institut für Sozialforschung, Akte »Aktiver Streik« WS 68/69

Unlegitimierte sprengung der adorno vorlesung
zerschlagung des reformrelevanten soziologiestudiums
physische gewalt gegen abweichend argumentierende genossen
vds sabotage aus verbandsegoismus
ästhetizistische minderheitsaktionen ohne aufklärungseffekt

Die Entwicklung der hochschulpolitischen Situation im vergangenen Semester, in den Ferien und zu Beginn dieses Semesters veranlaßt den SHB Frankfurt zu folgender Stellungnahme:

Im Kampf um eine Demokratisierung und Modernisierung der Hochschule hat der SHB konsequent mitgearbeitet, er hat die Aktionen gegen den Vietnamkrieg, gegen Springer und die NS-Gesetze voll unterstützt und direkte Aktionen immer aktiv mitgetragen, wenn sie auf politische Aufklärung abzielten. Der SHB ist sich der Gefahr bewußt, daß bei den in der BRD vorhandenen antidemokratischen Potentialen und dem juristischen Instrumentarium der NS-Gesetze eine legale Transformation in einen autoritären Staat möglich ist.

Gegen diesen hat der SHB seinen politischen Kampf geführt an der Seite sozialistischer und radikaldemokratischer Organisationen – er hat selbst in problematischen Situationen Solidarität gewahrt, um die schwache Linke in ihrem Defensivkampf gegen die Faschisierungstendenzen in der BRD nicht zu schwächen.

Zu Beginn des SS 1969 hält der SHB jedoch den Zeitpunkt für gekommen, den Kräften im SDS eine klare Absage zu erteilen, die durch eine, seiner Meinung nach, falsche Situationseinschätzung immer mehr zu einer offensiven Destruktionsstrategie übergegangen sind und damit die Linke immer weiter in die Isolation treiben. Blinder Aktionismus, gewaltsame Verhinderung rationaler Strategiediskussionen und der Versuch der totalen Dysfunktionalisierung der Universität haben nichts mehr mit einer langfristig kalkulierenden, rationalen linken Politik zu tun, vielmehr machen sie die Studentenbewegung mehr und mehr zum Formierungspopanz der Reaktion.

Der SHB Frankfurt hat mit einer öffentlichen Stellungnahme zu diesem Problemkomplex bisher gezögert, da er vom SDS hoffte, es würde ihm gelingen, seine irrationalen und dezisionistischen Kräfte zu isolieren. Daß dies durch Fraktionskämpfe im SDS bisher nicht erreicht wurde, zeigt die, trotz Dezentralisierungsideologie, autoritäre Struktur des Verbandes, die immer mehr Diskussionen über Situationsanalysen und Strategien verhindert. Es spricht gegen den SDS, daß in ihm nicht genügend Genossen in der Lage sind, sich trotz der innerverbandlichen, sozialpsychologischen Integrationsmechanismen gegen die Aktionisten öffentlich zu stellen.

Der SHB Frankfurt wird versuchen – wobei er sich des Polarisierungsgrades in der Studentenschaft bewußt ist (SDS – ADS), zwischen Reaktionären und Linksputschisten eine neue sozialistische Position aufzubauen. Denn

es geht weiterhin um die Demokratisierung der Hochschule und
um die Demokratisierung der Gesellschaft.

Eine derartige Politik, deren Ziel eine rationale, für alle durchschaubare, humane Gesellschaft ist, muß betrieben werden mit Mitteln und Strategien, die politisch auf ihre jeweiligen Konsequenzen reflektiert sind und sich nicht nach Kriterien unmittelbarer Bedürfnisbefriedigung bestimmen.

Die Konsequenz in dem Dilemma der augenblicklichen hochschulpolitischen Situation muß daher sein:

DIE AKTIONISTEN ZUR POLITISCHEN
LEGITIMATION IHRER AKTIONEN
ZU ZWINGEN!
IHRE BEGRIFFE BZW. LEERFORMELN
KRITISCH ZU PRÜFEN.
DIE ZERSCHLAGUNG DES SOZIOLOGIE-
STUDIUMS ZU VERHINDERN
SICH NICHT MEHR VON MINDERHEITEN,
DIE IHR VORGEHEN NICHT MEHR RATIONAL
AUSWEISEN KÖNNEN, ÜBERROLLEN UND
MANIPULIEREN ZU LASSEN.
REALISTISCHE KAMPFMITTEL GEGEN
DAS ORDNUNGSRECHT ZU FORDERN UND
ERNEUT SUBSTANTIELLE VORSCHLÄGE FÜR
DIE HOCHSCHULREFORM AUSZUARBEITEN,
UM DIESE INSTITUTIONELL UMZUSETZEN!

Nr. 316

Vordiplomandengruppe Soziologie
**»Abschaffung der Klausuren,
Anfertigung kollektiver Arbeitspapiere«**
Flugblatt zum Klausurenboykott
24. April 1969

QUELLE: SDS-Bundesvorstand (Hg.), SDS-Info vom 20. Mai 1969, Nr. 13/14, S. 7 f.

I. Ansätze zu einer Selbstorganisation der Soziologen

Während des Streiks im Wintersemester 68/69 arbeitete eine Vordiplomandengruppe an der Erweiterung des Soziologenpapers vom WS 67/68. Der Arbeitskreis stellte folgende Forderungen auf:

Abschaffung der Klausuren, Anfertigung kollektiver Arbeitspapiere. Eine von ihm intendierte Diskussion mit Prof. Friedeburg über eine institutionelle Absicherung dieser Forderungen wurde aber von dem professoralen Polizeieinsatz vereitelt. Dies machte vorläufig unsere Selbstorganisation zunichte.

Unsere damaligen Vorstellungen zu einer Neuorganisation des Studiums sind inzwischen in das nun vorliegende Assistentenpaper eingegangen.

II. Prüfungstermine des Vordiploms im Wintersemester 68/69

Eine Gruppe der Studentenbewegung plante, den aktiven Streik des letzten Semesters fortzusetzen und die angesetzten Klausuren zu sprengen. Diese Gruppe trug zur Selbstorganisation der Vordiplomanden bei, die jetzt bereit waren, bestehende Alternativkonzeptionen durchzusetzen und eine Mehrheit für eine Verweigerung des Vordiploms in der herkömmlichen Weise zu finden. Während des Streiks wäre der Verzicht der Ordinarien auf ihre Privilegien die Voraussetzung dafür gewesen, inhaltlich und organisatorisch das Studium verändern zu können. Wir haben nun mit der Verweigerung der bisherigen Vordiplomsprüfungen ein Faktum geschaffen, das eine Diskussion der inhaltlichen Veränderung von Prüfungen erzwingt.

Die nur formale Änderung der Vordiplomsprüfung hat zwei Gründe:
1. Wir konnten die Vorbereitung auf die Klausuren nicht mehr durch Arbeitspapiere, die unseren Vorstellungen von sinnvoller wissenschaftlicher Arbeit entsprochen hätten, ersetzen.
2. Die Strategie für dieses Vordiplom sollte es den Ordinarien unmöglich machen, sich weiterhin auf den institutionellen Rahmen zurückzuziehen. Die Erfahrungen der Studentenbewegung haben hinreichend gezeigt, daß der institutionelle Rahmen prinzipiell veränderbar ist (Otto-Suhr-Institut, Marburger Soziologie, Frankfurter Politologie).

Der Druck der Studenten des Empirie-Praktikums im WS 68/69 bewirkte die Abschaffung der laut Prüfungsordnung vorgeschriebenen Abschlußklausur.

III. Durchführung der Vordiplomsaktion

Unmittelbar vor der Statistik-Klausur am 27.3.69 diskutierten Vordiplomanden und Assistenten über Inhalte und Verfahrensweisen herkömmlicher Vordiplomsprüfungen. Wir waren uns darin einig, individuelle Prüfungsverfahren abzulehnen, die lediglich abfragbares Wissen und psychische Stabilität testen, aber die Selbstkontrolle eigener wissenschaftlicher Arbeit unmöglich machen. Unser Vorschlag, die Statistik-Klausur in Kollektiven zu schreiben, wurde von 41 Vordiplomanden bei 2 Gegenstimmen und 2 Enthaltungen angenommen. Wir setzten uns in kleinen Gruppen zusammen, diskutierten und lösten die Prüfungsfragen gemeinsam, gaben jedoch einzeln die Arbeiten ab. Nach der Klausur stellte sich heraus, daß die Assistenten es noch 3 weiteren Kommilitonen möglich gemacht hatten, nach der »alten« Prüfungsordnung zu schreiben. Deshalb beschlossen wir für die VWL-Klausur, uns in Arbeitsgruppen aufzuteilen und nur je Gruppe ein Papier abzugeben, zumal eine solche Arbeitsweise unsere Intentionen noch eindeutiger darstellen würde.

IV. Reaktion der Professoren

Da zwei Wochen nach der Prüfung noch immer keine Stellungnahme der Professoren vorlag, entschloß sich die Vollversammlung der Vordiplomanden, die Professoren Adorno, Blind, Friedeburg, Habermas, Häuser und Sauermann am Vormittag vor der Sitzung des Prüfungsausschusses zu einer Stellungnahme zu zwingen. Es erschienen nur Adorno und Friedeburg, die klar formulierten, daß eine solche kollektive Schreibweise im Rahmen der bestehenden Prüfungsordnung auf keinen Fall zu legitimieren sei. Adorno, der »abgebrühte Dialektiker«, seinem zitierten Selbstverständnis nach »Gewerkschaftsführer der Studenten«, sah sich außerstande, unsere kollektive Arbeit zu unterstützen, da individueller Leistungsnachweis nicht möglich. Friedeburg, der von der historischen Situation abstrahierte, stellte unsere Handlungsweise dar als »einseitigen Akt«. Direkt befragt, ob er unsere Interessen im Prüfungsausschuß zu vertreten bereit sei, antwortete er mit einem klaren Nein. Überraschend bezeichnete er unsere Vorschläge als gegenstandslos, weil längst beschlossen sei, die Soziologie als Hauptfach abzuschaffen: gedacht sei an Soziologie als Nebenfach u.a.m.

Anschließend erklärte der Vorsitzende des Prüfungsausschusses Prof. Rauter einer Delegation aus 3 Studenten und 3 Assistenten, der Ausschuß sei nach Abklärung der Sachlage nicht befugt, die endgültige Entscheidung zu treffen. Man müsse erst ein Rechtsgutachten einholen. Ein Termin dafür wurde nicht genannt. Die sich hieraus ergebenden Maßnahmen müssen auf der Vollversammlung diskutiert werden!

Merke: WIR WÜNSCHEN DEN FRIEDEN. WENN ABER DIE ORDINARIEN DARAUF BESTEHEN, KRIEG ZU FÜHREN, DANN BLEIBT UNS KEINE ANDERE WAHL, ALS FEST ENTSCHLOSSEN DEN KRIEG AUSZUFECHTEN, UM DANN MIT DEM STUDIUM FORTZUFAHREN!

Nr. 317

Theodor W. Adorno

»Nachdem mir zweimal die Abhaltung meiner Vorlesung...«

Anschlag zur Aussetzung seiner Vorlesung »Einführung in das dialektische Denken«

25. April 1969

QUELLE: Theodor W. Adorno-Archiv, Frankfurt/Main

Frankfurt am Main, den 25. April 1969

Nachdem mir zweimal die Abhaltung meiner Vorlesung planmäßig unmöglich gemacht worden ist, sehe ich mich gezwungen, auf unbestimmte Zeit die Vorlesung abzusagen. Ebenso kann das philosophische Hauptseminar, das Fragen der Vorlesung im einzelnen behandeln sollte, einstweilen nicht stattfinden.

1) Hörsaal V
2) Phil. Sem.

Nr. 318
Theodor W. Adorno
Kritische Theorie und Protestbewegung
Interview der Süddeutschen Zeitung
27. April 1969

QUELLE: Süddeutsche Zeitung vom 27. April 1969; wiederabgedruckt in: Theodor W. Adorno, Gesammelte Schriften Bd. 20.1: Vermischte Schriften I, Edition des Theodor W. Adorno-Archivs, hrsg. von Rolf Tiedemann, © Suhrkamp Verlag Frankfurt/Main 1986, S. 398–401

FRAGE: In der Öffentlichkeit besteht der Eindruck, die revolutionäre Aktivität einiger Studentengruppen sei zum Teil auf den philosophischen Denkansatz zurückzuführen, der von Ihnen mitentwickelt wurde und vertreten wird. Das Frankfurter Institut für Sozialforschung gilt als geistige Heimstatt der »Revolutionären Linken«. Inwieweit ist diese Ansicht zutreffend?

ADORNO: Das Verhältnis zwischen Denkansätzen und praktischen Konsequenzen war stets äußerst gebrochen und ist es heute erst recht. Robespierre hat Rousseaus volonté générale zur Rechtfertigung für den Terror seiner Clique mißbraucht. Die kritische Theorie, wie sie vom Institut für Sozialforschung in Frankfurt in völliger geistiger Freiheit und Autonomie entwickelt wurde, hat nie nach ihrer Anwendbarkeit geschielt und gar dem Kriterium von Anwendbarkeit sich unterworfen. Welche unserer theoretischen Motive in die Studentenbewegung hineingewirkt haben, vermag ich kaum zu beurteilen. Ein wirklich faßlicher Zusammenhang zwischen dem gegenwärtigen Aktionismus, den ich für höchst problematisch halte, und unseren Gedanken ist mir noch von keinem Menschen aufgezeigt worden. Irrationale Aktionen, von der Theorie abgelöst, die man verlästert, sind nie in unserem Sinn gewesen. Kritische Theorie schließt notwendig eben jene Analyse der Situation ein, die sich der Aktionismus erspart, um nicht der eigenen Hinfälligkeit innewerden zu müssen. Im übrigen ist die These, wir hätten Ideen entwickelt, die sich gegen uns gewandt hätten, als sie in die Tat umgesetzt wurden, besonders beliebt bei denen, und wahrscheinlich von ihnen erfunden, welche die Freiheit des kritischen Gedankens mit der Geste des »Seht ihr's« lähmen wollen. Ich habe so wenig Neigung, diesem Gestus mich zu beugen wie den Solidaritätszwängen der Aktionisten.

FRAGE: Wo würden Sie die Grenze ziehen zwischen einer legitimen praktischen Umsetzung Ihrer kritischen Gesellschaftstheorie und einer auf Mißverständnis und Ideologisierung beruhenden Verfälschung des Denkmodells, wie sie etwa Jürgen Habermas kritisiert hat. Wo liegt der entscheidende Punkt?

ADORNO: Mit der Kritik der Verfälschung kritischen Denkens durch den Aktionismus, die Habermas gegeben hat, stimme ich gänzlich überein. Wie er, rechne ich den Aktionismus zur Pseudoaktivität. Der entscheidende Differenzpunkt ist wohl der, daß unter den gesellschaftlichen und technischen Bedingungen der Gegenwart verändernde Praxis überhaupt vorstellbar ist nur als gewaltlos und durchaus im Rahmen des Grundgesetzes.

FRAGE: In einer Umfrage dieser Zeitung zum Jahreswechsel 1966/67 sagten Sie, Sie verspürten eine steigende Abneigung gegen Praxis im Widerspruch zu Ihren eigenen theoretischen Positionen. Ist es möglich, daß die von Ihnen wegen ihrer revolutionären Aktivität gerügten Studenten nur einen Ausweg aus dieser – Ihrer – Widersprüchlichkeit suchen und dabei, wie sie behaupten, nur konsequent Ihre Gedanken in die Tat umsetzen?

ADORNO: Meine steigende Zurückhaltung der Praxis gegenüber hängt wohl weniger mit meiner individuellen Entwicklung als mit dem steigend illusionären Charakter solcher Praxis unter den gegenwärtigen Bedingungen zusammen. Daß die Studenten verzweifelt guten Glaubens einen Ausweg suchen, ist fraglos, aber ich halte diesen Ausweg für versperrt. Die Konsequenzen des Aktionismus deuten in eben die Richtung, welche die Studenten ihrem Bewußtsein nach am wenigsten wollen. Vor Widersprüchen habe ich im übrigen keine Angst. Sie können in der Sache liegen, nicht notwendig in der Person. Die Stärke eines Ichs bewährt sich darin, daß es fähig ist, objektive Widersprüche in sein Denken aufzunehmen und nicht gewaltsam wegzuschaffen.

FRAGE: Könnte ein Grund für das getrübte Verhältnis zwischen Professoren und Studenten am Institut für Sozialforschung neben Ihrer »Praxis-Abneigung« auch in der resignierenden Grundhaltung liegen, die der heutigen Frankfurter Schule (etwa von Georg Lukács und Leo Kofler) trotz aller aufklärerischen, revolutionären, antikapitalistischen Gedanken nachgesagt wird?

ADORNO: Meine eigene Haltung, ebenso wie die von Horkheimer, halte ich für das Gegenteil von resignativ – jüngst hielt ich über diesen Punkt einen kurzen Radiovortrag für den Sender Freies Berlin, der bald im Druck erscheinen dürfte. Versuche, Gewissenszwang zur Aktion auszuüben, wie vor zwei Jahren, als man von mir ein Gutachten in der Angelegenheit Teufel erzwingen wollte, lassen mich unberührt. Sie dienen jener Art von Kollektivierung, die ich als die Nötigung empfinde, schlechterdings zu unterschreiben, nämlich mit Haut und Haaren sich selbst zu verschreiben. Eben das nicht zu tun, liegt in dem Begriff von Aufklärung, an dem ich festhalte. Mein Verhältnis zu meinen Studenten ist nicht mehr beeinträchtigt, als es allgemein im herrschenden Universitätskonflikt der Fall zu sein pflegt. Es wird fruchtbar und sachlich, ohne private Trübung, diskutiert.

FRAGE: Sie sind als Hochschulprofessor auch Lehrer. Fühlen Sie sich durch den öffentlichen Vorwurf, als einer der geistigen Väter der Studentenrevolte zu gelten, in Ihrem pädagogischen Verantwortungsbewußtsein getroffen. Simpel ausgedrückt: Haben Sie Schuldgefühle?

ADORNO: Durch die Studentenrevolte fühle ich mich in meinem Verantwortungsbewußtsein nicht getroffen. Schuldgefühle habe ich nicht. Kein Mensch, der meine Sachen gelesen oder meine Vorlesungen gehört hat, hätte sie je als Anweisung zu Gewaltakten interpretieren können. Als mir 1967 erstmals in Berlin mit einer Demonstration begegnet wurde, die einen Vortrag verhindern wollte, hatte ich kein anderes Gefühl als das maßlosen Staunens.

FRAGE: Sie klagten kürzlich: »Wie konnte ich ahnen, daß Leute mein theoretisches Denkmodell mit Molotow-Cocktails verwirklichen wollen?« Trifft Sie die darin angesprochene Trübung Ihres Verhältnisses zu Ihren Studenten persönlich; sind Sie enttäuscht?

ADORNO: Ich bin nicht enttäuscht, und wenn der Besuch der Lehrveranstaltungen etwas besagt, sind es die Studenten auch nicht. Deren Gesamtniveau halte ich nach wie vor für außerordentlich hoch. Dabei beziehe ich auch solche ein, mit denen ich, was politische Praxis anlangt, gänzlich divergiere.

FRAGE: Werden Sie aus diesen Erfahrungen Konsequenzen ziehen, etwa eine andere Form der Vermittlung Ihrer kritischen gesellschaftstheoretischen Vorstellungen erwägen, Ihr Praxisverhältnis überprüfen? Oder hat sich Ihr Verhältnis zur »kritischen Theorie« in den letzten Jahren gewandelt?

ADORNO: Ich sehe keinerlei Anlaß, die »Form der Vermittlung« meiner kritischen gesellschaftstheoretischen Vorstellungen zu erwägen. Eine solche Änderung liefe auf Anpassung hinaus, auf das, was man heute Kommunikation zu nennen liebt: auf Verwässerung und Senkung des Niveaus, und der freilich verweigere ich mich. Über das Verhältnis von Theorie und Praxis hoffe ich bald einiges Grundsätzliche vorlegen zu können, hinausgehend über das in der *Negativen Dialektik* Gesagte. Das Verhältnis der Inauguration der kritischen Theorie zu dieser hat sich selbstverständlich weiterentwickelt. Ich hoffe, daß wir auch heute noch nicht in sogenannten Positionen zur Ruhe gekommen sind. Mit der kritischen Theorie selbst identifiziere ich mich nach wie vor, ohne einen Drang zur Revision im leisesten zu verspüren.

Nr. 319
R. de Clerck / R. Dombois / E. M. R. Roth / Ludwig Voegelin
Arbeitsgruppen im aktiven Streik
Emanzipation unter politischem und wissenschaftlichem Leistungsdruck
Mai 1969

QUELLE: Diskus – Frankfurter Studentenzeitung, 19. Jg., Nr. 4 f.; wiederabgedruckt in: Günter Hillmann, Die Befreiung der Arbeit, Reinbek 1970, S. 194–213

EMANZIPATION UNTER POLITISCHEM
UND WISSENSCHAFTLICHEM LEISTUNGSDRUCK

Der Streik des letzten Semesters entwickelte gegen den traditionellen Lehrbetrieb Vorstellungen und Praxis einer wissenschaftlichen Arbeit, die kollektiv und politisch relevant organisiert sein sollte. Es hat nicht mehr viel Sinn, nur diese Konzepte zu referieren, deren Kristallisierung in den Schlagworten »kollektives Lernen« und »Selbstorganisation« (vgl. Aufsatz in Neue Kritik 53) jeder kennt. Worauf es ankommt, ist, über die weitertreibenden Pläne hinaus die widersprüchlichen Strukturen der Organisationswirklichkeit herauszuarbeiten. Die Arbeitsgruppen haben sich innerhalb von objektiven Widersprüchen organisiert, die sich bis in die Subjekte selbst fortsetzen (etwa dem Widerspruch zwischen wissenschaftlicher und politischer Arbeit, hinter dem das Problem der Vermittlung von Berufspraxis und revolutionärer Arbeit steht). Wie die Wirklichkeit der universitären Arbeitsorganisation und die Wirklichkeit der politischen Organisation die Arbeitsgruppen vor objektive Probleme stellten, an denen sie meistens scheiterten, teilweise aber auch zu Formen politisch verbindlicher wissenschaftlicher Arbeit finden, versucht der Artikel zu zeigen. Wir können nur bruchstückhaft diese Zuammenhänge aufzeigen und die Gesamtheit der Erfahrungen organisieren: Der Gefahr vorschneller Interpretation konnten wir nicht entgehen. Wir haben darauf verzichtet, den politischen Zusammenhang darzustellen, in dem die AGs sich entwickelt haben, und haben es ebenfalls unterlassen, strategische Schlußfolgerungen aus der Arbeit der AGs zu ziehen. Unser Ziel war, einige Bedingungen unserer politischen Arbeit aufzuzeigen, damit überhaupt fachspezifische Politisierungsstrategien ausgearbeitet werden können. Wir erwarten, daß die notwendige Kritik an diesem Artikel diese Bezüge wiederherstellt.

ARBEITSGRUPPEN UND POLITISCHER KAMPF

Da die Arbeitsgruppen im Streik als ein Versuch entstanden sind, kollektiv neue Bedingungen und Inhalte wissenschaftlicher Arbeit zu formulieren, waren sie auf die Aufrechterhaltung des Streiks angewiesen. Einerseits hatten sie die Aufgabe, die Sprengung des Lehrbetriebs zu organisieren, für die Institutionalisierung ihrer Arbeit und für einen autonomen Bereich zu kämpfen, mit einem Wort, den Streik *gegen* Ordinarien, Polizei und apathische Studenten zu organisieren. Andererseits aber sollten sie vom Leistungs- und Konkurrenzdruck befreite Lernformen entwickeln und eine Erfahrungsbasis solidarischer, politisch-vermittelter wissenschaftlicher Arbeit herstellen. Diese Doppelfunktion konnte offenbar nicht gleichzeitig erfüllt werden.

Selbstverteidigung
Die inhaltliche Arbeit der AGs wurde immer wieder durch äußere Ereignisse unterbrochen. So scheiterte eine kontinuierliche Arbeit des Plenums »Sozialisation« eben auch daran, daß man geschlossen eine Vorlesung sprengen ging. Teach-ins, Vollversammlungen und Plenen drängten sich zusammen, auf denen die AGs als Kollektive ihre Vorstellungen hätten vertreten müssen. Dazu waren sie aber meistens noch gar nicht imstande, weil sie noch keine gemeinsamen artikulierbaren Erfahrungen gemacht hatten. Schon deshalb gab es eine Rückzugstendenz der AGs. Deutlich zeigte sich die Abhängigkeit der AGs vom politischen Kampf bei der Besetzung des Spartakusinstituts durch die Polizei. Das Institut hatte die Arbeit koordiniert und zusammengefaßt. Als der Freiraum wegfiel, fielen auch AGs auseinander. Eine objektive Notwendigkeit verlangte, daß die AGs sich an den Strategiediskussionen beteiligten. Wenn es aber Strategiediskussionen während der Sitzungen gab, war die inhaltliche Arbeit unterbrochen. Terminüberschneidungen zwangen ebenfalls zu der Alternative, an den Strategiediskussionen teilzunehmen oder an inhaltlicher Arbeit weiterzumachen. Hatte schon der politische Leistungsdruck hemmende Folgen für die Emanzipation der AG-Teilnehmer, erst recht aber der Leistungsdruck der Universität.

Wissenschaftliche Leistung
Der Streik konnte nicht ohne weiteres Erfolgschancen angeben. Die Forderungen nach Aussetzung der Prüfungen, nach Vergabe von Scheinen konnten gegen die Ordinarien nicht durchgesetzt werden. Die verschärften den Druck noch, indem sie mit der Nichtanerkennung des Semesters drohten, die AGs für illegal erklärten und den aktiven Boykott des Lehrbetriebs unter scharfe Sanktionen stellten. Die dadurch erzeugte Angst brachte wieder jenen Leistungszwang hervor, der Emanzipation verhindert und ohnmächtige Unterwerfung unter die »Standards« der professoralen Wissenschaftsriesen stützt. Zum anderen wurde die Identifikation mit den AGs dadurch erschüttert. Sie bröckelten ab. Der verschärfte Kampf gegen die Ordinarien hatte ferner zur Folge, daß die Studenten entweder sich in blinder Aggressivität gegen sie wandten, unfähig, noch weiterhin Lernprozesse autonom zu organisieren, oder sich völlig von der Uni abwandten oder aber versuchten, sich mit den Ordinarien gütlich zu einigen.

Die Intention der AGs, subjektive Bedürfnisse und Interessen zu entfalten und von daher politische und wissenschaftliche Arbeit neu zu bestimmen, scheiterten zu einem relevanten Teil daran, daß die AGs Teil des politischen Kampfes waren. Das heißt, die Situation, die die AGs geschaffen hatte, legte ihnen gleichzeitig die größten Hindernisse in den Weg.

Viele Arbeitsgruppen, die dem doppelten Druck der politischen Selbstverteidigung und dem Druck des Studienbetriebs entgehen wollten, um kollektive Lernprozesse zu organisieren, entzogen sich als *Gruppe* diesen Anforderungen, indem sie sich auf sich selbst zurückzogen. Ihre einzelnen Teilnehmer nahmen nach wie vor an den politischen Aktionen und Diskussionen teil, als Gruppe jedoch schien es ihnen zunächst einmal notwendig, sich ohne permanente Unterbrechung durch die Notwendigkeit des politischen Kampfes zu organisieren. Diese »Privatisierung« ist das Produkt einer Kampfsituation, in der vor allem jüngere Studenten sich kaum aktiv an den Strategiediskussionen beteiligen konnten und sich in der Einschätzung der Situation und der organisatorischen Notwendigkeiten in einer großen Verhaltensunsicherheit befanden. Der Bruch zwischen emanzipatorischen Bildungsprozessen und politischem Kampf wurde von ihnen nach einer Seite aufgelöst, bei der ihre politischen Möglichkeiten als Gruppe noch offengelassen wurden. Eine andere Lösung dieses Konfliktes bot sich in den außeruniversitär orientierten Projektgruppen an, die Orientierungen an der Hochschule aufgegeben haben.

Wir wollen uns in diesem Artikel auf die Arbeit der AGs an der Hochschule beschränken. Dazu ist es notwendig, die durch den traditionellen Lehrbetrieb gestützten psychischen Strukturen zu analysieren und gleichzeitig einige Emanzipationsprobleme innerhalb der Studentenrevolte, um die realen organisatorischen Probleme der Arbeiterkreise und ihre objektive psychische Basis benennen zu können. Das soll in den folgenden zwei Abschnitten geschehen.

SOZIALPSYCHOLOGISCHE STRUKTUREN
... IN DER UNIVERSITÄT

Die bestehende Universität setzt viel daran, den Studenten die Kindheit zu verlängern und ihre infantilen Bindungen zu stärken. Die Professoren werden bewußt oder unbewußt als Väter erlebt; sie sind freilich übermächtiger und bedrohlicher als die eigenen Väter, weil sie den Charakter von sachlichen Instanzen tragen. Die Ohnmacht der Studenten gegen die Professoren erneuert und verstärkt alte Autoritätsängste um so mehr, als in dieser Situation die libidinösen Bedürfnisse der Abhängigen wegen der Objektivität der Professoren nicht befriedigt werden können.

Der Professor reproduziert infantile Angst, indem er gleichzeitig die Studenten mit der »Milch der Wissenschaft« füttert (*alma mater* als Bezeichnung der Universität heißt nährende Mutter) und andererseits über die Prüfungsgewalt nachkontrollieren kann, ob der Student auch alles »gefressen« hat. Der Widerspruch, der dadurch produziert wird, besteht darin, daß die Studenten Leistungen erbringen müssen (Erinnern, Verstehen, Produzieren, Sprechen, Schreiben usw.), die sie im Grunde in ihrer infantilen Abhängigkeit von den Professoren gar nicht selbst einüben können. Die Selbständigkeit, die die Universität von den Studenten verlangt, verhindert sie gerade. Die Arbeitsbeziehungen an der Universität sind nicht allein die rein sachlichen über die Verarbeitung wissenschaftlicher Inhalte vermittelten Beziehungen, als die sie den potenten Literaturlistenverteilern erscheinen. Hinter der »wissenschaftlichen Arbeit« verbirgt sich ein Geflecht von verdrängter Angst, Aggression, libidinösen Wünschen, von Narzißmus und autoritärer Konkurrenz, das die befriedigende Aneignung und Verwertung der wissenschaftlichen Inhalte ver- oder zumindest behindert. Wissenschaftliche Produktion, sei es in der Form des Sprechens, Schreibens oder Lesens, ist mit Angst besetzt, den Leistungsnormen, die die Prof's setzen, nicht genügen zu können, der Konkurrenz auch unter den Studenten selbst nicht gewachsen zu sein. Die Angst ist die Angst vor der Strafe, die der Unwissenheit auf dem Fuße folgen kann, nämlich in den Prüfungssituationen zu versagen.

Die Aggressivität, die notwendig gegen die versagenden Instanzen entsteht, wird wegen deren Übermacht verdrängt und verwandelt sich in Schuldgefühle, nicht genug gelesen zu haben, nichts zu wissen, nichts behalten zu können usw. Das Gefühl, daß man selber schuld sei, wenn man noch nichts gelernt habe, kann einen Leseaktivismus in Gang setzen, die Wünsche, viele Bücher zu besitzen (und zu klauen). Das verinnerlichte Leistungsbewußtsein verhindert kollektives Arbeiten schon deshalb, weil es diejenigen, die es aktiv befriedigen können, in der Produktion vereinzelt. Sie gewinnen ihr Selbstbewußtsein dadurch, daß sie andere nicht zum Sprechen kommen lassen, froh, selbst sprechen zu können. Bei denen, die ihr Leistungsbewußtsein nicht in Aktivität umsetzen können, werden die Schuldgefühle, selbst nichts zu leisten, noch verstärkt, wenn sie ihre Kommilitonen reden hören.

Die Schuldgefühle zwingen sie dazu, die Situationen zu vermeiden, in denen sie nach ihrer Meinung zeigen müßten, was sie gelernt haben, nämlich zu sprechen und Initiative zu entfalten, die öffentlich sichtbar ist und damit auch öffentlich kritisiert werden kann. Hinter der Angst vor dem Sprechen steckt die Angst, für schlechte Leistungen bestraft zu werden. Diejenigen, die sprechen können, haben diese Angst nicht verloren. Sie können sie nur durch die Aggressivität überwinden, mit der sie zeigen, daß sie besser sind. Gerade bei sozialistischen Studenten, ob SDS o. a., hat sich ein aggressives Konkurrenzbewußtsein durchgesetzt, und damit auch eine Identifikation mit den Momenten an den Professoren, die ihre Privilegien kennzeichnen: über Literaturkenntnisse zu verfügen, artikuliert und in ganzen Sätzen sprechen zu können und Entscheidungen über Inhalt und Vorgehensweise der wissenschaftlichen Arbeit fällen zu können. Der Verlust an Kommunikation, der dadurch produziert wird, beruht auf dem Verbot, sich untereinander zu identifizieren. Die Identifikation auch der fortgeschrittensten Studenten mit den Professoren setzt sie einander entgegen. Die Isolierung der Studenten untereinander und ihre Abhängigkeit von den Professoren wird dadurch gestärkt, daß sie die Wissenschaft nicht auf politische Praxis beziehen und sie nicht aus ihr entwickeln können. Der Erfahrungsverlust, der damit einhergeht, macht es den Studenten schwer, eigene Kategorien gegen die der überkommenen Wissenschaft zu bilden und ihre Interessen in praktisch-politischer Arbeit zu strukturieren. Dieser Praxisverlust fesselt die Studenten um so mehr an die Theorien der Professoren.

... IN DER POLITISCHEN BEWEGUNG

Seit etwa einem Dreivierteljahr stellt sich das Problem der antiautoritären Revolte auch innerhalb der Studentenbewegung. Den Ausgangspunkt nahm sie von der Revolte der SDSlerinnen gegen das bürgerlich-repressive Sexualverhalten der Genossen. Sie entzogen sich dem abstrakten Organisationsrahmen des SDS, der sie vereinzelt den Ansprüchen der radikalen Führungsgruppe entgegenstellte, indem sie sich einen eigenorganisatorischen Zusammenhang schufen, in dem sie ihre Emanzipationsprobleme diskutieren konnten.

Die Genossinnen waren auch die ersten, die sich gegen die alten Autoritären zur Wehr setzten, weil sie im Verband, über die »normalen« Repressionen hinaus, politischer und sexueller Diskriminierung ausgesetzt sind. Welche Probleme ergeben sich für diejenigen, die sich nicht in der politischen Führungsgruppe reproduzieren können, die die Entscheidung fällt, die Strategiediskussionen und die Interpretationen monopolisiert, ohne Situationen herzustellen, das zu überwinden?

Lange Zeit war der Organisationsrahmen, in dem die Mobilisierung der Studenten stattfand, gegenüber ihren Aktivitätsbedürfnissen und Möglichkeiten abstrakt. Politische Aktivität bestand für die meisten in unverantwortlicher Teilnahme an Demonstrationen, Teach-ins, Versammlungen usw., wo sie zuhörten, mitmachten und nachvollzogen, was ihnen vorgesetzt wurde. Zwar wurden Erfahrungen gemacht, die emanzipative Bildungsprozesse in Gang setzten, die Erfahrung von Repression, von Solidarität usw., aber nur wenig Möglichkeiten, sie auch in kollektive, kontinuierliche Praxis umzusetzen. Diese abstrakte Mobilisierung war mit einem Ohnmachtsgefühl verbunden, weil sich die Mobilisierten Anforderungen zu politischer Aktivität ausgesetzt sahen, die sie, weil sie sie nicht überblicken konnten, auch nicht selbstbewußt verarbeiten konnten. Das Gefühl der Machtlosigkeit und Unsicherheit forderte und stabilisierte autoritäre Entscheidungen und Strukturen, in denen die eigenen Interessen an die Repräsentation durch Sprecher abgegeben wurden. Diese schützten die Mobilisierten vor dem Legitimationsdruck, handelten auch stellvertretend und entlasteten durch exemplarische Aggressivität die Mobilisierten von ihrer Angst, sich in den Kampfsituationen nicht adäquat verhalten zu können. Aggressivität gegen die Sprecher wurde so lange unterdrückt, wie sie in den Aktionsphasen noch stellvertretend handeln konnten. Erst in der Phase nach der Verabschiedung der Notstandsgesetze, als eine Entlastung vom Aktionsdruck Diskussionen über die Reorganisation der organisatorischen Strukturen der Bewegung selbst erlaubte, stellten die infantil an die Führer Gebundenen die Situation in Frage. Als Vermittlungselement zwischen der abstrakten Beziehung von Führer und Masse wurden die inneruniversitären Basisgruppen gegründet, die Anfänge der Selbstorganisation darstellten. Das Problem, wie die Mobilisierten organisatorisch gefestigt werden konnten, löste sich damit noch nicht, da die zentralistische Entscheidungsstruktur noch fortbestand. In diesem Widerspruch zwischen den Emanzipationsbedürfnissen der Mobilisierten und der faktischen Zentralisierung aller Elemente der Emanzipation bei den Führungsgruppen wurden häufig die Elemente von Selbstbewußtsein wieder aufgehoben, die sich in Aktionen oder in den schwachen Ansätzen zu politischer Praxis bei den Mobilisierten herausgebildet hatten.

So wurden Lernprozesse unterbrochen, Identifikationen und Arbeitsmotivationen erschüttert, die in vielen Fällen zum Rückzug aus dem politischen Kampf und in noch mehr Fällen zu Barrieren führten, die eine aktive Mobilisierung gar nicht erst gestatten. Die Schwäche der auf diese Weise entpolitisierten Studenten bestand nun darin, daß sie sich selbst Vorwürfe machten, politisch nichts zu leisten, und nicht die Strukturen angriffen, die ihre Bedürfnisse nicht organisieren konnten. Sie fühlten sich, unter dem Druck ihrer eigenen Über-Ich-Anforderungen, die politische Aktivität forderten, aus der politischen Bewegung ausgeschlossen, erschienen sich als nicht zugehörig.

Diese widersprüchliche Situation konnte zunächst nur autoritär aufgehoben werden, nicht nur durch eine Unselbständigkeit gegenüber der politischen Avantgarde, sondern auch durch eine Unselbständigkeit gegenüber den Slogans und Situationsdefinitionen, die die Führer argumentativ in den Mobilisierten repräsentierten. (Etwa die Parolen »Vom Protest zum Widerstand« oder der »Selbstorganisation«.) Die Parolen schufen Orientierungspunkte für diejenigen, die zu autonomer Argumentation noch nicht imstande waren.

Ferner bestand für die radikalen Studenten die Notwendigkeit, sich in einer Situation eigener praktischer und theoretischer Unfertigkeit und Unsicherheit elitär mit dem SDS zu identifizieren.

Diejenigen, die schon ein rudimentäres neues Selbstbewußtsein gewinnen konnten, sich aber innerhalb der repressiven Organisationsstrukturen der politischen Bewegung nicht befriedigend erhalten konnten, traten oft den Rückzug ins Studium an, oder sie wählten Organisationsfelder, die mit dem Zentrum der politischen Mobilisation nur in losem Zusammenhang standen, wenn überhaupt. Erst in der Entfernung von den traumatisierenden Strukturen konnten sie lernen, politische Praxis selbst zu organisieren. Und leicht produzierten sie selbst wieder die repressiven Strukturen, denen sie gerade entflohen waren. Das alles gilt nicht nur für die politische Aktivität im SDS, sondern auch mehr oder weniger für die Organisationsstrukturen aller politisch arbeitenden radikalen Gruppen. Es besteht also die objektive Aufgabe, Organisationsformen innerhalb der Bewegung einzurichten, in denen die Bedingungen für kontinuierliche massenhafte Emanzipationsprozesse erst geschaffen werden können.

Das ist nur möglich, indem Formen der Praxis entwickelt werden, die an die Interessen und Widersprüche der Mobilisierten anknüpfen und ihnen die Möglichkeit zu selbstbestimmter Praxis geben. In diesem Zusammenhang sind die Arbeitsgruppen zu sehen, die während des Streiks aus dem Boden schossen.

Sowohl der traditionelle Lehrbetrieb als auch auf einer höheren Ebene die Studentenbewegung reproduzierten Vereinzelung, wenn auch die Studentenbewegung natürlich, weil sie sich gegen die traditionelle Uni organisiert, die Chancen der Emanzipation auf ihrer Seite hat. Mit den Arbeitsgruppen bestand die Chance, sowohl die passiven Bindungen an den Lehrbetrieb als auch an die linke Avantgarde aufzukündigen und mit der Möglichkeit, eigene Erfahrungen selbst zu regulieren und zu diskutieren, Selbstbewußtsein als die Vorbedingung einer vernünftigen politischen Praxis zu erzeugen.

Bevor wir einige Gruppenprozesse untersuchen, wollen wir kurz darauf eingehen, was viele Studenten gehindert hat, sich überhaupt dem Streik und damit den Ansätzen der Selbstorganisation anzuschließen. Die Widerstände gegen Selbstorganisation sind jedoch nur die extremen Manifestationen autoritärer Strukturen, die in den AGs selbst auftauchten, wenn auch weniger konzentriert.

Widerstände gegen den Streik
Die Streikbewegung beschränkte sich über die AfE hinaus auf einige Institute in der Philosophischen und in der Naturwissenschaftlichen Fakultät, aber auch in diesen Bereichen arbeiteten längst nicht alle Studenten in AGs mit. Die Gründe für die unterschiedliche Streikbeteiligung liegen vor allem in den Studienbedingungen. Die rigiden Leistungsanforderungen bei den Medizinern, Wirtschaftswissenschaftlern, Juristen lassen kaum Freiheitsspielräume zu, in denen sich Erfahrungen gegen den Lehrbetrieb festigen können, andererseits sind die wissenschaftlichen Inhalte der drei Fakultäten gegen die politische und gesellschaftliche Funktion positivistisch abgesichert. Die Streikbewegung nahm deshalb ihren Ausgang vor allem von den Wissenschaften, in deren Selbstverständnis die gesellschaftlichen Bezüge der Wissenschaft von vornherein eingehen. (Die AfE gehört tendenziell auch dazu.)

Das Studium der meisten Studenten ist berufs- und karriereorientiert. Infolgedessen gehen viele Studenten mit einer technischen Einstellung ins Studium: Es wird als Durchgangsstadium angesehen, deswegen nimmt man auch irrationale Leistungsanforderungen und unsinnige Konkurrenz in Kauf, um sich Berufschancen zu erhalten oder zu erwerben. Diese technische Einstellung stand dem Streik, der mit ihr brechen wollte, im Wege. Da die Stabilität vieler Studenten an diesen Fakultäten an Leistungs- und Berufsorientierungen gebunden ist, fassen sie Angriffe auf den bestehenden Lehrbetrieb als Angriffe auf ihre Existenzsicherheit auf.

Zu Beginn des Streiks nahmen viele Studenten die Gelegenheit beim Schopf, den Beginn der Weihnachtsferien vorzuverlegen, und reisten ab, andere zogen sich zurück und lernten vor sich hin. Beide Reaktionsformen sind von erheblichem politischem Gewicht. Besonders die erste ist eine entpolitisierte Opposition gegen den Lehrbetrieb. Die Studenten leiden unter dem harten Druck des Betriebs, den sie als Zwang begreifen, sind sich aber der Möglichkeit selbsttätiger, solidarischer Arbeit noch nicht bewußt. Nach den Weihnachtsferien wurde ihre Angst immer größer, ein Semester zu verlieren, und die setzte sich in sprachloser Aggressivität für eine Beendigung des Streiks ein. (Siehe AfE-Vollversammlung oder WISO-Versammlungen.) Die vom Leistungsbetrieb Hochschule erzwungene Identifikation mit der von diesen Studenten selbst als unbefriedigend empfundenen Arbeit setzte sich durch.

Obwohl die politischen und psychologischen Voraussetzungen für den aktiven Streik an diesen Fakultäten nicht so günstig waren, gerieten auch diese Strukturen durch den Streik in Bewegung. Arbeitsgruppen, die sich aus der politischen Arbeit der Fachschaft oder der Basisgruppen heraus bildeten, waren aber hier in weit größerem Ausmaß als an der Philosophischen Fakultät an leistungsorientierte Wissensakkumulation gebunden und damit an die ihr entsprechenden autoritären Organisationsformen.

GRUPPENPROZESSE

Im folgenden müssen wir nun untersuchen, wie die objektiven Widersprüche, in denen die AGs arbeiten mußten, sich in ihrer Arbeit selbst produzierten und zugleich Formen der Vermittlung angegangen wurden. Das Postulat der Einheit von Theorie und Praxis ist nur dann nicht simple repressive Moral, wenn es sich der realen Trennung von Theorie und Praxis und ihrer Ursachen bewußt ist. Die dominierenden Widersprüche waren nun der Widerspruch zwischen wissenschaftlicher und politischer Arbeit und der zwischen der kollektiven Organisationsform des Streiks und der individualistischen Daseinsweise vieler Studenten.

Häufig gingen in den Anforderungen zu politischer und wissenschaftlicher Leistung die Probleme emanzipativer Sozialisten unter. (Inwieweit mit Notwendigkeit, kann hier nicht geklärt werden.) Auf den Diskussionen und Plenen zeigte sich denn auch deutlich, daß die Studenten zwar noch imstande waren, über den objektiven Sinn der Themenstellung ihrer AGs Auskunft zu geben, auch über ihren Zusammenhang mit dem politischen Kampf in ihrem Fachbereich, aber nur bruchstückhaft über die sozialen Beziehungen innerhalb der Gruppe berichten konnten und ihre Fähigkeit, Emanzipationsprozesse zu fördern.

Wir können nur sehr unsystematisch und in vielen Punkten oberflächlich typische Gruppenvorgänge analysieren. Das hängt damit zusammen, daß wir in keinem Kommunikationszusammenhang gestanden haben, in dem uns die Erfahrungen der AGs ständig zugänglich gewesen wären. Wir können hier nur unseren beschränkten Verarbeitungsstand wiedergeben, hoffen aber, daß sich diese Beschränkungen in der Kritik an diesem Artikel aufheben werden.

Themenwahl

Die erste Entscheidung, die die Gruppenmitglieder treffen mußten, war die Wahl und Formulierung des Themas. Die wenigsten Arbeitsgruppen sind mit dem Ziel gegründet worden, kontinuierliche politische Arbeit außerhalb der Universität zu leisten. Zwar gab es viele Arbeitsgruppen, die sich mit Satzungs- und Prüfungsfragen beschäftigten (etwa an der AfE oder bei den Mathematikern), sie lösten sich aber vielfach auf, wenn sie ein Arbeitsergebnis vorlegen konnten. Im Regelfall dienten die Themen, die gewählt wurden, der Selbstreflexion der gesellschaftlichen Bezüge der Wissenschaft oder der der politischen Bewegung und ihrer Theorie. (Rekonstruktion revolutionärer Theorie, Selbstverständnis der Politologie, Medizinsoziologie usw.)

Autoritäre Strukturen

In den Arbeitsgruppen, die nicht nur von Anfang an nach den Interessen und den Motivationen der Mitglieder fragten – das waren hauptsächlich diejenigen, die nicht Selbstreflexion der Gruppenarbeit betrieben oder politische Arbeitsgebiete suchten –, reproduzierten sich auch am deutlichsten die traditionellen Formen der »Wissensvermittlung«, zumal sie auch durch die Erwartungen der Teilnehmer selbst abgestützt wurden.

Weil sich hier wissenschaftliche Arbeit wieder nur lose mit der Selbsttätigkeit der Teilnehmer verband und sich gegenseitige Identifikationen schlechter entwickeln konnten, neigten diese Gruppen dazu zusammenzufallen, wenn die äußeren Stabilisierungen zerbrachen. In solchen Gruppen kam die Themenwahl wie in jedem x-beliebigen Seminar zustande. Eine Autorität oder eine Gruppe von Autoritäten machte detaillierte Vorschläge. Über diese Vorschläge kam kaum eine Diskussion auf. In einer Situation also, wo aus dem wissenschaftlichen Arbeitsprozeß die Professoren verschwunden waren, traten Studenten selbst an ihre Stelle. Die Unfähigkeit zur Selbsttätigkeit reproduzierte sich im Gewande der »Selbstorganisation«. Die eingeübten infantilen Fixierungen verschwanden nicht in dem Moment, wo ihre Bezugspunkte verschwanden, sondern sie suchten sich neue Bezugspunkte. Das resultiert daraus, daß der traditionelle Lehrbetrieb für die Unmündigen eine wesentliche Sicherheit bedeutet. Sie wissen, daß andere für sie die Rahmenbedingungen ihrer Arbeit herstellen und sie mit dem Stoff füttern, zu dem sie eine lose Beziehung haben. Die Angst vor eigener Initiative, in der sie gleichzeitig ein Bedürfnis haben, wird in dem Moment freigesetzt, wo dieser äußere Rahmen zerspringt. Sofern es die Studenten überhaupt in dieser Spannungssituation ausgehalten haben, die mit ungeheuren Frustrationen verbunden ist, und nicht in Ferien gefahren sind oder sich um so verbissener an ihre überkommenen Arbeitsweisen geklammert haben, sondern sich in die Arbeitsgruppe hineinwagten, hatten sie oft das Bedürfnis, sich an den ersten besten Orientierungspunkt zu klammern, der sich ihnen bot.

In denen, die sich überhaupt in Arbeitsgruppen hineinbegaben, war der dominierende Widerspruch: einerseits sich nach Abhängigkeit zu sehnen, andererseits aber sich selbsttätig organisieren zu wollen oder wenigstens zu sehen, wie das möglich ist.

Die Arbeitsgruppen, die autoritäre Strukturen offen reproduzierten, boten den Studenten zwar Sicherheit, aber waren gleichzeitig enttäuschend, da sie ihnen den mehr oder weniger bewußten Wunsch nach Emanzipation wieder verbauten.

Die Aggressivität gegen die Autorität wurde verdrängt und äußerte sich in der Tendenz, sich nicht mehr mit der Gruppe zu identifizieren und sie zu verlassen. Nicht wenige Gruppen gingen an dieser Enttäuschung bei der ersten besten Gelegenheit zugrunde, die ihnen die Autorität dazu gab. Die mit einem losen Interesse verbundene äußere Abhängigkeit, die die Gruppe zusammenhielt, hatte sich nicht in qualitative Motivationen und Aktivitäten der Gruppenmitglieder selbst umgesetzt. Selbstregulierung war noch nicht an die Stelle von Fremdregulierung getreten.

Bei den Politologen etwa gründete sich eine AG über das Selbstverständnis der Politologie. Gleich am Anfang trat eine Autorität auf, die über dieses Thema schon gearbeitet hatte, legte eine dreiseitige Literaturliste vor und setzte, ohne Widerstand vorzufinden, ihr Programm durch. Diese Widerstandslosigkeit ist nur zu begreifen, wenn man unterstellt, daß die Normen der Teilnehmer die Normen wissenschaftlicher Leistungsfähigkeit sind. In dieser Dimension gilt dann der am meisten, der auch am meisten Wissen akkumuliert hat. Autoritäre Furcht vor solchen Kapazitäten verhindert es, gegen die Produktionsverhältnisse anzugehen, weil man insgeheim der Meinung ist, man könne noch gar nicht mitreden. Die Arbeitsgruppe der Politologen ist denn auch nach Weihnachten gestorben, obwohl am Anfang ein großes Arbeitsbedürfnis in ihr bestanden hat.

Bei den Mathematikern gab es einen Arbeitskreis über Analytische Philosophie, der sich im Besitz von Krahl befand. Als der im Gefängnis war oder aus anderen Gründen nicht kommen konnte, war er nicht imstande, allein zu tagen. Ein anderer Arbeitskreis bei den Mathematikern (»Konstruktive Mathematik«) wurde von einem Kommilitonen aus Erlangen geleitet. Er brach in dem Moment zusammen, als dieser wieder nach Erlangen zurückfahren mußte.

Allerdings brachen die Arbeitskreise, die eine solche autoritäre Struktur hatten, nur dann zusammen, wenn die äußeren Zwänge, die sie zusammenhielten, also die Arbeitsanforderungen, die die Autorität stellte, erschüttert wurden. Bei solchen, in denen entweder die Sachautorität mit der Hilfe von Literaturlisten und Referaten die Arbeit langfristig verteilt hatte (wie bei einem Arbeitskreis der Mediziner über Medizinsoziologie, der von einem Soziologieassistenten geleitet wird) oder in denen genügend Leute saßen, die in einer rigiden Arbeitsorientierung Emanzipationsbedürfnisse völlig verdrängt haben, ist die Gefahr des Zusammenbruchs allerdings geringer. In diesen AGs wurden die Studenten nicht verunsichert, es brachen keine offenen Konflikte aus. Der Preis, den solche AGs jedoch zahlen müssen, ist, daß emanzipative Bildungsprozesse auf die Theorie und das Denken beschränkt werden und nicht ihren praktischen Ausdruck in der solidarischen Organisation der Aneignung wissenschaftlicher Inhalte finden. Ihre Themen mögen kritisch sein, ihre Praxis ist es nicht (das gilt zum Beispiel auch für diese Negt-Seminare, in denen professorale SDS-Autoritäten wissenschaftliche Wettkämpfe auf den Köpfen der Anwesenden austragen).

Verarbeitung von Literatur

In den »autoritären« Arbeitskreisen, das heißt in den meisten, wurde Literatur festgelegt, die zu Hause gelesen werden sollte. Während der Gruppensitzungen wurde dann darüber diskutiert oder Fragen geklärt. Dadurch konnte ein relativ großes Pensum geschafft werden. Das trifft für solche Gruppen nicht zu, die sich die Literatur während der Sitzungen erarbeiteten, dagegen konnte aber sofort an kritischen Stellen nachgefragt und diskutiert werden. Durch das sofortige feed-back wurde der Inhalt kritischer überprüft, und die Beteiligung der Gruppe an der Diskussion war engagierter.

Damit ändert sich auch das Verhältnis zur Literatur, das selbst bei kritischen Studenten häufig noch eines der Unterwerfung unter den abstrakten Zwang ist, soundso viel Seiten am Tag zu lesen. Das setzt sich in Konkurrenzangst gegenüber Leuten fort, die schon mehr gelesen haben als man selbst. In den AGs, die kollektiv einen Text lasen, kehrte sich das gängige Verhältnis zur Literatur um. Für sie kam es nicht mehr darauf an, durch Lesen möglichst viel fremde Gedanken speichern und epigonal reproduzieren zu können, sondern beim Lesen möglichst viele eigene Gedanken zu haben. Solche Erfahrungen sind natürlich nur zu gewinnen, wenn man sich eine Zeitlang von den alten Leistungszwängen lösen kann, ein bestimmtes Pensum an Literatur schaffen zu müssen. Eine Untergruppe der AG »Politische Ökonomie« ging radikal davon aus, daß Wissenschaft von den Erfahrungen und den wirklichen Erscheinungen ausgehen müsse. Sie wollten das Problem der »Überflußgesellschaft« nicht durch die Akkumulation von Theorien, sondern durch die statistische Akkumulation von Verschwendungsphänomenen angehen und dann nach Theorien suchen, mit denen sie diese Erscheinungen erklären könnten. Die erschreckende Fülle von Arbeit, die durch diesen Ansatz auf die AG-Teilnehmer zukam, sprengte sie. An ihrem Allmachtsanspruch konnte die Gruppe nur ohnmächtig zugrunde gehen.

Abbau autoritärer Strukturen

In der Situation des Streiks, in der die starren Arbeitszwänge des Lehrbetriebs für die wegfielen, die sie verinnerlicht haben, brachen, wie wir gesehen haben, AGs deshalb zusammen, weil sich ein vergleichbarer starrer Leistungszwang außerhalb des Lehrbetriebs nur sehr viel schwerer herstellen lassen konnte. Zudem, weil der Streik den unbewußten Bedürfnissen nach Aufhebung der Autoritätsstrukturen entgegenkam und sich somit die klassischen Arbeitsweisen nicht so leicht durchsetzen konnten.

Gleichzeitig bestand jedoch die objektive Chance, diesen Erwartungen zum Durchbruch zu verhelfen und damit wissenschaftliches Lernen auf die Basis individueller Motivationen und Interessen zu stellen. Eine neue Form selbstbestimmter Verbindlichkeit konnte sich herstellen. Einen solchen exemplarischen Lernprozeß machte eine Arbeitsgruppe bei den Juristen durch. Am Anfang des Streiks entstanden, traf sich die Gruppe (etwa 25 Teilnehmer) zweimal wöchentlich. Sie fluktuierte stark. In der Unsicherheitssituation, was sie machen sollten, griffen sie schnell den Vorschlag auf, über Sittlichkeitsdelikte zu arbeiten. Damit war das Thema ähnlich zusammenhanglos zu den Bedürfnissen der Teilnehmer und zur allgemeinen politischen Situation an der Hochschule wie jedes x-beliebige Seminar. Im Gegensatz zu den universitären Veranstaltungen fehlte aber hier der Druck, die Arbeit entgegen den Bedürfnissen der Teilnehmer durchzusetzen. Die Folge war, daß über vier Wochen ergebnislos und unbefriedigend weiter über mögliche Themenstellungen diskutiert und ansatzweise über Sittlichkeitsdelikte gearbeitet wurde. Diese Spannungssituation löste sich erst, als eine Assistentin vom Sigmund-Freud-Institut zu der Gruppe stieß und die Frage stellte: Was wollt ihr hier eigentlich? Durch diese Frage wurden Interessen und Motivationen freigesetzt. Deswegen war die Gruppe auch in der Lage, eine neue Entscheidung über das Thema zu fällen (Kriminologie). Der Unterschied zwischen der ersten vorschnellen Annahme des Themenvorschlags und der nach einer ausführlichen Diskussion gefällten Entscheidung liegt nicht nur darin, daß das Thema nun den Bedürfnissen der Gruppenmitglieder angemessener war. In diesem Entscheidungsprozeß hat sich die Struktur der Gruppe selbst geändert. Deutlich sichtbar war dieser Bruch daran, daß nach der Frage nach der Motivation vier Leute wortlos aufstanden, den Raum verließen und an keiner weiteren Sitzung mehr teilnahmen. Wahrscheinlich haben sie diese Frage als einen aggressiven Einbruch in ihre Individualität erlebt und darauf sich der Situation entzogen, wo sie ein Stück davon hätten preisgeben müssen. Die übrigen Gruppenmitglieder entwickelten eine verstärkte Kooperation und Kommunikation. Zwar war die AG geschrumpft, der Prozentsatz der aktiv Teilnehmenden lag jedoch viel höher. Erst nach diesem Konflikt, in dem eine Autorität die autoritären Bindungen angegriffen hatte, war die Gruppe fähig, befriedigend zu arbeiten. Die Assistentin wehrte zudem alle Versuche ab, ihr eine Autoritätsposition wieder zuzuschieben, indem sie den Kommunikationsfluß der Gruppe, in den sich auch die weniger Fortgeschrittenen eingeschaltet hatten, niemals durch abschließend formulierte Analysen unterbrach, sondern ihn durch die Formulierung von Fragen weiter offenhielt.

Die Befreiung subjektiver Interessen war manchmal zwar von Anfang an eine wesentliche Intention, konnte sich aber auf Grund ihrer repressiven Implikationen nicht verwirklichen.

Schweigen und Reden

Im Gegensatz zum traditionellen Erwartungshorizont an Uni-Seminaren, der in der Hoffnung besteht, daß die von den Autoritäten geführte Diskussion gut ist und niemals abreißt, wurde in den fortgeschrittenen AGs des Streiks der Anspruch gestellt, daß alle reden sollten. Besonders zu Anfang war die Hauptfrage die, warum die Schweigenden schweigen und welche Bedürfnisse und Interessen die Teilnehmer haben. Darin drückte sich eine, wenn auch ins Formale gewendete, Kritik an den Autoritäten aus. Sie sollten von der Zeit, die sie durch ihre Rede besetzen, den anderen etwas abgeben. Mit der Forderung, daß alle reden sollten, wurde freilich verdrängt, daß viele in der Tat nicht unter einem Leistungsdruck reden können. Indem dieser Leistungsdruck, reden zu müssen, an die Schweigenden übermittelt wurde, hielt man sie erst recht in ihrem Schweigen fest. Nach einer AG-Sitzung sagte eine Studentin, daß sie die ganze Zeit über gefürchtet hätte, man würde sie fragen, warum sie geschwiegen habe. Die Schuldgefühle, es immer noch nicht fertiggebracht zu haben, etwas zu sagen, frustrierten sie sehr und erzeugten in ihr die Neigung, überhaupt der Gruppe fernzubleiben.

Ebenso wurde der Anspruch, die eigenen Bedürfnisse zu formulieren, häufig so abstrakt gestellt, daß er gerade eine Situation zur Folge hatte, in denen über sie nicht gesprochen werden konnte. Sicherlich ist der Zusammenhang zwischen der Fundierung einer eigenen Interessenbasis und der Artikulationsfähigkeit richtig erkannt worden. Ebenso richtig ist, daß sich die Interessen nicht naturwüchsig herausbilden, sondern provoziert werden müssen. Das ist aber nicht dadurch zu erreichen, daß neue repressive Autoritäten auftauchen, die bestimmte emanzipative Leistungen fordern, sondern daß die praktischen Bedingungen hergestellt werden, in denen Interessen erst formuliert und das Schweigen erst gebrochen werden kann. Dazu gehört wesentlich, daß die Leistungsansprüche von den Autoritäten aufgegeben werden und von der Ebene der Fähigkeiten und Möglichkeiten der Gruppenmitglieder ausgegangen wird. Die Situation, in der sie noch nicht fähig sind, ihre Interessen zu formulieren, kann von den Autoritäten nicht dazu benutzt werden, ihre eigenen zu formulieren und sie den anderen vor die Nase zu setzen. Dadurch werden Lernprozesse blockiert, die nur von den bestehenden Verarbeitungsweisen der Gruppenmitglieder aus möglich sind und nicht über sie hinweg.

In der Frage, warum denn Leute schweigen, steckt auch immer die berechtigte Angst, man selbst könnte sie zum Schweigen gebracht haben.

Widerstand gegen kollektives Lernen

Die Frage nach den Interessen und Motivationen der Gruppenteilnehmer bezog sich meist auf ihre Arbeitsinteressen und ihre Lernmotivationen. Wurde diese Frage schon in vielen AGs gar nicht erst gestellt, um wieviel größer mußten die Widerstände dagegen sein, daß Diskussionskomplexe auftauchten, in denen die libidinösen Beziehungen der Gruppenmitglieder untereinander hätten thematisch werden müssen, oder sonstige Fragen des sogenannten Intimbereichs. Nicht selten hatten solche libidinösen Spannungen Arbeitshemmungen der ganzen Gruppe zum Resultat, besonders wenn gegen eine Diskussion solcher Beziehungen alle Verdrängungsmechanismen aufgeboten wurden. Entweder blieben solche Beziehungen überhaupt außerhalb des Bewußtseins, etwa sexuelle Wünsche oder homoerotische Bindungen, oder ihre Thematisierung führte zu heftigen Konflikten. Eine AfE-Gruppe über Sexualität und Gesellschaft brach zusammen, als der einzige Student dieser Gruppe von den Studentinnen gefragt wurde, wie es denn bei ihm mit der Aggression beim Sexualverkehr stünde. Er selbst und auch seine Freundin waren nicht fähig, darüber in der Gruppe zu sprechen. Der Vorwurf der Gruppe, sie seien zu wenig emanzipiert, führte zu einer Trotzreaktion: der Student kam nicht mehr in die Gruppe. Eine ähnliche Problematik tauchte, wenn auch in einem anderen Bezugssystem, bei den Soziologen einer Arbeitsgruppe von »Autorität und Kommunikation« auf.

Sie versuchte von Anfang an, eine Situation herzustellen, in der jeder seine Gedanken, seine Fähigkeiten und seine Interessen realisieren konnte. Das Thema (Psychologie der Liberalen) ging aus einer Diskussion über die liberalen Professoren in der ersten Sitzung naturwüchsig hervor. Es entsprang keinem Vorschlag einer Autorität, sondern dem Diskussionsinteresse der Gruppe selber. Die Gruppe orientierte ihre Lernprozesse an einem Aufsatz von Peter Brückner über den Habermas und versuchte, kollektiv zu lesen, kollektiv das Gelesene zu reproduzieren und zu problematisieren. Die Gruppe ging sehr langsam vor und ließ sich mit der Aneignung der wichtigsten Elemente des Artikels Zeit. Daraus begründete sich eine Solidarität, aus der die Gruppe ihren Zusammenhalt speiste. Das Gefühl, mit seinen Gedanken anerkannt zu werden und zu einem kollektiven Lernprozeß beizutragen, vermittelte den Teilnehmern Erfahrungen von Freude und Befriedigung. Allerdings beruhte der kollektive Lernprozeß bei denen, die die alten Autoritätsrollen hätten übernehmen können, auf einer Unterdrückung aggressiver Konkurrenz.

Diese Aggressionen befreiten sich in einer Situation, wo die Gruppe nach den Weihnachtsferien zum ersten Mal wieder in der Universität tagte. Die neue Situation provozierte Privatgespräche und seminarwissenschaftliche Diskussionen, also ein Abgehen vom kollektiven Lernprozeß. So griff ein Student, durch die Aufforderung provoziert, er solle doch lieber nicht so abstrakt reden, sondern von seinen Interessen sprechen, die anwesenden Studentinnen wegen ihrer Passivität oder ihrer Scheinaktivität in dieser Sitzung an und verwies dann heftig darauf, daß die Befreiung von emotionalen Bedürfnissen den Gruppenzusammenhalt zerstöre.

Ab diesem Ereignis kam die Gruppe nicht mehr von der Diskussion ihrer sozialen Beziehungen los. Ständig wurde die Frage diskutiert, von einem Studenten in immerwährender theoretischer Begründung, ob es zulässig sei, andere Gruppenteilnehmer auf ihre Unemanzipiertheit hinzuweisen. Das Recht auf Verdrängungen, das dieser Student forderte, erregte einerseits das Interesse der ganzen Gruppe, wieso er wohl dauernd auf diesem Recht insistiere und was er selbst damit bei sich verbergen wollte. Offensichtlich wehrte er sich damit gegen den Studenten, der zuerst aggressiv geworden war. Er war jedoch nicht imstande, den Konflikt mit der Gruppe dadurch aufzulösen, daß er seine persönlichen Beziehungen zu ihm aufgedeckt hätte und den Grund seiner Abwehr, den er doch selbst kannte. Andererseits war die Gruppe nicht imstande, von diesem Konflikt sich zu lösen und mit der kollektiven Diskussion des ursprünglichen Themas und der Aufarbeitung der Gruppengeschichte wieder anzufangen. Erst als der auf seinen Verdrängungen bestehende Student die Gruppe verlassen hatte, gab es eine Sitzung, in der eine Wiederaufnahme der alten Arbeit möglich schien. Das war am Ende des Wintersemesters. Seither ist die Gruppe nicht dazu gekommen, das zu realisieren.

Wichtig ist, daß selbst in einer Gruppe, die bewußt einen kollektiven Lernprozeß hat organisieren wollen und auch Erfolge dabei hatte, die Verdrängung autoritärer Bindungen und Bedürfnisse so viel Energie erforderte, daß sich die neuen Formen des wissenschaftlichen Lernens als sehr labil erwiesen. Die Trennung von sachlicher Arbeit und privaten Interessen wurde einerseits offen in Frage gestellt, weil die Abhängigkeit der Lernfähigkeit von psychischen Widersprüchen erkannt wurde, andererseits wurden Barrieren gegen eine »Veröffentlichung« privater Probleme aufgestellt. Diesen Widerspruch vermochte die Gruppe nicht produktiv zu lösen. Sie wurde gelähmt.

Feed-back:
Die Verselbständigung der Diskussion über die sozialen Beziehungen innerhalb der Gruppe konnte in vielen Arbeitskreisen beobachtet werden. Das scheint auf ein starkes Bedürfnis der Teilnehmer hinzuweisen, in Erfahrung zu bringen, welche Reaktionen das eigene Verhalten in den anderen Teilnehmern auslöst, das heißt, die Diskrepanz zwischen Selbstwahrnehmung und Fremdwahrnehmung bewußtzumachen. Es mag sein, daß in vielen Fällen dabei im Vordergrund stand zu erfahren, in welchem Maße man von den anderen akzeptiert wurde; dabei spielten überkommene Leistungskriterien noch eine starke Rolle, das heißt, Wissen wurde zum Statussymbol. Auf der anderen Seite aber bestand von seiten der Sachautoritäten (zumindest bei manchen) das Bedürfnis, nicht die Rolle eines Leiters zu übernehmen, um die Gruppe nicht in ihrer emanzipatorischen Funktion zu behindern; in der

Diskussion wollten sie dann erfahren, inwieweit das ihnen gelungen war oder ob sich – ihnen unbewußt – doch wieder ihre autoritären Züge durchgesetzt hatten, zum Beispiel in Form von (schweigender) Arroganz oder unterschiedlicher Beachtung der Beiträge von anderen Gruppenmitgliedern. Dieses feed-back ist deshalb so wichtig, weil nur so Verhaltensänderungen eingeleitet werden können, die für die Zusammenarbeit der Gruppe wesentlich sind. Nicht in jedem Fall garantiert eine Bewußtmachung der Wirkung des eigenen Verhaltens auf andere auch eine grundsätzliche Verhaltensänderung, die nicht nur Mimikry betreibt, sondern einer Neustrukturierung psychischer Abläufe entspricht. Oft ist das Individuum zu schwach, die Veränderung selbst vorzunehmen, es muß deshalb – wenn es sich um eine Autorität handelt – von der Gruppe gezwungen werden, zumindest die objektive Rolle, die es im Bereich der Kommunikation der Gruppe einnimmt, zu verändern. Das hat in einigen Fällen dazu geführt, daß die Gruppenmitglieder gegen die Autorität Stellung bezogen und sie sogar aus der Gruppe gedrängt haben.

Fehlt

Hier müßte anschließen, welche Folgen die Tätigkeit der AGs für den Lehrbetrieb in diesem Semester hat, was der politische Rückstand ihrer Arbeit ist. Ferner, welche Konsequenzen für eine Hochschulstrategie aus den AGs entspringen und wie sie sich faktisch realisieren. An diesem Punkt sind wir überfordert. Deshalb endet der Artikel abrupt.

NACHTRAG

Wir wollten in der Arbeit an diesem Artikel über die autonomen Arbeitsgruppen der Studenten die traditionelle Herstellung eines Artikels auf zweierlei Weise durchbrechen. Einmal sollte nicht einer allein, sondern eine Gruppe an diesem Thema arbeiten. Zum anderen wollten wir nicht von oben herab über die Arbeitsgruppen hinweg schreiben. Deshalb veranstalteten wir zwei Diskussionen mit Teilnehmern verschiedener Arbeitsgruppen aus verschiedenen Fachbereichen, in denen sie ihre Erfahrungen zu diskutieren versuchten. Diese Diskussionen nahmen wir auf Tonband auf und forderten am Schluß der Diskussionen die Teilnehmer auf, sich an der Auswertung der Diskussionen und der Verfertigung des Artikels zu beteiligen.

Unsere Arbeit erwies sich als ungeheuer mühselig. Die Gründe lagen einmal in der Struktur unserer Gruppe selbst, in dem Verhältnis des *Diskus* zu den Arbeitsgruppen und in der Bereitschaft und Fähigkeit der Diskussionsteilnehmer, über ihre Arbeitsgruppen zu sprechen.

1) Bei den fünf Leuten, aus denen unsere Gruppe bestand, war zwar das Interesse am Thema sehr groß, aber der Verwertungszusammenhang über den *Diskus* und die begriffliche Verarbeitung der Probleme unklar. In dieser Periode der Unsicherheit hatten wir die Tendenz, endlos über immer dasselbe zu diskutieren und gleichzeitig anfallende Arbeit einem »Verantwortlichen« zuzuschieben. Die Unproduktivität und Unverbindlichkeit unserer Arbeit rationalisierten wir auf die alte bürokratische Ausrede der Zeitprobleme herunter. Erst als wir uns von unseren Bemühungen lösten, abstrakt Gruppenprozesse zu analysieren, und uns auf die politischen Bedingungen der AGs bezogen, bekamen wir Boden unter die Füße, stieg unsere Identifikation mit der Arbeit.

In den Diskussionen, zu denen wir Teilnehmer von Arbeitsgruppen eingeladen hatten, war es noch schwieriger, Identifikationen mit der Arbeit und damit auch mit dem *Diskus* herzustellen, weil wir uns nur jeweils einmal getroffen haben und nicht in einer Kontinuität der Arbeit die bestehenden Widerstände abbauen konnten. Die Widerstände resultieren aus dem abstrakten Verhältnis, das die Arbeitsgruppenteilnehmer zum Arbeitszusammenhang des *Diskus* haben. Die zentrale Schwierigkeit, die sich auch an den Versuchen des AStA und der *Neuen Kritik* sehen läßt, die Verarbeitung der Arbeitsgruppenerfahrungen zu organisieren, besteht darin, daß einerseits bei den Teilnehmern der Arbeitsgruppen ein hohes Interesse besteht, ihre Probleme zu diskutieren, sie aber andererseits nicht recht sehen können, warum sie sie in den zentralisierten Arbeitszusammenhängen des AStA, des *Diskus* oder der *NK* diskutieren sollen. In eine Situation, von der sie befürchten mußten, daß ihnen da irgendwelche Instanzen ihre eigenen Erfahrungen wegnehmen und sie für undurchsichtige Zwecke verwenden, haben sie sich entweder erst gar nicht begeben oder sie konnten in ihr keine Motivationen entwickeln, sich an der Verarbeitungsarbeit auf dieser Ebene trotz Aufforderung zu beteiligen. Bei der ersten Diskussion entstand schon so eine Art »Vernehmungssituation«, wie es später jemand ausdrückte. Wir fragten, die anderen antworteten oder erzählten. Unter solchen Strukturen entwickelten auch die Ausgefragten kein darüber hinausgehendes Interesse.

Die dritte Diskussion ließ unsere Arbeitsweise vollends scheitern. Sie machte unsere Arbeitsweise thematisch, nicht die Erfahrungen der Diskussionsteilnehmer.

Es wurde der Anspruch gestellt, daß die Arbeitsgruppen ihre eigenen Strukturen, ihre Geschichte und ihre politisch vermittelte Arbeit *selbst* aufarbeiten müßten, aus diesem Grunde ein Artikel sinnlos sei, der diese Arbeit abstrakt im *Diskus* leisten wolle. Wir stimmten dem Anspruch zu, meinten aber, gerade durch einen solchen Artikel kollektive Reflexion unterstützen oder sogar anstoßen zu können. Ein wesentliches Argument griff den Zeitpunkt an (»nachträglich Erinnerungen wachrufen«) und die Abstrahierung von strategischen Zusammenhängen und vom politischen Kampf. Es erschien als wesentlicher, die politischen Bedingungen für die Arbeitsgruppen, den Streik oder politische Mobilisierung praktisch herzustellen und damit auch wieder die Bedingungen für kollektive Reflexion der eigenen Praxis, als nach einer Aktionsphase einen Artikel zu schreiben. Natürlich ist es klar, daß die massenhafte Selbstorganisation der Studenten in Arbeitsgruppen nur durch den Streik, also politischen Kampf, möglich geworden war. Es ist aber unsinnig, Reflexionsprozesse ausschließlich an aktuelle Kampfphasen binden zu wollen, in denen die objektive Chance zu radikalen Umstrukturierungen bei den Studenten besteht.

Die Verarbeitung der eigenen Erfahrungen, die Fähigkeit, seine eigene Praxis zu verstehen und in einen historischen Zusammenhang einzuordnen, ist für die Stabilisierung eines politischen Bewußtseins bei den mobilisierten Studenten ebenso wichtig wie die Mobilisierung selbst.

Wenn die eigene Praxis begriffslos bleibt, bleibt sie auch in der Tendenz wirkungslos. Politischer Kampf und die Organisierung von Reflexionsprozessen in einer Zeitschrift widersprechen sich nicht, sie bedingen einander. Ihre subjektive Vermittlung ist kein Problem der Subjekte allein, sondern eines der politischen Bewegung und ihrer Organisationsbedingungen.

Nr. 320

Rainer Delp

Anmerkungen zur Frankfurter Basisarbeit und Jungarbeiter-Agitation

»Strategiepapier« zur Fortführung der Betriebs-, Stadtteil- und Basisgruppenarbeit
2. Mai 1969

QUELLE: SDS-Bundesvorstand (Hg.), SDS-Info vom 2. Mai 1969, Nr. 11/12, S. 39–41

»Aber sagen: Ich schätze Ihr politisches Herangehen an die Frage, aber es ist nur ein politisches Herangehen, wir dagegen brauchen auch ein wirtschaftliches Herangehen, das ist dasselbe, als sagte man: Ich schätze Ihre Erwägung, daß Sie sich den Hals brechen, wenn Sie den und den Schritt tun, aber bedenken Sie auch, daß es besser ist, satt und bekleidet, als hungrig und unbekleidet zu sein!«

LENIN

1.

Die Oster-, später die NS-Aktionen konfrontierten die überraschten Randgruppentheoretiker mit dem empirischen Umstand, daß über die Studentenschaft hinaus Teile der Arbeiterschaft, insbesondere Jungarbeiter mobilisiert wurden. Der unvermittelte Einbruch des eigentlichen revolutionären Subjekts in die Marcusesche Idylle hatte die Konstitution der »Betriebsprojektgruppe« – die mit dem Anspruch auftrat, eine organisatorische Koordinierung und Stabilisierung der mobilisierten Gruppen herzustellen u. zudem antiautoritäre Politik in die Betriebe hineinzuverlängern – zur Konsequenz.

2.

Das Scheitern der Frankfurter Betriebspolitik an ihrer schließlich doch traditionalistischen Praxis, d.h. ihr Versanden in reformistischer u. ökonomistischer Kleinarbeit u. Interessenpolitik à la KP und linker Gewerkschaft (also: die Unmöglichkeit der längerfristigen Aktualisierung von Herrschaftskonflikten im repressiven Betriebs-Klima selbst etc.) – war die notwendige Folge des *nur* betriebsimmanenten Ansatzes. Hinzu trat die meist nur abstrakte Einsicht der Studenten in die Notwendigkeit der Organisation politischen Widerstandes über die Hochschule hinaus. (Notwendigkeit von Arbeiter-Agitation *bei* den Studenten etc.)

3.
Der aktive Streik des WS 68/69, die Ansätze zur Selbstorganisierung an der Universität implizierten den *Anspruch*, die universitären Arbeitsgruppen um praktisch-politische Projekte zu gruppieren (Kinderläden / Gefangenenarbeit / Lehrlingsarbeit / aktuelle Klassenanalyse und Aktionsprogrammierung usw.), die den engen akademischen Rahmen eines fachbornierten und kontemplativen »Gegenstudiums« sprengen sollten.

4.
Diese prakt.-polit. Dimension der Selbstorganisation bedeutete nicht die Flucht *weg* von der Hochschule, nicht zugleich eine Vernachlässigung der »eigentlichen organisierten Basis der Protestbewegung« (zit. Frankfurter Vorwurf); sie ist vielmehr der Versuch, zwischen allen manifesten u. potentiellen Trägern des politischen Widerstands gegen den autoritären Staat (u. seine je institutionelle Repräsentation) einen langfristigen organisatorischen Zusammenhang herzustellen, der über kurzfristige auf die Aktionen selbst beschränkte »Zusammenarbeit« hinausgehen muß – allerdings in dem Bewußtsein, daß Revolution nicht das Synonym für »Revolutionierung der Wissenschaft«, des Überbaus bedeutet.

5.
Die Steinwurfaktionen zum Ende des WS 69 (Iran/Kiesinger/Spanien), die wiederum außeruniversitäre Gruppen (Lehrlinge, Jungarbeiter, Rocker, Schüler) mobilisierten (die Verhaftungen verweisen auf eine Überrepräsentation dieser Gruppen gegenüber Studenten), stellten das Problem der organisierten Zusammenarbeit erneut ganz konkret, um abstrakte Mobilisierung u. desorganisiertes »Mitmachen« in Zukunft auszuschließen. Hier ist auch der pragmatische Aspekt unseres Ansatzes *außerhalb* der Betriebe lokalisiert. (Notwendigkeit vorheriger Aktionsvorbereitung – polit. u. technisch / Tendenz der außeruniversitären Gruppen sich aktionistisch zu verselbständigen u. aufgerieben zu werden usw.)

6.
Zugleich vermittelte die neue Militanz-Stufe, die neue Aktionstaktik Ansätze zu einem neuen Organisationsprinzip. Es waren nicht Aktionen in der Form der masochistischen Konfrontation mit der Polizei (Ketten bilden, Ketten durchbrechen etc.), am Modell der spanischen Genossen (Madrid, 1. Mai 68) wurden kleine informelle Gruppen gebildet (von miteinander bekannten Genossen), die mobil jeder sinnlosen Konfrontation auswichen, um politische Objekte exemplarisch anzugreifen. (»Rädelsführer« wurden überflüssig). Es ist empirisch feststellbar, daß diese kleinen Gruppen (von Studenten, Schülern, Arbeitern) aus Genossen bestanden, die ohnehin schon politisch zusammenarbeiteten, daß sie sich also nicht erst in der Aktion selbst konstituierten.

7.
Wenn die Frankfurter Lehrlings- u. Jugendarbeiterarbeit außerhalb der Betriebe selbst ansetzt, so soll keine Alternative »Freizeitbereich« (inclusive Berufsschule, Lehrlingsheim) – »Betrieb« konstruiert werden. Dieser Ansatz resultiert lediglich aus der Erfahrung u. Auffassung, daß eine wirksame politische Arbeit *in* den Betrieben selbst schon organisierte Gruppen (Stadtteilbasisgruppen, Lehrlingsgruppen) außerhalb der Betriebe voraussetzt; daß nur so eine Isolierung der in den Betrieben agierenden u. zudem ein betriebsimmanentes »An-den-unmittelbaren-Interessen-Ansetzen-und-Weiterwursteln« ausgeschlossen werden kann.

Politische Aufklärung muß praktisch erfolgen; politische Apathie in exemplarischen Aktionen durchbrochen werden; Ausbeutungszusammenhänge müssen an Herrschaftskonflikten aktualisiert werden. Möglichkeiten des Widerstands muß man *zeigen*. Aktionen in diesem Sinne verunmöglicht z. Zt. die repressive interne Betriebssituation, ihre scheinbare Alternativlosigkeit etc. Daher muß die Agitation (insbesondere eben von Jungarbeitern) *zunächst* außerhalb des Betriebes – in der Freizeit- u. Konsumsphäre ansetzen, weil sie zunächst nur dort in Aktionen praktisch werden kann.

8.
Die praktischen Konsequenzen:
Organisation von:
– Stadtteilbasisgruppen
– Lehrlingsgruppen
– Schülergruppen
Agitation und Aktionen in den Jugendhäusern / Lehrlingsheimen / Berufsschulen. (Polit-Filmabende / Rocker-Parties / Sprengungen / Lehrlingsheimbesetzungen / Jugendamtaktionen etc.)

Wobei es nicht unsere Intention sein kann, die bereits organisierten außeruniversitären Gruppen in den SDS (als Verband) zu integrieren, oder etwa eine Parallelorganisation außerhalb der Hochschule aufzuziehen – vielmehr stellt sich die Organisationsfrage für alle Gruppen und Träger politischen Widerstandes neu: sie kann weder verbandsborniert oder hochschulborniert, noch betriebsfetischistisch gelöst werden. Unser vorläufiges Modell – z. T. gewonnen am spanischen Vorbild der Studenten- u. Arbeiterkommissionen – ist das der relativ dezentralisierten, doch koordinierten Zellen bzw. Kadergruppen, das sich von den Demonstrationen ausgehend, herausgebildet bzw. aktualisiert hat und das sowohl der Notwendigkeit weiterer militanter Aktion als auch dem wachsenden Illegalisierungsdruck angemessener erscheint.

9.
So ist auch die Agitation u. Umfunktionierung des diesjährigen Ostermarsches als der Versuch zu begreifen, das Modell der Basis- u. Jugendarbeitergruppen denjenigen Genossen als organisatorische Alternative anzubieten, die außerhalb der städtischen Ballungsgebiete und Hochschulorte bisher als isolierte »Einzelkämpfer« politische Betrachtung versuchten zu betreiben.

10. Hochschul- u. Basisarbeit:
Die gezielten Prüfungssprengungen u. Umfunktionierungen (vgl. Soz. Vordiplom / Ende März 69) hatten und haben die Intention, dem manifesten Disziplinierungs-/Entpolitisierungsmechanismus der de facto bereits praktizierten technokrat. Hochschulreform dahingehend zu begegnen, daß die Studenten »freigesetzt« werden, sich in Arbeits- u. Projektgruppen zu organisieren, die den »eigentlichen« Hochschulbereich sprengen (Justizkampagne – Arbeitsgerichtsprozesse, Gefangenenarbeit, Erziehungsheime/Soziologen-Sozialisation – Kinderläden, Erziehungsheime, Rocker/Mediziner – III. Welt Angola/Germanisten, AFE – Schülergruppen, Lehrer/Polit. Ökonomie – Konsumterror, Lehrlingsarbeit usw.). Die vorläufige Strategie meint nicht die kategorische Abschaffung der Prüfungen, zumal für alle Disziplinen (vgl. Nat. Fak., Med. etc.), sondern die Agitation des Bewußtseins und den Kampf für Voraussetzungen dafür, daß und inwieweit das »Studium« und Prüfungen im Hinblick auf eine revolutionäre Berufspraxis zu funktionalisieren sind.

»DIE POLITIK HAT NOTWENDIGERWEISE DAS PRIMAT GEGENÜBER DER ÖKONOMIK. ANDERS ARGUMENTIEREN HEISST DAS ABC DES MARXISMUS VERGESSEN«.
LENIN

Nr. 321

Theodor W. Adorno
Keine Angst vor dem Elfenbeinturm
»Spiegel«-Gespräch
5. Mai 1969

QUELLE: Der Spiegel vom 5. Mai 1969, 23. Jg., Nr. 19, S. 204–209; wiederabgedruckt in: Theodor W. Adorno, Gesammelte Schriften Bd. 20.1: Vermischte Schriften I, Edition des Theodor W. Adorno-Archivs, hrsg. von Rolf Tiedemann, © Suhrkamp Verlag Frankfurt/Main 1986, S. 402–409

SPIEGEL: Herr Professor, vor zwei Wochen schien die Welt noch in Ordnung…
ADORNO: Mir nicht.
SPIEGEL: … Sie sagten, Ihr Verhältnis zu den Studenten sei nicht beeinträchtigt. In Ihren Lehrveranstaltungen werde fruchtbar und sachlich ohne private Trübung diskutiert. Nun haben Sie jedoch Ihre Vorlesung abgesagt.
ADORNO: Ich habe meine Vorlesung nicht für das ganze Semester abgesagt, sondern nur bis auf weiteres; in ein paar Wochen will ich sie wiederaufnehmen. Das machen alle Kollegen bei derartigen Vorlesungs-Sprengungen.
SPIEGEL: Hat man Gewalt gegen Sie angewandt?
ADORNO: Nicht physische Gewalt, aber es wurde ein solcher Lärm gemacht, daß die Vorlesung darin untergegangen wäre. Das war offensichtlich geplant.
SPIEGEL: Stößt Sie nur die Form ab, mit der die Studenten heute gegen Sie vorgehen – Studenten, die früher zu Ihnen gehalten haben, oder stören Sie auch die politischen Ziele? Früher herrschte ja wohl Übereinstimmung zwischen Ihnen und den Rebellen.
ADORNO: Das ist nicht die Dimension, auf der sich die Differenzen abspielen. Ich habe neulich in einem Fernsehinterview gesagt, ich hätte zwar ein theoretisches Modell aufgestellt, hätte aber nicht ahnen können, daß Leute es mit Molotow-Cocktails verwirklichen wollen. Dieser Satz ist unzählige Male zitiert worden, aber er bedarf sehr der Interpretation.
SPIEGEL: Wie würden Sie ihn heute interpretieren?
ADORNO: Ich habe in meinen Schriften niemals ein Modell für irgendwelche Handlungen und zu irgendwelchen Aktionen gegeben. Ich bin ein theoretischer Mensch, der das theoretische Denken als außerordentlich nah an seinen künstlerischen Intentionen empfindet. Ich habe mich nicht erst neuerdings von der Praxis abgewandt, mein Denken stand seit jeher in einem

sehr indirekten Verhältnis zur Praxis. Es hat vielleicht praktische Wirkungen dadurch gehabt, daß manche Motive in das Bewußtsein übergegangen sind, aber ich habe niemals irgend etwas gesagt, was unmittelbar auf praktische Aktionen abgezielt hätte. Seitdem es in Berlin 1967 zum erstenmal zu einem Zirkus gegen mich gekommen ist, haben bestimmte Gruppen von Studenten immer wieder versucht, mich zur Solidarität zu zwingen, und praktische Aktionen von mir verlangt. Das habe ich verweigert.

SPIEGEL: Aber die kritische Theorie will die Verhältnisse nicht so lassen, wie sie sind. Das haben die SDS-Studenten von Ihnen gelernt. Sie, Herr Professor, verweigern sich jetzt jedoch der Praxis. Pflegen Sie also nur eine »Liturgie der Kritik«, wie Dahrendorf behauptet hat?

ADORNO: Bei Dahrendorf waltet ein Oberton von frisch-fröhlicher Überzeugung: Wenn man nur im kleinen bessert, dann wird vielleicht auch alles besser werden. Das kann ich als Voraussetzung nicht anerkennen. Bei der Apo aber begegne ich immer dem Zwang, sich auszuliefern, mitzumachen, und dem habe ich mich seit meiner frühesten Jugend widersetzt. Und es hat sich darin bei mir nichts geändert. Ich versuche das, was ich erkenne und was ich denke, auszusprechen. Aber ich kann es nicht danach einrichten, was man damit anfangen kann und was daraus wird.

SPIEGEL: Wissenschaft im Elfenbeinturm also?

ADORNO: Ich habe vor dem Ausdruck Elfenbeinturm gar keine Angst. Dieser Ausdruck hat einmal bessere Tage gesehen, als Baudelaire ihn gebraucht hat. Jedoch wenn Sie schon vom Elfenbeinturm sprechen: Ich glaube, daß eine Theorie viel eher fähig ist, kraft ihrer eigenen Objektivität praktisch zu wirken, als wenn sie sich von vornherein der Praxis unterwirft. Das Unglück im Verhältnis von Theorie und Praxis besteht heute gerade darin, daß die Theorie einer praktischen Vorzensur unterworfen wird. Man will mir zum Beispiel verbieten, einfache Dinge auszusprechen, die den illusionären Charakter vieler politischer Zielsetzungen bestimmter Studenten zeigen.

SPIEGEL: Diese Studenten haben aber offenbar große Gefolgschaft.

ADORNO: Es gelingt immer wieder einer kleinen Gruppe, Loyalitätszwänge auszuüben, denen sich die große Mehrheit der linken Studenten nicht entziehen mag. Aber das möchte ich noch einmal sagen: Sie können sich dabei nicht auf Aktionsmodelle berufen, die ich ihnen gegeben hätte, um mich dann später davon zu distanzieren. Von solchen Modellen kann keine Rede sein.

SPIEGEL: Gleichwohl ist es doch so, daß die Studenten sich manchmal sehr direkt, manchmal indirekt, auf Ihre Gesellschaftskritik berufen. Ohne Ihre Theorien wäre die studentische Protestbewegung vielleicht gar nicht entstanden.

ADORNO: Das möchte ich nicht leugnen; trotzdem ist dieser Zusammenhang für mich schwer zu übersehen. Ich würde schon glauben, daß etwa die Kritik gegen die Manipulation der öffentlichen Meinung, die ich auch in ihren demonstrativen Formen für völlig legitim halte, ohne das Kapitel *Kulturindustrie* in der *Dialektik der Aufklärung* von Horkheimer und mir nicht möglich gewesen wäre. Aber ich glaube, man stellt sich oft den Zusammenhang zwischen Theorie und Praxis zu kurzschlüssig vor. Wenn man zwanzig Jahre mit dieser Intensität gelehrt und publiziert hat, wie ich, geht das schon in das allgemeine Bewußtsein über.

SPIEGEL: Und damit wohl auch in die Praxis?

ADORNO: Unter Umständen – das ist aber nicht notwendig so. In unseren Arbeiten wird der Wert von sogenannten Einzelaktionen durch die Betonung der gesellschaftlichen Totalität äußerst eingeschränkt.

SPIEGEL: Wie wollen Sie aber die gesellschaftliche Totalität ohne Einzelaktionen ändern?

ADORNO: Da bin ich überfragt. Auf die Frage »Was soll man tun« kann ich wirklich meist nur antworten »Ich weiß es nicht«. Ich kann nur versuchen, rücksichtslos zu analysieren, was ist. Dabei wird mir vorgeworfen: Wenn du schon Kritik übst, dann bist du auch verpflichtet zu sagen, wie man's besser machen soll. Und das allerdings halte ich für ein bürgerliches Vorurteil. Es hat sich unzählige Male in der Geschichte ereignet, daß gerade Werke, die rein theoretische Absichten verfolgen, das Bewußtsein und damit auch die gesellschaftliche Realität verändert haben.

SPIEGEL: Sie haben doch in Ihren Arbeiten die kritische Theorie von beliebigen anderen Theorien abgesetzt. Sie soll nicht bloß empirisch die Wirklichkeit beschreiben, sondern gerade auch die richtige Einrichtung der Gesellschaft mit bedenken.

ADORNO: Hier ging es mir um die Kritik des Positivismus. Beachten Sie dabei, daß ich gesagt habe, mit *bedenken*. In diesem Satz steckt doch nicht, daß ich mir anmaßen würde zu sagen, wie man nun handelt.

SPIEGEL: Aber Sie haben einmal gesagt, die kritische Theorie solle »den Stein aufheben, unter dem das Unwesen brütet«. Wenn die Studenten nun mit diesem Stein werfen – ist das so unverständlich?

ADORNO: Unverständlich ist es sicher nicht. Ich glaube, daß der Aktionismus wesentlich auf Verzweiflung zurückzuführen ist, weil die Menschen fühlen, wie wenig Macht sie tatsächlich haben, die Gesellschaft zu verändern. Aber ich bin ebenso überzeugt davon, daß diese Einzelaktionen zum Scheitern verurteilt sind; das hat sich auch bei der Mai-Revolte in Frankreich gezeigt.

SPIEGEL: Wenn Einzelaktionen also sinnlos sind, bleibt dann nicht nur »kritische Ohnmacht«, wie sie der SDS Ihnen vorgeworfen hat?

ADORNO: Es gibt einen Satz von Grabbe, der lautet: »Denn nichts als nur Verzweiflung kann uns retten.« Das ist provokativ, aber gar nicht dumm. – Ich kann darin keinen Vorwurf sehen, daß man in der Welt, in der wir leben, verzweifelt, pessimistisch, negativ sei. Eher sind doch die Menschen beschränkt, die krampfhaft die objektive Verzweiflung durch den Hurra-Optimismus der unmittelbaren Aktion überschreien, um es sich psychologisch leichter zu machen.

SPIEGEL: Ihr Kollege Jürgen Habermas, auch ein Verfechter kritischer Theorie, hat gerade jetzt in einem Aufsatz zugestanden, daß die Studenten »phantasiereichen Provokationismus« entfaltet haben und wirklich etwas zu ändern vermochten.

ADORNO: Darin würde ich Habermas zustimmen. Ich glaube, daß die Hochschulreform, von der wir im übrigen noch nicht wissen, wie sie ausgeht, ohne die Studenten überhaupt nicht in Gang gekommen wäre. Ich glaube, daß die allgemeine Aufmerksamkeit auf die Verdummungsprozesse, die in der gegenwärtigen Gesellschaft vorwalten, ohne die Studentenbewegung sich niemals auskristallisiert hätte. Und ich glaube weiter – um etwas ganz Konkretes zu nennen –, daß nur durch die von Berliner Studenten geführte Untersuchung der Ermordung Ohnesorgs diese ganze grauenhafte Geschichte überhaupt ins öffentliche Bewußtsein gedrungen ist. Ich möchte damit sagen, daß ich mich keineswegs praktischen Konsequenzen verschließe, wenn sie mir selber durchsichtig sind.

SPIEGEL: Und wann waren sie Ihnen durchsichtig?

ADORNO: Ich habe an Kundgebungen gegen die Notstandsgesetze teilgenommen, und ich habe im Bereich der Strafrechtsreform getan, was ich tun konnte. Aber es ist doch ein Unterschied ums Ganze, ob ich so etwas tue oder mich an einer nun wirklich schon halb wahnhaften Praxis beteilige und Steine gegen Universitätsinstitute werfe.

SPIEGEL: Woran würden Sie messen, ob eine Aktion sinnvoll ist oder nicht?

ADORNO: Einmal hängt die Entscheidung weitgehend von der konkreten Situation ab. Zum anderen habe ich allerdings gegen jede Anwendung von Gewalt die schwersten Vorbehalte. Ich müßte mein ganzes Leben verleugnen – die Erfahrungen unter Hitler und was ich am Stalinismus beobachtet habe –, wenn ich dem ewigen Zirkel der Anwendung von Gewalt gegen Gewalt mich nicht verweigern würde. Ich kann mir eine sinnvolle verändernde Praxis nur als gewaltlose Praxis vorstellen.

SPIEGEL: Auch unter einer faschistischen Diktatur?

ADORNO: Sicher wird es Situationen geben, in denen das anders aussieht. Auf einen wirklichen Faschismus kann man nur mit Gewalt reagieren. Da bin ich alles andere als starr. Wer jedoch nach der Ermordung ungezählter Millionen von Menschen in den totalitären Staaten heute noch Gewalt predigt, dem versage ich die Gefolgschaft. Das ist die entscheidende Schwelle.

SPIEGEL: Ist diese Schwelle überschritten worden, als Studenten versuchten, durch Sitzstreiks die Auslieferung von Springer-Zeitungen zu verhindern?

ADORNO: Diesen Sitzstreik halte ich für legitim.

SPIEGEL: Wurde diese Schwelle überschritten, als Studenten Ihre Vorlesung durch Lärm und Sex-Einlagen störten?

ADORNO: Gerade bei mir, der sich stets gegen jede Art erotischer Repression und gegen Sexualtabus gewandt hat! Mich zu verhöhnen und drei als Hippies zurechtgemachte Mädchen auf mich loszuhetzen! Ich fand das widerlich. Der Heiterkeitseffekt, den man damit erzielt, war ja doch im Grunde die Reaktion des Spießbürgers, der Hihi! kichert, wenn er ein Mädchen mit nackten Brüsten sieht. Natürlich war dieser Schwachsinn kalkuliert.

SPIEGEL: Sollte der ungewöhnliche Akt vielleicht Ihre Theorie verwirren?

ADORNO: Mir scheint, daß es bei diesen Aktionen gegen mich weniger um den Inhalt meiner Vorlesung geht; wichtiger ist dem extremen Flügel wohl die Publizität. Er leidet unter der Angst, in Vergessenheit zu geraten. So wird er zum Sklaven seiner eigenen Publizität. Eine Vorlesung wie die meine, die von etwa 1000 Leuten besucht wird, ist selbstverständlich ein herrliches Forum für Propaganda der Tat.

SPIEGEL: Läßt sich nicht auch diese Tat als Aktion der

Verzweiflung deuten? Vielleicht fühlten sich die Studenten im Stich gelassen von einer Theorie, der sie zumindest zutrauten, sie ließe sich in gesellschaftsändernde Praxis umsetzen?

ADORNO: Die Studenten haben gar nicht versucht, mit mir zu diskutieren. Was mir den Umgang mit den Studenten heute so erschwert, ist der Vorrang der Taktik. Meine Freunde und ich haben das Gefühl, daß wir nur noch Objekte in genau kalkulierten Plänen sind. Der Gedanke an das Recht von Minderheiten, der ja schließlich für die Freiheit konstitutiv ist, spielt überhaupt keine Rolle mehr. Gegen die Objektivität der Sache macht man sich blind.

SPIEGEL: Und angesichts solcher Nötigungen verzichten Sie auf eine Verteidigungs-Strategie?

ADORNO: Mein Interesse wendet sich zunehmend der philosophischen Theorie zu. Wenn ich praktische Ratschläge gäbe, wie es bis zu einem gewissen Grad Herbert Marcuse getan hat, ginge das an meiner Produktivität ab. Man kann gegen die Arbeitsteilung sehr viel sagen, aber bereits Marx, der sie in seiner Jugend aufs heftigste angegriffen hat, erklärte bekanntlich später, daß es ohne Arbeitsteilung auch nicht ginge.

SPIEGEL: Sie haben sich also für den theoretischen Teil entschieden, die anderen können den praktischen erledigen; sie sind bereits dabei. Wäre es nicht besser, wenn die Theorie gleichzeitig die Praxis reflektieren würde? Und damit auch die gegenwärtigen Aktionen?

ADORNO: Es gibt Situationen, in denen ich das täte. Im Augenblick allerdings scheint mir viel wichtiger, erst einmal die Anatomie des Aktionismus zu bedenken.

SPIEGEL: Also wieder nur Theorie?

ADORNO: Ich räume der Theorie zur Zeit höheren Rang ein. Ich habe – vor allem in der *Negativen Dialektik* – diese Dinge längst angefaßt, ehe es zu diesem Konflikt kam.

SPIEGEL: In der *Negativen Dialektik* finden wir die resignierte Feststellung: »Philosophie, die einmal überholt schien, erhält sich am Leben, weil der Augenblick ihrer Verwirklichung versäumt ward.« Wird eine solche Philosophie – jenseits aller Konflikte – nicht zur »Narretei«? Eine Frage, die Sie selbst sich gestellt haben.

ADORNO: Ich glaube nach wie vor, daß man gerade unter dem allgemeinen Praxiszwang einer funktionalen pragmatisierten Welt an der Theorie festhalten sollte. Und ich lasse mich auch durch die jüngsten Ereignisse nicht von dem abbringen, was ich geschrieben habe.

SPIEGEL: Bisher, so formulierte einmal Ihr Freund Habermas, hat sich Ihre Dialektik an den »schwärzesten Stellen« der Resignation, dem »destruktiven Sog des Todestriebes«, überlassen.

ADORNO: Ich würde eher sagen, daß der krampfhafte Hang zum Positiven aus dem Todestrieb kommt.

SPIEGEL: Dann wäre es die Tugend der Philosophie, dem Negativen ins Auge zu sehen, aber nicht, es zu wenden?

ADORNO: Die Philosophie kann von sich aus keine unmittelbaren Maßnahmen oder Änderungen empfehlen. Sie ändert gerade, indem sie Theorie bleibt. Ich meine, man sollte doch einmal die Frage stellen, ob es nicht auch eine Form des Sich-Widersetzens ist, wenn ein Mensch die Dinge denkt und schreibt, wie ich sie schreibe. Ist denn nicht Theorie auch eine genuine Gestalt der Praxis?

SPIEGEL: Gibt es nicht Situationen, wie zum Beispiel in Griechenland, in denen Sie, über kritische Reflexion hinaus, Aktionen befürworten würden?

ADORNO: In Griechenland würde ich selbstverständlich jede Art von Aktion billigen. Dort herrscht eine total andere Situation. Doch aus dem sicheren Hort zu raten, macht ihr mal Revolution, hat etwas so Läppisches, daß man sich genieren muß.

SPIEGEL: Sie sehen also die sinnvollste und notwendigste Form Ihrer Tätigkeit in der Bundesrepublik nach wie vor darin, die Analyse der Gesellschaftsverhältnisse voranzutreiben?

ADORNO: Ja, und mich in ganz bestimmte Einzelphänomene zu versenken. Ich geniere mich gar nicht, in aller Öffentlichkeit zu sagen, daß ich an einem großen ästhetischen Buch arbeite.

SPIEGEL: Herr Professor Adorno, wir danken Ihnen für dieses Gespräch.

Nr. 322

Theodor W. Adorno
Brief an Herbert Marcuse

5. Mai 1969

QUELLE: Stadt- und Universitätsbibliothek Frankfurt/Main, Herbert-Marcuse-Archiv

Prof. Dr. 6 Frankfurt am Main
Theodor W. Adorno Kettenhofweg 123
5. Mai 1969

Lieber Herbert,

Dein Brief vom 5. April, den ich während meiner paar Ferientage in Baden-Baden empfing, hat mich außerordentlich betroffen, und – Aufrichtigkeit gegen Aufrichtigkeit – geschmerzt. So sehr es mir bewußt ist, daß die Kontroverse zwischen uns nur mündlich sich austragen läßt, möchte ich Dir die Antwort nicht bis dahin schuldig bleiben.

Zunächst verstehe ich nicht, wieso sich die Situation für Dich nach einem Gespräch entscheidend geändert hat, das für Dich, nachdem Du mir ausdrücklich bestätigst, es hätte in nichts meiner Mitteilung widersprochen, kaum etwas Neues enthalten haben kann. Zumindest, meine ich, hättest Du mir etwaige Abweichungen innerhalb der Berichte mitteilen und mir die Möglichkeit geben sollen, mich dazu zu äußern. Es scheint mir wirklich so gut wie unmöglich, sich über sechstausend Meilen hinweg über die Angelegenheit ein Urteil zu bilden; Du hast es getan, ohne mich auch nur zu hören.

Die Anregung, nicht vor Studenten und nicht in großer Öffentlichkeit zu sprechen, ist seinerzeit von Dir ausgegangen. Sie hat sich freilich mit meinen Intentionen gedeckt. Ich muß schließlich die Interessen des Instituts wahrnehmen – unseres alten Instituts, Herbert –, und diese Interessen würden durch jenen Zirkus, wie Du mir glauben kannst, unmittelbar gefährdet: die verbreitete Neigung, uns die Zuschüsse zu sperren, würde sich akut verstärken. Darum ist es besser, daß Du, wenn Du in Frankfurt durchaus mit den Studenten diskutieren willst, das ganz auf eigene Verantwortung tust, ohne daß das Institut, oder das Seminar, involviert ist. Ich glaube Deinem Brief entnehmen zu dürfen, daß Du diese meine Reaktion verstehst, und sie mir nicht nachträgst.

Die Polizei soll man nicht, im ApO-Jargon zu reden, abstrakt verteufeln. Ich kann Dir nur wiederholen, daß sie mit den Studenten unvergleichlich viel glimpflicher umgegangen ist als diese etwa mit mir: das spottete jeder Beschreibung. Ich bin auch anderer Ansicht als Du mit Rücksicht darauf, wann man die Polizei rufen soll. Neulich sagte mir in einer Fachschaftsdiskussion Herr Cohn-Bendit, ich hätte nur dann ein Recht, die Polizei zu holen, wenn man mich mit Stangen zusammenschlagen wollte; ich antwortete, dann sei es wohl zu spät. Der Fall der Institutsbesetzung erlaubte kein anderes Verhalten als das unsere. Da das Institut eine selbständige Stiftung ist und nicht unterm Schutz der Universität steht, wäre die Verantwortung für alles, was hier angerichtet worden wäre, auf Friedeburg und mich gefallen. Die Studenten hatten die Absicht, anstelle des Seminars das Institut »modifiziert zu besetzen«, wie sie das damals nannten; was weiter geschehen wäre, mit Schmierereien und überhaupt, kann man sich vorstellen. Ich würde heute nicht anders reagieren als am 31. Januar. Die Forderung, die die Studenten jüngst an mich heranbrachten: öffentlich Selbstkritik zu üben, halte ich für puren Stalinismus. Mit business as usual hat das nichts zu tun.

Ich weiß, daß wir in bezug auf das Verhältnis von Theorie und Praxis nicht weit voneinander sind, obwohl wir eben dies Verhältnis einmal wirklich durchdiskutieren müßten (ich arbeite eben an Thesen, die damit sich beschäftigen). Ich würde Dir auch konzedieren, daß es Momente gibt, in denen die Theorie von der Praxis weitergetrieben wird. Weder jedoch herrscht heute objektiv eine derartige Situation, noch hat der öde und brutale Praktizismus, dem jedenfalls wir hier konfrontiert sind, mit Theorie das mindeste zu schaffen.

Das Stärkste, was Du anzuführen hast, ist, die Situation sei so grauenhaft, daß man versuchen müsse auszubrechen, auch wenn man die objektive Unmöglichkeit erkenne. Ich nehme das Argument schwer. Aber ich halte es für falsch. Wir, Du nicht anders als ich, haben seinerzeit eine noch viel schauerlichere Situation, die der Ermordung der Juden, ertragen, ohne daß wir zu Praxis übergegangen wären; einfach deshalb, weil sie uns versperrt war. Ich halte es für eine Sache der Selbstbesinnung, daß man sich über das Moment der Kälte in einem selbst klar ist. Schroff gesagt: daß Du wegen der Dinge in Vietnam oder Biafra einfach nicht mehr leben könntest, ohne bei den studentischen Aktionen mitzumachen, betrachte ich als eine Selbsttäuschung. Reagiert man aber wirklich so, dann müßte man nicht nur gegen das Grauen der Napalmbomben protestieren, sondern ebenso gegen die unsäglichen Folterungen chinesischen Stils, welche die Vietcong dauernd verüben. Denkt man das nicht mit, so hat der Protest gegen die Amerikaner etwas Ideologisches. Auf eben jenen Punkt legt Max mit vollem Recht großen Wert. Gerade ich, der ja schließlich von drüben wegging, dürfte ein gewisses Recht zu meiner Meinung haben.

Du beanstandest Jürgens Ausdruck »linker Faschismus« als contradictio in adjecto. Aber Du bist doch ein Dialektiker. Als ob es solche contradictiones nicht gäbe – als ob nicht eine Bewegung, kraft ihrer immanenten Antinomik, in ihr Gegenteil umschlagen könnte. Kein Zweifel scheint mir daran, daß die Studentenbewegung in ihrer hiesigen Gestalt, und zwar recht unmittelbar, auf eben die Technokratisierung der Universität hinausläuft, die sie angeblich verhindern will. Ebenso fraglos scheint es mir, daß Verhaltensweisen wie die, welche ich beobachten mußte, und deren Beschreibung ich Dir und mir erspare, wirklich etwas von jener begriffslosen Gewalttätigkeit haben, die nun einmal zum Faschismus dazugehört.

Also um auf Deine Frage unmißverständlich zu antworten: wenn Du nach Frankfurt kommst, um mit den Studenten zu diskutieren, die sich mir, uns allen gegenüber als berechnend Regredierende erweisen, dann mußt Du das auf eigene Kappe tun, nicht unter unserer Ägis. Die Entscheidung, ob Du das willst oder nicht, kann ich Dir nicht abnehmen.

Natürlich wäre es schön, wenn wir uns in der Schweiz mit Max treffen könnten, aber ich bezweifle, ob sich das realisieren wird, zumal wir nur ganz kurz in Basel Halt machen werden. Das, worauf es zwischen uns ankäme, wären schon wirklich unlimitierte Gespräche. Für die wäre Zermatt der beste Ort, das Dich ja schließlich wegen seines Mangels an oberitalienischen Seen früher auch nicht abgeschreckt hat. Im übrigen bin ich Anfang September in Italien, etwa um den 8. und 9. ganz bestimmt in Venedig.

Herzlichst Dein
Teddie

Nr. 323
Jürgen Habermas
Brief an Herbert Marcuse

5. Mai 1969

QUELLE: Stadt- und Universitätsbibliothek Frankfurt/Main, Herbert-Marcuse-Archiv

Institut für Sozialforschung
an der Johann Wolfgang Goethe-Universität

Seminar

6 Frankfurt am Main,
den 5. 5. 1969
Myliusstraße 30
Telefon 798/25 42

Lieber Herr Marcuse,

nun stellt sich also heraus, daß meine Nachlässigkeit, Ihnen nicht zu schreiben, ein Fehler war. Freilich hatte ich auch nicht vorausgesehen, daß Sie über einige tausend Meilen Entfernung hinweg ApO-Legenden für bare Münze nehmen, bevor Sie sich durch Rückfragen vergewissert haben.

Ich habe keine besondere Lust, nachträglich den Chronisten zu spielen, aber auf einen Punkt möchte ich doch eingehen, der in dem Briefwechsel zwischen Ihnen und Adorno offensichtlich nicht berührt worden ist: nämlich die politische Ursache des Konfliktes. Wir haben zweieinhalb Monate lang (durchaus unter Tolerierung einer zehntägigen Seminarbesetzung im Dezember) mit den aktionistischen Studenten bei jeder Gelegenheit darüber diskutiert, warum ihre Forderungen unakzeptabel sind. Diese Forderungen sind Teil einer illusionär auf unsere Verhältnisse übertragenen Partisanenstrategie. Sie laufen expressis verbis darauf hinaus, den Seminarbetrieb, materiell und in seinen Funktionen, zu einer Organisationszentrale für den unmittelbaren Kampf in und außerhalb der Universität umzufunktionieren. Das hiesige Seminar habe ich zu einem Zeitpunkt schließen lassen, als die wiederholte Parole der Agitatoren, in den Maschinenraum einzudringen und die Anlagen zu zerstören und in die Bibliothek einzudringen und die Bücher auf die Straße zu schaffen, jederzeit befolgt werden konnte. Vor der geschlossenen Tür sind dann die Studenten umgekehrt und statt dessen ins Institut gegangen, um dort das Theater fortzusetzen. Diesen Zusammenhang muß man einfach kennen. Darüber helfen auch keine Gemeinplätze hinweg: hie Studenten, dort Polizei. Sie werden Phantasie und Ehrlichkeit genug haben, um sich eine genau analoge Situation in Ihrem eigenen Seminar auszumalen. Wie hätten Sie sich verhalten? Was mich an Ihrem Brief an Adorno stört, ist, daß nicht eine Zeile oder ein Satz erkennen lassen, daß Sie sich diese Frage vorgelegt haben.

Daß unabhängig von dieser Frage auch noch theoretisch Differenzen bestehen, ist unverkennbar. Ich schicke Ihnen in den nächsten Tagen ein Bändchen, dessen Einleitung Sie interessieren wird. Ich nehme darin auch auf Ihren Essay *On Liberation* Bezug. Dieser setzt mich an einigen Stellen in Erstaunen.

An meiner freundschaftlichen Verehrung für Sie, ob Sie Ihnen heute lästig ist oder nicht, hat sich nichts geändert. Ich gehöre nur wie Sie zu den Menschen, die Differenzen, wenn sie sich denn ergeben, auch klar aussprechen.

Mit herzlichen Grüßen,
auch an Ihre ganz gewiß
nicht mehr zu versöhnende Frau,
bin ich Ihr
Jürgen Habermas

Nr. 324

Max Horkheimer
Brief an Zachariah Shuster

5. Mai 1969

QUELLE: Max Horkheimer, Gesammelte Schriften Bd. 18: Briefwechsel 1949–1973, hrsg. von Gunzelin Schmid Noerr, © S. Fischer Verlag Frankfurt/Main 1996, S. 724–726, Original englischsprachig, hier übersetzt wiedergegeben

[Montagnola,] May 5, 1969

Lieber Zach,

leider werde ich diesmal nicht an der Jahresversammlung[1] teilnehmen können.

Zwar werden die meisten Vorträge und Diskussionen um Probleme der USA und Israels kreisen müssen, ich meine aber, daß in der aktuellen Lage auch die antijüdischen Tendenzen in Europa als wichtiger Aspekt zu berücksichtigen sind. Gewiß ist die Niederlage de Gaulles[2] sehr ermutigend, sie hat jedoch wenig mit nachlassenden Vorurteilen zu tun. Ursache dürfte vielmehr sein, daß viele intelligente Geschäftsleute und Teile der Mittelschicht unzufrieden sind; hinzu kommt, daß Europa auf eine allgemeine Krise zuzusteuern scheint. Daher könnten künftig neue Diktaturen entstehen, die noch übler sein dürften als de Gaulles Regime.

In der Bundesrepublik verharmlosen die Massenmedien den Einfluß der neuen Nazi-Partei NPD aus außenpolitischen und anderen Gründen. Dennoch liegt auf der Hand, daß diese Partei immer stärker wird. Die Auflage ihrer *Deutschen Nationalzeitung* steigt, unter anderem, weil die Partei viele ländliche Zeitschriften und Tagesblätter von Emigranten aus der DDR aufkauft. In der *Nationalzeitung* wird das Wort »Juden«, wie in den Zeitungen des Ostblocks, durch »Zionisten« oder »Israeliten« ersetzt. Andere Zeitschriften der Neonazis, etwa *Deutsche Nachrichten, Deutsche Wochenzeitung* oder *Klüter-Blätter* sind weniger vorsichtig. Natürlich streben sie vor allem an, den Antisemitismus zu rehabilitieren. Da politisch rechtsorientierte Verlage ihre Werbemethoden und den Direktversand stark verbessert haben, kann man die Auflagen ihrer Publikationen nicht allein nach den Auslagen der Buchhandlungen beurteilen.

Unter wachsenden Gruppen offener und potentieller Anhänger der NPD scheint eine der wichtigsten aus Offizieren zu bestehen, die meinen, im heutigen Deutschland nicht die ihnen gebührende Rolle zu spielen. Hinzu kommen Teile der Polizei und einflußreiche Angehörige der Mittelschicht.

Viele der heutigen Funktionäre Deutschlands waren im Dritten Reich aktive oder passive Mitglieder der NSDAP. Professor Rudolf Wildenmann von der Universität Mannheim hat jüngst in einer Untersuchung festgestellt: 52 Prozent der hohen Beamten in den Bundesministerien, 43 Prozent der Beamten in den Länderverwaltungen, 41 Prozent der Funktionäre von Unternehmerverbänden und 35 Prozent der Spitzenbeamten wichtiger Kommunen waren in der Hitler-Bewegung engagiert. Daß sich nur 3 Prozent von ihnen offen zur NPD bekennen, hängt vor allem mit ihren Nachkriegskarrieren zusammen und muß in vielen Fällen nicht von einem Sinneswandel zeugen.

Mitbedingt durch die Lage an der Frankfurter Universität, konnte das Institut seine Studie über die Einstellung der deutschen Großstadtbevölkerung zur NPD[3] noch nicht abschließen. Ich hoffe, Ihnen bald einen neuen Vorbericht schicken zu können. Heute möchte ich nur erwähnen, daß eine überwältigende Mehrheit der Befragten drastische Maßnahmen gegen die Ostblockländer, gegen den Kommunismus oder gegen die Juden nicht für erforderlich hält, obwohl mehr als 20 Prozent von ihnen angaben, NPD gewählt zu haben oder wählen zu wollen. Wir sind überzeugt, daß dieser Anteil in Kleinstädten und ländlichen Gebieten noch deutlich höher liegt. Angesichts dieser Resultate dürfte die Schätzung des Soziologieprofessors Scheuch[4] von der Universität Köln, die NPD könnte bei den nächsten Bundestagswahlen rund 15 Prozent der Stimmen erreichen, keineswegs übertrieben sein. Das Ergebnis wird vor allem davon abhängen, wie sich die wirtschaftliche Lage entwickelt.

Die NPD ist bereits in mehrere Landtage eingezogen, was sich nachhaltig auswirken dürfte. Ich erwähne nur zwei Folgen, die unmittelbar unsere Sache betreffen. Zu den besten, bei Intellektuellen sehr angesehenen Nachrichtenmagazinen gehörte die Fernsehsendung »Report« vom Bayerischen Rundfunk. Ihre Redakteure hatten sich dem Kampf gegen Vorurteile aller Art verschrieben. Inzwischen sitzen zwei Mitglieder der NPD im Rundfunkrat, und »Report« wurde sofort eingestellt.

Wie Sie wissen dürften, droht dem Minssen-Büro[5] das gleiche Los. Das vom AJC gegründete Projekt Studienreisen für Lehrer dient der Frankfurter NPD zum Anlaß, Druck auf die Stadtverwaltung sowie andere öffentliche und private Einrichtungen – nicht nur in Hessen – auszuüben, um die Finanzmittel für das Büro zu streichen. Sein Einfluß auf einen Großteil der deutschen Lehrer, nicht nur durch unser Projekt, sondern auch durch seine theoretische und finanzielle Beteiligung an pädagogischen Zeitschriften, war zu offenkundig geworden. Deshalb schlägt ihm von seiten der Rechtsradikalen wütender Haß entgegen. Diese versuchen unaufhörlich, in den Schulen antisemitische Parolen und Inhalte durchzusetzen. Besonders in Niedersachsen zeigt sich, daß sie sehr erfolgreich arbeiten.

Gewiß ist Ihnen das alles schon bekannt. Ich notiere es nur für den Fall, daß Sie bei der Tagung einige unserer aktuellen Probleme in Deutschland ansprechen möchten. Besonders wichtig wäre es, bald ein längeres Gespräch mit dem künftigen Bundespräsidenten Gustav Heinemann zu führen. Aufgrund unseres gemeinsamen Besuches bei ihm wissen Sie bestimmt noch, daß er unter den Regierungsbeamten einer der offensten war. Inzwischen hat er mehrfach bewiesen, daß er unserer Sache freundlich gesonnen ist. Zudem weiß ich, wie er darüber denkt, daß die Bundesregierung kein Verbot der NPD beim Verfassungsgericht beantragen will. Könnte ich selbst an der Jahresversammlung teilnehmen, würde ich vorschlagen, daß einer von uns beiden im Namen des AJC um ein längeres, inoffizielles Gespräch mit ihm bitten sollte. Vielleicht können wir sofort nach Ihrer Rückkehr über diese Frage sprechen.

Mit den besten Wünschen für Ihren Aufenthalt in New York und herzlichen Grüßen,

Ihr

1 Des American Jewish Committee.
2 Charles de Gaulle war am 28.4.1969 von seinem Amt als französischer Staatspräsident zurückgetreten, nachdem ein von ihm eingebrachtes Referendum (über Neuordnung der Provinzen und Umwandlung des Senats) abgelehnt worden war.
3 Die bereits 1967 begonnene NPD-Studie wurde nicht abgeschlossen.
4 Erwin K. Scheuch (geb. 1928), Soziologe, 1952 Stipendiat des Instituts für Sozialforschung in Frankfurt/Main und Mitarbeiter am UNESCO-Institut für Sozialforschung, ab 1965 Professor in Köln.
5 Das von Friedrich Minssen geleitete Studienbüro für politische Bildung war auf Horkheimers Initiative hin eingerichtet worden.

Nr. 325

Theodor W. Adorno

»Stellungnahme in der Angelegenheit Krahl!«

Brief Adornos an die Fachschaft Philosophie
7. Mai 1969

QUELLE: Theodor. W. Adorno-Archiv, Frankfurt/Main

Geschäftsführender Direktor   7. Mai 1969

An die
Fachschaft Philosophie
z. Hd. v. Herrn Schalmey

Sehr geehrter Herr Schalmey,

ich formuliere noch einmal ausdrücklich meine Stellungnahme in der Angelegenheit Krahl:

1. Herr Krahl hatte die Absicht erklärt, das Institut für Sozialforschung – Seminar – in ein Organisationszentrum für den politischen Kampf in und außerhalb der Universität umzufunktionieren. Die Besetzung des Seminarraums A – und um eine solche hat es sich ohne alle Frage gehandelt – konnte nicht anders als in diesem Zusammenhang verstanden werden.

2. Herr Krahl hat, nachdem Herr von Friedeburg und ich ihn in aller Form, dreimal, aufforderten, mit der

Gruppe, die ihn begleitete, den Seminarraum zu verlassen, sich geweigert, das zu tun, und uns mit Ausdrücken wie »Halten Sie die Klappe« und »Sie haben hier gar nichts zu sagen« hinausgewiesen.
3. Das Verfahren gegen alle Beteiligten außer Herrn Krahl wurde von der Staatsanwaltschaft eingestellt. Die Behauptung, daß wir gegen diese Einstellung uns gewandt hätten, ist eine grobe Unwahrheit.
4. Der einzige Name, den wir selbst bei unserer Strafanzeige genannt hatten, war der von Herrn Krahl. Wenn wir heute den Strafantrag zurückzögen, so schüfe das eine Situation, in der, im Fall neuerlicher Aktionen, die Polizei vermutlich dem Institut für Sozialforschung, das ja nicht der Universität angehört, ihren Schutz versagte. Da die Direktoren dem Vorstand des Instituts gegenüber für das Institut volle Verantwortung tragen, können sie dem nicht sich aussetzen. Wir sehen uns deshalb nicht in der Lage, Ihrer »Forderung« zu entsprechen.
Hinzufügen möchte ich dem nur, daß für keinen Menschen, der den Zusammenhang der Vorgänge überblickt, der mindeste Zweifel daran bestehen kann, daß Herr Krahl die Besetzungsaktion überhaupt nur unternommen hat, um dadurch das Eingreifen der Polizei zu provozieren und, in richtiger Berechnung der Wirkung, daraus agitatorische Vorteile für seine Gruppe zu ziehen. Es bedarf wohl keiner näheren Erläuterung, daß wir seiner Eskalationstaktik uns nicht beugen wollen und können. Darauf aber liefe eine Zurückziehung der Strafanzeige hinaus.

Mit den besten Empfehlungen
Ihr Professor Dr. Th. W. Adorno

Nr. 326

(Ohne Autor)

Boykott des Soziologie-Vordiploms

Artikel zum Konflikt um die Anerkennung von Kollektivarbeiten

8. Mai 1969

QUELLE: asta-informationen der johann wolfgang goethe-universität vom 8. Mai 1969, Nr. 3, S. 8

DOKUMENTATION ZUM VORDIPLOM IM WINTERSEMESTER 68/69

I. Ansätze zu einer Selbstorganisation der Soziologen
Während des Streiks im Wintersemester 68/69 arbeitete eine Vordiplomandengruppe an der Erweiterung des Soziologenpapers vom Wintersemester 67/68. Der Arbeitskreis stellte folgende Forderungen auf:

Abschaffung der Klausuren, Anfertigung kollektiver Arbeitspapiere. Eine von ihm intendierte Diskussion mit Prof. Friedeburg über eine institutionelle Absicherung dieser Forderungen wurde aber von dem professoralen Polizeieinsatz vereitelt. Dies machte vorläufig unsere Selbstorganisation zunichte.

Unsere damaligen Vorstellungen zu einer Neuorganisation des Studiums sind inzwischen in das nun vorliegende Assistentenpaper eingegangen.

II. Prüfungstermine des Vordiploms im Wintersemester 68/69
Eine Gruppe der Studentenbewegung plante, den aktiven Streik des letzten Semesters fortzusetzen und die angesetzten Klausuren zu sprengen. Diese Gruppe trug zur Selbstorganisation der Vordiplomanden bei, die jetzt bereit waren, bestehende Alternativkonzeptionen durchzusetzen und eine Mehrheit für eine Verweigerung des Vordiploms in der herkömmlichen Weise zu finden. Während des Streiks wäre der Verzicht der Ordinarien auf ihre Privilegien die Voraussetzung dafür gewesen, inhaltlich und organisatorisch das Studium verändern zu können. Wir haben nun mit der Verweigerung der bisherigen Vordiplomsprüfungen ein Faktum geschaffen, das eine Diskussion der inhaltlichen Veränderung von Prüfungen erzwingt. Die nur formale Änderung der Vordiplomsprüfung hat zwei Gründe:
1. Wir konnten die Vorbereitung auf die Klausuren nicht mehr durch Arbeitspapiere, die unseren Vorstellungen von sinnvoller wissenschaftlicher Arbeit entsprochen hätten, ersetzen.

2. Die Strategie für dieses Vordiplom sollte es den Ordinarien unmöglich machen, sich weiterhin auf den institutionellen Rahmen zurückzuziehen. Die Erfahrungen der Studentenbewegung haben hinreichend gezeigt, daß der institutionelle Rahmen prinzipiell veränderbar ist. (Otto-Suhr-Institut, Marburger Soziologie, Frankfurter Politologie.)

Der Druck der Studenten des Empirie-Praktikums im Wintersemester 68/69 bewirkte die Abschaffung der laut Prüfungsordnung vorgeschriebenen Abschlußklausur.

III. Durchführung der Vordiplomsaktion
Unmittelbar vor der Statistik-Klausur am 27. März 69 diskutierten Vordiplomanden und Assistenten über Inhalte und Verfahrensweisen herkömmlicher Vordiplomsprüfungen. Wir waren uns darin einig, individuelle Prüfungsverfahren abzulehnen, die lediglich abfragbares Wissen und psychische Stabilität testen, aber die Selbstkontrolle eigener wissenschaftlicher Arbeit unmöglich machen. Unser Vorschlag, die Statistikklausur in Kollektiven zu schreiben, wurde von 41 Vordiplomanden bei zwei Gegenstimmen und zwei Enthaltungen angenommen. Wir setzten uns in kleinen Gruppen zusammen, diskutierten und lösten die Prüfungsfragen gemeinsam, gaben jedoch einzeln die Arbeiten ab. Nach der Klausur stellte sich heraus, daß die Assistenten es noch drei weiteren Kommilitonen möglich gemacht hatten, nach der »alten« Prüfungsordnung zu schreiben. Deshalb beschlossen wir für die VWL-Klausur, uns in Arbeitsgruppen aufzuteilen und nur je Gruppe ein Papier abzugeben, zumal eine solche Arbeitsweise unsere Intentionen noch eindeutiger darstellen würde.

IV. Reaktion der Professoren
Da zwei Wochen nach der Prüfung noch immer keine Stellungnahme der Professoren vorlag, entschloß sich die Vollversammlung der Vordiplomanden, die Professoren Adorno, Blind, Friedeburg, Habermas, Häuser und Sauermann am Vormittag vor der Sitzung des Prüfungsausschusses zu einer Stellungnahme zu zwingen. Es erschienen nur Adorno und Friedeburg, die klar formulierten, daß eine solche kollektive Schreibweise im Rahmen der bestehenden Prüfungsordnung auf keinen Fall zu legitimieren sei. Adorno, der »abgebrühte Dialektiker«, seinem zitierten Selbstverständnis nach »Gewerkschaftsführer der Studenten«, sah sich außerstande, unsere kollektive Arbeit zu unterstützen, da individueller Leistungsnachweis nicht möglich. Friedeburg, der von der historischen Situation abstrahierte, stellte unsere Handlungsweise dar als »einseitigen Akt«. Direkt befragt: ob er unsere Interessen im Prüfungsausschuß zu vertreten bereit sei, antwortete er mit einem klaren Nein. Überraschend bezeichnete er unsere Vorschläge als gegenstandslos, weil längst beschlossen sei, die Soziologie als Hauptfach abzuschaffen: Gedacht sei an Soziologie als Nebenfach u.a.m.

Anschließend erklärte der Vorsitzende des Prüfungsausschusses, Prof. Rauter, einer Delegation aus drei Studenten und drei Assistenten, der Ausschuß sei nach Abklärung der Sachlage nicht befugt, die endgültige Entscheidung zu treffen. Man müsse erst ein Rechtsgutachten einholen. Ein Termin dafür wurde nicht genannt. Die sich hieraus ergebenden Maßnahmen müssen auf der Vollversammlung diskutiert werden!

Diese von den Vordiplomanden geschaffenen Fakten verwirrten und verunsicherten Ordinarien und Verwaltung derart, daß 14 Tage danach noch immer keine Stellungnahme vorlag.

Rüegg erklärte lediglich nach der ersten kollektiv geschriebenen Prüfung in der FR: ihm sei keine Prüfungsordnung bekannt, die kollektives Arbeiten ermögliche.

Um den Ordinarien unser Vorgehen zu begründen, hatten wir sie vor der Sitzung des Prüfungsausschusses am 16.4.1969, in der über unsere kollektiv geschriebenen Klausuren entschieden werden sollte, zu einer Diskussion eingeladen. Es erschienen jedoch nur Adorno und Friedeburg, die uns lediglich mitteilten, daß eine solche kollektive Schreibweise im Rahmen der bestehenden Prüfungsordnung auf keinen Fall zu legitimieren sei. Auf unsere inhaltlichen Vorschläge zu einer Übergangsregelung, wie sie beispielsweise letzten Sommer am Otto-Suhr-Institut der FU erfolgte, gingen sie überhaupt nicht ein. Zynisch meinte Adorno, die geschriebenen Klausuren seien Fehlanzeige, während Friedeburg auf die kommende technokratische Hochschulreform verwies, die ohnehin eine Abschaffung der Soziologie als Hauptfach vorsehe.

Um der konkreten Entscheidung auszuweichen, beschlossen die Professoren, die danach stattfindende Sitzung des Prüfungsausschusses in eine nur beratende umzuwandeln und die eigentliche Kompetenz durch ein Rechtsgutachten klären zu lassen.

Das bedeutete: Ablehnung einer eigenen verantwortlichen Stellungnahme und einmal mehr Verschanzen hinter dem »institutionellen Rahmen«.

Am 29.4. erhielten wir folgende Einschreibebriefe bezüglich kollektives und individuelles Schreiben:

Prüfungsamt für Diplom-Soziologen
der Philosophischen Fakultät
Frankfurt/Main, den 29.4.1969
Einschreiben
Sehr geehrter ...

Zu unserem Bedauern müssen wir Ihnen mitteilen, daß nach der geltenden Prüfungsordnung für Dipl.-Soziologen der Johann Wolfgang Goethe-Universität vom 25.1.1966 Ihre Klausurarbeiten für die Vordiplomprüfung im Fach Grundzüge der Statistik und im Fach Grundzüge der Volkswirtschaftslehre nicht als Leistungsnachweis anerkannt werden können.

Die Prüfungsordnung setzt für die individuellen Zeugnisse individuelle Prüfungsleistungen voraus. Andernfalls wäre die Anforderung an Klausurarbeiten, d.h. individuellen, selbständigen, schriftlichen Prüfungen unter kontrollierten Bedingungen, nicht begründbar. Wir stellen fest, daß zwar in diesem Fall keine Täuschung beabsichtigt war und stattgefunden hat, da die jeweilige Kooperation mehrerer Kandidaten offen erfolgte. Doch ist eine individuelle Zurechnung der Leistungen nicht möglich. Zudem war die unbedingt notwendige Chancengleichheit nicht gewährt, da die Zusammensetzung der Diskussionsgruppen sehr verschieden war.

Daher sind Ihre Klausurarbeiten nicht als ausreichende Leistung anzusehen. Sie werden in den mündlichen Examen Gelegenheit erhalten, einen individuellen Leistungsnachweis zu erbringen.

Ludwig v. Friedeburg   Herbert Rauter
(Stellv. Vorsitzender)   (Vorsitzender)

Prüfungsamt für Diplom-Soziologen
der Philosophischen Fakultät
Frankfurt/Main, den 29.4.1969
Einschreiben

Hiermit teilen wir Ihnen mit, daß wir es für die Beurteilung Ihrer Klausurarbeit für notwendig halten, daß Sie beiliegende Erklärung unterschreiben und der Geschäftsstelle des Prüfungsamtes, Myliusstraße 30 I, bis zum Freitag, den 9. Mai 1969, zugehen lassen. Damit wird einer eventuellen Anfechtung der Begutachtung der Klausurarbeiten vorgebeugt.

Ludwig v. Friedeburg   Herbert Rauter
(Stellv. Vorsitzender)   (Vorsitzender)

Um diejenigen, die individuell geschrieben hatten, vollends gefügig zu machen, wurde ihnen zusätzlich die nachstehende Erklärung abverlangt:

An das
Prüfungsamt für Diplom-Soziologen
der Philosophischen Fakultät
6 Frankfurt/Main
Myliusstraße 30

Betr.: Klausurarbeit für die Vordiplomprüfung im Fach Grundzüge der Statistik am 27.3.1969

Hiermit bestätige ich, daß ich die Klausurarbeit im Fach Grundzüge der Statistik am 27.3.1969 den Vorschriften der Prüfungsordnung für Diplom-Soziologen der Johann Wolfgang Goethe-Universität vom 25.1.1966 entsprechend geschrieben habe. Ich erkläre, daß ich mich bei der Abfassung der Klausurarbeit nicht behindert fühlte und damit einverstanden bin, daß meine Klausurarbeit normal beurteilt wird.
(...)

Frankfurt am Main, den ...

Trotz dieser massiven Einschüchterungsversuche seitens der Ordinarien und Verwaltung hat die Mehrzahl der Vordiplomanden beschlossen, in der für den 12. Mai angesetzten Klausur im Fach Soziologie wiederum kollektiv zu schreiben.

Dazu das Beispiel der Zwischenprüfung am Otto-Suhr-Institut in diesem Frühjahr:
1. Schriftliche Prüfung 21., 24., 25. Februar 1969.
Von den Professoren wurde in den Bereichen Geschichte, Innenpolitik und Wirtschaft jeweils ein Generalthema bestimmt, aus dem dann mehrere Fragen zur Auswahl gestellt wurden.

Zu diesen Themen wurden von den Ad-hoc-Gruppen Papers erarbeitet, die allen Kandidaten zur Verfügung standen. Die Themen wurden kollektiv bearbeitet; unter anderem wurden gemeinsame Gliederungen verfaßt.

Es erfolgte keine Schlechterbewertung durch die Professoren.
2. Mündliche Prüfung 24. März bis 15. April 1969.
Grundlage der mündlichen Prüfung sollten individuelle Thesen der einzelnen Kandidaten sein. Jedoch wurden kollektiv Thesen erarbeitet und vorgelegt, die die Professoren akzeptierten.

Das Berliner Beispiel beweist, daß durch geschlossenes, solidarisches Handeln der scheinbar starre »institutionelle Rahmen« durchaus verändert werden kann. Diese Form der Prüfungsverweigerung macht es den Ordinarien unmöglich, sich hinter dem Rücken der uniformierten Staatsgewalt zu verbergen.

Die letzte Woche zeigt deutlich, daß der von der Verwaltung angeforderte Polizeieinsatz den internen Hochschulkonflikt auf eine außeruniversitäre Machtprobe verlagert; d.h., wenn wir dieser Taktik der Administration erliegen, werden wir jedesmal zusammengeschlagen, während die Ordinarien ihren privaten Wissenschaftsbetrieb ungestört fortsetzen können.

Prüfungskampagne in der momentanen Hochschulsituation kann zunächst nur bedeuten:

ABSCHAFFUNG DER BISHERIGEN PRÜFUNGSFORM!

FLUGBLATT DER VORDIPLOMANDEN

Nach jahrelangen fruchtlosen Verhandlungen mit den Professoren haben die Vordiplomanden in Soziologie die bisherige Durchführung der Prüfung boykottiert. Sie haben erkannt, daß sich hinter der Argumentation der Ordinarien – eine solche Zwischenprüfung sei zwar »dysfunktional«, eine Änderung aber bei vorgegebenem »institutionellem Rahmen« unmöglich – ein manifestes Interesse verbirgt, Prüfungen als leistungsfähigstes Disziplinierungsinstrument zu erhalten.

Anstelle der bisherigen individuellen Klausuren in Volkswirtschaft und Statistik schrieben die Vordiplomanden diese Klausuren kollektiv. Sie setzten sich in Gruppen zusammen, diskutierten die Prüfungsfragen und lösten sie gemeinsam. Der Entschluß, sich dem bisherigen individuellen Zwang der Prüfungen zu verweigern, war das Resultat der Diskussion des aktiven Streiks, die zu dieser politischen Reorganisation des Studiums geführt hatte.

Die Aktion der Soziologen traf das zentrale Disziplinierungsinstrument der technokratischen Universität. Dies zeigt unter anderem die Reaktion der Ordinarien, die die Anerkennung der kollektiven Prüfungen verweigern.

Auch an anderen Fakultäten versuchen die Studenten, die unbefragten Zwänge ihres Studiums aufzubrechen.

Medizinstudenten verweigerten die Aufnahmeklausur eines Biochemie-Kurses, in der überzählige »Kandidaten« hinausgeprüft werden sollten.

Germanistikstudenten werden am Freitag, dem 25.4., um 16 Uhr, im Hörsaal VI die Durchführung einer Aufnahmeklausur für ein Hauptseminar verhindern.

Kultusbürokratie und Ordinarien geben die Prüfungen als notwendige Leistungskontrolle aus. In Wirklichkeit haben diese Prüfungen die Wirkung, Leistungsangst und Konkurrenzdruck unter den Studenten zu erzeugen.

NUR DIE ORGANISIERTE SOLIDARITÄT ALLER STUDENTEN KANN EINZELNEN BOYKOTTAKTIONEN ZUM ERFOLG VERHELFEN!
MACHT ENDLICH SCHLUSS MIT DEN VERORDNETEN PRÜFUNGEN!
ORGANISIERT EURE POLITISCHEN UND WISSENSCHAFTLICHEN INTERESSEN GEGEN DIE TECHNOKRATISCHE HOCHSCHULREFORM!

Die Vordiplomanden der Soziologie

Nr. 327

Wolfram Schütte

Massenbetrug – Der Italo-Western / Einige Thesen

Artikel in der »Frankfurter Rundschau«
17. Mai 1969

QUELLE: Frankfurter Rundschau vom 17. Mai 1969

Mit der Flucht aus dem Alltag, welche die gesamte Kulturindustrie in allen ihren Zweigen zu besorgen verspricht, ist es bestellt wie mit der Entführung der Tochter im amerikanischen Witzblatt: der Vater selbst hält die Leiter ... Das Vergnügen (an den Produkten der Kulturindustrie) befördert die Resignation, die sich in ihnen vergessen will.[1]

I

Der Italo-Western ist entstanden, als der italienische Markt mit den Maciste- und Herkules-Schinken überfüttert war. Er verdankt seine Existenz der ökonomischen Notwendigkeit, einer permanent aus sich selbst ihren Bankrott entwickelnden Industrie wieder einmal über die Runden zu helfen. Ausbeutung erhält sich, in dem sie ihre Maske ändert: die ewige Wiederkehr des Gleichen als das Verschiedene. *Der permanente Zwang zu neuen Effekten, die doch ans alte Schema gebunden bleiben, vermehrt bloß, als zusätzliche Regel, die Gewalt des Hergebrachten, der jeder einzelne Effekt entschlüpfen möchte.*

Der Italo-Western reduziert den amerikanischen auf pure Aktion. Seine Logik ist nicht eine der je eigenen Sache, sondern des Schemas, wonach die kürzeste zeitliche Verbindung zwischen zwei Aktionen das Abklingen der vorausgegangenen und die Vorbereitung der neuen ist. Das Schema ist auch noch dort erhalten, wo es der eigenen Entfaltung gemäß, die nach Variation verlangt, durchbrochen wird. Das ökonomische Gesetz des Genres verlangt die Entfaltung seiner ihm innewohnenden formalen Möglichkeiten. Sie als ästhetische zu feiern, ihren Ausfaltungen und Differenzierungen als quasi naturgesetzlichen Entwicklungen staunend zu folgen, heißt, dem geplanten Massenbetrug die Weihe intellektueller Bemühung zu gewähren, die umschlägt in Rechtfertigung – und sei es nur die, daß der Italo-Western Gegenstand ästhetischer Reflexion ist. Die Ästhetik des Italo-Western ist aber nichts anderes als die Verlängerung seiner ökonomischen Basis, deren Verschleierung seiner Ästhetik zugleich dient. Kritik bedeutete, diese Identität immer wieder ans Licht zu ziehen.

II

Ernste Kunst hat jenen sich verweigert, denen Not und Druck des Daseins den Ernst zum Hohn macht und die froh sein müssen, wenn sie die Zeit, die sie nicht am Treibrad stehen, dazu benutzen können, sich treiben zu lassen. Leichte Kunst hat die autonome als Schatten begleitet ... Der Gegensatz läßt sich am wenigsten versöhnen, indem man die leichte in die ernste aufnimmt oder umgekehrt.

Auch dort ist man dieser Dialektik nicht entronnen, wo das berechtigte Mißtrauen und der Haß auf die Kunst (und den Kunstfilm) Zuflucht um so rückhaltloser beim Kommerzfilm suchen. Der Italo-Western ist das augenblicklich avancierteste Produkt jener *technischen Rationalität*, die nichts anderes ist als *die Rationalität der Herrschaft selbst*. Wenn Kunst verdächtig ist, den realen Ausdruck des Leidens, der Erfahrung und der aktiven Opposition im schönen Schein ihrer ästhetischen Stimmigkeit zu neutralisieren oder gar zu verraten, um wieviel mehr sind es dann die Produkte der Kulturindustrie, die, unmittelbar den Gesetzen ökonomischer Ausbeutung unterworfen, längst die traditionelle Ästhetik der Kunst durch ihre marktkonforme Ästhetik neutralisiert und überwunden haben. Was die Durchschaubarkeit solcher Ästhetik als Mittel eines Vergnügens, das den Massenbetrug verewigt, für manche, die sich für politisch progressiv halten, so schwer macht, ist ihr Vorschein einer technischen Perfektion, der auch noch der letzte Rest von Individualität ausgetrieben ist. In den reaktionärsten Momenten der »Kunstfilm-Ästhetik« ist gleichwohl noch mehr an Humanität enthalten als in den avanciertesten eines Italo-Western.

III

Der Zuschauer soll keiner eigenen Gedanken bedürfen: das Produkt zeichnet jede Reaktion vor: nicht durch seinen sachlichen Zusammenhang – dieser zerfällt, soweit er Denken beansprucht –, sondern durch Signale.

Was die Apologeten des Italo-Western immer wieder als dessen bedeutendste Merkmale herausstreichen, sind: radikale Zerstörung der Story, Aufhebung von Gut und Böse, Durchbrechung von Identifikationsmustern des Zuschauers, das Bild einer ausschließlich von Gewalt, Herrschaft und Sadismus bestimmten Welt.

Die Qualitätsmerkmale des Italo-Western sind fixiert am Bild des herkömmlichen amerikanischen. Der Italo-Western wird als radikale Negation des »verlogenen« amerikanischen betrachtet, der noch psychologisiert, Motivationen bietet, mit Idealismus hantiert, kurzum: erzbürgerlich und reaktionär sei.

Diesem Mißverständnis verdankt der Italo-Western den Ruf, er sei anti-bürgerlich, progressiv, am Ende gar politisch avanciert. Genau genommen setzt er aber den amerikanischen Western fort, indem er ihn zerstört. Nur was sich zur Ausbeutung weiterhin lohnt, wird vom amerikanischen Western übernommen: die mythische Rolle der Landschaft, das Gesetz des Colts, der sich das Recht erschießt, die überdimensionale Figur des (oder der) Helden, die Permanenz der Konfliktsituationen.

Die qualitative Veränderung zum amerikanischen Western beruht zugleich auf Reduktion und Vervielfachung: reduziert wird, was an Handlungsmomenten und psychologischen Motivationen dort noch vorhanden war; Folge davon ist zugleich eine kürzere Aufeinanderfolge der Höhepunkte des Western (der Konflikte) und eine größere Zahl der an ihnen Beteiligten. Hatte sich der Western früher mit einzelnen auseinanderzusetzen, so spielen sich die Konflikte im Italo-Western zwischen einem einzelnen und Gruppen ab. An die Stelle des Colts ist das Maschinengewehr getreten: der Zuwachs an genrebedingten Leichen erfordert es.

Hier tritt offen zutage, was unter dem amerikanischen Western als Konstante entdeckt worden war: *Der vorgebliche Inhalt ist bloß verblaßter Vordergrund; was sich einprägt, ist die automatisierte Abfolge ge-*

normter Verrichtungen. Solchen Zynismus der Italo-Western »ehrlich« zu nennen, ist zynisch. Denn die vermeintliche Befreiung von den Fesseln des amerikanischen Western ist eine genau geplante Anarchie, die deshalb tiefer in die Abhängigkeit von der etablierten Herrschaft führt, deren Geschäft der Italo-Western betreibt.

Was der Italo-Western am amerikanischen demoliert, dient nicht dessen progressiver Aufhebung, nicht der Zerstörung der Mythologie durch Vernunft, sondern dem hochtechnisierten Rückfall in die perfekte Barbarei und der Zerstörung der Vernunft durch den Mythos. Das Weltbild des Italo-Western ist irrational, und seine bombastische Ästhetisierung der unmotivierten Gewalt und des Sadismus steht in engstem Zusammenhang mit faschistischen Filmen wie Veit Harlans *Kolberg*.

Die in jüngster Zeit emphatisch begrüßte Aufname von Themen und Begriffen wie »Revolution, Revolutionär und Kapitalist« ins Genre (Corbuccis *Mercenario, der Gefürchtete*) weist nicht, wie einige blinde Apologeten meinen, auf eine progressive Politisierung des Italo-Western hin. Eher zeigt es die Durchlässigkeit und Geschmeidigkeit des Genres, jederzeit die aktuellen politischen Reizworte in sich aufzunehmen, um eine gewisse Seriosität auch noch bei denen zu gewinnen, deren verzweifelte Einsicht dann operettenhaft verhökert wird. Die vermeintliche Politisierung hat in Wahrheit Entpolitisierung im Sinn. Wenn heute massenhaft Gegenaufklärung im Kino betrieben wird, dann nirgendwo selbstverständlicher als im Italo-Western.

IV

Donald Duck in den Cartoons wie die Unglücklichen in der Realität erhalten ihre Prügel, damit die Zuschauer sich an die eigenen gewöhnen.

Die Verwandschaft des Italo-Western zu den Comics ist schon mehrfach erkannt worden. Es ist die gleiche triviale Welt der unvermittelten, verkürzten Gewalt und des Sadismus. Der Niedergang des Zeichentrickfilms hängt gewiß auch damit zusammen, daß längst nicht mehr animiert werden muß, was an in grausame Komik gewendeter Gewalt Menschen im Film einander antun. In der Realität tun sie's ohnedies.

Dennoch schockiert heute am Italo-Western am meisten die Häufung von Gewalt. Ihr verdankt er seine Resonanz, in ihr liegt das Zentrum seiner Reizmomente, auf die der Film hier zusammengeschossen ist. Darstellung von Gewalt ist im Kino (wie in der Wirklichkeit) nicht prinzipiell verboten und verbietbar. Wie in der Wirklichkeit, so in der Fiktion muß sie aber inhaltlich bestimmbar sein, Funktion besitzen, die in einem Zusammenhang steht, der über sie hinausgreift und hinausweist. Im Italo-Western ist sie Selbstzweck, Aufputschungsmittel, die stärkste Konstante seiner Ästhetik. Das Gesetz des Kampfes aller gegen alle stand am Vorabend des bürgerlichen Zeitalters. Es steht auch an seinem Ende. Nur war es damals emanzipatorisch bestimmt, während es sich heute von einer inhaltlichen Bestimmung emanzipiert hat: es dient jenen als masochistischer Genuß, die vermeintlich weit vom Schuß sind.

Daß eine Gesellschaft, die Gewalt in ihrem öffentlichen Leben tabuisiert hat, deren direkte Abbildung im Kino zuläßt, scheint darauf hinzudeuten, daß sie von der Gewalt im Kino keinen Übergriff auf die Gewalt der Straße befürchtet. Ein revolutionärer Impuls zur gewaltsamen Veränderung der Gesellschaft kann schon allein deshalb vom Italo-Western nicht ausgehen, weil er auf Grund der Inhaltslosigkeit seiner Gewaltszenen Aufklärung über Gewalt nicht betreibt. Daß er Liberalität, Schutz von Minderheiten gegen Gewalt propagiere, kann auch der enthusiastischste Apologet nicht behaupten. Was man der Funktion der Gewalt in ihm inhaltlich entnehmen kann, ist die Ideologie, daß Recht nur der hat, der am frühesten zur Gewalt greift und sie am rücksichtslosesten gebraucht, Moralität spielt dabei keine Rolle. Die Zerschlagung der Story und der Psychologie, an der sich Argumentation und Reflexion kristallieren könnten, kommt dem nur entgegen.

Jenen, die angesichts der massenhaften Brutalitäten und Sadismen des Italo-Western eine brutalisierende Wirkung dieser Filme leugnen und einzig ihre technische Perfektibilität, ihren ökonomischen Aufwand, ihre »Eleganz« und Arroganz genießen, gilt dieser Satz:

Der Gedanke des »Ausschöpfens« gegebener technischer Möglichkeiten, der Vollausnutzung von Kapazitäten für ästhetischen Massenkonsum gehört dem ökonomischen System an, das die Ausnutzung der Kapazitäten verweigert, wo es um die Abschaffung des Hungers geht.

1 Alle kursiv gesetzten Passagen sind dem Kapitel *Kulturindustrie* aus *Dialektik der Aufklärung* von Marx Horkheimer und Theodor W. Adorno entnommen.

Nr. 328

(Ohne Autor)
»Alle reden von Schulung ...«
Flugblatt zu einer Sitzung des Basisgruppenrates
22. Mai 1969

QUELLE: Zoller [d.i. Peter Zollinger] (Hg.), Aktiver Streik – Dokumentation zu einem Jahr Hochschulpolitik am Beispiel der Universität Frankfurt/Main, [Darmstadt 1970], S. 307

ALLE REDEN VON SCHULUNG
Wir wollen nicht lesen, was gerade aktuell erscheint. Das sind meist Schreibtischprodukte »linker« Professoren.
Wir wollen wissen, was richtig und falsch ist.
Das lernen wir, wenn wir die Genossen studieren, die in den letzten 150 Jahren die proletarische Revolution *erfolgreich* geführt haben:
MARX, ENGELS, LENIN, STALIN, MAO TSE-TUNG
Dann kann uns auch kein »linker« Akademiker mehr etwas vormachen.
Ohne revolutionäres Studium ist langfristig eine revolutionäre Praxis der Lehrlinge in den Stadtteilbasisgruppen und der Aufbau einer schlagkräftigen Organisation nicht möglich.
Revolutionäre Theorie ist Voraussetzung dafür, Gewerkschaften, SPD und »S«DAJ *richtig* zu kritisieren und zu bekämpfen.

Zuerst müssen wir uns völlig klar machen, warum wir lesen, nach welcher Methode wir unser Studium organisieren, warum wir Karate *und* Mao studieren müssen.

Dazu schlagen wir vor, als erstes folgende Schriften zu lesen:
1. Mao Tse-tung: *Unsere Schulung umgestalten* (Früher: *Laßt uns unser Studium reorganisieren*) 24 S. 20 Pf.
2. Mao Tse-tung: *Gegen den Parteischematismus* (Früher: Gegen den Schematismus in der Parteiarbeit) 44 S. 30 Pf.
3. Mao Tse-tung: *Gegen die Buchgläubigkeit* 24 S. 30 Pf.
4. Mao Tse-tung: *Woher kommt das richtige Denken der Menschen?* 6 S. 10 Pf.
5. Lenin: *Drei Quellen und drei Bestandteile des Marxismus*

und zwar in kleinen Studienkollektiven mit Plenumsdiskussion

Diskussion hierüber: FREITAG 20.00 Studentenhaus/ I. Basisgruppenrat

»Die Theorie von Marx, Engels, Lenin und Stalin hat universelle Geltung. Wir dürfen aber ihre Theorie nicht als ein Dogma, sondern müssen sie als Anleitung zum Handeln betrachten. Man darf sich nicht mit dem Erlernen der marxistisch-leninistischen Terminologie begnügen, sondern muß den Marxismus-Leninismus als die Wissenschaft von der Revolution studieren. Es genügt nicht, wenn wir die Schlußfolgerungen betreffend die allgemeinen Gesetzmäßigkeiten begreifen, die Marx, Engels, Lenin und Stalin auf Grund eines umfassenden Studiums des realen Lebens und der revolutionären Erfahrungen gezogen haben, sondern wir müssen uns auch ihren Standpunkt und ihre Methode bei der Betrachtung und Lösung der Probleme zu eigen machen.«

Mao Tse-tung

WIR ORGANISIEREN DAS STUDIUM
DES MARXISMUS-LENINISMUS

Nr. 329

Herbert Marcuse
Brief an Theodor W. Adorno
23. Mai 1969

QUELLE: Theodor W. Adorno-Archiv Frankfurt/Main

23. Mai 1969

Lieber Teddy:

ich hatte gehofft, deinen Brief vom 5. Mai noch vor meiner Abreise beantworten zu können. Die sich immer mehr zuspitzende politische Bewegung an der University of California hat das leider unmöglich gemacht. Heute nur eine Bemerkung zu deinem zweiten Paragraphen:

Du schreibst, ich hätte mir ein Urteil gebildet, ohne dich zu hören. Mein Brief vom 5. April hatte genau den Zweck, dich zu hören und mir dann ein Urteil zu bilden. Ich habe es jetzt getan: ich sehe nicht, wie ich unter den obwaltenden Umständen jetzt nach Frankfurt kommen kann (was ich selbstverständlich sowieso nicht unter eurer »Ägis« getan hätte, sondern auf eigene Kosten).

Aber wie gesagt, nimm das nicht als Antwort. Ich bin vom 1.–11. Juni in London und werde von dort schreiben.

Herzlichst dein

Nr. 330
Theodor W. Adorno
Kritik
Vortrag im Süddeutschen Rundfunk
26. Mai 1969

QUELLE: Die Zeit vom 27. Juni 1969, 24. Jg., Nr. 26, S. 22 f.; wiederabgedruckt in: Theodor W. Adorno, Gesammelte Schriften Bd. 10.2: Kulturkritik und Gesellschaft II – Eingriffe, Stichworte, hrsg. von Rolf Tiedemann, © Suhrkamp Verlag Frankfurt/Main 1977, S. 785–793

Über Kritik in ihrem Zusammenhang mit Politik soll einiges gesagt werden. Da jedoch Politik keine in sich geschlossene, abgedichtete Sphäre ist, wie sie etwa in politischen Institutionen, Prozeduren und Verfahrensregeln sich manifestiert, sondern begriffen werden kann nur in ihrem Verhältnis zu dem Kräftespiel der Gesellschaft, das die Substanz alles Politischen ausmacht und das von politischen Oberflächenphänomenen verhüllt wird, so ist auch der Begriff der Kritik nicht auf den engeren politischen Bereich zu beschränken.

Kritik ist aller Demokratie wesentlich. Nicht nur verlangt Demokratie Freiheit zur Kritik und bedarf kritischer Impulse. Sie wird durch Kritik geradezu definiert. Man mag das historisch einfach daran sich vergegenwärtigen, daß die Konzeption der Gewaltenteilung, auf der von Locke über Montesquieu und die amerikanische Verfassung bis heute alle Demokratie beruht, an Kritik ihren Lebensnerv hat. Das system of checks and balances, die wechselseitige Kontrolle der Exekutive, der Legislative und der Judikatur, sagt so viel, wie daß jeweils die eine dieser Gewalten an der anderen Kritik übt und dadurch die Willkür einschränkt, zu der eine jegliche, ohne jenes kritische Element, tendiert. Mit der Voraussetzung von Demokratie, Mündigkeit, gehört Kritik zusammen. Mündig ist der, der für sich selbst spricht, weil er für sich selbst gedacht hat und nicht bloß nachredet; der nicht bevormundet wird. Das erweist sich aber in der Kraft zum Widerstand gegen vorgegebene Meinungen und, in eins damit, auch gegen nun einmal vorhandene Institutionen, gegen alles bloß Gesetzte, das mit seinem Dasein sich rechtfertigt. Solcher Widerstand, als Vermögen der Unterscheidung des Erkannten und des bloß konventionell oder unter Autoritätszwang Hingenommenen, ist eins mit Kritik, deren Begriff ja vom griechischen krino, Entscheiden, herrührt. Wenig übertreibt, wer den neuzeitlichen Begriff der Vernunft mit Kritik gleichsetzt. Der Aufklärer Kant, der die Gesellschaft aus ihrer selbstverschuldeten Unmündigkeit befreit sehen wollte, und der Autonomie, also Urteil nach eigener Einsicht im Gegensatz zur Heteronomie, zum Gehorsam gegen fremd Anbefohlenes lehrte, hat seine drei Hauptwerke Kritiken genannt. Das galt nicht nur den geistigen Vermögen, deren Grenzen abzumessen und deren Verfahren er zu konstruieren vorhatte. Die Gewalt Kants, so wie etwa Kleist noch lebendig sie verspürte, war die von Kritik in sehr konkretem Sinn. Er kritisierte den Dogmatismus der vor ihm akzeptierten rationalistischen Systeme: Kritik der reinen Vernunft war vor allem anderen schneidende Kritik an Leibniz und Wolff. Kants Hauptwerk wirkte durch seine negativen Ergebnisse, und einer seiner wichtigsten Teile, der sich mit den Grenzüberschreitungen reinen Denkens beschäftigte, war negativ durchaus.

Aber Kritik, Grundstück von Vernunft und bürgerlichem Denken überhaupt, beherrschte keineswegs so sehr den Geist, wie man nach dessen Selbstverständnis annehmen sollte. Sogar der Alleszerschmetterer, wie man vor zweihundert Jahren Kant nannte, zeigte oft die Gebärde dessen, der Kritik als ungebührlich tadelt. In seinem Vokabular zeigt sich das an, etwa durch gehässige Worte wie »Vernünfteln«, die nicht nur Grenzüberschreitungen der Vernunft ahnden, sondern ihren Gebrauch zügeln möchten, der, nach Kants eigener Einsicht, unwiderstehlich auf jene Grenzüberschreitungen drängt. Vollends Hegel, in dem die mit Kant anhebende Bewegung kulminiert, und der an vielen Stellen Denken überhaupt der Negativität und damit der Kritik gleichsetzt, hat parallel die entgegengesetzte Tendenz: Kritik stillzustellen. Wer auf die beschränkte Tätigkeit des eigenen Verstandes sich verläßt, heißt bei ihm mit einem politischen Schimpfwort Raisonneur; er bezichtigt ihn der Eitelkeit, weil er nicht auf die eigene Endlichkeit sich besinne, unfähig, einem Höheren, der Totalität, begreifend sich unterzuordnen. Dies Höhere aber ist bei ihm das Bestehende. Hegels Abneigung gegen Kritik geht zusammen mit seiner These, das Wirkliche sei vernünftig.

Der ist, nach Hegels autoritärer Weisung, seiner Vernunft wahrhaft mächtig, der nicht bei ihrem Gegensatz zu Bestehendem, Seiendem verharrt, sondern darin die eigene Vernunft wiederfindet. Der einzelne Bürger soll vor der Wirklichkeit kapitulieren. Verzicht auf Kritik wird in höhere Weisheit umgebogen; die Formel des jungen Marx von der rücksichtslosen Kritik alles Bestehenden war die einfache Antwort darauf, und noch der reife gab seinem Hauptwerk den Untertitel einer Kritik.

Der Gehalt jener Stellen Hegels, zumal des Buches, in dem die antikritische Tendenz bei ihm sich zusammenfaßt, der Rechtsphilosophie, ist gesellschaftlich. Man muß nicht Soziologe sein, um aus dem Spott gegen den Raisonneur und Weltverbesserer die salbungsvolle Predigt herauszuhören, die den Untertan zur Ruhe verhält, der aus einer Dummheit heraus, an deren Änderung seinem Vormund offenbar nichts gelegen ist, die über ihn ergehenden Ratschläge der Obrigkeit mißbilligt, unfähig zu erkennen, daß alles schließlich zu seinem Besten ist und geschieht, und daß jene, die im Leben ihm übergeordnet sind, auch geistig ihm überlegen sein sollen. Etwas von dem Widerspruch zwischen der neuzeitlichen Emanzipation des kritischen Geistes und seiner gleichzeitigen Dämpfung ist gesamtbürgerlich: von einer frühen Phase an mußte das Bürgertum fürchten, die Konsequenz seiner eigenen Prinzipien könne über seine eigene Interessenlage hinaustreiben. Widersprüche dieser Art hat Habermas an der öffentlichen Meinung – dem wichtigsten Medium aller politisch wirksamen Kritik – dargetan, die einerseits die kritische Mündigkeit der gesellschaftlichen Subjekte zusammenfassen soll, andererseits zur Ware geworden ist und dem kritischen Prinzip entgegenarbeitet, um sich besser zu verkaufen.

Man vergißt leicht in Deutschland, daß Kritik, als zentrales Motiv des Geistes, nirgends in der Welt gar zu beliebt ist. Aber man hat Grund, bei Kritikfeindschaft zumal im politischen Bereich auch an spezifisch Deutsches zu denken. Die volle bürgerliche Befreiung ist in Deutschland nicht gelungen oder erst in einer Phase, an der ihre Voraussetzung, der Liberalismus des zerstreuten Unternehmertums, ausgehöhlt war. Ebenso hinkte die nationalstaatliche Einigung, in vielen anderen Ländern parallel mit der Erstarkung des Bürgertums erreicht, hinter der Geschichte her und wurde zum kurzfristigen Intermezzo. Das mag das deutsche Einheits- und Einigkeitstrauma verursacht haben, das in jener Vielheit, deren Resultante demokratische Willensbildung ist, Schwäche wittert. Wer kritisiert, vergeht sich gegen das Einheitstabu, das auf totalitäre Organisation hinauswill. Der Kritiker wird zum Spalter und, mit einer totalitären Phrase, zum Diversionisten. Die Denunziation des angeblichen Parteiengezänks war als nationalsozialistisches Propagandamittel unentbehrlich. Das Einheitstrauma hat Hitler überlebt, womöglich durch die Teilung Deutschlands nach dem von Hitler entfesselten Krieg sich noch gesteigert. Es ist eine Trivialität, daß Demokratie in Deutschland verspätet kam. Weniger allgemein bewußt jedoch dürfte sein, daß diese Verspätung bis in geistige Verzweigungen hinein ihre Folgen hatte. Unter den Schwierigkeiten, welche Demokratie in Deutschland findet, um das souveräne Volk zu durchdringen, ist, neben den ökonomischen und unmittelbar gesellschaftlichen, nicht unerheblich auch die, daß vordemokratische und undemokratische Bewußtseinsformen, insbesondere solche, die von Etatismus und Obrigkeitsdenken herstammen, inmitten der plötzlich eingeführten Demokratie sich erhalten und die Menschen daran verhindern, diese zu ihrer eigenen Sache zu machen. Eine solche zurückgebliebene Verhaltensweise ist das Mißtrauen gegen Kritik und die Neigung, sie unter welchem Vorwand auch immer abzuwürgen. Daß Goebbels den Begriff des Kritikers zu dem des Kritikasters erniedrigen und mit dem des Meckerers hämisch zusammenbringen konnte, und daß er die Kritik jeglicher Kunst verbieten wollte, sollte nicht nur freie geistige Regungen gängeln. Der Propagandist kalkulierte sozialpsychologisch. Er konnte anknüpfen an das deutsche Vorurteil gegen Kritik allgemein, wie es aus dem Absolutismus stammte. Er sprach den Gegängelten aus der Seele.

Wollte man eine Anatomie der deutschen Kritikfeindschaft entwerfen, so fände man sie fraglos mit der Rancune gegen den Intellektuellen verbunden. Wahrscheinlich wird in der öffentlichen oder, nach Franz Böhms Ausdruck, der nichtöffentlichen Meinung der beargwöhnte Intellektuelle mit dem Kritisierenden gleichgesetzt. Die Herkunft des Anti-Intellektualismus vom obrigkeitsstaatlichen Denken leuchtet ein. Kritik, so wird immer wieder vorgebetet, soll verantwortlich sein. Das läuft aber darauf hinaus, daß zu ihr eigentlich nur diejenigen berechtigt seien, die in verantwortlicher Position sich befinden, so wie ja auch der Anti-Intellektualismus an beamteten Intellektuellen wie den Professoren bis vor kurzem seine Grenze hatte. Der Materie ihrer Arbeit nach müßten Professoren zu den Intellektuellen gerechnet werden. Im allgemeinen jedoch wurden sie wegen ihres amtlichen, offiziellen Prestiges von der etablierten öffentlichen Meinung hoch eingeschätzt, solange nicht Konflikte mit den Studenten ihrer realen Ohnmacht sie überführten. Kritik wird gleichsam departementalisiert. Aus einem Menschenrecht und einer Menschenpflicht des Bürgers wird sie zum Privileg derer gemacht, die durch ihre anerkannte und geschützte Stellung sich qualifizieren. Wer Kritik übt, ohne die Macht zu haben, seine Meinung durchzusetzen, und ohne sich selbst der öffentlichen Hierarchie einzugliedern, der soll schweigen – das ist die Gestalt, in der das Cliché vom beschränkten Untertanenverstand variiert im Deutschland formaler Gleichberechtigung wiederkehrt. Offensichtlich werden Menschen, die mit bestehenden Zuständen institutionell verflochten sind, im allgemeinen zögern, an diesen Zuständen Kritik zu üben. Mehr noch als verwaltungsrechtliche Konflikte fürchten sie solche mit den Meinungen der eigenen Gruppe. Durch die Teilung zwischen verantwortlicher Kritik, als der von solchen, die öffentliche Verantwortung tragen, und unverantwortlicher, nämlich der, die solche üben, die man für die Konsequenzen nicht zur Rechenschaft ziehen kann, wird vorweg Kritik neutralisiert. Die unausdrückliche Aberkennung des kritischen Rechts denen gegenüber, die keine Position innehaben, macht das Bildungsprivileg, zumal die durch Examina eingehegte Karriere zur Instanz dafür, wer kritisieren darf, während diese Instanz allein der Wahrheitsgehalt der Kritik sein dürfte. All das ist unausdrücklich und nicht institutionell verankert, aber so tief im Vorbewußten Ungezählter vorhanden, daß eine Art sozialer Kontrolle davon ausgeht. In den letzten Jahren hat es nicht an Fällen gefehlt, wo Menschen, die außerhalb der Hierarchie, die übrigens im Zeitalter der Prominenz keineswegs mehr auf die Beamteten sich beschränkt, Kritik übten, etwa an den juristischen Praktiken in einer bestimmten Stadt. Sogleich wurden sie als Querulanten abgefertigt. Nicht genügt demgegenüber der Hinweis auf die Mechanismen, die in Deutschland den individualistisch Unabhängigen, Dissentierenden als Narren verdächtig machen. Der Sachverhalt wiegt noch viel schwerer: durch die antikritische Struktur des öffentlichen Bewußtseins wird der Typus des Dissentierenden *wirklich* in die Situation des Querulanten gebracht und nimmt querulantenhafte Züge an, wofern sie ihn nicht schon zur hartnäckigen Kritik trieben; unbeirrte kritische Freiheit geht durch die eigene Dynamik leicht in die Haltung des Michael Kohlhaas über, der nicht umsonst ein Deutscher war. Eine der wichtigsten Bedingungen für die Veränderung der Struktur öffentlicher Meinung in Deutschland wäre, daß die Sachverhalte, auf die ich hindeutete, allgemein bewußt, etwa schon im politischen Unterricht behandelt würden und dadurch etwas von ihrer verhängnisvoll blinden Gewalt verlören. Zuweilen erscheint das Verhältnis der deutschen öffentlichen Meinung zur Kritik geradezu auf den Kopf gestellt. Das Recht auf freie Kritik wird einseitig zugunsten derer angerufen, die dem kritischen Geist einer demokratischen Gesellschaft opponieren. Die Wachsamkeit jedoch, die gegen solchen Mißbrauch rebelliert, fordert eben jene Stärke der öffentlichen Meinung, an der es in Deutschland nach wie vor gebricht, und die kaum durch bloßen Appell herzustellen ist.

Bezeichnend für das verbogene Verhältnis der öffentlichen Meinung zur Kritik ist die Attitüde auch solcher ihrer Organe, die auf eine freiheitliche Tradition sich berufen. Manche Zeitungen, die keineswegs für reaktionär gelten möchten, befleißigen sich eines Tons, den man in Amerika, wo es an Analogem nicht fehlt, mit pontifical bezeichnet. Sie sprechen, als stünden sie über den Kontroversen, posieren eine Abgeklärtheit, der der Name des Tantenhaften anstünde. Ihre distanzierte Überlegenheit kommt aber meist nur der Verteidigung des Offiziellen zugute. Der Macht wird allenfalls wohlweise zugeredet, sich in ihren guten Absichten nicht beirren zu lassen. Die Sprache solcher Zeitungen klingt an die von Regierungsverlautbarungen an, selbst wo gar nichts von Regierungs wegen verlautbart wird. Hinter der pontifikalen Haltung steht die autoritätsgebundene: sowohl bei denen, welche sie einnehmen, wie bei den Konsumenten, auf die man es klug abgesehen hat. Nach wie vor waltet in Deutschland Identifikation mit der Macht; darin lauert das gefährliche Potential, mit Machtpolitik nach innen und außen sich zu identifizieren. Die Vorsicht bei der Reform von Einrichtungen, die vom kritischen Bewußtsein verlangt und in erheblichem Maß von der Exekutive eingesehen ist, basiert auf der Angst vor den Wählermassen; diese Angst macht Kritik leicht folgenlos. Sie deutet zugleich darauf hin, wie weit der antikritische Geist bei jenen verbreitet ist, deren Interesse das an Kritik wäre.

Die Folgenlosigkeit von Kritik hat in Deutschland ein spezifisches Modell, vermutlich militärischen Ursprungs: die Tendenz, Untergebene, denen Mißstände oder Verstöße angekreidet werden, um jeden Preis zu decken. In militärischen Hierarchien mag das unterdrückende Moment solchen Korpsgeists allerorten zu finden sein; irre ich mich jedoch nicht, so ist es spezifisch deutsch, daß dies militärische Verhaltensschema auch die zivilen, zumal die spezifisch politischen Bereiche durchherrscht. Man wird das Gefühl nicht los, als ob auf jede öffentliche Kritik die dem Kritisierten übergeordneten Instanzen, die letztlich die Verantwortung tragen, zunächst einmal, gleichgültig gegen den Sachverhalt, für den Kritisierten eintreten und nach außen schlagen. Dieser Mechanismus, den die Soziologie einmal gründlich studieren sollte, ist so eingeschliffen, daß er politische Kritik vorweg mit einem ähnlichen Schicksal bedroht, wie es in Wilhelminischen Zeiten dem Soldaten beschieden war, der über seinen Vorgesetzten sich zu beklagen wagte. Die Rancune gegen die Institution des Wehrbeauftragten ist symbolisch für die gesamte Sphäre.

Vielleicht wird das beschädigte deutsche Verhältnis zur Kritik an ihrer Folgenlosigkeit am faßlichsten. Wenn Deutschland sich den Namen des Landes der unbegrenzten Zumutbarkeiten verdiente, den Ulrich Sonnemann formulierte, so hängt das damit zusammen. Eine Phrase mag es sein, daß jemand vom Druck der öffentlichen Meinung weggefegt worden sei; schlimmer indessen als die Phrase ist es, wenn weder eine öffentliche Meinung sich formiert, die jenen Druck ausübte, noch, wo es doch geschieht, Konsequenzen gezogen würden. Ein Thema der politischen Wissenschaft wären Forschungen über die Folgen öffentlicher Meinung, nichtbeamteter Kritik in den alten Demokratien England, Frankreich, Amerika im Vergleich zu denen in Deutschland. Ich wage nicht das Resultat einer solchen Untersuchung zu antizipieren, aber ich kann es mir vorstellen. Wird, als auf die eine Ausnahme, auf die Spiegelaffäre verwiesen, so ist zu bedenken, daß in jenem Fall die protestierenden Zeitungen, Träger der öffentlichen Meinung, ihre seltene Verve an den Tag legten nicht aus Solidarität mit der Freiheit zur Kritik und ihrer Voraussetzung, der unbehinderten Information, sondern weil sie in ihren eigenen handgreiflichen Interessen, dem news value, dem Marktwert von Informationen sich bedroht sahen. Ansätze wirksamer öffentlicher Kritik in Deutschland unterschätze ich nicht. Zu ihnen gehört der Sturz eines rechtsradikalen Kultusministers in einem Bundesland. Doch ist zu bezweifeln, ob heute, nach dem nirgendwo mehr jene Solidarität zwischen Studenten und Professoren besteht wie damals in Göttingen, Ähnliches noch sich ereignen könnte. Mir will es scheinen, als ob der Geist öffentlicher Kritik, seitdem er von politischen Gruppen monopolisiert und dadurch öffentlich kompromittiert wurde, empfindliche Rückschläge erlitten hätte; hoffentlich täusche ich mich.

Wesentlich deutsch, obwohl wiederum nicht so durchaus, wie leicht der annimmt, der nicht Analoges in anderen Ländern zu beobachten Gelegenheit hatte, ist ein antikritisches Schema, das aus der Philosophie, eben jener, die den Raisonneur anschwärzte, ins Gewäsch herabsank: die Anrufung des Positiven. Stets wieder findet man dem Wort Kritik, wenn es denn durchaus toleriert werden soll, oder wenn man gar selber kritisch agiert, das Wort konstruktiv beigestellt. Unterstellt wird, daß nur der Kritik üben könne, der etwas Besseres anstelle des Kritisierten vorzuschlagen habe; in der Ästhetik hat Lessing vor zweihundert Jahren darüber gespottet. Durch die Auflage des Positiven wird Kritik von vornherein gezähmt und um ihre Vehemenz gebracht. Bei Gottfried Keller gibt es eine Stelle, an der er die Forderung nach dem Aufbauenden ein Lebkuchenwort nennt. Viel sei schon gewonnen, so etwa argumentiert er, wenn dort, wo ein schlechtes Gewordenes Licht und Luft versperre, der Muff weggeräumt würde. Tatsächlich ist es keineswegs stets möglich, der Kritik die unmittelbare praktische Empfehlung des Besseren beizugeben, obwohl vielfach Kritik derart verfahren kann, indem sie Wirklichkeiten mit den Normen konfrontiert, auf welche jene Wirklichkeiten sich berufen: die Normen zu befolgen, wäre schon das Bessere. Das Wort positiv, gegen das vor Jahrzehnten nicht nur Karl Kraus, sondern auch ein so wenig radikaler Schriftsteller wie Erich Kästner polemisierte, ist mittlerweile in Deutschland magisiert worden. Es schnappt automatisch ein. Man mag seine Fragwürdigkeit daran erkennen, daß in der gegenwärtigen Situation die höhere Form, auf welche nach progressiver Konzeption die Gesellschaft sich hinbewegen sollte, nicht mehr als Tendenz aus der Wirklichkeit konkret herauszulesen ist. Wollte man darum auf Kritik der Gesellschaft verzichten, so befestigte man sie nur in eben jenem Fragwürdigen, das den Übergang zu einer höheren Form verhindert. Die objektive Verstelltheit des Besseren betrifft nicht abstrakt das große Ganze. In jedem Einzelphänomen, das man kritisiert, stößt man rasch auf jene Grenze. Das Verlangen nach positiven Vorschlägen wird immer wieder unerfüllbar, und darum Kritik desto bequemer diffamiert. Genügen mag der Hinweis darauf, daß sozialpsychologisch die Versessenheit aufs Positive ein Deckbild des unter dünner Hülle wirksamen Destruktionstriebs ist. Die am meisten vom Positiven reden, sind einig mit zerstörender Gewalt. Der kollektive Zwang zu einer Positivität, welche unmittelbare Umsetzung in Praxis erlaubt, hat mittlerweile gerade die erfaßt, die sich in schroffstem Gegensatz zur Gesellschaft meinen. Nicht zuletzt dadurch ordnet ihr Aktionismus dem herrschenden gesellschaftlichen Trend so sehr sich ein. Dem entgegenzusetzen wäre, in Variation eines berühmten Satzes von Spinoza, daß das Falsche, einmal bestimmt erkannt und präzisiert, bereits Index des Richtigen, Besseren ist.

Nr. 331

Theodor W. Adorno
Brief an Max Horkheimer

28. Mai 1969

QUELLE: Max Horkheimer, Gesammelte Schriften Bd. 18: Briefwechsel 1949–1973, hrsg. von Gunzelin Schmid Noerr, © S. Fischer Verlag Frankfurt/Main 1996, S. 728

---

6 Frankfurt am Main, 28. Mai 1969
Kettenhofweg 123

Max,

der Brief von Herbert [Marcuse], den ich Dir beilege[1], ist ungeheuerlich. Wenn ihm wirklich daran gelegen gewesen wäre, sich ein Urteil zu bilden, so hätte er doch nicht für hier einen Zirkus planen dürfen, der genau jenes ruhige miteinander Sprechen unmöglich macht, das dringend notwendig gewesen wäre. Und was soll die existentielle Geste, nun habe er sich ein Urteil gebildet. Auf jeden Fall werde ich ihm zunächst nicht antworten, sondern seinen Brief aus London abwarten. Du weißt, daß ich alles getan habe, um einen Bruch zwischen ihm und uns zu vermeiden, aber ich sehe nachgerade nicht mehr, wie er vermieden werden kann.

Alles Liebe von Deinem
G.R.

---

[1] Adorno legte den Brief vom 23.5.1969 bei.

Nr. 332

Theodor W. Adorno
Marginalien zu Theorie und Praxis
(7, 8 und 11–14)

Juni 1969

QUELLE: Theodor W. Adorno, Stichworte, Frankfurt/Main 1969, S. 180–182 und 186–191; wiederabgedruckt in: Theodor W. Adorno, Gesammelte Schriften Bd. 10.2: Kulturkritik und Gesellschaft II – Eingriffe, Stichworte, hrsg. von Rolf Tiedemann, © Suhrkamp Verlag Frankfurt/Main 1977, S. 770–772 und S. 776–782

7

Das Falsche des heute geübten Primats von Praxis wird deutlich an dem Vorrang von Taktik über alles andere. Die Mittel haben zum Äußersten sich verselbständigt. Indem sie reflexionslos den Zwecken dienen, haben sie diesen sich entfremdet. So fordert man allerorten Diskussion, zunächst gewiß aus anti-autoritärem Impuls. Aber Taktik hat die Diskussion, übrigens wie Öffentlichkeit eine durchaus bürgerliche Kategorie, vollends zunichte gemacht. Was aus Diskussionen resultieren könnte, Beschlüsse von höherer Objektivität darum, weil Intentionen und Argumente ineinandergreifen und sich durchdringen, interessiert die nicht, welche automatisch, auch in ganz inadäquaten Situationen, Diskussion wollen. Jeweils dominierende Cliquen haben vorweg die von ihnen gewollten Ergebnisse parat. Die Diskussion dient der Manipulation. Jedes Argument ist auf die Absicht zugeschnitten, unbekümmert um Stichhaltigkeit. Was der Kontrahent sagt, wird kaum wahrgenommen; allenfalls, damit man mit Standardformeln dagegen aufwarten kann. Erfahrungen will man nicht machen, wofern man sie überhaupt machen kann. Der Diskussionsgegner wird zur Funktion des jeweiligen Plans: verdinglicht von verdinglichtem Bewußtsein malgré lui-même. Entweder man will ihn durch Diskussionstechnik und Solidaritätszwang zu etwas Verwertbarem bewegen, oder ihn vor den Anhängern diskreditieren; oder sie reden einfach zum Fenster hinaus, der Publizität zuliebe, deren Gefangene sie sind: Pseudo-Aktivität vermag einzig durch unablässige Reklame sich am Leben zu erhalten. Gibt der Kontrahent nicht nach, so wird er disqualifiziert und des Mangels eben der Eigenschaften bezichtigt, welche von der Diskussion vorausgesetzt würden. Deren Begriff wird ungemein geschickt so zurechtgebogen, daß der andere sich überzeugen lassen müsse; das erniedrigt die Diskussion zur Farce. Hinter der

Technik waltet ein autoritäres Prinzip: der Dissentierende müsse die Gruppenmeinung annehmen. Unansprechbare projizieren die eigene Unansprechbarkeit auf den, welcher sich nicht will terrorisieren lassen. Mit all dem fügt der Aktionismus in den Trend sich ein, dem sich entgegenzustemmen er meint oder vorgibt: dem bürgerlichen Instrumentalismus, welcher die Mittel fetischisiert, weil seiner Art Praxis die Reflexion auf die Zwecke unerträglich ist.

8
Pseudo-Aktivität, Praxis, die sich um so wichtiger nimmt und um so emsiger gegen Theorie und Erkenntnis abdichtet, je mehr sie den Kontakt mit dem Objekt und den Sinn für Proportionen verliert, ist Produkt der objektiven gesellschaftlichen Bedingungen. Sie wahrhaft ist angepaßt: an die Situation des huis clos. Der scheinrevolutionäre Gestus ist komplementär zu jener militärtechnischen Unmöglichkeit spontaner Revolution, auf die vor Jahren bereits Jürgen von Kempski hinwies. Gegen die, welche die Bombe verwalten, sind Barrikaden lächerlich; darum spielt man Barrikaden, und die Gebieter lassen temporär die Spielenden gewähren. Mit den Guerillatechniken der Dritten Welt mag es anders sich verhalten; nichts in der verwalteten Welt funktioniert bruchlos. Darum erwählt man in fortgeschrittenen Industrieländern die unterentwickelten sich als Muster. Diese sind so unkräftig wie der Personenkult hilflos und schmählich ermordeter Führer. Modelle, die nicht einmal im bolivianischen Busch sich bewährten, lassen sich nicht übertragen.

Pseudo-Aktivität wird herausgefordert vom Stand der technischen Produktivkräfte, der zugleich zum Schein sie verdammt. Wie die Personalisierung falsch darüber tröstet, daß es im anonymen Getriebe auf keinen Einzelnen mehr ankommt, so betrügt Pseudo-Aktivität über die Depotenzierung einer Praxis, welche den frei und autonom Handelnden voraussetzt, der nicht länger existiert. Relevant auch für politische Aktivität ist, ob es zur Mondumseglung der Astronauten überhaupt bedurft hätte, die nicht nur nach ihren Knöpfen und Apparaturen sich zu richten hatten, sondern obendrein minuziöse Ordres von der großen Zentrale drunten empfingen. Physiognomik und Sozialcharakter bei Columbus und Borman differieren ums Ganze. Als Reflex auf die verwaltete Welt wiederholt Pseudo-Aktivität jene in sich selbst. Die Prominenzen des Protests sind Virtuosen der Geschäftsordnungen und formalen Prozeduren. Mit Vorliebe verlangen die geschworenen Feinde der Institutionen, man müsse dies oder jenes, meist Wünsche zufällig konstituierter Gremien, institutionalisieren; worüber man redet, soll um jeden Preis »verbindlich« sein. Subjektiv wird all das befördert vom anthropologischen Phänomen des gadgeteering, der jegliche Vernunft überschreitenden, über alle Lebensbereiche sich ausdehnenden affektiven Besetzung der Technik. Ironisch – Zivilisation in ihrer tiefsten Erniedrigung – behält McLuhan recht: the medium is the message. Die Substitution der Zwecke durch Mittel ersetzt die Eigenschaften in den Menschen selbst. Verinnerlichung wäre das falsche Wort dafür, weil jener Mechanismus feste Subjektivität gar nicht mehr sich bilden läßt; Instrumentalisierung usurpiert deren Stelle. In Pseudo-Aktivität bis hinauf zur Scheinrevolution findet die objektive Tendenz der Gesellschaft mit subjektiver Rückbildung fugenlos sich zusammen. Parodistisch bringt abermals die Weltgeschichte diejenigen hervor, deren sie bedarf.

11
Aktionismus ist regressiv. Im Bann jener Positivität, die längst zur Armatur der Ichschwäche rechnet, weigert er sich, die eigene Ohnmacht zu reflektieren. Die unablässig »zu abstrakt« schreien, befleißigen sich des Konkretismus, einer Unmittelbarkeit, der die vorhandenen theoretischen Mittel überlegen sind. Der Scheinpraxis kommt das zugute. Besonders Gewitzigte sagen, Theorie sei – ähnlich summarisch wie sie über Kunst urteilen – repressiv; und welche Tätigkeit inmitten des status quo wäre es nicht auf ihre Weise. Aber das unmittelbare Tun, das allemal ans Zuschlagen mahnt, ist unvergleichlich viel näher an Unterdrückung als der Gedanke, der Atem schöpft. Der Archimedische Punkt: wie eine nicht repressive Praxis möglich sei, wie man durch die Alternative von Spontaneität und Organisation hindurchsteuern könne, ist, wenn überhaupt, anders als theoretisch nicht aufzufinden. Wird der Begriff fortgeworfen, so werden Züge sichtbar wie die einseitige, in Terror ausartende Solidarität. Geradeswegs setzt die bürgerliche Suprematie der Mittel über die Zwecke sich durch, jener Geist, den man dem Programm nach beficht. Die technokratische Universitätsreform, die man, vielleicht noch bona fide, abwenden will, ist nicht erst der Gegenschlag auf den Protest. Dieser befördert sie von sich selbst aus. Freiheit der Lehre wird zum Kundendienst erniedrigt und soll sich Kontrollen fügen.

12

Von den Argumenten, über die der Aktionismus verfügt, ist eines zwar weitab von der politischen Strategie, deren man sich rühmt, doch dafür von desto größerer Suggestivkraft: man müsse für die Protestbewegung optieren, gerade weil man ihre objektive Hoffnungslosigkeit erkenne; nach dem Muster von Marx während der Pariser Kommune oder auch des Einspringens der kommunistischen Partei beim Zusammenbruch der anarcho-sozialistischen Räteregierung 1919 in München. Wie jene Verhaltensweisen von Verzweiflung ausgelöst worden seien, so müßten die an der Möglichkeit Verzweifelnden aussichtsloses Tun unterstützen. Die unabwendbare Niederlage gebiete als moralische Instanz Solidarität auch denen, welche die Katastrophe vorausgesehen und dem Diktat einseitiger Solidarität nicht sich gebeugt hätten. Aber der Appell an den Heroismus verlängert in Wahrheit jenes Diktat; wer das Sensorium für dergleichen nicht sich hat austreiben lassen, wird den hohlen Ton darin nicht verkennen. Im sicheren Amerika vermochte man als Emigrant die Nachrichten von Auschwitz zu ertragen; nicht leicht wird man irgendeinem glauben, Vietnam raube ihm den Schlaf, zumal jeder Gegner von Kolonialkriegen wissen muß, daß die Vietcong ihrerseits auf chinesische Weise foltern. Wer sich einbildet, er sei, als Produkt dieser Gesellschaft, von der bürgerlichen Kälte frei, hegt Illusionen wie über die Welt so über sich selbst; ohne jene Kälte könnte keiner mehr leben. Die Fähigkeit zur Identifikation mit fremdem Leiden ist, ausnahmslos in allen, gering. Daß man es einfach nicht mehr habe mitansehen können, und daß keiner guten Willens es länger mitansehen dürfe, rationalisiert den Gewissenszwang. Möglich und bewundernswert war jene Haltung am Rand des äußersten Grauens, so wie die Verschwörer vom 20. Juli es erfuhren, die lieber ihren qualvollen Untergang riskierten als Untätigkeit. Aus der Distanz zu beanspruchen, man fühle wie jene, verwechselt die Vorstellungskraft mit der Gewalt unmittelbarer Gegenwart. Purer Selbstschutz verhindert im Abwesenden die Imagination des Schlimmsten; vollends Handlungen, die ihn selbst dem Schlimmsten aussetzen. Am Erkennenden ist es, die objektiv ihm aufgenötigten Grenzen einer Identifikation, die mit seinem Anspruch auf Selbsterhaltung und Glück zusammenprallt, einzugestehen, nicht sich zu gebärden, als wäre er bereits ein Mensch von der Art, wie sie erst im Stande von Freiheit, also dem ohne Angst, vielleicht sich realisiert. Vor der Welt, wie sie ist, kann man sich gar nicht genug fürchten. Opfert einer nicht nur seinen Intellekt sondern auch sich selbst, so darf keiner ihn daran hindern, obwohl es objektiv falsches Martyrium gibt. Ein Gebot aus dem Opfer zu machen, gehört zum faschistischen Repertoire. Solidarität mit einer Sache, deren unvermeidliches Scheitern man durchschaut, mag erlesenen narzißtischen Gewinn abwerfen; an sich ist sie so wahnhaft wie die Praxis, von der man bequem eine Approbation sich erhofft, die doch vermutlich im nächsten Augenblick widerrufen wird, weil kein Opfer des Intellekts den unersättlichen Ansprüchen der Geistlosigkeit je genügt. Brecht, der der damaligen Lage gemäß noch mit Politik zu tun hatte, nicht mit ihrem Surrogat, sagte einmal, dem Sinn nach, ihn interessiere, wenn er ganz ehrlich mit sich sei, au fond das Theater mehr als die Veränderung der Welt.[1] Solches Bewußtsein wäre das beste Korrektiv eines Theaters, das heute mit der Realität sich verwechselt, so wie die happenings, welche die Aktionisten zuweilen inszenieren, ästhetischen Schein und Realität verfransen. Wer hinter Brechts freiwilligem und gewagtem Geständnis nicht zurückbleiben möchte, dem ist die meiste Praxis heute verdächtig als Mangel an Talent.

13

Der gegenwärtige Praktizismus stützt sich auf ein Moment, das die abscheuliche Sprache der Wissenssoziologie Ideologieverdacht getauft hat, so als wäre der Motor zur Kritik von Ideologien nicht die Erfahrung ihrer Unwahrheit, sondern die spießbürgerliche Geringschätzung allen Geistes wegen seiner angeblichen Interessenbedingtheit, die der skeptische Interessent auf den Geist projiziert. Vernebelt aber Praxis durchs Opiat der Kollektivität die eigene aktuelle Unmöglichkeit, so wird sie Ideologie ihrerseits. Dafür gibt es ein untrügliches Anzeichen: das automatische Einschnappen der Frage nach dem Was tun, die auf jeglichen kritischen Gedanken antwortet, ehe er nur recht ausgesprochen, geschweige denn mitvollzogen ist. Nirgendwo ist der Obskurantismus jüngster Theoriefeindschaft so flagrant. Sie erinnert an den Gestus des den Paß Abverlangens. Unausdrücklich, doch desto mächtiger ist das Gebot: du mußt unterschreiben. Der Einzelne soll sich ans Kollektiv zedieren; zum Lohn dafür, daß er in den melting pot springt, wird ihm die Gnadenwahl der Zugehörigkeit verheißen. Schwache, Verängstigte fühlen sich stark, wenn sie rennend sich an den Händen halten. Das ist der reale Umschlagspunkt in Irrationalismus. Mit hundert Sophismen wird verteidigt, mit hundert Mitteln moralischen Drucks den Adepten eingeprägt, man werde durch Verzicht auf eigene Vernunft und eigenes Urteil höherer, eben kollektiver Vernunft teilhaftig, während man doch, um die Wahrheit zu erkennen, jener unabdingbar individuierten Vernunft bedürfte, von der einem eingehämmert wird, sie sei überholt und, was sie etwa anzumelden habe, von der allemal überlegenen Weisheit der Genossen längst widerlegt und erledigt. Zurückgefallen wird auf jene disziplinäre Attitüde, die einst die Kommunisten einübten. Als Komödie wiederholt sich in den Scheinrevolutionären, einem Diktum von Marx gemäß, was todernst und von furchtbaren Folgen war, als die Situation noch offen dünkte. Anstatt auf Argumente stößt man auf standardisierte Parolen, die offensichtlich von Führern und ihrem Anhang ausgegeben sind.

14
Sind Theorie und Praxis weder unmittelbar eins noch absolut verschieden, so ist ihr Verhältnis eines von Diskontinuität. Kein stetiger Weg führt von der Praxis zur Theorie – das eben wird vom Hinzutretenden als dem spontanen Moment gemeint. Theorie aber gehört dem Zusammenhang der Gesellschaft an und ist autonom zugleich. Trotzdem verläuft Praxis nicht unabhängig von Theorie, diese nicht unabhängig von jener. Wäre Praxis das Kriterium von Theorie, so würde sie dem thema probandum zuliebe zu dem von Marx angeprangerten Schwindel und könnte darum nicht erreichen, was sie will; richtete Praxis sich einfach nach den Anweisungen von Theorie, so verhärtete sie sich doktrinär und fälschte die Theorie obendrein. Was Robespierre und St. Just mit der Rousseauschen volonté générale anstellten, der allerdings der repressive Zug nicht fehlte, ist dafür der berühmteste, keineswegs der einzige Beleg. Das Dogma von der Einheit von Theorie und Praxis ist entgegen der Lehre, auf die es sich beruft, undialektisch: es erschleicht dort simple Identität, wo allein der Widerspruch die Chance hat, fruchtbar zu werden. Während Theorie aus dem gesellschaftlichen Gesamtprozeß nicht herausoperiert werden kann, hat sie in diesem auch Selbständigkeit; sie ist nicht nur Mittel des Ganzen, sondern auch Moment; sonst vermöchte sie nicht dem Bann des Ganzen irgend zu widerstehen. Das Verhältnis von Theorie und Praxis ist, nachdem beide einmal voneinander sich entfernten, der qualitative Umschlag, nicht der Übergang, erst recht nicht die Subordination. Sie stehen polar zueinander. Diejenige Theorie dürfte noch die meiste Hoffnung auf Verwirklichung haben, welche nicht als Anweisung auf ihre Verwirklichung gedacht ist, analog etwa zu dem, was in der Naturwissenschaft zwischen Atomtheorie und Kernspaltung sich zutrug; das Gemeinsame, die Rückbeziehung auf mögliche Praxis, steckte in der technologisch orientierten Vernunft an sich, nicht im Gedanken an Verwendung. Die Marxsche Einheitslehre galt, wohl aus dem Vorgefühl heraus, sonst könne es zu spät werden, dem Jetzt oder Nie. Insofern war sie gewiß praktisch; aber es fehlen der eigentlich ausgeführten Theorie, der Kritik der politischen Ökonomie, alle konkreten Übergänge zu jener Praxis, die der elften Feuerbach-These zufolge ihre raison d'être sein sollte. Die Scheu von Marx vor theoretischen Rezepten für Praxis war kaum geringer als die, eine klassenlose Gesellschaft positiv zu beschreiben. Das *Kapital* enthält zahllose Invektiven, meist übrigens gegen Nationalökonomen und Philosophen, aber kein Aktionsprogramm; jeder Sprecher der ApO, der sein Vokabular gelernt hat, müßte das Buch abstrakt schelten. Aus der Mehrwerttheorie war nicht herauszulesen, wie man Revolution machen soll; der antiphilosophische Marx ging im Hinblick auf Praxis generell – nicht in politischen Einzelfragen – kaum über das Philosophem hinaus, die Emanzipation des Proletariats könne nur dessen eigene Sache sein; und damals war das Proletariat noch sichtbar. In den jüngstvergangenen Dezennien wurden die *Studien über Autorität und Familie*, die *Authoritarian Personality*, auch die in vielem heterodoxe Herrschaftstheorie der *Dialektik der Aufklärung* ohne praktische Absicht geschrieben und übten doch wohl einige praktische Wirkung aus. Was davon ausstrahlte, rührte nicht zuletzt daher, daß in einer Welt, in der auch die Gedanken zu Waren geworden sind und sale's resistance provozieren, es bei der Lektüre dieser Bände keinem einfallen konnte, irgend etwas solle ihm verkauft, aufgeschwatzt werden. Wo ich im engeren Sinn unmittelbar, mit sichtbarer praktischer Wirkung eingegriffen habe, geschah es durch Theorie allein: in der Polemik gegen die musikalische Jugendbewegung und ihren Anhang, in der Kritik am neudeutschen Jargon der Eigentlichkeit, die einer sehr virulenten Ideologie das Vergnügen versalzte, indem sie abgeleitet und auf ihren eigenen Begriff gebracht wurde. Sind tatsächlich jene Ideologien falsches Bewußtsein, so inauguriert ihre Auflösung, die im Medium des Gedankens weit sich verbreitete, eine

gewisse Bewegung hin zur Mündigkeit; sie allerdings ist praktisch. Der Marxische Kalauer über »kritische Kritik«, der witzlos pleonastische, ausgewalzte Witz, der Theorie damit vernichtet meint, daß sie Theorie ist, verdeckt nur die Unsicherheit bei deren direkter Umsetzung in Praxis. Dieser hat Marx sich denn auch später, trotz der Internationale, mit der er sich zerstritt, keineswegs überantwortet. Praxis ist Kraftquelle von Theorie, wird nicht von ihr empfohlen. In der Theorie erscheint sie lediglich, und allerdings mit Notwendigkeit, als blinder Fleck, als Obsession mit dem Kritisierten; keine kritische Theorie ist im einzelnen auszuführen, die nicht das Einzelne überschätzte; aber ohne die Einzelheit wäre sie nichtig. Der Zusatz des Wahnhaften dabei indessen warnt vor Überschreitungen, in denen es unaufhaltsam sich vergrößert.

1 Vgl. Walter Benjamin, Versuche über Brecht, Frankfurt/Main 1966, S. 118.

Nr. 333

Herbert Marcuse

Der Zwang, ein freier Mensch zu sein

»Twen«-Interview

Juni 1969

QUELLE: Twen, 11. Jg., Nr. 6, Juni 1969, S. 105–109

TWEN: Herr Professor Marcuse, man nennt Sie den Chefphilosophen, den Cheftheoretiker hinter den Studentenunruhen. Würden Sie sich auch so bezeichnen?

MARCUSE: Die Antwort ist sehr einfach. Ich bin der Bewegung der »zornigen Studenten« zutiefst verbunden, bin aber sicher nicht ihr »Sprecher«. Diesen Titel haben mir Presse und Öffentlichkeit verliehen. So machten sie aus mir eine gut verkäufliche Ware. Besonders verwahre ich mich dagegen, daß mein Name und mein Bild neben Che Guevara, Debray, Rudi Dutschke gestellt werden. Diese Männer haben wirklich ihr Leben im Kampf für eine humanere Gesellschaft riskiert – und Debray und Dutschke riskieren es noch –, während ich selbst mich an diesem Kampf nur durch mein Wort und mein Denken beteilige. Das ist ein grundlegender Unterschied.

TWEN: Immerhin ist den Studentenaktionen Ihr Wort vorausgegangen.

MARCUSE: Ach, es gibt, glaube ich, sehr wenige Studenten, die mich wirklich gelesen haben ...

TWEN: Es gibt auch nur sehr wenige Studenten, die ihre Revolte unter eine Doktrin gestellt haben. Sind Sie nicht zumindest für diese der Theoretiker?

MARCUSE: Wenn das stimmt, bin ich sehr froh darüber. Aber es ist doch wohl mehr eine Sache des zufälligen Übereintreffens als der direkten Einflußnahme ... In meinen Büchern habe ich versucht, eine Kritik der Gesellschaft – und nicht allein der kapitalistischen Gesellschaft – in Begriffen vorzubringen, die frei von jeder Ideologie sind, selbst der sozialistischen Ideologie, selbst der marxistischen Ideologie. Ich habe zu zeigen versucht, daß die gegenwärtige Gesellschaft eine repressive, also eine unterdrückende Gesellschaft ist, in jeder Hinsicht, und daß selbst der Komfort, der Wohlstand und die angebliche politische und moralische Freiheit zu Zwecken der Unterdrückung mißbraucht werden.

Ich habe zu zeigen versucht, daß jede Veränderung eine vollständige Ablehnung – oder, um es in der Sprache der Studenten zu sagen: eine permanente Konfrontation mit dieser Gesellschaft – erfordern würde. Und dabei geht es nicht nur darum, die Institutionen zu verändern, sondern vielmehr, und das ist noch wichtiger, auch vollkommen die Menschen in ihren Haltungen, ihren Instinkten, ihren Zielen und ihren Werten zu verändern. Das ist, glaube ich, der Punkt, an dem sich meine Bücher und die weltweiten Studentenbewegungen begegnen.

TWEN: Wären die Studenten – Ihrer Meinung nach – auch ohne Sie zu diesen Ideen gelangt?

MARCUSE: Eines der wesentlichen Charakteristika der Studentenbewegung besteht darin, daß die Studenten das auf die Wirklichkeit anwenden, was man ihnen im Abstrakten an Hand der Werke jener Männer beigebracht hat, die die großen Werte der westlichen Kultur geschaffen haben. Zum Beispiel den Vorrang des Naturrechtes vor dem etablierten Recht, das unveräußerliche Recht auf den Widerstand gegen Tyrannei und jede unrechtmäßige Herrschaft ... Sie können einfach nicht begreifen, warum diese großen Ideale auf der Ebene bloßer Gedanken verbleiben und nicht in die Tat umgesetzt werden sollen.

TWEN: Nun ist Frankreich, wo die Unruhe im letzten Jahr so außerordentlich stark war, ja weit entfernt von jener Gesellschaft im Überfluß, deren Zerstörung Sie vorschlagen. Glauben Sie, daß in den Industriegesellschaften ein revolutionärer Elan vorhanden ist?

MARCUSE: Die Studentenbewegung enthält ein sehr starkes anarchistisches Element. Und das ist wirklich etwas Neues. Jedenfalls, in diesem Ausmaß ist es neu. Es bedeutet, daß die Studenten erkannt haben, wie starr und unbeweglich die herkömmlichen politischen Organisationen sind, wie versteinert sie sind. Daß gerade durch sie jeder revolutionäre Impuls erstickt worden ist. Das ist der Grund, warum die Revolte spontan und außerhalb dieser Organisationen stattfinden muß.

Aber Spontaneität reicht nicht aus. Es ist ebenso nötig, eine Form der Organisation zu haben; eine, die nicht starre Prinzipien auferlegt, sondern eine solche, die Beweglichkeit und Initiative möglich macht. Eine Organisation ohne die »Bosse« der alten Parteien oder politischen Gruppen. Dieser Punkt ist sehr wichtig. Die leitenden Männer von heute sind das Produkt der Publicity. In der gegenwärtigen Bewegung gibt es jedoch keine Anführer, wie es sie zum Beispiel in der Bolschewistischen Revolution gab.

TWEN: Das ist allerdings anti-leninistisch, oder?

MARCUSE: Ja. Cohn-Bendit hat auch in diesem Sinne eine harte Kritik am Leninismus-Marxismus geübt.

TWEN: Das heißt also, daß Sie ihr Vertrauen in den Anarchismus setzen, damit dieser die Revolution zum Ziel führt?

MARCUSE: Nein. Ich glaube nur, daß das anarchistische Element eine sehr treibende und sehr fortschrittliche Kraft ist. Und daß man dieses Element erhalten muß – als einen der Faktoren, die einen viel weitreichenderen und strukturierteren Prozeß ermöglichen.

TWEN: Halten Sie sich für einen Anarchisten?

MARCUSE: Nein. Ich bin kein Anarchist, weil ich mir nicht vorstellen kann, wie man gegen eine Gesellschaft antreten kann, die mit ihrer ganzen Totalität gegen jegliche revolutionäre Bewegung mobilisiert und organisiert ist, gegen jegliche wirksame Opposition; ich sehe nicht, wie man gegen eine solche Gesellschaft antreten kann, gegen eine derartig konzentrierte Gewalt, ohne eine wie auch immer geartete Organisation.

TWEN: Wenn also die Anarchie nicht funktioniert und wenn, wie Sie gesagt haben, die kommunistischen Parteien nicht mehr revolutionär sind, finden Sie nicht, daß dann die Argumentation vom »Fortschritt durch Revolution« besser definiert werden müßte? Hätte dann eine Revolution nicht den Erfolg, daß eben ein System von Zwängen durch ein anderes ersetzt wird?

MARCUSE: Natürlich. Aber es gibt fortschrittliche Zwänge und reaktionäre Zwänge. Zum Beispiel: Zwänge, die der natürlichen Aggressivität des Menschen auferlegt würden, seinem Zerstörungstrieb, seinem Todestrieb. Die Umformung dieser natürlichen Aggressivität ist eine Kraft, die der Verbesserung und Sicherung des Lebens dienen könnte – solche Beschränkungen wären auch in der freiesten Gesellschaft notwendig. Zum Beispiel wäre es nicht gestattet, daß Fabrikanlagen die Luft verpesten, es wäre nicht gestattet, daß ein »White Citizens Council« den Rassismus propagiert und Schußwaffen besitzt, wie es heute in den Vereinigten Staaten noch gestattet ist … Natürlich würde es Beschränkungen geben; aber sie wären fortschrittlich.

TWEN: Die, die Sie erwähnen, sind ziemlich banal. Der Besitz von Schußwaffen ist in Deutschland verboten, und in Amerika ist er ein Überbleibsel und nicht etwa eine Errungenschaft der Gesellschaft des Überflusses. Wie sieht es mit der Meinungsfreiheit aus? In der freien Gesellschaft, für die Sie eintreten, verschwindet doch diese Freiheit, oder?

MARCUSE: Ich habe geschrieben, daß ich es für notwendig halte, die Pressefreiheit nicht auf Bewegungen auszudehnen, die offensichtlich aggressiv und destruktiv sind, wie etwa die Nazibewegung. Mit Ausnahme dieses besonderen Falles bin ich aber nicht gegen die Meinungsfreiheit …

TWEN: Auch wenn das die Propagierung von rassistischen, nationalistischen oder kolonialistischen Ideen bedeutet?

MARCUSE: Nein. Ich bin nicht dafür, rassistischen, antisemitischen oder neonazistischen Bewegungen freie Meinungsäußerung zuzubilligen. Ganz gewiß nicht. Weil der Weg zwischen Wort und Tat heute allzu kurz ist. Zumindest in der amerikanischen Gesellschaft, mit der ich vertraut bin. Sie kennen ja die berühmte Feststellung des Richters Holmes, daß Bürgerrechte nur in einem einzigen Fall widerrufen werden können: im Falle unmittelbarer Gefahr. Diese unmittelbare Gefahr besteht heute überall.

TWEN: Sicherlich könnte man nun diese Formel auf Sie selber anwenden, zusammen mit Studenten, Revolutionären oder Kommunisten.

MARCUSE: Das geschieht fortwährend. Und meine Antwort ist immer wieder dieselbe: Ich bin nicht der Meinung, daß der Kommunismus, wie ihn die großen marxistischen Theoretiker sich gedacht haben, seiner wahren Natur nach aggressiv oder destruktiv ist. Ganz im Gegenteil.

TWEN: Hat nicht die sowjetische Politik, etwa gegen Ungarn 1956 oder 1968 gegen die Tschechoslowakei, etwas Aggressives und Destruktives?

MARCUSE: Allerdings. Aber das ist nicht Kommunismus, das ist Stalinismus. Ich würde auf jeden Fall alle nur möglichen Zwänge gegen den Stalinismus einsetzen.

TWEN: Sind Sie der Meinung, daß die Sowjetunion dann wider Willen in die Tschechoslowakei einmarschiert ist?

MARCUSE: Wider die Idee des Kommunismus; nicht wider den Willen der Sowjetunion. Der Einmarsch in die Tschechoslowakei gehört zu den verwerflichsten Taten in der Geschichte des Sozialismus. Das ist der brutale Ausdruck einer Machtpolitik, wie sie die Sowjetunion seit langem im politischen und ökonomischen Wettlauf mit dem Kapitalismus praktiziert hat. Ich glaube, daß nicht wenige dieser verwerflichen Geschehnisse in den kommunistischen Ländern der Erfolg einer Wettbewerbs-Koexistenz mit dem Kapitalismus sind, während weiterhin Armut in den kommunistischen Ländern herrscht.

TWEN: Diese Armut kann anscheinend nur mit Hilfe einer Zwangsorganisation eingedämmt werden. Schon wieder sind also Zwänge nötig.

MARCUSE: Sicher. Aber auch hier kann es fortschrittliche Zwänge geben. Nehmen Sie ein Land, wo Armut neben Luxus, Verschwendung und Komfort für die Privilegierten besteht ... Es ist notwendig, diese Verschwendung zu beschränken, um Armut, Elend und Ungleichheit auszumerzen. Das sind notwendige Zwänge.

TWEN: Hier besteht aber keine ökonomische Wechselbeziehung. Nicht durch Beschränkung der Verschwendung wird die Armut ausgemerzt, sondern durch Produktion.

MARCUSE: Das ist richtig. Ich will damit nur sagen, daß die Zwänge, die zweifellos in, sagen wir, Kuba bestehen, nicht dieselben sind wie in einem kapitalistischen Wirtschaftssystem.

TWEN: Kuba ist vielleicht kein sehr gutes Beispiel für eine erfolgreiche sozialistische Wirtschaft, weil das Land völlig abhängig von den täglichen Lieferungen russischen Erdöls ist. Wenn die Sowjetunion diese Lieferungen einmal für zwei Wochen aussetzen sollte ...

MARCUSE: Ich weiß auch nicht, was dann wäre. Aber selbst unter diesen Bedingungen der Abhängigkeit von Rußland hat Kuba ungeheure Fortschritte gemacht.

TWEN: Haben Sie Kuba besucht?

MARCUSE: Nein. Ich erhalte keine Ausreisegenehmigung von den Amerikanern.

TWEN: Warum verzweifeln Sie am Fortschritt innerhalb des Rahmens der amerikanischen Demokratie?

MARCUSE: Finden Sie wirklich, daß die Demokratie in den Vereinigten Staaten Fortschritte macht?

TWEN: Verglichen mit den Tagen der »Früchte des Zorns«, ja.

MARCUSE: Da bin ich anderer Meinung. Sehen Sie sich doch die amerikanischen Präsidentschaftswahlen und -kandidaten an, wie sie von den riesigen politischen Maschinerien fabriziert werden! Und wer kann noch irgendeinen Unterschied zwischen diesen Kandidaten entdecken? Wenn das Demokratie ist, dann ist es eine Farce. Die Bevölkerung hat nichts gesagt und ist auch nicht gefragt worden.

TWEN: Tausende von jungen Amerikanern haben in den vergangenen Monaten bewiesen, daß sie gegen den Vietnamkrieg sind, daß sie mithelfen wollen, die Ghettos abzutragen und daß sie sich politisch betätigen wollen.

MARCUSE: Diese Bewegung stößt auf immer wirkungsvollere Unterdrückung.

TWEN: Glauben Sie also, daß wir Zeugen des endgültigen Abbaus der amerikanischen Gesellschaft sind?

MARCUSE: Die Antwort ist wohl etwas komplizierter. Es gibt in den Vereinigten Staaten die Möglichkeit des Fortschritts in Richtung Demokratie, aber allein durch Bewegungen, die zunehmend militant und radikal sind. Keinesfalls innerhalb der Grenzen des etablierten Betriebs. Dieser Betrieb ist ein Spiel, und die amerikanischen Studenten haben die Lust verloren, in diesem Spiel mitzumachen; sie haben das Vertrauen in diesen angeblich demokratischen Betrieb verloren.

TWEN: Glauben Sie an die Möglichkeit einer Revolution in den Vereinigten Staaten?

MARCUSE: Ganz und gar nicht. Es gibt kein Zusammenwirken von Studenten und Arbeitern; nicht einmal auf der Ebene, die sich im vergangenen Sommer in Frankreich ergab.

TWEN: Welche Rolle schreiben Sie dann den Studenten zu?

MARCUSE: Es sind militante Minderheiten, die die Bedürfnisse und Sehnsüchte der schweigsamen Massen zum Ausdruck bringen können. Aber Revolutionäre sind sie eigentlich nicht.

TWEN: Die Rolle der Studenten besteht also lediglich im Enthüllen?

MARCUSE: Ja. Und das ist hochinteressant. Hier und

auch in den Vereinigten Staaten kann man die Studenten in Wahrheit als Sprecher bezeichnen.

TWEN: Der Nachteil – jedenfalls vom Standpunkt der Revolution aus – ist ja nun der, daß die Arbeiterklasse heute mehr daran interessiert ist, der Gesellschaft des Überflusses anzugehören. Und nicht, sie zu vernichten.

MARCUSE: Die Revolution erfordert vor allen Dingen einmal das Auftauchen eines neuen Menschentyps mit Bedürfnissen und Sehnsüchten, die qualitativ verschieden sind von den aggressiven und repressiven Bedürfnissen und Sehnsüchten der etablierten Gesellschaften. Es ist richtig, daß die Arbeiterklasse heute in hohem Maße die Bedürfnisse und Sehnsüchte der herrschenden Klassen teilt und daß ohne einen Bruch mit den gegenwärtigen Bedürfnisinhalten eine Revolution nicht vorstellbar ist.

TWEN: Diese Revolution wird also nicht schon morgen eintreten, wie es scheint – es ist wohl doch leichter, die Macht zu ergreifen als die Bedürfnisse der Menschen zu ändern. Aber was meinen Sie mit aggressiven Bedürfnissen?

MARCUSE: Zum Beispiel das Bedürfnis, den Konkurrenzkampf ums Dasein fortzusetzen – das Bedürfnis, alle zwei Jahre einen neuen Wagen zu kaufen, das Bedürfnis, fünf oder sechs Stunden am Tag fernzusehen. Für einen sehr großen Teil der Bevölkerung ist das bereits zu einem Lebensbedürfnis geworden, und es ist ein aggressives und repressives, ein unterdrückendes Bedürfnis. Sind Ihnen die Programme auf amerikanischen Bildschirmen bekannt? Nichts als Schießereien. Und fortwährend wird der Konsum angestachelt, der die Leute der kapitalistischen Produktionsweise untertan macht.

TWEN: Man kann auch besseren Gebrauch vom Fernsehen machen.

MARCUSE: Natürlich. Das ist auch alles nicht die Schuld des Fernsehens oder die Schuld der Technologie überhaupt. Schuld ist der miserable Gebrauch, den man vom technischen Fortschritt macht. Das Fernsehen könnte genausogut dazu verwendet werden, um die Bevölkerung umzuerziehen.

TWEN: Um die Leute davon zu überzeugen, daß sie keine Autos und Fernsehapparate und Kühlschränke und Waschmaschinen brauchen?

MARCUSE: Jawohl; wenn diese Waren die Befreiung der Knechte aus ihrer »freiwilligen Knechtschaft« verhindern.

TWEN: Würde das nicht einige Schwierigkeiten für die Menschen mit sich bringen, die in den Fabriken arbeiten, wo Autos, Fernsehgeräte und so weiter hergestellt werden?

MARCUSE: Sie machen eben für ein oder zwei Wochen zu. Alle gehen aufs Land. Und dann fängt die wirkliche Arbeit an: das Abschaffen der Armut, das Abschaffen der Ungleichheit; das alles, anstatt zugunsten jener Verschwendung zu arbeiten, wie es in der Konsumgesellschaft geschieht. In den Vereinigten Staaten zum Beispiel würden General Motors und Ford, anstatt Privatwagen herzustellen, Autos für den öffentlichen Transport produzieren, so daß die öffentlichen Transportmittel endlich menschenwürdig werden.

TWEN: Es werden wohl ziemlich viele Fernsehsendungen nötig sein, um die Arbeiterklasse zu einer Revolution zu überreden, die ihnen ihre Löhne beschneidet, die Autos wegnimmt und den Konsum einschränkt. Inzwischen steht zu befürchten, daß die Entwicklung einen anderen Verlauf nimmt. Erwächst nicht aus Wirtschaftskrisen der Faschismus?

MARCUSE: Das ist richtig. Der revolutionäre Prozeß beginnt immer mit und in einer Wirtschaftskrise. Aber diese Krise würde zwei Möglichkeiten eröffnen: erstens die sogenannte neofaschistische Möglichkeit, bei der sich die Massen einem Regime zuwenden, das noch viel autoritärer und repressiver ist; zweitens die entgegengesetzte Möglichkeit, bei der die Massen die Chance sehen, eine freie Gesellschaft aufzubauen, in der solche Krisen vermeidbar wären. Es gibt immer zwei Möglichkeiten. Man darf vor lauter Angst, daß sich die erste verwirklichen könnte, doch nicht aufhören, auf die zweite zu hoffen und für sie durch Aufklärung der Massen zu wirken. Und dies nicht nur durch Worte, sondern durch Taten.

TWEN: Haben Sie nicht die Befürchtung, daß diese Aktionen, besonders wenn sie gewaltsam sind, die entgegengesetzte Wirkung zeitigen: daß die Gesellschaft noch repressiver wird, weil sie sich verteidigen will?

MARCUSE: Bedauerlicherweise ist das eine sehr reale Möglichkeit. Aber kein Grund zur Kapitulation. Im Gegenteil, wir müssen den Widerstand verstärken. Es wird immer privilegierte Klassen geben, die sich jeder grundlegenden Veränderung widersetzen.

TWEN: Es waren aber nicht die privilegierten Klassen, die zum Beispiel in Frankreich ihre Ablehnung bekundet haben. Es waren der Mittelstand und Teile der Arbeiterschaft, die sich um de Gaulle scharten.

MARCUSE: Als nächstes werden Sie mir wohl erzählen, daß die revolutionären Militanten für die Reaktion verantwortlich sind! In Deutschland heißt es bereits, der Neonazismus sei der Erfolg der Studentenaktionen.

TWEN: In Frankreich war aber das Wahlergebnis unbestreitbar die Antwort der Mehrheit auf die Mai-Unruhen, die ihnen Angst gemacht hatten.

MARCUSE: Dann müssen wir diese Angst bekämpfen!

TWEN: Glauben Sie, daß man Angst mit Gewalt bekämpfen kann? Halten Sie es nicht für möglich, auf friedlichem Wege und innerhalb des demokratischen Rahmens zu einer nicht-unterdrückenden, freieren Gesellschaft fortzuschreiten?

MARCUSE: Die Studenten haben es schon gesagt: Eine Revolution ist immer so gewaltsam wie die Gewalt, die sie bekämpft. Ich glaube, da haben sie recht.

TWEN: Aber im Gegensatz zu Freud, auf den Sie sich in *Triebstruktur und Gesellschaft* des öfteren berufen, halten Sie es immer noch für möglich, eine freie Gesellschaft zu schaffen. Verrät das nicht beträchtlichen Optimismus?

MARCUSE: Ich bin optimistisch, weil ich glaube, daß noch niemals in der Geschichte der Menschheit die Hilfsmittel, die notwendig sind, um eine freie Gesellschaft zu schaffen, in solchem Maße zur Verfügung gestanden haben. Ich bin pessimistisch, weil ich glaube, daß sich die etablierten Gesellschaften – und die kapitalistische Gesellschaft im besonderen – gegen diese Möglichkeit vollkommen mobilisiert und organisiert haben.

TWEN: Vielleicht weil die Menschen Angst vor der Freiheit haben?

MARCUSE: Viele Menschen fürchten sich vor der Freiheit, sicher. Sie sind so konditioniert, daß sie sich davor fürchten müssen. Sie sagen sich: Wenn der Mensch nur noch fünf Stunden pro Woche arbeiten müßte, was würde er dann mit seiner Freiheit anfangen?

TWEN: Das ist eine Einstellung, die nichts mit dem Kapitalismus zu tun hat. Die gesamte jüdisch-christliche Kultur basiert auf Arbeit und ist das Produkt von Arbeit.

MARCUSE: Ja und nein. Sehen Sie sich die feudale Gesellschaft an. Das war wahrhaftig eine christliche Gesellschaft, und trotzdem war die Arbeit nicht ein Wert an sich; im Gegenteil.

TWEN: Weil es Sklaven, Leibeigene und abhängige Bauern gab. Das war sehr bequem für die Feudalherren.

MARCUSE: Sklaven gab es, aber das Wertesystem war doch ein vollständig anderes. Und innerhalb dieses Systems wurde ja die Kultur geschaffen. So etwas wie eine bürgerliche Kultur hat es nie gegeben. Jede echte bürgerliche Kultur richtet sich gegen die Bourgeoisie.

TWEN: Sie würden also zum Feudalsystem zurückkehren, bloß mit Maschinen an Stelle von Sklaven?

MARCUSE: Wir müssen Maschinen an Stelle von Sklaven setzen, aber ohne zum Feudalsystem zurückzukehren. Das würde das Ende der Arbeit sein und zugleich das Ende des kapitalistischen Systems. Marx hat das in dem berühmten Abschnitt gesehen, wo er sagt, daß mit dem technologischen Fortschritt und der Automation der Mensch von den Produktivkräften getrennt, von der materiellen Produktion entbunden ist und einfach als freies Subjekt handelt, das mit den materiellen Möglichkeiten der Maschinen experimentiert, und so weiter. Das würde aber auch das Ende einer Wirtschaft bedeuten, die auf dem Austausch von Werten basiert. Weil nämlich das Produkt keinen Wert mehr als Ware haben würde. Und das ist das Gespenst, das die etablierte Gesellschaft verfolgt.

TWEN: Betrachten Sie Arbeit, Leistung als repressiven Wert?

MARCUSE: Das kommt ganz auf den Zweck an. Leistung in der Kunst, in jedem schöpferischen Akt, in der Liebe ...

TWEN: Würden Sie arbeiten, wenn Sie nicht müßten?

MARCUSE: Sicher. Ich arbeite, auch wenn ich nicht muß.

TWEN: Betrachten Sie sich selbst als freien Menschen?

MARCUSE: Ich? Ich bin der Meinung, daß in dieser Gesellschaft niemand frei ist. Niemand.

TWEN: Haben Sie sich einmal psychoanalysieren lassen?

MARCUSE: Nein, nie. Finden Sie, daß ich's nötig hätte?

TWEN: Das kann sein, gehört aber nicht zu unserem Gesprächsgegenstand. Merkwürdig erscheint nur, daß Sie eine so tiefschürfende Untersuchung über das Werk von Freud und seine Ansichten vom unvermeidlich repressiven Charakter jeder Kultur gemacht haben, ohne sich selbst nach Ihren eigenen Widerständen gegen die Ausübung Ihrer persönlichen Freiheit zu fragen.

MARCUSE: Ich habe Freud lediglich auf der Ebene der Theorie diskutiert, nicht auf der Ebene der Therapie.

TWEN: Möchten Sie nicht wieder nach Deutschland kommen?

MARCUSE: Nein, ich glaube nicht. Höchstens um Vorlesungen zu halten. Allerdings mag ich die deutschen Studenten sehr gern, sie sind fabelhaft!

TWEN: Hatten die deutschen Studenten mehr Erfolg

als andere? Ist es ihnen besser als den anderen gelungen, Kontakt mit der Arbeiterklasse herzustellen?
MARCUSE: Nein. Die Zusammenarbeit war sogar noch problematischer.
TWEN: Stimmt es, daß Sie in den Vereinigten Staaten Drohbriefe vom Ku-Klux-Klan erhalten haben?
MARCUSE: Sie waren mit »Ku-Klux-Klan« unterschrieben, aber ich glaube nicht, daß der Klan sie mir geschickt hat.
TWEN: Stimmt es, daß Sie auf diese Drohbriefe hin aus Ihrem Haus ausgezogen sind?
MARCUSE: Ja. Nicht in Panik, aber ich bin gegangen. Offen gesagt, hatte ich keine Angst. Meine Studenten sind gekommen und haben ihre Autos, um mich zu schützen, rings um mein Haus geparkt.
TWEN: Glauben Sie, daß Sie Ihr Leben in den Vereinigten Staaten so weiterführen können wie bisher, nachdem Sie nun so in den Brennpunkt der öffentlichen Auseinandersetzung geraten sind?
MARCUSE: Da bin ich nicht sicher; keineswegs. An der Universität sind ja immer Oasen.
TWEN: Finden Sie, daß die typische amerikanische Universität ein Modell für neue europäische Universitäten sein kann?
MARCUSE: Die Beziehungen zwischen Professoren und Studenten sind hier, glaube ich, viel formloser und ungezwungener als in Deutschland. Die Unantastbarkeit des Professors gibt es hier eben nicht. Der amerikanische Materialismus läßt das nicht zu. Der Professor ist ein bezahlter Mann, der studiert hat, der bestimmte Sachen gelernt hat und sie weitergibt; auf keinen Fall ist er eine mythische Persönlichkeit, die mit dem Vater identifiziert wird. Meine eigene Stellung ist freilich prekär, und ich bin sehr gespannt, ob ich meine Stellung an der Universität halten kann.
TWEN: Aus allem, was Sie gesagt haben, könnte ein Zyniker den Schluß ziehen, daß es besser sei, den herrschenden Schichten anzugehören. Alles andere sei Abenteuer. Natürlich kann man das Abenteuer vorziehen und davon träumen, Guevara zu sein – in Paris oder Berlin.
MARCUSE: Guevara war kein Abenteurer; er war die Paarung von Abenteuer und revolutionärer Politik. Wenn in einer Revolution nicht ein Element des Abenteuerlichen steckt, ist sie wertlos. Alles andere ist Organisation, Gewerkschaft, Sozialdemokratie, Establishment.
TWEN: Vielleicht wäre es doch zweckmäßiger, in jenen Ländern, wo man Revolution machen möchte, die Situation konkret zu analysieren. Vorausgesetzt natürlich, man will die Revolution voranbringen und nicht bloß davon träumen. Eine Frage noch: Sie denunzieren als schmerzliche Form der Repression, unter der wir zu leiden haben, den Verlust von Einsamkeit und Stille – ein Verlust, für den die moderne Gesellschaft verantwortlich zu machen ist. Ist das nicht eine Plage, die genauso bezeichnend für eine kollektivistische Gesellschaft ist?
MARCUSE: Zunächst müssen wir den Begriff »kollektivistische Gesellschaft« entfernen. Es gibt einen Kollektivismus, der auf wahrer menschlicher Solidarität basiert. Es gibt einen Kollektivismus, der auf einem autoritären Regime basiert, der den Menschen aufgezwungen wird. Die Zerstörung von Autonomie, Stille und Einsamkeit kommt in den sogenannten freien Gesellschaften genauso vor wie in den sogenannten kollektivistischen Gesellschaften. Das entscheidende Problem aber ist, zu bestimmen: wurden die dem Individuum auferlegten Begrenzungen – die Zwänge also – geschaffen, um die Beherrschung und Schulung der Massen voranzutreiben? Oder wurden die Begrenzungen vielmehr im Interesse des menschlichen Fortschritts geschaffen?
TWEN: Es wäre interessant, zu erfahren, ob es einen bestimmten »Lärm des Fortschritts« gibt – sei's nur, um ihn mit einem Lächeln ertragen zu können.
MARCUSE: Es gibt keine freie Gesellschaft ohne Stille, in der die individuelle Freiheit gedeihen kann. Wenn es weder Privatleben noch Autonomie noch Stille noch Einsamkeit in der sozialistischen Gesellschaft gibt – nun, sehr einfach: dann ist es keine sozialistische Gesellschaft! Noch nicht.
TWEN: Vielen Dank, Herr Professor Marcuse.

> **Nr. 334**
>
> **Max Horkheimer**
> **(nach einem Gespräch mit Hans-Jürgen Krahl)**
> **Die Menschen haben sich verändert**
>
> Späne – Notizen über Gespräche mit Max Horkheimer, in unverbindlicher Formulierung aufgeschrieben von Friedrich Pollock
>
> Juni 1969
>
> QUELLE: Max Horkheimer, Gesammelte Schriften Bd. 14: Nachgelassene Schriften 1949–1972, hrsg. von Gunzelin Schmid Noerr, © S. Fischer Verlag Frankfurt/Main 1988, S. 523

Ohne es zu wissen, sind die intelligentesten, aktivsten Studenten radikale Positivisten geworden. Alles, was nicht wissenschaftlich beweisbar ist, zählt nicht, ist Romantik, Blabla, Aberglaube. Sehnsucht nach dem Anderen? Ein mythologisches Überbleibsel. Sie sprechen zwar noch von Ethik, können aber keine Begründung dafür geben. Sie sagen den falschen Autoritäten den Kampf an, ohne zu wissen, was Sachautorität ist.

Die jahrtausendelange Bemühung um die Wahrheit und eine Auskunft über den Sinn des Lebens interessiert sie überhaupt nicht. Sie gehören noch zur metaphysischen Periode der Geschichte, während die junge Generation behauptet, daß jetzt die wissenschaftliche erreicht sei. Saint-Simon kommt nach 150 Jahren wieder zu Ehren.

> **Nr. 335**
>
> **Max Horkheimer**
> **Kritische Theorie und Praxis**
>
> Späne – Notizen über Gespräche mit Max Horkheimer, in unverbindlicher Formulierung aufgeschrieben von Friedrich Pollock
>
> Juni 1969
>
> QUELLE: Max Horkheimer, Gesammelte Schriften Bd. 14: Nachgelassene Schriften 1949–1972, hrsg. von Gunzelin Schmid Noerr, © S. Fischer Verlag Frankfurt/Main 1988, S. 526

Wenn die Studenten aus der Kritik an der Gesellschaft die Forderung nach ihrer Zerstörung ableiten, so ist das eine schlechte Negation. Sie verlangen Freiheit, ohne zu wissen, was Freiheit ist. Und sie verweigern die Freiheit jedem anderen.

Notwendigerweise sind ihre Forderungen selbst Gegenstand der kritischen Theorie. Diese kommt zu dem Ergebnis, daß der Aktionismus nicht weiter führt, sondern hilft, die Entwicklung zum autoritären Staat und zur automatisierten Gesellschaft zu beschleunigen.

> **Nr. 336**
>
> **Herbert Marcuse**
> **Brief an Theodor W. Adorno**
>
> 4. Juni 1969
>
> QUELLE: Max Horkheimer, Gesammelte Schriften Bd. 18: Briefwechsel 1949–1973, hrsg. von Gunzelin Schmid Noerr, © S. Fischer Verlag, Frankfurt/Main 1996, S. 732–734

London, 4. Juni 1969

Lieber Teddy:

noch dringender als zuvor fühle ich die Notwendigkeit, offen zu sprechen. Ergo:

Dein Brief gibt nicht die leiseste Andeutung, die die *Gründe* der Feindschaft der Studenten gegen das Institut erkennen ließen. Du schreibst von den »Interessen des Instituts« und das mit der emphatischen Mahnung: »unseres alten Instituts, Herbert«. Nein, Teddy. Es ist nicht unser altes Institut, in das die Studenten eingedrungen sind. Du weißt so gut wie ich, wie wesentlich der Unterschied ist zwischen der Arbeit des Instituts in den dreißiger Jahren und seiner Arbeit im gegenwärtigen Deutschland. Die qualitative Differenz ist nicht eine aus der Entwicklung der Theorie selbst stammende: die von Dir sehr beiläufig erwähnten »Zuschüsse« – sind sie wirklich so beiläufig? Du weißt, daß wir einig sind in der Ablehnung jeder unvermittelten Politisierung der Theorie. Aber unsere (alte) Theorie hat einen inneren politischen Gehalt, eine innere politische Dynamik, die heute mehr als zuvor zu einer konkreten politischen Position drängt. Das heißt nicht: »praktische Ratschläge« geben, wie Du es mir in Deinem *Spiegel* Interview[1] zuschiebst. Ich habe das nie getan. Wie Du finde ich es unverantwortlich, vom Schreibtisch aus denen zu Aktionen zu raten, die mit vollem Bewußtsein bereit sind, sich für die Sache die Köpfe einschlagen zu lassen. Aber das heißt, meiner Ansicht nach: um noch unser »altes Institut« zu sein, müssen wir heute anders schreiben und handeln als in den dreißiger Jahren. Auch die unversehrte Theorie ist der Realität gegenüber nicht immun. So falsch es ist, die Differenz zwischen den beiden zu negieren (wie Du es mit Recht den Studenten vorwirfst), so falsch ist es, die Differenz abstrakt in früherer Gestalt festzuhalten, wenn sie sich in der, Theorie und Praxis einschließenden (oder öffnenden), Wirklichkeit verändert.

In der Tat soll man die Polizei »nicht abstrakt verteufeln«.

Auch ich würde in bestimmten Situationen selbstverständlich die Polizei rufen. Mit Bezug auf die Universität (und nur auf diese) habe ich kürzlich so formuliert: »if there is a real threat of physical injury to persons, and of the destruction of material and facilities serving the educational function of the university.« Andererseits glaube ich, daß, wieder in bestimmten Situationen, die Besetzung von Gebäuden und die Unterbrechung von Vorlesungen legitime Akte des politischen Protests sind. Beispiel: in der University of California nach der unvorstellbar brutalen Zerschlagung der Demonstration im Mai in Berkeley.

Vielleicht das Wichtigste: die »Kälte in einem selbst« angesichts der grauenhaften Situation kann ich in mir nicht entdecken; wenn dies »Selbsttäuschung« ist, muß sie schon so ins Fleisch und Blut eingedrungen sein, daß sie nicht mehr kalt ist. Ist es nicht mindestens ebenso möglich, daß gerade die Konstatierung der Kälte Selbsttäuschung und »defense mechanism« ist? Und daß man nicht gegen die Höllen des Imperialismus protestieren darf, ohne nicht im selben Atemzug auch die anzuklagen, die sich verzweifelt und mit allen Mitteln gegen diese Höllen wehren, scheint mir irgendwie unmenschlich. Als methodisches Prinzip wird das sofort zur Rechtfertigung und Entschuldigung des Angreifers.

Zum »linken Faschismus«: ich habe allerdings noch nicht vergessen, daß es dialektische contradictiones gibt – aber ich habe auch nicht vergessen, daß nicht alle contradictiones dialektische sind – manche sind einfach falsch. Die (authentische) Linke kann nicht »kraft ihrer immanenten Antinomik« in die Rechte umschlagen, ohne ihre gesellschaftliche Basis und Zielsetzung entscheidend zu verändern. Nichts in der Studentenbewegung indiziert eine solche Veränderung.

Du schreibst, zur Einführung Deines Begriffs der »Kälte«, daß wir seinerzeit ja auch die Ermordung der Juden ertragen hätten, ohne zur Praxis überzugehen, »einfach deshalb, weil sie uns versperrt war«. Ja, und genau heute ist sie uns nicht versperrt. Der Unterschied in der Situation ist der zwischen Faschismus und bürgerlicher Demokratie. Diese gibt auch uns Freiheiten und Rechte. Aber in dem Grade, in dem die bürgerliche Demokratie (auf Grund ihrer immanenten Antinomik) sich gegen die qualitative Veränderung absperrt, und dies durch den parlamentarisch-demokratischen Prozeß selbst, wird die außer-parlamentarische Opposition zur einzigen Form der »contestation«: »civil disobedience«, direkte Aktion. Und auch die Formen dieser Aktion folgen nicht mehr dem traditionellen Schema. Vieles an ihnen verurteile ich genau wie Du, aber ich finde mich damit ab und verteidige sie den Gegnern gegenüber, weil eben die Verteidigung und Aufrechterhaltung des status quo und seine Kosten an Menschenleben viel fürchterlicher sind. Hier ist wohl die tiefste Divergenz zwischen uns. Von den »Chinesen am Rhein« zu sprechen, solange die Amerikaner am Rhein stehen, ist mir einfach unmöglich.

Gewiß erfordert all dies »unlimitierte Gespräche«. Warum für sie nur Zermatt der »beste Ort« wäre, verstehe ich nicht. Ein für alle Beteiligten leichter erreichbarer Ort scheint mir im Bereich des Möglichen. Wir sind vom 16. August bis zum 11. September in der Schweiz; vom 4. Juli bis 14. August c/o Madame Bravais-Turenne, 06 Cabris, France.

Herzlichst dein
Herbert

(Bitte entschuldige die miserable geborgte Schreibmaschine!)

1 *Keine Angst vor dem Elfenbeinturm*, in: Der Spiegel Nr. 19, 1969, S. 208.

> **Nr. 337**
>
> **Theodor W. Adorno**
>
> »Nachdem meine Vorlesung am 12. Juni ...«
>
> Anschlag zur endgültigen Absetzung seiner Vorlesung »Einführung in die Dialektik«
>
> 18. Juni 1969
>
> QUELLE: Theodor W. Adorno-Archiv, Frankfurt/Main

1) Aushang an Hörsaal V
2) Dekanat der Phil. Fak.
3) Rektorat

Frankfurt am Main, den 18. Juni 1969

Nachdem meine Vorlesung am 12. Juni von zwei Studenten gestört wurde und die Mehrheit der Zuhörer sich gegen die Störer nicht durchsetzen konnte, brach ich die Vorlesung ab. Gleichzeitig mit meiner für Donnerstag, den 19. Juni, geplanten Vorlesung ist eine sogenannte Vollversammlung der Philosophen angesetzt, in der offensichtlichen Absicht, dadurch meine Vorlesung weiter zu behindern. Unter diesen Umständen sehe ich mich zu meinem Bedauern gezwungen, meine Hauptvorlesung für den Rest des Semesters abzusagen.

gez. Adorno

> **Nr. 338**
>
> **Theodor W. Adorno**
>
> Brief an Herbert Marcuse
>
> 19. Juni 1969
>
> QUELLE: Stadt- und Universitätsbibliothek, Frankfurt/Main, Herbert-Marcuse-Archiv

Prof. Dr.   6 Frankfurt am Main
Theodor W. Adorno   Kettenhofweg 123
                19. Juni 1969

Lieber Herbert,

schönsten Dank für Deine beiden Briefe. Ich antworte, so gut ich es vermag, obwohl ich mich in einer – keineswegs psychologisch begründeten – Phase äußerster Depression befinde, die meine Fähigkeit mich auszudrücken, nicht gerade begünstigt – deshalb vor allem anderen meine Bitte um Nachsicht, auch wegen Wiederholungen. Daß man ein zweites Mal meine Vorlesungen, diesmal unter Verzicht auch nur auf eine Scheinbegründung, gesprengt hat, teile ich Dir mit, damit Du die Atmosphäre kennst.

Du schreibst, mein Brief gebe keine Andeutungen über die Gründe der Feindschaft der Studenten gegen das Institut. Solche Gründe hat es nicht gegeben bis zu der Besetzung. Diese wurde unter Berechnung des Umstandes unternommen, daß wir unter dem Zwang standen, die Polizei zu holen. Bei dem erschlaffenden Interesse der Studenten an der Protestbewegung war das das einzige Mittel, etwas wie eine Solidarisierung zu erreichen. Krahl hat das ganz richtig kalkuliert. Du hättest an unserer Stelle nicht anders handeln können; der von dir genannte Fall »if there is a real threat of physical injury to persons, and of the destruction of material and facilities serving the educational function of the university« war unmittelbar gegeben. Was du die Feindschaft gegen das Institut nennst, rührt einzig daher, daß wir dem Anlaß gemäß reagierten.

Du bestreitest, das Institut sei »unser altes Institut«. Daß es nicht mit dem von New York identisch sein kann, liegt auf der Hand. Damals bestand die Möglichkeit, eine ganze Reihe bereits mehr oder minder reifer Gelehrter, von denen die meisten längst zusammenarbeiteten, zum Institut zusammenzufassen; hier mußten wir die gesamten Mitarbeiter selbst erst heranbilden. Die öffentlichen Zuschüsse haben die Arbeitsrichtung insofern beeinflußt, als wir empirische Untersuchungen machen mußten; aber schließlich ist ja auch *Autorität und Familie* erst in der Emigration fertig geworden, und die *Authoritarian Personality* ganz und gar dort produziert. Ich glaube nicht, daß wir uns der empirischen Dinge, die wir gemacht haben, etwa der Gruppenuntersuchung mit den anschließenden methodologischen Studien, des Bandes *Student und Politik*, des jetzt in Vorbereitung befindlichen Buches über die deutsche A-Skala, oder der großen NPD-Studie, zu schämen brauchen. Du wirst in all diesen Bänden nicht die leiseste Rücksicht auf Geldgeber finden. Daß wir über jenen Studien die theoretischen Interessen vernachlässigt hätten, dürftest Du wohl weder gegen Jürgen (der nicht offiziell Institutsdirektor ist, aber de facto völlig dazugehört) noch gegen mich einwenden. [...] Auch die Schriftenreihe enthält eine ganze Reihe theoretischer Dinge, nicht nur den gemeinsamen Band von Max und mir, sondern etwa auch das Marxbuch von Alfred Schmidt, das Buch über Comte und Hegel des zur ApO gehörigen Negt und die Schrift von Bergmann gegen Talcott Parsons. Von meinen Büchern rede ich schon gar nicht. Ich meine, wenn man sich die Schwierigkeiten vergegenwärtigt, mit denen das Institut wie unser ganzes Leben lang so auch heute zu kämpfen hat, ist das Resultat menschenwürdig. Daß irgend etwas von irgendwem *nicht* geleistet worden sei, ist ein Einwand, der für alles und jeden gilt und dadurch an Stringenz verliert.

Der Zentralpunkt unserer Kontroverse war schon in Crans deutlich. Du meinst, Praxis heute, im emphatischen Sinn, sei nicht versperrt; ich denke darüber anders. Ich müßte alles, was ich über die objektive Tendenz gedacht habe und weiß, verleugnen, wenn ich glauben wollte, daß die Protestbewegung der Studenten in Deutschland auch nur die geringste Aussicht hat, gesellschaftlich eingreifend zu wirken. Weil sie aber das nicht kann, ist ihre Wirkung fragwürdig in doppelter Hinsicht. Einmal in der, daß sie das in Deutschland ungeminderte faschistische Potential anheizt, ohne sich auch nur darum zu scheren; dann aber insofern, als sie in sich selbst Tendenzen ausbrütet, die – und auch darin dürften wir differieren – mit dem Faschismus unmittelbar konvergieren. Ich nenne als Symptom dessen die Technik, unter Berufung auf Diskussion eine jegliche unmöglich zu machen; die barbarische Inhumanität der Verhaltensweise, die regressiv ist und Regression auch noch mit Revolution verwechselt; den blinden Primat der Aktion; den Formalismus, der sich indifferent macht gegen den Inhalt und die Gestalt dessen, wogegen man revoltiert, nämlich unsere Theorie. Hier in Frankfurt, sicherlich auch in Berlin, wird das Wort Ordinarius ganz ähnlich, von oben her subsumierend gebraucht, um Menschen abzutun oder, wie sie es so schön nennen, »fertig zu machen«, wie seinerzeit von den Nazis das Wort Jude. Den Gesamtkomplex dessen, womit ich selber gerade während der letzten zwei Monate dauernd konfrontiert war, betrachte ich nicht länger als ein Agglomerat von ein paar Nebenerscheinungen. Das Ganze bildet, wiederum mit einem früher von uns gemeinsam belächelten Wort, ein Syndrom. Dialektik heißt, unter anderem, daß Zwecke nicht indifferent gegen die Mittel sind: was hier geschieht, zeigt bis in Details wie dem bürokratischen Kleben an Geschäftsordnungen, »Verbindlichkeit«, ungezählten Gremien und ähnlichem, drastisch die Züge eben jener Technokratisierung, der man sich doch angeblich widersetzen will und der *wir* nun tatsächlich uns widersetzen. Die Gefahr des Umschlags der Studentenbewegung in Faschismus nehme ich viel schwerer als Du. Nachdem man in Frankfurt den israelischen Botschafter niedergebrüllt hat, hilft die Versicherung, das sei nicht aus Antisemitismus geschehen, und das Aufgebot irgendeines israelischen ApO-Mannes nicht das mindeste. Man braucht gar nicht erst auf die Chinesen am Rhein zu warten. Du müßtest nur einmal in die manisch erstarrten Augen derer sehen, die, womöglich unter Berufung auf uns selbst, ihre Wut gegen uns kehren. Ich kann mir schwer vorstellen, daß Du diese Art Entsublimierung gemeint hast, obwohl mir bereits der Ersatz der Neunten Symphonie durch Jazz und Beat, den Abschaum der Kulturindustrie, nicht gerade einleuchtet. Aber damit komme ich zu der Schicht, über die wir uns sprechen müßten, nicht korrespondieren.

Könnte das nicht doch in Zermatt geschehen? Bei dem Zustand, in dem ich mich befinde, und den ich weiß Gott nicht übertrieben habe, wäre es für mich physisch unerträglich, während der paar Wochen, in denen ich mich kümmerlich genug zu reproduzieren suche, in die Wärme zu gehen, sei's nach Italien oder sei's auch in die Zone des Föns. Sollte uns denn nicht, als Wasser, der Murmeltierbrunnen genügen mit der Inschrift: Domine, conserva nos in pace?

Wir sind also hier bis 21. Juli, dann oben; bitte laß recht bald wieder von Dir hören.

Herzlichst Dein
Teddie

Nr. 339

Theodor W. Adorno

»Am 14. Juli sollten die Vordiplom-Klausuren …«

Aktennotiz zum Boykott der Vordiplom-Klausuren Soziologie

17. Juli 1969

QUELLE: Theodor W. Adorno-Archiv, Frankfurt/Main

Am 14. Juli sollten die Vordiplom-Klausuren in dem Lehrfach Soziologie geschrieben werden. Da bereits bekannt geworden war, daß bestimmte Gruppen das Vordiplom zu stören beabsichtigten, um die sogenannte kollektive Art des schriftlichen Examens durchzusetzen, während eine sehr große Anzahl von Studenten wünschte, nach den geltenden Bestimmungen, also individuell zu schreiben, und wir hochschulrechtlich verpflichtet waren, ihren Anspruch darauf zu vertreten, überließen wir die Leitung des Examens nicht, wie sonst im allgemeinen, unseren Assistentinnen und Assistenten, sondern Herr Professor von Friedeburg und ich gingen selbst in den Westbau der Universität. Dort fand sich auch, zwischen halb zehn und zehn, der Dekan der Philosophischen Fakultät, Professor Rauter, ein, und ebenso der Kurator, Herr von Thümen.

Es sammelte sich eine größere Anzahl von Studenten an. Nachdem diejenigen, die »individuell« zu schreiben gesonnen waren, sich in den dafür vorgesehenen Hörsaal begeben hatten, erhob sich, offensichtlich auf Grund genauer Verabredung, ein ohrenbetäubender Lärm, verursacht durch Knallkörper. Mehrere unserer Assistentinnen und Assistenten wurden mit ätzenden Flüssigkeiten bespritzt; über das, was Herrn von Friedeburg widerfuhr, dürfte am besten dieser selbst berichten. Professor Rauter und ich stellten uns in den Eingang des Hörsaals, um das Eindringen der Störer zu verhindern. Ein junger Mann, mir weder dem Namen nach noch auch physiognomisch bekannt (ich weiß nicht einmal, ob er überhaupt Student ist, schwerlich dürfte es ein Soziologiestudent gewesen sein), suchte mich wegzudrängen. Ich fragte ihn, ob das physische Gewalt sei, er antwortete ausdrücklich »Ja« und versetzte mir einen Stoß, der immerhin kräftig genug war, um mich zum Taumeln zu bringen. Die Störergruppe konnte dadurch an mir vorbei in den Hörsaal. In diesen war ich selbst gestoßen worden, verließ ihn aber sogleich. Fast im selben Augenblick muß Tränengas, entweder schon vorher im Hörsaal verbreitet oder von der Störergruppe geworfen, wirksam geworden sein; jedenfalls verspürte ich, der sich gerade in ärztlicher Behandlung wegen einer Bindehautentzündung befindet, sehr heftige Schmerzen in den Augen. Wenige Minuten nach dem Vorfall traf die Polizei ein. Alles weitere, insbesondere der mehrmalige Wechsel von Hörsälen, bis es möglich wurde, daß alle, die individuell zu schreiben bereit waren, es auch konnten, dürfte aktenkundig sein. Hervorheben möchte ich, daß Friedeburg und ich ebenso Sorge dafür trugen, daß die individuellen Klausuren sämtlich geschrieben werden konnten, wie auch, daß ich nach der Aktion noch mit den Studenten, und zwar sowohl mit Schreibwilligen wie mit Störern, über beträchtliche Zeit die Diskussion fortsetzte.

Professor Dr. Theodor W. Adorno

Nr. 340

Herbert Marcuse
Brief an Theodor W. Adorno

21. Juli 1969

QUELLE: Stadt- und Universitätsbibliothek, Frankfurt/Main
Herbert-Marcuse-Archiv

Herbert Marcuse
chez Madame Bravais-Turenne
06 – Cabris, FRANCE

21ten Juli 1969

Lieber Teddy,

Dein Brief vom 19ten Juni kam nach unserer Rückkehr aus Italien. Der Zusammenstoß mit Cohn-Bendit hat mir eigentlich viel Spaß gemacht: nicht nur weil es mir gelungen ist, seinen Sprechchor zum Schweigen zu bringen und meinen Vortrag wie geplant zu Ende zu halten (die Zeitungsberichte waren falsch), sondern auch weil Diskussionen mit italienischen Studenten über diesen Zwischenfall gezeigt haben, daß Cohn-Bendit und seine Methoden von dem Kern der Studentenbewegung völlig isoliert sind. Dasselbe höre ich von meinen Freunden aus Berlin.

Damit komme ich zu dem, was Du den »Zentralpunkt unserer Kontroverse« nennst. Ich glaube allerdings, daß die Studentenbewegung Aussicht hat, »gesellschaftlich eingreifend zu wirken«. Ich denke dabei vor allem an die Vereinigten Staaten, aber auch an Frankreich (mein Aufenthalt in Paris hat das wieder bestätigt) und an Südamerika. Selbstverständlich sind die den Prozeß auslösenden Anlässe sehr verschieden, aber, im Gegensatz zu Habermas, scheint mir durch alle Verschiedenheiten hindurch dasselbe Ziel als bewegende Kraft. Und dieses Ziel ist nun mal der bis an die Wurzel der Existenz gehende Protest gegen den Kapitalismus, seine Handlanger in der dritten Welt, seine Kultur, seine Moral. Ich habe natürlich nie den Unsinn behauptet, daß die Studentenbewegung selbst eine revolutionäre ist. Aber sie ist heute der stärkste, vielleicht der einzige Catalysator für den inneren Verfall des Herrschaftssystems. Als solcher Catalysator hat die Studentenbewegung in den Vereinigten Staaten in der Tat schon eingreifend gewirkt: in der Entwicklung des politischen Bewußtseins, in der Aktivierung der Ghettos, in der radikalen Entfremdung bisher integrierter Schichten von dem System und, besonders wichtig, in der Mobilisierung weiter Kreise der Öffentlichkeit gegen den amerikanischen Imperialismus (ich sehe wirklich keinen Grund, gegen die Anwendung dieses Begriffes allergisch zu werden). Das mag alles nicht viel sein, aber es gibt keine revolutionäre Situation in den fortgeschrittenen Industrieländern, und der Grad der Integrierung definiert eben neue und sehr unorthodoxe Formen der radikalen Opposition. Wie fast immer haben die Herrschenden eine richtigere Einschätzung der Bedeutung der Studentenopposition, als diese selbst sie hat: in den Vereinigten Staaten wird die Repression vordringlich gegen die Schulen und Universitäten organisiert – wo die Cooptierung nicht hilft, hilft die Polizei.

Diese Studentenbewegung ist heute auf der verzweifelten Suche nach einer Theorie und Praxis, nach Formen der Organisation, die der spätkapitalistischen Gesellschaft entsprechen und widersprechen können. Sie ist in sich zerrissen, durchsetzt von Provokateuren oder von solchen, die objektiv die Sache der Provokation betreiben. Manche Aktionen, wie sie mir aus Frankfurt und Hamburg berichtet worden sind, finde ich genauso verwerflich wie Du. Ich habe öffentlich genug die Parole der Destruktion der Universität als selbstmörderische Aktion bekämpft. Ich glaube, daß gerade in dieser Situation es unsere Aufgabe ist, der Bewegung zu helfen, sowohl theoretisch als auch in der Verteidigung gegen Repression und Denunziation.

Meine Frage, ob das heutige Institut wirklich noch das alte ist, bezog sich durchaus nicht auf die Publikationen, sondern auf die Abstinenz von der politischen Stellungnahme. Noch einmal: ich habe den Begriff der Vermittlung keineswegs verdrängt, aber es gibt eben Situationen, in denen sie sich gerade in der Konkretion manifestiert. Die große, ja in der Tat, geschichtliche Arbeit des Instituts verlangt, ihrer eigenen Dynamik nach, eine klare Stellungnahme gegen den amerikanischen Imperialismus und für den Befreiungskampf in Vietnam, und es geht eben nicht, von den »Chinesen am Rhein« zu sprechen, solange der Kapitalismus die Priorität der Ausbeutung hat. Schon 1965 hörte ich in Deutschland von der Identifizierung des Instituts mit der amerikanischen Politik.

Nun aber der unangenehmste Teil meines Briefes. Ich sehe zufällig im *Spiegel*, daß auch Max sich dem Chorus meiner Angreifer zugesellt hat. Ich habe es peinlichst vermieden, unsere Differenzen in die Öffentlichkeit zu tragen. Jetzt muß ich öffentlich antworten. Daß Max in seinem Angriff das Privateigentum an Ideen reklamiert, die in gemeinsamer Diskussion erarbeitet wurden, scheint mir nur merkwürdig; daß diese Gedanken bei mir »gröber und simpler« geworden sind, akzeptiere ich gerne. Ich glaube, daß diese Vergröberung und Simplifizierung die kaum noch erkennbare radikale Substanz dieser Gedanken wieder sichtbar gemacht haben. Mehr: Habermas zitiert aus dem (mir nicht zugesandten) Vorwort zur Neuausgabe der Aufsätze aus den dreißiger Jahren folgenden Satz: »Der Unterschied betrifft das Verhältnis zur Gewalt, die in ihrer Ohnmacht den Gegnern gelegen kommt. Offen zu sagen, die fragwürdige Demokratie sei bei allen Mängeln immer noch besser als die Diktatur, die ein Umsturz heute bewirken müßte, scheint mir um der Wahrheit willen notwendig zu sein.« Kann der Horkheimer der dreißiger Jahre heute wirklich so undialektisch, so untheoretisch schreiben? Der Satz scheint zunächst nur eine Formulierung der Binsenwahrheit des »lesser evil«. Aber ist er selbst das? »Demokratie« wird isoliert, abgedichtet gegen ihren real[en] Inhalt: die Herrschaftsform des Spätkapitalismus. Die Isolierung erlaubt, die Frage zu unterdrücken: »besser« *für wen*? Für Vietnam? Biafra? Die versklavten Menschen in Südamerika, in den Ghettos? Das System ist global, und es ist seine Demokratie, die mit allen ihren Mängeln auch den Neokolonialismus und Neofaschismus betreibt, bezahlt, ausrüstet, und die Befreiung verhindert. Doppelte Isolierung: Neofaschismus und diese Demokratie sind keine Alternative: *diese* Demokratie, als kapitalistische, treibt ihrer inhärenten Dynamik nach zum Regime der Gewalt? Und warum *muß* der Umsturz eine Diktatur bewirken, die schlechter ist als das Bestehende? Ist es nicht gerade das Anliegen der heutigen Protestbewegung, besonders der studentischen, eine solche Entwicklung zu *verhindern*? Und muß man diese Bewegung von vornherein als »ohnmächtige Gewalt« denunzieren – wo es doch zunächst einmal mehr als fragwürdig ist, ob man hier überhaupt mit gutem Gewissen von Gewalt sprechen kann – verglichen mit der, über die die Herrschenden verfügen? Was kommt den Gegnern mehr »gelegen«: die autoritative Versicherung der Ohnmacht dieser Bewegung, oder die Stärkung der Bewegung? Die Studenten wissen sehr gut von den objektiven Schranken ihres Protests – sie brauchen uns nicht, um sie ihnen klar zu machen, aber vielleicht brauchen sie uns, um ihnen über diese Schranken hinwegzuhelfen. Die Gewalt, die »practitioners of violence« sind auf der anderen Seite, im

Lager des Gegners, und wir sollten uns hüten, seine Kategorien zu übernehmen und mit ihnen die Protestbewegung zu treffen. Und die Diktatur *nach* dem Umsturz? Wir sollten die theoretische Courage haben, die Gewalt der Befreiung nicht mit der Gewalt der Unterdrückung unter der allgemeinen Kategorie der Diktatur zu identifizieren. Scheußlich [wie] es ist: der vietnamesische Bauer, der den Landlord erschießt, der ihn jahrzehntelang gefoltert und ausgebeutet hat, tut nicht dasselbe wie der Landlord, der den rebellierenden Sklaven erschießt.

Wo die parlamentarisch-demokratischen Institutionen noch für die Freiheitsrechte und gegen die Verschärfung der Repression funktionieren, muß man sie natürlich verteidigen. Aber sie werden abgebaut nicht durch die Aktion der Studenten, sondern durch die der herrschenden Klasse. In den USA sind die state legislatures heute ein Zentrum der intensivierten Repression, und die Neubesetzung des Supreme Court durch Nixon zeigt die Richtung an, in der die Politik sich bewegt.

Das sind einige von den Dingen, die wir diskutieren müßten. Vielleicht geht es doch noch. Schließlich gibt es einen direkten Zug von Zermatt nach Pontresina (den herrlichen Glacier Express), und von Pontresina nach Zermatt ist es genau so weit wie von Zermatt nach Pontresina. Ich hoffe, Habermas Mitte August in Zürich zu treffen. Wir sind bis zum 14. August hier: tägliches Schwimmen im Mittelmeer und französische Küche helfen der geistigen und körperlichen Reproduktion.

Herzlichst euch beiden

Nr. 341

Theodor W. Adorno

Telegramm an Herbert Marcuse

28. Juli 1969

QUELLE: Stadt- und Universiätsbibliothek Frankfurt/Main, Herbert-Marcuse-Archiv

---

Prof. Herbert Marcuse chez Mme. Bravais, Turenne Cabris
zermatt
telefonierte mit max stop spiegelzitat aus zusammenhang gerissen völlig irreführend stop positive stellen geschnitten stop halte vor öffentlicher auseinandersetzung persönliche aussprache mit ihm zürich mitte august für notwendig herzlichst teddie

---

Nr. 342

Herbert Marcuse

»Revolution aus Ekel«

»Spiegel«-Gespräch

28. Juli 1969

QUELLE: Der Spiegel vom 28. Juli 1969, 23. Jg., Nr. 31, S. 103–106

SPIEGEL: Herr Professor Marcuse, Sie sind einer der Väter der Neuen Linken, die nun zum Teil gegen Sie revoltiert. Was sagen Sie dazu?

MARCUSE: Ich lehne den Vater- oder Großvater-Unsinn ab. Ich bin weder der Vater noch der Großvater der Neuen Linken. Tatsächlich hat sich eine weitgehende Koinzidenz herausgestellt zwischen meinen Ideen und den Erfahrungen, die die Studenten von sich aus in der Praxis und in ihrem Denken gemacht haben. Ich bin über diese Harmonie sehr froh. Wie weit sie geht, weiß ich nicht. Aber es besteht in keiner Weise irgendein paternalistisches oder patriarchalisches Verhältnis, was schon daraus hervorgeht, daß ich zum Beispiel nicht einen einzigen französischen Studenten persönlich gekannt habe, der in den Mai- und Juni-Aktionen eine Rolle gespielt hat.

SPIEGEL: Tatsache bleibt aber doch wohl, daß nach einer Periode der zeitweiligen Harmonie zwischen Ihnen und der Studentenbewegung Differenzen aufgetreten sind.

MARCUSE: Die Differenz betrifft im wesentlichen zwei Punkte, nämlich erstens das Verhältnis der Neuen Linken zur traditionellen, bürgerlichen Kultur und zweitens die mögliche Übertragung der Theorie in die Praxis.

SPIEGEL: Zum zweiten Punkt: Sie haben von der Philosophie gesagt, sie müsse in Taten ausmünden. Hat Ihre Philosophie die Verbindung zur Praxis bereits hergestellt?

MARCUSE: Das möchte ich nicht sagen. Aber ich bin der Ansicht, daß sich der Theoretiker – und ich spreche vom marxistischen Theoretiker – heute mindestens insoweit an der Praxis beteiligt, als er klare Stellung zu politischen Fragen bezieht, als er sich an Demonstrationen und unter gegebenen Umständen sogar an der Besetzung von Gebäuden beteiligt und so weiter.

SPIEGEL: Die Zurückhaltung, die Theodor W. Adorno in dieser Frage übt, würden Sie also nicht teilen?

MARCUSE: Nein. Ich sehe die Differenz zwischen Adorno und Horkheimer einerseits und mir andererseits darin, daß sich für mich heute aus dem inneren Gehalt der Theorie selbst eine praktische Stellungnahme als notwendig ergibt – oder anders ausgedrückt, daß der Inhalt selbst verfälscht wird, wenn eine solche Stellungnahme nicht erfolgt. Der Begriff der Vermittlung darf nicht zur Ausrede werden.

SPIEGEL: Wer soviel Wert darauf legt, Theorie und Praxis in eins zu sehen, der müßte doch eigentlich stolz auf die angebotene Vaterrolle sein.

MARCUSE: Ich glaube, ich kann Ihnen sagen, warum ich diese Rolle ablehne. Ich wäre sehr gerne der Vater der Neuen Linken, wenn nicht diese Vaterrolle eine Autorität einschlösse, die von den Kindern mehr oder weniger leicht angenommen würde. Genau diese autoritär-paternalistische Haltung ist mir zuwider.

SPIEGEL: Könnte das nicht in dieser Situation als Distanzierung von der Protestbewegung aufgefaßt werden?

MARCUSE: Sie dürfen auf keine Weise aus meiner Ablehnung der Vater- oder Großvaterrolle konstruieren, daß ich die Bewegung als solche ablehne. Es gibt zwar Dinge in der Bewegung, mit denen ich mich in keiner Weise identifizieren möchte. Aber die Bewegung als solche betrachte ich heute in den entwickelten Industrieländern als die vielleicht wichtigste, wenn nicht einzige Chance einer zukünftigen radikalen Veränderung …

SPIEGEL: … einer Revolution?

MARCUSE: Wir sind in keiner revolutionären, wahrscheinlich noch nicht einmal in einer vor-revolutionären Situation. Unter diesen Bedingungen kann die Chance nur bestehen in einer Vorbereitungsarbeit, einer Vorbereitungsarbeit allerdings, die heute unendlich viel schwerer und unendlich viel wichtiger ist, als sie früher war. Und genau mit Beziehung auf diese Vorbereitungsarbeit spreche ich von der Chance der Neuen Linken.

SPIEGEL: Sie haben gesagt, daß die Studenten »Sprecher« seien, die »die Bedürfnisse und Sehnsüchte der schweigsamen Massen zum Ausdruck bringen«. Aber Revolutionäre seien sie nicht. Meinen Sie, daß die Studentenbewegung eine echte Möglichkeit der Bewußtseinsveränderung bietet?

MARCUSE: Ja, eine Veränderung des Bewußtseins und der Sensibilität, die heute Voraussetzung radikaler gesellschaftlicher Veränderung ist.

SPIEGEL: Und Sie glauben, daß diese Veränderung mit militanten und aggressiven Aktionen zusammenhängt?

MARCUSE: Da müssen wir uns einigen, was wir mit militant, und besonders, was wir mit aggressiv meinen.

SPIEGEL: Sie selbst haben gesagt, daß die Studenten – sofern sie Gewalt angewandt haben – in der Defensive waren, daß ihr Mittel, Gewalt anzuwenden, nur eine Antwort auf die Gewalt der Gesellschaft war.

MARCUSE: Ich würde heute noch einen Schritt weitergehen. Ich zögere mehr und mehr, den Begriff der Gewalt oder das Wort Gewalt auf das anzuwenden, was die Studenten tun. Wenn man sich die Aktionen der Gegner ansieht, wie zum Beispiel in Berkeley, aber durchaus nicht nur dort, dann ist es durchaus fragwürdig, ob man das Werfen mit Tomaten und Eiern und das Einschlagen von Türen wirklich als Gewalt bezeichnen kann; ich würde es defensiv nennen …

SPIEGEL: … im Vergleich zu der behördlich angewandten Gewalt?

MARCUSE: Ja, mit Helikoptern, Gasgranaten, Schrot, Knüppeln und all dem.

SPIEGEL: Herr Marcuse, Sie haben gesagt der Philosoph müsse heute an Demonstrationen teilnehmen, vielleicht auch an der Besetzung von Institutionen…

MARCUSE: … Ich sprach von Gebäuden.

SPIEGEL: Haben Sie sich selbst an solchen Besetzungen von Gebäuden beteiligt?

MARCUSE: Ja.

SPIEGEL: Dürfen wir darüber Näheres wissen?

MARCUSE: Das war im Zuammenhang mit der Gründung eines Colleges für Probleme der unterdrückten rassischen und nationalen Minderheiten in San Diego, dem Lumumba-Zapata-College, das von Negern und Mexikanern geleitet werden sollte. Um ihre Forderung durchzusetzen, besetzten sie zusammen mit linken weißen Studenten die Büros der Quästur. Im Verlauf der Demonstration, an der ich teilnahm, wurde eine Tür eingeschlagen. Das war die einzige Gewalttat, die vorkam. Und ich habe mich sofort bereit erklärt, die Kosten für die Neueinsetzung der Tür zu übernehmen. Ich würde das nicht Teilnahme an irgendeiner radikalen Praxis nennen. Aber das meine ich mit einer Stellungnahme, die mehr als theoretische Stellungnahme ist.

SPIEGEL: … sondern Aktion zur Durchsetzung einer Forderung?

MARCUSE: In diesem Fall hat jeder gewußt, warum die Quästur besetzt wurde. Aber man muß dies Ziel auch über die Demonstranten hinaus anderen Gruppen verständlich machen. Wenn man das nicht tut, dann sieht eine solche Demonstration ganz irrational und wie eine Provokation aus.

SPIEGEL: Glauben Sie, daß auch der sogenannte individuelle Terror eine Funktion in der Protestpraxis hat, beispielsweise die Besetzung des Hauses von Herrn Röhl, dem *Konkret*-Chefredakteur und -Herausgeber?

MARCUSE: Was ist da eigentlich geschehen?

SPIEGEL: Man hat einiges Mobiliar hinausgeworfen, die Telephonkabel abgerissen und in sein Bett gepinkelt.

MARCUSE: Das finde ich widerwärtig; das hat weder mit der alten noch mit der Neuen Linken auch nur das geringste zu tun. Genausowenig wie Bücherverbrennung und Gewalttätigkeit gegen andere, die selbst nicht Gewalt anwenden.

SPIEGEL: Meinen Sie, daß sich die Chancen der Protestbewegung seit ihren Anfängen Mitte der sechziger Jahre, politisch gesehen, verbessert oder vermindert haben?

MARCUSE: Die Chancen haben sich gebessert. Gegen die Meinung der Majorität finde ich, daß die Mai-Juni-Bewegung in Frankreich keine Niederlage war. Sie ist im Verlauf der späteren Entwicklung durchaus nicht annulliert worden. Zwar hat eine Gegenbewegung eingesetzt, die zu erwarten war. Aber ich würde ohne Übertreibung sagen, daß der Kapitalismus seit der Mai-Juni-Bewegung nicht mehr das ist, was er vorher war: weil zum ersten Mal wieder Formen und Methoden der Opposition aufgenommen worden sind, die in der Tradition der Linken vergessen und unterdrückt waren, zum Beispiel Selbst-Organisation, Selbst-Kontrolle, wenn nötig selbst gegen die etablierten Gewerkschaften und Parteien der Linken.

SPIEGEL: Haben Sie über den Zusammenhang von Studentenbewegung und Arbeiterschaft früher nicht anders geurteilt? Jedenfalls hat Ernst Bloch doch ausdrücklich begrüßt, daß Sie nun nicht länger die »sektiererische Trennung zwischen Intelligenz und Proletariat annehmen«. Haben Sie sich berichtigen müssen?

MARCUSE: Ich glaube nicht. Ich habe niemals behauptet, daß die Studentenbewegung als solche eine revolutionäre Bewegung sei. Ich habe auch niemals behauptet, daß eine radikale gesellschaftliche Veränderung ohne Massenbasis denkbar sei. Unter welchen Bedingungen die Arbeiterschaft eine solche Massenbasis darstellen kann, ist genau das Problem.

SPIEGEL: Immerhin haben Sie in einem früheren *Spiegel*-Gespräch gesagt: »Warum soll eigentlich ausgerechnet das heutige Proletariat diejenige Klasse sein, von der das Heil kommt?«

MARCUSE: Ich gebe zu, daß dies eine etwas impertinente Formulierung war, hinter der sich immerhin der Gedanke verbirgt, daß das Marxsche Proletariat heute in den fortgeschrittensten Industrieländern nicht mehr existiert und daß die Rolle, die Marx dem damaligen Proletariat zugeschrieben hat, heute nicht einfach übertragen werden kann auf die Arbeiterklasse in diesen Ländern. Aber hier kommt die entscheidende Frage: Wer sind die Arbeiter? Die Arbeiterklasse selbst hat sich unter den Bedingungen der spätkapitalistischen Gesellschaft verändert. Die Technisierung der Arbeiterklasse ist ein sehr wohl bekanntes Faktum: das dauernde Ansteigen der Zahl hochqualifizierter Angestellter, Ingenieure, Spezialisten, Wissenschaftler und das relative Abnehmen der Anzahl von sogenannten blue collar workers.

SPIEGEL: Heißt das, daß die Arbeiterklasse bürgerlicher wird?

MARCUSE: Ob sie bürgerlicher wird, ist die Frage: In den Vereinigten Staaten ja, in Deutschland – nach dem, was ich höre – zum großen Teil auch, viel weniger schon in Frankreich und noch viel weniger in Italien. Die Strukturwandlung der Arbeiterklasse selbst zeigt jedenfalls eine doppelte Tendenz, positiv und negativ. Negativ, im Sinne der Revolution das, was Sie eben Verbürgerlichung genannt haben: das heißt, eine noch stärkere Integrierung. Positiv, daß neue Schichten der Bevölkerung, nämlich die technische Intelligenz, zum radikalen Potential werden können, und zwar in dem Grade, in dem der Widerspruch zwischen der entscheidenden Rolle der technischen Intelligenz im Produktionsprozeß und ihrer Entmachtung in bezug auf alle vitalen Fragen der Gesamtgesellschaft ins Bewußtsein aufgenommen wird.

SPIEGEL: Könnte das nicht gerade bedeuten, daß sich die Gesellschaft von innen reformiert, statt daß sich ein revolutionärer Prozeß vorbereitet?

MARCUSE: Ja, aber vergessen Sie nicht, daß ich immer noch Marxist bin und also glaube, es gibt einen Punkt, wo alle Reformen nicht mehr helfen und wo alle Reformen nicht den wesentlichen inneren Widerspruch im kapitalistischen System beheben oder auch nur suspendieren können. Ich glaube, daß dieser innere Widerspruch – dessen allgemeinste Form der immer eklatantere Konflikt ist zwischen dem ungeheuren gesellschaftlichen Reichtum auf der einen Seite und seiner scheußlichen repressiven Verwendung auf der anderen –, daß dieser Widerspruch eben wirklich innerhalb des kapitalistischen Systems nicht lösbar ist trotz aller Reformen.

SPIEGEL: Folgt daraus die Notwendigkeit der Großen Weigerung, von der Sie gesprochen haben: der Weigerung, in den Institutionen dieser Gesellschaft mitzuarbeiten?

MARCUSE: Zunächst einmal darf die Große Weigerung nicht verstanden werden als eine abstrakte Verwerfung der gesamten bürgerlichen Kultur, schon deshalb nicht, weil eine solche Verwerfung unmöglich ist. Selbst der radikalste Verweigerer ist immer noch in einem definierbaren Sinne Erbe der bürgerlichen Kultur, selbst in der Negation. Viele seiner Begriffe, viel von seiner Rationalität und Sensibilität stammen aus der radikal-kritischen bürgerlichen Tradition. Auch wenn wir gegen die bürgerliche Kultur arbeiten, arbeiten wir noch in der bürgerlichen Kultur.

SPIEGEL: Das stimmt auch für Cohn-Bendit, wenn er mit Godard einen Film macht, im bürgerlichen Fernsehen erscheint oder wenn er sein Buch an den Rowohlt-Verlag verkauft.

MARCUSE: Jedenfalls würde ich ihm das nicht vorwerfen, wie er mir vorgeworfen hat, daß ich in einem »bürgerlichen Theater gesprochen« und eine »bürgerliche Kommunikationsform« gewählt habe. Ich bin der Ansicht, daß es nicht auf den geographischen Platz ankommt, von dem aus man spricht, sondern nur darauf, was man sagt. Ich bin – ich möchte das ausdrücklich sagen – mit Cohn-Bendit einer Meinung, daß es zu teuer war. Ich hätte viel lieber an einem anderen Platz gesprochen. Aber weder die Kommunistische Partei noch die Gewerkschaften, noch die Studentenbewegung haben mich in Italien eingeladen.

SPIEGEL: Sie haben eine bürgerliche Institution benutzt: Wie denken Sie über Versuche, Gegen-Institutionen zu gründen; in Berlin war die »Kritische Universität« eine Vorstufe dazu.

MARCUSE: Eine radikale Umstrukturierung der Universität ist in der Tat heute eine der Hauptforderungen der Neuen Linken. Auf den Universitäten und Schulen wird ein entscheidender Teil der künftigen neuen Arbeiterklasse ausgebildet: die technische Intelligenz, die im Produktionsprozeß immer mehr Schlüsselstellungen einnehmen wird. Die Politisierung dieser Intelligenz ist eine dringende Aufgabe.

SPIEGEL: Diese Umstruktuierung der Universität heißt aber doch nicht ihre Zerstörung?

MARCUSE: Nein, ich habe mehrmals das Ziel der Destruktion der Universität abgelehnt. Es ist wieder eines der Beispiele, wo eine Institution der bürgerlichen Kultur benutzt werden kann, um eine radikale Veränderung des Denkens und sogar der Praxis vorzubereiten. Soviel ich weiß, war es Noam Chomsky, der gesagt hat, nach der Logik der absoluten Destruktion hätte Marx das Britische Museum anzünden sollen, anstatt in ihm zu arbeiten.

SPIEGEL: Also eine subversive Praxis in der bestehenden Gesellschaft?

MARCUSE: In der bestehenden Gesellschaft aber nicht für diese Gesellschaft. Ich möchte hier an einen Marxschen Begriff erinnern, der den Unterschied ausgezeichnet trifft, nämlich die Bezeichnung des Proletariats als einer Klasse in dieser Gesellschaft, aber nicht von dieser Gesellschaft.

SPIEGEL: Sehen Sie Organisationsformen der Neuen Linken, die dieser Arbeit und den weiteren Zielen angemessen sind?

MARCUSE: Diese Frage kann nur im Zusammenhang [mit] der konkreten Praxis beantwortet werden. Allgemein läßt sich wohl sagen: Die Neue Linke muß Formen der Organisation finden, die den neuen Formen spätkapitalistischer Organisation und Repression entsprechen und widersprechen. Jedenfalls hat sich herausgestellt, daß die traditionellen Formen einer mehr oder weniger zentralisierten und bürokratisierten Massenpartei und Gewerkschaft von der Entwicklung des Kapitalismus überholt worden sind.

SPIEGEL: Gleichwohl haben Sie darauf hingewiesen, daß gegen eine Gesellschaft, »die mit ihrer ganzen Totalität gegen jegliche revolutionäre Bewegung mobilisiert und organisiert ist«, ohne eine straffere Organisationsform, als es sie bisher gegeben hat, gar nicht anzukommen ist.

MARCUSE: Richtig, aber straffere Organisationsform meint keineswegs die alten Formen der zentralisierten und bürokratisierten Massenpartei. Denn wir haben leider gelernt, daß, wenn es wirklich darauf ankäme, eine solche Organisationsform innerhalb von 24 Stunden unschädlich gemacht werden kann. Das haben wir schon 1933 gesehen. Was ich mit strafferen Organisationsformen meinte, sind äußerst flexible, veränderbare Methoden der Zusammenarbeit, die die

Initiative von unten artikulieren und auf bestimmte politische Ziele ausrichten können. Das heißt, aus der Spontaneität müssen Formen der Organisation hervorgehen, die dann ihrerseits wieder die Spontaneität beeinflussen und in eine bestimmte Richtung lenken können, die über den lokalen Anlaß und die lokale Zielsetzung politisch hinausführen.

SPIEGEL: Können Sie ein Beispiel für solche konkreten Organisationsformen der Neuen Linken nennen?

MARCUSE: Ich denke an Hannover. Was dort geschehen ist, sieht zunächst einmal aus wie ein ganz unbedeutendes, keineswegs politisches, sehr reformistisches Ziel und eine dementsprechend unbedeutende Mobilisierung. Aber genau das Gegenteil ist der Fall. Hier steht der unmittelbare Anlaß in einem durchsichtigen Zusammenhang mit dem Ziel, die ganze Irrationalität, die ganze Korruption und Repression des kapitalistischen Systems, konzentriert auf die verordnete Erhöhung des Straßenbahntarifs, zu zeigen. Gleichzeitig hat diese Aktion zu einer Solidarität geführt, die über die der Studenten und Schüler hinausgeht und nicht nur Gruppen der Arbeiterschaft erfaßt hat, sondern auch das Bürgertum. Ich weise auf das System der roten Punkte hin, die Autobesitzer plötzlich solidarisch gefunden haben mit den streikenden und blockierenden Studenten, Schülern und Arbeitern. Die *Rote Presse Korrespondenz* gibt eine ausgezeichnete Analyse dieser Aktion.

SPIEGEL: Wieso ist das ein Modellfall für die Organisationsform der Protestbewegung?

MARCUSE: Insoweit, als sich gezeigt hat, daß die Spontaneität in Kleinarbeit organisiert werden muß, um politisch wirksam zu werden.

SPIEGEL: Sehen Sie noch andere solche Beispiele?

MARCUSE: Ja, das ist der große Streik in den Pirelli-Werken. Nach den Berichten, die ich gelesen habe, hat sich dort in der Tat eine Organisationsform entwickelt, die neu und wirklich revolutionär ist, nämlich die Selbstkontrolle der Arbeiter über die Produktion, die Selbstorganisation der Produktion durch die Arbeiter. Das Wunder ist nicht nur, daß der Betrieb weiter funktionierte, obgleich die Arbeiter das gesamte System der Akkordlöhne und der Zeitmessung von sich aus reduziert hatten, sondern daß dies zum großen Teil geschehen ist mit Hilfe von jungen, durchaus nicht hochqualifizierten Arbeitern, die erst kürzlich aus dem Süden Italiens in den industriellen Norden gebracht wurden. Dieser Streik hat gezeigt, daß die ganze komplizierte Hierarchie des modernen Fabriksystems fungibel ist, das heißt faktisch innerhalb der kürzesten Zeit ersetzt werden kann durch eine Selbstorganisation der Produzenten.

SPIEGEL: Paris, Pirelli und Hannover – Sie behaupten also, daß die Barriere zwischen der Studentenbewegung und den Arbeitern im Abbau begriffen ist?

MARCUSE: Sie kann zumindest für bestimmte Gruppen und in bestimmten Bereichen geöffnet werden: besonders in Italien, zu einem kleineren Grade in Frankreich, weniger vielleicht in Deutschland und sicher am wenigsten in den Vereinigten Staaten.

SPIEGEL: Sie halten also den von Dutschke zitierten »langen Marsch durch die Institutionen« – eine Zeit von mehreren Jahrzehnten – für notwendig?

MARCUSE: Für absolut notwendig. Verkürzungen können immer eintreten. Aber einer der größten Fehler wäre es, die Macht, die Gewalt des spätkapitalistischen Systems zu unterschätzen.

SPIEGEL: Unterschätzt man diese Macht nicht ganz besonders dadurch, daß man den Intellektuellen eine hervorragende Rolle in der Veränderung der Gesellschaft zubilligt? Man hat Ihnen, Herr Professor Marcuse, vorgeworfen, daß Sie die Studentenbewegung von den Arbeitern trennen.

MARCUSE: Was für ein Blödsinn – als ob ich trennen könnte, was in der gesellschaftlichen Wirklichkeit zusammen ist! Ich glaube keineswegs, daß die Betonung der Rolle der Studentenbewegung eine Unterschätzung der Gewalt des kapitalistischen Systems darstellt, im Gegenteil. Ich wiederhole, dieses System befindet sich nicht in einer revolutionären Situation. Unter diesen Umständen ist die Aufgabe eine vorbereitende, nämlich das Aufbrechen des Bewußtseins von dem, was nicht nur der Arbeiterklasse angetan wird, sondern allen Schichten der Bevölkerung mit Ausnahme der Herrschenden.

Zur Abspaltung der Studentenbewegung von der Arbeiterbewegung zunächst einmal eine Gegenfrage: welcher Arbeiterbewegung? In den Vereinigten Staaten existiert eine politische Arbeiterbewegung überhaupt nicht. In den anderen Ländern habe nicht ich oder irgendeine Theorie die Studentenbewegung von der Arbeiterbewegung abgespalten, sondern die Arbeiterbewegung hat sich selbst in einer Richtung entwickelt, die in keiner Weise die im Kapitalismus wirkenden Widersprüche zu bekämpfen in der Lage war. Die reformistisch-ökonomische Politik der Kollaboration, wie sie von den Gewerkschaften und den sowjetorientierten kommunistischen Parteien betrieben wurde, hat den Interessen des Kapitalismus in die Hand gespielt ...

SPIEGEL: ... was andere von Ihnen behaupten. Ein gewisser Herr Matthias hat Sie ja zum Beispiel einen CIA-Agenten genannt.

MARCUSE: Ich bin davon überzeugt, daß diese Lumpereien von bankrotten Figuren und Gruppen der alten Linken verbreitet werden, die der Argumentation ausweichen und daher nur durch Verleumdung versuchen, die ihnen allerdings sehr peinlichen Ideen, die ich diskutiere, zu entwerten oder zu diskreditieren. Die Verleumdungen richten sich auch nicht gegen mich, sondern dienen der Diskreditierung der Neuen Linken und besonders der Studentenbewegung.

SPIEGEL: Sie haben gesagt, in der bestehenden Protestbewegung sei schon eine neue menschliche Qualität, eine »neue Sensibilität« sichtbar. Was verstehen Sie darunter?

MARCUSE: Ich glaube, daß der Begriff der neuen Sensibilität einen Zentralbegriff der Marxschen Theorie wiederaufnimmt, nämlich daß die sozialistische Revolution nur durch eine Klasse herbeigeführt werden kann, deren Bedürfnisse und Interessen nicht mehr die der Klassengesellschaft sind, das heißt durch eine Klasse, die einen neuen Typus des Menschen und eine radikale Umwertung aller Werte vertritt. Ich glaube, daß Anfänge dieser Umwertung, und zwar auf einer sehr tiefen Basis, in der jungen Generation und besonders unter den militanten Studenten vorliegen.

SPIEGEL: Wollen Sie sagen, daß eine Revolution nicht aus ökonomischen Krisen entsteht, sondern durch Bewußtseinsveränderung, also eine Art Kulturrevolution? Ist das nicht unmarxistisch gedacht?

MARCUSE: Dieser Vorwurf ignoriert vollkommen den inneren Zusammenhang, der zwischen den philosophischen Begriffen des jungen Marx und seiner späteren ökonomischen Theorie besteht. Ich glaube, man kann seinen Begriff des Sozialismus überhaupt nicht verstehen, wenn man nicht sieht, daß durch die Revolution der Mensch bis in seine sinnlich-physiologische Konstitution hinein befreit werden soll. Wenn die notwendige Veränderung der Produktionsverhältnisse und der Produktionsweise, die eine Grundbedingung bleibt, nicht von solchen neuen Menschen getragen und durchgeführt wird, dann tritt genau das ein, was Marx einmal mit dem Ausdruck bezeichnet hat: Dann fängt die alte Scheiße von vorne an.

Die Arbeiterschaft ist eine revolutionäre Klasse genau zu dem Grade, zu dem sie nicht in dem System der Bedürfnisse der kapitalistischen Gesellschaft verfangen ist. Je mehr diese Vergangenheit die Arbeiterklasse beherrscht, desto mehr gilt wieder der Satz, daß »das Klassenbewußtsein dem Arbeiter nur von außen gebracht werden« muß (Lenin). Diese Möglichkeit der Entwicklung des Bewußtseins besteht heute bei den nicht integrierten Schichten der Bevölkerung, besonders bei den jungen Arbeitern und bei den militanten Studenten. Nur eine nicht verfangene Arbeiterklasse kann die revolutionäre Initiative übernehmen. Diese Unverfangenheit besteht in den Opferländern des Imperialismus: Dort ist die unverhüllte Ausbeutung und die unverhüllte Unterdrückung der Motor der Revolution.

SPIEGEL: Sehen Sie Ansätze dieses neuen Menschen und dieser neuen Bedürfnisse in der Protestbewegung?

MARCUSE: Ja, ich sehe Ansätze darin. Ich habe sie in meinem Buch *Versuch über die Befreiung* zu beschreiben versucht. Aber ich möchte auf etwas hinweisen, das für den Einbruch neuer Werte in die Protestbewegung spricht. Und ich bin mir völlig bewußt, daß ich mich damit begeistert der Lächerlichkeit aussetze. Es scheint mir kein Zufall, daß es bei zwei repräsentativen Demonstrationen der Studentenbewegung in den Vereinigten Staaten, die mit der gewalttätigsten Reaktion beantwortet worden sind, jeweils um einen Park ging, nämlich im vorigen Jahr in der Columbia-Universität und im Mai dieses Jahres in Berkeley. Wir sollten uns schließlich daran gewöhnen, daß wir uns mit einem, allerdings für die alte Linke beinahe unvorstellbaren Gedanken auseinanderzusetzen haben, nämlich daß die Revolution, wenn überhaupt, in den technisch fortgeschrittensten kapitalistischen Ländern aller Wahrscheinlichkeit nach nicht aus der Misere und der Verarmung kommen wird, sondern, das ist jetzt sehr schwer zu formulieren, woraus?

SPIEGEL: Aus der Überflußgesellschaft?

MARCUSE: ... aus einem unerträglichen Ekel an der Art und Weise, wie die sogenannte Konsumgesellschaft den gesellschaftlichen Reichtum mißbraucht und verschleudert, während sie außerhalb der Metropolen das Elend und die Unterdrückung intensiv weiterbetreibt. Ein solcher Ekel ist kein psychologischer Faktor, sondern eine radikale politische Reaktion, die ihrer eigenen Kraft nach zur Weigerung und dann zur Rebellion tendiert.

SPIEGEL: Herr Professor Marcuse, wir danken Ihnen für dieses Gespräch.

Nr. 343

Elmar Altvater / Claus Behncke / Walter Boehlich / Günter Busch / Rudi Dutschke / Erich Fried / Brigitte Granzow / Peter Laudan / Lothar Menne / Klaus Meschkat / Ernst Theodor Mohl / Oskar Negt / Christel Neusüss / Lothar Pinkall / Reimut Reiche / Alfred Schmidt

»Die Neue Linke bekämpft seit Jahren ...«
Leserbrief zur Verteidigung Herbert Marcuses
28. Juli 1969

QUELLE: Der Spiegel vom 28. Juli 1969, 23. Jg., Nr. 31, S. 13 f.

Die Neue Linke bekämpft seit Jahren die traditionellen Parteibürokratien und den autoritären Sozialstaat, um die solidarischen Initiativen und politischen Interessen der Menschen freizusetzen. Sie kann sich in ihrem Kampf weder auf eine geschlossene und verbindliche Theorie noch auf allseitig bewährte Strategien stützen. Es widerspricht daher ihren Grundsätzen und Zielen, wenn die dringend notwendigen Diskussionen innerhalb der Linken durch die Wiederbelebung der stalinistischen Praktiken, Vertreter abweichender Positionen als Agenten irgendeiner feindlichen Macht zu diskriminieren, verhindert werden. Wer Herbert Marcuse als »Agent des CIA« oder »Agent der Bourgeoisie« bezeichnet und dadurch mundtot zu machen versucht, hat den Boden verlassen, auf dem die Neue Linke politisch arbeitet. Diese Denunziation hat nichts mit dem legitimen Mittel von Fraktionskämpfen zu tun. Sie soll vielmehr eine Atmosphäre schaffen, in der schließlich niemand mehr vor Verdächtigungen, persönlicher Verunglimpfung und moralischer Erledigung sicher ist.

Wir erklären unsere Solidarität mit Herbert Marcuse, der für Theorie und Praxis der Neuen Linken unentbehrlich ist und der sich immer und ohne Einschränkungen mit den Studentenbewegungen und dem sozial-revolutionären Befreiungskampf der Dritten Welt solidarisiert hat. Wir fordern alle Sozialisten zum Widerstand gegen diejenigen auf, die sich an der von Reaktionären aller Schattierungen in Gang gesetzten Hetzjagd auf Herbert Marcuse beteiligen; solche Praktiken widersprechen allen Interessen der Neuen Linken.

Elmar Altvater, Claus Behncke, Walter Boehlich, Günter Busch, Rudi Dutschke, Erich Fried, Brigitte Granzow, Peter Laudan, Lothar Menne, Klaus Meschkat, Ernst Theodor Mohl, Oskar Negt, Christel Neusüss, Lothar Pinkall, Reimut Reiche, Alfred Schmidt

Nr. 344

Alexander Mitscherlich
Protest und Revolution
Vortrag auf dem 26. Kongreß der Internationalen Psychoanalytischen Vereinigung
28. Juli 1969

QUELLE: Psyche, 24. Jg., Nr. 7, Juli 1970, S. 510–518; wiederabgedruckt in: Alexander Mitscherlich, Gesammelte Werke Bd. V, © Suhrkamp Verlag Frankfurt/Main 1983, S. 500–509

Es ist kein abstraktes Interesse, das uns veranlaßt, über Protest und Revolution nachzudenken: Die Protestwelle, die so viele Jugendliche unserer Zivilisation ergriffen hat, verlangt nach umfassendem ätiologischem Verständnis. Zwischen den Ansprüchen der Gesellschaft an die Jugend, sich vielfältig anzupassen, und den Wünschen der Individuen, diese Normen der Gesellschaft zu ihren Gunsten abzuändern, muß eine heftige Spannung entstanden sein. Sie hat in den Protestaktionen und revolutionären Absichten der Jugend ziemlich plötzlich Ausdruck gefunden.

Zweierlei ist zunächst auffällig: 1. Daß die Proteste unabhängig von der Ideologie und Gesellschaftsstruktur in einzelnen Ländern sich unter einem übergreifenden Zusammenhang bemerkbar machen. Diese Proteste können zwar in autoritären Ländern unterdrückt werden, aber die Bereitschaft zu ihnen besteht. 2. Proteste und Revolutionshoffnungen haben vorwiegend jene Jugendlichen ergriffen, die den längsten Ausbildungsweg durchlaufen. Vom größten Teil der protestierenden Jugend läßt sich sogar sagen, daß sich die Gesellschaft unter der Devise eines permissive childrearing ihren Bedürfnissen, verglichen mit früheren Zeiten, ungewöhnlich weitgehend angepaßt hat. Die Ablehnung der bestehenden Verhältnisse, die in den Studentenunruhen spürbar wird, kommt nicht aus materiell unterprivilegierten Schichten, sondern von der Gruppe, die im System der bestehenden Gesellschaft für die leitenden Positionen ausersehen ist. Ist es also, so kann man fragen, die besondere Sensibilität für den Gang zeitgenössischer Geschichte und die schwer zu ertragenden Belastungen, die mit ihr verbunden sind, ist es eine Sensibilität für das »falsche Bewußtsein« der manipulierten Massen, welche den Widerstand auslöst.

Zum ersten Mal werden Ansätze zu einer Revolution in der »affluent society« sichtbar. Es muß sich demnach sowohl in der Struktur sozialer Positionen wie auch im Erlebnis der Annehmlichkeiten, die diese versprechen, etwas geändert haben, das die Aversion gegen ein Mitspielen in der Konkurrenzgesellschaft stärker als ihre Anziehungskraft gemacht hat. Die Veränderungen in der äusseren Realität sind eindrucksvoll und durchaus geeignet, eine Veränderung der Stimmung zu erzeugen. Der fortschreitende Prozeß der Macht- und Produktionskonzentration, die zunehmende Abhängigkeit des einzelnen in den anonymisierten Organisationen, ein immer umfassenderer Anspruch auf Konformisierung von der Privatsphäre bis zum politischen Rollenspiel, machen die negativen Gefühle der heute in diese einrückenden Generation verständlich. Die vorangehenden ein bis zwei Generationen haben das Unbehagen in der sich ausbreitenden Industriezivilisation zwar vermehrt verspürt, ihrem Protest fehlte jedoch Überzeugungskraft, er veranlaßte entweder regressive Bewegungen, wie Faschismus und Krieg, oder vermochte sich nicht in generelle adaptive Änderungen der Institutionen der Gesellschaft umzusetzen.

Für den Analytiker können die relativ einfach objektivierbaren Veränderungen auf der Ebene der Produktions- und der Machtverhältnisse nur *ein* Aspekt eines Vorganges sein, der gewiß weit verzweigt in seinen Zuflüssen ist. Die Beiträge zur Veränderung der Gesamtsituation, die den Analytiker unmittelbar angehen, sind auch jetzt diejenigen, die primäre Sozialisierungsvorgänge und ihre Technik verändern. Er behält die emotionellen Qualitäten der Objektbeziehungen im Auge; wie sie sich ändern und wohin sie tendieren.

Zur Kindheit gehört seit je lauter Protest, ein lauterer, als er in gewöhnlichen Zeiten von Erwachsenen zu hören ist. Altbekanntes Wissen wiederholend, verweisen wir auf die Tatsache, daß menschliches Verhalten nach sozialen Normen nicht erbgenetisch fixiert ist, sondern unter viel Unlust durch Identifikationsvorgänge gegen die Triebansprüche erworben wird. Die Adoleszenz bringt dann noch einmal einen Höhepunkt des lauten wie des heimlichen Protestes. Es ist naheliegend anzunehmen, daß die Reaktionen der jugendlichen Rebellen einen Teil ihrer Virulenz aus dieser Altersphase beziehen. Irrtümlich wäre es jedoch, ihn nur auf Wachstumskrisen zurückzuführen. Vielmehr gilt es zu verstehen, welche spezifischen Unlusterlebnisse nicht in Gewohnheit und Anpassung aufgelöst werden, sondern über die Adoleszenz hinaus einen wesentlichen Teil des politischen wie des Selbstbewußtseins ausmachen. Es ist offenbar die unausgesprochene Hoffnung der jugendlichen Rebellen, die verweigerte Anpassungsleistung werde ihnen die Frische und Unbestechlichkeit des Blicks und den Elan der Jugend für die Verwirklichung politischer Zielsetzungen erhalten. Denn, ob Protest oder Rückzug in die Welt halluzinatorischer Drogen, die Jugendlichen wünschen keine Konsolidierung ihrer Persönlichkeit nach einem von ihrer Gesellschaft vorgegebenen Rollenschema. Die Entwicklung von den Objektbeziehungen zu den Identifikationen ist gestört und wird von anderen Prozessen durchkreuzt. Bis heute ist es offen, welche Identität diese gegen ihre Gesellschaft rebellierenden oder von deren Zielsetzungen sich zurückziehenden jungen Menschen finden werden. Die Aufgabe unserer Diskussion könnte es sein, zusammenzutragen, was wir von den Motiven der Rebellion verstehen, und nach Möglichkeit Ideen für eine weitere Forschung zu entwickeln.

Die folgende Unterscheidung von Protest und Revolution wird gewiß nicht allen Anforderungen gerecht, es haftet ihr auch nichts Neues an; sie könnte aber für die psychoanalytische Betrachtungsweise beider politischer Phänomene brauchbar sein.

a) Der *Protest* richtet sich gegen *einzelne* Verhaltensweisen von Individuen oder Gruppen. Protest beginnt bei jedem nicht einfach schlichtbaren Konflikt des Luststrebens mit äußeren oder inneren Hindernissen (Verboten bzw. Überich-Geboten). Mit zunehmender Realitätswahrnehmung und wachsender Fähigkeit zur Empathie in den oder die Partner, welche den Protest erwecken, wird er modifiziert. Das Individuum lernt, sich den imperativ nach Ausdruck suchenden Unlustsignalen zu widersetzen und den Ansprüchen seines verletzten Narzißmus nicht sogleich nachzugeben. Vielmehr wird die Notwendigkeit von Verzichten erfahrbar. Wir sehen, daß hier die konsequenteren unter den studentischen Rebellen eine gegenteilige Einstellung pflegen, sie verweigern sowohl die Empathie wie auch die Unterdrückung der Unlust. Und es bleibt eine Frage, ob darin nur ein regressiv infantilistisches Verhalten erblickt werden darf, oder ob in revolutionären Augenblicken gerade in einem solchen Verhalten eine praktische Voraussetzung zur Durchsetzung neuer kontroverser Ideen besteht. Möglicherweise wird man im Verhalten der einzelnen Ergänzungsreihen zwischen neurotischem Bedürfnis und taktisch geplantem Verhalten finden.

Die Frage, ob der Protest der Jugend einen tragischen Ausgang nehmen wird, hängt davon ab, ob die Verweigerung der Unterwerfung unter die Realität, so wie sie die Agenturen der technischen Großzivilisationen entwerfen, eine breite Resonanz findet oder nicht. Zunächst scheint es schwere Verständigungsstörungen zwischen der protestierenden Jugend und großen Teilen der weniger lange in Lernprozessen verharrenden übrigen Jugend zu geben – von den Verständigungsschwierigkeiten zwischen den Generationen zu schweigen.

An der Entfremdung zwischen den Subkulturen protestierender bzw. rebellischer Jugendlicher und den übrigen Kulturgruppen ist auch der normale Entwicklungsgang beteiligt. Im Zuge der physischen Reifung wie der fortschreitenden Entfaltung der Überich- und Ich-Struktur ergibt sich ein neues Konflikterlebnis. Man lernt die eigenen Eltern, Lehrer, Kameraden nicht nur als Individuen mit einer je eigentümlichen Charakterformung kennen, sondern auch als »typische« Vertreter der Klasse, Berufsgruppe, Religionsgemeinschaft, zu denen sie gehören – als Repräsentanten der bestehenden Gesellschaft also. Auf eine selbstverständliche Weise spiegeln sich in ihnen Vorzüge und Nachteile eines auf Verinnerlichung drängenden sozialen Wertsystems. Kompliziert wird diese Entwicklung jedoch durch die objektive Schwächung der Vaterautorität in der Gesellschaft, der eine ebensolche in der Familie korrespondiert. Der Kampf gegen die geschwächte Autorität könnte unbewußt aus der Sehnsucht nach einer stärkeren Autorität motiviert sein; was ziemlich wahrscheinlich ist. P. Kuiper macht darauf aufmerksam, welche Rolle der negative Ödipuskomplex in der protestierenden Jugend zu spielen scheint.[1]

Der Protest, der sich jetzt gegen die Vorbilder richtet, hat zwar die alten prä-ödipalen und ödipalen Wurzeln, aber darüber hinaus hat sich das Wirklichkeitsbild auch entscheidend erweitert; die Ziele, um die es geht, setzen die Kraft zur Sublimierung und die Bereitschaft zu ihr voraus.

Natürlich hängt die Angemessenheit des Protestes – und daß es einen solchen Protest gegen die Gesellschaft zu allen Zeiten sinnvollerweise gegeben hat, muß ausdrücklich betont werden – von der Art der Mutter-Kind-Beziehung ab. In ihr entscheidet sich, welche basale Fähigkeit zur Empathie das Kind erwirbt. Empathie wächst eben dem Menschen nicht als ein automatisches Reifungsprodukt zu. Es sei an Alice Balint[2] erinnert: Wenn das größer werdende Kind aufhört, für die Mutter ein Befriedigungsobjekt zu sein, wie die Mutter ein Befriedigungsobjekt für das Kind ist, endet die vollkommene Harmonie der Interessen, die »archaische Liebe« zwischen Mutter und Kind. Das Kind wird »vor die Aufgabe gestellt, sich den Wünschen jener anzupassen, deren Liebe es bedarf. Damit beginnt die Herrschaft des Realitätssinnes im Liebesleben des Menschen«. Wie es mit diesem Realitätssinn bei Konformisten und Rebellen bestellt ist, gilt es, auf die Wirklichkeit unserer Zeit bezogen, genauer zu erkunden. Dabei spielen idealisierende Selbsttäuschungen über die eigenen Motive zu allen Zeiten eine nicht unbedeutende Rolle. Wie eh und je stehen die Jugendlichen vor der enttäuschenden Tatsache, daß die Eltern keine Idealfiguren sind. Sie stoßen auf Hypokrisie, auf das Unvermögen der vorangehenden Generation, die Ideale, auf die sie pocht, mit den tatsächlich geforderten Lebenspraktiken in Einklang zu bringen, was zu allen Zeiten schwer war. Es ist aber immerhin interessant, daß der Protest lauter und lauter wurde, als die Eltern sich – jedenfalls in der westlichen Welt – unter dem Druck historischer Entwicklungsprozesse genötigt sahen, ihre eigene Autorität viel weitergehend als früher in Frage zu stellen; wozu im übrigen die psychoanalytischen Erkenntnisse viel beigetragen haben.[3]

b) Revolution. – Wenn sich der Protest, wie angedeutet, nicht mehr bloß auf Individuen richtet, sondern gegen die Gesellschaft als solche, wird aus ihm revolutionärer Protest. Was jetzt ins Spiel kommt, sind nicht mehr Beanstandungen einzelner Objekte, mit denen man in der Kindheit verknüpft war; es sind die »Verhältnisse«, die zu Kränkungen des Narzißmus führen. Auf die Aktualität bezogen, ist möglicherweise eine der Kränkungen die immer umfassendere Verhinderung der Selbstdarstellung in den gegebenen Produktionsverhältnissen. Es scheint uns, daß diese Vereitelung der Selbstdarstellung einer (positiv zu bewertenden) Neigung der Jugendlichen, sich mit den Unterdrückten in aller Welt zu identifizieren, Vorschub geleistet hat, denn dort sind die Chancen für eine einigermaßen ausreichende Selbstdarstellung aufgrund der archaisch gebliebenen Produktionsverhältnisse noch viel geringer. Die sehr komplizierte Relation von Unterdrückungsvorgängen erlaubt entsprechend auch nur eine komplizierte und schwierige Verständigung. Che Guevara ist in dieser Hinsicht zur Symbolfigur geworden.

Die tiefe, wohl auch angstvolle Beunruhigung, die unter den Protesten unserer Jugendlichen fühlbar ist, geht auf die enttäuschende Erfahrung zurück, daß die Selbstverwirklichung durch einen umfassend organisierten Konformitätszwang, durch die Vielzahl der Mitmenschen in der Massengesellschaft unseres Typs ungewöhnlich eingeschränkt ist. Ein Grund, warum es gerade Jugendliche aus den oberen Gesellschaftsschichten sind, die da protestieren, mag darin liegen, daß, verglichen mit der Aufmerksamkeit, die sie in ihren Entwicklungsphasen während der Kindheit erfuhren, die spätere Einordnung in eine anonyme Großgesellschaft eine besonders enttäuschende Zumutung darstellt. Die sonst begierig aufgegriffene »Außenlenkung« (ein Phänomen, auf das David Riesman zweifellos zu Recht aufmerksam gemacht hat) und die permanente Überschüttung mit Ersatzbefriedigungen hat jedenfalls für diesen Teil der Jugend die Anziehungskraft verloren. Sie sucht nach neuen Möglichkeiten der Selbstverwirklichung; will zum Beispiel dadurch diesem gesuchten, manchmal auch provokatorischen Ich-Ideal nachleben, daß sie sich, wie erwähnt, für Unterdrückte in der ganzen Welt oder für eine »Sache«, die ihr wichtig erscheint, einsetzt. Die Art, wie das geschieht, hat auch unverkennbar neurotische Züge und zeigt oft das Bild eines Ausagierens unbewußter Konflikte. Es ist, wie P. Kuiper[4] unterschieden hat, dann kein Kampf um solcher Ziele, sondern Kampf um des Kampfes willen. In anderen Zusammenhängen werden aber auch sehr sinnvolle Ziele – wie zum Beispiel die Hochschulreform – mit durchaus angemessenen Mitteln verfolgt. Ausmaß und Qualität der sich in solchen Kämpfen entfaltenden organisierenden und integrierenden Ich-Funktionen haben naturgemäß einen entscheidenden Einfluß auf den schließlichen Ausgang der Unternehmungen, wie es bei jedem Konflikt der Fall ist, handele es sich um einen mit der Gesellschaft, zu der man gehört, oder um einen innerseelischer Art, der sich zwischen den psychischen Instanzen abspielt. Der Protest gegen die etablierten Autoritäten und bestimmenden Mächte der Gesellschaft ist heute ebenso wie in politischen Auseinandersetzungen der Vergangenheit oft durch geradezu automatisierte Gegenidentifikationen bestimmt. Darin kommt eine Abwehr gegen ungelöste Abhängigkeit von Elternfiguren zum Ausdruck. Diese infantile Fixierung, die im gegenwärtigen Fall auch durch die Unsicherheit der primären Objekte verursacht ist, behindert den Weg zur Selbständigkeit und das Selbständigwerden der Persönlichkeit. Anna Freud hat diesen Zustand treffend charakterisiert: »Die negative Bindung läßt keinen Raum für unabhängiges Handeln oder wachsende Selbständigkeit, und die zwanghafte Auflehnung gegen die Eltern ist in ihren Auswirkungen nicht weniger einschränkend, als zwanghafter Gehorsam sein könnte.«[5]

Es gibt jedoch eine Form der Identitätsfindung, die einen wirklichen sozialen Mißstand aufgreift, gegen ihn protestiert und daraus einen wichtigen Lebensinhalt werden läßt. Auch hier wird offenbar ein Autoritätskonflikt prolongiert, aber in der besonderen Verbindung von realitätskritischer Begabung und historischer Situation kann eine neue historische Dimension eröffnet werden. E. H. Erikson hat diese Thematik in *Der junge Mann Luther* beschrieben.[6]

Man sollte jedoch in der Beurteilung der Phänomene sehr zurückhaltend sein: Fortschritt in geschichtlichen Augenblicken wie dem unseren vollzieht sich nicht nach dem Schema einer mühelos erkennbaren Rationalität. Auch aus zunächst verworrenen und abstrus erscheinenden Zielsetzungen, aus regressivem Verhalten kann sich plötzlich eine Möglichkeit zu neuer Interpretation besonders quälender Teile der sozialen Realität ergeben, eben dann, wenn unter den Mitgliedern einer Gruppe der Gesellschaft sich eine tiefere Einsicht in die Motivationszusammenhänge eröffnet – und dies ist doch wohl ursprünglich mit dem zum Schlagwort entarteten Begriff von der »Bewußtseinsveränderung« gemeint gewesen. Sicher ist durch das Werk Freuds eine derartige Bewußtseinsveränderung in Gang gebracht worden.

Die Brauchbarkeit metapsychologischer Kategorien zur Erklärung von Prozessen, welche größere Gruppen einer Gesellschaft, bzw. die ganze Gesellschaft ergreifen, wird gegenwärtig erforscht. Freud selbst hat sein Leben lang sein Erfahrungsfeld erweitert. Zunächst war er Analytiker klinischer Verläufe, also individueller Schicksale, später ebenso Analytiker gesellschaftlicher Prozesse. Diese doppelte Interessenrichtung ist von seinen Schülern und Nachfahren lange nicht mitvollzogen worden. Sie blieben vornehmlich an der individuellen Psychopathologie interessiert, doch wird die Anwendung psychoanalytischer Kategorien auf Sozialprozesse gegenwärtig an vielen Orten nachgeholt – leider immer noch ohne breitere Anteilnahme der psychoanalytischen Gesellschaften bzw. ihrer Mitglieder. Die Psychoanalyse ist aber in den letzten beiden Jahrzehnten in ihren metapsychologischen Positionen zu einem Besitz aller Wissenschaften geworden, die menschliches Verhalten und die Entwicklung dieses Verhaltens untersuchen. Die Spaltung in eine klinisch orientierte (medizinische) Psychoanalyse und eine die Sozialpathologie studierende (hauptsächlich von Psychologen und Soziologen getragene) Psychoanalyse stellt eine erhebliche Gefahr dar.

Thesenhaft zusammenfassend läßt sich sagen, daß revolutionäre Anstrengungen sich gegen eine die Macht im Staat ausübende Gruppe *und* die Maßstäbe ihrer Herrschaft richten. Man kann gegen ein ungerechtes Urteil eines Gerichtshofs protestieren, ohne damit zu sagen, dieser Gerichtshof sei wegen der Bindung an die Wertnormen der herrschenden Klasse in seinem Urteil notwendigerweise ungerecht. Ist aber einmal das vorrevolutionäre oder revolutionäre Stadium erreicht, dann ist eine solche Unterscheidung ohne Wirkung, vielmehr stellt sich der Zustand intoleranter Verallgemeinerung der Ablehnung ein. Dieser erschreckende Charakter aller Revolutionen ist in seinen psychologischen Zusammenhängen noch weitgehend unklar. Die Grenzen zwischen neurotischem und von einem reifen Ich geprüftem Protest sind schwimmend, und doch entscheidet sich an der Frage, wer die Oberhand behält, das Schicksal ganzer Populationen. Zum revolutionären Ansatz gehört – und das ist ein grundlegender Unterschied zum Protest – in jedem Fall ein Stück rationaler Durcharbeitung der sozialen Realität. Das hebt jedenfalls in der Geschichte vorwärtstreibende Revolutionen von »Machtergreifungen« im Stile des Faschismus oder bloßer Militärrevolten, die sich oft als »Revolutionen« deklarieren, grundsätzlich ab.

Aber auch im Vollzug gelingender Revolutionen werden die Rationalisten des Protests oft genug von den Irrationalisten überwältigt, deren Verhalten mit zunehmender Macht, über die sie verfügen können, durch primärprozeßhafte Phantasien bestimmt wird. Sehr charakteristischerweise geht dann regelmäßig die Einfühlung in jene Unterprivilegierten verloren, in deren Dienst die Revolution unternommen wurde. Sie werden erneut zu Objekten der Geschichte, wie man in der Entwicklung der Französischen Revolution zum Jakobinertum und – in anderem historischen Kontext – in der Entartung der russischen Revolution zum Stalinismus beobachten kann (wobei bei dem letzteren Prozeß bereits die technische Perfektion des Herrschaftsapparates zu dessen Unverwundbarkeit beiträgt).

Ein besonders wichtiges Phänomen revolutionärer Bewegungen scheint es zu sein, daß die Unterdrückten ein neues Kollektivbewußtsein ausbilden. Die Zugehörigkeit zum revolutionären Zirkel verleiht ein neues Selbstbewußtsein, oft zum ersten Mal das Erlebnis einer bejahten, also mit dem Ich-Ideal sich berührenden Identität. Der Mut des Widerstandes gegen die Institutionen der bestehenden Gesellschaft, den die studentischen Rebellen ohne Zweifel gezeigt haben, den aber auch Gandhis gewaltloser Widerstand erforderte, ist sowohl als ein altruistisches Verhalten mit klarer Einsicht in die Tragweite denkbar wie auch als ein Agieren intensiver Kastrationsängste im Sinne einer *counterphobic action*. Letzteres gilt natürlich nicht für den gewaltlosen Widerstand, da gerade die Kastrationsangst weitgehend reflektierbar geworden sein muß, um ihn zu ermöglichen. Es ist deshalb zu fragen, ob Formen des gewaltlosen Widerstandes nicht eine »reifere« Protestform darstellen, ob sie zur Erleichterung des Daseins in der modernen Massengesellschaft erfolgversprechender sind, also eine Antwort auf die Bedingungen des Massendaseins nicht nur in den unterentwickelten, sondern auch in den technisch perfektionierten Großgesellschaften darstellen.

Abschließend sei die Empfehlung vorgetragen, politisches Verhalten mehr oder weniger großer Gruppen, das im Widerspruch zu herrschenden Verhältnissen sich entwickelt, daraufhin zu untersuchen, welche der psychischen Instanzen in ihm den stärksten motivierenden Einfluß ausüben:

a) Ist der Protest Abfuhr von Unlustspannungen, wobei Es-Impulse sich gegen Über-Ich-Steuerung erfolgreich zur Wehr setzen, ohne daß es aber zu einer ausdrücklichen Untersuchung der Realität – also zu einer Beteiligung kritischer Ich-Leistungen kommt? Ohne Zweifel ist eine solche als Ressentiment beschreibbare politische Einstellung die am weitesten verbreitete Protesthaltung. Sie läßt sich relativ leicht organisieren, wobei dann paranoide Tendenzen gefördert und auf bestimmte, vorurteilshaft vorgeformte Objekte gelenkt werden.

b) Von diesem triebbestimmten politischen Verhalten ist das in engerem Sinn politisch zu nennende, das professionelle Verhalten zu unterscheiden. In ihm kommen die realitätsprüfenden Ich-Leistungen zum Zuge und haben dabei auch die gefährlichen Es-Strebungen der Kollektive in Rechnung zu setzen. Da das Ich jedes Menschen – also auch des Politikers – von vorurteilshaften Einstellungen und von konflikthaft erlebten

Triebspannungen bedrängt ist, hängt das Ausmaß der inneren Unabhängigkeit des Politikers u.a. auch davon ab, wieweit er diese eigenen Konflikte und Grenzen zu reflektieren in der Lage ist.

c) Endlich kann politisches Verhalten von Art und Reife der Objektbeziehungen und Identifikationen sowie von der Orientierung am Ich-Ideal bestimmt sein. Zu letzterem gehört das Entwerfen und Erstreben »besserer« Sozialstrukturen; dabei ergibt sich dann die sehr kontroverse Auffassung, wieweit das Ich dabei mitwirken kann, Triebkontrolle aufzugeben, oder ob es sie verstärkt ausüben muß, was keineswegs mit einer Repression natürlicher Triebbedürfnisse schlechthin identisch sein muß.

Man darf sich diese drei Determinanten des sozialen Verhaltens natürlich nicht quasi geschichtet vorstellen, eher zyklisch angeordnet, wenn man zu einem Motivationsmodell menschlichen Verhaltens kommen will. Allein der Unterschied z.B. zwischen »Pazifismus« und »Friedensforschung« macht schon deutlich, wie an sich reflexionsfähige Inhalte – *Erforschung* der Friedensmöglichkeiten – permanent in Gefahr stehen, von ideologisiertem, also es-gesteuertem Wunschdenken durchdrungen oder gar überwältigt zu werden (Pazifismus als eine aus der »Verkehrung ins Gegenteil« abgeleitete Verhaltensweise, mit Hilfe deren aggressive Tendenzen abgewehrt werden). Im protestierenden wie im revolutionären Engagement für noch nicht realisierte Chancen eines angstfreier organisierten Lebens werden also immer Reaktionsbildungen gegen unsere schwer sozialisierbaren Triebtendenzen enthalten sein. Es sollte eine Aufgabe der Psychoanalytiker sein, herauszufinden, wie in einer gegebenen Situation mit den ursprünglichen Triebbedürfnissen umgegangen wird (welche Sublimierungen z.B. geleistet werden), wie sich Objektbeziehungen entwickeln (z.B. welche Empathie möglich ist), welche Abwehrmechanismen (z.B. narzißtische Regression) in Protest und Revolution zum Zuge kommen. Vielleicht kann die Diskussion uns helfen, auch in dieser Hinsicht klarer zu sehen.

1 Pieter C. Kuiper, Soziale Implikationen des Ödipuskomplexes, in: Psyche, 23. Jg., Nr. 10, Oktober 1969, S. 796–802.
2 Alice Balint, Liebe zur Mutter und Mutterliebe, in: Psyche, 16. Jg., Nr. 8, August 1962, S. 481–496.
3 Kurt R. Eissler, Zur Notlage unserer Zeit, in: Psyche, 22. Jg., Nr. 9, September 1968, S. 641–657.
4 Pieter C. Kuiper, Abwehrformen neurotischer Schuldgefühle in der Gegenwart, in: Psyche, 22. Jg., Nr. 9, September 1968, S. 689–700.
5 Anna Freud, Probleme der Pubertät, in: Psyche, 14 Jg., Nr. 4, April 1960, S. 17.
6 Erik H. Erikson, Der junge Mann Luther, München 1964.

Nr. 345

Paul Parin

Frustration – Ichideal – Realitätsveränderung

Diskussionsbeitrag zu Alexander Mitscherlichs Vortrag »Protest und Revolution« auf dem 26. Kongreß der Internationalen Psychoanalytischen Vereinigung 28. Juli 1969

QUELLE: Psyche, 24. Jg., Nr. 7, Juli 1970, S. 538–540

Ich möchte über etwas ganz Bestimmtes sprechen, über den Punkt, an dem sich aus dem individuellen Protest etwas Neues ergibt, an dem der Protest zur Revolution wird.

Die vorbereitenden Schritte sind die gleichen wie beim Protest, der aus inneren Konflikten, äußeren Versagungen oder der Furcht davor entstehen mag.

Revolution nennen wir den Schritt, der dazu führen soll, die (soziale) Wirklichkeit zu verändern.

Nehmen wir als Beispiel irgendeine Gruppe junger Leute. Jeder einzelne darin hat mit unbefriedigten Ansprüchen der Triebe und des Überichs fertig zu werden. Ihr Ich hat sich in einer Weise entwickelt und ist auch dazu erzogen worden, Erfüllung und Befriedigung in der Außenwelt zu suchen, die wir gewöhnlich Realität nennen.

Sobald die Realität die erwartete Wunscherfüllung oder Befriedigung nicht gewährt, wendet sich das Ich jener Instanz zu, von der man erwarten kann, daß sie jeden Anspruch befriedigen wird: dem Idealselbst. Dieses vereinigt in sich alle Strebungen nach Wohlbefinden und alle Ziele, denen das Ich zuzustreben pflegt. Das Idealselbst soll nun zu all dem verhelfen, was die Realität vorenthalten hat. Mit anderen Worten: die Besetzung wird von der Repräsentanz der wirklichen Außenwelt abgezogen, und das Idealselbst wird überbesetzt.

Wenn es zu dieser Veränderung gekommen ist, folgen Schritte der Anpassung. Die Person muß ihre Haltung ändern. Eine vorher ruhige Persönlichkeit zum Beispiel wird ehrgeizig und mag ihr ganzes Leben dem Streben widmen, ein ehrgeiziges Ziel zu erreichen.

Wenn sich diese Vorgänge in einer Gruppe abspielen, kann sie zu einer echten revolutionären Gruppe werden. Denn jetzt können unvermittelt hoch besetzte, identifikatorische Beziehungen zu anderen Personen, die in der gleichen Lage sind, aufgenommen werden. Der narzißtische Rückzug von unbefriedigenden Anteilen der Außenwelt war nur der erste Schritt. Der allen gemeinsame und von allen geteilte Inhalt des Idealselbst bietet nicht nur ein gemeinsames Ziel an, sondern auch ein gemeinsames idealisiertes Objekt.

Ist das geschehen, kann die Gruppe mit oder ohne einen Führer in Funktion treten, mit oder ohne einen gemeinsamen äußeren Feind, mit einem speziellen gemeinsamen Anliegen, oder auch nur mit dem einen: die Realität zu verändern. Der identifikatorische Zusammenhalt der Gruppe mag so oder so gleich stark sein und kann dazu führen, daß sich ihre Kräfte nach außen richten.

Es ist gesagt worden, daß sich diese revolutionäre Bewegung der Jugend zum ersten Mal in der Geschichte unter relativ guten äußeren Lebensbedingungen entwickelt hat und daß sie eine ganz außerordentliche Verbreitung in Regionen mit den allerverschiedensten sozialen Gegebenheiten gefunden hat. Diese beiden Tatsachen können nicht durch das absolute Maß an Entbehrungen oder Unterdrückung in einer bestimmten Umwelt erklärt werden. Worauf es vielmehr ankommt, ist das relative Verhältnis der Befriedigungen, die das Ich der Beteiligten von der Realität zu erwarten gelernt hat, zu jenen, welche die Realität tatsächlich gewährt.

Der revolutionäre Moment ist – psychologisch gesehen – dann erreicht, wenn viele Individuen innerhalb einer Klasse oder einer anderen Gruppierung die psychische Besetzung von der Außenwelt abziehen und auf ihr Idealselbst zurückgreifen, um zu ihrer Befriedigung zu gelangen und ihr seelisches Überleben zu gewährleisten.

Die protestierende und potentiell revolutionäre Jugend von heute ist so aufgezogen worden, daß ihr Ich Sicherheit als die wichtigste Vorbedingung für Wohlbefinden benötigt. Eine gute Erziehung hat sie gelehrt, daß verantwortungsbewußtes Handeln der richtige Weg ist, die meisten Aufgaben zu bewältigen, und daß diese Aktivität die unentbehrliche libidinöse Belohnung bringen wird.

Vernünftiges Denken gilt als das richtige Mittel, mit der Umwelt umzugehen und sie zu ordnen. Entsprechend dieser erworbenen Ich-Einstellung gilt als der richtige Weg, mit dem Leben fertig zu werden, das vernunftgemäße, aktive Handeln. Wir alle aber, ebenso wie die Menschen, die wir aufgezogen haben, leben in einer Welt, in der die Sicherheit der ganzen Menschheit völlig in Frage gestellt ist, in der passive Angleichung gefordert und selbstverantwortliches Handeln bestraft wird, in der die Vernunft entwertet ist.

Je mehr Informationen wir bekommen, je besser wir verstehen, desto mehr gilt die Vernunft nur mehr für die belanglosen, kleinen Dinge. Die Verfolgung der großen Lebensziele, Glück, Liebe, Sicherheit, und die Grundlage unseres Lebens, die menschliche Gemeinschaft, folgen ganz anderen Regeln und werden anders geleitet, in einer Weise, die weit von allem entfernt ist, was die Vernunft empfehlen könnte.

Nr. 346

Herbert Marcuse
Brief an Theodor W. Adorno

31. Juli 1969

QUELLE: Max Horkheimer, Gesammelte Schriften Bd. 18: Briefwechsel 1949–1973, hrsg. von Gunzelin Schmid Noerr, Frankfurt/Main 1996, S. 741 f.

chez Mme. Turenne
06 Cabris, France
31. Juli 1969[1]

Lieber Teddie:

Wieder einmal eine jener Situationen, für die wir nichts können, die aber doch einem auf dem Gewissen liegen ... Dein Brief vom 26. Juli kam gestern, ich habe fast verzweifelt versucht, ihn zu lesen, Inge hat es versucht – wir mußten beide aufgeben. Auch mit der Lupe ging es nicht. Du weißt, wie wichtig mir ist, was Du schreibst. Ich sehe keinen anderen Weg als Dir den Brief zurückzuschicken und Dich herzlichst zu bitten, ihn dort zu diktieren: irgendjemand wird Dir doch eine Schreibmaschine leihen können. Bitte bitte so bald wie möglich. Wir sind bis zum 13. August hier.

Dein Telegramm kam nach dem Spiegel-Gespräch[2], das du inzwischen gelesen haben wirst. Ich bin darin auf Max' Bemerkung in keiner Weise eingegangen, habe sie nicht einmal erwähnt. Selbstverständlich werde ich vor der nun hoffentlich doch stattfindenden

Diskussion nicht darauf zurückkommen. Aber wenn das Spiegel-Zitat so falsch war – warum hat es Max nicht berichtigt?

In Erwartung Deines Briefes,
        herzlichst euch beiden
           Herbert

1 Adorno schickte diesen Brief an Horkheimer mit dem folgenden handschriftlichen Zusatz: »Max, dies nur zur Orientierung. Jedenfalls ist zunächst weiteres Unheil nicht zu erwarten. Daß er meine Schrift nicht lesen kann, find ich unfreundlich. Quand même! Alles Liebe Dein G.R.« – Dies ist, entgegen Adornos Gewohnheit, in lateinischer Schrift, nahezu in Druckbuchstaben, geschrieben.
2 *Revolution aus Ekel*, in: Der Spiegel Nr. 31, 28.7.1969, S. 103 ff.

Nr. 347

Herbert Marcuse
Brief an Rudi Dutschke
31. Juli 1969

QUELLE: Stadt- und Universitätsbibliothek, Frankfurt/Main, Herbert-Marcuse-Archiv

---

                        31. Juli 1969

Lieber Rudi,

Eben lese ich im Spiegel den offenen Brief, den Sie und die anderen Genossen geschrieben haben. Sie glauben nicht, wie glücklich er mich gemacht hat. Wieder hat es sich gezeigt, daß die Jungen heute unendlich mehr politischen Verstand und politische Sensibilität haben als die Bankrotteure der Alten Linken, die Argumenten nur noch durch lumpige Verleumdungen begegnen können.

Ich werde Ihnen in den nächsten Tagen die Kopie eines Briefes an Ernst Fischer schicken, aus dem Sie sehen werden, daß ich Ihres Vertrauens nicht unwürdig bin. Vor allem aber: wie geht es Ihnen? Ich wäre dankbar, wenn Sie mir ein paar Zeilen schreiben würden. Wir sind bis zum 13. August hier.

Können Sie unseren Freunden, die den offenen Brief unterzeichnet haben, meinen Dank mitteilen?

Mit den besten Wünschen Ihnen und Gretchen auch von Inge,

            Ihr
            Herbert Marcuse
            c/c Mme Turenne
            06 CABRIS, Fance

Nr. 348

Herbert Marcuse
Nicht einfach zerstören –
Über die Strategie der Linken
Appell in der österreichischen Monatszeitschrift
»Neues Forum«
August 1969

QUELLE: Neues Forum, 16. Jg., Heft 188/189, August/September 1969, S. 485–488

Wir spüren alle, daß die Gesellschaft zunehmend repressiver wird und zunehmend die natürliche Anlage des Menschen zerstört, *frei* zu sein, sein Leben selbst zu bestimmen, ohne dabei andere auszubeuten.

Alle jene, die unterdrückt und von ihrer Arbeit, dem ihnen abgeforderten Wohlverhalten versklavt werden, all jene, die von der inneren und äußeren Kolonialpolitik ausgebeutet werden – dieses umfassende WIR also will Veränderung.

Dabei müssen wir uns jedoch darüber im klaren sein, daß sich die meisten Menschen der Notwendigkeit einer Veränderung politisch *nicht* bewußt sind und diese Notwendigkeit nicht wirklich fühlen.

Dies ist, glaube ich, die erste große Schwierigkeit, die wir überwinden müssen. Das zweite große Problem ist, daß wir uns ständig der Frage gegenübersehen: »*Welche Alternative* gibt es? Was könnt ihr uns bieten, das besser wäre als das, was wir haben?«

Ich glaube nicht, daß wir diese Fragen einfach beiseite schieben und sagen sollten: »Zunächst muß zerstört werden, danach sehen wir weiter.«

Wir können ganz einfach deshalb nicht so argumentieren, weil unsere Ziele, unsere Werte: unsere *Moral* aus unserem Handeln ersichtlich sein müssen.

Wir müssen uns bemühen, die neuen Menschen, die wir schaffen wollen, selbst zu sein und zwar *jetzt und hier.*

Wir müssen ein wenn auch noch so unvollkommenes *Modell* des zukünftigen Menschen vorzeigen können.

Ich glaube noch immer, daß der *Sozialismus* die Alternative ist. Nicht ein Sozialismus stalinistischer oder nachstalinistischer Prägung, sondern jener Sozialismus der persönlichen Freiheit, der immer beabsichtigt war und der nur allzu leicht entstellt und unterdrückt wird.

Wie vermitteln wir nun diese Vorstellungen den Leuten, die um sich sehen und fragen: »*Wo* ist dieser Sozialismus zu finden? Zeigt ihn uns.«

Wie werden antworten, daß er vielleicht, ja wahrscheinlich in Kuba im Aufbau ist, daß er sich vielleicht in China verwirklicht und daß er ganz sicher im Augenblick in Vietnam gegen ein Riesenungeheuer zu kämpfen hat.

Aber die Leute werden sagen: »Nein, das ist nicht Sozialismus. Der Sozialismus, den wir sehen, ist das, was in der Sowjetunion praktiziert wird, Sozialismus, das ist der Einmarsch in die Tschechoslowakei.« Mit anderen Worten: *Sozialismus ist ein Verbrechen.*

Wie können wir diesen Vorstellungen begegnen?

Radikale Umwälzung ohne Massenbasis scheint unvorstellbar. Doch ebenso unvorstellbar scheint das Schaffen einer Massenbasis für jenen Sozialismus der persönlichen Freiheit, zumindest auf absehbare Zukunft.

Die Antwort ist einfach: Wir müssen versuchen, diese Massenbasis *trotzdem* zu begründen.

Dabei stoßen wir an die Grenzen der Möglichkeit, demokratische Überzeugungsarbeit zu leisten. Warum gibt es solche Grenzen?

Weil ein großer, vielleicht der entscheidende Teil der Mehrheit, nämlich die *arbeitende Klasse*, weitgehend in das System eingegliedert ist, und zwar auf einer ziemlich soliden materiellen Grundlage, nicht nur oberflächlich.

Der zweite Grund, warum unsere demokratischen Mittel der Überzeugungsarbeit beschränkt sind, liegt darin, daß die Linke keinen angemessenen Zugang zu den Medien der *Massenkommunikation* hat. Wenn wir die gleichwertige Sendezeit, den gleichwertigen Anzeigenraum nicht kaufen können: wie sollen wir dann die öffentliche Meinung ändern, eine öffentliche Meinung, die auf monopolistische Weise erzeugt worden ist?

Wir stehen in dieser Pseudodemokratie einer Mehrheit gegenüber, die sich um sich selbst dreht, die sich selbst als konservative Majorität ständig neu zu schaffen scheint und die immun gegen radikale Veränderungen ist.

Aber dieselben Umstände, die einer demokratischen Überzeugungsarbeit im Wege stehen, verhindern auch die Schaffung einer revolutionären zentralisierten Massenpartei im Sinne des traditionellen Modells. Man kann heute eine solche Partei nicht gründen. Nicht nur, weil heute der Unterdrückungsapparat so unendlich viel wirksamer und mächtiger ist als je zuvor, sondern hauptsächlich deshalb, *weil Zentralisierung kein Rezept mehr für Veränderung zu sein scheint.*

Die Widersprüche im Kapitalismus sind heute so tiefgreifend wie eh und je. Doch sind die Machtmittel des Kapitalismus nicht nur groß, sondern täglich größer infolge der *geheimen Zusammenarbeit zwischen den USA und der Sowjetunion.*

Wir sehen uns einer zeitweiligen Stabilisierung des kapitalistischen Systems gegenüber, und in einer solchen Phase der Stabilisierung hat die Linke die Aufgabe der *Aufklärung*, der *Erziehung*, der Entwicklung politischen *Bewußtseins*.

Das alte Modell hilft nicht weiter. Der Gedanke, daß in einem von einer autoritären Partei zentral geregelten Land wie den Vereinigten Staaten große Massen auf Washington marschieren, das Pentagon besetzen und eine neue Regierung installieren, scheint ziemlich *unrealistisch*. Wir müssen uns darüber im klaren sein, daß das System aufgelockert, zergliedert, weitmaschig ist und seine Schwerpunkte, seine Wirksamkeit auf die regionale und lokale Ebene verlagert hat.

Zweitens geht es um die Rolle der *neuen arbeitenden Klasse*. Wir müssen Tendenzen begreifen, die uns der materielle Produktionsprozeß im Kapitalismus vor Augen führt: nämlich, daß mehr und mehr hochqualifizierte Angestellte, Techniker, Spezialisten usw. maßgebende Rollen im materiellen Produktionsprozeß einnehmen und, selbst im Marxschen Sinn, gerade dadurch zu Angehörigen der industriellen Arbeiterklasse werden.

Was ich vorschlage, ist Erweiterung der potentiellen Massenbasis über die traditionelle Industriearbeiterklasse hinaus zu neuen Arbeiterklassen, die die Zahl der ausgebeuteten erweitern. Diese Ausweitung auf eine große, aber sehr diffuse und zergliederte Massenbasis ändert das Verhalten zwischen den politisch militanten Kadern der Linken und der Masse. Was wir uns vorzustellen haben, ist keine große zentralisierte und koordinierte Bewegung, sondern sind regional und lokal durchzuführende politische Aktionen gegen spezifische Mißstände.

Aufstände, Rebellion in den Ghettos usw., das sind sicher Massenbewegungen, aber solche, denen *weitgehend das politische Bewußtsein fehlt* und die deshalb mehr denn je auf politische Führung und Lenkung seitens militanter Führungsminderheiten angewiesen sein werden.

In dem Maß, in dem der pseudodemokratische Prozeß mit Hilfe des Teilmonopols an den herkömmlichen Massenmedien eine sich gleichbleibende Gesellschaft und damit eine weitgehend *immune Majorität* produziert und reproduziert, in demselben Maß muß politische Bildung und Vorbereitung über die traditionellen liberalen Formen hinausgehen. Politisches Handeln und politische Aufklärung müssen über Lehren und Zuhören, Diskutieren und Schreiben hinausgreifen.

Die Linke muß angemessene Mittel finden, das konformistische Universum der politischen Sprache und des politischen Verhaltens zu zerbrechen.

Die Linke muß versuchen, das Bewußtsein und das Gewissen der *anderen* wachzurütteln.

Auszubrechen aus dem korrupten Sprach- und Verhaltensmuster, aus einem Muster, das jedweder politischen Handlung aufgezwungen wird, ist eine fast übermenschliche Aufgabe und erfordert eine fast übermenschliche Vorstellungskraft. Es erfordert das *Finden einer Sprache* und *neuer Organisationsformen*, die mit dem bekannten politischen Usus nichts mehr gemein haben.

Dem Establishment und der etablierten Vernunft würde und muß ein solches Vorhaben *närrisch*, kindisch, irrational erscheinen. Doch könnte es sehr wohl der Auftakt zu einem zumindest zeitweilig erfolgreichen Versuch sein, das repressive Universum des etablierten Verhaltens zu sprengen.

Ich habe schon die *Hinfälligkeit traditioneller Organisationsformen*, z. B. einer Parlamentspartei, betont. Ich kann mir heute keine Partei vorstellen, die nicht binnen ganz kurzer Zeit der allgemeinen und totalen politischen Korruption zum Opfer fiele. Deshalb keine politische Partei, aber auch keinen revolutionären Zentralismus und keinen Untergrund – weil sie allzu leicht eine Beute des intensivierten und reibungslos arbeitenden Repressionsapparates werden.

Ich möchte anfügen, was vielleicht ketzerisch erscheint: keine voreilige Vereinheitlichung der verschiedenen Strategien. *Die Linke ist gespalten. Die Linke war stets gespalten.* Nur die Rechte, die für keine Idee zu kämpfen braucht, ist einig.

Die Stärke der Linken könnte sehr wohl bei jenen kleinen, miteinander wetteifernden Gruppen liegen, die gleichzeitig verschiedenenorts aktiv sind; also eine Art politischer Guerillaverbände im Frieden, oder im sogenannten Frieden.

Was mir aber am wichtigsten erscheint, ist, daß solche Kleingruppen mit ihrer lokal begrenzten Aktivität auf etwas hindeuten, was aller Wahrscheinlichkeit nach die Basisorganisation des freiheitlichen Sozialismus sein dürfte – nämlich Räte, *Sowjets*, wenn man den Ausdruck noch verwenden kann; ich möchte das *organisierte Spontaneität* nennen.

Ein paar Worte zum Eingehen von Bündnissen:

Kein Bündnis mit den *Liberalen*! Sie verrichten die Arbeit des Ausschusses für antiamerikanische Umtriebe, indem sie die Linke denunzieren.

Statt dessen Bündnisse mit all jenen, ob bourgeois oder nicht, die wissen, daß der Feind *rechts* steht, und die dieses Wissen unter Beweis gestellt haben.

Ich bin der Auffassung – das ist kein Glaubensbekenntnis, sondern zumindest zu einem großen Teil das Ergebnis dessen, was man eine Analyse der Fakten nennen könnte –, daß die *neue Linke* heute unsere einzige Hoffnung ist. Sie hat die Aufgabe, sich in Gedanken und Handlungen, moralisch und politisch, auf den Zeitpunkt vorzubereiten, da die inneren Konflikte des korporativen Kapitalismus seinen repressiven Zusammenhalt aufbrechen und einen Riß hervorrufen, an dem die wirkliche Arbeit für den freiheitlichen Sozialismus beginnen kann.

Die Aussichten der neuen Linken sind gut, wenn sie ihre augenblickliche Aktivität aufrechterhalten kann. Es gibt immer Zeiten des Rückschritts; keine Bewegung schreitet unentwegt voran. Deshalb wäre das Beibehalten unserer Aktivität schon ein Erfolg.

Die, welche die Jungen der neuen Linken denunzieren, als infantile Radikale und snobistische Intellektuelle hinstellen, beschwören Lenins berühmtes Pamphlet *Der »linke Radikalismus«, die Kinderkrankheit im Kommunismus* und begehen damit eine historische Fälschung. Lenin ging gegen Radikale vor, die sich gegen eine starke revolutionäre Massenpartei stellten. Eine solche Partei gibt es heute nicht. *Die Kommunistische Partei hat sich in eine Partei der Ruhe und Ordnung verwandelt und bezeichnet sich selbst so.*

Weil eine revolutionäre Partei fehlt, sind diese angeblich infantilen Radikalen meiner Meinung nach *die schwachen und verwirrten, aber wahren historischen Erben der großen sozialistischen Tradition*. Wir alle wissen, daß ihre Reihen durchsetzt sind von Agenten, Narren und Verantwortungslosen. Aber in ihren Reihen finden sich auch Menschen, die hinreichend frei sind von den unmenschlichen Sünden der Ausbeutergesellschaft, hinreichend frei also, an einer Gesellschaft mitzuarbeiten, in der es keine Ausbeutung mehr geben soll.

Mit ihnen werde ich zusammenarbeiten, solange ich kann.

Nr. 349
Theodor W. Adorno
Eilbrief an Herbert Marcuse
6. August 1969

QUELLE: Stadt- und Universitätsbibliothek Frankfurt/Main, Herbert-Marcuse-Archiv

Institut für Sozialforschung
an der
Johann Wolfgang Goethe-Universität
Prof. Dr. Th. W. Adorno

6000 Frankfurt a.M.1
Senckenberg-Anlage 26
Fernruf: 77 21 47 u. 77 21 95
6. August 1969
neue Sammel-Nr. 77 40 69

Eilboten

Herrn Professor
Herbert Marcuse
chez Madame Turenne
06 Cabris (France)

Lieber Herbert,

auf Deinen Brief habe ich Dir telegraphiert. Ich möchte Unheil verhüten. Es wäre doch idiotisch, wenn wegen dieser Geschichte *im Ernst* etwas zwischen Dich einerseits und Max und mich auf der anderen Seite träte. Warum Du wegen dieser, wie üblich, kraß entstellten Angelegenheit Dich nicht erst mit Max in Verbindung setztest, um den Sachverhalt klarzustellen, *ehe* Du reagiertest, versteh ich nicht. Im übrigen will ich Dir nur sagen, daß ich die Hetze gegen Dich, und das Gaudi, das sie unseren Feinden bereitet, widerlich finde. Das versteht sich von selbst; gerade in diesem Augenblick muß es gesagt sein. Ich meine, Du müßtest den Herrn Matthias verstehen, so abgeneigt ich sonst auch Prozessen bin. Mir hat man ja in der genau so aus der Luft gegriffenen Angelegenheit der Benjamin-Ausgabe mitgespielt, ebenfalls von rechts (Hannah Arendt) und von den Apo-Aktionisten her.

Auf Deinen Brief kann ich Dir – ohne Schreibmaschine – erst aus Frankfurt richtig antworten. Die Meriten der Studentenbewegung bin ich der letzte zu unterschätzen: sie hat den glatten Übergang zur total verwalteten Welt unterbrochen. Aber es ist ihr ein Quentchen Wahn beigemischt, dem das Totalitäre teleologisch innewohnt, gar nicht erst – obwohl dies auch – als Reperkussion. Und ich bin kein Masochist, bis in die Theorie hinein nicht. Zudem ist die deutsche Situation wirklich anders. – Daß ich neulich wieder, bei einer Klausur, Tränengas abbekam, nur nebenbei, bei meiner schweren Bindehautentzündung sehr lästig.

Was das heutige Institut anlangt, so hat es ganz gewiß nicht mehr politische Abstinenz geübt als das in N. Y. der Fall war. Von dem Maß an Haß, das sich auf Friedeburg, Habermas und mich konzentriert, machst du Dir offenbar keine Vorstellung. Die Lektüre der FAZ könnte es Dir zeigen.

In puncto Simplifizierung bin ich – wie seinerzeit schon Brecht gegenüber – nun wirklich *ganz* anderer Ansicht; aber darauf kann ich heut nicht eingehen.

Herbert, nach Zürich oder Pontresina kann ich wirklich nicht kommen. Du mußt, wie ich Dir in meinem letzten Brief andeutete, wirklich mit einem schwer ramponierten Teddie rechnen, Max wird es Dir bestätigen. Du wirst, und ich bin froh darüber, bis Mitte August schon eine ausgiebige Erholung hinter Dir haben; ich noch nicht. Ich denke, dieser recht rationalisierte Egoismus ist doch legitim, und der Satz von der Identität der Entfernung Pontresina–Zermatt ist zum Glück umkehrbar. Und hier hat man, wie Du weißt, unendlich viel mehr Ruhe und Ungestörtheit als im Engadin. Schließlich sind wir Dir hierher entgegengewandert. Findest Du es denn seitdem so gruslig hier? Und daran, daß wir uns sprechen müßten, ist doch kein Zweifel – oder? – Daß ich vom 5. bis 9. *September* in Venedig sein werde (Hotel Regina), schrieb ich Dir wohl; hier bis 27. August.

Herzlichst, auch von der Gretel und an Inge,
Dein Teddie

Von Danny-le-rouge hätte ich Dir einiges zu berichten: nur grotesk Komisches. Was muß das für eine Schönheit der Straßenschlachten gewesen sein, mit ihm. Und in Frankfurt zählt er noch zu den Humaneren! Quel monde!

Nach handschriftlich übersandtem Konzept abgeschrieben.
Mit freundlichen Grüßen
(Hertha Georg, Sekretärin)

Nr. 350

Max Horkheimer
Über seinen Gefährten
Zum Tode Theodor W. Adornos
8. August 1969

QUELLE: Frankfurter Allgemeine Zeitung vom 8. August 1969; wiederabgedruckt in: Hermann Schweppenhäuser (Hg.), Theodor W. Adorno zum Gedächtnis, Frankfurt/Main 1971, S. 45 f.; wiederabgedruckt in: Max Horkheimer, Gesammelte Schriften Bd. 7: Vorträge und Aufzeichnungen 1949–1973, hrsg. von Gunzelin Schmid Noerr, © S. Fischer Verlag Frankfurt/Main 1985, S. 289 f.

Theodor Wiesengrund-Adorno ist gestorben. Sein Werk wird leben, solange es Menschen gibt, deren Denken nicht einzig um exakte Kenntnis, sondern darüber hinaus um Wahrheit bemüht ist, Wahrheit in dem Sinn, die Kenntnisse so auszudrücken, daß ihre Formulierung zum rechten Urteil über das schlechte Bestehende führt. Er war Philosoph, nicht, als ob ihm Philosophie als eine Disziplin, ein Fach, eine Spezialität gegolten hätte; sie war ihm das Bemühen, Wissenschaft und Kunst, Gesellschaft und Politik in ihrer Beziehung zu jenem Anderen zu gestalten, das abschließend sich nicht bestimmen läßt, jedoch in den großen gedanklichen und künstlerischen Werken wie in der Sehnsucht autonomer menschlicher Subjekte gegenwärtig ist.

Wie weit auch Adornos schöpferische Kraft über die von ihm beherrschten Wissenszweige, über Ästhetik, insbesondere Musikwissenschaft, Soziologie, Psychologie, Geistesgeschichte hinausging, so hat er alle diese Regionen in meisterhafter Weise wie kaum ein anderer beherrscht. Wenn für einen heute lebenden, geistig produktiven Menschen aus diesen Gebieten der Begriff des Genies angemessen ist, so für Theodor Adorno. Ich bin stolz und dankbar, sagen zu dürfen, daß er dem Kreis von Intellektuellen angehörte, der seit Jahren unter dem Namen der Frankfurter Schule bekannt ist. Um 1930 entstanden, verdankt sie ihre geistige Entfaltung insbesondere in Amerika und später in Deutschland wesentlich seiner Wirksamkeit. Verbunden waren die Mitglieder vor allem durch ihre gemeinsamen Gedanken, mit anderen Worten: durch die Kritische Theorie. Ihre Basis bildet die Überzeugung, daß wir das Gute, das Absolute nicht darzustellen vermögen, jedoch bezeichnen können, worunter wir leiden, was der Veränderung bedarf und alle darum Bemühten in gemeinschaftlicher Anstrengung, in Solidarität verbinden sollte. Die Werke Adornos, deren Tiefe und historische Aktualität seiner kaum zu fassenden unermüdlichen Hingabe, seiner einzigartigen schriftstellerischen Kraft entsprangen, zeugen für die Kritische Theorie, mag sie wie andere bedeutsame Lehren noch so entstellt und mißbraucht werden.

Wieder und wieder ist ihre Beziehung zur Praxis erörtert worden. Was soll Kritik, so wurde gefragt, wenn sie nicht konkret die Wege zu einer verbessernden Praxis weist? Von den vielen, dem Werk Adornos immanenten Hinweisen zu schweigen, bildet es selbst, von den *Minima Moralia* über die *Negative Dialektik* bis zu den jüngsten Publikationen, eine reale Resistenz sowohl gegen den Fortbestand antiquierter sozialer Verhältnisse wie gegen den mit rein technischem Fortschritt verbundenen Zerfall von Kultur. Immer wieder hat Adorno gegen Resignation protestiert: nicht bloß seine Schriften, sondern sein Verhalten zu den Institutionen, denen er angehörte, sind Beweise dafür. Wie intensiv auch immer er um Reformen sich bemühte, er hat abgelehnt, den Kollektiven, die auf seine Theorie sich beriefen, anstatt sie reflektierend auf die eigenen Aktionen anzuwenden, unbedingt sich anzuschließen. Seine Haltung war beides, produktiv und antikonformistisch zugleich. In Amerika hat er, im Gegensatz zu vielen anderen Geflüchteten, mit uns im Institut in deutscher Sprache seine Arbeit fortgesetzt, anstatt rasch der neuen Sprache sich anzupassen. Er war der Überzeugung, daß die große deutsche Philosophie im Gegensatz zu Hitler-Deutschland in unserer Gemeinschaft besser aufgehoben sei als im sogenannten »Dritten Reich«. Gemeinsam sind wir nach Frankfurt zurückgekehrt, in der Absicht, dabei mitzuhelfen, daß die Intentionen wahren deutschen Denkens von der Jugend übernommen und entwickelt werden sollten. In diesem Sinne hat er die Professur angetreten und das Direktorat des Institutes für Sozialforschung übernommen und fortgeführt. Zusammen mit den anderen Direktoren und Assistenten, nicht zuletzt mit Gretel, seiner Frau, hat er das Erbe zu bewahren gesucht. Heute trauern wir und viele denkende Menschen der Welt um einen der größten Geister dieser Zeit des Übergangs.

Nr. 351

Max Horkheimer
»Himmel, Ewigkeit und Schönheit«
»Spiegel«-Interview
zum Tode Theodor W. Adornos
11. August 1969

QUELLE: Der Spiegel vom 11. August 1969, 23. Jg., Nr. 33, S. 108 f.; wiederabgedruckt in: Max Horkheimer, Gesammelte Schriften Bd. 7: Vorträge und Aufzeichnungen 1949–1973, hrsg. von Gunzelin Schmid Noerr, © S. Fischer Verlag Frankfurt/Main 1985, S. 291 f.

SPIEGEL: Herr Professor Horkheimer, Ihr Freund Theodor Adorno ist tot. Gab es in den letzten Jahren seines Lebens so etwas wie Resignation?

HORKHEIMER: Von Resignation kann keine Rede sein; Herr Adorno war überzeugt davon, daß die überlegten Stellungnahmen zu der gegenwärtigen gesellschaftlichen, politischen und kulturellen Situation, wie er sie in seinen Schriften abgegeben hat, unendlich viel mehr dazu beitragen können, geistigen Menschen zu helfen, Verbesserungen zu bewirken als die relativ unüberlegten Akte, wie sie von den verschiedensten einander widersprechenden Seiten verübt werden. Schon darum negierte er Resignation, weil er dachte, daß die Gedanken, wie er sie ausgesprochen hat, selber für bestimmte Maßnahmen, im Verlauf der reinen Automatisierung und Mechanisierung, in der die positiven Vorstellungen der menschlichen Beziehungen vergessen werden, als ihr Gegenteil bewahrt werden.

SPIEGEL: Studenten, zumal gerade die, welche seine Schüler waren und die er liebte, warfen ihm Praxisscheu und mangelnde Parteilichkeit vor, bezichtigten ihn sogar, eine Philosophie des Veränderns gelehrt, aber schließlich verraten zu haben. Waren diese Vorwürfe falsch?

HORKHEIMER: Ja, ich glaube, sie waren falsch. Er war der Überzeugung, daß die gegenwärtige Entwicklung dazu führt, daß die Gesellschaft ausschließlich durch rein technisch instrumentelle Vorstellungen und Ziele bestimmt wird und nicht durch autonome Gedanken. Ihm kam es darauf an, das, was wir bis in die Gegenwart hinein Mensch genannt haben, wenn nicht auszuweiten und zu entwickeln, so doch wenigstens in dieser keineswegs abzulehnenden technischen Verbesserung der Gesellschaft zu bewahren. Es kam ihm darauf an, daß die Bekümmerung um eine nicht nur gerechtere, sondern auch die menschlichen Kräfte besser entfaltende Gesellschaft gefördert werde. Und dazu gehörte all das, was er selber gesagt, geschrieben hat und gelebt hat.

SPIEGEL: Glauben Sie, daß die studentischen Provokationen, denen er seit 1967 ausgesetzt war, ihn verletzt und Spuren in seinem Denken hinterlassen haben?

HORKHEIMER: Ich glaube, man muß da sehr vorsichtig sein. Die Studenten haben ihm an verschiedenen Stellen widerstanden und haben auch gegen ihn protestiert. Andererseits aber waren auch unter diesen Studenten nicht wenige, die gewußt haben, was er bedeutet hat, und die trotz aller Protestaktionen auch in sich eine Liebe für ihn bewahrt haben. Natürlich war er zutiefst betroffen von den Protestaktionen der Studenten. Andererseits aber, wenn er mit einzelnen dieser Studenten gesprochen hat, haben sie ihm sehr oft auch Dinge gesagt, über die er sehr glücklich gewesen ist.

SPIEGEL: Haben Sie mit ihm darüber gesprochen?

HORKHEIMER: Natürlich, ich habe fortwährend mit ihm darüber gesprochen. Und er hat mir immer wieder gesagt, daß er diese Protestaktionen, soweit sie fortschrittliche Professoren betrafen, keineswegs billigte. Andererseits war er aber niemals bereit, sich durch diese Aktionen hinreißen zu lassen, nun einfach auf die Gegenseite hinüberzugehen.

Nr. 352

Hans-Jürgen Krahl
Der politische Widerspruch der
Kritischen Theorie Adornos
Nachruf
13. August 1969

QUELLE: Frankfurter Rundschau vom 13. August 1969; wiederabgedruckt in: Hans-Jürgen Krahl, Konstitution und Klassenkampf, Frankfurt/Main 1971, S. 285–288

Adornos intellektuelle Biographie ist bis in ihre ästhetischen Abstraktionen hinein von der Erfahrung des Faschismus gezeichnet. Die Reflexionsweise dieser Erfahrung, die an den Gebilden der Kunst den unauflösbaren Zusammenhang von Kritik und Leiden abliest, macht die Kompromißlosigkeit des Anspruchs auf Negation aus und weist ihn zugleich in seine Grenzen. In der Reflexion auf die durch die ökonomischen Naturkatastrophen der kapitalistischen Produktion hervorgetriebenen faschistischen Gewalt weiß das

»beschädigte Leben«, daß es sich der Verstrickung in die ideologischen Widersprüche der bürgerlichen Individualität, deren unwiderruflichen Zerfall es erkannt hat, gleichwohl nicht entziehen kann. Der faschistische Terror produziert nicht nur die Einsicht in den hermetischen Zwangscharakter der hochindustrialisierten Klassengesellschaften, er verletzt auch die Subjektivität des Theoretikers und verfestigt die Klassenschranke seines Erkenntnisvermögens. Das Bewußtsein davon spricht Adorno in der Einleitung der *Minima Moralia* aus: »Die Gewalt, die mich vertrieben hatte, verwehrte mir zugleich ihre volle Erkenntnis. Ich gestand mir noch nicht die Mitschuld zu, in deren Bannkreis gerät, wer angesichts des Unsäglichen, das kollektiv geschah, von Individuellem überhaupt redet.«

Es scheint, als sei Adorno durch die schneidende Kritik am ideologischen Dasein des bürgerlichen Individuums hindurch unwiderstehlich in dessen Ruine gebannt. Dann aber hätte Adorno die Vereinsamung der Emigration nie wirklich verlassen. Das monadologische Schicksal des durch die Produktionsgesetze der abstrakten Arbeit vereinzelten Individuums spiegelt sich in seiner intellektuellen Subjektivität. Daher vermochte Adorno die private Passion angesichts des Leidens der Verdammten dieser Erde nicht in eine organisierte Parteilichkeit der Theorie zur Befreiung der Unterdrückten umzusetzen.

Adornos gesellschaftstheoretische Einsicht, derzufolge »das Nachleben des Nationalsozialismus *in* der Demokratie als potentiell bedrohlicher denn das Nachleben faschistischer Tendenzen *gegen* die Demokratie« anzusehen sei, ließ seine progressive Furcht vor einer faschistischen Stabilisierung des restaurierten Monopolkapitals in regressive Angst vor den Formen praktischen Widerstands gegen diese Tendenz des Systems umschlagen.

Er teilte die Ambivalenz des politischen Bewußtseins vieler kritischer Intellektueller in Deutschland, die projizieren, die sozialistische Aktion von links setze das Potential des faschistischen Terrors von rechts, das sie bekämpft, überhaupt erst frei. Damit aber ist jede Praxis a priori als blind aktionistisch denunziert und die Möglichkeit politischer Kritik schlechthin boykottiert, nämlich die Unterscheidung zwischen einer im Prinzip richtigen vorrevolutionären Praxis und deren kinderkranken Erscheinungsformen in entstehenden revolutionären Bewegungen.

Im Gegensatz zum französischen Proletariat und seinen politischen Intellektuellen fehlen in Deutschland eine ungebrochene Tradition gewaltsamer Résistance und damit die geschichtlichen Voraussetzungen für eine von Irrationalisierungen entlastete Diskussion, der historischen Legitimität von Gewalt. Die herrschende Gewalt, die Adornos eigener Analyse zufolge auch nach Auschwitz zur neuen Faschisierung drängt, wäre keine, wenn die marxistische »Waffe der Kritik« nicht durch die proletarische »Kritik der Waffen« ergänzt werden müßte. Nur dann ist Kritik das theoretische Leben der Revolution.

Dieser objektive Widerspruch in der Theorie Adornos drängte zum offenen Konflikt und ließ die sozialistischen Schüler zu politischen Gegnern ihres philosophischen Lehrers werden. Sosehr Adorno die bürgerliche Ideologie des interesselosen Aufsuchens der Wahrheit als Schein des Tauschverkehrs durchschaute, so sehr mißtraute er den Spuren des politischen Richtungskampfes im wissenschaftlichen Dialog.

Doch seine kritische Option, ein Denken, dem Wahrheit zukommen soll, müsse sich aus sich heraus auf die praktische Veränderung der gesellschaftlichen Wirklichkeit ausrichten, verliert an Verbindlichkeit, wenn es sich nicht auch in organisatorischen Kategorien zu bestimmen vermag. Immer weiter entfernte sich Adornos dialektischer Begriff der Negation von der historischen Notwendigkeit einer objektiven Parteilichkeit des Denkens, die in Horkheimers spezifischer Differenzbestimmung der kritischen zur traditionellen Theorie zumindest in der Programmatik von der »dynamischen Einheit« des Theoretikers mit der beherrschten Klasse enthalten war.

Die Abstraktion von diesen Kriterien hat Adorno schließlich im Konflikt mit der studentischen Protestbewegung in eine fatale und von ihm selbst kaum durchschaute Komplizität mit den herrschenden Gewalten getrieben. Die Kontroverse bezog sich keineswegs allein auf das Problem privater Praxisabstinenz, sondern das Unvermögen zur Organisationsfrage verweist auf eine objektive Unzulänglichkeit der Theorie Adornos vor der ihr erkenntniskritisch und gesellschaftstheoretisch zentralen Kategorie der gesellschaftlichen Praxis.

Gleichwohl vermittelte die Reflexion Adornos den politisch bewußten Studenten die herrschaftsentschleiernden Emanzipationskategorien, die unausdrücklich den veränderten geschichtlichen Bedingungen revolutionärer Situationen in den Metropolen entsprechen, welche nicht mehr aus unmittelbaren Verelendungserfahrungen bestimmt werden können.

Adornos mikrologische Darstellungskraft förderte aus der Dialektik von Warenproduktion und Tauschverkehr die verschüttete emanzipative Dimension der Marxschen Kritik der politischen Ökonomie zutage, deren Selbstbewußtsein als einer revolutionären Theorie, also einer Lehre, deren Aussagen die Gesellschaft unter dem Aspekt radikaler Veränderung konstruieren, den marxistischen Wirtschaftstheoretikern der Gegenwart zumeist verlorengegangen ist. Adornos wesenslogische Reflexion auf die Kategorien der Verdinglichung und Fetischisierung, der Mystifikation und zweiten Natur, überlieferte das Emanzipationsbewußtsein des westlichen Marxismus der zwanziger und dreißiger Jahre, Korschs und Lukács', Horkheimers und Marcuses, wie er sich in Opposition zum offiziellen Sowjetmarxismus ausbildete.

Ursprung und Identität entschlüsselte Adorno in seiner Philosophiekritik der fundamentalontologischen Seins- und positivistischen Faktizitätsideologie als Herrschaftskategorie der Zirkulationssphäre, deren liberale Legitimationsdialektik bürgerlicher Sittlichkeit, der Schein des gerechten Tausches gleicher Warenbesitzer sich längst aufgelöst hat.

Doch dasselbe theoretische Instrumentarium, vermittels dessen Adorno diese gesamtgesellschaftliche Erkenntnis zu realisieren vermochte, verstellte ihm auch den Blick auf die historischen Möglichkeiten einer befreienden Praxis.

In seiner Ideologiekritik am Tod des bürgerlichen Individuums zittert ein Moment berechtigter Trauer nach. Doch über diese radikalisierte letzte Bürgerlichkeit seines Denkens konnte Adorno im Hegelschen Sinn dieses Begriffs nicht immanent hinausgehen. Er blieb an sie mit furchtsamem Blick auf die schreckliche Vergangenheit fixiert, das immer zu spät kommende Bewußtsein dessen, der erst in der Dämmerung zu begreifen anfängt.

Adornos Negation der spätkapitalistischen Gesellschaft ist abstrakt geblieben und hat sich dem Erfordernis der Bestimmtheit der bestimmten Negation verschlossen, jener dialektischen Kategorie also, der er sich aus der Tradition Hegels und Marxens verpflichtet wußte. Der Praxisbegriff des historischen Materialismus wird in seinem letzten Werk, der *Negativen Dialektik*, nicht mehr auf den sozialen Wandel seiner geschichtlichen Formbestimmungen hin befragt, den bürgerlichen Verkehrs- und proletarischen Organisationsformen. In seiner Kritischen Theorie spiegelt sich das Absterben der Klassenkämpfe als Verkümmerung der materialistischen Geschichtsauffassung.

Zwar war einst für Horkheimer die Zurechnung der Theorie zur befreienden Praxis des Proletariats programmatisch; doch die bürgerliche Organisationsform der Kritischen Theorie brachte schon damals Programm und Durchführung nicht zur Deckung. Die Zerschlagung der Arbeiterbewegung durch den Faschismus und ihre scheinbar unwiderrufliche Integration in der Rekonstruktion des westdeutschen Nachkriegskapitalismus veränderten den Sinn der Begriffe der Kritischen Theorie. Sie mußten notwendig an Bestimmtheit verlieren, doch vollzog sich dieser Abstraktionsprozeß blind.

Die konkrete und materiale Geschichte, die Adorno dem »Geschichtslosen Begriff der Geschichte«, der Geschichtlichkeit Heideggers kritisch entgegensetzte, wanderte immer mehr aus seinem Begriff gesellschaftlicher Praxis aus und ist in seinem letzten Werk, der *Negativen Dialektik* derart verdunstet, daß sie der transzendentalen Armut der Heideggerschen Kategorie assimiliert erscheint.

Zwar bestand Adorno in seinem Referat auf dem deutschen Soziologentag zu Recht mit Nachruck auf einer Geltung der marxistischen Orthodoxie: die industriellen Produktivkräfte seien immer noch in kapitalistischen Produktionsverhältnissen organisiert, und die politische Herrschaft beruhe nach wie vor auf der ökonomischen Ausbeutung der Lohnarbeiter. Doch sosehr seine Orthodoxie auch in Konflikt mit der herrschenden westdeutschen Soziologie auf jener Tagung geriet, so mußte sie doch folgenlos bleiben, denn die kategorialen Formen waren nicht auf die materielle Geschichte bezogen.

Dieser fortschreitende Abstraktionsprozeß von der geschichtlichen Praxis hat Adornos Kritische Theorie in die kaum noch legitimierbaren Kontemplationsformen der traditionellen Theorie zurückverwandelt.

Der Traditionalisierungsprozeß seines Denkens erweist seine Theorie als eine altgewordene Gestalt der Vernunft in der Geschichte. Die materialistische Dialektik der gefesselten Produktivkräfte reflektiert auf der Ebene seines Denkens in die Vorstellung der sich selber fesselnden Theorie, welche unentrinnbar in die Immanenz ihrer Begriffe verstrickt ist. »Ist das Zeitalter der Interpretation der Welt vorüber und gilt es, sie zu verändern, dann nimmt die Philosophie Abschied ... nicht die Erste Philosophie ist an der Zeit, sondern eine letzte.« Diese letzte Philosophie Adornos hat sich von ihrem Abschied nicht verabschieden wollen und können.

Nr. 353

Joachim Bergmann / Lili Biesalski / Klaus Binder / Karla Fohrbeck / Johannes Gawert / Friedhelm Herborth / Klaus Herrmann / Inge Hofmann / Ursula Jaerisch / Werner Bruno Koch / Eberhard Knödler-Bunte / Hans-Jürgen Krahl / Rudolf zur Lippe / Thomas Mayer / Günther Mensching / Ernst Theodor Mohl / Volkhart Mosler / Bernd Müller-Grucka / Susanne Müller-Hampft / Gerlinde Münz / Helga Pesel / Xenia Rajewski / Tillman Rexroth / Claus Rolshausen / Ciro Salice / Friedrich W. Schmidt / Regina Schmidt / Johannes Schneider / Eckart Teschner / Gunter Wegeleben / Renate Wieland / Frank Wolff / Gisela von Wysocki

Kritische Theorie weiterführen
Eine Erklärung von Adorno-Schülern
20. August 1969

QUELLE: Frankfurter Rundschau vom 20. August 1969; wiederabgedruckt in: Wilfried F. Schoeller (Hg.), Die neue Linke nach Adorno, München 1969, S. 203–207; wiederabgedruckt in: Hermann Schweppenhäuser (Hg.), Theodor W. Adorno zum Gedächtnis, Frankfurt/Main 1971, S. 22–25

In Nachrufen und Würdigungen, die zum Tode Theodor W. Adornos publiziert wurden, scheint die Betroffenheit durchsetzt von Erleichterung. Je monumentaler der Grabstein aus überschwenglicher Verehrung, der über den Neinsager gewälzt wird, desto sicherer ist seine aufsprengende Kraft für immer begraben. Wer aber als Schüler Adornos sich versteht, muß gegen die Entrückung seines Werks in die Sphäre des Kulturguts sich wehren. Noch diejenigen unter Adornos Schülern, die politisch seine schärfsten Kontrahenten wurden, stehen ihm in der Sache unendlich viel näher als jene Presse, die über den Sachen zu stehen meint.

Das Bild, das uns liberale wie konservative Presseorgane von Adorno vorführen, wird schon durch die Stereotypie seiner Motive unwahr. Wo etwa seine »Totalpräsenz des Geistes« und seine »Fähigkeit zur druckreifen Formulierung« als »beklemmend« beschrieben werden, tritt an die Stelle von Argumentation das andächtige Erschauern vor der Naturgewalt des genialen Individuums. Mit dem Etikett des Einmaligen, nie wieder Erreichbaren wird Adornos Œuvre in ein geschichtsfernes Sternstunden-Denken verbannt. Dadurch wird die schockhafte Einsicht verhindert, die darüber aufklären könnte, daß unsere Gesellschaft die individuellen Anlagen so konsequent kanalisiert, daß es nur einzelnen gelingt, dieser Verstümmelung partiell zu entrinnen. Adorno dagegen hat stets darauf beharrt, wie sehr jene Sensibilität, die allein die adäquate Analyse der kapitalistischen Gesellschaft möglich macht, Verletzungen entstammt. Adornos Einsicht, daß nur noch extreme Individuiertheit autonome Reflexionsprozesse in Gang setzen kann, wird affirmativ verkehrt zur Feier der großbürgerlichen Persönlichkeit, um so die Solidarität mit seinen Intentionen zu verhindern.

Das Verfahren, philosophische Erkenntnis von ihrer sprachlichen Darstellung nicht zu lösen, in den Nachrufen als Adornos Eloquenz gerühmt, wird seinen Schülern als Mode und Jargon vorgeworfen. Vollends verwandelt die bundesrepublikanische Öffentlichkeit die sozialkritische Substanz im Denken Adornos zu subtilen Raritäten.

Wo aber der Versuch, Adorno zum Universalgenie zu stilisieren, an seiner politischen Bedeutung für die Studentenbewegung scheitert, wird die subalterne Furcht vor der Dämonie des Genies im Bild des gefährlichen Verführers beschworen. Dem entspricht, daß die Bindung der studentischen Linken an Adorno bereits in Kategorien gefaßt wird, die es erlauben, den Konflikt als Vatermord auszubeuten. Dagegen steht die Identität der Intentionen, die die Schüler selbst im Konflikt mit Adorno verbindet.

Wie die studentische Linke hielt Adorno bis zuletzt an der marxischen Erkenntnis fest, daß jede Befreiung in der kapitalistischen Gesellschaft nur durch die totale Umwälzung der ökonomisch-politischen Struktur realisierbar ist. Darüber hinaus hat sie von Adorno gelernt, daß die alle seine Arbeiten prägende Ideologiekritik, die ihm die makabre Verbrüderung reaktionärer Kulturkritiker einbrachte, die Kritik der weiterhin durch Ausbeutung beherrschten Gesellschaft impliziert. Daß der Kapitalismus imstande war, die ihm immanenten Krisen aufzufangen und die sozialistische Bewegung zu zerschlagen oder anzupassen, bedeutet zugleich, daß die sublimeren Formen der Ausbeutung immer weniger von ihren ideologischen Verschleierungen zu trennen sind. Einerseits verliert Ideologiekritik dadurch an Kraft, daß ihr Adressat seine Ideologisierung stets weniger bewußt erfahren kann, andererseits gewinnt sie an Bedeutung in einer Gesellschaft, in der die entpolitisierende Manipulation mit der ökonomischen Ausbeutung verschmilzt. Innerhalb der genuin marxistischen Tradition gewinnt damit Ideologiekritik die Qualität einer Aufklärung, die in ihrem bürgerlichen Begriff nicht aufgeht.

Die neue Linke folgte darin Adorno, daß sie ökonomische Krisen als objektive Bedingung revolutionärer Situationen kaum erwartete, sah aber die Chance, den die Ökonomie immer stärker bestimmenden Überbau partiell zu verunsichern, um Repressionen freizulegen, die exemplarisch Gewaltverhältnisse an der Basis erfahrbar machten. Das Subjekt dieser durch Provokation herzustellenden Aktivität unterschied sich notwendig von dem traditionell-marxistischen Subjekt der Revolution.

Die Studentenbewegung versuchte, aus der von Adorno erarbeiteten Ideologiekritik Organisationsformen radikaler Aufklärung zu entwickeln. Jene Provokationen, die die Gewaltstrukturen des Systems denunzieren sollen, müssen zugleich die Provokation der Machtkampfsituation vermeiden. Die fortschreitende Anonymität von Herrschaft sowie die Erfahrung, daß offene Krisen des Kapitalismus vor der Konsolidierung sozialistischer Organisationen mit Sicherheit Faschismus hervorrufen, diktieren die Möglichkeiten politischen Handelns: Techniken, die der Hilflosigkeit des Gedankens Aktionen entgegensetzen, die sich notwendig zum Teil in die Ostentation oppositioneller Selbstbehauptung zurückziehen; Druck auf die Institutionen, um ein System vorläufiger Absicherungen zu erreichen, das die Versprechungen bürgerlicher Demokratie beim Wort nimmt; Versuche, in Aktionen gewonnen, kollektive Sensibilisierung und die Spontaneität der Widerstandsformen zu neuen Organisationen zusammenzufügen.

Die Gefahr der Zerschlagung von außen und die der Funktionalisierung individueller Spontaneität innerhalb der Organisation hat Adorno gefürchtet und scharf bezeichnet. Seine zögernde Solidarisierung mit der Studentenbewegung wird nicht ernst genug genommen, wo sie nur aus einer individuellen Traumatisierung durch seine Erfahrungen unterm Faschismus erklärt wird. Ebensowenig kann Adornos massive Kritik am Stalinismus als Zweifel gegenüber jeder denkbaren Form sozialistischer Organisation interpretiert werden. Solange die Vermittlung von individueller und politischer Befreiung nicht antizipierbar ist, hat die Linke darauf kritisch zu reflektieren, daß sie temporär ihre Mitglieder Zwängen aussetzen muß, die theoretisch schwer abzuleiten, aber stets politisch zu begründen sind.

Sie reproduziert allgemeine gesellschaftliche Gewaltstrukturen, die erneut die Emanzipation des Subjektes korrumpieren. Diese Dialektik der Aufklärung sah Adorno einzig suspendiert in der dem gesellschaftlichen Verwertungszusammenhang noch nicht vollständig unterworfenen ästhetischen Produktion. Das Moment des Zögerns, des irgendwie Verspäteten in der Theorie Adornos ist an die Affinität zu den Manifestationen des niedergehenden, mehr und mehr entmachteten Bürgertums gebunden. Die Modelle ihrer Resignation – niedergelegt in den Kunstwerken und Philosophemen – wurden stringent von Adorno weitergetrieben zur allgemeinen Erfahrung vom gescheiterten Weltlauf. Resignation, die Haltung des Subjekts, das mit dem gesellschaftlichen Fortschritt – den Adorno als Odyssee der Gewalt interpretierte – kein Interesse mehr verknüpft, renitente Resignation schien von daher ein letztes Moment der Unabhängigkeit und individuellen Autonomie zu gewähren.

Dem Künstler, den Adorno als Statthalter des gesamtgesellschaftlichen Subjekts begriff, traute er darum die authentischen Einsichten noch zu, wie auch ihm allein die Formulierung von Hoffnung. Diesem Bereich bleiben denn auch die Kategorien der Phantasie und des Überschusses, die als revolutionäre denkbar wären, verhaftet. Auch die Utopie, die Adorno freilich dort, wo sie als Versicherung oder purer Trug ausgegeben wurde, unerbittlich als Ideologie kritisierte, verweist nur im Kunstwerk fragmentarisch auf seine Erfüllung oder, gebrochener noch, in der philosophisch artikulierten Erfahrung von Negativität. Von daher gelang Adorno die Dechiffrierung ökonomisch-politischer Verhältnisse am Medium der Kunst, bestimmte er das künstlerische Subjekt nicht als individuelles, sondern essentiell kollektives. Im Zerfall des Proletariats als revolutionären Subjekts scheint die sinnliche Erfahrbarkeit gesellschaftlicher Unterdrückung am ehesten noch im Ästhetischen zu überleben.

Adorno hat in Philosophie, Soziologie und Ästhetik seine Kritik am Vorrang der Totalität mit der Intransigenz kritischer Theorie nur aus Solidarität mit den stets noch vereitelten Hoffnungen des Individuums auf Glück ausbilden können. Seine Sympathie mit den Opfern der Geschichte galt ihm zugleich als Versprechen, keinen Begriff von Revolution zuzulassen, der nicht Revolution ohne Rache meint.

Hinter der Stilisierung Adornos zum einmaligen Geistesheroen wie zum politischen Verführer steht das eindeutige Interesse, kritische Theorie zu liquidieren. Dagegen werden wir deren Intentionen in Zukunft auch im Rahmen universitärer Institutionen weiterführen.

Nr. 354

Herbert Marcuse

»Adorno [war] für mich viel zu lebendig ...«

Schriftliche Vorlage für ein Gespräch mit Michaela Seiffe in der ARD-Sendung »Titel, Thesen, Temperamente«

24. August 1969

QUELLE: Stadt- und Universitätsbibliothek Frankfurt/Main, Herbert-Marcuse-Archiv

Adorno [war] für mich viel zu lebendig, um eine »Würdigung« geben zu können – sein Werk war noch nicht abgeschlossen, beendet: sein Buch über das *Ästhetische* noch nicht erschienen. Aber ich muß ihn zurückrufen, weil in der letzten Zeit zwischen uns Differenzen bekannt geworden sind, die – gutwillig oder böswillig – entstellt werden.

Es waren Differenzen auf dem Grunde einer Gemeinsamkeit und Solidarität, die sich im Entscheidenden immer wieder durchgesetzt und durchgehalten hat.

Niemand hat so wie er der bestehenden Gesellschaft *radikal* gegenübergestanden, niemand sie so radikal gekannt und erkannt. Er konnte in ihr leben und denken, er konnte in ihr »Erfolg« haben und sich dieses Erfolges freuen, weil er in seinem Denken von ihr überhaupt nicht »infiziert« war, weil er in seinem Denken *frei* blieb. Dieses Denken duldete keinen Kompromiß, konnte keinen Kompromiß vertragen – selbst dort nicht, wo die Form seines Sprechens und Verhaltens »kompromittierend« erscheinen konnte. Er liebte Formen einer vergangenen Kultur: Formen der Höflichkeit, der Distanz, des Benehmens, der Härte – vielleicht weil er in ihnen Schutz fand vor der brutalen, stupiden, falsch-egalitären Aufdringlichkeit des Bestehenden, vielleicht aus Angst vor zuviel Mitleid, das die Notwendigkeit rücksichtsloser Kritik schwächen könnte. Ich fand diesen »aristokratischen« Zug in seinem Verhalten, dieses Zurückschrecken vor der schlechten Unmittelbarkeit sehr liebenswert.

Weil ihm der Schrecken des Bestehenden, und die Notwendigkeit der Veränderung im Hirn und in den Gliedern saß, waren für ihn Denken und Leben eines. Und Denken war für ihn die Kritik am Ganzen. Hat es je in seinem wachen Leben Augenblicke gegeben, wo er nicht unter dem Zwang des Denkens stand? Wo er nicht das Erlebnis und die Erfahrung reflektieren mußte, weil eben in dem Erlebnis und in der Erfahrung (wie »glücklich« sie auch gewesen sein mögen) der Schrecken des Ganzen stak? Ein Schrecken, der bewußtgemacht und erkannt werden mußte, damit die Schwere der notwendigen Veränderung sichtbar werde. Und in dem Maße, in dem es der bestehenden Gesellschaft gelang, das Bewußtsein dieser Notwendigkeit zu ersticken – zu ersticken auch und gerade in den Klassen, die der geschichtliche Träger, das geschichtliche Subjekt der Veränderung waren – in eben dem Maße, mußte das Denken (sagen wir ruhig: das reine, d.h. kompromißlose Denken) die Last der Aufgabe tragen. Die Trennung der Theorie von der Praxis, die man ihm so laut vorgeworfen hat, war die »Schuld« der Wirklichkeit – er hat auf sie reagiert.

Ich würde mich gegen unsere Freundschaft versündigen, wenn ich hier nicht mit ein paar Worten auf das eingehen würde, was in der letzten Zeit zwischen uns stand (und das wir eben im Begriff waren persönlich zu klären). Es war die verschiedene Bewertung der geschichtlichen Funktion der *Studentenbewegung*. Adorno hat von Anfang an auf Seiten dieser Bewegung gestanden: sie ist, wenigstens in Deutschland, ohne sein Werk wohl kaum denkbar. Und die vorlauten Ankläger sollten nicht vergessen, daß sie eine *intellektuelle* Bewegung ist, die auch dort noch von der Theorie lebt, wo sie die Theorie verlacht. Aber Adorno hat nicht geglaubt (und dies sind seine eigenen Worte), daß diese Bewegung (wenigstens in Deutschland) eine *»gesellschaftsverändernde Kraft«* sei. Er hat deshalb den »Aktionismus« der Bewegung abgelehnt, wo immer die Aktion seiner Meinung nach »grundlos« war, d.h. ohne exemplarische Kraft – Zeichen der Ohnmacht mehr als der Stärke, der Verzweiflung eher als der Hoffnung. Er hat in der Tat die Gewalt gehaßt, aber er war kein »Pazifist«, und er wußte sehr wohl zu unterscheiden zwischen der revolutionären Gewalt möglicher Befreiung und »bloßer« Gewalt, die ihr Ziel verfehlt, weil sie ohne gesellschaftlichen Boden ist. – Ich habe auf Grund meiner amerikanischen Erfahrungen geschlossen, daß die Studentenbewegung doch eine gesellschaftsverändernde Kraft ist, die schon heute nicht mehr in den Rahmen parlamentarisch-demokratischer Institutionen eingespannt werden kann, und daß sie (wirklich oft verzweifelt, aber auch die Verzweiflung kann zur geschichtlichen Kraft werden) nach Formen der Aktion und Organisation strebt, die den neuen Repressionsformen des Spätkapitalismus widersprechen können.

Auch in diesem neuen Rahmen gibt es natürlich entartete Formen der Aktion, die mit radikaler Politik nicht das geringste zu tun haben und objektiv reaktionär sind. Ich bin mit Adorno in der Ablehnung dieser Formen immer einig gewesen.

Adornos Werk hat – wie kein anderes – die Marxsche Theorie in ihren letzten Intentionen weitergetrieben. Die Dynamik der kapitalistischen Gesellschaft, und ihre mögliche Negation, werden in Bereichen der Kultur durchsichtig, die bisher – wenn überhaupt – nur vulgärmaterialistisch oder »wissenssoziologisch«, als »Überbau« der marxistischen Analyse, der Basis aufgestülpt wurden. Die Gesellschaft erscheint in ihrer ganzen Konkretheit in den sublimsten und abstraktesten Dimensionen der Kultur. Ein Quartett Schönbergs, ein Passus in der *Kritik der Praktischen Vernunft*, das Vokabular eines Existentialisten, aber auch eine alltägliche Geste oder Ware: Adornos technisch-minutiöse Analyse der Struktur, des Textes, der Form offenbart den materiellen, gesellschaftlichen Boden – und das, was über ihn hinausstrebt, gegen ihn steht: in die Zukunft möglicher Freiheit und Humanität. Das Resultat: so kann es nicht weitergehen – aber es *geht weiter*. Für Adorno war es die Forderung, weiter zu denken und Andere denken zu machen, um die kommende Praxis vorzubereiten.

Die Frage bleibt, ob nicht der »Stil« des Adornoschen Werkes dieses Ziel verstellt: die Distanz von der Praxis perpetuiert, das Scheitern sublimiert. Ich selbst habe behauptet, daß der radikale Inhalt heute eine radikalere, ja sogar mehr »unmittelbare« Form des Ausdrucks verlangt, wenn er nicht seine Substanz verlieren oder verleugnen soll. Mit anderen Worten: Vergröberung und Simplifizierung. Ich glaube, daß Adorno nie daran gezweifelt hat, daß der Stil seines Werkes nicht von der Substanz zu trennen, nicht zu unterscheiden ist. Seine Sprache sollte nicht der Verdinglichung, nicht der falschen Vertrautheit verfallen. Die »Anstrengung des Begriffes«, ohne die verändernde Praxis unmöglich ist, verlangte nach einer Sprache, die sich von vornherein gegen das Zu-leicht-Nehmen des Begriffs sperrte. Denn was begriffen werden mußte, war so schwer, so unheimlich, so fremd, daß es kaum noch in der geläufigen Sprache mittelbar war. Und doch *mußte* es mitgeteilt werden, wenn anders es je zur Praxis führen sollte. Adornos Sprache ist getragen von der Angst, zu schnell und daher falsch verstanden zu werden – daher die unendliche Differenziertheit, die sich oft überschlagende Dialektik seiner Sätze. Alles, was gesagt wird, wird, kaum ausgesprochen, wieder in die Reflexion zurückgenommen und dann, aufgehoben, wieder gesagt. Mimikry, Versteckspielen mit der Wahrheit – oder: die adäquate Weise, die Wahrheit zu sagen? Adornos Sätze haben mich manchmal wütend gemacht: ich glaube, das sollten sie. Jedenfalls sind die Differenzen zwischen ihm und mir gegenstandslos geworden: es gibt niemanden, der ihn vertreten, der für ihn sprechen kann. Ohne sein Werk ist ein Weiterdenken mir unvorstellbar. Ich habe ihm unendlich viel zu danken.

Nr. 355

Herbert Marcuse
Reflexion zu Theodor W. Adorno
Aus einem Gespräch mit Michaela Seiffe in der ARD-Sendung »Titel, Thesen, Temperamente«
24. August 1969

QUELLE: Hermann Schweppenhäuser (Hg.), Theodor W. Adorno zum Gedächtnis, Frankfurt/Main 1971, S. 47–51

MARCUSE: Den Tod Adornos zu begreifen, fällt mir schwer wie allen Nahestehenden. Eine Würdigung des Werkes schon geben zu können, bezweifle ich. Es gibt andere Gründe, Adorno zurückzurufen. Ich muß heute und hier ihn zurückrufen, weil gerade in der letzten Zeit Differenzen bekannt geworden sind zwischen mir und ihm, die in verschiedener Weise – gutwillig oder böswillig – entstellt wurden. Diese Differenzen – und das muß von vornherein gesagt werden – entstanden auf dem Grunde einer Gemeinsamkeit und einer Solidarität, die durch sie in keiner Weise geschwächt worden sind.

SEIFFE: Worin sehen Sie heute die besondere Stellung Adornos? Wo gibt es eine Solidarität?

MARCUSE: Die Solidarität heute ist da, wo sie eigentlich immer gewesen ist, nämlich in der Radikalität des Denkens. Ich glaube, es gibt niemanden, der so wie Adorno der bestehenden Gesellschaft radikal gegenüberstand, der sie so radikal gekannt und erkannt hat. Sein Denken war so kompromißlos, daß er sich selbst den Erfolg in dieser Gesellschaft leisten konnte. Dieser Erfolg hat sein Denken in keiner Weise infiziert, in keiner Weise kompromittiert. Man spricht manchmal von kompromittierenden Formen seines Verhaltens. Ich glaube, über diese Formen ist dasselbe zu sagen. Sie haben seiner Radikalität nicht das Geringste angetan. Ich sehe in ihnen die bewußte Aufrechterhaltung von Formen einer vergangenen Kultur und zwar – vielleicht – aus Schutz vor der aufdringlichen, brutalen, falsch-egalitären Vertraulichkeit des Bestehenden; ein Pathos der Distanz, Formen der Höflichkeit, Formen der Härte, die vielleicht auch Angst bekunden vor zu großem Mitleid mit dem, was den Menschen angetan wurde – Mitleid, das vielleicht die notwendige Rücksichtslosigkeit der Kritik beeinträchtigen könnte. Mir jedenfalls waren diese aristokratischen Formen seines Verhaltens immer besonders liebenswert.

SEIFFE: War es nicht so, daß Adorno zwar der bestehenden Gesellschaft radikal gegenüberstand, einer ihrer sicherlich unbestechlichsten Kritiker war, aber daß seine Radikalität doch eine rein theoretische blieb? Gab es da nicht eine Diskrepanz zwischen Theorie und Praxis?

MARCUSE: Ich glaube, daß ihm der Schreck vor dem Bestehenden so im Hirn und in den Gliedern saß, daß für ihn Leben und Denken eins waren. Er hat zeit seines Lebens nach Formen gestrebt, in denen der Schrecken des Bestehenden wirklich sichtbar gemacht und mitteilbar gemacht werden konnte. Er fand sich in einer Situation, in der es der bestehenden Gesellschaft gelungen war, das Bewußtsein in solchem Grade zu ersticken und zu manipulieren – selbst die Bedürfnisse in solchem Maße zu manipulieren, daß die traditionellen Formen der Mitteilung und besonders die der Umsetzung des kritischen Denkens in Praxis offenbar nicht mehr als möglich erschienen. Und seine Antwort war ein Rückzug, ein temporärer Rückzug auf das – sagen wir ruhig – reine Denken (und mit reinem Denken meine ich hier kompromißloses Denken), aber nur um allmählich und so wirkungsvoll wie möglich das Bewußtsein der notwendigen Veränderung wieder zu entwickeln und damit die notwendige Veränderung vorzubereiten.

SEIFFE: Aber hat er sich nicht, jedenfalls in der letzten Zeit, ganz entschieden abgeriegelt gegen jede Praxis, und zwar mit ganz anderen Argumenten, nämlich indem er sagte, Aufgabe der Kritischen Theorie sei es, gesellschaftliche Mißstände zu erkennen und zu benennen, aber nicht die Erkenntnis umzusetzen in die Wirklichkeit, also praktische Folgerungen zu ziehen?

MARCUSE: Ich habe diese Erklärung immer so verstanden, daß es in der gegebenen Situation nicht die Aufgabe der Kritischen Theorie ist, sich unmittelbar in die Praxis umzusetzen. Das heißt also: wenn eine Trennung zwischen Theorie und Praxis besteht, dann ist es sicher nicht das Werk Adornos, sondern das Werk – sagen wir ruhig –, die Schuld der Wirklichkeit, auf die Adorno nur reagiert, auf die er reflektiert hat.

SEIFFE: Und die Wirklichkeit läßt keine Praxis mehr zu?

MARCUSE: Das würde ich nicht sagen. Hier liegt eine der Differenzen zwischen mir und ihm, aber um sie klarzumachen, muß ich erst sagen, was mit der Schuld der Wirklichkeit hier eigentlich gemeint sein kann. Ich denke daran, daß der Spätkapitalismus Formen der Repressionen entwickelt hat, die die in der Marxischen Theorie traditionelle Praxis der Veränderung unmöglich zu machen scheint. Und ich denke hier besonders an die Integrierung weiter Schichten der Bevölkerung, besonders an die Integrierung der Arbeiterklasse in das bestehende kapitalistische System in den fortgeschrittenen kapitalistischen Ländern. Das heißt aber, daß das geschichtliche Subjekt, das gesellschaftliche Subjekt der Revolution offenbar nicht mehr da war, oder offenbar nicht mehr oder noch nicht aktiv war. An dieser Stelle war er orthodoxer Marxist. Ohne eine Massenbasis in den ausgebeuteten Klassen ist eine Revolution unvorstellbar. Und weil diese Massenbasis in der gegebenen Situation gerade in den fortgeschrittenen kapitalistischen Ländern nicht sichtbar war, hat er sozusagen die Umsetzung der Theorie in die Praxis vertagt. Er hat immer wieder nach den Vermittlungen gesucht, die, ohne die Möglichkeit einer solchen Umsetzung aufzugeben oder zu verraten, wenigstens die Umsetzung der Theorie in die Praxis vorbereiten könnten.

SEIFFE: Aber es gab doch auch andere Differenzen. Ich denke da an die verschiedene geschichtliche Einschätzung der Funktion der Studentenbewegung.

MARCUSE: Diese Differenzen in der Einschätzung der Studentenbewegung gehören in denselben Zusammenhang des Theorie-Praxis-Problems. Zunächst einmal muß doch wieder gesagt werden, daß Adorno von Anfang an auf seiten der Studentenbewegung gestanden hat, die wenigstens in Deutschland ohne sein Werk unvorstellbar ist. Und die Studentenbewegung sollte nicht vergessen, daß sie eine intellektuelle Bewegung ist und daß sie von der Theorie lebt, selbst dort noch, wo sie die Theorie verlacht. Aber Adorno hat – und das sind seine eigenen Worte – in der Studentenbewegung keine gesellschaftsverändernde Kraft gesehen, und genau deswegen hat er, was er Aktionismus nannte, abgelehnt. Er war der Ansicht, daß Aktionen, die keinen gesellschaftlichen Boden haben, auch keine gesellschaftliche Kraft haben können; daß sie nicht Ausdruck der Hoffnung, sondern Ausdruck der Verzweiflung sind, und daß sie sehr leicht dem Feind in die Hände spielen können. Es gibt in dem neuen Rahmen der Opposition Aktionen, die mit linker Politik nicht das geringste zu tun haben, entartete Formen, die ich genauso widerwärtig finde, wie Adorno sie gefunden hat. Dazu gehört zum Beispiel die mutwillige Zerstörung von Büchern, aber auch Gewaltanwendung gegen gewaltlose Personen. Das hat mit radikaler Politik nichts zu tun und ist eine Entartung, in deren Verurteilung ich mit Adorno einig bin.

SEIFFE: Die meisten der Nachrufe, die kurz nach dem Tode Adornos in der Presse erschienen, haben eines ausgeklammert: daß Adorno Marxist war. Wie sehen Sie sein Verhältnis zur Marxischen Gesellschaftskritik?

MARCUSE: Ja, ich muß sagen, daß mich diese Ausklammerung auch überrascht – eigentlich nicht überrascht, aber aufs höchste befremdet hat. Ich sehe in Adorno einen der ganz wenigen, die die Marxische Theorie in ihren tiefsten Intentionen weiterbetrieben haben. Die Dynamik der kapitalistischen Gesellschaft und ihre Negation ist durch sein Werk in allen Bereichen der Kultur sichtbar gemacht worden. Eine technisch vollendete und exakte Analyse eines Werkes zeigt die Gesellschaft selbst in den abstraktesten und sublimsten Bereichen der intellektuellen Kultur. Ein Quartett Schönbergs zum Beispiel, ein Passus in Kants *Kritik der reinen Vernunft*, aber auch eine alltägliche Geste – was es immer sei – wird einer kritischen Analyse unterworfen, vorgetrieben bis zu dem Punkt, wo das Werk selbst, das Quartett, der Text, die Geste hergibt, in welcher Weise diese Manifestation mit der Struktur der kapitalistischen Gesellschaft und ihrer möglichen Negation verbunden ist. Ich kenne niemanden, der in dieser Weise eine Marxistische Analyse in der Kultur betrieben hat und dem sie in dieser Weise gelungen ist. Für ihn war das Resultat der Analyse: so kann es nicht weitergehen, aber es geht weiter. Und solange es weitergeht, ist eben die Aufgabe der Kritischen Theorie, die Aufgabe der Marxistischen Theorie, weiter zu denken, radikaler zu denken und diese Radikalität des Denkens anderen mitzuteilen. Die Frage bleibt nun, ob nicht – und inwieweit – der Stil Adornos dieses Ziel verstellt, und inwieweit nicht seine Distanz von der Praxis durch diesen Stil perpetuiert wird. Das hat man oft gesagt, und ich selbst habe behauptet, daß die Kritische Theorie heute in viel größeren und in viel simplifizierteren Formen dargestellt werden muß, um den radikalen Inhalt wirklich mitteilen zu können und ihn nicht über Gebühr zu sublimieren. Ich weiß, daß gerade in diesem Punkt Adorno nicht mit mir einig war. Er hat immer geglaubt – und es scheint, daß er weitgehend recht hat –, daß die Substanz seines Werkes von der Form, in der sie präsentiert wird, eben nicht zu trennen ist. Seine Sprache ist getrieben von der Angst, nicht der Verdinglichung zu verfallen, derselben Angst wie ich schon vorher erwähnte –, nicht zu schnell und zu leicht vertraut und vertraulich zu werden und dadurch falsch verstanden zu werden. Ich gebe zu, daß mich die Sätze Adornos manchmal in Raserei gebracht, manchmal wütend gemacht haben, aber ich glaube, das sollten sie. Und ich glaube, ich brauche mich dessen nicht zu schämen.

SEIFFE: Wie wird es weitergehen ohne die Auseinandersetzung mit Theodor Adorno?

MARCUSE: Wie es weitergehen soll ohne die Auseinandersetzung mit Theodor W. Adorno, kann ich mir gar nicht vorstellen. Jedenfalls sind die Differenzen zwischen mir und ihm in dem Sinne gegenstandslos geworden, daß es keinen gibt, der Adorno vertreten und der für ihn sprechen kann. Was ich ihm zu verdanken habe, ist unendlich viel, und ich kann mir ohne sein Werk ein Weiterleben nicht vorstellen. Das heißt aber, daß die Auseinandersetzung mit seinem Werk doch noch kommen wird, kommen muß, daß sie noch nicht einmal begonnen hat.

Nr. 356

Jürgen Habermas

Odyssee der Vernunft in die Natur – Theodor W. Adorno wäre am 11. September 66 Jahre alt geworden

(Auszug)

12. September 1969

QUELLE: Die Zeit vom 12. September 1969, 24. Jg., Nr. 37, S. 13; wiederabgedruckt in: Hermann Schweppenhäuser (Hg.), Theodor W. Adorno zum Gedächtnis, Frankfurt/Main 1971, S. 26–38; wiederabgedruckt in: Jürgen Habermas, Philosophisch-Politische Profile, © Suhrkamp Verlag, Frankfurt/Main 1981, S. 167–179

DER BÜRGER UND DER ZWANG

Wenn die Diagnose, die Adorno und Horkheimer dem Zeitalter mit Berufung auf Dialektik der Aufklärung stellen, stimmt, ergibt sich allerdings die Frage nach dem Privileg der Erfahrung, das die Autoren gegenüber der verkümmerten zeitgenössischen Subjektivität in Anspruch nehmen müssen. In der Einleitung zu den *Minima Moralia*, die sich ohne Ironie als Lehre des richtigen Lebens verstehen, hat Adorno eine Antwort zu geben versucht: Die individuelle Erfahrung stütze sich notwendig auf das alte Subjekt, das historisch bereits verurteilt ist – »das für sich noch ist, aber nicht mehr an sich«. Wenn wir mit Hegel das Verschwindende selbst als wesentlich betrachten wollen, dann ist die im Verschwinden begriffene bürgerliche Subjektivität das Wesen, das seine zerfaserte Substanz heute im Leiden an einer überwältigenden Objektivität gesellschaftlichen Zwangs erfährt.

Psychologisch, mit dem Blick auf Adornos Person, ist diese Auskunft überzeugend. Etwas von der schiefen und gebrechlichen Stellung eines noch für sich, aber nicht mehr an sich seienden Subjekts hat die unvergleichlich glanzvolle Genialität Adornos stets auch durchscheinen lassen. Adorno hat die Alternative von Kindbleiben oder Erwachsenwerden nie akzeptiert; er hat weder Infantilismus in Kauf nehmen, noch den Preis einer starren Abschirmung gegen Regression, und sei's eine im »Dienste des Ich«, zahlen wollen. In ihm ist eine Schicht früher Erfahrungen und Einstellungen lebendig geblieben. Dieser Resonanzboden hat auf die widerständige Realität überempfindlich reagiert: enthüllend für das Grelle, Einschneidende, Verletzende der Realität selber. Dieser Komplex von Primärem war gelegentlich abgekapselt wirksam im Verhalten, stets aber befand er sich in freier Kommunikation mit dem Denken, gleichsam zum Intellekt hin geöffnet. Die Verletzbarkeit der Sinne und die Unerschrockenheit des angstfreien Denkens gehörten zusammen. Diese Gunst, die nicht einfach Begabung gewesen ist, hat trotz allem ihren Tribut verlangt.

Schutzlos war Adorno nicht, weil er von einem besonders bitteren Schicksal verfolgt gewesen wäre. Das sagt sich nicht leicht angesichts einer sehr realen Vertreibung des antisemitisch Geächteten aus der Heimat und einer gewiß lastenden Zeit der Emigration. Aber jenes nicht abgeschnittene Primäre hat nur unter Bedingungen relativer Schonung gedeihen können, in einem befriedeten Raum, den erst Mutter und Tante, später Gretel, seine Frau und seine Mitarbeiterin, gehütet haben. Schutzlos war Adorno aus einem anderen Grunde: Gegenüber »Teddie« konnte man umstandslos die Rolle des »richtigen« Erwachsenen ausspielen; denn dessen realitätsgerechte Immunisierungs- und Anpassungsstrategien sich anzueignen, ist Adorno nie imstande gewesen. In allen Institutionen ist er ein Fremdling gewesen – nicht als hätte er das gewollt. Seiner Universität, wenn diese Verallgemeinerung erlaubt ist, war der ungewöhnliche Kollege nie recht geheuer, wenn nicht gar suspekt. Die Schulphilosophie, wenn dieses Wort hier zureicht, hat den ungewöhnlichen Intellektuellen nicht eigentlich anerkannt. Und selbst in der literarischen Öffentlichkeit, die er anderthalb Jahrzehnte wie kaum ein zweiter bestimmte, hat Adorno keinen der offiziellen Preise erhalten. So war denn seine Freude unverhältnismäßig, als ihn die Deutsche Gesellschaft für Soziologie zu ihrem Vorsitzenden machte. Schutzlos war Adorno unter ungebrochenen Erwachsenen, in Situationen also, in denen die Routinierten seine Schwächen ausnutzten, weil sie nicht wußten oder nicht wahrhaben wollten, daß Adornos spezifische Schwächen zutiefst mit seinen eminenten Qualitäten verknüpft waren. Solche Routiniers gab es eben auch unter seinen Studenten.

Freilich hat in letzter Zeit auf Adorno vieles andere gelastet, auch Kränkungen, die mit wenigen Sätzen zu entwaffnen gewesen wären. Ich erwähne nur die von mehreren Seiten vorgetragene Kritik an Adornos Benjamin-Ausgabe. Sie zielt dahin, daß Adorno den materialistischen, den marxistisch Partei ergreifenden Benjamin unterdrückt habe. Der Vorwurf gründet sich insbesondere darauf, daß Adorno seinerzeit eine dreiteilige Arbeit Benjamins über Baudelaire kritisiert und zurückgewiesen hat. Die von Benjamin daraufhin umgearbeitete Fassung des mittleren Teils ist 1940 in der *Zeitschrift für Sozialforschung* veröffentlicht und später in die zweibändige Auswahlausgabe aufgenommen worden. Die ursprüngliche Fassung des »*Baudelaire*« erscheint übrigens in diesem Herbst. Nun bestätigen aber die Briefe, die in dieser Angelegenheit zwischen Benjamin und Adorno im November/Dezember 1938 gewechselt worden sind, jedem unbefangenen Leser, was er ohnehin erwarten darf und Benjamin selbst nie bestritten hätte: daß Adorno auch in dieser Streitfrage der theoretisch Reflektiertere und vor allem der kenntnisreichere und sattelfestere Marxist gewesen ist. Gerade unter marxistischen Voraussetzungen ist seine Argumentation zwingend. Wie immer man sonst die Argumente bewerten will, der Vorwurf der antimarxistischen Benjamin-Verfälschung gehört auf die Ebene schlichter und überdies schlechter Agitation. Benjamin hat, nach Scholem, vor allem Adorno nahegestanden; Adorno hat mit ihm kommuniziert, von ihm gelernt und auch ihn wiederum angeregt. Mit der Benjamin-Ausgabe und seinen Benjamin-Interpretationen, mehr noch mit dem unermüdlichen Rekurs auf Benjaminsche Motive in seinen eigenen Schriften, hat erst Adorno, und er allein, das Denken des Freundes zu einem unverfälschten und unverlierbaren Bestandteil der deutschen Diskussion gemacht. Darum hat ihn die ridiküle Polemik derer, die Benjamin durch ihn kennengelernt haben, so betroffen.

Einer von Adornos Schülern hat dem Lehrer ins offene Grab nachgerufen: er habe am bürgerlichen Individuum unwiderstehlich Kritik geübt und sei doch selbst in dessen Ruine gebannt geblieben. Das ist wohl wahr. Daraufhin aber mit dem wohlvertrauten Gestus »Was fällt, soll man stoßen« zu fordern, Adorno hätte eben auch die Kraft haben sollen, die letzte Hülle »radikalisierter Bürgerlichkeit« abzustreifen (und den Aktionisten die Fahne voranzutragen), beweist nicht nur, was uns hier nicht beschäftigt, politische (und psychologische) Torheit, sondern zunächst einmal philosophisches Unverständnis. Denn die historisch gewordene Gestalt des bürgerlichen Individuums wäre mit Willen und gutem Gewissen, und nicht nur mit Trauer, erst dann zurückzulassen, wenn aus der Auflösung des alten Subjekts schon ein neues entsprungen wäre. Nun hätte sich Adorno das Fabulieren über ein »neues Subjekt« nie angemaßt. Aber eines war ihm gewiß: daß Freiheit, die das polemische Gegenbild zum Leiden unter gesellschaftlichen Zwängen wäre, nicht nur die Repressivität des Ich-Prinzips aufheben, sondern auch dessen Widerstandskraft gegen ein Zerfließen ins Amorphe der eigenen Natur wie des Kollektivs bewahren müßte. In einem Text, der übrigens dem üblichen Standard der Schulphilosophie weiß Gott genügt, hat Adorno die Zusammengehörigkeit der beiden Momente gezeigt.

Dort entfaltet er die Aporien des Kantischen Begriffs des intelligiblen Charakters und bestimmt »Freiheit« folgendermaßen: »Frei sind die Subjekte, nach kantischem Modell, so weit, wie sie ihrer selbst bewußt, mit sich identisch sind; und in solcher Identität auch wieder unfrei, soweit sie deren Zwang unterstehen und ihn perpetuieren. Unfrei sind sie als nichtidentische, als diffuse Natur, und doch als solche frei, weil sie in den Regungen, die sie überwältigen, auch des Zwangscharakters der Identität ledig werden. Die Aporie hat den Grund, daß Wahrheit jenseits des Identitätszwangs nicht dessen schlechthin anderes wäre, sondern durch ihn vermittelt.« Dieser Satz spricht das Recht aus, das die unwahre bürgerliche Subjektivität noch in ihrem Verschwinden gegenüber dessen falscher Negation behält. Das hat Adorno gewußt und ist deshalb nicht über seinen Schatten gesprungen.

[...]

DER IRRTUM DER UNGEDULDIGEN

Adorno war überzeugt, daß das Identitätsprinzip in dem Maße zur universalen Herrschaft gelangt ist, als die bürgerliche Gesellschaft dem Organisationsprinzip des Tausches unterworfen worden ist: »Am Tausch hat es sein gesellschaftliches Modell; durch ihn werden nichtidentische Einzelwesen und Leistungen kommensurabel, identisch. Die Ausbeutung des (Tausch)prinzips verhält die ganze Welt zum Identischen, zur Totalität.« Der Tausch vollzieht die abstrahierende Operation handgreiflich real. In dieser »Urverwandtschaft« zwischen identifizierendem Denken und Tauschprinzip hat Adorno das Bindeglied zwischen der Kritik des instrumentellen Geistes und der Theorie der bürgerlichen Gesellschaft gesehen. Die Verbindung als solche hat ihm genügt, um für diese Theorie dann ein wenig zu rasch die von Marx überlieferten Analysen einzusetzen. Mit politischer Ökonomie hat Adorno sich nicht befaßt. Albrecht Wellmer hat in seinem jüngst erschienenen Buch über »*Kritische Gesellschaftstheorie und Positivismus*« auf die Gefahr aufmerksam gemacht, die eintritt, wenn die Dialektik der Aufklärung als eine geschichtsphilosophische Verallgemeinerung der Kritik der politischen Ökonomie mißverstanden und stillschweigend an deren Stelle gesetzt wird. Dann nämlich kann die Kritik des instrumentellen Geistes als Schlüssel zu einer Ideologiekritik, zu einer an beliebigen Objektivationen des beschädigten Lebens ansetzenden Tiefenhermeneutik dienen, die sich selbst genug ist und der empirischen Fortbildung der Gesellschaftstheorie nicht mehr bedarf. Adorno hat sich dieses Mißverständnis natürlich niemals zuschulden kommen lassen. Aber der Aktionismus einiger Schüler läßt vermuten, daß sie die ideologiekritische Entschlüsselung des objektiven Geistes, an die Adorno in seinen materialen Arbeiten bewunderungswürdig alle Energie gewendet hat, mit einer Theorie der spätkapitalistischen Gesellschaft schlicht verwechseln. Daß Praxis mißlingt, läßt sich nicht allein dem geschichtlichen Augenblick zurechnen. Dazu mag auch der Umstand beitragen, daß die ungeduldigen Praktiker von der Unvollkommenheit der Theorie keinen rechten Begriff haben. Sie wissen nicht, was alles, beim gegenwärtigen Stand, sie gar nicht wissen können.

Bei diesem Stand war Adornos Hilfe unentbehrlich. Sie ist uns durch seinen Tod genommen. Für sie ist kein Ersatz, kein noch so schmächtiger.

Nr. 357

Heberto Padilla

Theodor W. Adorno kehrt vom Tode zurück

Gedicht

1969

QUELLE: Heberto Padilla, Außerhalb des Spiels – Gedichte, hrsg. und übersetzt von Günter Maschke, Frankfurt/Main 1971, S. 111 f.

Die ihn kannten, finden es nicht erstaunlich,
daß Theodor Adorno vom Tode zurückkehrt.
In beiden Deutschland
erwarten ihn alle,
ausgenommen, versteht sich,
Habermas und Ulbricht.

Aber er kommt nach Wien,
geht einher, diskutierend
wie in seinen besten Tagen.
Er setzt sich ans Piano, spielt eines seiner Stücke,
die, wie man weiß, von Webern sind.

Unter den Sonnenschirmen der Stadt,
die Hitler immer zerstören wollte,
derselben Stadt, die fast Günter Maschke verschlang,
bereiten ihm die alten Gräfinnen den Tee –
zischeln ihm Klatsch zu über Horkheimer.
Doch Adorno erinnert sich: das ist
ein alter Freund. Und der Leichnam lebt auf
an den Wassern der Jugend.
Und dann lächelt er, ohne zu lächeln,
auf die ihm eigene, ambivalente Manier.

Ihn bekümmern nicht die Universitäten,
wo sein Denkmal bröckelt unterm Stimmengewirr.
Aber der alte Philosoph,
der hartnäckige Restaurator des Nichts,
triumphierend über das Gewäsch, das ihn resümiert,
bemerkt, lächelnd,
daß eine Studentin mit nackten Brüsten
das neue Limit des Terrors gesetzt hat.

Diese kleinen, häßlichen, weißen, fast nordischen
                                                    Titten?

fragt erschaudernd eine Gräfin,
Kierkegaard anklagend.

Nr. 358

Hans-Jürgen Krahl

Angaben zur Person

Im Senghor-Prozeß vor dem Frankfurter Landgericht

16. Oktober 1969

QUELLE: Sozialistische Correspondenz – Info vom 1. November 1969, Nr. 19, S. 3–9; wiederabgedruckt in: Hans-Jürgen Krahl, Konstitution und Klassenkampf, Frankfurt/Main 1971, S. 25–30; wiederabgedruckt in: Luchterhand – ad lectores 10, Neuwied/West-Berlin 1970, S. 184–193

Dieser Verfall des bürgerlichen Individuums ist eine der wesentlichen Begründungen, aus der die Studentenbewegung den antiautoritären Protest entwickelte. In Wirklichkeit bedeutete ihr antiautoritärer Anfang ein Trauern um den Tod des bürgerlichen Individuums, um den endgültigen Verlust der Ideologie liberaler Öffentlichkeit und herrschaftsfreier Kommunikation, die entstanden sind aus einem Solidaritätsbedürfnis, das die bürgerliche Klasse in ihren heroischen Perioden, etwa der Französischen Revolution, der Menschheit versprochen hatte, das sie aber nie einzulösen vermochte, und das jetzt endgültig zerfallen ist. Die Form liberaler Öffentlichkeit, gewaltlosen Machtkampfes im Parlament, und auch jene forensischen emanzipativen Leistungen, die einstmals die Zwangsgewalt im Bürgertum, die Zwangsgewalt der richterlichen Gewalt, parlamentarisieren sollten – all diese emanzipativen Gehalte des Bürgertums sind längst zerfallen. Wir trauerten ihnen nach, wir meinten sogar, daß allein Randgruppen, intellektuelle, privilegierte Randgruppen in Stellvertretung für die Arbeiterklasse handeln und gewissermaßen eine Art Menschheitsrevolution, ohne Unterschied der Klassen, initiieren könnten. Das alles hat sich sicherlich als Ideologie herausgestellt.

Gleichwohl war in diesem Solidaritätsbedürfnis eine entscheidende Wahrheit enthalten, nämlich diese, daß man das Proletariat nur unter Unterdrückung seiner emanzipativen Regungen davon abhalten kann, sich auf irgendeine selbsttätige Weise zu solidarisieren und untereinander zu organisieren. Die wilden Streiks in der letzten Zeit haben gezeigt, daß dies auf die Dauer nicht gelingen wird, daß es wahrscheinlich noch nicht einmal dem großen Disziplinierungsapparat der Gewerkschaften gelingen wird, das Proletariat an selbsttätiger Organisation zu hindern. Wir haben in einem marxistischen Lernprozeß, der durch die Aktionen gegen den Krieg in Vietnam, gegen den Springer-Konzern und die Notstandsgesetze hindurchging, die ersten klassenbewußten Kriterien des Proletariats erkannt. Die antiautoritäre Revolte war ein marxistischer Lernprozeß, in dem wir uns allmählich von den Ideologien des Bürgertums gelöst und ihre Emanzipationsversprechen als bloße Ideologie entschleiert haben, und in dem wir uns endgültig klargeworden sind, daß selbst die klassischen Formen der Liberalität und der Emanzipation, die noch den liberalen Konkurrenzkapitalismus leiteten, endgültig dahin sind; daß es jetzt darauf ankommt, im Kampf gegen den Staat, gegen diese bürgerliche Justiz und gegen die organisierte Macht des Kapitals in einem langwierigen und sicherlich schwierigen Prozeß Bedingungen zu erarbeiten, damit wir in organisatorischen Kontakt mit der Arbeiterklasse treten können und die geschichtlichen Bedingungen für die Bildung von Klassenbewußtsein schaffen können. Das war ein langfristiger Bildungsprozeß, der sich im SDS selber durchsetzen mußte.

Dazu ist noch ein anderes zu sagen: die entscheidende Erfahrung, die im SDS gemacht worden ist, ist die, daß die gesellschaftlichen Beziehungen zwischen den Menschen heute so durch Herrschaft zersetzt sind, daß ein Verkehr, in dem die Menschen sich nicht gegenseitig wie Dinge behandeln, sondern die einzelnen Subjekte sich in ihrer Objektivität als besondere Subjekte anerkennen, geradezu unmöglich geworden ist. Und das, was im Prozeß der Auseinandersetzungen in der Außerparlamentarischen Opposition, in den Kerngruppen des SDS, in den Basisgruppen von jungen Lehrlingen, von der bürgerlichen Presse immer wieder als selbstzerstörerisch interpretiert wurde, nämlich unsere unendlichen Diskussionen und auch jene Aggressionen, die in unseren eigenen Reihen immer wieder auftreten, ist Ausdruck einer organisationspraktischen Bildungsgeschichte, die es bislang in der Geschichte der Bundesrepublik und in der Geschichte Deutschlands seit dem Faschismus nicht gegeben hat: nämlich daß es hier eine Gruppe gibt, die durch alle Irrationalitäten hindurch – denn sicherlich sind wir selbst noch mit den Malen kapitalistischer Herrschaft geschlagen, gegen die wir kämpfen – um herrschaftsfreie Beziehungen, um einen Abbau an Herrschaft und Aggression kämpft, daß dies die einzige Gruppe ist, die versucht, rational darüber zu diskutieren, daß Gewaltlosigkeit in dieser Gesellschaft schon immer eine Ideologie war, daß unter dem Deckmantel der Gewaltlosigkeit Gewalt angewandt wird von der herrschenden Klasse; daß wir diskutieren, was die herrschende Klasse ihrem Gewaltbegriff gegenüber nicht diskutieren kann, nämlich: unter welchen gesellschaftlichen Unterdrückungssituationen Gewalt historisch legitim ist. Die Legalität bürgerlicher Gerichte kann sich nicht mehr legitim begründen. Sie ist blanke, unbegründete Gewalt geworden, sie verfügt über keinen Emanzipations- und Legitimationsbegriff, sie übt nur Unterdrückung im Dienste des Kapitals aus.

Wir demgegenüber haben erkannt und gesehen, daß es, wenn man gegen diese Gesellschaft kämpft, notwendig ist, die ersten Keimformen der künftigen Gesellschaft schon in der Organisation des politischen Kampfes selbst zu entfalten – die ersten Keimformen anderer menschlicher Beziehungen, herrschaftsfreien menschlichen Verkehrs, selbst um den Preis einer hohen Disziplinierung und Unterdrückung, die wir uns selbst auferlegen müssen. Auch wir können, wie Marx sagt, das künftige Jerusalem in unseren Organisationen nicht vorwegnehmen. Auch in unseren Organisationen, das können wir der herrschenden Klasse offen sagen, herrscht noch – allerdings selbstauferlegte – Unterdrückung. Aber der Unterschied zur blinden Unterdrückung der bürgerlichen Klasse ist der:

In der bürgerlichen Klasse und ihren Theorien bestand immer schon die antagonistische Wirtschaftsideologie, daß entweder der Egoismus der Menschen den Fortschritt in der Wirtschaft vorantreibt oder daß jeder von seinem einzelnen Egoismus radikal abzusehen habe. In Wirklichkeit, sagt Marx, ist es so, daß im bürgerlichen Tauschverkehr, der auf nichts anderes als auf Profit ausgerichtet ist, jeder einzelne absolut seinen einzelnen und beschränkten Egoismus verfolgt und daß in diesem Konkurrenzkrieg aller Einzelegoismen – und die Konkurrenz ist immer ein latenter Kriegszustand – sich das gesellschaftliche Allgemeininteresse als besonderes der bürgerlichen Klasse durchsetzt. Wenn wir diese Gesellschaft verneinen wollen, und zwar in einer bestimmten Form verneinen wollen, so daß sich schon die ersten Keimformen anderer Beziehungen in unserer Organisation selbst andeuten, dann bedeutet das, daß jeder einzelne um der Freiheit des anderen willen von seinem einzelnen Egoismus abstrahieren muß, daß er sich selbst Unterdrückung auferlegen muß, wenn er mit der Freiheit eines jeden anderen, wie es heißt, will zusammenstimmen können.

Die kommunistische Organisation des politischen Kampfes löst die Emanzipationsversprechen des bürgerlichen Tauschverkehrs überhaupt erst ein. Und auf diesem Wege werden sich Formen herausbilden, die schließlich das, was Marx als den Verein freier Menschen, die kommunistisch assoziiert sind, die herrschaftsfrei miteinander verkehren, versteht, zustande bringen.

Uns wird immer wieder gesagt, ihr seid deshalb nicht legitim, weil ihr nicht angeben könnt, wie die künftige Gesellschaft aussehen soll. Das sagen immer diejenigen, die meinen, nun gebt uns erst einmal ein Rezept, und dann entschließen wir uns vielleicht, ob wir mittun wollen. Das sagen jene Heuchler und Feiglinge, die meistens in den Redaktionen der bürgerlichen Presse sitzen. Die künftige Gesellschaft kann man nicht vorwegnehmen. Wir können sagen, wie der technische Fortschritt in hundert Jahren aussehen wird, aber wir können nicht sagen, wie die menschlichen Beziehungen in hundert Jahren aussehen werden, wenn wir nicht anfangen, sie ad hoc, unter uns, im gesellschaftlichen Verkehr zu verändern.

Was wir machen können, ist, immanent anzusetzen an jenen verzerrten, unterdrückten Verkehrsformen, die die bürgerliche Gesellschaft entwickelt hat. Wir negieren sie, d.h. wir lösen überhaupt erst im politischen Kampf die Emanzipationsversprechen ein, die Ihr, also die Vertreter auch der bürgerlichen Justiz, gegeben, aber nicht gehalten habt. Diesen Sachverhalt der Solidarität und der Herrschaftsfreiheit in der Organisation des politischen Kampfes hat Maurice Merleau-Ponty, einer der großen französischen Revolutionstheoretiker, dargelegt. Er sagt: »Der tiefe philosophische Sinn des Begriffs der Praxis besteht darin, uns in eine Ordnung einzuführen, welche nicht die der Erkenntnis, sondern die der Kommunikation, des Austauschs, des Umgangs ist ... Die Partei im kommunistischen Sinne ist diese Kommunikation, und eine solche Auffassung von der Partei ist kein Anhängsel des Marxismus; sie ist sein Zentrum. Es sei denn, man macht daraus wieder einen Dogmatismus – aber wie sollte er zustande kommen, da er sich von vornherein nicht in der Selbstgewißheit eines universellen Subjekts installieren kann. Der Marxismus verfügt nicht über eine Totalansicht der Weltgeschichte, und seine ganze Geschichtsphilosophie ist nur die Entwicklung partieller Einsichten, die ein geschichtlich situierter Mensch, der sie zu verstehen sucht, über seine Vergangenheit und Gegenwart gewinnt. Sie bleibt hypothetisch, abgesehen davon, daß sie im bestehenden Proletariat und in seiner Einwilligung die einzige Garantie findet, die es ihr gestattet, als Seinsgesetz zu gelten. Die Partei ist also wie ein Mysterium der Vernunft: sie ist derjenige Ort der Geschichte, an dem der *seiende Sinn* seiner selbst inne, an dem der Begriff zum Leben wird, und jede Abweichung, welche die Beziehungen von Partei und Klasse denen von Führern und Truppe anähnlichte, indem sie die den Marxismus beglaubigende Prüfung listig umginge, würde aus ihm eine ›Ideologie‹ machen.« (*Die Abenteuer der Dialektik*, Frankfurt/Main 1968, S. 62 ff.)

Das, was ich eben dargelegt habe und von dem jeder sich überzeugen kann, der in unsere öffentlich tagenden Versammlungen kommt, bestätigt, daß es bei uns im Prinzip um die noch herzustellende Beziehung von Organisation und Klasse geht, daß es bei uns um eben diese Kommunikation geht, nicht aber darum, was uns hier von den bürgerlichen Gerichten immer wieder unterstellt wird, nämlich um das Verhältnis von Führer und Truppe; daß es nicht um jene Projektion geht, die immer wieder vorgenommen wird, nämlich die Organisation des Polizeiapparats auf unsere eigene Organisation zu projizieren. Die Phantasielosigkeit, die Begriffsstutzigkeit und die Dummheit der Vertreter der herrschenden Klasse kann natürlich nicht anders, als ihre eigenen autoritären Hierarchien auf uns [zu] übertragen. Sie kann, will und darf nicht glauben, daß es bei uns um Fragen herrschaftsfreier Kommunikation geht.

Wir machen so lange individuelle und vereinzelte Bildungsprozesse mit allen Entstellungen und Narben durch, solange wir entweder Mitglieder der herrschenden Klasse oder der unorganisierten, in sich zerrissenen Arbeiterklasse sind, in der jeder einzelne gezwungen ist, seine Haut zu Markt zu tragen; wir machen so lange entstellte und verzerrte Bildungsprozesse durch, solange wir vereinzelt sind und nicht organisiert, solange wir uns den Ideologien der herrschenden Klasse und des kapitalistischen Maschinenparkes unterwerfen müssen. In dem Augenblick aber wird unser Bildungsprozeß ein kollektiver, nicht im Sinne der Vernichtung von Individualität, sondern überhaupt erst in der Herstellung von Individualität, so wie er metaphysisch in Hegels *Phänomenologie des Geistes,* materialistisch in Marxens *Kapital* und psychoanalytisch in den Theorien Freuds formuliert ist, indem wir diese Gesellschaft als ein totales Ausbeutungssystem durchschauen, in dem die produktive Lebenstätigkeit der Menschennatur verkümmert. Wir machen Bildungsprozesse durch, die überhaupt erst Individualität wieder herstellen und das, was Individualität ist, in einem emanzipativen Sinne rekonstruieren, indem wir uns im praktischen Kampf gegen dieses System zusammenschließen.

Marcuse hat recht, wenn er sagt, daß selbst für die kapitalistische Gesellschaft, in der so viele so ruhig materiell gesichert leben, gilt, daß man nicht Mensch bleibt, wenn man nicht diese Gesellschaft radikal bekämpft; und wir haben eine Legitimation. Diejenigen, die heute die Macht im Staate innehaben, können nur begriffslos um Positionen konkurrieren. Sie haben die Macht inne und nichts anderes. Auch wir kämpfen um die politische Macht im Staat, aber wir haben eine Legitimation, denn unser Machtkampf ist begleitet von einem permanenten Kommunikationsprozeß, in dem sich die Kategorien der Emanzipation, die erst im abstrakten Prinzip existieren, realisieren und entfalten, wo sie zum praktischen Dasein werden.

Selbst in diesem System, in dem keiner mehr zu hungern hat, in dem kein physisches Elend besteht, bleibt eines bestehen: diese Gesellschaft, so wie sie organisiert ist, hat es im Laufe der Entwicklung der Menschengeschichte nicht nur fertiggebracht, daß man Messer und Gabel hat, daß man sogar Fernsehapparate und Kühlschränke hat, sie hat auch ein hohes Kulturniveau produziert und eine wunderbar reibungslose Zivilisation – Bedürfnisse, die alle den Stand der physischen Selbsterhaltung weit überschreiten. Aber die Allgegenwart eines autoritären Staats und die Abhängigkeit vom Kapital, die die Massen zwingt, ihre Arbeitskraft als Ware zu verkaufen, fesselt das Bewußtsein der Massen immer wieder an jene Formen elementarer Bedürfnisbefriedigung; denn dieser Staat und das Kapital können die Massen – und sie tun es auch – permanent mit der Angst aufstacheln, daß es ihnen auch wieder anders gehen könnte. Jene erweiterte Bedürfnisbefriedigung war nicht verbunden mit einem Fortschritt im Bewußtsein der Freiheit, war nicht verbunden, mit einer Entfaltung der Phantasie und der schöpferischen Tätigkeit der Menschennatur. Aber sie ist immer noch, auch hier, obwohl sie all diesen verdinglichten gesellschaftlichen Reichtum besitzt, ängstlich an die materielle Sicherheit und Bedürfnisbefriedigung gebunden, obwohl wir einen Stand materieller Sicherheit haben, der längst eine Entfaltung der Menschen ermöglichte, die weit darüber hinausgehen könnte. Das ist die eigentliche Knechtschaft im Kapitalismus. Das ist das Moment sozialer Unterdrückung, das wir als diejenigen, die privilegiert sind zu studieren, auch einsehen konnten.

Und dieses Privileg wollen wir durchbrechen, so daß man noch einmal die Frage beantworten kann, warum eigentlich solche, die es ihrer Herkunft nach eigentlich nicht nötig haben – das gilt sicherlich auch in der Studentenbewegung nur für einen kleinen Teil –, warum diejenigen, die es ihrer Herkunft nach nicht nötig haben, zur Rebellion und zur Revolution überzugehen, gleichwohl sich fortschrittlichen sozialrevolutionären Bewegungen anschließen. Es ist nicht das bloße Trauern um den Tod des bürgerlichen Individuums, sondern es ist die intellektuell vermittelte Erfahrung dessen, was Ausbeutung in dieser Gesellschaft heißt, nämlich die restlose und radikale Vernichtung der Bedürfnisentwicklung in der Dimension des menschlichen Bewußtseins. Es ist immer noch die Fesselung der Massen, bei aller materiellen Bedürfnisbefriedigung, an die elementarsten Formen der Bedürfnisbefriedigung – aus Angst, der Staat und das Kapital könnten ihnen die Sicherheitsgarantien entziehen. So hat auch Ernst Bloch – derjenige, dem (vor dem Imperialisten Senghor) als Revolutionär und utopischen Marxisten der Friedenspreis verliehen wurde – argumentiert, wenn er im *Prinzip Hoffnung* die Frage stellt: Warum sind diejenigen, die es nicht nötig haben, zur roten Fahne übergelaufen? Er sagt: »Es ist die sich tätig begreifende Menschlichkeit.«

Nr. 359

Herbert Marcuse
Redebeitrag auf einer Kundgebung für Angela Davis in Berkeley
24. Oktober 1969

QUELLE: Stadt- und Universitätsbibliothek Frankfurt/Main, Herbert-Marcuse-Archiv; Original englischsprachig, hier übersetzt wiedergegeben

---

Dies hier ist keine Siegesfeier; im Gegenteil, ich glaube, daß der Kampf gerade erst anfängt – der Kampf gegen all jene, die eure Universität zum Ausbildungsplatz im Sinne der Perpetuierung einer Gesellschaft machen wollen, deren Sicherheit und Wohlstand auf der Unterdrückung und Versklavung anderer Völker beruht, innerhalb und außerhalb der nationalen Grenzen. Der Kampf gegen diese Machtinhaber muß weitergehen, denn es ist ein Kampf für *euch*. Sie wollen euer Denken behindern. Sie wollen euch vor kontroversen Meinungen schützen, die – ihrer Beurteilung nach – die amerikanische Gesellschaft gefährden und zerstören. In aller Bescheidenheit möchte ich zu Bedenken geben, ob wir es hier nicht mit einer kleinen Verwechslung zu tun haben und mit einem Hauch von Orwellscher Sprache, denn was diese kontroversen Meinungen tatsächlich gefährden oder zerstören könnten, ist die Herrschaft der gegenwärtigen Machthaber in dieser Gesellschaft, aber nicht die Gesellschaft selbst.

Jetzt hat ein Gericht im Sinne Angelas und gegen die Herrschenden entschieden. Ich unterstelle, daß die Herrschenden längst den Fehler, den sie begangen haben, erkannt haben: Es gibt andere und weit effektivere Wege, die Universität zu unterdrücken, nämlich über den Etat (eine sehr beliebte Methode) und über eine Vorzensur und Kontrolle der Berufungen, Beförderungen usw., noch bevor über diese entschieden wird, so daß man nicht hinterher vor Gericht gehen muß; und ich wette mit euch, daß genau das eintreten wird. Der Kampf für Angela ist in letzter Konsequenz ein Kampf für euch; es ist ein Kampf gegen den neuen McCarthyismus, gegen die neue Welle der Repression, die ausgehend von diesem Land die ganze Welt überrollt. Und genau in diesem großen Kontext muß Angelas Fall gesehen werden. Es ist ein Kampf für euch: für uns, möchte ich sagen, die wir es nicht länger hinnehmen können, denen schlecht dabei wird, zu sehen, wie die reichste Gesellschaft der Erde auf der Grundlage einer Ökonomie des Todes lebt – einer Ökonomie der Verschwendung, des eingeplanten Verschleißes und der Umweltverschmutzung; (jetzt) können (wir) es nicht länger hinnehmen und diese Unduldsamkeit, diese gesegnete Unduldsamkeit greift hoffentlich über die sogenannte Generationskluft hinweg, denn obwohl ich ein wenig älter bin als ihr, ist es für mich ebenso wenig hinnehmbar wie für euch. Hier sitzen wir ebenfalls im selben Boot.

Die Frage, die ich heute kurz aufwerfen möchte, lautet: Kann diese Gesellschaft ohne radikale Veränderungen die Bedingungen aufheben, auf denen die ihr eigene Sicherheit und der ihr eigene Wohlstand beruht? Ich gehe von einer negativen Antwort aus. Von einer negativen Antwort deswegen, weil – und als Marxist muß ich es an dieser Stelle bekennen – ich großes Vertrauen (arglistiges Vertrauen) in das kapitalistische System habe. Ich weiß, daß dieses System ein sehr geschäftstüchtiges, ein sehr rationales System ist, und daß es Verschwendung und Zerstörung nicht möchte – sofern diese Verschwendung und Zerstörung nicht als notwendig für die Reproduktion des kapitalistischen Systems erachtet wird.

Mir scheint, die besten Marxisten, die wir heute in unserem Land haben, sind diejenigen, die unsere Gesellschaft regieren: Es ist, als wollten sie durch ihre Handlungen, und nicht nur durch ihre Reden, demonstrieren, daß Marx recht hatte. Recht nicht nur mit seiner Vorstellung von der Verschmelzung zwischen ökonomischer und politischer Macht, recht auch mit seiner Ansicht, daß das kapitalistische System expandieren, kontinuierlich expandieren muß, um überhaupt existieren und profitabel existieren zu können. Eine derartige Gesellschaft, genauer eine kapitalistische Gesellschaft, ist nicht bereit, seit 1946 eine Billion Dollar für die sogenannte »nationale Sicherheit« auszugeben, wenn gleichzeitig der Eindruck vorherrscht, daß diese Sicherheit abnimmt, statt zunimmt. Diese Summe beinhaltet mehr als 25 Millionen Dollar, die in niemals in Dienst gestellte Waffen investiert wurden. Mehr als die Hälfte all ihrer Wissenschaftler arbeitet direkt oder indirekt für das Pentagon, und die Verschwendung und den Verschleiß in anderen Bereichen der Wirtschaft muß ich nicht erläutern.

Nun würde man so etwas nicht tun, wenn man es nicht für notwendig hielte, und in der Tat halten sie es für notwendig, ihren künftigen Lebensraum zu sichern, damit er nicht – wie befürchtet – in die Hände der Kommunisten fällt. Aus diesem Grund muß der *Feind* auch weiterhin überall aufgebaut werden: in China, in Vietnam, in Kuba, in Lateinamerika – er muß kontinuierlich aufgebaut werden, damit die Menschen auch weiterhin Vertrauen in diese Sinnlosigkeit haben.

Nun möchte ich darauf hinweisen, daß dieses Vertrauen bereits erschüttert ist und die Tatsache, daß es erschüttert ist, ist zu einem großen Teil *euer* Werk, das Ergebnis *eurer* Bemühungen. Ihr wißt es vielleicht nicht; ihr denkt vielleicht noch immer, daß ihr nur ein Grüppchen Intellektueller seid, losgelöst von den Massen. Die Regierung weiß es weit besser als ihr; sie hat eine weit realistischere Einschätzung der Macht, die ihr bereits repräsentiert. Das volle Ausmaß der Repression trifft die Schulen und Universitäten sowie die schwarzen Militanten in den Ghettos, mit denen ihr in den Kampf gegangen seid. Die ganze Gewalt der Repression zielt nicht auf die organisierte Arbeiterschaft, sie zielt gegen euch; und sie wissen genau warum, und sie wissen, weshalb sie so verfahren müssen.

Mit anderen Worten, wenn irgend jemand in der Lage ist, den täglich sich reproduzierenden Wahnsinn zu durchbrechen, seid ihr es, und nur ihr – schwarz, weiß und braun – seid es, die diesen Wahnsinn durchbrechen könnt. Nun, der erste Wink kommt vom Präsidenten der Vereinigten Staaten. Er sagt, es sei in Ordnung, anderer Meinung zu sein, solange diese Abweichung nicht allzu bekannt wird – am besten innerhalb der eigenen vier Wände oder in einer Wahlurne gehalten wird. Mit anderen Worten, er mag keine Demonstrationen in den Straßen, und der Wink heißt, ihr sollt eure Demonstrationen fortsetzen, denn er weiß – vielleicht besser als ihr –, daß sie richtig sind, daß sie größer werden, daß sie das Bewußtsein derjenigen entwickeln, die bislang noch nicht gesehen und gehört haben, was um sie herum vorgeht. Setzt eure Demonstrationen fort und versucht, sie zu vergrößern, und so weit es die Universität betrifft, seid weiterhin aufmerksam, was vor sich geht. Fordert den Rücktritt der Regierenden, die die Gesetze im Land verletzt haben, die mit Macht darauf bestehen, daß ihr euch an Gesetze haltet, die aber weit weniger Respekt vor dem Gesetz zu haben scheinen, wenn es zufällig ihnen im Wege steht. Oder, wenn ihr schon den Rücktritt der Regierenden nicht durchsetzen könnt – und ihr wißt ebenso gut wie ich, daß ihr es nicht könnt, denn wenn es jemals eine willkürliche Macht gegeben hat, dann ist es die der zur Zeit Regierenden –, dann bemüht euch wenigstens darum, daß sie zumindest die Entscheidungsbefugnis über Berufungen und Beförderungen an die Fakultät und an die Studenten zurückgeben und sie nicht weiterhin für sich beanspruchen.

Nun, ich gebe zu, all diese Vorschläge sind zentriert auf die Universität und den Campus. Es gibt bedeutendere Aufgaben, speziell die Herstellung von Bündnissen mit den großen unterdrückten Gruppen in diesem Land, schwarz und braun, in allen Bereichen langfristiger Ausbildung. Aber unterschätzt auch nicht die Universität als eure Basis. Noch einmal, die Funktion von Schule und Universität im System hat sich geändert. Es ist genau gesagt der Wandel im Produktionsprozeß des fortgeschrittenen Kapitalismus, der diesen Prozeß wiederum kontinuierlich und zunehmend auf hochqualifiziertes Personal angewiesen sein läßt: seine Wissenschaftler, Techniker, Ingenieure, Psychologen und sogar Soziologen, ohne die das Ganze nicht länger so funktionieren könnte, wie es funktionieren soll. Es sind die Universitäten, die Schulen, in denen das System seine neuen Führungskräfte ausbildet, die es für seine Reproduktion benötigt; und das seid ihr. Weit davon entfernt, ein Grüppchen Intellektueller zu sein, bildet ihr eines der wichtigsten Kontingente – wichtig für die Reproduktion des Systems. Ihr müßt zeigen, daß ihr euch widersetzen könnt, daß ihr euch weigern könnt, zu bloßen Handlangern des Systems gemacht zu werden. Noch einmal, es liegt an euch. Ihr kämpft für euch selbst; ihr kämpft für all jene, die nicht mehr länger nur so leben wollen, wie die Gesellschaft es ihnen zugesteht, die endlich in der Lage sein wollen, ihr eigenes Leben zu leben und es zu genießen, mit gutem Gewissen und ohne ein Gefühl der Schuld. Danke.

Darf ich nun zu meiner angenehmsten Aufgabe hier kommen: Ich habe euch noch nicht gesagt, weshalb Angela Davis das ideale Opfer dieser Repression war. Es gibt viele Gründe: Sie ist schwarz, sie ist militant, sie ist Kommunistin, sie ist hochintelligent, und sie ist hübsch – und diese Kombination ist mehr, als das System ertragen kann! Ich möchte euch nun nicht meine Studentin, sondern meine Kollegin an der Fakultät der University of California vorstellen, Angela Davis.

Nr. 360

Zentralrat der sozialistischen Kinderläden West-Berlin

Zur Veröffentlichung

der Anleitung für eine revolutionäre Erziehung Nr. 2: Walter Benjamin, Eine kommunistische Pädagogik – Spielzeug und Spielen – Programm eines proletarischen Kindertheaters – Baustelle

November 1969

QUELLE: Walter Benjamin, Eine kommunistische Pädagogik – Spielzeug und Spielen – Programm eines proletarischen Kindertheaters – Baustelle (unautorisierte Textsammlung), West-Berlin 1969, S. 5 f.

Die Herausgabe dieser Broschüre verstehen wir als einen Beitrag dazu, die Verbreitung der Arbeiten Walter Benjamins nicht gänzlich den Frankfurter Monopolarchivaren zu überlassen, die allein den philologisch sauberen, gediegenen kapitalistischen Literaturmarkt als das adäquate Medium der benjaminschen Produktion erachten. So sehr dies auch Benjamins eigener Vorstellung von literarischer Aktivität zuwiderlaufen mag, Adorno und seine Speichellecker scheuen sich nicht, die interessierte Öffentlichkeit, und das ist mehr und mehr die politisch bewußte und aktive Intelligenz, mit der Ankündigung einer ehrwürdigen aber unbrauchbaren Gesamtausgabe des benjaminschen Werkes abzuspeisen und die Konvolute einzulagern hinter Tresorwände. Der Klassenkampf aber, und das ist auch ein Kampf um die antizipatorischen geistigen Positionen des Bürgertums, wird nicht platonisch hinter goldenen Buchrücken stattfinden und die Frankfurter Tuis werden ihn nicht dorthinter bannen können. Es kommt darauf an, den Teil des Werks, der dem Partei ergreifenden Benjamin zugehört, nicht traditionslos, sondern die Phasen der Politisierung des benjaminschen Denkens berücksichtigend, aus dem streng umhegten, schöngeistigen Rahmen der bisherigen und projektierten Publikationen herauszusprengen, wie es die Zeitschrift *Alternative* begonnen hat. Dieser Versuch soll geschehen, um die politische Stufe der literarischen Arbeit Benjamins zu verdeutlichen und um die »intensive Einsicht in die Aktualität eines radikalen Kommunismus« zu befördern. Dies impliziert aber, daß die philosophischen Elemente, sofern sie eine für Benjamins politische Theorie bedeutsame Gestalt annehmen, nicht unterdrückt werden dürfen.

Die Publikation dieser Gedanken Walter Benjamins stellt zugleich einen Angriff dar gegen die Parteiideologen, die in ihrem selbstsicheren Stumpfsinn vermeinen, mit ihrem Erziehungsprogramm, das mehr aus Phrasen als aus Klassenbewußtsein aufgebaut ist, würden die Vorstellungen der kommunistischen Theoretiker der zwanziger Jahre in Erfüllung gehen. Das »Programm eines proletarischen Kindertheaters« ist der Verfügungsgewalt der Frankfurter Benjamin-Verwalter und den Händen revisionistischer Kulturpolitiker entrissen worden. Ein Genosse, der Adorno & Co., dem Projekt der sozialistischen Kinderläden und einer Parteistrategie verbunden ist, war dank guter Beziehungen im Besitz des Manuskripts. Seine Loyalität gegenüber seinen Gönnern ist über allem Zweifel erhaben. Einem anderen Genossen, dem Kinderladenprojekt nicht minder verbunden, war es erlaubt, in das Manuskript einzusehen. Seine Illoyalität gegenüber seinem Gönner ist über allen Zweifel erhaben. Wir ergriffen die Gelegenheit, um das Manuskript jetzt für unsere praktische Arbeit, die Teil der Selbstorganisation der Basis ist, zu sozialisieren.

Die hier gesammelten, bisher verstreuten oder unzugänglichen Aufsätze Benjamins über Kindererziehung sind eingefügt in eine Broschürenreihe des Zentralrats der sozialistischen Kinderläden Westberlins, der das Modell einer antiautoritären Erziehung organisatorisch und theoretisch tragen soll. Auch wenn der Begriff antiautoritär hier nicht in seiner sozialpsychologischen Verwässerung gemeint ist, sondern die politisch-pädagogische Position gegen den autoritären Staatsapparat der spätkapitalistischen Gesellschaft, speziell seine Erziehungsinstitutionen umreißt, ist über das Verhältnis dieser zu einer radikal-kommunistischen Erziehung, welche sich an den Vorstellungen eines Teils der deutschen Arbeiterbewegung der zwanziger Jahre orientiert, eine historische Reflexion unumgänglich. In den Diskussionen wurde der Versuch unternommen, diese zu leisten. Die Theorie, die hierzu aufgeboten wurde, läßt sich nur legitimieren durch die Praxis, aus der sie gebildet wurde und an der sie sich bewahrheiten muß. Aus ihr heraus wiederum neue, allgemeine praktische Richtlinien abzuleiten, kann nicht dadurch geschehen, daß man einen einmaligen Katalog möglicher Konkretisierungen aufstellt, sondern allein dadurch, daß alle Betroffenen sich dem langwierigen Wechsel zwischen Praxis und Theorie aussetzen.

Die neuerdings konformistisch tönenden Stimmen der Kritischen Theorie werden wir dabei richtig einzuschätzen wissen: ihre schönen Zungen rufen auch den Polizeiknüppel.

Auch auf jene pseudorevolutionären Stimmen werden wir dabei verzichten müssen, die aus ihrer Befangenheit in der Krise der institutionellen Wissenschaft heraus stetige formale Revolutionierungen der Wissenschaftsorganisation vorantreiben wollen und die nie zu einer wirklich sozialistischen Theoriebildung bereit sind, welche an den praktischen Schwierigkeiten der Arbeit unter den Massen anzusetzen hätte und die Wissenschaft erst zu einer Produktivkraft für den revolutionären Kampf machen kann. Für die Entwicklung einer proletarischen Linie werden diese Teile der linken bürgerlichen Intelligenz, die aus einer puren Unwissenheit in marxistischen Dingen ihre Überbaupolitik verabsolutieren, nichts beizusteuern haben.

> **Nr. 361**
> Hans-Jürgen Krahl
> Kritische Theorie und Praxis
> Diskussionsbeiträge in einer Sendung des Hessischen Rundfunks
> 4. Dezember 1969
>
> QUELLE: Hans-Jürgen Krahl, Konstitution und Klassenkampf, Frankfurt/Main 1971, S. 289–297

Ich meine, daß sowohl die Erfahrung des Faschismus wie die Reflexion auf den deutschen Idealismus ambivalent die Kritische Theorie konstituiert haben. Und zwar ambivalent derart, daß sie sehr wohl theoretisch stringent einen Totalitätsbegriff des Zwangszusammenhangs der abstrakten Arbeit, des Tauschverkehrs und der bürgerlichen Rationalität entfalten konnte, aber nicht wirklich die veränderten Strukturen des Klassenantagonismus theoretisch bewältigen konnte. Daß also die Erfahrung des Faschismus die Einsicht in den hermetischen Zwangscharakter hochindustrialisierter Klassengesellschaften und in den Verfall der bürgerlichen Individualität geliefert hat – aber durch den manifesten Naturzustand, den der Faschismus hergestellt hat, die Organisationsmöglichkeiten der proletarischen Klasse und den Strukturwandel der proletarischen Klasse nicht hat konstitutiv in die Theorie eingehen lassen, so daß man feststellen kann: die Kritische Theorie hat insofern in der Nachfolge des deutschen Idealismus gestanden, als ihre geistige Arbeit mit der vermittelnden Vernunft gegen den Positivismus ausgestattet war. Sie konnte einen Totalitätsbegriff – und zwar in Reflexion auf die Kritik der politischen Ökonomie einen nichtmetaphysischen Totalitätsbegriff – erkennen, aber sie hat gleichwohl diese Totalität nicht in ihrer klassenantagonistischen Dualität wirklich begreifen können. Beim früheren Horkheimer schon ist die Zurechnung zur proletarischen Klasse mehr eine subjektiv-moralische Dezision, als daß sie wirklich konstitutiv in seine Theorie eingeht. Das bedeutet, mit der bürgerlichen Tradition des Deutschen Idealismus teilt die Kritische Theorie die Einsicht in den Totalitätsbegriff. Mit der proletarischen Tradition teilt sie die Materialisierung dieses Totalitätsbegriffs im Hinblick auf Warenproduktion und Tauschverkehr. Aber der praktische Klassenstandpunkt, um es einmal so verdinglicht zu sagen, ist nicht theoretisch konstitutiv in die Theorie eingegangen. Man muß einfach sagen, daß die Erfahrung des Faschismus sowohl diesen materialistischen Totalitätsbegriff von Warenproduktion und Tauschverkehr – aus spätbürgerlicher Perspektive orientiert am Verfall des bürgerlichen Individuums, der bürgerlichen Familie und des liberalen Marktes – gestattet hat, daß auf der anderen Seite die Erfahrung des Faschismus auch Erkenntnisgrenzen gesetzt hat. In die Begriffe von Leiden und Unglück, die Adorno entfaltet hat, geht eine Erfahrung davon ein, daß der Faschismus die kritische Subjektivität des Theoretikers selbst beschädigt. Er hat das beschädigte Leben auch auf sich selbst bezogen.

Der Faschismus hat die Arbeiterklasse so sehr zur Klasse an sich desorganisiert, so sehr in den Naturzustand zurückgeworfen, daß objektive, geschichtsphilosophische Kategorien kaum diesen Zustand erreichen. Und man muß eines sehr deutlich sagen – vor allem gegen Lukács und Korsch –, das Moment der historischen Genesis von Bewußtsein kam, durchaus noch im bürgerlich-pädagogischen Rahmen als Bildung begriffen, hinein, insofern zwar der Faschismus insgesamt aus den ökonomischen Naturkatastrophen der kapitalistischen Entwicklung erklärbar ist, aber Auschwitz nicht aus der kapitalistischen Akkumulation erklärbar ist. Ich glaube, daß sich das gewissermaßen selbst noch der logischen Unvernunft des kapitalistischen Geschichtsverlaufs widersetzt hat: Auschwitz ist der Begriff von Kontingenz, den Adorno in den Geschichtsverlauf eingeführt hat, Kontingenz selbst gegenüber der politischen Ökonomie.

Adorno hat die Irrationalisierung der Spontaneität im Rahmen der Ursprungskategorie kritisiert, Spontaneität, die also nicht mehr in dem bürgerlichen Sinne autonome Vernunft meint, wie also im Rahmen von Kants Spontaneität der Verstandesbegriffe, sondern irrationalisierte Spontaneität auf dem Boden einer schlechten Unmittelbarkeit. Was er jetzt nicht differenziert, ist dieses – und das kann man gewissermaßen im Umschlag der Arbeiterbewegung zum Faschismus selber feststellen in der großen Zusammenbruchskrise Ende der zwanziger Jahre –, daß er nicht feststellt, daß faschistische Konterrevolutionen selbst sich immer, demagogisch, herrschaftsmäßig und manipulativ entstellend, des antikapitalistischen Bewußtseins der Massen bedienen müssen, und daß es auf diese Weise gewissermaßen die konterrevolutionär entstellte revolutionäre Spontaneität ist, die den totalen Naturzustand herbeiführt. Und ein zweites, was in die Theorie Adornos im Zusammenhang von Tauschverkehr und faschistischem barbarischem Naturzustand eingeht, ist dieses: der Naturzustand des Faschismus ist ja nicht der, den Thomas Hobbes meint. Es ist also nicht der, der vor der Etablierung bürgerlicher Konkurrenz und bürgerlichen Tauschverkehrs auf der Basis des industrialisierten Kapitals liegt, denn Tauschverkehr bedeutete ja einmal Befriedung des Naturzustands, allerdings so, daß der Kriegszustand unter den Bedingungen der Konkurrenz immer latent am Leben erhalten bleibt. Der Faschismus ist ein Naturzustand, der gewissermaßen aus dem Frieden des Tauschverkehrs selbst heraus produziert wurde. Das ist der Unterschied, wenn man so will, zwischen Thomas Hobbes und Carl Schmitt, das geht in Adornos Reflexion auf den Zusammenhang zwischen Tauschverkehr und Naturzustand konstitutiv ein.

Der Begriff der Spontaneität wird zum Teil aus einer bloß – muß man wohl manchmal sagen – geistesgeschichtlichen Fixierung an Heidegger undifferenziert abgehandelt. Die Irrationalitätsgeschichte der Spontaneität – gleichsam schon über Rosa Luxemburg, wenn man einmal so will, vermittelt – geht natürlich als praktische Geschichte nicht in seine Reflexion ein. Auf der anderen Seite glaube ich aber, daß Spontaneität konstitutiv als die Entlarvung der zweiten Natur des Tauschverkehrs als Natur in den Faschismus eingeht.

Die Mythologisierung des Tauschverkehrs, die sich faktisch im Faschismus wieder ereignete und die überhaupt erst die Erkenntnischance, den Zusammenhang von Mythos und Tauschverkehr zu erkennen, bot, war nicht selbst wiederum allein aus Kategorien der politischen Ökonomie ableitbar. Aber man könnte meinen, daß hier sich Kategorien der Psychoanalyse für Adorno angeboten haben, und das ist auch der Zusammenhang bei Reich. Nur würde ich so sagen: gerade die Adaption dieser psychoanalytischen Kategorien hat auch den Geschichtsverlauf der Gattung gleichsam auf einer bestimmten Ebene wieder enthistorisiert, indem der wirklich entscheidende Bruch, der in der Geschichte eintrat, der von Mythos und Rationalität in der Vorgeschichte war – wenn man mal so will der Übergang zu den Vorsokratikern –, und der spezifische Bruch zwischen vorkapitalistischem Gemeinwesen und kapitalistischer Gesellschaftsformation geht nicht mehr in die Reflexion ein. Von daher stammt auch, wie ich meine, ein Kulturbegriff, in dem die Aneignung der Kultur durch die Nichtproduzenten, wie es in der Kritik der politischen Ökonomie ausgeführt ist, doch einigermaßen ignoriert wird, so daß ein geradezu unverändertes Verhältnis von Repression im Kulturbegriff angenommen wird – Kultur ist ja immer in der Konstitution des Realitätsprinzips enthalten. Auf der anderen Seite ist Kultur jener Bedürfniszusammenhang, der die natürliche Vernunft der physischen Selbsterhaltung transzendieren kann. Eine historische Spezifizierung dieses Kulturbegriffs geht nicht wirklich in ihre Reflexion ein. Daher waren auch gerade die Kategorien der Psychoanalyse fixiert an bürgerliche Individualität. Schon die früheren Untersuchungen des Instituts für Sozialforschung kennen wirklich nur die bürgerliche Familie und den bürgerlichen Begriff von Individualität. Individuierungsprozesse in proletarischen Familien, etwa im 19. Jahrhundert, gingen in die Reflexion überhaupt nicht ein. D.h., die Psychoanalyse wurde nicht wirklich herausgelöst, was Reich versucht hat und empiristisch auf Vulgärmaterialismus verkürzt hat. Die Psychoanalyse wurde nicht in der Reflexion Adornos und Horkheimers aus ihrem spätbürgerlichen Konstitutionsrahmen herausgerissen, was wiederum mit dem hochzivilisierten Naturzustand des Faschismus zusammenhängt.

Eine Frage, die sich erkenntnistheoretisch stellt, ist die, aus welcher geschichtlichen Position heraus die Kritische Theorie Horkheimers und Adornos Metaphysik, neuere Ontologie und positivistischen Empirismus kritisiert. Und da würde ich zunächst einmal sagen, daß man einführen muß, daß es das theoretische Verdienst der Kritischen Theorie ist, daß sie ganz anders als Lukács diese Frage thematisiert hat, gesellschaftliche Praxis im Marxschen Sinn überhaupt als erkenntnistheoretische Konstitutionskategorie erfaßt hat.

D.h., gesellschaftliche Praxis ist gegenstandskonstitutive Praxis, das ist zumindest als Programmatik in die Kritische Theorie eingegangen. Und ich glaube allerdings, daß es in der Durchführung dieser Programmatik der erkenntnistheoretischen Bedeutung von gesellschaftlicher Praxis zum Teil mißlungen ist. Bei Adorno hat sich diese Theorie der gesellschaftlichen Praxis als erkenntnistheoretisch konstitutiv – anders als bei Horkheimer in »Traditioneller und Kritischer Theorie«, wo es in einen wie auch immer äußerlichen Zusammenhang zur proletarischen Praxis der Befreiung gebracht wird – auf den Zusammenhang von Tauschverkehr, Ontologie und Positivismus konzentriert, wobei sowohl Ontologie und Positivismus im Hinblick auf die Identitätskategorie kritisiert wurden. D.h. also, sowohl die ontologische Seinsidentität wie die positivistische Identität auf der Basis formaler Logik folgen der Rationalität des Tauschverkehrs. Den Konstitutionsvorgang selber hat Adorno gerade in Anknüpfung an den berühmten Aufsatz von Durkheim im Hinblick auf den Zusammenhang der Klassifizierung logischer Kategorien und gesellschaftlicher Praxis nicht erklärt, sondern gewissermaßen immer nur darauf verwiesen, so in der Metakritik der Erkenntnistheorie, Gesellschaftliches gehe in die logischen Kategorien ein, wobei dieses Eingehen die Rationalität des Tauschverkehrs ist, also die Abstraktion von allem Besonderen und allen Gebrauchswerten. In der Ontologie, auch in der Heideggerschen, hat er die Hypostasierung des Zweiten zum Ersten aufgedeckt, wobei dieses Zweite wahrscheinlich doch die Zirkulationssphäre war, und nicht umsonst vergleicht er in der *Negativen Dialektik* die Heideggersche Ontologie mit einem gigantischen Kreditsystem. D.h., auf diese Weise hat er, wenn man mal so will, die Nietzscheanische Ontologiekritik mit der Marxschen Darstellung des Verhältnisses von Produktion und Zirkulation vermittelt.

Erkenntnistheoretische Diskussionen, die sich auf dem Gipfel der philosophierenden Abstraktion bewegen, müssen immer gerade im Rahmen der Kritischen Theorie mitliefern, welches ihr Stellenwert im Rahmen der gesellschaftlichen Praxis ist. Ich würde meinen, daß die konkrete Geschichte noch am ehesten bei Adorno in diesen erkenntnistheoretischen Abstraktionen durchscheint.

D.h., wenn die Kritische Theorie diese These aufgestellt hat, daß Erkenntnistheorie und die konkrete Philosophie der Geschichte, also die Theorie der Gesellschaft unmittelbar eines seien im Rahmen der Hegelschen Kantkritik, dann wird man wahrscheinlich zunächst sagen müssen, daß – im Gegensatz etwa zur Leninschen materialistischen Erkenntnistheorie und ihren ontologischen Abbildrealismen, die einem gesellschaftlichen Zustand vorindustrieller und noch nicht durchkapitalisierter Art entsprechen – die Frage der konstitutiven erkenntnistheoretischen Rolle der gesellschaftlichen Praxis es überhaupt erst erlaubt, die Emanzipations- und Herrschaftskategorien, unter denen im Spätkapitalismus Gesamtgesellschaft zu beurteilen ist, einzusehen, nämlich die zweite Natur, Verdinglichung, Fetischisierung – also die gesamten Bewußtseinskategorien, und damit die Frage zu stellen nach der Rolle der aktiven Subjektivität im Veränderungsprozeß der Gesellschaft. Die erkenntniskritische Fragestellung ist mit einem revolutionstheoretischen Index behaftet, nämlich eben mit dem Index der Rolle von Spontaneität, Bewußtsein und Willen in der Veränderung, ohne daß Adorno dies immer explizit aufgewiesen hätte. Und da meine ich, daß die Ontologiekritik einen spätkapitalistischen Zustand auch anvisiert, indem mit einer Gesellschaft, in der, wie Marcuse es ausgeführt hat, alle Kategorien der Dingwelt und der Substanzwelt um ihrer instrumentellen Operabilität willen funktionalisiert werden, diese substantiellen Kategorien in Funktionskategorien transformiert werden und zugleich wieder in eine falsche Substanz hypostasiert werden, wie etwa im Heideggerschen Seinsbegriff. Das bedeutet einerseits eine Mythologisierung des Technikbegriffs selber, der darin enthalten ist, wie zweitens die positivistische Zerstreuung der Einzelwissenschaften und die sowohl soziologische wie methodologische Trennung von normativen Werturteilen und deskriptiven Existentialurteilen eine immanente Rationalisierung des Tauschverkehrs bei gleichzeitiger Blindheit gegen emanzipativen Fortschritt oder emanzipativen Regreß darstellen.

D.h. also, daß diese gesamte erkenntniskritische Reflexion unmittelbar Fragen des gesellschaftlichen Fortschritts betrifft und zum zweiten, was das wesentliche ist, die veränderte Rolle der Subjektivität in einem System hochzivilisierter Bedürfnisbefriedigung, das nicht mehr auf materiellem Elend auch in seinen Krisensituationen basiert, feststellt. Das bedeutet, die neue Qualität festzustellen, die dieses System hat, das auf der Bewußtlosigkeit aller Beteiligten, um mit Engels zu reden, beruht. Die Erkenntnis von zweiter Natur, Verdinglichung und Fetischisierung ist unmittelbar mit der Kritik an der Ontologie und am Positivismus verbunden, und das war wahrscheinlich auch ihre inhaltlich-gesellschaftstheoretische Leistung, die dann überhaupt erst auch, möchte ich meinen, für die Studentenbewegung die Gesamtgesellschaft als Herrschaftstotalität durchschaubar machte und die Identifikation von Formen der Unterdrückung, die auch Momente von Immaterialität aufnehmen, zu identifizieren.

Im Hinblick auf den Begriff des Begriffs hat Adorno auf einer erkenntnistheoretischen Ebene explizit reproduziert – und mit der Kategorie der Negativen Ontologie stellt er es ja auch fest –, was implizit in der Marxschen Darstellungsweise angelegt ist: Begriff ist Identität. Als solche Identität ist sie von derselben logischen Struktur wie der Tauschverkehr, d.h. nominalistische Abstraktion vom Besonderen und doch zugleich daseiende Abstraktion. Adornos Theorie vom Begriff hat überhaupt erst wieder die Gesellschaft als eine kategorial verfaßte durchschaubar gemacht. Was etwa in den positivistischen Theorien, die die Gesellschaft als ein Feld unverbundener sozialer Tatsachen [betrachten], aus denen das Begreifen gesellschaftlicher Beziehungen ausgemerzt ist, untergeht. Eine Frage taucht dann auf, die Habermas im Anschluß an Adorno, Horkheimer, Marcuse und Bloch gestellt hat: wenn der Begriff von seiner Bildung her notwendig gebunden ist an die Identitätsstruktur der abstrakten Arbeit des Tauschverkehrs in der Warenproduktion, und damit notwendig natürlich auch an die Unterdrückungs- und Ideologisierungsmomente, die darin eingehen, ob darin nicht ein utopisches, und zwar ein romantisch-utopisches Moment geschichtsphilosophisch eingeht, nämlich das der völlig neuen Technik und der völlig neuen Wissenschaft. In dem Zusammenhang wäre etwa auch das Versöhnungsmoment, das ja in das Verhältnis von Subjekt–Objekt bei Adorno eingeht, zu diskutieren. D.h., hier führt die Erkenntnistheorie über in die Frage der konkreten Utopie, auch geschichtsphilosophisch.

An der erkenntnistheoretischen, abstrakten Frage des Konstitutionsproblems wird der unmittelbar praktische Mangel der Kritischen Theorie entscheidend, weil der Klassenantagonismus nicht theoretisch wirklich in die Bildung dieser Theorie eingeht. Die politische Organisation des Proletariats ist auch ein anderer Rahmen der Apperzeption gegenstandskonstitutiver Praxis, und zwar einer Apperzeption, die zwar noch von der Irrationalität abstrakter Arbeit durchsetzt sein mag, andererseits aber schon Aufhebungen abstrakter Arbeit enthält, also eine Art solidarischer Verkehrsformen, Aufhebung von Isolierungen und Atomisierungen der Individuen gegeneinander, was dann auch eine andere Einheit der Wahrnehmungs- und Begriffswelt herbeiführt. D.h., das Elend der Kritischen Theorie ist auf einer bestimmten Ebene einfach auch das Fehlen der Organisationsfrage, und das hängt eben mit dieser klassentheoretischen Frage zusammen. Die Erfahrung des Faschismus scheint der Kritischen Theorie und Adorno suggeriert zu haben, daß kollektive Praxis notwendig bewußtseinsdestruktiv ist, daß sich in kollektiver Praxis geradezu die Klasse zur Masse zersetzt, in diesem naturzuständlichen Sinne, den der Begriff auch hat. Zwar geht die Zerfallsgeschichte des bürgerlichen Individuums in die Reflexion ein, aber nicht die Umstrukturierung und der Strukturwandel, den der Begriff der lohnabhängigen Klasse auch seinem Dasein nach insgesamt erfahren hat. Zwar wird auf kulturkritischer Ebene in abstracto festgestellt, daß Ideologie geradezu heute eine Produktivkraft geworden ist, aber die konkrete Reflexion auf Wissenschaft als Produktivkraft, auf die Veränderung des Verhältnisses von geistiger und körperlicher Arbeit, etwa im Rahmen der lohnabhängigen Klasse, wird nicht mitgemacht. Im Grunde genommen ist die resignative Position bis hin zur Aussage von der fixierten Integration der Arbeiterklasse ins kapitalistische System orientiert an einem traditionellen Begriff des unmittelbaren Industrieproletariats, der eventuell die Formen der Veränderung des Gesamtarbeiters nicht mehr trifft. Die Reflexionen, die Marx z.B. angestellt hat in den Grundrissen oder auch in einigen Kapiteln in den Theorien über den Mehrwert, legen ja nahe, daß es sich hier um einen Vergesellschaftungsprozeß der produktiven Arbeit und des kapitalistischen Privateigentums auf dem Boden der kapitalistischen Produktionsweise selber handelt, der also Arbeit und Arbeitszeit in ihrer Wertbedeutung relativiert. Ich glaube nicht, daß man dann von einer zweiten Mehrwertquelle sprechen kann, aber die Realität des Produktionsprozesses fällt nicht mehr zusammen mit dem Arbeitsprozeß. Wenn das so ist, wenn der Widerspruch von Vergesellschaftung und Privateigentum, von gesellschaftlicher Arbeit und Privatarbeit mit dem Monopolkapital eine qualitativ neue Dimension entfaltet hat, und zwar so, daß er zur Erscheinung kommt – mit der Aktiengesellschaft kommt Marx zufolge dieser Widerspruch zur Erscheinung und mit der technologischen Umsetzung der Wissenschaften ins kapitalfixierte Maschinensystem –, und wenn Marx sagt, daß damit auch – denn es gibt Aussagen expliziter Art – der Begriff der Produktiven Arbeit sich erweitert und sich auch über das Einzelatelier der unmittelbaren Fabrik hinaus erweitert, dann hat sich auch gewissermaßen die Totalität der proletarischen Klasse insgesamt erweitert. Ich stelle diese Reflexion nur an, um aufzuzeigen, daß es aus der Theorie Adornos, der gewissermaßen auf den Strukturwandel der an sich seienden Lage der arbeitenden Klasse nicht reflektiert, nur die Konsequenz geben kann, daß Einzelsubjekte als wirklich fiktive Zeugen einer dialektischen Vergangenheit noch die Erinnerung an Emanzipation aufrechterhalten können auf der einen Seite, daß auf der anderen Seite, wenn man nicht Teile der wissenschaftlichen Intelligenz, auch der etwa in den Akademien und Universitäten organisierten, objektiv dem gesamtgesellschaftlichen Lohnarbeiter zurechnet, es kaum möglich ist, die Erinnerung an Emanzipation und Ausbeutung zu mobilisieren. Es ist auch Index, daß die Produktion – Marx sagt, das Reich der Freiheit beginnt jenseits der materiellen Produktion – beim gegenwärtigen Zivilisations- und Kulturstand selbst schon ein enormes Ausmaß an Immaterialität erreicht hat, das aber nur so kulturindustriell eingesetzt wird, daß die Massen an die unmittelbare materielle Existenzsicherung und Bedürfnisbefriedigung fixiert werden. D.h. also, Kultur, die den Bereich unmittelbarer Bedürfnisbefriedigung transzendiert, wird gerade ihr Gegenteil bezweckend eingesetzt, nämlich zur Fixierung an unmittelbare materielle Bedürfnisbefriedigung. All diese Fragen sind, meiner Ansicht nach, nicht in ein angemessenes parteiliches Totalitätsbewußtsein als Klassenbewußtsein umzusetzen, wenn man an einem traditionellen Begriff des unmittelbaren Industrieproletariats festhält, d.h. gleichsam sich an das Heer der werktätigen Maschinenarbeiter fixiert.

Die Theorie des individuellen Klassenverrats ist der wissenschaftlichen Intelligenz historisch nicht mehr adäquat. Die wissenschaftliche Intelligenz muß als organisierte in den Klassenkampf eingehen. Sie repräsentiert auch nicht mehr, insofern sie geistige Arbeit leistet und geistige Arbeit an sich kapitalrepräsentativ ist, irgendwie bürgerliches Kulturbewußtsein. Auch das hat die positivistische Zerstreuung der Einzelwissenschaften vernichtet. Ich würde sagen, gerade auf Grund der positivistischen Zerstreuung der Einzelwissenschaften kann geistige Arbeit sich sehr viel eher als ausgebeuteter Produzent erfassen, dem sein wissenschaftliches Produkt als fremde Macht gegenübertritt, und nicht im Grunde genommen als privilegierter Teilnehmer am Kulturprodukt.

Im SDS wird nach wie vor ein orthodoxes Verhältnis von wissenschaftlicher Intelligenz und Proletariat unterstellt, wobei die wissenschaftliche Intelligenz aus den individualisierten Formen bürgerlichen Klassenverrats nicht herauskommen kann und notwendig im Kleinbürgertum versackt. Die kleinbürgerlichen Erscheinungsformen, die z.B. sich in der Bewegung produziert haben, sind nicht mehr im Rahmen klassischer Kleinbürgerkategorien zu interpretieren. Kleinbürgerliche Verfallsformen haben die Arbeiterbewegungen aller Zeiten produziert und reproduziert bis in den Übergang zum Faschismus. Ich glaube, daß bislang auch alle strategischen Anweisungen so verfahren – bis hin zu denjenigen, die neue Arbeiterklassenvorstellungen definieren wollen, also etwa denen Serge Mallets und auch Negts *Soziologische Phantasie und Exemplarisches Lernen* –, daß sie in der Tat sich auf klassische Agitation und Propagandamuster beschränken, die sich nur und ausschließlich auf das Industrieproletariat beziehen und meinen, dieses könne die Totalität des Klassenbewußtseins, also in der Wahrnehmung der Produktions- und Herrschaftstotalität der Gesellschaft, produzieren. Dies ist einfach falsch. Ohne eine Organisation der wissenschaftlichen Intelligenz, des Heers der Industriearbeiter und produktiven Angestellten, ohne eine gemeinsame Organisation wird sicherlich nicht die Totalität des Klassenbewußtseins wiederzugewinnen sein.

Es gibt in der Erfahrung der Adornoschen Theorie und auch in seinen eigenen persönlichen Verhaltensweisen etwas, das man als eine sehr widersprüchliche Wirkung von Ohnmacht auf die Studentenbewegung erklären könnte. Also auf der einen Seite hat Adorno etwas vermittelt, das für die Studentenbewegung dann geradezu umgekehrt nicht resignations-, sondern aktionskonstitutiv war: eine Ohnmachtserfahrung gegenüber den technologisierten und bürokratischen Institutionen und Administrationen der spätkapitalistischen Welt. Dieses Ohnmachtsmoment war auch etwas Aktionskonstitutives für die Studentenbewegung, wie es umgekehrt als individuelle Ohnmachtserklärung und aus dem Erfahrungshintergrund des Faschismus die produktive Furcht vor einer faschistischen Restabilisierung des Monopolkapitals war, die sich in regressive Angst vor den Formen des Widerstandes umsetzt; auf der anderen Seite hat also auch diese Ohnmachtserfahrung Konfliktmomente eben mit Adorno hervorgerufen. Biographische Erfahrung und die Konstitution von Theorie, individuelle Lebensgeschichte und theoretische Bildungsgeschichte sind bei Adorno unmittelbar eins gewesen.

Nachtrag: Die Beiträge sind einer Diskussion im Hessischen Rundfunk über Th. W. Adorno entnommen. Die Beiträge sind in der Reihenfolge, wie sie sich aus der Diskussion ergab, belassen worden.

Nr. 362

Hans-Jürgen Krahl

Thesen zum allgemeinen Verhältnis von wissenschaftlicher Intelligenz und proletarischem Klassenbewußtsein

Diskussionspapier (Auszug)

13. Dezember 1969

QUELLE: Sozialistische Correspondenz-Info vom 13. Dezember 1969, Nr. 25, S. 12 ff.; wiederabgedruckt in: Hans-Jürgen Krahl, Konstitution und Klassenkampf, Frankfurt/Main 1971, S. 344 f.

Ungelöst ist das Problem des Verhältnisses der Theoretiker zum Proletariat. Lukács ebenso wie Merleau-Ponty haben den historischen Konstitutionsprozeß des Klassenbewußtseins, die Einheit von Theoretiker und Proletarier, in einer stets existierenden Partei verankert und damit vorausgesetzt, was es allererst zu bilden gilt, nämlich Klassenbewußtsein und Organisation. Merleau-Ponty spricht von der Pädagogik der geschichtlichen Ereignisse selber, die eine Spontaneität der Massen produzieren können, aber er unterschlägt ebenso wie Lukács, dem die Organisation zur transzendentalen Form der Vermittlung von Theorie und Praxis wird, die ihrerseits wieder organisationsbildende Funktion von Reflexion und Aktion. Die Aktionen des SDS seit den Antinotstandsaktionen 1968 sind nicht mehr bezogen auf die Bedürfnisse der Massen. Sie folgen der Logik des provokativen Protests (und seiner Reflexionsformen), wie er den antiautoritären Beginn der Bewegung kennzeichnet. Eine neue organisatorische Qualität kann nur erreicht werden, wenn sich die Bewegung massenhaft und kollektiv auf eine neue Reflexionsstufe hebt und Agitation und Propaganda inhaltlich verändert im Hinblick auf eine Theorienbildung, die abstrakte Totalitätskategorien mit Begriffen der Bedürfnisbefriedigung verbindet. Die Bewegung wissenschaftlicher Intelligenz muß zum kollektiven Theoretiker des Proletariats werden – das ist der Sinn ihrer Praxis.

1970

MORDVERSUCH
in Berlin
10.000 DM BELOHNUNG

Am Donnerstag, dem 14. Mai 1970, gegen 11.00 Uhr wurde anläßlich der Ausführung des Strafgefangenen ANDREAS BAADER in Berlin-Dahlem, Miquelstr. 83, und seiner dabei durch mehrere bewaffnete Täter erfolgten Befreiung der Institutsangestellte Georg Linke durch mehrere Pistolenschüsse lebensgefährlich verletzt. Auch zwei Justizvollzugsbeamte erlitten Verletzungen.

Der Beteiligung an der Tat dringend verdächtig ist die am 7. Oktober 1934 in Oldenburg geborene Journalistin

Ulrike Meinhof
geschiedene RÖHL

Personenbeschreibung: 35 Jahre alt, 165 cm groß, schlank, längliches Gesicht, langes mittelbraunes Haar, braune Augen.

Die Gesuchte hat am Tattage ihren Wohnsitz in Berlin-Schöneberg, Kufsteiner Str. 12, verlassen und ist seitdem flüchtig. Wer kann Hinweise auf ihren jetzigen Aufenthalt geben?
Für Hinweise, die zur Aufklärung des Verbrechens und zur Ergreifung der an der Tat beteiligten Personen führen, hat der Polizeipräsident in Berlin eine Belohnung von **10.000.- DM** ausgesetzt. Die Belohnung ist ausschließlich für Personen aus der Bevölkerung bestimmt und nicht für Beamte, zu deren Berufspflichten die Verfolgung strafbarer Handlungen gehört. Ihre Zuerkennung und Verteilung erfolgt unter Ausschluß des Rechtsweges.
Mitteilungen, die auf Wunsch vertraulich behandelt werden, nehmen die Staatsanwaltschaft in Berlin, 1 Berlin 21, Turmstr. 91 (Telefon 35 01 11) und der Polizeipräsident in Berlin, 1 Berlin 42, Tempelhofer Damm 1 - 7 (Telefon 69 10 91) sowie jede andere Polizeidienststelle entgegen.

Berlin im Mai 1970

Der Generalstaatsanwalt
bei dem Landgericht Berlin

14.5.: In West-Berlin nach der Baader-Befreiung verbreitetes Fahndungsplakat.

Nr. 363

Marxismus-Kollektiv

Die ML-Kritik am Intellektuellen ist eine logische Unmöglichkeit

Vorwort zu: Max Horkheimer,
Kritische Theorie der Gesellschaft Bd. III

Januar 1970

QUELLE: Max Horkheimer, Kritische Theorie der Gesellschaft Bd. III (unautorisierte Aufsatzsammlung), o. O., o. J., S. I–IV

Zum Anfang.[1] Es kann sich in den folgenden Ausführungen nicht darum handeln, die von Horkheimer inaugurierte *Kritische Theorie* zu referieren und im Konnex einer veränderten historischen Situation zu präsentieren, schon deswegen nicht, weil sich dreißig oder mehr Jahre vergangener Geschichte im Verhältnis zu dieser Theorie in einer Art Vorwort nicht einholen lassen. Horkheimers Theorie ist Emanzipationstheorie in Hinblick auf die Fragilität des Individuums im Gewaltzusammenhang der kapitalistischen Naturgeschichte.[2]

»Im Augenblick ihrer Vollendung ist die Vernunft irrational und dumm geworden. Das Thema dieser Zeit ist Selbsterhaltung, während es gar kein Selbst zu erhalten gibt. Angesichts dieser Lage ist es angebracht, auf den Begriff des Individuums zu reflektieren.«[3] Das Individuum bekam von Auschwitz seine Nichtigkeit gewissermaßen vorgerechnet.[4] Im KZ gingen die Individuen zu Grabe. Auschwitz wurde zum geschichtlichen Schreckbild einer Zukunft ohne Erinnerung. Von Horkheimer wurden diese Individuen auf den Status der »unbesungenen Helden«[5] gehoben, deren Leid und Verzweiflung in die Sprache der Philosophie übersetzt werden sollten, um eine philosophische Grammatik des Grauens kapitalistischer Naturkatastrophen zu formulieren, »wenn auch ihre vergänglichen Stimmen durch die Tyrannei zum Schweigen gebracht wurden.«[6]

Was der historisch vergangenen Gestalt von revolutionärer Praxis nicht gelang, nämlich die Macht der kapitalistischen Naturkatastrophe zu wenden, erscheint dem Nachgeborenen, der die evidente Erfahrung davon nicht hat machen können, solange revolutionäre Praxis nicht von Subjekten gemacht wird, die ihrerseits erst als Subjekte aus dieser Praxis hervorgehen können, als eitle Anmaßung. Mit anderen Worten: Horkheimers Theorie der Emanzipation darf nicht in der akademischen Interpretation und theoriegeschichtlichen Zuordnung lexikalischer Topoi verkommen, sondern ihr emanzipatorisches Potential muß von durch sie mündig gewordenen Subjekten und der virulenten Sehnsucht der Unterdrückten, daß es radikal anders werde, sich praktisch vermitteln. Kein anderes Verfahren gegenüber der »Kritischen Theorie« ist zulässig. Deshalb soll hier zumindest nur zu Horkheimers Theorie gewissermaßen metatheoretisch auf Prinzipielles in der gegenwärtigen Diskussion der Bewegung im Hinblick auf ihre konstituierenden Bedingungen, ihre Selbstinterpretationen und Mißverständnisse eingegangen werden, um eine systematische Interpretation und Kritik der ML-Strategie zu inaugurieren.

Die Intention soll hier zunächst nur darin bestehen, die These, daß die ML-Kritik am Intellektuellen eine logische Unmöglichkeit und umgekehrt, die Kritik des marxistischen Intellektuellen an den ML praktische Notwendigkeit ist, zu explizieren. Wenn das gelingt, die Intention sich austrägt, dann sind, so meinen wir, die Bedingungen gegeben, frei von neostalinistischen Konterstrategien verdinglichter und in Ansehung des von der antiautoritären Bewegung freigesetzten emanzipatorischen Potentials historisch nicht mehr adäquater leninistischer Organisationstheorie, den theoretischen und politischen Gehalt der Horkheimerischen Gestalt von Theorie in Hinblick auf die Notwendigkeit der Bestimmung des Intellektuellen im Klassenkampf zu explizieren und die Organisierung und Erarbeitung von materialistischer Theorie und deren Kritik an den gegenwärtigen positivistisch zersplitterten empirisch-analytischen Erfahrungswissenschaften, der materialistischen Kritik Heideggerischer Seinsontologie und Wittgensteinscher Sprachphilosophie auf der einen Seite, andererseits den theoretischen Stellenwert bereits schon formulierter Emanzipationstheorien von Wilhelm Reich und Herbert Marcuse neu in einem solchen Kontext materialistischer Theoriebildung zu bestimmen. Materialistische Theorie, zumal die Marxsche, verstand sich immer als die fortgeschrittenste Gestalt der theoretischen und praktischen Kritik am Bestehenden und seinen Ideologien.

Engels vermochte noch 1886 zu sagen, und zwar mit Recht, daß die deutsche Arbeiterbewegung »die Erbin der deutschen klassischen Philosophie«[7] sei; gegenwärtig hat sich die sozialistische Theorie depraviert und verdünnt auf den Status von stalinistischen Parolen und maoistischen Sprüchen gerade bei jener Fraktion der revolutionären Bewegung in Westdeutschland, die die Arbeiterklasse zu rekonstruieren versucht, so wäre nichts geschehen.

Die revolutionäre Bewegung in Westdeutschland wird nach ihrer fraktionellen Verfallsform in eine Mannigfaltigkeit sektiererischer Gruppen nur überleben können, wenn es ihr gelingt, die materialistische Theorie an der theoretischen Front gegen Heidegger, Wittgenstein, Popper, Albert und auch Habermas zu reorganisieren, und zwar im Bezugsrahmen reformulierter, emanzipativer Massenbedürfnisse und neuer Prinzipien der Vernunft im kapitalistischen Verwertungsprozeß. Davon nicht unberührt bleibt das Verhältnis von wissenschaftlicher Intelligenz und Klassenkampf.

1 Vgl. hierzu die verschiedenen Aufsätze in den diversen ML-Publikationen; zuletzt das *Aktuelle Vorwort* in: Max Horkheimer, Autoritärer Staat, Amsterdam 1968 (ein etwas kunstgewerblich geratener Raubdruck, der bürgerliche Verlagsproduktion imitiert).
2 Vgl. hierzu insgesamt den Teil I von Max Horkheimer, Zur Kritik der instrumentellen Vernunft, Frankfurt/Main 1967.
3 Ebd., S. 124.
4 Vgl. zu diesem Thema den existenzphilosophisch orientierten Versuch von Jean Améry, Jenseits von Schuld und Sühne, München 1966; bes. das Kapitel: Der Intellektuelle in Auschwitz, S. 10 ff.
5 Max Horkheimer, Zur Kritik der instrumentellen Vernunft, a.a.O., S. 152.
6 Ebd.
7 Friedrich Engels, in: MEW, Bd. 21, Berlin 1962, S. 307.

Nr. 364
Rudi Dutschke
Brief an Herbert Marcuse
1. Januar 1970

QUELLE: Archivalische Sammlung Rudi Dutschke im Hamburger Institut für Sozialforschung, Korrespondenz mit Herbert Marcuse

London, d. 1.1.1970

Lieber Herbert Marcuse!

Wir wünschen Ihnen und Ihrer Frau alles Liebe. Das »neue Jahrzehnt«, was nun vor uns liegt, scheint mir gefährlicher, schwieriger – aber auch hoffnungsvoller – denn je zu werden.

Späten Dank für Ihren Brief vom 31. Juli 69, den Brief an Fischer habe ich vielen Freunden (Enzensberger, Fried, Lothar Menne u.a.m.) gegeben.

Ja, viele von uns, die aus der »neuen Generation« kommen, treten sofort gegen die verschiedensten Hexenjagd-Formen auf, darin liegt wohl tatsächlich unsere »neue Qualität«. Dennoch sehe ich mit wachsender Beunruhigung die Sektiererei der sich einander »bekämpfenden« »Gruppen«, eine »objektive Notwendigkeit« dieser Erscheinung ist nicht zu sehen. Vielleicht ist mein Blick at the moment beschränkt, dennoch glaube ich die Nebelerscheinungen in der BRD und WB »von hier aus« sehr deutlich »sehen« zu können. Die universitäre, städtische, lokale und nationale Beschränktheit des jetzigen falschen Stroms sehe ich besonders deutlich, wenn mich hier frühere, neue, bekannte und unbekannte Freunde und Genossen besuchen. Von den lokalen Besonderheiten ist »viel« zu hören, der Blick, die Erkenntnis etc. erreicht allerdings kaum die 50 km entfernte Stadt, ganz zu schweigen von der Totalität der gesellschaftlichen Formation und der in ihr sich bewegenden Tendenzen.

Die Zerschlagung der Substanz, des subversiven Denkens, wie es leider gerade in der »Anti-Marcuse-Welle« noch immer läuft, zeigt sich katastrophal im Verlust revolutionärer antiimperialistischer »Sensibilität«, wie wir sie durch die [...] widersprüchliche Dialektik von Aufklärung und Aktionen zwischen 1964 und 1968 entwickelt hatten.

Wie dem auch sei, der Strom gegen die allein destruktiven und repressiven Staatsapparate ist nicht geringer geworden, ganz im Gegenteil, ihre Zerschlagung rückt – wenn auch verworren – immer mehr in den Bereich der konkreten Möglichkeit.

[...]

Die ersten wichtigen Streiks in Deutschland, die Niederlage der »Arbeiteraristokratie« etc., zeigen zwar dennoch das äußerst niedrige Niveau des Klassenbewußtseins der BRD-»Arbeiterklasse«, sind aber wohl wiederum von uns als »neue« und nicht zu übersehende Erscheinung zu »empfinden«, zu »beobachten« etc. Ich habe diesbezüglich keine Illusionen, die jetzigen linken Spekulanten aus dem »lokalkommunistischen« Nest W.B. gehen meiner Ansicht nach wirklich einen zu bekämpfenden Weg; dennoch ist die sorgfältigste Analyse der Arbeitsteilung innerhalb der Entwicklung der Produktiv- und Destruktivkräfte wichtiger denn je zuvor geworden, ohne eine solche wird sogar ein sich entfaltender »Klassenkampf« die »alte Scheiße« stehen lassen. [...] Ich spreche nicht gegen radikale Repräsentanten des linken Lagers, spreche vielmehr gegen die, die meinen, die »neue Erscheinung der illegalen Streiks der Arbeiter« erfordere den unmittelbaren Aufbau einer typischen! bolschewistischen Kaderpartei, um dem immer stärker werdenden Repressionsapparat des kapitalistischen Staates entgegentreten zu können. Die weiterhin subversive Seite universitären Lebens, Denkens und Handelns wird von den meisten dieser Freunde immer mehr abgetan als »kleinbürgerlicher Rest«. Ihre Unfähigkeit der subversiven Vermassung des universitär-gesellschaftlichen Widerspruchs ersetzen sie durch »bolschewistische Kaderpartei«, – so gerät das wohl nur zu richtige Moment des Aufbaus einer festen und variierenden Organisation gegen den noch immer wachsenden autoritären Staatsapparat in eine äußerst widersprüchliche Richtung.

Persönlich geht es mir »recht gut«, habe einfach seit Monaten eine kontinuierliche Entwicklung. Die Permanenz des Studiums als Voraussetzung subversiven Denkens und Handelns hat mich erneut ergriffen.

Polly-Nicolle »macht sich«, Gretchen hat diesen 2. Akt auch gut in meiner erneuten Anwesenheit absolviert; die direkte Produktion wird »offiziell als beendet« erklärt. Ho. und ich kommen mit den erweiterten Alltagsnotwendigkeiten durchaus »klar«, die einzelnen Widerspruchselemente werden nie liegen gelassen, sie werden permanent ausgetragen.

Mit großer Wahrscheinlichkeit werde ich an einer Universität hier im englischen Lande ankommen, Gretchen wird beim lieben Golli im April ihren theologischen Abschluß »absolvieren«, um mit einem neuen Studium beginnen zu können.

Von Ihrer Freundin E. A. habe ich den Namen eines deutschsprachigen Spezialisten erhalten, werde davon Gebrauch machen, – herzlichen Dank.

Bleiben Sie beide weiterhin gesund, nehmen Sie die Angriffe aus dem verrotteten und verratenen Lande Lenins nicht zu »ernst«. Ich fände es phantastisch, wenn Sie den »lohnenswerten« Teilen des Sumpfes in einigen Jahren eine weitere theoretische Antwort zuteil werden lassen. Die Angriffe gegen Ihre Analysen durch »junge« Mitglieder und Vertreter des linken Lagers sind noch relativ substanzlos, gerade darum müssen wir, und nicht Sie, lieber Herbert Marcuse, diese Seite als Ausgangspunkt äußerst wichtiger theoretischer Fragestellungen und Debatten betrachten.

Wir grüßen Sie und Ihre Frau herzlich
Rudi Dutschke

Nr. 365

Max Horkheimer
Die deutschen oppositionellen Studenten

Späne – Notizen über Gespräche mit Max Horkheimer, in unverbindlicher Formulierung aufgeschrieben von Friedrich Pollock

Februar 1970

QUELLE: Max Horkheimer, Gesammelte Schriften Bd. 14: Nachgelassene Schriften 1949–1972, hrsg. von Gunzelin Schmid Noerr, © S. Fischer Verlag, Frankfurt/Main 1988, S. 538 f.

Die deutschen oppositionellen Studenten sind Positivisten, die aus den Universitäten Fachschulen machen wollen, an denen sie mitzureden haben.

Sie dreschen große Phrasen über die Veränderung der Gesellschaft und den Kampf gegen das Establishment, ohne klare Zielvorstellungen oder eine einzige Aktion gegen konkrete Mißstände.

Um jeden Preis machen sie Reklame für sich selbst. Sie stehen im Kampf gegen die fortschrittlichen Professoren und verbünden sich mit El-Fatah-Anhängern. Sie bekennen sich zu Ho Tschi Minh und Mao Tsetung, als ob deren Sieg nicht das Ende jeder Freiheit bedeuten würde.

Nr. 366

Joscha Schmierer

Die theoretische Auseinandersetzung vorantreiben und die Reste bürgerlicher Ideologie entschieden bekämpfen – Die Kritische Theorie und die Studentenbewegung

2. Februar 1970

QUELLE: Rotes Forum vom 2. Februar 1970, Nr. 1, S. 29–36; wiederabgedruckt in: Oskar Negt / Karl Heinz Roth / Joscha Schmierer / Hans-Jürgen Krahl, Strategie- und Organisationsdebatte – SDS 1967–70, Hannover o. J. [1971], S. 84–106

Die Sprecher und Theoretiker der Studentenbewegung haben immer wieder auf den Verlust der historischen Kontinuität in der Arbeiterbewegung und auf deren völlige Stagnation hingewiesen. Im allgemeinen wurde dieser Bruch mit den pauschalen Hinweisen auf Faschismus und »Stalinismus« erklärt. Daß dadurch auch die kontinuierliche Entwicklung der marxistisch-leninistischen Theorie gebrochen wurde, ist nicht genügend reflektiert worden. Deshalb wurde zwar die Aufgabe der Rekonstruktion der Arbeiterbewegung richtig erkannt, da sie aber nicht gleichzeitig als Rekonstruktion der marxistisch-leninistischen Theorie begriffen wurde[1], führte der Versuch der Lösung dieser Aufgabe zu höchst widersprüchlichen Strategien. Meist wurde die Notwendigkeit der Rekonstruktion der Arbeiterbewegung hergeleitet aus der Tatsache, daß die Studentenbewegung in der *Macht*auseinandersetzung an ihre Grenzen gestoßen und ihre »Ausdehnung« über die Universität hinaus folglich unbedingt nötig sei. So wie die Notwendigkeit der Ausdehnung der Studentenbewegung über die Universität hinaus aus den immanenten Schwierigkeiten der Studentenbewegung abgeleitet wurde, so wurde sie inhaltlich als deren bloße Verlängerung in den »proletarischen Bereich« begriffen. Die Arbeiterbewegung sollte als Studentenbewegung rekonstruiert werden. Über das Ansetzen an Herrschaftskonflikten und die Agitation von Jungarbeitern als noch nicht voll integrierten Proletariern sollte schließlich zum Grundwiderspruch vorgestoßen werden: D.h., die jungen Arbeiter sollten zunächst zu Pseudo-Studenten gemacht werden, um dann als Pseudo-Studenten die Einsicht zu gewinnen, daß sie eigentlich Proletarier, d.h. Ausgebeutete sind, die im Betrieb die Rekonstruktion der Arbeiterbewegung einzuleiten hätten.[2] Diese Politik ist gänzlich gescheitert und hat außer der psychischen Verunsicherung einiger Jungarbeiter nichts zustande gebracht. Wenn sie überhaupt den ökonomischen Kampf als das eigentliche Feld der Spontaneität der Arbeiterklasse mit in ihre strategischen Überlegungen aufnahm, dann wollte sie ausgerechnet diesen von außen in Bewegung setzen, in dem sie die Arbeiter darauf hinwies, wie beschissen sie dran seien. Vielfach aber führte der Angriff auf die Gewerkschaften zu einer mehr oder weniger ausdrücklichen Ablehnung des ökonomischen Kampfes selber. Diese Auffassung, die sich aus bürgerlich-ideologischen Theoremen über die Integration der Arbeiterklasse herleitete, wird durch manche ML-Gruppen in ihrer Einschätzung der Septemberstreiks noch heute tradiert, wenn sie beim ersten spontanen Massenstreik seit langem dessen »bloß« spontanen Charakter diffamieren. (S. Rebell, Organ des KAB (ML) und der RJ (ML), 15 und 16 und die Kritik von G. Mangold in Rotes Forum 6, S. 12 ff.)

Während also die Aufgabe der Rekonstruktion der Arbeiterbewegung abgeleitet wurde aus der Notwendigkeit und Möglichkeit der Ausdehnung der Studentenbewegung über die Universität hinaus, wurde überhaupt nicht reflektiert, daß die Rekonstruktion der Arbeiterbewegung auch eine Rekonstruktion des Marxismus-Leninismus voraussetzen würde, und statt dessen die kritische Theorie, die einzige Theorie, über die die Studentenbewegung verfügte, zur Grundlage dieses Versuchs der Rekonstruktion der Arbeiterbewegung gemacht. So unsinnig es nachträglich erscheinen muß, die Studentenbewegung einfach in den »proletarischen Bereich« ausdehnen zu wollen, so folgerichtig ergibt sich dieser Versuch aus der »kritischen Theorie«.

DIE KRITISCHE THEORIE UND DIE STUDENTENBEWEGUNG

Unter den Bedingungen der Stagnation der Arbeiterbewegung und der Verschüttung der Tradition der marxistischen Theorie, also der Unmöglichkeit, sich an Theorie und Praxis der Arbeiterklasse anzuschließen, bot die kritische Theorie viele Anknüpfungspunkte für die Studentenbewegung, um sich über die eigene Motivation und Perspektive aufzuklären. In die kritische Theorie war von vornherein die Skepsis an den Organisationsformen der Arbeiterklasse eingegangen, sie betonte die Relevanz des Einzelnen und des Theoretikers, und sie war genau deshalb in dem antikommunistischen Milieu der Bundesrepublik nicht in dem Maße verfemt wie Marx und Lenin, sondern als Philosophie anerkannt und an den Universitäten zugelassen. Sie zog die linken Studenten an, die Vereinzelte waren, ohne sie zum Bruch mit den bürgerlichen Wertmaßstäben zu zwingen und ihnen die Einsicht in den Zusammenhang zwischen Praxis und Organisation aufzudrängen. Sie war die spezifische Ideologie von Intellektuellen, die die bürgerliche Gesellschaft satt hatten und die Fähigkeit des Proletariats bezweifelten, die bürgerliche Gesellschaft umzustürzen, und konnte so bruchlos zur Ideologie einer Studentenbewegung werden, die antibourgeois motiviert sich auf keine Praxis der Arbeiterbewegung beziehen konnte. Außerdem schien die kritische Theorie zu erklären, *warum* die Arbeiterklasse integriert war, und zu versprechen, *daß* die kapitalistische Gesellschaft *dennoch* erfolgreich bekämpft werden könne: Integration der Arbeiterklasse und möglichen Aufstand der Vereinzelten leitete sie ab aus dem Begriff des autoritären Staates.

DER AUTORITÄRE STAAT

Die kritische Theorie ist die geschwätzig gewordene Resignation über den Faschismus, der mit der Sphäre der Zirkulation und damit der Krise auch die Arbeiterklasse unter Kontrolle gebracht haben soll. Der Kapitalismus endet nicht mit seinem Zusammenbruch, sondern vegetiert im »autoritären Staat« dahin: »Daß der Kapitalismus die Marktwirtschaft überleben kann, hat sich im Schicksal der proletarischen Organisationen längst angekündigt. Die Parole der Vereinigung der Gewerkschaften und Parteien war gründlich befolgt, aber die führten weniger die unnatürlichen Aufgaben der vereinigten Proletarier durch, nämlich den Widerstand gegen die Klassengesellschaft überhaupt, als daß sie den natürlichen Bedingungen ihrer eigenen Entwicklung gehorchten. Sie fügten sich den Wandlungen der Wirtschaft ein.«[3] Die Arbeiterorganisationen gehorchten den Gesetzen der Bürokratisierung, selbst gegen die »Maximalisten« (Bolschewiki) behält »die schmähliche Soziologie des Parteiwesens am Ende noch Recht«: »Der führende Mann und seine Clique wird in der Arbeiterorganisation so unabhängig wie in dem anderen, dem Industriemonopol, das Direktorium von der Generalversammlung. ... Was unter der Herrschaft gedeihen will, steht in Gefahr, die Herrschaft zu reproduzieren... Die Institutionalisierung der Spitzen von Kapital und Arbeit hat denselben Grund: die Veränderung in der Produktionsweise. Die monopolisierte Industrie, welche die Masse der Aktionäre zu Opfern und Parasiten macht, verweist die Masse der Arbeiter auf Warten und Unterstützung. Sie haben nicht soviel von ihrer Arbeit wie von der Protektion und Hilfeleistung der Vereine zu erwarten.«[4]

Aus dieser Beschreibung, die durch den vagen Hinweis auf die Veränderung in der Produktionsweise nicht den Anspruch auf Analyse erheben kann, werden weitgehende Schlüsse gezogen: »Opposition als politische Massenpartei konnte eigentlich nur in der Marktwirtschaft existieren.«[5] An die Stelle der ökonomischen »Naturgesetze«, denen die Menschen in der konkurrenzkapitalistischen Gesellschaft unterworfen waren, tritt die unmittelbare Unterdrückung. Aus dem Widerspruch zwischen Produktionsverhältnissen und Produktivkräften, der sich periodisch in Krisen niederschlug, wird ein reines Herrschaftsverhältnis, das nicht mit der *realen* Entwicklung der Produktivkräfte in Widerspruch gerät, sondern mit deren Möglichkeiten, die bewußt unterdrückt werden: »Die maßlose Vergeudung wird nicht mehr durch ökonomische Mechanismen im klassischen Sinn bewirkt; sie entsteht jedoch aus den unverschämten Bedürfnissen des Machtapparats und aus der Vernichtung jeglicher Initiative der Beherrschten: Gehorsam ist nicht so produktiv... Der Zustand bleibt weiterhin absurd. Freilich wird die Fesselung der Produktivkräfte von nun an als Bedingung der Herrschaft verstanden und mit Bewußtsein ausgeübt.«[6]

Die kritische Theorie macht so aus den immanenten Widersprüchen des Kapitalismus den Widerspruch von autoritärem Herrschaftssystem und menschlichen Möglichkeiten jenseits dieses Systems. Die immanenten Widersprüche des Systems sind sistiert, aber jeder Einzelne gerät in Widerspruch zum System als Ganzem; da er gerade als Einzelner in Widerspruch zum System gerät, ist eine Massenpartei von vornherein als revolutionäre Organisationsform ausgeschlossen: »So unerwartet nach Ort und Zeit das Ende der letzten Phase kommen mag, es wird kaum durch eine wiedererstandene Massenpartei herbeigeführt; sie würde die herrschende bloß ablösen. Die Aktivität politischer Gruppen und Vereinzelter mag zur Vorbereitung der Freiheit entscheidend beitragen; gegnerische Massenparteien hat der autoritäre Staat nur als konkurrierende zu fürchten. Sie rühren nicht ans Prinzip. In Wahrheit ist der innere Feind überall und nirgends.«[7] Wenn der Widerspruch von Produktionsverhältnissen und Produktivkräften sich verwandelt hat in den Widerspruch zwischen Herrschaftsverhältnissen, die die Produktivkräfte willkürlich manipulieren können, und den Möglichkeiten dieser Produktivkräfte, wenn sie nicht beherrscht würden, dann gibt es zwar nach wie vor das Proletariat, aber nicht mehr als revolutionäre Klasse. Der Grundwiderspruch zwischen Lohnarbeit und Kapital, der ja nur ein anderer Ausdruck für den Widerspruch zwischen Produktionsverhältnissen und Produktivkräften ist[8], ist auf Dauer »in Latenz« geraten und hat seine systemsprengende Kraft verloren. An die Stelle des Proletariats treten die Einzelnen. Zwar hält Horkheimer fest: »Auch der Staatskapitalismus ist eine antagonistische Form. Das Gesetz seines Zusammenbruchs ist ihm leicht anzusehen: es gründet in der Hemmung der Produktivität durch die Existenz der Bürokratien«[9], aber dieser Antagonismus wäre dem Staatskapitalismus gerade nicht mehr immanent, sondern könnte bloß wurzeln in einem Selbstbewußtsein der Produktivkräfte, das der Staatskapitalismus gerade verhindert, indem er den immanenten Widerspruch des Kapitalismus in den Widerspruch zwischen gefesselten Produktivkräften und jenseits des Systems potentiell entfesselten Produktivkräften verwandelt hat. Der Staatskapitalismus hätte demnach aufgehört, der »lebendige Widerspruch« zu sein[10], der für Marx das Kapitalverhältnis war. Entsprechend könnte eine revolutionäre Theorie nicht mehr aus den ersten spontanen Organisations- und Kampfformen des Proletariats abgeleitet werden, die nichts sind als die bewußte Wendung der Organisation des Proletariats durch das Kapital gegen das Kapital[11], sondern nur noch aus der Einsicht Einzelner in die Unerträglichkeit der Herrschaftsverhältnisse gemessen an den Möglichkeiten einer herrschaftsfreien Gesellschaft: die Versuche, »wirkliche Freiheit« herzustellen, »die ihrem Wesen nach keine Bürokratie dulden, können nur von Vereinzelten kommen. Vereinzelt sind alle. Die verdrossene Sehnsucht der atomisierten Massen und der bewußte Wille der Illegalen weist in dieselbe Richtung.«[12] Wie freilich zwischen dem bewußten Willen der »Illegalen und der verdrossenen Sehnsucht der atomisierten Massen« organisatorisch vermittelt werden könnte, wird nicht gefragt und kann auch gar nicht gefragt, geschweige beantwortet werden, wenn vorausgesetzt ist, daß der Widerspruch zwischen Produktionsverhältnissen und Produktivkräften innerhalb des Staatskapitalismus sistiert wird, denn eben in der Entfaltung des Widerspruches kann das Proletariat sowohl seine Atomisierung überwinden als auch seine Berufung erfahren, die Produktionsverhältnisse zu zerschlagen. Horkheimers Hoffnung auf Zerschlagung des autoritären Staates kann deshalb auch nicht aus seiner Analyse desselben abgeleitet werden. Sie bleibt Beschwörung: »Das ewige System des autoritären Staats, wie furchtbar es auch droht, ist nicht realer als die ewige Harmonie der Marktwirtschaft.«[13] Eine revolutionäre Strategie und Organisation könnte nur aus den Widersprüchen des Staatskapitalismus selbst abgeleitet werden. Der aber hat seine Widersprüche sistiert und ist bloß noch der leibhaftige Gegensatz zum nebelhaften Reich der Freiheit, das der Wille des Vereinzelten erstrebt und der »Eingriff *des* Menschen« herstellt: »Bankrott ist der Glaube daran, daß man etwas hinter sich hat. Ihm huldigten auch nicht wenige Marxisten. Ohne das Gefühl, mit einer großen Partei, einem allverehrten Führer, der Weltgeschichte oder wenigstens der unfehlbaren Theorie zu sein, funktioniert ihr Sozialismus nicht ... Der Vereinzelte aber, der von keiner Macht berufen oder gedeckt ist, hat auch keinen Ruhm zu erwarten. Dennoch ist er eine Macht, weil alle vereinzelt sind. Sie haben keine Waffe als das Wort. Je mehr es von den Barbaren drinnen und den Kulturfreunden draußen zerschachert wird, um so mehr kommt es doch wieder zu Ehren. Die ohnmächtige Äußerung im Totalitären Staat ist bedrohlicher als die eindrucksvollste Parteikundgebung unter Wilhelm II.«[14]

Damit ist die revolutionäre Aktion zum »Sesam öffne dich«, die revolutionäre Organisation zur unio mystica aller als Vereinzelter und die Frage der Revolution selbst zur Pascalschen Wette verkommen. Nachdem sich der Kapitalismus zum »autoritären Staat« gemausert hat, der in sich widerspruchsfrei in unvermitteltem Gegensatz zum Reich der Freiheit steht, wird die materialistische Dialektik von den Füßen wieder auf den Kopf gestellt und zum reinen Idealismus. Revolutionäre Theorie entfaltet dann nicht mehr die Widersprüche des Kapitalverhältnisses, um sie zum offenen Ausbruch zu bringen, sondern reduziert sich auf das Wissen um das »schlechte Andere«, dessen Widerschein in der Vergangenheit aufgesucht werden muß: »Die kritische Theorie hat es im bisher nicht gekannten Maße mit der Vergangenheit zu tun, gerade sofern es ihr um die Zukunft geht.«[15]

DER ENDGÜLTIGE BANKROTT ...

Aus dem II. Weltkrieg hat die kritische Theorie gerade nicht den Schluß gezogen, daß der Widerspruch zwischen Produktionsverhältnissen und Produktivkräften dem Kapitalverhältnis nach wie vor immanent ist, sondern die Entwicklung der Produktivkräfte endgültig dem sich verschärfenden Herrschaftsverhältnis des Kapitals zugeschlagen. Wellmer charakterisiert diese definitive Abwendung vom marxistischen Ansatz durch Horkheimer/Adorno in der *Dialektik der Aufklärung* folgendermaßen: »Die Kritik der instrumentellen Vernunft tritt tendenziell an die Stelle der Kritik der Politischen Ökonomie; die Kritik der politischen Ökonomie geht in eine Kritik der technischen Zivilisation über. Das ist ein Vorgang von großer theoretischer Tragweite. Die von Marx erkannte Dialektik von Entfremdung und Emanzipation wird nun so in allen ihren Konsequenzen entfaltet, daß die theoretische Auflösung dieser Dialektik in einer Revolutionstheorie nach dem Muster von Marx unterbunden wird.«[16] Mit dem Übergang von der Kritik der Politischen Ökonomie, die aus dem Doppelcharakter der Ware die Widersprüche der kapitalistischen Gesellschaft entwickelt und den Grundwiderspruch von Produktivkräften und Produktionsverhältnissen entdeckte, zur Kritik der technischen Zivilisation wird aber keineswegs die Dialektik von Entfremdung und Emanzipation entfaltet, wie Wellmer behauptet, sondern die fortschreitende Entfremdung zum unaufhebbaren Prozeß erklärt, der in der zunehmenden Beherrschung der Natur durch die Menschen seine eigentliche Grundlage hat. Damit wird die Kritik Marxens, die gerade im Aufweis des *historischen* Charakters der kapitalistischen Produktionsverhältnisse bestand, zurückgenommen, und die ahistorische Weise der kapitalistischen Warenproduktion, die Aneignung und Verwandlung von Naturprodukten, die sie mit jeder Produktion gemeinsam hat, zur Grundlage der Entfremdung und diese selbst damit für unaufhebbar erklärt. Die Frage nach dem revolutionären Subjekt konnte sich gar nicht mehr stellen, und die »kritische Theorie« mußte zur adressatenlosen Hinterlassenschaft einer aussterbenden Menschenart, eben der kritischen Theoretiker, werden: »Wenn die Rede heute an einen sich wenden kann, so sind es weder die sogenannten Massen, noch der Einzelne, der ohnmächtig ist, sondern eher ein eingebildeter Zeuge, dem wir es hinterlassen, damit es doch nicht ganz mit uns untergeht.«[17] Dieses Ende, dem in den späteren Frankfurter Ereignissen bloß noch die Farce folgte[18], ergab sich zwingend aus der Analyse des Faschismus als »autoritärem Staat«, der den Grundwiderspruch des Kapitalismus sistiert habe (weshalb der Faschismus überhaupt erst mit dem »integralen Etatismus« der Sowjetunion unter ein und denselben Begriff subsumiert werden konnte) und nur noch vom Begriff des ganz Anderen her durch Vereinzelte in Frage gestellt werden könne. Es war gleichzeitig die Konsequenz jener heroischen Stilisierung der Position des kritischen Theoretikers, der zunächst stolz auf seine Distanz zur Arbeiterklasse hinwies, um im tragikomischen Selbstgespräch zu enden.[19] An die Stelle des lebendigen Widerspruchs des Kapitalverhältnisses ist ein »geschlossenes Universum technischer Rationalität« getreten[20], das nur noch von außen durchbrochen werden kann, aber nicht mehr in sich durch die notwendige Entwicklung der Produktivkräfte die eigene Negation herausbildet. Der revolutionäre Standpunkt ist nicht mehr der Standpunkt des Proletariats, dessen Klassenkämpfe der subjektive Ausdruck der objektiven Widersprüche des Kapitalverhältnisses selbst sind und das in den Klassenkämpfen von der Klasse an sich zur Klasse für sich werden kann[21], sondern der Standpunkt solcher Einzelner, die sich außerhalb des geschlossenen Universums technischer Rationalität stellen, um dann ihrer Schwäche als Einzelner bewußt zu werden und der Möglichkeit der gesellschaftlichen Umwälzung schließlich überhaupt zu entsagen. Der Übergang von der Kritik der politischen Ökonomie zur Kritik der technischen Zivilisation ist der Übergang von der revolutionären Wissenschaft zur mystischen Frömmelei. Er wurde in dem Maße vollzogen, wie die zunehmende Überwindung der inneren Widersprüche des Kapitals im autoritären Staat als Gegenpart der »technischen Zivilisation« nur den einzelnen kritischen Theoretiker übrigzulassen schien. Von dessen isoliertem Standpunkt aus war nur noch Entsagung möglich. Die spätere Entwicklung Horkheimers ist kein Bruch mit seiner theoretischen Vergangenheit, sondern deren Konsequenz.[22]

Objektiv liegen dieser Entwicklung der kritischen Theorie bestimmte Tendenzen der imperialistischen Phase des Kapitalismus zugrunde, die aber in der Analyse der kritischen Theorie isoliert und verabsolutiert wurden, so daß das Kapitalverhältnis zum schlechthin reaktionären Herrschaftssystem wird, das gerade deshalb die radikale Zerschlagung jeder Herrschaft, deren Möglichkeit sich in der Entfaltung des Kapitalverhältnisses nach Marx zunehmend herausbildet, immer unmöglicher macht. Die kritische Theorie ist eine kulturpessimistisch resignative Fassung der Kautskyschen Theorie des »Ultraimperialismus« und wird durch Lenins Kritik an dieser durchaus getroffen. Anders als die Kautskysche Theorie jedoch überschätzt sie nicht die friedlichen Entwicklungsmöglichkeiten des Imperialismus, sondern unterschätzt dessen widersprüchliche Entwicklung selbst, indem sie seinen parasitären Aspekt ausschließlich hervorhebt, aus dem auch Lenin die Versumpfung immer größerer Teile der Kapitalistenklasse und privilegierter Fraktionen der Arbeiterklasse erklärte.[23] Lenin aber, der seine Analyse nicht auf die Auswirkungen des Kapitalismus beschränkte, sah in diesem parasitären Aspekt keineswegs den entscheidenden Zug des Imperialismus, sondern legte in seiner Analyse vor allem Nachdruck auf die Verschärfung und die Ausdehnung der Widersprüche des Kapitalismus auf den ganzen Erdball, die die Sprengkräfte des Kapitalismus nicht länger auf das Industrieproletariat der Metropolen beschränkte, und betonte, daß durch die zunehmende Monopolisierung die Zirkulationssphäre keineswegs aufgehoben würde, sondern die Konkurrenz als Vollstrecker der Zwangsgesetze des Kapitalismus zwischen den verschiedenen Monopolen und vor allem dem monopolisierten und dem nichtmonopolisierten Bereichen erbittert fortwirke und den Krisencharakter der kapitalistischen Entwicklung weiter bestimme.[24] Folgerichtig mußten denn auch die Vertreter der kritischen Theorie, wenn sie ihre diversen Strategien »wissenschaftlich« ausweisen wollten, gerade die ökonomische Erklärung des Imperialismus bekämpfen[25] und mit der Baran/Sweezyschen Imperialismustheorie ein Bündnis eingehen, die den immanenten Widerspruch von Produktionsverhältnissen und Produktivkräften ebenfalls in den metaphysischen Widerspruch von kapitalistischer Unvernunft und menschlicher Vernunft aufgelöst haben.

Gerade der Vergleich der kritischen Theorie und der Theorie Kautskys weist auf die gemeinsamen Ursprünge dieser beiden defätistischen Antworten auf aktuelle Niederlagen des Proletariats hin: das Mißverständnis des Marxismus als objektivistischer Formulierung von »Naturgesetzen« des revolutionären Prozesses selbst statt als Analyse der »Naturgesetze« des Kapitalverhältnisses, das in der Ausdehnung und Entwicklung seiner Herrschaft auch die Möglichkeiten seiner Umwälzung hervorbringt. So verlangt jede aktuelle Niederlage des Proletariats eine Neuformulierung der Theorie, die jeweils zur Rechtfertigung anarchistischer oder opportunistischer Abweichungen herhalten muß. Die kritische Theorie eignet sich zu beidem.

Bei Habermas ist der säkulare Pessimismus eines Horkheimer und Adorno zum bedingten Optimismus einer Reformpolitik der kleinen Schritte verkommen, in der (Frankfurter) Studentenbewegung aber wurde der kritischen Theorie ihre anarchistische Konsequenz vorgespielt.

... UND DIE AUFERSTEHUNG DER »KRITISCHEN THEORIE«

Die kritische Theorie ist eine Intellektuellenideologie in einer Phase der Ohnmacht des Proletariats. Ihre Praxisferne mochte deshalb als Ausdruck der historischen Situation verstanden werden, nicht als Implikat der Theorie selbst. Aus diesem Mißverständnis erklärt sich z.T. die Hinwendung jener Studenten zur kritischen Theorie, die diese zur Rechtfertigung ihrer Aktionen gegenüber dem heruntergekommenen Revisionismus und der bürgerlichen Öffentlichkeit heranzogen. Da die Niederlage des westdeutschen Proletariats im Faschismus und in der Nachkriegszeit die Tradition der marxistisch-leninistischen Theorie selbst verschüttet hatte, war ein direktes Anknüpfen an diese schon aus ideengeschichtlichen Gründen nicht möglich. So konnte die kritische Theorie für die linken Studenten jene Funktion erfüllen, die für die russischen Sozialisten der »legale Marxismus« vor der Jahrhundertwende gespielt hatte. Die entscheidende Ursache für die Verbindung zwischen »kritischer Theorie« und linker Studentenbewegung lag jedoch in dem Zusammenhang zwischen den Inhalten der Theorie und der sozialen Stellung und politischen Motivation der mobilisierten Studenten. Diese rebellierten gegen die heruntergekommenen Inhalte der ideologischen Wissenschaften, gegen die »Entdemokratisierung« der BRD und gegen den Vietnamkrieg, der ihnen überhaupt zur Chiffre des Zerfallsprozesses der bürgerlich-demokratischen Werte wurde. Die Studentenrevolte hatte so ihren eigentlichen Ort in der philosophischen Fakultät. Napalm, Goethe statt Brecht und Notstandsgesetze waren die Punkte, an denen sich der Protest festmachte. Die Ablehnung einer Gesellschaft, in der selbst der Protest zur Ware wird, motivierte sie zu Aktionen, die vor der manipulativen Integration sicher sein sollten. Gleichzeitig sollten diese Aktionen ihre Entschlossenheit bekunden, sich selbst dieser Warengesellschaft zu verweigern. Sie waren ihrer Privilegien überdrüssig, weil diese Privilegien sowohl ihre Sicherheit als auch ihre ideologische Rechtfertigung verloren hatten. Dieses Sammelsurium von Motivationen bestimmt die Studentenbewegung bis heute und ist gerade in ihren subkulturellen Ablegern nachzuweisen. Sie war zu Beginn nicht Offensive gegen eine obsolet gewordene Fraktion der herrschenden Klasse, die Professoren, wie Karl Heinz Roth meint (s. S. 42), sondern Verfallsprodukt gerade eines spezifischen Teils der herrschenden Klasse, deren Symbol die Professoren bloß sind, des Bildungsbürgertums. Diese Motivationen konnten mit sozialistischen Inhalten nur scheinbar vermittelt werden: diese scheinbare Vermittlung leistete die kritische Theorie. Aus zwei Gründen: einerseits will sie, nachdem der Widerspruch von Produktionsverhältnissen und Produktivkräften als im autoritären Staat nicht existent erklärt worden war, die »technische Zivilisation« selbst zum Objekt ihrer Kritik gemacht hatte und andererseits weil sie den Angriff auf diese als individuelle Tat beschrieb, die Revolution nicht als Prozeß sondern als Sprung charakterisierte. Vor einem völligen Abgleiten in diese kulturpessimistisch-anarchistische Konsequenz bewahrte die Studentenbewegung gerade die Rezeption der Habermasschen Weiterentwicklung der kritischen Theorie, die den Widerspruch zwischen Produktivkräften und Produktionsverhältnissen insofern wieder aufnahm, als sie die Wissenschaft zur unmittelbaren Produktivkraft erklärte und andererseits auf die potentiell emanzipatorischen Kräfte der Wissenschaft insistierte. So wurden beide Theoriepartikel, die die Taktik und Selbstreflexion der Studentenbewegung bestimmten, aus der Tradition der kritischen Theorie abgeleitet, wobei die reformistische Version und die anarchistische Version sich in der Alltagssituation zu einem unentwirrbaren Theorieknäuel verfilzten. Dieses Theorieknäuel hatte die Funktion, die Studenten als mögliche revolutionäre Avantgarde zu konstituieren, und sie dadurch vor der Resignation zu bewahren, in die sie die anarchistische Version getrieben hätte, wenn ihr nicht gleichzeitig die Theorie der emanzipatorischen Möglichkeiten der Wissenschaft entgegengearbeitet hätte.

Das Ende dieser ersten wirren Phase der Studentenbewegung führte gleichzeitig zu einer Auflösung dieses Theorieknäuels, wobei sich folgende Fraktionierungen abzeichnen: eine anarchistische Fraktion, die sich endgültig von den Fesseln des Habermasschen Reformismus befreit hat und im Kult des individuellen Terrors und der Subkultur zugrunde gehen wird; eine breite Fraktion Habermasianischer Reformisten, die im Bündnis mit den Technokraten emanzipatorisches Geschwätz als Ornament zu deren Werk beisteuern wird, und eine dritte Fraktion, die sich in der Auseinandersetzung zwischen ML-Genossen und selbstkritischen SDS-Genossen noch herausbilden muß, um die Rekonstruktion der marxistisch-leninistischen Theorie und Praxis allererst organisiert in Angriff zu nehmen, wenn sie in sektiererischen Beschwörungen nicht zum bloßen Wurmfortsatz der antiautoritären Revolte werden will, wie es sich in manchen ML-Gruppen anzubahnen scheint.

KRAHLS APOLOGIE DER STUDENTENBEWEGUNG

In dieser Auseinandersetzung bringt uns der Aufsatz des Genossen Krahl nicht weiter, da er aus der Studentenbewegung, von deren Genese aus der Krise einer Fraktion der herrschenden Klasse er völlig absieht, schlicht den kollektiven Theoretiker des Proletariats machen will. Sein Aufsatz läuft in der Apologie der bisherigen Studentenbewegung auf eine verschämte Variation des Wellmerschen Resümees der Übersicht über die Entwicklung der kritischen Theorie hinaus, wonach die »neue Linie« »der lebende Beweis dafür« ist, »daß die Kritik der politischen Ökonomie keine Antwort mehr gibt auf die Frage nach den tendenziell politisierbaren, d.h. nach den emanzipatorischen Potentialen der Gesellschaft, und das heißt zugleich: nach den spezifischen Reproduktions- und Transformationsmechanismen sowie nach den Systemproblemen der spätkapitalistischen Gesellschaft«.[26] Zwar gibt sich Krahls Aufsatz der Terminologie nach als Kritik der politischen Ökonomie, doch setzt er diese bloß ein zu einer völlig unvermittelten Apologie der Studentenbewegung. Nachdem er richtig durch ein Zitat von Marx belegt hat, daß Marx das Proletariat nicht schlicht mit den Handarbeitern gleichsetzt, sondern dessen Begriff aus der Teilnahme an der Mehrwertproduktion gewonnen und so festgestellt hat, daß mit zunehmender Entwicklung des Kapitalverhältnisses »mehr und mehr Funktionen von Arbeitsvermögen unter den unmittelbaren Begriff der produktiven Arbeit und ihre Träger unter den Begriff der produktiven Arbeiter, direkt vom Kapital ausgebeuteter und seinem Verwertungs- und Produktionsprozeß untergeordneter Arbeiter einrangiert werden«[27], fährt er fort: »wenn die Wissenschaften nach Maßgabe ihrer technischen Umsetzbarkeit und ihre Träger, die geistigen Arbeiter, in den produktiven Gesamtarbeiter integriert sind, dann ist nicht anzunehmen, daß sozialrevolutionäre Strategien sich in der klassischen Weise nahezu ausschließlich aufs Industrieproletariat beziehen können. Nicht ist die Frage zu stellen, ob wissenschaftliche Intelligenz im traditionellen Sinn industrieproletarisches Klassenbewußtsein entwickeln kann, sondern wie umgekehrt der Begriff der unmittelbaren Produzenten und damit der arbeitenden Klasse sich insgesamt verändert haben.«[28]

Nun geht und ging es aber nie um die Frage des »industrieproletarischen Klassenbewußtseins« im Sinne des Bewußtseins von Handarbeitern, sondern um die Frage, inwiefern die wissenschaftlich Ausgebildeten »unter den Begriff der produktiven Arbeiter, direkt vom Kapital ausgebeuteter und seinem Verwertungs- und Produktionsprozeß untergeordneter Arbeiter einrangiert« [werden] und inwiefern sie dann ihre Interessen als direkt Ausgebeutete dem Kapital unmittelbar entgegensetzten, ein Bewußtsein dieses Gegensatzes entwickeln und revolutionär artikulieren können. Krahl tut so, als wäre mit der richtigen Rezeption des Marxschen Begriffs der unmittelbaren Produzenten auch das Problem der Studentenbewegung und die Frage des Klassenbewußtseins der wissenschaftlich Ausgebildeten gelöst. Damit hat er die Frage vom Tisch gewischt, ob die Fraktionen der Studenten, die die Bewegung bisher artikulierten und trugen, tatsächlich potentiell zum produktiven Gesamtarbeiter gehören und aus dieser Stellung ihr Bewußtsein entwickelten, und sich die Möglichkeit der kritischen Analyse der Studentenbewegung ebenso verbaut, wie die Möglichkeit der Analyse der Faktoren, die ein adäquates Bewußtsein selbst in den Fraktionen der wissenschaftlich Ausgebildeten verhindern, die objektiv zum produktiven Gesamtarbeiter gehören; ganz abgesehen davon, daß der Ausbildungsbereich ohnehin nicht einfach mit der Produktionssphäre gleichzusetzen ist, weil sonst überhaupt nicht erklärt werden könnte, wieso die Revolte auf den Universitäten und nicht z. B. in den oberen Rängen der Hierarchie des Produktionsprozesses begonnen hat. Die Krahlsche Analyse macht tendenziell einen und jeden zum Teil des produktiven Gesamtarbeiters, über dem der autoritäre Staat thront. Gerade daraus erklärt sich wohl auch die Ablehnung zentralisierter und disziplinierter Organisation so, als ob deren Notwendigkeit aus einer abstrakten Übertragung Leninscher Prinzipien auf den Spätkapitalismus und nicht vielmehr aus den Erfahrungen der Studentenbewegung in der Auseinandersetzung mit diesem entstanden wäre. Richtig weist Krahl auf den Zusammenhang von politischer Spontaneität und Produktion hin (S. 9), und weil er vorher alle zu Teilen des produktiven Gesamtarbeiters gemacht hat, glaubt er nun auf Organisation ebenso verzichten zu können, wie er vorher unterstellt hat, Spontaneität und Organisation seien bei Lenin ein schlichter Gegensatz. Mag aber sein, daß sich das Organisationsproblem den linken Studenten gerade deshalb so scharf stellt, und von daher zu sektiererischen Lösungen in dieser Frage geneigt wird, weil die Träger der Studentenbewegung eben nicht Teil des produktiven Gesamtarbeiters sind, sondern sich viel eher dagegen wenden, in ihn eingereiht zu werden. Von daher ist die Studentenbewegung auch nicht schlicht zu verlängern, bis sie dann zum kollektiven Theoretiker des Proletariats geworden ist: es möchte sonst die falsche Theorie entstehen.[29] Bei Krahl sind alle Probleme schon gelöst, weil sie sich nach seinen Prämissen gar nicht stellen können. Tatsächlich haben aber jene Teile der Studentenbewegung, die politisch weiterarbeiten wollen, gerade ihre problematische Stellung zum und im Produktionsprozeß zu reflektieren. Gerade die Trennung vom Produktionsprozeß ist ja die Ursache, warum die Studenten das Kapitalverhältnis so schwer als »lebendigen Widerspruch« begreifen und statt dessen sich einem »geschlossenen Universum technischer Rationalität« gegenüber glauben, in das man sich bloß integrieren kann, wenn man sich nicht gleich ganz raushält. Diese Trennung vom Produktionsprozeß ist selbst projektiv schwer durchbrechbar, weil der größere Teil der ideologischen Fächer als Berufsperspektive bloß die Fesselung der Produktivkräfte enthält, während jene Studenten, die für eine Funktion im produktiven Gesamtarbeiter ausgebildet werden, also die Naturwissenschaftler, TH-Ingenieure etc., die neue Arbeiteraristokratie bilden werden und schon an der Universität von der Industrie vielfach als solche behandelt, d.h. mit objektiv läppischen, subjektiv aber bedeutsamen »Stipendien« bestochen werden, und deshalb nur schwer mobilisierbar sind.

In dieser Trennung vom Produktionsprozeß liegen sicher die Gründe, die es uns bisher so schwer machten, die Dialektik von Reform und Revolution zu entfalten. Die Ursachen dieser Isolation sind durch Organisationsprinzipien nicht zu beseitigen; dennoch wäre diese in einer proletarischen Organisation zu überwinden, genau wie die theoretischen und praktischen Schwankungen, die sich aus ihr ergeben, bekämpft werden würden. Diese Isolation ist aber derzeit nicht aus der Welt zu schaffen. Zu verhindern ist, daß sie sich in der Theorie verfestigt und damit eine weiterführende Praxis von vornherein unmöglich macht, oder daß sie durch einen bloßen gedanklichen Gewaltstreich beseitigt wird. Die Partei als revolutionäre Organisation des Proletariats ist keineswegs, wie Krahl behauptet, aus den spezifisch russischen Bedingungen abgeleitet, sondern aus dem Klassenkampf des Proletariats »gegen einen *mächtigeren* Feind, gegen die Bourgeoisie, deren Widerstand sich durch ihren Sturz (sei es auch nur in einem Lande) *verzehnfacht* und deren Macht nicht nur in der Stärke der internationalen Verbindung der Bourgeoisie besteht, sondern auch in der *Macht der Gewohnheit*, in der Stärke der *Kleinproduktion*«.[30] Nur die letzte dieser Bedingungen ist nicht mit dem Wesen des Kapitalismus verbunden, sondern wird durch den Kapitalismus wenigstens in den Metropolen zunehmend abgeschafft. Nach wie vor bleibt die Disziplin der Partei des Proletariats die Grundvoraussetzung für eine erfolgreiche Bekämpfung der Bourgeoisie. Bloß wird weder die Partei noch deren Disziplin aus dem Boden gestampft: »Wodurch wird die Disziplin der revolutionären Partei des Proletariats aufrechterhalten? Wodurch wird sie kontrolliert? Wodurch gestärkt? Erstens durch das Klassenbewußtsein der proletarischen Avantgarde und ihre Ergebenheit für die Revolution, durch ihre Ausdauer, ihre Selbstaufopferung, ihren Heroismus. Zweitens durch ihre Fähigkeit, sich mit den breitesten Massen der Werktätigen, in erster Linie mit den proletarischen, *aber auch mit den nichtproletarischen* werktätigen Massen zu verbinden, sich ihnen anzunähern, ja, wenn man will, sich bis zu einem gewissen Grade mit ihnen zu verschmelzen. Drittens durch die Richtigkeit der politischen Führung, die von dieser Avantgarde verwirklicht wird, durch die Richtigkeit ihrer politischen Strategie und Taktik unter der Bedingung, daß sich die breitesten Massen *durch eigene Erfahrung* von dieser Richtigkeit überzeugen. Ohne diese Bedingungen kann in einer revolutionären Partei, die wirklich fähig ist, die Partei der fortgeschrittenen Klasse zu sein, deren Aufgabe es ist, die Bourgeoisie zu stürzen und die ganze Gesellschaft umzugestalten, die Disziplin nicht verwirklicht werden. Ohne diese Bedingungen werden die Versuche, eine Disziplin zu schaffen, unweigerlich zu einer Fiktion, zu einer Phrase, zu einer Farce. Diese Bedingungen können aber andererseits nicht auf einmal entstehen. Sie werden nur durch langes Bemühen, durch harte Erfahrung erarbeitet; ihre Erarbeitung wird erleichtert durch die richtige Theorie, die ihrerseits kein Dogma ist, sondern nur in engem Zusammenhang mit der Praxis einer wirklichen Massenbewegung und einer wirklich revolutionären Bewegung Gestalt annimmt.« (A.a.O., S. 396 f.)

Gerade die Differenzierung innerhalb des produktiven Gesamtarbeiters, die nicht nur die Trennung zwischen Kopf- und Handarbeit verschärft, sondern die geistige Arbeit, sofern sie in die Produktion eingeht, selbst der Dequalifizierung der lebendigen Arbeit durch das Kapital und einer zunehmenden Trennung von untergeordneter und leitender Tätigkeit unterwirft, führt zu vielfältigen Widersprüchen innerhalb des produktiven Gesamtarbeiters selbst, die bloß durch eine kommunistische Partei in einer einheitlichen Praxis richtig behandelt werden können. Aber: Die zunehmende Kapitalisierung der Gesellschaft, deren Grad an der Konzentration des Kapitals abgelesen werden kann, unterwirft zwar alle Schichten und Zwischenklassen der Herrschaft des Monopolkapitals, reiht sie deshalb jedoch noch lange nicht dem produktiven Gesamtarbeiter ein. Das Monopolkapital leistet sich vielmehr einen ganzen Heerhaufen von Handlangern zur Fesselung der Produktivkräfte, die es aus dem Mehrwert und den imperialistischen Extraprofiten aushält. Diese Handlanger sind so zwar vom Kapital oder vom kapitalistischen Staat abhängig geworden, aber keineswegs mit dem Proletariat in einen Topf zu werfen, von dessen produktiver Arbeit im Gegenteil das Kapital abhängig ist. Dieses Handlangerheer wird in seinen höheren Rängen durch die Universitäten reproduziert, so daß auf diesen ebenso die Aristokratie der Lohnarbeiter als auch die privilegiertesten Vasallen des Kapitals ausgebildet werden, die zum kapitalistischen Staat in einem quasi feudalen Verhältnis stehen.

Die zunehmende Kapitalisierung der ganzen Gesellschaft bringt also keineswegs *eine* einheitliche Masse von produktiven Lohnarbeitern hervor, obwohl das Kapital ausschließlich von der Ausbeutung der Lohnarbeit lebt. Weder wird der produktive Gesamtarbeiter zunehmend vereinheitlicht, noch nimmt der produktive Gesamtarbeiter relativ zu den Schichten und Klassen, die vom Mehrwert leben oder bezahlt werden, quantitativ zu. In dieser Entwicklung zeigen sich zwar die zunehmenden Widersprüche des Kapitalverhältnisses und die Schwierigkeiten sowohl in der Fesselung der Produktivkräfte als auch in der Realisierung des Mehrwerts, aber von einem naturwüchsig entstehenden »breiten antimonopolistischen Bündnis« (DKP) läßt sich ebensowenig reden wie von einer tendenziellen Einbeziehung *der* Intelligenz in den produktiven Gesamtarbeiter oder einer unmittelbaren Interessenidentität zwischen jenen Teilen der Intelligenz, die am unmittelbaren Produktionsprozeß beteiligt sind, und den übrigen Produzenten (was Krahl nahelegt). Daraus läßt sich ersehen, daß Lenins Organisationsprinzipien, die auf der Einsicht in die mangelnde Einheitlichkeit des Proletariats und der Notwendigkeit von Bündnissen mit schwankenden nichtproletarischen Schichten ausgehen, keineswegs überholt sind, sich aber auch nicht schlicht auf den Spätkapitalismus übertragen lassen, weil sowohl die Bündnispartner des Proletariats, als auch das Proletariat selbst in den spätkapitalistischen Metropolen mit der Entwicklung des Kapitalverhältnisses sich verändert haben.

Den Marxismus-Leninismus und die Ideen Mao Tsetungs richtig anwenden, heißt also die Organisations*prinzipien* Lenins und Maos mit den gegenwärtigen Bedingungen in den Metropolen verbinden, statt sie bloß zu übertragen. Sonst würde der Marxismus-Leninismus auf den seinerzeit verstehbaren Voluntarismus der Anfänge der Studentenbewegung herunterkommen und bloße Mode bleiben.

Wir müssen die Grenzen unserer eigenen Erfahrungen einsehen und dürfen uns nicht mit den Erfahrungen der russischen und chinesischen Revolution großtun, statt sie sorgfältig zu studieren und auf die Bedingungen unserer Arbeit anzuwenden. Das setzt die theoretische Auseinandersetzung voraus, deren Vernachlässigung in die Sektiererei und den Sumpf führt, auch wenn man die Bilder der großen Führer des Kommunismus vor sich her trägt.

1 Vgl. das Schulungsprogramm der Roten Zelle Germanistik, in: Rote Presse Korrespondenz vom 16. 1. 70, Nr. 48, S. 5 f.

2 Vgl. etwa meinen Artikel in: Neue Kritik, 9. Jg., Nr. 50, Oktober 1968, S. 10–25, wo es im Rahmen einer richtigen Kritik der Studentenbewegung und anarchistisch-kleinbürgerlicher Tendenzen im SDS, dennoch heißt: »Offensichtlich wurden hier die Schwierigkeiten des SDS, sich mit der Arbeiterklasse zu verbinden, auf die Mobilisierungsbedingungen der Arbeiterklasse selbst projiziert.«

3 Max Horkheimer, Autoritärer Staat/Juden in Europa, o.O., o.J., S. 2. Die folgende Analyse der »kritischen« Phase der Studentenbewegung verzichtet auf eine explizite Auseinandersetzung mit dem Buch von Hans G. Helms, Fetisch Revolution – Marxismus und Bundesrepublik, Darmstadt/Neuwied, 1969. Dieser Literat, der vorgibt, immer schon auf dem Standpunkt des Proletariats gestanden zu haben, steht in Wahrheit halt auf dem Standpunkt des Literaten, d.h. außerhalb der praktischen Kämpfe, die er bloß beurteilt, statt in sie einzugreifen. Kein Wunder, daß er sich bei der DKP wohlfühlt.

4 Max Horkheimer, Autoritärer Staat/Juden in Europa, a.a.O., S. 3.

5 Ebd., S. 4. Wenn Horkheimer unter »Massenpartei« die sozialdemokratischen Parteien meinte, wäre seine Aussage richtig. Doch offensichtlich soll seine Kritik die Partei überhaupt treffen, auch die Leninsche Kaderpartei. Eine Kritik an ihr könnte sich jedoch gerade nicht auf die Prognose der Überwindung der Marktwirtschaft berufen, denn die Marktwirtschaft und der ihr entsprechende Parlamentarismus haben mit der Begründung des *Prinzips* der revolutionären Kaderpartei, die sich mit den Massenkämpfen verbindet, nichts zu tun.

6 Ebd., S. 7.

7 Ebd., S. 8.

8 »Von allen Produktionsinstrumenten ist die größte Produktivkraft die revolutionäre Klasse selbst«, Karl Marx, Das Elend der Philosophie, Ost-Berlin 1960, S. 192.

9 Ebd., S. 13.

10 Karl Marx, Grundrisse der Kritik der politischen Ökonomie, Ost-Berlin 1953, S. 324.

11 Karl Marx, Das Kommunistische Manifest, Ost-Berlin 1967, S. 52 f.

12 Max Horkheimer, a.a.O., S. 11.

13 Ebd., S. 14.

14 Ebd., S. 16.

15 Herbert Marcuse, Philosophie und kritische Theorie, in: ders., Kultur und Gesellschaft I, Frankfurt/Main 1965, S. 126.

16 Albrecht Wellmer, Kritische Gesellschaftstheorie und Positivismus, Frankfurt/Main 1969, S. 138.

17 Max Horkheimer / Theodor W. Adorno, Dialektik der Aufklärung, Amsterdam 1947, S. 307.

18 Gemeint ist die unter den Augen von Adorno durchgeführte Festnahme und »Verbringung« Frankfurter Genossen, die das Institut für Sozialforschung besetzt hatten. Die »eingebildeten Zeugen« waren Realität geworden und hatten »es« falsch verstanden. Erstaunlich ist die naive Empörung der Frankfurter Genossen, die darauf bestanden, die kritische Theorie bloß in die Praxis umzusetzen und sich über den »Verrat« ihrer Lehrer empörten. Aber die arrivierte kritische Theorie ist ebensowenig zufällig fromm, wie die studentische Praxis zufällig anarchistisch ist. Ein Höhepunkt des komischen Mißverständnisses war die Podiumsdiskussion anläßlich der Buchmesse 1968, an der u. a. Krahl, Adorno, Habermas und Friedeburg teilnahmen und auf der Krahl die kritische Autoritäten an ihre revolutionären Pflichten erinnerte (s. ad lectores 8, 1969, S. 25 f.).

19 Zur Stellung des »Theoretikers« vgl. Max Horkheimer, Traditionelle und kritische Theorie, in: ders., Kritische Theorie II, Frankfurt/Main 1968, S. 162 ff., wo dem Theoretiker eine Art Überwachungsfunktion gegenüber der Arbeiterklasse zugeschrieben wird.

20 Albrecht Wellmer, a.a.O., S. 137.

21 Karl Marx, Das Elend der Philosophie, a.a.O., S. 190 ff.

22 Vgl. Der Spiegel, Nr. 2, Interview mit Horkheimer.

23 Lenin, Der Imperialismus als höchstes Stadium des Kapitalismus, in: ders., Ausgewählte Werke, Ost-Berlin 1966, S. 763–900; hier S. 847 ff.

24 Vgl. ebd., S. 864; daß Monopol und Konkurrenz gerade keine sich ausschließenden Gegensätze sind, stellte Marx in Elend der Philosophie fest: »In der Praxis des Lebens findet man nicht nur Konkurrenz, Monopol und ihren Widerstreit, sondern auch ihre Synthese, die nicht eine Formel, sondern eine Bewegung ist. Das Monopol erzeugt die Konkurrenz, die Konkurrenz erzeugt das Monopol. Die Monopolisten machen sich Konkurrenz, die Konkurrenten werden Monopolisten... Die Synthese ist derart beschaffen, daß das Monopol sich nur dadurch aufrechterhalten kann, daß es beständig in den Konkurrenzkampf eintritt.« A.a.O., S. 170; zu Monopol und Konkurrenz vgl. auch Grundrisse, S. 542 ff.: »solange das Kapital schwach ist, sucht es sich selbst noch nach den Krücken vergangner Produktionsweisen. Sobald es sich stark fühlt, wirft es die Krücken weg, und bewegt es sich seinen eignen Gesetzen gemäß – Sobald es anfängt sich selbst als Schranke der Entwicklung zu fühlen und bewußt zu werden, nimmt es zu Formen Zuflucht, die indem sie die Herrschaft des Kapitals zu vollenden scheinen, durch Züglung der freien Konkurrenz, zugleich die Ankündiger seiner Auflösung und der Auflösung der auf ihm beruhenden Produktionsweise sind.« S. 544 f.

25 Vgl. Jürgen Habermas, Die Scheinrevolution und ihre Kinder, in: Die Linke antwortet Habermas, Frankfurt/Main 1968, S. 10 f.; vgl. Wellmer, a.a.O., S. 128. Der Wellmerschen und Habermaschen Behauptung liegt eine willkürliche Einschränkung der Kritik der politischen Ökonomie zugrunde, die z.B. die Frage der imperialistischen Ausbeutung auf die Frage der Extraktion von Rohstoffquellen reduziert, um dann festzustellen, daß diese Rohstoffausbeutung nur selten vorliegt und deshalb die ökonomischen Grundlagen des Imperialismus negieren. Als ob die Notwendigkeit der Erweiterung des Marktes, die Kapitalexports und billiger Arbeitskräfte keine ökonomischen Bedingungen wären.

26 Ebd., S. 146.

27 Karl Marx, Resultate des unmittelbaren Produktionsprozesses, Frankfurt/Main 1969, S. 66.

28 Sozialistische Correspondenz vom 13.12. 1969, 1. Jg., Nr. 25, S. 7.

29 Krahl macht aus dem isolierten »kritischen Theoretiker«, der die Theorie auch gegenüber dem Proletariat rein hält, den »kollektiven Theoretikern«, der aufgrund seiner Ausbildung und privilegierten Stellung im Produktionsprozeß, die Führung im Klassenkampf über-

nimmt. Aber ließe man selbst die unsinnige Behauptung gelten, die Intelligenz gehöre tendenziell zum produktiven Gesamtarbeiter, so würde immer noch gelten, was Lukás gegen frühere ähnliche Führungsansprüche der »geistigen Arbeiter« einwandte: »Es zeugt einerseits also von oberflächlicher Betrachtung, von den ›geistigen Arbeitern‹ als von irgendeiner *einheitlich gegliederten* Klasse zu sprechen, da auch bei diesen eine Gliederung in Unterdrücker und Unterdrückte, in Ausbeuter und Ausgebeutete festzustellen ist; andererseits ist nicht einzusehen, weshalb die Gruppe der ausgebeuteten Lohnschreiber oder ›Rechtspraktizierer‹ dazu berufen sein sollte, die geistige Führung der der gleichen Klasse Angehörigenden zu übernehmen, *zumal das einzige wirkliche Charakteristikum ihrer Lage die Verschleierung ihres Klassenbewußtseins ist.*« (Georg Lukács, Das Problem geistiger Führung und die ›geistigen Arbeiter‹, in: ders., Werke Bd. 2: Frühe Schriften II, Neuwied 1968, S. 55).
30 Lenin, Der linke Radikalismus, die Kinderkrankheit im Kommunismus, in: ders., Ausgewählte Werke Bd. III, Ost-Berlin 1970, S. 355 f.

Nr. 367

Hans-Jürgen Krahl
Produktion und Klassenkampf
Vorbereitende Notizen zu einem Referat über Probleme der Marxschen Krisentheorie in einem Seminar Hermann Schweppenhäusers
6. Februar 1970

QUELLE: Hans-Jürgen Krahl, Konstitution und Klassenkampf, Frankfurt/Main 1971, S. 405 f.; wiederabgedruckt in: Hans-Jürgen Krahl, Vom Ende der abstrakten Arbeit, Frankfurt/Main 1984, S. 201 f.

Meine These ist dies: weil Habermas mit dem Konstitutionsbegriff auf dem Standpunkt des bürgerlichen Rechts steht, konstruiert er schließlich einen Eigentumsbegriff, der selbst verbürgerlicht ist, den er also nur nach Maßgabe verrechtlichten, juristisch sanktionierten Eigentums begreifen kann. Den verengten Produktionsbegriff und den verengten Praxisbegriff will Habermas Marx gerade dort nachweisen, wo dieser alle Elemente ökonomischer Intersubjektivität wirtschaftlicher Verkehrsformen, nämlich Produktion und Zirkulation, Distribution und Konsumtion in einer allgemeinen, gleichwohl historisch in der Erfahrung der universalisierten Warenproduktion verankerten Bestimmung in der Einleitung des Rohentwurfs zu geben versucht. Habermas versucht dort nachzuweisen, daß Marx die primäre Distribution des Privateigentums an den Produktionsmitteln, die bekanntlich auf gewaltsamen Klassenkämpfen, also auf Revolutionen beruht, nicht dem Produktionsbegriff subsumieren kann, sondern daß Distribution eine nicht aus Produktion gleich instrumentalem Handeln ableitbare Größe ist. Es stimmt sehr wohl, daß die primäre Distribution an den Produktionsmitteln und damit die Klassenkämpfe und Revolutionen nicht aus einem instrumentalisierten Arbeitsbegriff abgeleitet werden können, wohl aber aus der Totalität des Produktionsbegriffs von Arbeit und Arbeitsteilung, wie Marx es auch tatsächlich vornimmt. Wenn die primäre Distribution an den Produktionsmitteln, die auf Gewalt, Klassenkampf und Revolution beruht, nicht dem Begriff der Produktion als des Prinzips von Geschichte – das in der Naturgeschichte der Geschichte erst zur Entfaltung drängt, so daß Geschichte selber ein Produkt von Geschichte ist – integrierbar ist, wäre nicht nur nicht Produktion allein das *Prinzip* von Geschichte, sondern es würde auch eine Prinzipialisierung der gewaltsamen Erscheinungsformen der Geschichte der Klassenkämpfe bedeuten und die Unaufhebbarkeit der Gewalt beinhalten, was Engels in seiner Polemik gegen Herrn Eugen Dührings Umwälzung der Wissenschaften im Sinne der materialistischen Theorie deutlich klargelegt hat. Anders gesagt: man erhielte dann aus der Habermasschen Erkenntnistheorie das paradoxe Resultat, daß er auf der einen Seite den Begriff der gesellschaftlichen Praxis als der intersubjektiven Verkehrsformen derart entmaterialisiert, daß er revolutionäre Praxis auf sprachliches Handeln reduziert und Fragen progressiver Gewaltanwendung nicht zuläßt, und auf der anderen Seite die faktisch vorhandene Gewalt der Gesellschaft zu einer ewigen naturgeschichtlichen Tatsache hypostasiert. Diese Dialektik von verschleierter Gewaltanerkennung und offener pazifistischer Gewaltablehnung ist die traditionelle Ideologie des Bürgertums. Aber selbst wenn aus der Verselbständigung des primären Distributionsmoments nicht eindeutig eine Hypostasierung der Gewalt zu einem Prinzip von Geschichte zu folgern wäre, ist die Habermassche Argumentation, an dieser Stelle gegen Marx gerichtet, grundfalsch. Habermas schreibt: »Die definitorischen Versuche, alle Momente der gesellschaftlichen Praxis unter den Begriff der Produktion zu bringen, können nicht verschleiern, daß Marx mit sozialen Voraussetzungen der Produktion rechnen muß, die eben nicht wie Arbeitsmaterial, Arbeitsinstrument, Arbeitsenergie und Arbeitsorganisation unmittelbar zu den Elementen des Arbeitsprozesses selber gehören. Marx will mit guten Gründen den kategorialen Rahmen so fassen, daß »vorökonomische Tatsachen« für den Mechanismus der gattungsgeschichtlichen Entwicklung nicht in Betracht kommen. Aber jene in der Produktion eingeschlossene Distribution, das institutionalisierte Gewaltverhältnis also, das die Verteilung der Produktionsinstrumente festlegt, ruht auf einem Zusammenhang symbolisch vermittelter Interaktionen, der sich in Bestandteile der Produktion, in Bedürfnis, instrumentales Handeln und unmittelbares Konsumieren allen definitorischen Gleichsetzungen zum Trotz nicht auflösen läßt.«[1] Der Begriff der primären Distribution an den Produktionsmitteln ist, wie ich in der Tat meine, insgesamt dem Produktionsbegriff zu subsumieren und zwar dann, wenn der Produktionsbegriff, wie dies bei Marx praktisch geschieht, wirklich nicht nur Arbeit als instrumentales Handeln, sondern Arbeit und Arbeitsteilung material wie kategorial umfaßt.

1 Jürgen Habermas, Erkenntnis und Interesse, Frankfurt/Main 1968, S. 75 Fußnote.

Nr. 368
Wolfram Schütte
Krahl – Zu seinem Tode
Nachruf
16. Februar 1970

QUELLE: Frankfurter Rundschau vom 16. Februar 1970

Hans-Jürgen Krahl war neben Rudi Dutschke eine der beherrschenden Figuren des SDS. Man hat ihn gelegentlich mit Robespierre verglichen. Damit sollte nicht allein die schneidende Konsequenz seiner theoretischen Einsichten, die er kompromißlos zu Ende dachte, charakterisiert werden, sondern auch sein überragendes agitatorisches Vermögen. Er wußte es zielbewußt zu nutzen – noch im Gerichtssaal, wo er, mit anderen seiner Genossen, wegen der Senghor-Demonstration als »Rädelsführer« angeklagt war, hat seine Kurzbiographie, die er eine »Odyssee durch die Organisationsformen der herrschenden Klassen« nannte, auch jenen Respekt abgewonnen, die Krahls politischen Weg nicht nachvollziehen konnten.

Aus einer »unterentwickelten, von der Blut-und-Boden-Ideologie geprägten Provinz Niedersachsens« (Sarstedt bei Hannover) stammend, machte der 1943 geborene Krahl 1963 in Alfeld an der Leine sein Abitur, studierte dann in Göttingen Philosophie, Geschichte, Germanistik und Mathematik. Als er 1965 nach Frankfurt überwechselte, war es für ihn eine politische Entscheidung. Über den postfaschistischen »Ludendorff-Bund« war er zur davon linksstehenden Jungen Union gestoßen; und 1964 wurde er Mitglied des SDS. Seine Entscheidung für Frankfurt war eine Entscheidung für Adorno, dessen Doktorand er wurde. Von seinem frühen Studium Marx', das er später als »romantisch-humanistisch« beschrieb, wollte seine Dissertation (*Die Naturgesetze der kapitalistischen Entwicklung in der Lehre von Marx. Zum geschichtsphilosophischen Gehalt des historischen Materialismus*) abrücken.

Das Fortschreiten der Arbeit, mit der sich Krahl einmal berechtigte Hoffnungen auf eine akademische Laufbahn gemacht haben mochte, wurde hinausgezögert durch seine zunehmend stärker werdende praktische politische Arbeit in der Studentenbewegung – vor allem Frankfurts. Zu jenem historischen Zeitpunkt (1967/68) schien ihm (und nicht nur ihm) »Aufklärung, die Aktion ist, begleitet durch permanente sprachliche Artikulation« vordringlich. Diese Phase des antiautoritären Kampfes weiter Teile der Studentenschaft, als deren Theoretiker und Sprecher sich Hans-Jürgen Krahl damals fühlen konnte, brachte ihn und seine SDS-Genossen bald in einen tiefgreifenden Konflikt mit ihren sympathisierenden Hochschullehrern Adorno und Habermas, die die Theorie der direkten, provokativen Aktion als »infantil« und »kurzsichtig« ablehnten. Der interne Konflikt wurde öffentlich, als die Professoren Frankfurter Polizei zur Hilfe riefen, nachdem Teile des SDS (unter ihnen Krahl) das Institut für Sozialforschung symbolisch besetzt hatten. Der Prozeß, der dann später in einem Frankfurter Amtsgericht dazu stattfand, zählt zu den deprimierendsten Erfahrungen der Linken.

Adornos Tod fiel etwa in die Zeit, als die provozierendsten Aktionen der ApO ihren Höhepunkt überschritten und die Neue Linke sich in die verschiedensten theoretischen Flügel zerstritten hatte. Krahl nahm den Tod seines Doktorvaters noch einmal zum Anlaß, um den »politischen Widerspruch in der Kritischen Theorie Adornos« zu markieren, die Grenzscheide zu bestimmen, die Adornos späte Kehre in die »abstrakte, geschichtslose Kontemplation« vom Rückbezug des SDS auf »orthodox-marxistische«, auf gesellschaftliche Praxis bezogene Positionen trennte. (Vgl. FR vom 13.8.69.)

War das eine Positionsbestimmung des SDS, wie wir damals schrieben, oder doch schon nur mehr eines seiner Teile? Krahls (und auch anderer) hervorgehobene Stellung innerhalb der Studentenbewegung war schon zuvor der internen antiautoritären Kritik verfallen; der Widerspruch zwischen einer breiten antiautoritären Bewegung und deren Autoritäten wurde nicht gelöst. Er löste sich auf, wie sich die Konsistenz des ApO-Lagers auflöste. Um Krahl und andere »SDS-Autoritäten« war es deshalb in letzter Zeit still geworden.

Vielleicht trifft auf ihn zu, was der Frankfurter AStA zu seinem Tode erklärte: »Er hat am konsequentesten die Aporien einer antiautoritären, anarchistischen Politik unter den gegebenen sozio-ökonomischen Bedingungen verkörpert. Jede theoretische Begründung radikal-demokratischer Politik muß sich heute von dieser von Krahl und anderen formulierten Position kritisch distanzieren und zugleich solidarisch an deren utopischem Anspruch festhalten.«

Nr. 369
Detlev Claussen / Bernd Leineweber / Oskar Negt
Rede zur Beerdigung des Genossen Hans-Jürgen Krahl
20. Februar 1970
QUELLE: Neue Kritik, 10. Jg., Nr. 55/56, 1970, S. 3–8

Der Tod unserer Genossen Hans-Jürgen Krahl und Franz-Josef Bevermeier enthält nichts, was einer nachträglichen Mystifizierung fähig wäre. Er bezeichnet den brutalen und dürftigen Tatbestand eines Verkehrsunfalls, ein kontingentes Geschehen des Alltagslebens, das sich nur schwer in einen zwingenden Zusammenhang mit den gesellschaftlichen Zuständen bringen läßt.

Die Geschichte der Arbeiterbewegung kennt die Tragödie von politischen Intellektuellen, deren ausgeprägte Sensibilität häufig nur noch einen individuellen Ausweg aus unerträglich gewordenen Konfliktsituationen zuließ: selber dem Leben ein Ende zu bereiten. Außenstehende mögen auch noch einen Sinn darin sehen, daß man inmitten des politischen Kampfes den Tod findet, daß das Risiko, in gewalttätigen Großeinsätzen der Polizei an exponierter Stelle umzukommen, mit dem Grad der Kompromißlosigkeit des Kampfes sich zwangsläufig erhöht.

Aber dieser Tod, der Betroffenheit und Ratlosigkeit in gleicher Weise bei Angehörigen und Genossen hinterläßt, ist sinnlos, ohne lebensgeschichtliche Logik. Gleichwohl ist er ein politisches Faktum. Denn unsere gemeinsame Erfahrung und die in politischer Tätigkeit gewonnene Einsicht in die Notwendigkeit revolutionärer Praxis bilden jenen Zusammenhang, der uns die Möglichkeit gibt, angesichts des erschütternden Ereignisses dieses Todes nicht gänzlich verstummen zu müssen. War es nicht in erster Linie die aktive Wahrnehmung geschichtlicher Tatbestände: die Erinnerung an das System des faschistischen Terrors und der unmittelbare Eindruck der imperialistischen Unterdrückungskriege, die uns, noch bevor wir uns theoretische Klarheit über diese Phänomene verschafft hatten, zum Widerstand motivierte und in Aktionen zusammenführte? Alltägliche Folterungen, Massaker, Verstümmelungen ganzer Völker haben uns die Wahrheit des Satzes eines unserer philosophischen Lehrer vor Augen geführt: »Der Faschismus hat uns Schlimmeres fürchten gelehrt als den Tod.« Die imperialistische Gewalt der gegenwärtigen Epoche, die im Leiden der Völker der Dritten Welt ihren sichtbarsten Ausdruck findet, verweist auf jenes Gewaltpotential, das allen Gesellschaftsordnungen des nachfaschistischen Kapitalismus innewohnt. Aber die erdrückende Erfahrung dieser imperialistischen Gewalt als eines Weltsystems hat nicht Resignation und Passivität, sondern Empörung bewirkt: die praktische Entschlossenheit, bestehende Gewaltverhältnisse zu brechen. Erst dadurch konnten wir begreifen lernen, was revolutionäre Gewalt als befreiende Kraft der Abschaffung von Unterdrückung, Ausbeutung und überflüssiger Herrschaft wirklich bedeutet.

Die bewaffneten Aufstände und die Sozialrevolutionen der unterdrückten Völker der Dritten Welt haben uns wieder zu Bewußtsein gebracht, wovon die Leidensgeschichte der europäischen Massen nur noch blasse Erinnerungen vermittelte: daß nämlich die Geschichte Produkt des kollektiven Handelns selbstbewußter Subjekte sein kann. Der provokative Protest, der das Anfangsstadium der studentischen Revolte kennzeichnet, war in dem praktischen Voluntarismus der vorwiegend antiimperialistisch gerichteten Aktionen ebenso notwendig wie abstrakt – notwendig, um die verschüttete Dimension bewußten und kollektiven geschichtlichen Handelns in technologisierten Industriegesellschaften politisch überhaupt erst wieder erfahrbar zu machen – abstrakt, weil die Anschauung der imperialistischen Gewalt mit den durch Moral, Recht und gehobenen Lebensstandard zwangsläufig verschleierten Formen der spätkapitalistischen Gewaltverhältnisse noch nicht konkret vermittelt werden konnte.

Recht und Moral waren emanzipatorische Begriffe, in denen das Bürgertum sein revolutionäres Selbstverständnis gegen die absolutistische Zwangsgewalt und gegen die feudalistische Vergeudung gesellschaftlichen Reichtums artikulierte; sie halfen jedoch gleichzeitig, die Individuen der bürgerlichen Gesellschaft ökonomischen Zwangsgesetzen und repressiven Bedürfnisbeschränkungen zu unterwerfen, die nicht nur das Proletariat, sondern insgesamt die vergesellschafteten Individuen trafen. Die proletarische Klasse hat deshalb von vornherein an die Stelle der illusionären Emanzipation der durch Arbeitsteilung und Konkurrenz vereinzelten Menschen die Solidarität der Kämpfenden und die Organisation eines politischen Kampfes gestellt, der, wenn auch notwendig behaftet mit den Merkmalen gewaltsamer Auseinandersetzungen, die freie Assoziation als Keimform der proletarischen Individuation in sich enthält.

Mit dem Faschismus, der die Zerstörung der proletarischen Massenorganisation zum erklärten Ziel hatte, kündigte sich eine Tendenz zur Selbsterhaltung des kapitalistischen Systems, selbst um den Preis der Auflösung aller bürgerlichen Verkehrsformen, an. Die im Nachfaschismus mühsam etablierte formale Demokratie hat mit Hilfe modernisierter Herrschaftstechniken die Politik des manifesten Faschismus mit anderen Mitteln fortgesetzt; ihr Resultat ist, daß weder die bürgerlich-liberalen Verkehrsformen noch die traditionellen Assoziationsformen des Proletariats jene geschichtliche Möglichkeit der Gesellschaftsveränderung enthalten, auf die sich eine sozialistische Bewegung heute ungebrochen noch beziehen könnte. Das bedeutet aber keineswegs, daß man davon entlastet wäre, die in ihnen ausgebildeten emanzipatorischen Gehalte gegen den Integrationsdruck der spätkapitalistischen Klassengesellschaft zu verteidigen. So haben sich bürgerliche Emanzipationsversprechungen und proletarisch Revolutionswille, bürgerliche Aufklärung und proletarisches Klassenbewußtsein durch den historisch reflektierten Bruch der revolutionären Traditionen gleichzeitig in der politischen Theorie der Neuen Linken angenähert und in der Realität weiter voneinander entfernt als in der dem Faschismus vorausgehenden Periode offener Klassenkämpfe.

Mit der Auflösung der historischen Legitimationsbasis des Kapitalismus als einer notwendigen Stufe des gesellschaftlichen Fortschritts im Übergang vom Feudalismus zum Sozialismus hat sich die geschichtliche Alternative: Sozialismus oder Barbarei objektiv zunehmend verschärft – unabhängig von der Tatsache, daß sie im Bewußtsein der Massen noch keine politischen Ausdrucksformen gefunden hat. Die Arbeiterklasse ist weiterhin Objekt des kapitalistischen Verwertungsprozesses; selbst die Freizeit der Arbeiter ist dem Kapitalinteresse unterworfen und in ihrer Struktur der Arbeitszeit angepaßt. Nachdem der Faschismus die Organisationen der Arbeiterklasse liquidiert und die Proletarier als Soldaten über die Schlachtfelder Europas gehetzt hatte, konnten sich in der Phase des Kalten Krieges keine neuen selbstbewußten Arbeiterorganisationen mehr bilden; die Arbeiter verloren nicht ihren Objektstatus, sondern im Gegenteil: sie wurden, diszipliniert durch Schule, Lehre und Militärdienst, zusätzlich Objekte ihrer eigenen bürokratisierten Organisationen. Sie verloren nicht nur die objektive Möglichkeit, sondern allmählich auch die subjektive Fähigkeit, ihre Bedürfnisse zu artikulieren.

In diesem Zusammenhang gewinnt die veränderte gesellschaftliche Stellung der wissenschaftlichen Intelligenz eine zunehmende Bedeutung. Der Prozeß der Verwissenschaftlichung der Produktion setzt sich nicht ohne Reduktion der Bildungsgeschichte des einzelnen durch. Die Integration der geistigen Arbeit in den ökonomisch-materiellen Verwertungsprozeß schränkt die Möglichkeit der Aneignung von Reflexionswissen, das die Kategorien zum Begreifen und zur Kritik der kapitalistischen Gesellschaft liefert, zunehmend ein. Die Anpassung der wissenschaftlichen Ausbildung an die Bedürfnisse der kapitalistischen Produktion, welche die Technokratisierung von Schulen und Hochschulen gleichzeitig zur Voraussetzung wie zur Folge hat, setzt einen konkreten Bezugspunkt für unseren Widerstand, den die Studenten als isolierte gesellschaftliche Gruppe allein nicht zu Ende führen können. Aber vermittelt durch das antiimperialistische Bewußtsein der Studentenrevolte weisen die objektiven wie subjektiven Bedingungen auf eine Einheit mit der Arbeiterklasse. Die technische Intelligenz ist bereits sichtbar in den Produktionsprozeß integriert, und die kulturwissenschaftliche Intelligenz kann nicht länger bloß Kultur- und Ideologieproduzent sein. Ihre Arbeit wird zur gesellschaftlich notwendigen Ausbildung von Herrschafts- und Manipulationswissen unter den Kapitalverwertungszusammenhang subsumiert. Damit erweitert sich systematisch der klassische Begriff der Produktivität der Arbeit um den Anteil wissenschaftlicher Arbeit an der Mehrwertproduktion und um die zu einer zentralen Produktivkraft gewordene Kooperation in der hochtechnologisierten und verwissenschaftlichten Produktion. Zugleich ist in den Begriff des Proletariats als revolutionären Subjekts – das heißt noch nicht: in seine historisch gewordene und festgelegte Erscheinungsform – die wissenschaftliche Intelligenz einzubeziehen. Theoretische und strategische Überlegungen, die unbefragt sich bloß auf das Industrieproletariat stützen, müssen als Fixierungen, die sich insbesondere mit unhistorisch übertragenen Leninschen Auffassungen von Fabrikarbeit und Arbeiteragitation verbinden, zurückgewiesen werden.

Der dementsprechend unter den Bedingungen des sich erst kapitalisierenden Rußland entstandene Parteitypus kann in den hochentwickelten Klassengesellschaften ebensowenig als revolutionäre Organisation rekonstruiert werden wie eine fiktive Geschlossenheit einer »marxistisch-leninistischen« Theorie. Marx konnte bei der Entschleierung der kapitalistischen Ausbeutung und Unterdrückung an die noch gesellschaftliche Wahrheit beanspruchenden Kategorien der bürgerlichen Ökonomie immanent anknüpfen, um seine Kritik des kapitalistischen Systems darzustellen. Die positivistische Zerstreuung der Einzelwissenschaften verwehrt uns diesen Weg: angesichts der neuen Stufe der Zerstörung der liberalen Legitimationskategorien des Konkurrenzkapitalismus und der Totalisierung von Herrschaft durch den Spätkapitalismus ist transzendente Kritik notwendig geworden, die in der Form einer konkreten Utopie auf der Grundlage der Befriedigung der elementarsten Bedürfnisse eine Basis in den immateriellen Bedürfnissen der unterdrückten Massen in den Metropolen gewinnen könnte.

Die im Programm der Liquidation der antiautoritären Phase enthaltene Verdrängung der Emanzipationsdebatte, in der diese immateriellen Bedürfnisse angesprochen wurden, bedeutet für den SDS einen Rückfall in traditionelle Formen der linken Politik. Wenn es auch zutrifft, daß in den kommenden politischen Auseinandersetzungen ein erhöhtes Maß an Organisationsdisziplin notwendig sein wird, so kann diese doch nur ein Moment unserer Praxis sein; es wäre ein gefährlicher Irrtum, wollte man die Schwierigkeiten einer Vermittlung zwischen Studentenbewegung und Arbeiterklasse statt auf die konkreten Lebensbedingungen des Proletariats auf den verengten Horizont von Disziplin, straffer, zentralistischer Kaderorganisation und Leistung zurückführen. Eine konkrete Utopie, die sich in der Organisation als eine widersprüchliche Einheit von Disziplin, Spontaneität und Solidarität darstellt, unterscheidet sich grundlegend sowohl vom klassischen Utopismus wie von jenem fetischisierten, abstrakten Spontaneismus, wie er sich in der Phase der aktiven Streiks an den Universitäten zeigte.

Auf der Suche nach der klassenmäßigen und politischen Identität neigt die deutsche Studentenbewegung, um ihre eigene Unsicherheit zu kompensieren, zum Prinzip der abstrakten Negation. Die große Verweigerung als radikale, unvermittelte Negation der kapitalistischen Gesellschaft wird in ihrer eigenen Geschichte zur abstrakten Negation: dem realpolitischen Pragmatismus, der die arbeitsteilig verdinglichte Aufspaltung in eine theorielose Praxis und eine praxislose Theorie beinhaltet. Die Entfaltung der konkreten Utopie in der eigenen Organisation, ihrer Theorie, ihrer Agitation und selbst in ihrer gewaltsamen Aktion muß dagegen bestimmte Negation sein, – Negation, die anknüpft an die zur Verwirklichung drängenden, von der bestehenden Gesellschaft unterdrückten und vielfach deformierten Bedürfnisse der Massen. Und die Einbeziehung dieser Bedürfnisse in eine sozialrevolutionäre Praxis ist heute nicht mehr durch eine phantasielose Anpassung an das traditionelle Proletariat zu erreichen; es wäre eine aus der gegenwärtigen Verfassung vieler Genossen verständliche, aber dennoch falsche Selbstnegation der Existenzweise von isolierten Theoretikern. Niemand hat das mit größerer Entschiedenheit und Klarheit formuliert als Hans-Jürgen Krahl.

Seit Marx und Engels wissen wir im übrigen, daß selbst die Isolierung von der praktischen Bewegung für den sozialistischen Theoretiker zeitweilig die einzig sinnvolle Form der Praxis sein kann. Max Horkheimer hat mit Recht auf diese Erfahrung hingewiesen: »Der Intellektuelle, der nur in aufblickender Verehrung die Schöpferkraft des Proletariats verkündet, und sein Genügen darin findet, sich ihm anzupassen und es zu verklären, übersieht, daß jedes Ausweichen vor theoretischer Anstrengung, die er in der Passivität seines Denkens sich erspart, sowie vor einem zeitweiligen Gegensatz zu den Massen, in den eigenes Denken ihn bringen könnte, diese Massen blinder und schwächer macht, als sie sein müssen. Sein eigenes Denken gehört als kritisches vorwärtstreibendes Element mit zu ihrer Entwicklung.«

Diese Einsicht muß sich freilich mit dem Willen verbinden, dem theoretischen Gedanken die Form praktischer Durchsetzbarkeit zu geben. Die Entwicklung von organisationsfähigen Kategorien für das, was mit dem Begriff des Klassenbewußtseins verbunden war, muß deshalb in der Protestbewegung zunächst als permanente Aufklärung des Verhältnisses zwischen der spontanen Emanzipationspraxis der wissenschaftlichen Intelligenz und den historischen Klassenkampferfahrungen des Proletariats sowie dem überlieferten Bezugsrahmen marxistischer Emanzipationsbegriffe verstanden werden. Die theoretische Auseinandersetzung mit den Grundkategorien der marxistischen Tradition ist also weder Seminarmarxismus noch bloße Schulung, sondern ist selber schon Moment unserer politischen Praxis. Dies gehört zur Theorie und Praxis eines unorthodoxen, revolutionären Marxismus, der zur radikalen Selbstkorrektur fähig ist, wenn es die geschichtlichen Veränderungen erforderlich machen.

Der plötzliche Tod unseres Genossen Hans-Jürgen Krahl bedeutet nicht nur eine Zäsur in der politischen Praxis der Neuen Linken, die für seine intellektuelle Biographie von entscheidender Bedeutung war und die ihm eine Fülle von theoretischen und organisationspraktischen Einsichten verdankt. Auch die Lebensgeschichte vieler Genossen, die in ihm den politisch-philosophischen Lehrer anerkannten, den sie im akademischen Bereich nicht fanden, wird sein Tod beeinflussen.

Für uns ergibt sich daraus die Aufgabe, an der von Hans-Jürgen Krahl gerade im letzten Jahr programmatisch formulierten Position festzuhalten, sie weiterzuentwickeln, um schließlich das zu realisieren, was er in einer Selbstdarstellung vor Gericht so formuliert hat:

»Es ist nicht das bloße Trauern um den Tod des bürgerlichen Individuums, sondern es ist die intellektuell vermittelte Erfahrung dessen, was Ausbeutung in dieser Gesellschaft heißt, nämlich die restlose und radikale Vernichtung der Bedürfnisentwicklung in der Dimension des menschlichen Bewußtseins. Es ist immer noch die Fesselung der Massen, bei aller materiellen Bedürfnisbefriedigung, an die elementarsten Formen der Bedürfnisbefriedigung – aus Angst, der Staat und das Kapital könnten ihnen die Sicherheitsgarantien entziehen. So hat auch Ernst Bloch argumentiert, wenn er im *Prinzip Hoffnung* die Frage stellt: warum sind diejenigen, die es nicht nötig haben, zur roten Fahne übergelaufen? Er sagt: ›Es ist die sich tätig begreifende Menschlichkeit‹.«

Nr. 370

Wolf Wondratschek
Trauerfeier

20. Februar 1970

QUELLE: Frankfurter Rundschau vom 1. August 1970; wiederabgedruckt in: Wolf Wondratschek, Ein Bauer zeugt mit einer Bäuerin einen Bauernjungen, der unbedingt Knecht werden will, München 1970, S. 69–74

1. Lektüre
Wie eine Trauergemeinde ihren Toten beerdigt, dieser Vorgang ist beschreibbar. Wie der Pfarrer eine Bibelstelle zitiert und auslegt, wie die Orgel den Gesang begleitet, wie der Sarg zur offenen Grabstelle hinausgetragen und schweigend von der Gemeinde, die sich vor allem angemessen herumgruppiert um die rechteckige Öffnung des Grabes, gefolgt wird, das kann man nachlesen. Wie sich die Angehörigen von dem Toten verabschieden und die Freunde nacheinander den Angehörigen kondolieren und die Angehörigen den Freunden wiederum dafür danken etc.; man glaubt das wahrscheinlich sogar: wer so beerdigt wird, stirbt nicht.

2. Pflegeverhalten
Die Grabpflege dokumentiert ja eingeschüchtert noch einmal, was als Familienpflege schon immer ganz selbstverständlich geübt wurde: die Liebe der Eltern wird von ihnen als Besitz geliebt.

3. Kränze
Die Eltern wollen, daß sich ihre Trauer für andere im Rückgriff auf das Geld wirklich bewahrheitet. Dieser Irrtum wird bei sogenannten repräsentativen Beerdigungen noch deutlicher.

4. Versuch einer Beerdigung eines Genossen
Die Eltern versuchten, ihren einzigen Sohn zu beerdigen. Seine Freunde versuchten, ihren Freund zu beerdigen. Offenbar hatten die Polizeibeamten der Landeshauptstadt Hannover den Auftrag, sich auf dem Friedhofsgelände möglichst unauffällig zu bewe-

gen, das aber mißlang, sie bewegten sich unauffällig, man sah das. Fast könnte man sagen, die Polizeibeamten hatten in Zweiergruppen lediglich beide Arme wie gewohnt auf dem Rücken. Sie beobachteten, was geschah, aber es geschah nichts, was die bereitstehende Bereitschaftspolizei hätte alarmieren können. Die Trauerfeier fand in der Friedhofskapelle statt.

5. Frage
Wie verhalten sich Polizeibeamte, wenn kein Fluchtversuch vorliegt? Die Polizeibeamten verhielten sich so, als läge ein Fluchtversuch vor.

6. Dieser Vorgang läßt sich nicht beschreiben
Am 13. Februar verunglückte Hans-Jürgen Krahl auf einer Landstraße in der Nähe des oberhessischen Städtchens Arolsen. Am 14. Februar berichtete die Tagesschau in der Sparte Kurznachrichten, daß der erst 27jährige Hans-Jürgen Krahl, einer der prominentesten Ideologen des SDS, bei einem Autounfall tödlich verunglückt sei. Auf dem Ricklinger Gemeindefriedhof wurde Hans-Jürgen Krahl am 20. Februar beerdigt. Seine Beerdigung mißlang.

7. Was heißt das?
Heißt das, daß die Bestattung bestimmter Personen nicht mehr durchführbar ist oder heißt das, daß eine bestimmte Bestattung von Personen nicht mehr durchführbar ist? Und wie müßte dann eine bestimmte Bestattung einer bestimmten Person aussehen? Wie läßt sich die Tatsache eines solchen Todes organisieren angesichts so vieler anderer, wirklich organisierter Tode, auf die gerade auch Hans-Jürgen Krahl hingewiesen hat?

8. Prinzip
Die Ratlosigkeit solchen Veranstaltungen gegenüber soll weggetrauert werden auf so einem Friedhof. Unter freiem Himmel soll jedem beigebracht werden, worauf zum Beispiel *er* nicht angewiesen war. Die Erinnerung an einen Toten wird mißbraucht, weil er nur zum Beweis dessen dient, was sich sonst nicht beweisen läßt.

Das Opfer eines tragischen Verkehrsunfalls wurde zum Gegenstand lächerlicher Definitionen. Auf diese Weise sorgt der Staat für seine Toten staatserhaltend. Zwangsläufig vervollkommnet jeder Pfarrer jeden Toten zum Bild einer ganz anderen imaginären Hauptfigur.

Die Trauer war eine Trauerfeier.

9. Trauer
Daß es einen gibt, der etwas von Beerdigungen versteht, einen Pfarrer, der sich in dieser Sache auskennt, der sich beruflich gewissermaßen darauf vorbereitet und auf diesem Gebiet weitergebildet hat, machte diese Beerdigung theatralisch zum genauen Ritual eben jener bürgerlichen Gesellschaft, die Hans-Jürgen Krahl politisch abzuschaffen versuchte.

10. Wiederholungen
Die Anwesenheit seiner politischen Freunde verdeutlichte, daß eine Beerdigung tatsächlich nur die Veranstaltung vieler Beerdigungen sein kann, daß jede Trauerfeier die Trauer nur wiederholt. Und die Eltern von Hans-Jürgen Krahl wiederholten ihren Anspruch auf den Sohn noch einmal mit dieser Beerdigung, die zur Beleidigung wurde durch jenen Pfarrer, der ihn würdigte.

11. Bitte sehr
Was auf den deutschen (und nicht nur dort) Friedhöfen (und nicht nur dort) endlich einmal zu Grabe getragen werden müßte, wäre diese einseitige und staatlich so einwandfreie Tradition der Trauer.

12. Was heißt das?
Auf den deutschen Friedhöfen wird zwar individuell geweint, aber kollektiv getrauert. Hier wird alles über jenen Kamm geschoren, der an Gottes langen Bart erinnert. An unseren Toten gelingt leider noch, was an uns Lebenden immer weniger zu gelingen scheint: daß man sich solche Verwechslungen wehrlos gefallen lassen muß. Über unsere Toten wird hier in einem Sinn verfügt, der sich restlos überhaupt nicht wegtrauern läßt, mögen die Veranstalter dieser Veranstaltungen noch so geschmackvoll, noch so fachmännisch auf die Sinnlosigkeit, die sie leugnen, zu sprechen kommen. Welcher Verdacht entsteht dabei?

13. Gewalt
Die tägliche Erfahrung der Alltäglichkeit des Todes widerspricht dem Vorrat an persönlicher Trauerbehandlung, die den Tod pompös zum Gegensatz des Lebens stilisiert. Und das ist Absicht: denn immerhin könnten diese Erfahrungen gefährlich werden, die Trauer könnte in Anbetracht dieser Widersprüche handgreiflich umschlagen, zuerst in Entrüstung, und schließlich in das, was sich daraus folgern läßt.

14. Kalkulation
Wie eine Trauergemeinde ihren Toten beerdigt, dieser Vorgang ist als ein politischer Vorgang beschreibbar:

wie hier Gefühle erzeugt werden zugunsten derer, die genau wissen, wie man Gefühle erzeugt und warum man das tut, wer hier das letzte Wort hat und was das heißt, wessen Prophetie sich hier und anderswo praktisch realisiert und das allerdings heißt: hier wird Trost ausgesprochen, für was? Das Leben soll natürlich weitergehen, aber nur auf diese eine Weise der Ergebenheit. Am Beispiel so eines Toten werden die Lebenden, je nach Konfession, über ein Leben der Vertröstungen instruiert. Auf Hans-Jürgen Krahl angewandt: ein Musterbeispiel.

15. Nachtrag
Und plötzlich begreift man, was geschehen könnte, würden sich aus unseren täglichen Erfahrungen irgendwann auch entsprechend alltägliche Gewohnheiten ergeben. Insofern war die Anwesenheit von Polizeibeamten auf dem Gemeindefriedhof Ricklingen wirklich aufschlußreich.

Nr. 371
Fachschaft Philosophie
Offener Brief an Leszek Kolakowski

März 1970

QUELLE: Frankfurter Rundschau vom 3. März 1970; wiederabgedruckt in: Claus Grossner, Verfall der Philosophie – Politik deutscher Philosophen, Hamburg 1971, S. 176 f.

Sehr geehrter Herr Kolakowski!
Die Studenten und Assistenten, die bei Horkheimer und Adorno gelernt haben, wissen besser als alle anderen, daß es keinen »Ersatz« für Adorno gibt. Gerade deshalb aber bestehen wir darauf, als Philosophen *und* Soziologen an der Kritischen Theorie weiterzuarbeiten. Realisierbar scheint uns diese Forderung nur dann, wenn die Zusammenarbeit mit unmittelbaren Schülern von Horkheimer und Adorno institutionell gesichert ist.

Mit Oskar Negt arbeiten wir an Kategorien einer materialistischen Rechtsphilosophie, die den Rückgriff auf bürgerlich-abstrakte Rechtsnormen nach der proletarischen Revolution zu kritisieren und die Bedingungen des Absterbens rechtlich entfremdeter Verkehrsformen und deren Umwandlung in solidarische Beziehungen der Menschen untereinander anzugeben erlaubt.

Sie kritisieren bestehendes sozialistisches Recht allein durch den Rekurs auf die Ideologie persönlicher Freiheit, die in den liberalen Rechtsnormen kodifiziert wurde.

Mit Alfred Schmidt arbeiten wir an einer materialistischen Erkenntnistheorie, die am Begriff der Konstitution die Dialektik von Erkenntnis und Produktion expliziert und die Verselbständigung von Wissenschaftstheorie und Ontologie kritisiert.

Sie kritisieren die dogmatische Bevormundung exakter Wissenschaften, um diese als instrumentelle Wissenschaften zu sanktionieren, die der Philosophie nur die Rolle von »Phantasie« und »Vermutung« übriglassen.

Mit Hermann Schweppenhäuser arbeiten wir an der geschichtsphilosophischen Bestimmung von Gewalt in der Konstitution bürgerlicher und sozialistischer Gesellschaften, deren emanzipatorische Kraft aus der Dialektik von Naturbeherrschung und politischer Herrschaft freizusetzen wäre.

Sie kritisieren die historische Funktion von Gewalt mit dem dezisionistischen Verweis auf eine humanistische Tradition, die im privaten Existentialismus überleben soll.

Mit Karl-Heinz Haag arbeiten wir an einer Kritik der philosophischen Tradition, deren theologisch-utopische Gehalte nach wie vor dem bürgerlichen Denken zur Mystifikation von Herrschaft dienen, während sie gegen die in Nominalismus, Aufklärung und Positivismus betriebene Emanzipation von Theologie und Metaphysik stets noch als wesentliche Elemente einer radikalen Gesellschaftskritik aufgedeckt werden müßten.

Sie ziehen die philosophische Tradition zu einer Kette von Grenzsituationen zusammen, die »die Menschheit« vom Sündenfall bis zum Stalinismus vor die gleichen Probleme gestellt und Utopien hervorgebracht haben, die abstrakt und auswechselbar bleiben müssen, wenn der Klassenkampf schon seit dem Alten Testament an den immergleichen Widersprüchen scheitert.

Die Frankfurter Schule hat am konsequentesten die für uns unabdingbaren Gehalte einer materialistischen Theorie reflektiert, die mit der Kritik am Stalinismus *nicht* zugleich wesentliche Bestandteile des Marxismus preisgibt. Ihre Konzeption bietet keinen Ansatz für die Kritik an der Arbeitsteilung zwischen Philosophie und Wissenschaft und gibt damit die Einheit der emanzipatorischen Vernunft auf.

Gegen diesen Verzicht halten wir fest an der Ausbildung theoretisch reflektierter Kategorien kollekti-

ven Widerstandes und neuer Formen revolutionärer Praxis. Die Möglichkeit oder Unmöglichkeit, Marxist zu sein, ist für uns keine Alternative.
                Mit freundlichem Gruß
Die Fachschaft des Philosophischen Seminars

Nr. 372

Jürgen Habermas
Entgegnung
Offener Brief an Erich Lissner
14. März 1970

QUELLE: Frankfurter Rundschau vom 14. März 1970; wiederabgedruckt in: Claus Grossner, Verfall der Philosophie – Politik deutscher Philosophen, Hamburg 1971, S. 177 f.

Lieber Herr Lissner, ich habe hier mit fast einer Woche Verspätung von dem Brief erfahren, den einige Studenten im Namen der Philosophischen Fachschaft unserer Universität an Leszek Kolakowski gerichtet haben (FR vom 3. März). Der Brief wendet sich gegen den von mir angeregten Vorschlag der Philosophischen Fakultät, Kolakowski als Nachfolger Adornos zu berufen.

Die Autoren des Briefes machen Differenzen der Auffassung und der Intention, die zwischen Kolakowski und einigen Schülern Adornos und Horkheimers innerhalb einer gemeinsamen Tradition selbstverständlich bestehen, zu einem Argument gegen die Berufung Kolakowskis. Dabei stützen sie sich auf jüngst in Umlauf gesetzte Etikettierungen wie »Frankfurter Schule« oder »Kritische Theorie« in einer Weise, als handele es sich um eine Institution, die durch die Rekrutierung von Rechtgläubigen erhalten werden müßte. Wenn es sich so verhielte, dann wäre nicht Kolakowski zu fürchten, zu fürchten wäre die trostlose Apologetik der Türhüter einer neuen Spielart von institutionellem Marxismus. Weil es sich so nicht verhält, entbehrt der Brief jeder sachlichen Motivation. Er bezeugt die Geistesart derer, die, weil sie sich gegenüber Adornos Denken scholastisch verhalten, bloß dessen leere Geste zurückbehalten können.

Die Autoren des Briefes haben die Bücher des Mannes, gegen den sie polemisieren, entweder nicht gelesen oder nicht ernst genommen. Der Brief schließt mit dem Satz: »Die Möglichkeit oder Unmöglichkeit, Marxist zu sein, ist für uns keine Alternative.« Eben das sagt Kolakowski.

Die Autoren des Briefes adressieren ihre Einwände nicht an die, die den Berufungsvorschlag verantworten. Sie üben ungerührt Pressionen auf einen Mann aus, der doch gar nicht in der Lage ist, zu der robusten Hauspolitik einiger Doktoranden, Hilfskräfte und Studenten Stellung zu nehmen.

Die Autoren dieses Briefes lassen Sensibilität oder gar, was sie doch beredt in Anspruch nehmen, Solidarität nicht erkennen. Sie pochen rhetorisch auf die Einheit der emanzipatorischen Vernunft gegenüber einem Mann, der für die zerbrechliche Einheit von Moral und Denken mit seiner Lebensgeschichte einsteht.

Die Autoren des Briefes schließlich kennen keine Rücksicht gegen die Kollegen, die sie als Figuren gegen Kolakowski bloß einsetzen. Diese nämlich müssen Schaden leiden bei einem Vergleich, der der Proportionen spottet.

Peinliche Schauspiele dieser Art sind freilich als Reaktionen verständlich. Sie sind die Kehrseite einer brüchig gewordenen Arkanpraxis. Vermeiden lassen sie sich nur, wenn regulär gewählte Studentenvertreter von Anbeginn an den Personalentscheidungen beteiligt sind, an denen sie ein legitimes Interesse nehmen.
                Mit freundlichen Grüßen
                gez. Jürgen Habermas

Nr. 373

Leszek Kolakowski
Brief an Jürgen Habermas
18. März 1970

QUELLE: Frankfurter Rundschau vom 18. März 1970; wiederabgedruckt in: Claus Grossner, Verfall der Philosophie – Politik deutscher Philosophen, Hamburg 1971, S. 179

Lieber Herr Habermas –,
ich schicke Ihnen die Kopie des Briefes, den ich als Antwort auf den (gewiß Ihnen bekannten) Brief der anonymen Philosophen aus Frankfurt geschickt habe.

Wie ich weiß, war dieser letzte in einer deutschen Zeitung als Offener Brief veröffentlicht; ich weiß aber nicht wo. Darum meine Bitte, können Sie so höflich sein und meine Antwort an dieselbe Zeitung zu senden, um sie auch öffentlich machen? Ich würde Ihnen sehr dankbar sein.

Ich wußte nicht, wenn es auch wahrscheinlich war, daß die Frage des Adorno-Lehrstuhl[es] der Gegen-

stand des Streites ist. Jedenfalls aber fühle ich mich nicht fähig, als Ausländer, der mit den Verhältnissen in Deutschland und speziell in Frankfurt nicht vertraut ist, in diese[n] Streit, der offenbar einen politischen Charakter trägt, von Anfang an eingewickelt zu werden.
[...]
Mit herzlichen Grüßen

Nr. 374
Leszek Kolakowski
Brief an die Fachschaft Philosophie
18. März 1970
QUELLE: Frankfurter Rundschau vom 18. März 1970

Sehr geehrte Damen und Herrn (NN) und so weiter –,
ich bestätige hiermit den Empfang Eures Briefes, der zwar von einer bedeutenden Gruppe kommen soll, aber mit einer ganz unlesbaren Unterschrift versehen ist – offenbar im besten Geist der neuen (ganz neuen) Linke[n].
Ich beeile mich, Ihnen mitzuteilen, daß der Brief gegenstandslos ist, da ich aus verschiedenen Gründen den Ruf auf den Lehrstuhl in Frankfurt annehmen nicht konnte. So wird meine Gegenwart den Klassenkampf zwischen Assistenten und Ordinarien um »solidarische Beziehungen« und um »die Einheit der emanzipatorischen Vernunft« gewiß nicht stören.
Mit freundlichen Grüßen
Leszek Kolakowski

Nr. 375
Fachschaft Philosophie
Brief an Jürgen Habermas
21. März 1970
QUELLE: Frankfurter Rundschau vom 21. März 1970; wiederabgedruckt in: Claus Grossner, Verfall der Philosophie – Politik deutscher Philosophen, Hamburg 1971, S. 180

Sehr geehrter Herr Habermas!
In Ihrer Antwort auf den offenen Brief der Philosophischen Fachschaft der Frankfurter Universität stehen folgende Sätze: »Die Autoren des Briefes ... kennen keine Rücksicht gegen die Kollegen, die sie als Figuren gegen Kolakowski bloß einsetzen. Diese nämlich müssen Schaden leiden bei einem Vergleich, der der Proportionen spottet.«
Verstehen wir diese Sätze recht, wenn wir ihnen entnehmen, daß Sie von Karl-Heinz Haag, Oskar Negt, Alfred Schmidt und Hermann Schweppenhäuser behaupten, daß diese bei einem Vergleich ihrer wissenschaftlichen Qualifikationen mit der Leszek Kolakowskis der Lächerlichkeit preisgegeben werden?
Wir sehen in dieser Diffamierung den Versuch, die Kandidaten der Assistenten und Studenten vor der Öffentlichkeit unmöglich zu machen. Wir fordern Sie auf, eine so leichtfertige Disqualifizierung öffentlich zu begründen oder zurückzunehmen.
Der Anwurf der Orthodoxie, wie er als Etikettierung jeder konsequenten Weiterarbeit an der kritischen Theorie von der bürgerlichen Presse in Umlauf gesetzt wurde, sowie der Vorwurf des »institutionellen Marxismus« verschleiern, daß es eine inhaltliche Verbindlichkeit marxistischer Theorie gibt. Zur Zurückweisung Ihrer Vorwürfe erinnern wir an Ihre Kritik an Kolakowskis Revisionismus in *Theorie und Praxis* (Neuwied 1967, S. 324 pass.).
Zynisch wirkt jetzt Ihr nachträgliches Bedauern über die »Arkanpraxis« der Fakultät. Von Anfang an haben Sie sich auf den Standpunkt gestellt, daß es sich bei der Nachfolge Adornos um eine »inside Angelegenheit« handelt. In den letzten beiden Fakultätssitzungen haben Sie maßgeblich dazu beigetragen, daß die Forderungen der Nicht-Habilitierten- und Studentenvertreter nach Öffentlichkeit und Mitbestimmung in Berufungsfragen gar nicht erst auf die Tagesordnung kamen.
Mit freundlichen Grüßen
Fachschaft des Philosophischen Seminars

Nr. 376

Herbert Marcuse
»Ich habe nie behauptet, daß der Kapitalismus krisenfest ist«
Interview von Helmut Reinicke
21. März 1970

QUELLE: Sozialistische Correspondenz – Info vom 21. März 1970, Nr. 38/39, S. 5 f.

REINICKE: Einige Ihrer ehemaligen Schüler sind am Aufbau einer revolutionären Bewegung gerade in Südkalifornien wesentlich beteiligt. Sie unterstützen diese Gruppen in praktischer Solidarität. Mit diesem politischen Engagement sind Sie der einzige Mitbegründer der Frankfurter Schule, der die praktisch-kritische Seite des dialektischen Materialismus noch beim Wort nimmt und nicht in bloßer Ideologiekritik steckenbleibt oder gar, wie Horkheimer, zum konservativen Kulturkritiker wird. Vielleicht können Sie kurz Ihr Verhältnis zur Frankfurter Schule beschreiben.

MARCUSE: Ich werde nie leugnen und nie vergessen, daß die Zeit meiner Zusammenarbeit mit Horkheimer, Pollock, Adorno, Neumann und Löwenthal in den dreißiger Jahren für mich eine unentbehrliche theoretische Schulung darstellte. Ich muß aber ebenso ehrlich zugeben, daß ich mich mit der Haltung Horkheimers und Adornos nach ihrer Rückkehr nach Deutschland nicht identifiziere. Ich erinnere mich, daß ich noch in einem meiner letzten Briefe an Adorno geschrieben habe, daß ich genauso wie er weiß, daß eine unmittelbare Umsetzung der Theorie in Praxis unmöglich ist. Daß ich aber auch glaube, daß die allzu starke Insistenz auf »Vermittlungen« auch zur Ausrede werden kann. Außerdem habe ich in der amerikanischen Politik seit dem Zweiten Weltkrieg niemals in irgendeiner Weise die Verteidigung der Freiheit und Kultur sehen können.

REINICKE: Vielleicht noch eine Frage zur kritischen Theorie und deren Marx-Interpretation. Namentlich bei Habermas findet man eine Kritik an Marx, von der man vermuten würde, sie sei an die Adresse Kautskys gerichtet. Die Marxsche Rationalität wird als instrumentalistische verstanden, d. h. dem Marxschen Denken unterläge ein Begriff von Vernunft, der sich noch in der ungebrochenen Tradition der Newtonschen, auf Naturbeherrschung gerichteten Vernunft befinde. Legt man dem Marxschen Denken diese instrumentelle Vernunft zugrunde, die sich an naturwissenschaftlichen Denkschemata, an Produktionswissen, orientiert, so läßt sich die Rationalität, wie sie Marxens Werk immanent sei, etwa als Herrschaftswissen im Sinne Schelers begreifen. Oder Marx wird, da er den Objektivismus der Naturwissenschaften unreflektiert übernommen habe, zum Positivisten erklärt.

Jetzt – und das wäre mein Punkt – haben gerade Sie, wie ja auch Ernst Bloch, immer wieder die befreiende Rationalität, wenn man so will, des Marxschen Denkens betont. Läßt das Marxsche Werk die Interpretation eines »instrumentalistischen« Marx überhaupt zu?

MARCUSE: Ich glaube, daß die sogenannte instrumentelle Vernunft bei Marx nur einen Teil des Werkes ausmacht und daß dieser Teil in der Tat berechtigt ist. Aus folgendem Grunde: Ich kann mir eine sozialistische Gesellschaft als freie Gesellschaft ohne die bestmögliche Ausnutzung und Anwendung der Wissenschaft und Technologie nicht vorstellen. Denn schließlich ist ja die Reduktion physischer Energie im Arbeitsprozeß, d. h. die Automatisierung gesellschaftlich notwendiger Arbeit, eine der Grundvoraussetzungen einer freien sozialistischen Gesellschaft. Also in diesem Sinne muß in der Tat auch die sozialistische Vernunft, auch die revolutionäre Vernunft, instrumentell sein. Das ist aber nur die Grundlage oder Vorstufe. Und auf dieser instrumentellen Vernunft oder vielmehr als Basis und Ziel dieser instrumentellen Vernunft gibt es bei Marx genau das Gegenteil, wie es besonders in den Jugendschriften und in den Grundrissen deutlich wird, nämlich die Idee einer befreiten Natur, einer Einigung, Einheit von Mensch und Natur, einer menschlichen Appropriation der Natur, die genau die bestimmte Negation des Herrschaftswissens ist. Marx' Begriff der Gesetzmäßigkeit und der ehernen Notwendigkeit des Übergangs vom Kapitalismus zum Sozialismus beruht auf einer schweigenden oder nicht ganz schweigenden Voraussetzung, daß nämlich die Menschen wirklich wollen, als freie Menschen zu leben. Das heißt, das Element der Freiheit und der Wahl ist in dieser Notwendigkeit schon aufgehoben. Marx hat ja schließlich auch noch, schon lange vor Rosa Luxemburg, die Alternative von Sozialismus oder Barbarei gekannt.

REINICKE: Sie haben die Notwendigkeit theoretischer Anstrengung zum Selbstverständnis der Kommunen hervorgehoben. Meist sind ja in den USA gerade diese politisch arbeitenden Gruppen durch die Offensivität ihrer Umgebung zum Aktionismus gezwungen.

MARCUSE: Leider muß ich sagen, daß ich irgendwie ein tiefes Verständnis habe für das Argument, das behauptet, daß alles Reden und alles Schreiben heute eigentlich unerlaubt ist. Daß man im Angesicht dessen, was heute in der Welt vor sich geht, eben nur noch handeln muß, und wenn man nicht handeln kann, daß dann nur die Verzweiflung übrigbleibt. Es gibt ein Gedicht von Brecht, wo er sagt, was ist das für eine Zeit, in der wir leben, wo ein Gespräch über einen Baum schon als Verbrechen erscheint. Ich glaube, daß man das heute noch erweitern kann und sagen: Wir leben in einer Zeit, wo jedes bloße Diskutieren schon als Verbrechen erscheint. Das ist der wahre Kern des Aktionismus heute. Aber gleichzeitig kann ich eben nicht darüber hinwegsehen, daß ein solcher Aktionismus, wenn er sich nicht selbst der Anstrengung des Begriffs unterwirft, früher oder später ein Opfer des Bestehenden wird, entweder unterdrückt oder einfach absorbiert. Nur eine begriffliche Analyse dessen, was heute vor sich geht, eine Analyse, die die Ansatzpunkte zeigt, wo das System verwundbar ist, und die Möglichkeiten, die innerhalb des Systems sich ergeben, es zu verändern – ohne eine solche Analyse bleibt eben nun wirklich jeder Aktionismus blind.

Nr. 377

Jürgen Habermas
Brief an die Fachschaft Philosophie

24. März 1970

QUELLE: Frankfurter Rundschau vom 24. März 1970; wiederabgedruckt in: Claus Grossner, Verfall der Philosophie – Politik deutscher Philosophen, Hamburg 1971, S. 180–182

Der Satz meines Antwortbriefes, den Sie bezeichnen, enthält keinerlei Diskriminierung der wissenschaftlichen Qualifikationen von Herrn Haag, Herrn Negt, Herrn Schmidt oder Herrn Schweppenhäuser; er enthält vielmehr eine ganz unmißverständliche Kritik an Ihnen. Ich habe mit jenem Satz zum Ausdruck gebracht, daß Ihr Brief nicht nur eine empörende Unempfindlichkeit gegenüber der Lage Kolakowskis, sondern auch Rücksichtslosigkeit gegenüber den genannten Herren erkennen läßt. Denn jeder, so glaube ich, der sich den Blick nicht durch eine beschränkte Lokalperspektive verstellen läßt, sieht, daß es nicht sinnvoll ist, Vergleiche herauszufordern, ohne zwischen den Kategorien der Personen, die verglichen werden sollen, zu differenzieren.

Leszek Kolakowski ist durch seine politische und intellektuelle Lebensgeschichte wie auch durch sein philosophisches und literarisches Werk so ausgezeichnet, daß ihm in der breiten Öffentlichkeit ein Vergleich mit wie immer hoch qualifizierten, aber verständlicherweise bisher weniger ausgewiesenen Wissenschaftlern zum ebenso ungerechten wie ungewollten Vorteil ausschlagen muß. Diese Proportionen hätten Sie beachten müssen, wenn Sie die Kollegen, die Sie nun nachträglich in Schutz nehmen, objektiven Kränkungen nicht aussetzen wollten.

Meine eigene Kritik an bestimmten Positionen Kolakowskis habe ich natürlich nicht vergessen. Offenbar gehen Sie aber von der Maxime aus, daß man Berufungen unter dem Gesichtspunkt größtmöglicher Konformität der Lehrmeinungen vornehmen sollte – eben das nenne ich eine dogmatische Geisteshaltung.

Wie Sie wissen, habe ich mich stets für eine Abschaffung der Arkanpraxis in Berufungsfragen eingesetzt; übrigens auch zu einer Zeit, als die aktiven Studenten unseres Seminars gegen mich gerade wegen meiner Mitarbeit an der Reform des Hochschulgesetzes Front gemacht haben.

In der Frage der Nachfolge Adornos habe ich niemanden, auch nicht die Vertreter der Philosophischen Fachschaft, im unklaren darüber gelassen, welche Personen ich unterstütze. Eine Diskussion mit mir haben Sie nicht angestrebt. Statt dessen haben Sie sich auf unrealistische Forderungen monologisch festgelegt (und Wochen gebraucht, um im Hinblick auf Herrn Baier von Ihren eigenen Beschlüssen wieder herunterzukommen).

Ihre Behauptung über mein Verhalten in den letzten Fakultätssitzungen ist unwahr. Ich nehme an, daß sich Ihr Vorwurf auf eine Diskussion bezieht, in der ich festgestellt habe, daß die Forderung der Studenten- und Assistentenvertreter nach Suspendierung der Berufungsverfahren (bzw. Einsetzung drittelparitätischer Berufungskommissionen) gegen geltendes Recht verstößt und daher unrealisierbar ist. Ein Gesetz kann nicht durch Fakultätsbeschluß geändert werden. Meine gleichzeitig gegebene Anregung, Vorgespräche mit Studenten und wissenschaftlichen Mitarbeitern in der Art, wie sie im Philosophischen Seminar während des Sommersemesters 1969 über die

Nachfolge Cramers bereits stattgefunden haben, zu institutionalisieren, ist hingegen nicht aufgenommen worden. Nun, eine Politik der Illusionen richtet sich durch die eigene Folgenlosigkeit.

Ich bin damit einverstanden, daß unser Briefwechsel, wenn Sie das wünschen, im Philosophischen Seminar ausgehängt wird.

Jürgen Habermas

Nr. 378

Max Horkheimer
Brief an Karl Heinz Bohrer

25. März 1970

QUELLE: Max Horkheimer, Gesammelte Schriften Bd. 18: Briefwechsel 1949–1973, hrsg. von Gunzelin Schmid Noerr, © S. Fischer Verlag, Frankfurt/Main 1996, S. 761

25. März 1970

Sehr verehrter Herr Bohrer,

Nur ein Wort des Dankes für Ihren Brief vom 19. März, den ich soeben erhielt. Es freut mich, daß die Veranstalter jener Versammlung der DKP-Marxisten jedenfalls in der Sitzung nicht unwidersprochen blieben.[1]

Ihr Hinweis auf die eigene konservative Herkunft[2] ist mir aus meiner eigenen Kindheit vertraut. Wenn mein Vater auch der »Fortschrittlichen Volkspartei« angehörte, so erscheint seine Gesinnung im Hinblick auf die heutigen Verhältnisse entschieden konservativ. Meine Gedanken sind oft bei Ihnen und ich freue mich sehr auf ein Wiedersehen. Ihre Arbeit in der Zeitung schätze ich überaus, nicht zuletzt eben auch den Artikel, der sich auf die DKP-Diskussion bezieht.

Mit sehr herzlichen Grüßen
Ihr

[1] Bohrer hatte Horkheimer seinen Bericht in der Frankfurter Allgemeinen Zeitung (Nr. 46 vom 24.2.1970) *Das Individuum vor Gericht* über die Tagung *Die Frankfurter Schule im Lichte des Marxismus* des DKP-nahen Frankfurter Instituts für Marxistische Studien und Forschungen zugeschickt.

[2] Bohrer schrieb unter anderem: »Ich erinnere mich noch sehr gut an jenen Abend bei Herhaus, als Krahl mit Ihnen wie mit dem Erzengel rang, um klassenkämpferische Positionen nicht verloren gehen zu lassen. Ich selbst bin ja nur ein Beobachtender, allerdings seit vier Jahren selbst mit verstrickt in die Argumentation. Ursprünglich aber komme ich aus einer relativ unpolitischen, wenn man will, sehr konservatistischen Ecke, was man sicherlich ab und wann[!] meinem Stil und meinen Fragestellungen anmerkt. Ich möchte davon auch nicht herunter, denn das sind für mich unveräußerliche Erfahrungen, vor allem das individualistische Prinzip betreffend.«

Nr. 379

Herbert Marcuse
Brief an Rudi Dutschke

11. April 1970

QUELLE: Stadt- und Universitätsbibliothek Frankfurt/Main, Herbert-Marcuse-Archiv

8831 Cliffridge Ave.
La Jolla, Cal. 92037
11. April 1970

Liebe Rudi:

Ich habe ein scheußliches Gewissen: über drei Monate ist es her, daß ich Ihren Brief nicht beantwortet habe ... Ich bin wieder so tief in rebus politicus, daß ich eben zu nichts anderem komme. In den Hauptpunkten haben wir auch hier die Situation, die Sie in Ihrem Brief andeuten: dieselbe furchtbare Zersplitterung der Bewegung – nicht aus substantiellen Gründen wirklicher Alternativen (was unvermeidlich ist), sondern allzusehr aus sektiererischem Gruppeninteresse. Auch hier der extreme Flügel, der im individuellen Terror die einzige noch mögliche Form des Angriffs auf das System sieht, und die Majorität, die noch an mehr oder weniger demokratischen Formen festhält (die immer zerbrechlicher werden). Dann vor allem der Konflikt zwischen Spontaneität und radikaler Disziplin, zwischen Anarchie und Organisation und (besonders deutlich) zwischen privater und politischer Befreiung, partikulärem Gruppeninteresse und allgemeiner Sache. Diese Konflikte gehen durch das ganze *commune movement* und haben zu einem sich verschärfenden Gegensatz zwischen Hippies und Militanten geführt. Und doch steckt in den Communen ein starkes Potential, das aber nur realisiert werden kann, wenn sie die Verbindung mit der politischen Bewegung »draußen« aufrechterhalten. Konkrete Politisierung: das heißt nicht, daß in den Communen nun dauernd Marx oder Mao studiert werden soll, sondern daß sie wirklich zu temporären Produktionseinheiten werden, in denen nicht nur die Individualsphäre, sondern auch die gemeinsame Arbeit neu gestaltet wird. Landwirtschaft, selbst industrielle Arbeit im kleinen Rahmen, lernen, wie man Computer bedient, Technologie – keineswegs um einer romantischen, handwerklichen Autarkie willen, sondern um später einmal an richtiger Stelle im gesellschaftlichen Produktionsprozeß arbeiten zu können: in seiner Umstellung auf sozialistische Produktion. So kann man in der Commune praktischen Sozialismus lernen, ausprobieren. So kann sich die private Existenz (und die individuellen Beziehungen) mit der der partikularen Gruppe und mit der Welt »draußen« verbinden. Die Commune organisiert sich im Hinblick auf ihre künftige *Aufhebung*. Und die private Befreiung, statt in self-indulgence zu verschwinden, kann sich in autonomer Disziplin der allgemeinen Sache einordnen. Und all das in dem vollen Bewußtsein, nur vorbereitende Arbeit in einem entsetzlich langen gesellschaftlichen Prozeß leisten zu können – daß es noch für lange Zeit schiefgehen wird...

Denn so sieht es aus. Wir sollten in unseren Begriffen vorsichtig sein: die Tendenz, sie als Clichés zu verwenden, wird immer stärker. Aber ich spreche jetzt ohne viel Skrupel von rapide zunehmenden faschistischen Kräften in diesem Lande: von den höchsten Stellen (Nixon Administration) über die State Governments zur örtlichen power structure. Der »Rechtsstaat« wird rapide abgebaut: in effect Ausnahmegesetzgebung, die Polizei above the law, legale oder semi-legale violence, die Gerichte als Werkzeuge der politischen Repression. Ich nehme an, daß Sie über diese Dinge informiert sind (wenn nicht, könnte ich Ihnen Material senden – aber die Zeitungslektüre genügt). Die ökonomische Lage verschärft sich – und auch der Widerstand der rank and file Arbeiter gegen die Gewerkschaftsführung, die Inflation geht unaufgehalten weiter, und der Krieg in Vietnam wird auf [Kambodscha] und Laos ausgedehnt. Die Opposition der Schwarzen und Braunen wird artikulierter. Und: die Linke desorientiert sich weiter... Genug.

Aber wie geht es Ihnen und Ihrer Familie? Bitte lassen Sie mich Ihre Pläne wissen. Wir hoffen, vom 13.–15. Juni in London zu sein: es wäre so wichtig, wenn wir für eine richtige Diskussion zusammenkommen könnten. Auch wenn Sie auf dem Kontinent sind, könnten wir uns treffen.

Sehr herzlich alles Gute, auch von meiner Frau,
Ihr

Nr. 380

Wilhelm Alff

Leserbrief

Stellungnahme zu Claus Grossners Artikel »Frankfurter Schule am Ende«

12. Juni 1970

QUELLE: Die Zeit vom 12. Juni 1970; 25. Jg., 24, S. 45; wiederabgedruckt in: Claus Grossner, Verfall der Philosophie – Politik deutscher Philosophen, Hamburg 1971, S. 256 f.

Die Frankfurter Schule, so Claus Grossner in der *Zeit* vom 8. Mai 1970, soll am »Ende« sein. Es ist jedoch unerfindlich, wieso Adornos Tod und die decouvrierende Art und Weise, wie man mit seinen unmittelbaren Schülern verfährt, ein Ende bedeuten. Zumal der Tod des großen Lehrers, zu dessen Füßen zu sitzen ich nie die Ehre hatte, will mir nach und nach akzidentell erscheinen angesichts des Œuvre, das er hinterlassen hat, so schmerzlich dieser Tod mich auch traf. Auch weiß ich niemanden anders, bei dem die Sache so ganz die Person war – bewundernswert immer wieder, wie er die eigene Biographie zu einer einzigen Sammlung von Exempla für die Erfahrungen aller zu benutzen verstand: nebenbei der Grund dafür, weshalb Grossner mit seinen biographischen Bemerkungen weder Adorno noch Horkheimer wirklich trifft.

Mag Frankfurt auf die Schule verzichten, die Adorno mit Horkheimer und anderen unzweifelhaft gebildet hat (Grossners Diktion bezeugt dies passim wider Willen), so ist dies in unserer postfaschistischen Gesellschaft für durchaus normal zu halten. Das können auch flotte Dicta von Jürgen Habermas wie das vom »theoretischen Schleier, den Adornos Genie vor unsere methodologische Blöße hielt« und der mit Adornos Tod »gefallen« sei, nicht kaschieren. Wer die spezifische Intoleranz dieser spätestens seit Bismarck auf Antidemokratie und Antihumanität festgelegten Nation nur einigermaßen in ihren aktuellen Vermittlungen wahrnimmt, kann darüber nicht verwundert sein. Auch ist es keineswegs paradox, sondern es war zu erwarten, daß das schwierige Verhältnis der diese Nation bestimmenden Schichten zu Wahrheit und Humanität noch durch die Opposition der Jugend hindurch sich behaupten würde.

Überflüssig ganz und gar deshalb die Schmach, die der Artikel Adorno antut, indem er davon berichtet, daß Studentinnen mit nackter Brust »dem sich verzweifelt wehrenden untersetzten Schuloberhaupt« –

dies die in der *Zeit* gedruckten Worte Grossners – Blumen auf den Kopf streuten und ihn »abküßten«. Man muß sich vergegenwärtigen, wie Adorno von Liebe und von persönlicher Treue gehandelt hat, um zu begreifen, wie hier, weniger nun schon von den damaligen Actricen als von dem Journalisten, der es beifällig und scheinhaft über der Sache stehend berichtet, abermals die Sexualität erniedrigt wird. Der Verfasser will auf konkrete, empirisch abgesicherte Veränderung der Gesellschaft hinaus und unterstellt Adorno die Ablehnung jeder Praxis. In Wirklichkeit ist von einer Empirie wenig zu halten, die im Banne des unwahren Ganzen verharrt. Einer der unschwer aufklärbaren Irrtümer Grossners, die sich aus seiner Auffassung von Theorie und Praxis ergeben – nur dieser sei angemerkt –, betrifft die Universitäten und Hochschulen. Daß deren Verfassungen heute »demokratisiert« werden, bedeutet nicht ihre Befreiung aus dem kapitalistischen Verwertungszusammenhang. Nicht nur an dieser Stelle trennt der Verfasser, was zusammengehört; und er zwingt zusammen, was unterschieden werden muß: eine positivistische »Empirie«, welche die Menschen tagtäglich um ihre eigenen Erfahrungen betrügt, und die kritische Theorie, die sie, zumindest, denken lehrt.

Nr. 381

Alfred Schmidt

Leserbrief

Stellungnahme zu Claus Grossners Artikel »Frankfurter Schule am Ende«

12. Juni 1970

QUELLE: Die Zeit vom 12. Juni 1970; 25. Jg., Nr. 24, S. 45; wiederabgedruckt in: Claus Grossner, Verfall der Philosophie – Politik deutscher Philosophen, Hamburg 1971, S. 257–259

Als langjähriger Mitarbeiter der Professoren Adorno und Horkheimer gestatte ich mir, Stellung zu nehmen zu dem ebenso anspruchsvollen wie sachlich unzuständigen Artikel *Frankfurter Schule am Ende* von Claus Grossner in Ihrer Ausgabe vom 8.5.1970.

Abgesehen von zahlreichen schiefen, halb- und schlicht unwahren, zumeist in Form von Witzeleien vorgetragenen Behauptungen, was die Lebensgeschichte vor allem Horkheimers betrifft, enthält der Artikel eine ganze Reihe theoretischer Ungereimtheiten, auf die hier insofern hinzuweisen ist, als sie einem fundamentalen Mißverständnis entspringen. Herrn Grossners Vorwürfe reduzieren sich darauf, daß er die vornehmlich von Horkheimer in den dreißiger Jahren entwickelte geschichtstheoretische Konzeption von Sozialforschung so interpretiert, als habe sie unmittelbar auf politische Praxis abgezielt. Indem er die späteren Arbeiten Horkheimers und Adornos an seinem technokratisch-instrumentalistischen Vorverständnis des ursprünglichen Ansatzes mißt, fällt es ihm nicht schwer, in der Rolle des Verteidigers der Kritischen Theorie gegen deren Begründer aufzutreten. Verkannt wird bei Herrn Grossner das Wesen sowohl der Theorie wie der Praxis. Seine Argumentation nötigt peinlich dazu, Altbekanntes aufzutischen. So war dem von seinem Artikel bemühten Marx, einem wahrlich politischen Denker, nichts so zuwider, wie irgendwelche Versuche, den theoretischen Prozeß durch ihm äußerliche Interessen und Maßstäbe, und seien es die menschenfreundlichsten, zurechtzustutzen. Fest steht, daß Marx die von ihm pointierte Antithese von seitheriger Interpretation und künftiger Veränderung der Welt nicht so verstanden hat, als sei alle spezifisch theoretische Arbeit überflüssig. Er hat ein mehrbändiges Werk gelehrter Forschung verfaßt und keine Agitationsbroschüre, mit der sich ein Streik organisieren ließe. Es gehört zum Dogmatismus, zwischen den allgemeinen, die Struktur der Gesamtepoche betreffenden Kategorien und jenen, die langfristige Tendenzen (Strategisches) oder Tagespolitik (Taktisches) betreffen, nicht zu unterscheiden.

Mit dem angedeuteten falschen Vorverständnis der Positionen von Horkheimer und Adorno hängt zusammen, daß Herr Grossner die von der Kritischen Theorie geübte Kritik am Positivismus nur unzulänglich versteht. Nicht um dessen »stilisierende Beschreibung«, die alle Schulnuancen beiseite läßt, geht es, sondern darum, ihn präzise als geschichtlich notwendige Verfallsform der Aufklärung zu begreifen. Horkheimer und Adorno wissen sehr wohl, daß der Terminus »Positivismus« einen ganzen Prozeß sozial- und wissenschaftsgeschichtlicher Art einschließt, in dem das die einzelwissenschaftlichen Verfahren als einzig gültige Erkenntnis verabsolutierende Denken nicht wenige Stufen durchlaufen hat. Die von den Pionieren der bürgerlichen Neuzeit gegen den aristotelisch-scholastischen Wissenschaftsbetrieb ausgespielten sinnlich konstatierbaren Tatsachen haben jedoch im Positivismus insgesamt nicht länger die Bedeutung, das Denken zu fördern, sondern werden tendenziell zu einem Mittel, es zu reglementieren. Herr Grossner, der die »empirische Basis« der Kritischen Theorie gefährdet sieht, setzt sich darüber hinweg, daß in einem dialektischen Denken das Verhältnis von Anschauung und Begriff, Empirie und Konstruktion nicht ein für allemal feststeht, sondern einer geschichtlichen Dynamik unterliegt. Kam es Horkheimer zu Beginn der dreißiger Jahre darauf an, gegenüber den leeren Spekulationen damaliger Sozialphilosophie auf das Korrektiv der Tatsachenforschung zu verweisen, so war es während der fünfziger und sechziger Jahre erforderlich, angesichts der Allmacht empirischer Verfahrensweisen, die Rolle begrifflichen Denkens hervorzukehren. Daß es gegenwärtig darauf ankommt, den Inhalt der Einzelwissenschaften nicht mit deren positivistischer Interpretation zu verwechseln und in die gedankliche Konstruktion des sozialen Ganzen aufzunehmen, bedarf keiner Frage. Nur irrt Herr Grossner, wenn er meint, es sei Horkheimer jemals um eine »Integration« gesellschaftswissenschaftlicher Disziplinen im Stil Comtescher Synthese gegangen. Das Verhältnis der Theorie der Gesellschaft zu den Einzelwissenschaften sieht anders aus. Es hat nichts zu tun mit dem kompilatorischen Geschäft eines »Wissenschaftsmanagers« oder »Wissenschaftsorganisators«, sondern besteht darin, die Weisen analytischen Wissens in die dialektische Konstruktion des geschichtlichen Verlaufes und seiner ökonomischen Tendenzen aufzunehmen, und zwar so, daß sie in der Konstruktion andere Bedeutung annehmen, als ihnen außerhalb ihrer zukommt.

Wer sich, wie Herr Grossner, mit derart verwickelten Gegenständen abgibt, sollte sich primär von deren Beschaffenheit und nicht von politischen Wünschen bestimmen lassen.

Nr. 382
Hermann Schweppenhäuser
Leserbrief
Stellungnahme zu Claus Grossners Artikel »Frankfurter Schule am Ende«
12. Juni 1970

QUELLE: Die Zeit vom 12. Juni 1970, 25. Jg., Nr. 24, S. 45; wiederabgedruckt in: Claus Grossner, Verfall der Philosophie – Politik deutscher Philosophen, Hamburg 1971, S. 259–261

Ich erlaube mir, mich mit der Bitte an Sie zu wenden, die beigefügte Zuschrift nach Möglichkeit schon in der nächsten Ausgabe der *Zeit* abdrucken zu wollen. Mit dieser Bitte käme ich nicht, wenn ich es nicht für dringend geboten hielte, zu dem Grossnerschen Aufsatz über Horkheimer und Adorno eine Stellungnahme zu publizieren, die wenigstens das Gröbste, an Ort und Stelle, beim Namen nennt, das dem Andenken des Toten und dem Gedenken des Lebenden in jenem Aufsatz angetan wird...

Mit allzu großer Leichtfertigkeit wird in einem von der *Zeit* am 8. Mai publizierten Aufsatz, dessen Titel die zuverlässige Beschäftigung mit gegenwärtiger deutscher Philosophie erwarten läßt, über Leben und Leistung der Philosophen Horkheimer und Adorno geurteilt. In einer Ordnung, die den vollen legalen Schutz der Subjekte und Objekte geistiger Produktion nicht gewährleistet, in der die Substanz eines Werkes nicht Rechtsgut, sein Urheber Freiwild unzuständiger Kritik ist, wird ihr moralischer Schutz zur Pflicht. Diese gebietet, fürs erste ein Lesepublikum vor einer Darstellung zu warnen, die es nicht nur korrekt zu unterrichten verfehlt, sondern Personen und ihre Werke in der Meinung herabzusetzen geeignet ist. Zugleich ist wenigstens auf das Gröbste an Mißverstand und Entstellung hinzuweisen, die dem Horkheimerschen und dem Adornoschen Gedanken widerfahren.

Von dem landläufigen Gerede über Theorie und Praxis bestimmt, das die Idee kompromißloser Theorie wie die einer verändernden Praxis und beider kompliziertes Verhältnis so sehr korrumpiert hat, urteilt der Autor über dieses Verhältnis und über zwei bedeutende Lebenswerke, die es zum Gegenstand haben, von einem Standpunkt aus ab, der vorentschieden und selber Produkt des in jenen Werken bis in den Grund erforschten Praktizismus ist, mit dem die davon beherrschten Subjekte mitkommen wollen, und wäre es um den Preis ihres wahren Interesses, besonnener Resistenz, also dessen, was in der Gestalt unbeirrter Theorie emphatische Praxis erst absehbar macht. Der Typus solcher Theorie wird heute als resignativ abgestempelt, ihren Verfechtern Flucht in Alterstheologie, in verknöcherte Spätphilosophie und Schlimmeres vorgeworfen. Der Autor, den die Gewalt gesamtgesellschaftlicher Integration anscheinend nur wenig irritiert, und der auch die objektive Verzweiflung übersehen mag, die der Hoffnung auf wirkliche Emanzipation gegenwärtig drastische Grenzen setzt, hält empiristischen Praktizismus welcher Art auch immer so offenkundig für das Heilmittel, daß er es freilich leicht hat, die Gestalt einer Theorie ideologisch zu verdächtigen, weil sie nur so an der Idee des Anderen und Besseren festhalten kann, daß sie dem herrschend gewordenen Instrumentalismus sich verweigert, der jene Idee verrät. Unter der Hand wird aus solcher Verweigerung resignatives Pathos, Alterspessimismus. Schlimmer: höchst zweifelhaft wird die linke studentische Opposition, die doch innerhalb des Motivzusammenhangs kritischer Theorie sich vollzieht, gegen diese ausgespielt, von einer Position, die vom studentischen Einspruch entschiedener getroffen wird als die Horkheimersche und die Adornosche, die die Studenten gegen die Urheber und nicht deren prinzipielle Gegner meinen verteidigen zu müssen. Adorno hat vor seinem Tod noch von der Schadenfreude derer gesprochen, die seine Konflikte mit den Studenten goutierten und die von diesen besorgt sahen, was sie selber so sehr sich wünschten: daß Adorno und Horkheimer unrecht haben. Kaum wird der Autor in ihrem Fahrwasser segeln wollen. Er glaubt die wirklichen Gründe für das Ende der Kritischen Theorie zu kennen.

Dies Ende soll unausweichlich geworden sein durch die zunehmende Vernachlässigung empirischer Forschung. Dies aber ist pure Behauptung, ganz davon zu schweigen, daß es absurd ist, eindringliche Erfahrung des Gesellschaftlichen von empirischer Erhebung, gar der ritualisierten allein sich zu erwarten. Darüber hinaus wird die – angebliche – Vernachlässigung der Empirie dem Verfasser schlicht zum Quidproquo des Praxisverzichts der kritischen Theoretiker: als ob die früheren Untersuchungen des Horkheimerschen Instituts schon die Revolution selbst gewesen wären. Aber an emphatische Praxis denkt ja der Autor nicht; von ihr dürfen die Studenten reden, die als Adornokritiker genehm und im übrigen nicht ernst zu nehmen sind; er hat den bescheideneren plausiblen – und doch zunehmend verhängnisvolleren – Praktizismus planifikatorisch-scientifischer Observanz vor Augen, gegen den, solang er unter monopolistischer Direktion bleibt, nicht erst die »Spätphilosophie« Horkheimers und Adornos die triftigsten Einwände erhob.

Ihrem Kritiker scheint, bei aller Konzession, eine Theorie insgesamt suspekt, in der es zuviel Philosophie, zuviel Dialektik, zuviel Eingedenken an die großen historischen Menschheitshoffnungen gibt, die unabgegolten blieben und die mit der Kultur, mit der Erinnerung an die Opfer der Geschichte verschränkt sind. Wie wäre es anders zu verstehen, daß der Autor dies Philosophieren im Modus negationis, im Stand der ausgebliebenen Rettung nicht bloß sachlich und immanent, sondern so mißversteht, daß er die Theorie vom beschädigten Leben zu einem Ausdruck persönlicher und individueller Beschädigung umfälscht und dies noch mit fetter Schlagzeile kundtut. Daß niemand in der Gesellschaft von ihr unbeschädigt ist, beweist nicht erst solche Praxis. Aber – dazu im Gegensatz – solcher Beschädigung die Kraft der Erkenntnis abzuzwingen, ist nicht mehr Beschädigung – es sei denn, die heilsame der Borniertheit –, sondern der erste unerläßliche Schritt, sie zu reparieren. Wo immer die Haltung des down-to-earth, des den subtilen Gedanken und das Verletzliche verdächtigenden Zupackens dies verkennt, verrät sie mit dem Gedanken die Idee der Praxis selbst und wird zum Sprachrohr der je herrschenden.

Wer mechanistisch von »Rückkoppelungsbeziehung« redet, wo dialektische Interdependenz gemeint ist, von Organisation und Wissenschaftsmanagertum wie nur ein Manager, und mit solcher Sprache Horkheimer und seine Intention zu charakterisieren und zu kritisieren glaubt, ist nicht über ihn hinaus, sondern bleibt dahinter zurück. Zurückgefallen soll Adorno sein, nämlich groteskerweise in Hegelschen Begriffsrealismus, zurückgeblieben Horkheimer, bloß weil beide modernem Praktizismus absagten und genau an der Stelle der Selbstzerstörung der Kultur vor einer Praxis warnten, an der diese die produktive Negation nicht mehr gewährleistet, sondern rein destruktiv wird. Mag der Praktizismus zeitgemäß sein: an der Zeit bleibt eine Theorie, die ihm wie ihr die Richtung zu weisen vermag. Horkheimer und Adorno haben nicht resigniert, sondern das Verzweifelte ausgesprochen, mit dem gerade die so erreichbar gewordene

Hoffnung heute verschränkt ist. Dafür gebührt ihnen die Achtung, nicht aber der Laufpaß einer vorschnellen und doch so altläufigen Moderne.

Nr. 383

Max Horkheimer

Brief an Johannes Flügge

23. Juni 1970

QUELLE: Max Horkheimer, Gesammelte Schriften Bd. 18: Briefwechsel 1949–1973, hrsg. von Gunzelin Schmid Noerr, © S. Fischer Verlag, Frankfurt/Main 1988, S. 765

---

23. Juni 1970

Sehr verehrter Herr Flügge,

Nehmen Sie meinen besonderen Dank für Ihren freundlichen Brief vom 10. Juni.[1]

Die Wirkung der Raubdrucke wird bei den in Frage kommenden Studentengruppen wahrscheinlich recht verschieden sein. Ein einigermaßen sachliches Urteil zu fällen, bin ich nicht in der Lage, und das ist einer der Gründe, warum ich selbst nicht eindeutig Stellung genommen habe, sondern es dem S. Fischer-Verlag überließ, etwas zu unternehmen. Es hat mir freilich leid getan, daß keiner der Veranstalter der Raubdrucke sich mit mir in freundlicher Weise in Verbindung gesetzt hat. Um so dankbarer bin ich für Ihre Frage und die Erinnerung daran, daß wenigstens über gewisse Einzelheiten mit mir hätte gesprochen werden sollen.

In aufrichtiger Hochachtung
und mit guten Grüßen
Ihr

PS: Bedenklich erscheinen mir Raubdrucke aus einer Reihe von Gründen, zum Beispiel weil sie die Autonomie des Schreibenden begrenzen, ferner weil er es nicht vermag kleine, als solche gekennzeichnete Zusätze anzubringen, oder durch ein Vor- oder Nachwort den Sinn der Werke und ihre Beziehung zur Gegenwart zu kennzeichnen. Gewiß ist der Umstand, daß ein Buch vergriffen und erst spät wieder aufgelegt wird, ein verständlicher Grund für Raubdrucke. Es gibt jedoch auch widersprechende Argumente.

[1] Anfrage, wie Horkheimer zum Problem der Raubdrucke seiner Schriften stehe.

Nr. 384

Herbert Marcuse

Helft Angela

Solidaritätsaufruf für Angela Davis in der österreichischen Monatszeitschrift »Neues Forum«

November 1970

QUELLE: Neues Forum, 17. Jg., Heft 203, November 1970, S. 1020

Die Geschichte der Angela Davis ist die Geschichte einer dreifachen politischen Repression: gegen eine Frau, gegen eine militante Negerin, gegen eine linke Rebellin. Sie wurde von der Leitung der Universität von Kalifornien aus politischen Motiven entlassen, ohne jegliche Berücksichtigung ihrer hervorragenden Erfolge als Studentin und Professorin an der Universität. Erfolge, die von niemandem, nicht einmal von ihren Feinden, bestritten werden. Ihre Beteiligung (wenn überhaupt eine vorliegt) an der Schießerei und der Entführung von San Rafael ist nicht bewiesen worden. Dennoch wurde sie auf die Liste der zehn dringendst gesuchten Personen des FBI gesetzt. Sie wurde des Mordes und der Entführung beschuldigt, im Namen eines kalifornischen Gesetzes, dessen Verfassungsmäßigkeit zweifelhaft ist. Ihr droht die Todesstrafe.

Alle Massenmedien haben der Affäre Davis denkbar große Publizität gegeben. Der Präsident der USA zeigte sich vor den Kameras des amerikanischen Fernsehens, um persönlich dem Chef des FBI, Edgar Hoover, für die Gefangennahme dieser »gefährlichen Person« zu gratulieren. Was von seiner Seite ein eindeutiges Mittel darstellte, ihre Schuld außer Streit zu stellen. Die Affäre Davis hat dazu geführt, daß Haß und Feindseligkeit gegenüber der Protestbewegung in den USA in bisher noch nicht erreichtem Maß angewachsen sind. Kann Angela Davis unter diesen Umständen mit einem gerechten Prozeß rechnen?

Sie hat ihr Leben für den Kampf gegen Unterdrückung und Ungerechtigkeit eingesetzt, für den Kampf zugunsten der schwarzen Bevölkerung und der Unterdrückten in aller Welt. Heute sitzt sie in einem der schrecklichsten Gefängnisse des Landes. Ihr Prozeß kann Jahre dauern. Gleichgültig, ob Angela unschuldig oder schuldig ist, ihr Prozeß wird der Prozeß einer Gesellschaft der Gewalt und der Ungerechtigkeit sein, einer Gesellschaft, die verantwortlich ist für die Situation, in der sich Angela heute befindet, einer

Gesellschaft, die sich anschickt, eine ihrer heftigsten Anklägerinnen zu zerstören.

Angela Davis kämpft um ihr Leben. Nur ein mächtiger Protest, ein Protest, der sich überall, in allen Ländern erhebt, ein Protest, der überall gegenwärtig ist und nicht erstickt werden kann, kann ihr Leben retten.

Wer Angela seine Solidarität ausdrücken will, schreibt an die folgende Adresse: Angela Davis, Women's House of Detention – 6th Avenue New York (N. Y. 100 14), U.S.A.

Nr. 385

Rudi Dutschke
Brief an Herbert Marcuse

4. November 1970

QUELLE: Archivalische Sammlung Rudi Dutschke im Hamburger Institut für Sozialforschung, Korrespondenz mit Herbert Marcuse

---

Cambridge, d. 4.11.

Lieber Herbert,

da ich mir nicht sicher bin, daß mein letzter Brief Sie überhaupt erreicht hat, schreibe ich schnell einige Zeilen. Aber auch aus besonderen Gründen. Erich Fried rief mich vor zwei Tagen an und berichtete von Informationen durch einen Journalisten, daß Sie zusätzliche Schwierigkeiten nun mit der Aufrechterhaltung des Lehrvertrages hätten.

Wie sieht es wirklich aus? Ist nicht durch Druck von der »Basis« her die Fortsetzung des Lehrvertrages zu »erzwingen«? Ist nicht das Klima, meine nicht das politische, für Sie eigentlich das allerbeste? Oder wäre eine Lehrtätigkeit in der BRD möglich, ich meine für Sie. Wie sieht Inge die ganze Situation? Sollen Erich, ich und andere herumhorchen und Briefe schreiben? Sie wissen von der neuen Bremer Universität, das soziale »Zentrum« Bremen ist interessant, voller Spannungen und Möglichkeiten. Oh, wie wichtig wären Sie, lieber Herbert, gerade in einer Periode relativ vorhandener technokratischer »Freiheit« zu lehren, besonders auch weil die Sektiererei halt einen äußerst gefährlichen Punkt erreicht hat. Lassen Sie bitte von sich hören, wir wären sehr froh. Habe endlich mal in der letzten Woche Zeit und Muße gefunden, Ihr Buch [Versuch] über die »Befreiung...« voll durchzuarbeiten, möchte mit Ihnen eine lange Diskussion darüber haben. Schreibe jetzt immer, wenn ich Zeit finde, Exzerpte und Fragen, um die vielen methodologischen und sprachlichen Veränderungen zu erlernen und zu bearbeiten. Auf jeden Fall war ich glücklich, nach langer langer Zeit wieder einmal ein entscheidend wichtiges Buch voller Lust in die Hand genommen zu haben. Die Schweine hier in England bereiten uns weiterhin Schwierigkeiten, mit größter Wahrscheinlichkeit werden wir in wenigen Wochen England verlassen müssen. Der Rebell, und mag er noch so angeschossen sein, war, ist und bleibt für das herrschende System ein grundlegender Feind. Wird er nun sogar wieder fähig, seinen Kopf an einer Universität zu gebrauchen, was soll ich gerade Ihnen schon sagen... Wohin wir dann gehen? Weiß der Teufel, vielleicht Dänemark. Dort wurde mir eine Tutorenstelle an der Uni angeboten, meine Arbeit kann ich dort auf deutsch schreiben, sprechen gleichermaßen. Wir werden sehen, wir wünschen Ihnen und Inge alles Gute!

Mit solidarischen Grüßen
Ihr Rudi

P.S.: Liebe [und] solidarische Wesens-Bänder halten uns relativ strong, ansonsten rauben die pigs uns täglich Kraft [und] Zeit!

1971

diskus

29.9.: Titelblatt mit einer Szene aus der Straßenschlacht um das besetzte Westendhaus.

Nr. 386

Rudi Dutschke

Brief an Herbert Marcuse

1971

QUELLE: Stadt- und Universitätsbibliothek Frankfurt/Main, Herbert-Marcuse-Archiv

8420 Knebel

Verehrter Herbert Marcuse!

»Vom Eise befreit sind Strom und Bäche ...«, in diesem Sinne jedenfalls erwies sich hier in der Nähe von Aarhus der Naturzusammenhang noch als »normal« und »korrekt«.

Wir wohnen hier schon beinahe zwei Monate, die Lebens- und Arbeitsbedingungen sind außerordentlich günstig. Die dänischen Mitglieder der Kommune – zumeist sagen sie hier Kollektiv – sind keine frustrierten und denkunfähig werdende[n] Pseudo-Revoluzzer, sind vielmehr politisch äußerst aktive Mitglieder der »Studenten-Front«. Natürlich, aus den verschiedensten Gründen des Verhältnisses von Lohnarbeit und Kapital ist der Stand, die Stufe der Entfaltung der Aufklärung, die mobilisierende und rebellierende Phase der Studenten, Schüler, Lehrlings- und Jungarbeiterschaft noch nicht hoch entwickelt. Die Genossinnen und Genossen hier sind sich dieser Tatsache bewußt, halten mit allen Mitteln ihre erreichte und hart erkämpfte Führungsposition innerhalb der Studentenschaft aufrecht und scheinen mir die fundamentale Relevanz der Dialektik von Aufklärung und direkter Aktion immer deutlicher zu begreifen.

Unsere Position hier in diesem Lande ist noch nicht klar bestimmt, meine Seminararbeit – Kritische Reflexion über den Begriff der Diktatur des Proletariats – bereitet mir allerdings viel Freude und ist auf jeden Fall für mich äußerst produktiv, schließlich kann ich endlich wieder voll mein deutsches Maul öffnen. Die dänischen Seminarteilnehmer sind zumeist ohne wirkliche Kenntnis der marxistischen Theorie, weder im klassischen noch im Sinne der kritischen Theorie. Obwohl es durchaus einige »Spezialisten« gibt, die in den Diskussionen sich »hervorragend schlagen«. Es ist ein »kleines Seminar«, für mich gut geeignet, muß mich erst wieder für »Massenveranstaltungen« praktisch vorbereiten. Die erste Vorbereitung fand in London statt, die unfähige Aktion der herrschenden Klasse gegen mich hat mir in vielfacher Hinsicht geholfen.

Die verschiedenen Formen der Praxis erweisen sich in den Kampfbedingungen, sofern sie richtig angewendet werden, als die produktivsten Instrumente im Entwicklungsprozeß. Soweit »dänische« Informationen. Wie aber geht es Ihnen und Ihrer Frau? Das Kursbuch-Interview mit H[ans] M[agnus] E[nzensberger] wurde von vielen Freunden mit Begeisterung aufgenommen, entscheidende theoretische Fragestellungen tauchten auf und daran gilt es im Sinne der praktischen Theorie weiterzuarbeiten. Horst K[urnitzky] (WB), der Sie vor einigen Monaten in den USA traf, sprach davon, daß Sie an »3 Schritte vorwärts, 2 zurück« arbeiten. Was steckt dahinter? Weisen die amerikanischen Erfahrungen, die großen aber doch notwendigerweise beschränkten und temporären Erfolge der »Studentenschaft« in eine »andere« Richtung?!?

Würde mich mächtig freuen, von Ihnen mal wieder etwas zu hören!! Meine Briefe scheinen Sie nicht zu erreichen, bzw. die in der Tat wichtigere Sache, der Kampf um die Befreiung von Angela D. [nimmt] Sie voll in Anspruch.

Mit solidarischen Grüßen – Ihr Rudi Dutschke

Nr. 387

Oskar Negt

Der Fall Angela Davis

Solidaritätsaufruf

28. Januar 1971

QUELLE: Konkret vom 28. Januar 1971, 17. Jg., Nr. 3, S. 52–54

Ein Prozeß hat begonnen, der seine Schatten lange vorauswarf. Wer Angela Davis kannte, wird seine individuellen Sympathien für sie vergessen müssen, um nicht selber Opfer von etablierten Mechanismen der Verschleierung objektiver gesellschaftlicher Zusammenhänge zu werden, der sich auch positive Personalisierungen kaum entziehen können. Denn schon heute läßt sich sagen, daß dieser Prozeß zu jener Art von epochalen Prozessen gehören wird, in denen kein Wort der auf Personen gemünzten Anklage oder Verteidigung gesprochen werden kann, ohne gesellschaftliche Verhältnisse anzuklagen oder zu verteidigen.

Wenn Lukács auf den Dreyfus-Prozeß verweist, so deckt diese geschichtliche Analogie nur den formalen Umkreis der erwarteten öffentlichen Reaktionen und die rassistische Motivation, ging es damals jedoch wesentlich um klasseninterne, von einer Intrige ausgelöste Auseinandersetzungen, so bildet das inhaltliche Thema dieses Prozesses, wie immer die Schuldfrage entschieden werden mag, die Reaktionsweisen einer ausgebeuteten und in Unterdrückung gehaltenen Minderheit, die ihre elementaren Existenzrechte verteidigt.

Der Fall Angela Davis ist zweifellos ein Fall von politischer Justiz; aber er entzieht sich dem traditionellen Schema, nach dem Fälle ähnlicher Art bisher klassifiziert wurden. Nach vorherrschender Auffassung liegt ein Akt politischer Justiz dann vor, wenn einem Gerichtsurteil der Mißbrauch juristischer Verfahrensmöglichkeiten zu politischen Zwecken zugrunde liegt. Angela Davis dagegen ist verurteilt, bevor sie überhaupt angeklagt und in ein ordentliches Verfahren einbezogen wurde. Um begreifen zu können, was sie zu einer der gefährlichsten und am aufwendigsten gesuchten Personen der Vereinigten Staaten gemacht hat, reichen eine journalistisch dekorierte Wiederholung und mehr oder minder willkürliche Kombination der bekannten dürftigen Tatbestände nicht aus, deren juristische Zurechnung zur Person Angela Davis zudem äußerst zweifelhaft ist. Käme es auf nachweisbare Tatbestände an, so bestünde nicht der geringste Grund, sie auch nur einen Tag festzuhalten. Denn in einer Gesellschaft, in der Waffen zur Grundausstattung jedes Familienhaushaltes gehören, ist Waffenkauf ein alltägliches Geschäft, Waffendiebstahl daher kein ungewöhnliches Delikt.

Alle Zeichen der Großfahndung nach Angela Davis weisen darauf hin, daß es primär auch gar nicht um die Sicherung von Beweismitteln für ihre Beteiligung an der blutig gescheiterten Aktion der Gefangenenbefreiung ging, sondern um den günstigen Vorwand, sich ihrer endlich zu bemächtigen. Es war die Person, die an Einfluß gewinnende Repräsentantin einer politischen Bewegung, die dabei allein interessierte. Wenn irgendwo, dann bewahrheitet sich in diesem Fall die bittere Sentenz eines romantischen Dichters: »Den Täter haben wir, die Tat werden wir auch noch finden.« (E. T. A. Hoffmann)

Dieses auf Abruf stehende Herrschaftssystem weiß, was es tut, und konzentriert die verfügbaren Repressionsmittel auf das Wesentliche. Dieselbe Personalisierung, welche die objektive Erkenntnis der Lebensbedingungen der diskriminierten Minderheiten verhindert, erfüllt auf der gegenwärtigen Stufe der staatlich sanktionierten Gewalt gegen den Emanzipationskampf der Schwarzen eine praktisch höchst wichtige Funktion. Da sich die Schwarzen allmählich aus der zur »zweiten Natur« gewordenen Objektrolle zu lösen beginnen und zur Zeit in der Anfangsperiode der Bildung einer eigenen geschichtlichen Identität stehen, sind es hervorragende Einzelpersonen, an denen sich der Widerstand und das Selbstbewußtsein der Massen kristallisieren. Auf sie richten sich deshalb in erster Linie die terroristischen Methoden einer präventiven Gegenrevolution, die in Vietnam in großem Maßstab erprobt werden und in der Strategie der »automatisierten Schlachtfelder« auf ihre barbarische Konsequenz gebracht sind. Auf der Grundlage einer unausgesprochenen Übereinstimmung der Interessen und in kaum noch verhüllter Kooperation zwischen den Apparaten der Exekutive (Polizei, Geheimdienste usw.) und den Organen der Rechtsprechung ist eine massierte Aktionseinheit entstanden, deren Ziel offenkundig die Zerschlagung der kulturellen und organisatorischen Ansätze der Identitätsbildung einer Bewegung ist, die sich eines Tages ihrer anfänglich notwendigen rassischen Begrenzungen gänzlich entledigen und in eine wirkliche Klassenbewegung transformieren könnte. Zum ersten Mal in der amerikanischen Geschichte droht eine Bewegung nicht nur in einer eigenen literarischen und politischen Sprache das kapitalistische Herrschaftssystem als Ganzes in Frage zu stellen, sondern auch zunehmend materielle Gewalt für ihre Theorien und Programme zu mobilisieren. Was die Unerträglichkeit, die eigentlich geschichtliche Provokation für den Durchschnittsamerikaner ausmacht, ist das Heranwachsen einer antikapitalistischen Alternative im Innern der amerikanischen Gesellschaft, einer Alternative, die von den herrschenden Klassen der Vereinigten Staaten nicht einmal auf dem Boden anderer Länder toleriert wird. Ohne Berücksichtigung dieses Bezugsrahmens verliert jede Argumentation zum Fall Angela Davis ihren politischen Inhalt.

Der Vorwurf der Einseitigkeit trifft nicht denjenigen, der die institutionellen Gewaltverhältnisse in den Vordergrund der Analyse rückt, sondern diejenigen, welche die vielfältigen Formen der Existenzvernichtung der profiliertesten Exponenten dieser antikapitalistischen Alternative verschweigen und als kriminelles Verhalten das verurteilen, was sie teilweise bewußt produziert haben. Was nicht durch die Bedrohung mit lebenslänglicher Emigration oder durch staatlich abgesicherten Mord geleistet werden kann, verrichten hilfswillige Polizisten und Geheimagenten im Schutze der bestehenden Rechtsordnung. Provozierendes Verhalten, Überraschungsüberfälle auf die Büros und Versammlungsorte der Black Panthers führen in dem Maße, wie das Selbstbewußtsein der Schwarzen erwacht, zu immer schwereren Konflikten mit der Staatsgewalt, die dadurch ohne großen Aufwand viele einzelne in den den Ghetto-Bewohnern vertrauten Kreislauf von Verurteilung, Gefängnis, Bewährung, Gefängnis usw. hineinzuzwingen vermag.

Ist es zufällig, daß auch Angela Davis in der Öffentlichkeit mit Waffen ausgestattet und vorbeugend als gemeingefährliche Verbrecherin dargestellt wurde? Es waren nicht nur ihre persönlichen Freunde, die befürchteten, daß es bei ihrer Festnahme zu einer Exekution an Ort und Stelle kommen könnte.

Aber diese Strategie der Planung von kriminellem Verhalten durch auferzwungenen Widerstand gegen die Staatsgewalt, eine Strategie, die den günstigsten Boden in Gefängnissen, den konzentrierten Produktionsstätten von Rassismus und Kriminalität findet, ist Ausdruck einer Tendenz zur Kriminalisierung der Rechtsordnung selber. Nach den europäischen Erfahrungen ist diese Form der Kriminalisierung, die mit individueller Bestechung ebenso wenig zu tun hat wie die Klassenjustiz mit den politischen Motiven der Richter, zwar nicht die Ursache, wohl aber das verläßlichste Kennzeichen eines präfaschistischen Zustandes. Deren Hauptmerkmale bestehen in der Verschiebung der Verurteilung in vorprozessuale Bereiche und in der inneren Auflösung des selbst für die traditionelle Klassenjustiz geltenden Verpflichtungscharakters der Normen und Verfahrensregeln, für die, die Träger und Interpreten dieser Rechtsordnung sind.

Eine der wichtigsten Konsequenzen der alltäglichen Erfahrung dieser Strukturveränderung der Rechtsordnung war das Brechen der politisch bewußten Gruppen der Schwarzen mit der Tradition der Bürgerrechtsbewegung, mit dem demonstrativen Appell an Gesetzgebung und Gerichte; sie haben verstanden, daß eine soziale, ja selbst eine politisch-rechtliche Emanzipation der Mauer einer schwarzen Bevölkerung ohne gleichzeitige Emanzipation der Gesamtgesellschaft unmöglich ist; daß, um die von Marx in der Judenfrage gebrauchte Terminologie auf den Befreiungskampf der Schwarzen zu übertragen, »die gesellschaftliche Emanzipation des Juden ... die Emanzipation der Gesellschaft vom Judentum« bedeutet.

In dem Maße, wie Gerichte, Polizei und Gefängnisse zu den Hauptträgern der Kanalisierung und Lösung grundlegender sozialer Konflikte werden, verkehren sich sämtliche bürgerlichen Rechtsbegriffe. Die Selbsteinschränkung der Ermittlungstätigkeit auf vorher festgelegte Personen und die Behinderung der Anwälte im Falle der Soledad Brothers gehören zu demselben Zusammenhang, aus dem eine Vorausverurteilung von Angela Davis durch die Investitionshöhe der Fahndung und durch die Erklärung ihres Falles zum Fall von öffentlichem Interesse verständlich wird. Und es ist derselbe Zusammenhang einer im Prozeß der Kriminalisierung begriffenen Rechtsordnung, der bewirkt, daß Flucht vor dem Zugriff der Gerichte kein Indiz mehr für ein unausgesprochenes Schuldbekenntnis ist. Wie zahlreiche Prozesse gegen Schwarze zeigen, kommt der Angeklagte verurteilt in den Gerichtssaal; war nach den Rechtsgrundsätzen des klassischen Bürgertums das Gericht verpflichtet, *Beweise seiner Schuld* zu liefern, so steht er hier von vornherein unter dem Zwang, seine *Unschuld zu beweisen*. Gerichte, die, wie im Prozeß gegen Bobby Seale, vier Jahre Ordnungsstrafe wegen Mißachtung des Gerichts gegen einen Angeklagten verhängen, der beharrlich auf seinem verfassungsmäßigen Recht besteht, sich selbst zu verteidigen, nehmen unter veränderten Bedingungen totalitäre Praktiken der Rechtsprechung voraus.

Nicht alles am Fall Angela Davis ist bloßes Symptom allgemeiner Verhältnisse; aber auch die individuelle Komponente dieses Falles verliert die Züge des Unverständlichen und Irrationalen, die sich in unendlichen Versionen in den Köpfen bürgerlicher Journalisten festgesetzt haben, erst dann, wenn sie auf dem Hintergrund der Vernunftlosigkeit und der Gewalt des bestehenden Herrschaftssystems gesehen wird. In zahlreichen Gesprächen mit amerikanischen und deutschen Journalisten über den Studienaufenthalt von Angela Davis in Deutschland wurde stereotyp die Frage gestellt, ob sich schon hier in ihrem Denken Anzeichen einer Wendung zum Terrorismus gezeigt hätten. Sie waren besessen von der Idee, daß sich eine Intellektuelle, die alle Chancen des Aufstiegs in die diskriminierte, aber wenigstens vom materiellen Elend befreite Schicht der schwarzen Kleinbourgeoisie gehabt hätte, nur durch einen klar erkennbaren Bruch ihrer Persönlichkeitsgeschichte den Black Panthers und der Kommunistischen Partei hat anschließen können. Während es für Angela Davis gerade die Aufopferung ihrer Persönlichkeit gewesen wäre, sich der

Wirklichkeit des Emanzipationskampfes der Schwarzen im Interesse ihrer individuellen Karriere zu entziehen, wird ihr die ausgetrocknete Rationalität des Kapitalinteresses als Maßstab eines realitätsgerechten und vernünftigen Lebens vorgehalten. Alles andere bezeichnet den Weg des individuellen Versagens, ja das Abgleiten in die Asozialität. »Der Haß wurde die starke Droge, die sie anfeuerte, aber auch ihren Blick für die Wirklichkeit trübte. Im Sommer vorigen Jahres begann sie, in Kalifornien Vorlesungen zu halten. Doch nun kehrte sie die Waffen ihres intellektuellen Trainings auch entschieden gegen jene, die ihr dazu verholfen hatten, sie zu schmieden, und zu schärfen – gegen das weiße, bürgerliche Amerika.« (Joachim Schwelien, in: *Die Zeit*, 23. Okt. 70)

Die Beziehung von Angela Davis zur Welt des weißen Amerika wird auf den borniertenen Horizont eines Angestelltenverhältnisses reduziert. Es ist eine Kette von Fehlverhalten, bis hin zu dem Punkt, wo sie die »amerikanische Todsünde« beging, sich öffentlich als Kommunistin zu bezeichnen und damit selber die Voraussetzung dafür zu schaffen, daß sie gefeuert wurde. Die Dummheit, die ihr in diesen Zusammenhängen vorgeworfen wird, wird eigentlich nur noch von der des deutschen liberalen Journalisten übertroffen – mit dem wichtigen Unterschied allerdings, daß er für diese törichten Erklärungen nicht gefeuert, sondern entlohnt wird.

Aber auch für viele amerikanische Zeitungen und Zeitschriften geht es gar nicht mehr um die Schuldfrage, sondern um die Aufklärung der Motive für ihr Verhalten; diese können nicht dunkel und tief genug sein. So spricht *Time* vom explosiven Zusammenstoß zweier Kulturen in ihrer Seele, der europäischen und der amerikanischen. Und *Newsweek* variiert, unter Hinweis auf Richard Wright und James Baldwin, die These von der Verführung und Überfremdung der linksradikalen Intellektuellen durch eine dem Geist Amerikas widersprechende europäische Bildung. Mit dem Gestus intellektueller Redlichkeit heißt es: »... es ist fair zu sagen, daß sie, als sie 1967 aus Deutschland zurückkehrte, weniger eine Amerikanerin zu sein schien als ein Produkt der europäischen intellektuellen Kultur.« Um diese Kulturkreismystik auf ihren rationellen Kern zurückzubringen, bedarf es der Feststellung, was Angela Davis in Frankfurt und bei Marcuse gelernt haben könnte: es ist offenbar das Bewußtsein, daß dialektisches Denken wesentlich in der Sensibilisierung gesellschaftlicher Erfahrungen besteht. Allenfalls diese Form des dialektischen Denkens kann der europäischen Bildung zugesprochen werden; aber das Material dieser geschärften Wahrnehmung und Erfahrung muß nicht importiert werden, es ist kein Fremdkörper, es ist die amerikanische Gesellschaft in ihrer Totalität, für deren Geschichte nichts so konstitutiv ist wie der Profit und die Gewalt.

Es ist absehbar, was Angela Davis zu erwarten hat. Kein Gericht wird es wagen, sie freizusprechen und damit den amerikanischen Präsidenten wie die FBI-Spitze der Lächerlichkeit preiszugeben, selbst wenn alle Indizien für die Angeklagte sprechen. Gerade in Deutschland gibt es Grund genug, gegen den Rassismus in allen offenen und verschleierten Formen, in Vietnam ebenso wie in den amerikanischen Gefängnissen, zu protestieren. Und gerade diejenigen, die ihren Frieden mit den Juden geschlossen haben, sollten bedenken, daß ihre Glaubwürdigkeit von der Unteilbarkeit des Kampfes gegen die gesellschaftlichen Ursachen der Rassenvorurteile abhängt.

Nr. 388

Winfried Heidemann

Die Verfolgung und Ermordung der Theorie durch die Praxis, dargestellt von Jürgen Habermas

Polemik

8. Februar 1971

QUELLE: Diskus – Frankfurter Studentenzeitung vom 8. Februar 1971, 21. Jg., Nr. 1, S. 22 f.

Wenn ein Ordinarius seinen Lehrstuhl aufgibt, um an ein Forschungsinstitut der Max-Planck-Gesellschaft zu gehen, so ist das nicht weiter der Erwähnung wert. Handelt es sich aber bei diesem Ordinarius um jemanden, der einstmals unter anderem durch seinen Einfluß auf die Studentenbewegung und durch seine Beiträge zum Problem der Hochschulreform bekannt geworden ist, so scheint es doch nötig, darauf einzugehen: Jürgen Habermas hat – nach allen vorliegenden Informationen – die feste Absicht, einer zu erwartenden Berufung an das Max-Planck-Institut zur Erforschung der Lebensbedingungen der wissenschaftlich-technischen Umwelt in Starnberg (Leitung: Carl Friedrich v. Weizsäcker) zu folgen. Die wissenschaftspolitischen Implikationen einer solchen Entscheidung sollen im folgenden kurz diskutiert werden.

Zunächst bedeutet ein solcher Schritt ein zumindest partielles Bekenntnis zur Trennung von Forschung und Lehre. Die Einheit dieser beiden hat Habermas in seinen hochschulpolitischen Schriften stets zumindest als erstrebenswert, wenn nicht als selbstverständlich angenommen. (Vgl. seinen Sammelband Protestbewegung und Hochschulreform, Frankfurt/Main 1969). Die Begründung für die Einheit von Forschung und Lehre liefert Habermas selbst auf zwei Ebenen:

1. Einheit von Forschung und Lehre als universitäres Prinzip der Wissensvermittlung. »Diese Einheit gründet sich auf die Einsicht, daß Wissen sinnvoll stets nur in seiner Bewegung ergriffen und daher nicht in einer zu Zwecken der Lernbarkeit abgerichteten Gestalt schulmeisterlich wie eine Ware ausgeliefert werden kann. So soll sich die Lehre des Professors vom gewöhnlichen Unterricht dadurch unterscheiden, daß sie die mitgeteilten Inhalte auf die methodischen Grundlagen ihrer Ermittlung hin transparent macht. Die Wiederholung dessen, was andere erforscht haben, soll zurückstehen hinter der Entfaltung des Problemhorizonts und der Anleitung zur methodischen Arbeit.« (Das chronische Leiden an der Hochschulreform, in: Protestbewegung und Hochschulreform, S. 68 f.) Folgerichtig wendet Habermas sich gegen die Intention von Vorschlägen des Wissenschaftsrates, die darauf hinauslaufen, die Teilnahme an Forschungsprozessen auf Studenten des Aufbaustudiums zu beschränken. (Vgl. Zwangsjacke für die Studienreform, a.a.O., S. 101)

2. Einheit von Forschung und Lehre als Prinzip der Vermittlung wissenschaftlicher Ergebnisse in die Öffentlichkeit. Habermas kritisiert die Folgen der Auslagerung von Forschung aus der Universität in Großforschungsinstitute, die von ihrer Organisation her eine Kommunikation mit der Öffentlichkeit nicht zulassen: »Mit den Formen individueller Gelehrsamkeit und einer unproblematischen Einheit von Forschung und Lehre schwindet auch der zwanglose und einst selbstverständliche Kontakt des einzelnen Forschers mit einem größeren Publikum, sei es von Lernenden oder von gebildeten Laien. Das sachliche Interesse des großbetrieblich integrierten Forschers, das auf die Lösung eng umschriebener Probleme gerichtet ist, braucht nicht mehr von vornherein mit der pädagogischen oder publizistischen Rücksicht auf die Mitteilung an ein Publikum von Hörern gekoppelt zu sein. Denn der Adressat vor den Toren der organisierten Forschung, für den die wissenschaftlichen Informationen bestimmt sind, ist nun, jedenfalls unmittelbar, nicht mehr ein lernendes Publikum, sondern in der Regel ein Auftraggeber, der am Ausstoß des Forschungsprozesses um einer technischen Verwendung willen interessiert ist. Früher gehörte die Aufgabe der literarischen Darstellung noch zur wissenschaftlichen Reflexion selbst; im System der Großforschung tritt an deren Stelle das auftragsbezogene Memorandum und der auf technische Empfehlungen ausgerichtete Forschungsbericht.« (Verwissenschaftlichte Politik und öffentliche Meinung, in: Technik und Wissenschaft als Ideologie, Frankfurt/Main 1968, S. 139 f.).

Habermas' Zielvorstellung ist es, wissenschaftliche Erkenntnisse »in den Sprachbesitz kommunizierender Menschen« einzuholen. »Als mündig könnte sich eine verwissenschaftlichte Gesellschaft nur in dem Maße konstituieren, in dem Wissenschaft und Technik durch die Köpfe der Menschen hindurch mit der Lebenspraxis vermittelt würden.« (S. 144) Er sieht aber sehr deutlich, daß wir es mit einem Herrschaftssystem zu tun haben, für das die Eliminierung praktischer Fragen aus der öffentlichen Diskussion und eine entpolitisierte Bevölkerung Bedingung sind. Auch die Gefahren, die sich aus der Verbindung von ausgelagerten Forschungsinstituten mit der Bürokratie ergeben, spricht er an: »Auf der einen Seite dürfen wir mit gesicherten Institutionen für eine öffentliche Diskussion im großen Publikum nicht mehr rechnen; auf der anderen Seite können sich ein arbeitsteiliges System der Großforschung und ein bürokratisierter Herrschaftsapparat nur zu gut unter Ausschluß der politischen Öffentlichkeit aufeinander einspielen.« (S. 144) Demnach wäre die Universität immer noch der günstigste Ort für eine Kommunikation zwischen Wissenschaft und Öffentlichkeit.

Hält Habermas seine eigenen Forschungen mittlerweile für nicht mehr studienrelevant, oder steht er nicht mehr zum Prinzip des »Forschenden Lernens«? Hält er die genannten Gefahren der Auslagerung von Forschungsinstitutionen aus der Universität im Falle des Max-Planck-Instituts nicht für gegeben, oder ist er der Meinung, das Prinzip der Vermittlung wissenschaftlicher Ergebnisse in die Öffentlichkeit sei nicht mehr zeitgemäß?

Es ist bekannt, daß in den Verwaltungsorganen der Max-Planck-Gesellschaft die Vertreter »der Wirtschaft«, d.h. der Großindustrie, einen nicht zu unterschätzenden Einfluß haben. So überraschte es nicht, daß Pressemeldungen zufolge Vertreter der chemischen Industrie eine Einschränkung des Forschungsprogramms des Instituts für Umweltforschung – eben jenes, an das Habermas berufen werden möchte – in bestimmten Punkten, die ihren Interessen zuwiderliefen, erzwungen hätten. Das wurde zwar zunächst dementiert, aber der Spiegel wußte es besser: Er brachte eine Gegenüberstellung von zwei Fassungen der Weizsäckerschen Programmplanung, in deren revidierter Form der Einfluß der Kapitalvertreter deutlich zu erkennen war. Habermas selbst bestritt in einem Leserbrief, daß diese Einschränkungen sich auf seine beabsichtigten Forschungsvorhaben erstreckten. Selbst wenn das richtig ist, müßte er sich fragen, ob jene Interessenvertreter nicht auch auf seine Forschung Einfluß nehmen werden. Oder sind seine Untersuchungen mittlerweile so irrelevant für den Bestand des Herrschaftssystems geworden, daß er derartiges nicht zu befürchten braucht? Sieht er nicht die Alibifunktion, die er an jenem Institut zu erfüllen hat?

Die Freiheit der Forschung, die auch Habermas in seinen Vorschlägen zur Hochschulreform forderte, scheint jedenfalls am Max-Planck-Institut nicht gesichert zu sein. Eine der Absichten der von ihm mit initiierten Hochschulgesetze ist es, der Universität die Freiheit von Forschung und Lehre wieder zu ermöglichen. Gewiß, manche von Habermas' Vorstellungen (ganz abgesehen von denen der Studenten) sind nicht verwirklicht worden. Einige Grundintentionen jedoch wurden realisiert, die als Basis für eine weitere Demokratisierung genutzt werden können. Wenn Habermas in einer solchen Situation die Universität verläßt, so hat das natürlich eine entsprechende Signalwirkung in der Öffentlichkeit. Hält Habermas die Hessischen Hochschulgesetze selbst nicht mehr für eine Basis, auf der er wissenschaftlich und hochschulpolitisch arbeiten kann?

Gerüchte wollen wissen, Habermas befürchte eine mangelhafte finanzielle Unterstützung für seine Forschungsvorhaben in seinem neuen Fachbereich an der Frankfurter Universität. Nun ist es allerdings ein progressives Merkmal der Hochschulgesetze, daß die finanziellen und personellen Mittel nicht mehr zwischen einzelnem Ordinarius und Kultusministerium ausgehandelt werden, sondern daß die Globalzuweisungen des Landes an die Universität in deren Willensbildungsgremien nach Schwerpunkten verurteilt werden. Daß wegen der Unterrepräsentierung der Studenten in den entsprechenden Gremien diese Entscheidung vorerst weniger nach Prioritäten als vielmehr nach dem Prinzip gegenseitiger Rücksichtnahme der Professoren gefällt werden, steht auf einem anderen Blatt. Wichtig ist hier, daß – falls die Gerüchte stimmen – Habermas sich den Auswirkungen seiner eigenen hochschulpolitischen Intentionen entzieht.

Wegen der genannten schwerwiegenden Implikationen und wegen seines eigenen artikulierten Anspruchs auf öffentliche Diskussion politischer Entscheidung ist nötig, daß Habermas das bisher geübte Schweigen bricht, sich zu seinen Intentionen äußert und zu der hier aufgezeigten Problematik Stellung nimmt. Denn es handelt sich nicht nur um eine private Entscheidung eines einzelnen Forschers, sondern darüber hinaus um eine solche mit wissenschaftspolitischer Relevanz, die den Anspruch auf öffentliche Diskussion rechtfertigt.

Nr. 389

Max Horkheimer
Neues Denken über Revolution
Gespräch mit Gerhard Rein (Auszug)
3. März 1971

QUELLE: Max Horkheimer, Gesammelte Schriften Bd. 7: Vorträge und Aufzeichnungen 1949–1973, hrsg. von Gunzelin Schmid Noerr, © S. Fischer Verlag Frankfurt/Main 1985, S. 289 f.

REIN: Theodor Adorno und Ihnen ist Kritik begegnet in der Form, daß man gefragt hat, was denn die Kritische Theorie für die Praxis der Veränderung der Gesellschaft bedeute?

HORKHEIMER: Darauf antworte ich, daß durch die Fortbildung der Kritischen Theorie eine Reihe von Menschen bestimmt wurde, die heute theoretisch und praktisch wirksam sind; Theorie als Element akademischer Bildung und der Erziehung überhaupt ist von Praxis nicht entschiedener getrennt als andere Bereiche von Denken und Forschung. Ein wesentliches Motiv der Arbeit des Instituts für Sozialforschung vor dem Nationalsozialismus, wie seiner Wiedergründung in Amerika und später in Deutschland, war der Entschluß, an der Gesellschaft Kritik zu üben, die Seiten zu bezeichnen, die der Veränderung bedurften, ohne doch die sogenannte richtige Gesellschaft, den Endzustand, utopisch zu beschreiben. Kritische Versuche aufgrund von Forschung und in Auseinandersetzung mit politisch engagierten Studenten und anderen scheinen mir jedenfalls konkreter zu sein als etwa der Aufruf zum Umsturz des Bestehenden schlechthin. Ich meine die Geschichte des Instituts, der »Frankfurter Schule«, spricht gegen den reinen Dualismus von Theorie und Praxis.

Ob Praxis reformistisch oder revolutionär sein soll, läßt sich nicht allgemein bestimmen. In den dreißiger Jahren publizierte ich den Essay *Egoismus und Freiheitsbewegung*. In ihm versuchte ich zu zeigen, daß Revolutionäre, die vor dem Aufstand Unterdrückung und krasse Herrschaft bekämpft hatten, nicht selten im Lauf der Revolution zu Unterdrückern wurden. Sofern ein Denkender die Möglichkeit des Terrorismus in seine Reflexion mit einbezieht, vermag er nicht grundsätzlich für Revolution einzustehen. Hat doch selbst Rosa Luxemburg nach dem Sieg des Bolschewismus die sogenannte Diktatur mit Recht denunziert. In jenem eben erwähnten Aufsatz erinnerte ich unter anderem daran, daß Savonarola, wenngleich er das Bessere wollte, bereits eine Art Kinderpolizei zur Überwachung der Familien besaß.

Was die Kritische Theorie und ihren Pessimismus betrifft, so galt für sie seit je der Grundsatz: das Schlimme erwarten und aussprechen, damit jedoch versuchen, zur Verwirklichung des Besseren beizutragen. Dafür, daß in diesem Sinne Theorie und Praxis sich nicht trennen lassen, liefert die Geschichte unendlich viele Beispiele. Nicht umsonst haben die Gewaltherren seit je das freie Sprechen verfolgt, sie wußten, daß es praktische Konsequenzen hat.

Nr. 390

Reimut Reiche

Was heißt: Proletarischer Lebenszusammenhang?

Hektographiertes Papier der Betriebsprojektgruppe »Revolutionärer Kampf«

April 1971

QUELLE: Archivalische Sammlung Wolfgang Kraushaar am Hamburger Institut für Sozialforschung, Akte Betriebsprojektgruppe »Revolutionärer Kampf«

Wenn die Arbeiter ihre Köpfe zusammenrotten, eine Transferstraße blockieren, zwanzig Kadetts zerklopfen und hundert Commodores mit nach Hause nehmen, dann nennen wir das, was in diesem Kampf freigesetzt wird: Klassenbewußtsein; die entsprechenden Erscheinungsformen: Solidarität, Spontaneität, Kampfbewußtsein.

Wenn eine neue Transferstraße gebaut wird und dabei im Resultat die Arbeit »leichter und schwerer« wird – und die Arbeiter dies auch sagen, aber sich nicht zusammenrotten, dann reden wir von Spaltung, von Apathie, von der Wirksamkeit der Substitute aus der Zirkulation, von Identifikation mit dem Arbeitsprozeß, vom Bewußtsein der Frau als Mitverdiener, von Krisenangst und vom Faschismustrauma.

Hier wie dort Begriffe oder Benennungen, die eine »psychische Dimension« haben. Hier wie dort begreifen wir noch nicht die bewußtseinsmäßige (und das heißt: psychische) Verankerung dieses »leichter und schwerer« in den »Köpfen«; begreifen nur scheinbar, *warum* sie sich zusammenrotten und merken, daß wir es nicht begriffen haben, wenn sie sich eben *nicht* zusammenrotten. Das gemeinsame Unbekannte in all diesen Begriffen und Benennungen, das hier mit »psychische Dimension« umschrieben wird, muß aufgelöst werden in: psychische = lebensgeschichtliche Verankerung in den *Klassen*individuen.

In unserer programmatischen Bestimmung der »Untersuchung« und der »Lohnkämpfe« haben wir die politische Richtung im politischen Aufbrechen auch der psychischen Verankerungen (»Blockierung von Klassenbewußtsein«) herausgearbeitet und auch die richtige Beziehung von Kampf- und Klassenbewußtsein dargestellt. Wir sagen zum Beispiel: »Die Kategorie der Bedürfnisse hat jedoch noch eine andere Dimension. In den Lohnkämpfen geht es nicht nur um deren Befriedigung, sondern die Bedürfnisse selbst ändern sich in dem Maße, wie sich die Kämpfe von dem bloßen Aushandeln des Preises des Gebrauchswertes Arbeitskraft (Lohn) befreien ...« (S. 2). Dennoch geben wir auf die aktuelle Frage: »Warum wird aktuell *nicht* gekämpft?« nur auf intelligentere Weise die üblichen Antworten: externalisierter Revisionismus, Faschismustrauma, Befriedigungsstrategien des Kapitals und Spaltung der Klasse, relativer (relativ wozu?) materieller Wohlstand, Krisenangst usw.

Der Wirklichkeit der Klassenauseinandersetzungen, die wir in Betrieb und Gesellschaft vorfinden, bleiben diese Antworten ebenso äußerlich, wie die üblichen »sozialpsychologischen« Antworten die gleiche Sache »innerlich« lassen. Die Krisenangst: ist sie nur im Verwertungsprozeß verankert oder auch im Lebensschicksal der Klasse, die nicht streikt? Wenn ja, wenn die Verankerung doppelseitig ist, warum knacken wir dann nur die eine Seite? Die Spaltung: Einer kann aufgrund seiner *ökonomischen* Macht *politisch* folgenreich spalten; der andere ist aufgrund des *ökonomischen* Zusammenhangs seines Lebens *psychisch* so »beschaffen«, daß er sich spalten läßt. Und die Apathie? Nichts als Vulgärpsychologie! Aber warum – und wie den Begriff auflösen? Und wie erst die Sache, die mit diesem Begriff falsch benannt wird?

Zwischen jeder Erscheinungsform des Kapitalverhältnisses – im unmittelbaren Arbeitsprozeß oder im Verwertungsprozeß, handle es sich um die Erhöhung einer Akkordnorm oder um eine Tarifverhandlung, um eine Pausenverkürzung oder eine neue Lohnabrechnung – und der auf sie folgenden oder nicht folgenden manifesten politischen Reaktion der lebendigen Arbeit – handle es sich um einen spontanen Arbeitskampf oder ein kollektives Murren oder ein scheinbar selbstverständliches Hinnehmen –, zwischen jeder Aktion des Kapitals und jeder Reaktion des Proletariats gibt es ein psychisches Zwischenglied. Dies Zwischenglied wird mit »Grad des Bewußtseins« nur formell benannt und mit Benennungen wie Solidarität, Apathie, Spontaneität, hilflose Wut usw. meist nur literarisch umschrieben.

Die psychische Dimension dieser Begriffe lebt im marxistischen Erklärungsreich bis heute eine untergründige Existenz; darum kommt sie immer nur in vulgärpsychologischen Verzerrungen an die Oberfläche. Der Begriff »psychische Dimension« ist dabei nur eine *formelle* – aber höchstwahrscheinlich begrifflich unerläßliche – Benennung für die in Frage stehende Sache: den *klassenmäßig-lebensgeschichtlichen Zusammenhang*. Die Erschließung dieser psychischen Dimension muß also nach zwei Seiten geschehen: einmal nach dem psychischen Aufbau und psychischen Resultat (im engeren psychoanalytischen Sinn) der in Frage stehenden Verhältnisse, sowohl individuell als kollektiv (klassenmäßig); sodann nach der Seite dessen, *was* und *wie* »verankert«, »blockiert« wird, *womit* man sich identifiziert, *wovor* man Angst hat usw. Diese zweite Seite ist also gerichtet auf den *Zusammenhang* von Lohnarbeit, Lebensgeschichte und Triebschicksal und den individuellen wie klassenmäßigen Resultaten.

Ich will versuchen, diese beiden Seiten an einem Beispiel klarzumachen: Eine Transferstraße wird gebaut, ein Flugblatt verteilt, eine Aktion findet statt ... und nachdem sie zusammengebrochen ist, analysieren wir unter anderem die Qualität der in der Aktion »freigesetzten Solidarität«. Was aber soll Solidarität heißen, wenn der Begriff nicht *auch* auflösbar ist in: »Identifizierung eines Kollektivs unter einem kollektiven Ich-Ideal, das den sich bildenden Selbst- und Objektrepräsentanzen dieses Kollektivs (= in der Aktion) entspringt«? Das wäre die erste Seite. Sie befähigt uns u.a., die »bewußtseinsmäßigen« Differenzen zwischen Solidarität und Kameradschaft herauszuarbeiten. Wir würden dann sagen: Kameradschaft baut auf auf verinnerlichten Über-Ich-Imagines; diese werden kollektiv wirksam (durch die Übereinstimmung von Selbst- und Objektrepräsentanzen im Kollektiv) in der »Kameradschaft« usw. Wie wichtig diese Seite der Analyse ist, leuchtet unmittelbar ein, wenn man sieht, daß man – polarisiert und überspitzt – eine »Identifikation mit dem Meister« eher als »Kameradschaft« (Über-Ich-Bindung), eine »Identifikation im Streik« eher als »Solidarität« (gemeinsam sich bildendes Ich-Ideal) herausarbeiten kann – und die betreffenden Verankerungen in der kollektiven, wie individuellen, Biographie aufsucht. Die zweite, für uns wichtigere Seite fragt nach dem *Inhalt* und der lebensgeschichtlichen wie lohnarbeitsmäßigen Verankerung der »Repräsentanzen«, also nach der Verankerung, Bedeutung und bewußtseinsbildenden, angstlösenden etc. *Funktion* der Streikinhalte, Streikparolen usw. Der Begriff der Selbst- und Objektrepräsentanz bezieht sich dabei dann unter anderem auf die »innere« Wahrnehmung von Arbeit, Lohnform, Arbeitsorganisation, Familie, Kinder, Auto, Kantine. Also schlicht auf das, was Marx *Mystifikation* nennt.

PROLETARISCHER LEBENSZUSAMMENHANG bedeutet demnach nicht eine »Unterabteilung« der Untersuchung und schon gar nicht den »sozialpsychologischen Faktor«[1], den die Klassenbewußtseinsphilologen der gegenwärtigen haute couture so verschämt einführen, wenn sie mit ihrer algebraischen Ableitung des Klassenbewußtseins aus der Kategorie der produktiven Arbeit nicht mehr recht weiterkommen.

PROLETARISCHER LEBENSZUSAMMENHANG ist vielmehr der täglich neu sich konstituierende *Zusammenhang* von *einerseits* den aktuellen Formen der reellen Subsumtion der Arbeit unter das Kapital (Arbeitsprozeß, Arbeitsorganisation, Arbeitsmühe) und *andererseits* des kollektiven wie individuellen Trieb- und Lebensschicksals des Proletariats als einer Konsequenz des Lohnarbeiter»schicksals«. Dies Schicksal wird gebildet durch den Zusammenhang von entfremdeter Arbeit und den vom Kapitalismus diktierten Bedingungen von Familie und Erziehung, den Bedingungen des Geschlechterverhältnisses, den Bedingungen von Liebe und Freizeit, von Konsum und Bedürfnis; – gebildet und täglich erneuert.

Dieser Zusammenhang konstituiert sich täglich neu, *aber* er konstituiert sich täglich neu auf der *Basis* historischer und ökonomischer Zwänge, die teilweise ungleichzeitig geworden sind und ihre aktuelle Wirksamkeit nur mehr als *Ideologien* (z. B. Antikommunismus; puritanische Form der Sexualfeindschaft usw.), als kollektive *Traumata* (Faschismuserfahrung; Zerschlagung der Arbeiterbewegung; physischer Hunger in früheren Krisen) und als kollektive *Pathologien* haben. Dieser historische und ökonomische Zwangszusammenhang findet einerseits seine kollektiv wirksamen Niederschläge in der Einzelpsyche eines jeden *Klassen*individuums, und andererseits sind diese Ideologien, Traumata und Pathologien Resultat des Triebschicksals des Klassen*individuums* unter Bedingungen der Erziehung zur Lohnarbeit.

Wenn es richtig ist, das Proletariat als permanenten Krisenzusammenhang zu begreifen und darzustellen (und revisionistisch, den Krisenbegriff auf die sichtbare Spitze des Eisbergs, auf die Spitzen im volkswirtschaftlichen Krisenzyklus einzuengen), dann ist es auch notwendig, den Lebenszusammenhang des Proletariats als kollektive Dauerkrise, als kollektive Pathologie darzustellen (und falsch, den Begriff der Pathologie auf die Spitze des Eisbergs, auf Kindermord und Alkoholismus, auf Magengeschwür und psychiatrische Einlieferung zu beschränken). Der proletarische Familienzusammenhang, als vom Kapital diktierte ökonomische, ideologische und psychologische Terroreinheit, zeitigt per se kollektive Pathologien, gerade unabhängig von allen individuellen Extra-Pathologien, die dann in den Psychiatrien, Gefängnissen und Jugendheimen katalogisiert werden.

(Ein Beispiel für kollektive/individuelle Pathologie: »Objektive Blockierung der Bedürfnisse«/Lohnkämpfe S. 26 muß auch nach dieser Seite hin aufgelöst und konkretisiert werden. Z. B.: proletarisches Sexualverhalten und proletarische Sexualmoral *auch* als kollektive Pathologie: Sexualwertbildung danach, wieviel Nummern pro Zeiteinheit gefahren werden. Individuelle Extra-Pathologien danach: spezielle Formen der Impotenz, die auf dem entsprechenden kollektiven Triebschicksal aufbauen, das sich im Zwangsbumsen manifestiert.)

Dieser gesamte Zusammenhang wird *politisch* offenbar in den Reaktionen und ausbleibenden Reaktion[en] der lebendigen Arbeit auf die Übergriffe des Kapitals. Wird offenbar; ist aber damit noch nicht erklärt. Diese theoretische Nullstelle zwischen »offenbar werden« und »nicht begreifen« bildet den Ausgangspunkt aller vulgärpsychologischen Wucherungen und aller mythologisierenden Dogmatismen in den Strategien der revolutionären Zirkel und revisionistischen Komitees, von der KPD/AO bis zur DKP und von den ML bis zu den »Pädagogen«.

In der Entfaltung des Klassenkampfs wird der proletarische Lebenszusammenhang als *Schicksal* aufgelöst und als gesellschaftlicher Zwangszusammenhang sichtbar. (Gegenstand der Psychoanalyse sind vorher und auch dann nur *bestimmte* Resultate *individueller* Triebschicksale – als Extra-Pathologien; darum haben die einschlägigen Betonungen in dieser Darstellung auch nichts mit »Psycho« zu tun). Das ist der innere Grund, warum die Entfaltung von Betriebskämpfen von allem Anfang an niemals nur auf einem reduzierten Lohnkampf-Bein oder Relativen-Mehrwert-Denunziations-Bein stehen darf. Das ist der innere Grund, warum der Kampf gegen das Kapital von allem Anfang an *allseitig* geführt werden muß und nicht auf den ökonomischen Kampf beschränkt sein darf. Die Entfaltung der Klassenkämpfe muß von allem Anfang an gebunden werden an das Ziel der Auflösung der kollektiven Pathologie der Lohnarbeit, als den kollektiv wirksamen Niederschlägen des Kapitalverhältnisses in der Trieb-, Charakter- und Bedürfnisstruktur eines jeden Klassenindividuums.

Es gibt noch einen andern Grund dafür, und es ist tragisch, daß man ihn als »andern« nennen muß: Zu kämpfen lohnt sich nur für den, der für ein anderes Leben kämpft und der *im* Kampf sieht, daß sein Leben sich verändert. Wie die Überwindung der kollektiven proletarischen Pathologien, ihr Sichtbarmachen als Trieb- und Lebensschicksale des proletarischen Lebenszusammenhangs, nur möglich ist in dem Maß, in dem die Kämpfe an Schärfe und Bewußtheit zunehmen und *in* dieser Schärfe und Bewußtheit die konkrete Möglichkeit zur Überwindung dieser Pathologien freisetzen, so ist umgekehrt die Entfaltung von Kämpfen selbst gebunden an die praktische Einbeziehung des proletarischen Lebenszusammenhangs in die Kampfinhalte und Kampfformen.

In der Bewährung dieser Aufgabe findet das Untersuchungskollektiv »Proletarischer Lebenszusammenhang« seine theoretische und politische Rechtfertigung.

1 Eine solche typische Klassenbewußtseins-Algebra ist z.B. der programmatische Aufsatz zur *Politökonomischen Bestimmung der Lage der Arbeiterjugend* von Hübner/Liebel/Reichelt in: Erziehung und Klassenkampf Nr. 1. Nachdem die Autoren dort die Bedeutung der Arbeiterjugend überhistorisch aus dem Begriff der produktiven Arbeit »abgeleitet« haben, nennen sie ganz losgelöst davon noch ein paar »sozialpsychologische Faktoren«, und nennen das Ganze dann »A... auf der Grundlage expliziter materialistischer Begriffsbestimmungen«.
Das Gegenteil ist der Fall. Die »sozialpsychologischen Faktoren« werden gerade in der monadologischen Existenz gelassen, die sie in der bürgerlichen Sozialforschung haben.
Es ist nur konsequent, daß diese Kerle, wie ihre Kollegen in der Sopo, sich dann schnellstens wieder zur »Rekonstruktionsperiode und Krise im Ausbildungssektor« zurückverkriechen, um dann die »Krisenmomente ... aus der *Bewegung* des Kapitals und den davon stimulierten und auf sie zurückwirkenden *Klassenkämpfen*« zu bestimmen. Oder eben: nicht bestimmen! Weil sie die »Bewegung« des Kapitals auf die innerökonomischen Tendenzen der Kapitalverwertung reduzieren.

Nr. 391
Herbert Marcuse
Brief an Rudi Dutschke
16. April 1971

QUELLE: Stadt- und Universitätsbibliothek Frankfurt/Main, Herbert-Marcuse-Archiv

---

16. April 1971

Lieber Rudi,

Ihr Brief hat uns *sehr* erfreut: er zeigt, daß Sie wieder »bei der Sache« sind und daß Ihnen die neue Umgebung gut tut. Dänemark scheint wirklich eine Oase zu sein. Wir spielen mit dem Gedanken, dort vielleicht auch noch mal zu landen, denn hier wird es immer dunkler. Zu Ihrer Frage, ob ich an »3 Schritte vorwärts, 2 Schritte zurück« arbeite, die Antwort ist: nein. Die Phrase ist unsinnig. Wahrscheinlich habe ich mal gesagt, daß die gegenwärtige Regression der Studentenbewegung eine jener Situationen ist, wo man einen Schritt zurück tun muß, um dann zwei Schritte vorwärts machen zu können (natürlich eine Paraphrase von Lenin). Das Buch, an dem ich arbeite, ist hoffentlich eine marxistische Analyse der radikalen Bewegung unter dem avancierten Monopolkapitalismus. Die Diskussion vermeidet alle Fetischisierung der marxistischen Begriffe, besonders die Verdinglichung des »revolutionären Subjekts« – als ob das etwas wäre, was man vorfindet, wenn man nur richtig sucht, wo es doch etwas ist, das nur in der Praxis selbst entstehen kann. Ich will in diesem Buch so konkret wie nur möglich auf Fragen der Strategie eingehen. Lassen Sie mich Ihnen sagen, daß ich Ihren Begriff des »langen Marsches durch die Institutionen« für den einzig fruchtbaren halte – heute mehr denn zuvor. Das Wichtigste ist eine Analyse der veränderten Struktur der Arbeiterklasse und der (damit zusammenhängenden) veränderten Basis der Revolution: nicht mehr in der materiellen Misere, und, *von Anfang an*, nicht mehr quantitativer Fortschritt, sondern qualitativer Sprung. Ich glaube, daß die Plattform der Gruppe IL MANIFESTO bisher der einzige Versuch einer nicht-ritualisierten marxistischen Analyse ist. Ihre Arbeit über die *Diktatur des Proletariats* paßt natürlich genau in diesen Rahmen. Schon Marx hat die mögliche »Aufhebung« des Proletariats *im* späten Kapitalismus gesehen: als Resultat der fortschreitenden Technisierung des materiellen Produktionsprozesses und des Anwachsens der »unproduktiven Arbeit« in der Gesamtgesellschaft. – Über all das hätte ich gerne und lange mit Ihnen gesprochen. Ich werde wahrscheinlich Anfang Juni in Westdeutschland sein (Köln-Düsseldorf, für zwei-drei Tage): dürfen Sie reisen??

Über Angela Davis ist leider wenig zu berichten. Ihr Mitangeklagter hat die Disqualifizierung des Richters erreicht. Es muß jetzt ein neuer Richter ernannt werden, das heißt, der Prozeß wird wahrscheinlich erst nach den Sommerferien beginnen.

8831 Cliffridge Ave.
La Jolla, Calif. 92037

Nr. 392

Jürgen Habermas

Historisches zur Organisationsfrage

Aus der Einleitung zur Neuausgabe von »Theorie und Praxis«

Juni 1971

QUELLE: Jürgen Habermas, Theorie und Praxis,
© Suhrkamp Verlag, Frankfurt/Main 1971, S. 37–47

Die Vermittlung von Theorie und Praxis kann nur geklärt werden, wenn wir zunächst drei Funktionen auseinanderhalten, die sich an verschiedenen Kriterien bemessen: die Bildung und Fortbildung kritischer Theoreme, die wissenschaftlichen Diskursen standhalten; sodann die Organisation von Aufklärungsprozessen, in denen solche Theoreme angewendet und an der Auslösung von Reflexionsprozessen in bestimmten Zielgruppen auf eine einzigartige Weise überprüft werden können; und schließlich die Wahl angemessener Strategien, die Lösung taktischer Fragen, die Führung des politischen Kampfes. Auf der ersten Ebene geht es um wahre Aussagen, auf der zweiten um wahrhafte Einsichten, auf der dritten um kluge Entscheidungen. Weil in der Tradition der europäischen Arbeiterbewegung der Parteiorganisation alle drei Aufgaben zugleich aufgebürdet worden sind, sind spezifische Differenzen verwischt worden. Die Theorie dient primär dazu, ihre Adressaten über die Stellung aufzuklären, die sie in einem antagonistischen Gesellschaftssystem einnehmen, und über die Interessen, die ihnen in dieser Lage objektiv als ihre eigenen bewußt werden können. Erst in dem Maße, als organisierte Aufklärung und Beratung dazu führen, daß sich die Zielgruppen in den angebotenen Interpretationen tatsächlich erkennen, wird aus den analytisch vorgeschlagenen Deutungen ein aktuelles Bewußtsein, wird aus der objektiv zugeschriebenen Interessenlage das wirkliche Interesse einer handlungsfähigen Gruppe. Das nannte Marx, der das Industriearbeiterproletariat als einzige Zielgruppe vor Augen hatte, die Konstituierung einer Masse von Proletariern als »Klasse für sich selbst«.[1] Marx hat freilich die objektiven Bedingungen angegeben, unter denen die theoretisch bereits aufgeklärten Kommunisten den Aufklärungsprozeß für die Masse der Arbeiter organisieren sollten. Der ökonomische Zwang zur Bildung von »Arbeiterkoalitionen« und die Vergesellschaftung der Arbeit im Fabriksystem erzeugten eine gemeinsame Situation, in der die Arbeiter naturwüchsig genötigt waren, ihre gemeinsamen Interessen verteidigen zu lernen; die »reelle Subsumtion der Lohnarbeit unter das Kapital« erzeugte die ebenso reelle Grundlage, auf der den Beteiligten der politische Sinn der ökonomischen Kämpfe zu Bewußtsein gebracht werden konnte.

Von diesem Prozeß der Aufklärung ist die Organisation des Handelns zu unterscheiden. Während die Theorie sowohl die Aufklärungsarbeit legitimiert wie auch selbst durch mißlingende Kommunikation widerlegt, jedenfalls korrigiert werden kann, kann sie keineswegs a fortiori die riskanten Entscheidungen strategischen Handelns unter konkreten Umständen legitimieren. Entscheidungen für den politischen Kampf können nicht vorweg theoretisch gerechtfertigt und dann organisatorisch durchgesetzt werden. Einzige mögliche Rechtfertigung auf dieser Ebene ist der in praktischen Diskursen zu erzielende Konsensus unter den Beteiligten, die im Bewußtsein ihrer gemeinsamen Interessen und in Kenntnis der Umstände, der prognostizierbaren Folgen und Nebenfolgen nur selber wissen können, welche Risiken sie mit welchen Erwartungen eingehen wollen. Es kann keine Theorie geben, die die potentiellen Opfer im vorhinein einer weltgeschichtlichen Mission versichert. Der einzige Vorzug, dessen Marx ein solidarisch handelndes Proletariat hätte versichern dürfen, wäre der gewesen, daß eine Klasse, die sich mit Hilfe einer wahren Kritik als Klasse konstituiert, überhaupt erst in der Lage ist, in praktischen Diskursen zu klären, wie vernünftigerweise politisch zu handeln ist – während die Mitglieder der bürgerlichen Parteien, der herrschenden Klasse überhaupt, ideologisch befangen und einer rationalen Klärung praktischer Fragen unfähig sind, also nur unter Zwang agieren und reagieren können.

Jene drei Funktionen, die ich unterschieden habe, können nicht nach ein und demselben Prinzip erfüllt werden: eine Theorie kann nur ausgebildet werden unter der Voraussetzung, daß die wissenschaftlich Arbeitenden die Freiheit haben, theoretische Diskurse zu führen; Aufklärungsprozesse können (unter Vermeidung der Exploitation von Verblendung) nur organisiert werden unter der Voraussetzung, daß die, die die aktive Aufklärungsarbeit tun, sich an Kautelen binden und einen Spielraum für Kommunikationen nach dem Muster therapeutischer »Diskurse« sichern; ein politischer Kampf schließlich kann nur legitim geführt werden unter der Voraussetzung, daß alle folgenreichen Entscheidungen vom praktischen Diskurs der Beteiligten abhängig gemacht werden – auch und erst recht hier gibt es keinen privilegierten Zugang zur Wahrheit. Eine Organisation, die alle drei Aufgaben nach demselben Prinzip bewältigen soll, wird keine richtig erfüllen können. Und selbst wenn diese, wie die Partei Lenins, erfolgreich ist nach den üblichen Maßstäben einer mitleidlosen Historie, verlangt sie für ihre Erfolge denselben Preis, den die ambivalenten Siege in einem naturwüchsigen Zusammenhang, einem Kontext von bisher unerschütterter Kontinuität, stets gefordert haben.

In seinem berühmten Aufsatz *Methodisches zur Organisationsfrage* (vom September 1922) hat Lukács die konsequenteste Fassung einer Parteitheorie entwickelt, die das Problem der Vermittlung von Theorie und Praxis allein im Hinblick auf Imperative der Führung des politischen Kampfes löst. Das ist der Sinn der These: »Die Organisation ist die Form der Vermittlung zwischen Theorie und Praxis.«[2] Zunächst unterwirft Lukács die Theorie den Bedürfnissen strategischen Handelns: »Nur eine organisatorisch orientierte Fragestellung macht es möglich, die Theorie vom Gesichtspunkt der Praxis aus wirklich zu kritisieren. Wird die Theorie unvermittelt neben eine Aktion gestellt, ohne daß es klar würde, wie ihre Einwirkung auf jene gemeint ist, also ohne die organisatorische Verbindung zwischen ihnen klar zu machen, so kann die Theorie selbst nur in bezug auf ihre immanenten theoretischen Widersprüche usw. kritisiert werden.«[3] Daß die Wahrheit einer Theorie unabhängig davon geprüft werden muß, ob sie für bestimmte aktionsvorbereitende Diskurse nützlich ist, ist für Lukács unerheblich. Theoretische Aussagen sollen unter organisationsbezogenen Fragestellungen selegiert werden. Daher verbietet sich auch ein Spielraum für wissenschaftliche Diskurse innerhalb der Partei. Das würde nur Opportunismus fördern: »Während in der bloßen Theorie die verschiedenartigsten Anschauungen und Richtungen friedlich nebeneinander leben können, ihre Gegensätze nur die Form von Diskussionen annehmen, die sich ruhig im Rahmen ein und derselben Organisation abspielen können, ohne diese sprengen zu müssen, stellen sich dieselben Fragen, wenn sie organisatorisch gewendet sind, als schroffe einander ausschließende Richtungen dar. Jede »theoretische« Richtung oder Meinungsverschiedenheit muß augenblicklich ins Organisatorische umschlagen, wenn sie nicht bloße Theorie, abstrakte Meinung bleiben will, wenn sie wirklich die Absicht hat, den Weg zu ihrer Verwirklichung zu zeigen.«[4] Lukács möchte die Unentschiedenheit der Geltung von Hypothesen nicht dulden. Theoretische Abweichungen sollen deshalb auf organisatorischer Ebene sofort sanktioniert werden.[5] Wie die Theorie, so wird *zweitens* auch die Aufklärung des Proletariats unbedenklich den Zwecken der Parteiführung untergeordnet. Lukács sieht zwar wie Marx die Aufgabe der Partei darin, die Masse der Lohnarbeiter mit Hilfe einer richtigen Theorie zur »Selbsterkenntnis ... als Erkenntnis ihrer objektiven Lage auf einer bestimmten Stufe der geschichtlichen Entwicklung« anzuleiten. Aber er begreift die Anstrengung der kommunistischen Partei um die Entwicklung des proletarischen Klassenbewußtseins keineswegs als einen Aufklärungsprozeß, »in dem es sich nur darum handelt, das Unbewußte bewußt, das Latente aktuell zu machen usw., besser gesagt: in dem dieser Prozeß des Bewußtwerdens nicht eine fürchterliche ideologische Krise des Proletariats selbst bedeutet.«[6] Mit Lenin ist Lukács davon überzeugt, daß das Proletariat immer noch stark in den Gedanken- und Gefühlsformen des Kapitalismus befangen ist, daß die subjektive Entwicklung des Proletariats hinter den ökonomischen Krisen zurückbleibt. Wenn aber »aus dem Fehlen eines durchgehenden und klaren Willens zur Revolution im Proletariat (nicht) auf das Fehlen einer objektiv revolutionären Lage« geschlossen werden darf[7], wenn der »Widerstreit von individuellem Bewußtsein und Klassenbewußtsein in jedem einzelnen Proletarier durchaus nicht zufällig[8] ist, dann muß die Partei als die Verkörperung des Klassenbewußtseins auch substitutiv für die Massen handeln und darf sich nicht von der Spontaneität der Massen abhängig machen. Die Partei tut den ersten bewußten Schritt; sie steuert ein noch unreifes Proletariat in einem Kampf, in dessen Verlaufe es sich erst als Klasse konstituiert. In der Partei darf die zurückgebliebene Klasse ein antizipiertes, obgleich ihr selbst noch unzugängliches Bewußtsein wenigstens als einen Fetisch anschauen: »Die organisatorische Selbständigkeit der Partei ist notwendig, damit das Proletariat sein eigenes Klassenbewußtsein, als geschichtliche Gestalt, unmittelbar erblicken könne.«[9]

Damit ist aber *schließlich* auch die Theorie der Bestätigung durch die Zustimmung derer, denen sie zur Selbstreflexion verhelfen soll, enthoben. Wenn die organisatorisch verselbständigte Partei, »die ununterbrochene *taktische* Rücksichtnahme auf den Bewußtseinszustand der breitesten, der zurückgebliebensten Massen« üben muß, dann wird hier die Funktion der richtigen Theorie für das Organisationsproblem der kommunistischen Partei sichtbar. Sie soll die höchste, objektive Form des proletarischen Handelns repräsentieren. Dazu ist aber die richtige theoretische Einsicht die unerläßliche Vorbedingung.[10] Die theoretische Weiterentwicklung, von der Lukács an anderer Stelle spricht, wird durch den Selektionszwang der organisatorischen Fragen gesteuert; gegenüber den mediatisierten Massen ist die Theorie hingegen eine unangreifbare objektive Instanz.

Organisationsfragen sind kein Erstes. Lukács hat zwischen ihnen und einer objektivistischen Geschichtsphilosophie eine unmittelbare Beziehung hergestellt. Die stalinistische Praxis hat den verhängnisvollen Beweis erbracht, daß sich eine instrumentalistisch verfahrende Parteiorganisation und ein Marxismus, der zur Legitimationswissenschaft degeneriert ist[11], nur zu gut ergänzen.

Oskar Negt hat in den letzten Jahren unorthodoxe Überlegungen zur Organisationsfrage angestellt.[12] Wenn ich recht sehe, bleibt selbst er noch der Tradition verhaftet, in der Theoriebildung und Organisation der Aufklärung von den Zwängen strategischen Handelns nicht mit wünschenswerter Konsequenz getrennt worden sind. Deren Autonomie aber ist geboten um der Selbständigkeit des politischen Handelns willen. Keine Theorie und keine Aufklärung entlastet uns von den Risiken der Parteinahme und ihrer nicht intendierten Folgen. Die Versuche zur Emanzipation, die zugleich Versuche sind, utopische Gehalte der kulturellen Überlieferung zu realisieren, können im Hinblick auf (theoretisch zu erklärende) systematisch erzeugte Konflikte und auf vermeidbare Repressionen und Leiden unter Umständen als *praktische* Notwendigkeiten plausibel gemacht werden. Aber solche Versuche sind eben auch Tests; sie testen Grenzen der Veränderbarkeit der menschlichen Natur, vor allem der geschichtlich variablen Antriebsstruktur, Grenzen, über die wir theoretisches Wissen nicht besitzen und, wie ich meine, aus prinzipiellen Gründen auch nicht besitzen können. Wenn bei der Überprüfung von »praktischen Hypothesen« dieser Art wir, die betroffenen Subjekte, selber in die Versuchsanordnung einbezogen sind; dann kann eine Schranke zwischen Experimentatoren und Versuchspersonen nicht errichtet werden, sondern alle Beteiligten müssen wissen können, was sie tun – eben diskursiv einen gemeinsamen Willen bilden.

Es gibt Situationen, angesichts deren solche Erwägungen skurril oder einfach lächerlich sind; in diesen Situationen müssen wir handeln wie eh und je. Dann aber ohne Berufung auf eine Theorie, deren Rechtfertigungskapazität so weit nicht reicht.

BEMERKUNG ÜBER DIE OBJEKTIVIERENDE
ANWENDUNG REFLEXIVER THEORIEN

Der Status einer auf Aufklärung angelegten Theorie bringt die Eigentümlichkeit mit sich, daß der Wahrheitsanspruch auf verschiedenen Stufen überprüft werden muß. Die erste Stufe der Bewährung ist der wissenschaftliche Diskurs; darin wird der Wahrheitsanspruch theoretisch abgeleiteter Hypothesen in der üblichen Form wissenschaftlicher Argumentation gestützt oder widerlegt. Natürlich muß eine Theorie, die diese diskursive Prüfung nicht übersteht, verworfen werden. Der Geltungsanspruch reflexiver Theorien kann freilich auf dieser Stufe nur tentativ begründet werden. Eingelöst wird er allein in gelingenden Aufklärungsprozessen, die dazu führen, daß die Betroffenen die theoretisch ableitbaren Deutungen zwanglos anerkennen. Auch Aufklärungsprozesse stützen freilich den Wahrheitsanspruch der Theorie nur, ohne ihn einzulösen, solange nicht *alle* potentiell Betroffenen, auf die sich die theoretischen Deutungen beziehen, die Chance hatten, die angebotenen Interpretationen *unter geeigneten Umständen* anzunehmen oder abzulehnen. Daraus ergibt sich ein Vorbehalt bei der Anwendung reflexiver Theorien unter Bedingungen des politischen Kampfes. Ich kehre noch einmal zu dem von Gadamer und Giegel angemeldeten Bedenken zurück.

Die Gruppen, die sich als theoretisch aufgeklärt verstehen (und die Marx seinerzeit als die Avantgarde der Kommunisten bzw. der Partei identifiziert hat), müssen im Hinblick auf den Gegner jeweils zwischen Strategien der Aufklärung und des Kampfes, also zwischen Beibehaltung oder Abbruch der Kommunikation wählen. Selbst der Kampf, strategisches Handeln im engeren Sinne, soll freilich an Diskurse innerhalb der Avantgarde und ihrer Zielgruppen rückgekoppelt bleiben. In diese praktischen Diskurse, die unmittelbar der Organisation des Handelns und nicht der Aufklärung dienen, kann natürlich der durch Kommunikationsabbruch ausgeschlossene Gegner (auch der potentielle Bundesgenosse) nur virtuell einbezogen werden. In diesem Zusammenhang stellt sich die interessante Aufgabe, die temporäre Gesprächsunfähigkeit des Gegners, den ideologischen Zwang also, der sich aus der Bindung an partikulare Interessen notwendig ergeben soll, zu erklären. Das verlangt eine objektivierende Anwendung der Theorie. Bei ideologiekritischen Erklärungen dieser Art unterstellen wir nämlich kontrafaktisch ein ungebrochen naturwüchsiges (im oben angegebenen Sinne dialektisches) Verhältnis zwischen den Gegnern. Wir abstrahieren von dem Umstand, daß die eigene Gruppe beanspruchen muß, mit Hilfe derselben Theorie den bloß naturwüchsigen Zusammenhang begriffen und dadurch schon transzendiert zu haben. Eine reflexive Theorie kann, das zeigt sich hier, nur unter Bedingungen der Aufklärung, nicht unter Bedingungen strategischen Handelns widerspruchsfrei angewendet werden. Dieser Unterschied erklärt sich aus der retrospektiven Stellung der Reflexion.

Die Organisation der Aufklärung löst, wenn und soweit sie erfolgreich ist, Reflexionsprozesse aus. Die theoretischen Deutungen, in denen die Subjekte sich und ihre Lage erkennen, sind retrospektiv: sie bringen einen Bildungsprozeß zu Bewußtsein. So kann die bewußtmachende Theorie die Bedingungen herstellen, unter denen die systematische Verzerrung von Kommunikationen aufgelöst und ein praktischer Diskurs erst geführt werden kann; aber sie enthält keine Informationen, die das künftige Handeln der Betroffenen präjudizieren. Auch der Analytiker hat nicht das Recht, prospektiv Handlungsanweisungen zu geben: die Konsequenzen für sein Handeln muß der Patient selber ziehen. Aus der retrospektiven Stellung der Reflexion ergibt sich, daß wir wohl durch Aufklärung instand gesetzt werden können, aus einem (dialektischen) Zusammenhang verzerrter Kommunikation herauszutreten. In dem Maße aber, wie uns die Theorie über unsere Gefangenschaft in diesem Zusammenhang aufklärt, bricht sie diesen auch auf. Deshalb ist der Anspruch, mit Einsicht dialektisch zu handeln, sinnlos. Er beruht auf einem Kategorienfehler. In einem dialektisch aufzuklärenden Zusammenhang systematisch verzerrter Kommunikation handeln wir nur, solange dieser sich undurchschaut, auch von uns undurchschaut perpetuiert. Für die Organisation des Handelns, des politischen Kampfes, kann die Theorie deshalb nicht dieselbe Funktion haben wie für die Organisierung der Aufklärung. Die praktischen Folgen der Selbstreflexion sind Einstellungsänderungen, die sich aus Einsicht in *vergangene* Kausalitäten ergeben, und zwar eo ipso ergeben. Das zukunftsgerichtete strategische Handeln, das in den internen Diskursen der Gruppen, die (als Avantgarde) gelungene Aufklärungsprozesse für sich selbst bereits unterstellen, vorbereitet wird, kann hingegen nicht in derselben Weise durch reflexives Wissen gerechtfertigt werden.

Auch die ideologiekritische Erklärung der temporären Gesprächsunfähigkeit des strategischen Gegners steht unter dem hypothetischen Vorbehalt, daß erst ein unter gegebenen Umständen unmöglicher Diskurs im Kreise aller Beteiligten über die Wahrheit der Theorie wird entscheiden können. Freilich ist die objektivierende Anwendung einer reflexiven Theorie unter Bedingungen strategischen Handelns nicht illegitim in jeder Hinsicht. Sie kann dazu dienen, die Konstellationen des Kampfes hypothetisch unter dem Gesichtspunkt zu deuten, als sei jeder erstrebte Sieg nicht nur (wie üblich) die Durchsetzung eines partikularen Interesses gegen ein anderes, sondern eben ein Schritt auf dem Wege zu einem intendierten Zustand, der universale Aufklärung und, durch diese hindurch, eine uneingeschränkte diskursive Willensbildung aller Beteiligten (und dann nicht mehr nur Betroffenen) möglich macht. Solche Deutungen sind, von jenem antizipierten Zustand her, retrospektiv. Sie eröffnen daher für das strategische Handeln und für die Maximen, nach denen Entscheidungen in aktionsvorbereitenden Diskursen gerechtfertigt werden, eine Perspektive. Aber eine Rechtfertigungsfunktion können diese objektivierenden Deutungen selbst nicht beanspruchen; sie müssen nämlich kontrafaktisch das erst geplante eigene Handeln (und die Reaktionen der Gegner) als

Momente eines noch unabgeschlossenen kollektiven Bildungsprozesses auffassen. Die Gewißheit der Selbstreflexion stützt sich hingegen darauf, daß der erinnerte Bildungsprozeß mit eben dem Akt der Erinnerung zur Vergangenheit herabgesetzt ist.

Daß das strategische Handeln derer, die sich zu kämpfen und das heißt: Risiken auf sich zu nehmen entschlossen haben, in einem durch Antizipation erst ermöglichten Rückblick hypothetisch gedeutet, daß es aber auf dieser Ebene nicht zugleich mit Hilfe einer reflexiven Theorie auch *zwingend gerechtfertigt* werden kann, hat einen guten Grund: die vindizierte Überlegenheit der Aufklärer über die noch Aufzuklärenden ist theoretisch unvermeidlich, aber zugleich fiktiv und der Selbstkorrektur bedürftig: in einem Aufklärungsprozeß gibt es nur Beteiligte.

1 Das Elend der Philosophie, Marx Engels Werke, Bd. 4, Berlin 1959, S. 181.
2 Georg Lukács, Werke, Bd. 2, Neuwied 1968, S. 475.
3 Ebd., S. 477.
4 Ebd., S. 475.
5 Ebd., S. 477.
6 Ebd., S. 480.
7 Ebd., S. 481 f.
8 Ebd., S. 495.
9 Ebd., S. 504.
10 Ebd., S. 504.
11 Vgl. Oskar Negt, Marxismus als Legitimationswissenschaft. Zur Genese der stalinistischen Philosophie; Einleitung zu: Deborin/Bucharin, Kontroversen über dialektischen und mechanistischen Materialismus, Frankfurt/Main 1969, S. 7–50.
12 Oskar Negt, Politik als Protest, Frankfurt/Main 1968, S. 175 ff., S. 186 ff., S. 214 ff.

Nr. 393
Jürgen Habermas
Ermordung der Theorie?
Leserbrief
4. Juni 1971

QUELLE: Diskus – Frankfurter Studentenzeitung vom 4. Juni 1971, 21. Jg., Nr. 3, S. 5

Lieber Herr Heidemann,
ich habe mich in den letzten Jahren daran gewöhnt, in der studentischen Publizistik Aufhänger oder Gegenstand der Agitation zu sein, daher freue ich mich über Ihre sachliche Argumentation. Sie werden Verständnis dafür haben, daß ich mich zu einer Berufung nicht äußern konnte, bevor sie ausgesprochen war. Das ist inzwischen geschehen. Soweit ich jetzt sehen kann, werde ich im September meine Tätigkeit als Direktor an dem Starnberger Max-Planck-Institut, das bisher von Carl Friedrich von Weizsäcker alleine geleitet worden ist, aufnehmen. Gerne komme ich Ihrer Aufforderung nach, vor meinen Studenten diesen Entschluß zu rechtfertigen.

Natürlich gibt es viele und gute Gründe, die auch gegen meinen Entschluß sprechen. Zu diesen Gründen gehört vor allem die Reform der hessischen Hochschulen, die jetzt in Gang gekommen ist. Im Vergleich mit den Verhältnissen in anderen Ländern halte ich das Hessische Hochschulgesetz, bei allen offensichtlichen Mängeln, immer noch für das beste. Mit der von Ihnen befürchteten »Signalwirkung in der Öffentlichkeit« rechne ich nicht, da einer privaten Entscheidung kaum ein solches Gewicht beigemessen werden dürfte; käme ihr aber eine Indikatorfunktion zu, dann könnte meine Entscheidung allenfalls auf die Notwendigkeit aufmerksam machen, daß nach der längst überfälligen egalitären Neuordnung der Lehrkörperstruktur nun auch die Möglichkeit für eine funktionale Differenzierung der Tätigkeit der Hochschullehrer nach Schwerpunkten in Lehre, Forschung und Verwaltung eingeräumt werden muß. Sonst werden die forschungsintensiven Bereiche in der neuen überwiegend ausbildungsorientierten Hochschule austrocknen müssen.

Das Gerücht, daß Sie erwähnen: ich befürchtete, daß der künftige Fachbereich meine Forschungsmittel beschneiden würde, hat etwas Rührendes. Während meiner zehnjährigen Tätigkeit an der Hochschule habe ich über keinen Pfennig dieser Art verfügt. Wenn wirklich einmal eine Gruppe von Diplomanden eine kleine empirische Untersuchung durchgeführt hat und einen Teil der Unkosten nicht selber tragen konnte, haben wir dafür Geld aus den Honoraren für *Student und Politik* in Anspruch genommen. Die einzige größere empirische Untersuchung unseres Seminars, die Dr. Oevermann leitet, wird (über das Berliner Institut für Bildungsforschung) von der Max-Planck-Gesellschaft finanziert. In diesem Zusammenhang will ich von dem finanziell ohnehin beengten Institut für Sozialforschung nicht sprechen; für mich hat zudem niemals die Möglichkeit bestanden, mit den Mitarbeitern in das Institut einzutreten, mit denen ich kooperieren möchte.

Auf der anderen Seite hat die Max-Planck-Gesellschaft meinen Mitarbeitern und mir, in Kenntnis unserer Forschungsabsichten, großzügige Ressourcen zur Verfügung gestellt. Wir haben die Absicht, Komplexe zu bearbeiten, die politisch bequeme Informationen kaum erwarten lassen: dabei handelt es sich unter anderem um Fragen, die sich auf Grenzen der administrativen Konfliktregelung, auf Determinanten der staatlichen Wissenschaftspolitik in der Bundesrepublik und auf Entstehungsbedingungen neuer Apathie- und Konfliktpotentiale beziehen. Selbstverständlich werden wir über die Wahl, die Entwicklung und die Durchführung unserer Projekte im Rahmen des Starnberger Instituts unbeeinflußt beraten und frei entscheiden können. Sie brauchen sich keine Sorge zu machen, Herr Heidemann: solange ich an dem Starnberger Institut arbeite, wird dort die Freiheit der Forschung genau so garantiert sein wie an der Frankfurter Universität. Ein Unterschied besteht freilich: ich kann dieses Recht dort auch dann in Anspruch nehmen, wenn es etwas kostet. Das dürfte für Soziologen so erstaunlich nicht sein.

Sie erwähnen Pressemeldungen über den Widerstand von Vertretern der Großindustrie gegen die von Herrn von Weizsäcker seinerzeit durchgesetzte Institutsgründung. Ich fände es beunruhigender, wenn diese Seite ihre Interessen nicht angemeldet [hätte] – und wenn das Institut nicht gegen diesen Widerspruch gegründet worden wäre. Auflagen für die Forschungsarbeit am Starnberger Institut, ich wiederhole es, bestehen nicht.

Meine Auffassung schließlich über das Prinzip der Einheit von Lehre und Forschung habe ich nicht revidiert. Freilich habe ich meine Zweifel, daß sich dieser Grundsatz im künftigen sozialwissenschaftlichen Fachbereich unserer Universität auch dann wird durchsetzen lassen, wenn mit den vorhandenen Kräften die sozialwissenschaftliche Grundausbildung aller Lehrer, Juristen und Volkswirtschaftler bewältigt werden soll. Ich selbst möchte die Lehrtätigkeit keineswegs ganz aufgeben; ich habe die Absicht, sie an einem geeigneten Ort und in beschränkterem Umfang wieder aufzunehmen. Ich trenne mich von Frankfurt, auch nach Adornos Tod, nicht leichten Herzens. Im übrigen dürfte es für eine Reihe von Studenten und Mitarbeitern hilfreich (und für mich eine Erleichterung) sein, wenn eine ambivalent besetzte Projektionsfigur dem Frankfurter Gesichtsfeld entschwindet.

               Mit freundlichen Grüßen
               bin ich Ihr
               Jürgen Habermas

Nr. 394

Oskar Negt
Zum Fall Baader-Meinhof
Politischer Kommentar im Westdeutschen Rundfunk
Oktober 1971

QUELLE: Typoskript, Archivalische Sammlung Ronny Loewy im Hamburger Institut für Sozialforschung, Akte Hannover 1971–1975

Die Auseinandersetzung mit dem Fall Baader-Meinhof kann sich weder auf formale Distanzierungen noch auf die Tatbestandsmerkmale beschränken, die offiziell als kriminell definiert sind. Dieser Fall ist gleichzeitig ein Fall, der den Zustand des gegenwärtigen politischen Herrschaftssystems kennzeichnet. Fahndungsaufwand und Publizität, die für die Suche nach der zum »Staatsfeind Nr. 1« deklarierten Gruppe nötig waren, stehen in deutlichem Mißverhältnis zu den bekannten dürftigen Tatbeständen und den Ermittlungsergebnissen. Nach bisherigen Erfahrungen ist das immer so, wenn der jeweilige Fall durch beliebige andere ersetzt werden kann.

Der Fall Baader-Meinhof trifft in ein politisches Klima, das Züge einer Pogromstimmung gegen die Linke aller Schattierungen trägt. Es ist *eine* Linie, die vom freimütig proklamierten und mit Attentatsdrohungen bekräftigten Widerstand gegen eine realistische Ostpolitik, über das Kesseltreiben gegen die Jungsozialisten bis zur militanten Aushöhlung der minimalen Reformansätze an den Hochschulen (etwa durch die Verhinderung der Habilitation und Berufung qualifizierter marxistischer Wissenschaftler) führt. Daß Liberale und Sozialdemokraten glauben, sie könnten sich an der Hetzjagd gegen die sogenannte extreme Linke beteiligen, ohne selber ins Schußfeld zu geraten, ist einer der fatalen Irrtümer, die sie immer wieder begehen. Es ist töricht zu meinen, das, was zur radikalen Linken gehöre, sei objektiv festzulegen. Denn in Wirklichkeit definieren Strauß und die Springer-Presse den Feind, der für sie stets links steht.

Was das gegenwärtige politische Klima kennzeichnet, ist das Schwinden der übersichtlichen und eindeutig bestimmbaren Freund-Feind-Verhältnisse der Nachkriegszeit. Der erste Anstoß dafür kam von der Protestbewegung, Ansätze einer realistischen Ostpolitik haben diesen Prozeß weitergetrieben. Die gegenwärtige Strategie der Zerschlagung der Linken ist darauf gerichtet, das komplexer gewordene Spektrum linker Alternativprogramme zur kapitalistischen Gesellschaftsordnung auf den Generalnenner der Kriminalität zu bringen, um die innenpolitischen Feinde in gewohnter plastischer Anschaulichkeit sichtbar zu machen.

Das Profilierungsbedürfnis eines liberalen Innenministers, der nicht zufällig bevorzugt mit der Springer-Presse zusammenarbeitete, führte zu den ersten tastenden Versuchen, mit dem Globalverdacht gegenüber »honorigen Kreisen« einen politischen Rufmord in Szene zu setzen, der vor allem die sonst schwer faßbaren Linken in den Institutionen und Organisationen treffen sollte. Jeder soll in die Lage kommen können, seine Unschuld beweisen zu müssen.

Was blieb, war ein Trümmerhaufen von Gerüchten, gezielten Fehlinformationen, Verleumdungen und Tatsachenverdrehungen. Immerhin: die Richtung dieser Strategie ist überdeutlich. Offenbar bestand der Zweck dieses »größten Polizeiaufgebots nach Kriegsende«, wie es ihre Initiatoren selber stolz nannten, auch gar nicht darin, die zur verschwörerischen Gruppe oder Bande zusammengeschweißten einzelnen, auf die in lächerlicher Verzerrung der Machtverhältnisse Umsturzgefahr projiziert wurde, wirklich festzunehmen. Ist es Unfähigkeit oder Absicht, sie nach Tausenden von Hinweisen ins Ausland entkommen zu lassen? Der Hauptzweck dieser Großfahndung wird von einigen der Initiatoren selber angegeben; trotz aller Erfolglosigkeit habe diese Aktion von der »polizeitaktischen Seite« einen »großen Erfahrungswert« gehabt. Das trifft zweifellos in mehrfacher Hinsicht zu:

Man weiß, daß der Bundesinnenminister seit einiger Zeit auf die Zentralisierung der Verbrechensbekämpfung nach dem Modell des amerikanischen FBI hinarbeitet. Es ist nicht ausgeschlossen, daß gerade die Erfolglosigkeit der Jagd auf die Baader-Meinhof-Gruppe neue Argumente liefert, die durch Länderpolizei partikularisierten Kompetenzen abzuschaffen. Daß die Amerikanisierung der Verbrechensbekämpfung bei der seit je in Deutschland verbreiteten Neigung, politische Konflikte als kriminelle Delikte zu behandeln, den Aktionsspielraum aller sozialistischen Politik einschränken wird, liegt auf der Hand. Der große Erfahrungswert dieser Polizeiaktion liegt aber noch in einem anderen Bereich: alle von ihr unmittelbar Betroffenen haben fast übereinstimmend erklärt, daß verfassungsmäßig garantierte Rechte angetastet wurden oder wenigstens der Versuch dazu gemacht wurde. Durchsuchungen, die den richterlichen Durchsuchungsbeschluß überschritten, Behinderung der Verständigung mit Anwälten, Denunziationen, Formen der Beugehaft usw. konkretisieren das, was der Bundesinnenminister, um sich als Exponent von »Recht und Ordnung« bis hin zur extremen Rechten ins Bild zu setzen, offen erklärte: »Wir werden mit allen Mitteln feststellen, wer ihnen hilft, …«

Mit einem Wort: der »große Erfahrungswert« dieser Fahndung besteht darin, festzustellen, wie weit eine Außerkraftsetzung des Rechtssystems und seine Unterordnung unter Polizeistrategien gehen kann und welche Abwehrmöglichkeiten diejenigen besitzen, die in den von Strauß und Springer am heftigsten angegriffenen Institutionen Einfluß ausüben: in den Universitäten und in den Massenmedien. Fast erübrigt sich der Hinweis, daß der Mordanschlag auf einen Sowjetsoldaten, die Aushebung eines kompletten Waffenlagers der rechtsextremen Aktion Widerstand, die Suspendierung eines aktiven NPD-Mitgliedes im Verteidigungsministerium u.a.m. in der gesamten Öffentlichkeit nur auf ein untergeordnetes Interesse stieß. Hat man vergessen, daß die deutsche Geschichte der letzten fünfzig Jahre voll von politischen Morden und Verschwörungen der Rechten ist, von dem Mord an Rosa Luxemburg, von den Attentaten auf Erzberger und Rathenau bis zu Dutschke?

Gleichwohl ist unmißverständlich zu erklären: sollte sich auch nur ein Teil der der Gruppe um Baader und Meinhof zur Last gelegten Aktionen und Vorstellungen als zutreffend erweisen, so gibt es nicht die geringste Gemeinsamkeit und nicht den geringsten Anspruch auf Solidarität mit der sozialistischen Linken der Bundesrepublik. Das gilt im Grunde für alle Fraktionen der Neuen Linken, die sich mehr und mehr auf eine langfristige, große Geduld erfordernde Politik eingestellt haben. Wer glaubt, mit exemplarisch gemeinten Aktionen, mit spektakulären Gefangenenbefreiungen, Bankeinbrüchen u.a.m. unter hiesigen Verhältnissen eine revolutionäre Situation herstellen zu können, oder die Aktionsbasis erweitern zu können, begibt sich der Möglichkeit, politisch ernst genommen zu werden.

Wenn überhaupt von zusammenhängenden Vorstellungen einzelner dieser Gruppe gesprochen werden kann, so handelt es sich um ein Gemisch von Illegalitätsromantik, falscher Einschätzung der gegenwärtigen gesellschaftlichen Situation der Bundesrepublik als offener Faschismus und unbegründeter Übertragung von Stadtguerilla-Praktiken auf Verhältnisse, die nur aus einer Verzweiflungssituation heraus mit Lateinamerika verwechselt werden können. In der Tat sind es Verzweiflungsaktionen, die hier zur Diskussion stehen; und die politische Kritik an ihnen besteht darin, daß sie lediglich die Krankheitssymptome dieser Gesellschaft auf einer anderen Ebene widerspiegeln. Blinde Abhängigkeit und Hilflosigkeit gegenüber den Herrschaftsmechanismen, zu deren Überwindung sie beitragen sollen, nehmen den Vorstellungen und Aktionen der Gruppe um Baader und Meinhof jeglichen politischen Charakter. Unbeabsichtigt kommen sie den Bedürfnissen eines Systems entgegen, das auf Kriminalisierung aller sozialistischen Politik gerichtet ist. Unter diesen Bedingungen spielen möglicherweise vorhandene politische Motive keine Rolle mehr.

Freilich sind es auch nicht die mehr oder minder organisierten Fraktionen der sozialistischen Linken gewesen, die sie politisch aufgewertet haben, sondern diejenigen, die keinen Anlaß ungenutzt lassen, auch die leisesten Ansätze der Kritik und der praktischen Überwindung des kapitalistischen Herrschaftssystems in Kriminalitätszusammenhänge einzuordnen, um sie mit geringstem Kostenaufwand zerschlagen zu können.

Nr. 395

Herbert Marcuse
»Sie hat sich nicht verändert«
»Spiegel«-Interview zum Fall Angela Davis
8. November 1971

QUELLE: Der Spiegel vom 8. November 1971, 25. Jg., Nr. 46, S. 148–150

SPIEGEL: Herr Professor Marcuse, Sie haben Ihre Doktorandin Angela Davis kürzlich im Gefängnis von San Rafael besucht. Wenn Sie die Gefangene von heute mit jener Studentin, die Sie kennengelernt haben, vergleichen, wie hat sie sich verändert?
MARCUSE: Das Seltsame ist – eigentlich überhaupt nicht. Als ich sie das erste Mal in der Zelle gesehen habe, da war mir sofort klar: Das ist die alte junge Angela Davis. Wir haben uns umarmt, so als ob nichts geschehen ist. Es gab überhaupt keinen Riß. So war sie schon immer.
SPIEGEL: Sie dürfen sie in ihrer Zelle sehen?
MARCUSE: Ja, ich darf sie in ihrer Zelle sehen, weil ich wahrscheinlich als »character witness« aufgerufen werde.
SPIEGEL: »Charakterzeuge«, was bedeutet das?
MARCUSE: Das bedeutet, daß Personen, die sie persönlich kennen, Aussagen machen können über ihren Charakter, ihre Haltung, ihre Einstellung.
SPIEGEL: Werden da neben Ihnen noch andere aussagen?
MARCUSE: Ja, aber ich weiß nicht, wer.
SPIEGEL: Wie viele Leute darf sie im Gefängnis empfangen? Ist das auf einen bestimmten Personenkreis beschränkt?
MARCUSE: Regulär darf sie mit Besuchern nur durch die Glaswand reden. In die Zelle kommen nur ihre Anwälte, Zeugen und Verwandte.
SPIEGEL: Wie wird Ihr Charakterzeugnis aussehen?
MARCUSE: Ich werde wiederholen, was ich schon immer gesagt habe: Sie ist wahrscheinlich die am wenigsten gewalttätige Studentin, die ich kenne. Sie ist genau das Gegenteil einer Aufrührerin: Sie ist eine echte Revolutionärin, die weiß, wann Gewalt am Platze ist und wann nicht.
SPIEGEL: Sie wissen, daß die Diskussion über dieses Verfahren in Deutschland sehr engagiert geführt wird.
MARCUSE: Ja.
SPIEGEL: Viel engagierter als in den USA, als an der Ostküste. Aber wie sieht es hier in Kalifornien aus?
MARCUSE: Ach, hier ist noch viel weniger.
SPIEGEL: Wie erklären Sie sich das?
MARCUSE: Verstärkte Repression. Apathie, Verzweiflung, daß sich doch nichts ändert. Außerdem ist das hier eine der reaktionärsten Gegenden in den USA. Heute zum Beispiel noch Geld zu sammeln für Angela ist sehr schwer.
SPIEGEL: Auf dem Campus auch?
MARCUSE: Auch auf dem Campus.
SPIEGEL: Hat das etwas damit zu tun, daß es auf dem Campus ruhiger geworden ist?
MARCUSE: Das hat sehr viel damit zu tun. »Auf dem Campus ruhiger geworden« ist übrigens ein Understatement ...
SPIEGEL: Sie meinen, daß hier jede politische Aktivität eingeschlafen ist? In der Tat gleicht die einst brodelnde University of California in San Diego heute einer Ferien- und Spielwiese.
MARCUSE: Richtig, wie man sich so Southern California vorstellt. Die gehen zum Strand, zum Wellenreiten, Schwimmen, Tauchen, Rock'n'Roll, und in-

zwischen wird die politische Situation immer schlimmer.

SPIEGEL: Worin sehen Sie die Verschlechterung der politischen Situation?

MARCUSE: Daß die Repression viel intensiver ist als vor ein, zwei Jahren. Ich meine, daß der Campus-Aufstand eingeschläfert ist. Denn ich glaube, daß die Studentenbewegung durchaus nicht tot ist, daß sie vielmehr wiederkommt, besser geschult, der viel effektiveren Repression widerstehen zu können.

SPIEGEL: Effektivere Repression – seit Nixon regiert?

MARCUSE: Es fing schon etwas früher an, seit dem demokratischen Parteikonvent in Chicago, dann freilich Nixon.

SPIEGEL: Halten Sie diese Regierung für faschistisch?

MARCUSE: Wenn das Wort Faschismus einen historischen Sinn haben soll, und das sollte es, dann können wir in keiner Weise sagen, daß wir eine faschistische Regierung haben. Das ist eine der Sachen, die ich selbst dauernd heute predigte: Wenn ihr das schon eine faschistische Regierung nennt, dann werdet ihr euch wundern, wie es aussieht unter einer wirklich faschistischen Regierung. Andererseits, und das möchte ich sofort hinzusetzen, sind sehr starke Tendenzen zu einer protofaschistischen Entwicklung da.

SPIEGEL: Und die sind stärker geworden, meinen Sie?

MARCUSE: Die sind stärker geworden und werden noch stärker werden.

SPIEGEL: Dennoch erscheint zumindest die marxistische Kritik an den Zuständen ziemlich wirkungslos.

MARCUSE: Es kann beinahe alles bis zu dem Punkt gebracht werden, wo eben jeder sehen kann, wer schuld ist an dem letzten Endes miserablen Leben und wie man das ändern kann. Da braucht man nicht mit marxistischen Vokabeln zu kommen. Man muß den Marxismus denken und ihm gemäß handeln, aber nicht ihn als Vokabular und Ritual mißbrauchen, und leider hat man das zum großen Teil getan.

SPIEGEL: Wie eng waren eigentlich die Verbindungen von Angela Davis zu den Panthers?

MARCUSE: Das ist eine der Sachen, die ungeheuer schwierig sind. Soweit ich sie sehen kann, gab es zwei Kräftezentren, die auf sie eingewirkt haben. Einmal die Black Panthers, das andere Mal die Kommunistische Partei. Sie wissen ja, daß die beiden nicht immer auf einer Linie lagen. Also da ist eine Spannung gewesen, aber in ihrem Fall hat das in keiner Weise zu einem Nachlassen ihrer Arbeitskraft und zu einer Vernachlässigung ihrer Verteidigung geführt...

SPIEGEL: Sie sehen zunehmend faschistische Tendenzen in den USA, eine globale präventive Gegenrevolution. Wo schlägt sich das konkret im Falle Angela Davis nieder?

MARCUSE: Wissen Sie, es ist sehr schwer, dies im Fall von Angela Davis zu sehen. Angela Davis ist von Anfang an ein internationaler Fall gewesen. Man muß den Einzelfall im Zusammenhang des Ganzen sehen: der zunehmenden Brutalisierung der Gesellschaft. Sehen Sie sich Attica, San Quentin, Soledad an!

SPIEGEL: Wie, glauben Sie, wird der Prozeß gegen Angela Davis verlaufen?

MARCUSE: Ich kann Ihnen nur sagen, was mir einer derjenigen sagte, die es wissen sollten. Das erste, was man berücksichtigen muß, ist die Zusammensetzung der Jury in Kalifornien, und das ist grausig, da ist ein Abgrund. Zweitens, kein Mensch weiß, wessen sie eigentlich angeklagt wird. Das große Fragezeichen ist, ob die Anklage irgendeinen Agenten produziert, der das Blaue vom Himmel aussagt.

SPIEGEL: Wie sind unter diesen Verhältnissen ihre Aussichten?

MARCUSE: Man hat mir gesagt, sie habe zwei Chancen: einmal, daß der internationale Druck so groß sei, daß selbst die Richter hier und die Jury das berücksichtigen. Das glaube ich nicht. Zweitens: daß Angela die Jury durch ihre Persönlichkeit, ihre Menschlichkeit beeindruckt, das ist ihre einzige Chance. Das wiederum würde bedeuten, daß sie in ihrer Verteidigung die politischen Motive der Anklage enthüllt, ohne sich in politischen Attacken zu erschöpfen. Das sind die Chancen.

1972

3./4.6.: Demonstration zum Angela-Davis-Kongreß (v.l.n.r.): Michael Krahwinkel, Horst Schellhaas, Klaus Vack, Effi Schacht, Karsten Voigt, unbekannt, Gerhard Ebert, Hansjörg Prelle.

Nr. 396

Frauengruppe im »Revolutionären Kampf«
Zur Autonomie der Frauenkämpfe
Diskussionspapier
1972

QUELLE: Frauengruppe im »Revolutionären Kampf«, (Diskussionspapier), o. O., o. J. [Frankfurt/Main 1972], S. 59–63

Ein Betriebsansatz, der die ideologische und psychische Deformation des Proletariats nicht im gesamten Lebenszusammenhang aufzubrechen versucht, fällt hinter die Erfahrungen der revolutionären Bewegung in Frankreich und Italien zurück und bleibt ökonomistisch verengt.

Die spezifischen Bedingungen der besonderen Unterdrückung der Frau kennzeichnen die revolutionäre Frauenbewegung von vornherein durch ihren übergreifenden Charakter auf die gesamten Lebensbedingungen des Proletariats. Sie wird damit zur vorantreibenden Kraft, die den Kampf gegen die Arbeitsorganisation und das Lohnsystem des Kapitalismus transzendiert und mit allen Lebensbedürfnissen perspektivisch verbindet. Ihre Inhalte entspringen aus dem Widerspruch zwischen dem hohen Vergesellschaftungsgrad der Arbeit und den individuellen Reproduktionsbedingungen. Ihr Kampf treibt die Einsicht in die wachsenden objektiven Möglichkeiten kollektiven Lebens voran, und drängt dazu, diesen Widerspruch zu überwinden.

Bei der politischen Untersuchung mit Frauen muß es uns darum gehen, an der besonderen Lage der proletarischen Frau im Kapitalismus anzusetzen, an ihrer Funktion, nicht nur Ware Arbeitskraft, sondern primär zuständig für die äußeren Bedingungen des physischen und psychischen Überlebens der Klasse zu sein (Haus- und Familienarbeit). Soviel hat uns die Geschichte der Arbeiterbewegung gelehrt; die Revolutionierung ihrer Bedürfnisse kann sie im Gegenteil nur vollziehen im Prozeß der Loslösung von den patriarchalischen Normen (das gilt ja übrigens auch für uns).

Ihre frauenspezifischen Bedürfnisse zu ignorieren, hieße, ihren Politisierungsweg als äußerlichen, immer nur bezogen auf die Bedürfnisse der proletarischen Männer zu kennzeichnen. Schließlich gehen wir auch davon aus, daß die männlichen Proletarier im Kampf gegen das Kapital ihre Bedürfnisstrukturen revolutionieren, und zwar nicht auf einem vorgeschriebenen Umweg oder einem Stufenplan à la: erst das und das Bewußtsein (vielleicht das ökonomische?), dann das (vielleicht das politische?), und dann kommt das Wahre. *Wir versuchen vielmehr, an dem herrschenden Bewußtsein die Widersprüche und Konflikte aufzugreifen, die revolutionierbar erscheinen.* Zudem bedeuten die männlichen Normen für die proletarische Frau unmittelbare Herrschaft: Verinnerlichung dieser Normen als Voraussetzung für ihre Politisierung zu bezeichnen, hieße, sie vollkommen den Herrschaftsstrukturen innerhalb des Proletariats anpassen zu wollen und eine revolutionäre Frauenbewegung im Ansatz zu liquidieren. Es trifft zwar zu, daß der proletarische Mann sich in allen gesellschaftlichen Bereichen der Frau gegenüber für überlegen hält. Man verfällt aber derselben patriarchalischen Ideologie, wenn man die Normen als einzige, oder »bessere« Ausgangsbasis für eine Politisierung interpretiert. Man übersieht dabei, daß die Ideologien des proletarischen Mannes eben auch die von Sozialpartnerschaft, Gemeinwohl usw. sind, die einer militanten Politisierung ungeheure Schranken auferlegen. Die Berichte der Frauenkämpfe in Italien zeigen, daß man gegen diese Ideologien bei den Frauen längst nicht in dem Ausmaße anzukämpfen hat wie bei den Männern. Die Frauen waren weitaus offener in bezug auf militante Gruppen, phantasievoller in ihren Aktionen (Kaufhausstreik) und generell nicht so betriebsborniert wie die männlichen Proleten. Im Kontakt mit den Militanten zeigte sich, daß die Frauen ein ungeheures Interesse an den verschiedensten politischen Problemen (Studentenbewegung, Vietnam, kollektives Leben, Sexualität usw.) entwickelten.

Auch das Nichtvorhandensein einer revisionistischen Tradition zeigte sich nicht als das Grundübel. Die meisten Aktionen verliefen ohne Einflußnahme der Gewerkschaften, zum Teil sogar waren sie explizit gegen die Gewerkschaften gerichtet, was eine viel größere Selbständigkeit von den Frauen erforderte. Die Tatsache, daß in der BRD die meisten Frauen nicht gewerkschaftlich organisiert sind, kann also nicht nur negativ im Gegensatz zum männlichen Proletariat gesehen werden. Vielmehr hat sich praktisch gezeigt, daß in diesem Nichtverhältnis zur Geschichte des Kampfes der Arbeiterklasse Momente enthalten sind, die eine undogmatische Position von Frauen beinhalten und gegen den Gewerkschaftsbürokratismus zugunsten einer Selbstorganisation gerichtet sind. Das soll nun nicht den Spieß umdrehen und besagen: sind die Frauen erst mal mobilisiert, sind sie auch viel militanter. Es soll nur damit klargemacht werden, daß geschlechtsspezifische Hemmnisse und Blockierungen in bezug auf die Entwicklung von Klassenbewußtsein existieren, damit aber auch geschlechtsspezifische Mobilisierungsmöglichkeiten.

Ausgehend von der Analyse der spezifischen Unterdrückung der proletarischen Frau, behaupten wir, daß diese Frauen auch spezifische Funktionen in einer revolutionären Bewegung haben werden. Daraus leiten wir im folgenden die Notwendigkeit einer autonomen revolutionären Frauenbewegung ab.

Die Unterdrückung der Frau durch die geschlechtliche Arbeitsteilung äußert sich nicht nur darin, daß die proletarische Frau mehr und andere Arbeiten tun muß als der proletarische Mann. Sie ist vielmehr gebunden an die Trennung von »öffentlichem« und »privatem« Leben und der damit bedingten totalen Isolierung im Privatbereich. Das war auch bei der Studentenbewegung das eigentlich sprengende Moment. Nicht, daß der Genosse jetzt auch im Haushalt und bei der Erziehung der Kinder helfen sollte, war der revolutionäre Anspruch, sondern daß die »privaten« Probleme als politisch erkannt und kollektiv gelöst werden mußten. Gerade die Frauen erfahren diese Trennung als Form der Herrschaft, und sie bietet ihnen sehr viel weniger Kompensationsmöglichkeiten als den Männern: nicht nur, weil für sie die Reproduktion nicht identisch ist mit Konsum und Genuß, sondern primär identisch mit Arbeit, sondern auch, weil sie durch ihre Sozialisation viel stärker an die Familie gebunden sind.

Die spezifische Sozialisation der Frau richtet sich kaum aus auf öffentliche, gesellschaftliche Angelegenheiten, sondern bestimmt sie für die Familie, für den Mann, für das »private« Leben. Dies bedeutet auf der einen Seite eine Borniertheit der Frau gegenüber gesellschaftlichen Phänomenen, Schwierigkeiten beim Durchschauen gesellschaftlicher Prozesse, da diese außerhalb des eigenen eingeschränkten Erfahrungsbereichs liegen, in welchem die Familie, die Beziehungen zu Männern, den wichtigsten Stellenwert haben. So werden häufig von Frauen Vorgänge im Betrieb, im »öffentlichen« Leben mit Kategorien, die aus dem familiären Leben gewonnen sind, interpretiert (Personalisierung). Andererseits können Frauen gerade durch diesen starken Bezug auf das »Private« eine zentrale Funktion in revolutionären Bewegungen und Organisationen haben: während die Politisierung von Männern die Gefahr birgt, daß sie nur noch »allgemein-politisch« diskutieren über den Staat, die Parteien usw., Probleme der Beziehungen zwischen den Geschlechtern, der Familie u. a. aber als »private« Angelegenheiten aus der politischen Diskussion und damit aus der revolutionären Bewegung herauskatapultieren, d.h. Politisierung und Revolutionierung der ganz konkreten Lebensformen oft sogar aktiv zu verhindern suchen, ist bei Frauen diese Tendenz zum abstrakten und – versteht man den Begriff »politisch« nicht im revisionistischen Sinne wie der Genosse J. F. – äußerst unpolitischen Politikastertum viel weniger stark, weil sie nicht so leicht von ihren unmittelbaren Erfahrungen in der »Privatsphäre« abstrahieren können und wollen, weil diese für sie weitaus mehr als für die Männer Unterdrückung bedeutet. Schon jetzt veröffentlichen die unpolitischen proletarischen Frauen ansatzweise die »private« Seite ihrer Existenz, in dem Kommunikation mit anderen Frauen die Situation in der Familie, Unterdrückung durch den Mann und die Kinder, Belastungen durch Hausarbeit etc. [bewußt] macht, während der »durchblickende« Mann sich nur am Rande damit beschäftigt und vielerlei andere, »wichtigere« Thematiken als Diskussionsstoff zur Verfügung hat.

Die Frauen werden aber erst, wenn sie sich bewußt mit Frauen und als Frauen solidarisieren, in der Lage sein, ihre »privaten« Probleme zu verallgemeinern, diese als politische, gesellschaftlich vermittelte zu begreifen und sie kollektiv und kämpferisch in einer revolutionären Strategie durchzusetzen. Dies ist gerade der Grund, warum es eine revolutionäre Frauenbewegung geben muß, in deren Entwicklungsprozeß die Proletarierinnen lernen, autonom ihre Interessen zu artikulieren. Die Interessen und Bedürfnisse können nicht von Männern formuliert werden, da darin eingehen würde das Herrschaftsverhältnis von Männern und Frauen im Proletariat.

Das ist auch der Punkt, an dem die Strategie von Lotta Continua zu kritisieren ist. Lotta Continua begreift zwar, daß die Herrschaft des Kapitals nicht nur in den Betrieben angegriffen werden muß. Sie fordert auch – allerdings sehr abstrakt – die Notwendigkeit der Veränderung der Beziehungen zwischen den Geschlechtern. Was sie aber nicht kapiert, ist, daß die Frauen das vorantreibende Element im Angriff auf die Herrschaftsstrukturen im Proletariat sein werden, daß die Frauen selbst noch von den entrechtetsten Männern unterdrückt werden und es deshalb *ihr* ureigenstes Interesse ist, diese Strukturen und damit die Familie zu bekämpfen.

An die Ansätze von autonomen Kämpfen der Frauen hat Lotta Continua nicht angeknüpft mit der Intention auf eine revolutionäre Frauenbewegung, die allein die Gewähr sein kann, daß die proletarischen Frauen ihre spezifischen Interessen in die Klassenbewegung einbringen können.

Die Genossen begreifen nicht, daß für die Kämpfe der Frauen der Begriff der »Autonomie« in doppelter Hinsicht in Betracht kommt: sie müssen lernen (wie der männliche Teil der Klasse), ihre Bedürfnisse konsequent gegen die Interessen des Kapitals und seiner reformistischen Agenturen zu setzen, ebenso wie sie die Fähigkeit ausbilden müssen, sich als Frauen autonom zu artikulieren, d.h. sich von den männlichen Normen in den eigenen Köpfen zu befreien, um den revolutionären Charakter der kommunistischen Bewegung zu garantieren, der sich auszeichnet durch die Einsicht in die Notwendigkeit der fundamentalen Veränderung aller Formen der Arbeit und des gesamten Lebens. Nur dann können sie selbst zum Subjekt der Bewegung werden, wenn alle Ebenen ihrer unterdrückten Bedürfnisse in die Kämpfe eingehen, nur dann können diese Kämpfe zur materiellen Ausgangsbasis für die Aufhebung der durch das Kapital zerstörten Verkehrsformen zwischen den Menschen werden.

Nr. 397
Oskar Negt
Sozialistische Politik und Terrorismus
Erweiterte und veränderte Fassung
der Kundgebungsrede zum Kongreß
»Am Beispiel Angela Davis«
3. Juni 1972

QUELLE: Links, 4. Jg., Nr. 35, Juli/August 1972, S. 15–17; wiederabgedruckt in: Oskar Negt, Keine Demokratie ohne Sozialismus, © Suhrkamp Verlag, Frankfurt/Main 1976, S. 434–445; wiederabgedruckt in: Sozialistisches Büro (Hg.), Für eine neue sozialistische Linke, Frankfurt/Main 1973, S. 206–216; wiederabgedruckt in: Freimut Duve/Heinrich Böll/Klaus Staeck (Hg.), Briefe zur Verteidigung der Republik, Reinbek 1977, S. 118–123

Dieser Kongreß trägt den Namen von Angela Davis – aber sie selber würde sich dagegen wehren, wenn man nur von ihrer Person und ihrem Fall sprechen würde. Ihr Kampf für die elementaren Rechte einer ausgebeuteten und in Unterdrückung gehaltenen Minderheit soll ein Fanal sein für den Befreiungskampf überall dort, wo er notwendig ist. Sie symbolisiert Unterdrückung in vielfacher Form: als Frau, als Schwarze, als Kommunistin, als Intellektuelle. Als Repräsentantin der schwarzen Befreiungsbewegung wird sie in allen Diskussionen dieses Kongresses präsent sein. Sie und ihren Fall gesondert darzustellen, erübrigt sich. Dieser heute beginnende Kongreß steht, wie kein anderer der westdeutschen Nachkriegsgeschichte, im Zeichen der Gewalt. Keine Pogromhetze gegen Linke, gegen Universitäten, Schulen, gegen die politisch aufgewachte Intelligenz und gegen die rebellierende Jugend dieses Landes wird uns aber davon abbringen, Gewalt nicht nur dort zu suchen und zu verurteilen, wo es den herrschenden Gewalten gefällt. Wir werden diesen Kongreß zum Forum der Auseinandersetzung, der Anklage, des Widerstandes vor allem auch gegen jene Gewaltformen machen, die sich unter dem Deckmantel biederer Friedfertigkeit verbergen.

Wer von Gewalt spricht und sie mit Entrüstung verurteilt, ohne gleichzeitig und in erster Linie von Vietnam zu sprechen, ist ein Heuchler. Ehe es die Desperados der Baader-Meinhof-Gruppe gab, gab es die mörderischen Aktionen der angeblich fortgeschrittensten Demokratie der Welt, gegen ein Volk, das sich nach jahrzehntelanger Unterdrückung und Ausbeutung endgültig von seinen korrupten Cliquen, den Diems und Thieus, befreien wollte.

Wo war die Entrüstung, ja auch nur die leise Andeutung eines Protestes unserer führenden Politiker, die die Gewalt des Faschismus erlebt hatten, um ein Beispiel der Integrität des politischen Verhaltens jenen zu geben, die ihn nur aus Büchern kannten, eines aber sehr genau begriffen hatten: daß politische Moral unteilbar ist; daß derjenige, der den Völkermord in Vietnam toleriert oder gutheißt, das Recht verliert, im Namen von Demokratie zu sprechen; daß der unglaubwürdig wird, der zwar den Antisemitismus der Nazis verurteilt, aber für den gegenwärtigen Rassismus in der Welt, in Südafrika oder den Vereinigten Staaten, wohlwollendes Verständnis aufbringt.

Vietnam ist zum Symbol der Gewalt für diese Generation geworden. Nicht nur die alltägliche auf Vietnam niedergehende Bombenlast überschreitet bei weitem die des Zweiten Weltkrieges; die mechanische Vernichtung von Menschenleben hat Ausmaße angenommen, die sehr bald den Verwaltungsmassenmord des Dritten Reiches in den Schatten stellen können. General Westmoreland hat als Oberkommandierender der amerikanischen Truppen in Vietnam verkündet, daß »uns nicht mehr als zehn Jahre vom automatischen Schlachtfeld trennen«. – Diese Strategie wird heute in ganzer Brutalität befolgt. Die Visionen dieses Generals vom kommenden Reich der Unfreiheit sind die Visionen eines geschichtlich zum Untergang verurteilten Systems, das sich nur noch durch die Ausbildung von technologischen Vernichtungsphantasien und Zerstörungspraktiken am Leben erhalten kann. Der General sagt: »Ich sehe Schlachtfelder, auf welchen wir alles zerstören können ... durch sofortige Informationsaufnahme und fast sofortige Anwendung von tödlicher Zerstörungskraft. Auf dem Schlachtfeld der Zukunft werden feindliche Kräfte lokalisiert, aufgespürt werden und fast ohne Zeitverlust beschossen werden können ... (automatisierte Feuerkontrolle sichert eine) fast hundertprozentige Tötungswahrscheinlichkeit ...« (zitiert: *Links*, Nr. 7, Januar 1970, S. 8).

Mittlerweile weiß jedermann, selbst die *Frankfurter Allgemeine* beginnt es zu ahnen, daß es besonders in sozialrevolutionären Befreiungskriegen militärisch eingrenzbare Ziele nicht gibt; die Bombardierungen nach Planquadraten treffen alles Leben. Es war der amerikanische Präsident Johnson, der den Begriff der Vergeltung wieder in die politische Sprache einführte. Was ist aber der Unterschied zwischen Strafexpeditionen der Nazis in Oradour und Lidice und einem vernichteten vietnamesischen Dorf, wenn feststeht, daß es begrenzbare militärische Ziele nicht gibt?

Studenten und Jugendliche waren die einzigen, die das Grundrecht der Informationsfreiheit ernst nahmen, um sich über Völkermordpraktiken auch verbündeter Nationen zu informieren und öffentlich dagegen aufzutreten. Sie wollten nicht in die gleiche Situation kommen, in der die Mitläufer und stillen Dulder des Naziregimes waren: von der Gewalt, von den Konzentrationslagern nichts gewußt zu haben.

Auf ihren Protestdemonstrationen wurden sie geprügelt und beschimpft; für den großen Teil war es die erste Erfahrung der manifesten Gewalt im eigenen Lande, und viele haben das bei späteren Aktionen immer wieder bestätigt gefunden und niemals vergessen.

Das politische Bewußtsein der ersten Generation, die vom Krieg nicht unmittelbar betroffen war, entzündete sich am Krieg, an der Gewaltpraxis der alten und neuen Kolonialherren, die mit Blut und Feuer ihre Herrschaft aufrecht erhielten. In den großen Protestdemonstrationen, die Jugendliche und Studenten gegen Tschombé und den Schah von Persien veranstalteten, zogen mitunter noch Politiker mit, die aber sehr bald die gesicherte Karriere dem Risiko der politischen Kompromißlosigkeit vorzogen.

Die erste zivile und politische Generation auf deutschem Boden, die aus der Katastrophengeschichte der deutschen Jugend der letzten 50 Jahre etwas gelernt hatte, die nicht bei jeder Gelegenheit nach dem Henker rief, die den stumpfsinnigen Hurra-Patriotismus überwunden hatte, die, als die Ostpolitik noch das gewagte Abenteuer eines Kreuzzugs gegen den Kommunismus war, für eine konsequente Anerkennung der von Hitler geschaffenen Resultate des Zweiten Weltkrieges eintrat – diese zivile und politische Generation stieß von Anbeginn auf eine Mauer von Aggression, von Unverständnis und Dickfelligkeit der Politiker aller Parteien, die gerade die sensibelsten der Studenten und der Jugendlichen besonders treffen mußte.

Gerade in dieser Stunde ist es deshalb notwendig, an jenes fast auf den Tag genau fünf Jahre zurückliegende Ereignis zu erinnern, an dem der neurotische, aufgehetzte Waffensammler Kurras in Polizeidiensten Benno Ohnesorg erschoß – und schließlich freigesprochen wurde. Und auch der wild gewordene Anstreicher, der ein Jahr später das Attentat auf Dutschke verübte, ist nur das traurige Opfer der von der Springer-Presse und ihrem Anhang beharrlich gestreuten Saat der Gewalt gegen Andersdenkende, die längst noch nicht in ganzem Umfange aufgegangen ist. Wenn Politiker der SPD heute davon sprechen, daß sie in den nächsten Wahlkampf mit kugelsicheren Westen gehen müßten, so werden sie wissen, von welcher Seite ihnen Gewalt droht. Wenn sie aber meinen, sie könnten das Schlagwort von den Linksradikalen als eindeutige Bestimmung für Freund-Feind-Verhältnisse verwenden, so unterliegen sie einer fatalen Täuschung: es gibt kein objektives und eindeutiges Kriterium für die Unterscheidung von rechts und links: das rituelle Bekenntnis zur demokratischen Grundordnung nutzt gar nichts. Für Franz Josef Strauß ist bereits Karl Schiller ein Linksradikaler.

In Deutschland besteht die gefährliche Neigung, grundlegende gesellschaftliche Konflikte durch die Polizei zu lösen. Die Masse der Polizisten steht heute in allen kapitalistischen Ländern an der vordersten Front der Klassenauseinandersetzungen. Sie holen für die, die mit der Aufrechterhaltung dieser gesellschaftlichen Zustände profitable Interessen verbinden, die

Kastanien aus dem Feuer. Sie werden schlecht bezahlt: die Planstellenhierarchie ist so, daß für den einfachen Polizisten praktisch nur geringe Chancen des Aufstiegs bestehen, während ein Abiturient, gar ein Akademiker, der von oben einsteigt, nach relativ kurzer Zeit Offizier und Vorgesetzter wird. Das kann nicht die Sympathien für die Intellektuellen, mit denen sie sich an den Universitäten und Schulen herumschlagen müssen, erhöhen. Das Wort von Rosa Luxemburg, daß Soldaten und Polizisten in Uniform gesteckte Proletarier sind, trifft heute sicherlich nicht mehr in gleicher Weise zu; aber ihre Lebenssituation ist nicht besser als die der Arbeiter. Das einzige Privileg, das sie haben, besteht in der legalen Abreaktion ihrer Aggressionen, die bei ihnen nicht weniger als bei Studenten und anderen Menschen das Produkt von Unterdrückung und Ausbeutung sind.

Wenn man ihnen heute wieder einzureden versucht, das Gewaltpotential dieser Gesellschaft würde sich wesentlich durch die Zentralisierung der Verbrechensbekämpfung und den Ausbau des Polizeiapparates verringern, so wird sich dies als eine grandiose Täuschung erweisen. Die Profilierungsbedürfnisse eines »liberalen« Innenministers, der sich als ein Mann von Recht und Ordnung ins Bild setzen will, zielen auf die Amerikanisierung der Verbrechensbekämpfung, die bei der chronischen Neigung der Deutschen, politische Konflikte als kriminelle Delikte zu behandeln, für uns alle eine bedrohliche Entwicklung bedeutet.

Aber kein einziges Problem wäre dadurch gelöst. Denn der Nährboden von Krankheiten, psychischer Zerrüttung, Aggressionen und Gewalt ist der kapitalistische Betrieb, ist die bürgerliche Restfamilie, die ausgleichen soll, was anderswo entsteht; sind die Schulen, in denen die Kinder in kleine Räume eingepfercht sind, so daß sie ihre sozialen Fähigkeiten nicht entwickeln können; es sind die Universitäten mit vollgestopften Hörsälen, in denen vernünftiges Lernen kaum noch möglich ist; man sollte sich hüten, die linken Lehrer und Hochschullehrer aus Schulen und Universitäten zu drängen, sie sind die einzigen, die durch alltägliche Überstunden, durch Organisation kleiner Gruppen, diesen katastrophalen Laden überhaupt noch am Laufen halten.

Wissen die Politiker, die diese Probleme mit der Polizei lösen wollen, daß der Boden, auf dem kriminelles Verhalten wächst, die mißglückte Sozialisation in der Familie und in der Schule ist? Weiß man, daß die Zahl der Kindesmißhandlungen und der Kindestötungen in den Familien durch die eigenen Eltern um ein Vielfaches über den Sittlichkeitsdelikten liegt?

Ein führender Arzt und enger Freund Nixons hat vorgeschlagen, Massenuntersuchungen aller 6- bis 8jährigen Kinder einzuleiten, um festzustellen, ob sie kriminelle Verhaltensanlagen zeigen. Für gestörte Kinder mit verbrecherischem Kern schlägt er den Aufbau von »Behandlungslagern« vor.

Wir wissen heute, daß kriminelles Verhalten ein gesellschaftliches Produkt ist. Würde man nur einen Teil des Geldes, das für die oft aussichtslose Bekämpfung der Folgen, für Gefängnisse, Irrenanstalten, für Polizei und Privatdetektive ausgegeben wird, für die Bekämpfung der Ursachen verwenden, dann könnte man mit langfristigen Wirkungen rechnen. Eine Gesellschaft, die diese Minimalaufgabe nicht zu lösen vermag, hat ihre Berechtigung verloren.

Diese Einschätzung des bestehenden Gewaltpotentials und der Aktionsstrategien der herrschenden Gewalt gegenüber der sozialistischen und kommunistischen Linken darf uns aber nicht den Blick dafür verstellen, unmißverständlich und in aller Öffentlichkeit zu erklären: es gab und gibt mit den unpolitischen Aktionen, für die die Gruppe um Andreas Baader und Ulrike Meinhof die Verantwortung übernommen hat, nicht die geringste Gemeinsamkeit, die die politische Linke der Bundesrepublik zur Solidarität veranlassen könnte. Das gilt im Grunde für alle Fraktionen der Linken, die sich mehr und mehr auf eine langfristige, beharrliche, sehr viel Kleinarbeit erfordernde Politik eingestellt haben. Wer Politik zu einer individuellen Mutprobe macht, ohne noch die sozialen Ziele und die einzelnen Veränderungsschritte angeben zu können, wird allmählich Opfer der eigenen Illusionen. Er verkennt die Angst, die er verbreitet, als politischen Erfolg.

Wer glaubt, mit exemplarisch gemeinten Aktionen, mit spektakulären Gefangenenbefreiungen, Bankeinbrüchen, Bombenlegen unter hiesigen Verhältnissen eine revolutionäre Situation herstellen oder auch nur die Aktionsbasis erweitern zu können, errichtet eine undurchdringliche Mauer zwischen sich und der gesellschaftlichen Erfahrung.

Verletzte oder getötete Springer-Journalisten tasten nicht den Springer-Konzern an; ein verletzter oder getöteter Polizist mag den Polizeiapparat einen Augenblick verunsichern, aber mit Sicherheit wird er ihn langfristig verstärken. Und eines kommt hinzu: sowenig der Polizeiknüppel das Zentrum der reaktionären Gewalt ist, sowenig hat das geschickte Bombenlegen irgend etwas mit revolutionärer Gewalt zu tun. Die Fanale, die sie mit ihren Bomben setzen wollen, sind in Wirklichkeit Irrlichter.

Wenn überhaupt von zusammenhängenden Vorstellungen einzelner dieser Gruppe gesprochen werden kann, so handelt es sich um ein Gemisch von Illegalitätsromantik, falscher Einschätzung der gesellschaftlichen Situation als offener Faschismus und illegitimer Übertragung von Stadt-Guerilla-Praktiken auf Verhältnisse, die nur aus einer Verzweiflungssituation heraus mit Lateinamerika verwechselt werden können. In der Tat sind es Verzweiflungsaktionen, die hier zur Diskussion stehen; und die politische Kritik an ihnen besteht darin, daß sie lediglich die Krankheitssymptome dieser Gesellschaft auf einer anderen Ebene widerspiegeln. Die Pathologie dieser Gruppen reicht nicht hin, auch nur die pathologischen Erscheinungsformen des Kapitalismus zu treffen, sondern sie ist deren ganz getreues Spiegelbild. Und weil diese Gruppen den Bedürfnissen des Systems entgegenkommen, alle sozialistische Politik zu kriminalisieren, sollten sie ihren aussichtslosen Kampf einstellen und ihre Niederlage offen eingestehen, um nicht noch andere, vor allem Jüngere, in selbstmörderische Abenteuer hineinzuziehen.

Viele, die die Bitterkeit der erfahrenen Ohnmacht gegenüber der Polizei und den Gerichten nach wie vor spüren und mit Sympathie über zwei Jahre hinweg die vom ohnmächtigen Fahndungsapparat Verfolgten begleiteten, ohne allerdings die Rolle des distanzierten Beobachters eines Politschauspiels aufzugeben, werden in dieser Distanzierung nur Einseitigkeit, Verständnislosigkeit für die Motive und Konzeptionen der Baader-Meinhof-Gruppe sehen. Was immer geschieht: für sie hat jeder, der etwas gegen das System unternimmt, ganz unabhängig von der jeweiligen Beziehung zwischen Zielen und eingesetzten Mitteln, einen verbürgten Anspruch auf Solidarität der gesamten Linken.

Aber die Mechanik der Solidarisierung zerstört jede sozialistische Politik. Sie ist das schlechteste Erbteil der Protestbewegung. Die unter Solidarisierungszwang stehende Masse der Politisierten, der Studenten, Schüler, Jungarbeiter, die sich mühsam von ihren Familien, dem disziplinierenden Druck der Betriebe und der Ausbildungsinstitutionen abgesetzt haben, verlieren allmählich die Fähigkeit, selber Erfahrungen zu machen. Ständig im Zugzwang, den Anschluß an die radikalsten Positionen nicht zu verpassen, gewinnen sie ihre labile, außengeleitete Identität aus der bloßen Identifizierung mit den Erfahrungen anderer. Selbsternannte Avantgarden, ob es sich nun um »Partei«-Gründungen oder um die »Rote Armee Fraktion« handelt, spiegeln ihnen gesellschaftliche und geschichtliche Erfahrungen vor, die der einzelne, der Schüler in der Schule, Arbeiter und Lehrling im Betrieb, Student in der Hochschule in den eigenen Arbeitszusammenhängen weder nachvollziehen noch auf politische Konsequenzen bringen kann.

Und was bedeutet hier überhaupt Solidarität? Sie beruht stets auf Gegenseitigkeit. Ohne ein Minimum an proletarischer Öffentlichkeit, ohne die Möglichkeit der aktiven Beteiligung an der Diskussion über Strategie und Taktik, über geplante Aktionen, verliert Solidarität ihren materiellen Boden; sie wird zu einer Form erpresserischer Solidarität, die auf Trennungsängsten beruht, und diese schlägt mit Sicherheit auf die Akteure zurück. Durch sie wird jeder, der seine eigene politische Existenzweise einem kurzfristigen Abenteuer nicht zu opfern bereit ist, der keine aktive Hilfe leistet, wenn sie ungebeten und oft auch anonym vor der Türe stehen, mit dem Verratsstigma belastet. Der Versuch, jeden vor vollendete Tatsachen zu stellen, mag nicht in ihrer Absicht liegen, aber eine politische Kritik an der Praxis der Baader-Meinhof-Gruppe, an individuellem Terror, der zur Verschärfung der Klassenkämpfe und zur gewalttätigen Selbstentlarvung des kapitalistischen Systems führen soll, ist auch gar nicht auf der Ebene von guten Absichten und verstehbaren Motivationen möglich. Der Knoten, der mechanisierte Solidarität, Minderwertigkeitskomplexe gegenüber der angeblich großen, revolutionären Politik der »Roten Armee Fraktion«, die die Alltagsarbeit der Basisarbeit auf das Niveau blinder Handwerkelei herabdrückt, und verzerrte Realitätsauffassung miteinander verknüpft, mit der fatalen Wirkung der Vernebelung der Gehirne zahlreicher einzelner innerhalb der Linken – dieser Knoten kann nur zerhauen, nicht mehr mit behutsamem Verständnis aufgelöst werden.

Die Gleichung von Radikalität und revolutionärer Politik geht nicht auf; wenn Marx sagt, radikal sein bedeutet die Sache an der Wurzel packen, die Wurzel für den Menschen sei aber der Mensch, so kann sich keine sozialistische Politik von der Erfahrungsweise der Menschen, vor allem der arbeitenden Massen, ungestraft ablösen. Eine Gruppe, die diesen Boden verläßt, hat kein objektives Korrektiv mehr für die Überprüfung der politischen Wirksamkeit ihrer Aktionen; sie folgt einer abstrakten Stufenleiter formaler Radikalität; da die Wirkungen sie jedweder Kontrolle entziehen, muß jeder Aktion eine neue, radikalere aufgesetzt werden. Am Ende steht die totale Isolierung, der als Offensivstrategie getarnte Rückzug auf das eigene Überleben, dessen Ausweglosigkeit auch durch das gemeingefährliche Anlegen von Waffenlagern in Hochhäusern und durch das Hin- und Herschleppen von Waffen und Sprengstoff nicht zu verdecken ist. Daß die führenden Köpfe der »RAF« nach den Bombenanschlägen fast mit einem Schlage gefaßt werden konnten, ist weder dem Verrat noch der gewachsenen Organisationsfähigkeit der Polizei zu danken, sondern der Logik ihrer eigenen Strategie. Die Bomben haben die Massen aufgerüttelt, wachsam gemacht – zweifellos. Aber nicht gegenüber dem Klassenfeind und den existierenden Gewaltverhältnissen, sondern gegenüber den unmittelbaren Urhebern ihrer Angst.

Die mit der Baader-Meinhof-Gruppe im Bewußtsein der Linken entstandenen Probleme stellen sich nicht in erster Linie auf einer moralischen Ebene – obwohl ohne politische Moral revolutionäre Politik undenkbar ist. Der noch heute bei manchem, der kaum eigene politische Erfahrungen gemacht hat, wirksame Komplex von Sentimentalität und Sympathie gegenüber dieser Gruppe, wird sich erst dann auflösen, wenn die eklatante Unangemessenheit von Mitteln und Zielen ihrer Strategie und Taktik sichtbar wird. – Niemand verwechselt ungestraft lateinamerikanische Militärdiktaturen, an deren konkreten Verhältnissen die ursprüngliche Konzeption der Stadtguerilla entwickelt wurde, mit halbwegs funktionierenden demokratisch-parlamentarischen Systemen, die sich im Ernstfall immer noch auf eine relativ stabile Massenloyalität stützen können.

Die »Rote Armee Fraktion« hat die Absicht, die erste Stadtguerilla auf deutschem Boden aufzubauen, um die Möglichkeit des bewaffneten Widerstandes praktisch zu ermitteln. Sie wollte die ihr inkonsequent erscheinende Waffe der Kritik durch die Waffen selber ersetzen; es gibt aus ihren Äußerungen keine Hinweise darauf, daß sie in ihrem zweijährigen Untergrund durch Erfahrung auch zu einer Kritik ihrer Waffe gekommen wäre. Die amerikanischen Weathermen, die mit Bomben und Attentaten operierten, gestanden ihren Kampf mit solchen Mitteln als aussichtslos ein, als bei einer ihrer Bombenexplosionen auch nur ein einziger Unschuldiger zerrissen wurde. Was hatte Marighella gemeint, wenn er in seinem von der »RAF« kopierten *Handbuch des Stadtguerillero* immer wieder davon spricht, daß die Haupteigenschaften des Revolutionärs Sensitivität gegenüber den Lebensinteressen der einzelnen Individuen des Volkes, Erfahrungsfähigkeit gegenüber veränderten Situationen und Unauffälligkeit des Verhaltens sind? Er wollte damit sagen, daß es ohne diese Eigenschaften für den Stadtguerillero keine Bewegungsfreiheit innerhalb des Volkes gibt, daß er sich keine Informationen verschaffen kann, daß sein Erfahrungshorizont durch die bloße Berührung mit der Polizei zusammenschrumpft. In der Tat: die »Bullen« wurden schließlich zum einzigen Realitätskontakt für die Baader-Meinhof-Gruppe. Sie nahmen die Gestalt von Untermenschen an. Aus dieser Verzerrung der wirklichen gesellschaftlichen Machtverhältnisse läßt sich beim besten Willen keine revolutionäre Strategie entwickeln. Es reicht nicht aus, daß das Volk unterdrückt ist, es muß eigene elementare Lebensinteressen vertreten, wenn es kämpfen soll. Unter den objektiven Bedingungen der Bundesrepublik ist die Stadtguerilla das Mittel, mit dem sich kein einziges sozialistisches Ziel erwirken läßt.

Die »Rote Armee Fraktion« hatte die Absicht, illegalen und legalen Kampf miteinander zu verbinden. Marighella sagt: »Der Stadtguerillero muß es verstehen, inmitten des Volkes zu leben, er muß darauf achten, nicht als Fremder zu erscheinen oder sich vom normalen Leben eines Durchschnittsbürgers zu unterscheiden... Der Stadtguerillero muß von seiner normalen beruflichen Beschäftigung leben.« Der Stadtguerillero setzt diese Legalität seiner Arbeit nicht bewußt aufs Spiel, sondern geht in den Untergrund nur, wenn ein Haftbefehl gegen ihn vorliegt.

Die Baader-Meinhof-Gruppe hat sich vor allem und von vornherein auf die bereits Kriminalisierten gestützt, auf die, die nicht mehr anders als kriminell leben konnten. Die Illegalisierung, von der jede revolutionäre Aktivität im Spätkapitalismus bedroht ist, hat sich hier unversehens in ein Mittel der Identitätsfindung verwandelt. Psychologisch ist das verständlich, weil diejenigen, die die Aussichtslosigkeit ihres Kampfes im Untergrund zu ahnen beginnen, aller Rückkehrmöglichkeiten ins bürgerliche Leben beraubt sein sollen.

So schließt sie die Furcht, dem Martyrium der Gefängnisse ausgesetzt zu sein, mehr zusammen als die Hoffnung, durch ihre Aktionen ihre Aktionsbasis zu erweitern. Das ist unter hiesigen Bedingungen keine

Perspektive des Befreiungskampfes des Arbeiters und der Politisierung seiner eigenen Erfahrungen von Unterdrückung und Ausbeutung; es ist vielmehr das Problem einer entleerten intellektuellen Lebensweise, die nach sinnvollen Inhalten sucht, die aber gerade dadurch nichts findet, da in ihr absolut nichts von dem enthalten ist, was die spezifische Lebens- und Erfahrungsweise des Proletariers ausmacht. Sein materialistischer Instinkt gebietet ihm Vorsicht gegenüber den revolutionären Versprechungen illegalisierter Gruppen, die ihm nur ungedeckte Wechsel auf die Zukunft ausstellen können.

Die »Rote Armee Fraktion« hat die Absicht, die kapitalistischen Widersprüche auf die Spitze zu treiben, um sie dem Volk durchsichtiger und erkennbarer zu machen. Was sie aber bewirkt hat, ist das Gegenteil: sie hat sie verschleiert. Der alten Täuschung, daß die revolutionären Chancen um so größer sind, je stärker der staatliche Repressionsapparat ist, sind auch sie zum Opfer gefallen. Denn revolutionäre Situationen stellen sich durch erhöhte Repression nur dann her, wenn gleichzeitig das politische Herrschaftssystem, das staatliche Gewaltmonopol im Zerfall begriffen ist. Erst dann suchen die Massen selbsttätig nach neuen politischen Ausdrucksformen ihrer Lebensinteressen.

Wo dieses politische Herrschaftssystem, wie zur Zeit in der Bundesrepublik, relativ intakt und aktionsfähig ist, bewirkt die voluntaristische Strategie der Verschärfung der Klassenkämpfe nur die Einschnürung der Aktionsmöglichkeiten der gesamten Linken.

Die an diesen drei Komplexen aufgezeigte Verkehrung der Absichten und Motive der »RAF« läßt sich an jedem anderen Punkt der Strategie und Taktik der Baader-Meinhof-Gruppe in gleicher Weise nachweisen. Theorie und Praxis, die in der Stadtguerilla die einzig sinnvolle organisatorische Einheit gewonnen haben soll, weisen bei keiner Gruppe der politischen Linken so sehr auseinander wie bei der »Roten Armee Fraktion«. Ihre Absichten und Motive, ihre Deklamationen und Programme schlagen, weil sie bloß formal sind, die konkreten Erfahrungszusammenhänge der Wirklichkeit nicht in sich enthalten, zwangsläufig in ihr Gegenteil um. Das liegt nicht an diesen Absichten und Motiven, sondern an der Realität, auf die sie bei der praktischen Aktion stoßen.

Jeder politisch ernst zu nehmende Sozialist muß heute begreifen, daß es ohne aktive Unterstützung der Arbeiterklasse keine wirkliche Veränderung in diesem Lande gibt; wir müssen uns mit aller Kraft dagegen wehren, uns die fatale Alternative von Bombenlegen und Anpassung aufzwingen zu lassen. Die Arbeiterbewegung, und gerade auch die revolutionäre Lenins und Mao Tse-tungs, hat in ihrer Geschichte einen unerbittlichen Kampf gegen den individuellen Terrorismus aus den eigenen Reihen und vor allem gegen jene Gruppen geführt, die sich den Arbeitern als Avantgarden aufzwingen wollten. Lenin hat unermüdlich darauf hingewiesen, daß die Massen ihre Erfahrungen mit den Klasseninstitutionen selber machen müssen; daß sie Selbstbewußtsein und Selbsterziehung nur aus ihren eigenen Kämpfen gewinnen können.

Auch für diese Gesellschaft gilt, daß ein unter Opfern durchgestandener Streik, Arbeitskämpfe auf den verschiedensten Ebenen, politische Demonstrationen immer noch mehr an sozialistischem Bewußtsein und Erfahrungserweiterung der Arbeiter und der Intellektuellen bewirken als tausend Bomben. Die Klassenkämpfe werden durch sie nicht verschärft, sondern zugunsten des Systems verschleiert, weil es an die Ängste der Menschen appellieren kann.

Ein großer Teil der zu diesem Kongreß angemeldeten Teilnehmer kommt aus arbeitenden Gruppen, Basisgruppen der Lehrlinge und der Studenten, der Lehrer und der Gewerkschaftsjugend, aktive Minderheiten zahlreicher Jugendverbände aus der ganzen Bundesrepublik. Diese Gruppen, die in ihren Erfahrungsbereichen der jeweiligen Arbeitsplätze, der Betriebe, der Schulen und Universitäten beharrlich und mit langem Atem sozialistische Politik betreiben, geben nicht viel für Schlagzeilen her; gleichwohl sind sie die Substanz der Linken, jener arbeitende harte Kern, von dem die Erneuerung der sozialistischen Bewegung in diesem Lande ausgehen wird.

Was sie zu diesem Kongreß zusammenführt, ist das Bedürfnis der überregionalen Koordination und die Entschiedenheit, ihre konkrete Arbeit in den Zusammenhang internationaler Solidarität für jene einzubeziehen, die an anderen Orten der Welt und unter anderen Bedingungen einen ähnlichen Kampf führen.

Wir können unsere Solidarität mit Angela Davis, mit allen politischen Gefangenen des Rassenterrors und der Unterdrückung nicht besser demonstrieren als durch die Überwindung unserer eigenen Zersplitterung, durch die Zusammenfassung unserer Kräfte mit dem Ziel, eine sozialistische Gesellschaft herzustellen, in der die Freiheit jedes einzelnen die Bedingung der Freiheit aller ist.

Nr. 398

Herbert Marcuse
»Dieser Terror ist konterrevolutionär«
Interview
15. Juni 1972

QUELLE: Konkret vom 15. Juni 1972, 18. Jg., Nr. 13, S. 15

KONKRET: Herr Professor Marcuse, in Ihrer Rede auf dem Frankfurter Kongreß – am Beispiel Angela Davis – sprachen Sie von der Notwendigkeit einer Einheitsfront der alten und der neuen Linken, um die drohende Gefahr eines globalen Faschismus abzuwenden. An welchen Punkten sehen Sie diese Gefahr?

MARCUSE: Negativ müssen wir erst einmal festhalten: Wenn es einen kommenden Faschismus gibt, wird er sicher nicht eine einfache Wiederholung des deutschen oder italienischen Faschismus sein. Es ist sehr leicht, die Gefahr des Faschismus damit abzuweisen, daß man sagt, weder in den Vereinigten Staaten noch in den anderen entwickelten kapitalistischen Ländern gibt es die Bedingungen, die in Deutschland und Italien zum Faschismus geführt haben.

Der neue Faschismus sieht sicher nicht so aus wie der alte. Gemeint ist die Etablierung einer totalen Kontrolle über die Bevölkerung, einer Kontrolle, die zum Beispiel durch Computer heute unendlich viel leichter ist als früher. Damit zusammen geht die Einschränkung der bürgerlichen Freiheitsrechte, die Politisierung der Gerichte, die Ausbildung von Spezialtruppen zur Aufstandsbekämpfung für eventuellen Bürgerkrieg und ähnliches.

Deshalb ziehe ich es vor, von Konterrevolution zu sprechen, von präventiver Konterrevolution, weil ja in keinem entwickelten Land eine erfolgreiche Revolution der Konterrevolution vorhergegangen ist. Aber ich glaube, daß der Monopolkapitalismus sich im gegenwärtigen Stadium auch nur die Drohung einer mehr oder weniger radikalen gesellschaftlichen Veränderung nicht leisten kann.

KONKRET: Was bedeuten in diesem Zusammenhang beispielsweise Streiks, die nicht um höhere Löhne, sondern um eine Verbesserung der Arbeitsbedingungen geführt werden?

MARCUSE: Wir müssen uns allmählich daran gewöhnen, daß die Revolution heute eben nicht mehr aus dem Elend geboren wird sondern sehr wohl aus der Überflußgesellschaft, aus dem immer stärkeren Bewußtsein, daß der Preis, der für den ganzen zu konsumierenden Dreck bezahlt werden muß, einfach zu hoch ist, aus dem Gefühl, daß eine radikale Umwertung der Werte notwendig ist, um das Leben überhaupt noch erträglich zu machen, und daß gerade der hohe Stand des technischen Fortschritts eine Verminderung der entfremdeten Arbeit zu einer realen Möglichkeit macht.

KONKRET: In den USA führt dieses Bewußtsein ja schon zu einem relativ häufigen Aussteigen aus dem Arbeitsprozeß und dem Rückzug aufs Land. Wie sehen Sie die Bewegung etwa der Landkommunen?

MARCUSE: In dieser Bewegung äußert sich das richtige Bedürfnis nach sozialen Beziehungen zwischen Menschen, die nicht vom herrschenden System diktiert werden. Auf der anderen Seite ist eine massive Rückkehr zur überholten ländlichen Produktionsfarm angesichts des technologischen Fortschritts natürlich gar nicht möglich. Sie ist häufig reiner Eskapismus, ein Aussteigen aus dem System, eine rein individuelle Erfahrung, außerdem kann man heute gar nicht mehr aus dem System »aussteigen«, denn selbst auf dem Mond wird man inzwischen ja Coca-Cola-Flaschen finden.

KONKRET: Neben den unterdrückten Minderheiten, den Arbeitern und den Studenten, haben Sie die Frauen als wesentliche Kraft gesellschaftlicher Veränderungen in den USA bezeichnet. Wie beurteilen Sie die inzwischen ja sehr weit verbreitete Frauenbefreiungsbewegung?

MARCUSE: Meine Erklärung erscheint Ihnen vielleicht romantisch, aber sie liegt mir sehr am Herzen. In der Frauenbewegung sehe ich in der Tat potentiell eine außerordentlich radikale Bewegung. Die sozialistische Theorie erkennt die Ausbeutung der Frau als die ursprüngliche Form der Ausbeutung. In der Geschichte der Klassengesellschaft wurde die biologische Beschaffenheit der Frau zu ihrer gesellschaftlichen Unterdrückung genützt.

Gleichzeitig ist die Frau zum Träger der radikal antipatriarchalischen und antikapitalistischen Werte geworden, zum Träger solcher Werte wie Zärtlichkeit, Nicht-Aggressivität, Sensibilität. Ich glaube, daß in der Frauenbewegung die Tendenzen liegen, die sich gegen falschen Heroismus, gegen falsche Männlichkeit, gegen die organisierte Gewalt der kapitalistisch-patriarchialischen Gesellschaft richten.

Die wesentliche Teile der Frauenbewegung zielen auf die Abschaffung der gesamten Organisation dieser Gesellschaft und ihrer Arbeitsteilung. Damit wäre die Befreiung der Frau auch die Emanzipation des Mannes.

KONKRET: Innerhalb der Linken dieses Landes wird das Problem der revolutionären Gewalt seit einiger Zeit heftig diskutiert. Wie läßt sich revolutionäre Gewalt bestimmen?

MARCUSE: Heute ist die Gewalt eine Sache des Establishments. Sie ist überall vorhanden: in den Institutionen, im Arbeitsprozeß, in der Freizeit der Menschen, in der total verschmutzten Luft. Revolutionäre Gewalt, die auf die Abschaffung dieser herrschenden Gewalt zielt, existiert im Moment in den entwickelten kapitalistischen Ländern nicht. Geschichtlich gibt es nur einen vernünftigen Begriff revolutionärer Gewalt: die Aktionen von revolutionären Massen, die erkennbar die progressive Veränderung der bestehenden Gesellschaft zum Ziel hat. Beispiele wären ein unbefristeter Generalstreik oder die Besetzung der Fabriken durch die Arbeiter.

KONKRET: Damit würden Aktionen von Individuen oder isolierten Gruppen in entwickelten kapitalistischen Ländern also nicht unter den Begriff revolutionäre Gewalt fallen?

MARCUSE: So etwas ist objektiv konterrevolutionär. Individueller Terror kann gegen eine Polizei und eine Armee, die mit den modernsten Waffen, auch Atomwaffen, ausgerüstet sind, überhaupt nichts ausrichten. Aktionen, die sich gegen allgemeine, unbestimmte Ziele richten, vergrößern die Zahl der Gegner. Außerdem ist das völlig antimarxistisch. Der Terror von kleinen Gruppen hat noch nie die Sache der Revolution gefördert.

Nr. 399

Herbert Marcuse
Die Verlegenheit des revolutionären Geistes
Interview
15. Juni 1972

QUELLE: Süddeutsche Zeitung vom 15. Juni 1972

SZ: Herr Professor Marcuse, Sie haben bei Ihrem Auftreten auf dem Frankfurter Solidaritätskongreß mehrfach bedauert, daß die radikale Opposition in den USA im wesentlichen noch immer auf Aktionen minoritärer Gruppen beschränkt geblieben ist. Ähnliches ließe sich wohl auch für die Lage der Linksgruppen in anderen westlichen Industrieländern – etwa der Bundesrepublik – sagen. Glauben Sie wirklich, hier zu einem Minimum an einheitlicher Strategie gelangen zu können?

MARCUSE: Ja, die alte und neue Linke steht heute in der Verteidigung gegen eine in globalen Maßstäben sich verschärfende Repression. Und unter diesen Umständen wäre die vordringliche Aufgabe der Linken die Schaffung einer gemeinsamen, wenigstens temporären Einheitsfront. Die endlosen Streitigkeiten theoretischer oder ideologischer Art zwischen kleinen Gruppen haben immer mehr jede Beziehung zur Realität verloren. Sie sind in vielen Fällen nicht mehr als das Wiederkäuen von alten Begriffen, die man als Klischees in ritueller Weise endlos wiederholt. Das muß überwunden werden, und die Linke muß sich zu irgendeiner Einheitsfront zusammenschließen.

SZ: Aber wie kann und wo soll diese – wie Sie sagten – »zumindest temporäre« Einigkeit beginnen? Muß solch ein Projekt nicht schon organisatorisch scheitern?

MARCUSE: Man muß zunächst auf dem örtlichen und regionalen Niveau von unten her eine breitere Basis für die Opposition schaffen. Dabei sollten nicht nur Studenten und Arbeiter, sondern auch Liberale aus den mittleren Klassen zum Protest gegen ganz bestimmte Erscheinungen zusammenkommen. In Amerika ist das relativ leicht in der Frage des Vietnamkriegs. Aber auch bei anderen Themen, etwa aus dem Umweltschutzbereich, sind bereits örtliche Einheitsfronten aufgebaut worden. Langfristig ist dafür eine Organisation notwendig, die sich von den überholten traditionellen Organisationsformen, besonders der autoritär-zentralistischen Massenparteien, deutlich unterscheidet. Man muß demgegenüber eine Organisation finden, die Spontaneität und Disziplin miteinander verbindet.

SZ: Ihre theoretischen Arbeiten sind eigentlich immer von allen Seiten, gerade und besonders von Marxisten, angegriffen und leidenschaftlich kritisiert worden. Man warf Ihnen etwa vor, in der Arbeiterschaft kein revolutionäres Subjekt mehr zu sehen und diese Funktion auf Minoritäten wie die Studenten oder farbige Randgruppen verlagern zu wollen. Hat sich an Ihren Grundpositionen in den letzten Jahren etwas geändert?

MARCUSE: Diesen Unsinn habe ich natürlich nie gesagt. Ich habe nie behauptet, daß die Bewegung der Studenten oder Schwarzen an sich revolutionäre Kräfte darstellt, sondern daß sie als Katalysatoren wirken und darin heute eine ungeheure geschichtliche Bedeutung liegt. Diese Gruppen, besonders die Studenten, artikulieren das Bewußtsein, das eigentlich das Bewußtsein der allgemein abhängigen Bevölkerung ist, aber in dieser Bevölkerung noch nicht artikuliert erscheint. Diese Gruppen müssen durch einen langen und schmerzlichen Prozeß der politischen Aufklärung und Erziehung zur Entwicklung des politischen Bewußtseins einen entscheidenden Beitrag leisten.

SZ: Und welche Rolle messen Sie dagegen nun der Arbeiterschaft zu?

MARCUSE: Eine radikale gesellschaftliche Veränderung ist natürlich ohne die große Majorität der Arbeiterklasse undenkbar. Aber das wird nicht die Arbeiterklasse des 19. und Anfang des 20. Jahrhunderts sein oder wie sie heute in den Vereinigten Staaten ohne sozialistische Ziele besteht. Die neue Arbeiterklasse, die in der Tat das zukünftige Subjekt der radikalen Veränderung sein wird, ist eine Arbeiterklasse mit völlig anderen Werten, die das kapitalistische System als solches ablehnt und wirklich davon überzeugt worden ist, daß ohne eine solche radikale Veränderung die Existenz aller Menschen immer unerträglicher wird. Denn man wird sehen, daß die Gesellschaft sich reproduzieren kann auf höherem materiellen und kulturellen Niveau mit einer entscheidenden Umorganisation der Arbeit, mit einer Beseitigung der irrsinnigen Verschwendung und geplanten Veralterung der Rüstungsindustrie. Daß also nur eine vollständige Änderung der gesellschaftlichen Arbeitsteilung und der Produktionsziele helfen kann.

SZ: Wie hat sich für Sie seit Ihrem letzten Auftritt vor den Berliner Studenten, der nunmehr fünf Jahre zurückliegt, das Bild dieser Bundesrepublik in ihrer Regierung verändert?

MARCUSE: Damit kein Zweifel entsteht: Ich ziehe eine wirklich sozialistische Regierung vor. Aber aller Wahrscheinlichkeit nach könnte bei der gegenwärtigen Kräftekonstellation in der Bundesrepublik heute keine andere Regierung zu einer möglichen Befriedung der Welt mehr beitragen als die Regierung Brandt.

SZ: Von der »Befriedung« zur »Rolle der Gewalt«. Sie bildete in den Diskussionen auf dem Frankfurter Solidaritätskongreß der Linken das zentrale Thema. Einmütig distanzierten sich dabei die wichtigsten Redner von dem Bomben-Aktionismus der Baader-Meinhof-Gruppe. Sie deuteten mit dem Wort von den »unsinnigen Terrorakten« wohl in die gleiche Richtung?

MARCUSE: Man muß unterscheiden zwischen revolutionärer Gewalt und politisch sinnloser Gewalt. Revolutionäre Gewalt kann nur von revolutionären Massen ausgehen, die auf Veränderung des bestehenden Systems ausgerichtet sind und in einer Situation operieren, wo eine solche Veränderung möglich ist. Revolutionäre Gewalt kann also nur bestehen in einer revolutionären Situation. Und die existiert heute weder in der Bundesrepublik noch in den Vereinigten Staaten. Individuelle Terrorakte, selbst wenn sie politische Akte wären – was das Vorgehen der Baader-Meinhof-Leute keineswegs ist –, können keine revolutionäre Funktion erfüllen.

SZ: Nun gehen die Ansichten über das Entstehen und Vorhandensein von »revolutionären Situationen« offenbar weit auseinander...

MARCUSE: Eine revolutionäre Situation ist nicht etwas, was einfach da ist. Und sie kann auch nicht durch individuell-isolierte Aktionen herbeigeführt werden. Eine revolutionäre Situation entsteht durch die Reifung gesellschaftlicher Kräfte, in diesem Fall Zersetzungstendenzen, in denen die theoretische und praktische Tätigkeit von Individuen und Gruppen ein entscheidendes Moment ist.

SZ: In der Neuen Linken gibt es, und das ist wiederum in der Geschichte der Linken überhaupt nicht so neu, eine starke Tendenz zum Anti-Intellektualismus. Man könnte beinahe den Eindruck gewinnen, als versuchten einige der Wortführer durch Flucht in eine Art »Proletkult« ihre eigene Herkunft zu leugnen. Wie beurteilen Sie diese Erscheinungen?

MARCUSE: Der Anti-Intellektualismus der Linken ist eine der schädlichsten und zersetzendsten Kräfte in dieser Bewegung. Das Establishment, jedenfalls in den USA, befindet sich in einem totalen Kampf gegen den Intellekt, weil es ganz genau weiß, wie schädlich kritisches Denken ist. Die Linke spielt in die Hände der Kräfte von »Law and Order«, wenn sie die Verachtung der Intellektuellen von sich aus unterstützt und fördert. Die Arbeiterbewegung ist geschichtlich unvorstellbar ohne die entscheidende Rolle der Intellektuellen. Und seit der Zeit, seit der man systematisch die Intellektuellen aus dieser Bewegung ausgeschaltet und in ganz untergeordnete Positionen verdrängt hat, hat die Arbeiterbewegung ja nicht gerade erschütternde Erfolge erzielt. Mehr als je zuvor ist heute die Ausarbeitung eines der Situation adäquaten theoretischen Bewußtseins als Richtlinie für die Praxis absolut erforderlich. Man redet dauernd von der »Einheit von Theorie und Praxis«, die Einheit wird immer schwerer herzustellen sein, je mehr man die Theorie verachtet und sie minimalisiert. Leider kann man dies nur mit Vulgär-Psychologie charakterisieren: Da ist irgendwie ein infantiles Schuldbewußtsein, ein schlechtes Gewissen, daß einen der liebe Gott nicht als Proletarier zur Welt kommen ließ. Und dieses schlechte Gewissen muß nun mit aller Gewalt überkompensiert werden.

SZ: Zumindest der Anti-Intellektualismus des Establishments ist allerdings wohl kein spezifisch westliches oder kapitalistisches Merkmal.

MARCUSE: Nein. Es ist eine geschichtliche Tatsache, daß alle Regierungen und alle Systeme, die besonders und in einer systematischen Weise repressiv waren, den Kampf gegen Intellektuelle zu einer ihrer Hauptaufgaben gemacht haben.

SZ: Zum Schluß eine aktuell-politische Frage: Wie wirkt auf Herbert Marcuse die augenblickliche Verhandlungs-, Reise- und Friedensbeteuerungsaktivität zwischen ideologisch und machtpolitisch so gegensätzlichen Zentren wie Washington, Peking und Moskau?

MARCUSE: Meine sehr persönliche Reaktion ist wieder eine, die sich auf die Geschichte berufen kann: daß nämlich, wenn immer die Großen sich verständigen, es sehr schlecht für die Kleinen aussieht. Ich glaube, daß hinter diesem Liebesfest mit Sekt, Cadillacs und Kaviar – während die Menschen in Vietnam abgeschlachtet, vergiftet und verbrannt werden – zunächst einmal der Vorrang des Geschäfts vor der Politik steht. Man will Geschäfte miteinander machen, und das haben eben offenbar alle drei sehr nötig.

Nr. 400

Betriebsprojektgruppe »Revolutionärer Kampf«
Gewalt
RAF-Kritik
30. Juni 1972

QUELLE: Diskus – Frankfurter Studentenzeitung vom 30. Juni 1972, 22. Jg., Nr. 3/4, S. 16–18.

Wir meinen, daß man in der jetzigen Situation, angesichts der Bomben, die in Frankfurt und anderen Städten explodiert sind, nicht darum herumkommt, die politische Auseinandersetzung mit der RAF einzuleiten. Dieser Beitrag versteht sich als Initiative einer Diskussion innerhalb der Linken, da es notwendig ist, daß wir lernen, die politische Situation einzuschätzen, d.h. die Verschärfung der Repressivität des Systems im Zusammenhang mit der Offensive der RAF zu interpretieren, um uns politisch dazu zu verhalten.

Die meisten Genossen von uns haben eine gemeinsame Geschichte mit denen, die heute zur sogenannten Baader-Meinhof-Gruppe gehören. Der Beginn unserer gemeinsamen Politisierung waren die Aktionen der Studentenbewegung gegen den Vietnamkrieg, gegen die Notstandsgesetze, gegen Konsumterror, gegen die Verschlechterung der Ausbildungsbedingungen in der Lehre, an den Schulen und Universitäten.

Einer der militanten Flügel innerhalb der Studentenbewegung rekrutierte sich aus bürgerlichen Intellektuellen, die zunächst die Bewegung politisch kommentierten oder von ihrem Beruf her unterstützten, sich dann aber individuell radikalisierten und einige dementsprechende Aktionen machten (z.B. Kaufhausbrand in Frankfurt), zu denen die Masse der Studenten sich zum damaligen Zeitpunkt nicht aktiv verhalten und daran beteiligen wollte.

Auf der anderen Seite konnten sich gerade Lehrlinge mit der Militanz der Massenaktionen der Studenten identifizieren, weil sie darin ihre eigene Wut gegen ihre beschissene Lebens- und Arbeitssituation zum Ausdruck bringen konnten. Sie wurden jedoch nie in den politischen Diskussionszusammenhang der studentischen Gruppen voll integriert, d.h. die bürgerliche Trennung von Kopf- und Handarbeit blieb weiterhin bestehen. – Der weitere Verlauf der Studentenbewegung ist entscheidend für die weitere Entwicklung dieser beiden Gruppierungen.

Der Kampf der Studenten blieb isoliert von den Arbeitern. Diese Isolierung wurde erst richtig realisiert, als ein Teil der Arbeiterklasse im September 69 spontan streikte. Die Versuche, sich im Proletariat zu verankern, führten nicht zu einer qualitativen Veränderung der Bewegung und einer Ausdehnung auf andere Bereiche, sondern erst einmal zur Liquidation studentischer Massenaktionen und zur Dogmatisierung der strategischen Vorstellungen, dem Versuch von kleinen Studentenzirkeln, die Partei des Proletariats aufzubauen. In diese Zeit fällt die Konstituierung der RAF als militärischer Avantgarde einer fiktiven revolutionären Partei.

Die schon politisierten Lehrlinge, die den neuen Legalismus der ML-Gruppen in der Betriebsarbeit ablehnten, konnten sich nur der Position der RAF zuwenden, da diese Genossen scheinbar am radikalsten mit ihrer bürgerlichen Existenz gebrochen hatten.

Die Praxis der RAF, die spektakulär mit der Befreiung des Genossen Baader aus dem Gefängnis begann, bestand dann zunächst in der Vorbereitung des bewaffneten Kampfes: Finanzierung der militärischen Organisation durch Enteignungsaktionen. Sie begründeten den Aufbau einer Roten Armee zum jetzigen Zeitpunkt mit der Notwendigkeit, durch stadtguerillaähnliche Aktionen der Gewalt des weltweiten imperialistischen Systems gewaltsam entgegenzutreten.

Die Gründung der RAF als klandestine Organisation, in einer Zeit, in der politische Arbeit noch nicht weitgehend illegalisiert ist, beschneidet bewußt das Spektrum politischer Aktionsmöglichkeiten und muß notwendig in der Isolation stecken bleiben. Die Verbindung der RAF zu den Ansätzen der politischen Gruppen wurde bewußt abgeschnitten und zwar mit der Begründung, daß sich neben den legal arbeitenden politischen Gruppen, die den ökonomischen Kampf vorantreiben, eine illegale, militärische Avantgarde entwickeln muß. Darum konnten wir uns mit den Aktionen der RAF weitgehend nur vermittels der bürgerlichen Presse auseinandersetzen. Durch diese isolierte Situation einer Gruppe nicht nur von der Bevölkerung, sondern auch von der Linken, wurde es dem Staatsapparat erleichtert, Genossen der RAF zu ermorden, ohne sich noch irgendwo legitimieren zu müssen, ohne daß es selbst innerhalb der Linken (außer Westberlin) zu massenhaften Solidaritätsdemonstrationen gekommen wäre.

Hier müssen wir unsere eigenen politischen Reaktionen bzw. unsere Gelähmtheit kritisieren, da wir nicht begriffen hatten, daß die Verfolgung und Kriminalisierung der RAF nur der Beginn einer verschärften Repression gegen die gesamte Linke ist.

Sie steht im Zusammenhang mit dem Berufsverbot für Linke, dem Ausbau des Verfassungsschutzes, mit der Verfolgung ausländischer linker Organisationen und der Verschärfung des Ausländergesetzes usw. Wir müssen uns die Frage stellen, inwieweit die Verschärfung der Repression im Zusammenhang steht mit der Bewaffnung der RAF und ihren politischen Aktionen, wie es die bürgerliche Presse behauptet.

Wir können davon ausgehen, daß jede revolutionäre Politik Reaktionen des kapitalistischen Staates nach sich zieht, die natürlich im System selbst angelegt sind. Innerhalb der Studentenbewegung haben wir im Studienbetrieb Veränderungen erkämpft, wir haben in vielen Seminaren nur noch kollektive Arbeiten geschrieben und die Inhalte der Seminare selbst bestimmt. Das Resultat dieser Bewegung sind ausgehend von der AfE z. B. Lehrer, die versuchen wollen, die Kinder weniger autoritär und mit anderen Inhalten zu erziehen; die sich der Autorität der Schulbürokratie nicht mehr einfach unterwerfen können. In diesem Zusammenhang ist das Berufsverbot für Sozialisten als Folge einer politischen Bewegung zu verstehen, um diese gerade in einer Zeit zu ersticken, wo die Kampfperspektiven für Lehrer innerhalb der Linken noch sehr unklar sind.

Die Repressionen gegen Sozialisten im öffentlichen Dienst sind zwar von uns zu wenig beachtet worden, weil in unseren Köpfen die Vorstellung von Berufsrevolutionären noch nicht ausgeräumt ist, weil wir die Berufsperspektivendiskussion bisher verdrängt haben. Aber es gibt in den Schulen und Universitäten ein Potential von Linken und Liberalen, das sich herausgebildet hat in den Kämpfen der Studentenbewegung, das langfristig mobilisiert werden kann gegen die verschärfte Kontrolle politischer Arbeit im öffentlichen Dienst.

Anders stellt sich die politische Verfolgung der RAF dar: Die RAF propagiert den bewaffneten Kampf. Als Reaktion darauf, d.h. politisch legitimiert durch die Aktionen der RAF, wie sie sich in der bürgerlichen Presse darstellen, wird z.B. die Polizei mit Maschinenpistolen ausgerüstet, werden die Mittel des Verfassungsschutzes zur Verfolgung der Gruppe immens ausgeweitet.

Natürlich sind die verschärften Maßnahmen auch gegen uns gerichtet, wir, und vor allem die Masse der Linken können uns aber nur schwer dazu verhalten, weil wir nicht Subjekt dieser Entwicklung waren. Diese Hilflosigkeit offenbart sich in der Agitation der Roten Hilfe Berlin, die besonderes Gewicht darauf legte, daß Thomas Weisbecker und Georg v. Rauch keine Chance hatten, daß sie nicht selbst geschossen hatten und trotzdem niedergeknallt worden sind, obwohl doch andererseits klar ist, daß sich die RAF zur Selbstverteidigung mit Waffen bekennt. So wurde innerhalb der Linken zur Verhaftung von Grashof kaum agitiert, da bei ihm zum einen die Verbindung zur RAF relativ klar ist und er außerdem selbst auch geschossen hat. Die politische Frage ist, inwieweit das, was von einer Gruppe gemacht wird, von dem bestehenden Bewußtsein noch einzuholen ist.

Unsere monatelange Unfähigkeit zu einer politischen Antwort erklärt sich auch aus der Schwierigkeit, unsere langfristige Arbeit im Betrieb und im Stadtteil weiterzuentwickeln, gleichzeitig aber auch dann politisch zu intervenieren, wenn sich aktuelle Fragen der Bewegung ergeben, wie im Falle der Verschärfung des Vietnamkrieges, der Verschärfung der Repression gegen Linke, der Ermordung türkischer Genossen. Unser Verhältnis zu solchen Fragen, in einer Situation, wo die Schranken der Studentenbewegung noch nicht zerbrochen sind, d.h., wo es kaum Solidarisierungen zwischen Arbeitern und Studenten gibt, ist bestimmt durch den Versuch, unsere Kampfansätze in der Agitation am Betrieb zu vermitteln. Trotzdem bleibt die Hauptstoßrichtung unserer Arbeit herauszufinden, wie die Massen lernen, sich gegen die unmittelbar im Arbeits- und Lebenszusammenhang erfahrene Unterdrückung zu wehren, dem Versuch, den Spruch Ho Chi Minhs zu verwirklichen: »Die Unterstützung der vietnamesischen Revolution ist der Klassenkampf im eigenen Land.«

Die Politik der Bomben der RAF klärt nicht die Frage nach einer langfristigen revolutionären Strategie, weil sie nicht fragt, wie die Massen lernen, sich selbst zu wehren. Nicht die Bomben bringen das kapitalistische System in Gefahr, es ist erst dann in Gefahr, wenn die Massen es nicht mehr wollen und eine praktische Alternative sehen, wie sie ihr Leben verändern können. Bomben ändern nichts am Elend des Kapitalismus, an der Isolation in den modernen Wohnsilos, an der Spaltung am Arbeitsplatz, weil sich keine Lernprozesse vollziehen können an Aktionen, die eine Gruppe isoliert plant, durchführt und interpretiert. Revolutionäre Politik entscheidet sich an der Frage, inwieweit Form und Inhalt der Aktionen, die eine Gruppe macht, zumindest für die Linke noch nachvollziehbar sind. Das heißt nicht, wie man sich dem bestehenden Bewußtsein anpaßt, sondern welche Möglichkeiten sich aus der Untersuchungsarbeit ergeben, das bestehende Bewußtsein aufzubrechen.

Die Aktionen der Studentenbewegung standen im Zusammenhang einer weltweiten Jugendrevolte. Unsere Militanz in Demonstrationen oder bei Hausbesetzungen hat sich im Rahmen dieser Bewegung entwickelt. Im Unterschied dazu verfolgt die RAF das Modell einer blanquistischen Organisation, ihre Aktionen sind schon im Ansatz getrennt von der Massenbewegung, sie können verurteilt, gutgeheißen oder ignoriert werden, sie werden den Massen vorgeführt wie ein Theaterstück oder ein Fußballspiel. Die Unterstellung der RAF, daß wir die Gewaltfrage auf die Zukunft verschieben wollen, ist falsch. Vielmehr fallen die Bomben ins Springer-Hochhaus weit zurück hinter die militante Blockade der Auslieferung der Springer-Zeitungen 1968. Der Unterschied ist, daß damals Tausende ein politisches Ziel hatten und daß Tausende darüber entschieden haben, wie man es durchsetzen kann und daß Tausende lernten, daß man sich gemeinsam wehren kann. Mit Bomben wird jedenfalls Springer nicht ausgerottet oder zum Schweigen gebracht.

Uns stellt sich die Gewaltfrage qualitativ: Es kommt nicht darauf an, mit der gleichen Feuerkraft oder schlaueren Tricks das System auf der militärischen Ebene zu schwächen. Weder naht der Endkampf, noch kann sich dieser jemals entwickeln losgelöst von den Massenkämpfen. Wir haben die bürgerliche Gewalt nicht erfunden, sondern vorgefunden; die Gewalt, die wir dagegen anwenden, muß aber verbunden sein mit positiven Momenten der Erfahrung der Solidarität, der Entwicklung neuer Verkehrsformen.

Wir fragen nicht, ob es prinzipiell falsch oder richtig ist, Gewalt anzuwenden. Für uns stellt sich die Frage als praktische, wir fragen: Was sind unsere Interessen, und wie können wir sie durchsetzen? Und wie wir diese Interessen durchsetzen können, das bemißt sich an der Alltäglichkeit der Gewalt, die unser Leben beherrscht. Denn: Sind die Fabriken nicht Gewalt, in denen unter mörderischen Bedingungen gearbeitet werden muß? Wird nicht die Arbeitsdisziplin in den Fabriken durch Lohnsysteme, Akkordterror, Werkspolizei und Meister gewaltsam aufrechterhalten? Gewaltsam wird jeder Versuch autonomer Interessenartikulation, Ansätze alternativer Lebensorganisation unterdrückt. Die Studenten sollen in isolierten Zimmern in der Untermiete oder in ihren Ghettos, den Wohnheimen, hocken bleiben. Die Emigranten sollen die ihnen aufgezwungenen menschenunwürdigen Lebensumstände akzeptieren. Wir wissen, daß die herrschende Gewalt sich nicht nur im Polizeiapparat manifestiert, sondern in Gesetzen, die das Privateigentum sichern, in der kapitalistischen Städteplanung, in der Pressehetze gegen die Studenten, in der Verschlechterung der Ausbildungsbedingungen und im Berufsverbot.

Und unsere Antwort auf diese Unterdrückung ist die Entwicklung einer politischen Praxis, die sich aktuell konzentriert auf die Entwicklung von Betriebsarbeit und die Unterstützung des Wohnungskampfes hier in Frankfurt. Sich die Gewaltfrage praktisch stellen, heißt für uns also: Sind wir bereit, diesen Kampf zu unterstützen? – Sind wir bereit, die Häuser zu verteidigen gegen Bullen und Justiz? – Sind wir bereit, neue zu nehmen? – Sind wir bereit, uns mit streikenden Arbeitern im Kampf gegen Streikbrecher und Bullen zu solidarisieren?

Unsere Kritik an der RAF unterscheidet sich von der Kritik der ML oder der Revisionisten. Wir reduzieren die politische Bewegung nicht auf den Versuch, im traditionell bestimmten Industrieproletariat eine Partei aufzubauen. Wir knüpfen an, an die weltweite Jugendrevolte, wir begreifen es als Teil unseres politischen Kampfes, daß die Jugendlichen anders, nämlich in Kommunen leben wollen. Hier unterscheidet sich unsere Kritik, weil wir nicht sagen, die RAF soll sich dem Bewußtsein der Massen anpassen, unsere Kritik besagt, daß die Aktionen der RAF sich von der Bewegung insgesamt gelöst haben. – Wir halten die Ansätze innerhalb der Jugend für einen wesentlichen Bestandteil der revolutionären Bewegung, sie sind die Basis für einen Teil unserer militanten Aktionen. Die Entwicklung politischer Ansätze bei proletarischen Jugendlichen stellt uns jedoch vor ungeheure Schwierigkeiten. Während der Studentenbewegung und auch heute bei unserer Betriebsarbeit werden Lehrlinge und junge Arbeiter politisiert, deren Perspektive einer Integration in die politischen Organisationen, die noch weitgehend von Studenten bestimmt werden, jedoch unklar ist. Das Problem dabei ist, daß sich für diese jungen Proletarier z. Z. noch kaum autonome Organisationsansätze innerhalb ihrer Ausbildungs- und Arbeitsstätten ergeben, d.h., sie kommen zu uns mit der Vorstellung, entweder eine Ausbildung zu machen, dies heißt mit Aufstiegsideologien, oder sie flippen von Kommune zu Kommune, ohne ihr Leben weiter zu planen. Auf jeden Fall wollen und können sie sich nicht mehr dem Schicksal der Lohnarbeit unterwerfen. Die Konsequenz der mangelnden Integration dieser Genossen ist dann, daß sie sich nicht einbringen können in den Prozeß der langfristigen Planung einer revolutionären Strategie, daß sie ihre Kritik und ihre Wut an diesem System aber zum Ausdruck bringen, indem sie bei Aktionen zum militanten Kern werden. Wenn man ein Haus besetzen und verteidigen will, weiß jeder Genosse, daß es darauf ankommt, nicht wegzulaufen, wenn die ersten Bullen kommen, sondern sich zu überlegen, was man tun kann. Trotzdem entwickelt sich naturwüchsig die fatale Tendenz, daß einige Genossen, vor allem die jungen Proletarier, sich aktiv verhalten, viele der studentischen Genossen sich aber individuell verdrücken.

Damit liefern wir nicht nur in der konkreten Situation der Auseinandersetzung diese Genossen der Polizei aus, wir verstärken noch ihr Mißtrauen uns gegenüber und machen sie aufnahmebereit für die Form der individuellen Mutprobe, die die RAF anbietet.

Diese Selbstkritik versteht sich als Beginn einer Reflexion unseres Verhaltens. Genossen, diskutiert eure Ängste und bekämpft sie praktisch und kollektiv, sonst werdet ihr sie nie überwinden, aber ignoriert sie nicht, denn das kann zum politischen Selbstmord führen.

Nr. 401

Oskar Negt
Nicht nach Köpfen, sondern nach Interessen organisieren!
14. Oktober 1972

QUELLE: Links, 4. Jg., Nr. 39, Dezember 1972, S. 9–11; wiederabgedruckt in: Sozialistisches Büro (Hg.), Für eine neue sozialistische Linke, Frankfurt/Main 1973, S. 216–226; wiederabgedruckt in: Oskar Negt, Keine Demokratie ohne Sozialismus, © Suhrkamp Verlag, Frankfurt/Main 1976, S. 300–312

VORBEMERKUNGEN

Die folgenden Überlegungen, die ich auf der zentralen Arbeitstagung des Sozialistischen Büros im Oktober '72 in Frankfurt vorgetragen habe, können keinen Anspruch auf Vollständigkeit und analytische Begründung aller angedeuteten Zusammenhänge erheben. Die Unabgeschlossenheit der Fragestellungen ergibt sich aus der Sache, um die es geht. Daß eine politisch-ökonomische Untersuchung des kapitalistischen Herrschaftssystems, unter dessen Bedingungen die Organisationsfrage diskutiert wird, fehlt, ist zweifellos ein großer Mangel. Eine geschlossene marxistische Theorie des Spätkapitalismus, auf die man sich bei der Lösung von Organisationsproblemen berufen könnte, gibt es jedoch nicht. Vorhanden sind einzelne Ansätze, die weiterentwickelt werden müssen. Auch die Theorie des staatsmonopolistischen Kapitalismus trägt zur Lösung der aktuellen Fragen der Organisation nur wenig bei. Dieser Mangel an Klarheit über die Entwicklungstendenzen des spätkapitalistischen Herrschaftssystems darf uns allerdings nicht in den Irrtum führen, die dringenden Fragen der Organisationspraxis und damit sozialistische Politik auf den Zeitpunkt zu vertagen, an dem die Theorie ausgereift ist.

Das Prinzip: »erst Klarheit, dann Einheit« ist falsch. Und die Furcht, in Irrtum zu geraten, ist, wie Hegel sagt, schon der Irrtum selbst.

Das historisch-spezifische Verhältnis zwischen Theorie und Praxis der Organisation ist nicht zu Lasten der einen Seite dieser dialektischen Beziehung einzuebnen. Seine Bestimmung ist selber Produkt der politischen Erfahrung; die folgenden Erörterungen zur Organisationsfrage bezeichnen nichts weiter als das Programm, die Richtung, in der eine mögliche theoretische Konzeption der Organisation formuliert werden müßte.

»ORGANISATION« UND »SPONTANEITÄT«

Fragen der Organisation bestimmen heute das Erscheinungsbild der westdeutschen Linken so sehr, daß für einen auswärtigen Beobachter der Eindruck entstehen kann, als bedürften die auf breiter Front aufgebrochenen Klassenkämpfe nur noch ihres politischen Elements, ihres organisatorisch vereinheitlichenden Ausdrucks, um in die Richtung eines strukturierten sozialrevolutionären Prozesses gedrängt werden zu können.

In Wirklichkeit ist das Gegenteil der Fall: das wilde Denken in Organisationsfragen, der ungeheure Kraftaufwand und die Besessenheit, mit der nach dem Prinzip von Minimal-Unterschieden der politischen Überzeugungen organisiert wird, Aufbauorganisationen, Parteien, Fraktionen aus dem Boden gestampft und liquidiert werden, ist ein sicheres Zeichen dafür, daß die Arbeiterklasse als materieller Träger des Umwälzungsprozesses noch nicht ein Entwicklungsstadium erreicht hat, in dem sie für sich selber den politischen Charakter ihrer Interessen und Aktionen erfährt.

Nicht durch das, was sie tun oder bewirken wollen, sondern durch ihre bloße Existenz deuten diese schattenhaften Fraktionskämpfe der Linken allerdings auf ein Problem hin, das in den traditionellen kommunistischen Parteien als ein für allemal gelöst erscheint: die Bestimmung jener Organisationsformen, mit deren Hilfe gerade in Perioden der relativen Stabilität des kapitalistischen Herrschaftssystems oder gar der Restauration und Konterrevolution, wenn also die Arbeiterklassenbewegung stagniert oder Rückschläge erleidet, revolutionäre Politik betrieben werden kann, ohne auf das Niveau von Aufbewahr-Institutionen für revolutionäres Erbe abzusinken.

In revolutionären Situationen ergibt sich die Lösung der Organisationsfrage unter dem Druck praktischer Notwendigkeiten meist von selbst, auf dem Boden spontaner Selbstorganisation der Massen. Es ist richtig: für die Zerschlagung der Konterrevolution war die bolschewistische Partei Lenins ein entscheidendes und unentbehrliches Instrument; aber es kann doch kein Zweifel daran bestehen, daß die Gründung der Sowjets nicht Resultat irgendwelcher Parteiinitiative war. Lenins Losung: »Alle Macht den Sowjets« gründete sich auf die Erfahrung, daß sie die eigentlichen Träger der politischen Gewalt im Lande sind. Die Comités des französischen Mai, die Räte in Italien und Deutschland, die Kommunen Spaniens, die mit der Volksbefreiungsarmee verschmolzene Partei Mao Tse-tungs: das sind praktische Organisationsformen, arbeitende Körperschaften, als die Marx die Pariser Commune von 1871 bezeichnete, die sich niemand vorher ausdenken kann, die zwar auf Vorbilder zurückgreifen können, im Grunde aber unaustauschbare, ganz von den konkreten geschichtlichen und gesellschaftlichen Verhältnissen geprägte Ausdrucksformen der politischen Erfahrung der Massen sind.

Wo Parteien dieses Basiselement spontaner Selbstorganisation nicht aufgreifen (was Lenin zum Beispiel in der Periode von der Februar- zur Oktoberrevolution tatsächlich getan hat), werden sie mit erstaunlicher Regelmäßigkeit in die Rolle bloß kontrollierender und disziplinierender Organisationen gedrängt. Sie fangen an, das in den Massenaktionen selber steckende politisch-organisatorische Element von der Erfahrungsbasis der Massen abzutrennen und in Gestalt von Direktiven, Beschlüssen nachträglich und von außen wiederum in die Massen hineinzutragen. Es gibt kein Beispiel in der Geschichte der Arbeiterbewegung, an dem deutlich wird, daß das nicht zum Scheitern geführt hätte. Das bedeutet keine Fetischisierung der Spontaneität; wer Spontaneität zu einem unter allen Bedingungen wirksamen, jederzeit erfolgversprechenden Mechanismus formalisiert, drückt damit nur die andere Seite des bürokratischen Organisations-Modells aus. Spontaneität in dem von mir gemeinten Sinne bezeichnet die Richtung einer Argumentation, in der der Diskussionsrahmen von Organisationsproblemen, die allzu leicht an den großen Zusammenhängen der kapitalistischen Krisen und des Imperialismus festgemacht werden, nach unten, zu den geschichtlich-elementaren Bedürfnissen und Erfahrungsweisen der Massen erweitert, materialistisch fundiert werden soll.

ZUM HISTORISCHEN ORT VON ORGANISATIONSFRAGEN

Erstes und entscheidendes Kriterium für die Behandlung der Organisationsfrage ist deshalb das Bewußtsein von der historischen Vermitteltheit jeder Form der Organisation. Wenn Lukács davon spricht, daß die Organisation die Form der Vermittlung zwischen Theorie und Praxis darstellt, so hat er eine ganz spezifische und bereits bewährte Organisation im Auge: die leninistische Kaderpartei, die den besonderen Bedingungen der revolutionären Entwicklung Rußlands entsprach. Schon die Stalinsche Massenpartei unterscheidet sich grundlegend von diesem Organisations-Typus, der zweierlei zu leisten hatte: erstens die Aufrechterhaltung der organisatorischen Identität und Führungsposition eines Industrieproletariats, das von einer erdrückenden Mehrheit von Bauern und Kleinproduzenten umgeben und politisch bedroht war; zweitens ist der Parteigedanke Inbegriff von Disziplin und Leistungsmoral und nimmt im kleinen Normen und Verhaltensweisen voraus, die für den noch bevorstehenden Industrialisierungsprozeß Rußlands notwendig sind. Lenin erkennt das sehr genau: »Den Parteigedanken unter dem Gesichtspunkt des Kommunismus verneinen, heißt einen Sprung machen von der Vorstufe des Zusammenbruchs des Kapitalismus (in Deutschland) nicht zur untersten und nicht zur mittleren, sondern zur höchsten Phase des Kommunismus.« Es liegt auf der Hand, daß diese Warnung um so mehr für eine Gesellschaft gilt, in der die erdrückende Masse der Bevölkerung die im Zuge der kapitalistischen Entwicklung durch Gewalt, Verinnerlichung, Erziehung, befestigten Regeln der industriellen Arbeitsdisziplin überhaupt erst erlernen muß.

Diese Bedingungen haben sich in den fortgeschrittenen kapitalistischen Industriegesellschaften heute verändert. Die industrielle Leistungsmoral ist, gemessen am Stand der Produktivkräfte und des verfügbaren gesellschaftlichen Reichtums, zu einem zusätzlichen Herrschaftsmittel geworden; sie ist in sich brüchig, und jeder Streik, jede Leistungsverweigerung bestätigt das aufs neue. Die kommunistischen Parteien, soweit sie überhaupt nennenswerten Einfluß auf die Massen gewinnen konnten, sind zu riesigen Lagern geworden, zu »Gesellschaften in der Gesellschaft«.

Wie sehr der Verlust des historischen Bewußtseins jede sinnvolle marxistische Analyse der Organisationsfrage behindert, zeigt am deutlichsten der gegenwärtige Stand der Organisationsdiskussion der westdeutschen Linken, – im Unterschied etwa zur italienischen oder, wenn auch in geringerem Maße, zur französischen.

DIE PHASE DER PROTESTBEWEGUNG

Alle Fraktionen der Linken, einschließlich der DKP, gehen davon aus, daß die Überbewertung der Spontaneität in den Protestbewegungen der Jugendlichen und der Studenten auf der angeblich gesicherten Erfahrung beruht, daß kleinbürgerliche Schichten (und die rebellierende Intelligenz wurde zu diesen gerechnet) auf Grund ihrer unsicheren Existenzgrundlage zwischen der kapitalistischen Klasse und dem Proletariat Affekte gegen jegliche Art der Organisation besitzen. Das Verhalten dieser Fraktionen zur Protestbewegung ist deshalb, selbst bei der Baader-Meinhof-Gruppe, die sich als konsequenteste Erbin dieser Bewegung verstand, von dem Willen geprägt, diese Phase als Irrweg zu bekämpfen, zu vergessen, möglichst vollständig aus dem Bewußtsein zu drängen.

Sie untersuchen diese Protestphase nicht im spezifischen Zusammenhang der gesellschaftlichen Kräfte, durch den sie bestimmt wurde, sondern unter dem Gesichtspunkt von Abweichungen. Dabei übersehen sie, daß auch die Protestbewegung Organisationsformen entwickelt hat, die dem politischen Grundzug dieser spontanen, hauptsächlich von Gruppen der Intelligenz und der Jugendlichen getragenen Bewegung durchaus angemessen waren.

Es ist nicht zufällig, daß der als Teilgliederung der SPD entstandene, Anfang der sechziger Jahre in der Auseinandersetzung mit gewerkschaftlichem und sozialdemokratischem Reformismus zu einer autonomen studentischen Mitgliederorganisation sich herausbildende SDS im Laufe der Protestbewegung aufgelöst wurde; gleichwohl kamen fast alle führenden Leute der Protestbewegung aus dem SDS. Mit anderen Worten: die Organisationsform des SDS war zureichend, sozialistische Kader für eine hauptsächlich auf Gruppen der Intelligenz gestützte Bewegung zu produzieren, ihr auch eine bestimmte politische Richtung zu geben, nicht aber, um den politisch-organisatorischen Zusammenhalt dieser Bewegung zu gewährleisten. Neben dem SDS, dessen Mitgliederversammlungen und Delegiertenkonferenzen schließlich jede Funktion verloren, bildeten sich deshalb informelle Kader, im Studentenbereich Vollversammlungen, republikanische Klubs, als Kommunikationszentren, in denen die wichtigsten Entscheidungen für Aktionen getroffen wurden. Das beruhte, wenigstens in der Hochphase der Protestbewegung, keineswegs auf agitatorischer Manipulation, die lediglich auf Akklamation und plebiszitäre Legitimation durch die beteiligten Massen aus war.

Informelle Kader, Vollversammlungen, Clubs waren Formen der spontanen Selbstorganisation einer Bewegung, in der es vor allem auch um die Emanzipation des einzelnen, um die Bewußtwerdung seiner Interessen und Bedürfnisse, um das Zerbrechen der verinnerlichten und der äußerlichen Gewalt des Systems ging.

Wenn ich es für wesentlich halte, in der jetzt erst beginnenden Organisationsdebatte an unsere eigene Geschichte der politischen Sozialisation anzuknüpfen, so nicht, um die alten Organisationsformen zu retten – sie sind Ausdruck einer auf Intellektuelle und Jugendliche beschränkten Massenbewegung, die auf die Arbeiterklasse nur indirekt gewirkt hat; es geht vielmehr darum, das, was diese Bewegung an emanzipativen Kräften und Perspektiven freigesetzt hat, aufzunehmen und unter veränderten objektiven Bedingungen und Erfahrungen weiterzuführen.

Eine gründliche Analyse der Protestbewegung gibt es noch nicht; gleichwohl lassen sich einzelne Merkmale angeben, die ihre Zerfallsgeschichte bestimmen. Man kann davon sprechen, daß es ein Prozeß der »Momentanisierung« war, durch den sich das ungegliederte Ganze, aus dem sich die vielfältigen Formen des antikapitalistischen Protests, der Leistungsverweigerung, des demonstrativen Anspruchs auf eigene Lebensbedürfnisse zusammensetzten, in seine einzelnen Bestandteile auflöste. Die einzelnen Momente, wie die Beziehung zu den Sozialrevolutionen der Dritten Welt, »Kritische Universität«, Betriebsarbeit, Wiederaneignung der revolutionären Traditionen der Arbeiterbewegung usw. verselbständigen sich und gehen eine Verbindung mit starken Organisationsbedürfnissen ein. Kleine überschaubare Organisationen machen diese Momente zu jeweiligen Schwerpunkten ihrer Arbeit und grenzen sich, um den eigenen Anhängern politische Identifikationsmöglichkeiten und Sicherheiten zu verschaffen, scharf gegeneinander ab. Jede Organisation geht von der Erwartung aus, daß sich alle Linken allmählich auf sie hinbewegen und ihren Führungsanspruch schließlich akzeptieren werden.

Es kann kein Zweifel daran bestehen, daß alle diese Organisationsgebilde durch die inhaltliche Arbeit und durch die praktische Problematisierung der traditionellen Organisationsvorstellungen erheblich dazu beigetragen haben, daß der Zerfall der Protestbewegungen nicht eine vollständige Entpolitisierung und Privatisierung ihrer Anhänger bewirkte. Ein weiteres Moment kommt hinzu: Für die aus dem SDS kommende Generation war sozialistische Politik mit Organisationsdisziplin, mit langfristiger Kleinarbeit, die keine Schlagzeilen machte, so sehr verknüpft, daß es zur Selbstverständlichkeit der Alltagspraxis gehörte. Die durch die Protestbewegung Politisierten standen mit ihren spektakulären Aktionen im Licht der bürgerlichen Öffentlichkeit und begannen sehr schnell zu verlernen, was politischer Erfolg ist und was lediglich Unsicherheit und damit Aufmerksamkeit bei den herrschenden Gewalten erzeugt. Die Gegenbewegung, die zur Fraktionszersplitterung führte, vollzog sich deshalb auf zwei Ebenen: das Einüben von straffer Organisationsdisziplin und die hermetische Abdichtung gegenüber jeder Form der Öffentlichkeit.

WIE POLITISCH ZUSAMMENFASSEN, ORGANISATORISCH STABILISIEREN?

In dieser Hinsicht kann man durchaus von einem Fortschritt sprechen. Das ist aber nur die eine Seite der Sache. Denn das im Verhältnis zur Protestbewegung gewachsene Organisationsbewußtsein der Linken ist mit dem Verlust an politischer Phantasie, an individuell-emanzipativen Interessen, Flexibilität der Strategie und Realitätshaltigkeit der Gesellschaftsanalysen erkauft worden. Wer sieht, welches Maß an Energie für Positionskämpfe der Linken verschwendet wird, wird Verständnis dafür haben, daß es in der theoretischen und praktischen Krise dieser Fraktionen gegenwärtig weniger darauf ankommt, neben die bestehenden eine neue Organisation zu setzen und innerhalb des Rahmens sich zu bewegen, in dem Theorien mit Theorien und Ideen mit Ideen konfrontiert werden. Es geht vielmehr darum, den substantiellen Gehalt der Arbeit dieser Fraktionen und aller übrigen arbeitenden Gruppen politisch zusammenzufassen und organisatorisch zu stabilisieren. Das setzt zur Zeit eine Art »überfraktionelles Bewußtsein« voraus, von dem aus strategische Linien einer sozialistischen Politik bestimmt werden können, die sowohl den objektiven Bedingungen einer revolutionären Umwälzung des Spätkapitalismus wie dem Stand des Bewußtseins der politischen Linken in der Bundesrepublik angemessen ist.

Wie immer die Organisation aussehen mag, die der gegenwärtigen Situation der Klassenkämpfe angemessen ist: sie muß, soll sie nicht auf einen rein technischen Apparat oder auf Identifikationssymbole reduziert werden, zweierlei enthalten: zum einen die Zusammensetzung und Politisierung der spezifischen Lebensinteressen und Bedürfnisse der Menschen; zum anderen die Aufhebung der Zersplitterung und Konkurrenz dieser Interessen, die der Kapitalismus ungleichgewichtig, ja häufig sogar gegeneinander organisiert hat.

Die traditionellen Organisationen und Parteien unterstellen einen ganzen Menschen; sie organisieren nach Köpfen; sie sammeln Mitglieder, die Parteidisziplin üben und Bekenntnisse zu bestimmten Programmen ablegen. Um sie genauer zu erfassen, werden sie nach einer Reihe mehr oder minder zufälliger Merkmale untergliedert, denen im allgemeinen Vorstandsabteilungen zugeordnet sind: Frauen, Jugend, Bildung und Kultur usw. Von diesen Merkmalen wird angenommen, daß sie die charakteristischen Merkmale für diese Personengruppen oder Sachgebiete sind.

Demgegenüber zeigen alle spontanen Bewegungen, daß die das tatsächliche Verhalten bestimmenden Interessen und Bedürfnisse quer zu diesen arbeitsteilig verdinglichten Definitionen liegen. Sie dienen mehr der Übersicht und der Kontrolle als dem politischen Ausdruck der Interessen und Bedürfnisse. Hierin liegt offenbar der Grund für die vielfach zu beobachtende Erscheinung, daß die kommunistischen Parteien immer stärker in das Dilemma geraten, Massenaktionen, ob es nun wilde Streiks (die sich zu nationalen Streiks ausweiten können), Bürgerinitiativen oder Studentenproteste sind, die nicht auf Grund von Vortandsinitiativen entstanden sind, entweder zu disziplinieren oder aufzugreifen, um sie nachträglich für sich auszumünzen. Das ist keine böse Absicht einzelner sondern ein struktureller Konflikt solcher Organisationen.

ORGANISATION VON INTERESSEN UND BEDÜRFNISSEN

In der Geschichte der Arbeiterbewegung hat es sich in allen industrialisierten Ländern als katastrophal erwiesen, daß die in den Arbeiterparteien, den sozialdemokratischen ebenso wie in den kommunistischen, zusammengefaßten Individuen (ganz zu schweigen von den häufig sehr schnell wechselnden Parteiwählern) stets als ganze, eben als Sozialdemokraten, Kommunisten, klassenbewußte Proletarier gefaßt wurden, während ihre spezifischen Interessen, Wohnen, Kindererziehung, Sexualität, Arbeit, Freizeit unentwickelt, brachliegen blieben oder in einer Weise von oben organisiert wurden, daß die vom Kapitalismus mitproduzierten Bedürfnisse und Interessen sich überhaupt nicht frei ausdrücken konnten.

So entsteht bereits in der Phase des Vorfaschismus eine bedrohliche Schere: während man mit Stolz auf die wachsende Zahl klassenbewußter Arbeiter verweist, marschieren die Massen, und keineswegs nur die kleinbürgerlichen, schon in eine ganz andere Richtung. Die von den damaligen großen Arbeiterparteien politisch und das heißt immer auch: mit einem hohen Grad von Selbsttätigkeit und Selbstorganisation nicht strukturierten und in ihrem materiellen Eigengewicht aufgearbeiteten Interessen und Bedürfnisse konnten vom Faschismus leicht aufgegriffen und gegen die objektiven Interessen der Menschen umgewendet werden. Denn sie bleiben nie herrenlos auf der Straße liegen; entweder organisiert sie die eine Seite oder die andere; entweder rechts oder links.

Diese Organisation von Interessen und Bedürfnissen, von der keine zeitgemäße Lösung der Organisationsfrage absehen kann, hat für die spätkapitalistischen Gesellschaftsordnungen ein besonderes Gewicht. Zwar ist es richtig, von der Legitimationsschwäche der kapitalistischen Herrschaftssysteme zu sprechen; sie sind in der Tat nur imstande, die Massen von Fall zu Fall für ihre Interessen zu mobilisieren; durch sie erfahren sie allenfalls eine in sich labile, gebrochene Legitimation. Dennoch spielt das Problem der Loyalitätsbindung der Massen an die bestehende Gesellschaft eine zentrale Rolle.

Die Erfahrungen, die vor allem die in der Betriebsarbeit aktiven Gruppen der Linken gemacht haben, weisen alle in die gleiche Richtung: es ist unmöglich, die tiefsitzenden, gleichzeitig aus Tradition und Schutzbedürfnissen kommenden Loyalitätsbindungen der erdrückenden Masse der Arbeiter an die Gewerkschaften und an die Sozialdemokratische Partei durch eine Propaganda der Tat, durch Überredung oder durch Überzeugung von den besseren Alternativen aufzulösen. Auch langfristige und aufwendige Schulung, die bei Streiksituationen in geschickte Agitation umgesetzt werden mag, reicht dazu nicht aus. Sie ist notwendig, aber sie berührt den Lebenszusammenhang der Arbeiter nur punktuell und äußerlich.

Die Massen erfahren mehr von dem, was Reformismus ist, wenn Arbeiterparteien im Besitz der Regierungsgewalt die Unmöglichkeit demonstrieren, eine konsequente Politik im Interesse der Arbeiterklasse zu betreiben und den kapitalistischen Zwangszusammenhang zu durchbrechen, als durch noch so gründliche Schulungs- und Aufklärungsarbeit über die Fallstrikke des Reformismus. Solange reformistische Lösungen als praktisch möglich erscheinen, werden die Massen für reformistische Parteien votieren. Der Appell an sozialistische Ideale bewirkt hier gar nichts. Gefühlsmäßige Loyalitätsbindungen, die häufig sogar die Einsicht in die eigenen Interessen überlagern, lösen sich nur stückweise auf. Unterstellen also, wie ich bereits gesagt habe, die etablierten Organisationen ganze Menschen, die ihnen durch Bekenntnis und Mitgliedschaft zugehören, so muß der erste politische Akt einer revolutionären Organisation darin bestehen, dieses scheinhafte Ganze aufzubrechen. Der ganze Mensch, dessen Eigenschaften, Fähigkeiten, Interessen, Bedürfnisse durch den kapitalistischen Produktions- und Verwertungszusammenhang zerrissen sind, steht am Ende des revolutionären Umwälzungsprozesses, nicht am Anfang.

WARUM BRAUCHEN WIR UNTER GEGENWÄRTIGEN BEDINGUNGEN DIE ORGANISATIONSFORM EINES »SOZIALISTISCHEN BÜROS«?

Wie die italienischen Marxisten der Manifesto-Gruppe nachzuweisen versuchen, besteht die Funktion der Organisation nicht in erster Linie darin, Theorie und Praxis miteinander zu vermitteln, oder gar: Theorie in Praxis umzusetzen; vielmehr ist eine sozialistische Organisation ein Instrument der Vermittlung zwischen Sein und Bewußtsein, zwischen der Gesellschaftsstruktur und dem gesellschaftlichen Verhalten und Bewußtsein der Individuen. Es gibt keine Avantgarden, die den Anspruch erheben könnten, im Besitz einer entwickelten Theorie zu sein, für die man lediglich noch die organisatorisch wirksamen Anwendungsbedingungen ausfindig machen muß. Es ist ein einheitlicher und gleichzeitig in sich widersprüchlicher Prozeß, in dem die für die Analyse der spätkapitalistischen Gesellschaftsordnung notwendige Weiterentwicklung der Marxschen Theorie sich verbindet mit praktischen Schritten der Organisierung der Interessen: das heißt ihrer Politisierung und Vereinheitlichung. Nur die Politisierung der unmittelbaren Interessen kann den Massen in Unsicherheitssituationen die Angst nehmen, alles zu verlieren. Werden diese Interessen nicht auf revolutionäre Umwälzungen hin strukturiert, so kommt die in Krisensituation entstehende Angst, die mit mangelndem Selbstbewußtsein eigener Aktivität verbunden ist, in der Regel der Rechten, bestenfalls den bürokratischen Arbeiterorganisationen zugute.

Das »Sozialistische Büro« kann sich in der gegenwärtigen Phase nur als Organisator eines Produktionszusammenhangs verstehen, in den die jetzt noch verstreut und zum Teil lokal begrenzt arbeitenden Basisgruppen einbezogen werden. Es hat nicht die Aufgabe, durch Direktiven und verbindliche Richtlinien auf arbeitende Gruppen, innerhalb und außerhalb bestehender Organisationen, einzuwirken. Da es sich als Spitze eines Produktionszusammenhangs begreift, muß es auch Produkte liefern – Hilfsmittel verschiedenster Art, die den Basisgruppen die schwierige Vermittlung zwischen unmittelbaren Interessen und Bedürfnissen, die sich aus der Alltagspraxis der Menschen ergeben, und den objektiven, durch die Klassensituation bedingten Interessen, zu erleichtern. Ohne eine solche selbsttätige Organisation der Erfahrung, die die traditionelle, auch von den Arbeiterorganisationen geteilte Aufspaltung von Interessen und Politik zu überwinden sucht, kann eine sozialistische Politik keine wirkliche Basis in den Massen gewinnen. Zweifellos bestehen Gefahren einer syndikalistischen Verengung und Zersplitterung der Berufsinteressen; diese Gefahren sind aber überwindbar.

Für die linken Fraktionen und die DKP ist die Frage der Verbindlichkeit der Politik sehr einfach zu lösen; sie wird durch Organisationsbeschluß entschieden. Wenn man aber aus geschichtlichen Erfahrungen heraus das Vertrauen dazu verloren hat, daß diese Form der Verbindlichkeit überhaupt etwas aussagt über die Stabilität des sozialistischen Verhaltens und Bewußtseins der Massen, muß man andere Wege gehen. Verbindlichkeit kann heute nur noch in inhaltlicher Arbeit bestehen, in der Durchführung von Projekten, die dem einzelnen am Ort seiner Berufstätigkeit bereits in dieser Gesellschaft die Perspektiven einer neuen sichtbar machen.

Revolutionäre Politik kann heute nicht mehr an den politischen Machtzentren ausgerichtet werden. Die Machtfrage, die das ganze System betrifft, stellt sich erst in einer Bewegung von Streiks, die den ökonomischen und politischen Herrschaftsapparat außer Funktion setzen. Ereignisse, wie der Sturm auf die Bastille und die Erstürmung des Winterpalais, werden sich auch in vergleichbaren Formen nicht wiederholen.

Der Klassenkampf hat eine neue sinnliche Qualität angenommen, die Kampferfahrungen verbinden sich mit dem Bewußtsein, daß der gesellschaftliche Reichtum für alle verfügbar ist; die klassenlose Gesellschaft ist durchsichtig geworden, nicht ein bloßes Jenseits des Kapitalismus, das man den Menschen durch umständliche Vertröstungen und Hoffnungen klarmachen muß; sie ist für jeden sinnlich erfahrbar geworden. Deshalb ist es auch nicht mehr in gleichem Maße wie in der Vergangenheit notwendig, den Interessen und Bedürfnissen von außen eine politische Dimension hinzuzufügen; es ist lediglich erforderlich, ihren politischen Inhalt zu entfalten.

Wenn man auf geschichtliche Beispiele zurückgreifen will, so könnte man sagen, daß die vom »Sozialistischen Büro« zusammengefaßten Basisgruppen in ihr inhaltliches Arbeiten Elemente von Räten aufzunehmen hätten, – Elemente der historisch aufgetretenen Räte, die stets spontane Organisationsformen der Massen waren. Der Rätegedanke wird überall dort neu belegt, wo es um die im Entstehen begriffenen sozialistischen Alternativen geht – ob in den kommunistischen Transformationsgesellschaften oder im Spätkapitalismus. Das »Sozialistische Büro« begreift sich als eine in diesem Sinne »arbeitende Körperschaft«, als ein kleiner, aber notwendiger Schritt in der Organisation und Durchsetzung einer sozialistischen Alternative in diesem Lande.

1973

28. 3.: Polizisten versuchen im Kettenhofweg vor Steinwürfen in Deckung zu gehen.

> **Nr. 402**
> Jürgen Habermas
> Herbert Marcuse
> über Kunst und Revolution
> Rezension des Bandes
> »Konterrevolution und Revolte« (Auszug)
> 9. Juni 1973
>
> QUELLE: Frankfurter Allgemeine Zeitung vom 9. Juni 1973;
> wiederabgedruckt in: Jürgen Habermas, Kultur und Kritik – Verstreute Aufsätze,
> © Suhrkamp Verlag, Frankfurt/Main 1973, S. 347–349

Auf eine verständnisvolle Rezeption darf Marcuse heute in der Bundesrepublik kaum rechnen, ohnehin nicht bei seinen Gegnern, aber auch nicht bei denen, die seine Gegner geworden sind oder gleichgültig von ihm sich abgewendet haben. Die unorganisierten Reste der Neuen Linken, bei denen Resonanz möglich ist, haben keinen großen Handlungsspielraum mehr. Für die Szene, die Marcuse und die Protestbewegung hinterlassen haben, sind, wenn man von den parteitreuen Kommunisten und den zwischen Mao und Stalin angesiedelten Militanten absieht, zwei neue Kraftfelder charakteristisch. Auf der einen Seite haben sich diffuse und eher unpolitische Jugendkulturen gebildet, deren schon wieder kommerzialisierte Stimmung mit dem Modewort Nostalgie belegt wird. Ein neuer Historismus durchmustert die schnell gealterte Moderne nach Reizen und Dekorationen, die sich für den Privatgenuß von Gegenwerten und Komplementärerfahrungen zum Alltag der Leistungsgesellschaft eignen. Nachdem der Jugendstil, wahrlich eine Schatzkammer, geplündert worden ist, geht die Suche nach vorwärts in die zwanziger und dreißiger Jahre und nach rückwärts in Viscontis Spätromantik. Auf der anderen Seite haben die Jusos eine taktisch erfolgreiche Opposition geschaffen, die zum ersten Mal in der deutschen Nachkriegsgeschichte eine politisch folgenreiche Auseinandersetzung mit sozialistischen Gesellschaftsanalysen erzwungen hat. Marcuse glaubt nicht, daß die bestehende Konkurrenzdemokratie ein geeignetes Operationsfeld für den Übergang zu einem demokratischen Sozialismus darstellt. Demgegenüber versuchen die Jungsozialisten, dem Parteiestablishment klarzumachen, daß die Leistungsfähigkeit des spätkapitalistischen Wirtschaftssystems im Hinblick auf politisch gesetzte Prioritäten auf die Probe, und im (erwarteten) negativen Fall auch zur Disposition gestellt werden muß; und sie sehen, daß radikale Reformen nicht begonnen werden dürfen, bevor nicht der demokratische Staat über die gesetzlichen Mittel verfügt, um einer vorhersehbaren Obstruktionspolitik entgegenzutreten, die die Investitionsfreiheit der privaten Großunternehmen präventiv ausnützt. Was hingegen die Jusos mit Marcuse verbindet, kommt in ihrer erklärten »Doppelstrategie« zum Ausdruck: Erfolge innerhalb der bestehenden Institutionen werden nur dann nicht bürokratisch versickern, wenn eine gleichzeitige Politisierung des Bewußtseins großer Bevölkerungsteile jene neuen Bedürfnisse schafft, die veränderte gesellschaftliche Prioritäten allein rechtfertigen, durchsetzen und tragen können. Die Reste der nicht-organisierten Neuen Linken, eingeklemmt zwischen nostalgischem Kulturkonsum und erfolgreicher Jusokonkurrenz – wenn das hierzulande die Szene ist, auf die Marcuses neues Buch auftrifft, dann ist Resonanz nicht wahrscheinlich, aber die Essenz des Marcuseschen Gedankens tritt auf diesem Hintergrund klar hervor.

Seit der Entstehung des modernen Staates wird die politische Sphäre durch Staaten- und Bürgerkriege eingegrenzt und durch die Routinen der öffentlichen Bürokratien ausgefüllt. Gegen diesen Begriff von Politik, der sich auf Probleme der Machtverteilung und der administrativen Bearbeitung von gesellschaftlichen Materien beschränkt, haben Marcuse und die Neue Linke den Begriff einer stetigen und umfassenden Politisierung gesetzt, welche das Bewußtsein und die Sinnlichkeit der Subjekte selber ergreifen und die Wertstrukturen der Gesellschaft verändern soll. Das bedeutet eine kategoriale Verschiebung des politischen Handelns. Sobald die nicht-materiellen Bedürfnisse nach neuen solidarischen Beziehungen zwischen den Gruppen, den Generationen und den Geschlechtern, zwischen den Subjekten und der Natur, in die kollektive Willensbildung einbezogen würden, müßten Politik und Lebenspraxis in eine neue Konstellation treten. Diese Entstaatlichung der Politik bahnt sich beispielsweise in den öffentlichen Planungsprozessen an. Eine solche Entdifferenzierung bisher getrennter Medien stellt sich immer als Zerstörung eines relativ autonomen Bereichs dar. Nun hat die kulturrevolutionäre Bewegung das Ineinandergreifen verschiedener Entdifferenzierungsprozesse zu Bewußtsein gebracht: die wohl definierten Grenzen zwischen Krankheit und Normalität, zwischen Kunst und Leben, zwischen Politik und Kunst, zwischen privaten und öffentlichen Konflikten, zwischen Anpassung und Kriminalität haben sich gleichzeitig verschoben. Für staatliche Politik und Wissenschaftssystem zeichnet sich ab, was in anderen Bereichen schon in vollem Gange ist.

Nr. 403
Jürgen Habermas
Leserbrief
Stellungnahme zu der in einer »Spiegel«-Rezension aufgestellten Behauptung, er distanziere sich vom Marxismus
18. Juni 1973
QUELLE: Der Spiegel vom 18. Juni 1973, 27. Jg., Nr. 25, S. 16

Im Vorspann Ihres Artikels lese ich, daß ich mich in meinem neuen Nachwort zur Taschenbuchausgabe von *Erkenntnis und Interesse* vom Marxismus »distanziert« habe. Erlauben Sie mir dazu drei Feststellungen:
1. Aus dem Nachwort bringen Sie ein längeres Zitat, dessen Sinn durch einen irreführenden Zusatz entstellt wird (S. 372). Sonst würden Sie auch meinen angeblichen Sinneswandel schwerlich belegen können: denn im Nachwort gehe ich auf Fragen des Marxismus gar nicht ein. Da hat jemand die Texte verwechselt.
2. Obgleich Sie einige Spalten auf die zweite Neuerscheinung *(Legitimationsprobleme)* verwenden, erwähnen Sie nicht einmal deren Thema; das Buch behandelt Krisentendenzen im Spätkapitalismus. Sollte eine Analyse, die ihre Ausgangsfrage, wesentliche theoretische Anstöße, die begrifflichen Instrumente und das Ziel: nämlich eine historisch-materialistische Auffassung der Gesellschaft, Marx verdankt, »marxistisch« genannt werden dürfen, besteht kein Grund, meine Arbeit nicht so zu nennen.
3. Von Personen oder von Äußerungen kann man sich »distanzieren«, nicht von wissenschaftlichen Traditionen, die ja dazu da sind, überprüft und revidiert zu werden. Man qualifiziert sich nicht durch Glaubensbekenntnisse gegenüber einem Autor, dessen Hauptwerk ein rundes Jahrhundert zurückliegt, als Marxist. Indem Sie das nahelegen, folgen Sie einträchtig den landesüblichen Stereotypen – und denen der DKP.

Nr. 404
Peter Brückner u. a.
Untersuchungsprojekt:
Die Protestbewegung in der Bundesrepublik Deutschland und West-Berlin
1. Dezember 1973
QUELLE: Alfred Krovoza / Axel R. Oestmann / Klaus Ottomeyer (Hg.), Zum Beispiel Peter Brückner – Treue zum Staat und kritische Wissenschaft, Frankfurt/Main 1981, S. 312–315, S. 317 und S. 318–322

5.1 DIE DIFFUSION DES SUBJEKTS DER REVOLUTION

Allgemeiner Rahmen: Das Revisionismus- und Reformismusproblem als Zentrum jeder Analyse des Spätkapitalismus, die die Bedingungen und objektiven Ausgangslagen von »sozialistischen« Protestbewegungen theoretisch bestimmen will.

Die Hypothese von der Diffusion des Subjekts der – sozialistischen bzw. kommunistischen – Revolution (»Proletariat«) als konstitutiv für linke Protestbewegungen muß auf zwei Ebenen erörtert werden:
(a) Empirisch-geschichtlich wird sie in der sogenannten Zerklüftung oder Schichtung (und partiellen Integration) der Arbeiterklasse in den Metropolen wie auch im Gradualismus, Reformismus, Bürokratismus ihrer traditionellen Organisationen faßbar: besonders deutlich erkennbar aus der Perspektive der Bundesrepublik Deutschland, die weder einen Pariser Mai 1968 noch die Arbeitskämpfe bei Fiat usw. im Italien der vergangenen Jahre gekannt hat. Diese Diffusion drückt sich auch in der Bedeutung aus, die die Nord-Süd-Problematik und die antikolonialistischen Kämpfe in Afrika, Asien, Lateinamerika als Quelle revolutionärer Bewegungen gewonnen haben. Von Organisationen der Arbeiterklasse (und von Staaten des sog. realen Sozialismus) wird nicht erkannt oder nicht anerkannt, daß damit das überlieferte Revolutionsmodell der Arbeiterbewegung geschichtlich (d.h. nicht nur theoretisch) problematisiert worden ist.[1]
(b) Zusätzlich empirisch-geschichtlich (wie auch geschichtsphilosophisch) bedeutsam für die Protestbewegung wird die Diffusion des bürgerlichen revolutionären Subjekts. An dieser Stelle müssen gewisse materiale Zusammenhänge ausführlicher erörtert werden.

Wir gehen dabei zunächst von der Situation der Untersucher aus: falls sich ihnen – zumindest in der Bundesrepublik – die Frage nach dem eigentlich sozialistischen Gehalt einer (universitären) Protestbewegung fahrlässigerweise nicht schon bei der Reflexion ihrer eigenen Geschichte aufdrängen sollte, so würde sie der Gegenstand ihrer Untersuchung zu einer solchen Recherche nötigen, denn diese Frage – nach dem sozialistischen Gehalt – hat sich der Protestbewegung selbst, vor allem in ihren Frühphasen, aufgedrängt. Sie war ein wesentliches, ein konstitutives Moment ihres Selbstverständnisses. In dem Maße, in dem sich aus den »Kontestationen« der spätkapitalistischen Gesellschaftsordnung der Bundesrepublik Deutschland eine kritische Massenbewegung entwickelte, die ihren Ort vornehmlich an Universitäten und Hochschulen hatte – ein Prozeß, in dem die faschistische Vergangenheit des eigenen Staats in seiner Komplizenschaft mit dem US-Imperialismus wiedererkannt werden konnte –, stellte sich in höchst komplizierter Weise das Problem des politischen Gehalts dieser Massenbewegung – höchst kompliziert im politischen Vorstellungsrahmen der Arbeiterbewegung und des Sozialismus als ihrem relevanten Bezugspunkt.

1) Die für Zwecke der Arbeitsproduktivität und Herrschaftssicherung notwendig gewordene Neuordnung des Ausbildungssystems zwang die Betroffenen zum Rückgriff auf frühbürgerliche Emanzipations-Forderungen – Forderungen eines »bürgerlichen« revolutionären Subjekts, die, wie von der Gesamtgesellschaft, nun auch von Bildung und Ausbildung nicht mehr eingelöst werden sollten. Insoweit diese frühbürgerlichen Emanzipations-Forderungen auch an der Wiege des Marxismus stehen, definierten sich Teile der Protestbewegung damit schon nicht mehr im Bezugsrahmen der Systemkonkurrenz »Kapitalismus vs. realer Sozialismus«, sondern innerhalb jenes historischen und revolutionären Anspruchs, dem letztlich *beide* Systeme ihre Existenz verdanken.[2] Insofern sich diese sog. radikaldemokratischen Tendenzen gegen frühbürgerlich-feudale Restbestände der Universität selbst (und der Schulen, Familien, Kirchen usw.) richteten, kann übrigens schon nicht mehr von einem restaurativen Interesse der studentischen Privilegien-Sicherung gesprochen werden.
2) Vielmehr transformierte sich der kapitalistisch erzeugte Reformdruck auf die Universitäten (vgl. oben zur ökonomisch wie politisch notwendig gewordenen Neuordnung des Ausbildungssystems) bei Teilen der politisierten Studenten – und zwar aus der Perspektive des Verlusts des bürgerlichen Subjekts der Revolution und Emanzipation – in das Votum für eine sozialistische Gesellschaftsordnung. Hier war sie freilich jenem unter (a) erörterten relativen Vakuum konfrontiert: der Diffusion des klassischen Subjekts der Revolution, der Krise des politischen Traditionalismus in der Arbeiterbewegung.
3) Ein politischer Begriff der Protestbewegung und die strategische Absicht ihrer Steuerung formten sich so unter der Kategorie des »Subjekts«, aber qualitativ anders als im früheren, ehemals sozialdemokratischen SDS. Der Marxismus, der die Arbeiterbewegung nach dem Vorbild der Philosophie mit geschichtsphilosophischer Legitimität ausstattete, konnte nur deshalb massenhaft rezipiert werden, weil für die geschichtliche Möglichkeit der Emanzipation jene Lücke der Legitimität bestand, die im Reformierungsprozeß der Hochschule sichtbar wurde (hinzu kommt freilich das Syndrom Faschismus/Kommunismus).

In diese Lücke trat zunächst nicht das »Subjekt« Arbeiterklasse, sondern traten die Befreiungsbewegungen in der Dritten Welt. An sie schien die geschichtliche Aktualität der Revolution übergegangen, Europa und Amerika dagegen an die Peripherie des weltrevolutionären Prozesses gedrängt zu sein, nachdem die Auflösung des bürgerlichen wie des proletarischen Subjekts der Revolution – durch Faschismus und Reformismus, durch die Politik der Sowjetunion und der mit ihr verbundenen KPs nach dem Krieg – für das Proletariat sozusagen noch einmal vollzogen wurde.

Die revolutionäre Stoßrichtung der Protestbewegungen in den Metropolen konnte demnach nicht mehr unmittelbar unter der *Kategorie des Subjekts* für stabilisierungsfähig gehalten werden. Sie fand vielmehr – für das Selbstverständnis und die politische Integrationskraft der Bewegung – ihre geschichtliche Neubestimmung in dem (praktisch, »aktivisch« gedachten) Begriff der *politischen Identität*, mit einem starken moralischen und kulturellen Anteil: in Anlehnung an die politische (nationale wie kulturelle) Identitätsbildung der unterdrückten Völker ereignete sich diese Identitätsfindung in den Metropolen im Rahmen einer auf Aufhebung von Entfremdung und Abschaffung jeder Art von Herrschaft drängenden Bereitschaft, mit sozialen und kulturellen Verhältnissen zu experimentieren. Die Dekolonisation vollzieht sich ja auch im Kontext der Suche nach alternativen Formen von Subjektivität.[3] Wahrscheinlich wird hier eine gemeinsame Entstehungsursache für scheinbar so disparate Phänomene wie Aktionen gegen den Krieg in Vietnam oder die Kommune-Bewegung zu suchen sein, aber auch für den »sozialistischen« Gehalt der Protestbewegung, wie er im antiautoritären Flügel des SDS bewußtgemacht und in Begriffen der (linken) marxistischen Theorietradition artikuliert werden konnte.

[...]

Zu 5.1.: Die Hypothese besagt, daß der »sozialistische« Gehalt der Protestbewegung, soweit er sich überhaupt positiv fassen läßt, in dieser Experimentier-Bereitschaft und damit in der Kategorie der Identität vielleicht am besten zum Ausdruck kommt; die Untersucher halten es für sehr wahrscheinlich, daß die historische Auflösung des – bürgerlichen wie proletarischen – Subjekts der Revolution jene Legitimitätslücke für Emanzipation hinterlassen hatte, in die zunächst der Kampf der Völker der Dritten Welt um ihre politische (nationale, kulturelle) Identität eintrat (Fanon, Sartre, Marcuse, Che Guevara). Das spezifisch Sozialistische der Protestbewegung läge nach dieser Hypothese darin, eine neue Fähigkeit auszubilden: die Fähigkeit, revolutionäre Subjektivität jenseits des Begriffs und der Erwartung eines revolutionären »Subjekts« in Befreiungsbewegungen, Arbeitskämpfen, Minderheitenkämpfen, Protestpotentialen, Basis-Initiativen usw. zu erkennen und weiterzutreiben – selbst auf die bis heute ungeheuer große Gefahr des Subjektivismus hin. Diese Fähigkeit zu entwickeln, mag jedoch voraussetzen, daß die bereits Politisierten selber noch für die Durchsetzung von Interessen kämpfen, die für sie spezifisch sind. Das können sehr wohl und sollten beispielsweise Existenzfragen des studentischen Lebenszusammenhangs, der Arbeitssituation, des sexuellen, sozialen und kulturellen Ausdrucksbedürfnisses u.ä. sein.

[...]

Anhang
Zur Hypothese: Diffusion des »Subjekts«
der Revolution

Die Ausgangslage in Teilen des SDS in der Frühphase[4] der Bewegung war etwa so: die Auseinandersetzung der Kritischen Theorie (vor allem Adorno, Marcuse) mit Lukács wurde grundsätzlich gutgeheißen, aber metakritisch weitergetrieben, um angemessene *praktische* Begriffe der Entstehung und Herstellung der »Klasse für sich« zu gewinnen (vgl. R. Dutschkes Begriff des »Lagers« oder Projektgruppe »Organisationsfrage« im Frankfurter SDS 1967, dazu Krahl über Lukács, in: *Konstitution und Klassenkampf*, Frankfurt/Main 1971, S. 164 ff.).
Die anfängliche Selbsteinschätzung der »Rebellion« drängte den revolutionär-marxistischen Teilen der Bewegung frühzeitig die »Organisationsfrage« auf: die Klassentheorie trat als erstes Hauptstück der Marxschen Theorie in den Vordergrund (vgl. die Vorarbeiten dazu im Kreis des Berliner SDS um M. Mauke, s. auch ders., *Die Klassentheorie von Marx und Engels*, Frankfurt/Main 1970), sie wurde auch gegen Marcuse gewendet (vgl. Beiträge in: *Das Ende der Utopie*, Kongreß Freie Universität Berlin, Juni 1967). Bei Dutschke fand sich 1966/67 die Vorstellung, die revolutionäre Klasse bilde sich quer zu den objektiven Klassendifferenzen im Zuge der Rebellion des »ganzen Menschen« (Marcuse) und den entsprechenden Strategien (»langer Marsch«) zur Bekämpfung jeder Art von Herrschaft.
Übereinstimmung in diesen Teilen des SDS bestand darin, daß das revolutionäre Subjekt *geschaffen* werden muß. Dieser Punkt teilte das sozialistische Lager der Bewegung in Traditionslisten und Antiautoritäre.[5] Diese sahen die aktive Komponente dafür zunächst nicht in der Arbeiterklasse, sondern in der Dritten Welt (Fanon, Che Guevara, der »neue Mensch«); es kam zu einer »Internationalisierung« der Klassentheorie (vgl. Marx zur irischen Frage, Lenin zur Funktion der russischen Revolution im Verhältnis zu den »Arbeiteraristokratien« der westlichen Parteien, die Konzepte des Volkskriegs von Mao und Ho Chi Minh).
Was gegenüber diesem Moment der »Bewegung« die professionellen Interessen der Studenten betraf, technokratische Hochschulreform, Wissenschaft als Produktivkraft für das Kapital, Kapitalverwertungsinteressen und -normen im Wissenschaftsbetrieb und den Methoden usw., so drang hier als zweites Hauptstück der Marxschen Theorie die Kritik der politischen Ökonomie vor: der Ausbeutungscharakter der Wissenschaft im allgemeinen und die Qualifikationsprozesse der Studenten im besonderen werden als substantielle Triebkraft der Bewegung anerkannt (vgl. »Aufstand der lebendigen [wissenschaftlichen] Produktivkraft«, Gorz, W. Lefèvre). Beide Tendenzen, die noch als theoretisch interpretierte Politisierungsschwerpunkte, noch nicht als Rezeptionsphasen des Marxismus verstanden wurden, trafen sich gegen Ende der Bewegung (1969): über die politischen Stationen der Kritischen und Politischen Universität, der aktiven Streiks, Institutsbesetzungen usw. (neben traditionelleren Formen der Hochschulpolitik) und über die wissenschaftliche Verbreitung der These von Wissenschaft als Produktivkraft in die Natur- und technischen Wissenschaften (Kriegsforschung, Projektgruppen »Technologie«), in Bildungsökonomie und -soziologie und schließlich die Gesellschaftstheorie selber (Habermas).
Im SDS und anderen linken Gruppen setzte die Reflexion auf den Klassencharakter der Studentenbewegung ein: kleinbürgerliche Produktionsweise und Bewußtseinsverfassung der wissenschaftlich Arbeitenden in den (zurückgebliebenen) Geistes- und Sozialwissenschaften hier, den fortgeschrittenen industriellen Arbeits- und Produktionsprozessen adäquate technische Intelligenz dort. Es wurden politisch-ökonomische Kriterien der Politisierung entwickelt: das tradi-

tionelle marxistische Kriterium der »Stellung im Produktionsprozeß« legte tragende Politisierungsprozesse auf die Arbeiterklasse bis hin zur technischen Intelligenz fest (soweit diese nicht Manager-Funktionen ausübt). Vgl. die Diskussionen (1969) über produktive und unproduktive Arbeit in RPK, So-Po, PEI/PLPI, NRF; auch die strategische Anwendung (Herkommer) von Offes Disparitätenthese (1968) auf die Betriebsarbeit, also der politischen Rückverlagerung ungleicher Bedürfnisbefriedigungschancen in die vertikale Konfliktzone des Klassengegensatzes, wobei der technisch-wissenschaftlichen Intelligenz kraft ihrer Einsicht in Produktionsziele und -organisation und deren Widerspruch zur Arbeits- und Lebenssituation der Arbeiter und ihrer selbst (Mallet) eine Vermittlungsrolle zufällt; schließlich die Möglichkeit »proletarischer Reflexionsprozesse« in der wissenschaftlichen Intelligenz durch die kapitalistische Anpassung auch der Geistes- und Sozialwissenschaften an die Struktur industrieller Arbeitsprozesse und positivistischer Denkformen (Krahl, a.a.O., S. 330 ff.).

Die These von Krahl im einzelnen sei dahingestellt[6]: bei ihm findet sich jedenfalls der für eine Hypothese zur Dimension der Diffusion des revolutionären »Subjekts« fruchtbarste Ansatz, der weiterzuentwickeln wäre, nachdem die Protestbewegung als ganze überschaubar geworden ist. Die Protestbewegung war nicht gemäß der Logik der Entwicklung vom Antiautoritären zum ML eine radikal-demokratische Bewegung, die sich zur sozialistisch-kommunistischen entfaltet und einer neuen Periode proletarischer Klassenkämpfe entgegengeht oder sie gar einleitet (vgl. heute KBW bzw. »KPD«). Sie war eher – hypothetisch! – praktischer, revoltehafter Ausdruck des Widerstandes gegen die vom Faschismus besorgte und vom sich technokratisierenden Reformismus besiegelte Auflösung des bürgerlichen Subjekts der Revolution (das sich gewissermaßen gegen traditionale Restbezirke wie die patriarchalischen frühbürgerlich-feudalen[7] Überreste in Universität und Schule, Familie, Kirche und anderen zurückgebliebenen Institutionen noch einmal betätigen konnte), das den Widerstand gegen die gleichzeitige Liquidierung des proletarischen Subjekts der Revolution, die sich in der Politik der Sowjetunion und der ihr verbundenen kommunistischen Parteien gewissermaßen noch einmal vollzog, von Anfang an in sich trug (vgl. die – Frankfurter – Marxistische Aufbauorganisation, *Die Krise der kommunistischen Parteien*, München/Erlangen 1973).[8]

Eine derartige Hypothese, die den ganzen Zeitraum vom Beginn der Protestbewegung bis jetzt betreffen würde, hätte den Vorteil, den Blick auf nicht vom traditionellen, an »Subjekt«-Vorstellungen fixierten Organisationsproblem verstellte »sozialistische« Gehalte der Bewegung freizugeben. Die »klassische« Organisationsfrage faßt die Interessen des Proletariats nach dem Muster bürgerlicher Erfahrung zusammen, wie das Subjekt der Philosophie seine sinnlichen Wahrnehmungen (Negt, 1972). Die Wissenschaften folgen schon lange nicht mehr diesem Modell; sie organisieren beobachtbare Prozesse nach dem Muster der einzelkapitalistisch organisierten Arbeit und Produktion bzw. systemtheoretisch in Termini des strukturellen Funktionalismus oder der Kybernetik nach dem Vorbild des gesamtkapitalistisch regulierten Gleichgewichtszustands des Produktions- und Zirkulationsprozesses mit den Planzielen des wirtschaftlichen Wachstums und der Vollbeschäftigung. An diesen Stand der »Ideologie« und der Wissenschaften knüpfte die Studentenbewegung zumindest objektiv, eine Zeitlang auch bewußt, an, indem sie sich in die Bewegungsrichtung des Protests einbezog: sozialistische Theorie und Strategie in der Studentenpolitik, mit dem SDS als der »einzig funktionierenden sozialistischen Opposition«, war anpassungsfähig, verfügte über taktische Klugheit und hypostasierte nicht, wie später, die »Einheit von Theorie und Praxis«, sondern schob zwischen beide die Art von »kompromißloser Moral«, die die Legitimation für Kompromisse übernehmen konnte, die dennoch gemacht wurden.[9] Das Beispiel der Politik gegen die Notstandsgesetze: die Thesen des »autoritären Staats« zumindest in Frankfurt teilweise noch in Geltung, und die Kritik am bloß radikaldemokratischen Charakter der Antinotstands-Opposition verhinderten nicht die aktive Teilnahme an ihr, wie andererseits Springerblockade und Universitätsbesetzungen die direkte Aktion an sozialistische Vergesellschaftungsstrategien heranführten. Die Isolation studentischer Politik von sozialistischen Tendenzen in der Arbeiterklasse, die gerade damals sich etwas lockerte, wurde noch nicht dazu mißbraucht, in der Figur des »Subjekts« die Aktionspraxis durch theoretischen Legitimationsdruck in Abhängigkeit von klassentheoretisch abgeleiteten Strategien zu bringen. Insbesondere nach dem Höhepunkt des revoltehaften Putschismus[10], der in Frankfurt mit der Besetzung der soziologischen Institute den Sieg der direkten Aktion, die die demonstrative Vermittlung von Kommunikation und Vergesellschaftung im Hochschulbereich leisten sollte, über die »vernünftige« Hochschulpolitik der Forderungen nach »Drittelparität« usw., brachte und die Auflösung des SDS einleitete, wurden Isolation zur Grunderfahrung der politisierten und sozialistischen Studenten und Moral die unmittelbare Quelle von abstrakter Militanz und Organisationsfetischismus (vgl. Krahl, *Zur Dialektik des antiautoritären Bewußtseins*, 1969, in: a.a.O., S. 303 ff.).

Die flexible Moral als Bindeglied zwischen theoretischen Begriffen und Analysen und konkreten Aktionsstrategien (vgl. auch z.B. die Handhabung des Begriffs »Öffentlichkeit« als Legitimationsinstanz gegenüber rechten Professoren und Universitätsgremien und als Vehikel zur Stärkung von Fraktionen und Fraktionsdisziplin in den eigenen Reihen) wäre ein Moment jenes spezifischen »sozialistischen« Gehalts der Studentenbewegung, das weniger dem sozialistischen Selbstverständnis, der Tradition der revolutionären Arbeiterbewegung und des revolutionären Marxismus geschuldet ist, als vielmehr der *Protestbewegung*, die mit der Revolte gegen restaurative Formen bürgerlicher Subjektivität (Adenauer-Ära, Gaullismus) und ihre autoritär-staatliche, reformistische und technokratische Nachfolgeentwicklung den revolutionären Ursprung der bürgerlichen Gesellschaft auch gegen den revolutionären Anspruch der kommunistischen Weltbewegung kehrte. Mit der Diffusion des bürgerlichen Subjekts der Revolution wurde die des proletarischen erlebt und umgekehrt, daher die militante und weitreichende Experimentierbereitschaft mit sozialen und kulturellen Verhältnissen in der Protestbewegung.[11]

Hier findet auch die Rezeption des jungen Marx (die der des Marxismus vorausging) unter *politischen* Vorzeichen, worin eine genuine Leistung der ersten Phase der Studentenbewegung zu sehen ist, teilweise eine Erklärung, auch dafür, warum der Marxismus in die deutsche Protestbewegung überhaupt Eingang finden konnte. Die zentrale These des jungen Marx, die Wahrheit der Theorie sei eine praktische Frage, wurde noch auf das Geschichtsbild des Marxismus selber bezogen. Wenn das bürgerliche Subjekt nicht mehr Geschichte machen kann (Heidegger, Sartre), muß fraglich werden, ob eine Klasse, kollektives Subjekt, dies noch kann: eine revolutionäre Fortschrittslogik scheint, mindestens aufgrund des Faschismus, unmöglich (Korsch, Horkheimer, Adorno). Die Protestbewegung dagegen erneuerte gegen alle Geschichtsphilosophie den Anspruch auf unmittelbare Befreiung und »Lebensgewinn«. Von hier aus wären das sozialistische Selbstverständnis und die tatsächliche politische Praxis vor allem des antiautoritären Flügels des SDS, eben was ihren Bruch, wenn nicht Widerspruch betrifft, im einzelnen zu untersuchen.

1 Im Zusammenhang mit (a) wären die Randgruppen-Theoreme (H. Marcuse), die These vom neuen Arbeiter (S. Mallet), die Erscheinung des Massenarbeiters usw. zu diskutieren; ferner bestimmte Strukturelemente der ganzen Krise des politischen Traditionalismus. Schließlich will sogar der bürgerliche Staat letztlich nicht die Organisationen der Arbeiterbewegung unterdrücken, sondern die Kampfbereitschaft und militante Desintegration der Arbeiter (und anderer systemkritischer Gruppierungen).

2 Vgl. den *Anhang zur Hypothese: Diffusion des »Subjekts« der Revolution*. – Hierin wäre wahrscheinlich das eigentliche *Genuine* am sozialistischen Politik-Verständnis der Protestbewegung (in der Bundesrepublik) zu sehen.

3 Es ist anzunehmen, daß auch militante Arbeitskämpfe, die den revindikativen Horizont überschreiten, ein Moment der Konstituierung von alternativen Formen (proletarischer) Subjektivität enthalten.

4 Auf diese bezieht sich die Hypothese ihrem Erklärungsanspruch nach insofern, als spätere Phasen der Bewegung als Entwicklungsformen der Ausgangslage verstanden werden. Zugleich werden einige Elemente des damaligen politischen Selbstverständnisses (beschränkt auf den SDS) aufgeführt, um zu zeigen, daß eine heute formulierte Hypothese an sie anknüpfen muß, wenn sie einen Aspekt des politischen Gehalts und nicht nur der jeweiligen Erscheinungsformen der gesamten Bewegung erfassen will.

5 Damit war so etwas wie ein »qualitativer Sprung« gegenüber dem früheren, bis 1961 sozialdemokratischen SDS vollzogen.

6 Die Debatte um die technisch-wissenschaftliche Intelligenz, produktive und unproduktive Arbeit usw. müßte für Hypothesen über die Entwicklung der Linken nach der Protestbewegung, als es um die Frage langfristiger politischer Perspektiven, der Möglichkeit, linke Politik in bestimmten gesellschaftlichen Bereichen, Berufssparten usw. dauerhaft zu verankern, ging, wieder aufgenommen werden. Hier soll sie nur als ein Aspekt des in der Bewegung selber erzeugten Problembewußtseins von der Diffusion des revolutionären Subjekts in Erinnerung gerufen werden. Vgl. im übrigen oben den Abschnitt »kapitalistische Produktion und Qualifikation«.

7 Vgl. die Parolen vom Kampf gegen die »Ordinarienherrschaft« und »Unter den Talaren steckt der Muff von tausend Jahren«. Bei der Rektoratsbesetzung in Frankfurt im Mai 1968 bemächtigten sich Studenten der Talare und Rektorinsignien und zogen damit in die Straßen des Universitätsviertels.

8 Auch in der Organisationsmoral der KPs wurden frühkapitalistische Elemente entdeckt, so die Disziplin und der unbedingte Einsatz der Gesamtpersönlichkeit der kommunistischen Kader als Vorbild für die Einübung von Arbeitsnormen für die ursprüngliche Akkumulation unter sozialistischen Vorzeichen im nachrevolutionären Rußland. – Das sozialistische Politikverständnis bei Teilen der Bewegung hatte also deshalb genuine Züge, weil es sich nicht im Bezugsrahmen der Systemkonkurrenz definierte, sondern des revolutionären Anspruchs, dem beide Systeme ihre Existenz verdanken.

9 Damals wurden Trotzki, *Unsere Moral und Ihre*, und Merleau-Ponty, *Humanismus und Terror* viel gelesen. Vgl. O. Negt, Politik und Protest, in: Hack/Negt/Reiche, Protest und Politik, Frankfurt/Main 1968, S. 11 ff.

10 Hiermit ist der Punkt des Umschlagens von Moral als einer Potenz für politische Phantasietätigkeit in praktisches Zwangsverhalten gemeint, nicht eine politische Qualifizierung der Aktion selber.

11 Diese Bereitschaft und ihr Erfolg waren und sind in der amerikanischen Protestbewegung, deren Bedeutung für die deutsche Bewegung im Sinne einer importierten Auslöserfunktion gegenüber der Unterschlagung dieses Sachverhalts zumal in den linken Teilen der Bewegung kaum zu überschätzen ist, sicherlich ungleich größer. Daß der deutschen Bewegung aber überhaupt derartige Einbrüche in die Öffentlichkeit und bestimmte gesellschaftliche Bereiche gelungen ist, wäre gewiß ohne diese Erfahrung der Diffusion des proletarischen Subjekts der Revolution, das es in den Vereinigten Staaten nie »gegeben hat«, nicht möglich gewesen.

1974

23.2.: Straßenschlacht vor dem nach der polizeilichen Räumung abgerissenen Haus in der Bockenheimer Landstraße.

Nr. 405

Herbert Marcuse
Marxismus und Feminismus
Diskussionsvorlage für eine Diskussion mit
Frankfurter Frauen im Institut für Sozialforschung
29. Juni 1974

QUELLE: Links, 6. Jg., Nr. 59, Oktober 1974, S. 18–20; wiederabgedruckt in: Herbert Marcuse, Zeit-Messungen, © Suhrkamp Verlag, Frankfurt/Main 1975 (erweiterte und veränderte Fassung), S. 9–20

Zu Beginn zwei vorläufige Bemerkungen zur Situation der Frauenbewegung, wie ich sie sehe. Die Bewegung kommt aus einer patriarchalischen Zivilisation und arbeitet darin; folglich muß anfänglich in Begriffen des aktuellen Status der Frauen in einer von Männern beherrschten Welt diskutiert werden.

Zweitens: Die Bewegung operiert in einer Klassengesellschaft, und hier ist schon das erste Problem: marxistisch gesehen sind die Frauen keine Klasse, die männlich-weiblichen Verbindungen überschneiden Klassenlinien, aber die unmittelbaren Bedürfnisse und Möglichkeiten von Frauen sind definitiv in einem hohen Grade klassenbedingt. Nichtsdestoweniger gibt es gute Gründe, warum »Frau« im Gegensatz zu »Mann« als generelle Kategorie diskutiert werden sollte. Namentlich der lange historische Prozeß, in dem die sozialen, geistigen und selbst physiologischen Charakteristika von Frauen sich unterschiedlich und kontrastierend zu denen der Männer entwickelt haben.

An dieser Stelle ein Wort zu der Frage, ob die »femininen« oder »weiblichen« Charakteristika gesellschaftlich bedingt sind oder in irgendeinem Sinn »natürlich«, biologisch. Meine Antwort: neben den offensichtlichen physiologischen Unterschieden zwischen männlich und weiblich sind die weiblichen Charakteristika gesellschaftlich bedingt. Jedoch, der jahrtausendelange Prozeß sozialer Konditionierung bedeutet, daß sie zur »zweiten Natur« werden können, die sich nicht automatisch durch die Einsetzung neuer gesellschaftlicher Institutionen verändern läßt. Selbst im Sozialismus ist Frauendiskriminierung möglich.

In einer patriarchalischen Zivilisation sind Frauen einer bestimmten Art von Unterdrückung ausgesetzt worden, und ihre geistige und physiologische Entwicklung wurde in eine bestimmte Richtung geleitet. Auf diesem Hintergrund ist eine separate Frauenbewegung nicht nur gerechtfertigt, sondern sogar unbedingt notwendig. Aber die höchsten Ziele dieser Bewegung verlangen Veränderungen von solch einem Ausmaß in der materiellen wie auch intellektuellen Kultur, daß sie nur durch eine Veränderung des totalen gesellschaftlichen Systems erreicht werden können. Durch die Wirksamkeit ihrer Eigendynamik ist die Bewegung mit dem politischen Kampf für eine Revolution, Freiheit für Mann und Frau eng verknüpft. Trotz der Dichotomie Mann-Frau ist beiden das menschliche Wesen gemein: das menschliche Wesen, dessen Befreiung, dessen Verwirklichung noch immer auf dem Spiel steht.

Die Bewegung operiert auf zwei Ebenen: 1. Der Kampf um volle ökonomische, soziale und kulturelle Gleichberechtigung. Es stellt sich die Frage, ob solche ökonomische, soziale und kulturelle Gleichheit innerhalb einer kapitalistischen Struktur erreichbar ist. Ich werde auf die Frage zurückkommen, will aber schon hier die vorläufige Hypothese aufstellen: Es gibt keine ökonomischen Gründe, warum solche Gleichheit innerhalb des kapitalistischen Systems nicht erreichbar sein könnte, allerdings in einem sehr stark modifizierten Kapitalismus. Aber die Möglichkeiten, die Ziele der Frauenbewegung gehen weit darüber hinaus, nämlich in Bereiche, die niemals innerhalb eines kapitalistischen Bezugssystems, noch innerhalb der Struktur einer jeglichen Klassengesellschaft erreicht werden können. Ihre Verwirklichung würde nach einer zweiten Ebene schreien, auf der die Bewegung den Rahmen, innerhalb dessen sie jetzt arbeitet, überschreiten würde. Auf dieser Ebene, »jenseits von Gleichberechtigung«, impliziert Befreiung den Aufbau einer Gesellschaft unter einem anderen Realitätsprinzip, eine Gesellschaft, in der die etablierte Dichotomie zwischen Mann und Frau von sozialen und individuellen Beziehungen zwischen menschlichen Wesen abgelöst ist.

Folglich ist in der Bewegung selbst die Vorstellung enthalten, nicht nur von neuen sozialen Institutionen, sondern auch von einer Veränderung im Bewußtsein, einer Veränderung in den Grundbedürfnissen von Mann und Frau, befreit von den Erfordernissen von Herrschaft und Ausbeutung. Und dies ist das radikalste, subversivste Potential der Bewegung.

Es bedeutet nicht nur eine Hinwendung zum Sozialismus (völlige Gleichberechtigung der Frau war schon immer eine grundsätzliche sozialistische Forderung), sondern eine Hinwendung zu einer spezifischen Form des Sozialismus, dem »weiblichen Sozialismus«. Ich werde auf diesen Begriff später zurückkommen.

Bei dieser Transzendenz geht es um die Negation der ausbeuterischen und repressiven Werte der patriarchaischen Zivilisation. Es geht um die Negation der Werte, die in einer Gesellschaft männlicher Herrschaft aufgezwungen und reproduziert werden. Solch ein radikaler Umsturz von Werten kann niemals nur ein Nebenprodukt neuer sozialer Institutionen sein. Er muß in den Männern und Frauen wurzeln, die die neuen Institutionen schaffen.

Was heißt dieser Umsturz der Werte im Übergang zum Sozialismus inhaltlich – und beinhaltet dieser Übergang in irgendeinem Sinn die Befreiung und das Aufkommen spezifisch weiblicher Charakteristika?

ad 1: Die herrschenden Werte der kapitalistischen Gesellschaft sind Mehrwertproduktion, Positivismus, Effizienz, Wettbewerb; mit anderen Worten, es herrscht das Leistungsprinzip. Es herrschen die Normen einer funktionalen Rationalität, diskriminierend gegenüber Emotionen. Es herrscht eine Doppelmoral, die »Arbeitsethik«, die nichts anderes bedeutet als Verdammung zu entfremdeter und inhumaner Arbeit für die große Mehrheit der Bevölkerung; und der Wille zur Macht, das Protzen mit Kraft, Männlichkeit.

Nach Freud drückt diese Werthierarchie eine Geisteshaltung aus, in der primär aggressive Energie dahin tendiert, den Lebenstrieb – erotische Energie – zu reduzieren und zu schwächen. Nach Freud wird die destruktive Tendenz in der Gesellschaft zum Antrieb, da Zivilisation intensive Repression erfordert, um Herrschaft aufrechtzuerhalten im Hinblick auf immer realistischere Möglichkeiten der Befreiung, und intensivierte Repression führt wiederum zu einer Aktivierung von noch mehr Aggressivität und deren Kanalisierung in gesellschaftlich nützliche Aggression. Diese totale Mobilisierung von Aggressivität ist uns heute nur allzu vertraut: Militarisierung, Brutalisierung von Macht, von law and order, Fusion von Sexualität und Gewalt, direkter Angriff auf den Lebenstrieb, der danach strebt, die Umwelt zu retten, Angriff auf die Gesetzgebung gegen Umweltverschmutzung usw.

Diese Tendenzen wurzeln in der Infrastruktur des Spätkapitalismus selbst. Die sich verschärfende ökonomische Krise, die Schranken des Imperialismus, die Reproduktion der etablierten Gesellschaft durch Verschwendung und Vernichtung verfilzen sich immer mehr und machen verstärkte und erweiterte Kontrollen notwendig, um die Bevölkerung bei der Stange zu halten; Kontrollen und Manipulationen, die in die Tiefe der psychischen Struktur vordringen, in das Reich der Triebe selbst. Das Bild des Sozialismus ist in einem wesentlichen Punkt jetzt modifiziert und zwar in dem Grade, in dem die Totalität von Aggressivität und Repression heute die gesamte Gesellschaft durchdringt. Sozialismus als eine qualitativ unterschiedliche Gesellschaft muß die Antithese in sich einschließen, die definitive Negation der aggressiven und repressiven Bedürfnisse und Werte des Kapitalismus als eine Form von Männern dominierter Kultur.

Alle objektiven Bedingungen für solch eine Antithese und einen Umsturz der Werte sind im Reifen begriffen, und sie machen das Heraufkommen möglich – zumindest als Übergangsphase in der Rekonstruktion der Gesellschaft – von Merkmalen, die in der langen Geschichte der patriarchalischen Zivilisation eher Frauen als Männern zugeordnet wurden. Solche weiblichen Qualitäten wären als Antithese zu den herrschenden männlichen: Rezeptivität, Sensibilität, Gewaltlosigkeit, Zärtlichkeit usw.

Diese Merkmale erscheinen in der Tat als Gegensatz zu Herrschaft und Ausbeutung. Auf rein psychologischer Ebene würden sie der Domäne des Eros zukommen, sie würden die Energie des Lebenstriebs gegen den Todestrieb und gegen die destruktive Energie ausdrücken. Die Frage, die sich hier stellt, ist, warum diese lebensschützenden Merkmale als spezifisch weibliche erscheinen, warum gerade diese Charakteristika nicht auch die herrschenden männlichen Qualitäten bilden? Der Prozeß hat eine Geschichte von Tausenden von Jahren, während der die Verteidigung der etablierten Gesellschaft und ihrer Hierarchie ursprünglich von körperlicher Stärke abhing, und daneben die Rolle der Frau, die zeitweise durch Gebären und Aufziehen der Kinder außer Gefecht gesetzt war, sich reduzierte. Männliche Vorherrschaft, die einst auf dieser Grundlage sich etabliert hatte, weitete sich aus, von der ursprünglich militärischen Sphäre zu anderen sozialen und politischen Institutionen. Man begann, die Frau als minderwertig, schwächer, hauptsächlich als Unterstützung oder als Beigabe zum Mann, als Sexualobjekt, als Instrument zur Reproduktion zu betrachten, und einzig als Arbeiterin besitzt sie eine Form von Gleichheit, von repressiver mit dem Mann. Ihr Körper und ihr Geist wurden zu Objekten gemacht, und ebenso wie ihre intellektuelle Entwicklung wurde auch ihre erotische abgeblockt. Sexualität wurde als Mittel vergegenständlicht, neues Leben zu schaffen oder sich zu prostituieren.

Ein erster Gegentrend wurde zu Beginn des modernen Zeitalters im 12. und 13. Jahrhundert wirksam, und höchst bezeichnend im direkten Zusammenhang mit den großen und radikalen ketzerischen Bewegungen der Katharer und Albigenser. In diesen Jahrhunderten wurde als Kontrast und als Gegenschlag zu männlicher Aggressivität und Brutalität die Autonomie der Liebe und die Autonomie der Frau proklamiert.

Romantische Liebe: Ich bin mir der Tatsache bewußt, daß dieser Begriff völlig an Bedeutung verloren hat, vor allem in der »Bewegung«. Ich nehme ihn dennoch ein klein wenig ernster, und ich setze ihn in den historischen Kontext, in welchen diese Entwicklungen gestellt werden sollten. Dies war der erste große Umsturz der etablierten Hierarchie von Werten: der erste große Protest gegen die feudale Hierarchie und die Loyalitäten, die sich in der feudalen Hierarchie festgesetzt hatten, mit ihrer besonders verderblichen Unterdrückung der Frau.

Um es klar zu sagen: dieser Protest, diese Antithese war weitgehend ideologisch auf die Nobilität beschränkt. Sie war jedoch nicht gänzlich ideologischer Natur. Die sich durchsetzenden gesellschaftlichen Normen wurden in den berühmten »Liebesgerichten« umgestürzt, die Eleonore von Aquitanien einführte, wo die Rechtsprechung praktisch immer zugunsten des Liebhabers und gegen den Ehemann entschied; das Recht der Liebe ging über das Recht des Feudalherrn. Und es war eine Frau, die den Berichten nach die letzte Bastion der Albigenser gegen die mörderischen Heere der Nordbarone verteidigte.

Die progressiven Bewegungen wurden grausam unterdrückt. Die schwachen Anläufe von Feminismus wurden auf einer sowieso schwachen Klassenbasis zerstört. Aber nichtsdestoweniger veränderte sich die Rolle der Frau nach und nach mit der Entwicklung der Industriegesellschaft. Im Zuge des technischen Fortschritts hängt die gesellschaftliche Reproduktion in immer stärkerem Maße weniger von körperlicher Stärke und Heldentum ab, weder in Kriegszeiten oder im materiellen Prozeß der Produktion, noch im Handel. Das Ergebnis war die erweiterte Ausbeutung der Frau als Arbeitsinstrument. Die Schwächung der gesellschaftlichen Basis männlicher Herrschaft konnte die Perpetuierung männlicher Dominanz durch die neue herrschende Klasse nicht abschaffen. Die wachsende Anteilnahme von Frauen am industriellen Arbeitsprozeß, die die materielle Basis der männlichen Hierarchie untergrub, vergrößerte auch das Feld menschlicher Ausbeutung und die verstärkte Ausbeutung der Frau als Hausfrau, Mutter und Dienerin, neben ihrer Arbeit im Produktionsprozeß.

Jedoch, der Spätkapitalismus schuf schrittweise die materiellen Voraussetzungen für eine Umwandlung der Ideologie weiblicher Charakteristika in Realität, die objektiven Bedingungen für eine Umwandlung der ihnen zugeschriebenen Schwäche in Stärke, vom Sexualobjekt zum Subjekt und machte den Feminismus zu einer politischen Kraft im Kampf gegen den Kapitalismus, gegen das Leistungsprinzip.

Im Hinblick darauf spricht Angela Davis in *Frauen und Kapitalismus*, geschrieben im Palo-Alto-Gefängnis im Dezember 1971, von der revolutionären Funktion des Weiblichen als Antithese zum Leistungsprinzip. Die notwendigen Bedingungen für eine solche Entwicklung sind vor allem:
– Erleichterung schwerer körperlicher Arbeit
– Arbeitszeitverkürzung
– Herstellung angenehmer und billiger Kleidung
– Liberalisierung der Sexualmoral
– Geburtenkontrolle
– Allgemeine Ausbildung

Diese Faktoren stellen die soziale Grundlage für die Antithese zum Leistungsprinzip dar, die Emanzipation einer weiblichen und femininen Energie, physisch wie intellektuell, in der etablierten Gesellschaft. Aber gleichzeitig wird diese Emanzipation eingesperrt, manipuliert und ausgebeutet durch diese Gesellschaft. Weil der Kapitalismus unmöglich das Aufkommen libidinöser Qualitäten zulassen kann, die die repressive Arbeitsethik des Leistungsprinzips und die ständige Reproduktion dieser Arbeitsethik durch das menschliche Individuum selbst gefährden würden. So wurden diese Liberalisierungstendenzen, in manipulierter Form, zu einem Teil der Reproduktion der etablierten Gesellschaft gemacht. Sie werden Tauschwerte, indem sie das System verkaufen und vom System verkauft werden. Die Tauschgesellschaft gelangt zur Vollendung mit der Kommerzialisierung des Sex: Der weibliche Körper ist nicht nur Ware, sondern auch wesentlicher Faktor in der Schaffung von Mehrwert. Und die Arbeiterin erduldet immer weiter, in immer größerem Ausmaß, die doppelte Ausbeutung als Arbeiterin und als Hausfrau. So dauert die Verdinglichung der Frau in einer besonders effektiven Weise an. Wie kann diese Verdinglichung aufgehoben werden? Wie kann die Frauenemanzipation eine entscheidende Kraft werden im Aufbau des Sozialismus als einer qualitativ verschiedenen Gesellschaft?

Wir wollen auf den ersten Punkt in der Entwicklung dieser Bewegung zurückkommen und das Zustandekommen von völliger Gleichheit voraussetzen. Als im Kapitalismus ökonomisch und politisch Gleiche, müssen Frauen mit den Männern die konkurrierenden, aggressiven Verhaltensmuster teilen, um sich im Beruf behaupten und um darin vorwärtszukommen. So wurde das Leistungsprinzip und darin impliziert die Entfremdung gefördert und reproduziert von einer größeren Zahl von Individuen. Um die Gleichheit zu erreichen, die die absolute Voraussetzung für eine Befreiung ist, muß die Bewegung aggressiv sein. Aber Gleichheit ist noch keine Freiheit. Nur als gleiches ökonomisches und politisches Subjekt kann die Frau eine führende Rolle in der radikalen Erneuerung der Gesellschaft erlangen. Aber über Gleichheit hinaus stürzt die Befreiung die etablierte Hierarchie der Bedürfnisse – ein Umsturz der Werte und Normen, der auf die Notwendigkeit einer Gesellschaft unter einem neuen Realitätsprinzip hinzielt, – und das ist, in meiner Sicht, der radikale, potentiell weibliche Sozialismus.

Weiblicher Sozialismus: Ich sprach von der notwendigen Modifikation des Begriffs von Sozialismus, weil ich glaube, daß es im Marxschen Sozialismus Reste, Elemente einer Kontinuität des Leistungsprinzips und seiner Werte gibt. Ich sehe diese Bestandteile z. B. in der Betonung auf der immer effektiveren Entwicklung der Produktivkräfte, der immer produktiveren Ausbeutung der Natur, der Abspaltung des »Reichs der Freiheit« von der Arbeitswelt.

Die Möglichkeiten von Sozialismus heute überschreiten dieses Bild. Sozialismus als eine qualitativ andere Art zu leben, würde die Produktivkräfte nicht nur zum Abbau entfremdeter Arbeit und zur Reduzierung der Arbeitszeit gebrauchen, sondern auch, um das Leben zum Zweck an sich selbst zu machen, zur Entwicklung der Sinne und des Intellekts, zur Befriedigung von Aggressivität, der Freude am Sein, zur Emanzipation der Sinne und des Intellekts von der »nationality of domination«: kreative Rezeptivität gegen repressive Produktivität. In diesem Kontext würde die Befreiung der Frau in der Tat »als die Antithese zum Leistungsprinzip« auftreten, als die revolutionäre Funktion des Weiblichen in der Rekonstruktion der Gesellschaft.

Weit davon entfernt, Unterwürfigkeit und Schwäche zu hegen, würden in dieser Rekonstruktion die weiblichen Charakteristika aggressive Energie gegen Unterdrückung und Ausbeutung aktivieren. Sie würden als Notwendigkeiten und Ziele in der sozialistischen Organisation der Produktion, in der gesellschaftlichen Arbeitsteilung, im Setzen von Prioritäten wirksam sein, wenn einst der Mangel überwunden ist. Und so würden die weiblichen Charakteristika, indem sie die Rekonstruktion der Gesellschaft als Ganzes betreffen, aufhören, spezifisch weibliche zu sein in dem Maße, wie sie allgemein verbreitet würden in der sozialistischen Kultur, materiell wie intellektuell. Primäre Aggressivität würde bestehenbleiben, wie in jeder Form der Gesellschaft, aber sie würde die spezifisch männliche Qualität von Herrschaft und Ausbeutung verlieren. Technischer Fortschritt, der Hauptträger produktiver Aggressivität, würde von seinen kapitalistischen Eigenschaften befreit und in die Zerstörung der häßlichen Destruktivität des Kapitalismus geleitet.

Ich glaube, es gibt gute Gründe, dieses Bild einer sozialistischen Gesellschaft »weiblichen Sozialismus« zu nennen: Die Frauen würden volle ökonomische, politische und kulturelle Gleichheit in der allumfassenden Entwicklung ihrer Fähigkeiten erreicht haben, und über diese Gleichheit hinaus würden gesellschaftliche wie auch persönliche Beziehungen durchdrungen sein von rezeptiver Sensibilität, die unter männlicher Herrschaft weitgehend auf die Frauen konzentriert war: die männlich-weibliche Antithese würde dann transformiert sein in eine Synthese – der legendären Idee vom androgynen Menschen. Ich möchte ein paar Worte sagen über dieses Extrem von, wenn man so will, romantischem oder spekulativem Denken, von dem ich glaube, daß es weder so extrem, noch so spekulativ ist.

Kein anderer rationaler Sinn kann möglicherweise der Idee des Androgynen zugeordnet werden als die Fusion – im Individuum – von psychischen und physischen Merkmalen, die in der patriarchalischen Zivilisation in Mann und Frau ungleich entwickelt sind, eine Fusion, in der die weiblichen Charakteristika durch die Abschaffung der männlichen Herrschaft die Oberhand über ihre Repression gewinnen würden. Selbstverständlich kann kein Grad der androgynen Fusion jemals die natürlichen Unterschiede zwischen Mann und Frau als Individuen abschaffen. Alle Freude und alle Sorge wurzeln in diesem Unterschied, in dieser Beziehung zum anderen, von dem du ein Teil werden willst und von dem du willst, daß er ein Teil von dir selbst wird – und der niemals solch ein Teil von dir werden kann und will. Weiblicher Sozialismus würde weiterhin von Konflikten durchdrungen sein, die aus dieser Bedingung hervorgehen, den unausrottbaren Konflikten von Bedürfnissen und Werten, aber der androgyne Charakter der Gesellschaft könnte allmählich die Gewalt und Demütigung bei der Lösung dieser Konflikte mindern.

Um zum Schluß zu kommen:

Die Frauenbewegung hat politische Bedeutung erlangt in Folge der jüngsten Veränderungen der kapitalistischen Produktionsweise, die der Bewegung eine neue materielle Basis gaben. Ich wiederhole die Hauptpunkte:

1. Die zunehmende Zahl von Frauen im Produktionsprozeß.
2. Die zunehmend technische Form der Produktion, die nach und nach körperliche Schwerarbeit vermindert.
3. Das Ausbreiten einer ästhetischen Warenform, die systematische kommerzielle Ausrichtung auf Sinnlichkeit, Luxus: die Verlagerung von Kaufkraft auf Luxusgüter und Dienstleistungen.
4. Der Zerfall der patriarchalischen Familie durch »Sozialisation« der Kinder von außen (Massenmedien, peer groups).
5. Die immer verschwenderischere und destruktivere Produktivität des Leistungsprinzips.

Feminismus ist eine Revolte gegen den in Verwesung begriffenen Kapitalismus, gegen das historische Veralten der kapitalistischen Produktionsweise. Dies ist die unsichere Verbindung zwischen Utopie und Realität; darin besteht die gesellschaftliche Basis der Bewegung als einer potentiell radikalen, revolutionären Macht; dies ist der harte Kern des Traums. Doch der Kapitalismus ist noch immer fähig, es beim Traum bewenden zu lassen und die transzendierenden Kräfte zu unterdrücken, die auf Umsturz der unmenschlichen Werte unserer Zivilisation drängen.

Der Kampf ist immer noch ein politischer zur Abschaffung dieser Bedingungen, und in diesem Kampf spielt die Frauenbewegung eine immer wesentlichere Rolle. Ihre psychischen und physischen Kräfte bringen sich zur Geltung in der politischen Erziehung und Aktion, in der Beziehung zwischen den Individuen, bei der Arbeit und in der Freizeit. Ich betone, daß Befreiung nicht als ein Nebenprodukt neuer Institutionen erwartet werden kann, daß sie in den Individuen selbst entstehen muß. Die Befreiung der Frau beginnt zu Hause, bevor sie insgesamt die Gesellschaft ergreifen kann (...).

Frauen müssen frei werden, um ihr eigenes Leben zu bestimmen, nicht als Ehefrau, nicht als Mutter, nicht als Mätresse, nicht als Freundin, sondern als individuelles menschliches Wesen. Es wird ein Kampf, durchdrungen von schmerzlichen Konflikten, Pein und Leiden (psychisch und physisch). Eines der vertrautesten Beispiele heute, das immer wieder auftritt, ist, wo ein Mann und eine Frau an verschiedenen Orten Arbeitsstellen haben oder bekommen können, und sich die Frage erhebt, wer folgt wem? Ein weitaus ernsteres Beispiel sind die widerstreitenden erotischen Beziehungen, die unvermeidlich in dem Prozeß der Befreiung aufkommen werden. Diese erotischen Konflikte können nicht in einer leichten, spielerischen Art, noch durch »Stärke«, noch durch das Errichten von Tauschbeziehungen gelöst werden. Dies solltet Ihr der Tauschgesellschaft überlassen, wo es hingehört. Der weibliche Sozialismus wird seine eigene Moral zu entwickeln haben, die mehr und anders sein wird als die schlichte Auflösung der bürgerlichen Moral. Frauenbefreiung wird ein schmerzlicher Prozeß sein, doch ich glaube, daß er notwendig sein wird – eine wesentliche Stufe im Übergang zu einer besseren Gesellschaft für Mann und Frau.

Nr. 406

Herbert Marcuse
Zu »Marxismus und Feminismus«
»Links«-Interview
29. Juni 1974

QUELLE: Links, 6. Jg., Nr. 60, November 1974, S. 9

FRAGE: Zunächst hat sich uns die Frage gestellt, auf welcher materiellen Basis sich das, was als frauenspezifische Fähigkeiten in die Herausbildung eines weiblichen Sozialismus eingehen soll, entwickeln kann?
MARCUSE: Ja, das ist sehr wichtig. Die Antwort, die ich vorschlage, ist, daß diese ungeheure Umwertung der Werte auf gesellschaftlicher Grundlage selbst heute gefördert wird durch die Veränderung, die im Arbeitsprozeß vorgeht, d. h. also besonders die progressive Reduktion physisch schwerer, körperlicher entfremdeter Arbeit. Der steigende Anteil von psychischer Energie und dementsprechend mehr mentaler Arbeitsprozesse in der Produktion, die mögliche Reduktion der notwendigen Arbeitszeit, die Produktion relativ billiger, angenehmer Kleidung, die Liberalisierung der sexuellen Moral, die Geburtenkontrolle und das, was

in Amerika general education heißt, d.h. die Ausdehnung und Verlängerung der Erziehung über die Schule hinaus und für größere Teile der Bevölkerung – das sind gesellschaftliche Tendenzen, Tendenzen der materiellen Basis der Gesellschaft, die dem Aufkommen der sogenannten femininen oder weiblichen Qualitäten ihre materielle Basis geben können. Ich möchte noch dazusetzen – es ist jetzt eine rückläufige Bewegung, weil sie wirklich an die vitalen Interessen des Kapitals gegangen ist. Das sind alles Tendenzen, die ich hier nur in die Diskussion werfe, die von der materiellen Basis aus die Umwertung möglich zu machen scheinen.

FRAGE: Die Frage ist, wie ist es zu erreichen, daß, oder wie läßt sich politisch vorstellen, daß diese Tendenzen nun auch wirklich praktisch werden?

MARCUSE: Diese Frage betrifft nicht nur die Frauenbewegung, weil sie ja schließlich nichts anderes ist als die Frage nach der Möglichkeit einer Revolution im 20. Jahrhundert in den fortgeschrittenen Industrieländern. Was nötig ist und wodurch sich diese Revolution unterscheidet von allen historischen Revolutionen, ist, daß sie eine radikale Veränderung bei den Menschen voraussetzt, die die Revolution machen. Das ist zu betonen, weil dies immer wieder vernachlässigt wird, zur Zeit der Ausarbeitung der Marxschen Theorie ganz besonders. Damals aus dem sehr einfachen Grunde, weil das Proletariat wirklich eine gesellschaftliche Klasse war, die die bestimmte Negation des Bestehenden darstellte in ihren Bedürfnissen, ihren Aspirationen usw. Das ist heute nicht mehr der Fall. Heute sieht es so aus, als ob nun wirklich diese radikale, qualitative Veränderung in der Vernunft, in dem Geist, in dem Körper der Menschen vor sich gehen muß, anfangen muß, ehe die Möglichkeit einer Revolution gegeben ist, die mehr ist als eine Verbesserung und Rationalisierung der bestehenden Klassengesellschaft.

FRAGE: Sind die Veränderungen der kapitalistischen Produktionsbedingungen wirklich so positiv zu sehen, wie Du sie geschildert hast?

MARCUSE: Ich würde keineswegs behaupten, daß die Tendenzen, die ich angedeutet habe, an sich und notwendigerweise positiv sind. Da kommt es auch immer wieder darauf an, was die Menschen aus diesen Tendenzen machen. Was sich aber ankündigt, ist, daß eine materielle Basis im kapitalistischen Produktionsprozeß potentiell für die Entwicklung solcher Gegenkräfte da ist. Ich meine, ich bin völlig davon überzeugt: es kann auch zum Faschismus führen. De facto glaube ich, daß heute die Möglichkeit eines neuen Faschismus in den entwickelten kapitalistischen Ländern viel realer ist als die einer Revolution. Darüber soll man sich nicht täuschen.

FRAGE: Wie siehst Du heute die Rolle der Familie?

MARCUSE: Ich glaube, daß ohne die Aufhebung der nuklearen bürgerlichen Familie weder Frauenbefreiung noch überhaupt Befreiung möglich ist. Aber ich habe gesagt Aufhebung. Ich betone, ich benutze es im Hegelschen Sinne, d.h. nicht einfache Negation der bürgerlichen Moral und der bürgerlichen Familie, sondern Erhaltung der positiven Qualitäten, die in der Familie waren, und die wir ja, glaube ich, hier in Frankfurt, weil das eine der Hauptaufgaben des Instituts war, nicht zu diskutieren brauchen. Die bürgerliche Familie war ja für lange Zeit, eigentlich bis zum Anfang des 20. Jahrhunderts, der Raum, emotional und physisch, wo man sich gegen die unmittelbare Vergesellschaftung schützen konnte. Sie bot den Raum eines Privatbereiches, nicht im negativen Sinn, sondern im positiven Sinn, wo eben eine unmittelbare menschliche Beziehung sich noch für eine ziemlich lange Frist erhalten konnte. Das ist heute in der Familie beinahe vollkommen verlorengegangen, und die Erziehungsrolle im positiven Sinn der Eltern ist ja weitgehend übernommen von den Fernsehgeräten, von den Sportgruppen, von Straßengruppen usw. Also die bürgerliche Familie ist ja schon zerstört in der bürgerlichen Gesellschaft selbst, wie ja Marx schon vorausgesehen hat, und es bedarf nicht der Kommunisten, die Familie zu zerstören.

FRAGE: Es gibt in der Frauenbewegung mehr oder weniger radikale Richtungen, wobei Radikalität in diesem Zusammenhang sich auch darauf richtet, überhaupt nur noch mit Frauen zusammensein zu wollen, eine Gegenkultur in Form einer Frauenkultur zu schaffen etwa in der amerikanischen Tradition der Hippiekultur. Ist das ein Weg zum weiblichen Sozialismus?

MARCUSE: Ich habe am Ende meines Papiers zu der Idee des femininen Sozialismus ausdrücklich gesagt, daß ich mir das nur vorstellen kann als eine Phase der Entwicklung, in der die Frauenkultur über die Männerkultur triumphiert, als temporäre Phase. Der nächste ganz spekulative Gedanke, obwohl auch der schon sehr spekulativ ist, ist dann die Idee der androgynen Gesellschaft. Aber sie ist eben nur zu erreichen durch solch eine temporäre Phase, in der die bisher für Jahrtausende unterdrückten weiblichen Qualitäten nun ihrerseits die Herrschaft antreten. Hier ist immer wieder der Einwand gemacht worden, und zwar nur von

Männern, daß das ganz unsinnig sei und nur ein einziges Ergebnis haben werde, nämlich, daß wir dann anstelle eines männlichen Stalinismus einen weiblichen Stalinismus, anstelle eines männlichen Faschismus einen weiblichen Faschismus usw. haben würden. Ich kann darauf keine Antwort geben.

FRAGE: Das ist ein Widerspruch in sich, weiblicher Faschismus.

MARCUSE: Ich wünschte, ich könnte Dir da ohne weiteres zustimmen.

FRAGE: Wie bist Du dazu gekommen, Dich mit Frauenproblemen zu beschäftigen?

MARCUSE: Ich würde sagen, es war eine seltene Einheit von Theorie und Praxis. Wie ich theoretisch dazu gekommen bin, kann man, glaube ich, am besten formulieren, wenn man auf meine Freud-Interpretation zurückgeht. Der theoretische Ausgangspunkt war keine sehr originelle Idee: Ich habe mir noch einmal die Tatsache vor Augen gehalten, daß eigentlich alle bisherigen Revolutionen etwas Wesentliches nicht geändert hatten, nämlich die in der gesellschaftlich organisierten Produktion wurzelnde Repression. Nicht nur Repression der Arbeiterklasse als Arbeitskraft, sondern dazu Repression der Gefühle, der Intelligenz, der Leidenschaft; Repression der Sinnlichkeit, Repression der Einbildungskraft usw. Die Folgerung war, daß eine wirklich bessere Gesellschaft von einem anderen Realitätsprinzip aus organisiert werden muß. Von einem anderen Realitätsprinzip, das bedeutet ein vom heutigen qualitativ verschiedenes Leben, was eine radikale Umwertung der bisherigen Werte voraussetzt. Freud hat nie angenommen, daß das Lustprinzip zum Realitätsprinzip werden könnte; ich würde heute selbst in meiner radikalsten Stimmung das auch nicht sagen. Was ich aber annehme und wovon ich gesprochen habe, ist ein Realitätsprinzip, das nicht mehr in diesem zerstörerischen Gegensatz zum Lustprinzip steht, sondern tatsächlich eine zunehmende Unterwerfung der Aggressivität und Destruktivität unter das, was Freud die erotischen Energien nennt, herbeiführt. Ich glaube, daß ein solches Realitätsprinzip jetzt geschichtlich notwendig wird, weil die geschichtliche Entwicklung zu dem Punkt geführt hat, wo der gesellschaftliche Reichtum und die Beherrschung der Natur so weit fortgeschritten sind, daß die meisten Formen der Repression überholt sind und nur weiter praktiziert werden, weil sie für die bestehende Gesellschaft und deren Erhalt notwendig sind.

Ich habe mir dann die Frage gestellt: gibt es in der Geschichte empirisch nachweisbar irgendeine Bewegung, Gruppe, Klasse, die ein solches neues Realitätsprinzip repräsentieren könnte – als Möglichkeit, denn man kann ja diese Dinge überhaupt nur als Möglichkeit diskutieren. Ich bin zu der Ansicht gekommen, daß die Frauen in der Klassengesellschaft die Möglichkeit eines solchen nichtrepressiven Realitätsprinzips verkörpern, im wörtlichsten Sinne verkörpern. Das führt unmittelbar zu der Frage, ob die sogenannten weiblichen Qualitäten, die hier ganz primitiv aufgezählt sind als unentfremdete Arbeit, Rezeptivität, Leidenschaft usw., gesellschaftlich oder biologisch bedingt sind? Das ist eine Sache, die man endlos diskutieren kann, weil die Frage falsch gestellt ist. Als Ausgangspunkt kann man sagen: es gibt über den unbestreitbaren biologischen Differenzen zwischen Mann und Frau typisch weibliche Qualitäten, die gesellschaftlich bestimmt sind. Aber etwas, das gesellschaftlich bestimmt und unmittelbar geworden ist über Tausende von Jahren, schlägt sich nieder in dem, was man eine »zweite Natur« nennt, d.h. etwas, was sich nicht dadurch automatisch ändert, daß man neue gesellschaftliche Institutionen schafft. Diese weiblichen Qualitäten, auf der biologisch-gesellschaftlichen Grundlage entstanden, könnten die Realisierung eines neuen Realitätsprinzips bringen, weil sie die Antithese zu den die kapitalistische Gesellschaft regierenden Werten darstellen: Leistungsprinzip, sich selbst dauernd reproduzierende Produktivität, entfremdete Arbeit, Ausbeutung, Repression der Sinnlichkeit, völlige Repression der Einbildungskraft, utopische Phantasie, Repression der Leidenschaft als etwas, was sich nicht gehört, was man unterdrücken muß, was nicht gut ausgeht, was bestimmt ein schlechtes Ende nimmt usw. Die weiblichen Qualitäten dagegen sind die wirkliche Antithese des kapitalistischen Realitätsprinzips. – Von daher kam ich zur Frauenbewegung, die ja in der Art und Weise, wie sie heute sich zu entwickeln scheint, nicht einfach die Fortsetzung der alten Suffragettenbewegung ist. In der neuen Frauenbewegung schien mir die Möglichkeit einer solchen Änderung angelegt. Ich sage wieder: nur die Möglichkeit. Es ist durchaus ebenso möglich, und darüber müßtet ihr euch noch klarer sein als ich, daß die ganze Sache schiefgeht.

FRAGE: Wenn Frauen sich zusammentun, nicht nur in kleinen Gruppen, sondern zu zweit, dritt und zu mehreren Tausenden, über ihr Verhältnis zum Mann nachdenken und Ansprüche auf Verhaltensveränderungen stellen, wenn sie zu einer Bewegung werden, werden sie dann nicht zu einer Bedrohung für den Mann?

MARCUSE: Ich glaube, man kann den Punkt der Bedrohung, jedenfalls so wie ich ihn sehe, ziemlich genau angeben: z. B. in einem Liebesverhältnis, wo die Frau, nicht der Mann, eines Tages sagt: »Ich habe jemand anderen gefunden« – Frau oder Mann – »auf Wiedersehen oder vielleicht auch nicht«. Was ist das für eine Liebesbeziehung? Wenn es dabei bleibt, ist das einfach eine Reproduktion des Tauschverhältnisses in der Frauenbewegung. Man tauscht einen Partner gegen den anderen aus. Das wäre die abstrakte Negation der bürgerlichen Moral, aber nicht deren Aufhebung. Ich möchte vielmehr demgegenüber fragen, ob es nicht einen Raum der Privatheit gibt, der nicht in dieser Weise erfaßt werden kann. Ob es nicht Probleme gibt, mit denen die Individuen, die unmittelbar betroffen sind, alleine fertig werden müssen, ohne darüber eine Diskussion anzustrengen: Morgen um acht ist hier eine Sitzung, wir diskutieren meine Probleme, die ich mit x habe. Da ist irgend etwas falsch, das geht nicht. Ich werfe es als Frage auf. Ich habe immer den Wert der Privatheit ungeheuer hoch geschätzt und kann mir keine anständige Gesellschaft vorstellen, in der dieser Bereich des Privaten nicht beschützt würde.

FRAGE: Bei uns ist Privatheit gleichzusetzen mit Isolation, mit Getrenntheit von den anderen, oder gibt es die Möglichkeit Privatheit kollektiv zu verstehen?

MARCUSE: Ich weiß nicht wie, vielleicht ist die Diskussion mit Freunden eine Möglichkeit. Aber selbst da würde ich sagen, daß die Zahl der Freunde, mit denen ich solche Sachen besprechen würde, außerordentlich klein ist.

FRAGE: Ist es möglich, was heute oft als emanzipatorischer Anspruch gestellt wird, mehrere Beziehungen, Liebesbeziehungen gleichzeitig zu haben, oder sind hiermit die Ansprüche an die Individuen zu hoch gestellt?

MARCUSE: Das sind Konflikte, die nicht lösbar sind, die selbst durch die beste sozialistische Gesellschaft nicht gelöst werden können. Das hat mit den Institutionen unter den Klassenverhältnissen überhaupt nichts zu tun. Keine Gesellschaft kann Konflikte lösen, die dadurch entstehen, daß eine Frau sich in zwei Männer verliebt oder umgekehrt.

FRAGE: Noch einmal zum Begriff des androgynen Menschen, mit dem du wohl auch auf Hegels Dialektik der Anerkennung rekurrierst. Dabei geht es doch darum, daß man sich selbst eigentlich nur durch den anderen definieren kann, daß man seine eigene Identität nicht als isoliertes Individuum gewinnt.

MARCUSE: Die Begierde, mit dem anderen eins zu werden, hat nichts mit den gesellschaftlichen Verhältnissen zu tun, sondern nun wirklich mit den biologischen Tatsachen, daß die Menschen, Männer und Frauen, Individuen sind und jeder seinen eigenen Körper besitzt, sogar jeder seinen eigenen Geist (wenn überhaupt). Diese Begierde ist selbstzerstörend. Das ist auch die Grenze jeder Interpretation einer möglichen androgynen Gesellschaft. Das kann nicht heißen, daß in einer solchen Gesellschaft alle Individuen gleichzeitig, bis in die biologischen Qualitäten hinein, Männer und Frauen werden. Androgyn kann nur heißen, wenn es überhaupt einen Sinn hat, daß in einer solchen Gesellschaft Mann und Frau, jeder in seiner Individualität, nicht mehr die Vorherrschaft männlich aggressiver oder weiblich rezeptiver Qualitäten darstellt, sondern daß beide, männliche und weibliche Qualitäten in der ganzen Existenz der Individuen zu einer Einheit zusammengeschlossen werden. Aber es kann nie heißen, daß Mann Frau oder Frau Mann werden sollten.

Nr. 407

Oskar Negt
50 Jahre Institut für Sozialforschung
Eine Jubiläumsrede
5. Juli 1974

QUELLE: Alexander Kluge / Oskar Negt, Kritische Theorie und Marxismus – Radikalität ist keine Sache des Willens, sondern der Erfahrung (unautorisiertes Tonbandprotokoll), s'Gravenhage 1974, S. 115–118

Ist die Kritik an der Frankfurter Schule, so wie sie in den letzten Jahren geübt worden ist, berechtigt?

Die Frankfurter Schule verstand sich als Variante des Marxismus. Man kann sogar sagen, sie begriff die Marxsche Gesellschaftstheorie als Synonym zur Kritischen Theorie. Das bedeutet: Horkheimer wollte in den frühen Jahren eine Theorie der Verlaufsform des gegenwärtigen Zeitalters neu formen.

Im Versuch, die Veränderung des kapitalistischen Systems zu begreifen mit dem begrifflichen Instrumentarium des Marxismus, ohne ihn immer auch explizit zu nennen.

So konnte es nicht ausbleiben, daß auf dem Höhepunkt der Protestbewegung Frankfurter Studenten und Studentinnen den Versuch machten, die theoretische Radikalität von Horkheimer und Adorno politisch und für die Emanzipationsperspektiven der eigenen Lebensgeschichte einzuklagen.

Und nicht nur Adorno, sondern die Kritische Theorie insgesamt bekundet ihre gesellschaftliche Ohnmacht, die sie der Lächerlichkeit preisgab.

Während in den folgenden Jahren die in Fraktionen zersplitterte Linke in überschaubaren Parteiaufbaugruppen politische Identität zu gewinnen suchte, indem sie starke Organisationsdisziplin mit Theorien verband, die sich in gelungenen Revolutionen bewährt hatten, aber ganz anderen gesellschaftlichen Erfahrungszusammenhängen entsprachen, schlug für andere die Stunde der Arbeit.

Die DKP veranstaltete, getragen vom Institut für Marxistisches Studium und Forschung, 1970 eine wissenschaftliche Konferenz zum Thema: die Frankfurter Schule im Lichte des Marxismus. Diese große, teilweise mit großem Aufwand veranstaltete Beleuchtung ergab zwei Resultate: die Frankfurter Schule hat die politische Funktion, durch eine scheinmarxistische Argumentation die kritische Intelligenz zu verwirren und sie vom realen Klassenkampf abzuhalten.

Sie zieht den objektiven Klassenkampf auf die Ebene von subjektiven Hoffnungen, auf Überbauphänomene wie Kultur und Kunst usw.

Mit diesem Vorwurf des praktischen Subjektivismus verbindet sich der des theoretischen Idealismus. Die Weigerung der Frankfurter Schule, Erkenntnis als Widerspiegelung objektiver dialektischer Gesetzmäßigkeiten in Literatur und Gesellschaft zu begreifen, im Grunde Naturdialektik anzuerkennen.

Daraus entsteht die Unmöglichkeit, materialistische Dialektik anders als in Form von negativer Dialektik zu begreifen.

In allen Auseinandersetzungen durchscheint die politische Motivation, die Kritische Theorie kleinbürgerlich-utopischen Traditionen, wie etwa der der Linkshegelianer des Vormärz, einzuordnen und der Ideologie der bürgerlichen Klasse zuzurechnen.

Walter Joppe sagt in einem DDR-Beitrag dazu:

In der heutigen Situation der antiimperialistischen Bewegung, beim heutigen Stand des Selbstverständnisses der gegen das Monopolkapital kämpfenden Kräfte, angesichts der heutigen Aufgaben und Möglichkeiten breiter Bündnisse, wirkt die Kritische Theorie Horkheimers und Adornos vor allem auf Teile der kultur- und gesellschaftswissenschaftlichen Intelligenz hemmend und destruierend.

Sie hat die Funktion der oppositionellen Stimmung und Haltung ins politisch Unverbindliche, damit Feinsinnig-apologetische zu kanalisieren.

Ein anderer Satz: es scheint, daß die Wirkung der Frankfurter Schule in der bürgerlichen und kleinbürgerlichen Intelligenz dauerhafter ist als ihre Verbindung mit der Studentenbewegung. Der philosophische Inhalt und der geistige Werdegang der Kritischen Theorie stellt in den gegenwärtigen theoretischen Klassenkämpfen eine charakteristische internationale Tendenz dar.

Nun, ich will im einzelnen auf diese Kritik eingehen und ihr Recht überprüfen.

Mein Zugang zu der Frage Marxismus und Kritische Theorie orientiert sich an anderen Gesichtspunkten. Ich möchte hier nur noch erwähnen, daß auch auf bürgerlicher Seite die Stunde der Abrechnung schlug, als Adorno starb und die Protestbewegung die alte Form nicht beibehalten konnte.

Versuche, Aufklärung im Sinne von Entmythologisierung von Begriffen zu betreiben, also Totalität, Dialektik, Geschichtsphilosophie zu zerstören und dadurch Freiraum für Erkenntnisse zu schaffen, die mehr oder weniger technischer Überprüfung und Bewährung ausgesetzt sind.

Diese Tendenz, die hauptsächlich von Popper und von seinen deutschen Missionaren ausgegangen ist, ist durchaus nicht atypisch für die sozial-technologische Kritik der Frankfurter Schule.

Was zeichnet alle diese Versuche, ich möchte sie summarisch zusammenfassen, die Frankfurter Schule in ihren wissenschaftlichen und politischen Folgen zu treffen, aus?

Es ist meines Erachtens ein fundamentaler Mangel, nämlich: geschichtliche Erfahrungslosigkeit in zweierlei Hinsicht. Zum einen ist es die Unfähigkeit, die eigenen Kategorien zur Analyse der eigenen geschichtlichen Situation, der Gegenwart als eines geschichtlichen Prozesses zu verwenden, damit aber auch die individuellen, organisatorisch vorgegebenen parteilichen Erkenntnisinteressen zu bestimmen. Dazu kommt die Unfähigkeit, sich von der doppelhistorischen und rein auf dem Wahrheitsgehalt von Betrachtungsweisen von Theorien zu befreien und Theorien als Organisationsformen gesellschaftlicher Erfahrungen zu begreifen.

[...]

Ich möchte aber hier doch in diesem Zusammenhang an einem spezifischen Punkt die Rolle der Kritischen Theorie für die Protestbewegung betonen. Das Eindringen der Frankfurter Schule in die Politik mußte prekär sein.

War die Kritische Theorie eine politische Theorie?

Sie hatte in dem Sinne kein politisches Organ, weder in bezug auf die Veränderung der Universitäten, [noch] in bezug auf die Dritte Welt. Jedoch allerdings hat sich in der Phase, in der die Protestbewegung in Berlin entstand, mit der Konzeption einer kritischen Universität gerade herausgebildet, daß der Widerspruch zu den traditionellen Bildungsinhalten und der Versuch, diese traditionellen Bildungsinhalte zu zerstören, im Sinne von technokratischer Lösung, daß hier gewissermaßen der kategoriale Apparat der Frankfurter Schule [dazu] diente, diese Inhalte zu entwickeln und politische Inhalte in die Universität hineinzubringen.

Die politische Universität hier in Frankfurt existierte nur zwei Tage. Was damals in den zwei Tagen an Programm und Analysen geleistet wurde, verdient nach wie vor große Beachtung. Es war der Versuch, die Universität tatsächlich zu einem Forum, zu einer Öffentlichkeit, zu einer Gegenöffentlichkeit zu entwickeln, in die dann auch Inhalte dieser kritischen Theorie eintraten.

Die Erfahrung der Studenten von diesen Widersprüchen bestimmte wesentlich den Erfahrungsgehalt der Protestbewegung, in die dann auch sozialrevolutionäre Befreiungsbewegungen einbezogen wurden.

Heute ist das Problem, daß im Grunde innerhalb der Universitäten so etwas wie eine objektive Basis von politischen Erfahrungen kaum noch besteht. Die jüngeren Studenten wachsen in eine mehr und mehr sich technokratisch verstehende Universität hinein.

Der Einfluß der kritischen Theorie auf die einzelnen politischen Fraktionen ist meines Erachtens nur in einem Falle sichtbar, nämlich in dem Falle, sie werden entschuldigen, des »revolutionären Kampfes« hier in Frankfurt. Ich beziehe mich dabei nicht auf eine syntaktische Einschätzung dieser Gruppe, sondern auf das, was sie im Diskus veröffentlicht haben über ihre Erfahrung der Notwendigkeit und auch des Scheiterns der Arbeit, eines partiellen Scheiterns der Arbeit bei Opel in Rüsselsheim.

In dieser Gruppe sehe ich, was die Personen betrifft, auch noch ein Resultat der Sozialisation durch die Frankfurter Schule, bei einzelnen jedenfalls, daß diese Kategorien verwendet werden, umgewendet werden.

Die Erneuerung der marxistischen Denkweise ist notwendig

Was bedeutet jetzt Einbringen der Kritischen Theorie in die Möglichkeit der Erneuerung der marxistischen Denkweise. Wir müssen hier von aktuellen politischen Problemen ausgehen, weil ich glaube, daß eine immanente Erneuerung dieser Theorie nicht möglich ist, daß man gewissermaßen die Kategorien so läßt, wie sie sind. Ich werde das im einzelnen dann noch begründen.

Für mich ist gewissermaßen die Frankfurter Schule nicht alles; aber als der substantielle Erfahrungsgehalt der Frankfurter Schule nur unter der Bedingung einer insgesamt sich vollziehenden Erneuerung des Marxismus zu denken.

Deshalb meine ich, daß diese Theorien zunächst betrachtet werden müssen dort, in dem Zusammenhang, in dem sie geschichtlich entstehen und deren geschichtliche Situation sie auch ausdrücken.

Das heißt: es geht darum, den geschichtlichen Erfahrungszusammenhang, in dem die Kritische Theorie steht, zu rekonstruieren. Für diesen Zweck versuche ich, ein Schema zu entwickeln, als Haltepunkt einer solchen Rekonstruktion.

Es gibt nach meiner Auffassung, und die gegenwärtige Situation bezeichnet eine neue Phase der Wiederaneignung des revolutionären kritischen Gehalts der Marxschen Theorie, es gibt nach meiner Auffassung drei geschichtliche Phasen des Versuchs dieser Erneuerung.

Die erste Phase besteht darin, daß Lenin und Rosa Luxemburg in der Kritik der II. Internationale einen neuen Begriff von materialistischer Dialektik prägen: von einer Dialektik, die gewissermaßen die Bewegungsformen der Massen einbezieht und sich keineswegs auf irgendwelche Programme oder Theorien stützt.

Die zweite Phase ist die sehr globale und breite Phase nach der Oktoberrevolution, mit der Erfahrung, mit zwei grundlegenden Erfahrungen für praktisch alle bürgerlichen und revolutionären Intellektuellen dieser Periode, nämlich die Erfahrung des sichtbar werdenden Ausbleibens der westeuropäischen Revolution, der Stalinisierung und schließlich [die] des totalen Durchschlags, des totalen Siegs des Faschismus.

Die dritte Phase, in der wir uns befinden, beginnt meines Erachtens Mitte der sechziger Jahre mit neuen Kampfformen, Basisaktivitäten, Verschärfung von Klassenkonflikten usw.

1975

15.2.: Frankfurter Frauen demonstrieren gegen den § 218.

> **Nr. 408**
>
> **Jürgen Habermas**
>
> **»Ich finde die Analyse, die Rudi Dutschke angedeutet hat, lehrreich …«**
>
> Diskussionsbeitrag auf der Veranstaltung »Solidarität mit der Praxis-Gruppe«
>
> 9. April 1975
>
> QUELLE: Dokumentation des AStA der Johann Wolfgang Goethe-Universität: »Praxis«-Teach-in (Wortprotokoll einer Podiumsdiskussion zum Thema »Solidarität mit den Professoren und Studenten der ›Praxis‹-Gruppe – Gegen Berufsverbote und politische Disziplinierung« mit Rudi Dutschke, Iring Fetscher, Jürgen Habermas und Wolf-Dieter Narr), Frankfurt/Main 1975

HABERMAS: Ich finde die Analyse, die Rudi Dutschke angedeutet hat, lehrreich; ich finde gleichzeitig, daß vielleicht zum gegenwärtigen Anlaß eine gewisse Gefahr besteht, wenn wir zuviel versuchen zu begreifen und uns zu wenig unmittelbar zu dem verhalten, was vor zwei Monaten zur Entlassung der acht Belgrader geführt hat.

Ich will damit nur sagen, daß die heutige Veranstaltung hier, das heißt die Tatsache, daß Sozialisten ihre Solidarität mit den marxistischen Professoren in Jugoslawien ausdrücken, zwei, mindestens zwei unmittelbare Funktionen hat oder haben sollte: eine nach außen und eine nach innen. Die nach außen hin liegt, wenn ich es recht sehe, auf der Hand; jedenfalls habe ich in den letzten Monaten sozusagen in der Rolle eines Protestanten, der es hier zwar leicht hat, vom grünen Tisch aus Proteste zu starten und zu verwalten, die Erfahrung gemacht, daß die bürokratischen Instanzen in Jugoslawien jeden internationalen Protest mit dem Argument vom Tisch bringen, das hilft nur den Feinden des jugoslawischen Kommunismus und das sind auch, gleichviel wie [sie] sich formieren, die Feinde des Sozialismus, die hier mit vielen Zungen sprechen.

Ich finde also, daß die erste Funktion einer solchen Veranstaltung, die hier erstmals, wenn ich recht sehe, in der Bundesrepublik stattfindet nach den Belgrader Ereignissen – die erste Funktion ist die, vollkommen klarzumachen, daß eine Kritik an den Maßnahmen der Belgrader Regierung, wenn ich so sagen darf, aus dem eigenen Lager kommt; so daß wir hier klarmachen, daß ein Unterschied besteht erstens zu denen, die die Belgrader Ereignisse und die, die wir möglicherweise in Zagreb demnächst erleben können, nur zum Vorwand nehmen, um eine längst mobilisierte antikommunistische Kritik zu wiederholen mit der definitiven Veränderung derer, die noch verfolgt werden für das falsche Lager. Wir unterscheiden uns auch – obwohl ich das nun sehr differenzieren möchte – von den bisher erstaunlich breiten und sehr energischen Protesten und der Kritik derer, die im Rahmen der Universität und im Umkreis der Universitäten aus, ja liberalen Prinzipien sehen, beurteilen und kritisieren, wie eine der Grundfreiheiten des jugoslawischen Sozialismus, die bisher der jugoslawische Sozialismus geteilt hat mit zumindest den verfassungsrechtlichen Garantien vieler westlicher Demokratien, nämlich die Grundfreiheit von Lehre und Forschung, auf eine zynische Weise dementiert und demontiert wird. Selbst auch diese Kritik finde ich ist ein ernst zu nehmender Fakt, solange sie nicht einäugig ist; – und das zur innenpolitischen Funktion, die eine solche Veranstaltung haben kann.

Nämlich dazu, daß wir hier in der Bundesrepublik klarmachen müssen, daß konsequenterweise und legitimerweise nur derjenige die Maßnahmen in Belgrad – sei es politisch oder prinzipiell – kritisieren kann, der mit dem gleichen Maßstab auch in der Bundesrepublik seine Kritik äußert. Ich finde …

(Beifall, Zwischenruf: Das ist der Habermas, der damals vor ein paar Jahren selber die Bullen gerufen hat, nur zur Erinnerung, Beifall)

HABERMAS: Ich möchte vielleicht nicht auf die historischen Übervereinfachungen dieses Zwischenrufes eingehen; alle die vor 1969 hier in Frankfurt waren, sollten die historische Situation etwas besser rekonstruieren. Aber ich weiche dieser Diskussion nicht aus und bin gerne bereit, sozusagen anschließend auch, sagen wir einmal die Kontinuität von politischen Diskussionen und Auseinandersetzungen, die wir gleichsam in der Gegend der sechziger Jahre im SDS geführt haben, mit unserer heutigen Diskussion zusammen…

Die innenpolitische Diskussion, um das nur mit einem Satz abzuschließen, scheint mir doch wohl darin bestehen zu sollen, klarzumachen, daß eine Praxis, wie sie hier seit einiger Zeit in der Bundesrepublik etabliert worden ist – und ich meine die Verfassungsschutzpraxis, das heißt denjenigen Umstand, daß jeder Antrag auf einen Lehrauftrag dazu führt, daß der Kandidat bis in seine politischen Aktivitäten der Jahre 1968 zurück einer Prüfung durch den Verfassungsschutz unterzogen wird – ich meine hier also eine Praxis, die nicht in den Folgen, aber doch in der Systematik und in den einschüchternden Folgen sich mit der McCarthy-Ära vergleichen läßt, jedenfalls Vergleiche nahegelegt, – ich meine, daß eine solche Praxis

mit den Grundlagen auch dieser Demokratie, die hier durch das Grundgesetz garantiert ist, nicht vereint werden kann.
(Beifall)

Nr. 409
Herbert Marcuse
Zu den Ereignissen in Stockholm
Interview des ARD-Magazins »Monitor«
28. April 1975

QUELLE: Diskus – Frankfurter Studentenzeitung vom 2. Juni 1975, 25. Jg., Nr. 1, S. 19

MONITOR: Sie sind selber ein Anwalt der Gewalt; tragen Sie deshalb nicht ein gut Stück Verantwortung an dieser Entscheidung?
MARCUSE: Ich glaube, daß das Prädikat »Anwalt der Gewalt« etwas denunziatorisch ist. Aber anstatt darauf einzugehen, möchte ich den Satz vorlesen, den ich darüber geschrieben habe …: »Ich glaube, daß es für unterdrückte und überwältigte Minderheiten ein Naturrecht auf Widerstand gibt, außergesetzliche Mittel anzuwenden, sobald die gesetzlichen sich als unzulänglich herausgestellt haben.« Ende des Zitats. Ich habe es nie verstanden, warum dieses Zitat solche Erregung hervorgerufen hat. Es tut nichts weiter, als zurückrufen, was eine der ältesten Kamellen der westlichen Zivilisation war, nämlich daß es so etwas wie ein Naturrecht des Widerstands in bestimmten Situationen gibt. Seit dem frühen Mittelalter hat die katholische sowohl wie später die protestantische Theologie dieses Recht für sich in Anspruch genommen. Ich sehe also wirklich nicht, was daran so neu ist.
MONITOR: Aber schleichen Sie sich jetzt nicht aus der Verantwortung? Weshalb sollen sich diese Terroristen nicht auf Sie, Herr Professor Marcuse, berufen, wo Sie doch die Gewalt als Mittel der Veränderung ansehen?
MARCUSE: Ich betrachte mich immer noch als einen Marxisten. Der Marxismus lehnt den Terror … individuellen Terror und Terror kleiner Gruppen ohne Massenbasis als revolutionäre Waffe ab. Das ist oft gesagt worden, das ist heute noch richtig. Ganz anders steht es mit der Frage, ob eine Revolution unvorstellbar ist …
MONITOR: Bestehen Ihrer Meinung nach denn in der Bundesrepublik die Voraussetzungen für solch eine gewaltsame Revolution?
MARCUSE: Nein, ich glaube, daß es weder in der Bundesrepublik noch in diesem Land, in den Vereinigten Staaten, eine revolutionäre Situation gibt, es gibt noch nicht einmal eine vorrevolutionäre Situation. Es gibt aber sehr wohl potentiell eine gegenrevolutionäre Revolution.
MONITOR: Kann man eigentlich davon sprechen, daß diese Terroristen noch politische Überzeugungstäter sind?
MARCUSE: Subjektiv ist anzunehmen, daß sie ihre Aktion für eine politische Aktion halten und gehalten haben. Objektiv ist das nicht der Fall. Wenn politische Aktion willentlich zum Opfer von Unschuldigen führt, dann ist das genau der Punkt, wo politische Aktion, subjektiv politische Aktion, in Verbrechen umschlägt.
MONITOR: Sie sagen nun, Unschuldige dürfen nicht Opfer werden. Heißt das damit, daß Schuldige Opfer werden dürfen?
MARCUSE: Das heißt es in dieser Allgemeinheit überhaupt nicht. Ob und wann Terror eine revolutionäre Waffe ist, kann nur entschieden werden in einer Analyse der gegebenen Situation. Ich kann mir vorstellen, daß zum Beispiel in einigen total faschistischen Staaten oder Diktaturen keine andere Möglichkeit, eine Veränderung hervorzurufen, besteht. In solcher Situation mag der Terror sehr wohl die einzige Waffe sein; aber diese Situation existiert ganz bestimmt nicht in irgendeinem der avancierten kapitalistischen Länder.
MONITOR: Sie selbst verurteilen diesen Terrorismus, wie er wieder in Stockholm zutage getreten ist. Dennoch werden gerade Leute wie Sie und die Neue Linke von anderen als »Steigbügelhalter« dieser, wie Sie selbst sagen, Verbrecher angesehen.
MARCUSE: Das ist eine sehr alte und außerordentlich beliebte Methode, schon bestehende Rechtsströmungen und eine schon bestehende Reaktion zu stärken. Ich glaube, wir sehen das gerade als eine der Konsequenzen der Baader-Meinhof-Gruppe in der Bundesrepublik, wo Versuche im Gange sind und wahrscheinlich auch Versuche, die zum Teil schon gelungen sind, die Bürgerrechte – politische sowohl wie zivile – einzuschränken. Es ist das einer der Fälle, wo sich zeigt, daß eine Aktion wie die der Baader-Meinhof-Gruppe, die subjektiv als politische Aktion im Interesse der Revolution gemeint war, objektiv eine gegenrevolutionäre Funktion hat.

1977

Sympathy For The Devil

Hexenjagd auf die Linke

15. 10.: Aufkleber für eine Podiumsdiskussion während des Deutschen Herbstes.

Nr. 410
Herbert Marcuse
Ökologie und Gesellschaftskritik
Vortrag vor Studenten
der kalifornischen Naturfreunde-Bewegung
1977

QUELLE: Peter-Erwin Jansen (Hg.), Befreiung denken – Ein politischer Imperativ. Ein Materialienband zu Herbert Marcuse, Offenbach 1989, S. 43–52

Vielen Dank für die herzliche Begrüßung. Ich freue mich sehr darüber, heute hier sprechen zu können. Ich bin nicht sicher, ob ich überhaupt noch etwas Aktuelles zum Problem beitragen kann. Denn wie Sie wissen, hat Präsident Carter mehr als sechsunddreißig Millionen Morgen Wildnis unter das Primat kommerzieller Entwicklung gestellt. Es gibt also kaum noch genug unberührte Natur, die wir erhalten könnten. Aber dennoch werden wir es weiter versuchen.

Was ich zu tun beabsichtige, ist, die Zerstörung der Natur im Zusammenhang mit der *generellen* Zerstörung zu diskutieren, die unsere Gesellschaft charakterisiert. Dann möchte ich den Wurzeln dieser Zerstörung in den Individuen selbst nachspüren; das heißt, ich werde die psychologische Zerstörung im Innern der Individuen untersuchen.

Meine heutigen Ausführungen beruhen größtenteils auf dem grundlegenden psychoanalytischen Konzept, das von Sigmund Freud entwickelt wurde. Zu Beginn werde ich in kurzer und vereinfachender Weise die wichtigsten Freudschen Begriffe, die ich verwende, definieren. Zuerst Freuds Hypothese, daß der lebende Organismus von zwei Primärtrieben oder Instinkten geformt wird. Den einen der beiden nennt er Eros, erotische Energie, Lebenstrieb; diese Begriffe werden mehr oder weniger synonym verwendet. Den anderen nennt er Thanatos, zerstörerische Energie, den Wunsch, Leben zu zerstören, Leben zu vernichten. Freud beschreibt diesen Wunsch als den frühesten Todesinstinkt im menschlichen Sein. Den anderen psychoanalytischen Begriff, den ich kurz erläutern werde, bezeichnet Freud als Realitätsprinzip. Das Realitätsprinzip kann im einfachsten Sinne definiert werden als die gesamte Summe der Normen und Werte, die von einer bestehenden Gesellschaft als herrschendes, normales Verhalten verlangt werden.

Abschließend werde ich kurz die Aussichten einer radikalen Änderung in der heutigen Gesellschaft skizzieren. Radikale Änderung definiere ich als eine Veränderung nicht nur in den grundlegenden Institutionen und Beziehungen der bestehenden Gesellschaft, sondern auch im individuellen Bewußtsein in solch einer Gesellschaft. Radikale Veränderung kann weiterhin so tiefgehend sein, daß sie das individuelle Unbewußte beeinflußt. Diese Definition befähigt uns, zu unterscheiden zwischen radikaler Veränderung des ganzen gesellschaftlichen Systems und Veränderungen innerhalb dieses Systems. Mit anderen Worten, radikale Veränderung muß beides zur Folge haben: eine Veränderung in gesellschaftlichen Institutionen und ebenso eine Veränderung der vorherrschenden Charakterstruktur der Individuen in dieser Gesellschaft.

Meiner Meinung nach ist unsere heutige Gesellschaft durch eine Erweiterung der zerstörerischen Charakterstruktur ihrer Individuen gekennzeichnet. Aber wie können wir über solch ein Phänomen reden? Wie können wir den zerstörerischen Charakter in unserer Gesellschaft identifizieren?

Ich vermute, daß bestimmte symbolische Ereignisse, symbolische Entscheidungen, symbolische Handlungen die Tiefendimension der Gesellschaft veranschaulichen und erläutern können. Das ist die Dimension, in der die Gesellschaft im Bewußtsein und Unbewußten der Individuen selbst reproduziert wird. Diese Tiefendimension ist grundlegend für die Erhaltung der bestehenden politischen und ökonomischen Ordnung der Gesellschaft.

Ich werde drei Beispiele solcher symbolischen Ereignisse anführen, um die momentane Tiefendimension der Gesellschaft zu erläutern. Erstens möchte ich betonen, daß die Zerstörung, von der ich spreche, die destruktive Charakterstruktur, so beherrschend in unserer Gesellschaft ist, weil sie im Zusammenhang mit der institutionalisierten Zerstörung gesehen werden muß, die charakteristisch für die äußeren und inneren Angelegenheiten ist. Diese institutionalisierte Zerstörung kennt jeder, und Beispiele dafür zu bringen, ist einfach. Sie schließt die konstanten Steigerungen des Rüstungsetats auf Kosten der Sozialausgaben, die Ausbreitung nuklearer Einrichtungen, die allgemeine Vergiftung und Verschmutzung unserer Umwelt, die eklatante Unterordnung der Menschenrechte unter die Forderungen globaler Strategien und die Kriegsbedrohung im Falle einer Herausforderung dieser Strategie mit ein. Diese institutionalisierte Zerstörung ist sowohl offen als auch legitimiert. Der Zusammenhang wird hergestellt, indem die individuelle Reproduktion der Zerstörung stattfindet.

Kommen wir zu den drei Beispielen symbolischer Ereignisse zurück, um die Tiefendimension der Gesellschaft zu erläutern. Erstens: die schicksalhafte Reaktion des Bundesgerichtshofes, eine gesetzliche Vorschrift zur Nuklearindustrie zu erlassen. Dieses Gesetz hätte ein Memorandum über alle nukleartechnischen Einrichtungen im Staat beinhalten können, denen die angemessenen Vorrichtungen fehlen, die eine tödliche Atomnutzung verhindern. In dieser Frage entkräfteten die Richter dieses Gesetz, weil sie es für verfassungswidrig hielten. Brutal interpretiert: Viva la muerte! Long live the death! Zweitens: der Brief über Auschwitz, der in den großen Tageszeitungen erschien. In diesem Brief beschwerte sich eine Frau darüber, daß die Veröffentlichung eines Bildes von Auschwitz auf der ersten Seite der Zeitung eine – ich zitiere – »Sache eines extrem schlechten Geschmacks« gewesen sei. Was ist der Grund, fragte die Frau, diesen Horror schon wieder zu veröffentlichen? Müssen sich die Leute denn an Auschwitz erinnern? Brutal interpretiert: Vergiß es! Drittens: der Begriff »nazi surfer«. Einhergehend mit solchen Begriffen erscheint das Hakenkreuz. Beides, der Ausdruck und das Symbol wurden stolz übernommen und werden verwendet, um zu zeigen, Surfer – ich zitiere wieder – »haben sich total dem Surfen hingegeben«. Brutal interpretiert: nicht notwendig. Die eingestanden – und das nehme ich aufrichtig an – unpolitische Absicht des Begriffs »nazi surfer« entwertet nicht die innere unbewußte Affinität mit dem zerstörerischsten Regime des Jahrhunderts, das hier den Gegenstand einer sprachlichen Identifikation ausdrückt.

Lassen Sie mich zu meiner theoretischen Diskussion zurückkehren. Der Primärtrieb, der der Zerstörung in den Individuen selbst entgegensteht, dieser zweite Primärtrieb ist der Eros. Die Ausgeglichenheit zwischen diesen beiden Trieben ist ebenso in den Individuen zu finden. Ich spreche von dem Ausgleich zwischen ihrem Willen und Wunsch zu leben und ihrem Willen und Wunsch, Leben zu zerstören, der Ausgleich zwischen dem Lebens- und Todesinstinkt. Beide Triebe, so Freud, sind unveränderlich in den Individuen verschmolzen. Wenn sich ein Trieb verstärkt, geschieht dies auf Kosten des anderen Triebes. Mit anderen Worten: jede Verstärkung der destruktiven Energie im Organismus führt, mechanisch und notwendig, zu einer Schwächung des Eros, zu einer Schwächung der Lebenstriebe. Dies ist eine sehr wichtige Vorstellung.

Die Tatsache, daß diese Primärtriebe Individualtriebe sind, könnte dazu führen, jede Theorie sozialer Veränderung auf die Individualpsychologie einzuschränken. Wie können wir eine Verbindung zwischen Individualpsychologie und Sozialpsychologie herstellen? Wie können wir von der Individualpsychologie zu den triebhaften Fundamenten der gesamten Gesellschaft, der gesamten Zivilisation übergehen?

Ich vermute, daß der Unterschied und der Gegensatz von Individual- und Sozialpsychologie irreführend ist. Es besteht keine Trennung zwischen beiden. Auf allen Entwicklungsstufen sind die Individuen gesellschaftliche Wesen. Das gesellschaftlich vorherrschende Realitätsprinzip beherrscht die Manifestationen der individuellen Primärtriebe, genauso wie die des Ichs und des Unterbewußtseins. Die Individuen verinnerlichen die Werte und Ziele, die in den sozialen Institutionen verkörpert sind: in der gesellschaftlichen Teilung der Arbeit, in der bestehenden Machtstruktur usw. Und umgekehrt spiegeln die gesellschaftlichen Institutionen und die Politik (beide in Affirmation und Negation) die sozialisierten Bedürfnisse der Individuen wider, die auf diesem Weg zu ihren eigenen geworden sind.

Dies ist einer der wichtigsten Prozesse in der gegenwärtigen Gesellschaft. Daraus folgt, Bedürfnisse, die den Individuen von den Institutionen angeboten werden, werden letztlich zu ihren eigenen Bedürfnissen und Wünschen. Diese Akzeptanz überlagerter Bedürfnisse verursacht eine affirmative Charakterstruktur. Sie verursacht eine Bejahung und Anpassung an das bestehende System der Bedürfnisse, die weder gewollt noch erzwungen ist. Tatsache ist, wenn die Zustimmung eine Negation ermöglicht, wenn sie ein nicht angepaßtes soziales Verhalten ermöglicht, dann ist dieses Verhalten größtenteils von dem determiniert, was der Nonkonformist verweigert und ablehnt. Die von außen überlagerten und verinnerlichten Bedürfnisse werden akzeptiert und bejaht – diese negative Verinnerlichung ist auch Grund für eine radikale Charakterstruktur.

Ich möchte Ihnen nun, in psychoanalytischen Begriffen, eine Definition einer radikalen Charakterstruktur geben, die uns schnell zu unserem heutigen Problem führen wird. Eine radikale Charakterstruktur ist auf der Freudschen Basis definiert als ein Übergewicht der erotischen Energie gegenüber den zerstörerischen Trieben. In der Entwicklung der westlichen Zivilisation wurde der Mechanismus der Verinnerlichung verfeinert und so weit vergrößert, daß der gesellschaftlich geforderte affirmative Charakter normalerweise nicht mehr brutal erzwungen werden muß, wie es unter autoritären und totalitären Regimen der Fall ist. In den demokratischen Gesellschaften reicht die Verinnerlichung aus, das System am Laufen zu halten (mit dem Zwang von law and order, immer gegenwärtig und legitimiert). Mehr noch, in den entwickelten Industrieländern wird eine affirmative Verinnerlichung, ein angepaßtes Bewußtsein dadurch erleichtert, daß sie aus rationalen Gründen weiterlaufen und eine materielle Grundlage besitzen. Ich spreche von dem bestehenden hohen Lebensstandard der Mehrheit der privilegierten Bevölkerung und einer ziemlich lockeren gesellschaftlichen und sexuellen Moral. Die in diesem Punkt beträchtliche Erweiterung kompensiert die intensivierte Entfremdung in Zeit und Freizeit, die diese Gesellschaft charakterisiert. Angepaßtes Bewußtsein liefert nicht nur eine imaginäre Kompensation, sondern auch eine reale. Dies hemmt das Entstehen eines radikalen Charakters.

Die gegenwärtige Befriedigung in der sogenannten Konsumgesellschaft erscheint um so mittelbarer und repressiver, wenn man sie der realen Möglichkeit der Befreiung im Hier und Jetzt gegenüberstellt. Sie erscheint repressiv, wenn man sie mit dem kontrastiert, was Ernst Bloch einst die konkrete Utopie nannte. Blochs Idee der konkreten Utopie bezieht sich auf eine Gesellschaft, in der die Menschen es nicht mehr länger nötig haben, unter Bedingungen der Entfremdung ihr Leben als ein Mittel zur Erringung des Lebensunterhaltes zu leben. Konkrete Utopie: »Utopie«, weil eine solche Gesellschaft bisher noch nirgendwo existiert; »konkret«, weil eine solche Gesellschaft eine reale historische Möglichkeit darstellt.

In einem demokratischen Staat lassen sich Effektivität und Ausmaß der affirmativen Verinnerlichung daran messen, wie stark die Unterstützung für die bestehende Gesellschaft ist. Diese Unterstützung drückt sich u. a. aus in Wahlergebnissen, in dem Fehlen einer radikalen Opposition, in Meinungsumfragen, in der Akzeptanz von Aggression und Korruption als normale Bestandteile des Geschäfts- und Verwaltungslebens. Hat die Verinnerlichung unter dem Druck von Ersatzbefriedigung im Individuum Wurzeln geschlagen, so kann den Menschen ein beträchtlicher Freiraum an Mitbestimmung gewährt werden. Aus guten Gründen werden die Menschen ihre Führer unterstützen oder zumindest ertragen, sogar bis zu einem Punkt, an dem Selbstzerstörung droht. Unter den Bedingungen der fortgeschrittenen Industriegesellschaft ist die Befriedigung immer an die Destruktion gebunden. Die Beherrschung der Natur geht einher mit der Vergewaltigung der Natur; die Suche nach neuen Energiequellen ist verbunden mit der Vergiftung der natürlichen Umwelt; Sicherheit ist gebunden an Knechtschaft, nationale Interessen sind mit weltweiter Expansion verknüpft; technischer Fortschritt ist gebunden an die fortschreitende Manipulation und Kontrolle der Menschen.

Und dennoch existieren potentielle Kräfte für eine soziale Veränderung. Diese Kräfte bieten die Möglichkeit für die Entstehung einer Charakterstruktur, in der die emanzipatorischen Triebe die Übermacht über die kompensatorischen gewinnen. Heute erscheint diese Tendenz in der Form einer primären Rebellion von Geist und Körper, von Bewußtsein und Unbewußtem. Sie tritt auf als eine Rebellion gegen die destruktive Produktivität der etablierten Gesellschaft und gegen die verstärkte Repression und Frustration, die mit dieser Produktivität einhergeht. Diese Phänomene könnten durchaus auf eine Subversion der Triebstruktur der modernen Zivilisation hindeuten.

Bevor ich kurz auf die historisch neuen Charakteristika dieser Rebellion eingehe, möchte ich das dieser Gesellschaft zugrundeliegende destruktive Konzept erläutern. Dieses Konzept wird durch die Tatsache, daß die Destruktion selbst in einem inneren Zusammenhang mit der Produktivität und der Produktion steht, verdunkelt und betäubt. Auch wenn die Produktivität Menschen und natürliche Ressourcen aufzehrt und zerstört, so trägt sie doch zur Erhöhung materieller und kultureller Befriedigung für eine Mehrheit der Menschen bei. Die Destruktivität tritt heute nur selten in ihrer reinen Form auf, ohne die ihr eigene Rationalisierung und Kompensation. Gewalt findet bestens bereitgestellte und handhabbare Ventile in der populären Kultur, in dem Gebrauch und Mißbrauch von Maschinen und in dem kanzerösen Wachstum der Verteidigungsindustrie, wobei letzteres durch die Berufung auf »nationale Interessen« schmackhaft gemacht wird. Der Begriff der »nationalen Interessen« ist so flexibel geworden, daß er in der ganzen Welt verwendet werden kann.

Unter diesen Umständen ist es schwierig, ein nonkonformistisches Bewußtsein, eine radikale Charakterstruktur zu entwickeln. Kein Wunder, daß eine organisierte Opposition nur schwer aufrechtzuerhalten ist. Kein Wunder, daß diese Art der Opposition ständig durch Verzweiflung, Illusionen, Eskapismus usw. behindert wird. Aus all diesen Gründen tritt die gegenwärtige Rebellion nur in Form von kleinen Gruppen in Erscheinung, die sich quer aus allen Klassen zusammensetzen, z.B. die Studentenbewegung, die Frauenbewegung, die Bürgerinitiativen, Ökologie-, Kollektiv- und Kommunebewegung usw. Darüber hinaus nimmt diese Rebellion besonders in Europa einen bewußt betonten persönlichen Charakter an, der methodisch ausgeübt wird. Es handelt sich dabei um die Beschäftigung mit der eigenen Psyche, den eigenen Trieben, mit Selbstanalyse, der Zelebrierung der eigenen Probleme, der berühmten Reise des Menschen in sein eigenes Inneres. Diese Rückkehr in sich selbst ist locker mit dem politischen Leben verbunden. Persönliche Schwierigkeiten, Probleme und Zweifel werden (ohne sie zu negieren) in Verbindung gesetzt mit und erklärt durch die Begriffe sozialer Bindungen und umgekehrt. Das Politische ist das Persönliche. Es zeigt sich eine »Politik in der ersten Person«.

Die soziale und politische Bedeutung dieser primären persönlichen Radikalisierung des Bewußtseins ist höchst ambivalent. Auf der einen Seite deutet sie auf Entpolitisierung, Rückzug und Flucht hin, während diese Rückkehr zum eigenen Selbst andererseits auch die Eröffnung oder die Wiederaneignung einer neuen Dimension sozialer Veränderung beinhaltet. Es ist die Dimension der Subjektivität und des Bewußtseins des Individuums. Und letztlich bleiben doch die Individuen (in der Masse oder als Individuum) die Agenten historischer Veränderungen. Der oft verzweifelte Versuch, sich gegen die Vernachlässigung des Individuums in der traditionellen radikalen Praxis durchzusetzen, charakterisiert die derzeitige Rebellion in kleinen Gruppen. Darüber hinaus konterkariert diese »Politik in der ersten Person« eine Gesellschaft, die auf effektiverer Integration beruht. An der Oberfläche gelingt es der modernen Gesellschaft, die Individuen durch den Prozeß der affirmativen Verinnerlichung gleichzuschalten. Ihre verinnerlichten Bedürfnisse und Hoffnungen werden universalisiert, sie werden allgemein, zum Normalen in der ganzen Gesellschaft. Veränderung jedoch setzt eine Desintegration dieser Universalität voraus. [...]

Veränderung setzt einen allmählichen Umsturz der bestehenden Bedürfnisse voraus, so daß in den Individuen selbst das Interesse an kompensatorischer Befriedigung von den emanzipatorischen Bedürfnissen verdrängt wird. Diese emanzipatorischen Bedürfnisse sind keine neuen Bedürfnisse. Sie sind nicht einfach Gegenstand von Spekulation oder Propheterie. Diese Bedürfnisse sind gegenwärtig, hier und jetzt. Sie durchdringen das Leben der Individuen. Diese Bedürfnisse begleiten und befragen das individuelle Verhalten, aber sie sind nur in einer Form gegenwärtig, die, mehr oder weniger effektiv, unterdrückt und verzerrt wurde. Solche emanzipatorischen Bedürfnisse schließen das folgende mit ein. Erstens, das Bedürfnis nach drastischer Reduzierung gesellschaftlich notwendiger Arbeit, an deren Stelle dann kreative Arbeit tritt. Zweitens, das Bedürfnis nach autonomer freier Zeit anstelle vorbestimmter Freizeit. Drittens, das Bedürfnis, nicht bloß eine Rolle zu spielen. Viertens, das Bedürfnis nach Rezeptivität, ausreichender Ruhe und Freude, anstelle des unaufhörlichen Lärms der Produktion.

Die Befriedigung dieser emanzipatorischen Bedürfnisse ist unvereinbar mit den bestehenden kapitalistischen und sozialistischen Staaten. Sie sind unvereinbar mit einem gesellschaftlichen System, das sich durch entfremdete Arbeit und durch selbstgesetzte Leistungsforderungen, produktive und unproduktive, reproduziert. Das Gespenst, das die fortgeschrittenen Industriegesellschaften heute plagt, ist das Veralten der vollständigen Entfremdung. Das Bewußtsein über dieses Gespenst hat sich fast vollständig, in größerem oder geringerem Maße, in der Bevölkerung verbreitet. Das populäre Bewußtsein dieses Veraltens zeigt sich zuerst in der Schwächung der Arbeitswerte, die heute das Verhalten der gesellschaftlichen Anforderungen beherrschen. Die puritanische Wertethik nimmt ab, zum Beispiel, als patriarchalische Moralität. Die rechtmäßigen Geschäfte konvergieren mit der Mafia; die Forderungen der Gewerkschaften verschieben sich von den Lohnforderungen zu einer Reduzierung der Arbeitszeit.

Daß eine andere Qualität von Leben möglich ist, ist bewiesen worden. Blochs konkrete Utopie kann erreicht werden; dennoch verweigert sich eine große Mehrheit der Bevölkerung auch weiterhin der Idee der radikalen Veränderung. Dies ist zum Teil begründet in der überwältigenden Macht und der kompensatorischen Kraft der etablierten Gesellschaft. Zum anderen liegt der Grund dafür in der Verinnerlichung der offensichtlichen Vorteile dieser Gesellschaft. Noch ein weiterer Grund findet sich in der grundlegenden Triebstruktur der Individuen selbst. Damit kommen wir schließlich zu einer kurzen Diskussion der Wurzeln gegen eine historisch mögliche Veränderung in den Individuen selbst.

Wie ich zu Beginn erwähnte, argumentiert Freud, daß der menschliche Organismus einen Grundtrieb aufweist, der nach einem Zustand, ohne leidvolle Spannungen leben zu können, nach einem Zustand der Freiheit von Schmerz strebt. Freud lokalisiert diesen Zustand der Erfüllung und Freiheit im Beginn des Lebens, im Leben im Mutterschoß. Folglich betrachtet er den Trieb nach einem Zustand ohne Leiden als den Wunsch, zu einer früheren Phase des Lebens zurückzukehren, zu einer Phase, die noch vor dem bewußten organischen Leben liegt. Diesen Wunsch schrieb er dem Todes- und Destruktionstrieb zu, der danach strebt, eine Negation des Lebens durch Externalisierung zu erreichen. Das bedeutet, daß sich dieser Trieb vom Individuum weg richtet, weg von ihm selbst. Er richtet sich auf das Leben außerhalb des Individuums, denn würde er dies nicht, befänden wir uns in einer Selbstmordsituation. Der Trieb ist externalisiert. Er richtet sich auf die Zerstörung anderer lebender Dinge, anderer Lebewesen und der Natur. Freud nannte diesen Trieb »einen langen Umweg zum Tode«.

Können wir aber, im Gegensatz zu Freud, das Streben nach einem Zustand der Freiheit ohne Leid, dem Eros, also den Lebenstrieben und nicht dem Todestrieb zuordnen? Wenn das so wäre, läge das Ziel des Wunsches nach Erfüllung nicht im Beginn des Lebens, sondern in seiner Blüte und Reife. Er würde dann nicht mehr Wunsch nach Rückkehr, sondern Wunsch nach Fortschritt sein; er würde dazu dienen, das Leben selbst zu beschützen und zu verbessern. Der Trieb nach Freiheit von Leid, nach Befriedigung der Existenz würde dann in der beschützenden Sorge für lebende Dinge seine Erfüllung finden. Er würde Erfüllung finden in der Wiederaneignung und der Wiederherstellung unserer lebenden Umwelt, in der Restauration der Natur, und zwar der äußeren sowohl wie der inneren des Menschen. Genauso sehe ich die gegenwärtige Umwelt- bzw. Ökologiebewegung.

Im Zusammenhang der letzten Analyse stellt sich die Ökologiebewegung als eine politische und psychologische Freiheitsbewegung dar. Sie ist politisch insofern, als sie sich gegen die konzertierte Macht des Großkapitals stellt, dessen vitale Interessen von der Bewegung bedroht sind. Sie ist psychologisch, weil (und dies ist der wichtigste Punkt) die Befriedung der äußeren Natur, der Schutz unserer lebenden Umwelt auch zu einer Befriedung der Natur der Männer und Frauen führen wird. Eine erfolgreiche Umweltbewegung wird die destruktiven Energien des Individuums seinen erotischen Energien unterordnen.

Heute wird die Stärke der transzendierenden Kraft des Eros, die nach Erfüllung drängt, durch die gesellschaftliche Organisation der destruktiven Energie in bedrohlichem Maße reduziert. Daraus folgt, daß die Lebenstriebe nicht mehr mächtig genug sind, eine Revolte gegen das herrschende Realitätsprinzip zu initiieren. Wozu die Kraft des Eros aber noch mächtig genug ist, ist das folgende: Sie dient dazu, eine nonkonformistische Gruppe zusammen mit anderen Gruppen nicht schweigender Bürger zu einem Protest anzutreiben, der sich wesentlich von traditionellen Formen radikalen Protestes unterscheidet. Daß in dieser Protestform eine neue Sprache, neue Verhaltensweisen und neue Ziele ins Erscheinungsbild treten, zeugt von ihren psychosomatischen Wurzeln. Was wir vor uns haben, ist die Politisierung der erotischen Energie. Dies, denke ich, ist das Unterscheidungsmerkmal der meisten gegenwärtigen radikalen Bewegungen. Diese Bewegungen repräsentieren in keiner Weise den Klassenkampf im traditionellen Sinne. Sie konstituieren keinen Kampf, mit dem vorhandene Machtstrukturen durch andere ersetzt werden sollen, vielmehr stellen diese radikalen Bewegungen eine existentielle Revolte gegen ein obsolet gewordenes Realitätsprinzip dar. Es ist eine Revolte, die sowohl vom Geist als auch vom Körper der jeweiligen Individuen getragen wird, die intellektuell und gleichzeitig triebhaft ist, eine Revolte, in der der ganze Organismus, die eigentliche Seele des Menschen, politisch wird, eine Revolte der Lebenstriebe gegen die organisierte und gesellschaftliche Destruktion.

Ich muß nochmals auf die Ambivalenz einer ansonsten hoffnungsvollen Rebellion hinweisen. Die Individualisierung und Somatisierung des radikalen Protests, seine Konzentration auf die Sensibilität und die Gefühle der Individuen, konfligiert mit der Organisation und der Selbstdisziplin, wie sie von einer effektiven politischen Praxis erfordert werden. Der Kampf, die objektiven, ökonomischen und politischen Bedingungen, die die Grundlage der psychosomatischen, subjektiven Transformation sind, zu verändern, scheint immer flauer zu werden. Körper und Seele des Individuums waren immer entbehrlich, bereit, geopfert zu werden (oder sich selbst zu opfern) im Interesse eines reifizierten, hypostasierten Ganzen, sei es der Staat, die Kirche oder die Revolution. Sensibilität und Imagination sind keine Gegner für die Realisten, die unser Leben bestimmen. In anderen Worten: Eine gewisse Machtlosigkeit scheint ein inhärentes Charakteristikum jeder radikalen Opposition zu sein, die außerhalb der Massenorganisation politischer Parteien, Gewerkschaften usw. bleiben will.

Verglichen mit der Effektivität von Massenorganisationen mag der moderne radikale Protest zu marginaler Bedeutung verdammt sein. Solche Machtlosigkeit zeichnet allerdings anfänglich immer solche Gruppen und Individuen aus, die die Menschenrechte und humane Ziele gegenüber den sogenannten realistischen Zielen hochgehalten haben. Die Schwäche solcher Bewegungen dürfte wahrscheinlich ein Zeichen ihrer Authentizität sein, ihre Isolation ein Zeichen der verzweifelten Anstrengungen, die es braucht, aus dem alles umarmenden Herrschaftssystem auszubrechen, das Kontinuum einer realen, profitablen Destruktion zu brechen.

Die Rückkehr, die die modernen radikalen Bewegungen vollzogen haben, ihre Rückkehr in die psychosomatische Domäne der Lebenstriebe, ihre Rückkehr zum Bild der konkreten Utopie, mag uns dabei helfen, das menschliche Ziel der radikalen Veränderung neu zu definieren. Ich will einmal wagen, dieses Ziel in einem kurzen Satz zu bestimmen. Das Ziel radikaler Veränderung heute ist die Entstehung von Menschen, die weder physisch noch geistig in der Lage sind, ein neues Auschwitz zu erfinden.

Der Einwand, der manchmal gegen dieses hochfliegende Ziel erhoben wird, insbesondere der Einwand, daß dieses Ziel unvereinbar mit der Natur des Menschen ist, zeugt alleine davon, wie sehr sich dieser Einwand der konformistischen Ideologie gebeugt hat. Im Gegensatz zu dieser Ideologie bestehe ich darauf, daß es so etwas wie eine unveränderliche menschliche Natur nicht gibt. Auf einem höheren Niveau als die Tiere stehend, sind die Menschen formbar, und zwar in Körper und Geist, bis hinunter in ihre ureigenste Triebstruktur. Männer und Frauen können zu Robotern computerisiert werden, ja – aber sie können sich dem auch verweigern.

Nr. 411
Herbert Marcuse / Heinz Lubasz / Alfred Schmidt / Karl Popper / Ralf Dahrendorf / Rudi Dutschke
Gespräch über »Radikale Philosophie: Die Frankfurter Schule« (Auszüge)
Juli 1977

QUELLE: Jürgen Habermas, Silvia Bovenschen u.a., Gespräche mit Herbert Marcuse, © Suhrkamp Verlag, Frankfurt/Main 1978, S. 121–139

LUBASZ: Die große Konfrontation der eher praxisorientierten Vergangenheit der Frankfurter Schule mit ihrer vorwiegend akademisch orientierten Gegenwart fand in den sechziger Jahren statt. Die Neue Linke Westdeutschlands, die ihre theoretischen Anstöße zum Teil von den frühen Arbeiten des Instituts für Sozialforschung empfangen hatte, ging wie selbstverständlich davon aus, daß Horkheimer, inzwischen Rektor der Universität, und Adorno, Kodirektor am Institut, immer noch radikale Positionen verträten. Die politisierte Frankfurter Studentenschaft fühlte sich von ihren Lehrern bitter enttäuscht, Horkheimer und Adorno wandten sich verstört von der Neuen Linken ab. Es kam zu peinlichen Vorfällen. Alfred Schmidt hat jene Zeit in Frankfurt miterlebt. Was geschah damals?

SCHMIDT: Die Studenten glaubten in dieser Situation, die Begründer der Kritischen Theorie dazu zwingen zu müssen, allgemeine Einsichten in die Struktur der bürgerlichen Gesellschaft unmittelbar und sofort auf die gegebene universitäre Lage anzuwenden, was natürlich unmöglich war. Die Studenten reflektierten nicht genügend den Status von Theorie in einer bestimmten historischen Situation, sie verlangten einfach zu viel von ihr und waren daher außerordentlich enttäuscht, als sich Adorno nicht in der Lage sah, sie zu unterstützen. Was sie wollten, war eine direkte Anweisung auf Praxis. Es gab damals, wie Sie schon erwähnten, einige unglückselige Vorfälle, zum Beispiel den, daß drei junge Frauen – ich weiß gar nicht, ob sie überhaupt dem SDS angehörten – in einer Vorlesung Adornos ihre Brüste entblößten und versuchten, ihn zu »verunsichern«, wie man das im Jargon damals nannte. Adorno, der niemals ein strenger Moralapostel gewesen war, vermochte nicht, die Situation zu retten. Er, der während der fünfziger Jahre als einer der radikalsten Denker galt, war nun plötzlich gewissermaßen nicht mehr in Mode. Es gibt historische Phasen, in denen robuste Handlungen mehr vermögen als subtile Ideen.

Es war dies, warum Adorno zögerte; er hatte nie viel übrig für eine »Do-it-yourself«-Ideologie.

LUBASZ: Von jenem Zeitpunkt an blieb die Kritische Theorie, vor allem in Deutschland, ein akademisches Unternehmen. Man muß allerdings sogleich hinzufügen, daß sie, besonders in den Arbeiten von Jürgen Habermas, weiterhin ein akademisches Unternehmen von großem Interesse und von hoher Bedeutung für die Sozialwissenschaften ist. In der Tat geht ja die Auseinandersetzung der Kritischen Theorie mit dem Empirismus weiter. Ihren Höhepunkt fand diese Kontroverse 1961 in einem direkten Schlagabtausch zwischen Adorno und Popper, der nicht ohne eine gewisse Ironie war. Herr Dahrendorf, wie kam es zu dieser Konfrontation?

DAHRENDORF: In mancher Hinsicht bin ich verantwortlich für diese Konfrontation, weil ich zu jener Zeit Professor an der Universität Tübingen war und Adorno und Popper nach Tübingen eingeladen hatte, um dort ihre Kontroverse auszutragen. Damals hatten wir in Deutschland die empirische Sozialforschung gerade entdeckt. Zum Teil waren wir auf sie aufmerksam geworden durch jene empirischen Untersuchungen, die Adorno und andere in den Vereinigten Staaten durchgeführt hatten, und jetzt waren diese Leute in Frankfurt, namentlich Adorno, den man wirklich als das Herz der Frankfurter Schule bezeichnen kann. In Deutschland kämpfte Adorno gegen die empirisch orientierten Sozialwissenschaften, wo immer sich ihm eine Gelegenheit dazu bot, und er stellte tatsächlich die Behauptung auf, daß empirische Sozialwissenschaft gar nicht möglich sei. Ich war der Meinung, daß das ein Konflikt sei, den man erörtern müsse, anstatt ihn vor sich herzuschieben und damit zur Gründung von Cliquen Gleichgesinnter beizutragen.

LUBASZ: Es erwies sich, daß diese Konfliktlösungsstrategie keineswegs erfolgreich war. Sie führte weder dazu, der Frankfurter Schule den Empirismus nahezubringen, noch dazu, Karl Poppers Verachtung für die Kritische Theorie und im besonderen für Adorno zu mindern.

Wie stellt sich dieser Dissens Karl Popper heute dar?

POPPER: Alles in allem betrachte ich, um eine Wendung von Raymond Aron zu gebrauchen, die Schriften der Frankfurter Schule als »Opium für Intellektuelle«.

LUBASZ: Ob »Opium für Intellektuelle« oder nicht – das sei einmal dahingestellt. Jedenfalls liegt der philosophische Akzent der Kritischen Theorie sehr stark auf jener Orientierung, die die deutsche Gesellschaftstheorie vor dem Krieg hatte, und auf der Linie der Tradition des deutschen Idealismus. So gesehen war die Rückkehr aus dem Exil eine wirkliche Heimkehr.

Doch nicht alle Mitglieder des Instituts kamen nach Deutschland zurück. Auch Herbert Marcuse blieb in den USA, obwohl seine Arbeiten der grundlegenden theoretischen Prämissen wegen weiterhin der Frankfurter Schule zugehörten. Was Marcuse nach 1950 von Horkheimer und Adorno trennte, war die Tatsache, daß er die praktische Beschäftigung mit Politik und Gesellschaft, insbesondere mit den Möglichkeiten radikaler Veränderung – für ihn das entscheidende Problem – wiederaufnahm. Nicht daß er eine konsistente Position entwickelt hätte: mehr als einmal schwankte er zwischen völligem Pessimismus und stoischem Optimismus. In seinem Buch *Der eindimensionale Mensch,* das 1964 erschienen ist, gibt es keinen Platz mehr für die Hoffnung auf transformatorische, radikale, befreiende Praxis. Dieses Buch zeichnet das Bild eines Zustands, in dem die Menschen so vollständig in das System integriert, so tiefgreifend von ihm manipuliert sind, daß sie als ihre wesentlichen Bedürfnisse nur noch jene wahrzunehmen vermögen, die das System faktisch befriedigen kann: Konsumbedürfnisse in einem System, das durch die Produktion von Waren in Betrieb gehalten wird. Doch im Jahre 1969, in seinem Buch *Versuch über die Befreiung,* sah Marcuse die Dinge anders, ganz anders: Studenten, Hippies, »dropouts«, die amerikanischen Schwarzen und die Dritte Welt bildeten in seinen Augen »aktuell oder potentiell« ein machtvolles Befreiungs- und Praxispotential für das, was die Vernunft schon immer als Notwendigkeit vorgestellt hatte. Marcuse hatte ein Surrogat für die noch schlafende Arbeiterklasse entdeckt, jedenfalls erschien es vielen seiner Leser so. Tatsächlich war es vor allem Marcuses Analyse des revolutionären Potentials, das er, darin einer bestimmten Richtung der französischen Soziologie folgend, »die Neue Arbeiterklasse« taufte, die seinen Schriften in den Augen vieler junger Radikaler jene politische Brisanz verlieh, die man in den Büchern Horkheimers und Adornos gerade vermißte. Diese »Neue Arbeiterklasse« setzte sich aus den Ingenieuren, den Naturwissenschaftlern und den Spezialisten des Kommunikationssystems, also aus dem Personal der »technologischen Infrastruktur« zusammen, das für das Funktionieren einer technologisch avancierten Gesellschaft unerläßlich ist. Und diese »Neue Arbeiterklasse« wurde in den Schulen und Universitäten der fortgeschrittenen Industriegesellschaften herangebildet. Folglich konnte man die Studenten als künftige Mitglieder der »Neuen Arbeiterklasse« betrachten bzw. konnten sich die Studenten selbst als solche betrachten, d. h. als Teil jenes Proletariats, das die Marxisten zu allen Zeiten als den realen Agenten des radikalen Umsturzes bezeichnet hatten.

Zu diesem Thema, zu der wichtigen Rolle, die die Frankfurter Schule, besonders Marcuse, bei der Herausbildung der Neuen Linken in Westdeutschland spielte, kann Rudi Dutschke einiges sagen. Selbstverständlich spricht er nicht für die westdeutsche Linke als ganze. Er und seine ihm nahestehenden Genossen hatten eine besondere Perspektive, weil sie aus der DDR nach West-Berlin gekommen waren.

DUTSCHKE: Die Gruppe, zu der ich gehörte, eben weil wir aus der DDR kamen, hatte nach dem Wechsel nach Westdeutschland ein Interesse daran, eine historische Erklärung für die Niederlage der Arbeiterklasse in unserem Land, in der DDR, zu finden.

LUBASZ: Sie meinen also, daß die Arbeiterklasse schon damals in Ostdeutschland eine Niederlage erlitten hatte?

DUTSCHKE: Ja. Ausgangspunkt unseres Denkens war die Niederlage, die der Stalinismus für die Arbeiterklasse heraufbeschworen hatte. Dies war unsere grundsätzliche politische Annahme. Deshalb habe ich mich selbst und haben andere Radikale sich sehr gründlich mit der Geschichte der Arbeiterbewegung beschäftigt. Im Zusammenhang damit erörterten und reflektierten wir die Diskussionen, die von der Frankfurter Schule geführt wurden, speziell von Herbert Marcuse, der in den sechziger Jahren der einzige bedeutende politische Theoretiker war.

LUBASZ: Was war es, das Sie an Marcuse besonders interessierte?

DUTSCHKE: Vor allem sein Buch *Die Gesellschaftslehre des sowjetischen Marxismus*, das für uns sehr wertvoll wurde für die kritische Einschätzung der Sowjetunion, und zwar von einem ganz neuen Standpunkt aus, weder vom Standpunkt des Trotzkismus noch von dem der Komintern ...

LUBASZ: Marcuses Buch über den Sowjetmarxismus hatte bei den politisierten Studenten tiefe Spuren hinterlassen. Sie forderten Marcuse auf, nach Berlin zu kommen, um mit ihnen aktuelle Probleme zu diskutieren. Ist das richtig dargestellt?

DUTSCHKE: Ja. Wir luden Marcuse ein, weil wir in seinem Denken eine internationalistische Dimension entdeckten, eine Dimension, die es weder in den deformierten sozialistischen Ländern gab noch in einer der westlichen sozialistischen oder kommunistischen Gruppierungen. Dies war der Grund, ihn zu Diskussionen über die Widersprüche in den hochentwickelten kapitalistischen Ländern zu bitten. Es gibt da fundamentale Probleme, zum Beispiel, wie dieses System es schafft, alle politischen Formen des Widerstandes zu zerstören oder zu neutralisieren. Welche Möglichkeiten gibt es, dieses System zu überwinden und eine sozialistische Alternative zu finden? Es war Herbert Marcuse und niemand sonst, der ernsthaft versuchte, über die Frage der gesellschaftlichen Emanzipation in unserer gegenwärtigen historischen Epoche nachzudenken. Seine Analysen und seine Gespräche mit uns in West-Berlin über Kuba, über China und die Sowjetunion, vor allem jedoch über die hochentwickelten kapitalistischen Länder, bereiteten den Boden für ein Denken, das die Unmittelbarkeit und den Rahmen rein studentischer Interessen sprengte.

LUBASZ: Während die Studenten damals annahmen, sie seien Teil einer entstehenden »Neuen Arbeiterklasse« und deshalb im Marxschen Sinne potentielle Revolutionäre, sieht Ralf Dahrendorf die Bewegung in einem völlig anderen Licht. Würden Sie, Herr Dahrendorf, Ihre Auffassung näher erläutern?

DAHRENDORF: Ich glaube wirklich, daß Marcuse einen großen Einfluß hatte auf die Anfänge einer Bewegung, die vielleicht zur Herausbildung einer neuen Klasse tendierte: einer Klasse, die sich aus Menschen zusammensetzt, die vorwiegend im Bildungssektor arbeiten, etwa Studenten oder Lehrer, oder in einem ähnlichen Bereich. Diese Leute leben nicht wirklich in der Arbeitswelt, sie sprechen von der Arbeiterklasse, ohne sie gefragt zu haben und ganz gewiß ohne das Einverständnis der Arbeitenden. Sie machen heute allenfalls zehn, zwölf oder vielleicht fünfzehn Prozent der Bevölkerung in Ländern wie Kalifornien oder der Bundesrepublik aus. Es sind gerade diese Gruppen, die besonders anfällig für eine bestimmte Sorte von utopischem Sozialismus sind, wie er gelegentlich von Vertretern der Frankfurter Schule verfochten worden ist.

LUBASZ: Interessanterweise spricht Marcuse heute nicht mehr von den Studenten als einem neuen Proletariat. Heute entdeckt er ein Störpotential eher innerhalb der alten Arbeiterklasse selbst als in der neuen. Das vielleicht auffälligste Phänomen an dem Wechsel in

Marcuses Positionen ist, daß er keineswegs von theorieimmanenten Entwicklungen der Kritischen Theorie selbst herrührt, sondern aus der Praxis. Der wichtigste Katalysator für Marcuses Sinneswandel war nicht so sehr eine neue theoretische Einsicht als vielmehr das Faktum der Pariser Mairevolte 1968. Noch 1941, in seinem Buch *Vernunft und Revolution,* hatte er ganz auf die Theorie als Statthalterin der Befreiung gesetzt, da es keine erkennbare revolutionäre, emanzipatorische Bewegung gab. »Praxis«, schrieb er damals, »folgt der Wahrheit, nicht umgekehrt.« Aber die Ereignisse gaben ihm nicht recht. Niemand, der den *Eindimensionalen Menschen* gelesen und die dort niedergelegten Erkenntnisse für stichhaltig befunden hatte, hätte sich träumen lassen, daß es in Frankreich zur Konfrontation kommen würde. Es waren praktische Verweigerung und der Ausbruch sinnlicher Bedürfnisse nach mehr Freiheit und sozialer Gerechtigkeit, die die Kritische Theorie widerlegten. Die Kritische Theorie, nicht zuletzt Marcuse, hatte also allen Grund, ihre Konzepte zu modifizieren.

Während Marcuse sich zunehmend um den Nachweis der Möglichkeiten radikaler Veränderung bemühte, beschäftigten sich Horkheimer und Adorno immer mehr mit der Analyse spezifisch bürgerlich-individualistischer Werte, die durch die Heraufkunft der Massengesellschaft bedroht waren. Ein Beispiel dafür ist Horkheimers veränderte Einschätzung des Marxismus. Herr Schmidt, wie erklären Sie sich diesen Wandel?

SCHMIDT: Wenn Horkheimer in seinen letzten Lebensjahren außerordentlich skeptisch im Hinblick auf die Chancen rascher gesellschaftlicher Veränderungen war, so deshalb, weil er zu der Überzeugung gelangt war, daß im Zeitalter der totalen Verwaltung eine rasche und heftige Veränderung unweigerlich die Tendenz zu mehr Verwaltung und mehr Herrschaft hervorbringen würde. Er ging davon aus, daß das Zeitalter des bürgerlichen Individuums an sein Ende gelangt sei. Und in seinen Augen war die Marxsche Theorie ein wichtiger Bestandteil jener individualistischen Kultur, die zum Untergang verurteilt ist.

LUBASZ: Das ist, wie ich glaube, eine merkwürdige Einschätzung des Marxismus, aber sie macht immerhin Adornos und Horkheimers Pessimismus begreiflich. Herr Dahrendorf, wie ist Ihre Meinung dazu?

DAHRENDORF: In meinen Augen war Adorno ein moderner Kulturpessimist, sehr deutsch in seiner ganzen Art, sehr antiindustriell und antimodern eingestellt, ein Träumer von einer unkorrumpierten Welt.

LUBASZ: Im Gegensatz dazu ist Marcuse ein intransigenter Optimist, ständig auf der Suche nach neuen sozialen Befreiungsbewegungen. Sein wesentliches Interesse ist nicht, revolutionären Prophetien auf die Spur zu kommen, sondern den geschichtlichen Chancen einer Revolution und dem tiefsitzenden menschlichen Bedürfnis nach einer »anderen Gesellschaft«. Läßt sich so, wenngleich zweifellos verkürzt, Ihr Interesse formulieren?

MARCUSE: Wir können davon ausgehen und wir können es auch ganz gut beweisen, daß die Möglichkeiten von Befreiung und Freiheit heute realistischer sind als jemals zuvor, daß die Revolution des 20. oder 21. Jahrhunderts, sofern sie stattfindet, die radikalste und umfassendste Revolution in der Geschichte sein wird, daß sie den Menschen selbst verändern wird und daß wir verpflichtet sind, die Alternative zu formulieren und ihre realen Grundlagen zu erforschen. Allerdings wird, solange die Machtstruktur in diesem Land [den USA] und die Politik, die auf ihr beruht, bleiben, was und wie sie sind, also z. B. Vorherrschaft über einen großen Teil der Welt, die Chance einer Revolution, wo auch immer, gering sein. Diese Machtstruktur samt ihren Agenturen ist jederzeit in der Lage, einen revolutionären Impuls zu ersticken.

LUBASZ: Aber es ist doch wohl nicht nur der planmäßige Gebrauch der Macht, der revolutionäre Veränderungen verhindert oder unterbindet?

MARCUSE: Nein. Seit etwa 1968/69 kann man von einer neuen Phase intensivierter Repression in den fortgeschrittenen kapitalistischen Ländern sprechen, doch nicht nur in den kapitalistischen Ländern, sondern mehr noch in den Regionen der Dritten Welt. Was wir beobachten, ist die Rationalisierung des Irrationalen. Zu den ohnehin vorhandenen Mitteln und Möglichkeiten von Knebelung, von Apathisierung und Kontrollierung der Bevölkerung ist ein neues Moment hinzugetreten. Es ist in hohem Maße verknüpft mit dem Standard des technischen Fortschritts, mit der Computerisierung, mit der technischen Perfektionierung der Datensammlung und der Überwachung.

LUBASZ: Man kann daraus wohl schließen, daß die Koexistenz von gestiegenen Befreiungschancen einerseits und wachsenden Repressionstendenzen andererseits das wesentliche Merkmal dessen ist, was Sie als den entscheidenden Widerspruch der Gegenwart ansehen?

MARCUSE: In der Tat.

LUBASZ: Ich sprach bereits von der Kritischen Theorie als von einem verdünnten Marxismus. In einem gewissen Sinne stimmt das. Aber sie ist zugleich ein erweiterter Marxismus, da sie ihre Aufmerksamkeit auf Phänomene, Bedürfnisse und Entwicklungen richtet, die mit der »Qualität des Lebens« und ihrer politischen Durchsetzung zusammenhängen. Herr Dahrendorf, wie beurteilen Sie den Einfluß der Frankfurter Schule und nicht zuletzt Marcuses Einfluß auf die deutsche Politik?

DAHRENDORF: Es handelt sich um einen Beitrag, der in gewisser Weise mit einer eher dunklen Bemerkung von Marx in den *Pariser Manuskripten* zu tun hat. Marx schrieb dort, daß in der vollendeten kommunistischen Gesellschaft der Mensch zu sich selbst gekommen sein würde, daß das menschliche Auge dann zum ersten Mal die Welt wahrnehmen und das menschliche Ohr zum ersten Mal wirklich hören würde. Marx schreibt von der Abschaffung der Arbeitsteilung und von einem Menschen, der morgens Jäger ist, mittags Fischer und abends kritischer Kritiker. Diese Vorstellung von einem Menschen, der seine Fähigkeiten voll entfaltet, hat, wie ich meine, in politische Zielvorstellungen wie etwa die von der »Lebensqualität« Eingang gefunden, und in dieser Hinsicht hat die deutsche Sozialdemokratie tatsächlich einige Ideen von Marcuse aufgenommen, allerdings nicht die Theorie, die dahintersteht.

LUBASZ: Es wäre zu früh für eine Prognose, in welcher Weise ein langfristiger Einfluß der Kritischen Theorie sich geltend machen wird. Doch was hat es mit dem langfristigen Einfluß von Marcuse auf sich? Ich vermute, daß es sein reflektierter und antiautoritärer Radikalismus ist, der Bestand haben wird. Rudi Dutschkes Einschätzung, von Marcuses Weigerung, den jungen Radikalen Praxisanweisungen zu geben – ganz im Gegensatz zu dem Lenin des Jahres 1902 –, mag so etwas wie eine Anerkennung von Marcuses Einfluß darstellen.

DUTSCHKE: Marcuse hat niemals versucht, ein »Handbuch« wie etwa Lenin mit *Was tun?* zu schreiben, Anleitungen zum Handeln zu geben. Das haben wir verstanden. Er hat analysiert und gedacht. Es ist unsere Aufgabe, die Antwort auf die Frage: »Was tun?« zu finden. Ein wesentliches Element der gesellschaftlichen Emanzipation der Arbeiterklasse besteht darin, daß diese Klasse lernt, ihre Emanzipation selber zu betreiben und zu verwirklichen. Wir brauchen keine Partei, die stellvertretend für die Arbeiterklasse denkt, hofft, agiert, und wir brauchen keinen starken Mann, der dies anstelle oder mittels einer Partei tut.

LUBASZ: Ich möchte dieses Gespräch zusammenfassen, indem ich anzugeben versuche, worin meines Erachtens der reale und positive Beitrag der Frankfurter Schule besteht. Indem sie eine Position zwischen den beiden großen Ordnungssystemen und gegen sie bezog, indem sie negativ und kritisch blieb, hat sie etwas geschaffen und erkämpft, was in Zeiten blinder Parteinahme überaus bedeutsam ist: einen Spielraum zum Denken und Nachdenken, zur Überprüfung von Bindungen, zur Klärung von Zielvorstellungen, zur Kritik der etablierten Ordnung. Die Kritische Theorie ist entstanden in einer Welt, die in zwei völlig gegensätzliche Lager geschieden ist, deren »oberste Werte« jedoch einander bemerkenswert gleichen: industrielles Wachstum und technologische Effizienz, ausgerichtet auf die Produktion und die Konsumtion von immer mehr Waren. Die Folgen davon sind die Formierung der Massengesellschaft und eine zunehmende Beherrschung der Menschen durch dieses System, in dem sie leben. Die Kritische Theorie erhebt Einspruch gegen den Primat der Warenproduktion, gegen sinnlose Herrschaft, gegen Unvernunft, gegen Manipulation, gegen Unterdrückung. Was immer sonst man über die Frankfurter Schule sagen mag, eines scheint gewiß: Sie hat das kritische politische Denken unserer Zeit inspiriert. Sie ist ein Beispiel radikaler Philosophie.

Nr. 412

Rudi Dutschke

Kritik am Terror muß klarer werden

Distanzierung von der RAF

16. September 1977

QUELLE: Die Zeit vom 16. September 1977, 32. Jg., Nr. 39, S. 41

Im *Stern* wurde vor Monaten ein erst erwünschter Beitrag von mir über die sozialistische Kritik von Desperado-Aktionen nicht veröffentlicht. In ihm heißt es: »Als in Spanien der Franco-Minister Carrero terroristisch in die Hölle gejagt wurde, da atmete ein großer Teil eines ganzes Volkes auf, half der Anschlag das Ende der Despotie voranzutreiben.«

Unter unseren gesellschaftlichen Bedingungen ist die Lage völlig anders. Jede *Terroraktion* bei uns dagegen macht die geringe gesellschaftliche Luft noch enger und *vernebelt* ungeheuer die realen Widersprüche und politischen Klassenkampfmöglichkeiten.

In Spanien ist gewissermaßen ein Beginn der bürgerlichen Gesellschaft politisch und ökonomisch festzustellen. Jenen Spielraum freimachend, den die Arbeiterklasse und ihre Verbündeten benötigen, um die Sozialismusfrage angemessen stellen zu können.

Wir in der Bundesrepublik sind nicht am Beginn, wir sind viel eher in einer Endphase des bürgerlichen Rechtsstaates, der in einer tiefen Krise steckt.

Buback und seine Mitarbeiter saßen an zentralen Stellen, um gesellschaftlich unkontrollierte Macht auszuüben. Sie waren, um mit Marx zu sprechen, »gesellschaftliche Charaktermasken«. Entfremdete Menschen – aber Menschen und nicht abzuschießende Schweine.

Als Sozialist bekämpfe ich die Vertreter der herrschenden Klasse politisch und den außerparlamentarischen und parlamentarischen Möglichkeiten gemäß – nicht mit der sich von der Bevölkerung abwendenden Methode des individuellem Terrors. Wenn Che Guevara sagt: »Schaffen wir zwei, drei viele Vietnams«, so hatte das einen tiefen sozialrevolutionären Sinn. Die Geschichte hat der Parole recht gegeben. Wenn verzweifelte oder beauftragte Desperados schreiben: »Schafft viele revolutionäre Zellen! Schafft viele Bubacks«, so kann der Sozialist nur sagen: Höher kann die Zerstörung der kritisch-materialistischen Vernunft nicht mehr gehen.

1967 sprachen wir unzweideutig von Mord gegen Benno Ohnesorg.

Für Sozialisten und Kommunisten demokratischen Typus, die weder ein Bein in Moskau noch eins in Peking haben, ist das in den siebziger Jahren nicht anders geworden.

Nur zu gerne finden die herrschenden Parteien den sogenannten geistigen Nährboden des Terrorismus. Wieder sollen die Linken an den Universitäten und anderswo die letzte intellektuelle Verantwortung für den individuellen Terror »tragen«. Die emanzipativ orientierte Intelligenz in die Mitgliederschaft oder den Sympathisantenkreis des individuellen Terrors einzuordnen, kann nur als Intellektuellen-Jagd verstanden werden.

Warum versucht man sich mit allen Tricks von dem Problem des sozialen Nährbodens terroristischer und anderer Erscheinungsformen davonzustehlen? Wie kann man eigentlich einen »Terrorismus austrocknen«, wenn auch sozialökonomisch und sozialpsychologisch Boden dafür geschaffen wird?

Was heißt das für uns Sozialisten? Unsere Kritik und Schärfe der Auseinandersetzung mit dem individuellen Terrorismus muß deutlicher als vorher werden. Wenn der Rahmen der objektiven Möglichkeiten in der anstehenden Zeit nicht genutzt wird, so wird das grauenhafte Spiel, das in der Tat kein Spiel mehr ist und nie eins sein konnte, einen Fortgang auf erhöhter Stufenleiter finden. Gerade um der bürgerlichen Demokratie den letzten Boden wegzunehmen – ohne im geringsten eine revolutionäre Situation für die Linken und deren Sympathisanten zu schaffen. Im Gegenteil: Wir werden uns zum größten Teil entweder in neuen Lagern oder im Exil wiedertreffen. Soll dort erst der Desperado davon überzeugt werden, daß der individuelle Terror der Pervertierung des politischen Kampfes dient, er ein brauchbares Objekt der herrschenden Klasse war? Oder ist es schon lange kein sozialistisches Ziel mehr, was die Terroristen bewegt? Letzteres ist nicht auszuschließen. Denn in ihren Argumentationen und Diskussionen, soweit sie überhaupt von außen durchschaubar und erkennbar sind, gibt es die Frage der sozialen Emanzipation der Unterdrückten und Beleidigten schon lange nicht mehr. Der individuelle Terror ist der Terror, der später in die individuelle despotische Herrschaft führt, aber nicht in den Sozialismus. Das war nicht unser Ziel und wird es nie sein. Wir wissen nur zu gut, was die Despotie des Kapitals ist, wir wollen sie nicht ersetzen durch Terrordespotie.

Nr. 413

Herbert Marcuse
Mord darf keine Waffe der Politik sein
Kritik an der RAF
16. September 1977

QUELLE: Die Zeit vom 16. September 1977, 32. Jg., Nr. 39, S. 41 f.

In ihrer Stellungnahme zum Terror in der Bundesrepublik muß sich die Linke zunächst von zwei Fragen leiten lassen: 1. Können die terroristischen Aktionen zur Schwächung des kapitalistischen Systems beitragen? 2. Sind diese Aktionen gerechtfertigt vor den Forderungen revolutionärer Moral? Ich muß auf beide Fragen eine negative Antwort geben.

Die physische Liquidierung einzelner Personen, selbst der prominentesten, unterbricht nicht das normale Funktionieren des kapitalistischen Systems selbst, wohl aber stärkt sie sein repressives Potential – ohne (und das ist das Entscheidende) die Opposition gegen die Repression zu aktivieren oder auch nur zum politischen Bewußtsein zu bringen.

Gewiß, diese Personen repräsentieren das System: aber sie *repräsentieren* es nur. Das heißt, sie sind ersetzbar, auswechselbar, und das Reservoir für ihre Rekrutierung ist fast unerschöpflich.

Die Erzeugung von Unsicherheit und Angst in der herrschenden Klasse ist kein revolutionärer Faktor angesichts des schreienden Mißverhältnisses zwischen der im Staatsapparat konzentrierten Gewalt einerseits und der Schwäche der von den Massen isolierten terroristischen Gruppen andererseits. Unter den in der Bundesrepublik herrschenden Bedingungen (die der präventiven Gegenrevolution) ist daher die Provozierung dieser Gewalt destruktiv für die Linke.

Es mag Situationen geben, wo die Beseitigung von Protagonisten der Repression wirklich das System verändert – wenigstens in seinen politischen Manifestationen – und die Unterdrückung liberalisiert (zum Beispiel das erfolgreiche Attentat auf Carrero Blanco in Spanien; vielleicht auch die Tötung Hitlers). Aber in beiden Fällen war das System bereits in der Phase des Zerfalls, eine Situation die in der Bundesrepublik sicherlich nicht existiert.

Aber der marxistische Sozialismus steht nicht nur unter dem Gesetz des revolutionären Pragmatismus, sondern auch der revolutionären Moral. Das Ziel: der befreite Mensch, muß in den Mitteln erscheinen. Revolutionäre Moral verlangt, solange die Möglichkeiten dafür bestehen, den offenen Kampf – nicht die Verschwörung und den hinterlistigen Überfall. Und der offene Kampf ist der Klassenkampf. In der Bundesrepublik und nicht nur dort ist die radikale Opposition gegen den Kapitalismus heute zum großen Teil von der Arbeiterklasse isoliert: Die Studentenbewegung, die »deklassierten« Radikalen der Bourgeoisie, die Frauen suchen die ihnen eigenen Formen des Kampfes. Die Frustrierung ist kaum erträglich: Sie entlädt sich in Terrorakten gegen Personen – in Aktionen, die von Individuen und kleinen isolierten Gruppen ausführbar sind.

Diese Individualisierung des Kampfes stellt die Terroristen vor die Frage der Schuld und Verantwortung. Die von den Terroristen als Opfer gewählten Vertreter des Kapitals sind ihnen für den Kapitalismus verantwortlich, wie Hitler und Himmler verantwortlich waren für die Konzentrationslager. Das macht die Opfer des Terrors nicht unschuldig – aber ihre Schuld kann nur gesühnt werden durch die Abschaffung des Kapitalismus selbst.

Ist der Terror in der Bundesrepublik eine legitime Fortsetzung der Studentenbewegung mit anderen Mitteln, angepaßt an die intensivierte Repression? Auch diese Frage muß ich negativ beantworten. Der Terror ist vielmehr ein Bruch mit dieser Bewegung. Die Apo war, mit allen Vorbehalten in bezug auf ihre Klassenbasis, eine Massenbewegung im internationalen Maßstab und mit einer internationalen Strategie: Sie bedeutet einen Wendepunkt in der Entwicklung der Klassenkämpfe im Spätkapitalismus: nämlich die Proklamation des Kampfes für die »konkrete Utopie«, für den Sozialismus als qualitativ verschiedene, alle traditionellen Ziele übersteigende und doch reale Möglichkeit. Die Bewegung schreckte nicht zurück vor der offenen Konfrontation, aber in ihrer großen Majorität verwarf sie den konspiratorischen Terror. Dieser ist nicht ihr Erbe: Er bleibt der alten Gesellschaft verhaftet, die er doch stürzen will. Er arbeitet mit ihren Waffen, die doch nicht ihren Zweck erfüllen. Zugleich spaltet er die Linke noch einmal zu einer Zeit, wo die Zusammenfassung aller oppositionellen Kräfte geboten ist.

Gerade weil die Linke diesen Terror verwirft, hat sie es nicht nötig, in die bürgerliche Verfemung der radikalen Opposition einzustimmen. Sie spricht ihr autonomes Urteil im Namen des Kampfes für den Sozialismus. In diesem Namen spricht sie ihr »Nein – das wollen wir nicht«. Die Terroristen kompromittieren diesen Kampf, der doch auch ihr eigener ist. Ihre Methoden sind nicht die der Befreiung – nicht einmal die des Überlebens in einer Gesellschaft, die für die Unterdrückung der Linken mobilisiert ist.

Nr. 414
Jürgen Habermas
Stumpf gewordene Waffen aus dem Arsenal der Gegenaufklärung
Offener Brief an Kurt Sontheimer
19. September 1977

QUELLE: Freimut Duve / Heinrich Böll / Klaus Staeck (Hg.), Briefe zur Verteidigung der Republik, Reinbek 1977, S. 54–72

Starnberg, 19.9.77

Lieber Herr Sontheimer,
mich hat das denunziatorische Wort »Scheißliberaler!« stets, auch bevor es auf mich selber angewandt wurde, irritiert. Es war verräterisch für diejenigen, die es im Munde geführt haben. Denn damit wurde das historische Erbe bürgerlicher Emanzipationsbewegungen verleugnet, ohne welches auch ein Sozialismus in entwickelten Gesellschaften von Anbeginn verstümmelt wäre. Andererseits muß ich gestehen, daß mir der Terminus wieder in den Sinn kommt, wenn ich in unserer akademischen Umgebung die traurige Dekomposition des liberalen Geistes beobachte: auf der einen Seite die Neigung zu einem moralisierenden »Linksradikalismus«, der sich gerade unter politisch ahnungslosen und anpassungsbereiten Liberalen findet; auf der anderen Seite das Ressentiment der umgefallenen, in Militanz und Verschwörungstheorie flüchtenden Liberalen, für die überraschenderweise auch Sie ein Beispiel zu geben sich anschicken. Es entsteht jetzt ein eigentümlicher Typus auf deutschen Hochschulen: der Renegat der Mitte.

Das sind die Worte, mit denen ich 1970 die Antwort auf einen *Frankfurter Allgemeine Zeitung*-Artikel unseres Kollegen Topitsch begonnen habe. Damals konnte ich mich noch auf Sie berufen. Sie hatten kurz zuvor die Diagnose gestellt, daß unsere Demokratie Gefahren eher aus einem wiedererstarkenden Nationalismus erwachsen würden. Inzwischen haben Sie Ihre Einschätzung revidiert; Sie haben eine größere Gefahrenquelle entdeckt – die linke Theorie. Wie behende Sie Ihre Arbeit auf die Tendenzwende umgepolt haben, hat mich zwar überrascht; aber das war Ihr gutes Recht. Und mein gutes Recht war es, diese Tendenzliteratur, die sich da ausgebreitet hat, als ein intellektuell unerhebliches Reaktionsphänomen beiseite zu lassen. Wenn mir von diesen vielfältigen Produktionen nichts Wesentliches entgangen ist, gibt es darin keine neuen Argumente, sondern nur die alten in etwas christlicher Tonlage und unterhalb des Niveaus, auf dem in unseren Breiten solche Diskussionen noch vor ein, zwei Generationen (zwischen Leo Strauss, Carl Schmitt, Eric Voeglin, Arnold Gehlen, T.W. Adorno, Georg Lukács, Helmuth Plessner, Ernst Bloch usw.) ausgetragen worden sind. Ich klage nicht über die Ärmlichkeit der heutigen Pamphlete, nicht über Sterilität und Lustlosigkeit eines geistigen Klimas, an dem wir alle teilhaben; es ist nur natürlich, gewisse Proportionen im Blick zu halten.

Nun hat sich aber die Szene, die so wenig dazu reizt, sich einzumischen, durch den Schock der jüngsten Terroranschläge verwandelt.

Ein Aspekt dieser Veränderung, nicht der wichtigste, ist der, daß Leute wie Sie, Herr Sontheimer, nicht mehr nur Tendenzliteratur schreiben, sondern ihr eine praktische Wendung ins Gesinnungsstrafrecht geben. Erstens erklären Sie, daß Bürgerkrieg herrsche, zweitens bringen Sie die »linke Theorie« in einen kausalen Zusammenhang mit dem Terrorismus, und drittens legen Sie durch den Kontext, in dem Sie diese Äußerungen tun, die Interpretation nahe, daß Sie nicht länger davor zurückschrecken würden, gegen linke Theoretiker den Artikel 18 des Grundgesetzes anzuwenden. Herr Wenger hat Ihre Anregungen gestern in Höfers Frühschoppenrunde aufgegriffen und dahingehend operationalisiert, daß man auf dieser Rechtsgrundlage jene Professoren, die den ungekürzten Text des umstrittenen Buback-Nachrufs einer breiten Öffentlichkeit erst zugänglich gemacht haben, aus ihrem Amt entfernen solle. Er vermisse seit acht Jahren, daß man von Artikel 18 in dieser Weise Gebrauch mache.

Bevor ich Ihr Interview, das Sie am 11. September dem Zweiten Deutschen Fernsehen gegeben haben, im einzelnen zitiere, möchte ich Ihre Äußerungen ein wenig in die Perspektive der innenpolitischen Entwicklung einrücken. Sie erinnern sich an die Rede, mit der Herr Dregger, im Februar 1974 die Verfassungsdebatte aus Anlaß der 25. Wiederkehr des Inkrafttretens unseres Grundgesetzes eröffnet hat. Die einäugige Situationsdefinition, die Dregger damals gegeben hat, ist heute fast allgemein akzeptiert. Dregger geht von einer richtigen Feststellung aus: Die Bundesrepublik ist zwar nach Maßstäben der Liberalität, des Wohlstands und der sozialen Sicherheit der beste Staat, den es auf deutschem Boden je gab, aber in der Bevölkerung mehren sich die Anzeichen für einen politischen Vertrauensschwund. Dregger gibt eine einfache Erklärung: Das habe nicht in erster Linie ökonomische Gründe, sondern »geistig-politische«. Die Linke habe den bisher bestehenden Grundkonsens der Verfassungsparteien aufgekündigt: »Verunsichert werden (die Menschen draußen im Lande) durch den Wortradikalismus der Systemveränderer, der hier und da in Gewalt umschlägt, durch die revolutionäre Situation an einigen Universitäten, durch die Umfunktionierung mancher Schulen, durch den Abbau bisher für sicher gehaltener Wertvorstellungen und Institutionen ... Die Folge ist ein breiter Vertrauensschwund ...« Noch simpler ist Herrn Dreggers Vorschlag zur Therapie. Am besten würde jedermann auf das, was er und seine nationalkonservativen Freunde für den Grundkonsens halten, eingeschworen. In diesem Sinne hatten die Unionsparteien die Verfassungsdebatte als eine Verfassungsschutzdebatte angelegt. Fairerweise muß man hervorheben, daß Herr Dregger damals die Grenze klar gezogen hat, die Sie, Herr Sontheimer, heute verwischen: »Die geistig-politische Auseinandersetzung, auf die das Hauptgewicht zu legen ist, und der Einsatz rechtsstaatlicher Mittel gegen diejenigen, die die Spielregeln nicht akzeptieren, sind *nebeneinander* notwendig.«

Nun hatte Dreggers Situationsdefinition noch eine taktische Schwäche: den Gegner der geistig-politischen Auseinandersetzung könnte er nicht so recht identifizieren. Natürlich war da im allgemeinen von Professoren, Lehrern, Juso-Führern die Rede, von marxistischer Indoktrinierung, vom »Zangengriff auf die deutsche Jugend«, der »von den Hochschulen über die Lehrerakademien in die Schulen wirkt und sich als zweiten Hebel der Erwachsenenbildung bedient«. Aber das waren Nadelstiche gegen die sozialdemokratische Kulturpolitik. Die Gegenposition blieb inhaltlich diffus. Dregger hatte nichts anderes in Händen als den Hinweis auf eine Bildunterschrift aus dem Historischen Museum in Frankfurt, wo die Novemberereignisse 1918 mit dem Satz kommentiert würden: »Das Rätesystem hätte in Deutschland als Mittel wirken können, die an Autorität und Unterwerfung gewöhnte Bevölkerung zur Selbstbestimmung zu bringen.« Kurzum: Dregger war auf intellektuelle Erfüllungshilfen angewiesen, die ihm das Bild des Gegners präzisierten. Das haben Lübbe und Nipperdey in Sachen Hessische Rahmenrichtlinien besorgt; fürs Generelle haben Sie diese Rolle übernommen – in Ihrem zwei Jahre später erschienenen Buch *Das Elend unserer Intellektuellen*.

Was tun Sie in diesem Buch? Sie konstruieren so etwas wie »die linke Theorie« und scheinen beides zu mißbilligen: sozialwissenschaftliche Theorien im allgemeinen, linke im besonderen. Ich finde es nicht schlimm, Herr Sontheimer, wenn man sich primär für geistesgeschichtliche Zusammenhänge interessiert, und wenn man sich dabei historisch-narrativer Darstellungsformen bedient; Sie reagieren auf Leute mit theoretischen Interessen etwas idiosynkratisch. Aber kommen wir zur Hauptsache. Wenn schon Theorie – was macht sie zur linken? Ich hatte erwartet, daß Sie ein breites Spektrum hochdifferenzierter Gedankengänge vorführen würden. Aber Ihr Buch läßt nicht einmal ahnen, daß der westliche Marxismus Anregungen aus fast allen sozialwissenschaftlichen Traditionen in sich aufgenommen und miteinander konkurrierende Ansätze gebildet hat, je nachdem, ob er mehr von Kant oder Hegel, mehr von Ricardo oder moderner Ökonomie, mehr von Freud oder Max Weber, mehr von Mead oder Durkheim, mehr von Lévi-Strauss oder Piaget gelernt hat. Linke Theorie, diesen Eindruck erweckt Ihr Buch, muß das besonders konfuse Erzeugnis einiger besonders törichter Personen sein. Nun braucht man mich nicht davon zu überzeugen, daß es linke Idiotien gibt – leider viel zu viele –, aber das kann's doch nicht gewesen sein? Gewiß, Sie brauchen diese erstaunlichen Einebnungen, um zu Ihren lapidaren Zusammenfassungen vorzudringen. Ich zitiere aus dem letzten Kapitel: Linke Theorie muß Politik verachten; linke Theorie ist eine Theorie für abstrakte Menschen und eine abstrakte Gesellschaft; linke Theorie bezieht ihren Impetus aus der Unsicherheit, in der wir uns vorfinden; linke Theorie artikuliert das Unbehagen; linke Theorie arbeitet am Abbruch der gesellschaftlichen Wertvorstellungen usw. Nachdem Sie die linke Theorie so feinsinnig zu einer Größe aufgebaut haben, von der man wie von mythischen Ursprungsgewalten ohne Verwendung des Artikels spricht, machen Sie, wenn ich recht sehe, drei Aussagen.

Sie behaupten erstens, daß diese Theorie falsch sei – ich vermute, daß sie in der Form, in der Sie sie präsentieren, nicht einmal wahr oder falsch sein könnte. Zweitens behaupten Sie, daß zwischen der Bundesrepublik, wie sie ist, und dem Bild, das die linke Theorie von ihr zeichnet, ein Unterschied bestehe wie Tag und Nacht – sie schwärze einen im wesentlichen intakten Gesellschaftszustand bloß an. Um diese These zu prüfen, müßten wir uns über die Theorie streiten können, mit der Sie selbst, mindestens implizit, unsere Zustände beschreiben. Das können wir nicht, weil Sie meinen, die Wirklichkeit unbewaffneten Auges so zu schildern, wie sie ist. Und drittens bringen Sie Ihre Untersuchung auf Dreggers Interpretationslinie, indem Sie sagen, daß linke Theoretiker zwar keine Herrschaft, aber Einfluß ausüben, und »daß der vor zehn Jahren begonnene Aufstand der linken Intellektuellen gegen unsere Gesellschaft zwar die realen Strukturen dieser Gesellschaft nicht zu Bruch hat kritisieren können, aber dessenungeachtet auch bei denen, die in diesen Strukturen praktisch und verantwortlich handeln müssen, die notwendige Überzeugung von Legitimität und Sinnhaftigkeit ihres Tuns dem nagenden Zweifel stärker ausgesetzt hat. Die Folge ist eine Verunsicherung der Institutionen.« An anderer Stelle sprechen Sie allgemein von der Gefährdung des politischen Grundkonsenses, der die Bundesrepublik bisher getragen hat. Hier scheinen mir zwei Dinge durcheinanderzugehen.

Auf Grund von Umfragen scheint es Anzeichen dafür zu geben, daß das stabile Vertrauen der Bevölkerung in unser Parteiensystem abnimmt und daß die für unser Wirtschaftssystem erforderlichen Karriere- und Leistungsorientierungen schwächer werden. Das sind erklärungsbedürftige Phänomene. Freilich ist es nicht weniger albern, denjenigen, die Legitimations- und Motivationsprobleme zu erklären suchen, vorzuhalten, diese Probleme selbst zu verursachen, als den Boten für die Nachricht zu bestrafen. Anders verhält es sich mit den politischen Grundbegriffen, die Sie erwähnen. Begriffe wie Sozialstaat, Rechtsstaat, pluralistische Demokratie, Gewalt, Chancengleichheit werden heute unter Sozialwissenschaftlern tatsächlich nicht mehr nur nach den Definitionsregeln gebraucht, die eine bestimmte politische Theorie in Zeiten des kalten Krieges festgelegt hatte. Damit haben sich unbefangenere Sichtweisen durchgesetzt. Es ist empirisch schwer abzuschätzen, wie weit diese vom Wissenschaftsbetrieb auf die politische Kultur übergegriffen haben. Ich fürchte, daß Sie diesen *trade off* überschätzen. Sonst könnte in der gegenwärtigen Situation mit der Art von Rezepten, die auch Sie vorschlagen, nicht gehandelt werden.

Ihr eigenes Rezept haben Sie im ZDF bekanntgemacht. Sie haben es so präsentiert, daß die sogenannte geistige Auseinandersetzung und die Anwendung gesetzlicher Mittel kurzgeschlossen werden. Damit verwischen Sie eine Grenze, ohne die es einen Rechtsstaat nicht geben kann. Wer auch nur im Ansatz Gesinnungen mit rechtlichen Sanktionen belegt sehen möchte, der will hinter Hobbes, und das bedeutet institutionell: hinter eine der fundamentalen, in bürgerlichen Emanzipationsbewegungen errungenen Garantien des Verfassungsstaates zurück. Natürlich fordern Sie nicht klipp und klar einen Entzug von Grundrechten für alles, was linke Theorie im Munde führt. Aber Sie legen einem Millionenpublikum von Fernsehzuschauern genau diesen Schluß nahe.

Zunächst behaupten Sie, daß wir uns in bürgerkriegsähnlichen Zuständen befinden: »Golo Mann hat nicht zu Unrecht von einer Art neuem Bürgerkrieg gesprochen, und in der Tat sind hier Bürger, die den Krieg erklärt haben der großen Masse der übrigen Bürger dieser Gesellschaft ...« Sodann bezeichnen Sie die linke Theorie als eine Ursache des Terrorismus: »Ich bin der Meinung, daß der Terrorismus seinen Nährboden in linken revolutionären Theorien hat, auch wenn solche Theorien nicht unbedingt die Gewalt predigen. Aber daher kommt das Ganze.« Dann folgt eine Charakterisierung dieser linken Theorien, die keinen Zweifel erlaubt, daß es eben die sind, die Sie in Ihrem Buch identifiziert und behandelt haben. Dann kommt das, wovor Sie »nicht zurückschrecken« würden. Grundgesetzänderungen und Grundrechtseinschränkungen. Schließlich: »Ich stelle mir so etwas vor wie ein Gesetz zur Bekämpfung des Terrorismus, in dem zusammengefaßt wird, was geschehen könnte, unter Umständen auch an Einschränkungen von Freiheitsrechten für Personen, die dieser Richtung zuneigen.« Wer sind das, die Personen, die dieser Richtung zuneigen?

In derselben Sendung hatte Ihr Kollege Stern vorsorglich den Artikel 18 GG an Hand von Beispielen konkretisiert: »Der Artikel 18 wirkt natürlich nicht gegen die Terroristen selbst, deren muß man ja habhaft werden, und wenn man ihrer habhaft wird, dann sind sie in den Strafanstalten, und hier ist der Artikel 18 sowieso nicht einschlägig ... Aber der Artikel 18 hat eine Funktion im Bereich des Umfelds der Terroristen. Und hier wäre beispielsweise die Lehrfreiheit Artikel 5 Absatz 3 des Grundgesetzes. Hier wäre beispielsweise daran zu denken, ob man diese Vorschrift nicht anwendet gegen solche Hochschullehrer, die, in welcher Form auch immer, die Anwendung von Gewalt unterstützen.«

Nun, ich kenne keinen unter unseren Kollegen, der sich zu den Terroristen bekennt oder deren Verhalten rechtfertigt.

Herr Stern spricht ja auch weitherzig von »Unterstützung, in welcher Form auch immer« und Sie übersetzen das Wort Sympathisant keineswegs enger mit »Person, die dieser Richtung zuneigt«. Dabei haben Ihre Fernsehzuschauer noch im Ohr, daß es Ihre linken Theoretiker sind, die fleißig den Nährboden des Terrorismus bestellen. Was liegt da näher, bei Sontheimer im Personenregister nachzuschauen und eine Liste von Abendroth über Habermas bis Jochen Steffen oder von Agnoli über Narr und Offe bis Johano Strasser zusammenzustellen, damit man endlich weiß, gegen wen Artikel 18 GG im Sinne eines politischen Gesinnungsstrafrechts angewendet werden sollte. Vielleicht hatte Herr Wenger Ihr vorzügliches Buch nur noch nicht gelesen?

Sie irren, Herr Sontheimer, wenn Sie einen kausalen Zusammenhang zwischen linken Theorien und den Terrorakten, die heute in der Bundesrepublik verübt werden, herstellen (1). Sie haben zudem ein fatales Verständnis unserer Verfassung, wenn Sie pauschal unterstellen, daß linke Theorien zum Kampf gegen die »freiheitliche demokratische Grundordnung« im Sinne des Artikels 18 GG verwendet werden können (2). Ferner muß Ihre politische Wahrnehmungsfähigkeit und Sensibilität getrübt sein, wenn Sie diejenigen Politiker unserer Allparteienkoalition, die ohnehin Amok laufen, auch noch ermuntern, so zu tun, als herrsche Bürgerkrieg (3). Und schließlich täuschen Sie sich, wenn Sie das Elend der Intellektuellen darin sehen, daß sie linke Theorien in die Welt setzen; ich sehe es in einer traditionsreichen obrigkeitlichen Mentalität, die den Rechtsstaat, wenn es ernst wird, unter die Fittiche des Polizeistaates retten möchte (4). Lassen Sie mich diese vier Punkte erläutern.

(1) Sie wissen so gut wie ich, daß in der auf Marx zurückgehenden politischen Tradition und in der Arbeiterbewegung der Terrorismus, der immer das Werk einzelner ist, von Anfang an kritisiert worden ist. Ob es sich um den Blanquismus, um die russischen Anarchisten, um die Ultras in den eigenen Reihen handelte, stets ist in den sozialistischen Arbeiterparteien das Bewußtsein wachgehalten worden, daß sich der politische Kampf aus dem Zusammenhang sozialer Bewegungen nicht lösen, gegen die lebendigen Interessen der Massen nicht verselbständigen darf. Die Idee der Revolution selbst wäre ihrer sittlichen Substanz und damit ihrer Kraft beraubt worden, wenn nicht immer wieder ein besonders sorgfältiger und ein besonders scharfer Schnitt zwischen revolutionärem Kampf und Terrorismus gelegt worden wäre. Nun können der Studentenprotest der sechziger Jahre und die Neue Linke dieser Tradition nicht ganz umstandslos zugeordnet werden, weder unter Gesichtspunkten der sozialen Herkunft der Beteiligten noch unter Gesichtspunkten der Organisation und erst recht nicht im Hinblick auf eine Situation, die sich den geläufigen Interpretationen entzieht. Dennoch haben gerade die symbolischen Techniken der Regelverletzung und das antiautoritäre Syndrom, von der ersten Minute an keine Gewaltdebatte ausgelöst, die sich an jenen Vorbildern orientiert hat.

Auch die Neue Linke war reflektiert genug, die schonungsloseste Kritik an ihren Verirrungen und Verwirrungen aus sich selber hervorzubringen. In der Bundesrepublik habe ich diese Diskussion 1967 eher beiläufig mit einer Bemerkung über Demonstration und Provokation eröffnet: »Demonstrative Gewalt ist eine Gewalt, mit der wir Aufmerksamkeit für Argumente erzwingen. Das hat man bisher nicht Provokation genannt. Durch Provokation wird die in den Institutionen selbst verankerte Gewalt zu Aktionen herausgefordert, die diese sublime Gewalt zu einer manifesten Gewalt machen und als solche deklarieren sollen. Wenn ich Provokation in diesem Sinne verstehen darf, dann heißt systematisch betriebene Provokation von Studenten ein Spiel mit dem Terror (mit faschistischen Implikationen)...« Damals ging es nicht um Maschinenpistolen und Menschenleben, auch nicht wie zwei Jahre später, um Steine und Fensterscheiben, sondern um Tomaten. Ich erinnere an diese Situation, kurz nach dem Tode Ohnesorgs, weil damals ein nicht mehr unterbrochener Prozeß der Selbstaufklärung eingesetzt hat, den Oskar Negt im Sommer 1972 auf einer Massenversammlung vor der alten Frankfurter Oper mit einer scharfen und definitiven Absage an jede Form von Terror zum Abschluß gebracht hat. Zu diesem Zeitpunkt mußte auch dem letzten ein Licht aufgehen, daß von den politischen Theorien der Neuen Linken keine Brücke zur politischen Psychologie der RAF führt. Mit dem Terrorismus hat sich das aktionistische Element auch noch gegenüber dem Bedürfnis nach argumentativer Rechtfertigung verselbständigt; und eine Linke ohne Argumente gibt es nicht. Was bleibt, sind Fragen der Organisation, der Technik, der Motivation, der Psychologie.

Die These, die der Buchtitel *Hitler's Children* signalisiert, halte ich für falsch. Die historischen Wurzeln von Technik und Psychologie der direkten Aktion findet man wohl eher in Traditionen, auf die ein bemerkenswerter Leserbrief von J. v. Alten (in der *Süddeutschen Zeitung* Nr. 214 vom 17./18. September) hinweist: »... In der Tat hatte die Lehre von der ›direkten Aktion‹ einen besonders erfolgreichen Schüler in Mussolini. In der Ahnenreihe des italienischen Faschismus stecken Sorel und der ganze revolutionäre Syndikalismus, dazu passend Pareto und ein gutes Stück (ich wage kaum zu sagen: mißverstandener) Nietzsche. Das ist in jedem Lexikon nachzulesen, selbst wenn uns die sozio-ökonomische oder eine psychologische Betrachtungsweise den Blick dafür trübt und uns Erscheinungsformen als ›faschistisch‹ bezeichnen läßt, die allenfalls reaktionär oder borniert sind. Im Nationalsozialismus sind diese Grundlagen nur wegen des geringeren intellektuellen Niveaus und der obskurantistischen Zutaten wie der Rassenlehre weniger deutlich ... Die Verselbständigung der ›direkten Aktion‹, nämlich die Ersetzung der Moral oder irgendwelcher annehmbarer Inhalte durch eine Art Ästhetik, einen Kult, der Gewalt in ihrer Schönheit und ihrem Schrecken, erscheint mir als ein geradezu archetypisches faschistisches Wesensmerkmal, das in unseren Tagen wiedergekehrt ist ...«

(2) In Artikel 18 GG heißt es: »Wer die Freiheit der Meinungsäußerung, insbesondere ... die Lehrfreiheit ... zum Kampfe gegen die freiheitlich-demokratische Grundordnung mißbraucht, verwirkt diese Grundrechte.« Diesen Artikel kann man, wie beispielsweise Herr Wenger es fordert, auf linke Professoren nicht anwenden, wenn diese nicht mindestens zwei Bedingungen erfüllen: sie müßten Lehrmeinungen vertreten, die sich gegen die Substanz unserer Verfassung richten, und sie müßten auf Grund dieser Lehrmeinungen so handeln, daß ihre Praxis als Kampf gegen die fdGO verstanden werden kann. Der Weg zur Kriminalisierung linker Kritik führt also über den Nachweis, daß solche linken Theorien mit unserem Verfassungsverständnis unvereinbar sind. Dabei wird das »Verfassungsverständnis« durch den Spielraum legitimer Verfassungsinterpretationen umschrieben. Je enger dieser Spielraum wird, um so größer die Chance, daß linke Theorien aus ihm herausfallen. Tatsächlich ist dieser Prozeß der Einengung im Gange. Dafür bietet wiederum jene Verfassungsdebatte des Bundestages ein Beispiel, in der Ehmke der Opposition entgegenhielt: »Sie tun immer wieder so, als ob das Grundgesetz eine bestimmte Wirtschaftsordnung garantiere.« Am Tag zuvor hatte Filbinger, von Haus aus Jurist, ausgerufen: »Ich sage mit großer Betonung: Wir reagieren empfindlich auf alles, was nach Systemveränderung aussieht. Wir haben einen langen und dornenvollen Weg bis zu diesem sozialen Rechtsstaat zurücklegen müssen, und wir wollen diesen Weg nicht noch einmal gehen. Das würde aber unweigerlich dann geschehen, wenn wir diesen Staat, den Rechtsstaat, das Eigentum, die Marktwirtschaft zur Disposition stellen. Wer *Teile der Verfassung* tangiert oder gar preisgibt, der gibt das Ganze preis; denn die Freiheit, so wie wir sie verstehen, hat nur Bestand, wenn sie ganz und ohne Abstriche erhalten wird.« Herr Filbinger stilisierte unverfroren die legitimen Ziele seiner Partei zum Verfassungsgebot. Dazu hat der Abgeordnete Dürr in derselben Debatte das Nötige gesagt. Er meint, das Grundgesetz lasse »einen weiten Raum für politische Gestaltungen, für unterschiedliche Sozialstaatsmodelle ... für den demokratischen Sozialismus des Godesberger Programms wie für sozialistische Vorstellungen, die nicht in die SPD passen«. Auch diese Auffassung gehörte bisher zum Grundkonsens der Bundesrepublik. Man sieht, wer diesen Konsens in Frage stellt.

Man fragt sich auch, wie weit inzwischen die Praxis der Rechtsprechung Herrn Filbingers Bemühungen gefolgt ist. Sie kennen, Herr Sontheimer, den Fall Ihrer Schülerin Inge Bierlein, die vom Bayerischen Kultusministerium zum Referendardienst an Höheren Schulen nicht zugelassen worden ist, woraufhin es zu einem Prozeß kam. Im November 1973 hat das Bayerische Verwaltungsgericht München (trotz eines entlastenden Gutachtens von Ihnen) die Entscheidung des Kultusministeriums für rechtens erklärt. Ich weiß nicht, wie die Sache im Hauptverfahren weitergegangen ist. Ich kann auch nicht beurteilen, ob die Argumentation, mit der die Richter Frau Bierlein damals abgewiesen haben, besonders atypisch war. Wenn sie es nicht ist, nähern wir uns einem Zustand, in dem die Regelungen für »Radikale im öffentlichen Dienst« von der Rechtsprechung zum Anlaß genommen werden, um den Spielraum legitimer Verfassungsinterpretationen einzuschränken. Denn Frau Bierlein hat ein zwar offensives, aber am Sozialstaatsgebot orientiertes Verfassungsverständnis dokumentiert.

Wenn diese Praxis Schule macht, könnte in Zukunft ein Verfassungsverständnis, das nicht an der Parole »Freiheit oder Sozialismus« ausgerichtet ist, hinreichen, um den Verdacht auf Verfassungsfeindlichkeit zu begründen. Das träfe alle die linken Theorien, die Sie so schön zusammengestellt haben.

Diese Theorien sind ja in der einen oder anderen Weise mit dem Ziel einer sozialistischen Organisation der Gesellschaft verbunden; aber für die ernst zu nehmenden Varianten ist doch auch klar, daß keine entwickelte Gesellschaft die Kennzeichnung »sozialistisch« verdient, die nicht die Substanz unserer Verfassung: Grundrechte, Volkssouveränität, Recht auf Opposition, Unabhängigkeit der Gerichte und Gesetzmäßigkeit der Verwaltung garantierte. Auch das Godesberger Programm enthält die Formel, daß der Sozialismus die Demokratie »erfülle«. In welchem Zustand befindet sich die regierende Sozialdemokratie, wenn sie sich von der Opposition und sogar von ihren eigenen Mitgliedern in eine Ecke drängen läßt, von wo aus wir solche Trivialitäten, sei's auch nur zu präventiven Zwecken, wieder auftischen müssen?

(3) An diesem Wochenende habe ich den einleuchtenden Satz gelesen: dies sei die Stunde der Kontertaktiker, nicht die Zeit der Philosophen. Ich richte diesen Brief an Sie vor allem deshalb, weil einige »Philosophen«, je mehr sie über Bürgerkrieg, über Todesstrafe, Einschränkung von Grundrechten usw. reden, ein taktisches Problem, an dem allerdings Leben und Tod hängen, und an dem heute, wie man mit Erschütterung und Empörung von Stunde zu Stunde verfolgt, das Leben von Herrn Schleyer hängt, auf eine Ebene verschieben, auf der es ganz und gar unlösbar wird. Ich meine die schiefe Ebene, auf der wir in eine Militarisierung unserer Gesinnung und in eine Paramilitarisierung unserer Gesellschaft hineingleiten. Ich äußere den folgenden Gedanken nur mit Zögern, denn das Gefühl sträubt sich gegen das Unzumutbare. Gleichwohl sprechen alle Anzeichen dafür: wenn es nicht gelingt, den Terror zu entdramatisieren, wenn es nicht gelingt, mit dem Terror so zu leben, *als sei* es ein gewöhnliches Verbrechen, dann wird die Bekämpfung des Terrorismus selbst an der Bühne zimmern, auf der dieser sich erst entfalten und erhalten kann.

Wenn die großen physischen und moralischen Belastungen der heute eine ganze Kategorie von Personen ausgesetzt ist, dahingehend interpretiert würden, daß der Staat diese Personen nicht mehr wie Bürger schützen, sondern nur noch zum soldatischen Einsatz rüsten könne; wenn die beschwörende Erwartung, daß die Bevölkerung die Polizei bei ihren Fahndungsarbeiten unterstützt, die Nuance annähme, daß jedermann als Freizeitpolizist und nebenamtlicher Kadi zur lustigen Hatz auf den verdächtigen Nachbarn blasen darf; wenn die öffentlichen Demonstrationen des Entsetzens und die spontanen Bekundungen gemeinsamer Trauer so weit zeremonialisiert würden, daß Gefühle und Gesinnungen einer politischen Dauerkontrolle unterliegen – dann hätte sich allerdings der Aggregatzustand unseres rechtlich geordneten Zusammenlebens tiefgreifend und in einer Weise verändert, die in Deutschland nicht unbekannt ist. Wenn heroische Tugenden und Massenmobilisierung – Kohl kündigt schon »Versammlungswellen zur inneren Sicherheit« an – in die kapitalistisch verankerten Strukturen einer unpolitischen, einer durch und durch privatistischen Lebensform einbrechen, dann schlittern wir in den faschistischen Zerfall unserer politischen Kultur, vor dem unsere europäischen Nachbarn und amerikanischen Freunde zittern. Daß sie nicht grundlos zittern, zeigt sich in diesen Tagen. Wir hätten dann die Zustände, von denen Sie und Golo Mann (auch noch Historiker von Beruf!) leichtfertig daherreden. Sie wissen doch: Das aufgelöste Paradox eines bürgerkriegsähnlichen Zustands ohne Bürgerkriegsparteien ist der Faschismus.

Glückseligerweise hat sich der Bundeskanzler in seiner Erklärung zur Schleyer-Entführung vor dem Bundestag, glücklicherweise haben sich die Gewerkschaftsführer und die Spitzen der Sozialdemokratie weder von den Mobilisierern und Scharfmachern noch von den aufgeregten Intellektuellen dazu drängen lassen, auch nur den ersten Schritt in die Richtung zu tun, in die uns die Terroristen treiben wollen – und aus der uns nichts als der blanke Schrecken erwartet. Ich teile die Gefühle von Heinrich Böll und Martin Walser: bei *diesem* Auftritt des Bundeskanzlers habe ich aufgeatmet.

Dieter Schröder warnt davor, den Kreis der »Systembedroher« undefiniert immer größer zu ziehen: »Hier liegt auch eine Verantwortung der Opposition und ihrer geistigen Wasserträger. Wer von ›Mordsozialisten‹ schreibt, wer gegen ›überflüssige Skrupel‹ wettert, wer ›Sonderkommandos‹ verlangt, der erweckt den Eindruck, daß der Rechtsstaat zunächst gegen die ›Reaktion‹ geschützt werden müsse, der verhindert ›geistige Auseinandersetzung‹, der behindert den Kampf gegen den Terrorismus, der zerstört den Konsens …« (*Süddeutsche Zeitung*, 17./18. September). Zu diesen geistigen Wasserträgern, die sich ja vornehmlich aus SPD-Intellektuellen rekrutieren, gehören nun also auch Sie? Bei Ihnen frage ich mich noch; schon nicht mehr bei Ihrem Kollegen Scheuch, wenn er sein Rezept, man solle gegenüber Geiselnehmern israelischen Maximen folgen, mit der dunklen Drohung versieht: »Es gibt dann übrigens noch weitere Mittel – aber so weit sind wir erfreulicherweise noch lange nicht« (*Deutsche Zeitung*, 9. September). Wenn dieser Satz irgendeinen klaren Sinn hat, dann den, den man allenfalls von wildgewordenen Kleinbürgern erwartet.

(4) Das bringt mich auf das »Elend der Intellektuellen«. Ich habe eigentlich nie das Bedürfnis verspürt, den Selbsthaß der Intellektuellen zu schüren; aber wenn Sie nun schon in die Fußstapfen dieser Tradition treten, wenn Sie sich ohne Zögern (und ganz ohne Erinnerungen an Ihre eigenen Analysen der entsprechenden Strömungen der Weimarer Republik) von den Angstvorstellungen und Projektionen unserer Rechtsintellektuellen (Kronzeuge: Arnold Gehlen) ins Schlepptau nehmen lassen, darf ich doch einmal die Frage stellen: ob nicht unseren weitverbreiteten professionellen Deformationen etwas anderes zugrunde liegt als gerade »linke Theorie«? Wenn es für alles Eitle, Läppische, ja Gefährliche, das sich auf den Nenner des »Elends der Intellektuellen« zusammenziehen ließe, eine pauschale Erklärung gäbe, dann am ehesten die: daß wir der Forderung Max Webers, Leidenschaft mit Objektivität und Standhaftigkeit (Marx sagte: Parteilichkeit und Objektivität) zu verbinden, oft nicht gewachsen sind. Dabei läßt sich nicht einmal sagen, was schlimmer ist: die Korruption der Erkenntnis oder die der Sensibilität, die uns Partei nehmen läßt. Aber solche allgemeinen Sätze haben den Nachteil, daß man sich zu leicht auf sie einigen kann.

Ich sehe, konkret, das Elend der Intellektuellen hier und heute vor allem dokumentiert in jener Art von Reaktionsliteratur, mit der einige Ordinarien ihr Mütchen und die Wunden kühlen, die ihrem Narzißmus in den Jahren des Studentenprotestes geschlagen worden sind. Damit beschönige ich nichts von dem, was ich selber stets kritisiert habe; aber ich vermisse in dieser Literatur, daß die Aufgabe, die uns Intellektuellen gestellt ist, ernsthaft angepackt wird: die Analyse einer neuen und weithin unbegriffenen Lage. Ich möchte es bei diesem vagen Hinweis nicht bewenden lassen, sondern zum Schluß diese Aufgabe mit ein paar Stichworten spezifizieren. Diese sind, wie mir bewußt ist, so locker und hypothetisch-spekulierend, daß ich sie nur in Briefform zu äußern wage – und nur zu dem Zweck, anzugeben, was nach meiner Meinung die wichtigen erklärungsbedürftigen Phänomene sind, an denen wir uns lieber die Zähne ausbeißen sollten, anstatt stumpfgewordene Waffen aus dem Arsenal der Gegenaufklärung abzustauben.

Auch Ihrem Buch, Herr Sontheimer, liegt ja eine systematische Fragestellung zugrunde, eine Frage, die sich uns in der Alltagserfahrung der Bundesrepublik vielleicht deshalb deutlicher aufdrängt, weil in unserem Lande die sozialen und politischen Konflikte weniger scharf aufbrechen als in den meisten anderen Ländern. Wie ist unser hoch ambivalenter Zustand der sozialen Integration zu verstehen? Er scheint einerseits stabil zu sein, weil das ökonomische System, wenn man internationale Vergleiche anstellt, verhältnismäßig gut funktioniert; weil die Nebenfolgen einer relativ hohen Arbeitslosigkeit sozialpolitisch abgefangen werden und weil das politische System trotz Scheinpolarisierungen von einem Allparteienregime so gesteuert wird, daß es zu extremen Ausschlägen nicht kommt. Auf der anderen Seite scheinen unter der Oberfläche Konflikte zu schwelen, wie man an der Unzufriedenheit mit den politischen Parteien als solchen, an der beängstigenden Anfälligkeit unserer politischen Kultur, an einer schwer greifbaren Reizbarkeit im sozialen und politischen Umgang, an Lähmungserscheinungen in kulturellen Bereichen, vor allem an einem Anwachsen psychisch bedingter oder ins Private abgedrängter Konfliktpotentiale ablesen kann. Dazu dann das alarmierende Symptom, das der Anlaß dieses Briefes ist: terroristische Gewaltakte. Wie geht das zusammen? Ähnelt nicht diese Form der sozialen Integration immer mehr jener pathologischen Stabilität, die wir aus Untersuchungen kranker Familien kennen? Diese Frage läßt mich einen analytischen Ansatz bevorzugen, der davon ausgeht, daß in Gesellschaften unseres Typs der Klassenkonflikt zwar tief in den Strukturen verankert, aber wirksam neutralisiert ist und in Randzonen verschoben wird. Darüber kann man natürlich streiten. Ich möchte nur auf ein Bündel von Phänomenen aufmerksam machen. Lassen Sie mich das in drei Schritten versuchen:

1. Wir können seit einigen Jahren in entwickelten kapitalistischen Gesellschaften Anzeichen eines *neuen Populismus* entdecken. Bei uns ist das vor wenigen Wochen einer breiteren Öffentlichkeit durch Wildenmanns Umfragedaten zu Bewußtsein gebracht worden. Daraus geht hervor, daß ungefähr ein Viertel der Wahlberechtigten eine Steuerprotestpartei nach dänischem Muster bevorzugen würde. Man kann vermuten, daß ähnliche Strömungen in Norwegen von den

Linkssozialisten für die Ablehnung des EG-Eintritts, in Schweden von den bürgerlichen Parteien für den Sturz der Regierung Palme, in den USA von Carter während der Vorwahlen für seine Nominierung zum Präsidentschaftskandidaten genutzt worden sind. Im letzten Bundestagswahlkampf scheint es dem provinziellen und biederen Sympathiewerber Kohl etwas besser als seinem Kontrahenten gelungen zu sein, dieses Potential für sich zu mobilisieren. Einzelne populistische Bewegungen bieten eine Möglichkeit, das ohnehin diffuse Einstellungssyndrom, das sich in nationalen Wahlen nur undeutlich zu erkennen gibt, etwas besser einzukreisen. Offenbar konzentrieren sich diese Strömungen in jenen Protesten und Bürgerinitiativen, die sich an Gefahren der Kernkraftentwicklung, an Problemen der Umweltzerstörung und an der Manipulation durch Planungen kommunaler Verwaltungen entzünden. Auch die von der CDU kanalisierten Schüler-Eltern-Proteste scheinen ihre Triebkraft in erster Linie aus dem Widerstand gegen die administrative Form der Durchsetzung von Schulreformen zu beziehen, während der Streit um die Reform*inhalte* die Rhetorik speist. Wenn man diese Szenerie um die außerhalb unserer Grenzen wichtigen regionalistischen Bewegungen erweitert, um Bewegungen, die sich an Konfessions- und Sprachgrenzen, um landsmannschaftliche Kulturen, um alle möglichen autonomistischen Ansprüche kristallisieren, werden die Umrisse dieses Syndroms etwas schärfer.

Wir haben es anscheinend mit verschiedenen Manifestationen von Widerstandshandlungen zu tun, die zunächst defensiven Charakter haben. Der Widerstand richtet sich nicht unmittelbar gegen klassenspezifisch zurechenbare Phänomene der sozialen Entrechtung und der Unterprivilegierung, sondern gegen die Zerstörung meist traditionell eingewöhnter Lebensformen. Die Konflikte entstehen an den Reibungsflächen zwischen den funktionalen Imperativen planender Verwaltungen, des ökonomischen Wachstums und des technischen Fortschritts einerseits, humanen Formen des Zusammenlebens andererseits. In diesem Licht erscheint als human vor allem die Expressivität, Selbsttätigkeit und Solidarität, die in den konkurrenzbestimmten, gleichzeitig instrumentalistischen und privatistischen Lebensformen des Bürgertums und seiner kleinbürgerlichen Varianten keinen Unterschlupf gefunden haben und die nun durch eine alles penetrierende Verwaltung aus ihren letzten Reservaten vertrieben werden. Zu diesem Bild passen die Allensbacher Nachrichten über den Gemütszustand der Nation.

Wenn man einen Schritt zurücktritt und die herkunfts- und altersspezifischen Merkmale abzieht, vor allem das Fehlen ökonomischer Ängste berücksichtigt, entdeckt man ähnliche Reaktionsformen auch in dem Jugendprotest der sechziger Jahre. Der einzige überlebenskräftige Sproß dieser Revolte, die Frauenbewegung, ist zwar gegen die Versuchungen des Traditionalismus, man möchte sagen: naturgemäß gefeit, aber auch ihr Aktivismus trifft sich mit den neopopulistischen Bewegungen darin, daß er die (meist sozialdemokratischen) Vollstrecker der bürgerlichen Revolution an den blinden Fleck erinnert: neben Freiheit und Gleichheit blieb das dritte Element des Wertekatalogs ausgeblendet, die Brüderlichkeit oder besser: die Werte eines geschwisterlichen Umgangs. Im übrigen glaube ich, daß auch die konservativ getönte Wachstumskritik, die sich von Eppler bis Gruhl und von Garaudy bis Harich an die Fersen des Club of Rome geheftet hat, in diesen Zusammenhang gehört. Und natürlich macht sich dieses Syndrom auch in anderen Bereichen geltend: beispielsweise als Rückkehr zum Historismus, in der Architektur ebenso wie in der Philosophie.

2. Ich versuche mir manchmal klarzumachen, wie gleichsam im Augenblick des Beginns einer terroristischen Karriere die vollkommen wahnhaften Situationsdeutungen mit den Evidenzen der eigenen Alltagserfahrungen zusammenhängen könnten (und nicht nur mit den durch Interpretation vermittelten Evidenzen jener Zerstörungen, die die kapitalistische Wachstumsdynamik über den Weltmarkt und über direkte politische Interventionen der Großmächte in Ländern der Dritten Welt anrichtet). Solche Deutungen müssen ja biographisch verwurzelt sein. Könnte es nicht so sein, daß Empörung, Protest, Widerstand auch hier durch Lebenserfahrungen gestützt sind, die zwar durch eine persönlichkeits- und altersspezifisch verschärfte Optik überdeutlich wahrgenommen werden, die aber gar nicht so verschieden sind von jenen Erfahrungen, auf die auch neopopulistische Bewegungen reagieren? Und es könnte sein, daß diese subjektiv erlittenen und intuitiv überzeugenden Defizienzen einer bestimmten (vielleicht sogar modellhaft vorgeführten) Lebensform dann, ohne den geduldigen Weg einer marxistisch informierten und sorgfältigen Analyse, ins Schattenreich imaginärer Klassenkämpfe projiziert werden. Diesen tentativen Gedanken muß man mit Vorsicht behan-

deln; wenn etwas daran ist, könnte man sich auch einige der merkwürdigeren Reaktionen erklären. Wer kann schon die einschlägigen Tiraden, zum Beispiel die abgefuckten Leitartikel der *Frankfurter Allgemeinen Zeitung* lesen, ohne auf den Gedanken zu kommen, daß hier ein Affekt im Spiel ist, der Eltern überkommen mag, wenn die Kinder nicht diese und jene Ungerechtigkeit kritisieren, sondern *ihre* Form des Lebens in Frage stellen.

Wie dem auch sei, es will mir nicht von vornherein absurd erscheinen zu untersuchen, ob nicht der Terrorismus, zumindest in der Bundesrepublik, in den historischen Zusammenhang einer bürgerlichen Radikalisierung bürgerlicher Revolutionen gehört. Die modernen Gesellschaften haben ihre unbestreitbaren Erfolge bei der Entwicklung von Produktivkräften und bei der Durchsetzung legaler Herrschaft damit bezahlt, daß sie nach und nach alle Lebensbereiche in Formen ökonomischer und administrativer Rationalität pressen und Formen praktischer Rationalität unterdrücken. Marx und Max Weber haben diese Tendenzen verschieden interpretiert. An die Rationalisierungsthese Max Webers könnten wir anschließen, um herauszufinden, wie sich unter dem Zugriff von Rationalitätsformen, die für die kapitalistische Wirtschaft und die moderne Verwaltung spezifisch sind, *andere* Lebensbereiche deformieren. In dieser Perspektive müßte man Veränderungen einbeziehen, die sich in säkularen Schrumpfungsprozessen abzeichnen: die Politik wird entstaatlicht, schrumpft immer mehr zusammen auf Administration und auf die Beschaffung von Akklamation; die bereits entzauberte Religion wird entheiligt, schrumpft zusammen auf profane Sittlichkeit; das, was Adorno die Entkunstung der autonomen Kunst genannt hat, vollzieht sich in einem Kranz von surrealistischen Begleitphänomenen: wir beobachten eine Entsublimierung der Kunst zur Massenkultur einerseits, zur Gegenkultur andererseits, ferner eine Entpathologisierung von Geisteskrankheiten, eine Entkriminalisierung von Verbrechen, eine Entmoralisierung von Angriffen auf die Integrität des Leibes und der Seele bei gleichzeitiger Ästhetisierung von Gewalt. Ich kann mir auf alles dies noch keinen Reim machen. Aber wenn man den Verbindungslinien, die der Surrealismus zieht, folgt, scheint *ein* Schlüssel für die Technik der direkten Aktion und für die Psychologie des Terrors in der Entdifferenzierung der zunächst streng geschiedenen Bereiche von Politik und Kultur zu liegen.

3. Regierung und Opposition halten sich gleichermaßen an die Maxime, daß die unerwünschten Nebenfolgen des kapitalistischen Wachstums durch beschleunigtes Wachstum kompensiert werden sollen. So wachsen die Reibungsflächen, an denen sich neopopulistische Regungen entzünden. Das ideologische Klima der siebziger Jahre spiegelt dieses Dilemma. Es wird von einer Mixtur aus neu- und altkonservativen Strömungen beherrscht. Einerseits werden die Werte der protestantischen Ethik beschworen, um die brüchig gewordenen Motivationsgrundlagen für ein konkurrenzbestimmtes Beschäftigungssystem (und ein daran anzukoppelndes Bildungssystem) zu kitten; andererseits staffiert man private Welten, die als Stoßdämpfer gedacht sind, mit Assoziationen an vorbürgerliche Traditionen aus (hier findet auch ein verwaschener Begriff von Solidarität seinen Platz).

Die Ideologieplaner und ihre intellektuellen Helfer befinden sich freilich bei ihrem Versuch, konservatives Gedankengut zu reaktivieren, in einer mißlichen Situation. Die Nazis haben diese Traditionen so gründlich diskreditiert, daß es in der Bundesrepublik, ich gebrauche hier ein Wort von Hans Paeschke, einen »authentischen Konservatismus« nicht mehr geben konnte. Statt dessen sind die ersten zweieinhalb Nachkriegsjahrzehnte eine Periode gewesen, in der es in Deutschland zum erstenmal gelungen ist, die ohnehin verstümmelte und immer wieder verdrängte Tradition der Aufklärung von Lessing bis Marx in ganzer Breite zur Geltung zu bringen, das heißt zum Medium geistiger Produktivität und zum Anknüpfungspunkt des politischen Selbstverständnisses zu machen. Ein Augenblick Jugendrevolte war dann genug, um Jahre der Reaktion einzuleiten, einer Reaktion, die anscheinend jetzt die Stunde gekommen sieht, zwei Fliegen mit einer Klappe zu schlagen: den Konservativismus vom Makel seiner Verfilzung mit dem bürokratischen Terror reinzuwaschen und radikale Aufklärung durch eine denunziatorische Verbindung mit dem individuellen Terror der RAF in eben die moralische Diskreditierung hineinzupeitschen, der das jungkonservative Erbe allzu deutscher Traditionen mit Recht verfallen ist. Könnte Strauß heute den Terrorismus der Neuen Linken, oder der Linken überhaupt, pauschal in die Schuhe schieben, könnte Kohl die Behauptung aufstellen, daß dieser Terror »ohne Verharmlosung und intellektuellen Zuspruch« unmöglich gewesen wäre, wenn nicht von den Tendenzschriftstellern zuvor eine Sympathisantenszene geschaffen worden wäre, die auf solche Diskreditierungsversuche anspringt?

Diese Briefsammlung steht unter dem Titel *Verteidigung der Republik*. Das soll heißen: wir werden für die Positionen der Aufklärung in unserem Lande kämpfen. Wir haben in den letzten Tagen den Vorgeschmack einer Diskreditierungskampagne bekommen, die sich des Mittels substanzloser Schuldzurechnungen bedient. Die Geister werden sich daran scheiden, wer hier der Sympathisant ist.

Freundliche Grüße Ihres
Jürgen Habermas

Nr. 415
Jürgen Habermas
Probe für Volksjustiz –
Zu den Anklagen gegen die Intellektuellen
»Spiegel«-Essay
10. Oktober 1977

QUELLE: Der Spiegel vom 10. Oktober 1977, 30. Jg., Nr. 42, S. 32; wiederabgedruckt in: Jürgen Habermas, Kleine Politische Schriften (I–IV), © Suhrkamp Verlag, Frankfurt/Main 1981, S. 364–367

Nun ist also die »Frankfurter Schule« dran. Noch am ersten Oktober-Sonntag wollte der CDU-Bürgermeister der Stadt Frankfurt, bei der Verleihung des Adorno-Preises an Norbert Elias, nicht nur den Preisträger, sondern Adorno selber geehrt sehen. Mittwochabend strahlte die ARD eine Propagandasendung des Bayerischen Rundfunks aus, in der Herr Mühlfenzl die von Strauß empfohlene Volksjustiz schon einmal geprobt hat. Dort trat auch Herr Dregger auf und erklärte die »Frankfurter Schule« schlicht zu einer Ursache des Terrorismus. Ich könnte seitenweise Adorno über »Studentischen Aktionismus« zitieren – das Wort stammt übrigens von ihm; oder ich könnte dem Impuls nachgeben, mich selber zu rechtfertigen – mit den zwischen 1961 und 1969 penetrant wiederholten, immer wieder variierten (und übrigens gut dokumentierten) Stellungnahmen gegen *jede Art* von Gewaltanwendung in unserem Lande.

Aber nötiger als das ist die Erklärung von zwei spezifisch deutschen Phänomenen. Erstens: warum waren in der Bundesrepublik linke Intellektuelle schon gegenüber den ersten Regungen von Gewaltrhetorik und Gewaltanwendung empfindlicher, skrupulöser, gereizter als ihre Freunde in anderen Ländern? Und zweitens: warum wird diese Tatsache heute so hartnäckig ignoriert? Auf die erste Frage möchte ich eine persönliche Antwort geben, auf die zweite eine etwas allgemeinere.

1. Ich war 1967, in Hannover, über die Rhetorik der Regelverletzung, die von Bürgerrechtlern im Süden der USA erfolgreich praktiziert worden war, erschreckt. Ich habe gefragt, warum man eine voluntaristische Ideologie nötig zu haben glaubt, »die man unter heutigen Umständen ›linken Faschismus‹ nennen muß«. Heute meine ich, meine damalige Äußerung war eine »Überreaktion«. Diese Haltung war und ist für Linke meines Alters typisch, und in welchen biographischen Erfahrungen sie wurzelt, kann ich sagen.

Ich bin während meiner Studentenzeit darauf gestoßen, daß so eminente, für die Nachkriegsgeneration prägende Figuren wie Martin Heidegger oder Carl Schmitt erstaunliche politische Äußerungen getan und fatale Lehren vertreten hatten: der eine hat als Rektor die Machtergreifung der Nazis begrüßt und ihre Bedeutung metaphysisch verklärt, der andere hat den Führerstaat theoretisch gerechtfertigt. Keiner von beiden hat nachher eine unzweideutige politische Erklärung, eine öffentliche Revision für nötig gehalten.

Diese schockierenden Beispiele, und es sind nur Beispiele, haben mein, haben unser Bewußtsein dafür geschärft, daß die theoretischen Dinge, die man lehrt und schreibt, nicht nur als Argumente in den Wissenschaftsprozeß eingehen und dort überleben oder zerrieben werden, daß sie vielmehr als gesprochene und publizierte Worte im Augenblick der Rezeption eine Wirkung auf die Mentalität von Hörern und Lesern haben, die der Autor nicht rückgängig machen, nicht wie ein Argument zurückziehen kann. Nun ist es, wie man an Nietzsche und dem sogenannten Gedankengut der Nazis zeigen kann, töricht, einem Autor oder einem Lehrer die nichtintendierten Folgen seiner Äußerungen umstandslos zuzurechnen; und ebenso töricht ist es, so zu tun, als ob die ideologische Wirkungsgeschichte einem Werke ganz äußerlich wäre. Aus diesem Dilemma gibt es nur einen pragmatischen, wenn auch nicht einfach zu praktizierenden Ausweg. Man muß sich beim Lehren und Schreiben vom Bewußtsein jenes Dilemmas hinreichend hemmen lassen; man darf sich nicht der Stimmung objektiver Unverantwortlichkeit überlassen, aber auch nicht die eigene Verantwortung moralisierend so überdehnen, daß man aus Angst vor dem Unbestimmten und Ungewissen erstarrt. Dann bliebe nur noch das Schweigen.

2. Offenbar wollen Strauß und Dregger uns so einschüchtern, daß wir zu dieser Alternative Zuflucht nehmen. Beide vernebeln die Tatsache, daß in den sechziger Jahren gerade linke Professoren ein besonders deutliches Bewußtsein von geistigen Kausalitäten hatten. Statt dessen konstruieren Strauß und Dregger Linien objektiver Verantwortlichkeit in einer Manier, die sonst nur noch im Einflußbereich stalinistischer Bürokratien Anklang findet. Auch für die Selbstkritik, die Strauß in der Gebärde eines Staatsanwalts fordert und von der er behauptet, wir seien ihrer nicht fähig, finde ich historische Beispiele nur im Stalinismus. Denn *die* Selbstkritik kann er nicht meinen, von der die Linke lebt und die im übrigen ein trivialer Bestandteil der Berufsrolle eines jeden Professors ist.

»Kritische Geister«, so meinte Strauß im Bundestag, »sind wir, die wir uns nicht von den Phrasen haben benebeln lassen, die mit Lebensqualität und mit Gerechtigkeit und Glückseligkeit und Menschlichkeit usw. in die Welt gesetzt worden sind.« Strauß spricht hier, wenn ich mich nicht irre, von jenen bürgerlichen Idealen, die in einer breiten humanistischen Tradition verankert sind. Der Humanismus ist in Deutschland nur ein einziges Mal auf den Index gesetzt worden, und zwar mit der Art von Emotionen, die Strauß heute anheizt. Strauß setzt aufs Ganze: Der Terrorismus bietet den Vorwand für eine Diffamierung, die mit 200 Jahren kritischen bürgerlichen Denkens aufräumen soll – auch Marx war schließlich ein Sohn der bürgerlichen Gesellschaft.

Die barbarische Geistfeindschaft der jüngsten Kampagnen wird der lustlosen Passivität, in der wir Intellektuelle seit gut fünf Jahren verharren, auf die Beine helfen. Gewiß, wer will schon noch im Feuilleton eines Herrn Fest schreiben, wer für eine deutsche Kulturpolitik ins Ausland reisen? Aber, in Zukunft können wir beide Arten von Tätigkeiten auf interessante Weise kombinieren und in *Le Monde* oder im *Corriere della Sera* ein bißchen beschreiben, wie es sich in einem Lande lebt, wo sich der physische Terror der einen im verbalen Terror der anderen spiegelt. Dann könnte die Schwarzweißmalerei, die Croissant draußen und die deutschen Saubermänner drinnen arbeitsteilig betreiben, einem realistischeren Deutschlandbild weichen. Als ob die Kappler-Freunde, die Hiag, das obszöne Interesse an Hakenkreuzen und Hitlerfilmen, als ob der Fringe unser Problem wäre! Keine Sorge, wir werden Herrn Strauß nicht einen Faschisten nennen. Wir werden seine Reden studieren, sein Verhalten beobachten und der Vermutung nachgehen, daß Strauß, nachdem Spanien endlich eines Franco ledig ist, die Bundesrepublik francoisieren will.

Nr. 416

Alexander und Margarete Mitscherlich
Ihr endet bei der destruktiven Gleichgültigkeit –
Brief an einen (fiktiven) Sohn
November 1977

QUELLE: Freimut Duve / Heinrich Böll / Klaus Staeck (Hg.), Briefe zur Verteidigung der Republik, Reinbek 1977, S. 113–116

Lieber Sohn,

ich schreibe Dir, weil mich unser gestriges Gespräch sehr nachdenklich gestimmt hat und ich glaube, daß es noch einiges zu klären gibt. Zuerst war ich, wie Du weißt, zornig und erschreckt. Du sagtest mir, ich sei derjenige gewesen, der Dich darauf aufmerksam gemacht habe, in welchem Ausmaß viele unserer Landsleute bis heute unwillig seien, sich von alten Ideologien, Haltungen, Denkweisen zu lösen, die den Nationalsozialismus bestimmt oder doch zu ihm geführt hätten. Im Grunde, so hätte ich Dir gesagt, wollten sie sich nicht damit auseinandersetzen, was sie selber oder deutsche Traditionen, an denen sie sich ausrichteten, zu der Katastrophe Hitlers und den Unmenschlichkeiten des Dritten Reiches beigetragen haben. Nach wie vor klaffen Wirklichkeit und Ideale eines freiheitlich demokratischen Staates weit auseinander. Gedankenfreiheit, das heißt auch die Freiheit zur Kritik und zu einem von der Allgemeinheit abweichenden Denken, werde nur widerwillig geduldet und, wenn irgend möglich, alsbald mit Sanktionen belegt. Nun aber, wo Ihr Jungen Euch gegen die doppelte Moral und die Verlogenheit einer pseudodemokratischen Gesellschaft zusammenschließen würdet, um, wenn nötig, mit Gewalt dagegen zu kämpfen – denn anders sei eine Änderung dieses versteinerten kapitalistisch-faschistischen Staates kaum noch möglich –, nun hätte ich mich empört gegen eine solche Einstellung gewehrt. Ich sei eben doch, wie alle anderen meiner Generation, die Auschwitz ermöglicht hätten, ein Mitläufer, jemand, dem zu einem wirklichen persönlichen Einsatz zur Gerechtigkeit und Menschlichkeit der Mut fehle. Deutschland, so sagtest Du, mein Sohn, sei nach wie vor ein Bollwerk faschistisch-kapitalistischer Mentalität, das die imperialistischen Großmächte bei ihrer Unterdrückung und Ausbeutung der Armen und Entrechteten der Dritten Welt kräftig unterstütze. Von wirklicher Freiheit, Demokratie und Gerechtigkeit könne auch im eigenen Lande überhaupt keine Rede sein. Die Klassengesellschaft bestehe nach wie vor, und die politische Gesinnung sei steril und reaktionär. Auch ich wisse das, aber ich sei eben zu feige, ernsthaft dagegen etwas zu tun, ich gehörte halt zum Establishment und ließe es mir da wohl sein.

Es ist nicht leicht, lieber Sohn, Dir klarzumachen, wo unsere Differenzen liegen. Zum ersten bin ich der Meinung, daß wir sehr wohl in einem demokratischen Rechtsstaat leben, der seit Jahren – und nicht ohne Erfolg – versucht, die Güter seiner Bürger und des Staates gerechter zu verteilen. Daß es hier noch viel, vielleicht zunehmend viel zu tun gibt und daß vielerorts noch Ungerechtigkeit herrscht, ist unübersehbar. Auch weiß ich, daß bei uns Andersdenkenden gegenüber wenig Toleranz geübt wird, man neigt dazu, anstatt sich in ihre Geschichte und ihr Denken einzufühlen, sie zu verteufeln. Das alles und vieles mehr muß weiterhin einer dauernden kritischen Untersuchung unterworfen werden, so wie wir auch uns rücksichtslos der Selbstkritik aussetzen sollten. Und daran, zum Beispiel, fehlt es bei manchem von Euch, die Ihr Euch zur extremen Linken zählt. Ihr meint, ungehemmt anklagen zu dürfen, seht die Fehler anderer überscharf, aber übersehr die eigenen Schwächen. Die emotional geladene Atmosphäre, die unsere Gespräche in letzter Zeit prägen, finde ich bei den meisten Deiner Genossen wieder, sobald man nicht mit ihnen der gleichen Meinung ist. Das ist aber ein untrügliches Zeichen dafür, daß hinter den rational von Euch angegebenen politischen Motiven für Euer Handeln andere, Euch nicht zugängliche Gefühle des Hasses und, wie ich annehme, der Gekränktheit liegen. Vielleicht war es für Euch besonders kränkend, Kinder einer Generation von Deutschen zu sein, die an der Unmenschlichkeit des »Dritten Reiches« direkt oder indirekt beteiligt waren und über viele Jahre dafür von der Welt verabscheut wurden, quasi als unberührbar galten. Ihr wart ja ein Teil Eurer Eltern. Von deren Welt hängt bekanntlich das eigene Selbstwertgefühl in hohem Maße ab. Ihr wollt also anders sein als sie und kämpfen, wo Ihr glaubt, Ungerechtigkeit und fehlende Menschlichkeit wahrzunehmen.

Alles schön und gut, mein lieber Sohn, nur, Ihr verzerrt die Wirklichkeit in hohem Maße auf Grund Eurer unbewußten, ich möchte mich erdreisten zu sagen, neurotischen Gefühlssituation. Wir leben nicht in einer Diktatur, wir haben es um uns herum nur mit manchen, nicht mit totalen Ungerechtigkeiten und Unvollkommenheiten zu tun, wir stehen vielfältigen Krisen gegenüber, die es noch besser zu begreifen und hoffentlich langsam zu lösen gilt. Aber wir leben nicht in einem Staat und in einer zwischenmenschlichen Situation, in der Gewalt das adäquate Mittel zu dessen Änderung ist, wie das zum Beispiel im »Dritten Reich« der Fall war. Die Attentatsversuche auf Hitler, Heydrich etc. blieben leider meist erfolglos oder wurden entsetzlich gerächt. Dennoch waren sie in der damaligen Situation die einzigen ihr entsprechenden Handlungen, stellten die einzige Möglichkeit dar, um sich von den Massenmördern zu befreien. Deutschland 1977 befindet sich nun aber, mein Sohn, wahrlich in einer anderen Situation. Wenn hier Gewalt angewendet wird, ist das nicht nur ein absurd inadäquates Mittel zur Lösung unserer gegenwärtigen Krisen, es bringt Dich und Deine Gesinnungsfreunde auch in die Lage, in schlimmer Weise zur Unmenschlichkeit beizutragen. Wenn es so weit gekommen ist, daß es manchem von Euch gleichgültig zu sein scheint, wie viele Menschenleben er auf dem Gewissen hat, endet Ihr dort, von wo Ihr Euch ursprünglich entfernen wolltet: bei der destruktiven Gleichgültigkeit und Verachtung Euren Mitmenschen gegenüber. Das ist es, was mich entsetzt und tief unglücklich macht, daß aus dem Motiv, anderen helfen zu wollen, so schnell erneut Unmenschlichkeit und Zynismus entstehen kann. Nicht nur schätzt Ihr die gegenwärtige Situation falsch ein, Ihr vergeßt auch, daß das Ziel so gut wie nie die Mittel rechtfertigt, sondern daß auch richtige Ziele durch falsche Mittel korrumpiert werden.

Ich habe, lieber Sohn, die Hoffnung aufgegeben, daß Du mir noch zuzuhören bereit bist. Aber da ich Dich liebe, wollte und will ich keinen Versuch unterlassen, weiterhin im Gespräch zu bleiben. Ich bin der letzte, der leugnen wird, daß auch er manches in seinem Leben falsch gemacht hat und oft genug zu feige war, wo es galt, unter Gefahr für das eigene Leben sich für andere einzusetzen. Auch habe ich mich gern Selbsttäuschungen und Selbstidealisierungen hingegeben. Das sollst Du wissen und damit rechnen können, daß ich weiterhin bereit bin, Deine Kritik anzunehmen, wo sie mir gerechtfertigt erscheint. Ich meine allerdings, auch Du solltest zur Selbstkritik fähig bleiben. Denn nur, wenn Du Dich von der allzu großen Abhängigkeit von der Meinung Deiner Gesinnungsgenossen zu lösen versuchst, wirst Du der wahnhaften Verzerrung von Vergangenheit und Gegenwart entrinnen können und nicht gänzlich dem Sog einer aus falscher Menschlichkeit entstandenen bedenkenlosen Destruktion verfallen.

Ich umarme Dich
Dein Vater

Nr. 417
Albrecht Wellmer
Terrorismus und die Theorien der »Frankfurter Schule«
Offener Brief an den baden-württembergischen Ministerpräsidenten Hans Filbinger
2. November 1977

QUELLE: Frankfurter Rundschau vom 2. November 1977

Sehr geehrter Herr Ministerpräsident,
mit Erstaunen habe ich gelesen (*Süddeutsche Zeitung* vom 10. Oktober 1977), daß Sie in einer Rede anläßlich des Festakts zum 500jährigen Bestehen der Universität Tübingen die »Kritische Theorie« der Frankfurter Schule mit der Zunahme terroristischer Gewaltakte in der Bundesrepublik in einen ursächlichen Zusammenhang gebracht haben. Da Sie mit dieser Äußerung unter anderen auch mich, einen Hochschullehrer Ihres Landes, zu einem geistigen Wegbereiter des Terrorismus erklärt haben, halte ich es für meine Pflicht, Ihre Äußerungen nicht unwidersprochen hinzunehmen und gegen die in ihnen enthaltene politische Verdächtigung zu protestieren.

Ihre Informationen, sehr geehrter Herr Ministerpräsident, sowie Ihre Kenntnis der »Frankfurter Schule« sind offenbar unzureichend; sonst wäre Ihnen nicht entgangen, daß die seinerzeit wichtigsten Vertreter der »Frankfurter Schule«, Theodor W. Adorno und Jürgen Habermas, bereits in den sechziger Jahren die Anwendung von Gewalt als Mittel der politischen Auseinandersetzung entschieden verurteilt haben, und daß diese Verurteilung etwas mit dem Kern jener Auffassungen und Theorien zu tun hat, die sie als »kritische Theoretiker« vertraten.

Allerdings haben die Vertreter der Kritischen Theorie es nicht bei solchen Verurteilungen bewenden lassen, sie haben nämlich stets auch versucht, die Zunahme einer Bereitschaft zu sinnlos-destruktiven Verhaltensweisen in modernen Industriegesellschaften zu erklären und in einen Zusammenhang zu bringen mit Strukturproblemen und Tendenzen dieser Industriegesellschaften. Ihnen, Herr Ministerpräsident, mögen diese Erklärungen nicht einleuchten; sie aber für den gegenwärtigen Terrorismus mitverantwortlich zu machen, das hieße doch wohl, die Tatsachen in einer grotesken Weise auf den Kopf zu stellen – es sei denn, wir wollten zu der archaischen Praxis zurückkehren, den Boten schlechter Nachrichten für das Unglück zu bestrafen, von dem er berichtet.

Nun haben Sie, sehr geehrter Herr Ministerpräsident, die Vertreter der Frankfurter Schule sicherlich nicht als »Sympathisanten« des Terrors verdächtigen wollen. Was Sie ihnen anlasten, ist vielmehr – wenn ich den Zeitungsberichten glauben darf – eine »Verwirrung der Begriffe«, als deren letztes Resultat Sie die terroristischen Gewalttaten verstehen. Leider ist die Verwirrung von Begriffen etwas, dessen sich in der Tat nicht nur Politiker und Journalisten, sondern auch Philosophen und Soziologen gelegentlich schuldig machen.

Neu ist allerdings der Vorwurf, die durch eine bestimmte Philosophenschule angeblich angerichtete Verwirrung der Begriffe erzeuge eine Affinität zum Terrorismus. Nun möchte ich mich nicht mit Ihnen darüber streiten, wie unklar oder »verwirrt« die Begriffe und Theorien der Frankfurter Schule sind; das ist es ja wohl auch nicht, was Sie gemeint haben, Sie meinen doch wohl eher, daß diese Begriffe und Theorien Verwirrung in den Köpfen der *Studenten* gestiftet haben, in dem Sinne etwa, daß sie die Studenten daran gehindert hätte, die Wirklichkeit noch angemessen wahrzunehmen.

Diese These liefe aber doch wohl auf die Behauptung hinaus, daß zentrale *inhaltliche* Positionen der Kritischen Theorie das Merkmal einer gefährlichen Verfälschung der Wirklichkeit erfüllen. Ein solcher Vorwurf wird zwar unter Wissenschaftlern gelegentlich erhoben; in dem hier in Frage stehenden politischen Kontext stellt er indes eine außerordentlich schwere Beschuldigung dar. Bei dem Versuch, mir klarzumachen, an welche Positionen Sie hierbei gedacht haben könnten, fallen mir drei Positionen ein, die man vielleicht als für die verschiedenen Varianten der Kritischen Theorie insgesamt charakteristisch bezeichnen könnte.

Erstens haben die Vertreter der Kritischen Theorie nie einen Zweifel daran gelassen, daß sie unkontrollierte wirtschaftliche Macht für unvereinbar mit den Prinzipien demokratischer Selbstbestimmung eines Volkes halten; eine Position, die, wie Sie wissen, durchaus nicht im Widerspruch steht zu den vom Grundgesetz der Bundesrepublik Deutschland gesetzten Prioritäten.

Zweitens haben die Vertreter der Kritischen Theorie sich nie gescheut, auch die von Staatsapparaten ausgehende organisierte Gewalt beim Namen zu nennen und zu verurteilen – ob es sich nun um faschistische oder stalinistische Gewaltregimes, um imperialistische Kriege oder um Militärdiktaturen in Europa oder Lateinamerika handelt –, so wie sie sich ebenfalls nicht gescheut haben, die selbst noch von demokratischen Staaten – auch unserem eigenen – ausgeübte politische Repression beim Namen zu nennen und kritisch zu analysieren.

Drittens schließlich haben die Vertreter der Kritischen Theorie die Auffassung vertreten und zu begründen versucht, daß es in modernen Industriegesellschaften außerordentlich starke strukturelle Zwänge und Tendenzen gibt, die einer den Prinzipien der Freiheit, der demokratischen Selbstbestimmung und der Menschenwürde wirklich entsprechenden Ordnung des sozialen Zusammenlebens entgegenstehen.

Soweit es nun um die Frage möglicher Veränderungen der Gesellschaft geht, kann man es darüber hinaus als eine zentrale These der Kritischen Theorie bezeichnen, daß in den Mitteln und den Organisationsformen politischen Handelns bereits das Ziel präsent sein müsse, das durch dieses Handeln und durch diese Organisationsformen angestrebt wird – eine These, von der man sicherlich behaupten kann, daß sie in krassem Widerspruch steht zu allen Formen terroristischer Politik.

Die eben angedeuteten Positionen gelten gemeinhin als »links«. Ich verstehe aber nicht, Herr Ministerpräsident, wie man aus ihnen eine Affinität zum Terrorismus ableiten kann – es sei denn, man wollte alle Vertreter kritischer und linker Positionen einer solchen Affinität bezichtigen und nach dem Vorbild totalitärer Staaten als »staatsgefährdend« und »zersetzend« diffamieren. Dies kann aber nicht Ihre Absicht sein, da Sie ebensogut wissen wie ich, welche Form des Terrors der Preis für eine solche Praxis wäre. Auch werden Sie gewiß niemand einen Vorwurf machen wollen, der diejenigen Formen staatlich organisierten Terrors, wie wir sie aus der Geschichte des Faschismus und des Stalinismus kennen, für noch entsetzlicher und verhängnisvoller hält als den gegenwärtig grassierenden Terror einer zwar gut organisierten, aber verschwindend kleinen Minderheit in unserer Gesellschaft.

Lassen Sie mich wiederholen: Soweit es um logische Zusammenhänge geht, läßt sich zwischen den für die Frankfurter Schule repräsentativen Theorien und Argumenten und der Praxis der Terroristen keinerlei Affinität behaupten, wohl aber deren Gegenteil. Nun haben Sie möglicherweise nicht an einen logischen Zusammenhang zwischen Kritischer Theorie und terroristischer Praxis gedacht, sondern an einen Kausalzusammenhang derart, daß unverdaute Bruchstücke einer schwerverständlichen Theorie in die Motivationen und Selbstrechtfertigungen von Terroristen und deren Helfern eingegangen sein könnten. In diesem Falle handelte es sich also bei Ihren Vorwürfen um eine Behauptung über die Wirkungsgeschichte der Kritischen Theorie, für die Sie deren Urheber und Lehrer verantwortlich machen.

Ich halte diesen Vorwurf für ebenso unhaltbar wie den eines logischen Zusammenhangs zwischen Kritischer Theorie und terroristischer Praxis. Immerhin aber haben Behauptungen über die politische Wirkungsgeschichte von Theorien das Fatale an sich, daß sie sich ebenso schwer widerlegen wie beweisen lassen; zumal wenn, wie in diesem Falle, offensichtlich eine ganze Reihe von Zwischengliedern zwischen der Theorie und dem, was angeblich aus ihr gemacht wurde, rekonstruiert werden müßte. Wollte man aber Verantwortlichkeiten und Schuldzurechnungen auf Hypothesen dieser Art aufbauen, dann müßte man wohl Theorien und das Denken überhaupt verbieten lassen: Bekanntlich ist selbst Kants Ethik nicht vor dem Schicksal verschont geblieben, zu Rechtfertigungszwecken im Rahmen eines verbrecherischen politischen Systems mißbraucht zu werden (nachzulesen bei Hannah Arendt, Eichmann in Jerusalem).

Ich möchte mit diesen Überlegungen nicht bestreiten, daß es eine Verantwortung der Wissenschaftler und Philosophen gegenüber den Vermittlungszusammenhängen gibt, in die ihre Theorien und Argumente eingehen. Aber man kann doch wohl nicht mehr von ihnen verlangen als den ernsthaften Versuch, dem Mißbrauch und Mißverständnis ihrer Theorien und

Argumente entgegenzutreten, wo immer ein Anlaß dazu besteht. Nun ließe sich aber leicht nachweisen, daß Vertreter der Kritischen Theorie sich dieser Verpflichtung niemals entzogen haben; wenn die entsprechenden Anlässe eher in der Vergangenheit liegen, so nur deshalb, weil es mit ziemlicher Sicherheit keinen Terroristen gibt, der sich auf die Frankfurter Schule beruft (wenn man die Verlautbarungen der RAF kennt, müßte die gegenteilige Vermutung eher komisch wirken).

Ich habe im Vorangehenden versucht, mögliche Gründe ausfindig zu machen, die Sie, Herr Ministerpräsident, für Ihre schwerwiegende und pauschale Beschuldigung der Frankfurter Schule anführen könnten. Ich kann solche Gründe nicht finden. Damit muß ich aber Ihnen den Vorwurf machen, daß Sie sich mit Ihren Äußerungen – wenn ich dem Bericht der *Süddeutschen Zeitung* glauben darf – in nicht zu rechtfertigender Weise an der pauschalen Verdächtigung und Diffamierung kritischer Wissenschaftler und Intellektueller beteiligt haben, die mittlerweile zu einer völligen Vergiftung der öffentlichen Auseinandersetzungen über den Terrorismus zu führen droht.

Hierbei breitet sich eine Begriffsverwirrung aus, die ich für schlimmer und gefährlicher halte als die von Ihnen behauptete; eine Begriffsverwirrung, die nun wirklich die Grundlagen unserer demokratischen Ordnung betrifft. Was mich, sehr geehrter Herr Ministerpräsident, an den gegenwärtigen Auseinandersetzungen über den Terrorismus am meisten bestürzt, ist, daß diese Auseinandersetzungen nicht nur Züge einer Hexenjagd angenommen haben, die mit allen Mitteln persönlicher Diffamierung und politischer Verdächtigung geführt wird, sondern daß es unter den Verteidigern des Rechtsstaates nur noch wenige zu geben scheint, die ein klares Bewußtsein davon haben, was es denn zu verteidigen gibt: nämlich die verfassungsmäßige Ordnung eines demokratischen Rechtsstaates, dessen fundamentale Prinzipien nicht zufälligerweise in einem Katalog von Grundrechten niedergelegt worden sind.

Die zur Nazizeit aus Deutschland emigrierte jüdische Philosophin Hannah Arendt, eine der Sympathie mit den Terroristen sicherlich unverdächtige Person, hat mir einmal erklärt, die Deutschen hätten es bis heute nicht gelernt, den Unterschied zwischen einem »bloßen« Rechtsstaat (der auch ein obrigkeitlicher oder autoritärer sein könnte) und einem demokratischen Rechtsstaat (bzw. einer demokratischen Republik) zu begreifen. Diese Unfähigkeit, die durch zahlreiche Äußerungen von Politikern und Journalisten während der vergangenen Wochen drastisch belegt worden sind, hat sicher etwas mit spezifisch deutschen Traditionen zu tun, sowie auch mit dem Umstand, daß wir – wie Sie besser wissen als ich – die freiheitlichste Ordnung, die es je auf deutschem Boden gab, nicht unseren eigenen Anstrengungen zu verdanken haben, sondern sie nach einem verlorenen Krieg und dem Zusammenbruch des Naziregimes gewissermaßen als Geschenk von den Siegern in Empfang genommen haben. Die Demokratie ist in Deutschland weniger verwurzelt und gefährdeter als in anderen Nationen, in denen sie in manchmal jahrhundertealten Erfahrungen und Traditionen sowie in der Erinnerung an eine aus eigener Kraft geleistete Durchsetzung republikanischer Freiheiten begründet ist. Nur aus diesem Grunde – nämlich weil er auf eine beängstigend große Bereitschaft zur Aufgabe republikanischer Positionen stößt – stellt der gegenwärtige Terrorismus eine ernsthafte Bedrohung der demokratischen Ordnung in der Bundesrepublik dar; das heißt stellt er nicht »nur«, wie andere, vielleicht weniger schreckliche Formen des Gewaltverbrechens auch, eine Bedrohung von Leib und Leben einzelner Bürger und damit zugleich eine Bedrohung der öffentlichen Ordnung und Sicherheit dar.

Ich bin, sehr geehrter Herr Ministerpräsident, entschlossen, diejenigen Politiker beim Wort zu nehmen, die heute von den beamteten Wissenschaftlern und Intellektuellen eine aktive Loyalität gegenüber unserer demokratischen Verfassung verlangen. Aktive Loyalität gegenüber unserer demokratischen Verfassung kann aber nur heißen: Verteidigung jener Grundrechte und Freiheiten, ohne welche unser Staat, auch wenn er noch ein Rechtsstaat sein mag, kein freiheitlicher Rechtsstaat mehr wäre. Wenn ich mich gegen die in Ihrer Rede enthaltene politische Diffamierung einer theoretischen Position, der ich mich selbst verpflichtet weiß, verwahre, so nicht deshalb, weil ich mich persönlich gekränkt fühle. Ich halte es vielmehr für meine Pflicht, gegen eine Form der Terrorismus-Bewältigung zu protestieren, die, sollte sie weiter um sich greifen, nur dazu führen kann, daß die Terroristen genau an jenem Punkt erfolgreich wären, an dem sie den Erfolg am sehnlichsten herbeiwünschen; dort nämlich, wo es um die Substanz unserer demokratischen Institution geht. Diese scheint mir gefährdet, wenn demokratische Schriftsteller, Wissenschaftler, Politiker und Intellektuelle in unserem Lande weiterhin öffentlich als Sympathisanten und geistige Urheber des Terrorismus diffamiert werden.

Diese Diffamierung trägt m. E. zu einer für das Funktionieren demokratischer Institutionen gefährlicheren Verwirrung der Begriffe bei als es alle philosophischen und soziologischen Theorien zusammengenommen tun könnten. Wenn es schon so weit gekommen ist (laut Bericht der *Süddeutschen Zeitung* vom 13. Oktober 1977), daß ein Staatssekretär im baden-württembergischen Staatsministerium einem Mann wie Heinrich Böll, der zu den nicht eben zahlreichen Deutschen zählt, die auch außerhalb der deutschen Grenzen als Symbolfiguren eines demokratischen, nachfaschistischen Deutschlands respektiert werden, die Emigration empfehlen kann; wenn es schon so weit gekommen ist, daß die Aufforderung, einen kühlen Kopf zu bewahren, als »Skandal« bezeichnet wird (der gleiche Bericht), oder, wie ich es in einem anderen Zusammenhang gelesen habe, die Mahnung, keine Intellektuellenhatz zu betreiben, als Zugeständnis an die Terroristen ausgelegt wird – wenn es so weit schon gekommen ist, dann frage ich mich ernsthaft, wieviel Erfolg die Terroristen bei ihrem wahnsinnigen Versuch schon gehabt haben, die Brüchigkeit unserer demokratischen Ordnung nachzuweisen.

Im übrigen scheint mir außer Frage zu stehen, daß die gegenwärtige Diffamierung »linker« Schriftsteller, Intellektueller und Politiker das ihre dazu beiträgt, den Wahnvorstellungen der Terroristen über den angeblich »faschistischen Charakter« unseres Staates bei Teilen der jungen Generation wie auch im demokratischen Ausland eine für uns alle und für unsere Demokratie gefährliche Glaubwürdigkeit zu verschaffen.

Ich habe mir erlaubt, sehr geehrter Herr Ministerpräsident, Ihrer politischen Einschätzung der theoretischen Arbeit der »Frankfurter Schule« und ihrer praktischen Folgen eine alternative Einschätzung derjenigen Gefahren entgegenzusetzen, die ich für unsere demokratische Rechtsordnung heraufkommen sehe. So wie ich unterstelle, daß Ihre Äußerungen Ausdruck einer Sorge um den Bestand dieser demokratischen Ordnung sind, so möchte ich auch Sie bitten, meinen Brief als Ausdruck einer aktiven Loyalität gegenüber den Prinzipien unserer freiheitlich-demokratischen Verfassung zu verstehen.

Mit besten Empfehlungen
Ihr
Prof. Dr. Albrecht Wellmer

Nr. 418

Hans Filbinger
Es geht gar nicht um Intellektuellenhatz
Eine Antwort des baden-württembergischen Ministerpräsidenten Hans Filbinger an den Konstanzer Philosophie-Professor Albrecht Wellmer
26. November 1977

QUELLE: Frankfurter Rundschau vom 26. November 1977

Sehr geehrter Herr Professor Wellmer!
Sie haben den Bericht einer Zeitung über meine Rede in Tübingen, in der ich auf die Rolle der kritischen Theorie im Zusammenhang mit der Rehabilitierung der Gewalt hingewiesen habe, zum Anlaß genommen, in einem an mich adressierten offenen Brief in der *Frankfurter Rundschau* sich dagegen zu verwahren, den angesprochenen Zusammenhang zu bestreiten, ihn zu widerlegen und mich auf Gefahren hinzuweisen, die für unseren freiheitlichen Staat eintreten, wenn ich an meiner Meinung festhielte. Ich freue mich, daß mit Ihrem Brief eine notwendige Auseinandersetzung in einer bemerkenswert sachlichen und fairen Weise weitergeführt wird, daß wir uns einig sind in der gemeinsamen Verteidigung unserer freiheitlich-demokratischen Grundordnung, und daß Sie mir keine anderen Motive unterstellen als die, die Sie selber bewegen.

Etwas erstaunt dagegen bin ich über den Weg, den Sie gewählt haben, um die kritische Theorie der Frankfurter Schule zu verteidigen. Anstatt sich auf einen Zeitungsbericht zu stützen und mit Mutmaßungen und hypothetischen Konstruktionen zu operieren, wäre es der Sache dienlicher gewesen, wenn Sie sich erst den authentischen Text besorgt und mich um eine weitere Äußerung gebeten hätten. Dann erst wäre es mir gerechtfertigt erschienen, Ihre sehr weitgehenden Folgerungen der Öffentlichkeit mitzuteilen. Was ich in meiner Rede beim Festakt zum 500jährigen Bestehen der Universität Tübingen sagte, hatte folgenden Wortlaut:

»Wir alle wissen, daß der politische Mißbrauch von Wissenschaft an allen Universitäten Einbrüche erzielt hat – an den einen mehr, an den anderen weniger. Es war kein Geringerer als Joseph Kardinal Ratzinger, der auf die verhängnisvolle Rolle der sogenannten ›kritischen Theorie‹ der Frankfurter Schule für die Politisierung der Universität hingewiesen hat. Hier wurden beispielsweise die Schleusen geöffnet für die ideologische Umdeutung unserer freiheitlichen Rechtsordnung in ein formales System, das lediglich zur Verschleierung von ausbeuterischer Herrschaft diene. Entsprechend wurde der mündige Bürger zu einem manipulierten Objekt der repressiven Konsum- und Leistungsgesellschaft abgewertet. Alles dieses ergab bei manchen Gruppen eine Verwirrung der Begriffe, welche schließlich der angeblichen Gewalt des Systems eigene Gewalt entgegensetzte. Dies führte dann zu den terroristischen Konsequenzen, mit denen wir es derzeit zu tun haben.«

Es würde den Rahmen eines Briefes sprengen, wenn ich jetzt die Gründe nennen, die Zusammenhänge entwickeln und mit gebotener Sorgfalt belegen würde, die mich veranlassen, trotz Ihres Widerspruchs an meiner These festzuhalten. In näherer Zukunft werde ich der deutschen Öffentlichkeit in geeigneter und ausführlicher Form meine Auffassung darlegen. Ich kann Ihnen aber schon jetzt den Vorwurf nicht ersparen, daß Sie in Ihrem Brief ein einseitiges und unvollständiges Bild von der kritischen Theorie gezeichnet haben und offensichtlich bemüht sind, deren radikalen Charakter zu verharmlosen und deren total gemeinte Kritik auf ein reformdemokratisches Maß herunterzuspielen. Ich erinnere nur an die systematische, ideologiekritisch betriebene Auflösung des Vertrauens in die unverzichtbare Bedeutung des Rechtsstaates für die Aufrechterhaltung des öffentlichen Friedens und der inneren Sicherheit, an der sich alle Vertreter der Frankfurter Schule mit unterschiedlichen Akzenten beteiligt haben. So heißt es zum Beispiel in der *Negativen Dialektik* bei Adorno: »Das Medium, in dem das Schlechte um seiner Objektivität willen recht behält und den Schein des Guten sich erborgt, ist in weitem Maß das der Legalität, welches zwar positiv die Reproduktion des Lebens schützt, aber, in seinen bestehenden Formen, dank des zerstörenden Prinzips von Gewalt, sein Zerstörendes ungemindert hervorkehrt. Während die Gesellschaft ohne Recht, wie im Dritten Reich, Beute purer Willkür wurde, konserviert das Recht in der Gesellschaft den Schrecken, jederzeit bereit, auf ihn zu rekurrieren mit Hilfe der anführbaren Satzung« … »Das juristische Gesamtbereich ist eines von Definitionen. Seine Systematik gebietet, daß nichts in es eingehe, was deren geschlossenem Umkreis sich entziehe, quod non est in actis. Dies Gehege, ideologisch an sich selbst, übt durch die Sanktion des Rechts als gesellschaftlicher Kontrollinstanz, vollends in der verwalteten Welt, reale Gewalt aus.«

Es ist dies doch die gleiche Argumentation, die bei den Terroristen wiederkehrt, wenn sie den freiheitlichen Rechtsstaat der Bundesrepublik als faschistisch diffamieren. Die können auch nicht übersehen, daß Herbert Marcuse sogenannten aufgeklärten Minderheiten das Recht zu einer Erziehungsdiktatur und zur terroristischen Gewalt zugesprochen hat, und er hat leider vergessen hinzuzufügen, daß die in der Bundesrepublik herrschenden Verhältnisse es verbieten, von diesem Recht zur revolutionären Gewalt Gebrauch zu machen.

Es wäre nicht zu verantworten, wenn die Frage nach dem Zusammenhang der kritischen Theorie und der Rehabilitierung der Gewalt in unserer Gesellschaft nicht gestellt würde. Es geht nicht um eine individuelle Zumessung von Schuld, auch nicht um einen unmittelbar wirksamen Kausalzusammenhang, schon gar nicht um Intellektuellenhatz und Unterdrückung des kritischen Geistes, sondern es geht um den geschichtlich bekannten und normalen Vorgang in einer Demokratie, daß nach den geistigen Wurzeln und Voraussetzungen für politische Entwicklungen und Erscheinungen gefragt wird, die für die freiheitliche Zukunft unseres Staates von größter Bedeutung sind. Ich nehme das gleich Recht in Anspruch, das die Vertreter der kritischen Theorie in exzessiver Weise genutzt haben, wenn sie nichts und niemanden mit ihrer Ideologiekritik verschonen und so ein Vakuum schufen, das sicher zu den wirksamsten Ursachen des Terrorismus gehört. Die Dinge würden auf den Kopf gestellt, wenn es nicht erlaubt sein dürfte, nach dem – wie ich glaube – maßgebenden Anteil zu fragen, den die kritische Theorie an der Entstehung einer Mentalität und an der Entwicklung von Prädispositionen hatte, durch die Entwicklungen gefördert wurden, die sich heute in der Form des organisierten Terrors für die Gesellschaft wahrnehmbar machen.

Mit freundlichen Grüßen
Dr. Hans Filbinger

Nr. 419

Ulrich Sonnemann
Filbinger zitierte unvollständig
Leserbrief
15. Dezember 1977

QUELLE: Frankfurter Rundschau vom 15. Dezember 1977

Ich beziehe mich auf die Auseinandersetzung zwischen Albrecht Wellmer und Ministerpräsident Filbinger. In der Ausgabe vom 26.11. versucht Herr Filbinger, ohne auf ein einziges von Wellmers sehr sorgfältigen Argumenten zu antworten, seine Anschwärzung der Frankfurter Schule als angebliche »Schleusenöffnerin« für terroristische Taten endlich mit einem Adorno-Zitat zu belegen. Dabei geht er nicht nur an Adornos Absage an einen blinden Aktionismus vorbei, die in seinem letzten Essay *Zu Theorie und Praxis* (Stichworte, Frankfurt, 1969) nicht entschiedener hätte sein können. Filbinger unterschlägt auch in der Mitte des Zitats – aus der *Negativen Dialektik*, S. 301/302 – genau jene Sätze, die seine dann folgende Auslegung Lügen strafen, indem sie den ganzen Passus sehr ausdrücklich auf die von Hegel ideologisierte Unrechtstradition der feudalstaatlichen deutschen Jurisprudenz beziehen, die keine bürgerliche Revolution je gebrochen hat; nicht auf die Rechtsüberlieferung der verfassungsstaatlichen westlichen Demokratie, die, vom Grundgesetz übernommen, ihrerseits aus revolutionärer Gewalt stammt; freilich der fremder Völker.

Daß die beiden Traditionen strikt unvereinbar, ja unversöhnbar sind, ist an der grundgesetzbrüchigen Verunstaltung der importierten Normen, seit Anfang der Siebziger manifest geworden; um so begreiflicher, ja voraussagbarer ist Filbingers spezielles Interesse daran, ihre Differenz zu vernebeln. Mit Grund kommt er eilends auf die ganz andere Lehre Herbert Marcuses zu sprechen, ein Verfahren, das im Englischen mit seiner Empfindlichkeit gegen diskursive Schummelei hit-and-run heißt.

Selbst wenn man ihm die Auslassung konzediert, bleibt Filbingers an das Zitat geknüpfter Interpretationssatz »Es ist dies ›doch‹ (Hervorhebung von mir) die gleiche Argumentation, die bei den Terroristen wiederkehrt, wenn sie den freiheitlichen Rechtsstaat der Bundesrepublik als faschistisch diffamieren« durchsichtige Täuschung: Auch das anreißerische »doch« kann nichts schließlich an dem Augenschein ändern, daß es 1. in dem Passus gar nicht um den Faschismus, sondern um in der Gesellschaft verankerte vorkonstitutionelle Rechtsvorstellungen geht, die ihn ermöglicht haben, weiter ermöglichen, 2. daß Adorno begründet, während Filbinger auf die Begründung gar nicht eingeht, sondern etikettiert, und 3. daß die Gleichsetzung grundverschiedener Positionen per Dekret – weil ein vermeintliches Interesse sie nahelegt – einer immer kritikloseren, wo nicht skrupelloseren, immer deutlicher dehumanisierten Kultur entspringt, die als Welt der Schlagwörter statt der Argumente schon die Annäherung unterscheidender Erkenntnis so zu fürchten hat, daß sie deren Verwischung betreiben muß.

Diese handhaben die Terroristen – die in der Tat nicht vom Himmel fielen – auf ihre Weise. Bereits ihr Gefallen an gebrauchsfertigen klassifikatorischen Gummistempeln, das sie mit der selbstgenügsamen Geistesverfassung der verhaßten Etablierten verbindet, trennt sie von der Frankfurter Schule.

Prof. Dr. Ulrich Sonnemann
Gesamthochschule Kassel

1978

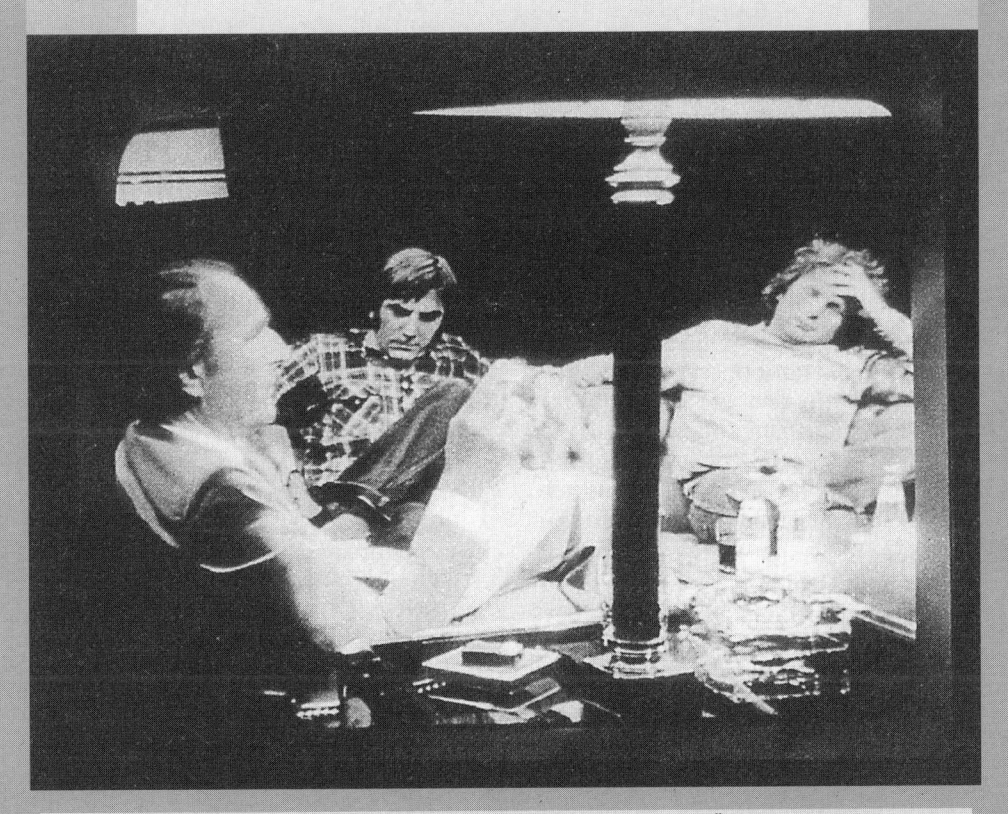

13.6.: Spektakuläre Diskussion über zehn Jahre Studentenbewegung im Österreichischen Fernsehen: (v.l.n.r.) Matthias Walden, Rudi Dutschke und Daniel Cohn-Bendit.

Nr. 420
Samuel Beckett
»pas à pas...«
Gedicht zum 80. Geburtstag Herbert Marcuses
Juni 1978

QUELLE: Akzente, 25. Jg., Heft 3, Juni 1978, S. 227

pas à pas
nulle part
nul seul
ne sait comment
petits pas
nulle part
obstinément

Nr. 421
Herbert Marcuse
»Ich habe niemals Terror gepredigt«
»Stern«-Interview
zu Marcuses 80. Geburtstag
19. Juli 1978

QUELLE: Der Stern vom 19. Juli 1978, 31. Jg., Nr. 30, S. 82–87

STERN: Herr Marcuse, vor zehn Jahren, an Ihrem 70. Geburtstag, wurden Sie als »Vater der Neuen Linken« gefeiert. Heute, an Ihrem 80. Geburtstag, werden Sie von vielen als Steigbügelhalter des Terrorismus verleumdet. Kränkt Sie dieser Vorwurf?

MARCUSE: Es kränkt mich nicht. Er ist einfach dumm, weil er auf einer totalen Unkenntnis der Tatsachen beruht. Denn ich habe niemals Terror, weder individuellen noch Gruppenterror gepredigt.

STERN: Sie haben aber »unterdrückten und überwältigten Minderheiten« ein »Naturrecht auf Widerstand« eingeräumt...

MARCUSE: ... das Naturrecht auf Widerstand ist keine Erfindung von mir, es ist so alt wie die westliche Zivilisation und zwar zum Beispiel ein Kernstück der katholischen Philosophie des Mittelalters. Damals wurde mit dieser Begründung sogar der »Tyrannenmord« gerechtfertigt. Im übrigen habe ich deutlich gesagt, daß das Widerstandsrecht nur angewendet werden darf, wenn alle gesetzlichen Mittel zur Veränderung der Gesellschaft erschöpft sind.

STERN: Sie haben einmal gesagt, das Werfen von Tomaten und Eiern und das Einschlagen von Türen als Gewalt zu bezeichnen sei fragwürdig, insbesondere im Vergleich zur Gewalt des Staates, die sich im Einsatz von Polizeiknüppeln, Wasserwerfern und Gasgranaten manifestiert.

MARCUSE: ...ich fürchte, das muß ich auch heute noch sagen. Gewiß, es ist unangenehm, wenn man eine Tomate ans Hemd kriegt, aber der Tomatenwerfer ist nicht zu vergleichen mit einem SS-Mann, der einen Gefangenen foltert.

STERN: Haben Sie nie befürchtet, daß Ihre feine Unterscheidung der Aktionsformen bewußt falsch verstanden wird?

MARCUSE: Als ich über das Naturrecht auf Widerstand schrieb, hatte ich den Kampf nationaler und rassischer Minderheiten um die Gleichberechtigung im amerikanischen Gesellschaftssystem vor Augen. Ich habe dabei nie vom Terror gesprochen. Natürlich gibt es zwischen Gewalt und Terror einen Riesenunterschied.

STERN: Können Sie das präzisieren?

MARCUSE: Terror richtet sich primär gegen Personen, revolutionäre Gewalt richtet sich gegen Zustände.

STERN: Manchmal ist der Zustand, der bekämpft werden soll, untrennbar mit einer Person verbunden, denken Sie nur an Hitler.

MARCUSE: Repräsentiert eine Person ein ganzes System und bewirkt das Verschwinden dieser Person den Zusammenbruch des Systems, dann ist eine andere Situation gegeben.

STERN: Wenn aber Angehörige einer afrikanischen Befreiungsbewegung weiße Missionare niedermetzeln, dann ist das...

MARCUSE: ...ein verwerflicher Terrorakt. Denn die Ermordung dieser Menschen ändert nichts am System der Kolonialherrschaft.

STERN: Die Befreiungsbewegungen argumentieren, ihr Kampf gelte dem weißen Mann, ganz gleich, wo er angetroffen wird.

MARCUSE: Diese Ansicht ist genauso falsch wie die Überzeugung der Nazis, ein Jude müsse getötet werden, eben weil er Jude sei. Schließlich gibt es genug Weiße, die sich nicht an der Kolonisierung beteiligt, die sogar heftig dagegen protestiert haben.

STERN: Wann darf denn jemand totgeschlagen werden?

MARCUSE: Wenn Sie so fragen, heißt die Antwort: niemals. Es kommt ganz auf den Einzelfall an. Der Anschlag auf Hitler war durch das Widerstandsrecht gedeckt, denn Hitler trug nachweisbar die Verantwortung für die systematische Vernichtung von Millionen.

STERN: Und was sagen Sie zu den Morden an Schleyer und Ponto?

MARCUSE: Das waren ganz eindeutig Terrorakte, die durch nichts gerechtfertigt werden können. Wer da etwa argumentiert, Ponto und Schleyer repräsentieren den Kapitalismus, der ist ein ganz lausiger Marxist und ein schlechter Sozialist. Der Kapitalismus wird nicht durch irgendeine Person so vertreten, daß ihn die Vernichtung dieser Person aus den Angeln hebt.

STERN: Seit den Aktionen der Apo vor zehn Jahren gibt es statt Reformen Berufsverbote und Schnüffeleien von Polizei und Verfassungsschutz. Kann man die Studentenbewegung für den Terrorismus haftbar machen?

MARCUSE: Der Terrorismus ist ein eklatanter Bruch mit der Studentenbewegung, die zwar nicht vor der offenen Konfrontation zurückschreckte, den konspirativen Terror aber verwarf. Dutschkes Parole vom langen Marsch durch die Institutionen ist das genaue Gegenteil vom Terrorismus.

STERN: Glauben Sie, daß die Terroristen überhaupt noch politisch motiviert sind?

MARCUSE: Ich kann in diesem Terror nicht die Spur einer sozialistischen Politik finden. Ich kann nur feststellen, daß die Terroristen den Kampf für den Sozialismus kompromittieren und die Linken weiter spalten, in einem Augenblick, wo die Zusammenfassung aller oppositionellen Kräfte dringend geboten ist.

STERN: Die Terroristen können den fragwürdigen Erfolg für sich verbuchen, daß unter Berufung auf ihre Anschläge laufend Gesetze verschärft werden. Bedrückt Sie diese Entwicklung in der Bundesrepublik?

MARCUSE: Natürlich, und zwar schon deswegen, weil inzwischen auch kritisch und progressiv denkende Persönlichkeiten als »Sympathisanten« des Terrorismus diffamiert werden, obwohl sie den Terror stets ausschließlich verworfen haben.

STERN: Personen wie Sie?

MARCUSE: Oder der Schriftsteller Heinrich Böll.

STERN: Was ist von einem Staat zu halten, der den Terrorismus benutzt, um Meinungen zu zensieren und Bücher zu beschlagnahmen?

MARCUSE: Dieser Trend kann sehr leicht zu einem autoritär-totalitären Regime führen.

STERN: Sie haben in den vergangenen Jahren wiederholt erklärt, in den westlichen Industriestaaten herrsche weder eine vorrevolutionäre noch gar eine revolutionäre Situation. Wie soll sich der Protest gegen die gesellschaftlichen Zustände heute organisieren und artikulieren. Weiterhin in den Formen der bürgerlichen Demokratie?

MARCUSE: Notwendig im Rahmen der bürgerlichen Demokratie. Der Übergang zum Sozialismus kann nur vorbereitet werden in einer demokratischen Gesellschaft, in der es Versammlungs- und Meinungsfreiheit sowie Gleichberechtigung gibt.

STERN: Ist das kein Widerspruch zu Ihrer Theorie von der großen Weigerung, überhaupt noch in den Institutionen der Gesellschaft mitzuarbeiten?

MARCUSE: Mit der großen Weigerung meine ich die Ablehnung der Mitarbeit an der Unterdrückung, dem Konformismus und der Gleichschaltung.

STERN: Bei dem Marsch durch die Institutionen sind seit 1968 viele auf der Strecke geblieben, weil sie sich anpassen mußten, um zu überleben. Ist die Studentenbewegung gescheitert?

MARCUSE: Ein solches Urteil halte ich für falsch. Die Werte und Ideen, die 1968 aufgekommen sind, machen sich durchaus bemerkbar. So habe ich vor einem Jahr gelesen, daß nur ungefähr 25 Prozent der amerikanischen Bürger den Kapitalismus heute noch für das beste gesellschaftliche System halten.

STERN: Würden Sie einem kritischen Sozialisten heute raten, in die SPD zu gehen und dort zu arbeiten?

MARCUSE: Ich würde ihm sagen: Wenn du den Job brauchst, um nicht zu verhungern, dann wage den Schritt, verhalte dich aber so, wie es einem zukünftigen Sozialisten zukommt, hänge nicht die rote Fahne aus dem Fenster, sondern versuche durch Diskussionen und Beispiel zu wirken.

STERN: Der Marsch durch die Institutionen kann also auch durch die SPD führen?

MARCUSE: Nur im Notfall. Schließlich darf nicht übersehen werden, daß die SPD in ihrer langen Geschichte noch niemals von innen zu einem Linksschritt getrieben worden ist.

STERN: Aber sie ist eine Institution.

MARCUSE: Die Mafia ist auch eine Institution. Man muß doch nicht durch alle Institutionen marschieren.

STERN: Ihr Ziel, das von der Studentenbewegung übernommen wurde, heißt Befreiung des Menschen, auch im Bereich der Sexualität. Haben Reformen wie die Erleichterung der Abtreibung oder der Ehescheidung diesem Ziel gedient?

MARCUSE: Ganz gewiß. Allerdings darf die sexuelle

Befreiung nicht zur Flucht aus der Politik ins Private führen. Sie muß mit politischen Antrieben verbunden bleiben.

STERN: Mit welchen?

MARCUSE: Zum Beispiel mit politischer, vor allem sozialistischer Aufklärung, mit der Arbeit an der Befreiung auf allen Gebieten.

STERN: Es ist aber gar nicht so einfach, bewußtseinsverändernd zu wirken. In der Bundesrepublik neigt die politische Linke stark dazu, immer nur untereinander zu diskutieren, statt aus dem Ghetto herauszukommen.

MARCUSE: Ich würde das nicht Ghetto, sondern ein Reservat nennen, in dem der Sprung nach außen vorbereitet werden kann.

STERN: Die Vorbereitung braucht offenbar sehr viel Zeit.

MARCUSE: Das kann man wohl sagen.

STERN: Werden Sie da nicht ungeduldig?

MARCUSE: Natürlich, aber Ungeduld ist notwendig. Eine Revolution ist noch nie von heute auf morgen oder übermorgen geschehen.

STERN: Nach überkommener Lehrmeinung steigen die Chancen für eine Revolution, wenn die wirtschaftlichen Schwierigkeiten zunehmen. Aber trotz weltweiter Wirtschaftskrise sind wir weiter denn je von einer Revolution entfernt.

MARCUSE: Der Grund dafür liegt auf der Hand. In den Industrieländern funktioniert das kapitalistische System noch durchaus normal – Krisen gehören wesentlich zur Reproduktion des Kapitals...

STERN: ...aber die Zweifel am dauernden Wachstum, an der Großtechnik und Großindustrie werden immer populärer. Die Leute finden keine Arbeit mehr, weil die Arbeitsplätze wegrationalisiert werden. Muß das nicht zu einer schweren Erschütterung des Systems führen?

MARCUSE: In dem Unbehagen, das Sie aussprechen, werden Anfänge weitgehender Veränderungen des politischen Klimas spürbar. Wichtig ist dabei, daß nicht der Technik, sondern ihrem Gebrauch im Kapitalismus oder auch im östlichen Staatssozialismus die Schuld gegeben wird. Natürlich braucht man in einer freien Gesellschaft Technik. Schon die Automation, die Voraussetzung für eine Verkürzung der Arbeitszeit ist, verlangt in hohem Maße technischen Fortschritt.

STERN: Kann eine weitere Reduzierung der Arbeitszeit zur Überwindung der von Ihnen häufig kritisierten Entfremdung des Menschen beitragen?

MARCUSE: Ohne Verkürzung der Arbeitszeit wird es keinen Abbau der Entfremdung geben. Denn der Mensch braucht Zeit, um sich allseitig auszubilden und seine individuellen Fähigkeiten zu entwickeln...

STERN: ...schon heute wissen viele Bürger nicht, was sie mit ihrer Freizeit anfangen...

MARCUSE: ...dieses Argument, das bei diesem Thema fast immer geäußert wird, hat nur einen, allerdings wesentlichen Fehler: Der Mensch wird so, wie er im Kapitalismus lebt, in die zukünftige freie Gesellschaft verpflanzt. Das geht nicht. Denn Vorbedingung dieser neuen Gesellschaft ist zunächst einmal die radikale Änderung des Bewußtseins. Dazu gehört auch eine Veränderung der Bedürfnisse.

STERN: Ist die Verkürzung der Arbeitszeit von 40 auf 35 Stunden in der Woche, wie sie von einigen Gewerkschaften in der Bundesrepublik gefordert wird, ein Schritt in diese Richtung?

MARCUSE: Wenn das durchkommt, könnte von einem ersten Schwächeanfall des Kapitalismus gesprochen werden.

STERN: Um wieviele Wochenstunden könnte denn die Arbeitszeit verkürzt werden?

MARCUSE: Ich halte es für möglich, die Arbeitszeit auf täglich fünf Stunden zu reduzieren.

STERN: Das wäre dann im Wochendurchschnitt noch weniger.

MARCUSE: Darin liegt die große Gefahr für den Kapitalismus, eine Gefahr, die er selbst durch den notwendigen technischen Fortschritt provoziert, der immer mehr menschliche Arbeit überflüssig macht.

STERN: Unterstellt, Ihr Modell würde Wirklichkeit, wie kann dann die Bedürfnisbefriedigung der Menschen ökonomisch garantiert werden?

MARCUSE: Die drastisch gekürzte Arbeitszeit wird durch die Automation fast völlig kompensiert. Außerdem bin ich davon überzeugt, daß eine echte sozialistische Gesellschaft mit einem, im Vergleich mit der amerikanischen »Gesellschaft im Überfluß«, niedrigeren Lebensstandard beginnen wird.

STERN: Und Sie glauben, daß die Bürger dabei mitspielen werden?

MARCUSE: Schon heute ist den meisten klar, daß es mit dem Wohlstand so nicht weitergehen kann. Denken Sie nur an die Bürgerinitiativen gegen die Kernkraftwerke.

STERN: Es fällt auf, daß Ihr Idealbild vom befreiten Menschen starke individualistische Züge trägt. Wie ist

ein Sozialismus mit lauter befreiten Einzelmenschen denkbar?
MARCUSE: Im wirklichen Sozialismus leben die befreiten Individuen in Solidarität. Das ist die Qualität, die den Individualismus von reiner Privatheit, vom Egoismus unterscheidet.
STERN: Wie lernt der Mensch, solidarisch zu sein?
MARCUSE: Nur durch Erfahrung.
STERN: Haben Protestbewegungen gegen die herrschende Ordnung nach den Erfahrungen der letzten zehn Jahre überhaupt eine Chance, bewußtseinsverändernd zu wirken?
MARCUSE: Für Resignation ist kein Platz. Ich bin sicher, daß gerade die Studentenproteste der vergangenen Jahre zum Beispiel in den USA bewirkt haben, daß die Amerikaner Kriege nach dem Muster des Vietnam-Abenteuers nicht mehr führen werden. Das ist immerhin allerhand. Allerdings müssen die Protestgruppen auf die Änderung gesellschaftlicher Zustände hinarbeiten und nicht nur vordergründige egoistische Ziele verfolgen wollen.
STERN: Wie steht es denn um die Protestwelle in Amerika und Deutschland gegen eine zu hohe Steuerbelastung?

MARCUSE: Diese Bewegung halte ich für reaktionär, denn sie trifft den kleinen Mann viel härter als den gut Verdienenden. Denn der Staat wird bei Steuerausfällen an den Punkten des schwächsten Widerstandes sparen, wo der Bürger besonders verwundbar ist: Es wird weniger Lehrer und weniger soziale Hilfen geben.
STERN: Wenn Sie jetzt nach 80 Jahren zurückblicken auf Ihr Leben, sind Sie da eigentlich zufrieden mit sich?
MARCUSE: Ich bin ganz unzufrieden, wenn ich lese, was ich geschrieben habe. Denn mir fällt dauernd ein, was ich alles hätte besser schreiben können. Aber einiges finde ich immer noch ganz gut! Und ich habe Menschen und Tiere gefunden, die mich glücklich gemacht haben.
STERN: Würden Sie heute einige Ihrer Theorien anders, vielleicht milder formulieren?
MARCUSE: Einige sind gewiß zu radikal, aber einige sind nicht radikal genug. Einen Satz müßte ich wohl in jedem Fall näher erläutern, den über das Naturrecht auf Widerstand. Da würde ich genauer unterscheiden zwischen Terror und Gewalt. Aber ich stehe zu dem Satz.

1979

29.7.: Herbert Marcuse (1898–1979).

Nr. 422
Herbert Marcuse
Die Revolte der Lebenstriebe
Vortrag auf den 6. Frankfurter Römerberggesprächen über »Die Angst des Prometheus«
18. Mai 1979
QUELLE: Psychologie heute, 6. Jg., Heft 9, September 1979, S. 40 f.

Ich gehe aus von den traditionellen Begriffen von Fortschritt, nämlich: Fortschritt ist meßbar an dem Stand der Naturbeherrschung und am Stand der menschlichen Freiheit. Beide Tendenzen sind positiv und negativ aufeinander bezogen. Herrschaft über die Natur ist zugleich Herrschaft über Menschen mittels des technisch-wissenschaftlichen Apparats der Kontrolle, Steuerung, Manipulation. Mit anderen Worten: Der Begriff des Fortschritts ist hier gebunden an einen Apparat der Unfreiheit, der in der Technik aufgebaut wird. Aber: Herrschaft über die Natur ist auch Herstellung und Verfügbarkeit über die Mittel zur fortschreitenden Befreiung der Menschen, zur Befriedigung des Existenzkampfes. Dies geschieht im Rahmen einer politischen Emanzipation.

Die westliche Industriegesellschaft hat eigentlich von Anfang an den Primat der Naturbeherrschung auf Kosten der Freiheit festgehalten. Was an Freiheit gegeben wurde, ist politische Emanzipation im Rahmen der bürgerlichen Demokratie. Diese Demokratie kompensiert die Unterwerfung der Menschen unter ihre Arbeit mit der weitgehend scheinhaften Wahl der Herrschenden durch die Beherrschten und durch die Erhöhung des Lebensstandards. Mit anderen Worten: Quantitativer Fortschritt ist in der Geschichte in der Tat meßbar.

Dieses Herrschaftssystem wird reproduziert durch die Befriedigung materieller und kultureller Bedürfnisse für die Mehrheit der Bevölkerung bei gleichzeitiger Steuerung der Bedürfnisse, und es wird reproduziert durch den die Ökonomie immer mehr regelnden Staatsapparat. Der Schein der Selbstbestimmung, oder wenigstens Mitbestimmung, ermöglicht die Internalisierung der das System reproduzierenden Bedürfnisse, das heißt, es produziert systemimmanente Bedürfnisse, deren Befriedigung im Rahmen des Systems möglich ist. Das Aufoktroyierte wird zum Angebotenen und dann zum Eigenen der Individuen, zum Gewählten.

Fortschritt in der Entfaltung der Produktivkräfte ist dem Kapitalismus durch seine eigene Dynamik aufgezwungen; notwendige intensive und extensive Ausbeutung der Natur, Steigerung der Produktivität der Arbeit unter dem Druck auf die Profitrate und auf die erweiterte Akkumulation. Die Konsequenz dieser Entwicklung: Entwicklung der Produktivkräfte unter dem Prinzip produktiver Destruktion. Ich erinnere nur an die Kernkraftindustrie, Umweltvergiftung, Entmenschlichung der Arbeit; Aggression aber auch in der *popular culture*, im Sport, in Verkehr, Musik, Pornographie und so weiter.

Dieser Prozeß der produktiven Destruktion ist im Rahmen der kapitalistischen Gesellschaft irreversibel. Die Aufhebung des produktiven Destruktionsprinzips widerspricht dem Organisationsprinzip des Kapitalismus selbst, besonders der Notwendigkeit und der Expansion der entfremdeten Arbeit.

In der gegenwärtigen Periode kündigt sich die geschichtlich mögliche Negation des quantitativen Fortschritts nicht primär in der politisch-ökonomischen Basis an, sondern in einer kulturellen Revolution, nämlich in der allmählichen Desintegration der Normen, auf deren Legitimierung und Anerkennung im Verhalten der Menschen das Funktionieren des Kapitalismus beruht, das Verhalten in der Arbeit und in der Freizeit.

Diese nicht mehr als legitim und nicht mehr als lebensnotwendig angenommenen Normen sind unter anderem die puritanische Arbeitsmoral, die menschliche Existenz als Produktionsmittel, die bürgerliche Sexualmoral, das Leistungsprinzip im allgemeinen. Die Weigerung, das Bestehende zu legitimieren, erscheint nicht nur in den »Katalysatoren« der Gegenkultur, Studentenbewegung, Frauenbewegung, Bürgerinitiativen und so weiter, sondern auch in der Arbeiterklasse selbst. Das Zunehmen systematischer und unorganisierter Sabotage, Absentismus, Forderung nach Kürzung der Arbeitszeit und so weiter.

Die Negation des quantitativen Fortschritts ist bestimmte Negation, das heißt, sie schöpft ihre wirkliche Kraft aus den in der bestehenden Gesellschaft schon diese transzendierenden Tendenzen. Sie erscheinen subjektiv in der radikalen Umwertung der Werte, in der Gegenkultur, unobjektiv in der Reife, ja sogar Überreife der Produktivkräfte, die eine Überwindung des Mangels zur realen, nur von den herrschenden politisch-ökonomischen Interessen verhinderten Möglichkeit macht. Angesichts der Konkretheit der Utopie heute darf die Umwertung der Werte in der Kulturrevolution nicht als bloße Ideologie, Überbau und so weiter abgetan werden. Sie ist vielmehr getragen von einem wahren Bewußtsein, das zugleich antizipierendes Bewußtsein ist. Außerdem realisiert sich dieses antizipierende Bewußtsein in gesellschaftlichen und individuellen Verhaltungsweisen, zum Beispiel in der Enttabuierung der Sprache, in der Emanzipation des Körpers von seinem Gebrauch als Produktionsinstrument – die sogenannte neue Sinnlichkeit – und im mehr oder weniger methodischen Ausscheiden aus dem Konkurrenzkampf.

Technischer Fortschritt ist objektive Notwendigkeit sowohl für den Kapitalismus wie für die Emanzipation. Letztere ist abhängig von einer Weiterentwicklung der Automation bis zu dem Punkt, wo, nach Bahros Worten, die herrschende »Ökonomie der Zeit« umgestürzt werden kann, das heißt freie, schöpferische Zeit als Lebenszeit. Aber vielleicht ist es ein Kurzschluß, zu sagen, daß nur der Mißbrauch von Wissenschaft und Technik an der fortdauernden Repression schuldig ist. Die Umwertung der Werte und Zwänge, die Emanzipation der Subjektivität, des Bewußtseins könnte sehr wohl schon in der Konzeption der Technik selbst, im Aufbau des technisch-wissenschaftlichen Apparates selbst, wirksam werden. Die Technik der Emanzipation könnte eine andere sein als die Technik der Herrschaft: andere gesellschaftliche Prioritäten der Forschung, andere Größenordnung des Apparates und so weiter.

Vielleicht ist die Technik die Wunde, die nur durch die Waffe, die sie schlug, geheilt werden kann: nicht Abbau der Technik, sondern Umbau der Technik zur Versöhnung von Natur und Gesellschaft.

Aber ein Kurzschluß wäre es auch, wenn die Auflösung der repressiven Konsumgesellschaft durch eine aufoktroyierte Einschränkung des Konsums durchgeführt würde. Das hieße, die Emanzipation mit intensivierter Repression beginnen! Entscheidende Rolle des subjektiven Faktors: die Emanzipation von der Konsumgesellschaft muß zum vitalen Bedürfnis der Individuen selbst werden. Das setzt wieder eine radikale Transformation des Bewußtseins und der Triebstruktur der Individuen voraus. Voraussetzung (dafür) ist die interne Schwächung der Konsumgesellschaft. Aber: ein sinkender Lebensstandard verändert noch nicht das bestehende System der Bedürfnisse, verändert noch nicht ihre Qualität. Das unerfüllte Bedürfnis bleibt Bedürfnis.

Was sich ändern müßte, wäre der Unterbau unter der ökonomisch-politischen Basis, das Verhältnis zwischen Lebens- und Destruktionstrieben in der psychosomatischen Struktur der Individuen selbst. Das hieße: Veränderung der heute dominierenden psychosomatischen Struktur, die das Einverständnis mit der Destruktion, die Gewohnheit an das entfremdete Leben, das nicht immer schweigende Einverständnis mit der Aggression und Destruktion in sich trägt.

Wie soll diese Umwälzung in den Individuen selbst zustande kommen? Die, die über den Fortschritt heute entscheiden, die Herren der Wirtschaft und der Politik, machen weiter. Die lange Sicht interessiert sie nicht übermäßig; und die anderen, die diesen Fortschritt nicht mehr ertragen wollen, konstituieren sich fast spontan zu einer Opposition in neuen Formen, zum großen Teil außerhalb und gegen die etablierten politischen Parteien und Klassen-Organisationen. Das ist ein Protest aus allen Klassen der Gesellschaft, motiviert von einer tiefen körperlichen und geistigen Unfähigkeit mitzumachen und dem Willen, das zu retten, was noch an Menschlichkeit, Freude, Selbstbestimmung zu retten ist, Revolte der Lebenstriebe gegen den gesellschaftlich organisierten Todestrieb. Dieser Protest gegen den produktiv destruktiven Fortschritt aktiviert den subjektiven Faktor in der Umwälzung. Er verankert die Emanzipation in der zum Objekt gemachten Subjektivität.

Die Verankerung der Revolte in der Subjektivität der menschlichen Existenz macht die Bewegung der Opposition allergisch gegen umfassende Organisation. Das schwächt ihre Stoßkraft, isoliert sie von den Massen, und gibt ihr den elitären Anschein und die Qualität des Unpolitischen, der Flucht aus der politischen Theorie und Praxis.

Aber es wäre eine Fehleinschätzung, dabei stehenzubleiben. Der politische Stellenwert der Subjektivierung liegt in den von den Massenorganisationen und ihrer Ideologie verdrängten Werten der Selbstbestimmung, er liegt in der Konkretisierung der längst ins Abstrakte relegierten qualitativen Differenz. Es geht um jeden Einzelnen und um die Solidarität von einzelnen, nicht nur um Klassen oder Massen.

Wenn die traditionellen und gewerkschaftlichen Organisationen selbst zur Reproduktion des destruktiven Fortschritts beitragen müssen und wenn die gesellschaftlichen Gegensätze zu einer repressiven Einheit zusammengekommen sind – ein unwahres Ganzes, in dem der Fortschritt weitertreibt, ohne je über dieses

Ganze hinauszugehen –, dann mögen die Kräfte qualitativen Fortschritts sehr wohl in antizipatorischen »frühreifen« Formen einer auf die Individuen zentrierten Gegenkultur zur Erscheinung kommen.

Aber diese Gegenbewegung ist im höchsten Grade ambivalent. Einerseits ist die »Verkörperung« – im wörtlichen Sinn – der Revolte gegen den quantitativen Fortschritt negativ, insofern sie bei der Weigerung stehenbleibt. Andererseits ist sie positiv, wo sie im Zeitalter der totalen Integration die konkrete Utopie eines Fortschreitens über das Gegebene hinaus bewahrt, wo sie gegen die Produktivität der instrumentalen Vernunft auf der kreativen Rezeptivität der Sinnlichkeit, wo sie gegen die Allmacht des Leistungsprinzips auf dem Recht des Lustprinzips insistiert. Dieses Fortschreiten in ein Neues erscheint heute in der Frauenbewegung gegen die patriarchalische Herrschaft, die erst im Kapitalismus zur gesellschaftlichen Reife gekommen ist; in dem die fixierte Klassengliederung überschreitenden Protest gegen die Atomindustrie und die Zerstörung der Natur als Lebenswelt, und in der trotz aller Todsagung immer noch lebendigen Studentenbewegung, in ihrem Kampf gegen die das System reproduzierende Degradierung des Lernens und des Lehrens. Während diese Formen des Protests ihren unorthodoxen politischen Stellenwert wahren, ist die Politisierung gebrochen, wo die Weigerung in der Innerlichkeit stehenbleibt. Die Verzweiflung am Politischen führt dann zu jener berüchtigten »Reise nach Innen«, die in der sogenannten »Politik in der ersten Person« als Scheinpolitik Ausdruck gefunden hat.

Diese Reise nach Innen wird dann zu jener besonders in der Literatur herrschenden Veröffentlichung des nur Privaten, sie wird zur Aufspreizung des Ichs als Zentrum auch der politischen Welt. Aber nicht alle Probleme, nicht alle Sorgen, nicht alle Erlebnisse des Ichs sind gesellschaftlich relevant, auf das Konto der Klassengesellschaft zu schreiben.

Ich glaube, und hiermit möchte ich schließen, es gibt ein Kriterium, an dem sich zeigt, wie sich heute authentische von nicht authentischer Innerlichkeit unterscheidet. Nämlich: jede Verinnerlichung, jede veröffentlichte Erinnerung, die nicht die Erinnerung an Auschwitz festhält, die von Auschwitz als belanglos desavouiert wird, ist Flucht und Ausflucht; und ein Begriff des Fortschritts, der nicht eine Welt begreift, in der Auschwitz immer noch möglich ist, ist in schlechtem Sinne abstrakt.

Nr. 423
Jacob Taubes
Revolution und Transzendenz –
Zum Tode des Philosophen Herbert Marcuse
Nachruf
31. Juli 1979

QUELLE: Der Tagesspiegel vom 31. Juli 1979

Von Herbert Marcuse sprechen, heißt, an die Studentenrevolte der späten sechziger Jahre denken. Man kann aber auch kein nennenswertes Wort zur Studentenrevolte, die sich von Kalifornien bis an die Freie Universität wie ein Lauffeuer verbreitete, sagen, ohne ihres Mentors Herbert Marcuse zu gedenken. Als deutscher Emigrant an einen südlichen Punkt Kaliforniens verschlagen, lehrte er zuletzt in San Diego, fungierte aber gleichzeitig seit Mitte der sechziger Jahre als Honorarprofessor an der FU. So verbinden sich auch die geographischen Zentren der studentischen Revolte als akademische Brennpunkte im Leben des späten Marcuse. Freilich, was 1967 in Berlin explodierte, wurde Jahrzehnte vorher in den Werken Marcuses programmiert.

In wenigen rohen Strichen möchte ich jene Konstellation benennen, die die Verbindung der Studentenrevolte mit den Ideen Marcuses ermöglichte.

Marcuse begann als Student Martin Heideggers in Freiburg. Von ihm hat noch der späte Marcuse gesagt, daß er der einzige Philosophie-Professor auf deutschem Katheder der zwanziger Jahre war, »der denken konnte«. Von Heidegger her ist auch Marcuses subversive Kritik an den Wissenschafts- und Erkenntnisformen des Abendlandes als Logik der Herrschaft bestimmt. Während Heidegger streng immanent, philologisch gleichsam, die Destruktion der abendländischen Denktradition betrieb, verwandelte Marcuse Heideggers große philologische Scheine ins Kleingeld der Ökonomie und Politik.

Schwerpunkt der Studien Marcuses war von Anfang an das Gebiet der Ästhetik als Reich der Freiheit und Phantasie. Die Perspektive des jungen Marcuse, der über den *Künstlerroman* promovierte, bestimmt noch die letzten Aussagen des Greises über die *Permanenz der Kunst*. Es ist für den, der die Wandlungen Marcuses kennt, erstaunlich zu bemerken, wie konstant seine Themen und Absichten durch all die Metamorphosen seines äußeren und inneren Geschicks blieben.

Der Heidegger-Schüler Marcuse wurde Marxist und gehörte zu den ersten Interpreten der »Jugendschriften« von Marx, die 1932 erschienen. Das Amalgam von Marxismus und Existentialismus ist in seiner originellen Phase an den Namen Marcuse geknüpft. Die jugoslawischen, französischen und später deutschen Kopien sind über die Grundeinsicht des jungen Marcuse nicht hinausgekommen.

1932 verließ Marcuse Deutschland und knüpfte in Genf, das zur ersten Station der Emigration wurde, Kontakt zum Frankfurter Institut, zu Horkheimer und Adorno. Die Intention einer Theorie der Kritik, die als kritische Theorie Analyse der Gegenwart betrieb, war der gemeinsame Boden der Mitarbeiter des Instituts. Freilich, Marcuses Stellung in jenem Zirkel war eine bestimmte und ausgezeichnete. Marcuse unterschied sich von den Häuptern der Frankfurter Schule schon dadurch, daß er, wenn er Hegel nannte, auch Hegel meinte, daß er Marx auch beim Namen nannte und von Marxismus sprach, wo andere das Deckwort kritische Theorie benutzten.

In der Zeit der amerikanischen Emigration tritt das Werk von Freud in den Gesichtskreis von Marcuse. So wie er 1932 der erste war, der die Verbindung von Marx und Heidegger herstellte, so gehört er in Amerika zu den ersten, die das Dreieck von Marxismus, Existentialismus und Psychoanalyse konstruierten.

Erstaunlich bleibt, daß die Wirkung Marcuses sowohl in den Vereinigten Staaten als auch in der Bundesrepublik zunächst nicht vom Charisma seiner Person, sondern von seinen Texten ausging. Zwar hatte Marcuse 1956 im Rahmen einer größeren Ringvorlesung über Sigmund Freud zwei Vorträge in Frankfurt gehalten, darin er eine subversive Lektüre der konservativen Trieblehre Freuds empfahl. Aber auch die deutsche Übersetzung seiner Freud-Interpretation *Eros und Kultur* 1957 blieb unbemerkt.

Erst als sich Anfang der sechziger Jahre das Diskussionsklima an den Universitäten veränderte, wurden Marcuses Thesen in kleineren Gruppen diskutiert, so im Berliner Argument-Club. Er kam dem Interesse einer Avantgarde entgegen, aus den subtilen und komplexen Reflexionen der Frankfurter Schule auszubrechen und eindeutigere Konsequenzen der kritischen Theorie in praktischer Absicht zu ziehen.

Wendepunkt war sein Auftritt auf dem Heidelberger Soziologentag 1964. Eingeladen in der Reihe ausländischer Prominenz, um Max Weber zu ehren, wurde Marcuses Vortrag über *Industrialisierung und Kapitalismus* zur Abrechnung mit diesem größten deutschen Geist der spätbürgerlichen Epoche. Marcuse hielt in Heidelberg nicht nur einen Vortrag, sondern in und durch diesen Vortrag vollzog sich ein Ereignis: Die Neue Linke war in diesem »Vatermord«-Ritual akademisch salonfähig geworden. »Vatermord«-Ritual weil Webers Perspektive der industriellen Gesellschaft als *Gehäuse der Hörigkeit* in die virulente Kritik Marcuses des *eindimensionalen Menschen* eingegangen ist. Nur in Webers Perspektive eines unentrinnbaren *Gehäuses der Hörigkeit* ist Marcuses radikaler Versuch zur Befreiung durch eine totale Negation der bestehenden Ordnung der Welt überhaupt begreifbar. Die Erfahrung von Welt als oberstes »Zwingsystem« erzwingt im Gegenzug das Postulat vom Sprung und der Sprengung der Ordnungen dieser Welt. Der Begriff »Transzendenz« geistert wie ein Gespenst in Marcuses sonst gängigem marxistischen Vokabular.

1967 war eine kurze Stunde der Konjunktion zwischen der Avantgarde revolutionärer Studenten Berlins und Herbert Marcuse. Ein Jahr später, als Marcuse im Schatten des Pariser Mai vor dem brechend vollen Auditorium maximum in der Freien Universität sprach, wurde der Abstand sofort erkennbar. Sein Thema *Geschichte, Transzendenz und sozialer Wandel*, an das er sich trotz des Gewoges von Enthusiasmen und Erwartungen eines Prologs für revolutionäre Aktionen in der Stadt, streng hielt, wurde von der Avantgarde als Provokation empfunden.

Die Marxisten hatten sich schon 1968 in der *Antifestschrift*, die Jürgen Habermas zu Marcuses siebzigstem Geburtstag betreute, gegen seine These von der reinen revolutionären Transzendenz gewandt und den Unterschied zu ihrer eigenen orthodoxen Revolutionstheorie recht gut erfaßt: »Nur noch die Chance des Jüngsten Tages« scheint es bei Marcuses Kritik für ein Gericht über »diese Welt« des Spätkapitalismus zu geben. Die orthodoxen Marxisten erkannten, daß Marcuses »große Verweigerung« einem spirituellen Rückzug aus der Welt gleicht, daß seine Vision »endzeitlich«, also geschichtlich nicht einlösbar ist, auf das »ganz Andere«, also auf etwas anderes als Revolution zielt. Seine Kritiker haben gerochen, daß er auch in seiner orthodox-marxistischen Tonart Außenseiter blieb, Außenseiter auch innerhalb der Neuen Linken. Drauf und dran, in der Konstellation von 1967 ihr Kathederprophet zu werden, hat er sich dieser Versuchung durch geistige Askese entzogen, um in den letzten Jahren in kleineren Kreisen zu wirken, wo er das ganz

Andere in der *Permanenz der Kunst* zu dechiffrieren suchte.

Marcuses Stichwort hieß »Transzendenz«. Er verfolgte die offizielle Tradition der Philosophie von Ionien bis Jena und präsentierte den Scheck für die Phantasmen des deutschen Idealismus von Kant bis Hegel, weil er sie nicht nur als traditionelles Bildungsgut, sondern als Angeld für eine bessere Zukunft las.

Nr. 424

Gaston Salvatore

Träumen entsprang ein Augenblick Geschichte

»Spiegel«-Nachruf auf Herbert Marcuse
6. August 1979

QUELLE: Der Spiegel vom 6. August 1979, 32. Jg., Nr. 32, S. 148

»Laßt uns drei M auf unsere Fahne malen!« hätte 1967 ein Berliner Student zu seinen Freunden sagen können.

Aber kaum einer von uns hatte das *Kommunistische Manifest* gelesen. Und in das kleine Mao-Buch blickte man nur schnell und beliebig rein, um sich ein passendes Zitat zu holen. Für Berlin passend, nicht für China. Mit Marcuse gingen wir nicht viel anders um: ein paar Aufsätze aus seinen Sammelbändchen *Kultur und Gesellschaft*, eine mündliche Nacherzählung des *eindimensionalen Menschen* oder vielleicht von *Eros und Kultur*. Die Berliner Studenten, ich auch, gebärdeten sich als Intellektuelle, aber gelesen haben sie nicht.

Marcuse trug immer weiße Hemden. Ich sehe ihn im Gespräch mit den Anführern der Studentenbewegung im kleinen Zimmer irgendeiner Berliner evangelischen Gemeinde. Nur geladene Gäste. Marcuse spricht von konkreter Utopie. Hans-Jürgen Krahl und Rudi Dutschke diskutieren mit ihm. Die anderen schweigen respektvoll – die Studentenbewegung soll antiautoritär sein, aber ihre Hierarchien stehen fest. Die meisten haben Angst, sich zu blamieren. Auch ich verstehe nicht ganz, was da gesagt wird und warum. Ich weiß noch nicht, wer dieser Marcuse ist. Ich höre gebannt zu. Dann sagt mir Bernd Rabehl, daß Marcuse sich wieder mal nur wiederholt hat. Ich sage nichts. Ich weiß zu wenig.

Aber mit den anderen bin ich fast jeden Tag auf der Straße. Die Losungen verstehe ich. Die Losungen sind einleuchtend. Sie sind allgemein unversöhnlich. Ich riskiere nichts. Wir riskieren wenig, weil wir recht haben, und auch die Staatsmacht wird einsehen, daß wir Demokraten sind, daß die »Große Weigerung« friedlich ist. Wir glauben an den Rechtsstaat.

Marcuse war aus Amerika zurückgekommen; er hatte die Studentenrevolte in Berkeley erlebt und hatte verstanden, daß es bald auch in der Bundesrepublik losgehen würde. Ein merkwürdiger Fall von Selbst-Reimport.

Noch galt der Vietnam-Krieg in Berlin nur als blutiger »Fehler« der Amerikaner. Noch hing in den Studentenbuden ein Plakat mit Kennedys Gesicht. Noch wurde ein französischer Student bei einem Sit-in niedergebuht, weil er von der Universität sprach als von einer Schule für Konzernangestellte. Auch die Staatsmacht wußte nicht, wie sie sich benehmen sollte. Es gab noch wenig Prügel, stattdessen Versöhnungsfeste mit der Bevölkerung auf dem Kurfürstendamm. Wir essen und trinken. Ich sehe Rudi Dutschke tanzen. Er trägt kurze Hosen. Tanzen ist nicht seine Stärke.

Dann ändert sich alles. Der Schah kommt nach Berlin, Benno Ohnesorg wird vor der Oper erschossen. Fritz Teufel wird verhaftet. Angeblich hat er einen Stein geworfen. Daß er nicht da war, als angeblich dieser einzige Stein geworfen wurde, daß es diesen Stein nicht gab, ist nicht wichtig. Es war der erste Stein.

»Die Studenten haben den Staat bedroht.« Wir kamen uns auch wie eine Drohung vor, Dutschke sagte mit Recht: »Wir sind die einzige Opposition in unserem Land.« Sonst gab es ja nur die Große Koalition.

Marcuse kam wieder. Der Saal, wo er nun sprach, war an der Freien Universität und war größer. Die revoltierenden Studenten bezeichneten sich als Marxisten. Wir waren Revolutionäre im leninistischen Sinne.

Marcuse war kein Revolutionär. Wir waren keine guten Partner für ihn. Er stand da und forderte uns heraus, mit ihm zu denken, ihm beim Weiterdenken zu helfen. Aber fast keiner wollte oder konnte diese Herausforderung annehmen. Wir haben Marcuse das Denken überlassen: Er war jetzt für die Vernunft zuständig. Wir hielten seine Vernunft für brauchbar, sie deckte sich mit unseren Wünschen. Zwischen Marcuse und den rebellischen Studenten kam kein Gespräch zustande. Vielleicht ahnte er – und vielleicht ahnten auch andere unter uns, ohne es aussprechen zu können oder zu wollen – das Ende eines Denkens, das sich in der Kritik seiner selbst versichern kann.

Aber nicht nur seine Losungen haben wir gebraucht, seine treffenden Formulierungen. Marcuse war der einzige Vertreter der kritischen Theorie, der sich voll auf die Seite der rebellierenden Studenten schlug. Wir brauchten die Legende, die er war.

Wir lernten den unglaublichen Weg, den er hinter sich hatte, auswendig. Von der Weimarer Republik bis zum Vietnam-Krieg, von der Entdeckung des jungen Marx bis zur Synthese zwischen Existenzphilosophie und Marxismus, von den radikalen Gedanken über die Psychoanalyse bis zur Kritik am sowjetischen Sozialismus und der Verurteilung der modernen technologischen Rationalität – wir lernten, wohlgemerkt, nicht viel mehr als diese Aufzählung. Kein Wunder, daß dieser Mann, der mit uns Unwissenden wie einer von uns saß, zum geistigen Vater der Studentenbewegung wurde. Er war die Legitimation, die sie brauchte. Jetzt war er ein Idol. Jetzt las man ihn erst recht nicht.

Nr. 425
Reinhard Lettau
Denken und Schreiben gegen das tägliche Entsetzen
Nachruf auf Herbert Marcuse
9. August 1979
QUELLE: Der Stern vom 9. August 1979, 32. Jg., Nr. 33, S. 100 f.

Marcuse lernte ich im Juni 1967 kennen, als er zu einem Besuch nach Berlin kam. Nach der Ankunft in Tempelhof ließ er sich sofort zur Oper fahren, wo ein paar Wochen vorher ein Polizeibeamter in Zivil den Studenten Benno Ohnesorg getötet hatte.

Noch am Abend seiner Ankunft traf er sich mit einer kleinen Gruppe von Leuten in seinem Hotel in Dahlem zu einer langen Diskussion. Der erste Satz, den ich ihn, als ich eintrat, sagen hörte, war: »Unsere Schwierigkeit besteht darin, daß wir Veränderungen herbeiführen wollen, die die Leute, denen sie helfen sollen, selber gar nicht wollen.« Das hörten wir damals nicht so gern. Viel später erzählte er mir, daß jene Begegnung mit den Studenten in Deutschland – zum Beispiel ihr Antifaschismus – für ihn eine Art Versöhnung mit Deutschland bedeutete.

Schon ein halbes Jahr nach jenem Abend fanden wir uns an derselben Universität wieder. Marcuses Arbeitszimmer lag einen Stock über meinem Arbeitszimmer, und so sahen wir uns in den letzten zwölf Jahren fast täglich. Der Satz, den ich vielleicht am häufigsten von ihm hörte, war: »Da müssen wir sofort etwas tun!« – Denn er war zu empfindlich für das tägliche Entsetzen, als daß er je einen Schutz dagegen gefunden hätte. Man könnte fast sagen, daß seine Arbeit, sein Schreiben, immer wieder erkämpft werden mußte in den kurzen Strecken zwischen immer neuem Entsetzen, wobei es für ihn keine linken Tabus gab: Den amerikanischen Überfall auf Vietnam verurteilte er ebenso wie den chinesischen Überfall, und eine ihm übermittelte Einladung nach China lehnte er ab mit den Worten: »Durch eine Tür, die Kissinger geöffnet hat, gehe ich nicht hindurch!«

Fast alle Schriftsteller und Philosophen, die ich kennenlernte, haben im Verlauf ihres Lebens eine List entwickelt oder ein Entschuldigungssystem, das ihre Arbeit vor den wiederkehrenden Erschütterungen der Umgebung schützt. Nicht so Marcuse, ihn charakterisierte eine nicht aufhörende Verwundbarkeit, ein Erschrecken auch angesichts des Eintreffens des Erwarteten: die tägliche, schmerzliche Vergegenwärtigung des Kontextes, in welchem er arbeitete.

Als Kind hatte ich mir einen Philosophen immer vorgestellt als jemanden, der ununterbrochen über alles erstaunt sein, also es ernst nehmen könnte. Diese Kindervorstellung erfüllte Marcuse für mich mit seiner Aufmerksamkeit nicht nur für Ideen, sondern alles sinnlich Wahrnehmbare, wie etwa ein Nilpferd, ein Salatkopf oder ein Teelöffel – um drei Dinge zu nennen, die er liebte – oder Wohnwagen, Kofferradios und Motorräder – um drei Dinge zu nennen, die er haßte (und die wir nach der Revolution gleich abschaffen wollten). Ich fand es wunderbar, wie er Gegenstände ganz ernst nehmen konnte. So entschuldigte er die militärische Ordnung seiner Küche mit dem Vergil-Zitat, daß die Dinge auch Tränen haben: ein Recht auf einen festen Platz, auf welchem sie sich wohl fühlen.

Den Tod haßte er mit einer Verbissenheit, die mich erstaunte, bis mir endlich klar wurde, daß ein so gewaltiger Haß die Gemeinheit des Todes dessen Unnötigkeit, radikaler mitdachte. Im Dezember 1972 hatte ich ihn und seine Frau Inge, von der ich ebensoviel lernte wie von ihm, zum Dinner eingeladen, als er am Abend davor absagte: Inge hatte Magenschmerzen. Weihnachten war ich in Deutschland und erhielt einen Eilbrief, in welchem Marcuse mir mitteilte, daß Inge unheilbar an Krebs erkrankt sei. Der Brief schloß mit den Worten: »L'amour est plus fort que la mort (›Die Liebe ist stärker als der Tod‹) – welch ein gemeiner, nichtswürdiger Schwindel!«

Was Marcuse in den letzten zwölf Monaten seines Lebens – neben dem gründlichen Studium des Buches von Bahro – am meisten beschäftigte und sogar eine radikale Revision seiner vorigen ästhetischen Ansichten erwägen ließ, waren die Konsequenzen der Rezeption von *Holocaust* und, hiermit zusammenhängend, die bekannte Frage der Dichtung nach Auschwitz. Hierüber forderte er dauernd Material und Diskussionen, korrespondierte viel. Schwierigkeiten hatte er mit einer Literatur, die durch Darstellung von Gewalt »Auschwitz privatisiert«, aber auch mit einer neuen Romantik, in der keine Erinnerung mehr an das Grauen war.

Unter den Lebenden waren Peter Weiss und Samuel Beckett seine liebsten Schriftsteller, und er war sehr geehrt durch ein Gedicht, welches Beckett zu seinem 80. Geburtstag im vorigen Jahr in den *Akzenten* veröffentlichte. Nie, solange ich ihn kannte, war er so wenig in der Lage, seine Rührung zu verbergen, wie bei unserer letzten Mahlzeit in La Jolla. Plötzlich hörte er auf zu essen und erzählte mir, daß Beckett von einem Kritiker gefragt worden sei, was die Struktur seiner Dichtung sei. »Die Struktur meines Schreibens kann ich Ihnen erklären«, antwortete er. »Ich lag einmal im Krankenhaus, und im Zimmer nebenan schrie eine Sterbende die ganze Nacht. Dieses Schreien ist die Struktur meines Schreibens.«

Nr. 426

Erica Sherover-Marcuse / Peter Marcuse
Offener Brief an Freunde Herbert Marcuses
Zum Tode Marcuses
September 1979

QUELLE: new german critique, vol. 6, no. 18, fall 1979, p. 28; Original englischsprachig, hier übersetzt wiedergegeben

---

Als Angehörige von Herbert Marcuses engster Familie sind wir nach unseren Vorschlägen zu Gedenkfeiern für ihn gefragt worden. Wir überlegten uns, daß wir am besten in der Form eines Offenen Briefes an Herberts persönliche und politische Freunde wie auch an unsere eigenen Freunde antworten sollten.

Herbert hatte immer ein starkes Empfinden dafür, wie wichtig es ist, die Intimsphäre jedes einzelnen zu verteidigen und zu schützen. Aus diesem Grund hat er auch stets die wichtigen privaten Ereignisse in seinem Leben in der Vertrautheit seiner Familie und engster Freunde belassen. Aus eben diesem Grund haben wir unsere persönliche Trauerfeier für ihn im privaten Rahmen abgehalten, uns gegen ein öffentliches Begräbnis entschieden und seinen Leichnam – seinem Wunsch entsprechend – einäschern lassen.

Herbert Marcuse war ein deutscher Jude, der von einem faschistischen Regime aus Deutschland vertrieben wurde und in den Vereinigten Staaten Zuflucht fand. Er wurde amerikanischer Staatsbürger und hat immer die Vielfalt bewundert und die relative politische Freiheit anerkannt, die dieses Land bot. Obwohl er nicht religiös war, bedeutete es ihm (und uns) viel, daß er Jude war. Demzufolge sprachen wir für ihn das Kaddisch, die traditionellen jüdischen Trauerworte, als er starb. Der Aspekt der jüdischen Tradition, mit dem Herbert sich am meisten identifizierte, ist die Bedeutung, die sie auf den Kampf für Gerechtigkeit in diesem Leben, dieser Welt legt: ihr nachdrückliches, andauerndes Bestreben, »das Leben dazu zu benutzen, ein besseres Leben hervorzubringen«.

Während Herbert die privaten Sphären des Lebens hoch schätzte, war er zugleich fest davon überzeugt, daß Menschen in ihrem Kern politische Wesen sind und daß zur besonderen Natur des Menschen das Bestreben gehört, die Welt nicht nur zu verstehen, sondern sie auch zu ändern. Politisch betrachtete er die kontinuierliche theoretische Arbeit als absolut unabdingbar für eine emanzipatorische sozialistische

Praxis. Er bemühte sich um ein sehr hohes Maß an Anständigkeit und Menschlichkeit sowohl in seinem persönlichen Leben wie in seiner politischen Rolle, und seine abschließenden Worte in einem politischen Gespräch waren oft schlicht: »Mach weiter!«

Herbert Marcuse ist tot. Weder wir noch irgend jemand sonst können oder sollten den Versuch unternehmen, für ihn zu sprechen. Doch für diejenigen, die die Absicht haben, Gedenkfeiern zu seinen Ehren durchzuführen, wollen wir der Hoffnung Ausdruck verleihen, daß derartige Veranstaltungen stattfinden mögen in der Tradition intellektueller Arbeit und politischer Praxis, in der Herbert sich selbst sah und die wir in diesem Brief kurz zu beschreiben versucht haben.

Diejenigen, die zu seinem Andenken möglicherweise spenden wollen, seien darauf hingewiesen, daß Zuwendungen für alle Zwecke, die Herbert während seines Lebens unterstützt hat, mit Sicherheit begrüßt würden. Zuletzt war er aktiv an dem Versuch beteiligt, Freiheit für Rudolf Bahro zu erreichen, den ostdeutschen, marxistischen Dissidenten, der für sein Buch *Die Alternative* inhaftiert wurde. Zuwendungen für diesen Zweck können an das Rudolf-Bahro-Komitee, c/o Rudi Dutschke, Heibergsgade 25, Aarhus 8200, Dänemark, geschickt werden.

1980-89

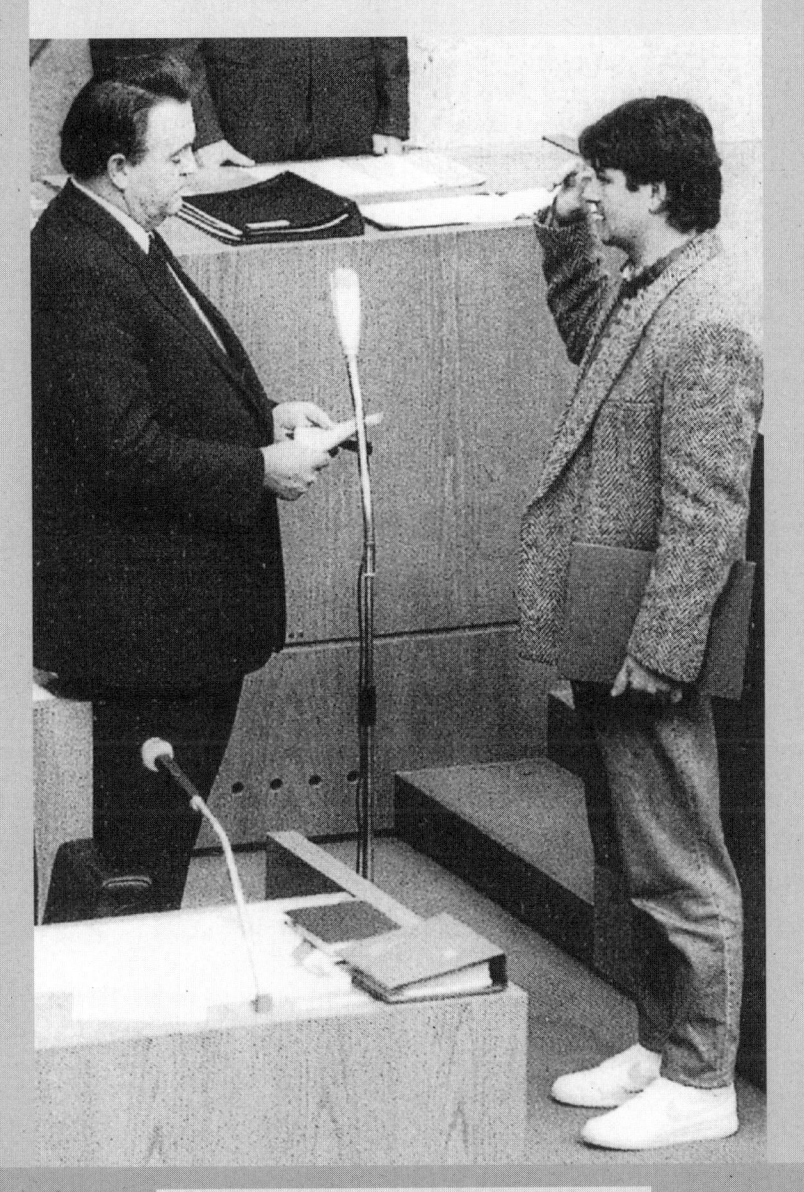

12.12.1985: Joschka Fischer wird von Holger Börner als hessischer Umweltminister vereidigt.

Nr. 427

Jürgen Habermas
**Ein wahrhaftiger Sozialist –
Zum Tode von Rudi Dutschke**
Nachruf
4. Januar 1980

QUELLE: Die Zeit vom 4. Januar 1980, 35. Jg., Nr. 2, S. 7;
wiederabgedruckt in: Jürgen Habermas, Kleine Politische Schriften (I–IV),
© Suhrkamp Verlag, Frankfurt/Main 1981, S. 304–307

Zuerst hörte man, daß Rudi Dutschke am Heiligen Abend in Dänemark ums Leben gekommen sei; dann Andeutungen über rätselhafte Umstände des Todes in der Wohnung eines Freundes; schließlich Polizeimeldungen, die den Hergang vordergründig aufklären. Noch der Tod hinter jener Tür mit dem Namensschild Gretchen Klotz, seiner amerikanischen Frau, und einem Zettel, auf dem handschriftlich »Dutschke« hinzugefügt ist, scheint die Züge eines Lebens festzuhalten, das an vergangene Biographien, an die von Berufsrevolutionären, von deutschen Emigranten des 19. Jahrhunderts erinnert.

Der aktive Protestant verweigert den Wehrdienst, kann in der DDR nicht studieren und geht nach Westberlin; im SDS (dem Sozialistischen Deutschen Studentenbund) setzt er sich mit einer antiautoritären Politik durch, avanciert zum einflußreichsten Wortführer der Protestbewegung in der Bundesrepublik, wird im verhetzten Berliner Klima Opfer eines Attentats; der Schwerverletzte erholt sich in England, wird dann aber aus dem klassischen Land der politischen Emigration wegen subversiver Tätigkeit ausgewiesen; er lehrt seitdem als Gastdozent in Aarhus, pendelt zwischen Dänemark und der Bundesrepublik – stets auch auf der Hut vor einer nächsten Aggression.

Die Nachricht vom Tod Rudi Dutschkes trifft uns in besonderer Weise: die Betroffenheit hat eine doppelte Wurzel. Da ist nicht nur einer, dessen Leben mit 39 Jahren eines blinden Zufalls wegen abbricht; da fragt man sich auch, ob es nicht einer von jenen blinden Zufällen ist, die in ein Muster passen. Hat die Kugel des Attentäters ihn doch noch erreicht? Damals, 1969, war Dutschke aus einem Leben der Kreativität, aus der Mitte des Enthusiasmus herausgerissen worden. »Weitermachen«, hatte Marcuse ihm am Krankenbett zugerufen; und weitergemacht hatte er dann, mit großer Energie die Sprache, Wort für Wort, wiedererlernt – seine Vitalität wiedergewonnen. Und nun dies.

Beim letzten Zusammensein, nach Marcuses Tod in Starnberg, erzählte Dutschke noch in ungebrochenem Optimismus von seinen Wahlkampfeinsätzen für die »Grünen« in Tübingen, in Bremen. Wie immer die Zukunft dieser Bewegung aussehen mag, Dutschkes Name gehört nun allein jener Phase an, der er, wie kaum ein anderer, ein Gesicht, sein Gesicht gegeben hat – einer jener Phasen des Aufbruchs, die in wenigen Augenblicken, noch bevor sie Gestalt annehmen, zerfallen, um auf Jahre hinaus die Phantasie zu beschäftigen.

Mit Recht holen die sozialistischen Freunde Dutschke an den Ort zurück, mit dem ihn sein politischer Kampf verbindet: er wird auf dem St.-Annen-Friedhof in Berlin-Dahlem beerdigt. Hier war Dutschke der Charismatiker einer Intellektuellenbewegung, der unermüdliche Inspirator, ein hinreißender Rhetor, der mit der Kraft zum Visionären durchaus den Sinn fürs Konkrete, für das, was eine Situation hergab, verbunden hat. Aber das politisch-taktische Gespür hat ihn niemals dazu verführt, sich, sei es auch in der härtesten politischen Auseinandersetzung, bloß instrumentell zu verhalten. Gerade dann konnte Dutschke auf eine bewundernswürdige Weise zuhören. Daß damals eine solche politische Rolle Dutschke zufiel, erklärt sich aus der moralischen Substanz seiner Person.

Nach dem Begräbnis von Benno Ohnesorg in Hannover habe ich die heisere, suggestiv-surrende Stimme zum erstenmal gehört. Trotz der förmlichen Anrede – wie wir alle sagte er »meine Damen und Herren« – war Dutschke in seinem Element. Er hatte nur ein Ziel: das, was man damals die Zustände an der Freien Universität nannte, den Studenten aus Westdeutschland als Modell, als ihre eigene unmittelbare Zukunft vor Augen zu führen. Der Text der Rede war durchaus nicht leichtflüssig, war theoretisch ausholend, terminologisch durchsetzt, steinig, manchmal in die Breite fließend. Es waren eher die expressiven Gesten des Redners, der rhythmisch-skandierende Tonfall, die den Gedanken beschleunigten, im Grunde einen einzigen Gedanken: Spontan sollten sich an allen Universitätsorten »Aktionszentren« bilden, »die Bewegung« sollte die festen Organisationen der Studentenschaft unterlaufen. Die Formeln, die Funken schlugen, waren alle schon da: Politisierung und Bewußtseinsschärfung, die Durchbrechung etablierter Spielregeln, Opposition gegen die Entdemokratisierung der Gesellschaft, die kritisch-praktische Entfaltung der bewußtesten Teile der Studentenschaft, die Aktionseinheit des antiautoritären Lagers, und so weiter. Eine Vokabel kehrte immer wieder: aktiver, aktivistisch, Aktion. Und eine Parole ließ mir, inmitten dieser ersten überregionalen *Massen*versammlung der universitären Linken, den Atem stocken: Keine Aufklärung ohne Aktion! Dutschke nannte gar »Aufklärung und *direkte* Aktion« in einem Atemzug. Aber Dutschke selbst hat die Gefahr eines Abgleitens in puren Aktionismus gesehen und später immer wieder davor gewarnt.

Hannah Arendt hat einmal bewundernd von den rebellierenden Studenten gesagt, die seien entzündet von einer Leidenschaft für Praxis – für ein Handeln, das einem kommunikativ gebildeten, gemeinsamen Willen entspringt. Tatsächlich hat diese Idee die leidenschaftliche Existenz des wahren, des wahrhaftigen Sozialisten Rudi Dutschke inspiriert seit jenen Tagen, da er mit Mitgliedern der »Subversiven Aktion« – einem sehr späten Ausläufer der Dadaisten – in Berührung kam, bis zuletzt, als er sich den grünen Basisdemokraten zugesellte. Inspiriert hat ihn der Gedanke einer radikal-demokratischen, nicht-instrumentellen, einer auf kommunikativ verflüssigte Formen der Organisation angewiesenen Politik. Diese Idee ist einerseits zu einfach, um einer weitläufigen Theorie zu bedürfen, und doch angesichts einer undurchsichtigen Komplexität zu überschwenglich fast, um noch Überzeugungskraft zu gewinnen – es sei denn durch die Verkörperung in einer integren ausstrahlungskräftigen Person: »Die Parteien lassen sich nur noch als Instrumente der Exekutive benutzen. Wie steht es um die innerparteiliche Demokratie bei CDU und SPD? Wo ist da noch Selbständigkeit der Parteimitglieder? Worin drückt sich die aus? Was geschieht auf den Parteitagen? Die Parteitage...: keine Selbständigkeit von unten, nur noch Manipulation von oben; Führer, die keinen Dialog mit der Basis führen; verselbständigte Führungselite, die es gar nicht mehr will, daß eine Diskussion stattfindet – da nämlich die praktisch-kritische Fragestellung das Ende der bürokratischen Institutionen wäre. Und das will man nicht.« Dieser Satz von Rudi Dutschke ist ein gutes Dutzend Jahre älter als der Berliner Parteitag der SPD. Was Dutschke meint, ist trivial und überschwenglich zugleich: eine Politik, die bedeutet, daß sich eine Lebensform ändert.

Wer Dutschke je in Diskussionen mit Bloch oder Marcuse erlebt hat, konnte sehen, wie eng sich die Intuitionen der alten und der neuen Jugendbewegung berührten – eine Kontinuität über ein halbes Jahrhundert hinweg. Sollte der Dutschke der späten siebziger Jahre der geblieben sein, der er in den späten sechziger Jahren gewesen ist, würde noch eine Kontinuität sichtbar – über zehn Jahre hinweg. Vielleicht hat sich dieses letzte dumpfe Jahrzehnt von den Antrieben der Protestgeneration nur scheinbar entfernt; vielleicht ist es dasselbe Unbehagen, das sich inzwischen nur unter anderen und keineswegs erhellenderen Definitionen ausgebreitet hat.

Nr. 428

Jürgen Habermas
Bemerkungen zu Beginn einer Vorlesung
Erklärung zur Rückkehr vom Starnberger Max-Planck-Institut an die Frankfurter Universität am Beginn der Vorlesungsreihe »Zum Diskurs der Moderne«
April 1983

QUELLE: Jürgen Habermas, Die neue Unübersichtlichkeit, Kleine Politische Schriften V, © Suhrkamp Verlag, Frankfurt/Main 1985, S. 209–212

Gestatten Sie mir, bevor ich das Thema der Vorlesung aufnehme, einige Bemerkungen. Ich möchte etwas zu den Gründen sagen, die mich dazu bewegt haben, nach Frankfurt zurückzukehren. Der komische Umstand, daß man für eine andere Universität nicht tragbar ist, nicht einmal in der peripheren Stellung eines Honorarprofessors, erklärt ja noch nicht, warum ich es vorziehe, an dieser Universität meine Lehrtätigkeit wieder aufzunehmen.

Es ist einfacher, mit dem Negativen zu beginnen: ich habe nicht die Absicht, die Tradition einer Schule fortzusetzen. Das soll nicht heißen, daß ich an diesem Katheder stehen könnte, ohne mich der Figur und der Wirkungsgeschichte Adornos zu erinnern. Ich halte es für dringend notwendig, das Denken und das Werk Adornos von dem polemisch-politischen Schutt zu befreien, den eine an Klischees haftende Presse, und nicht nur sie, während der letzten anderthalb Jahrzehnte über diesen genialen Mann ausgebreitet hat. In diesem Zusammenhang freue ich mich, eine internationale Adorno-Konferenz ankündigen zu können, die am 9. und 10. September, aus Anlaß des 80. Geburtstages, in den Räumen dieser Universität stattfinden wird. Damit signalisiere ich freilich nur eine loyale Einstellung und ein Bemühen, in dem ich mich mit anderen Frankfurter Kollegen verbunden fühle. Diese Einstellung sollte nicht mit dem falschen Ehrgeiz verwechselt werden, eine Sache dogmatisch fortzubilden, die in ihren philosophischen Antrieben einer anderen Zeit angehört. Jenes Denken, das man retrospektiv der Frankfurter Schule zurechnet, hat auf die zeitgeschichtlichen Erfahrungen mit dem Faschismus und dem Stalinismus, hat vor allem auf den unfaßbaren Holocaust reagiert. Eine Denktradition bleibt nur dadurch lebendig, daß sich ihre wesentlichen Intentionen im Lichte neuer Erfahrungen bewähren; das geht nicht ohne Preisgabe überholter theoretischer Inhalte. So verhält man sich zu Traditionen im allgemeinen, erst recht zu einer Theorie, die auf ihren eigenen Entstehungszusammenhang reflektiert. Horkheimer hat ja die »kritische« von der »traditionellen Theorie« unter anderem dadurch unterschieden, daß sie sich als Bestandteil der historischen und gesellschaftlichen Prozesse begreift, die sie zugleich erklären möchte. Adorno hat vom »Zeitkern der Wahrheit« gesprochen. Deshalb ist Exploration und rücksichtsloser Revisionismus das angemessene Verhalten – angemessener als abstrakte Verabschiedung oder bloße Konservierung.

Einer der Gründe, warum ich gerne und immer wieder einmal an amerikanischen Universitäten lehre, ist der, daß dort niemand im vorhinein weiß und mir imputiert, was ich zu sagen hätte. Ich bin heute in wesentlichen Fragen nicht weniger ratlos als andere Kollegen, soweit sie es sich eingestehen. Wenn es für mich einen Grund zur Rückkehr gibt, so ist es das Empfinden und die Erwartung, daß an *diesem* Ort die begrenzte Öffentlichkeit des akademischen Lehrbetriebs nicht nur dem Namen nach fortbesteht, sondern in ihrer Vitalität ungebrochen ist. Ich habe die Hoffnung, daß die Öffentlichkeit des akademischen Gesprächs und des akademischen Streites mit der Aufgeschlossenheit und der Liberalität, mit dem, wenn Sie das Wort gestatten, bürgerlichen Engagement und der Unvoreingenommenheit praktiziert wird – und daß sie mit dem Geist erfüllt wird, der den besten Traditionen einer Stadt wie Frankfurt würdig ist. Dabei braucht man historisch nicht weit auszuholen, nicht an die Geschichte der freien Reichsstadt zu denken, sondern nur an die Anfänge dieser ja relativ jungen Universität.

Unsere Universität ist, wie Sie wissen, zu Beginn des Jahrhunderts aus einer Handelshochschule, aus einer Gründung Frankfurter Bürger, vor allem jüdischer Kaufleute und Bankiers hervorgegangen – die Mertonstraße, die einmal auf das Portal des Hauptgebäudes zulief, erinnerte daran. Dieser Anfang erklärt auch, warum in der ersten Satzung der Universität ausdrücklich festgehalten wurde, daß niemand wegen seiner Rasse und seines Glaubens diskriminiert werden dürfe. Weil das an deutschen Universitäten damals, vor dem Ersten Weltkrieg, keinesfalls selbstverständlich war – denken Sie nur an die akademische Karriere eines Georg Simmel –, konnte Frankfurt Gelehrte wie Oppenheimer, Heller, Sinzheimer, Grünberg, Mannheim, Tillich, Buber, Scheler, Horkheimer und viele andere anziehen. Sie haben der Universität in den zwanziger Jahren einen unvergleichbaren intellektuellen Glanz, einen nicht wieder erreichten akademischen Rang verliehen. Die Kehrseite dieser einzigartigen Konstellation ist die Tatsache, daß Frankfurt 1933 die deutsche Universität mit dem höchsten Anteil an Hochschullehrern war, die zur Emigration gezwungen wurden. Dieser Typus von Professoren hat eine fortwirkende Mentalität geprägt; sie hat die Frankfurter Universität auch noch in den fünfziger und sechziger Jahren ausgezeichnet. Ich meine jenen Zug von Intellektualität und Urbanität, der diese Universität vor jener eher etwas skurrilen, kleinstädtischen, etwas verdrückten, auf Einsamkeit und Freiheit eingeschworenen Atmosphäre bewahrt hat. Ich bin zuversichtlich, daß sich etwas von diesem Klima, in dem Gelehrsamkeit und Forschung mit dem Zeitgeist kommunizieren, erhalten hat. Die Poetikvorlesungen beispielsweise, die auf private Initiative zurückgehen, spiegeln noch den Gründergeist.

Wenn ich diese Erwartung äußere, verstehen Sie vielleicht etwas besser, warum ich mit einer Vorlesung zum philosophischen Diskurs der Moderne beginnen möchte. Ich will die Frage behandeln, ob die Moderne heute als ein erledigtes Programm betrachtet werden muß – oder doch eher als ein immer noch unvollendetes Projekt.

In den geistes- und sozialwissenschaftlichen Fächern erleben wir heute, wenn ich mich nicht täusche, eine eigenartige Polarisierung der Denkweisen. Nachdem die deutschen Kontinuitäten ungebrochen durch die dreißiger Jahre hindurch bis weit in die fünfziger Jahre hineingereicht hatten, standen viele Fächer der alten Philosophischen Fakultät in den fünfziger und sechziger Jahren unter dem Druck einer mehr oder weniger radikalen Erneuerung verdrängter Aufklärungstraditionen – ich erinnere nur an die Rezeption der analytischen Philosophie und der in Amerika entwickelten Methoden der Sozialforschung wie der Psychologie oder an die Erneuerung des westlichen Marxismus und der in den angelsächsischen Ländern weitergeführten psychoanalytischen Forschung. Heute zeichnen sich wiederum, in Reaktion auf diesen verspäteten, aber tiefgreifenden Aufklärungsschub, zwei Tendenzen ab, deren Gewicht schwer einzuschätzen ist – die liberalkonservative Wiederaufnahme der etwas an den Rand gerückten, lassen Sie mich sagen: provinziell deutschen Wissenschaftstraditionen und eine Wiederbelebung von Nietzscheanischen Motiven der Vernunftkritik. Jedenfalls prallen heute in verschiedenen Disziplinen wieder einmal entgegengesetzte, von philosophischen Hintergrundannahmen gespeiste Orientierungen, um nicht zu sagen: Gesinnungen aufeinander. Ich hoffe, daß eine historische Erinnerung an den philosophischen Diskurs, den die Moderne seit dem Ende des 18. Jahrhunderts mit sich selber geführt hat, dazu beitragen kann, diese diffuse Lage zu erhellen. Dabei beschränke ich mich auf Diskurse, in denen sich der Prozeß der Selbstverständigung noch nicht narzißtisch verselbständigt hat und parasitär geworden ist.

Wenn ich ein solches Thema aufgreife und mit dem ermunternden Hinweis auf eine Mentalität verbinde, die sich dem Zeitgeist gegenüber öffnet, kann sich freilich ein falscher Eindruck bilden. Gestatten Sie mir deshalb noch ein Wort zum Verhältnis von Selbstverständigung, Politik und Wissenschaft. Ich glaube nicht, daß sich Max Webers Postulat der Wertfreiheit im strikten wissenschaftstheoretischen Sinne aufrechterhalten läßt. Aber selbstverständlich, ja trivial ist diese Forderung im institutionellen Sinne. Die Rollen des Forschers und des akademischen Lehrers sind mit guten Gründen aus dem Alltag ausdifferenziert; sie müssen verschieden bleiben von der Rolle des politisch unmittelbar engagierten Staatsbürgers oder Publizisten. Das Katheder und der Hörsaal sind nicht der Ort des politischen Meinungsstreites; sie sind der Ort der wissenschaftlichen Diskussion, in der jedes Argument, von welcher Seite auch immer, mit der gleichen Sorgfalt erwogen wird. Diese Position habe ich schon zu Zeiten vertreten, als es größerer Anstrengungen bedurfte, um ihr Respekt zu verschaffen.

Nr. 429

Jürgen Habermas

»Ihr Veteranenstammtisch zur Frankfurter Schule...«

Leserbrief

28. Juni 1985

QUELLE: Pflasterstrand vom 28. Juni 1985, 11. Jg., Nr. 212, S. 7

Ihr Veteranenstammtisch zur Frankfurter Schule (PS Nr. 209, 4.–17. Mai 1985) sollte, wie ich dem Untertitel entnehme, der Tatsachenfindung dienen. Tatsächlich hat Herr Zollinger aus dem pseudolinken Denunziationsrepertoire die Behauptung herausgegriffen, ich hätte seinerzeit im Institut für Sozialforschung einen Polizeieinsatz ausgelöst. Richtig ist vielmehr, daß die Direktoren des Instituts diese Entscheidung getroffen haben. Eine solche Funktion habe ich zu keiner Zeit innegehabt. Über jenen Vorgang bin ich erst informiert worden, als die Aktion bereits in Gang gesetzt war. Im übrigen wundert es mich, daß eine Diskussion, aus der nicht ein einziger Gedanke hervorgeht, auch noch publiziert wird.

i. A. Heide Natkin
(Sekretärin)

Nr. 430

Oskar Negt

»Radikaler als die Studenten von 1968«

»Spiegel«-Gespräch zur studentischen Streikwelle in Niedersachsen

22. Juni 1987

QUELLE: Der Spiegel vom 22. Juni 1987, 41. Jg., Nr. 26, S. 86–88

SPIEGEL: Streiks an den Unis, Institute sind besetzt, 40 000 Studenten auf der Straße in Göttingen, Demonstrationen in Hannover. Da muß einem linken Professor wie Ihnen doch das Herz höher schlagen.

NEGT: Es gibt wieder Bewegung an der Universität. Ich sehe da sehr viel Kraft und Energie, die weit über das hinausgeht, was der unmittelbare Anlaß dieses Protestes ist. So etwas habe ich in den letzten zwanzig Jahren nicht erlebt. Ich sehe das alles mit sehr viel Sympathie.

SPIEGEL: Sonst war ja meistens von den ergrauten Alt-68ern eher Abfälliges über heutige Studenten zu hören: Sie seien unpolitisch, theoriefeindlich, inaktiv, modisch orientiert, karrierefixiert.

NEGT: Ich sehe das nicht so. Wenn Kollegen von mir die Schlaffheit und Begriffslosigkeit der Studenten von heute bejammert haben, dann muß das auch etwas mit ihnen selbst zu tun haben.

SPIEGEL: Oder doch mit den Studenten und ihrer undeutlichen politischen Artikulation.

NEGT: Ja. Zunächst mal geht es um ganz praktische Dinge: Ernst Albrecht will in Niedersachsen Studiengebühren einführen für sogenannte Langzeitstudenten, er kürzt die Mittel für die Universitäten ganz erheblich, Stellen werden gestrichen. In anderen Bundesländern gibt es ähnliche Bestrebungen. Die Studenten wollen verhindern, daß es ihnen noch schlechter geht.

SPIEGEL: Da kämpft also privilegierter Akademikernachwuchs um ständische Interessen.

NEGT: Das sieht nur auf den ersten Blick so aus. Den Studenten geht es ja nicht so gut. Aber es geht um mehr: um die Zukunftsperspektiven einer ganzen Generation. Die Studenten klagen nicht deswegen eine bessere Ausbildung ein, damit sie möglichst schnell rauskommen aus der Universität und möglichst schnell rein in die Karriere. Ich glaube nicht, daß es rein syndikalistische Interessen sind, die die Studenten hier zusammenbringen. Was wir jetzt an den Universitäten beobachten, drückt eine gesellschaftliche Krisensituation aus.

SPIEGEL: Krisensituation – ein schwammiger und abstrakter Soziologenbegriff. Haben Sie es nicht kleiner?

NEGT: Die Studenten spüren, daß die angedrohte Verschlechterung ihrer Studienbedingungen ein Akt von Dressur ist, der ihre Lebensinteressen unmittelbar berührt und nicht nur die greifbaren ökonomischen Interessen. Zugrunde liegt doch eine desolate, angstbesetzte Situation, auch Ohnmacht gegenüber einer sehr großen emotionalen Anspannung: der Wunsch, gut ausgebildet zu werden, um in dieser Gesellschaft ein vernünftiges, befriedetes und befriedigendes Leben zu führen, einerseits und andererseits das Wissen, daß, mangels Perspektive, nicht die geringste Aussicht besteht, klar auf den Beruf hin zu planen.

SPIEGEL: Der Unmut ist verständlich. Doch die jetzigen Aktionen zu einer Studentenbewegung hochzustilisieren, erscheint uns übertrieben. Es ist doch so, daß brave, angepaßte Studenten in ihrer Karriereplanung durch einen Staatseingriff gestört werden, der seine Ursachen in leeren Kassen hat.

NEGT: Karriereorientierung ist überhaupt nichts Böses ...

SPIEGEL: Das hätten Sie 1968 ungestraft so nicht sagen dürfen.

NEGT: ...das Bedürfnis, den Beruf so auszuüben, daß ich auch Erfolg habe, ist natürlich.

SPIEGEL: Wo bleibt da das Politische?

NEGT: In der Fragestellung: Wie kann ich leben, wie soll ich leben, welchen Raum habe ich in der Gesellschaft, um sinnvoll leben zu können? Die Utopien der Studenten sind heute nicht mehr theoretische Entwürfe, sondern die Utopien sind individualisiert in ihren Hoffnungen. Die Studenten denken schon in dem Sinne, daß jeder in seiner individuellen Biographie einen Anteil daran hat, daß sich die Gesellschaft verändert.

SPIEGEL: Wenn ein Maschinenbaustudent sich durch den Spareingriff der Landesregierung diszipliniert fühlt, dann doch wohl nicht deswegen, weil er seinen utopischen Lebensentwurf nicht realisieren kann. Der denkt vielleicht schon an seine spätere Betriebsrente.

NEGT: Ich werde Ihnen was ganz Provokatives sagen: Der Wunsch, sich als Ingenieur, Mathematiker oder Biologe ausbilden zu lassen, hat auch immer etwas mit emotionaler Besetzung zu tun. Es gibt keine guten Naturwissenschaftler und Techniker, die keine libidinöse Beziehung zu ihrem Gegenstand haben. Wenn solche Menschen wegen der Sparbeschlüsse gezwungen werden, in völlig anonymen Riesenveranstaltungen mit zerfasertem und fragmentiertem Wissen vollgestopft zu werden, dann wird denen schnell klar, daß sie *so* nie das machen können, was sie gerne einmal machen möchten. Und das ist die Situation von Naturwissenschaftlern: Anfangsvorlesungen vor 1000 Studenten, keine Arbeitsgruppen. Wenn die Menschen nur noch auf Karriere starren, ist das nicht etwas, was zu ihrer Natur gehört, sondern eine Verzweiflungstat, wenn alles andere weg ist.

SPIEGEL: Aber müßte ein Unternehmerfreund wie der niedersächsische Ministerpräsident Ernst Albrecht nicht gerade ein Interesse an libidinös entfalteten Naturwissenschaftlern haben? Die arbeiten doch viel effektiver.

NEGT: Kann er nicht. Er kann es nicht haben, weil ein Naturwissenschaftler, der seinen Beruf libidinös besetzt hat, auch ein kritisches Bewußtsein für die Bedingungen entwickelt, unter denen er arbeitet. Was

Albrecht und andere Politiker wie der Bildungsminister Möllemann wollen: Funken zünden. Ich überschätze nicht die Wirkung dieses Zufalls. Es gibt in der kommenden Intelligenz durchgängig ein Unbehagen gegenüber dieser Gesellschaft. Man nimmt bestimmte Bedrohungen ganz deutlich wahr.

SPIEGEL: Trotzdem herrschte in den letzten Jahren auf dem Uni-Campus Friedhofsruhe.

NEGT: Ein großer Teil der Studenten hat die ganze Zeit aktiv politisch gearbeitet, nur nicht an der Uni. Mehr in Bürgerinitiativen, bei Amnesty International, bei den Grünen, in der Friedensbewegung, gegen die Psychiatrisierung der Gesellschaft. Sie dürfen die Universität nicht als das einzige Feld der Politisierung nehmen. Die Studenten erleben heute auf vielen Gebieten Mißstände ganz wach.

SPIEGEL: Die Redakteure der Studentenzeitung *Lucky Strike* sind da weniger euphorisch als Sie. »Anders als phantasievoll und brav«, urteilen sie selbst, könne man ihren Aktionen wohl kaum bezeichnen.

NEGT: Jetzt muß man zweierlei unterscheiden: das politische Bewußtsein und die Aktionen. Natürlich sind die Studenten heute anders als die von 1968. Ich habe immer viel von dem Marxschen Satz gehalten: »Radikal sein ist die Sache an der Wurzel fassen.«

SPIEGEL: Und heute sind die Studenten radikal brav.

NEGT: Sie mögen lachen, ich halte die Studenten von heute sogar für radikaler als die von '68. Die Wurzel für den Menschen ist nämlich der Mensch.

SPIEGEL: Wieder so ein Wort aus der soziologischen Phrasenküche.

NEGT: Das Vertrauen der 68er war viel größer in die Veränderung der Verhältnisse als in die Veränderung der Menschen. Heute gibt es eine größere Sensibilität gegenüber der Verletzlichkeit des Menschen. Wie verändert man Gefühle? Die Radikalität in bezug auf das Aufbrechen objektiver Strukturen ist heute geringer. Diese Generation hat ein anderes Empfinden für die Gefahren der Enteignung. Enteignet kann ja nicht nur die Wohnung werden. Es gibt auch Enteignungen, die die Gefühle betreffen.

SPIEGEL: Die neue Gefühligkeit?

NEGT: Das sind keine Spießer. Das ist eine Generation, die berührt ist von den Katastrophen dieser Welt. Die fressen nichts aus der Hand. Sie sind widerspenstig, eigensinnig und legen sich quer. Sie entsprechen dem alten Spektrum der politischen und ideologischen Begriffe nicht mehr.

SPIEGEL: Aber die Studenten handeln doch bloß reaktiv. Wenn Albrecht die Einführung von Studiengebühren zurücknähme, verschwände die Bewegung im Nu. Wo ist da die Perspektive? Wenn ein kleiner Erfolg da ist, geht der Protest wieder schlafen. Das war bei den Schülerprotesten in Frankreich im Dezember '86 genauso.

NEGT: Ja, das sagen Sie so, aber das kann man nicht wissen. Ich bin der Auffassung, daß es nicht so sein wird. Ich hatte nicht damit gerechnet, daß diese relativ kleinen Anlässe zu einem sehr langen Ausstand und Streik der Studenten führen werden.

SPIEGEL: Wie steht es mit dem theoretischen Niveau dieser Bewegung? 1968 haben sich die Studenten in tagelangen Teach-ins schlaugemacht. Theoriekurse hatten Hochkonjunktur. Heute sind auf Demonstrationen Transparente mit Aufschriften zu lesen wie »Pfui deibel«, »Aufhörn«, »Bloß wech hier«, »Mach kein' Scheiß«. Welcher Machthaber muß vor diesen Studenten noch Angst haben?

NEGT: Na ja. Das hat etwas Karnevaleskes, Lustbetontes. Die sind ironisch und selbstironisch. Wie sah denn die Ausdrucksfähigkeit der 68er aus? Ho-Chi-Minh-Rufe wurden skandiert, einige Parolen, ein Bild von Rosa und Karl, ein Bild von Che. Häufig war nicht viel mehr.

SPIEGEL: Aber dahinter verbarg sich ja auch der Versuch einer theoretischen Anstrengung und Konzeption.

NEGT: Die Studenten von heute haben einen anderen Begriff von Theorie. Und sie haben einen anderen Begriff von Politik. Beides hat sich im Verhältnis zu '68 geändert. Unter Theorie verstand man damals ein mehr oder weniger einheitliches Gebilde der Interpretation der Gesellschaft und der Welt. Man bezog sich auf geschlossene Theorien von Marcuse, von Reich, von Marx. Da sind die Studenten heute sehr viel skeptischer. Sie haben die Erfahrung, daß diese Theorien auch benutzt worden sind im Interesse kleiner Organisationen und Gruppen …

SPIEGEL: … und daß diese Theorien nicht unbedingt geholfen haben …

NEGT: Jedenfalls gibt es heute die Avantgarde-Funktion einer wichtigen Theorie nicht mehr. Deshalb scheint es so, als ob die Studenten völlig theorielos wären.

SPIEGEL: Sind sie es denn nicht?

NEGT: Nach meiner Auffassung absolut nicht. Viele Studenten wissen heute viel besser Bescheid über das, was Max Weber über Bürokratie geschrieben hat. Sie haben sich auseinandergesetzt mit den Theorien von

Foucault und anderen Franzosen. Aber es ist doch eine Skepsis gegenüber der Geschlossenheit der logischen Konsistenz, dem Überwältigenden, was auch in der Theorie steckt. Darin sind sie Skeptiker.

SPIEGEL: Oder uninteressiert. Die Studenten wirken oft leidenschaftslos.

NEGT: Diese Coolness läßt sich eigentlich durchgängig in dieser Generation beobachten. Die Menschen zwischen 15 und 30 scheint kaum etwas zu berühren. Es wirkt wie eine stillgestellte Gefühlsdynamik. Die schnelle, pathetische Erregbarkeit findet man selten. Das rhetorische Pathos, die Leidenschaft fehlen heute auf den Vollversammlungen. Das vermisse ich in gewisser Weise.

SPIEGEL: In welcher?

NEGT: Die Leidenschaft des Kopfes fehlt. Es fehlt nicht an Emotionalität, auch nicht an Entschlossenheit. Der Protest heute ist durch Skepsis gesteuert, gebrochen, aber nicht weg. Ich glaube, diese Gefühlslage ist sehr kompliziert. Man rebelliert nicht mehr so, als ob es um das Heil der Welt ginge. Das Pathos von früher, das in Aktionen gegen den Vietnamkrieg, gegen Imperialismus und Kapitalismus drinsteckte, ist ja zunächst einmal auch mitreißend gewesen. Aber dieses Pathos war aus einer geborgten Realität entstanden, es war auch hohl. Darauf lassen die Studenten sich heute nicht mehr ein, da sind sie skeptischer. Es kommt dazu, daß Drohgebärden, auch verbale, heute keine große Wirksamkeit mehr haben. Das System ist auf Drohgebärden genauso eingerichtet wie auf politische Apathie.

SPIEGEL: Nun sieht es aber manchmal so aus, als ob an die Stelle der alten Agitatoren heute gewiefte PR-Akademiker getreten sind.

NEGT: Nein, der Protest, der zivile Ungehorsam ist heute viel selbstverständlicher. Er kommt nicht mehr so aufgescheucht und eruptiv daher. Es gibt heute viel mehr mündige, aufgeklärte Menschen, die aufrecht gehen. Man ist auch viel klüger und listiger im Unterlaufen solcher Übergriffe auf das eigene Recht. Das Gefühl vieler Studenten ist heute: Ich nehme mir, was mir zusteht und was ich bekommen kann. Da braucht man gar nicht systemüberwindend zu argumentieren.

SPIEGEL: Sind die Kinder der Apo-Veteranen schlauer als ihre Eltern?

NEGT: Das sollte man so nicht sagen. Aber es ist einiges gelernt worden, sehr Wichtiges gelernt worden. Die Studenten haben es geschafft, sich von diesen bevormundenden einzelnen Kadergruppen zu emanzipieren, ohne daß das chaotisch wird. Es ist alles äußerst diszipliniert, ohne zentrale Leitung.

SPIEGEL: Diese Studentengeneration hat keine Führer.

NEGT: Richtig. Sie braucht keine. Leute, die sich so aufspielten, würden sich lächerlich machen. Das ist für mich ein sehr sympathischer Zug einer Autonomisierung, einer gewissen Selbständigkeit und Verantwortlichkeit.

SPIEGEL: Um den Preis der politischen Beliebigkeit: Da demonstrieren Marxisten heute friedlich neben Korpsstudenten in vollem Wichs.

NEGT: Das können Sie so sehen. Man kann es auch anders deuten: Die Studenten sind heute toleranter. Ich glaube, sie haben begriffen, daß die Abgrenzungslogik, dieser Mechanismus der schnellen Feindererklärung gegenüber politisch Andersgesinnten, eher ein Schwächesymptom als Ausdruck der Stärke ist. Das ist nicht eigentlich unpolitisch.

SPIEGEL: Wie wird es weitergehen mit dem Protest der Studenten?

NEGT: Das hängt von den Bildungsplanern ab. Ich bin der Überzeugung, daß bei vielen Kulturbürokraten noch der alte Rachegedanke lebt. Mit den Sparmaßnahmen sollen doch auch alte Rechnungen beglichen werden. Die Universitäten sind in allen obrigkeitsstaatlichen Systemen potentielle Unruheherde. Man unterstellt Rädelsführerschaft. Da möchte man schon mal, mit ordnungspolitischen Maßnahmen, auch über das Sparen, ein wenig Ordnung hereinbringen. Alle Konservativen arbeiten nach diesem Prinzip. Ich glaube, daß der Konservatismus relativ argumentationsschwach ist. Und wer mit dem Argument nicht überzeugen kann, der muß es anders versuchen. Und weil es so ist, können wir, denke ich, noch einiges von den Universitäten erwarten.

SPIEGEL: Herr Negt, wir danken Ihnen für dieses Gespräch.

Nr. 431

Rainer Erd

Neuorientierung an Kritischer Theorie dringend erforderlich – 20 Jahre danach: Studentenbewegung 1988

Appell

1. Dezember 1988

QUELLE: Frankfurter Rundschau vom 1. Dezember 1988

»Habt ihr noch irgendeinen (krit.) Anspruch?« In dicker blauer Ölfarbe starrt diese Frage den Besucher der Frankfurter Universität an. Gemalt haben ihn die Studenten unter das Fenster, hinter dem vor mehr als zwei Jahrzehnten Theodor W. Adorno das Institut für Sozialforschung leitete. Kritische Theorie war für die 68er Studentenbewegung *die* intellektuelle Herausforderung gewesen. Die Studenten sind heute wieder, wie vor zwanzig Jahren, auf der Suche nach einer theoretischen Begrifflichkeit, die ihnen das Verstehen einer Gesellschaft erleichtert, die unermeßlichen Reichtum auf der einen Seite und unerträgliche Studienbedingungen auf der anderen Seite zuläßt.

Was liegt näher, als an den Ort der Kritischen Theorie, das Frankfurter Institut für Sozialforschung, zu gehen, und nach theoretischen Orientierungen zu fragen? Doch dort hat man sich in den letzten beiden Jahrzehnten mit einem nicht beschäftigt: mit Kritischer Theorie. Industriesoziologie, Frauenforschung, Techniksoziologie standen im Zentrum des Interesses einer Forschungsgeneration, die 1968 ihre Berufstätigkeit begann. Kritische Theorie entwickelte sich zur kritischen, empirischen Forschung auf der Suche nach gesellschaftlichen Subjekten, die die Kritische Theorie gerade nicht hatte ausfindig machen können.

So sind in den vergangenen zwei Jahrzehnten Berge bedruckten Papiers entstanden, mit kritischem Anspruch, doch ohne größere Bedeutung für sozialwissenschaftliche Theoriebildung. Die kritischen Studenten 1988 tragen deshalb die Werke von Adorno, Horkheimer und Habermas unterm Arm, wenn sie das Institut für Sozialforschung betreten. Die 68er, von der neuen Studentengeneration herausgefordert, lassen ihre Bücher lieber im Schrank stehen. Mit empirischen Studien über Gewerkschaften in der Bundesrepublik, den USA, England und Italien traut sich keiner vor die theoriesüchtigen Studenten. Die Frauenliteratur dürfte am ehesten Interesse finden.

So sind die Studenten 1988 nicht nur eine Herausforderung für den Staat, der es auf unerträgliche Weise unterläßt, Bildungspolitik einen zentralen Stellenwert beizumessen. Herausgefordert sind auch die 68er, jene Generation der Nachkriegsgeschichte, die noch immer meint, vor und nach ihr habe es die Vermittlung von kritischem Denken und radikalem Handeln nicht gegeben. Und theoretisch herausgefordert werden sie mit denen, die sie längst wissenschaftlich überwunden zu haben glaubten: Adorno, Horkheimer und die anderen.

Ein Blick in universitäre Lehrveranstaltungen zeigt dies. Stehen Fragen der Gewerkschaftstheorie, der Unternehmensverfassung, also das, was man im Jargon industrielle Beziehungen nennt, zur Diskussion, trifft man in den Hörsälen kleine Grüppchen, die in zähen Diskussionen sich durch langatmige Texte quälen. Wird hingegen über Kulturindustrie diskutiert, drängen sich hundert Studenten und mehr in überfüllten Räumen und debattieren mit einer Leidenschaft, die der angeblich unpolitischen neuen Studentengeneration niemand zugetraut hatte.

Neuorientierungen sind heute auf allen Seiten erforderlich. Bei staatlichen Institutionen versteht sich das von selbst. Sie sind es selten gewesen, die offensiv Reformpolitik betrieben haben. Weniger selbstverständlich ist es für viele Hochschullehrer und Forscher. Sie unterstützen zwar, im Gegensatz zu 1968, die bildungspolitischen Forderungen der Studenten. Polizei in Hörsälen, um eine Vorlesungssprengung zu verhindern, erlebt man selten. Professoren ermutigen Studenten eher dazu, sich kritisch mit ihnen auseinanderzusetzen. Neuorientierungen sind aber im Bereich theoretischer Arbeit dringend erforderlich. Vor allem die Sozialwissenschaften haben sich in der Zeit nach 1968 vielfach theoretisch dogmatisiert oder empirisch verirrt, so daß eine Neuorientierung an Kritischer Theorie dringend erforderlich ist.

Ob die neue Studentengeneration, die gegenüber der von 1968 auch durch ihre Höflichkeit auffällt, solche Neuorientierungen erreichen wird? Hoffen tun es viele. Besonders die 68er, die sich selbst lieber als Student denn als Professor sehen würden.

Nr. 432

Oskar Negt

Autonomie und Eingriff – Ein deutscher Intellektueller mit politischem Urteilsvermögen: Jürgen Habermas

Artikel zum 60. Geburtstag von Jürgen Habermas (Auszug)
16. Juni 1989

QUELLE: Frankfurter Rundschau vom 16. Juni 1989

Als Habermas, im Anschluß an die Trauerveranstaltung für Benno Ohnesorg in Hannover (1967), in der Gewaltrhetorik Dutschkes das einkalkulierte Risiko von Menschenverletzungen spürte, griff er in die Debatte ein, um Verzerrungen zwischen Sprache und Sachverhalt zu benennen. Eine der Formen des zivilen Ungehorsams, der Widerstand und Protest mit friedlichen Mitteln, führt am Ende zur Verselbständigung der Mittel gegenüber den menschlichen Zwecken. Habermas sagte damals: »Herr Dutschke hat als konkreten Vorschlag, wie ich zu meinem Erstaunen nachher festgestellt habe, nur vorgetragen, daß ein Sitzstreik stattfinden soll. Das ist eine Demonstration mit gewaltlosen Mitteln. Ich frage mich, warum nennt er das nicht so, warum braucht er eine Dreiviertelstunde, um eine voluntaristische Ideologie hier zu entwickeln. Ich bin der Meinung, er hat eine voluntaristische Ideologe hier entwickelt, die man im Jahre 1848 utopischen Sozialismus genannt hat, und unter heutigen Umständen, jedenfalls glaube ich, Gründe zu haben, diese Terminologie vorzuschlagen, linken Faschismus nennen muß.«

Wir alle, die Wortführer der Protestbewegung, haben nicht verstehen *wollen*, was Habermas meinte; als er ein Jahr später in einer Rede vor Frankfurter Studenten eine Sozialpsychologie der »Scheinrevolutionäre« entwarf, war keiner von uns mehr bereit, die Differenzierungen wahrzunehmen, die in diesem indirekten Plädoyer für die wirklichen revolutionären Prozesse steckten. Es war freilich auch zu offenkundig, daß das gesellschaftliche Gewaltklima von der Protestbewegung *ausgedrückt*, aber nicht produziert wurde; die Gewalt in der Dritten Welt, Vietnam, Notstandsgesetzgebung, Unterdrückung des Reformkurses waren sichtbare Beispiele dafür. Gleichwohl: die von Habermas gemeinten Scheinrevolutionäre mit einer von ihm befürchteten zynischen Gewaltpraxis waren alle schon da.

Ich hatte das nicht erkannt. Als ich das Buch *Die Linke antwortet Jürgen Habermas* herausbrachte, war für die meisten der darin schreibenden Wortführer der Studentenbewegung revolutionäre Gewalt unabdingbar an die Verwirklichung menschlicher Zwecke gebunden; deren Perversion konnten sie sich nicht vorstellen.

»Linker Faschismus« war seitdem der Ausgrenzungstopos großer Teile der Linken gegenüber Jürgen Habermas, und auch die Rechte bediente sich hämisch dieser Distanzierungsformel, die der Urheber längst als »Überreaktion« zurechtgerückt hatte. Jetzt sind es über zwanzig Jahre her; Einzelheiten dieser Kontroversen sind vergessen. Aber persönliche Kränkungen dieser Art, die zudem ein grober politischer Fehler waren, so als hätte Habermas zur Linken nicht mehr gehört, verlieren sich nur selten in der eigenen Lebensgeschichte. Daher nehme ich diesen Anlaß, mich für die Herausgabe dieses Buches *Die Linke antwortet Jürgen Habermas* ausdrücklich zu entschuldigen.

1994

14.2.90: Der Bildhauer Edwin Müller (li.) und Kulturdezernent Hilmar Hoffmann vor der am ehemaligen Horkheimer-Wohnhaus angebrachten Gedenkplakette.

Nr. 433

Jürgen Habermas

Die Bedeutung der Aufarbeitung der Geschichte der beiden deutschen Diktaturen für den Bestand der Demokratie in Deutschland und Europa

Vortrag vor der Enquete-Kommission des Bundestages »Aufarbeitung von Geschichte und Folgen der SED-Diktatur in Deutschland«

4. Mai 1994

QUELLE: Jürgen Habermas, Zur Auseinandersetzung mit den beiden Diktaturen in Deutschland in Vergangenheit und Gegenwart, in: Deutscher Bundestag (Hg.), Materialien der Enquete-Kommission »Aufarbeitung von Geschichte und Folgen der SED-Diktatur in Deutschland« (12. Wahlperiode des Deutschen Bundestages) Bd. IX: Formen und Ziele der Auseinandersetzung mit den beiden Diktaturen in Deutschland, Protokoll der 76. Sitzung am 4. Mai 1994, Red. Marlies Jansen, Baden-Baden / Frankfurt/Main 1995, S. 686–694

Herr Vorsitzender! Meine Damen und Herren! Wir sind zwar, wie ich höre, nach dem Parteienprinzip ausgewählt. Aber ich fürchte, daß ich hier keine andere Position vertreten kann als Herr Bracher. Ich möchte dasselbe noch einmal aus einem etwas anderen Blickwinkel sagen. Ich gehe in der Reihenfolge der vier Fragen vor, die uns die Kommission gestellt hat.

Erstens: Welcher Stellenwert kommt der Aufarbeitung für die Stabilität der demokratischen Ordnung und ihrer gesellschaftlichen Werte zu? Der Ausdruck »Aufarbeitung der Vergangenheit« entstammt, wie Sie wissen, dem Titel eines Aufsatzes aus dem Jahre 1959. Darin hatte sich Herr Adorno für eine öffentliche Thematisierung der NS-Zeit eingesetzt. Seitdem begleitet uns die Kontroverse um Nutzen und Nachteil eines reflexiven Umgangs mit dieser Vergangenheit, auch mit deren schwärzesten Aspekten. Die Gegenseite fürchtet die destabilisierende Wirkung einer solchen Geschichtspädagogik. Die Dauerreflexion, so heißt es, verunsichere gerade die Traditionen, aus denen sich das politische Selbstverständnis einer Nation speisen müsse. An Stelle einer Bewußtmachung verstörender verlangt man die Mobilisierung zustimmungsfähiger Vergangenheiten.

Ich halte diese Gegenüberstellung – niemand wird das wundern – für eine falsch gestellte Alternative, und zwar aus den folgenden Gründen. Ich werde mich auf drei Gründe beschränken.

Zunächst bezweifele ich, daß überhaupt eine Option zwischen Zudecken und Selbstkritik besteht. Die Abwehr peinlicher Erlebnisse funktioniert ja nicht mit Willen und Bewußtsein. Gewiß, eine Amnestie oder die Geheimhaltung von Unterlagen lassen sich beschließen. Aber eine Verdrängung dissonanter Erinnerungen, selbst wenn sie funktional wäre, läßt sich nicht arrangieren. Zudem dient die Ausblendung retrospektiv entwerteter Überzeugungen und Verhaltensweisen nicht einmal der Stabilisierung von Selbstbildern; denn mißliche Wahrheiten sind schwer zu kontrollieren. Sie können jederzeit den Schleier eines illusionären oder auch nur eines unbehaglichen, eines schiefen Selbstverständnisses zerstören.

Dafür bietet übrigens die Geschichte der Bundesrepublik ein Beispiel, ohne daß ich zu der sehr abwägenden Bemerkung von Herrn Bracher eine andere Meinung vertrete. Es kommt ja immer darauf an, auf welche Ebene der Analyse man schaut.

Ich denke, man kann sagen, daß sich unter den jüngsten Konstellationen der ersten Nachkriegsperiode in einer von Krisen mehr oder weniger verschonten Bevölkerung zwar so etwas wie ein sozial und ökonomisch sehr gut begründetes Systemvertrauen herausgebildet hat. Aber erst über die in den 60er Jahren mit allen Begleiterscheinungen auf breiter Ebene eingeklagte normative Auseinandersetzung mit der NS-Vergangenheit hat sich dieses Systemvertrauen nach und nach in eine Verfassungsloyalität verwandelt, die eben in den Überzeugungen einer liberalen politischen Kultur verankert ist.

Zweitens. Irreführend ist die Suggestion, als könnte sich die politische Ordnung eines modernen Gemeinwesens überhaupt auf einen fraglosen Hintergrundkonsens stützen. Was die Bürger einer durch gesellschaftlichen, kulturellen, weltanschaulichen Pluralismus bestimmten Gesellschaft einigt, sind ja zunächst die abstrakten Grundsätze und Verfahren einer künstlichen, nämlich im Medium des Rechts erzeugten, republikanischen Ordnung. Diese Verfassungsprinzipien können in den Motiven der Bürger freilich erst Wurzeln schlagen, nachdem die Bevölkerung mit ihren demokratischen Institutionen schlicht gute Erfahrungen gemacht und sich auch an Verhältnisse politischer Freiheit gewöhnt hat. Dabei lernt sie auch, die Republik und deren Verfassung aus dem jeweils eigenen nationalen Zusammenhang als eine Errungenschaft zu begreifen.

Ohne eine solche historische Vergegenwärtigung können verfassungspatriotische Bindungen nicht entstehen. Diese sind beispielsweise für uns mit dem Stolz auf eine erfolgreiche Bürgerrechtsbewegung verbunden, aber auch mit den Daten 1848 und 1871, mit dem Grauen von zwei Weltkriegen, der Bitterkeit von zwei Diktaturen und dem Entsetzen über eine Menschheitskatastrophe, mit unerhörten Opfern also, denen kein Sinn außer dem einer Abschaffung jeder Art von staatlich angesonnenem Sakrifizium abzugewinnen ist.

Schließlich drittens spricht sich in der Forderung nach Aufarbeitung dieser Vergangenheit ja kein blindes Vertrauen in die Dynamik des Bewußtmachens aus, sondern, so denke ich, lediglich die Einsicht, daß wir nur aus einer Geschichte lernen können, die wir als kritische Instanz betrachten. Die Geschichte als Lehrmeisterin – Herr Bracher hat darauf schon angespielt – ist ja ein alter Topos. Die Alten vor der Moderne hatten sich für das Wiederkehrende im stets Veränderlichen interessiert. Für sie war die Geschichte so etwas wie eine Schatzkammer exemplarischer und nachahmenswerter Begebenheiten. Aber auch die Modernen, seit dem späten 18. Jahrhundert, die sich mit ihrem historisch geschärften Bewußtsein ja eher für das Besondere und Einmalige interessierten, wollten noch etwas Positives aus der Geschichte lernen. Die Geschichtsphilosophen fahndeten nach der Vernunft in der Geschichte. Die Historisten wollten im Spiegel des anderen das Eigene erkennen. Die Hermeneutiker beschworen die Macht der klassischen Vorbilder. Alle glaubten noch, daß sie aus der Geschichte nur dann etwas lernen, wenn diese uns etwas Affirmatives, etwas der Nachahmung Wertes, zu sagen hat.

Ich finde diese Prämisse wenig überzeugend; denn auch sonst lernen wir ja eher aus negativen Erfahrungen, eben aus Enttäuschungen, die wir in Zukunft zu vermeiden suchen. Das gilt für die kollektiven Schicksale der Völker nicht weniger als für die individuellen Lebensgeschichten. Historisch lernen wir bestenfalls aus dem Dementi von geschichtlichen Begebenheiten, die uns vor Augen führen, daß Traditionen versagen.

Nun zur zweiten Frage: Was bedeutet das Erbe zweier Diktaturen für die heutige und die künftige deutsche Kultur? Die Bundesrepublik hat nicht nur im völkerrechtlichen Sinne die Nachfolge des Deutschen Reiches angetreten. Sie hat auch die politische Haftung für die Folgen des Dritten Reiches übernommen. Mit dem Beitritt der Länder der ehemaligen DDR zur Bundesrepublik hat sich nichts an der Rechtsnachfolge geändert, aber eben einiges an den politisch-historischen Erbschaftsverhältnissen. Die Last der NS-Vergangenheit wird durch das Erbe einer kurzen stalinistischen und einer längeren autoritär nachstalinistischen Vergangenheit überlagert.

Diese Aufeinanderfolge von zwei Diktaturen kann einer lehrreichen optischen Verstärkung der totalitären Gemeinsamkeiten dienen und den Blick auf die strukturellen Enteignungen von Bürgern richten, die ihrer sozialen und rechtlichen Autonomie mehr oder weniger weitgehend beraubt worden sind. Wenn ich die Liste der Themen mustere, zu denen die Enquete-Kommission Expertisen eingeholt hat – sie selbst habe ich noch nicht gesehen –, entsteht das Bild eines panoptischen Staates, der nicht nur eine bürokratisch ausgetrocknete Öffentlichkeit, sondern auch deren Basis, eben die Bürgergesellschaft und vor allen Dingen die Privatsphäre, untergraben hat. Wenn man dieses Bild im Negativ betrachtet, entsteht das Gegenbild einer Rechtsordnung, die allen Bürgern die gleiche private und öffentliche Autonomie gewährleistet, die die Verquickung der Gewalten abschafft, auch gegen staatliches Unrecht Blockaden errichtet.

Unter der grellen Beleuchtung dieser zweiten Vergangenheit darf allerdings die Erinnerung an die erste nicht verblassen. Die NS-Periode ist auf unverkennbare Weise gekennzeichnet durch die staatlich angekündigte, bürokratisch durchgeführte Aussonderung und die umfassende, mit industriellen Mitteln ins Werk gesetzte Vernichtung eines nach askriptiven zugeschriebenen Merkmalen definierten inneren Feindes. Dieses ungeheuerliche Faktum bringt uns den normativen Kern des demokratischen Rechtsstaates zum Bewußtsein; ich meine das symmetrische Anerkennungsverhältnis, das jedem den gleichen Respekt sichert.

Diese gegenseitige Anerkennung darf sich nicht, wie Carl Schmitt meinte und seine Schüler – zuletzt noch in der vorvorigen Woche in der *FAZ* – noch immer behaupten, auf die Angehörigen eines angeblich homogenen, sich gegen innere und äußere Feinde behauptenden Volkes beschränken. Sie erstreckt sich nicht auf eine Nation von Volksgenossen, die durch ethnische Herkunft, sondern auf eine Nation von Staatsbürgern, die durch gleiche Rechte miteinander verbunden sind.

Für die Bürger der Bundesrepublik besteht deshalb die ausschlaggebende Lehre von 1989/90 meiner Meinung nach nicht in der Wiederherstellung eines Nationalstaates, auch nicht im Beitritt der Landsleute zur Privatrechtsordnung einer prosperierenden Gesellschaft, sondern in der Erringung von Bürgerrechten und der Beseitigung eines totalitären Regimes.

Deshalb ist es für unsere Fragestellung von gar nicht zu unterschätzender Bedeutung, daß wir die Bürgerrechtsbewegung der DDR nicht in Vergessenheit geraten lassen, sie nicht sozusagen relativieren gegenüber dem Verständnis für die heute im Vordergrund stehenden sozialen Sorgen.

Wie können – das war die dritte Frage der Kommission – die Kenntnis über die beiden deutschen Diktaturen in der politischen Bildung vermittelt und das Bewußtsein über die Gefährdung freiheitlicher Demokratien wachgehalten werden? Die doppelte Vergangenheit stellt ungewöhnlich hohe Anforderungen an Augenmaß und Differenzierungsvermögen, an Urteilskraft, Toleranz und Selbstkritik. Lassen Sie mich an vier völlig verschiedene Schwierigkeiten erinnern.

Erstens. Der Vergleich zwischen beiden Diktaturen verlangt von den Historikern – wir haben es ja gestern gesehen –, aber auch von uns selbst, den Bürgern, die Bereitschaft zur Distanzierung von eigenen politischen Vormeinungen. Beide Regime haben sich nämlich für ihre Legitimationsbedürfnisse aus Ideenhaushalten bedient, die einerseits ins 19. Jahrhundert zurückreichen, aber andererseits auch noch die Gegenwart beherrschen. Das Links-Rechts-Schema, das man nicht voreilig verabschieden sollte, macht sich ja gerade beim Vergleich dieser beiden Diktaturen auf störende Weise bemerkbar. Wo die Rechten zur Angleichung neigen, wollen die Linken vor allem Unterschiede sehen. Die Linken dürfen sich über die spezifischen Gemeinsamkeiten totalitärer Regime nicht hinwegtäuschen und müssen auf beiden Seiten denselben Maßstab anlegen. Die Rechten dürfen wiederum Unterschiede nicht nivellieren oder herunterspielen.

Dabei denke ich nicht nur an die gestern länger diskutierten Unterschiede, die sich aus dem konträren Gehalt der Ideologie, aus der ganz anderen Art und dem Gewicht der politischen Kriminalität, aus der unterschiedlichen Lebensdauer der Regime, dem entsprechenden Grad der Normalisierung alltäglicher Lebensverhältnisse usw. ergeben. Ich denke auch daran, daß die Nachgeborenen für den im eigenen Lande entstandenen und von breiter Zustimmung getragenen Nationalsozialismus auf andere Weise haften als für einen autoritären Sozialismus, der von Siegern importiert worden ist und von der Bevölkerung eher hingenommen wurde. Ich bin der letzte, der mit einer solchen Aussage eine entlastende Konotation verbinden möchte. Ich möchte hier nur auf einen Unterschied hinweisen.

Heute kann sich zum erstenmal ein antitotalitärer Konsens bilden. Sie wissen, daß er in der frühen Bundesrepublik zur Gründungsidee unseres Staates gehört hat, aber aus vielen Gründen niemals eingelöst worden ist. Ich sage, heute kann sich zum erstenmal ein antitotalitärer Konsens bilden, der diesen Namen verdient, weil er nicht selektiv ist. Dieser sollte eine gemeinsame Basis sein, auf der sich dann erst linke und rechte Positionen voneinander differenzieren. Das mag jüngeren und nachwachsenden Generationen – ich sage das selbstkritisch – leichter fallen als uns Älteren. Erst wenn sich die politische Sozialisation nicht mehr unter dem polarisierenden Generalverdacht gegen innere Feinde vollzieht, können liberale Haltung und demokratische Gesinnung der Geburtshilfe durch Antikommunismus oder Antifaschismus eintreten.

Eine zweite Schwierigkeit hängt mit einem anderen Aspekt der doppelten Vergangenheit zusammen. Ich weiß, daß ich hierbei ein sehr dünnes Eis betrete; ich möchte diesen Punkt aber doch zur Diskussion stellen. Die aktuelle Aufarbeitung der DDR-Geschichte findet ja vor dem Hintergrund einer selbst historisch gewordenen Entnazifizierung statt. Die ganz verschiedenen Ausgangssituationen von 1945 und 1989 verbieten es einerseits, die Entstasifizierung nach dem Muster der Entnazifizierung zu betreiben, wenn ich einmal diese Ausdrücke gebrauchen darf. Eberhard Jäckel erklärt das mit Recht für Unfug. Andererseits haben sich inzwischen die Maßstäbe der Kritik gewandelt. Weil eine bis in die Mentalitätsbildung hineinreichende Auseinandersetzung mit der NS-Periode im Osten Deutschlands nur oberflächlich, wenn überhaupt, im Westen erst mit Verzögerung stattgefunden hat, besteht heute die Bereitschaft, mit größerer Energie nachzuholen, was 1945 versäumt worden ist.

Die erst nach und nach begriffene Bedeutung der nationalsozialistischen Massenverbrechen hat dazu beigetragen, den Benjaminischen Blick von Unterlegenen auf die barbarische Rückseite einer Geschichte von Siegern zu schärfen. Wir befinden uns deshalb in einem Dilemma, ich denke, in einem normativen Dilemma. Wenn wir heute in der guten Absicht, Fehler einer problematischen Vergangenheitsbewältigung wettzumachen, andere Maßstäbe anlegen als seinerzeit, verstoßen wir, wenn auch nur im historischen Vergleich, gegen den Grundsatz der Gleichbehandlung.

Diese paradoxe Form einer nicht unbegründeten Unfairneß zeigt sich dann vor allen Dingen an den

Formen eines im Prinzip wünschenswerten und gerechtfertigten, vergleichsweise aber doch rigoroser durchgeführten Elitenwechsels. Ich erwähne diesen Gesichtspunkt mehr, um uns darauf aufmerksam zu machen, daß hier ein normatives Problem liegt.

Eine dritte Schwierigkeit ergibt sich aus der asymmetrischen Verteilung der Erblasten. Ich meine, daran können wir uns nicht einfach mit scheinbar moralischen Bekundungen vorbeimogeln. Die Deutschen in Ost und West teilen nur die erste Vergangenheit. An der Geschichte der DDR sind sie jedenfalls auf verschiedene Weise beteiligt. Die einen sind darin als Täter oder Opfer oder als Täter und Opfer mit Haut und Haaren verstrickt. Die anderen haben allenfalls von außen, ob nun über innerdeutsche oder zwischenstaatliche Beziehungen, auf Verhältnisse und Entwicklungen in der DDR eingewirkt.

Natürlich ist die Deutschlandpolitik der Bundesregierung, ist die Reaktion der westdeutschen Bevölkerung auf die nationale Teilung und das Schicksal ihrer ostdeutschen Landsleute, sind die Kontakte und vor allen Dingen die Nichtkontakte – ich sage das im Hinblick auf mich persönlich – zwischen hüben und drüben, die Rolle der Medien und der Intellektuellen usw. von hohem Interesse für die Aufarbeitung der Interdependenzen der beiden Nachkriegsgeschichten. Aber es sind eben getrennte Geschichten. Diese Geschichten waren auch konstitutiv für verschiedene Erfahrungszusammenhänge. Eine vorschnelle Einebnung dieser Differenzen verleitet nur zu rückwärtsgewandten Appellen an die falschen Kontinuitäten längst fragwürdig gewordener Traditionsbestände.

Wenn wir nicht zum deutschen Mief zurück wollen, müssen wir verhindern, daß die sehr allmähliche Zivilisierung der alten Bundesrepublik hinter künstlich konstruierten Symmetrien zwischen zwei angeblich gleichermaßen abhängigen und ihrer Souveränität beraubten Teilstaaten verschwindet. Nur wenn wir uns die asymmetrischen Erbschaftsverhältnisse in Ost und West eingestehen, wenn wir den Aufarbeitungsprozeß nicht als ein bruchlos gesamtdeutsches Unternehmen definieren, machen wir uns keine Illusionen über die Hindernisse, die auf diesem Wege zu überwinden wären, möchte ich lieber sagen als sind; denn es sind schon verschiedene Fehler gemacht worden. Gerade diese Überlegung würde nämlich eine besondere Zurückhaltung von uns aus dem Westen, die wir den spezifischen Verstrickungen des Staatssozialismus ganz ohne eigenes Verdienst entgangen sind, erfordern, und vielleicht auch eine andere Zusammensetzung dieses Podiums.

Viertens. Bis jetzt war die Rede von Differenzierungen beim Vergleich der beiden Diktaturen, der beiden Aufarbeitungsprozesse und der beiden Nachkriegsgeschichten. Das sind die drei ersten Gesichtspunkte, die ich erwähnt habe. Differenzieren müssen wir aber auch zwischen den normativen Gesichtspunkten, unter denen die vergangenen Episoden und Zusammenhänge beurteilt werden. Ein Unrechtsregime hinterläßt einerseits das Bedürfnis – das völlig legitime Bedürfnis – nach Genugtuung, nach Herstellung politischer Gerechtigkeit, soweit das eben möglich ist, andererseits aber den Wunsch nach einem Mentalitätswandel der Bevölkerung, der demokratische Verhältnisse stabilisiert. Das von der Enquete-Kommission aufbereitete Material dient, wenn ich es recht sehe, beiden Zwecken, wobei das Ziel des demokratischen Bewußtseinswandels im Vordergrund stehen sollte.

Gerechtigkeitsfragen also und Fragen des demokratischen Bewußtseinswandels sollten wir auseinanderhalten. Gerechtigkeitsfragen können juristischer oder moralischer Natur sein. Sie beziehen sich auf die Wiedergutmachung begangenen Unrechts und auf individuell zurechenbare Schuld. Juristische Klagen und moralische Vorwürfe erhebt eine Partei gegen die andere. Sie sind Ausdruck der Entzweiung zwischen Tätern und Opfern. Der dadurch angestrengte Prozeß selber zielt freilich insofern auf Versöhnung ab, als dann die intersubjektive Anerkennung gültiger und akzeptierter Urteile eine verletzte Ordnung wiederherstellen soll. Dieses Ziel politischer Gerechtigkeit wird hauptsächlich mit den Mitteln des Strafrechts und der zivilrechtlichen Entschädigung erreicht. Da aber dem Zwangsrecht aus guten Gründen enge Grenzen gezogen sind, entziehen sich ihm viele politisch-moralisch zu verantwortende Tatbestände.

Diese bleiben politischen Verfahren – etwa im Stolpe-Ausschuß – oder informellen öffentlichen Auseinandersetzungen vorbehalten, z.B. – das hat ja eine gewisse Publizität jedenfalls in den Westmedien erreicht – dem Streit von Bürgerrechtlern oder Schriftstellern mit den Repräsentanten und Zuträgern des alten Regimes.

Einen anderen Charakter – und darauf kommt es mir hier an – haben aber die von Angehörigen eines Kollektivs gemeinsam erörterten Fragen der ethisch-politischen Selbstverständigung über wichtige Aspekte der von allen geteilten Lebensform. Darauf beharren Herr Schorlemmer beispielsweise oder auch Herr Thierse immer wieder. Anders als Gerechtigkeitsfragen, die von einem unparteilichen Dritten entschieden werden, verlangen Fragen, die die kollektive Identität berühren, Antworten aus der Wir-Perspektive.

Aus dieser Sicht kommen auch die Pathologien eines gemeinsamen Lebens, die prägenden Dispositionen einer fehlgeschlagenen Normalität des Alltags zur Sprache und nicht die individuell zurechenbaren Handlungen, die unter dem Gesichtspunkt politischer Gerechtigkeit Belastete und Unbelastete voneinander trennen. Die Aufarbeitung einer politisch belastenden Vergangenheit, für die alle Beteiligten, sogar die Oppositionellen, haften, hat in solchen bewußtseinsverändernden Prozessen der Selbstverständigung ihr eigentliches Zentrum.

Nun zur letzten Frage: Welchen institutionellen Rahmen sollte die weitere historisch-politische Aufarbeitung erhalten? Die Mühlen der Wissenschaft mahlen ja langsam. Selbstverständigungsdebatten erwachsen aus anderen Antrieben und gehorchen anderen zeitlichen Rhythmen als die Forschung. Sie können auf deren Resultate nicht warten und sind gleichwohl auf zuverlässig informierende, klärende Beiträge angewiesen, wenn die Komplexität der Themen eben nicht wie so oft im entdifferenzierenden Sog der Massenkommunikation untergehen soll.

Deshalb war meiner Auffassung nach die Einsetzung einer Kommission, die das vorhandene Expertenwissen sammelt, sichtet und für die politische Öffentlichkeit aufbereitet, vernünftig. Ob diese Arbeit, die das diskursive Niveau von ohnehin geführten Auseinandersetzungen fördern könnte, in einem anderen institutionellen Rahmen fortgeführt werden sollte und wie, das wird natürlich auch von der Qualität der Ergebnisse abhängen.

Aber einen anderen Punkt möchte ich in diesem Zusammenhang doch noch erwähnen: das Verhältnis des Aufarbeitungsprozesses zur Geschichtsforschung.

Der Historiker ist in seiner Rolle als Geschichtsschreiber daran gewöhnt, für ein Publikum von gebildeten Laien zu schreiben. Insbesondere im 19. Jahrhundert nahmen literarisch anspruchsvolle Darstellungen der nationalen Geschichte Einfluß auf Ausbreitung und Prägung des Nationalbewußtseins.

Das seit dem Ende des 18. Jahrhunderts entstandene historische Bewußtsein war so das Medium, in dem sich ein neues nationales Selbstverständnis artikulieren konnte, das zunächst von den akademischen Eliten getragen wurde und bis 1848 dann auch die Massen ergriff. Dieser Zusammenhang von Historismus und Nationalismus hat sich inzwischen aufgelöst. Die in spezialisierte Öffentlichkeiten eingebettete institutionalisierte Forschung steht unter anderen Imperativen als ein öffentlicher Gebrauch der Historie, wie ich das nennen möchte, zum Zwecke politischer Selbstverständigung.

Damit differenzieren sich auch die Rollen der Historiker. Sie verlassen den Diskurs der Wissenschaft, wenn sie sich an die allgemeine Öffentlichkeit wenden. Auch dann ist zu unterscheiden, ob sie als Experten gefragt sind, wie das hier der Fall ist – wenn man einmal von mir absieht, der ich hier ja ohnehin nur zu normativen Fragen rede; ich verstehe mich hier nur als Intellektueller –, oder ungefragt als Intellektuelle auftreten.

Im Interpretationsstreit der politischen Öffentlichkeit gibt es nur Beteiligte, die sich engagiert, nämlich im Lichte konkurrierender Wertorientierungen, darüber auseinandersetzen, wie sie sich, sagen wir, nach 1990 als Bürger der erweiterten Bundesrepublik und als Erben jener doppelten Vergangenheit verstehen sollen. Soweit es dabei um Fakten und um die Deutung von Fakten geht, verlassen wir uns auf das Urteil der Experten, die einen Kernbestand von Tatsachen der Kontroverse eben entziehen und dann, keineswegs nur in den Extremfällen der sogenannten Auschwitz-Lüge, mit wissenschaftlicher Autorität entscheiden, was wahr oder falsch ist oder was in solchen öffentlichen Auseinandersetzungen großenteils als wahr oder falsch gilt.

Aber der öffentliche Gebrauch der Historie erschöpft sich nicht in der Verarbeitung solcher Expertisen. Im Streit um eine authentische Selbstbeschreibung oder um die beste Interpretation von Herkunft und Bestimmung eines politischen Gemeinwesens nehmen die Bürger die Historie in anderer Weise in Anspruch, und darauf kommt es mir hier an. Sie entlehnen ihr nämlich die grundsätzlich umstrittenen Grammatiken für die begriffliche Perspektive, Beschreibung und Interpunktion geschichtlicher Abläufe.

Seit der deutschen Vereinigung ist der Kampf um die Interpunktion der Zeitgeschichte voll entbrannt. Wer etwa den Zeitraum – das sind jetzt alles nur Beispiele, zu denen ich keine Stellung nehme – von 1914 bis 1989 zu einer einheitlichen Epoche, sei es der Ideologien, der Weltbürgerkriege, des Totalitarismus oder was immer, zusammenzieht, wird der NS-Periode einen anderen Stellenwert zuschreiben als jemand, der aus deutscher Sicht die Zeit zwischen 1871 und 1945 als eine Periode des Nationalismus versteht, während der Siegeszug des demokratischen Rechtsstaats erst nach 1945 eingesetzt hat. Aus einer anderen Interpretation ergeben sich eben andere Zäsuren, anders gewichtete Zäsuren.

Wer beispielsweise die Sonderwegthese kurzerhand umkehrt und die Bundesrepublik zu mehr oder minder pathologischem Interim erklärt, gewinnt freie Hand, um die Zäsur von 1945 als antifaschistische Umgründung zu bagatellisieren und statt dessen 1989 als eine Zäsur zu begreifen, die – das sind alles Zitate – die Räson der alten Bundesrepublik erledigt und die Rückkehr zu Konstellationen des Bismarck-Reichs eröffnet.

Wer hingegen wie etwa Herr Bracher den Untergang der Weimarer Republik als Zäsur betrachtet, wird, wenn er an einer demokratischen Kultur interessiert ist, aus der 1990 wiedergewonnenen nationalstaatlichen Normalität weniger Hoffnung schöpfen als aus dem Stand der politischen Zivilisierung, der in der alten Bundesrepublik bis dahin erreicht worden war.

Es gibt ein breites Spektrum solcher Hintergrundtheorien, die auch in der Geschichtsforschung selber selbstverständlich ihren legitimen Platz haben. Sobald sie aber im öffentlichen Gebrauch zu Kristallisationskernen einer neuen Identität werden, verlieren sie ihre ausschließlich kognitive Funktion. Die Historiker, die mit solchen grundsätzlich umstrittenen Perspektiven und Begrifflichkeiten aus ihrer Fachöffentlichkeit heraustreten und als Essayisten oder Geschichtsschreiber in einen identitätsbildenden Selbstverständigungsprozeß eingreifen, legitim eingreifen, wechseln eben ihre Rollen. Sie treten dann nicht länger mit der Autorität von Experten auf, sondern beteiligen sich als Intellektuelle gleichberechtigt am Diskurs der Staatsbürger.